D1732075

Servatius
Gesellschaft bürgerlichen Rechts

Gesellschaft bürgerlichen Rechts

§§ 705–740c BGB

Kommentar

Erläutert von

Dr. Wolfgang Servatius

Professor an der Universität Regensburg
Richter am Oberlandesgericht München

2023

C.H.BECK

Zitiervorschlag
Servatius BGB § … Rn. …

www.beck.de

ISBN 978 3 406 77811 7

© 2023 Verlag C.H. Beck oHG
Wilhelmstraße 9, 80801 München
Druck: Beltz Grafische Betriebe GmbH
Am Fliegerhorst 8, 99947 Bad Langensalza

Satz: Meta Systems Publishing & Printservice GmbH, Wustermark
Umschlaggestaltung: Druckerei C.H. Beck Nördlingen

chbeck.de/nachhaltig

Vorwort

Die Modernisierung des Personengesellschaftsrechts war lange überfällig. Indem der Gesetzgeber, gestützt auf umfangreiche Vorarbeiten von Wissenschaft und Praxis, mit dem MoPeG diesen bedeutsamen Schritt gegangen ist, wurde insbesondere für das Recht der GbR eine kaum mehr hinnehmbare Lücke geschlossen. Die nahezu unverändert dem historischen BGB entsprechenden §§ 705 ff. BGB spiegelten schon lange nicht mehr die Rechtslage wider, die Rechtsprechung und Literatur im Wege der Rechtsfortbildung hervorbrachten. Indem die Neuregelung vor allem darauf bedacht ist, diese Entwicklungen in klare normative Bahnen zu lenken, ist das Reformvorhaben prinzipiell zu begrüßen. Die mit dem MoPeG erzielte Modernität erleichtert den rechtlichen Zugang zur GbR und stärkt ihre organisationsrechtliche Ausgestaltung, was deren Attraktivität als Rechtsform steigern dürfte. Die durch die Reform hervorgebrachten Neuerungen bringen gleichwohl keinen Systemwechsel hervor. Die Konkretisierung der Rechtsfähigkeit von GbR in Abgrenzung zur nicht rechtsfähigen, die Schaffung des Gesellschaftsregisters mit Eintragungsoption und die Stärkung der Kontinuität der Gesellschaft im Hinblick auf den Mitgliederbestand sind durchweg Aspekte, die sich auch in das Konzept einer bürgerlich-rechtlichen Personenvereinigung einfügen. Sie sind auch hier stark legitimiert, um das Ziel des Zusammenschlusses rechtlich abzusichern und schaffen so eine attraktive Rechtsformalternative. Die nach wie vor starke Betonung der Gestaltungsfreiheit ermöglicht es weiterhin, die GbR in Abgrenzung zu den Handelsgesellschaften auf die Bedürfnisse der Gesellschafter abzustimmen.

Die Kommentierung erläutert das ab 1.1.2024 geltende Recht der für die GbR maßgeblichen §§ 705–740c BGB. Sie ist durch das Bestreben gekennzeichnet, die Neuerungen gegenüber der bisherigen Rechtslage prägnant und tiefgründig herauszuarbeiten, Übergangsprobleme darzulegen und kautelarischen Handlungsbedarf zu skizzieren. Sie versteht sich aber vor allem auch als eine zukunftsgewandte, vollständig auf den Geist der Reform gestützte Neukommentierung. Hierzu werden aus einer Hand die rechtliche Ausgestaltung der GbR anhand der jeweiligen Paragraphen in den konzeptionellen Kontext eingebettet, bisherige und neue Problemkreise identifiziert und dogmatisch fundierte Lösungen präsentiert. Die Kommentierung beschränkt sich so weitgehend darauf, Nachweise zur alten Rechtslage nur insoweit zu präsentieren, als dies zur Verdeutlichung von Parallelen und Unterschieden notwendig ist. Dies gilt insbesondere für die zitierten Standardkommentare zu den §§ 705–738 BGB in der jeweils aktuellen Auflage zum bislang geltenden Recht. Die Gesetzesmaterialen, die fundierten Vorarbeiten durch den 71. DJT und den Mauracher Entwurf sowie die vielen Stellungnahmen und wissenschaftlichen Beiträge, die den Reformprozesses begleiteten oder sich bereits mit dem verabschiedeten MoPeG auseinandersetzen, wurden indessen umfassend gewürdigt.

Vorwort

Die Kommentierung des GbR-Rechts soll auf dieser Grundlage sowohl den etablierten Gesellschaftsrechtler:innen in Wissenschaft und Praxis eine Handreichung für das neue Recht sein als auch jüngeren Generationen ermöglichen, die Neuregelung aus sich heraus und im Zusammenhang mit der Gesamtkonzeption der Reform zu erfassen. Insofern ist die Kommentierung durch einen prägnanten, tiefgründigen und lösungsorientierten Anspruch im Hinblick auf die maßgeblichen Aspekte und Begründungsansätze ausgelegt. Sie verzichtet bewusst darauf, der Entwicklung und dem früheren Recht großen Raum zu geben. Die Reform wird trotz der positiven Würdigung in Zukunft noch viele bislang noch nicht erkannte Problemkreise und Streitigkeiten hervorbringen. Es soll daher im Rahmen der Kurzkommentierung bereits jetzt für Folgeauflagen der entsprechende Raum freigehalten werden. Die Bearbeitung befindet sich auf dem Stand Oktober 2022.

Ich danke dem Verlag C.H. Beck für die freundliche Aufnahme des Werkes und die hervorragende Betreuung bei der Konzeption und Lektorierung. Danken möchte ich auch meinem gesamten Lehrstuhlteam für die großartige Unterstützung, insbesondere *Anna Dolejsia, Dr. Fabian Kratzlmeier, LL.M. (Chicago), Marcel Paukner, Katharina Pregler* und *Lukas Semmelmeyer*. Kritik und Anregungen an mich sind ausdrücklich erwünscht!

Regensburg, im Oktober 2022   Prof. Dr. Wolfgang Servatius

Inhaltsverzeichnis

Bürgerliches Gesetzbuch (BGB)
Buch 2. Recht der Schuldverhältnisse
Abschnitt 8. Einzelne Schuldverhältnisse
Titel 16. Gesellschaft
Untertitel 1. Allgemeine Bestimmungen

Untertitel 2. Rechtsfähige Gesellschaft
Kapitel 1. Sitz; Registrierung

Kapitel 2. Rechtsverhältnis der Gesellschafter untereinander und der Gesellschafter zur Gesellschaft

Inhaltsverzeichnis

Abkürzungsverzeichnis

Abkürzungsverzeichnis

Abkürzungsverzeichnis

EWIVAG	Gesetz zur Ausführung der EWG-Verordnung über die Europäische wirtschaftliche Interessenvereinigung v. 14.4.1988 (BGBl. 1988 I 514)
EWIV-VO	Verordnung (EWG) Nr. 2137/85 des Rates v. 25.7.1985 über die Schaffung einer Europäischen wirtschaftlichen Interessenvereinigung (EWIV) (ABl. 1985 L 199 S. 1)
EWR	Europäischer Wirtschaftsraum
f.; ff.	folgende; fortfolgende
FamFG	Gesetz über das Verfahren in Familiensachen und in Angelegenheiten der freiwilligen Gerichtsbarkeit v. 17.12.2008 (BGBl. 2008 I 2586)
FamRZ	Zeitschrift für das gesamte Familienrecht
FG	Finanzgericht
Fn.	Fußnote
FR	FinanzRundschau (Zeitschrift)
FS	Festschrift
G	Gesetz
GastG	Gaststättengesetz idF der Bek. v. 20.11.1998 (BGBl. 1998 I 3418)
GBO	Grundbuchordnung idF der Bek. v. 26.5.1994 (BGBl. 1994 I 1114)
GbR	Gesellschaft bürgerlichen Rechts
gem.	gemäß
GeschGehG	Gesetz zum Schutz von Geschäftsgeheimnissen v. 18.4.2019 (BGBl. 2019 I 466)
GesRV	Gesellschaftsregisterverordnung v. 16.12.2022 (BGBl. 2022 I 2422)
GewO	Gewerbeordnung idF der Bek. v. 22.2.1999 (BGBl. 1999 I 202)
GG	Grundgesetz für die Bundesrepublik Deutschland v. 23.5.1949 (BGBl. 1949, 1)
ggf.	gegebenenfalls
GKG	Gerichtskostengesetz
GmbH	Gesellschaft mit beschränkter Haftung
GmbH & Co. KG	Gesellschaft mit beschränkter Haftung und Compagnie Kommanditgesellschaft
GmbHG	Gesetz betreffend die Gesellschaften mit beschränkter Haftung idF der Bek. v. 20.5.1898 (RGBl. 1898, 846)
GmbHR	GmbH-Rundschau (Zeitschrift)
GoA	Geschäftsführung ohne Auftrag
grds.	grundsätzlich
GrEStG	Grunderwerbsteuergesetz idF der Bek. v. 26.2.1997 (BGBl. 1997 I 418, ber. 1804)
GRUR	Gewerblicher Rechtsschutz und Urheberrecht (Zeitschrift)
GVG	Gerichtsverfassungsgesetz idF der Bek. v. 9.5.1975 (BGBl. 1975 I 1077)
GWB	Gesetz gegen Wettbewerbsbeschränkungen idF der Bek. v. 26.6.2013 (BGBl. 2013 I 1750, ber. 3245)
GwG	Gesetz über das Aufspüren von Gewinnen aus schweren Straftaten (Geldwäschegesetz) v. 23.6.2017 (BGBl. 2017 I 1822)
GWR	Gesellschafts- und Wirtschaftsrecht (Zeitschrift)
HandelsR	Handelsrecht

Abkürzungsverzeichnis

MoPeG	Gesetz zur Modernisierung des Personengesellschaftsrechts v. 10.8.2021 (BGBl. 2021 I 3436)
mwN	mit weiteren Nachweisen
nF	neue Fassung
NJOZ	Neue Juristische Online-Zeitschrift
NJW	Neue Juristische Wochenschrift
NJW-RR	NJW-Rechtsprechungsreport
notar	Monatsschrift für die gesamte notarielle Praxis
Nr.	Nummer, Nummern
NVwZ	Neue Zeitschrift für Verwaltungsrecht
NVwZ-RR	NVwZ-Rechtsprechungsreport
NZA	Neue Zeitschrift für Arbeitsrecht
NZG	Neue Zeitschrift für Gesellschaftsrecht
NZM	Neue Zeitschrift für Miet- und Wohnungsrecht
oÄ	oder Ähnliches
OGH	Oberster Gerichtshof der Republik Österreich
OHG	Offene Handelsgesellschaft
OLG	Oberlandesgericht
OVG	Oberverwaltungsgericht
p. a.	per annum (im Jahr)
PartG	Partnerschaftsgesellschaft
PartGG	Gesetz über Partnerschaftsgesellschaften Angehöriger Freier Berufe (Partnergesellschaftsgesetz) v. 25.7.1994 (BGBl. 1994 I 1744)
PBefG	Personenbeförderungsgesetz idF der Bek. v. 8.8.1990 (BGBl. 1990 I 1690)
PersGes	Personengesellschaft
PersGesR	Personengesellschaftsrecht
RA-Sozietät	Rechtsanwaltssozietät
RBerG	Rechtsberatungsgesetz v. 13.12.1935 (RGBl. 1935 I 1478); aufgehoben
RDG	Gesetz über außergerichtliche Rechtsdienstleistungen (Rechtsdienstleistungsgesetz) v. 12.12.2007 (BGBl. 2007 I 2840)
RG	Reichsgericht
RGZ	Entscheidungen des Reichsgerichts in Zivilsachen
RJA	Entscheidungen in Angelegenheiten der freiwilligen Gerichtsbarkeit und des Grundbuchrechts, zusammengestellt im Reichsjustizamt (1.1900–17.1922)
Rn.	Randnummer
RNotZ	Rheinische Notarzeitschrift
Rpfleger	Rechtspfleger
Rspr.	Rechtsprechung
S.; s.	Seite, iVm §§-Angabe: Satz; siehe
SchiedsVZ	Zeitschrift für Schiedsverfahren
sog.	so genannt
StaRUG	Gesetz über den Stabilisierungs- und Restrukturierungsrahmen für Unternehmen (Unternehmensstabilisierungs- und restrukturierungsgesetz) v. 11.12.2020 (BGBl. 2020 I 3256)
StB	Steuerbilanz; Der Steuerberater (Zeitschrift)
StBerG	Steuerberatungsgesetz idF der Bek. v. 4.11.1975 (BGBl. 1975 I 2735)
str.	streitig; strittig

Abkürzungsverzeichnis

Literaturverzeichnis

Bachmann, Stellungnahme für den Ausschuss des Deutschen Bundestags für Recht und Verbraucherschutz anlässlich der Öffentlichen Anhörung am 21. April 2021

BeckOGK/Bearbeiter: beck-online.GROSSKOMMENTAR, Stand 2022
  Abschnitt ZivilR, hrsg. Gsell, Krüger, Lorenz, Reymann
  Abschnitt HGB, hrsg. v. Henssler, Herresthal, Paschke
  Abschnitt AktR, hrsg. v. Spindler, Stilz
  Abschnitt UmwG hrsg. v. Habersack, Wicke
  Abschnitt WEG hrsg. v. Krüger

BeckOK BGB/Bearbeiter: Beck'scher Online-Kommentar BGB, hrsg. v. Hau, Poseck, Stand 2022

Canaris HandelsR: Canaris, Handelsrecht, begr. v. Capelle, 24. Aufl. 2006

DAV, Stellungnahme durch den Ausschuss für Handelsrecht unter Mitwirkung der Ausschüsse Anwaltsnotariat und Berufsrecht für den Ausschuss des Deutschen Bundestags für Recht und Verbraucherschutz anlässlich der Öffentlichen Anhörung am 21. April 2021

DIHK, Deutscher Industrie- und handelskammertag, Stellungnahme für den Ausschuss des Deutschen Bundestags für Recht und Verbraucherschutz anlässlich der Öffentlichen Anhörung am 21. April 2021

EBJS/Bearbeiter: Ebenroth/Boujong/Joost/Strohn, HGB, Kommentar, 2 Bände, 4. Aufl. 2020

Erman/Bearbeiter: Erman, Handkommentar zum Bürgerlichen Gesetzbuch, Band I und II, 16. Aufl. 2020

Grigoleit/Bearbeiter: Grigoleit, Aktiengesetz, Kommentar, 2. Aufl. 2020

Grüneberg/Bearbeiter: Grüneberg, Bürgerliches Gesetzbuch, Kommentar, 81. Aufl. 2022

Habersack, Stellungnahme für den Ausschuss des Deutschen Bundestags für Recht und Verbraucherschutz anlässlich der Öffentlichen Anhörung am 21. April 2021

Habersack/Schäfer: Habersack/Schäfer, Das Recht der OHG, Kommentar, 2. Aufl. 2019

Heckschen, Stellungnahme für den Ausschuss des Deutschen Bundestags für Recht und Verbraucherschutz anlässlich der Öffentlichen Anhörung am 21. April 2021

Henssler/Strohn/Bearbeiter: Henssler/Strohn, Gesellschaftsrecht, Kommentar, 5. Aufl. 2021

HK-BGB/Bearbeiter: Handkommentar BGB, bearb. v. Schulze, Dörner, Ebert, Fries, Friesen, Himmen, Hoeren, Kemper, Saenger, Scheuch, Schreiber, Schulte-Nölke, Staudinger, Wiese, 11. Aufl. 2021

Hopt/Bearbeiter: Hopt, Handelsgesetzbuch, Kommentar. 41. Aufl. 2022

Jauernig/Bearbeiter: Jauernig, Bürgerliches Gesetzbuch, Kommentar, 18. Aufl. 2021

Kallmeyer/Bearbeiter: Kallmeyer, Umwandlungsgesetz, Kommentar, 7. Aufl. 2020

KKRD/Bearbeiter: Koller/Kindler/Roth/Drüen, Handelsgesetzbuch, Kommentar, 9. Aufl. 2019

Lutter/Bearbeiter: Lutter/Bayer/Vetter, Umwandlungsgesetz, Kommentar, hrsg. v. Bayer, Vetter, 6. Aufl. 2019

MHdB GesR VI/Bearbeiter: Münchener Handbuch des Gesellschaftsrechts, Band 6: Internationales Gesellschaftsrecht, Grenzüberschreitende Umwandlungen, hrsg. v. Leible, Reichert, 5. Aufl. 2022

MüKoBGB/Bearbeiter: Münchener Kommentar zum Bürgerlichen Gesetzbuch, hrsg. v. Säcker, Rixecker, Oetker, Limperg, 8. Aufl. 2018 ff. in 13 Bänden; 9. Aufl. 2021 ff. (soweit erschienen)

Literaturverzeichnis

MüKoHGB/Bearbeiter: Münchener Kommentar zum Handelsgesetzbuch, hrsg. v. K. Schmidt, 4. Aufl. 2016 ff.; 5. Aufl. 2021 ff. (soweit erschienen), hrsg. v. Drescher, Fleischer, K. Schmidt

Mugdan, Die gesamten Materialien zum Bürgerlichen Gesetzbuch für das deutsche Reich, hrsg. v. Mugdan, Bände I–V, 1899

Musielak/Voit/Bearbeiter: Musielak/Voit, Zivilprozessordnung, Kommentar, 18. Aufl. 2021

Noack/Servatius/Haas/Bearbeiter: Noack/Servatius/Haas, GmbHG, Kommentar, 23. Aufl. 2022

Oetker/Bearbeiter: Oetker, Handelsgesetzbuch, Kommentar, 7. Aufl. 2021

Otte, Stellungnahme für den Ausschuss des Deutschen Bundestags für Recht und Verbraucherschutz anlässlich der Öffentlichen Anhörung am 21. April 2021

Röhricht/Graf v. Westphalen/Haas/Bearbeiter: Röhricht/Graf v. Westphalen/Haas, HGB-Kommentar, 5. Aufl. 2019

Roßkopf, Stellungnahme für den Ausschuss des Deutschen Bundestags für Recht und Verbraucherschutz anlässlich der Öffentlichen Anhörung am 21. April 2021

Schäfer Neues PersGesR/Bearbeiter: Schäfer, Neues Personengesellschaftsrecht, 2022

Schall, Stellungnahme für den Ausschuss des Deutschen Bundestags für Recht und Verbraucherschutz anlässlich der Öffentlichen Anhörung am 21. April 2021

K. Schmidt HandelsR: Karsten Schmidt, Handelsrecht, Handbuch, 6. Aufl. 2014

Semler/Stengel/Leonhard/Bearbeiter: Semler/Stengel, Umwandlungsgesetz, Kommentar, 5. Aufl. 2021

Soergel/Bearbeiter: Soergel/Siebert/Hadding/Kießling, Bürgerliches Gesetzbuch (BGB) mit Einführungsgesetz und Nebengesetzen, Kommentar, 13. Aufl. 1999 ff.

Staub/Bearbeiter: Staub, Handelsgesetzbuch, hrsg. v. Canaris, Schilling, Ulmer, 4. Aufl. 1983–2007; 5. Aufl. 2008 ff. (soweit erschienen)

Staudinger/Bearbeiter: Staudinger, Kommentar zum Bürgerlichen Gesetzbuch (zitiert mit Jahreszahl der Einzelbände)

Bürgerliches Gesetzbuch (BGB)

in der Fassung der Bekanntmachung vom 2. Januar 2002
(BGBl. 2002 I 42, ber. BGBl. 2002 I 2902 und 2003 I 738),
zuletzt geändert durch Gesetz vom 7. November 2022 (BGBl. 2022 I 1982)

Buch 2. Recht der Schuldverhältnisse

Abschnitt 8. Einzelne Schuldverhältnisse

Titel 16. Gesellschaft

Untertitel 1. Allgemeine Bestimmungen

§ 705 Rechtsnatur der Gesellschaft

(1) **Die Gesellschaft wird durch den Abschluss des Gesellschaftsvertrags errichtet, in dem sich die Gesellschafter verpflichten, die Erreichung eines gemeinsamen Zwecks in der durch den Vertrag bestimmten Weise zu fördern.**

(2) **Die Gesellschaft kann entweder selbst Rechte erwerben und Verbindlichkeiten eingehen, wenn sie nach dem gemeinsamen Willen der Gesellschafter am Rechtsverkehr teilnehmen soll (rechtsfähige Gesellschaft), oder sie kann den Gesellschaftern zur Ausgestaltung ihres Rechtsverhältnisses untereinander dienen (nicht rechtsfähige Gesellschaft).**

(3) **Ist der Gegenstand der Gesellschaft der Betrieb eines Unternehmens unter gemeinschaftlichem Namen, so wird vermutet, dass die Gesellschaft nach dem gemeinsamen Willen der Gesellschafter am Rechtsverkehr teilnimmt.**

Übersicht

I. Reform

1. Grundlagen, Bewertung

1   Die Reform der §§ 705 ff. schuf für die GbR eine **begrüßenswerte Modernisierung** des Rechtsrahmens. Die Schaffung neuer Regeln, welche rechtsfähige und nicht rechtsfähige GbR grundlegend unterscheiden, bringt erhebliche **Vorteile für die Rechtsanwendung** mit sich, wenngleich viele nunmehr explizit geregelte Aspekte bereits bislang für die „Außen-GbR" rechtsfortbildend anerkannt waren. – Die **Leitlinien** des Reformgesetzgebers (vgl. Begr. S. 100 ff.) lassen sich wie folgt zusammenfassen: Im Mittelpunkt steht die Schaffung des neuen (dispositiven!) Leitbild der GbR als **Dauergesellschaft** im Gegensatz zur Gelegenheitsgesellschaft. Zentrale Neuerungen zur Umsetzung ist der **Vorrang des Ausscheidens** gemäß §§ 723 ff. gegenüber der bislang vorherrschenden Auflösung der GbR. Darüber hinaus wird aber auch geregelt, dass die GbR bei Ausscheiden des vorletzten Gesellschafters liquidationslos erlischt (§ 712a). – Bedeutsam ist weiterhin die nunmehr ausdrückliche Anerkennung rechtsfähiger GbR mit eigenen Gesellschaftsvermögen (vgl. § 713), was insofern die **Abkehr von der Gesamthand** begründet. Hiermit untrennbar verbunden ist die organisationsrechtliche Ausgestaltung der GbR durch organschaftliche Geschäftsführungsbefugnis und Vertretungsmacht (§§ 715, 720) bis ins Liquidationsverfahren (vgl. §§ 736, 736b) sowie die gesetzliche unbeschränkte Gesellschafterhaftung (§§ 721 ff.). Die Abschaffung von § 708 aF (diligentia quam in suis; hierzu Schirrmacher ZHR 186 (2022), 250) und die gesetzliche Kodifizierung der Notgeschäftsführungsbefugnis (§ 715a) und der Gesellschafterklage (§ 715b) sind insofern konsequent. Zentrale Neuerung zur Steigerung der Attraktivität der GbR als Vehikel zur Teilnahme am Rechtsverkehr ist zudem die optionale Eintragung im neu geschaffenen **Gesellschaftsregister** (§§ 707 ff.), wobei insofern für viele praktisch bedeutsame Vorgänge des Haltens von Vermögensgegenständen eine Voreintragungsobliegenheit besteht (→ § 713 Rn. 12). Über das Gesellschaftsregister lässt sich nunmehr auch der **Statuswechsel** in eine Personenhandelsgesellschaft und umgekehrt rechtssicher verwirklichen (→ § 707c Rn. 3).

Für die **Praxis** bringt die Reform nach wie vor **genügend Freiraum** für 2 passgenaue individuelle Gestaltungen (vgl. § 708). In diesem Zusammenhang ist vor allem zu sehen, dass das **Beschlussmängelrecht** gemäß §§ 110 ff. HGB bei der GbR nur gilt, wenn dies gesellschaftsvertraglich vereinbart wurde (sog. Opt in-Lösung, → § 714 Rn. 43 ff.). Darüber hinaus wird nunmehr die **Sondererbfolge** von Gesellschaftsanteilen in § 711 II als Gestaltungsoption ausdrücklich anerkannt und dem Erben dann als Konsequenz das Recht eingeräumt, die Fortsetzung der Gesellschaft als KG zu verlangen (vgl. § 724). Praktisch bedeutsam ist nunmehr auch, dass die **Beteiligungsverhältnisse** sich gemäß § 709 III nunmehr lediglich subsidiär nach Köpfen bestimmen. – Im Übrigen wurde nunmehr die **nicht rechtsfähige GbR** ausdrücklich und speziell geregelt (§§ 740 ff.). Eine solche liegt gemäß Abs. 2, § 719 stets dann vor, wenn die Gesellschafter die Herbeiführung der Rechtsfähigkeit nicht wollen (→ Rn. 46). Hierdurch werden eine klare dogmatische Trennung beider einander ausschließender Formen der GbR hervorgerufen und frühere Abgrenzungsprobleme beseitigt. Die Reform bringt zudem insofern begrüßenswerte Klarheit, als nicht rechtsfähige GbR (denklogisch, aber bislang umstrittenen) über **kein Gesellschaftsvermögen** verfügen (vgl. § 740 I). Praktisch bedeutsam ist zudem, dass bei nicht rechtsfähigen GbR im Einklang mit der früheren Rechtslage und in Abkehr zur Rechtslage bei der rechtsfähigen GbR bei einer Kündigung im dispositiven gesetzlichen Regelfall der **Vorrang der Auflösung** besteht (vgl. § 740a).

2. Zeitlicher Geltungsbereich

§ 705 tritt, wie die gesamten §§ 705–740c gemäß Art. 137 S. 1 MoPeG 3 **grundsätzlich am 1.1.2024 in Kraft;** eine generelle Übergangsregelung ist ebenso wenig vorgesehen, wie die Anordnung einer Rückwirkung in Bezug auf Altgesellschaften. Allein **Art. 229 § 61 EGBGB** (Art. 49 Nr. 2 MoPeG) bestimmt, dass die **§§ 723–728 aF** mangels anderweitiger vertraglicher Vereinbarung **weitergelten,** wenn ein Gesellschafter bis zum 31.12. 2024 die Anwendung dieser Vorschriften gegenüber der Gesellschaft schriftlich verlangt, bevor innerhalb dieser Frist ein zur Auflösung der Gesellschaft oder zum Ausscheiden eines Gesellschafters führender Grund eintritt. Das Verlangen kann durch einen Gesellschafterbeschluss zurückgewiesen werden. Findet eine solche Zurückweisung nicht statt, gelten die §§ 723–728 in der vor dem 1.1.2024 geltenden Fassung zeitlich unbegrenzt weiter (→ § 723 Rn. 38 ff.).

4   Im Übrigen führt die Geltung der **neuen §§ 705 ff. ab 1.1.2024 bei Altgesellschaften** in Einzelaspekten zu Übergangsproblemen, wenn sich die neue Rechtslage gegen über der bisherigen unterscheidet. Wenngleich dies lediglich wenige Regelungen betrifft, hätte der Gesetzgeber diese Problematik durchaus ins Auge fassen können und, wie bei anderen grundlegenden Reformen üblich, konkretere Übergangsregelungen erlassen können. Indem diese fehlen, ist bei jeder Norm, die die Rechtslage gegenüber dem früheren Stand ändert, im einzelnen nach Maßgabe des **intertemporalen Privatrechts** zu ermitteln, welches der maßgebliche Zeitpunkt für die rechtliche Beurteilung der konkreten Anknüpfung ist. Maßgeblich ist insofern aus materiell-rechtlicher Perspektive die **lex temporis actus**, abgeleitet aus dem Prinzip der Gleichzeitigkeit von anwendbarem Recht und zu beurteilendem Sachverhalt (vgl. Hess, Intertemporales Privatrecht, 1998, S. 7, 147 f., 444). Hiernach bedarf es auch über den 31.12.2023 hinaus in vielen Fällen einer rückwirkenden Berücksichtigung des für die jeweilige Rechtsfrage in ihrem Kern maßgeblichen gesetzlichen Tatbestands nebst korrespondierendem Sachverhalt. Insbesondere in Bezug auf Regelungen für das gesellschaftsrechtlichen **Innenverhältnis** ist hiernach auch bei der gerichtlichen Befassung ab 1.1.2024 das Recht maßgeblich, welches zum Zeitpunkt der maßgeblichen Handlung galt, ggf. somit die frühere Rechtslage. Dies gilt selbst dann, wenn das gerichtliche Verfahren erst ab 1.1.2024 eingeleitet wurde. Hiervon abzugrenzen ist die prozessrechtliche Frage, wonach sich die Entscheidungsvoraussetzungen aus der Perspektive des Zeitpunkts der letzten mündlichen Verhandlung beurteilen. Diese **rückwirkende Betrachtung** kann somit dazu führen, dass sich die Erfolgsaussichten in Bezug die gerichtliche Geltendmachung infolge der Rechtsänderung ändern, worauf je nach Perspektive mit **prozessualen Mitteln** zu reagieren ist (Erledigterklärung, Anerkenntnis). Die Möglichkeit, ein Begehren erneut gerichtlich geltend zu machen, richtet sich nach der allgemeinen Rechtskraftlehre. Die Änderung der Rechtslage des früheren Klägers dürfte indessen richtigerweise für ich genommen einer erneuten gerichtlichen Geltendmachung nicht entgegenstehen.

5   Problematisch sind bei Altgesellschaften auch **gesellschaftsvertragliche Modifizierungen** des früheren Rechts (vgl. insoweit auch (→ § 708 Rn. 7). Soweit die Gestaltungsfreiheit auch im Zuge der Reform besteht, handelt es sich hierbei allein um ein Auslegungsproblem. Zu fragen ist, ob die entsprechenden Vereinbarungen nach dem, ggf. im Wege der **ergänzenden Vertragsauslegung** ermittelnden Willen der Gesellschafter auch im Lichte des neuen Rechts gelten sollen, was regelmäßig anzunehmen ist, wenn das Regelungsziel dadurch nicht konterkariert wird (vgl. weitergehend zu Anpassungspflichten → Rn. 57 ff.). – In den Fällen, in denen die Reform indessen eine **Beschränkung der Gestaltungsfreiheit** hervorruft, kommt es für die Wirksamkeit eines Rechtsgeschäfts zwar grundsätzlich auf den Zeitpunkt der Vornahme an. Bei Dauerschuldverhältnissen, wie der GbR, ist indessen eine abweichende Beurteilung geboten, wenn das Verbotsgesetz nach seinem Sinn und Zweck die Nichtigkeit der fortlaufenden Wirkungen des Rechtsgeschäfts erfordert (vgl. MüKoBGB/Armbrüster § 134 Rn. 29 ff.). Insofern ist daher im Rahmen einer **teleologischen Betrachtung** der jeweiligen Neuregelung zu ermitteln, ob die nunmehr eingeführte Beschränkung der Gestaltungsfreiheit zum Schutz der (Minderheits-)Gesellschafter so bedeutsam ist, dass sie sich mit Wirkung ab 1.1.2024 auch auf zuvor getroffene Vereinbarungen beziehen soll. Ist dies, wie wohl regelmäßig anzunehmen, der Fall, sind gesellschaftsvertragliche Vereinbarungen, die dem neuen Recht entgegenstehen, daher hiernach unwirksam. Die beklagten Gesellschafter können zur Vermeidung weiterer Nachteile den Anspruch anerkennen (§ 307 ZPO).

II. Normzweck

Abs. 1 begründet eine **Legaldefinition** der GbR und stellt insofern ver- **6** allgemeinerungsfähig die **Zweckbindung** als das charakteristische und konstitutive Erfordernis für alle Gesellschaften im deutschen Recht klar. Die GbR ist wegen ihrer **Zweckoffenheit** nach wie vor die Auffangrechtsform, welche freilich nur dann zur Geltung gelangt, wenn kein kaufmännisches Gewerbe gemäß § 105 HGB betrieben wird (→ Rn. 17). – **Abs. 2 und 3** regeln die Unterscheidung **rechtsfähiger und nicht rechtsfähige GbR,** welche im Einklang mit § 719 zentral durch den entsprechenden Gesellschafterwillen determiniert ist (→ Rn. 46). Die frühere Begrifflichkeit von Außen- und Innen-GbR sollte daher aufgegeben werden.

III. Rechtsnatur der Gesellschaft (Abs. 1)

1. Grundlagen

Abs. 1 regelt, was die **GbR im Rechtssinne** kennzeichnet und welche **7** Voraussetzungen für ihre rechtliche Anerkennung bestehen. Hiernach ist es erforderlich, dass sich ein oder mehrere Gesellschafter aufgrund des Gesellschaftsvertrages verpflichten, die Erreichung eines gemeinsamen Zwecks in der durch den Vertrag bestimmten Weise zu fördern. Soweit dies gegeben ist, ist die GbR errichtet. Die konkrete Ausgestaltung als **rechtsfähige oder nicht rechtsfähige GbR** hängt gemäß Abs. 2 und 3 sowie § 719 davon ab, ob die Gesellschafter Ersteres wollen (→ Rn. 46); andernfalls liegt eine nicht rechtsfähige GbR gemäß §§ 740 ff. vor. Die Eintragung ins **Gesellschaftsregister** ist für rechtsfähige GbR lediglich eine Option (→ § 707 Rn. 7 ff.). – Im Übrigen regeln die §§ 705 ff. gemäß § 708 weitgehend dispositiv die rechtliche Ausgestaltung der GbR. Sie ist die **Grundform der Personengesellschaften** und in der Praxis wohl am weitesten verbreitet (vor allem als nicht rechtsfähige GbR und stille Gesellschaft gemäß §§ 230 ff. HGB). Die Regelungen gelten nach wie vor subsidiär bei anderen Gesellschaftsformen (vgl. für OHG und KG § 105 III HGB und § 161 II HGB, für die Partnerschaftsgesellschaft § 1 III PartGG).

2. Gesellschaftszweck

Der gemeinsame Zweck als das (verbindliche) **überindividuelle Ziel** des **8** Zusammenschlusses ist konstituierendes Merkmal aller Gesellschaften (BGH

NJW 1951, 308). Abs. 1 stellt dies für die GbR ausdrücklich klar. Er ist als gesellschaftsvertraglich festgelegte Vorgabe für das gesellschaftsbezogene Handeln der Gesellschafter maßgeblich. Soweit er nicht zugleich wirksam abgeändert wird, hat der Gesellschaftszweck für die Gesellschafter eine **pflichtenbegründende und rechtsbegrenzende Wirkung,** rechtsdogmatisch effektuiert durch die Geschäftsführungsbefugnis iSv § 715 (→ § 715 Rn. 28) und die gesellschaftsrechtliche Treuepflicht (→ Rn. 35 ff.). Das gesellschaftsbezogene Handeln der Gesellschafter muss der Verwirklichung des Gesellschaftszwecks dienen und darf umgekehrt der Gesellschaft auch nicht schaden. Im Liquidationsstadium beschränkt sich der Gesellschaftszweck auf die Auseinandersetzung und die hierzu erforderlichen Maßnahmen (vgl. BGH NJW-RR 2013, 349 Rn. 38; → § 736d Rn. 4). – Inhaltlich bestehen für den Gesellschaftszweck einer GbR nach wie vor keine unmittelbaren Vorgaben. Möglich ist **jede erlaubte Zielsetzung** (Ballerstedt JuS 1963, 253), dauerhaft oder nur einmalig (zur Gelegenheitsgesellschaft (→ Rn. 11). Liegen die Voraussetzungen von § 105 I HGB vor, handelt es sich jedoch zwingend um eine OHG (→ Rn. 9); vgl. insofern auch die Möglichkeit des Statuswechsel gemäß § 707c (→ § 707c Rn. 3). Jenseits dessen kann aber jeder **wirtschaftliche Zweck** verfolgt werden, auch eine **freiberufliche Tätigkeit.** Für Letztere stehen nunmehr neben der Partnerschaftsgesellschaft mit beschränkter Berufshaftung gemäß § 107 I 2 HGB auch OHG und KG zur Verfügung. Die Zwecksetzung kann ferner **ideelle Ziele** verfolgen (Kultur, Politik, Religion, karitative Einrichtungen).

9   **Grenzen der Gestaltungsfreiheit** folgen aus §§ 134, 138 und begründen im Zweifel (vgl. § 139) die Gesamtnichtigkeit des Gesellschaftsvertrages (zur fehlerhaften Gesellschaft → § 719 Rn. 21 ff.). Kommt es nachträglich zur Unzulässigkeit, liegt hierin ein zwingender Auflösungsgrund entsprechend § 729 (→ § 729 Rn. 19). Die rechtliche Missbilligung des Gesellschaftszwecks muss sich auf das im Gesellschaftsvertrag vereinbarte Ziel des Zusammenschlusses beziehen, nicht auf die (ggf. hiervon abweichende) Tätigkeit der GbR bzw. deren Gesellschafter. Die Unzulässigkeit einzelner Geschäfte und Handlungen führt daher nicht zwingend zur Unzulässigkeit des Zwecks. **Unzulässige Zwecke** sind: Verstoß gegen das RDG (vgl. BGH ZIP 2011, 1202, für die Sammelklage; BGH BeckRS 2013, 13519 für die Einziehung von Forderungen); nicht erlaubnisfähige Kartelle (vgl. BGH NJW-RR 1986, 1486); unzulässiger Sternvertrag (BGH BeckRS 2020, 7079); Förderung unlauterer Geschäftspraktiken (BGH NJW 1958, 989); Umgehung des Meisterzwangs (OLG Hamm NJW-RR 2000, 1565); Umgehung des familienrechtlichen Vergütungsverbots für die Verwaltung von Kindesvermögen durch die Eltern (OLG Nürnberg MittBayNot 2015, 235); Verstoß gegen das ApoG (BGH NJW 1980, 638; OLG Brandenburg BeckRS 2016, 03545 Rn. 45). Die Nichteinhaltung öffentlich-rechtlicher **Genehmigungsvorbehalte** (KWG, GüKG, PBefG, GastG, GewO) führt nicht zur Unzulässigkeit des Gesellschaftszwecks (vgl. für Spielhallenkonzession BGH NZG 2003, 770 sowie OLG Hamm NZG 2001, 747; für Verbote nach dem AMG BGH NJW 1968, 2286). In diesen Fällen kann es jedoch zur zwingenden Auflösung gemäß § 729 II kommen, wenn die Verwirklichung des Gesellschaftszwecks

infolge endgültiger Verweigerung unmöglich wird (vgl. zur Untersagungsver-
fügung BVerwG ZIP 2010, 1170). Das Gleiche gilt in Bezug auf das im Zuge
des KAGB eingeführten **Verbot der Publikums-GbR,** (vgl. Henssler/
Strohn/Servatius HGB Anh. Rn. 169). – Es ist zwar konstitutives Merkmal
der GbR, dass sich alle ihre Gesellschafter – wenn auch unterschiedlich –
gegenseitig zur Zweckförderung verpflichten. Es ist indessen nicht erforderlich, dass jeder Gesellschafter am Ergebnis der Geschäftstätigkeit (Gewinn
und Verlust, Gesellschaftsvermögen) beteiligt ist (hM, vgl. BGH NJW 1987,
3124; OLG Frankfurt NZG 2013, 338: **„Null-Beteiligung").** Derartige
Gestaltungen können allerdings die Grenze der **Sittenwidrigkeit** gem. § 138
überschreiten, wenn die grobe Ungleichbehandlung der Gesellschafter unter
Ausnutzung der wirtschaftlichen Vormachtstellung des einen oder des Vertrauens und der Unerfahrenheit des anderen Teils herbeigeführt wird (BGH
WM 2013, 1556 Rn. 25).

3. Erscheinungsformen von GbR

Die inhaltliche Weite zulässiger Gesellschaftszwecke bringt es konsequen- **10**
terweise mit sich, dass es eine **erhebliche Artenvielfalt** von GbR gibt,
deren Unterscheidung teilweise rechtliche Konsequenzen nach sich zieht.
Die frühere Unterscheidung von Innen- und Außengesellschaft sollte im
Zuge der Reform freilich nunmehr aufgegeben werden, denn das Gesetz
differenziert insofern allein zwischen **rechtsfähigen und nicht rechtsfähigen GbR** (→ Rn. 7, → Rn. 44). Ein Gesellschaftsvermögen (nicht als
Gesamthandsvermögen zu bezeichnen!) kann gemäß § 740 I allein durch
Erstere gebildet werden (→ § 740 Rn. 8); bei der nicht rechtsfähigen GbR
bestehen auch die vermögensrechtlichen Rechtsbeziehungen allein innerhalb
des Gesellschafterkreises. Bedeutsam ist die Abgrenzung rechtsfähiger und
nicht rechtsfähiger GbR somit vor allem im Außenverhältnis. Rechtsfähige
GbR werden von den Gesellschaftern organschaftlich vertreten (→ § 720
Rn. 9 ff.); die Gesellschafter haften für die Gesellschaftsverbindlichkeiten
unbeschränkt persönlich (→ § 721 Rn. 7 ff.). Soweit eine rechtsfähige GbR
besteht, ist diese allerdings auch Adressatin der innergesellschaftlichen Sozialansprüche und -verbindlichkeiten (vgl. insofern nur § 717 I). Gesellschafterklage (→ § 715a Rn. 6) und Notgeschäftsführungsbefugnis (→ § 715b
Rn. 6) erstrecken sich konsequenterweise auch auf Ansprüche der rechtsfähigen GbR. Die gesellschaftsrechtliche Abwicklung nach Auflösung der rechtsfähigen GbR erfolgt im gesetzlichen Regelfall gemäß § 735 III ebenfalls bis
zur Schlussverteilung über das Gesellschaftsvermögen (→ § 736d Rn. 22 ff.).
Die **Eintragung ins Gesellschaftsregister** ist gemäß § 707 grundsätzlich
optional (→ § 707 Rn. 7 ff.; vgl. aber zur Voreintragungsobliegenheit beim
Halten bestimmter Vermögensgegenstände (→ § 713 Rn. 12 ff.). Sie bringt
im Hinblick auf die Registerpublizität eine erhebliche Erhöhung der Rechtssicherheit mit sich, freilich nach Maßgabe von § 15 HGB auch zulasten der
Gesellschafter (→ § 707a Rn. 9 f.).

Den Gesellschaftern obliegt die Festlegung des **Zeitraums der Zweck-** **11**
verwirklichung, mithin ob die Gesellschaft dauerhaft bestehen soll, befristet

(§ 729 I Nr. 1, → § 729 Rn. 9 ff.) oder wegen der Eigenart des Vorhabens nur für einen zeitlich begrenzten Zweck gegründet wird (§ 729 II, → § 729 Rn. 16 ff., sog. **Gelegenheitsgesellschaft**). Letzteres ist trotz der im Reformprozess vielfach verwirklichten Förderung der Unternehmenskontinuität nach wie vor eine zulässige und weitverbreitete Erscheinungsform der GbR. Die Anforderungen an die Annahme einer **konkludent** gegründeten Gelegenheitsgesellschaft sind richtigerweise nach wie vor gering (vgl. BGH NZG 1999, 293). **Beispiele** für (Gelegenheits-)GbR: Abiturjahrgang (LG Detmold NJW 2015, 3176); Aktionärsvereinbarung oder „Schutzgemeinschaft" bzw. Stimmrechtskonsortium (BGH NJW 1994, 2536; ZIP 2009, 216; DStR 2009, 2382; NZG 2010, 62; LG Heidelberg BeckRS 2016, 18066); Bau-ARGE (BGH NJW 2001, 1056; abw. (für OHG) OLG Dresden NJW-RR 2003, 257; ähnlich OLG Frankfurt ZIP 2005, 1559); Anleger-Innengesellschaft beim Fonds (BGH WM 2020, 458 Rn. 14); Bietergemeinschaft (KG BeckRS 2007, 12060); gemeinsamer Bau eines Mehrfamilienhauses (OLG Koblenz BeckRS 2006, 12081), nicht aber bei der Renovierung (vgl. BGH NZG 2009, 21); Ehegatten-Innengesellschaft (BGH NJW 2012, 3374; BeckRS 2016, 07527); Facebook-Gruppe (verneinend AG Menden BeckRS 2013, 04369); Fahrgemeinschaft (BGH NJW 1967, 558); Gewinngemeinschaft iSv § 292 I Nr. 1 AktG (BGH NJW 1957, 1279); Errichtung und Vermarktung von Gebäuden auf Grundstücken in Abgrenzung zur Subunternehmerschaft (OLG Stuttgart BeckRS 2016, 07929, Rn. 25); Halten eines Deckhengstes (OLG München BeckRS 2005, 01724); gelöschte englische Ltd., die weiter am Markt auftritt (OLG Celle DNotI-Report 2012, 135); Halten eines Sportflugzeugs (BGH JZ 1972, 88); Herausgabe eines Nachschlagewerks (BGH NJW 1983, 1188); Heizölbestellung (LG Konstanz NJW 1987, 2521); geschlossener Immobilienfonds (BGH NJW-RR 2007, 1199; Kartell (BGH NJW 1977, 804); Innehabung einer Marke, wenn über die bloße Innehabung hinaus eine Vereinbarung über die Verwendung getroffen wurde (BPatG BeckRS 2007, 12750; LG Berlin NZG 2009, 142); Betreiben eines Internet-Forums (verneinend AG Geldern BeckRS 2016, 15958); Jagdpachtgemeinschaft (OLG Celle BeckRS 2014, 14748); Lottospielgemeinschaft (OLG Karlsruhe NJW-RR 1988, 1266; verneinend BGH NJW 1974, 1705; verneinend auch LG Arnsberg BeckRS 2017, 103160; nichteheliche Lebensgemeinschaft (BGH NJW 1992, 906; 2006, 1268; OLG Brandenburg BeckRS 2019, 711 Rn. 38 f.); Mengen-Clearing-Vertrag (OLG Köln BeckRS 2014, 06534); Mietpool (OLG Stuttgart NJW-RR 2011, 40; abw. OLG Frankfurt NZM 2016, 556); Miterben jenseits der Erbengemeinschaft (LAG Köln BeckRS 2019, 34352); Mitmieter (AG Brandenburg BeckRS 2012, 09367); Prozessfinanzierung (verneinend LG Bonn JZ 2007, 203; offen lassend OLG Köln NJW 2008, 589 und OLG Frankfurt NJW-RR 2017, 1330); Sammelbestellung von Lehrmitteln durch Studierende (OLG Frankfurt NJW-RR 1991, 283); Sammelklage (vgl. BGH ZIP 2011, 1202 mit Hinweis auf Verstoß gegen das RDG); Schaffung und Verwertung von Unterhaltungsmusik (BGH NJW-RR 1998, 1639); gemeinsame Reise (OLG Saarbrücken NJW 1985, 811); Teileigentümergemeinschaft nach WEG als Verpächterin (OLG München NZG 2012, 421); Treuhandkommanditisten

(BGH NJW 2011, 921); Unterbeteiligung (BGH NJW 1968, 2003; BGH GWR 2011, 484; Abgrenzung zur nicht-gesellschaftsrechtlichen Treuhand bei BGH NJW 1994, 2886 und BGH DStR 1994, 1199); Vorbeteiligungsgesellschaft im Vorfeld einer Kapitalerhöhung (OLG Schleswig ZIP 2014, 1525 Rn. 33); Werbegemeinschaft (BGH NJW 2016, 2492); Wohngemeinschaft (LG München II NJW-RR 1993, 334); Zusammenarbeit von Rechtsanwälten, sofern nicht ausdrücklich eine andere Rechtsform gewählt wurde (BGH NJW 2007, 2490; verneinend OLG Celle NZG 2007, 542; einschr. auch BGH ZIP 2012, 1960).

Die **stille Gesellschaft** isv §§ 230 ff. HGB ist eine **nicht rechtsfähige** 12 **GbR** (BGH NJW 1982, 99; Henssler/Strohn/Servatius HGB § 230 Rn. 28 ff.). Die §§ 705 ff. gelten daher gegenüber den §§ 230 ff. HGB subsidiär. Im Außenverhältnis handelt gemäß § 230 II HGB der Geschäftsinhaber im eigenen Namen; im Innenverhältnis unterliegt er wie der Stille den gesellschaftsvertraglichen Rechten und Pflichten. Ein Gesellschaftsvermögen kann wegen § 740 I nicht gebildet werden. Beteiligen sich mehrere Stille am Handelsgeschäft eines anderen, kommt es grundsätzlich zu verschiedenen zweigliedrigen nicht rechtsfähigen GbR. Die Stillen können sich jedoch auch untereinander gesellschaftsrechtlich verbinden, sodass eine mehrgliedrige Innen-GbR entsteht (BGH NJW 1995, 192; Henssler/Strohn/Servatius HGB § 230 Rn. 7).

4. Abgrenzungsfragen

a) **Partiarisches Darlehen.** Das konstitutive **Erfordernis des gemein-** 13 **samen Zwecks** für die rechtliche Anerkennung einer Gesellschaft im Rechtsinne ist maßgeblich zur Abgrenzung der GbR von anderen Vertragstypen. So handelt es sich um ein partiarisches Rechtsverhältnis und keine Gesellschaft, wenn die Vereinbarung zwar eine Gewinnbeteiligung vorsieht, die Parteien sich einander jedoch abweichend von § 705 nicht zur Gewinnerzielung verpflichten, mithin keinen gemeinsamen Zweck etablieren (BGH NJW 1951, 710; NZG 2013, 53; vgl. für das Steuerrecht BFH DStR 2000, 1594). – Praktische Bedeutung hat diese **Abgrenzung zur stillen Beteiligung** vor allem bei der Beendigung der Kapitalüberlassung (§ 489 einerseits, § 234 HGB andererseits), die Geltung von § 233 HGB, bei den Auswirkungen der Insolvenz des Kapitalnehmers (§§ 234, 236 HGB und § 136 InsO einerseits, § 41 InsO andererseits) sowie der Geltung der Lehre von der fehlerhaften Gesellschaft (→ § 719 Rn. 21 ff.). Die Abgrenzung erfolgt durch **Auslegung** des Vereinbarten. Sie ist durch Abwägung aller nach dem Vertragsinhalt maßgebenden Umstände vorzunehmen (Einzelheiten bei BGH NJW 1995, 192). Die von den Parteien gewählte Formulierung hat allein indizielle Bedeutung (BFH NZG 2008, 920; 2020, 672 Rn. 34). Kennzeichnend für ein partiarisches Darlehen ist, dass die Vergütung nicht – oder nicht nur – in einem festen periodischen Betrag besteht, sondern in einem Anteil an dem vom Darlehensempfänger erwirtschafteten Erfolg; diese Erfolgsbeteiligung muss sich nicht unbedingt auf den Gewinn oder Umsatz des gesamten Unternehmens beziehen, sondern kann sich auch auf ein bestimmtes Geschäft

beschränken (BFH NZG 2020, 672 Rn. 33). **Kriterien:** Partnerschaftliches
Zusammenwirken spricht für stille Gesellschaft (BFH BeckRS 1983,
22006730). Wurde eine gewinnbezogene Verzinsung vereinbart, kann hieraus
allein indessen noch nicht der Schluss auf eine stille Beteiligung gezogen
werden. Auch die Vereinbarung einer Verlusttragung bzw. gleichwertige
Gestaltungen (zB Rangrücktritt iSv § 39 Abs. 2 InsO) genügen hierfür nicht,
sodass mezzanine Finanzierungen und Genussrechte regelmäßig Darlehen
sind (abw. BGH BB 1967, 349: Verlustbeteiligung als Indiz für stille Gesellschaft; noch eindeutiger BFH NZG 2020, 672 Rn. 33: Verlustbeteiligung ist
dem partiarischen Darlehen fremd). Das Gleiche gilt für die Vereinbarung
besonderer Informations- und Mitwirkungsrechte zugunsten des Kapitalge-
bers (abw. BGH NJW 1992, 2696; OLG Köln BeckRS 2014, 22441); diese
können nämlich beim Darlehen gleichermaßen vereinbart werden. Vertrags-
charakteristisch für die Abgrenzung der stillen Beteiligung vom Darlehen ist
damit letztlich allein, ob der Geschäftsinhaber seine Tätigkeit kraft vertraglicher Vereinbarung zum gemeinsamen Nutzen erbringt und sich insofern
einer gemeinsamen Zielsetzung unterordnet, mithin der Kapitalgeber auch
einen vertraglichen **Anspruch auf dessen Geschäftsführung** haben soll.

14   Diese Abgrenzung gilt gleichermaßen bei partiarischen **Dienstverträgen**
(vgl. für „Kooperationsvertrag" BGH NJW 1992, 2696; zum Handelsvertre-
ter OLG Brandenburg BeckRS 2008, 03391) sowie bei **Überlassungsver-
trägen,** wie Lizenzen, Franchise (OLG Hamm NZG 2000, 1169) oder der
Umsatzmiete (BGH NJW 1988, 417; Einzelheiten bei Lettl DB 2004, 365).
Werden lediglich einzelne Geschäfte aufgrund vertraglicher Vereinbarung
auf gemeinsame Rechnung getätigt **(Metageschäft),** handelt es sich nach
zweifelhafter hM nicht um eine stille Beteiligung, sondern um eine „nor-
male" nicht rechtsfähige GbR (BGH BB 1960, 12; NJW 1990, 573; WM
2011, 765 Rn. 10; OLG Köln BeckRS 2014, 06534). **Crowdinvesting**
erfolgt regelmäßig in Gestalt partiarischer Darlehen (vgl. Nietsch/Eberle DB
2014, 1788 (1793)).

15   **b) Bruchteilsgemeinschaft.** Die Bruchteilsgemeinschaft iSv §§ 741 ff.
ist im Ausgangspunkt keine Gesellschaft, weil sie durch die **bloße gemeinschaftliche Innehabung** eines Rechts entsteht (vgl. §§ 1008 ff. iVm
§§ 929 ff., § 873 bzw. §§ 947 ff.). Die auch hier regelmäßig vorhandenen
schuldrechtlichen Beziehungen der Teilhaber untereinander beruhen nicht
auf der vertraglichen Vereinbarung eines gemeinsamen Zwecks, sodass
Gemeinschaft und Gesellschaft voneinander strikt zu trennen sind (vgl. LG
Arnsberg BeckRS 2017, 103160). Sie schließen einander jedoch nur scheinbar aus. Aufgrund vertraglicher Abreden kann diese kategorische Zweiteilung
nämlich in zulässiger Weise aufgeweicht werden. Das an sich nicht zweckge-
richtete „Halten und Verwalten" bei der Bruchteilsgemeinschaft iSv §§ 741 ff.
wird dann durch die **zusätzliche Vereinbarung eines Gesellschaftszwecks** iSv §§ 705 ff. überlagert (treffend BGH BeckRS 2014, 09617: „Halten und gewinnorientiertes Verwalten"). Dies ist im Wege der **Auslegung**
zu ermitteln und stets dann gegeben, wenn die Innehabung und Verwaltung
des betreffenden Gegenstands speziellen ideellen oder wirtschaftlichen Zielen

zu dienen bestimmt ist. **Beispiele** hierfür sind die gewerbliche Nutzung eines im Bruchteilseigentum gehaltenen Grundstücks (vgl. OLG Karlsruhe NZG 1999, 249; OLG Brandenburg BeckRS 2008, 20028), die Bauherrengemeinschaft (BGH NJW 1992, 1881), die Wohnungseigentümergemeinschaft (OLG Köln NZG 2001, 467), die gemeinschaftliche Vermögensbildung (OLG Düsseldorf NZG 2001, 746), die Verwertung einer gemeinschaftlich gehaltenen Marke (OLG Saarbrücken NZG 2009, 22 (23) oder eines Patents (BPatG BeckRS 2016, 10026), ausnahmsweise auch bei Ehegatten (vgl. BGH NJW 1982, 170; 1999, 2962 (2964); BeckRS 2016, 07527).

Als **Konsequenz** sind die verschiedenen Rechtsbeziehungen zu trennen. **16** Die schuldrechtlichen Bestimmungen ergeben sich vorrangig aus den §§ 705 ff., die vermögensrechtlichen Regelungen aus §§ 741 ff. Auf §§ 718 ff. ist nur dann abzustellen, wenn die Gesellschafter dies wollen. Insofern verbietet § 713 indessen bei rechtsfähigen GbR die Bildung von Bruchteilseigentum als Gesellschaftsvermögen (abw. bislang MüKoBGB/Schäfer § 718 Rn. 11). Hiervon abzugrenzen ist freilich, dass die rechtsfähige GbR gemeinsam mit anderen (ggf. sogar Gesellschaftern), Mitglied einer Bruchteilsgemeinschaft gemäß §§ 741 ff., §§ 1008 ff. ist. Auch ist es ohne weiteres möglich, dass die Gesellschafter im Rahmen einer (intern) **nicht rechtsfähigen GbR** nach außen hin individuell **nach Bruchteilen** an Vermögensgegenständen beteiligt sind (vgl. Kruse DStR 2021, 2412 (2414)). Die Zulässigkeit einer derartigen Gestaltung ist zu bejahen. Die rudimentären Vorgaben der §§ 741 ff. sind nicht ausreichend, das Rechtsverhältnis der Beteiligten untereinander adäquat zu regeln, sodass die vertragliche Vereinbarung gesellschaftsrechtlicher Regelungen sachgerecht erscheint (abw. die hM, vgl. OLG Frankfurt NJW-RR 1998, 415). Verzichtet man mit der hLit beim Gewerbebegriff auf das Merkmal der Gewinnerzielungsabsicht (vgl. BeckOGK/Servatius HGB § 1 Rn. 26 ff.), spricht die Zulässigkeit der (nur) vermögensverwaltenden Personenhandelsgesellschaft gemäß § 105 II HGB ebenfalls dafür, eine entsprechende Gestaltung auch bei der GbR anzuerkennen. Als Konsequenz ergeben sich die schuldrechtlichen Bestimmungen der Gesellschafter untereinander vorrangig aus den §§ 705 ff., die vermögensrechtlichen Regelungen aus §§ 741 ff.

c) Handelsgesellschaft. Die GbR ist nach wie vor die Grundform der **17** OHG. Letztere liegt gemäß § 105 I HGB zwingend vor, wenn sich die Gesellschafter aufgrund Vertrages zum Zweck des Betriebes eines **kaufmännischen Handelsgewerbes** zusammenschließen (vgl. hierzu etwa Wallimann NZG 2022, 742). Diese tatsächlichen Voraussetzungen können auch ohne einen auf die Rechtsform bezogenen Willen der Gesellschafter nachträglich entstehen und wieder entfallen (BGH NJW 1953, 1217). Liegt keine Registereintragung vor, wandelt sich eine GbR damit auch ohne entsprechenden Willen der Gesellschafter identitätswahrend in eine OHG um (§ 123 I HGB). Das Gleiche gilt umgekehrt beim Herabsinken auf ein Kleingewerbe bzw. beim Fortfall des Gewerbes (vgl. BGH NJW 1960, 1664). Im Grundbuch bedarf es in diesen Fällen einer bloßen Richtigstellung, nicht einer Berichtigung (OLG Zweibrücken ZIP 2012, 2255; vgl. zur Zwangsvollstreckung auch BGH NZG 2016, 517 Rn. 17). Vgl. im Übrigen auch die Möglichkeit des **Statuswechsels** eingetragener GbR gemäß § 707c bzw. § 107 II HGB (→ § 707c Rn. 1).

5. Gesellschaftsvertrag

18   **a) Grundlagen.** Jede GbR bedarf eines **zumindest konkludent** geschlossenen Vertrages über die Etablierung und Verfolgung eines gemeinsamen Zwecks iSv § 705 (BGH NZG 2009, 21). Abs. 1 stellt dies ausdrücklich klar. Er hat eine **Doppelnatur:** Einerseits ist er schuldrechtlicher Vertrag, wonach sich die Gesellschafter gegenseitig zur Zweckförderung, insbesondere der Erbringung bestimmter Leistungen (Beiträge gemäß § 709; → § 709 Rn. 5 ff.) verpflichten; andererseits ist er Organisationsvertrag, der auf die Gründung und rechtliche Ausgestaltung einer Personenvereinigung abzielt. – Erforderlich ist eine von Rechtsbindungswillen getragene **Einigung** der beteiligten Gesellschafter **über den gemeinsamen Zweck** als das gemeinschaftlich zu verfolgende Ziel (→ Rn. 8). Bei der Beteiligung von mehr als zwei Gesellschaftern, müssen die Vorgaben der §§ 130 f., 145 ff. gegenüber jedem Beteiligten vorliegen (mehrseitiger Vertrag). Der Vertrag ist im Zweifel erst mit Erklärung des letzten Gesellschafters geschlossen. Eine bloß faktische Willensübereinstimmung ist nicht ausreichend (BGH NJW 2006, 1268 für die nichteheliche Lebensgemeinschaft; vgl. insofern zu den Anforderungen an die tatrichterliche Würdigung des Sachverhalts BGH NZG 2009, 21 und OLG Brandenburg NJW-RR 2015, 516). Soll eine Gesellschaft erst gegründet werden und wird sie bereits vor Einigung über **alle vertraglichen Punkte** im allseitigen Einverständnis in Vollzug gesetzt, kann trotz fehlender Gesamteinigung bereits eine GbR entstehen (OLG Naumburg BeckRS 2012, 15456). – Die gegenseitige **Bevollmächtigung** ist unter Beachtung von § 181 möglich (vgl. OLG München NZG 2002, 623), auch die eines Dritten, der nicht selbst Gesellschafter werden soll (BGH WM 1982, 40). Zur nachträglichen Aufnahme neuer Gesellschafter → § 712 Rn. 21 ff.

19   Die Anforderungen an einen **konkludenten Vertragsschluss** liegen nicht sehr hoch, insbes. bedarf es keines auf die Errichtung einer Gesellschaft gerichteten Erklärungsbewusstseins (OLG München NZG 2012, 421). Die Abgrenzung zwischen rechtsgeschäftlicher Bindung und bloßem **Gefälligkeitsverhältnis** wird vor allem bei nicht rechtsfähigen und Gelegenheitsgesellschaften relevant. Maßgeblich ist die Auslegung der entsprechenden Willenserklärung aus Sicht der Mitgesellschafter. **Kriterien,** die für eine rechtsgeschäftliche Bindung sprechen, sind die Art der relevanten Handlung, ihr Grund und Zweck, ihre wirtschaftliche und rechtliche Bedeutung für die anderen, die Umstände der Leistungserbringung sowie die Interessenlage der Parteien (BGH NJW 1956, 1313). Bei Angelegenheiten des täglichen Lebens sowie im gesellschaftlichen Bereich ist ein Rechtsbindungswille regelmäßig zu verneinen (vgl. für eine Lottospielgemeinschaft BGH NJW 1974, 1705; für die Zusammenarbeit von Rechtsanwälten OLG Celle NZG 2007, 542; für die wechselseitige Beaufsichtigung von Kindern BGH NJW 1968, 1874 f.); anders aber bei der Verabredung zu einer gemeinsamen Reise (OLG

Saarbrücken NJW 1985, 811; ähnlich BGH NJW 1979, 414: gesellschafts-
ähnliches Rechtsverhältnis).

Essentialia negotii des Gesellschaftsvertrages sind allein die Etablierung **20**
des gemeinsamen **Zwecks** (→ Rn. 8) und die Festlegung der die Gesellschafter treffenden **Förderungspflichten,** ggf. als Beitrag iSv § 709
(→ § 709 Rn. 5 ff.). Die Gewinnbeteiligung eines jeden Gesellschafters ist
nicht erforderlich (zur societas leonina → Rn. 9). Konkrete Regelungen
über die einzelnen Rechte und Pflichten sind praktisch geboten, ansonsten
gilt Gleichbehandlung nach Maßgabe von § 709 II und III (→ § 709
Rn. 19 ff.). Bestehen die entsprechenden Pflichten bereits aufgrund eines
anderen Rechtsverhältnisses, ist stets problematisch, ob darüber hinaus eine
Gesellschaft vereinbart wird. Maßgeblich ist auch die Auslegung des Gewollten (vgl. zur ehelichen Lebensgemeinschaft zurückhaltend BGH NJW 2012,
3374; zur nicht ehelichen Lebensgemeinschaft BGH NJW 1992, 906; zur
Hausgemeinschaft unter Verwandten BGH WM 1972, 1122 (1123)). Umgekehrt müssen im Rahmen eines bestehenden Gesellschaftsverhältnisses nicht
sämtliche Rechtsbeziehungen gesellschaftsrechtlich geprägt sein (vgl. zum
Drittgeschäft außerhalb der Auseinandersetzung BGH NZG 2006, 459).
Beginn und Dauer des Gesellschaftsverhältnisses können frei bestimmt werden (aufschiebende Bedingung, Befristung, auflösende Bedingung, vgl.
→ § 719 Rn. 6 ff., → § 729 Rn. 9). Insbesondere haben es die Gesellschafter
gemäß Abs. 2 einvernehmlich in der Hand, die Gesellschaft zur rechtsfähigen
werden zu lassen (→ Rn. 46). Das Gleiche gilt gemäß § 707 für die Herbeiführung der Eintragung ins Gesellschaftsregister (→ § 707 Rn. 8 f.).

b) Gesellschafter. Eine GbR muss **mindestens zwei** Gesellschafter **21**
haben. Eine Ein-Personen-Gründung ist abweichend von den Kapitalgesell-
schaften nicht möglich (allgM, BGH NJW 1957, 1026; OLG Schleswig
DNotZ 2006, 374 (376)). Hieran hat auch die Reform nichts geändert.
Scheidet der vorletzte Gesellschafter aus, wird die GbR grundsätzlich sofort
vollbeendet, und das Gesellschaftsvermögen wächst dem verbleibenden
Gesellschafter an; § 712a stellt dies nunmehr ausdrücklich klar (→ § 712a
Rn. 4); vgl. zum früheren Recht BGH NJW 2000, 1119; 2008, 2992. –
Gesellschafter einer GbR kann **grundsätzlich jedes Rechtssubjekt** sein:
juristische und natürliche Personen, auch ausländische (BayObLG WM 1986,
968 (970)), auch des öffentlichen Rechts (RGZ 163, 142 (149)), Personenhandelsgesellschaften (BGH WM 1959, 288), eine andere rechtsfähige GbR
(BGH NJW 1998, 376), eine Vorgesellschaft (BGH NJW 1981, 1373); ein
nicht rechtsfähiger Verein (MüKoBGB/Schäfer § 705 Rn. 80). Sind die
Gesellschafter Kaufleute, kann die GbR auch mit nichtkaufmännischer
Zwecksetzung bestehen (hM, Erman/Westermann § 705 Rn. 17; abw.
Schulze-Osterloh NJW 1983, 1281). Die GbR selbst kann gemäß § 711 I 2
nicht Gesellschafterin sein (→ § 711 Rn. 12); vom Verbot nicht erfasst wird
freilich die Möglichkeit, Anteile an einer Treuhänder zu übertragen, was in
der Praxis die Notwendigkeit des Haltens eigener Anteile durch die Personengesellschaft entbehrlich machen dürfte (zutreffend Begr. S. 141).

Das Vorgesagte gilt grundsätzlich für alle rechtsfähigen und nicht rechtsfä- **22**
higen GbR. Vgl. bei **eingetragenen GbR** den Inhalt der Eintragung in

Bezug auf die Gesellschafter gemäß § 707 I Nr. 2 (→ § 707 Rn. 15). Im Übrigen sieht § 707a I 2 vor, dass eine GbR als Gesellschafterin einer eingetragenen GbR nur eingetragen werden soll, wenn sie ihrerseits im Gesellschaftsregister eingetragen ist (→ § 707a Rn. 6). Die Formulierung „soll" ist der registerrechtlichen Terminologie entlehnt und bringt lediglich zum Ausdruck, dass eine Eintragung unter Verstoß gegen diese Vorschrift die Wirksamkeit der Eintragung unberührt lässt; die Regelung ist daher vom Registergericht zwingend einzuhalten (Begr. S. 131). Hieraus resultiert somit ebenso wie bei der Beteiligung an GmbH und AG (→ § 713 Rn. 18 ff.) ein mittelbarer Registerzwang bzw. eine **Voreintragungsobliegenheit** für GbR, soweit diese Gesellschafterin einer eingetragenen GbR sein soll (Begr. S. 131).

23   Verfügt eine Personengemeinschaft über **keine Rechtsfähigkeit,** kann sie als solche nicht Gesellschafterin sein. Dies gilt auch für die Erbengemeinschaft (BGH NJW 1957, 180; 2002, 3389); Ausnahmen bestehen jedoch im Liquidationsstadium (MüKoBGB/Schäfer § 705 Rn. 82; → § 730 Rn. 5 ff.); vgl. zur Eintragungspflicht eines Testamentsvollstreckervermerks im Grundbuch OLG Hamburg ZIP 2008, 2125). Auch eine Bruchteilsgemeinschaft gem. §§ 741 ff. kann als solche nicht Gesellschafterin sein (MüKoBGB/Schäfer § 705 Rn. 83). Das Gleiche gilt für die eheliche bzw. nicht eheliche Lebensgemeinschaft, sofern diese nicht ausnahmsweise ihrerseits durch ein gesellschaftsrechtliches Verhältnis iSv § 705 überlagert werden und als rechtsfähige GbR am Rechtsverkehr teilnehmen (vgl. BGH NJW 2008, 443; 2006, 1268; 1992, 906).

24   Ist ein Gesellschafter in seiner **Geschäftsfähigkeit beschränkt,** bedarf es für eine wirksame Beteiligung der Zustimmung anderer. Bei **Minderjährigen** ist dies gemäß §§ 106 ff. mangels lediglich rechtlicher Vorteilhaftigkeit regelmäßig der Fall (Überblick bei Rust DStR 2005, 1942). Die Beteiligung an einer rechtsfähigen GbR zieht die persönliche Gesellschafterhaftung nach sich (→ § 721 Rn. 7 ff.), bei nicht rechtsfähiger GbR drohen gegenüber den Mitgesellschaftern Sozialverbindlichkeiten. Liegt kein Fall des § 112 S. 1 vor, ist in daher gemäß §§ 107, 1629 die Zustimmung der **gesetzlichen Vertreter** erforderlich. – Hiervon abzugrenzen ist die gemäß § 112 S. 2 zusätzlich erforderliche Zustimmung des Familiengerichts, wenn der Geschäftsbetrieb der GbR auf den **Betrieb eines Erwerbsgeschäfts** gerichtet ist und dem Minderjährigen hieraus ein unternehmerisches Risiko droht (OLG Zweibrücken NJW-RR 1999, 1147; OLG Hamm FamRZ 2001, 53). Erfasst ist jede auf Erwerb gerichtete Tätigkeit der GbR (RGZ 51, 35), auch im sozialen, künstlerischen, wissenschaftlichen oder freiberuflichen Bereich (vgl. BayObLG DNotZ 1995, 941; KG NJW 1976, 1946) sowie die unentgeltliche Beteiligung an einer Vermögensverwaltungs-GbR (BayObLG ZEV 1998, 1907 (1908); abw. Dümig FamRZ 2003, 3; vgl. auch Wertenbruch FamRZ 2003, 1714). Der gerichtlichen Zustimmung bedarf es auch dann, wenn der Minderjährige von der Geschäftsführung ausgeschlossen ist (zur OHG RGZ 127, 110). Liegt kein Erwerbsgeschäft vor, ist die Beteiligung eines Minderjährigen an einer Außen-GbR gleichwohl wegen der **drohenden Gesellschafterhaftung** auch gem. § 1852 Nr. 2 genehmigungspflichtig (vgl. zum früheren,

tatbestandlich weiteren § 1822 Nr. 10 OLG Hamm FamRZ 2001, 53; Rust
DStR 2005, 1942 (1943 f.)).

Bei **Vertragsänderungen** gelten die Mitwirkungserfordernisse nur einge- 25
schränkt. Die Zustimmung der gesetzlichen Vertreter ist zwar nach Maßgabe
der §§ 107 ff. uneingeschränkt notwendig; ihre Vertretungsmacht ist durch
§ 181 begrenzt (abw. für Geschäftsführungsbeschlüsse Rust DStR 2005, 1992
(1993)). Nach hM gilt das zusätzliche **Erfordernis gerichtlicher Genehmigung** bei „unwesentlichen Änderungen" jedoch nicht (so für den Eintritt
und Ausscheiden anderer Gesellschafter BGH NJW 1962, 2344; 1961, 724;
zustimmend MüKoBGB/Schäfer § 705 Rn. 72; Wertenbruch FamRZ 2003,
1714 (1716); abw. Erman/Schulte-Bunert § 1822 Rn. 20). Die möglicherweise einschneidenden Folgen für den Minderjährigen sind hiernach unerheblich, sofern es sich nicht um „fundamentale Änderungen des Gesellschaftsvertrages" handelt (Grüneberg/Götz § 1822 Rn. 9). Etwas anderes gilt
wiederum, wenn der nicht unbeschränkt Geschäftsfähige selbst ausscheidet
(BGH NJW 1955, 1067). Diese Abgrenzung ist mit dem Schutzzweck der
gerichtlichen Genehmigungserfordernisse nur schwerlich vereinbar. Vorsorglich sollte daher bei jeder nicht nur unbedeutenden Vertragsänderung auch
die gerichtliche Genehmigung eingeholt werden (vgl. auch Rust DStR 2005,
1992 (1994)).

Bei der **Unterbeteiligung** lässt sich jemand aufgrund vertraglicher Verein- 26
barung mit einem Gesellschafter Vermögensrechte einräumen, die aus dessen
Mitgliedschaft in der GbR resultieren. Das Rechtsverhältnis zwischen dem
Berechtigten und dem Gesellschafter ist regelmäßig eine nicht rechtsfähige
GbR (vgl. BGH NJW 1968, 2003), ggf. als stille Beteiligung iSv § 230 HGB
(Henssler/Strohn/Servatius HGB § 230 Rn. 8). Ähnlichen Regeln folgt die
insbesondere bei Publikumsgesellschaften häufig anzutreffende **treuhänderi-
sche Beteiligung** an einer GbR (zur Abgrenzung BGH DStR 1994, 1201).
Im Ausgangspunkt ist nur der Treuhänder Gesellschafter, im Innenverhältnis
jedoch gegenüber dem Treugeber zur Interessenwahrung verpflichtet (BGH
WM 1991, 1753). Zwischen dem Berechtigten und der Hauptgesellschaft
bzw. deren übrigen Gesellschaftern entstehen allein aufgrund der zweiseitigen
Treuhandabrede keine unmittelbaren Rechtsbeziehungen; er wird auch nicht
deren Mitglied (→ § 711a Rn. 16). Vgl. zu **Nießbrauch** und **Pfandrecht**
→ § 711a Rn. 15, 18.

c) **Form.** Der Abschluss des Gesellschaftsvertrages ist formfrei möglich, 27
soweit nicht etwas anderes vereinbart wurde (zur deklaratorischen **Schriftformklausel** BGH NJW 1968, 1378). Ein **gesetzlicher Formzwang** kann
sich jedoch aufgrund anderer Regelungen ergeben: **§ 311b Abs. 1** gilt bei
der Einbringung von Grundstücken durch Gesellschafter (BGH WM 1977,
783; NJW 1996, 1279), beim Vorkaufsrecht der Gesellschaft (RGZ 110, 327
(333)), bei der Verpflichtung des Gesellschafters zum Rückerwerb (BGH
NJW 1978, 2505), bei der im Gesellschaftsvertrag niedergelegten Verpflichtung zum Erwerb eines bestimmten Grundstücks von Dritten und zur
anschließenden Veräußerung (BGH NJW-RR 1991, 613 (614); OLG Köln
NZG 2000, 930). Die Übertragung eines Gesellschaftsanteils an einer Grund-

stücks-GbR ist formlos möglich, sofern es sich nicht um einen Umgehungstatbestand handelt (BGH NJW-RR 2008, 773; Wertenbruch NZG 2008,
454; → § 711 Rn. 6). **§ 15 Abs. 4 GmbHG** ist bei der Verpflichtung zur
Einbringung von GmbH-Anteilen entsprechend zu wahren, nicht aber beim
Beitritt zur Gesellschaft, die GmbH-Anteile bereits hält (LG Stuttgart
BeckRS 2014, 02157). **§ 311b Abs. 3** gilt bei der Verpflichtung zur Einbringung des gegenwärtigen Vermögens oder eines Bruchteils davon, **§ 518** bei
der schenkweisen Einräumung einer Gesellschafterstellung (vgl. BGH NJW
1953, 138; 1981, 1956). Bei einer Vorgründungsgesellschaft gilt bereits **§ 2
Abs. 1 GmbHG** entsprechend, wenn sich die Gesellschafter zur Gründung
der GmbH verpflichten (OLG Schleswig ZIP 2014, 1525 Rn. 43). Soll die
GbR ins **Gesellschaftsregister** eingetragen werden (→ § 707 Rn. 7), resultiert aus § 12 I HGB mittelbar ein Formzwang für den Gesellschaftsvertrag,
um die elektronische Registeranmeldung unter Beteiligung des Notars zu
gewährleisten (→ § 707 Rn. 26 ff.).

28   Besteht ein derartiger Formzwang, soll dies nach hM für den **gesamten
Gesellschaftsvertrag** gelten (vgl. MüKoBGB/Schäfer § 705 Rn. 34). Dies
überzeugt nicht, weil der Schutzzweck dieser Formvorschriften sich nicht
zwingend auf alle Angelegenheiten des Gesellschaftsvertrages bezieht. Insofern ist eine differenzierte Lösung in enger Anbindung an die jeweilige
Schutzrichtung der Norm vorzugswürdig, sodass nur in Ausnahmefällen der
Gesamtvertrag formbedürftig ist. Hiermit deckt sich auch die allgemein anerkannte **Beschränkung der Rechtsfolgen eines Formmangels** auf die
betreffende vertragliche Regelung, zB die Beitragspflicht eines Gesellschafters
(BGH NJW 1966, 1747; nunmehr aber strenger NJW 2005, 1784). – Zu
bedenken ist auch, dass die Nichtbeachtung der Formbedürftigkeit regelmäßig **heilbar** ist (§ 311b I 2, § 15 IV 2 GmbHG, § 518 II). – Vgl. im Übrigen
zur Lehre von der fehlerhaften Gesellschaft → § 719 Rn. 21 ff.

29   **d) Auslegung.** Gesellschaftsverträge von Personengesellschaften werden
nach §§ 133, 157 **subjektiv** ausgelegt (vgl. zur objektiven Auslegung bei
Publikumsgesellschaften Henssler/Strohn/Servatius HGB Anh. Rn. 5). Ziel
der Auslegung ist die Erforschung des wirklich Gewollten aus der Sicht der
Mitgesellschafter als Erklärungsempfänger (BGH NJW 1995, 3313 (3314)).
Dem Wortlaut einer Regelung kommt daher nur eine indizielle Bedeutung
zu. Er kann – sofern beweisbar – durch anderweitige **Auslegungskriterien**
(Entstehungsgeschichte, Umstände bei Vertragsschluss, Vertragszweck,
Nebenabreden, tatsächliche Durchführung des Vertrages) überwunden werden (so für „gespaltene Beitragspflichten" BGH NJW-RR 2008, 903; 2008,
419). Anzustreben ist eine **beiderseits interessengerechte Auslegung**
(BGH NJW 2004, 2449); bei scheinbar widersprüchlichen Bestimmungen
ist einer Auslegung der Vorzug zu geben, bei der jeder Vertragsnorm eine
tatsächliche Bedeutung zukommt (BGH NJW 2005, 2618). Liegt eine Ver-
tragslücke vor, ist eine richterliche **ergänzende Auslegung** anhand des
objektivierten mutmaßlichen Willens der Vertragschließenden möglich
(BGH NJW 1982, 301) und gegenüber dem dispositiven Gesetzesrecht vorrangig (BGH NJW 1985, 192). Die ergänzende Vertragsauslegung kommt

vor allem bei einer nachträglichen Änderung der wirtschaftlichen Verhältnisse in Betracht (OLG Frankfurt NZG 2013, 292 für eine Kündigungsklausel); ebenso beim zwischenzeitlichen **Gesellschafterwechsel** (vgl. zum Ganzen MüKoBGB/Schäfer § 705 Rn. 178 ff.). Von der rein subjektiven Auslegung kann daher ähnlich wie bei der objektiven Auslegung zum Schutz der Funktionsfähigkeit des Gesellschaftsverhältnisses dahingehend abgewichen werden, dass dem wirklichen bzw. mutmaßlichen Willen der Gründungsgesellschafter bzw. deren Interessen zunehmend weniger Gewicht beigemessen wird; abzustellen ist dann auf die „allgemeine Lebenserfahrung" (vgl. BGH NJW 1957, 591). Dies ist in jedem Fall geboten, wenn die tatsächliche Durchführung des Gesellschaftsverhältnisses dafür spricht, hierin eine einvernehmliche Änderung des ursprünglich Gewollten zu sehen.

Im Prozess ist auf der Grundlage des von den Parteien vorgetragenen 30 und vom Gericht ggf. nach Beweisaufnahme festgestellten maßgeblichen tatsächlichen Auslegungsstoffs der objektive Sinn der jeweiligen Vertragsbestimmung bei der gebotenen Gesamtwürdigung des Vertragsinhalts zu ermitteln. Dabei ist zu beachten, dass es sich bei der Auslegung selbst nicht um eine der Beweisaufnahme zugängliche Tatsachenfeststellung, sondern um eine nach bestimmten Regeln vorzunehmende Würdigung handelt, die weitgehend in der **Verantwortung des Tatrichters** liegt und als richterliche Würdigung – anders als die Feststellung der für die Auslegung wesentlichen Tatsachen – weder nach Beweislastgrundsätzen erfolgen noch zu einem non liquet führen kann (BGH NZG 2014, 1296 Rn. 15). In der **Revision** ist das instanzgerichtliche Auslegungsergebnis bei der subjektiven Auslegung nur insofern überprüfbar, ob allgemeine Auslegungsregeln, Denk- und Erfahrungssätze verletzt oder wesentliche Tatsachen unberücksichtigt geblieben sind (BGH NJW 2001, 3777). Darüber hinaus besteht die Möglichkeit, eine fehlerhafte Auslegung durch den Tatrichter als Verletzung des rechtlichen Gehörs anzugreifen (BGH NZG 2009, 21 für die Abgrenzung von Gesellschaft und Darlehen).

e) Änderung. Der Gesellschaftsvertrag kann ohne weiteres **mit Zustim- 31 mung aller** Gesellschafter jederzeit geändert werden (→ § 714 Rn. 13 ff.). Dies ist nach denselben Vorgaben **auch konkludent** durch einvernehmliches Handeln möglich (vgl. BGH NJW 1996, 1678). Von der Vertragsänderung abzugrenzen sind die Fälle, in denen die Gesellschafter bloß ihre Handlungen in der Vergangenheit billigen wollen, ohne Zukunftswirkung (BGH NJW-RR 2005, 1195). Praktisch bedeutsam und ohne weiteres zulässig ist die Vereinbarung einer **Mehrheitsklausel,** die aber richtigerweise hinreichend deutlich machen muss, dass hierüber auch Grundlagenentscheidungen erfasst werden sollen (→ § 714 Rn. 20 ff.). Vgl. zu Aufklärungspflichten der Gesellschafter untereinander bei Vertragsänderungen BGH NJW 1992, 300 (302); zur gegenseitigen Bevollmächtigung OLG München NZG 2002, 623; zur Änderung des Gesellschaftsvertrages nach der Geschäftsgrundlagenlehre Baier NZG 2004, 356. – Ein **gewillkürter Formzwang** besteht nur, wenn dieser ursprünglich vereinbart wurde und auch die einvernehmliche Vertragsänderung umfasst (§ 127). Letzteres ist nicht zwingend, weil die Gesellschafter es stets in der Hand haben, die Schriftformklausel einvernehmlich aufzuheben (MüKoBGB/Schäfer § 705 Rn. 51; vgl. aber BGH NJW 1976, 1395, wo bei einem Mietvertrag der nachträgliche Verzicht auf die Schriftformklausel dem gewillkürten Formzwang unterlag). Die Aufhebung ist dann gem. § 125 S. 2 zu beweisen (MüKoBGB/Schäfer § 705 Rn. 51). **Gesetzliche Formerfordernisse** (§§ 311b, 518; § 15 IV GmbHG) gelten nur, wenn die Vertragsänderung hiervon erfasst wird. Dies ist zB nicht der Fall beim Gesellschafterwechsel in der GbR, die einen GmbH-Anteil oder ein Grundstück hält, sofern es sich nicht um einen Umgehungssachverhalt handelt (vgl. BGH DStR 2008, 1147; → § 711 Rn. 6 f.).

32   **f) Inhaltskontrolle.** Die rechtliche Anerkennung des Gesellschaftszwecks unterliegt §§ **134, 138** (→ Rn. 9). Da die §§ 705 ff. im Innenverhältnis weitgehend dispositiv sind, herrscht im Übrigen Gestaltungsfreiheit (→ § 708 Rn. 3). Grenzen folgen jedoch zum einen nach wie vor aus dem **Grundsatz der Selbstorganschaft,** indem die organschaftliche Geschäftsführungsbefugnis und Vertretungsmacht nicht verdrängend auf Nichtgesellschafter delegiert werden können (→ § 715 Rn. 23; → § 720 Rn. 9). Jede Abweichung durch Mehrheitsentscheidung unterliegt zum anderen unter dem Aspekt des **Minderheitenschutzes** besonderer Anforderungen (→ § 714 Rn. 20 ff.). – Eine weitergehende **AGB-mäßige Inhaltskontrolle** des Gesellschaftsvertrages nach §§ 305 ff. findet gemäß § 310 IV 1 im Regelfall nicht statt (BGH NJW 1995, 192; in BGH NJW 2005, 3641 offen lassend für den Fall, dass ein Anteilsrückkauf vereinbart wurde). Etwas anderes gilt nur, wenn sich die gesellschaftsrechtliche Gestaltung als bewusste Umgehung der §§ 305 ff. darstellt (wenigstens für § 306a auch Grüneberg/Grüneberg § 310 Rn. 49). Vgl. zur weitergehenden Inhaltkontrolle bei Publikumsgesellschaften unter dem Aspekt von § 242 Henssler/Strohn/Servatius HGB Anh. Rn. 7 ff.

33   **g) Mängel.** Mängel des Gesellschaftsvertrages können **Wirksamkeitshindernisse** hervorrufen, die die Nichtigkeit oder Anfechtbarkeit begründen. Beispiele sind: fehlende oder beschränkte Geschäftsfähigkeit der Gesellschafter (→ Rn. 24 f.), fehlende Vollmacht (vgl. zum Missbrauch der Vertretungsmacht BGH DStR 2010, 1530); Verstoß gegen § 181 (BGH NJW 1961, 724); Nichtbeachtung eines Formzwangs (BGH NJW-RR 2001, 1450; → Rn. 27 f.); Sittenwidrigkeit bzw. Verstoß gegen ein gesetzliches Verbot (→ Rn. 9, → Rn. 32); Dissens (BGH NJW 1992, 1501); Anfechtung (§ 142 I); Widerruf nach §§ 355 ff. (Henssler/Strohn/Servatius HGB Anh. Rn. 33); nicht aber fehlendes Erklärungsbewusstsein eines Gesellschafters (OLG München NZG 2012, 421). – Im Hinblick auf die **Rechtsfolgen** ist stets vorrangig zu prüfen, auf welche Teile des meist komplexen Gesellschaftsvertrages sich die Unwirksamkeit überhaupt bezieht. Nach § 139 ist ein Rechtsgeschäft **im Zweifel insgesamt nichtig.** Etwas anderes gilt nur, wenn die Parteien mittels salvatorischer Klausel Abweichendes vereinbart haben (OLG Rostock NZG 2000, 930 (931)) oder sich aus dem Gesamtvertrag und der hierin zum Ausdruck kommenden Interessenlage ergibt, dass der verbleibende Rest als selbstständiges Rechtsgeschäft Bestand haben kann und soll. Die **Beweislast** hierfür trägt grundsätzlich derjenige, der sich auf die Gültigkeit des Rests

beruft (BGH NJW 1966, 1747; OLG München NJW-RR 1987, 1042; vgl. zur Beweislastumkehr bei Vorliegen einer salvatorischen Klausel BGH DStR 2010, 1037). Das hierfür erforderliche, mutmaßlich bereits bei Vertragsschluss vorliegende **Bestandsinteresse** der Gesellschafter ist ggf. im Wege ergänzender Vertragsauslegung zu ermitteln. Es überwiegt regelmäßig, wenn die Unwirksamkeit nur einen Gesellschafter betrifft (fehlerhafter Beitritt, vgl. BGH WM 1962, 462 (463); die hM will hierauf § 139 nicht anwenden und bemüht stattdessen die Figur der „subjektiven Teilnichtigkeit", vgl. MüKoBGB/Schäfer § 705 Rn. 54); etwas anderes gilt hingegen, wenn die unwirksame Regelung von zentraler Bedeutung für das Zusammenwirken der Gesellschafter ist (vgl. für eine konstitutive Schriftformklausel BGH NJW 1968, 1378). Bei Nichtigkeit des Gesellschaftszwecks gem. §§ 134, 138 liegt indessen zwingend Gesamtnichtigkeit vor (vgl. BGH NJW 1977, 1233); hieran kann auch eine salvatorische Klausel nichts ändern (vgl. BGH WM 1976, 1026). – Vgl. im Übrigen zur **Lehre von der fehlerhaften Gesellschaft** → § 719 Rn. 21 ff.

6. Innenverhältnis

Das Innenverhältnis kennzeichnet die Rechtsbeziehungen der Gesellschaf- **34** ter untereinander und zur GbR. Es ist insbesondere durch die **Geschäftsführungsbefugnis** (→ § 715 Rn. 9 ff.) und die Kompetenz zu **Grundlagenentscheidungen** geprägt (vgl. zu dieser Unterscheidung → § 714 Rn. 7 f.). Grundlage ist vorrangig der Gesellschaftsvertrag, denn die betreffenden gesetzlichen Regelungen der §§ 705 ff. sind gemäß § 708 **weitgehend dispositiv** (→ § 708 Rn. 3 ff.). Die Gestaltungsfreiheit wird jedoch zum Schutz des Einzelnen sowie zur Wahrung objektiver Funktionsvoraussetzungen eingeschränkt.

a) Treuepflicht. Jeden Gesellschafter trifft eine **Zweckförderungs-** **35** **pflicht.** Hieraus resultiert die mittlerweile geradezu gewohnheitsrechtlich anerkannte gesellschaftsrechtliche Treuepflicht. Hiernach hat jeder **Gesellschafter** die Pflicht, seine gesellschaftsbezogene Tätigkeit im Gesellschaftsinteresse wahrzunehmen und alles zu unterlassen, was dieses Interesse beeinträchtigt (sog. vertikale Treupflichtbindung). Darüber hinaus haben die Gesellschafter auf die Belange der Mitgesellschafter Rücksicht zu nehmen (sog. horizontale Treupflichtbindung, vgl. BGH NZG 2003, 73; OLG Dresden NZG 2000, 1217). Diese Bindung ist durch die Vermutung legitimiert, dass die Interessen der einzelnen Gesellschafter parallel laufen (vgl. BGH NJW-RR 2013, 349 Rn. 38, mit Hinweis darauf, dass diese Vermutung in der Liquidation nicht mehr gilt). Die Treupflichtbindung ist so **Ausprägung der Mitgliedschaft** und trifft daher im Ausgangspunkt nur die Gesellschafter. Handeln diese jedoch über Dritte, insbes. eine dazwischen geschaltete andere Gesellschaft, erstreckt sich die Treupflichtbindung auch auf diese (BGH NZG 2013, 385; hierzu Servatius NZG 2014, 537). Inhaltlich kann die Treuepflicht **Handlungs-, Duldungs- und Unterlassungspflichten** hervorrufen, deren schuldhafte Verletzung gem. §§ 280, 276 II (abw. noch der gestrichene § 708 aF) gegenüber der GbR bzw. den Mitgesellschaftern

eine Schadensersatzhaftung auslöst (OLG Jena BeckRS 2008, 06680) und
entsprechend § 1004 Unterlassungsansprüche begründet (OLG Düsseldorf
BeckRS 2008, 11167). Eine treupflichtwidrige Stimmabgabe ist bei der
Beschlussfeststellung unbeachtlich (RGZ 158, 302 (310); → § 714 Rn. 28),
eine hiernach gebotene Zustimmung nach § 894 ZPO einklagbar (BGH
NJW 1975, 1410. Die Treuepflicht ist auch die Grundlage für den **Gleichbehandlungsgrundsatz** (OLG Stuttgart BeckRS 2008, 3407), welcher in
§ 709 II pars pro toto gesetzliche Anerkennung findet (→ § 709 Rn. 19).
Vgl. zur Abdingbarkeit und vertraglichen Ausgestaltung der Treuepflicht Flei-
scher/Harzmeier NZG 2015, 1289; Mann, Abdingbarkeit und Gegenstand
der gesellschaftsrechtlichen Treuepflicht, 2018.

36   Der **Umfang** der Treupflichtbindung variiert aus sachlichen und persönlichen Gründen. Auch die **Realstruktur** der Gesellschaft ist bedeutsam. Je
personalistischer die GbR ist, desto stärker sind Art und Umfang der Treupflichtbindung (Lutter AcP 180 (1980), 84 (105 ff.)). Die Treupflichtbindung
setzt sich im **Liquidationsverfahren** als Ausprägung des Abwicklungszwecks
fort (OLG Hamm NZG 1999, 996); in diesem Stadium ist die Treuebindung
jedoch regelmäßig schwächer ausgeprägt (vgl. BGH NJW-RR 2013, 349
Rn. 38). Ansonsten gilt folgendes Stufenmodell: Bei den **uneigennützigen
Mitgliedschaftsrechten** ist die Treupflichtbindung streng. Dies betrifft insbesondere die Geschäftsführungsbefugnis als Pflichtrecht, einschließlich des
Widerspruchsrechts bei außergewöhnlichen Maßnahmen (→ § 715
Rn. 35 ff.). Das Gleiche gilt für die Beteiligung der Gesellschafter bei Maßnahmen gemäß §§ 715 V, 720 IV (Entziehung von Geschäftsführungsbefugnis
und Vertretungsmacht) sowie bei der Gesellschafterklage gemäß § 715b. Die
im Gesellschaftsvertrag verankerte gemeinsame Zielverwirklichung („Gesellschaftsinteresse") hat hier einen pflichtenbegründenden Vorrang gegenüber
den Individualinteressen der Gesellschafter, was eine starke Treuepflichtbindung nach sich zieht (vgl. RGZ 163, 35 (38)). – Bei den **eigennützigen
Mitgliedschaftsrechten** ist die Treupflicht Bindung schwächer ausgeprägt.
Dies betrifft etwa die Geltendmachung von Gewinnansprüchen, das Kont-
rollrecht gemäß § 717, die Beteiligung der Gesellschafter an Grundlagenentscheidungen (vor allem der Änderung des Gesellschaftsvertrages) und die
Möglichkeit zur Kündigung der Mitgliedschaft bzw. der Gesellschaft gemäß
§§ 723, 729. Diese Rechte werden nicht innerhalb der pflichtenbegründenden Gesellschaftsstruktur wahrgenommen, sondern gehen hierüber hinaus
bzw. vermögen diese zu verändern. Wegen dieser Außenwirkung ist die
Verfolgung von Eigeninteressen grundsätzlich legitim. Die Treuepflicht kann
aber auch hier wegen der Gesellschaftsbezogenheit der Rechte eine Schran-
kenfunktion aufweisen, insbesondere bei **rücksichtslosem Vorgehen.** Eine
Pflicht, der Änderung des Gesellschaftsvertrages zuzustimmen, kommt nur
auch dann in Betracht, wenn sie mit Rücksicht auf das bestehende Gesellschaftsverhältnis oder auf die bestehenden Rechtsbeziehungen der Gesellschafter untereinander dringend erforderlich ist und die Änderung dem
Gesellschafter unter Berücksichtigung seiner eigenen Belange zumutbar ist
(BGH NJW 2010, 65 (66)). Die durch die Reform an Stellen hervorgerufene
Steigerung der Unternehmenskontinuität vermag hier allerdings eine

gegenüber der bisherigen Rechtslage strengere Betrachtung zu rechtfertigen. Gleichwohl wird man eine treupflichtbegründete Beschränkung der eigennützigen Mitgliedschaftsrechte nur dann annehmen dürfen, wenn andernfalls ein **schwerer Schaden,** insbesondere die Insolvenz, droht und die Beschränkung ein **geeignetes Sanierungsmittel** darstellt.

Bei der Wahrnehmung **außergesellschaftlicher Befugnisse** besteht 37
schließlich eine aus der Zweckbindung resultierende Einschränkung der Handlungsfreiheit nur ausnahmsweise. Beispiele hierfür sind Abschluss und Durchführung von **Drittgeschäften** (RGZ 85, 157 (162); offenlassend BGH NJW 1983, 749; die Pflichtenbindung auch hier im Grundsatz bejahend BGH NZG 2013, 1334 Rn. 36 ff.) sowie **Wettbewerbsverbote** (vgl. BGH WM 2014, 560 Rn. 16 f.; OLG Celle NJW-RR 2007, 65; (→ § 715 Rn. 31). Die Ausnutzung einer der GbR zugewiesenen **Geschäftschance** kann bei allen Gesellschaftern grundsätzlich treuwidrig sein (Servatius NZG 2014, 537 (538); abw., allein auf die geschäftsführungsbefugten Gesellschafter abstellend, OLG Koblenz NZG 2010, 1182; BGH NZG 2013, 216; für die Ausnutzung eines Sanierungsgewinns BGH NZG 2014, 385).

b) Gesellschafterrechte. Aus dem Grundsatz der Selbstorganschaft fol- 38
gen die **Mitverwaltungsrechte** der Gesellschafter: Geschäftsführungsbefugnis (→ § 715 Rn. 9 ff.), organschaftliche Vertretungsmacht (→ § 720 Rn. 9 ff.). § 714), Informationsrechte (→ § 717 Rn. 9 ff.), Stimmrecht bei Grundlagenentscheidungen (→ § 714 Rn. 13 ff.; → Rn. 51 ff.), Kündigungsrechte (→ § 725 Rn. 1; → § 731 Rn. 1), Recht zur Ausschließung (→ § 727 Rn. 1), Gesellschafterklage (→ § 715b Rn. 1), Notgeschäftsführungsbefugnis (→ § 715a Rn. 1). Diese Rechte sind nach dem **Abspaltungsverbot** nicht isoliert auf Dritte übertragbar (→ § 711a Rn. 7 ff.). – Etwas anderes gilt gem. § 711a S. 2 für die Vermögensrechte (→ § 711a Rn. 19 ff.), insbesondere Ansprüche auf Gewinn (→ § 718 Rn. 30 ff.), Auseinandersetzungsguthaben (→ § 736d Rn. 52 ff.), Abfindung bei Ausscheiden (→ § 728 Rn. 32 ff.), Aufwendungsersatz (→ § 716 Rn. 5 ff.). Hierbei handelt es sich um **Sozialansprüche** des Gesellschafters. Bei der rechtsfähigen GbR richten sich vorrangig gegen die GbR (→ § 721 Rn. 10), bei der nicht rechtsfähigen GbR gegen die Mitgesellschafter (→ § 740 Rn. 8 ff.).

c) Gesellschafterbeschlüsse. Bei der GbR fehlen nach wie vor beson- 39
dere Regelungen über Gesellschafterbeschlüsse. § 714 regelt allein, dass **alle Gesellschafterbeschlüsse** im gesetzlichen **Regelfall einstimmig** zu fassen und hieran alle stimmberechtigten Gesellschafter zu beteiligen sind. Diese im Kern aus dem Wesen der GbR als Personengesellschaft ableitbare Prämisse galt bislang bereits, war indessen rechtstechnisch unvollkommen und missverständlich geregelt. Im Hinblick auf **Stimmverbote** und die Zulässigkeit von **Mehrheitsklauseln** finden sich indessen keine klaren Neuerungen, was durchaus zu kritisieren ist (→ § 714 Rn. 20 ff.). Der Gesetzgeber hat es insoweit dabei belassen, beide Aspekte auf der Grundlage der allgemeinen Lehren zu beurteilen, mithin einer Analogie zu § 47 IV GmbHG (→ § 714 Rn. 16) und dem vom BGH entwickelten zweistufigen Ansatz zur Legitimation und Kontrolle der Mehrheitsherrschaft (→ § 714 Rn. 22 ff.). – Im **Mauracher**

Entwurf sah indessen § 714 S. 2-E noch weitergehend vor, dass eine gesellschaftsvertragliche Mehrheitsklausel „im Zweifel" auch für Beschlüsse gelte,
die auf eine Änderung des Gesellschaftsvertrags gerichtet sind. Dies war
erklärtermaßen auf die **uneingeschränkte Zulässigkeit von Mehrheitsbeschlüssen** gerichtet (vgl. Begr. Mauracher Entwurf S. 89). Im Gesetzgebungsverfahren wurde dieser Ansatz indessen bewusst **aufgegeben** (vgl.
M. Noack DB 2020, 2618 (2621)).

40   Im Hinblick auf die Einführung eines speziellen **Beschlussmängelrechts**
hat der Gesetzgeber abweichend vom Mauracher Entwurf (vgl. §§ 714a–
714e-E, eine sog. Opt out-Lösung; hierzu Bergmann DB 2020, 994 (998);
Schäfer ZIP 2021, 1527) ebenfalls **bewusst davon abgesehen,** dieses für die
GbR einzuführen (vgl. Schollmeyer NZG 2021, 129 (1309): gravierendste
Abweichung). Die **§§ 110 ff. HGB** gelten daher im gesetzlichen Regelfall
nur für OHG und KG. Eine analoge Anwendung auf die GbR scheidet
konsequenterweise aus (Schäfer Neues PersGesR/Grunewald § 5 Rn. 40;
abw. für eingetragene GbR aber Tröger/Happ ZIP 2021, 2059 (2070); Claus-
sen/Pieronczyk NZG 2021, 620 (628)). Es bedarf vielmehr einer entsprechenden **gesellschaftsvertraglichen Regelung** (sog. Opt in-Lösung), welche sich am Vorbild der §§ 110 ff. HGB orientieren kann (so ausdrücklich
Begr. S. 228: taugen als Vorbild; Einzelheiten → § 714 Rn. 43 ff.).

7. Rechts- und Prozessverkehr

41   Die rechtliche Beurteilung der GbR im **Außenverhältnis** ist bei rechtsfähigen und nicht rechtsfähigen GbR grundlegend unterschiedlich zu beurteilen. **Rechtsfähige GbR** iSv Abs. 2 (→ Rn. 44 ff.) sind ebenso wie OHG
und KG (vgl. § 105 II HGB) einschränkungslos in der Lage, Rechte zu
erwerben und Verbindlichkeiten einzugehen (vgl. auch § 14 I: rechtsfähige
Personengesellschaft). Der Begriff „Teilrechtsfähigkeit" ist ohne Aussagege-
halt und sollte wenigstens seit der Reform endgültig aufgegeben werden (vgl.
früher bereits BGH WM 2008, 2359; abw. Beuthien ZIP 2011, 1589); das
Gleiche gilt für den Begriff Außen-GbR (→ § 719 Rn. 1). Infolge der rechtlichen Anerkennung der **GbR als Rechtssubjekt** gilt konsequenterweise
auch das vor allem bei den Körperschaften bzw. juristischen Personen anerkannte **Trennungsprinzip:** Die rechtsfähige Gesellschaft ist einerseits aus
der Perspektive eines Dritten von den Gesellschaftern zu trennen; Letztere
haben allein aufgrund der gesetzlichen Haftung gemäß § 721 ff. für die Verbindlichkeiten der GbR einzustehen (→ § 721 Rn. 7 ff.); dies ist auch im
Rahmen der Zwangsvollstreckung zu beachten (→ § 722 Rn. 5 ff.). Andererseits gilt die Trennung **auch im Innenverhältnis.** Sozialansprüche und
-verbindlichkeiten werden bei der rechtsfähigen GbR richtigerweise grundsätzlich im Verhältnis zwischen GbR und Gesellschafter abgewickelt und
nicht im Verhältnis der Gesellschafter untereinander (vgl. nur § 717 I: Informationsanspruch gegenüber der GbR, → § 717 Rn. 9, und § 715b: Geltendmachung von Ansprüchen der Gesellschaft im Wege der Gesellschafterklage;
→ § 715b Rn. 9 ff.).

42   Der **Umfang der Rechtsfähigkeit** ist denkbar weit. Er umfasst – ohne
dass es heute noch einer näheren Begründung bedürfte – grundsätzlich **jede**

materiell-rechtliche Rechtsposition: Vertragspartei, Schuldner- bzw. Gläubigerstellung, Scheck- und Wechselfähigkeit, Kontofähigkeit, Grundrechtsfähigkeit (BVerfG NZG 2002, 1104); Namensfähigkeit (vgl. insofern nunmehr auch § 707 II Nr. 1a, → § 707 Rn. 12); Alleineigentum und -besitz (zum Organbesitz BGH JZ 1968, 69; → § 713 Rn. 9 ff.), Insolvenzfähigkeit gemäß § 11 II Nr. 1 InsO (vgl. BGH NZG 2007, 623); Halten eines Kfz gemäß § 7 StVG; Arbeitgeber (LAG Köln BeckRS 2019, 34352); Gesellschafterstellung in einer anderen GbR und einer juristischen Person (vgl. zur **Voreintragungsobliegenheit** in diesen Fällen § 713 Rn. 18 ff.); Marken- und Markenregisterfähigkeit (vgl. BPatG GRUR 2004, 1030; BPatG GRUR 2008, 448); Trägerin des Sacherhaltungsinteresses bei der Kaskoversicherung (BGH NJW 2008, 1737). – In Bezug auf die **Grundbuchfähigkeit** besteht nunmehr eine Voreintragungsobliegenheit, so dass der frühere § 899a ersatzlos gestrichen wurde (→ § 713 Rn. 12 ff.). Infolge der Publizität der gemäß § 720 III unbeschränkten Vertretungsmacht bei eingetragenen GbR gemäß § 707 II Nr. 3 → § 707 Rn. 19) haben sich frühere Probleme des Nachweises der Vertretungsmacht weitgehend erledigt (vgl. zum früheren Recht noch BGH NZG 2011, 698). – Eine rechtsfähige GbR verfügt über die **Verbrauchereigenschaft** gemäß § 13, wenn ihre Tätigkeit keine selbstständige iSv § 14 ist (vgl. BGH DStR 2002, 141; NJW 2002, 368 BeckRS 2017, 134975). Sie kann sich in entsprechender Anwendung von § 573 Abs. 2 Nr. 2 auf den **Eigenbedarf** eines ihrer Gesellschafter oder dessen Angehörigen berufen (BGH NJW 2017, 547; hierzu Häublein NZG 2018, 41). Ist an der GbR indessen auch eine juristische Person beteiligt, scheidet die Verbrauchereigenschaft aus (BGH NJW 2017, 2752; OLG Brandenburg BeckRS 2018, 3738 Rn. 36; abw. noch OLG Köln NZG 2017, 944 Rn. 43; abw. zur Wohnungseigentümergemeinschaft auch BGH NZG 2015, 905 Rn. 30).

Mit der Rechtsfähigkeit der GbR geht gemäß § 50 I ZPO die aktive und **43** passive **Parteifähigkeit** einher (vgl. bereits BGH NJW 2001, 1056). Die Gesellschaft wird durch die organschaftliche Vertretung ihrer Gesellschafter (§ 720, → § 720 Rn. 9 ff.) auch **prozessfähig** (vgl. bereits BGH NJW 2010, 2886). Sie selbst kann aus einem Titel gegen einen Gesellschafter oder Dritten die Zwangsvollstreckung betreiben. Im Hinblick auf die **Zwangsvollstreckung** gegenüber der GbR besteht gemäß § 722 ebenfalls ein Trennungsprinzip. Hiernach ist für die Zwangsvollstreckung in das Gesellschaftsvermögen grundsätzlich ein Titel gegen die rechtsfähige GbR erforderlich, bei der Zwangsvollstreckung in das Privatvermögen infolge Gesellschafterhaftung ein entsprechender hierauf gestützter Titel gegen die Gesellschafter persönlich (→ § 722 Rn. 5 ff., auch zu § 736 ZPO). – Die Rechtsfähigkeit setzt sich auch im **Verwaltungsverfahren** fort. Die GbR kann als Zustandsstörer Adressat eines Verwaltungsaktes sein; dieser ist an die vertretungsbefugten Gesellschafter zuzustellen (vgl. OVG Münster NZG 2009, 339: Zustellungen geschäftsführungsbefugten Gesellschafter, was ungenau ist). Die GbR ist jedoch nicht Gewerbetreibende iSd GewO (OVG Lüneburg NVwZ-RR 2009, 103; ebenso zum GastG VG Gießen BeckRS 2008, 38393). – Die rechtsfähige GbR ist gem. § 11 II Nr. 1 InsO **insolvenzfähig** (vgl. früher bereits BGH NZG 2007, 623), nicht hingegen die nicht rechtsfähige GbR (vgl. AG Köln NZG 2003, 1112). Insolvenzgründe sind die (drohende) Zahlungsunfähigkeit (§§ 17, 18 InsO), ist kein GbR-Gesellschafter eine natürliche Person, gemäß § 19 III InsO auch die Überschuldung (vgl. insofern auch die Insolvenzantragspflicht gem. § 15a I S. 2 InsO). Mit Insolvenzeröffnung wird die GbR gemäß § 729 I Nr. 2 zwingend **aufgelöst** (→ § 729 Rn. 11 ff.). Die Gesellschafterhaftung (→ § 721 Rn. 7 ff.) kann dann nur nach Maßgabe von § 93 InsO geltend gemacht werden. Die **Ablehnung der Insolvenzeröffnung** mangels Masse ist gemäß § 729 III Nr. 1 bei denjenigen GbR ein zwingender Auflösungsgrund, bei denen kein persönlich haftender Gesellschafter eine natürliche Person ist (→ § 729 Rn. 22 ff.). Die **Gesellschafterinsolvenz** führt gemäß § 723 Abs. 1 Nr. 3 im gesetzlichen Regelfall allein zum Ausscheiden des Gesellschafters (→ § 723 Rn. 21 ff.).

IV. Rechtsfähige und nicht rechtsfähige GbR (Abs. 2)

1. Grundlagen

44   Abs. 2 begründet zunächst zwei **Legaldefinitionen** für die **beiden Rechtsformenvarianten** der GbR: Eine rechtsfähige GbR, welche selbst Rechte erwerben und Verbindlichkeiten eingehen kann, ist hiernach dadurch gekennzeichnet, dass sie nach dem gemeinsamen Willen der Gesellschafter am Rechtsverkehr teilnimmt; hierfür gelten die §§ 705–739, vgl. insofern auch § 14 II („rechtsfähige Personengesellschaft"). Eine nicht rechtsfähige Gesellschaft ist demgegenüber allein die kooperative Ausgestaltung des Rechtsverhältnisses der Gesellschafter untereinander. Die maßgeblichen §§ 740–740c verweisen auf die allgemeinen Regeln allein insofern zurück, als es nicht auf die Rechtsfähigkeit ankommt. – Beide Varianten schließen einander aus, so dass eine GbR entweder rechtsfähig oder nicht rechtsfähig sein kann. Maßgebliches Abgrenzungskriterium ist allein die entsprechende **Entscheidung der Gesellschafter** („gemeinsamer Wille"), soweit diese nicht durch allgemeine Rechtsscheinsaspekte überlagert wird (vgl. zur Scheingesellschaft → § 719 Rn. 26). Dies beseitigt die nach früherem Recht bestehenden Abgrenzungsprobleme, welche aus der gesetzlich nicht konturierten Anknüpfung an Außen- und Innen-GbR resultierten. Der Gesetzgeber hat die Möglichkeit zur Erlangung der Rechtsfähigkeit einer GbR im Übrigen in begrüßenswerter Weise auch **nicht auf unternehmenstragende Gesellschaften beschränkt** (in diese Richtung noch K. Schmidt ZHR 177 (2013), 712 (717); vgl. hierzu auch Altmeppen NZG 2020, 822; Habersack ZGR 2020, 539 (553 ff.); Schall 2020, 1443 (1444): „Unternehmenspersonengesellschaftsrecht", zum Begriff M. Noack BB 2020, 2618 (2618)). Es ist daher eine weiteres möglich, dass auch **ideelle GbR oder Gelegenheitsgesellschaften** rechtsfähig sind, und sei es nur für einen kurzen oder überschaubaren Bereich (dies betont zu Recht M. Noack BB 2020, 2618 (2618)). Letzteres ist insbesondere im Hinblick auf die **Umwandlungsfähigkeit** gemäß § 3 I Nr. 1 UmwG praktisch relevant (Schäfer Neues PersGesR/Armbrüster § 3 Rn. 15).

Im Übrigen besteht im Hinblick auf die **Abgrenzung** von rechtsfähiger 45
und nicht rechtsfähiger GbR ein **Stufenverhältnis,** was vertragsrechtsdog-
matisch und im Hinblick auf die Darlegungs- und Beweislast relevant ist:
Sofern die für die rechtliche Anerkennung einer Gesellschaft grundlegend
erforderliche gemeinsame Zweckbindung der Gesellschafter vorliegt, mithin
eine GbR als solche gewollt ist (→ Rn. 18 ff.), liegt jedenfalls eine **nicht
rechtsfähige GbR** vor. Die konkrete Abbedingung der Rechtsfähigkeit ist
mithin nicht notwendig. Die entsprechende Willensbildung gehört nicht zu
den essentialia negotii des Gesellschaftsvertrages, so dass für Einigungsmängel
insoweit wenig Raum besteht und ein Gesellschafter im Streitfall auch nicht
das Fehlen des entsprechenden Willens zu beweisen hat. Die **Herbeiführung
der Rechtsfähigkeit** der GbR ist vielmehr eine fakultative zusätzliche Willensübereinstimmung auf die Teilnahme am Rechtsverkehr, welche spätestens
durch die gemeinschaftlich herbeigeführte Eintragung ins Gesellschaftsregister verwirklicht wird (vgl. § 719 I: „Zustimmung sämtlicher Gesellschafter").
Rechtlich und praktisch ist dies als **Grundlagenentscheidung** der gesellschaftsvertraglichen Bindung zugewiesen, sodass es sich nach Maßgabe der
hierfür geltenden Auslegungsregeln gemäß §§ 133, 157 (→ Rn. 29) ergibt,
was gewollt ist. Eine rechtliche **Aufspaltung von Gesellschaftsvertrag und
Willensbildung** zur Erlangung der Rechtsfähigkeit ist gesetzlich **nicht vorgesehen** und wäre im Übrigen auch dogmatisch fragwürdig (kritisch aber
Geibel ZRP 2020, 127 (137): diffuse Regelungen). – Im Übrigen ist es
auch missverständlich, dem Gesellschaftsvertrag bei rechtsfähigen und nicht
rechtsfähigen GbR eine unterschiedlich rechtliche Charakterisierung zuzusprechen (so aber Wertenbruch GmbHR 2021, 1 (2): Hinzutreten eines
organisationsrechtlichen Elements bei rechtsfähigen GbR). Beide Schuldver-
träge haben organisationsrechtliche Elemente, da auch § 740 II etwa auf die
Regelung zur Geschäftsführungsbefugnis gemäß § 715 verweist. Die hieraus
ableitbare Doppelnatur von Gesellschaftsverträgen ist daher keineswegs auf
rechtsfähige GbR beschränkt (so aber Wertenbruch GmbHR 2021, 1 (2)).

Die **Entscheidung** über die Rechtsfähigkeit einer GbR obliegt allein 46
den **Gesellschaftern** (Schäfer Neues PersGesR/Armbrüster § 3 Rn. 13),
was Abs. 2 („gemeinsamer Wille") und § 719 I („Zustimmung sämtlicher
Gesellschafter") deutlich manifestieren. Die Bedeutung ist gravierend, denn
die auf die Rechtsfähigkeit einer GbR rekurrierenden Regeln über die Vermögensfähigkeit (vgl. § 713) und die rechtliche Ausgestaltung im Außenverhältnis (vgl. §§ 721 ff.) sind weitgehend zwingend und setzen daher zwingend
voraus, dass die Gesellschafter die mit der Rechtsfähigkeit untrennbar verbunden Wirkungen auch **gemeinschaftlich herbeiführen** wollen (dies betont
Begr. S. 160 f.). Dies ist insbesondere auch die tragende **Legitimation für
die gesetzliche Gesellschafterhaftung,** die gemäß § 31 analog auch die
Folgen des Verhaltens der Mitgesellschafter umfasst (→ § 721 Rn. 7 ff.). Der
Gesetzgeber hat bewusst davon abgesehen, eine Vermutungsregel für das Vorliegen einer rechtsfähigen GbR einzuführen (Begr. S. 125; vgl. zur Beweislast
→ Rn. 32). Es ist daher bei GbR und OHG gleichermaßen bedeutsam,
das Erfordernis der gemeinschaftlichen Willensbildung zur Erlangung der
Rechtsfähigkeit aus der Innen- und Außenperspektive der Gesellschaft **ernst**

zu nehmen (kritisch im Hinblick auf die fehlenden gesetzlichen Vorgaben für die notwendige Willensbildung DIHK Stellungnahme S. 10). Bestehen hier Defizite oder Mängel, bedarf es für die Geltung der §§ 713, 720 ff. anderweitiger Begründungen, insbesondere unter dem Aspekt der Scheingesellschaft (so auch Begr. S. 161, vgl. → Rn. 52) oder nach Maßgabe der Lehre von der fehlerhaften Gesellschaft (→ Rn. 33). Handeln die Gesellschafter indessen widersprüchlich, weil sie die Gesellschaft (einvernehmlich!) zur Eintragung im Gesellschaftsregister anmelden oder diese am Rechtsverkehr teilnehmen lassen, ist der entgegenstehende Wille („wir sind keine rechtsfähige GbR") nach der Protestatio-Regel unbeachtlich (Bachmann Stellungnahme S. 5).

2. Eintragung oder Teilnahme am Rechtsverkehr – § 719 I

47   Der für die Erlangung bzw. Anerkennung der Rechtsfähigkeit einer GbR **maßgebliche Zeitpunkt** ist gesetzlich nur unvollkommen geregelt. Nach § 719 I stehen allein zwei Wege bereit, die Rechtsfähigkeit „im Verhältnis zu Dritten" zu erlangen, die sich im Hinblick auf den „Kundgabeakt" der entsprechenden Willensbildung gemäß Abs. 2 unterscheiden (zum Begriff Bachmann NZG 2020, 612 (614)): Wenn die **freiwillige Eintragung im Gesellschaftsregister** durch gemeinschaftliche Anmeldung gemäß § 707 IV 1 (vgl. § 707; → Rn. 7 ff.) erfolgt ist, sieht § 719 I Hs. 2 konsequent und zwingend vor, dass die GbR als rechtsfähige Gesellschaft im Verhältnis zu Dritten entstanden ist (kritisch DAV NZG 2020, 1133 Rn. 59: überflüssige Regelung); dies betrifft richtigerweise über den Wortlaut hinaus auch die Rechtsfähigkeit im Innenverhältnis, soweit es um die rechtliche Konstruktion der wechselseitigen Sozialansprüche und -verbindlichkeiten geht (Kilincsoy FR 2021, 248 (249)). Die Registereintragung hat insofern **konstitutive Wirkung,** was gemäß § 123 I 1 HGB gleichermaßen für die kaufmännische OHG gilt. Soweit allerdings materiell-rechtliche Unwirksamkeitsgründe bestehen, ist die Eintragung unrichtig (abw. Bachmann NJW 2021, 3073 (3074)): GbR ist „stets" rechtsfähig; ebenso S. Martens AcP 221 (2021), 68 (78)). Die Existenz der GbR als rechtsfähige Gesellschaft mit allen Konsequenzen kann in diesen Fällen gegenüber gutgläubigen Dritten dann nur, aber immerhin gemäß § 15 HGB (iVm § 707a III) oder der Lehre von der Scheingesellschaft gegeben sein (→ § 719 Rn. 26), im Innenverhältnis nach der Lehre von der fehlerhaften Gesellschaft (→ § 719 Rn. 21 ff.). Das Gleiche gilt im (theoretischen?) Fall, dass die Gesellschafter die Gesellschaft zwar zur Eintragung ins Gesellschaftsregister anmelden, die entsprechende notwendige interne Zustimmung indessen fehlt (abw. unter Hinweis auf die konstitutive Wirkung der Eintragung Schäfer Neues PersGesR/Armbrüster § 3 Rn. 33; Bachmann NZG 2020, 612 (614); Bachmann NJW 2021, 3073 (3074), was aber der kumulativen Voraussetzungen von gesellschaftsrechtlicher Zustimmung und verfahrensrechtlicher Anmeldung nicht gerecht wird).

48   Unterbleibt die (gemäß § 707 I grundsätzlich freiwillige!) Registeranmeldung zunächst oder endgültig, entsteht die GbR im Verhältnis zu Dritten gemäß § 719 I Hs. 2 als rechtsfähige auch zu dem Zeitpunkt, zu dem die

Gesellschaft mit Zustimmung sämtlicher Gesellschafter **am Rechtsverkehr teilnimmt,** was gemäß § 123 I 2 HGB gleichermaßen für die OHG gilt (→ § 719 Rn. 6 ff.). Praktisch bedeutsam ist dies vor allem, wenn die GbR nicht im Register eingetragen werden soll oder wenn die Geschäftsaufnahme vor Eintragung erfolgt, sodass in diesem Fall die ggf. **spätere Registereintragung** nur deklaratorische Wirkung hat. Die Bildung eines Gesellschaftsvermögens iSv § 713 ist insofern neben dem Auftreten am Rechtsverkehr gegenüber Dritten ein typischer Fall, dies zu bejahen. – Insofern ist es auch möglich, dass die Gesellschafter aufgrund entsprechender gesellschaftsvertraglicher Regelung die Erlangung der **Rechtsfähigkeit aufschiebend bedingt** vereinbaren, sodass diese ohne Verstoß gegen § 719 II (→ § 719 Rn. 9) erst durch nachträgliche Registereintragung oder Auftreten am Rechtsverkehr eintritt (Schäfer Neues PersGesR/Armbrüster § 3 Rn. 24).

3. Sofortige Herbeiführung der Rechtsfähigkeit?

Hiervon **abzugrenzen** ist umgekehrt die gesetzlich nicht geregelte Frage, **49** ob die GbR als rechtsfähige auch allein aufgrund der entsprechenden Willensbildung gemäß Abs. 2 entsteht, mithin **vor Geschäftsaufnahme oder Registereintragung.** § 719 I scheint dem entgegenzustehen, da diese Möglichkeit nicht genannt wird. Es ist aber zweifelhaft, hieraus einen abschließenden Charakter anzunehmen. Der Grundlage von Abs. 2 hat vielmehr wenigstens bei der GbR die Privatautonomie der Gesellschafter insofern Vorrang, als diese das sofortige Entstehen einer rechtsfähigen GbR vereinbaren können (abw. zur OHG Henssler/Strohn/Steitz HGB § 123 Rn. 10). Dass diese im Vorfeld der Geschäftsaufnahme eine **leere Hülse** ist, steht der Anerkennung nicht entgegen, da dies bei eingetragenen GbR ohne weiteres hingenommen wird. Praktisch bedeutsam ist diese vorsorgliche, sogleich wirksame Begründung einer rechtsfähigen GbR insbesondere dann, wenn bei Gründung der Beginn der Geschäftsaufnahme noch ungewiss ist und in die Verantwortung der gemäß § 715 geschäftsführungsbefugten Gesellschafter gelegt werden soll.

4. Umwandlung bestehender Gesellschaften

Die rechtliche Beurteilung, ob die Voraussetzungen einer rechtsfähigen **50** oder nicht rechtsfähigen GbR vorliegen, ist im Fall der **Gründung** einer GbR regelmäßig unproblematisch, weil es die (potentiellen) Gesellschafter dann individuell in der Hand haben, die Tatbestände von § 719 zu verwirklichen oder hiervon abzusehen; vgl. zur Auslegung, insbesondere nach Maßgabe von Abs. 3. Etwas anderes gilt freilich bei bestehenden Gesellschaften. Dies können **Altgesellschaften** sein, bei denen der gesellschaftsrechtliche Zusammenschluss als Außen-GbR bereits vor dem 1.1.2024 verwirklicht wurde (vgl. → Rn. 4), oder allgemein der Fall sein, wenn die Gesellschafter nach neuem Recht zunächst eine nicht rechtsfähige Gesellschaft (früher: Innen-GbR) begründet haben und diese erst **später identitätswahrend die Rechtsfähigkeit erlangen** soll, was ohne weiteres zulässig ist (Schäfer Neues PersGesR/Armbrüster § 3 Rn. 32; abw. wohl S. Martens AcP 200 (2021), 68 (97); → § 740 Rn. 6 ff.). In diesen Fällen gibt es bereits ein ggf. gesellschaftsvertraglich stark individuell konturiertes Rechtsverhältnis der Gesellschafter untereinander, sodass die erforderliche **Willensbildung** gemäß Abs. 2 bzw. § 719 hierauf abgestimmt werden muss, insbesondere im Hinblick auf das Verfahren der Willensbildung, etwaige Zustimmungspflichten und die Möglichkeit der Mehrheitsentscheidung.

51   Die umgekehrte **Umwandlung einer rechtsfähigen GbR in eine nicht rechtsfähige** ist gesetzlich nicht geregelt. Lediglich bei registrierten GbR ist dies gemäß § 707a IV ausdrücklich ausgeschlossen (→ § 707a Rn. 11). Auch in den anderen Fällen begegnet eine abweichende Beurteilung Bedenken. Würde man nämlich **bei nicht eingetragenen** rechtsfähigen GbR die mehrheitliche oder einvernehmliche Beschlussfassung dahingehend zulassen, dass die GbR nicht mehr am Rechtsverkehr teilnimmt und fortan (im Innenverhältnis) identitätswahrend als nicht rechtsfähige Gesellschaft fortbesteht, wäre dies zwar aus Gläubigerperspektive unproblematisch, weil die bis dahin begründete Gesellschafterhaftung fortbesteht. Gegen die Zulässigkeit eines solchen Vorgehens sprechen indessen jedenfalls dann erhebliche Praktikabilitätsprobleme, wenn ein Gesellschaftsvermögen iSv § 713 gebildet wurde, weil sich dies nicht rechtssicher außerhalb einer geordneten Abwicklung gemäß §§ 735 ff. auseinandersetzen ließe (wie hier jedenfalls für eingetragene GbR Bachmann NZG 2020, 612 (615); abw. Schäfer Neues PersGesR/Armbrüster § 3 Rn. 25 ff.). Denkbar ist daher allein, dass **nach Abschluss der Liquidation** (→ § 738 Rn. 3 ff.) die Gesellschafter nach Maßgabe von § 734 die Fortsetzung als nicht rechtsfähige Gesellschaft beschließen (→ § 734 Rn. 13 ff.).

5. Darlegungs- und Beweislast

52   Es gibt jenseits von Abs. 3 (→ Rn. 53 ff.) **keine allgemeine gesetzliche Vermutung** für die Rechtsfähigkeit der GbR (früher bereits BGH NJW 1960, 1851 (1852)). Die Darlegungs- und Beweislast für das Vorliegen einer rechtsfähigen GbR trägt daher derjenige, der sich darauf beruft (vgl. BGH NJW 1960, 1851). Praktisch relevant ist dies vor allem, um die hierauf beruhende Gesellschafterhaftung gemäß § 721 zur Geltung zu bringen, mithin einzelne Gesellschafter in Anspruch zu nehmen; die Existenz der GbR als rechtsfähige hat freilich auch in Bezug auf die Parteifähigkeit im Zivilprozess Bedeutung, falls die GbR selbst verklagt werden soll. – Im Einzelnen ist zu differenzieren: Bei **eingetragenen GbR** gilt § 15 III HGB (iVm § 707a III) in Bezug auf gutgläubige Dritte, so dass ihnen nicht entgegengehalten werden kann, dass ein wirksamer Gesellschaftsvertrag bzw. die notwendige Willensbildung für den Eintragungsantrag fehlten. Bei **nicht eingetragenen GbR** ist die Beweisführung grundsätzlich schwieriger, weil es gemäß Abs. 2 iVm § 719 I Hs. 1 auf die durch einen gemeinsamen Willensentschluss getragene Teilnahme am Rechtsverkehr ankommt. Zwar hilft hier in Bezug auf Ersteres die **Vermutung gemäß Abs. 3** (→ Rn. 53), die tatsächliche Teilnahme am Rechtsverkehr muss gleichwohl auch insofern noch bewiesen werden (→ § 719 Rn. 19). Wenngleich an die Kriterien zur Erfüllung dieses Kriteriums keine strengen Anforderungen zu stellen sind (vgl. Henssler/Strohn/

Steitz HGB § 123 Rn. 10), dürfte es regelmäßig darauf hinauslaufen, nach der Lehre von der Scheingesellschaft vorzugehen (→ § 719 Rn. 26 ff.), wenn nicht die Gesellschaft selbst verklagt werden soll (iE ebenso Bachmann NZG 2020, 612 (614): Stehen Wille und Realität in Widerspruch, müssen allgemeine Grundsätze dem Geschäftsgegner helfen; zutreffend auf die protestatio-Regel hinweisend Bachmann NJW 2021, 3073 (3074); kritisch DIHK Stellungnahme S. 3). – Lässt sich die **Rechtsfähigkeit** trotz dieser Erleichterungen **nicht beweisen,** haftet ein Gesellschafter, der im Namen der (insoweit nicht existenten) GbR am Rechtsverkehr auftritt, persönlich nach Maßgabe von § 179 (Bachmann Stellungnahme S. 5).

V. Vermutung der Rechtsfähigkeit (Abs. 3)

Abs. 3 begründet eine **unwiderlegliche** Vermutung (so auch Bachmann **53** NJW 2021, 3073 (3074)) dahingehend, dass die Gesellschaft nach dem gemeinsamen Willen der Gesellschafter am Rechtsverkehr teilnimmt, wenn der Gegenstand der Gesellschaft der **Betrieb eines Unternehmens** unter gemeinschaftlichem Namen ist (→ Rn. 54). Die Regelung geht auf den Rechtsausschuss zurück (vgl. Ausschussdrucksache 19 (6) 285 vom 21.6.2021, S. 13). Der Gesetzgeber hat sich daher dafür entschieden, dass es **keine generelle Vermutung der Rechtsfähigkeit** gibt (→ Rn. 46; zustimmend DAV NZG 2020, 1133 Rn. 9; Bachmann NZG 2020, 612 (614); Roßkopf Stellungnahme S. 4; vgl. aber Schäfer Neues PersGesR/Armbrüster § 3 Rn. 14 unter Hinweis auf die abweichende Rechtslage im österreichischen § 1076 I 2, II ABGB; kritisch, die Einführung einer allgemeinen Vermutung fordernd, Arbeitskreis Bilanzrecht Hochschullehrer ZIP 2021, 3 (10); Westermann DZWiR 2020, 2321 (323); Bachmann Stellungnahme S. 5 f.). Abs. 3 ist insofern als sachgerechte **Auslegungsregel** zu begrüßen. Es wäre widersinnig, wenn die vertragliche Bindung auf den Betrieb eines Unternehmens durch die GbR, welches begrifflich ein Auftreten am Rechtsverkehr erfordert, nicht auch durch den entsprechenden Willen zur Erlangung der Rechtsfähigkeit untermauert wäre (zutreffend auf die protestatio-Regel hinweisend Bachmann NJW 2021, 3073 (3074); kritisch DIHK Stellungnahme S. 3). Zu bedenken ist aber, dass nach Abs. 3 **allein der Gesellschafterwille** auf Herbeiführung der Rechtsfähigkeit vermutet wird; die für das Entstehen im Außenverhältnis nach Maßgabe von § 719 I Hs. 1 zusätzlich erforderliche tatsächliche Teilnahme am Rechtsverkehr als Kundgabeakt (→ Rn. 48) muss gleichwohl auch insofern noch bewiesen werden, was die praktische Bedeutung der Regelung erheblich entwertet.

Der **Unternehmensbegriff** ist im Übrigen weit auszulegen und umfasst **54** in **Anlehnung an § 14** jede selbstständige Tätigkeit, sei es eine kleingewerbliche oder eine freiberufliche (vgl. insoweit auch Begr. S. 125). Die weitergehenden Kriterien der planmäßigen, auf Dauer angelegten anbietenden entgeltlichen rechtsgeschäftlichen Tätigkeit Markt gelten auch im Rahmen von Abs. 3 (Schäfer Neues PersGesR/Armbrüster § 3 Rn. 17). Insgesamt ist hier zu Gunsten des Rechtsverkehrs eine großzügige Betrachtung angezeigt. Die bloße Vermögensverwaltung ist indessen nicht hierunter zu fassen, da diese auch privaten Zwecken dienen kann (vgl. BGH NJW 2002, 368; 2018, 1812 Rn. 21 ff.). Im Hinblick auf das notwendige **Betreiben** des Unternehmens durch die GbR ist ebenfalls eine großzügige Beurteilung angezeigt, so dass auch Vorbereitungshandlungen erfasst werden (Einzelheiten im Rahmen von § 1 HGB bei BeckOGK/Servatius HGB § 1 Rn. 53 ff.). Die Rechtsfähigkeit wird insofern daher nicht erst dann herbeigeführt, wenn die GbR den „fertigen" Geschäftsbetrieb aufnimmt, sondern bereits früher. In Bezug auf das Erfordernis des **gemeinschaftlichen Namens** ist dies ebenfalls großzügig zu beurteilen, so dass es für die Bejahung dieses Kriteriums im Rahmen von Abs. 3 nicht erforderlich ist, dass die Gesellschafter der GbR einen Namen im Rechtssinne gemäß § 707 II Nr. 1 lit. a (→ § 707 Rn. 12) gegeben haben müssen.

55   Die **Darlegungs- und Beweislast** dafür, dass der Gegenstand der GbR der Betrieb eines Unternehmens unter gemeinschaftlichem Namen folgt den allgemeinen Regeln und obliegt daher **regelmäßig dem Dritten,** der die GbR verklagt oder einen Gesellschafter im Wege der Haftung gemäß § 721 in Anspruch nimmt. In der Praxis dürft dies **vielfach schwierig** sein, da die Vermutung gemäß Abs. 3 allein den entsprechenden Gesellschafterwillen zur Erlangung der Rechtsfähigkeit betrifft (→ Rn. 53) und daher insbesondere bei formlosen Gesellschaftsverträgen dem Kenntnis- und Herrschaftsbereich des Dritten weitgehend entzogen ist. Praktisch bedeutsam dürfte die Regelung daher nicht sein, so dass in den meisten Fällen vorrangig eine unmittelbare Vermutung der Rechtsfähigkeit unter dem Aspekt der Scheingesellschaft in Betracht kommt (→ § 719 Rn. 26 ff.), wenn nicht die Gesellschaft selbst verklagt werden soll (iE ebenso Bachmann NZG 2020, 612 (614)). Gleichwohl ist es zulässig und praktisch bedeutsam, im Rahmen von Abs. 3 aus **Indizien,** mithin durch vom Dritten leichter zu weisenden Anknüpfungstatsachen, auf den Gesellschafterwillen zum Betrieb eines Unternehmens durch die rechtsfähige GbR zu schließen (zutreffend auf die protestatio-Regel hinweisend Bachmann NJW 2021, 3073 (3074); Lieder/Hilser NotBZ 2021, 401 (409 f.); kritisch DIHK Stellungnahme S. 3). Beachtlich sind insofern Maßnahmen zur Identitätsausstattung der GbR, wie Name, Sitz und Haftungsverfassung (vgl. Begr. S. 126) und die Teilnahme am Rechtsverkehr (Schäfer Neues PersGesR/Armbrüster § 3 Rn. 120; zurückhaltender Begr. S. 127: lediglich ergänzend). Letzteres bringt freilich Abgrenzungsprobleme zur Lehre von der Scheingesellschaft mit sich, soweit die erforderliche Zurechenbarkeit des Rechtsscheins in Rede steht oder die subjektiven Erfordernisse auf Seiten des Dritten. Die Einzelheiten hierzu sind noch unklar.

VI. Kautelarischer Handlungsbedarf infolge des MoPeG

56   Die Reform des Personengesellschaftsrechts durch das MoPeG bringt in vielerlei Hinsicht **mehr Rechtsklarheit und Rechtssicherheit,** insbesondere auch durch die Schaffung des Gesellschaftsregisters, an vielen Stellen aber auch Einschränkungen der Handlungsspielräume und neue (Haftungs-)Risiken. Die Praxis sollte daher bereits vor Inkrafttreten am 1.1.2024

den Einfluss der neuen Regelungen im Einzelnen und konzeptionell bewerten und auf dieser Grundlage ggf. Anpassungen der bestehenden Gesellschaftsverträge vornehmen. Die **Frage der Rechtsfähigkeit** stellt dabei die zentrale Weichenstellung für die Behandlung der Gesellschafter nach außen dar, damit insbesondere für ihre **Vertretungsbefugnisse und Haftung** (vgl. §§ 720 ff.). Aber auch im Innenverhältnis spielt diese Frage eine nicht zu vernachlässigende Rolle, etwa im Hinblick auf die Möglichkeit, ein „Sondervermögen" im Sinne eines von dem Privatvermögen der einzelnen Gesellschafter getrennten Vermögens zu bilden (vgl. § 740 I). Erweisen sich bei rechtsfähigen GbR (bislang Außen-GbR) die vor allem wegen der unbeschränkten Vertretungsmacht gesteigerten Risiken als zu hoch, kann die Wahl einer anderen – haftungsbeschränkten – Rechtsform erwogen werden, regelmäßig die GmbH oder UG (haftungsbeschränkt).

Mitunter können im **Innenverhältnis** die Meinungen einzelner Gesell- 57 schafter im Hinblick auf einen etwaigen **Anpassungsbedarf** wegen der ab 1.1.2024 neuen Rechtslage auseinandergehen. Dies wirft die Frage auf, unter welchen Voraussetzungen die Mitgesellschafter zur Anpassung des bestehenden Gesellschaftsvertrages als Ausprägung der gesellschaftsrechtlichen **Treuepflicht** (→ Rn. 35 ff.) verpflichtet sind. Regelmäßig wird sich diese Frage dann stellen, wenn die bisherige Rechtslage der Interessenlage der Gesellschafter und dem Charakter der Gesellschaft besser entsprach als die auf Unternehmenskontinuität abzielende Neuregelung (vgl. zu Anpassungspflichten im Zuge der Handelsrechtsreform 1998 auch K. Schmidt BB 2001, 1 (6)). Eine solche **Zustimmungspflicht** ist zwar grundsätzlich mit Zurückhaltung zu bejahen und auf Ausnahmefälle beschränkt: Das maßgebliche Kriterium, ob die in Rede stehende Maßnahme der Weiterverfolgung des Gesellschaftszwecks dringend geboten ist und dem widersprechenden Gesellschafter unter Berücksichtigung seiner eigenen Belange zumutbar ist (BGH NJW 1965, 1960 Rn. 13; 1961, 724 Rn. 23; 1985, 974 Rn. 11). Die Hürde zur Bejahung eine Zustimmungspflicht ist angesichts der substantiellen und konzeptionellen Modernisierung des GbR-Rechts indessen nicht allzu hoch anzusetzen. Die Anpassung bestehende Gesellschaftsverträge an eine neue Rechtslage ist nämlich weniger die materielle Änderung des Gesellschaftsvertrages, als vielmehr die **Aufrechterhaltung der Geschäftsgrundlage** unter den Gesellschaftern (vgl. BGH NJW 1987, 189 Rn. 14). Entscheidend ist daher insbesondere, ob die Gesellschaft dem Leitbild einer von persönlicher Verbundenheit geprägten Gelegenheitsgesellschaft mit ihren Ausprägungen in §§ 705 ff. aF besser entspricht und daher von einer Wiederherstellung der Vertragsgrundlage gesprochen werden kann oder eine neue Regelung in Abweichung von der bisherigen Praxis in den Gesellschaftsvertrag eingeführt werden soll.

Diese liberalere Anerkennung von Zustimmungspflichtigen zugunsten der 58 neuen Rechtslage gilt spiegelbildlich auch im Rahmen von **Art. 229 § 61 EGBGB** (Art. 49 Nr. 2 MoPeG). Hiernach gelten die §§ 723 bis einschließlich § 728 aF mangels anderweitiger vertraglicher Vereinbarung weiter, wenn ein Gesellschafter bis zum 31.12.2024 die Anwendung dieser Vorschriften gegenüber der Gesellschaft schriftlich verlangt, bevor innerhalb dieser Frist ein zur Auflösung der Gesellschaft oder zum Ausscheiden eines Gesellschafters führender Grund eintritt. Das Verlangen kann durch einen Gesellschafterbeschluss zurückgewiesen werden. – Eine besondere Bedeutung hat insofern auch die ggf. erforderliche **Anpassung von gesellschaftsvertraglichen Schiedsklauseln,** die wiederum Wechselwirkungen auf die Auslegung sonstiger gesellschaftsvertraglicher Regelungen haben (vgl. auch Schäfer Neues PersGesR/Liebscher § 5 Rn. 173, 154; → § 714 Rn. 47 ff.).

59 Im Übrigen kommt auch die **Aufnahme rein klarstellender Regelungen** in den Gesellschaftsvertrag in Betracht, wenn es bisher an einer ausdrücklichen Regelung – unter Unterstellung der Geltung der gesetzlichen Vorgaben der §§ 705 ff. aF – gefehlt hat. Die **ergänzende Auslegung** des Gesellschaftsvertrages nach §§ 133, 157 iVm § 242 kann hier freilich im Einzelfall auch für einen angemessenen Interessensausgleich sorgen, ist aber mit erheblichen Rechtsunsicherheiten verbunden. Aus diesem Grund empfiehlt es sich, die Auswirkungen der Reform frühzeitig zu erörtern und diesbezüglich ausdrückliche Abreden zu treffen. – Bei fehlender Einigkeit zwischen den Gesellschaftern besteht zudem regelmäßig die Möglichkeit des Austritts aus der Gesellschaft aus wichtigem Grund (vgl. § 725 III; → § 725 Rn. 51 ff.).

Untertitel 2. Rechtsfähige Gesellschaft

Kapitel 1. Sitz; Registrierung

§ 706 Sitz der Gesellschaft

[1]**Sitz der Gesellschaft ist der Ort, an dem deren Geschäfte tatsächlich geführt werden (Verwaltungssitz).** [2]**Ist die Gesellschaft im Gesellschaftsregister eingetragen und haben die Gesellschafter einen Ort im Inland als Sitz vereinbart (Vertragssitz), so ist abweichend von Satz 1 dieser Ort Sitz der Gesellschaft.**

Übersicht

I. Reform

1. Grundlagen, Bewertung

§ 706 regelt seit der Reform erstmalig den **Sitz einer Personengesell-** 1
schaft. Dies ist nachdrücklich zu begrüßen (so auch Lieder/Hilser ZHR
185 (2021), 471 (481)). Entsprechende Regelungen fehlten bei der GbR
bisher nämlich gänzlich. Für OHG und KG fand der „Sitz" allein eine gesetzliche Erwähnung in § 106 I HGB aF, ohne dass hierzu Näheres geregelt
wurde. Dies unterschied die Rechtslage erheblich gegenüber GmbH und AG
(vgl. insoweit § 4a GmbHG und § 5 AktG) und brachte sach- und internatio-
nal-privatrechtlich Rechtsunsicherheit hervor. – Indem es nach der Neuregelung bei rechtsfähigen eingetragenen GbR nunmehr eine klare **Differenzierung von Verwaltungs- und Vertragssitz** gibt, wird ein Gleichlauf zur
GmbH und AG hergestellt. Diese müssen nunmehr einen **Vertragssitz im
Inland** haben, welcher gemäß § 707 II Nr. 1 lit. b auch im Gesellschaftsregister eingetragen wird. Im Gesetzgebungsverfahren wurde ausdrücklich
erwähnt, dass auch in diesen Fällen ein hiervon abzugrenzender, anderweitig
belegener Verwaltungssitz gegeben sein kann, der Vertragssitz mithin nicht
durch eine entsprechende Tätigkeit unterlegt sein muss (eine zusätzliche Klarstellung dieses Umstands noch fordernd DAV NZG 2020, 1133 Rn. 10). Die
hierdurch gewährte **Sitzwahlfreiheit** bei Personengesellschaften geht auf die
Empfehlungen des 71. DJT zurück (vgl. Beschluss 26, in Verhandlungen des
71. DJT, Band II/2, 2017, S. O223). Dies hat richtigerweise auch Implikatio-
nen für die kollisionsrechtliche Behandlung der Niederlassung von deutschen
Personengesellschaften im Ausland (→ Rn. 10 ff.). – **Bei nicht eingetragenen rechtsfähigen GbR** bleibt es indessen bei der alten Rechtslage, wonach
für Zuständigkeitsfragen allein der Verwaltungssitz maßgeblich ist (→ Rn. 6,
10). Bei nicht rechtsfähigen GbR hat § 706 überhaupt keine unmittelbare
Bedeutung (→ Rn. 4).

2. Zeitlicher Geltungsbereich

In zeitlicher Hinsicht gilt Folgendes: § 706 tritt gemäß Art. 137 S. 1 2
MoPeG am **1.1.2024** in Kraft, eine Übergangsregelung ist nicht vorgesehen
(Umkehrschluss zu Art. 229 § 61 EGBGB). Hieraus folgt: Für **nicht eingetragene rechtsfähige (Alt-)Gesellschaften** gilt ab 1.1.2024 allein § 706
S. 1, da diese allein einen Verwaltungssitz haben können (→ Rn. 4). Insofern
bringt die neue Rechtslage somit insbesondere auch in Zuständigkeitsfragen
keine Änderung mit sich. – Für **eingetragene rechtsfähige GbR** gilt § 706
erst ab 1.1.2024, weil die entsprechenden registerrechtlichen Regelungen
gemäß §§ 707 ff. nach Art. 137 S. 1 MoPeG ebenfalls erst dann in Kraft
treten. Zuvor können keine Eintragungen ins Gesellschaftsregister erfolgen.
Bis eine solche Eintragung erfolgt ist, bleibt somit der Verwaltungssitz der
maßgebliche Sitz der Gesellschaft, was die frühere Rechtslage perpetuiert.
Sofern die Gesellschafter indessen mit Wirkung ab dem 1.1.2024 oder später
einen Vertragssitz vereinbart haben, gilt dieser, auch bei fehlender Konnexität
mit dem Verwaltungssitz (abw. nach früherem Recht KG NZG 2012, 1346;

OLG Celle WM 1960, 1330; KG WM 1955, 892 (893)). Kommt es hiernach zu einer nachträglichen Änderung des allgemeinen Gerichtsstands isV § 17 ZPO, gilt für anhängige Verfahren die perpetuatio fori gemäß § 261 III Nr. 2 ZPO, sodass die Klage gegen die GbR nicht unzulässig wird.

II. Normzweck

3   Der „**Sitz**" im Rechtssinne gemäß § 706 hat bei rechtsfähigen Gesellschaften aus nationaler Perspektive eine zentrale Bedeutung bei **Zuständigkeitsfragen** (→ Rn. 7). Im Hinblick auf die konkrete Bestimmung desselben sind mit Vertrags- und Verwaltungssitz grundsätzlich zwei alternative Anknüpfungen vorgesehen. Aus Gründen der Rechtssicherheit und Transparenz hat der **Vertragssitz bei eingetragenen GbR Vorrang.** Dies gilt selbst dann, wenn die entsprechende Angabe nicht durch eine geschäftliche Tätigkeit unterlegt ist. Es bedarf mithin keines zwingenden Konnexes zwischen Vertragssitz und Verwaltungssitz mehr. Auf den Verwaltungssitz kommt es hiernach sachrechtlich nur subsidiär an (→ Rn. 9), ebenso bei nicht eingetragenen GbR (→ Rn. 4). – Aus **kollisionsrechtlicher Perspektive** hat der Sitz im Zusammenspiel von Sitz- und Gründungstheorie Bedeutung für die grenzüberschreitende Mobilität von Gesellschaften. Insofern hat der Gesetzgeber durch die sachrechtliche Entkoppelung von Verwaltungs- und Vertragssitz bei rechtsfähigen GbR nunmehr richtigerweise jedenfalls bei eingetragenen GbR auch die Wegzugsfreiheit erleichtert (→ Rn. 11 f.).

III. Anwendungsbereich

4   § 706 gilt grundsätzlich bei allen **rechtsfähigen GbR,** unabhängig von der Eintragung. Die **Eintragung** ist allein bedeutsam, soweit es um die Notwendigkeit, Bestimmung und Maßgeblichkeit eines Vertragssitzes gemäß S. 2 geht, den, ggf. in Abweichung vom tatsächlichen Verwaltungssitz, nur eingetragene Gesellschaften haben können (→ Rn. 6). **Nicht eingetragene GbR** können einen solchen „Vertragssitz" im Rechtssinne zwar nicht haben, eine entsprechende gesellschaftsvertragliche Vereinbarung hat hier aber als Erfüllungsort für die wechselseitigen Sozialverbindlichkeiten der Gesellschafter untereinander Bedeutung. Für Zuständigkeitsfragen ist indessen bei nichteingetragenen rechtsfähigen GbR wie im bisherigen Recht allein der Verwaltungssitz maßgeblich (→ Rn. 6). Über die § 105 III HGB, § 161 II HGB gilt § 706 auch bei OHG und KG, gemäß § 1 IV PartGG auch für die Partnerschaftsgesellschaft. – **Nicht rechtsfähige Gesellschaften** haben ebenfalls keinen Sitz im Rechtssinne (Bachmann NZG 2020, 612 (614); vgl. insoweit auch § 740 II, der nicht auf § 706 verweist). Insofern kann freilich ebenfalls ein „Vertragssitz" vereinbart werden, welcher als **Erfüllungsort** für die wechselseitigen Sozialverbindlichkeiten der Gesellschafter untereinander Bedeutung hat (vgl. Stellungnahme IHK S. 3: wird vereinzelt für sinnvoll erachtet). Im Übrigen richtet sich auch die kollisionsrechtliche Behandlung nicht rechtsfähiger GbR nicht nach dem Gesellschaftsstatut eine Personenver-

bands, sondern dem **Vertragsstatut** in Bezug auf die Gesellschafter (vgl. BGH NJW 2009, 1482 Rn. 10). Konsequenterweise kommt es somit bei nicht rechtsfähigen GbR auch nicht auf den Verwaltungssitz an.

IV. Verwaltungs- und Vertragssitz

1. Grundlagen

§ 706 begründet zunächst allein **zwei Legaldefinitionen** zur Bestim- 5 mung des „Sitzes" einer Personengesellschaft: **Verwaltungssitz** gemäß S. 1 als dem Ort, an den die Geschäfte der Gesellschaft **tatsächlich** geführt werden; dies entspricht dem bisherigen (alleinigen) Sitzkriterium gemäß § 106 I HGB aF, indem es um den Ort geht, wo sich die **Geschäftsleitung** befindet (vgl. früher bereits OLG Schleswig NZG 2012, 775). Auf eine nähere Definition des Verwaltungssitzes hat der Gesetzgeber bewusst verzichtet (vgl. Begr. S. 126: Begriff ist einer weiteren sinnvollen Konkretisierung nicht zugänglich). Allgemein versteht man hierunter vor allem aus kollisionsrechtlicher Perspektive, aber verallgemeinerungsfähig (ebenso Heckschen/Nolting BB 2020, 2256 (2257)), denjenigen Ort der Hauptverwaltung, an dem die grundlegenden Entscheidungen der Unternehmensleitung effektiv in laufende Geschäftsführungsakte umgesetzt werden (MHdB GesR VI/Kieninger/Wilke § 46 Rn. 1). Bei der GbR kommt es wegen des Grundsatzes der Selbstorganschaft (→ § 715 Rn. 9 ff.) vorrangig auf den **Ort der gemeinschaftlichen Willensbildung der Gesellschafter** an (vgl. zum „beweglichen Verwaltungssitz" bei dezentraler Entscheidungsfindung OLG Frankfurt ZIP 1999, 1710). Bei der GmbH & Co. KG kommt es auf den (ggf. ausländischen) Ort der Geschäftsleitung der Komplementär-GmbH an (Heckschen/Nolting BB 2020, 2256 (2257). – Die Geschäftsanschrift gemäß § 707 II Nr. 1 lit. c (§ 707; → Rn. 14) ist vom Verwaltungssitz abzugrenzen (vgl. OLG Frankfurt BeckRS 2021, 15208 Rn. 12) und hat daher lediglich eine Indizwirkung.

Vom kaum rechtssicher handhabbaren Begriff des Verwaltungssitzes 6 abzugrenzen ist der **Vertragssitz** gemäß S. 2 als der Ort, den die Gesellschafter gesellschaftsvertraglich vereinbart und gemäß § 707 II Nr. 1 lit. b zur Eintragung ins Gesellschaftsregister angemeldet haben (→ § 707 Rn. 13). – Beide Sitzdefinitionen stehen indessen nicht unabhängig nebeneinander: Wurde ein Vertragssitz gewählt, ist dies der alleinige Sitz der Gesellschaft; im Kern besteht daher **bei eingetragenen GbR** ein **Vorrang des Vertragssitzes.** Der Verwaltungssitz kann dann zwar hiervon unabhängig sein (Sitzspaltungsfreiheit), was allerdings aus national-rechtlicher Perspektive keine eigenständige Bedeutung hat (→ Rn. 7), kollisionsrechtlich aber Unterschiede nach sich zieht, soweit sich Gründungs- und Sitztheorie gegenüberstehen (→ Rn. 10 ff.). – **Nichteingetragene GbR** können keinen „Vertragssitz" gemäß § 706 S. 2 haben. Dieser ist mangels Registerpublizität jenseits gesellschaftsinterner Streitigkeiten nicht geeignet, der rechtlichen Bedeutung des Sitzes gerecht zu werden, sodass es insofern sach- und kollisionsrechtlich allein auf den **Verwaltungssitz** ankommt (→ Rn. 4).

Im Übrigen richtet sich die kollisionsrechtliche Behandlung **nicht rechtsfähiger GbR** auch nicht nach dem Gesellschaftsstatut, sondern dem **Vertragsstatut** (vgl. BGH NJW 2009, 1482 Rn. 10).

2. Bedeutung des Sitzes

7   Die Bedeutung des Sitzes iSv § 706 ist vielfältig; dabei sind auch Unterschiede bei der maßgeblichen Anknüpfung zu berücksichtigen: Der Sitz ist bei eingetragenen GbR maßgeblich für die **Registerzuständigkeit** gemäß § 707 I; diese folgt allein aus dem gesellschaftsvertraglich vereinbarten Vertragssitz; der Verwaltungssitz ist insofern irrelevant (→ § 707 Rn. 26). Auch der **allgemeine Gerichtsstand** eingetragener GbR gemäß § 17 I 1 ZPO bestimmt sich vorrangig hiernach; auf den Verwaltungssitz gemäß § 17 I 2 ZPO wird nur abgestellt, wenn der Vertragssitz fehlt (vgl. BayObLG ZIP 1999, 1714), was vor allem bei nichteingetragenen GbR relevant ist. Die Zuständigkeit des **Insolvenzgerichts** gemäß §§ 3, 4 InsO richtet sich bei eingetragenen GbR nach dem Vertragssitz (abw. Schäfer Neues PersGesR/ Schäfer § 8 Rn. 14), ansonsten nach dem Verwaltungssitz. Die internationale Zuständigkeit richtet sich insofern indessen nach Art. 3 I EuInsVO, der auf den COMI abstellt, mithin den Verwaltungssitz. Im Übrigen richtet sich hiernach auch die **internationale Zuständigkeit** im Rahmen von Art. 63 I a EuGVVO, wonach bei eingetragenen GbR der Vertragssitz auch dann maßgeblich ist, wenn ein abweichender Verwaltungssitz besteht (vgl. BGH NJW-RR 2018, 290). Der Vertragssitz ist, soweit vereinbart, auch maßgeblicher **Erfüllungsort** für die gesellschaftsinternen Sozialverbindlichkeiten; ansonsten kommt es auf den Verwaltungssitz an. – Vgl. im Übrigen auch die **Zuständigkeit gemäß § 736a I** für die gerichtliche Berufung und Abberufung von Liquidatoren, welche bei eingetragenen GbR ebenfalls an den Vertragssitz anknüpft, bei nicht eingetragenen an den Verwaltungssitz (→ § 736a Rn. 5).

3. Sitzwahlfreiheit aus national-rechtliche Perspektive

8   Der **Vertragssitz** gemäß S. 2 muss jedenfalls **bei eingetragenen GbR im Inland** belegen sein. Die Registrierung einer „deutschen" GbR im (deutschen) Gesellschaftsregister ohne Wahl eines inländischen Vertragssitzes ist daher nicht möglich. Insofern hat sich auch bei OHG, KG und Partnerschaftsgesellschaft gegenüber der früheren Rechtslage nichts geändert (BayObLG NJW-RR 2004, 836 (837)). Hierdurch soll die Gesellschaft „fest in der deutschen Rechtsordnung verankert" werden (Begr. S. 126; Fleischer DStR 2021, 430 (434)). Maßgeblich ist eine **politische Gemeinde** (vgl. OLG Schleswig NZG 2012, 775 (776)); die zusätzliche Angabe eines Gemeindeteils schadet nicht (vgl. BayObLG BB 1976, 622). Bei Großgemeinden mit mehreren Gerichtsbezirken ist indessen eine weitere Konkretisierung geboten (vgl. KG BeckRS 2008, 237; BayObLG GmbHR 1988, 23 (44 f.); fehlt diese hat der Kläger im Rahmen von § 17 ZPO ein Wahlrecht (vgl. OLG Frankfurt BeckRS 2021, 15208). – Ein **Doppelsitz** ist **unzulässig** (vgl. RG JW 1938, 1718, 1719; abw. LG Köln NJW 1950, 871); vgl. aber die

Möglichkeit zur Errichtung einer Zweigniederlassung § 707b Nr. 3 (§ 707b; → Rn. 14). – Bei **nicht rechtsfähigen Gesellschaften** spricht nichts dagegen, im Wege einer teleologischen Reduktion von S. 2 auch einen ausländischen „Vertragssitz" anzuerkennen (abw. wohl Begr. S. 126). Dieser hat aber mangels Rechtsfähigkeit der GbR als solche und mangels Registerpublizität allein im Innenverhältnis als Erfüllungsort für Sozialverbindlichkeiten Relevanz (vgl. zum maßgeblichen **Vertragsstatut** bei nicht rechtsfähigen GbR BGH NJW 2009, 1482 Rn. 10).

Vertragssitz und Verwaltungssitz rechtsfähiger GbR müssen **seit der** 9 **Reform** erklärtermaßen **nicht übereinstimmen** (Begr. S. 125; Schäfer Neues PersGesR/Hermanns § 2 Rn. 6). Die Verwaltung der (eingetragenen) GbR kann daher an einem völlig anderen Ort angesiedelt sein, richtigerweise auch im Ausland (vgl. → Rn. 11 f.). Der gewählte Vertragssitz kann nunmehr rein fiktiv sein, mithin ohne konkrete tatbestandliche Anbindung an eine geschäftliche oder sonstige Tätigkeit der GbR (abw. zum früheren Recht BGH WM 1997, 999 (1000); vgl. zu Ansätzen, dies früher bereits de lege lata zu korrigieren, MüKoHGB/Fleischer HGB § 106 Rn. 29). – Die **Verlegung des Vertragssitzes** ist wegen der Einbettung in den Gesellschaftsvertrag nur durch entsprechende Änderung desselben nach Maßgabe von § 714 möglich (§ 707b → Rn. 7 ff.) und gemäß § 707 III zur Eintragung ins Gesellschaftsregister anzumelden (§ 707; → Rn. 21); vgl. insofern auch § 707b Nr. 2 iVm § 13h HGB (§ 707b; → Rn. 11). Die **Verlegung des Verwaltungssitzes** (im Inland) ist bei Beibehaltung des Vertragssitzes ebenfalls ohne weiteres zulässig (abw. nach früherem Recht KG NZG 2012, 1346; OLG Celle WM 1960, 1330; KG WM 1955, 892 (893)). Es handelt sich zwar um eine **tatsächliche Handlung,** die geschäftsführungsbefugten Gesellschafter oder sogar bevollmächtigte Dritte vollziehen können. Wegen der grundlegenden Bedeutung ist dies im Hinblick auf die **rechtliche Würdigung** aber gleichermaßen eine **Grundlagenentscheidungen** nach Maßgabe von § 714, die den Gesellschaftern obliegt (→ § 714 Rn. 13 ff.). Dies gilt unabhängig davon, ob der Verwaltungssitz im Gesellschaftsvertrag vereinbart wurde oder nicht; dem zuwider erfolgende Handlungen können daher Schadensersatzpflichten auslösen (§ 715; → Rn. 27 ff.). Es ist im Übrigen aber ohne weiteres möglich, den **Verwaltungssitz klarstellend im Gesellschaftsvertrag** festzulegen, sodass die Geschäftsführung hieran noch deutlicher gebunden ist und die entsprechende Änderung als formale Änderung des Gesellschaftsvertrages zu erfolgen hat. – In der **Liquidation** ist die Verlegung des Vertragssitzes grundsätzlich zulässig, aber streng anhand der Rechtfertigung mit dem Liquidationszweck zu messen, um Firmenbestattungen vorzubeugen (BGH MDR 1969, 662; vgl. zur GmbH KG NZG 2018, 1197).

4. Kollisionsrechtliche Bedeutung des Sitzes

Von der vorstehenden national-rechtlichen Perspektive **abzugrenzen** ist 10 die kollisionsrechtliche Bedeutung des Sitzes. Wenngleich der Vertragssitz jedenfalls bei eingetragenen GbR zwingend im Inland belegen sein muss (→ Rn. 8), führt die Aufgabe des Konnexitätserfordernisses indessen dazu, dass der **Verwaltungssitz** einer Personengesellschaft jedenfalls aus der sachrechtlichen Perspektive des § 706 mittlerweile auch im Ausland sein kann und zwar unabhängig davon ob, in einem Mitgliedsstaat der **EU oder einem Drittstaat** ist (Begr. S. 125; Heckschen NZG 2020, 761 (763); Otte-Gräbener BB 2020, 1295 (1296); Nazari-Khanachayi WM 2020, 2056 (2057); Punte/Klemens/Sambulski ZIP 2020, 1230 (1230)). Konsequenterweise hat dies auch eine kollisionsrechtliche Bedeutung, so dass § 706 jedenfalls **bei eingetragenen GbR** auch als **verdeckte Kollisionsnorm** zu sehen ist (vgl. hierzu im Hinblick auf § 4a GmbHG Noack/Servatius/Haas/Servatius GmbHG § 4a Rn. 10). Im Hinblick auf den Wegzug deutscher eingetragener GbR bringt die Reform die **Gründungstheorie** zur Geltung (abw. Schall ZIP 2020; 1443 (1448): keine Aufgabe der Sitztheorie). Hierdurch können die Gesellschafter sämtliche Geschäftätigkeit außerhalb des deutschen Hoheitsgebiets entfalten, ohne auf eine für sie vertraute Rechtsform verzichten zu müssen (M. Noack NZG 2020, 581 (583); vgl. zur abw. Beurteilung nach früherem Recht Lieder/Hilser ZHR 185 (2021), 471 (485 f.); vgl. zum Ganzen auch MHdB GesR VI/Servatius § 10 Rn. 1 ff.). – Bei **nichteingetragenen GbR** ist dies freilich abweichend zu beurteilen, da in diesen Fällen keine Möglichkeit besteht, einen inländischen und im Gesellschaftsregister eingetragenen Vertragssitz im Rechtssinne zu vereinbaren ($\rightarrow$ Rn. 4, $\rightarrow$ Rn. 6). Die hier alleinige Anknüpfung an den Verwaltungssitz spricht daher nach wie vor dafür, insofern aus deutscher Perspektive weiterhin an der **Sitztheorie** festzuhalten. – Der Verwaltungssitz ist im Übrigen von der Möglichkeit gemäß § 707 II Nr. 1 c **abzugrenzen,** eine ausländische **Geschäftsanschrift** im EU-Ausland zu wählen, die nicht zwingend mit dem (in- oder ausländischen) Verwaltungssitz iSv S. 1 übereinstimmen muss (vgl. OLG Frankfurt BeckRS 2021, 15208 Rn. 12; § 707 $\rightarrow$ Rn. 14).

11   **a) Wegzug ins Ausland.** Richtigerweise ist somit der Wegzug einer deutschen **eingetragenen Personengesellschaft** durch Verlegung des effektiven **Verwaltungssitzes ins Ausland** ebenso wie bei den Kapitalgesellschaften (vgl. hierzu etwa Noack/Servatius/Haas/Servatius GmbHG § 4a Rn. 10; MHdB GesR VI/Servatius § 10 Rn. 10 ff.) seit der Reform **innerhalb der EU bzw. des EWR** identitätswahrend **zulässig** (iE auch Lieder/Hilser ZHR 185 (2021), 471 (486 ff.), freilich durch Anknüpfung an den Vertragssitz). Abweichend vom früheren Recht führt dies nicht mehr zur zwingenden Auflösung der Gesellschaft. Die Gesellschaft bleibt auch aus deutscher Perspektive materiell-rechtlich als solche existent, freilich mit einem ausländischen Verwaltungssitz. Der Aufnahmestaat hat die Gesellschaft aufgrund der **Niederlassungsfreiheit** gemäß Art. 49, 54a AEUV als solche anzuerkennen, mithin bei KG und Partnerschaftsgesellschaft auch im Hinblick auf eine Haftungsbeschränkung. An der registerrechtlichen Behandlung in Deutschland ändert der Wegzug nichts, die eingetragene GbR bleibt im Gesellschaftsregister eingetragen; eine Amtslöschung gemäß § 395 FamFG kommt abweichend vom früheren Recht nicht mehr in Betracht (Heckschen/Nolting BB 2020, 2256 (2257)). Zusätzlich bestimmt das Recht des Aufnahmestaates dortige Registerpflichten.

Beim Wegzug einer deutschen Personengesellschaft in einen **Drittstaat** **12** kann es indessen nach wie vor zu einem **Statutenwechsel** kommen, wenn der **Aufnahmestaat** kollisionsrechtlich der **Sitztheorie** folgt (Heckschen NZG 2020, 761 (763): nach wie vor bestehenden Risiken). Hieran ändert auch die hier befürwortete die Einordnung von § 706 als verdeckte Kollisionsnorm nichts (abw. Lieder/Hilser ZHR 185 (2021), 471 (490 ff.); dagegen zutreffend Heckschen/Nolting BB 2020, 2256 (2257): Frage des ausländischen Kollisionsrechts). In diesem Fall bleibt eine Gesellschaft somit aus deutscher Wegzugsperspektive rechtlich als solche existent, im Gastland wird sie indessen nach Maßgabe des dortigen Sachrechts abweichend behandelt. Diese **Statutenverdopplung** zieht Rechtsunsicherheit nach sich, an der auch das MoPeG nichts zu ändern vermochte. Gilt im Aufnahmestaat indessen die Gründungstheorie, kann eine deutsche Personengesellschaft auch identitätswahrend ihren Verwaltungssitz hierin verlegen. – Bei rechtsfähigen, aber **nicht eingetragenen GbR** dürfte indessen auch nach der Reform aus deutscher Perspektive weiterhin die **Sitztheorie** gelten, da es ansonsten möglich wäre, eine deutsche GbR ohne jeglichen Inlandsbezug (Registereintragung) ins Ausland und damit in den Geltungsbereich einer anderen Rechtsordnung ziehen zu lassen. Diese gespaltene Lösung ist Konsequenz der im Gegensatz zur AG und GmbH bei der GbR anerkannten Rechtsfähigkeit ohne Registereintragung. Im Übrigen ist fraglich, ob eine ausländische Rechtsordnung eine solche nicht publizitätspflichtige GbR nach ihrem Wegzug als rechtsfähige überhaupt anerkennen würde.

b) Zuzug aus dem Ausland. Verlegt eine **ausländische Personsge- 13 sellschaft** ihren effektiven Verwaltungssitz nach Deutschland, ist dies nicht unmittelbar durch § 706 geregelt (Lieder/Hilser ZHR 185 (2021), 471 (496)). Selbst der hier vertretene Charakter der Regelung als verdeckte Kollisionsnorm vermag nicht zu begründen, ob die Norm überhaupt auf Auslandsgesellschaften Anwendung findet; dies vermag allein die **Kontroverse zwischen Gründungs- und Sitztheorie** zu bewältigen. Es ist daher zunächst auf dieser Grundlage zu beurteilen, welche Konsequenzen dies hat. Soweit hiernach der **identitätswahrende Zuzug** kollisionsrechtlich möglich ist, bleibt die ausländische Gesellschaft als solche existent (vgl. nur MHdB GesR VI/Servatius § 10 Rn. 15 ff.) und ist lediglich nach Maßgabe von § 13d HGB ins deutsche Handels-, Partnerschafts-, oder Gesellschaftsregister anzumelden (Einzelheiten bei MHdB GesR VI/ Kienle/Friedrichson § 21 Rn. 1 ff.). Die europäische **Niederlassungsfreiheit** dürfte diese Zuzugsfreiheit jedenfalls bei eingetragenen Personengesellschaften gebieten. – Soweit aber nach Maßgabe der Sitztheorie mit dem Zuzug ein **Statutenwechsel** einhergeht, was angesichts der europäischen Niederlassungsfreiheit nur bei Gesellschaften aus **Drittstaaten** in Betracht kommt oder wenn der Wegzugsstaat dies (europarechtlich fragwürdig, vgl. MHdB GesR VI/Servatius § 10 Rn. 7) verbietet, handelt sich bei der ausländischen Gesellschaft infolge Sitzverlegung um eine rechtsfähige GbR nach deutschem Recht, so das hierauf die **§§ 705 ff. bzw. §§ 105 ff. HGB Anwendung** finden. Praktisch bedeutsam ist dies insbesondere für ausländische Personengesellschaften mit beschränkter Haftung, weil dann mangels Gründung und Registrierung einer deutschen Partnerschaftsgesellschaft bzw. KG die §§ 721 ff. gelten (hierauf zurecht hinweisend Schall ZIP 2020, 1443 (1449)).

V. Kautelarischer Handlungsbedarf infolge des MoPeG

14   Die **Trennung von Vertragssitz und Verwaltungssitz** ist eine bedeutende Neuerung gegenüber dem bisherigen Recht, insbesondere durch die Aufgabe des Konnexitätsgebots (→ Rn. 9). Indem dies **nur bei eingetragenen GbR** gilt, lässt sich der Gewinn an Rechtssicherheit beim Vertragssitzes im Hinblick auf Gerichtszuständigkeit (→ Rn. 7) und Wegzugsfreiheit (→ Rn. 10 f.) letztlich allein durch die Eintragung ins Gesellschaftsregister erreichen. Aus der Perspektive der Gläubiger bleibt freilich auch nach neuem Recht insbesondere im Hinblick auf den Gerichtsstand der rechtsfähigen GbR nach wie vor Rechtsunsicherheit, wenn die Gesellschafter von der Eintragungsoption legitimerweise keinen Gebrauch machen. Insofern bleibt es bei der Maßgeblichkeit des Verwaltungssitzes wie im bisherigen Recht. – **Nicht rechtsfähige Gesellschaften** haben ebenfalls keinen Sitz im Rechtssinne. Insofern kann freilich ebenfalls ein „Vertragssitz" vereinbart werden, welcher als **Erfüllungsort** für die wechselseitigen Sozialverbindlichkeiten der Gesellschafter untereinander Bedeutung hat (→ Rn. 4).

15   Die **Handlungsoptionen** nach der Reform im Hinblick auf den Sitz der Gesellschaft hängen somit maßgeblich von dem Charakter der GbR als eine nicht rechtsfähige oder rechtsfähige Gesellschaft einerseits und als eine eingetragene oder nicht eingetragene GbR andererseits ab. Für **nicht rechtsfähige** GbR ergeben sich keine nennenswerten Unterschiede gegenüber der bisherigen Rechtslage betreffend die frühere Innen-GbR, insofern bleibt bei Verwaltungssitz, insbesondere bei Zuständigkeitsfragen (→ Rn. 4). Für nicht eingetragene **rechtsfähige** Gesellschaften gilt dies gleichermaßen, da diese mangels rechtssicher handhabbarer Registereintragung keinen Vertragsbesitz im Rechtssinne haben können (→ Rn. 4, → Rn. 6). Eingetragene GbR haben hingegen nunmehr zum einen die Möglichkeit, bei der Wahl des Verwaltungssitzes flexibel zu sein, den im Gesellschaftsregister eingetragenen Vertragssitz als festen Bezugspunkt für Zuständigkeitsfragen zu belassen. Zum anderen können diese nunmehr auch einen ausländischen Ort als den effektiven Verwaltungssitz zu wählen, was nach der bisherigen Rechtslage nicht möglich war. Die GbR ist damit noch stärker als bislang eine attraktive deutsche Rechtsform für Gesellschafter mit Wohnsitz im Ausland, insbesondere bei der Vermögensverwaltung.

§ 707 Anmeldung zum Gesellschaftsregister

(1) **Die Gesellschafter können die Gesellschaft bei dem Gericht, in dessen Bezirk sie ihren Sitz hat, zur Eintragung in das Gesellschaftsregister anmelden.**

(2) **Die Anmeldung muss enthalten:**
1. **folgende Angaben zur Gesellschaft:**
   a) **den Namen,**
   b) **den Sitz und**
   c) **die Anschrift, in einem Mitgliedstaat der Europäischen Union;**
2. **folgende Angaben zu jedem Gesellschafter:**
   a) **wenn der Gesellschafter eine natürliche Person ist: dessen Namen, Vornamen, Geburtsdatum und Wohnort;**
   b) **wenn der Gesellschafter eine juristische Person oder rechtsfähige Personengesellschaft ist: deren Firma oder Namen, Rechtsform, Sitz und, soweit gesetzlich vorgesehen, zuständiges Register und Registernummer;**
3. **die Angabe der Vertretungsbefugnis der Gesellschafter;**
4. **die Versicherung, dass die Gesellschaft nicht bereits im Handels- oder im Partnerschaftsregister eingetragen ist.**

(3) [1]**Wird der Name der im Gesellschaftsregister eingetragenen Gesellschaft geändert, der Sitz an einen anderen Ort verlegt oder die Anschrift geändert oder ändert sich die Vertretungsbefugnis eines Gesellschafters, ist dies zur Eintragung in das Gesellschaftsregister anzumelden.** [2]**Ist die Gesellschaft im Gesellschaftsregister eingetragen, so sind auch das Ausscheiden eines Gesellschafters und der Eintritt eines neuen Gesellschafters zur Eintragung in das Gesellschaftsregister anzumelden.**

(4) [1]**Anmeldungen sind vorbehaltlich der Sätze 2 und 3 von sämtlichen Gesellschaftern zu bewirken.** [2]**Scheidet ein Gesellschafter durch Tod aus, kann die Anmeldung ohne Mitwirkung der Erben erfolgen, sofern einer solchen Mitwirkung besondere Hindernisse entgegenstehen.** [3]**Ändert sich nur die Anschrift der Gesellschaft, ist die Anmeldung von der Gesellschaft zu bewirken.**

Übersicht

I. Reform

1. Grundlagen, Bewertung

1   § 707 ermöglicht im Zusammenspiel mit §§ 707a–707d die **Eintragung rechtsfähiger GbR ins Gesellschaftsregister** (vgl. Begr. S. 126: langjährige Forderung aus Wissenschaft und Praxis; kritisch Schall ZIP 2020, 1143 (1444)). Dies wir allgemein begrüßt (vgl. nur Otte ZIP 2021, 2162 (2165); Kruse DStR 2021, 2412 (2413); kritisch im Hinblick auf die Überregulierung indessen Altmeppen NZG 2020, 822 (823); Schall ZIP 2020, 1443 (1444)). Hierüber wird die bislang bereits bei der Außen-GbR anerkannte Rechtsfähigkeit für die Teilnahme am Rechtsverkehr praktikabel ausgestaltet (vgl. Holzer ZNotP 2020, 239 (241): Register als Kehrseite zur Anerkennung der GbR als Rechtssubjekt). Dies betrifft freilich nicht die Entstehung der (rechtsfähigen) GbR selbst, welche gemäß § 705 II nach wie vor allein vom gemeinsamen Willen der Gesellschafter abhängt. Die §§ 707 ff. regeln vielmehr eine bloße **Eintragungsoption** und begründen insofern vor allem **Publizität der GbR** im Hinblick auf den für die Haftung gemäß §§ 721 ff. bedeutsamen Gesellschafterbestand und die organschaftliche Vertretungsmacht gemäß § 720. Dieses Konzept ist eine tragende Säule des durch die Reform gestärkten Leitbilds der auf Dauer angelegten Personengesellschaft in Abkehr vom bisherigen Leitbild der Gelegenheitsgesellschaft (vgl. Begr. S. 104).

2   Der Gesetzgeber hat sich freilich bewusst dafür entschieden, **keinen allgemeinen Eintragungszwang** einzuführen, sodass es nach wie vor möglich ist, rechtsfähige GbR auch ohne Registerpublizität zu gründen bzw. aufrechtzuerhalten und hierüber am Rechtsverkehr teilzunehmen (vgl. Begr. S. 107: Registereintragung ist keine Voraussetzung für die Erlangung der Rechtsfähigkeit; zustimmend DAV NZG 2020, 1133 Rn. 13; Bergmann BB 2020, 994 (994); Rosskopf Stellungnahme, S. 5; abw. Forderungen nach einer Eintragungspflicht etwa von Röder AcP 215 (2015), 451 (471 ff.); kritisch auch Heckschen GWR 2021, 1 (2); Habersack Stellungnahme S. 3 ff.). Hierdurch besteht nach wie vor keine allgemeine Mitteilungspflicht zum Transparenzregister nach § 20 GwG. Gleichwohl ist der fehlende, mit konstitutiver Wirkung versehene Eintragungszwang **zu begrüßen,** da ansonsten erhebliche Rechtsunsicherheit herrschen würde, soweit es an der hiernach gebotenen

Eintragung fehlte (Holzer ZNotP 2020, 239 (241)). Mit der tradierten und nach wie vor anerkennungswürdigen GbR als bürgerlich-rechtlicher Gesellschaft ließe sich dieser Zwang konzeptionell ebenfalls nur schwer vereinbaren (vgl. zum Ganzen ausführlich Habersack ZGR 2020, 539 (550 ff.). – Eine mittelbare Eintragungspflicht resultiert indessen daraus, dass für bestimmte **Objektregister** eine **Voreintragungsobliegenheit** der GbR besteht, wenn und soweit diese betroffene Vermögensgegenstände erwerben oder halten möchte (auch insofern kritisch DIHK Stellungnahme S. 4 f.). Praktisch relevant ist dies insbesondere im Grundstücksverkehr sowie beim Halten von Anteilen an anderen Gesellschaften (Einzelheiten → § 713 Rn. 12 ff., 18 ff.). Hierdurch wird wenigstens in bedeutsamen Wirtschaftsbereichen durch die mittels Registereintragung herbeigeführte Transparenz und Publizität (iVm § 20 GwG) ein begrüßenswerter Beitrag zur Bekämpfung von **Geldwäsche und Terrorismusfinanzierung** geleistet (vgl. insofern Begr. S. 100). Ein allgemeiner Eintragungszwang für das vollstreckungsrechtliche Vorgehen durch eine rechtsfähige GbR, wie noch in Art. 6 des Mauracher Entwurfs vorgesehen, wurde indessen nicht eingeführt (kritisch Heckschen/Nolting BB 2020, 2256 (2256)).

Im Übrigen bedeutet die **Wahrnehmung der Eintragungsoption** viel- **3** fache Vorteile für die Gesellschafter, die der Gesetzgeber bewusst als System der **positiven Anreizwirkung** sieht (Begr. S. 107). Dies gilt etwa für die Sitzwahl (→ Rn. 13) und die Möglichkeit, die Ausgestaltung der organschaftlichen Vertretungsmacht verlässlich und rechtssicher zu bewirken. Vorteile der Registrierung ergeben sich auch durch die Beteiligung der GbR an Umwandlungsmaßnahmen und beim Statuswechsel gemäß § 707c. Mit der Eintragung einher geht die Verpflichtung aus § 707a II, einen **Namenszusatz „eGbR"** zu führen (→ § 707a Rn. 7). – Die mit der Eintragungsoption verbundenen Vorteile lassen sich indessen nach **Eintragung nicht rückgängig** machen, denn nach § 707a IV findet eine isolierte Löschung der GbR aus dem Gesellschaftsregister unter Fortbestand der GbR nicht statt (vgl. Schäfer ZIP 2020, 1149 (1151): „Ausschluss der Rückfahrkarte"; → § 707a Rn. 11). Dies ist an sich kritikwürdig, überzeugt aber zur Kompensation der Gefahren einer Firmenbestattung von GmbH nach Formwechsel in eine GbR (Schäfer Neues PersGesR/Hermanns § 2 Rn. 14; vgl. zur bisherigen Praxis Kleindiek ZGR 2007, 276 (278)). Die **Einrichtung eines Gesellschaftsregisters** obliegt den Ländern (vgl. insofern auch § 707d); der zeitliche Vorlauf hierzu war ein tragender Grund, das Inkrafttreten der Reform auf den 1.1.2024 festzulegen.

2. Zeitliche Geltung

§ 707 tritt gemäß Art. 137 S. 1 MoPeG am **1.1.2024** in Kraft, sodass zuvor **4** keine Eintragungen ins Gesellschaftsregister erfolgen können. Art. 137 S. 2 MoPeG sieht indessen vor, dass die maßgeblichen Verfahrensvorschriften des FamFG sowie die Verordnungsermächtigung gemäß § 707d (→ § 707d Rn. 2) bereits am 18.8.2021 in Kraft getreten sind, um zu gewährleisten, dass die Registerverwaltungen sich auf das Inkrafttreten des MoPeG zum 1.1.2024

frühzeitig einstellen können (vgl. zum kautelarischen Handlungsbedarf
→ Rn. 30 f.). Vgl. im Übrigen zum Referentenentwurf für eine Gesellschaftsregisterverordnung (GesRV) vom 23.6.2022 www.bmj.de.

II. Normzweck, Anwendungsbereich

5   § 707 bietet die Möglichkeit, rechtsfähige GbR ins neu geschaffene
Gesellschaftsregister einzutragen. Das Eintragungsverfahren der §§ 707 a ff.
ist stark an das Recht von OHG und KG angelehnt (vgl. insofern § 106
HGB). Dies betrifft auch die Registerpublizität gemäß § 15 HGB (→ § 707a
Rn. 9 ff.). – Die als **Eintragungsoption** ausgestaltete Regelung verwirklicht
die mit der Eintragung verbundene **Transparenz und Rechtssicherheit** bei
der GbR zugunsten der Gesellschafter und des Rechtsverkehrs (Hermanns
DNotZ 2022, 3 (9); vgl. auch Begr. S. 131: klare und schnelle Orientierung
über die Rechtsverhältnisse). – Die Regelungen gemäß §§ 707 ff. sind ord-
nungsrechtlicher Art und konsequenterweise **nach Wahrnehmung der
Eintragungsoption zwingend** (Holzer ZNotP 2020, 239 (243)). Die
Registerpublizität erleichtert unbestreitbar die Teilnahme am Rechtsverkehr,
sie ist hierfür freilich nicht unabdingbare Voraussetzung. Die Fortexistenz
oder Neugründung von rechtsfähigen GbR ohne entsprechende Registereintragung ist daher nach wie vor möglich. Gleichwohl wird die Eintragung
regelmäßig als **Seriositätsgewinn** betrachtet (vgl. Fleischer/Pendel WM
2019, 2137 (2139); Tröger JZ 2016, 834 (842); Wertenbruch NZG 2019,
407 (408); insofern zurückhaltend Röder AcP 215 (2015), 450 (466 ff.)). Im
Übrigen besteht in den Fällen des Haltens von Vermögensgegenständen, die
ihrerseits in einem Objektregister verzeichnet sind, eine **Voreintragungsobliegenheit** (Einzelheiten → § 713 Rn. 12 ff., 18 ff. und → § 707a Rn. 5).
Mit der Eintragung geht freilich auch eine Publizität einher, was nicht in
jedem Fall den Interessen der Gesellschafter entspricht. Zudem müssen einmal erfolgte Eintragungen gemäß Abs. 3 aktualisiert werden, was einen nicht
zu vernachlässigenden Mehraufwand begründet (Schäfer Neues PersGesR/
Armbrüster § 3 Rn. 36; Punte/Klemens/Sambulski ZIP 2020, 1230
(1233 ff.)).

6   § 707 gilt **bei jeder GbR.** Die bisherige Rechtsfähigkeit der Gesellschaft
ist nicht notwendig, sodass die Gesellschafter auch die Möglichkeit haben,
eine bislang nicht rechtsfähige GbR im Zuge der Anmeldung in eine rechtsfähige umzuwandeln (→ § 719 Rn. 10; Hippeli DZWiR 2020, 386 (390);
Schäfer Neues PersGesR/Armbrüster § 3 Rn. 32; abw. wohl S. Martens AcP
200 (2021), 68 (97)). Die Umwandlung einer OHG, KG oder Partnerschaftsgesellschaft in eine rechtsfähige GbR, kann indessen allein nach Maßgabe
von § 191 UmwG erfolgen; der Statuswechsel nach § 707c ermöglicht nur
die Umwandlung einer eingetragenen rechtsfähigen GbR in eine andere
Personengesellschaft. Im Übrigen kann die Gesellschaft selbst auch unmittelbar als eingetragene GbR gegründet werden; in diesem Fall beinhaltet der
Abschluss des Gesellschaftsvertrages sogleich die Wahrnehmung der Eintragungsoption gemäß Abs. 1.

III. Eintragungsoption (Abs. 1)

Abs. 1 begründet für die Gesellschafter die Möglichkeit, die gemäß § 719 **7** **spätestens dann rechtsfähige GbR** (→ § 719 Rn. 6 ff.) zur Eintragung ins Gesellschaftsregister anzumelden (für die Eintragungsfähigkeit bisheriger Innengesellschaften, die dann rechtsfähig werden, Hippeli DZWiR 2020, 386 (390); Schäfer Neues PersGesR/Armbrüster § 3 Rn. 32; abw. wohl S. Martens AcP 200 (2021), 68 (97)). Dieser zentrale Aspekt der Reform trägt dem Umstand Rechnung, dass die Eintragung wegen der durch das Gesellschaftsregister vermittelten **Publizität** eine erhebliche Erleichterung für die **Teilnahme am Rechtsverkehr** bewirkt. Ob und in welchem Umfang die eingetragene GbR dann tatsächlich am Rechtsverkehr teilnimmt, ist gesetzlich nicht geregelt. Vereinbaren die Gesellschafter intern, dass die eingetragene GbR nicht nach außen in Erscheinung tritt, ist dies auch bei eingetragenen GbR zulässig und hat auf das durch Antragstellung eingeleitete Registerverfahren keine Auswirkungen (vgl. zu OHG und KG RGZ 165, 260 (265); BGH NJW 1953, 1548). Die Teilnahme am Rechtsverkehr ist nur bei nicht eingetragenen GbR konstitutives Merkmal zur Erlangung der Rechtsfähigkeit einer GbR (→ § 719 Rn. 12 ff.). – Die Eintragungsoption erstreckt sich gemäß § 707b Nr. 3 auch auf **Zweigniederlassungen** (→ § 707b Rn. 14; kritisch DIHK Stellungnahme S. 8: sollte dem Kaufmann vorbehalten bleiben).

1. Gesellschaftsrechtliche Voraussetzungen

Die gesellschaftsrechtlichen Voraussetzungen für die Herbeiführung der **8** Eintragung sind gesetzlich nicht geregelt, sondern ergeben sich aus den allgemeinen Regeln. Als **Grundlagenentscheidung** obliegt dies den Gesellschaftern persönlich; es handelt sich somit nicht um eine Geschäftsführungsmaßnahme, selbst wenn die Gesellschaft bislang bereits durch einvernehmliche Teilnahme am Rechtsverkehr gemäß § 719 Hs. 1 (→ § 719 Rn. 12 ff.) rechtsfähig war (vgl. zur Anmeldebefugnis → Rn. 23 f.). Im gesetzlichen Regelfall bedarf es daher gemäß §§ 719, 714 der **Zustimmung aller Gesellschafter** (→ § 714 Rn. 13 ff.). Dies ist vor allem beim nachträglichen Übergang zur eingetragenen GbR bedeutsam; der gemeinschaftliche Anmeldeantrag dürfte regelmäßig die entsprechende konkludente Willensbildung darstellen (S. Martens AcP 200 (2021), 68 (97); abw. Schäfer Neues PersGesR/Armbrüster § 3 Rn. 32). Die Zweckbindung der Gesellschafter kann **Zustimmungspflichtigen** rechtfertigen, welche dann auch durch die Mitgesellschafter klageweise durchgesetzt werden kann (John NZG 2022, 243 (244)), mangels Anspruchs der Gesellschaft freilich nicht nach Maßgabe von § 715b. Ist dies erfolgreich, gilt gemäß § 707b Nr. 2, § 16 I HGB. Hierbei ist stets in besonderer Weise zu würdigen, dass die Registerpublizität aus der Perspektive der einzelnen Gesellschafter durchaus auch Nachteile mit sich bringt. Die Zustimmung zur Registeranmeldung bzw. die Mitwirkung hieran ist daher nur erzwingbar, wenn die Eintragung zur Zweckverwirklichung notwendig ist und keine berechtigten (Geheimhaltungs-)Interessen der betroffenen Gesellschafter bestehen.

9   Bei **bereits bestehenden GbR** deckt eine gesellschaftsvertragliche **Mehrheitsklausel** die gesellschaftsrechtlichen Anforderungen an eine Registeranmeldung wegen der gravierenden Auswirkungen für die (Privat-)Interessen
der Gesellschafter nur dann, wenn dies hierin **hinreichend deutlich** wird;
auch dann ist auf der 2. Stufe konkret zu würdigen, ob die Mehrheit treuwidrig agiert, weil sie sich zielgerichtet über die berechtigten Belange der Minderheit hinwegsetzt (zum Ganzen → § 714 Rn. 28). Dies gilt insbesondere
dann, wenn eine bislang nichtrechtsfähige GbR im Zuge der Eintragung in
eine rechtsfähige umgewandelt werden soll. Im Übrigen dürfte ein überstimmter bzw. zur Mitwirkung verpflichteter Gesellschafter regelmäßig aus
wichtigem Grund aus der Gesellschaft ausscheiden (→ § 725 Rn. 51 ff.);
für die umgekehrte Ausschließung des opponierenden Gesellschafters gemäß
§ 727 dürfte wegen des Vorrangs der Zustimmungspflicht indessen regelmäßig kein Raum bestehen. Vgl. hierzu bei der verfahrensrechtlichen Anmeldebefugnis → Rn. 24.

2. Verfahrensrechtliche Voraussetzungen

10   Die **Anmeldung** zum Gesellschaftsregister durch die Gesellschafter
(→ Rn. 23) richtet sich verfahrensrechtlich nach § 12 HGB iVm den Regelungen des FamFG (vgl. § 374 Nr. 2 FamFG). Die Bezugnahme auf die
Regelungen zum Handelsregister in § 707b soll explizit auch für eine Einbindung der **Notare** sorgen (Begr. S. 108; kritisch DIHK Stellungnahme S. 5:
nicht angemessen). Auf die Möglichkeit einer **Online-Gründung** (vgl. insofern auch die §§ 16a ff. BeurkG) wurde im MoPeG noch bewusst verzichtet
(Begr. S. 108). Im Zuge des DiRUG wurde ebenfalls noch bewusst offengelassen, ob die Einbeziehung von Personengesellschaften künftig in Betracht
kommt (vgl. M. Noack BB 2021, 643 (645); Einzelheiten bei Fleischer/
Pendl WM 2019, 21185 (2189); Knaier GmbHR 2021, 169 (172)). Dies
mündete bereits vor Inkrafttreten in eine Änderung des DiRUG durch das
DiREG, so dass die öffentliche Beglaubigung von Registeranmeldungen im
Wege der Videokommunikation nach Maßgabe von § 12 HGB, §§ 16a ff.,
40a BeurkG jetzt **auch bei Personengesellschaften** möglich ist (vgl. Lieder
ZRP 2022, 102). Vgl. zur öffentlichen Beglaubigung der Unterschriften
und Signaturen, zu den einzureichenden Unterlagen und zur Übermittlung
Einreichung der Anmeldung ausführlich Böhringer/Melchior NotBZ 2022,
361 (363 f.). – Wurde eine GbR ins Gesellschaftsregister eingetragen, sind
gemäß Abs. 3 nachträgliche Änderung der relevanten Umstände einer
Anmeldepflicht unterlegt, was insbesondere für § 15 HGB (vgl. § 707a III)
relevant ist (→ Rn. 21). Eine isolierte **Registerlöschung** kommt nach
§ 707a IV nicht in Betracht → § 707a Rn. 11).

IV. Inhalt der Anmeldung (Abs. 2)

11   Die nach Ausübung der Eintragungsoption gemäß Abs. 1 (→ Rn. 7 ff.)
zwingenden Anforderungen an die Registeranmeldung nach Abs. 2
Nr. 1–4 entsprechen im Wesentlichen § 106 II HGB. Die Angaben nach

Nr. 1–3 werden in die gemäß § 707d erlassene **Gesellschaftsregisterverordnung** eingetragen (→ § 707d Rn. 1; Formulierungsvorschlag bei Böhringer/Melchior NotBZ 2022, 361 (366)). Abs. 2 ist **abschließend;** die Angabe des Gesellschaftszwecks, Unternehmensgegenstands oder etwaiger Beschränkungen der Geschäftsführungsbefugnis sind nicht eintragungsfähig (Begr. S. 127; dies im Hinblick auf die Registerprüfung nach Maßgabe von § 380 FamFG kritisierend DIHK Stellungnahme S. 8; vgl. zum Ganzen bei der OHG MüKoHGB/Fleischer HGB § 106 Rn. 37 f.). Treugeber und Nießbraucher werden ebenfalls nicht eingetragen, selbst wenn sie im Innenverhältnis als Quasi-Gesellschafter zu beurteilen sind (Wertenbruch GmbHR 2021, 1 (2); vgl. insofern aber für das Transparenzregister § 20 GwG). Auch ist es nicht zulässig, eine bestimmte Haftungsquote oder Haftsumme in das Gesellschaftsregister einzutragen (Begr. S. 131; → § 721 Rn. 13 ff.). – Die durch Abs. 2 anzumeldenden Angaben sind einzutragende Tatsachen gemäß § 707a III 1, sodass insofern in jedem Fall die positive **Registerpublizität** entsprechend § 15 III HGB gilt (so auch Begr. S. 127); kommt es zur unvollständigen Anmeldung und Eintragung ins Gesellschaftsregister, ist auch für die Anwendung von § 15 I HGB Raum.

1. Angaben nach Nr. 1

a) Name der Gesellschaft. Abs. 1 Nr. 1a verlangt zunächst die Angabe **12** des Namens der Gesellschaft. Der einzutragenden GbR muss daher eine entsprechende Bezeichnung gegeben werden. Insofern sind auch weitere die aus dem Handelsrecht bekannten **Sach-, Personen-, oder Phantasiebezeichnungen** möglich (vgl. früher bereits MüKoBGB/Schäfer § 705 Rn. 278: Schlagwortartiger Gesamtname; für eine Sachbezeichnung OLG Karlsruhe BB 1978, 519). Mangels Firmenfähigkeit der GbR gelten die Beschränkungen gemäß §§ 18 ff. HGB zwar nicht unmittelbar, so dass die GbR keine „Firma" im Rechtssinne führt. Nach § 707b Nr. 1 werden aber die **§§ 18, 21–24, 30 und 37 HGB** für entsprechend anwendbar erklärt (→ § 707b Rn. 4 ff.). Die aus der Identifizierungsfunktion des Namens und dem Irreführungsverbot resultierenden Beschränkungen bei der Namenswahl und Namensführung gelten daher auch bei der eingetragenen GbR. Dies betrifft wegen § 30 HGB vor allem auch die Namensgleichheit mit anderen Gesellschaften derselben Gesellschafter (hierzu Holzer ZfIR 2008, 129 (132)), sodass differenzierende Bezeichnungen hinzuzufügen sind. Vgl. im Übrigen auch im Hinblick auf den **Rechtsformzusatz** „eGbR" § 707a II (§ 707a; → Rn. 7 ff.). – Die Wahl des Namens dürfte regelmäßig im Gesellschaftsvertrag erfolgen, sodass eine **nachträgliche Änderung** nur nach den hierfür maßgeblichen Voraussetzungen möglich ist (§ 714; → Rn. 13 ff.); vgl. dann entsprechender Eintragungspflicht zum Gesellschaftsregister gemäß Abs. 3 (→ Rn. 22). Im Übrigen steht es jeder GbR frei, gestützt auf § 12 BGB gegen eine unberechtigte Verwendung ihres Namens (mit oder ohne Namenszusatz) vorzugehen (vgl. Begr. S. 132).

b) Sitz der Gesellschaft. Abs. 1 Nr. 1b verlangt weiter die Angabe des **13** Sitzes der GbR. Bedeutsam ist dies vor allem im Rahmen von § 17 ZPO.

Ein Doppelsitz ist unzulässig (RG JW 1938, 1718, 1719; abw. LG Köln NJW 1950, 871); vgl. aber die Möglichkeit zur Errichtung einer Zweigniederlassung § 707b Nr. 3 (→ § 707b Rn. 14). Die Regelung beruht auf § 706, wonach grundsätzlich Vertragssitz und Verwaltungssitz gleichwertige Alternativen sind (§ 706 → Rn. 1). Richtigerweise ist dies aber bei eingetragenen GbR dahingehend zu korrigieren, als diese **zwingend einen Vertragssitz** haben müssen, welcher dann auch bei der **Anmeldung anzugeben** sind; maßgeblich ist die konkrete Angabe einer entsprechenden politischen Gemeinde (Begr. S. 128). Das Abstellen auf den Verwaltungssitz als Ort, an dem die Geschäfte der GbR tatsächlich geführt werden (→ § 706 Rn. 5), würde den registerrechtlichen Publizitätserfordernissen nicht gerecht werden. Vertragssitz und Verwaltungssitz müssen indessen nicht übereinstimmen (Schäfer Neues PersGesR/Hermanns § 2 Rn. 6). Der gewählte Vertragssitz kann auch **rein fiktiv** sein, mithin ohne konkrete tatbestandliche Anbindung an eine geschäftliche oder sonstige Tätigkeit der GbR (abw. zum früheren Recht BGH WM 1997, 999 (1000); MüKoHGB/Fleischer HGB § 106 Rn. 29). Die nachträgliche Verlegung des tatsächlichen Sitzes ist bei Wahl eines Vertragssitzes nach Maßgabe von § 714 (→ § 714 Rn. 13 ff.) ebenfalls ohne weiteres zulässig (abw. nach früherem Recht KG NZG 2012, 1346; OLG Celle WM 1960, 1330; KG WM 1955, 892 (893)). – Insofern ist freilich problematisch, ob bei der GbR auch ein Auslandssitz zulässig ist, insbesondere innerhalb der EU. Richtigerweise ist zu differenzieren: Der **Vertragssitz** muss gemäß § 706 S. 2 **im Inland** belegen sein (→ § 706 Rn. 8). Die Registrierung einer „deutschen" GbR mit effektivem Verwaltungssitz im Ausland ohne Wahl eines inländischen Vertragssitzes ist daher nicht möglich. Eine nachträgliche Verlegung des Verwaltungssitzes einer registrierten GbR ins Ausland ist ebenfalls nur möglich, wenn die Gesellschafter den inländischen Vertragssitz im Inland belassen (Einzelheiten → § 706 Rn. 11 ff.).

14   **c) Anschrift der Gesellschaft.** Anzugeben ist gemäß Nr. 1 lit. c weiterhin eine Anschrift der Gesellschaft (enger § 106 II Nr. 1 lit. c HGB: Geschäftsanschrift). Diese muss sich aus Straße, Hausnummer, Ort und Postleitzahl zusammensetzen, damit die Gesellschaftsgläubiger dem Gesellschaftsregister zuverlässig eine Anschrift entnehmen können, unter der **wirksam zugestellt** werden kann (Begr. S. 128; vgl. zur GmbH KG ZIP 2021, 958 Rn. 5). Der Zusatz c/o ist zulässig (vgl. zur GmbH OLG Naumburg NZG 2009, 965), nicht aber die Angabe eines Postfachs. Nach § 170 I 1 ZPO müssen indessen Zustellungen auch bei rechtsfähigen GbR allein an gemäß § 720 V wenigstens einen der organschaftlichen Vertreter erfolgen (§ 720 → Rn. 36 ff.; vgl. in der Liquidation → § 736b Rn. 10), deren Anschrift nach Maßgabe von Nr. 2 lit. a anzumelden ist (→ Rn. 16 ff.). Die Anschrift der Gesellschaft hat daher allein bei der **Ersatzzustellung** gemäß §§ 178 ff. ZPO Relevanz. – Als zulässige Anschrift der Gesellschaft kann aber auch die Adresse eines Gesellschafters gewählt werden, ebenso die Anschrift eines Zustellungsbevollmächtigten (Rechtsanwalt, Steuerberater; einschränkend im Hinblick auf die Gefahr der Unternehmensbestattung OLG Rostock NZG 2011, 279 (280)). Es ist nicht erforderlich, dass Anschrift und Gesellschaftssitz übereinstimmen (OLG Düsseldorf NZG 2015, 279; abw. wohl Schäfer Neues PersGesR/ Hermanns § 2 Rn. 6). Insofern stellt Nr. 1c auch klar, dass eine **ausländische Anschrift** zulässig ist, wenn diese in einem Mitgliedstaat der EU belegen ist (vgl. insofern auch die Zustellungs-VO = VO (EG) Nr. 1393/ 2007); eine Anschrift im EWR genügt nicht (Begr. S. 128). Für Personengesellschaften gilt daher eine liberalere Rechtslage als bei GmbH und AG (vgl. insoweit zum dortigen Gebot einer inländischen Geschäftsanschrift § 8 IV Nr. 1 GmbHG und § 37 Nr. 1 AktG; diese Uneinheitlichkeit kritisierend DIHK Stellungnahme S. 7). – Der Gesetzgeber hat es im Übrigen bewusst unterlassen, die Zustellungserleichterung gemäß § 185 Nr. 2 ZPO, § 15a HGB auf das Recht der GbR zu übertragen (Begr. S. 128). – Die Festlegung der Geschäftsanschrift kann **im Gesellschaftsvertrag** geregelt werden, muss aber nicht; nachträgliche Änderungen können daher auch als **Geschäftsführungsangelegenheit** nach Maßgabe von § 715 erfolgen. Vgl. insofern aber in jedem Fall die Eintragungspflicht nach Änderung gemäß Abs. 3 (→ Rn. 22).

2. Angaben nach Nr. 2

Abs. 2 verlangt zusätzlich die Angaben zu den Gesellschaftern. Maßgeblich **15** sind die Personen, die eine **Gesellschafterstellung innehaben** sollen. Es ist daher nicht zulässig, die mit der Anmeldung einhergehende Registerpublizität dadurch zu umgehen, dass bestimmte Gesellschafter vereinbarungsgemäß nicht nach außen in Erscheinung treten sollen (vgl. zu OHG und KG RGZ 165, 260 (265); BGH NJW 1953, 1548). Eine solche stille Beteiligung ist allein rechtsfähigen GbR ohne Eintragung und nichtrechtsfähigen GbR vorbehalten. Insofern ist aber insbesondere bei der GbR zu prüfen, ob mehrere zu unterscheidende Gesellschaftsverhältnisse vorliegen. – Praktisch relevant ist die aus dem Register ersichtliche Gesellschafterstellung vor allem zur effektiven **Geltendmachung der persönlichen Haftung** gemäß §§ 721 ff. Die Etablierung einer Eintragungspflicht begründet insofern gegenüber gutgläubigen Dritten auch den speziellen Schutz der **Registerpublizität** gemäß § 707a III iVm § 15 HGB (→ § 707a Rn. 9 f.). – **Sicherungsnehmer** (Nießbraucher, Pfandgläubiger, Unterbeteiligte, Treugeber) sind richtigerweise nicht anzumelden, da sie weder organschaftliche Vertretungsmacht besitzen noch der Gesellschafterhaftung unterliegen (MüKoHGB/Fleischer HGB § 106 Rn. 5; Wertenbruch GmbHR 2021, 1 (2); vgl. insofern aber für das Transparenzregister § 20 GwG; abw. OLG Stuttgart NZG 2013, 432; LG Aachen RNotZ 2000, 398). Etwas anderes gilt aber für den **Testamentsvollstrecker** (vgl. BGH NZG 2014, 1272 (1274)).

a) Natürliche Person als Gesellschafter. Handelt es sich bei den Gesell- **16** schaftern um natürliche Personen, sind gemäß Nr. 2a deren **Namen, Vornamen, Geburtsdatum und Wohnort** anzugeben (in Bezug auf Letzteres wegen des berechtigten Geheimhaltungsinteresses „reicher Gesellschafter" kritisch DAV NZG 2020, 1133 Rn. 13: Angabe einer Zustelladresse ausreichend). Maßgeblich sind grundsätzlich die Angaben nach Personenstandsrecht (vgl. OLG Karlsruhe BB 1999, 1075; OLG Frankfurt NJW 2003, 364, zur Eintragung eines Doktortitels BGH NZG 2017, 734 (735 f.)); der Wohnort richtet sich nach dem Wohnsitz gemäß §§ 7 ff. (abw. MüKoHGB/Fleischer HGB § 106 Rn. 20 gewöhnlicher Aufenthalt). Abweichend von Nr. 1c ist die Anschrift der Gesellschafter indessen nicht anzumelden. Ist ein Kaufmann an einer GbR beteiligt, kann dieser auch mit seiner Firma eingetragen werden (vgl. BayObLG BB 1973, 397); insofern ist freilich stets zu prüfen, ob die Gesellschaft nicht selbst ein Handelsgewerbe betreibt und damit OHG ist. Wird ein Gesellschaftsanteil **gemeinschaftlich gehalten** (→ § 711 Rn. 6 ff.), müssen die notwendigen Angaben in Bezug auf alle Mitglieder dieser (ihrerseits nicht rechtsfähigen) Gemeinschaft angemeldet werden; eine zusätzliche Bezeichnung der Gemeinschaft ist möglich (vgl. zur Beteiligung einer Erbengemeinschaft → § 711 Rn. 27 ff.).

17   **b) Juristische Person oder rechtsfähige Gesellschaft als Gesellschafter.** Bei juristischen Personen und rechtsfähigen Personengesellschaften als Gesellschafter einer GbR sind gemäß Nr. 2 lit. b in jedem Fall auch deren **Firma bzw. Name, Rechtsform, Sitz** und, soweit gesetzlich vorgesehen, zuständiges Register und Registernummer anzugeben (vgl. insofern zu OHG und KG § 40 HRV; zur Gesellschaftslistenverordnung → § 707d Rn. 1). Hiernach besteht somit auch für nicht registerpflichtige Gesellschaften und juristische Personen eine **mittelbare Registerpublizität,** wenn für die GbR von der Eintragungsoption Gebrauch gemacht wird. Die Gesellschafter der Gesellschaftergesellschaft sind indessen nicht anzugeben (vgl. insofern auch den ab 1.1.2024 insofern identischen § 40 I 2 GmbHG). Auch die gesetzlichen Vertreter der jeweiligen Gesellschaft sind nicht einzutragen; sie ergeben sich aber jedenfalls bei eingetragenen Gesellschaften aus dem jeweiligen anderen Register. Soll eine Vorgesellschaft Gesellschafterin werden, ist diese mit dem Zusatz „i.G." anzumelden und einzutragen, welcher dann ab Entstehung der GmbH bzw. AG von Amts wegen gelöscht wird (vgl. BGH WM 1985, 165 (166)).

18   Anmeldung und Eintragung der GbR beziehen sich im Hinblick auf das zuständige **Register und die Registernummer der Gesellschaftergesellschaft** darauf, dass dies „gesetzlich vorgesehen" ist. Besteht daher für diese bereits keine Registerpflicht (zB bei Stiftung des Privatrechts und Körperschaften des öffentlichen Rechts), sind diese Angaben auch nicht erforderlich (Holzer ZNotP 2020, 239 (241)). Das Registergericht hat die Registerpflicht der betreffenden Gesellschaft gemäß § 26 FamFG von Amts wegen zu prüfen, kann sich hierbei aber grundsätzlich auf die Angaben bei der Anmeldung verlassen (Begr. S. 129). Dies gilt auch bei ausländischen Gesellschaften (vgl. aber Begr. S. 129: entsprechende Anwendung von §§ 13e ff. HGB, was aber zu weit geht). – Problematisch ist freilich, wenn eine Gesellschaftergesellschaft zwar der (ggf. ausländischen) Registerpflicht unterliegt, dieser aber (fälschlich) nicht nachgekommen wurde. Die Wendung „soweit gesetzlich vorgesehen" in Nr. 2 lit. b verdeutlicht, dass es nicht allein auf die erfolgte Eintragung im anderen Register ankommt, sondern auf die entsprechende Eintragungspflicht. Hieraus resultiert eine **Voreintragungsobliegenheit,** welche bei der GbR als

Gesellschaftergesellschaft in § 707a I 2 gesetzlich abgesichert ist (→ § 707a Rn. 5; → § 713 Rn. 18 ff.). In den übrigen Fällen (nicht eingetragene OHG oder ausländische Gesellschaft) müsste dies gleichermaßen gelten, sodass eine entsprechende Anwendung von § 707a I 2 naheliegt. Auch hier darf sich das Registergericht aber grundsätzlich auf die Angaben der Anmeldung verlassen, sodass Nachforschungspflichten nur bei konkreten Hinweisen für die Missachtung der Registerpflicht der Gesellschaftergesellschaft besteht (vgl. Begr. S. 129; Rückgriff auf „bewährte Eintragungspraxis" der Registergerichte).

3. Vertretungsbefugnis der Gesellschafter (Nr. 3)

Die nach Abs. 2 Nr. 3 anzugebende Vertretungsbefugnis der Gesellschafter **19** bezieht sich auf die **organschaftliche** Vertretungsmacht des § 720. Anzumelden ist die **konkrete Ausgestaltung** (→ § 720 Rn. 12 ff.); bleibt es beim gesetzlichen Regelfall der Gesamtvertretung, ist auch dies zur Information des Rechtsverkehrs anzugeben (Begr. S. 130). Die generelle Befreiung vom Verbot des Selbstkontrahierens gemäß § 181 sowie die Ermächtigung einzelner Gesellschafter zum Alleinhandeln nach § 720 II (→ § 720 Rn. 19) sind richtigerweise ebenfalls eintragungspflichtig (vgl. Servatius NZG 2002, 456; abw. Schäfer Neues PersGesR/Hermanns § 2 Rn. 8). – Die Eintragungspflicht im Hinblick auf die Vertretungsbefugnis und nachträglicher Änderungen (→ Rn. 22) wirkt über die **Registerpublizität** gemäß § 707a III iVm § 15 HGB zugunsten gutgläubiger Dritter. Praktisch relevant ist dies insbesondere beim Ausscheiden eines vertretungsbefugten Gesellschafters oder bei der Einführung von Gesamtvertretungsmacht.

4. Versicherung nach Nr. 4

Nach Abs. 2 Nr. 4 ist im Rahmen der Anmeldung auch zu versichern, **20** dass **keine Voreintragung** der GbR im Handels- oder Partnerschaftsregister vorliegt. Hierdurch wird eine den Rechtsverkehr verunsichernde Doppeleintragung verhindert (Schäfer Neues PersGesR/Hermanns § 2 Rn. 9). Praktisch bedeutsam und ohne weiteres gegeben ist dies vor allem bei der Neugründung einer GbR. Im Fall des **Statuswechsels** einer Personenhandelsgesellschaft oder Partnerschaftsgesellschaft zur GbR muss die Anmeldung zum Gesellschaftsregister gemäß § 707c I beim bisherigen Registergericht erfolgen (→ § 707c Rn. 12). Die Regelung sichert so ab, dass diese ausschließliche **Zuständigkeit des bisherigen Registergerichts** erhalten bleibt (Begr. S. 130). Die Zuständigkeit eines anderen Registergerichts für die GbR kann dann nach Maßgabe von § 707c III durch Abgabe erfolgen (→ § 707c Rn. 13).

V. Nachträgliche Änderungen (Abs. 3)

Nach Abs. 3 sind ähnlich wie bei OHG und KG gemäß § 106 VI HGB **21** wesentliche Änderungen eintragungspflichtiger Tatsachen zur Eintragung ins Gesellschaftsregister anzumelden. Insofern besteht daher auch ein **registerrechtlicher Anmeldezwang,** der durch § 707 Nr. 2 iVm § 14 HGB auch mittels Zwangsgeldandrohung durchgesetzt werden kann. Dies gilt bis zur Vollbeendigung der Gesellschaft (Henssler/Strohn/Steitz HGB § 107 Rn. 2). Darüber hinaus ist die Anmeldepflicht aber auch bei nachträglichen Änderungen **gesellschaftsrechtlich unterlegt,** sodass die gebotene Mitwirkung auch durch die Mitgesellschafter eingeklagt werden kann (vgl. BGH NZG 2002, 233 (234); WM 1983, 785 (786)); ist dies erfolgreich, gilt gemäß § 707b Nr. 2, § 16 I HGB. Die Anmeldepflicht nachträglicher Änderungen begründet vor allem die **Registerpublizität** nach § 15 HGB (iVm § 707a III 1).

22   Die **Anmeldepflicht** gemäß Abs. 3 S. 1 umfasst die (auch nur geringfügige, vgl. Henssler/Strohn/Steitz HGB § 107 Rn. 4) **Änderung des Namens** der GbR (vgl. Abs. 2 Nr. 1a), was im gesetzlichen Regelfall eine entsprechende Änderung des Gesellschaftsvertrages voraussetzt (→ Rn. 12). – Eintragungspflichtig ist auch die **Verlegung des Vertragssitzes** (vgl. Abs. 2 Nr. 1 b, → Rn. 13). Für die Anmeldung und das weitere Verfahren bei der Sitzverlegung gilt gemäß § 707b Nr. 2 die Regelung des § 13h HGB (vgl. zur OHG KG BB 1997, 173 (174)). Die nachträgliche Verlegung des tatsächlichen Sitzes auf Grund Geschäftsführungsmaßnahme oder Grundlagenentscheidung ist nicht eintragungsfähig. – Anmeldepflichtig ist auch die nachträgliche Änderung der **Anschrift** der Gesellschaft (Abs. 2 Nr. 1c); die Kompetenz zur Änderung ist im gesetzlichen Fall eine Geschäftsführungsmaßnahme, was sich mittelbar aus der Anmeldebefugnis gemäß Abs. 4 S. 2 ergibt (→ Rn. 14). – Änderungen der organschaftlichen **Vertretungsbefugnis** der Gesellschafter iSv § 720 sind ebenfalls eintragungspflichtig. Die Vertretungsbefugnisse einer Gesellschafter-Gesellschaft ist nicht eintragungspflichtig (→ Rn. 17), sodass dies auch für etwaige Änderungen gilt. – Eintragungspflichtig sind aber gemäß Abs. 3 S. 2 auch das **Ausscheiden und der Eintritt** von Gesellschaftern; der Grund ist unerheblich (Tod, Kündigung, Anteilsübertragung, Eintritt, Erbfolge etc.; zu Formulierungsvorschlägen und Kostenfragen Böhringer/Melchior NotBZ 2022, 361 (367 ff.)). – In entsprechender Anwendung ist auch die **Änderung der Rechtsform** einer Gesellschafter-Gesellschaft anmeldepflichtig (Henssler/Strohn/Steitz HGB § 107 Rn. 9). Das Gleiche gilt für Änderungen der **Personalien** der Gesellschafter gemäß Abs. 2 Nr. 2 (→ Rn. 15 ff.; vgl. hierzu OLG Frankfurt NZG 2015, 710 (711), freilich eine Anmeldepflicht ablehnend). Die Gesetzesbegründung betont ausdrücklich das schützenswerte Interesse des Rechtsverkehrs an der Aktualität des Gesellschaftsregisters (Begr. S. 130). – Vgl. im Übrigen auch die Anmeldepflicht bei **Auflösung** der Gesellschaft gemäß § 733 (→ § 733 Rn. 5 ff.), die Anmeldung der **Liquidatoren** gemäß § 736c (→ § 736c Rn. 5 ff.), die Anmeldung des **Erlöschens** gemäß § 738 (→ § 738 Rn. 3 ff.) und die Anmeldung der Fortsetzung der GbR gemäß § 734 III (→ § 734 Rn. 21 ff.).

VI. Anmeldebefugnis (Abs. 4)

23   Die Anmeldung der GbR zum Gesellschaftsregister und die Abgabe der entsprechenden Versicherung gemäß Abs. 2 und 3 obliegt nach Abs. 4 S. 1 **sämtlichen Gesellschaftern.** Maßgeblich ist der Gesellschafterbestand zum Zeitpunkt der Ausübung der Eintragungsoption gemäß Abs. 1 (→ Rn. 7 ff.)

bzw. in den Fällen nachträglicher Änderung deren Zeitpunkt (→ Rn. 21); kommt es während der Liquidation zu einer eintragungspflichtigen Änderung, lässt die Bestellung Dritter als Liquidator die Anmeldepflicht der Gesellschafter unberührt (vgl. BayObLG NZG 2001, 792). Es handelt sich um eine **Grundlagenentscheidung** der Gesellschafter, die nicht durch die organschaftliche Geschäftsführungsbefugnis oder Vertretungsmacht gedeckt ist. Dies auch in den Fällen, in denen die Gesellschaft bislang bereits durch einvernehmliche Teilnahme am Rechtsverkehr gemäß § 719 Hs. 1 (→ § 719 Rn. 12 ff.) rechtsfähig war. Die gemeinschaftliche Anmeldebefugnis ist indessen bei nachträglichen Änderungen gemäß Abs. 3 rechtspolitisch zweifelhaft, aber als eindeutige gesetzgeberische Entscheidung hinzunehmen (→ Rn. 21). Abs. 4 S. 2 sieht lediglich für die **Änderung der Anschrift** der Gesellschaft vor, dass dies von den geschäftsführungs- und vertretungsbefugten Gesellschaftern anzumelden ist, um dadurch zu Gunsten des Rechtsverkehrs die entsprechende Änderung rasch zur Eintragung zu bringen (Begr. S. 131 unter Hinweis auf Melchior GmbHR 2013, 853 (859)). Die Gesellschafter müssen daher jenseits dieser Ausnahme grundsätzlich selbst und **im eigenen Namen** handeln. Wechselseitige **Bevollmächtigungen** sind aber zulässig, ebenso die Bevollmächtigung Dritter (zur OHG BayObLG DB 1974, 1521; vgl. auch § 10 Abs. 2 FamFG sowie für den Notar § 378 II FamFG; abw. Holzer ZNotP 2020, 239 (242 f.): höchstpersönliche Pflicht). Dies gilt mangels unmittelbarer Strafbewehrung (vgl. insofern etwa § 82 I GmbHG) auch für die Versicherung gemäß Abs. 2 Nr. 4 (Schäfer Neues PersGesR/Hermanns § 2 Rn. 10). Die Bevollmächtigung bedarf über die Verweisung in § 707b Nr. 2 aber ihrerseits der Form des § 12 I 3 HGB (elektronisch und öffentlich beglaubigt). Bei Insolvenz eines Gesellschafters ist der Insolvenzverwalter anmeldebefugt (BGH WM 1981, 174 (175)). Der zulässigen Bevollmächtigung steht auch nicht entgegen, dass gemäß Abs. 2 Nr. 4 zu versichern ist, dass die Gesellschaft nicht bereits im Handels- oder Partnerschaftsregister eingetragen ist (abw. Böhringer/Melchior NotBZ 2022, 361 (363)). Es handelt sich hierbei zwar um eine Wissenserklärung, doch ist mangels Strafbewehrung nicht ersichtlich, warum hier der Stellvertretung ausgeschlossen sein sollte.

Beruht die Anmeldung **bei bestehenden GbR** auf einer **Mehrheitsent-** 24 **scheidung** (→ Rn. 9), ist es rechtspolitisch verfehlt, wenn gemäß Abs. 4 verfahrensrechtlich gleichwohl sämtliche Gesellschafter an der Anmeldung mitwirken müssen. In diesen Fällen kann das auf die Anmeldung bezogene Einstimmigkeitserfordernis die rechtmäßige Willensbildung durch die Mehrheit nicht hinnehmbar konterkarieren (hierauf bereits zutreffend hinweisend DAV NZG 2020, 1133 Rn. 81). Der Umweg über die Gesellschafterklage zur Durchsetzung von Zustimmungspflichten gemäß § 715b ist insofern auch wenig praktikabel. Insofern spricht viel dafür, **Abs. 4 einen dispositiven Charakter** zuzubilligen, wonach in den Fällen einer mittels Mehrheitsklausel wirksamen Willensbildung auch allein die zustimmenden Gesellschafter zur gemeinschaftlichen Anmeldung berufen sind. Das Gleiche gilt, wenn Gesellschafter zur Zustimmung zur Anmeldung verpflichtet sind. Auch hier wäre es verfehlt, die materiell-rechtlich begründbare Zustimmung nicht auch auf das Anmeldeverfahren durchschlagen zu lassen. Wegen der ohnehin bloß eingeschränkten Registerkontrolle (→ Rn. 28) dürfte das die Gerichte nicht übermäßig belasten; auch ein Minderheitsgesellschafter ist angesichts der Möglichkeit, im Wege einer des einstweiligen Rechtsschutzes gegen die (vermeintlich rechtswidrige) Mehrheitsentscheidung vorzugehen, hinreichend geschützt.

25   Der **Tod eines Gesellschafters** begründet eine Anmeldepflicht nach Abs. 3 (→ Rn. 21). Scheidet der Gesellschafter dem gesetzlichen Regelfall gemäß § 711 II entsprechend ersatzlos aus, haben die verbleibenden Gesellschafter dies anzumelden. Wurde die **Gesellschafterstellung vererblich** gestellt, rücken die Erben zum Zeitpunkt des Todes im Wege der Sondererbfolge in die Stellung des Erblassers ein (→ Rn. 22). Die hierdurch hervorgerufene Veränderung des Gesellschafterbestands ist ebenfalls eine gemäß Abs. 3 eintragungspflichtige Tatsache. Nach Abs. 4 S. 1 sind auch die **Erben eines Gesellschafters** anmeldepflichtig; die Möglichkeit der Ausschlagung ändert hieran nichts (vgl. KG NZG 2007, 101). Abs. 4 S. 2 ermöglicht es aber auch den Mitgesellschaftern allein, die entsprechende Anmeldung zu vollziehen, wenn der an sich gebotenen **Mitwirkung** der Erben **besondere Hindernisse** entgegenstehen; vgl. insofern auch § 733 II (→ § 733 Rn. 6) und § 736c I (→ § 736c Rn. 8). Erforderlich ist hierfür aber Unerreichbarkeit der Erben oder Unkenntnis über diese, nicht deren bloße Weigerung. Ob diese Voraussetzungen vorliegen, hat das Registergericht nach pflichtgemäßem Ermessen zu beurteilen (Begr. S. 130).

VII. Anmeldeverfahren

1. Zuständigkeit

26   Das Anmeldeverfahren richtet sich nach **FamFG** (vgl. § 374 Nr. 2 FamFG). **Zuständig** ist gemäß Abs. 1 iVm § 376 FamFG das Registergericht am Sitz der Gesellschaft (vgl. insofern auch § 707b Nr. 2 iVm § 8 HGB; → § 707b Rn. 8 ff.); weitere Vorgaben ergeben sich insofern aus § 23a I Nr. 2 GVG sowie §§ 3 Nr. 1, 17 RPflG, der die alleinige Zuständigkeit des **Rechtspflegers** vorsieht. Haben die Gesellschafter nach Maßgabe von § 706 einen Vertragssitz vereinbart (§ 706; → Rn. 5 f.), kommt es hierauf an (abw. Böhringer/Melchior NotBZ 2022, 361 (363)), ansonsten auf den Verwaltungssitz, mithin den Ort, an dem die Geschäfte der GbR tatsächlich geführt werden (§ 706 → Rn. 5). Der (freiwillig gewählte) **Vertragssitz** muss gemäß § 706 S. 2 **im Inland** belegen sein (§ 706 → Rn. 8). In diesem Fall ist dies für die Registerzuständigkeit maßgeblich. Dies gilt auch dann, wenn der gewählte Vertragssitz **rein fiktiv** ist, mithin ohne konkrete tatbestandliche Anbindung an eine geschäftliche oder sonstige Tätigkeit der GbR (abw. zum früheren Recht BGH WM 1997, 999 (1000); MüKoHGB/ Fleischer HGB § 106 Rn. 29). Verzichten die Gesellschafter (zulässigerweise!) auf die Festlegung eines Vertragssitzes, kommt es gemäß §§ 706 ff. für das Registerverfahren allein auf den **Verwaltungssitz** an, dessen tatbestandliche Voraussetzungen (Ort, an dem die Geschäfte tatsächlich geführt

werden) vom Registergericht nach Maßgabe von § 26 FamFG geprüft werden. Zur Wahrung eines effektiven Registerverfahrens insbesondere im Hinblick auf die Zuständigkeit folgt in diesem Fall richtigerweise die gesetzlich nicht explizit geregelte Notwendigkeit, dass der Verwaltungssitz **im Inland** belegen sein muss. Die Registrierung einer „deutschen" GbR mit effektivem Verwaltungssitz im Ausland ohne Wahl eines inländischen Vertragssitzes ist daher nicht möglich.

2. Durchsetzung

Da Abs. 1 für die **Ersteintragung** einer GbR lediglich eine Eintragungs- **27** option begründet, handelt es sich anders als im Fall von § 106 HGB um eine rein gesellschaftsrechtliche Pflicht, sodass es **keinen Registerzwang** gibt. Die Gesellschafter sind allein untereinander verpflichtet, hieran mitzuwirken, wenn die entsprechende Willensbildung zur Anmeldung erfolgt ist (→ Rn. 8 f.). Widerruf und Rücknahme der Anmeldung sind bis zur Eintragung ohne weiteres möglich (vgl. zur OHG BayObLG DB 1990, 168 (169)). – Bei **nachträglichen Änderungen** eingetragener Tatsachen begründet Abs. 3 indessen eine Anmeldepflicht, sodass diese auch gemäß § 707b Nr. 2 iVm § 14 HGB mittels **Zwangsgeldandrohung** durchgesetzt werden kann. Die Anmeldung hat unverzüglich zu erfolgen.

3. Prüfung durch das Registergericht

Grundsätzlich obliegt dem Registergericht eine vollumfängliche formale **28** und materielle Prüfungskompetenz nach Maßgabe von § 26 FamFG. Gleichwohl ist anerkannt, dass im Hinblick auf die materiellen Voraussetzungen für die Eintragung allein eine **Plausibilitätskontrolle** erfolgt, bei der auch die **Glaubwürdigkeit der Anmeldung** zu berücksichtigen ist (vgl. OLG München ZIP 2009, 2266 (2267); zu § 106 HGB BayObLG DB 1978, 1882; Einzelheiten bei Henssler/Strohn/Wamser HGB § 8 Rn. 9 ff.).

4. Eintragung ins Gesellschaftsregister

Die GbR bzw. in den Fällen von Abs. 3 die nachträgliche Änderung ist **29** mit **deklaratorischer Wirkung** in das Gesellschaftsregister nach Maßgabe von § 707a I 1 einzutragen (→ § 707a Rn. 4 ff.). Vgl. insofern auch die **Gesellschaftsregisterverordnung** gemäß § 707d (→ § 707d Rn. 1). Die **Bekanntmachung** der Eintragung erfolgt gemäß § 707b Nr. 2 iVm § 10 HGB in dem von der Landesjustizverwaltung bestimmten elektronischen Informations- und Kommunikationssystem. Die **Kosten** ergeben sich aus § 105 III Nr. 2 Hs. 1 GNotKG (zum Ganzen Böhringer/Melchior NotBZ 2022, 361 (366)). – Mit Eintragung im Gesellschaftsregister erwachsen auch die **Mitteilungspflicht nach § 20 GWG.**

VIII. Kautelarischer Handlungsbedarf infolge des MoPeG

Die für die kautelarische Praxis wohl wichtigste Neuerung des MoPeG ist **30** die Einführung des Gesellschaftsregisters für die GbR. Das Gesellschaftsregis-

ter beseitigt akut bestehende **Transparenz- und Publizitätsdefizite** der
GbR und gestaltet diese zu einem in der Rechtspraxis leicht handhabbaren
Rechtssubjekt um (Hermanns DNotZ 2022, 3 (9)). Trotz des erhöhten Aufwands und der aus der Registerpublizität gemäß § 707a III iVm § 15 HGB
(→ § 707a Rn. 9 ff.) resultierenden Gefahren für die (nachlässigen) Gesellschafter ist es daher auch bei Altgesellschaften zu überlegen, beständige GbR,
insbesondere im unternehmerischen Bereich, zur Eintragung ins Gesellschaftsregister anzumelden (→ Rn. 9, → Rn. 24). – Die **Rechtsfolgen,** die
mit der **Eintragung bzw. Nichteintragung** verbunden sind, sind freilich
von weitreichender Bedeutung. Sowohl Alt- als auch Neugesellschaften sind
damit angehalten, sich bewusst für oder gegen eine Eintragung mit allen
ihren Konsequenzen zu entscheiden. Besonders für Gesellschaften im unternehmerischen Bereich dürften die besseren Gründe für die Eintragung sprechen. Hervorzuheben sind wegen der **Voreintragungsobliegenheit** insbesondere die Möglichkeit des Erwerbs von Rechten, die in bestimmten
öffentlichen Registern dokumentiert sind (insbesondere Grundstücksrechte,
Rechte an Schiffen, Anteile an einer anderen eingetragenen GbR, OHG
oder KG, GmbH-Anteile, Aktien, nicht hingegen Patente, Design, vgl. im
Einzelnen → § 713 Rn. 18 ff.); die Möglichkeit der Umwandlung (§ 3 I
Nr. 1 UmwG); die Möglichkeit der Vereinbarung eines vom effektiven Verwaltungssitzes abweichenden Vertragssitzes als Anknüpfungspunkt für
Zuständigkeitsfragen (§ 17 I 1 ZPO, Art. 63 I Brüssel Ia-VO, §§ 3, 4 InSO,
vgl. → § 706 Rn. 3); Rechtssicherheit (insbesondere im Hinblick auf den
Gesellschafterbestand, die Vertretungsmacht und Haftung); erhöhter Grün-
dungsaufwand und Kosten des registerrechtlichen Eintragungsverfahrens
(§ 707 I, II, → Rn. 26 ff.); die Publizität, Geheimhaltungsinteressen (Angabe
des Namens, Vornamens, Geburtsdatums, Wohnorts des Gesellschafters,
§ 707 II Nr. 2 a), vgl. → Rn. 16; Aktualisierungspflichten und Überwa-
chungskosten (→ Rn. 21); aus der Registerpublizität resultierende (Haf-
tungs-)Gefahren für die (nachlässigen) Gesellschafter (§ 707a III iVm § 15
HGB, vgl. → § 707a Rn. 9); keine Opt-Out-Möglichkeit nach einmal
erfolgter Eintragung, § 707a IV (→ § 707a Rn. 11); Prestige-, Seriositätsgewinn, Verkehrserwartung; Meldepflichten im Zusammenhang mit dem
Transparenzregister (§ 20 GwG).

31   Insgesamt ist im Übrigen stets zu berücksichtigen, dass die einmal herbeigeführte Eintragung ins Gesellschaftsregister gemäß § 707a IV **nicht mehr
rückgängig** gemacht werden kann (→ § 707a Rn. 11). Aus § 733 ergibt
sich die Pflicht sämtlicher Gesellschafter die Auflösung zur Eintragung in das
Gesellschaftsregister anzumelden. Bei einer vereinbarten Auflösung aufgrund
des Todes eines Gesellschafters nach § 730 sollte der Anmeldung die Bezeichnung der Erben legitimiert durch Erbschein beiliegen. Die Eintragung der
Auflösung ins Gesellschaftsregister erfolgt nach streitiger Ansicht durch Hinzufügung eines entsprechenden Liquidationszusatzes gemäß § 736d III
(→ § 736d Rn. 38 ff.). Ist die GbR im Gesellschaftsregister eingetragen, so
müssen die Gesellschafter nach § 736c sämtliche Liquidatoren (→ § 736
Rn. 9 ff.) und deren Vertretungsbefugnis (→ § 736b Rn. 9 ff.) in das Gesellschaftsregister eintragen lassen. Hier empfiehlt sich zunächst die Feststellung,

dass sämtliche Gesellschafter abstrakt ihre Vertretungsbefugnis verlieren und einzelne konkret benannte Personen zB unter Befreiung vom Verbot des Insichgeschäfts nach § 181 oder unter Erteilung einer Prokura nach § 48 HGB zur Vertretung ermächtigt werden. Jegliche Änderung in der Person des Liquidators oder seiner Vertretungsbefugnis sind ebenfalls anmeldepflichtig. Die Eintragung von gerichtlich bestellten Liquidatoren und die Eintragung der gerichtlichen Abberufung von Liquidatoren (→ § 736a Rn. 5 ff.) erfolgt indessen von Amts wegen. Die Liquidatoren haben schließlich nach der Beendigung der Liquidation die gemeinsame Pflicht, das Erlöschen der GbR gem. § 738 zur Eintragung in das Gesellschaftsregister anzumelden. Für die Registerprüfung der Beendigung der Liquidation genügt im Allgemeinen die mit der Anmeldung des Erlöschens verbundene Versicherung des Liquidators (→ § 738 Rn. 11 f.).

§ 707a Inhalt und Wirkungen der Eintragung im Gesellschaftsregister

(1) [1]Die Eintragung im Gesellschaftsregister hat die in § 707 Absatz 2 Nummer 1 bis 3 genannten Angaben zu enthalten. [2]Eine Gesellschaft soll als Gesellschafter nur eingetragen werden, wenn sie im Gesellschaftsregister eingetragen ist.

(2) [1]Mit der Eintragung ist die Gesellschaft verpflichtet, als Namenszusatz die Bezeichnungen „eingetragene Gesellschaft bürgerlichen Rechts" oder „eGbR" zu führen. [2]Wenn in einer eingetragenen Gesellschaft keine natürliche Person als Gesellschafter haftet, muss der Name eine Bezeichnung enthalten, welche die Haftungsbeschränkung kennzeichnet.

(3) [1]Die Eintragung bewirkt, dass § 15 des Handelsgesetzbuchs mit der Maßgabe entsprechend anzuwenden ist, dass das Fehlen der Kaufmannseigenschaft nicht an der Publizität des Gesellschaftsregisters teilnimmt. [2]Die Eintragung lässt die Pflicht, die Gesellschaft zur Eintragung in das Handelsregister anzumelden (§ 106 Absatz 1 des Handelsgesetzbuchs), unberührt.

(4) Nach Eintragung der Gesellschaft findet die Löschung der Gesellschaft nur nach den allgemeinen Vorschriften statt.

Übersicht

I. Reform

1. Grundlagen, Bewertung

1   Der neue § 707a verwirklicht vor allem konsequent die Folgen der an sich deklaratorischen Eintragung einer GbR im **Gesellschaftsregister** durch **Publizität.** Die Regelung beruht im Grundsatz auf der Eintragungsmöglichkeit nach § 707 I (→ § 707 Rn. 8 ff.), sodass es die Gesellschafter selbst in der Hand haben, ob sie hiervon Gebrauch machen oder nicht. Sie ordnet zudem verallgemeinernd eine **Voreintragungsobliegenheit** für diejenigen GbR an, die Vermögensgegenstände erwerben oder halten wollen, die ihrerseits in einem Objektregister eingetragen sind. Hierdurch sollen vor allem Anreize geboten werden, die im Interesse des Rechtsverkehrs ohne weiteres zu begrüßende Registereintragung herbeizuführen. Als Kehrseite bringt die Neuregelung freilich den Nachteil mit sich, dass gemäß Abs. 4 eine **isolierte Registerlöschung nicht möglich** ist (→ Rn. 11).

2. Zeitlicher Geltungsbereich

2   § 707a tritt gemäß Art. 137 S. 1 MoPeG am 1.1.2024 in Kraft, sodass zuvor keine Eintragungen ins Gesellschaftsregister erfolgen können. Art. 137 S. 2 MoPeG sieht indessen vor, dass die maßgeblichen Verfahrensvorschriften des FamFG sowie die Verordnungsermächtigung gemäß § 707d (→ § 707d Rn. 1) bereits am 18.8.2021 in Kraft getreten sind, um zu gewährleisten, dass die Registerverwaltungen sich auf das Inkrafttreten des MoPeG zum 1.1.2024 frühzeitig einstellen können (vgl. zum kautelarischen Handlungsbedarf → Rn. 12). Vgl. im Übrigen zum Referentenentwurf für eine Gesellschaftsregisterverordnung (GesRV) vom 23.6.2022 www.bmj.de.

II. Normzweck, Anwendungsbereich

3   § 707a verwirklicht vor allem **Registerpublizität.** Ist eine rechtsfähige GbR im Gesellschaftsregister eingetragen, kann sich der Rechtsverkehr hierüber nach Maßgabe von § 9 I 1 HGB (vgl. § 707b Nr. 2) über wesentliche Rechtsverhältnisse informieren (vor allem Sitz, Gesellschafterkreis, Vertretungsmacht). Die durch § 15 HGB abgesicherte Registerpublizität erstreckt sich auch auf nachträgliche Änderungen dieser Umstände (→ § 707 Rn. 21 ff.). Die Regelung ist insofern vollumfänglich **zwingend.** Sie wird ergänzt durch § 707b, worin in Bezug auf das registergerichtliche Verfahren im Wesentlichen auf die maßgeblichen Regelungen des HGB verwiesen wird (→ § 707b Rn. 8 ff.); vgl. insofern auch zur **Gesellschaftsregisterverordnung** § 707d (→ § 707d Rn. 1). – Die Regelung ist nur bei **rechtsfähigen GbR** anwendbar, unabhängig davon, ob eine Gesellschaft sogleich als rechtsfähige gegründet wird oder die Gesellschafter nachträglich den entsprechenden Willen gemäß § 705 II haben (→ § 705 Rn. 44 ff.).

III. Eintragung im Gesellschaftsregister (Abs. 1)

Die GbR als solche bzw. in den Fällen von § 707 III die nachträgliche 4
Änderung eingetragener Tatsachen sind gemäß Abs. 1 S. 1 mit **deklaratorischer Wirkung** in das Gesellschaftsregister einzutragen. Inhaltlich bezieht sich dies auf die Angaben von § 707 II Nr. 1–3 (→ § 707 Rn. 11 ff.). Wegen des **abschließenden Charakters** sind weitere Eintragungen nicht statthaft; dies betrifft insbesondere die Angabe des Gesellschaftszwecks, Unternehmensgegenstands oder etwaige Beschränkungen der Geschäftsführungsbefugnis (Begr. S. 127). Auch ist es unzulässig, eine bestimmte Haftungsquote oder Haftsumme das Gesellschaftsregister einzutragen (Begr. S. 131; → § 721 Rn. 13 ff.). Die weiteren Einzelheiten der Eintragung ergeben sich aus der **Gesellschaftsregisterverordnung** auf Grund von § 707d (→ § 707d Rn. 1). Die **Bekanntmachung** der Eintragung erfolgt gemäß § 707b Nr. 2 iVm § 10 HGB in dem von der Landesjustizverwaltung bestimmten elektronischen Informations- und Kommunikationssystem (→ § 707b Rn. 10).

Abs. 1 S. 2 gewährleistet verallgemeinerungsfähig die **Voreintragungsob-** 5
liegenheit von GbR, falls diese **Vermögensgegenstände** halten, die ihrerseits in einem **Objektregister** eingetragen sind. Im unmittelbaren Anwendungsbereich sieht die Regelung vor, dass eine GbR als Gesellschafterin einer anderen (eingetragenen) GbR nur dann nach Maßgabe von § 707 IV Nr. 2b ins Gesellschaftsregister eingetragen werden darf, wenn sie ihrerseits im Gesellschaftsregister eingetragen ist. Hierdurch wird dem Informationsbedürfnis des Rechtsverkehrs, insbesondere im Hinblick auf die persönliche Haftung der GbR-Gesellschafter und deren Vertretungsmacht, durch eine **doppelte Registerpublizität** Rechnung getragen (vgl. zu § 15 HGB → Rn. 9 f.). – Die Formulierung „soll" ist der register- und grundbuchrechtlichen Terminologie entlehnt und bringt lediglich zum Ausdruck, dass eine Eintragung unter Verstoß gegen diese Vorschrift die Wirksamkeit der Eintragung unberührt lässt; die Regelung ist daher vom Registergericht **zwingend** einzuhalten (vgl. Begr. S. 131). Im Übrigen ist der Regelungsgehalt verallgemeinerungsfähig (vgl. Begr. S. 131: entsprechende Anwendung) und teilweise speziell geregelt, sodass die Voreintragungsobliegenheit insbesondere im **Grundstücksverkehr** gilt sowie bei der **Beteiligung an anderen Gesellschaften** (zum Ganzen → § 713 Rn. 12 ff., 18 ff.).

Die Voreintragungsobliegenheit gemäß Abs. 1 S. 2 bezieht begründet dem 6
Wortlaut nach allein eine Voreintragungsobliegenheit für (deutsche) GbR. Aus § 707 II Nr. 2b ergibt sich aber auch eine **entsprechende Anwendung auf Gesellschaftergesellschaften.** Auch insofern besteht eine **Voreintragungsobliegenheit,** wenn diese als Gesellschafter einer einzutragenden GbR sind (→ § 707 Rn. 17). Praktisch bedeutsam ist dies insbesondere bei nicht eingetragene OHG und ausländischen Gesellschaften. Auch hier darf sich das Registergericht aber grundsätzlich auf die Angaben der Anmeldung verlassen, sodass Nachforschungspflichten nur bei den konkreten Hinweisen für die Missachtung der Registerpflicht der Gesellschaftergesellschaft besteht (vgl. Begr. S. 129; Rückgriff auf „bewährte Eintragungspraxis" der Registergerichte.

IV. Namenszusatz (Abs. 2)

7   Nach **Abs. 2 S. 1** ist die GbR verpflichtet, als Namenszusatz die Bezeichnung „eingetragene Gesellschaft bürgerlichen Rechts" oder „eGbR" **zu füh-**
ren (vgl. während der Liquidation § 736d III, → § 736d Rn. 38 ff.). Unzulässig ist wegen Verwechslungsgefahr der Zusatz „GbRmbH" (BayObLG
NJW 1999, 197) sowie „und Partner" (BGH NJW 1997, 1854, vgl. insoweit
§ 11 Abs. 1 PartGG). Die Formulierung „Zusatz" verlangt im Übrigen wie
im Firmenrecht, dass dieser vom Namenskern deutlich abgesetzt wird, mithin
nicht damit verschwimmt; auch ist die gesetzlich vorgegebene Groß- und
Kleinschreibung zu beachten (BeckOGK/Krafka Rn. 9.1 f.). Die Regelung
hat eine ordnungsrechtliche Funktion und unterliegt daher auch dem **Fir-**
menmissbrauchsverfahren gemäß § 37 I HGB, welches nach § 707b Nr. 1
entsprechende Anwendung findet. Hierdurch wird vor allem die Gewährleistung der Firmenunterscheidbarkeit gemäß § 30 HGB (iVm § 707b Nr. 1)
erleichtert (Begr. S. 131 f.). Im Übrigen steht es jeder GbR frei, gestützt auf
§ 12 BGB gegen eine unberechtigte Verwendung ihres Namens (mit oder
ohne Namenszusatz) vorzugehen (vgl. Begr. S. 132). – Für **nicht eingetra-**
gene rechtsfähige GbR besteht nach dem Wortlaut der Regelungen im
Umkehrschluss keine Pflicht zur **Führung eines Namens.** Dies ist aus registerrechtlicher Perspektive konsequent. Aus gesellschaftsrechtlicher Perspektive spricht indessen vieles dafür, die entsprechenden Pflichten auch als
materiell-rechtlich zu qualifizieren. Sie effektuieren nämlich den Gesellschafterwillen, der gemäß § 705 II die GbR als rechtsfähige entstehen lässt und
ihre Teilnahme am Rechtsverkehr ermöglicht (→ § 705 Rn. 44 ff.). Dies
gelingt nur, wenn zur Wahrung des stellvertretungsrechtlichen **Offenkun-**
digkeitsprinzips hinreichend deutlich wird, dass für die GbR gehandelt
werden soll, mithin nicht im eigenen Namen der Gesellschafter (→ § 720
Rn. 16). Die interne Pflichtenbindung sämtlichen Vertreterhandelns in Ausübung der Geschäftsführungskompetenz bzw. des Anstellungsverhältnisses
vermag so die Verwendung des von den Gesellschaftern gewählten Namens
der GbR zu wahren, um die gewünschten Rechtsbeziehungen bei der GbR
selbst zu aggregieren. Insofern ist freilich stets zu bedenken, dass es den
Gesellschaftern ohne weiteres möglich ist, ihre jeweiligen Namen auch zum
Namen der GbR zu machen, was insbesondere bei Gelegenheitsgesellschaften
relevant ist (→ § 707 Rn. 12). – Darüber hinaus umfasst die gesellschaftsrechtliche Vertreterpflicht, das Handeln für die rechtsfähige GbR hinreichend
deutlich zu machen, aus Gründen der Transparenz und Rechtssicherheit auch
die Verwendung des richtigen **Rechtsformzusatzes.** Dieser darf freilich bei
nicht eingetragenen GbR mangels Eintragung hierauf nicht Bezug nehmen.
Das Handeln im Namen der nicht eingetragenen GbR muss daher zur Wahrung des Offenkundigkeitsprinzip entweder die bloße Angabe **„GbR"** oder
auch **„nicht eingetragene GbR"** beinhalten. Die Abkürzung „nGbR"
dürfte mangels Erkennbarkeit dessen, was gewollt ist, nicht ausreichen.

8   Nach **Abs. 2 S. 2** muss der Namenszusatz der GbR zusätzlich einen Hinweis auf die **Haftungsbeschränkung** enthalten, wenn bei der GbR **keine**
natürliche Person als Gesellschafter haftet. Hiervon abzugrenzen ist die

Unzulässigkeit, die unbeschränkte Gesellschafterhaftung bei der GbR durch Hinzufügung eines Zusatzes „GbRmbH" o.Ä. einseitig aufheben zu wollen (vgl. → § 720 Rn. 13 ff.). – Die Regelung entspricht § 19 II HGB. Es muss daher der Name der rechtsfähigen GbR (richtigerweise auch bei nicht eingetragenen, → Rn. 7) in seiner Gesamtheit kenntlich machen, dass keine natürliche Person haftet (vgl. OLG Hamm NJW-RR 1987, 900; eine stärkere Regulierung über zulässige Formulierungen fordernd DIHK Stellungnahme S. 8). Dies gelingt am besten durch Hinzufügung eines auf eine Gesellschaftergesellschaft hindeuteten Zusatzes (zB **„GmbH & Co. eGbR"**). Der Zusatz „GbRmbH" genügt dem indessen nicht (vgl. zur OHG OLG Hamm NJW-RR 1987, 900; Henssler/Strohn/Wamser HGB § 19 Rn. 6). – In allen Fällen kann das Weglassen des geforderten Rechtsformzusatzes im Rechtsverkehr neben den registerrechtlichen Konsequenzen auch bei der GbR zu einer **Eigenhaftung des Vertreters** führen (vgl. BGH NJW 1978, 2030; Noack/Servatius/Haas/Servatius GmbHG § 4 Rn. 159; BeckOGK/Heusel HGB § 153 Rn. 21 ff.).

V. Registerpublizität (Abs. 3)

Abs. 3 regelt den **Anwendungsbereich von § 15 HGB** im Hinblick auf **9** die Eintragung einer GbR im Gesellschaftsregister (insofern findet sich in § 707b Nr. 2 konsequenterweise kein Verweis auf § 15 HGB). Im Kern lässt sich der Verweis insofern zusammenfassen, als § 15 HGB vollumfänglich gilt und lediglich angeordnet wird, dass die **fehlende Kaufmannseigenschaft der eingetragenen GbR** Dritten gegenüber nicht entgegengehalten werden kann, wenn sich die GbR entgegen der Eintragung durch Aufnahme eines kaufmännischen Geschäftsbetriebs automatisch in eine OHG umgewandelt hat (Begr. S. 132). In diesen Fällen könnten § 15 I und II 1 HGB die unrichtig gewordene Eintragung der Gesellschaft als GbR auch zulasten eines Dritten wirken, selbst wenn materiell-rechtlich eine OHG vorliegt (Schäfer Neues PersGesR/Hermanns § 2 Rn. 13; berechtigte Zweifel, ob dies wirklich aus § 15 HGB folgt, bei DAV NZG 2020, 1133 Rn. 15). Hierdurch wird jedenfalls aber gewährleistet, dass die **Wahrnehmung der Eintragungsoption** gemäß § 707 I (→ § 707 Rn. 8 ff.) kein **Missbrauchspotenzial** eröffnet, sich der Geltung handelsrechtlicher Regelungen zu entziehen. Soweit daher eine eingetragene GbR materiell-rechtlich zur OHG wird, ist sie dies auch. Die GbR-Gesellschafter können sich gegenüber dem Rechtsverkehr nicht darauf berufen, es liege im Einklang mit der Registerlage keine OHG vor (vgl. im Übrigen zur Lehre vom Schein-Nichtkaufmann BeckOGK/Servatius HGB § 5 Rn. 61). Konsequenterweise sind die Gesellschafter einer eingetragenen GbR gehalten, einen **Statuswechsel** nach Maßgabe von § 707c herbeizuführen, die Registerlage der materiellen Rechtslage anzupassen (Einzelheiten → § 707c Rn. 3 ff.).

Jenseits dieser gesetzlich angeordneten Nichtanwendung von § 15 HGB **10** gelten indessen die allgemeinen Regeln. Sobald die GbR nach Maßgabe von Abs. 1 im Gesellschaftsregister eingetragen ist, gilt die **positive Registerpublizität** nach § 15 III HGB (Schäfer Neues PersGesR/Hermanns § 2

Rn. 13; Bolkart MittBayNot 2021, 319 (322); S. Martens AcP 200 (2021), 68 (97); zum Kannkaufmann auch BeckOGK/Schaal HGB § 15 Rn. 36; abw. unter Hinweis auf die fehlende Eintragungspflicht Geibel ZRP 2020, 137 (139)). § 15 III HGB ist jenseits der fehlenden Kaufmannseigenschaft ebenfalls uneingeschränkt anwendbar. – Die **negative Publizität** gemäß § 15 I HGB gilt ebenfalls uneingeschränkt. Praktisch bedeutsam ist dies vor allem beim Ausscheiden eines Gesellschafters in Bezug auf dessen Haftung und Nachhaftung (→ § 728b Rn. 8 ff.), insofern auch bei der Vollbeendigung der GbR (→ § 739 Rn. 7 ff.) und im Hinblick auf gesellschaftsrechtliche Modifizierungen der organschaftlichen Vertretungsmacht (→ § 720 Rn. 12 ff.). Für **Zweigniederlassungen** der GbR (vgl. § 707b Nr. 3) gilt § 15 HGB in Bezug auf das Gesellschaftsregister der Zweigniederlassung (→ § 707b Rn. 14).

VI. Registerlöschung (Abs. 4)

11   Nach Abs. 4 ist die **isolierte Löschung** aus dem Gesellschaftsregister **ausgeschlossen,** sodass insofern allein die Auflösung und Löschung der GbR nach Maßgabe von § 738 bzw. § 712a zu Gebote steht (vgl. Schäfer ZIP 2020, 1149 (1151): „Ausschluss der Rückfahrkarte"). Dies ist an sich kritikwürdig (vgl. insofern deutlich DAV NZG 2020, 1133 Rn. 117 ff.), überzeugt aber letztlich aus **Verkehrsschutzgründen** zur Kompensation der Gefahren einer Firmenbestattung von GmbH nach Formwechsel in eine GbR (Begr. S. 132 f.; so auch Schäfer Neues PersGesR/Hermanns § 2 Rn. 14; Bergmann BB 2020, 994 (995); Roßkopf Stellungnahme S. 7; vgl. zur bisherigen Praxis Kleindiek ZGR 2007, 276 (278)). Insbesondere die Voreintragungsobliegenheit beim Erwerb oder Halten von Vermögensgegenständen, die in einem Objektregister eingetragen sind (→ § 713 Rn. 12 ff., 18 ff.), wäre höchst missbrauchsanfällig, wenn die GbR sich ihrer Eintragung wieder entledigen könnte. – Abs. 4 steht damit einer gesellschaftsrechtlichen Beschlussfassung auf isolierte Registerlöschung entgegen und verbietet dem Registergericht, dies einzutragen. Die allgemeinen Regeln zur Löschung einer aufgelösten der sogleich vollbeendeten GbR bleiben hiervon freilich unberührt.

VII. Kautelarischer Handlungsbedarf infolge des MoPeG

12   Die für die kautelarische Praxis wohl wichtigste Neuerung des MoPeG ist die Einführung des Gesellschaftsregisters für die GbR. Das Gesellschaftsregister beseitigt akut bestehende **Transparenz- und Publizitätsdefizite** der GbR und gestaltet diese zu einem in der Rechtspraxis leicht handhabbaren Rechtssubjekt um (Hermanns DNotZ 2022, 3 (9)). Trotz des erhöhten Aufwands und der aus der Registerpublizität gemäß § 707a III iVm § 15 HGB resultierenden Gefahren für die (nachlässigen) Gesellschafter ist es daher auch bei Altgesellschaften zu überlegen, bestehende GbR, insbesondere im unternehmerischen Bereich, zur Eintragung ins Gesellschaftsregister anzumelden (→ § 707 Rn. 9, 24). Insofern ist neben den Vorgaben des § 707 II (vgl.

dazu → §707 Rn. 11 ff.) insbesondere die **Voreintragungsobliegenheit** bei Beteiligung an einer anderen eingetragenen GbR zu beachten (Abs. 1 S. 2); vgl. im Übrigen auch zur Voreintragungsobliegenheit beim Erwerb und Halten bestimmter Vermögensgegenstände → §713 Rn. 12 ff., 18 ff.). – Für eingetragene GbR besteht zudem Handlungsbedarf im Hinblick auf die künftige Pflicht zur Verwendung des **Rechtsformzusatzes** „eingetragene Gesellschaft bürgerlichen Rechts" bzw. „eGbR" (Abs. 2). Diese Bezeichnung ist insbesondere im Rahmen der Korrespondenz der GbR von Bedeutung. Die nicht eingetragene GbR hat hingegen den Rechtsformzusatz „nicht eingetragene GbR" bzw. „GbR" mitanzugeben (→ Rn. 7). Haftet zudem keine natürliche Person als Gesellschafter, besteht gemäß §707a II 2 eine zusätzliche Pflicht zur Kenntlichmachung der Haftungsbeschränkung. Bei Verletzung dieser Pflichten drohen haftungsrechtliche Konsequenzen. Nach dem Gebot des sichersten Weges sind daher die o.g. Anforderungen auch bei nicht eingetragenen Gesellschaften einzuhalten. – Die **Registerpublizität** (Abs. 3 iVm §15 HGB) kann sich als zweischneidiges Schwert erweisen. Einerseits profitieren die Gesellschafter durch die Möglichkeit, ihre Vertretungsbefugnisse und den Gesellschafterbestand rechtssicher zu regeln. Andererseits ist stets auf die Aktualität des Gesellschaftsregisters zu achten, um eine drohende Haftung zu vermeiden. – Für die Praxis besonders bedeutsam ist zudem der grundsätzliche **Ausschluss einer Löschung** gemäß Abs. 4, die einmal herbeigeführte Eintragung ins Gesellschaftsregister kann nicht mehr rückgängig gemacht werden. Die Entscheidung über eine etwaige Eintragung mit allen ihren Konsequenzen (und Kosten) sollte daher gründlich durchdacht werden.

§707b Entsprechend anwendbare Vorschriften des Handelsgesetzbuchs

Folgende Vorschriften des Handelsgesetzbuchs sind auf eingetragene Gesellschaften entsprechend anzuwenden:
1. **auf die Auswahl und den Schutz des Namens der Gesellschaft: die §§18, 21 bis 24, 30 und 37,**
2. **auf die registerrechtliche Behandlung der Gesellschaft und die Führung des Gesellschaftsregisters: die §§8, 8a Absatz 1, §9 Absatz 1 Satz 1 und Absatz 3 bis 6, die §§10 bis 12, 13h, 14, 16 und 32 und**
3. **auf die registerrechtliche Behandlung der Zweigniederlassung einer Gesellschaft: die §§13 und 13d mit der Maßgabe, dass eine Verpflichtung zur Anmeldung der Zweigniederlassung nicht besteht.**

Übersicht

I. Reform

1. Grundlagen, Bewertung

1   Der neue § 707b verwirklicht die registerrechtliche Behandlung eingetragener GbR im Hinblick auf das **Gesellschaftsregister** und die hierdurch berufene **Publizität** durch eine weitgehende Anwendung der maßgeblichen Regelungen des HGB. Dies beruht freilich im Grundsatz auf der Eintragungsmöglichkeit gemäß § 707 I (→ § 707 Rn. 8 ff.), sodass es die Gesellschafter selbst in der Hand haben, ob sie hiervon Gebrauch machen oder nicht. Dies gilt auch für Zweigniederlassungen (kritisch DIHK Stellungnahme S. 8: sollte dem Kaufmann vorbehalten bleiben). Ist die Eintragung erfolgt, unterliegt die GbR indessen demselben Registerzwang wie Handelsgesellschaften, was die Eintragung nachträglicher Veränderungen betrifft.

2. Zeitlicher Geltungsbereich

2   § 707b tritt gemäß Art. 137 S. 1 MoPeG am 1.1.2024 in Kraft. Da die Eintragungsmöglichkeit gemäß § 707 ebenfalls erst am 1.1.2024 in Kraft tritt, können zuvor keine Eintragungen ins Gesellschaftsregister erfolgen. Die in Nr. 1–3 genannten Regelung des HGB sind daher folgerichtig auch erst ab diesem Zeitpunkt entsprechend anzuwenden. Art. 137 S. 2 MoPeG sieht indessen vor, dass die maßgeblichen Verfahrensvorschriften des FamFG sowie die Verordnungsermächtigung gemäß § 707d (→ § 707d Rn. 2) bereits am 18.8.2021 in Kraft getreten sind, um zu gewährleisten, dass die Registerverwaltungen sich auf das Inkrafttreten des MoPeG zum 1.1.2024 frühzeitig einstellen können (vgl. zum kautelarischen Handlungsbedarf → Rn. 15 ff.).

II. Normzweck, Anwendungsbereich

3   Der zwingende § 707 verwirklicht eine weitgehende registerrechtliche Gleichbehandlung der eingetragenen GbR mit den Kaufleuten und Handelsgesellschaften. Dies ist notwendig, da das im Zuge der Reform neu geschaffene Gesellschaftsregister zwar vom Handelsregister und die hierauf anwendbaren Regelung des HGB zu trennen ist, im Hinblick auf die **ordnungspolitische Funktion der Registerpublizität** aber eine Gleichstellung geboten ist. Es ist daher konsequent, dass HGB-Normen auch für die (freiwillig!) eingetragenen GbR im Hinblick auf den Namen (Nr. 1), die registerrechtliche Behandlung der Eintragung (Nr. 2) und die Regelung über Zweigniederlassungen (Nr. 3) für entsprechend anwendbar erklärt werden. Die Regelung ergänzt so die §§ 707 f.; sie wird ergänzt durch die gemäß § 707d zu erlassende Rechtsverordnung über die elektronische Führung des Gesellschaftsregisters (→ § 707d Rn. 3). – Die Regelung ist nur bei **rechtsfähigen GbR** anwendbar, unabhängig davon, ob eine Gesellschaft sogleich als rechtsfähige gegründet wird oder die Gesellschafter nachträglich den entsprechenden Willen gemäß § 705 II haben (→ § 705 Rn. 44 ff.).

III. Auswahl und Schutz des Namens (Nr. 1)

Die **eingetragene GbR** muss gemäß § 707 II Nr. 1 lit. a einen Namen **4** haben (→ § 707 Rn. 12) und diesen nach § 707a II nebst Namenszusatz „eGbR" auch im Rechtsverkehr führen (→ § 707a Rn. 7). § 707b Nr. 1 erklärt im Hinblick auf die Auswahl und den Schutz dieses Namens sowie das registerrechtliche Ordnungsrecht zudem die **§§ 18, 21–24, 30 und 37 HGB** für entsprechend anwendbar. Dies ist notwendig, da das neu geschaffene Gesellschaftsregister und das entsprechende Registerverfahren grundsätzlich von dem des Handelsregisters zu trennen sind, im Ergebnis jedoch eine **weitgehende Gleichstellung** mit der handelsrechtlichen Firma hervorgerufen werden soll (Begr. S. 133); vgl. insofern auch den vergleichbaren § 2 II 2 PartGG als Regelungsvorbild. Dies ist konsequent, da die öffentlichen Interessen dienende Namensfunktion bei der am Rechtsverkehr teilnehmenden GbR gleichermaßen Geltung beansprucht, wie bei Handelsgesellschaften (vgl. nur BVerwG NJW 1987, 2454).

Infolge der durch § 18 I HGB gewährleisteten **Namensfunktion** muss **5** die gewählte Bezeichnung der GbR zur Kennzeichnung der GbR geeignet sein und Unterscheidungskraft besitzen. Im Kern bedeutet dies wie bei der handelsrechtlichen Firma, dass grundsätzlich zwar **Sach-, Personen-, und Fantasienamen** sowie Mischformen zulässig sind, farblose Gattungsbezeichnungen, Allerweltsnamen und unaussprechbare Zeichen sowie reine Buchstabenfolgen hingegen nicht (vgl. nur Henssler/Strohn/Wamser HGB § 18 Rn. 2 f.). Über das Irreführungsgebot gemäß § 18 II HGB wird zudem der Grundsatz der **Namenswahrheit** abgesichert, sodass keine Bezeichnungen zulässig sind, die die durch das Auftreten der GbR am Rechtsverkehr maßgeblichen Verkehrskreise täuschen können (Einzelheiten bei Henssler/Strohn/Wamser HGB § 18 Rn. 4 ff.). In diesem Kontext sind freilich nach Maßgabe von §§ 21, 22, 24 HGB bei Namensbezeichnungen **nachträgliche Abweichungen vom Gesellschafterbestand** unschädlich (Grundsatz der Namensbeständigkeit). Dies gilt auch, wenn ein akademischer Beruf oder Titel entfällt (vgl. BGH ZIP 2018, 1393). Abweichend von § 2 II 2 PartGG gilt bei der GbR auch § 22 II HGB, sodass die Privilegierung auch gilt, wenn der Geschäftsbetrieb aufgrund eines Nießbrauchs, Pachtvertrags oder ähnlichen Verhältnisses überlassen wird (vgl. Begr. S. 134: Nichtgeltung bei der Partnerschaftsgesellschaft ist allein berufsrechtlich motivierte Einschränkung). Umgekehrt besteht gemäß § 23 HGB aber zur Effektuierung der

Namenswahrheit ein **Veräußerungsverbot** im Hinblick auf den Namen der GbR, wenn nicht zugleich der wesentliche Geschäftsbetrieb mitübertragen wird (vgl. BGH NJW 1991, 1353 (1354)).

6   Im Übrigen gilt auch das **Unterscheidbarkeitsgebot** gemäß § 30 HGB, sodass sich die gewählte Bezeichnung einer eingetragenen GbR von der einer anderen bestehenden und im Gesellschaftsregister eingetragenen GbR deutlich unterscheiden muss (vgl. nur Henssler/Strohn/Wamser HGB § 30 Rn. 1 ff.). Dies betrifft vor allem auch die Namensgleichheit mit anderen Gesellschaften derselben Gesellschafter (hierzu Holzer ZfIR 2008, 129 (132)). Gegenüber nicht eingetragenen GbR muss hingegen aufgrund des klaren Wortlauts von § 30 I HGB keine Unterscheidung vorliegen, wohl aber gegenüber eingetragenen Kaufleuten und Handelsgesellschaften. Der Rechtsformzusatz hat für sich alleine nämlich keine individualisierende Funktion (vgl. BGH NJW 1966, 1813; abw. BeckOGK/Krafka § 707a Rn. 6). Das Unterscheidbarkeitsgebot ist zwingend, sodass das Einverständnis des anderen Namens- oder Firmeninhabers unerheblich ist (BGH NJW 1966, 1813). Der Name einer nicht eingetragenen GbR hat im Hinblick auf § 12 indessen richtigerweise keine mindere Qualität als der einer eingetragenen Gesellschaft (so auch DIHK Stellungnahme S. 9). Bei **Namensgleichheit** entscheiden daher die allgemeinen materiellen Regeln, wem deswegen Ansprüche gegen den anderen zustehen.

7   Die Einhaltung der entsprechend anwendbaren firmenrechtlichen Regelungen zum Namen der GbR ist vom **Registergericht** zu prüfen (→ Rn. 5), vgl. insofern auch § 380 FamFG; die Eintragung der GbR ist ggf. abzulehnen (vgl. zu § 18 II HGB OLG Düsseldorf NZG 2020, 308 (309)). Stellt sich nachträglich die Unzulässigkeit des Namens heraus, kommt eine Amtslöschung nach § 395 FamFG in Betracht. Im Übrigen kann das Registergericht auch nach Maßgabe von § 37 I HGB, § 391 I FamFG ein **Firmenmissbrauchsverfahren** anstrengen, um die ordnungsgemäße Namensführung zu erzwingen (vgl. OLG Köln NZG 2011, 155 (156)). **Dritte** können nach Maßgabe von § 37 II 1 HGB auch gegen die GbR auf **Unterlassung** klagen, wenn sie hierdurch in ihren Rechten verletzt werden (BGH NJW 1991, 2023). – Ansprüche aus §§ 3, 5 und 8 UWG und §§ 5 und 15 MarkenG bleiben ebenso möglich wie die Geltendmachung von Schadensersatz (§ 37 II 2 HGB).

IV. Registerrecht (Nr. 2)

8   Nr. 2 erklärt im Hinblick auf die registerrechtliche Behandlung der Gesellschaft und die Führung des Gesellschaftsregisters die §§ 8, 8a I, § 9 I 1 und III–VI, sowie die §§ 10–12, 13h, 14, 16 und 32 HGB für entsprechend anwendbar. Auch dies ist notwendig, da das neu geschaffene Gesellschaftsregister und das entsprechende Registererfahren grundsätzlich von dem des **Handelsregisters** zu trennen sind, im Ergebnis jedoch eine **weitgehende Gleichstellung** hervorgerufen werden soll (Begr. S. 133).

1. Registergericht, Registerführung

Dies betrifft zunächst das Registergericht, welches nach § 8 I HGB von **9** den Gerichten elektronisch geführt wird. Die **Zuständigkeit** richtet sich gemäß § 707 I iVm § 376 FamFG nach dem **Vertragssitz der Gesellschaft** (vgl. insofern auch → § 707 Rn. 13); weitere Vorgaben ergeben sich insofern aus § 23a I Nr. 2 GVG sowie § 3 Nr. 2 lit. d RPflG, der die Zuständigkeit des **Rechtspflegers** vorsieht. Bei der nachträglichen **Sitzverlegung** im Inland gilt § 13h HGB.

Das Gesellschaftsregister wird gemäß § 8a I HGB **elektronisch geführt; 10** das gemeinsame Registerportal der Länder (www.handelsregister.de) ist gemäß § 707d II die maßgebliche Grundlage, da hiernach die Landesregierungen ermächtigt werden, durch **Rechtsverordnung** nähere Bestimmungen über die elektronische Führung zu erlassen (§ 707d; → Rn. 1). Auch ohne entsprechenden Verweis in § 707b gilt § 8b II Nr. 2a HGB, wonach über die Internetseite des **Unternehmensregisters** auch die Eintragungen im Gesellschaftsregister sowie die hierzu eingereichten Dokumente zugänglich sind (vgl. www.unternehmensregister.de). Für die **Publizitätswirkungen** gemäß § 15 HGB (vgl. § 707a; → Rn. 9) kommt es im Hinblick auf die dort maßgebliche Eintragung einer Tatsache nicht bereits auf die Aufnahme in den Datenspeicher des Registergerichts an, sondern auf die Möglichkeit, die Eintragung auf Dauer inhaltlich unverändert in lesbarer Form abrufen zu können (Begr. S. 134). – Die **Einsichtnahme** in das Gesellschaftsregister ist nach § 9 I 1 HGB jedermann gestattet, ohne dass es eines besonderen berechtigten Interesses bedürfte (Begr. S. 134); für Beglaubigungen und Ausdrucke gelten die §§ 9 III–VI HGB entsprechend. – Die **Bekanntmachung** der Registereintragungen richtet sich nach §§ 10–11 HGB.

2. Registeranmeldung

Die Registeranmeldung richtet sich nach § 12 HGB, sodass wegen des **11** Erfordernisses der elektronischen öffentlichen Beglaubigung die **Mitwirkung des Notars** gewährleistet wird. Hierdurch erfolgt gemäß § 378 III 2 FamFG eine Prüfung der Identität der Anmeldenden und der Eintragungsfähigkeit der Anmeldung, was die Registergerichte entlastet (vgl. Begr. S. 134: bewährtes System; kritisch DIHK Stellungnahme S. 5: nicht angemessen). – Auf die Möglichkeit einer **Online-Gründung** (vgl. insofern auch die §§ 16a ff. BeurkG) wurde im MoPeG noch bewusst verzichtet (Begr. S. 108). Im Zuge des DiRUG wurde ebenfalls noch bewusst offengelassen, ob die Einbeziehung von Personengesellschaften künftig in Betracht kommt (vgl. M. Noack BB 2021, 643 (645); Einzelheiten bei Fleischer/Pendl WM 2019, 21185 (2189); Knaier GmbHR 2021, 169 (172)). Dies mündete bereits vor Inkrafttreten in einer Änderung des DiRUG durch das DiREG, so dass die öffentliche Beglaubigung von Registeranmeldungen im Wege der Videokommunikation nach Maßgabe von § 12 HGB, §§ 16a ff., 40a BeurkG jetzt **auch bei Personengesellschaften** möglich ist (vgl. Lieder ZRP 2022, 102; zum Ganzen ausführlich Böhringer/Melchior NotBZ 2022, 361).

12   Soweit eine **Anmeldepflicht** besteht, kann diese nach Maßgabe von § 14
      HGB auch mittels **Zwangsgeldandrohung** gegenüber den Gesellschaftern
      bzw. deren gesetzlichen Vertretern persönlich durchgesetzt werden (Henssler/
      Strohn/Wamser HGB § 14 Rn. 2; vgl. zur Anmeldepflicht des Insolvenzver-
      walters BGH NJW 1981, 822). Praktisch bedeutsam ist dies in den Fällen
      nachträglicher Veränderungen gemäß § 707 III (§ 707; → Rn. 21), der Auf-
      lösung der Gesellschaft gemäß § 733 (→ § 733 Rn. 5), der Anmeldung der
      Liquidatoren gemäß § 736c (→ § 736c Rn. 8 ff.), der Anmeldung des Erlö-
      schens gemäß § 738 (→ § 738 Rn. 3 ff.) und der Anmeldung der Fortsetzung
      der GbR gemäß § 734 III (→ § 734 Rn. 21 f.). In der Gesetzesbegründung
      wird ausdrücklich erwähnt, dass der Professionalisierungsgrad bei GbR im
      Vergleich zu den Personenhandelsgesellschaften hierbei Berücksichtigung zu
      finden habe (Begr. S. 135). Dies darf indessen richtigerweise nicht dahinge-
      hend missverstanden werden, dass das Registergericht bei der **Gewährleis-
      tung der Publizität** des Gesellschaftsregisters im Bereich der GbR eine
      besondere Milde walten lassen könne. Entscheiden sich die Gesellschafter zur
      Eintragung, unterliegen sie auch dem korrespondierenden Registerzwang.
      Ansonsten wäre die Integrität eines staatlichen Registers gefährdet.

13   Nach Maßgabe von § 16 I HGB besteht im Übrigen eine Bindung an
      Entscheidungen des Prozessgerichts, wenn ein Anmeldepflichtiger hier-
      nach rechtskräftig oder vollstreckbar zur Mitwirkung verpflichtet wurde; das
      Registergericht hat insofern kein eigenes Prüfungsrecht mehr (Begr. S. 135).
      Praktisch bedeutsam ist dies vor allem bei einstweiligen Verfügungen auf
      Erzwingung von Registereintragungen (Henssler/Strohn/Wamser HGB § 16
      Rn. 1). Umgekehrt kann ein Dritter nach § 16 II HGB die Eintragung ver-
      hindern, ebenfalls mit den Mitteln des einstweiligen Rechtsschutzes. – Wird
      über das Vermögen der GbR das **Insolvenzverfahren** eröffnet, ist dies
      gemäß § 32 I 1 HGB von Amts wegen in das Gesellschaftsregister einzutragen.
      Das Gleiche gilt für die Maßnahmen nach § 32 I S. 2 HGB (Aufhebung des
      Eröffnungsbeschlusses Einstellung oder Aufhebung des Verfahrens etc.). In
      allen Fällen erfolgt indessen gemäß § 32 II HGB keine Bekanntmachung der
      Eintragung; § 15 HGB ist insoweit ebenfalls nicht anwendbar.

V. Zweigniederlassungen (Nr. 3)

14   Nr. 3 erklärt im Hinblick auf die registerrechtliche Behandlung einer
      Zweigniederlassung die **§§ 13 und 13d HGB** für entsprechend anwendbar
      (kritisch DIHK Stellungnahme S. 8: sollte dem Kaufmann vorbehalten blei-
      ben). Dies gilt freilich nur, wenn die Gesellschafter in Bezug auf die GbR
      von der Eintragungsoption gemäß § 707 Gebrauch gemacht haben (→ § 707
      Rn. 8 ff.) und auch eine Zweigniederlassung zur Eintragung ins Gesellschafts-
      register anmelden wollen. Es geht mithin abweichend vom unmittelbaren
      Anwendungsbereich des § 13 I HGB **keine generelle Anmeldepflicht** für
      Zweigniederlassungen einer GbR, was Nr. 3 ausdrücklich klarstellt (Begr.
      S. 135). Sofern die Gesellschafter die Eintragung indessen herbeigeführt
      haben, bestehen gemäß § 13 I 2, III HGB auch entsprechende Anmelde-
      pflichten für spätere Änderungen oder die Aufhebung der Zweignieder-

lassung (Begr. S. 135). – Das Vorliegen einer eintragungsfähigen Zweigniederlassung beurteilt sich danach, ob eine räumliche Trennung zur Hauptniederlassung besteht, die Zweigniederlassung ähnlich wie die Hauptniederlassung eine organisatorische Einheit bildet und auf Dauer eingerichtet ist (Henssler/Strohn/Wamser HGB § 13 Rn. 5). Die Eintragung der Zweigniederlassung erfolgt gemäß § 13 II HGB allein im Register der Hauptniederlassung. Vgl. im Übrigen den **besonderen Gerichtsstand** gemäß § 21 ZPO. – Infolge des Verweises auf § 13d HGB gilt dies auch für inländische Zweigniederlassungen **ausländischer Gesellschaften.** Insofern besteht freilich bei ausländischen Handelsgesellschaften eine Eintragungspflicht (vgl. MHdB GesR VI/Kienle/Friedrichson § 21 Rn. 1). Für nichtkaufmännische Auslandsgesellschaften gilt indessen dasselbe wie für die GbR.

VI. Kautelarischer Handlungsbedarf infolge des MoPeG

Die für die kautelarische Praxis wohl wichtigste Neuerung des MoPeG ist **15** die Einführung des Gesellschaftsregisters für die GbR. Das Gesellschaftsregister beseitigt akut bestehende **Transparenz- und Publizitätsdefizite** der GbR und gestaltet diese zu einem in der Rechtspraxis leicht handhabbaren Rechtssubjekt um (Hermanns DNotZ 2022, 3 (9); vgl. insofern auch → § 707 Rn. 1 und → § 707a Rn. 9 f.). Gerade § 707b zeigt durch den umfassenden Verweis in das Firmen- und Registerrecht aber auch den hiermit verbundenen erhöhten Aufwand. Hinzukommen die aus der Registerpublizität gemäß § 707a III iVm § 15 HGB resultierenden Gefahren für die (nachlässigen) Gesellschafter. Gleichwohl ist es auch bei Altgesellschaften zu überlegen, bestehende GbR, insbesondere im unternehmerischen Bereich, zur Eintragung ins Gesellschaftsregister anzumelden (→ § 707 Rn. 1); vgl. im Übrigen auch zur **Voreintragungsobliegenheit** beim Erwerb und Halten bestimmter Vermögensgegenstände → § 713 Rn. 12 ff., 18 ff. Insofern ist auf der Grundlage von § 707a IV aber stets auch zu berücksichtigen, dass die einmal herbeigeführte Eintragung ins Gesellschaftsregister **nicht mehr rückgängig** gemacht werden kann (→ § 707a Rn. 11).

Eine bedeutsame Neuerung für **eingetragene GbR** sind die Anforderun **16** gen an eine **ordnungsgemäße Namensführung** gemäß § 707b Nr. 1. Die Gesellschafter müssen künftig darauf achten, dass die Grundsätze des Firmenrechts beachtet werden und ein zulässiger Name gewählt und benutzt wird. Andernfalls drohen ordnungs- sowie zivilrechtliche Konsequenzen. Hervorzuheben sind hier die Grundsätze der Namenswahrheit und der Unterscheidbarkeit (Namensausschließlichkeit), §§ 18, 30 HGB. Der Grundsatz der Namensbeständigkeit, der den §§ 21–24 HGB zugrunde liegt, lockert freilich in gewissen Grenzen den Grundsatz der Namenswahrheit und sichert die Kontinuität der Namensführung bei nicht erheblich ins Gewicht fallenden Änderungen, insbesondere im Gesellschafterbestand. Dadurch wird verhindert, dass wirtschaftliche Werte vernichtet werden. Gleichzeitig sind die Zustimmungserfordernisse gemäß § 22 I HGB aE, § 24 II HGB zu beachten und die ggf. erforderlichen Einwilligungen rechtzeitig einzuholen. Auch die Grundsätze der Namensfortführung gemäß §§ 21–24 HGB sind einzuhalten.

Eine Namensfortführung bei der Übernahme des Geschäfts aufgrund eines Nießbrauchs, einer Verpachtung oder eines ähnlichen Verhältnisses ist gemäß § 707b Nr. 1 iVm § 22 II HGB zulässig (vgl. → Rn. 5). Das Veräußerungsverbot gemäß Nr. 1 iVm § 23 HGB gilt fortan auch für die eingetragene GbR. Die Haftung des Erwerbers gemäß § 25 HGB ist hingegen von der Verweisungsvorschrift nicht erfasst. Auch die Vorschrift des § 37a betreffend Angaben auf Geschäftsbriefen ist in § 707b nicht aufgezählt. – Die eingetragene GbR kann sich künftig gegen einen unbefugten Gebrauch des Namens zusätzlich nach § 8b Nr. 1 HGB iVm § 37 II HGB wehren und auf Unterlassung klagen. Der Unterlassungsanspruch gemäß § 12 S. 2 bleibt daneben bestehen. Ob mit diesen Änderungen eine Aufwertung des Namens der GbR einhergeht, kann unterschiedlich beurteilt werden.

17   Im Hinblick auf die **registerrechtliche Behandlung** der Gesellschaft und die Führung des Gesellschaftsregisters (Nr. 2) sind zwei Aspekte hervorzuheben: Zum einen den Ausmaß der bewirkten Publizität. Die GbR wird genauso wie ein Einzelkaufmann, OHG oder KG behandelt. Die Einsicht in das Gesellschaftsregister ist jedermann ohne Nachweis eines besonderen Interesses gestattet. Die elektronische Führung ermöglicht zudem eine sehr rasche Informationsbeschaffung. Zum anderen ist auf die Möglichkeit der Erzwingung der Anmeldung durch Zwangsgeldandrohung gemäß § 14 HGB hinzuweisen. – Die Eintragung einer Zweigniederlassung (Nr. 3) ist bei der eingetragenen GbR nicht obligatorisch (→ Rn. 14). Entscheidet sich die Gesellschaft für die Eintragung, sind freilich die Folgepflichten mit zu bedenken. Für spätere Änderungen und die Aufhebung der Zweigniederlassung besteht dann Eintragungszwang.

§ 707c Statuswechsel

(1) **Die Anmeldung zur Eintragung einer bereits in einem Register eingetragenen Gesellschaft unter einer anderen Rechtsform einer rechtsfähigen Personengesellschaft in ein anderes Register (Statuswechsel) kann nur bei dem Gericht erfolgen, das das Register führt, in dem die Gesellschaft eingetragen ist.**

(2) **[1]Wird ein Statuswechsel angemeldet, trägt das Gericht die Rechtsform ein, in der die Gesellschaft in dem anderen Register fortgesetzt wird (Statuswechselvermerk). [2]Diese Eintragung ist mit dem Vermerk zu versehen, dass die Eintragung erst mit der Eintragung der Gesellschaft in dem anderen Register wirksam wird, sofern die Eintragungen in den beteiligten Registern nicht am selben Tag erfolgen. [3]Sodann gibt das Gericht das Verfahren von Amts wegen an das für die Führung des anderen Registers zuständige Gericht ab. [4]Nach Vollzug des Statuswechsels trägt das Gericht den Tag ein, an dem die Gesellschaft in dem anderen Register eingetragen worden ist. [5]Ist die Eintragung der Gesellschaft in dem anderen Register rechtskräftig abgelehnt worden oder wird die Anmeldung zurückgenommen, wird der Statuswechselvermerk von Amts wegen gelöscht.**

(3) [1]Das Gericht soll eine Gesellschaft, die bereits im Handels- oder im Partnerschaftsregister eingetragen ist, in das Gesellschaftsregister nur eintragen, wenn

1. der Statuswechsel zu dem anderen Register angemeldet wurde,
2. der Statuswechselvermerk in das andere Register eingetragen wurde und
3. das für die Führung des anderen Registers zuständige Gericht das Verfahren an das für die Führung des Gesellschaftsregisters zuständige Gericht abgegeben hat.

[2]§ 707 Absatz 2 bleibt unberührt.

(4) [1]Die Eintragung der Gesellschaft hat die Angabe des für die Führung des Handels- oder des Partnerschaftsregisters zuständigen Gerichts, die Firma oder den Namen und die Registernummer, unter der die Gesellschaft bislang eingetragen ist, zu enthalten. [2]Das Gericht teilt dem Gericht, das das Verfahren abgegeben hat, von Amts wegen den Tag der Eintragung der Gesellschaft in das Gesellschaftsregister und die neue Registernummer mit. [3]Die Ablehnung der Eintragung teilt das Gericht ebenfalls von Amts wegen dem Gericht, das das Verfahren abgegeben hat, mit, sobald die Entscheidung rechtskräftig geworden ist.

(5) [1]Wird ein Gesellschafter Kommanditist, ist für die Begrenzung seiner Haftung für die zum Zeitpunkt seiner Eintragung im Handelsregister begründeten Verbindlichkeiten § 728b entsprechend anzuwenden. [2]Dies gilt auch, wenn er in der Gesellschaft oder einem ihr als Gesellschafter angehörenden Unternehmen geschäftsführend tätig wird. [3]Seine Haftung als Kommanditist bleibt unberührt.

Übersicht

I. Reform

1. Grundlagen, Bewertung

Der neu geregelte Statuswechsel bringt als Konsequenz der Anerken- **1** nung **eingetragener GbR** eine registerrechtliche Vereinfachung für den

Rechtsformwechsel innerhalb des Kreises der Personen(handels)gesellschaften. Im Zusammenhang mit den ebenfalls neu geschaffenen §§ 106, 107 HGB, welche gemäß § 4 IV PartGG auch für die Partnerschaftsgesellschaft gelten, wird nunmehr bei einem **außerhalb des UmwG** angestrebten Rechtsformwechsel ein einheitliches Registerverfahren gewährleistet, was vor allem die Gefahr von Doppeleintragungen in unterschiedlichen Registern verhindert. Die durchaus komplizierten verfahrensrechtlichen Regelungen bewirken nämlich, dass die beteiligten **Registergerichte konsekutiv befasst** werden (vgl. zum komplizierten Rechtsformwechsel nach früherem Recht OLG Hamm BeckRS 2018, 35358; Heckschen FS D. Mayer, 2020, 15). Dies bringt Rechtsklarheit und Rechtssicherheit (die Neuregelung begrüßend auch Späth-Weinreich BWNotZ 2021, 90 (94 f.); Heckschen Stellungnahme S. 9; Heckschen GWR 2021, 1 (3): ganz großer Fortschritt für die Praxis; die Neuregelung in ihrem Gehalt etwas überhöhend Bergmann BB 2020, 994 (995): neues Rechtsinstitut). Vor allem vermeidet die mit dem Formwechsel einhergehende **Identität der Gesellschaft** auch die bei einer anderen Art der Umstrukturierung bestehenden Probleme der Anwendung von §§ 25, 28 HGB (vgl. Heckschen/ Nolting BB 2020, 2256 (2264)) und erleichtert die grundbuchrechtliche Behandlung (vgl. Heckschen NZG 2020, 761 (767)). – Aus der **materiell-rechtlichen Perspektive** ist freilich nach wie vor zu berücksichtigen, dass die Registereintragung nicht durchgängig konstitutive Wirkung für den Statuswechsel einer GbR hat und sich dies auch nicht durch die Existenz von § 707c begründen lässt (Umkehrschluss zu § 202 I Nr. 1 UmwG). Dies betrifft vor allem den Übergang einer eingetragenen GbR zur nicht eingetragenen OHG nach Maßgabe von § 123 I 2 HGB, wenn der Geschäftsbetrieb kaufmännisch wird. Insofern kann die Missachtung der Registerpflichten Abweichungen gegenüber der Registerlage hervorrufen. Bei nicht eingetragenen GbR gilt dies gleichermaßen. Im Übrigen hängt es von der wirksamen internen Willensbildung innerhalb der Gesellschaft ab, ob ein Statuswechsel gewollt ist (→ Rn. 5 f.).

2. Zeitlicher Geltungsbereich

2   § 707c tritt gemäß Art. 137 S. 1 MoPeG am **1.1.2024** in Kraft, sodass zuvor keine Eintragungen ins Gesellschaftsregister erfolgen können. Art. 137 S. 2 MoPeG sieht indessen vor, dass die maßgeblichen Verfahrensvorschriften des FamFG sowie die Verordnungsermächtigung gemäß § 707d (→ § 707d Rn. 2) bereits am 18.8.2021 in Kraft getreten sind, um zu gewährleisten, dass die Registerverwaltungen sich auf das Inkrafttreten des MoPeG zum 1.1.2024 frühzeitig einstellen können. Ein bereits vor dem 1.1.2024 beschlossener Statuswechsel kann aber danach ohne weiteres angemeldet werden. Vgl. zum kautelarischen Handlungsbedarf → Rn. 18.

II. Normzweck, Anwendungsbereich

3   § 707c regelt gemeinsam mit § 106 III–V HGB, § 107 III HGB (ggf. iVm § 161 II HGB bzw. § 4 IV PartGG) die registerrechtliche Behandlung

eines **gesellschaftsrechtlichen Formwechsels außerhalb des UmwG** innerhalb des Kreises der Personengesellschaften (GbR, OHG, KG, Partnerschaftsgesellschaft) in alle Richtungen. Die Notwendigkeit hierzu resultiert daraus, dass es für die jeweiligen Gesellschaftsformen unterschiedliche Register gibt (Gesellschaftsregister, Handelsregister, Partnerschaftsregister). § 707c verwirklicht so die **Registermigration** (Schäfer Neues PersGesR/ Hermanns § 2 Rn. 21). Die verfahrenstechnisch anspruchsvollen Regelungen (M. Noack NZG 2020, 581 (582)) gewährleisten ein konsistentes und widerspruchsfreies Registerverfahren, was insbesondere darauf abzielt, Doppeleintragungen zu vermeiden. Die **materiell-rechtlichen Vorgaben** für die Änderung der Rechtsform ergeben sich indessen aus den allgemeinen Regeln der Ursprungs- und Zielrechtsform, beim Wechsel zwischen GbR und OHG grundsätzlich sogar allein durch Änderung des Umfangs der unternehmerischen Tätigkeit (vgl. insofern § 1 II HGB: Art und Umfang); GbR und OHG haben daher nach wie vor eine starke materiell-rechtliche Identität. Der Statuswechsel ist im Übrigen **abzugrenzen vom Formwechsel gemäß § 198 UmwG.** Dieser ist unter Beteiligung eingetragener GbR zwar weiterhin grundsätzlich möglich (vgl. § 191 I UmwG), dürfte innerhalb des Kreises der Personengesellschaften allerdings wegen der Neuregulungen zum Statuswechsel eine geringe praktische Relevanz haben. – Hervorzuheben ist zudem die **Begrenzung** des Formwechsels **auf eingetragene GbR** im Zusammenhang mit dem Ausschluss der Löschung nach § 707a IV. Indem eine einmal im Gesellschaftsregister eingetragene GbR nur nach den Vorschriften über die Liquidation gelöscht werden kann, sollen etwaige „Firmenbestattungen" für die Zukunft ausgeschlossen werden. Ein Statuswechsel in eine nicht eingetragene GbR, um eine in Schwierigkeiten geratene Gesellschaft (insbesondere GmbH) ohne ein geordnetes Verfahren „verschwinden zu lassen", wird dadurch verhindert (Schäfer Neues PersGesR/Hermanns § 2 Rn. 14; vgl. auch im Hinblick auf eine Umwandlung nach dem UmwG Schäfer Neues PersGesR/Schollmeyer § 12 Rn. 45, 47).

Tatbestandlich erfasst § 707 zuvörderst die Fälle, dass eine **eingetra-** 4 **gene GbR** zu einer Personenhandels- oder Partnerschaftsgesellschaft wird (Hinauswechsel). Der umgekehrte Fall des Wechsels zur GbR (Hineinwechsel) ist aus der Perspektive der Ausgangsgesellschaft in § 107 III HGB (iVm § 161 II HGB bzw. § 4 IV PartGG) geregelt. Diese verweisen wiederum auf Abs. 2 S. 2–5; zudem gelten in diesen Fällen für das Gesellschaftsregister der Zielgesellschaft die Abs. 3 und 4 (→ Rn. 16 f.). Ein Statuswechsel der GbR ist nach Maßgabe von § 734 auch während der **Liquidation** zulässig. **Nicht eingetragenen GbR** ist die Möglichkeit des Statuswechsels indessen verwehrt. Die Gesellschafter müssen daher entweder zunächst die Eintragung nach Maßgabe von § 707 herbeiführen (→ § 707 Rn. 8 ff.) oder aber sogleich die alleinige **Eintragung einer OHG, KG** oder Partnerschaftsgesellschaft nach Maßgabe der jeweils maßgeblichen Regeln beantragen, was praktikabler ist. Die **Identitätswahrung** kann auf diese Weise gleichermaßen gewährleistet werden, da auch nach neuem Recht insofern ein Formwechsel kraft Gesetzes erfolgt (vgl.

BGH NJW 1992, 241 (242); OLG München MDR 2016, 168 (169); OLG Hamm NZG 2011, 300 (301); Henssler/Strohn/Steitz HGB § 123 Rn. 5). Nach Maßgabe von § 123 I 2 HGB kann insofern sogar bereits vor Registereintragung eine OHG gegeben sein. Eine eingetragene OHG kann in den Fällen des Herabsinkens zum Kleingewerbe indessen gemäß § 107 II 2 HGB nur im Wege des Statuswechsels zur (eingetragenen) GbR werden, welche ihrerseits nach § 707a IV auch nicht aus dem Gesellschaftsregister gelöscht werden kann (→ § 707a Rn. 11).

III. Statuswechsel einer GbR

1. Grundlagen

5   Der Statuswechsel einer eingetragenen GbR **in eine andere eintragungsfähige Personengesellschaft** ist im Abs. 1, 2 und 5 geregelt; den umgekehrten Fall des Wechsels in eine GbR regeln die Abs. 3 und 4 iVm § 107 III HGB (iVm § 161 II HGB bzw. § 4 IV PartGG). Die Regelungen betreffen allein das Registerverfahren. Die **materiell-rechtlichen Voraussetzungen** für einen derartigen Statuswechsel ergeben sich aus den allgemeinen Regeln. Wollen die Gesellschafter autonom die Rechtsform ändern, ist im Rahmen von § 707c allein der entsprechende **Gesellschafterbeschluss** maßgebend, was vom abgebenden Registergericht zu prüfen ist; das Gericht des aufnehmenden Registers hat dann nach Maßgabe der entsprechenden Regelungen des HGB bzw. PartGG zu prüfen, ob die Voraussetzungen für den Statuswechsel vorliegen (→ Rn. 13). Praktisch bedeutsam ist die privatautonome Herbeiführung des Statuswechsels einer (eingetragenen!) GbR insbesondere für Freiberufler, da für diese seit der Reform gemäß § 107 I 2 HGB auch die OHG und KG als Rechtsform in Betracht kommen; durch den Beitritt einer GmbH als Komplementärin lässt sich hierüber auch eine GmbH & Co. KG verwirklichen. Bisherige GbR können daher ohne weiteres identitätswahrend umgewandelt werden.

6   Die materiell-rechtlichen Voraussetzungen eines Statuswechsels ergeben sich im Übrigen aus den allgemeinen Regeln. Als **Grundlagenentscheidung** obliegt dies den Gesellschaftern persönlich; es handelt sich somit nicht um eine Geschäftsführungsmaßnahme (vgl. zur Anmeldebefugnis → Rn. 9 f.). Im gesetzlichen Regelfall bedarf es gemäß § 714 der **Zustimmung aller Gesellschafter.** Die Zweckbindung kann freilich Zustimmungspflichten rechtfertigen, welche dann auch durch die Mitgesellschafter **klageweise durchgesetzt** werden können (vgl. John NZG 2022, 243 (244)), mangels Anspruchs der Gesellschaft freilich nicht nach Maßgabe von § 715b. Ist dies erfolgreich, gilt gemäß § 707b Nr. 2 § 16 I HGB entsprechend. Die rechtliche Hürde zur Bejahung einer Zustimmungspflicht ist wegen der **gravierenden Folgen eines Rechtsformwechsels** indessen hoch und dürfte nur bei unternehmenstragenden GbR zu überschreiten sein, um eine sachgerechte Unternehmenskontinuität zu verwirklichen. Die Zustimmung zum Statuswechsel ist daher nur erzwingbar, wenn dies zur Zweckverwirklichung notwendig ist und keine berechtigten Interessen der betreffenden Gesellschaf-

ter entgegenstehen. – Eine gesellschaftsvertragliche **Mehrheitsklausel** deckt die Statusänderung wegen der gravierenden Auswirkungen für die (Privat-)Interessen der Gesellschafter ebenfalls nur dann, wenn dies hierin **hinreichend deutlich** wird. Auch dann ist auf der 2. Stufe noch konkret zu würdigen, ob die Mehrheit treuwidrig agiert, weil sie sich zielgerichtet über die berechtigten Belange der Minderheit hinwegsetzt (zum Ganzen → § 714 Rn. 28). Im Übrigen dürfte ein überstimmter bzw. zur Mitwirkung verpflichteter Gesellschafter regelmäßig aus wichtigem Grund aus der Gesellschaft ausscheiden können (→ § 725 Rn. 51 ff.); für die umgekehrte Ausschließung des opponierenden Gesellschafters gemäß § 727 dürfte wegen des Vorrangs der Zustimmungspflicht indessen regelmäßig kein Raum bestehen.

Kommt es auch ohne entsprechenden konkreten Gesellschafterbeschluss **7** auf Grund von Veränderungen der tatsächlichen Gegebenheiten (vgl. § 1 II HGB: Art und Umfang des Geschäftsbetriebs) zum **Erstarken zur OHG,** weil der Geschäftsbetrieb der GbR mittlerweile kaufmännisch geworden ist, besteht gemäß § 6 I HGB, § 29 HGB vorrangig eine **Anmeldepflicht** nach Maßgabe von § 106 I HGB zur Eintragung als OHG, welche nach § 106 III HGB als Statuswechsel gemäß § 707c behandelt wird (Begr. S. 136). – Im Übrigen können anlässlich eines Statuswechsels und damit zeitgleich auch **andere gesellschaftsrechtliche Änderungen** beschlossen und zur Eintragung angemeldet werden (Begr. S. 137). Praktisch bedeutsam sind insofern die Aufnahme anderer Gesellschafter oder die Veränderung der Beteiligungen; vgl. zur Einräumung einer Kommanditistenstellung Abs. 5 (→ Rn. 15). Hierdurch lässt sich im Wege des Statuswechsels außerhalb des UmwG auch die **Umwandlung in eine GmbH & Co. KG** erreichen, bei der alle bisherigen GbR-Gesellschafter die Stellung von Kommanditisten erlangen (Begr. S. 138).

2. Registeranmeldung (Abs. 1)

Nach Abs. 1 ist der Statuswechsel einer GbR in eine andere rechts- und **8** registerfähige Personengesellschaft allein bei dem **Gesellschaftsregister** anzumelden, bei dem die GbR **bislang eingetragen** ist (→ § 707 Rn. 26). Hierdurch wird zentral das legitime gesetzgeberische Ziel verwirklicht, Doppeleintragungen zu vermeiden. Im Umkehrschluss hierzu ist die Anmeldung bei einem anderen Register unstatthaft und dann zurückzuweisen, vgl. insofern auch § 106 III HGB. Im Hinblick auf das Registerverfahren gelten für den Statuswechsel daher zunächst die für die GbR maßgeblichen allgemeinen Regeln (vgl. § 374 Nr. 3 FamFG). **Zuständig** ist gemäß Abs. 1 das Registergericht am Sitz der Gesellschaft (vgl. insofern auch § 707b Nr. 2 iVm § 8 HGB; → § 707b Rn. 9); weitere Vorgaben ergeben sich insofern aus § 376 FamFG und § 23a I Nr. 2 GVG sowie § 3 Nr. 2 lit. d RPflG, der die Zuständigkeit des Rechtspflegers vorsieht.

a) Anmeldebefugnis. Die Anmeldung des Statuswechsels einer GbR zur **9** Eintragung im Gesellschaftsregister obliegt gemäß § 707 IV **sämtlichen Gesellschaftern.** Maßgeblich ist der Gesellschafterbestand zum Zeitpunkt des Gesellschafterbeschlusses bzw. beim Erstarken der GbR zur Personenhan-

delsgesellschaft der Anmeldezeitpunkt. Es handelt sich um eine **Grundlagenentscheidung** der Gesellschafter, die nicht durch die organschaftliche
Geschäftsführungsbefugnis oder Vertretungsmacht gedeckt ist. Kommt es
während der Liquidation zu einem Statuswechsel, lässt die Bestellung Dritter
als Liquidator die Anmeldebefugnis bzw. -pflicht der Gesellschafter unberührt
(vgl. BayObLG NZG 2001, 792). – Die Gesellschafter müssen grundsätzlich
selbst und **im eigenen Namen** handeln. Wechselseitige **Bevollmächtigungen** sind aber zulässig, ebenso die Bevollmächtigung Dritter (zur OHG Bay-
ObLG DB 1974, 1521; Schäfer Neues PersGesR/Hermanns § 2 Rn. 22; vgl.
auch § 10 Abs. 2 FamFG sowie für den Notar § 378 II FamFG; abw. Holzer
ZNotP 2020, 239 (242 f.): höchstpersönliche Pflicht). Dies gilt mangels
unmittelbarer Strafbewehrung (vgl. insofern etwa § 82 I GmbHG) auch für
die Versicherung gemäß Abs. 2 Nr. 4 (Schäfer Neues PersGesR/Hermanns
§ 2 Rn. 10). Die Bevollmächtigung bedarf nach § 707b Nr. 2 iVm aber ihrerseits der Form des § 12 I 3 HGB (elektronisch und öffentlich beglaubigt).
Bei Insolvenz eines Gesellschafters ist der **Insolvenzverwalter** anmeldebefugt (BGH WM 1981, 174 (175)).

10   Beruht der Statuswechsel auf einer **Mehrheitsentscheidung** (→ Rn. 6),
ist es rechtspolitisch verfehlt, wenn nach § 707 IV gleichwohl sämtliche
Gesellschafter an der Anmeldung mitwirken müssen. In den Fällen kann das
auf die Anmeldung bezogene Einstimmigkeitserfordernis die rechtmäßige
Willensbildung durch die Mehrheit nicht hinnehmbar konterkarieren (hierauf bereits zutreffend hinweisend DAV NZG 2020, 1133 Rn. 81). Der
Umweg über die Gesellschafterklage gemäß § 715b ist insofern auch wenig
praktikabel. Insofern spricht viel dafür, **§ 707 IV einen dispositiven Charakter** zuzubilligen, wonach in den Fällen einer mittels Mehrheitsklausel
wirksamen Willensbildung auch allein die zustimmenden Gesellschafter zur
gemeinschaftlichen Anmeldung berufen sind. Das Gleiche gilt, wenn Gesellschafter zur Zustimmung zur Statusänderung verpflichtet sind. Auch hier
wäre es verfehlt, die materiell-rechtlich begründbare Zustimmung nicht auch
auf das Anmeldeverfahren durchschlagen zu lassen.

11   **b) Inhalt und Form der Anmeldung.** Im Hinblick auf den Inhalt der
Anmeldung verweist Abs. 3 S. 2 auf **§ 707 II** (→ § 707 Rn. 11 ff.; Muster
bei Schäfer Neues PersGesR/Hermanns § 2 Rn. 24 und Böhringer/Melchior
BNotZ 2022, 361 (370)). Praktisch bedeutsam ist insofern vor allem die
Änderung des bisherigen Namens der GbR in eine **Firma** nach Maßgabe
von § 106 II Nr. 1 lit. a HGB bzw. einen Namen gemäß § 2 PartGG. Zudem
ist zu berücksichtigen, dass bei den Personenhandelsgesellschaften im gesetzlichen Regelfall eine **andere Vertretungsbefugnis** gilt (Einzelvertretung
nach § 124 I HGB anstelle von Gesamtvertretung gemäß § 720 I). – Die
Anmeldung zum Gesellschaftsregister richtet sich im Übrigen verfahrensrechtlich nach § **12 HGB** iVm den Regelung des FamFG (vgl. § 374 Nr. 3
FamFG). Die Bezugnahme auf die Regelungen zum Handelsregister in
§ 707b soll explizit auch für eine Einbindung der **Notare** sorgen (Begr.
S. 108; kritisch DIHK Stellungnahme S. 5: nicht angemessen). Auf die Möglichkeit einer **Online-Gründung** (vgl. insofern auch die §§ 16a ff. BeurkG)

wurde im MoPeG noch bewusst verzichtet (Begr. S. 108). Im Zuge des DiRUG wurde ebenfalls noch bewusst offengelassen, ob die Einbeziehung von Personengesellschaften künftig in Betracht kommt (vgl. M. Noack BB 2021, 643 (645); Einzelheiten bei Fleischer/Pendl WM 2019, 2185 (2189); Knaier GmbHR 2021, 169 (172)). Dies mündete bereits vor Inkrafttreten in einer Änderung des DiRUG durch das DiREG, so dass die öffentliche Beglaubigung von Registeranmeldungen im Wege der Videokommunikation nach Maßgabe von § 12 HGB, §§ 16a ff., 40a BeurkG jetzt **auch bei Personengesellschaften** möglich ist (vgl. Lieder ZRP 2022, 102 (102)). Dies gilt auch für den Statuswechsel (Einzelheiten bei Böhringer/Melchior BNotZ 2022, 361).

3. Registerverfahren (Abs. 2)

Auf den Anmeldeantrag hin prüft das **Gericht des abgebenden Regis-** **12** **ters** (Ausgangsregister) von Amts wegen (§ 26 FamFG) die Voraussetzungen für den Statuswechsel aus der Perspektive der bisherigen GbR, mithin das Vorliegen eines entsprechenden Gesellschafterbeschlusses (→ Rn. 5). Grundsätzlich obliegt dem Registergericht eine vollumfängliche formale und materielle Prüfungskompetenz. Gleichwohl ist anerkannt, dass im Hinblick auf die materiellen Voraussetzungen für die Eintragung allein eine **Plausibilitätskontrolle** erfolgt, bei der auch die Glaubwürdigkeit der Anmeldung zu berücksichtigen ist (vgl. OLG München ZIP 2009, 2266 (2267); zu § 106 HGB BayObLG DB 1978, 1882; Einzelheiten bei Henssler/Strohn/Wamser HGB § 8 Rn. 9 ff.). Etwaige Unwirksamkeitsgründe sind daher nur bei Evidenz beachtlich. Die Prüfung der Voraussetzungen der gewählten Rechtsform obliegt allein dem Zielregister (Schäfer Neues PersGesR/Hermanns § 2 Rn. 23). – Nach Abs. 2 S. 1 hat es sodann einen **Statuswechselvermerk** einzutragen, aus dem sich ergibt, in welche Rechtsform gewechselt werden soll. Hiermit ist gemäß Abs. 2 S. 2 zusätzlich ein **Vorläufigkeitsvermerk** zu verbinden, dass die Eintragung erst mit der Eintragung der Gesellschaft in dem anderen Register wirksam wird, sofern die Eintragungen in den Beteiligten Register nicht am selben Tag erfolgen. Hierdurch wird gewährleistet, dass vor Eintragung der Gesellschaft im neuen Register keine Publizitätswirkung nach § 15 HGB zur Geltung kommt (vgl. insofern als Regelungsvorbild § 198 II 4 UmwG). Dieser Eintragungen werden gemäß § 707 Nr. 3 nach Maßgabe von § 10 HGB bekannt gemacht. Sodann wird das Verfahren nach Abs. 2 S. 3 von Amts wegen an das für die Führung des anderen Registers zuständigen Gerichts **abgegeben.** Sofern im Zuge des Statuswechsels nicht auch eine Sitzverlegung beschlossen wird, bleibt die örtliche Zuständigkeit identisch, und die Abgabe erfolgt mithin zum entsprechenden **Handels- oder Partnerschaftsregister.**

Das hiernach zuständige **aufnehmende Register** (Zielregister) hat nun **13** ohne weitere Anmeldung gemäß § 26 FamFG **von Amts wegen** zu prüfen ob die materiell-rechtlichen **Voraussetzungen** für die Statusänderung im Hinblick auf die gewählte Rechtsform vorliegen. Dies ist eine bewusste Entscheidung des Gesetzgebers, um das Verfahren einfach auszugestalten (Begr.

S. 136; anders § 198 I UmwG: auch Anmeldeantrag beim aufnehmenden Register notwendig) und führt zur Reduzierung von Notargebühren (diesen Aspekt betonen kritisch DIHK Stellungnahme S. 9). Die Eintragung einer **OHG, KG oder Partnerschaftsgesellschaft** kommt auch im Rahmen eines Statuswechsel nur in Betracht, wenn die maßgeblichen rechtlichen Vorgaben eingehalten werden. Dies umfasst auch berufsrechtliche Vorgaben im Rahmen von § 107 I 2 HGB (Schäfer Neues PersGesR/Hermanns § 2 Rn. 23). Insofern gilt nichts anderes als bei der erstmaligen Gründung einer solchen Gesellschaft. Liegen die Voraussetzungen vor, ist **der Statuswechsel einzutragen;** vgl. insoweit auch § 13 III 3 HRV. Hiermit können auch weitere eintragungsfähige Änderungen verbunden werden (Späth-Weinreich BWNotZ 2021, 90 (94)). Maßgeblich sind die entsprechenden Vorgaben gemäß HGB oder PartGG; hieraus folgt auch die Bekanntmachungspflicht aus § 10 HGB. Wenngleich nicht explizit gesetzlich geregelt, hat das Gericht des aufnehmenden Registers von Amts wegen dem Gericht des abgebenden Registers im Rahmen eines Registerrücklaufs die **Eintragung mitzuteilen** (Holzer ZNotP 2020, 239 (244)). Letzteres trägt dann gemäß Abs. 2 S. 4 im bisherigen Gesellschaftsregister den Tag ein, an dem die Gesellschaft in dem anderen Register eingetragen worden ist. Dies bewirkt im Ergebnis die **Löschung der bisherigen Gesellschaft** aus dem Gesellschaftsregister, wenngleich wegen der Identität mit der neu eingetragenen Gesellschaft ohne eigenständige materiell-rechtliche Bedeutung. Lehnt das aufnehmende Register die Eintragung des Statuswechsel rechtskräftig ab oder wird die Anmeldung zurückgenommen, wird der Statuswechselvermerk nach Abs. 2 S. 5 im bisherigen Gesellschaftsregister von Amts wegen gelöscht.

14   Die **Eintragung** des Statuswechsels im Zielregister hat grundsätzlich eine **konstitutive Wirkung,** soweit es um den Formwechsel in eine KG und Partnerschaftsgesellschaft geht. Beim Wechsel in eine OHG hat die Eintragung allerdings nach Maßgabe von § 123 I 2 HGB nur eine **deklaratorische Bedeutung,** wenn der Geschäftsbetrieb der (eingetragenen) GbR zuvor bereits kaufmännisch war oder wurde (Bergmann BB 2020, 994 (995); vgl. zum früheren Recht BGH NJW 1992, 241 (242); OLG München MDR 2016, 168 (169); OLG Hamm NZG 2011, 300 (301); Henssler/Strohn/Steitz HGB § 123 Rn. 5). Im Umkehrschluss zu § 202 I Nr. 1 UmwG kann aus der Existenz von § 707c nicht abgeleitet werden, dass der identitätswahrende Formwechsel außerhalb des UmwG erst mit Registereintragung im Zielregister wirksam würde. Die **Kosten** ergeben sich aus § 105 III Nr. 2 GNotKG (Böhringer/Melchior BNotZ 2022, 361 (371)).

IV. Besonderheiten bei Kommanditisten (Abs. 5)

15   Abs. 5 knüpft an den Statuswechsel einer GbR bzw. Partnerschaftsgesellschaft (vgl. § 1 IV PartGG) in eine Kommanditgesellschaft an und modifiziert die Gesellschafterhaftung. Nach S. 1 ist für die bis zur Eintragung der KG maßgebliche **unbeschränkte Gesellschafterhaftung** nach § 721 für Altverbindlichkeiten der GbR (abw. wohl Begr. S. 138) und nach § 176 I HGB für Verbindlichkeiten aus der Zwischenzeit zwischen materiell-rechtlichem

Statuswechsel und Registereintragung durch entsprechende Anwendung von
§ 728b **auf 5 Jahre nach Registereintragung begrenzt** (Einzelheiten
→ § 728b Rn. 15 ff.). Nach S. 2 gilt dies auch dann, wenn der Kommanditist
in der GbR bzw. KG oder einem ihr als Gesellschafter angehörenden Unternehmen geschäftsführend tätig wird. **Rechtspolitisch** ist diese Haftungsbeschränkung durchaus **zweifelhaft,** weil sich durch den Statuswechsel in eine
GmbH & Co. KG hierüber auch eine Firmenbestattung realisieren lässt. –
Hiervon unberührt bleibt im Übrigen gemäß S. 3 die Kommanditistenhaftung aufgrund §§ 171, 172 HGB, so dass diese maßgeblich ist, soweit für
eine Verbindlichkeit gehaftet werden soll, die erst nach Eintragung der KG
begründet wird.

V. Statuswechsel in eine GbR (Abs. 3 und 4)

Der Statuswechsel einer **OHG oder KG bzw. Partnerschaftsgesell-** 16
schaft in eine GbR ist ebenfalls möglich. Die registerrechtliche Ausgestaltung ergibt sich aus der Perspektive des abgebenden Registers aus der über
§ 105 III HGB, § 106 IV 2 HGB bzw. § 1 IV PartGG angeordneten entsprechenden Anwendung von Abs. 1 und 2. Darüber hinaus regeln die Abs. 3
und 4 die **Eintragung im Zielregister:** Nach **Abs. 3 S. 1** hat das Gesellschaftsregister die Eintragung der GbR nur vorzunehmen, wenn der Statuswechsel im anderen Register angemeldet und der Statuswechselvermerk dort
eingetragen wurde (vgl. hierzu die entsprechende Anwendung von Abs. 2,
→ Rn. 12 f.) und das zuständige Gericht des Handels- bzw. Partnerschaftsregisters das Verfahren abgegeben hat. Darüber hinaus bestimmt **Abs. 3 S. 2,**
dass die Eintragung der GbR auf entsprechende Anmeldung hin auch die
allgemeinen Angaben für GbR gemäß § 707 II enthalten muss (→ § 707
Rn. 11 ff.).

Nach **Abs. 4 S. 1** muss die Eintragung der GbR einen Hinweis auf das 17
bisherige Register, die Firma oder den Namen und die Registernummer,
unter der die Gesellschaft bislang eingetragen ist, enthalten. Hierdurch wird
für den Rechtsverkehr deutlich, dass ein **identitätswahrender Rechtsformwechsel** stattfand, was insbesondere für die fortbestehende Haftung der
Gesellschafter für Altverbindlichkeiten von Bedeutung ist. Nach **Abs. 4 S. 2**
muss das Registergericht dem abgebenden Register von Amts wegen den
Tag der Eintragung der GbR und die **neue Registernummer** mitteilen,
damit dieses in entsprechender Anwendung von Abs. 2 S. 4 den Vorläufigkeitsvermerk streichen und den Vollzug des Statuswechsels im Ausgangsregister eintragen kann (→ Rn. 13). Das gleiche gilt gemäß **Abs. 4 S. 3** für den
Fall der rechtskräftigen **Ablehnung der Eintragung,** damit im Ausgangsregister der Statuswechselvermerk gemäß Abs. 2 S. 4 von Amts wegen gelöscht
werden kann. Praktisch bedeutsam ist eine solche Ablehnung des Statuswechsel in eine GbR vor allem dann, wenn weiterhin ein kaufmännisches Gewerbe
betrieben wird oder die berufsrechtlichen Voraussetzungen einem Zusammenschluss als GbR entgegenstehen (Begr. S. 137).

VI. Kautelarischer Handlungsbedarf infolge des MoPeG

18   Die für die kautelarische Praxis wohl wichtigste Neuerung des MoPeG ist die Einführung des Gesellschaftsregisters für die GbR. Das Gesellschaftsregister beseitigt akut bestehende **Transparenz- und Publizitätsdefizite** der GbR und gestaltet diese zu einem in der Rechtspraxis leicht handhabbaren Rechtssubjekt um (Hermanns DNotZ 2022, 3 (9)). Trotz des erhöhten Aufwands und der aus der Registerpublizität gemäß § 707a III iVm § 15 HGB resultierenden Gefahren für die (nachlässigen) Gesellschafter ist es daher auch bei Altgesellschaften zu überlegen, beständige GbR, insbesondere im unternehmerischen Bereich, zur Eintragung ins Gesellschaftsregister anzumelden (§ 707; → Rn. 9, 30); vgl. im Übrigen auch zur **Voreintragungsobliegenheit** beim Erwerb und Halten bestimmter Vermögensgegenstände → § 713 Rn. 12 ff., 18 ff. Positiv zu werten ist insofern auch der allein bei eingetragenen GbR mögliche **Statuswechsel** in eine Personenhandelsgesellschaft, welcher praktikabel und rechtssicher ist. Insofern ist auf der Grundlage von § 707a IV indessen aber stets auch zu berücksichtigen, dass die einmal herbeigeführte Eintragung einer GbR ins Gesellschaftsregister **nicht mehr rückgängig** gemacht werden kann. Im Zusammenhang mit dem Statuswechsel von besonderer Bedeutung ist die Öffnung der Personenhandelsgesellschaften für die gemeinsame Ausübung **freier Berufe.** Indem durch die Reform die OHG und KG auch für diese Personenkreise zugänglich ist, ist ein Wechsel einer PartG zu einer KG, insbesondere in Form einer GmbH & Co KG, möglich (vgl. → Rn. 15). Dies eröffnet wiederum die Möglichkeit einer – im Vergleich zu § 8 IV PartGG – weitergehenden Haftungsbeschränkung (vgl. zu den Vor- und Nachteilen der beiden Rechtsformen auch Begr. S. 102, 110).

§ 707d Verordnungsermächtigung

(1) ¹**Die Landesregierungen werden ermächtigt, durch Rechtsverordnung nähere Bestimmungen über die elektronische Führung des Gesellschaftsregisters, die elektronische Anmeldung, die elektronische Einreichung von Dokumenten sowie deren Aufbewahrung zu treffen, soweit nicht durch das Bundesministerium der Justiz und für Verbraucherschutz nach § 387 Absatz 2 des Gesetzes über das Verfahren in Familiensachen und in den Angelegenheiten der freiwilligen Gerichtsbarkeit entsprechende Vorschriften erlassen werden. ²Dabei können sie auch Einzelheiten der Datenübermittlung regeln sowie die Form zu übermittelnder elektronischer Dokumente festlegen, um die Eignung für die Bearbeitung durch das Gericht sicherzustellen. ³Die Landesregierungen können die Ermächtigung durch Rechtsverordnung auf die Landesjustizverwaltungen übertragen.**

(2) ¹**Die Landesjustizverwaltungen bestimmen das elektronische Informations- und Kommunikationssystem, über das die Daten aus den Gesellschaftsregistern abrufbar sind, und sind für die Abwicklung des elektronischen Abrufverfahrens zuständig. ²Die Landesregierung**

kann die Zuständigkeit durch Rechtsverordnung abweichend regeln; sie kann diese Ermächtigung durch Rechtsverordnung auf die Landesjustizverwaltung übertragen. [3]Die Länder können ein länderübergreifendes, zentrales elektronisches Informations- und Kommunikationssystem bestimmen. [4]Sie können auch eine Übertragung der Abwicklungsaufgaben auf die zuständige Stelle eines anderen Landes sowie mit dem Betreiber des Unternehmensregisters eine Übertragung der Abwicklungsaufgaben auf das Unternehmensregister vereinbaren.

Übersicht

I. Reform

Der neue § 707d trägt dem Umstand Rechnung, dass das Gesellschaftsregister zwar ein anderes ist als das Handelsregister, es indessen im Wesentlichen gleich ausgestaltet sein soll. Konsequenterweise bestimmt **Abs. 1** ebenso wie der **vergleichbare § 8a II HGB** im Hinblick auf die elektronische Führung des Gesellschaftsregisters eine Ermächtigung zugunsten der Landesregierung, durch Rechtsverordnung nähere Bestimmungen über die elektronische Führung des Registers zutreffen. Die Regelung steht freilich unter dem Vorbehalt der gemäß § 387 II FamFG erlassenen bundesrechtlichen Vorschriften. Für die zu erlassende Gesellschaftsregisterverordnung (GesRV) gibt es bislang bereits einen Referentenentwurf vom 23.6.2022 (vgl. www.bmj.de). – Nach **Abs. 2** haben die Landesjustizverwaltungen ebenso wie nach dem **vergleichbaren § 9 I 2–5 HGB** die Kompetenz zur Schaffung eines elektronischen Informations- und Kommunikationssystems zur automatisierten Abrufbarkeit der Daten aus dem Gesellschaftsregister. **1**

In **zeitlicher Hinsicht** gilt Folgendes: § 707d ist ebenso wie die Neufassung von § 387 II FamFG bereits am **18.8.2021** in Kraft getreten (vgl. Art. 137 S. 2 Nr. 1 und 4 MoPeG). Hierdurch soll gewährleistet werden, dass die Registerverwaltungen sich auf das Inkrafttreten der materiellen Regelungen zum 1.1.2024 frühzeitig einstellen können. Praktisch bedeutsam werden die hiernach zu erlassenden Verordnungen indessen erst ab 1.1.2024 sein, weil zuvor gemäß Art. 137 S. 1 MoPeG ohnehin keine Eintragungen ins Gesellschaftsregister erfolgen können. **2**

II. Elektronische Führung des Gesellschaftsregisters (Abs. 1)

Die bislang nicht explizit ausgeübte **Ermächtigung der Landesregierungen** nach Abs. 1 ist gegenüber der Ermächtigung **nach § 387 II FamFG** **3**

subsidiär. Hiernach ist das Bundesministerium der Justiz und für Verbraucherschutz ermächtigt, durch Rechtsverordnung mit Zustimmung des Bundesrates auch die näheren Bestimmungen über die Einrichtung und Führung neuen Gesellschaftsregisters, die Übermittlung der Daten an das Unternehmensregister und die Aktenführung in Beschwerdeverfahren, die Einsicht in das Register, die Einzelheiten der elektronischen Übermittlung nach § 9 HGB und das Verfahren bei Anmeldungen, Eintragungen und Bekanntmachungen zu treffen. Diese vorrangige Ermächtigung wurde im Bereich des HGB bislang bereits durch Erlass der **Handelsregisterverordnung** ausgeübt, so dass die Länder gemäß § 8a II HGB insoweit nur regelungsbefugt sind, soweit nicht die HRV bereits eine Regelung enthält, bzw. diese ausdrücklich den Ländern eine Abweichungsbefugnis einräumt (BeckOGK/ Beurskens HGB § 8a Rn. 18).

4   Ob und in welchem Umfang die HRV auf die **Führung des Gesellschaftsregisters** Anwendung findet, wurde in dem Gesetzgebungsverfahren nicht thematisiert. Indem § 707b Nr. 2 lediglich auf § 8a I HGB verweist, spricht dies dafür, dass die **HRV insofern nicht gilt.** Konsequenterweise kann von der vorrangigen Ermächtigung nach § 387 II FamFG durch den Bund Gebrauch gemacht werden und eine **Gesellschaftsregisterverordnung** erlassen werden, welche dann gleichermaßen wie die HRV Vorrang hat gegenüber der Ermächtigung der Landesregierung gemäß Abs. 1 (vgl. insofern den Referentenentwurf vom 23.6.2022, www.bmj.de). – Inhaltlich beschränkt sich die hierdurch gewährte Kompetenz zu Gunsten der Länder zudem auf die elektronische Führung des Registers, die elektronische Anmeldung, die elektronische Einreichung von Dokumenten sowie deren Aufbewahrung, einschließlich Einzelheiten der Datenübermittlung sowie der Form zu übermittelnder elektronischer Dokumente, mit dem Ziel, die Eignung für die Bearbeitung durch das Gericht sicherzustellen; anderweitige Regelungen mit Registerbezug dürfen die Länder hingegen nicht treffen (vgl. BeckOGK/Beurskens HGB § 8a Rn. 18). – Bislang haben alle Bundesländer in Bezug auf § 8a II HGB entsprechende Rechtsverordnungen auf der Grundlage einer Musterverordnung für den elektronischen Rechtsverkehr erlassen (Einzelheiten bei BeckOGK/Beurskens HGB § 8a Rn. 26), sodass diese ggf. auch auf die Ermächtigung gemäß Abs. 1 erstreckt werden können.

III. Elektronisches Informations- und Kommunikationssystem (Abs. 2)

5   Abs. 2 begründet ebenso wie der **vergleichbare § 9 I 2–5 HGB** eine Kompetenz der Landesjustizverwaltungen zur Schaffung eines elektronischen Informations- und Kommunikationssystems zur automatisierten Abrufbarkeit der Daten aus dem Gesellschaftsregister. Hierdurch soll es ermöglicht werden, das Gesellschaftsregister in das **gemeinsame Registerportal** der Länder (www.handelsregister.de) einzubinden (Begr. S. 138), welches freilich sehr umständlich ist (vgl. BeckOGK/Beurskens HGB § 9 Rn. 44: Zugang über Unternehmensregister praktikabler).

Anhang zu § 707d

Verordnung über die Einrichtung und Führung des Gesellschaftsregisters (Gesellschaftsregisterverordnung – GesRV)[1]

vom 16.12.2022 (BGBl. 2022 I 2422)

FNA 315-24-1

§ 1 Anwendung der Handelsregisterverordnung

(1) Für die Einrichtung und Führung des Gesellschaftsregisters ist die Handelsregisterverordnung entsprechend anwendbar, soweit in dieser Verordnung nichts anderes bestimmt ist.

(2) Für die entsprechende Anwendung der Handelsregisterverordnung nach Absatz 1 steht die Gesellschaft bürgerlichen Rechts (Gesellschaft) einer offenen Handelsgesellschaft mit den Maßgaben gleich, dass
1. an die Stelle der Firma der offenen Handelsgesellschaft der Name der Gesellschaft tritt und
2. an die Stelle der persönlich haftenden Gesellschafter der offenen Handelsgesellschaft die Gesellschafter der Gesellschaft treten.

§ 2 Einteilung und Gestaltung des Gesellschaftsregisters

(1) Jede Gesellschaft ist unter einer fortlaufenden Nummer (Registerblatt) in das Gesellschaftsregister einzutragen.

(2) Bei der Führung des Registers sind die Muster der Anlagen 1 bis 4 zu verwenden.

§ 3 Anmeldung und Eintragung

(1) [1]In der Anmeldung der Gesellschaft zur Eintragung in das Gesellschaftsregister soll auch der Gegenstand der Gesellschaft angegeben werden, soweit er sich nicht aus deren Namen ergibt. [2]Dies gilt auch für die Anmeldung der Umwandlung oder des Statuswechsels in eine Gesellschaft.

(2) [1]Als Gesellschafter ist eine Gesellschaft nur in das Gesellschaftsregister einzutragen, wenn sie ihrerseits im Gesellschaftsregister eingetragen ist. [2]Dies gilt auch, wenn der Eintritt eines Gesellschafters in eine bestehende Gesellschaft angemeldet wird.

---

[1] Verkündet als Art. 1 VO über die Einrichtung und Führung des Gesellschaftsregisters und zur Änd. der HandelsregisterVO v. 16.12.2022 (BGBl. I S. 2422); Inkrafttreten gem. Art. 3 Abs. 1 dieser VO am 1.1.2024.
Diese VO wurde erlassen auf Grund des § 387 Absatz 2 Satz 1 des G über das Verfahren in Familiensachen und in den Angelegenheiten der freiwilligen Gerichtsbarkeit, der zuletzt durch Artikel 45 Nummer 9 Buchstabe b des G v. 10.8.2021 (BGBl. I S. 3436) geändert worden ist, in Verbindung mit § 1 Absatz 2 des ZuständigkeitsanpassungsG v. 16.8.2002 (BGBl. I S. 3165) und dem Organisationserlass v. 8.12.2021 (BGBl. I S. 5176).

§ 4 Inhalt der Eintragungen in das Gesellschaftsregister
(1) In Spalte 1 des Gesellschaftsregisters ist die laufende Nummer der die Gesellschaft betreffenden Eintragungen einzutragen.

(2) [1]In Spalte 2 des Gesellschaftsregisters sind die folgenden Angaben und die sich jeweils darauf beziehenden Änderungen einzutragen:
1. unter Buchstabe a: der Name der Gesellschaft,
2. unter Buchstabe b:
   a) der Sitz der Gesellschaft,
   b) die Anschrift der Gesellschaft in einem Mitgliedstaat der Europäischen Union und
   c) die Errichtung oder die Aufhebung von Zweigniederlassungen der Gesellschaft unter jeweiliger Angabe des Ortes einschließlich der Postleitzahl, die inländische Geschäftsanschrift der Zweigniederlassung und, falls dem Namen der Gesellschaft für eine Zweigniederlassung ein Zusatz beigefügt ist, die Angabe dieses Zusatzes.

[2]Mit der Eintragung nach Satz 1 Nummer 1 erhält der Name der Gesellschaft den Zusatz „eingetragene Gesellschaft bürgerlichen Rechts" oder „eGbR".

(3) [1]In Spalte 3 des Gesellschaftsregisters sind die folgenden Angaben und die sich jeweils darauf beziehenden Änderungen einzutragen:
1. unter Buchstabe a: die allgemeine Regelung zur Vertretung der Gesellschaft durch die Gesellschafter und die Liquidatoren,
2. unter Buchstabe b:
   a) die Gesellschafter,
   b) die als solche bezeichneten Liquidatoren.

[2]Gesellschafter und Liquidatoren nach Satz 1 Nummer 2 sind jeweils mit Namen, Vornamen, Geburtsdatum und Wohnort einzutragen. [3]Handelt es sich bei einem solchen Gesellschafter oder Liquidator um eine juristische Person oder rechtsfähige Personengesellschaft, so sind deren Firma oder Name, Rechtsform, Sitz und, soweit gesetzlich vorgesehen, Art und Ort des zuständigen Registers und Registernummer einzutragen. [4]Weicht die Vertretungsbefugnis der in Spalte 3 unter Buchstabe b einzutragenden Personen von den in Spalte 3 unter Buchstabe a eingetragenen Angaben ab, so ist die besondere Vertretungsbefugnis bei den jeweiligen Personen zu vermerken.

(4) In Spalte 4 des Gesellschaftsregisters sind die folgenden Angaben und die sich jeweils darauf beziehenden Änderungen einzutragen:
1. unter Buchstabe a: die Rechtsform der Gesellschaft,
2. unter Buchstabe b:
   a) die Auflösung, Fortsetzung und Nichtigkeit der Gesellschaft; das Erlöschen der Gesellschaft sowie Löschungen von Amts wegen;
   b) Statuswechsel;
   c) Eintragungen nach dem Umwandlungsgesetz;
   d) die Eröffnung, Einstellung und Aufhebung des Insolvenzverfahrens sowie die Aufhebung des Eröffnungsbeschlusses; die Bestellung eines vorläufigen Insolvenzverwalters unter den Voraussetzungen des § 707b Nummer 2 des Bürgerlichen Gesetzbuchs in Verbindung mit § 32 Absatz 1 Satz 2 Nummer 2 des Handelsgesetzbuchs sowie die Aufhe-

bung einer derartigen Sicherungsmaßnahme; die Anordnung der Eigenverwaltung durch den Schuldner und deren Aufhebung sowie die Anordnung der Zustimmungsbedürftigkeit bestimmter Rechtsgeschäfte nach § 277 der Insolvenzordnung; die Überwachung der Erfüllung eines Insolvenzplans und die Aufhebung der Überwachung.

(5) In Spalte 5 des Gesellschaftsregisters sind die folgenden Angaben einzutragen:
1. unter Buchstabe a: der Tag der Eintragung,
2. unter Buchstabe b: sonstige Bemerkungen.

(6) Enthält eine Eintragung im Gesellschaftsregister einen in ein öffentliches Register eingetragenen Rechtsträger, so sind im Gesellschaftsregister auch Art und Ort des Registers und die Registernummer dieses Rechtsträgers zu vermerken.

§ 5 Bekanntmachungen
[1]Die Bekanntmachungen erfolgen in dem für das Handelsregister bestimmten Veröffentlichungssystem (§ 10 des Handelsgesetzbuchs). [2]Registerbekanntmachungen im Sinne des § 10 Absatz 3 des Handelsgesetzbuchs sind möglichst nach dem Muster in Anlage 5 abzufassen.

Anlage 1
(zu § 2 Absatz 2 und § 4)

Allgemeines Muster für Eintragungen in das Gesellschaftsregister

Gesellschaftsregister des Amtsgerichts München

Nummer der Gesellschaft: GbR 3142

Nummer der Eintragung	a) Name b) Sitz, Anschrift, Zweigniederlassungen, inländische Geschäftsanschrift der Zweigniederlassung	a) Allgemeine Vertretungsregelung b) Gesellschafter, Vertretungsberechtigte und besondere Vertretungsbefugnis	a) Rechtsform b) Sonstige Rechtsverhältnisse	a) Tag der Eintragung b) Bemerkungen
1	2	3	4	5
1	a) Müller & Schmidt Immobilienverwaltung eingetragene Gesellschaft bürgerlichen Rechts b) München Anschrift: Junkerstr. 7, 80117 München	a) Die Gesellschafter sind nur gemeinschaftlich zur Vertretung der Gesellschaft berechtigt. b) Gesellschafter: Müller, Petra, Starnberg, *18.5.1966; Schmidt, Christian, München, *13.1.1966	a) Gesellschaft bürgerlichen Rechts	a) 14.7.2024 Röcken
2		a) Nach Änderung*): Jeder Gesellschafter ist einzeln zur Vertretung der Gesellschaft berechtigt. b) Eingetreten als Gesellschafter**): Schmidt, Lena, München, *18.8.1990 gemeinsam vertretungsberechtigt mit Petra Müller oder Christian Schmidt		a) 20.8.2024 Schirmer
3	a) Nach Namensänderung:**) Immobilienverwaltung Maxvorstadt eingetragene Gesellschaft bürgerlichen Rechts			a) 3.3.2025 Schmidt

Gesellschaftsregister des Amtsgerichts München   Nummer der Gesellschaft: GbR 3142

Nummer der Eintragung	a) Name b) Sitz, Anschrift, Zweigniederlassungen, inländische Geschäftsanschrift der Zweigniederlassung	a) Allgemeine Vertretungsregelung b) Gesellschafter, Vertretungsberechtigte und besondere Vertretungsbefugnis	a) Rechtsform b) Sonstige Rechtsverhältnisse	a) Tag der Eintragung b) Bemerkungen
1	2	3	4	5
4		a) Die Liquidatoren sind nur gemeinsam zur Vertretung der Gesellschaft berechtigt.*) b) Bestellt als Liquidator:**) Schmidt, Christian, München, *13.1.1966; Bestellt als Liquidator:**) Schmidt, Lena, München, *18.8.1990	b) Die Gesellschaft ist aufgelöst	a) 9.10.2025 Röcken
5			b) Die Gesellschaft ist erloschen.***)	a) 22.12.2026 Röcken

*) Rötungen sind hier weggelassen.
**) Als nicht in den aktuellen Ausdruck aufzunehmen kenntlich gemacht gemäß § 1 der Gesellschaftsregisterverordnung in Verbindung mit § 16a der Handelsregisterverordnung.
***) Die Durchkreuzung oder die auf sonstige Weise erfolgte Kenntlichmachung des Registerblattes als gegenstandslos ist hier weggelassen.

Anmerkung: Die Kopfzeile und die Spaltenüberschriften müssen beim Abruf der Registerdaten auf dem Bildschirm stets sichtbar sein.

Anlage 2
(zu § 2 Absatz 2)

Musterbeispiel für die Eintragung eines Statuswechsels einer Gesellschaft bürgerlichen Rechts in eine Kommanditgesellschaft in das Gesellschaftsregister

Gesellschaftsregister des Amtsgerichts München

Nummer der Gesellschaft: GsR 3142

Nummer der Eintragung	a) Name b) Sitz, Anschrift, Zweigniederlassungen, inländische Geschäftsanschrift der Zweigniederlassung	a) Allgemeine Vertretungsregelung b) Gesellschafter, Vertretungsberechtigte und besondere Vertretungsbefugnis	a) Rechtsform b) Sonstige Rechtsverhältnisse	a) Tag der Eintragung b) Bemerkungen
1	2	3	4	5
...	...	...	...	...
...			b) Die Gesellschaft wird als Kommanditgesellschaft fortgesetzt. Der Statuswechsel wird mit der Eintragung der Gesellschaft im Handelsregister wirksam.*)	a) 10.6.2025 Röcken
...			b) Die Gesellschaft wurde am 22. Juni 2025 unter HRA 10093 in das Handelsregister des Amtsgerichts München eingetragen.	a) 23.6.2025 Schmidt

*) Dieser Vermerk ist dem Statuswechselvermerk gemäß § 707c Absatz 2 Satz 2 des Bürgerlichen Gesetzbuchs nicht beizufügen, wenn die Eintragung der (fortgesetzten) Gesellschaft in das aufnehmende Register am selben Tag erfolgt.

Anlage 3
(zu § 2 Absatz 2)

Musterbeispiel für die Eintragung eines Statuswechsels einer Gesellschaft bürgerlichen Rechts in eine Kommanditgesellschaft in das Handelsregister

Handelsregister des Amtsgerichts München — Abteilung A — Nummer der Firma: HRA 10993

Nummer der Eintragung	a) Firma b) Sitz, Niederlassung, Zweigniederlassungen c) Gegenstand des Unternehmens	a) Allgemeine Vertretungsregelung b) Inhaber, persönlich haftende Gesellschafter, Geschäftsführer, Vorstand, Vertretungsberechtigte und besondere Vertretungsbefugnis	Prokura	a) Rechtsform, Beginn und Satzung b) Sonstige Rechtsverhältnisse c) Kommanditisten, Mitglieder	a) Tag der Eintragung b) Bemerkungen
1	2	3	4	5	6
1	a) Immobilienverwaltung Maxvorstadt GmbH & Co. KG b) München Anschrift: Junkerstr. 8, 80117 München	a) Jeder persönlich haftende Gesellschafter vertritt einzeln. b) Persönlich haftender Gesellschafter: Müller & Schmidt Verwaltungs Gesellschaft mit beschränkter Haftung, München (Amtsgericht München, HRB 17898).	Gesamtprokura mit einem persönlich haftenden Gesellschafter oder einem anderen Prokuristen Schmidt-Martens, Stefan, geb. am …, München	a) Kommanditgesellschaft b) Hervorgegangen aus Statuswechsel der Immobilienverwaltung Maxvorstadt eingetragene Gesellschaft bürgerlichen Rechts, eingetragen im Gesellschaftsregister des Amtsgerichts München unter GsR 3142. c) Kommanditisten: Müller, Petra, Starnberg, *18.5.1966, Haftsumme: 50.000,00 EUR; Schmidt, Christian, München, *13.1.1966, Haftsumme: 50.000,00 EUR; Schmidt, Lena, München, *18.8.1990, Haftsumme: 20.000,00 EUR.	a) 22.6.2025 Hofmann
2	…	…	…	…	…

Anlage 4
(zu § 2 Absatz 2)

Muster der Wiedergabe des aktuellen Registerinhalts

Gesellschaftsregister des Amtsgerichts   Nummer der Gesellschaft: GsR
Wiedergabe des aktuellen Registerinhalts

1. Anzahl der bisherigen Eintragungen
2. a) Name:
   b) Sitz, Anschrift, Zweigniederlassungen:
3. a) Allgemeine Vertretungsregelung:
   b) Gesellschafter, Vertretungsberechtigte und besondere Vertretungsbefugnis:
4. a) Rechtsform:
   b) Sonstige Rechtsverhältnisse:
5. Tag der letzten Eintragung:

Anmerkung: Die beiden Kopfzeilen müssen beim Abruf der Registerdaten auf dem Bildschirm stets sichtbar sein.

Anlage 5
(zu § 5 Absatz 2)

Muster für Registerbekanntmachungen

[Bezeichnung des zuständigen Gerichts],

Aktenzeichen: [Registernummer]

[Anlass der Bekanntmachung]

[ggf. Datum der Eintragung]

[Registernummer], [Name], [Rechtsform], [Sitz],

[Inhalt der Bekanntmachung]

Tag der Registerbekanntmachung: [Datum].

Kapitel 2. **Rechtsverhältnis der Gesellschafter untereinander und der Gesellschafter zur Gesellschaft**

§ 708 Gestaltungsfreiheit

Von den Vorschriften dieses Kapitels kann durch den Gesellschaftsvertrag abgewichen werden, soweit im Gesetz nichts anderes bestimmt ist.

Übersicht

I. Reform

1. Grundlagen, Bewertung

§ 708 regelt in Anlehnung an § 109 HGB aF nunmehr erstmalig auch für **1** die GbR die grundsätzliche **Gestaltungsfreiheit im Innenverhältnis.** Dies war bereits bislang anerkannt, sodass die Neuregelung keine Änderungen hervorbringt. Die gesetzliche Klarstellung ist aus Gründen der Rechtssicherheit gleichwohl zu begrüßen. Die Gestaltungsfreiheit beruht auf der Tradition des BGB, die Rechtsbeziehungen der Gesellschafter untereinander auf der Grundlage der Gleichordnung in **Selbstbestimmung und Selbstverantwortung** zu gestalten (Schäfer Neues PersGesR/Schäfer § 6 Rn. 2). Für OHG und KG regelt das Gleiche nunmehr § 108 HGB. Die Gestaltungsfreiheit bezieht sich sowohl auf die Gründung der GbR als auch auf nachträgliche Änderungen des Gesellschaftsvertrags. Sie gilt auch, soweit nachträgliche Änderungen durch Mehrheitsbeschluss herbeigeführt werden können, wobei dann freilich besondere Minderheitenschutzinstrumente greifen (→ § 714 Rn. 20 ff.). – Die **Grenzen der Gestaltungsfreiheit** ergeben sich auch nach der Reform teilweise aus spezieller Regelung, andernfalls aus allgemeinen Rechtsinstituten und Lehren (→ Rn. 6). Wesentliche Änderungen in Gestalt von Verschärfungen gab es insofern bei der Notgeschäftsführungsbefugnis (→ § 715a Rn. 19), der Gesellschafterklage (→ § 715b Rn. 23) und bei den Informationsrechten und -pflichten (→ § 717 Rn. 25 ff.). Umgekehrt gibt die Reform eine liberalere Tendenz bei der Anerkennung von Abfindungsbeschränkungen zu erkennen (→ § 728 Rn. 53 ff.).

2. Zeitlicher Geltungsbereich

§ 708 tritt gemäß Art. 137 S. 1 MoPeG am **1.1.2024** in Kraft; eine Über- **2** gangsregelung ist nicht vorgesehen. Im Umkehrschluss zu Art. 229 § 61

EGBGB folgt daher, dass sich die hierdurch explizit anerkannte Gestaltungsfreiheit ab dem Zeitpunkt des Inkrafttretens nach neuem Recht richtet,
bereits **verwirklichte Tatbestände** werden indessen nach dem Prinzip **lex
temporis actus** auch darüber hinaus nach altem Recht beurteilt (→ § 705
Rn. 3 ff.). Maßgeblicher Zeitpunkt für die rechtliche Beurteilung ist die Vornahme eines Rechtsgeschäfts, bei konsekutiven Verfahren kommt es auf die
letzte notwendige Willenserklärung an. – Bereits **vor Inkrafttreten der
Reform vereinbarte Regelung** behalten zwar grundsätzlich ihre Gültigkeit
nach Maßgabe des bis dahin geltenden Rechts. Dies ist rechtspolitisch fragwürdig, soweit hiernach gegen nunmehr zwingende Recht verstoßen wird,
vgl. etwa zur Gesellschafterklage § 715b II (→ § 715b Rn. 23) oder zu den
Informationsrechten § 717 I 3 und II 2 (→ § 717 Rn. 25 ff.). Es ist daher
trotz fehlender spezieller gesetzlicher Anordnung wie bei anderen Dauerschuldverhältnissen eine abweichende Beurteilung geboten, wenn das Verbotsgesetz nach seinem Sinn und Zweck die Nichtigkeit der fortlaufenden
Wirkungen des Rechtsgeschäfts erfordert (vgl. MüKoBGB/Armbrüster
§ 134 Rn. 29 ff.). Insofern ist daher im Rahmen einer **teleologischen
Betrachtung der jeweiligen Neuregelung** zu ermitteln, ob die nunmehr
eingeführte Beschränkung der Gestaltungsfreiheit zum Schutz der (Minder-
heits-)Gesellschafter so bedeutsam ist, dass sie sich mit Wirkung ab 1.1.2024
auch auf zuvor getroffene Vereinbarungen beziehen soll. Ist dies, wie wohl
regelmäßig anzunehmen, der Fall, sind gesellschaftsvertragliche Vereinbarungen, die dem neuen Recht entgegenstehen, daher hiernach unwirksam. Die
beklagten Gesellschafter können zur Vermeidung weiterer Nachteile den
Anspruch anerkennen (§ 307 ZPO). – Vgl. zum kautelarischen Handlungsbedarf im Übrigen → Rn. 7 f.).

II. Normzweck, Anwendungsbereich

3   Die Gestaltungsfreiheit im Innenverhältnis ist unmittelbare Ausprägung
der **Privatautonomie** und Vereinigungsfreiheit (Art. 2 I GG, Art. 9 I GG).
Diese beanspruchen als **Abschluss- und Inhaltsfreiheit** auch im Gesellschaftsrecht prinzipielle Geltung und vermögen nur insoweit eingeschränkt
zu werden, als es Drittinteressen oder der Selbstschutz zugunsten der Gesellschafter selbst rechtfertigen. Bei den Personengesellschaften, insbesondere
der GbR, ist der **Primat des Gesellschaftsvertrags** (MüKoHGB/Enzinger
HGB § 109 Rn. 1) wegen des auch nach der Reform prägenden schuldrechtlichen Charakters des Personenzusammenschlusses besonders stark ausgebil-
det. Bei den Körperschaften, insbesondere AG und GmbH, gilt sie freilich
ebenfalls, aber in engeren Grenzen (vgl. § 45 GmbHG, § 23 V AktG). **Grenzen der Gestaltungsfreiheit** ergeben sich vielfach aus expliziten gesetzlichen Regelungen, im Übrigen aus den allgemeinen Schranken der Privatautonomie sowie speziellen gesellschaftsrechtlichen Schutzinstrumenten
(→ Rn. 6).

4   § 708 gilt bei allen **rechtsfähigen und nicht rechtsfähigen GbR** (vgl.
zu Letzteren den Verweis in § 740 II, → § 740 Rn. 1). Für OHG und KG

gilt vorrangig § 108 HGB. Bei der Partnerschaftsgesellschaft gilt die Regelung gemäß § 1 III PartGG ebenfalls (vgl. aber auch § 6 III PartGG).

III. Gestaltungsfreiheit

Die durch § 708 anerkannte Gestaltungsfreiheit bezieht sich vordergründig **5** allein auf das **Innenverhältnis** gemäß §§ 709–718 (vgl. „Dieses Kapitels"). Dies ist indessen ungenau, da auch andere Aspekte der gesellschaftsrechtlichen Grundlagen nach §§ 709 ff., §§ 723 ff. und §§ 735 ff. der prinzipiellen Gestaltungsfreiheit unterliegen, soweit das Innenverhältnis betroffen ist; § 735 II stellt dies etwa ausdrücklich klar (→ § 735 Rn. 12 ff.). Besondere Bedeutung hat insofern auch die sog. Opt in-Regelung, wonach die Gesellschafter das im gesetzlichen Regelfall nur für OHG und KG maßgebliche Beschlussmängelrecht iSv §§ 110 ff. HGB gesellschaftsvertraglich vereinbaren können (→ § 714 Rn. 43 ff.). Die Gestaltungsfreiheit bezieht sich über den Wortlaut von § 708 hinaus prinzipiell auch auf die Rechtsbeziehungen der Gesellschafter zur Gesellschaft (Begr. S. 139; MüKoHGB/Enzinger HGB § 109 Rn. 3). Sie gilt auch für Vereinbarungen, die das **Außenverhältnis** betreffen, wenn und soweit dies speziell anerkannt ist (vgl. etwa Regelungen der Einzel- oder Gesamtvertretung gemäß § 720 I (→ § 720 Rn. 12). Im Kern lässt sich daher über den Wortlaut von § 708 hinaus auch bei der GbR das allgemeine schuldrechtliche Prinzip benennen, wonach gesellschaftsvertragliche Regelungen prinzipiell zulässig sind, wenn und soweit sie nicht gegen spezielle oder allgemeine Schranken der Privatautonomie verstoßen.

IV. Grenzen der Gestaltungsfreiheit

Die Grenzen der Gestaltungsfreiheit sind **teilweise speziell geregelt: 6** § 711a S. 1 (Abspaltungsverbot, → § 711a Rn. 7 ff.); § 715a S. 2 (Notgeschäftsführungsbefugnis, → § 715a Rn. 19); § 715b II (Gesellschafterklage, → § 715b Rn. 23); § 717 I 3, II 2 (Informationsrechte und -pflichten, (→ § 717 Rn. 25 ff.). – Darüber hinaus ergeben sie sich aus **§§ 134, 138** (vgl. zum Gesellschaftsvertrag → § 705 Rn. 32; vgl. zu Abfindungsbeschränkungen → § 728 Rn. 60 ff.; vgl. zur gerichtlichen Geltendmachung von Beschlussmängeln → § 714 Rn. 32 ff.). Unter dem Aspekt der **Kernbereichslehre** gibt es auch nach der Reform weiterhin absolut und relativ unverzichtbare Mitgliedschaftsrechte (zur Entwicklung der Kernbereichslehre Schäfer ZGR 2013, 237 (250 ff.); Altmeppen NJW 2015, 2065). Erstere können selbst mit Zustimmung des betroffenen Gesellschafters nicht ausgeschlossen werden. Beispiele hierfür sind das Recht zur Teilnahme an der gesellschaftsinternen Willensbildung bzw. Gesellschafterversammlung einschließlich Rede und Antragsrecht (vgl. Schäfer Neues PersGesR/Schäfer § 6 Rn. 16). Letztere können demgegenüber durchaus auch gegen den Willen des Betroffenen entzogen werden, regelmäßig aber nur aus wichtigem Grund (→ § 714 Rn. 28). – Für die **AGB-Kontrolle** ist bei Gesellschaftsverträgen indessen gemäß § 310 IV grundsätzlich kein Raum (→ § 705 Rn. 32). –

Weitere Grenzen der Gestaltungsfreiheit bestehen bei **Mehrheitsklauseln,**
welche Unterwerfung des Einzelnen hierunter hinreichend legitimieren müssen (→ § 714 Rn. 20 ff.); zudem gebieten der Gleichbehandlungsgrundsatz
und die Treuepflichtbindung eine besondere Schranke für die konkrete Ausübung der Mehrheitsherrschaft (→ § 714 Rn. 28). Der Reformgesetzgeber
hat es bewusst und durchaus kritikwürdig unterlassen, hierzu spezielle Regelungen zumindest für die GbR zu erlassen (→ § 714 Rn. 20). In vielen
Fällen begründet die **Lehre von der fehlerhaften Gesellschaft** indessen
Bestandsschutz für an sich unwirksame oder nichtige Regelungen (→ § 719
Rn. 21 ff.). – Darüber hinaus können sich auch aus dem Prinzip der **Verbandssouveränität** Schranken der Gestaltungsfreiheit folgen, soweit über
gesellschaftsrechtliche oder schuldvertragliche Abreden gesellschaftsfremde
Dritte in die Organisation der GbR integriert werden sollen (vgl. zur Selbstorganschaft → § 715 Rn. 9 und → § 720 Rn. 9; zu Stimmbindungsverträgen → § 714 Rn. 15).

V. Kautelarischer Handlungsbedarf infolge des MoPeG

7   Die **prinzipielle Gestaltungsfreiheit** für das Innenverhältnis hat sich
im Zuge der Reform nicht verändert. Soweit daher gesellschaftsrechtliche
Regelungen nach altem und neuem Recht zulässig sind, besteht aus Anlass
der Reform kein unmittelbarer Handlungsbedarf. Problematisch ist allein,
wenn die Neuregelung die **Grenzen der Gestaltungsfreiheit** einengt, was
insbesondere für die Gesellschafterklage gemäß § 715b II gilt (→ § 715b
Rn. 23) oder für die Informationsrechte aus § 717 I 3 und II 2 (→ § 717
Rn. 25 ff.). Hier lassen sich entsprechende Gestaltungen ab dem 1.1.2024
nicht mehr so liberal vornehmen, wie bislang. Trotz fehlender Rückwirkung
der Reform verlieren die zuvor vereinbarten Regelungen zudem ab 1.1.2024
ihre Gültigkeit (→ Rn. 2). Zu bedenken ist ferner, dass die Strukturierung
des Gesellschaftsvermögens als Rechtsgemeinschaft oder Gesamthand der
Gesellschafter selbst nicht mehr möglich ist (→ § 713 Rn. 9 ff.; vgl. zur Altgesellschaften → § 705 Rn. 50). Umgekehrt eröffnet der zeitlich hinausge-
schobene Zeitpunkt des Inkrafttretens des MoPeG freilich auch Freiräume,
entsprechende Vereinbarungen auch jetzt noch zu treffen. – Im Übrigen
ist zentral zu berücksichtigen, dass sich ab dem 1.1.2024 die zwingende
organschaftliche Vertretungsmacht der Gesellschafter gemäß § 720 III
auf alle Geschäfte der GbR erstreckt, sodass bisherige abweichende Regelungen im Außenverhältnis ab dann ihre Gültigkeit verlieren (→ § 720 Rn. 4).
Insofern bietet es sich daher an, den Kreis der vertretungsbefugten Gesellschafter nach Maßgabe von § 720 I zu beschränken (→ § 720 Rn. 9 ff.). Im
Innenverhältnis bleiben entsprechende Beschränkungen indessen grundsätzlich auch weiterhin maßgeblich, sodass bei Überschreitung eine Schadensersatzhaftung (→ § 715 Rn. 27 ff.) sowie besondere Freistellungsansprüche
gegenüber den pflichtwidrig Handelnden nach Inanspruchnahme durch
Gesellschaftsgläubiger in Betracht kommen (→ § 721 Rn. 21 ff.).

8   Die **Streichung von § 708 aF** führt zu einer Haftungsverschärfung insbesondere der geschäftsführungsbefugten Gesellschafter ab dem 1.1.2024

(→ § 715 Rn. 28). Soll diese vermieden werden, bedarf es einer entsprechenden Regelung im Gesellschaftsvertrag zur Maßgeblichkeit der bisherigen diligentia quam in suis. Für die Bejahung einer konkludenten Vereinbarung einer solchen Privilegierung ist indessen durchaus auch bei Altgesellschaften Raum (sehr großzügig Schäfer Neues GesR/Schäfer § 6 Rn. 65 unter Hinweis auf § 276 I 1: „Inhalt des Schuldverhältnisses"). – Infolge des nunmehr maßgeblichen **Vorrangs des Ausscheidens** gemäß § 723 ist zu berücksichtigen, dass die Fortgeltung der bisherigen Rechtslage verlangt werden kann (→ § 723 Rn. 38). Hiervon unabhängig bietet es sich allgemein an, bisherige gesellschaftsvertragliche Regelungen zum Ausscheiden und zur Auflösung der GbR kritisch dahingehend zu prüfen, wie diese mit der Neuregelung im Einklang stehen. – Bei kleinen (zweigliedrigen) GbR und Gelegenheitsgesellschaften bietet es sich im Übrigen an, die **rechtliche Ausgestaltung im Innenverhältnis** so zu regeln, dass die Rechtsbeziehungen nicht vermittelt über die rechtsfähige GbR vollzogen werden, sondern unmittelbar im Verhältnis der Gesellschafter untereinander. Diese seit der Reform allein bei der nicht rechtsfähigen GbR maßgebliche Rechtslage ist für diese kleinen Gesellschaften regelmäßig praktikabler, auch nach Auflösung (→ § 735 Rn. 12 ff.).

§ 709 Beiträge; Stimmkraft; Anteil an Gewinn und Verlust

(1) **Der Beitrag eines Gesellschafters kann in jeder Förderung des gemeinsamen Zwecks, auch in der Leistung von Diensten, bestehen.**

(2) **Im Zweifel sind die Gesellschafter zu gleichen Beiträgen verpflichtet.**

(3) **[1]Die Stimmkraft und der Anteil an Gewinn und Verlust richten sich vorrangig nach den vereinbarten Beteiligungsverhältnissen. [2]Sind keine Beteiligungsverhältnisse vereinbart worden, richten sie sich nach dem Verhältnis der vereinbarten Werte der Beiträge. [3]Sind auch Werte der Beiträge nicht vereinbart worden, hat jeder Gesellschafter ohne Rücksicht auf den Wert seines Beitrags die gleiche Stimmkraft und einen gleichen Anteil am Gewinn und Verlust.**

Übersicht

I. Reform

1. Grundlagen, Bewertung

1   Der neugefasste § 709 ersetzt § 706 I und III, § 709 II, und § 722 aF.
Eine beachtliche Änderung liegt darin begründet, dass die Reform nunmehr
explizit anordnet, dass **Vereinbarungen über die Beteiligungsverhältnisse Vorrang** haben und die Partizipation nach Köpfen die subsidiäre Auffangregel ist (→ Rn. 22). Wenngleich dies wegen des dispositiven Charakters
der Vorgängerregelungen bereits allgemein anerkannt war, ist die gesetzgeberische **Klarstellung** rechtspolitisch zu begrüßen (kritisch DIHK Stellungnahme S. 9: Ermittlung nach Köpfen sollte weiterhin gesetzlicher Regelfall
sein). Der Praxis wird hierdurch vor Augen geführt, dass es sinnvoll sein
kann, anstelle der ggf. „ungünstigen" Gleichbehandlung nach Köpfen (so
ausdrücklich Begr. S. 142) sachgerechte und passgenaue Regelungen zu vereinbaren. Dass die zentralen ordnungspolitischen Prinzipien der gesellschaftsrechtlichen Gleichbehandlung, der fehlenden Kapitalbindung bei der GbR
(Beitrag als „jede Förderung" des gemeinsamen Zwecks) und der Dispositionsfreiheit über die konkrete Ausgestaltung der GbR im Innenverhältnis
im Rahmen der gut strukturierten Norm gestärkt werden, ist ebenfalls zu
begrüßen.

2. Zeitlicher Geltungsbereich

2   In **zeitlicher Hinsicht** gilt Folgendes: § 709 tritt gemäß Art. 137 S. 1
MoPeG am **1.1.2024** in Kraft, eine Übergangsregelung ist nicht vorgesehen.
Im Umkehrschluss aus Art. 229 § 61 EGBGB folgt daher, dass die Regelung
auch auf **Altgesellschaften** ab dem Zeitpunkt des Inkrafttretens Anwendung
findet. Im Hinblick auf die **Auslegungsregeln** ist richtigerweise auf den
Zeitpunkt der Vereinbarung abzustellen: Hieraus folgt, dass für gesellschaftsvertragliche Regelungen, die ab dem 1.1.2024 geschlossen wurden
bzw. für einen entsprechenden Mehrheitsbeschluss das neue Recht Anwendung findet, während für die bis dahin vereinbarten Gestaltungen die Auslegung nach Maßgabe von § 706 I und III, § 709 II, und § 722 aF zu erfolgen
hat. Indem die Reform keine bedeutsamen Änderungen gegenüber der frü-

heren Rechtslage mit sich brachte, spielt diese Differenzierung in der Praxis
keine Rolle.

II. Normzweck

Abs. 1 und 2 regeln die **Beitragspflichten** der Gesellschafter als zentrale 3
Ausprägung der für alle Gesellschaften konstitutiven allgemeinen **Zweckförderungspflicht** (teilw. abw. Schäfer Neues PersGesR/Schäfer § 6 Rn. 58:
Beitragspflicht und Zweckförderungspflicht sind Synonym zu behandeln).
Insofern stellt **Abs.** 1 zunächst klar, dass Begründung und Umfang der Beitragspflicht prinzipiell einer entsprechenden **gesellschaftsvertraglichen
Grundlage** bedürfen, es mithin bei der GbR keine gesetzliche Kapitalbindung gibt. Es gibt konsequenterweise auch keinen gesetzlich definierten Beitragsbegriff, vor allem ist dieser nicht zwingend vermögensrechtlich geprägt;
zudem ist es hiernach nicht zwingend, dass jenseits der allgemeinen Zweckförderungspflicht überhaupt die Leistung von Beiträgen versprochen wird
(vgl. zur beitragslosen Mitgliedschaft (→ Rn. 8). Diese Prämissen sind die
Grundlage für das **Primat der Auslegung,** welches in **Abs.** 2 durch widerlegliche Vermutungsregeln sachgerecht konkretisiert wird. Insofern ist vor
allem der **Gleichbehandlungsgrundsatz** bedeutsam, wonach mangels
abweichender Regelungen (unter ggf. antizipierter Zustimmung des Betroffe-
fenen) bei Unklarheiten eine gleichmäßige Heranziehung der Gesellschafter
erfolgt. – **Abs.** 3 begründet ein über die Beitragspflichten hinausgehendes
Stufenmodell im Hinblick auf die **gesellschaftsinternen Beteiligungsverhältnisse,** was insbesondere für die Gewinnbeteiligung und die Beschlussfassung bei Vereinbarung des Mehrheitsprinzips Bedeutung hat. Bezüglich Letzterem erfolgt eine begrüßenswerte Klarstellung gegenüber dem früher auch
für die GbR maßgeblichen § 119 II HGB, wonach allein geregelt wurde,
dass die Mehrheit im Zweifel **nach Köpfen** berechnet wird (Schäfer Neues
PersGesR/Grunewald § 5 Rn. 5). Die Neuregelung macht nämlich demgegenüber deutlich, dass dies nur der **subsidiäre Ausnahmefall** ist, wenn
(konkludente) Abweichungen nicht vereinbart wurden, was die Praxis deutlicher als bislang zur Einführung passgenauer Regelungen anhalten soll (insofern kritisch wegen des hiermit verbundenen Aufwands DIHK Stellungnahme S. 9).

III. Anwendungsbereich

§ 709 gilt **bei allen GbR,** mithin unabhängig von der Rechtsfähigkeit 4
(vgl. bei der nicht rechtsfähigen Gesellschaft den ausdrücklichen Verweis in
§ 740 II, → § 740 Rn. 12). Die dogmatische Konstruktion der Beitragspflicht iSv Abs. 1 ist freilich grundlegend unterschiedlich: Bei der rechtsfähigen GbR sind die Beiträge im gesetzlichen Regelfall an die rechtsfähige GbR
zu leisten und können auch von dieser eingeklagt werden (→ Rn. 17). Bei
der nicht rechtsfähigen GbR sind die Gesellschafter gemeinschaftlich Gläubiger der Beitragspflichten und müssen diese ggf. persönlich in Streitgenossen-

schaft einklagen. Beiträge in Gestalt von Zuwendungen an ein Gesellschaftsvermögen scheiden bei der nicht rechtsfähigen GbR zudem zwingend aus, da diese gemäß § 740 I über ein solches definitionsgemäß nicht verfügt (vgl. zur Abgrenzung von rechtsfähiger und nicht rechtsfähiger GbR gemäß § 705 II (→ § 705 Rn. 44 ff.). Die dispositiven Regeln über die gesellschaftsrechtliche Gleichbehandlung und die Gewinnbeteiligung nach Abs. 2 und 3 gelten indessen einschränkungslos auch bei nicht rechtsfähigen GbR (vgl. früher bereits RGZ 147, 112 (113); BGH WM 1967, 346 (347); NJW-RR 1990, 736; NJW 1999, 2962 (2964)). Bei der **stillen Beteiligung** gemäß §§ 230 ff. HGB gilt insofern freilich vorrangig § 231 I HGB (vgl. zum hiernach maßgeblichen „angemessenen Anteil" des Stillen am Gewinn und Verlust Henssler/Strohn/Servatius HGB § 230 Rn. 2 ff.). Die subsidiäre Auffangregel für die Beteiligung nach Köpfen gemäß Abs. 3 S. 3 (→ Rn. 26) gelangt hier somit nicht zur Anwendung (MüKoBGB/Schäfer § 722 Rn. 4). – Bei der **OHG und KG** gelten gemäß § 105 II HGB, § 161 II HGB die Regelungen von § 709 grundsätzlich gleichermaßen (Begr. S. 140; vgl. insofern auch den Verweis auf Abs. 3 in § 120 I HGB; zu praktischen Problemen des Kontenmodells Kilincsoy FR 2021, 248 (249)). Bei der **Partnerschaftsgesellschaft** gilt § 709 wegen des Verweises in § 1 IV PartGG einschränkungslos (Begr. S. 140).

IV. Beitragspflicht (Abs. 1)

1. Grundlagen

5   Es ist konstitutives Merkmal einer Gesellschaft, dass sich ihre Gesellschafter gegenseitig zur Zweckförderung verpflichten. Hieran hält § 705 fest (→ § 705 Rn. 8). Die konkrete Ausgestaltung dieser **Zweckförderungspflicht** im Hinblick auf Art und Umfang obliegt indessen der gesellschaftsvertraglichen Gestaltungsfreiheit, was § 708 nunmehr ausdrücklich klarstellt (→ § 708 Rn. 1). Auf dieser Grundlage sieht **Abs. 1** vor, dass der **Beitrag** eines Gesellschafters **als Konkretisierung** der Zweckförderungspflicht in jeder Förderung des gemeinsamen Zwecks bestehen kann, auch in der Leistung von Diensten (Schäfer Neues PersGesR/Schäfer § 6 Rn. 58). Die Regelung stellt damit zum einen klar, dass es keine gesetzliche Beitragspflicht gibt, mithin auch keine gesetzlich abgesicherte Kapitalaufbringung (vgl. Begr. S. 141). Sie ist damit zum anderen auch nur deklaratorisch, da es stets auf die konkrete vertragliche Vereinbarung ankommt, was als Beitrag geschuldet ist (zu überhöhend daher Begr. S. 140: Einführung einer Legaldefinition für den Beitragsbegriff). Dieser ist **an die rechtsfähige GbR** zu leisten, was ggf. deren Gesellschaftsvermögen bildet; im Hinblick auf die Art der Erbringung von Beiträgen stehen verschiedene Gestaltungsmöglichkeiten bereit (→ Rn. 13 f.). Bei **nicht rechtsfähiger GbR** kommen Beitragspflichten trotz des fehlenden Verweises in § 740 II auf § 706 ebenfalls in Betracht, konsequenterweise aber allein im Verhältnis zu den Mitgesellschaftern (→ Rn. 4, 17).

Die Bedeutung des **Beitrags im Rechtssinne** liegt darin begründet, dass 6
andere Regelung hierauf Bezug nehmen: Nach Abs. 2 gilt für die Einforderung von Beiträgen das Gleichbehandlungsgebot (→ Rn. 19 f.). Die Leistung
der Beiträge begründet regelmäßig (nicht zwingend) das Gesellschaftsvermögen der rechtsfähigen GbR isv § 713 (→ § 713 Rn. 9 ff.); die Leistung kann
im Innenverhältnis „Einlagen" begründen, wenngleich der Gesetzgeber insoweit auf eine weitere gesetzliche Konkretisierung des Begriffs „Einlage"
bewusst und überzeugend verzichtet hat (vgl. Begr. S. 140). Über die vertraglich vereinbarten Beiträge hinaus hat der Gesellschafter gemäß § 710 jenseits
von § 728a und § 737 nichts zu leisten (Belastungsverbot, vgl. → § 710
Rn. 7); vgl. für die stille Beteiligung auch § 236 II HGB. – Abs. 3 verweist in
Bezug auf die **Beteiligungsverhältnisse** unter anderem auf die vereinbarten
Werte der Beiträge (→ Rn. 23). Nach § 736d IV 1 sind im Rahmen der
Liquidation die geleisteten Beiträge **zurückzuerstatten** (→ Rn. 16); dies
gilt richtigerweise auch bei der Abfindung nach Ausscheiden gemäß § 728
(→ § 728 Rn. 25 ff.). Es bedarf daher aus dieser Perspektive einer genauen
rechtlichen Qualifizierung der Gesellschafterpflichten nach Maßgabe von
§§ 133, 157. Dies gilt auch für die **Abgrenzung gegenüber Drittgeschäften,** die ein Gesellschafter nicht als Ausprägung seiner mitgliedschaftlichen
Verbundenheit, mithin causa societatis, mit der GbR eingeht (→ Rn. 27 f.).

Der Beitrag isv § 706 unterscheidet sich im Übrigen vom **Einlagenbe-** 7
griff gemäß § 171 HGB, welcher zwingend eine vermögensmäßige Prägung
hat, um hierüber den Umfang der Kommanditistenhaftung abzubilden (Schäfer Neues PersGesR/Schäfer § 6 Rn. 59). Im **Außenverhältnis** spielen die
Beiträge jenseits dieser Thematik aber keine eigenständige Rolle, weil Dritte
über die Haftung nach § 721 unmittelbar auf die Gesellschafter zugreifen
können (→ § 721 Rn. 7 ff.). Bei der GbR gibt es konsequenterweise **keine
gesetzliche Kapitalbindung.** Die Gesellschafter sind vielmehr frei, die allgemeine Zweckförderungspflicht zu konkretisieren und die hierauf zu leistenden „Beiträge" und „Einlagen" zu bewerten (BGH NJW 1955, 1025; WM
1975, 196). Auf eine weitere gesetzliche Konkretisierung des Begriffs „Einlage" hat der Gesetzgeber daher auch insofern überzeugend verzichtet (vgl.
Begr. S. 140).

2. Gegenstand von Beiträgen

Die Beitragspflicht kann wie im früheren Recht ein **Tun, Dulden und** 8
Unterlassen betreffen (vgl. auch Schäfer Neues PersGesR/Schäfer § 6
Rn. 60: Tauglicher Inhalt von Beitragspflichten bleibt unangetastet). Jenseits
von §§ 134, 138 (→ § 705 Rn. 32) bestehen keine Grenzen der **Gestaltungsfreiheit.** Es ist auch nicht erforderlich, dass jeder Gesellschafter am
Ergebnis der Geschäftstätigkeit (Gewinn und Verlust, Gesellschaftsvermögen)
beteiligt ist; eine sog. **„Null-Beteiligung"** ist damit ebenso zulässig (sog.
Einbuchung, vgl. FG Niedersachsen GmbHR 2009, 1338), wie die Begründung einer **societas leonina,** bei der dies allein für einzelne Gesellschafter
gilt (hM, vgl. RGZ 80, 271; BGH NJW 1987, 3124; OLG Frankfurt NZG
2013, 338: Die gesellschaftsrechtlich zulässige Gestaltung, wonach ein Gesell-

schafter alles (den Löwenanteil) erlangt, die übrigen hingegen nichts, ist **keine Schenkung,** soweit mit der Einräumung einer derartigen Vorzugsstellung nicht etwas aus dem Vermögen des Gesellschafters geleistet wird. Derartige Gestaltungen können allerdings die Grenze der **Sittenwidrigkeit** gemäß § 138 überschreiten, wenn die grobe Ungleichbehandlung der Gesellschafter unter Ausnutzung der wirtschaftlichen Vormachtstellung des einen oder des Vertrauens und der Unerfahrenheit des anderen Teils herbeigeführt wird (BGH WM 2013, 1556 Rn. 25).

9   Der Beitrag **muss nicht vermögenswerter Art** sein; er kann daher auch ideeller Natur sein, was dann freilich im Regelfall gemäß Abs. 3 keine oder nur eine beschränkte vermögensmäßige Bedeutung hat. **Beispiele für Beiträge** sind neben Geldleistungen: Einbringung eines Grundstücks (OLG München NZG 2000, 1124); Werkleistungen (BGH DB 1980, 731; vgl. für Architekten OLG Stuttgart BeckRS 2016, 07929); Dienstleistungen (zur Geschäftsführung als gesellschaftsvertragliche Beitragspflicht BAG NJW 1979, 999; RGZ 142, 17; vgl. zur Vergütung (→ Rn. 15); zur Pflicht, ein Produkt zu vertreiben, BGH NJW 1983, 1188); Hergabe seines guten Namens (RGZ 37, 61); Kundenstamm (KG NZG 1999, 489); Know-how (BGH DB 1980, 731); Umwandlung einer schuldrechtlichen Forderung (BGH WM 1963, 1230; OLG Hamburg NZG 1999, 66); Übertragung von Erfindungen (BGH NJW 1959, 541). – Vom Beitrag im Rechtssinne **abzugrenzen** sind die **Nachschüsse** iSv § 710 als nachträgliche Erhöhung der Beiträge, die – bei entsprechender Vereinbarung – bereits vor der Auflösung eingefordert werden können (→ § 710 Rn. 10 ff.), sowie die gesetzliche **Verlusttragungspflicht** bei Ausscheiden gemäß § 728a (→ § 728 Rn. 12 ff.) oder nach Abschluss der Liquidation gemäß § 737 (→ § 737 Rn. 12 ff.). Eine im Ausgangspunkt gänzlich andere rechtliche Beurteilung erfahren auch die **Drittgeschäfte** eines Gesellschafters mit seiner GbR (→ Rn. 27).

3. Begründung der Beitragspflicht

10   Beitragspflichten müssen anders als die Fehlbetragshaftung gemäß §§ 735, 739 im Gesellschaftsvertrag begründet werden (ausdrücklich Begr. S. 141). Dies obliegt als **Grundlagengeschäft** der Gesellschaftergesamtheit, an der naturgemäß auch der konkrete Verpflichtete zu beteiligen ist (vgl. zu Modifizierungen mittels Mehrheitsklausel im Kontext von Nachschüssen → § 710 Rn. 12). Dies gilt auch für die **spätere Einforderung** eines wirksam vereinbarten Beitrags, wenn nicht, wie im gesetzlichen Regelfall, nach § 271 sofort Fälligkeit eintreten soll. – Der Gesellschaftsvertrag kann die **Konkretisierung** der Beitragspflichten auch zunächst offenlassen (BGH WM 1976, 1053). Die nachträgliche Konkretisierung fällt jedoch nur dann nicht unter das Belastungsverbot aus § 710, wenn die Grenzen der Beitragspflicht objektiv bestimmbar sind und hierin künftigen Entwicklungsmöglichkeiten ausreichend Rechnung getragen wurde (BGH NJW-RR 2006, 827; 2008, 419). Sind diese Anforderungen erfüllt, sind im Zweifel die geschäftsführungsbefugten Gesellschafter zur Festlegung der konkreten Leistung befugt (BGH NJW-RR 2005, 1347).

a) Form. Die Begründung einer Beitragspflicht ist **formfrei** möglich, **11** soweit nicht aus anderen Regelungen Abweichendes folgt. Ein **gesetzlicher Formzwang** kann sich jedoch aufgrund anderer Regelungen ergeben: § 311b I gilt bei der Einbringung von Grundstücken durch Gesellschafter (BGH WM 1977, 783, vgl. auch BGH NJW 1996, 1279), beim Vorkaufsrecht der Gesellschaft (RGZ 110, 327 (333)), bei der Verpflichtung des Gesellschafters zum Rückerwerb (BGH NJW 1978, 2505), bei der im Gesellschaftsvertrag niedergelegten Verpflichtung zum Erwerb eines bestimmten Grundstücks von Dritten und zur anschließenden Veräußerung (BGH NJW-RR 1991, 613 (614); OLG Köln NZG 2000, 930); nicht aber, wenn der Gesellschaftsvertrag lediglich das „Verwalten und Verwerten" eines Grundstücks vorsieht (BGH NJW-RR 2001, 1450). Auch die Übertragung eines Gesellschaftsanteils an einer Grundstückspersonengesellschaft ist formlos möglich, sofern es sich nicht um einen Umgehungstatbestand handelt (BGH NJW-RR 2008, 773; Wertenbruch NZG 2008, 454). – **§ 15 IV GmbHG** ist bei der Verpflichtung zur Einbringung von GmbH-Anteilen entsprechend zu wahren, nicht aber beim Beitritt zur Gesellschaft, die GmbH-Anteile bereits hält (LG Stuttgart BeckRS 2014, 02157). § 311b III gilt bei der Verpflichtung zur Einbringung des gegenwärtigen Vermögens oder eines Bruchteils davon, **§ 518** bei der schenkweisen Einräumung einer Gesellschafterstellung (vgl. BGH NJW 1953, 138; 1981, 1956; zur Verneinung der Unentgeltlichkeit wegen möglicher Haftungsfolgen des Beschenkten aber BGH NJW 1990, 2616 (2617); Einzelheiten bei Werner ZEV 2013, 66). Bei einer Vorgründungsgesellschaft gilt bereits **§ 2 I GmbHG** entsprechend, wenn sich die Gesellschafter zur Gründung der GmbH verpflichten (OLG Schleswig ZIP 2014, 1525 Rn. 43).

Besteht ein derartiger Formzwang, soll dies nach hM für den **gesamten 12 Gesellschaftsvertrag** gelten (vgl. MüKoBGB/Schäfer § 705 Rn. 34). Dies überzeugt nicht, weil der Schutzzweck dieser Formvorschriften sich nicht zwingend auf alle Angelegenheiten des Gesellschaftsvertrages bezieht. Insofern ist eine differenzierte Lösung in enger Anbindung an die jeweilige Schutzrichtung der Norm vorzugswürdig, sodass nur in Ausnahmefällen der Gesamtvertrag formbedürftig ist. Hiermit deckt sich auch die allgemein anerkannte Beschränkung der **Rechtsfolgen eines Formmangels** auf die betreffende vertragliche Regelung, zB die Beitragspflicht eines Gesellschafters (BGH NJW 1966, 1747; dagegen MüKoBGB/Schäfer § 705 Rn. 35; nunmehr ähnlich BGH NJW 2005, 1784). – Zu bedenken ist auch, dass die Nichtbeachtung der Formbedürftigkeit regelmäßig **heilbar** ist (§ 311b Abs. 1 S. 2, § 15 Abs. 4 S. 2 GmbHG, § 518 Abs. 2). Der schenkungsrechtliche Formmangel wird gem. § 518 Abs. 2 bereits geheilt, wenn dem Stillen die Gesellschafterstellung schuldrechtlich eingeräumt wird (Blaurock NZG 2012, 521 in konsequenter Fortentwicklung der zur Unterbeteiligung ergangenen Entscheidung BGH NZG 2012, 222; abw. noch BGH NJW 1952, 1412). Vgl. zur fehlerhaften Gesellschaft → § 719 Rn. 21 ff.

b) Arten der Einbringung. Im Hinblick auf die Art der **Einbringung 13 von Gegenständen** (Sachen, Forderungen, Rechte) besteht Gestaltungsfrei-

heit. Sie können der Gesellschaft dauerhaft zu Eigentum bzw. Rechtsinhaberschaft übertragen werden **(quoad dominium)** oder bloß zur Nutzungsüberlassung **(quoad usum).** Beides ist möglich (Begr. S. 141) und im
Gesellschaftsvertrag festzulegen (vgl. OLG Jena NJOZ 2006, 318). Die
Bezeichnung von Leistungen gegenüber dem Finanzamt hat für die notwendige Auslegung des Gewollten nur indizielle Bedeutung (vgl. OLG Celle
NZG 2007, 542). – § 706 II aF stellte bei vertretbaren oder verbrauchbaren
Sachen (§§ 91, 92) die **Vermutung** für die Einbringung zu Eigentum auf;
dies galt hiernach ebenso bei anderen Sachen, wenn sie nach einer Schätzung
beizutragen sind (vgl. RGZ 142, 17) und der Gesellschafter nicht darlegen
und beweisen kann, dass diese nur zur Gewinnermittlung erfolgt ist (RGZ
109, 380 (381)). Dies galt entsprechend bei anderen Gegenständen des
Umlaufvermögens (MüKoBGB/Schäfer § 706 Rn. 9). Diese Vermutungen
wurden im Rahmen der Reform ersatzlos **gestrichen,** weil sie nach Ansicht
des Gesetzgebers keineswegs selbstverständlich und sachgerecht seien und
sich auf die praktische Bedeutung in Grenzen hielt (vgl. Begr. S. 141). Insofern gelten nunmehr die **allgemeinen Auslegungsregeln** nach Maßgabe
von §§ 133, 157. Dies hat freilich zum Nachteil, dass in den Fällen des
beweisrechtlichen Non-liquet über den Inhalt des Gewollten überhaupt keine
Pflicht begründet wurde, was als bedeutsamer Teil der gesellschaftsrechtlichen
Bindung die Mitgliedschaft des betreffenden Gesellschafters insgesamt infizieren kann (vgl. zur fehlerhaften Gesellschaft → § 719 Rn. 21 ff.). – Als dritte
Möglichkeit gibt es noch die bloß wertmäßige Einbringung von Gegenständen **(quoad sortem).** Sie entfaltet rein schuldrechtliche Beziehungen im
Innenverhältnis und lässt die dingliche Rechtsstellung des Gesellschafters und
seine Verfügungsbefugnis im Außenverhältnis unberührt (vgl. BGH WM
1965, 746; DStR 2009, 2015; Berninger DStR 2010, 874).

14   Bedeutsam ist die Differenzierung der verschiedenen Einbringungsarten
vor allem im Hinblick auf den **Vollzug der Einbringung** als Erfüllung der
Beitragspflicht (Überlassung von Besitz oder Übertragung des Eigentums
bzw. der Rechtsinhaberschaft; vgl. zur Geltendmachung → Rn. 17) sowie
für die rechtliche Behandlung von **Leistungsstörungen.** Wird die Beitragspflicht nicht oder schlecht erfüllt, stehen der Gesellschaft hieraus Rechte zu,
die in Anlehnung an das auf Austauschverträge zugeschnittene Schuldrecht
gesellschaftsrechtlich zu modifizieren sind. Der **Verschuldensmaßstab** folgt
infolge der Streichung von § 708 aF nunmehr im dispositiven gesetzlichen
Regelfall aus § 276 II, was eine Haftungsverschärfung nach sich zieht (vgl.
zum früheren Recht Meyer ZfIR 2013, 680 (684); OLG Stuttgart BeckRS
2016, 07929 Rn. 46). Die Verzugsregelungen gelten uneingeschränkt; § 323
ist jedoch mangels Synallagmas nicht anwendbar (hM, vgl. Wertenbruch
NZG 2001, 306). Bei **Unmöglichkeit** haftet der Gesellschafter gem. § 311a,
§§ 275 ff.; § 326 gilt nach hM ebenfalls nicht (MüKoBGB/Schäfer § 706
Rn. 25). Im Fall der Schlechterfüllung gelten die der Beitragsleistung entsprechenden Vorschriften des besonderen Leistungsstörungsrechts entsprechend
(Einzelheiten bei BeckOK BGB/Schöne § 706 Rn. 17 f.; zur Dienstleistung
BGH NJW 1983, 1188; Servatius Jura 2005, 838; zu Werkleistungen OLG
Stuttgart BeckRS 2016, 07929 Rn. 36; Meyer ZfIR 2013, 680).

c) Bewertung. Da es bei der GbR keine gesetzlich geregelte Kapitalauf- 15
bringung gibt, besteht im Hinblick auf die Bewertung der versprochenen
bzw. geleisteten Beiträge **freies Ermessen** (vgl. BGH NJW 1952, 1412;
1955, 1025; WM 1975, 196). Maßgeblich sind hiernach die entsprechenden
gesellschaftsvertraglichen Regelungen, was Abs. 3 S. 2 ausdrücklich klarstellt
(„vereinbarte Werte der Beiträge"); hiernach können die Gesellschafter im
Hinblick auf die internen Beteiligungsverhältnisse die Höhe des Wertes der
entsprechenden Einlagen verbindlich definieren ($\rightarrow$ Rn. 25). Vgl. zu Besonderheiten in der Liquidation und nach Auflösung $\rightarrow$ Rn. 16. – Im Hinblick
auf die Bewertung von Beiträgen in Gestalt von **Dienstleistungen oder
Nutzungsüberlassungen** begründet § 736d V 3 eine widerlegliche Vermutung, dass diese nicht zurückerstattet werden ($\rightarrow$ § 736d Rn. 45 ff.). Hieraus
folgt allgemein, dass auch eine **Geschäftsführervergütung** nur dann zu
gewähren ist, wenn dies besonders vereinbart wurde ($\rightarrow$ § 715 Rn. 26).

d) Besonderheiten in der Liquidation und nach Ausscheiden. Die 16
Differenzierung nach der **Art der Einbringung** hat auch Auswirkungen auf
die Rechtsfolgen bei Ausscheiden eines Gesellschafters sowie in der Liquidation. § 736d V begründet wie der weitgehend identische § 733 II aF einen
Anspruch der Gesellschafter auf **Rückerstattung der geleisteten Beiträge,**
soweit hierfür nach Berichtigung der Verbindlichkeiten noch entsprechendes
Gesellschaftsvermögen vorhanden ist. Die Regelung bezieht sich aufgrund
des Wortlauts auf sämtliche Beiträge iSv § 709 II, mithin auch auf die gesellschaftsrechtlichen Einlagepflichten und sieht eine differenzierte rechtliche
Behandlung vor ($\rightarrow$ § 736d Rn. 45 ff.). Im Rahmen der Abfindung gemäß
§ 728 gilt dies trotz Fehlens einer konkreten Regelung hierzu richtigerweise
gleichermaßen ($\rightarrow$ § 728 Rn. 25 ff.).

4. Geltendmachung

Die Beitragspflicht begründet eine **Sozialverbindlichkeit** gegenüber der 17
rechtsfähigen GbR, ansonsten gegenüber den Mitgesellschaftern ($\rightarrow$ § 740
Rn. 1). Die Geltendmachung für die rechtsfähige GbR nach Maßgabe des
Gleichbehandlungsgebots gemäß Abs. 2 ($\rightarrow$ Rn. 19 f.) obliegt grundsätzlich
den organschaftlichen Vertretern; möglich ist auch die **Gesellschafterklage**
gemäß § 715b ($\rightarrow$ § 715b Rn. 9 ff.). Der Gerichtstand folgt auch aus § 22
ZPO. – Die **Beweislast** für die Vereinbarung einer entsprechenden Beitrags-
pflicht trägt die Gesellschaft, die der Erfüllung der Gesellschafter (vgl. zur
Streichung der Vermutung des § 706 III aF $\rightarrow$ Rn. 13; zu Leistungsstörungen
$\rightarrow$ Rn. 14). – Die Beitragspflicht **verjährt** gem. §§ 195, 199 in drei Jahren
(BGH DStR 2010, 1489); Fristbeginn ist nach § 199 I die Fälligkeit gemäß
Gesellschaftsvertrag bzw. Einforderung (zum Nachschuss KG NZG 2009,
24 (25)). Eine Vorverlagerung analog § 162 Abs. 1 wegen missbräuchlichen
Hinausschiebens der Fälligkeit kommt nicht in Betracht (offenlassend KG
NZG 2009, 24 (25)). § 739 ist für die Beitragspflicht als Sozialverbindlichkeit
nicht anwendbar ($\rightarrow$ § 739 Rn. 7; abw. zu § 160 HGB aF OLG Koblenz
NZG 2009, 1426). Die Verjährung kann gem. § 212 Abs. 1 Nr. 1 unterbro-

chen werden, wenn der betreffende Gesellschafter an der Feststellung des Jahresabschlusses mitwirkt (BGH DStR 2010, 1489).

18   Bei **Treuhandverhältnissen** ist der Hintermann bzw. Anleger mangels Vereinbarung mit den Gesellschaftern bzw. der GbR nicht zur Beitragsleistung verpflichtet. Im Einzelfall kann sich jedoch im Wege der Auslegung ergeben, dass der Hintermann selbst Gesellschafter ist (vgl. für den „Grundbuchtreuhänder" BGH NZG 2011, 1023 Rn. 34 ff.). – Im Regelfall schuldet daher allein der Treuhänder den Beitrag. Zu dessen Vermögen gehören aber auch vertragliche oder gesetzliche **Freistellungsansprüche** gegen den Treugeber (vgl. §§ 675, 670, 257), welche sich die GbR abtreten lassen kann (vgl. hierzu im Rahmen der Haftung BGH NJW 2011, 2351). Das Gleichbehandlungsgebot gemäß Abs. 2 (→ Rn. 19); wirkt insoweit aber auch zu Gunsten der Treugeber, um eine Schlechterstellung gegenüber der unmittelbaren Beteiligung zu vermeiden. Die Freistellungsansprüche verjähren analog §§ 195, 199 (BGH NJW 2018, 1873; BeckRS 2019, 6119). – Ein **Nießbraucher** ist richtigerweise ebenfalls nicht zur Beitragsleistung verpflichtet.

V. Gleichbehandlung (Abs. 2)

19   Abs. 2 begründet ebenso wie § 706 I aF eine zentrale Ausprägung des **allgemeinen Gleichbehandlungsgrundsatzes** (vgl. insoweit auch Abs. 3 S. 3, → Rn. 26). Dieser beansprucht indessen nur dann Geltung, wenn eine gesellschaftsbezogene Handlung gegen den Willen eines Gesellschafters erfolgen soll, sei es bei der Begründung von Pflichten, der Geltendmachung von Ansprüchen oder bei sonstigen Maßnahmen gegen ihn (zB Ausschluss, Entziehung von Befugnissen). Am Gleichbehandlungsgrundsatz ist auch zu messen, wenn einzelnen Gesellschaftern ein gesellschaftsbezogener Vorteil eingeräumt werden soll (Gewinn, Entnahme, Vorteile bei der Auseinandersetzung). Der Gleichbehandlungsgrundsatz ist so vor allem eine **Beschränkung der Mehrheitsherrschaft,** sofern diese für Grundlagenentscheidungen oder Geschäftsführungsmaßnahmen vereinbart wurde (zum Ganzen → § 714 Rn. 20 ff.). – Hieraus folgt für die Konkretisierung von Abs. 2, dass die Gesellschafter im Hinblick auf die **Leistung von Beiträgen** im Zweifel, mithin mangels abweichender Vorgaben im Gesellschaftsvertrag, gleich zu behandeln sind. Praktisch bedeutsam ist die Regelung allein in den Fällen, in denen eine Beitragspflicht zwar (unstreitig) vereinbart wurde, Inhalt und Umfang indessen nach Maßgabe der Auslegung gemäß §§ 133, 157 undeutlich blieben (Schäfer Neues PersGesR/Schäfer § 6 Rn. 60). Dies gilt auch für die **Einforderung von Nachschüssen** (→ § 710 Rn. 17). Für die Begründung der Beitragspflicht kommt es indessen wegen des Erfordernisses der (ggf. antizipierten) Zustimmung der Einzelnen hierauf nicht an. Hat der Gesellschafter an der Vereinbarung unterschiedlicher Beitragspflichten mitgewirkt, beansprucht der Gleichbehandlungsgrundsatz keine Geltung („im Zweifel", vgl. früher bereits RGZ 80, 271; 86, 271).

20   **Bezugspunkt** der Gleichbehandlung ist die Gesellschafterstellung nach Maßgabe von Abs. 3, sodass es (wie früher bereits, vgl. RGZ 151, 321 (329)). auch insofern vorrangig auf die **vereinbarten Beteiligungsverhältnisse**

ankommt (→ Rn. 23 f.). Ob auf dieser Grundlage eine unterschiedliche Heranziehung vorliegt oder nicht, ist wegen des nicht auf Geldleistungen beschränkten Beitragsbegriffs (→ Rn. 8 f.) nicht allein **quantitativ** zu ermitteln, sondern auch **qualitativ** zu würdigen (vgl. Begr. S. 141: Vergleichbarkeit von Geld und geldwerten Leistungen, kein Gebot rechnerischer Gleichbehandlung). Insofern kann es insbesondere bei nicht-unternehmerischen GbR zu Streitigkeiten kommen, die sich nur vermeiden lassen, wenn auch für ideelle Leistungen konkrete Vorgaben zur Erbringung vorgesehen werden. Darüber hinaus gelten vorrangig vertragliche Modifizierungen des Gleichbehandlungsgebots, was von demjenigen zu beweisen ist, der sich darauf beruft („im Zweifel"). – Wird gegen den **Gleichbehandlungsgrundsatz verstoßen,** indem eine Ungleichbehandlung vorliegt, was ggf. vom Gesellschafter zu beweisen ist, und diese auch nicht sachlich gerechtfertigt ist, was von der GbR zu beweisen ist (→ § 714 Rn. 28), ist die Einforderung eines an sich wirksam begründeten Beitrags unzulässig. Der in Anspruch genommene Gesellschafter kann sich hierauf berufen. Vgl. zur **gerichtlichen Geltendmachung** von Beschlussmängeln → § 714 Rn. 32 ff.

VI. Beteiligungsverhältnisse (Abs. 3)

1. Grundlagen

Die Beteiligungsverhältnisse der Gesellschafter untereinander haben **allein 21 im Innenverhältnis** Relevanz; gegenüber Dritten spielen sie wegen der unbeschränkten gesamtschuldnerischen Gesellschafterhaftung nach Maßgabe von § 721 keine Rolle (→ § 721 Rn. 7 ff.). Praktisch bedeutsam ist vor allem die in Abs. 1 explizit genannte **Stimmkraft,** wenn und soweit in Abweichung von § 714 das **Mehrheitsprinzip** vereinbart wurde (→ § 714 Rn. 20 ff.), was mittlerweile teilweise explizit anerkannt ist (vgl. zum Auflösungsbeschluss → § 732 Rn. 5 ff. und zum Fortsetzungsbeschluss → § 734 Rn. 13). – Maßgeblich sind die Beteiligungsverhältnisse zudem in Bezug auf den einem Gesellschafter zustehenden Anteil am **periodischen Gewinn und Verlust** (→ § 718 Rn. 24 ff.) sowie **nach Ausscheiden** aus der Gesellschaft bei der Ermittlung seines Abfindungsanspruchs (→ § 728 Rn. 32 ff.) bzw. der Fehlbetragshaftung (→ § 728a Rn. 12 ff.). In der **Liquidation** richtet sich die Teilhabe am Liquidationserlös nach den Beteiligungsverhältnissen gemäß § 736d VI (→ § 736d Rn. 53 ff.); das Gleiche gilt spiegelbildlich für die liquidationsbezogene Fehlbetragshaftung (→ § 737 Rn. 12 ff.).

Der **Beteiligungsmaßstab** richtet sich abweichend vom früheren 22 Recht nunmehr nach einem klar definierten **Stufenverhältnis,** welches die Gestaltungsfreiheit ausdrücklich anerkennt (für diese gesetzliche Klarstellung bereits Beschluss 20 des 71. DJT, in Verhandlungen, Band II/2, 2017, S. 0222): Maßgeblich sind nach S. 1 **vorrangig** die **vereinbarten Beteiligungsverhältnisse;** fehlen diese, ist gemäß S. 2 auf die vereinbarten Werte der Beiträge abzustellen; fehlt auch dies, gilt **subsidiär** die **Gleichbehandlung nach Köpfen,** wie es auch früher aufgrund § 709 II aF, § 722 aF dem (dispositiven!) gesetzlichen Regelfall entsprach. Letzteres soll als subsidiäre Auffanglösung dem Gleichbehandlungsgrundsatz als zentralem Ordnungsprinzip nach wie vor Geltung verschaffen (Begr. S. 141). Dies überzeugt, da es bei den Personengesellschaften keine gesetzlich geregelte Kapitalaufbringung gibt, so dass auf die finanzielle Beteiligung als gesetzlichen Regelfall nicht abgestellt werden kann. Vielmehr ist insbesondere bei der GbR hilfsweise von der Gleichheit aller Gesellschafter auszugehen (vgl. hierzu bei Innen-GbR von Eheleuten BGH NJW 1999, 2962 (2967); ZIP 2016, 860 (861); weitergehend für eine Beibehaltung der Ermittlung nach Köpfen DIHK Stellungnahme S. 9). Praktisch ist diese Auffangregelung freilich vielfach so ungünstig (vgl. Fleischer/Pendl WM 2017, 881 (883)), dass die Gesellschafter hierdurch angehalten werden sollen, konkrete abweichende Regelung zu vereinbaren (so ausdrücklich Begr. S. 142). Insofern trägt freilich derjenige die **Beweislast** für eine hiervon abweichende Regelung, der sich hierauf beruft (vgl. BGH NJW 1999, 2962 (2967); ZIP 2016, 860 Rn. 26). – Im Übrigen ist aber zu berücksichtigen, dass es im Hinblick auf **Abfindungsbeschränkungen** trotz des Vorrangs der Privatautonomie gemäß Abs. 3 zwingende Beschränkungen nach Maßgabe von § 138 gibt, die einer zu großen Verkürzung des Partizipationsinteresses eines Gesellschafters im Hinblick auf den „wahren Wert" der Beteiligung Einhalt gebieten (→ § 728 Rn. 61).

2. Vorrang der Vereinbarung (S. 1)

23   Die nach S. 1 vorrangige Vereinbarung der Beteiligungsverhältnisse bedarf die Aufnahme entsprechender **Buchwerte**, die eine **quotale Beteiligung der Gesellschafter** auf der Grundlage der von ihnen gehaltenen Gesellschaftsanteile ergibt. Bezugspunkt muss nicht notwendig das Gesellschaftsvermögen sein (so aber Begr. S. 141); vielmehr genügt Bezugnahme auf das Gesellschaftsverhältnis als solches (zB „Gesellschafter ist mit 30 % an der GbR beteiligt", „Gesellschafter X hält 30 % der Anteile", „Jeder Anteil gewährt eine Beteiligung zu 1/3" oder Gesellschafter X hält 3 von 10 Gesellschaftsanteilen"). Zulässig ist auch, **Kapitalanteile** zu definieren und den Gesellschaftern als Bezugspunkt für ihre Beteiligung zuzuweisen (vgl. früher bereits RGZ 151, 321 (329)). Der Vorrang von S. 1 verdeutlicht indessen, dass eine Vereinbarung der Beteiligungsverhältnisse nicht mit dem vereinbarten oder tatsächlichen Wert eines Beitrags übereinstimmen muss (Begr. S. 142). – Eine sog. **„Null-Beteiligung"** Einzelner ist schließlich ebenso zulässig (sog. Einbuchung, vgl. FG Niedersachsen GmbHR 2009, 1338), wie die Begründung einer societas leonina (hM, vgl. RGZ 80, 271; BGH NJW 1987, 3124; OLG Frankfurt NZG 2013, 338); vgl. aber zur möglichen Sittenwidrigkeit einer Vereinbarung BGH NJW-RR 2013, 1258). Vgl. zum vereinbarten **Stimmrechtsausschluss** → § 714 Rn. 16). – Zulässig ist es im Übrigen auch, die **Beteiligung variabel** auszugestalten, mithin nach Maßgabe der Gesellschaftszugehörigkeit oder der durch die einzelnen Gesellschafter jeweils innerhalb des Geschäftsjahres o.Ä. erzielten Umsätze (Henssler/Strohn/Kilian § 722 Rn. 5). Die Vereinbarung einer disparaten Regel, wonach die Ergebnisbeteiligung im Hin-

blick auf **Gewinne und Verluste unterschiedlich** ist, ist ebenfalls zulässig (Henssler/Strohn/Kilian § 722 Rn. 8).

Die vorrangige Vereinbarung sollte in der Praxis hinreichend deutlich **24** getroffen werden; **konkludente Abreden** sind freilich gerade bei der GbR möglich. Die Anforderungen hieran im Hinblick auf die notwendige **Auslegung** gemäß §§ 133, 157 dürfen indessen nicht zu niedrig angesetzt werden, weil die interne Beteiligung der Gesellschafter eine zentrale Bedeutung für deren individuelle Rechtsstellung hat (großzügiger Begr. S. 142 im Fall signifikanter Wertunterschiede bei den Beiträgen). Insofern ist auch zu berücksichtigen, dass etwaige konkludente Abreden sich ggf. auf den Wert eines Beitrags beziehen (was vielfach näher liegt) und demnach gemäß S. 2 maßgeblich sind. – **Nachträgliche Änderungen** der Beteiligungsverhältnisse sind nach Maßgabe von § 714 mit Zustimmung aller ohne weiteres möglich (vgl. zur Änderung durch langjährige praktische Handhabung abweichender Quoten BGH NJW 1966, 826 (827); MüKoBGB/Schäfer § 722 Rn. 6: Beweislastumkehr wegen tatsächlicher Vermutung der Änderung). Eine Mehrheitsklausel deckt diese für den Einzelnen durchaus gravierenden Folgen indessen nur, wenn die Änderung hinreichend deutlich hiervon erfasst werden soll, sodass von einer antizipierten Zustimmung zur Mehrheitsentscheidung auszugehen ist (→ § 714 Rn. 22; vgl. zur nachträglichen Einführung einer disquotalen Gewinnbeteiligung bei der GmbH Servatius FS Thümmel, 2020, 859).

3. Verhältnis der vereinbarten Beiträge (S. 2)

Die subsidiäre Maßgeblichkeit der vereinbarten Beiträge rekurriert auf **25** Abs. 1, setzt mithin entsprechende Beitragspflichten voraus. Erforderlich ist aber zudem, dass überdies auch eine **Vereinbarung über den Wert** der Beiträge getroffen wurde. Aus der Existenz einer Beitragspflicht als solche kann dies allein nicht angenommen werden (großzügiger Begr. S. 142: Entsprechende konkludente Auslegung im Fall signifikanter Wertunterschiede bei den Beiträgen; in diese Richtung auch OLG Schleswig NJW-RR 2004, 972 (974)). Im Hinblick auf Höhe des vereinbarten Wertes herrscht weitgehende **Gestaltungsfreiheit** (vgl. BGH NJW 1952, 1412; 1955, 1025; WM 1975, 196). Hierdurch dürften viele (objektive) Bewertungsprobleme zu lösen sein (kritisch aber DIHK Stellungnahme S. 9). Für die Bewertung von Beiträgen in Gestalt von **Dienstleistungen oder Nutzungsüberlassungen** begründet § 736d V 3 eine widerlegliche Vermutung, dass diese nicht zurückerstattet werden (→ § 736d Rn. 45 ff.). Hieraus folgt allgemein, dass auch eine **Geschäftsführervergütung** nur dann zu gewähren ist, wenn dies besonders vereinbart wurde (→ § 715 Rn. 26). – **Nachträgliche Änderungen** der maßgeblichen Bewertung sind ebenfalls nach Maßgabe von § 714 mit Zustimmung aller ohne weiteres möglich. Eine Mehrheitsklausel deckt diese für den Einzelnen durchaus gravierenden Folgen indessen nur, wenn die Änderung hinreichend deutlich hiervon erfasst werden soll, sodass von einer antizipierten Zustimmung zur Mehrheitsentscheidung auszugehen ist (→ § 714 Rn. 22).

4. Gleichbehandlung nach Köpfen (S. 3)

26   Fehlen vorrangige Abrede nach Maßgabe von S. 1 und 2 bzw. lassen sich
diese nicht beweisen, gilt gemäß S. 3 **subsidiär** die Gesellschafterbeteiligung
nach Köpfen (vgl. insofern auch nach früherem Recht die dispositiven § 709
II aF, § 722 aF). Hiernach hat **jeder Gesellschafter die gleiche Partizipation** im Hinblick auf die Vermögens- und Verwaltungsrechte in der GbR.
Wird ein Gesellschaftsanteil gemeinschaftlich gehalten, findet im dispositiven
gesetzlichen Regelfall keine Zusammenrechnung statt, sodass der Praxis dringend anzuraten ist, hier ggf. Abweichendes zu vereinbaren (vgl. auch Schäfer
Neues PersGesR/Grunewald § 5 Rn. 26: vorrangig Suche nach Anhalts-
punkten zu konkludenten Vereinbarungen).

VII. Drittgeschäfte

27   **Verträge eines Gesellschafters** mit der rechtsfähigen GbR sind **nicht
zwingend causa societatis,** mithin Ausprägung der allgemeinen Zweckförderungspflicht oder der Beitragspflicht gemäß Abs. 1. Die Drittgeschäfte sind
als schuldrechtliche Beziehungen (Kauf, Miete, Werk- und Dienstvertrag)
strikt von der Beitragspflicht **zu trennen,** wenngleich die Grenzen in der
Praxis vielfach undeutlich sind (zu Dienst- und Arbeitsleistungen Schulze-
Osterloh AG 2003, 27; → § 715 Rn. 26). Die rechtliche Beurteilung ist bei
Drittgeschäften nämlich eine völlig andere als bei Sozialverbindlichkeiten.
Dies betrifft vor allem die **Gesellschafterhaftung** gemäß § 721, welche sich
auch auf Forderungen aus Drittgeschäften bezieht, wenngleich insofern aus
der allgemeinen Treuepflicht heraus eine Subsidiarität besteht, vorrangig die
Gesellschaft in Anspruch zu nehmen (→ § 721 Rn. 7 ff.). – Im Rahmen der
Gesellschafterklage gemäß § 715b fallen Verbindlichkeiten eines Gesell-
schafters gegenüber der GbR aus Drittgeschäften mangels Qualifizierung als
Sozialverbindlichkeit unter § 715b I S. 2, was in der Praxis freilich selten eine
Einschränkung hervorrufen sollte (→ § 715b Rn. 11). – Nach **Ausscheiden**
aus der GbR (vgl. §§ 728, 728a) sowie in der **Liquidation** gemäß § 736d
II, V erfahren die Drittgeschäfte insofern eine Sonderbehandlung, als sie
außerhalb der Gesamtabrechnung abgewickelt werden (→ § 728 Rn. 32 ff.;
→ § 736d Rn. 23 ff.).

28   Die **Abgrenzung von Beitrag und Drittgeschäft** erfolgt allein nach
Maßgabe der Auslegung gemäß §§ 133, 157; es gibt mithin keinen Vorrang
der rechtlichen Qualifizierung als Beitrag (→ Rn. 6). Bei in den Gesell-
schaftsvertrag aufgenommenen Regelungen spricht indessen eine widergle-
che Vermutung für den Beitragscharakter (vgl. BGH NJW 1978, 376; OLG
Karlsruhe NJW-RR 1996, 745). Diese ist jedoch widerlegt, wenn für die
Leistung des Gesellschafters eine spezielle Gegenleistung vereinbart wurde.
Gerade bei Publikumsgesellschaften sind Beitragspflicht und Drittgeschäft
(Darlehen) als „**gesplittete Einlagen**" üblich (vgl. nur Henssler/Strohn/
Servatius HGB Anh. Rn. 82 ff.). – Im Übrigen ist es auch möglich, den Inhalt
einer Beitragspflicht auch dahingehend auszugestalten, dass ein Gesellschafter
verpflichtet ist, entsprechende Drittgeschäfte mit der GbR abzuschließen und

durchzuführen. Praktisch bedeutsam sind insofern **Einbringungsvereinba-rungen** (vgl. OLG München NZG 2000, 1124). Hiernach schuldet der Gesellschafter als Beitrag den Abschluss eines konkreten Drittgeschäfts. Richtigerweise sind auch hier zwei Ebenen zu trennen: die gesellschaftsrechtlich zu behandelnde Pflicht, sich am – ggf. bereits konkret feststehenden – Vertragsschluss zu beteiligen und das hieraus resultierende Drittgeschäft.

VIII. Kautalarischer Handlungsbedarf infolge des MoPeG

Die ohnehin dispositiven Regelungen zu den Beiträgen, der Stimmkraft **29** und dem Anteil an Gewinn und Verlust in § 709 haben sich im Kern nicht verändert, sodass für Altgesellschaften **kein akuter Handlungsbedarf** besteht. Existierende gesellschaftsvertragliche Regelungen gelten ohne weiteres fort. Bedeutsam ist ggf., dass eine gewollte Modifizierung der ansonsten subsidiären Maßgeblichkeit der Beteiligung nach Köpfen im Gesellschaftsvertrag auch hinreichend deutlich wird bzw. erstmalig vereinbart werden muss (→ Rn. 24). Insofern kann es sich auch anbieten, verbindliche Regelungen bezüglich der Bewertung von Beiträgen und sonstigen Leistungen zu vereinbaren (→ Rn. 25). Insofern sollte zudem klargestellt werden, ob diese als Bezugspunkt für die Stimmkraft und die Gewinn- und Verlustverteilung herangezogen werden sollen.

Im Übrigen herrscht aber sowohl im Hinblick auf die Vereinbarung von **30** Beitragspflichten als auch die Festlegung der Stimmkraft und der Gewinn- und Verlustbeteiligung **nach wie vor weitgehende Dispositionsfreiheit.** Grenzen ergeben sich insbesondere aus dem gesellschaftsrechtlichen Gleichbehandlungsgebot (→ Rn. 19 f.), dem Mehrbelastungsverbot (→ § 710 Rn. 7) und den allgemeinen Schranken nach §§ 134, 138. Sie spielen vor allem bei grundlegenden Abweichungen von dem gesetzlichen Regelungsmodell eine Rolle (zB gravierende Disparität zwischen Beitrag und Gewinnbeteiligung). Ein wesentlicher Punkt solcher Gestaltungen ist insbesondere hinreichende Transparenz, vor allem im Hinblick auf ihren wirtschaftlichen Erfolg, um den Vorwurf einer Sittenwidrigkeit zu entkräften. – Bezüglich der **vermögensmäßigen Ausstattung der GbR** ist es wegen fehlender Kapitalaufbringungsvorschriften nicht erforderlich, ein entsprechendes Gesellschaftsvermögen zu bilden. Insbesondere bei unternehmenstragenden GbR ist indessen eine angemessene Kapitalausstattung (orientiert am Gesellschaftszweck und Unternehmensgegenstand) sinnvoll, um die persönliche Inanspruchnahme der Gesellschafter zu verhindern. Insofern ist auch das **Mehrbelastungsverbot** gemäß § 710 zu berücksichtigen, das eine spätere Kapitalbeteiligung von der Zustimmung des Betroffenen abhängig macht und daher (jenseits der gesellschaftsrechtlichen Treuepflicht) auf Freiwilligkeit basiert. Insofern kann freilich die Aufnahme einer **Mehrheitsklausel** erwogen werden, die aber hinreichend bestimmt sein und den Gleichbehandlungsgrundsatz achten muss (→ Rn. 19 f.).

Bei der Festlegung der **zu leistenden Beiträge** ist zudem auf die Einhal- **31** tung der ggf. bestehenden **Formanforderungen** zu achten (→ Rn. 11 f.). Nach dem Gebot des sichersten Weges sollte der gesamte Gesellschaftsvertrag nebst Nebenabreden den maßgeblichen Formvorschriften genügen. – Individuell geregelt werden können ferner die **Modalitäten der Erfüllung** der Beitragspflicht, die Fälligkeit, die Folgen von Leistungsstörungen, die Bewertung der Beiträge sowie ggf. die Verzinsung des eingebrachten Kapitals. Die Regelung des Abs. 2 ist stets als Auffangregel mit zu bedenken, wo ein hinreichend klarer Wille der Gesellschafter nicht feststellbar ist.

32   Von besonderer Bedeutung ist die genaue Ausgestaltung der Regeln für die **Stimmkraft** und die Gewinn- und Verlustbeteiligung. Die Stimmkraft spielt im Rahmen der Beschlussfassung gemäß § 714 eine maßgebliche Rolle und predeterminiert den ganzen Bereich der internen Willensbildung, insbesondere wenn der Gesellschaftsvertrag eine Mehrheitsklausel vorsieht. – Die **Gewinn- und Verlustbeteiligung** hat naturgemäß erhebliche wirtschaftliche Bedeutung. Die Ausgestaltung einer GbR als eine „Verlustzuweisungsgesellschaft" zur Verrechnung von (anderweitig erzielten) Gewinnen mit Verlusten der GbR ist zwar nach wie vor möglich, zu beachten sind freilich die steuerrechtlichen Sonderregelungen, zB § 15b EStG für die KG (vgl. zur Festlegung unterschiedlicher Schlüssel für die Gewinn- und Verlustverteilung auch BeckOK BGB/Schöne § 722 Rn. 3). – Von Bedeutung sind schließlich mögliche **Änderungen der Beteiligungsverhältnisse** durch die Ausstattung der Gesellschaft mit weiteren finanziellen Mitteln im Zusammenhang mit der Sanierung der Gesellschaft. Unproblematisch ist zunächst der Fall, dass sich die bisherigen Gesellschafter entsprechend ihrer Beteiligungsquote an der Sanierung beteiligen. Ist dies nicht der Fall, stellt sich die Frage der Anpassung der Beteiligungsverhältnisse. Dies kann nur durch eine entsprechende gesellschaftsvertragliche Regelung als ein Grundlagengeschäft geschehen, eine automatische Anpassung ist grundsätzlich ausgeschlossen. Dieses Vorgehen kann ggf. als milderes Mittel gegenüber einem Ausschluss eines Gesellschafters den Vorzug verdienen („Sanieren oder Ausscheiden", vgl. dazu → § 710 Rn. 23).

§ 710 Mehrbelastungsverbot

¹**Zur Erhöhung seines Beitrags kann ein Gesellschafter nicht ohne seine Zustimmung verpflichtet werden.** ²**Die §§ 728a und 737 bleiben unberührt.**

Übersicht

I. Reform

1. Grundlagen, Bewertung

Die Regelung ersetzt und modifiziert den früheren § 707 aF. Im Mittel- **1** punkt steht die **klare Konturierung des Mehrbelastungsverbots,** welches ein allgemeines gesellschaftsrechtliches Prinzip ist (dies ausdrücklich begrüßend Heckschen NZG 2020, 761 (764)). Jenseits der gesetzlichen Verlusttragungspflichten nach Ausscheiden gemäß § 728a und Auflösung gemäß § 737 sind hiernach die Gesellschafter nicht verpflichtet, über die im Rahmen des Gesellschaftsvertrags individuell rechtsgeschäftlich begründeten Pflichten hinaus Beiträge oder ähnliche Leistungen an die rechtsfähige GbR bzw. andernfalls zugunsten der Mitgesellschafter zu erbringen. Es spielt auch keine Rolle, ob es sich um eine formale Beitragserhöhung, die Vereinbarung einer Nachschusspflicht oder die Wiederauffüllung einer durch Verluste geminderten Einlage handelt (Begr. S. 142). Im Kern brachte die Reform so im Ergebnis **keine Änderung** gegenüber der bisherigen Rechtslage hervor. Es ist vielmehr eine begrüßenswerte Klarstellung, dass im Einklang mit dem bisherigen Recht nunmehr ausdrücklich anerkannt wird, dass **Beitragserhöhungen** oder sonstige Leistungsvermehrungen **mit Zustimmung** des betroffenen Gesellschafters ohne weiteres vereinbart werden können (vgl. Begr. S. 141: entscheidendes Kriterium). Es ist daher nach wie vor möglich, ad hoc oder nach Maßgabe einer zuvor vereinbarten **Mehrheitsklausel** solche Pflichten einzuführen bzw. einzufordern (Begr. S. 141). Wie bislang bedarf es hierzu freilich zum einen einer hinreichend bestimmten Regelung, die die Beitragserhöhung als Grundlagenentscheidung legitimiert; zum anderen muss die entsprechende Klausel zugleich als **antizipierte Zustimmung** der potentiell betroffenen Gesellschafter zu sehen sein, um deren individuelle Leistungspflicht auch konkret zu begründen. Dem **zweistufigen Modell der Beschlusskontrolle** bei Personengesellschaften kommt daher auch im Rahmen der Neuregelung eine zentrale Bedeutung für die Anerkennung mehrheitlich beschlossener Leistungspflichten zu (→ Rn. 12). Insofern hat der Gesetzgeber freilich bewusst darauf verzichtet, dies näher zu konkretisieren (Begr. S. 141), was durchaus zu kritisieren ist (vgl. Schall ZIP 2020, 1443 (1444)). Das Gleiche gilt für die insbesondere in Sanierungssituationen relevant werdende Thematik der Zustimmungspflicht zu einer Beitragserhöhung (→ Rn. 19 ff.).

2. Zeitlicher Geltungsbereich

2   § 710 tritt gemäß Art. 137 S. 1 MoPeG am **1.1.2024** in Kraft, eine Übergangsregelung ist nicht vorgesehen. Im Umkehrschluss aus Art. 229 § 61 EGBGB folgt daher, dass die Regelung auch auf **Altgesellschaften** ab dem Zeitpunkt des Inkrafttretens Anwendung findet. Im Hinblick auf das Mehrbelastungsverbot und seine Durchbrechungen mittels Mehrheitsklausel und antizipierter Zustimmung ($\rightarrow$ Rn. 12 ff.), ist richtigerweise auf den **Zeitpunkt der Vereinbarung** einer Beitragserhöhung abzustellen: Hieraus folgt, dass für gesellschaftsvertragliche Regelungen, die ab dem 1.1.2024 geschlossen werden bzw. für einen dann gefassten Mehrheitsbeschluss das neue Recht Anwendung findet, während für die bis dahin vereinbarten Gestaltungen der frühere § 707 aF maßgeblich bleibt. Indem die Reform keine Änderungen gegenüber der früheren Rechtslage mit sich brachte, spielt diese Differenzierung in der Praxis freilich keine Rolle.

II. Normzweck

3   Das Mehrbelastungsverbot gemäß § 710 ist unmittelbarer Ausfluss der **Privatautonomie** des einzelnen Gesellschafters. Dieser kann selbst entscheiden, in welchem Umfang er sich an der Verwirklichung des Gesellschaftszwecks beteiligt; weitergehende Folgen treffen ihn kraft Gesetzes nur nach Ausscheiden oder Auflösung der Gesellschaft gemäß §§ 728a, 737, welche als konsequente Verwirklichung der gesamtschuldnerischen unbeschränkten Gesellschafterhaftung eine weitergehende Verlusttragungspflicht vorsehen. Die Regelung begründet zugunsten der Gesellschafter daher aus der Innenperspektive heraus den **Schutz vor unabsehbaren Belastungen** (Schäfer Neues PersGesR/Schäfer § 6 Rn. 15). Dies ist jenseits einer Sanierungssituation vor allem bedeutsam, um einen Gesellschafter **im Verhältnis zur Mehrheit** nicht ohne sein vorheriges Einverständnis vor die Wahl zu stellen, seine Mitgliedschaft in der GbR nur durch Leistung eines erhöhten Kapitalaufwands weiter zu behalten. Es gibt mithin auch bei unternehmerischen GbR keine gesetzlich angelegte oder vorgeprägte Pflicht zur Expansion oder Unternehmenskontinuität.

4   Das **zwingende Zustimmungserfordernis** ist freilich nur relevant, wenn eine tatbestandliche Mehrbelastung nachträglich durch Mehrheitsentscheidung herbeigeführt werden soll. Indem dies als Abweichung von § 714 ohnehin nur aufgrund entsprechender gesellschaftsvertraglicher Regelungen mittels **Mehrheitsklausel** möglich ist, kann die zusätzlich erforderliche Zustimmung als antizipierte auch im Zuge der Vereinbarung einer solchen zu bejahen sein. Es gibt freilich auch Fälle, in denen die Unterwerfung des Einzelnen unter eine Mehrheitsklausel zwar vorliegt, gleichwohl aber keine Zustimmung zur individuellen Erbringung von Leistungen gegeben ist (vgl. zur gespaltenen Wirksamkeit einer Kapitalerhöhung $\rightarrow$ Rn. 18). Maßgeblich ist nämlich mangels gesetzlicher Kapitalbindung bei der GbR stets die **Auslegung** des Gesellschaftsvertrags nach Maßgabe von §§ 133, 157 im Hinblick auf beide Aspekte. – Insgesamt ergeben sich durch das Modell von § 710 zwar flexible Möglichkeiten der Unternehmensfinanzierung. Die restriktiven Voraussetzungen im Rahmen des **zweistufigen Ansatzes der Beschluss-kontrolle** (→ Rn. 12) und das Fehlen gesetzlicher Regelungen zum Bezugsrecht und der Möglichkeit der Ausschließung desselben machen eine mehrheitlich beschlossene Beitrags- bzw. Kapitalerhöhung bei den Personengesellschaften indessen **nach wie vor schwierig.** Für unternehmerische Gesellschaften mit Expansionspotential ist daher auch im Zuge der Reform die GmbH vielfach die Rechtsform der Wahl.

III. Anwendungsbereich

§ 710 gilt **bei allen GbR,** mithin unabhängig von der Rechtsfähigkeit 5 (vgl. bei der nicht rechtsfähigen Gesellschaft den ausdrücklichen Verweis in § 740 II). Die dogmatische Konstruktion des Mehrbelastungsverbots ist freilich grundlegend unterschiedlich: Bei der rechtsfähigen GbR sind die zu erhöhenden Beiträge im gesetzlichen Regelfall an die rechtsfähige GbR zu leisten und können auch von dieser eingeklagt werden (→ § 709 Rn. 17). Bei der nicht rechtsfähigen GbR sind die Gesellschafter gemeinschaftlich Gläubiger der Beitragspflichten und müssen diese persönlich in Streitgenossenschaft einklagen (→ § 740 Rn. 1). Beiträge in Gestalt von Zuwendungen an ein Gesellschaftsvermögen scheiden bei der nicht rechtsfähigen GbR zudem zwingend aus, da diese gemäß § 740 I über ein solches definitionsgemäß nicht verfügt (vgl. zur Abgrenzung von rechtsfähiger und nicht rechtsfähiger GbR gemäß § 705 II → § 705 Rn. 44 ff.). Die Vereinbarung von Beitragserhöhungen und das Mehrbelastungsverbot kommen bei der nicht rechtsfähigen GbR daher von vornherein nur zum Tragen, soweit es um anderweitige Pflichten der Gesellschafter geht (vgl. zum weiten Beitragsbegriff → § 709 Rn. 5 ff.). – Bei der **stillen Beteiligung** gemäß §§ 230 ff. HGB gilt § 710 dem Grunde nach ebenfalls, vgl. insofern aber auch § 236 HGB (vgl. zur hiernach maßgeblichen Vereinbarung der Verlustbeteiligung Henssler/Strohn/Servatius HGB § 237 Rn. 2 ff.). – Bei der **OHG und KG** gilt gemäß § 105 II HGB, § 161 II HGB die Regelung des § 710 ebenfalls (vgl. zu Nachschusspflichten bei Publikumsgesellschaften (Henssler/Strohn/Servatius HGB § 237 Rn. 74). Besonderheiten gelten bei der offenen Investment-KG gemäß § 127 III 4 und 5 KAGB sowie bei der geschlossenen Investment-KG gemäß § 152 III 4 und 5 KAGB: Unwirksamkeit entgegenstehender Vereinbarung). Bei der **Partnerschaftsgesellschaft** gilt § 710 wegen des Verweises in § 1 IV PartGG einschränkungslos (Begr. S. 140).

Das Mehrbelastungsverbot und seine Durchbrechungen mittels Mehrheitsklausel und antizipierter Zustimmung (→ Rn. 12 ff.) bezieht sich allein auf Beitragspflichten iSv § 709 und vergleichbare **Beiträge causa societatis** (vgl. zum weiten Beitragsbegriff → § 709 Rn. 5 ff.). Die begriffliche Unterscheidung von Nachschüssen oder Wiederauffüllungsgeboten etc. ist gesetzlich nicht veranlasst (Begr. S. 142), so dass jede gesellschaftsvertraglich induzierte Leistungsmehrung unter § 710 zu fassen ist. – Hiervon **abzugrenzen** sind aber **Drittgeschäfte,** die nach dem Willen der Gesellschafter keine gesellschaftsvertragliche Grundlage haben, bei denen der Gesellschafter der

GbR bzw. seinen Mitgesellschaftern wie ein Dritter als Privatperson gegenübersteht. Praktisch bedeutsam ist dies insbesondere bei **„gesplitteten Einlagen"**, mithin der zusätzlichen Kapitalbeteiligung auf schuldrechtlicher Grundlage (vgl. nur Henssler/Strohn/Servatius HGB Anh. Rn. 82 ff.). Eine Ausweitung der darlehensweise gewährten Finanzierungsbeiträge kann daher von vornherein nicht auf eine entsprechende Mehrheitsklausel gestützt werden. – Problematisch ist freilich die **Abgrenzung** im einzelnen, was **allein nach Maßgabe der Auslegung** gemäß §§ 133, 157 erfolgt. Bei in den Gesellschaftsvertrag aufgenommenen Regelungen spricht insofern eine widerlegliche Vermutung für den Beitragscharakter (vgl. BGH NJW 1978, 376; OLG Karlsruhe NJW-RR 1996, 745). Diese ist jedoch widerlegt, wenn für die Leistung des Gesellschafters eine spezielle Gegenleistung vereinbart wurde (vgl. weitergehend für eine problematische Auslegung von Finanzierungsbeiträgen als „materielles Eigenkapital" bei Publikumsgesellschaften BGH NZG 2017, 907 Rn. 14; zum Ganzen Henssler/Strohn/Servatius HGB Anh. § 236 Rn. 14 ff.). – Im Übrigen ist es auch möglich, den Inhalt einer gesellschaftsrechtlichen Beitragspflicht dahingehend auszugestalten, dass ein Gesellschafter verpflichtet ist, entsprechende Drittgeschäfte mit der GbR abzuschließen und durchzuführen. Praktisch bedeutsam sind **Einbringungsvereinbarungen** (vgl. OLG München NZG 2000, 1124). Hiernach schuldet der Gesellschafter als Beitrag den Abschluss eines konkreten Drittgeschäfts. Insofern kann daher eine Leistungsvermehrung grundsätzlich auf Grundlage einer Mehrheitsklausel herbeigeführt werden.

IV. Mehrbelastungsverbot

7   § 710 beruht auf der Prämisse, dass gesellschaftsrechtliche **Beitragspflichten** und dergleichen grundsätzlich einer gesellschaftsvertraglichen Grundlage unter Beteiligung des verpflichteten Gesellschafters bedürfen (→ § 709 Rn. 10). Insofern ist es konsequent, dass eine solche Vereinbarung auch eine **begrenzende Wirkung** hat, mithin der Gesellschafter darüber hinaus nichts zu leisten verpflichtet ist (vgl. insofern auch klar, deutlich und verallgemeinerungsfähig § 54 I AktG). § 710 stellt diese Einbettung der Beitragspflichten in die **Privatautonomie** nunmehr deutlich klar, ohne dass dies im Ergebnis eine Änderung gegenüber der früheren Rechtslage gemäß § 707 aF mit sich brächte (vgl. Begr. S. 142: lässt sich bereits aus dem allgemeinen Prinzip der Privatautonomie herleiten). Die Regelung statuiert insofern ein Mehrbelastungsverbot, welches ähnlich auch bei anderen Gesellschaftsformen vorgesehen ist (vgl. § 53 Abs. 3 GmbHG, § 180 Abs. 1 AktG). – Hiervon **abzugrenzen** sind die gesetzlichen **Verlusttragungspflichten** gemäß §§ 728b, 737, wonach ein Gesellschafter (erst!) nach Ausscheiden oder Auflösung der Gesellschaft verpflichtet ist, entsprechende Fehlbeträge an die Gesellschaft zu leisten. Dies ist vor allem dadurch legitimiert, dass die Gesellschafter ohnehin der unbeschränkten **Gesellschafterhaftung** gemäß §§ 721 ff. unterliegen (RGZ 80, 268 (272); BGH ZIP 1989, 852; → § 721 Rn. 7 ff.). Die begrenzende Funktion des Mehrbelastungsverbots schützt somit letztlich allein davor, auf Initiative der Mitgesellschafter im Vorfeld der Auflösung oder

des Ausscheidens etwas über den ursprünglich gewollten Beitrag hinaus zur Zweckverwirklichung leisten zu müssen.

Etwas anderes gilt nur für Ansprüche auf **Aufwendungsersatz** gemäß 8 § 716, wenn das **Gesellschaftsvermögen unzureichend** ist (BGH NJW 2011, 1730; OLG Saarbrücken NZG 1998, 303). Dann kann der Anspruchsinhaber nach Maßgabe der für die Innenverhältnis maßgeblichen Verlustbeteiligung gemäß § 709 III (→ § 709 Rn. 21 ff.) auch vor Ausscheiden bzw. Auflösung bereits von den Mitgesellschaftern **anteiligen Regress** nehmen, wenn ihn nicht entsprechend § 254 im Innenverhältnis eine alleinige Einstandspflicht trifft, insbesondere bei eigenem Verschulden gemäß § 276 II (vgl. BGH NZG 2013, 1302 Rn. 10). Das Gleiche gilt, wenn der Gesellschafter eine Gesellschaftsverbindlichkeit gegenüber einem **Dritten befriedigt** hat. In diesem Fall kann der Gesellschafter wegen der nach § 721 gesamtschuldnerischen Außenhaftung den internen Ausgleichsanspruch gemäß § 426 unmittelbar gegen die übrigen geltend machen, wenn von der GbR keine unmittelbare Befriedigung zu erzielen ist (BGH NJW 1962, 1863; 1980, 339; 1981, 1095; → § 721 Rn. 21 ff.). – In den **übrigen Fällen** bleibt dem Anspruchsinhaber aber bei Fehlen einer speziellen vertraglichen Regelung über wechselseitige Einstandspflichten für Sozialansprüche im Vorfeld der Liquidation daher nur, aus der GbR **auszutreten oder die Kündigung** der Gesellschaft herbeizuführen, um eine Auseinandersetzung herbeizuführen, innerhalb deren dann gemäß §§ 728b, 737 anteilige Befriedigung zu erlangen ist. – Bei der **zweigliedrigen** (rechtsfähigen) GbR erscheint dieses Konzept insgesamt als überzogen und Förmelei, so dass hier im Wege der **teleologischen Reduktion** von § 710 großzügiger als bislang auch im Stadium der bestehenden Gesellschaft wechselseitige interne Ausgleichspflichten anzuerkennen sind. – Für Forderungen eines Gesellschafters aus **Drittgeschäften** gilt § 710 indessen nicht (→ Rn. 27); diese kann er (mit Einschränkungen) gemäß § 721 ebenfalls bereits vor Ausscheiden oder Auflösung gegenüber den übrigen Gesellschaftern geltend machen (→ § 721 Rn. 10).

Im Übrigen erkennt aber § 710 an, dass die Begründung von **Beitragser-** 9 **höhungen oder Nachschusspflichten zulässig** ist, freilich „mit Zustimmung" der potentiell Verpflichteten. Stimmt demnach ein Gesellschafter einer Beitragserhöhung zu, wird er von § 710 nicht geschützt (BGH NJW-RR 2008, 903). Auch die Unterwerfung eines Gesellschafters unter eine **Mehrheitsklausel** ist in engen Grenzen zulässig (→ Rn. 12 ff.); der Gesetzgeber hat es indessen explizit unterlassen, die Anforderungen an die Bestimmtheit einer Mehrheitsklausel gesetzlich zu fixieren (Begr. S. 142), sodass insofern die vor allem durch die Rechtsprechung bislang entwickelten Kriterien fortgelten (→ Rn. 12 ff.). Die Regelung ist insofern dispositiv (BGH NJW 1953, 102). Nach § 152 III 4 und 5 KAGB sind Nachschusspflichten allerdings bei der Investment-KG ausdrücklich verboten (vgl. Henssler/Strohn/Servatius HGB Anh. Rn. 183). Im Übrigen ist zu beachten, dass gem. § 5b I VermAnlG generell keine Vermögensanlagen mit Nachschusspflicht mehr öffentlich angeboten werden dürfen (hierzu Wilhelmi/Seitz WM 2016, 101 (103 ff.)).

V. Beitragserhöhung, Nachschusspflicht

1. Grundlagen

10   Die nachträgliche Erhöhung von Beiträgen iSv § 706 bzw. die nachträgliche Vereinbarung (ereignisabhängiger) Nachschüsse oder die Ergänzung verminderter Einlagen (zur Offenheit der Regelung für alle solchen Gestaltungen Begr. S. 141) hat einen **Doppelcharakter:** Sie ist zum einen ein gesellschaftsrechtliches Grundlagengeschäft, sodass es hierfür einer **Änderung des Gesellschaftsvertrages** bedarf. Darüber hinaus bedarf es zur Begründung individueller Leistungspflichten auch **der Zustimmung** der hiervon betroffenen Gesellschafter. Indem für Ersteres im gesetzlichen Regelfall die Beteiligung der Gesellschaftergesamtheit notwendig ist (→ § 714 Rn. 13 ff.), ist für einen speziellen Gesellschafterschutz bzw. das individuelle Zustimmungserfordernis kein Bedarf, soweit der Einzelne durch die notwendige Beteiligung an der Änderung hinreichend geschützt ist. Auch hier ist es freilich ohne weiteres zulässig, dass jemand der Beitragserhöhung zwar zustimmt, selbst aber keine Beiträge leisten will; in diesem Fall ist im Wege der Auslegung zu ermitteln, welche Konsequenzen hieraus für die Beteiligungsverhältnisse der Gesellschafter untereinander gemäß § 709 III resultieren.

11   Problematisch ist praktisch allein die nachträgliche Vereinbarung durch **Mehrheitsentscheidung.** Dies erfordert konsequenterweise gleichermaßen eine **doppelte Legitimation.** Eine entsprechende vorherige gesellschaftsvertragliche **Mehrheitsklausel** muss einerseits die mehrheitliche Änderung des Gesellschaftsvertrags ermöglichen, andererseits auch als antizipierte Zustimmung des Einzelnen für die konkrete Leistungspflicht zu werten sein. Beide Fragen sind prinzipiell voneinander zu trennen (Schäfer ZGR 2013, 237 (247); vgl. auch BGH NZG 2014, 1296 Rn. 17: besondere, eigenständige Kategorie des Beschlussmangels) und können auch unterschiedlich zu beurteilen sein (vgl. hierzu beim sog. Sanieren oder Ausscheiden → Rn. 20). Regelmäßig ist indessen eine einheitliche Betrachtung geboten, wenn die **dissentierende Minderheit** sowohl die Änderung des Gesellschaftsvertrages als auch die Begründung der individuellen Leistungspflicht ablehnt. – Von diesen besonderen Anforderungen **abzugrenzen** sind die Fälle, in denen eine Beitragserhöhung oder Nachschusspflicht dem Grunde nach bereits wirksam begründet wurde und mittels Mehrheitsentscheidung lediglich die **Zahlungsmodalitäten bzw. Fälligkeitsregelungen** getroffen werden sollen (vgl. OLG München BeckRS 2016, 18559 Rn. 20; OLG München BeckRS 2017, 101728 Rn. 29). Hierfür gelten im Hinblick auf die Zulässigkeit der Mehrheitsherrschaft die allgemeinen Voraussetzungen für Geschäftsführungsangelegenheiten (→ § 714 Rn. 7 ff.). – Im Übrigen ist aber die Beitragserhöhung nicht allein als Kapitalerhöhung zu sehen, sie kann auf der Grundlage des weiten Beitragsbegriffs (→ § 709 Rn. 5 ff.) auch die **Vermehrung sonstiger Leistungen** (Tun und Unterlassen) betreffen.

2. Mehrheitsklauseln

12   Es steht auch nach der Reform außer Streit, dass auch nachträgliche Beitragserhöhungen und Nachschusspflichten im Wege des Mehrheitsbeschlusses begründet werden können. Wegen der **Abweichung vom Ein-stimmigkeitsprinzip** für die innergesellschaftliche Willensbildung gemäß § 714 und vor allem wegen der erforderlichen **antizipierten Zustimmung** des betroffenen Gesellschafters zur Begründung einer individuellen Leistungspflicht liegen die rechtlichen Anforderungen hierfür indessen richtigerweise sehr hoch. Eine **schlichte Mehrheitsklausel** (zB „die Gesellschafter entscheiden durch Mehrheitsbeschluss") ist hierfür richtigerweise **nicht ausreichend** (vgl. BGH NJW-RR 2007, 1521; NZG 2014, 1296 Rn. 17). Hieran hat auch die Reform nichts geändert (vgl. zum liberaleren Ansatz des Mauracher Entwurfs, der nicht Gesetz geworden ist, → § 714 Rn. 1). Maßgeblich ist vielmehr insofern zunächst ein **zweistufiger Ansatz der Beschlusskontrolle:** Zu prüfen ist auf einer **ersten Stufe,** ob die entsprechende Mehrheitsklausel hinreichend deutlich eine vertragliche Grundlage zur Legitimation der Mehrheit für die Beitragserhöhung bzw. Auferlegung von Nachschusspflichten ergibt und ob die betroffenen Gesellschafter sich hierdurch antizipiert zur etwaigen Zustimmung verpflichtet haben (sog. formelle Legitimation). Auf einer **zweiten Stufe** ist zu prüfen, ob die konkrete Beschlussfassung über die Beitragserhöhung gemäß den Vorgaben der Treuepflicht rechtmäßig ist (zum Ganzen → § 714 Rn. 20 ff.). **Darüber hinaus** ist (rechtlich, nicht notwendig praktisch getrennt) bei Beitragserhöhungen auch zu prüfen, ob der konkret in Anspruch genommene Gesellschafter sich auch (antizipiert) **individuell** zur Leistung der vermehrten Beiträge bzw. Nachschüsse **verpflichtet** hat.

a) Hinreichende gesellschaftsvertragliche Grundlage. Dogmatisch **13** umgesetzt werden diese Vorgaben auf der ersten Stufe durch **Auslegung** der entsprechenden Mehrheitsklausel **nach Maßgabe von §§ 133, 157** (§ 705 → Rn. 29; vgl. zur objektiven Auslegung von Gesellschaftsverträgen bei Publikumsgesellschaften Henssler/Strohn/Servatius HGB Anh. Rn. 5). Im Mittelpunkt steht insofern die **hinreichende Bestimmtheit.** Diese muss sich auf die **Einbeziehung von Grundlagenentscheidungen** erstrecken, mithin von Maßnahmen, die nicht allein die Geschäftsführung innerhalb der gesellschaftsvertraglichen Ordnung betreffen, sondern diese als solche verändern (vgl. zu dieser Differenzierung → § 714 Rn. 22). Wenngleich nach den allgemeinen Auslegungsregeln nicht formbedürftiger Erklärungen nicht zu fordern ist, dass die Beitragserhöhung hierbei explizit genannt werden muss, bedarf es doch wenigstens **hinreichender Anhaltspunkte,** dass die Mehrheitsklausel auch Grundlagenentscheidungen umfassen soll (zB „die Entscheidung mit Mehrheit sich auch auf Änderungen des Gesellschaftsvertrages"). Die ausdrückliche Nennung der Beitragserhöhung ist ratsam, die konkludente Bejahung aber nicht gänzlich ausgeschlossen, insbesondere bei unternehmerischen GbR. Die **Beweislast** für den entsprechenden Klauselinhalt trägt ohnehin die Mehrheit, die sich hierauf beruft (→ § 714 Rn. 32 ff.).

Darüber hinaus ist es erforderlich, dass die **Mehrheitsklausel zugleich als 14 antizipierte Zustimmung** der zur späteren Heranziehung von Beiträgen betroffenen Gesellschafter bzw. dessen Rechtsnachfolger zu würdigen ist. Auch insofern gelten die allgemeinen **Auslegungsregeln gemäß §§ 133,**

157, freilich mit engem Bezug zur Begründung individueller Leistungspflichten, was eine besonders strenge Betrachtung legitimiert und auch für die einzelnen Gesellschafter unterschiedlich zu beurteilen sein kann (vgl. zur ggf. isolierten Bindung der Zustimmenden → Rn. 18). Erforderlich ist insofern, dass **Ausmaß und Umfang** der möglichen zusätzlichen Belastung der Gesellschafter erkennbar sind (BGH NJW 2007, 1685; NZG 2014, 1296 Rn. 17). Einer genauen, buchstäblichen Festlegung der entsprechenden Leistungspflichten bedarf es indessen nicht (BGH NJW 2007, 1685), wohl aber einer **Obergrenze oder sonstiger Kriterien,** die das Erhöhungsrisiko eingrenzen (BGH NJW-RR 2006, 827; vgl. auch Schäfer Neues PersGesR/ Schäfer § 6 Rn. 61: absolute Obergrenze notwendig). Die Klausel, wonach Nachschüsse zu leisten sind, soweit aus der Geschäftstätigkeit „Unterdeckungen" resultieren, genügt diesen Anforderungen nicht (BGH NJW-RR 2006, 827); ausreichend ist aber, wenn die Klausel den drohenden „Netto-Gesamtaufwand" ergibt, ggf. unter Hinzuziehung von Angaben außerhalb des Gesellschaftsvertrages (so für „gespaltene Beitragspflichten" BGH NJW-RR 2008, 903; 2008, 419). Der gebotenen Konkretisierung widerspricht es auch, wenn die entsprechende Klausel im Gesellschaftsvertrag verborgen ist (BGH NJW-RR 2005, 1347). – Für die Beurteilung der Wirksamkeit einer Klausel kann im Übrigen nicht darauf abgestellt werden, dass dem Gesellschafter die Möglichkeit verbleibt, sich der Beitragserhöhung bzw. Nachschusspflicht durch Kündigung der Mitgliedschaft zu entziehen (BGH NJW-RR 2006, 827). § 710 schützt ja gerade die Mitgliedschaft in der fortbestehenden Gesellschaft. Der Praxis ist daher dringend anzuraten, hier **möglichst präzise Vorgaben** in den Gesellschaftsvertrag aufzunehmen. Die hiermit zweifellos einhergehenden **Grenzen der Flexibilität** im Hinblick auf die fehlende Vorhersehbarkeit eines ggf. in weiter Zukunft liegenden Kapitalbedarfs sind im Lichte des grundsätzlichen Mehrbelastungsverbot hinzunehmen. Abhilfe schafft insofern allein Begründung von Zustimmungspflichten im Rahmen des sog. Sanierens oder Ausscheidens (→ Rn. 20).

15 Im Hinblick auf die **Rechtsfolgen fehlerhafter Mehrheitsklauseln** ist zu differenzieren: Sie können sich einmal auf die generelle Legitimation der Mehrheitsmacht für Grundlagenentscheidungen auswirken, sodass der Beschluss insgesamt grundsätzlich unwirksam ist. In diesen Fällen scheitert die Beitragserhöhung in Gänze. Auf eine fristgerechte Geltendmachung von Beschlussmängeln kommt es grundsätzlich nicht an (BGH NJW-RR 2007, 1477). Auch die Versäumung einer gesellschaftsvertraglich vereinbarten Ausschlussfrist für die gerichtliche Geltendmachung von Beschlussmängeln ersetzt die hiernach gebotene Zustimmung eines Gesellschafters nicht (BGH NJW 2010, 65 (66); abw. wohl Wertenbruch DB 2014, 2875). Vgl. aber zur Behandlung von Beschlussmängeln bei Vereinbarung der §§ 110 ff. HGB → § 714 Rn. 43 ff. – Mängel in Bezug auf die antizipierte Zustimmung der einzelnen Gesellschafter haben demgegenüber nur zur Folge, dass die Erhöhung dem dissentierenden Gesellschafter gegenüber unwirksam ist (vgl. BGH NJW-RR 2007, 757). Es kann über die vertraglich vereinbarte Mehrheitsherrschaft dann keine wirksame Verpflichtung zugunsten der Übertimmten oder an der Abstimmung nicht Beteiligten herbeigeführt werden (vgl. aber zur ggf. isolierten Bindung der Zustimmenden → Rn. 18).

b) Treuepflicht, Gleichbehandlung. Liegt die im Wege der Auslegung **16** ermittelte formelle Legitimation der Mehrheitsmacht sowie die antizipierte Zustimmung vor, ist auf einer **zweiten Stufe** konkret zu prüfen, ob die Gesellschaftermehrheit die inhaltlichen Grenzen der Ermächtigung eingehalten hat und sich nicht treupflichtwidrig über beachtenswerte Belange der Minderheit hinwegsetzt (BGH NJW 2007, 1685; NZG 2009, 183). Maßgeblich zur Beurteilung einer hieraus resultierenden Rechtswidrigkeit des Beschlusses sind die **Treuepflicht** und der **Gleichbehandlungsgrundsatz** ($\rightarrow$ § 714 Rn. 28); vgl. für Letzteres auch § 709 II ($\rightarrow$ § 709 Rn. 19). Für deren Verletzung trägt der Gesellschafter die **Beweislast** (BGH NJW 2007, 1685; NZG 2009, 183); die Gesellschaft muss ggf. die sachliche Rechtfertigung der Ungleichbehandlung beweisen ($\rightarrow$ § 714 Rn. 32 ff.). – Die Rechtmäßigkeit der Beschlussfassung über eine Beitragserhöhung bzw. die Heranziehung zu Nachschüssen auf der Grundlage einer nach dem Vorgesagten wirksamen Mehrheitsklausel richtet sich im Übrigen auch nach den in der Klausel selbst ggf. aufgenommenen Vorgaben. Hier haben die Gesellschafter weitgehende Gestaltungsfreiheit, Umstände zu definieren, wann welcher **zusätzliche Kapitalbedarf** besteht (vgl. BGH NJW-RR 2006, 827). Insofern gilt nichts anderes als bei §§ 26–28 GmbHG. Weitere allgemeine Grenzen ergeben sich aus dem Gebot, hiermit den **Gesellschaftszweck** zu verwirklichen, dem Übermaßverbot sowie der gleichmäßigen Heranziehung aller Gesellschafter. Letzteres kann jedoch aus sachlichen Gründen durchbrochen werden, wenn zB ein Gesellschafter nicht über die notwendige Finanzkraft verfügt. Demgegenüber ist es jedoch unzulässig, wenn die Beiträge allein deshalb erhöht werden, um die finanzschwache Minderheit aus der Gesellschaft zu drängen (BeckOK BGB/Schöne § 707 Rn. 9).

3. Rechtsfolgen

Werden die vorgenannten Anforderungen eingehalten, erwachsen aus dem **17** wirksamen Einforderungsbeschluss **individuelle Leistungspflichten** zulasten aller Gesellschafter nach Maßgabe des beschlossenen Inhalts der Beitragserhöhung bzw. des Nachschusses ($\rightarrow$ § 709 Rn. 5 ff.). Die **Beteiligungsverhältnisse** iSv § 709 III bleiben grundsätzlich unverändert. Es kann freilich auch zugleich eine Abänderung beschlossen werden, welche dann ihrerseits den Vorgaben der Treuepflicht- und Gleichbehandlungskontrolle unterliegt. Praktisch bedeutsam ist dies vor allem dann, wenn entgegen dem Gleichbehandlungsgrundsatz unterschiedlich hohe Beitragspflichten vereinbart werden.

Werden die Anforderungen nicht eingehalten, kommt es zu einer **gespaltenen Wirksamkeit:** Unproblematisch werden über den fehlerhaften **18** Beschluss keine Leistungspflichten der dissentierenden Gesellschafter oder derjenigen, die nicht an der Beschlussfassung teilnahmen, begründet (BGH NZG 2009, 501; 2014, 1296 Rn. 17; vgl. auch Schäfer Neues PersGesR/ Schäfer § 6 Rn. 61: niemals). Für die Zustimmenden gilt hingegen etwas anderes (zutreffend Wertenbruch DB 2014, 2875: relative Unwirksamkeit). Soweit sie nicht ihre Zustimmung davon abhängig gemacht haben, dass alle

Gesellschafter sich an der Beitragserhöhung beteiligen, kann es durchaus zur wirksamen Begründung von Leistungspflichten kommen (BGH NZG 2009, 862; NJW 2010, 65 (67)). Richtigerweise werden hierüber die internen **Beteiligungsquoten** jedoch nicht verändert, weil ansonsten die Sanktionierung einer die Beitragspflicht nicht legitimierenden Mehrheitsklausel weitgehend leerliefe (abw. möglicherweise BGH NJW 2011, 1667 Rn. 15, jedoch auf der Grundlage einer entsprechenden Klausel). Eine abweichende Beurteilung ist nur geboten, wenn für die Dissentierenden eine Zustimmungspflicht zur Beitragserhöhung (nicht: zur eigenen Leistungspflicht) besteht (dazu sogleich); ggf. kommt auch eine Ausschließung der Dissentierenden aus wichtigem Grund gemäß § 727 in Betracht (→ § 727 Rn. 11 ff.).

4. Zustimmungspflichten

19   Bei Fehlen einer (wirksamen) Mehrheitsklausel zur Beitragserhöhung bzw. Begründung von Nachschusspflichten können die Gesellschafter aufgrund der **Treuepflicht** verpflichtet sein, dieser ad hoc zuzustimmen (vgl. aber Begr. S. 142: seltener Fall). Das Gleiche gilt, wenn es eine entsprechende Mehrheitsklausel gibt, die hiernach erforderliche Beschlussmehrheit jedoch nicht zustande kommt. In allen Fällen setzt die Begründung etwaiger Zustimmungspflichten aber voraus, dass zumindest ein Gesellschafter eine entsprechende Maßnahme initiiert, mithin ein **Beschlusskonzept** vorlegt, anhand dessen dann die Konkretisierung der Treuepflicht praktisch erfolgen kann (in diese Richtung für die AG auch Reichert NZG 2018, 134). – Hiervon abzugrenzen ist die Zustimmung zur Begründung einer individuellen Leistungspflicht im Rahmen einer solchen Maßnahme, welche richtigerweise nicht im Wege einer Zustimmungspflicht ersetzt werden kann (→ Rn. 22).

20   **a) Voraussetzungen.** Eine Zustimmungspflicht kommt nur in Betracht, wenn die Beitragserhöhung bzw. Nachschüsse im **Gesellschaftsinteresse** geboten sind und es für den Gesellschafter unter Berücksichtigung seiner schutzwürdigen Belange **zumutbar** ist, dem zuzustimmen (so im Ergebnis auch BGH NJW-RR 2006, 827, jedoch mit der wenig überzeugenden Differenzierung zwischen Beitragserhöhung und eigenem Ausscheiden; vgl. hierzu Schäfer ZGR 2013, 237 (260)). Letzteres ist insbes. dann der Fall, wenn sie durch die Folgen der Zustimmung finanziell nicht schlechter stehen als ohne den betreffenden Beschluss (BGH NJW 2010, 65). Dies ist regelmäßig nur in **Sanierungssituationen** anzunehmen, wenn ein Kapitalschnitt zu Gebote steht (BGH NJW 2010, 65) oder wenn die Zustimmung zur Veräußerung der Fondsimmobilie alternativlos ist (OLG Düsseldorf NZG 2018, 297 Rn. 38 ff.; hierzu Findeisen BB 2018, 585 (587 f.)). Die **Beweislast** für diese Voraussetzungen trägt die Mehrheit.

21   Darüber hinaus verlangt der **BGH** zusätzlich, dass die konkrete Zustimmungspflicht Ausfluss einer bereits im Gesellschaftsvertrag niedergelegten **Erwartungshaltung** gegenüber dem Gesellschafter ist (BGH NJW 2011, 1667 Rn. 21 f.). Es muss also zur Bejahung einer Zustimmungspflicht bereits **im Gesellschaftsverhältnis angelegt** sein (Auslegung!), dass jeder Gesellschafter in der Schieflage der Gesellschaft ein weiteres Risiko auf sich nimmt

und sich an einer Kapitalerhöhung beteiligt (Formulierungsbeispiele bei
Wicke MittBayNot 2017, 125 (129)). Die Treuepflicht rechtfertigt es ansonsten nicht, in eine sachlich nicht unvertretbare gesellschaftsvertragliche Regelung ändernd einzugreifen (BGH NJW 2011, 1667 Rn. 21). Hierdurch werden letztlich Aspekte des früheren Bestimmtheitsgrundsatzes in die
Treuepflicht integriert, was zwar überzeugt, das vom BGH an anderer Stelle
ausdifferenzierte Zwei-Stufen-Modell der Beschlusskontrolle jedoch relativiert (kritisch auch S. Schneider NZG 2011, 575 (577)). Jedenfalls **bei der
GbR** ist es indessen im Kern berechtigt, dem Aspekt der erforderlichen
Erwartungshaltung eine besondere Bedeutung zuzusprechen. Personale Verbundenheit und Unternehmenskontinuität müssen hier nach wie vor stark
unter Berücksichtigung von Ersterem austariert werden. Die strengen Voraussetzungen an eine Zustimmungspflicht zur Beitragserhöhung sind daher nur
dann erfüllt, wenn der (allseits vereinbarte!) **Gesellschaftszweck die Kontinuität des Zusammenschlusses** zur Verfolgung unternehmerischer, beruflicher, steuerrechtlicher oder ideeller (ggf. auch familiärer) Ziele gebietet. –
Im Übrigen kann sich ein Gesellschafter durch vorherige **Kündigung** seiner
Mitgliedschaft gemäß § 725 von einer Zustimmungspflicht entziehen (vgl.
BGH NJW-RR 2006, 827; Nentwig WM 2011, 2168 (2174)).

b) Folgen. Die Bejahung eine Zustimmungspflicht begründet grundsätz- **22**
lich einen **klagbaren Anspruch** der Mitgesellschafter (vgl. RGZ 97, 329
(331), § 894 ZPO); richtigerweise sind in diesen Fällen die **dissentierenden
Stimmen** aber bereits bei der Beschlussfassung **nicht mitzuzählen** (vgl.
BGH NJW 1972, 862). Die Beschlussfassung ist hiernach auch ohne Zustimmung wirksam, der Gesellschaftsvertrag wird entsprechend geändert. – Im
Hinblick auf die weiteren **Folgen der Zustimmungspflicht** ist die Frage
der Zustimmungspflicht zur Beitragserhöhung von der Verpflichtung zur Beitragsleistung zu trennen. Die begründbare Zustimmungspflicht im Hinblick
auf die Beschlussfassung zur Beitragserhöhung vermag daher nicht auch eine
entsprechende individuelle Beitrags- oder Nachschusspflicht zu legitimieren
(Wertenbruch DB 2014, 2875). Kommt die erzwungene Beitragserhöhung
daher als Folge der Zustimmungspflicht zustande, erwachsen hieraus unmittelbar **keine Leistungspflichten** für den zustimmungsverpflichteten Gesellschafter (MüKoBGB/Schäfer § 707 Rn. 10). Eine abweichende Beurteilung
würde zu stark in die Privatautonomie des Gesellschafters in Bezug auf seine
Privatsphäre wirken, was nicht durch den gesellschaftsrechtlichen Zusammenschluss gedeckt ist (möglicherweise abw. BGH NZG 2009, 1143; für
„ganz besondere Ausnahmefälle" auch OLG Stuttgart GmbHR 2015, 309
Rn. 43).

Dies wirft konsequenterweise die Frage auf, ob der beitragsunwillige **23**
Gesellschafter gleichwohl von den regelmäßig zu erwartenden Erträgen aufgrund der übrigen Beitragsleistungen profitieren darf, mithin welche Folgen
eine solche **disquotale Kapitalerhöhung** für die **Beteiligungsverhältnisse**
iSv § 709 III hat. Der BGH hat es für zulässig gehalten, dass der Beitragsunwillige aufgrund einer vertraglichen Ausschließungsklausel ausgeschlossen
werden kann und gem. § 735aF (nunmehr § 728a) zum Nachschuss der bis

dahin angefallenen Verluste verpflichtet ist (BGH NJW 2010, 65). Man muss dies verallgemeinern und auch ohne entsprechende Regelung den **Ausschluss aus wichtigem Grund** gem. § 727 zulassen (so auch M. Haas NZG 2010, 984 (985); OLG Stuttgart GmbHR 2015, 309 Rn. 57). Als materielle Legitimation kann auch hier herangezogen werden, dass der Beitragsunwillige infolge des Ausschlusses nicht schlechter steht, als wenn die Übrigen sich an der Rettung der Gesellschaft nicht beteiligt hätten. Geltung beansprucht diese drastische Folge jedoch nur bei **Überschuldung** (so auch C. Weber DStR 2010, 702 (705)). Ist die Gesellschafterstellung infolge der Krise nur noch eine leere Hülse, verdient der Gesellschafter keinen Schutz dahingehend, an den Erträgen, die mit den Mitteln anderer erzielt werden, zu profitieren. Dies kann auch nicht pauschal damit entkräftet werden, dass den Ausscheidenden eine Nachhaftung gem. § 128b trifft (zutreffend OLG Stuttgart NZG 2013, 1061). – Die **Ausschließung** nach Maßgabe von § 727 kann auch **unmittelbar beschlossen** werden, ohne dass der Betroffene hieran mitwirken müsste (→ § 727 Rn. 17). Der von der Rechtsprechung vorgezeichnete Weg, zunächst eine Ausschließungsklausel zu beschließen (vgl. im Anschluss an BGH NJW 2010, 65 – Sanieren oder Ausscheiden noch OLG Düsseldorf ZInsO 2014, 2049), ist im Gesetz nicht vorgegeben und insbesondere in Sanierungssituationen auch nicht praxisgerecht (überzeugend daher nunmehr BGH NZG 2015, 995).

VI. Gestaltungsfreiheit

24   § 710 ist insoweit **zwingend,** als das **Zustimmungserfordernis** des einzelnen potentiell Verpflichteten zu einer Beitragserhöhung nicht durch gesellschaftsvertragliche Regelung abbedungen werden kann (Schäfer Neues Pers-GesR/Schäfer § 6 Rn. 15; eine eindeutige Klarstellung dieses Aspekts fordernd Bachmann, Stellungnahme, S. 8). Hiervon **abzugrenzen** ist freilich, dass eine **antizipierte Zustimmung** ausreicht, wenn diese wirksam vereinbart wurde (Auslegung gemäß §§ 133, 157) und sich der Umfang der potentiellen Mehrbelastung in klar umrissenen und überschaubaren Grenzen hält (→ Rn. 14). Im Übrigen ist es aber ohne weiteres zulässig, den Inhalt der Mehrbelastung sowie den Anlass und die Modalitäten der Einforderung durch die Gesellschaft vertraglich zu regeln.

VII. Darlegungs- und Beweislast

25   Die **Voraussetzungen für eine Beitragserhöhung** oder sonstige Mehrbelastungen hat derjenige zu beweisen, der sich darauf beruft, mithin die rechtsfähige GbR oder ansonsten die Mitgesellschafter. Dies ist insbesondere bedeutsam, soweit es die **antizipierte Zustimmung** des potentiell Betroffenen oder seines Rechtsvorgängers im Rahmen einer ggf. lange zuvor vereinbarten Mehrheitsklausel betrifft. Schriftliche Abreden sind aus Gründen der Rechtssicherheit insoweit dringend anzuraten, insbesondere auch wegen des Erfordernisses einer hinreichend bestimmten Obergrenze. Die Bejahung einer konkludenten Zustimmung unterliegt wegen der gravierenden Bedeutung für den einzelnen strengen Voraussetzungen.

VIII. Kautelarischer Handlungsbedarf infolge des MoPeG

Das **Mehrbelastungsverbot** hat gegenüber der bisherigen Rechtslage 26 **keine wesentlichen Änderungen** erfahren. Der Gesetzgeber hat es unterlassen, die Voraussetzungen für eine nachträgliche Beitragserhöhung bzw. eine Nachschusspflicht explizit zu regeln, insbesondere die Anforderungen an eine wirksame Zustimmung. Es gelten daher für bestehende und neue Klauseln nach wie vor die durch die Rechtsprechung herausgearbeiteten Vorgaben gemäß dem zweistufigen Ansatz der Beschlusskontrolle (→ Rn. 12). Eine kritische Überprüfung, ob eine gesellschaftsvertragliche Mehrheitsklausel hinreichend deutlich macht, dass hierüber Grundlagenentscheidungen und insbesondere Beitragserhöhungen fallen sollen, ist daher in jedem Fall angezeigt. Bezüglich der konkreten Ausgestaltung einer Mehrheitsklausel empfiehlt sich in formeller Hinsicht die Festlegung von gewissen **Dokumentationspflichten,** um die Rechtmäßigkeit bzw. Rechtswidrigkeit eines entsprechenden Beschlusses rechtssicher klären zu können (vgl. zur Beweislast → Rn. 25). Zudem ist auf eine **hinreichende Transparenz** zu achten: die Regelung sollte klar und verständlich formuliert und an prominenter Stelle im Gesellschaftsvertrag angesiedelt sein (vgl. BGH NJW 1983, 164).

Im Hinblick auf den Ausschluss eines Gesellschafters (§ 727) bzw. die 27 Anpassung der Beteiligungsverhältnisse (§ 709 III) als Reaktion auf eine **verweigerte Zustimmung** können sich indessen **Unterschiede gegenüber der früheren Rechtslage** ergeben (→ § 727 Rn. 5 ff., → § 709 Rn. 21 ff.). Möglich und ggf. geboten ist insofern die Festlegung von konkreten Rechtsfolgen bzw. Sanktionen im Falle einer verweigerten Zustimmung im Gesellschaftsvertrag: zB die Möglichkeit des Ausschlusses aus wichtigem Grund (vgl. dazu → § 727 Rn. 5) oder die Anpassung der Beteiligungsverhältnisse iSv § 709 I. Letzteres kann indes problematisch sein, da dadurch ggf. ein mittelbarer Druck zur Zustimmung durch die Gefahr der Verwässerung der Beteiligung ausgeübt wird.

§ 711 Übertragung und Übergang von Gesellschaftsanteilen

(1) ¹**Die Übertragung eines Gesellschaftsanteils bedarf der Zustimmung der anderen Gesellschafter. ²Die Gesellschaft kann eigene Anteile nicht erwerben.**

(2) ¹**Ist im Gesellschaftsvertrag vereinbart, dass im Fall des Todes eines Gesellschafters die Gesellschaft mit seinem Erben fortgesetzt werden soll, geht der Anteil auf den Erben über. ²Sind mehrere Erben vorhanden, fällt der Gesellschaftsanteil kraft Gesetzes jedem Erben entsprechend der Erbquote zu. ³Die Vorschriften über die Erbengemeinschaft finden insoweit keine Anwendung.**

Übersicht

I. Reform

1. Grundlagen, Bewertung

1   Der neue Abs. 1 S. 1 regelt erstmalig die **Übertragung von Gesellschaftsanteilen** unter Lebenden bei Personengesellschaften (→ Rn. 7, → Rn. 9 ff.).
Es war indessen bereits nach bisherigem Recht anerkannt, dass dies mit **Einverständnis der Mitgesellschafter** möglich ist (vgl. BGH NJW 1957, 1026;
1966, 499; 1966, 1307; 1981, 2747; MüKoBGB/Kieninger § 413 Rn. 9;
Reiff/Nannt DStR 2009, 2376). Die Reform hält hieran überzeugend fest.

Zu begrüßen ist auch, dass die Regelung ausdrücklich auf den Gesellschaftsanteil als (gemäß dem Abspaltungsverbot, vgl. § 711a) Inbegriff der mitgliedschaftlichen Rechte und Pflichten (vgl. BGH NZG 2020, 1304 Rn. 9) anstelle der früher maßgeblichen Mitgliedschaft bzw. Gesellschafterstellung als solche abstellt. Insofern ist dürfte es mittlerweile gesetzlich anerkannt sein, dass auch eine **Teilübertragung** möglich ist (vgl. zum früheren Recht BGH NJW 1957, 1026; BeckOGK/Kell § 719 Rn. 118). – Ohne sachliche Änderung gegenüber dem früheren Recht ist auch der neu eingeführte Abs. 1 S. 2, wonach die GbR und gemäß § 105 II HGB, § 161 II HGB auch OHG und KG **keine eigenen Anteile halten** können (→ Rn. 12). Dies begründet nach wie vor einen entscheidenden **Unterschied** der Personengesellschaften **zu den Körperschaften** (GmbH und AG; vgl. zum früheren Recht BGH NJW 1993, 1265; K. Schmidt ZIP 2014, 493) und kann rechtspolitisch durchaus kritisiert werden (vgl. Priester ZIP 2014, 245). Die eindeutige gesetzgeberische Entscheidung fügt sich aber in die tradierte Dichotomie von Personengesellschaften und Körperschaften ein und soll erklärtermaßen auch einer widersprechenden Rechtsfortbildung Einhalt gebieten (Begr. S. 143).

Abs. 2 ergänzt den nunmehr bestehenden Vorrang des Ausscheidens gegen- **2** über der Auflösung beim Tod eines Gesellschafters (vgl. § 723 I Nr. 1, § 730) und regelt im Hinblick auf die **Vererbung von Gesellschaftsanteilen** weitgehend das, was früher bereits anerkannt war: Der Gesellschaftsanteil kann vererblich gestellt werden, um dann im Wege einer **Sondererbfolge** unmittelbar auf die Erben überzugehen (→ Rn. 22 ff.). Zulässige Gestaltung sind insofern weiterhin einfache und qualifizierte, dh auf bestimmte Erben begrenzte, Nachfolgeklauseln (→ Rn. 26, → Rn. 34 ff.). Fehlt es an der Vererblichstellung, scheidet der Verstorbene aus der Gesellschaft aus, und die Erben sind allein im Rahmen der Auseinandersetzung berechtigt oder verpflichtet (Abfindung gemäß § 728 bzw. umgekehrt Fehlbetragshaftung gemäß § 728a, → Rn. 23). Als Alternative sind auch künftig Eintrittsklauseln, die (auch zu Gunsten von Nichterben) einen Anspruch auf Begründung der Mitgliedschaft gewähren (→ Rn. 37 f.), gleichermaßen zulässig wie die auf den Tod aufschiebend bedingte Anteilsübertragung (→ Rn. 39). Der Gesetzgeber hat es unterlassen, **schwierige Folgefragen der Sondererbfolge** zu regeln. Dies betrifft insbesondere die genaue Abgrenzung zum Nachlass, insbesondere bei der Erbengemeinschaft, sowie die Reichweite von Testamentsvollstreckung und Nachlassverwaltern (→ Rn. 28, → Rn. 33). Insofern besteht daher auch nach neuem Recht eine erhebliche **Rechtsunsicherheit** (kritisch auch Lange/Kretschmann ZEV 2021, 545 (548) und Weidlich/Friedberger notar 2021, 187 (190). Die Regelung beruht im Übrigen bereits auf dem Mauracher Entwurf.

2. Zeitliche Geltung

Abs. 1 tritt gemäß Art. 137 S. 1 MoPeG am **1.1.2024** in Kraft, eine Über- **3** gangsregelung ist nicht vorgesehen. Im Umkehrschluss aus Art. 229 § 61 EGBGB folgt daher, dass die Regelung auch auf Altgesellschaften ab dem Zeitpunkt des Inkrafttretens Anwendung findet. Bereits verwirklichte Tatbestände werden auch darüber hinaus nach dem Prinzip der **lex temporis**

actus nach altem Recht beurteilt (→ § 705 Rn. 3 ff.). Maßgeblicher Zeitpunkt für die rechtliche Beurteilung eines Übertragungsakts ist der der wesentlichen tatbestandlichen Verwirklichung; mithin bei rechtsgeschäftlichen Verfügungen die entsprechende Einigung. Ab 1.1.2024 gilt dann Abs. 1. Indem die Neuregelung indessen gegenüber der bisherigen Rechtslage keine Änderungen hervorruft, spielt diese Differenzierung in der Praxis keine Rolle. − Für **Abs. 2** gilt grundsätzlich das Gleiche. Insofern ist freilich zu berücksichtigen, dass die Regelung im untrennbaren Zusammenhang mit dem nunmehr verwirklichten Vorrang des Ausscheidens steht, für den **Art. 229 § 61 EGBGB** eine Übergangsregelung vorsieht. Hiernach gelten die eng mit Abs. 2 verbundenen §§ 723–728 aF mangels anderweitiger vertraglicher Vereinbarung weiter, wenn ein Gesellschafter bis zum 31.12.2024 die Anwendung dieser Vorschriften gegenüber der Gesellschaft schriftlich verlangt, bevor innerhalb dieser Frist ein zur Auflösung der Gesellschaft oder zum Ausscheiden eines Gesellschafters führender Grund eintritt. Das Verlangen kann durch einen Gesellschafterbeschluss zurückgewiesen werden. Findet eine solche Zurückweisung nicht statt, gelten die §§ 723–728 in der vor dem 1.1.2024 geltenden Fassung zeitlich unbegrenzt weiter (→ § 723 Rn. 38 ff.). Wenngleich die Gesetzgebung darauf verzichtete, Abs. 2 explizit in diese Übergangsregelung einzubeziehen, spricht doch Vieles dafür, dies **einheitlich zu beurteilen.** Das **Schicksal der Gesellschafterstellung** im Fall des Todes eines Gesellschafters richtet sich daher nach der Rechtslage, die nach Maßgabe von Art. 229 § 61 EGBGB gilt. − Vgl. im Übrigen zum kautelarischen Handlungsbedarf (→ Rn. 20 f., → Rn. 41 ff.).

II. Normzweck, Anwendungsbereich

4   Die durch **Abs. 1** ermöglichte und wegen des personalistischen Leitbilds der Personalgesellschaft an die Zustimmung der Mitgesellschafter gebundene Übertragung von Gesellschaftsanteilen **unter Lebenden** ist eine Verfügung gemäß §§ 413, 398 (MüKoBGB/Kieninger § 413 Rn. 9). Sie ist abzugrenzen vom Gesellschafterwechsel durch Doppelvertrag, mithin der sukzessiven Kombination von Ausscheiden und Eintritt (→ Rn. 7). Die Regelung wird ergänzt durch das Abspaltungsverbot gemäß § 711a, was insbesondere für den Umfang der **Rechtsnachfolge des Erwerbers** bedeutsam ist (→ Rn. 14 ff.). − **Abs. 2** ermöglicht die **Nachfolge von Todes wegen** in einen Gesellschaftsanteil, wenn dieser im Gesellschaftsvertrag **vererblich gestellt** wurde (→ Rn. 22). Sind mehrere Erben vorhanden, stellt Abs. 2 S. 2 klar, dass sich die **Sondererbfolge** an der Erbquote orientiert (→ Rn. 27); Abs. 2 S. 3 schließt konsequenterweise aus, dass die Gesellschafter als Erbengemeinschaft in die Gesellschaft einrücken (→ Rn. 22). Die Regelung wird ergänzt durch § 724, wonach die Erben die Einräumung einer Kommanditistenstellung verlangen können (→ § 724 Rn. 6 ff.).

5   § 711 gilt bei **jeder GbR** (vgl. zur nicht rechtsfähigen den Verweis in § 740 II, → § 740 Rn. 14). Sie gilt gemäß § 105 II HGB, § 161 II HGB auch bei OHG und KG (vgl. insofern aber Schäfer Neues PersGesR/Bergmann

§ 7 Rn. 15: nunmehr Rechtsanalogie statt früherer Rechtsgrundverweisung, was im Ergebnis aber dasselbe ist). Bei der Partnerschaftsgesellschaft gilt Abs. 1 ohne weiteres (vgl. § 1 IV PartGG); im Hinblick auf die Vererbung gilt § 9 IV PartGG. Vgl. im Übrigen zur entsprechenden Anwendung von § 711 bei der Bestellung von Sicherheiten → Rn. 17 ff.

III. Übertragung von Gesellschaftsanteilen (Abs. 1)

1. Grundlagen

Der **Gesellschafterwechsel** in einer GbR war bislang bereits möglich **6** (vgl. nur Henssler/Strohn/Servatius § 705 Rn. 73 ff.; Reiff/Nannt DStR 2009, 2376), ebenso der alleinige **Eintritt** eines neuen Gesellschafters oder das alleinige **Ausscheiden** des Gesellschafters auf vertraglicher Grundlage (vgl. ansonsten für die Kündigung der Mitgliedschaft und den Ausschluss §§ 725 ff. und für das Versterben Abs. 2 → Rn. 22 ff.). Dies gilt für rechtsfähige und nicht rechtsfähige GbR gleichermaßen (MüKoBGB/Schäfer § 719 Rn. 32; vgl. zu Letzteren § 740 II, der auf § 711 verweist). Es handelt sich in allen Fällen um ein **Grundlagengeschäft** und bedarf einer Änderung des Gesellschaftsvertrages (RGZ 52, 161 (162)), ggf. unter Beteiligung des Eintretenden (vgl. zur abweichenden Beurteilung bei Publikumsgesellschaften durch Vertrag mit der Gesellschaft BGH NJW 1978, 1000; DB 2011, 984; Henssler/Strohn/Servatius HGB Anh. Rn. 18). Die Gesellschafter können sich gegenseitig vertreten (BGH WM 1976, 15; 1978, 136) und auch einen Nichtgesellschafter hierzu bevollmächtigen (vgl. für Publikumsgesellschaften, jedoch verallgemeinerungsfähig, BGH NJW 2006, 2980; 2007, 1813). Sofern bei diesen Gestaltungen Insichgeschäfte iSv § 181 vorliegen, kann eine Befreiung vom Verbot des Selbstkontrahierens bzw. der Mehrfachvertretung auch durch den Gesellschaftsvertrag erfolgen (vgl. OLG München BeckRS 2014, 08355). – Als Rechtsfolge des Eintritts eines neuen Gesellschafters wird die **Identität der GbR** nicht berührt (vgl. BGH NJW 2001, 1056), ebenso wenig durch das ersatzlose Ausscheiden, wenn kein Fall von § 712a vorliegt (vgl. → § 712a Rn. 9). Die in § 712 wie vor als **An- und Abwachsung** bezeichneten Folgen des Gesellschafterwechsels betreffen indessen nur noch die **Gesellschafterstellung** im Verhältnis zu den Mitgesellschaftern und nicht mehr die vermögensmäßige Beteiligung am Gesellschaftsvermögen (Bachmann NZG 2020, 612 (616); Einzelheiten bei → § 712 Rn. 5 ff., 21 ff.).

Im Hinblick auf die rechtliche Konstruktion eines Gesellschafterwechsels **7** ist zu differenzieren: Er kann auch nach der Reform einmal durch **Doppelvertrag** erfolgen, mithin durch vertragliche Regelungen über das Ausscheiden des Altgesellschafters und die Aufnahme des Neuen (BGH NJW 1966, 499; 1975, 166 (167); Lieder ZfPW 2016, 205; Schäfer Neues PersGesR/Bergmann § 7 Rn. 3; Bochmann ZGR-Sonderheft 21 (2021), 221 (225)). Hierbei handelt es sich um die konsekutive Verwirklichung eines rechtlich jeweils gesondert zu beurteilenden Austritts und Eintritts mit den Folgen der An- und Abwachsung gemäß § 712 (→ Rn. 6). Konsequenterweise werden hierdurch auch Abfindungs- und Verlustausgleichsansprüche gemäß §§ 728, 728b ausgelöst, so dass die praktische Bedeutung gering ist. Bei der zweigliedrigen GbR ist dieses Vorgehen wegen § 712a nicht möglich (MüKoBGB/ Schäfer § 719 Rn. 19). – Die **Gesellschafterstellung** kann indessen auch **als solche übertragen** werden, was eine unmittelbare Rechtsnachfolge nach sich zieht (vgl. früher bereits BGH NJW 1966, 1307; 1981, 2747; 1978, 1225; 1966, 499; abw. noch BGH NJW 1954, 1155). **Abs. 1** erkennt dies nunmehr ausdrücklich an, freilich durch begrüßenswerte Fokussierung auf den **Gesellschaftsanteil** anstelle der früher maßgeblichen Mitgliedschaft bzw. Gesellschafterstellung als solche. Insofern dürfte es mittlerweile gesetzlich anerkannt sein, dass auch eine **Teilübertragung** möglich ist (zurückhaltend Schäfer Neues PersGesR/Bergmann § 7 Rn. 4 f.; vgl. zum früheren Recht restriktiv BGH NJW 1957, 1026; BeckOGK/Kell § 719 Rn. 118); vgl. im Hinblick auf einzelne Rechte und Pflichten der Gesellschafterstellung aber das Abspaltungsverbot gemäß § 711a (→ Rn. 14 ff.). Im Übrigen ist aber auch die (Teil)Übertragung von Gesellschaftsanteilen an die Mitgesellschafter derselben GbR möglich.

8   Erforderlich ist in allen Fällen der Anteilsübertragung eine **Abtretung** gemäß §§ 413, 398 zwischen Veräußerer und Erwerber (vgl. zur schuldrechtlichen Grundlage § 453). Zudem müssen im gesetzlichen Regelfall die **übrigen Gesellschafter** gemäß §§ 182 ff. – vorher oder nachträglich – **zustimmen.** Die hierdurch ermöglichte unmittelbare Übertragung der Mitgliedschaft mit „Zustimmung" der anderen Gesellschafter ist somit nicht (mehr) in die Notwendigkeit einer entsprechenden Änderung des Gesellschaftsvertrags eingebettet (so bislang bereits MüKoBGB/Schäfer § 719 Rn. 27). Konsequenterweise kann die durch Zustimmung legitimierte Übertragbarkeit auch nicht mehr als Umgehung der Kündigungsvorschriften bzw. etwaiger Kündigungsfristen in Bezug auf die Mitgliedschaft gemäß § 725 eingeschränkt werden (abw. früher BGH NJW-RR 1989, 1259 (1260)). Im Hinblick auf das schuldrechtliche Verpflichtungsgeschäft besteht mangels unmittelbarer Rechtsbeeinträchtigung der Gesellschafter indessen keine Zustimmungspflicht (BGH BB 1958, 57; WM 1961, 303 (304); vgl. auch BeckOGK/Kell § 719 Rn. 74). – Im Übrigen regelt Abs. 1 S. 2 ohne Abweichung gegenüber dem bisherigen Recht zwingend, dass eine **Anteilsübertragung an die GbR unzulässig** ist (→ Rn. 12). Wie bislang kann aber ohne weiteres im Wege der Anteilsübertragung auch ein simultaner **Austausch der Gesellschaftergesamtheit** herbeigeführt werden (vgl. BGH NJW 1966, 499; ZIP 2016, 211 Rn. 27), was bei unternehmenstragenden GbR Vorteile gegenüber einem Asset Deal hervorbringt (die Grunderwerbssteuerpflicht folgt in diesen Fällen aus § 1 IIa GrEStG). Vgl. im Übrigen die Umwandlungsfähigkeit von GbR gemäß § 3 I Nr. 1 UmwG. – Vgl. im Übrigen zur entsprechenden Anwendung von § 711 bei der **Bestellung von Sicherheiten** → Rn. 17 ff.

2. Zustimmung der Mitgesellschafter (S. 1)

9   Die im Ausgangspunkt **zwingend erforderliche** Zustimmung richtet sich nach **§§ 183, 184** und ermöglicht eine (vorherige) Einwilligung oder (nach-

trägliche) Genehmigung (vgl. BGH NJW 1954, 1155; Reiff/Nannt DStR 2009, 2376 (2377)). Die konkrete Ausgestaltung des Zustimmungserfordernisses ist indessen dispositiv: Sie kann bereits **im Gesellschaftsvertrag** erteilt werden (vgl. BGH NJW 1954, 1155), sei es als generelle Übertragbarstellung des Gesellschaftsanteils bzw. der Mitgliedschaft oder nach Maßgabe bestimmter Kriterien. Die Mitteilung der Übertragung an die Mitgesellschafter ist in diesen Fällen nicht erforderlich, zur Vermeidung von §§ 407, 408 iVm § 413 aber zu empfehlen (BeckOGK/Kell § 719 Rn. 99). Fehlt eine solche Regelung, müssen hierüber die übrigen **Gesellschafter ad hoc** entscheiden, im gesetzlichen Regelfall individuell.

Die **Zustimmung** ist gemäß § 182 II **formfrei** möglich (Begr. S. 141; **10** vgl. BGH NJW 1983, 1110; BeckOGK/Kell § 719 Rn. 99). Dies gilt auch bei Gesellschaften, die Grundstücke oder GmbH-Anteile halten (vgl. BGH NJW 1983, 1110; Schäfer Neues PersGesR/Bergmann § 7 Rn. 6; zu Umgehungsaspekten BGH NZG 2008, 372 Rn. 11 ff.; zur hiervon abzugrenzenden Formbedürftigkeit des Kausalgeschäfts gemäß §§ 518, 311b oder § 15 IV GmbHG s. MüKoBGB/Schäfer § 719 Rn. 33 ff.). Eine **konkludente** Zustimmung ist konsequenterweise ebenfalls möglich und kann im bewussten Dulden eines Gesellschafterwechsels gesehen werden, was freilich im Hinblick auf den maßgeblichen Zeitpunkt problematisch sein kann. – Bei anfänglich erteilter Zustimmung ist die Anteilsübertragung sogleich wirksam, ansonsten schwebend unwirksam. Die erteilte Zustimmung wirkt dann gemäß § 184 I im Zweifel auf den Zeitpunkt der Übertragung zurück (BGH NJW 1954, 1155; BeckOGK/Kell § 719 Rn. 76; abw. Soergel/Hadding/Kießling § 719 Rn. 14); Abweichendes kann freilich durch die Zustimmenden bestimmt werden (vgl. für einen Widerrufsvorbehalt BGH WM 1968, 303 (305)). Mit der Ablehnung der Zustimmung durch alle oder einzelne Mitgesellschafter wird die Übertragung endgültig unwirksam (vgl. BGH NJW 1954, 1155). – Nach Maßgabe von § 1643 I, § 1852 kann sich bei der Beteiligung von der **Minderjährigen** sowie in den Fällen der **Zugewinngemeinschaft** (§ 1365) das Erfordernis einer familiengerichtlichen Genehmigung ergeben (BeckOGK/Kell § 719 Rn. 93). Die Übertragung kann auch wegen Verstoßes gegen das **RDG** nichtig sein (vgl. BGH NZG 2010, 991 (993); vgl. zur fehlerhaften Anteilsübertragung → § 719 Rn. 21 ff.

Eine (ggf. allgemeine) gesellschaftsvertragliche **Mehrheitsklausel** ist im **11** Wege der Auslegung gemäß §§ 133, 157 zu würdigen, ob sie auch die Zustimmung zur Anteilsübertragung umfasst (vgl. BGH NJW 2015, 859; zum Ganzen → § 714 Rn. 20 ff.). Dies zu bejahen, liegt regelmäßig nahe, wenn sich die Klausel auch auf die Änderung des Gesellschaftsvertrags bzw. auf Grundlagenentscheidungen erstreckt (vgl. für die Übertragung von Kommanditanteilen BGH NZG 2014, 1296; MüKoBGB/Schäfer § 719 Rn. 28; Schäfer Neues PersGesR/Bergmann § 7 Rn. 4; abw. noch BGH WM 1961, 303 (304)). Eine abweichende Beurteilung ist freilich geboten, wenn der gesellschaftsvertragliche **Zusammenschluss höchstpersönliche Züge** trägt, insbesondere bei Familien- oder Zweckgesellschaften. Dann müssen für die Möglichkeit des Mitgliederwechsels durch Mehrheitsentscheidung hinreichend deutliche Anhaltspunkte bestehen. Der Praxis sind jedenfalls klare Regelungen anzuraten (→ Rn. 21). – Ist ein Mehrheitsbeschluss ausreichend, unterliegt der veräußerungswillige Gesellschafter keinem Stimmverbot (vgl. BayObLG BB 1992, 226; MüKoBGB/Schäfer § 719 Rn. 28). Die (übrigen) Gesellschafter können auch grundsätzlich frei entscheiden, ob sie der Abtretung der Gesellschaftsanteile zustimmen oder nicht. Eine **Zustimmungspflicht** gemäß Treuepflicht kommt bei der nach dem gesetzlichen Leitbild personalistischen Gesellschaft nur ausnahmsweise in Betracht (vgl. BGH NJW-RR 2005, 263; BeckOGK/Kell § 719 Rn. 92; zum Ganzen → § 714 Rn. 28). Die Fungibilität der Gesellschaftsanteile ist auch nach der Reform nicht der gesetzliche Regelfall. Zur Wahrung der Unternehmenskontinuität kann eine Zustimmungspflicht indessen geboten sein, um das ersatzlose Ausscheiden des Austrittswilligen und die hiermit verbundenen wirtschaftlichen Folgen gemäß § 728 zu verhindern. – Umgekehrt obliegt auch dem **übertragenen Gesellschafter** die Treuepflicht, von einer gesellschaftsvertraglichen Ermächtigung nur nach Maßgabe des **Rücksichtnahmegebotes** Gebrauch zu machen. Praktisch relevant ist dies vor allem im Bereich von Wettbewerbsverboten (vgl. BGH ZIP 1982, 309 (310); NJW 2015, 859) sowie unter Geheimhaltungsaspekten.

3. Keine Übertragung an die GbR (S. 2)

12   Der neu eingeführte Abs. 1 S. 2 verhindert, dass die GbR und gemäß § 105 II HGB, § 161 II HGB auch OHG und KG eigene Anteile halten. Dies begründet nach wie vor einen entscheidenden **Unterschied** der Personengesellschaften **zu den Körperschaften** (GmbH und AG; vgl. zum früheren Recht BGH NJW 1993, 1265; K. Schmidt ZIP 2014, 493) und kann rechtspolitisch durchaus kritisiert werden (vgl. Priester ZIP 2014, 245). Die eindeutige gesetzgeberische Entscheidung fügt sich aber in die tradierte Dichotomie von Personengesellschaften und Körperschaften ein und soll erklärtermaßen auch einer widersprechenden Rechtsfortbildung Einhalt gebieten (Begr. S. 143). – Wird gegen Abs. 1 S. 2 verstoßen, ist die **Übertragung nichtig** (Begr. S. 141). Vom Verbot nicht erfasst wird freilich die Möglichkeit, Anteile an einen Treuhänder zu übertragen, was in der Praxis die Notwendigkeit des Haltens eigener Anteile durch die Personengesellschaft entbehrlich machen dürfte (zutreffend Begr. S. 141). – Das Verbot des Haltens eigener Anteile gilt auch **beim Ausscheiden** eines Gesellschafters, weil § 712 I insofern zwingend die Anwachsung vorsieht (→ § 712 Rn. 18).

4. Folgen der Anteilsübertragung

13   Der Erwerber des Gesellschaftsanteils tritt anders als beim Doppelvertrag als **Rechtnachfolger** des bisherigen Gesellschafters zum Zeitpunkt der Wirksamkeit der Übertragung oder eines vereinbarten späteren (nicht früheren!) Zeitpunkt in dessen Mitgliedsstellung ein (BGH WM 1986, 1314 (1315); NJW 1999, 715 (717); DB 2003, 497; BeckOGK/Kell § 719 Rn. 103). Die **Identität der GbR** als Rechtssubjekt verändert sich nicht (vgl. BGH NJW 2001, 1056). Bei eingetragenen GbR ist die Änderung des Gesellschafterbestands gemäß § 707 III 1 beim **Registergericht** anzumelden

(→ § 707 Rn. 11 ff.). Der ausscheidende Gesellschafter hat keinen Abfindungsanspruch gegen die Gesellschaft gemäß 728 und ist auch umgekehrt ihr gegenüber nicht zur Verlusttragung gemäß § 728b verpflichtet (Henssler/Strohn/Kilian § 719 Rn. 13). Die zwingende **Gesellschafterhaftung** des Eintretenden richtet sich nach § 721a S. 1 (→ § 721a Rn. 7 ff.), die des Ausgeschiedenen nach § 728b 1 (→ § 728b Rn. 8 ff.).

Der Erwerber rückt in die **Geschäftsführungsbefugnis und Vertre- 14 tungsmacht** des Veräußerers ein, wenn gesellschaftsvertraglich nichts Abweichendes vereinbart wurde (einschränkend unter dem Aspekt der Höchstpersönlichkeit, was durch Auslegung zu ermitteln ist, MüKoBGB/Schäfer § 719 Rn. 41). Insofern sind eindeutige Regelungen im Gesellschaftsvertrag praktisch geboten, um keine Rechtsunsicherheit entstehen zu lassen. Bei eingetragenen GbR ist die Änderung der Vertretungsbefugnis gemäß § 707 III 1 beim Registergericht anzumelden (→ § 707 Rn. 11 ff.). – Nach Maßgabe des Abspaltungsverbots gemäß § 711a S. 1 (→ § 711a Rn. 7 ff.) kommt es infolge der Übertragung auch zu einem (automatischen) **Übergang der Gesellschafterrechte und -pflichten** auf den Erwerber mit Wirkung **ex nunc.** Die gesellschaftsrechtliche Pflichtenbindung des Ausscheidenden im Innenverhältnis endet mit dem Zeitpunkt der wirksamen Anteilsübertragung; der neue Gesellschafter rückt in diese entsprechend ein.

Im Hinblick auf bereits **entstandene Vermögensansprüche** sind von 15 der Rechtsnachfolge abweichende Vereinbarungen zwischen Veräußerer und Erwerber sind gemäß § 711a S. 2 zulässig (vgl. BGH NJW 1966, 1307; WM 1986, 1314 (1316)). Die Mitgesellschafter oder die GbR sind hieran nicht zu beteiligen. Praktisch bedeutsam ist dies insbesondere bei bereits entstehenden Gewinn- und Aufwendungsersatzansprüchen oder bzw. allgemein für Guthaben auf Kapitalkonten. Diese können beim Veräußerer belassen werden, sodass dieser allein sie dann auch nach Ausscheiden aus der GbR weiter geltend machen kann (einschr. BGH NJW 1973, 328; WM 1986, 1314 (1315); MüKoBGB/Schäfer § 719 Rn. 43). Der Praxis ist dringend anzuraten, hier eindeutige Abreden zu treffen und diese auch den Mitgesellschaftern mitzuteilen. – Ansprüche eines Gesellschafters aus **Drittgeschäften** werden von vornherein nicht von der Rechtsnachfolge umfasst (undeutlich MüKoBGB/Schäfer § 719 Rn. 43), sodass sie beim Veräußerer verbleiben. Dies gilt insbesondere auch, wenn Gewinnansprüche in Darlehensforderungen umgewandelt wurden (vgl. BGH DB 1978, 877). Das Gleiche gilt, wenn der Veräußerer vor der Ansatzübertragung bereits über einen Sozialanspruch **verfügt** hat, insbesondere durch Abtretung an Dritte (vgl. BGH BB 2003, 545 (546)).

Im Hinblick auf **rückständige Sozialverbindlichkeiten** eines Gesell- 16 schafters gegenüber der GbR bzw. den Mitgesellschaftern erfolgt im gesetzlichen Regelfall **keine Rechtsnachfolge** (undeutlich BGH NJW 1966, 1307). Für eine entsprechende Anwendung von § 16 II GmbHG gibt es keine methodisch hinreichende Grundlage (abw. wohl Reiff/Nannt DStR 2009, 2376 (2381)); insofern hätte vielmehr der Reformgesetzgeber für Klarheit sorgen müssen. Im Ausgangspunkt bleibt daher allein der Ausscheidende gegenüber der GbR bzw. den Mitgesellschaftern verpflichtet und kann aufgrund der vertraglichen Abrede über die Anteilsübertragung ggf. vom Erwerber **schuldrechtlich Regress** oder Freistellung verlangen. Umgekehrt hat der Erwerber hierfür der Gesellschaft oder den Mitgesellschaftern gegenüber nicht einzustehen. – Praktisch bedeutsam und richtigerweise erforderlich sind auf dieser Grundlage **vertragliche Modifizierungen:** Dies betrifft insbesondere einvernehmliche Regelungen unter Beteiligung der Mitgesellschafter, ggf. im Rahmen der erforderlichen Zustimmung nach Maßgabe von Abs. 1 S. 1 (→ Rn. 9 ff.), was aber stets durch **Auslegung** zu ermitteln ist. Hiernach können Veräußerer und Erwerber als **Gesamtschuldner** für rückständige Gesellschaftsverbindlichkeiten einstehen müssen (vgl. hierzu Reiff/ Nannt DStR 2009, 2376 (2381)). Der neue Gesellschafter tritt dann rückwirkend in die Pflichten des bisherigen Gesellschafters ein (vgl. zum Innenregress nach Maßgabe von § 426 BGH NJW 1981, 1095 (1096)). Möglich ist auch, dass dem **bisherigen Gesellschafter** die Verbindlichkeiten **erlassen** werden, sodass allein der Erwerber hierfür einstehen muss. Für eine derartige befreiende Schuldübernahme bedarf es gemäß § 415 in jedem Fall der Zustimmung der GbR bzw. der Mitgesellschafter (zutreffend MüKoBGB/Schäfer § 719 Rn. 44). In der bloßen Zustimmung zur Anteilsübertragung kann dies nicht gesehen werden (abw. wohl BGH WM 1968, 892). In allen Fällen ist der Praxis dringend anzuraten, eindeutige Regelungen zu treffen.

5. Sicherungsrechte Dritter

17   **a) Pfändung des Gesellschaftsanteils.** Die Pfändung und Überweisung des Gesellschaftsanteils durch einen **Privatgläubiger eines Gesellschafters** nach Maßgabe von §§ 829, 835, 857 ZPO ist zwingend **auch ohne Zustimmung** der Mitgesellschafter möglich. Entgegen der Terminologie von § 859 I 1 ZPO aF wird insofern freilich nicht der „Anteil eines Gesellschafters am Gesellschaftsvermögen" gepfändet, sondern die Mitgliedschaft als Inbegriff aller Rechte und Pflichten aus dem Gesellschaftsverhältnis (BGH NJW 1992, 830 (832); BeckRS 2020, 28124 Rn. 20; OLG München BeckRS 2008, 18097; OLG Köln NJW-RR 1994, 1517 (1519); missverständlich BGH NZG 2019, 710 Rn. 31). Indem § 859 ZPO sich nunmehr allein auf die Erbengemeinschaft erstreckt, wurde die terminologische Schieflage durch den Gesetzgeber auch beseitigt. Dies gilt auch bei der nicht rechtsfähigen GbR. Vgl. im Übrigen zur Kündigungsmöglichkeit des Privatgläubigers → § 726 Rn. 8 ff. – Im Übrigen bleibt die **Gesellschafterstellung trotz Pfändung übertragbar,** wenn dies im Gesellschaftsvertrag vorgesehen ist bzw. die Mitgesellschafter zustimmen (→ Rn. 9 ff.). Das Pfändungspfandrecht bleibt nämlich auch zulasten des Erwerbers bestehen (BeckOGK/Geibel § 725 Rn. 32).

18   **b) Verpfändung des Gesellschaftsanteils.** Die Möglichkeit der Verpfändung eines Gesellschaftsanteils gemäß §§ 1273, 1280 richtet sich nach § 711 I und bedarf damit der (ggf. antizipierten) **Zustimmung der Mitgesellschafter** (BGH NJW-RR 2010, 924 Rn. 11; Grüneberg/Wicke § 1274 Rn. 6; → Rn. 9 ff.). Die Verpfändung einzelner Gesellschafterrechte ist grundsätzlich gemäß § 711a S. 1 iVm § 1274 II unzulässig; etwas anderes gilt

nach S. 2 allein für Vermögensansprüche aus der Mitgliedschaft (→ § 711a Rn. 19 ff.).

c) Treuhand. Die treuhänderische Übertragung eines Gesellschaftsanteils **19** an einen Dritten begründet **keinen Verstoß gegen das Abspaltungsverbot** (→ § 711a Rn. 7). Erforderlich ist freilich auch insofern die ggf. antizipierte Zustimmung der Mitgesellschafter gemäß Abs. 1 S. 1 (→ Rn. 9 ff.). Der Treuhänder ist als (formaler) Gesellschafter Vollinhaber der aus der Gesellschafterstellung resultierenden Rechte und unterliegt den entsprechenden Pflichten (BGH NJW-RR 1991, 1441). Eine andere Beurteilung ist geboten, wenn der **Treugeber** aufgrund vertraglicher Vereinbarung mit den Gesellschaftern ein **Quasi-Gesellschafter** werden soll (→ § 711a Rn. 16).

6. Kautelarischer Handlungsbedarf infolge des MoPeG

Da das Zustimmungserfordernis zur Übertragung gemäß Abs. 1 S. 1 und **20** das Verbot der Übertragung an die GbR selbst gemäß Abs. 1 S. 2 bereits bislang allgemein anerkannt waren (→ Rn. 1), ändert sich für die kautelarische Praxis insofern nichts. Soll die **Übertragbarkeit nachträglich eingeführt** werden, bedarf es einer entsprechenden Änderung des Gesellschaftsvertrages. Wegen der vorrangig begünstigenden Wirkung dürfte eine allgemeine **Mehrheitsklausel** hierfür eine hinreichende Grundlage bieten (→ Rn. 11). Auf der 2. Stufe der Rechtskontrolle kann freilich im Einzelfall ein **Treupflichtverstoß** zu bejahen sein, wenn hierdurch der bislang höchstpersönliche Personenzusammenschluss der Gesellschafter konterkariert wird, weil sich das Eindringen Fremder abzeichnet.

Im Hinblick auf die (ggf. antizipierte) **Zustimmung der Mitgesellschaf-** **21** **ter** ist es möglich, diese pauschal zu erteilen (BGH NJW 1954, 1155) oder die Übertragbarkeit an besondere Voraussetzungen zu knüpfen. Dies betrifft etwa Regelungen, wonach die Zustimmung **nur aus wichtigem Grund verweigert** werden darf (vgl. OLG Bremen DStR 2007, 1267; Henssler/Strohn/Henssler HGB § 105 Rn. 121). Ein solcher liegt darin begründet, dass besondere Umstände dem Eintritt eines Dritten entgegenstehen (vgl. BGH WM 1961, 303 (305)). Der veräußerungswillige Gesellschafter kann die Zustimmung der Mitgesellschafter gegen diese gerichtlich durchsetzen (§ 894 ZPO). An die Bejahung einer **antizipierten Zustimmung** zur Anteilsabtretung sind im Rahmen der **Auslegung** bei einem geringen Gesellschafterbestand wegen der hierdurch indizierten Persönlichkeit des Zusammenschlusses höhere Anforderungen zu stellen als bei großen Gesellschaften, insbesondere Publikums-GbR. – Möglich ist es auch, im Gesellschaftsvertrag **Vor- oder Ankaufsrechte** zu vereinbaren (vgl. OLG Hamm NZG 1999, 712 (713)).

IV. Vererbung von Gesellschaftsanteilen (Abs. 2)

1. Grundlagen

Abs. 2 ergänzt den nunmehr geltenden **Vorrang des Ausscheidens** **22** gemäß § 723 I Nr. 1. Der Tod eines Gesellschafters führt hiernach ohne entsprechende gesellschaftsvertragliche Regelung allein zu dessen Ausscheiden; die Auflösung der Gesellschaft erfolgt nur, wenn dies vorgesehen ist (vgl. § 730). Insofern bedarf es daher abweichend vom früheren Recht nicht mehr einer entsprechenden Fortsetzungsklausel. Etwas anderes gilt aber für die **Vererblichstellung der Mitgliedschaft,** denn Abs. 2 S. 1 ordnet explizit an, dass diese nur in Betracht kommt, **wenn im Gesellschaftsvertrag vereinbart** wurde, dass die Gesellschaft im Fall des Todes eines Gesellschafters mit dessen Erben fortgesetzt werden soll. Dies war bereits nach bisherigem Recht prinzipiell anerkannt. Das Gleiche gilt für die durch Abs. 2 S. 2 nunmehr ebenfalls ausdrücklich geregelte **Sondererbfolge,** wonach der Gesellschaftsanteil des Verstorbenen jedem Erben unmittelbar zufällt, mithin abweichend von der erbrechtlichen Universalsukzession nicht der Erbengemeinschaft. Im Übrigen soll die Neuregelung im Hinblick auf die bisherige Zulässigkeit qualifizierter Nachfolgeklauseln und die Testamentsvollstreckung keine Neuerungen bringen (Begr. S. 144). Die Regelung wird **ergänzt durch § 724,** wonach die Erben des Verstorbenen im Fall der Vererblichstellung des Gesellschaftsanteils verlangen können, dass ihnen eine Stellung als Kommanditist eingeräumt wird. – Die **praktische Bedeutung** der gesellschaftsvertraglichen Vererblichstellung dürfte bei der GbR nach wie vor geringer sein als bei OHG und KG. Dies betrifft jedenfalls Gelegenheitsgesellschaften oder GbR mit ideeller Zwecksetzung. Bei unternehmenstragenden oder vermögensverwaltenden Gesellschaften ist zu berücksichtigen, dass die personale Verbundenheit hierdurch insofern aufgeweicht wird, als die Gesellschafter wegen der Akzessorietät zur Erbenstellung und der Testierfreiheit des Verstorbenen weniger in der Lage sind, das Eindringen Dritter in die Gesellschaft zu steuern. Dies dürfte bei Familiengesellschaften bedeutsam sein, sodass hier wenigstens über qualifizierte Nachfolgeklauseln sachgerechte Lösungen zu suchen sind. Umgekehrt hat die Vererblichstellung aber auch Vorteile im Hinblick auf die Unternehmenskontinuität, da die ansonsten drohenden Vermögensabflüsse durch Abfindungsansprüche (vgl. § 728) verhindert werden können (vgl. zum Ganzen auch Freitag ZGR 2021, 534). – Vgl. im Übrigen zu den **steuerrechtlichen Auswirkungen** von Abs. 2 Stein ErbBstG 2021, 73.

23   **a) Tod eines Gesellschafters.** Der Tod eines Gesellschafters führt gemäß § 723 I Nr. 1 grundsätzlich zum **Ausscheiden** aus der Gesellschaft (vgl. zur Auflösung § 730). Die Gesellschafterstellung ist mithin im gesetzlichen Regelfall nicht vererblich (vgl. Lange/Kretschmann ZEV 2021, 545 (548): weitere Ausnahme vom erbrechtlichen Grundsatz der Universalsukzession). Die Gesellschaft wird unter Anwachsung der Gesellschafterstellung des Verstorbenen fortgesetzt (→ § 723 Rn. 33). Der Erbe bzw. die Erbengemeinschaft haben dann gemäß § 1922 I allein den entsprechenden Abfindungsanspruch gemäß § 728 oder müssen umgekehrt gemäß § 728a für den Fehlbetrag aufkommen. – Im Gesellschaftsvertrag kann aber gemäß Abs. 2 S. 1 – wie bislang – die **Gesellschafterstellung vererblich gestellt** werden, sodass die Erben in diese unmittelbar einrücken, bei mehreren Erben gemäß Abs. 2 S. 2 individuell im Wege der Sondererbfolge. Die Gesellschaft wird

dann mit den neuen Gesellschaftern fortgesetzt, eine Anwachsung des Gesellschaftsanteils des Verstorbenen zugunsten der Mitgesellschafter erfolgt konsequenterweise nicht. Der Verstorbene muss zum **Zeitpunkt des Todes noch Gesellschafter** gewesen sein (vgl. BGH WM 1967, 1275); ist er bereits ausgeschieden, geht die Vererblichstellung ins Leere, selbst wenn die vermögensmäßige Auseinandersetzung noch nicht abgeschlossen ist.

Bei treuhänderisch gehaltenen Beteiligungen kommt es auf die **Person** 24 **des Treuhänders** an (vgl. BeckOGK/von Proff § 727 Rn. 3; allg. auch BGH WM 1962, 1353). Der Treugeber hat daher im gesetzlichen Regelfall keine Möglichkeit, automatisch in die Stellung des Verstorbenen einzurücken; eine abweichende gesellschaftsvertragliche Regelung ist freilich möglich und bei offenen Treuhandgestaltungen ggf. sogar als konkludent vereinbart anzunehmen (in diese Richtung auch BeckOGK/von Proff § 727 Rn. 3). Abs. 2 schränkt insoweit die vertraglichen Gestaltungsmöglichkeiten nicht ein. Für eine gesellschaftsvertraglich vereinbarte Rechtsnachfolge ist es aber notwendig, dass der begünstigte Treugeber selbst Erbe des verstorbenen Treuhänders ist (→ Rn. 22, → Rn. 34 ff.), ansonsten kommt nur eine Eintrittsregelung in Betracht (→ Rn. 37 f.) bzw. eine aufschiebend bedingte Vorausabtretung (→ Rn. 39). – Verstirbt bei der zweigliedrigen GbR der **vorletzte Gesellschafter,** richten sich die Rechtsfolgen grundsätzlich nach § 712a. Der Erbe bzw. die Erbengemeinschaft (§ 2032 I) haben dann gemäß § 1922 I gegenüber dem verbleibenden Gesellschafter als Gesamtrechtsnachfolger allein den entsprechenden Abfindungsanspruch gemäß § 728 oder müssen diesem gegenüber umgekehrt gemäß § 728a für den Fehlbetrag aufkommen. Ist daher die Gesellschafterstellung nicht vererblich gestellt worden, wird die Gesellschaft mit dem Tod beendet (vgl. BGH NJW 2018, 3310; K. Schmidt JuS 2019, 395); zugunsten des Übernehmers gilt § 27 II HGB analog (vgl. BGH NZG 2004, 611). Auch insofern ist es aber möglich, die Gesellschaft aufgrund entsprechender gesellschaftsvertraglicher Abreden mit den Erben fortbestehen zu lassen; vgl. hierzu auch die Fiktion des Fortbestands der Gesellschaft im Fall der Testamentsvollstreckung oder im Rahmen der Vor- und Nacherbfolge (hierzu BGH NJW 1996, 1284 (1286)).

Versterben mehrere Gesellschafter, sind die Tatbestände und Rechts- 25 folgen grundsätzlich getrennt zu beurteilen. Das gleichzeitige oder zeitnahe Versterben aller oder mehrerer Gesellschafter kann indessen auch die Auflösung der Gesellschaft gemäß § 729 II hervorrufen und zu einer Gesamtabwicklung führen (strenger Begr. S. 169: Ausscheidensgründe alternativ zur Auflösung). – Wird ein **Gesellschaftsanteil** von mehreren **gemeinschaftlich gehalten,** mithin ohne dass die betreffende Personengemeinschaft selbst Rechtsfähigkeit hat und damit Inhaberin des Gesellschaftsanteils ist, wird der gemeinschaftlich gehaltene Gesellschaftsanteil den betreffenden Mitgliedern dieser Gemeinschaft gemäß Abs. 2 S. 2 **individuell quotal zugeordnet** (vgl. für die Erbengemeinschaft MüKoBGB/Schäfer § 727 Rn. 34). Nach zutreffender Ansicht kann nämlich weder eine Bruchteilsgemeinschaft gemäß §§ 741 ff. noch eine nicht rechtsfähige Gesamthandsgemeinschaft (eheliche Gütergemeinschaft, Erbengemeinschaft) Gesellschafterin einer werbenden GbR sein (vgl. nur MüKoBGB/Schäfer § 705 Rn. 82 ff.). Dies stellt Abs. 2

S. 3 nun klar. In diesen Fällen gelangen daher beim Tod eines Mitglieds dieser Gemeinschaft § 723 I Nr. 1, § 711 II insoweit zur Anwendung, als dieses aus der GbR ausscheidet; auch insofern können aber Nachfolge- und Eintrittsklauseln Abweichendes regeln. Hiervon abzugrenzen sind die Folgen des Versterbens aus der Perspektive des jeweiligen Gemeinschaftsverhältnisses. – Verstirbt ein Gesellschafter **während des Liquidationsverfahrens,** gilt § 723 I Nr. 1 richtigerweise ohne weiteres. Der Vorrang des Ausscheidens ist in diesen Fällen zwar nicht mehr in gleicher Weise legitimiert wie bei der werbenden Gesellschaft, das Einrücken der Erben in die Gesellschafterstellung würde indessen die zügige Abwicklung gefährden (abw. zu § 131 III 1 Nr. 1 HGB BeckOGK/Michel HGB § 131 Rn. 125). Die Folgen des Ausscheidens sind allein vermögensmäßiger Natur und können ohne weiteres im Rahmen der Gesamtabrechnung hinreichend berücksichtigt werden. Wurde die Gesellschafterstellung indessen vererblich gestellt, spricht nichts dagegen, die Erben auch während des Liquidationsverfahrens hierein einrücken zu lassen. Ist dies nicht gewollt, muss dies hinreichend deutlich werden (abw. BeckOGK/Müller/Godron HGB § 139 Rn. 49, wonach eine Nachfolgeklausel in der Liquidation im Zweifel nicht anwendbar sei).

26   **b) Vererblichstellung des Gesellschaftsanteils.** Die Vererblichstellung des Gesellschaftsanteils muss gemäß Abs. 2 S. 1 **vor dem Tod im Gesellschaftsvertrag** erfolgen. Es bedarf hierzu einer ausdrücklichen oder konkludenten Vereinbarung der Gesellschafter, mithin auch des später Versterbenden, aus der sich ergibt, dass der Tod abweichend von § 723 I Nr. 1 nicht zum Ausscheiden des Verstorbenen führt, sondern die GbR mit den Rechtsnachfolgern des Verstorbenen fortgesetzt werden soll (→ Rn. 22). Die Möglichkeit der Vererblichstellung ist nicht daran geknüpft, dass der Verstorbene an der Gesellschaft auch kapitalmäßig beteiligt war (vgl. zur Komplementärstellung in der KG OLG Hamm NJW-RR 1999, 760). – Die konkrete Ausgestaltung der Vererblichstellung ist gesetzlich nicht vorgegeben: Möglich ist eine **einfache Nachfolgeklausel** als Begünstigung der Erben nach Maßgabe der jeweiligen Erbquote (→ Rn. 34), eine **qualifizierte Nachfolgeklausel** zugunsten einzelner Erben als Abweichung hiervon, nicht aber auch zugunsten von Nichterben (→ Rn. 35 f.). – Von der Vererblichstellung gemäß Abs. 2 S. 1 **abzugrenzen sind Eintrittsklauseln,** die dem Begünstigten lediglich ein Recht auf Beitritt zur (ohnehin gemäß § 723) fortbestehenden GbR ermöglichen. Hieraus resultieren in Bezug auf die Gesellschafterstellung des Verstorbenen und dessen Ausscheiden zugunsten des Begünstigten keine unmittelbaren gesellschaftsvertraglichen Folgen; er hat lediglich einen Anspruch auf Aufnahme (→ Rn. 37 f.). Dies ist für den Erben regelmäßig günstiger, da ihm ein Wahlrecht zusteht; ein Eintritt in die Gesellschaft ist für ihn nämlich auch mit Pflichten verbunden. Maßgeblich für die Abgrenzung zwischen Nachfolge- und Eintrittsklausel ist die **Auslegung** des Gesellschaftsvertrages nach §§ 133, 157; wegen der effektiveren Rechtsfolgen des automatischen Eintritts in die Gesellschaft, dürfte aber regelmäßig eine Nachfolgeklausel gewollt sein (vgl. BGH NJW 1977, 1339 (1341)). Vgl. im Übrigen zur möglichen Umdeutung nach § 140 einer unwirksamen Nachfol-

geklausel in eine Eintrittsklausel BGH NJW 1978, 264 (265); 1977, 1339 (1341). – Eine **nachträgliche Vereinbarung** bedarf grundsätzlich der Zustimmung des später betroffenen Gesellschafters; im Übrigen kann auch eine Mehrheitsentscheidung ausreichen. Die Gesellschafter sind aufgrund ihrer Treuepflicht gehalten, einer sachgerechten Nachfolgeregelung zuzustimmen (vgl. zur OHG BGH ZEV 2005, 71). Im Falle des Anteilserwerbs ist der Erwerber an die zuvor getroffene gesellschaftsvertragliche Regelung gebunden, auch im Hinblick auf den eigenen Gesellschaftsanteil. Die Vereinbarung kann im Hinblick auf den gesellschaftsrechtlichen Regelungsgehalt formlos erfolgen, § 2276 (iVm § 2301 I) gilt nicht (vgl. BGH NJW 1978, 264 (265); 1977, 1239 (1341); abw. noch Flume FS Schilling, 1973, 23).

2. Stellung der Erben in der fortbestehenden Gesellschaft

a) Sondererbfolge. Wurde die Gesellschafterstellung des Verstorbenen **27** vererblich gestellt, rücken die entsprechenden Erben (→ Rn. 23 ff.) nach Maßgabe ihrer Erbquote **zum Zeitpunkt des Todes ipso jure im Wege der Rechtsnachfolge** in die Gesellschafterstellung ein (MüKoBGB/Schäfer § 727 Rn. 33: unmittelbar kraft erbrechtlicher Nachfolge). Eine rechtsgeschäftliche Erklärung der Erben ist hierfür abweichend von den Eintrittsregelungen (→ Rn. 37 f.) nicht erforderlich; sie können das Einrücken aber durch **Ausschlagung** der gesamten Erbschaft gemäß § 1942 ff. verhindern; eine isolierte Ausschlagung der Sondererbfolge ist wegen der Akzessorietät zum Erbrecht (→ Rn. 22, → Rn. 29) nicht möglich. Dies wirkt gemäß § 1953 I 2 zurück und beseitigt die Gesellschafterstellung der Erben ex tunc; eine Korrektur dieser Rückwirkung nach der Lehre von der fehlerhaften Gesellschaft ist wegen der kurzen Ausschlagungsfrist gemäß § 1944 nicht möglich. Es kann aber zugunsten der Erben ein Austrittsrecht vereinbart werden (BeckOGK/von Proff § 727 Rn. 41; Grüneberg/Weidlich § 1922 Rn. 16), vgl. zum Schutz der Erben auch § 724 → § 724 Rn. 6 ff.). – Gibt es **mehrere Erben,** rücken diese gemäß Abs. 2 abweichend von § 2032 individuell nach Maßgabe ihrer Erbquote im Wege der **Sondererbfolge** bzw. Singularsukzession ein; jeder Erbe erhält einen **eigenen Gesellschaftsanteil.** Dies war bereits zum früheren Recht allgemein anerkannt (RGZ 16, 40 (56); BGH NJW 1957, 180; 1971, 1278; 1972, 1755; 1977, 1339; 1983, 2376; WM 1991, 121 (133); NJW 1999, 571 (572); NJW-RR 2012, 730 Rn. 18; KG BeckRS 2020, 25409 Rn. 25; OLG Düsseldorf NZG 2017, 1355 Rn. 15; OLG Hamm ZEV 2018, 524 Rn. 21). Schlägt ein Erbe die Erbschaft aus, rückt gemäß § 1953 I rückwirkend ein **Ersatzerbe** ein; fehlt dieser, geht die Nachfolgeklausel ins Leere (Henssler/Strohn/Klöhn HGB § 139 Rn. 14). – Ist die GbR ins **Gesellschaftsregister** eingetragen, ist der Gesellschafterwechsel gemäß § 707 III zur deklaratorischen Eintragung anzumelden (vgl. zur OHG OLG Bremen NZG 2014, 671 (672): Vorlage einer öffentlich beurkundeten Verfügung von Todes wegen genügt).

Die ggf. gleichwohl bestehende **Erbengemeinschaft** (§ 2032 I) umfasst **28** richtigerweise allein den **übrigen Nachlass** (vgl. hierzu, auch im Hinblick auf § 2059 I, ausführlich MüKoBGB/Schäfer § 727 Rn. 36 ff. und

BeckOGK/von Proff § 727 Rn. 48; zur Testamentsvollstreckung → Rn. 33).
Die Erbengemeinschaft haftet für die übrigen Nachlassverbindlichkeiten
(§§ 1967, 1988). – Problematisch und seitens des Reformgesetzgebers wenig
geklärt ist indessen die **vermögensrechtliche Reichweite der Sondererbfolge,** mithin die Frage, wie die mit der Mitgliedschaft verbundenen Vermögensrechte zu behandeln sind (dies zu Recht kritisierend Lange/Kretschmann
ZEV 2021, 545 (550)). Dies betrifft zunächst die aus der Gesellschafterstellung des Verstorbenen resultierenden gesellschaftsrechtlichen Vermögensrechte, die **bis zum Todeszeitpunkt** entstanden und fällig sind (Gewinnanspruch, Aufwendungsersatz etc.). Da diese zwar Ausprägung der
Mitgliedschaft des Verstorbenen sind, aber bereits als solche hiervon abtrenn-
bar (vgl. § 711a S. 2) und damit seiner persönlichen Verfügungsmacht zugewiesen waren, gehören diese zum **Nachlass der Erbengemeinschaft.** Die
Geltendmachung richtet sich daher trotz Eintritts der Sondererbfolge nach
den §§ 2023 ff. Dem Rechtsnachfolger des Verstorbenen in der Gesellschafterstellung fehlt insofern die Verfügungsbefugnis; die Auseinandersetzung
folgt den allgemeinen erb- und gesellschaftsrechtlichen Regeln. Eine **über
den Todeszeitpunkt hinausgehende** Zuweisung der Vermögensrechte
zugunsten des Nachlasses ist indessen als Widerspruch zur Sondererbfolge
abzulehnen, sodass diese **nicht zum Nachlass gehören** und damit auch
nicht Gegenstand der gesamthänderischen Vermögensbindung der Erbengemeinschaft sind (Lange/Kretschmann ZEV 2021, 545 (550); Weidlich/Fried-
berger notar 2021, 187 (190); früher bereits Soergel/Hadding/Kießling
Rn. 24; abw. BeckOGK/von Proff § 727 Rn. 44; wohl auch BGH BeckRS
2002, 30283730). Diese Sichtweise ist durch die Reform gestärkt, weil Abs. 2
S. 3 ausdrücklich die Regelungen über die Erbengemeinschaft zurückdrängt.
Diese Ansicht ist sachgerecht, da die Zuweisung einer Sondererbfolge
zugunsten eines Erben faktisch entwertet würde, wenn dieser ab Todeszeitpunkt die hieraus resultierenden Vermögensrechte nicht selbstständig geltend
machen könnte. Die vermögensmäßige Auseinandersetzung der Erben untereinander kann und muss daher insofern außerhalb des Gesellschaftsverhältnisses erfolgen.

29   **b) Gesellschafterstellung der Erben.** Die Erben erlangen im gesellschaftsrechtlichen Innenverhältnis **entsprechend ihrer Erbquote** (§ 711 II
2) mit dem Einrücken in die Gesellschafterstellung alle mitgliedschaftlichen
Rechte und Pflichten des Verstorbenen (gegen Übergang höchstpersönlicher
Rechte und Pflichten BeckOGK/von Proff § 727 Rn. 44, was aber richtigerweise restriktiv zu handhaben ist). Dies gilt für offene Beitrags- und Nachschusspflichten sowie sonstige Sozialverbindlichkeiten des Erblassers. Es gilt
auch für die organschaftliche Geschäftsführungsbefugnis und Vertretungsmacht (vgl. BGH NJW 1964, 1624). Kommt es hierbei wegen des Eintritts
der Erben zu Friktionen, müssen die Gesellschafter eine neue Gestaltung
vereinbaren; diese können bereits im Vorfeld getroffen werden (aufschiebende
Bedingung). Die Erben trifft entsprechend § 730 I 1 eine **Anzeigepflicht**
gegenüber den Mitgesellschaftern im Hinblick auf den Todesfall (abw.
MüKoBGB/Schäfer § 727 Rn. 26), da diese ein berechtigtes Informationsbe-

dürfnis haben; es ist nicht nachvollziehbar, warum der Gesetzgeber dies nur für den Fall der Auflösung infolge des Todes geregelt hat. – Wegen der Vermehrung der Gesellschafter ist im Hinblick auf die Beteiligungsverhältnisse nach Maßgabe von § 709 eine **quotale Zuweisung der Mitgliedschaft des Verstorbenen** vorzunehmen. Dies ist im Zuge der Reform insoweit unproblematisch, als gemäß § 709 III im gesetzlichen Regelfall die **vermögensmäßige Beteiligung** ausschlaggebend ist (→ § 709 Rn. 21 ff.). Der frühere gesetzliche Regelfall der Aufteilung nach Köpfen führte demgegenüber zu einer Verschiebung der gesellschaftsrechtlichen Machtverhältnisse zugunsten der Erben (vgl. MüKoBGB/Schäfer § 727 Rn. 34). Der Praxis ist gleichwohl dringend anzuraten, entsprechende Vorkehrungen für die Fortschreibung der Beteiligungsverhältnisse in den Gesellschaftsvertrag aufzunehmen. Praktisch bedeutsam sind insoweit auch gesellschaftsvertragliche Vertreterklauseln (vgl. zur KG BGH NJW 1967, 826).

Wird ein **Nichterbe irrtümlich als Erbe** und damit als Gesellschafter **30** behandelt (sog. Scheinerbe), begründet dies grundsätzlich keine Gesellschafterstellung (vgl. zur OHG MüKoHGB/Schmidt/Fleischer HGB § 139 Rn. 40). Die an sich gebotene Unwirksamkeit sämtlicher Maßnahmen unter dessen Beteiligung kann indessen entsprechend der Lehre von der fehlerhaften Gesellschaft behandelt werden, wenn der Nichterbe durch einen **Erbschein** gemäß §§ 2365, 2366 legitimiert ist und die übrigen Gesellschafter gutgläubig sind (Konzen ZHR 145 (1981), 29 (63 ff.); teilw. abw. BeckOGK/von Proff § 727 Rn. 80: Nur bei Vertragsänderungen; wohl auch Henssler/Strohn/Klöhn HGB § 139 Rn. 16). Der wahre Erbe hat gegen den Nichterben gemäß §§ 2018, 2019 I einen Anspruch auf Abtretung des Gesellschaftsanteils sowie sämtlicher Vermögensvorteile (BGH NJW 1990, 514). – In der **Insolvenz des Erben** scheidet dieser gemäß § 723 I Nr. 3 zugleich wieder aus der Gesellschaft aus (Henssler/Strohn/Klöhn HGB § 139 Rn. 14).

War ein **Erbe vor dem Tod bereits Gesellschafter,** gilt Abs. 2 für den **31** Gesellschaftsanteil des Verstorbenen. Dies fügt sich ohne weiteres in die Neuregelung von § 711 I ein, der Gesellschafterstellung und Gesellschaftsanteil trennt. Es ist hiernach auch bei den Personengesellschaften nicht ausgeschlossen, dass ein **Gesellschafter verschiedene Gesellschaftsanteile** hält und diese konsequenterweise rechtlich zu trennen sind und auch unterschiedliche rechtliche Schicksale erleiden können (sog. Teilabtretung, Teilbelastung etc.; → Rn. 7). Für die Vererbung resultiert hieraus, dass der Erbe zusätzlich zu seinen bisherigen Gesellschaftsanteilen auch diejenigen des Erblassers erhält (vgl. früher bereits OLG München NJW-RR 2004, 334; Grüneberg/Sprau § 717 Rn. 1). Der Umfang der Beteiligung nach Maßgabe von § 709 ergibt sich dann durch Zusammenrechnung; die gesellschaftsinternen Rechte und Pflichten bestehen einheitlich in der Person des Erben. In Bezug auf die **Gesellschafterhaftung** bringt dies keine Veränderung mit sich, da der Gesellschafter hierfür ohnehin nach Maßgabe von § 720 ff. unbeschränkt einstehen muss (vgl. zur OHG BGH NJW 1989, 3152 (3155); bei OLG die DNotZ 2003, 456; OLG Schleswig die DNotZ 2006, 374). Das Wahlrecht gemäß § 724 steht dem Erben allerdings nur in Bezug auf die erbrechtlich erworbenen Gesellschaftsanteile zu (Einzelheiten → § 724 Rn. 6 ff.).

32 **c) Gesellschafterhaftung.** Die **bis zum Tod verwirklichte** Gesellschafterhaftung des Verstorbenen gemäß §§ 720 ff. geht gemäß § 1922 I auf alle
Erben über und begründet eine entsprechende **Nachlassverbindlichkeit**
gem. § 1967 (iE ebenso, aber unter Einbeziehung des Gesellschaftsanteils in
den Nachlass BGH NJW 1995, 3314 (3315); vgl. insoweit auch BGH ZEV
2014, 432; MüKoBGB/Schäfer § 727 Rn. 21). Insofern können alle Erben
die Haftung gemäß §§ 1975 ff. beschränken. Dies gilt auch für den durch die
Nachfolgeklausel begünstigten Erben, sodass diese nicht gemäß § 721a weiter
haften als die Übrigen (abw. BGH NJW 1982, 45; BeckOGK/von Proff
§ 727 Rn. 47; iE auch Lange/Kretschmann ZEV 2021, 545 (549)). Der
Todeszeitpunkt ist nämlich richtigerweise bezüglich der bis zum Tod verwirklichten Rechtsverhältnisse von den nach dem Todeszeitpunkt verwirklichten
Rechtsverhältnissen zu trennen. Der durch die Nachfolgeklausel Begünstigte
kann daher seine Haftung für die Altverbindlichkeiten vor seinem Eintritt
genauso beschränken wie die Miterben (abw. BeckOGK/von Proff § 727
Rn. 50: Eigenhaftung und keine Erbenhaftung, was aber nicht überzeugt).
Die **ab dem Todeszeitpunkt verwirklichte** Gesellschafterhaftung trifft
richtigerweise allein den durch die Nachfolgeklausel **begünstigten** Erben
(abw. unter Einbeziehung des Gesellschaftsanteils in den Nachlass BGH NJW
1995, 3314 (3315); vgl. insoweit auch BGH ZEV 2014, 432; MüKoBGB/
Schäfer § 727 Rn. 21). In diesen Fällen kann daher ein **Ausscheiden der
Erben** gemäß § 723 I Nr. 3 in Betracht kommen, ggf. auch deren Ausschließung gemäß § 727. Ihnen steht aber auch die Möglichkeit des Vorgehens
nach § 724 vor, mithin dem Verlangen nach **Einräumung einer Kommanditistenstellung** und ggf. der Austritt (hierzu kritisch Lange/Kretschmann
ZEV 2021, 545 (549)). Umgekehrt können die Erben ihrerseits ihre **Mitgliedschaft aus wichtigem Grund kündigen** (§ 723 I Nr. 2, § 725; ebenso
zum früheren Recht unter Hinweis auf eine Analogie zu § 139 I und 2
HGB aF MüKoBGB/Schäfer § 727 Rn. 32 und BeckOGK/von Proff § 727
Rn. 51 ff.).

33 **d) Testamentsvollstreckung, Nachlassverwaltung.** Wird in Bezug auf
den Nachlass des Verstorbenen Testamentsvollstreckung angeordnet
(§§ 2197 ff.), ist sehr umstritten, ob diese sich auch auf die im Wege der
Sondererbfolge übergegangenen Gesellschaftsanteile erstreckt, insbesondere
wenn es mehrere Erben gibt. Die Thematik war aufgrund des Vorrangs des
Ausscheidens **früher bedeutsamer,** da der Fortbestand der Gesellschaft
unter Beteiligung der Erben nunmehr der gesetzliche Regelfall ist, es mithin
weniger um eine bloße Abwicklungsverwaltung geht. Das Gleiche gilt für
eine vom Nachlassgericht angeordneten Nachlassverwaltung gemäß § 1984.
In beiden Fällen spricht sich die bislang hM für eine **hybride Lösung** aus,
wonach die vererbten Gesellschaftsanteile zwar grundsätzlich dem Verwal-
tungsrecht des Testamentsvollstreckers bzw. Nachlassverwalters unterstehen,
dieser aber vor allem wegen der drohenden persönlichen Haftung der Erben
und der personalen Verbundenheit der GbR-Gesellschafter bei der Wahrnehmung seiner Kompetenzen beschränkt ist (vgl. nur BGH NJW 1989, 3152;
1986, 2431 (2433); 1967, 1961 (1062); 1998, 1313 (1314); zum Ganzen

ausführlich BeckOGK/von Proff § 727 Rn. 55 ff., bei Rn. 61 ff. auch zu Alternativen: Vollmachtlösung, Treuhandlösung, Weisungsgeberlösung; Freitag ZGR 2021, 534). Dem ist nicht zuzustimmen. Die allgemein anerkannte Singularsukzession ist vielmehr konsequent dahingehend zu verstehen, dass die **Gesellschaftsanteile nicht zum Nachlass** gehören und dementsprechend insofern auch nicht der Nachlassverwaltung unterfallen (in diese Richtung auch OLG Hamm ZEV 2018, 524 Rn. 21; vgl. insoweit auch früher BGH NJW 1981, 749 (750); 1977, 1339 (1343)). Die Erben können daher insoweit ihre Mitgliedschaftsrechte selbstständig wahrnehmen, soweit dies den Zeitraum ab Todeszeitpunkt betrifft. Für die Testamentsvollstreckung gilt das gleichermaßen (so auch früher RGZ 170, 392 (394 ff.); BGH BeckRS 1953, 31389385; abw. BGH ZEV 2014, 626 Rn. 14; KG BeckRS 2020, 25409 Rn. 25). Die Problematik, wonach im Grundbuch zulasten der GbR ein Testamentsvollstreckervermerk einzutragen ist (vgl. BeckOGK/von Proff § 727 Rn. 60.1), stellt sich hiernach konsequenterweise nicht. Wegen der nach wie vor bestehenden großen **Rechtsunsicherheit** wird der Gesetzgeber dringend aufgerufen, insbesondere Regelungen zur Testamentsvollstreckung an Personengesellschaftsbeteiligungen einzuführen (so auch BeckOGK/von Proff § 727 Rn. 136; Weidlich/Friedberger notar 2021, 187 (191 f.)).

3. Erbrechtliche Nachfolgeklauseln

a) Einfache. Eine einfache Nachfolgeklausel ist dadurch gekennzeichnet, **34** dass die gesellschaftsvertragliche Vererblichstellung des Gesellschaftsanteils **akzessorisch zur gesetzlichen oder gewillkürten Erbfolge** ist (Formulierungsbeispiel: „Bei Versterben eines Gesellschafters geht der Gesellschaftsanteil auf dessen Erben über"). Dies ist auch nach der Neuregelung ohne weiteres zulässig (vgl. Begr. S. 144). Der Kreis der Begünstigten bestimmt sich nach der (gewillkürt bestimmten) Erbenstellung, der Umfang der Beteiligung ergibt sich aus der Erbquote (vgl. BeckOGK/von Proff § 727 Rn. 43: Erbrechtlicher Qualifikation); zum Einrücken des Staates als Erbe BGH BeckRS 2002, 30283730; vgl. insofern aber auch Henssler/Strohn/Klöhn HGB § 139 Rn. 13, wonach man dies bei einer einfachen Nachfolgeklausel grundsätzlich nicht annehmen könne). Bloß Pflichtteilsberechtigte sind nicht Erben (vgl. § 1938) und werden daher von einer einfachen Nachfolgeklausel nicht begünstigt; das Gleiche gilt für Vermächtnisnehmer (vgl. § 1939; hierzu BGH NJW 1983, 2376 (2377)). – Eine einfache Nachfolgeklausel birgt als Kehrseite der **Testierfreiheit** für die Mitgesellschafter die Gefahr, dass unerwünschte Personen Gesellschafter werden, ohne dass sie dies verhindern könnten. Die Praxis muss dies bedenken und ggf. qualifizierte Nachfolgeklausel vereinbaren oder auf die Vererblichstellung in Gänze verzichten, was dann aber wegen etwaiger Abfindungsansprüche der Erben gemäß § 728 Liquiditätsprobleme hervorrufen kann. Umgekehrt kann der Erblasser allerdings nicht festlegen, zu wessen Gunsten im Kreis seiner Erben die Nachfolgeklausel wirken soll. Eine Teilungsanordnung hat nämlich gemäß § 2048 nur schuldrechtliche Wirkung im Verhältnis der Erben untereinander (BGH NJW 1985, 51). **Ersatzerben** gemäß § 2096 sind ebenfalls begünstigt. – Wird eine Person lediglich **Vorerbe** (§ 2100), fällt ihr die Gesellschafterstellung gleichwohl zu, mit Eintritt des Nacherbfalles (§ 2106) dann dem Nacherben (BGH NJW 1981, 115; 1977, 1540). In der Zwischenzeit kann der Vorerbe als Gesellschafter sämtliche Gesellschafterrechte ausüben und Gewinne vereinnahmen (BGH NJW 1981, 115; 1977, 1540; 1972, 436; 1952, 102; vgl. insofern auch § 2111). Verfügungen über den Gesellschaftsanteil sind ebenfalls im Rahmen von § 2112 zulässig (Einzelheiten bei BeckOGK/von Proff § 727 Rn. 86 ff.).

35 **b) Qualifizierte.** Eine qualifizierte Nachfolgeklausel ist dadurch gekennzeichnet, dass im Gesellschaftsvertrag bereits zu Lebzeiten festgelegt wird, **welche Erben in welchem Umfang** in die Gesellschafterstellung des Verstorbenen einrücken oder dies ins Belieben der Erbengemeinschaft oder der Mitgesellschafter gestellt wird (BGH NJW 1977, 1339 (1341)). Dies ist auch nach der Reform zulässig (Begr. S. 144). Insofern gilt dann allein zugunsten der Berechtigten die Sondererbfolge im Hinblick auf den Gesellschaftsanteil des Verstorbenen; die anderen Erben werden nicht Gesellschafter, die vermögensmäßige Auseinandersetzung richtet sich insoweit allein nach den erbrechtlichen Regeln im Verhältnis der Erben untereinander (MüKoBGB/Schäfer § 727 Rn. 46). Der Inhalt einer qualifizierten Nachfolgeklausel ist im Wege der **Auslegung gemäß §§ 133, 157** zu bestimmen; die §§ 2069 ff. gelten insoweit nicht (BeckOGK/von Proff § 727 Rn. 69). Ebenso wenig kann sich die Auslegung, wie bei der Verfügung von Todes wegen üblich, allein nach dem Willen des Erblassers iSv § 133 richten. Die Nachfolgeberechtigten können explizit benannt werden oder anhand spezieller Kriterien (berufliche Qualifikation, Verwandtschaft, etc.). Eine qualifizierte Nachfolgeklausel kann auch unter Berücksichtigung einer Vorerbschaft vereinbart werden, mithin im Hinblick auf Vor- und/oder Nacherben (→ Rn. 34). Eine zu präzise Formulierung läuft stets **Gefahr,** dass die qualifizierte **Nachfolgeklausel leerläuft,** da die Bedingungen nicht erfüllt werden können, sodass die gewünschte Gesellschafterkontinuität nicht verwirklicht wird. Abweichend vom früheren Recht droht insofern aber jedenfalls nicht mehr Gefahr, dass die Gesellschaft aufgelöst wird, weil § 723 I Nr. 1 nunmehr als gesetzlichen Regelfall die Fortsetzung vorsieht. Im Übrigen ist es zur Vermeidung des Leerlaufens einer Nachfolgeklausel auch zulässig, die **konkrete Bestimmung** des Begünstigten den Mitgesellschaftern zu überlassen, was im Hinblick auf die inhaltliche Bestimmtheit solcher Regelungen und die erbrechtlichen Voraussetzungen jedoch nach wie vor durch große Rechtsunsicherheit geprägt ist (vgl. hierzu mwN BeckOGK/Müller/Godron HGB § 139 Rn. 40, bei Rn. 42 ff. auch zur möglichen Kombination einfacher und qualifizierter Nachfolgeklauseln).

36 Nach allgM muss für die Anerkennung und Verwirklichung qualifizierter Nachfolgeklauseln eine **Übereinstimmung mit dem Erbrecht** bestehen (BGH NJW-RR 1987, 989; NJW 1978, 364; Lange/Kretschmann ZEV 2021, 545 (548): Vollzug der Nachfolge kraft Erbrechts). Hiernach können nur diejenigen in die Gesellschafterstellung des Verstorbenen einrücken, die sowohl Erbe sind als auch Begünstigte der Nachfolgeklausel. Ist dies nicht

der Fall, geht die Klausel teilweise oder vollständig ins Leere, was zu **komplizierten Folgeproblemen** führt (BeckOGK/von Proff § 727 Rn. 74 ff.), die teilweise über ergänzende Vertragsauslegung nach den §§ 133, 157 gelöst werden können (vgl. OLG Stuttgart BeckRS 2016, 118422); ggf. kommt auch eine Umdeutung nach § 140 in eine Eintrittsklausel in Betracht, soweit die ursprüngliche Klausel nichtig ist (vgl. BGH NJW 1978, 264 (265). Die Begründung für diese Sichtweise der hM folgt vordergründig aus der verfehlten Annahme, dass auch der vererblich gestellte Gesellschaftsanteil zum Nachlass gehört (→ Rn. 32 f.). Dies ist indessen inkonsequent, da es der im Übrigen allgemein anerkannten Singularsukzession (→ Rn. 27) widerspricht. Die Legitimation für die Beschränkung der unmittelbaren Rechtsnachfolge aufgrund einer Nachfolgeklausel liegt vielmehr darin begründet, dass hierüber wirtschaftlich die **Erbauseinandersetzung beeinflusst** wird, welche ggf. nach den erbrechtlichen Regelungen zu korrigieren ist. Hierfür bedarf es nicht der Nachlasszugehörigkeit der vererbten Gesellschafterstellung, sondern allein der Erbenstellung des Begünstigten. Um diese **Auseinandersetzung** rechtlich zu gewährleisten, ist es nämlich erforderlich, dass die durch eine Nachfolgeklausel **Begünstigten auch Mitglieder der Erbengemeinschaft** sind. Die Auseinandersetzung wäre nicht rechtssicher und effektiv möglich, wenn mittels (vermeintlicher) erbrechtlicher Nachfolgeklausel auch Nichterben begünstigt werden könnten (vgl. zu den ohnehin problematischen Aspekten der erbrechtlichen Auseinandersetzung bei die disparaten Nachfolgeklauseln Lange/Kretschmann ZEV 2021, 545 (559 f.). Zudem müssten in diesen Fällen auch die **erbrechtlichen Formanforderungen** für die gewillkürte Erbfolge eingehalten werden, was jedenfalls bei der GbR überzogen wäre. Auch ohne Abstellen auf die Nachlasszugehörigkeit des vererbten Gesellschaftsanteils ist es daher geboten, dass erbrechtlichen Nachfolgeklauseln eine **Akzessorietät zur Erbenstellung** des Begünstigten unabhängig von dessen konkreter Erbquote haben müssen. Nichterben können daher allein aufgrund aufschiebend bedingter Eintrittsklauseln oder einer entsprechenden Anteilsübertragung bedacht werden.

4. Eintrittsklauseln

Mittels Eintrittsklausel im Gesellschaftsvertrag können **schuldrechtli-** 37 **che Ansprüche** auf **Begründung der Mitgliedschaft** vereinbart werden. Die praktische Bedeutung resultiert daraus, dass der Kreis der Berechtigten keine Akzessorietät zur Erbfolge aufweisen muss (→ Rn. 34, → Rn. 36), vor allem daher auch Nichterben begünstigt werden können und die Entscheidung zur Bestimmung des konkret Berechtigten sogar einzelnen Gesellschaftern oder Dritten zugewiesen werden kann (vgl. Götte DNotZ 1988, 604; Ulmer ZGR 1972, 195 (217)). Eintrittsklauseln führen **keine unmittelbare Rechtsnachfolge** herbei; es handelt sich um Vereinbarungen zugunsten Dritter gemäß §§ 328 ff. Der Begünstigte kann daher selbst entscheiden, ob er von diesem Recht Gebrauch macht oder nicht (BGH NJW 1978, 264 (265); BeckOGK/von Proff § 727 Rn. 93), es liegt somit ein verhaltener Anspruch vor. Macht er diesen (formlos gegenüber den

Gesellschaftern) geltend, kann er von diesen (nicht der GbR) die Aufnahme nach Maßgabe der vertraglichen Vereinbarung verlangen, welche dann als **Beitritt zur Gesellschaft** zu vollziehen ist. Es bedarf daher einer hinreichenden Regelung im Gesellschaftsvertrag, zu welchen Bedingungen das Aufnahmerecht ausgeübt werden kann (Einlageerbringung, Abfindung der Erben etc., vgl. Götte DNotZ 1988, 603). Insofern ist es auch keinesfalls zwingend, den Aufnahmeanspruch an den Tod eines Gesellschafters zu knüpfen. Wenn dies aber gewollt ist, liegt gleichwohl keine Schenkung von Todes wegen vor, sodass § 2301 nicht gilt (vgl. BGH NJW 1964, 1124 (1125)); eine entsprechende Vereinbarung ist daher formfrei möglich. Eine rückwirkende Beitrittserklärung umfasst allein das Innenverhältnis (vgl. BGH NJW 1978, 264 (266 ff.)).

38   Der konkrete **Vollzug** des Beitritts soll nach Ansicht der Rechtsprechung einseitig durch **Annahmeerklärung des Begünstigten** erfolgen (vgl. BGH NJW 1978, 264 (266), jedenfalls, wenn zu diesem Zeitpunkt auch die geschuldete Einlage geleistet wird). Dies überzeugt nur, wenn die gesellschaftsvertragliche Regelung als verbindliches Angebot der Gesellschafter gewürdigt werden kann; andernfalls hat der Begünstigte lediglich einen Anspruch auf Vertragsabschluss, der dann nach den allgemeinen Vorgaben der §§ 145 ff. durchzusetzen ist (Götte DNotZ 1988, 603 (605)). – Ergeben sich **Auslegungsprobleme,** ob eine auf den Tod eines Gesellschafters bezogene Nachfolgeklausel oder Eintrittsklausel im Gesellschaftsvertrag besteht, bejaht die überzeugende hM im Zweifel Ersteres, weil durch die unmittelbare Rechtsnachfolge gesellschaftsrechtliche Auseinandersetzungsrobleme vermieden werden (vgl. BGH NJW 1977, 1339 (1341); 1978, 264 (265); BeckOGK/von Proff § 727 Rn. 97); vgl. zu den Rechtsfolgen des Ausscheidens infolge Todes (→ Rn. 23). Im Übrigen kann eine unwirksame bzw. ins Leere gehende erbrechtliche Nachfolgeklausel gemäß § 140 auch in eine Eintrittsklausel umgedeutet werden (BGH NJW 1978, 264 (265); 1977, 1339 (1341)). – Gibt es bei einer **zweigliedrigen GbR** allein eine schuldrechtliche Eintrittsklausel, führt der Tod des vorletzten Gesellschafters die Folgen gemäß § 712a herbei; das Gesellschaftsverhältnis erlischt. Die Eintrittsklausel begründet somit gegenüber dem verbleibenden Gesellschafter (ggf. Einzelunternehmer) einen Anspruch auf Neugründung einer GbR (BeckOGK/von Proff § 727 Rn. 228). – Eine Eintrittsklausel hat keine unmittelbaren Auswirkungen auf die **Abfindungsansprüche der Erben** des Verstorbenen gemäß § 728; der Eintrittsberechtigte ist insbesondere im gesetzlichen Regelfall nicht verpflichtet, diese unmittelbar zu befriedigen, um das Gesellschaftsvermögen bzw. das der Mitgesellschafter zu schonen (vgl. aber zur Möglichkeit, dass dem Eintrittsberechtigten die Abfindungsansprüche von Todes wegen zugewendet werden BGH NJW 1978, 264 (266); JZ 1987, 880; Einzelheiten bei BeckOGK/von Proff § 727 Rn. 240 ff.).

5. Rechtsgeschäftliche Nachfolgeklausel

39   Die rechtsgeschäftliche Vereinbarung einer unmittelbaren Anteilsübertragung aufgrund gesellschaftsvertraglicher Abreden ohne Beteiligung des Begünstigten ist nach allgemeiner Meinung unzulässig (BGH NJW 1977, 1339; MüKoBGB/Schäfer § 727 Rn. 50 f.); vgl. zur notwendigen Akzessorietät in Bezug auf die erbrechtliche Nachfolge → Rn. 34, → Rn. 36. Möglich ist aber die **auf den Todesfall aufschiebend bedingte Abtretung** des Gesellschaftsanteils (vgl. BGH NJW 1977, 1339 (1341); BayObLG ZIP 2000, 1614 (1615 ff.)). Dies richtet sich bei unklarer Vereinbarung nach der Zweifelsregel des § 331 I. Die Form des § 2301 I muss nicht gewahrt werden (MüKoBGB/Schäfer § 727 Rn. 52); im Fall der Schenkung ist aber die Formvorschrift des § 518 zu beachten. Rechtsfolge des Formmangels ist die Nichtigkeit nach § 125 S. 1 (vgl. zur Heilung durch Schenkungsvollzug nach § 518 II siehe MüKoBGB/Koch § 518 Rn. 28). Voraussetzung für eine auf den Todesfall aufschiebend bedingte Abtretung des Gesellschaftsanteils ist jedoch auch nach neuem Recht gemäß Abs. 1, dass die Übertragung des Gesellschaftsanteils möglich ist (→ Rn. 8). Der Berechtigte erwirbt dann zum Todeszeitpunkt den Gesellschaftsanteil des Verstorbenen. Es handelt sich nicht um einen Erbvertrag, sodass § 2276 nicht gilt (BeckOGK/von Proff § 727 Rn. 111). Eine solche Gestaltung bindet den Zedenten bereits zu Lebzeiten (vgl. § 162; Ulmer ZGR 1972, 195 (212); Becker AcP 201 (2001), 629).

6. Darlegungs- und Beweislast

Will ein **Erbe** im gesetzlichen Regelfall des Ausscheidens infolge des Todes **40** nach § 723 I Nr. 1 einen Abfindungsanspruch gemäß § 728 geltend machen, muss er die entsprechenden Voraussetzungen darlegen und beweisen (→ § 728 Rn. 32 ff.). Will er im Rahmen der Sondererbfolge als Gesellschafter behandelt werden, muss er als Abweichung vom gesetzlichen Regelfall (§ 723 I Nr. 1) beweisen, dass die Gesellschafterstellung vererblich gestellt wurde (vgl. § 711 II, § 724) (→ Rn. 26), dass er Erbe ist und ggf. welchen Umfang seine Erbquote hat (→ Rn. 23, 27). Bei einer qualifizierten Nachfolgeklausel muss er zusätzlich beweisen, dass er hierdurch begünstigt wird (→ Rn. 35). Die **Gesellschaft** muss dies umgekehrt beweisen, wenn sie einen Erben als Gesellschafter behandelt wissen will, insbesondere im Hinblick auf die Erfüllung von Sozialverbindlichkeiten. Will ein **Gesellschaftsgläubiger** nach Maßgabe von §§ 720 ff. einen Erben als Gesellschafter in die Haftung nehmen, muss er neben den allgemeinen Voraussetzungen der Haftung auch dessen Eintritt im Wege der Sondererbfolge beweisen. Bei der eingetragenen Gesellschaft greift insofern § 15 HGB (vgl. § 707a III, → § 707a Rn. 9). – Im Rahmen einer Eintrittsklausel (→ Rn. 37 f.) muss der Begünstigte darlegen, dass eine solche Klausel wirksam vereinbart wurde und die Voraussetzungen für den Eintritt bestehen.

7. Kautelarischer Handlungsbedarf infolge des MoPeG

Da **§ 711 II bisher ungeregelt** war, besteht diesbezüglich teilweise Hand- **41** lungsbedarf bis zum 31.12.2023 (vgl. Art. 137 MoPeG; → Rn. 3). Bereits bestehende Klauseln, welche die Nachfolge von Todes wegen in einen Personengesellschaftsanteil bei der GbR regeln, müssen an § 711 II gemessen werden. Im Einzelnen kommt es auf die Art der bisher gewählten Klausel an. Hier ist zu unterscheiden:

42   **a) Regelungsbedarf, soweit bisher keine Fortsetzungsklausel.** Gemäß § 723 I, § 724 I führt das Ausscheiden eines Gesellschafters nicht länger zur Auflösung, sondern lediglich zum Ausscheiden aus der im Übrigen fortbestehenden GbR (→ Rn. 23). Da die Neuregelung dispositiv ist, können die Gesellschafter der GbR im Gesellschaftsvertrag festlegen, dass der Tod eines Gesellschafters zur Auflösung ihrer Gesellschaft führt (**sog. Auflösungsklausel** → § 723 Rn. 18), mithin den bislang geltenden gesetzlichen Regelfall vertraglich herbeiführen (vgl. Lange/Kretschmann ZEV 2021, 545 (548); BeckOGK/von Proff § 727 Rn. 129). Dann kommt es zur Auflösung der GbR und der Anteil an der Liquidationsgesellschaft (§§ 735 ff.) fällt in vollem Umfang ungeteilt in den Nachlass. Dies bietet sich vor allem bei Gelegenheitsgesellschaften, Gesellschaften mit ideeller Zwecksetzung und reinen Vermögensverwaltungsgesellschaften an. § 730 I sieht für den Fall der Auflösung für die Erben Anzeige- (§ 730 I 1) und vorübergehende Fortführungspflichten (§ 730 I 2) vor, welche wiederum ebenfalls abbedungen werden können (→ § 730 Rn. 10).

43   **b) Regelungsbedarf, soweit bisher bereits Fortsetzungsklausel.** Die gesellschaftsvertragliche Gestaltung entspricht nun dem **gesetzlichen Regelfall nach § 723 I.** Weitgehend offen ist indes die Behandlung von Gewinn- oder Abfindungsansprüchen (§ 728 I 1 Alt. 2), insbesondere beim Ausscheiden von Todes wegen gem. § 723 I Nr. 1 (vgl. Lange/Kretschmann ZEV 2021, 545 (548)). § 728 besagt, dass der Wert des abzugeltenden Gesellschaftsanteils im Wege der Schätzung zu ermitteln ist; im Übrigen muss der Anspruch **angemessen** sein und ein **vollwertiges Äquivalent** zu dem Gesellschaftsanteil darstellen muss (vgl. früher bereits BGH NZG 2011, 1420; zum Ganzen → § 728 Rn. 32 ff. Die **Zuweisung von Vermögensrechten** des verstorbenen Gesellschafters nach seinem Tod sollte vertraglich bestimmt werden. Typische Gestaltungen sind insofern **Buchwert- und Nennwertklauseln** (zur einfachen Ermittlung der Höhe des Abfindungsanspruchs) oder **Auszahlungsvereinbarungen** (vgl. zur Regelung der Modalität der Auszahlung → § 728 Rn. 53 ff.). Ein vollständiger Abfindungsausschluss ist idR sittenwidrig nach § 138 I (→ § 728 Rn. 60).

44   **c) Regelungsbedarf, soweit bisher keine Nachfolgeklausel.** Liegt keine Nachfolgeklausel vor, so minimiert sich mit dem Tod eines Gesellschafters der Gesellschafterbestand, da die Erben nicht ipso jure in die Stellung des verstorbenen Gesellschafters einrücken (vgl. Lange/Kretschmann ZEV 2021, 545 (548)). Dies gilt so lange, bis nach dem Ausscheiden noch zumindest zwei Gesellschafter verbleiben. In der **zweigliedrigen Personengesellschaft** führt der Tod eines Gesellschafters grundsätzlich zur Beendigung der Gesellschaft (→ § 712a Rn. 9; vgl. Lange/Kretschmann ZEV 2021, 545 (548)). Eine Nachfolgeklausel bietet sich also bereits an, um einer ungewollten Gesellschaftsauflösung vorzubeugen. – Regelungsbedürftig sind weiterhin die Folgen des Ausschlusses des verstorbenen GbR-Gesellschafters. Insbesondere die **Modalitäten des Eintritts** in den Kreis der verbleibenden Gesellschafter müssen auch künftig ausformuliert werden.

d) Regelungsbedarf, soweit bisher bereits Nachfolgeklausel. Abs. 2 **45**
S. 1 sieht ausdrücklich die Möglichkeit der Einführung einer erbrechtlichen Nachfolgeklausel vor (→ Rn. 22, → Rn. 26). Der Gesetzgeber erkennt damit die Möglichkeit des automatischen Eintritts der Erben in die Gesellschaft an. Eine Haftungsbeschränkung wird Dritten gegenüber regelmäßig an § 721a S. 2 scheitern (→ § 721 Rn. 12 ff.). Indes kann im Innenverhältnis eine Regresspflicht vereinbart werden (→ § 721 Rn. 28). Als Kehrseite hat der Gesetzgeber § 724 eingeführt, welcher eine **Umwandlung in eine Kommanditgesellschaft** ermöglicht (→ § 724 Rn. 6). Aufgrund der Fristgebundenheit von Antrag, Umwandlung bzw. Austritt besteht ein Haftungsrisiko, da für die GbR im Vergleich zu Personenhandelsgesellschaften keine Buchführungspflicht nach § 238 HGB besteht (vgl. Lange/Kretschmann ZEV 2021, 545 (549)). – Wegen der Vergrößerung des Gesellschafterkreises im Fall von **Abs. 2 S. 2** (→ Rn. 27) ist im Hinblick auf die Beteiligungsverhältnisse der eintretenden Erben nach Maßgabe von § 709 eine quotale Zuweisung der Mitgliedschaft des Verstorbenen vorzunehmen. Sonst gilt der gesetzliche Regelfall des § 709 III (→ Rn. 29). Praktisch bedeutsam sind insoweit auch gesellschaftsvertragliche Vertreterklauseln (→ Rn. 29). – Mit **Abs. 2 S. 3** hat der Gesetzgeber nun ausdrücklich geregelt, dass eine Erbengemeinschaft nicht Anteilsinhaberin einer GbR werden kann. Eine entsprechende Regelung muss deshalb aus dem Gesellschaftsvertrag gestrichen oder § 711 II 3 abbedungen werden (vgl. § 708). Offen bleibt, wie ein Fall mehrerer Erben zu handhaben ist, soweit keine hinreichend qualifizierte erbrechtliche Nachfolgeklausel vorliegt (hierzu Lange/Kretschmann ZEV 2021, 545 (549 f.)). – Weiter sollte insbesondere bezüglich der Modalitäten der **Testamentsvollstreckung und Nachlassverwaltung** (→ Rn. 33) durch vertragliche Regelungen Rechtsklarheit geschaffen werden.

§ 711a Eingeschränkte Übertragbarkeit von Gesellschafterrechten

[1]**Die Rechte der Gesellschafter aus dem Gesellschaftsverhältnis sind nicht übertragbar.** [2]**Hiervon ausgenommen sind Ansprüche, die einem Gesellschafter aus seiner Geschäftsbesorgung für die Gesellschaft zustehen, soweit deren Befriedigung außerhalb der Liquidation verlangt werden kann, sowie Ansprüche eines Gesellschafters auf einen Gewinnanteil oder auf dasjenige, was ihm im Fall der Liquidation zukommt.**

Übersicht

I. Reform

1. Grundlagen, Bewertung

1   Der neue § 711a regelt in wesentlicher Übereinstimmung mit § 717 aF das **Abspaltungsverbot.** Der Reformgesetzgeber sah sich bei der Neufassung allein veranlasst, redaktionelle Änderungen gegenüber der früheren Regelung vorzunehmen (Begr. S. 144). Diese gehen aber im Rahmen von S. 2 jedenfalls insofern darüber hinaus, als der nunmehrige Begriff der „Geschäftsbesorgung" weiter ist als der frühere der „Geschäftsführung". Die hierdurch klargestellte weite Auslegung der Übertragbarkeit von Vermögensansprüchen überzeugt. – S. 1 bestimmt **verallgemeinerungsfähig** für alle Gesellschaftsformen zwingend, dass die Mitgliedschaft als Inbegriff von Rechten und Pflichten (vgl. BGH NZG 2020, 1304 Rn. 9) grundsätzlich nicht in einzelne Bestandteile aufgespalten werden kann, sodass konsequenterweise auch entsprechende Verfügungen hierüber unzulässig sind. S. 2 lässt nur Ausnahmen für bestimmte Vermögensrechte bzw. -ansprüche zu, die auf Geldzahlung gerichtet sind. Die praktische Bedeutung der Norm ist nicht nur im unmittelbaren Anwendungsbereich gegeben. § 711a hat auch eine bedeutsame Funktion zur rechtlichen Konkretisierung darüber hinausgehender Einbeziehungen Dritter in die Vermögensbeziehungen und die Willensbildung im Personenverband, vor allem durch Bevollmächtigung, bei Stimmbindungsverträgen und im Bereich von Sicherungsrechten.

2. Zeitlicher Geltungsbereich

2   § 711a tritt gemäß Art. 137 S. 1 MoPeG **am 1.1.2024** in Kraft; eine Übergangsregelung ist nicht vorgesehen. Im Umkehrschluss zu Art. 229 § 61 EGBGB folgt daher, dass sich die Voraussetzungen für die Übertragbarkeit von Mitgliedschaftsrechten ab dem Zeitpunkt des Inkrafttretens nach neuem Recht richten. Bereits verwirklichte Tatbestände werden auch darüber hinaus nach dem Prinzip der **lex temporis actus** nach altem Recht beurteilt

(→ § 705 Rn. 3 ff.). Maßgeblicher Zeitpunkt für die rechtliche Beurteilung eines Übertragungsakts ist der der wesentlichen tatbestandlichen Verwirklichung; mithin bei rechtsgeschäftlichen Verfügungen die entsprechende Einigung. Indem die Neuregelung indessen gegenüber der bisherigen Rechtslage keine Änderungen hervorruft, dürften sich keine Übergangsprobleme stellen.

II. Normzweck, Anwendungsbereich

Das in § 711a verallgemeinerungsfähig geregelte Abspaltungsverbot **3** begründet **zwingend** (→ Rn. 8) die **Einheitlichkeit der Mitgliedschaft** in der Person des Gesellschafters. Dieser Aspekt ist bei den Personengesellschaften wegen des Leitbilds der personalen Verbundenheit in besonderer Weise legitimiert; er gilt freilich auch bei anderen Gesellschaftsformen. Das Abspaltungsverbot war richtigerweise bereits bislang nicht durch die Vermögensbindung nach dem Gesamthandsprinzip bedingt (vgl. früher aber BGH NJW 1952, 178 (179); in diese Richtung nach wie vor (Schäfer Neues PersGesR/Bergmann § 7 Rn. 9), sondern folgt dem gesellschaftsrechtlichen Prinzip eines privatrechtlichen Personenverbands (zur historischen Entwicklung BeckOGK/Geibel § 717 Rn. 2 f.). Bei allen rechtsfähigen oder nicht rechtsfähigen Gesellschaften ist die Mitgliedschaft als Inbegriff von Rechten und Pflichten (vgl. BGH NZG 2020, 1304 Rn. 9) durch ein **Korrespondenzprinzip** geprägt, welches es verbietet, die hieraus resultierenden Rechte und Pflichten dem Grunde nach, mithin nicht im Rahmen einer bloßen Vertretung oder Ausübungsermächtigung, auf verbandsexterne Personen zu verlagern (vgl. insofern für Geschäftsführungsbefugnis und Vertretungsmacht auch den Grundsatz der Selbstorganschaft). Geschützt wird insofern die Verbandssouveränität.

Auch die gesellschaftsinterne Partizipation nach Maßgabe des Gleichbe- **4** handlungsgebots der Gesellschafter hat als Funktionsbedingung die Prämisse, dass die Mitgliedschaft individuell zugeordnet werden kann. Insofern gilt § 711a richtigerweise **auch bei der Übertragung an Mitgesellschafter** (vgl. BGH NJW 1952, 178 (179); 1956, 1198 (1199); 1987, 780 (zur AG); OLG Hamm NZG 1999, 995 f.; BeckOGK/Geibel § 717 Rn. 13; abw. BeckOK BGB/Schöne § 717 Rn. 1; Henssler/Strohn/Kilian § 717 Rn. 15; MüKoBGB/Schäfer § 717 Rn. 17). Das aus S. 1 resultierende **Verfügungsverbot** kann daher als **zwingendes Strukturprinzip** des deutschen Gesellschaftsrechts gesehen werden (Habersack, Die Mitgliedschaft – subjektives und „sonstiges" Recht, 1996, S. 79; OLG Stuttgart NZG 2010, 753). – Soweit indessen allein Vermögensinteressen berührt sind, ist der personale Konnex schwächer legitimiert, weil es rechtliche Interessen des Gesellschafters und von dessen Gläubigern gibt, die die **Fungibilität** solcher Sozialansprüche voraussetzen. S. 2 macht daher ebenfalls verallgemeinerungsfähig für **Vermögensansprüche** eine Ausnahme vom Abspaltungsverbot, sodass hierüber Verfügungen zugunsten Dritter oder von Mitgesellschaftern zulässig sind. Wollen die Mitgesellschafter dies aus Gründen der personalen Verbundenheit verhindern, muss ein Abtretungsverbot vereinbart werden (§ 399).

5 Vom Abspaltungsverbot **abzugrenzen** ist auch die Möglichkeit der **Übertragung der Mitgliedschaft** durch Abtretung des Gesellschaftsanteils nach Maßgabe von § 711 (→ § 711 Rn. 6 ff.). Konsequenterweise ist es auch ohne weiteres zulässig, dass ein Privatgläubiger eines Gesellschafters im Hinblick auf dessen Gesellschaftsanteil nach Maßgabe von §§ 829, 835, 857 ZPO eine **Pfändung und Überweisung des Gesellschaftsanteils** erwirkt. Entgegen der Terminologie von § 859 I 1 ZPO aF wird insofern freilich nicht die „Anteil eines Gesellschafters am Gesellschaftsvermögen" gepfändet, sondern die Mitgliedschaft als Inbegriff aller Rechte und Pflichten aus dem Gesellschaftsverhältnis (BGH NJW 1992, 830 (832); BeckRS 2020, 28124 Rn. 20; OLG München BeckRS 2008, 18097; OLG Köln NJW-RR 1994, 1517 (1519); missverständlich BGH NZG 2019, 710 Rn. 31). Indem § 859 ZPO sich nunmehr allein auf die Erbengemeinschaft erstreckt, wurde die terminologische Schieflage durch den Gesetzgeber auch beseitigt. Dies gilt auch bei der nicht rechtsfähigen GbR. Vgl. im Übrigen zur Kündigungsmöglichkeit des Privatgläubigers → § 726 Rn. 8 ff. Die **Übertragung** der Mitgliedschaft **unter Vorbehalt** der Verwaltungsrechte ist indessen gemäß S. 1 unzulässig (BeckOGK/Geibel § 717 Rn. 13). – Das Abspaltungsverbot ist bei formaler Betrachtung auch abzugrenzen von einer **Bevollmächtigung** und der Einräumung von **Sicherungsrechten,** was freilich funktional betrachtet hierunter zu fassen ist und konsequenterweise differenzierte Betrachtung erfordert (→ Rn. 9 f., 12 ff.).

6 § 711a gilt bei **jeder GbR** (vgl. zur nicht rechtsfähigen Gesellschaft den Verweis in § 740 II) und gemäß § 105 II HGB, § 161 II HGB auch OHG und KG sowie bei der Partnerschaftsgesellschaft gemäß § 1 IV PartGG. Das Abspaltungsverbot und seine Ausnahmen bei vermögensrechtlichen Ansprüchen gilt verallgemeinerungsfähig auch bei der GmbH (vgl. Noack/Servatius/Haas/Fastrich GmbHG § 14 Rn. 20) und der AG (BeckOGK/Vatter AktG § 8 Rn. 52). Nach Vollbeendigung der GbR gilt es fort, soweit noch gesellschaftsrechtliche Rechte im Raum stehen (vgl. OLG Brandenburg BeckRS 2014, 17187 Rn. 67).

III. Unübertragbarkeit von Gesellschafterrechten (S. 1)

1. Rechte der Gesellschafter aus dem Gesellschaftsverhältnis

7 S. 1 erfasst abweichend vom Wortlaut von § 717 aF nicht nur „Ansprüche", sondern sämtliche „Rechte" der Gesellschafter aus dem Gesellschaftsverhältnis, mithin causa societatis. Im Ergebnis bringt dies freilich keine Änderung mit sich, da bereits bislang eine **weite Auslegung** des Abspaltungsverbots herrschend war (vgl. Henssler/Strohn/Kilian § 717 Rn. 3). Im Übrigen trägt die Neufassung gegenüber der früheren Wendung „gegeneinander zustehen" der Anerkennung der Rechtsfähigkeit der GbR Rechnung. Wechselseitige Ansprüche der Gesellschafter untereinander gibt es gleichwohl nach wie vor noch vor allem bei der nicht rechtsfähigen GbR; auch diese sind Gegenstand von § 711a (vgl. § 740 II). – Tatbestandlich unterfallen dem Abspaltungsverbot daher nach wie vor zum einen **Sozialansprüche** eines

Gesellschafters gegen die GbR (allgM), richtigerweise aber auch solche gegen die Mitgesellschafter, insbesondere bei nicht rechtsfähigen GbR (abw. BeckOGK/Geibel § 717 Rn. 8). Es ist unerheblich, ob diese Ansprüche auf **gesetzlicher oder vertraglicher Grundlage** begründet wurden. Das Gleiche gilt für die zum anderen hierunter fallenden gesellschaftsrechtlichen **Verwaltungsrechte.** Dies betrifft vor allem: Stimmrecht (vgl. BGH NJW 1952, 178) und Partizipation an der Gesellschafterversammlung (§ 714), Geschäftsführungsbefugnis (§§ 715, 715a; vgl. BGH NJW 1962, 738) und Vertretungsmacht (§ 720), Gesellschafterklage (§ 715b), Informationsrecht (§ 717; vgl. OLG Hamm NZG 2006, 823), Kündigungsrechte (§§ 725, 731), Recht auf Rechnungsabschluss (§ 718) und Auseinandersetzung gemäß §§ 735 ff., Recht auf Zustimmung zur Anteilsübertragung (vgl. OLG Hamm BeckRS 2018, 36294). – Vom Abspaltungsverbot **abzugrenzen** ist, dass ein anderer mit der Ausübung solcher Rechte betraut wird, insbesondere im Wege der **Bevollmächtigung,** was im gesetzlichen Regelfall grundsätzlich zulässig ist (→ Rn. 9). Ansprüche eines Gesellschafters aus **Drittgeschäften** mit der GbR oder den Mitgesellschaftern werden von S. 1 ebenfalls nicht erfasst (Henssler/Strohn/Kilian § 717 Rn. 7). Insofern ist es allerdings möglich und ggf. praktisch geboten, den Ausschluss der Übertragung nach Maßgabe von § 399 zu vereinbaren (vgl. für Darlehensforderungen OLG Stuttgart DStR 2013, 1138 (1140)). Grenzen der Übertragbarkeit können sich hier auch aus der Treuepflichtbindung ergeben (vgl. etwa zur Subsidiarität der Haftung → § 721 Rn. 7 ff.).

2. Übertragungsverbot

S. 1 verbietet Verfügungen über die erfassten Rechte und begründet damit **8** ein **Verbotsgesetz** iSv § 134 (Henssler/Strohn/Kilian § 717 Rn. 8; abw. BeckOGK/Geibel § 717 Rn. 11: Versagung der den Gesellschaftern zustehenden Rechtsmacht zur Übertragung, was im Ergebnis auf das Gleiche hinausläuft); eine widersprechende Übertragung im Wege der Abtretung ist konsequenterweise **nichtig** (BGH NJW 1952, 178 (179)). Dies gilt **zwingend** (vgl. BGH NJW 1952, 178; 1956, 1198; 1962, 738). Es gilt richtigerweise auch bei der Übertragung an Mitgesellschafter (vgl. BGH NJW 1952, 178 (179); 1956, 1198 (1199); 1987, 780 (zur AG); OLG Hamm NZG 1999, 995 f.; BeckOGK/Geibel § 717 Rn. 13; abw. BeckOK BGB/Schöne § 717 Rn. 1; Henssler/Strohn/Kilian § 717 Rn. 15; MüKoBGB/Schäfer § 717 Rn. 17). – Eine unwirksame Übertragung lässt sich nach Maßgabe von § 140 in eine Bevollmächtigung oder Ermächtigung zur Ausübung **umdeuten** (vgl. BGH NJW 1956, 1198; OLG Hamm BeckRS 2016, 36294 Rn. 67). Im Übrigen ist stets zu bedenken, ob eine Übertragung sich (verbotswidrig) auf einzelne Mitgliedschaftsrechte bezieht oder den Gesellschaftsanteil als solches, was nach Maßgabe von § 711 zulässig ist (Auslegung!).

3. Ausübungsermächtigung, Vollmacht

Die Bevollmächtigung eines **Dritten oder Mitgesellschafters** nach Maß- **9** gabe von §§ 167 ff. oder die Einräumung einer Ermächtigung im Sinn von

§ 185 (sog. Legitimationszession, vgl. BeckOGK/Geibel § 717 Rn. 20) ist **grundsätzlich zulässig,** weil hierdurch keine Übertragung im Sinne einer Verfügung erfolgt (BGH NJW 1952, 178 (179)). Gleichwohl kann hierdurch die durch das Abspaltungsverbot gewährleistete Einheitlichkeit der Mitgliedschaft (→ Rn. 3) relativiert werden; zudem steht die Wahrung von Geheimhaltungsinteressen zu Gebote, wenn Dritte hierdurch am gesellschaftsinternen Willensbildungsprozess teilhaben. In entsprechender Anwendung von S. 1 ist daher jedenfalls die Einräumung einer **verdrängenden Vollmacht** bzw. Ausübungsermächtigung generell **unwirksam,** wenn hierdurch der wahre Berechtigte faktisch passiv und damit auch strukturell verantwortungslos wird (allgM, vgl. nur BGH NJW 1952, 178; 1956, 1198; Henssler/Strohn/Kilian § 717 Rn. 9). Dies gilt auch, wenn sämtliche Gesellschafter einverstanden sind.

10 **Unterhalb dieser Schwelle** bleibt es freilich bei der **grundsätzlichen Wirksamkeit** solcher Gestaltungen, da diese auch im berechtigten Interesse der Gesellschafter als Vollmachtgeber zu sehen sind. Man kann daher richtigerweise auch keinem generellen Zustimmungserfordernis der Mitgesellschafter für die Vollmachterteilung das Wort reden, auch in Bezug auf Dritte (so aber Henssler/Strohn/Kilian § 717 BGB Rn. 9). Es kann vielmehr nur im Rahmen der **Treuepflichtkontrolle** ein Zurückweisungsrecht der GbR bzw. Mitgesellschafter angenommen werden, wenn die Einschaltung eines Dritten die Funktionsfähigkeit des gesellschaftsrechtlichen Zusammenschlusses stört (weitergehend für grundsätzliches Erfordernis der Zustimmung BGH NJW 1962, 738; 1970, 706; 1952, 178 (179); BeckOGK/Geibel § 717 Rn. 19 f.). – Nach dieser Maßgabe zulässig ist es insbesondere auch, die Ausübung von Geschäftsführungsbefugnis und organschaftlicher Vertretungsmacht auf Dritte zu delegieren (vgl. BGH NJW 1962, 738; → § 715 Rn. 23); vgl. zur Wahrnehmung des Informationsrechts gemäß § 717 (→ § 717 Rn. 15).

4. Stimmbindungsverträge

11 Stimmbindungsverträge sind **grundsätzlich wirksam.** Dies gilt ohne weiteres für Vereinbarungen der Gesellschafter untereinander (vgl. BGH NJW 1951, 268 f.). Für Vereinbarungen mit Dritten gilt dies ebenso, wenn diese, wie regelmäßig, nur schuldrechtlich wirken (vgl. BGH NJW 1967, 1963; 1987, 1890 (1892)). In der Literatur wird dies insbesondere wegen der Vollstreckbarkeit solcher Vereinbarungen (vgl. BGH NJW-RR 1989, 1056) nachvollziehbar kritisch gesehen, weil hierdurch die Verbandssouveränität gefährdet wird und ein Verantwortlichkeitsvakuum entstehen kann (vgl. zum Ganzen mwN BeckOGK/Geibel § 717 Rn. 21 ff.). Gleichwohl sollte es bei der grundsätzlichen Zulässigkeit bleiben. Bei der GbR lassen sich in besonders strengem Maße über eine **Sittenwidrigkeits- und Treuepflichtkontrolle im Einzelfall** sachgerechte Ergebnisse begründen, was zwar auf Kosten der Rechtssicherheit geht, aber passgenau Lösungen ermöglicht.

5. Sicherungsrechte Dritter

12 **a) Pfändung eines Gesellschaftsanteils.** Die Pfändung eines Gesellschaftsanteils ist nach Maßgabe von §§ 829, 835, 857 ZPO zwingend **auch**

ohne Zustimmung der Mitgesellschafter **zulässig** (vgl. BGH NJW 1992, 830 (832); BeckRS 2020, 28124 Rn. 20; OLG München BeckRS 2008, 18097; OLG Köln NJW-RR 1994, 1517 (1519); missverständlich BGH NZG 2019, 710 Rn. 31). In Abgrenzung hierzu ist die Pfändung einzelner Gesellschafterrechte indessen gemäß S. 1 iVm § 851 I ZPO grundsätzlich unzulässig; etwas anderes gilt allein für die Pfändung einzelner Vermögensrechte iSv. 2 (→ Rn. 19 ff.). – Die wirksame Pfändung des Gesellschaftsanteils begründet gemäß § 726 ein **Kündigungsrecht des Privatgläubigers,** sodass dieser auf die Vermögensansprüche eines Gesellschafters nach § 728 zugreifen kann (→ § 726 Rn. 24). Jenseits dessen stehen dem **Pfändungsgläubiger keine Mitgliedschaftsrechte** zu (RGZ 95, 231 (234); abw. für die zur Realisierung des Auseinandersetzungsanspruchs erforderlichen Informations- und Kontrollrechte OLG München BeckRS 2008, 18097; MüKoBGB/Schäfer § 725 Rn. 20). Das Gleiche gilt für den Anspruch auf Rechnungslegung (offengelassen von RGZ 52, 35 (38)). Das vollstreckungsrechtliche **Verfügungsverbot** gemäß §§ 136, 135 I hindert indessen den Gesellschafter an der Ausübung der Mitgliedschaftsrechte, soweit hierdurch die Vermögensinteressen des Gläubigers beeinträchtigt werden (Einzelheiten bei BeckOGK/Geibel § 725 Rn. 30). Der **Gläubiger** hat zudem gegenüber der Gesellschaft bzw. bei der nicht rechtsfähigen GbR gegenüber den Mitgesellschaftern den **Auskunftsanspruch** gem. § 857 II ZPO, § 840 I ZPO (vgl. BeckOGK/Geibel § 725 Rn. 21.1).

Hiervon abzugrenzen ist die Frage, ob der Gläubiger eines Gesellschafters **13** im Fall der Auflösung der GbR ein eigenes **Recht auf Durchführung der Auseinandersetzung** hat: Die hM erkennt dies an (vgl. BGH NJW 1992, 830 (832); zustimmend MüKoBGB/Schäfer § 725 Rn. 20). Dagegen spricht aber der gestrichene § 725 II aF, wonach der Gläubiger, solange die Gesellschaft besteht, die sich aus dem Gesellschaftsverhältnis ergebenden Rechte des Gesellschafters mit Ausnahme des Anspruchs auf einen Gewinnanteil nicht geltend machen kann. Zwar wurde diese Regelung im Zuge der Reform ersatzlos gestrichen. Dies hindert aber richtigerweise nicht, den Inhalt der früheren Regelung weiterhin zur Geltung zu bringen: Hierfür spricht einmal der **Umkehrschluss zu § 735 II,** wonach ein eigenes Recht des Gläubigers auf Durchführung der Auseinandersetzung nur vorgesehen ist, wenn anstelle der Liquidation eine andere Art der Auseinandersetzung vereinbart werden soll (→ § 735 Rn. 12 ff.). Zudem ist in § 736 II abweichend vom Mauracher Entwurf keine Regelung zur Beteiligung des Privatgläubigers eines Gesellschafters am Liquidationsverfahren vorgesehen (→ § 736 Rn. 1). Die **Gesellschafterstellung während der Abwicklung** verbleibt somit jenseits der vermögensrechtlichen Verstrickung durch das Pfändungspfandrecht beim **Schuldner;** etwas anderes kann sich nur aus zwangsvollstreckungsrechtlichen Regeln ergeben (vgl. zum Betreiben der Teilungsversteigerung nach ZVG BGH NZG 2016, 1307).

Im Übrigen bleibt die **Gesellschafterstellung** trotz Pfändung übertrag- **14** bar, wenn dies im Gesellschaftsvertrag vorgesehen ist bzw. die Mitgesellschafter zustimmen (§ 711 I S. 1). Das Pfändungspfandrecht bleibt nämlich auch zulasten des Erwerbers bestehen (BeckOGK/Geibel § 725 Rn. 32). Die

Gesellschaft kann indes im Rahmen der Abwicklung über die **Gegenstände des Gesellschaftsvermögens** verfügen (BGH NJW 2017, 2768 Rn. 30; BeckRS 2016, 17881 Rn. 17; NZG 2016, 1307 Rn. 17; OLG Düsseldorf NJW-RR 2004, 1111; OLG Stuttgart BeckRS 1999, 14507; OLG Hamm NJW-RR 1987, 723; OLG Zweibrücken OLGZ 1982, 406; MüKoBGB/ Schäfer § 725 Rn. 26; Staudinger/Habermeier, 2003, § 725 Rn. 8; Soergel/ Hadding/Kießling § 725 Rn. 16; Erman/Westermann § 725 Rn. 3).

15   **b) Verpfändung des Gesellschaftsanteils.** Die Möglichkeit der Verpfändung eines Gesellschaftsanteils gemäß §§ 1273, 1280 richtet sich nach § 711 I und bedarf damit der (ggf. antizipierten) **Zustimmung der Mitgesellschafter** (BGH NJW-RR 2010, 924 Rn. 11; Grüneberg/Wicke § 1274 Rn. 6; → § 711 Rn. 18). Die Verpfändung einzelner Gesellschafterrechte ist grundsätzlich nach S. 1 iVm § 1274 II unzulässig; etwas anderes gilt nach S. 2 allein für Vermögensansprüche aus der Mitgliedschaft (→ Rn. 19 ff.). – Soweit ein Gesellschaftsanteil wirksam verpfändet ist, gewährt er zugunsten des Pfandgläubigers **allein ein Befriedigungsrecht** (vgl. § 1277). Die Kündigung der Mitgliedschaft kann er indessen allein nach Maßgabe von § 726 herbeiführen, mithin nach erfolgter Pfändung des Gesellschaftsanteils (→ § 726 Rn. 15). Wie bei der Pfändung (→ Rn. 12 ff.) verbleiben die gesellschaftsrechtlichen Mitverwaltungsrechte allein beim Schuldner. Praktisch geboten kann es indessen sein, zugunsten des Pfandgläubigers bereits im Vorfeld der Verwertungsreife eine **Vollmacht** zur Geltendmachung der an sich nicht verstrickten Gesellschafterrechte einzuräumen (→ Rn. 9 f.).

16   **c) Treuhand, Unterbeteiligung.** Die treuhänderische Übertragung eines Gesellschaftsanteils an einen Dritten nach Maßgabe von § 711, mithin aufgrund **Zustimmung der Mitgesellschafter** (→ § 711 Rn. 19), ist **zulässig** und begründet keinen Verstoß gegen das Abspaltungsverbot (vgl. zur Abgrenzung von Treuhand und Innen-GbR BGH NJW 1994, 2886 sowie BGH DStR 1994, 1199; vgl. zu einem Verstoß gegen § 3 RDG BGH NJW-RR 2006, 1182). Der Treuhänder ist als (formaler) Gesellschafter Vollinhaber der aus der Gesellschafterstellung resultierenden Rechte und unterliegt den entsprechenden Pflichten (BGH NJW-RR 1991, 1441). Im schuldrechtlichen **Innenverhältnis zum Treugeber** (§ 675) ist er jedoch diesem gegenüber zur Interessenwahrung verpflichtet (BGH WM 1991, 1753; vgl. zur gespaltenen Abstimmung nach Maßgabe der jeweiligen Treuhandabrede OLG Köln NJW-RR 1997, 487). Auf die Treuepflichtbindung des Gesellschafters gegenüber der GbR und den Mitgesellschaftern hat dies indessen keine Auswirkungen. Im **Verhältnis zwischen Treugeber und GbR** bzw. deren übrigen Gesellschaftern entstehen allein aufgrund der zweiseitigen Treuhandabrede nämlich keine unmittelbaren Rechtsbeziehungen; er wird auch nicht deren Mitglied (MüKoBGB/Schäfer Vor § 705 Rn. 94). Der Hauptgesellschafter bleibt bei der Ausübung seiner Gesellschafterrechte im Verhältnis zur Gesellschaft ungebunden (BGH WM 1977, 525 (527)). Praktisch geboten kann es indessen sein, zugunsten des Treugebers eine Vollmacht zur Geltendmachung der Gesellschafterrechte einzuräumen (→ Rn. 9 f.). – **Außenwirkungen gegenüber der GbR** und deren übrigen Gesellschaftern entfaltet die Treuhandabrede ebenfalls nicht (BGH NJW 1968, 2003). Zur Begründung einer zweiseitig vereinbarten Treuhand bzw. Unterbeteiligung bedarf es daher auch keiner Zustimmung der Gesellschaft (BGH NJW 1953, 1548), sondern allein der Mitgesellschafter ($\rightarrow$ § 711 Rn. 19).

Eine andere Beurteilung ist geboten, wenn der **Treugeber** aufgrund ver- **17** traglicher Vereinbarung mit den Gesellschaftern ein **Quasi-Gesellschafter** werden soll (vgl. zum Ganzen bei Publikumsgesellschaften Henssler/Strohn/ Servatius HGB Anh. Rn. 19 ff.). Dann stehen dem Treugeber selbst auch die gesellschaftsrechtlichen Mitsprache-, Kontroll- und Informationsrechte zu, ohne dass dem das Abspaltungsverbot entgegenstünde (vgl. BGH NJW 1968, 2003; 1994, 2886 (2888); NJW-RR 2003, 1392; zur Geltendmachung von Beschlussmängeln OLG Köln NJW-RR 1997, 487; zum Ganzen Wertenbruch NZG 2017, 81). Er unterliegt umgekehrt persönlich den entsprechenden Gesellschafterpflichten gegenüber der Gesellschaft (vgl. BGH NZG 2011, 1432; BeckRS 2012, 23236; NZG 2018, 539 Rn. 16 ff.). In diesem Fall gilt für Klagen gegen den Treugeber auch § 22 ZPO (BayObLG NZG 2020, 706). Auch die hierdurch mögliche Einbeziehung eines „qualifizierten Treugebers" in den Gesellschafterverband betrifft jedoch allein das Innenverhältnis; eine persönliche Gesellschafterhaftung scheidet aus (BGH WM 2008, 2359; BKR 2009, 336). – Bei der **Unterbeteiligung** gilt das Vorgesagte entsprechend. Hier lässt sich jemand aufgrund vertraglicher Vereinbarung mit einem Gesellschafter Vermögensrechte einräumen, die aus dessen Mitgliedschaft in der GbR resultieren. Das Rechtsverhältnis zwischen dem Berechtigten und dem Gesellschafter ist eine nicht rechtsfähige GbR (BGH NJW 1968, 2003), ggf. als stille Beteiligung iSv § 230 HGB (Henssler/Strohn/ Servatius HGB § 230 Rn. 5 ff.).

d) Nießbrauch. Die Bestellung eines Nießbrauchs ist gemäß §§ 1068, **18** 1069 I iVm § 711 I mit der (ggf. antizipierten) **Zustimmung der Mitgesellschafter** ($\rightarrow$ § 711 Rn. 17) zulässig (BGH NJW 1972, 1755 (1756); NJW 1999, 571 (572); OLG Karlsruhe in MDR 1989, 160; Henssler/ Strohn/Kilian § 717 Rn. 12; abw. Soergel/Hadding/Kießling § 717 Rn. 18a; Einzelheiten bei Wälzholz DStR 2010, 1786; Kruse RNotZ 2002, 69). Während der Besteller unstreitig Gesellschafter der GbR bleibt, ist nach wie vor heftig umstritten, welche Qualität und welchen Umfang die **Befugnisse des Nießbrauchers** haben. Weitgehende Einigkeit dürfte dahingehend bestehen, dass das Nutzungsrecht gemäß § 1030 im Einklang mit S. 2 die (ohnehin übertragbaren) **Vermögensansprüche** umfasst, vor allem also den Gewinnanspruch (vgl. BGH NJW 1972, 1755 (1756)). Diese kann der Nießbraucher daher im eigenen Namen geltend machen. – Im Hinblick auf die **Verwaltungs- und Informationsrechte** ist richtigerweise eine differenzierte Betrachtung vorzunehmen (so auch BFH NJW 1995, 1918 (1919)): Auf der Grundlage von § 1030 als (bloßes) Fruchtziehungsrecht und um das Abspaltungsverbot nicht völlig zu konterkarieren, stehen dem Nießbraucher richtigerweise lediglich diejenigen Verwaltungsbefugnisse zu, die sich als **laufende Angelegenheit** qualifizieren lassen, mithin keine grundlegende Bedeutung haben (so auch Henssler/Strohn/Kilian § 717 Rn. 13). Insofern ist wegen des personalen Zusammenschlusses bei der GbR insgesamt eine **restriktive Beurteilung** angezeigt; insbesondere verfügt der Nießbraucher über keine organschaftliche Geschäftsführungs- oder Vertretungskompetenz. Die Zuständigkeit für Grundlagenentscheidungen und Geschäftsführungsmaßnahmen verbleibt ebenfalls allein beim Gesellschafter (weitergehend für die generelle ausschließliche Zuständigkeit des Gesellschafters OLG Koblenz NJW 1992, 2162 (2164); vgl. zum Ganzen mwN BeckOGK/Geibel § 717 Rn. 43 ff.). Als Alternative kann es praktisch geboten sein, zugunsten des Nießbrauchers eine **Vollmacht** zur Geltendmachung der an sich nicht verstrickten Gesellschafterrechte einzuräumen ($\rightarrow$ Rn. 9 f.).

IV. Übertragbarkeit von Vermögensansprüchen (S. 2)

1. Grundlagen

19   S. 2 sieht ebenso wie nach früherem Recht **Ausnahmen von der Unübertragbarkeit** gemäß S. 1 vor; die amtliche Überschrift der Norm wurde konsequenterweise geändert, um dies klarzustellen („eingeschränkte Übertragbarkeit" anstelle von „Nichtübertragbarkeit"). Dies betrifft Ansprüche, die einem Gesellschafter aus der Geschäftsbesorgung für die Gesellschaft zustehen, soweit deren Befriedigung außerhalb der Liquidation verlangt werden kann, sowie Ansprüche eines Gesellschafters auf einen Gewinnanteil oder auf dasjenige, was ihm im Fall der Liquidation zukommt. Diese Aufzählung ist richtigerweise **nicht abschließend** (so aber Schäfer Neues PersGesR/ Bergmann § 7 Rn. 10). Es ist nämlich ohne weiteres möglich, auf vertraglicher Grundlage auch die Abtretung tatbestandlich nicht erfasster Vermögensrechte zuzulassen, insbesondere beim vertraglich vereinbarten Entnahmerecht (MüKoBGB/Schäfer § 717 Rn. 33); vgl. im Übrigen auch zum Abfindungsanspruch nach Ausscheiden $\rightarrow$ Rn. 25. – Weiterhin ist es nach Maßgabe von § 399 auch zulässig, die durch S. 2 begründete **Übertragbarkeit** dieser Ansprüche **gesellschaftsvertraglich auszuschließen** oder dies an die Zustimmung der Mitgesellschafter zu binden (vgl. BGH NJW 1978, 1382).

20   Die gesetzliche Ausnahme von der Unübertragbarkeit beruht auf der zutreffenden Prämisse, dass diese allein Ansprüche **vermögensrechtlicher Art** umfasst, bei denen das Konzept der Einheitlichkeit der Mitgliedschaft nicht so stark ausgeprägt sein muss, wie bei den Verwaltungsrechten iSv S. 1 ($\rightarrow$ Rn. 3 f.). Als Konsequenz ermöglicht S. 2 die **Abtretung** solcher Ansprüche gemäß § 398, welche **auch im Voraus** erfolgen kann (RGZ 135, 139 (140)) und im gesetzlichen Regelfall nicht an eine Zustimmung der GbR oder der Mitgesellschafter geknüpft ist (Henssler/Strohn/Kilian § 717 Rn. 16). Im Einklang mit den allgemeinen Regeln können dem Zessionar aber nach Maßgabe von § 404 alle Einwendungen und Einreden entgegengesetzt werden, was insbesondere die **Treuepflichtbindung des Zedenten perpetuiert** (MüKoBGB/Schäfer § 717 Rn. 30). – Ansprüche eines Gesellschafters gegenüber der GbR oder den Mitgesellschaftern aus **Drittgeschäften** werden nicht von § 717a umfasst und sind daher ohne weiteres abtretbar (vgl. für Darlehensforderungen OLG Stuttgart DStR 2013, 1138 (1140)).

Das Gleiche gilt für den umgekehrten Fall, dass die GbR oder die Mitgesellschafter **Sozialansprüche gegen den Gesellschafter** abtreten, was nach Maßgabe der allgemeinen Treuepflichtbindung ohne weiteres zulässig ist.

2. Ansprüche aus Geschäftsbesorgung für die Gesellschaft

Die Neufassung von S. 2 bezieht sich auf den ebenfalls neugefassten § 716. **21** Beide Regelungen knüpfen nunmehr nicht allein an die Innehabung von Geschäftsführungskompetenz an, sondern an das Merkmal der Geschäftsbesorgung für die Gesellschaft. Der Anspruch eines Gesellschafters auf **Aufwendungsersatz** gemäß § 716 I steht daher jedem Gesellschafter zu (dies begrüßend Schall ZIP 2020, 1443 (1450)), wenn die betreffenden Voraussetzungen vorliegen (Einzelheiten → § 716 Rn. 5 ff.). Ein Gesellschafter kann daher solche Ansprüche gegen die rechtsfähige GbR bzw. andernfalls die Mitgesellschafter abtreten oder verpfänden; auch die Pfändung solcher Ansprüche ist zulässig (→ Rn. 12). Eine **Ausnahme** zur Übertragbarkeit ist indessen beim **Vorschuss** gemäß § 716 II (→ § 716 Rn. 9) zu machen, weil dieser notwendigerweise akzessorisch zur späteren Aufwendung oder Inanspruchnahme eines Gesellschafters ist (MüKoBGB/Schäfer § 717 Rn. 34). – Wird eine **Geschäftsführervergütung** vereinbart (→ § 715 Rn. 26), sind die hieraus resultierenden Ansprüche ebenfalls übertragbar (BeckOGK/Geibel § 717 Rn. 54; BeckOK BGB/Schöne § 717 Rn. 20; Soergel/Hadding/Kießling § 717 Rn. 9; Staudinger/Habermeier, 2002, § 717 Rn. 15; teilw. abw. MüKoBGB/Schäfer § 717 Rn. 34: Teil des Gewinnanspruchs).

3. Ansprüche auf einen Gewinnanteil oder Liquidationserlös

Übertragbar sind auch Ansprüche auf einen Gewinnanteil oder Liquidati- **22** onserlös. Insofern bedarf es freilich der Abgrenzung zu S. 1, was darauf hinausläuft, dass sich S. 2 allein auf den ggf. künftigen Gewinnanspruch bezieht und nicht auf das zugrunde liegende Gewinnstammrecht bzw. das Recht auf Partizipation am Liquidationserlös. Aus § 718 folgt zum einen ein mitgliedschaftlicher Anspruch auf periodische Gewinnausschüttung, welcher als Ausprägung des **Gewinnstammrechts** aller Gesellschafter gemäß S. 1 dem **Abspaltungsverbot** unterliegt (→ § 718 Rn. 26) und daher als solches nicht übertragbar und belastbar ist. Hiervon abzugrenzen ist der konkrete vermögensmäßige **Gewinnanspruch** eines Gesellschafters, welcher sich aus der konkreten Gewinnverteilung ergibt und welcher gemäß S. 2 **abtretbar** ist (→ § 718 Rn. 30 ff.). – Dies kann auch **im Voraus** erfolgen (BeckOGK/Kell § 721 Rn. 52); die Abtretung geht jedoch ins Leere, wenn der Zedent in der Zwischenzeit seine Gesellschafterstellung verliert, weil es dann an der abzutretenden Forderung fehlt (BGH NJW 1984, 492). Eine **Verpfändung** des (künftigen) Gewinnanspruchs ist ebenfalls möglich. In diesen Fällen ist jedoch stets die weitergehende und ggf. vorrangige Pfändung oder dingliche Belastung des gesamten Gesellschaftsanteils mit einem Nießbrauch zu berücksichtigen, welche dann auch die entsprechenden Gewinnansprüche umfasst. Das Gleiche gilt im Hinblick auf die nachträgliche **Pfändung** eines Gewinnanspruchs (Einzelheiten bei BeckOGK/Kell § 721 Rn. 51; bedenklich weiter Umfang der Pfändung bei OLG Celle NZG 2004, 613 (614); hiergegen zutreffend Wertenbruch NZG 2006, 408 (414)).

23   Im Hinblick auf den **Liquidationsüberschuss** gilt dies gleichermaßen: Alle Gesellschafter haben das dem Abspaltungsverbot gemäß S. 1 unterliegende Recht auf Partizipation hieran; der **konkrete Vermögensanspruch** ergibt sich indessen nach Maßgabe von § 736d VI erst nach Berichtigung der Verbindlichkeiten und Rückerstattung der Beiträge ($\rightarrow$ 736d Rn. 61 ff.). Er entsteht dem Grunde nach bereits mit Begründung der Gesellschafterstellung (abw. BeckOGK/Koch § 735 Rn. 2; wohl BGH NZG 2010, 1020; BeckOGK/Koch § 739 Rn. 8; Soergel/Hadding/Kießling § 739 Rn. 6, jeweils für die Verlusttragung nach Ausscheiden). Er ist konsequenterweise nach Maßgabe von S. 2 auch **im Voraus übertragbar.** Pfändung und Abtretung des Anspruchs sind bereits von Anfang an möglich (vgl. hierzu Wertenbruch NZG 2013, 1006). Wie beim Anspruch auf Verlusttragung gemäß § 737 können sich indessen auch hier Probleme ergeben, wenn zum Zeitpunkt der (beabsichtigten) Beendigung der Liquidation die konkrete Anspruchshöhe nicht eindeutig ist, was auch bei der GbR wegen seiner komplexen Zusammensetzung der Regelfall sein dürfte. Wie beim Abfindungsanspruch nach Ausscheiden ($\rightarrow$ § 728 Rn. 48) darf hieraus indessen richtigerweise nicht der Schluss gezogen werden, die **Fälligkeit** sei so weit nach hinten verschoben, bis die Anspruchshöhe konkret feststeht, da diese Endgültigkeit sich vielfach nie rechtssicher bestimmen lässt. Sie tritt daher grundsätzlich mit Feststellung der Schlussrechnung ein (BGH NZG 2021, 63 Rn. 37; 2012, 393 Rn. 20; BeckRS 2013, 1865 Rn. 25; MüKoBGB/Schäfer § 735 Rn. 5; Henssler/Strohn/Kilian § 735 Rn. 3; Grüneberg/Sprau § 735 Rn. 2; vgl. auch KG NZG 2001, 556 (558): Treuepflicht verbietet vorzeitige Geltendmachung). Hieran ist auch der Zessionar bzw. Pfandgläubiger gebunden.

24   Der nach S. 2 übertragbare Anspruch auf Liquidationsüberschuss ist ein **individueller Zahlungsanspruch** gegen die aufgelöste GbR, bei der zweigliedrigen Gesellschaft gegen den ausgleichspflichtigen Gesellschafter (vgl. BGH NJW-RR 2006, 468 (469); ZIP 2007, 245 (246)). Dieser ergibt sich durch eine materiell-rechtliche **Gesamtabrechnung** unter Einbeziehung aller wechselseitigen Sozialansprüche und -verbindlichkeiten, die bis zum Abschluss der Liquidation begründet wurden (vgl. zum Ausscheiden OLG Hamm NZG 2005, 175; BeckOGK/Koch § 739 Rn. 3; MüKoBGB/ Schäfer § 739 Rn. 1). Dies betrifft insbesondere Einlagen, nicht ausgezahlte Gewinne, Aufwendungsersatz- und Herausgabesprüche gemäß § 716, Schadensersatzansprüche, gesellschaftsrechtlich begründete Vergütungsansprüche etc. Diese sind ab Auflösung nach Maßgabe von § 736d II, III und V lediglich **unselbstständige Rechnungsposten** bei der Ermittlung eines etwaigen Abfindungs- oder Verlusttragungsanspruchs und unterliegen konsequenterweise einer **Durchsetzungssperre** (vgl. zu § 738 aF BGH WM 1978, 89 (90); 1979, 937 (138); 1992, 306 (308); NJW 2011, 2355; OLG Frankfurt NZG 2018, 1141 (1142); OLG Hamm WM 2004, 129 (132)). Den Gesellschaftern und der Gesellschaft ist es daher verwehrt, ab Auflösung einzelne Forderungen aus dem Gesellschaftsverhältnis geltend zu machen ($\rightarrow$ § 736d

Rn. 61), was auch eine **Ausnahme von der Übertragbarkeit** nach Maßgabe von S. 2 begründet (OLG Hamm NZG 2020, 418 Rn. 17 f.). Etwas anderes gilt nur für **unstreitige Einzelansprüche,** die unabhängig von der Berechnung in jedem Fall zu beanspruchen sind (vgl. insofern zur Abfindung BGH NJW 1992, 2757 (2758); NJW-RR 1988, 1249; WM 1981, 487; 1993, 1340 (1341)). Ein Anspruch auf **Abschlag** (→ § 736d Rn. 61 ff.) ist wegen der fortbestehenden Akzessorietät zur Gesellschafterstellung indessen generell nicht übertragbar. Das Gleiche gilt grundsätzlich für gewinnunabhängige **Entnahmen** (RGZ 67, 13 (17 f.); liberaler BGH BeckRS 1985, 31067064).

4. Ansprüche auf Abfindung gemäß § 728

Der Anspruch auf Abfindung **entsteht im Zeitpunkt des Ausschei-** **25** **dens,** was § 728 I nunmehr klarstellt (vgl. insofern zum früheren Recht BGH NJW 1984, 492; NJW 1997, 3370; 2011, 2355 (2356); NJW-RR 2010, 1401 (1402); BeckOGK/Koch § 738 Rn. 29; MüKoBGB/Schäfer § 738 Rn. 19; BeckOK BGB/Schöne § 738 Rn. 19; Staudinger/Habermeier, 2003, § 738 Rn. 9; Soergel/Hadding/Kießling § 738 Rn. 36; vgl. zum neuen Recht die Begr. Mauracher Entwurf, S. 124). Dies gilt auch bei der zweigliedrigen GbR im Rahmen von § 712a. Er hat indessen seine rechtliche Grundlage in der Gesellschafterstellung des Ausgeschiedenen (vgl. BGH NJW 1989, 453), was ihn grundsätzlich dem Abspaltungsverbot gemäß S. 1 unterstellen würde (vgl. auch die Nichterwähnung im Wortlaut von S. 2). Richtigerweise ist indessen die **Übertragbarkeit entsprechend S. 2** zu bejahen, weil keine Unterschiede zum Anspruch auf Liquidationsüberschuss bestehen. Es ist daher von einer planwidrigen Regelungslücke auszugehen, die durch eine entsprechende Anwendung der Norm zu schließen ist (vgl. zum früheren Recht BeckOGK/Geibel § 717 Rn. 57). Der Anspruch auf Abfindung gemäß § 728 (→ § 728 Rn. 32 ff.) ist daher abtretbar und verpfändbar und kann gepfändet werden (vgl. BGH NJW 1989, 453; BeckOGK/Koch § 738 Rn. 28; MüKoBGB/Schäfer § 738 Rn. 16; BeckOK BGB/Schöne § 738 Rn. 14). Ist indessen bereits der gesamte Gesellschaftsanteil mit einem Sicherungsrecht belastet (→ Rn. 12 ff.), geht die Übertragung ins Leere (vgl. OLG Stuttgart DB 2004, 1307).

V. Kautelarischer Handlungsbedarf infolge des MoPeG

Indem § 711a vollumfänglich die bisherige Rechtslage widerspiegelt, **26** ergibt sich aus der Reform insoweit kein akuter Handlungsbedarf. Insbesondere führt der Begriff der Geschäftsbesorgung in § 711a S. 2 Var. 1 nicht zu einer Änderung gegenüber der bisherigen Rechtslage: Bereits nach altem Recht war weitgehend anerkannt, dass Aufwendungsersatzansprüche nach § 713 aF iVm § 670 nicht nur den geschäftsführungsbefugten, sondern allen Gesellschaftern zustehen können (→ § 716 Rn. 5 ff.), so dass die hieran anknüpfende Abtretbarkeit von entsprechenden Ansprüchen richtigerweise auch von § 717 S. 2 Var. 1 aF bereits erfasst war. – Im Übrigen bleibt es dabei, dass § 711a S. 1 zwingender Natur ist (→ Rn. 8). Bei vertraglichen

Gestaltungen verlagert sich daher regelmäßig der Schwerpunkt auf die Frage, ob eine unzulässige Abspaltung einzelner Verwaltungsrechte oder vielmehr die Anteilsübertragung vorliegt (vgl. auch → Rn. 5). – § 711a S. 2 ist hingegen nach wie vor dispositiv (→ Rn. 19).

§ 712 Ausscheiden eines Gesellschafters; Eintritt eines neuen Gesellschafters

(1) **Scheidet ein Gesellschafter aus der Gesellschaft aus, so wächst sein Anteil an der Gesellschaft den übrigen Gesellschaftern im Zweifel im Verhältnis ihrer Anteile zu.**

(2) **Tritt ein neuer Gesellschafter in die Gesellschaft ein, so mindern sich die Anteile der anderen Gesellschafter an der Gesellschaft im Zweifel im Umfang des dem neuen Gesellschafter zuwachsenden Anteils und in dem Verhältnis ihrer bisherigen Anteile.**

Übersicht

I. Reform

1. Grundlagen, Bewertung

1   Der neu eingeführte § 712 regelt das Schicksal des Gesellschaftsanteils nach ersatzlosem Ausscheiden eines Gesellschafters. Die Regelung hält die **Anwachsung** aufrecht. In Abweichung vom früheren Recht gemäß § 738 aF erfolgt dies wegen der **Abschaffung des Gesamthandsprinzips** indessen nicht mehr vermögensmäßig (teilw. kritisch Bachmann NZG 2020, 612 (696): Begriff der Anwachsung hätte aufgegeben werden sollen). Die Gesellschafterstellung des Ausgeschiedenen wird den übrigen vielmehr allein mitgliedschaftsrechtlich zugewiesen („Anteil an der Gesellschaft"). Das Gesellschaftsvermögen der rechtsfähigen GbR (vgl. § 713) bleibt ebenso identisch wie die GbR als solche. Die Regelung fügt sich damit in das klare Konzept des Reformgesetzgebers ein, die rechtsfähige GbR als solche anzuerkennen und adäquat auszugestalten. Bei der nicht rechtsfähigen GbR gibt es kein Gesellschaftsvermögen (vgl. § 740 I), so dass sich die Problematik hier von vornherein nicht stellt. Die Anwachsung erfolgt somit auch hier rein mitgliedschaftsrechtlich.

2. Zeitliche Geltungsbereich

§ 712 tritt gemäß Art. 137 S. 1 MoPeG am **1.1.2024** in Kraft, eine Übergangsregelung ist nicht vorgesehen. Im Umkehrschluss aus Art. 229 § 61 EGBGB folgt daher, dass die Regelung auch auf **Altgesellschaften** ab dem Zeitpunkt des Inkrafttretens Anwendung findet. Bereits verwirklichte Tatbestände werden auch darüber hinaus nach dem Prinzip der **lex temporis actus** nach altem Recht beurteilt (→ § 705 Rn. 3 ff.). Maßgeblicher Zeitpunkt ist insofern das Ausscheiden des Gesellschafters oder dessen Eintritt. Ist das Ausscheiden daher vor dem 1.1.2024 erfolgt, beurteilen sich die **Folgen der Anwachsung** auch danach noch nach § 738 aF. Dies zieht freilich im Ergebnis keine Übergangsprobleme nach sich, denn richtigerweise bezog sich die Anwachsung bei rechtsfähigen (Außen-)GbR auch nach früherem Recht allein auf die Mitgliedschaft und nicht das Gesellschaftsvermögen der GbR. – Für die spiegelbildliche **Abwachsung** beim Eintritt eines neuen Gesellschafters gemäß Abs. 2 gilt dies gleichermaßen. **2**

II. Normzweck, Anwendungsbereich

Abs. 1 bewirkt beim ersatzlosen Ausscheiden eines Gesellschafters die Anwachsung von dessen Gesellschaftsanteil zu Gunsten der übrigen Gesellschafter, was vor allem für **Kontinuität und Stabilität** des Gesellschaftsrechtsverhältnisses sorgt. Mit der Anwachsung zu Gunsten der verbleibenden Gesellschafter korrespondiert freilich der entsprechende Abfindungsanspruch des Ausgeschiedenen gemäß § 728. Vertragliche Modifizierungen über die konkrete Ausgestaltung der Anwachsung sind ebenso möglich, was die Wendung „im Zweifel" unterstreicht (→ Rn. 18), wie Modifizierungen der Abfindung. – Das Gleiche gilt gemäß Abs. 2 als Abwachsung umgekehrt beim Eintritt eines Gesellschafters in eine bestehende GbR, wobei hier vertraglichen Regelungen eine noch größere Bedeutung zukommen dürfte. Die Abschaffung des Gesamthandsprinzips führt mittlerweile dazu, dass **An- und Abwachsung allein mitgliedschaftlich** zu sehen sind („Anteil an der Gesellschaft"), hieraus mithin keine unmittelbaren vermögensmäßigen Folgen resultieren. Dies ergibt sich allein aus der Rechtsfähigkeit und ist entge- **3**

gen mancher Stimmen (vgl. Wertenbruch GmbHR 2020, 1 (3)) auch nach
der Reform **kein Unterschied gegenüber den Kapitalgesellschaften** als
juristische Personen (vgl. insofern zur Anwachsung nach Einziehung von
GmbH-Anteilen Noack/Servatius/Haas/Kersting GmbHG § 34 Rn. 21). –
Die wirtschaftlichen Parameter für den Umfang von An- und Abwachsung
ergeben sich nach **Maßgabe von § 709 III** (eine deutlichere Bezugnahme
hierauf fordernd Kilincsoy FR 2021, 248 (250)), mithin vorrangig aus der
entsprechenden Vereinbarung. Dies ist insbesondere beim Eintritt eines Neu-
gesellschafters relevant, um die Verwässerung der Mitgliedschaft der Altgesellschafter zu verhindern (→ Rn. 27).

4   Die Regelung gilt zunächst bei **jeder rechtsfähigen GbR,** unabhängig
von der Eintragung und auch während der Liquidation. Bei der Zwei-Personen-Gesellschaft gilt beim Ausscheiden des vorletzten Gesellschafters vorrangig § 712a (→ § 712a Rn. 9). Bei einer fehlerhaften Gesellschaft (→ § 719
Rn. 21 ff.) gilt die Regelung ebenfalls; sie ist hier vor allem bedeutsam, wenn
sich ein Mangel nur auf einen Gesellschafter bezieht und dieser seine Mitgliedschaft aus wichtigem Grund kündigen kann. – Bei einer **nicht rechtsfähigen GbR** gilt § 712 wegen des Verweises in § 740 II ebenfalls (→ § 740
Rn. 17). – Auf die **OHG und KG** ist § 712 ebenfalls anwendbar (vgl. § 105
III HGB, § 161 II HGB); das Gleiche gilt für die **Partnerschaftsgesellschaft**
(vgl. § 1 IV PartGG), siehe aber auch § 9 PartGG.

III. Ausscheiden eines Gesellschafters (Abs. 1)

1. Ausscheidensgründe

5   Abs. 1 knüpft an das **ersatzlose Ausscheiden** eines Gesellschafters an.
Tatbestandlich ist dies gegeben in den Fällen der Kündigung der Mitglied-
schaft durch den Gesellschafter selbst gemäß § 725 (→ § 725 Rn. 17), im
Fall der Kündigung der Mitgliedschaft durch einen Privatgläubiger des Gesell-
schafters gemäß § 726 (→ § 726 Rn. 8) sowie bei der Ausschließung eines
Gesellschafters aus wichtigem Grund gemäß § 727 (→ § 727 Rn. 11). Zum
Ausscheiden kommt es im Übrigen durch eine einvernehmliche Beendigung
der Mitgliedschaft im Wege der Änderung des Gesellschaftsvertrages. Beim
Ausscheiden des vorletzten Gesellschafters hat § 712a Vorrang, der in Bezug
auf die Folgen jedoch auf die §§ 728–728b verweist (vgl. zum früheren Recht
BGH WM 2002, 293 (295); NJW 2008, 2992 (2993)). Infolge des sofortigen
Erlöschens der GbR kommt es zu keiner Anwachsung im Sinne von Abs. 1;
die vermögensrechtlichen Folgen richten sich allein nach der durch § 712a
zwingend angeordneten Gesamtrechtsnachfolge des verbleibenden Gesellschafters (→ § 712a Rn. 9 ff.).

6   Abs. 1 gilt **nicht bei der Übertragung** von Gesellschaftsanteilen gemäß
§ 711 (vgl. BGH NJW 1975, 166 (167); NJW 1981, 1095 (1096);
MüKoBGB/Schäfer § 738 Rn. 79; Erman/Westermann § 738 Rn. 9;
BeckOK BGB/Schöne § 738 Rn. 11; Soergel/Hadding/Kießling § 738
Rn. 19.), wohl aber bei der Kombination von Ausscheiden und Neueintritt
durch Doppelvertrag (vgl. BeckOGK/Koch § 738 Rn. 26; BGH NJW 1995,

3313 (3314)). – **Verstirbt ein Gesellschafter,** gilt Abs. 1 ebenfalls nicht, wenn die Erben aufgrund gesellschaftsvertraglicher Nachfolgeklausel im Wege der Singularsukzession gemäß § 711 II in die Gesellschafterstellung einrücken (→ § 711 Rn. 27 ff.). Kommt es indessen gemäß dem gesetzlichen Regelfall von § 723 I Nr. 1 zum Untergang des Gesellschaftsanteils des Verstorbenen, liegt ein tatbestandliches Ausscheiden vor, weil den Erben dann allein der Abfindungsanspruch aus § 728 zusteht (→ § 723 Rn. 33). – Beim **fehlerhaften Ausscheiden** (BGH NJW 1969, 1483: Anfechtung einer entsprechenden Vereinbarung) gilt Abs. 1 in entsprechender Anwendung der Lehre von der fehlerhaften Gesellschaft ebenfalls; der Ausgeschiedene hat richtigerweise allein einen Anspruch auf Wiederaufnahme in die GbR (vgl. BGH NJW 1969, 1483; BeckOK BGB/Schöne § 705 Rn. 95; → § 719 Rn. 21 ff.). – Im Übrigen ist das Ausscheiden aus einer GbR aus Gründen der Rechtssicherheit **irreversibel;** es bleibt allein die Möglichkeit, den Ausgeschiedenen (auch mit Rückwirkung im Innenverhältnis) neu in die Gesellschaft aufzunehmen (vgl. BGH WM 1982, 1146 (47)).

2. Erlöschen der Mitgliedschaft, Anwachsung

Das ersatzlose Ausscheiden eines Gesellschafters führt zum Erlöschen der **7** Mitgliedschaft bzw. des Gesellschaftsanteils zum maßgeblichen Zeitpunkt. Die entsprechende Stellung („Anteil der Gesellschaft") wächst den Mitgesellschaftern zu, sodass es insofern nach wie vor ipso jure zur **Anwachsung** kommt (vgl. BeckOGK/Koch § 738 Rn. 6: Verteilung der Mitgliedschaft; grundlegend RGZ 136, 97 (99)). Deren **mitgliedschaftliche Stellung** gemäß § 709 III erhöht sich **kraft Gesetzes** im Verhältnis der jeweiligen Anteile entsprechend (zur Gestaltungsfreiheit → Rn. 18 f.; zur Darlegungs- und Beweislast → Rn. 20). Der Gesellschaftsanteil wird somit nicht eingezogen (Begr. S. 145; Bochmann ZGR-Sonderheft 23 (2021), 221 (242)). Das zwingende Verbot, dass die GbR eigene Anteile hält, wird in § 711 I S. 2 sogar ausdrücklich angeordnet (→ § 711 Rn. 12) und begründet nach wie vor einen bedeutsamen Unterschied zwischen Personengesellschaften und Körperschaften, vor allem AG und GmbH (Begr: S. 106; Schäfer Neues PersGesR/Bergmann § 7 Rn. 21; Bachmann NZG 2020, 612 (616)).

Die Anwachsung gilt freilich nach der Reform **nicht** in Bezug auf die **8** dingliche **Berechtigung der Gesellschafter am Gesellschaftsvermögen** (Begr. S. 145; Schäfer ZIP 2020, 1149 (1151); Nazari-Khanachayi WM 2020, 2056 (2060); Wertenbruch GmbHR 2021, 1 (3); Bochmann ZGR-Sonderheft 23 (2021), 221 (240 f.)). Dieses bleibt vielmehr bei der rechtsfähigen GbR unverändert (vgl. § 713); die nicht rechtsfähige GbR hat kein solches (vgl. § 740 I), so dass sich die Problematik hier von vornherein nicht stellt (Begr. S. 190; vgl. zur dinglichen Anwachsung nach früherem Recht BGH NJW 1956, 141). Das gemeinschaftliche Halten von Vermögen durch die Gesellschafter einer Innengesellschaft ist zwar möglich (als Bruchteilsgemeinschaft nach den §§ 741 ff.), hat aber mit der gesellschaftsrechtlichen Verbindung nichts tun und ist hiervon abzugrenzen. – Indem das Ausscheiden die Identität der rechtsfähigen GbR unberührt lässt, ist konsequenterweise auch

keine Grundbuchberichtigung erforderlich (anders § 899a aF) und nach Art. 229 § 21 II EGBGB auch nicht möglich (vgl. → § 713 Rn. 9 ff.). Das Ausscheiden ist aber zur Eintragung ins Gesellschaftsregister anzumelden (§ 707 III, → § 707 Rn. 21), soweit die Gesellschafter von der Eintragungsmöglichkeit nach § 707 I Gebrauch gemacht haben (→ § 707 Rn. 8).

9   Soweit die **Mitgliedschaft** des Ausgeschiedenen **dinglich belastet** ist (Pfandrecht, Verpfändung, Nießbrauch), verhindert dies nicht das Erlöschen; das Recht erstreckt sich allerdings entsprechend § 1258 III, § 1273 II im Wege der dinglichen **Surrogation** auf den Abfindungsanspruch des Ausgeschiedenen (BeckOGK/Koch § 738 Rn. 11; Soergel/Hadding/Kießling § 738 Rn. 7; vgl. zur GmbH BGH NJW 1998, 458). Dies gilt auch in den Fällen, in denen ein Privatgläubiger des Gesellschafters dessen Mitgliedschaft nach Maßgabe von § 726 gekündigt hat (→ § 726 Rn. 24).

3. Konsequenzen für die Gesellschafterrechte und -pflichten

10   Das Erlöschen der Mitgliedschaft infolge Ausscheidens führt auch zum **Erlöschen der gesellschaftsrechtlichen Mitverwaltungsrechte,** gemäß § 740c auch bei der nicht rechtsfähigen GbR; abweichende Gestaltungen sind wegen des Abspaltungsverbots unzulässig (vgl. → § 711a Rn. 7 ff.). Dies gilt grundsätzlich auch für das **Informationsrecht** gemäß § 717 I; mit Ausscheiden hat der ehemalige Gesellschafter nach hM nur noch einen Auskunftsanspruch gemäß § 810 (BeckOGK/Koch § 738 Rn. 11; MüKoBGB/ Schäfer § 738 Rn. 6). Dem ist nicht zu folgen. Sofern ein ehemaliger Gesellschafter ein berechtigtes Informationsbedürfnis im Hinblick auf die frühere Gesellschafterstellung hat, kann er auch unmittelbar **auf der Grundlage von § 717** vorgehen, da die Regelung insofern gesetzliche Ausprägung eine nachwirkende Treuepflicht ist (Einzelheiten → § 717 Rn. 5 ff.).

11   Nach § 729 S. 2 aF galt die **Geschäftsführungsbefugnis** eines Gesellschafters zu seinen Gunsten als fortbestehend, bis er vom Ausscheiden Kenntnis erlangt hat oder das Ausscheiden kennen musste (vgl. zur Legaldefinition § 122 II; BeckOGK/Koch § 738 Rn. 11). Diese Regelung findet sich nunmehr positiviert in § 736b II, jedoch allein für den Fall der Auflösung. Dieses Versäumnis stellt wohl ein Redaktionsversehen dar: Das Bedürfnis für einen **Gutglaubensschutz des Ausgeschiedenen** ist im Hinblick auf den Fortbestand der Mitverwaltungsrechte zwar beim Ausscheiden geringer als bei der Auflösung, weil die Ausschließungsgründe fast durchgängig voraussetzen, dass der ausgeschiedene Gesellschafter diese entweder selbst herbeiführt oder hiervon Kenntnis erlangt haben muss (vgl. zur Kündigung durch einen Privatgläubiger → § 726 Rn. 8 ff.; zur Ausschließung aus wichtigem Grund → § 727 Rn. 11 ff.). In den Fällen der Insolvenz des Gesellschafters (§ 723 I Nr. 3) oder wenn im Rahmen einer Hinauskündigungsklausel hinreichend präzise Gründe für ein automatisches Ausscheiden vorgesehen sind (→ § 727 Rn. 29, 36), ist es gleichwohl denkbar, dass ein Gesellschafter keine Kenntnis vom eigenen Ausscheiden hat, bzw. dies erst später erfährt. Hier besteht nach wie vor Bedarf, den gutgläubigen Gesellschafter im Hinblick auf den Fortbestand von Geschäftsführungsbefugnis zu schützen, sodass insofern

§ 736b II entsprechend anzuwenden ist. – Die organschaftliche **Vertretungsmacht** endet zum Zeitpunkt des Ausscheidens einschränkungslos; gegenüber gutgläubigen Dritten wirkt der Fortbestand der im Gesellschaftsregister eingetragenen Vertretungsbefugnis (vgl. § 707 II Nr. 3) indessen gemäß § 15 I HGB iVm § 707 III 2, § 707a III 1 fort (sog. **negative Publizität** des Gesellschaftsregisters; vgl. → § 707a Rn. 9 f.).

Die bis zum Zeitpunkt des Ausscheidens begründeten **Sozialansprüche** 12 **des Gesellschafters** (Gewinn, Aufwendungsersatz, Schadensersatz, etc., vgl. § 716) bleiben unberührt; das Gleiche gilt umgekehrt für die in der Person des Ausgeschiedenen bis dahin entstandenen **Sozialverpflichtungen.** Diese Ansprüche werden indessen richtigerweise bei der Berechnung des Abfindungsanspruchs gemäß § 728 berücksichtigt und können infolge einer **Durchsetzungssperre** nach Ausscheiden grundsätzlich nicht mehr isoliert geltend gemacht werden (→ § 728 Rn. 44). Das Gleiche gilt spiegelbildlich im Rahmen der Pflicht des Ausgeschiedenen, nach Maßgabe von § 728a einen entsprechenden Verlustanteil zu tragen.

Die **Gesellschafterhaftung** des Ausgeschiedenen endet insofern, als sie 13 nach Maßgabe von § 728b nur noch Verbindlichkeiten betrifft, die bis zum Zeitpunkt des Ausscheidens begründet wurden; für spätere Verbindlichkeiten kommt allein eine Rechtsscheinshaftung gemäß § 15 I HGB in Betracht (→ § 728b Rn. 15 ff.). Ein Gläubiger kann allerdings ohne weiteres auch einen bereits ausgeschiedenen Gesellschafter wegen einer zum Zeitpunkt des Ausscheidens begründeten Verbindlichkeit verklagen (BeckOGK/Koch § 738 Rn. 16; MüKoBGB/Schäfer § 738 Rn. 5; Staudinger/Habermeier, 2003, § 738 Rn. 3). Der Ausgeschiedene kann seiner Haftung im Außenverhältnis nicht den Freistellungsanspruch aus dem Innenverhältnis gem. § 728 I 1 Alt. 1 entgegenhalten (BeckOGK/Koch § 738 Rn. 19; MüKoBGB/Schäfer § 738 Rn. 77). Vgl. zum **Regress** des ausgeschiedenen Gesellschafters nach Inanspruchnahme → § 721 Rn. 21 ff.

Das Ausscheiden führt im Ausgangspunkt auch zum Ende der **mitglied-** 14 **schaftlichen Treuepflichtbindung.** Hiervon abzugrenzen ist freilich deren nachvertragliche Fortwirkung, die sich etwa als **Verschwiegenheitspflicht** konkretisiert, soweit Geschäftsgeheimnisse oder sonstige Gesellschaftsinterna betroffen sind, die der Ausgeschiedene während seiner Gesellschafterstellung erfahren hat (vgl. RGZ 107, 171 (172); BeckOGK/Koch § 738 Rn. 12; Soergel/Hadding/Kießling § 738 Rn. 11; zur Schnittmenge zwischen Verschwiegenheitspflicht und nachvertraglichem Wettbewerbsverbot Gerigk, Nachvertragliche Wettbewerbsverbote mit gesellschaftsführenden Organmitgliedern und Gesellschaftern, 2014, S. 66 ff.). Für den speziellen **Schutz von Geschäftsgeheimnissen** gemäß §§ 6 ff. GeschGehG, bedarf es einer Information, die geheimer Natur ist und daher einen wirtschaftlichen Wert hat (§ 2 Nr. 1 lit. a GeschGehG), angemessenen Geheimhaltungsmaßnahmen unterliegt (§ 2 Nr. 1 lit. b GeschGehG) und bei der ein berechtigtes Interesse an der Geheimhaltung besteht (§ 2 Nr. 1 lit. c GeschGehG). – Ein **nachvertragliches Wettbewerbsverbot** resultiert aus der nachwirkenden mitgliedschaftlichen Treuepflicht nicht ohne weiteres. Dies ergibt sich indessen nicht aus der fehlenden entsprechenden gesetzlichen Regelung bei der GbR (zum

Ganzen → § 705 Rn. 33 ff.), was im Zuge der Reform auch bewusst nicht geändert wurde (vgl. Mauracher Entwurf S. 81; kritisch Fleischer WM 2020, 1897 (1904 f.)). Es ist vielmehr anerkannt, dass die nachvertragliche Treuepflicht dem Ausgeschiedenen nicht generell verbietet, mit der GbR in Konkurrenz zu treten (etwa BGH NJW 1991, 699 (700)). Für OHG und KG sehen dies die maßgeblichen §§ 117, 118 HGB nämlich auch nur für die Zeit während der Gesellschafterbeteiligung vor (vgl. MüKoHGB/Fleischer HGB § 112 Rn. 25 ff.). Ein nachvertragliches Wettbewerbsverbot kann jedoch, innerhalb angemessener zeitlicher (idR 2 Jahre), räumlicher und inhaltlicher Grenzen (§ 138 I) nach dem Vorbild der §§ 74 ff. HGB, im Gesellschaftsvertrag oder der Abfindungsvereinbarung **vereinbart** werden (vgl. zum Ganzen BGH NJW 2000, 2584; BeckOGK/Koch § 738 Rn. 13 f.). Hierbei sind auch die Grenzen des § 1 GWB zu beachten (vgl. Mayer NJW 1991, 23 (24)). Die **nachwirkende Treuepflicht** kann vor diesem Hintergrund **nur in Ausnahmefällen** dem Ausscheidenden für eine kurze Übergangszeit verbieten, zur fortbestehenden GbR in Konkurrenz zu treten, wenn er aus einem von ihm zu vertretenden wichtigen Grund ausgeschlossen wird (MüKoHGB/Fleischer HGB § 112 Rn. 32; hierzu auch BGH GmbHR 1977, 43).

15   Im Übrigen gebietet die nachvertragliche Treuepflicht infolge der Neuregelung noch stärker als bislang (vgl. → § 728 Rn. 2 ff., 16) die Pflicht zur **Rücksichtnahme,** dass der Ausscheidende seinen **Abfindungsanspruch** nicht sogleich in voller Höhe geltend machen darf, wenn dies unter Berücksichtigung der berechtigten Interessen der Mitgesellschafter und des Fortbestands der GbR für diese unzumutbar wäre (BeckOGK/Koch § 738 Rn. 12; Soergel/Hadding/Kießling § 738 Rn. 11). Auch ist der Ausgeschiedene gehalten, an der **Ermittlung des Abfindungsanspruchs mitzuwirken** (MüKoBGB/Schäfer § 738 Rn. 7; vgl. hierzu bei der Liquidation BGH ZIP 2003, 73 (74), was auf das Ausscheiden indessen mangels fortdauernder Mitgliedschaft nicht unmittelbar übertragbar ist). Aus der nachvertraglichen Treuepflicht vermag auch ein **Verbot der Einmischung** in Geschäftsführungsangelegenheiten zu resultieren (vgl. BGH WM 1980, 462 (464)). Hat der Gesellschafter selbst den **Ausscheidensgrund pflichtwidrig und schuldhaft herbeigeführt,** trifft ihn ggf. eine Schadensersatzpflicht (MüKoBGB/Schäfer § 738 Rn. 7; Paefgen ZIP 1990, 839; abw. OLG Düsseldorf ZIP 1990, 861).

4. Konsequenzen für die Gesellschaft im Übrigen

16   Kommt es trotz Ausscheidens zum **Fortbestand der rechtsfähigen Gesellschaft,** ändert sich im Hinblick auf deren Außenverhältnis nichts. Dauerschuldverhältnisse unter Beteiligung der GbR als Vertragspartner werden fortgesetzt; der Gesellschafterwechsel kann freilich ein Beendigungsrecht (aus wichtigem Grund) begründen. – Die organschaftliche Vertretungsmacht der übrigen Gesellschafter bleibt bestehen, ist aber ggf. anzupassen (→ § 720 Rn. 12). Anhängige Rechtsstreitigkeiten unter Beteiligung der rechtsfähigen GbR können ohne weiteres fortgesetzt werden; wegen der geänderten organ-

schaftlichen Vertretungsmacht ist im Hinblick auf die Prozessfähigkeit gemäß § 51 I ZPO ggf. das **Rubrum zu ändern.** Hierauf hat das Gericht ggf. gem. § 139 I ZPO hinzuweisen bzw. den Fehler im Rubrum nach der Verhandlung von Amts wegen auszubessern, § 319 I ZPO. Es liegt kein Fall des gewillkürten Parteiwechsels vor; § 265 ZPO findet keine analoge Anwendung. – Die **Zwangsvollstreckung** durch oder gegen eine erst später im Gesellschaftsregister eingetragene rechtsfähige GbR findet gemäß **§ 736 ZPO** auch aus einem Vollstreckungstitel für oder gegen eine nichteingetragene rechtsfähige GbR statt, wenn der in dem Vollstreckungstitel genannte Name und Sitz der Gesellschaft identisch sind mit dem Namen und Sitz oder der Anschrift der im Gesellschaftsregister eingetragenen GbR und die ggfs. in dem Vollstreckungstitel aufgeführten Gesellschafter identisch sind mit den Gesellschaftern der im Gesellschaftsregister eingetragenen Gesellschaft (→ § 722 Rn. 7 ff.). – Eine **Grundbuchberichtigung** ist beim Gesellschafterwechsel nicht erforderlich, § 899a aF wurde konsequenterweise gestrichen (→ § 713 Rn. 12 ff.).

Bei der **nicht rechtsfähigen GbR** stellt sich die Rechtslage in Bezug auf 17 das Außenverhältnis indessen nunmehr grundlegend anders dar, da diese **keine Rechtsfähigkeit** besitzt (§ 705 II Alt. 2, § 740 I) und damit auch nicht Partei eines Rechtsstreits sein kann (vgl. zur früheren Rechtslage BeckOGK/ Koch § 738 Rn. 16 mwN, wonach das Ausscheiden eines Gesellschafters bei der Innen-GbR entweder nach Maßgabe von § 265 II ZPO beurteilt wurde oder als gesetzlicher Parteiwechsel). Das Gleiche gilt für die Eigentümerstellung an Grundstücken. Insofern kann sich eine gesamthänderische Verbundenheit der Beteiligten nur aus anderen als gesellschaftsrechtlichen Regeln ergeben, insbesondere bei der Güter- (§ 1415) oder der Erbengemeinschaft (§ 2032). Die Gesellschafter können Eigentum auch zu Bruchteilen nach § 1008 erwerben. Dann bestimmt sich nach den jeweils hierfür maßgeblichen Regeln, welche Folgen das Ausscheiden eines Beteiligten aus dem Verband hat.

5. Gestaltungsfreiheit

Die durch das Ausscheiden eines Gesellschafters hervorgerufene **mitglied-** 18 **schaftliche Anwachsung** der Gesellschafterstellung des Ausgeschiedenen zu Gunsten der übrigen Gesellschafter ist als gesellschaftsrechtliches Grundprinzip grundsätzlich zwingend (vgl. zum früheren Recht BGH DStR 1993, 35, was wegen der nunmehr nicht mehr gegebenen vermögensrechtlichen Bedeutung der Anwachsung freilich nur bedingt fortgilt). Die **konkrete Ausgestaltung** der Anwachsung kann indessen gesellschaftsvertraglich **modifiziert** werden, was Abs. 1 als Auslegungsregel ("im Zweifel") ausdrücklich anerkennt. Fehlen solche, wird die Gesellschaft ohne Änderung der bisherigen Beteiligungsverteilungsverhältnisse unter den übrigen Gesellschaftern fortgesetzt (Begr. S. 145). Es ist aber ohne weiteres möglich, das Schicksal der untergegangenen Mitgliedschaft abweichend zu regeln, mithin die verwaltungs- und vermögensmäßige Partizipation des ausgeschiedenen Gesellschafters nicht gleichmäßig auf die verbleibenden zu verteilen, sondern als Abbedingung vom Grundmodell gemäß § 709 III **disparate Lösungen** vorzusehen (→ § 709 Rn. 21 ff.: vgl. insoweit zum früheren Recht auch K. Schmidt FS Huber, 2000, 969 (987 f.); Früchtl NZG 2007, 368 (369 ff.); Becker ZEV 2011, 157 (162)). Der GbR können die Anteile gemäß § 711 I 2 indessen nicht zugewiesen werden (→ § 711 Rn. 12). Praktisch bedeutsam sind insofern auch die weiterhin zulässigen **Abfindungsbeschränkungen** (→ § 728 Rn. 53 ff.).

19   Sollen vertragliche Modifizierungen **nachträglich eingeführt** werden, bedarf es hierfür grundsätzlich der Zustimmung der hiervon nachteilig betroffenen Gesellschafter. Eine Mehrheitsklausel legitimiert dies daher nur, wenn die Vereinbarung derselben als antizipierte Zustimmung hierzu zu werten ist (→ § 714 Rn. 22). – Im Übrigen ist auch die **bloße Reduzierung der Beteiligung** eines Gesellschafters möglich, sodass dieser weiterhin Gesellschafter bleibt. Der Wortlaut von Abs. 1 erfasst diese Gestaltungen nicht, da kein Ausscheiden vorliegt. Die Voraussetzungen hierfür sind freilich dieselben wie beim Ausscheiden, erforderlich ist mithin die entsprechende Änderung des Gesellschaftsvertrages (→ Rn. 5). Im Hinblick auf die Rechtsfolgen ist es geboten, **Abs. 1 entsprechend** anzuwenden, sodass sich im dispositiven gesetzlichen Regelfall die Gesellschaftsanteile der anderen Gesellschafter im Umfang der Reduzierung entsprechend erhöhen.

6. Darlegungs- und Beweislast

20   Die **Voraussetzungen für die Anwachsung** der Mitgliedschaft nach Ausscheiden (→ Rn. 5 ff.) hat derjenige zu beweisen, der sich darauf beruft. Für den **Umfang der Anwachsung** begründet Abs. 1 eine widerlegliche Vermutung („im Zweifel"), sodass diese im Einklang mit § 709 III zugunsten der Mitgesellschafter nach dem Verhältnis ihrer bisherigen Beteiligung erfolgt (→ Rn. 3, 7). Gesellschaftsvertragliche Abweichungen, mithin eine disparate Anwachsung, muss daher derjenige beweisen, der sich darauf beruft.

IV. Eintritt eines neuen Gesellschafters (Abs. 2)

1. Eintritt

21   **a) Grundlagengeschäft.** Der Eintritt eines neuen Gesellschafters ist ein Grundlagengeschäft und bedarf einer **Änderung des Gesellschaftsvertrages** (RGZ 52, 161 (162); RGZ 91, 412 (413); RGZ 128, 172 (176)). Dieser kann auch aufschiebend bedingt sein, was insbesondere bei rechtsgeschäftlichen **Nachfolgeklauseln** nach Tod eines Gesellschafters praktisch relevant ist (→ § 711 Rn. 37, 39). Beteiligte am Aufnahmevertrag sind der Eintretende und die bisherigen Gesellschafter. Letztere können Abweichendes vereinbaren, zB das **Mehrheitsprinzip.** In diesem Fall bedarf es freilich zum einen einer entsprechenden Mehrheitsklausel, die dies legitimiert (→ § 714 Rn. 20 ff.). Zum anderen bedarf es eines **Verwässerungsschutzes** zu Gunsten der (überstimmten) Minderheit. Es bietet sich insofern an, die Regelungen über den Bezugsrechtsausschluss bei Kapitalgesellschaften entsprechend heranzuziehen (vgl. § 186 AktG) und neben der sachlichen Rechtfertigung solcher Gestaltungen auch ein Gebot der angemessenen Gegenleistung für

die Beteiligung des Eintretenden zu fordern (vgl. § 255 II AktG). Vgl. hierzu auch → Rn. 27.

Die Gesellschafter können sich gegenseitig **vertreten** (BGH WM 1976, 22 15; 1978, 136) oder einen Nichtgesellschafter hierzu bevollmächtigen (vgl. für Publikumsgesellschaften BGH NJW 2006, 2980; 2007, 1813, jedoch verallgemeinerungsfähig). Auch die Bevollmächtigung der GbR selbst und damit mittelbar ihrer organschaftlichen Vertreter ist möglich (BGH NJW 1978, 1000; 2011, 1666, auch zur Auslegung der Vollmacht). Bei den Publikumsgesellschaften ist es auch zulässig, dass die Gesellschaft selbst ermächtigt wird, den betreffenden Aufnahmevertrag durch ihre organschaftlichen Vertreter im eigenen Namen zu schließen (BGH NJW 1978, 1000; DB 2011, 984; zum Ganzen Henssler/Strohn/Servatius HGB Anh. Rn. 16 ff.). Sofern bei diesen Gestaltungen Insichgeschäfte iSv § 181 vorliegen, kann eine Befreiung vom Verbot des Selbstkontrahierens bzw. der Mehrfachvertretung auch durch den Gesellschaftsvertrag erfolgen (vgl. OLG München BeckRS 2014, 08355).

b) Form. Der Abschluss des Aufnahmevertrags ist **grundsätzlich form-** 23 **frei** möglich, soweit nicht etwas anderes vereinbart wurde (zur deklaratorischen Schriftformklausel BGH NJW 1968, 1378). Ein gesetzlicher **Formzwang** kann sich jedoch aufgrund anderer Regelungen ergeben: **§ 311b Abs. 1** gilt bei der Einbringung von Grundstücken durch den Gesellschafter (vgl. BGH WM 1977, 783; NJW 1996, 1279), bei der Einräumung eines Vorkaufsrecht zugunsten der Gesellschaft (vgl. RGZ 110, 327 (333)) sowie bei der Verpflichtung des Gesellschafters zum Rückerwerb eines Grundstücks (BGH NJW 1978, 2505). Auch die Übertragung einer Gesellschafterstellung an einer Grundstücksgesellschaft ist formlos möglich, sofern es sich nicht um einen Umgehungstatbestand handelt (BGH NJW-RR 2008, 773; Wertenbruch NZG 2008, 454). – **§ 15 Abs. 4 GmbHG** ist bei der Verpflichtung zur Einbringung von GmbH-Anteilen entsprechend zu wahren, nicht aber beim Beitritt zu einer GbR, die bereits GmbH-Anteile hält (LG Stuttgart BeckRS 2014, 02157). – **§ 311b Abs. 3** gilt bei der Verpflichtung des Eintretenden zur Einbringung des gegenwärtigen Vermögens oder eines Bruchteils davon, **§ 518** bei der schenkweisen Einräumung einer Gesellschafterstellung (vgl. BGH NJW 1953, 138; 1981, 1956; Einzelheiten bei Werner ZEV 2013, 66).

Besteht hiernach ein derartiger Formzwang, soll dies nach hM für den 24 **gesamten Gesellschaftsvertrag** gelten (vgl. MüKoBGB/Schäfer § 705 Rn. 34), mithin auch für den Beitritt. Dies überzeugt nicht, weil der Schutzzweck dieser Formvorschriften sich nicht zwingend auf alle Angelegenheiten des Gesellschaftsvertrages bezieht. Insofern ist eine differenzierte Lösung in enger Anbindung an die jeweilige Schutzrichtung der Norm vorzugswürdig, sodass nur in Ausnahmefällen der Gesamtvertrag formbedürftig ist. Hiermit deckt sich auch die allgemein anerkannte Beschränkung der **Rechtsfolgen eines Formmangels** auf die betreffende vertragliche Regelung, zB die Beitragspflicht eines Gesellschafters (BGH NJW 1966, 1747; dagegen MüKoBGB/Schäfer § 705 Rn. 35; nunmehr ähnlich BGH NJW 2005, 1784). Zu bedenken ist auch, dass die Nichtbeachtung der Formbedürftigkeit regelmäßig **heilbar** ist (§ 311b Abs. 1 S. 2, § 15 Abs. 4 S. 2 GmbHG, § 518 Abs. 2).

Der schenkungsrechtliche Formmangel wird gem. § 518 Abs. 2 bereits geheilt, wenn dem Stillen die Gesellschafterstellung schuldrechtlich eingeräumt wird (Blaurock NZG 2012, 521 in konsequenter Fortentwicklung der zur Unterbeteiligung ergangenen Entscheidung BGH NZG 2012, 222; abw. noch BGH NJW 1952, 1412). Zur fehlerhaften Gesellschaft → § 719 Rn. 21 ff.

25   **c) Aufstockung.** Möchte ein **bisheriger Gesellschafter** seine Beteiligung an der GbR erhöhen ist dies im Ausgangspunkt kein Fall von Abs. 2 („neuer Gesellschafter"). Die Voraussetzungen hierfür sind freilich dieselben wie beim Eintritt, mithin die Änderung des Gesellschaftsvertrages (→ Rn. 21). Im Hinblick auf die Rechtsfolgen ist es geboten, **Abs. 2 entsprechend** anzuwenden, sodass sich im dispositiven gesetzlichen Regelfall die Anteile der anderen Gesellschafter im Umfang der Aufstockung entsprechend mindern. Soll dies im Wege des Mehrheitsbeschlusses erfolgen, bedarf es eines speziellen Minderheitenschutzes entsprechend einem Bezugsrechtsausschluss (→ Rn. 27).

2. Begründung eines neuen Gesellschaftsanteils, Abwachsung

26   Im **Vollzug des Beitritts** wird die Identität der GbR nicht berührt (vgl. RGZ 128, 172 (176); BGH NJW 2001, 1056). Der Eintritt ist aber zur Eintragung ins Gesellschaftsregister anzumelden (§ 707 III 2, → § 707 Rn. 21), soweit die Gesellschafter von der Eintragungsmöglichkeit nach § 707 I Gebrauch gemacht haben (→ § 707 Rn. 8). Es entsteht ein **neuer Gesellschaftsanteil** zugunsten des Eintretenden, die mitgliedschaftliche Stellung der übrigen Gesellschafter verringert sich durch **Abwachsung kraft Gesetzes** im Verhältnis der jeweiligen Anteile entsprechend. Diese bezieht sich freilich nach der Reform nicht auf das Gesellschaftsvermögen (Begr. S. 145; Schäfer ZIP 2020, 1149 (1151); Nazari-Khanachayi WM 2020, 2056 (2060); Wertenbruch GmbHR 2021, 1 (3); Bochmann ZGR-Sonderheft 23 (2021), 221 (240 f.)). Dieses bleibt vielmehr bei der rechtsfähigen GbR unverändert (vgl. § 713) und wird durch die Beiträge des Eintretenden ggf. vermehrt. Konsequenterweise ist auch **keine Grundbuchberichtigung** erforderlich (anders § 899a aF).

27   Im Hinblick auf den **Umfang der Beteiligung** des Eintretenden sieht Abs. 2 allein eine entsprechende Kohärenz zur Abwachsung vor. Der entsprechende Bezugspunkt ergibt sich aus § 709 III (eine deutlichere gesetzliche Bezugnahme hierauf fordernd Kilincsoy FR 2021, 248 (250)). Hiernach kommt es vorrangig auf die entsprechende **Vereinbarung** der Beteiligungsverhältnisse an, subsidiär auf die vereinbarten Werte der Beiträge, in Ermangelung derartiger Abreden erfolgt die Beteiligung dann nach Köpfen. Indem es kein generelles gesetzliches Gebot gibt, sich an einer Personengesellschaft kapitalmäßig zu beteiligen (→ § 709 Rn. 5 ff.), würde das **Fehlen entsprechender Vereinbarungen** zu einer Verschiebung der Beteiligungsverhältnisse zugunsten des Eintretenden führen. Der hierdurch hervorgerufenen **Verwässerung zulasten der Altgesellschafter** ist in diesen Fällen durch die entsprechende Anwendung der Regelungen über den Bezugsrechtsausschluss bei Kapitalgesellschaften entgegenzutreten (vgl. § 186 AktG), wenn der Beitritt aufgrund **Mehrheitsentscheidung** der Altgesellschafter erfolgt.

Neben der Notwendigkeit der sachlichen Rechtfertigung solcher Gestaltungen besteht hiernach auch ein **Gebot der angemessenen Gegenleistung** für die Beteiligung des Eintretenden (vgl. § 255 II AktG). – Um diese Rechtsunsicherheit zu vermeiden, ist der Praxis zu raten, im Aufnahmevertrag die wirtschaftlichen Bedingungen für den Beitritt festzulegen. Die unentgeltliche Aufnahme (sog. Einbuchung) oder die Beteiligung „unter Wert" dürften daher nur zulässig sein, wenn sämtliche Altgesellschafter zustimmen.

Soweit die **Mitgliedschaft** der bisherigen Gesellschafter **dinglich belastet** **28** ist (Pfandrecht, Verpfändung, Nießbrauch), reduziert die Abwachsung den Umfang der Verstrickung. Die Gläubiger eines Gesellschafters können dies nicht verhindern und haben auch kein Recht darauf, dass der Eintretende zum Erhalt der neuen Mitgliedschaft einen entsprechenden Vermögensbeitrag leistet.

3. Konsequenzen für die Gesellschafterrechte und -pflichten

Dem Eintretenden stehen **im Innenverhältnis** ab Wirksamkeit der Auf- **29** nahme (→ Rn. 21 ff.) die entsprechenden Mitgliedschaftsrechte und Pflichten zu (vgl. zum Abspaltungsverbot → § 711a Rn. 7 ff.). Die ggf. erforderliche Registereintragung gemäß § 707 III hat lediglich deklaratorische Bedeutung (→ § 707 Rn. 21). Ein abweichender, ggf. rückwirkender Beginn kann im Innenverhältnis ohne weiteres vereinbart werden. – Der **Umfang** der internen Beteiligung des Eintretenden und der spiegelbildlichen Abwachsung der Stellung der übrigen richtet sich vorrangig nach der maßgeblichen Vereinbarung, ansonsten gemäß § 709 III 3 nach Köpfen (→ Rn. 3, 27). Im Hinblick auf die **Geschäftsführungsbefugnis** rückt der Eintretende in die bisherigen Regelungen hierzu ein, ansonsten gilt § 715 I, wonach alle gemeinsam hierzu berechtigt und verpflichtet sind (vgl. → § 715 Rn. 9 ff.). Konkrete Regelungen im Aufnahmevertrag hierzu sind dringend geboten, um Rechtssicherheit zu erzielen, insbesondere für die interne Pflichtenbindung.

Für die **organschaftliche Vertretungsmacht** gilt dies gleichermaßen. **30** Die des Eintretenden hängt vorrangig davon ab, welche gesellschaftsvertraglichen Regelungen hierzu getroffen wurden, ansonsten gilt nach Maßgabe von § 720 I die gemeinschaftliche Vertretung (vgl. → § 720 Rn. 9 ff.). Gegenüber gutgläubigen Dritten wirkt der Fortbestand der im Gesellschaftsregister eingetragenen Vertretungsbefugnis (vgl. § 707 II Nr. 3) indessen gemäß § 15 I HGB iVm § 707 III 2, § 707a III 1 fort (sog. **negative Publizität** des Gesellschaftsregisters; vgl. → § 707a Rn. 9 f.). – Die **Gesellschafterhaftung** des Eintretenden richtet sich nach § 721a (vgl. → § 721a Rn. 8).

4. Konsequenzen für die Gesellschaft im Übrigen

Durch den Eintritt eines neuen Gesellschafters ändert sich im Hinblick **31** auf deren **Außenverhältnis** nichts. Dauerschuldverhältnisse unter Beteiligung der GbR als Vertragspartner werden fortgesetzt; der Gesellschafterwechsel kann freilich ein Beendigungsrecht (aus wichtigem Grund) begründen. Anhängige Rechtsstreitigkeiten unter Beteiligung der rechtsfähigen GbR können ohne weiteres fortgesetzt werden; wegen der geänderten organschaftlichen Vertretungsmacht ist im Hinblick auf die Prozessfähigkeit gemäß § 51

I ZPO ggf. das **Rubrum zu ändern.** Hierauf hat das Gericht ggf. gem. § 139 I ZPO hinzuweisen bzw. den Fehler im Rubrum nach der Verhandlung von Amts wegen auszubessern, § 319 I ZPO. Es liegt kein Fall des gewillkürten Parteiwechsels vor; § 265 ZPO findet keine analoge Anwendung. – Die **Zwangsvollstreckung** durch oder gegen eine erst später im Gesellschaftsregister eingetragene rechtsfähige GbR findet gemäß **§ 736 ZPO** auch aus einem Vollstreckungstitel für oder gegen eine nichteingetragene rechtsfähige GbR statt, wenn der in dem Vollstreckungstitel genannte Name und Sitz der Gesellschaft identisch sind mit dem Namen und Sitz oder der Anschrift der im Gesellschaftsregister eingetragenen GbR und die ggfs. in dem Vollstreckungstitel aufgeführten Gesellschafter identisch sind mit den Gesellschaftern der im Gesellschaftsregister eingetragenen Gesellschaft (→ § 722 Rn. 7). – Eine **Grundbuchberichtigung** ist beim Gesellschafterwechsel nicht erforderlich, § 899a aF wurde konsequenterweise gestrichen.

32   Bei der **nicht rechtsfähigen GbR** stellt sich die Rechtslage in Bezug auf das Außenverhältnis indessen nunmehr grundlegend anders dar, da diese **keine Rechtsfähigkeit** besitzt (§ 705 II Alt. 2, § 740 I) und damit auch nicht Partei eines Rechtsstreits sein kann (vgl. zur früheren Rechtslage BeckOGK/ Koch § 738 Rn. 16 mwN, wonach der Eintritt eines Gesellschafters bei der Innen-GbR entweder nach Maßgabe von § 265 II ZPO beurteilt wurde oder als gesetzlicher Parteiwechsel). Das Gleiche gilt für die Eigentümerstellung an Grundstücken. Insofern kann sich eine gesamthänderische Verbundenheit der Beteiligten nur aus anderen als gesellschaftsrechtlichen Regeln ergeben, insbesondere bei der Güter- (§ 1415) oder der Erbengemeinschaft (§ 2032). Die Gesellschafter können Eigentum auch zu Bruchteilen nach § 1008 erwerben. Dann bestimmt sich nach den jeweils hierfür maßgeblichen Regeln, welche Folgen der Eintritt eines Beteiligten in den Verband hat.

5. Gestaltungsfreiheit

33   Die durch den Eintritt eines Gesellschafters hervorgerufene **mitgliedschaftliche Abwachsung** der Gesellschafterstellung der übrigen Gesellschafter ist als gesellschaftsrechtliches Grundprinzip grundsätzlich zwingend (vgl. zum früheren Recht BGH DStR 1993, 35, was wegen der nunmehr nicht mehr gegebenen vermögensrechtlichen Bedeutung der Anwachsung freilich nur bedingt fortgilt). Die **konkrete Ausgestaltung** der Abwachsung kann indessen gesellschaftsvertraglich **modifiziert** werden, was Abs. 2 als Auslegungsregel („im Zweifel") ausdrücklich anerkennt (in § 712 II des Mauracher Entwurfs war dies noch nicht vorgesehen; zutreffend kritisch DAV NZG 2020, 1133 Rn. 33 und Bochmann ZGR-Sonderheft 23 (2021), 221 (240)). Es ist daher ohne weiteres möglich, die Ausgestaltung der neuen Mitgliedschaft im Verhältnis zu den übrigen Gesellschaftern im Hinblick auf die verwaltungs- und vermögensmäßige Partizipation nicht gleichmäßig zur verwirklichen, sondern als Abbedingung vom Grundmodell gemäß § 709 III **disparate Lösungen** vorzusehen (→ § 709 Rn. 21 ff.: vgl. insoweit zum früheren Recht auch K. Schmidt FS Huber, 2000, 969 (987 f.); Früchtl NZG 2007, 368 (369 ff.); Becker ZEV 2011, 157 (162)). – Sollen vertragliche

Modifizierungen der Abwachsung **nachträglich eingeführt** werden, bedarf es hierfür grundsätzlich der Zustimmung der hiervon nachteilig betroffenen Gesellschafter. Eine Mehrheitsklausel legitimiert dies daher nur, wenn die Vereinbarung derselben als antizipierte Zustimmung hierzu zu werten ist (→ § 714 Rn. 20 ff.). – Im Übrigen ist auch die **bloße Aufstockung** der Beteiligung eines Gesellschafters möglich (→ Rn. 25).

6. Darlegungs- und Beweislast

Die **Voraussetzungen für die Abwachsung** der Mitgliedschaft der Altge- **34** sellschafter nach Eintritt eines neuen (→ Rn. 21 ff.) hat derjenige zu beweisen, der sich darauf beruft. Für den **Umfang der Abwachsung** begründet Abs. 2 eine widerlegliche Vermutung („im Zweifel"), sodass diese im Einklang mit § 709 III zugunsten der Mitgesellschafter nach dem Verhältnis ihrer bisherigen Beteiligung erfolgt (→ Rn. 27). Gesellschaftsvertragliche Abweichungen, mithin eine disparate Abwachsung, muss derjenige beweisen, der sich darauf beruft.

V. Kautelarischer Handlungsbedarf infolge des MoPeG

Im Kern bringt § 712 keine wesentlichen Änderungen mit sich, sodass **35** grundsätzlich auch kein akuter Handlungsbedarf besteht. Dies gilt einschränkungslos bei **nicht rechtsfähigen GbR,** da diese gemäß § 740 I über kein Gesellschaftsvermögen verfügen, sodass die An- und Abwachsung beim Mitgliederwechsel von vornherein allein das (schuldrechtliche) Verhältnis der Gesellschafter untereinander betrifft. Problematisch sind allein die Fälle, in denen eine sog. Innen-GbR nach altem Recht bestand, welche ein (vermeintliches) Gesellschaftsvermögen aufweist. Indem das Vorhandensein eines Gesellschaftsvermögens der GbR es aber richtigerweise bereits nach altem Recht ausschloss, eine bloße Innen-GbR anzunehmen (vgl. BGH WM 1973, 206 (207)), ergeben sich insoweit auch durch die Neuregelung keine Übergangsprobleme (vgl. auch → § 740 Rn. 3 ff.). § 712 bringt daher auch für Altgesellschaften keine Änderung der Rechtslage mit sich, auf die kautelarisch reagiert werden müsste. – Bei der **rechtsfähigen GbR** gilt dies letztlich ebenso. Bisherige rechtsfähige Altgesellschaften (sog. Außen-GbR) verfügten richtigerweise über ein eigenes Vermögen, so dass sich die An- und Abwachsung beim Mitgliederwechsel auch hier unabhängig von diesem allein auf die mitgliedschaftliche Beteiligung der Gesellschafter im Verhältnis zueinander bezog. Kautelarischer Handlungsbedarf besteht allein insoweit, als bisherige gesellschaftsvertragliche Regelungen die Emanzipation des Gesellschafterwechsels vom Gesellschaftsvermögen nicht hinreichend berücksichtigt haben (→ Rn. 1).

§ 712a Ausscheiden des vorletzten Gesellschafters

(1) [1]**Verbleibt nur noch ein Gesellschafter, so erlischt die Gesellschaft ohne Liquidation.** [2]**Das Gesellschaftsvermögen geht zum Zeitpunkt des Ausscheidens des vorletzten Gesellschafters im Wege der Gesamtrechtsnachfolge auf den verbleibenden Gesellschafter über.**

(2) **In Bezug auf die Rechte und Pflichten des vorletzten Gesellschafters sind anlässlich seines Ausscheidens die §§ 728 bis 728b entsprechend anzuwenden.**

Übersicht

I. Reform

1. Grundlagen, Bewertung

1   § 712a regelt erstmalig ausdrücklich die Rechtsfolgen, wenn der vorletzte Gesellschafter einer rechtsfähigen GbR oder OHG ausscheidet. Der Verbleibende wird hiernach kraft Gesetzes **Gesamtrechtsnachfolger** in Bezug auf das Gesellschaftsvermögen (§ 713) mit allen Aktiva und Passiva. Die **Gesell-**

schaft erlischt liquidationslos. Der ausgeschiedene (vorletzte) Gesellschafter hat gemäß § 728 bzw. § 728a im Verhältnis zum Rechtsnachfolger einen Abfindungsanspruch bzw. ist zur Verlustdeckung verpflichtet; gegenüber Gesellschaftsgläubigern haftet er gemäß § 728b zeitlich beschränkt. − Die Regelung ist begrüßenswert und beinhaltet für die GbR wesentliche Neuerungen gegenüber der bisherigen Rechtslage; für die OHG war der Regelungsgehalt im Wesentlichen früher bereits anerkannt. Sie verwirklicht zum einen konsequent das prinzipielle **Verbot von Ein-Personen-Personengesellschaften** (Begr. S. 146), was freilich bereits bislang allgM war. Zum anderen wird durch die Anordnung der Gesamtrechtsnachfolge konsequent dem Umstand Rechnung getragen, dass die rechtsfähige GbR Trägerin des Gesellschaftsvermögens ist. Der Vermögensübergang auf den verbleibenden Gesellschafter erfolgt daher in **Abkehr vom Gesamthandsprinzip** nicht mehr über die Konstruktion einer Anwachsung (Begr. S. 146). Dies war freilich bereits vor der Reform konsequente Folge der rechtsfortbildenden Anerkennung der Rechtsfähigkeit von Außen-GbR (die gesetzliche Klarstellung fordernd Bachmann NZG 2020, 612 (616); Röder AcP 215 (2015), 450, 492).

Abweichend vom Mauracher Entwurf erfolgt die Gesamtrechtsnachfolge **2** indessen **ohne Übernahmeerklärung** seitens des verbleibenden Gesellschafters (zur Entwicklung Nazari-Khanachayi WM 2020, 2056 (2059 f.)). Eine solche war nach hM zum früherem Recht bei der GbR konstitutive Voraussetzung, um die Rechtsfolgen des heutigen § 712a herbeizuführen (vgl. zum Ganzen MüKoBGB/Schäfer § 730 Rn. 68 ff.). Bei der OHG bedurfte es dieser nach früherem Recht aber nicht (vgl. Henssler/Strohn/ Klöhn HGB § 131 Rn. 63). Die Neuregelung behandelt somit nunmehr **GbR und OHG identisch.** − Rechtspolitisch wäre das Erfordernis einer Übernahmeerklärung durch den verbleibenden Gesellschafter durchaus legitimiert, da er regelmäßig größeren Risiken ausgesetzt ist als der Ausgeschiedene (vgl. neben dessen Recht auf Abfindung nach § 728 auch dessen Nachhaftungsbegrenzung gemäß § 728b). Auf der anderen Seite würde dieses aber auch eine erhebliche Rechtsunsicherheit herbeiführen. Dies betrifft den maßgeblichen Zeitpunkt des Vermögensübergangs und die Frage, welche Folgen eintreten, wenn die Übernahme verweigert wird (hierauf zu Recht hinweisend Habersack Stellungnahme S. 6; Nazari-Khanachayi WM 2020, 2056 (2059 f.)). Es ist daher überzeugend, auf dieses Erfordernis gänzlich zu verzichten und der **Rechtssicherheit** Vorrang einzuräumen (so auch die Begründung des Rechtsausschusses, BT-Dr. 19/3115, 7). Dies steigert auch die durch die Reform in den Blick genommene **Unternehmenskontinuität.** Der Übernehmer muss freilich bei der Ermittlung der Rechtsfolgen für den Ausgeschiedenen gemäß §§ 728 f. seine Interessen zur Geltung bringen, um keinen unkalkulierbaren Haftungsgefahren ausgesetzt zu sein (vgl. zur Gestaltungsfreiheit → Rn. 67). − Im Übrigen muss wegen des nunmehr im Recht der GbR stärker verwirklichten **Vorrangs des Ausscheidens** (→ § 723 Rn. 1) auch bei Altgesellschaften die Regelung in den Blick genommen werden, weil der **praktische Anwendungsbereich** von § 712a hierdurch erheblich größer ist als es der Konzeption des bisherigen Rechts entsprach. In den gerade bei zweigliedrigen Gesellschaften häufig anzutreffenden Fällen des beiderseitigen Zerwürfnisses ist indessen trotz der Neuregelung Raum, beim zeitlichen Zusammentreffen von (behaupteten) Ausscheidenstatbeständen dem Vorrang der Auflösung Rechnung zu tragen, um eine sinnvolle Gesamtabwicklung herbeiführen zu können (→ Rn. 7).

2. Zeitlicher Geltungsbereich

3 § 712a tritt grundsätzlich gemäß Art. 137 S. 1 MoPeG am **1.1.2024** in Kraft, eine Übergangsregelung ist nicht vorgesehen. Im Umkehrschluss aus Art. 229 § 61 EGBGB folgt daher, dass die Regelung auch auf Altgesellschaften ab dem Zeitpunkt des Inkrafttretens Anwendung findet. Bereits verwirklichte Tatbestände werden auch darüber hinaus nach dem Prinzip der **lex temporis actus** nach altem Recht beurteilt (→ § 705 Rn. 3 ff.). Maßgeblicher Zeitpunkt ist das Ausscheiden eines Gesellschafters. Dies bringt indessen keine Übergangsprobleme mit sich, da der Regelungsgehalt von § 712a bereits bislang allgemein anerkannt war. – Im Hinblick auf das **Ausscheiden im Verhältnis zur Auflösung** der GbR steht die Regelung aber im untrennbaren Zusammenhang mit dem nunmehr verwirklichten Vorrang des Ausscheidens, für den **Art. 229 § 61 EGBGB** eine Übergangsregelung vorsieht. Hiernach gelten die §§ 723–728 aF mangels anderweitiger vertraglicher Vereinbarung weiter, wenn ein Gesellschafter bis zum 31.12.2024 die Anwendung dieser Vorschriften gegenüber der Gesellschaft schriftlich verlangt, bevor innerhalb dieser Frist ein zur Auflösung der Gesellschaft oder zum Ausscheiden eines Gesellschafters führender Grund eintritt. Das Verlangen kann durch einen Gesellschafterbeschluss zurückgewiesen werden. Findet eine solche Zurückweisung nicht statt, gelten die §§ 723–728 in der vor dem 1.1.2024 geltenden Fassung zeitlich unbegrenzt weiter (→ § 723 Rn. 38). Wenngleich die Gesetzgebung darauf verzichtete, § 712a explizit in diese Übergangsregelung einzubeziehen, spricht doch Vieles dafür, dies **einheitlich zu beurteilen.** Das **Schicksal der Gesellschafterstellung** im Fall des Todes eines Gesellschafters richtet sich daher nach der Rechtslage, die nach Maßgabe von Art. 229 § 61 EGBGB gilt. Kommt es hiernach zur Auflösung der GbR, ist für die Anwendung von § 712a kein Raum, weil dann die §§ 735 ff. gelten.

II. Normzweck

4 § 712a regelt zunächst zwingend und konzeptionell überzeugend, dass es im deutschen Recht **keine Ein-Personen-Personengesellschaften** gibt. Insofern ist es konsequent, wenn das Ausscheiden des vorletzten Gesellschafters, egal aus welchem Grund, zum sofortigen Erlöschen der GbR führt. Abweichungen hiervon sind nur ausnahmsweise gerechtfertigt, wenn Rechte Dritter dies gebieten (→ Rn. 10). Die entscheidende Folge ist die **gesetzliche Gesamtrechtsnachfolge** des an sich verbleibenden Gesellschafters im Hinblick auf das Gesellschaftsvermögen. Der Ausscheidende hat diesem gegenüber die allgemeinen Rechte und Pflichten gemäß §§ 728–728b (Abfindungsanspruch oder Verlusttragungspflicht). Im Kern wird das ausscheidensbedingte Erlöschen der GbR damit so behandelt, als würde die

Gesellschaft unter alleiniger Beteiligung des verbleibenden Gesellschafters fortgeführt. Dies gewährleistet einerseits **Unternehmenskontinuität,** kann den Übernehmer wegen der Abfindungspflicht gegenüber dem Ausscheidenden indessen auch belasten. Insofern ist das seit der Reform liberalere Regime der **Abfindungsbeschränkungen** auch beim Ausscheiden gemäß § 712a anzuerkennen.

III. Anwendungsbereich

Die Regelung gilt zunächst bei **jeder rechtsfähigen GbR,** unabhängig 5 von der Eintragung. Es muss sich nicht von vornherein um eine Zwei-Personen-Gesellschaft handeln. Maßgeblich ist allein, dass infolge des Ausscheidens nur noch ein Gesellschafter verbleibt. Bei einer **fehlerhaften Gesellschaft** (→ § 719 Rn. 21 ff.) gilt § 712a ebenfalls, wenn sich der Mangel nur auf einen Gesellschafter bezieht und dieser seine Mitgliedschaft aus wichtigem Grund kündigen kann, so dass nur noch ein anderer verbleibt. – Bei einer **nicht rechtsfähigen GbR** scheidet die Anwendung von § 712a zwar scheinbar aus (vgl. § 740 II). Das liquidationslose Erlöschen der Gesellschaft nach Ausscheiden des vorletzten Gesellschafters ergibt sich hier freilich aus dem allgemeinen Verbot von Ein-Personen-Personengesellschaften, welches der Reformgesetzgeber bewusst aufrecht hält (vgl. Begr. S. 146; → § 740 Rn. 1). Die vermögensmäßige Auseinandersetzung der Gesellschafter untereinander richtet sich dann gemäß § 740c II ebenfalls nach §§ 728 f. – Auf die **OHG** ist § 712a anwendbar (vgl. § 105 III HGB), das Gleiche gilt für die **Partnerschaftsgesellschaft** (vgl. § 1 IV PartGG). Der Verweis in Abs. 2 (→ Rn. 13) geht insofern jedoch fehl, weil die §§ 135–137 HGB Vorrang haben. Der Gesetzgeber hat es im Übrigen angesichts der Vielgestaltigkeit an denkbaren Fallkonstellationen bewusst offengelassen, ob § 712a auch auf das Ausscheiden des einzigen Komplementärs seiner **KG** Anwendung findet (Begr. S. 145).

IV. Verbleib eines einzigen Gesellschafters

Tatbestandlich setzt § 712a voraus, dass ein einziger Gesellschafter ver- 6 bleibt. Praktisch bedeutsam ist insofern vor allem das **Ausscheiden des oder der übrigen Gesellschafter** gemäß § 723 (→ § 723 Rn. 5). Etwas anderes gilt freilich nach neuem Recht dann, wenn abweichend vom gesetzlichen Regelfall vereinbart wurde, dass die Gesellschaft in einem solchen Fall aufgelöst wird (→ Rn. 67); dann kommt es beim Ausscheiden des vorletzten Gesellschafters auch bei der Zwei-Personen-GbR zur Liquidation gemäß §§ 735 ff. (→ § 723 Rn. 18, 27; → § 725 Rn. 41 ff., 65 ff.). Hiervon abzugrenzen sind aber die Fälle, in denen während der **nach Auflösung** bereits eingeleiteten Liquidation der GbR beim vorletzten Gesellschafter ein Ausscheidenstatbestand verwirklicht wird, was grundsätzlich möglich ist und gemäß § 712a zur sofortigen Vollbeendigung der Liquidationsgesellschaft führt (Begr. S. 145). – Der Verbleib eines einzigen Gesellschafters kann auch

durch die **Veräußerung** von Gesellschaftsanteilen an diesen eintreten
(→ § 711 Rn. 6 ff.). – Die **Unerreichbarkeit** eines Gesellschafters bzw. dessen dauerhafte Passivität ist indessen kein Umstand, der für sich genommen
zur Anwendung von § 712a führt; der aktive Gesellschafter muss in diesen
Fällen vielmehr zunächst die Ausschließung nach Maßgabe von § 727 herbeiführen (→ § 727 Rn. 11 ff.) oder die Gesellschaft selbst nach Maßgabe von
§ 731 außerordentlich kündigen (→ § 731 Rn. 8 ff.).

7   In **zeitlicher Hinsicht** kommt es für die Anwendung von § 712a auf
den Ausscheidenstatbestand des vorletzten Gesellschafters an (vgl. Abs. 1 S. 2:
Zum Zeitpunkt des Ausscheidens). Bei eingetragenen GbR ist dies dessen
materiell-rechtliche Verwirklichung, nicht die Registereintragung des Ausscheidens, welche in den Fällen von § 712a trotz sofortiger Vollbeendigung
nicht entbehrlich ist (→ Rn. 9). Scheiden **andere Gesellschafter vorher**
aus, gilt die Regelung nur im Hinblick auf den letzten Ausscheidenstatbestand. Die Rechtsfolgen richten sich für die anderen nach §§ 723, 728 ff. Die
GbR bleibt mithin bis zum Ausscheidenszeitpunkt des vorletzten Gesellschafters existent. Die Abfindungsansprüche oder Verlusttragungspflichten der
zuvor Ausgeschiedenen gemäß §§ 728 f. werden als Bestandteile des Gesellschaftsvermögens im Rahmen der Gesamtrechtsnachfolge berücksichtigt. –
Problematisch ist freilich, wenn verschiedene Ausscheidenstatbestände in
zeitlichem Zusammenhang zusammenfallen. Insofern ist zu differenzieren: Werden bei allen Gesellschaftern die Ausscheidenstatbestände **zeitgleich**
verwirklicht („juristische Sekunde"), ist für § 712a kein Raum; es kommt
vielmehr entsprechend § 729 II zur Auflösung (→ § 729 Rn. 16 ff.; vgl.
OLG Karlsruhe NZG 2007, 265 (267)). Dieser Vorrang der Auflösung gilt
richtigerweise auch dann, wenn innerhalb eines **kurzen Zeitraums** von
wenigen Wochen bei allen Gesellschaftern ein Ausscheidenstatbestand verwirklicht wird. In diesen Fällen ist es geboten, anstelle der isolierten Betrachtung von Ausscheiden und Übernahme gemäß § 712a eine **Auflösung der
GbR** anzunehmen, sodass sich die Folgen für alle Gesellschafter gleicherma
ßen nach Maßgabe von §§ 735 ff. richten. Die hierdurch bewirkte **Gesamtabwicklung** des Gesellschaftsvermögens ist praktikabler und passgenauer als
die an sich gebotene isolierte Betrachtung der verschiedenen Ausscheidenstatbestände. Im Übrigen wird hierdurch einem (treuwidrigen) Windhundrennen Vorschub geleistet, bei dem einige Gesellschafter Vorteile aus einem
kurzen zeitlichen Vorsprung suchen. Praktisch bedeutsam ist diese materiellrechtliche Gesamtbetrachtung auch dann, wenn bei kurzfristig aufeinanderfolgenden (behaupteten) **wechselseitigen Ausscheidenstatbeständen** die
Rechts- und Tatsachenlage zunächst unklar ist und erst nach Ablauf eines
gerichtlichen Verfahrens feststeht.

8   Stellt sich nachträglich heraus, dass das Ausscheiden oder die Anteilsverä
ßerung unwirksam ist, gelangt die **Lehre von der fehlerhaften Gesellschaft**
zur Anwendung (Einzelheiten → § 705 Rn. 21 ff.), wenn auf der Grundlage
des Vermögensübergangs Rückabwicklungsprobleme drohen (vgl. zum fehlerhaften Ausscheiden BGH NJW 1969, 1483; zur fehlerhaften Anteilsübertragung BGH NZG 2010, 991). Die GbR ist hiernach zwar erloschen, der
ausgeschiedene vorletzte Gesellschafter kann aber auf der Grundlage der

nachvertraglichen Treuepflichtbindung des anderen die Wiederbegründung der GbR fordern, soweit dies möglich und zumutbar ist. Konsequenterweise kann er dies etwaigen Verlusttragungsansprüchen des Gesamtrechtsnachfolgers aus § 728a gemäß § 273 I entgegenhalten. – Hält ein **Gesellschafter mehrere Gesellschaftsanteile,** ist § 712a nur anwendbar, wenn er seine Gesellschafterstellung insgesamt verliert. Die Regelung verwirklicht nämlich die prinzipielle Unzulässigkeit von Ein-Personen-Personengesellschaften (Begr. S. 146; vgl. auch KG NZG 2007, 665; Henssler/Strohn/Klöhn HGB § 131 Rn. 63). Kommt es beim **Tod eines Gesellschafters** abweichend von § 723 III (→ § 723 Rn. 18) zum **Einrücken der Erben** in dessen Gesellschafterstellung (→ § 711 Rn. 27 ff.), ist dies kein Fall von § 712a. Etwas anderes gilt nur dann, wenn die Mitgliedschaft gemäß § 724 II innerhalb der Dreimonatsfrist gekündigt wird (→ § 724 Rn. 20 ff.).

V. Erlöschen der GbR (Abs. 1 S. 1)

Die GbR erlischt mangels abweichender gesellschaftsvertraglicher Rege- **9** lung (→ Rn. 67) **zum Zeitpunkt des Ausscheidens,** ohne dass eine Abwicklung nach §§ 735 ff. erfolgt (Begr. S. 146). Bei eingetragenen GbR kommt es auf die materiell-rechtliche Verwirklichung des Ausscheidenstatbestands an. Insofern besteht gleichwohl regelmäßig eine **doppelte Registerpflicht** mit deklaratorischer Eintragungswirkung (vgl. insofern bereits KG NZG 2007, 665); die Gesetzesbegründung lässt dies indessen ausdrücklich offen (vgl. Begr. S. 146). Anzumelden ist das Ausscheiden des vorletzten Gesellschafters gemäß § 707 III 2, was für dessen Nachhaftung nach § 728b relevant ist (→ § 728b Rn. 15 ff.); anzumelden ist zudem das Erlöschen der Gesellschaft gemäß § 738, wenngleich dies nicht für eine Nachhaftungsbegrenzung gemäß § 739 relevant ist (→ Rn. 12). – Im Übrigen werden die **Erlöschensfolgen** abweichend vom gesetzlichen Regelfall der materiellrechtlichen Vollbeendigung einer aufgelösten Gesellschaft modifiziert: Der Gesamtrechtsnachfolger kann Aktivprozesse der GbR fortführen (gesetzlicher Parteiwechsel). Ein Prozess gegen die ehemalige GbR wird unter seiner Beteiligung fortgesetzt (vgl. BGH NZG 2004, 611; OLG Hamm NZI 2007, 584 (586)). Eine Nachtragsliquidation (→ § 735 Rn. 24 ff.) scheidet ebenfalls aus.

Ausnahmen vom sofortigen Erlöschen bestehen nur in besonderen **10** Gestaltungen, zB wenn Vor- und Nacherbschaft angeordnet wurde (vgl. BGH NJW 1986, 2431), bei Testamentsvollstreckung (BGH NJW 1996, 1284; zum Ganzen Weidlich notar 2021, 18) sowie bei Nachlassinsolvenz (OLG Hamm ZEV 1999, 234 (236)). In diesen Fällen kann das Gebot des sofortigen Erlöschens der GbR wegen des **transitorischen Charakters der Personenidentität** durchbrochen werden. Bestehen an der Gesellschafterstellung des Ausgeschiedenen **Rechte Dritter** (Pfandrecht, Nießbrauch), oder wurde ein Treuhandverhältnis vereinbart, gilt § 712a indessen richtigerweise einschränkungslos, da der Dritte durch den Zugriff auf den Abfindungsanspruch des ausgeschiedenen Gesellschafters gemäß § 728 (→ Rn. 29 ff.) ausreichend geschützt ist (abw. die wohl hM, vgl. MüKo-

BGB/Schäfer § 705 Rn. 63; offengelassen von OLG Schleswig DNotZ
2006, 374 (376 f.)).

VI. Gesamtrechtsnachfolge des Verbleibenden (Abs. 1 S. 2)

11   Der auf den Ausscheidenszeitpunkt bezogene **Übergang des Gesellschaftsvermögens** der GbR (§ 713) erfolgt **kraft Gesetzes.** Eine entsprechende Übernahmeerklärung des verbleibenden Gesellschafters ist abweichend vom früheren Recht und dem Mauracher Entwurf nicht erforderlich
(→ Rn. 2). Es bedarf nunmehr auch keiner dogmatischen Einordnung dieses
Vermögensübergangs mehr in den Kontext der vermögensmäßigen Anwachsung (**Aufgabe des Gesamthandsprinzips,** vgl. Begr. S. 146). Insofern
gilt auch im Recht der GbR die bislang bereits für die OHG maßgebliche
Rechtslage (RGZ 65, 227 (235 ff.); RGZ 68, 410 (414 ff.); BGH NZG 2004,
611; 2000, 474; BFH DStR 2006, 2168 (216 9); Henssler/Strohn/Klöhn
HGB § 131 Rn. 63). Begriffliche Kapriolen zur Beschreibung des Vermögensübergangs sind daher obsolet (vgl. zum früheren Recht noch
MüKoBGB/Schäfer § 730 Rn. 81: Umwandlung des „Gesamthandeigen-
tums" in Alleineigentum des Übernehmers). – Der Vermögensübergang
betrifft das gesamte **Aktivvermögen** der GbR (Eigentum, Rechte, Forderungen; das **Grundbuch** ist nach Maßgabe von § 29 I GBO entsprechend
zu korrigieren (vgl. OLG Dresden BeckRS 2011, 17863). Vgl. insofern auch
Art. 229 § 21 I EGBGB, wonach Eintragungen ins Grundbuch nicht erfolgen
sollen, solange die Gesellschaft nicht im Gesellschaftsregister eingetragen ist,
sowie Art. 229 § 21 II 2 EGBGB, § 82 GBO zur Möglichkeit des Grund-
buchamts, auf die Korrektur des Grundbuchs hinzuwirken (Einzelheiten
→ § 713 Rn. 12 ff.). **Vertragsbeziehungen** gehen ebenfalls auf den blei-
benden Gesellschafter über.

12   Die bisherigen **Gesellschaftsverbindlichkeiten** bleiben rechtlich existent
und gehen im Wege der Gesamtrechtsnachfolge ebenfalls auf den verbleibenden Gesellschafter über (so ausdrücklich Begr. S. 146 f.: Übergang des Passiv-
vermögens). Für die Geltendmachung der Gesellschafterhaftung im Rahmen
der **Zwangsvollstreckung** in deren Privatvermögen bedarf es gemäß § 722
II grundsätzlich eines Titels gegen diese, ein Titel gegen die Gesellschaft
genügt nicht (→ § 722 Rn. 5). Dies gilt im Rahmen von § 712a freilich nur
für den ausscheidenden Gesellschafter; gegenüber dem Gesamtrechtsnachfolger kann auch aus einem zuvor gegen die GbR erwirkten Titel vollstreckt
werden (Titelumschreibung gemäß § 727 ZPO). – Im Hinblick auf die
Nachhaftungsbegrenzung ist daher zu differenzieren: Zugunsten des Ausgeschiedenen gilt § 728b (vgl. Abs. 2 S. 2), nicht § 739 (Einzelheiten
→ Rn. 54). Zugunsten des Gesamtrechtsnachfolgers gilt ebenfalls nicht
§ 739, obwohl der Wortlaut dies durchaus hergibt („Gesellschaft durch Liquidation oder auf andere Weise erloschen"). Die Gesamtrechtsnachfolge ist
nämlich keine Gesellschafterhaftung, sondern ersetzt diese. Die §§ 720 ff.
finden hierauf keine Anwendung und damit konsequenterweise auch nicht
§ 739 (zum bisherigen Recht bereits Henssler/Strohn/Klöhn HGB § 131
Rn. 65: Keine Nachhaftungsbegrenzung zugunsten des Übernehmers). Eine

abweichende Beurteilung wegen Unternehmensfortführung ist nicht geboten, weil §§ 25 f. HGB einen kaufmännischen Geschäftsbetrieb voraussetzen, der bei der GbR nicht vorliegt (bei der OHG kann über eine entsprechende Anwendung von § 26 HGB nachgedacht werden, was aber aus Gründen des Gläubigerschutzes eher fernliegt). Aus der Perspektive des Rechtsnachfolgers ist es daher geboten, die vermögensmäßige Auseinandersetzung im Hinblick auf das Ausscheiden präzise durchzuführen, um aus dem **Auseinanderlaufen der rechtlichen Behandlung** der wirtschaftlichen Risiken im Verhältnis zum Ausgeschiedenen keine Nachteile zu erleiden.

VII. Rechtsfolgen für den Ausgeschiedenen (Abs. 2)

Die Rechtsfolgen für den Ausgeschiedenen ergeben sich gemäß Abs. 2 **13** aus den für das Ausscheiden allgemeinen Regeln nach Maßgabe von §§ 728–728b, nicht aus dem Recht der Liquidation gemäß §§ 735 ff. (vgl. zum früheren Recht BGH WM 2002, 293 (295); NJW 2008, 2992 (2993)). Der entscheidende Unterschied zum Normalfall des Ausscheidens liegt darin begründet, dass die GbR zugleich erlischt. Die vermögensmäßige Auseinandersetzung vollzieht sich daher unmittelbar zwischen dem ausgeschiedenen Gesellschafter und dem an sich verbleibenden Gesellschafter als Gesamtrechtsnachfolger. Bei der **OHG** ist § 712a zwar grundsätzlich anwendbar (→ Rn. 5). Der Verweis in Abs. 2 geht insofern jedoch fehl, weil die §§ 135–137 HGB Vorrang haben.

1. Erlöschen der Mitgliedschaft

Scheidet ein Gesellschafter aus der Gesellschaft aus, führt dies zum Erlö- **14** schen der Mitgliedschaft bzw. des Gesellschaftsanteils zum maßgeblichen Zeitpunkt. Dies ist aus Gründen der Rechtssicherheit **irreversibel.** Es bleibt auch im Rahmen von § 712a wegen des Erlöschens der GbR als solche nur die Möglichkeit, eine neue Gesellschaft zu gründen. Eine rechtsfähige Gesellschaft kann aber nicht rückwirkend gegründet werden (→ § 719 Rn. 6 ff.). – Soweit die **Mitgliedschaft** des Ausgeschiedenen **dinglich belastet** ist (Pfandrecht, Verpfändung, Nießbrauch), verhindert dies nicht das Erlöschen; das Recht erstreckt sich allerdings entsprechend § 1258 III, § 1273 II im Wege der dinglichen **Surrogation** auf den Abfindungsanspruch des Ausgeschiedenen (BeckOGK/Koch § 738 Rn. 11; Soergel/Hadding/Kießling § 738 Rn. 7; vgl. zur GmbH BGH NJW 1998, 458). Dies gilt auch in den Fällen, in denen ein Privatgläubiger des Gesellschafters dessen Mitgliedschaft nach Maßgabe von § 726 gekündigt hat (→ § 726 Rn. 24).

Das Erlöschen der Mitgliedschaft infolge des Ausscheidens und der damit **15** einhergehenden Löschung der GbR führt auch zum Erlöschen der gesellschaftsrechtlichen Mitverwaltungsrechte. Dies gilt grundsätzlich auch für das **Informationsrecht** gemäß § 717 I; nach hM hat der ehemalige Gesellschafter nur noch einen Auskunftsanspruch aus § 810 (BeckOGK/Geibel § 716 Rn. 6; BeckOGK/Koch § 738 Rn. 11; MüKoBGB/Schäfer § 738 Rn. 6). Dem ist nicht zu folgen. Sofern ein ehemaliger Gesellschafter ein berechtigtes Informationsbedürfnis im Hinblick auf die frühere Gesellschafterstellung hat, kann er auch unmittelbar gegen den Gesamtrechtsnachfolger **auf der Grundlage von § 717** vorgehen, da die Regelung insofern gesetzliche Ausprägung eine nachwirkende Treuepflicht ist (Einzelheiten → § 717 Rn. 5).

16   Nach § 729 S. 2 aF galt die **Geschäftsführungsbefugnis** eines Gesellschafters zu seinen Gunsten als fortbestehend, bis er vom Ausscheiden Kenntnis erlangt hat oder das Ausscheiden kennen musste (vgl. Legaldefinition § 122 II; BeckOGK/Koch § 738 Rn. 11). Diese Regelung findet sich nunmehr positiviert in § 736b II, jedoch allein für den Fall der Auflösung. Wie in den normalen Fällen des Ausscheidens ist dies aber im Rahmen von § 712a erst recht zu korrigieren und insofern **§ 736b II entsprechend** anzuwenden, um den Ausgeschiedenen vor eine Haftung zu schützen (Einzelheiten → § 736b Rn. 18 ff.). Dies kann auch in den Fällen von § 712a relevant werden, wenn der betreffende Gesellschafter zunächst keine Kenntnis vom eigenen Ausscheiden hat. – Die organschaftliche **Vertretungsmacht** endet zum Zeitpunkt des Ausscheidens einschränkungslos; gegenüber gutgläubigen Dritten wirkt der Fortbestand der im Gesellschaftsregister eingetragenen Vertretungsbefugnis (vgl. § 707 II Nr. 3) indessen ebenso wie die Existenz der eingetragenen GbR bis Löschung gemäß § 15 I HGB iVm § 707 III 2 fort (sog. negative Publizität des Gesellschaftsregisters; vgl. → § 707 Rn. 9 f.).

17   Die bis zum Zeitpunkt des Ausscheidens begründeten **Sozialansprüche des Gesellschafters** (Gewinn, Aufwendungsersatz, Schadensersatz, etc., vgl. § 716) bleiben unberührt; das Gleiche gilt umgekehrt für die in der Person des Ausgeschiedenen bis dahin entstandenen **Sozialverpflichtungen.** Diese Ansprüche werden indessen richtigerweise bei der Berechnung des Abfindungs- bzw. Verlusttragungsanspruchs berücksichtigt und können infolge einer **Durchsetzungssperre** nach Ausscheiden grundsätzlich nicht mehr isoliert geltend gemacht werden (→ Rn. 40, → Rn. 59). Die **Gesellschafterhaftung** des Ausgeschiedenen endet insofern, als sie nach Maßgabe von § 728b nur noch Verbindlichkeiten betrifft, die bis zum Zeitpunkt des Ausscheidens begründet wurden; für spätere Verbindlichkeiten kommt allein eine Rechtsscheinshaftung gemäß § 15 I HGB in Betracht (→ Rn. 16). Ein Gläubiger kann allerdings ohne weiteres auch einen bereits ausgeschiedenen Gesellschafter wegen einer zum Zeitpunkt des Ausscheidens begründeten Verbindlichkeit verklagen (BeckOGK/Koch § 738 Rn. 16; MüKoBGB/Schäfer § 738 Rn. 5; Staudinger/Habermeier, 2003, § 738 Rn. 3). Der Ausgeschiedene kann seiner Haftung im Außenverhältnis nicht den Freistellungsanspruch aus dem Innenverhältnis gem. § 728 entgegenhalten (BeckOGK/Koch § 738 Rn. 19; MüKoBGB/Schäfer § 738 Rn. 77).

18   Das Ausscheiden führt im Ausgangspunkt auch zum Ende der **mitgliedschaftlichen Treuepflichtbindung.** Hiervon abzugrenzen ist freilich deren nachvertragliche Fortwirkung, die sich etwa als **Verschwiegenheitspflicht** konkretisiert, soweit Geschäftsgeheimnisse oder sonstige Gesellschaftsinterna betroffen sind, die der Ausgeschiedene während seiner Gesellschafterstellung

erfahren hat (vgl. RGZ 107, 171 (172); BeckOGK/Koch § 738 Rn. 12; Soergel/Hadding/Kießling § 738 Rn. 11; zur Schnittmenge zwischen Verschwiegenheitspflicht und nachvertraglichem Wettbewerbsverbot Gerigk, Nachvertragliche Wettbewerbsverbote mit gesellschaftsführenden Organmitgliedern und Gesellschaftern, 2014, S. 66 ff.). Dies gilt im **Rahmen von § 712a gleichermaßen** wie in den normalen Fällen des Ausscheidens aus der fortbestehenden Gesellschaft. Die Gesamtrechtsnachfolge macht den verbleibenden Gesellschafter im Kern zum Rechtsnachfolger der GbR, so dass dessen hieraus resultierende Interessen gleichermaßen auch weiterhin geschützt werden müssen.

Ein **nachvertragliches Wettbewerbsverbot** resultiert aus der mitglied- **19** schaftlichen Treuepflicht nicht ohne weiteres. Dies ergibt sich indessen nicht aus der fehlenden entsprechenden gesetzlichen Regelung bei der GbR (zum Ganzen → § 705 Rn. 33 ff.), was im Zuge der Reform auch bewusst nicht geändert wurde (vgl. Mauracher Entwurf S. 81; kritisch Fleischer WM 2020, 1897 (1904 f.)). Es ist anerkannt, dass die nachvertragliche Treuepflicht dem Ausgeschiedenen nicht generell verbietet, mit der GbR in Konkurrenz zu treten (etwa BGH NJW 1991, 699 (700)). Für OHG und KG sehen dies die maßgeblichen §§ 117, 118 HGB nämlich auch nur für die Zeit während der Gesellschafterbeteiligung vor (sog. **gesellschaftsrechtliches Wettbewerbsverbot;** vgl. MüKoHGB/Fleischer § 112 Rn. 14 ff.). Ein nachvertragliches Wettbewerbsverbot kann jedoch, innerhalb bestimmter zeitlicher (idR 2 Jahre), räumlicher und inhaltlicher Grenzen (§ 138 I), nach dem Vorbild der §§ 74 ff. HGB im Gesellschaftsvertrag oder der Abfindungsvereinbarung geregelt werden (vgl. zum Ganzen BGH NJW 2000, 2584; BeckOGK/Koch § 738 Rn. 13 f.). Hierbei sollten auch die Grenzen des § 1 GWB beachtet werden (Mayer NJW 1991, 23 (24)). Die **nachwirkende Treuepflicht** kann es jedoch in Ausnahmefällen auch ohne entsprechende Abrede dem Ausscheidenden für eine kurze Übergangszeit verbieten, zum Gesamtrechtsnachfolger in Konkurrenz zu treten, wenn er aus einem von ihm zu vertretenden wichtigen Grund aus der GbR ausgeschlossen wurde (vgl. MüKoHGB/Fleischer § 112 Rn. 30; hierzu auch BGH GmbHR 1977, 43).

Im Übrigen gebietet die nachvertragliche Treuepflicht infolge der Neure- **20** gelung noch stärker als bislang (vgl. → § 728 Rn. 2 ff., 16) die Pflicht zur **Rücksichtnahme.** Der Ausscheidende darf seinen **Abfindungsanspruch** nicht sogleich in voller Höhe geltend machen, wenn dies unter Berücksichtigung der berechtigten Interessen des Gesamtrechtsnachfolgers und ggf. der hierin aggregierten Interessen am Fortbestand des Unternehmens für diesen unzumutbar wäre (vgl. zum normalen Ausscheiden BeckOGK/Koch § 738 Rn. 12; Soergel/Hadding/Kießling § 738 Rn. 11). Auch ist der Ausgeschiedene gehalten, an der **Ermittlung des Abfindungsanspruchs mitzuwirken** (MüKoBGB/Schäfer § 738 Rn. 7; vgl. hierzu bei der Liquidation BGH ZIP 2003, 73 (74), was auf § 712a übertragbar ist). Hat der Gesellschafter selbst den Ausscheidensgrund pflichtwidrig und schuldhaft herbeigeführt, trifft ihn ggf. eine Schadensersatzpflicht gegenüber dem Gesamtrechtsnachfolger (MüKoBGB/Schäfer § 738 Rn. 7; Paefgen ZIP 1990, 839; abw. OLG Düsseldorf ZIP 1990, 861).

2. Anspruch auf Haftungsbefreiung (§ 728 I 1 Alt. 1)

21   **a) Grundlagen.** § 728 I 1 Alt. 1 sieht vergleichbar mit dem bisherigen § 738 I 1 aF vor, dass der Ausscheidende, sofern nichts anderes vereinbart ist, einen Anspruch darauf hat, von der Haftung für die Verbindlichkeiten der Gesellschaft befreit zu werden. **Anspruchsgegner** ist der Gesamtrechtsnachfolger. – Der Freistellungsanspruch ist **akzessorisch zur Gesellschafterhaftung** des Ausgeschiedenen gem. §§ 721 ff. zum Zeitpunkt des Ausscheidens (BGH ZIP 2010, 515 (516)). Zu berücksichtigen sind daher nur **Ansprüche Dritter** bzw. Ansprüche von früheren Mitgesellschaftern gegen die GbR aus Drittgeschäften. Für Sozialverbindlichkeiten gegenüber den Mitgesellschaftern würde der Ausgeschiedene nicht haften, sodass insofern auch keine Freistellung verlangt werden kann (BGH NJW 1962, 1863; NZG 2010, 383; Soergel/Hadding/Kießling § 738 Rn. 15; BeckOGK/Koch § 738 Rn. 19). Hiervon abzugrenzen ist freilich, dass solche Verbindlichkeiten bei der Ermittlung des Abfindungsguthabens zu berücksichtigen sind (→ Rn. 40). – Die frühere spezielle Regelung für **schwebende Geschäfte** gem. § 740 aF ist entfallen und nicht mehr notwendig, weil der Ausgeschiedene nunmehr eine auf den wahren Wert des Gesellschaftsanteils bezogene Abfindung erhält und dementsprechend eine Entkoppelung von der hypothetischen Auflösung erfolgt ist (→ Rn. 36; anders noch zum früheren Recht RGZ 132, 29 (32); BGH NJW 1974, 899; BeckOGK/Koch § 738 Rn. 23: § 740 aF als Sonderbestimmung für die Abrechnung im Innenverhältnis). – Die **Darlegungs- und Beweislast** für die entsprechende Haftung trägt der Ausscheidende (RGZ 60, 155 (159); 132, 29 (31); BGH ZIP 2009, 1008; MüKoBGB/Schäfer § 738 Rn. 77; BeckOK BGB/Schöne § 738 Rn. 8; Erman/Westermann § 738 Rn. 9; Soergel/Hadding/Kießling § 738 Rn. 18; BeckOGK/Koch § 738 Rn. 19; abw. Muthorst AcP 209 (2009), 212 (223)); wurde eine (bestehende) Gesellschaftsverbindlichkeit indessen bereits getilgt, hat der Gesamtrechtsnachfolger dies zu beweisen (vgl. BGH NJW 2000, 1641 (1642)).

22   Fällige Ansprüche werden ohne weiteres erfasst. Problematisch ist indessen, wie **betagte Forderungen** im Rahmen des Anspruchs auf Freistellung zu behandeln sind. § 728 I 2 sieht insofern wie nach bisherigem Recht vor, dass der Gesamtrechtsnachfolger dem Ausgeschiedenen Sicherheit leisten kann, statt ihn von der Haftung insoweit zu befreien. Hieraus folgt, dass grundsätzlich auch im Hinblick auf betagte Forderungen eine **sofortige Freistellungspflicht** gem. § 728 I besteht (so bereits zum früheren Recht Soergel/Hadding/Kießling § 738 Rn. 15: Erfüllbarkeit ausreichend; iE auch BeckOK BGB/Schöne § 738 Rn. 8; MüKoBGB/Schäfer § 738 Rn. 77; BeckOGK/Koch § 738 Rn. 23). Der Gesamtrechtsnachfolger hat jedoch insofern eine **Ersatzungsbefugnis** (facultas alternativa), als er anstelle der Freistellung **Sicherheit leisten** kann (MüKoBGB/Schäfer § 738 Rn. 80; BeckOK BGB/Schöne § 738 Rn. 12; Soergel/Hadding/Kießling § 738 Rn. 17). Für die Sicherheitsleistung gelten die **§§ 232 ff.** (vgl. im Übrigen zu vertraglichen Vereinbarungen Knöchlein DNotZ 1960, 452 (473)). Die Sicherheit kann also durch Hinterlegung von Geld oder Wertpapieren, durch Verpfändung

beweglicher Sachen oder durch Bestellung von Hypotheken bzw. Grundschulden geleistet werden. Kann die Sicherheit nicht in dieser Weise erbracht werden, so ist die Stellung eines tauglichen Bürgen zulässig (§ 232 II). Der Ausgeschiedene selbst kann nicht Sicherheitsleistung verlangen (RGZ 60, 155 (158); BeckOGK/Koch § 738 Rn. 23). Hat er indessen selbst einem Gesellschaftsgläubiger für eine fällige Forderung Sicherheit geleistet, kann er insofern vom Gesamtrechtsnachfolger Freistellung hiervon verlangen (RGZ 132, 29 (32); BGH NJW 1974, 899; MüKoBGB/Schäfer § 738 Rn. 80; BeckOGK/Koch § 738 Rn. 23).

Maßgeblich für den Umfang der Freistellung ist schließlich auch die **23** **Nachhaftungsbegrenzung gemäß § 728b.** Indem ein Gesellschafter hiernach für bis zum Ausscheiden begründete Verbindlichkeiten nur innerhalb von fünf Jahren haftet, sind konsequenterweise auch nur ebendiese Verbindlichkeiten zu berücksichtigen. Dies birgt freilich ein **Prognoseproblem** in sich, weil nicht zum Zeitpunkt der gesellschaftsrechtlichen Auseinandersetzung endgültig feststeht, ob und in welchem Umfang diese Verbindlichkeiten nach Maßgabe der besonderen Voraussetzungen von § 728b fristwahrend durchgesetzt werden. Um dieses Risiko nicht einseitig dem Ausscheidenden aufzubürden, ist es geboten, zu dessen Gunsten anzunehmen, dass die Voraussetzungen von § 728b eingehalten werden. Er kann daher Freistellung von allen Verbindlichkeiten verlangen, die innerhalb des Fünf-Jahres-Zeitraums (→ § 728b Rn. 15 ff.) fällig werden; etwas anderes gilt nur, wenn bereits zum Ausscheidenszeitpunkt feststeht, dass ein Gläubiger auf die Geltendmachung verzichtet. – Im Übrigen bringt die **Einführung von § 728b I 2** eine auch im Hinblick auf den Freistellungsanspruch nach § 728 I 1 Alt. 1 bedeutsame Änderung mit sich. Die hierdurch bewirkte Minderung der Nachhaftung für Ansprüche, die erst durch **Pflichtverletzungen nach Ausscheiden** verwirklicht werden (→ § 728b Rn. 10), reduziert konsequenterweise insofern auch die Freistellungspflicht. Das Gleiche gilt, wenn man, wie hier vertreten, aus § 728b I 2 weitergehend ableitet, dass **abschnittsweise Vergütungen bei Dauerschuldverhältnissen** für Leistungen eines Dritten nach Ausscheiden nicht mehr von der Nachhaftung erfasst sind (→ § 728b Rn. 8).

b) Freistellung. Der Freistellungsanspruch ist darauf gerichtet, dass der **24** Gesamtrechtsnachfolger den Ausgeschiedenen von der drohenden Inanspruchnahme durch einen Gesellschaftsgläubiger befreit. Die **Anspruchshöhe** bestimmt sich somit anhand der **drohenden Inanspruchnahme** durch die Gesellschaftsgläubiger im Außenverhältnis, nicht nach Maßgabe der internen Beteiligung (vgl. aber → Rn. 25). Der Freistellungsanspruch kann dadurch erfüllt werden, dass der Gesamtrechtsnachfolger den **Gläubiger befriedigt** oder mit diesem einen **Haftungsverzicht im Innenverhältnis vereinbart** (RGZ 132, 29 (31); BGH NJW 1999, 2438 (2440); BeckOK BGB/Schöne § 738 Rn. 10; MüKoBGB/Schäfer § 738 Rn. 78; Soergel/ Hadding/Kießling § 738 Rn. 15; Erman/Westermann § 738 Rn. 9; BeckOGK/Koch § 738 Rn. 20). Eine bloß im Gesellschaftsverhältnis vereinbarte Freistellung genügt grundsätzlich nicht, weil sie den Gläubiger nicht bindet (vgl. OLG Stuttgart BB 1965, 346; BeckOGK/Koch § 738 Rn. 20;

BeckOK BGB/Schöne § 738 Rn. 10). Beteiligt sich der Ausgeschiedene hieran, ist dies indessen als **zulässige vertragliche Modifizierung** von § 728 I zu würdigen.

25   Wenngleich der **Freistellungsanspruch rechtlich selbständig** zu betrachten ist und auch individuell geltend gemacht werden kann, ist er doch regelmäßig wirtschaftlich im Rahmen der **Auseinandersetzung als Gesamtsaldierung** zu berücksichtigen. So ist einerseits anerkannt, dass dem Gesamtrechtsnachfolger gegenüber dem Ausgeschiedenen gem. § 273 ein **Zurückbehaltungsrecht** zusteht, wenn und soweit dieser im Innenverhältnis gem. § 728a zur anteiligen Verlusttragung verpflichtet ist (BGH NJW 1974, 899; NZG 2009, 581; Soergel/Hadding/Kießling § 738 Rn. 16; BeckOK BGB/Schöne § 738 Rn. 8; Grüneberg/Sprau § 738 Rn. 3b; BeckOGK/Koch § 738 Rn. 19). Wenn daher das Gesellschaftsvermögen zum Zeitpunkt des Ausscheidens nicht ausreicht, um die im Rahmen der Freistellung zu berücksichtigenden Gesellschaftsgläubiger zu befriedigen, kann der Ausgeschiedene im Ergebnis nur Freistellung für den Betrag verlangen, den er nach Maßgabe der internen Ergebnisverteilung nicht selbst trägt.

26   Dies gilt gleichermaßen, wenn der **Ausgeschiedene** von einem Gläubiger bereits nach Maßgabe von § 721 **in die Haftung genommen** wurde. Der ihm insoweit gem. § 716 I zustehende **Regressanspruch** gegen die (frühere) GbR ist auch nach Ausscheiden grundsätzlich in voller Höhe berechtigt und fließt in die Ermittlung eines entsprechenden Abfindungsguthabens ein (→ Rn. 40). Reicht das Gesellschaftsvermögen indessen zum Zeitpunkt des Ausscheidens nicht aus, um sämtliche Gesellschaftsverbindlichkeiten zu befriedigen, besteht der Regressanspruch nach Ausscheiden nur in dem Umfang, wie der Ausgeschiedene nicht selbst zur Verlusttragung verpflichtet ist. Verpflichtet ist insofern der Gesamtrechtsnachfolger; im Rahmen des **Gesamtschuldnerregresses gem. § 426 I und II** kann er indessen insoweit auch **subsidiär** Befriedigung von den ehemaligen Mitgesellschaftern verlangen (BGH WM 1978, 114 (115); MüKoBGB/Schäfer § 738 Rn. 78; Soergel/Hadding/Kießling § 738 Rn. 16; BeckOGK/Koch § 738 Rn. 21; Hadding/Häuser WM 1988, 1585 (1589); gegen die Subsidiarität Büscher/Klusmann ZIP 1992, 11 (16 f.)). Zum Ganzen auch → § 721 Rn. 21 ff.

27   Im Übrigen ist der hiernach konkretisierte Freistellungsanspruch stets im Rahmen der Ermittlung des Anteilswertes zu berücksichtigen, um eine **wirtschaftliche Doppelberücksichtigung zu vermeiden.** Hieraus folgt, dass ein **erfüllter Freistellungsanspruch** unter Berücksichtigung der internen Ergebnisverteilung insofern wertmindernd zu berücksichtigen ist, als die Mitgesellschafter dem Ausgeschiedenen den betreffenden Vermögensvorteil bereits zugeführt haben. Umgekehrt führt die **noch nicht erfolgte Freistellung** dazu, dass die wirtschaftliche Berechtigung des Ausgeschiedenen am Gesamtvermögen und damit der maßgebliche Anteilswert entsprechend höher ist, weil insofern noch eine Haftung in voller Höhe droht, die wirtschaftlich freilich wiederum nur in Höhe des den Ausgeschiedenen selbst treffenden Anteils zu berücksichtigen ist. Insofern spricht viel dafür, im Hinblick auf den Freistellungsanspruch eine **Durchsetzungssperre** anzunehmen, bis zur endgültigen Ermittlung der Abfindung (in diese Richtung auch Soergel/Hadding/Kießling § 738 Rn. 16). Vgl. hierzu auch → Rn. 40 f.

3. Anspruch auf Rückgabe von Gegenständen

§ 738 I 2 aF sah iVm § 732 S. 1 aF explizit vor, dass dem ausscheidenden **28** Gesellschafter ein Anspruch auf Rückgabe der Gegenstände zusteht, die er der Gesellschaft **zur Benutzung überlassen** hat. § 732 S. 2 aF bestimmte zudem, dass für einen durch Zufall untergegangen oder verschlechterten Gegenstand kein Ersatz verlangt werden kann. Beide Regelungen wurden nunmehr **im Hinblick auf das Ausscheiden ersatzlos gestrichen;** eine im Ansatz vergleichbare Regelung findet sich allein für die Liquidation in § 736d V, welche freilich für die bloße Nutzungsüberlassung nicht passt (vgl. auch → Rn. 41). In der Gesetzesbegründung wird dieser Schritt ausdrücklich damit begründet, dass sich die entsprechenden Rechtsfolgen aus der jeweils **zugrunde liegenden Vereinbarung** selbst ergeben würden und deswegen eine gesetzliche Regelung überflüssig sei (Begr. S. 175). Dies überzeugt nur bedingt (ebenso kritisch Bachmann, Stellungnahme, S. 10: Klarstellung wünschenswert). Das jetzige Konzept übersieht nämlich, dass in vielen Fällen nicht mit hinreichender Bestimmtheit entsprechende Abreden bestehen oder dass sich solche nicht nachweisen lassen. Insofern besteht nach neuem Recht eine planwidrige Regelungslücke, sodass es aufgrund der vergleichbaren Interessenlage sachgerecht und geboten ist, **§ 736d V analog** anzuwenden, um eine dispositive gesetzliche Auffanglösung zu schaffen (vgl. auch → Rn. 41).

4. Anspruch auf Abfindung (§ 728 I 1 Alt. 2)

a) Fokussierung auf den Anteilswert. Der Abfindungsanspruch gemäß **29** § 728 I 1 Alt. 2 ist die **zentrale Kompensation** für den Verlust der Mitgliedschaft. Dies gilt **auch im Rahmen von § 712a.** Der verbleibende Gesellschafter verliert seine Mitgliedschaft wegen des Erlöschens der GbR zwar ebenfalls. Dessen Stellung unterscheidet sich indessen wegen der Gesamtrechtsnachfolge von der des Ausgeschiedenen und entspricht funktional betrachtet der eines Gesellschafters in der fortgesetzten GbR, insbesondere bei unternehmerischen Gesellschaften. Insofern ist es legitim, dem Ausgeschiedenen auch im Rahmen von § 712a einen entsprechenden Abfindungsanspruch gegen den Gesamtrechtsnachfolger zuzubilligen. Dies setzt freilich voraus, dass zugunsten des Ausscheidenden ein entsprechender positiver Wert ermittelt werden kann; ansonsten kann es umgekehrt auch zu einer Verlusttragungspflicht des Ausscheidenden gegenüber dem Gesamtrechtsnachfolger aus § 728a kommen (Einzelheiten → § 728 Rn. 23 f.).

Im Zuge der Reform wurde der Abfindungsanspruch nach Ausscheiden **30** gesetzessystematisch von der Auseinandersetzung infolge Auflösung der Gesellschaft entkoppelt (Begr. S. 174; → Rn. 21, 43). Dies wird besonders deutlich, da dieser anders als § 738 I 2 aF **kein hypothetischer Auseinandersetzungsanspruch mehr** ist (hierzu nach früherem Recht MüKoBGB/ Schäfer § 738 Rn. 1, 33: Ausscheiden als partielle Auseinandersetzung). § 728 rekurriert explizit auf den **Wert des Gesellschaftsanteils** (vgl. demgegenüber für die Auseinandersetzung nach Auflösung § 736d V, VI). Diese überzeugende Differenzierung der Rechtsfolgen bei Ausscheiden und Auflösung findet sich nunmehr auch im Recht der OHG und KG (vgl. § 135 HGB einerseits, § 148 VI, VII HGB andererseits). Die nunmehr maßgebliche **Fokussierung auf den Anteilswert** verfolgt dabei auch das erklärte Ziel, bei den praxisrelevanten Streitigkeiten über die Berechnung der Abfindung verstärkt die Perspektive der verbleibenden Gesellschafter in den Blick zu nehmen (Begr. S. 174; → Rn. 43). In konsequenter Verwirklichung des Vorrangs des Ausscheidens gegenüber der Auflösung der Gesellschaft ist daher insbesondere eine **größere Freiheit für Abfindungsbeschränkungen** anzuerkennen als bislang.

31   Dieser Ansatz überzeugt **auch im Rahmen von § 712a,** wenngleich hier die formale Nähe zur Auflösung wegen der Vollbeendigung der GbR an sich ins Auge springt. Wirtschaftlich betrachtet ist die Gesamtrechtsnachfolge nämlich nichts anderes als der (untechnisch gesprochen) Fortbestand der bisherigen GbR in Person des verbleibenden Gesellschafters. Bei unternehmerischen GbR ist dies evident, denn die Gesamtrechtsnachfolge ermöglicht diesem das Weiterwirtschaften auf eigene Rechnung und Risiko. Ebenso wie beim normalen Ausscheiden aus einer fortbestehenden GbR ist daher auch bei der Abfindung im Rahmen von § 712a zu berücksichtigen, welche Folgen hieraus für die finanzielle **Leistungsfähigkeit des Gesamtrechtsnachfolgers** als Grundlage für eine etwaige Unternehmenskontinuität resultieren würden. Die im Zuge der Reform gesteigerte Freiheit für Abfindungsbeschränkungen gilt daher auch hier. Dogmatisch umgesetzt wird dies wiederum dadurch, dass sich der Abfindungsanspruch nicht allein auf den „wahren Wert" des Gesellschaftsanteils bezieht, sondern vielmehr einem speziellen **Angemessenheitsvorbehalt** unterliegt, was im Wortlaut von § 728 I deutlich wird („eine dem Wert seines Anteils angemessene Abfindung"). Diese vordergründige Beschneidung der Gesellschafterrechte bei Ausscheiden in vermögensmäßiger Hinsicht ist durchaus legitim, denn das Ausscheiden eines Gesellschafters führt auch in den Fällen von § 712a wegen der Gesamtrechtsnachfolge des verbleibenden Gesellschafters, anders als bei der normalen Auflösung der Gesellschaft, zu **Interessenkonflikten** im Hinblick auf den Fortbestand des Unternehmens. Die finanziellen Belastungen des Gesamtrechtsnachfolgers infolge des Abfindungsanspruchs können den Fortbestand nämlich gefährden und damit den prinzipiellen Vorrang des Ausscheidens vor der Auflösung konterkarieren. Ergänzt wird dieses gesetzgeberische Anliegen durch den neugefassten § 728 II im Hinblick auf die **Möglichkeit der Schätzung** des Anteilswertes, wo diese Aspekte gleichermaßen Geltung beanspruchen.

32   Die nunmehr maßgebliche Fokussierung auf den Anteilswert als gesetzlichen Regelfall darf freilich bei Personengesellschaften nicht überschätzt werden, da **mangels Handelbarkeit der Anteile** die Ermittlung eines isolierten Wertes anders als bei Aktien kaum möglich ist (so bereits zum bisherigen Recht MüKoBGB/Schäfer § 738 Rn. 33). Insofern heißt es auch zutreffend in der Gesetzesbegründung, dass der zu ermittelnde „wahre Wert" des Gesellschaftsanteils sich im Regelfall **indirekt aus dem Unternehmenswert** ableitet, mithin durch Umlage desselben im Verhältnis der Kapitalbeteiligung des Ausgeschiedenen zu der des Gesamtrechtsnachfolgers (Begr. S. 175). Bei

der GbR ist daher mit Ausnahme der kapitalmarktorientierten Publikumsgesellschaften im Regelfall nach wie vor das **Gesellschaftsvermögen** isv § 713 zum **Zeitpunkt des Ausscheidens** (BGH DStR 2004, 97 (98)) zu bewerten. Dies gilt auch beim Ausscheiden eines Gesellschafters infolge Ausschließung aus wichtigem Grund gemäß § 727 (anders im Rahmen der Gestaltungsklage bei der OHG und KG gemäß § 135 II HGB). Darüber hinaus können und müssen bei der Anteilsbewertung aber **auch andere rechtliche Aspekte des Gesellschaftsanteils** Berücksichtigung finden, die mit dem Gesellschaftsvermögen unmittelbar nichts zu tun haben. In der Gesetzesbegründung wird ausdrücklich auf rein anteilsbezogene Faktoren hingewiesen, wie etwa eine disquotale Ergebnis- oder Stimmverteilung, Entnahme-, Ausschüttungs- und Kündigungsbeschränkungen, Minderheitenabschläge sowie die rechtliche und faktische Unveräußerlichkeit der Beteiligung (Begr. S. 176). Dies ermöglicht und gebietet, diesen Aspekten in concreto eine **werterhöhende oder wertmindernde Bedeutung** zuzusprechen, die ihre Grundlage nicht unmittelbar im Gesellschaftsvermögen hat.

b) Bewertungsmethode. Die Neuregelung enthält ebenso wie das bisherige Recht **keine expliziten Vorgaben** über die anzuwendende Bewertungsmethode (Begr. S. 175: „Prinzip der Methodenoffenheit"; vgl. zum früheren Recht BGH NJW 1991, 1547 (1548); WM 1993, 1412 (1413 f.); aus verfassungsrechtlicher Sicht auch BVerfG NZG 2007, 629 (631)). Gleichwohl herrscht insofern **keine völlige Freiheit** bei der Konkretisierung der gesetzlichen Vorgaben. Zur Wahrung des durch Art. 14 I GG geschützten Vermögensinteresses des Ausgeschiedenen ist vielmehr diejenige Methode zu wählen, die der **konkreten Ausgestaltung des Gesellschaftsvermögens** am besten gerecht wird, insbesondere bei unternehmenstragenden GbR (BeckOGK/Koch § 738 Rn. 45; BeckOK BGB/Schöne § 738 Rn. 23; Grüneberg/Sprau § 738 Rn. 5; vgl. allgemein zur AG auch BGH NZG 2016, 139 – Stinnes; Grigoleit/Servatius AktG § 305 Rn. 14). Die Wahl der hiernach anzuwendenden Methode ist **grundsätzlich eine Rechtsfrage** (vgl. zur AG OLG Stuttgart AG 2006, 128). Die Parteien können freilich gesellschaftsvertraglich entsprechende Vorgaben machen (→ Rn. 67). Fehlt eine solche, gilt im gesetzlichen Regelfall Folgendes:

Nach der **Substanzwertmethode** werden alle in der GbR vorhandenen **34** Vermögensteile zusammengerechnet, um den Gesamtwert zu ermitteln. Die Substanzwertmethode (hierzu BGH WM 1971, 1450; NJW 1974, 312) kommt hiernach nur dann zur Anwendung, wenn die betreffenden Vermögensgegenstände als Einheit keine nach Maßgabe des Gesellschaftszwecks bestimmungsgemäßen immateriellen Vermögenswerte enthalten, wie Ertragsaussichten, „good will", etc. Dies liegt vielfach bei reinen **vermögensverwaltenden GbR** nahe. Es ist indessen auch hier nicht in allen Fällen passend. Wenn etwa verschiedene Vermögensgegenstände eine **werterhöhende Einheit** bilden, gebietet auch die Anwendung der Substanzwertmethode eine bewertungsmäßige Gesamtbetrachtung, deren Ergebnis höher sein kann als die Summe der Einzelwerte (Einzelheiten → § 728 Rn. 35 ff.). – Maßgeblich ist in diesem Kontext auch die **Nachhaftungsbegrenzung**

gemäß § 728b. Diese betrifft zwar unmittelbar allein die Gesellschafterhaftung im Außenverhältnis, hieraus können indessen auch Rückschlüsse auf die gesellschaftsinterne Verlustbeteiligung gezogen werden, was sich aus der **Freistellungspflicht gemäß § 728 I 1 Alt. 1** ergibt. Indem ein Gesellschafter nach § 728b für bis zum Ausscheiden begründete Verbindlichkeiten nur innerhalb von fünf Jahren haftet, kann er hiernach entsprechende Freistellung verlangen (→ § 728 Rn. 17 ff.). Dem korrespondierend ist dies im gesetzlichen Regelfall unter Anwendung der zeitlichen Begrenzung auch bei der internen Verlusttragungspflicht zu berücksichtigen, wenn nichts Abweichendes vereinbart wurde. Anzusetzen sind daher alle, aber auch nur diese Verbindlichkeiten, die **innerhalb des Fünf-Jahres-Zeitraums** (→ Rn. 23) fällig werden; etwas anderes gilt nur, wenn bereits zum Ausscheidenszeitpunkt feststeht, dass ein Gläubiger auf die Geltendmachung verzichtet. – Darüber hinaus bringt die Einführung von § 728b I 2 eine auch im Hinblick auf den Freistellungsanspruch und damit korrespondierend für die Verlusttragungspflicht bedeutsame Änderung mit sich. Die hierdurch bewirkte Minderung der Nachhaftung für Ansprüche, die erst durch **Pflichtverletzungen nach Ausscheiden** verwirklicht werden (→ § 728b Rn. 10 ff.), reduziert konsequenterweise insofern auch die gesellschaftsinterne Verlustbeteiligung, sofern nichts Abweichendes vereinbart ist. Das Gleiche gilt, wenn man, wie hier vertreten, aus § 728b I 2 weitergehend ableitet, dass **abschnittsweise Vergütungen bei Dauerschuldverhältnissen** für Leistungen eines Dritten nach Ausscheiden nicht mehr von der Nachhaftung erfasst sind (→ § 728b Rn. 11). Nach dem gesetzlichen Regelfall hat daher der Ausscheidende für diese Verluste auch nicht mehr einzustehen.

35   Bei der **Ertragswertmethode** wird ein Unternehmen als Investition betrachtet. Der Unternehmenswert wird ermittelt, indem künftige Gewinne mit einem angemessenen Kapitalisierungszinssatz auf den Bewertungsstichtag abgezinst werden. Bei **unternehmenstragenden GbR,** insbesondere auch freiberuflichen, ist richtigerweise grundsätzlich die Ertragswertmethode anzuwenden, die den Verkehrswert des Unternehmens unter Berücksichtigung seiner prognostizierten Erträge ermittelt (BGH NJW 1992, 892 (895); 1982, 2441; 1985, 192 (193); 1993, 2101 (2103)). In diesem Kontext kann dann auch auf das **Discounted-Cashflow-Verfahren** abgestellt werden. Demnach ergibt sich der Unternehmenswert aus der Diskontierung, also Abzinsung, von Cashflows (BeckOGK/Koch § 738 Rn. 48; insofern kritisch aber BGH ZIP 1998, 1161 (1166)). Ebenso kann es geboten sein, im Wege einer **Kombination** aus Substanzwert- und Ertragswertmethode vorzugehen (BeckOGK/Koch § 738 Rn. 49, auch zum sog. Stuttgarter Verfahren). Maßgeblicher Bewertungszeitpunkt ist auch hier das Ausscheiden. Auch im Hinblick auf die Ertragswertmethode gilt im Übrigen, dass beim Ausscheiden regelmäßig **vom Fortbestand des Unternehmens auszugehen** ist, sodass der Fortführungswert zu ermitteln ist („going concern"; BGH NJW 1955, 1025 (1027); NJW 1992, 892 (895); NJW 1967, 1464; 1985, 192 (193); WM 1971, 1450; BeckOGK/Koch § 738 Rn. 44; BeckOK BGB/Schöne § 738 Rn. 22; Soergel/Hadding/Kießling § 738 Rn. 30; Grüneberg/Sprau § 738 Rn. 5; Erman/Westermann § 738 Rn. 5). Auch hier gilt nur dann

etwas anderes, wenn das Ausscheiden (mittelbar) die Beendigung der unternehmerischen Tätigkeit durch den Gesamtrechtsnachfolger herbeiführt oder die Fortführung des Unternehmens aus anderen Gründen nicht in Betracht kommt; in diesem Fall wären Liquidationswerte anzusetzen (vgl. auch insofern zur Bedeutung der **Nachhaftungsbegrenzung** → Rn. 23). Im Übrigen ist auch bei Anwendung der Ertragswertmethode gemäß § 728 II bereits bei der Erstellung der Bewertung ein gewisses **Schätzungsermessen** anzuerkennen (→ § 728 Rn. 42).

Die früher in § 740 aF geregelte rechtliche Behandlung **schwebender** 36 **Geschäfte** wurde im Zuge der Reform **explizit gestrichen** (Begr. S. 175; dies begrüßend DAV NZG 2020, 1133 (1141)). Dies ist beim Ausscheiden eines Gesellschafters konsequent, denn im Hinblick auf die hier maßgebliche Bewertung des Gesellschaftsanteils passte diese spezielle Regelung noch nie (vgl. zum früheren Recht MüKoBGB/Schäfer § 738 Rn. 3: Partielle Fortsetzung der Gesellschaft mit dem Ausgeschiedenen in vermögensrechtlicher Hinsicht). Das dahinterstehende Anliegen, den Gesellschafter in gebotener Weise an künftigen Erträgen zu beteiligen, deren Wurzel bereits bis zum Zeitpunkt des Ausscheidens gelegt ist, wird bei der **Ertragswertmethode** vollumfänglich verwirklicht (OLG Hamm NZG 2005, 175; MüKoBGB/Schäfer § 740 Rn. 1, 3). Sollte bei einer vermögensverwaltenden GbR nach Maßgabe der hier anzuwendenden **Substanzwertmethode** ausnahmsweise einmal der Bedarf bestehen, ein bestehendes Vertragsverhältnis abfindungsrelevant auf den Ausscheidenszeitpunkt bezogen zu bewerten, kann dies nach Maßgabe von § 728 II nach wie vor erfolgen.

c) Angemessenheit der Abfindung. § 728 I sieht vor, dass dem Ausge- 37 schiedenen eine **dem Wert seines Anteils angemessene** Abfindung zu zahlen ist. Hierdurch wird deutlich, dass der Anteilswert und seine Ermittlung als rechnerische Akte von der Angemessenheit zu trennen sind; auch die Möglichkeit der Schätzung gemäß § 728 II bezieht sich allein auf den Wert des Gesellschaftsanteils, nicht auf die Angemessenheit. Diese ist somit ein **eigenständiges Tatbestandsmerkmal** im Rahmen des Abfindungsanspruchs. Wenngleich sich die Gesetzesbegründung zur Neuregelung insofern nicht verhält, ist dies ernst zu nehmen und hat durchaus auch eine **praktische Relevanz:** Die Wertermittlung betrifft Tatsachen, die Angemessenheitsprüfung ist eine Rechtsfrage. Während für Erstere die allgemeinen prozessrechtlichen Regeln zur Darlegungs- und Beweislast gelten, ggf. ergänzt durch die Möglichkeit der Schätzung nach Maßgabe von § 728 II (→ § 728 Rn. 42), ist die **Konkretisierung des Angemessenheitsmerkmals** der gerichtlichen Entscheidungsautonomie vorbehalten. Die Angemessenheit ist freilich in der Revisionsinstanz auch vollumfänglich überprüfbar (§ 545 I ZPO). Wenngleich diese Trennung von Wertermittlung und Angemessenheitsprüfung letztlich bei allen Personengesellschaften gilt, mithin auch bei OHG und KG, begründet sie gerade bei der GbR die Möglichkeit, sachgerechte **Einzelfall-lösungen** zu begründen, die den spezifischen Ausprägungen des ggf. nicht unternehmerischen Zusammenschlusses der Gesellschafter gerecht wird. Vgl. zu Einzelheiten → § 728 Rn. 40.

38   **d) Schätzung (§ 728 II).** § 728 II ermöglicht ausdrücklich, den Wert des
Gesellschaftsanteils im Wege der Schätzung zu ermitteln. Diese Regelung
ergänzt § 287 II ZPO (→ § 728 Rn. 4, 42) und hat einen darüberhinausgehenden eigenen Regelungsgehalt. Sie zielt ausweislich der Gesetzesbegründung auf eine **Reduzierung der Kontrolldichte** bei der Angemessenheitsprüfung (Begr. S. 176). Dies sei dadurch gerechtfertigt, dass eine Anteils-
oder Unternehmensbewertung über die bloßen Schwierigkeiten einer vollständigen Sachaufklärung im Zivilprozess hinausgehe, da jeder Bewertung,
unabhängig von dem Bewertungsanlass und von der Art des Verfahrens, in
dem die bewertungsrelevanten Fragen geklärt werden, eine spezifische
Schätzunsicherheit immanent seien (Begr. S. 176).

39   **Adressaten** dieser Schätzungsmöglichkeit sind daher **nicht allein die
Gerichte,** sondern auch diejenigen, die die Anteilsbewertung vornehmen
(anders zum bisherigen Recht MüKoBGB/Schäfer § 738 Rn. 32). Dies kann
freilich zu einer gefährlichen Aushöhlung der zivilprozessualen Tatsachengrundlage führen (sog. **Kaskadeneffekt,** der eintritt, wenn sowohl die
Bewerter als auch das Gericht auf kursorischer Tatsachengrundlage entscheiden). Auf der anderen Seite ist zu berücksichtigen, dass das hierdurch eingeräumte Schätzungsermessen keinesfalls strukturell eine Partei benachteiligen
muss. Zu bedenken ist auch der Aspekt der Verfahrensbeschleunigung, der
letztlich zumindest abstrakt im Rahmen der prozessualen Konzentrationsmaxime betrachtet auch beiden Seiten Vorteile bietet. Im Kern ist die Reduzierung der Kontrolldichte daher rechtspolitisch zu begrüßen. Etwaige Fehlentwicklungen sollten indessen genau beobachtet werden. Überlangen Verfahren
kann jedoch im Übrigen dadurch Rechnung getragen werden, dass im Wege
der Zwischenfeststellungsklage nach § 256 II ZPO vorab über das Ausscheiden als solches entschieden wird.

40   **e) Gesamtsaldierung, Durchsetzungssperre.** Ausgehend von der nunmehr maßgeblichen **Anteilsbewertung** geht es darum, den „wahren Wert"
zu ermitteln, den der Gesellschafter gem. § 728 I als Abfindung verlangen
kann. Das Gleiche gilt spiegelbildlich für die ggf. erforderliche **Verlustdeckungspflicht** nach Maßgabe von § 728a. Hieraus lässt sich das gesetzliche
Gebot ableiten, dass die Rechtsverhältnisse zwischen Ausscheidendem und
Gesamtrechtsnachfolger **in vermögensmäßiger Hinsicht vollständig
bereinigt** werden sollen. Insofern war es auch nach früherem Recht anerkannt, Ausscheiden und Auflösung der GbR gleich zu behandeln, als es um
eine Schlussabrechnung geht, in der **alle wechselseitigen Sozialansprüche**
als unselbstständige Rechnungsposten aufgehen (vgl. MüKoBGB/Schäfer
§ 738 Rn. 18). Als Konsequenz wurde im Hinblick auf die wechselseitigen
Einzelansprüche eine **Durchsetzungssperre** für alle auf dem Gesellschaftsverhältnis beruhenden, den Gesellschaftern gegenüber der Gesellschaft und
umgekehrt zustehenden Ansprüche bejaht (BGH WM 1978, 89 (90); 1979,
937 (138); 1992, 306 (308); NJW 2011, 2355; OLG Frankfurt NZG 2018,
1141 (1142); OLG Hamm WM 2004, 129 (132)). Forderungen aus **Drittgeschäften** mit einem Gesellschafter fallen indessen **nicht** darunter (BGH
NJW-RR 2006, 1268 (1270); NZG 2008, 68 (69); OLG Hamm NZG 2003,

677 (678). Dieses berechtigte Anliegen gilt es **auch nach der Reform** zu verwirklichen. Dem Ausscheidenden und der Gesellschaft bzw. in den Fällen von § 712a dem Gesamtrechtsnachfolger ist es hiernach verwehrt, ab dem Zeitpunkt des Ausscheidens einzelne Forderungen aus dem Gesellschaftsverhältnis geltend zu machen. Eine entsprechende **Klage wäre unbegründet,** selbst wenn sie bereits vor Ausscheiden anhängig gemacht wurde. Etwas anderes gilt nur für unstreitige Einzelansprüche, die unabhängig von der Berechnung in jedem Fall zu beanspruchen sind (vgl. BGH NJW 1992, 2757 (2758); NJW-RR 1988, 1249; WM 1981, 487; NJW 1993, 1340 (1341)).

Die früher auch für das Ausscheiden speziellen Regelungen zur **Rückgabe** 41 **von Gegenständen** gemäß § 732 S. 1 aF und zur **Erstattung der Einlagen** nach § 733 aF wurden für das Ausscheiden konsequent gestrichen. In **analoger Anwendung von § 736d V 2** ist es jedoch geboten, den hiernach maßgeblichen Wert in die Anteilsbewertung miteinfließen zu lassen, was eine Werterhöhung nach sich ziehen kann (→ Rn. 30 ff.). Das Gleiche gilt, wenn der Gesellschafter im Rahmen der Beitragspflicht einen Gegenstand dem Wert nach **quoad sortem** überlassen hat (→ § 709 Rn. 13, → § 728 Rn. 27). Auch hier kann die fortdauernde, auf dem Gesellschafterbeitrag eines Einzelnen beruhende Nutzungsmöglichkeit der übrigen Gesellschafter eine Erhöhung des Anteilswertes begründen. In beiden Fällen kann es daher geboten sein, auch bei grundsätzlicher Anwendung der Ertragswertmethode den entsprechenden Substanzwert des betreffenden Gegenstandes anteilswerterhöhend zu berücksichtigen. Etwas anderes gilt freilich, soweit der Ausscheidende einen **Anspruch auf Rückgabe von Gegenständen** hat, zB entsprechend § 732 aF bei Nutzungsüberlassungen quoad usum (→ Rn. 28). Dies begründet keine Einzelkorrektur des Anteilswertes, ist jedoch bei betriebsnotwendigen Gegenständen regelmäßig gleichwohl im Rahmen der Ertragswertmethode zu berücksichtigen.

f) Abfindungsbilanz, Schlussabrechnung. Nach **früherem Recht** 42 war der Abfindungsanspruch ein **unselbstständiger Rechnungsposten** in der Schlussabrechnung bzw. Abfindungsbilanz und konnte daher nicht selbstständig geltend gemacht werden (vgl. OLG Hamm NZG 2016, 586; OLG Frankfurt NZG 2018, 1141; BeckOGK/Koch § 738 Rn. 33). Es bestand ein Anspruch des Ausscheidenden auf Erstellung einer solchen (BGH NJW 1958, 57; WM 1979, 1330; anders nur beim Ausscheiden zu Buchwerten aufgrund vertraglicher Vereinbarung, vgl. BGH WM 1980, 1362; vgl. zur Stufenklage OLG Karlsruhe BB 1977, 1475; BGH FamRZ 1975, 35 (38)). Den Ausscheidenden konnte freilich unter dem Aspekt der nachvertraglichen Treuepflicht auch eine **Mitwirkungspflicht** treffen (BeckOGK/Koch § 738 Rn. 36 mwN). Erfolgte die gemeinschaftliche Feststellung der Abfindungsbilanz, sollte dies eine **Bindungswirkung** nach Maßgabe von § 779 haben (BeckOGK/Koch § 738 Rn. 38 mwN). Kam ein derartiger Feststellungsvertrag nicht zustande, sollte **gleichwohl Klage auf Abfindung** zulässig sein (BGH ZIP 2011, 1358). Ebenso war es zulässig, Streitigkeiten über die Abfindung im Rahmen der Feststellungsklage geltend zu machen (vgl. BGH NJW 1951, 360; WM 1965, 974; OLG Koblenz NJW-RR 2002, 827).

43   Die **Reform** hat dieses Konzept grundlegend geändert. Die Entkoppelung des Ausscheidens von der hypothetischen Auflösung zieht es nach sich, den **Abfindungsanspruch** selbst in den **Mittelpunkt** der rechtlichen Betrachtung zu rücken. Eine wie auch immer geartete Abschichtungsbilanz oder Schlussabrechnung sind daher, soweit rechtlich überhaupt geboten, diesem untergeordnet und nicht umgekehrt. § 728 I 1 Alt. 2 macht diese Fokussierung deutlich („angemessene Abfindung zu zahlen"). Insofern ist nunmehr eine differenzierte Betrachtung geboten, soweit es um die gesellschaftsrechtlichen **Pflichten zur Ermittlung** des Abfindungsanspruchs geht: In den Fällen, in denen der Anteilswert nach Maßgabe der **Substanzwertmethode** ermittelt werden muss, insbesondere bei vermögensverwaltenden Gesellschaften, gilt das bisherige Konzept im Kern fort. Es obliegt hiernach zuvörderst den Gesellschaftern selbst, den maßgeblichen Vermögensstatus zum Zeitpunkt des Ausscheidens als Grundlage für den Anteilswert durch Aufstellung einer entsprechenden Abschichtungsbilanz zu ermitteln (hierzu Kopp ZIP 2022, 875). In allen anderen Fällen, in denen die **Ertragswertmethode** zu Gebote steht, dürfte es indessen selten ausreichend sein, die Gesellschafter insofern selbst in die Pflicht zu nehmen. Hierzu bedarf es **beruflicher Expertise,** die regelmäßig **extern eingeholt** werden muss. Insofern wäre es auch verkürzt, allein dem Ausscheidenden die Initiativlast aufzubürden, um im Vorfeld der Anspruchsbegründung die maßgeblichen Tatsachen zu ermitteln bzw. die Kosten für die notwendigen Sachverständigen vorerst selbst zu tragen. In Fortentwicklung der bisherigen Rechtslage ist daher ein **Anspruch gegen den Gesamtrechtsnachfolger** anzuerkennen, die notwendige Unternehmensbewertung vornehmen zu lassen (vgl. zum früheren Recht BGH ZIP 2016, 1627). Die hierbei anfallenden **Kosten** hat dieser zu tragen. Sie werden dann anteilig bei der Berechnung des Abfindungsanspruchs berücksichtigt.

44   **g) Entstehen und Fälligkeit des Anspruchs.** Der Anspruch auf Abfindung **entsteht im Zeitpunkt des Ausscheidens,** was § 728 I nunmehr klarstellt (vgl. insofern zum früheren Recht BGH NJW 1984, 492; 1997, 3370; 2011, 2355 (2356); NJW-RR 2010, 1401 (1402); BeckOGK/Koch § 738 Rn. 29; MüKoBGB/Schäfer § 738 Rn. 19; BeckOK BGB/Schöne § 738 Rn. 19; Staudinger/Habermeier, 2003, § 738 Rn. 9; Soergel/Hadding/Kießling § 738 Rn. 36; vgl. zum neuen Recht die Begr. des Mauracher Entwurfes, S. 124). Dies gilt auch bei der zweigliedrigen GbR im Rahmen von § 712a. Er hat indessen seine rechtliche Grundlage in der Gesellschafterstellung des Ausgeschiedenen (vgl. BGH NJW 1989, 453). Ist die Gesellschafterstellung bzw. der Abfindungsanspruch daher mit dem dinglichen **Recht eines Dritten** belastet (Pfandrecht, Nießbrauch, Vorausabtretung) hat dieses ggf. Vorrang (BGH NJW 1989, 453; BeckOGK/Koch § 738 Rn. 28; MüKoBGB/Schäfer § 738 Rn. 16; BeckOK BGB/Schöne § 738 Rn. 14; zum Pfandrecht an einem Gesellschaftsanteil OLG Stuttgart DB 2004, 1307).

45   Die **Fälligkeit** ist grundsätzlich **nach Maßgabe von § 271 I sofort mit Ausscheiden** anzunehmen (vgl. Soergel/Hadding/Kießling § 738 Rn. 37; Grüneberg/Sprau § 738 Rn. 6; Stötter BB 1977, 1219 (1220)). Dies passt freilich nur, wenn die **Anspruchshöhe eindeutig** ist. In allen anderen Fällen bedarf es einer entsprechenden Bewertung, um die Anspruchshöhe überhaupt feststellen zu können. Hieraus darf freilich nicht der Schluss gezogen werden, die Fälligkeit sei bis zu dem Zeitpunkt nach hinten verschoben, zu dem die Unternehmensbewertung vorliege (so aber die hM zum bisherigen Recht im Hinblick auf die Feststellung der Abfindungsbilanz, vgl. RG JW 1917, 539; RGZ 118, 295 (299); Henssler/Strohn/Kilian § 738 Rn. 12; BeckOGK/Koch § 738 Rn. 30; MüKoBGB/Schäfer § 738 Rn. 20; Staudinger/Habermeier, 2003, § 738 Rn. 9; BeckOK BGB/Schöne § 738 Rn. 19; Erman/Westermann § 738 Rn. 4) oder ggf. sogar bis zur gerichtlichen Schätzung nach Maßgabe von § 728 II (wie hier bereits zum früheren Recht tendenziell BGH NJW-RR 2010, 1401 (1402)). Andernfalls wäre es nicht möglich, dass der Ausscheidende die allgemeinen Rechte geltend macht, die an das Vorliegen der Fälligkeit geknüpft sind (insbesondere Verzugsschäden gem. § 280 I, II, § 286 und Aufrechenbarkeit nach § 387). Richtigerweise sollte daher ein **modifizierter Fälligkeitsbegriff** verwendet werden, der die Fälligkeit dem Grunde nach bereits zum Zeitpunkt des Ausscheidens eintreten lässt. Soweit es indessen um die Bedeutung der konkreten **Anspruchshöhe** im Kontext der Fälligkeit geht, sollte eine **zeitlich-dynamische Betrachtung** erfolgen, wonach konkrete Rechtsfolgen aus der Fälligkeit nur abgeleitet werden dürfen, wenn zu diesem Zeitpunkt auch eine entsprechende Anspruchshöhe wenigstens schlüssig ist (vgl. insofern bereits zum bisherigen Recht bei unstrittigen Mindestbeträgen (BGH BB 1959, 719; 1961, 348; DB 1977, 87 (89); WM 1981, 487; NJW 1992, 2757 (2758); BeckOGK/Koch § 738 Rn. 31; MüKoBGB/Schäfer § 738 Rn. 21; BeckOK BGB/Schöne § 738 Rn. 20; Staudinger/Habermeier, 2003, § 738 Rn. 9; Erman/Westermann § 738 Rn. 4). Der sofortigen gerichtlichen **Geltendmachung** steht die fehlende endgültige Fälligkeit indessen noch nicht entgegen (vgl. zur Feststellungsklage auch BGH NJW-RR 2010, 1401 (1402)). Die Begründetheit der Klage hängt freilich davon ab, dass der Anspruch in der entsprechenden Höhe tatsächlich besteht (vgl. BGH WM 1978, 89 (90); 1979, 937 (938)). **Verzugszinsen** kann der Ausscheidende nach Maßgabe von § 288 I verlangen, mithin nach entsprechend konkreter Mahnung iSv § 286 I 1 (vgl. OLG Karlsruhe NZG 2005, 627; Soergel/Hadding/Kießling § 738 Rn. 38; BeckOGK/Koch § 738 Rn. 32).

Die **Verjährung** richtet sich nach der allgemeinen dreijährigen Verjäh- **46** rungsfrist aus §§ 195, 199 I. Der für den Fristbeginn maßgebliche subjektive Tatbestand der Kenntnis ist insofern danach zu bestimmen, wie eindeutig die Tatsachen für das Ausscheiden bzw. vor allem für das Bestehen und den Umfang des Abfindungsanspruchs sind. Insofern können Unsicherheiten in tatsächlicher und rechtlicher Hinsicht durchaus den **Verjährungsbeginn** verschieben (vgl. zum Verlustausgleich BGH NJW-RR 2010, 1401; Erman/Westermann § 739 Rn. 1; BeckOGK/Koch § 739 Rn. 12; Soergel/Hadding/Kießling § 739 Rn. 6). Wird im Nachgang zum Ausscheiden eine Unternehmens- bzw. Anteilsbewertung vorgenommen, dürfte regelmäßig von einer Hemmung gemäß §§ 203, 209 auszugehen sein. Die Verjährung wird im Übrigen auch durch die Erhebung einer Feststellungsklage nach

§ 256 I ZPO im Hinblick auf das Abfindungsguthaben gem. § 204 I Nr. 1, II, § 209 unterbrochen (vgl. BGH ZIP 2010, 1637 (1638)).

47 **h) Gerichtliche Durchsetzung des Anspruchs.** Der Anspruch auf Abfindung ist im gesetzlichen Regelfall auf **Geldzahlung** gerichtet und muss im Wege der Leistungsklage gerichtlich geltend gemacht werden. Hierbei bereitet vor allem das Bestimmtheitsgebot (§ 253 II Nr. 2 ZPO) Probleme. Die Angabe eines vorläufigen Geldwertes ist zur Ermittlung eines Streitwerts durch das Gericht nach § 3 Hs. 1 ZPO empfehlenswert. Für die Gerichtskosten ist nämlich gem. § 40 GKG der Zeitpunkt der Antragstellung maßgebend, die den Rechtszug einleitet, nicht das Ende der Beweisaufnahme. Indessen dürfte ein **unbezifferter Antrag** im Rahmen einer Stufenklage nach § 254 ZPO jedenfalls dann zulässig sein, wenn der Abfindungsanspruch von einer komplizierten Bewertung abhängt. Ein zugehöriger allgemeiner Auskunftsanspruch kann aus § 717 hergeleitet werden (→ § 717 Rn. 38; vgl. auch die explizit vorgesehene Schätzung gemäß § 728 II, → Rn. 38 f., sowie die wechselseitigen Pflichten auf Erstellung einer Schlussabrechnung bzw. Einholung einer Unternehmensbewertung, → Rn. 43; vgl. zur **Stufenklage** OLG Karlsruhe BB 1977, 1475; BGH FamRZ 1975, 35 (38)). Der Anspruch steht dem Ausscheidenden zu (Aktivlegitimation) und richtet sich **gegen den Gesamtrechtsnachfolger** (vgl. zum bisherigen Recht BGH NJW 1999, 3557). Bei einer Ehegattengesellschaft, handelt es sich um eine sonstige Familiensache gemäß § 266 I Nr. 3 FamFG, die gemäß § 23a I 1 Nr. 1 GVG die ausschließliche sachliche Zuständigkeit des Familiengerichts begründet (vgl. OLG Stuttgart NJW-RR 2011, 867). – **Daneben** kann dem Ausscheidenden entsprechend § 732 S. 1 aF ein selbstständiger Anspruch auf **Rückgabe** der im Rahmen einer Beitragspflicht überlassenen Gegenstände zustehen (→ Rn. 28). Eine Verurteilung kann in diesem Fall uU nur Zug-um-Zug gem. §§ 756, 765 ZPO erfolgen, soweit ein Zurückbehaltungsrecht besteht, da der Ausscheidende nach Maßgabe von § 728a umgekehrt der GbR gegenüber zur anteiligen Verlusttragung verpflichtet ist (→ Rn. 48 ff.). Ebenso kann dem Ausscheidenden ein einklagbarer Anspruch auf Haftungsbefreiung gem. § 728 I 1 Alt. 1 bzw. Sicherheitsleistung gem. § 728 I 2 zustehen (→ Rn. 21 ff.). Im Übrigen werden die wechselseitigen Sozialansprüche indessen bereits bei der Berechnung der Abfindungshöhe berücksichtigt und können nicht isoliert geltend gemacht werden (BeckOGK/Koch § 738 Rn. 24; Erman/Westermann § 738 Rn. 6; Grüneberg/Sprau § 738 Rn. 4; BeckOK BGB/Schöne § 738 Rn. 13; Einzelheiten → Rn. 40).

5. Verlusttragungspflicht (§ 728a)

48 **a) Grundlagen.** Infolge des Verweises auf § 728a hat der ausgeschiedene vorletzte Gesellschafter dem Gesamtrechtsnachfolger den Fehlbetrag nach dem Verhältnis ihrer Beteiligung zu ersetzen, der sich aus einer Differenz zwischen dem Wert des Gesellschaftsvermögens und der bis dahin vorhandenen Verbindlichkeiten der Gesellschaft ergibt (2-stufiger Ansatz). Auf der Grundlage des **Wortlauts** von § 728a lässt sich daher **keine Einstandspflicht** des Ausscheidenden dahingehend begründen, darüber hinaus auch zugunsten

der geschmälerten **Einlage des Gesamtrechtsnachfolgers** leisten zu müssen. Dies begründet auch im Rahmen von § 712a einen im Gesetzgebungsverfahren nicht thematisierten Paradigmenwechsel: Die nach bisherigem Recht weiterreichende Einstandspflicht beim Ausscheiden gemäß § 739 Alt. 2 aF im Hinblick auf die Deckung der Einlagen der übrigen Gesellschafter (vgl. hierzu OLG Hamm NZG 2005, 175) entspricht somit nach § 728a nicht mehr dem gesetzlichen Regelfall. Dies ist indessen richtigerweise bereits im unmittelbaren Anwendungsbereich von § 728a durch eine **analoge Anwendung von § 739 Alt. 2 aF** zu korrigieren (→ § 728a Rn. 12 ff.) und erst recht bei § 712a, weil die GbR hier sogleich erlischt. Die Fehlbetragshaftung erstreckt sich daher auch auf die Kompensation von Vermögenseinbußen, soweit dies erforderlich ist, um die Beitragsschmälerungen des an sich verbleibenden Gesellschafters auszugleichen.

Indem sich der Verlusttragungsanspruch auf die Differenz zwischen Gesellschaftsvermögen und theoretischer Gesellschafterhaftung sowie geschmälerter Einlagen der Mitgesellschafter zum Zeitpunkt des Ausscheidens bezieht, gilt nach wie vor der Grundsatz der **Gesamtabrechnung,** wonach zuvörderst eine **Abfindungsbilanz** zu erstellen ist (vgl. OLG Hamm NZG 2005, 175; BGHZ 68, 225 (227); BGH NJW 1999, 2438; BeckOGK/Koch § 739 Rn. 6; MüKoBGB/Schäfer § 739 Rn. 1; Soergel/Hadding/Kießling § 739 Rn. 3; hierzu Kopp ZIP 2022, 875). Der **anspruchsbegründende Fehlbetrag** ist durch eine **dreistufige Methode** zu ermitteln: Maßgeblich ist zunächst, in welchem Umfang zum Zeitpunkt des Ausscheidens Verbindlichkeiten der Gesellschaft bestehen, für die der Ausscheidende nach Maßgabe von § 721 persönlich haftet. Sodann ist das Vermögen der Gesellschaft zu ermitteln, welches zur Gläubigerbefriedigung vorhanden ist. Weiterhin ist zu ermitteln, in welchem Umfang das vorhandene Gesellschaftsvermögen ausreicht, um dem an sich verbleibenden Gesellschafter (anteilig) seine Beiträge gemäß § 709 II zurückerstatten zu können. Aus der **Differenz** dieser Größen ergibt sich dann ggf. der maßgebliche Fehlbetrag als Grundlage für die Verlusttragungspflicht des Ausscheidenden (vgl. zur Einbeziehung weiterer Positionen unten → Rn. 60). Das negative Kapitalkonto eines Gesellschafters ist daher insofern unbeachtlich (vgl. BGHZ 68, 225 (227); BGH NJW 1999, 2438; BeckOGK/Koch § 739 Rn. 6; MüKoBGB/Schäfer § 739 Rn. 1; Soergel/Hadding/Kießling § 739 Rn. 3). Bleibt indessen ein positives Nettovermögen übrig, liegt kein anspruchsbegründender Fehlbetrag vor. Der Ausgeschiedene hat dann ggf. einen Abfindungsanspruch nach Maßgabe von § 728 (→ Rn. 29 ff., → Rn. 40).

Im Übrigen ergeben sich aber jenseits der fehlenden Notwendigkeit, dass der Ausscheidende auch zur Verlusttragung verpflichtet ist, soweit dies die Rückerstattung der Einlagen der übrigen Gesellschafter betrifft (vgl. insofern § 737), weitere zentrale **Unterschiede zur** Abwicklung gemäß § 737. Diese Regelung ist nämlich eingebettet in das **Liquidationsstadium als Zeitraum** zwischen Auflösung und Vollbeendigung bzw. Erlöschen der Gesellschaft. Die konkrete Ermittlung der alle Gesellschafter treffenden Verlusttragungspflicht bzw. umgekehrt eines Liquidationsüberschuss kann dort bis zur Beendigung der Liquidation den tatsächlichen Gegebenheiten angepasst werden (dynamische Betrachtung). Insofern ist es dort auch unschädlich, wenn nicht alle Tatsachen und Rechtsfragen sogleich geklärt werden können; das Liquidationsverfahren zieht sich insofern ggf. in die Länge. In den Fällen von § 712a ist aber wie allgemein beim Ausscheiden eines Gesellschafters eine **Zeitpunktbetrachtung** geboten. Zu ermitteln ist spiegelbildlich zum gleichermaßen zeitpunktbezogenen Abfindungsanspruch gemäß § 728 I 1 Alt. 2 (→ Rn. 32, → Rn. 44) eine auf den Ausscheidenstatbestand bezogene **Vermögenssituation,** aus der sich ggf. der Anspruch auf Verlusttragung bzw. umgekehrt der Abfindungsanspruch ergibt. Ein Liquidationsstadium als Zeitraum ist beim bloßen Ausscheiden gesetzlich nicht vorgesehen. **Unsicherheiten in tatsächlicher und rechtlicher Hinsicht** können daher nicht vollumfänglich präzise geprüft werden, was den an sich klar zu definierenden **Entstehungszeitpunkt** der konkreten Verlusttragungspflicht erheblich relativiert und im Kern darauf hinausläuft, entgegen der Konzeption des Gesetzes ein faktisches Verfahren der Abwicklung nach Ausscheiden zu etablieren. Dies stellt nicht allein die Praxis vor große Herausforderungen, sondern ist ein dogmatisches Problem. Im **Umkehrschluss zum Liquidationsverfahren** nach Auflösung ist es vielmehr geboten, den Verlusttragungsanspruch mit gleicher Bestimmtheit zu konturieren wie den spiegelbildlichen Abfindungsanspruch. Zur Lösung bietet es sich an, **§ 728 II analog** anzuwenden, soweit es um die inhaltliche Konkretisierung einer etwaigen Verlusttragungspflicht geht. Das maßgebliche Gesellschaftsvermögen und die maßgebliche Gesellschafterhaftung sind daher bei verbleibender Unsicherheit ggf. zu schätzen. Ergeben sich insofern nachträglich gravierende Neuerungen, bietet die **Geschäftsgrundlagenlehre** gemäß § 313 die Möglichkeit, behutsam nachzujustieren. Im Übrigen besteht in allen Fällen auch die Möglichkeit, Unsicherheiten nach Maßgabe von § 372 durch **Hinterlegung** zu bewältigen (vgl. für die Liquidation BayObLG WM 1979, 655).

51   **b) Verbindlichkeiten der Gesellschaft – 1. Stufe.** Zur Berechnung der möglichen Gesellschafterhaftung zum Zeitpunkt des Ausscheidens ist auf der ersten Stufe **nach Maßgabe von §§ 721 ff.** zu ermitteln, wem gegenüber der Ausscheidende in welchem Umfang persönlich haftet. Hierunter fallen nicht nur Ansprüche Dritter gegen die GbR, sondern auch Ansprüche von Gesellschaftern aus Drittgeschäften, welche zunächst in voller Höhe anzusetzen sind. Die Fälligkeit spielt keine Rolle, da es sich ausschließlich um eine fiktive Berechnung handelt. Im Übrigen ist allerdings problematisch, in welchem Umfang **Unsicherheiten in rechtlicher oder tatsächlicher Hinsicht** zu berücksichtigen sind, was die Gesamtabrechnung nach Ausscheiden von der dynamischen Liquidation nach Auflösung unterscheidet. Hieraus resultiert ein **Spannungsfeld:** Eine zu großzügige Betrachtung benachteiligt den Ausscheidenden, denn er muss dann im Rahmen der hiernach berechneten Verlusttragung unter Umständen mehr leisten, als die konkrete Gesellschafterhaftung ggf. nach Abschluss ihrer gerichtlichen Geltendmachung durch den Gläubiger letztlich hergibt. Eine zu strenge Betrachtung würde umgekehrt die übrigen Gesellschafter benachteiligen, da diese dann das Insolvenzrisiko des Ausscheidenden für die Zeit danach mittrügen.

Eine diesem Spannungsfeld gerecht werdende Lösung kann bei der nicht 52 buchführungspflichtigen GbR letztlich nur darin gesehen werden, dass alle den Gesellschaftern **bekannten Verbindlichkeiten** gegenüber Dritten bzw. gegenüber Gesellschaftern aus Drittgeschäften zu berücksichtigen sind und diese dann einer **wirtschaftlichen Bewertung** unterzogen werden müssen. Dieser pragmatische Ansatz ist vor allem dadurch legitimiert, zeitnah Rechtssicherheit zu schaffen, ob und in welchem Umfang nach Ausscheiden Verlusttragungs- oder Abfindungsansprüche entstehen. Zur **nachträglichen Korrektur** stehen durchaus die passenden Instrumente bereit: Unterlaufen die Beteiligten hierbei Fehler, kann dies bei Vertretenmüssen Schadensersatzpflichten gemäß § 280 I, § 241 II auslösen. Im Übrigen besteht in den Fällen, in denen kein Abfindungsvergleich geschlossen wird, stets noch die Möglichkeit, nachträgliche Änderungen im Regresswege zu berücksichtigen. Auf dieser Grundlage ist daher hinzunehmen, durch die pragmatische Ermittlung eines justiziablen Verlusttragungs- oder Abfindungsanspruchs in wesentlichen Punkten materiell- und verfahrensrechtliche Klarheit zu erzielen und Einzelfragen nachträglich zu klären.

Es sind grundsätzlich **auch bestrittene Forderungen** anzusetzen, wenn 53 die Verteidigung nicht objektiv evident abwegig ist. Auch hier kann ggf. nachträglich im Regresswege eine Korrektur erfolgen, wenn sich herausstellt, dass die entsprechende Gesellschaftsverbindlichkeit nicht bestand (vgl. MüKoBGB/Schäfer § 735 Rn. 4). Im gerichtlichen Verfahren ist die Gesellschafterhaftung ggf. **entsprechend § 728 II zu schätzen.** Wurde mit einem Gläubiger eine **Haftungsbeschränkung** auf das Gesellschaftsvermögen vereinbart (vgl. → § 721 Rn. 13 ff.), müsste der Gesellschafter für die entsprechende Forderung zwar nicht im Wege der Haftung nach § 721 einstehen, er trägt allerdings gegenüber den Mitgesellschaftern den hieraus resultierenden anteiligen Verlust gleichermaßen. Insofern ist es geboten, diese Position im Rahmen der Gesamtabrechnung nach Ausscheiden gleichermaßen zu berücksichtigen (so auch BGH NZG 2009, 581; BeckOK BGB/Schöne § 739 Rn. 3; Erman/Westermann § 739 Rn. 1; Henssler/Strohn/Kilian § 739 Rn. 2).

Maßgeblich für den Umfang der Verlusttragung ist schließlich auch die 54 **Nachhaftungsbegrenzung durch § 728b.** Diese betrifft zwar unmittelbar allein die Gesellschafterhaftung im Außenverhältnis, hieraus können indessen auch Rückschlüsse auf die gesellschaftsinterne Verlustbeteiligung geschlossen werden, was sich aus der **Freistellungspflicht aus § 728 I 1 Alt. 1** ergibt. Indem ein Gesellschafter gemäß § 728b für bis zum Ausscheiden begründete Verbindlichkeiten nur innerhalb von fünf Jahren haftet, kann er hiernach entsprechende Freistellung verlangen (→ § 728 Rn. 17 ff.). Dem korrespondierend ist im gesetzlichen Regelfall diese zeitliche Begrenzung auch bei der internen Verlusttragungspflicht zu berücksichtigen, wenn nichts Abweichendes vereinbart wurde. Anzusetzen sind daher alle, aber auch nur diese Verbindlichkeiten, die innerhalb des Fünf-Jahres-Zeitraums (→ § 728b Rn. 15 ff.) fällig werden; etwas anderes gilt nur, wenn bereits zum Ausscheidenszeitpunkt feststeht, dass ein Gläubiger auf die Geltendmachung verzichtet. – Im Übrigen bringt die **Einführung von § 728b I 2** eine auch im

Hinblick auf den Freistellungsanspruch und damit korrespondierend für die
Verlusttragungspflicht bedeutsame Änderung mit sich. Die hierdurch
bewirkte Minderung der Nachhaftung für Ansprüche, die erst durch **Pflichtverletzungen nach Ausscheiden** verwirklicht werden (→ § 728b Rn.
10), reduziert konsequenterweise insofern auch die gesellschaftsinterne Verlustbeteiligung, sofern nichts Abweichendes vereinbart ist. Das Gleiche gilt, wenn
man, wie hier vertreten, aus § 728b I 2 weitergehend ableitet, dass
abschnittsweise Vergütungen bei Dauerschuldverhältnissen für Leistungen eines Dritten nach Ausscheiden nicht mehr von der Nachhaftung
erfasst sind (→ § 728b Rn. 9). Im gesetzlichen Regelfall hat daher der Ausscheidende für diese Verluste auch nicht mehr einzustehen.

55 **c) Vorhandenes Gesellschaftsvermögen – 2. Stufe.** Auf der zweiten
Stufe ist dann das zum Zeitpunkt des Ausscheidens vorhandene Gesellschaftsvermögen zu ermitteln und **zum Abzug zu bringen.** Insofern stellen sich
im Ausgangspunkt dieselben **Bewertungsprobleme** wie beim spiegelbildlichen Abfindungsanspruch gemäß § 728. Die durch die Neuregelung
bewirkte Entkoppelung des Ausscheidens von der hypothetischen Auflösung
bedingt, den Verlusttragungsanspruch insoweit autonom zu ermitteln, als der
frühere Gleichlauf mit wesentlichen Liquidationsvorschriften zu durchbrechen ist. Dies ist sachgerecht, denn abweichend von der Liquidation gibt es
beim Ausscheiden auch in den Fällen von § 712a **kein Gebot der Versilberung** des Gesellschaftsvermögens, um sodann eine Verteilung des überschüssigen Geldbetrages vornehmen zu können (vgl. insoweit für die Auflösung
§ 736d II 1). Auch ist zu berücksichtigen, dass die Gesellschaft zwar erlischt,
das Gesellschaftsvermögen aber auf den an sich verbleibenden Gesellschafter
in Gänze übergeht und dieser es daher auch in seiner Gesamtheit weiter
ertragreich nutzen kann. Es wäre daher **verfehlt,** die Verlusttragungspflicht
des Ausscheidenden dadurch zu ermitteln, dass das Gesellschaftsvermögen
zum **Substanz- bzw. Zerschlagungswert** (vgl. zur Substanzwertmethode
→ § 728 Rn. 36) angesetzt wird. Geboten ist vielmehr, auch hier spiegelbildlich zum Abfindungsanspruch den Grundsatz der Methodenoffenheit zur
Geltung zu bringen (→ § 728 Rn. 35), sodass insbesondere bei unternehmenstragenden GbR **regelmäßig die Ertragswertmethode** zur Anwendung kommt und der Substanzwert insofern meist lediglich die Bewertungsuntergrenze bildet. Der Unternehmenswert wird somit entscheidend dadurch
ermittelt, dass zum Übergangszeitpunkt angelegte, künftige Gewinne mit
einem angemessenen Kapitalisierungszinssatz auf den Bewertungsstichtag
abgezinst werden (vgl. zur Ertragswertmethode → § 728 Rn. 38). – Hieraus
folgt, dass letztlich auch in **den Fällen von § 712a eine Unternehmensbewertung** vorzunehmen ist, wenn dies im Hinblick auf die Zusammensetzung
des Gesellschaftsvermögens und die Zielrichtung der (ehemaligen) GbR
geboten ist, mithin vor allem bei unternehmenstragenden GbR. Wegen der
Gesamtrechtsnachfolge ist grundsätzlich vom Fortbestand des Unternehmens
in der Hand des Übernehmers auszugehen, sodass insofern die Verkehrswerte
anzusetzen sind. Konsequenterweise sind nicht nur **stille Reserven** zu
berücksichtigen, sondern auch **Verbundeffekte und immaterielle**

Aspekte („good will" etc.). Im Übrigen besteht auch hier entsprechend § 728 II die Möglichkeit der **Schätzung** (→ Rn. 38 f.). – Diese vermögensmäßige Gesamtbetrachtung begünstigt vordergründig **56** den Ausscheidenden, denn hierdurch wird die Differenz zur drohenden Gesellschafterhaftung gemindert, sodass der Verlusttragungsanspruch strukturell entsprechend kleiner ausfällt. Dies ist indessen nicht unbillig, denn auf der anderen Seite steht in den Fällen von § 712a wie allgemein beim bloßen Ausscheiden aus einer fortbestehenden GbR und anders als bei der Auflösung unangetastet das **Gesellschaftsvermögen als Einheit zur weiteren Nutzung dem Gesamtrechtsnachfolger** zur Verfügung. Der durch die Going-concern-Betrachtung der Ertragswertmethode (→ § 728 Rn. 38) erhöhte Wert des Gesellschaftsvermögen verbleibt ihm somit. Er kann hieraus die erwartungsgemäßen Erträge generieren, die die strukturelle Schmälerung des Verlusttragungsanspruchs bei Ausscheiden kompensieren. Die hiernach gebotene vermögensmäßige Gesamtbetrachtung ist daher angemessen und vermag vor allem auch in den Fällen zu überzeugen, in denen zum Zeitpunkt des Ausscheidens nicht feststeht, ob zugunsten des Ausscheidenden ein positiver Abfindungsanspruch besteht oder er umgekehrt zur Verlusttragung verpflichtet ist. – Steht indessen fest, dass der **Geschäftsbetrieb beendet** wird, was allein der Entscheidungsfreiheit des Gesamtrechtsnachfolgers obliegt, gilt diese Gesamtbetrachtung freilich nicht. Das Gesellschaftsvermögen ist dann grundsätzlich wie bei der Versilberung im Rahmen der Abwicklung differenziert zu betrachten, mithin auf der Grundlage von **Substanz- bzw. Zerschlagungswerten.** Die Möglichkeit, durch Veräußerung an Dritte darüber hinausgehende Verbundvorteile zu erzielen, wirkt freilich auch insofern wiederum werterhöhend zugunsten des Ausgeschiedenen, wenn diese Möglichkeit im engen zeitlichen Zusammenhang mit dem Ausscheiden steht. **Spätere Wertsteigerungen** und Gewinne gehören allein dem Übernehmer.

d) Rückerstattung von Beiträgen des Übernehmers – 3. Stufe. Auf **57** einer dritten Stufe ist dann schließlich zu ermitteln, in welchem Umfang das noch verbleibende Gesellschaftsvermögen ausreicht, um die geleisteten Beiträge der Gesellschafter zurückzuerstatten (im Ergebnis betrifft dies allein die Beiträge des Gesamtrechtsnachfolgers, vgl. → Rn. 48). Anzusetzen sind hier sämtliche Vermögenswerte, die ein Gesellschafter im **Rahmen von § 709 I** geleistet hat; Dienstleistungen und Gebrauchsüberlassungen bleiben aber entsprechend § 736d V 2 im Zweifel unbeachtlich (vgl. → § 736d Rn. 48 f.). Im Kern bedarf es hiernach einer Betrachtung aller aktuellen **Eigenkapitalkonten** der Gesellschafter im Verhältnis zum objektiven bzw. vereinbarten Nominalwert der Beitragsleistung zum Einbringungszeitpunkt (vgl. § 736d V 2). Soweit insofern wegen der negativen Differenz zum Gesellschaftsvermögen eine **Unterdeckung** vorliegt, richtet sich die Fehlbetragshaftung des Ausgeschiedenen auch hierauf, was eine rechtspolitisch fragwürdige **Quersubventionierung von Einlagen** darstellt (vgl. → § 728a Rn. 9). Ist die Differenz angesichts des Gesellschaftsvermögens indessen positiv, ergibt sich keine Verlusttragungspflicht, vielmehr gebührt dem Ausscheidenden dann allein nach Maßgabe von § 728 ein Abfindungsanspruch (→ Rn. 29 ff., → Rn. 40).

58   **e) Umfang der Einstandspflicht.** Der Ausscheidende hat gemäß § 728a die **Differenz** zwischen Gesellschaftsverbindlichkeiten, Einlagenschmälerungen und Gesellschaftsvermögen zum Zeitpunkt des Ausscheidens nur nach dem Verhältnis seines „Anteils am Gewinn und Verlust" zu tragen. Dies entspricht auch der Rechtslage bei der Auflösung (§ 737 S. 1). Erforderlich ist somit die **Ermittlung einer konkreten Haftungsquote.** Im früheren Recht richtete sich dies bei Ausscheiden und Auflösung allein nach der Beteiligung des Gesellschafters „am Verlust" (vgl. § 735 S. 1 aF, § 739 aF, hierzu BGH WM 1967, 346 (347)). Dies passte vordergründig besser auf die Verlusttragungspflicht, weil diese begrifflich voraussetzt, dass es um die Beteiligung der Gesellschafter an einem solchen geht; die Partizipation an Gewinnen spielt insofern keine Rolle. Gleichwohl ist aber zu bedenken, dass die Verlustbeteiligung sich rechtlich und praktisch kaum von der Gewinnbeteiligung abgrenzen lässt und es daher im Ergebnis um eine **Ergebnisbeteiligung** geht, in welchem Verhältnis die Gesellschafter positive und negative Erträge untereinander tragen wollen. Nach früherem Recht bestand insofern nach § 722 II aF sogar eine sinnvolle Zweifelsregelung. Konsequenterweise sieht jedenfalls nach neuem Recht auch **§ 709 III** als gesetzlichen Regelfall auch eine **Gesamtbetrachtung** in Bezug auf „Gewinn und Verlust" vor. Wenn und soweit daher kein Auseinanderfallen von positivem und negativem Erträgen vereinbart wurde, kommt es somit für den Umfang der Einstandspflicht des Ausscheidenden hierauf an. Die gesetzliche Konkretisierung ergibt sich ebenfalls aus § 709 III, wonach sich die Beteiligungsverhältnisse vorrangig nach dem Verhältnis der vereinbarten Werte der Beiträge richten und subsidiär eine Aufteilung nach Köpfen erfolgt (Einzelheiten → § 709 Rn. 26).

59   Die sich hiernach ergebende Haftungsquote ist eine **individuelle Pflicht** des Ausscheidenden gegenüber dem Übernehmer. Sie ist bereits im gesetzlichen Regelfall – wie der spiegelbildliche Abfindungsanspruch gemäß § 728 I 1 Alt. 2 (→ Rn. 40) – als eine materiell-rechtliche **Gesamtabrechnung** im Hinblick auf alle wechselseitigen Sozialansprüche und -verbindlichkeiten, die bis zum Zeitpunkt des Ausscheidens begründet wurden, zu sehen (OLG Hamm NZG 2005, 175; BeckOGK/ Koch § 739 Rn. 3; MüKoBGB/Schäfer § 739 Rn. 1). Dies betrifft insbesondere rückständige Einlagen des Ausscheidenden, nicht ausgezahlte Gewinne, Aufwendungsersatz- und Herausgabeansprüche gemäß § 716, Schadensersatzansprüche, gesellschaftsrechtlich begründete Vergütungsansprüche. Diese sind ab Zeitpunkt des Ausscheidens lediglich **unselbstständige Rechnungsposten** bei der Ermittlung eines etwaigen Abfindungs- oder Verlusttragungsanspruchs und unterliegen konsequenterweise einer **Durchsetzungssperre** (vgl. zu § 738 aF BGH WM 1978, 89 (90); 1992, 306 (308); NJW 2011, 2355; OLG Frankfurt NZG 2018, 1141 (1142); OLG Hamm WM 2004, 129 (132))). Dem Ausscheidenden und dem Gesamtrechtsnachfolger ist es daher verwehrt, ab dem Zeitpunkt des Ausscheidens einzelne Forderungen aus dem Gesellschaftsverhältnis geltend zu machen. Eine entsprechende **Klage wäre unbegründet,** selbst wenn sie bereits vor Ausscheiden anhängig gemacht wurde. Etwas anderes gilt nur für unstreitige Einzelansprüche, die unabhängig von der Berechnung in jedem Fall zu beanspruchen sind (vgl. insofern zur Abfindung BGH NJW 1992, 2757 (2758); NJW-RR 1988, 1249; WM 1981, 487; 1993, 1340 (1341)). Forderungen aus **Drittgeschäften** mit einem Gesellschafter fallen indessen **nicht** darunter (BGH NJW-RR 2006, 1268 (1270); NZG 2008, 68 (69); OLG Hamm NZG 2003, 677 (678)).

Andere Ansprüche, die ebenso wie Forderungen aus Drittrechtsbeziehungen nicht Teil der Gesamtabrechnung sind, können isoliert geltend gemacht werden. Sie unterliegen der **Aufrechenbarkeit** nach § 387 und es besteht die Möglichkeit, nach Maßgabe von § 273 ein **Zurückbehaltungsrecht** geltend zu machen (BGH NJW 1974, 899; 1998, 1552 (für die Liquidation); NJW 1981, 2802; BeckOK BGB/Schöne § 739 Rn. 3; Erman/Westermann § 739 Rn. 1; MüKoBGB/Schäfer § 739 Rn. 3a; Grüneberg/Sprau § 739 Rn. 1; Soergel/Hadding/Kießling § 739 Rn. 7; BeckOGK/Koch § 739 Rn. 9; vgl. zur Beweislast auch BGH NZG 2009, 581). Dies betrifft insbesondere den richtigerweise auch im gesetzlichen Regelfall nach wie vor entsprechend § 732 aF bestehenden Anspruch des Ausscheidenden auf **Rückgabe von Gegenständen,** die er im Rahmen der Beitragspflicht zur Nutzung überlassen hat (vgl. → § 728 Rn. 26). Das Gleiche gilt für den Anspruch auf **Haftungsfreistellung** bzw. Sicherheitsleistung gemäß § 728 I. Die Entkoppelung des Ausscheidens von der (hypothetischen) Auflösung brachte eine **Streichung von § 740 aF** mit sich, sodass eine gesonderte Beteiligung des Ausscheidenden am Ergebnis schwebender Geschäfte nicht mehr vorgesehen ist; die nach bisherigem Recht bestehende Problematik, ob insofern Zurückbehaltungsrechte bestehen, stellt sich nunmehr nicht mehr (vgl. zum früheren Recht BGH WM 1969, 494 (496); BeckOK BGB/Schöne § 739 Rn. 3; MüKoBGB/ Schäfer § 739 Rn. 3a; BeckOGK/Koch § 739 Rn. 10). Hiervon abzugrenzen ist freilich, dass die wirtschaftlichen Folgen schwebender Geschäfte regelmäßig im Rahmen der Abfindung bzw. der Verlusttragungspflicht zu berücksichtigen sind (zur Ertragswertmethode → Rn. 35 f.). – Ergeben sich im Übrigen **nach Erfüllung der Verlusttragungspflicht** weitere Ansprüche, die hierbei keine Berücksichtigung fanden, können diese grundsätzlich noch geltend gemacht werden. Etwas anderes gilt nur, wenn die Beteiligten im Zuge des Ausscheidens eine verbindliche Regelung in der Form eines Vergleichs nach Maßgabe von § 779 getroffen haben, wonach alle anderen Ansprüche abgegolten sein sollen (vgl. hierzu im Rahmen der Abfindung → § 728 Rn. 46).

f) Entstehen und Fälligkeit. Der Anspruch auf Verlusttragung **entsteht** anders als der Abfindungsanspruch nicht erst im Zeitpunkt des Ausscheidens, sondern bereits dem Grunde nach mit **Begründung der Gesellschafterstellung** des Ausscheidenden (abw. BGH NZG 2010, 1020; BeckOGK/ Koch § 739 Rn. 8; Soergel/Hadding/Kießling § 739 Rn. 6). Dies folgt daraus, dass die Verlusttragung als gesetzlicher Regelfall die gesellschaftsinterne Konsequenz der persönlichen Gesellschafterhaftung ist, welche sich **bei Ausscheiden** oder Auflösung realisiert, mithin **fällig** wird. Pfändung und

Abtretung des Anspruchs sind daher bereits von Anfang an möglich. Wie beim Abfindungsanspruch können sich indessen auch hier Probleme ergeben, wenn zum Zeitpunkt des Ausscheidens die konkrete **Anspruchshöhe nicht eindeutig** ist, was auch bei der GbR wegen seiner komplexen Zusammensetzung der Regelfall sein dürfte. Wie beim Abfindungsanspruch darf hieraus indessen richtigerweise nicht der Schluss gezogen werden, die Fälligkeit sei so weit nach hinten verschoben, bis die Anspruchshöhe konkret feststeht (so aber die hM zum bisherigen Recht im Hinblick auf die Feststellung der Abfindungsbilanz nach Ausscheiden, vgl. RG JW 1917, 539; RGZ 118, 295 (299); Henssler/Strohn/Kilian § 738 Rn. 12; BeckOGK/Koch § 738 Rn. 30; MüKoBGB/Schäfer § 738 Rn. 20; Staudinger/Habermeier, 2003, § 738 Rn. 9; BeckOK BGB/Schöne § 738 Rn. 19; Erman/Westermann § 738 Rn. 4). Dann wäre es der Gesellschaft bzw. dem Gesamtrechtsnachfolger in den Fällen von § 712a nämlich verwehrt, die allgemeinen Rechte geltend zu machen, die an das Vorliegen der Fälligkeit geknüpft sind (insbesondere Verzug und Aufrechenbarkeit).

62   Richtigerweise sollte daher auch im Hinblick auf die Verlusttragungspflicht ein **modifizierter Fälligkeitsbegriff** verwendet werden, der die Fälligkeit dem Grunde nach bereits zum Zeitpunkt des Ausscheidens eintreten lässt (vgl. hierzu → § 728 Rn. 48). Soweit es indessen um die Bedeutung der konkreten **Anspruchshöhe** im Kontext der Fälligkeit geht, sollte eine **zeitlich-dynamische Betrachtung** erfolgen, wonach konkrete Rechtsfolgen aus der Fälligkeit nur abgeleitet werden dürfen, wenn zu diesem Zeitpunkt auch eine entsprechende Anspruchshöhe wenigstens schlüssig ist (vgl. insofern bereits zum bisherigen Recht bei unstrittigen Mindestbeträgen BGH BB 1959, 719; 1961, 348; DB 1977, 87 (89); WM 1981, 487; NJW 1992, 2757 (2758); BeckOGK/Koch § 738 Rn. 31; MüKoBGB/Schäfer § 738 Rn. 21; BeckOK BGB/Schöne § 738 Rn. 20; Staudinger/Habermeier, 2003, § 738 Rn. 9; Erman/Westermann § 738 Rn. 4). Der sofortigen gerichtlichen **Geltendmachung** des Verlusttragungsanspruchs durch den Gesamtrechtsnachfolger steht die fehlende endgültige Fälligkeit indessen noch nicht entgegen (vgl. zur Feststellungsklage auch BGH NJW-RR 2010, 1401 (1402)). Die Begründetheit der Klage hängt freilich davon ab, dass der Anspruch in der entsprechenden Höhe tatsächlich besteht (vgl. für die Abfindung BGH WM 1978, 89 (90); 1979, 937 (938)). **Verzugszinsen** kann er nach Maßgabe von § 288 I verlangen, mithin nach entsprechend konkreter Mahnung iSv § 286 I 1 (vgl. umgekehrt für die Abfindung OLG Karlsruhe NZG 2005, 627; Soergel/Hadding/Kießling § 738 Rn. 38; BeckOGK/Koch § 738 Rn. 32).

63   **g) Verjährung.** Die Verjährung richtet sich **nach hM** nach der allgemeinen **dreijährigen Verjährungsfrist gemäß §§ 195, 199 I** (BGH NJW-RR 2010, 1401; NJW 2011, 2292 (2293); Soergel/Hadding/Kießling § 739 Rn. 6). Der für den Fristbeginn maßgebliche subjektive Tatbestand auf Seiten des Übernehmers ist insofern freilich danach zu bestimmen, wie eindeutig die Tatsachen für das Ausscheiden bzw. vor allem für das Bestehen und den Umfang der Verlusttragungspflicht sind. Insofern können Unsicherheiten in

tatsächlicher und rechtlicher Hinsicht durchaus den **Verjährungsbeginn** verschieben (BGH NJW-RR 2010, 1401; Erman/Westermann § 739 Rn. 1; BeckOGK/Koch § 739 Rn. 12; Soergel/Hadding/Kießling § 739 Rn. 6). Im Übrigen ist bei Streitigkeiten über den Umfang der Verlusttragung im Nachgang des Ausscheidens regelmäßig von einer **Hemmung** gemäß §§ 203, 209 auszugehen. Die Verjährung wird auch durch die Erhebung einer Feststellungsklage nach § 256 I ZPO im Hinblick auf die Verlusttragungspflicht durch § 204 I Nr. 1, II, § 209 **unterbrochen** (vgl. zur Abfindung BGH ZIP 2010, 1637 (1638)).

Anders als beim umgekehrten Fall der Abfindung gemäß § 728 kann hier- **64** nach die Regelverjährung wegen des ggf. hinausgeschobenen Beginns mit der **Nachhaftungsbegrenzung** nach § 728b kollidieren (dies zutreffend problematisiert auch MüKoBGB/Schäfer § 739 Rn. 3). Insofern wurde bereits nach früherem Recht eine **fünfjährige Verjährungsfrist** vorgeschlagen (vgl. OLG Koblenz NZG 2009, 1426; K. Schmidt DB 2010, 2093 (2094); Staub/Habersack HGB § 159 Rn. 13; dagegen BGH NJW 2011, 2292 (2293); Soergel/Hadding/Kießling § 739 Rn. 6; BeckOGK/Koch § 739 Rn. 12). Dem ist zuzustimmen. Insbesondere seitdem die Neuregelung eine klare Akzessorietät der Verlusttragungspflicht im Verhältnis zur Gesellschafterhaftung vorsieht (→ Rn. 49, 51 ff.), wird deutlich, dass erstere nicht weiterreichen soll. Der früher vorgebrachte Einwand, die Verlusttragungspflicht könne nicht als Verlängerung der persönlichen Außenhaftung verstanden werden, greift somit nicht mehr. Wenn der Ausscheidende nach Ablauf von fünf Jahren nach Maßgabe von § 728b grundsätzlich keine Haftung mehr befürchten muss, ist dieser gesetzlich klar konturierte **„Safe Harbour"** auch für die wirtschaftlich vergleichbare interne Verlusttragungspflicht zu bejahen. Der Gleichlauf von Innen- und Außenhaftung ist somit mittlerweile konzeptionell durch das Gesetz vorgeprägt.

h) Geltendmachung des Anspruchs. Der Verlusttragungsanspruch ist **65** im gesetzlichen Regelfall auf **Geldzahlung** gerichtet und muss im Wege der Leistungsklage gerichtlich geltend gemacht werden. Hierbei bereitet vor allem das Bestimmtheitsgebot (§ 253 II Nr. 2 ZPO) Probleme. Die Angabe eines vorläufigen Geldwertes ist zur Ermittlung eines Streitwerts durch das Gericht nach § 3 Hs. 1 ZPO empfehlenswert. Für die Gerichtskosten ist nämlich gem. § 40 GKG der Zeitpunkt der Antragstellung maßgebend, die den Rechtszug einleitet, nicht das Ende der Beweisaufnahme. Indessen dürfte ein **unbeziffeter Antrag** im Rahmen einer Stufenklage nach § 254 ZPO jedenfalls dann zulässig sein, wenn der Verlusttragungsanspruch von einer komplizierten Bewertung abhängt. (vgl. auch die nach hier vertretener Ansicht entsprechende Anwendung der Schätzungsmöglichkeit gemäß § 728 II → Rn. 38 f., 55). Bei einer Ehegatteninnengesellschaft (nicht rechtsfähige GbR) handelt es sich um eine sonstige Familiensache iSv § 266 I Nr. 3 FamFG, die nach § 23a I 1 Nr. 1 GVG die ausschließliche sachliche Zuständigkeit des Familiengerichts begründet (vgl. OLG Stuttgart NJW-RR 2011, 867). **Aktivlegitimiert** ist der Gesamtrechtsnachfolger. Der Anspruch richtet sich **gegen den Ausscheidenden.**

VIII. Darlegungs- und Beweislast

66   Die Voraussetzungen von § 712a hat derjenige zu beweisen, der sich darauf
beruft. Dies ist regelmäßig der Gesamtrechtsnachfolger, soweit es die Universalsukzession gemäß Abs. 1 S. 2 betrifft. Er muss dann das Bestehen der GbR
und das Ausscheiden des vorletzten Gesellschafters beweisen, zudem das relevante Gesellschaftsvermögen. Geht ein Gesellschaftsgläubiger gegen den
Gesamtrechtsnachfolger vor, muss er dies ggf. auch beweisen, soweit die
Einstandspflicht des Übernehmers weiter reicht als die ihn ansonsten treffende
Gesellschafterhaftung (vgl. zum Fehlen einer zeitlichen Haftungsbeschränkung des Übernehmers → Rn. 12). − Die Beweislast für die Rechte und
Pflichten des Ausgeschiedenen gemäß §§ 728, 728a richten sich danach, wel-
cher Anspruch geltend gemacht wird (vgl. zur Abfindung → Rn. 29 ff., zur
Verlusttragung → Rn. 48 ff.).

IX. Gestaltungsfreiheit

67   § 712a ist in seiner **Grundkonzeption zwingend:** Sofern es daher
zum Ausscheiden des vorletzten Gesellschafters kommt, können die
Gesellschafter nicht vereinbaren, dass die Gesellschaft durch den verbleibenden Gesellschafter alleine fortgeführt wird. Ebenso unzulässig ist es,
die Gesamtrechtsnachfolge auszuschließen (§ 735 II 1 e contrario); tritt
diese ein, bedarf es konsequenterweise spezieller Rückübertragungsakte,
wenn das Gesellschaftsvermögen unter die beiden letzten Gesellschaftern
verteilt werden soll. **Gestaltungsfreiheit** besteht indessen insoweit, als die
Gesellschafter allgemein oder speziell für den Fall von § 712a die **Auflösung** der Gesellschaft vorsehen können (Begr. S. 147). Hierdurch lassen
sich die negativen Folgen der Gesamtrechtsnachfolge vermeiden. Die
GbR wird dann nach Maßgabe der §§ 735 ff. abgewickelt. Praktisch
bedeutsam ist dies vor allem bei nicht-unternehmerischen GbR, um die
finanziellen Risiken nach Ausscheiden im Rahmen einer geordneten
Gesamtabwicklung auf beide Gesellschafter gleichermaßen zu verteilen. −
Im Übrigen ist es nach den allgemeinen Vorgaben zulässig, **Abfindungsbeschränkungen** zugunsten des Gesamtrechtsnachfolgers zu vereinbaren,
um vermittelt über die Sicherung von dessen finanzieller Leistungsfähigkeit die durch die Reform explizit gewünschte Unternehmenskontinuität
zu steigern (→ Rn. 2). Die **zwingende Nachhaftung** des Ausgeschiedenen gegenüber Gesellschaftsgläubigern gemäß § 728b bleibt hiervon freilich unberührt.

X. Kautelarischer Handlungsbedarf infolge des MoPeG

68   Indem § 712a weitgehend die bisherige (gesetzlich nicht ausdrücklich
geregelte) Rechtslage widerspiegelt, besteht kein akuter Handlungsbedarf.
Bedeutsam ist freilich, dass die Reform ausdrücklich darauf verzichtet hat,
die Übernahme des Gesellschaftsvermögens von einer entsprechenden Erklä-

rung des Übernehmers abhängig zu machen. Etwaige abweichende gesellschaftsvertragliche Regelungen gehen wegen der zwingenden Geltung von § 712a daher ins Leere bzw. sind unwirksam. Will man die einseitige Rechtsfolge von § 712a vermeiden, muss daher gesellschaftsvertraglich vereinbart werden, dass die GbR beim Ausscheiden des vorletzten Gesellschafters aufgelöst wird (vgl. § 729 IV, → § 729 Rn. 26).

§ 713 Gesellschaftsvermögen

Die Beiträge der Gesellschafter sowie die für oder durch die Gesellschaft erworbenen Rechte und die gegen sie begründeten Verbindlichkeiten sind Vermögen der Gesellschaft.

Übersicht

I. Reform

1. Grundlagen, Bewertung

§ 713 verwirklicht zentral die **Aufgabe des Gesamthandsprinzips** bei **1** allen rechtsfähigen GbR, mithin unabhängig von der Eintragung ins Gesellschaftsregister. Es wird hierdurch klargestellt, dass die **Gesellschaft alleinige Rechtsträgerin** ihres Gesellschaftsvermögens mit allen **Aktiva und Passiva** ist, so dass die Gesellschafter im Umkehrschluss über keine unmittelbare Beteiligung hieran verfügen. § 722 unterstreicht dies für die Zwangsvollstreckung (→ § 722 Rn. 3). Dies ist vor allem auch beim Gesellschafterwechsel bedeutsam, indem es abweichend von § 738 aF in Bezug auf das Gesellschaftsvermögen nunmehr **keine An- oder Abwachsung** mehr gibt (Schäfer ZIP 2020, 1149 (1151); Nazari-Khanachayi WM 2020, 2056 (2060); Wertenbruch GmbHR 2021, 1 (3); vgl. → § 712 Rn. 7, 26). Die Neuregelung war bereits Gegenstand des Mauracher Entwurfs und erfasst anstelle von § 124 I HGB aF auch OHG und KG. Man kann daher sagen, dass die Gesetzeslage nunmehr bei allen rechtsfähigen Personengesellschaften (vgl. § 14 I) gleichermaßen auf eine moderne, rechtssicher handhabbare und im internationalen Wettbewerb der Rechtsordnungen ernstzunehmende legislatorische Basis gehievt wurde, was lange überfällig war.

2   Die durch die Reform bewirkte **Vermögensfähigkeit der rechtsfähigen GbR** war indessen abweichend vom Wortlaut und Intention des (historischen) BGB im Kern bereits bislang bei der Außen-GbR anerkannt (Mülbert AcP 199 (1999), 38 (46); Schäfer Neues PersGesR/Armbrüster § 3 Rn. 42). Diffuse Begrifflichkeiten und fehlende klare Bekenntnisse in Rechtsprechung und Literatur vernebelten dies indessen vielfach bis zuletzt. Insofern ist die Neuregelung uneingeschränkt **zu begrüßen,** auch um durch die klare gesetzliche Dezision (nun endlich) **Rechtssicherheit** zu erzielen und vermögensmäßige Folgefragen stringent zu beherrschen. Das historische Regelungsmodell der §§ 718, 719 ließ sich auf die früher bereits nahezu einhellig geforderte Rechts- und Vermögensfähigkeit eines bürgerlich-rechtlichen Personenverbands nicht mehr anwenden, da sich gesamthänderische Vermögensbindung und Rechtsfähigkeit des Personenverbands richtigerweise gegenseitig ausschließen (Schäfer Neues PersGesR/Armbrüster § 3 Rn. 42; Fleischer DStR 2021, 430 (435); Hermanns DNotZ 2022, 3 (5); Kindler ZHR 185 (2021), 598 (604, 614 ff.); Punte/Klemens/Sambulski ZIP 2020, 1230 (1231); Fleischer DB 2020, 1107 (1109); Martens AcP 221 (2021), 68 (72 ff.); Bachmann NJW 2021, 3073 (3075); Bachmann NZG 2020, 612 (614 ff.). Die bis zuletzt ins Feld geführte **Gruppenlehre hat noch nie überzeugt** (vgl. hierzu noch MüKoBGB/Schäfer § 718 Rn. 2: Gültigkeit des Gesamthandsprinzips auch bei rechtsfähiger GbR; nach wie vor gegenüber der Reform kritisch Altmeppen NZG 2020, 822: Anerkennung einer Gesamthandspersonengesellschaft; Schall ZIP 2020, 1443 (1446); Wilhelm NZG 2020, 1041 (1044); Habersack ZGR 2020, 539 (547 ff.); K. Schmidt ZHR 185 (2021), 16 (28)).

3   Die gesetzgeberische Neupositionierung sollte indessen auch nicht überhöht werden. Dies gilt insbesondere, soweit es die Kategorisierung verschiedener Personenverbände betrifft. **Begriffliche Abgrenzungsfragen** gab es immer und werden auch weiterhin bestehen. Dies betrifft insbesondere die Charakterisierung eines Personenverbands als **juristische Person.** Trotz der zunehmenden gesetzlichen Ausgestaltung der Organisationsstruktur im Innenverhältnis und der Aufgabe des Gesamthandsprinzips ist diese Kennzeichnung für die allein als solche zu bezeichnenden **rechtsfähigen Personengesellschaften** nach wie vor nicht angezeigt (Bachmann NJW 2021, 3073 (3075); Fleischer DStR 2021, 430 (433)). Die Differenzierung in § 14 I stellt dies ausdrücklich klar. Die gilt auch unter Berücksichtigung der **steuerrechtlichen Perspektive** (vgl. Arbeitskreis Bilanzrecht Hochschullehrer Rechtswissenschaft ZIP 2021, 3 (4 f.); Hubert StuB 2021, 113; M. Noack

BB 2021, 643 (643 f.); von Oertzen/Reich ZEV 2021, 215; Bachmann FR 2022, 709; kritisch insofern Heinze DStR 2020, 2107; Schall NZG 2021, 494; Schall Stellungnahme S. 1 ff.). In der Gesetzesbegründung heißt es ausdrücklich, dass Änderungen an den ertragsteuerlichen Grundsätzen der Besteuerung mit dem Entwurf nicht verbunden seien; soweit in den Steuergesetzen von Gesamthandsvermögen gesprochen wird, sei dies als **Sonderbetriebsvermögen der Gesellschaft** in Abgrenzung zum Vermögen der einzelnen Gesellschafter zu sehen (Begr. S. 106).

Die früher bei sog. Innen-GbR noch kontrovers diskutierte Frage, ob **4** bei **nicht rechtsfähigen Gesellschaften** ein gesamthänderisch gebundenes Vermögen gebildet werden kann (vgl. nur Henssler/Strohn/Servatius § 705 Rn. 8), wurde durch die Reform ebenfalls klar und überzeugend gelöst. Nicht-rechtsfähige GbR sind nämlich gemäß § 740 I per definitionem **nicht vermögensfähig** (Schäfer FS Windbichler, 2020, 981 (985); in diese Richtung freilich früher bereits die hM, vgl. nur BGH NJW 1994, 2536; NZG 2012, 222 (224)). Ein Gesamthandsvermögen kann daher bei den Personengesellschaften in Bezug auf diese überhaupt nicht mehr gebildet werden; ein solches hat allein (aber immerhin noch!) Bedeutung bei der (nicht rechtsfähigen) Erben- und Gütergemeinschaft (vgl. hierzu Schäfer Neues PersGesR/Armbrüster § 3 Rn. 52 ff.), ist dort aber auch im Hinblick auf die konkrete Ausgestaltung, insbesondere im Hinblick auf Verfügungen, speziell konturiert. Dies gilt auch bei der stillen Beteiligung; die Vermögenseinlage des Stillen begründet kein Gesamthandsvermögen (vgl. zum früheren Recht bereits OLG Hamm NJW-RR 1994, 1382 (1383)). – Hiervon **abzugrenzen** ist freilich die Frage, ob die Gesellschafter der (rechtsfähigen oder nicht rechtsfähigen) GbR ihrerseits persönlich ein Gesamthandsvermögen bilden können, mithin ohne dass dieses der Gesellschaft zugewiesen wäre. Dies ist nach Maßgabe der allgemeinen Regeln ohne weiteres zu bejahen, weil es die Gesellschaft unmittelbar nicht betrifft und die §§ 713, 740 I somit nicht entgegenstehen (schwächer bzw. unentschieden Begr. S. 190: kein praktisches Bedürfnis). In diesen Fällen sind dann die Vermögenssphären in besonderer Weise rechtlich zu trennen. – Im Übrigen **verbietet § 713** auch die Bildung von **Bruchteilseigentum als Gesellschaftsvermögen** (abw. bislang MüKoBGB/Schäfer § 718 Rn. 11). Hiervon abzugrenzen ist freilich, dass die rechtsfähige GbR gemeinsam mit anderen (ggf. sogar mit ihren Gesellschaftern persönlich), Mitglied einer Bruchteilsgemeinschaft gemäß §§ 741 ff., 1008 ff. ist. Auch ist es ohne weiteres möglich, dass die Gesellschafter im Rahmen einer (intern) nicht rechtsfähigen GbR nach außen hin individuell nach Bruchteilen an Vermögensgegenständen beteiligt sind (vgl. Kruse DStR 2021, 2412 (2414)).

2. Zeitlicher Geltungsbereich

§ 713 tritt gemäß Art. 137 S. 1 MoPeG am **1.1.2024** in Kraft, eine Über- **5** gangsregelung ist nicht vorgesehen. Im Umkehrschluss aus Art. 229 § 61 EGBGB folgt daher, dass die Regelung auch auf **Altgesellschaften** ab dem Zeitpunkt des Inkrafttretens Anwendung findet. Übergangsprobleme dürften sich nicht ergeben, weil diese richtigerweise nur regelt, was bislang bereits allgemein anerkannt war: Rechtsfähige (Außen-)GbR verfügten bislang bereits über ein eigenes Gesellschaftsvermögen, sodass die gesamthänderische Vermögensbindung gemäß § 718 aF hier nicht galt. Nicht-rechtsfähige (Innen-)GbR verfügten bislang bereits begrifflich über kein Gesellschaftsvermögen, sodass die Neuregelung des § 713 gemäß § 740 I) hierauf keine Anwendung findet gilt. – Beim Gesellschafterwechsel gilt dies genauso. Die **Anwachsung beim Ausscheiden** aus der GbR bezieht sich (nunmehr gemäß § 712 I) richtigerweise auch bei der früheren rechtsfähigen (Außen-)GbR nicht auf das Gesellschaftsvermögen, sondern allein auf die mitgliedschaftliche Stellung des Gesellschafters. Für die spiegelbildliche **Abwachsung beim Eintritt** eines neuen Gesellschafters gemäß § 712 II gilt dies gleichermaßen (zum Ganzen → § 712 Rn. 13 ff.). – Trotz dieser dogmatischen Klarheit dürfte in der **Praxis** nach in vielen Fällen eine gewisse **Unsicherheit** bestehen, ob die bisherige GbR als Innen- oder Außen-GbR zu qualifizieren sind wie die konkrete Vermögenszuordnung ausgestaltet ist. Die Vermutungswirkung gemäß § 1006 zugunsten des Besitzers hierbei bedeutsam. Im Hinblick auf die **Zwangsvollstreckung** in das Gesellschaftsvermögen vgl. auch → § 722 Rn. 3. – Im Übrigen ist der neugefasste § 713 in einem engen Zusammenhang mit den durch das MoPeG ebenfalls geänderten bzw. neu eingeführten Vorschriften der § 47 II GBO, § 707a I 2, § 40 I 3 GmbHG, § 67 I 3 AktG zu sehen, die in Bezug auf Eintragungen in einem öffentlichen **Objektregister** eine **Voreintragungsobliegenheit** vorsehen. Im Hinblick auf Rechte, die in ein solches Register einzutragen sind (und bisher bereits Bestandteil des Gesellschaftsvermögens waren), wird für Altgesellschaften in mehreren Übergangsvorschriften Bestandsschutz gewährt. Zu nennen sind insbesondere Art. 229 § 21 EGBGB (→ Rn. 14 ff.), Art. 89 EGHGB (→ Rn. 19 f.) und § 12 EGGmbHG (→ Rn. 24 f.). Zu gestreckten Tatbeständen, die teilweise vor 1.1.2024 verwirklicht wurden, vgl. → Rn. 13.

II. Normzweck, Anwendungsbereich

6   § 713 bezweckt vor allem Rechtsklarheit und Rechtssicherheit im Hinblick auf die **Vermögensordnung** der rechtsfähigen GbR. Durch die explizite Anerkennung der Personengesellschaft als Trägerin des Gesellschaftsvermögens erfolgt (allein!) insofern eine Gleichstellung mit den juristischen Personen, vor allem AG und GmbH. Die klare **Trennung von Gesellschaft und Gesellschaftern** ermöglicht es, vermögensrechtliche Fragen im Innen- und Außenverhältnis auf der Grundlage allgemeiner Regeln zu beurteilen. Dies betrifft neben der konkreten Ausgestaltung der **Rechtsfähigkeit der GbR** im rechtsgeschäftlichen Bereich (organschaftliche Vertretung der GbR gemäß § 720 (→ § 720 Rn. 9 ff.) vor allem rechtsgeschäftliche Verfügungen über Vermögensgegenstände und zwangsvollstreckungsrechtliche Aspekte (M. Noack BB 2021, 643 (644)). Dies wird durch die **akzessorische Gesellschafterhaftung** nach §§ 721 ff. für die hiervon zu trennenden Gesellschaftsverbindlichkeiten untermauert. § 722 unterstreicht dies für die **Zwangsvoll-**

streckung (→ § 722 Rn. 3). – Aus der Perspektive der Gesellschafter und des Rechtsverkehrs ist die rechtliche Trennung freilich insbesondere bei nicht im Gesellschaftsregister eingetragenen zweigliedrigen GbR und Gelegenheitsgesellschaften vielfach **nicht im Bewusstsein der Akteure** präsent. Defizite bei der Wahrung des stellvertretungsrechtlichen Offenkundigkeitsprinzip und bei der Wahrung der für Verfügungen notwendigen Bestimmtheit und Publizität können es daher aus der ex post-Perspektive schwierig machen, die rechtliche **Eigenständigkeit des Gesellschaftsvermögens** von der Privatsphäre der Gesellschafter abzugrenzen (→ Rn. 10). Der Praxis ist daher dringend zu raten, hierauf zu achten, insbesondere durch hinreichende Dokumentation.

Die begrüßenswerte Zuweisung des Gesellschaftsvermögens an den rechts- 7 fähigen Personenverband begründet bei der GbR **Transparenzdefizite.** Diese wurden durch die grundsätzliche Eintragungsoption gemäß §§ 707 ff. zwar erheblich reduziert, wegen des gegenüber den Personenhandelsgesellschaften freiwilligen Charakters gleichwohl nicht vollständig behoben. Insofern ist aber jedenfalls zu berücksichtigen, dass die GbR, wenn sie Vermögen erwerben will, welches ihrerseits in einem sog. **Objektregister** eingetragen wird, eine weitgehende **Voreintragungsobliegenheit** zum Gesellschaftsregister nach Maßgabe von §§ 707 ff. hat (Bergmann DB 2020, 994). Dies betrifft den Grundstücksverkehr (→ Rn. 12 ff.) und die Beteiligung an Gesellschaften (→ Rn. 18 ff.), abweichend vom Mauracher Entwurf aber nicht die genossenschaftliche Mitgliederliste und gewerbliche Schutzrechte (Schäfer Neues PersGesR/Schäfer § 1 Rn. 28; M. Noack DB 2020, 2618 (2620); zur Herausnahme Letzterer kritisch Heckschen GWR 2021, 1 (2) und Roßkopf Stellungnahme, S. 6; die verbleibende Intransparenz in Bezug auf den Vermögenserwerb von Bitcoins kritisierend auch Schall, Stellungnahme S. 6). Die aus gesellschaftsrechtlicher Perspektive gewünschte flexible Ausgestaltung der GbR wird durch die Voreintragungsobliegenheit zugunsten der **Transparenz und Rechtssicherheit** erheblich eingeschränkt. Dies ist zwar im Hinblick auf die durch die Eintragung hervorgerufene Rechtssicherheit im Hinblick auf die gesetzliche Vertretung gemäß § 720 (→ § 720 Rn. 9 ff.) und als Mittel zur Geldwäscheprävention (vgl. insofern § 20 I 1 GWG) **grundsätzlich zu begrüßen** (so auch Arbeitskreis Bilanzrecht Hochschullehrer Rechtswissenschaft ZIP 2021, 3 (11 f.); Roßkopf Stellungnahme S. 5 f.; Otte-Gräbener BB 2020, 1295 (1296); Wertenbruch GmbHR-R 2020, R 196; früher bereits K. Schmidt ZIP 1998, 2 (7); kritisch aber Wilhelm NZG 2020, 1041 (1044)). Es stellt gleichwohl insbesondere vermögensverwaltende und zweigliedrige Gesellschaften vor bislang nicht gegebene Herausforderungen (Heckschen Stellungnahme S. 7, spricht von 180.000 Immobilien-GbR; vgl. hierzu auch Hippeli DZWiR 2020 (386) (392): Bedürfnis nach „systemwidriger Beratung; Bedenken auch bei DIHK Stellungnahme S. 4 f.).

Die Regelung gilt bei **jeder rechtsfähigen GbR,** da nicht rechtsfähige 8 Gesellschaften per definitionem kein Gesellschaftsvermögen haben (vgl. § 740 II). Sie gilt gemäß § 105 III HGB, § 161 II HGB auch bei **OHG und KG,** ebenso gemäß § 1 IV PartGG bei der Partnerschaftsgesellschaft.

III. Gesellschaftsvermögen

1. Grundlagen

9   Das der rechtsfähigen GbR zugewiesene Gesellschaftsvermögen ist umfassend zu sehen, indem es abweichend von der früheren Terminologie in § 718 aF **sämtliche Aktiva und Passiva** erfasst. Die vermögensmäßige Rechtszuständigkeit der GbR bezieht sich daher auf alle rechtlich anerkannten **Vermögensgegenstände** (Eigentum, Forderungen, Rechte, etc.; vgl. zum Grundstücksverkehr → Rn. 12 ff. und zu Gesellschaftsbeteiligungen → Rn. 18 ff.); eine katalogartige Aufzählung erfolgt richtigerweise nicht. Die rechtsfähige GbR ist auch **Besitzerin** iSv § 854; der entsprechende Sachherrschaftswille wird durch die organschaftlichen Vertreter vermittelt (vgl. bereits BGH JZ 1968, 69; NJW 2001, 1056). § 713 stellt auch klar, dass die rechtsfähige GbR selbst Schuldnerin entsprechender gesetzlicher oder vertraglicher **Verbindlichkeiten** ist, mithin eine Trennung von Gesellschaftsverbindlichkeit und Gesellschafterhaftung gemäß §§ 721 ff. erfolgt. – Die **Bildung des Gesellschaftsvermögens** erfolgt durch die Erbringung von Beiträgen durch die Gesellschafter (→ § 709 Rn. 5 ff.) und durch die Teilnahme der GbR am Rechtsverkehr. Es kann ohne weiteres auch durch gesetzliche Erwerbstatbestände gebildet werden (vgl. zur dinglichen Surrogation noch § 718 II aF, der konsequenterweise ersatzlos gestrichen wurde, Fleischer DB 2020, 1107 (1109)). – **Verfügungen über das Gesellschaftsvermögen** bzw. wegen des Spezialitätsprinzips richtigerweise über dessen Bestandteile, können allein durch die rechtsfähige GbR erfolgen; den Gesellschaftern fehlt hierzu eine entsprechende Rechtszuständigkeit. Eine Realisierung des Gesellschaftsvermögens zum eigenen Vorteil kann ein Gesellschafter nur infolge der Kündigung der Mitgliedschaft (→ § 728 Rn. 32 ff.) oder der Auflösung der Gesellschaft erlangen (→ § 736d Rn. 53 ff.), soweit entsprechende Abfindungsansprüche bzw. Ansprüche auf Auskehrung eines Liquidationsüberschusses bestehen. – Als **Vollstreckungsobjekt** kommt das Gesellschaftsvermögen bzw. richtigerweise dessen einzelne Bestandteile allein zugunsten von Gläubigern der rechtsfähigen GbR in Frage (Fleischer DB 2020, 1107 (1109); → § 722 Rn. 3); Gläubiger der Gesellschafter können allein auf die Mitgliedschaft zugreifen (→ § 726 Rn. 15).

2. Erwerb und Veräußerung

10   Der rechtsgeschäftliche Erwerb von Gesellschaftsvermögen **durch die rechtsfähige GbR** erfolgt nach den jeweils für den betreffenden Vermögensgegenstand maßgeblichen Regeln (vgl. §§ 929 ff., 873 ff., 398 ff.). Erforderlich ist stets die **Vertretung der GbR** nach Maßgabe von §§ 720, 736b bzw. durch rechtsgeschäftliche Bevollmächtigte. Dies gilt auch bei Rechtsgeschäften zwischen der GbR und ihren Gesellschaftern. Hierbei muss das **Offenkundigkeitsprinzip** gewahrt werden, es muss mithin aus der Perspektive des Dritten (§§ 133, 157) deutlich werden, dass der Vermögensgegenstand in das Gesellschaftsvermögen überführt werden soll und nicht in das Privatvermögen der Gesellschafter. Bei unternehmerischen GbR gelten insofern freilich

die Erleichterungen des unternehmensbezogenen Geschäfts (vgl. noch einschränkend BGH NJW 1995, 44; 2008, 1214 Rn. 11; 2012, 3368 Rn. 10; OLG Celle NZG 2004, 613 (614)). Gleichwohl kann es insbesondere bei **nicht eingetragenen GbR** zweifelhaft sein, zu wessen Gunsten der Vermögenserwerb erfolgen soll. Dies gilt vor allem, wenn alle Gesellschafter mitwirken. In diesen Fällen bedarf es hinreichender Anhaltspunkte, dass die Gesellschafter **für die rechtsfähige GbR handeln** wollen, mithin nicht im eigenen Namen; hierfür tragen sie gemäß § 164 II die Beweislast (BGH NJW 1995, 44). Ist die Offenkundigkeit nicht der Fall, kommt allein ein gemeinschaftlicher Vermögenserwerb der Gesellschafter selbst nach Maßgabe von §§ 741 ff., 1008 ff. in Betracht. – Das Gleiche gilt umgekehrt bei der rechtsgeschäftlichen Begründung von Forderungen. Kommt es hier nicht zum Handeln für die rechtsfähige GbR, liegt eine **gemeinschaftliche Berechtigung** der Gesellschafter nach Maßgabe von §§ 420 ff. vor (Teilschuld, Gesamtschuld). – Die Regeln über die **gesetzlichen Erwerbstatbestände** und die dingliche Surrogation gelten ohne weiteres (vgl. insofern auch § 718 II aF). Wie im bisherigen Recht gehören daher auch die Sach- und Rechtsfrüchte gemäß § 99 zum Gesellschaftsvermögen sowie die Erzeugnisse und sonstigen Bestandteile nach §§ 953 ff. Erfasst werden ebenfalls die gesetzlichen Erwerbstatbestände gemäß §§ 946 ff. Die rechtsfähige GbR ist im Übrigen auch **erbfähig** (MüKoBGB/Schäfer § 718 Rn. 22).

3. Begründung von Verbindlichkeiten

Verbindlichkeiten der GbR können **auf vertraglicher Grundlage** entste- **11** hen, wenn die GbR nach Maßgabe von §§ 720, 736b bzw. durch rechtsgeschäftlich Bevollmächtigte ordnungsgemäß vertreten wird. Dies gilt auch bei Rechtsgeschäften zwischen der GbR und ihren Gesellschaftern. Auch hier ist stets die Wahrung des **Offenkundigkeitsprinzip** erforderlich. Es muss mithin aus der Perspektive des Dritten (§§ 133, 157) deutlich werden, dass die Gesellschafter die rechtsfähige Gesellschaft verpflichten wollen und nicht im eigenen Namen handeln. Auch insofern gelten bei unternehmerischen GbR aber die Erleichterungen des unternehmensbezogenen Geschäfts (vgl. noch einschränkend BGH NJW 1995, 44; 2008, 1214 Rn. 11; 2012, 3368 Rn. 10; OLG Celle NZG 2004, 613 (614)). Gleichwohl kann es insbesondere bei **nicht eingetragenen GbR** zweifelhaft sein, in wessen Namen das Rechtsgeschäft abgeschlossen werden soll, vor allem, wenn alle Gesellschafter mitwirken. Dies kann den Rechtsverkehr im Hinblick auf das prozessuale Kostenrisiko bei der **Wahl des richtigen Klagegegners** durchaus belasten (vgl. Arbeitskreis Bilanzrecht Hochschullehrer Rechtswissenschaft ZIP 2021, 3 (12): „Schwarzes Loch" des Zivilprozesses). Auch in diesen Fällen bedarf es daher hinreichender Anhaltspunkte, dass die Gesellschafter für die rechtsfähige GbR handeln wollen, wofür sie gemäß § 164 II die **Beweislast** tragen (BGH NJW 1995, 44). Ist dies gegeben, wird die rechtsfähige GbR verpflichtet, eine entgegenstehende interne Abrede („wir sind keine rechtsfähige GbR") ist nach der allgemeinen **protestatio facto contraria-Regel** unbeachtlich (Bachmann Stellungnahme S. 5; Einzelheiten → § 705 Rn. 44 ff.).

– Fehlt es indessen am Handeln für die rechtsfähige GbR, kommt allein eine **gemeinschaftliche Verpflichtung** der Gesellschafter nach Maßgabe von §§ 420 ff. in Betracht (Teilschuld, Gesamtschuld). Vgl. im Übrigen aber die Möglichkeit der Haftungsverstärkung durch zusätzliche Verpflichtung der Gesellschafter (→ § 721 Rn. 18). – Im Hinblick auf die **Zurechnung** von Verhalten und Kenntnissen gilt § 31 analog, soweit ein organschaftlicher Vertreter handelt (vgl. BGH NJW 2003, 1445; BAG NZA 2008, 348 Rn. 53, für die Schein-GbR auch BGH NJW 2007, 249); im Übrigen gelten § 278 bzw. § 831 sowie § 166.

IV. Grundstücksverkehr

1. Voreintragungsobliegenheit

12   Eine **rechtsfähige GbR** kann ohne weiteres Grundstückseigentümerin sein bzw. Inhaberin grundstücksgleicher oder sonstiger dinglicher Rechte. Dies galt für Außen-GbR bereits nach bisherigem Recht (vgl. BGH NJW 2006, 3716). Problematisch und hiervon abzugrenzen ist indessen die **Grundbuchfähigkeit** als verfahrensrechtliche Voraussetzung für den materiell-rechtlichen Rechtserwerb (vgl. zu dieser Differenzierung BGH NZG 2011, 698). Nach früherem Recht bedurfte es gemäß § 47 II 1 GBO aF neben der Eintragung der GbR als solche auch die Eintragung ihrer Gesellschafter; § 899a aF erweiterte konsequenterweise den guten Glauben bezüglich der Richtigkeit des Grundbuchs auf den verzeichneten Gesellschafterbestand (vgl. OLG München DStR 2010, 614), was freilich im Einzelnen sehr problematisch war (Bergmann BB 2020, 994 (994)). – Im Zuge der **Reform** wird insofern begrüßenswert Abhilfe geleistet, indem § 47 II GBO nunmehr bestimmt, dass eine **GbR als Rechtsinhaberin** nur eingetragen werden soll, wenn sie ihrerseits im **Gesellschaftsregister** eingetragen ist (→ § 707a Rn. 6). Die Formulierung „soll" ist der register- und grundbuchrechtlichen Terminologie entlehnt und bringt lediglich zum Ausdruck, dass eine Eintragung unter Verstoß gegen diese Vorschrift die Wirksamkeit der Eintragung unberührt lässt; die Regelung ist daher vom Grundbuchamt zwingend einzuhalten (vgl. Begr. S. 216; vgl. zum Verfahren Holzer ZNotP 2020, 239 (245); Reymann DNotZ 2021, 103; Schmiedeberg Rpfleger 2021, 69). Dem Informationsbedürfnis des Rechtsverkehrs, insbesondere im Hinblick auf die persönliche Haftung der GbR-Gesellschafter und deren Vertretungsmacht, wird so durch eine **doppelte Registerpublizität** Rechnung getragen.

13   Hieraus resultiert ein mittelbarer Registerzwang bzw. eine **Voreintragungsobliegenheit** für GbR **beim Erwerb** eines ins Grundbuch einzutragenden Rechts (vgl. Schäfer Neues PersGesR/Hermanns § 2 Rn. 33; Späth-Weinreich BWNotZ 2021, 90 (95); Bergmann DB 2020, 994 (995 f.); kritisch DIHK Stellungnahme S. 5). Für den notariell zu beurkundenden **Kaufvertrag** und andere schuldrechtliche causae gilt dies freilich **nicht**, sodass dieser bei Eilbedürftigkeit ohne weiteres im Vorfeld der Registereintragung geschlossen werden kann (zur praktischen Gestaltung Schäfer Neues PersGesR/Hermanns § 2 Rn. 36 f.; Bolkart MittBayNot 2021, 319 (327)). Für

Fälle, in denen der Erwerbsvorgang vor dem 1.1.2024 bereits in Gang gesetzt wurde, gilt Art. 229 § 21 IV EGBGB (hierzu Schäfer Neues PersGesR/ Hermanns § 2 Rn. 38). **Gesellschaftsgläubiger** können gemäß § 14 GBO die gebotene Voreintragung beantragen, soweit sie gegen diese die Zwangsvollstreckung betreiben (vgl. Begr. S. 217). – Bedeutsame Konsequenz der Neuregelung ist, dass **Änderung des Gesellschaftsbestandes** nach erfolgter Eintragung der GbR als solche keine Grundbuchunrichtigkeit iSv § 22 GBO, § 894 mehr hervorrufen (Begr. S. 217). Ein allgemeiner Eintragungszwang für das vollstreckungsrechtliche Vorgehen durch eine rechtsfähige GbR, wie noch in Art. 6 des Mauracher Entwurfs vorgesehen, wurde indessen nicht eingeführt (kritisch Heckschen/Nolting BB 2020, 2256 (2256)).

2. Bestandsschutz

Bisherige Grundbucheintragungen nach Maßgabe von § 47 II GBO **14** aF genießen grundsätzlich Bestandsschutz. Art. 229 § 21 II EGBGB sieht explizit vor, dass das Grundbuch durch die Reform nicht unrichtig wird, so dass allein ein Verfahren nach § 82 GBO statthaft ist. Eine **Voreintragungsobliegenheit** besteht konsequenterweise gemäß Art. 229 § 21 I EGBGB nur dann, wenn eine **neue Eintragung**, die ein Recht der GbR betrifft, angestrebt wird. Dies umfasst ohne weiteres den **Rechtserwerb** durch die GbR. In Bezug auf die **Veräußerung** bzw. Aufgabe eines im Grundbuch verzeichneten dinglichen Rechts ist es indessen zweifelhaft, ob das Eintragungserfordernis nicht **unverhältnismäßig** ist, weil die GbR in diesen Fällen im Grundbuch gestrichen wird und die Registerlöschung der GbR gemäß § 707a IV nicht mehr isoliert herbeigeführt werden kann (vgl. Schäfer ZIP 2020, 1149 (1151): „Ausschluss der Rückfahrkarte"; → § 707a Rn. 11). Es spricht daher viel dafür, **Art. 229 § 21 I EGBGB teleologisch zu reduzieren**, so dass eine Voreintragung bei Grundstücksveräußerung durch die GbR bzw. bei Aufgabe oder Erlöschen eines ihr zustehenden dinglichen Rechts nicht erforderlich ist, sondern in entsprechender Anwendung der bisherigen Rechtslage auch hiervon unabhängig im Grundbuch eingetragen werden kann (dezidiert abw. Begr. S. 216). Das Gleiche gilt bei der **Löschung von Altrechten der GbR,** zB einer Sicherungshypothek; in diesem Fall ist die Voreintragung der GbR im Gesellschaftsregister, die Löschung der Hypothek und die anschließende Löschung der GbR im Gesellschaftsregister nur schwer vermittelbar (so auch M. Noack BB 2021, 643 (646)).

Kommt es bei einer nach bisherigem Recht im Grundbuch eingetragenen **15** GbR zu einem **Gesellschafterwechsel,** ist dies indessen ein gemäß Art. 229 § 21 II EGBGB nach neuem Recht zu beurteilende Umstand. Es besteht somit eine Voreintragungsobliegenheit, damit die rechtsfähige GbR dann als solche gemäß § 47 II GBO ins Grundbuch eingetragen werden kann (Schäfer Neues PersGesR/Hermanns § 2 Rn. 44). Unterbleibt dies, ist das zwar nicht Grundbuch unrichtig; die Gesellschafter können aber nach Maßgabe von **§ 82 GBO zur Voreintragung verpflichtet** werden, um im Grundbuch die Streichung aller GbR-Gesellschafter herbeiführen zu können. Bis dahin gilt grundsätzlich die **alte Rechtslage** im Hinblick auf die Möglichkeit des gutgläubigen Erwerbs entsprechend § 899a fort. Die Neuregelung zur zwingenden organschaftlichen Vertretungsmacht nach § 720 gilt freilich ab 1.1.2024 auch bei nicht eingetragenen GbR (→ § 720 Rn. 4). – Die bloße **Namensänderung** („isolierte Umfirmierung") einer nach bisherigem Recht eingetragenen GbR fällt indessen nicht hierunter; es liegt auch keine Grundbuchunrichtigkeit gemäß § 22 GBO, § 894 vor. Vielmehr ist insofern allein das Verfahren nach § 82 GBO statthaft, die bisherigen Gesellschafter bleiben somit eingetragen (vgl. Begr., BT-Drs. 19/27635, 218; KG Rpfleger 2009, 229; Böhringer BWNotZ 2016, 154 (162)).

16   In allen Fällen der Notwendigkeit der Eintragung der GbR nach neuem Recht ist anstelle von § 7 II GBO aF gemäß Art. 229 § 21 III 2 EGBGB sowohl die grundbuchrechtliche **Bewilligung** aller bislang im Grundbuch verzeichneten Gesellschafter erforderlich (vgl. § 19 GBO) als auch die Zustimmung der einzutragenden Gesellschaft. Dies gilt nach § 22 II GBO auch im Rahmen eines Verfahrens nach § 82 GBO (vgl. Begr. S. 216).

3. Abdruck von Art. 229 § 21 EGBGB

17   **Art. 229 § 21 EGBGB Übergangsvorschriften für die Gesellschaft bürgerlichen Rechts im Grundbuchverfahren und im Schiffsregisterverfahren**

(1) Eintragungen in das Grundbuch, die ein Recht einer Gesellschaft bürgerlichen Rechts betreffen, sollen nicht erfolgen, solange die Gesellschaft nicht im Gesellschaftsregister eingetragen und daraufhin nach den durch das Personengesellschaftsrechtsmodernisierungsgesetz vom 10. August 2021 (BGBl. I S. 3436) geänderten Vorschriften im Grundbuch eingetragen ist.

(2) [1]Ist die Eintragung eines Gesellschafters gemäß § 47 Absatz 2 Satz 1 der Grundbuchordnung in der vor dem 1. Januar 2024 geltenden Fassung oder die Eintragung eines Gesellschafters, die vor dem Zeitpunkt des Inkrafttretens gemäß Artikel 5 Absatz 2 des Gesetzes zur Einführung des elektronischen Rechtsverkehrs und der elektronischen Akte im Grundbuchverfahren sowie zur Änderung weiterer grundbuch-, register- und kostenrechtlicher Vorschriften vom 11. August 2009 (BGBl. I 2009 S. 2713) am 18. August 2009 erfolgt ist, unrichtig geworden, findet eine Berichtigung nicht statt. [2]In diesem Fall gilt § 82 der Grundbuchordnung hinsichtlich der Eintragung der Gesellschaft nach den durch das Personengesellschaftsrechtsmodernisierungsgesetz geänderten Vorschriften im Grundbuch entsprechend.

(3) [1]Für die Eintragung der Gesellschaft in den Fällen der Absätze 1 und 2 gelten die Vorschriften des Zweiten Abschnitts der Grundbuchordnung entsprechend. [2]Es bedarf der Bewilligung der Gesellschafter, die nach § 47 Absatz 2 Satz 1 der Grundbuchordnung in der vor dem 1. Januar 2024 geltenden Fassung im Grundbuch eingetragen sind; die Zustimmung der einzutragenden Gesellschaft in den Fällen des § 22 Absatz 2 der Grundbuchordnung bleibt unberührt. [3]Dies gilt auch, wenn die Eintragung vor dem Zeitpunkt des Inkrafttretens gemäß Artikel 5 Absatz 2 des Gesetzes zur Einführung des elektronischen Rechtsverkehrs und der elektronischen Akte im Grundbuchverfahren sowie zur Änderung weiterer grundbuch-, register- und kostenrechtlicher Vorschriften vom 11. August 2009 (BGBl. I 2009 S. 2713) am 18. August 2009 erfolgt ist.

(4) [1]§ 899a des Bürgerlichen Gesetzbuchs und § 47 Absatz 2 der Grundbuchordnung in der vor dem 1. Januar 2024 geltenden Fassung sind auf Eintragungen anzuwenden, wenn vor diesem Zeitpunkt die Einigung oder Bewilligung erklärt und der Antrag auf Eintragung beim Grundbuchamt gestellt wurde. [2]Wurde vor dem in Satz 1 genannten Zeitpunkt eine Vormerkung eingetragen oder die Eintragung einer Vormerkung vor diesem Zeitpunkt bewilligt und beantragt, sind § 899a des Bürgerlichen Gesetzbuchs und § 47 Absatz 2 der Grundbuchordnung in der vor diesem Zeitpunkt geltenden Fassung auch auf die Eintragung der Rechtsänderung, die Gegenstand des durch die Vormerkung gesicherten Anspruchs ist, anzuwenden.

(5) § 51 der Schiffsregisterordnung in der bis einschließlich 1. Januar 2024 geltenden Fassung ist auf Eintragungen anzuwenden, wenn vor diesem Zeitpunkt die Einigung oder Bewilligung erklärt wurde und die Anmeldung zur Eintragung beim Schiffsregister erfolgte.

V. Beteiligung an anderen Gesellschaften

1. OHG, KG, eingetragene GbR

Eine **rechtsfähige GbR** kann ohne weiteres Gesellschafterin einer OHG **18** oder KG sein (vgl. Henssler/Strohn/Steitz HGB § 106 Rn. 9). Zur Kompensation der **fehlenden Registerpublizität** der GbR wurde bislang aber verlangt, dass im Handelsregister der OHG bzw. KG gemäß § 106 II bzw. § 162 I 2 HGB aF nicht nur die Gesellschaft selbst, sondern auch alle (jeweils aktuellen) **Gesellschafter der GbR einzutragen** sind (vgl. BGH NJW 2001, 3121 (3122); OLG Celle NZG 2012, 667; LG Berlin NZG 2003, 580 (581); Bergmann ZIP 2003, 2331 (2335)). Die Eintragung hat insofern freilich allein deklaratorische Bedeutung und Relevanz im Rahmen von § 15 HGB. – Im Zuge der **Reform** sieht indessen **§ 707a I 2** (iVm § 105 III HGB) nunmehr explizit vor, dass eine GbR als Gesellschafterin nur eingetragen werden soll, wenn sie ihrerseits im Gesellschaftsregister eingetragen ist (→ § 707a Rn. 6). Die Formulierung „soll" ist der registerrechtlichen Terminologie entlehnt und bringt lediglich zum Ausdruck, dass eine Eintragung unter Verstoß gegen diese Vorschrift die Wirksamkeit der Eintragung unberührt lässt, dass es sich daher vom Registergericht zwingend einzuhalten (Begr. S. 131). Hieraus resultiert somit ebenso wie bei der Beteiligung an GmbH und AG (→ Rn. 23, 26) ein mittelbarer Registerzwang bzw. eine **Voreintragungsobliegenheit** für GbR, soweit diese Gesellschafterin einer eingetragenen Personenhandelsgesellschaft oder GbR sein soll (Begr. S. 131). Dies gilt auch für die Stellung als Kommanditist; § 162 I 2 HGB aF wurde konsequenterweise gestrichen (Begr. S. 252). Dem Informationsbedürfnis des Rechtsverkehrs, insbesondere im Hinblick auf die persönliche Haftung der GbR-Gesellschafter und deren Vertretungsmacht, wird so durch eine **doppelte Registerpublizität** Rechnung getragen. Bei der Gesellschaft, an der sich die eingetragene GbR beteiligt, ist konsequenterweise allein gemäß § 707 II Nr. 2b bzw. § 106 I Nr. 2 lit. b HGB die Gesellschaft selbst mit ihrem Namen und Sitz sowie der Angabe ihrer Registerdaten einzutragen (Herrler ZGR 2021, 73; Schäfer ZIP 2020, 1149 (1151); Einzelheiten (→ § 707

Rn. 8 ff.). Deren Gesellschafterbestand ist nicht eintragungspflichtig, was insbesondere auch beim Gesellschafterwechsel relevant ist. Im Übrigen bleibt es dabei, dass die Eintragung allein **deklaratorische Wirkung** und Relevanz im Rahmen von § 15 HGB hat (→ § 707a Rn. 9).

19   **Art. 89 EGHGB** gewährt für bisherige Eintragungen **Bestandsschutz.** Ist eine GbR gemäß § 162 I 2 HGB aF als Kommanditist oder in entsprechender Anwendung der Regelung als persönlich haftende Gesellschafterin einer KG oder OHG einschließlich ihrer Gesellschafter im Handelsregister eingetragen, besteht hiernach **kein handelsrechtlicher Registerzwang zur Anpassung** der bisherigen Eintragungen an das neue Recht. Etwas anderes gilt allein, wenn sich der **Gesellschafterbestand der GbR ändert.** In diesem Fall ist die GbR nach den §§ 707 ff. zur Eintragung in das Gesellschaftsregister anzumelden (→ § 707 Rn. 8 ff.), bevor sie dann ohne Hinzufügung ihres Gesellschafterbestands entsprechend §§ 106, 163 HGB angemeldet wird. Letzteres hat gemäß Art. 89 I 2 EGHGB sowohl von sämtlichen bislang im Handelsregister eingetragenen Gesellschaftern als auch von der im Gesellschaftsregister neu eingetragenen GbR zu erfolgen. Hierbei ist auch zu versichern, dass die zur Eintragung in das Handelsregister angemeldete GbR dieselbe ist wie die bislang im Handelsregister eingetragene. – Kommt es indessen allein zur **Veräußerung einer Beteiligung** an einer anderen Gesellschaft durch die bislang nicht eingetragene GbR, gibt es richtigerweise keine Voreintragungsobliegenheit (Schäfer Neues PersGesR/Hermanns § 2 Rn. 57); im Register der betreffenden Gesellschaft ist dann allein der neue Gesellschafter einzutragen. Das Gleiche gilt mangels eindeutiger gesetzlicher Regelung selbst dann, wenn **nur ein Teil** übertragen wird, was insbesondere bei Kommanditbeteiligungen relevant ist (abw. Schäfer Neues PersGesR/ Hermanns § 2 Rn. 57, der sich im Ergebnis für eine analoge Anwendung von Art. 89 I EGHGB ausspricht).

20 **Art. 89 EGHGB Übergangsvorschriften zum Personengesellschaftsrechtsmodernisierungsgesetz**

(1) ¹Ist eine Gesellschaft bürgerlichen Rechts nach § 162 Absatz 1 Satz 2 des Handelsgesetzbuchs in der bis einschließlich 1. Januar 2024 geltenden Fassung als Kommanditist oder in entsprechender Anwendung des § 162 Absatz 1 Satz 2 des Handelsgesetzbuchs in der bis 1. Januar 2024 geltenden Fassung als persönlich haftender Gesellschafter einer Kommanditgesellschaft oder als Gesellschafter einer offenen Handelsgesellschaft im Handelsregister eingetragen, findet eine Eintragung von späteren Änderungen in der Zusammensetzung der Gesellschafter nicht statt. ²In diesem Fall ist die Gesellschaft bürgerlichen Rechts nach den durch das Personengesellschaftsrechtsmodernisierungsgesetz vom 10. August 2021 (BGBl. I S. 3436) geänderten Vorschriften zur Eintragung in das Gesellschaftsregister anzumelden, bevor sie als Kommanditist oder Gesellschafter nach den durch das Personengesellschaftsrechtsmodernisierungsgesetz geänderten Vorschriften mit der Maßgabe zur Eintragung in das Handelsregister angemeldet wird, dass die Anmeldung sowohl von sämtlichen bislang im Handelsregister eingetragenen Gesellschaftern als auch von der im Gesellschaftsregister eingetragenen Gesellschaft bürgerlichen Rechts zu bewirken ist. ³In der Anmeldung zum Handelsregister ist zu versichern, dass die zur Eintragung in das Handelsregister angemeldete Gesell-

schaft bürgerlichen Rechts dieselbe ist wie die bislang im Handelsregister eingetragene Gesellschaft bürgerlichen Rechts.

(2) [nicht abgedruckt]

Die **Beteiligung an einer nichteingetragenen GbR** ist nach wie vor 21 ohne weiteres möglich, mithin auch ohne entsprechende Eintragung ins Gesellschaftsregister. Wird eine **bislang nicht eingetragene GbR** indessen nach Maßgabe von §§ 707 ff. (freiwillig oder verpflichtend) ins Gesellschaftsregister eingetragen, ist problematisch, ob hieraus auch keine Eintragungspflicht für eine Gesellschafter-GbR resultiert. Art. 89 I EGHGB regelt diesen Fall nicht. Richtigerweise folgt aber aus § 707a I 2 eine entsprechende **Voreintragungsobliegenheit** auch in diesen Fällen (Schäfer Neues PersGesR/ Armbrüster § 3 Rn. 55). Es ist daher nicht möglich, eine GbR (oder andere Personengesellschaft) in das Gesellschafts- oder Handelsregister eintragen zu lassen, ohne dass auch zuvor die Eintragung einer Gesellschafter-GbR erfolgt ist.

2. GmbH

Eine **rechtsfähige GbR** kann ohne weiteres (Allein-)Gesellschafterin 22 einer GmbH sein (vgl. OLG Hamm NZG 2016, 1147 (1148); Noack/Servatius/Haas/Servatius GmbHG § 1 Rn. 33). Zur Kompensation der **fehlenden Registerpublizität** der GbR mussten bislang in der Gründungssatzung der GmbH und den nachfolgenden Gesellschafterlisten gemäß § 40 GmbHG nicht nur die Gesellschaft selbst, sondern auch alle (jeweils aktuellen) Gesellschafter der GbR aufgeführt werden (vgl. OLG Hamm NJW-RR 1996, 483). Praktische Relevanz hat dies insbesondere auch für die Möglichkeit des gutgläubigen Erwerbs von Geschäftsanteilen gemäß § 16 III GmbHG (vgl. Noack/Servatius/Haas/Servatius GmbHG § 16 Rn. 26 ff.). – Im Zuge des MoPeG sieht indessen die **Neuregelung von § 40 I 3 GmbHG** vor, dass eine GbR nur dann in die Gesellschafterliste eingetragen werden kann bzw. Veränderungen an ihrer Eintragung vorgenommen werden können, wenn sie nach §§ 707 ff. in das Gesellschaftsregister eingetragen ist (vgl. zum praktischen Vorgehen Schäfer Neues PersGesR/Hermanns § 2 Rn. 49). Die Aufnahme der GbR in die Gesellschafterliste beinhaltet dann entsprechend § 707 II Nr. 2 lit. b bzw. § 106 I Nr. 2 lit. b HGB allein die Gesellschaft selbst mit ihrem Namen und Sitz sowie der Angabe ihrer Registerdaten einzutragen; deren Gesellschafterbestand ist nicht aufnahmepflichtig, was insbesondere auch beim Gesellschafterwechsel relevant ist (vgl. § 12 II EGGmbHG).

Hieraus resultiert eine mittelbare Registerpflicht bzw. **Voreintragungs-** 23 **obliegenheit** rechtsfähiger GbR, wenn diese eine GmbH gründen oder **Geschäftsanteile erwerben** möchten (Begr. S. 269; Späth-Weinreich BWNotZ 2021, 90 (97): faktischer Eintragungszwang). Das gilt richtigerweise aber nicht, wenn eine bislang nicht eingetragene GbR ihre Geschäftsanteile **vollständig oder teilweise veräußern** möchte. Man kann darin zwar noch eine dem Wortlaut von § 40 I 3 GmbHG unterfallende Veränderung ihrer Beteiligung sehen (so Schäfer Neues PersGesR/Hermanns § 2 Rn. 50); es wäre indessen unverhältnismäßig, allein für den Fall der Veräußerung eine die GbR als solche treffende Eintragungsobliegenheit zu etablieren, so dass eine **teleologische Reduktion von § 40 I 3 GmbHG** geboten ist. – Rechtlich relevant ist die Voreintragungsobliegenheit wegen der **deklaratorischen Eintragung** ins Gesellschaftsregister im Übrigen freilich nicht für die materielle Wirksamkeit der Gründung bzw. Anteilsübertragung (vgl. auch Schäfer Neues PersGesR/Hermanns § 2 Rn. 49 und M. Noack NZG 2020, 581 (582): bloß **verfahrensrechtliche Bedeutung;** kritisch Heckschen Stellungnahme, S. 10). Dies ist insbesondere auch beim Erwerb von Anteilen von Todes wegen bedeutsam (Roßkopf Stellungnahme S. 6). Im Übrigen ergeben sich die Folgen der Nichteintragung in die Gesellschafterliste aber aus § 16 I und III GmbHG.

24   Bisherige Eintragungen in der Gesellschafterliste haben grundsätzlich gemäß § 40 I 3 GmbHG **Bestandsschutz.** Dies gilt aber nur so lange, bis in Bezug auf die GbR ein einreichungspflichtiger Umstand gemäß § 40 I GmbHG eintritt, worunter insbesondere ein **Gesellschafterwechsel** fällt (Noack/Servatius/Haas/Servatius § 40 Rn. 6a; Schäfer Neues PersGesR/Hermanns § 2 Rn. 51). Zusätzlich ist bei der Verwirklichung der Voreintragungsobliegenheit gemäß **§ 12 EGGmbHG** einmalig von sämtlichen bislang in die Gesellschafterliste eingetragenen Gesellschaftern und der GbR selbst zu versichern, dass die in der geänderten Gesellschafterliste eingetragene GbR dieselbe ist wie diejenige, die in der zuletzt zum Handelsregister eingereichten Gesellschafterliste eingetragen wurde (vgl. Noack/Servatius/ Haas/Servatius § 40 Rn. 6a; Schäfer Neues PersGesR/Armbrüster § 3 Rn. 49). Im Übrigen ist dann aber der Gesellschafterwechsel bei einer eingetragenen GbR keine in die Gesellschafterliste der GmbH aufnahmefähige Veränderung mehr.

25 **§ 12 EGGmbHG Veränderung der Gesellschafterliste in Bezug auf eine Gesellschaft bürgerlichen Rechts**

(1) Wird an der Eintragung einer nach § 40 Absatz 1 Satz 2 Halbsatz 2 des Gesetzes betreffend die Gesellschaften mit beschränkter Haftung in der bis zum 1. Januar 2024 geltenden Fassung in eine Gesellschafterliste eingetragenen Gesellschaft bürgerlichen Rechts nach dem durch das Personengesellschaftsrechtsmodernisierungsgesetz vom 10. August 2021 (BGBl. I S. 3436) geänderten Vorschriften eine Veränderung vorgenommen, haben sowohl sämtliche bislang in der Gesellschafterliste eingetragene Gesellschafter als auch die im Gesellschaftsregister eingetragene Gesellschaft bürgerlichen Rechts gegenüber den zur Einreichung der geänderten Gesellschafterliste Verpflichteten zu versichern, dass die in der geänderten Gesellschafterliste eingetragene Gesellschaft bürgerlichen Rechts dieselbe ist wie diejenige, die in der zuletzt zum Handelsregister eingereichten Gesellschafterliste eingetragen wurde.

(2) Bei einer Gesellschaft bürgerlichen Rechts, die nach § 40 Absatz 1 Satz 2 zweiter Halbsatz des Gesetzes betreffend die Gesellschaften mit beschränkter Haftung in der bis zum 1. Januar 2024 geltenden Fassung unter Angabe ihrer Gesellschafter in der Gesellschafterliste eingetragen ist, gilt als Veränderung im Sinne des § 40 Absatz 1 Satz 1 und 3 des Gesetzes betreffend die Gesellschaften mit beschränkter Haftung auch eine Veränderung in ihrem Gesellschafterbestand.

3. AG

Bei der **AG** gilt das zur GmbH im Hinblick auf das **Aktienregister** 26 **gemäß § 67 I 3 AktG** Gesagte grundsätzlich gleichermaßen (Begr. S. 268 f.; vgl. zum früheren Recht Grigoleit/Grigoleit/Rachlitz § 67 Rn. 48 f.). Abweichend von § 40 I 3 GmbHG bzw. § 12 II EGGmbHG besteht aber beim bloßen **Gesellschafterwechsel keine Voreintragungsobliegenheit** (Begr. S. 269 f.; Schäfer Neues PersGesR/Armbrüster § 3 Rn. 53). Dies ist rechtspolitisch durchaus zweifelhaft, kann aber durch die nur bei der GmbH gemäß § 16 III GmbHG auf die Gesellschafterliste bezogene Möglichkeit des gutgläubigen Erwerbs von Geschäftsanteilen gerechtfertigt werden. Eine mittelbare Eintragungspflicht resultiert daher allein aus der Aktienübertragung im Hinblick auf die Erwerbs-GbR. Kommt es im Übrigen freiwillig zur Eintragung der GbR ins Gesellschaftsregister, ist diese freilich auch ins Aktienregister einzutragen (Begr. S. 269).

VI. Kautelarischer Handlungsbedarf infolge des MoPeG

1. Grundlagen

Im Kern bringt § 713 keine wesentlichen Änderungen mit sich, sodass 27 grundsätzlich auch kein akuter Handlungsbedarf besteht. Dies gilt einschränkungslos bei **nicht rechtsfähigen GbR**, da diese gemäß § 740 I über kein Gesellschaftsvermögen verfügen, sodass sich die Frage nach der Bedeutung desselben in vermögensrechtlicher Hinsicht von vornherein nicht stellt. Insbesondere die An- und Abwachsung beim Mitgliederwechsel betreffen allein das (schuldrechtliche) Verhältnis der Gesellschafter untereinander. Verbindlichkeiten der Gesellschaft werden nicht begründet, sodass Gläubiger von vornherein nicht auf deren (nicht vorhandenes) Vermögen zugreifen können. Problematisch sind allein die Fälle, in denen eine sog. Innen-GbR nach altem Recht bestand, welche ein (vermeintliches) Gesellschaftsvermögen aufweist. Indem das Vorhandensein eines Gesellschaftsvermögens der GbR es aber richtigerweise bereits nach altem Recht ausschloss, eine bloße Innen – GbR anzunehmen (vgl. BGH WM 1973, 206 (207)), ergeben sich insoweit auch durch die Neuregelung keine Übergangsprobleme (vgl. auch → § 740 Rn. 1). § 713, § 740 I bringen daher auch für Altgesellschaften keine Änderung der Rechtslage mit sich, auf die kautelarisch reagiert werden müsste. – Bei **rechtsfähigen GbR** gilt dies letztlich ebenso. Bisherige rechtsfähige Altgesellschaften (sog. Außen-GbR) verfügten richtigerweise über ein eigenes Vermögen, so dass die Gesellschaftsgläubiger hierauf abweichend von § 736 ZPO aF zugreifen konnten (vgl. BGH NJW 2004, 3632 (3634)). Die An- und Abwachsung beim Mitgliederwechsel bezog sich auch hier unabhängig von diesem allein auf die mitgliedschaftliche Beteiligung der Gesellschafter im Verhältnis zueinander. Kautelarischer Handlungsbedarf besteht allein insoweit, als bisherige gesellschaftsvertragliche Regelungen im Hinblick auf die Emanzipation des Gesellschafterwechsels vom Gesellschaftsvermögen unklar ist. – Laut der Gesetzesbegründung sind **steuerrechtliche Änderungen** mit der Abschaffung der Gesamthand nicht beabsichtigt

(→ Rn. 3). Insbesondere vor dem Hintergrund der Einführung des sog. Optionsmodells gemäß § 1a KStG durch das Gesetz zur Modernisierung des Körperschaftsteuerrechts vom 25.6.2021 (BGBl. 2021 I S. 2050) scheinen solche Fernwirkungen zur Zeit sehr unwahrscheinlich. Gänzlich ausgeschlossen sind sie für die Zukunft angesichts der schrittweisen Annäherung der Personengesellschaften an juristische Personen freilich nicht. – Im Hinblick auf den **kautelarischen Handlungsbedarf** ist zwischen **drei Themenkomplexen** zu unterscheiden: erstens, den strukturellen Änderungen der Vermögenszuordnung, zweitens, dem Bestand und Änderungen von Rechten und Rechtspositionen der Gesellschaft, die in ein öffentliches Objektregister einzutragen sind, und drittens, dem Einfluss und der Wirkung anderer Tatsachen, insbesondere des Gesellschafterwechsels, auf diese Rechte.

2. Vermögenszuordnung und -strukturierung

28   Die Aufgabe des Gesamthandsprinzips begründet an sich keinen zwingenden Handlungsbedarf (vgl. auch Bachmann NZG 2020, 612 (615): „Praktische Konsequenzen sind damit nicht verbunden."). Mit der ausdrücklichen gesetzlichen Zuordnung des Vermögens zu der Gesellschaft ist allerdings richtigerweise die **Gestaltungsfreiheit** dahingehend eingeschränkt, als die Gesellschafter nunmehr nicht mehr von dem Leitbild des § 713 abweichen können, etwa durch die Strukturierung des Gesellschaftsvermögens als eine Gesamthand wie bisher oder eine Bruchteilsgemeinschaft (→ Rn. 4). – Mangels entsprechender ideeller Anteile der Gesellschafter am Gesellschaftsvermögen kann über diese auch nicht verfügt werden, **Verfügungsgegenstand** können allein der Gesellschaftsanteil (§ 711) bzw. ein Teil davon (→ § 711 Rn. 7, vgl. auch → Rn. 19) oder Ansprüche iSd § 711a S. 2 sein (→ § 711a Rn. 19 ff.). – Bisherige rechtsfähige Altgesellschaften (sog. Außen-GbR) verfügten richtigerweise über ein eigenes Vermögen, so dass die Gesellschaftsgläubiger hierauf abweichend von § 736 ZPO aF zugreifen konnten (vgl. BGH NJW 2004, 3632 (3634)). Die **An- und Abwachsung** beim Mitgliederwechsel bezog sich unabhängig von diesem allein auf die mitgliedschaftliche Beteiligung der Gesellschafter im Verhältnis zueinander. Kautelarischer Handlungsbedarf besteht daher allein insoweit, als bisherige gesellschaftsvertragliche Regelungen im Hinblick auf die Emanzipation des Gesellschafterwechsels vom Gesellschaftsvermögen unklar sind.

29   Rechtsklarheit und Rechtssicherheit besteht nunmehr für die **nicht rechtsfähige GbR:** sie verfügt über kein eigenes Gesellschaftsvermögen, sie ist nicht vermögensfähig (§ 740 I). Die Frage nach der Bedeutung desselben in vermögensrechtlicher Hinsicht stellt sich von vornherein nicht. Insbesondere die An- und Abwachsung beim **Mitgliederwechsel** betrifft allein das schuldrechtliche Verhältnis der Gesellschafter untereinander. Verbindlichkeiten der Gesellschaft werden nicht begründet, sodass Gläubiger von vornherein nicht auf deren (nicht vorhandenes) Vermögen zugreifen können. Problematisch sind allein die Fälle, in denen eine sog. Innen-GbR nach altem Recht bestand, welche ein (vermeintliches) Gesellschaftsvermögen aufweist. Indem das Vorhandensein eines Gesellschaftsvermögens der GbR es aber richtiger-

weise bereits nach altem Recht ausschloss, eine bloße Innen-GbR anzunehmen (vgl. BGH WM 1973, 206 (207)), ergeben sich insoweit auch durch die Neuregelung keine Übergangsprobleme (→ Rn. 5; vgl. auch → § 740 Rn. 1). § 713, § 740 I bringen daher auch für Altgesellschaften keine Änderung der Rechtslage mit sich, auf die kautelarisch reagiert werden müsste. – Im Übrigen bleibt freilich die Möglichkeit der (im Hinblick auf die Rechtsfähigkeit außergesellschaftsrechtlichen!) Bildung von **Miteigentum** mit der Folge der Entstehung einer Bruchteilsgemeinschaft iSd §§ 741 ff. (→ Rn. 4).

In der Praxis in allen Fällen zu beachten ist nach wie vor das **Erfordernis** **30** **einer klaren Trennung** der **Privatsphäre** des Gesellschafters und der Sphäre der Gesellschaft. Die genaue Dokumentation spielt hier eine bedeutsame Rolle (→ Rn. 10 f.). Diese Trennung ist insbesondere im Rahmen der Stellvertretung (Handeln im fremden Namen, → Rn. 10 f.) sowie bei dinglichen Geschäften für die Gesellschaft (Publizitäts- und Bestimmtheitsgrundsatz, → Rn. 9 f.) von Bedeutung, um den Vermögenserwerb zugunsten der Gesellschaft zu ermöglichen, darüber hinaus naturgemäß bei Geschäften der Gesellschaft mit ihren Gesellschaftern.

3. Registrierte Rechte

Den zweiten Komplex bilden das Schicksal und die Möglichkeit des **31** Erwerbs von Rechten und Rechtspositionen, die in einem **öffentlichen** **Objektregister** registriert sind, und ggf. bestehende Folgepflichten. – Für Neugesellschaften, die ab 1.1.2024 gegründet werden und an dem Grundstücksverkehr oder der Beteiligung an anderen Gesellschaften partizipieren wollen (ausgenommen ist lediglich die Beteiligung an einer nicht eingetragenen GbR, dies jedoch auch nur in gewissen Grenzen, → Rn. 21), begründet die Reform naturgemäß Handlungsbedarf: sie müssen sich in das Gesellschaftsregister eintragen lassen, ansonsten sind sie vom Erwerb dieser Rechte weitgehend ausgeschlossen.

Für **Altgesellschaften** gelten die Übergangsregelungen nach Art. 229 **32** § 21 EGBGB, Art. 89 EGHGB und § 12 EGGmbHG. Die erworbene Rechtsposition wird der Gesellschaft zunächst einmal nicht (allein aufgrund der fehlenden Eintragung im Gesellschaftsregister) entzogen, auch eine Anpassungspflicht besteht zunächst einmal nicht (→ Rn. 14, → Rn. 19, → Rn. 24), der weitere Umgang mit dem Recht/der Rechtsposition wird allerdings erheblich eingeschränkt. Ohne eine vorherige Eintragung sind rechtsgeschäftliche Verfügungen praktisch ausgeschlossen. Im Hinblick auf die bloße Veräußerung/Aufgabe der Rechtsposition sprechen zwar gute Gründe für den Verzicht auf das Voreintragungserfordernis (→ Rn. 14, → Rn. 19, → Rn. 23), doch herrscht in diesem Bereich erhebliche Rechtsunsicherheit. Es kann also nicht ausgeschlossen werden, dass auch diese Tatbestände ab 1.1.2024 die Voreintragungsobliegenheit auslösen (so die Begr. S. 216). Ist eine solche Veräußerung/Aufgabe bereits absehbar, sollte daher die Zeit bis zum Inkrafttreten der neuen Regelung genutzt und entsprechende Löschungen bis 31.12.2023 vorgenommen werden. – Außerdem ergeben sich Probleme bei einem Gesellschafterwechsel (vgl. dazu → Rn. 35 ff.).

33   Änderungen ergeben sich ferner für den **gutgläubigen Erwerb** im Hinblick auf den Grundstücksverkehr. Das Gesellschaftsregister wird hier in der Zukunft die maßgebliche Rolle spielen, eines Rückgriffs auf den (wesensfremden) § 899a aF bedarf es in Neugesellschaften nicht mehr (vgl. Bolkart MittBayNot 2021, 319 (323)). In Altgesellschaften ist aber die fortbestehende Möglichkeit des gutgläubigen Erwerbs gemäß § 899a aF entsprechend zu beachten (vgl. Begr. S. 216). – Im Hinblick auf die Beteiligung der GbR an einer OHG oder KG gestaltet sich die Lage ähnlich: Es besteht kein registerrechtlicher Zwang zur Anpassung an die neuen Vorgaben. Gleichwohl sind die **Publizitätswirkungen** nach § 15 HGB zu bedenken. Bei der Beteiligung an einer GmbH ist die Gutglaubenswirkung der **Gesellschafterliste** gemäß § 16 III GmbHG hervorzuheben. Bei der Beteiligung an einer AG ist hingegen ein gutgläubiger Erwerb aufgrund des im Aktienregister verlautbarten Gesellschafterbestands nicht möglich.

34   Die Einschränkungen im Hinblick auf den Grundstücksverkehr, die Beteiligung an anderen Gesellschaften sowie sonstige Rechte, die in bestimmten öffentlichen Objektregistern eingetragen bzw. in diese einzutragen sind, rücken die Frage der Eintragung der GbR in das Gesellschaftsregister gemäß § 707 in den Mittelpunkt. Ohne eine solche Eintragung bleiben sowohl Neu- als auch Altgesellschaften diese Felder weitgehend versperrt. Es sollte daher sorgfältig abgewogen werden, ob eine Eintragung in das Gesellschaftsregister erfolgen soll oder aber die bereits erworbene Rechtsposition – womöglich bis zum 31.12.2023 – aufgegeben wird, um einen etwaigen Registrierungszwang zu vermeiden. Hervorzuheben ist freilich auch, dass mit der Eintragung in das **Gesellschaftsregister** auch zahlreiche **Folgepflichten** verbunden sind (zB Eintragungspflicht bei Änderungen gemäß § 707 III, die Mitteilungspflicht zum Transparenzregister gemäß § 20 GwG ua; vgl. im Einzelnen → § 707 Rn. 21). – Ein generelles Voreintragungserfordernis für die Eintragung in ein öffentliches Objektregister besteht indes nicht. Von dem Voreintragungserfordernis nicht erfasst sind etwa die Erteilung eines Patents (vgl. § 4 II Nr. 1 lit. b bb Patentverordnung), die Anmeldung einer Marke (vgl. § 5 I 1 Nr. 2 lit. b Markenverordnung), die Gebrauchsmusteranmeldung (vgl. § 3 II Nr. 1 lit. b bb Gebrauchsmusterverordnung), die Eintragung eines Designs (vgl. § 6 I 1 Nr. 2 lit. b Designverordnung) sowie die Eintragung einer Halbleitertopographie (vgl. § 3 I Nr. 5 lit. b bb Halbleiterschutzverordnung).

4. Folgen des Gesellschafterwechsels

35   Der dritte Komplex betrifft schließlich den Einfluss der Änderungen im Gesellschafterbestand, etwa infolge einer rechtsgeschäftlichen Verfügung über einen Gesellschaftsanteil oder eines Erbfalls, auf bestehende Rechte und die Folgepflichten. Zu unterscheiden ist an dieser Stelle zwischen Alt- und Neugesellschaften, bei Letzteren zudem zwischen eingetragenen und nicht eingetragenen Gesellschaften. – Im Hinblick auf den Gesellschafterwechsel bei einer im **Grundbuch** vor 1.1.2024 eingetragenen Altgesellschaft ist Folgendes zu beachten: Die materiell-rechtliche Änderung ist ohne eine entsprechende Eintragung im Grundbuch wirksam. Die Eintragung des betroffenen Gesellschafters ist aber nunmehr unrichtig, dies führt indes nicht zu einer Unrichtigkeit des Grundbuchs iSv § 22 GBO, da die GbR weiterhin als Berechtigte ausgewiesen ist (→ Rn. 15). Gleichwohl war dieser Vorgang nach bisherigem Recht einer Grundbuchberichtigung zugänglich (vgl. Begr. S. 217). Die Perpetuierung der alten Rechtslage soll durch Art. 229 § 21 Abs. 2 EGBGB vermieden werden. Danach findet eine Grundbuchberichtigung gemäß § 22 GBO wie nach bisheriger Rechtslage nicht statt; es handelt sich um einen nach neuem Recht zu beurteilenden Umstand (§ 47 II GBO) und nach neuem Recht erfolgt keine Eintragung des Gesellschafterwechsels im Grundbuch (→ Rn. 12 f., → Rn. 15). Eine Richtigstellung kann nur dergestalt erfolgen, dass sich die GbR in das Gesellschaftsregister eintragen lässt und die registrierte GbR sogleich – nunmehr ohne Nennung der Gesellschafter – in das Grundbuch eingetragen wird (vgl. Schäfer Neues PersGesR/Hermanns § 2 Rn. 44). Wegen des Verweises auf § 82 GBO muss aber damit gerechnet werden, dass die Eintragung in das Gesellschaftsregister notfalls erzwungen werden kann (→ Rn. 15, Begr. S. 256). Problematisch ist hier die fortbestehende Möglichkeit des gutgläubigen Erwerbs gemäß § 899a aF entsprechend (→ Rn. 15). Der im Grundbuch verlautbarte Gesellschafterkreis wird infolge eines Gesellschafterwechsels zwangsläufig von der materiellen Rechtslage abweichen. Die dadurch eröffnete Möglichkeit des gutgläubigen Erwerbs aufgrund des öffentlichen Glaubens des Grundbuchs kann daher u.U. zu einem (mittelbaren) Zwang zur Eintragung in das Gesellschaftsregister führen.

Probleme ergeben sich ferner, wenn es zu einem **Gesellschafterwechsel** 36 in einer **nicht eingetragenen GbR** kommt und die Eintragung in das Gesellschaftsregister nach § 82 GBO erzwungen werden soll, die Gesellschafterin aber ihrerseits eine nicht eingetragene GbR ist. Nach der Reform greift hier § 707a I 2 ein, der eine Voreintragung im Gesellschaftsregister voraussetzt. Es muss daher damit gerechnet werden, dass auch auf diese Weise eine Eintragung in das Gesellschaftsregister erzwungen werden kann (→ Rn. 21).

In Bezug auf die **Beteiligung an einer OHG oder KG** ist die Lage 37 vergleichbar: bei einem Gesellschafterwechsel ist die GbR zunächst zur Eintragung in das Gesellschaftsregister anzumelden und sodann als Gesellschafterin (ohne Nennung ihrer Gesellschafter) in das Handelsregister zur Eintragung anzumelden, Art. 89 I 2 EGHGB (→ Rn. 19). Ohne eine entsprechende Anpassung sind die Publizitätswirkungen gemäß § 15 HGB zu beachten. – Die Beteiligung an einer GmbH löst beim Gesellschafterwechsel ebenfalls die Voreintragungsobliegenheit aus: Die Anpassung der in der Gesellschafterliste verlautbarten Rechtslage an die tatsächliche Rechtslage kommt erst nach einer Eintragung der GbR im Gesellschaftsregister in Betracht. Erfolgt diese nicht, kommt ein gutgläubiger Erwerb aufgrund des öffentlichen Glaubens der Gesellschafterliste gemäß § 16 III GmbHG in Betracht. – Bei der Beteiligung an einer Aktiengesellschaft löst der Gesellschafterwechsel hingegen keine Voreintragungsobliegenheit aus (→ Rn. 26). Die Anpassung des Aktienregisters ist daher ohne weiteres auch für nicht eingetragene GbR möglich. Ein gutgläubiger Erwerb würde hier allerdings mangels Gutglaubenswirkung ausscheiden (→ Rn. 26).

38   Auch bei eingetragenen Neugesellschaften wirkt die **Eintragung** des Gesellschafterwechsels in das Gesellschaftsregister rein **deklaratorisch,** die materiell-rechtliche Änderung vollzieht sich außerhalb des Registers. Eine unterlassene Eintragung des Gesellschafterwechsels führt freilich zur Unrichtigkeit des Gesellschaftsregisters mit den Folgen gemäß § 707a III iVm § 15 HGB. Ein Objektregister, wo die GbR als Rechtsinhaberin eingetragen ist, wird allerdings – anders als bisher iRv § 899a – nicht unrichtig. – Bei nicht eingetragenen Neugesellschaften stellt sich hingegen das Problem des Gesellschafterwechsels nicht, da hier eine vorherige Eintragung der Gesellschafter im Grundbuch, Handelsregister, in der Gesellschafterliste oder im Aktienregister von vornherein ausscheidet. Für diese Gesellschaften gilt uneingeschränkt das Voreintragungserfordernis.

§ 714 Beschlussfassung

Gesellschafterbeschlüsse bedürfen der Zustimmung aller stimmberechtigten Gesellschafter.

Übersicht

I. Reform

1. Grundlagen

§ 714 regelt nunmehr einheitlich, dass **alle Gesellschafterbeschlüsse** im **1** gesetzlichen **Regelfall einstimmig** zu fassen und hieran alle stimmberechtigten Gesellschafter zu beteiligen sind. Diese im Kern aus dem Wesen der GbR als Personengesellschaft ableitbare Prämisse galt bislang bereits, war indessen rechtstechnisch unvollkommen und missverständlich geregelt (→ Rn. 5). Im Hinblick auf **Stimmverbote** und die Zulässigkeit von **Mehrheitsklauseln** finden sich indessen keine klaren Neuerungen, was durchaus zu kritisieren ist (so auch Heckschen NZG 2020, 761 (764); Heckschen/ Nolting BB 2020, 2256 (2257); Martens AcP 221 (2021), 68 (82)). Der Gesetzgeber hat es insoweit dabei belassen, beide Aspekte auf der Grundlage der allgemeinen Lehren zu beurteilen, mithin einer Analogie zu § 47 IV GmbHG (→ Rn. 16) und dem vom BGH entwickelten zweistufigen Ansatz zur Legitimation und Kontrolle der Mehrheitsherrschaft (→ Rn. 22 ff.). – Im **Mauracher Entwurf** sah indessen § 714 S. 2-E noch weitergehend vor, dass eine gesellschaftsvertragliche Mehrheitsklausel „im Zweifel" auch für Beschlüsse gelte, die auf eine Änderung des Gesellschaftsvertrags gerichtet sind. Dies war erklärtermaßen auf die **uneingeschränkte Zulässigkeit von Mehrheitsbeschlüssen** gerichtet (vgl. Begr. Mauracher Entwurf, S. 89). Im Gesetzgebungsverfahren wurde dieser Ansatz indessen bewusst **aufgegeben** (vgl. M. Noack DB 2020, 2618 (2621)).

Dies ist **rechtspolitisch zu begrüßen** (abw. Habersack ZGR 2020, 539 **2** (559); ebenso unter dem Aspekt der Rechtssicherheit M. Noack NZG 2020, 581 (583)). Bereits die im Mauracher Entwurf angeführte Legitimation der Vermutungsregel, die Gesellschafter sollten wegen des liberalen gesetzlichen Regelfalls dazu angehalten werden, abweichende Regelungen zu treffen, ist höchst zweifelhaft (Drescher ZGR-Sonderheft 23, 2022, 116 (119)). Gesetzliche Regelungen sollten stets einen positiven Sinn haben, der auf das dahinter stehende gesetzliche Leitbild der Gesellschaftsform abgestimmt ist. Insofern spricht – jedenfalls bei der GbR – der auch nach der Reform an vielen Stellen unterstellte **fehlende Professionalisierungsgrad** dafür, die bürgerlich-rechtliche Ausgestaltung der GbR ernst zu nehmen (ebenso den Stellenwert der Privatautonomie betonend Martens AcP 221 (2021), 68 (82)). Der **Auslegung gemäß §§ 133, 157** kommt insofern eine starke Bedeutung zu, wenn es darum geht, den Einzelnen vor Nachteilen zu schützen (vgl. auch M. Noack DB 2020, 2618 (2621): Vorrang der Vertragsauslegung). Dies gilt insbesondere vor dem Hintergrund des Mehrbelastungsverbots gemäß § 710 (auf diesen Zusammenhang zutreffend hinweisend Martens AcP 221 (2021), 68 (83)). Eine generelle Zweifelsregelung, die ihm die Initiativlast und ggf. die Darlegungs- und Beweislast auferlegt, sich nicht (!) in Bausch und Bogen der Mehrheitsherrschaft unterworfen zu haben, würde dem nicht gerecht (vgl. zur **notwendigen Bestimmtheit** der Mehrheitsklausel bei Grundlagenentscheidungen und außergewöhnlichen Maßnahmen daher nach wie vor → Rn. 25 ff.). Insofern erscheint es generell als zweifelhaft, dass im Recht der Personengesellschaften die einfache Mehrheit auch für Grundlagenentscheidungen gelten soll, was § 732 ebenso widerspricht (→ § 732 Rn. 7), wie § 736 V (→ § 736 Rn. 28 ff.) und der Rechtslage bei den Körperschaften (hierauf ebenfalls hinweisend Schäfer ZIP 2020, 1149 (1152)).

3   Im Hinblick auf die Einführung eines speziellen **Beschlussmängelrechts** hat der Gesetzgeber abweichend vom Mauracher Entwurf (vgl. §§ 714a–714e-E, eine sog. Opt out-Lösung; hierzu Bergmann DB 2020, 994 (998); Schäfer ZIP 2021, 1527) **bewusst davon abgesehen,** dieses für die GbR einzuführen (vgl. Schollmeyer NZG 2021, 129 (1309): gravierendste Abweichung). Die **§§ 110 ff. HGB** gelten daher im gesetzlichen Regelfall nur für OHG und KG (vgl. insofern zur Möglichkeit des Opt out Meyer/Schwiete NZG 2022, 1035). Eine analoge Anwendung auf die GbR scheidet konsequenterweise aus (Schäfer Neues PersGesR/Grunewald § 5 Rn. 40; abw. für eingetragene GbR aber Tröger/Happ ZIP 2021, 2059 (2070); Claussen/Pieronczyk NZG 2021, 620 (628)). Es bedarf vielmehr einer entsprechenden **gesellschaftsvertraglichen Regelung,** welche sich am Vorbild der §§ 110 ff. HGB orientieren kann (so ausdrücklich Begr. S. 228: taugen als Vorbild; Einzelheiten → Rn. 43 ff.). – Die gesetzgeberische Zurückhaltung zu Gunsten einer **Opt in-Regelung** ist zu begrüßen. Der vom Gesetzgeber auch hier nach wie vor unterstellte **fehlende Professionalisierungsgrad** bei der Rechtsform GbR als die tragende Erwägung für die Nichtregelung (vgl. Begr. S. 124, 127, 269) rechtfertigt es, die gewünschte Erhöhung von Bestandsschutz und Effektivität der Beschlussfassung im Verhältnis zur allgemeinen Rechtsgeschäftslehre in die Hand der Gesellschafter zu legen, mithin nicht bereits als gesetzlichen Regelfall vorzusehen (vgl. Habersack ZGR 2020, 539 (559 ff.); Drescher ZGR-Sonderheft 23 (2020), 115 (126); Fleischer BB 2021, 368 (369); Schall ZIP 2020, 1443 (1447); Fehrenbach WM 2020, 2049 (2052 ff.); DAV NZG 2020, 1133 Rn. 37; Bachmann NZG 2020, 612 (613); abw. für Notwendigkeit einer den §§ 110–115 HGB entsprechenden default rule auch bei der GbR Tröger/Happ NZG 2021, 123 (138 ff.); Lieder ZRP 2021, 34 (35); Otte-Gräbener BB 2020, 1295 (1297); grundlegend bereits Koch, Gutachten F für den 72. DJT, 2018, F 68 ff.). Auf die Differenzierung anhand der Eintragung kommt es ebenfalls nicht an, da die **optionale Eintragung** die bürgerlich-rechtliche Ausgestaltung der GbR unberührt lässt (abw. Claussen/Pieronczyk NZG 2021, 620 (624)). Vielmehr ist es vor allem das bei der GbR im Gegensatz zu § 109 HGB **fehlende förmliche Beschlussverfahren,** welches den privatrechtlichen Ansatz des Gesellschafterzusammenschlusses nach wie vor als gesetzlichen Regelfall manifestiert. Ohne ein solches ergeben auch die §§ 110 ff. HGB keinen Sinn (M. Noack DB 2020, 2618 (2621); Otte Stellungnahme S. 3). Sofern daher

die Gesellschafter einen Gleichlauf zu OHG und KG herstellen wollen, insbesondere bei unternehmenstragenden GbR, muss dies entsprechend geregelt werden (vgl. für eingetragene GbR Claussen/Pieronczyk NZG 2021, 620 (627): unbedingt zu empfehlen; vgl. für Gelegenheitsgesellschaften Schall ZIP 2020, 1443 (1450): ungeeignet). Die Neuregelung ist so ein ausgewogener Kompromiss (Schäfer Neues PersGesR/Grunewald § 5 Rn. 128; Roßkopf Stellungnahme S. 8).

2. Zeitlicher Geltungsbereich

§ 714 tritt gemäß Art. 137 S. 1 MoPeG am **1.1.2024** in Kraft; eine Über- **4** gangsregelung ist nicht vorgesehen. Im Umkehrschluss zu Art. 229 § 61 EGBGB folgt daher, dass sich die gesellschaftsrechtlichen Voraussetzungen für die kollektive Willensbildung der Gesellschafter ab dem Zeitpunkt des Inkrafttretens nach neuem Recht richtet. Den maßgeblichen Anknüpfungspunkt für die zeitliche Beurteilung aus materiell-rechtlicher Perspektive bestimmt indessen der Grundsatz der **lex temporis actus** (vgl. Hess, Intertemporales Privatrecht, 1998, S. 7, 147 f., 344: Prinzip der Gleichzeitigkeit von anwendbarem Recht und zu beurteilendem Sachverhalt). Bereits verwirklichte Tatbestände werden daher auch darüber hinaus nach altem Recht beurteilt. Maßgeblicher Zeitpunkt für die rechtliche Beurteilung ist die Beschlussfassung (in diese Richtung auch Begr. S. 238), bei konsekutiven Verfahren kommt es auf die letzte notwendige Willenserklärung eines Gesellschafters an. – Bereits vor Inkrafttreten der Reform vereinbarte **Mehrheitsklauseln** behalten ihre Gültigkeit. Indem die Neuregelung gegenüber der bisherigen Rechtslage keine Änderungen im Hinblick auf die Gestaltungsfreiheit hervorruft, dürften sich keine Übergangsprobleme stellen. Die (konkludente) Vereinbarung der §§ 110 ff. HGB (sog. Opt in-Regelung) dürfte indessen nur dann anzunehmen sein, wenn die maßgeblichen Regelungen zum relevanten Zeitpunkt bereits bekannt sind.

II. Normzweck, Anwendungsbereich

§ 714 ist die zentrale Ausprägung des **schuldrechtlichen Vertragsmo-** **5** **dells** von Personengesellschaften. Wie bislang und tradiert gilt hier im dispositiven gesetzlichen Regelfall das **Einstimmigkeitsprinzip** zugunsten aller (stimmberechtigten) Gesellschafter, was sich grundlegend vom Mehrheitsprinzip bei Körperschaften unterscheidet. § 709 III beruht hierauf, macht insofern jedoch auch deutlich, dass Mehrheitsentscheidungen zulässig sind und bezüglich der Stimmkraft ohne weiteres Abweichungen gegenüber der Berechnung nach Köpfen vereinbart werden können (→ § 709 Rn. 21 ff.). – Gesetzliche Regelungen zum **Beschluss im Rechtssinne** gibt es nur vereinzelt und speziell in § 715 II 2 (Zustimmung zur Vornahme außergewöhnlicher Geschäfte), § 715 V 1 (Entziehung der Geschäftsführungsbefugnis), § 727 (Ausschluss eines Gesellschafters aus wichtigem Grund), § 729 I Nr. 4, § 732 (Auflösungsbeschluss), § 734 (Fortsetzungsbeschluss), § 736 IV (Bestellung von Liquidatoren) und § 736d I (Weisungen an den Liquidator). Darüber hinaus ist der Beschluss vor allem zur Charakterisierung der allgemeinen **Grundlagenentscheidungen** heranzuziehen, soweit hierüber der Gesellschaftsvertrag geändert wird (vgl. Drescher ZGR-Sonderheft 23, 2022, 116 (117): Beschluss und kein neuer, ggf. mehrseitiger Vertragsabschluss). Daneben gibt es auch Regelungen, die explizit auf die **Zustimmung** der übrigen Gesellschafter Bezug nehmen: § 711a (Übertragung von Gesellschaftsanteilen) sowie § 719 (Entstehen der Gesellschaft als rechtsfähige, vgl. insofern auch § 705 II). Diese sind im gesetzlichen Regelfall zwar kein Beschluss im Rechtssinne, unterfallen aber gleichermaßen dem Einstimmigkeitsprinzip und können auch ohne weiteres aufgrund entsprechender Vereinbarung Mehrheitsherrschaft zugewiesen werden.

6   § 714 gilt bei allen **rechtsfähigen und nicht rechtsfähigen GbR** (vgl. zu Letzteren den Verweis in § 740 II; → § 740 Rn. 18). Für OHG und KG gilt vorrangig § 109 III HGB; bei der Partnerschaftsgesellschaft gilt gemäß § 1 IV PartGG dieselbe Opt in-Regelung wie bei der GbR.

III. Gesellschafterbeschlüsse

1. Grundlagen

7   Besondere Regelungen über Gesellschafterbeschlüsse gibt es bei der GbR nicht. Hieran hat auch die Reform nichts geändert (Schäfer Neues Pers-GesR/Grunewald § 5 Rn. 23); die §§ 110 ff. HGB gelten nur aufgrund besonderer Vereinbarung im Gesellschaftsvertrag (sog. Opt in-Lösung, vgl. → Rn. 3, → Rn. 43). Der Gesellschafterbeschluss als mehrseitiges und mehraktiges Rechtsgeschäft (vgl. BGH NJW 1976, 59) hat indessen eine grundlegende Bedeutung für die **interne Willensbildung** im Personenverband, insbesondere bei pluralistischen Gesellschaften mit mehr als zwei Gesellschaftern. Hierüber wird es ermöglicht, die individuelle Teilhabe der einzelnen durch Ausübung des Stimmrechts in eine **kollektive Willenserklärung** mit allseitiger Wirkung überzuleiten. Hieraus folgt vor allem, dass bei pluralistischen Gesellschaften die (vermeintliche) Mehrheit nicht ohne Beteiligung der Minderheit „durchregieren" kann, mithin eine Beschlussfassung erfolgt, ohne dass allen übrigen Gesellschaftern nicht wenigstens die Teilnahme hieran nebst entsprechender Möglichkeit der Vorbereitung eingeräumt wird. Bei der GbR besteht daher auch im gesetzlichen Regelfall das Recht jedes Gesellschafters, vor der Beschlussfassung (durch die Mehrheit) entsprechend angehört zu werden (vgl. BGH NJW 1976, 49). Umgekehrt hat die Minderheit zwingend das Recht, die Befassung der Gesellschaftergesamtheit über einen Beschlussgegenstand herbeizuführen (vgl. zum Einberufungsrecht der Minderheit BGH NJW 1988, 969; OLG Stuttgart ZIP 2010, 474).

8   Im Hinblick auf die Beschlussfassung lassen sich grundsätzlich **Grundlagenentscheidungen und Geschäftsführungsangelegenheiten** unterscheiden (vgl. BGH NJW 1976, 49). Erstere betreffen die formal oder konkludent herbeigeführten Änderungen des Gesellschaftsvertrags, insbesondere auch im Hinblick auf den Gesellschafterbestand; Letztere betreffen Entschei-

dungen innerhalb der durch den Gesellschaftsvertrag gesetzten Ordnung. Beides war bereits im früheren Recht angelegt, kam dort in den § 709 II aF, § 712 I aF aber nicht hinreichend deutlich zum Ausdruck (Begr. S. 148: in schwer auflösbarer Weise miteinander verwoben). Es war daher ein erklärtes Ziel der Reform, beide Aspekte klar voneinander zu trennen (Begr. S. 148: Geschäftsführung und Beschlussfassung als zwei autonome Entscheidungsprozesse). Gesellschafterbeschluss iSv § 714 ist damit vordergründig allein die kollektive Willensbildung im Bereich der **Grundlagenentscheidungen;** Entscheidungen in Geschäftsführungsangelegenheiten sind demgegenüber Gegenstand von § 715. Die seitens des Gesetzgebers intendierte Trennung ist indessen auch nach der Reform bei genauerer Betrachtung weit weniger stark ausgeprägt. Es wäre nämlich verkürzt, § 714 allein auf Grundlagenentscheidungen zu erstrecken und die hierin grundlegend etablierten Anforderungen an die Beschlussfassung der Gesellschafter bei Personengesellschaften und die hiermit untrennbar zusammenhängenden Einzelprobleme (Stimmrechtsausschluss, Geltung des Mehrheitsprinzips, Schranken der Mehrheitsherrschaft etc.) allein hierauf zu beschränken. Die **Regelung** ist vielmehr im Hinblick auf das dahinterstehende **Wertungsmodell verallgemeinerungsfähig.** Sie erstreckt sich der Art nach auf die gesamte kollektive Willensbildung, mithin auch die in Geschäftsführungsangelegenheiten und in anderen Fällen, in denen die Gesellschafter zur Entscheidung berufen sind.

§ 714 postuliert insofern einerseits verallgemeinernd das **Einstimmig-** 9 **keitserfordernis** als dispositiven gesetzlichen Regelfall für die **gesamte verbandsinterne Willensbildung** (ebenso der gestrichene § 119 I HGB aF; vgl. auch BGH NJW 1953, 102; vgl. nunmehr § 715 I). Andererseits gewährt die Regelung auf der Grundlage von § 708 auch in prinzipiell allen Bereichen **Gestaltungsfreiheit,** hiervon abzuweichen, wobei dann freilich nach Maßgabe der im Wege der Auslegung gemäß § 133, 157 zu beurteilenden Reichweite der Vereinbarung und der Grenzen der Gestaltungsfreiheit Grundlagenentscheidungen und Geschäftsführungsangelegenheiten zu unterscheiden und ggf. unterschiedlich zu behandeln sind. Vertragliche Regelungen über das **Mehrheitsprinzip** (Mehrheitsklausel) oder die sonstigen Anforderungen an die Willensbildung (Stimmkraft, Abstimmungsverfahren etc.) können sich nämlich prinzipiell auf alle Gegenstände der als „Beschluss" oder „Zustimmung" gesetzlich charakterisierten Willensbildungen beziehen. Ein Gleichlauf ist nicht zwingend, so dass es auch differenzierte Lösungen geben kann, was **Auslegungsprobleme** nach sich zieht (vgl. bereits BGH WM 1961, 303 (304)). Insofern ist auch zu unterscheiden, ob die Maßnahme die gesellschaftsvertragliche Ordnung als hierarchisch höchste Verbandsregelung abändern soll oder bloß Maßnahmen innerhalb dessen verwirklicht werden sollen. Die Unterwerfung des einzelnen unter eine Mehrheitsklausel unterliegt richtigerweise im Hinblick auf die Bejahung infolge der Auslegung bei Grundlagenentscheidungen strengeren Anforderungen (vgl. zur sog. formellen Legitimation der Mehrheitsherrschaft → Rn. 22 ff.). Wegen der rechtlich unterschiedlichen Bedeutung ergeben sich aus dieser Differenzierung auch unterschiedliche Vorgaben für den **Umfang der Gestaltungsfreiheit.**

§ 715 II 2 bringt dies deutlich zum Ausdruck, indem der Schutz der Gesellschafter und das Recht auf Teilhabe an der Willensbildung auch bei „formal" als Geschäftsführungsangelegenheit zu qualifizierenden Maßnahmen verstärkt sind, wenn diese wegen ihres außergewöhnlichen Charakters einer Grundlagenentscheidung gleichzustellen sind. Schließlich ist auch die **Treuepflichtbindung** der Gesellschafter bei Grundlagenentscheidungen und Geschäftsführungsangelegenheiten unterschiedlich stark ausgeprägt (→ Rn. 30).

2. Beschlussfassung

10   Bei der GbR gibt es im gesetzlichen Regelfall kein „Organ Gesellschafterversammlung" und auch kein förmliches Beschlussverfahren. § 32 gilt nicht analog (vgl. BGH ZIP 1994, 1523); hieran hat auch die Reform nichts geändert (Schäfer Neues PersGesR/Grunewald § 5 Rn. 23); vgl. aber zu OHG und KG § 109 HGB (Beschlussfassung in Versammlungen, Einberufungsrecht, Beschlussfähigkeit). Praktisch bedeutsam sind bei der GbR daher gesellschaftsvertragliche **Regelungen über das Verfahren** der Beschlussfassung (zum Ganzen Grunewald FS Hager, 2021, 371 (373)). Dies betrifft etwa die Einhaltung der Schriftform (vgl. BGH WM 1968, 646) oder die Abstimmung in einer Versammlung (real oder online; vgl. zum Umlaufverfahren RGZ 101, 78). Das Recht jedes Gesellschafters, eine solche einzuberufen, ist aber unabdingbar (vgl. BGH NJW 1988, 969) und muss daher nicht explizit vereinbart werden (Schäfer Neues GesR/ Grunewald § 5 Rn. 38). Vgl. iÜ zur Vereinbarung des an sich allein für OHG und KG geltenden **Beschlussmängelrechts** gem. §§ 110 ff. HGB (→ Rn. 43 ff.).

11   Unabhängig davon, wer zur Beschlussfassung berufen ist oder ob das Mehrheitsprinzip gilt, ist ein Gesellschafterbeschluss iSv § 714 in jedem Fall ein mehrseitiges und **mehraktiges Rechtsgeschäft** (vgl. BGH NJW 1976, 59), welches sich durch die **Stimmabgabe** der Gesellschafter inhaltlich konstituiert. Hierbei handelt es sich um wechselseitige Erklärungen der Gesellschafter, mithin eine von Rechtsbindungswillen getragene Willensübereinstimmung nach Maßgabe von §§ 145 ff. Deren Wirksamkeit ergibt sich aus den Vorgaben der allgemeinen Rechtsgeschäftslehre (vgl. aber zum Bestandsschutz gemäß der Lehre von der fehlerhaften Gesellschaft → § 719 Rn. 21 ff.). Eine Bindung an die eigene Stimmabgabe ist jedenfalls solange nicht gegeben, wie die Beschlussfassung noch nicht vollendet ist, mithin alle zur Entscheidung berufenen Gesellschafter abgestimmt haben bzw. ihre Zustimmung verweigerten (vgl. hierzu BGH NJW-RR 1990, 798; weitergehend für Widerruflichkeit aus wichtigem Grund auch zu einem späteren Zeitpunkt MüKoBGB/Schäfer § 709 Rn. 76). Eine Form ist im gesetzlichen Regelfall nicht vorgesehen; konsequenterweise können Beschlüsse auch **konkludent** gefasst werden, zB bei gleichzeitiger Anwesenheit aller (vgl. BGH WM 1957, 1128 (1130)) oder durch langjährige Übung (vgl. BGH NJW 1966, 826; WM 1974, 177 (179); 1985, 1229; NJW 1990, 2684 (2685)). Eine förmliche Beschlussfeststellung ist im gesetzlichen Regelfall nicht vorgesehen (Schäfer ZIP 2014, 1527 (1531)).

Im Hinblick auf die Beschlussmehrheit genügt bei **Vorliegen einer Mehr-** 12
heitsklausel grundsätzlich die **einfache Mehrheit** (Begr. S. 148; vgl. aber
§ 732: Mehrheit von mindestens ¾ der abgegebenen Stimmen, → § 732
Rn. 7). Weitergehenden Forderungen, für Grundlagenentscheidungen im
(dispositiven) gesetzlichen Regelfall ein qualifiziertes Mehrheitserfordernis
einzuführen (vgl. Heckschen NZG 2020, 761 (764)), ist der Gesetzgeber
nicht gefolgt. Abweichende Verschärfungen sind indessen ohne weiteres
zulässig; das Gleiche gilt für Erleichterungen, was insbesondere gegeben ist,
wenn einzelnen Gesellschaftern kein Stimmrecht zusteht (→ § 709
Rn. 23). – Die **Stimmkraft** des Einzelnen richtet sich nach § 709 III
(→ § 709 Rn. 21 ff.); vgl. zum Stimmrechtsausschluss (→ Rn. 16). Das
Stimmrecht ist wegen des **Abspaltungsverbots** gemäß § 711a S. 1 nicht
übertragbar (→ § 711a Rn. 7 ff.); zu Gunsten Dritter kann wegen der Ver-
bandsautonomie auch kein Zustimmungsvorbehalt eingeräumt werden. Die
Stellvertretung ist indessen grundsätzlich zulässig (→ § 711a Rn. 9). Die
gesetzliche Stellvertretung Minderjähriger richtet sich im Übrigen nach den
jeweils maßgeblichen Regeln (vgl. insbesondere §§ 1626, 1629; Einzelheiten
bei J. Flume NZG 2014, 17).

IV. Zustimmung aller stimmberechtigten Gesellschafter

1. Grundlagen

§ 714 stellt klar, dass es für die Beschlussfassung auf die **Stimmberechti-** 13
gung ankommt, welche durchaus unterschiedlich ausgestaltet sein kann.
Bedeutsam ist insofern vor allem die Beschlussfassung in **Geschäftsfüh-**
rungsangelegenheiten, welche gemäß § 715 nur denjenigen Gesellschaftern zusteht, die über Geschäftsführungsbefugnis verfügen, soweit kein außer-
gewöhnliches Geschäft vorliegt (→ § 715 Rn. 20). Im Rahmen der
Grundlagenentscheidungen (vor allem Änderung des Gesellschaftsvertrages) sowie in den Fällen von § 715 V 1 (Entziehung der Geschäftsführungsbefugnis), § 727 (Ausschluss eines Gesellschafters aus wichtigem Grund), § 729
I Nr. 4, § 732 (Auflösungsbeschluss), § 734 (Fortsetzungsbeschluss), § 736 IV
(Bestellung von Liquidatoren) und § 736d I (Weisungen an den Liquidator)
sowie von § 711a (Übertragung von Gesellschaftsanteilen) und § 719 (Entstehen der Gesellschaft als rechtsfähige, vgl. insofern auch § 705 II) obliegt die
Stimmberechtigung indessen im Ausgangspunkt allen Gesellschaftern, da
diese Ausprägung ihrer Mitgliedschaft ist (vgl. zum Abspaltungsverbot
→ § 711a Rn. 7 ff.).

Das Stimmrecht steht nach Maßgabe von § 711a S. 1 **allein den Gesell-** 14
schaftern zu (weitergehend für die Einräumung eines zusätzlichen Stimmrechts Dritter BGH NJW 1960, 963, was nicht überzeugt). Es kann einem
Gesellschafter aufgrund vertraglicher Vereinbarung **entzogen** werden (vgl.
BGH NJW 1993, 1109; 1956, 1198). § 709 III 1 stellt nunmehr ausdrücklich
klar, dass auch in Bezug auf Abstimmungen die vereinbarten Beteiligungsverhältnisse Vorrang haben (→ § 709 Rn. 21 ff.). Eine gesellschaftsrechtliche
Null-Beteiligung ist daher keineswegs nur auf die vermögensmäßige Partizi-

pation beschränkt. Gemäß § 313 sind solche Vereinbarungen indessen bei wesentlichen nachträglichen Veränderungen zu korrigieren, sodass ein einmal entzogenes Stimmrecht auch wiederaufleben kann. – Die **Bevollmächtigung** eines Dritten oder Mitgesellschafters nach Maßgabe von §§ 167 ff. oder die Einräumung einer Ermächtigung iSv § 185 (sog. Legitimationszession, vgl. BeckOGK/Geibel § 717 Rn. 20) ist **grundsätzlich zulässig,** weil hierdurch keine Übertragung im Sinne einer Verfügung erfolgt (BGH NJW 1952, 178 (179)). Gleichwohl kann hierdurch die durch das Abspaltungsverbot gewährleistete Einheitlichkeit der Mitgliedschaft (→ § 711a Rn. 9) relativiert werden; zudem steht die Wahrung von Geheimhaltungsinteressen zu Gebote, wenn Dritte hierdurch am gesellschaftsinternen Willensbildungsprozess teilhaben. In entsprechender Anwendung von § 711a S. 1 ist daher jedenfalls die Einräumung einer **verdrängenden Vollmacht** bzw. Ausübungsermächtigung generell **unwirksam,** wenn hierdurch der wahre Berechtigte faktisch passiv und damit auch strukturell verantwortungslos wird (allgM, vgl. nur BGH NJW 1952, 178; 1956, 1198; Henssler/Strohn/Kilian § 717 Rn. 9). Dies gilt auch, wenn sämtliche Gesellschafter einverstanden sind. – **Unterhalb dieser Schwelle** bleibt es freilich bei der grundsätzlichen Wirksamkeit solcher Gestaltungen, da diese auch im berechtigten Interesse der Gesellschafter als Vollmachtgeber zu sehen sind. Man kann daher richtigerweise auch keinem generellen Zustimmungserfordernis der Mitgesellschafter für die Vollmachterteilung das Wort reden, auch in Bezug auf Dritte. Es kann vielmehr nur im Rahmen der **Treuepflichtkontrolle** ein Zurückweisungsrecht der GbR bzw. Mitgesellschafter angenommen werden, wenn die Einschaltung eines Dritten die Funktionsfähigkeit des gesellschaftsrechtlichen Zusammenschlusses stört (weitergehend für grundsätzliches Erfordernis der Zustimmung RGZ 163, 385 (393 f.); BGH NJW 1962, 738; 1970, 706; 1952, 178 (179); BeckOGK/Geibel § 717 Rn. 19 f.; vgl. aber auch RGZ 123, 289 (300): Zustimmung bei Nichtwiderspruch zu bejahen). – Nach dieser Maßgabe zulässig ist es insbesondere auch, die Ausübung von Geschäftsführungsbefugnis und organschaftlicher Vertretungsmacht auf Dritte zu delegieren (vgl. BGH NJW 1962, 738; → § 715 Rn. 23); vgl. zur Wahrnehmung des Informationsrechts gemäß § 717 (→ § 717 Rn. 15).

15   **Stimmbindungsverträge** sind grundsätzlich wirksam. Dies gilt ohne weiteres für Vereinbarungen der Gesellschafter untereinander (vgl. BGH NJW 1951, 268 f.). Für Vereinbarungen mit Dritten gilt dies ebenso, wenn diese, wie regelmäßig, nur schuldrechtlich wirken (vgl. BGH NJW 1967, 1963; 1987, 1890 (1892)). In der Literatur wird dies insbesondere wegen der Vollstreckbarkeit solcher Vereinbarungen (vgl. BGH NJW-RR 1989, 1056) nachvollziehbar kritisch gesehen, weil hierdurch die Verbandssouveränität gefährdet wird und ein Verantwortlichkeitsvakuum entstehen kann (vgl. zum Ganzen mwN BeckOGK/Geibel § 717 Rn. 21 ff.). Gleichwohl sollte es bei der grundsätzlichen Zulässigkeit bleiben. Über die GbR lassen sich in besonders strengem Maße über eine **Sittenwidrigkeits- und Treuepflichtkontrolle im Einzelfall** sachgerechte Ergebnisse begründen, was zwar auf Kosten der Rechtssicherheit geht, aber passgenaue Lösungen ermöglicht.

2. Stimmrechtsausschluss

Der Stimmrechtsausschluss ist gesetzlich **nur teilweise explizit geregelt.** **16** So sieht etwa § 715 V 1 vor, dass die Entziehung der Geschäftsführungsbefugnis nur von den anderen Gesellschaftern beschlossen werden kann (→ § 715 Rn. 40 ff.). Das Gleiche gilt für die Entziehung der Vertretungsmacht gemäß § 720 IV (→ § 720 Rn. 26 ff.) und den Ausschluss eines Gesellschafters aus wichtigem Grund gemäß § 727 (→ § 727 Rn. 17). Im Übrigen ergibt sich ein Stimmrechtsausschluss **wegen Interessenkollision** aus den allgemeinen Regeln. Der Gesetzgeber hat es bewusst unterlassen, hierfür eine explizite Regelung zu treffen, um eine „missliche Kasuistik" zu vermeiden und den Vorrang der treuepflichtgestützten Beschlusskontrolle nicht zu konterkarieren (Begr. S. 148 f.; zustimmend K. Schmidt ZHR 185 (2021), 17 (35); Bachmann Stellungnahme S. 9; kritisch Drescher ZGR-Sonderheft 23, 2022, 116 (122); Heckschen NZG 2020, 761 (764); Fleischer DStR 2021, 430 (436)). Insofern bleibt es auch nach der Reform richtigerweise bei der **entsprechenden Anwendung von § 47 IV GmbHG** (vgl. nur BGH NZG 2012, 625 Rn. 31 ff.; zurückhaltender Schäfer Neues PersGesR/Grunewald § 5 Rn. 27: bleibt abzuwarten). Ein Gesellschafter unterliegt hiernach einem Stimmverbot wegen Interessenkollision, wenn über ein Vertragsverhältnis zwischen ihm und der GbR abgestimmt wird (OLG Frankfurt BeckRS 2018, 4516 Rn. 41 f.). Das Gleiche gilt bei Beschlussfassungen über die Entlastung, die Einleitung eines Rechtsstreits oder die außergerichtliche Geltendmachung von Ansprüchen gegen einen Gesellschafter sowie bei der Befreiung eines Gesellschafters von einer Verbindlichkeit (BGH NZG 2012, 625 Rn. 16; LG Heidelberg BeckRS 2016, 18066). Jenseits dieser tatbestandlich weitgehend konturierten Fälle ist bei **innergesellschaftlichen Angelegenheiten** indessen für die Bejahung eines auch über den Wortlaut von § 47 IV GmbHG hinausgehenden Stimmrechtsausschlusses Zurückhaltung geboten, wenn kein Vorgehen gegen einen Gesellschafter aus wichtigem Grund gegeben ist (vgl. insofern § 715 V, § 720 IV, § 727). Hier ist, wie auch bei anderen Rechtsformen, die **treuepflichtgesteuerte Beschlusskontrolle** das passgenauere Instrument für die rechtliche Beurteilung von Interessenkollisionen; ein kategorischer Stimmrechtsausschluss würde insofern zu weit gehen. Diese restriktive Beurteilung ist durch die Passivität des Reformgesetzgebers zur Etablierung eines umfassenden Stimmverbots auch weiterhin maßgeblich.

3. Sicherungsrechte Dritter

Die **Pfändung** eines Gesellschaftsanteils begründet gemäß § 726 ein Kün- **17** digungsrecht des Privatgläubigers, sodass dieser auf die Vermögensansprüche eines Gesellschafters gemäß § 728 zugreifen kann (→ § 726 Rn. 8 ff.). Jenseits dessen stehen dem Pfändungsgläubiger **keine Mitgliedschaftsrechte** zu (RGZ 95, 231 (234); abw. für die zur Realisierung des Auseinandersetzungsanspruchs erforderlichen Informations- und Kontrollrechte OLG München BeckRS 2008, 18097; MüKoBGB/Schäfer § 725 Rn. 20). Das vollstreckungsrechtliche Verfügungsverbot gemäß §§ 136, 135 I hindert indessen den Gesellschafter an der Ausübung der Mitgliedschaftsrechte, soweit hierdurch die Vermögensinteressen des Gläubigers beeinträchtigt werden (Einzelheiten bei BeckOGK/Geibel § 725 Rn. 30). – Bei der **Verpfändung** eines Gesellschaftsanteils gemäß §§ 1273, 1280 gilt grundsätzlich das Gleiche; die gesellschaftsrechtlichen Mitverwaltungsrechte verbleiben allein beim Schuldner. Praktisch geboten kann es indessen sein, zugunsten des Pfandgläubigers bereits im Vorfeld der Verwertungsreife eine Vollmacht zur Geltendmachung der an sich nicht verstrickten Gesellschafterrechte einzuräumen (→ Rn. 14).

18   Bei der **Treuhand** ist der Treuhänder als (formaler) Gesellschafter Vollinhaber der aus der Gesellschafterstellung resultierenden Rechte und unterliegt den entsprechenden Pflichten (BGH NJW-RR 1991, 1441). Im schuldrechtlichen **Innenverhältnis zum Treugeber** (§ 675) ist er jedoch diesem gegenüber zur Interessenwahrung verpflichtet (BGH WM 1991, 1753; vgl. zur gespaltenen Abstimmung nach Maßgabe der jeweiligen Treuhandabrede OLG Köln NJW-RR 1997, 487). Der Hauptgesellschafter bleibt bei der Ausübung seiner Gesellschafterrechte im Verhältnis zur Gesellschaft ungebunden (BGH WM 1977, 525 (527)). Praktisch geboten kann es indessen sein, zugunsten des Treugebers eine Vollmacht zur Geltendmachung der Gesellschafterrechte einzuräumen (→ Rn. 14). – Eine andere Beurteilung ist geboten, wenn der Treugeber aufgrund vertraglicher Vereinbarung mit den Gesellschaftern ein **Quasi-Gesellschafter** werden soll (vgl. zum Ganzen bei Publikumsgesellschaften Henssler/Strohn/Servatius HGB Anh. Rn. 19 ff.). Dann stehen dem Treugeber selbst auch die gesellschaftsrechtlichen Mitsprachrechte zu (vgl. → § 711a Rn. 16). – Bei der **Unterbeteiligung** gilt das Vorgesagte entsprechend. Hier lässt sich jemand aufgrund vertraglicher Vereinbarung mit einem Gesellschafter Vermögensrechte einräumen, die aus dessen Mitgliedschaft in der GbR resultieren. Das Rechtsverhältnis zwischen dem Berechtigten und dem Gesellschafter ist regelmäßig eine nicht rechtsfähige GbR (BGH NJW 1968, 2003), ggf. als stille Beteiligung iSv § 230 HGB (MüKoHGB/K. Schmidt HGB Vor § 230 Rn. 97).

19   Die Bestellung eines **Nießbrauchs** ist gemäß §§ 1068, 1069 I iVm § 711 I mit der (ggf. antizipierten) Zustimmung der Mitgesellschafter (→ § 711 Rn. 17) zulässig (BGH NJW 1972, 1755 (1756); 1999, 571 (572); OLG Karlsruhe in MDR 1989, 160; Henssler/Strohn/Kilian § 717 Rn. 12; abw. Soergel/Hadding/Kießling § 717 Rn. 18a; Einzelheiten bei Wälzholz DStR 2010, 1786; Kruse RNotZ 2002, 69). Während der Besteller unstreitig Gesellschafter der GbR bleibt, ist nach wie vor heftig umstritten, welche Qualität und welchen Umfang die Befugnisse des Nießbrauchers haben (→ § 711a Rn. 18). Im Hinblick auf die **Verwaltungs- und Informationsrechte** ist richtigerweise eine differenzierte Betrachtung vorzunehmen (so auch BFH NJW 1995, 1918 (1919)): Auf der Grundlage von § 1030 als (bloßes) Fruchtziehungsrecht und um das Abspaltungsverbot nicht völlig zu konterkarieren, stehen dem Nießbraucher richtigerweise lediglich diejenigen Verwaltungsbefugnisse zu, die sich als **laufende Angelegenheit** qualifizieren lassen, mithin keine grundlegende Bedeutung haben (so auch Henssler/Strohn/Kilian § 717 Rn. 13). Insofern ist wegen des personalen Zusammenschlusses bei der GbR insgesamt eine **restriktive Beurteilung** angezeigt; insbesondere verfügt der Nießbraucher über keine organschaftliche Geschäftsführungs- oder Vertretungskompetenz. Die Zuständigkeit für Grundlagenentscheidungen verbleibt ebenfalls allein beim Gesellschafter (BGH NJW 1999, 571; weitergehend für die generelle ausschließliche Zuständigkeit des Gesellschafters OLG Koblenz NJW 1992, 2162 (2164); vgl. zum Ganzen mwN BeckOGK/Geibel § 717 Rn. 43 ff.). Als Alternative kann es praktisch geboten sein, zugunsten des Nießbrauchers eine Vollmacht zur Geltendmachung der an sich nicht verstrickten Gesellschafterrechte einzuräumen (→ Rn. 14).

V. Mehrheitsklauseln

1. Grundlagen

Im gesetzlichen Regelfall bedürfen alle Gegenstände der kollektiven Wil- **20** lensbildung, mithin Grundlagenentscheidungen und Geschäftsführungsangelegenheiten (→ Rn. 8), der Einstimmigkeit der abstimmungsbefugten Gesellschafter (→ Rn. 9); § 714 stellt dies ausdrücklich klar („aller"). Zulässig und nicht nur bei Publikumsgesellschaften weit verbreitet ist freilich die **Lockerung des Einstimmigkeitsprinzips,** zum Beispiel durch die Maßgeblichkeit einfacher oder qualifizierter Mehrheiten bzw. Quoren, meist verbunden mit **formalen Anforderungen** an die Beschlussfassung (zB Präsenzversammlung, Ladungsfrist, Schriftform, Protokollierung). Der neu gefasste § 708 über die prinzipielle Gestaltungsfreiheit im Innenverhältnis bestätigt dies nachdrücklich. Hierdurch kann die organisatorische Ausgestaltung der GbR den körperschaftlich strukturierten Personenverbänden (AG, GmbH) weitgehend gleichgestellt werden (zum Ganzen mit Beispielen Heckschen/ Bachmann NZG 2015, 531). Erforderlich ist hierfür jedoch stets eine entsprechende **gesellschaftsvertragliche Regelung** (BGH NZG 2009, 183); hieran hat auch die Reform nichts geändert (Begr. S. 148; treffend Schäfer Neues PersGesR/Grunewald § 5 Rn. 25: Gesetzgeber wollte sich schlicht raushalten). Eine solche ist auch ohne weiteres aufgrund Willensübereinstimmung aller Gesellschafter wieder **aufhebbar,** regelmäßig jedoch aufgrund der Erfordernisse der aufzuhebenden Mehrheitsklausel selbst (vgl. BGH WM 2013, 37).

Gegenstand einer gesellschaftsvertraglichen Mehrheitsklausel sind grund- **21** sätzlich alle Beschlussgegenstände. Gleichwohl gibt es **schlechthin unverzichtbare Mitgliedschaftsrechte,** die konsequenterweise auch nicht mittels Mehrheitsbeschlusses mit Zustimmung des betroffenen Gesellschafters entzogen werden können (abw. Wicke MittBayNot 2017, 125 (126): bloß regelmäßig Treuepflichtverletzung). Dies sind vor allem das Recht auf Teilnahme an Gesellschafterversammlungen und das Austrittsrecht aus wichtigem Grund (vgl. insofern auch § 725 VI, → § 725 Rn. 65 ff.), das Informationsrecht (vgl. insofern auch § 717 II 2, → § 717 Rn. 25 ff.), das Recht zur Gesellschafterklage (vgl. insofern auch § 715b II, → § 715b Rn. 23; dies für die actio pro socio noch offen lassend BGH NJW 1985, 2830). – Soweit im Übrigen das **Mehrheitsprinzip** gilt, folgen hieraus zwingend **besondere Schutzinstrumente** zugunsten der Minderheit. Bedeutsam sind neben einem zwingenden **Anhörungsrecht** der Überstimmten (BGH NJW 1976, 49) das zwingende Einberufungsrecht jedes Gesellschafters (BGH NJW 1988, 969; OLG Stuttgart ZIP 2010, 474) und vor allem die Treuepflichtbindung der Mehrheit (→ Rn. 30).

2. Formelle Legitimation der Mehrheitsmacht

22   Die Einführung des Mehrheitsprinzips bei den Personengesellschaften setzt traditionell eine **hinreichend bestimmte Regelung** im Gesellschaftsvertrag voraus (grundlegend BGH NJW 1953, 102). Dies wurde im Zuge der Reform in Abweichung zum Mauracher Entwurf bewusst aufrechterhalten (→ Rn. 1 f.). Die dogmatische Konstruktion des Bestimmtheitserfordernisses und die inhaltliche Tragweite unterlagen indessen in der jüngeren Zeit einem starken Wandel. So hat der durch die Rechtsprechung lange Zeit herangezogene **Bestimmtheitsgrundsatz** nunmehr allein eine **Bedeutung als formelle Legitimation** der Mehrheitsmacht, ohne dass hierüber auch gesagt werden könnte, ob deren konkrete Ausübung rechtmäßig ist oder nicht; Letzteres ist allein nach Maßgabe von Kernbereichslehre und Treupflichtbindung zu prüfen, mithin auf einer zweiten Stufe (BGH NJW 2007, 1685 – Otto; bestätigt durch BGH WM 2009, 231 – Schutzgemeinschaft II). Dieses **zweistufige Konzept** gilt für alle Beschlussgegenstände (BGH NZG 2014, 1266 Rn. 12) und lässt sich letztlich als bedeutsamer Schritt in Richtung eines umfassenden Systems der materiellen Beschlusskontrolle verstehen (Schäfer NZG 2014, 1401).

23   Trotz begrifflicher Abkehr vom Bestimmtheitsgrundsatz bleibt auf der **ersten Stufe** der gerichtlichen Überprüfung indessen nach wie vor Raum, die **Reichweite einer Mehrheitsklausel** anhand der Anforderungen des (früheren) Bestimmtheitsgrundsatzes zu messen und ggf. zu verneinen (abw. Schäfer ZGR 2009, 237 (245): Begriff sollte aufgegeben werden). Richtigerweise handelt es sich hierbei jedoch um ein **reines Auslegungsproblem** (so auch Schäfer ZGR 2013, 237 (245); BGH NZG 2014, 1266 Rn. 13 ff.). Der Gesetzgeber hat sich nämlich infolge der Nichtberücksichtigung des liberaleren Ansatzes nach dem Mauracher Entwurf (→ Rn. 1) dagegen entschieden, insoweit entsprechende normative Vorgaben zu machen (Schäfer Neues PersGesR/Grunewald § 5 Rn. 25; Drescher ZGR Sonderheft 23, 2020, 116 (119)). Es gilt daher nach wie vor nicht der (Rechts-)Satz, wonach eine allgemeine Mehrheitsklausel ohne weiteres **sämtliche Beschlussgegenstände** abdeckt (so aber wohl Wicke MittBayNot 2021, 103 (103)): Aus der bisherigen Rechtsprechung des BGH kann diese Weite jedenfalls nicht abgeleitet werden (vgl. Drescher ZGR-Sonderheft 23, 2022, 116 (119)). Insofern ist es im Rahmen der gebotenen **ergebnisoffenen Auslegung** keineswegs überflüssig, die bisher unter dem Begriff des Bestimmtheitsgrundsatzes diskutierten Ansichten und entschiedenen Fälle zu berücksichtigen. Der frühere Bestimmtheitsgrundsatz enthielt nämlich im Kern ein auch heute noch maßgebliches **Konkretisierungsgebot,** welches seine Legitimation in den Auslegungsgrundsätzen und der Abweichung vom gesetzlichen Regelfall der Einstimmigkeit herleitet. Die inhaltlichen Anforderungen an eine wirk-

same Mehrheitsklausel steigen unter der berechtigten Fokussierung auf eine hierdurch begründete **antizipierte Zustimmung** des potentiell Überstimmten nämlich bei Maßnahmen, die nicht nur (gewöhnliche) Geschäftsführungsangelegenheiten betreffen (vgl. zu außergewöhnlichen § 715 II, → § 715 Rn. 20), sondern auch Grundlagenentscheidungen oder gar individuelle Leistungspflichten begründen (vgl. hierzu → § 710 Rn. 10 ff.).

Hiernach ist stets und nach wie vor zu fragen, ob die vertraglich vereinbarte **24** **Mehrheitsklausel** den aktuell in Rede stehenden **Beschlussgegenstand deckt.** Dies ist keineswegs einfach zu bejahen. Wegen des **zeitlichen Auseinanderfallens** von Klausel und Beschlussfassung wurde die Maßnahme in ihrer vollen Tragweite regelmäßig nicht erfasst, was angesichts der Unvorhersehbarkeit späterer Entwicklungen auch regelmäßig nicht möglich ist (vgl. BGH NJW 1983, 1056). Dies rechtlich zu würdigen, ist eine Kernherausforderung auf der Grundlage der **allgemeinen Rechtsgeschäftslehre** und **keine bloße Formalie.** Die von der Rechtsprechung verwendete Bezeichnung als bloße „formelle Legitimation" der Mehrheitsmacht wird dieser elementaren Bedeutung der konstitutiven Vertragsregelung nicht gerecht und sollte aufgegeben werden (abw. Goette/M. Goette DStR 2016, 74 (77): jedwede inhaltlich Kontrolle findet erst auf der zweiten Stufe der Untersuchung statt; ebenso Wicke MittBayNot 2021, 103 (103): materielle Legitimation erst auf der zweiten Stufe). Treffender ist es, die durchaus berechtigte erste Stufe der Beschlusskontrolle als **gesellschaftsvertragliche Reichweite der Mehrheitsherrschaft** zu kennzeichnen. Dann ist auch die nach dem Konzept der jetzigen BGH-Rechtsprechung erforderliche, jedoch letztlich eher künstliche Differenzierung von „formeller Legitimation" der Mehrheitsmacht und antizipierter Zustimmung eines Gesellschafters bei nachträglichen Belastungen entbehrlich, wenn es nicht explizit darum geht, dass sich ein Gesellschafter auch zu Mehrleistungen verpflichtet (→ § 710 Rn. 12 ff.).

Es gilt somit auch bei der GbR nach wie vor, dass eine **allgemeine 25 Mehrheitsklausel** („Auffangklausel") nach Maßgabe von §§ 133, 157 nur Beschlüsse in Bezug auf die den Gesellschaftern obliegenden Angelegenheiten der laufenden Verwaltung legitimiert, mithin **gewöhnliche Geschäftsführungsmaßnahmen** (vgl. BGH NJW 2007, 1685; KG NZG 2010, 223). Die Neuregelung des § 715 II (Beschluss aller Gesellschafter bei außergewöhnlichen Geschäftsführungsmaßnahmen erforderlich, vgl. → § 715 Rn. 20) bestätigt dies ebenso wie der Umstand, dass der weitergehende Vorschlag des Mauracher Entwurfs nicht im Gesetzgebungsverfahren berücksichtigt wurde (→ Rn. 1). Eine Ausnahme besteht allein beim Auflösungsbeschluss, der nach der Reform auch auf Grund einer allgemeinen Mehrheitsklausel getroffen werden kann, freilich nur mit qualifizierter Mehrheit (→ § 732 Rn. 7). – Sollen der Gesellschaftermehrheit daher **weitergehende Befugnisse** eingeräumt werden (Maßnahmen, die die Grundlagen der Gesellschaft berühren oder in Rechtspositionen der Gesellschafter eingreifen), bedarf es hierfür nach Maßgabe von §§ 133, 157 auch weiterer, **hinreichend deutlicher Anhaltspunkte.** Insofern gilt trotz Abkehr vom Bestimmtheitsgrundsatz alter Lesart bzw. trotz begrifflicher Aufgabe desselben entgegen der hM bei gewöhnlichen Personengesellschaften nach wie vor ein

Gebot restriktiver Auslegung von Mehrheitsklauseln, denn es handelt sich stets um eine Ausnahme vom gesetzlichen Regelfall der Einstimmigkeit (abw. BGH NZG 2014, 1296 Rn. 14; Wicke MittBayNot 2017, 125 (126); Schäfer NZG 2014, 1401 (1403); Schäfer ZGR 2009, 237 (245 ff.); K. Schmidt ZIP 2009, 737 (738); zu einer abweichenden Behandlung bei Publikumsgesellschaften Henssler/Strohn/Servatius HGB Anh. Rn. 65). Hierbei kann es im Rahmen der interessengerechten Auslegung durchaus auch zu einer wertenden Betrachtung kommen (abw. Schäfer ZGR 2013, 237 (240)). Verlangt wird jedoch zu Recht nicht zwingend eine **Auflistung** der betroffenen Beschlussgegenstände; Grund und Tragweite der Mehrheitsentscheidung können sich vielmehr auch durch eine sinnorientierte Auslegung des Gesellschaftsvertrages ergeben, sodass **auch konkludente Vereinbarungen** zulässig sind, die die Einbeziehung von Grundlagenentscheidungen rechtfertigen (vgl. BGH NZG 2014, 1266 Rn. 14; K. Schmidt ZIP 2009, 737 (738)). Gleichwohl ist es aus Gründen der Rechtssicherheit anzuraten, einen **Katalog von Beschlussgegenständen** in den Gesellschaftsvertrag aufzunehmen (vgl. Giedinghagen/Fahl DStR 2007, 1965 (1967)). Dabei ist aber zu beachten, dass dieser bei einer interessengerechten Auslegung auch einen abschließenden Charakter aufweisen kann und so die gewünschte Flexibilität wieder einschränkt (vgl. Priester DStR 2008, 1386 (1391 f.)). Ist dies nicht gewollt, sollte die bloß exemplarische Auflistung hinreichend deutlich werden (Formulierung von „insbesondere" o.Ä.).

26   Einer besonderen, hinreichend bestimmten oder im Wege der subjektiven Auslegung inhaltlich hierauf bezogenen Klausel bedürfen nach wie vor folgende, bei der gebotenen wertenden Betrachtung regelmäßig als **ungewöhnliche Maßnahmen** zu qualifizierende Beschlussgegenstände: Die sog. **relativ unentziehbaren Mitgliedschaftsrechte** können zwar aufgrund einer Mehrheitsklausel entzogen werden, regelmäßig aber nur aus wichtigem Grund. Erforderlich ist insofern aber neben der vom BGH als „formelle Legitimation" gekennzeichneten gesellschaftsvertraglichen Legitimation der Mehrheitsmacht zusätzlich, dass die Mehrheitsklausel auch als **antizipierte Zustimmung** des betroffenen Gesellschafters zu werten ist (Schäfer ZGR 2013, 237 (253 f.)). Auch hier ist daher im Wege der **Auslegung** zu prüfen, ob sich der Beschluss an die durch die Klausel gezogenen Grenzen hält und in der entsprechenden Regelung auch der Erklärungswert einer antizipierten Zustimmung deutlich wird (vgl. BGH NJW 2007, 1685). Die konkrete Rechtmäßigkeit des Beschlusses ist als Rechtsfrage sodann auf der zweiten Stufe anhand der materiellen Anforderungen an den jeweiligen wichtigen Grund und der Treuepflicht zu beurteilen (vgl. BGH WM 2009, 231 (233)). Eine gesetzliche Vermutung oder Vorprägung dahingehend, dass die Entziehung dieser Rechte regelmäßig eine treuepflichtwidrige Ausübung der Mehrheitsmacht darstelle, findet indessen im Gesetz und im Konzept der treuepflichtgesteuerten Inhaltskontrolle keine Rechtfertigung (abw. Wicke MittBayNot 2017, 125 (126), auf der Grundlage von BGH NZG 2014, 1296 Rn. 12; zur Beweislast → Rn. 30).

27   Das Gleiche gilt für **andere Grundlagenentscheidungen** und bedeutsame Entscheidungen: Maßnahmen nach UmwG (vgl. BGH NJW 1983,

1056); nachträgliche Beitragserhöhungen (vgl. BGH NJW-RR 2006, 827; → § 710 Rn. 10 ff.); Erweiterung des Entnahmerechts (vgl. BGH WM 1986, 1109); Beschränkungen des Informationsrechts (vgl. BGH NJW 1995, 194 (195); → § 717 Rn. 25 ff.); Beschränkungen des Gleichbehandlungsgrundsatzes (vgl. RGZ 321, 327); Verlängerung der Laufzeit der Gesellschaft (BGH NJW 1973, 1602; → § 729 Rn. 9); Änderung des Gewinnverteilungsschlüssels (vgl. BGH WM 1975, 662; → § 709 Rn. 21 ff.); Veräußerung des den Gesellschaftszweck darstellenden Grundbesitzes (vgl. OLG Hamm NZG 2008, 21; → § 715 Rn. 20); Abänderung der Folgen einer Kündigung (vgl. BGH NJW 1967, 2157); Änderung des Gesellschaftszwecks (Schäfer ZGR 2013, 237 (255)) sowie Verlegung des Vertragssitzes oder des Verwaltungssitzes (→ § 706 Rn. 9). Von einer allgemeinen Mehrheitsklausel gedeckte **gewöhnliche Beschlussgegenstände** sind jedoch die Feststellung des Jahresabschlusses (vgl. BGH NJW 2007, 1685); dies gilt selbst dann, wenn dieser die Grundlage für etwaige Nachschusspflichten bildet (vgl. BGH NZG 2012, 397). Gedeckt ist auch die Bestellung eines Dritten als Liquidator (vgl. BGH NJW-RR 2014, 349; → § 736 Rn. 17 ff.) sowie die Einwilligung zu einer Übertragung des Gesellschaftsanteils (vgl. BGH NZG 2014, 1296; → § 711 Rn. 9).

3. Kernbereichslehre, Treuepflichtbindung

Unabhängig von der gesellschaftsvertraglich (formell) legitimierten Mehr- **28** heitsmacht ist auf einer **zweiten Stufe** ergänzend zu fragen, ob die in Rede stehende Maßnahme einen unzulässigen Eingriff in die Mitgliedschaftsrechte eines Gesellschafters darstellt, mithin einen Treupflichtverstoß der Gesellschaftermehrheit begründet (BGH NJW 2007, 1685; NZG 2009, 183). Traditionell folgte diese Prüfung vor allem anhand der Vorgaben der rechtsfortbildend entwickelten **Kernbereichslehre** (zur Entwicklung instruktiv Schäfer ZGR 2013, 237 (250 ff.); Altmeppen NJW 2015, 2065). Diese ist dadurch gekennzeichnet, dass – gleichsam katalogartig bzw. abstrakt – bestimmte Gesellschafterrechte definiert werden, die nicht oder nur unter besonderen Voraussetzungen aufgrund Mehrheitsentscheidung beeinträchtigt werden können. Hiervon hat sich der BGH im Ergebnis jedoch weitgehend emanzipiert. Abgesehen von den unverzichtbaren und schon deshalb unentziehbaren Rechten kommt es bei **Eingriffen in die individuelle Rechtsstellung** des Gesellschafters, dh in seine rechtliche und vermögensmäßige Position in der Gesellschaft, letztlich **im Einzelfall** darauf an, ob der Eingriff im Interesse der Gesellschaft geboten und dem betroffenen Gesellschafter unter Berücksichtigung seiner eigenen schutzwerten Belange zumutbar ist (BGH NZG 2014, 1296 Rn. 19; MittBayNot 2021, 147). Die nunmehr maßgebliche **treupflichtgesteuerte Inhaltskontrolle** gilt nicht nur bei Maßnahmen, die die gesellschaftsvertraglichen Grundlagen berühren oder in den Kernbereich der Mitgliedschaftsrechte bzw. in bestimmte absolut oder relativ unentziehbare Rechte der Minderheit eingreifen (BGH WM 2009, 231 (233)). Vielmehr unterfällt **jede Ausübung von Mehrheitsmacht** der einzelfallbezogenen Rechtmäßigkeitskontrolle nach den – gesetzlich nicht eindeutig vorgeprägten! – Vorgaben der Treuepflicht (BGH NZG 2009, 183).

29   Trotz dieser Rechtsentwicklung hat die traditionelle Differenzierung der
      Kernbereichslehre nicht gänzlich an Bedeutung verloren (so auch Wicke
      MittBayNot 2017, 125 (125 f.)). Die **schlechthin unverzichtbaren Mit-
      gliedschaftsrechte** können nach wie vor mittels Mehrheitsbeschlusses nicht
      entzogen werden ((→ Rn. 21). Die sog. **relativ unentziehbaren Mitglied-
      schaftsrechte** können demgegenüber durchaus auch gegen den (aktuellen)
      Willen des Berechtigten entzogen werden (→ Rn. 26), regelmäßig aber nur
      aus wichtigem Grund. Dies gilt etwa beim Ausschluss eines Gesellschafters
      (vgl. BGH NJW 2010, 65 (66), → § 727 Rn. 11 ff.), bei der rückwirkenden
      Beseitigung eines Zinsanspruchs (vgl. BGH NJW 1985, 974), beim Entzug
      der Geschäftsführungsbefugnis gemäß § 715 V (vgl. OLG Braunschweig
      NZG 2010, 1104, → § 715 Rn. 40 ff.), bei Beschränkungen der Gewinnteil-
      habe (BGH NJW 1995, 194) und des Abfindungsguthabens bzw. der Beteili-
      gung am Liquidationserlös sowie bei der Beseitigung von Sonderrechten
      (vgl. zu Letzterem unter dem Aspekt der Geschäftsführung auch BGH NJW-
      RR 2008, 704), bei Änderungen im Gesellschafterbestand, insbes. Beschrän-
      kungen der Vererblichkeit (Schäfer ZGR 2013, 237 (256 f.), bei der Veräuße-
      rung des den Gesellschaftszweck darstellenden Grundbesitzes (vgl. OLG
      Hamm NZG 2008, 21); bei der Zweckänderung durch Änderung des Woh-
      nungseigentums von privater in gewerbliche Nutzung (vgl. OLG Köln DStR
      1993, 405). ———

30   **Zusätzlich** zu diesen nach Maßgabe der Kernbereichslehre entwickelten
      besonderen formalen und inhaltlichen Anforderungen an die Beeinträchti-
      gung von Mitgliedschaftsrechten ist jeder Mehrheitsbeschluss auch noch im
      Hinblick auf eine etwaige **Treuwidrigkeit** hin zu überprüfen (vgl. BGH
      NZG 2014, 1296 Rn. 12: materielle Legitimation). Maßgeblich hierfür ist,
      ob sich die Mehrheit über die „beachtenswerten Belange" der Minderheit
      hinwegsetzt (BGH NJW 2007, 1685) oder es sich um eine „zweckwidrige
      Instrumentalisierung der Mehrheitsklausel" handelt (BGH WM 2009, 231
      (234 f.)). Kommt man hierbei zum Ergebnis, dass die Beschlussfassung rechts-
      widrig ist, verhindert dies die Wirksamkeit des gefassten Beschlusses, hat
      jedoch keine Auswirkungen auf die Wirksamkeit der zugrunde liegenden
      Mehrheitsklausel (BGH NZG 2014, 1296 Rn. 13). Die **Beweislast** für die
      Treuwidrigkeit trägt der Gesellschafter (BGH WM 2009, 231; hierzu krit.
      Holler ZIP 2010, 1678); eine generelle Umkehr dahingehend, dass die
      Gesellschaft die sachliche Rechtfertigung eines Beschlusses beweisen müsste,
      kommt nicht in Betracht (zutreffend BGH NJW 2007, 1685; abw. aber
      möglicherweise BGH NZG 2014, 1296 Rn. 12, wonach in den Fällen der
      Kernbereichslehre regelmäßig eine treupflichtwidrige Ausübung der Mehr-
      heitsmacht anzunehmen sei; zustimmend Wicke MittBayNot 2017, 125
      (126)). Hierin liegt ein bedeutsamer **Unterschied zur materiellen
      Beschlusskontrolle** im Kapitalgesellschaftsrecht. Dort sind Beeinträchtigun-
      gen der Mitgliedschaft nur wirksam, wenn dies im Gesellschaftsinteresse liegt,
      der Eingriff erforderlich und nicht unverhältnismäßig ist, was von der Gesell-
      schaft zu beweisen ist (zur AG ausführlich BeckOGK/Servatius AktG § 186
      Rn. 54 ff.; für eine Übertragung dieses weitergehenden Kontrollansatzes auf
      die Personengesellschaften MüKoBGB/Schäfer § 709 Rn. 100 f.; Schäfer
      ZGR 2013, 237 (264 ff.)).

4. Gleichbehandlungsgrundsatz

Der Gleichbehandlungsgrundsatz beruht auf der Treuepflicht und ist das **31** zentrale Instrument des Minderheitenschutzes auch bei der GbR (OLG Jena BeckRS 2011, 22761). Unzulässig ist hiernach die **willkürliche Ungleichbehandlung** der Gesellschafter durch die GbR oder die Mehrheit der Gesellschafter (MüKoBGB/Schäfer § 709 Rn. 245). Dies gilt zB bei der Vereinbarung von Beitragserhöhungen, was § 709 II nunmehr ausdrücklich klarstellt (vgl. BGH WM 1974, 1151 (1152); OLG München BeckRS 2000, 30152646), bei der Gewinnverwendung (MüKoBGB/Schäfer § 709 Rn. 250; zur RA-Sozietät OLG Stuttgart BeckRS 2007, 9720), bei der Benutzung von Gesellschaftseinrichtungen (zur Genossenschaft BGH NJW 1960, 2142 (2143)) und beim Bezug von Waren oder Dienstleitungen der Gesellschaft (BGH NJW 1955, 384). Der Gleichbehandlungsgrundsatz kann jedoch – in den Grenzen von Bestimmtheitsgrundsatz und Kernbereichslehre – **abbedungen** und modifiziert werden (BGH WM 1965, 1284 (1286)).

VI. Beschlussmängel

1. Grundlagen

a) Unwirksamkeitsgründe. Ist die gesellschaftsinterne Willensbildung **32** mangelhaft, gelten bei der GbR im Ausgangspunkt die **allgemeinen Regeln** über die Unwirksamkeit von Rechtsgeschäften. Der Gesetzgeber hat es bewusst unterlassen, das nunmehr auch für OHG und KG maßgebliche Beschlussmängelrecht gemäß §§ 110 ff. HGB zum gesetzlichen Regelfall zu erheben (→ Rn. 3); dieses gilt bei der GbR nur aufgrund entsprechender vertraglicher Vereinbarung (sog. Opt-in, → Rn. 3, → Rn. 43). Eine entsprechende Anwendung (kraft Gesetzes!) scheidet daher ebenso aus (Schäfer Neues PersGesR/Grunewald § 5 Rn. 40; abw. für eingetragene GbR aber Tröger/Happ ZIP 2021, 2059 (2070); Claussen/Pieronczyk NZG 2021, 620 (628)), wie ein Rückgriff auf die §§ 241 ff. AktG (weitergehend für eine entsprechende Anwendung dieser Regelungen früher bereits K. Schmidt NZG 2018, 121). Die Begrifflichkeiten „Anfechtbarkeit" und „Nichtigkeit" iSv §§ 110 ff. HGB beanspruchen daher im gesetzlichen Regelfall bei der GbR keine Geltung, ebenso wenig die der „Rechtswidrigkeit der Beschlussfassung". Im Hinblick auf Mehrheitsentscheidungen liegt eine **wirksame Beschlussfassung** hiernach vor, wenn die betreffende Entscheidung durch eine hinreichende Mehrheitsklausel legitimiert ist (→ Rn. 21 ff.), die für die erforderliche Mehrheit maßgeblichen Stimmen wirksam sind (→ Rn. 11 f., → Rn. 41), kein Verfahrensfehler vorliegt (→ Rn. 39 f.) und der Beschluss auch inhaltlich rechtmäßig ist (Treuepflichtkotrolle, Gleichbehandlungsgrundsatz, → Rn. 30 f., → Rn. 42). Fehlt es an einer dieser Voraussetzungen, ist die Beschlussfassung grundsätzlich wie jedes Rechtsgeschäft in Gänze unwirksam und entfaltet konsequenterweise keine Rechtsfolgen.

b) Gerichtliche Geltendmachung. Ist ein Beschluss unwirksam, kann **33** dies nach wie vor im gesetzlichen Regelfall im Wege der **Feststellungsklage**

geltend gemacht werden (BGH NJW 1999, 3113 (3115)). Der Gesetzgeber spricht insoweit vom Feststellungsmodell (vgl. Begr. S. 227); vgl. zum Opt-in in die Regelungen gemäß §§ 110–115 HGB → Rn. 43 ff. Dieses Recht ist grundsätzlich zwingend (Schäfer NeuesPersGesR § 6 Rn. 14); Modifizierungen im Hinblick auf die Ausübung (Klagefrist, Schiedsverfahren) sind aber möglich (→ Rn. 37 f.). **Parteien** des Rechtsstreits sind auch bei der rechtsfähigen GbR allein die beteiligten **Gesellschafter.** Die Klage ist von demjenigen, der sich gegen die Beschlussfassung wehrt, gegen alle anderen Gesellschafter zu erheben, die die streitgegenständliche Beschlussfassung (vermeintlich) rechtswidrig herbeigeführt oder verhindert haben (BGH NJW 2013, 664 Rn. 14; 2011, 2578 Rn. 13 ff.; NZG 2006, 703 Rn. 14; NJW 1999, 3113 (3115); 1995, 1218; NJW-RR 1990, 474). Diese sind nach (durchaus zweifelhafter!) allgM jedoch **nicht zwingend notwendige Streitgenossen** (BGH WM 2009, 231 (232)). Der klagewillige Gesellschafter hat gemäß § 717 einen Anspruch darauf, Identität und Anschrift der Mitgesellschafter mitgeteilt zu bekommen (BGH NJW 1988, 411 (413); vgl. → § 717 Rn. 9 ff.), was vor allem bei Publikumsgesellschaften relevant sein dürfte.

34   Bei rechtsfähigen GbR gilt zur Verfahrenskonzentration auch der besondere **Gerichtsstand der Mitgliedschaft** gemäß § 22 ZPO (vgl. OLG Celle BeckRS 2001, 30180916; OLG Koblenz BeckRS 2002, 30297551; OLG Köln NJW 2004, 862; LG Bonn NJW-RR 2002, 1399 (1400)). Nicht rechtsfähige GbR haben zwar keinen Sitz im Rechtssinne (Bachmann NZG 2020, 612 (614); vgl. insoweit auch § 740 II, der nicht auf § 706 verweist; Einzelheiten → § 706 Rn. 4). Insofern kann freilich durchaus ein „Vertragssitz" vereinbart werden, welcher als Erfüllungsort für die wechselseitigen Sozialverbindlichkeiten der Gesellschafter untereinander Bedeutung hat (vgl. Stellungnahme IHK S. 3: wird vereinzelt für sinnvoll erachtet). Es spricht daher entgegen der hM nichts dagegen, jedenfalls bei Gesellschaften mit mehr als zwei Gesellschaftern § 22 ZPO insofern entsprechend anzuwenden. – Zutreffend dürfte im Übrigen sein, bei gemeinsamer Abstimmung gemäß § 32 ZPO auch auf diesen Ort abzustellen (so Schäfer Neues PersGesR/Liebscher § 5 Rn. 120).

35   Es gibt im gesetzlichen Regelfall **keine Klagefrist,** eine zeitliche Limitierung der gerichtlichen Geltendmachung erfolgt allein unter dem Aspekt der **Verwirkung** gemäß § 242 (vgl. zum früheren Recht, aber nach wie vor maßgeblich, BGH NJW 1999, 3113 (3114); 1991, 1890; 1991, 691, 693; OLG Nürnberg BeckRS 2013, 2392; Schäfer Neues PersGesR/Liebscher § 5 Rn. 66). – Der klagende Gesellschafter hat grundsätzlich ein **Interesse an der Feststellung** der Beschlussunwirksamkeit (BGH NZG 2012, 625 Rn. 24; 2013, 664 Rn. 10), auch nach seinem Ausscheiden (BGH NZG 2013, 664 Rn. 10; vgl. aber in diesen Fällen in besonderer Weise zur Verwirkung BGH NJW 1999, 3113 und zum fehlenden Rechtsschutzinteresse LG Heidelberg BeckRS 2016, 18066). Das Gleiche gilt für einen Quasi-Gesellschafter, der durch eine Treuhandabrede einem Gesellschafter gleichgestellt ist (vgl. OLG Düsseldorf NZG 2018, 297 Rn. 24 ff.; → Rn. 18). – Das in einem derartigen Gesellschafterprozess ergangene Urteil entfaltet zwar **keine Gestaltungswirkung,** soll aber auch für die rechtsfähige Gesellschaft gleich-

wohl bindend sein (BGH NJW 2011, 2048 Rn. 16), was sich aber aus der
Rechtskraftlehre nicht ableiten lässt (zutreffend daher BGH NZG 2015, 1242
Rn. 19 ff.). Beim Feststellungsmodell ergeben sich daher im Hinblick auf die
Rechtswirkungen Defizite und die Gefahr divergierender Entscheidungen
(vgl. BGH NJW 1959, 1683; 1999, 3113 (3115); 1995, 1218; diese unbefrie-
digende Rechtslage kritisierend Bayer/Möller NZG 2018, 802 (808); Lieder
NZG 2018, 1321 (1329); Schäfer Neues PersGesR/Liebscher § 5 Rn. 66).
Gewisse Abhilfe verschaffen aber gleichwohl die Möglichkeit der **Verfah-
rensverbindung** gemäß § 147 ZPO sowie die **schuldrechtliche Bindungswirkung** einschlägiger Urteile im Verhältnis der Mitgesellschafter
unter dem Aspekt der Treuepflichtbindung (vgl. BGH NJW-RR 1990, 474
(475); NJW 2006, 2854 Rn. 15; BeckRS 1989, 31066351; 1966, 31168894;
Otto ZGR 2019, 1082 (1112); Schäfer Neues PersGesR/Liebscher § 5
Rn. 121).

Im Hinblick auf die **Darlegungs- und Beweislast** für das Vorliegen eines 36
Beschlussmangels ist zu differenzieren: Wegen des im gesetzlichen Regelfall
maßgeblichen Einstimmigkeitsprinzips (→ Rn. 5, 9) sind Mehrheitsbeschlüsse als Abbedingung desselben grundsätzlich unwirksam, wenn sie nicht
durch eine entsprechende Mehrheitsklausel gedeckt sind. Hieraus folgt konsequenterweise, dass derjenige, der die Wirksamkeit eines Beschlusses
behauptet, auch die Beweislast für die formellen und materiellen **Voraussetzungen des Beschlusses** trägt (vgl. LG Hannover BeckRS 2018, 1973 unter
Hinweis auf BGH NJW 1982, 2065). Dies umfasst auch die Einhaltung des
maßgeblichen Verfahrens. Der einzelne Gesellschafter kann sich somit sehr
niedrigschwellig gegen die Beschlussfassung durch die Mehrheit wehren.
Hiervon abweichend zu beurteilen ist indessen die Behandlung der ungeschriebenen **Grenzen der Mehrheitsmacht,** insbesondere durch Gleichbehandlungsgrundsatz und Treuepflichtbindung (→ Rn. 30); insofern muss der
Kläger die Rechtswidrigkeit der Beschlussfassung beweisen. Das Gleiche gilt
für das **Fehlen einer sonstigen Wirksamkeitsvoraussetzung,** insbesondere im Hinblick auf die Gültigkeit der jeweiligen Stimmen (fehlende
Geschäftsfähigkeit, Anfechtung etc).

c) Gestaltungsfreiheit. Das Recht zur gerichtlichen Geltendmachung 37
von Beschlussmängeln ist grundsätzlich zwingend (Schäfer Neues PersGesR/
Schäfer § 6 Rn. 14); Auf der Grundlage von § 708 besteht auch unabhängig
von der Vereinbarung der entsprechenden Anwendung von §§ 110 ff. HGB
(→ Rn. 43 ff.) weiterhin eine große Gestaltungsfreiheit für die gesellschaftsrechtlichen Voraussetzungen zur Geltendmachung von Beschlussmängeln. So
kann der Gesellschaftsvertrag vorsehen, dass bei Beschlussmängelstreitigkeiten
die rechtsfähige **Gesellschaft passivlegitimiert** sein soll (vgl. BGH NJW
2010, 65 (66); 1995, 1218; 1999, 3113 (3115); OLG Düsseldorf NZG 2018,
297 Rn. 26 für Publikumsgesellschaften, was jedoch auf rechtsfähige GbR
übertragbar ist). Auch ist es weitgehend zulässig, die **Frist zur Geltendmachung** von Beschlussmängeln in den Gesellschaftsvertrag aufzunehmen
(BGH NJW 1977, 1292); die Geltendmachungsfrist muss jedoch hinreichend
bestimmt (BGH NJW 1999, 3113) und darf nicht zu kurz sein (vgl. zur

früheren Heranziehung von § 246 I AktG bei der Publikumsgesellschaft BGH NJW 1995, 1218); aus § 112 I 2 HGB folgt nunmehr mittelbar, dass eine Verkürzung auf weniger als einen Monat unzulässig ist (Schäfer Neues Pers-GesR/Liebscher § 5 Rn. 150). Eine derartige Frist kann analog § 203 S. 1 gehemmt werden (Auslegung!), solange Verhandlungen schweben (vgl. LG Köln GWR 2020, 222).

38   Die **Schiedsfähigkeit** von Beschlussmängelstreitigkeiten ist im Grundsatz auch bei Personengesellschaften gegeben. Der Reformgesetzgeber hat wohl aus Zeitgründen davon abgesehen, insofern konkrete Regelung zu erlassen (so Fleischer BB 2021, 386 (390) unter Hinweis auf das Gesetzgebungsvorhaben). Über die Voraussetzungen besteht daher nach wie vor Unsicherheit. Der BGH hat für die GmbH erkannt, dass folgende **Mindestvoraussetzungen** gegeben sein müssen: (1) Beschlussmängelstreitigkeiten mit dem selben Streitgegenstand müssen vor dem selben Schiedsgericht konzentriert werden; (2) jeder Gesellschafter muss zumindest als Nebenintervenient beteiligt sein können; (3) alle Gesellschafter müssen gleichermaßen an der Schiedsrichterbestellung mitwirken können oder es muss die Bestellung durch eine neutrale Stelle erfolgen (BGH NZG 2009, 620 – Schiedsfähigkeit II; Noack/Servatius/Haas/Noack GmbHG Anh. § 47 Rn. 33 ff.; Servatius/Rieder, Corporate Litigation, 2021, Rn. 553 ff.; Mock SchiedsVZ 2022, 57 (57 f.)). Mittlerweile hat der BGH erkannt, dass diese Rechtsprechung auch auf Personengesellschaften, insbesondere die KG, übertragbar ist (BGH NZG 2017, 657 – Schiedsfähigkeit III). Geltung beanspruchen diese strengen Kriterien indessen nur, wenn die Schiedsabrede auch vorsieht, dass die Gesellschaft passivlegitimiert sein soll (vgl. BGH ZIP 2022, 125; hierzu wegen der auch ansonsten bestehenden schuldrechtlichen Wirkung von Schiedssprüchen kritisch Schäfer Neues PersGesR/Liebscher § 5 Rn. 168; zum Ganzen ausführlich Liebscher/Günther ZIP 2022, 713). – Nach wie vor ungeklärt ist indessen einmal, ob die für § 1029 ZPO maßgeblichen **Schiedsvereinbarungen** im Gesellschaftsvertrag und/oder einer ggf. zusätzlichen schuldrechtlichen Vereinbarung der Gesellschafter untereinander erfolgen müssen, was insbesondere für die Bindung von Rechtsnachfolgern relevant ist (vgl. hierzu K. Schmidt NZG 2018, 121; Heckschen/Nolting BB 2020, 2256 (2260)). Zum anderen bestehen nach wie vor große Unstimmigkeiten im Hinblick auf die Einbettung der **Mindestvoraussetzungen** in das für die Personengesellschaften maßgebliche Beschlussmängelrecht, welches seit der Reform jedenfalls für die GbR noch, anders als bei GmbH und AG, den allgemeinen Regeln folgt (hierzu Heinrich ZIP 2018, 411; Göz/Peitsmeyer SchiedsVZ 2018, 7). Die Beratungspraxis ruft insofern nachvollziehbar zu einer sorgfältigen Überprüfung aller bestehenden Schiedsklauseln auf.

2. Verfahrensfehler

39   Da im gesetzlichen Regelfall bei der GbR keine besonderen verfahrensmäßigen Voraussetzungen für die Beschlussfassung bestehen, können Verfahrensfehler praktisch nur dann in Rede stehen, wenn der **Gesellschaftsvertrag** bestimmte **Anforderungen an die Vorbereitung** des Beschlusses und sein

Zustandekommen vorsieht. Soweit diese bestehen, sind sie bei Mehrheitsentscheidungen auch grundsätzlich einzuhalten; ist dies nicht der Fall, begründet dies grundsätzlich die Unwirksamkeit des gefassten Beschlusses entsprechend § 127. Soweit aus den ungeschriebenen Grenzen der gesellschaftsvertraglichen Gestaltungsfreiheit **gesetzliche Minderheitenrechte** im Hinblick auf die Beschlussfassung existieren, gilt dies gleichermaßen entsprechend § 134. Die Gesellschaftermehrheit muss daher im Streit darlegen, ob die entsprechenden Voraussetzungen eingehalten wurden (vgl. zur Beweislast → Rn. 36). – Aus einem Verfahrensfehler resultiert indessen richtigerweise nicht stets die Unwirksamkeit des Beschlusses. Verstöße gegen **Form, Frist und Inhalt der Einberufung** einer Gesellschafterversammlung können bei Personengesellschaften nur dann zur Nichtigkeit des Beschlusses führen, wenn der mit den gesellschaftsvertraglichen oder gesetzlichen Ladungsbestimmungen verfolgte Zweck, dem einzelnen Gesellschafter die Vorbereitung auf die Tagesordnungspunkte und die Teilnahme an der Versammlung zu ermöglichen, vereitelt wird. Der Verfahrensmangel führt aber **nur dann zur Nichtigkeit** des Beschlusses, wenn nicht ausgeschlossen werden kann, dass sein Zustandekommen durch den Fehler beeinflusst ist (BGH NZG 2014, 621 Rn. 13). Die konkreten Anforderungen hierfür sind umstritten. Der Reform Gesetzgeber hat diese Frage ausdrücklich nicht behandelt (vgl. Begr. S. 228). Die überwM stellt auf die **potenzielle Kausalität** ab. Hiernach ist der Fehler unbeachtlich, wenn der Verfahrensfehler auf das Zustandekommen des Beschlusses keinen Einfluss hat, insbes. weil das Beschlussergebnis von einer entsprechenden Mehrheit getragen wird (vgl. MüKoBGB/Schäfer § 709 Rn. 106). Dies überzeugt indessen nicht, weil hiernach bei gefestigten Mehrheiten die Beachtung von Schutzvorschriften zugunsten der Minderheit ausgeschlossen wäre (so auch Wicke MittBayNot 2017, 125 (129 f.)). Richtig ist vielmehr, wie im Aktienrecht auf den Schutzzweck der verletzten Norm bzw. Vertragsregelung abzustellen und nach Maßgabe der **Relevanztheorie** eine am Minderheitenschutz orientierte wertende Betrachtung anzustellen, ob hieraus die Unwirksamkeit des Beschlusses zu erfolgen hat oder nicht (vgl. zum Ganzen BeckOGK/Drescher AktG § 243 Rn. 64 ff.). Hiernach kann somit nicht unter Bezugnahme auf eine gefestigte Mehrheit der Schluss gezogen werden, diese könne „durchregieren". Die Mehrheitsherrschaft kraft Mehrheitsklausel ist auch bei der GbR keine einseitige Gestaltungsmacht, sondern ein zumindest im Ansatz förmlicher Willensbildungsprozess, an dem auch die für sich genommen nicht wirkmächtige Minderheit zu beteiligen ist (für die Übertragung der Relevanztheorie auf das Personengesellschaftsrecht auch Schäfer Neues PersGesR/ Grunewald § 5 Rn. 49). Insbesondere Ladungsmängel sind daher regelmäßig beachtlich (vgl. OLG Stuttgart NZG 2008, 26; BGH WM 1983, 1407 (1408); OLG Dresden NZG 2000, 782). Das Gleiche gilt für die unterbliebene vorherige Anhörung der Minderheit (BGH NJW 1976, 49) oder die Missachtung des zwingenden Einberufungsrechts der Minderheit (BGH NJW 1988, 969; OLG Stuttgart ZIP 2010, 474).

Eine weitere **Einschränkung der Unwirksamkeit** von Mehrheitsbe **40** schlüssen bei der GbR besteht bei der Verletzung einer bloßen **Ordnungs-**

vorschrift (hM, vgl. für die fehlende Protokollierung RGZ 104, 413 (415)). Da derartige Regelungen nur aus dem Gesellschaftsvertrag selbst resultieren können, ist die Beachtlichkeit der Verletzung nur dann anzunehmen, wenn diejenigen, die hierdurch geschützt werden sollen, nicht zugleich wirksam (ggf. konkludent) erklärt haben, diese Regelung außer Kraft zu setzen (zutreffend MüKoBGB/Schäfer § 709 Rn. 107 unter Hinweise auf die Parallele zum gewillkürten Formzwang). Insofern gilt das Gleiche wie bei der **Heilung** von Verfahrensmängeln. Hat ein Gesellschafter seine Mitgliedschaftsrechte trotz Verfahrensmangels ordnungsgemäß ausüben können, ist der Mangel unbeachtlich (so für Ladungsmängel bei der GmbH BGH NJW 1987, 2580). Sofern freilich die Minderheit sich nicht positiv an der Abstimmung beteiligt, vermögen diese Mängel gleichwohl als beachtliche Verfahrensfehler die Unwirksamkeit der Beschlussfassung herbeizuführen.

3. Fehlerhafte Stimmabgabe

41 Die wirksame Beschlussfassung aufgrund einer Mehrheitsklausel setzt das **Erreichen der erforderlichen Beschlussmehrheit** voraus. Maßgeblich sind die für die in Rede stehende Beschlussfassung abgegebenen Stimmen; eine förmliche Beschlussfeststellung ist gesetzlich nicht vorgesehen (vgl. früher bereits BGH NJW 2007, 917; OLG Celle GmbHR 1997, 172; Schäfer Neues PersGesR/Grunewald § 5 Rn. 36), kann als Erfordernis aber gesellschaftsvertraglich vereinbart werden. Nicht anwesende oder vertretene Gesellschafter werden hiernach ebenso wenig berücksichtigt, wie Stimmenthaltungen. Praktisch bedeutsam ist dies insbesondere, wenn die interne Willensbildung durch eine gesellschaftsvertragliche Regelung in Anlehnung an § 109 HGB ausgestaltet wurde, mithin durch Präsenzversammlungen (oder vergleichbare Online-Gestaltungen o.Ä., vgl. → Rn. 10). Liegt indessen keine entsprechende gesellschaftsvertragliche Ausgestaltung vor, kommt es im gesetzlichen Regelfall gemäß § 714 nicht auf die Abstimmung in einer Versammlung an, sondern allgemein auf die Zustimmung der zur Entscheidung berufenen Gesellschafter. In diesen bei der GbR durchaus bedeutsamen Fällen kann eine Mehrheitsentscheidung daher nach wie vor nur auf der Grundlage der allgemeinen Rechtsgeschäftslehre verwirklicht werden, sodass jede **die Beschlussmehrheit tragende Stimme individuell wirksam** sein muss. Dies ist gegeben, wenn die zum Erreichen der maßgeblichen Mehrheit erforderlichen Gesellschafter gemäß ihrer Stimmkraft durch wechselseitige Erklärungen den Beschluss fassen (→ Rn. 11 f.). Die übrigen Gesellschafter, die hieran nicht mitwirken oder sich explizit dagegen aussprechen, werden nicht berücksichtigt, müssen die Folgen der Beschlussfassung aber gleichwohl mittragen. – Die **fehlerhafte Stimmabgabe** eines Gesellschafters (wegen Anfechtung, fehlender Geschäftsfähigkeit, Stimmverbot, → Rn. 11, → Rn. 16, etc) begründet hiernach zunächst auch nur die hierauf bezogene Unwirksamkeit, so dass die betreffende Stimme nicht mitgezählt wird. Auswirkungen auf den Gesamtbeschluss hat dies jedoch nur, wenn die betreffende Stimme zur Erzielung von Einstimmigkeit bzw. einer entsprechenden Mehrheit erforderlich ist (allgM). Dies gilt auch, wenn eine Stimmabgabe treupflichtwidrig ist (vgl. BGH NJW 1976, 49). Vgl. im Übrigen den Bestandsschutz nach der Lehre von der fehlerhaften Gesellschaft (→ § 719 Rn. 21 ff.).

4. Rechtswidriger Beschlussinhalt

Ist der Beschlussinhalt rechtswidrig, folgt hieraus grundsätzlich die **42** **Gesamtunwirksamkeit.** Beispiele hierfür sind Verstöße gegen §§ 134, 138, gegen die Treuepflicht oder den Gleichbehandlungsgrundsatz (→ Rn. 30 f.) sowie die Verletzung des Gesellschaftszwecks, wenn er nicht sogleich abgeändert wurde. – Ist indessen die Mehrheitsherrschaft nicht durch eine entsprechende Mehrheitsklausel legitimiert bzw. enthält diese mangels Bestimmtheit nicht die notwendige antizipierte Zustimmung der potentiell Überstimmten für die entsprechende Maßnahme (→ Rn. 22 ff.), kann es zu einer **gespaltenen Wirksamkeit** kommen. Bejaht die Mehrheit eine Maßnahme, zB eine Beitragserhöhung, ist dieser Beschluss ihnen gegenüber wirksam; etwas anderes gilt nur, wenn die Zustimmenden ihre Zustimmung davon abhängig machten, dass alle Gesellschafter ihre Zustimmung hierzu erteilen (BGH NJW 2010, 65 (67)). Gegenüber den überstimmten Gesellschaftern entfaltet der Beschluss keine Wirkung. Sie können den Mangel, der letztlich auf die fehlende Zustimmung zum gefassten Beschluss zurückzuführen ist, mittels der allgemeinen, nicht fristgebundenen Feststellungsklage nach § 256 ZPO bzw. durch Einwendung im Prozess geltend machen (BGH NJW 2010, 65 (66)). Eine abweichende Beurteilung ist indessen dann geboten, wenn die überstimmte Minderheit zu Zustimmung verpflichtet war; in diesem Fall kann sie das Vorgehen der Mehrheit nicht verhindern (vgl. auch → § 710 Rn. 19 ff.).

VII. Geltung der §§ 110 ff. HGB

1. Wahlrecht für GbR

Abweichend vom Mauracher Entwurf (vgl. §§ 714a–714e-E) hat der **43** **Gesetzgeber bewusst davon abgesehen,** das Beschlussmängelrecht gemäß §§ 110 ff. HGB („Anfechtungsmodell") auch zum (dispositiven) gesetzlichen Regelfall für die GbR zu machen; das Gleiche gilt für die Partnerschaftsgesellschaft. Konsequenterweise steht dies auch einer entsprechenden Anwendung der Regelungen entgegen (Schäfer Neues PersGesR/Grunewald § 5 Rn. 40; abw. für eingetragene GbR aber Tröger/Happ ZIP 2021, 2059 (2070); Claussen/Pieronczyk NZG 2021, 620 (628)). Es bleibt daher im gesetzlichen Regelfall beim früher bereits maßgeblichen „Feststellungsmodell" (→ Rn. 33). Es gilt indessen eine Opt-in-Lösung: Möglich und prinzipiell zulässig sind **gesellschaftsvertragliche Regelungen,** welche sich am Vorbild der §§ 110 ff. HGB orientieren (so ausdrücklich Begr. S. 228: Taugen als Vorbild). Dies kann auch konkludent erfolgen (Grunewald FS Hager, 2021, 371 (375)). Wegen der gravierenden Folgen im Hinblick auf die Bestandskraft fehlerhafter Beschlüsse bei unterlassener oder verfristeter Anfechtung (→ Rn. 45) dürfte sich dies im Rahmen der interessengerechten

Auslegung des maßgeblichen Verhaltens indessen kaum bejahen lassen. Regelmäßig bedarf es daher **besonderer Abreden** hierüber, die auf das Regelungsmodell der §§ 110 ff. HGB hinreichend Bezug nehmen. – Soll die Geltung der §§ 110 ff. HGB **nachträglich eingeführt** werden, ist dies bei Zustimmung der Gesellschaftergesamtheit unproblematisch möglich, auch bei Altgesellschaften (berechtigte **Zurückhaltung bei der Auslegung** alter Bestimmungen über das Beschlussverfahren im Hinblick auf die hierdurch bewirkte Geltung der neuen §§ 110 ff. HGB bei Claussen/Pieronczyk NZG 2021, 620 (628)). Eine gesellschaftsvertragliche **Mehrheitsklausel** deckt das Opt-in indessen nur, wenn diese sich hinreichend deutlich auch auf Grundlagenentscheidungen erstreckt (→ Rn. 25 ff.; wohl enger, spezielle Zustimmung erforderlich, Schäfer Neues PersGesR/Liebscher § 5 Rn. 148). In diesem Fall ist zudem im Rahmen der **Treuepflichtkontrolle** in besonderem Maße zu prüfen, ob das Regelungsmodell nicht die Eigenverantwortlichkeit der Gesellschafter überstrapaziert und damit missbrauchsanfällig ist. Bei ideellen oder Gelegenheitsgesellschaften ist es nämlich keineswegs naheliegend, den Gesellschaftern eine Klagefrist aufzuerlegen. Bei unternehmenstragenden Gesellschaften dürften indessen keine grundsätzlichen Nachteile drohen, da hierüber die Effektivität der kollektiven Willensbildung gestärkt wird.

44 Das Wahlrecht verlangt **keine Alles-oder-nichts-Lösung.** Es ist mithin nicht zwingend, dass die Gesellschafter die Geltung des gesamten Regelungskomplexes gemäß §§ 110–115 HGB vereinbaren oder in Gänze davon ablassen. So bietet es sich auch an, die Klagefrist gemäß § 112 HGB oder die Anfechtungsbefugnis bzw. das Rechtsschutzbedürfnis gemäß § 111 HGB als maßgeblich zu vereinbaren, ohne die rechtliche Anerkennung und Differenzierung von Anfechtbarkeit und Nichtigkeit im Übrigen. Die entsprechenden Regelungen gelten dann kraft Vereinbarung auch im Rahmen der ansonsten weiterhin bei der GbR möglichen Feststellungsklage (→ Rn. 33). Grundsätzlich ist bei der Vereinbarung aber darauf zu achten, ein **konsistentes Gesamtkonzept** für das maßgebliche Beschlussmängelrecht zu wahren (Schäfer Neues PersGesR/Liebscher § 5 Rn. 144 ff.). Andernfalls droht die gesellschaftsvertragliche Regelung lückenhaft oder widersprüchlich zu sein. – Im Übrigen ist es ohnehin problematisch, ob die **Gestaltungswirkung** und die **prozessrechtlichen Regelungen** überhaupt Gegenstand des Wahlrechts sind (dies ablehnend Schäfer Neues PersGesR/Grunewald § 5 Rn. 41; gegen die Zulässigkeit privater Vereinbarungen über die Rechtskrafterstreckung nach früherem Recht bereits BGH NJW-RR 1990, 474 (475); NJW 1959, 1683 (1684 ff.); 2015, 3234 Rn. 115)). Richtigerweise sollte man dies indessen bejahen, aber daran anknüpfen, dass der gesamte Regelungsbereich gemäß §§ 110–115 HGB gelten soll. Eine unzumutbare Belastung der Justiz durch das Handeln Privater dürfte hierin nicht zu sehen sein. – Schließlich kommt die privatautonome Geltung der §§ 110–115 HGB nur dann in Betracht, wenn der Gesellschaftsvertrag **zugleich Regelungen zur Beschlussfassung** in Anlehnung an § 109 HGB vorsieht, mithin die Beschlussfassung in Versammlungen. Das formale Beschlussmängelrecht lässt sich nur hierdurch sachgerecht anwenden; die Minderheitsgesellschafter können nur bei Geltung eines formalisierten Entscheidungsverfahrens mit der

Eigenverantwortung der Anfechtung und Fristwahrung belastet werden (so auch Begr. S. 225: Gewisse Formalisierung erforderlich; abw. aber Begr. S. 226: auch bei Umlaufverfahren oder sonstigen vereinfachten Formen der Beschlussfassung gegeben). Erforderlich ist insofern auch die Notwendigkeit der Vereinbarung einer **förmlichen Beschlussfeststellung** durch einen Versammlungsleiter im Sinne einer konstitutiven Wirkung für die Wirksamkeit des Beschlusses (vgl. Begr. S. 225).

2. Vor- und Nachteile

Der entscheidende **Vorteil** des Anfechtungsmodells gemäß §§ 110 ff. **45** HGB liegt in der hiermit auch bei der GbR zu erzielenden **Rechtssicherheit, Prozessökonomie und Bestandkraft** für Gesellschafterbeschlüsse (vgl. Claussen/Pieronczyk NZG 2021, 620 (625); Schäfer Neues PersGesR/ Liebscher § 5 Rn. 66, 144 ff.). Dies hat freilich **auch Nachteile,** jedenfalls aus der Perspektive der einzelnen Gesellschafter: Die Notwendigkeit, die praktisch bedeutsamen Anfechtungsgründe innerhalb der **Klagefrist** von 3 Monaten gerichtlich geltend zu machen (vgl. § 112 I HGB) begründet die Obliegenheit der Gesellschafter, sich über den Beschlussinhalt zu informieren und eine Rechtmäßigkeitsanalyse anzustellen (vgl. hierzu kritisch im Hinblick auf die eine bloße Anfechtbarkeit hervorrufenden Ladungsfehler Geibel ZRP 2020, 137 (140)). Dies dürfte bei unternehmenstragenden GbR dem allseitigen Interesse der Gesellschafter entsprechen, mag bei ideellen GbR und Gelegenheitsgesellschaft aber vielfach nicht der Erwartungshaltung der Gesellschafter entsprechen. Problematisch dürfte auch sein, dass die **Differenzierung von Anfechtbarkeit und Nichtigkeit** in § 110 HGB nur kursorisch geregelt ist (vgl. hierzu Schäfer Neues PersGesR/Grunewald § 5 Rn. 52 ff.). Es bedarf daher zur Verifizierung der hieraus resultierenden Konsequenzen im Hinblick auf die Klagefrist durchaus Rechtskenntnisse bzw. die GbR-Gesellschafter sind gehalten, entsprechenden **Rechtsrat** einzuholen, (zu diesem Aspekt Claussen/Pieronczyk NZG 2021, 620 (628); Lieder NZG 2018, 1321 (1329); Lieder ZRP 2021, 43 (35)). Dies mag vielfach auch nicht der Erwartungshaltung bzw. den Bedürfnissen der GbR-Gesellschafter entsprechen. Problematisch ist dies insbesondere, wenn gegen einen Gesellschafter auf Grund eines Beschlusses (aus wichtigem Grund) vorgegangen wird. Indem hier die Abstimmungsbefugnis des Betroffenen eine entscheidende Bedeutung für die notwendige Mehrheit hat (→ Rn. 16, → Rn. 41), ist die **vorläufige Wirksamkeit** nach Maßgabe des Anfechtungsmodells durchaus geeignet, hier eine faktische Rechtsverkürzung des Betroffenen herbeizuführen (hierzu instruktiv zu OHG und KG Altmeppen GmbHR 2021, 345; berechtigter Hinweis auf die Kostenlast auch bei Fehrenbach WM 2020, 2049 (2056); weitere Aspekte zu Vor- und Nachteilen des Anfechtungsmodells bei Meyer/Schwiete NZG 2022, 1035). – Zu bedenken ist im Übrigen, dass selbst beim Opt-in nach wie vor **Raum für die allgemeine Feststellungsklage** besteht, sofern sich das Rechtsschutzbegehren nicht auf die Nichtigerklärung eines Gesellschafterbeschlusses erstreckt (Schäfer Neues PersGesR/Liebscher § 5 Rn. 73, 110 f.; vgl. hierzu bei der GmbH Fleischer

GmbHR 2013, 1289 (1291)). Dies gilt insbesondere, wenn Streit besteht, überhaupt ein Beschluss gefasst wurde (vgl. insofern zur sog. positiven Beschlussfeststellungsklage Schäfer Neues PersGesR/Liebscher § 5 Rn. 108).

VIII. Anhang: Abdruck §§ 110–115 HGB

46   **§ 110 HGB Anfechtbarkeit und Nichtigkeit von Gesellschafterbeschlüssen**

(1) Ein Beschluss der Gesellschafter kann wegen Verletzung von Rechtsvorschriften durch Klage auf Nichtigerklärung angefochten werden (Anfechtungsklage).

(2) [1]Ein Gesellschafterbeschluss ist von Anfang an nichtig, wenn er

1. durch seinen Inhalt Rechtsvorschriften verletzt, auf deren Einhaltung die Gesellschafter nicht verzichten können, oder

2. nach einer Anfechtungsklage durch Urteil rechtskräftig für nichtig erklärt worden ist.

[2]Die Nichtigkeit eines Beschlusses der Gesellschafter kann auch auf andere Weise als durch Klage auf Feststellung der Nichtigkeit (Nichtigkeitsklage) geltend gemacht werden.

§ 111 HGB Anfechtungsbefugnis; Rechtsschutzbedürfnis

(1) Anfechtungsbefugt ist jeder Gesellschafter, der oder dessen Rechtsvorgänger im Zeitpunkt der Beschlussfassung der Gesellschaft angehört hat.

(2) Ein Verlust der Mitgliedschaft nach dem Zeitpunkt der Beschlussfassung lässt das Rechtsschutzbedürfnis des Rechtsvorgängers unberührt, wenn er ein berechtigtes Interesse an der Führung des Rechtsstreits hat.

§ 112 HGB Klagefrist

(1) [1]Die Anfechtungsklage ist innerhalb von drei Monaten zu erheben. [2]Eine Vereinbarung im Gesellschaftsvertrag, welche eine kürzere Frist als einen Monat vorsieht, ist unwirksam.

(2) Die Frist beginnt mit dem Tag, an dem der Beschluss dem anfechtungsbefugten Gesellschafter bekanntgegeben worden ist.

(3) [1]Für die Dauer von Vergleichsverhandlungen über den Gegenstand des Beschlusses oder die ihm zugrundeliegenden Umstände zwischen dem anfechtungsbefugten Gesellschafter und der Gesellschaft wird die Klagefrist gehemmt. [2]Die für die Verjährung geltenden §§ 203 und 209 des Bürgerlichen Gesetzbuchs sind mit der Maßgabe entsprechend anzuwenden, dass die Klagefrist frühestens einen Monat nach dem Scheitern der Vergleichsverhandlungen endet.

§ 113 HGB Anfechtungsklage

(1) Zuständig für die Anfechtungsklage ist ausschließlich das Landgericht, in dessen Bezirk die Gesellschaft ihren Sitz hat.

(2) [1]Die Klage ist gegen die Gesellschaft zu richten. [2]Ist außer dem Kläger kein Gesellschafter zur Vertretung der Gesellschaft befugt, wird die Gesellschaft von den anderen Gesellschaftern gemeinsam vertreten.

(3) [1]Die Gesellschaft hat die Gesellschafter unverzüglich über die Erhebung der Klage und die Lage des Rechtsstreits zu unterrichten. [2]Ferner hat sie das Gericht über die erfolgte Unterrichtung in Kenntnis zu setzen. [3]Das Gericht hat auf eine unverzügliche Unterrichtung der Gesellschafter hinzuwirken.

(4) [1]Die mündliche Verhandlung soll nicht vor Ablauf der Klagefrist stattfinden. [2]Mehrere Anfechtungsprozesse sind zur gleichzeitigen Verhandlung und Entscheidung zu verbinden.

(5) Den Streitwert bestimmt das Gericht unter Berücksichtigung aller Umstände des Einzelfalls, insbesondere der Bedeutung der Sache für die Parteien, nach billigem Ermessen.

(6) Soweit der Gesellschafterbeschluss durch rechtskräftiges Urteil für nichtig erklärt worden ist, wirkt das Urteil für und gegen alle Gesellschafter, auch wenn sie nicht Partei sind.

§ 114 HGB Nichtigkeitsklage

[1]Erhebt ein Gesellschafter Nichtigkeitsklage gegen die Gesellschaft, sind die §§ 111 und 113 entsprechend anzuwenden. [2]Mehrere Nichtigkeits- und Anfechtungsprozesse sind zur gemeinsamen Verhandlung und Entscheidung zu verbinden.

§ 115 HGB Verbindung von Anfechtungs- und Feststellungsklage

[1]Wendet sich ein Gesellschafter gegen einen Beschluss, mit dem ein Beschlussvorschlag abgelehnt wurde, kann er seinen Antrag auf Nichtigerklärung des ablehnenden Beschlusses mit dem Antrag verbinden, dass ein Beschluss festgestellt wird, der bei Annahme des Beschlussvorschlags rechtmäßig gefasst worden wäre. [2]Auf die Feststellungsklage finden die für die Anfechtungsklage geltenden Vorschriften entsprechende Anwendung.

IX. Kautelarischer Handlungsbedarf infolge des MoPeG

1. Grundlagen

Die **Reform** behält die bisherige Konzeption der Willensbildung und **47** Beschlussfassung in der GbR als einem stark personalistisch geprägten und auf dem schuldrechtlichen Vertragsmodell basierenden Verband, indem an dem Einstimmigkeitsprinzip, der grundsätzlichen Nichtigkeitsfolge und dem sog. **Feststellungsmodell** festgehalten wird (→ Rn. 33). Insofern bleibt es für die GbR (und PartG, anders für die OHG und KG, → Rn. 6) bei der bisherigen Rechtslage. Gleichwohl empfiehlt es sich, wenn noch nicht geschehen, ausdrückliche **Regelungen zur Beschlussfassung in den Gesellschaftsvertrag** aufzunehmen, und dabei klare Regeln aufzustellen, insbesondere im Hinblick auf die gewollte oder nicht gewollte Geltung der §§ 110 ff. HGB (→ Rn. 43 ff.). Dadurch kann ein ggf. aufkommender Streit über eine konkludente Abbedingung des gesetzlichen Regelungsmodells vermieden werden. Auch unter dem Gesichtspunkt etwaiger Anpassungspflichten (→ § 705 Rn. 57 f.) empfiehlt sich eine frühzeitige Erörterung der Frage der Beschlussfassung. Der Grad der Formalisierung des Beschlussverfahrens, die Vereinbarung des Mehrheitsprinzips, die Aufnahme spezieller Regelungen im Hinblick auf Stimmrechtsausübung oder Stimmverbote sowie die Vor- und Nachteile des Feststellungs- und Anfechtungsmodells hängen naturgemäß von dem Charakter und der Zwecksetzung der betreffenden Gesellschaft, der Gesellschafterzahl und dem Grad der Professionalisierung ab. Hierin spiegelt sich regelmäßig ein erhöhtes Bedürfnis nach Rechtssicherheit über die Bestandskraft eines Beschlusses wider (vgl. zum Aspekt der Rechtssicherheit auch die Begr. S. 225). Zu bedenken ist zudem, dass die konkrete Ausgestaltung der Regelungen über die Austragung von Beschlussmängelstreitigkeiten Einfluss auf ihre Schiedsfähigkeit hat (dazu → Rn. 33).

2. Beschlussverfahren

48   Bezüglich der Ausgestaltung des Beschlussverfahrens besteht nach wie vor **weitgehende Gestaltungsfreiheit.** Grenzen ergeben sich aus unabdingbaren Gesellschafterrechten (Einberufungsrecht bei Vorliegen eines wichtigen Grundes, Recht auf Teilnahme an der Gesellschafterversammlung, → Rn. 10, 21), den Mindestanforderungen an eine effektive Teilnahme an der Beschlussfassung (zB eine angemessene Einberufungsfrist), dem Grundsatz der Selbstorganschaft (keine Zustimmungsvorbehalte zugunsten Nichtgesellschafter oder externer Gremien, → § 715 Rn. 23), der Treuepflichtbindung, dem Gleichbehandlungsgrundsatz sowie den allgemeinen Schranken der §§ 134, 138. Die Vereinbarung von Bestimmungen über ein formalisiertes Verfahren kann zur **Erhöhung der Rechtssicherheit** beitragen, insbesondere vor dem Hintergrund der Möglichkeit einer konkludenten Beschlussfassung, etwa durch langjährige Übung (→ Rn. 11). Sollte zudem eine Klagefrist vereinbart werden (vgl. dazu → Rn. 33, 37), ist es dringend anzuraten, den Beschlussinhalt hinreichend zu fixieren (vgl. auch die Begr. 231). Im Einzelnen kann eine **Übernahme von § 109 HGB** erwogen bzw. als Regelungsvorbild genutzt und individuell angepasst werden (vgl. zur Beschlussfassung in Versammlungen § 109 I HGB, zum Einberufungsrecht § 109 II HGB, zur Beschlussfähigkeit § 109 IV HGB). Da diese Regelung jedoch ihrerseits teilweise Kritik ausgesetzt ist (vgl. dazu Schäfer Neues PersGesR/Grunewald § 5 Rn. 28 ff., 33 ff.), empfiehlt sich eine individuelle Überprüfung der Vorgaben, insbesondere im Hinblick auf die Zulässigkeit eines etwaigen Umlaufverfahrens, das Einberufungsrecht von nicht geschäftsführungsbefugten Gesellschaftern und zur Beschlussfähigkeit. Die Anknüpfung des Einberufungsrechts an die Geschäftsführungsbefugnis nach § 109 II 1 HGB lässt insbesondere außer Betracht, dass jedem Gesellschafter bei Vorliegen eines wichtigen Grundes zwingend das Recht zur Einberufung der Gesellschafterversammlung zusteht (§ 50 III GmbHG analog, vgl. auch Begr. S. 226). Die Aufnahme zusätzlicher Bestimmungen, etwa in Bezug auf die Einzelheiten der Ladung (Form, Frist, Inhalt), die Schriftform der Stimmabgabe (etwa zu Dokumentations- und Beweiszwecken), die Abstimmung in Versammlung (Festlegung von Zeitpunkt, Ort der Beschlussfassung, Berücksichtigung persönlicher Umstände) und/oder im Umlaufverfahren, die Geltung des Einstimmigkeits- oder Mehrheitsprinzips für einzelne Beschlussgegenstände, die maßgebliche Bezugsgröße (nur bei der Abstimmung anwesende oder alle Gesellschafter), die Regelung von Stimmenthaltungen, die Heimlichkeit der Abstimmung, Vorgaben zur Protokollierung, förmliche Feststellung des Beschlussergebnisses u.a. kann im Einzelfall ebenfalls sinnvoll sein. Zur Stimmkraft vgl. § 709 III 1 Alt. 1 (→ § 709 Rn. 21 ff.).

3. Mehrheitsklauseln

49   Die Frage, ob das Einstimmigkeitsprinzip beibehalten oder zugunsten des Mehrheitsprinzips abbedungen werden soll, ist **besonders bei unternehmenstragenden GbR** die zentrale Weichenstellung für die Umsetzbarkeit von geplanten Maßnahmen und entscheidet vielfach über die Effektivität der angestrebten Geschäftspolitik. Die Größe des Gesellschafterkreises und die

Gesellschafterstruktur spielen hier eine zentrale Rolle. Können wichtige Entscheidungen durch einzelne Gesellschafter blockiert werden, besteht die Gefahr einer mangelnden Handlungsfähigkeit sowie opportunistischen Verhaltens einzelner Gesellschafter. Insbesondere bei Publikumsgesellschaften sind Mehrheitsklauseln praktisch unvermeidbar. – Empfehlenswert ist hier eine **Differenzierung zwischen Grundlagenentscheidungen und Geschäftsführungsangelegenheiten.** Zumindest sollte bei Vereinbarung einer Mehrheitsklausel ausdrücklich geregelt werden, ob das Mehrheitsprinzip auch für Erstere gilt. Hier kommt zudem eine Anhebung der erforderlichen Beschlussmehrheit in Betracht (etwa ¾ des Kapitals). Auch eine Aufzählung der Beschlussgegenstände, die der Einstimmigkeit bzw. einer qualifizierten Mehrheit bedürfen, kann sinnvoll sein, um Rechtsstreitigkeiten über die Reichweite solcher Klauseln zu vermeiden.

Bei **Mehrheitsklauseln** bietet sich in einem ersten Schritt die Identifizie- **50** rung der Beschlussgegenstände an, die einer Mehrheitsentscheidung nicht zugänglich sind (schlechthin unverzichtbare Rechte), bei diesen stellt sich nämlich die Frage einer etwaigen **formellen Legitimation und treuepflichtgestützten Inhaltskontrolle** erst gar nicht. Relativ unentziehbare Rechte können hingegen der Mehrheitsherrschaft unterstellt werden, zu beachten ist hier aber die zweistufige Prüfung (→ Rn. 22 ff.). In Bezug auf die formelle Legitimation (hinreichende Bestimmtheit) ist die konkrete Auflistung der Beschlussgegenstände, auf die sich die Mehrheitsklausel beziehen soll, der sicherste Weg. Damit einhergeht jedoch das Problem der mangelnden Flexibilität. – Im Ausgangspunkt bietet sich eine Orientierung an der bisherigen Rechtsprechung an, welche Beschlussgegenstände einer Mehrheitsklausel zugänglich sind. Die gesetzgeberische Absage an die generelle Geltung des Mehrheitsprinzips bei gesellschaftsvertraglich vereinbarten Mehrheitsklauseln (→ Rn. 1 f.) bringt noch einmal zum Ausdruck, dass der formellen Legitimation und der treuepflichtgestützten Inhaltskontrolle nach wie vor eine große Bedeutung zukommt. Die Aufweichung der bisherigen Maßstäbe der Kernbereichslehre führt freilich zu mehr Rechtsunsicherheit, da es auf eine einzelfallbezogene Prüfung der Ausübung der Mehrheitsmacht ankommt.

4. Stimmrechtsausübung

Fragen der Stimmrechtsausübung spielen **oft bei Publikumsgesellschaf- 51 ten** eine Rolle. Hat der einzelne Gesellschafter aufgrund seiner verhältnismäßig kleinen Beteiligung an der Gesellschaft ein relativ geringes wirtschaftliches Interesse an einer umfassenden Ausübung seiner Gesellschafterrechte, kann für ihn die (entgeltliche) Übertragung der Befugnis zur Stimmrechtsausübung auf Dritte eine attraktive Alternative bieten. Ist der Aufwand der eigenen Informationsbeschaffung für die Entscheidungsfindung zu hoch, liegt genauso eine Delegation der Entscheidungsbefugnis auf Dritte (insbesondere professionelle Akteure, Stimmrechtsberater) nahe. Aber auch in Fällen der faktischen bzw. wirtschaftlichen (nicht jedoch rechtlichen) Übertragung der Berechtigung wird regelmäßig eine umfassende Vollmachteinräumung zur Stimmrechtsausübung vorliegen. Hier ist die Grenze einer etwaigen faktischen Verdrängung des

Gesellschafters aus seiner Gesellschafterstellung zu beachten (verdrängende Vollmacht, → Rn. 14). – Ferner können Regelungen über **Stimmverbote** in den Gesellschaftsvertrag aufgenommen werden, insbesondere wenn eine Verschärfung oder aber Abmilderung der Anforderungen gegenüber der Grundregel des § 47 IV GmbHG in ihrer analogen Anwendung gewollt ist. Möglich ist aber auch eine Konkretisierung des weiten Begriffs eines Interessenkonflikts (etwa in Form einer beispielhaften Aufzählung) sowie eine Erstreckung auf nahe Angehörige, oder allgemeiner: „nahe stehende Personen" (zum Begriff vgl. auch § 111a I AktG für börsennotierte Gesellschaften). Gleichwohl erscheint eine Zurückhaltung in dieser Hinsicht geboten, insbesondere wenn es um innergesellschaftliche Fragen geht. Aber auch in Bezug auf Maßnahmen im Außenverhältnis erscheint ein zurückhaltender Ansatz angebracht, um die gesellschaftliche Kompetenzverteilung nicht auszuhebeln. Der Stimmrechtsausschluss eines Gesellschafters, der über eine erhebliche Kapitalbeteiligung verfügt, kann zu einer erheblichen (ggf. unerwünschten) Gewichtsverlagerung führen. Die Interessen der Gesellschafterminderheit sind regelmäßig durch andere Instrumente hinreichend geschützt, insbesondere die Kontrollrechte (vgl. § 717), das Widerspruchsrecht (vgl. § 715 IV) bzw. Zustimmungsvorbehalte. Es erscheint daher durchaus sinnvoll, die Fälle des Stimmverbots auf gesetzlich geregelte Ausnahmefälle zu beschränken (Vorgehen gegen einen Gesellschafter aus wichtigem Grund, → Rn. 16) und insofern einen restriktiven Ansatz zu wählen. Die treuepflichtgestützte Beschlusskontrolle dürfte hier regelmäßig für einen angemessenen Interessenausgleich sorgen (→ Rn. 16). – In Bezug auf **Sicherungsrechte Dritter** besteht vielfach Unsicherheit im Hinblick auf die Reichweite der gesellschaftsrechtlichen Befugnisse des begünstigten Dritten. Empfehlenswert erscheint daher eine zusätzliche Vollmachterteilung im Sinne einer subsidiären Regelung für die Ausübung von nicht verstrickten Rechten (→ Rn. 17 ff.).

5. Geltendmachung von Beschlussmängeln

52   In Bezug auf die prozessuale Geltendmachung von Beschlussmängeln empfiehlt sich für unternehmenstragende Gesellschaften die **Übernahme des Anfechtungsmodells** nach dem Vorbild der §§ 110 ff. HGB, insbesondere bei größerem Gesellschafterbestand. Dadurch können die Nachteile des sog. Feststellungsmodells (Klage gegen sämtliche Gesellschafter, fehlende Rechtskrafterstreckung, Gefahr sich widersprechender Entscheidungen, höhere Kosten ua, vgl. näher Tröger/Happ ZIP 2021, 2059 (2065 f.)) vermieden werden. Für GbR mit sehr geringem Gesellschafterbestand und fehlender Professionalisierung kann hingegen auch das Feststellungsmodell eine sinnvolle Lösung sein (vgl. zu den Nachteilen des Anfechtungsmodells → Rn. 45). Möglich ist im Grundsatz auch die Kombination der beiden Modelle bzw. einer **nur teilweisen Übernahme der §§ 110 ff. HGB** (→ Rn. 44). Hier besteht jedoch erhebliche Rechtsunsicherheit in Bezug auf die Grenzen der Gestaltungsfreiheit, insbesondere soweit die gesellschaftsvertragliche Regelung auch prozessrechtliche Fragen umfasst, wie etwa die Wirkung einer gerichtlichen Entscheidung in Form einer Rechtskrafterstreckung (vgl. auch → Rn. 44). Möglich ist hier freilich die

Beschränkung auf das Innenverhältnis und somit die Vereinbarung einer reinen schuldrechtlichen Wirkung. Die Vereinbarung einer Klagefrist, einer Unterrichtungspflicht und die Festlegung der Passivlegitimation der Gesellschaft dürften aber auch mit dem Feststellungsmodell kompatibel sein (vgl. auch Schäfer Neues PersGesR/Liebscher § 5 Rn. 148). Bei Übernahme des Anfechtungsmodells empfiehlt sich andererseits die Anpassung der Regelungen über die Kostentragung, da hier der klagende und obsiegende Gesellschafter gleichwohl als Mitglied der Gesellschaft anteilig die Kosten zu tragen hat, was zu unerwünschten Anreizwirkungen führen könnte (vgl. Schäfer Neues PersGesR/Liebscher § 5 Rn. 91, 146). Auch eine Anpassung der Klagefrist erscheint im Rahmen der grundsätzlichen Geltung des Anfechtungsmodells unbedenklich, problematisch erscheint hingegen die Modifikation bzw. nur teilweise Übernahme der §§ 113–115 HGB (→ Rn. 44).

Im Rahmen der prozessualen Geltendmachung von Beschlussmängeln **53** können gute Gründe dafür sprechen, die Beilegung von Beschlussmängelstreitigkeiten einem **Schiedsgericht** zu unterstellen (zu den Vor- und Nachteilen vgl. Servatius/Rieder, Corporate Litigation, Rn. 563 ff.). Die Frage, welche Anforderungen an eine Schiedsvereinbarung (§ 1029 ZPO) zu stellen sind, ist daher von entscheidender Bedeutung. Hier ist das Zusammenspiel der neueren Rechtsprechung betreffend die Schiedsfähigkeit von Beschlussmängelstreitigkeiten (insbesondere „Schiedsfähigkeit IV", vgl. auch → Rn. 38) und der Änderungen infolge des MoPeG in den Blick zu nehmen. Zu unterscheiden sind drei Konstellationen: die Optierung für das Anfechtungsmodell nach den §§ 110 ff. HGB, die Beibehaltung des Feststellungsmodells und schließlich hybride Gestaltungen. – Bei Vereinbarung des Anfechtungsmodells, wo die Klage gegen die Gesellschaft zu richten ist, steht spätestens nach „Schiedsfähigkeit IV" fest, dass die Anforderungen von „Schiedsfähigkeit II" zwingend einzuhalten sind. – Bezüglich der Anforderungen an eine Schiedsvereinbarung bei Beibehaltung des Feststellungsmodells ist die Rechtslage weniger eindeutig. Abgesehen von der Frage, ob eine Schiedsklausel im Gesellschaftsvertrag ausreicht oder es vielmehr einer zusätzlichen Nebenvereinbarung bedarf (dazu → Rn. 38), stellt sich die (vorgelagerte) Frage, ob ein grundsätzliches Erfordernis der Vereinbarung des Anfechtungsmodells besteht. Eine solche Interpretation der „Schiedsfähigkeit"-Rechtsprechung ist jedenfalls nicht von vornherein von der Hand zu weisen. Teilweise werden gleichwohl gewöhnliche Schiedsklausel, die die Austragung gesellschaftsinterner Streitigkeiten einem Schiedsgericht unter Abbedingung des ordentlichen Rechtswegs zuweisen, für ausreichend erachtet (Schäfer Neues PersGesR/Liebscher § 5 Rn. 170). Andererseits könnte man sich auf den Standpunkt stellen, dass die Anforderungen von „Schiedsfähigkeit II" auch hier zu beachten sind. Dies würde dazu führen, dass es bei Beibehaltung des Feststellungsmodells nicht möglich ist, eine Schiedsklausel zu vereinbaren, solange in der Beschlussmängelstreitigkeit nicht alle Gesellschafter beteiligt werden (sog. qualifiziertes Feststellungsmodell). Eine entsprechende Schiedsklausel wäre als sittenwidrig gemäß § 138 und damit nichtig anzusehen (vgl. Mock SchiedsVZ 2022, 56 (57 f.)). – Das Vorgesagte gilt freilich nur für die rechtsfähige GbR. Bei nicht rechtsfähigen GbR scheidet eine Opt-in Lösung mangels Parteifähigkeit der GbR von vornherein aus, eine entsprechende Schiedsklausel wäre in diesem Fall undurchführbar, solange an der Beschlussmängelstreitigkeit nicht alle Gesellschafter zwingend zu beteiligen sind („qualifiziertes Feststellungsmodell", vgl. Mock SchiedsVZ 2022, 56 (61)). – Bei hybriden Gestaltungen, dh einer Kombination der beiden Modelle, besteht ebenfalls erhebliche Rechtsunsicherheit. Diese beginnt bereits bei der Frage der grundsätzlichen Zulässigkeit entsprechender Gestaltungen (→ Rn. 44) und setzt sich bei den Auslegungsproblemen und Wechselwirkungen mit anderen gesellschaftsvertraglichen Bestimmungen sowie der Frage der Schiedsfähigkeit fort, zumindest soweit das Feststellungsmodell im Ausgangspunkt beibehalten und nur punktuell modifiziert wird. Sollte eine solche Gestaltung dennoch gewählt werden, ist die Einhaltung der Anforderungen von „Schiedsfähigkeit II" ebenfalls anzuraten. – Schließlich kann sich empfehlen, die ggf. eintretende Nichtigkeitsfolge auf den nichtigen Teil der Schiedsklausel zu beschränken (keine Gesamtnichtigkeit der Schiedsvereinbarung). Die Entscheidung „Schiedsfähigkeit IV" ist ein klarer Beleg dafür, dass diese Folge keineswegs selbstverständlich ist (BGH SchiedsVZ 2022, 86 Rn. 30 ff. – „Schiedsfähigkeit IV").

§ 715 Geschäftsführungsbefugnis

(1) **Zur Führung der Geschäfte der Gesellschaft sind alle Gesellschafter berechtigt und verpflichtet.**

(2) [1]**Die Befugnis zur Geschäftsführung erstreckt sich auf alle Geschäfte, die die Teilnahme der Gesellschaft am Rechtsverkehr gewöhnlich mit sich bringt.** [2]**Zur Vornahme von Geschäften, die darüber hinausgehen, ist ein Beschluss aller Gesellschafter erforderlich.**

(3) [1]**Die Geschäftsführung steht allen Gesellschaftern in der Art zu, dass sie nur gemeinsam zu handeln berechtigt sind, es sei denn, dass mit dem Aufschub eines Geschäfts Gefahr für die Gesellschaft oder das Gesellschaftsvermögen verbunden ist.** [2]**Dies gilt im Zweifel entsprechend, wenn nach dem Gesellschaftsvertrag die Geschäftsführung mehreren Gesellschaftern zusteht.**

(4) [1]**Steht nach dem Gesellschaftsvertrag die Geschäftsführung allen oder mehreren Gesellschaftern in der Art zu, dass jeder allein zu handeln berechtigt ist, kann jeder andere geschäftsführungsbefugte Gesellschafter der Vornahme des Geschäfts widersprechen.** [2]**Im Fall des Widerspruchs muss das Geschäft unterbleiben.**

(5) [1]**Die Befugnis zur Geschäftsführung kann einem Gesellschafter durch Beschluss der anderen Gesellschafter ganz oder teilweise entzogen werden, wenn ein wichtiger Grund vorliegt.** [2]**Ein wichtiger Grund ist insbesondere eine grobe Pflichtverletzung des Gesellschafters oder die Unfähigkeit des Gesellschafters zur ordnungsgemäßen Geschäftsführung.**

(6) [1]**Der Gesellschafter kann seinerseits die Geschäftsführung ganz oder teilweise kündigen, wenn ein wichtiger Grund vorliegt.** [2]**§ 671 Absatz 2 und 3 ist entsprechend anzuwenden.**

Übersicht

I. Reform

1. Grundlagen, Bewertung

§ 715 ist neu und beruht im Wesentlichen auf den §§ 709–712 aF; ihr **1** entspricht bei der OHG § 116 HGB. Die Regelung emanzipiert die

Geschäftsführungsbefugnis deutlich vom früheren Verweis ins Auftragsrecht, was die verbandsrechtliche Konturierung der GbR im Hinblick auf ihre Organisation stärkt. Sie behält konsequent den Grundsatz der **Selbstorganschaft** bei, indem die Geschäftsführungsbefugnis zwingend den Gesellschaftern zusteht. Dies überzeugt, da diese als Pflichtrecht eine zentrale **disziplinierende Wirkung im Innenverhältnis** hat, insbesondere im Hinblick auf die haftungsrechtliche Sanktionierung und die Vermeidung unkalkulierbarer Gesellschafterhaftung (kritisch aber Scholz NZG 2020, 1044; Lieder ZRP 2020, 24 (36)). Insofern ist es auch konsequent, wenn die Neuregelung wie bislang den Grundsatz der **gemeinschaftlichen Geschäftsführung** aufrechterhält und damit der personalen Verbundenheit bei der GbR eine stärkere Bedeutung beimisst als bei den Personenhandelsgesellschaften (vgl. § 116 I HGB: Einzelgeschäftsführungsbefugnis). Die vom 71. DJT im Jahr 2016 empfohlene Einführung von Einzelgeschäftsführungsbefugnis zumindest für die eingetragenen Gesellschaften (vgl. Beschluss 12, Bd. II/2, S. O221) wurde bewusst nicht aufgegriffen (Begr. S. 150; zustimmend DAV NZG 2020, 133 Rn. 51). Hierdurch wird auch im Zuge der Reform dem tradierten **Leitbild der personalistisch geprägten GbR** Rechnung getragen, insbesondere bei ideeller Zwecksetzung und Gelegenheitsgesellschaften. Die gesetzgeberisch gewollte Stärkung unternehmenstragender GbR kann gleichwohl ohne weiteres verwirklicht werden, da die gesellschaftsvertragliche Vereinbarung von Einzelgeschäftsführungsbefugnis und Mehrheitsentscheidungen auch im neuen Recht zulässig ist (→ Rn. 18 ff.).

2   Eine vergleichbare Problematik folgt aus der **Streichung von § 708 aF** als gerade in Geschäftsführungsangelegenheiten maßgebliche Sorgfaltsform. Die hieraus resultierende Verobjektivierung des Haftungsmaßstabs ist ein klares gesetzgeberisches Bekenntnis zur **Stärkung unternehmerischer GbR** (kritisch Martens AcP 221 (202), 68 (89 f.); zustimmend Schirrmacher ZHR 186 (2022), 250; vgl. auch Habersack/Lüdeking RFamU 2022, 3). Die haftungsrechtliche Disziplinierung (→ Rn. 1) wirkt nämlich wenigstens reflexartig auch zugunsten Dritter (vgl. insofern auch die frühere Argumentation zur Nichtanwendbarkeit von § 708 aF im Straßenverkehr BGH NJW 1967, 558 (559)); hierzu auch Fleischer/Danninger NZG 2016, 481 (483 ff.). Bei **ideellen GbR und Gelegenheitsgesellschaften** gibt es gleichwohl nach wie vor gute Gründe, die haftungsbegrenzende Wirkung der diligentia quam in suis im Verhältnis der Gesellschafter untereinander anzuerkennen (so auch Bachmann NZG 2020, 612 (613); Schall ZIP 2020, 1443 (1444); tendenziell auch Habersack ZGR 2020, 539 (552): Parteien sollen in der Regel ohne Rechtsrat auskommen). Die Berücksichtigung von Drittinteressen ist nämlich bei Personengesellschaften ohnehin schwach legitimiert. Abhilfe für die gleichwohl erfolgte kategorische Streichung von § 708 aF kann aber dadurch zu leisten sein, indem es ohne weiteres zulässig ist, gesellschaftsvertraglich einen milderen Haftungsmaßstab zu vereinbaren.

3   In Bezug auf das **Widerspruchsrecht** zugunsten der anderen geschäftsführungsbefugten Gesellschafter (→ Rn. 35 ff.) und das für außergewöhnliche Geschäfte wegen ihrer Nähe zu Grundlagenentscheidungen maßgebliche Erfordernis einer besonderen Willensbildung aller Gesellschafter (→ Rn. 6)

brachte die Neuregelung keine wesentlichen Änderungen. Im Hinblick auf die Möglichkeit der **Entziehung** der Geschäftsführungsbefugnis wird aber nunmehr klargestellt, dass dies nicht nur eine vom gesetzlichen Regelfall abweichende übertragene Befugnis betrifft (→ Rn. 40). Dies betrifft auch die im Übrigen unverändert gebliebene Möglichkeit der **Kündigung** der Geschäftsführerbefugnis gemäß Abs. 6 (→ Rn. 48).

Die disziplinierende Wirkung der Geschäftsführungsbefugnis als interner **4** Pflichtenrahmen wird durch die Reform freilich erheblich relativiert, indem die **organschaftliche Vertretungsmacht** gemäß § 720 III **zwingend unbeschränkt** ist (vgl. zur Kritik → § 720 Rn. 1, 9). Die hierdurch verwirklichte Stärkung des Verkehrsschutzes verlagert die Folgen von Kompetenzüberschreitungen in den Bereich des internen **Haftungsregresses;** die Streichung von § 708 aF stärkt hier freilich die Geschäftsführerverantwortlichkeit (→ Rn. 27 f.). Gegenüber Dritten müssen die nicht beteiligten Gesellschafter gemäß §§ 721 ff. abweichend vom früheren Recht auch für das kompetenzwidrige Handeln eines Geschäftsführers einstehen. Dies führt insbesondere bei Altgesellschaften die Notwendigkeit herbei, die Grundlagen des bisherigen Zusammenschlusses einer kritischen Revision zu unterziehen. – Diese Problematik stellt sich auch dann, wenn außergewöhnliche Geschäfte wegen ihrer Nähe zu den **Grundlagenentscheidungen** nicht mehr von der Geschäftsführungsbefugnis gedeckt sind und daher an sich die für gesellschaftsvertragliche Entscheidungen notwendige kollektive Willensbildung aller nach Maßgabe von § 714 erfordern (→ Rn. 6). Insofern ist bei der GbR auch im Zuge der Reform in besonderem Maße Raum für die Anerkennung der **Lehre vom Missbrauch der Vertretungsmacht** (→ § 720 Rn. 24). – § 715 beruht im Wesentlichen auf dem Mauracher Entwurf; im Übrigen wurde Abs. 3 im Laufe des Gesetzgebungsverfahrens redaktionell geändert, um die Verständlichkeit zu steigern (vgl. den Änderungsantrag des Rechtsausschusses, Ausschuss-Drs. 19 (6) 285 vom 21.6.2021, S. 23; zuvor Bachmann Stellungnahme S. 9).

2. Zeitlicher Geltungsbereich

§ 715 tritt gemäß Art. 137 S. 1 MoPeG am **1.1.2024** in Kraft, eine Über- **5** gangsregelung im Hinblick auf die Geschäftsführungsbefugnis ist nicht vorgesehen. Im Umkehrschluss aus Art. 229 § 61 EGBGB folgt daher, dass sich die Geschäftsführungsbefugnis auch in **Altgesellschaften** ab dem Zeitpunkt des Inkrafttretens nach neuem Recht richtet. Den maßgeblichen Anknüpfungspunkt für die zeitliche Beurteilung aus materiell-rechtlicher Perspektive bestimmt indessen der Grundsatz der **lex temporis actus** (vgl. Hess, Intertemporales Privatrecht, 1998, S. 7, 147 f., 344: Prinzip der Gleichzeitigkeit von anwendbarem Recht und zu beurteilendem Sachverhalt). Im **gesetzlichen Regelfall** gilt daher, dass sich die Geschäftsführungsbefugnis ab 1.1.2024 nach dem neuen Recht richtet, was in kompetenzieller Hinsicht freilich keine Änderung gegenüber der bisherigen Rechtslage (Gesamtgeschäftsführungsbefugnis) mit sich bringt. Die **Streichung des § 708 aF** führt indessen dazu, dass für die Haftung der Gesellschafter in Ermangelung einer anderweitigen vertraglichen Vereinbarung ab 1.1.2024 der strengere allgemeine Sorgfaltsmaßstab des § 276 I gilt (→ Rn. 32; vgl. zum kautelarischen Handlungsbedarf → Rn. 55). Für die Bestimmung des zeitlich anwendbaren Rechts im Rahmen der **Geschäftsführerhaftung** kommt es dabei auf den Zeitpunkt der betreffenden Handlung an, nicht den Schadenseintritt, da diese den haftungsrechtlichen Anknüpfungspunkt für das Gesellschafterhandeln bildet. Dies ist auch in laufenden Gerichtsverfahren zu beachten, die bereits vor dem 1.1.2024 anhängig waren. – Für das Widerspruchsrecht gemäß Abs. 4 kommt es auf den Zugang der Widerspruchserklärung, für die Entziehung der Geschäftsführungsbefugnis gemäß Abs. 5 auf den Zeitpunkt der Beschlussfassung und für die Kündigung der Geschäftsführungsbefugnis gemäß Abs. 6 auf den Zugang der Kündigungserklärung an. – Im Übrigen ist aber, wie allgemein, zu beachten, dass dem **Bedürfnis nach Kontinuität** bei dispositiven Regelungen durch entsprechende (ggf. ergänzende) **Auslegung des Gesellschaftsvertrags** Rechnung getragen werden kann, um das bislang Gewollte auch unter der Neuregelung fortgelten zu lassen (→ § 705 Rn. 3 ff.). Praktisch bedeutsam ist dies insbesondere im Hinblick auf die **Streichung von § 708 aF** (hierzu Schirrmacher ZHR 186 (2022), 250). Diese bedingt, dass für die Haftung der Gesellschafter in Ermangelung einer anderweitigen vertraglichen Vereinbarung ab 1.1.2024 der allgemeine, objektive Sorgfaltsmaßstab des § 276 I gilt (→ Rn. 32). Man muss daher im Rahmen der Auslegung vor allem bei **ideellen GbR und Gelegenheitsgesellschaften** ab 1.1.2024 in besonderer Weise prüfen, ob die entsprechenden gesellschaftsvertraglichen Regelungen eine konkludente Abbedingung des neuen Rechts zugunsten der bisherigen Rechtslage rechtfertigen.

II. Normzweck

6   § 715 regelt die organschaftliche Geschäftsführungsbefugnis als ein gesellschaftsrechtliches Grundrecht aller Gesellschafter für die **interne Willensbildung zur Zweckverwirklichung** innerhalb der durch den Gesellschaftsvertrag gezogenen Grenzen. Nach dem Grundsatz der **Selbstorganschaft** gemäß Abs. 1 sind hierzu zwingend allein die Gesellschafter als Gruppe befugt. Innerhalb dessen kann der gesetzliche Regelfall der gemeinschaftlichen Willensbildung aber gemäß Abs. 3 S. 3 ohne weiteres zugunsten **Einzelgeschäftsführungsbefugnis oder Mehrheitsentscheidungen** modifiziert werden. Die übrigen geschäftsführungsbefugten Gesellschafter haben dann nach Abs. 4 ein Widerspruchsrecht, welches wegen der unbeschränkten organschaftlichen Vertretungsmacht gemäß § 720 III aber nicht auf das Außenverhältnis durchschlägt. Die Ausübung von Geschäftsführungsbefugnis (Geschäfte „der Gesellschaft") ist von den **Grundlagenentscheidungen abzugrenzen,** wozu alle Gesellschafter nach Maßgabe von § 714 befugt sind. Außergewöhnliche Geschäfte, die hiermit vergleichbar sind, bedürfen indessen gemäß Abs. 1 S. 2 der für Grundlagenentscheidungen maßgeblichen Willensbildung der Gesellschafter, wenn nichts Abweichendes vereinbart wurde.

Der Ausschluss einzelner Gesellschafter von der Geschäftsführungsbefugnis 7
ist ohne weiteres zulässig, ebenso der nachträgliche **Entzug aus wichtigem
Grund** gemäß Abs. 5. Umgekehrt kann auch ein Gesellschafter seine
Geschäftsführungsbefugnis gemäß Abs. 6 **außerordentlich kündigen,** was
aber jedenfalls in Bezug auf die vollständige Kündigung nur in extremen
Ausnahmefällen in Betracht kommt. Die Innehabung von Geschäftsführungsbefugnis ist nämlich als **gesellschaftsrechtliches Pflichtrecht** eine wesentliche Funktionsbedingung für die gemeinschaftliche Zweckverwirklichung im
Personenverband, dessen ein Gesellschafter sich nicht leichtfertig entledigen
kann. – Von der organschaftlichen Geschäftsführungsbefugnis nach § 715
abzugrenzen ist die **Notgeschäftsführungsbefugnis** gemäß § 715a, die
zwingend allen Gesellschaftern zusteht. § 716 regelt im Übrigen spezielle
Geschäftsführerrechte und -pflichten (Vorschuss, Herausgabe, Verzinsung).

III. Anwendungsbereich

§ 715 gilt ohne weiteres bei **jeder rechtsfähigen GbR,** unabhängig von 8
der Registereintragung. Die Geschäftsführungsbefugnis ist abweichend von
der organschaftlichen Vertretungsmacht ohnehin kein eintragungsfähiger
Umstand. Vgl. für (interprofessionelle) Rechtsanwaltsgesellschaften auch
§ 59j I 1 BRAO (hierzu Kilian NJW 2021, 2385). – Die Regelung gilt
gemäß § 740 auch bei der **nicht rechtsfähigen GbR** (→ § 740 Rn. 19).
Insofern wirken die Kompetenznorm und die Geschäftsführerpflichten freilich unmittelbar im Verhältnis der Gesellschafter untereinander. Bei der **stillen Gesellschaft** gilt § 715 ebenfalls, die Geschäftsführungsbefugnis steht
hier freilich im gesetzlichen Regelfall allein dem Geschäftsinhaber zu (vgl.
BGH NJW 1995, 1353; zum Ganzen Henssler/Strohn/Servatius HGB § 230
Rn. 28 ff.). Für **OHG und KG** gelten allein die §§ 116, 164 HGB. Vgl. für
die **Partnerschaftsgesellschaft** § 7 II, III PartGG.

IV. Organschaftliche Geschäftsführungsbefugnis

1. Grundlagen

Die Geschäftsführungsbefugnis ist ein gesellschaftsrechtliches **Pflichtrecht** 9
(seit jeher allgM, vgl. auch Begr. S. 149). Hierzu berufen sind nach dem auch
durch die Reform aufrechterhaltenen Grundsatz der **Selbstorganschaft**
allein die Gesellschafter (dies ohne nähere Hinweise relativierend Begr.
S. 149: Bleibt der Klärung durch die Rechtsprechung vorbehalten); etwas
anderes gilt gemäß § 736 IV nur in der Liquidation (→ § 736 Rn. 20). Die
Bezeichnung eines Gesellschafters als „Geschäftsführer" im Rubrum der Kla-
geschrift ist sachlich aber nicht falsch (BGH BeckRS 2007, 65112). – Die
Geschäftsführungsbefugnis ist auf dieser Grundlage ein spezieller Teil der
allgemeinen **Zweckförderungspflicht** nach § 705 I, § 709 I (Ausrichtung
auf das Gesellschaftsinteresse, vgl. Begr. S. 149) und dient unmittelbar der
gemeinschaftlichen Zweckverwirklichung. Die Gesellschafter sind hiernach
gehalten, die Geschäftsführungsbefugnis **aktiv** (Begr. S. 149: Verbot der Passi-

vität) **und uneigennützig** auszuüben (Erman/Westermann § 709 Rn. 10: Pflichtenbindung auf das Gesellschaftsinteresse; weniger strikt BeckOK BGB/Schöne Rn. 31: tendenziell daran zu orientieren). Als rechtlicher Maßstab (sog. rechtliches Dürfen), ist die Geschäftsführungsbefugnis damit die im **Innenverhältnis** vor allem haftungsrechtlich relevante Vorgabe für das pflichtgemäße Handeln der Gesellschafter. Sie unterscheidet sich insofern von der durch die Reform klar entkoppelten unbeschränkten Vertretungsmacht gemäß § 720 (sog. rechtliches Können im Außenverhältnis) diese kann freilich richtigerweise nicht alleine Bestand haben (→ Rn. 25). Die Geschäftsführungsbefugnis steht im Regelfall aufgrund Abs. 3 S. 1 allen **Gesellschaftern gemeinschaftlich** zu, was durch § 715a nur bei Gefahr im Verzug durchbrochen ist. Im Übrigen kann gesellschaftsvertraglich aber auch **Einzelgeschäftsführungsbefugnis** vereinbart werden, ebenso **Mehrheitsentscheidungen.** Nach Abs. 5 kann einem Gesellschafter die Geschäftsführungsbefugnis aus wichtigem Grund entzogen werden; Abs. 6 ermöglicht umgekehrt die Kündigung durch den Gesellschafter selbst. – Die Geschäftsführungsbefugnis **ruht,** wenn dem Gesellschafter die Ausübung ohne Verschulden unmöglich ist, zB infolge Krankheit (vgl. zur KG BGH NJW 1965, 1958).

10   Der **Gegenstand** der Geschäftsführungsbefugnis umfasst seit der Reform gemäß Abs. 2 S. 1 explizit alle Geschäfte, die die Teilnahme der Gesellschaft am Rechtsverkehr **gewöhnlich mit sich bringt.** Da § 715 auch bei der nicht rechtsfähigen GbR gilt (vgl. § 740 II), ist diese Formulierung ungenau. Richtigerweise umfasst die Geschäftsführungsbefugnis bei allen GbR alle zur **Zweckverwirklichung notwendigen Handlungen** im Innen- und (ggf.) Außenverhältnis **mit Ausnahme** der den Gesellschaftern in ihrer Eigenschaft als Herren des gesellschaftsrechtlichen Zusammenschlusses obliegenden **Grundlagenentscheidungen** (vgl. OLG Saarbrücken BeckRS 2008, 7379). Die Gesetzesbegründung weist hierauf ausdrücklich hin (Begr. S. 149). Dies deckt sich auch mit der organschaftlichen Vertretungsmacht, welche ebenfalls nur rechtsgeschäftliches Handeln mit Wirkung für und gegen die rechtsfähige GbR umfasst und nicht das Rechtsverhältnis der Gesellschafter untereinander (→ § 720 Rn. 9). – Die **Abgrenzung** erfolgt zuvörderst formal. Grundlagenentscheidungen betreffen die Disposition über den Gesellschaftsvertrag, einschließlich des Mitgliederbestands, sowie die Zwecksetzung (vgl. Begr. S. 149: Zusammensetzung und Organisation der Gesellschaft im Grundsätzlichen). Darüber hinaus kann es aber auch Geschäftsführungsmaßnahmen geben, die wegen ihrer **wirtschaftlichen oder rechtlichen Tragweite** wenigstens im Hinblick auf die Erfordernisse der internen Willensbildung der Gesellschafter den (formalen) Grundlagenentscheidungen gleichzustellen sind. Abs. 2 S. 2 verlangt für diese Fälle außergewöhnlicher Geschäfte im dispositiven gesetzlichen Regelfall eine Zustimmung aller Gesellschafter, mithin auch derjenigen, die keine Geschäftsführungsbefugnis haben (→ Rn. 22). – Im Übrigen sind viele Aufgaben der Geschäftsführer explizit geregelt: Erfüllung der Informationsrechte der Gesellschafter gemäß § 717 (→ § 717 Rn. 9 ff.), Erstellung des Rechnungsabschlusses gemäß § 718 (→ § 718 Rn. 10 ff.). – **Weitere Grenzen** der Geschäftsführungsbefugnis bestehen nur dann, wenn vom Grundsatz der gemeinschaftlichen Geschäfts-

führung abgewichen wird, mithin einzelne Gesellschafter allein oder in Gemeinschaft handeln dürfen. In diesen Fällen besteht zugunsten der anderen geschäftsführungsbefugten Gesellschafter ein **Widerspruchsrecht** nach Abs. 4 (→ Rn. 35 ff.).

2. Gesamtgeschäftsführungsbefugnis (Abs. 3)

a) Gemeinschaftliche Willensbildung und Verantwortung. Im **11** gesetzlichen Regelfall bedarf es aufgrund Abs. 3 S. 1 („gemeinsam zu handeln") einer gemeinschaftlichen Willensbildung **aller Gesellschafter** (deren Geschäftsführungsbefugnis nicht gemäß Abs. 5 entzogen wurde, → Rn. 40 ff.). Dies unterscheidet die Rechtslage von der OHG (vgl. § 116 III 1 HGB: Einzelgeschäftsführungsbefugnis). Es deckt sich mit dem gesetzlichen Regelfall der gemeinschaftlichen organschaftlichen Vertretungsbefugnis der GbR-Gesellschafter gemäß § 720 I (→ § 720 Rn. 9 ff.). Es gewährleistet einerseits das Prinzip **volenti non fit iniuria,** wonach sich bei selbstgesteuerten Verhalten aus der Innenperspektive a priori keine Rechtswidrigkeit ergibt. Andererseits bringt dies auch zugunsten der einzelnen Gesellschafter einen gewissen **Schutz vor finanziellen Nachteilen** infolge des Handelns anderer, insbesondere durch die Gesellschafterhaftung (den Aspekt der wechselseitigen Kontrolle betont auch Begr. S. 150 f.). Das eigenmächtige Handeln eines Gesellschafters eröffnet wegen Kompetenzüberschreitung nämlich Regressmöglichkeiten (→ Rn. 27 ff., → Rn. 55), wenn ein entsprechender Schaden vorliegt (vgl. BGH DStR 2008, 15999). – Der hierdurch vermittelte Zwang zur Gemeinschaftlichkeit ist regelmäßig **passend bei kleinen GbR,** insbesondere Zwei-Personen-Gesellschaften. Bei unternehmerischen Gesellschaften und GbR mit größerem Gesellschafterkreis bringt die **fehlende Flexibilität** indessen auch Nachteile, sodass stets zu überlegen ist, hiervon abzuweichen, was ohne weiteres zulässig ist (vgl. zur Einzelgeschäftsführungsbefugnis → Rn. 18 f., zu **Mehrheitsklauseln** → Rn. 20 ff.).

Die **Modalitäten** zur Erzielung der erforderlichen Einstimmigkeit erge- **12** ben sich aus § 714. Möglich und im gesetzlichen Regelfall ausreichend ist die **ausdrückliche oder konkludente Einigkeit** aller hiernach stimmberechtigten Gesellschafter (→ § 714 Rn. 13 ff.), ggf. auch sukzessive, wobei die notwendige Willensbildung dann erst ab der letzten Zustimmungserklärung erfolgt. Eine nachträgliche Genehmigung ist möglich (vgl. zur Entlastung → Rn. 34). Die Geschäftsführungsbefugnis hat so eine disziplinierende Wirkung. Die Enthaltung stellt keine Zustimmung dar (MüKoBGB/Schäfer § 709 Rn. 39). Die Einhaltung der Schriftform ist im gesetzlichen Regelfall nicht vorgesehen. Ist ein Gesellschafter minderjährig oder sonst in seiner Geschäftsfähigkeit beschränkt, muss regelmäßig der gesetzliche Vertreter handeln (vgl. BGH NJW 1965, 1961). – Der **Gesellschaftszweck** (→ § 705 Rn. 8) begründet im gesetzlichen Regelfall nach Abs. 1 **keine Schranke,** weil dieser ggf. sogleich einstimmig geändert wird. Das Einstimmigkeitserfordernis gewährleistet so die formlose und flexible Möglichkeit, das Gesellschaftsverhältnis an die aktuellen Gegebenheiten anzupassen. Relevanz hat der Gesellschaftszweck somit nur dann, wenn für die Willensbildung in

Geschäftsführungsangelegenheiten allein Handeln oder das Mehrheitsprinzip vereinbart wurde. Eine abweichende Beurteilung ist indessen auch bei der Einstimmigkeit geboten, wenn einzelne Gesellschafter die der Zweckverwirklichung dienende Zustimmung verweigern, so dass die übrigen dann ihrerseits rechtswidrig handeln würden. In diesen Fällen kann aber aus der **Treuepflicht** der Gesellschafter eine **Zustimmungspflicht** für eine objektiv gebotene Geschäftsführungsmaßnahme resultieren (vgl. BGH NZG 2008, 588). Eine solche unterliegt im Bereich der uneigennützigen Geschäftsführungsbefugnis keinen allzu großen Hürden (OLG Stuttgart NZG 2007, 102; zurückhaltend LG Hannover BeckRS 2018, 1973 Rn. 20; zur Verweigerung aus „vertretbarem Grund" OLG München NJW 2001, 613 (614); zur Verweigerung aus sachfremden Erwägungen LG Berlin BeckRS 2014, 19597). Im Regelfall dürfte die **Zumutbarkeit zu bejahen** sein, wenn sich die in Rede stehenden Maßnahme in die bestehende Zwecksetzung einfügt und keine unkalkulierbaren finanziellen Risiken drohen. Die rechtliche Beurteilung ist insofern dieselbe wie bei der Frage, ob ein Widerspruch gemäß Abs. 4 beachtlich ist oder nicht (→ Rn. 37 f.).

13   Die konkrete **praktische Umsetzung** dieser Zustimmungspflicht ist schwierig: Grundsätzlich müsste der sich Weigernde zunächst auf Erteilung der Zustimmung verklagt werden (§ 894 ZPO). Die hierdurch bedingte zeitliche Verzögerung kollidiert vielfach mit dem **legitimen Interesse an der Zweckverwirklichung** der übrigen Gesellschafter. Dem ist Rechnung zu tragen. Durch die Einbettung der Gesamtgeschäftsführungsbefugnis in das Beschlusserfordernis gemäß § 714 spricht daher nichts dagegen, die **treuwidrige Nichtzustimmung** bereits bei der entsprechenden Beschlussfassung über die Entziehung in eine Zustimmung umzuqualifizieren, mithin als erteilt zu fingieren (in diese Richtung für die Ausschließung bereits BGH WM 1979, 1058; 1986, 1556 (1557); NJW-RR 2008, 1484 Rn. 42; wohl auch BGH ZIP 2016, 1220 Rn. 17; abw. für Grundlagenentscheidungen MüKoBGB/Schäfer § 705 Rn. 248). Die Einzelheiten dieser Thematik sind bislang noch nicht abschließend geklärt. Abhilfe leistet insofern freilich teilweise die Möglichkeit zur Eilentscheidung bei Gefahr in Verzug (→ Rn. 14 ff.) sowie die **Notgeschäftsführungsbefugnis** nach § 715a (→ § 715a Rn. 1). Auch kann die **Entziehung** der Geschäftsführungsbefugnis der Dissentierenden gemäß Abs. 5 geboten sein (vgl. MüKoBGB/Schäfer § 709 Rn. 43; abw. Erman/Westermann § 709 Rn. 9). Im Übrigen macht sich der sich treuwidrig weigernde Gesellschafter gegenüber der Gesellschaft bzw. den anderen aus § 280 **schadensersatzpflichtig** (→ Rn. 27 ff.).

14   **b) Alleinhandeln bei Gefahr in Verzug.** Nach Abs. 3 S. 1 2. Hs. wird das Erfordernis der gemeinschaftlichen Willensbildung bei Gesamtgeschäftsführungsbefugnis bereits im gesetzlichen Regelfall durchbrochen, wenn mit einem Aufschub der Entscheidung Gefahr **für die Gesellschaft oder das Gesellschaftsvermögen** verbunden ist. Die Regelung ist bei der GbR neu (vgl. zur OHG § 116 IV HGB). Sie wirkt allein zugunsten der gesamtgeschäftsführungsbefugten Gesellschafter und kompensiert die

Trägheit der kollektiven Willensbildung innerhalb dieser Gruppe. Den von der Geschäftsführung ausgeschlossenen Gesellschaftern steht allein die Notgeschäftsführungsbefugnis gemäß §715a zu (→ §715a Rn. 8 ff.; vgl. auch Begr. S. 151: Abs. 3 S. 1 als Teilregelung der allgemeinen Notgeschäftsführungsbefugnis). – Inhaltlich decken sich die Voraussetzungen mit denen von §715a bzw. §116 IV HGB. Erforderlich ist eine **konkrete Gefahr,** dass der Gesellschaft bis zur Einholung der gebotenen Zustimmung der anderen ein Schaden entstehen würde (vgl. zu §116 HGB aF BGH NJW 1955, 1027); dies beinhaltet auch einen drohenden entgangenen Gewinn (vgl. zu §715a Begr. S. 153). – **Taugliche Handlungen,** die über Abs. 3 auch einem Einzelnen gestattet werden, sind abweichend vom Wortlaut „Aufschub eines Geschäfts" (eingefügt auf Initiative des Rechtsausschusses, vgl. Ausschuss-Drs. 19 (6) 285 vom 21.6.2021, S. 23) nicht allein im rechtsgeschäftlichen Bereich anzusiedeln; umfasst sind darüber hinaus auch tatsächliche Maßnahmen. Im Übrigen legitimiert Abs. 3 S. 1 2. Hs. aber **keine außergewöhnlichen Maßnahmen,** die faktisch den Grundlagenentscheidungen nahekommen (Henssler/Strohn/Finckh HGB §116 Rn. 40). – Maßgeblich ist die ex ante-Perspektive des betreffenden Gesellschafters zum Zeitpunkt der entsprechenden Maßnahme auf der Grundlage einer **subjektiv-objektiven Betrachtung.** Er muss vernünftigerweise annehmen dürfen, dass das Alleinhandeln zur Schadensabwehr erforderlich ist. Er muss zudem vergeblich versucht haben, die maßgeblichen Mitgesellschafter zu erreichen (MüKoHGB/Jickeli HGB §115 Rn: 57). Bei der GbR dürfte der praktische Anwendungsbereich wegen des regelmäßig geringen Gesellschafterkreises und der personalen Verbundenheit eher gering sein. Denkbare Fälle sind vor allem die **Verhinderung** der geschäftsführungsbefugten Mitgesellschafter aus tatsächlichen Gründen (z.B. wegen Krankheit, Abwesenheit oder Unerreichbarkeit). Tatbestandlich ist aber auch, wenn die geschäftsführungsbefugten **Mitgesellschafter treuwidrig untätig** bleiben. Hat ein Gesellschafter seine Zustimmung bereits verweigert, ist ein Alleinhandeln nicht legitimiert, es sei denn die Verweigerung ist evident rechtswidrig (vgl. hierzu beim Widerspruch → Rn. 37 f.).

Sofern die Voraussetzungen des Handels bei Gefahr im Verzug gegeben **15** sind, handelt der betreffende Gesellschafter rechtmäßig, hat mithin **keine Schadensersatzhaftung wegen Kompetenzüberschreitung** zu befürchten. Dies entbindet ihn freilich nicht davon, sich im Nachgang zu einer Eilentscheidung weiter um Unterrichtung seiner Mitgeschäftsführer zu bemühen. – Problematisch sind die Rechtswirkungen im Außenverhältnis. Nach traditioneller Auffassung gewährt die Notgeschäftsführungsbefugnis **keine organschaftliche Einzelvertretungsmacht** (vgl. zu §744 II analog BGH NJW 1955, 1027; MüKoHGB/Jickeli HGB §115 Rn: 59). Der Handelnde hat freilich ggf. einen Anspruch darauf, dass die Genehmigung erteilt wird, um ihn vor persönlicher Inanspruchnahme aus §179 zu schützen. Im Rahmen von §715a hält der Gesetzgeber dies bewusst aufrecht (→ §715a Rn. 15). Man kann dies zwar im Rahmen von Abs. 3 S. 1 Hs. 2 in besonderem Maße kritisieren, weil sich die hierdurch begründete besondere Notgeschäftsführungsbefugnis von der allgemeinen gemäß § 715a grundlegend dadurch unterscheidet, dass der Begünstigte immerhin Geschäftsführungskompetenz hat, was richtigerweise unabdingbare Voraussetzung für die Innehabung von organschaftlicher Vertretungsmacht ist (→ Rn. 25). Gleichwohl ist das gesetzgeberische Streben nach Rechtssicherheit zum Schutz des Rechtsverkehrs ernstzunehmen. Das Alleinhandeln bei Gefahr im Verzug gemäß Abs. 3 S. 1 führt daher gleichermaßen wie § 715a allein dazu, dass der Gesellschafter lediglich eine materielle **Ermächtigung** zur Vornahme der entsprechenden Verfügungen iSv § 185 I erlangt (vgl. zu § 744 II BayObLG ZIP 1980, 904), welche prozessual eine gesetzliche **Prozessstandschaft** begründet (vgl. zu § 744 II BGH BeckRS 2003, 05949; für die Geltendmachung einer Forderung BGH BeckRS 2008, 13178; missverständlich BGH NJW 2004, 1043 (1044): keine Notgeschäftsführung, da Klage im eigenen Namen). Er kann daher Ansprüche der GbR **gegen gutgläubige Dritte** im eigenen Namen auf Rechnung der GbR geltend machen, mithin Leistung an diese fordern. Ein kollusives Verhalten des Dritten mit den sich weigernden Gesellschaftern ist nicht erforderlich (abw. zu § 744 II noch OLG Düsseldorf BeckRS 2012, 17766), da insofern ebenso wie für Sozialansprüche gegen die Mitgesellschafter vorrangig § 715b gilt (→ § 715b Rn. 18 ff.).

16   Problematisch ist insbesondere bei der gerichtlichen Geltendmachung die **Dauer der Notgeschäftsführungsbefugnis.** Richtigerweise kommt es grundsätzlich auf den Zeitpunkt der Vornahme der entsprechenden Handlungen an (→ Rn. 14), mithin der Klageerhebung. Für die weitere Prozessführung kann die legitimierende Wirkung von Abs. 3 S. 1 daher durchaus enden, weil entweder keine Eilbedürftigkeit mehr gegeben ist oder die an sich verhinderten bzw. untätigen Gesellschafter das **Verfahren übernehmen** können oder wollen. Richtigerweise müssen die Voraussetzungen von Abs. 3 S. 1 für die Klage eines Gesellschafters daher aus prozessualer Perspektive solange vorliegen, wie das Verfahren andauert (letzte mündliche Verhandlung, vgl. zu § 744 II OLG Düsseldorf BeckRS 2012, 17766). Fallen diese nachträglich weg, wird die Klage mangels Prozessführungsbefugnis unzulässig. Der ursprünglich berechtigt klagende Gesellschafter hat dann einen Anspruch darauf, dass die rechtsfähige GbR bzw. bei der nicht rechtsfähigen GbR die Mitgesellschafter das Verfahren übernehmen und ihn gemäß § 716 I von finanziellen Nachteilen freistellen (hierzu explizit Begr. S. 153). Kommt es zu einer **erneuten Verhinderung** bzw. treuwidrigen Untätigkeit der Mitgesellschafter, gilt ab dann wiederum Abs. 3 S. 1.

17   Die ohnehin restriktive Auslegung der Norm und ihr Charakter als Notbehelf für außergewöhnliche Situationen sprechen für den **zwingenden Charakter** (vgl. zu § 715a S. 2 → § 715a Rn. 19, zu § 744 II analog BGH NJW 1955, 1027). Der Ausschluss würde auch die finanziellen Interessen des an sich handlungswilligen Gesellschafters betreffen, sodass dies nicht zulässig ist. – Abs. 3 S. 1 begründet im Übrigen wegen der Einbettung in die Geschäftsführungsbefugnis des Begünstigten auch eine **Pflicht zum Tätigwerden.** Bleibt der hiernach verpflichtete Gesellschafter untätig, kann er sich aus § 280 gegenüber der GbR bzw. bei der nicht rechtsfähigen Gesellschaft gegenüber den Mitgesellschaftern schadensersatzpflichtig machen.

3. Abweichende Gestaltungen

a) Einzelgeschäftsführung. Es ist ohne weiteres möglich, **einem oder** 18
allen Gesellschaftern aufgrund Gesellschaftsvertrages Einzelgeschäftsführungsbefugnis zuzuweisen; der Wortlaut von Abs. 4 S. 1 („allen oder mehreren") ist missglückt; richtigerweise muss es heißen „einem, mehreren oder allen" (vgl. Schall ZIP 2020, 1443 (1450)). Dies kann auch stillschweigend erfolgen (BGH NJW 1955, 825; vgl. zur Innen-GbR BGH NZG 2018, 1387 Rn. 20; vgl. hierzu bei Anwaltssozietäten BGH NJW 1996, 2859, und Steuerberatern BGH NJW-RR 1996, 313), auch für einzelne Geschäfte (vgl. für RA-Sozietät OLG Hamm NJW 1970, 1791). Soll mehreren Gesellschaftern Einzelgeschäftsführungsbefugnis eingeräumt werden, ist wegen der Auslegungsregel gemäß Abs. 3 S. 2 hinreichend deutlich zu machen, dass dies gewollt ist. – Das Handeln in Geschäftsführungsangelegenheiten richtet sich dann im Hinblick auf die Pflichtengebundenheit allein nach Maßgabe des Gesellschaftszwecks. Innerhalb dieser Grenze handeln die Gesellschafter **eigenverantwortlich;** etwas anderes gilt nach Abs. 2 S. 2 nur bei außergewöhnlichen Geschäften, die faktisch einer den Gesellschaftern obliegenden Grundlagenentscheidung nahekommen (→ Rn. 10). – Jenseits dessen sind positive **Weisungen** der übrigen Gesellschafter konsequenterweise **unzulässig** (OLG Frankfurt BeckRS 2008, 574; OLG Köln DB 2005, 2571; MüKoBGB/Schäfer § 709 Rn. 28); diesen bleibt nur der Widerspruch gemäß Abs. 4 (→ Rn. 35 ff.); das Gleiche gilt für ein Vorgehen auf Unterlassung im Rahmen der Gesellschafterklage nach § 715b, wenn keine Gefahr für die Gesellschaft oder das Gesellschaftsvermögen besteht (→ § 715b Rn. 14 ff.). Hiervon abzugrenzen ist aber die zulässige gesellschaftsvertragliche Vereinbarung von darüber hinausgehenden **Zustimmungsvorbehalten** und Vetorechten zugunsten einzelner Gesellschafter (BeckOK BGB/Schöne § 709 Rn. 24). – Eine **ressortmäßige Zuweisung** der Geschäftsführung nach Tätigkeitsbereichen ist ebenfalls zulässig und in der Praxis häufig anzutreffen (MüKoBGB/Schäfer § 709 Rn. 17). Dann bezieht sich die pflichtengebundene Eigenverantwortlichkeit auf das jeweilige Ressort.

Problematisch ist in all diesen Fällen die rechtliche Behandlung des nach- 19
träglichen **Wegfalls eines Gesellschafters** oder dessen tatsächliche **Verhinderung.** Richtigerweise erfolgt auch bei drohender Handlungsunfähigkeit der Gesellschaft kein automatisches **Erstarken** der Geschäftsführungsbefugnis der übrigen zum Alleinhandeln kraft Gesetzes; es kann allein die **Gesamtgeschäftsführungsbefugnis** gemäß Abs. 3 S. 1 wiederaufleben (vgl. zum früheren Recht BGH NJW 1960, 1997; OLG München NZG 2014, 899). Die Notgeschäftsführungsbefugnis der übrigen nach § 715a dürfte regelmäßig ausreichen, bei Eilbedürftigkeit sachgerechte Lösung zu erzielen. Darüber hinaus haben die übrigen Gesellschafter es mithilfe der Gesellschafterklage iSv § 715b in der Hand, die Geschäftsführungsregeln auf eine andere rechtliche Grundlage zu stellen (vgl. OLG Stuttgart NJW-RR 2011, 40). – Ist innerhalb der Gesellschafter im Streit, welche Geschäftsführungsregelung gilt, kann dies grundsätzlich im Rahmen der **Feststellungsklage** gemäß § 256 ZPO gerichtlich geklärt werden. Beteiligte sind hieran allein die Gesellschafter, da

Modifizierungen vom gesetzlichen Regelfall einer entsprechenden gesellschaftsvertraglichen Grundlage bedürfen (vgl. zum früheren Recht BGH NJW 1979, 871 (872) zur KG; Henssler/Strohn/Steitz HGB § 125 Rn. 27). – Von der gesellschaftsrechtlich ausgestalteten Einzelgeschäftsführungsbefugnis **abzugrenzen** ist, wenn ein Gesellschafter im Rahmen eines **Sonderauftrags** auf rechtsgeschäftlicher Grundlage gemäß §§ 662 ff., 675 für die Gesellschaft tätig sein soll (vgl. OLG Frankfurt BeckRS 2013, 01954 Rn. 46). Dies ist grundsätzlich zulässig, auch im Hinblick auf die Vereinbarung einer Vergütungspflicht (→ Rn. 26), bedarf jedoch stets hinreichend konkreter vertraglicher Vorgaben. Eine spezielle, hiervon abweichende gesetzliche Regelung hierzu wurde im Gesetzgebungsverfahren für nicht erforderlich gehalten (vgl. DAV NZG 2020, 133 Rn. 50).

20   **b) Mehrheitsklauseln, außergewöhnliche Geschäfte (Abs. 2 S. 2).** § 709 II aF sah explizit vor, dass auch die Mehrheitsentscheidung **für Geschäftsführungsmaßnahmen** zulässig vereinbart werden kann. Diese Regelung wurde ersatzlos gestrichen, was freilich wegen der generellen Gestaltungsfreiheit im Innenverhältnis keine Einschränkung nach sich zieht. Es ist somit nach wie vor nach den allgemeinen Regeln zulässig, aufgrund gesellschaftsvertraglicher Regelung anstelle der geforderten Einstimmigkeit Mehrheitsentscheidung ausreichen zu lassen (zum Ganzen → § 714 Rn. 20 ff.). Eine **allgemeine Mehrheitsklausel** umfasst insofern **gewöhnliche und außergewöhnliche Maßnahmen** (zum früheren Recht auch MüKoBGB/Schäfer § 709 Rn. 46). Letztere sind zwar graduell schwerwiegender, soweit es die finanziellen Interessen der Überstimmten betrifft. Aus Gründen der **Rechtssicherheit** wäre es indessen verfehlt, die formelle Legitimation durch eine Mehrheitsklausel im Bereich der gesetzlich nicht definierten und tatbestandlich weiten Geschäftsführungsmaßnahmen davon abhängig zu machen, dass auch ein entsprechender Klauselhinweis aufgenommen werden müsste (zB „der Beschlussfassung … unterliegen auch außergewöhnliche Geschäftsführungsmaßnahmen"). Dies kollidiert auch nicht mit Abs. 2 S. 2, wonach bei außergewöhnlichen Geschäften im gesetzlichen Regelfall die Beschlussfassung aller Gesellschafter erforderlich ist. Richtigerweise ist diese Regelung nämlich ebenso wie § 714 I ihrerseits dispositiv, sodass auch hier aufgrund einer allgemeinen Mehrheitsklausel vom Prinzip der Einstimmigkeit zugunsten der Mehrheitsherrschaft abgewichen werden kann (→ Rn. 22). Schließlich unterliegt die Beschlussfassung in Geschäftsführungsangelegenheiten der **Bindung an den Gesellschaftszweck,** wenn dieser nach den hierfür maßgeblichen Voraussetzungen nicht gleichermaßen geändert wird. Letzteres ist wegen der ggf. unterschiedlichen Reichweite von Mehrheitsklauseln nicht ohne weiteres anzunehmen.

21   Jedenfalls dann, wenn die Beschlussfassung über eine Geschäftsführungsmaßnahme keine faktische Zweckänderung darstellt (dazu sogleich), legitimiert eine allgemeine Mehrheitsklausel daher eine Beschlussfassung hierüber durch die entsprechende Mehrheit. Diese kann ohne weiteres als **einfache Mehrheit** ausgestaltet sein (§ 732 e contrario, → § 732 Rn. 5 ff.); die Vereinbarung eines qualifizierten Mehrheitserfordernisses ist ebenfalls zulässig. –

Sieht der Gesellschaftsvertrag für die Ausübung der Geschäftsführungsbefugnis die Mehrheitsentscheidung vor, bestimmte sich die **Stimmkraft** nach § 709 II aF im gesetzlichen Regelfall nach Köpfen (vgl. Henssler/Strohn/Servatius § 709 Rn. 8). Im Zuge der Reform gilt nunmehr § 709 III, so dass es vorrangig auf die **vereinbarten Beteiligungsverhältnisse** ankommt (→ § 709 Rn. 21 ff.). – Im Hinblick auf die Beschlussfassung gelten die allgemeinen Wirksamkeitshindernisse für Willenserklärungen. Praktisch bedeutsam sind bei der GbR gesellschaftsvertragliche **Regelungen über das Verfahren** der Beschlussfassung, die dann auch bei § 715 Geltung beanspruchen (Einzelheiten → § 714 Rn. 43 ff.). Hierdurch ist es seit der Reform möglich, das für OHG und KG geltende Beschlussmängelrecht nach §§ 110 ff. HGB zur Geltung zu bringen. – Die wirksame **Beschlussfassung legitimiert das Handeln** der Geschäftsführer im Hinblick auf eine etwaige Pflichtwidrigkeit; überstimmte Gesellschafter sind dann zur Mitwirkung verpflichtet (MüKoBGB/Schäfer § 709 Rn. 49). Es besteht auch **kein Widerspruchsrecht** gemäß Abs. 4, weil die Willensbildung auch zulasten der überstimmten geschäftsführungsbefugten Gesellschafter wirkt.

Problematisch ist, wenn eine vordergründig als Geschäftsführungsmaß- **22** nahme zu qualifizierende Entscheidung bei materieller Betrachtung als **faktische Änderung des Gesellschaftsvertrags** bzw. Zweckänderung einzuordnen ist. In diesen Fällen ist es sowohl den Gesellschaftern in Ausübung ihrer individuellen Geschäftsführungsbefugnis als auch der entsprechenden Gesellschaftermehrheit verwehrt, auf der Grundlage ihrer Geschäftsführungsbefugnis vollendete Tatsachen zu schaffen. **Abs. 2 S. 2** stellt dies ausdrücklich klar, indem zur Vornahme von Geschäften, die darüber hinausgehen, was die Teilnahme der Gesellschaft am Rechtsverkehr gewöhnlich mit sich bringt, ein Beschluss aller Gesellschafter erforderlich ist, mithin auch derjenigen, die von der Geschäftsführungsbefugnis ausgeschlossen sind. Richtigerweise bedarf es für **außergewöhnliche Geschäfte** dann der maßgeblichen **Willensbildung für Grundlagenentscheidungen.** Nur hierdurch wird die Preisgabe der Bindung an den Gesellschaftszweck bzw. die bisherige gesellschaftsvertragliche Ordnung legitimiert. In diesen Fällen ist somit im gesetzlichen Regelfall die Zustimmung aller Gesellschafter gemäß § 714 erforderlich (→ § 714 Rn. 13 ff.). Die Regelung ist aber auch insofern dispositiv (Begr. S. 150), als die Beschlussfassung durch Mehrheitsentscheidung zulässig ist, wenn diese auf einer **hinreichend deutlichen Mehrheitsklausel** beruht, die auch Grundlagenentscheidungen bzw. Zweckänderungen umfasst (→ § 714 Rn. 20 ff.). Praktisch relevant ist dies etwa bei der Veräußerung bedeutsamen Gesellschaftsvermögens (vgl. OLG Hamm NZG 2008, 21 (23 f.); vgl. auch MüKoBGB/Schäfer § 709 Rn. 24: keine stille Liquidation). Hierunter zu fassen sind aber auch Entscheidungen über die Neuausrichtung der Geschäftspolitik durch Wechsel des Hauptvertragspartners oder die Bestellung einer Generalvollmacht (so ausdrücklich Begr. S. 150). Wegen der seit der Reform **unbeschränkten Vertretungsmacht** gemäß § 720 III hat die fehlende oder fehlerhafte interne Willensbildung aber auch in diesen Fällen richtigerweise keine Außenwirkung (Begr. S. 150; → § 720 Rn. 21 ff.).

23   **c) Gremien, Dritte.** Zulässig ist es auch, die organschaftliche Geschäftsführungsbefugnis bzw. einzelne Zustimmungsvorbehalte oder Vetorechte an besondere **Gremien** (Beirat, Verwaltungsrat) vorzusehen. Hierbei können auch **Dritte Mitglied** des Gremiums sein. Die Gesellschafter haben wegen des Grundsatzes der Selbstorganschaft jedoch zwingend stets die Möglichkeit, dem Gremium seine Kompetenz aus wichtigem Grund wieder zu entziehen. Zur Verwirklichung eines effektiven Minderheitenschutzes ist es insofern erforderlich, dass dies bereits mit einfacher Beschlussmehrheit möglich ist (vgl. zur Publikums-KG BGH NJW 1985, 972; zur Publikums-GbR BGH NJW 1982, 2495; weitergehend für Fremdorganschaft Arlt NZG 2002, 407; im Zuge der Reform auch Scholz NZG 2020, 1044). – **Nichtgesellschaftern** kann wegen des **Abspaltungsverbots** gem. § 711a S. 1 im Übrigen keine Geschäftsführungsbefugnis übertragen werden (BGH NJW 1960, 1997; DNotZ 2011, 361; NJW-RR 2014, 349 Rn. 21; MüKoBGB/Schäfer § 709 Rn. 20). Dies gilt auch für Sicherungsnehmer, wie zB beim Nießbrauch oder Pfandrecht (→ § 711a Rn. 12 ff.). Kommt es zu einem Verstoß hiergegen, gilt die gesetzliche Regel gem. Abs. 3, sofern nicht vorrangig eine abweichende Auslegung des Gesellschaftsvertrages erzielt wird (zur OHG BGH NJW 1960, 1997). Zulässig ist daher allein die Übertragung von Geschäftsführungsbefugnissen auf **schuldrechtlicher Grundlage,** Subdelegation, Bevollmächtigung (BGH NJW-RR 2014, 349 Rn. 21; vgl. auch BeckOK BGB/Schöne § 709 Rn. 27: Sonderaufträge; MüKoBGB/Schäfer § 709 Rn. 20). Es begegnet richtigerweise keinen rechtlichen Bedenken, wenn die Gesellschafter selbst die organschaftliche Geschäftsführungs- und Vertretungsbefugnis behalten, diese jedoch nicht ausüben (vgl. für Publikumsgesellschaften BGH NJW 1962, 738; für Immobilienfonds BGH NJW 2011, 2040; kritisch Ulmer ZIP 2005, 1341 (1343)). Diese „derivative Geschäftsführungsbefugnis" kann dem Nichtgesellschafter auch **unwiderruflich** erteilt werden, soweit die Gesellschafter diese mit einfacher Beschlussmehrheit aus wichtigem Grund wieder entziehen können (vgl. zur Publikums-GbR BGH NJW 1982, 2495; zu Zustimmungspflichten beim Widerruf OLG Stuttgart NJOZ 2006, 2216). Die Übertragung von Geschäftsführungsaufgaben auf Dritte stellt keine erlaubnispflichtige Rechtsberatung dar (BGH ZIP 2005, 1361; Schmidt-Morsbach/Dicks BKR 2005, 424). Im **Liquidationsstadium** gilt der Grundsatz der Selbstorganschaft indessen nicht mehr (vgl. § 736 IV, → Rn. 9).

24   **d) Ausschluss, Beschränkung.** Es ist auch ohne spezielle gesetzliche Regelung (dies kritisierend Schall ZIP 2020, 1443 (1450)) weiterhin ohne weiteres zulässig, einzelne Gesellschafter **auf gesellschaftsvertraglicher Grundlage** von der organschaftlichen Geschäftsführungsbefugnis **auszuschließen** (vgl. hiervon abzugrenzen die Möglichkeit der Entziehung gemäß Abs. 5, → Rn. 40 ff.). Dies ist insbesondere die logische Folge, wenn ein einziger Gesellschafter Alleingeschäftsführungsbefugnis haben soll (vgl. insofern den ersatzlos gestrichenen § 710 S. 1 aF), nicht aber, wenn alle Gesellschafter Einzelgeschäftsführungsbefugnis haben sollen. – Erforderlich ist wegen des Grundsatzes der **Selbstorganschaft** allein, dass **wenigstens ein**

Gesellschafter organschaftliche Geschäftsführungsbefugnis behält (vgl. BGH NJW 1964, 1624 f.; NZG 2016, 1223 Rn. 13; Hensseler/Strohn/Steitz HGB § 125 Rn. 22). Vgl. aber bei RA-Sozietäten auch § 6 II PartGG. – Soll der Ausschluss **nachträglich eingeführt** werden, bedarf es für die Änderung des Gesellschaftsvertrages grundsätzlich der Zustimmung des Betroffenen; eine allgemeine Mehrheitsklausel deckt diese Beschlusskompetenz nicht (→ § 714 Rn. 22). Die Zustimmung des Betroffenen ist in entsprechender Anwendung von Abs. 5 nur dann entbehrlich, wenn für den Ausschluss ein **wichtiger Grund** besteht (→ Rn. 44; vgl. BGH NZG 2012, 625; abw. wohl Schall ZIP 2020, 1443 (1450)). – Der Ausschluss eines Gesellschafters von der Geschäftsführungsbefugnis ist **formlos** möglich. Für **inhaltliche Beschränkungen** gilt das Gleiche.

Ein von der Geschäftsführungsbefugnis ausgeschlossener Gesellschafter hat **25** **kein Widerspruchsrecht** gem. Abs. 4 (RGZ 102, 410 (412); OLG Frankfurt BeckRS 2008, 574). Das **Notgeschäftsführungsrecht** aus § 715a steht indessen jedem Gesellschafter zu (→ § 715a Rn. 6). Das Gleiche gilt richtigerweise für die **Rechte aus § 716**, da diese Regelung nicht explizit an die Innehabung von Geschäftsführungsbefugnis anknüpft (vgl. „Geschäftsbesorgung"; abw. zum früheren Recht wohl OLG Schleswig NZG 2001, 796). Hierbei ist aber insbesondere im Hinblick auf die Erstattung von Aufwendungen nach § 716 I Zurückhaltung geboten, um die Entziehung der Geschäftsführungsbefugnis nicht zu konterkarieren. Die Kompetenz zur Beteiligung an **Grundlagenentscheidungen** wird durch die Entziehung der Geschäftsführungsbefugnis ebenfalls nicht tangiert, ebenso wenig die aus der Mitgliedschaft resultierenden **Informationsrechte** gemäß § 717, wenn diese nicht zugleich wirksam modifiziert oder abbedungen wurden (→ § 717 Rn. 25 ff.). – Problematisch ist, welche **Auswirkungen** die Entziehung der Geschäftsführungsbefugnis auf die organschaftliche **Vertretungsmacht** hat. Wenngleich im Zuge der Reform eine deutliche Entkoppelung der beiden Kompetenzen erfolgt ist, ist es richtigerweise gleichwohl unzulässig, allein die Geschäftsführungsbefugnis zu entziehen. Diese ist nach der Konzeption des Gesellschaftsrechts die unverzichtbare Grundlage für das (gemäß § 720 III nunmehr sogar unbeschränkt wirksame) Vertreterhandeln im Außenverhältnis (vgl. auch MüKoBGB/Schäfer § 709 Rn. 9: Vertretungsmacht als Teilbereich der Geschäftsführung). Wenn daher einem Gesellschafter die Geschäftsführungsbefugnis vollständig entzogen wird, hat dieser konsequenterweise auch keine organschaftliche Vertretungsmacht mehr.

4. Vergütung

Eine besondere Vergütung erhalten die geschäftsführungsbefugten Gesell- **26** schafter nur, wenn dies im Gesellschaftsvertrag **besonders vereinbart** wurde (vgl. BGH NJW 1965, 1960; WM 1967, 1099; OLG Brandenburg DB 2007, 1130; OLG Koblenz WM 1986, 590 (591); OLG Frankfurt BeckRS 2013, 01954; MüKoBGB/Schäfer § 709 Rn. 32 ff.). Die vermögensmäßige Abgeltung der geschäftsführungsbefugten Gesellschafter wird somit im gesetzlichen Regelfall ebenfalls durch die Gewinnbeteiligung verwirklicht (Begr. S. 149).

Vgl. insofern auch § 736d V 2, wonach für Beiträge, die in der Leistung von Diensten bestanden haben, im Zweifel kein Ersatz verlangt werden kann (→ § 736d Rn. 45 ff.). Ein Gesellschafter kann hiernach mangels entsprechender Vereinbarung für seine Geschäftsführertätigkeit auch keine Vergütung nach Maßgabe der GoA-Regeln verlangen (liberaler für eine konkludente Vereinbarung noch BGH NJW 1955, 1277; RGZ 170, 392 (396)). – Möglich ist der Abschluss eines speziellen **Dienstvertrages** mit der GbR als Drittgeschäft (vgl. OLG Frankfurt BeckRS 2013, 01954 Rn. 46: Sonderauftrag). Der Gesellschafter ist im Verhältnis zur GbR kein Arbeitnehmer (LAG Hessen NZA-RR 2002, 263; BAG NJW 1970, 829), auch keine arbeitnehmerähnliche Person (BAG 15.4.1993, NJW 1993, 2458; hierzu Eckert DStR 1993, 1531); er kann jedoch Verbraucher sein (vgl. zur GmbH & Co. KG BGH NJW-RR 2007, 1673). Vgl. zum Aufwendungsersatzanspruch des Geschäftsführers § 716 II (→ § 716 Rn. 5 ff.), zur Herausgabepflicht § 716 III (→ § 716 Rn. 11).

5. Geschäftsführerhaftung

27 Die Haftung der Gesellschafter im Zusammenhang mit der ihnen eingeräumten Geschäftsführungsbefugnis richtet sich nach **§ 280**. Anspruchsberechtigt ist bei der rechtsfähigen GbR die Gesellschaft selbst, im Übrigen die Mitgesellschafter. Darüber hinaus kommt im Hinblick auf die geschäftsführungsbefugten Gesellschafter stets auch die **strafrechtliche Untreue** gemäß § 266 StGB in Betracht (hierauf explizit hinweisend Begr. S. 163).

28 **a) Pflichtenrahmen.** Der konkrete Pflichtenrahmen für die geschäftsführungsbefugten Gesellschafter ist auch nach der Reform **gesetzlich nicht geregelt** (vgl. für Fremdorgane bei AG und GmbH aber § 93 Abs. 1 AktG, § 43 Abs. 1 GmbHG; für die Einführung entsprechender Regeln für Fremdgeschäftsführer bei der GbR im Rahmen der Reform Lieder ZRP 2020, 24 (36); dagegen Scholz NZG 2020, 1044 (1049); für die Geltung der Business Judgement Rule Schirrmacher ZHR 186 (2022), 250). Maßgeblich sind daher die gesellschaftsvertraglichen Abreden über die Geschäftsführung, soweit vorhanden, hilfsweise bzw. ergänzend der Gesellschaftszweck. Haftungsrechtlich gilt seit der **Abschaffung von § 708 aF** im Übrigen die objektive Sorgfalt gemäß § 276 II (→ Rn. 32), woraus auch Rückschlüsse auf den **objektiven Pflichtenrahmen** gezogen werden können, der in Abweichung zur früher maßgeblichen „eigenüblichen Sorgfalt" der Gesellschafter gemäß § 277 nunmehr strenger ist als bislang. – Allgemein gilt, dass der oder die geschäftsführungsbefugten Gesellschafter im Rahmen ihrer ggf. ressortmäßig aufgeteilten Zuständigkeit alles daran zu setzen haben, die gesellschaftsrechtliche **Zielsetzung bestmöglich zu verwirklichen.** Die hieraus resultierende Rechtspflicht zum Handeln ist allgemein anerkannt (RGZ 142, 13 (18)). Die aus dem Recht der Kapitalgesellschaften stammenden Begriffe Unternehmensgegenstand und Gewinnziel können zur Präzisierung dieser Vorgaben herangezogen werden, soweit passend, und sollten ausdrücklich im Gesellschaftsvertrag benannt werden. Bei der unternehmenstragenden GbR gilt für die Beurteilung unternehmerischer Entscheidungen die **Business**

Judgement Rule (vgl. § 93 Abs. 1 S. 2 AktG) entsprechend (so auch Martens AcP 221 (202), 68 (89); Geibel ZRP 2020, 137 (138)). – Die Kompetenzüberschreitung eines Gesellschafters führt für sich genommen nicht zu einer Schadensersatzpflicht; erforderlich ist vielmehr ein hierauf beruhender Schaden der GbR (zur KG BGH DStR 2008, 1599); der Einwand rechtmäßigen Alternativverhaltens ist indessen möglich und ggf. vom Haftenden zu beweisen (vgl. BGH WM 2018, 2248). – Im Übrigen unterliegt der Geschäftsführer einer **Legalitätspflicht,** dh er hat die zwingenden gesetzlichen Normen einzuhalten.

Die hieraus resultierenden Pflichten werden effektuiert durch eine flankierende **Treue- und Loyalitätspflicht,** da die Geschäftsführungsbefugnis ein uneigennütziges Mitgliedschaftsrecht ist. Sind mehrere Gesellschafter einzeln oder in Gruppen geschäftsführungsbefugt, trifft sie eine **Unterrichtungspflicht** gegenüber den übrigen geschäftsführungsbefugten Gesellschaftern, damit diese ggf. ihr Widerspruchsrecht gemäß Abs. 4 ausüben können. Dies gilt stets dann, wenn die geplante Maßnahme bei objektiver Betrachtung von einer Bedeutung ist, dass der andere auf eine Unterrichtung mutmaßlich Wert legt (zur OHG BGH NJW 1971, 1613), nicht erst bei der Erwartung eines Widerspruchs (so aber BeckOK BGB/Schöne § 711 Rn. 5). Die Unterrichtung muss umfassend sein und so rechtzeitig erfolgen, dass die Widerspruchsbefugten nicht überrumpelt werden (MüKoBGB/Schäfer § 711 Rn. 3). Ein **berechtigter Widerspruch** begründet ein Handlungsverbot (→ Rn. 35, → Rn. 38). – Im Übrigen ist bei der GbR vielfach der **Umfang der Zweckbindung** problematisch, wenn es darum geht, illoyales Verhalten von der legitimen Verwirklichung privater Interessen abzugrenzen. Die Mitgesellschafter haben daher insbesondere bei kleinen GbR und Gelegenheitsgesellschaften nach wie vor Probleme, das pflichtwidrige Verhalten darzulegen und zu beweisen (vgl. Beweislast im Übrigen → Rn. 33). 29

Nach früherem Recht regelte § 713 aF infolge des Verweises auf § 664 S. 1, dass die **Geschäftsführungsbefugnis nicht übertragbar** ist. Dies folgt jedoch bereits aus dem Abspaltungsverbot gemäß § 711a S. 1, sodass das ersatzlose Streichen des Verweises im Zuge der Reform inhaltlich keine Änderungen hervorruft. Das Substitutionsverbot ist somit nach wie vor **zwingend.** Hierdurch ist freilich nicht ausgeschlossen, dass sich die geschäftsführenden Gesellschafter unselbstständiger, weisungsgebundener und beaufsichtigter **Erfüllungsgehilfen** bedienen, was wegen fehlender eigener Expertise durchaus geboten sein kann. Soweit diese, wie regelmäßig, keine persönliche Geschäftsführungspflicht des Gesellschafters erfüllen, sondern im Interesse der GbR tätig werden, scheidet eine **Zurechnung von Fremdverschulden** nach § 278 zulasten des Gesellschafters aus (BeckOK BGB/Schöne § 713 Rn. 3). Bei der nicht rechtsfähigen GbR gilt indessen mangels Rechtszuordnung beim Personenverband § 664 I 3 entsprechend, sodass der geschäftsführungsbefugte Gesellschafter bei Einschaltung eines Dritten in seinem Pflichtenkreis auch für dessen Fremdverschulden einzustehen hat. 30

Die Regelungen über **Wettbewerbsverbote** bei der OHG (§§ 117, 118 HGB) gelten grundsätzlich nicht entsprechend (vgl. zum früheren Recht OLG Celle NJW-RR 2007, 65). Wenigstens die geschäftsführungsbefugten 31

Gesellschafter sind aber aufgrund ihrer Treuepflicht gehalten, im Hinblick auf ihre Tätigkeit keine Konkurrenz auf eigene Rechnung zu betreiben (MüKoBGB/Schäfer § 705 Rn. 242). Die **Geschäftschancenlehre** als eigenständiges Rechtsinstitut gilt indessen unabhängig hiervon auch bei der unternehmenstragenden GbR; hiernach ist der geschäftsführungsbefugte Gesellschafter ohne ausdrückliche Erlaubnis nicht befugt, im Geschäftszweig der GbR Geschäfte auf eigene Rechnung zu tätigen oder zu vereiteln (BGH NZG 2013, 216 Rn. 20 f.; OLG Koblenz NZG 2010, 1182).

32 **b) Vertretenmüssen.** Infolge der Streichung von § 708 aF gilt nunmehr neben der Haftung für vorsätzliche Pflichtverletzungen der **objektive Sorgfaltsmaßstab** gemäß § 276 II. Insofern spricht aber auch nach der Neuregelung nichts dagegen, den Haftungsmaßstab durch entsprechende Vereinbarungen heraufzusetzen (Beschränkung auf grobe Fahrlässigkeit oder die eigenübliche Sorgfalt gemäß § 277). Für die Bejahung einer konkludenten Vereinbarung einer solchen Privilegierung ist indessen durchaus auch bei Altgesellschaften Raum (sehr großzügig Schäfer Neues GesR/Schäfer § 6 Rn. 65 unter Hinweis auf § 276 I 1: „Inhalt des Schuldverhältnisses"). – Bei **unternehmerischen GbR** ist es durchaus sachgerecht, den auf die Sorgfalt von Geschäftsleitern zugeschnittenen Sorgfaltsmaßstab gemäß **§ 43 I GmbHG bzw. § 93 I AktG entsprechend** anzuwenden, um die Geschäftsleiterhaftung auf eine präzise dogmatische Grundlage zu stellen (vgl. zum früheren Recht bei Publikumsgesellschaften BGH NJW 1970, 2311; NJW 1980, 589; für eine Übertragung von § 5 EWIV-AusführungsG Fleischer DStR 2021, 430 (435 f.)); kritisch und differenziert Schirrmacher ZHR 186 (2022), 250 (273 ff.); vgl. zur Business Judgement Rule entsprechend § 93 Abs. 1 S. 2 AktG im Rahmen der Pflichtwidrigkeit bereits → Rn. 28). Bei ideellen oder vermögensverwaltenden GbR sowie bei Gelegenheitsgesellschaften gilt indessen der allgemeine zivilrechtliche, auf Privatpersonen zugeschnittene Sorgfaltsmaßstab gemäß § 276 II, dessen Anforderungen an die Professionalität der Agierenden niedriger anzusetzen sind.

33 **c) Geltendmachung.** Die schuldhafte Verletzung der Geschäftsführerpflichten (Tun oder Unterlassen) begründet bei rechtsfähigen GbR **Ansprüche der Gesellschaft** gegen den betreffenden Gesellschafter aus § 280. Bei der nicht rechtsfähigen GbR steht der Anspruch den Mitgesellschaftern zu (→ § 740 Rn. 1). Die Zuständigkeit für die Geltendmachung obliegt den vertretungsbefugten Gesellschaftern (§ 720); weigern sich diese treuwidrig, können auch die übrigen die **Gesellschafterklage** gemäß § 715b erheben (→ § 715b Rn. 9 ff.). Hat die Gesellschaft einen Beirat mit Überwachungsfunktion, ist dieser entsprechend § 112 AktG befugt, Ansprüche im Namen der Gesellschaft geltend zu machen (OLG Bremen DStR 2010, 289). Die Gesellschafter können auch einen besonderen Vertreter zur Geltendmachung bestellen (vgl. Karrer NZG 2009, 932). Die **Beweislast** richtet sich nach den allgemeinen Regeln, sodass die GbR die Pflichtverletzung zu beweisen hat und sich der Gesellschafter gem. § 280 Abs. 1 S. 2 exkulpieren muss (vgl. BGH DStR 2008, 1599).

Besteht ein Anspruch auf Schadensersatz, kann die Gesellschaft diesen **34** mit einer etwaigen Geschäftsführervergütung oder einem Gewinnanspruch **aufrechnen.** Möglich ist auch, die nachlässige Tätigkeit bzw. die Nichtleistung bereits unmittelbar bei der Gewinnverteilung zu berücksichtigen (vgl. MüKoBGB/Schäfer § 709 Rn. 36). Auch jenseits dieser Möglichkeiten haben die Gesellschafter grundsätzlich die Dispositionsfreiheit über den Anspruch, so dass insbesondere eine **Entlastung** die Ersatzpflicht entfallen lassen kann (vgl. OLG Köln BeckRS 2017, 104188 Rn. 37 für eine Publikumsgesellschaft, aber verallgemeinerungsfähig). Wie bei der GmbH gilt auch hier allerdings, dass die Verzichtswirkung nur so weit reicht, wie die die Ersatzpflicht begründenden Umstände für die Beschließenden zumindest erkennbar waren (OLG Köln BeckRS 2017, 104188 Rn. 38 ff.).

V. Widerspruchsrecht (Abs. 4)

Abs. 4 S. 1 regelt im Einklang mit § 711 aF, dass in den Fällen, in denen **35** einzelne oder mehrere geschäftsführungsbefugte Gesellschafter alleine handeln dürfen, **zugunsten der anderen geschäftsführungsbefugten Gesellschafter** ein Widerspruchsrecht besteht. Die von der Geschäftsführung ausgeschlossenen Gesellschafter haben im dispositiven gesetzlichen Regelfall kein Widerspruchsrecht (→ Rn. 6, 25). Dritten steht es wegen des Grundsatzes der Selbstorganschaft zwingend nicht zu (MüKoBGB/Schäfer § 711 Rn. 5). – Abs. 4 S. 2 begründet als Folge des Widerspruchs ein **Vornahmeverbot** bzw. einen Unterlassungsanspruch. Es handelt sich um ein Individualrecht zur Gefahrenabwehr, welches unabhängig davon besteht, ob der widersprechende seinerseits Allein- oder Gesamtgeschäftsführungsbefugnis besitzt (abw. die bislang hM, vgl. BGH WM 1988, 968 (969); MüKoBGB/Schäfer § 711 Rn. 6 f.). Es ist gleichermaßen wie die aktive Geschäftsführungsbefugnis auf das **Gesellschaftsinteresse** ausgerichtet (Begr. S. 149). Es bezieht sich allein auf Geschäftsführungsmaßnahmen, die dem entsprechenden Gesellschafter nach Maßgabe von Abs. 3 obliegen. Es gilt daher nicht im Rahmen der Notgeschäftsführung gemäß § 715a (BGH NJW 1955, 1027) und im Hinblick auf die Durchführung von Grundlagenentscheidungen. Das Widerspruchsrecht wird ergänzt durch eine Unterrichtungspflicht der geschäftsführenden Gesellschafter im Vorfeld einer geplanten Maßnahme (→ Rn. 29).

1. Widerspruch

Der Widerspruch ist eine **empfangsbedürftige Willenserklärung,** die **36** im abdingbaren gesetzlichen Regelfall ausdrücklich oder konkludent und **formfrei** erfolgen kann (RGZ 109, 56 (58)). Er muss aber hinsichtlich der in Rede stehenden Maßnahme hinreichend **deutlich** sein (§§ 133, 157) und **rechtzeitig,** dh im Vorfeld, zugehen. Ein nachträglicher Widerspruch ist unbeachtlich (hM, MüKoBGB/Schäfer § 711 Rn. 16; zum Widerspruch gegen Pläne RGZ 109, 56 (59)). Eine **Begründung** ist nicht erforderlich (Erman/Westermann § 711 Rn. 4), im Hinblick auf die gerichtliche Überprüfung aber zu empfehlen. – Grundsätzlich ist der Widerspruch ein Gesellschafterrecht. Aus der Geschäftsführungsbefugnis kann jedoch umgekehrt auch die schadensersatzbewehrte **Pflicht** resultieren, Widerspruch zu erheben, um Schaden von der Gesellschaft abzuwenden, insbesondere nach vorheriger Unterrichtung (MüKoBGB/Schäfer § 711 Rn. 10).

37 Als Teil der Geschäftsführungsbefugnis muss der **Widerspruch berechtigt** sein, dh von der gesellschaftsrechtlichen **Zwecksetzung** gedeckt (vgl. Begr. S. 149: Verbot, Geschäfte durch nicht am Gesellschaftsinteresse orientierten Widerstand zu blockieren). Bei kaufmännischen Ermessensentscheidungen bleibt dem widersprechenden Gesellschafter aber ein Beurteilungsspielraum, der gerichtlich nur beschränkt überprüfbar ist. Auch eine Zweckmäßigkeitskontrolle durch die Gerichte findet nicht statt (zur OHG BGH NJW 1986, 844). Der Widerspruch ist daher zu befolgen, ohne dass dem Handelnden insofern ein Ermessen zukäme (gegen die Geltung der Business Judgement Rule insofern zutreffend MüKoBGB/Schäfer § 711 Rn. 13). Ein pflichtwidriger Widerspruch liegt jedoch dann vor, wenn dieser willkürlich und unter **offensichtlichem Verstoß gegen die Treuepflicht** erklärt wird (MüKoBGB/Schäfer § 711 Rn. 11). Dies ist bei alleiniger Maßgeblichkeit eigennütziger Motive der Widersprechenden der Fall (BGH NJW 1986, 844). Wiederholte Widersprüche begründen indessen keine Vermutung der Rechtswidrigkeit (BGH NJW 1986, 844). Bei undurchsichtigen **Gemengelagen** (Zerrüttung) sollte die Rechtswidrigkeit des Widerspruchs ebenfalls nur in Evidenzfällen und bei irreversiblen Schäden der Gesellschaft bejaht werden, weil die nachträgliche Kontrolle im Rahmen einer Schadensersatzhaftung der handelnden Gesellschafter möglich ist und der einzelgeschäftsführungsberechtigte Gesellschafter kompetenzbezogen eigenverantwortlich handelt (Wertung von Abs. 3 S. 1 aE).

2. Wirkungen

38 Ist der **Widerspruch rechtmäßig,** hat die entsprechende Maßnahme gemäß Abs. 4 S. 2 zu unterbleiben. Es handelt sich um einen einklagbaren **Unterlassungsanspruch** der GbR, bei der Innengesellschaft der Mitgesellschafter. Handelt ein Gesellschafter dem zuwider, haftet er nach § 280, gegenüber der Gesellschaft auf **Schadensersatz** (BGH WM 1971, 819; → Rn. 27 ff.). Wegen der **unbeschränkten Vertretungsmacht** der Gesellschafter gemäß § 720 III (→ Rn. 4) entfaltet der berechtigte Widerspruch aber grundsätzlich keine Wirkung im Außenverhältnis (Begr. S. 151; vgl. bereits früheren Recht BGH NJW 1955, 825); Einschränkungen ergeben sich jedoch bei Kenntnis oder grobfahrlässiger Unkenntnis des anderen durch die Lehre vom Missbrauch der Vertretungsmacht (vgl. zum früheren Recht BAG NJW 1997, 1940; Einzelheiten → § 720 Rn. 21 ff.). – Ist der **Widerspruch rechtswidrig oder verspätet,** ist er unbeachtlich (vgl. zur OHG BGH NJW 1986, 844). Der Gesellschafter handelt bei der Vornahme der Maßnahme gleichwohl nicht automatisch rechtmäßig; von Abs. 4 unberührt bleibt nämlich die allgemeine Rechtskontrolle nach den Vorgaben des Gesellschaftszwecks und sonstiger Vorgaben des Gesellschaftsvertrages (→ Rn. 37). – Prozessual ist die Rechtmäßigkeit des Widerspruchs eine Frage der Begründetheit einer entsprechenden Scha-

densersatz- oder Unterlassungsklage (vgl. OLG Stuttgart NJOZ 2006, 2215 (2220)). Die **Darlegungs- und Beweislast** für den erfolgten Widerspruch trägt derjenige, der sich darauf beruft, regelmäßig also die rechtsfähige GbR, bei der nicht rechtsfähigen die widersprechenden Gesellschafter. Der dem entgegen handelnde Gesellschafter hat dann ggf. darzulegen, dass der Widerspruch unberechtigt war, insbesondere wegen der Verletzung der Treuepflicht des/der Widersprechenden.

3. Abdingbarkeit

Abs. 4 ist **dispositiv**. Es ist daher zulässig, das Widerspruchsrecht isoliert **39** auszuschließen oder an besondere Voraussetzungen im Hinblick auf Inhalt, Form und Frist zu knüpfen. Zulässig ist auch, für die Ausübung des Widerspruchs das Mehrheitsprinzip einzuführen (vgl. BGH WM 1988, 968 (969)). **Dritten** kann wegen des Grundsatzes der Selbstorganschaft aber kein Widerspruchsrecht zugewiesen werden (MüKoBGB/Schäfer § 711 Rn. 5).

VI. Entziehung der Geschäftsführungsbefugnis (Abs. 5)

1. Grundlagen

Abs. 5 regelt in Anlehnung an § 712 aF die Möglichkeit, einem Gesell- **40** schafter dessen organschaftliche Geschäftsführungsbefugnis ganz oder teilweise zu entziehen. Die Regelung ergänzt § 720 IV, wonach das Gleiche für die organschaftliche Vertretungsmacht gilt (→ § 720 Rn. 26 ff.). Abweichend vom früheren Recht besteht nunmehr eine begrüßenswerte **Entkoppelung von Geschäftsführungsbefugnis und Vertretungsmacht;** dies gilt gleichermaßen bei der OHG (vgl. § 116 V HGB, § 124 V HGB). Es ist daher jeweils getrennt zu prüfen, welchen rechtlichen Status der betreffende Gesellschafter insofern hat bzw. haben soll. Im Übrigen ist es den Gesellschaftern aber nach wie vor unbenommen, durch entsprechende Vereinbarungen oder Beschlüsse einen Gleichlauf herzustellen; Letzteres wird durch den Verweis in § 720 IV auf Abs. 5 und dessen tatbestandliche Voraussetzungen unterstrichen. – Im Übrigen erstreckt sich das Entziehungsrecht nunmehr aber abweichend von § 712 I aF ganz allgemein auf „die" **Befugnis zur Geschäftsführung** eines Gesellschafters. Dies gilt unabhängig davon, ob er diese kraft Gesetzes oder aufgrund entsprechender gesellschaftsvertraglicher Abrede erlangt hat (Begr. S. 151), mithin insbesondere im Fall der Einzelgeschäftsführungsbefugnis (→ Rn. 18 f.). Dies ist zu begrüßen, denn das Vorgehen nach Abs. 5 bietet den Gesellschaftern so einen effektiven **Rechtsbehelf zur rechtlichen Disziplinierung** gesellschaftsschädigenden Verhaltens (ebenso DAV NZG 2020, 133 Rn. 52). Der Entzug der Geschäftsführungsbefugnis nimmt dem betroffenen Gesellschafter nämlich die grundsätzliche Legitimation, mit Wirkung für das Gesellschaftsvermögen und die Gesellschafter zu handeln, sodass a priori kompetenzwidriges Verhalten vorliegt, welches die **schadensrechtliche Sanktionierung erleichtert** (vgl. zur Geschäftsführerhaftung → Rn. 27 ff.). Dies wird noch dadurch unterstrichen, dass der Entzug der Geschäftsführungsbefugnis richtigerweise auch den

Verlust der entsprechenden organschaftlichen Vertretungsmacht nach sich zieht (→ Rn. 25). Die Regelung ist konsequenterweise **zwingend.**

41 Gleichwohl darf nicht verkannt werden, dass der vollständige Entzug der Geschäftsführungsbefugnis gravierende Folgen für den betroffenen Gesellschafter hat. Er ist gleichsam auf die Rolle eines Anlegers reduziert, was die Mitgliedschaft weitgehend aushöhlt. Richtigerweise ist daher nach neuem Recht der **vollständige Ausschluss die ultima ratio,** welche nahezu denselben hohen Anforderungen unterliegt, wie der Ausschluss aus der Gesellschaft selbst aus wichtigem Grund gemäß § 727 (→ § 727 Rn. 11 ff.). Darüber hinaus sollte regelmäßig der betroffene Gesellschafter selbst die Möglichkeit haben, auf den vollständigen Ausschluss der Geschäftsführungsbefugnis durch eine außerordentliche Kündigung seiner Mitgliedschaft gemäß § 725 II reagieren zu können (so auch Begr. S. 151); Einzelheiten bei → § 725 Rn. 51 ff.). Die praktische Bedeutung von Abs. 5 liegt daher nach wie vor darin begründet, wenn einem Gesellschafter die gesellschaftsvertraglich vereinbarte Einzelgeschäftsführungsbefugnis entzogen wird und ihm seine Möglichkeit, als gesamtgeschäftsführungsbefugter Gesellschafter zu agieren, weiter verbleibt (→ Rn. 45). Der disziplinierenden Bedeutung von Abs. 5 dürfte damit regelmäßig ausreichend entsprochen werden.

2. Voraussetzungen für die Entziehung

42 **a) Gesellschafterbeschluss.** Erforderlich ist ein Beschluss **der anderen Gesellschafter** nach Maßgabe von § 714; der Betroffene ist daher nicht zu beteiligen (zwingend, vgl. BGH NZG 2012, 625). Eine vorherige **Anhörung** des betroffenen Gesellschafters ist aber wegen der schwerwiegenden Folgen jedenfalls beim vollständigen Entzug der Geschäftsführungsbefugnis **regelmäßig geboten.** Insofern gilt etwas anderes als beim Entzug der Vertretungsmacht (→ § 720 Rn. 26 ff.), weil die gesellschaftsinternen Partizipationsrechte des Betroffenen dessen Stellung stärker beeinflussen als die Innehabung von Vertretungsmacht. Eine abweichende Beurteilung rechtfertigt sich nur bei Gefahr in Verzug, wenn durch die Anhörung das Entziehungsverfahren verzögert würde. – Bei der **Zwei-Personen-Gesellschaft** genügt die einseitige Erklärung des anderen (vgl. RGZ 162, 78 (83); OLG Stuttgart NJOZ 2006, 2216). Im Übrigen ist die Entziehung durch lediglich einen der übrigen Gesellschafter nicht möglich (vgl. BGH NJW 1955, 825). – Für das **Beschlussverfahren** gelten die allgemeinen Regeln (vgl. §§ 714, 709 III). Ein förmlicher Gesellschafterbeschluss unter gleichzeitiger Anwesenheit der Beteiligten ist nicht zwingend erforderlich (vgl. OLG Köln DB 2005, 2571; abw. Staudinger/ Habermeier, 2003, § 712 Rn. 9). Insofern ist es auch zulässig, die Entziehung durch Mehrheitsentscheidung herbeizuführen. Eine allgemeine **Mehrheitsklausel** deckt dies wegen der grundlegenden Bedeutung für die Mitgliedschaft des Betroffenen indessen nicht (→ § 714 Rn. 20 ff.; zum früheren Recht auch MüKoBGB/Schäfer § 715 Rn. 1); insofern bedarf es vielmehr hinreichend deutlicher Anhaltspunkte im Gesellschaftsvertrag (vgl. zur Auslegung OLG Düsseldorf BeckRS 2016, 20931); vgl. zur Gestaltungsfreiheit im Übrigen → Rn. 47. – Praktisch bedeutsam ist auch insofern stets auch die Möglichkeit der **einstweiligen Verfügung** (RGZ 22, 170; zu § 117 HGB aF OLG Köln BeckRS 2007, 17809; vgl. zur Ausschließung OLG Karlsruhe ZInsO 2019, 216 (217); Altmeppen ZIP 2021, 213 (214)).

Die Entziehung der Geschäftsführungsbefugnis unterliegt wegen ihrer ein- **43** schneidenden Bedeutung einer intensiven **Treuepflichtkontrolle.** Dies gilt insbesondere auch in den Fällen, in denen eine Minderheit versucht, die Stellung des Mehrheitsgesellschafters zu beschränken, da dieser weiterhin unbeschränkt persönlich für die Gesellschaftsverbindlichkeiten haftet. Umgekehrt kann die Treuepflicht es bei mehrgliedrigen Gesellschaften auch gebieten, dass sich alle übrigen an der Entziehung aktiv beteiligen. Eine solche **Zustimmungspflicht** unterliegt indessen jedenfalls beim vollständigen Entzug großen Hürden. Die konkrete **praktische Umsetzung** dieser Zustimmungspflicht ist indessen schwierig: Grundsätzlich müsste der sich Weigernde zunächst auf Erteilung der Zustimmung verklagt werden (§ 894 ZPO). Die hierdurch bedingte zeitliche Verzögerung kollidiert mit dem **legitimen Entziehungsinteresse** der übrigen Gesellschafter. Dem ist Rechnung zu tragen. Durch die Einbettung der Entziehung der Geschäftsführungsbefugnis in das Beschlusserfordernis spricht daher nichts dagegen, die **treuwidrige Nichtzustimmung** bereits bei der entsprechenden Beschlussfassung über die Entziehung in eine Zustimmung **umzuqualifizieren**, mithin als erteilt zu fingieren (in diese Richtung für die Ausschließung bereits BGH WM 1979, 1058; 1986, 1556 (1557); NJW-RR 2008, 1484 Rn. 42; wohl auch BGH ZIP 2016, 1220 Rn. 17; abw. für Grundlagenentscheidungen MüKoBGB/ Schäfer § 705 Rn. 248). Die Einzelheiten dieser Thematik sind bislang noch nicht abschließend geklärt.

b) Wichtiger Grund. Der für die sofortige Entziehung erforderliche **44** wichtige Grund wird in § 715 V exemplarisch als **grobe Pflichtverletzung oder Unfähigkeit** zur ordnungsgemäßen Geschäftsführung charakterisiert (→ § 715 Rn. 42 f.). Allgemein gilt wie nach früherem Recht, dass ein wichtiger Grund für die Entziehung der Geschäftsführungsbefugnis vorliegt, wenn das **Verhältnis zu den übrigen Gesellschaftern nachhaltig zerstört** und es den Gesellschaftern deshalb nicht zumutbar ist, dass der geschäftsführende Gesellschafter weiterhin auf die alle Gesellschafter betreffenden Belange der Gesellschaft Einfluss nehmen kann (BGH NJW-RR 2008, 704). Abweichend von § 727 kommt es mithin nicht auf eine vorsätzliche oder grob fahrlässige Pflichtverletzung an. Die Schwelle zur Entziehung der Vertretungsmacht ist somit jedenfalls bei der Entziehung von Einzelvertretungsmacht niedriger. Insofern erklärt es sich auch, dass die Entziehung der Geschäftsführungsbefugnis dem Ausschluss eines Gesellschafters als milderes Mittel regelmäßig vorgeht (vgl. BGH NZG 2003, 625; Einzelheiten → § 727 Rn. 11 ff.). – Ein Verschulden des Gesellschafters ist nicht erforderlich (BGH BB 1952, 649). Auch der bloße **Verdacht** unredlichen Verhaltens kann den Entzug rechtfertigen (BGH DStR 2008, 783). Es kommt gleichwohl stets auf eine **Gesamtwürdigung** des Einzelfalles unter **Abwägung** der widerstreitenden Interessen an, bei der auch Gegengründe des Betroffenen zu berücksichtigen sind (vgl. auch Begr. S. 151: Gerichtliche Prüfung im Hinblick auf Unbilligkeit). Dies betrifft insbesondere Zwei-Personen-GbR, denn dort kann es nicht darauf ankommen, welcher Gesellschafter zuerst nach Abs. 5 vorgeht; in solchen Fällen liegt die **Prozessverbindung** gemäß § 147 ZPO nahe, um divergierende Entscheidungen über denselben Sachverhalt zu vermeiden. – Maßgeblicher **Zeitpunkt** für die rechtliche Beurteilung des Entziehungsgrundes ist die Beschlussfassung durch die Mitgesellschafter. Das Vorliegen eines wichtigen Grundes ist eine vollumfänglich gerichtlich **überprüfbare Rechtsfrage** (vgl. zum Ausschluss BGH NJW 1994, 833; NJW 1960, 625; NZG 2011, 544; MüKoBGB/Schäfer § 737 Rn. 14); die Gesellschafter haben nur insofern Ermessen, als sie von dem Entziehungsrecht Gebrauch machen können oder nicht.

3. Rechtsfolgen, Rechtsschutz

45   Abs. 5 eröffnet die Möglichkeit, dem Betroffenen die **Geschäftsführungsbefugnis ganz oder teilweise zu entziehen.** Es ist daher auch möglich und regelmäßig vorrangig, anstelle eines vollständigen Entzugs allein dessen gesellschaftsvertraglich eingeräumte Einzelgeschäftsführungsbefugnis zu entziehen, sodass er hiernach die dem gesetzlichen Regelfall gemäß Abs. 3 entsprechende Teilhabe an der gemeinschaftlichen Geschäftsführung behält. Möglich und als vorrangig geboten ist insofern auch, die **Geschäftsführungsbefugnis inhaltlich zu beschränken** (betragsmäßige Grenzen, ressortmäßige Zuständigkeit, etc., vgl. Begr. S. 151; dies begrüßend DAV NZG 2020, 133 Rn. 52). – Der Entzug wirkt zum **Zeitpunkt** der Wirksamkeit der Beschlussfassung (anders bei der OHG § 116 V HGB: nur durch gerichtliche Entscheidung). Eine Kündigungsfrist besteht nicht, auch nicht das Verbot der Kündigung zur Unzeit. Die **Bekanntgabe** des Beschlusses gegenüber dem betroffenen Gesellschafter ist kein Wirksamkeitserfordernis (abw. BeckOGK BGB/Geibel § 715 Rn. 15: nach Mitteilung). Der gutgläubige Geschäftsführer handelt freilich regelmäßig unverschuldet weiter in Wahrnehmung seiner bisherigen Kompetenz, sodass die Disziplinierung der Wirkung insofern bis zur Mitteilung faktisch leerläuft.

46   Die **gerichtliche Überprüfung** der Entziehung erfolgt regelmäßig inzident im Rahmen einer Haftungsklage gegen den Gesellschafter wegen Kompetenzüberschreitung. Statthaft ist im Übrigen auch die **Feststellungsklage** des betroffenen Gesellschafters. Diese ist auch bei der rechtsfähigen GbR gegen die übrigen Gesellschafter zu richten, weil es eine gesellschaftsrechtliche Grundlagenentscheidung ist (vgl. zur Ausschließung BGH NJW-RR 1992, 227; NJW 2011, 1667; OLG Hamm NZG 2008, 21; MüKoBGB/Schäfer § 737 Rn. 12). Dies gilt auch spiegelbildlich, wenn die Mitgesellschafter den Betreffenden auf **Unterlassung** verklagen. – Die Wirksamkeit der Entziehung ist eine vollumfänglich gerichtlich überprüfbare Rechtsfrage (vgl. BGH NJW 1994, 833; 1960, 625; NZG 2011, 544). Die Voraussetzungen müssen zum Zeitpunkt des Beschlusses vorliegen. Die **Darlegungs- und Beweislast** für die die Entziehung wirksamkeitsbegründenden Tatsachen tragen die Mitgesellschafter. Dies betrifft insbesondere die tatsächlichen Grundlagen für die Bejahung des wichtigen Grundes sowie die Beschlussfassung. Dies gilt auch im

Hinblick auf die Glaubhaftmachung im Verfahren des einstweiligen Rechtsschutzes (vgl. Altmeppen ZIP 2021, 213 (214)). Stellt sich nachträglich heraus, dass die Entziehung unwirksam war, können sich die Mitgesellschafter gegenüber dem Betroffenen gemäß § 280 **schadenersatzpflichtig** machen, wenn sie diese treuwidrig herbeigeführt haben (vgl. zur Ausschließung BGH NJW 1960, 625; MüKoBGB/Schäfer § 737 Rn. 1). Fahrlässiges Verhalten sollte bei unklarer Tatsachen- oder Rechtslage jedoch stets mit Zurückhaltung bejaht werden, da die Entziehung vorrangig dem Schutz der übrigen Gesellschafter dient. Auch scheidet eine Haftung derjenigen aus, die am Ausschließungsbeschluss nicht aktiv beteiligt waren (vgl. OLG Düsseldorf WM 1983, 1320 (1321)). – Wird die **Gesellschaft** infolge des wirksamen Entzugs im Hinblick auf die Ausübung der Geschäftsführungsbefugnis **handlungsunfähig**, hindert das die Entziehung nicht. Es kommt ggf. zum **Wiederaufleben** der gesetzlichen Gesamtgeschäftsführungsbefugnis der übrigen Gesellschafter gemäß Abs. 3 (vgl. BGH NJW 1960, 1997 (1998)).

4. Gestaltungsfreiheit

Die Reform enthält keine Regelungen zur Gestaltungsfreiheit im Hinblick **47** auf das Erziehungsrecht (dies kritisiert zu Recht Schall ZIP 2020, 1443 (1450)). § 712 aF war nach früher hM **dispositiv**. Die Voraussetzungen für die Entziehung von Geschäftsführungsbefugnis und Vertretungsmacht konnten hiernach **erleichtert oder erschwert** werden, bis hin zum Ausschluss der Regelung (vgl. RGZ 162, 78, 83; OLG Frankfurt BeckRS 2008, 00574; MüKoBGB/Schäfer § 712 Rn. 23; Henssler/Strohn/Servatius § 712 Rn. 12). In Extremfällen bleibt hiernach allein die Möglichkeit zur Ausschließung nach § 727. Dies überzeugt nach wie vor (anders bei der Vertretungsmacht, → § 720 Rn. 37). Abs. 5 ist zwar dadurch legitimiert, die übrigen Gesellschafter vor Haftungsgefahren und finanziellen Nachteilen zu schützen. Andererseits ist bei der personalistisch strukturierten GbR nach wie vor anzuerkennen, dass einzelne oder alle Gesellschafter durch Innehabung von Geschäftsführungskompetenz im Innenverhältnis die Geschicke der Gesellschaft lenken wollen. Es spricht daher nichts dagegen, diese Grundlage auch als entziehungsfest auszugestalten, sodass die tatbestandlichen Fälle der Zerrüttung nur zur Ausschließung eines Gesellschafters gemäß § 727 oder Auflösung des Gesellschaft nach § 731 führen. Würde man dies abweichend beurteilen, wäre die Anwendung von § 314 konsequent (vgl. insofern Schall ZIP 2020, 1443 (1450)). – **Erleichterungen** sind indessen unproblematisch **zulässig.** So können insbesondere bestimmte Einziehungsgründe unterhalb des wichtigen Grundes im Gesellschaftsvertrag verbindlich vereinbart werden (vgl. zu § 117 HGB BGH NJW 1973, 651).

VII. Kündigung der Geschäftsführungsbefugnis (Abs. 6)

1. Grundlagen

Abs. 6 ermöglicht ebenso wie § 712 II aF auch einem Gesellschafter, seine **48** Geschäftsführungsbefugnis ganz oder teilweise **aus wichtigem Grund** zu kün-

digen; eine entsprechende Regelung für die organschaftliche Vertretungsmacht
wurde bewusst nicht aufgenommen (→ § 720 Rn. 1 ff.). Die Regelung betrifft,
wie die spiegelbildliche Entziehung gemäß Abs. 5, **sämtliche Arten der
Geschäftsführungsbefugnis,** mithin unabhängig davon, ob sie dem Gesellschafter kraft Gesetzes oder aufgrund entsprechender gesellschaftsvertraglicher
Abrede zusteht (abw. § 712 II aF, der sich dem Wortlaut nach allein auf die
„übertragene Befugnis zur Geschäftsführung" bezog, vgl. Henssler/Strohn/Ser-
vatius § 712 Rn. 13; weitergehend früher bereits K. Schmidt DB 1988, 2241
(2242)). Der Gesellschafter kann hiernach sowohl seine Einzelgeschäftsführungsbefugnis kündigen (→ Rn. 18) als auch seine Teilhabe an der Gesamtgeschäftsführungsbefugnis gemäß Abs. 3 (→ Rn. 11 ff.). – Die Regelung schützt
einerseits den geschäftsführungsbefugten Gesellschafter davor, bei **Unzumutbarkeit** weiterhin der Tätigkeit für die Gesellschaft nachzugehen, ohne seine
Mitgliedschaft oder die Gesellschaft selbst kündigen zu müssen (dies betont
Begr. S. 152). Dies leuchtet vordergründig ein. Andererseits kann man durchaus
kritisieren, welchen Sinn es haben soll, wenn ein Gesellschafter sich des Pflicht-
rechts der Geschäftsführungsbefugnis entledigen kann und damit ein wesentlicher Teil seines Pflichtenrahmens entfällt. Der **kompetenzlose Anlagegesell-
schafter** entspricht nämlich nicht dem Leitbild der GbR (kritisch auch Erman/
Westermann § 712 Rn. 10). Jedenfalls die vollständige Kündigung der
Geschäftsführungsbefugnis ist daher kritisch zu sehen und **nur in Ausnahmefällen** als sinnvolle Alternative gegenüber Ausscheiden oder Auflösung der
Gesellschaft anzuerkennen. Innerhalb dieses beschränkten Anwendungsbereichs
ist Absatz 6 indessen **weitgehend zwingend** (→ Rn. 52).

2. Kündigungsvoraussetzungen

49   Die Kündigung setzt das Vorliegen eines wichtigen Grundes voraus. Dies
setzt voraus, dass es für den Kündigenden objektiv betrachtet **unzumutbar**
ist, seine konkrete Geschäftsführungskompetenz weiter zu behalten. Maßgeblich ist insofern vor allem die Beurteilung der hieraus entspringenden Tätig-
keitspflicht (vgl. zum Pflichtrecht → Rn. 7). Wichtige Gründe sind insbesondere die **Unfähigkeit** zur weiteren Ausübung (Krankheit, Abwesenheit
etc). Die bloße **Zerrüttung** im Verhältnis zu den Mitgesellschaftern dürfte
regelmäßig nicht ausreichen, weil jedenfalls der vollständige Rückzug einzelner Gesellschafter aus der Verantwortung angesichts der allgemeinen Zweckbindung kein legitimer Weg ist. In diesen Fällen müssen die Gesellschafter
vielmehr anderweitige Mittel ergreifen, um die Problematik aufzulösen. Bei
der Kündigung der Einzelgeschäftsführungsbefugnis und dem hieraus resultierenden Rückfall auf das allgemeine Recht zur Teilhabe an der Gesamtgeschäftsführungsbefugnis ist die Hürde indessen niedriger. – Es kommt stets
auf eine **Gesamtwürdigung** des Einzelfalles unter **Abwägung** der widerstreitenden Interessen an. Dies betrifft insbesondere Zwei-Personen-GbR,
denn dort kann es nicht darauf ankommen, welcher Gesellschafter zuerst
nach Abs. 6 vorgeht; in solchen Fällen liegt die **Prozessverbindung** gemäß
§ 147 ZPO nahe, um divergierende Entscheidungen über denselben Sachverhalt zu vermeiden. – Maßgeblicher **Zeitpunkt** für die rechtliche Beurteilung

des Kündigungsgrundes ist die Erklärung durch den Gesellschafter. Das Vorliegen eines wichtigen Grundes ist eine vollumfänglich gerichtlich **überprüfbare Rechtsfrage** (vgl. zum Ausschluss BGH NJW 1994, 833; 1960, 625; NZG 2011, 544; MüKoBGB/Schäfer § 737 Rn. 14); der Gesellschafter hat nur insofern Ermessen, als er von dem Kündigungsrecht Gebrauch macht oder nicht.

3. Rechtsfolgen

Die Kündigung bezieht sich auf die **vollständige oder teilweise Beendi-** 50
gung der Geschäftsführungskompetenz des Gesellschafters; Letzteres betrifft richtigerweise allein die Beseitigung der Einzelgeschäftsführungsbefugnis. Aus Gründen der Rechtssicherheit ist es nicht zulässig, allein den konkreten Umfang zu modifizieren. Die Kündigung ist **gegenüber allen Mitgesellschaftern** zu erklären und wird mit Zugang beim letzten wirksam. Ausreichend ist aber, wenn ein Gesellschafter anderweitig hiervon erfährt (vgl. zu § 132 HGB BGH NJW 1993, 1002). Es bestehen kein Formzwang und keine Kündigungsfrist. Die (konkret gekündigte) **Geschäftsführungsbefugnis erlischt** im Zeitpunkt des Wirksamwerdens der Kündigung (allgM, teilw. einschränkend K. Schmidt DB 1988, 2241 (2243 f.)). Bezieht sich diese allein auf die Einzelgeschäftsführungsbefugnis, gilt mangels abweichender Vereinbarungen der Regelfall gemäß Abs. 3 (→ Rn. 11 ff.). Wird die **Gesellschaft** infolge der wirksamen Kündigung im Hinblick auf die Ausübung der Geschäftsführungsbefugnis **handlungsunfähig,** hindert das die Kündigung nicht; es kommt ggf. zum Wiederaufleben der gesetzlichen Gesamtgeschäftsführungsbefugnis der übrigen Gesellschafter gemäß Abs. 3 (vgl. BGH NJW 1960, 1997 (1998)). Im Fall der vollständigen Kündigung der Geschäftsführungsbefugnis erlischt zwingend auch die organschaftliche **Vertretungsmacht** des Gesellschafters, weil diese richtigerweise nicht ohne gesellschaftsinternen Pflichtenrahmen Bestand haben kann (→ Rn. 25). Wurde mit dem Gesellschafter zusätzlich noch ein **Dienstvertrag** geschlossen, muss dieser gesondert nach Maßgabe von §§ 620 ff. gekündigt werden. – Abs. 6 S. 2 verweist auf § 671 II, sodass die Kündigung **nicht zur Unzeit** erfolgen darf, es sei denn, dass ein wichtiger Grund für die unzeitige Kündigung vorliegt. Die Regelung ist im gesetzlichen Regelfall von Abs. 6 ohne praktische Bedeutung, weil die Bejahung des wichtigen Grundes infolge des Unzumutbarkeitskriteriums regelmäßig ohnehin auch eine Kündigung zur Unzeit eröffnen dürfte. Im Übrigen berührt ein Verstoß hiergegen die Wirksamkeit der Kündigung ohnehin nicht, sondern löst nach § 671 II 2 **allein Schadensersatzansprüche** aus (sog. Verfrühungsschaden).

Die **gerichtliche Überprüfung** der Kündigung erfolgt regelmäßig inzi- 51
dent im Rahmen einer Haftungsklage gegen den Gesellschafter wegen Untätigkeit. Statthaft ist im Übrigen auch die **Feststellungsklage** des betroffenen Gesellschafters im Hinblick auf die Wirksamkeit der Kündigung. Diese ist auch bei der rechtsfähigen GbR gegen die übrigen Gesellschafter zu richten, weil es eine gesellschaftsrechtliche Grundlagenentscheidung ist (vgl. zur Ausschließung BGH NJW-RR 1992, 227; NJW 2011, 1667; OLG Hamm NZG

2008, 21; MüKoBGB/Schäfer § 737 Rn. 12). Dies gilt auch spiegelbildlich, wenn die Mitgesellschafter den Betreffenden auf **Vornahme von Handlungen als Folge seiner Geschäftsführungspflicht** verklagen (vgl. insofern auch die Gesellschafterklage gemäß § 715b). – Die Wirksamkeit der Kündigung ist eine vollumfänglich gerichtlich überprüfbare Rechtsfrage (vgl. BGH NJW 1994, 833; 1960, 625; NZG 2011, 544). Die Voraussetzungen müssen zum Zeitpunkt der Erklärung vorliegen. Die **Darlegungs- und Beweislast** für die die Kündigung wirksamkeitsbegründenden Tatsachen trägt der Gesellschafter. Dies betrifft insbesondere die tatsächlichen Grundlagen für die Bejahung des wichtigen Grundes. Stellt sich nachträglich heraus, dass die Kündigung unwirksam war, kann er sich gegenüber den Mitgesellschaftern aus § 280 wegen Missachtung seiner fortbestehenden Geschäftsführungspflichten zwar grundsätzlich **schadenersatzpflichtig** machen. Fahrlässiges Verhalten sollte bei unklarer Tatsachen- oder Rechtslage jedoch stets mit Zurückhaltung bejaht werden, da die Kündigung vorrangig dem Schutz des Gesellschafters dient. – Wird die **Gesellschaft** infolge der wirksamen Kündigung im Hinblick auf die Ausübung der Geschäftsführungsbefugnis **handlungsunfähig,** hindert das die Kündigung nicht. Es kommt ggf. zum **Wiederaufleben** der gesetzlichen Gesamtgeschäftsführungsbefugnis der übrigen Gesellschafter gemäß Abs. 3 (vgl. BGH NJW 1960, 1997 (1998)).

4. Gestaltungsfreiheit

52 Auf das Kündigungsrecht aus wichtigem Grund kann aufgrund Abs. 6 S. 2 iVm **§ 671 III** nicht im Voraus verzichtet werden. Die gesellschaftsvertragliche Vereinbarung zusätzlicher **Kündigungsgründe** ist jedoch möglich (Altersgrenzen, Ortsgebundenheit, etc). In diesen Fällen kann dann auch das Verbot der Kündigung zur Unzeit relevant werden (→ Rn. 50). Zulässig ist auch, die Innehabung von Geschäftsführungsbefugnis zu **befristen** oder unter eine **auflösende Bedingung** zu stellen. Der vorherige **Verzicht** auf einen (potentiellen) Kündigungsgrund soll möglich sein (vgl. zu § 117 HGB BGH NJW 1973, 651). Dem ist nicht zu folgen, da es auch insofern Fälle geben kann, in denen die Zumutbarkeit nicht mehr gegeben ist, sodass hierüber letztlich das Verbot gemäß Abs. 3 S. 2 iVm § 671 III ausgehebelt würde.

VIII. Kautelarischer Handlungsbedarf infolge des MoPeG

53 Die Regelung der Geschäftsführungsbefugnis in § 715 bringt im Ausgangspunkt nur sehr kleine Neuerungen; es handelt sich meistens um Klarstellungen und in der Rechtsprechung und Literatur bereits anerkannte Grundsätze (etwa zum Alleinhandeln bei Gefahr im Verzug gemäß § 744 II analog nunmehr in § 715 III 1 Hs. 2 geregelt, weite Auslegung des § 712 aF unter Einschluss der gesetzlichen Gesamtgeschäftsführungsbefugnis ua). Die Unterschiede zur alten Rechtslage und der damit einhergehende Handlungsbedarf ergeben sich aber aus einem Zusammenspiel mit anderen neuen Vorschriften (insbesondere § 720 I, III und ggf. § 709

III) und dem Wegfall anderer alter Vorschriften (insbesondere § 708 aF).
Vor dem Hintergrund der gesetzlichen **Haftungsverschärfung** der
Geschäftsführer und der **Unbeschränkbarkeit der Vertretungsmacht**
im Außenverhältnis gemäß § 720 III 2 empfiehlt sich vor allem bei unternehmerischen GbR eine Überprüfung und **Stärkung der internen Corporate Governance,** um der neuen gesetzlichen Risikoverteilung angemessen zu begegnen. Dies betrifft etwa die Neujustierung der
Geschäftsführungsbefugnis (→ Rn. 54), die Stärkung der Informationsrechte (→ Rn. 55 und → § 717 Rn. 25), des Widerspruchsrechts
(→ Rn. 57), die Effektuierung der Geschäftsführerhaftung (→ Rn. 55)
sowie die Schaffung von intrinsischen Anreizen durch erfolgsabhängige
Geschäftsführervergütung (→ Rn. 55) und die Bildung von zusätzlichen
Organen und Gremien zur Überwachung (→ Rn. 56).

Im Hinblick auf die Neufassung der Abs. 1–3 ist zunächst auf die rechtliche **54**
Entkoppelung der Geschäftsführungsbefugnis von der Vertretungsmacht hinzuweisen (→ Rn. 9). Dies sollte im Gesellschaftsvertrag berücksichtigt und separate Regelungen aufgenommen werden (vgl. auch → § 720
Rn. 12 ff.). Zu bedenken ist allerdings, dass ein Wegfall der Geschäftsführungsbefugnis richtigerweise auch den Wegfall der Vertretungsmacht nach
sich zieht, da die Geschäftsführungsbefugnis die erforderliche Grundlage der
Vertretungsmacht bildet (→ Rn. 25). Ein vollständiger Gleichlauf kann freilich gesellschaftsvertraglich hergestellt werden, wobei die zwingende Regelung des § 720 III 1 zu beachten ist. – Die **Geschäftsführungsbefugnis**
kann nach wie vor gesellschaftsvertraglich entsprechend den **individuellen
Bedürfnissen** ausgestaltet werden, begrenzt durch das Prinzip der Selbstorganschaft (→ Rn. 6). Möglich ist neben der Beibehaltung des gesetzlichen
Regelfalls der Gesamtgeschäftsführungsbefugnis aller (Abs. 3 S. 1) bzw. mehrerer Gesellschafter (Abs. 3 S. 2) nach wie vor die Einräumung von Einzelgeschäftsführungsbefugnis zugunsten aller, mehrerer oder eines einzigen Gesellschafters, eine mehrheitliche Geschäftsführung, eine funktionell begrenzte
Geschäftsführungsbefugnis (Ressortaufteilung) oder eine Kombination der
verschiedenen Modelle. Dabei sollte immer **klar formuliert** werden, welche
Personen geschäftsführungsbefugt sind und welche Art der Geschäftsführungsbefugnis sie innehaben (insbesondere, ob es sich um Einzel- oder
Gesamtgeschäftsführungsbefugnis handelt, im Zweifel gilt Abs. 3 S. 2). – Für
außergewöhnliche Geschäfte kann nach wie vor eine separate Regelung
in den Gesellschaftsvertrag aufgenommen werden, die über Geschäfte iSv
Abs. 2 S. 2 hinausgeht. So können etwa bestimmte Gegenstände einem
besonderen Zustimmungserfordernis aller Gesellschafter bzw. der
Gesellschaftermehrheit unterstellt werden. Möglich ist insofern etwa eine
beispielhafte Aufzählung der betroffenen Geschäfte oder die Festlegung von
summenmäßigen Grenzen. – Im Hinblick auf die Modalitäten der **internen
Willensbildung** kann der Gesellschaftsvertrag Konkretisierungen vorsehen,
zB im Hinblick auf eine bestimmte Form oder Frist, die die Handlungsfähigkeit der GbR auch bei Geltung der Einstimmigkeit bzw. des Mehrheitsprinzips gewährleisten, die Geschäftsführung jedoch nicht schwerfällig machen.
Zu bedenken ist auch die Neuregelung des § 709 III für die Berechnung der

Stimmenmehrheit, die nicht mehr auf die Zahl der Gesellschafter (vgl. § 709 II aF), sondern vorrangig auf die vereinbarten Beteiligungsverhältnisse abstellt. Hiervon ist daher nunmehr ggf. abzuweichen. In diesem Kontext ist auch zu überlegen, ob von der Möglichkeit Gebrauch gemacht wird, dass **Beschlussmängelrecht** gemäß §§ 110 ff. HGB durch endsprechende Vereinbarung zur Geltung zu bringen, was freilich, den Rechtsschutz des einzelnen Gesellschafters erheblich verkürzt (→ § 714 Rn. 43 ff.). – Ferner empfiehlt es sich, die Folgen des Wegfalls bzw. der tatsächlichen **Verhinderung eines Gesellschafters** im Gesellschaftsvertrag ausdrücklich zu regeln (Wiederaufleben der Gesamtgeschäftsführungsbefugnis oder Erstarken der Geschäftsführungsbefugnis der übrigen Gesellschafter zur Einzelgeschäftsführungsbefugnis), um Klarheit für diese Fälle zu schaffen und unnötige Streitigkeiten zu vermeiden (vgl. auch → Rn. 19). – Die Notgeschäftsführungsbefugnis bei Gesamtgeschäftsführung gemäß Abs. 3 S. 1 kann richtigerweise nicht abbedungen werden (→ Rn. 17).

55   Indem die Gesellschafter aufgrund der Neuregelung des § 720 III 2 auch für kompetenzwidriges Verhalten einzelner Geschäftsführer einstehen müssen (→ Rn. 4), rücken Fragen der **Geschäftsführerhaftung** und des **Innenregresses** stärker in den Vordergrund. Diese sollen daher künftig im Gesellschaftsvertrag sorgfältig geregelt werden, um einen rechtssicheren Handlungsrahmen zu gewährleisten. In Betracht kommen insofern Konkretisierungen der gesetzlichen Vorgaben, Abbedingung bzw. Modifizierung des gesetzlichen Haftungsmodells sowie ergänzende gesellschaftsvertragliche Regelungen. – Im Hinblick auf den **Pflichtenkreis** empfiehlt es sich, nach den individuellen Bedürfnissen einzelne Pflichten beispielhaft aufzuzählen, etwa Verschwiegenheitspflichten, Konkretisierung von Wettbewerbsverboten (freilich im Rahmen des rechtlich Zulässigen, vgl. dazu → Rn. 31) oder der Informationspflichten der geschäftsführenden Gesellschafter untereinander (vgl. auch → § 717 Rn. 32 ff.). Auch nähere Vorgaben im Hinblick auf den Unternehmensgegenstand und die Verwirklichung des Gewinnziels sind in den Gesellschaftsvertrag aufzunehmen (vgl. auch → Rn. 28). – Bezüglich des **Haftungsmaßstabs** führt der Wegfall von § 708 aF zur Anwendung der Grundregel des § 276 I, so dass die Gesellschafter grundsätzlich für Vorsatz und Fahrlässigkeit einzustehen haben (→ Rn. 32). Diese umfasst auch die Haftung für leichte Fahrlässigkeit, so dass abweichend vom früheren Recht keine entsprechenden Abreden hierzu erforderlich sind, um etwa berufsrechtlich vorgeschriebenen Pflichtenstandards gerecht zu werden (vgl. dazu auch BeckOGK/Geibel § 708 Rn. 30). Eine Abmilderung durch Beschränkung auf Vorsatz und/oder grobe Fahrlässigkeit empfiehlt sich insbesondere bei unentgeltlich tätigen Gesellschaftern einer **ideellen GbR oder Gelegenheitsgesellschaften.** Auch der bisherige individuelle Haftungsmaßstab (diligentia quam in suis, eigenübliche Sorgfalt) kann beibehalten werden, was sich bei Altgesellschaften auch durch eine interessengerechte Auslegung des Gesellschaftsvertrages ergeben kann (→ Rn. 5). Bei **unternehmenstragenden GbR** empfiehlt sich die Vereinbarung des (ggü. § 276 I strengeren) Maßstabs eines ordentlichen und gewissenhaften Geschäftsleiters nach dem Vorbild des § 93 I 1 AktG, § 43 I GmbHG. – Insbesondere in Fällen, wo nicht alle Gesellschafter gleichmäßig an der Geschäftsführung beteiligt sind, kann (neben dem grds. bestehenden Gewinnanspruch) durch die Vereinbarung einer gewinnabhängigen **Geschäftsführervergütung** außerdem eine zusätzliche intrinsische Motivation und damit ein stärkerer Anreiz für bestmögliche Aufgabenerfüllung geschaffen werden (vgl. zur Vergütung → Rn. 26).

Insbesondere bei unternehmenstragenden GbR kann es sich anbieten, für **56** bestimmte Aufgabenbereiche die Bildung eines besonderen **Beirats** oder eines ähnlichen **Gremiums** vorzusehen, etwa wenn die notwendige Expertise der Gesellschafter fehlt, ein besonderes Bedürfnis nach Objektivität besteht oder zusätzliche Kontrollmechanismen gewünscht sind. Auch eine Interessenbündelung bzw. Vermittlung sowie Streitbeilegung kommen als mögliche Funktionen in Betracht (vgl. auch BeckOGK/Geibel § 709 Rn. 169). Dies gilt gleichermaßen für rechtsfähige und nicht rechtsfähige GbR. Insbesondere in Publikumsgesellschaften, Familiengesellschaften und Joint Ventures liegt dies nahe. Bei **Übertragung von Organfunktion** (insb. Willensbildung, Leitung, Aufsicht) bedarf es dazu einer Verankerung im Gesellschaftsvertrag (Grundsatz der Selbstorganschaft, → Rn. 6). Sofern dem Gremium keine Organfunktionen übertragen werden (etwa Erfüllung reiner Beratungs- oder Kommunikationsfunktion), können sie (auch vollständig) mit Nichtgesellschaftern besetzt werden.

Das **Widerspruchsrecht** in Abs. 4 entspricht dem bisherigen § 711 aF **57** (→ Rn. 35), so dass sich die Rechtslage im Ausgangspunkt nicht ändert. Vor dem Hintergrund der verschärften gesetzlichen Gesellschafterhaftung infolge der unbeschränkten Vertretungsmacht gemäß § 720 III 2 kann jedoch erwogen werden, das Widerspruchsrecht neu zu ordnen und zu einem effektiven Kontrollinstrument innerhalb der Gesellschaft auszugestalten. Insofern kann zB vereinbart werden, dass das Widerspruchsrecht jedem Gesellschafter unabhängig von seiner eigenen Geschäftsführungskompetenz zusteht (vgl. auch BeckOGK/Geibel § 711 Rn. 11). Nichtgesellschaftern (etwa einem Kontrollgremium) kann das Widerspruchsrecht wegen des Grundsatzes der Selbstorganschaft hingegen nicht eingeräumt werden (→ Rn. 39). – Nach wie vor ist es allerdings auch möglich, das Widerspruchsrecht ganz oder teilweise auszuschließen oder an besondere Voraussetzungen zu knüpfen. So kann etwa eine vorherige Anhörung, die Einhaltung einer besonderen Form oder Frist, oder ein funktionell begrenztes Widerspruchsrecht vereinbart werden (zum Ausschluss des Widerspruchsrechts im Hinblick auf ressortfremde Maßnahmen vgl. auch MüKoBGB/Schäfer § 711 Rn. 22 und § 709 Rn. 45). Auch die Einführung des Mehrheitsprinzips kann erwogen werden. Die Vereinbarung einer Begründungspflicht ist bereits im Hinblick auf die richterliche Kontrolle ratsam (→ Rn. 36).

In Bezug auf die **Entziehung der Geschäftsführungsbefugnis** gemäß **58** Abs. 5 ergeben sich zwei kleine Neuerungen: Die Entkoppelung von der Vertretungsmacht (und folgerichtig auch deren Entziehung in Abweichung vom § 715 aE aF) und die Anpassung des Wortlauts, der nunmehr auch die gesetzliche Gesamtgeschäftsführungsbefugnis ohne weiteres erfasst. – Im Übrigen ist es nach wie vor möglich, das Entziehungsrecht näher zu konkretisieren, etwa durch die Nennung von Umständen, die einen wichtigen Grund darstellen sollen. Zwar liegt durch die Verweisung in § 720 IV der Schluss nahe, dass die Gründe für die Entziehung der Geschäftsführungsbefugnis und der Vertretungsmacht einheitlich zu bestimmen sind, doch ist wegen der höheren Eingriffsintensität die Schwelle für die Entziehung der Geschäftsführungsbefugnis höher anzusetzen, beim Entzug der Gesamtgeschäftsführungsbefugnis richtigerweise nur als ultima ratio (→ Rn. 41, → Rn. 45). Dies sollte bei der Formulierung der Gründe bedacht und ein **abgestuftes Vorgehen** vorgesehen werden. Als weniger einschneidendes Mittel bietet sich außerdem eine inhaltliche Beschränkung der Geschäftsführungsbefugnis an, etwa summen- oder ressortmäßig. Ferner kann das Anhörungserfordernis (→ Rn. 42) näher geregelt werden. Sollte über die Entziehung der Geschäftsführungsbefugnis die Gesellschaftermehrheit entscheiden können, ist dies in der Mehrheitsklausel ausdrücklich klarzustellen, eine allgemeine Mehrheitsklausel reicht insoweit nicht aus. – Aufgrund des dispositiven Charakters sind freilich Erleichterungen sowie Erschwerungen des Entziehungsrechts möglich, genauso der vollständige Ausschluss (→ Rn. 47). Doch sollte bei einer vollständigen Abbedingung bedacht werden, dass dann im Falle einer Zerrüttung nur noch die Ausschließung des Gesellschafters oder die Auflösung der Gesellschaft als effektive präventive Abwehrmittel zur Verfügung stehen; auf diese Disziplinierungsmaßnahme sollte daher insbesondere im Fall der Einzelgeschäftsführungsbefugnis nicht vorschnell verzichtet werden.

59   Bezüglich des **Kündigungsrechts** gemäß Abs. 6 ergeben sich nach der Neuregelung kaum Unterschiede gegenüber der alten Rechtslage gemäß § 712 II aF iVm § 671 II, III: Bereits nach früherem Recht war weitgehend anerkannt, dass nicht nur die gesetzliche, sondern auch die gesellschaftsvertraglich eingeräumte Befugnis (entgegen dem Wortlaut) von der Regelung erfasst ist. – Ein Verzicht auf das Kündigungsrecht ist gemäß § 671 III weiterhin nicht möglich, richtigerweise auch nicht im Hinblick auf einen bestimmten Kündigungsgrund (→ Rn. 52). Die Vereinbarung einer Befristung oder auflösenden Bedingung ist einer Kündigung (materiell) nicht gleichzustellen, diese können rechtswirksam vereinbart werden (→ Rn. 52). Auch die Erweiterung des Kündigungsrechts durch Vereinbarung zusätzlicher Kündigungsgründe ist möglich, von einer abschließenden Aufzählung der potenziellen Kündigungsgründe sollte jedoch abgesehen werden, um das Kündigungsrecht nicht unangemessen zu verkürzen. Um die Handlungsfähigkeit der Gesellschaft im Falle einer Kündigung sicherzustellen, empfiehlt sich eine Regelung im Gesellschaftsvertrag, die die Rechtsfolgen eindeutig festlegt und Abhilfe schafft.

§ 715a Notgeschäftsführungsbefugnis

[1]**Sind alle geschäftsführungsbefugten Gesellschafter verhindert, nach Maßgabe von § 715 Absatz 3 Satz 3 bei einem Geschäft mitzuwirken, kann jeder Gesellschafter das Geschäft vornehmen, wenn mit dem Aufschub Gefahr für die Gesellschaft oder das Gesellschaftsver-**

mögen verbunden ist. [2]**Eine Vereinbarung im Gesellschaftsvertrag, welche dieses Recht ausschließt, ist unwirksam.**

Übersicht

I. Reform

1. Grundlagen, Bewertung

Der neue § 715a regelt einheitlich für **alle Personengesellschaften** die **1** bislang auf eine entsprechende Anwendung von § 744 II gestützte allgemeine Notgeschäftsführungsbefugnis eines jeden Gesellschafters (vgl. zum früheren Recht etwa BGH NJW 1955, 1027; OLG Dresden NZG 2000, 248). Dies ist grundsätzlich zu begrüßen, weil die Reform neben der Rechtssicherheit (zustimmend DAV NZG 2020, 1133 Rn. 55) auch insofern eine Abkehr der rechtlichen Konstruktion einer Gesellschaft von der vermögensmäßig geprägten Bruchteilsgemeinschaft gemäß §§ 741 ff. bewirkt (vgl. auch die explizite Nennung der tatbestandlichen Gefahr „für die Gesellschaft", mithin nicht allein für das Gesellschaftsvermögen). Die Regelung konturiert zudem überzeugend die sich wenigstens aus dem Wortlaut von § 744 II nicht ergebende auf die **Gefahrenabwehr** beschränkte Durchbrechung der an sich maßgeblichen gesellschaftsrechtlichen Kompetenzordnung (vgl. zur Bedeutung der Eilbedürftigkeit explizit Begr. S. 152).

Die Regelung ist Teil eines **differenzierten Systems zur Behebung eines** **2** **Kompetenzvakuums,** welches sich nicht vollkommen erschließt. § 715a ist nämlich von der durch die Reform nunmehr ebenfalls explizit eingefügten Gesellschafterklage gemäß § 715b abzugrenzen sowie von der speziellen Notgeschäftsführungsbefugnis gemäß § 715 III 1 und dem Notgeschäftsführungsrecht des Erben eines Gesellschafters gemäß § 730 I 2 und 3. Die **Abgrenzung zur** **Gesellschafterklage** ist vordergründig dadurch gekennzeichnet, dass diese vorrangig und allein in Rede steht, soweit es um die Geltendmachung von Sozialansprüchen der GbR gegen Gesellschafter geht. Demgegenüber ermöglicht § 715a vor allem ein Vorgehen gegenüber Dritten. Abweichend von der früher hM (vgl. nur Henssler/Strohn/Servatius § 705 Rn. 47) gelangt die Gesellschafterklage gemäß § 715b I 2 indessen seit der Reform auch bei **Ansprüchen der GbR gegen Dritte** zur Anwendung, wenn diese an dem pflichtwidrigen Unterlassen der an sich befugten Gesellschafter mitwirkten oder dies kannten (→ § 715b Rn. 18). Insofern besteht daher seit der Reform ein Konkurrenzverhältnis zwischen § 715a und § 715b. Dieses ist gemäß der lex specialis-Regel zugunsten eines **Vorrangs der Gesellschafterklage** aufzulösen, sofern deren mangels Erfordernisses einer Gefahr für die Gesellschaft oder das Gesellschaftsvermögen geringeren Anforderungen gegeben sind. Auf § 715a ist daher allein bei einem Vorgehen gegenüber gutgläubigen Dritten abzustellen.

3   Des Weiteren ist die Notgeschäftsführungsbefugnis gemäß § 715a von der **speziellen Notgeschäftsführungsbefugnis gemäß § 715 III 1** abzugrenzen. Diese gilt abweichend von § 715a nur zu Gunsten der an sich gesamtgeschäftsführungsbefugten Gesellschafter. Sie begründet für diese eine tatbestandlich gleichermaßen an die mit einem Aufschub verbundene Gefahr für die Gesellschaft oder das Gesellschaftsvermögen geknüpfte Pflicht und Befugnis zum Alleinhandeln (→ § 715 Rn. 14). Auf § 715a darf daher subsidiär nur dann abgestellt werden, wenn ein **doppeltes Kompetenzvakuum** besteht, welches dadurch gekennzeichnet ist, dass auch die grundsätzlich nur gesamtgeschäftsführungsbefugten, aber durch § 715 III 1 zum Alleinhandeln berechtigten und verpflichteten Gesellschafter verhindert sind oder sich treuwidrig weigern, die entsprechend Maßnahmen vorzunehmen. – Im Übrigen bewirken beide Befugnisse zur Notgeschäftsführung auch seit der Reform **keine organschaftliche Vertretungsmacht,** sondern begründen allein eine ggf. im Wege der gesetzlichen Prozessstandschaft zu verwirklichende Ermächtigung. Dies ist angesichts der nunmehr klar konturierten unbeschränkten organschaftlichen Vertretungsmacht gemäß § 720 III zum Schutz des Rechtsverkehrs konsequent, insbesondere bei eingetragenen GbR (vgl. zu diesem Aspekt ausdrücklich Begr. S. 153; zustimmend DAV NZG 2020, 133 Rn. 53). Dem kann man freilich entgegenhalten, dass der an sich nach Maßgabe von § 715a befugte Gesellschafter hierdurch keine Möglichkeit hat, die GbR zu vertreten, was nach Maßgabe von § 179 Haftungsrisiken begründet. Insofern besteht zudem ein gewisser Widerspruch zum Notgeschäftsführungsrecht des Erben eines Gesellschafters gemäß § 730 I 2 und 3, welches auch eine entsprechende Vertretungsmacht begründet (→ § 730 Rn. 10 ff.).

4   § 715a beruht im Wesentlichen auf dem **Mauracher Entwurf.** Erfolgte lediglich dahingehend, dass nunmehr explizit auch eine Gefahr „für die Gesellschaft" aufgenommen wurde. Dies ist zu begrüßen, da sich hierdurch die Notgeschäftsführungsbefugnis noch klarer von der bislang maßgeblichen Bezugnahme auf das rein vermögensmäßige Recht der Gemeinschaft emanzipiert. Zudem wird hierdurch anerkannt, dass auch ideelle Beeinträchtigungen eine Notgeschäftsführung rechtfertigen, was bei der nichtunternehmerischen GbR durchaus praxisrelevant ist (→ Rn. 12).

2. Zeitlicher Geltungsbereich

5   In **zeitlicher Hinsicht** gilt Folgendes: § 715a tritt gemäß Art. 137 S. 1 MoPeG am **1.1.2024** in Kraft, eine Übergangsregelung ist nicht vorgesehen.

Im Umkehrschluss aus Art. 229 § 61 EGBGB folgt daher, dass sich die Notgeschäftsführungsbefugnis auch bei **Altgesellschaften** ab dem Zeitpunkt des Inkrafttretens nach neuem Recht richtet. Maßgeblicher Zeitpunkt ist nach dem Prinzip des **lex temporis actus** die Vornahme des Geschäfts (→ § 705 Rn. 3 ff.), so dass sich alle Maßnahmen vor dem 1.1.2024 noch nach altem Recht beurteilen (vgl. hierzu bei der Gesellschafterklage auch → § 715b Rn. 4 ff.). Dies gilt auch in laufenden Gerichtsverfahren zu beachten, die bereits vor 1.1.2024 anhängig waren. Indem die Neuregelung aber im Kern keine Neuerungen brachte, dürften sich keine Übergangsprobleme ergeben. – Die **Streichung des § 708 aF** bewirkt freilich ab 1.1.2024 eine Verschärfung des maßgeblichen Haftungsmaßstabs. Insbesondere bei ideellen GbR und Gelegenheitsgesellschaften ist daher wie bei § 715 (→ § 715 Rn. 18 ff.) sorgfältig zu prüfen, ob eine (ggf. konkludente) Abbedingung des allgemeinen Haftungsmaßstabs gemäß § 276 I zugunsten eines milderen Maßstabs anzunehmen ist. Angesichts der besonderen Gefahrensituation, die tatbestandlich vorausgesetzt wird, liegt dies bei § 715a noch näher als bei § 715.

II. Normzweck

S. 1 begründet eine **allgemeine Notgeschäftsführungsbefugnis** 6 zugunsten der nicht geschäftsführungsbefugten Gesellschafter. Die Regelung **ergänzt § 715 III 1** (→ § 715 Rn. 14); der Verweis auf den nicht existierenden § 715 III 3 ist ein Redaktionsversehen, vgl. Bachmann NJW 2021, 3073 Fn. 21). In beiden Fällen wird tatbestandlich verlangt, dass das Alleinhandeln erforderlich ist, um eine Gefahr für die Gesellschaft oder das Gesellschaftsvermögen zu verhindern. Es besteht indessen ein **unterschiedlicher Adressatenkreis:** § 715 III 1 gilt (vorrangig) zugunsten der geschäftsführungsbefugten Gesellschafter, § 715a allein zugunsten der von der Geschäftsführung ausgeschlossenen Gesellschafter, bei der KG daher auch der Kommanditisten. Die Regelungen schließen so einander aus (abw. Begr. S. 153). – Die gesetzliche Gewährleistung dieses differenzierten Systems der Notgeschäftsführung reagiert auf verschiedene Gründe für ein innergesellschaftliches Kompetenzvakuum, woraus ein Stufenverhältnis resultiert. Die allgemeine Notgeschäftsführungsbefugnis gemäß **§ 715a ist subsidiär,** da sie nur gerechtfertigt ist, wenn auch ein einzelner gesamtgeschäftsführungsbefugter Gesellschafter nicht willens oder in der Lage ist, die ihm nach Maßgabe von § 715 III 1 zustehende besondere Notgeschäftsführungsbefugnis auszuüben (Begr. S. 152). – Beide Regelungen sichern die **Handlungsfähigkeit für die GbR,** was insbesondere bei unvorhersehbaren Ereignissen bedeutsam ist oder auch in den Fällen der wechselseitigen Zerrüttung. Gerade Letzteres legitimiert den **zwingenden Charakter** gemäß S. 2, welcher richtigerweise auch für die besondere Notgeschäftsführungsbefugnis gemäß § 715 III 1 gilt (→ § 715 Rn. 17). § 715a macht es richtigerweise durch Anerkennung eines subjektiv-objektiven Beurteilungsmaßstabs entbehrlich, subsidiär auf die GoA-Regeln zurückzugreifen (abw. Begr. S. 153; → Rn. 17). Im Übrigen gewährt die Notgeschäftsführungsbefugnis aber **keine organschaftliche Vertretungs-**

macht, sondern eine Ermächtigung zum Handeln gegenüber Dritten im eigenen Namen und legitimiert das Alleinhandeln im Innenverhältnis (→ Rn. 14 f.). – Wegen des Grundsatzes der Selbstorganschaft und der Möglichkeit des § 715a besteht kein Raum für eine entsprechende Anwendung von § 29 (BGH NZG 2014, 1302 Rn. 12 f., allerdings die Möglichkeit der Bestellung eines Prozesspflegers gem. § 57 ZPO für möglich haltend). Zur Geltendmachung von Ansprüchen können die nach Maßgabe von § 715a notgeschäftsführungsbefugten Gesellschafter indessen auch einen **besonderen Vertreter** bestellen (dies implizit bejahend Begr. S. 155).

III. Anwendungsbereich

7   Die Regelung gilt bei der **rechtsfähigen GbR** sowie bei gemäß § 105 III HGB, § 161 II HGB auch bei **OHG und KG** (Begr. S. 152). Sie gilt gemäß § 740 II auch bei der **nicht rechtsfähigen Gesellschaft** (→ § 740 Rn. 20). Bei der stillen Beteiligung gemäß § 230 HGB wirkt sie daher auch zu Gunsten des an sich nicht-geschäftsführungsbefugten Stillen. Die Regelung gilt im Übrigen gemäß § 1 IV PartGG auch bei der **Partnerschaftsgesellschaft.**

IV. Verhinderung aller geschäftsführungsbefugten Gesellschafter

8   Die allgemeine Notgeschäftsführungsbefugnis gemäß § 715a setzt voraus, dass alle geschäftsführungsbefugten Gesellschafter verhindert sind, insbesondere auch die ihnen vorrangig gemäß § 715 III 1 zustehende besondere Notgeschäftsführungsbefugnis auszuüben. Erforderlich ist daher ein **doppeltes Leerlaufen der Kompetenzregeln.** Dies unterscheidet sich dem Wortlaut nach vom bislang entsprechend herangezogenen § 744 II, wonach es allein darauf ankommt, „notwendige Maßregeln" zu ergreifen, was die Kernlegitimation der Notgeschäftsführung allgemein und insbesondere im Gesellschaftsrecht nicht hinreichend umschreibt. Die **Subsidiarität** der Notgeschäftsführung war freilich bereits nach früherem Recht anerkannt (vgl. OLG Oldenburg NZG 2002, 1056; OLG Koblenz NZG 1999, 250; Henssler/Strohn/Servatius § 709 Rn. 15).

1. Verhinderung aus tatsächlichen Gründen

9   Maßgeblich ist zum einen, dass der oder die **geschäftsführungsbefugten Gesellschafter** aus tatsächlichen Gründen **nicht in der Lage** sind, die gebotenen Maßnahmen zu ergreifen (zB wegen Krankheit, Abwesenheit oder Unerreichbarkeit). Das Vorliegen dieser Kriterien beurteilt sich aus der **ex ante-Perspektive** des Gesellschafters zum Zeitpunkt der Vornahme der Handlung (abw. zu § 744 II OLG Düsseldorf BeckRS 2012, 17766, wonach die Voraussetzungen noch im Zeitpunkt der letzten mündlichen Verhandlung in der Tatsacheninstanz vorliegen müssen, was aber nur für die Klageerhebung Geltung beansprucht, → Rn. 16). – Es ist richtigerweise anhand einer **subjektiv-objektiven Betrachtung** zu fragen, ob der Gesellschafter vernünftigerweise davon ausgehen durfte, dass die an sich geschäftsführungsbefugten Gesellschafter die entsprechende Maßnahme nicht vornehmen können. Infolge der **Streichung von § 708** ist dieses Erfordernis strenger als bislang, weil individuelle Aspekte des Gesellschafters gemäß § 276 II keine Berücksichtigung mehr finden. Es muss daher regelmäßig erfolglos versucht worden sein, die an sich handlungsbefugten Gesellschafter zum Ergreifen der gebotenen Maßnahme zu bewegen. Etwas anderes gilt nur bei besonderer Eilbedürftigkeit oder wenn bereits feststeht, dass ein solches Bemühen erfolglos ist.

2. Treuwidrige Untätigkeit

Zum anderen liegt eine tatbestandliche Verhinderung richtigerweise auch **10** dann vor, wenn die an sich geschäftsführungsbefugten **Gesellschafter treuwidrig untätig** bleiben (vgl. zu § 744 II OLG Düsseldorf BeckRS 2012, 17766; LG Berlin BeckRS 2014, 19597). Die entsprechenden Kriterien für die Gesellschafterklage gemäß § 715b I („der dazu berufene geschäftsführungsbefugte Gesellschafter dies pflichtwidrig unterlässt") gelten entsprechend. Es wäre nicht hinnehmbar, die Geschäftsführungsbefugnis als Mittel zur Gefahrenabwehr für die Gesellschaft oder das Gesellschaftsvermögen (→ Rn. 12) in diesen Konstellationen nicht Raum greifen zu lassen. Konsequenterweise ist gegen die (berechtigte) Notgeschäftsführung auch kein (konsequenterweise unberechtigter) Widerspruch nach § 715 IV zulässig (Begr. S. 152; vgl. zu § 744 II BGH NJW 1955, 1027). – Die treuwidrige Weigerung muss sich grundsätzlich in Bezug auf jede einzelne Maßnahme beziehen, die konkret in Rede steht. Die subjektiv-objektive Betrachtung zugunsten des Gesellschafters führt indessen auch hier dazu, dass aus einer generellen **Blockadehaltung** auf eine entsprechende Weigerung geschlossen werden darf. – Insofern ist jedoch stets zu beachten, dass die Wahrnehmung des Notgeschäftsführungsrechts keinen Dauerzustand legitimiert. Der betreffende Gesellschafter muss daher trotz anfänglicher Legitimation des Alleinhandelns ggf. **anderweitige Maßnahmen** ergreifen, wie die Entziehung der Geschäftsführungsbefugnis der sich Weigernden gemäß § 715 V (→ § 715 Rn. 40 ff.), deren Ausschließung gemäß § 727 (→ § 727 Rn. 11 ff.) oder die Kündigung der Gesellschaft gemäß § 731 (→ § 731 Rn. 8 ff.). Bedeutsam ist insofern auch die dauerhafte Zerrüttung als ipso jure eintretender Auflösungsgrund wegen Unmöglichkeit der Zweckerreichung gemäß § 729 II (→ § 729 Rn. 16 ff.).

3. Pflicht zum Tätigwerden?

§ 715a begründet selbst keine Pflicht zum Tätigwerden, da diese allge- **11** meine Notgeschäftsführungsbefugnis anders als § 715 III 1 gerade nicht an die Innehabung der Geschäftsführungskompetenz als Pflichtrecht geknüpft ist (→ § 715 Rn. 14). Die **gesellschaftsrechtliche Treuepflicht** kann indessen auch bei nicht geschäftsführungsbefugten Gesellschaftern jedenfalls in Ausnahmefällen eine abweichende Beurteilung gebieten, wenn eine tatbestandliche Gefahr für die Gesellschaft oder das Gesellschaftsvermögen besteht und das Handeln für den Gesellschafter zumutbar ist (vgl. insofern auch Begr. S. 153). Letzteres darf freilich nicht leichtfertig angenommen werden, weil die nicht geschäftsführungsbefugten Gesellschafter gerade auch die Freiheit haben, in Geschäftsführungsangelegenheiten nicht tätig zu sein. Sollten diese **engen Voraussetzungen** vorliegen, gelten die Rechtsfolgen von § 715 III 1 entsprechend (→ § 715 Rn. 17). Bleibt der hiernach verpflichtete Gesellschafter untätig, kann er sich aus § 280 gegenüber der GbR bzw. bei der nicht rechtsfähigen Gesellschaft gegenüber den Mitgesellschaftern schadensersatzpflichtig machen.

V. Gefahr für die Gesellschaft oder das Gesellschaftsvermögen

12   Das zentrale Tatbestandsmerkmal für die Notgeschäftsführungsbefugnis ist die Gefahr für die Gesellschaft oder das Gesellschaftsvermögen; vgl. insofern identisch das Notgeschäftsführungsrecht des Erben eines Gesellschafters gemäß § 730 I 2 und 3 (→ § 730 Rn. 10) und die Gesellschafterklage (→ § 715b Rn. 9 ff.). Die Regelung ermöglicht **Mittel zur Gefahrenabwehr** und begründet zugleich deren **Subsidiarität** im Hinblick auf die Wahrung der gesellschaftsrechtlichen Organisationsstruktur. Selbst bei tatsächlicher Verhinderung aller geschäftsführungsbefugten Gesellschafter legitimiert § 715a daher keine Dauergeschäftsführung. Die **restriktive Anerkennung** der Notgeschäftsführungsbefugnis erklärt sich auch durch die anderweitigen Möglichkeiten, auf das Kompetenzvakuum zu reagieren: Entziehung der Geschäftsführungsbefugnis der sich Weigernden gemäß § 715 V (→ § 715 Rn. 40 ff.), deren Ausschließung gemäß § 727 (→ § 727 Rn. 11 ff.) oder die Kündigung der Gesellschaft gemäß § 731 (→ § 731 Rn. 8 ff.). – Erforderlich ist daher eine **Eilbedürftigkeit** im Hinblick auf die negative Beeinträchtigung der Gesellschaft oder des Gesellschaftsvermögens. Die frühere Heranziehung von § 744 II analog bot für diese spezielle Voraussetzung keine hinreichend deutliche tatbestandliche Grundlage (Begr. S. 154; vgl. aber BGH NZG 2018, 1071 Rn. 24, wonach § 744 II analog nicht nur Maßnahmen zur Erhaltung eines bestimmten Gegenstands des Gesamthandvermögens umfasst, sondern auch dann greift, wenn der Gesellschaft selbst eine „akute Gefahr droht und zu ihrer Abwendung rasches Handeln erforderlich ist"). Im Mittelpunkt stehen regelmäßig **Vermögensinteressen** („Gefahr für das Gesellschaftsvermögen"). Dies können drohende Schäden sein, aber auch ein entgehender Gewinn (vgl. Begr. S. 152, die insoweit den Rückgriff auf die praktische Handhabung von § 115 II aE HGB aF verweist, nunmehr § 116 IV HGB; kritisch DIHK Stellungnahme, S. 9). Eilbedürftige Maßnahmen können weiterhin erforderlich sein, um **ideelle Beeinträchtigungen** zu verhindern, was die gesetzliche Regelung („Gefahr für die Gesellschaft") gegenüber dem Mauracher Entwurf ausdrücklich hervorhebt (→ Rn. 4). Partikularinteressen eines einzelnen Gesellschafters werden indessen nicht geschützt (vgl. zu § 744 II BGH NJW 2018, 3014 (3016) mit Verweis auf BGH NJW 1963, 641 (643). – Bei der **nicht rechtsfähigen GbR** kommt

es auf das in der gemeinschaftlichen Zwecksetzung aggregierte Gesellschafterinteresse an.

Typische Maßnahmen sind die Geltendmachung eines Rechts der **13**
Gesellschaft bzw. Klageerhebung wegen drohender Verfristung (vgl. zur
Erhebung einer Beschlussmängelklage BGH NZG 2018, 1071; zum einstweiligen Rechtsschutz BGH NZG 2014, 1 302 Rn. 15) oder aus wirtschaftlichen
Gründen (vgl. zur Klage auf Herausgabe BGH NJW 1955, 1027). Erfasst
wird auch die (rechtzeitige) Ausübung eines Gestaltungsrechts, um die Vermögensinteressen der Gesellschaft zu wahren; mangels organschaftlicher Vertretungsbefugnis kann dies indessen an § 174 scheitern. – In allen Fällen
legitimiert Geschäftsführungsbefugnis **vorrangig einstweilige Maßnahmen,** die lediglich durch die Eilbedürftigkeit gerechtfertigt sind. Im Hinblick
auf die Schaffung vollendeter Tatsachen sind die Anforderungen besonders
streng. – Auch im Hinblick auf die Eilbedürftigkeit gilt aber richtigerweise
eine **subjektiv–objektive Betrachtung** zum Zeitpunkt der Vornahme.
Maßgeblich ist, ob der Gesellschafter vernünftigerweise davon ausgehen
durfte, dass die Maßnahme zur Gefahrenabwehr erforderlich ist. Infolge der
Streichung von § 708 ist dieses Erfordernis strenger als bislang, weil individuelle Aspekte des Gesellschafters gemäß § 276 II keine Berücksichtigung
mehr finden.

VI. Rechtsfolgen

Liegen die Voraussetzungen gemäß § 715a vor, legitimiert dies im **Innen-** **14**
verhältnis die entsprechenden Maßnahmen. Der betreffende Gesellschafter
handelt nicht pflichtwidrig und hat daher insofern **keine nachteiligen Konsequenzen** zu befürchten (Schadensersatz, Ausschließung etc.). Im Übrigen
ergeben sich aus der Notgeschäftsführung ggf. Ansprüche aus § 716 (Aufwendungsersatz, Herausgabe; vgl. → § 716 Rn. 5 ff., 11). Eine abweichende
Beurteilung ist freilich geboten, wenn der Gesellschafter im Rahmen der
subjektiv-objektiven Betrachtung nach Maßgabe von § 276 II die Voraussetzungen von § 715a schuldhaft verkennt (→ Rn. 17). – § 715a steht **nur den
aktuellen Gesellschaftern** zu, sodass ausgeschiedene Gesellschafter etwaige
Ansprüche der GbR im Rahmen eines Abfindungsstreits zur Geltung bringen
können (so zu § 715b auch Begr. S. 177; Schäfer Neues PersGesR/Schäfer
§ 6 Rn. 43). Dies lässt sich dadurch begründen, dass der Wegfall der Mitgliedschaft dem Ausgeschiedenen gemäß § 728 allein ein Vermögensinteresse
zubilligt. Allenfalls in den Fällen, in denen die Geltendmachung eines
Anspruchs der einzig erfolgversprechende Weg ist, um den Abfindungsanspruch des Ausgeschiedenen zu verwirklichen, ist eine entsprechende
Anwendung gerechtfertigt.

Im **Außenverhältnis** begründet § 715a **keine organschaftliche Vertre-** **15**
tungsmacht für ein Handeln im Namen der rechtsfähigen GbR. Dies ist
eine bewusste Entscheidung des Gesetzgebers, die man durchaus kritisieren
kann (→ Rn. 3), und entspricht der bisherigen Rechtslage (vgl. zu § 744 II
BGH NJW 1955, 1027). Ein Vertragsschluss mit unmittelbarer Wirkung für
und gegen die GbR ist daher allein nach Maßgabe von §§ 177 ff. möglich,

wenn die organschaftlichen Vertreter das Handeln rückwirkend genehmigen, worauf regelmäßig ein gesellschaftsinterner Anspruch des Gesellschafters besteht (so auch Begr. S. 153), der wiederum im Wege der Gesellschafterklage gemäß § 715b durchgesetzt werden kann. – Der Gesellschafter hat somit allein eine materielle **Ermächtigung** zur Vornahme der entsprechenden Verfügungen isv § 185 I (vgl. zu § 744 II BayObLG ZIP 1980, 904), welche prozessual eine gesetzliche **Prozessstandschaft** begründet (vgl. zu § 744 II BGH BeckRS 2003, 05949; für die Geltendmachung einer Forderung BGH BeckRS 2008, 13178; missverständlich BGH NJW 2004, 1043 (1044): keine Notgeschäftsführung, da Klage im eigenen Namen). Er kann daher Ansprüche der GbR **gegen gutgläubige Dritte** im eigenen Namen auf Rechnung der GbR geltend machen, mithin Leistung an diese fordern. Ein kollusives Verhalten des Dritten mit den sich weigernden Gesellschaftern ist nicht erforderlich (abw. zu § 744 II noch OLG Düsseldorf BeckRS 2012, 17766), da insofern ebenso wie für Sozialansprüche gegen die Mitgesellschafter vorrangig § 715b gilt (→ Rn. 2). – § 715a begründet im Übrigen **keine weitergehende Rechtsmacht** in Bezug auf Verfügungen, sodass insbesondere Prozessvergleiche oder ein Verzicht auf das Forderungsrecht unzulässig sind (zu § 715b auch Schäfer Neues PersGesR/Schäfer § 6 Rn. 43).

16   Problematisch ist insbesondere bei der gerichtlichen Geltendmachung die **Dauer der Notgeschäftsführungsbefugnis.** Richtigerweise kommt es grundsätzlich auf den Zeitpunkt der Vornahme der entsprechenden Handlung an (→ Rn. 9), mithin der Klageerhebung. Für die weitere Prozessführung kann die legitimierende Wirkung von § 715a daher durchaus enden, weil entweder keine Eilbedürftigkeit mehr gegeben ist oder die an sich verhinderten bzw. untätigen Gesellschafter das **Verfahren übernehmen** können oder wollen (vgl. zu § 265 ZPO auch BGH NJW 1960, 964). Richtigerweise müssen die Voraussetzungen von § 715a für die Klage eines Gesellschafters daher aus prozessualer Perspektive solange vorliegen, wie das Verfahren andauert (letzte mündliche Verhandlung, vgl. zu § 744 II OLG Düsseldorf BeckRS 2012, 17766). Fallen diese nachträglich weg, wird die Klage mangels Prozessführungsbefugnis unzulässig. Der ursprünglich berechtigt klagende Gesellschafter hat dann einen Anspruch darauf, dass die rechtsfähige GbR bzw. bei der nicht rechtsfähigen Gesellschaft GbR die Mitgesellschafter das Verfahren übernehmen und ihn gemäß § 716 I von finanziellen Nachteilen freistellen (hierzu explizit Begr. S. 153). Dies gilt gleichermaßen, wenn ein Gesellschafter nach Vornahme der entsprechenden Handlung aus der Gesellschaft ausscheidet. – Kommt es zu einer **erneuten Verhinderung** bzw. treuwidrigen Untätigkeit der Mitgesellschafter, gilt ab dann wiederum § 715a.

17   Sind die **tatbestandlichen Voraussetzungen von vornherein nicht erfüllt,** weil auch unter Berücksichtigung der subjektiv-objektiven Betrachtung keine Verhinderung der an sich befugten Gesellschafter vorlag (→ Rn. 9) oder keine Gefahr für die Gesellschaft oder das Gesellschaftsvermögen bestand (→ Rn. 12), ist das Handeln des Gesellschafters weder im Innen- noch im Außenverhältnis legitimiert. Er macht sich daher ggf. gegenüber der GbR bzw. bei der nicht rechtsfähigen Gesellschaft gegenüber den

Mitgesellschaftern nach Maßgabe von §§ 280, 276 II für sein kompetenzwidriges Alleinhandeln schadensersatzpflichtig. Eine abweichende Beurteilung nach Maßgabe von § 683 S. 1 kommt nicht in Betracht, da § 715a eine **Spezialregelung gegenüber den GoA-Regeln** darstellt (abw. Begr. S. 153). Im Übrigen dürften sich aus einer pflichtwidrigen und schuldhaften Fehleinschätzung über die Voraussetzung der Notgeschäftsführungsbefugnis auch keine Aufwendungsersatzansprüche des Gesellschafters gemäß § 716 I ergeben, weil insofern gleichermaßen die subjektiv-objektive Beurteilung gilt (→ Rn. 14 und → § 716 Rn. 6 f.). Unterliefen dem betreffenden Gesellschafter hierbei allerdings keine Fehler, hat er die entsprechenden Ansprüche durchaus (dies fordernd auch DAV NZG 2020, 133 Rn. 53). – **Handlungen gegenüber Dritten** sind mangels Ermächtigung unwirksam; eine Klage ist mangels Prozessführungsbefugnis unzulässig.

VII. Darlegungs- und Beweislast

Die Voraussetzungen für die legitimierende Wirkung der Notgeschäftsfüh- **18** rungsbefugnis hat derjenige zu beweisen, der sich darauf beruft. In prozessualer Hinsicht ist die durch § 715a bewirkte Prozessführungsbefugnis von Amts wegen zu prüfen; im Rahmen der Begründetheit gelten für die durch § 715a bewirkte materielle Ermächtigung indessen die allgemeinen Regeln; die materiellrechtlichen Voraussetzungen der Notgeschäftsführungsbefugnis sind insoweit **doppelt-relevante Tatsachen.** – Steht eine Schadensersatzpflicht des Alleinhandelnden im Raum, muss die Gesellschaft bzw. bei der nicht rechtsfähigen GbR die Mitgesellschafter grundsätzlich allein beweisen, dass das Handeln nicht durch die entsprechende Geschäftsführungsbefugnis gedeckt ist, der Handelnde mithin kompetenzwidrig agierte. Es liegt dann an diesem, die Voraussetzungen von § 715a zu beweisen, was die Pflichtwidrigkeit entfallen lässt. Vgl. im Übrigen für die korrespondierenden Aufwendungsersatz- und Herausgabeansprüche gemäß § 716 → § 716 Rn. 16.

VIII. Gestaltungsfreiheit

Nach **S. 2** ist eine Vereinbarung im Gesellschaftsvertrag, welche die Not- **19** geschäftsführungsbefugnis **ausschließt, unwirksam** (vgl. zu § 744 II analog BGH NJW 1955, 1027). Dies legitimiert sich durch den Charakter eines die Handlungsfähigkeit für die Gesellschaft gewährleistenden Notbehelfs zur Gefahrenabwehr. Unterhalb der Schwelle des vollständigen Ausschlusses ist es aber durchaus zulässig, die **Modalitäten** für die Ausübung der Notgeschäftsführungsbefugnis genauer zu regeln, insbesondere ein Verfahren zur vorherigen Unterrichtung bzw. Anhörung der an sich handlungsbefugten Gesellschafter verbindlich festzulegen. Auch ist es zulässig, abweichend vom nunmehr auch bei der GbR maßgeblichen § 276 II den privilegierenden **Sorgfaltsmaßstab gemäß § 277** zu vereinbaren, um den Handelnden vor den Konsequenzen von Fehleinschätzungen zu schützen.

IX. Kautelarischer Handlungsbedarf infolge des MoPeG

20   Im Kern bringt § 715a keine wesentlichen kompenziellen Änderungen mit sich, sodass grundsätzlich auch kein akuter Handlungsbedarf besteht. Die aus der **Streichung von § 708 aF** resultierende Haftungsverschärfung kann aber auch im Rahmen von § 715a bedeutsam sein, sodass es sich anbietet, eine Haftungsprivilegierung im Einklang mit der früheren Rechtslage zu vereinbaren.

§ 715b Gesellschafterklage

(1) ¹Jeder Gesellschafter ist befugt, einen auf dem Gesellschaftsverhältnis beruhenden Anspruch der Gesellschaft gegen einen anderen Gesellschafter im eigenen Namen gerichtlich geltend zu machen, wenn der dazu berufene geschäftsführungsbefugte Gesellschafter dies pflichtwidrig unterlässt. ²Die Befugnis nach Satz 1 erstreckt sich auch auf einen Anspruch der Gesellschaft gegen einen Dritten, wenn dieser an dem pflichtwidrigen Unterlassen mitwirkte oder es kannte.

(2) Eine Vereinbarung im Gesellschaftsvertrag, welche das Klagerecht ausschließt oder dieser Vorschrift zuwider beschränkt, ist unwirksam.

(3) ¹Der klagende Gesellschafter hat die Gesellschaft unverzüglich über die Erhebung der Klage und die Lage des Rechtsstreits zu unterrichten. ²Ferner hat er das Gericht über die erfolgte Unterrichtung in Kenntnis zu setzen. ³Das Gericht hat auf eine unverzügliche Unterrichtung der Gesellschaft hinzuwirken.

(4) Soweit über den Anspruch durch rechtskräftiges Urteil entschieden worden ist, wirkt die Entscheidung für und gegen die Gesellschaft.

Übersicht

I. Reform

1. Grundlagen, Bewertung

§ 715b regelt **erstmalig** die Gesellschafterklage, welche bei den Personen- **1** gesellschaften bislang bereits als actio pro socio allgemein anerkannt war. Dies darf freilich nicht darüber hinwegtäuschen, dass die Neuregelung von der ursprünglichen (römisch-rechtlichen) Tradition weitgehend entkoppelt ist. Die Gesellschafterklage ist nunmehr eine materiell-rechtlich begründete und prozessual wirkende **Geltendmachungsbefugnis als Mitverwaltungs- recht,** welche vom geltend gemachten Sozialanspruch der rechtsfähigen GbR gegen den Mitgesellschafter strikt zu trennen ist. Der Gesellschafter klagt daher nicht aufgrund eines eigenen materiellen Rechts, sondern macht ein solches der GbR geltend, prozessual im Rahmen der **gesetzlichen Prozess- standschaft** (Begr. S. 153). Dies ist uneingeschränkt zu begrüßen, weil hierdurch die bereits vor der Reform bei der rechtsfähigen Außen-GbR notwendig gewordene **Abkehr von der Gesamthandslehre** konsequent verwirklicht wird. Sprachlich sollte daher der frühere Begriff der actio pro socio aufgegeben werden, weil es sich nunmehr bei der rechtsfähigen GbR um eine **actio pro societate** handelt; der Gesellschafter macht nicht das Recht des untätigen Gesellschafters geltend, sondern das der Gesellschaft (vgl. zur entsprechenden Anwendung auf die nicht rechtsfähige GbR → Rn. 7).

Eine weitere Neuerung liegt darin begründet, dass nunmehr explizit auch **2** **Ansprüche gegen Dritte** verfolgt werden können. Hierdurch wird die Gesellschafterklage deutlich von der früher maßgeblichen Einordnung als „treuhänderische Sonderrechtsbeziehung" zwischen Kläger und Beklagtem abgekoppelt (so noch BGH NZG 2022, 516 Rn. 19). Dies gilt gemäß Abs. 1 S. 2 freilich nur, wenn diese am pflichtwidrigen Unterlassen der an sich geschäftsführungsbefugten Gesellschafter mitwirkten oder dies kannten (dies begrüßend Schall ZIP 2020, 1443 (1450)). Dies ist im Hinblick auf den Gesellschafterschutz grundsätzlich zu begrüßen, bringt jedoch **Abgren- zungsprobleme** zur ebenso neu geregelten **Notgeschäftsführungsbefug- nis** gemäß § 715a mit sich.

Die Reform stellt in Abs. 2 ausdrücklich den grundsätzlich **zwingenden 3 Charakter** der Gesellschafterklage heraus (→ Rn. 23), was im bisherigen Recht teilweise abweichend beurteilt wurde (vgl. MüKoHGB/Fleischer HGB § 105 Rn. 380) und auch im Mauracher Entwurf keine Erwähnung fand (die Verschärfung begrüßend Fleischer DStR 2021, 430 (436); Schall ZIP 2020, 1443 (1450)). – Sie behält im Übrigen die bisherige Rechtslage bei, wonach die Gesellschafterklage ebenso wie die Notgeschäftsführungsbe- fugnis gemäß § 715a **keine organschaftliche Vertretungsmacht** begrün- det (Begr. S. 153). Dies ist angesichts der nunmehr klar konturierten unbeschränkten organschaftlichen Vertretungsmacht gemäß § 720 III zum Schutz des Rechtsverkehrs konsequent, insbesondere bei eingetragenen GbR (vgl. zu diesem Aspekt ausdrücklich Begr. S. 153). Dem kann man freilich entgegenhalten, dass der an sich befugte Gesellschafter hierdurch keine Möglichkeit hat, die GbR zu vertreten, was nach Maßgabe von § 179 Haftungsrisiken begründet. Insofern besteht zudem ein gewisser Widerspruch zum Notgeschäftsführungsrecht des Erben eines Gesellschafters gemäß § 730 I 2 und 3, welches auch eine entsprechende Vertretungsmacht begründet (→ § 730 Rn. 10). – Grundsätzlich zu begrüßen ist aber die bislang und auch im Mauracher Entwurf nicht geregelte **Unterrichtungspflicht** nach Klageerhebung gemäß Abs. 3, was freilich für die Gerichtspraxis Probleme hervorruft (→ Rn. 24) sowie die **Rechtskrafterstreckung** gemäß Abs. 4 (→ Rn. 25 ff.), was Rechtssicherheit erzeugt. – Im Übrigen war im Gesetzgebungsverfahren umstritten, ob die gerichtliche Mitwirkungspflicht gemäß Abs. 3 S. 3 gestrichen werden sollte, was letztlich nicht erfolgt ist (→ Rn. 24).

2. Zeitlicher Geltungsbereich

4   In zeitlicher Hinsicht gilt Folgendes: § 715b tritt gemäß Art. 137 S. 1 MoPeG am **1.1.2024 in Kraft,** eine Übergangsregelung ist nicht vorgesehen, ebenso wenig wird eine Rückwirkung angeordnet. Im Umkehrschluss aus Art. 229 § 61 EGBGB folgt daher, dass sich die Gesellschafterklage auch bei **Altgesellschaften** ab dem Zeitpunkt des Inkrafttretens nach neuem Recht richtet. Den maßgeblichen Anknüpfungspunkt für die zeitliche Beurteilung aus materiell-rechtlicher Perspektive bestimmt indessen der Grundsatz der **lex temporis actus** (vgl. Hess, Intertemporales Privatrecht, 1998, S. 7, 147 f., 344: Prinzip der Gleichzeitigkeit von anwendbarem Recht und zu beurteilendem Sachverhalt). Abzustellen ist insofern auf die **gerichtliche Geltendmachung** iSv Abs. 1, mithin die Klageerhebung. Soweit diese ab 1.1.2024 erfolgt, beurteilen sich die materiell-rechtlichen Voraussetzungen nach § 715b; eine zuvor erhobene Klage richtet sich weiterhin nach altem Recht, selbst wenn sich das Verfahren über den 31.12.2023 hinaus zieht. Das Gericht hat dann freilich die entsprechenden Voraussetzungen (des alten Rechts) für die Prozessführungsbefugnis und die Aktivlegitimation nach den allgemeinen prozessrechtlichen Grundsätzen auf den Zeitpunkt der letzten mündlichen Verhandlung hin zu prüfen (→ Rn. 10). Indem die Neuregelung im Kern keine Neuerungen gegenüber der früheren Rechtslage mit sich brachte, dürften sich indessen keine Übergangsprobleme ergeben (vgl. im Übrigen aber auch BGH NJW-RR 2021, 1170: Fortbestand der Prozessführungsbefugnis, wenn der Kläger bereits eine Rechtsposition erlangt hat).

5   Problematisch ist allein eine **gesellschaftsvertragliche Abbedingung** oder Beschränkung der actio pro socio, was nach früherem Recht gemäß hM in größerem Umfang für zulässig erachtet wurde als nunmehr auf der Grundlage von Abs. 2 (→ Rn. 3, → Rn. 23). Wenngleich es für die Wirksamkeit eines Rechtsgeschäfts grundsätzlich auf den Zeitpunkt der Vornahme ankommt, ist bei Dauerschuldverhältnissen eine abweichende Beurteilung geboten, wenn das Verbotsgesetz nach seinem Sinn und Zweck die Nichtig-

keit der fortlaufenden Wirkungen des Rechtsgeschäfts erfordert (MüKo-BGB/Armbrüster § 134 Rn. 29 ff.). Obwohl die Regelungen des MoPeG dezidiert keine Rückwirkung vorsehen, folgt aus der **teleologischen Betrachtung des neuen Abs. 2** dennoch, dass die Beschränkungen der Gestaltungsfreiheit zum Schutz der (Minderheits-)Gesellschafter so bedeutsam sind, dass sie sich mit Wirkung ab 1.1.2024 **auch auf zuvor getroffene Vereinbarungen** beziehen. Gesellschaftsvertragliche Vereinbarungen, die dem neuen Recht entgegenstehen, sind daher hiernach unwirksam, selbst wenn sich die Voraussetzungen der actio pro socio im Übrigen nach altem Recht richten. Auch in den Fällen, in denen eine Gesellschafterklage daher vor dem 1.1.2024 erhoben wurde und nach Maßgabe des früheren Rechts infolge der gesellschaftsvertraglichen Beschränkung unzulässig bzw. unbegründet wäre, ist daher ab 1.1.2024 der neue Abs. 2 maßgeblich. Die beklagten Gesellschafter können zur Vermeidung weiterer Nachteile den Anspruch anerkennen (§ 307 ZPO). – Eine bis zum 31.12.2023 nach altem Recht rechtskräftig **abgewiesene Klage** entfaltet eine klagehindernde **Rechtskraftwirkung** konsequenterweise nur insoweit, als die Klageabweisung auf anderen Gründen als der Gesetzesänderung beruhte; der Gesellschafter kann daher ohne weiteres erneut auf der Grundlage des neuen § 715b klagen. Die Rechtskraftwirkung eines stattgebenden Urteils nach altem Recht hat indessen uneingeschränkt Bestand.

II. Normzweck

Die Gesellschafterklage (früher auch actio pro socio genannt) ist bei den **6** Personengesellschaften ein **tradiertes Rechtsinstitut,** welches in den Fällen eines Kompetenzvakuums zur Verwirklichung der Interessen der Gesellschafter(-minderheit) eine gemäß Abs. 2 zwingende **Notkompetenz** vorsieht, **Sozialansprüche** gegenüber den Mitgesellschaftern gerichtlich geltend zu machen. Dies gilt richtigerweise auch bei Maßnahmen des einstweiligen Rechtsschutzes sowie außerprozessual für die materiell-rechtliche Durchsetzung (→ Rn. 21 f.). Die Regelung ermöglicht zudem unter bestimmten Voraussetzungen gemäß Abs. 1 S. 2 auch die Geltendmachung von **Ansprüchen gegen Dritte** (→ Rn. 18 f.). Letzteres zwingt freilich zu einer Abgrenzung zur Notgeschäftsführungsbefugnis gemäß § 715a (→ Rn. 18). – Die Regelung ist praktisch bedeutsam, wenn die an sich geltenden Regeln zur Geschäftsführungsbefugnis der Gesellschafter durch die pflichtwidrige **Blockadehaltung** der handlungsbefugten Gesellschafter leerlaufen. In diesen Fällen können die übrigen Gesellschafter ihre Vermögensinteressen dadurch wahren, dass sie die Ansprüche der rechtsfähigen GbR im eigenen Namen auf Leistungen in das Gesellschaftsvermögen geltend machen (actio pro societate). Dieses Mittel ist insbesondere bei **ausstehenden Beitrags-, Nachschuss- oder Schadensersatzpflichten** vielfach effektiver als das Ergreifen sonstiger Maßnahmen, wie die Ausschließung der sich Weigernden gemäß § 727 (→ § 727 Rn. 8 ff.) oder die Kündigung der Gesellschaft gemäß § 731 (→ § 731 Rn. 8 ff.). Es kommt richtigerweise auch zur Verfolgung von **Unterlassungsansprüchen** in Betracht (→ Rn. 11). Im Übrigen bleibt es den Gesellschaftern unbenommen, entsprechend § 46 Nr. 8 GmbHG, § 147 II 1 AktG zur gerichtlichen Geltendmachung einen **besonderen Vertreter** zu bestellen (vgl. Begr. S. 153; BGH NZG 2010, 1381 Rn. 8; zurückhaltend Konzen FS Hommelhoff, 2012, 565 (579 f.)), richtigerweise aber nur unter den Voraussetzungen des § 715b. – Im Übrigen begründet die (zwingende) Möglichkeit der Gesellschafterklage aber auch das Gefahrenpotenzial, dass Gesellschafter dies **missbrauchen** (vgl. DAV NZG 2020, 133 Rn. 54: sich zum „lästigen Gesellschafter" machen); Abhilfe schafft hier freilich die rechtsbegrenzende Treupflichtbindung des Gesellschafters selbst (→ Rn. 15).

III. Anwendungsbereich

7 Die Regelung gilt bei der **rechtsfähigen GbR** sowie bei **OHG und KG,** insbesondere auch bei Publikumsgesellschaften (vgl. zum früheren Recht BGH NJW 2003, 2676; KG NZI 2000, 273) und der GmbH & Co. KG (vgl. BGH DStR 1993, 1227; LG Karlsruhe NZG 2001, 169). Insofern ermöglicht sie vor allem Kommanditisten ein eigenes gerichtliches Vorgehen gegen die (Fremd–)Geschäftsführer der Komplementär-GmbH (vgl. zum Direktanspruch der KG gegen diese Henssler/Strohn/Servatius HGB Anh. Rn. 157). Die Regelung gilt gemäß § 740 II e contrario nicht bei der **nicht rechtsfähigen Gesellschaft.** Hierfür besteht vordergründig auch kein Bedürfnis, weil die Vermögensinteressen der Gesellschafter mangels Gesellschaftsvermögens hier unmittelbar verwirklicht werden. Gleichwohl können sich auch hier Kompetenzkonflikte ergeben, wenn die zur Wahrung der Vermögensinteressen einzelnen Gesellschaftern obliegende Geschäftsführungsbefugnis (§ 740 II verweist auch auf § 715) leerläuft, sodass ein Kompetenzvakuum entsteht. Insofern ist es geboten, **§ 715b entsprechend anzuwenden,** insbesondere auch im Hinblick auf die Erstreckung auf bösgläubige Dritte (vgl. zum Ganzen → § 740 Rn. 24). Praktische Relevanz hat das auch bei der stillen Beteiligung gemäß § 230 HGB zu Gunsten des nichtgeschäftsführungsbefugten Stillen (vgl. zum früheren Recht BGH NJW 1988, 413; OLG Düsseldorf NJW-RR 1986, 1294; abw. wohl OLG Stuttgart BeckRS 2016, 07929). Die Regelung gilt im Übrigen gemäß § 1 IV PartGG auch bei der **Partnerschaftsgesellschaft.** – Auf die **GmbH** ist die (restriktive!) Regelung richtigerweise auch in Bezug auf die Geltendmachung von Ansprüchen gegen Dritte übertragbar (BGH NZG 2022, 516 Rn. 21).

8 Die Einzelklagebefugnis gilt grundsätzlich auch im **Liquidationsverfahren** (vgl. BGH NJW 1960, 433; OLG Köln NZG 2000, 1171; BGH NZG 2004, 326). Beschränkungen resultieren indessen daraus, dass die geltend gemachte Leistung bei Sozialverbindlichkeiten eines Gesellschafters nur **nach Maßgabe von § 736d V** eingefordert werden darf (→ § 736d Rn. 45 ff.), mithin lediglich soweit sie zur Gläubigerbefriedigung und Rückerstattung von Beiträgen (anteilig) benötigt wird (vgl. zum früheren Recht BGH NJW 1960, 433; NJW-RR 1994, 996). Hierfür trägt der Gesellschafter die Beweislast (OLG Düsseldorf NJW 1999, 989). Bei Ansprüchen gegen Dritte gemäß Abs. 1 S. 2 (→ Rn. 18 f.) gelten diese Einschränkungen freilich nicht. In der

Insolvenz der GbR gehört die geltend gemachte Forderung zur Masse der GbR (abw. KG NZI 2000, 273).

IV. Klagebefugnis eines Gesellschafters (Abs. 1)

1. Grundlagen

Die **rechtsfähige GbR** ist auch Gläubigerin der Sozialverbindlichkeiten   **9**
eines Gesellschafters. Die Geltendmachung obliegt den gemäß § 715 geschäftsführungsbefugten und gemäß § 720 vertretungsbefugten Gesellschaftern. Dies war im Kern bereits im früheren Recht anerkannt, wurde durch die ungenügende Emanzipation von der Figur des Gesamthandsvermögens jedoch vielfach sprachlich nicht hinreichend zum Ausdruck gebracht (vgl. nur MüKoBGB/Schäfer § 705 Rn. 207: Ansprüche sind Teil des Gesamthandsvermögens). Indem die Reform nun ausdrücklich anerkennt, dass eine rechtsfähige GbR ein **eigenes Gesellschaftsvermögen** hat (vgl. § 713), erfolgte insoweit eine eindeutige Abkehr vom Gesamthandsprinzip (→ § 713 Rn. 1). Konsequenterweise ist die Gesellschafterklage gemäß § 715b **kein eigenes Vermögensrecht des Gesellschafters** in Bezug auf die bei rechtsfähigen GbR bereits früher ohnehin nicht erklärbare gesamthänderische Beteiligung mehr. Es handelt sich vielmehr um **eine Notkompetenz,** einen „Anspruch der Gesellschaft" im eigenen Namen geltend zu machen. Sprachlich ist die Formulierung **actio pro societate** daher passender als die frühere Bezeichnung als actio pro socio. § 715b begründet so ein gemäß Abs. 2 **unentziehbares Mitverwaltungsrecht** (→ Rn. 23). Dies ist uneingeschränkt zu begrüßen, da es die vermögensmäßige und kompetenzielle Ausgestaltung der Gesellschafterklage materiell-rechtlich und prozessual in allgemeine Prinzipien einbettet, was vor allem auch Rechtssicherheit erzeugt (vgl. zu den nach früherem Recht bei der rechtsfähigen GbR bestehenden Unsicherheiten nur MüKoBGB/Schäfer § 705 Rn. 211).

Es handelt sich um ein **Individualrecht jedes Gesellschafters** (vgl. BGH   **10**
NJW 1992, 1890 (1892); OLG Karlsruhe NJW 1995, 1296). Die Zustimmung der übrigen nicht geschäftsführungsbefugten Gesellschafter ist mangels entsprechender gesetzlicher Regelung nicht erforderlich (so zum bisherigen Recht bereits BGH NJW 1957, 1358; MüKoBGB/Schäfer § 705 Rn. 221; abw. noch RGZ 51 (54) und Bork/Oepen ZGR 2001, 535). Treugeber oder Sicherungsnehmer haben kein Klagerecht; es ist wegen des Abspaltungsverbots auch nicht an Dritte übertragbar (→ § 711a Rn. 7). Wird die Gesellschafterstellung während des Rechtsstreits übertragen, gilt § 265 II 1 ZPO, der ehemalige Gesellschafter kann den Prozess daher fortführen (vgl. BGH NJW 1960, 964; NJW-RR 2005, 1195). – Ein **ausgeschiedener Gesellschafter** kann grundsätzlich nicht nach § 715b vorgehen (Begr. S. 154: Ausreichend, wenn er seine Auffassung, der Gesellschaft stehe ein solcher Anspruch zu, im Streit über die Höhe seines Abfindungsanspruchs geltend macht; vgl. zum früheren Recht OLG Karlsruhe NJW 1995, 1296). Dies ist grundsätzlich zutreffend. Die Frage ist aber eingebettet in die generelle Problematik der **Dauer der Klagebefugnis.** Richtigerweise kommt es wie

bei § 715a (→ § 715a Rn. 16) aus materiell-rechtlicher bzw. gesellschafts-rechtlicher Perspektive grundsätzlich auf den Zeitpunkt der Vornahme der entsprechenden Handlung an, mithin der Klageerhebung. Liegen die Voraus-setzungen gemäß § 715b vor, handelt der betreffende Gesellschafter insoweit rechtmäßig. Für die weitere Prozessführung kann die legitimierende Wirkung von § 715b indessen durchaus enden, weil der **Gesellschafter ausscheidet** oder die an sich zuständigen Gesellschafter das **Verfahren übernehmen** können oder wollen, sodass die tatbestandliche Subsidiarität nicht mehr gege-ben ist (vgl. zu § 265 ZPO nach früherem Recht auch BGH NJW 1960, 964). Da die Voraussetzungen von § 715b für die Klage eines Gesellschafters aus prozessualer Perspektive solange vorliegen müssen, wie das Verfahren andauert (letzte mündliche Verhandlung, vgl. zu § 744 II OLG Düsseldorf BeckRS 2012, 17766), trägt der Klagende insoweit ein **Kostenrisiko**. Fallen diese nachträglich weg, wird die Klage mangels Prozessführungsbefugnis unzulässig. Wenngleich dies im Rahmen einer Erledigterklärung zu Gunsten des Klägers kostenmäßig kompensiert werden kann, ist das verbleibende finanzielle Risiko darüber hinaus aber auch materiell-rechtlich dadurch zu kompensieren, dass der ursprünglich berechtigt klagende Gesellschafter einen Anspruch darauf hat, dass die rechtsfähige GbR das Verfahren übernimmt und ihn gemäß § 716 I von finanziellen Nachteilen freistellt (hierzu explizit Begr. S. 153). Beim Ausscheiden eines Gesellschafters gilt dies entsprechend.

2. Sozialanspruch der Gesellschaft gegen einen Gesellschafter

11   Gegenstand einer Gesellschafterklage sind gemäß Abs. 1 S. 1 im Ausgangs-punkt allein Ansprüche der Gesellschaft, die **auf dem Gesellschaftsverhält-nis beruhen.** Kennzeichnend hierfür ist Ihre gesellschaftsvertragliche Grund-lage (causa societatis), welche an die Mitgliedschaft der Gesellschafter geknüpft ist und mit dieser im untrennbaren Zusammenhang steht (vgl. zum früheren Recht BGH NJW 1973, 2198 für die OHG; BGH WM 2018, 235 für die KG; abw. für eine Erstreckung der actio pro socio auch auf Drittansprüche Grunewald/Otte ZIP 2017, 1737). Ansprüche gegen Dritte fallen daher kategorisch heraus, wenn kein Fall von S. 2 gegeben ist (→ Rn. 18 f.) oder eine Einbeziehung unter Missbrauchs- oder Zurech-nungsaspekten rechtsfortbildend begründet werden kann. Ist ein solcher Fall nicht gegeben, gilt für Drittansprüche allein die Notgeschäftsführungsbefug-nis gemäß § 715a (→ § 715a Rn. 8 ff.). – Die **praktische Bedeutung** der erfassten Sozialansprüche erstreckt sich vor allem auf Beitragspflichten (→ § 709 Rn. 5 ff.; vgl. zu Nebenforderungen BGH NJW 2001, 1210), Nachschusspflichten (→ § 710 Rn. 10 ff.), Schadensersatzpflichten wegen Verletzung der Geschäftsführungspflichten (→ § 715 Rn. 27 ff., vgl. BGH NZG 2008, 588) oder der allgemeinen Treuepflicht (→ § 705 Rn. 35 ff.) sowie Herausgabepflichten gemäß 716 III (→ § 716 Rn. 11). Erfasst werden auch aus dem Gesellschaftsverhältnis resultierende Unterlassungspflichten. In Bezug auf die Geschäftsführung gilt dies aber nur, wenn die (höheren) Anfor-derungen von § 715a entsprechend erfüllt sind, mithin eine Gefahr für die Gesellschaft oder das Gesellschaftsvermögen droht (vgl. zur KG BGH

NJW 1980, 1463; generell ablehnend MüKoBGB/Schäfer § 705 Rn. 210; zur Eigenverantwortlichkeit der geschäftsführungsbefugten Gesellschafter → § 715 Rn. 9 ff.). Das Gleiche gilt konsequenterweise für die Erzwingung bestimmter Maßnahmen in Geschäftsführungsangelegenheiten (Bork/Oepen ZGR 2001, 515 (537 ff.)). Informationsansprüche der GbR gegen die geschäftsführungsbefugten Gesellschafter gemäß § 717 II (→ § 717 Rn. 32 ff-) können ebenfalls nicht im Wege der Gesellschafterklage geltend gemacht werden, weil § 717 I (→ § 717 Rn. 9 ff.) insofern ausreichend ist (vgl. zum früheren Recht BGH NJW 1992, 1890 (1891 ff.)). Die Regelung gilt auch im Liquidationsstadium (→ Rn. 8).

Ansprüche der **Gesellschafter untereinander,** etwa durch individuell 12 begründete Schadensersatzpflichten wegen Treuepflichtverletzung, fallen mangels Bezugs zum Gesellschaftsvermögen **nicht unter § 715b.** Diese können von vornherein durch den Gesellschafter selbst geltend gemacht werden (vgl. zur berufsrechtlich begründeten Unterlassungspflicht von Rechtsanwälten einer Sozietät OLG Dresden NJW 1999, 144). Das Gleiche gilt für den Bereich der **Grundlagenentscheidungen,** soweit Zustimmungspflicht oder Stimmverbote gerichtlich geltend gemacht werden. Auch hier kann jeder Gesellschafter aus eigenem Recht vorgehen.

Ansprüche der Gesellschaft gegen einen Gesellschafter **aus Drittge-** 13 **schäften** werden grundsätzlich nicht erfasst, weil diese nicht auf dem Gesellschaftsverhältnis beruhen (bereits nach früherem Recht allgM, vgl. nur RGZ 86, 66 (71 ff.); RG JW 1916, 837; 1916, 963; BGH WM 1964, 651; NJW 1973, 2198 (2199); 1985, 2830 (2831); MüKoBGB/Schäfer § 705 Rn. 212). Insofern kommt daher allein die höheren Anforderungen unterliegende **Not-geschäftsführungsbefugnis** gemäß § 715a in Betracht (vgl. zum früheren Recht BGH NJW 1995, 1027; 2000, 3272; OLG Dresden NZG 2000, 248 (250)). Hiervon ist indessen seit der Neuregelung jedenfalls dann eine Ausnahme zu machen, wenn der betreffende Gesellschafter als formal „Dritter" gemäß **Abs. 1 S. 2** am pflichtwidrigen Unterlassen der Geltendmachung mitwirkte oder dies kannte (→ Rn. 18 f.), was regelmäßig gegeben sein dürfte (so bereits zum früheren Recht BGH NJW 1963, 641; 1988, 558; 2000, 734; OLG Dresden NZG 2000, 248 (249); OLG Düsseldorf NZG 2000, 475). Weiterhin ist eine Ausnahme zu machen, wenn das **Drittge-schäft Teil der Beitragspflicht** eines Gesellschafters ist (→ § 709 Rn. 27), weil dann die entsprechende gesellschaftsvertragliche Grundlage vorliegt. Schließlich ist auch Raum, bei bewussten **Umgehungen** oder allgemein unter **Zurechnungsaspekten** die Gesellschafterklage auch dann gegenüber Dritten zuzulassen, wenn diese Strohleute eines Gesellschafters sind oder mit diesem persönlich oder wirtschaftlich verbunden sind.

3. Subsidiarität

Die bereits im früheren Recht allgemein anerkannte Subsidiarität der 14 Gesellschafterklage (vgl. BGH NJW 1974, 1555: „Hilfsrecht") besteht nach wie vor (Begr. S. 153) und ergibt sich daraus, dass der dazu berufene geschäftsführungsbefugte Gesellschafter die **Geltendmachung pflichtwid-**

rig unterlässt. Voraussetzung ist somit wie bei der allgemeinen Notgeschäftsführungsbefugnis gemäß § 715a ein **doppeltes Kompetenzvakuum:** Die an sich nach Maßgabe von § 715 durch Innehabung der Geschäftsführungsbefugnis zur Geltendmachung befugten und verpflichteten Gesellschafter unterlassen dies pflichtwidrig, auch unter Berücksichtigung der einem einzelnen Geschäftsführer gemäß § 715 III 1 zur Gefahrenabwehr zustehenden Möglichkeit zum Alleinhandeln (→ Rn. 6 und → § 715 Rn. 14 ff.). Die Voraussetzungen für die Gesellschafterklage sind aber niedriger als die für die Notgeschäftsführungsbefugnis gemäß § 715a, wo stets auch eine Gefahr für die Gesellschaft oder das Gesellschaftsvermögen drohen muss (→ § 715a Rn. 12 f.). Ausreichend ist allein die **gesellschaftszweckwidrige Untätigkeit** der an sich Handlungsbefugten. Insofern ist es aber auch maßgeblich, ob ein gesondertes gerichtliches Vorgehen gegen die sich pflichtwidrig Weigernden Erfolg verspricht bzw. aufwendig ist (vgl. OLG Dresden NZG 2000, 248; vgl. auch Begr. S. 154, wonach es der Rechtsprechung überlassen bleibt, im Einzelfall hierfür sachgerechte Kriterien zu bestimmen, zB Aufforderung zur Gesellschaftsklage, Ablehnung der Gesellschaftsklage, Erfordernis eines Gesellschafterbeschlusses, Gesellschaftersicherheit der Ablehnung). Gibt es andererseits **gute Gründe** dafür, von der Verfolgung vermeintlicher, fragwürdiger und sogar zweifelsfreier Ansprüche **abzusehen,** steht dies der Gesellschafterklage entgegen (vgl. zur GmbH in Bezug auf Klagen gegen Fremdgeschäftsführer verallgemeinerungsfähig BGH NZG 2022, 516 Rn. 22).

15   Auch nach der Reform ist daher regelmäßig **vorrangig gegen die Beschlussfassung** über die Untätigkeit vorzugehen, sofern gegeben (Begr. S. 154). Dies ist insbesondere relevant, wenn bei der GbR aufgrund Vereinbarung das Beschlussmängelrecht gemäß §§ 110 ff. HGB gilt (→ § 714 Rn. 43 ff.), welches durch die Erhebung der Gesellschafterklage nicht unterlaufen werden darf (Begr. S. 154; vgl. zur Verbindung von Beschlussmängel- und Gesellschafterklage Lieder ZGR 2020, 169 (198)). – Die konkrete rechtliche Würdigung der pflichtwidrigen Weigerung und der hieraus resultierenden subsidiären Geltendmachungsbefugnis hat im Rahmen einer **Gesamtabwägung** zu erfolgen, bei der auch die **Treuepflicht des Klagenden** eine begrenzende Funktion hat (vgl. BGH NJW 1957, 1358; OLG Düsseldorf BeckRS 2006, 10247; BGH BB 2010, 1346: Möglichkeit des Rechtsmissbrauchs; zur Darlegungs- und Beweislast insoweit BGH NJW 2000, 199; zum Ganzen → § 705 Rn. 35 ff.). War der klagende Gesellschafter mit einer Handlung einverstanden, kann der Geltendmachung durch ihn § 242 entgegenstehen (BGH NZG 2008, 622).

16   Problematisch ist die **Dauer** der durch § 715b begründeten **Klagebefugnis.** Richtigerweise kommt es grundsätzlich auf den Zeitpunkt der Klageerhebung an, um die praktische Handhabung der Regelung aus der Perspektive des Gesellschafters nicht leerlaufen zu lassen. Liegen die Voraussetzungen gemäß § 715b vor, handelt der betreffende Gesellschafter somit aus der Perspektive des Innenverhältnisses rechtmäßig. Im weiteren Prozessverlauf kann die **legitimierende Wirkung gleichwohl entfallen, insbesondere** weil die an sich untätigen Gesellschafter das Verfahren übernehmen wollen (vgl.

zu § 265 ZPO auch BGH NJW 1960, 964). Das ist auch prozessual bedeutsam, da die Voraussetzungen von § 715b für die Klage eines Gesellschafters aus solange vorliegen, wie das Verfahren andauert (letzte mündliche Verhandlung, vgl. zu § 744 II OLG Düsseldorf BeckRS 2012, 17766). Fallen sie nachträglich weg, wird die Klage mangels Prozessführungsbefugnis unzulässig (vgl. aber BGH NJW-RR 2021, 1170: Fortbestand der Prozessführungsbefugnis, wenn der Kläger bereits eine Rechtsposition erlangt hat). Der ursprünglich berechtigt klagende Gesellschafter kann hierauf durch eine einseitige Erledigterklärung reagieren, um von den Verfahrenskosten freigestellt zu werden. Er hat darüber hinaus einen Anspruch darauf, dass die rechtsfähige GbR bzw. bei der nicht rechtsfähigen GbR die Mitgesellschafter das Verfahren übernehmen und ihn gemäß § 716 I von finanziellen Nachteilen freistellen (hierzu explizit Begr. S. 153). Dies gilt gleichermaßen, wenn ein Gesellschafter nach Vornahme der entsprechenden Handlung aus der Gesellschaft ausscheidet (→ Rn. 10). – Kommt es zu einer **erneuten Untätigkeit** der Mitgesellschafter, gilt ab dann wiederum § 715b.

Sind die **tatbestandlichen Voraussetzungen von vornherein nicht** **17** **erfüllt**, ist das Handeln des Gesellschafters weder im Innen- noch im Außenverhältnis legitimiert. Er macht sich daher ggf. gegenüber der GbR bzw. bei der nicht rechtsfähigen Gesellschaft gegenüber den Mitgesellschaftern nach Maßgabe von §§ 280, 276 II für sein kompetenzwidriges Alleinhandeln schadensersatzpflichtig. Dies gilt insbesondere, wenn vorrangig gebotene Maßnahmen nicht ergriffen wurden (→ Rn. 14 f.). Eine abweichende Beurteilung nach Maßgabe von § 683 S. 1 kommt nicht in Betracht, da § 715b eine Spezialregelung gegenüber den GoA-Regeln darstellt. Im Übrigen dürften sich aus einer pflichtwidrigen und schuldhaften Fehleinschätzung über die Voraussetzung der Klagebefugnis auch keine Aufwendungsersatzansprüche des Gesellschafters gemäß § 716 I ergeben (→ Rn. 10, → Rn. 22). – Handlungen gegenüber Dritten sind mangels Ermächtigung unwirksam; eine Klage ist mangels Prozessführungsbefugnis unzulässig.

4. Anspruch der Gesellschaft gegen Dritte (Abs. 1 S. 2)

Gegenüber Nichtgesellschaftern, die einem solchen auch nicht gleichzu- **18** stellen sind (→ Rn. 13), kann die Gesellschafterklage gemäß Abs. 1 S. 2 nunmehr ausdrücklich auch erhoben werden, wenn diese am **pflichtwidrigen Unterlassen** des an sich geltungsbefugten Gesellschafters **mitwirkten oder dies kannten.** Im bisherigen Recht war dies bereits in den Fällen des bewussten gesellschaftswidrigen Zusammenwirkens zwischen Geschäftsführer und Drittem anerkannt (vgl. BGH NJW 1955, 1393; 1963, 641) sowie in den Fällen, in denen der Dritte das gesellschaftswidrige Verhalten des Geschäftsführers kannte oder kennen musste (vgl. BGH NJW 1988, 558; WM 2000, 193 (194); NJW-RR 2008, 1484 (1487); vgl. zum Ganzen jüngst auch BGH NZG 2022, 516 Rn. 16; weitergehend früher aber Grunewald/Otte ZIP 2017, 1737; wohl auch OLG Dresden NZG 2000, 248). Die Neuregelung bringt insofern zunächst einmal wegen der klar konturierten Tatbestandsmerkmale Rechtssicherheit. Hieraus folgen aber auch **Abgrenzungsprob-**

leme gegenüber der Notgeschäftsführungsbefugnis gemäß § 715a, welche nunmehr allein ein Vorgehen gegenüber gutgläubigen Dritten legitimiert (→ § 715a Rn. 6). Da die Notgeschäftsführungsbefugnis als Mittel der Gefahrenabwehr aber höheren Anforderungen unterliegt als die Gesellschafterklage (Gefahr für die Gesellschaft oder das Gesellschaftsvermögen), ist dies indessen gerechtfertigt.

19   Die tatbestandliche Konkretisierung der notwendigen Mitwirkung bzw. Bösgläubigkeit des Dritten von Abs. 1 S. 2 bezieht sich auf das pflichtwidrige Unterlassen des an sich zur Geltendmachung befugten und verpflichteten Gesellschafters (→ Rn. 14 f.). Die **Mitwirkung** kann in Anlehnung an § 830 konkretisiert werden, sodass auf mindestens bedingt vorsätzliche Mittäterschaft, Anstiftung oder Beihilfe abzustellen ist. Der Dritte muss in Kenntnis der Pflichtwidrigkeit des Gesellschafters die Untätigkeit wollen und einen entsprechenden Beitrag hierzu leisten. Die pauschale Feststellung allein, dass der Dritte „im Lager eines Gesellschafters" stehe, reicht nicht (BGH NZG 2022, 516 Rn. 17). – Im Hinblick auf die **Kenntnis** kommt es allein darauf an, dass der Dritte die entsprechenden die Kompetenzwidrigkeit begründenden Tatsachen weiß; ein weitergehender Schädigungsvorsatz ist nicht erforderlich. Insofern bestehen Parallelen zur Lehre vom Missbrauch der Vertretungsmacht (→ § 720 Rn. 24). Maßgeblicher **Zeitpunkt** ist die auf § 715b gestützte Geltendmachung durch den Gesellschafter, regelmäßig daher die Klageerhebung.

5. Rechtsfolgen

20   **a) Materiell-rechtlich.** Die Gesellschafterklage begründet ein aus der Mitgliedschaft resultierendes **Geltendmachungsrecht iSv § 185,** welches bei der rechtsfähigen GbR vom geltend gemachten Recht zu unterscheiden ist. Abweichend von der früher maßgeblichen Gesamthandsbetrachtung stellt dies Abs. 1 klar („Anspruch der Gesellschaft"). Wenngleich dies zwar im Wesentlichen bereits nach früherem Recht allgemein anerkannt war, ist die klare Einbettung der rechtsfähigen Außen-GbR in die Gesamthandslehre indessen vor allem auch sprachlich nie vollkommen gelungen (vgl. hierzu mwN MüKoBGB/Schäfer § 705 Rn. 213). Die ursprüngliche Annahme der actio pro socio als eigener Individualanspruch (vgl. BGH NJW 1957, 1358) war jedenfalls seit der rechtlichen Verselbstständigung der Außen-GbR nicht mehr aufrechtzuerhalten (dies nach früherem Recht indessen noch offenlassend OLG Dresden NJW-RR 2003, 257; ebenso unentschieden BGH BB 2010, 1346). Insofern ist es zu begrüßen, dass der Gesetzgeber im Zuge der Reform klare Regelungen zur **Aufgabe des Gesamthandsprinzips** bei der rechtsfähigen GbR herbeigeführt hat. Der Gesellschafter macht daher gestützt auf § 715b ein **Recht der Gesellschaft im eigenen Namen** geltend, so dass es sich um eine actio pro societate handelt. – Die Innehabung des auf § 715b gestützten Geltendmachungsrecht führt im Übrigen aus gesellschaftsrechtlicher Perspektive dazu, dass der betreffende **im Innenverhältnis rechtmäßig** handelt, mithin wegen seines Vorgehens keinen Sanktionen oder Schadensersatzansprüchen ausgesetzt ist.

b) Prozessrechtlich. Prozessual handelt es sich konsequenterweise um **21** einen Fall der **gesetzlichen Prozessstandschaft** (Begr. S. 153). Er muss im eigenen Namen klagen, grundsätzlich aber Leistung an die rechtsfähige Gesellschaft verlangen. Liegen die Voraussetzungen von § 715b nicht vor, ist die Klage unzulässig (vgl. BGH BeckRS 2016, 01912). Eine Geltendmachung auf eigene Rechnung kommt nur ausnahmsweise in Betracht, wenn im Rahmen der Liquidation hierdurch der Liquidationszweck gewahrt wird und vermögensmäßig kein weiterer Abwicklungsbedarf besteht (vgl. RGZ 123, 23; RGZ 188, 302 (313 ff.); BGH NJW 1953, 121). Darüber hinaus sollte auch überlegt werden, bei rechtsfähigen Zwei-Personen-GbR eine unmittelbare anteilige Geltendmachung zuzulassen, wenn die Leistung über das Gesellschaftsvermögen bloße Förmelei wäre. – Richtigerweise erstreckt sich die Gesellschafterklage gemäß § 715b im Übrigen über ihren Wortlaut hinaus auch auf Maßnahmen **des einstweiligen Rechtsschutzes,** weil hier in besonderer Weise der Minderheitenschutz vor treuwidriger Passivität der Mehrheit zum Tragen kommen kann. Praktisch relevant ist dies insbesondere, wenn in den Fällen der Gefahr für die Gesellschaft oder das Gesellschaftsvermögen Unterlassungsansprüche geltend gemacht werden (→ Rn. 11).

§ 715b begründet im Übrigen auch ein **materielles Einziehungsrecht,** **22** welches im Rahmen der Begründetheit einer Klage relevant ist (vgl. Begr. S. 154: „Prozessführungs- und zugleich Einziehungsbefugnis"). Hieraus folgt richtigerweise, dass dieses auch eine **eigenständige Bedeutung** hat, soweit der nach § 715b legitimierte Gesellschafter die Forderung außergerichtlich geltend macht (zB Herbeiführung der Fälligkeit, Mahnungen etc.). Sonstige Verfügungen über den Anspruch, insbesondere Erlass oder Vergleich, werden indessen durch § 715b nicht gedeckt (Begr. S. 154). – **Unterliegt der Gesellschafter** im Rechtsstreit, kann er nach Maßgabe von § 716 I nur dann Aufwendungsersatz verlangen, wenn es für die Klageerhebung berechtigte Gründe gab (→ § 716 Rn. 5 ff.; strenger MüKoHGB/Fleischer HGB § 105 Rn. 370: in der Regel nicht).

V. Abdingbarkeit (Abs. 2)

§ 715b begründet gemäß Abs. 2 Alt. 1 ein unentziehbares Mitverwaltungs- **23** recht; der **vollständige Ausschluss** der Gesellschafterklage ist daher **unzulässig.** Dies ist überzeugend (ebenso Fleischer DStR 2021, 430 (436)) und unterscheidet sich von der insofern umstrittenen früheren Rechtslage (für den zwingenden Charakter früher bereits Erman/Westermann § 705 Rn. 60; Wertenbruch DB 2014, 2875; für die Zulässigkeit gesellschaftsvertraglicher Modifikationen MüKoHGB/Fleischer HGB § 105 Rn. 199; Fleischer/Harzmeier ZGR 2017, 239 (269 f.); ebenso wohl, wenn Ausschluss durch nicht treuwidrigen Mehrheitsbeschluss erfolgt, BGH DStR 1991, 1355; vgl. auch OLG Düsseldorf NJW 1985, 2830 für den Fall des Verzichts auf den geltend gemachten Anspruch; die Frage offenlassend BGH NJW 1985, 2830). – Problematischer zu beurteilen sind freilich **inhaltliche und verfahrensmäßige Beschränkungen** des Klagerechts. Nach Abs. 2 Alt. 2 sind diese nämlich nur dann unwirksam, wenn dies „der Vorschrift zuwider" läuft. Dass dies **Rechtsunsicherheit** hervorruft, liegt auf der Hand. Der Gesetzgeber hätte insofern durchaus präzisere Vorgaben machen müssen. Im Kern wird der Vorbehalt indessen dazu, dass eine **Gesamtwürdigung** der vertraglichen Regelung im Einzelfall vorzunehmen ist. Hierbei kann nach Ansicht des Gesetzgebers auch positiv berücksichtigt werden, dass dem betreffenden Gesellschafter gleichwertige andere Möglichkeiten eingeräumt werden, auf die Einziehung von Sozial- und Drittansprüchen hinzuwirken, wie z.B. durch Abberufungsrecht oder Recht auf Bestellung von Sondergeschäftsführern (Begr. S. 155). Gesellschaftsvertragliche Organisationsregeln, die nach dieser Maßgabe ein Eingreifen von § 715b verhindern sollen, sind nach dieser Maßgabe **auch bei Altgesellschaften** maßgeblich. – Der zwingende Charakter gilt im Übrigen richtigerweise auch für die Unterrichtungspflichten gemäß Abs. 3. Erleichterungen sind indessen ohne weiteres zulässig.

VI. Unterrichtungspflichten (Abs. 3)

24   Abs. 3 bewirkt zwingend (→ Rn. 23) durch verschiedene Unterrichtungspflichten ein einheitliches Vorgehen und verhindert so weiteres Konfliktpotenzial. Dies betrifft zunächst die Pflicht des **klagenden Gesellschafters,** die Gesellschaft unverzüglich über die Klageerhebung und (fortlaufend) die Lage des Rechtsstreits zu unterrichten (S. 1). Diese Regelung ist letztlich Ausprägung der gesellschaftsrechtlichen Treuepflicht. Sie zielt darauf ab, das Kompetenzvakuum als Anlass für die Gesellschafterklage zu beseitigen, sodass die GbR entweder das Verfahren übernimmt (→ Rn. 16) oder die Parteien sich einvernehmlich um eine Streitbeilegung bemühen. Der Gesellschafter hat zudem das Gericht über die erfolgte Unterrichtung in Kenntnis zu setzen (S. 2). Konkrete zivilprozessuale Folgen resultieren hieraus freilich nicht. – Bedeutsamer ist insofern S. 3, wonach das **Gericht** auf eine unverzügliche Unterrichtung der Gesellschaft hinzuwirken hat. Diese prozessuale Regelung ist neu und gilt ähnlich im Beschlussmängelrecht bei OHG und KG (vgl. § 113 III HGB). Das Gericht hat hiernach im Wege des Freibeweises zu prüfen, ob die Unterrichtung durch die Gesellschafter erfolgt ist (vgl. Begr. S. 233). Hier läuft die bisherige Gerichtspraxis Gefahr, Verfahrensfehler zu begehen. Hierauf und auf die fehlende Praxistauglichkeit hat bereits der **Bundesrat** im Gesetzgebungsverfahren hingewiesen, als er sich für eine **Streichung von Abs. 3 S. 3–E** aussprach (vgl. BT-Drs. 19/27635, 304; Neuregelung explizit begrüßend indessen DAV NZG 2020, 133 Rn. 55). Zur Begründung hieß es, den Gerichten würde eine Aufgabe auferlegt, die der Gesellschaftssphäre zuzuordnen sei. Auch sei das Kriterium der Unverzüglichkeit in der Kontroll- und Verantwortungssphäre des Gerichts erkennbar falsch verortet, beides insbesondere bei Publikumsgesellschaften. Um dieser berechtigten rechtspolitischen Kritik nachzukommen, sollte trotz der finalen Beibehaltung von Abs. 3 S. 3 die Hinwirkungspflicht jedenfalls dahingehend verstanden werden, dass die Erteilung entsprechender schlichter **richterlicher Hinweise** ausreichend ist (so auch Bachmann Stellungnahme S. 10).

VII. Rechtskrafterstreckung (Abs. 4)

Der neue Abs. 4 begründet für **rechtskräftige Urteile** eine Rechtskraf- 25
terstreckung auf die rechtsfähige GbR und umgekehrt auf die Gesellschafter
bzw. Dritten in den Fällen von Abs. 1 S. 2. Regelungsvorbild ist § 148 V 1
AktG (Begr. S. 155). Diese begrüßenswerte Eindeutigkeit unterscheidet sich
deutlich von der bislang umstrittenen Rechtslage (vgl. MüKoBGB/Schäfer
§ 705 Rn. 221) und bringt damit vor allem auch Rechtssicherheit. Sie ist
auch konsequent, wenn man, wie nunmehr geboten, die Gesellschafterklage
als Fall der gesetzlichen Prozessstandschaft sieht. – Die Rechtskrafterstreckung
bezieht sich auf alle tatbestandlichen Gesellschafterklagen und damit auf
Sozialverbindlichkeiten der Gesellschafter gegenüber der rechtsfähigen
GbR (→ Rn. 11 ff.) ebenso wie nach Maßgabe von Abs. 1 S. 2 auf **Verbindlichkeiten Dritter** (→ Rn. 18 f.).

Dies ist beim **stattgebenden Urteil** über eine Gesellschafterklage unab- 26
dingbare Voraussetzungen für deren Effektivität, da ansonsten die gesellschafterschützende Schutzrichtung nachträglich konterkariert werden könnte (dies
betont auch Begr. S. 159). Die entgegenstehende früher hM wurde daher
durch die Reform überzeugend überwunden (gegen die Rechtskrafterstreckung noch BGH NJW 1980, 2463; 1981, 1097). Bei der **Klageabweisung**
gilt dies spiegelbildlich zugunsten des in Anspruch genommenen Gesellschafters bzw. Dritten; die entsprechende Forderung kann daher weder die Gesellschaft noch ein anderer Gesellschafter erneut einklagen (vgl. Begr. S. 155:
Aus Gründen der Prozessökonomie). Um einer nachlässigen Prozessführung
durch einen Gesellschafter vorzubeugen, sollten die anderen ggf. dem
Rechtsstreit im Rahmen der streitgenössischen Nebenintervention beitreten
(vgl. Begr. S. 155). Eine abweichende Beurteilung der Rechtskrafterstreckung zulasten der Gesellschafter ist zudem dann geboten, wenn die Klageabweisung durch Prozessurteil erfolgt (so ausdrücklich Begr. S. 155); dann steht
es sowohl der Gesellschaft als auch einem Gesellschafter im Rahmen von
§ 715b frei, die Forderung erneut geltend zu machen (so bereits nach früherem Recht RGZ 90, 300 (302)). – Für eine Rechtskrafterstreckung im Verhältnis der **Gesellschafter untereinander** ist bei rechtsfähigen GbR im
Rahmen von § 715b als actio pro societate kein Raum (Begr. S. 155).

Im Hinblick die **Rechtshängigkeit** bringt die Reform keine expliziten 27
Regelungen (vgl. Begr. S. 156: Bleibt der Klärung durch die Rechtsprechung
vorbehalten). Richtigerweise folgt aber aus Abs. 4 und im Umkehrschluss zu
§ 148 III 1 AktG mittelbar, dass eine über den maßgeblichen Streitgegenstand
erhobene Klage der Gesellschaft oder **Gesellschafterklage** für die jeweils
andere ein **Prozesshindernis** darstellt (so für § 148 V AktG allgM, vgl. etwa
Grigoleit/Grigoleit/Rachlitz AktG § 148b Rn. 28; vgl. zur abweichenden
Beurteilung nach früherem Recht BGH NJW 1980, 2463; 1981, 1097). Aus
den wechselseitigen Treuepflichten ergibt sich dann im Einzelfall, wer das
Recht oder die Pflicht hat, den jeweiligen Prozess zu übernehmen und den
anderen von den Kosten freizustellen. – Im Übrigen ist es geboten, die
anhängige Gesellschafterklage als ein **Verfügungsverbot zulasten der
Gesellschaft** zu sehen, sodass die untätigen Gesellschafter den geltend

gemachten Anspruch nicht ohne adäquate Gegenleistung (zB im Rahmen der Aufrechnung) zum Erlöschen bringen dürfen (abw. BGH NJW 1985, 2830). Andernfalls könnte das berechtigte Schutzanliegen von § 715b zugunsten der nichtgeschäftsführungs- und vertretungsbefugten Gesellschafter leicht unterlaufen werden. Die dogmatische Umsetzung dieses Ansatzes ist freilich schwierig und bislang wenig geklärt. Abhilfe dürfte vielfach die Lehre vom Missbrauch der Vertretungsmacht bieten (→ § 720 Rn. 24); in Betracht kommen auch Schadensersatzansprüche zugunsten des Gesellschafters. Eine dingliche Wirkung lässt sich mangels hinreichend gesetzlicher Grundlage hierfür kaum begründen.

VIII. Darlegungs- und Beweislast

28   Die Voraussetzungen für die Gesellschafterklage sind materiell-rechtlich von demjenigen zu beweisen, der sich darauf beruft, mithin dem klagenden Gesellschafter. In prozessualer Hinsicht ist die durch § 715b bewirkte Prozessführungsbefugnis von Amts wegen zu prüfen. Es handelt sich somit um **doppelt-relevante Tatsachen.** – Insgesamt gilt, dass an die Darlegungs- und Beweislast des Gesellschafters keine hohen Anforderungen zu stellen sind, um dessen aus dem Kompetenzvakuum resultierenden Interessen nicht zu sehr zu beschränken. Es genügt daher der schlüssige Vortrag, wonach der Gesellschaft ein entsprechender Sozialanspruch gegen den Mitgesellschafter zusteht und die Geltendmachung durch den oder die an sich verpflichteten Gesellschafter trotz Aufforderung bzw. Entbehrlichkeit derselben nicht erfolgt ist (MüKoBGB/Schäfer § 705 Rn. 218; vgl. auch BGH NJW 2000, 199). Richtet sich die Klage gegen einen Dritten, müssen freilich auch die Voraussetzungen von Abs. 1 S. 2 bewiesen werden (→ Rn. 18 f.), was praktisch vielfach schwierig sein dürfte.

IX. Kautelarischer Handlungsbedarf infolge des MoPeG

29   Im Kern bringt § 715b gegenüber der bisherigen durch die hM praeter legem konturierten Rechtslage keine wesentlichen Änderungen mit sich, sodass grundsätzlich auch kein akuter Handlungsbedarf besteht. Bedeutsam ist aber der nunmehr zwingende Charakter gemäß Abs. 2 (→ Rn. 23), sodass abweichende gesellschaftsvertragliche Regeln ab 1.1.2024 unwirksam werden. Insoweit bietet sich eine Anpassung bestehende Gesellschaftsverträge an.

§ 716 Ersatz von Aufwendungen und Verlusten; Vorschusspflicht; Herausgabepflicht; Verzinsungspflicht

(1) **Macht ein Gesellschafter zum Zwecke der Geschäftsbesorgung für die Gesellschaft Aufwendungen, die er den Umständen nach für erforderlich halten darf, oder erleidet er unmittelbar infolge der Geschäftsbesorgung Verluste, ist ihm die Gesellschaft zum Ersatz verpflichtet.**

(2) **Für die erforderlichen Aufwendungen hat die Gesellschaft dem Gesellschafter auf dessen Verlangen Vorschuss zu leisten.**

(3) **Der Gesellschafter ist verpflichtet, der Gesellschaft dasjenige, was er selbst aus der Geschäftsbesorgung erlangt, herauszugeben.**

(4) [1]**Verwendet der Gesellschafter Geld für sich, das er der Gesellschaft nach Absatz 3 herauszugeben hat, ist er verpflichtet, es von der Zeit der Verwendung an zu verzinsen.** [2]**Satz 1 gilt entsprechend für die Verzinsung des Anspruchs des Gesellschafters auf ersatzfähige Aufwendungen oder Verluste.**

Übersicht

I. Reform

1. Grundlagen, Bewertung

Der neue § 716 regelt einheitlich für **GbR, OHG und KG** Aufwendungs- **1** und Verlustausgleichsansprüche der Gesellschafter gegen die Gesellschaft und umgekehrt die Herausgabepflicht. Die Regelung ersetzt für OHG und KG den ersatzlos gestrichenen § 110 HGB aF. Für die GbR entfällt nunmehr der frühere Verweis ins Auftragsrecht gemäß § 713 aF, was die verbandsrechtliche Konturierung der GbR im Hinblick auf ihre Organisation stärkt. Die Neuregelung bringt insofern aber auch eine begrüßenswerte Klarstellung, indem die entsprechenden Ansprüche und Pflichten nunmehr auch dem Wortlaut der Regelung nicht Ausprägung der Geschäftsführungsbefugnis sind, sondern **für jeden Gesellschafter** gelten (dies begrüßend Schall ZIP 2020, 1443 (1450). Bei rechtsfähigen GbR wird zudem klargestellt, dass die entsprechenden Ansprüche und Pflichten dieser gegenüber bestehen, was seit der Anerkennung der rechtsfähigen Außen-GbR bereits bislang allgemein anerkannt war; vgl. zur OHG BGH NZG 2002, 232; NJW 2011, 1730 Rn. 11). Bei der Innengesellschaft gilt die Regelung gemäß § 740 II ebenfalls; dort werden die entspre-

chenden Ansprüche aber im unmittelbaren Verhältnis der Gesellschafter untereinander konstruiert. – Maßgeblich ist für alle Tatbestände allein ein
Tätigwerden im Interessenkreis der GbR bzw. bei der nicht rechtsfähigen
GbR der Mitgesellschafter (undeutlich eng Begr. S. 156: Ansprüche, die sich
aus der Führung der Geschäfte der Gesellschaft ergeben können). Entscheidend
ist somit das Tätigwerden im Fremdinteresse (wenngleich der „eigenen" GbR).
Die Regelung ist im Hinblick auf die angeordnete **Risikoverteilung** somit
funktional vergleichbar mit den GoA-Regeln gemäß §§ 677 ff. (vgl. Fleischer
BB 2020, 2114 (2116)), sodass ein Rückgriff hierauf ebenso ausscheidet wie
auf das Auftragsrecht gemäß §§ 665 ff. (Begr. S. 156 f.). Soweit aber die Privatsphäre eines Gesellschafters betroffen ist oder seine eigene Stellung im Hinblick
auf die Wahrnehmung eigennütziger Gesellschafterrechte oder die Beteiligung
an Grundlagenentscheidungen, gilt 716 nicht (→ Rn. 6). – Die Regelung
entspricht im Wesentlichen dem **Mauracher Entwurf.** Änderungen ergaben
sich allein insoweit, als die Verlusttragungspflicht gemäß Abs. 1 nunmehr explizit an ein Unmittelbarkeitskriterium geknüpft ist (→ Rn. 8).

2. Zeitliche Geltung

2   § 716 tritt gemäß Art. 137 S. 1 MoPeG am **1.1.2024** in Kraft, eine diesbe-
zügliche Übergangsregelung ist nicht vorgesehen. Für den Ersatz von Aufwendungen und Verlusten, die Vorschusspflicht, die Herausgabepflicht und die Verzinsungspflicht gilt daher auch in Altgesellschaften ab dem Zeitpunkt des
Inkrafttretens das neue Recht. Für die intertemporale Anknüpfung kommt es
auf den Zeitpunkt der Entstehung des entsprechenden Anspruchs an, nicht auf
die ggf. spätere Geltendmachung. Dies ist das Tätigen von Aufwendungen
(Abs. 1 Alt. 1), das Erleiden von Verlusten (Abs. 1 Alt. 2), die Erlangung eines
Gegenstands aus der Geschäftsbesorgung (Abs. 3) oder die Verwendung des
empfangenen Geldes (Abs. 4). Der Vorschussanspruch (Abs. 2) ist hingegen ein
verhaltener Anspruch (→ Rn. 9), er entsteht daher erst mit der Geltendmachung gegenüber der Gesellschaft. – Aufgrund des dispositiven Charakters
(→ Rn. 17) können die Gesellschafter freilich die Fortgeltung des alten Rechts
oder einzelner Regelungen (ggf. konkludent) vereinbaren. Dies kann insbesondere bei der Frage der Ersatzfähigkeit getätigter Aufwendungen (vgl. zum Maßstab → Rn. 6) und beim Erleiden von Verlusten im Rahmen des Mitverschul-
dens (§ 254 II analog; → Rn. 8) von Bedeutung sein, da in Ermangelung einer
abweichenden Vereinbarung der allgemeine Sorgfaltsmaßstab des § 276 I gilt.
Eine konkludente Abbedingung zugunsten eines milderen Maßstabs liegt
besonders bei ideellen GbR und Gelegenheitsgesellschaften des Alltagslebens
nahe (vgl. auch Begr. S. 140; zu den Gestaltungsmöglichkeiten → Rn. 18 ff.). –
Bisherige gesellschaftsvertragliche Abreden zum Regelungsbereich von § 716
behalten in Übrigen ihre Gültigkeit.

II. Normzweck

3   § 716 begründet eine den GoA-Regeln bzw. dem Auftragsrecht entlehnte
Risikoverteilung, soweit ein **Gesellschafter im Interessenkreis der**

Gesellschaft bzw. bei der nicht rechtsfähigen GbR der Mitgesellschafter tätig ist und hieraus Nachteile oder Vorteile erleidet (vgl. zur historischen Entwicklung Fleischer BB 2020, 2114). Im dispositiven gesetzlichen Regelfall begründet **Abs. 1** insofern zu seinen Gunsten entsprechende Aufwendungs- ersatz- und Verlusttragungsansprüche, für die er gemäß **Abs. 2** auf Verlangen auch einen entsprechenden Vorschuss erhält. Nach **Abs. 3** ist er umgekehrt der Gesellschaft gegenüber verpflichtet, die Vorteile herauszugeben, die er aus der Gesellschafterstellung heraus für Rechnung der Gesellschaft erlangt hat. **Abs. 4** begründet für beide wechselseitigen Ansprüche eine Verzinsungs- pflicht, die aber daran geknüpft ist, dass die Beträge zur Erfüllung der betref- fenden Pflichten durch den Gesellschafter bzw. umgekehrt die GbR zweck- entfremdet auf eigene Rechnung verwendet wurden. – Die Regelung ist rechtspolitisch zu begrüßen, da sie auch unabhängig von der Innehabung von Geschäftsführungsbefugnis die gerade bei der vielfach unprofessionellen GbR nicht klar konturierten Aufgabenbereiche der Gesellschaft im Hinblick auf die Risikoverteilung adäquat ausgestaltet, sodass ein Rückgriff auf die allgemeinen GoA-Regeln entbehrlich ist.

III. Anwendungsbereich

Die Regelung gilt ohne weiteres bei der **rechtsfähigen GbR** sowie bei **4** **OHG und KG**. Bei zweigliedrigen rechtsfähigen GbR ist es gleichwohl naheliegend, im Wege der teleologischen Reduktion von § 716 auch einen unmittelbaren anteiligen Ausgleich der Vermögenspositionen zuzulassen, wenn die Abwicklung über die Gesellschaft als solches einer unnötigen För- melei nahekäme. Die Regelung gilt gemäß § 740 II auch bei der **nicht rechtsfähigen GbR** (→ § 740 Rn. 21). Bei der stillen Beteiligung gemäß § 230 ist die Regelung indessen in Bezug auf den Geschäftsinhaber durch die entsprechenden Gewinnermittlungs- und -verwendungsregelungen über- lagert, sodass der Stille auf seinen Anteil hieran verwiesen ist (MüKoBGB/ Schäfer § 713 Rn. 12). Regelung gilt im Übrigen gemäß § 1 IV PartGG auch bei der **Partnerschaftsgesellschaft.**

IV. Aufwendungsersatz, Vorschuss (Abs. 1 und 2)

1. Grundlagen

Abs. 1 begründet **zugunsten jedes Gesellschafters** einen Anspruch auf **5** Aufwendungs- und Verlustersatz in Gesellschaftsangelegenheiten. Die Rege- lung entspricht § 110 I HGB aF, welcher ersatzlos gestrichen wurde (zur Anwendung auf OHG und KG → Rn. 4). Sie gilt bei der KG auch zuguns- ten der Kommanditisten (Fleischer BB 2020, 2114 (2120)). Anstelle des frü- heren Verweises in das Auftragsrecht bei der GbR gemäß § 713 aF, § 670 besteht daher nunmehr **für alle Personengesellschaften** gleichermaßen eine einheitliche Rechtsgrundlage. Hierdurch wird ein Rückgriff auf die GoA-Regeln entbehrlich (Begr. S. 157; vgl. auch Fleischer BB 2020, 2114 (2116)). Für die GbR bringt dies zudem eine entscheidende Neuerung, da § 713 aF seinem Wortlaut nach allein für die geschäftsführungsbefugten Gesellschafter galt, was nunmehr aufgegeben wurde (→ Rn. 1). Im Kern handelt es sich hierbei gleichwohl bei der GbR nur um eine Klarstellung, da die Regelung bislang bereits richtigerweise auf alle Gesellschafter angewandt wurde (vgl. Wertenbruch NZG 2003, 818 Fn. 10). – Ist ein **Gesellschafter ausgeschieden,** fließt ein bis dahin entstandener Anspruch aus § 716 in die Auseinandersetzung gemäß §§ 728, 728a ein (BGH NJW 2005, 2618). Im Übrigen besteht für die Zeit ab dem Ausscheiden mangels Gesellschafterstellung grundsätzlich kein Raum mehr für die Ansprüche aus Abs. 1 und 2. Etwas anderes gilt allein wegen der Nachhaftung gemäß § 728b, da der ehemalige Gesellschafter auch dann noch gegenüber der GbR Regress nehmen kann (→ § 728b Rn. 13 f.).

2. Aufwendungen

6   Aufwendungen iSv Alt. 1 sind **freiwillige Vermögensopfer,** die der Gesellschafter zum Zwecke der Geschäftsbesorgung für die Gesellschaft erbracht und die er nach den Umständen für erforderlich halten durfte. Die Neuregelung verstärkt zwar den Wortlaut des § 110 I HGB aF, indem es anstelle der früheren Wendung „in Gesellschaftsangelegenheiten" nunmehr heißt „zum Zwecke der Geschäftsbesorgung". Inhaltlich ist damit freilich keine Änderung verbunden, denn es gilt nach wie vor ein **subjektiv-objektiver Maßstab** (Begr. S. 156: Gesellschafter muss objektiv und subjektiv im Geschäftskreis der Gesellschaft tätig geworden sein; vgl. zu § 110 HGB BGH NJW 1980, 339). – Zentrales Tatbestandsmerkmal ist hiernach die zielgerichtete **Geschäftsbesorgung für die Gesellschaft** bzw. bei der nicht rechtsfähigen GbR für den gemeinsamen durch die Zweckbindung konturierten Interessenkreis. Dies bedingt eine objektive **Abgrenzung der Privatsphäre** des Gesellschafters. Abs. 1 legitimiert nicht die Kostenübernahme für eigennützige Aufwendungen, wozu auch die Wahrnehmung der eigennützigen Gesellschafterrechte gehört. Die Geschäftsbesorgung „für die Gesellschaft" rechtfertigt nicht, einen insofern anfallenden Aufwand auf die gemeinschaftliche Rechnung der Mitgesellschafter abzuwälzen. Die Kosten für die Wahrnehmung **eigennütziger Gesellschafterrechte** (Information, Abstimmung etc.) fallen daher nicht unter Abs. 1 (MüKoHGB/Fleischer HGB § 110 Rn. 33; einschr. für eine Differenzierung Staub/Schäfer HGB § 110 Rn. 7, was sich aber praktisch kaum rechtssicher abgrenzen lässt). Bei Gemengelagen kommt es auf ein eindeutiges Überwiegen des Gesellschaftsinteresses an (Fleischer BB 2020, 2114 (2117)). – **Typische Aufwendungen** sind daher Geldauslagen für die Gesellschaft (nicht Schmiergelder, vgl. Fleischer BB 2020, 2114 (2117)); Reisekosten (RGZ 75, 208 (213)); Übernahme von Prozesskosten für die Gesellschaft; Übernahme von Betriebssteuern der GbR (vgl. BGH WM 1978, 114), nicht eigene Steuern (vgl. OLG Stuttgart DStR 2016, 2597 (2598)). – Im Übrigen kann ein Gesellschafter nach denselben Maßstäben von einer eingegangenen Verbindlichkeit gemäß § 257 **Freistellung** verlangen. Vgl. im Übrigen zur **Begleichung von Gesellschaftsverbindlichkeiten** → § 721 Rn. 21 ff.; vgl. zum ausgeschiedenen Gesellschafter → § 728b Rn. 13 f.

Entscheidend ist weiter, ob ein **sorgfältig prüfender Gesellschafter** der 7
Überzeugung sein durfte, dass die **Aufwendung erforderlich** war (Begr.
S. 156). Auf der Grundlage des objektiv-subjektiven Maßstabs („für erforderlich halten durfte") kann die Ersatzfähigkeit daher auch rechtfertigt sein,
wenn die objektiv zu beurteilende Erforderlichkeit nicht gegeben ist (vgl.
insofern aber einschränkend die Vorschusspflicht gemäß Abs. 2, → Rn. 9).
Infolge der **Streichung von § 708** ist dieses Erfordernis strenger als bislang,
weil individuelle Aspekte des Gesellschafters gemäß § 276 II keine Berücksichtigung mehr finden (anders zum bisherigen Recht MüKoHGB/Flei-
scher § 110 Rn. 36; insofern aber bereits kritisch Fleischer BB 2020, 2114
(2117)). Umgekehrt ist es aber nicht erforderlich, dass der Gesellschafter im
Hinblick auf die entsprechende Tätigkeit eine konkrete gesellschaftsvertragliche Befugnis hatte (Begr. S. 156; iE auch Fleischer BB 2020, 2114 (2020 f.),
jedoch eine deutlichere Klarstellung durch den Gesetzgeber fordernd).
Gleichwohl hat Abs. 1 im Kern eine **begrenzende Funktion,** sodass er
Gesellschafter nicht fernab seiner Treuepflichtbindung auf das Gesellschaftsinteresse die GbR bzw. die Mitgesellschafter vermögensmäßig belasten darf.
Insofern dürfte daher regelmäßig die Pflicht bestehen, **vorrangig eine einvernehmliche Kostenübernahme** herbeizuführen, soweit zeitlich vertretbar. Praktisch bedeutsam ist Abs. 1 daher vor allem im Rahmen der **Notgeschäftsführungsbefugnis** gemäß § 715a (→ § 715a Rn. 17), dessen
Voraussetzungen durchaus zur Konkretisierung der Erstattungsfähigkeit
gemäß Abs. 1 herangezogen werden können (abw. Begr. S. 156: auch Aufwendungsersatz jenseits der Notgeschäftsführungsbefugnis). – Einen
Anspruch auf angemessene **Vergütung** begründet die Regelung nicht (RG
JW 1938, 2769; OLG Koblenz WM 1986, 590; OLG Köln BeckRS 2007,
10766); die bloße Arbeitsleitung ist im Übrigen keine Aufwendung (BGH
NJW-RR 2005, 794; abw. für Analogie zu § 1835 Abs. 3 BeckOK BGB/
Schöne § 713 Rn. 14). Es bedarf daher einer entsprechenden gesellschaftsvertraglichen Grundlage für eine Vergütungspflicht, insbesondere auch bei
den geschäftsführungsbefugten Gesellschaftern (→ § 715 Rn. 26).

3. Verluste

Abs. 1 Alt. 2 begründet zugunsten der Gesellschafter auch einen Anspruch 8
auf Verlusttragung, mithin den Ersatz **unfreiwilliger Vermögensopfer
bzw. Schäden.** Eine solche explizite Regelung fand sich für die GbR in
den § 713 aF, § 670 nicht, wohl aber in § 110 I Alt. 2 HGB aF. Die Ersatzfähigkeit war indessen auch hier für alle Gesellschafter gleichermaßen anerkannt
(vgl. zur GbR Henssler/Strohn/Servatius § 713 Rn. 14; MüKoBGB/Schäfer
§ 713 Rn. 16). – Abs. 1 verlangt aber im Unterschied zum bisherigen § 110
I Alt. 2 HGB aF nicht mehr, dass die Ersatzfähigkeit „unmittelbar durch seine
Geschäftsführung oder aus Gefahren, die mit ihr untrennbar verbunden sind,"
resultiert. Erforderlich ist hiernach der **objektive unmittelbare Zusammenhang mit der Tätigkeit für die Gesellschaft** (Begr. S. 157). Hierdurch kommt insbesondere auch für die GbR noch einmal zum Ausdruck,
dass die Ersatzfähigkeit keine Ausprägung der Geschäftsführungsbefugnis ist,

sondern **jedem Gesellschafter** zusteht. Eine spezielle gesellschaftsrechtliche
Befugnis zur Tätigkeit ist somit nicht erforderlich. Die Ersatzfähigkeit trägt
vielmehr wie bei der GoA dem Gedanken der Selbstaufopferung Rechnung
(zum Ganzen bereits Genius AcP 173 (1973), 481 (508 ff.); Fleischer BB
2020, 2114 (2118)). Ersatzfähig sind hiernach wie im bisherigen Recht zur
OHG und KG sämtliche risikotypischen Begleitschäden, die ein Gesellschafter im Rahmen seiner objektiven Tätigkeit im **Interessenkreis der rechtsfähigen GbR** erleidet (vgl. MüKoBGB/Schäfer § 713 Rn. 16). Dies kann
durchaus auch bei Gelegenheitsgesellschaften in Betracht kommen (abw.
Steindorff FS Dölle, 1963, 288). Die Ersatzfähigkeit ist freilich mangels objektiver Abwälzbarkeit nicht gegeben, wenn der Gesellschafter mit der Tätigkeit
zugleich ein eigenes Geschäft verknüpft hat (BGH NJW 1960, 1568); das
gegenüber dem Entwurf eingefügte Unmittelbarkeitskriterium bestätigt dies.
Es bedarf daher derselben objektiven **Abgrenzung zur Privatsphäre** wie
bei der Ersatzfähigkeit von Aufwendungen (→ Rn. 6). Der infolge eines
Geschäftsunfalls dienstunfähige Gesellschafter kann indessen durchaus Ersatz
seines **Verdienstausfalls** fordern (zutreffend MüKoBGB/Schäfer § 713
Rn. 17; zweifelhaft abw. OLG Düsseldorf NJW 1956, 1802). Im Übrigen
gilt **§ 254 analog** (BGH NJW 1961, 359; NZG 2013, 1302 Rn. 10). Vgl.
zur Verzinsungspflicht Abs. 4 (→ Rn. 14 f.).

4. Vorschuss

9   Abs. 2 begründet **zugunsten aller Gesellschafter,** mithin nicht nur der
geschäftsführungsbefugten (→ Rn. 1, → Rn. 3), **für deren Aufwendungsersatzansprüche** gemäß Abs. 1 Alt. 1 (→ Rn. 5 ff.) das Recht, von
der GbR einen Vorschuss zu verlangen. Es handelt sich um einen **verhaltenen Anspruch,** der gegenüber einem vertretungsbefugten Gesellschafter
(§ 720 V) bzw. bei der nicht rechtsfähigen GbR gegenüber den Mitgesellschaftern geltend zu machen ist („auf Verlangen"). Er kann somit bis dahin
nicht gepfändet oder abgetreten werden. – Die Regelung ist bei OHG und
KG gänzlich neu, § 110 HGB aF sah dies nicht vor. Bei der GbR ergab sie
sich bislang aus § 713 aF, § 669, freilich dem Wortlaut nach auf die geschäftsführungsbefugten Gesellschafter beschränkt (für eine weitergehende Geltung
nach früherem Recht aber die hM, vgl. zur GbR Henssler/Strohn/Servatius
§ 713 Rn. 14; MüKoBGB/Schäfer § 713 Rn. 16; zur Vorschusspflicht bei
OHG und KG MüKoHGB/Fleischer HGB § 110 Rn. 55). – Die Akzessorietät zum Aufwendungsersatzanspruch gemäß Abs. 1 Alt. 1 ist begrenzt, da die
Vorschusspflicht allein an die **objektive Erforderlichkeit** geknüpft ist, mithin nicht dem ansonsten subjektiv-objektiven Maßstab folgt (dies betont
Begr. S. 157). Dies ist sachgerecht, da beim Vorschuss regelmäßig keine Eilbedürftigkeit besteht, sodass die Privilegierung eines Gesellschafters durch die
Anerkennung subjektiver Erwägungen im Hinblick auf die Erforderlichkeit
ausscheidet.

5. Geltendmachung

10   Aktivlegitimiert ist der betreffende Gesellschafter. Da es sich um **Sozialansprüche** handelt, richten sie sich **gegen die rechtsfähige GbR;** eine per-

sönliche Haftung der Mitgesellschafter gemäß § 721 scheidet konsequenterweise aus (vgl. zum Ganzen → § 721 Rn. 10). Eine abweichende Beurteilung besteht nur bei der Begleichung von Gesellschaftsverbindlichkeiten wegen der durch § 721 angeordneten Gesamtschuld, welche nach Maßgabe von § 426 Regressansprüche der Gesellschafter untereinander auslöst (vgl. BGH NZG 2002, 232; Einzelheiten bei → § 721 Rn. 21 ff.; vgl. zum ausgeschiedenen Gesellschafter → § 728b Rn. 13 f.). Ansonsten scheidet auch aus der gesellschaftsrechtlichen Innenperspektive eine unmittelbare persönliche Inanspruchnahme der Mitgesellschafter im gesetzlichen Regelfall aus. Etwas anderes gilt nur, wenn das **Gesellschaftsvermögen unzureichend** ist (BGH NJW 2011, 1730; OLG Saarbrücken NZG 1998, 303). Dann kann der Anspruchsinhaber nach Maßgabe der für das Innenverhältnis maßgeblichen Verlustbeteiligung gemäß § 709 III (→ § 709 Rn. 21 ff.) **anteiligen Regress** nehmen, wenn ihn nicht entsprechend § 254 im Innenverhältnis eine alleinige Einstandspflicht trifft, insbesondere bei eigenem Verschulden gemäß § 276 II (vgl. BGH NZG 2013, 1302 Rn. 10). Scheidet ein Gesellschafter vor Realisierung des Regressanspruchs aus der Gesellschaft aus oder wird die Gesellschaft aufgelöst, fließt er als unselbstständiger Rechnungsposten in die Auseinandersetzung ein (Durchsetzungssperre, vgl. BGH NJW 2005, 2618). – Bei der **nicht rechtsfähigen Gesellschaft** richten sich die Ansprüche von vornherein allein gegen die Mitgesellschafter (→ § 740 Rn. 16). Im Übrigen ist bei **zweigliedrigen rechtsfähigen GbR** naheliegend, im Wege der teleologischen Reduktion von § 716 auch einen unmittelbaren anteiligen Ausgleich der Vermögenspositionen zuzulassen, wenn die Abwicklung über die Gesellschaft als solches einer unnötigen Förmelei nahekäme. – **Verfügungen** über den Anspruch auf Aufwendungsersatz sind nach Maßgabe von § 711a S. 2 ohne Verstoß gegen das **Abspaltungsverbot** zulässig (→ § 711a Rn. 19 ff.). Eine Ausnahme ist indessen beim Vorschuss gemäß Abs. 2 zu machen, weil dieser notwendigerweise akzessorisch zur späteren Aufwendung oder Inanspruchnahme eines Gesellschafters ist (MüKoBGB/Schäfer § 717 Rn. 34).

V. Herausgabepflicht (Abs. 3)

Nach Abs. 3 ist **jeder Gesellschafter,** mithin nicht nur der geschäftsfüh- **11** rungsbefugte (→ Rn. 1, → Rn. 3), verpflichtet, an die rechtsfähige GbR alles herauszugeben, was er selbst **aus der Geschäftsbesorgung für die Gesellschaft** erlangt hat (vgl. zur Verzinsungspflicht Abs. 4, → Rn. 14 f.). Die Regelung ist bei OHG und KG gänzlich neu, § 110 HGB aF sah dies nicht vor, war allerdings gleichermaßen anerkannt (MüKoHGB/Fleischer HGB § 110 Rn. 14). Bei der GbR ergab sie sich bislang aus § 713 aF, § 667, freilich dem Wortlaut nach auf die geschäftsführungsbefugten Gesellschafter beschränkt (für eine weitergehende Geltung nach früherem Recht aber die hM, vgl. zur GbR Henssler/Strohn/Servatius § 713 Rn. 14; MüKoBGB/Schäfer § 713 Rn. 16). Nach Auflösung der Gesellschaft gilt allein § 736d, so dass jedenfalls Geldzahlungsansprüche als selbstständige Rechnungsposten in die Schlussabrechnung einfließen und konsequenterweise einer Durchsetzungssperre unterliegen (vgl. zu § 732 OLG Braunschweig BeckRS 2006, 15335). Das Gleiche gilt nach Ausscheiden aus der GbR.

12   Erfasst werden **alle ideellen oder vermögenswerten Gegenstände,** die ein Gesellschafter in seiner durch den Interessenkreis der rechtsfähigen GbR bzw. bei der nicht rechtsfähigen GbR seiner Mitgesellschafter geprägten Stellung erlangt hat, mithin nicht in seiner gesellschaftsfernen Privatsphäre. Praktisch bedeutsam ist dies vor allem für **Leistungen Dritter auf Rechnung der GbR** (vgl. insoweit auch § 667 Alt. 2). Dies betrifft auch Provisionen (BGH NJW-RR 1992, 560) und Schmiergelder (BGH NJW-RR 1991, 483; zu beidem auch Begr. S. 157). Erfasst werden aber auch im Interesse der GbR und in der Gesellschafterstellung begründete **selbst geschaffene Vorteile,** wie Erfindungen und Geschäftschancen (vgl. zur Herausgabe einer bei der DENIC registrierten Internet-Domain OLG Brandenburg NZG 2014, 577). Nach Beendigung der Geschäftsführungsbefugnis bzw. **nach Ausscheiden** aus der Gesellschaft sind vor allem alle Geschäftsunterlagen iSv § 717 sowie Dienstwagen, Computer etc. herauszugeben. In diesen Fällen hat der Gesellschafter jedenfalls bei gegenständlicher Herausgabepflicht **kein Zurückbehaltungsrecht** im Hinblick auf einen etwaigen Abfindungsanspruch, weil ansonsten die Unternehmenskontinuität gefährdet wäre.

13   Abs. 3 gilt gemäß § 740 II auch bei der **Innengesellschaft;** die Herausgabepflicht besteht dann gegenüber den Mitgesellschaftern (→ § 740 Rn. 21). Bei der **stillen Beteiligung** gemäß § 230 ist die Regelung indessen in Bezug auf den Geschäftsinhaber durch die entsprechenden Gewinnermittlungs- und -verwendungsregelungen überlagert, sodass der Stille auf seinen Anteil hieran verwiesen ist (MüKoBGB/Schäfer § 713 Rn. 12). Wird in den Gewinnanspruch vollstreckt, steht dem Gläubiger aber auch der Herausgabeanspruch gegen die Mitgesellschafter zu (OLG Celle NZG 2004, 613). – Im Übrigen ist bei **zweigliedrigen rechtsfähigen GbR** naheliegend, im Wege der teleologischen Reduktion von § 716 auch einen unmittelbaren anteiligen Ausgleich der Vermögenspositionen zuzulassen, wenn die Abwicklung über die Gesellschaft als solches einer unnötigen Förmelei nahekäme.

VI. Verzinsungspflicht (Abs. 4)

14   Nach Abs. 4 S. 1 ist Geld, welches ein Gesellschafter nach Maßgabe von **Abs. 3 herauszugeben** hat (→ Rn. 11 ff.) von der Zeit an zu verzinsen, in der er es verwendet hat. Abs. 4 S. 2 regelt dies spiegelbildlich, wenn die GbR gemäß Abs. 1 den Betrag der **erstattungsfähigen Aufwendungen oder Schäden** (→ Rn. 6 ff.) ihrerseits verwendet. Die Regelung ergab sich für die GbR früher aus § 713 aF, § 668, freilich dem Wortlaut nach auf die geschäftsführungsbefugten Gesellschafter beschränkt (für eine weitergehende Geltung nach früherem Recht aber die hM, vgl. zur GbR Henssler/Strohn/Servatius § 713 Rn. 14; MüKoBGB/Schäfer § 713 Rn. 16). Bei OHG und KG sah der ersatzlos gestrichene § 110 II HGB aF grundsätzlich bereits eine Verzinsungspflicht vor, knüpfte diese entgegen der Neuregelung jedoch nicht daran, dass der betreffende Betrag auch verwendet wurde (vgl. MüKoHGB/Fleischer HGB § 110 Rn. 52). – In allen Fällen konkretisiert Abs. 4 die

Regelung des § 256 und stellt klar, dass dies in den Fällen des S. 1 auch im Hinblick auf Verluste bzw. Schäden gilt (Begr. S. 158).

Erforderlich ist stets, dass der an sich Leistungspflichtige (Gesellschafter **15** bzw. GbR) den entsprechenden **Geldbetrag verwendet** hat, mithin **zum eigenen Vorteil nutzte.** Ob hieraus ein konkreter Ertrag resultierte bzw. hierdurch Aufwendungen erspart wurden oder nicht, ist unerheblich. Sanktioniert wird allein die zweckentfremdete Verwendung von Geld (Begr. S. 157). Die Verzinsungspflicht beginnt somit erst dann, selbst wenn der Hauptanspruch bereits früher entstanden ist. Die **Zinshöhe** richtet sich bei der GbR nach § 246 (4% p.a.), bei OHG und KG aus § 362 II HGB (5% p.a.; vgl. MüKoHGB/Fleischer HGB § 110 Rn. 55). – Weitergehende Ansprüche, insbesondere aus **Verzug,** bleiben hiervon unberührt (Begr. S. 157 f., unter Hinweis auf BGH WM 2005, 2194).

VII. Darlegungs- und Beweislast

Im Hinblick auf den **Regressanspruch gegenüber der GbR** gemäß **16** Abs. 1 muss der Gesellschafter darlegen und beweisen, dass die entsprechende Aufwendung entstanden ist und auf welcher tatsächlich Grundlage er sie für erforderlich halten durfte. Bei Verlusten bzw. Schäden muss er darlegen und beweisen, in welcher Höhe sie eingetreten sind und auf welcher rechtlichen Grundlage sich der Zusammenhang mit der Gesellschafterstellung ergibt. Im Hinblick auf den Vorschuss gemäß Abs. 2 muss der Gesellschafter die Erforderlichkeit darlegen und beweisen. Verlangt der Gesellschafter der rechtsfähigen GbR ausnahmsweise unmittelbar Leistung von den Mitgesellschaftern (→ Rn. 10), muss er zudem darlegen und beweisen, dass die vorrangige Befriedigung aus dem Gesellschaftsvermögen keinen Erfolg verspricht. – Begehrt die Gesellschaft **Herausgabe gemäß Abs. 3,** muss sie darlegen und beweisen, dass der betreffende Gesellschafter im Interessenkreis der GbR bzw. des der Mitgesellschafter erlangt hat. – Im Rahmen der **Verzinsungspflicht** gemäß Abs. 4 muss der Anspruchsteller (GbR oder Gesellschafter) neben den allgemeinen Voraussetzungen der Erstattungspflicht auch darlegen und beweisen, dass der Verpflichtete den betreffenden **Geldbetrag verwendet** hat, mithin zum eigenen Vorteil nutzte (→ Rn. 15). Es ist darüber hinaus nicht erforderlich, dass der Anspruchsteller umgekehrt selbst darlegt und beweist, diesen selbst ertragreich hätte nutzen können (vgl. Begr. S. 157: Unwiderlegliche Vermutung infolge der Zweckentfremdung des Betrags).

VIII. Gestaltungsfreiheit

§ 716 ist vollumfänglich **dispositiv** (vgl. BGH NJW 1980, 339 (340); **17** OLG Koblenz NJW-RR 1987, 24), auch durch konkludente Abreden (vgl. BGH NJW 1966, 826). Die Voraussetzungen können daher verschärft oder abgemildert werden; auch sind Pauschalregelungen zulässig.

IX. Kautelarischer Handlungsbedarf infolge des MoPeG

18　　Der neue § 716 entspricht im Wesentlichen der alten Rechtslage bei der GbR, die sich aus der entsprechenden Anwendung der auftragsrechtlichen Vorschriften der §§ 670, 669, 667, 668 aufgrund der Verweisung in § 713 aF ergab. Für OHG und KG bewirkt die Neuregelung nur geringe Änderungen. § 110 HGB aF enthielt bereits Regelungen für Ersatz von Aufwendungen und Verlusten mit einer entsprechenden Verzinsungspflicht, für die übrigen Regelungsgegenstände (Vorschuss, Herausgabepflicht) galt bereits wegen § 105 III HGB aF das GbR-Recht und damit wegen § 713 aF auch die §§ 667 ff. Nur die Anknüpfung der Verzinsungspflicht an die zweckwidrige Verwendung des Geldes gemäß Abs. 4 (→ Rn. 15) ist neu. Generell kann mit dem Zusammenspiel mit dem künftig geltenden allgemeinen Sorgfaltsmaßstab gemäß § 276 I infolge der ersatzlosen Streichung des § 708 aF gewisse Anpassungen bestehender Gesellschaftsverträge (insbesondere bei der GbR) erfordern.

19　　Im Hinblick auf den **Ersatz von Aufwendungen** und Verlusten gemäß Abs. 1 war bereits nach alter Rechtslage anerkannt, dass entgegen dem engen Wortlaut des § 713 aF nicht nur die geschäftsführungsbefugten, sondern alle Gesellschafter einen Anspruch auf Aufwendungsersatz und Ersatz von Verlusten geltend machen können (→ Rn. 5). Die Regelung ist nach wie vor dispositiv, gesellschaftsvertragliche Modifikationen sind daher weiterhin möglich. Dies betrifft zu einem die **Erweiterung der Ansprüche** auf Aufwendungsersatz, etwa durch Einbeziehung von Aufwendungen zum Zwecke der Wahrnehmung eigennütziger Rechte (vgl. dazu → Rn. 6), die Gewährung von Vergütungen für geschäftsführende Gesellschafter (vgl. auch → § 715 Rn. 26) oder Sonderzahlungen bei besonderem Einsatz im Gesellschaftsinteresse (BeckOGK/Geibel § 713 Rn. 25). Ferner kann eine **Anpassung des Sorgfaltsmaßstabs** im Rahmen von § 716 erwogen werden, was sich bei der Bewertung der „Erforderlichkeit" der getätigten Aufwendungen auswirkt. Eine Milderung des Erforderlichkeitsmaßstabs (ggf. mit Berücksichtigung von individuellen Aspekten) empfiehlt sich insbesondere bei ideellen GbR. Arbeiten die Gesellschafter überwiegend ehrenamtlich, fehlt ihnen oft die Möglichkeit, sich mit ihrer Vergütung umfassend gegen Haftungsrisiken aus ihrer Tätigkeit zu versichern (vgl. auch BT-Drs. 16/13537, S. 4 zum § 31a). Dies kann eine Milderung des Sorgfaltsmaßstabs rechtfertigen.

20　　Andererseits sind auch Einschränkungen sowie der vollständige **Ausschluss der Ansprüche** möglich. Denkbar ist etwa die Beschränkung auf Handlungen, die von einer Kompetenznorm gedeckt sind (Erfordernis einer Befugnis zum Tätigwerden als Voraussetzung für die Ersatzfähigkeit). Gesellschaftsvertraglich kann insofern auch der Vorrang der einvernehmlichen Kostenübernahme durch die Gesellschaft verankert und näher ausgestaltet werden. Möglich ist etwa die Regelung eines internen Beschlussverfahrens. Damit wird die verbandsrechtliche Kompetenzverteilung auch im Hinblick auf den internen Vermögensausgleich abgesichert und die Gefahr der Einmischung in den Kompetenzbereich der Geschäftsführung reduziert, falls dieser nur bestimmten Gesellschaftern zugewiesen ist. Für Sonderfälle, wenn eine interne Willensbildung in der Gesellschaft nach den Regeln über die

Geschäftsführung nicht möglich ist, etwa bei Gefahr im Verzug oder generell bei Eilbedürftigkeit, empfiehlt sich freilich die Anerkennung einer Ausnahme. – Bei vollständigem Ausschluss sollte gesellschaftsvertraglich klargestellt werden, ob der Ausschluss auch außerordentliche und unvorhersehbare Situationen, insbesondere das Handeln bei Gefahr im Verzug, umfasst.

Gestaltungsspielraum besteht auch im Hinblick auf den **Ersatz von Ver-** 21 **lusten:** Möglich sind Erweiterungen (etwa die Milderung des Sorgfaltsmaßstabs im Rahmen des Mitverschuldenseinwands gemäß § 254 I analog) sowie Einschränkungen (Bezug zu der Geschäftsführungstätigkeit wie bisher, Erfordernis einer besonderen Befugnis zum Handeln, summenmäßige Begrenzung ua). – Im Übrigen sind auch **Pauschalierungen** zulässig (→ Rn. 17), etwa in Form einer festen Vergütung, die alle Aufwendungen und Verluste abdeckt. – Möglich ist ferner das Hinausschieben der Ansprüche auf den Zeitpunkt der Abwicklung und Auseinandersetzung (vgl. Staub/Schäfer HGB § 110 Rn. 42). – Nach wie vor richten sich die Ansprüche ausschließlich gegen die Gesellschaft. Für die Begründung von **Zahlungspflichten der Gesellschafter** während des Bestehens der Gesellschaft bedarf es einer besonderen gesellschaftsvertraglichen Vereinbarung. Diese kann zB vorsehen, dass die Gesellschafter bereits vor der Auseinandersetzung zur Leistung von Nachschüssen verpflichtet sind oder auf Ersatz in Anspruch genommen werden können, etwa wenn eine bestimmte Summe des Nettoumlaufvermögens der Gesellschaft unterschritten wird (→ § 710 Rn. 10 ff.). Auch Regressansprüche im Verhältnis der Gesellschafter untereinander können vereinbart werden. – Bei der **Formulierung** der gesellschaftsvertraglichen Regelungen ist zu bedenken, dass durch die Ausgestaltung der gegenseitigen Rechte und Pflichten im Verhältnis der Gesellschafter zu der Gesellschaft im Hinblick auf den Vermögensausgleich in gewissen Grenzen auch die Initiative bzw. Passivität der Gesellschafter begünstigt oder gedämpft werden kann. Bei Gewährung großzügiger Ansprüche für getätigte Aufwendungen und ggf. erlittene Verluste wird der Gesellschafter sich schneller zur Interessenwahrnehmung der Gesellschaft verpflichtet fühlen. Drohende Ersatzpflicht, ein strenger Sorgfaltsmaßstab und eigenes Einstehen für erlittene Schäden wirken hingegen disziplinierend und werden im Zweifel zu einem zurückhaltenden Verhalten führen. Insofern kann durch Verteilung der Risiken im Verhältnis des einzelnen Gesellschafters und der Gesellschaft als Verband zumindest im Ausgangspunkt das Verhalten der Gesellschafter (mittelbar) beeinflusst werden.

Im Hinblick auf den **Vorschussanspruch** gemäß Abs. 2 entspricht die 22 Neuregelung im Kern der Rechtslage gemäß § 713 aF iVm § 669 (ggf. iVm § 105 III HGB aF). Auch in diesem Bereich sind gesellschaftsvertragliche Modifikationen möglich. Es ist daher zu überprüfen, ob die Gewährung eines Vorschusses den individuellen Bedürfnissen der Gesellschaft bzw. Gesellschafter entspricht. Dabei ist insbesondere die Liquiditätsplanung der Gesellschaft in die Abwägungsentscheidung einzubeziehen. Bei Gewährung von Vorschussansprüchen empfiehlt sich eine ausdrückliche Vereinbarung eines Rückgewähranspruchs bei unterbliebener Verwendung zum Zwecke der Geschäftsbesorgung innerhalb einer bestimmten Frist (bei unternehmerischen Gesellschaften ggf. verbunden mit einer Verzinsungspflicht nach Fristablauf). Denkbar ist auch die Vereinbarung einer vorherigen Beschlussfassung im Hinblick auf die Erforderlichkeit der Maßnahme (vgl. auch BeckOGK/ Geibel § 713 Rn. 23). – Bezüglich der **Herausgabepflicht** gemäß Abs. 3 bietet sich eine (nicht abschließende) Konkretisierung der herauszugebenden Gegenstände („insbesondere") verbunden mit einer Fristenregelung. Insbesondere nach Ausscheiden eines Gesellschafters bei einer Zerrüttung des Vertrauensverhältnisses kann eine klare gesellschaftsvertragliche Regelung Streitigkeiten über den Umfang der gegenseitigen Rechte und Verpflichtungen vermeiden. Dies gilt für selbst geschaffene Vorteile und Positionen des Gesellschafters im besonderen Maße (Erfindungen ua, vgl. auch → Rn. 12). – Im Hinblick auf die **Verzinsungspflicht** gemäß Abs. 4 ist für OHG und KG die Anknüpfung des Zinsanspruchs an die Verwendung neu (→ Rn. 15). Sollte die alte Rechtslage beibehalten werden, bedarf es daher einer entsprechenden Anpassung des Gesellschaftsvertrages. Insbesondere in unternehmerischen Gesellschaften (sowohl Alt- als auch Neugesellschaften) kann es sich empfehlen, eine der alten Rechtslage nachgebildete Regelung in den Gesellschaftsvertrag aufzunehmen. Denn durch die drohende Verzinsungspflicht, die allein an den Empfang des Geldes geknüpft ist, wird ein starker Anreiz für die unverzügliche Herausgabe des empfangenen Geldes gesetzt und gleichzeitig das Risiko einer zweckwidrigen Verwendung erheblich reduziert, weil dann schlicht keine Möglichkeit hierzu besteht. Bei ideellen GbR und Gelegenheitsgesellschaften ist hingegen die Anknüpfung an die Verwendung interessengerecht, da hier vordergründig keine Gewinnabsichten verfolgt werden und ein geringeres Maß an Professionalität erwartet werden kann.

§ 717 Informationsrechte und -pflichten

(1) [1]**Jeder Gesellschafter hat gegenüber der Gesellschaft das Recht, die Unterlagen der Gesellschaft einzusehen und sich aus ihnen Auszüge anzufertigen.** [2]**Ergänzend kann er von der Gesellschaft Auskunft über die Gesellschaftsangelegenheiten verlangen.** [3]**Eine Vereinbarung im Gesellschaftsvertrag, welche diese Rechte ausschließt oder dieser Vorschrift zuwider beschränkt, steht ihrer Geltendmachung nicht entgegen, soweit dies zur Wahrnehmung eigener Mitgliedschaftsrechte erforderlich ist, insbesondere, wenn Grund zur Annahme unredlicher Geschäftsführung besteht.**

(2) [1]**Die geschäftsführungsbefugten Gesellschafter haben der Gesellschaft von sich aus die erforderlichen Nachrichten zu geben, auf Verlangen über die Gesellschaftsangelegenheiten Auskunft zu erteilen und nach Beendigung der Geschäftsführertätigkeit Rechenschaft abzulegen.** [2]**Eine Vereinbarung im Gesellschaftsvertrag, welche diese Verpflichtungen ausschließt, ist unwirksam.**

Übersicht

I. Reform

1. Grundlagen, Bewertung

§ 717 beruht unverändert auf dem Mauracher Entwurf. Die Norm regelt **1** umfassend und weitergehend das sich früher aus § 666 (iVm § 713 aF) und § 716 aF ergebende individuelle **Informationsrecht** der Gesellschafter und begründet in Abs. 2 eine bislang nicht klar konturierte **Informations- und Rechenschaftspflicht** der geschäftsführungsbefugten Gesellschafter (dies begrüßend DAV NZG 2020, 1133 Rn. 57). In der Neuregelung geht zudem § 118 HGB aF auf, der ersatzlos gestrichen wurde. § 717 gilt daher nunmehr **auch bei der OHG** (→ Rn. 8), was für die Praxis gewöhnungsbedürftig ist (so auch Bachmann NZG 2020, 612); vgl. für den Kommanditisten zudem die Neufassung § 166 HGB, die das Informationsrecht des Kommanditisten deutlicher als bislang dem des Komplementärs annähert, es aber abweichend von § 717 I um ein generelles Erfordernis des berechtigten Interesses ergänzt (hierzu kritisch Fleischer DStR 2021, 483 (488)).

2 Wenngleich die Informationsrechte des Gesellschafters im inhaltlichen Kern nicht sehr verändert wurden, bringt die Neuregelung doch eine andere dogmatische Konstruktion mit sich: Das **ersatzlose Streichen von § 713 aF** verdeutlicht begrüßenswert den organisationsrechtlichen Ansatz des GbR-Rechts in Abkehr von bilateralen schuldrechtlichen Konstruktionen mittels Verweises ins Auftragsrecht. Hierdurch wird jedenfalls bei der rechtsfähigen GbR klargestellt, dass sich die **internen Sozialansprüche** der Gesellschafter vorrangig gegen die GbR als solche richten und nicht unmittelbar gegen die geschäftsführenden Gesellschafter als deren Handlungsorgane. Umgekehrt wirken die Pflichten der geschäftsführenden Gesellschafter allein gegenüber der Gesellschaft. Es wird so im Ergebnis wie bei den juristischen Personen auch bei der rechtsfähigen GbR die **rechtliche Verselbstständigung** des Verbands gegenüber den eigenen Mitgliedern anerkannt. Dies ist wegen der hierdurch ermöglichten klaren Zuordnung wechselseitiger Pflichten zu begrüßen. Wegen der Möglichkeit der Gesellschafterklage gemäß § 715b wird damit auch keine nicht hinnehmbare Verkürzung der Individualinteressen verbunden sein.

2. Zeitlicher Geltungsbereich

3 Im Hinblick auf den **zeitlichen Anwendungsbereich** der Neuregelung gilt Folgendes: Die Übergangsvorschrift für das MoPeG (Art. 229 § 61 EGBGB) spart § 717 aus. Die sich hieraus ergebenden Informationsrechte und -pflichten treten deshalb gem. Art. 137 MoPeG am **1.1.2024** in Kraft. Im Umkehrschluss aus Art. 229 § 61 EGBGB folgt, dass sich die Informationsrechte und -pflichten auch in **Altgesellschaften** ab dem Zeitpunkt des Inkrafttretens nach neuem Recht richten. Der maßgebliche Zeitpunkt für die rechtliche Beurteilung der konkreten Anknüpfung ist indessen aus materiellrechtlicher Perspektive die **lex temporis actus,** abgeleitet aus dem Prinzip der Gleichzeitigkeit von anwendbarem Recht und zu beurteilendem Sachverhalt (vgl. Hess, Intertemporales Privatrecht, S. 7, 147 f., 344; → § 705 Rn. 3 ff.). Hieraus folgt, dass bereits verwirklichte Tatbestände auch über den 31.12.2023 hinaus nach altem Recht beurteilt werden, selbst wenn das gerichtliche Verfahren darüber hinaus andauert oder eingeleitet wird. Für die intertemporale Anknüpfung kommt es im Rahmen von § 717 richtigerweise nicht auf die begehrten Informationen an, sondern auf den **Zeitpunkt der Ausübung** des Auskunftsrechts gemäß Abs. 1 **oder der (potentiell pflichtwidrigen) Unterlassung** einer entsprechenden Informations- bzw. Rechenschaftspflicht gemäß Abs. 2 an. Für insofern bereits vor dem 1.1.2024 verwirklichte Sachverhalte bleibt insofern das alte materielle Recht anwendbar, danach das neue Recht. Praktische Relevanz hat dies insbesondere für die Passivlegitimation der Gesellschaft im Rahmen von Abs. 1 (→ Rn. 17) und den zwingenden Charakter von Abs. 2 (→ Rn. 45), wo die Neuregelung von der bisherigen Rechtslage abweicht.

4 Problematisch sind indessen die in § 717 nunmehr enthaltenen **verschärften Beschränkungen der Gestaltungsfreiheit.** Eine gesellschaftsvertragli-

che Abbedingung oder Beschränkung, welche nach früherem Recht gemäß hM in größerem Umfang für zulässig erachtet wurde als nunmehr, verliert ab 1.1.2024 ihre Gültigkeit, soweit § 717 dies anordnet. Zwar kommt es im Hinblick auf Wirksamkeitshindernisse grundsätzlich auf den Zeitpunkt des Vertragsschlusses an, jedoch ist richtigerweise bei Dauerschuldverhältnissen eine abweichende Beurteilung geboten, wenn das Verbotsgesetz nach seinem Sinn und Zweck die Nichtigkeit der fortlaufenden Wirkungen des Rechtsgeschäfts erfordert (MüKoBGB/Armbrüster § 134 Rn. 29 ff.). Obwohl die Regelungen des MoPeG dezidiert keine Rückwirkung vorsehen, folgt aus der **teleologischen Betrachtung des neuen § 717** dennoch, dass die Beschränkungen der Gestaltungsfreiheit zum Schutz der (Minderheits-)Gesellschafter so bedeutsam sind, dass sie sich mit Wirkung ab 1.1.2024 **auch auf zuvor getroffene Vereinbarungen** beziehen. Gesellschaftsvertragliche Vereinbarungen, die dem neuen Recht entgegenstehen, sind daher hiernach unwirksam, selbst wenn sich die Voraussetzungen des Informationsrechts im Übrigen nach altem Recht richten. Auch in den Fällen, in denen eine Informationsklage daher vor dem 1.1.2024 erhoben wurde und nach Maßgabe des früheren Rechts infolge der gesellschaftsvertraglichen Beschränkung unbegründet wäre, ist daher ab 1.1.2024 die Neuregelung maßgeblich. Die beklagte GbR bzw. Gesellschafter können zur Vermeidung weiterer Nachteile den Anspruch anerkennen (§ 307 ZPO). – Eine bis zum 31.12.2023 nach altem Recht rechtskräftig **abgewiesene Klage** entfaltet eine klagehindernde **Rechtskraftwirkung** konsequenterweise nur insoweit, als die Klageabweisung auf anderen Gründen als der Gesetzesänderung beruhte; der Gesellschafter kann daher ohne weiteres erneut auf der Grundlage des neuen § 717 klagen. Die Rechtskraftwirkung eines stattgebenden Urteils nach altem Recht hat indessen uneingeschränkt Bestand.

II. Normzweck

Abs. 1 S. 1 und 2 begründen das **individuelle Informationsrecht jedes** 5 **Gesellschafters** auf Einsichtnahme und Auskunft. Es ist zentral zur Wahrung der mitgliedschaftlichen Befugnisse legitimiert (Information als mitgliedschaftliches Grundrecht) und geht im Hinblick auf die privaten Eigeninteressen der Gesellschafter sogar noch darüber hinaus. Diese gesetzlich gewährleisteten Rechte sind indessen trotz dieser Bedeutung **grundsätzlich dispositiv,** was man durchaus kritisieren kann (→ Rn. 25); eine hiernach wirksame gesellschaftsrechtliche Verkürzung steht gemäß Abs. 1 S. 3 aber unter dem Vorbehalt der Überprüfung zum Zeitpunkt der konkreten Geltendmachung des Informationsbedürfnisses durch den Gesellschafter. – Darüber hinaus begründet **Abs. 2** nunmehr auch eine spezielle **Informationspflicht der geschäftsführungsbefugten Gesellschafter** zugunsten der rechtsfähigen GbR bzw. ansonsten gegenüber den Mitgesellschaftern (vgl. Begr. S. 159: „kollektives Informationsrecht", was aber als Begriff ungeeignet ist). Diese Regelung verwirklicht nicht primär ein Informationsbedürfnis der Gesellschafter, sondern fügt sich vielmehr in die allgemein anerkannten Informationspflichten der Geschäftsführer als **Kehrseite ihrer Organkompetenz** ein;

konsequenterweise besteht insofern auch **kaum Gestaltungsfreiheit,** damit die Kontrollmöglichkeiten der Mitgesellschafter beim arbeitsteiligen Vorgehen gewährleistet bleiben. Praktische Relevanz hat diese Informationspflicht aber auch dadurch, dass die geschäftsführenden Gesellschafter nach Beendigung ihrer Tätigkeit Rechenschaft abzulegen haben, was insbesondere für etwaige Schadensersatzhaftungen im Nachgang bedeutsam ist. Im Übrigen bewirkt die, nicht an ein entsprechendes Verlangen geknüpfte allgemeine Informationspflicht der geschäftsführungsbefugten Gesellschafter eine begrüßenswerte **Umkehr der gesellschaftsinternen Informationsverteilung:** Während nach altem Recht das individuelle Informationsrecht (nunmehr Abs. 1) das primäre Informationsmittel war (MüKoBGB/Schäfer § 713 Rn. 9), ist dies nun die allgemeine Informationspflicht gemäß Abs. 2 S. 1 Var. 1.

III. Anwendungsbereich

6   § 717 gilt ohne weiteres bei jeder **rechtsfähigen GbR,** auch bei der zweigliedrigen Gesellschaft und der Gelegenheitsgesellschaft. Bei letzterer wird die Norm allerdings insofern wenig Relevanz entfalten, als es häufig bereits an für den Informationsanspruch notwendigen Unterlagen fehlt. Der praktische Anwendungsbereich ist vor allem dann gegeben, wenn ein gesellschaftsrechtlich begründetes Informationsgefälle besteht, mithin insbesondere beim Ausschluss einzelner Gesellschafter von der Geschäftsführung. Bei einer fehlerhaften Gesellschaft (→ § 719 Rn. 21 ff.) gilt sie solange, bis nach Entdecken des Mangels die Gesellschaft nach § 731 gekündigt wird. Die Regelung gilt insofern und allgemein aber auch im **Liquidationsverfahren** (RGZ 103, 71 (73); 148, 278 (280); BGH BB 1970, 187; OLG München BeckRS 2016, 6501 Rn. 22; zu § 118 HGB aF RG LZ 1932, 693; OLG Celle BB 1983, 1450). Abs. 2 richtet sich dann nur an die ggf. abweichend von § 736 I berufenen Liquidatoren. Wurde die **Gesellschaft vollbeendet,** ist sie erloschen und verliert ihre Existenz (→ § 738 Rn. 11 ff.), sodass § 717 ab dann grundsätzlich nicht mehr gilt. Hiervon ist indessen eine Ausnahme zu machen, sofern die ehemaligen Gesellschafter ein berechtigtes Informationsbedürfnis haben; dann können (ehemalige) Gesellschafter auch unmittelbar gegen (ehemalige) Geschäftsführer auf der Grundlage von § 717 vorgehen, da die Regelung insofern gesetzliche Ausprägung einer nachwirkende Treuepflicht ist (→ Rn. 16; abw. die hM unter Bezugnahme auf § 810, im Ergebnis aber ebenso, vgl. BeckOGK/Geibel § 716 Rn. 6).

7   Bei der **nicht rechtsfähigen GbR** ist gemäß § 740 II nur Abs. 1 anwendbar, mithin das individuelle Informationsrecht, welches sich gegen die Mitgesellschafter richtet (vgl. zum alten Recht BGH BeckRS 1982, 05705 Rn. 11; OLG Karlsruhe BeckRS 2019, 49058 Rn. 77 ff.; → § 740 Rn. 22). Richtigerweise gilt dies aber auch für die Informationspflichten der geschäftsführungsbefugten Gesellschafter gemäß Abs. 2 (→ Rn. 33). Praktische Bedeutung hat dies auch für als nicht rechtsfähige GbR ausgestaltete Unterbeteiligungen und Treuhandabreden an Gesellschaftsanteilen (vgl. BGH NJW 1968, 2003 (2004 ff.); NJW-RR 1995, 165 (166); vgl. zum Ganzen nach früherem

Recht BeckOGK/Geibel § 716 Rn. 8 ff.). Ein gesetzlicher Vorrang von § 166 HGB bei sog. **atypischen Beteiligungen** mit einer hieraus begründeten Reduzierung des Informationsniveaus ist nicht anzuerkennen; hierzu bedarf es vielmehr wie allgemein entsprechender vertraglicher Einschränkungen des Informationsrechts (abw. MüKoBGB/Schäfer § 716 Rn. 13 zu § 233 I HGB aF).

§ 717 gilt infolge der Streichung von § 118 HGB aF auch bei der **OHG** 8 (§ 105 II HGB) und in Bezug auf die Komplementäre bei der **KG** (§ 161 III HGB; vgl. für die Kommanditisten § 166 HGB). Bei einer **stillen Beteiligung** gemäß §§ 230 ff. HGB galten bislang vorrangig § 233 I und III HGB aF; in § 233 II HGB aF wurde ausdrücklich geregelt, dass § 716 aF keine Anwendung findet. Hieran hat sich nichts geändert, denn im Zuge der Neuregelung von § 233 HGB ist auf das Informationsrecht des stillen Gesellschafters § 166 HGB entsprechend anzuwenden. § 717 gilt daher nicht. Bei der **Partnerschaftsgesellschaft** gilt die Regelung indessen seit der Reform gemäß § 1 IV PartGG, da der Verweis in § 6 III PartGG auf § 118 HGB infolge von dessen Streichung nunmehr ins Leere geht.

IV. Informationsrechte gemäß Abs. 1

1. Einsicht in Unterlagen der Gesellschaft (Abs. 1 S. 1)

a) Erfasste Unterlagen. Abs. 1 S. 1 erstreckt sich auf die **Unterlagen** 9 **der Gesellschaft.** Es reicht begrifflich weiter als die bisherige Regelung gemäß § 716 aF, wo auf „Geschäftsbücher" und „Papiere" der Gesellschaft Bezug genommen wurde (vgl. auch den ersatzlos aufgehoben § 118 I HGB aF: „Handelsbücher" und „Papiere"). Inhaltlich ist damit gleichwohl keine Änderung verbunden. Wie nach bisherigem Recht haben die Gesellschafter hiernach einen Anspruch darauf, **alle vorhandenen Aufzeichnungen der GbR** einzusehen, die die **Geschäftsführung und Grundlagengeschäfte** betreffen; die für Kommanditisten gemäß § 166 HGB vorgesehenen Einschränkungen („zur Überprüfung des Jahresabschlusses") gelten nicht. Das Informationsrecht befriedigt daher nicht allein die Vermögensinteressen eines Gesellschafters, sondern legitimiert allgemein, sich ein Bild über die **Lage der Gesellschaft** zu verschaffen (sog. mitgliedschaftliches Grundrecht). – Voraussetzung ist jedoch stets, dass die betreffenden Unterlagen solche „der Gesellschaft" sind, mithin auch **existieren und im Herrschaftsbereich der GbR** bzw. bei der nicht rechtsfähigen GbR der Mitgesellschafter stehen (BGH NJW 1984, 2470 (2471); vgl. zur Passivlegitimation → Rn. 17 f. und zur Durchsetzbarkeit → Rn. 19). Ist dies (aus welchen Gründen auch immer) nicht der Fall, geht das Einsichtnahmerecht ins Leere. Der betreffende Gesellschafter kann dann allerdings nach Maßgabe von Abs. 1 S. 2 Auskunft verlangen (→ Rn. 20 ff.); im Übrigen können sich die geschäftsführungsbefugten Gesellschafter in diesem Fall wegen nachlässiger Aktenführung schadensersatzpflichtig machen (vgl. zur Buchführungspflicht → § 715 Rn. 27 ff.).

Praktisch bedeutsam erfasst die Einsichtnahme vor allem die Unterlagen 10 der Buchführung (§ 717), Verträge und Korrespondenz mit Dritten und

Gesellschaftern (vgl. zu verbundenen Unternehmen BGH ZIP 1983, 935 (936); NJW 1984, 2470), öffentlich-rechtliche Genehmigungen etc., mithin **sämtliche Geschäftsunterlagen,** die bei Verwirklichung der gemeinsamen Zwecksetzung bestimmungsgemäß, bei Gelegenheit oder ultra vires anfallen. Darüber hinaus betrifft das Informationsrecht auch die Unterlagen über die **gesellschaftsrechtlichen Grundlagen** im Verhältnis zu den Gesellschaftern, mithin neben dem Gesellschaftsvertrag als solchen auch Unterlagen über Gesellschafterbeiträge, Beitrittserklärungen, stille Beteiligungen (BGH BB 1984, 1271), Identität und Adressen der Mitgesellschafter (BGH NZG 2010, 61; 2015, 269 Rn. 11; vgl. auch BGH WM 2020, 458, wonach datenschutzrechtliche Bestimmungen insoweit nicht entgegenstehen, → Rn. 14) sowie Protokolle über Gesellschafterversammlungen und Sitzungen von geschäftsführenden Gesellschaftern oder Beiräten (vgl. zu § 51a GmbHG BGH NJW 1997, 1985 (1986)). Insgesamt ist eine **weite Auslegung** geboten. Das Einsichtsrecht bezieht sich daher nicht nur auf Urkunden, sondern auch auf **elektronische Dokumente und Dateien** (BGH NZG 2010, 61). Der Gesellschafter kann selbst entscheiden, worauf er zugreift (vgl. BGH NJW 1957, 1555 (1556)). Schließlich erstreckt sich das Informationsrecht über den Wortlaut hinaus auch auf **Bestandteile des Gesellschaftsvermögens** (vgl. zum früheren Recht BeckOGK/Geibel § 716 Rn. 37). Der Gesellschafter kann sich daher auch Gewissheit darüber verschaffen, ob und in welchem Umfang und in welchem Zustand sich die betreffenden Gegenstände befinden. Insofern hat er auch das Recht, die **Geschäftsräume zu betreten** und Angestellte oder Vertragspartner **zu befragen** (abw. BeckOGK/Geibel § 716 Rn. 38: Nur mit Zustimmung der Gesellschaft). Letzteres steht freilich unter einem strengen Treuepflichtvorbehalt, soweit die Gefahr droht, dass der Betriebsfrieden gestört wird oder die Geschäftsbeziehungen zu Dritten Schaden nehmen könnten.

11   Erforderlich ist stets, dass die entsprechende Unterlage zumindest auch **gesellschaftsbezogen** ist (vgl. insofern früher § 716 aF: „Angelegenheiten der Gesellschaft", richtigerweise auch heute noch maßgeblich). Hieraus folgt, dass **reine Privataufzeichnungen nicht erfasst** sind; hierfür trägt derjenige die Beweislast, der sich darauf beruft. Die fehlende Trennung berechtigt nicht zur Informationsverweigerung (RGZ 103, 71 (73); BGH BB 1970, 187). – Da es sich um Unterlagen „der Gesellschaft" handeln muss, sind auch schuldrechtliche **Abreden der Gesellschafter untereinander und mit Dritten nicht** vom Informationsrecht umfasst. Dies betrifft insbesondere schriftlich oder elektronisch fixierte Stimmbindungsverträge und Treuhandabreden. Die dingliche Belastung eines Gesellschaftsanteils zugunsten eines Dritten hat zwar mittelbare Auswirkungen auf das Gesellschaftsverhältnis, das Informationsrecht nach Abs. 1 erfasst dieses aber ebenfalls grundsätzlich nicht. Ein Anspruch auf Einsichtnahme ist in diesen Fällen nur begründet, wenn die GbR über entsprechende Unterlagen aus Rechtsgründen verfügt (zB Verpfändungs- oder Abtretungsanzeige; Vollmachtsurkunde). Vgl. zum Geheimhaltungsinteresse → Rn. 14.

12   **b) Einsichtnahme.** Der Informationsanspruch gemäß Abs. 1 S. 1 richtet sich wie bei § 716 I aF auf Einsichtnahme. Die Gesellschaft bzw. bei der

nicht rechtsfähigen GbR die Mitgesellschafter (vgl. zur Passivlegitimation und Durchsetzung → Rn. 17 ff.) müssen daher die betreffenden **Unterlagen zugänglich machen.** Der Anspruchsinhaber hat dieses Recht auf eigene Kosten wahrzunehmen. Ort der Einsichtnahme sind die **Geschäftsräume** (BeckOGK/Geibel § 716 Rn. 43), soweit vorhanden, hilfsweise der Sitz der Gesellschaft gemäß § 706; die Unterlagen sind durch die Gesellschaft bzw. Mitgesellschafter ggf. dorthin zu verbringen. Lässt sich ein Geschäftsraum bzw. Sitz nicht bestimmen, kommt es auf den Wohn- bzw. Geschäftssitz der geschäftsführungsbefugten Gesellschafter an. Das Einsichtsrecht besteht **jederzeit;** Einschränkungen ergeben sich freilich aus der wechselseitigen Treuepflichtbindung, sodass nur allseits praktikable Lösungen verlangt werden können (vgl. zu § 118 HGB aF OLG Köln BB 1961, 953: während der Geschäftszeit; vgl. zur Bedeutung des Verhältnismäßigkeitsprinzips während der Corona-Pandemie OLG Frankfurt NZG 2021, 198). – Der Gesellschafter hat zudem das Recht, sich aus den Unterlagen **Auszüge** anzufertigen. Dies entspricht inhaltlich § 716 I aF („sich eine Übersicht…anfertigen") und ermöglicht die Erstellung von Kopien **auf eigene Kosten.** Lediglich in dem Fall, dass die maßgeblichen Dokumente alleine elektronisch gespeichert sind, müssen sie auf Kosten der Gesellschaft ausgedruckt werden (BGH NZG 2010, 61). Im Übrigen begründet Abs. 1 S. 1 grundsätzlich keinen Anspruch auf Überlassung der Unterlagen (OLG Frankfurt BeckRS 2008, 542); etwas anderes gilt unter Beachtung der Treuepflicht nur dann, wenn der Zweck der Einsichtnahme ohne Überlassung erschwert wäre (vgl. OLG Zweibrücken NJOZ 2005, 2600: kurzfristige Überlassung zum Anfertigung von Kopien).

Die Geltendmachung des Einsichtsrechts als eigennütziges Mitgliedschafts- **13** recht bedarf **keiner besonderen Rechtfertigung** (BeckOGK/Geibel § 716 Rn. 39; vgl. zu § 118 HGB aF BGH WM 1962, 883; OLG Köln BB 1961, 953); vgl. auch § 166 I 1 HGB e contrario („zur Überprüfung des Jahresabschlusses"); der Gesellschafter muss daher nicht darlegen, zu welchem Zweck er die Einsichtnahme begehrt. Grenzen des Einsichtnahmerechts bestehen allerdings wegen der **Treuepflichtbindung des Gesellschafters.** Wenngleich es nicht positiv erforderlich ist, dass dieser ein berechtigtes Informationsinteresse hat, kann die konkrete Geltendmachung eines Anspruchs missbräuchlich und damit zu versagen sein (RGZ 148, 278 (280 ff.); zur OHG BGH BeckRS 1962, 31008638). Praktisch bedeutsam dürfte dies sein, wenn ein Gesellschafter die Informationen im **Widerspruch zur gemeinsamen Zwecksetzung** verwenden will, insbesondere unter Konkurrenzaspekten sowie bei drohender Weitergabe an Dritte (vgl. zu § 118 HGB aF BGH BB 1979, 1315 (1316); WM 1982, 234). Das Gleiche gilt bei der Einbeziehung nicht vertrauenswürdiger oder nicht zur Verschwiegenheit verpflichteter Dritter (→ Rn. 15). Im Übrigen gilt das Schikaneverbot aus § 226 (vgl. RGZ 148, 278 (280)).

Der Aspekt der **Geheimhaltung** vermag nur ausnahmsweise das Ein- **14** sichtsrecht einzuschränken (noch weitergehend MüKoHGB/Enzinger § 118 Rn. 17, wonach überhaupt keine Geheimhaltungsbereiche bestünden). Die Vorgaben der **DS-GVO** dürften der innergesellschaftlichen Informationswiedergabe regelmäßig nicht entgegenstehen (vgl. BGH WM 2020, 458; Einzelheiten bei BeckOGK/Geibel § 716 Rn. 18). Das Gleiche gilt für das **GeschGehG** (BeckOGK/Geibel § 716 Rn. 20). Im Kern besteht daher aus der gesellschaftsrechtlichen Perspektive allenfalls dann Raum, das Informationsrecht zumindest auf Zeit einzuschränken, wenn die verfrühte Informationsweitergabe **Schäden der Gesellschaft** hervorrufen würde (BayObLGZ 88, 349 (354)); vgl. insofern auch verallgemeinerungsfähig § 51a II GmbHG. Die Schwelle hierfür ist allerdings sehr hoch, die Gesellschaft hat dies dann auch entsprechend darzulegen und zu beweisen (→ Rn. 19).

15   **c) Aktivlegitimation.** Die Aktivlegitimation für die Informationsrechte gemäß Abs. 1 liegt **allein bei den Gesellschaftern;** es handelt sich um ein **höchstpersönliches Recht,** welches gemäß § 711a S. 1 weder an Nichtgesellschafter abtretbar ist noch diesen auf sonstige Weise zur Ausübung übertragen werden kann (RGZ 123, 289 (299); BGH NJW 1957, 1555; vgl. zu § 118 HGB aF BGH WM 1975, 1299; OLG Köln BB 1961, 953); auch die Pfändung ist nicht möglich (BGH ZIP 2013, 1071 zur GmbH). Dies gilt grundsätzlich **auch bei der Treuhand** (MüKoHGB/Enzinger HGB § 118 Rn. 20; BeckOGK/Geibel § 716 Rn. 16; weitergehend für eine Erstreckung auf Treugeber aber bei Publikumsgesellschaften BGH NJW 2013, 2190 Rn. 19 ff.; hierzu Henssler/Strohn/Servatius HGB Anh. Rn. 94). – Hiervon ist abzugrenzen, dass es einem Gesellschafter grundsätzlich möglich ist, sich nach Maßgabe der allgemeinen Datenschutz- und Geheimhaltungsregelungen (→ Rn. 14) der **Hilfe Dritter** bei der Auswertung der entsprechenden Informationen zu bedienen (Rechtsanwälte, Steuerberater etc, vgl. RGZ 170, 392 (395); BGH NJW 1957, 1555 (1556); 1995, 196). Sofern diese Personen nicht bereits kraft Gesetzes zur **Verschwiegenheit** verpflichtet sind, hat der Gesellschafter dies durch entsprechende Vereinbarungen zu gewährleisten. Das Gleiche gilt für **rechtsgeschäftlich Bevollmächtigte** (vgl. BGH NJW 1957, 1555). Im gesetzlichen Regelfall muss der Gesellschafter hierfür keinen triftigen Grund, wie etwa Krankheit Abwesenheit, Unerfahrenheit, etc., anführen (abw. BeckOGK/Geibel § 716 Rn. 16; wie hier jedenfalls im Hinblick auf Sachverständige aber MüKoHGB/Enzinger HGB § 118 Rn. 25). Generell gilt vielmehr, dass die Gesellschaft bzw. die Mitgesellschafter ggf. darlegen und beweisen müssen, dass die Einbeziehung Dritter eine Gefährdung legitimer Geheimhaltungsinteressen hervorruft (BGH BeckRS 1962, 31008638; Saenger NJW 1992, 348 (351 ff.)). Die **gesetzlichen Vertreter** eines Gesellschafters, insbesondere bei Minderjährigkeit und Betreuung, sind im Rahmen ihrer Vertretungsmacht ebenfalls ohne weiteres berechtigt, die Informationsrechte im Namen des Vertretenen geltend zu machen (vgl. BGH NJW 1965, 1961).

16   Ist ein **Gesellschafter ausgeschieden,** soll nach allgM kein gesellschaftsrechtliches Informationsrecht mehr bestehen, sondern **allein § 810** gelten, freilich mit weitgehend identischem Inhalt (vgl. RG JW 1927, 2416; BGH WM 1961, 1329; 1963, 989; NJW 1989, 226; 1989, 3272; BayObLG DB 1987, 215; BeckOGK/Geibel § 716 Rn. 15; Dißars DStR 2020, 1514; abw. zu § 166 HGB aber OLG Hamm OLGZ 1970, 388). Dem ist **nicht zuzu-**

stimmen. Jedenfalls in den Fällen, in denen eine Abfindung oder Verlustausgleichspflicht besteht bzw. eine solche streitig ist, ist die gesellschaftsrechtliche Beendigung der Mitgliedschaft noch nicht endgültig vollzogen. Zur Befriedigung des für die **Abwicklung der Mitgliedschaft** berechtigten Informationsinteresses des Ausgeschiedenen stehen diesem daher für alle bis zum Zeitpunkt des Ausscheidens angefallenen Tatsachen auch die Informations- und Auskunftsrechte gemäß Abs. 1 zu. Die Streichung von § 740 II aF bestätigt dies, da andernfalls eine gesellschaftsrechtliche Schutzlücke bestünde. Das Gleiche gilt konsequenterweise und gleichermaßen für die **Erben** eines verstorbenen Gesellschafters bzw. den Testamentsvollstrecker (RGZ 170, 392 (395)); der zeitliche Umfang richtet sich insofern nach dem Schicksal der Gesellschafterstellung nach Maßgabe von § 724. Wurde über das Vermögen eines Gesellschafters das Insolvenzverfahren eröffnet, steht das Informationsrecht dem **Insolvenzverwalter** zu, wenn der Gesellschaftsanteil zur Masse gehört. Während der **Abwicklung** der GbR gelten die Informationsrechte gleichermaßen (allgM), richtigerweise in begrenzten Ausnahmefällen auch nach Vollbeendigung (str., → Rn. 6).

d) Passivlegitimation. Das Informationsrecht gemäß Abs. 1 besteht **17** **gegenüber der Gesellschaft.** Insofern bringt die Neuregelung Klarheit, da in § 716 aF die Passivlegitimation nicht geregelt wurde. Bei der **rechtsfähigen GbR** ist daher die Gesellschaft selbst verpflichtet, durch Handeln ihrer geschäftsführungsbefugten und vertretungsberechtigten Gesellschafter die Einsichtnahme und das Anfertigen von Auszügen zu ermöglichen und zu dulden (vgl. hierzu bereits nach früherem Recht BeckOGK/Geibel § 716 Rn. 31; zur OHG auch BGH BeckRS 1962, 31008638; abw. zum früheren Recht auch bei der Außen-GbR OLG Saarbrücken NZG 2002, 669 (670)). Da es sich um einen gesellschaftsrechtlichen Anspruch handelt, ist dieser nicht Gegenstand der Gesellschafterhaftung der übrigen. Bei der **nicht rechtsfähigen GbR** richtet sich der Anspruch gegen den Gesellschafter, der über die entsprechenden Unterlagen verfügt (vgl. BGH NJW 2011, 921 Rn. 11; dieser muss nicht notwendigerweise Geschäftsführungsbefugnis haben (Begr. S. 191; abw. BeckOGK/Geibel § 716 Rn. 33).

Hiervon **abzugrenzen** ist, ob auch bei der rechtsfähigen GbR durch **18** einen Gesellschafter auch **unmittelbar gegen** einen **geschäftsführungsbefugten Gesellschafter** oder die Mitglieder eines Beirats oÄ aus § 717 vorgegangen werden kann. Dies wird zum früheren Recht bejaht (vgl. OLG München BeckRS 2016, 6501 Rn. 22; BeckOGK/Geibel § 716 Rn. 32 mit Hinweis auf BGH NJW 2011, 921 Rn. 11, was jedoch eine Innen-GbR betraf). Diese Ansicht **überzeugt nicht,** insbesondere im Lichte der durch die Reform verwirklichten Stärkung der Außen-GbR als rechtsfähiger Verband (vgl. Begr. S. 105). Der Wortlaut („gegenüber der Gesellschaft" sowie „Unterlagen der Gesellschaft"), spricht eindeutig dafür, dass es sich um eine Rechtsbeziehung zwischen der Gesellschaft und den jeweiligen informationsberechtigten Gesellschaftern handelt. Das Gleiche folgt aus dem Umkehrschluss zu Abs. 2 („die geschäftsführungsbefugten Gesellschafter haben"). Dieses Ergebnis verkürzt auch nicht die Rechte des Gesellschafters. Die geschäftsführungsbefugten Gesellschafter sind nämlich ihrerseits gemäß § 715 I im Verhältnis zur GbR verpflichtet, die Verwirklichung des Duldungsanspruchs zu ermöglichen. Erfolgt dies treuwidrig nicht, kann der Gesellschafter im Wege der **Gesellschafterklage** § 715b insofern gegen diese vorgehen, um das Recht auf Einsichtnahme durchzusetzen. Für eine unmittelbare Pflichtenbindung der geschäftsführenden Gesellschafter im Verhältnis zum Informationsberechtigten mittels rechtsfortbildender Korrektur von § 717 I besteht daher kein Bedürfnis. Die rechtliche Verselbstständigung der Außen-GbR hat vielmehr auch in der Innenperspektive Beachtung zu finden, zumal § 717 nunmehr auch bei der OHG gilt (→ Rn. 8). – Allerdings ist zu überlegen, ob bei **Gelegenheitsgesellschaften und zweigliedrigen Gesellschaften** eine Ausnahme greift und insofern der Informationsanspruch auch unmittelbar gegen den geschäftsführenden Gesellschafter oder andere Mitgesellschafter gerichtet ist (vgl. zur früheren Rechtslage: BGH ZIP 2013, 570; NZG 2015, 269 (272)). Dies erscheint insbesondere vor dem Hintergrund sinnvoll, dass es bei derartigen Gesellschaften häufig an schriftlichen Unterlagen der Gesellschaft selbst fehlt oder ein Mitgesellschafter die Auskunft unschwer erteilen kann (zur früheren Rechtslage auch BGH BB 1970, 178; WM 1962, 883; ZIP 2011, 322 Rn. 11).

19 **e) Durchsetzung.** Der Anspruch auf Einsichtnahme richtet sich nicht allein auf Duldung, sondern Ermöglichung, mithin **Bereitstellung** der entsprechenden Unterlagen (abw. für bloße Duldung RGZ 170, 392 (395); OLG Saarbrücken NZG 2002, 669 (670); BeckOGK/Geibel § 716 Rn. 2; MüKoHGB/Enzinger HGB § 118 Rn. 39). Er ist daher im Wege der **Leistungsklage** geltend zu machen, bei Eilbedürftigkeit ggf. im Wege des einstweiligen Rechtsschutzes über die Leistungsverfügung gemäß §§ 935, 940 ZPO analog als Ausnahme zum Verbot der Vorwegnahme der Hauptsache. Beklagte bzw. Antragsgegnerin ist grundsätzlich die rechtsfähige GbR (→ Rn. 17), nur bei der nicht rechtsfähigen GbR die betreffenden Mitgesellschafter. Der Gesellschafter muss nicht konkret bezeichnen, auf welche Unterlagen sich der Anspruch stützt; die allgemeine Forderung nach Einsichtnahme ist ausreichend (vgl. BGH BB 1979, 1315 (1316); zur KG BGH WM 1979, 1061). Der Streitwert wird gem. § 3 ZPO vom Gericht nach freiem Ermessen festgesetzt, wobei sich die Schätzung nach dem Interesse des Klägers an der Durchsetzung seines Einsichtsrechts richtet, in der Regel ein Zehntel bis ein Viertel (vgl. BGH BeckRS 2020, 38483) des Leistungsanspruchs. Die Vollstreckung hat wegen der über die bloße Duldung hinausgehenden Ermöglichung der Einsichtnahme durch Bereitstellung der entsprechenden Unterlagen nach **§ 888 ZPO** zu erfolgen, nicht nach § 890 ZPO (MüKoHGB/Enzinger HGB § 118 Rn. 42; weitergehend für § 883 ZPO aber OLG Frankfurt WM 1991, 1555: § 883 ZPO was aber zu weit geht, da Einsicht und Herausgabe zu unterscheiden sind, vgl. zutr. OLG Hamm BB 1973, 1600; mittlerweile auch zweifelnd OLG Frankfurt NZG 2021, 198 Rn. 10). Die **Darlegungs- und Beweislast** obliegt dem Kläger allein insoweit, als es die eigene Gesellschafterstellung betrifft; ein konkretes Informationsbedürfnis muss nicht dargelegt werden (→ Rn. 13). Die beklagte

Gesellschaft hat ggf. zu beweisen, dass es sich bei den geforderten Unterlagen nicht um solche der Gesellschaft handelt (→ Rn. 9), dass ein Geheimhaltungsgrund vorliegt (→ Rn. 14) oder, dass das Informationsrecht treuwidrig ausgeübt wird (→ Rn. 13; vgl. BGH NJW 1957, 1555 (1556); BB 1970, 187 Rn. 56).

2. Auskunft über die Gesellschaftsangelegenheiten (Abs. 1 S. 2)

Abs. 1 S. 2 gewährt jedem Gesellschafter seit der Reform erstmals aus- **20** drücklich einen **individuellen Auskunftsanspruch gegenüber der Gesellschaft** auf Auskunft über die Gesellschaftsangelegenheiten; § 716 aF und § 118 HGB aF sahen ein solches nicht vor (MüKoBGB/Schäfer § 716 Rn. 12). Nach früherem Recht folgte allein aus § 713 aF iVm § 666 Var. 2 eine Auskunftspflicht der geschäftsführungsbefugten Gesellschafter, welches nach allgM ein sog. kollektives Informationsrecht aller Gesellschafter begründete. Seit der ersatzlosen Streichung von § 713 aF ist hierfür kein Bedarf mehr. Der Auskunftsanspruch des Gesellschafters richtet sich vielmehr bei der rechtsfähigen GbR allein gegen diese (vgl. zur **Aktiv- und Passivlegitimation** → Rn. 15 ff.). – Aus dem Wortlaut „ergänzend" ergibt sich im Übrigen die **Subsidiarität** der Auskunft gegenüber der Einsichtnahme gemäß Abs. 1 S. 1 (Begr. S. 15; zum bisherigen Recht auch MüKoHGB/Enzinger HGB § 118 Rn. 17). Ein Gesellschafter kann daher grundsätzlich nur soweit Auskunft verlangen, als die Möglichkeit der persönlichen Unterrichtung durch die Einsicht nicht erreicht werden kann. Die Voraussetzungen für die Überwindung dieser materiell-rechtlichen Einschränkung des Auskunftsrechts hat der Gesellschafter darzulegen und zu beweisen. Es ist aber durchaus möglich, im Wege der **Stufenklage** vorzugehen.

a) Auskunftsanspruch. Das Auskunftsrecht dient, wie die Einsicht- **21** nahme, der Verwirklichung eines **individuellen Informationsbedürfnisses** der Gesellschafter im Hinblick auf die Angelegenheiten der Gesellschaft. Es richtet sich daher auf die **Darbietung von Information.** Gegenstand der Auskunft sind grundsätzlich nur **Tatsachen,** bereits gefasste **Pläne und Absichten** fallen aber gleichermaßen darunter (vgl. zur OHG OLG Hamm NJW 1986, 1693 (1694)). Der Auskunftsanspruch erstreckt sich auch auf Kenntnisse der geschäftsführungsbefugten Gesellschafter, die diese in ihrer Eigenschaft über Tatsachen, Pläne und Absichten Dritter haben, soweit dies den notwendigen Bezug zu den Angelegenheiten der Gesellschaft in Innen- und Außenverhältnis hat. Die Erfüllung des Auskunftsbegehrens erfolgt durch die geschäftsführungsbefugten Gesellschafter; sie kann und muss je nach Eignung zur Informationsbefriedigung **mündlich oder schriftlich** bzw. auf elektronischem Wege erfolgen und muss ggf. auf Unterlagen Bezug nehmen. Es ist im Übrigen pflichtgemäß und geboten, wenn sich die Verpflichteten mangels eigener Fähigkeiten auf Kosten der Gesellschaft **professioneller Hilfe** bedienen, um die Auskunft sachgerecht zu erteilen (Steuerberater, Wirtschaftsprüfer, Rechtsanwälte; vgl. auch → Rn. 15).

Das Auskunftsrecht erstreckt sich wie die Einsichtnahme auf **sämtliche** **22** **Angelegenheiten der Gesellschaft,** mithin den Bereich der gewöhnlichen und außergewöhnlichen Geschäftsführung (vgl. zur OHG RG JW 1907, 523) und die gesellschaftsrechtlichen Grundlagen, jeweils im Innen- und Außenverhältnis, auch im Hinblick auf verbundene Unternehmen (BGH WM 1984, 807; BB 1984, 1247; WM 1983, 910 (911); OLG Hamm NJW 1986, 1693 (1694); OLG Köln ZIP 1984, 800 (804); in den letztgenannten Fällen besteht dann eine Informationsbeschaffungspflicht der geschäftsführungsbefugten Gesellschafter (MüKoBGB/Schäfer § 716 Rn. 12). Im Umkehrschluss zu § 166 I 2 HGB ist das Auskunftsrecht nicht darauf beschränkt, dass die Auskunft zur Wahrnehmung seiner Mitgliedschaftsrechte erforderlich ist. Der Gesellschafter kann daher ebenso wie bei der Einsichtnahme (→ Rn. 13) auch allgemeine Auskünfte über die **Lage der Gesellschaft** verlangen.

23   Die **Subsidiarität** gegenüber der Einsichtnahme bezieht sich zum einen darauf, Auskunft wegen Lücken, Fehlern oder Inkonsistenzen in Bezug auf die betreffenden Unterlagen zu erhalten (BGH BeckRS 1983, 30809188; NZG 2013, 1258 Rn. 24; OLG München BeckRS 1993, 09690 Rn. 3; BeckOGK/Geibel § 716 Rn. 48; MüKoBGB/Schäfer § 716 Rn. 12). Insofern ist eine **objektive Betrachtung** angezeigt, sodass nicht jede Unkenntnis eines Gesellschafters ein Auskunftsrecht rechtfertigt; er hat sich ggf. professioneller Hilfe zu bedienen (→ Rn. 15). Die Subsidiarität ist aber auch dann gewahrt, wenn die betreffende Information über die Angelegenheit der Gesellschaft von vornherein nicht durch entsprechende Unterlagen dargeboten werden kann; insofern gilt nichts anderes als bei § 51a I GmbHG (ebenso Habersack/Schäfer/Schäfer HGB § 118 Rn. 25; gegen einen „allgemeinen Informationsanspruch" aber BeckOGK/Geibel § 716 Rn. 48).

24   **b) Durchsetzung.** Das Auskunftsrecht ist ein **verhaltener Anspruch,** der nur entsteht, wenn der Gesellschafter ihn gegenüber dem geschäftsführungsbefugten Gesellschafter geltend macht („kann…verlangen"). Er kann **jederzeit** geltend gemacht werden, ist aber als subsidiäres Informationsrecht im gesetzlichen Regelfall **nicht** darauf gerichtet, **periodisch** Bericht erstatten zu müssen (MüKoHGB/Enzinger HGB § 118 Rn. 17). Ein besonderes, berechtigtes Interesse muss nicht bestehen (e contrario § 166 I 2 HGB „soweit dies zur Wahrnehmung seiner Mitgliedschaftsrechte erforderlich"; hierzu Fleischer DStR 2021, 483 (488)). Die Geltendmachung erfolgt im Wege der **Leistungsklage,** wobei der Kläger das Informationsbegehren konkret zu bezeichnen hat. Die Erfüllung des Auskunftsbegehrens durch die rechtsfähige GbR erfolgt durch deren vertretungsbefugte Gesellschafter (Heckschen/Nolting BB 2020, 2256 (2260)), bei der nicht rechtsfähigen Gesellschaft durch alle übrigen. Der Streitwert ist nach § 3 ZPO zu schätzen (→ Rn. 19). Die Vollstreckung richtet sich nach § 888 ZPO (vgl. zu § 51a GmbHG BayObLG WM 1989, 372). § 259 II ist nicht anwendbar; dies hätte der Gesetzgeber für das Gesellschaftsrecht explizit anordnen müssen. Die Klage ist bei der rechtsfähigen GbR gegen diese zu richten (→ Rn. 17, 19), bei der nicht rechtsfähigen GbR gegen die betreffenden Mitgesellschafter (Begr. S. 191). Weigern sich die geschäftsführungsbefugten Gesellschafter im Vorfeld der Klage pflichtwidrig und schuldhaft, die begehrte Auskunft zu erteilen, kön-

nen hieraus **Schadensersatzansprüche** gegenüber der GbR bzw. den Mitgesellschaftern resultieren. Umgekehrt unterliegt der Gesellschafter wegen der **Treuepflichtbindung** denselben Beschränkungen wie beim Einsichtsrecht (→ Rn. 13).

3. Beschränkte Gestaltungsfreiheit (Abs. 1 S. 3)

a) Grundlagen. Die in Abs. 1 S. 1 und 2 geregelten Einsichts- und Aus-   **25**
kunftsrechte können **ohne weiteres** gesellschaftsvertraglich **erweitert** werden (allgM), insbesondere im Hinblick auf periodische Berichtspflichten gegenüber den Gesellschaftern. Im Hinblick auf **Beschränkungen** besteht im Ausgangspunkt gleichermaßen Gestaltungsfreiheit (zu § 118 II HGB aF BayObLG WM 1988, 1789 (1790)). Abs. 1 S. 3 besagt jedoch wie der mittlerweile aufgehobene § 118 II HGB aF, dass Beschränkungen unbeachtlich sind, soweit sie der Geltendmachung der gesetzlich geregelten Informationsrechte zur Wahrnehmung eigener Mitgliedschaftsrechte erforderlich sind, insbesondere, wenn Grund zur Annahme unredlicher Geschäftsführung besteht. Dogmatisch handelt es sich somit nicht um ein Wirksamkeitshindernis, sondern eine **gesetzlich geregelte Ausübungskontrolle** (Begr. S. 158). Ein Gesellschafter darf trotz an sich wirksamer Beschränkung ein weitergehendes Informationsrecht geltend machen, wenn dies in concreto geboten ist. Erforderlich ist hiernach eine **konkrete Abwägung** im Einzelfall; der Grund der Annahme einer unredlichen Geschäftsführung ist insofern als bloßes Regelbeispiel zu sehen (Begr. S. 158). Rechtspolitisch ist diese gegenüber Abs. 2 S. 2 weitgehendere Gestaltungsfreiheit in Bezug auf die Beschränkung der individuellen Informationsrechte eines Gesellschafters durchaus umstritten, als gesetzgeberische Entscheidung indessen, wie bereits früher gemäß § 118 II HGB, hinzunehmen. Andererseits darf aus diesem gesetzlich angelegten Modell der flexiblen Klauselkontrolle indessen nicht gefolgert werden, dass die Unwirksamkeit einer Beschränkung gänzlich ausgeschlossen wäre, insbesondere bei gravierenden Mängeln. Insofern ist zu differenzieren:

b) Einvernehmlich vereinbarte Beschränkungen. Eine einvernehm-   **26**
lich vereinbarte Beschränkung, sei es von Anfang an oder durch nachträgliche Änderung des Gesellschaftsvertrages, ist **grundsätzlich wirksam.** Hieran ist auch ein nachträglich beitretender Gesellschafter gebunden, wenn ihm dies bei Beitritt kenntlich gemacht wurde. Vorbehaltlich der Ausübungskontrolle im Einzelfall (→ Rn. 28 f.) gilt dies etwa für **Beschränkungen der Ausübung** im Hinblick auf Zeit, Ort, Auskunftsverlangen etc. (dies begrüßend auch Heckschen/Nolting BB 2020, 2256 (2260)) oder für die Beschränkung auf bestimmte Unterlagen oder Geschäftsbereiche. Problematisch ist freilich, ob auch ein **völliger Ausschluss** der Informationsrechte vereinbart werden kann. Dies ist richtigerweise **zu verneinen,** da dies faktisch auf eine **informationsmäßige Knebelung** hinausliefe (§ 138 I; vgl. auch DAV NZG 2020, 1133 Rn. 57: Neuregelung rechtspolitisch bedenklich; kritisch wegen persönlicher Haftung der Gesellschafter auch Heckschen/Nolting BB 2020, 2256 (2260): Ausschluss der Einschränkbarkeit insofern wie gemäß Abs. 2 S. 2 vorzugswürdig; ebenso unter Hinweis auf einen Erst-recht-Schluss zu

§ 51a GmbHG Schall ZIP 2020, 1142 (1150)). Dem Gesellschafter stünde
dann allein der als Ausnahme konzipierte Weg der außerordentlichen Informationsgewinnung nach Maßgabe von Abs. 1 S. 3 bereit, der durchaus Hürden hat (in diese Richtung auch BGH NJW 2010, 439 (440) im Hinblick
auf Namen und Anschriften von Mitgesellschaftern bei Publikumsgesellschaften und BGH NJW 2013, 2190 für eine entsprechende Treuhandabrede;
ähnlich BeckOGK/Geibel § 716 Rn. 64, der zutr. darauf hinweist, dass ein
nachträglicher Verzicht auf die Geltendmachung durchaus zulässig ist; abw.
für zulässige völlige Abbedingung MüKoBGB/Schäfer § 716 Rn. 20). Bei
erwerbswirtschaftlichen oder vermögensverwaltenden GbR muss daher
wenigstens einmal pro Kalenderjahr ein dem gesetzlichen Regelfall entsprechendes ordentliches Informationsrecht im Hinblick auf die **Rechnungslegung** gemäß § 717 belassen werden, damit hierüber auch die steuerrechtlichen Pflichten des Gesellschafters sachgerecht erfüllt werden können.
Im Übrigen spricht aber nichts dagegen, bei der GbR noch weitergehend
als bei OHG und KG das Informationsrecht einvernehmlich abzubedingen
und diese Freiheit auch nicht allein auf Publikumsgesellschaften zu beschränken.

27   **c) Nachträgliche Einführung.** Ergänzend zu den vorstehenden Gren-
zen der Gestaltungsfreiheit stellen sich besondere Probleme, wenn eine
Beschränkung des gesetzlichen Informationsrechts nachträglich **durch
Mehrheitsbeschluss** eingeführt werden soll. Da es hierbei um die Verkürzung gesetzlicher Mitgliedschaftsrechte geht, bedarf es einer antizipierten
Zustimmung hierzu bei Vereinbarung der Mehrheitsklausel. Diese kann nach
dem zweistufigen Modell der Beschlusskontrolle (→ § 714 Rn. 20 ff.) im
Hinblick auf die notwendige **formelle Legitimation** des Eingriffs nur dann
angenommen werden, wenn die Möglichkeit auch in der Klausel hinreichend
konkret angelegt ist (vgl. hierzu bereits BGH NJW 1995, 194 (195), in der
Sache auch heute noch bedeutsam). Eine allgemeine Mehrheitsklausel genügt
daher nicht, selbst wenn der betroffene Gesellschafter an der Einführung
zustimmend beteiligt war (so wohl auch BeckOGK/Geibel § 716 Rn. 63:
„von vornherein pauschal" unzulässig). Im Übrigen ist stets auf der zweiten
Stufe nach Maßgabe der allgemeinen **Treuepflichtkontrolle** zu prüfen, ob
die nachträgliche Einführung rechtmäßig ist, mithin nicht missbräuchlich,
um ein bestehendes oder konkret bevorstehendes Informationsbedürfnis der
Gesellschafter zu beschneiden. Schließlich ist auch der **Gleichbehandlungsgrundsatz** zu wahren (→ § 714 Rn. 28), sodass es grundsätzlich ausgeschlossen ist, lediglich einzelnen Gesellschaftern das Informationsrecht zu
entziehen.

28   **d) Ausübungskontrolle – außerordentliches Informationsrecht.**
Gibt es eine nach dem Vorgesagten **wirksame Beschränkung,** ist gemäß
Abs. 1 S. 3 stets im Einzelfall zu fragen, ob der hierdurch bewirkte Ausschluss
den Gesellschafter an der Wahrnehmung eigener Mitgliedschaftsrechte hindert. Der gegenüber § 716 II aF („wenn") gewählte Wortlaut des Abs. 1
S. 3 („soweit"), lässt darauf schließen, dass die Ausübungskontrolle auch nur
einzelnen Teilen der Vereinbarung entgegenstehen kann. Das Regelbeispiel

des **Verdachts unredlicher Geschäftsführung** (richtigerweise als pflichtwidrige Geschäftsführung zu verstehen) zielt darauf ab, dass der Gesellschafter
in der Lage sein muss, entsprechende Konsequenzen zu ziehen (Entziehung
der Geschäftsführungskompetenz, Ausschluss aus der Gesellschaft, Schadensersatz). Erforderlich ist in diesen Fällen ein hinreichender Verdacht, deren
Tatsachen der Gesellschafter ohne überzogene Anforderungen (Begr. S. 159)
glaubhaft darlegen muss (BGH WM 1984, 804 (808); MüKoBGB/Schäfer
§ 716 Rn. 22; BeckOGK/Geibel § 716 Rn. 67; MüKoHGB/Enzinger HGB
§ 118 Rn. 36). Es ist dann an der Gesellschaft bzw. bei der nicht rechtsfähigen
GbR an den Gesellschaftern, diesen Verdacht durch Vollbeweis auszuräumen.
Ausreichend ist auch die grundlose Verweigerung von Information durch die
geschäftsführenden Gesellschafter (Begr. S. 159, jedenfalls bei ungewöhnli-
cher Geschäftsentwicklung).

Dieses Regelungsmodell lässt sich zudem **verallgemeinern,** sodass ein **29**
außerordentliches Informationsrecht zwingend auch dann besteht, wenn
der Gesellschafter andernfalls die **anderen vermögens- oder verwal-
tungsmäßigen Mitgliedschaftsrechte** nicht ausüben kann (Abstimmung und Beteiligung an Grundlagenentscheidungen, Geltendmachung
von Gewinnansprüchen und Abfindungsguthaben etc). Darüber hinaus ist
es unter Berücksichtigung von Art. 14 I GG auch geboten, den Gesellschaftern hiernach ein zwingendes außerordentliches Informationsrecht
zuzubilligen, um die **Anteilsübertragung** zu verwirklichen. Hierbei handelt es sich zwar nicht um die Wahrnehmung von Mitgliedschaftsrechten,
Abs. 1 S. 3 ist indessen teleologisch zu erweitern, da die vertraglich
gewährleistete Fungibilität (vgl. → § 711 Rn. 6 ff.) ansonsten nicht effektiv wahrgenommen werden könnte.

4. Kautelarischer Handlungsbedarf infolge des MoPeG

Die neue Gesetzeslage tritt nach Art. 137 S. 1 MoPeG am **1.1.2024** in **30**
Kraft (→ Rn. 2). Da sich § 717 I inhaltlich kaum von den aus § 716 aF
ergebenden individuellen **Informationsrechten** unterscheidet (→ Rn. 2),
besteht **kein zwingender Handlungsbedarf.** Jedoch bietet es sich an, durch
eine gesellschaftsvertragliche Regelung, freilich im Rahmen des § 717 I 3 und
der §§ 138, 242, Rechtsklarheit zu schaffen und Gesellschafterstreitigkeiten
vorzubeugen. – Im Hinblick auf **Beschränkungen** besteht im Ausgangspunkt weitgehend Gestaltungsfreiheit (→ Rn. 26). Dementsprechend können für **Abs. 1 S. 1** die Periodizität, der Ort oder die Reichweite des Einsichtsrechts festgelegt werden. So kommt beispielsweise eine Beschränkung
auf bestimmte Unterlagen oder Geschäftsbereiche in Betracht (siehe zur
Reichweite der Abdingbarkeit → Rn. 26). Bei **Abs. 1 S. 2** ist zu klären, was
unter „Gesellschaftsangelegenheiten" zu verstehen ist und wie weit diese
reichen sollen (→ Rn. 22). Hierbei sollte eine abschließende Aufzählung
vermieden werden, um das Auskunftsrecht nicht unnötig zu beschneiden
(„insbesondere"). Von einem völligen **Ausschluss** der individuellen Informationsrechte ist ebenfalls wegen rechtlicher Bedenken abzuraten (→ Rn. 26).
Bei der gesetzlich geregelten Ausübungskontrolle nach **Abs. 1 S. 3** bietet

sich eine Mediationsklausel an, um eine vorschnelle Eskalation durch den
Vorwurf einer unredlichen Geschäftsführung zu vermeiden.

31   Bei einer GbR, die einer stillen Gesellschaft isd §§ 230 ff. HGB nachgebildet ist, aber kein Handelsgewerbe betreibt (**sog. stille GbR;** vgl.
MüKoBGB/Schäfer § 716 Rn. 3), können die Informationspflichten nach
dem Vorbild des § 233 HGB iVm § 166 HGB eingeschränkt werden (soweit
§ 233 HGB nicht bereits analoge Anwendung findet; so etwa MüKoBGB/
Schäfer § 716 Rn. 3). Erschöpft sich der Förderungsbeitrag des „stillen
Gesellschafters" in einer monetären Investition in das Unternehmen, so ist
es interessengerecht, seine Gesellschafterrechte auf ein Mindestmaß an Informationsrechten zu begrenzen, ohne dass hierbei gegen die §§ 138, 242 verstoßen wird. Dem Gesellschafter bleibt die Gewinnbeteiligung. – Entsprechendes gilt für die als nicht rechtsfähige GbR ausgestaltete **Unterbeteiligung**
an einem Geschäftsanteil (vgl. dazu → Rn. 7).

V. Informationspflicht der Geschäftsführer (Abs. 2)

1. Grundlagen

32   Abs. 2 knüpft konkreter als die Informationsrechte gemäß Abs. 1 an ein
Informationsgefälle zwischen geschäftsführungsbefugten Gesellschaftern
und der Gesellschaft an, mithin den nicht geschäftsführungsbefugten Gesellschaftern. Regelungsgegenstand ist daher nicht die Befriedigung eines individuellen Informationsbedürfnisses, sondern vorgelagert und insofern kollektiv
die rechtliche Gewährleistung des Abbaus von Informationsasymmetrie.
Hierzu werden als Verstärkung des allgemeinen Informationsrechts gemäß
Abs. 1 **drei Kompensationsmaßnahmen** geschaffen: Die Geschäftsführer
haben gemäß Var. 1 von sich aus über den Gang der Geschäftsführung zu
informieren, gemäß Var. 2 auf Verlangen Auskunft zu erteilen und gemäß
Var. 3 nach Beendigung der Geschäftsführertätigkeit Rechenschaft abzulegen.
Die rechtliche Konstruktion dieser Pflichten erfolgt bei der **rechtsfähigen
GbR** über diese, sodass hier ebenso wie bei Abs. 1 keine unmittelbaren
Informationspflichten zwischen den Gesellschaftern bestehen (Heckschen/
Nolting BB 2020, 2256 (2260)). Die Neuregelung ist insbesondere im Hinblick auf die Benachrichtigungspflicht und die Rechenschaft nach Beendi-
gung der Tätigkeit zu begrüßen, da dies den **Geschäftsführern** angesichts
der Sachnähe **zutreffend die Initiativlast** aufbürdet, was wegen der drohenden Haftung bei Pflichtverletzung auch präventiv wirkt. Hiermit verbunden
ist freilich eine zusätzliche Haftungsgefahr, wenn die Geschäftsführer dieser
Pflicht nicht nachkommen. Die Einführung des Auskunftsrechts gemäß Var. 2
erscheint indessen wegen des sachlich identischen Informationsrechts gemäß
Abs. 1 und der entsprechenden allgemeinen Treuepflichtbindung vordergründig als überzogen. Dies hat indessen wegen der unterschiedlichen Gestaltungsfreiheit durchaus praktische Relevanz.

33   Die spezielleren Informationspflichten gemäß Abs. 2 knüpfen an die
Geschäftsführungsbefugnis der Verpflichteten nach Maßgabe von § 715 an;
fehlt es hieran, kann ein formal nicht geschäftsführungsbefugter Gesellschafter

als **faktischer Geschäftsführer** gleichwohl in entsprechender Anwendung zur Information verpflichtet sein. Erforderlich ist insofern, dass dieser entsprechenden Einfluss auf die vorhandenen Geschäftsführer nimmt oder alleine eigenmächtig handelt; auf eine Außenwirkung kommt es insofern nicht an. – Gemäß § 740 II findet Abs. 2 keine Anwendung auf **nicht rechtsfähige Gesellschaften.** Diese kategorische Herausnahme überzeugt nur vordergründig, denn auch bei diesen Gesellschaften kann es ein spezifisches, aus der Geschäftsführungsbefugnis resultierendes Informationsgefälle geben. Indem § 740 II explizit auch bei nicht rechtsfähigen Gesellschaften die Geschäftsführungsbefugnis iSv § 715 anerkennt, gelten daher richtigerweise auch die speziellen Informationsrechte gemäß Abs. 2 hierfür.

2. Allgemeine Benachrichtigungspflicht (Var. 1)

a) Erforderliche Nachrichten. Die nicht an ein entsprechendes Verlan- **34** gen geknüpfte Benachrichtigungspflicht entspricht inhaltlich § 666 Var. 1, auf den früher gemäß § 713 aF verwiesen wurde. Hiernach haben die geschäftsführungsbefugten Gesellschafter **von sich aus** die erforderlichen Nachrichten zu geben; es handelt sich um eine **Dauerpflicht,** die während der ganzen Zeit der Innehabung von Geschäftsführungskompetenz besteht. Dies legitimiert stärker als bislang die **Perspektive der passiven Gesellschafter** und begründet so das primäre Informationsmittel. Gegenstand dieser Informationen sind alle **Tatsachen,** die die **Geschäftsführungskompetenz** betreffen, wie beim allgemeinen Informationsrecht gemäß Abs. 1 aber auch Umstände über die **gesellschaftsrechtlichen Grundlagen** (→ Rn. 10, → Rn. 22). Hierbei muss es sich nicht nur um vergangene oder gegenwärtige Tatsachen handeln; benachrichtigungspflichtig sind insbesondere auch zukünftige Umstände, wenn hieraus nach objektiver Beurteilung **Informations- oder Handlungsbedarf** erwächst (vgl. Begr. S. 159: objektives Informationsbedürfnis; zu § 666 beim Auftrag BGH NJW 1991, 982 (985)). Obwohl im Zuge der Reform die Regelung des § 665 nicht mehr unmittelbar kraft Verweisung gilt, begründet Abs. 2 S. 1 Var. 1 gleichwohl auch eine **Warnpflicht** (vgl. insofern § 665 S. 2). Drohen aus tatsächlichen oder rechtlichen Gründen gesellschaftsbezogene Nachteile oder Schäden, ist hierüber ebenfalls zu informieren (vgl. zum früheren Recht Henssler/Strohn/Servatius § 713 Rn. 6; gegen die Anwendung von § 665 bei der GbR aber MüKoBGB/Schäfer § 713 Rn. 7).

Die Pflicht zur **fortlaufenden Information** ist dadurch **begrenzt,** dass **35** die Nachrichten **wesentlich** sein müssen (vgl. zum früheren Recht Henssler/ Strohn/Servatius § 713 Rn. 8). Andernfalls wäre die gehörige Pflichterfüllung nicht zu bewerkstelligen und das Informationsbedürfnis wegen einer Flut von Einzelheiten nicht zu verwirklichen. Zu bedenken ist auch, dass jeder Gesellschafter ohnehin gemäß Abs. 1 ein Informations- und subsidiäres Auskunftsrecht hat und zudem noch das spezielle Auskunftsrecht gemäß Var. 2 besteht. Die **teleologische Konkretisierung** des Wesentlichkeitskriteriums hat sich am Informationszweck zu orientieren: Die nicht geschäftsführungsbefugten Gesellschafter sollen über **bedeutsame wirtschaftliche**

oder rechtliche Veränderungen gegenüber dem bisherigen Kenntnisstand unterrichtet werden, damit sie in die Lage versetzt werden, ihre gesellschaftsbezogenen Entscheidungen hierauf abzustimmen (vgl. LG Heidelberg BeckRS 2016, 18066: alle Sachverhaltsumstände, die die Gesellschafter kennen müssen, um bestimmte Gesellschafterbeschlüsse fassen zu können; OLG Köln DB 2005, 2571: Hinweis auf Formnichtigkeit eines Vertrages). Insofern kommt es auch darauf an, ob aus den betreffenden Umständen **Haftungsgefahren** für die Gesellschafter resultieren (Begr. S. 159). Die Benachrichtigungspflicht betrifft auch Fälle, in denen die geschäftsführungsbefugten Gesellschafter Gefahr laufen, eigenes Fehlverhalten aufzudecken. Dies ist rechtspolitisch problematisch, da es im Zivilrecht allerdings **kein Selbstbezichtigungsverbot** gibt, aber hinzunehmen.

36   Die Benachrichtigungspflicht trifft im Ausgangspunkt alle geschäftsführungsbefugten Gesellschafter, unabhängig von einer internen Geschäftsverteilung (Begr. S. 159; vgl. zum faktischen Geschäftsführer → Rn. 33). Dieses in § 715 I angelegte Prinzip der **Gesamtverantwortung** ist aber bei Nichterfüllung jedenfalls auf der Verschuldensebene auszudifferenzieren. Im Übrigen ist richtigerweise bereits der Pflichtenmaßstab des Einzelnen davon abhängig, ob der betreffende Umstand zum unmittelbaren Tätigkeitsbereich gehört oder es um einen Aspekt der **horizontalen Delegation und Überwachung** der geschäftsführungsbefugten Mitgeschäftsführer geht (→ § 715 Rn. 27 ff.). – Die gehörige **Pflichterfüllung** iSv Abs. 1 Var. 1 tritt ein, wenn durch wenigstens einen geschäftsführungsbefugten Gesellschafter der betreffende Umstand den Mitgesellschaftern (allen!) zur Kenntnis gebracht wird; maßgeblich ist die **grundsätzlich formlos** mögliche **Übermittlungshandlung,** nicht der Zugang bei den Mitgesellschaftern (vgl. BGH NJW 2002, 2703). – Hat ein geschäftsführungsbefugter der Gesellschafter keine Kenntnis von einem an sich informationspflichtigen Umstand, geht die Informationspflicht insoweit ins Leere; zu fragen ist dann aber stets, ob es sich um eine **pflichtwidrige Unkenntnis** handelt, die ggf. Schadensersatzpflichten nach sich zieht. § 259 II ist im Übrigen nicht anwendbar; dies hätte der Gesetzgeber für das Gesellschaftsrecht explizit anordnen müssen.

37   **b) Durchsetzung.** Zwar kann die Benachrichtigungspflicht **aktiv durchgesetzt** werden; aktivlegitimiert ist die rechtsfähige Gesellschaft, andernfalls die Mitgesellschafter. Weigern sich die geschäftsführungs- bzw. vertretungsbefugten Gesellschafter treuwidrig, die Berichtspflicht durchzusetzen, können die nicht geschäftsführungsbefugten Gesellschafter insofern im Wege der **Gesellschafterklage** nach Maßgabe von § 715b vorgehen (zutr. Heckschen/Nolting BB 2020, 2256 (2260) gegen die wenig überzeugenden Ausführungen hierzu in Begr. S. 159). Praktisch relevant dürfte dies indessen nicht sein, weil insofern eher ein Vorgehen nach Abs. 1 näher liegt. Auch § 259 II ist nicht anwendbar; dies hätte der Gesetzgeber für das Gesellschaftsrecht explizit anordnen müssen. Zu bedenken ist aber auch, dass das Berufen auf eine Informationspflichtverletzung eine unzulässige Rechtsausübung sein kann (vgl. LG Heidelberg BeckRS 2016, 18066). Bedeutsam ist die Benachrichtigungspflicht daher vor allem durch ihre **präventive Wirkung,** indem

die Geschäftsführer gehalten sind, diese zur Vermeidung eigener Nachteile (Entziehung der Geschäftsführungsbefugnis, Ausschluss aus der GbR, Schadensersatz), zu erfüllen. Es handelt sich damit letztlich um eine **Corporate Governance-Regel** bei der GbR, die diese Rechtsform insbesondere für unternehmerisches Handeln attraktiver macht.

3. Erfüllung von Auskunftsverlangen (Var. 2)

Abs. 2 S. 1 Var. 2 bestimmt, dass die geschäftsführungsbefugten Gesell- **38** schafter der Gesellschaft auf Verlangen über die **Gesellschaftsangelegenheiten** Auskunft zu erteilen haben. Es handelt sich um einen verhaltenen Anspruch („auf Verlangen", vgl. zum früheren Recht BGH NJW 2012, 8 Rn. 29). Inhaltlich deckt sich dies mit dem individuellen Informationsrecht der Gesellschafter gemäß Abs. 1 S. 2 (→ Rn. 20 ff.). Insofern ist die eigenständige Bedeutung zweifelhaft (auch in der Gesetzesbegründung findet sich hierfür außer der wenig überzeugenden Einbettung in den Begriff des „kollektiven Informationsrechts" letztlich nichts, vgl. Begr. S. 159), abgesehen von dem zwingenden Charakter des Informationsrechts nach Abs. 2 S. 2, das nicht lediglich einer einzelfallbezogenen Ausübungskontrolle unterliegt (→ Rn. 28 f.), sondern im Kern der Disposition der Gesellschafter entzogen ist (→ Rn. 45). Man muss daher das Auskunftsrecht der Gesellschaft gegenüber den geschäftsführungsbefugten Gesellschaftern vor allem als eine **Verlängerung des individuellen Auskunftsrechts** gemäß Abs. 1 S. 2 sehen: Macht ein Gesellschafter dieses gegenüber der GbR erfolgreich geltend, kann diese wiederum zur Erfüllung desselben auf den Anspruch aus Abs. 2 S. 1 Var. 2 gegen den konkret geschäftsführungsgefugten Gesellschafter zugreifen, falls dieser sich (pflichtwidrig!) weigert. Insofern deckt sich die Neuregelung mit § 713 aF iVm § 666 Var. 2, der freilich nach bisherigem Verständnis ein individuelles Informationsrecht zugunsten der Mitgesellschafter war (vgl. MüKoBGB/Schäfer § 713 Rn. 9).

Weigern sich die geschäftsführungs- bzw. vertretungsbefugten Gesellschaf- **39** ter ihrerseits treuwidrig, die Auskunftspflicht durchzusetzen, können die nicht geschäftsführungsbefugten Gesellschafter insofern im Wege der **Gesellschafterklage** nach Maßgabe von § 715b vorgehen (zutr. Heckschen/Nolting BB 2020, 2256 (2260) gegen die wenig überzeugenden Ausführungen hierzu in Begr. S. 159); in diesem (subsidiären) Fall bedarf es dann keiner Klage gegen die GbR nach Maßgabe von Abs. 1. Bei der nicht rechtsfähigen GbR kommt es hierauf naturgemäß nicht an, da bereits gemäß Abs. 1 Individualansprüche innerhalb der Gesellschaftergesamtheit bestehen. – Verpflichtet sind grundsätzlich allein die zum Zeitpunkt der Geltendmachung des Anspruchs **geschäftsführungsbefugten Gesellschafter,** auch faktische (→ Rn. 33). Unter Berücksichtigung von Var. 3 (→ Rn. 41 ff.) und der nachwirkenden Treuepflicht besteht die Auskunftspflicht aber (in beschränktem Umfang) auch nach **Beendigung** der Geschäftsführertätigkeit fort.

Darüber hinaus hat die Neuregelung auch dann eine eigenständige Bedeu- **40** tung, wenn bei Innehabung von **Geschäftsführungskompetenz durch mehrere Gesellschafter** einzelne den anderen pflichtwidrig Informationen vorenthalten (abw. wohl Begr. S. 183). Auch dann kann hierüber die Auskunft durchgesetzt werden. Letztlich ließen sich aber alle diese Ansprüche auch auf der Grundlage einer mit der Geschäftsführungskompetenz gemäß § 715 I einhergehenden **Treuepflicht** lösen (so Begr. S. 183), sodass die Neuregelung im Kern lediglich Rechtssicherheit hervorruft. Rechtlich bedeutsam ist weiterhin die **unterschiedliche Gestaltungsfreiheit:** Während sich Gesellschafter ihres individuellen Informationsinteresses nach Maßgabe von Abs. 1 weitgehend entledigen können (→ Rn. 25 f.), ordnet Abs. 2 S. 2 im Hinblick auf die Informationspflichten der Geschäftsführer die **zwingende Geltung** an (→ Rn. 45). Dies überzeugt, da die Wahrnehmung von Geschäftsführungskompetenzen insbesondere unter dem Aspekt der Überwachung und Sanktionierung von Fehlverhalten im Innenverhältnis keiner Verschwiegenheit zugänglich ist. Vgl. zur Durchsetzung → Rn. 37.

4. Rechenschaft nach Beendigung der Tätigkeit (Var. 3)

41   **a) Grundlagen.** Abs. 2 S. 1 Var. 3 ordnet an, dass die geschäftsführungsbefugten Gesellschafter (auch faktische, → Rn. 33) nach Beendigung ihrer Geschäftsführertätigkeit gegenüber der rechtsfähigen GbR bzw. ansonsten gegenüber den Mitgesellschaftern Rechenschaft abzulegen haben. Diese im Zuge der **Reform** neu eingeführte Regelung konkretisiert basierend auf der allgemeinen Benachrichtigungspflicht gemäß Var. 1 (→ Rn. 34 ff.) die **nachwirkende Treuepflicht.** Zwar lässt die Beendigung der Organstellung grundsätzlich die hieran anknüpfenden besonderen Pflichten gemäß Abs. 2 mit Exnunc-Wirkung entfallen, insbesondere auch beim zeitgleich erfolgenden Ausscheiden des Gesellschafters. Der bis dahin verwirklichte Pflichtenrahmen bleibt dadurch aber unberührt. Es besteht daher auch nach Beendigung ein **Informationsbedürfnis über das vergangene Geschäftsführerhandeln.** Dies betrifft sowohl die Erfüllung der individuellen Informationsansprüche der Gesellschafter gemäß Abs. 1, als auch das Auskunftsverlangen gemäß Abs. 2 S. 1 Var. 2. Diese Ansprüche können nur effektiv verwirklicht werden, wenn die geschäftsführungsbefugten Gesellschafter auch dann noch zur **rückwirkenden Auskunft** verpflichtet sind, wenn ihr Amt geendet hat. Konsequenterweise verpflichtet Abs. 2 S. 1 Var. 3 die Geschäftsführer auch ohne entsprechendes Informationsverlangen zur **Rechenschaft,** sodass hierüber eine Basis für die **rechtliche Beurteilung der Vergangenheit** im Hinblick auf etwaige Schadensersatzpflichten besteht; hiermit korrespondiert dann auch ggf. ein Anspruch auf Entlastung (MüKoBGB/Schäfer § 713 Rn. 10; → § 715 Rn. 33). Darüber hinaus dient die Rechenschaftspflicht auch als Grundlage für die weitere Geschäftsführertätigkeit durch andere. – Die Neuregelung deckt sich mit § 713 aF iVm § 666 Var. 3, der freilich nach bisherigem Verständnis ein individuelles Informationsrecht zugunsten der Mitgesellschafter war (vgl. MüKoBGB/Schäfer § 713 Rn. 10).

42   **b) Beendigung der Geschäftsführertätigkeit.** Die Rechenschaftspflicht **entsteht** erst mit Beendigung der Geschäftsführertätigkeit und ist abweichend von Var. 2 („auf Verlangen", → Rn. 38) **sofort fällig.** Adressat sind daher ohne weiteres die Gesellschafter, denen nach Maßgabe von § 715

Geschäftsführungsbefugnis zustand. Fehlt es hieran, kann ein formal nichtge-schäftsführungsbefugter Gesellschafter als faktischer Geschäftsführer gleich-wohl in entsprechender Anwendung der Regelung zur Rechenschaft ver-pflichtet sein; der Wortlaut „Tätigkeit" bestätigt dies (→ Rn. 33). Die notwendige **Beendigung der Geschäftsführertätigkeit** liegt vor bei Ent-ziehung der Geschäftsführungsbefugnis gemäß § 715 V, Kündigung derselben gemäß § 715 VI sowie beim Ausscheiden aus der Gesellschaft; beim faktischen Geschäftsführer besteht der Anspruch jederzeit, da es sich um rechtswidriges Verhalten handelt. – Wird die **Gesellschaft aufgelöst**, kommt es zur Überla-gerung der Geschäftsführungsbefugnis durch die Regelungen zur Liquidation (§ 736b I). Es ist daher zur Verwirklichung des Liquidationszwecks geboten, die bislang geschäftsführungsbefugten Gesellschafter entsprechend Abs. 2 S. 1 Var. 3 auch in diesen Fällen zur Rechenschaft über die Zeit bis zur Auflösung zu verpflichten (wohl auch MüKoBGB/Schäfer § 713 Rn. 10). Etwas anderes gilt nur bei Personenidentität von Geschäftsführern und Liquidatoren (vgl. insofern auch § 736b II).

c) Rechenschaft. Die Rechenschaftspflicht deckt sich mit **§ 666 Var. 3,**   **43** **§ 259,** auf die früher gemäß § 713 aF verwiesen wurde. Der ehemalige Geschäftsführer hat hiernach eine **geordnete Zusammenstellung** anzufer-tigen. Die inhaltlichen Vorgaben können nicht abschließend und für alle Gesellschaften allgemein formuliert werden, sondern richten sich nach den **Umständen des Einzelfalles** (vgl. zu § 666 Grüneberg/Sprau Rn. 4: in verkehrsüblicher Weise). Die Pflicht erstreckt sich aber regelmäßig auf die Erstellung eines **Rechnungsabschlusses** nach Maßgabe von § 718. Gibt es insofern nichts zu berichten, muss eine entsprechende Negativerklärung abgegeben werden. Darüber hinaus hat sie sich aber auch auf **bedeutsame wirtschaftliche und rechtliche Umstände** zu erstrecken, die abstrakt geeignet sind, die rechtliche Beurteilung des eigenen Verhaltens in der Ver-gangenheit zu beurteilen und eine geeignete Grundlage bieten für die zukünftige Tätigkeit der anderen Geschäftsführer. Die Rechenschaftspflicht kann grundsätzlich mündlich erfüllt werden, was im Hinblick auf die Beweis-barkeit aber kaum praktikabel ist; im Übrigen sind die Geschäftsführer auf-grund der nachwirkenden Treuepflicht gehalten, einen **schriftlichen Bericht** abzufassen, soweit die Komplexität der Rechenschaft dies erfor-dert. – Im Übrigen ist die Rechenschaftspflicht aber insoweit begrenzt, als den Mitgesellschaftern die entsprechenden **Informationen bereits vorlie-gen.** Auf ein Geheimhaltungsinteresse kann sich der ehemalige Geschäftsfüh-rer grundsätzlich nicht berufen (→ Rn. 14). – Weiterhin besteht auch nach Beendigung der Geschäftsführertätigkeit die **Herausgabepflicht gemäß § 716 III** fort. Der ehemalige Geschäftsführer ist daher im Kontext von Abs. 2 S. 1 Var. 3 auch verpflichtet, die entsprechenden Geschäftsunterlagen an die rechtsfähige Gesellschaft bzw. die Mitgesellschafter herauszugeben.

d) Durchsetzung. Die Rechenschaftspflicht der ehemaligen Geschäfts-   **44** führer besteht bei der rechtsfähigen GbR dieser gegenüber, ansonsten gegen-über den Mitgesellschaftern. Es handelt sich abweichend von Var. 2 („auf Verlangen", → Rn. 38) nicht um einen verhaltenen Anspruch („auf Verlangen"; vgl. BGH NJW 2012, 8 Rn. 29), sodass es einer entsprechenden Geltendmachung durch wenigstens einen Mitgesellschafter bedarf. Hierfür ist **keine Frist** einzuhalten, es gelten die allgemeinen Verjährungsregeln. – Der Anspruch ist zwar mit Zugang des Verlangens fällig, richtet sich aber auf **unverzügliche Erstellung,** sodass dem Geschäftsführer ein angemessener Zeitraum zur Verfügung steht; die Dauer richtet sich nach dem objektiven Aufwand, eine solche Aufstellung anzufertigen (vgl. zur Buchführungspflicht → § 718 Rn. 10 ff.). Die Geltendmachung erfolgt im Wege der **Leistungsklage.** Der Streitwert ist nach § 3 ZPO zu schätzen (→ Rn. 19). Die **Vollstreckung** der Rechenschaftspflicht richtet sich nach § 888 ZPO, die der Herausgabe nach § 883 ZPO. § 259 II ist nicht anwendbar; diese gravierenden Folgen für den Rechenschaftsschuldner hätte der Gesetzgeber seit der Emanzipation der gesellschaftsrechtlichen Organisationsregeln vom allgemeinen Schuldrecht durch die Streichung von § 713 aF für das Gesellschaftsrecht explizit anordnen müssen.

5. Gestaltungsfreiheit

45   Nach Abs. 2 S. 2 ist eine gesellschaftsvertragliche Vereinbarung über den **Ausschluss** der Informationspflichten gemäß Abs. 2 S. 1 **unwirksam.** Die Rechtslage ist insofern strenger als bei den individuellen Informationsrechten gemäß Abs. 1 (→ Rn. 25 ff.). Der Wortlaut verbietet allein den vollständigen Ausschluss, richtigerweise erstreckt sich das Verbot aber **auch auf wesentliche Beeinträchtigungen und Umgehungen.** Die Informationsrechte gemäß Abs. 2 sind wegen ihrer Anknüpfung an die Geschäftsführungskompetenz letztlich so im Kern unverzichtbare Funktionsbedingungen für die Aufgabenverteilung im Personenverband; insbesondere unter Berücksichtigung der persönlichen Gesellschafterhaftung für das Geschäftsführerhandeln (dies betont auch Begr. S. 159). **Zulässige Beschränkungen** sind daher allein solche, die die **Modalitäten** der Informationsvermittlung betreffen und zudem geeignet sind, diese unter Berücksichtigung der Gesamtinteressen aller sachgerecht auszugestalten. Soweit aber hieraus eine wesentliche Beeinträchtigung des Informationsniveaus oder im Hinblick auf den Zeitpunkt der Informationsgewinnung erfolgt, ist auch dies unzulässig, selbst wenn alle Gesellschafter damit einverstanden sind (vgl. auch Begr. S. 159: Beschränkung in Bezug auf bestimmte Informationsgegenstände unzulässig). Vgl. im Übrigen zur nachträglichen Einführung einer (an sich zulässigen) Beschränkung → Rn. 27.

6. Kautelarischer Handlungsbedarf infolge des MoPeG

46   Im Hinblick auf die Informationspflichten der geschäftsführungsbefugten Gesellschafter nach § 717 II 1 ergeben sich inhaltlich nur geringe Änderungen gegenüber der früheren Rechtslage nach § 713 BGB aF iVm § 666. Da **§ 717 II 2 bisher aber ungeregelt** war, besteht diesbezüglich **Handlungsbedarf** bis zum 31.12.2023 (vgl. Art. 137 MoPeG). Bereits bestehende Klauseln müssen an § 717 II 2 gemessen werden. Soweit sich die Gesellschafter nicht mit der gesetzlichen Konzeption des Abs. 2 S. 1 zufrieden geben wollen, haben sie trotz Abs. 2 S. 2 bestimmte **Gestaltungsmöglichkeiten:** Nach Abs. 2 S. 2 ist eine gesellschaftsvertragliche Vereinbarung über den Ausschluss der Informationspflichten geschäftsführungsbefugter Gesellschafter gemäß Abs. 2 S. 1 unwirksam; geschäftsführungsbefugte Gesellschafter müssen deshalb zukünftig vertraglich gesondert behandelt werden. Abs. 2 S. 2 erstreckt sich indes nicht auf unwesentliche Ausgestaltungen und Ergänzungen (→ Rn. 45). So können etwa bezüglich **Abs. 2 S. 1 Var. 1** wesentliche Informationen beispielhaft aufgelistet werden. Eine Beschränkung auf bestimmte Informationsgegenstände ist indes, anders als bei § 717 I, nicht möglich. Im Rahmen des **Abs. 2 S. 1 Var. 2** können wiederum die Gesellschaftsangelegenheiten nicht abschließend aufgezählt werden. Bei **Abs. 2 S. 1 Var. 3** bietet sich eine § 259 nachempfundene Klausel an, da dieser mangels ausdrücklicher Regelung keine Anwendung findet (→ Rn. 43). Weiter bleibt es den Gesellschaftern unbenommen, dem geschäftsführungsbefugten Gesellschafter über § 717 II hinausgehende Pflichten aufzubürden, wie eine Rechenschaftspflicht auf Verlangen. Hierdurch würde nach dem kautelarischen Gebot des sichersten Weges die Zweifelsregel des § 718 umgangen. Schließlich kann es sich anbieten, die Informationsrechte und -pflichten im Verhältnis der geschäftsführungsbefugten Gesellschafter untereinander im Gesellschaftsvertrag ausdrücklich zu regeln. – Bei der **nicht rechtsfähigen GbR** gem. § 740 I sollte nach dem Gebot des sichersten Weges auch die Anwendung des § 717 II gesellschaftsvertraglich festgehalten werden. Nach dem zu kurz geratenen Wortlaut des § 740 II ist nämlich nur § 717 I anwendbar, also das individuelle Informationsrecht (→ Rn. 7). Praktische Bedeutung hat die Anwendbarkeit des § 717 II vor allem für als nicht rechtsfähige GbR ausgestaltete Unterbeteiligungen und Treuhandabreden an Geschäftsanteilen (→ Rn. 7).

§ 718 Rechnungsabschluss und Gewinnverteilung

Der Rechnungsabschluss und die Gewinnverteilung haben im Zweifel zum Schluss jedes Kalenderjahrs zu erfolgen.

Übersicht

I. Reform

1. Grundlagen, Bewertung

1   § 718 beruht auf dem Mauracher Entwurf und **ersetzt § 721 aF.** Die Regelung passt vor allem die rechtlichen Vorgaben für die Erstellung des Rechnungsabschlusses und die Gewinnverteilung an den nunmehr vorherrschenden
Grundsatz der **Verbandskontinuität** an: Während der **Rechnungsabschluss**
nach früherem Recht grundsätzlich erst nach der Auflösung der Gesellschaft
verlangt werden konnte (§ 721 I aF) und gemäß § 721 II aF nur nach Maßgabe
des konturenlosen Merkmals bei Gesellschaften „von längerer Dauer" am
Schluss jedes Geschäftsjahres, hat die Aufstellung jetzt im dispositiven gesetzlichen Regelfall bei allen Gesellschaften zum Schluss jedes Kalenderjahres zu
erfolgen. Die Reform bringt insofern eine Annäherung an das Recht von
OHG und KG gemäß § 120 I HGB; der wesentliche Unterschied liegt indessen
nach wie vor darin begründet, dass die GbR nicht buchführungspflichtig ist
und daher keine förmlichen Vorgaben für den Rechnungsabschluss bestehen
($\rightarrow$ Rn. 10). Die **periodische Rechnungserstellung** als dispositiver gesetzliche Regelfall ist zu begrüßen, denn sie entspricht dem gesetzlichen Leitbild
der **Dauergesellschaft,** bei der die Gesellschafter das Interesse haben, in Zeit-
abständen über die wirtschaftlichen Verhältnisse informiert zu werden, insbesondere im Hinblick auf die Gewinn- und Verlustverteilung. Das Abstellen auf
das Kalenderjahr anstelle des Geschäftsjahres ist ebenfalls zu begrüßen, weil
dies die Rechtsdurchsetzung erleichtert, indem der Kläger im Streitfall nicht
darlegen und beweisen muss, was das vereinbarte Geschäftsjahr ist. – Bei **Gelegenheitsgesellschaften** passt das Regelungsmodell gleichermaßen, da bei
Auflösung vor Ablauf des Kalenderjahres kein Bedarf für einen gesonderten
Rechnungsabschluss besteht und § 718 wegen der vorrangigen Abwicklung
gemäß §§ 735 ff. nicht zur Anwendung gelangt (vgl. insofern zu § 721 II aF
BGH BeckRS 2011, 3186). Überdies steht es den Gesellschaftern frei, ggf.

konkludent über die §§ 133, 157 abweichende Regelungen zur Erstellung des Rechnungsabschlusses zu vereinbaren (→ Rn. 20 ff.).

Im Übrigen begründet § 718 eine **neue rechtliche Konstruktion der** **2** **Rechnungslegungspflicht:** Während nach § 721 I aF ein gesellschaftsrechtlicher Individualanspruch jedes Gesellschafters auf Erstellung des Rechnungsabschlusses bestand (BeckOGK/Kell § 721 Rn. 9) und bei rechtsfähigen Außen-GbR zusätzlich nach Maßgabe von § 713 aF, § 666 eine entsprechende Aufstellungspflicht der geschäftsführungsbefugten Gesellschafter begründet werden musste (hierzu instruktiv BeckOGK/Kell § 721 Rn. 6), ist § 718 nunmehr für die geschäftsführungsbefugten Gesellschafter eine **Kompetenznorm im Hinblick auf die Erstellung** des Rechnungsabschlusses; vgl. insofern bei OHG und KG auch § 120 I HGB. Die Aktiv- und Passivlegitimation für die Durchsetzung richtet sich insofern abweichend von § 721 aF nach dem allgemeinen Organisationsrecht der GbR (→ Rn. 16). Der hiervon **abzugrenzende individuelle Informationsanspruch** eines Gesellschafters nach Aufstellung des Rechnungsabschlusses ergibt sich nach der Reform allein nach Maßgabe von § 717 (→ Rn. 8).

Für die **Gewinnverteilung** bestimmt § 718 konsequent, dass diese im **3** dispositiven gesetzlichen Regelfall abweichend von § 721 aF ebenfalls bei allen Gesellschaften **zum Schluss jedes Kalenderjahres** zu erfolgen hat (→ Rn. 24). Dies begründet zum einen ein dispositives gesetzliches Ausschüttungsgebot, soll andererseits aber auch verhindern, dass die Gesellschafter bezogen auf jedes einzelne Geschäft eine entsprechende Gewinnbeteiligung verlangen können (vgl. Begr. S. 160). Hieran sind auch die Privatgläubiger von Gesellschaftern gebunden, da diese erst auf den hiernach entstandenen Gewinnanspruch zugreifen können. Die Neuregelung beruht wegen der Verbindung von Gewinnverteilung und Rechnungsabschluss im Übrigen wie im bisherigen Recht darauf, dass es sich entgegen des engen Wortlauts um eine **Ergebnisverteilung** handelt, mithin im Wege der **Saldierung** zu ermitteln ist, ob und in welchem Umfang ein Gewinn überhaupt entstanden ist. Ergeben sich hierbei Verluste, haben die betreffenden Gesellschafter diese zwar auch im Zuge der Neuregelung gemäß § 710 vorbehaltlich des Ausscheidens oder der Auflösung der Gesellschaft nicht zu leisten, Verlust- oder Gewinnvorträge aus dem Vorjahr sind im gesetzlichen Regelfall gleichwohl zu berücksichtigen (→ Rn. 24).

2. Zeitlicher Geltungsbereich

§ 718 tritt gemäß Art. 137 S. 1 MoPeG am **1.1.2024 in Kraft,** eine Über- **4** gangsregelung ist für § 718 im EGBGB nicht vorgesehen. Aus dem Umkehrschluss zu Art. 229 § 61 EGBGB folgt daher, dass für Rechnungsabschluss und die Gewinnverteilung ab dem Zeitpunkt des Inkrafttretens das neue Recht gilt. Dies betrifft **auch Altgesellschaften,** sodass sich die materielle Rechtslage insofern ändert. Mangels abweichender Vereinbarungen („im Zweifel") besteht daher auch bei diesen ab 1.1.2024 im gesetzlichen Regelfall die periodische Pflicht zur Erstellung des Rechnungsabschlusses am Ende des Kalenderjahrs nebst korrespondierendem Gewinnanspruch der Gesellschafter (vgl. zum kautelarischen Handlungsbedarf → Rn. 40 f.). – Der maßgebliche Zeitpunkt für die rechtliche Beurteilung der konkreten Anknüpfung ist indessen aus materiell-rechtlicher Perspektive die **lex temporis actus**, abgeleitet aus dem Prinzip der Gleichzeitigkeit von anwendbarem Recht und zu beurteilendem Sachverhalt (vgl. Hess, Intertemporales Privatrecht, 1998, S. 7, 147 f., 344; → § 705 Rn. 3 ff.). Hieraus folgt, dass bereits verwirklichte Tatbestände auch über den 31.12.2023 hinaus nach altem Recht beurteilt werden, selbst wenn das gerichtliche Verfahren darüber hinaus andauert oder eingeleitet wird. Für die intertemporale Anknüpfung kommt es im Rahmen von § 718 somit auf den für den Rechnungsabschluss und die hierauf beruhende Gewinnermittlung und -verteilung maßgeblichen Stichtag 31.12.2023 an. Erst danach begründet der neue § 718 das Kalenderjahr als gesetzlichen Bezugspunkt für den (nunmehr periodischen) **Rechnungsabschluss.** Konsequenterweise haben die Gesellschafter auch ab dann erst im gesetzlichen Regelfall **erstmalig** das Recht, diesen für den **31.12.2024** zu verlangen. In diesen fließen dann freilich alle Geschäftsvorfälle ein, mithin auch diejenigen vor dem 1.1.2024.

5   Ist ein **Rechtsstreit vor dem 1.1.2024 anhängig,** gilt als **lex temporis actus** die materielle Rechtslage bis 31.12.2023 fort, und muss im laufenden Verfahren berücksichtigt werden. Eine Rückwirkung von § 718 lässt sich mangels hinreichender Anhaltspunkte im Gesetzgebungsverfahren nicht praeter legem begründen. Haben die Gesellschafter daher nicht bereits zum früheren Recht vorrangige Abreden getroffen, ist der Rechtsstreit **weiterhin nach altem Recht** zu beurteilen. Dies betrifft vor allem die **prozessuale Durchsetzung** der **Rechnungslegungspflicht.** Gemäß § 721 I aF konnte jeder Gesellschafter ein eigenes Recht im eigenen Namen geltend machen. Nach der Neuregelung kommt eine Geltendmachung durch den einzelnen Gesellschafter bei fehlender Geschäftsführungsbefugnis hingegen nur im Wege der Gesellschafterklage nach § 715b in Betracht (→ Rn. 16). Für Fälle, die materiell-rechtlich nach altem Recht zu beurteilen sind, bleibt allerdings die einmal begründete Prozessführungsbefugnis (und Aktivlegitimation) fortbestehen, da insoweit die Prozessführungsbefugnis eine prozessuale Verlängerung der materiell-rechtlichen Position darstellt. Sie ist daher nach dem jeweils anwendbaren materiellen Recht zu beurteilen (für die parallele Fragestellung im internationalen Zivilprozessrecht vgl. Schack, Internationales Zivilverfahrensrecht, 2021, Rn. 52 f., 671, 673; Geimer, Internationales Zivilprozessrecht, 2020, Rn. 325 ff.). Hierfür spricht auch, dass hier der Kläger bereits eine Rechtsposition erlangt hat, auf deren Bestand er nach rechtsstaatlichen Grundsätzen vertrauen durfte (vgl. auch BGH NJW-RR 2021, 1170 zur fortbestehenden Prozessführungsbefugnis des Wohnungseigentümers nach dem Inkrafttreten des § 9a II WEG nF; zu Grenzen der Rückwirkung im Prozessrecht vgl. Musielak/Voit/Musielak ZPO Einl. Rn. 13). Prozessführungsbefugnis und Aktivlegitimation bestehen daher fort; die GbR kann zur Vermeidung von Kostennachteilen insofern freilich den Anspruch gemäß § 307 ZPO anerkennen. Im Hinblick auf die **Durchsetzung von Gewinnansprüchen** war indessen bereits früher anerkannt, dass diese sich gegen die rechtsfähige GbR richten.

Weiterhin ist aber zu berücksichtigen, dass § **718 dispositiv** ist und daher **6** auch ab dem 1.1.2024 im Wege der Auslegung zu ermitteln ist, ob die Gesellschafter die neue Regelung **ggf. konkludent abbedungen** haben, insbesondere durch die Fortführung der bisherigen Praxis. Wird etwa im Laufe des Jahrs 2024 bereits ein Rechnungsabschluss aufgestellt und der Gewinn wie bisher praktiziert am Ende des Geschäftsjahrs ausgeschüttet, besteht keine Pflicht zur Aufstellung des Rechnungsabschlusses und zur Gewinnverteilung am Ende des Kalenderjahrs mehr, soweit die Auslegung auf einen entsprechenden Willen der Gesellschafter zur Modifizierung der gesetzlichen Regelung schließen lässt. Dadurch kann dem **Bedürfnis nach Kontinuität** in Altgesellschaften Rechnung getragen werden. Bei Unklarheiten oder Uneinigkeiten über die bestehende Rechtslage kommt auch eine gesellschaftsrechtliche Pflicht zur Anpassung des Gesellschaftsvertrags als Ausprägung der allgemeinen Treuepflicht in Betracht.

II. Normzweck, Anwendungsbereich

§ 718 bestimmt unvollständig die **dispositiven Vorgaben** über die Erstel- **7** lung des Rechnungsabschlusses und die Gewinnverteilung (zum Ganzen Blezinger, Gewinnverteilung bei Personengesellschaften, 2018). Der **Rechnungsabschluss** hat mangels abweichender Abreden bei allen GbR zum **Schluss jedes Kalenderjahres** zu erfolgen, was anders als nach früherem Recht dem gesetzlichen Leitbild der Verbandskontinuität entspricht; das Gleiche gilt für die **Gewinnbeteiligung** der Gesellschafter. Die Regelung wird ergänzt durch § 709 III 1, wonach sich die auch für § 718 maßgebliche Ergebnisbeteiligung der Gesellschafter vorrangig nach den vereinbarten Beteiligungsverhältnissen richtet. Die alleinige Bezugnahme in § 718 auf den Begriff der Gewinnbeteiligung verdeutlicht zudem, dass sich infolge des Mehrbelastungsverbots gemäß § 710 eine Verlusttragungspflicht der Gesellschafter im gesetzlichen Regelfall allein bei Ausscheiden oder Auflösung realisiert.

§ 718 regelt als **Kompetenznorm** die Pflichten der geschäftsführungsbe- **8** fugten Gesellschafter im Hinblick auf die **Aufstellung des Rechnungsabschlusses** (vgl. → Rn. 16 ff., auch zur Durchsetzung); vgl. insoweit zu OHG und KG § 120 I HGB. Die Regelung steht daher jedenfalls bei der rechtsfähigen GbR anders als bislang nicht unmittelbar einschlägig, soweit es um individuelle Informationsansprüche eines Gesellschafters in Bezug auf den aufgestellten Rechnungsabschluss geht. Diese richten sich allein nach Maßgabe von § 717. Darüber hinaus bestimmt die Regelung ein **dispositives Vollausschüttungsgebot** im Hinblick auf den periodisch anfallenden Gewinn, welches freilich zugunsten der Thesaurierung abbedungen oder modifiziert werden kann (→ Rn. 26 ff.). Gesetzlich nicht geregelt sind Entnahmen (→ Rn. 37 f.) und die Rechtsfolgen überhöhter oder verdeckter Gewinnausschüttungen (→ Rn. 39).

§ 718 gilt ohne weiteres bei jeder **rechtsfähigen GbR** (vgl. § 705 II **9** Alt. 1), auch bei der zweigliedrigen Gesellschaft. Bei einer fehlerhaften Gesellschaft (→ § 719 Rn. 21 ff.) gilt die Regelung solange, bis nach Entdecken des Mangels die Gesellschaft selbst nach Maßgabe von § 731 gekündigt wird oder der betreffende Gesellschafter gemäß § 712 I ausscheidet. Bei der **nicht rechtsfähigen GbR** (vgl. § 705 II Alt. 2) ist § 718 gemäß § 740 II anwendbar (vgl. zu § 721 II aF BGH BeckRS 2011, 3186); die von § 718 vorausgesetzten Ansprüche eines Gesellschafters auf Erstellung des Rechnungsabschlusses und Gewinnauszahlung richten sich in diesen Fällen freilich gegen den oder die Mitgesellschafter persönlich. Bei einer **stillen Beteiligung** gemäß §§ 230 ff. HGB gilt vorrangig § 232 HGB (hierzu Henssler/Strohn/Servatius HGB § 232 Rn. 1). Bei OHG und KG gelten allein §§ 120, 169 HGB. Bei der Partnerschaftsgesellschaft verweist § 1 IV PartGG indessen wiederum auf § 718.

III. Rechnungsabschluss

1. Begriff, Funktion

10   Der in § 718 erwähnte Begriff des Rechnungsabschlusses ist ebenso wie bei § 721 aF **gesetzlich nicht definiert** und daher bereits im gesetzlichen Regelfall teleologisch zu bestimmen. Hierbei ist insbesondere zu berücksichtigen, dass die **GbR nicht buchführungspflichtig** ist, sodass nicht voreilig auf §§ 238 ff. HGB (ggf. analog) abgestellt werden darf (anders § 120 I HGB). Hieraus folgt auch, dass über die Rechnungslegungspflicht bei der GbR nicht unmittelbar Drittinteressen zu befriedigen sind (vgl. insofern allerdings § 141 AO). Im Kern dient der Rechnungsabschluss iSv § 718 daher vorrangig der **periodischen wirtschaftlichen Selbstinformation** der Gesellschafter. Hieraus folgt zudem, dass der Rechnungsabschluss auch dazu dient, **Rechenschaft über die Geschäftsführung** abzulegen. Dies beansprucht insbesondere Geltung, wenn die Geschäftsführungskompetenz nicht allen Gesellschaftern gleichermaßen zusteht. In diesem Kontext fügen sich dann auch die flankierenden Informationsrechte gemäß § 717 ein. Darüber hinaus ist der Rechnungsabschluss aber auch **Grundlage für die Gewinnverteilung,** sodass er geeignet sein muss, darzustellen, ob und in welchem Umfang die periodische wirtschaftliche Entwicklung der GbR zu einem etwaigen Gewinn führt oder umgekehrt zum Verlust. Gesetzliche Grundlage zur Verwirklichung dieser Anliegen ist nach wie vor **§ 259 I,** wonach eine geordnete **Zusammenstellung der Einnahmen und Ausgaben** anzufertigen ist, einschließlich der anfallenden Dokumentation (Henssler/Strohn/Kilian § 721 Rn. 5; BeckOGK/Kell § 721 Rn. 14).

11   Bei der **rechtsfähigen GbR** bezieht sich die Rechnungsstellung wie bei OHG und KG auf **das Gesellschaftsvermögen** gemäß § 713. Sie ist aber abweichend vom Wortlaut des § 259 I nicht nur in Anlehnung an eine Gewinn-und-Verlust-Rechnung (kurz GuV) als Einnahmen-Ausgabenrechnung zu sehen. Einzubeziehen ist wegen des Informationszwecks und der Eignung, Gewinne zu generieren, auch die vermögensmäßige Entwicklung im Übrigen (Wertminderungen, Wertsteigerungen, Verlust etc.), auch im Hinblick auf immaterielle Vermögenswerte, wie Rechtsbeziehungen zu Dritten, Goodwill etc. Bei **nicht rechtsfähiger GbR** gibt es kein Gesellschafts-

vermögen (§ 740 I), sodass sich die als Rechnungsstellung zu charakterisierende Vermögensaufstellung allein auf die von den geschäftsführungsbefugten Gesellschaftern im eigenen Namen, aber auf Rechnung der Gesellschaft vorgenommenen Geschäfte und hiermit im Zusammenhang stehenden sonstigen Vermögensaspekte bezieht. Auch hier ist eine **weite Auslegung der Norm** geboten, um eine sachgerechte Grundlage für die Gewinnverteilung zu schaffen. Ergänzend ist auch hier dem Informationsbedürfnis der übrigen Gesellschafter Rechnung zu tragen, über deren durch das gesellschaftsrechtliche Engagement eingegangene finanzielle Chancen und Risiken unterrichtet zu werden. Insgesamt hat die pflichtgemäße Erstellung des Rechnungsabschlusses darauf abzuzielen, einen **Vermögensstatus** zu präsentieren, aus dem die Gesellschafter ableiten können, ob und in welchem Umfang eine Gewinnverteilung in Betracht kommt.

2. Inhalt, Form, Fälligkeit

Der Inhalt der nach Maßgabe von § 259 I im gesetzlichen Regelfall anzu- **12**
fertigenden Gegenüberstellung der Einnahmen und Ausgaben ist im **Umkehrschluss zu §§ 238 ff. HGB** gesetzlich nicht definiert, sondern nach Maßgabe der konkreten finanziellen Verhältnisse der Gesellschaft zu bestimmen. Die Aufstellung muss hiernach geeignet sein, das **Informationsbedürfnis der Gesellschafter** im Hinblick auf die (potentiell) periodische Gewinnverteilung zu befriedigen. Dies ist im Übrigen grundsätzlich nur zu bejahen, wenn die Rechnungsstellung **schriftlich** erfolgt und die entsprechenden Belege systematisch aufbereitet werden. Gibt es keine finanziellen Aktivitäten, die eine Gewinnverteilung ermöglichen, ist die **Rechnungsstellung entbehrlich;** die Gesellschafter sind über § 717 ausreichend geschützt.

Die Aufstellung ist infolge der Neufassung von § 718 mangels abweichen- **13**
der Vereinbarung auf den **Schluss jedes Kalenderjahres** bezogen; auf die ggf. vom Kläger zu beweisende Vereinbarung eines hiervon abweichenden Geschäftsjahres kommt es somit im Streitfall entgegen dem früheren Recht nicht mehr an. Die für die Durchsetzbarkeit maßgebliche **Fälligkeit** der Aufstellungspflicht ist regelmäßig etwas später, um genügend Zeit für die Aufstellung zu gewährleisten (vgl. insofern auch § 243 III HGB; ebenso zum alten Recht Henssler/Strohn/Kilian § 721 Rn. 5). Je nach Umfang kann die Fälligkeit bereits nach wenigen Tagen oder Wochen eintreten, ggf. aber auch erst nach ein bis zwei Monaten (für die OHG viel großzügiger MüKoHGB/Priester HGB § 120 Rn. 51: Frist von 6–9 Monaten vertretbar). Maßgeblich zur konkreten Bestimmung der Frist ist die gesellschaftsrechtliche **Treuepflicht** der geschäftsführenden Gesellschafter, das Informationsbedürfnis der Mitgesellschafter in zumutbarer Zeit zu befriedigen. Die schuldhafte Verzögerung kann zugunsten der Mitgesellschafter Schadensersatzansprüche nach § 280 I auslösen, insbesondere im Hinblick auf die verspätete Vereinnahmung von Gewinnansprüchen.

Im gesetzlichen Regelfall ist **allein die Aufstellung** der Rechnungsstel- **14**
lung nach Maßgabe der vorgenannten Anforderungen vorgesehen (arg. § 121 HGB e contrario). Eine darüberhinausgehende **Feststellung oder Billigung**

durch die Gesellschafter muss somit gesellschaftsvertraglich vereinbart werden, ebenso bestimmte weitergehende Anforderungen an die Rechnungsstellung, bis hin zur Anlehnung an §§ 238 ff. HGB (→ Rn. 22). Fehlen solche Abreden (vgl. zur Beweislast → Rn. 19), sind die geschäftsführenden Gesellschafter bei der Aufstellung daher nicht an die handelsrechtlichen Vorschriften zur Aufstellung des Jahresabschlusses gebunden, insbesondere gelten bei der GbR nicht kraft Gesetzes das Vorsichtsprinzip und die Grundsätze ordnungsmäßiger Buchführung (sehr weitgehend für eine stillschweigende Vereinbarung aber MüKoBGB/Schäfer § 721 Rn. 6). Im Übrigen folgt indessen aus § 718 mittelbar eine **unterjährige Buchführungspflicht,** die im gesetzlichen Regelfall zwar nicht den Anforderungen der §§ 238 ff. HGB entsprechen muss, aber immerhin so ausgestaltet ist, dass die periodische Aufstellung der Rechnungsstellung zeitnah erfolgen kann und auch den Informationsansprüchen der Gesellschafter gemäß § 717 jederzeit sachgerecht entsprochen werden kann (vgl. hierzu zum bisherigen Recht BeckOGK/Kell § 721 Rn. 16 ff. sowie allgemein aus steuerrechtlicher Perspektive § 141 AO).

3. Zuständigkeit

15 Die Kompetenz und Pflicht zur Erstellung des Rechnungsabschlusses haben im gesetzlichen Regelfall die gemäß § 715 Abs. 3 und 4 **geschäftsführungsbefugten Gesellschafter** (BGH DB 1960, 1152; ZIP 2011, 1145; BeckOGK/Kell § 721 Rn. 13; Henssler/Strohn/Kilian § 721 Rn. 3; vgl. zur OHG und KG auch § 120 I HGB). Die früher herrschende Konstruktion einer solchen Pflicht nach Maßgabe von § 713 aF, § 666 (BeckOGK/Kell § 721 Rn. 13; Henssler/Strohn/Kilian § 721 Rn. 5) ist damit seit der Reform entbehrlich (→ Rn. 2). Die zuständigen Gesellschafter können und müssen sich zur pflichtgemäßen Durchführung ggf. der **Hilfe Dritter** bedienen (Angestellte, Steuerberater, etc; vgl. zu § 120 HGB BGH WM 1961, 886 (887)); die individuelle organschaftliche Verantwortlichkeit im Hinblick auf deren Auswahl und Überwachung bleibt insofern freilich bei den Gesellschaftern (MüKoHGB/Priester HGB § 120 Rn. 49).

4. Durchsetzung

16 Abweichend von § 721 I aF ordnet § 718 nicht mehr an, dass ein Gesellschafter den Rechnungsabschluss verlangen kann. Die Regelung bestimmt als Kompetenznorm vielmehr allein die entsprechende **Geschäftsführungspflicht,** sodass die Erfüllung und Durchsetzung derselben in die allgemeine Verbandsstruktur der GbR eingebettet sind. Insofern ist im Hinblick auf die Durchsetzung zu differenzieren: Die **Aktivlegitimation** ist bei der **rechtsfähigen GbR** (vgl. § 705 II Alt. 1) grundsätzlich allein dieser selbst zugewiesen, mithin abweichend vom früheren Recht nicht mehr den übrigen, nicht geschäftsführungsbefugten Gesellschaftern (abw. Schäfer Neues GesR/Schäfer § 6 Rn. 23). **Passivlegitimiert** sind die nach Maßgabe von § 715 III und IV zuständigen **geschäftsführungsbefugten Gesellschafter** (nicht überzeugend weitergehend zum früheren Recht OLG Saarbrücken NZG 2002, 669 (670): Klage gegen jeden Gesellschafter), mithin nicht die GbR als solche (anders Begr. S. 160; zum früheren Recht aber bereits MüKoBGB/Schäfer § 721 Rn. 4). Für die früher angenommene Einbettung des nach Maßgabe von § 721 I aF bestehenden Individualanspruchs des Gesellschafters in das Abspaltungsverbot gemäß § 711a (vgl. hierzu BeckOGK/Kell § 721 Rn. 13), besteht insofern bei der rechtsfähigen GbR kein Raum mehr. Da es sich jedoch – nach wie vor – um einen Sozialanspruch der GbR handelt, kommt im neuen Recht auch bei der rechtsfähigen GbR **subsidiär die Gesellschafterklage** gemäß § 715b in Betracht. Hiernach kann auch ein nichtgeschäftsführungsbefugter Gesellschafter im eigenen Namen die pflichtwidrig untätigen geschäftsführungsbefugten Gesellschafter auf Erstellung des Rechnungsabschlusses verklagen. Im Übrigen erscheint es indessen als sachgerecht, wenigstens bei **rechtsfähigen Zwei-Personen-Gesellschaften** aus Praktikabilitätsgründen eine unmittelbare Durchsetzung der Aufstellungspflicht im Verhältnis der Gesellschafter zuzulassen, mithin den neuen § 718 zu Gunsten der früheren Rechtslage teleologisch zu reduzieren.

Bei der **nicht rechtsfähigen GbR** (vgl. § 705 II Alt. 2) steht der Anspruch **17** auf Rechnungsabschluss gegen den geschäftsführungsbefugten Gesellschafter auch nach der Reform allein den **Mitgesellschaftern gemeinschaftlich** zu (keine notwendige Streitgenossenschaft, vgl. BGH NJW 1999, 571 (572)). Auch hier besteht allerdings die Möglichkeit der Gesellschafterklage durch einzelne, wenn die Mitgesellschafter treuwidrig die Geltendmachung unterlassen (vgl. zum früheren Recht, bei der nicht rechtsfähigen Gesellschaft jedoch nach wie vor gültig, BGH DB 1980, 121). – In allen Fällen ist es richtigerweise zudem entsprechend § 711a unzulässig, den Anspruch auf Aufstellung des Rechnungsabschlusses an Dritte **abzutreten,** insbesondere an Gesellschaftsgläubiger oder Privatgläubiger eines Gesellschafters (abw. BeckOGK/Kell § 721 Rn. 12 bei Zustimmung aller Gesellschafter, was aber den unverzichtbaren Schutzanliegen des Abspaltungsverbots als gesellschaftsrechtliches Strukturprinzip nicht gerecht wird).

Der in § 718 geregelte Anspruch auf Erstellung des Rechnungsabschlusses **18** kann im Wege der **Leistungsklage** geltend gemacht werden (Vollstreckung gemäß § 888 ZPO; vgl. MüKoHGB/Priester HGB § 120 Rn. 53). Der begehrte Abrechnungszeitraum ist dabei genau zu bezeichnen. Hiervon **abzugrenzen** ist der **konkrete Informationsanspruch** eines Gesellschafters in Bezug auf den nach Maßgabe von § 718 bereits erstellten Rechnungsabschluss. Dieser richtet sich nach Maßgabe von § 717 auf Einsichtnahme, sodass insofern § 259 verdrängt ist, insbesondere im Hinblick auf das dort weitergehend geregelte Recht auf die Vorlage von Belegen (Henssler/Strohn/Kilian § 721 Rn. 5). Beide Aspekte können allerdings im Rahmen der **Stufenklage nach § 254 ZPO** miteinander verbunden werden. Dies ist etwa relevant, wenn ein nicht geschäftsführungsbefugter Gesellschafter im Wege der Gesellschafterklage den Anspruch auf Aufstellung des Rechnungsabschlusses geltend macht und auf dieser Grundlage aus eigenem Recht Einsichtnahme begehrt. Insofern kann auch eine Verbindung mit einer Klage auf Gewinnzahlung hergestellt werden (→ Rn. 30 ff.). Bei Streitigkeiten über den Inhalt der Rechnungsstellung kommt zudem eine **Feststellungsklage nach § 256 I ZPO** in Betracht; auch insofern ist jedenfalls bei der rechtsfähigen GbR zu beachten, dass die Streitigkeiten nur subsidiär ohne deren Beteiligung ausgetragen werden (abw. zur OHG MüKoHGB/Priester HGB § 120 Rn. 52: Gesellschaft ist am Verfahren nicht beteiligt, unter Hinweis auf BGH BB 1980, 121 (122); WM 1986, 1556 (1557)).

5. Beweislast

19   Bei der gerichtlichen Durchsetzung der Aufstellungspflicht gemäß § 718 muss die GbR bzw. bei der Gesellschafterklage der Gesellschafter allein das Gesellschaftsverhältnis darlegen und beweisen. Auf der Grundlage von § 715 III 1 muss der in Anspruch genommene Gesellschafter ggf. beweisen, dass er keine Geschäftsführungsbefugnis hat und damit nicht passivlegitimiert ist. Im Übrigen ist abweichend vom bisherigen Recht vom Kläger nicht mehr darzulegen, dass es sich um eine Gelegenheitsgesellschaft handelt; die periodische Aufstellungspflicht besteht im gesetzlichen Regelfall bei jeder GbR. Die klare Bezugnahme auf den Ablauf des Kalenderjahres macht es zudem entbehrlich, die Vereinbarung eines Geschäftsjahres zu beweisen. Vertragliche Vereinbarungen, die die Aufstellungspflicht erweitern oder beschränken (→ Rn. 20 ff.), muss aufgrund der gesetzlichen Vermutungsregel („im Zweifel") derjenige beweisen, der sich darauf beruft.

6. Gestaltungsfreiheit

20   **a) Modifizierung des Aufstellungszeitpunkts.** § 718 kann im Hinblick auf die Pflicht zur Aufstellung des Rechnungsabschlusses **umfangreich** gesellschaftsvertraglich modifiziert werden: Dies betrifft zunächst in zeitlicher Hinsicht, dass anstelle des Kalenderjahres wie bereits nach früherem Recht das **Geschäftsjahr** maßgeblich sein soll. Zulässig ist auch die Festlegung einer **Aufstellungsfrist** (BeckOGK/Kell § 721 Rn. 15). Darüber hinaus ist es grundsätzlich zulässig, die periodische Rechnungsstellung abzubedingen. Dies betrifft einmal die Vereinbarung einer **geschäftsbezogenen Abrechnung,** wonach Rechnungsstellung und Gewinnverteilung auch bei einer dauerhaft angelegten Gesellschaft in Bezug auf konkrete wirtschaftliche Vorgänge bezogen werden (sog. **Metageschäft,** vgl. BGH NJW 1990, 573). Diese vornehmlich, aber nicht zwingend allein bei nicht rechtsfähigen GbR anzutreffende Gestaltung ermöglicht den Gesellschaftern, ihre Mitgliedschaft wirtschaftlich als leere Hülse auszugestalten, weil entsprechende Gewinne sogleich ins private Vermögen überführt werden können. Konsequenterweise ist es dann für Privatgläubiger unattraktiv, nach § 726 vorzugehen, um auf Abfindungsansprüche zuzugreifen. − Weiterhin ist es auch grundsätzlich zulässig, entsprechend der früheren Regelung gemäß § 721 aF die **Rechnungsstellung bis zur Auflösung hinauszuschieben,** dann freilich im Rahmen der Abwicklung gemäß §§ 735 ff. Bei Gelegenheitsgesellschaften von überschaubar kurzer Dauer ist dies unproblematisch. Da mangels Buchführungspflicht bei der GbR im Kontext der Rechnungsstellung **kein Schutz von Drittinteressen** bezweckt ist, ergeben sich Grenzen der Gestaltungsfreiheit allein aus der Innenperspektive im Hinblick auf den Minderheitenschutz. Bei unbefristeten GbR stellt sich daher insbesondere bei vorhersehbar langer Dauer die Frage, ob hierüber nicht eine **Verkürzung der Mitgliedschaftsrechte** im Hinblick auf Information und vermögensmäßiger Partizipation einhergeht, welche rechtlich zu missbilligen wäre. Insbesondere wenn Gesellschafter von der Geschäftsführung ausgeschlossen sind, kann dies problematisch sein. Gegen eine Unzulässigkeit solcher Gestaltungen spricht aber jedenfalls das verbleibende, unverzichtbare Informationsrecht gemäß § 717. Auch können die Gesellschafter ohne weiteres die Gewinnthesaurierung vereinbaren (→ Rn. 26).

In allen Fällen ist freilich im Rahmen der **Auslegung des Gesellschafts-** **zwecks nach §§ 133, 157** genau zu ermitteln, ob die Abbedingung wirklich gewollt ist; die bloße Charakterisierung als Gelegenheitsgesellschaft von kurzer Dauer (in welchem Umfang?) dürfte hierfür nicht ausreichend sein. Insbesondere bei kleingewerblichen oder freiberuflichen Zusammenschlüssen sowie Arbeitsgemeinschaften (Bau-ARGE), die plangemäß über den Schluss des Kalenderjahres hinausgehen, bedarf es daher **hinreichend deutlicher** vertraglicher Abreden, dass das durch § 718 periodisch gewährleistete Informationsrecht als Grundlage für die Gewinnverteilung nicht gelten soll (vgl. bereits RG JR 1927 Nr. 1388; MüKoBGB/Schäfer § 721 Rn. 3). Sind indessen alle Gesellschafter gemeinschaftlich geschäftsführungsbefugt, insbesondere bei Ehegatten-GbR und sonstigen zweigliedrigen Gesellschaften, lässt sich die **konkludente Abbedingung** der durchaus mit Aufwand verbundenen Rechnungslegungspflicht leichter bejahen.

b) Modifizierung von Art und Inhalt der Schlussrechnung. Praktisch bedeutsam ist bei unternehmerischen und vermögensverwaltenden GbR im Übrigen, die Rechenschaftspflicht vertraglich den **§§ 238 ff. HGB** anzupassen, mithin ein hierdurch strukturiertes und im Hinblick auf Umfang und Bewertung geprägtes Zahlenwerk **(GuV, Bilanz)** festzulegen (BGH NJW 1981, 2563; Priester DStR 2007, 28). Dies gilt insbesondere vor dem Hintergrund von § 141 AO. Dessen ungeachtet ist es in Bezug auf das Gesellschaftsverhältnis auch möglich, den **sachlichen Anwendungsbereich der Schlussabrechnung** zu definieren, insbesondere auf bestimmte Geschäfte oder Bereiche zu beschränken (Henssler/Strohn/Kilian § 721 Rn. 12). Es ist daher keinesfalls zwingend, dass sich die Schlussabrechnung auf den gesamten Geschäftsbetrieb der GbR bezieht bzw. das gesamte verwaltete Vermögen. Hierdurch können insbesondere Vermögensveränderungen der Schlussabrechnung bzw. Rechtsfolgen nach Ausscheiden vorbehalten werden. Weiterhin zulässig und praktisch geboten ist es auch, dass **Verhältnis von Gewinnverteilung und Verlusttragung** gesellschaftsvertraglich zu regeln (→ Rn. 35 f.).

c) Verbindliche Feststellung. Hiervon abzugrenzen ist die weitergehende Frage, ob entsprechend der für Kapitalgesellschaften maßgeblichen Regelungen (vgl. zur AG §§ 172 ff. AktG) auch die **Feststellung des Jahresabschlusses** gewollt ist (vgl. zur Differenzierung von Aufstellung und Feststellung des Jahresabschlusses BGH DB 1996, 926 (929 ff.)). Praktisch bedeutsam ist dies insbesondere, soweit es um die über die bloße Aufstellung hinausgehende Ausübung von Bilanzwahlrechten geht, was mittelbar Auswirkungen auf das Entstehen eines ausschüttungsfähigen Gewinnes hat (vgl. BGH DB 1996, 926 (929 ff.): Verbind-

21

22

23

licherklärung; ebenso BeckOK BGB/Schöne § 721 Rn. 4; Soergel/Hadding/
Kießling § 721 Rn. 5; Henssler/Strohn/Kilian § 721 Rn. 6). Im Personengesellschaftsrecht ist die Feststellung allein bei OHG und KG vorgesehen (vgl.
§ 121 HGB). Es spricht indessen nichts dagegen, dies als **Gestaltungsoption
auch bei der GbR** vorzusehen und hierüber die Grundlage für die Gewinnverwendung verbindlich festzulegen (dazu → Rn. 10). Hieraus ergibt sich dann
auch die **rechtliche Qualifizierung** der Feststellung (für die Annahme eines
kausalen Schuldanerkenntnisses BGH NJW 1996, 1678; 2011, 2292 Rn. 20; für
die Annahme eines abstrakten Schuldanerkenntnisses BGH WM 1960, 187
(188); DB 1980, 188; zutreffend für die Maßgeblichkeit des jeweiligen Einzelfalles BGH BB 2009, 1235; so auch BeckOGK/Kell § 721 Rn. 23). In diesen Fällen bedarf es dann auch einer Festlegung, wer die **Feststellungskompetenz**
hat. Im Ausgangspunkt handelt sich hierbei wegen der unmittelbaren Bedeutung für die Gewinnverteilung um eine **Grundlagenentscheidung,** die der
Gesamtheit der Gesellschafter zugewiesen ist. Nach Maßgabe der allgemeinen
Regeln (→ § 714 Rn. 13 ff.; vgl. BGH NJW 2007, 1685; FG Hannover ZIP
2009, 772 Rn. 30) kann insofern aber auch das Mehrheitsprinzip eingeführt
werden. Die Ausübung der hiernach begründeten Feststellungskompetenz ist
dann einer **Treupflichtkontrolle** unterzogen, soweit es um den Widerstreit
von Ausschüttungen und Thesaurierung geht. Die Thematik ist insofern dieselbe wie bei der Beschlussfassung über die Gewinnverteilung (→ Rn. 29).

IV. Gewinnverteilung

1. Grundlagen

24   § 718 sieht nunmehr auch für die Gewinnverteilung als gesetzlichen
Regelfall **bei allen GbR** (→ Rn. 1, 9) vor, dass diese mangels abweichender
gesellschaftsvertraglicher Regeln („im Zweifel") zum **Schluss jedes Kalenderjahres** zu erfolgen hat. Die unmittelbare Bedeutung dieser Regelung
liegt darin begründet, dass ein nach Maßgabe des Rechnungsabschlusses
(→ Rn. 10 ff.) **tatsächlich angefallener Gewinn** am Ende jedes Kalenderjahres zu verteilen ist. Wenngleich nicht ausdrücklich gesetzlich geregelt, sind
hierbei thesaurierte Gewinne (→ Rn. 26) aus dem Vorjahr sowie Verlustvor-
träge zu berücksichtigen (→ Rn. 3). Im Hinblick auf die Art der Gewinn-
teilung lässt sich § 718 zudem entnehmen, dass im gesetzlichen Regelfall
ein Ausschüttungsgebot besteht, mithin keine Thesaurierung, welche die
Gewinnverteilung ausschließt. Die Gesellschafter haben hiernach einen mitgliedschaftlichen **Anspruch auf periodische Gewinnausschüttung** (Vollausschüttungsgebot, vgl. Henssler/Strohn/Kilian § 721 Rn. 9). Die weitere
Ausgestaltung ergibt sich aus § 709 III, wonach im gesetzlichen Regelfall
der Gewinnanteil nach Maßgabe der vereinbarten Beteiligungsverhältnisse zu
bestimmen ist. § 718 ist daher im Zusammenspiel mit § 709 III die gesetzliche
Anerkennung eines **Gewinnstammrechts** aller Gesellschafter, welches
gemäß § 711a S. 1 dem Abspaltungsverbot unterliegt und nicht übertragbar
und belastbar ist. Hiervon **abzugrenzen** ist der konkrete vermögensmäßige
Gewinnanspruch eines Gesellschafters, welcher sich aus der konkreten

Gewinnverteilung ergibt und welcher gemäß § 711a S. 2 abtretbar ist (→ Rn. 30). Nicht von § 718 erfasst ist zudem die Geltendmachung dieses Gewinnanspruchs, sodass es ohne weiteres zulässig ist, dass die Gesellschafter ihre Gewinne auf Kapital- oder Darlehenskonten stehen lassen (→ Rn. 33).

2. Zuständigkeit

Die gesellschaftsrechtliche Zuständigkeit, über die Gewinnverteilung **25** gemäß § 718 zu entscheiden, obliegt im gesetzlichen Regelfall der **Gesellschaftergesamtheit** (vgl. BGH NJW 1996, 1678; 2007, 1685). Indem es hierbei um die unmittelbare Konkretisierung des gesellschaftsrechtlichen Gewinnstammrechts geht, scheidet die Qualifizierung als Geschäftsführungsmaßnahme aus. Im Übrigen ist aber gesetzlich nicht vorgesehen, dass über die entsprechende Gewinnverteilung im Sinne von § 718 auch periodisch entschieden werden müsste; es ist vielmehr ohne weiteres zulässig, die Gewinnverteilung **bereits im Gesellschaftsvertrag** aufzunehmen. Soweit dies der Fall ist, entsteht der konkrete Gewinnanspruch des Gesellschafters (→ Rn. 30 f.) nach Maßgabe von § 709 III automatisch mit Ablauf des Kalenderjahres (abw. BeckOGK/Kell § 721 Rn. 50). Ist indessen eine **Beschlussfassung** der Gesellschafter **vorgesehen oder erforderlich,** welche sich mit einer gleichermaßen vereinbarten Notwendigkeit der Gewinnfeststellung verbinden lässt (→ Rn. 23), entsteht der konkrete Gewinnanspruch abweichend vom Wortlaut von § 718 erst zu diesem späteren Zeitpunkt (Henssler/Strohn/Kilian § 721 Rn. 8). Einzelheiten → Rn. 23. – Diese Differenzierung ist auch bedeutsam, wenn es um die **Durchsetzung von Gewinnansprüchen** durch Gesellschafter geht (zum Ganzen Bauschatz NZG 2002, 759): Ergibt sich der individuelle Anspruch unmittelbar aus dem Gesellschaftsvertrag, kann jeder Gesellschafter die rechtsfähige GbR bzw. bei der nicht rechtsfähigen Gesellschaft die Mitgesellschafter auf Leistung verklagen. Bedarf es einer vorherigen Beschlussfassung zur Gewinnverteilung bzw. zusätzlich der vorgelagerten Feststellung des Gewinns, muss ein Gesellschafter zunächst die Mitgesellschafter auf Herbeiführung eines entsprechenden Beschlusses verklagen (§ 894 ZPO). Insofern dürfte regelmäßig von einer entsprechenden Zustimmungspflicht auszugehen sein (ebenso BeckOGK/Kell § 721 Rn. 32). Die beklagten Gesellschafter sind insofern nicht notwendige Streitgenossen nach § 62 ZPO (BGH NJW 1999, 571 (572)). Es handelt sich vielmehr um eine Rechtsgemeinschaft gem. § 59 Alt. 1 ZPO.

3. Gestaltungsfreiheit

Die durch § 718 gewährte Gestaltungsfreiheit („im Zweifel") bezieht sich **26** darauf, den Anspruch der Gesellschafter auf periodische Gewinnausschüttung zu modifizieren; vgl. im Übrigen zur Modifizierung der internen Beteiligungsquoten § 709 III (→ Rn. 5, 24). Im Kern geht es somit darum, **Thesaurierungsgebote** zu etablieren, welche das Entstehen konkreter Gewinnansprüche der Gesellschafter auf Zeit oder bis zur Auflösung der Gesellschaft verhindern. Soweit solche Regelungen **einvernehmlich** getroffen werden, bestehen keine Zulässigkeitsbedenken (gegen gesetzliche Gewinnbeschrän-

kungen auch OLG Schleswig NZG 2016, 179 Rn. 31). Privatgläubiger eines
Gesellschafters können hiernach zwar nicht auf dessen Gewinnansprüche
zugreifen; möglich bleibt aber ein Vorgehen nach Maßgabe von § 726, um auf
das Abfindungsguthaben des Schuldners zuzugreifen. Eine vom gesetzlichen
Regelfall oder der ursprünglichen Vereinbarung abweichende einvernehmliche Regelung kann als konkludente Vertragsänderung auch infolge jahrelan-
ger Praxis angenommen werden (vgl. BGH NJW 1966, 826). Problematisch
ist daher allein die **mehrheitliche Beschlussfassung.** Hier können Thesau-
rierungs- und Ausschüttungsinteressen kollidieren. Insofern ist es rechtlich
problematisch, ob und in welchem Umfang die Thesaurierung auf der
Grundlage einer entsprechenden gesellschaftsvertraglichen Mehrheitsklausel
konkret geschlossen werden darf.

27   **a) Mehrheitsklauseln.** Dass Mehrheitsklauseln bei der GbR prinzipiell
auch im Hinblick auf die Gewinnthesaurierung **zulässig** sind, dürfte nicht
ernsthaft zu bezweifeln sein. Immerhin geht es hierbei wirtschaftlich
betrachtet nur um eine **zeitweise Verkürzung der Mitgliedschaftsrechte.** Die anfallenden Gewinne verbleiben in der Gesellschaft und erhöhen damit den Wert der Beteiligung. Die Beteiligung des Einzelnen an
einer derartigen Entscheidung ist daher kein (absolut) unentziehbares Mitgliedschaftsrecht (die Frage offenlassend BGH NJW 2007, 1685 (1687 ff.)).
Im Kern bedarf es daher wie allgemein bei der Abbedingung der Einstimmigkeit gemäß § 714 die speziellen Wirksamkeitsvoraussetzungen nach dem
nunmehr von der Rechtsprechung etablierten maßgeblichen **zweistufigen
Konzept** (zum Ganzen → § 714 Rn. 20 ff.): Die hiernach notwendige
„formelle Legitimation" der Mehrheitsmacht durch eine **hinreichend
deutliche Regelung** im Gesellschaftsvertrag dürfte indessen auch bei einer
allgemeinen Mehrheitsklausel gewahrt sein, weil die periodische Entscheidung über Thesaurierung und Ausschüttung letztlich eine gewöhnliche Maßnahme ist, bei der auch bei der GbR ein Gesellschafter damit
rechnen muss, dass die Entscheidung hierüber davon erfasst wird (in diese
Richtung auch BGH NJW 2007, 1685 (1687); wohl auch Soergel/Had-
ding/Kießling § 721 Rn. 5: „der Gesellschafterversammlung vorbehaltene
Geschäftsführungsmaßnahme"). Insofern ist es auch nicht erforderlich, dass
im Gesellschaftsvertrag entsprechende **Höchstgrenzen** der Thesaurierung
vereinbart werden (abw. BeckOGK/Kell § 721 Rn. 42; MüKoBGB/Schä-
fer § 721 Rn. 9 f. Erfordernis einer relativen Obergrenze, die aber nicht als
starre Grenze verstanden werden muss; ebenso BeckOGK/Kell § 721
Rn. 45: Notwendigkeit einer „Bis-zu-Obergrenze"). Dieses Erfordernis
würde die Entscheidungsfreiheit zu stark einschränken, weil eine solche
Höchstgrenze nicht im Vorfeld abstrakt zur Beschränkung der Gewinnverwendung in der jeweils maßgeblichen Größe hinreichend legitimiert ist. Es
ginge zudem – anders als bei Nachschusspflichten – auch vielfach an der
eigentlichen Problematik vorbei, die Gesellschafter im Hinblick auf eine
Liquiditätserwartung zu schützen. Insofern ermöglicht vielmehr die nach
der Konzeption des BGH auf der zweiten Stufe stets durchzuführende
Treuepflichtkontrolle angemessene Lösungen (→ Rn. 29).

Die vorstehenden, nach hier vertretener Auffassung recht liberalen Anfor- 28
derungen an die Wirksamkeit einer Mehrheitsklausel im Hinblick auf die
Gewinnthesaurierung gelten auch, wenn die betreffende Mehrheitsklausel
im ursprünglichen Gesellschaftsvertrag unter Beteiligung aller vereinbart
wurde. Soll diese indessen **nachträglich eingeführt** werden, bedarf es hierfür nach Maßgabe von § 714 als Grundlagenentscheidung wiederum im Ausgangspunkt der Zustimmung aller zum vorhandenen Gesellschafter; das Gleiche gilt bei einer nachträglichen Änderung. Auch insofern stellt sich allerdings
die Frage, ob eine Gesellschaftsvertragsänderung durch Mehrheitsentscheidung zulässig ist, was wegen der außerordentlichen Bedeutung richtigerweise
nicht von einer allgemeinen Mehrheitsklausel gedeckt ist, sondern hinreichend deutlich werden muss (Einzelheiten → § 714 Rn. 22). Ungeachtet
dessen besteht aber stets die Möglichkeit, dass ein Gesellschafter einer
Zustimmungspflicht unterliegt, insbesondere in einer akuten Sanierungssituation (vgl. zur KG OLG Bamberg NZG 2005, 808; zur GmbH BGH
NZG 2016, 781; BeckOGK/Kell § 721 Rn. 48). Wenigstens bei unternehmenstragenden GbR ist zur Bejahung einer solchen im Zuge der durch
die Reform gestärkten Verbandskontinuität größerer Raum als bislang (vgl.
insofern auch Begr. S. 106).

b) Gewinnverwendungsbeschluss. Eine gesetzliche Mindestausschüt- 29
tung findet sich im Personengesellschaftsrecht nicht (vgl. hierzu bei der AG
§ 254 I AktG). Auch lässt sich kaum postulieren, dass an die Gesellschafter
immer so viel ausgeschüttet werden müsste, dass sie hieraus die entsprechenden
Ertragsteuern bezahlen können (abw. BeckOGK/Kell § 721 Rn. 44). Die
Rechtmäßigkeit einer Beschlussfassung richtet sich daher stets und allein nach
der **Treuepflicht** (BGH NJW 2007, 1685). Insofern bedarf es auch keiner
Unterscheidung danach, ob die Thesaurierung offen erfolgt oder im Rahmen
der Bilanzfeststellung durch die Ausübung von Wahlrechten und Rücklagenbil-
dung, welche den verteilungsfähigen Gewinn schmälern (→ Rn. 23). In allen
Fällen ist in Bezug auf die konkrete Beschlussfassung auf der **Grundlage des
Einzelfalles** zu beurteilen, ob die Thesaurierung als Abweichung vom gesetzlichen Regelfall unter Berücksichtigung der Minderheiteninteressen **missbräuchlich** ist. Da ein Thesaurierungsbeschluss alle Gesellschafter gleichermaßen betrifft, ist es nicht angezeigt, insofern das aus dem Kapitalgesellschaftsrecht
stammende Institut der materiellen Beschlusskontrolle zur Geltung zu bringen,
was letztlich der Mehrheit die Darlegungs- und Beweislast für die sachliche
Rechtfertigung aufbürden würde. Auch beeinträchtigt die Thesaurierung nicht
das Vermögen der Minderheit, sondern allenfalls deren Liquiditätsbedürfnis.
Die **Beweislast** für treuwidriges Verhalten der Mehrheit obliegt daher der
Minderheit. Erforderlich ist insofern, dass der Thesaurierungsbeschluss darauf
abzielt, die berechtigten Minderheitsinteressen gezielt zu beeinträchtigen (sog.
Aushungern). Praktisch bedeutsam ist dies bei der gesetzlich personalistisch
vorgeprägten GbR vor allem, wenn ein Gesellschafter auf den Erhalt periodi-
scher Auszahlungen zur **Verwirklichung seiner Lebensverhältnisse** ange-
wiesen ist. Soweit dies der Fall ist, dürfte eine vollständige oder übermäßige
Thesaurierung daher regelmäßig treuwidrig sein. Die Gesellschaftermehrheit

kann dies freilich dadurch entkräften, dass es im Hinblick auf das durch die Reform gestärkte gesetzliche Leitbild der Dauergesellschaft geboten ist, die GbR mittels Thesaurierung zu finanzieren, um den Fortbestand und die Ertragsstärke zu sichern. Insofern kann es indessen wiederum auch geboten sein, **vorrangig flexible Lösungen** zu verwirklichen, sodass wenigstens das berechtigte Ausschüttungsbedürfnis der Minderheit befriedigt wird (vereinbarungsgemäßes Stehenlassen von Gewinnen durch die Mehrheit). Im Übrigen ist es aufgrund der Treuepflicht durchaus auch umgekehrt möglich, den Gesellschaftern **Zustimmungspflichten** aufzuerlegen, wenn es darum geht, dass ad hoc vorrangige Finanzierungsinteresse zur Sicherung des Bestandes der GbR durch eine Gewinnthesaurierung abweichend vom gesetzlichen Regelfall gemäß § 718 zu verwirklichen (vgl. zur KG OLG Nürnberg NZG 2005, 808; zur GmbH BGH NZG 2016, 781). Die Geltendmachung eines Beschlussmangels richtet sich nach den allgemeinen Regeln (→ § 714 Rn. 32 ff.).

V. Gewinnanspruch

1. Grundlagen

30 Der Gewinnanspruch eines Gesellschafters ist die Konkretisierung des mitgliedschaftlichen Gewinnstammrechts (→ Rn. 24). Während dieses untrennbarer Bestandteil der Mitgliedschaft ist (§ 711a S. 1) und nicht individuell durchgesetzt werden kann, ist der Gewinnanspruch ein konkreter **vermögensrechtlicher Anspruch** des Gesellschafters auf einen Gewinnanteil gemäß § 711a S. 2 (BFH DStR 2018, 1362 (1365); OLG Stuttgart DStR 2013, 1138 (1140); Henssler/Strohn/Kilian § 717 Rn. 19); vgl. insofern OHG und KG § 123 HGB, wo dies ausdrücklich gesetzlich geregelt wird. Er richtet sich **gegen die rechtsfähige GbR,** auch bei der zweigliedrigen Gesellschaft. Bei der nicht rechtsfähigen richtet er sich gegen den Mitgesellschafter, bei mehreren in gemeinschaftlicher Verbundenheit (RGZ 120, 135 (137); Staudinger/Habermeier, 2003, § 721 Rn. 4, 9; BeckOK BGB/Schöne § 721 Rn. 1, 6; BeckOGK/Kell § 721 Rn. 49). Der Gewinnanspruch ist inhaltlich auf den **Gewinnanteil** bezogen, mithin das, was dem Einzelnen nach Maßgabe des maßgeblichen Rechnungsabschlusses (→ Rn. 10 ff.), der sich hieraus ergebenden Gewinnverteilung (→ Rn. 24 ff.) und der quotalen Beteiligung im Verhältnis zu den Mitgesellschaftern (vgl. § 709 III) ergibt (→ Rn. 24). Er richtet sich daher regelmäßig auf **Geldzahlung,** soweit nichts anderes vereinbart wurde.

31 Der Gewinnanspruch **entsteht** als gegenüber dem Gewinnstammrecht eigener Anspruch nicht bereits mit Beginn des Gesellschaftsverhältnisses, sondern nach Maßgabe von § 718: Sofern keine abweichenden Vereinbarungen getroffen wurden, entsteht er bei jeder GbR mit **Ablauf jedes Kalenderjahres.** Indem gesetzlich nicht vorgesehen ist, dass über die entsprechende Gewinnverteilung im Sinne von § 718 auch (periodisch) entschieden werden müsste, erfolgt das Entstehen im dispositiven Regelfall **kraft Gesetzes.** Ein Gesellschafter kann daher auf der Grundlage der Rechnungsstellung nach Maßgabe von § 709 III in diesen Fällen ohne weiteres den Anspruch durch-

setzen. Das Gleiche gilt, wenn andere Abrechnungszeitpunkte vereinbart wurden (→ Rn. 20). Ist hingegen vorgesehen, dass die Gesellschafter eine Entscheidungskompetenz über die Gewinnverwendung haben (sog. **Feststellung des Jahresabschlusses,** insbesondere im Hinblick auf die Thesaurierung, → Rn. 26 ff.), entsteht der konkrete Gewinnanspruch abweichend vom Wortlaut von § 718 erst zu diesem **späteren Zeitpunkt bzw. überhaupt nicht** (vgl. BGH NJW 1981, 2563; 1996, 1678; BB 2009, 1235; RGZ 112, 19 (23); BeckOGK/Kell § 721 Rn. 50; MüKoBGB/Schäfer § 721 Rn. 8, 13; BeckOK BGB/Schöne § 721 Rn. 4; Staudinger/Habermeier, 2002, § 721 Rn. 8; Henssler/Strohn/Kilian § 721 Rn. 8). Sofern nichts Abweichendes vereinbart, ist der Gewinnanspruch dann gemäß § 271 I auch **sofort fällig** (BeckOGK/Kell § 721 Rn. 50).

2. Geltendmachung

Der Gewinnanspruch kann grundsätzlich **sofort geltend** gemacht werden. Die **Treuepflicht** eines Gesellschafters kann jedoch gebieten, dass dies auf Zeit unterlassen wird, um die nachteiligen Folgen eines Liquiditätsentzugs zu vermeiden, insbesondere wenn der Bestand der Gesellschaft hierdurch gefährdet ist (vgl. zur KG OLG Bamberg in NZG 2005, 808; möglicherweise abweichend Henssler/Strohn/Kilian § 721 Rn. 9: „zu jeder Zeit"). Die Hürde, eine derartige Treuepflichtbindung zu bejahen, ist durch die im Zuge der Reform betonte Steigerung der **Unternehmenskontinuität** jedenfalls bei unternehmerischen GbR gesunken (vgl. Begr. S. 106: Interesse der Verbandskontinuität; vgl. aber noch weitergehend bei OHG und KG § 122 HGB: Keine Geltendmachung, soweit Auszahlung zum offenbaren Schaden der Gesellschaft gereicht). Praktisch relevant dürfte dies freilich allein in einer bestehenden oder sich anbahnenden Krise sein; ansonsten ist bei der personalistisch geprägten GbR auch unter Treuepflichtaspekten ein prinzipieller Vorrang der Geltendmachung anzuerkennen. **32**

Im Übrigen obliegt es der Entscheidung des Gesellschafters selbst, ob er **Auszahlung** begehrt, den Gewinn auf einem gesellschaftsinternen **Einlagenkonto** stehen lässt oder im Wege der Verrechnung der Gesellschaft bzw. den Mitgesellschaftern ein **Darlehen** gewährt. Wird der Gewinn nach Wahl des Gesellschafters dem Einlagenkonto gutgeschrieben, ändert sich hierüber nicht automatisch dessen vermögensmäßige Beteiligung gemäß § 709 III; insofern bedarf es vielmehr einer Kapitalerhöhung. Konsequenterweise bleibt es dem Gesellschafter in diesen Fällen unbenommen, seinen stehengelassenen Gewinn nachträglich geltend zu machen (BeckOGK/Kell § 721 Rn. 58; MüKoBGB/Schäfer § 721 Rn. 16; vgl. insofern anders der mittlerweile aufgehobene § 122 II HGB aF). Bei Ausscheiden und Auflösung ist dieser Anspruch dann allerdings anders als ein Darlehensanspruch ein unselbständiger Rechnungsposten im Rahmen der Abfindung bzw. Auseinandersetzung (vgl. OLG Frankfurt NZG 2018, 1141; Einzelheiten bei → § 728a Rn. 26, → § 737 Rn. 18). **33**

Der Gewinnanspruch ist gemäß § 711a S. 2 **abtretbar,** auch im Voraus (BeckOGK/Kell § 721 Rn. 52); die Abtretung geht jedoch ins Leere, wenn der Zedent in der Zwischenzeit seine Gesellschafterstellung verliert, weil es **34** dann an der abzutretenden Forderung fehlt (BGH NJW 1984, 492). Eine **Verpfändung** des (künftigen) Gewinnanspruchs ist ebenfalls möglich. In diesen Fällen ist jedoch stets die weitergehende und ggf. vorrangige Pfändung oder dingliche Belastung des gesamten Gesellschaftsanteils mit einem Nießbrauch zu berücksichtigen, welche dann auch die entsprechenden Gewinnansprüche umfasst. Das Gleiche gilt im Hinblick auf die nachträgliche **Pfändung** eines Gewinnanspruchs (Einzelheiten bei BeckOGK/Kell § 721 Rn. 51; bedenklich weiter Umfang der Pfändung bei OLG Celle NZG 2004, 613 (614); hiergegen zutreffend Wertenbruch NZG 2006, 408 (414)). – Der Gewinnanspruch unterliegt der **regelmäßigen dreijährigen Verjährung** nach Maßgabe von §§ 195, 199 I (RGZ 88, 42 (46); BGH NJW 1981, 2563). Die Frist beginnt nicht stets mit Ende des Jahres, in dem der Gewinnanspruch entsteht (so aber BeckOGK/Kell § 721 Rn. 50); es bedarf auch der subjektiven Voraussetzungen gemäß § 199 I Nr. 2, was im Einzelfall durchaus problematisch sein kann. Lässt ein Gesellschafter seinen Gewinn auf einem Kapitalkonto stehen, ist die Verjährung entsprechend §§ 203, 205 gehemmt. Wandelt er den Gewinn in ein Darlehen um, beginnt die Verjährung nicht vor Fälligkeit der Darlehensrückzahlung.

3. Verhältnis zur Verlusttragungspflicht

35   Macht die GbR Verluste, begründet dies im dispositiven gesetzlichen Regelfall bis zum Ausscheiden eines Gesellschafters (§ 728) bzw. zur Auflösung der Gesellschaft (§ 737) keine gesellschaftsrechtliche Verlusttragungspflicht gegenüber der rechtsfähigen GbR bzw. den Mitgesellschaftern. Problematisch ist indessen, in welchem Verhältnis tatsächlich angefallene Gewinne und Verluste in zeitlicher Hinsicht zueinander stehen. Anders als bei OHG und KG gemäß § 120 II HGB gibt es hierfür bei der GbR **keine spezielle gesetzliche Regelung.** Im gesetzlichen Regelfall ist indessen gleichwohl davon auszugehen, dass angefallene Verluste aus dem Vorjahr bei der **Gewinnermittlung des Folgejahres Berücksichtigung** finden; umgekehrt ist ein thesaurierter Gewinn (→ Rn. 26) gleichermaßen bei der Schlussabrechnung des Folgejahres positiv zu berücksichtigen (BeckOGK/Kell § 721 Rn. 63). Zwingend ist dies indessen mangels Kapitalbindung bei der GbR nicht, sodass im Gesellschaftsvertrag durchaus auch vereinbart werden kann, die **Schlussabrechnung für jedes Jahr gesondert** durchzuführen. Hierdurch entsteht freilich die Gefahr, dass der Abzug von Gesellschaftsvermögen die drohende Inanspruchnahme der Gesellschafter im Wege der Haftung und die sich beim Ausscheidens- oder Auflösungszeitpunkt realisierende Verlusttragungspflicht vergrößert. Rechtlich ist das aus der Gläubigerperspektive unterhalb der Schwelle von § 826 nicht zu beanstanden, zumal auch Insolvenzanfechtung gemäß §§ 129 ff. InsO Abhilfe leistet. Im Innenverhältnis kann eine solche Gestaltung gleichwohl zulasten einzelner Gesellschafter wirken und daher ggf. treuwidrig sein.

36   Hiervon **abzugrenzen** ist die Frage, in welchem Verhältnis ein konkreter Gewinnanspruch bzw. rechnerisch anfallender Verlustanteil zur **wirtschaftlichen Beteiligung eines Gesellschafters** steht. Insofern gilt zunächst, dass sich die nach Maßgabe von § 709 III bestimmte Beteiligung an der GbR mangels abweichender gesellschaftsvertraglicher Regelungen (Kapitalerhöhung bzw. –herabsetzung) nicht automatisch durch periodisch anfallende Gewinne oder Verluste verändert. Die unmittelbaren Auswirkungen richten sich daher allein danach, ob und wie ein Gesellschafter seinen Gewinnanspruch bereits geltend gemacht hat. Im Kontext erlangen die beim Stehenlassen von Gewinnen wenigstens konkludent vereinbarten **gesellschaftsinternen Kapitalkonten** Bedeutung, über welche sukzessive Gewinne und Verluste abgewickelt werden (BeckOGK/Kell § 721 Rn. 63). Vertragliche Regelungen hierzu sind aus Gründen der Rechtssicherheit dringend geboten; fehlen diese, kann im Wege der ergänzenden Vertragsauslegung aber auf **§ 120 II HGB** zurückgegriffen werden (abw. BeckOK BGB/Schöne § 721 Rn. 7: Nur bei entsprechender Vereinbarung). Eine abweichende Beurteilung ist indessen angezeigt, wenn ein Gesellschafter den Gewinnanspruch in eine Darlehensgewährung an die GbR bzw. Mitgesellschafter umwandelt. In diesem Fall scheidet eine automatische Verrechnung aus.

VI. Entnahmen

Entnahmen waren bei der GbR **noch nie gesetzlich vorgesehen** (anders   37
als bei OHG und KG gem. § 122 HGB aF, was aber im Zuge der Reform zugunsten der Kautelarpraxis ersatzlos gestrichen wurde, vgl. Begr. S. 240). Kraft Gesetzes hat daher kein Gesellschafter einen Anspruch darauf, von der GbR bzw. den Mitgesellschaftern im Vorfeld des nach Maßgabe von §§ 718, 709 III entstandenen Gewinnanspruchs (→ Rn. 30 ff.) eine entsprechende Abschlagzahlung o.Ä. zu verlangen. Hiervon abzugrenzen sind freilich anderweitig begründeten Sozialansprüche, insbesondere Aufwendungsersatz etc. (undeutlich im Hinblick auf Geschäftsführervergütung Henssler/Strohn/Kilian § 721 Rn. 10). Notwendig und praktisch bedeutsam sind in Bezug auf Entnahmen, Vorabausschüttungen, Abschläge etc., daher **vertragliche Abreden** (vgl. hierzu BGH NJW-RR 1994, 996; BB 2000, 58 (59)). Sollen diese nachträglich eingeführt werden, ist dies wegen der Gefährlichkeit von Entnahmen aus der Perspektive der Mitgesellschafter (sogleich → Rn. 38) nur dann durch eine Mehrheitsklausel im Gesellschaftsvertrag gedeckt, wenn dies in der entsprechenden Mehrheitsklausel hinreichend deutlich wird.

Grenzen der Gestaltungsfreiheit ergeben sich aus der Treuepflicht inso-   38
fern vor allem unter Berücksichtigung des Insolvenzrisikos und des Gleichbehandlungsgebots. Soweit sich nämlich ein Gesellschafter aus dem (zu diesem Zeitpunkt vorhandenen) Gesellschaftsvermögen bedient, ist keineswegs sicher, dass die entsprechenden Beträge später zur Gläubigerbefriedigung ausreichen oder hinter einem auf einen späteren Zeitpunkt berechneten Gewinnanspruch des Empfängers zurückbleiben. In diesen Fällen tragen die Mitgesellschafter und letztlich die Gläubiger das Risiko, dass etwaige **Erstattungsansprüche** gegen den Gesellschafter (dazu → Rn. 39) wegen überhöhter Entnahmen **nicht werthaltig** sind (vgl. zur Geltendmachung im Wege der actio pro socio BGH NJW 2000, 505 (506)). Dies kann im Ergebnis einer an sich nicht bestehenden Nachschusspflicht gleichkommen (vgl. BGH BB 1973, 999). Abhilfe schafft

insofern freilich die Anfechtungsmöglichkeit gemäß §§ 129 ff. InsO. Gleichwohl ist insbesondere aus der Perspektive der Mitgesellschafter bei der Vereinbarung oder Duldung von Entnahmen zur Aufmerksamkeit geraten. Drohende, nach Maßgabe der Treuepflichtbindung des Gesellschafters zu definierende übermäßige Entnahmen können daher auch im Wege der Unterlassungsklage und des einstweiligen Rechtsschutzes unterbunden werden. Praktisch relevant wird dies insbesondere in der Krise (BGH NJW 1996, 1678 (1681); Henssler/Strohn/Kilian § 721 Rn. 10). Wird ein gesellschaftsvertraglich begründeter Entnahmeanspruch an einen Dritten abgetreten, kann gemäß § 404 dem Dritten auch die Treuebindung des Zedenten entgegenhalten werden (MüKoBGB/Schäfer § 721 Rn. 16; BeckOGK/Kell § 721 Rn. 56).

VII. Überhöhte Gewinnausschüttungen etc

39   Wird an die Gesellschafter ein **überhöhter Gewinn** ausgezahlt, sei es offen oder verdeckt, oder kommt es zu ungerechtfertigten oder **überhöhten Entnahmen,** hat dies anders als bei GmbH und AG (vgl. §§ 30, 31 GmbHG, §§ 57, 62 AktG) keine konkret geregelten gesetzlichen Folgen (gegen gesetzliche Gewinnbeschränkungen auch OLG Schleswig NZG 2016, 179 Rn. 31). Maßgeblich ist daher jedenfalls eine Rückabwicklung nach **Bereicherungsrecht** gem. den §§ 812 ff. Wenngleich die Rechtsfolgen wegen der vielfach gegebenen Bösgläubigkeit gemäß § 818 IV, § 819 I durchaus effektiv sind, kann eine korrespondierende verschuldensabhängige **Schadensersatzpflicht** durchaus praktische Relevanz erlangen. Auf der Grundlage von § 280 I ist daher der Empfänger gegenüber der rechtsfähigen GbR, ansonsten gegenüber den Mitgesellschaftern zum Ersatz des durch die überhöhte Entnahme eingetretenen Schadens verpflichtet (weitergehend für einen wohl verschuldensunabhängigen gesellschaftsrechtlichen Rückgewähranspruch MüKoBGB/Schäfer § 721 Rn. 17). Die Darlegungs- und Beweislast für die Berechtigung der Entnahme obliegt dem Gesellschafter (vgl. BGH NJW-RR 1994, 996; NJW 2000, 505 (506); OLG Köln BeckRS 2014, 22836 Rn. 38). Gegenüber Gläubigern dürfte eine Schadensersatzhaftung aus §§ 826, 249 I nur in Extremfällen in Betracht kommen, da diese wegen der persönlichen Gesellschafterhaftung kein schützenswertes Interesse haben, dass das Gesellschaftsvermögen unangetastet bleibt. Folglich wird nur in den seltensten Fällen eine sittenwidrige Schädigung zu bejahen sein. Zudem fehlt es oftmals am von den Gläubigern nachzuweisenden Schädigungsvorsatz.

VIII. Kautelarischer Handlungsbedarf infolge des MoPeG

40   Da sich die bisherige Gesetzeslage mit der Fassung des neuen § 718 ab 1.1.2024 erheblich ändert (periodische Rechnungsstellung und Gewinnverteilung als Regelfall, Abstellen auf das Kalenderjahr anstelle des Geschäftsjahres, dispositives Vollausschüttungsgebot im Hinblick auf den periodisch anfallenden Gewinn), sind bestehende Gesellschaftsverträge entsprechend den individuellen Bedürfnissen der Gesellschafter anzupassen.

Handlungsbedarf besteht zunächst in Fällen, in denen die Gesellschafter die **Aufstellung des Rechnungsabschlusses** am Ende des vom Kalenderjahr abweichenden Geschäftsjahres oder in Anknüpfung an bestimmte Geschäftsvorfälle bevorzugen oder wie nach bisheriger Rechtslage auf die Auflösung der GbR hinausschieben wollen (nach dem Vorbild des § 721 aF). Eine eindeutige Regelung im Gesellschaftsvertrag vermeidet insofern Streitigkeiten über eine ggf. konkludente Abbedingung der gesetzlichen Regelung durch zeitweilige Fortführung der bisherigen Praxis (vgl. auch → Rn. 6). – Wie bislang können ferner weitere Konkretisierungen der Aufstellungspflicht in den Gesellschaftsvertrag aufgenommen werden, etwa im Hinblick auf Art und Inhalt der Schlussrechnung (→ Rn. 22) und eine über die bloße Aufstellung der Rechnungsstellung hinausgehende Feststellung oder Billigung durch die Gesellschafter (→ Rn. 23). Eine Einschränkung bis hin zur Abbedingung der Aufstellungspflicht sind weiterhin grundsätzlich möglich (→ Rn. 20 f.), so dass gesellschaftsvertraglich jedenfalls bei Gelegenheitsgesellschaften von kurzer Dauer die alte Rechtslage (Aufstellungspflicht erst bei Auflösung der Gesellschaft) ohne rechtliche Bedenken hergestellt werden kann. Bei Dauergesellschaften ist bei vollständiger Abbedingung hingegen Vorsicht geboten (→ Rn. 20).

Auch im Hinblick auf die **Gewinnverteilung** empfiehlt es sich wie bis- **41** lang, eine eindeutige Regelung in den Gesellschaftsvertrag aufzunehmen und insbesondere den Zeitpunkt und die Höhe des auszuschüttenden Gewinns ausdrücklich zu regeln. Ferner kann es sich bezüglich einer etwaigen Gewinnthesaurierung empfehlen, bereits im Gesellschaftsvertrag den Charakter der betreffenden Gesellschaft als eine Dauergesellschaft mit einer genauen Beschreibung des Gesellschaftszwecks und der Mittel der Finanzierung (insbes. durch Gewinnrücklagen etc) näher zu konkretisieren. Dadurch kann eine ggf. vorhandene Mehrheitsklausel bzgl. der Thesaurierung und der konkreten Gewinnverwendung im Hinblick auf die Treuepflichtkontrolle rechtssicherer ausgestaltet werden (vgl. auch → Rn. 27 ff.), weil dadurch das legitime Interesse der Gesellschaft an der Gewinneinbehaltung bereits im Gesellschaftsvertrag verankert wird. – Wie schon nach der alten Rechtslage, können im Übrigen auch gesellschaftsvertraglich **weitere ergänzende Regelungen** vereinbart werden, insbesondere im Hinblick auf die Zahlung einer am voraussichtlichen Geschäftserfolg orientierten Vorausdividende oder fester Zinsen auf die Einlagen (vgl. MüKoBGB/Schäfer § 721 Rn. 5) sowie die Verlusttragungspflicht (→ Rn. 35 f.) und gewinnunabhängige Entnahmerechte (→ Rn. 37 f.), besonders im Zusammenhang mit der Geschäftsführervergütung (→ Rn. 35).

Kapitel 3. Rechtsverhältnis der Gesellschaft zu Dritten

§ 719 Entstehung der Gesellschaft im Verhältnis zu Dritten

(1) **Im Verhältnis zu Dritten entsteht die Gesellschaft, sobald sie mit Zustimmung sämtlicher Gesellschafter am Rechtsverkehr teilnimmt, spätestens aber mit ihrer Eintragung im Gesellschaftsregister.**

(2) **Eine Vereinbarung, dass die Gesellschaft erst zu einem späteren Zeitpunkt entstehen soll, ist Dritten gegenüber unwirksam.**

Übersicht

I. Reform

1. Grundlagen, Bewertung

1   Der neu gefasste § 719 beruht auf der gesetzlichen Unterscheidung rechtsfähiger und nicht rechtsfähiger GbR gemäß § 705 II als den beiden einander ausschließenden „Rechtsformvarianten der GbR" (Begr. S. 120; vgl. insofern → § 705 Rn. 44 ff.); die früheren Begriffe Innen- und Außengesellschaft sollten daher nicht mehr verwendet werden Mohamed (JuS 2021, 820 (823); abw. Bachmann NJW 2021, 3073 (3074); anders aber Bachmann NZG 2020, 612 (614): Außengesellschaft wird „Schulbegriff" bleiben). Die Regelung bestimmt den maßgeblichen **Zeitpunkt des Entstehens der GbR als rechtsfähige Personengesellschaft** iSv § 14 II im Verhältnis zu Dritten und richtigerweise auch ggf. zuvor bereits zu ihren Gesellschaftern selbst (→ Rn. 5, → Rn. 7). Maßgeblich hierfür ist entgegen dem unvollkommenen Wortlaut entweder die gemeinschaftlich gewollte Teilnahme am Rechtsverkehr (nicht die Aufnahme selbst) oder spätestens die Eintragung der GbR im Gesellschaftsregister auf Grund gemeinschaftlicher Anmeldung gemäß § 707 IV 1 (→ Rn. 7 ff.). – Dieses Konzept ist **§ 123 I HGB entlehnt** und legt den Gesellschaftern die Kompetenz und Verantwortung auf, Klarheit über den rechtlichen Status der GbR im Hinblick auf ihre Rechtssubjektivität hervorzurufen. Soweit eine entsprechende Entscheidung gefallen und umgesetzt wurde, ist die GbR „mit allen Konsequenzen" rechtsfähig, mithin vor allem auch im Hinblick auf die hieraus resultierende organschaftliche Vertretung und Gesellschafterhaftung (Begr. S. 160); andernfalls handelt es sich um eine nicht-rechtsfähige GbR gemäß §§ 740 ff. Der sich früher hartnäckig haltende Begriff der Teilrechtsfähigkeit sollte damit endgültig aufgegeben werden.

Die Neuregelung ist vor allem wegen der hierdurch hervorgerufenen **2 Rechtssicherheit** zu begrüßen. Dies wird freilich wegen der Unbestimmtheit des Merkmals der Teilnahme am Rechtsverkehr kritisiert (vgl. Arbeitskreis Bilanzrecht Hochschullehrer ZIP 2021, 3 (10 f.); DIHK Stellungnahme S. 3; Habersack ZGR 2020, 539 (550 ff.); Schall ZIP 2020, 1143 (1448)). Lehnt man mit dem Gesetzgeber aber das zwingende Erfordernis der Registereintragung zur alleinigen Erlangung der Rechtsfähigkeit der GbR ab (→ § 707 Rn. 8 ff.), gibt es keine Alternative, zur Anknüpfung an materielle Kriterien, um die GbR als rechtsfähige anzuerkennen. Die **Eintragungsobliegenheit** sorgt in den praktisch relevanten Fällen des Grundstückserwerbs und Haltens von Gesellschaftsanteilen (→ § 713 Rn. 12 ff.) immerhin für Klarheit. Im Übrigen bietet auch die Lehre von der **Scheingesellschaft** Abhilfe, soweit aus der Perspektive des Rechtsverkehrs Zweifel darüber bestehen, ob die Gesellschafter die Erlangung der Rechtsfähigkeit wollten oder nicht (→ Rn. 12, → Rn. 18). Gegenüber der früheren Rechtslage, die die Rechtsfähigkeit an den Begriff der Außengesellschaft knüpfte und auf diffuse, teilweise nur zirkuläre Merkmale abstellte (vgl. MüKoBGB/ Schäfer § 705 Rn. 261 ff.: Vorhandensein von Gesellschaftsorganen und Gesamthandsvermögen, Auftreten nach außen; zum Ganzen auch Denga ZfPW 2021, 73 (82 ff.)), ist die Neuregelung jedenfalls unbestreitbar ein Fortschritt. Insofern ist neben der **Registerfähigkeit** und der durch die freiwillige Eintragung konsequent hervorgerufene Rechtsfähigkeit vor allem zu begrüßen, dass der Gesetzgeber der **notwendigen Willensbildung der Gesellschafter** („Zustimmung sämtlicher Gesellschafter") die gebotene Bedeutung beigemessen hat (pointiert Schäfer Neues PersGesR/Armbrüster § 3 Rn. 13: Einheitslösung, verabsolutiertes Kriterium; dies begrüßend auch Bachmann Stellungnahme S. 3; vgl. insofern bereits Beschluss 18 des 71. DJT, Verhandlungen, Bd. II/2, 2017, S. O222; kritisch Geibel ZRP 2020, 127 (137): diffuse Regelung). Der frühere Streit, ob auch einzelne Gesellschafter eigenmächtig die Rechtsfähigkeit nebst korrespondierender Gesellschaft herbeiführen können (vgl. zu § 123 I HGB aF MüKoHGB/K. Schmidt/Drescher HGB § 123 Rn. 10 mwN; für Einstimmigkeit früher bereits Henssler/Strohn/Servatius § 705 Rn. 7; die Frage offenlassend BGH NZG 2004, 663 (664)), wurde so geklärt (Begr. S. 124 f.).

Aus dem konstitutiven und damit ggf. beweisbedürftigen (→ Rn. 19) **3** Erfordernis der notwendigen Willensbildung der Gesellschafter nebst Teilnahme am Rechtsverkehr bzw. Eintragung im Gesellschaftsregister zur Erlangung der Rechtsfähigkeit folgt schließlich überzeugend, dass es **keine generelle gesetzliche Vermutung der Rechtsfähigkeit** gibt (zustimmend DAV NZG 2020, 1133 Rn. 9; Bachmann NZG 2020, 612 (614); Roßkopf Stellungnahme S. 4; vgl. aber Schäfer Neues PersGesR/Armbrüster § 3 Rn. 14 unter Hinweis auf die abweichende Rechtslage im österreichischen § 1076 I 2, II ABGB; kritisch, die Einführung einer Vermutung fordernd, Arbeitskreis Bilanzrecht Hochschullehrer ZIP 2021, 3 (10); Westermann DZWiR 2020, 2321 (323); Bachmann Stellungnahme S. 5 f.). Vielmehr wird gemäß § 705 III allein, aber immerhin unwiderleglich (so auch Bachmann NJW 2021, 3073 (3074)) vermutet, dass die Gesellschaft nach dem gemeinsamen Willen der Gesellschafter am Rechtsverkehr teilnimmt, wenn der Gegenstand der Gesellschaft der Betrieb eines Unternehmens unter gemeinschaftlichem Namen ist: Dies ist als sachgerechte **Auslegungsregel** zu begrüßen (zutreffend auf die protestatio-Regel hinweisend Bachmann NJW 2021, 3073 (3074); kritisch DIHK Stellungnahme S. 3). – Auch hat der Gesetzgeber die Möglichkeit zur Erlangung der Rechtsfähigkeit einer GbR in begrüßenswerter Weise **nicht auf unternehmenstragende Gesellschaften beschränkt** (in diese Richtung noch K. Schmidt ZHR 177 (2013), 712 (717); vgl. hierzu auch Altmeppen NZG 2020, 822; Habersack ZGR 2020, 539 (553 ff.); Schall ZIP 2020, 1443 (1444): „Unternehmenspersonengesellschaftsrecht", zum Begriff M. Noack BB 2020, 2618 (2618)). Es ist somit ohne weiteres möglich, dass auch ideelle GbR oder Gelegenheitsgesellschaften rechtsfähig sind, und sei es nur für einen kurzen oder überschaubaren Bereich (dies betont zu Recht M. Noack BB 2020, 2618 (2618)). Letzteres ist insbesondere im Hinblick auf die **Umwandlungsfähigkeit** gemäß § 3 I Nr. 1 UmwG praktisch relevant (Schäfer Neues PersGesR/Armbrüster § 3 Rn. 15).

2. Zeitlicher Geltungsbereich

4   § 719 tritt gemäß Art. 137 S. 1 MoPeG **am 1.1.2024** in Kraft; eine Übergangsregelung ist nicht vorgesehen. Im Umkehrschluss zu Art. 229 § 61 EGBGB folgt daher, dass sich die Voraussetzungen für das Entstehen der GbR als rechtsfähige auch für Altgesellschaften ab dem Zeitpunkt des Inkrafttretens nach neuem Recht richtet (→ § 705 Rn. 3 ff.). **Bestehende nicht rechtsfähige GbR** können daher ab dann nach Maßgabe von Abs. 1 die Rechtsfähigkeit erlangen, indem die Gesellschafter die Registereintragung herbeiführen oder die GbR am Rechtsverkehr auftreten lassen; die entsprechende Willensbildung kann bereits zuvor erfolgt sein (→ Rn. 33). **Bestehende Außen-GbR,** die nach früherem Recht bereits die Rechtsfähigkeit erlangt haben (vgl. hierzu MüKoBGB/Schäfer § 705 Rn. 261 ff.), bleiben auch über den 1.1.2024 hinaus rechtsfähig. Eine erneute Gesellschafterentscheidung zur Legitimation der Rechtsfähigkeit ist nicht notwendig. Verfügt eine nach früherem Recht als Innen-GbR bezeichnete Gesellschaft über ein Gesellschaftsvermögen, ist diese richtigerweise bereits vor dem 1.1.2024 rechtsfähig, um Trägerin des entsprechenden Vermögens zu sein (vgl. BGH WM 1973, 206 (297)), sodass das Gleiche gilt, wegen des zwingenden § 713 aber jedenfalls ab 1.1.2024.

II. Normzweck, Anwendungsbereich

Die Regelung begründet in **Abs. 1** ebenso wie der identische § 123 I **5** HGB die **Voraussetzungen für die Rechtsfähigkeit** der GbR, mithin das Entstehen im Außenverhältnis, wozu auch das Verhältnis zu den Gesellschaftern in Bezug auf Sozialansprüche und Sozialverbindlichkeiten zu zählen ist (abw. Geibel ZRP 2020, 127 (137): „Außenrechtsfähigkeit"). Die Herbeiführung der Rechtsfähigkeit ist zentral an eine entsprechende Willensbildung der Gesellschaftergesamtheit geknüpft, vgl. insoweit auch § 705 II (→ § 705 Rn. 44 ff.). Des Weiteren hängt sie davon ab, ob die Gesellschafter die Eintragungsoption gemäß § 707 I, IV wahrnehmen oder nicht: Soweit dies der Fall ist, entsteht die GbR als rechtsfähige mit Eintragung (→ Rn. 18), andernfalls bereits durch Teilnahme am Rechtsverkehr (→ Rn. 12 ff.). Der Reformgesetzgeber hat sich damit bewusst dagegen entschieden, die Rechtsfähigkeit der GbR allein an die Registereintragung zu knüpfen (→ § 707 Rn. 8). – Das Vorliegen einer der beide Tatbestandsalternativen von Abs. 1 ist **gemäß Abs. 2 zwingend,** sodass die Gesellschafter hiervon keine abweichenden Regelungen treffen können (→ Rn. 20). Wird hiergegen verstoßen oder werden die Voraussetzungen von Abs. 1 aus anderen Gründen nicht eingehalten, kann gegenüber gutgläubigen Dritten indessen eine **Scheingesellschaft** vorliegen, welche die persönliche Gesellschafterhaftung nach sich zieht (→ Rn. 26 ff.); vgl. darüber hinaus auch die Lehre von der **fehlerhaften Gesellschaft** (→ Rn. 21 ff.).

III. Entstehen der GbR im Verhältnis zu Dritten (Abs. 1)

1. Grundlagen

Die **Entscheidung** darüber, ob eine GbR rechtsfähig iSv § 14 II ist **6** oder nicht, obliegt allein den **Gesellschaftern** (Schäfer Neues PersGesR / Armbrüster § 3 Rn. 13: Einheitslösung). Dies wird in § 705 II („gemeinsamer Wille") und Abs. 1 („Zustimmung sämtlicher Gesellschafter") deutlich manifestiert (kritisch Geibel ZRP 2020, 127 (137): diffuse Regelungen; ebenso kritisch im Hinblick auf die fehlenden gesetzlichen Vorgaben Willensbildung DIHK Stellungnahme S. 10). Die auf die Rechtsfähigkeit einer GbR rekurrierenden zwingenden Regeln über die Vermögensfähigkeit (vgl. § 713) und die rechtliche Ausgestaltung im Außenverhältnis (vgl. §§ 721 ff.) setzen daher voraus, dass die Gesellschafter die mit der Rechtsfähigkeit untrennbar verbunden Wirkungen auch gemeinschaftlich herbeiführen wollten (die betont Begr. S. 160 f.). Dies ist insbesondere die tragende **Legitimation für die gesetzliche Gesellschafterhaftung,** die gemäß § 31 analog auch die Folgen des Verhaltens der Mitgesellschafter umfasst (→ § 721 Rn. 10). Der Gesetzgeber hat bewusst davon abgesehen, eine Vermutungsregel für das Vorliegen einer rechtsfähigen GbR einzuführen (Begr. S. 125; vgl. zur Beweislast → Rn. 19). Insofern beansprucht weiterhin allein die Lehre von der Scheingesellschaft Geltung (→ Rn. 26 ff.). Es ist daher bei GbR und OHG gleichermaßen bedeutsam, das Erfordernis der gemeinschaftlichen Willensbildung zur Erlangung der Rechtsfähigkeit aus der **Innen- und Außenperspektive** der Gesellschaft ernst zu nehmen. Bestehen hier Defizite oder Mängel, bedarf es für die Geltung der §§ 713, 720 ff. anderweitiger Begründungen, insbesondere unter dem Aspekt der Scheingesellschaft (so auch Begr. S. 161, → Rn. 26 ff.) oder nach Maßgabe der Lehre von der fehlerhaften Gesellschaft (→ Rn. 21 ff.). Handeln die Gesellschafter indessen widersprüchlich, weil sie die Gesellschaft (einvernehmlich!) zur Eintragung im Gesellschaftsregister anmelden oder diese am Rechtsverkehr teilnehmen lassen, ist der entgegenstehende Wille („wir sind keine rechtsfähige GbR") nach der Protestatio-Regel unbeachtlich (Bachmann Stellungnahme S. 5; vgl. hierzu auch im Rahmen von § 705 III → § 705 Rn. 53).

7   **a) Eintragung oder Teilnahme am Rechtsverkehr.** Für die Erlangung der Rechtsfähigkeit gegenüber „Dritten" stehen **gemäß Abs. 1 zwei Wege** bereit, die sich im Hinblick auf den „Kundgabeakt" der entsprechenden Willensbildung nach Maßgabe von § 705 II unterscheiden (zum Begriff Bachmann NZG 2020, 612 (614)): Wenn die **freiwillige Eintragung im Gesellschaftsregister** durch gemeinschaftliche Anmeldung gemäß § 707 IV 1 (vgl. § 707a → Rn. 18) erfolgt ist, sieht Abs. 1 Hs. 2 konsequent und zwingend vor, dass die GbR als rechtsfähige Gesellschaft ab diesem Zeitpunkt im Verhältnis zu Dritten entstanden ist (kritisch DAV NZG 2020, 1133 Rn. 59: überflüssige Regelung). Dies betrifft über den Wortlaut hinaus **auch die Rechtsfähigkeit im Innenverhältnis,** soweit es um die Sozialansprüche und -verbindlichkeiten geht (Kilincsoy FR 2021, 248 (249)). Eine gespaltene Beurteilung ist ausgeschlossen, da eine GbR nur entweder rechtsfähig oder nicht rechtsfähig sein kann (vgl. zum Umfang der Rechtsfähigkeit im Übrigen → § 705 Rn. 44 ff.). Die Registereintragung hat insofern **konstitutive Wirkung,** was gemäß § 123 I 1 HGB gleichermaßen für die kaufmännische OHG gilt. Soweit allerdings materiell-rechtliche Unwirksamkeitsgründe bestehen, ist die Eintragung unrichtig (abw. Bachmann NJW 2021, 3073 (3074)): GbR ist „stets" rechtsfähig; ebenso S. Martens AcP 221 (2021), 68 (78)). Die Existenz der GbR als rechtsfähige Gesellschaft mit allen Konsequenzen kann in diesen Fällen gegenüber gutgläubigen Dritten dann nur, aber immerhin gemäß § 15 HGB (iVm § 707a III) oder der Lehre von der Scheingesellschaft gegeben sein (→ Rn. 26 ff.), im Innenverhältnis nach der Lehre von der fehlerhaften Gesellschaft (→ Rn. 21 ff.). Das Gleiche gilt im (theoretischen?) Fall, dass die Gesellschafter die Gesellschaft zwar zur Eintragung ins Gesellschaftsregister anmelden, die entsprechende notwendige interne Zustimmung indessen fehlt (abw. unter Hinweis auf die konstitutive Wirkung der Eintragung Schäfer Neues PersGesR/Armbrüster § 3 Rn. 33 und Bachmann NZG 2020, 612 (614) sowie Bachmann NJW 2021, 3073 (3074), was aber der kumulativen Voraussetzungen von gesellschaftsrechtlicher Zustimmung und verfahrensrechtlicher Anmeldung nicht gerecht wird).

8   Unterbleibt die (gemäß § 707 I grundsätzlich freiwillige!) Registeranmeldung dauerhaft oder zunächst, entsteht die GbR im Verhältnis zu Dritten (und im Innenverhältnis, → Rn. 7) gemäß Abs. 1 Hs. 1 auch zu dem (ggf.

früheren) Zeitpunkt, zu dem die Gesellschaft mit Zustimmung sämtlicher Gesellschafter **am Rechtsverkehr teilnimmt,** was gemäß § 123 I 2 HGB gleichermaßen für die OHG gilt. Praktisch bedeutsam ist dies vor allem, wenn die GbR nicht im Register eingetragen werden soll oder wenn die Geschäftsaufnahme vor Eintragung erfolgt, sodass in diesem Fall die ggf. **spätere Registereintragung nur deklaratorische** Wirkung hat. Die Bildung eines Gesellschaftsvermögens iSv § 713 ist insofern neben dem Auftreten am Rechtsverkehr gegenüber Dritten ein typischer Fall, dies zu bejahen. – Insofern ist es im Übrigen auch möglich, dass die Gesellschafter aufgrund entsprechender gesellschaftsvertraglicher Regelung die Erlangung der **Rechtsfähigkeit aufschiebend bedingt** vereinbaren, sodass diese ohne Verstoß gegen Abs. 2 (→ Rn. 20) erst durch nachträgliche Registereintragung oder Auftreten am Rechtsverkehr eintritt (Schäfer Neues PersGesR/Armbrüster § 3 Rn. 24).

b) Sofortige Herbeiführung der Rechtsfähigkeit? Hiervon **abzu-** **grenzen** ist umgekehrt die gesetzlich nicht geregelte Frage, ob die GbR als rechtsfähige auch allein aufgrund der entsprechenden Willensbildung gemäß Abs. 2 entsteht, mithin **vor Geschäftsaufnahme oder Registereintragung.** § 719 I scheint dem entgegenzustehen, da diese Möglichkeit nicht genannt wird. Es ist aber zweifelhaft, hieraus einen abschließenden Charakter anzunehmen. Auf der Grundlage von Abs. 2 hat vielmehr wenigstens bei der GbR die Privatautonomie der Gesellschafter insofern Vorrang, als diese das sofortige Entstehen einer rechtsfähigen GbR vereinbaren können (abw. zur OHG Henssler/Strohn/Steitz HGB § 123 Rn. 10). Dass diese im Vorfeld der Geschäftsaufnahme eine **leere Hülse** ist, steht der Anerkennung nicht entgegen, da dies bei eingetragenen GbR ohne weiteres hingenommen wird. Praktisch bedeutsam ist diese vorsorgliche, sogleich wirksame Begründung einer rechtsfähigen GbR insbesondere dann, wenn bei Gründung der Beginn der Geschäftsaufnahme noch ungewiss ist und in die Verantwortung der gemäß § 715 geschäftsführungsbefugten Gesellschafter gelegt werden soll.

c) Umwandlung bestehender Gesellschaften. Die rechtliche Beurteilung, ob die Voraussetzungen von § 719 vorliegen, ist im Fall der Gründung einer GbR regelmäßig unproblematisch, weil es die (potentiellen) Gesellschafter dann individuell in der Hand haben, die Tatbestände von § 719 zu verwirklichen oder hiervon abzusehen. Etwas anderes gilt freilich bei bestehenden Gesellschaften. Dies können **Altgesellschaften** sein, bei denen der gesellschaftsrechtliche Zusammenschluss als Außen-GbR bereits vor dem 1.1.2024 verwirklicht wurde (→ Rn. 4), oder allgemein der Fall sein, wenn die Gesellschafter zunächst eine nicht-rechtsfähige Gesellschaft (früher: Innen-GbR) begründet haben und diese erst später identitätswahrend die **Rechtsfähigkeit erlangen** soll, was ohne weiteres **zulässig** ist (Schäfer Neues PersGesR/Armbrüster § 3 Rn. 32; abw. wohl S. Martens AcP 200 (2021), 68 (97); → § 740 Rn. 6). In diesen Fällen gibt es bereits ein ggf. gesellschaftsvertraglich stark individuell konturiertes Rechtsverhältnis der Gesellschafter untereinander, sodass die erforderliche Willensbildung gemäß § 719 hierauf abgestimmt werden muss, insbesondere im Hinblick auf das

Verfahren der Willensbildung, etwaige Zustimmungspflichten und die Möglichkeit der Mehrheitsentscheidung (→ Rn. 14 f.).

11   Die umgekehrte **Umwandlung einer rechtsfähigen GbR in eine nicht-rechtsfähige** ist gesetzlich nicht geregelt. Lediglich bei registrierten GbR ist dies gemäß § 707a IV ausdrücklich ausgeschlossen (→ § 707a Rn. 11). Auch in den anderen Fällen begegnet eine abweichende Beurteilung Bedenken. Würde man nämlich **bei nicht eingetragenen** rechtsfähigen GbR die mehrheitliche oder einvernehmliche Beschlussfassung dahingehend zulassen, dass die GbR nicht mehr am Rechtsverkehr teilnimmt und fortan (im Innenverhältnis) identitätswahrend als nicht-rechtsfähige Gesellschaft fortbesteht, wäre dies zwar aus Gläubigerperspektive unproblematisch, weil die bis dahin begründete Gesellschafterhaftung fortbesteht. Gegen die Zulässigkeit eines solchen Vorgehens sprechen indessen jedenfalls dann erhebliche Praktikabilitätsprobleme, wenn ein Gesellschaftsvermögen iSv § 713 gebildet wurde, weil sich dies nicht rechtssicher außerhalb einer geordneten Abwicklung gemäß §§ 735 ff. auseinandersetzen ließe (wie hier jedenfalls für eingetragene GbR Bachmann NZG 2020, 612 (615); abw. Schäfer Neues PersGesR/Armbrüster § 3 Rn. 25 ff.). Denkbar ist daher allein, dass **nach Abschluss der Liquidation** (→ § 738 Rn. 3 ff.) die Gesellschafter nach Maßgabe von § 734 die Fortsetzung als nicht-rechtsfähige Gesellschaft beschließen (→ § 734 Rn. 7 ff.).

2. Teilnahme am Rechtsverkehr

12   Das Entstehen der GbR im Verhältnis zu Dritten erfolgt in jedem Fall, wenn die **GbR als solche mit Zustimmung sämtlicher Gesellschafter** am Rechtsverkehr teilnimmt (vgl. insofern identisch § 123 I 2 HGB). Dieses Kriterium ist zweiaktig: Erforderlich ist zum einen eine wirksame Willensbildung der Gesellschafter (vgl. insofern auch § 705 II: gemeinsamer Wille); zum anderen bedarf es der tatsächlichen Verwirklichung dieses Willens. Beide Voraussetzungen müssen **kumulativ** vorliegen. Die bloße **Willensbildung der Gesellschafter,** eine rechtsfähige GbR sein zu wollen, genügt hiernach vordergründig nicht, sodass in diesem Fall rechtlich (ggf. zunächst) eine nicht-rechtsfähige Gesellschaft nach Maßgabe der §§ 740 ff. vorliegen würde. Hierfür gibt es indessen keine zwingenden Gründe, sodass richtigerweise auch die **sofortige Erlangung der Rechtsfähigkeit** vor Teilnahme am Rechtsverkehr oder Registereintragung vereinbart werden kann (→ Rn. 9). Unzulässig ist es indessen gemäß Abs. 2, die Vereinbarung eines gegenüber der vollzogenen Aufnahme am Rechtsverkehr bzw. Registereintragung späteren Zeitpunkts des Entstehens (→ Rn. 20). – Das **bloße Auftreten am Rechtsverkehr** ist ebenfalls **nicht ausreichend,** um materiell-rechtlich eine rechtsfähige GbR zu begründen. Dies gilt selbst dann, wenn einzelne Gesellschafter dies eigenmächtig herbeiführten; eine rückwirkende Genehmigung ist aus Gründen der Rechtssicherheit allein nach Maßgabe von § 177 möglich. In diesem Fall liegt daher eine nicht-rechtsfähige GbR vor (sofern wenigstens insofern gewollt), die spätere Umwandlung in eine rechtsfähige kann dann durch Genehmigung des Vertreterhandels das Geschäft mit Rückwirkung an sich ziehen. Im Verhältnis zu Dritten kann im Übrigen allein nach Maßgabe der allgemeinen Rechtsscheinslehre eine Scheingesellschaft vorliegen, welche zulasten der für das Auftreten verantwortlichen Gesellschafter eine Gesellschafterhaftung begründet (→ Rn. 26 ff.).

a) Zustimmung sämtlicher Gesellschafter. Erforderlich ist, dass sämt- **13** liche Gesellschafter die sogleich oder später verwirklichte Teilnahme der (dann rechtsfähigen) GbR am Rechtsverkehr wollen; später eintretende Gesellschafter sind hieran gebunden. Dies ist eine Grundlagenentscheidung, welche nach § 714 **Einstimmigkeit** erfordert; auf die Innehabung von Geschäftsführungskompetenz kommt es somit nicht an (so zu § 123 I HGB aF nunmehr auch MüKoHGB/K. Schmidt/Drescher Rn. 13). Inhaltlich muss sich der Wille darauf erstrecken, dass die **Teilnahme der GbR am Rechtsverkehr gewollt** ist, mithin der gesellschaftsrechtliche Zusammenschluss nicht lediglich der Ausgestaltung der Rechtsverhältnisse der Gesellschafter untereinander dient (Begr. S. 123 ff.; dies wegen der hiermit verbundenen **Rechtsunsicherheit** kritisierend Arbeitskreis Bilanzrecht ZIP 2021, 3 (10); Habersack ZGR 2020, 539 (550 ff.); Schall ZIP 2020, 1143 (1448), was aber angesichts des fehlenden Registerzwangs der GbR alternativlos ist → Rn. 2; für das Abstellen des notwendigen Willens auf die Begründung von Gesellschaftsvermögen anstelle der Teilnahme am Rechtsverkehr Schall ZIP 2020, 1443 (1448)). Eine besondere Form ist hierfür nicht vorgesehen. Praktisch geboten ist eine eindeutige Regelung im Gesellschaftsvertrag (Otte ZIP 2021, 2162 (2163); Geibel ZRP 2020, 127 (137)). Möglich ist aber auch **konkludentes Handeln** der Gesellschafter, insbesondere durch einvernehmliche Aufnahme der Geschäftstätigkeit oder die Bildung eines Gesellschaftsvermögens iSv § 713 (vgl. Schäfer Neues PersGesR/Armbrüster § 3 Rn. 20: im Zweifel gemeinsamer Wille). Die konkrete Ausgestaltung der GbR im Gesellschaftsvertrag im Hinblick auf Name und Sitz, Handlungsorganisation und Haftungsverfassung kann im Rahmen der gebotenen **Auslegung** gemäß §§ 133, 157 ebenfalls zur Bejahung der entsprechenden Zustimmung herangezogen werden; das Gleiche gilt für die Auslegung des Gesellschaftszwecks (Begr. S. 125: haben die Gerichte im Einzelfall zu entscheiden; vgl. zu den Indizien auch Lieder/Hilser NotBZ 2021, 401 (409 f.)). Bedeutsam ist insofern die **Vermutung gemäß § 705 III,** wonach davon auszugehen ist, dass die Gesellschaft nach dem gemeinsamen Willen der Gesellschaft am Rechtsverkehr teilnimmt, wenn der Gegenstand der Gesellschaft der Betrieb eines Unternehmens unter gemeinschaftlichem Namen ist (→ § 705 Rn. 53). – Im Übrigen gelten die allgemeinen **Wirksamkeitshindernisse** für Willenserklärungen. Bei Minderjährigen richtet es sich nach § 1852 Nr. 2, ob der Gesellschafter bzw. der gesetzliche Vertreter die Zustimmung alleine erteilen kann bzw. ob zusätzlich die familiengerichtliche Genehmigung erforderlich ist (vgl. zu § 1822 aF Nr. 3 RGZ 127, 153). Es handelt sich nicht um eine höchstpersönliche Entscheidung. Die **wechselseitige Vertretung** der Gesellschafter im Hinblick auf die notwendige Willensbildung ist daher nach Maßgabe von § 181 zulässig. Vgl. zur Lehre von der fehlerhaften Gesellschaft → Rn. 21 ff.

14   Die rechtliche Beurteilung, ob die notwendige Willensbildung vorliegt, ist im Fall der **Gründung einer GbR** regelmäßig unproblematisch, weil es die (potentiellen) Gesellschafter individuell in der Hand haben, die Tatbestände von § 719 zu verwirklichen oder hiervon abzusehen. Etwas anderes gilt freilich bei **bestehenden Gesellschaften,** wenn diese später **identitätswahrend die Rechtsfähigkeit erlangen** sollen. Praktisch bedeutsam ist dies bei Altgesellschaften, bei denen der gesellschaftsrechtliche Zusammenschluss als Außen-GbR bereits vor dem 1.1.2024 verwirklicht wurde (→ Rn. 4), oder allgemein, wenn die Gesellschafter zunächst eine nicht-rechtsfähige Gesellschaft (früher: Innen-GbR) begründet haben. In diesen Fällen gibt es bereits ein ggf. gesellschaftsvertraglich stark individuell konturiertes Rechtsverhältnis der Gesellschafter untereinander, sodass die erforderliche Willensbildung gemäß **§ 719 hierauf abgestimmt** werden muss. Richtigerweise ist die Regelung daher nicht zwingend. – Praktisch bedeutsam und rechtlich maßgeblich sind dann auch bestehende gesellschaftsvertragliche Regelungen über das **Verfahren der Beschlussfassung,** die dann auch bei § 719 Geltung beanspruchen (Einzelheiten → § 714 Rn. 13 ff.).

15   Weiterhin unterliegt bei einem bereits bestehenden Gesellschaftsverhältnis die erforderliche Zustimmung zur Teilnahme am Rechtsverkehr der allgemeinen Treuepflichtbindung der Gesellschafter (zum Ganzen → § 714 Rn. 28). Hieraus folgt zum einen, dass individuelle **Zustimmungspflichten** resultieren können, um die erforderliche Einstimmigkeit zu erreichen. Die rechtliche Hürde, diese zu bejahen, ist indessen wegen der hiermit einhergehenden Gesellschafterhaftung hoch. Gleichwohl kann die **Zweckbindung der Gesellschafter** die Zustimmung rechtfertigen, wenn die Erlangung der Rechtsfähigkeit zur Zweckverwirklichung notwendig ist und keine berechtigten Interessen der betreffende Gesellschafter entgegenstehen. Die Zustimmung kann dann auch durch die Mitgesellschafter klageweise durchgesetzt werden (vgl. für die Registeranmeldung gemäß § 707 I John NZG 2022, 243 (244)), mangels Anspruchs der bis dahin nicht rechtsfähigen Gesellschaft freilich nicht nach Maßgabe von § 715b. – Eine bestehende gesellschaftsvertragliche **Mehrheitsklausel** deckt die Teilnahme am Rechtsverkehr und das hieraus resultierende Entstehen einer rechtsfähigen GbR wegen der gravierenden Auswirkungen für die (Privat-)Interessen der Gesellschafter Übrigen nur dann, wenn dies hierin hinreichend deutlich wird; auch dann ist auf der 2. Stufe konkret zu würdigen, ob die Mehrheit treuwidrig agiert, weil sie sich zielgerichtet über die berechtigten Belange der Minderheit hinwegsetzt (zum Ganzen → § 714 Rn. 28). Im Übrigen dürfte ein überstimmter bzw. zur Mitwirkung verpflichteter Gesellschafter regelmäßig aus wichtigem Grund aus der Gesellschaft ausscheiden können (→ § 725 Rn. 51 ff.); für die umgekehrte Ausschließung des opponierenden Gesellschafters gemäß § 727 dürfte wegen des Vorrangs der Zustimmungspflicht indessen regelmäßig kein Raum bestehen. – Die einmal **herbeigeführte Rechtsfähigkeit** der GbR ist im Übrigen **endgültig;** die GbR kann daher nicht mittels Gesellschafterbeschlusses identitätswahrend in eine nicht rechtsfähige Gesellschaft umgewandelt werden können (→ Rn. 11).

b) Auftreten der GbR als rechtsfähiger Verband. Weiterhin ist erfor- **16** derlich, dass **die GbR** in Verwirklichung der Gesellschafterentscheidung am Rechtsverkehr **tatsächlich** teilnimmt; das Sichtbarwerden der nicht rechtsfähigen GbR nach außen genügt nicht (Bachmann NZG 2020, 612 (614)). Die Anforderungen zur Bejahung dieses Kriteriums sind aber richtigerweise nicht streng (Henssler/Strohn/Steitz HGB § 123 Rn. 10). Praktisch relevant ist dies vor allem für den **maßgeblichen objektiven und irreversiblen Zeitpunkt** der Erlangung der Rechtsfähigkeit (vgl. zur Unbeachtlichkeit gesellschaftsvertraglicher Regelungen über einen früheren Zeitpunkt des Entstehens → Rn. 17 sowie über einen späteren gemäß Abs. 2 → Rn. 20). – Es ist nicht notwendig, dass alle Gesellschafter hierbei gemeinschaftlich handeln; es reicht vielmehr aus, wenn von der Gesellschafterentscheidung Gebrauch gemacht wird, mithin wenn einzelne Gesellschafter oder ein von ihnen hierzu veranlasster Dritter für die GbR im Rechtsverkehr auftritt. Maßgeblich ist, ob aus der **Sicht eines objektiven Dritten** von der (zu erlangenden) Rechtsfähigkeit der GbR Gebrauch gemacht wird. Dies kann auch verwirklicht werden, wenn die GbR **im Verhältnis zu ihren Gesellschaftern** selbst ins Werk gesetzt wird, z.B. durch Einforderung von Einlagen (abw. zu § 123 HGB aF RGZ 166, 51 (59); MüKoHGB/K. Schmidt/Drescher HGB § 123 Rn. 12; Henssler/Strohn/Steitz HGB § 123 Rn. 10; wie hier aber RG DR 1943, 1221; wohl auch S. Martens AcP 221 (2021), 68 (78)). Eine andere Beurteilung würde die Aufbringung von Einlagen und die Bildung eines Gesellschaftsvermögens vor Geschäftsbeginn unmöglich machen, was erhebliche Schwierigkeiten hervorrufen würde (wie hier auch Begr. S. 161; abw. Geibel ZRP 2020, 127 (137): verwirrend).

Abweichend vom früheren Wortlaut des § 123 HGB aF kommt es nicht **17** auf einen Geschäftsbeginn an. Erfasst wird daher **sämtliches rechtsgeschäftliche oder tatsächliche Handeln,** welches der GbR als gewollt rechtsfähige Einheit zurechenbar ist (abw. Begr. S. 161: nur Teilnahme am rechtsgeschäftlichen Verkehr). Praktisch bedeutsam ist freilich nach wie vor rechtsgeschäftliches Handeln **im Namen der GbR;** insofern genügen auch vorbereitende Geschäfte (vgl. zu § 123 HGB aF BGH NJW 1953, 1217; NJW-RR 1990, 799; NJW 1992, 242; NZG 2004, 663). Die **Einhaltung der Vertretungsregeln** ist aus Gründen des Verkehrsschutzes nicht erforderlich; die durch das Verhalten eines in Bezug auf das konkrete Geschäft durch einen falsus procurator rechtsfähig gewordene GbR kann daher nach Maßgabe von § 177 das Vertreterhandeln rückwirkend genehmigen, nicht ihre Rechtsfähigkeit in Gänze rückwirkend herbeiführen. Die Vereinbarkeit der Handlung mit dem Gesellschaftszweck oder den gesellschaftsvertraglichen Vorgaben ist aus Gründen der Rechtssicherheit ebenfalls nicht zu fordern. – Das nach außen aus der Sicht eines objektiven Dritten erkennbare **tatsächliche Verhalten für die GbR** als solches genügt richtigerweise ebenfalls, um die Teilnahme am Rechtsverkehr zu bejahen und damit § 31 im deliktischen Bereich zur Geltung zu bringen. Rechtsfähigkeit und rechtsgeschäftliche Verpflichtung sind nämlich abweichend vom früheren Wortlaut des § 123 HGB aF („Geschäftsbeginn") voneinander zu trennen. Das Gleiche gilt, wenn eine Person im Namen der GbR Willenserklärungen oder Sachen entgegennimmt. Dies kann auch in der Zahlung eines Gerichtskostenvorschusses nach § 12 I 1 GKG zu sehen sein. – Im Übrigen gilt aber stets **verallgemeinernd § 164 II,** wonach es besondere Anhaltspunkte dafür geben muss, dass ein Handelnder der GbR als solcher zurechenbar ist (vgl. zur Beweislast → Rn. 19).

3. Eintragung im Gesellschaftsregister

18   Die Eintragung der GbR im Gesellschaftsregister gemäß § 707a (→ § 707a Rn. 8 ff.) ist der **späteste Zeitpunkt** für die Erlangung der Rechtsfähigkeit (vgl. insofern identisch § 123 I 1 HGB). Die frühere Registeranmeldung ist ebenso unbeachtlich wie die spätere Bekanntmachung (allgM zu § 123 HGB aF, vgl. Henssler/Strohn/Steitz HGB § 123 Rn. 6). Fehlt indessen notwendige Zustimmung der Gesellschafter zur Anmeldung oder der Gesellschaftsvertrag in Gänze, ergibt sich das Vorliegen einer rechtsfähigen Gesellschaft allein nach Maßgabe von § 15 HGB (iVm § 707a III), der Lehre von der Scheingesellschaft (→ Rn. 26 ff.) oder der fehlerhaften Gesellschaft (→ Rn. 21 ff.). – Im Hinblick auf die **Wirkung der Eintragung** ist differenzieren: Ist vor der Eintragung bereits die Teilnahme am Rechtsverkehr nach Maßgabe von Hs. 1 gegeben (→ Rn. 12 ff.), hat sie im Hinblick auf die Erlangung der Rechtsfähigkeit lediglich **deklaratorische** Bedeutung, die Registeranmeldung gemäß § 707a ist somit allein eine Verfahrenshandlung. Die Eintragung hat indessen als ggf. auch materiell-rechtlicher Statuswechsel einer bestehenden nicht rechtsfähigen GbR zur rechtsfähigen insoweit eine **konstitutive** Wirkung (Schäfer Neues PersGesR/Armbrüster § 3 Rn. 33; vgl. hierzu beim insofern identischen Wahlrecht gemäß § 2 HGB BeckOGK/ Servatius HGB § 2 Rn. 7 ff.). Soweit allerdings materiell-rechtliche Unwirksamkeitsgründe bestehen, ist die Eintragung unrichtig; die Existenz der GbR als rechtsfähige Gesellschaft mit allen Konsequenzen kann in diesen Fällen gleichwohl gemäß § 15 HGB (iVm § 707a III) gegeben sein (→ Rn. 7) bzw. der Lehre von der Scheingesellschaft (→ Rn. 26 ff.) oder der fehlerhaften Gesellschaft (→ Rn. 21 ff.). Das Gleiche gilt im (theoretischen?) Fall, dass die Gesellschafter die Gesellschaft zwar zur Eintragung ins Gesellschaftsregister anmelden, die entsprechende notwendige interne Zustimmung indessen fehlt (abw. unter Hinweis auf die konstitutive Wirkung der Eintragung Schäfer Neues PersGesR/Armbrüster § 3 Rn. 33 und Bachmann NZG 2020, 612 (614), was aber den kumulativen Voraussetzungen von gesellschaftsrechtlicher Zustimmung und verfahrensrechtlicher Anmeldung nicht gerecht wird).

4. Darlegungs- und Beweislast

19   Eine gesetzliche Vermutung für das Vorliegen einer rechtsfähigen GbR besteht nicht (früher bereits BGH NJW 1960, 1851 (1852)). Die Darlegungs- und Beweislast für das Vorliegen einer rechtsfähigen GbR trägt derjenige, der sich darauf beruft (vgl. BGH NJW 1960, 1851). Praktisch relevant ist dies vor allem, um die hierauf beruhende **Gesellschafterhaftung** gemäß § 721 zur Geltung zu bringen, mithin einzelne Gesellschafter in Anspruch zu nehmen; die Existenz der GbR als rechtsfähige hat freilich auch in Bezug auf die **Parteifähigkeit** im Zivilprozess Bedeutung, falls die GbR selbst verklagt werden soll. **Bei eingetragenen GbR** gilt § 15 III HGB (iVm § 707a III) in Bezug auf gutgläubige Dritte, so dass ihnen nicht entgegengehalten werden kann, dass ein wirksamer Gesellschaftsvertrag bzw. die notwendige Willensbildung zu für den Eintragungsantrag fehlten (→ Rn. 7, 18). Bei **nicht eingetragenen GbR** ist die Beweisführung grundsätzlich schwieriger, weil es auf die durch einen gemeinsamen Willensentschluss getragene Teilnahme am Rechtsverkehr ankommt (→ Rn. 12 ff.). Zwar hilft hier in Bezug auf Ersteres die Vermutung gemäß § 705 III (→ § 705 Rn. 53), die tatsächliche Teilnahme am Rechtsverkehr (→ Rn. 16 f.) muss gleichwohl auch insofern noch bewiesen werden. Wenngleich an Erfüllung dieses Kriteriums keine strengen Anforderungen zu stellen sind (vgl. Henssler/Strohn/Steitz HGB § 123 Rn. 10), dürfte es regelmäßig darauf hinauslaufen, nach der Lehre von der Scheingesellschaft vorzugehen (→ Rn. 26 ff.), wenn nicht die Gesellschaft selbst verklagt werden soll (iE ebenso Bachmann NZG 2020, 612 (614): Stehen Wille und Realität in Widerspruch, müssen allgemeine Grundsätze dem Geschäftsgegner helfen; zutreffend auf die protestatio-Regel hinweisend Bachmann NJW 2021, 3073 (3074); kritisch DIHK Stellungnahme S. 3). – Lässt sich die **Rechtsfähigkeit** trotz dieser Erleichterungen **nicht beweisen,** haftet ein Gesellschafter, der im Namen der (insoweit nicht existenten) GbR am Rechtsverkehr auftritt, persönlich nach Maßgabe von § 179 (Bachmann Stellungnahme S. 5).

IV. Verbot abweichender Vereinbarungen (Abs. 2)

Abs. 2 regelt ebenso wie § 123 II HGB, dass Vereinbarungen über einen **20** späteren Zeitpunkt des Entstehens der GbR Dritten gegenüber unwirksam sind. Die Regelung beruht zum einen darauf, dass die jeweiligen tatbestandlichen **Voraussetzungen von Abs. 1 kumulativ** vorliegen müssen: Die bloße Willensbildung der Gesellschafter, eine rechtsfähige GbR herbeiführen zu wollen, genügt hiernach ebenso wenig wie die bloße Registereintragung bzw. das Auftreten am Rechtsverkehr, um der GbR materiell-rechtlich Rechtsfähigkeit zuzusprechen (→ Rn. 12, → Rn. 18). Zum anderen sind die genannten **Tatbestände zwingend,** sodass die Gesellschafter keine gegenüber dem tatbestandlichen Kriterium der Teilnahme am Rechtsverkehr frühere Rechtsfähigkeit vereinbaren können (Henssler/Strohn/Steitz HGB § 123 Rn. 10) und auch umgekehrt bei Vorliegen der Tatbestandsmerkmale kein Hinausschieben der Rechtsfähigkeit nach hinten möglich ist. Die **aufschiebend bedingte Herbeiführung** der Rechtsfähigkeit ist daher nur möglich, wenn auch Teilnahme am Rechtsverkehr hinausgeschoben wird. – In allen Fällen können Verstöße gegen Abs. 1 indessen nach Maßgabe von **§ 15 III HGB bzw. der Lehre von der Scheingesellschaft** dazu führen, dass gleichwohl gegenüber gutgläubigen Dritten eine **frühere Rechtsfähigkeit** anzunehmen ist, was insbesondere für die Gesellschafterhaftung gemäß § 721 relevant ist (vgl. insofern zur OHG OLG Schleswig DStR 1990, 1430 (1431)). Zudem ist es in allen Fällen möglich, die gesellschaftsrechtlichen Regelungen im Innenverhältnis bereits nach Maßgabe von §§ 740 ff. als nicht rechtsfähige Gesellschaft zu einem früheren Zeitpunkt zur Geltung zu bringen (vgl. BGH NJW 1978, 264 (266 ff.); MDR 1976, 1000 (1001)).

V. Lehre von der fehlerhaften Gesellschaft

21   Steht fest, dass der **Gesellschaftsvertrag** insgesamt bzw. die Beteiligung eines Gesellschafters **nichtig oder anfechtbar** ist, kann es bereits wegen des Verbots der unzulässigen Rechtsausübung in Ausnahmefällen rechtsmissbräuchlich sein, wenn sich jemand auf die (an sich von Amts wegen zu berücksichtigende) Nichtigkeit beruft (vgl. BGH NJW 1981, 1439). Darüber hinaus ist allgemein anerkannt, dass die an sich einschlägigen **Rechtsfolgen eingeschränkt** werden, um dem Gesellschaftsverhältnis im Innen- und Außenverhältnis **Bestandsschutz** zuzusprechen. Die Lehre von der fehlerhaften Gesellschaft ist insofern deckungsgleich mit der Lehre vom fehlerhaften Arbeitsverhältnis.

1. Voraussetzungen

22   Erforderlich ist ein **gewollter Vertragsschluss** (BGH NJW 1954, 231), ggf. konkludent (BGH NJW 1954, 231). Hierdurch wird die Lehre vom sog. faktischen Vertrag abgegrenzt, der nach heute allgM überhaupt keine rechtsgeschäftsähnliche Bindung zu erzeugen vermag (BGH NJW 1983, 1877). Die Gesellschaft muss weiterhin durch den Beginn der Vertragsdurchführung **in Vollzug gesetzt** worden sein (OLG Frankfurt NJW-RR 1996, 101). Um dieses Kriterium zu bejahen, ist darauf abzustellen, ob die an sich vorgesehene Unwirksamkeitsfolge Schwierigkeiten bei der Rückabwicklung herbeiführen würde (BGH NJW 2000, 3558 (3560): Schaffung von Rechtstatsachen, an denen die Rechtsordnung nicht vorbeigehen kann; ebenso BGH NJW 2016, 2492). Dies ist gegeben beim Abschluss von Rechtsgeschäften mit Dritten (BGH NJW 1992, 1501 (1502)), auch bei Vorbereitungsgeschäften (BGH NJW 1952, 97). Ist lediglich das **Innenverhältnis** in Gang gesetzt worden, scheiden Rückabwicklungsprobleme meist aus. Zwingend ist dies jedoch nicht, insbesondere wenn bereits ein Gesellschaftsvermögen iSv § 713 gebildet wurde (BGH NJW 1978, 2505: Vollzug, wenn Leistung der Einlage oder Ausübung von Gesellschafterrechten; bestätigt durch BGH NJW 2000, 3558 (3560); ebenso BGH NJW 2016, 2492 Rn. 22; abw. Erman/Westermann § 705 Rn. 79). Etwas anderes gilt jedoch, wenn bloß die Einlage geleistet wurde und diese noch gegenständlich vorhanden ist (BGH NJW 1954, 1562). Auch der bloße Beitritt eines weiteren Gesellschafters begründet für sich genommen noch kein Invollzugsetzen (BGH NZG 2010, 62). – Insofern ist **auch bei nicht rechtsfähigen GbR** grundsätzlich Raum, die Lehre anzuwenden.

23   Bei **fehlerhaften Vertragsänderungen** gilt die Lehre nur, wenn diese die gesellschaftsrechtliche Organisation betreffen (BGH NJW 1974, 498; weitergehend BeckOK BGB/Schöne § 705 Rn. 93: stets, wenn Rückabwicklungsschwierigkeiten; ähnlich Kummer Jura 2006, 330 (335 f.)). Die Lehre gilt entsprechend beim **fehlerhaften Beitritt** eines Gesellschafters (BGH

NJW 1958, 688; 1966, 107; 2016, 2492; vgl. für den Immobilienfonds BGH DStR 2006, 1664); es kommt nicht darauf an, dass hieran alle Mitgesellschafter mitgewirkt haben (abw. BGH NJW 1988, 1321 (1323)). Die Lehre gilt auch beim **fehlerhaften Ausscheiden** (BGH NJW 1969, 1483: Anfechtung einer entsprechenden Vereinbarung). Bei der **fehlerhaften Anteilsübertragung** ist zu differenzieren: Erfolgt diese mittels Doppelvertrag (→ § 712 Rn. 3), beansprucht die Lehre auf beide Vereinbarungen uneingeschränkt Geltung (MüKoBGB/Schäfer § 705 Rn. 374). Kommt es zum derivativen Erwerb (→ § 711 Rn. 6 ff.), galt dies nach lange vorherrschender Auffassung gleichermaßen (vgl. BGH WM 1968, 892 (893); NJW 1988, 1324 (1325)). Indem der BGH nunmehr für die Vor-GmbH anders entscheidet und eine Sonderbehandlung der unwirksamen Übertragung ablehnt (BGH NJW-RR 2005, 469), ist auch bei der GbR eine abweichende Beurteilung geboten (abw. aber BGH NZG 2010, 991 (993)). Die unmittelbare Übertragung ist daher aus dem Anwendungsbereich der Lehre herauszunehmen, soweit das Gesellschaftsverhältnis nicht betroffen ist, Rückabwicklungsprobleme mithin nur im Verhältnis zwischen Erwerber und Veräußerer bestehen (ebenso für die Übertragung eines Kommanditanteils OLG Hamm NZG 2008, 24; OLG Karlsruhe NZG 2016, 507). Letzteres lässt sich dadurch erreichen, dass die Handlungen des Erwerbers entsprechend dem Rechtsgedanken von § 16 GmbHG als wirksam behandelt werden (in diese Richtung MüKoBGB/ Schäfer § 705 Rn. 374). Die verbleibenden Rückabwicklungsschwierigkeiten sind allein im Verhältnis von Veräußerer und Erwerber angesiedelt und konsequenterweise nicht zu modifizieren.

2. Rechtsfolgen

Grundsätzlich ist die Gesellschaft bzw. der Beitritt trotz des Mangels im **24** **Innen- und Außenverhältnis** als wirksam zu behandeln (BGH NJW 1969, 1483; zur Insolvenzfähigkeit BGH NJW-RR 2007, 259). Dieser **Bestandsschutz** betrifft alle Gesellschafterrechte und -pflichten (vgl. für die Beitragspflicht BGH NJW 1958, 668; für die Treuepflicht BGH NJW 1955, 1067); eine abweichende Beurteilung ist nur geboten, wenn sich der Mangel auf eine hierauf bezogene Formbedürftigkeit bezieht (vgl. zu § 311b MüKoBGB/Schäfer § 705 Rn. 34). Jeder Gesellschafter, insbes. der fehlerhaft Beigetretene, kann die Gesellschaft bzw. seine Mitgliedschaft gem. § 731 ohne weiteres mit Ex-nunc-Wirkung **aus wichtigem Grund kündigen** (→ § 731 Rn. 8 ff.; früher bereits BGH NJW 1952, 97; 2016, 2492 Rn. 22); er muss sich hierbei auf den Vertragsmangel stützen (BGH NZG 2013, 1060 Rn. 23). Vgl. zur möglichen Verwirkung OLG Celle WM 2008, 2247. Die Abwicklung der Auflösung bzw. des Ausscheidens richtet sich einheitlich nach §§ 735 ff. (vgl. zum früheren Recht BGH NJW 1952, 97). Auch das **fehlerhafte Ausscheiden** ist vorläufig wirksam. Dies gilt auch gegenüber Dritten, sodass die Nachhaftung gem. § 728b beschränkt ist (→ § 728b Rn. 15 ff.; vgl. zum früheren Recht BGH NJW 1969, 1483). Der Gesellschafter hat jedoch einen Anspruch auf Wiederaufnahme, soweit er den Fehler nicht zu vertreten hat (BGH NJW 1969, 1483; BeckOK BGB/Schöne § 705 Rn. 95).

25   Die Beschränkung der Unwirksamkeitsgründe kommt ausnahmsweise
nicht in Betracht, wenn dem gewichtige Interessen der Allgemeinheit oder
schutzwürdiger Einzelner entgegenstehen (Goette DStR 1996, 266 (270)).
Eine **Rückwirkung** ist insbes. bei Verstößen gegen **§§ 134, 138** geboten,
um den Schutzzweck der Verbotsnorm nicht leer laufen zu lassen. Dies gilt
etwa beim Verstoß gegen das ApoG (BGH NJW 1980, 638; OLG Brandenburg BeckRS 2016, 03545 Rn. 45 f.), beim Verstoß gegen § 1 GWB (OLG
Hamm NJW-RR 1986, 1487; abw. Palger ZGR 2012, 631) sowie beim
Verstoß gegen § 203 Abs. 1 Nr. 3 StGB (OLG Köln NJW 2008, 589); nicht
aber beim Verstoß gegen § 5 Abs. 1 StBerG, § 56 Abs. 1 StBerG (FG Köln
BeckRS 2007, 26022695) sowie bei schwebender Unwirksamkeit infolge
Fehlens einer landesrechtlichen Genehmigung (vgl. BGH BeckRS 2008,
6498). Bei Verstößen gegen das RDG ist jedoch regelmäßig die rückwirkende
Unwirksamkeit geboten (zum früheren RBerG BGH NJW 1974, 1201; zum
RDG OLG Düsseldorf DStR 2010, 1686; BGH BeckRS 2013, 13519 Rn. 1;
abw. aber wohl BGH NZG 2010, 991 für die fehlerhafte Übertragung). –
Kommt es aufgrund dieser Ausnahmen zur rückwirkenden Unwirksamkeit,
können die Gesellschafter gegenüber gutgläubigen Dritten gleichwohl als
Scheingesellschafter haften (MüKoBGB/Schäfer § 705 Rn. 334; → § 721
Rn. 8). Erforderlich hierfür ist, dass der betreffende Gesellschafter in zurechenbarer Weise den Rechtsschein einer existierenden GbR und seine Zugehörigkeit zu dieser Gesellschaft gesetzt hat oder gegen den durch einen anderen gesetzten Rechtsschein nicht pflichtgemäß vorgegangen ist und der Dritte
sich bei einem geschäftlichen Verhalten auf den Rechtsschein verlassen hat
(für die Nennung auf dem Briefkopf trotz Ausscheidens BGH DStR 2012,
469 Rn. 19). Ist dies gegeben, trifft die betreffenden Scheingesellschafter eine
Haftung für vertragliche und außervertragliche Ansprüche (BGH NJW 2007,
2490; Heyers DStR 2013, 813). – Zulasten **nicht voll Geschäftsfähiger**
gilt die Lehre ebenfalls nicht, sodass die unwirksame Gesellschafterstellung
ex-tunc rückabzuwickeln ist (BGH NJW 1955, 1067). Im Außenverhältnis
scheidet mangels Zurechenbarkeit auch eine Haftung des Minderjährigen
unter Rechtsscheinsaspekten aus (Canaris HandelsR § 3 Rn. 70; → Rn. 28).
Wenn ein Gesellschafter infolge arglistiger **Täuschung** oder widerrechtlicher
Drohung zum Beitritt bestimmt wird, gilt die Lehre jedoch uneingeschränkt
(heute hM, vgl. BGH NJW-RR 1998, 1379; OLG Rostock NZG 2000,
930); ebenso bei der Beteiligung infolge sittenwidriger **Übervorteilung**
(BGH WM 1975, 512 (514)).

VI. Schein–GbR

1. Grundlagen

26   Es ist allgemein anerkannt, dass gutgläubige Dritte in ihrem berechtigten
Vertrauen auf den **Rechtsschein einer Personengesellschaft** geschützt werden, indem diejenigen, die diesen Rechtsschein zurechenbar gesetzt haben,
wie Gesellschafter einer solchen Gesellschaft behandelt werden, insbesondere
im Hinblick auf die **persönliche Haftung** gemäß §§ 721 ff. (zum Schein-

Sozius OLG München NJW-RR 2008, 1560). Wenngleich die Lehre von der Scheingesellschaft mittlerweile bereits gewohnheitsrechtlich anerkannt ist (vgl. zum Scheinkaufmann MüKoHGB/K. Schmidt HGB Anh. § 5 Rn. 2), ist sie gegenüber der gemäß § 707a auch für die eingetragene GbR geltenden Registerpublizität gemäß § 15 HGB **subsidiär.** Soweit daher die hierdurch begründete negative und positive Publizität reichen, ist hierfür kein Raum. Praktische Bedeutung hat sie daher vor allem bei nicht eingetragenen GbR, um das konturenlose Merkmal der für das Entstehen der Rechtsfähigkeit maßgeblichen Teilnahme am Rechtsverkehr zu überwinden (→ Rn. 16 f., → Rn. 19). – Von der Lehre von der Scheingesellschaft abzugrenzen sind die Fälle, in denen es lediglich darum geht, dass eine Scheingesellschaft einer tatsächlich existierenden (rechtsfähigen) GbR angehört (vgl. BGH NJW 2007, 2490; Heyers DStR 2013, 813; → § 721 Rn. 8).

2. Voraussetzungen

a) Rechtsschein einer rechtsfähigen GbR. Zentrale Voraussetzung ist 27 der – materiell-rechtlich unzutreffende – **Rechtsschein einer rechtsfähigen GbR;** sofern der Rechtsschein einer OHG erweckt wird, ist der Dritte in Bezug auf diese Rechtsform in seinem Vertrauen geschützt. Voraussetzung ist demnach allein, dass der Anschein erweckt wird, es liege eine zur Teilnahme am Rechtsverkehr bestimmte Gesellschaft vor (Bartels/Wagner ZGR 2013, 482; für den Abschluss eines Prozessvergleichs im Namen einer nicht mehr bestehenden GbR LAG Schleswig-Holstein BeckRS 2015, 71673). Auf die Rechtsfähigkeit als solche muss nicht gesondert hingewiesen werden. Der Rechtsschein kann durch individuelle Erklärungen, öffentliche Verlautbarungen, die Verwendung eines **Rechtsformzusatzes** oder sonstige Bezeichnungen, die auf die Teilnahem der GbR am Rechtsverkehr hindeuten, erfolgen. Maßgeblich ist stets der **äußere Erklärungswert** aus Sicht eines objektiven Dritten. – Die wohl überwiegende Meinung verlangt zusätzlich eine **gewisse Dauer** (vgl. zum Scheinkaufmann OLG Düsseldorf NJW-RR 1995, 93 (94)). Dieser kategorischen Einschränkung ist indessen nicht zu folgen, weil dies den Verkehrsschutz zugunsten eines einzelnen nicht hinreichend verwirklicht. Richtigerweise vermag daher schon ein **einmalig gesetzter Rechtsschein** das Vorliegen einer Schein-GbR zu begründen.

b) Einem Gesellschafter zurechenbar. Weitere Voraussetzung ist, dass 28 der objektive Rechtsschein demjenigen, den die Belastungen der Lehre von der Scheingesellschaft treffen sollen, **individuell** zurechenbar ist. Der betreffende Gesellschafter einer Schein-GbR muss ihn daher **veranlasst, aufrechterhalten oder geduldet** haben (vgl. K. Schmidt HandelsR § 10 Rn. 136). Ein Verschulden ist wegen der Einbettung der Lehre vom Scheinkaufmann in die allgemeine Rechtsscheinslehre nicht erforderlich; es gilt vielmehr das **Veranlassungs- bzw. Risikoprinzip** (Canaris HandelsR § 6 Rn. 20). Dies gilt prinzipiell, wenn der Betreffende den Rechtsschein selbst gesetzt hat; die Zurechenbarkeit erfolgt daher auch, wenn ein Gesellschafter irrtümlich davon ausgeht, eine GbR liege vor und auf dieser Grundlage den Rechtsschein setzt. Die Irrtumsanfechtung wegen Rechtsfolgen der Lehre von der Scheingesellschaft wegen etwaiger Willensmängel ist konsequenterweise ausgeschlossen. Wenn der Rechtsschein **von einem Mitgesellschafter gesetzt** wurde, kommt eine Zurechnung zulasten eines anderen ebenfalls grundsätzlich in Betracht. Nach allgemeiner Ansicht erfolgt eine **Würdigung eines Unterlassens** unter Heranziehung entsprechender Kriterien aus der Verschuldenshaftung (vgl. zum Scheinkaufmann KKRD/Roth HGB § 15 Rn. 53; Röhricht/Graf v. Westphalen/Haas/Röhricht HGB Anh. § 5 Rn. 27; Oetker/Körber HGB § 5 Rn. 46; BeckOK HGB/Schwartze HGB § 5 Rn. 47). So besteht Einigkeit, dass auch der nicht vom Betreffenden selbst gesetzte Rechtsschein diesem zugerechnet wird, wenn er ihn geduldet hat oder wenn er ihn bei Anwendung pflichtgemäßer Sorgfalt hätte kennen und unterbinden können. In **Parallele zur Duldungs- und Anscheinsvollmacht** muss sich ein Gesellschafter daher auch das Handeln seiner Mitgesellschafter oder von ihm eingesetzten Dritten zurechnen lassen (vgl. zum Scheinkaufmann K. Schmidt HandelsR § 10 Rn. 136; Röhricht/Graf v. Westphalen/Haas/Röhricht HGB Anh. § 5 Rn. 28; Oetker/Körber HGB § 5 Rn. 45; vgl. zur Haftung, obwohl im Innenverhältnis die entsprechenden Verbote ausgesprochen wurden, weiterhin den Namen eines ausgeschiedenen Gesellschafters auf dem Briefkopf zu führen, BGH DStR 2012, 469 Rn. 22). Hierbei ist es dann durchaus berechtigt, danach zu differenzieren, ob der Betreffende das rechtsscheinbegründende Verhalten vorhersehen konnte oder nicht. Ein **einmaliger Ausreißer** bzw. das erstmalige eigenmächtige Auftreten für eine an sich nicht existierende rechtsfähige GbR vermag daher zu Lasten der Mitgesellschafter noch keine Schein-GbR zu begründen. – Eine Zurechnung scheidet im Übrigen generell aus, wenn derjenige, den die Rechtsfolgen treffen würden, **geschäftsunfähig oder beschränkt geschäftsfähig** ist (vgl. zum Scheinkaufmann Hopt/Merkt HGB § 5 Rn. 11; Röhricht/Graf v. Westphalen/Haas/Röhricht HGB Anh. § 5 Rn. 29; EBJS/Kindler HGB § 5 Rn. 68). Dessen Schutzbedürftigkeit geht dem Verkehrsschutzanliegen der Lehre vom Scheinkaufmann vor. Geschäftsunfähige bzw. beschränkt Geschäftsfähige müssen sich aber das Verhalten ihrer **gesetzlichen Vertreter zurechnen** lassen (K. Schmidt HandelsR § 10 Rn. 136; MüKoHGB/K. Schmidt HGB Anh. § 5 Rn. 21; KKRD/Roth HGB § 15 Rn. 54; Oetker/Körber HGB § 5 Rn. 47; BeckOK HGB/Schwartze HGB § 5 Rn. 49). Wird der Rechtsschein der Kaufmannseigenschaft **vom Vertragspartner** des potentiellen Scheinkaufmanns **untergeschoben,** etwa durch (unwirksame) AGB-Klauseln, gilt die Lehre ebenfalls nicht (vgl. AG Bremen BeckRS 2009, 21520).

29   **c) Schutzwürdigkeit des Dritten.** Die Lehre von der Scheingesellschaft wirkt nur zugunsten derjenigen, die auf die Richtigkeit des Rechtsscheins vertrauen dürfen. Der Maßstab hierfür ist nach allgM die **Gutgläubigkeit.** Diese ist nicht gegeben, wenn der Dritte die **Unrichtigkeit kennt** oder kennen musste. Der maßgebliche **Zeitpunkt** ist der der kausalen Vertrauensinvestition (→ Rn. 30); nachträgliche Bösgläubigkeit schadet nicht (vgl MüKoHGB/K. Schmidt HGB Anh. § 5 Rn. 29). Der Maßstab für das **Kennenmüssen** bestimmt sich nach zutreffender Ansicht nach Maßgabe der einfachen Fahrlässigkeit (vgl. Canaris HandelsR § 6 Rn. 71; Hopt/Merkt HGB § 5 Rn. 12; wohl auch OLG Stuttgart BeckRS 2005, 8432). Ein Abstellen auf die grob fahrlässige Unkenntnis (entsprechend § 932 Abs. 2 BGB, so MüKoHGB/K. Schmidt HGB Anh. § 5 Rn. 22; Staub/Oetker HGB § 5 Rn. 37; EBJS/Kindler HGB § 5 Rn. 72) passt nicht, weil der Rechtsscheintatbestand anders als beim gutgläubigen Erwerb gesetzlich nicht gegenständlich ausgestaltet ist und der Dritte daher eher an der Richtigkeit zweifeln muss. In der Praxis dürfte dieser Streit indessen unbedeutend sein, denn letztlich wird man auch für die einfache Fahrlässigkeit eine gewisse Evidenz verlangen müssen, was dem Maßstab der groben Fahrlässigkeit nahekommt (EBJS/Kindler HGB § 5 Rn. 72; MüKoHGB/K. Schmidt HGB Anh. § 5 Rn. 22; Röhricht/Graf v. Westphalen/Haas/Röhricht HGB Anh. § 5 Rn. 31; KKRD/Roth HGB § 15 Rn. 55). Angesichts der **vermuteten Gutgläubigkeit** des Dritten (→ Rn. 32); obliegt es daher dem in Anspruch genommenen Gesellschafter der Schein-GbR darzulegen und zu beweisen, dass der Dritte die wahren Verhältnisse kannte oder kennen musste (vgl. BGH NJW 2012, 2871 (2873)).

d) Kausale Vertrauensinvestition. Zwischen dem bestehenden 30 Rechtsschein und der getroffenen Disposition muss ein **Ursachenzusammenhang** bestehen, sodass der Dritte die Disposition nicht bei Kenntnis des wahren Sachverhalts getroffen hätte (vgl. BGH BB 1976, 902; Oetker/ Körber HGB § 5 Rn. 50; Hopt/Merkt HGB § 5 Rn. 13; Canaris HandelsR § 6 Rn. 73 ff.). Die erforderliche Kenntnis bezieht sich auf die **Tatsachen**, auf denen der Rechtsschein der GbR beruht (Hopt/Merkt HGB § 5 Rn. 13). Die Anforderungen sind indessen nicht zu überspannen. Insbesondere ist nicht erforderlich, dass der Vertrauende klare Vorstellungen darüber hat, was sich aus den Tatsachen ergibt oder dass er eine konkrete rechtliche Würdigung dieser Tatsachen vornimmt. Ausreichend ist, wenn er aus den Tatsachen **der Existenz der GbR als rechtsgeschäftlicher Gegenpart ableitet**, mithin nicht das Handeln einer Einzelperson. Die entsprechenden Tatsachen können im Rahmen der Zurechenbarkeit (→ Rn. 28) auch von Dritten mitgeteilt werden (vgl. BGH NJW 1962, 1003). Problematisch ist insofern freilich, dass der Dritte nur dann schutzwürdig ist, wenn er aus dem Rechtsschein der GbR auch den berechtigten Schluss ziehen konnte, dass diese und ggf. andere Gesellschafter für etwaige Verbindlichkeiten einstehen müssen, mithin nicht nur der unmittelbar Handelnde selbst (vgl. zum Schein-Sozius OLG München NJW-RR 2008, 1560). Dieses Erfordernis dürfte den praktischen Anwendungsbereich der Lehre erheblich reduzieren. Das Vorspiegeln einer GbR ohne Hinweis auf konkrete (!) Mitgesellschafter vermag daher deren Haftung unter Rechtsscheinsaspekten nicht zu rechtfertigen. – Aus der tatbestandlich notwendigen kausalen Vertrauensinvestition folgt schließlich, dass die Rechtsfolgen der Lehre von der Scheingesellschaft nur im **Zusammenhang mit dem geschäftlichen Verkehr** Geltung beanspruchen können (vgl. BeckOK HGB/Schwartze HGB § 5 Rn. 64; vgl. zur Zurechnung eines Scheingesellschafters BGH NJW 2007, 2490).

3. Rechtsfolgen

31 Die Lehre von der Scheingesellschaft vermag richtigerweise **allein die Gesellschafterhaftung** nach Maßgabe von §§ 721 ff. zu begründen (vgl. zum Schein-Sozius OLG München NJW-RR 2008, 1560; die Scheingesellschaft als solche ist rechtlich nicht existent. Der konkret in Anspruch Genommene kann sich gegenüber dem Gutgläubigen nicht darauf berufen, kein Gesellschafter der betreffenden Schein-GbR Kaufmann zu sein. Der Begünstigte hat nach allgM ein **Wahlrecht,** ob er sich auf die Rechtsfolge beruft, denn die durch Vertrauensaspekte legitimierte Lehre gilt nur zu dessen Gunsten (vgl. EBJS/Kindler HGB § 5 Rn. 87; Hopt/Merkt HGB § 5 Rn. 14; MüKoHGB/K. Schmidt HGB Anh. § 5 Rn. 26). Umgekehrt kann sich auch nicht der betreffende Gesellschafter einseitig auf für eine ihm günstige Rechtsposition als Gesellschafter einer Schein-GbR berufen. Eine Verwirkung des Wahlrechts kommt richtigerweise nicht in Betracht (MüKoHGB/ K. Schmidt HGB Anh. § 5 Rn. 27; teilw. abw. Oetker/Körber HGB § 5 Rn. 55: verbindliche Festlegung im Prozess; ebenso Röhricht/Graf v. Westphalen/Haas/Röhricht HGB Anh. § 5 § 5 Rn. 42). – Aus dem Verbot widersprüchlichen Verhaltens und der Legitimation der Lehre von der Scheingesellschaft durch konkreten Vertrauensschutz folgt aber, dass der Dritte das insofern verstandene Wahlrecht im Hinblick auf seine kausale Vertrauensinvestition nur **einheitlich** ausüben darf (kein „Rosinenpicken"; EBJS/Kindler HGB § 5 Rn. 80; Hopt/Merkt HGB § 5 Rn. 15; Oetker/Körber HGB § 5 Rn. 55; Staub/Oetker HGB § 5 Rn. 41: „Unteilbarkeit des Rechtsscheinstatbestands"; BeckOK HGB/Schwartze HGB § 5 Rn. 60). Der Dritte darf somit nicht besser gestellt werden, als wenn der Rechtsschein zuträfe (Röhricht/Graf v. Westphalen/Haas/Röhricht HGB Anh. § 5 Rn. 42; Hopt/ Merkt HGB § 5 Rn. 15; MüKoHGB/K. Schmidt HGB Anh. § 5 Rn. 27; EBJS/Kindler HGB § 5 Rn. 80; Oetker/Körber HGB § 5 Rn. 55).

4. Beweislast

32 Die Beweislast für das Vorliegen der tatbestandlichen Voraussetzungen der Lehre von der Scheingesellschaft trifft grundsätzlich den **Dritten,** da die Lehre seinen Schutz bewirkt und sie daher nur Geltung beansprucht, wenn er sich im Prozess auf Normen stützt, die das Vorhandensein einer rechtsfähigen GbR voraussetzen. **Beweiserleichterungen** kommen allerdings im Rahmen der Zurechenbarkeit des Rechtsscheins (→ Rn. 28) in Betracht, da diese aus Umständen folgt, die allein in der Sphäre des Inanspruchgenommenen liegen. Für den erforderlichen **Ursachenzusammenhang** zwischen Rechtsschein und Vertrauensinvestition (→ Rn. 30) besteht zudem eine tatsächliche Vermutung, da es der allgemeinen Lebenserfahrung entspricht, dass die Disposition im Vertrauen auf den Rechtsschein getroffen wurde (vgl. BGH NJW 1966, 1915 (1917); Hopt/Merkt HGB § 5 Rn. 13; Röhricht/ Graf v. Westphalen/Haas/Röhricht HGB Anh. § 5 Rn. 34; Staub/Oetker HGB § 5 Rn. 51). Die tatbestandlich notwendige **Gutgläubigkeit** des Dritten wird ebenfalls grundsätzlich vermutet (MüKoHGB/K. Schmidt HGB Anh. § 5 Rn. 24; Röhricht/Graf v. Westphalen/Haas/Röhricht HGB Anh.

§ 5 Rn. 34; Staub/Oetker HGB § 5 Rn. 51). Dem Inanspruchgenommenen obliegt daher der Beweis, dass der Dritte die wahren Verhältnisse kannte oder kennen musste oder dass diese für ihn im konkreten Fall keine Rolle gespielt haben (vgl. BGH NJW-RR 2012, 2871 (2873); NJW 1990, 2678 (2679); Canaris HandelsR § 6 Rn. 72, 74, 77 f.; Hopt/Merkt HGB § 5 Rn. 13; MüKoHGB/K. Schmidt HGB Anh. § 5 Rn. 24).

VII. Kautelarischer Handlungsbedarf infolge des MoPeG

Infolge der Abkehr von der früheren Terminologie (Innen- und Außen- **33** GbR) und den klaren Voraussetzungen zur **Abgrenzung von rechtsfähigen und nicht rechtsfähigen GbR** gemäß §§ 705 II, 719 sollte bei Altgesellschaften Klarheit hergestellt werden, was (jedenfalls nunmehr) gewollt ist. **Bestehende Innen-GbR** können als solche weiter bestehen oder in Vorwirkung der maßgeblichen Regelungen bereits vor dem 1.1.2024 nach Maßgabe von Abs. 1 die Rechtsfähigkeit erlangen, indem die Gesellschafter die GbR am Rechtsverkehr auftreten lassen. Die Registereintragung kann erst ab dem 1.1.2024 herbeigeführt werden, wirkt dann aber nur deklaratorisch. – **Bestehende Außen-GbR,** die nach früherem Recht bereits die Rechtsfähigkeit erlangt haben, bleiben auch über den 1.1.2024 hinaus rechtsfähig. Eine erneute Gesellschafterentscheidung zur Legitimation der Rechtsfähigkeit ist nicht notwendig, aus Gründen der Rechtssicherheit aber zu empfehlen (die Eintragung ins Gesellschaftsregister ist nur optional). Verfügt eine nach früherem Recht als Innen-GbR bezeichnete Gesellschaft über ein Gesellschaftsvermögen, ist diese richtigerweise bereits vor dem 1.1.2024 rechtsfähig, um Trägerin des entsprechenden Vermögens zu sein (vgl. BGH WM 1973, 206 (297)). Das Gleiche gilt wegen des zwingenden § 713 aber jedenfalls ab 1.1.2024. Insofern kann sich daher auch gesellschaftsinterner Klärungsbedarf stellen, was gewollt ist.

Eine **Alternative zum Gesellschaftsvermögen** bildet das **Treuhand-** **34** **Modell:** Die Gesellschafter können einen bestimmten Gesellschafter oder einen Dritten mit der Verwaltung und Verwahrung des durch sie individuell nach Bruchteilen gehaltenen Vermögens betrauen und ihn insoweit schuldrechtlichen Bindungen unterwerfen. In diesem Fall besteht neben dem Gesellschaftsvertrag noch eine gesonderte Treuhandabrede. Dies bietet sich besonders an, wenn die Gesellschaft ohnehin nicht im Gesellschaftsregister eingetragen werden soll, die Tätigkeit der Gesellschafter aber auf den Erwerb oder Veräußerung von registrierten Rechten abzielt (vgl. Schäfer Neues PersGesR/Armbrüster § 3 Rn. 56). – Für **Investmentvermögen** iSv § 1 I KAGB sind zudem die bestehenden Beschränkungen im Hinblick auf die zulässige Rechtsform zu beachten: Die GbR als ein Vehikel für kollektive Vermögensanlagen steht nicht mehr zur Verfügung, möglich ist aber nach wie vor die Miteigentums- sowie die Treuhand-Lösung durch die Bildung von Sondervermögen. Hier sind freilich Fragen der physischen, rechtlichen und haftungsrechtlichen Sonderung (vgl. § 92 I 2 KAGB, § 93 II 1 KAGB, § 99 III KAGB, § 100 I KAGB, § 99 V Hs. 2 KAGB) von zentraler Bedeutung.

35   Im Hinblick auf den **Zeitpunkt der Entstehung der GbR** ist das Hinausschieben des maßgeblichen Zeitpunkts durch interne Vereinbarungen möglich, wenn auch die Teilnahme am Rechtsverkehr bzw. die Eintragung erst zu diesem späteren Zeitpunkt erfolgt. Insofern liegt kein Verstoß gegen § 719 II vor (→ Rn. 8). Dadurch kann etwa die Entstehung der GbR von dem Eintritt einer (aufschiebenden) Bedingung abhängig gemacht werden, etwa der Erlangung einer erforderlichen Genehmigung oder der Zusammenlegung eines bestimmten Startkapitals. – Indem keine höheren Anforderungen an das Vorliegen einer GbR als einer OHG gestellt werden und es auch keine Begrenzung auf unternehmenstragende oder auf Dauer angelegte GbR gibt (→ Rn. 3), besteht in Bezug auf die Möglichkeit der Umwandlung einer GbR in eine OHG ein weiter Gestaltungsspielraum. Insbesondere bei der gemeinsamen Ausübung freier Berufe sind neue Möglichkeiten der Haftungsbeschränkung eröffnet (vgl. zum Statuswechsel auch → § 707c Rn. 1 ff.). – Nach der gesetzlichen Konzeption ist zwar die Eintragung im Gesellschaftsregister den rechtsfähigen Gesellschaften vorbehalten, rechtstechnisch ist es aber – aufgrund der eingeschränkten Prüfungspflichten des Registergerichts – möglich, eine nicht rechtsfähige GbR im Gesellschaftsregister eintragen zu lassen und auf diese Weise eine **Vorrats-GbR** zu gründen (vgl. Schäfer Neues PersGesR/Armbrüster § 3 Rn. 35).

§ 720 Vertretung der Gesellschaft

(1) **Zur Vertretung der Gesellschaft sind alle Gesellschafter gemeinsam befugt, es sei denn, der Gesellschaftsvertrag bestimmt etwas anderes.**

(2) **Die zur Gesamtvertretung nach Absatz 1 befugten Gesellschafter können einzelne von ihnen zur Vornahme bestimmter Geschäfte oder bestimmter Arten von Geschäften ermächtigen.**

(3) [1]**Die Vertretungsbefugnis der Gesellschafter erstreckt sich auf alle Geschäfte der Gesellschaft.** [2]**Eine Beschränkung des Umfangs der Vertretungsbefugnis ist Dritten gegenüber unwirksam.** [3]**Dies gilt insbesondere für die Beschränkung, dass sich die Vertretung nur auf bestimmte Geschäfte oder Arten von Geschäften erstreckt oder dass sie nur unter gewissen Umständen oder für eine gewisse Zeit oder an einzelnen Orten stattfinden soll.**

(4) **Die Vertretungsbefugnis kann einem Gesellschafter in entsprechender Anwendung von § 715 Absatz 5 ganz oder teilweise entzogen werden.**

(5) **Ist der Gesellschaft gegenüber eine Willenserklärung abzugeben, genügt die Abgabe gegenüber einem vertretungsbefugten Gesellschafter.**

Übersicht

I. Reform

1. Grundlagen, Bewertung

Der vollständig neue § 720 ersetzt die §§ 714, 715 aF und stellt die **organ- 1 schaftliche Vertretungsmacht der Gesellschafter** bei rechtsfähigen GbR auf eine klare Grundlage. Wenngleich bereits nach früherem Recht anerkannt war, dass abweichend von § 714 aF die Gesellschaft selbst vertreten wird und nicht die Mitgesellschafter (vgl. nur Henssler/Strohn/Servatius § 714 Rn. 2), ist dies aus Gründen der dogmatischen Klarheit und Rechtssicherheit uneingeschränkt zu begrüßen. Die **rechtsfähige GbR als Personenverband** wird hierdurch in ihrer Grundstruktur auch im Hinblick auf die Vertretungsverhältnisse sachgerecht durchorganisiert, was die Teilnahme am Rechtsverkehr erleichtert. – Weitergehenden Forderungen nach der Zulassung der **Fremdorganschaft** bei den Personengesellschaften ist der Gesetzgeber **nicht nachgekommen** (zustimmend Wertenbruch GmbHR 2021, 1 (3)); insofern kritisch Scholz NZG 2020, 1044); vgl. insofern allein für die Liquidation § 736 IV (→ § 736 Rn. 20). – Es ist auch zu begrüßen, dass der Gesetzgeber nunmehr für die organschaftliche Vertretungsmacht eine dogmatische **Entkoppelung von der Geschäftsführungsbefugnis** herbeigeführt hat (vgl. hierzu § 715). Abweichend vom früheren Recht, wonach beides sich gemäß § 714 aF im Zweifel deckte und die Vertretungsmacht gemäß § 715 aF auch nicht isoliert entzogen werden konnte, führt die Neuregelung eine nahezu vollständige rechtliche Trennung herbei. Auch dies stärkt die rechtssicher handhabbare organisationsrechtliche Beurteilung der GbR als Personenverband. Den Gesellschaftern steht es freilich nach wie vor zu, durch entsprechende gesellschaftsvertragliche Regeln bzw. Beschlussfassung einen weitgehenden Gleichlauf herzustellen.

2   Im Übrigen bleibt es auch nach der Neuregelung beim **Grundsatz der gemeinschaftlichen Vertretungsmacht** gemäß Abs. 1 (vgl. zum früheren Recht Henssler/Strohn/Servatius § 714 Rn. 3). Dies gilt für eingetragene und nicht eingetragene Gesellschaften (Begr. S. 162). Es überzeugt, da der Schutz der Gesellschafter vor drohender Haftung durch Ausübung der Vertretungsmacht abweichend von der OHG als kaufmännischer Gesellschaft (vgl. insofern § 124 I HGB) stärker ausgeprägt sein muss. Der gesetzliche Regelfall ist daher vor allem auch eine nach wie vor ernst zu nehmende Anerkennung der GbR als Leitbild für **Gelegenheitsgesellschaften** und den **nicht-unternehmerischen Bereich.** Die Gesellschafter können aber auch insofern durch gesellschaftsvertragliche Regelung **Einzelvertretung vereinbaren** oder mittels Ermächtigung gemäß Abs. 2 in begrenztem Umfang zum Alleinhandeln ermächtigen, was insbesondere für **unternehmerische GbR** praktisch bedeutsam ist, um die flexible Teilnahme am Rechtsverkehr zu ermöglichen (die Neuregelung gemäß Abs. 2 begrüßend Heckschen NZG 2020, 761 (764 ff.)). Um insofern jedoch Rechtssicherheit zu erzielen, bietet es sich für die Praxis an, die Gesellschaft ins Gesellschaftsregister eintragen zu lassen, da der Rechtsverkehr nur hierüber eine verlässliche Rechtsscheinsgrundlage hat (diesen Anreiz betont die Gesetzesbegründung ausdrücklich, vgl. Begr. S. 162). – Die entscheidende Neuerung folgt indessen aus Abs. 3, wonach nunmehr auch bei der GbR die organschaftliche **Vertretungsmacht zwingend unbeschränkt** ist. Der hierdurch hergestellte Gleichlauf zu den Personenhandelsgesellschaften (vgl. § 124 IV HGB) ist durchaus **zu kritisieren** (→ Rn. 6).

3   Abs. 4 ermöglicht abweichend von § 715 aF nunmehr die **isolierte Entziehung der organschaftlichen Vertretungsmacht.** Dies war freilich bereits nach bisherigem Recht weitgehend anerkannt (vgl. nur Henssler/Strohn/Servatius § 715 Rn. 3; BeckOGK BGB/Geibel § 712 Rn. 8, 18; abw. BeckOK BGB/Schöne § 715 Rn. 8). Abweichend vom Recht der OHG (vgl. § 124 V HGB) bedarf es hierfür allein eines Gesellschafterbeschlusses, mithin keiner gerichtlichen Entscheidung. Dies überzeugt, denn angesichts drohender Haftungsgefahren durch Vertreterhandeln bedarf es eines effektiven Instruments, die Interessen der übrigen Gesellschafter zu schützen. Die Verknüpfung des Entziehungsrechts mit der weiterreichenden Geschäftsführungskompetenz würde dies konterkarieren und in vielen Fällen auch über den Schutzzweck zulasten des betroffenen Gesellschafters hinausgehen. Die Entkoppelung führt daher keine strukturelle Verschlechterung der Rechtsstellung des betroffenen Gesellschafters herbei (abw. noch Mot. bei Mugdan II S. 341). Richtigerweise folgt hieraus trotz des Verweises auf § 715 V auch, dass die **Hürde zu Entziehung der Vertretungsmacht niedriger** ist als die zur Entziehung der Geschäftsführungsbefugnis, wenigstens, wenn dies die Einzelvertretungsmacht eines Gesellschafters

betrifft (→ Rn. 30). Die rechtfertigt sich dadurch, dass die organschaftliche Vertretungsmacht wegen ihrer (zwingend unbeschränkten) Außenwirkung größere Vermögensrisiken hervorruft als die Innehabung der Geschäftsführerbefugnis. Gesellschaftern bleibt es aber im Übrigen unbenommen, ggf. beides gleichermaßen zu entziehen. Die isolierte Entziehung der Geschäftsführungsbefugnis ist indessen auch nach neuer Rechtslage richtigerweise unzulässig, weil ansonsten der für die Ausübung der unbeschränkten Vertretungsmacht notwenige gesellschaftsrechtliche Pflichtenrahmen zu schwach ausgeprägt wäre (vgl. auch MüKoBGB/Schäfer § 709 Rn. 9: Vertretungsmacht als Teilbereich der Geschäftsführung; abw. wohl Begr. S. 163; zum früheren Recht auch BeckOGK/Geibel § 715 Rn. 17; Einzelheiten → § 715 Rn. 40 ff.).

2. Zeitlicher Geltungsbereich

§ 720 tritt gemäß Art. 137 S. 1 MoPeG am **1.1.2024** in Kraft; eine Über- **4** gangsregelung im Hinblick auf die Vertretungsmacht ist im EGBGB nicht vorgesehen. Im Umkehrschluss aus Art. 229 § 61 EGBGB folgt daher, dass sich die Vertretungsmacht ab dem Zeitpunkt des Inkrafttretens **auch für Altgesellschaften** nach dem neuen Recht richtet, mithin abweichend von der früheren Rechtslage nunmehr unbeschränkt ist (→ Rn. 6; → Rn. 21 ff.). Auf vor dem 1.1.2024 vorgenommen Rechtsgeschäfte bleibt allerdings aus Gründen der Rechtssicherheit und des Vertrauensschutzes nach dem Grundsatz des **lex temporis actus** das alte Recht anwendbar (→ § 705 Rn. 3 ff.). Immerhin haben die Parteien das zur Zeit der Vornahme des Rechtsgeschäfts geltende Recht vor Augen, auf dessen Bestand sie in Ermangelung jedes objektiven Anhaltspunktes für eine Bestimmung von Ausnahmen grundsätzlich vertrauen dürfen (vgl. insoweit bereits die Motive zu Art. 103 EGBGB, dem späteren Art. 170 EGBGB, zitiert nach Mugdan, Materialien zum BGB I, S. 79). – Die **Neuregelung,** insbesondere die Unbeschränkbarkeit der Vertretungsmacht, greift daher erst für **nach dem 31.12.2023 vorgenommene Rechtsgeschäfte.** Maßgeblich ist der Zugang der Willenserklärung des Gesellschafters der GbR. Dies gilt es auch in laufenden Gerichtsverfahren zu beachten, die bereits vor dem 1.1.2024 anhängig waren, sowie in denen, die erst danach anhängig werden. – Im Hinblick auf **Entziehung der Vertretungsmacht** gemäß Abs. 4 kommt es für die Bestimmung des anwendbaren Rechts auf den Zeitpunkt der Beschlussfassung an, da diese Gestaltungswirkung entfaltet.

II. Normzweck

Abs. 1 regelt als dispositiven gesetzlichen Regelfall die **gemeinschaftli- 5 che organschaftliche Vertretungsbefugnis** der Gesellschafter einer rechtsfähigen GbR. Die Regelung fügt sich so in das klare gesetzliche Konzept der rechtlichen Anerkennung der GbR als von den Gesellschaftern zu trennende Personenverband ein. Weiterhin enthält sie angesichts der mit der Vertretungsmacht untrennbar verbundenen Haftungsfrage ein begrüßenswertes Bekenntnis zur Selbstorganschaft (zustimmend Wertenbruch GmbHR 2021, 1 (3)); kritisch Scholz NZG 2020, 1044). Dies ist vor allem auch bei der GbR geboten, weil diese ad hoc und formfrei gegründet werden kann und daher das wirtschaftliche Risiko der Gesellschafter aus Handeln für die Gesellschaft zuvörderst in deren Händen liegen muss, abweichende Gestaltungen (Bevollmächtigung Dritter) mithin die bewusste Ausnahme hiervon ist. Schließlich erfolgt hierdurch eine klare Trennung von der Geschäftsführungsbefugnis gemäß § 715. Hierdurch wird gewährleistet, dass die Gesellschafter die **Risiken der drohenden Haftung** durch Vertreterhandeln selbst steuern können. – Die Rechtslage unterscheidet sich so nach wie vor von der OHG, wo gemäß § 124 I HGB im gesetzlichen Regelfall jeder Gesellschafter alleine vertretungsbefugt ist. Die dort bewirkte Flexibilität knüpft aber an den kaufmännischen Geschäftsbetrieb der OHG an und deren hiernach bestimmungsgemäße umfangreiche Teilnahme am Geschäftsverkehr (ähnlich Fleischer DStR 2021, 430 (436): trifft das Richtige; früher bereits Wertenbruch NZG 2019, 407 (410); eher kritisch auch für die GbR mit erwerbswirtschaftlicher Zielsetzung aber Hippeli DZWiR 2020, 386 (390)). Bei der GbR ist dies nicht zwingend und vielfach sogar gerade nicht gewollt. Der Gesetzgeber hat daher die **Einzelvertretungsmacht** begrüßenswert unter den Vorbehalt entsprechender gesellschaftsvertraglicher Regelungen gestellt bzw. gemäß **Abs. 2** an die Ermächtigung eines Vertreters durch die übrigen zum Alleinhandeln geknüpft.

6   Eine rechtspolitisch fragwürdige Gleichstellung zur OHG (vgl. § 124 IV HGB) bringt freilich **Abs. 3** wonach die organschaftliche Vertretungsmacht **zwingend unbeschränkt** ist (→ Rn. 21 ff.). Der hierdurch vermittelte **Verkehrsschutz** ist unbestreitbar wichtig und beansprucht insbesondere bei unternehmenstragenden GbR Geltung (so auch Wertenbruch GmbHR 2021, 1 (3)). Das in der Gesetzesbegründung formulierte „allgemeine Prinzip" der unbeschränkten Vertretungsmacht im Gesellschaftsrecht als Grundlage (Begr. S. 162) erscheint indessen nicht gegeben, sondern begründungsbedürftig (so auch DAV NZG 2020, 1133 (1139) und Habersack Stellungnahme S. 6, jeweils unter Hinweis auf § 26 I 3). Da es bei der allgemeinen bürgerlich-rechtlichen Vollmacht jenseits spezieller Rechtsscheinstatbestände diesen Verkehrsschutz nicht gibt, ist die Unbeschränktheit der Vertretungsmacht bislang eine Domäne des Handelsrechts und damit der Handelsgesellschaften. Man kann daher durchaus **kritisieren,** dass der Gesetzgeber die GbR nunmehr hierin einreihte (tendenziell kritisch auch Bachmann NJW 2021, 3073 (3075); DAV NZG 2020, 1133 (1139); Heckschen NZG 2020, 761 (764); für nicht-unternehmerische GbR auch Fleischer DStR 2021, 430 (436) Geibel ZRP 2020, 137 (139)). Der Aspekt der Selbstverantwortung ist nunmal im bürgerlichen Recht schwächer ausgeprägt als im Handelsrecht. Es hätte sich vor diesem Hintergrund durchaus angeboten, die Unbeschränkbarkeit der Vertretungsmacht wenigstens **auf eingetragene GbR zu beschränken** (dezidiert dagegen aber Begr. S. 163; wie hier aber DAV NZG 2020, 1133 (1139); anders Habersack, Stellungnahme, S. 6: umgekehrt gerade Eintragung von Beschränkungen im Gesellschaftsregister zulassen, vgl. insofern bereits Beschluss 12 des 71. DJT, 2016, Band II/2, S. O221). Es muss daher abgewartet werden, ob der generelle Ansatz des Gesetzgebers zur unbeschränkten Vertretungsmacht Schwächen auf Kosten

der Gesellschafter offenbart. Ist dies der Fall, sollte jedenfalls über eine im Verhältnis zu den Handelsgesellschaften großzügigere Anerkennung der **Lehre vom Missbrauch der Vertretungsmacht** nachgedacht werden (→ Rn. 24). Insbesondere in den Fällen, in denen der Vertragspartner vor Vertragsschluss auf eine interne Beschränkung hingewiesen wurde (vgl. BGH NJW 1999, 3483), dürfte sich daher auf dieser dogmatischen Grundlage auch nach neuem Recht regelmäßig eine nach außen wirksame Beschränkung der Vertretungsmacht herbeiführen lassen (skeptisch Heckschen NZG 2020, 761 (764)). Auch der Verkehrsschutz ist nunmal auf der Grundlage der §§ 173 ff. (e contrario) im bürgerlichen Recht etwas schwächer ausgeprägt als im Handelsrecht. – Die zwingende Einzelvertretungsmacht bei der **Passivvertretung** im Fall der an sich gegebenen Gesamtvertretungsbefugnis gemäß **Abs. 5** ist indessen aus Gründen des Gläubigerschutzes bei allen Gesellschaftsformen gleichermaßen relevant und daher zu begrüßen.

Abs. 4 ermöglicht schließlich, dass einem Gesellschafter die **Vertretungs-** 7 **befugnis** in entsprechender Anwendung von § 715 V aus wichtigem Grund **ganz oder teilweise entzogen** werden kann. Diese richtigerweise zwingende Regelung (→ Rn. 35) schützt die Mitgesellschafter vor ausufernder Haftung. Die Neuregelung entkoppelt auch insofern die Vertretungsmacht von der Geschäftsführungsbefugnis, als Erstere abweichend von § 715 aF **auch isoliert** entzogen oder beschränkt werden kann. Dies ist sachgerecht, weil es Fälle geben kann, in denen dem Anlass zur Sanktionierung eines Gesellschafters hinreichend durch die Beschränkung der Vertretungsmacht entsprochen wird; die darüber hinausgehende Entziehung der Geschäftsführungsbefugnis könnte dann unverhältnismäßig sein. Zu bedenken ist aber, dass es umgekehrt nicht zulässig ist, allein die zugrunde liegende Geschäftsführungsbefugnis zu entziehen, da ansonsten der Pflichtenrahmen für die Ausübung der Vertretungsmacht keine hinreichend deutliche dogmatische Grundlage mehr hätte (→ Rn. 3 und → § 715 Rn. 25). – Im Übrigen stellt Neuregelung aber auch überzeugend klar, dass die Entziehung der Vertretungsbefugnis nicht auf die Fälle beschränkt ist, in denen eine gesellschaftsvertragliche Abweichung von der gemeinschaftlichen Vertretung vorliegt (vgl. hierzu nach früherem Recht MüKoBGB/Schäfer § 715 Rn. 3). Abs. 4 ermöglicht vielmehr auch den **Entzug der gesetzlichen Gesamtvertretungsmacht** eines Gesellschafters.

III. Anwendungsbereich

Die Regelung gilt bei jeder **rechtsfähigen GbR,** unabhängig von der 8 Eintragung ins Gesellschaftsregister; was jedenfalls im Hinblick auf die unbeschränkte Vertretungsmacht rechtspolitisch fragwürdig ist (→ Rn. 6). Bei einer **fehlerhaften Gesellschaft** (→ § 719 Rn. 21 ff.) besteht nach Entdecken des Mangels zwar regelmäßig ein wichtiger Grund, die Gesellschaft selbst nach Maßgabe von § 731 zu kündigen (vgl. BGH NJW 1952, 97 ff.; 2016, 2492 Rn. 22; Einzelheiten bei → § 731 Rn. 8 ff.). Bis dahin gilt die Regelung ohne weiteres. Im **Liquidationsverfahren** gilt vorrangig § 736b. Die gemeinschaftliche unbeschränkte Vertretungsmacht der Liquidatoren kann indessen auch hier durch gesellschaftsvertragliche Regelung oder entsprechend Abs. 2 im Hinblick auf Alleinhandeln modifiziert werden (→ § 736b Rn. 11 ff.). Auch ist es entsprechend Abs. 4 möglich, einem Liquidator die Vertretungsmacht ganz oder teilweise zu entziehen (→ § 736b Rn. 13). Die Regelung zur Passivvertretung gemäß Abs. 5 gilt ebenfalls. – Auf die **nicht rechtsfähige GbR** ist § 720 nicht anwendbar, weil diese nicht rechtsfähig ist und es konsequenterweise keine organschaftliche Vertretung der GbR gibt (vgl. zur Abgrenzung nach Maßgabe von § 705 II → § 705 Rn. 44 ff.). – Bei **OHG und KG** gilt allein § 124 HGB, ebenso bei der **Partnerschaftsgesellschaft** (§ 7 II PartGG).

IV. Organschaftliche Vertretungsmacht (Abs. 1)

1. Grundlagen

9   Die organschaftliche Vertretungsmacht iSv § 720 umfasst das **rechtsgeschäftliche Handeln** im Namen und mit Wirkung für und gegen die rechtsfähige GbR (vgl. für das Liquidationsverfahren § 736b). Sie wird hierdurch auch **prozessfähig** (§ 61 ZPO). Die Zuweisung der organschaftlichen Vertretungskompetenz an die Gesellschafter einer Personengesellschaft ist die zentrale Ausprägung des zwingenden Grundsatzes der **Selbstorganschaft.** Das Handeln der organschaftlichen Vertreter ist die konstitutive Voraussetzung für die Handlungsfähigkeit der GbR. Im Prozess unter Beteiligung einer GbR ist ein vertretungsbefugter Gesellschafter konsequenterweise als Partei zu vernehmen (vgl. BGH NJW 2007, 2257). Die **Wissenszurechnung** erfolgt bei organschaftlichen Vertretern konsequenterweise nach § 31 analog (BGH NJW 2003, 1445). – Die organschaftliche Vertretungsmacht als sog. rechtliches Können im Außenverhältnis ist auch nach neuem Recht **abzugrenzen** von der **Geschäftsführungsbefugnis** der Gesellschafter als sog. rechtliches Dürfen im Innenverhältnis gemäß § 715 (→ Rn. 1, 5 und → § 715 Rn. 9) bzw. im Liquidationsverfahren der Liquidatoren gemäß § 736b (→ § 736b Rn. 9 ff.). Die Neuregelung betont diesen Unterschied, indem die frühere Akzessorietät von Geschäftsführungskompetenz und Vertretungsmacht nach § 714 aF aufgegeben wurde (→ Rn. 1). – Die Vertretungsmacht bezieht sich auf das Handeln mit Wirkung für und gegen die rechtsfähige GbR und damit nicht auf **Grundlagengeschäfte** der Gesellschafter untereinander iSv § 714 (Änderungen des Gesellschaftsvertrages, ggf. durch Beschlussfassung; vgl. OLG Saarbrücken NZG 2009, 22 (23); OLG Stuttgart NZG 2009, 1303; für die außerordentliche Kündigung auch BGH NJW 2016, 2492 Rn. 25)). Von der organschaftlichen Vertretungsmacht abzugrenzen ist auch die **rechtsgeschäftliche Bevollmächtigung** von Nichtgesellschaftern gem. §§ 164 ff. (Begr. S. 161; vgl. für den Grundstücksverkehr OLG Oldenburg RNotZ 2016, 247 und Reymann DNotZ 2021, 103 (120 f.); für die Generalvollmacht BGH die DNotZ 2011, 361). Die Prokura gemäß §§ 48 ff. HGB kann auch bei eingetragenen GbR nicht erteilt werden, was eine bewusste Entscheidung des Gesetzgebers ist (Begr. S. 161). Die wechselseitige Bevollmächtigung der organschaftlichen Vertreter selbst

ist richtigerweise wegen unzulässiger Vermischung der rechtlichen Vertretungskonstruktionen unzulässig (Wertenbruch NZG 2005, 465; abw. BGH NZG 2005, 345). Vgl. im Übrigen die **Notgeschäftsführung** eines Gesellschafters gemäß § 715a (→ § 715a Rn. 1 ff.) und die Geltendmachung von Sozialansprüchen im Wege der **Gesellschafterklage** (→ § 715b Rn. 9 ff.).

2. Gesamtvertretung

Im gesetzlichen Regelfall sind alle Gesellschafter zum maßgeblichen Zeit- **10** punkt der Abgabe der Willenserklärung gemeinschaftlich zur **Aktivvertretung** befugt (vgl. zur Passivvertretung gemäß Abs. 5 → Rn. 36). Dies unterscheidet die GbR nach wie vor von der OHG (vgl. § 124 I HGB). Es ist hiernach erforderlich, dass die entsprechende Willenserklärung **von allen Gesellschaftern gemeinsam** abgegeben wird und dem Empfänger auch zugeht, ggf. zeitlich gestreckt, wenn kein Fall von § 925 I 1 vorliegt (RGZ 81, 325 (326); vgl. hierzu im Rahmen der Prozessfähigkeit BGH NJW 2010, 2286; OLG Stuttgart NJW-RR 2011, 40). Ein Vertrag ist hiernach erst mit Erklärung des letzten Gesellschafters geschlossen (BGH NZG 2008, 588). Fehlt eine notwendige Willenserklärung, richten sich die Rechtsfolgen nach §§ 177 ff.; die **rückwirkende Genehmigung** durch nachträgliche Zustimmung des betreffenden Gesellschafters nach §§ 182 ff. ist möglich (RGZ 101, 342 (334); BGH NJW-RR 1994, 291 (292 ff.); NJW 2010, 2286). Ist die **Schriftform** zu wahren, gilt dies richtigerweise für alle erforderlichen Willenserklärungen der Gesellschafter (liberaler LAG Düsseldorf BeckRS 2015, 70505: Unterzeichnung durch einen Gesellschafter genügt, wenn deutlich wird, dass hiervon auch die Erklärungen der übrigen gedeckt sein sollen).

Ist ein gesamtvertretungsbefugter **Gesellschafter an der Ausübung** sei- **11** ner Vertretungsmacht **gehindert,** ist dessen Mitwirkung grundsätzlich nicht entbehrlich (vgl. zur GmbH BGH NJW 1961, 506; abw. MüKoHGB/K. Schmidt/Drescher HGB § 125 Rn. 55). Die Notgeschäftsführungsbefugnis der übrigen gemäß § 715a dürfte regelmäßig ausreichen, bei Eilbedürftigkeit sachgerechte Lösung zu erzielen. Darüber hinaus haben die übrigen Gesellschafter es mithilfe der Gesellschafterklage gemäß § 715b in der Hand, die Vertretungsregelung auf eine andere rechtliche Grundlage zu stellen (vgl. OLG Stuttgart NJW-RR 2011, 40). Dies gilt auch in den Fällen, wenn bei Vorliegen eines **Insichgeschäfts** gemäß § 181 die Vertretungsmacht eines Gesellschafters nicht besteht (→ Rn. 25). Für alle Fälle bietet es sich freilich an, vorsorglich entsprechende gesellschaftsvertragliche Regelungen zu treffen. Kommt es zum **Ausscheiden des vorletzten Gesellschafters,** erlischt die Gesellschaft nach § 712a sogleich, sodass sich keine Problematik des Anwachsens der Vertretungsmacht stellt (abw. Henssler/Strohn/Steitz HGB § 125 Rn. 39 aE). – Für die Bestellung von Notvertretern entsprechend § 29 ist bei der GbR daher insgesamt kein Raum (BGH NZG 2014, 1302), wohl aber für die Bestellung eines **Prozesspflegers** gemäß § 57 Abs. 1 ZPO.

3. Abweichende gesellschaftsvertragliche Vereinbarungen

Abs. 1 ist weitgehend dispositiv („es sei denn, der Gesellschaftsvertrag **12** bestimmt etwas anderes"); vgl. insofern auch die hiervon abzugrenzende

Ermächtigung zum Alleinhandeln gemäß Abs. 2 (→ Rn. 19 f.). Insofern sind verschiedene Varianten zulässig. Eine Differenzierung von eingetragenen und nicht eingetragenen Gesellschaften erfolgt insofern nicht (Begr. S. 162).

12a   **a) Ausschluss von der Vertretungsmacht.** Es ist **ohne weiteres zulässig,** einzelne Gesellschafter von der organschaftlichen Vertretungsmacht (in Gänze, nicht teilweise, vgl. Abs. 3) auszuschließen, auch für die Passivvertretung. § 124 I HGB stellt dies verallgemeinerungsfähig klar („wenn er nicht durch den Gesellschaftsvertrag von der Vertretung ausgeschlossen ist"). Dies ist insbesondere die logische Folge, wenn ein einzelner Gesellschafter Alleinvertretungsmacht haben soll. Erforderlich ist wegen des Grundsatzes der **Selbstorganschaft** allein, dass wenigstens ein Gesellschafter organschaftliche Vertretungsmacht behält (BGH NJW 1964, 1624 f.; Henssler/Strohn/Steitz HGB § 125 Rn. 22). Soll der Ausschluss nachträglich eingeführt werden, bedarf es für die Änderung des Gesellschaftsvertrages grundsätzlich der **Zustimmung des Betroffenen;** eine allgemeine Mehrheitsklausel deckt diese Beschlusskompetenz nicht (→ § 714 Rn. 20 ff.). Die Zustimmung des Betroffenen ist in entsprechender Anwendung von Abs. 4 nur dann entbehrlich, wenn für den Ausschluss ein **wichtiger Grund** besteht (→ Rn. 30 f.; vgl. BGH NZG 2012, 625). Der Ausschluss eines Gesellschafters von der Vertretungsmacht ist formlos möglich; es bedarf aber stets hinreichend deutlicher Anhaltspunkte, ob dies gewollt ist und ob dies auch die **Geschäftsführungsbefugnis** gemäß § 715 IV betreffen soll (Auslegung, vgl. → § 715 Rn. 9 ff.). – Der Ausschluss belässt im Übrigen die gemeinschaftliche Vertretungsbefugnis der anderen nach Abs. 1, wenn nichts anderes vereinbart wird. Es ist weiterhin ohne weiteres zulässig, den von der organschaftlichen Vertretungsmacht ausgeschlossenen Gesellschafter zur Vornahme von Rechtsgeschäften im Namen der GbR gemäß § 167 zu bevollmächtigen; das Handeln unterscheidet sich dann im Hinblick auf die rechtliche Konstruktion der Stellvertretung und Wissenszurechnung nicht vom Handeln Dritter als Bevollmächtigte.

13   **b) Flexible Gestaltungen.** Die praktische bedeutsamste Abweichung von Abs. 1 ist die gesellschaftsvertragliche Zuweisung von **Einzelvertretungsmacht** an einzelne oder alle Gesellschafter (vgl. zur Abgrenzung zur Ermächtigung gemäß Abs. 2 → Rn. 19; zur ggf. gleichzeitig gewollten Modifizierung der Geschäftsführungsbefugnis gemäß § 715 III → § 715 Rn. 18 ff.). Dies ist bei der OHG der gesetzliche Regelfall (§ 124 I HGB). Ist eine andere Gesellschaft Gesellschafterin der GbR, richtete sich freilich die Ausübung der Einzelvertretungsmacht nach den hierfür maßgeblichen konkreten Vertretungsregelungen (vgl. etwa § 35 II 1 GmbHG). – Bei einander **widersprechenden Willenserklärungen** verschiedener Gesellschafter gegenüber dem selben Empfänger ist grundsätzlich eine getrennte Beurteilung erforderlich, sodass eine nachfolgende Willenserklärung ggf. unbeachtlich ist (vgl. BGH NJW-RR 2008, 1484 (1488)). Für die Gesamtnichtigkeit infolge Perplexität ist nur bei unmittelbarem zeitlichen Zusammenfallen der Erklärungen Raum (vgl. RGZ 92, 95). – Im Übrigen ist es auch zulässig, **Kombinationen aus Einzel- und Gesamtvertretung** im Hinblick auf die

Gesellschafter unterschiedlich zu vereinbaren (RGZ 90, 21 (22)), insbesondere auch als sog. halbseitige Gesamtvertretung (Beispiele bei Henssler/Strohn/Steitz HGB § 125 Rn. 29 ff.). Eine gemischte Gesamtvertretung unter **Beteiligung eines rechtsgeschäftlich Bevollmächtigten** ist im Umkehrschluss zu § 124 III HGB nicht zulässig. Dies rechtfertigt sich zwar nicht aus dem Grundsatz der Selbstorganschaft. Die Begründung folgt vielmehr daraus, dass bei der GbR keine Prokura zulässig ist und hierdurch die Unbeschränktheit der organschaftlichen Vertretungsmacht konterkariert werden könnte.

Problematisch ist in all diesen Fällen die rechtliche Behandlung des nach- **14** träglichen **Wegfalls eines Gesellschafters** oder dessen tatsächliche **Verhinderung**. Richtigerweise erfolgt auch bei drohender Handlungsunfähigkeit der Gesellschaft kein **Erstarken** der Vertretungsmacht der übrigen zur Einzelvertretungsmacht kraft Gesetzes; es kann allein die **Gesamtvertretungsbefugnis** gemäß Abs. 1 wiederaufleben (vgl. BGH NJW 1960, 1997; OLG München NZG 2014, 899). Die Notgeschäftsführungsbefugnis der übrigen gemäß § 715a dürfte regelmäßig ausreichen, bei Eilbedürftigkeit sachgerechte Lösung zu erzielen. Darüber hinaus haben die übrigen Gesellschafter es mithilfe der Gesellschafterklage nach § 715b in der Hand, die Vertretungsregelung auf eine andere rechtliche Grundlage zu stellen (vgl. OLG Stuttgart NJW-RR 2011, 40). Dies gilt auch, wenn bei Vorliegen eines **Insichgeschäfts** iSv § 181 die Vertretungsmacht eines Gesellschafters nicht besteht (→ Rn. 25). Für alle Fälle bietet es sich freilich an, vorsorglich entsprechende gesellschaftsvertragliche Regelungen zu treffen.

c) Streitigkeiten. Ist innerhalb der Gesellschafter im Streit, welche Ver- **15** tretungsregelung gilt, kann dies grundsätzlich im Rahmen der **Feststellungsklage** gemäß § 256 ZPO gerichtlich geklärt werden. Beteiligte sind hieran allein die Gesellschafter, da Modifizierungen vom gesetzlichen Regelfall eine entsprechende gesellschaftsvertragliche Grundlage bedürfen bzw. in den Fällen von Abs. 2 eine Ermächtigung durch die Gesellschafter (vgl. BGH NJW 1979, 871 (872) zur KG; Henssler/Strohn/Steitz HGB § 125 Rn. 27).

4. Ausübung und Nachweis der Vertretungsmacht

Es gilt das **Offenkundigkeitsprinzip** gem. § 164 Abs. 2. Es muss daher **16** hinreichend deutlich werden, dass jemand für die GbR handelt (vgl. für RA-Sozietät BGH MDR 2009, 655). Im Übrigen können Dritte einseitige Rechtsgeschäfte **analog § 174** zurückweisen, wenn die Vertretungsmacht nicht nachgewiesen wird (vgl. BGH NJW 2002, 1194; 2014, 1587 Rn. 17 f.; BAG NZG 2020, 623; vgl. hierzu bei der RA-Sozietät Henssler/Michel NJW 2015, 11). Der Reformgesetzgeber sah dies als selbstverständlich an (Begr. S. 162). Im Übrigen besteht aber auch nach der Reform grundsätzlich die Notwendigkeit, dass die Gesellschafter bei der GbR eine vom gesetzlichen Regelfall der Gesamtvertretung **abweichende Gestaltung** Dritten gegenüber ggf. **nachweisen** müssen, zB durch Vorlage einer Urkunde (die Gesetzesbegründung spricht missverständlich von „Vollmachtsurkunde", vgl. Begr. S. 162). – Bei **eingetragenen GbR** ist indessen gemäß § 707 II Nr. 3 auch die Vertretungsbefugnis der Gesellschafter zur Eintragung ins Gesellschaftsregister anzumelden; das Gleiche gilt nach § 707 III 1 für nachträgliche Änderungen. Dies begünstigt vor allem die Gesellschafter in den Fällen der Einzelvertretungsbefugnis (vgl. Holzer ZNotP 2020, 239 (242)). Diesen Anreiz zur Herbeiführung der an sich freiwillige Registereintragung betont auch die Gesetzesbegründung (vgl. Begr. S. 162). Abweichend vom Recht der OHG (vgl. § 124 I HGB) perpetuiert die **negative Publizität** gemäß § 15 I HGB bei der GbR (vgl. § 707a III) aber grundsätzlich die Gesamtvertretungsbefugnis der Gesellschafter, was dem Dritten selten nutzen dürfte. Praktisch bedeutsam ist § 15 I HGB daher vor allem in den Fällen der vereinbarten und im Gesellschaftsregister eingetragenen Einzelvertretungsmacht.

17   Ein spezieller **Rechtsformzusatz** bei der GbR war nach früherem Recht nicht zu führen (abw. MüKoBGB/Schäfer § 705 Rn. 274; eine entsprechende Pflicht konnte sich aber aus dem Lauterkeitsrecht ergeben, vgl. OLG Hamm GWR 2020, 179). Nach § 707a II 1 haben die Vertreter **eingetragener GbR** aber nunmehr den Namenszusatz „eingetragene Gesellschaft bürgerlichen Rechts" oder „eGbR" zu führen (→ § 707a Rn. 7 ff.; vgl. zur Liquidation auch (→ § 736d Rn. 38). Dies ergänzt § 707 II Nr. 1a, wonach eingetragene GbR nunmehr einen Namen haben müssen (→ § 707 Rn. 12). – Für **nicht eingetragene** rechtsfähige GbR besteht nach dem Wortlaut der Regelungen im Umkehrschluss keine Pflicht zur Führung eines Namens bzw. Rechtsform- und ggf. Liquidationszusatzes. Dies ist aus registerrechtlicher Perspektive konsequent. Es spricht indessen vieles dafür, die entsprechenden Pflichten auch als materiell-gesellschaftsrechtlich einzuordnen, sodass diese richtigerweise auch bei nicht eingetragenen GbR gelten, freilich ohne Unterwerfung unter das registerrechtliche Sanktionsregime. – Wird der Liquidationszusatz **nicht ordnungsgemäß verwendet,** hat dies grundsätzlich sich keine Auswirkungen auf die Vertretungsmacht (unternehmensbezogenes Geschäft, vgl. FG Hamburg BeckRS 2012, 95072); die Anfechtbarkeit gemäß § 119 II oder § 123 dürfte infolge der Gesellschafterhaftung nicht in Betracht kommen. – Darüber hinaus ist aber spezielle Zusatz gemäß § 707a II 2 zu führen, der auf eine **Haftungsbeschränkung** hinweist, wenn keine natürliche Person als Gesellschafter haftet (→ § 707a Rn. 17). In diesen Fällen kann das Weglassen des geforderten Rechtsformzusatzes im Rechtsverkehr daher auch bei der GbR zu einer Eigenhaftung des Vertreters führen (vgl. hierzu Noack/Servatius/Haas/Servatius GmbHG § 4 Rn. 159; BeckOGK/Heusel HGB § 153 Rn. 21 ff.).

18   Abweichend von § 125 HGB (§ 125a HGB aF) gibt es bei der GbR keine spezielle Pflicht, Name und Rechtsformzusatz sowie Registereintragung auf allen **Geschäftsbriefen** anzugeben (dies kritisiert DIHK Stellungnahme S. 6). Dies hat vor allem zur Konsequenz, dass eine solche nicht mittels Zwangsgeldandrohung gemäß § 14 HGB durch das Registergericht durchgesetzt werden kann (§ 707b Nr. 2). Materiell-rechtlich erstreckt sich die **Angabepflicht** gemäß § 707a II aber aus gesellschaftsrechtlicher Perspektive gleichwohl darauf, dass wenigstens **Name und Rechtsformzusatz** durch die Vertreter der eingetragenen GbR auf den Geschäftsbriefen iSv § 125 HGB anzugeben sind. Erfasst werden aber nur **schriftliche Erklärungen**

der Liquidatoren im Namen der GbR gegenüber Dritten („bei Abgabe ihrer Unterschrift im Namen der Gesellschaft"; Einzelheiten bei Bredol NZG 2017, 611 (612 ff.)). Bei mündlichen Erklärungen besteht eine vergleichbare Pflicht allenfalls unter den engen Voraussetzungen einer vorvertraglichen Informationspflicht (vgl. BeckOGK/Heusel HGB § 153 Rn. 11). **Elektronische Erklärungen** (E-Mail, digitale Signatur etc.) werden indessen über den Wortlaut hinaus bei sinngemäßer Interpretation ebenfalls erfasst (vgl. BeckOGK/Heusel HGB § 153 Rn. 11).

V. Ermächtigung zum Alleinhandeln (Abs. 2)

Abs. 2 begründet die bislang allein bei OHG und KG bestehende Mög- **19** lichkeit (vgl. § 124 II 1 HGB), dass organschaftliche Vertreter **einzelne oder mehrere** von ihnen zum Alleinhandeln ermächtigen. Dogmatisch ist dies von der gesellschaftsvertraglichen Modifizierung der Vertretungsregeln abzugrenzen (→ Rn. 13). Zuständig sind im Rahmen von Abs. 2 nämlich nur diejenigen Gesellschafter, die (kraft Gesetzes oder entsprechender gesellschaftsvertraglicher Regelung) organschaftliche (Gesamt-)Vertretungsmacht haben; die Regelung bringt daher allein insofern eine Erleichterung (vgl. zur OHG BGH NJW-RR 1986, 778). – Die rechtliche Bedeutung der Ermächtigung ist nach wie vor sehr umstritten. Am überzeugendsten ist es, hierin das **partielle Erstarken zur Einzelvertretungsmacht** zu sehen (BGH NJW 1975, 1117; abw. MüKoHGB/K. Schmidt/Drescher HGB § 125 Rn. 46: Ausübungsermächtigung; für eine Bevollmächtigung noch RGZ 80, 180 (182); dies für möglich haltend zum früheren Recht auch MüKoBGB/Schäfer § 714 Rn. 22 unter Hinweis auf BGH NZG 2005, 345). Das von der Gegenmeinung angebrachte Argument, hierüber ließe sich § 181 sachwidrig aushebeln (vgl. etwa Reinicke NJW 1975, 1185), überzeugt nicht (abw. Henssler/Strohn/Steitz HGB § 125 Rn. 42). Das Verbot des Insichgeschäfts ist dispositiv. Ihm lassen sich vor allem aber keinerlei Vorgaben über die rechtliche Würdigung des betreffenden Rechtsgeschäfts in inhaltlicher Hinsicht ableiten. Tatbestandlich ist allein die kognitive Janusköpfigkeit einer Person im rechtsgeschäftlichen Bereich. Sofern diese aber ausgeräumt wird, weil ein an sich gesamtvertretungsbefugter Gesellschafter aufgrund vorheriger und rechtlich isoliert zu betrachtender Ermächtigung am Geschäftsabschluss nicht mehr beteiligt ist, ist der begrenzte **Schutzzweck von § 181** nicht mehr tangiert (zutreffend BGH NJW 1975, 1117). Es obliegt dann dem alleinhandelnden Vertreter im Rahmen seiner Pflichtenbindung, das Rechtsgeschäft im Einklang mit der gesellschaftsrechtlichen Zweckbindung einzugehen. Abs. 3 ist vor diesem Hintergrund letztlich allein als Auflockerung des Grundsatzes der Höchstpersönlichkeit zu sehen (vgl. Begr. S. 162).

Die **Befugnis zur Erteilung** obliegt allen an sich gesamtvertretungs- **20** befugten Gesellschaftern und wirkt allein zu ihren Gunsten („einzelne von ihnen"). Sie muss entsprechend § 167 I gegenüber dem Begünstigten oder einem Dritten erklärt werden (ausdrücklich oder konkludent, vgl. RGZ 123, 279 (288 ff.)) und ist **nicht formbedürftig** (vgl. entsprechend § 167 II, § 182 II). Der **Widerruf** ist jederzeit möglich (Henssler/Strohn/Steitz HGB § 125

Rn. 45). Widerruft nur ein Gesellschafter, verliert der ermächtigte nur die insoweit erstarkte Befugnis zum Alleinhandeln (MüKoHGB/K. Schmidt/ Drescher HGB § 125 Rn. 46; abw. Henssler/Strohn/Steitz HGB § 125 Rn. 45: Ermächtigung erlischt insgesamt, das aber keine hinreichende gesetzliche Grundlage hat). Inhaltlich kann sich die Ermächtigung auf die Vornahme **bestimmter Geschäfte oder bestimmter Arten** von Geschäften erstrecken; eine Generalermächtigung ist wegen des Vorrangs von Abs. 1 aber unzulässig (BGH NJW-RR 1986, 778; OLG Dresden NJW-RR 1995, 803 (804)). Die Eintragung ins **Gesellschaftsregister** ist bei eingetragenen GbR entsprechend § 707 II Nr. 3 wenigstens bei der Artermächtigung verpflichtend (vgl. Servatius NZG 2002, 456; abw. wohl Begr. S. 162: Übersichtlichkeit des Gesellschaftsregisters würde Schaden nehmen). Der gutgläubige Rechtsverkehr wird bei fehlender Eintragung allein nach den allgemeinen Lehren der **Rechtsscheinsvollmacht** geschützt (hierauf ausdrücklich hinweisend Begr. S. 162).

VI. Unbeschränktheit der Vertretungsmacht (Abs. 3)

21   Die entscheidende Neuerung bringt die **Reform** durch die Einführung der unbeschränkten Vertretungsmacht, was bislang allein bei OHG und KG galt (vgl. § 124 IV HGB). Der Gesetzgeber verwirklicht damit augenscheinlich ein allgemeines Prinzip des Gesellschaftsrechts (Begr. S. 162) und erleichtert so rechtsfähigen GbR die Teilnahme am Rechtsverkehr, freilich um den Preis der **drohenden Gesellschafterhaftung** ihrer Mitglieder (vgl. zur rechtspolitischen Kritik → Rn. 6). Die entfallene Schwerfälligkeit des früheren Rechts sollte daher in der Praxis bei Altgesellschaften Anlass sein, die Grundlagen des gesellschaftsrechtlichen Zusammenschlusses kritisch zu analysieren (vgl. → Rn. 37, → Rn. 39 ff.). – Der zwingende unbeschränkte Umfang der organschaftlichen Vertretungsmacht betrifft **sämtliche Erklärungen** der organschaftlichen Vertreter im Namen der GbR, über den rechtsgeschäftlichen Bereich hinaus auch im Prozessrecht sowie in behördlichen Verfahren (BeckOGK/Kilian HGB § 126 Rn. 11, bei Rn. 14 freilich nicht überzeugend die Geltung beim Insolvenzantrag verneinend). Er erfasst **jegliche Beschränkung;** die genannten Aspekte in Abs. 3 haben lediglich exemplarischen Charakter („insbesondere"). Unbeachtlich sind auch die fehlende Einhaltung der gesellschaftsinternen Geschäftsführungskompetenzen und das Hinwegsetzen über einen Widerspruch gemäß § 715 IV 2 (→ § 715 Rn. 35 ff.). Auch familienrechtliche Beschränkungen werden durch Abs. 3 überlagert (vgl. BGH NJW 1971, 375 (376); 1962, 2344 (2346); RGZ 125, 380 (381)). Ein Minderjähriger kann sich indessen im Rahmen der Zwangsvollstreckung auf die Haftungsbeschränkung gemäß § 1629a berufen (vgl. OVG Münster NZG 2009, 339). Abs. 3 verbietet auch, einseitige Haftungsbeschränkungen auf das Gesellschaftsvermögen („GbRmbH") Dritten gegenüber zur Geltung zu bringen (→ § 721 Rn. 13 ff.).

22   Der gesetzlich fixierte Umfang der Vertretungsmacht betrifft den **gesamten Bereich der Geschäftsführung** iSv § 715. Art und Schwere des Vertretergeschäfts spielen keine Rolle, sodass insbesondere auch Grundstücksge-

schäfte und die Bevollmächtigung Dritter hierunter zu fassen sind (vgl. insofern explizit § 124 IV 1 HGB). Bedeutsam ist in diesem Kontext freilich die **Abgrenzung gegenüber Grundlagengeschäften,** die von vornherein nicht Gegenstand der organschaftlichen Vertretungsmacht sind (→ Rn. 9). Die Unterscheidung ist indessen jedenfalls seit der Reform **formal vorzunehmen,** sodass auch schwerwiegende Entscheidungen im Bereich der Geschäftsführung (Unternehmensveräußerung, Einstellung des Geschäftsbetriebs etc.) gemäß Abs. 3 Dritten gegenüber **grundsätzlich wirksam** sind, wenn kein Missbrauch der Vertretungsmacht vorliegt (abw. BGH NJW 1995, 596; diese Entscheidung relativierend aber BGH DStR 2019, 1048; abw. unter Hinweis auf die Holzmüller-Doktrin auch MüKoHGB/K. Schmidt/Drescher HGB § 126 Rn. 13; Henssler/Strohn/Steitz HGB § 126 Rn. 10; abw. zum früheren Recht der GbR auch MüKoBGB/Schäfer § 714 Rn. 25, was aber wegen der Akzessorietät der Vertretungsmacht zur Geschäftsführungsbefugnis konsequent war). Das Gleiche gilt für Geschäfte, die **außerhalb des Gesellschaftszwecks** („ultra vires") liegen (vgl. MüKoHGB/K. Schmidt/Drescher HGB § 126 Rn. 6; vgl. zu Spenden RGZ 125, 380 (381)). Insofern ist auch für eine entsprechende Anwendung von § 179a AktG kein Raum (Meier DNotZ 2020, 246; abw. Bredol/Natterer ZIP 2015, 1419 (1421 f.)).

Im Übrigen wirkt der durch Abs. 3 begründete Verkehrsschutz allein **23** **zugunsten von Nichtgesellschaftern** („Dritten gegenüber"); bei Drittgeschäften zwischen GbR und Gesellschaftern müssen diese sich daher Gewissheit über die Vertretungsmacht der Handelnden verschaffen (BGH NJW 1962, 2344 (2347); WM 1976, 446). Das Gleiche gilt bei bewussten Umgehungen (Strohmanngeschäfte), gegenüber Sicherungsnehmern (Gläubiger, Nießbraucher, etc) sowie in den Fällen der engen personalen oder wirtschaftlichen Verbundenheit eines Dritten mit einem Gesellschafter (ebenso BeckOGK/Kilian HGB § 126 Rn. 40; gegen die Herausnahme von Erben eines Gesellschafters aber BGH NJW 1974, 1555 (1556)). Gegenüber ehemaligen Gesellschaftern gilt indessen Abs. 3 ohne weiteres, weil diese regelmäßig keine Einblicke mehr in die gesellschaftsinterne Struktur haben (BeckOGK/Kilian HGB § 126 Rn. 41).

1. Missbrauch der Vertretungsmacht

Die nunmehr unbeschränkte organschaftliche Vertretungsmacht bedingt **24** konsequenterweise einen **größeren Anwendungsbereich** für die Lehre vom Missbrauch der Vertretungsmacht. Nur hierüber lässt sich in Ausnahmefällen das Durchschlagen interner Abreden auf das Außenverhältnis zum Schutz der persönlich haftenden Gesellschafter dogmatisch begründen. Erforderlich ist hierfür freilich, dass der Geschäftspartner **Kenntnis oder grob fahrlässige Unkenntnis** von der Überschreitung hat; insofern kann ihm in den Fällen der Evidenz durchaus auch eine Erkundigungsobliegenheit auferlegt sein (vgl. BGH NZG 2019, 505 Rn. 42). Praktisch bedeutsam dürfte dies insbesondere bei **Geschäften von bedeutender Tragweite** sein (Grundstücksveräußerung, Veräußerung des Unternehmens etc.). Insofern ist es dem Rechtsverkehr durchaus zuzumuten, bei der GbR in weiterem Umfang als bei den Personenhandelsgesellschaften nachzufragen. Das Gleiche gilt, wenn der Vertragspartner vor Vertragsschluss auf eine **interne Beschränkung hingewiesen** wurde (vgl. zur „GbR mbH" BGH NJW 1999, 3483; Begr. S. 162). Eine Beschränkung der Lehre auf vorsätzliches Handeln des Geschäftspartners kommt indessen nicht in Betracht (abw. OLG Saarbrücken BeckRS 2015, 09736). Es ist auch nicht erforderlich, dass zum **Nachteil der Gesellschaft** gehandelt wird (vgl. BGH NZG 2019, 505 Rn. 40). Ein für die GbR evident nachteiliges Geschäft kann aber eine Erkundigungsobliegenheit des Dritten auslösen (vgl. BGH NJW 1996, 589 (590); 1984, 1461 (1462)) sowie im Innenverhältnis Schadensersatzansprüche der GbR gegen den Vertreter (vgl. BGH WM 1980, 953 (954)). Liegen die Voraussetzungen des Missbrauchs der Vertretungsmacht vor, ist das Rechtsgeschäft mangels wirksamer Vertretung nach § 177 im Außenverhältnis **schwebend unwirksam** (vgl. OLG Zweibrücken NZG 2001, 763; OLG Stuttgart NZG 1999, 1009 (1010); abw. für § 242 BGH NJW-RR 2004, 247 (248); 1991, 112 (1813); 1988, 3012 (3013)). – In den Fällen der bewussten Schädigung der Gesellschaft durch den Handelnden und den Dritten kommt es zur Nichtigkeit des Rechtsgeschäfts gemäß § 138 I wegen **Kollusion** (vgl. BGH NZG 2014, 389 (390); NJW-RR 2004, 247 (248); NJW 1989, 26 (27); RGZ 136, 359 (360))).

2. Insichgeschäft (§ 181)

25 § 181 gilt auch bei Ausübung von organschaftlicher Vertretungsmacht (allgM). Bezieht sich im Fall von Gesamtvertretungsmacht das Verbot des Insichgeschäfts nur auf einen Vertreter, steht dies der wirksamen Vornahme des betreffenden Rechtsgeschäfts durch die übrigen nicht entgegen (vgl. BGH NJW 1975, 1117; MüKoBGB/Schäfer § 714 Rn. 30). – Die **Befreiung** hiervon erfordert eine entsprechende gesellschaftsvertragliche Regelung oder Beschlussfassung nach Maßgabe von § 714, welche auch konkludent erfolgen kann (vgl. RG JW 1901, 406; BGH WM 1970, 249 (251); OLG Karlsruhe BeckRS 2008, 6845; vgl. zur Durchführung eines Geschäftsführungsbeschlusses OLG Frankfurt BeckRS 2018, 4516 Rn. 40). Eine nachträgliche Genehmigung ist ebenfalls möglich (vgl. BGH NZG 2010, 261) Im Übrigen ist es prinzipiell zulässig, § 181 durch eine entsprechende **Ermächtigung** der anderen zum Alleinhandeln gemäß Abs. 2 zu umgehen (→ Rn. 19). Die generelle Befreiung von § 181 ist bei eingetragenen Gesellschaften ins **Gesellschaftsregister** einzutragen (vgl. Servatius NZG 2002, 456).

VII. Entziehung der Vertretungsmacht (Abs. 4)

1. Grundlagen

26 Abs. 4 regelt erstmalig explizit die Möglichkeit, einem Gesellschafter dessen organschaftliche Vertretungsmacht ganz oder teilweise zu entziehen. Die Regelung ergänzt § 715 V, wonach das Gleiche für die Geschäftsführungskompetenz gilt. Abweichend vom früheren Recht besteht nunmehr auch in dieser Hinsicht eine begrüßenswerte **Entkoppelung von Geschäftsführungsbefugnis und Vertretungsmacht;** dies gilt gleichermaßen bei der OHG (vgl. § 116 V HGB, § 124 V HGB). Es ist daher jeweils getrennt zu prüfen, welchen rechtlichen Status der betreffende Gesellschafter insofern hat bzw. haben soll. Im Übrigen ist es den Gesellschaftern aber nach wie vor unbenommen, durch entsprechende Vereinbarungen oder Beschlüsse einen Gleichlauf herzustellen; Letzteres wird durch den Verweis auf § 715 V und dessen tatbestandliche Voraussetzungen unterstrichen. – Im Übrigen erstreckt sich das Entziehungsrecht ganz allgemein auf „die" organschaftliche Vertretungsbefugnis eines Gesellschafters, mithin unabhängig davon, ob er diese kraft Gesetzes oder aufgrund entsprechender gesellschaftsvertraglicher Abrede oder Ermächtigung hat (vgl. demgegenüber zum früheren Recht → Rn. 7). Dies ist zu begrüßen, denn das Vorgehen nach Abs. 4 bietet den Gesellschaftern so einen effektiven Rechtsbehelf zur **Vermeidung drohender Haftungsgefahren** aus dem Fortbestand der unbeschränkten Vertretungsmacht, was in allen Fällen Geltung beansprucht. Die Regelung ist konsequenterweise zwingend. – Abweichend von § 715 VI sieht das Gesetz indessen keine Möglichkeit vor, die organschaftliche Vertretungsmacht zu **kündigen** (→ § 715 Rn. 48 ff.). Dies ist sachgerecht, denn die Vertretungsmacht ist anders als die Geschäftsführungsbefugnis kein Pflichtrecht, sodass es der betreffende Gesellschafter selbst in der Hand hat, diese auszuüben oder nicht. Einer speziellen Kündigung bedarf es insofern nicht (Begr. S. 163). – Abs. 4 ist zudem abzugrenzen von der **Ermächtigung** zum Alleinhandeln gemäß Abs. 2, welche ohne weiteres und jederzeit durch die übrigen vertretungsbefugten Gesellschafter widerrufen werden kann (→ Rn. 20).

2. Voraussetzungen für die Entziehung

Abs. 4 verweist im Hinblick auf die tatbestandlichen Voraussetzungen auf **27** § 715 V. Die Vertretungsmacht kann einem Gesellschafter hiernach durch Beschluss der anderen Gesellschafter ganz oder teilweise entzogen werden, wenn ein wichtiger Grund vorliegt. Ein solcher ist insbesondere eine grobe Pflichtverletzung des Gesellschafters oder die Unfähigkeit des Gesellschafters zur ordnungsgemäßen Geschäftsführung.

a) Gesellschafterbeschluss. Erforderlich ist ein Beschluss **der anderen 28 Gesellschafter** nach Maßgabe von § 714; der Betroffene ist daher nicht zu beteiligen (zwingend, vgl. BGH NZG 2012, 625). Eine vorherige **Anhörung** des betroffenen Gesellschafters ist richtigerweise ebenfalls nicht geboten, weil sich das Vorliegen eines wichtigen Grundes nach objektiven Kriterien beurteilt und sich das Entziehungsverfahren ansonsten entgegen dem legitimen Interesse der übrigen Gesellschafter verzögert werden könnte. Bei der **Zwei-Personen-Gesellschaft** genügt die einseitige Erklärung des anderen (vgl. RGZ 162, 78 (83); OLG Stuttgart NJOZ 2006, 2216). Im Übrigen ist die Entziehung durch lediglich einen der übrigen Gesellschafter nicht möglich (vgl. BGH NJW 1955, 825). Für das **Beschlussverfahren** gelten die allgemeinen Regeln (vgl. §§ 714, 709 III). Ein förmlicher Gesellschafterbeschluss unter gleichzeitiger Anwesenheit der Beteiligten ist nicht zwingend erforderlich (vgl. OLG Köln DB 2005, 2571; abw. Staudinger/Habermeier, 2003, § 712 Rn. 9). Insofern ist es auch zulässig, die Entziehung durch Mehrheitsentscheidung herbeizuführen. Eine allgemeine **Mehrheitsklausel** deckt dies wegen der grundlegenden Bedeutung für die Mitgliedschaft des Betroffenen indessen nicht (→ § 714 Rn. 20 ff.; zum früheren Recht auch MüKoBGB/Schäfer § 715 Rn. 1); insofern bedarf es vielmehr hinreichend deutlicher Anhaltspunkte im Gesellschaftsvertrag (vgl. zur Auslegung OLG Düsseldorf BeckRS 2016, 20931); vgl. zur Gestaltungsfreiheit im Übrigen → Rn. 35. – Praktisch bedeutsam ist insofern stets auch die Möglichkeit der **einstweiligen Verfügung** (RGZ 22, 170; zu § 117 HGB aF OLG Köln BeckRS 2007, 17809; vgl. zur Ausschließung OLG Karlsruhe ZInsO 2019, 216 (217); Altmeppen ZIP 2021, 213 (214)).

29   Die Entziehung der Vertretungsmacht unterliegt wegen ihrer einschneidenden Bedeutung einer intensiven **Treuepflichtkontrolle.** Dies gilt insbesondere in den Fällen, in denen eine Minderheit versucht, die Vertretungsmacht des Mehrheitsgesellschafters zu beschränken, obwohl dieser weiterhin unbeschränkt persönlich für die Gesellschaftsverbindlichkeiten haftet. Umgekehrt kann die Treuepflicht es bei mehrgliedrigen Gesellschaften auch gebieten, dass sich alle übrigen an der Entziehung aktiv beteiligen. Eine solche **Zustimmungspflicht** unterliegt wegen der aus der organschaftlichen Vertretungsmacht resultierenden Haftungsgefahren keinen allzu großen Hürden. Im Regelfall dürfte die Zumutbarkeit zu bejahen sein, insbesondere, weil es den Gesellschaftern unbenommen bleibt, fortan adäquate Regeln zu vereinbaren. Die konkrete **praktische Umsetzung** dieser Zustimmungspflicht ist indessen schwierig: Grundsätzlich müsste der sich Weigernde zunächst auf Erteilung der Zustimmung verklagt werden (§ 894 ZPO). Die hierdurch bedingte zeitliche Verzögerung kollidiert mit dem **legitimen Entziehungsinteresse** der übrigen Gesellschafter. Dem ist Rechnung zu tragen. Durch die Einbettung der Entziehung der Vertretungsmacht in das Beschlusserfordernis spricht daher nichts dagegen, die **treuwidrige Nichtzustimmung** bereits bei der entsprechenden Beschlussfassung über die Entziehung in eine Zustimmung **umzuqualifizieren,** mithin als erteilt zu fingieren (in diese Richtung für die Ausschließung bereits BGH WM 1979, 1058; 1986, 1556 (1557); NJW-RR 2008, 1484 Rn. 42; wohl auch BGH ZIP 2016, 1220 Rn. 17; abw. für Grundlagenentscheidungen MüKoBGB/Schäfer § 705 Rn. 248). Die Einzelheiten dieser Thematik sind bislang noch nicht abschließend geklärt.

30   **b) Wichtiger Grund.** Der für die sofortige Entziehung erforderliche wichtige Grund wird in § 715 V exemplarisch als **grobe Pflichtverletzung oder Unfähigkeit** zur ordnungsgemäßen Geschäftsführung charakterisiert (→ § 715 Rn. 44). Dies lässt sich auch auf Abs. 4 übertragen. Abweichend von § 727 kommt es mithin nicht auf eine vorsätzliche oder grob fahrlässige Pflichtverletzung an. Die Schwelle zur Entziehung der Vertretungsmacht ist somit jedenfalls bei der Entziehung von Einzelvertretungsmacht wegen deren unbeschränkter Rechtsmacht im Außenverhältnis niedriger. Dies überzeugt,

denn die Vertretungsmacht ist weniger als legitime Ausübung von Gesell-schafterrechten zu sehen, als vielmehr als Gefahrenpotenzial für die Mitgesell-schafter angesichts deren persönlicher Haftung. Trotz Erfordernisses eines wichtigen Grundes hat daher bei der möglichen Entziehung der **effektive Rechtsschutz Vorrang,** was bei der rechtlichen Würdigung zu berücksich-tigen ist (in diese Richtung auch Begr. S. 163: Interessenabwägung verlagert sich auf die Prüfung des Vorliegens eines wichtigen Grundes). Insofern erklärt es sich auch, dass die Entziehung der Vertretungsmacht dem Ausschluss eines Gesellschafters als milderes Mittel regelmäßig vorgeht (vgl. BGH NZG 2003, 625; Einzelheiten → § 727 Rn. 11 ff.). – Das Gleiche gilt für das **Verhältnis zum Entzug der Geschäftsführungsbefugnis** gemäß § 715 V. Auch hier ist die Schwelle zur Beschränkung der gesellschaftsinternen Partizipationsin-teressen eines Gesellschafters höher angesiedelt, weil hieraus anders als bei der Vertretungsmacht keine unmittelbaren Haftungsgefahren drohen (für ein Übereinstimmen des wichtigen Grundes im Hinblick auf Geschäftsführungs-befugnis und Vertretungsmacht nach früherem Recht aber noch MüKoBGB/Schäfer § 715 Rn. 4). Insofern ist es auch konsequent, dass im Zuge der Neuregelung die Vertretungsmacht auch unabhängig von der Geschäftsfüh-rungsbefugnis entzogen werden kann (vgl. abw. zum früheren Recht § 715 aF).

Auf dieser Grundlage liegt ein wichtiger Grund bereits dann vor, wenn **31** das **Verhältnis der übrigen Gesellschafter zum Vertreter nachhaltig zerstört** ist und es deshalb für die Gesellschafter unzumutbar ist, dass der vertretungsbefugte Gesellschafter weiterhin durch Ausübung der (ggf. Gesamt-)Vertretungsmacht auf deren Belange Einfluss nehmen kann (vgl. BGH DStR 2008, 783). Ein Verschulden des Gesellschafters ist nicht erfor-derlich (BGH BB 1952, 649). Auch der bloße **Verdacht** unredlichen Verhal-tens kann den Entzug rechtfertigen (BGH DStR 2008, 783). Es kommt gleichwohl stets auf eine **Gesamtwürdigung** des Einzelfalles unter **Abwä-gung** der widerstreitenden Interessen an, bei der auch Gegengründe des Betroffenen zu berücksichtigen sind. Dies betrifft insbesondere Zwei-Perso-nen-GbR, denn dort kann es nicht darauf ankommen, welcher Gesellschafter zuerst nach Abs. 4 vorgeht; in solchen Fällen liegt die **Prozessverbindung** gemäß § 147 ZPO nahe, um divergierende Entscheidungen über denselben Sachverhalt zu vermeiden. – Maßgeblicher **Zeitpunkt** für die rechtliche Beurteilung des Entziehungsgrundes ist die Beschlussfassung durch die Mit-gesellschafter. Das Vorliegen eines wichtigen Grundes ist eine vollumfänglich gerichtlich **überprüfbare Rechtsfrage** (vgl. zum Ausschluss BGH NJW 1994, 833; 1960, 625; NZG 2011, 544; MüKoBGB/Schäfer § 737 Rn. 14); die Gesellschafter haben nur insofern Ermessen, als sie von dem Entziehungs-recht Gebrauch machen können oder nicht.

3. Rechtsfolgen, Rechtsschutz

Die übrigen Gesellschafter haben gemäß Abs. 4 die Möglichkeit, dem **32** Betroffenen die **Vertretungsmacht ganz oder teilweise zu entziehen.** Es ist daher auch möglich, anstelle eines vollständigen Entzugs allein dessen gesellschaftsvertraglich eingeräumter Einzelvertretungsmacht zu entziehen, sodass er hiernach die dem gesetzlichen Regelfall gemäß Abs. 1 entsprechende Gesamtvertretungsbefugnis behält. Dies hat als milderes Mittel gegenüber einem vollständigen Entzug Vorrang. Eine inhaltliche Beschränkung des Umfangs der Vertretungsmacht ist im Zuge der Neuregelung gemäß Abs. 3 aber nicht mehr möglich (vgl. zum früheren Recht MüKoBGB/Schäfer § 715 Rn. 3). Wollen die Gesellschafter dem Betroffenen zugleich auch die **Geschäftsführungsbefugnis** nach Maßgabe von § 715 V entziehen, muss dies hinreichend deutlich werden, da abweichend von § 715 aF die organschaftliche Vertretungsmacht nunmehr hiervon entkoppelt ist (→ Rn. 1, → Rn. 7). – Im Übrigen erfolgt der Entzug zum **Zeitpunkt der Wirksamkeit der Beschlussfassung** (anders bei der OHG § 124 V HGB: nur durch gerichtliche Entscheidung); die Bekanntgabe des Beschlusses gegenüber dem betroffenen Gesellschafter ist kein Wirksamkeitserfordernis (abw. BeckOGK/Geibel § 715 Rn. 15: nach Mitteilung, was aber für die organisationsrechtliche Ausgestaltung der organschaftlichen Vertretungsmacht in Abweichung zur Vollmacht nicht passt). Sie ist gleichwohl praktisch geboten. Eine Kündigungsfrist besteht nicht, auch nicht das Verbot der Kündigung zur Unzeit. – Bei eingetragenen GbR ist die Entziehung gemäß § 707 III 1 zur deklaratorischen Eintragung ins **Gesellschaftsregister** anzumelden (→ § 707 Rn. 21); gegenüber gutgläubigen Dritten wirkt die bisherige Rechtslage aber gemäß § 15 I HGB fort (vgl. § 707a III).

33   Die **gerichtliche Überprüfung** der Entziehung hat grundsätzlich im Wege der Feststellungsklage zu erfolgen. Die Klage hat sich auch bei der rechtsfähigen GbR gegen die übrigen Gesellschafter zu richten (vgl. zur Ausschließung BGH NJW-RR 1992, 227; NJW 2011, 1667; OLG Hamm NZG 2008, 21; MüKoBGB/Schäfer § 737 Rn. 12). Die Wirksamkeit der Entziehung ist eine vollumfänglich gerichtlich überprüfbare Rechtsfrage (vgl. BGH NJW 1994, 833; 1960, 625; NZG 2011, 544). Die Voraussetzungen müssen zum Zeitpunkt des Beschlusses vorliegen. Die **Darlegungs- und Beweislast** für die die Entziehung wirksamkeitsbegründenden Tatsachen tragen die Mitgesellschafter. Dies betrifft insbesondere die tatsächlichen Grundlagen für die Bejahung des wichtigen Grundes sowie die Beschlussfassung. Dies gilt auch im Hinblick auf die Glaubhaftmachung im Verfahren des einstweiligen Rechtsschutzes (vgl. Altmeppen ZIP 2021, 213 (214)). Stellt sich nachträglich heraus, dass die Entziehung unwirksam war, können sich die Mitgesellschafter gegenüber dem Betroffenen gemäß § 280 **schadenersatzpflichtig** machen, wenn sie diese treuwidrig herbeigeführt haben (vgl. zur Ausschließung BGH NJW 1960, 625; MüKoBGB/Schäfer § 737 Rn. 1). Fahrlässiges Verhalten sollte bei unklarer Tatsachen- oder Rechtslage jedoch stets mit Zurückhaltung bejaht werden, da die Entziehung vorrangig dem Schutz der Gesellschafter vor Haftungsgefahren dient. Auch scheidet eine Haftung derjenigen aus, die am Ausschließungsbeschluss nicht aktiv beteiligt waren (vgl. OLG Düsseldorf WM 1983, 1320 (1321)).

34   Wird die **Gesellschaft** infolge des wirksamen Entzugs **handlungsunfähig,** hindert das die Entziehung nicht. Es kommt ggf. zum **Wiederaufleben** der gesetzlichen Vertretungsmacht der Gesellschafter gemäß Abs. 1 (vgl. BGH

NJW 1960, 1997 (1998)). Dies gilt auch zugunsten des von der Entziehung betroffenen Gesellschafters, es sei denn, der wichtige Grund rechtfertigt einen vollständigen Entzug von dessen Vertretungsmacht (→ Rn. 32).

4. Gestaltungsfreiheit

§ 715 aF war **nach früher hM dispositiv.** Die Voraussetzungen für die 35 Entziehung von Geschäftsführungsbefugnis und Vertretungsmacht konnten hiernach **erleichtert oder erschwert** werden, bis hin zum Ausschluss der Regelung (vgl. RGZ 162, 78 (83); OLG Frankfurt BeckRS 2008, 00574; MüKoBGB/Schäfer § 712 Rn. 23). In Extremfällen bleibt hiernach allein die Möglichkeit zur Ausschließung nach § 727. Dies überzeugt nicht. Das **Entziehungsrecht** aus wichtigem Grund ist jedenfalls im Hinblick auf die Vertretungsmacht dadurch legitimiert, die übrigen Gesellschafter für Haftungsgefahren zu schützen. Die effektive Verwirklichung ist damit **zwingende Funktionsbedingung** des gesellschaftsrechtlichen Zusammenschlusses, derer sich die Gesellschafter nicht entledigen können. Der Verweis auf das Ausschließungsrecht gemäß § 727 geht fehl, weil dieser Rechtsbehelf wegen der höheren Hürden (→ Rn. 30) weniger effektiv ist. Richtigerweise ist es daher unzulässig, dass Entziehungsrecht einzuschränken. – **Erleichterungen** sind indessen unproblematisch **zulässig.** So können insbesondere bestimmte Einziehungsgründe unterhalb des wichtigen Grundes im Gesellschaftsvertrag verbindlich vereinbart werden (vgl. zu § 117 HGB BGH NJW 1973, 651).

VIII. Passivvertretung der GbR (Abs. 5)

Der im Recht der GbR neue Abs. 5 regelt wie § 124 VI HGB zwingend, 36 dass es bei der Passivvertretung stets auf den **Zugang bei einem vertretungsbefugten Gesellschafter** ankommt (nach Begr. S. 164 allgemeiner Rechtsgrundsatz, vgl. früher bereits BGH NZG 2012, 69 Rn. 37). Praktisch bedeutsam ist dies im gesetzlichen Regelfall der gemeinschaftlichen Vertretung durch alle Gesellschafter sowie in den Fällen, in denen aufgrund gesellschaftsvertraglicher Regelung nur einige Gesellschafter gemeinschaftlich zur organschaftlichen Vertretung befugt sind. Wurde einem Gesellschafter die organschaftliche Vertretungsmacht entzogen (→ Rn. 10 f.; → Rn. 26 ff.), kann er indessen keine Willenserklärungen für die GbR empfangen. – Von Abs. 5 unberührt bleibt im Übrigen stets die Möglichkeit, dass der Zugang einer Willenserklärung über rechtsgeschäftlich Bevollmächtigte vermittelt wird; vgl. insofern auch §§ 170 ff. ZPO.

IX. Gestaltungsfreiheit

Die Regelungen der organschaftlichen Vertretungsmacht sind insofern 37 zwingend, als mindestens ein Gesellschafter diese haben muss (Grundsatz der Selbstorganschaft, → Rn. 5, → Rn. 9, → Rn. 12). Auch die Unbeschränktheit ist seit der Reform zwingend (→ Rn. 2, → Rn. 6, → Rn. 21).

Im Übrigen lässt § 720 durchaus Raum, Einzel- und Gesamtvertretungsmacht adäquat auszugestalten (→ Rn. 12 f.; → Rn. 39). Die Regel zur Passivvertretung gemäß Abs. 5 (→ Rn. 36) ist wegen des gläubigerschützenden Charakters ebenfalls zwingend; Abweichendes kann freilich im Einvernehmen mit dem Dritten vereinbart werden (vgl. BGH NJW 1997, 2678). Das Gleiche gilt entsprechend für das Entziehungsrecht aus wichtigem Grund gemäß Abs. 4, hierdurch werden die Mitgesellschafter schwerwiegenden Nachteilen und missbräuchlichem Verhalten geschützt (→ Rn. 35).

X. Darlegungs- und Beweislast

38   Die Beweislast für die tatbestandlichen Voraussetzungen für die **Innehabung der organschaftlichen Vertretungsmacht** hat grundsätzlich derjenige, der sich darauf beruft (vgl. BGH NJW-RR 1996, 673). Im Innenverhältnis betrifft dies wegen des gesetzlichen Regelfalls gemäß Abs. 1 sämtliche Abweichungen von der Gesamtvertretung (Einzelvertretung, Ausschluss von der Vertretung, etc.). Im Außenverhältnis gilt dies gleichermaßen, sodass der Gläubiger ggf. beweisen muss, dass der Vertreter zum Alleinhandeln befugt war, was auch nach der Neuregelung Rechtsunsicherheit mit sich bringt. Eine solche besteht auch bei der Gesamtvertretung, da der Dritte insofern nachweisen muss, dass an dem Geschäft sämtliche Gesellschafter mitwirkten, mithin keine weiteren Gesellschafter vorhanden waren (Schäfer Neues PersGesR/Habersack § 4 Rn. 14). Bei **eingetragenen GbR** ist indessen gemäß § 707 II Nr. 3 auch die Vertretungsbefugnis der Gesellschafter zur Eintragung ins Gesellschaftsregister anzumelden; das Gleiche gilt gemäß § 707 III 1 für nachträgliche Änderungen. Gutgläubige Dritte können sich daher gemäß § 15 III HGB (vgl. § 707a III) auf die eingetragene Tatsache der Alleinvertretung berufen. – **Ausnahmen von der unbeschränkten Vertretungsmacht** (§ 181, Lehre vom Missbrauch der Vertretungsmacht) muss der beweisen, der sich darauf beruft, regelmäßig also die GbR. – Vgl. im Übrigen zur Wahrung des **Offenkundigkeitsprinzip** § 164 II. Zur Entziehung der Vertretungsmacht → Rn. 33).

XI. Kautelarischer Handlungsbedarf infolge des MoPeG

39   Mit dem Inkrafttreten des § 720 am 1.1.2024 ändert sich die bisherige Rechtslage bezüglich der Vertretung der Gesellschaft auch für Altgesellschaften (→ Rn. 4), so dass bestehende Gesellschaftsverträge auf ihre Vereinbarkeit mit der neuen Regelung und ihre Zweckmäßigkeit hin zu überprüfen sind. Gleichzeitig eröffnen sich neue Handlungsspielräume: Indem Abs. 1 zu einer **Entkoppelung von Vertretungsmacht und Geschäftsführungsbefugnis** im Hinblick auf die Innehabung durch die Gesellschafter führt (→ Rn. 1, → Rn. 5), sollte dies auch im Gesellschaftsvertrag berücksichtigt und die Vertretungsmacht gesondert und klar geregelt werden. Bei unternehmenstragenden GbR empfiehlt sich die **Vereinbarung einer Einzelvertretungsmacht** zugunsten einzelner oder aller Gesellschafter, um die Handlungsfähigkeit der GbR zu sichern

(→ Rn. 13). Eine Eintragung ins **Gesellschaftsregister** kann insofern zusätzliche Rechtssicherheit bewirken, da die Vertretungsregelung an der Registerpublizität gemäß § 707a III 1 teilnimmt (→ Rn. 16). – Ist ein Gleichlauf mit der Geschäftsführungsbefugnis wie nach der bisherigen Rechtslage gewollt, kann dies wegen der **unbeschränkten Vertretungsmacht** gemäß Abs. 3 S. 2 nur durch die Belassung der dem gesetzlichen Regelfall entsprechenden unbeschränkten Geschäftsführungsbefugnis gewahrt werden. Eine funktionell beschränkte Einzelgeschäftsführung (vgl. dazu MüKoBGB/Schäfer § 709 Rn. 17) und -vertretung scheidet nach der neuen Rechtslage aus.

Die die **Ermächtigung zum Alleinhandeln** gemäß Abs. 2 **40** (→ Rn. 19 f.) eröffnen sich für die Gesellschafter neue Gestaltungsmöglichkeiten, die es bisher nur bei der OHG und KG gab. Die Ermächtigung kann sich inhaltlich auf die Vornahme bestimmter Geschäfte oder bestimmter Arten von Geschäften erstrecken. Indem der Umfang der Ermächtigung nach Abs. 2 nicht gesetzlich zwingend festgelegt ist (anders als die organschaftliche Vertretungsmacht nach Abs. 3), ermöglicht sie eine flexiblere Handhabung der Gesamtvertretung und erleichtert so die Teilnahme am Rechtsverkehr (vgl. auch Begr. S. 187 f.). Ein Widerruf ist zudem jederzeit und formlos möglich (→ Rn. 20). Bei der Formulierung des Umfangs ist jedoch darauf zu achten, dass die Ermächtigung nicht ein Ausmaß annimmt, dass sie auf eine unzulässige Generalermächtigung hinausläuft (→ Rn. 20). Im Übrigen empfiehlt es sich, eine Eintragung ins Gesellschaftsregister zu veranlassen, was richtigerweise möglich ist (→ Rn. 20).

Die Neuregelung des Abs. 3, die den **Umfang der Vertretungsbefugnis 41** nunmehr verbindlich regelt, setzt der Privatautonomie der Gesellschafter klare Schranken. Die Unbeschränkbarkeit der Vertretungsbefugnis der organschaftlichen Vertreter Dritten gegenüber kann zu erheblichen **Haftungsrisiken** für die Gesellschafter führen; eine Begrenzung der Haftung für rechtsgeschäftlich begründete Gesellschaftsverbindlichkeiten durch eine Klausel im Gesellschaftsvertrag, in Allgemeinen Geschäftsbedingungen oder durch die Verwendung eines entsprechenden Namenszusatzes ist nach der neuen Rechtslage nicht mehr möglich (vgl. Begr. S. 188). Auf ihre Verwendung sollte daher verzichtet werden. Geboten ist vielmehr, **individuelle Haftungsbeschränkungen** mit den Gläubigern zu vereinbaren. Soweit dies nicht möglich ist, sollte im Hinblick auf die mögliche Anwendung der **Lehre vom Missbrauch der Vertretungsmacht** dem Dritten hinreichend kenntlich gemacht werden, dass interne Beschränkungen bestehen (→ Rn. 24).

Die Regeln für die **Entziehung der Vertretungsbefugnis** in Abs. 4 **42** bringen zwei Neuerungen: Erstens, sie eröffnen die Möglichkeit, auch bei Fehlen einer dahingehenden ausdrücklichen Regelung im Gesellschaftsvertrag die Vertretungsbefugnis isoliert von der Geschäftsführungsbefugnis zu entziehen (→ Rn. 26). Insofern ist ein **abgestuftes Vorgehen** iSd Verhältnismäßigkeitsgrundsatzes möglich und vielfach geboten: Entziehung der Alleinvertretungsmacht als teilweise Entziehung, vollständige Entziehung der Vertretungsmacht, zusätzlicher Entzug der Geschäftsführungsbefugnis, Ausschluss aus der Gesellschaft. Unzulässig ist allerdings eine isolierte Entziehung der Geschäftsführungsbefugnis (→ Rn. 3). – Eine vorherige **Anhörung** ist zwar nicht zwingend vorgesehen (→ Rn. 28), kann aber gesellschaftsvertraglich vereinbart werden. Auch im Übrigen können das Entziehungsrecht gesellschaftsvertraglich näher konkretisiert werden. Bei der beispielhaften Aufzählung der Umstände, die einen wichtigen Grund darstellen sollen, ist jedoch Vorsicht geboten, da dies zu einer unzulässigen Einschränkung des Entziehungsrechts führen kann, wenn etwa ein schuldhaftes Handeln vorausgesetzt wird (→ Rn. 35). Erleichterungen sind hingegen ohne weiteres zulässig. Bei eingetragenen GbR ist schließlich die deklaratorische Eintragung der Entziehung ins Gesellschaftsregister gemäß § 707 III 1 zu beachten, um Haftungsrisiken wegen der Registerpublizität (§ 707a III 1 iVm § 15 HGB) zu vermeiden.

43   Abs. 5 bringt im Grunde keine Neuerung, da die **Passivvertretung** durch einen vertretungsbefugten Gesellschafter bereits in der Rechtsprechung als allgemeiner Rechtsgrundsatz anerkannt war. Zu beachten ist aber der zwingende Charakter der Regelung (→ Rn. 36 f.). Gestaltungsfreiheit besteht dennoch im Hinblick auf die Bestimmung der passiv vertretungsbefugten Personen, da dies akzessorisch zur Innehabung der Vertretungsmacht ist (→ Rn. 12, → Rn. 36).

§ 721 Persönliche Haftung der Gesellschafter

[1]**Die Gesellschafter haften für die Verbindlichkeiten der Gesellschaft den Gläubigern als Gesamtschuldner persönlich.** [2]**Eine entgegenstehende Vereinbarung ist Dritten gegenüber unwirksam.**

Übersicht

I. Reform

1. Grundlagen, Bewertung

Die Neuregelung kodifiziert die persönliche Gesellschafterhaftung, welche **1** freilich weitgehend identisch bereits zuvor bei der Außen-GbR in entsprechender Anwendung der §§ 128 ff. HGB aF anerkannt war (sog. Akzessorietätstheorie, vgl. BGH NJW 2001, 1056; MüKoBGB/Schäfer § 714 Rn. 3, 33 ff. mwN). Die Einführung der §§ 721–722 ist gleichwohl zu begrüßen, denn sie schafft nicht nur Rechtssicherheit, sondern stärkt vor allem auch die das gesamte Personengesellschaftsrecht prägende **Differenzierung von Gesellschaftsverbindlichkeit und Gesellschafterhaftung** (vgl. bei OHG und KG §§ 126 ff., 171 ff. HGB; bei der Partnerschaftsgesellschaft § 8 PartGG). Hierüber lässt sich auch ohne weiteres rechtfertigen, dass Gesellschafter gemäß § 31 analog für das deliktisch der GbR zurechenbare Verhalten anderer einstehen müssen (vgl. bislang bereits BGH NJW 2003, 205; Begr. S. 165; kritisch noch Schäfer, Gutachten E zum 71. DJT 2016, S. 84; ebenfalls Bachmann NZG 2020, 612 (617)). Die Neuregelung ist konsequenterweise auf rechtsfähige GbR beschränkt.

Im Einklang mit der hM zum bisherigen Recht hält der Gesetzgeber **2** das **Prinzip der unbeschränkten Gesellschafterhaftung** aufrecht. Dies überzeugt nicht nur durch Rechtssicherheit (vgl. insofern M. Noack NZG 2020, 581 (584)), sondern insbesondere bei der GbR, da mangels Kapitalbindung und vor allem mangels Rechnungslegungsgebot keine Funktionsbedingung existiert, die eine gesetzlich angeordnete Haftungsbeschränkung rechtfertigen würde (so auch Begr. S. 164; zustimmend Fleischer DStR 2021, 430 (436); Otte-Gräbener BB 2020, 1295 (1298); Roßkopf Stellungnahme S. 9; kritisch Bachmann NZG 2020, 612 (617 ff.); Geibel ZRP 2020, 137 (140); Habersack ZGR 2020, 539 (563); Habersack in Schäfer Neues PerGesR § 4 Rn. 28). Versuche, mittels teleologischer Reduktion von § 721 einer institutionellen Haftungsbeschränkung bei der GbR das Wort zu reden, haben richtigerweise auch im neuen Recht keine hinreichende methodische Legitimation (→ Rn. 13; abw. Bachmann NJW 2021, 3073 (3075)). Den berechtigten Bedürfnissen der Praxis, eine Haftungsbeschränkung zu verwirklichen, kann daher wie bislang allein durch entsprechende Vereinbarung mit den Gläubigern Rechnung getragen werden (kritisch DAV NZG 2020, 1133 Rn. 63 unter Hinweis darauf, dass nicht nur vertraglich begründete Verbindlichkeiten zu bedenken sein). Kapitalmarktaspekte sprechen indessen nicht gegen die Einführung einer GbRmbH (so aber Begr. S. 164), da wenigstens im Anwendungsbereich des KAGB die Gründung von Publikums- GbR ausgeschlossen ist (vgl. Henssler/Strohn/Servatius HGB Anh. Rn. 170).

Kritisch anzumerken ist indessen, dass der Gesetzgeber den praktischen **3** Bedürfnissen nach einer **Subsidiarität der Gesellschafterhaftung** nicht nachgekommen ist (→ Rn. 10). Die unmittelbare Möglichkeit, einen Gesellschafter persönlich in Anspruch zu nehmen, erscheint vielfach als ein überzogener Gläubigerschutz, der zudem komplexe Regressfragen hervorrufen kann (→ Rn. 21 ff.). Rechtspolitisch hätte sich daher durchaus angeboten, in Anlehnung an § 771 eine Einrede der Vorausklage einzuführen (so auch Fleischer DStR 2021, 430 (436)).

2. Zeitlicher Geltungsbereich

4   § 721 tritt gemäß Art. 137 S. 1 MoPeG am **1.1.2024** in Kraft, eine Übergangsregelung ist nicht vorgesehen. Im Umkehrschluss aus Art. 229 § 61 EGBGB folgt daher, dass die Regelung **auch auf Altgesellschaften** ab dem Zeitpunkt des Inkrafttretens Anwendung findet. Maßgeblicher Zeitpunkt für den konkreten Anknüpfungszeitpunkt für die rechtliche Beurteilung ist die **lex temporis actus** (vgl. Hess, Intertemporales Privatrecht, 1998, S. 7, 147 f., 344: Prinzip der Gleichzeitigkeit von anwendbarem Recht und zu beurteilendem Sachverhalt). Abzustellen ist daher auf die haftungsauslösende Handlung, mithin die Verwirklichung des Tatbestands der in Rede stehenden Gesellschafterhaftung. Hieraus folgt, dass Haftungstatbestände, die vor dem 1.1.2024 verwirklicht wurden, auch danach noch nach Maßgabe der früheren akzessorischen Gesellschafterhaftung entsprechend §§ 128 ff. HGB aF zu beurteilen sind. Dies bringt indessen **keine Übergangsprobleme** mit sich, da der Regelungsgehalt von § 721 hiermit übereinstimmt.

II. Normzweck, Anwendungsbereich

5   Die durch §§ 721 ff. geregelte gesetzliche unbeschränkte Gesellschafterhaftung ist das **zentrale Strukturprinzip** der Personengesellschaften. Es stellt damit einen Gleichlauf zur wirtschaftlichen Betätigung einer Einzelperson her, was insbesondere bei der GbR als bürgerlich-rechtlicher Gesellschaft naheliegend ist. Die Problematik der haftungsrelevanten Zurechnung von Fremdverhalten gemäß § 31 analog ist notwendige Folge der Anerkennung rechtsfähiger Verbände, sodass hieraus kein zwingender Grund für eine gesetzliche Haftungsbeschränkung resultiert. Die unbeschränkte Zeit der Haftung vermag zudem das **Fehlen einer gesetzlichen Kapitalbindung** zu kompensieren (vgl. insofern GmbH und AG) und legitimiert so auch die gesetzgeberische Zurückhaltung zum Erlass zwingender Regeln. Dies steigert die **Organisationsfreiheit** der Gesellschafter und bringt damit für diese keineswegs nur Nachteile mit sich (abw. Bachmann NZG 2020, 612 (617): zu grobschlächtig, ruinöse Folgen; vgl. zum Ganzen aus ökonomischer Sicht Tröger FS Westermann, 2008, 1533 (1547 ff.); vgl. auch Sanders/Berisha NZG 2020, 1290). Wollte man der gesetzlichen Anerkennung einer „GbRmbH" Geltung verschaffen, wäre dies nämlich nicht ohne einen erheblichen regulatorischen Aufwand möglich. Hierdurch würden die **Attraktivität der Rechtsform GbR** geschmälert und vor allem Verwerfungen zum Kapitalgesellschaftsrecht hervorgerufen. Rechtspolitisch ist es daher zu begrüßen, wenn der Gesetzgeber am Prinzip der unbeschränkten Gesellschafterhaftung festhält. Diese begründet im Übrigen zwar eine **Gesamtschuld der Gesellschafter** untereinander, wegen der bürgschaftsähnlichen **Akzessorietät zur Gesellschaftsverbindlichkeit** aber nicht im Verhältnis zur Gesell-

schaft (BGH ZIP 2011, 909 (911 ff.)). Dies ist insbesondere für den Regress nach Gläubigerbefriedigung relevant (→ Rn. 24).

§ 721 gilt bei **jeder rechtsfähigen GbR,** unabhängig von der Eintragung **6** ins Gesellschaftsregister (Begr. S. 164). Bei der nicht rechtsfähigen Gesellschaft scheidet die Gesellschafterhaftung mangels Gesellschaftsverbindlichkeit kategorisch aus (→ § 740 Rn. 1); Pflichten der Gesellschafter gegenüber Dritten werden hier von vornherein allein individuell begründet (vgl. Bachmann NZG 2020, 612 (616): „Individualistisches Haftungsmuster"). Die Gesellschafterhaftung gilt auch während der Auflösung; bei der fehlerhaften Gesellschaft (→ § 705 Rn. 21 ff.) gilt sie so lange, bis die Gesellschaft infolge der Geltendmachung des Mangels vollbeendet wurde. Bei der **Scheingesellschaft** (→ § 705 Rn. 26 ff.) haften die vermeintlichen Gesellschafter ebenfalls nach §§ 721 ff., wenn sie den Rechtsschein der GbR und ihrer Mitgliedschaft gesetzt haben (vgl. für den Abschluss eines Prozessvergleichs im Namen einer nicht mehr bestehenden GbR LAG Schleswig-Holstein BeckRS 2015, 71673; vgl. demgegenüber zur Haftung eines Scheingesellschafters einer existierenden GbR → Rn. 8). – Bei OHG und KG gelten die §§ 126 ff., 171 ff. HGB; bei der Partnerschaftsgesellschaft gilt vorrangig § 8 PartGG, der nunmehr aber im Hinblick auf die Haftung bei Eintritt und die Akzessorietät der Haftung auf §§ 721a, 721b verweist.

III. Persönliche Gesellschafterhaftung

1. Grundlagen

§ 721 begründet eine **zwingende gesetzliche Haftung** der Gesellschaf- **7** ter für die Verbindlichkeiten der Gesellschaft. Sie ist tatbestandlich verwirklicht, wenn deren Entstehung mit der Innehabung der Gesellschafterstellung zeitlich zusammenfällt. Ergänzend haftet ein Gesellschafter gemäß § 721a aber auch für die vor seinem Eintritt begründeten Verbindlichkeiten (→ § 721a Rn. 6 ff.); nach Ausscheiden aus der Gesellschaft ist die bis dahin begründete Haftung nach Maßgabe von § 728b zeitlich begrenzt (→ § 728b Rn. 15 ff.). Für die Geltendmachung der Gesellschafterhaftung im Rahmen der Zwangsvollstreckung in deren Privatvermögen bedarf es gemäß § 722 II eines Titels gegen diese, ein Titel gegen die Gesellschaft genügt nicht (→ § 722 Rn. 5 ff.). – Die Gesellschafterhaftung ist **akzessorisch** zum konkreten Bestand der in Rede stehenden Gesellschaftsverbindlichkeit; gemäß § 721b kann der Gesellschafter insofern auch Einreden der Gesellschaft geltend machen (→ § 721b Rn. 5 ff.). Die Gesellschafterhaftung ist **unbeschränkt.** Es bedarf daher einer speziellen rechtlichen oder vertraglichen Begründung, falls hiervon abgewichen werden soll (→ Rn. 13 ff.). Die Gesellschafter haften als **Gesamtschuldner** (dies betont auch Begr. S. 165; vgl. früher bereits BGH NJW 2010, 861; zum Regress → Rn. 21 ff.). Nach Maßgabe von § 423 ist es möglich, dass der Gläubiger einem Teil der Gesellschafter die Schuld erlässt; der Innenregress gemäß § 426 (→ Rn. 26 f.) wird hierdurch mangels Beteiligung der übrigen freilich nicht beschränkt (BGH NJW 1986,

1097; vgl. für § 739 aF auch BGH NZG 2009, 581). – In der **Insolvenz** der GbR gilt § 93 InsO (BGH NJW 2003, 590; DStR 2007, 125).

2. Adressaten

8   Die Haftung aus § 721 richtet sich allein gegen die **Gesellschafter** der GbR. Maßgeblich ist grundsätzlich die materielle Rechtslage. Bei eingetragenen GbR wirkt aber gemäß § 707 II Nr. 1, III, § 707a III iVm § 15 I HGB gegenüber gutgläubigen Dritten die Registerpublizität. Darüber hinaus kommt bei Fehlen einer wirksamen Gesellschafterstellung auch eine Haftung als **Scheingesellschafter** in Betracht (BGH NJW 1955, 985). Voraussetzung hierfür ist, dass der Betreffende bis zum Zeitpunkt der Begründung der Gesellschaftsverbindlichkeit in zurechenbarer Weise den Rechtsschein seiner Zugehörigkeit zur GbR gesetzt hat oder gegen den durch einen anderen gesetzten Rechtsschein nicht pflichtgemäß vorgegangen ist (vgl. für die Nennung auf dem Briefkopf trotz Ausscheidens BGH DStR 2012, 469 Rn. 19 ff.; zum Schein-Sozius BGH NJW 2007, 2490; OLG München NJW-RR 2008, 1560; BGH ZIP 2015, 1622). Soweit dies der Fall ist, erstreckt sich die Haftung auf vertragliche und außervertragliche Ansprüche (BGH NJW 2007, 2490). Etwas anderes gilt aber, wenn zwischen der Vornahme des Rechtsgeschäfts und dem Rechtsscheintatbestand kein Zurechnungszusammenhang besteht. Der Dritte muss sich nämlich bei einem geschäftlichen Verhalten auf den Rechtsschein verlassen haben (vgl. BGH NJW 2008, 2330: keine Haftung des Scheinsozius bei nicht anwaltstypischer Tätigkeit; zum Ganzen Deckenbrock/Meyer ZIP 2014, 701; Heyers DStR 2013, 813; Heyers MDR 2013, 1322). Die Haftung eines Scheingesellschafters ist daher generell auf die Verbindlichkeiten beschränkt, die nach dem Rechtsscheintatbestand entstanden sind (OLG Saarbrücken NJW 2006, 2862). Hiervon abzugrenzen sind die Fälle der Scheingesellschaft: Hier kann sich die Gesellschafterhaftung aber gleichermaßen ergeben, wenn überhaupt keine Gesellschaft besteht (→ § 719 Rn. 26 ff.). – Ein **Minderjähriger** haftet gleichermaßen, kann sich aber im Rahmen der Zwangsvollstreckung auf die Haftungsbeschränkung gemäß § 1629a berufen (vgl. OVG Münster NZG 2009, 339). Das Zustimmungserfordernis bei Ehegatten gemäß § 1365 schließt die Gesellschafterhaftung nicht aus (vgl. OLG Brandenburg BeckRS 2018, 3738 Rn. 55 f.).

9   Bei **Treuhandverhältnissen** ist der Hintermann bzw. Anleger nicht Adressat der gesetzlichen Gesellschafterhaftung. Dies gilt selbst dann, wenn ihm auf schuldrechtlicher Grundlage weitreichende Macht- und Kontrollbefugnisse eingeräumt wurden (BGH NZG 2009, 57; BKR 2009, 336; zustimmend Armbrüster ZIP 2009, 1885; abw. Kindler ZIP 2009, 1146; Pfeifle/Heigl WM 2008, 1485; ohne nähere Begründung auch LG Frankenthal BKR 2018, 70: „faktischer Gesellschafter"). Ein Gleichlauf von Herrschaft und persönlicher Haftung besteht im deutschen Recht jenseits der Anknüpfung an die Gesellschafterstellung nicht (BGH NJW 1966, 1309 – Rektorfall; bestätigt für den atypischen Stillen durch BGH BeckRS 2010, 15910). Im Einzelfall kann sich jedoch im Wege der Auslegung ergeben, dass der Hinter-

mann selbst Gesellschafter ist (vgl. für den „Grundbuchtreuhänder" BGH NZG 2011, 1023 Rn. 34 ff.). – Im Regelfall muss sich der Gläubiger daher nach Maßgabe von § 721 an den Treuhänder halten. Zu dessen Vermögen gehören aber auch vertragliche oder gesetzliche **Freistellungsansprüche** gegen den Treugeber (vgl. §§ 675, 670, 257), welche sich der Gläubiger abtreten lassen kann (vgl. BGH NJW 2011, 2351). Diese verjähren analog §§ 195, 199 (BGH NJW 2018, 1873; BeckRS 2019, 6119). Der Freistellungsanspruch ist bei Vorliegen einer quotalen oder summenmäßigen Haftungsbeschränkung gegenüber dem Gesellschaftsgläubiger entsprechend anzupassen (BGH WM 2012, 2186). – Ein **Nießbraucher** ist indessen richtigerweise nicht Adressat der Gesellschafterhaftung (Erman/Westermann § 714 Rn. 14; abw. MüKoBGB/Schäfer § 714 Rn. 42).

3. Gesellschaftsverbindlichkeit

Die Haftung aus § 721 erstreckt sich auf alle Verbindlichkeiten der rechtsfähigen GbR **gegenüber Dritten.** Insofern spielt der Rechtsgrund keine Rolle, sodass **auch gesetzliche** Verbindlichkeiten erfasst sind (früher bereits BGH NJW 2003, 1445; krit. Altmeppen NJW 2003, 1353 (1354 ff.)). Dies betrifft Verbindlichkeiten aus unerlaubter Handlung (Begr. S. 165), selbst wenn die deliktische Handlung von einem Scheingesellschafter vorgenommen wurde (vgl. BGH NJW 2007, 2490; einschränkend OLG Celle NJW 2006, 3431); Steuerschulden (BFH NJW-RR 1998, 1185; Klein DStR 2009, 1963); sozialrechtliche Verbindlichkeiten (VG Schleswig NZG 2004, 184) sowie die Haftung aus Bereicherungsrecht gegenüber der finanzierenden Bank (KG NZG 2006, 706 (711)). Eine Ausnahme für berufliche Haftungsfälle in Freiberufler-Sozietäten kommt im Umkehrschluss zu § 8 II PartGG nicht in Betracht. Es haften daher sogar berufsfremde Sozien (BGH NZG 2012, 819 Rn. 69); das Gleiche gilt bei einer Gemeinschaftspraxis von Ärzten (OLG Koblenz VersR 2005, 655). In diesen Fällen kann jedoch eine konkludente Haftungsbeschränkung vorliegen (→ Rn. 15). – Die **Gesellschafterhaftung** ist im gesetzlichen Regelfall **unmittelbar,** dh der Gläubiger muss sich nicht vorrangig an die Gesellschaft halten (Begr. S. 165; vgl. zur rechtspolitischen Kritik → Rn. 3). Dies gilt auch dann, wenn der Gläubiger weiß, dass der betreffende Gesellschafter aufgrund interner Vereinbarung nicht für die Gesellschaftsverbindlichkeiten einstehen soll (vgl. zur KG BGH NJW 2008, 3438); Abweichungen aufgrund (konkludenter) vertraglicher Abrede mit dem Gläubiger sind freilich zulässig (→ Rn. 17).

Die Gesellschafterhaftung umfasst prinzipiell **keine Sozialverbindlichkeiten** der Gesellschaft gegenüber ihr Gesellschaftern (BGH NJW 1962, 1863; NJW-RR 1989, 866; ZIP 2010, 515). Diese haben ihre Grundlage im Gesellschaftsverhältnis (causa societatis) und können daher nur in der Person eines Gesellschafters begründet werden. Dieser muss sich an die rechtsfähige GbR halten und an deren Gesellschaftsvermögen; vgl. im Übrigen zur persönlichen Inanspruchnahme von Gesellschaftern nach Ausscheiden § 728b (→ § 728b Rn. 8 ff.) und nach Auflösung § 739 (→ § 739 Rn. 7 ff.). Nach Inanspruchnahme durch einen Gesellschaftsgläubiger kann ein Gesellschafter

freilich gemäß § 426 (subsidiär) von seinen Mitgesellschaftern Regress nehmen (→ Rn. 26 f.). – Für **Drittverbindlichkeiten** der Gesellschaft gegenüber einem Gesellschafter haften die übrigen ohne weiteres nach § 721, richtigerweise aber **nur subsidiär.** Sie können daher unter Berufung auf die
gesellschaftsrechtliche Treuepflicht des Gesellschaftergläubigers einwenden,
dass er sich zunächst um Befriedigung aus dem Gesellschaftsvermögen bemühen muss (vgl. für freiwillige Zahlungen eines Kommanditisten BGH NZG
2002, 232; abw. BGH BeckRS 2014, 13905 Rn. 16 unter Hinweis auf die
Freistellungspflicht der Gesellschafter, was aber so pauschal nicht überzeugt,
da es regelmäßig zumindest Geschäftsgrundlage des Gesellschaftsverhältnisses
ist, die Vermögensverhältnisse vorrangig über die Gesellschaft abzuwickeln;
abw. auch Henssler/Strohn/Steitz HGB § 128 Rn. 10a). Kommt es hiernach
zur subsidiären Gesellschafterhaftung, hat der Gesellschaftergläubiger seinen
eigenen **Verlustanteil gemäß § 709 III in Abzug** zu bringen (vgl. OLG
Karlsruhe NZG 2001, 748 (749); → § 709 Rn. 21 ff.); dies gilt auch, wenn
die Forderung an einen Dritten abgetreten wurde (vgl. BGH NJW 1983,
749). Für den Rest haften die Mitgesellschafter gesamtschuldnerisch (BGH
NJW 1983, 749; nunmehr auch MüKoHGB/K. Schmidt/Drescher HGB
§ 128 Rn. 19; abw. für Teilschuld ebenso Altmeppen NJW 2009, 2241). Im
Vorfeld der Auflösung kann eine solche Haftung ohne weiteres gerichtlich
geltend gemacht werden.

4. Akzessorietät

12   Die Gesellschafterhaftung richtet sich grundsätzlich auf das, was die GbR
schuldet (für eine Parallele zur Bürgschaft insoweit bereits BGH NJW 1967,
2155; 1979, 1361 (1362)). Erfüllungsort ist der für die GbR maßgebliche
(BayObLG ZIP 2002, 1998). Die Haftung verjährt entsprechend der Haupt-
verbindlichkeit (BGH DStR 2010, 501 (504)). Vertretbare Leistungen muss
der Gesellschafter selbst erbringen, ggf. unter Hinzuziehung von Dritten
(**Erfüllungstheorie,** vgl. BGH NJW 1987, 2367; NZG 2009, 136 (137);
Einzelheiten bei Henssler/Strohn/Steitz HGB § 128 Rn. 22 ff.). **Einschränkungen** bestehen, wenn die Verpflichtung nicht auch vom (einzelnen)
Gesellschafter erfüllt werden kann: Bei unvertretbaren Leistungen erstreckt
sich etwa die Haftung regelmäßig auf Schadensersatz wegen Nichterfüllung
(vgl. BGH NJW 1967, 2203; 1962, 536). Etwas anderes gilt nur, wenn er
sich im Innenverhältnis zu eben dieser Leistung verpflichtet hat (vgl. zur Bau-
ARGE BGH NJW 1979, 1361); auch bei Wettbewerbsverstößen kann sich
eine Auskunftspflicht im Wege der Haftung gegen die Gesellschafter richten
(vgl. OLG Frankfurt ZIP 2015, 976). Die Verurteilung des Gesellschafters
zur Abgabe einer von der GbR geschuldeten Willenserklärung kommt indessen nicht in Betracht (BGH NJW 2008, 1378). Das Gleiche gilt bei Unterlassungspflichten, sodass die Gesellschafter regelmäßig nur auf Schadensersatz
haften (BGH NZG 2013, 1095 Rn. 11; 2017, 98 Rn. 23). – Nachträgliche
Veränderungen des Schuldinhalts durch einseitige Maßnahmen oder Vereinbarungen zwischen GbR und Gläubiger, zB Stundung oder (Teil-)Erlass,
wirken infolge der Akzessorietät auch zugunsten der Gesellschafter (BGH

NJW 1967, 2155; weitere Einzelheiten bei Henssler/Strohn/Steitz HGB § 128 Rn. 19). Darüber hinaus stehen dem Gesellschafter gemäß **§ 721b** die hierin genannten Verteidigungen gegen die Inanspruchnahme zu (vgl. zum früheren Recht bereits BGH NJW-RR 2006, 1268; Einzelheiten → § 721b Rn. 5 ff.). Persönliche Einwendungen, zB ein wirksam vereinbarter Haftungsausschluss, kann der Gesellschafter ebenfalls geltend machen. – Ist der **Gesellschafter Verbraucher,** die GbR indessen nicht, kann er nicht im Rahmen der Haftung etwaige Widerrufsrechte oder verbraucherschützende Formvorschriften in Bezug auf die Gesellschaftsverbindlichkeit geltend machen (OLG Brandenburg BeckRS 2018, 3738 Rn. 49 ff.).

IV. Haftungsbeschränkung

1. Grundlagen

Das Bedürfnis nach einer Haftungsbeschränkung ist bei der GbR ein Dauer- **13** thema („GbRmbH"). Die Ursache hierfür liegt in Abgrenzung zur OHG vor allem in der **Vielgestaltigkeit der Erscheinungsformen** begründet (MüKoBGB/Schäfer § 714 Rn. 60). Die rechtspolitische Kernfrage lautet insofern vor allem, ob die Gesellschafter angesichts vielfacher **Ungewissheit über die GbR-Gründung** als solche vor den Haftungsfolgen zu schützen sind, die sie nicht persönlich verursacht haben (vgl. etwa Bachmann NJW 2021, 3073 (3075): Bedürfnis nach Schutz vor existenzbedrohender Haftung; M. Noack DB 2020, 2618 (2621)). Der Gesetzgeber hat sich im Zuge der Reform gleichwohl überzeugend dagegen entschieden, die Möglichkeit der Haftungsbeschränkung zu regeln und stattdessen einen **Gleichlauf zur OHG** hergestellt (vgl. Begr. S. 164; abw. Überlegungen de lege ferenda noch bei Röder ZHR 184 (2020), 457; Jacobsen DStR 2020, 1259). Es gibt mithin bei eingetragenen und nicht eingetragenen GbR gleichermaßen trotz missverständlicher Ausführungen in der Gesetzesbegründung (Begr. S. 164) **keine institutionelle Haftungsbeschränkung,** die sich aus der Rechtsform GbR ableiten ließe (vgl. zu den verschiedenen früheren Ansätzen einer teleologischen Reduktion von § 128 HGB aF bei der GbR MüKoBGB/Schäfer § 714 Rn. 62 ff.; die Einführung einer institutionellen Haftungsbeschränkung explizit fordernd Geibel ZRP 2020, 137 (140)). Die nunmehr **unbeschränkte und unbeschränkbare Vertretungsmacht** gemäß § 720 III (→ § 720 Rn. 21 ff.) bestätigt dies (vgl. zu dieser zweifelhaften Möglichkeit der Haftungsbeschränkung nach früherem Recht Henssler/Strohn/Servatius § 714 Rn. 20). Entsprechende Eintragungen einer Haftungsbeschränkung oder Beschränkung der Vertretungsmacht ins Gesellschaftsregister sind konsequenterweise nicht möglich (Begr. S. 164; kritisch DAV NZG 2020, 1133 Rn. 63; Habersack Stellungnahme S. 6). Auch das bloße Auftreten als „GbRmbH" oder ein entsprechender Hinweis auf die (intern gewollte) Haftungsbeschränkung vermögen diese für sich genommen selbst bei Kenntnis des betreffenden Gläubigers nicht zu begründen (vgl. bereits BGH NJW 1999, 3483; abw. aus Gründen des Vertrauensschutzes für Altfälle für der Rechtsprechungsänderung bis zum Jahr 1999 noch BGH NJW 2002, 1642). Die **eindeutige Regelung des S. 2,** wonach interne Vereinbarungen der Gesellschafter keine Auswirkungen auf die Haftung gegenüber Dritten haben, ist insofern nach wie vor als eindeutige gesetzliche Wertentscheidung zu sehen, bei der Rechtsform GbR einseitig zu Lasten Dritter eine Haftungsbeschränkung zur Geltung zu bringen. Über die Lehre vom Missbrauch der Vertretungsmacht (→ § 720 Rn. 24) lässt sich die gesetzgeberische Fundamentalentscheidung gegen die „GbRmbH" schließlich ebenfalls nicht konterkarieren.

14   Dessen ungeachtet soll es erklärtermaßen möglich sein, **individuelle Haftungsbeschränkungen** mit Gesellschaftsgläubigern zu vereinbaren; die **bislang entwickelte Anerkennung** von Haftungsbeschränkungen für Bauherrengemeinschaften, geschlossene Immobilienfonds, Gelegenheitsgesellschaften und gemeinnützige Gesellschaften soll weiterhin Geltung beanspruchen (Begr. S. 164). Die dogmatische Bedeutung dieser Erwägungen im Gesetzgebungsverfahren bleibt freilich unklar. Sie deuten auf eine **institutionellen Haftungsbeschränkung durch die Hintertür** hin, was rechtspolitisch angesichts des Primats der individuellen Auslegung von Verträgen bedenklich ist. Die Gesetzesbegründung hat insofern mehr Unsicherheit erzeugt als normative Klarheit hervorgebracht (besonders widersprüchlich Begr. S. 164: Raum für „institutionelle Haftungsbeschränkung" durch „stillschweigende Vereinbarung" oder „ergänzende Vertragsauslegung"; dies im Ergebnis wegen der hierdurch ermöglichten Flexibilität bei der Rechtsanwendung aber begrüßend Bachmann NZG 2020, 612 (617)). Für eine **analoge Anwendung von §§ 171 ff. HGB und § 54** dürfte trotz der missverständlichen Äußerungen im Gesetzgebungsverfahren methodisch **kein Raum** bestehen (vgl. aber Begr. S. 164: „§§ 721 ff. als nicht abschließende Regelungen konzipiert"). Insofern hätte der Gesetzgeber schon klarere Normen erlassen müssen, die eine normative Wurzel für diese Rechtsfortbildung zu begründen vermögen (kritisch auch Schäfer Neues PersGesR/Habersack § 4 Rn. 28: Nutzen einer Regelung unklar, der der Gesetzgeber von vornherein eine deutlich überschießenden Regelungsgehalt beimisst; dezidiert abw. Bachmann NZG 2020, 612 (617): Gesellschafterhaftung schlicht ungeregelt lassen und analoge Anwendung von § 128 HGB aF vom jeweiligen Fall abhängig machen). Die **Anerkennung individueller Haftungsbeschränkungen** durch Vereinbarung mit den Gläubigern ist daher auch nach der Reform der einzig methodisch überzeugende Weg, dem berechtigten Anliegen nach einer Haftungsbeschränkung bei der GbR Rechnung zu tragen. Dies ist auf der Grundlage der Rechtsgeschäftslehre unter Berücksichtigung der allgemeinen **Auslegungsgrundsätze gemäß §§ 133, 157** zu würdigen (vgl. insofern auch BGH NJW 2013, 1089 (1090); OLG Köln BeckRS 2015, 09186; zur konkludenten Vereinbarung BGH WM 1971, 1513 (1514 ff.) und OLG München WM 2003, 1324 (1327). Hierdurch und im Wege der **ergänzenden Vertragsauslegung** können durchaus sachgerechte Lösungen gefunden werden. Für methodisch zweifelhafte Analogieschlüsse ist daher kein Raum.

2. Vereinbarungen mit dem Gläubiger

15   Die im Umkehrschluss zu S. 2 ohne weiteres zulässige Modifizierung der an sich unbeschränkten Gesellschafterhaftung durch entsprechende **Verein-**

barung der rechtsfähigen GbR kann darauf abzielen, dass diesem allein das Gesellschaftsvermögen als Zugriffsobjekt zur Verfügung stehen soll, was auf eine „GbRmbH" hinausläuft. Das Gleiche gilt für die Vereinbarung einer quotalen persönlichen Haftung (Teilschuld gemäß § 420), der Beschränkung der Haftung auf einen Teil der Gesellschaftsverbindlichkeit oder in Anlehnung an §§ 171 f. HGB auf einen bestimmten Haftungsbetrag (vgl. zum umgekehrten Weg der Verstärkung der Gesellschafterhaftung → Rn. 18). Die konkreten Anforderungen hieran waren freilich früher bereits unklar. Insofern hat auch die Reform keine Klarheit geschaffen. Es gilt daher nach wie vor, dass es unproblematisch zulässig ist, die Haftungsbeschränkung aufgrund **ausdrücklicher Individualvereinbarung** herbeizuführen (grundlegend zur früheren Doppelverpflichtungslehre BGH NJW 1999, 3438; zum bisherigen Recht BGH NZG 2005, 209; MittBayNot 2008, 67). Praktisch bedeutsam ist dies vor allem bei bedeutsamen Vertragsgläubigern und Kapitalgebern; im Geschäftsalltag dürfte es die Ausnahme sein, was vor allem auch im Kontext einer prinzipiell zulässigen **konkludenten Bejahung** sowie im Rahmen der ergänzenden Vertragsauslegung zu berücksichtigen ist. Im Verhältnis zum bisherigen Recht bringt die Reform somit keine Verschärfung gegenüber der bisherigen Rechtslage (so auch die Einschätzung von Schäfer Neues PersGesR/Habersack § 4 Rn. 28).

Schwierig zu beurteilen ist die **AGB-mäßige Vereinbarung,** weil inso- **16** fern stehts eine Abweichung vom gesetzlichen Regelfall zu Lasten der Geschäftspartner in Rede steht. Gleichwohl sollte hieraus nicht der Schluss gezogen werden, dass dies in jedem Fall eine unangemessene Benachteiligung gemäß § 307 hervorruft. Insofern ist der Gesetzesbegründung durchaus zuzugeben, dass für bestimmte Konstellationen Raum ist, im Einklang mit der AGB-rechtlichen Typisierung bestimmte Bereiche zu identifizieren, in denen eine AGB-mäßig vereinbart Haftungsbeschränkung zulässig ist. Dies gilt insbesondere bei der Verwendung gegenüber Unternehmern (vgl. § 310 I); gegenüber Verbrauchern kann dies indessen sogar eine überraschende Klausel gemäß § 305c sein (vgl. BGH NJW 1999, 3483; OLG Stuttgart BB 2001, 2607). Bei **Bauherrengemeinschaften, geschlossenen Immobilienfonds, Gelegenheitsgesellschaften und gemeinnützigen Gesellschaften** dürfte die Zulässigkeit hiernach durchaus anzunehmen sein (Begr. S. 164; vgl. für Immobilienfonds BGH NJW 2002, 1642). Das Gleiche gilt für **Freiberufler-Gesellschaften** (vgl. BGH DB 2008, 1738, wonach bei Sozietäten unterschiedlicher Berufsangehöriger der Vertrag im Zweifel nur mit denjenigen Sozien zustande kommt, die auf dem zu bearbeitenden Rechtsgebiet tätig werden dürfen; enger BGH NZG 2012, 819 Rn. 73: konkrete Anhaltspunkte notwendig). Auf § 8 II PartGG darf insofern freilich nicht abgestellt werden, weil es sich hierbei um eine andere Rechtsform handelt. – Gegenüber **gesetzlichen Gläubigern** spielt die Thematik der Haftungsbeschränkung im Übrigen nach wie vor keine Rolle (dies kritisierend DAV NZG 2020, 1133 Rn. 63).

Vom Vorgesagten abzugrenzen sind **individuelle Vereinbarungen der 17 Gesellschafter** mit den Gläubigern über Haftungsbeschränkungen (zB quotale Haftung). Diese insbesondere bei Fonds gebräuchliche Gestaltung ist nach Maßgabe von § 423 möglich, wirkt aber für sich genommen allein im Außenverhältnis (Einzelheiten bei Klimke WM 2010, 49). Auf die interne Verlusttragungspflicht des Gesellschafters gemäß § 709 III (→ § 709 Rn. 21 ff.) und den Innenregress gemäß § 426 (→ Rn. 26 f.) hat dies keine Auswirkungen, wenn nicht auch insoweit entsprechende Abreden getroffen werden (vgl. BGH NJW 1986, 1097; vgl. für § 739 aF auch BGH NZG 2009, 581).

3. Verstärkung der Gesellschafterhaftung

18   Es ist ohne weiteres möglich, die Gesellschafterhaftung gemäß § 721 durch entsprechende rechtsgeschäftliche Vereinbarungen zu ergänzen. Praktisch bedeutsam ist dies bislang vor allem bei **Publikumsgesellschaften.** Deren Gesellschafter können sich individuell an der Finanzierung beteiligen, mithin ebenso Darlehensnehmer werden, die wie die Gesellschaft ein hierauf gerichtetes **Schuldanerkenntnis** abgeben und sich insofern der **sofortigen Zwangsvollstreckung** unterwerfen. Im Ausgangspunkt spricht nichts dagegen, diesen Gestaltungen Wirksamkeit zuzusprechen, zumal die Vereinbarung regelmäßig in eine quotale Haftungsbeschränkung eingebettet ist. Problematisch ist jedoch, dass hierüber der Schutz, den die Gesellschafter im Bereich der Haftung über die **Akzessorietät** genießen (vgl. insofern auch § 721b), weitgehend **leerläuft.** Jedenfalls AGB-mäßige Verpflichtungen einer abstrakten Einstandspflicht oder der Unterwerfung unter die sofortige Zwangsvollstreckung sollte daher als unangemessene Benachteiligung gem. § 307 unwirksam sein, selbst, wenn die Haftung quotal beschränkt ist (abw. BGH NJW-RR 2006, 683). – Darüber hinaus kann auch eine **Vollmacht** zu einer solchen rechtsgeschäftlichen Verpflichtung wegen Verstoßes gegen § 3 RDG nichtig sein mit der Folge, dass die Verpflichtung gem. § 177 BGB schwebend unwirksam ist (vgl. BGH NJW-RR 2007, 1199 und BGH NJW-RR 2007, 1202 für den Fall, dass der Vollmacht ein weitreichender Auftrag zugrunde lag, die Interessen des Gesellschafters zu vertreten). Beschränkt sich die Vollmacht jedoch auf die Wahrung wirtschaftlicher Interessen, scheidet die Nichtigkeit aus (BGH NJW 2011, 2040 Rn. 19).

V. Durchsetzung

19   Wegen der **Unmittelbarkeit der Haftung** (→ Rn. 10) können die Gläubiger direkt und allein auf einen oder alle Gesellschafter zugreifen. Mehrere Gesellschafter sind **einfache Streitgenossen** (vgl. OLG Frankfurt ZIP 2001, 1884). Zwischen Gesellschaft und Gesellschaftern besteht keine Gesamtschuld, sie können jedoch als einfache Streitgenossen gemeinsam verklagt werden und sind beim obsiegenden Urteil „samtverbindlich" zur Leistung verpflichtet (vgl. bereits BGH NJW 1988, 2113; 2001, 1056, (1058 ff.); 2012, 2435). Insofern besteht freilich kein einheitlicher Gerichtsstand kraft Sachzusammenhangs (Henssler/Strohn/Steitz HGB § 128 Rn. 75). § 36 Abs. 1 Nr. 3 ZPO gilt aber (OLG Naumburg BeckRS 2013, 22071). Vgl. im Übrigen zur einheitlichen Beurteilung des Gerichtsstandes bei einer entsprechenden Vereinbarungen BGH NJW 1981, 2644 (2646) und Schiedsabreden BGH NJW-RR 1991, 423 (424). – Die **Rechtskraft** eines gegen die GbR ergangenen stattgebenden Urteils wirkt wegen der Akzessorietät der Gesellschafterhaftung gemäß § 721b I auch zugunsten der Gesellschafter, nicht aber zu deren Lasten (→ § 721b Rn. 8). Umgekehrt gibt es keine Rechtskrafterstreckung des Haftungsprozesses zugunsten oder zulasten der Gesellschaft (vgl. auch § 722 I. Aus einem Titel gegen die Gesellschaft kann gemäß § § 722 II nicht in das Privatvermögen der Gesellschafter **vollstreckt** werden (→ § 722 Rn. 5); eine bloße Titelumschreibung wegen persönlicher Haftung ist ebenfalls nicht möglich (BGH NJW 2007, 1813).

VI. Darlegungs- und Beweislast

Die Darlegungs- und Beweislast für die haftungsbegründenden Tatsachen **20** trägt der **Gläubiger.** Dies betrifft die Gesellschaftsverbindlichkeit und die Gesellschafterstellung des Inanspruchgenommenen zum maßgeblichen Zeitpunkt. Einwendungen und Einreden der Gesellschaft bzw. des Haftenden selbst (vgl. § 721b) muss dieser beweisen, ebenso das Vorliegen einer etwaigen Haftungsbeschränkung.

VII. Regress, Freistellung

Soweit ein Gesellschafter (berechtigterweise) nach Maßgabe von §§ 721, **21** 721a in Anspruch genommen wird, liegt hierin meist eine einseitige Belastung, die im Regresswege gegenüber der GbR und den Mitgesellschaftern zu korrigieren ist (vgl. treffend Henssler/Strohn/Steitz HGB § 128 Rn. 29: Sonderopfer). Eine **spezielle gesetzliche Regelung hierzu fehlt** auch nach der Reform im gesamten Personengesellschaftsrecht. Vielmehr sieht allein § 728 I 1 einen Freistellungsanspruch des ausgeschiedenen Gesellschafters vor (vgl. insoweit auch § 135 I HGB). Auch **§ 716 I** lässt sich nur teleologisch betrachtet als Anspruchsgrundlage für den Regress heranziehen, da die gesetzliche Haftung schwerlich als „Geschäftsbesorgung" zu qualifizieren ist. Gleichwohl besteht Einigkeit, dass ein in Anspruch genommener Gesellschafter sowohl von der Gesellschaft als auch von seinen Mitgesellschaftern Regress und Freistellung verlangen kann (vgl. zum ausgeschiedenen Gesellschafter → § 728b Rn. 13 f.). Dies gilt gleichermaßen für OHG und KG, da die Reform den hier bislang vorrangig maßgeblichen **§ 110 HGB aF gestrichen** hat (vgl. Begr. S. 156; dies begrüßend Fleischer BB 2020, 2114 (2120)). Die Regressproblematik beurteilt sich daher nunmehr auch hier gemäß § 105 III HGB anhand einer entsprechenden Anwendung von § 716.

1. Gegenüber der Gesellschaft

Die berechtigte Befriedigung eines Gesellschaftsgläubigers durch einen **22** Gesellschafter begründet einen **Erstattungsanspruch** gegen die rechtsfähige GbR gemäß **§ 716 I Alt. 2** (allgM zu §§ 713 aF, 670, vgl. MüKoBGB/Schäfer § 714 Rn. 54; vgl. zu § 110 HGB aF BGH NJW 1984, 2290). Dieser ist bis zur Auflösung der Gesellschaft bzw. bis zum Ausscheiden des in Anspruch Genommenen wegen des Mehrbelastungsverbots (§ 710) und im Umkehrschluss zu §§ 728a, 737 **grundsätzlich in voller Höhe** auf das gerichtet, was der Gesellschafter gegenüber den Dritten geleistet hat (RGZ 31, 139 (141)). Es handelt sich um eine **Sozialverbindlichkeit** der rechtsfähigen GbR, die der Gesellschafter im Wege einer Leistungsklage gegen diese geltend machen kann. Der Anspruch ist gemäß § 271 I sofort fällig, wenn die Befriedigung des Gesellschaftsgläubigers eingetreten ist. Die **Treuepflicht** des Gesellschafters vermag zwar grundsätzlich Rücksichtnahme bei der Geltendmachung gebieten; Einschränkungen bei der Geltendmachung dürften sich aber **nur auf kurze Zeit** ergeben, wenn die GbR sich in einer Krise befindet oder kurzfristig nicht über die entsprechende Liquidität verfügt. Scheidet ein Gesellschafter vor Realisierung des Regressanspruchs aus der Gesellschaft aus oder wird die Gesellschaft aufgelöst, fließt er als unselbstständiger Rechnungsposten in die Auseinandersetzung ein (**Durchsetzungssperre**, vgl. BGH NJW 2005, 2618).

23 Aus der Perspektive des Gesellschafters ist es oftmals problematisch, ob die **Gesellschaftsverbindlichkeit,** für die er in Anspruch genommen wird, berechtigt ist; er trägt damit das **Prognoserisiko.** Auf der Grundlage von § 716 I („die er den Umständen nach für erforderlich halten darf") kommt es im Rahmen eines **subjektiv-objektiven Maßstabs** darauf an, ob ein sorgfältig prüfender Gesellschafter der Überzeugung sein darf, dass die Haftung berechtigt ist (vgl. Begr. S. 156). Insofern ist eine **großzügige Beurteilung** zugunsten des Gesellschafters angezeigt (ähnlich, aber im Hinblick auf das eigene Risiko des Gesellschafters strenger, MüKoHGB/K. Schmidt/Drescher § 128 Rn. 33). Verlangt ein Gesellschaftsgläubiger Zahlung, darf der Gesellschafter grundsätzlich davon ausgehen, dass die Forderung nach Maßgabe der §§ 721 ff. seine Haftung auslöst, sofern **keine evidenten Zweifel** an der Berechtigung bestehen; die dem Inanspruchgenommenen konkret zustehende Geschäftsführungskompetenz vermag hier eine strengere Betrachtung gebieten. Nach dieser Maßgabe kann er daher auch von der Gesellschaft Erstattung verlangen, wenn sich im Nachhinein herausstellt, dass die Forderung des Gläubigers unberechtigt war. Bei der rechtsfähigen GbR obliegt es nämlich vorrangig dieser selbst, die Rechtsbeziehungen gegenüber Dritten zu klären; einem **Prätendentenstreit** unter Beteiligung einzelner Gesellschafter ist daher mit Zurückhaltung zu begegnen. Es obliegt vorrangig der GbR, nach Erstattung ggf. aus abgetretenem Recht des Gesellschafters die unberechtigte Zahlung von Dritten zurückzuverlangen. Steht indessen ex ante betrachtet evident fest, dass die Forderung des Gläubigers unberechtigt ist, leistet ein Gesellschafter auf eigenes Risiko und kann keine Erstattung verlangen. – Diese Vorgaben gelten auch, soweit ein Gesellschafter wegen konkret drohender oder bereits eingeleiteter Inanspruchnahme durch einen Gesellschaftsgläubiger **gemäß § 716 II Freistellung** verlangt („Vorschuss", vgl. LG Hagen BB 1976, 763; strenger Begr. S. 157: Freistellung muss objektiv erforderlich sein was aber den systematischen Zusammenhang zu Abs. 1 verkennt). Insofern ist es nicht erforderlich, dass der Gläubiger bereits Klage erhoben hat (MüKoBGB/Schäfer § 714 Rn. 55); die ernsthafte Geltendmachung genügt (vgl. zur aus Zeitgründen praktisch wenig bedeutsamen Klage auf Freistellung BGH NJW-RR 2008, 256).

Der Freistellungsanspruch wird richtigerweise ergänzt durch eine **cessio** **24** **legis** im Hinblick auf die für die Gesellschaftsverbindlichkeit bestellten **akzessorischen Sicherheiten.** Die Rechtsprechung lehnt dies freilich mangels entsprechender Rechtsgrundlage vermeintlich abschließende Regelung von § 716 I ab (vgl. zu § 110 HGB aF BGH NJW 1963, 1873; 2011, 1023 Rn. 59 ff.). Dies überzeugt nicht. Es ist zwar richtig, dass § 426 II nicht herangezogen werden kann, weil zwischen GbR und Gesellschafter kein Gesamtschuldverhältnis besteht. Es ist aber auch in anderen Fällen bei akzessorischen Sicherheiten anerkannt, dass derjenige, der die Forderung des Dritten befriedigt, für den Regress hierauf zugreifen kann (vgl. § 774 I, § 1143 I, § 1225). Warum die Gesellschafter schlechter gestellt werden sollen als andere Sicherungsgeber, ist nicht ersichtlich. Der behauptete abschließende Charakter von § 716 I findet keine hinreichende gesetzliche Stütze. Die bloße Nichtregelung der cessio legis vermag nicht automatisch auf einen abschließenden Charakter schließen zu lassen. Es liegt daher eine **planwidrige Regelungslücke** vor, die wegen der identischen Interessenlage (Stärkung des Erstattungsanspruchs, keine zufällige Entlastung des anderen Sicherungsgebers) durch eine **Analogie zu § 774 I, § 1143 I, § 1225** zu schließen ist (so auch MüKoBGB/Schäfer § 714 Rn. 54; MüKoHGB/K. Schmidt/Drescher HGB § 128 Rn. 32; Habersack AcP 198 (1998), 152 (159 ff.)).

Die Haftung gemäß § 721 ff. erstreckt sich auch auf sog. **Drittverbind-** **25** **lichkeiten** der Gesellschaft gegenüber einem Gesellschafter (→ Rn. 11). Dies ist eine gesamtschuldnerische Haftung (BGH NJW 1983, 749; abw. für Teilschuld Altmeppen NJW 2009, 2241). Konsequenterweise kann ein solcher Gesellschaftergläubiger auch die Haftung gegenüber einem Mitgesellschafter durchsetzen, er hat dabei aber seinen eigenen Verlustanteil (vgl. hierzu § 709) in Abzug zu bringen (dolo-agit-Einwand, vgl. BGH NJW 1983, 749) und unterliegt bei der Geltendmachung im Übrigen seiner Treuepflichtbindung (vgl. BGH ZIP 2013, 2305 Rn. 36). Soweit ein Mitgesellschafter hiernach aber wegen seiner Haftung in Anspruch genommen wird, kann er gemäß § 716 I in Höhe der eigenen Inanspruchnahme von der GbR Regress verlangen, wenn (wieder) ausreichendes Vermögen vorhanden ist, andernfalls nur von seinen Mitgesellschaftern (→ Rn. 26). – Der Anspruch des Gesellschafters gegen die GbR auf Regress und Freistellung ist gemäß § 711a S. 2 **abtretbar;** er kann **verpfändet und gepfändet** werden. Die ohnehin schwach ausgeprägte Treuepflichtbindung des Gesellschafters (→ Rn. 22) wirkt dann allerdings gemäß § 404 zulasten des Zessionars bzw. Gläubigers. Bei der **Pfändung der Mitgliedschaft** des erstattungsberechtigten Gesellschafters erstreckt sich diese auch auf den Ersatzanspruch gemäß § 716 (vgl. BGH NJW 1984, 492); der Gesellschafter bleibt nach Maßgabe von §§ 721 ff. zur Befriedigung eines Gesellschaftsgläubigers verpflichtet.

2. Gegenüber den Mitgesellschaftern

Der Regressanspruch des Inanspruchgenommenen gegen die ebenfalls **26** nach Maßgabe von §§ 721 ff. haftenden Mitgesellschafter ergibt sich unmit-

telbar aus **§ 426 I und II,** da die Gesellschafterhaftung eine gesamtschuldnerische ist (BGH NJW 1988, 1375; NJW-RR 2008, 256; zur OHG BGH
NJW-RR 2002, 455; abw. Faust FS Karsten Schmidt, 2009, 357: Haftung
aus §§ 638, 684). Er entsteht jedenfalls zu dem Zeitpunkt, in dem der Gesellschafter den Gläubiger befriedigt (vgl. zur Freistellung sogleich). Die **Geltendmachung** ist freilich wegen des Mehrbelastungsverbots (§ 710) und im
Umkehrschluss zu §§ 728a, 737 vor Auflösung der Gesellschaft nur dann
möglich, wenn von der GbR selbst kein Regress zu erwarten ist (BGH
NJW 1980, 339 (340); NJW-RR 2002, 455). Es handelt sich somit um eine
gesetzlich angelegte **Subsidiarität,** die konkrete Anspruchsvoraussetzung ist.
Deren Wahrung ist nicht erst dann zu bejahen, wenn die GbR über kein
entsprechendes Gesellschaftsvermögen verfügt, sondern bereits dann, wenn
nicht ausreichend liquide Mittel zur Verfügung stehen. – Gemäß § 426 I
handelt es sich um eine **Teilschuld** der Mitgesellschafter nach Maßgabe der
internen Ergebnisverteilungsregeln (vgl. § 709); der den Regressberechtigten
selbst treffende Verlustanteil ist von vornherein abzuziehen. In entsprechender
Anwendung von § 254 kann von einem Mitgesellschafter auch die vollständige Erstattung verlangt werden, wenn die Gesellschaftsverbindlichkeit
gegenüber den Dritten von diesem in einer schadensersatzbegründenden
Weise herbeigeführt wurde (vgl. BGH NZG 2008, 777).

27   Beim Regress gegenüber den Mitgesellschaftern können nach Maßgabe
der vorstehenden Subsidiarität (Insuffizienz des Gesellschaftsvermögens) entsprechend auch **Freistellungsansprüche** bestehen, die im Vorfeld der drohenden Inanspruchnahme durch den Gesellschaftsgläubiger gemacht werden
können (vgl. BGH WM 2007, 2289 Rn. 14). – Wurde ein Gesellschafter für
eine **Drittverbindlichkeit** der Gesellschaft gegenüber einem Gesellschafter
in Anspruch genommen (→ Rn. 25), kann er nach Maßgabe der vorstehend
dargelegten Subsidiarität gemäß § 426 auch von seinen Mitgesellschaftern
anteiligen Regress nehmen oder Freistellung verlangen. – Der Anspruch
gegen die Mitgesellschafter aus § 426 ist ohne weiteres **abtretbar;** er kann
verpfändet und gepfändet werden. Die Subsidiarität wirkt dann allerdings
gemäß § 404 zulasten des Zessionars bzw. Gläubigers. Bei der **Pfändung
der Mitgliedschaft** des erstattungsberechtigten Gesellschafters erstreckt sich
diese auch auf den Ersatzanspruch gemäß § 426 (vgl. BGH NJW 1984, 492);
der Gesellschafter bleibt nach Maßgabe von §§ 721 ff. zur Befriedigung eines
Gesellschaftsgläubigers verpflichtet. – Scheidet ein Gesellschafter vor Realisierung des Regressanspruchs aus der Gesellschaft aus oder wird die Gesellschaft aufgelöst, unterliegt auch der Regressanspruch gegenüber den Mitgesellschaftern einer **Durchsetzungssperre** (BGH NJW 1984, 1455; 1985,
1898; 1988, 1375; OLG Koblenz NJW-RR 1988, 1250; für die OHG BGH
NJW 1962, 1863).

3. Gestaltungsfreiheit

28   Der gesellschaftsrechtliche Haftungsregress unterliegt **weitgehender**
Gestaltungsfreiheit. Die Gesellschafter können daher die Subsidiarität des
Regresses unter Mitgesellschaftern abmildern oder verschärfen. Praktisch

relevant ist dies insbesondere dann, wenn die Gesellschafter im Vorfeld einer Auflösung gewährleisten wollen, dass vermögensmäßige Ansprüche vorrangig über das Gesellschaftsvermögen abgewickelt werden oder umgekehrt dasselbe weitgehend unangetastet bleiben soll (zB durch Verlustdeckungszusagen einzelner Gesellschafter). Zulässig ist auch, die internen Ergebnisbeteiligungsquoten auszugestalten (vgl. insofern § 709). Sollen die Regressmöglichkeiten eines Gesellschafters **nachträglich durch Mehrheitsbeschluss verkürzt** werden, bedarf es hierfür nach dem zweistufigen Modell der Beschlusskontrolle einer hinreichend deutlichen Grundlage hierzu im Gesellschaftsvertrag; ebenso ist im konkreten Einzelfall nach Maßgabe des Gleichbehandlungsgebotes und der Treuepflichtbindung der Mehrheit zu prüfen, ob der Eingriff in das Gesellschaftsrecht rechtmäßig ist (zum Ganzen → § 714 Rn. 20 ff.).

4. Beweislast

Im Hinblick auf den **Regressanspruch gegenüber der GbR** muss der   29
Gesellschafter darlegen und beweisen, dass und in welchem Umfang er vom Gesellschaftsgläubiger in Anspruch genommen wurde und dass er der Überzeugung sein durfte, dass die Haftung berechtigt ist. Die Gesellschaft muss darlegen, dass die Geltendmachung treuwidrig ist. Begehrt der Gesellschafter Befriedigung, muss er beweisen, dass die Inanspruchnahme tatsächlich droht. – Beim **Regressanspruch gegenüber den Mitgesellschaftern** muss zudem vom Berechtigten dargelegt und bewiesen werden, dass die vorrangige Befriedigung aus dem Gesellschaftsvermögen keinen Erfolg verspricht.

VIII. Kautelarischer Handlungsbedarf infolge des MoPeG

Indem § 721 allein die bisherige (gesetzlich nicht ausdrücklich geregelte)   30
Rechtslage widerspiegelt, besteht **kein akuter Handlungsbedarf.** Die unbeschränkte, einseitig unbeschränkbare, unmittelbare, primäre, akzessorische und gesamtschuldnerische persönliche Haftung der Gesellschafter einer Außen-GbR war nämlich bereits vor Inkrafttreten der neuen Regelung richterrechtlich anerkannt (→ Rn. 1 ff.). Gleichwohl bestehen auch nach neuem Recht **Gestaltungsmöglichkeiten,** insbesondere im Hinblick **Unbeschränkbarkeit der Vertretungsmacht** gemäß § 720 III 2 (vgl. dazu auch → § 720 Rn. 21 ff.). Die damit einhergehende Steigerung des Haftungsrisikos könnte es nahelegen, eine individuelle Vereinbarung mit dem Gläubiger über eine mögliche Haftungsbeschränkung zu treffen. Zu bedenken ist zudem die auch nach der Neuregelung fortbestehende **Rechtsunsicherheit** in Bezug auf etwaige Ausnahmen von der **unbeschränkten persönlichen Haftung** (→ Rn. 14). Angesichts der klaren Statuierung der unbeschränkten persönlichen Gesellschafterhaftung als den gesetzlichen Regelfall, die vorbehaltlos alle Arten von GbR erfasst, stellt sich die Frage der Anerkennung von **„institutionellen Haftungsbeschränkungen"** in einem neuen Licht. Diese Frage spielt insbesondere bei geschlossenen Investmentfonds, die nicht in den Anwendungsbereich des KAGB fallen oder Altfälle betreffen, sowie Bauherrengemeinschaften und ideellen GbR eine bedeutende Rolle. Für

eingetragene GbR kommen schließlich Haftungsrisiken aus § 15 HGB für eine etwaige fehlerhafte oder unterlassene **Registereintragung** hinzu (→ § 707a Rn. 9), insbesondere bezüglich der Gesellschafterstellung und der organschaftlichen Vertretungsmacht (→ Rn. 8, 13). Es empfiehlt sich daher jedenfalls eine Neubewertung der mit dieser Rechtsform verbundenen Haftungsrisiken sowie der anfallenden Kosten (näher → Rn. 38).

31   Angesichts der Rechtsunsicherheit im Hinblick auf die Fortführung der bisherigen Grundsätze rückt die Frage der Ausgestaltung einer möglichen **individuellen Haftungsbeschränkung** mit dem Gläubiger in den Vordergrund, da sie den einzig rechtssicheren Weg darstellt. Eine schlichte Eintragung der Haftungsbeschränkung in das Gesellschaftsregister ist nicht möglich (→ Rn. 13). Auch die bloße Kenntnis des Gläubigers von einer internen haftungsbeschränkenden Vereinbarung reicht allein nicht aus (→ Rn. 13). Im Hinblick auf haftungsbeschränkende Vereinbarungen zwischen der Gesellschaft und einem Gläubiger ist dabei in formeller Hinsicht zwischen **individualvertraglichen und AGB-mäßigen Klauseln** zu unterscheiden. Inhaltlich kann die Ausgestaltung der Haftung als solcher (§ 721) einerseits sowie der einem Gesellschafter zustehenden Einreden (vgl. → § 721b Rn. 5 ff.) andererseits geregelt werden. Bei haftungsbeschränkenden Vereinbarungen mit dem Gläubiger ist freilich stets mitzubedenken, dass dadurch die Kreditwürdigkeit der Gesellschaft womöglich entsprechend niedriger eingestuft wird (vgl. auch Begr. S. 165: Sicherung der Kreditwürdigkeit durch die unbeschränkte persönliche Haftung). Zudem steigen die Transaktionskosten bei jedem Geschäftsabschluss (vgl. zu diesen Aspekten auch Behme, Gesellschaften mit persönlicher Gesellschafterhaftung als Rechtsformtyp, 2022, S. 177 f.). Die **wirtschaftlichen Folgen** sind daher sorgfältig abzuwägen.

32   Die individualvertragliche **Modifikation der Gesellschafterhaftung** kann auf verschiedenen Ebenen geschehen. Statt der unbeschränkten Haftung kann eine summen- oder anteilsmäßig begrenzte Haftung der Gesellschafter (quotale Haftung, entsprechend dem Kapitalanteil des Gesellschafters, Haftungshöchstgrenzen) oder eine Beschränkung auf das Gesellschaftsvermögen („GbRmbH") vereinbart werden (→ Rn. 15). Statt der gesamtschuldnerischen Haftung kommt eine Vereinbarung einer Teilschuld in Betracht. Denkbar ist ferner eine individuell vereinbarte Subsidiarität der Gesellschafterhaftung gegenüber der Haftung der Gesellschaft (vgl. dazu auch → § 721 Rn. 13 ff.). Nach dem Vorbild des Art. 24 II EWIV-VO (sowie anderer Rechtsordnungen, vgl. im Einzelnen Windbichler ZGR 2014, 110 (132 f.)) kann etwa vertraglich mit dem Gläubiger vereinbart werden, dass er seine Forderung gegenüber einem Gesellschafter erst dann geltend machen kann, wenn er die GbR zur Zahlung aufgefordert hat und die Zahlung nicht innerhalb einer angemessenen Frist erfolgt ist (vgl. auch Fleischer DStR 2021, 430 (436)). Möglich ist zudem auch eine Konzentration der Haftung für bestimmte Verbindlichkeiten nach dem Vorbild des § 8 II PartGG auf die Person des handelnden Gesellschafters (vgl. auch Behme, Gesellschaften mit persönlicher Gesellschafterhaftung als Rechtsformtyp, S. 171, 177). Schließlich kann zugunsten der Gesellschafter der Grundsatz der Akzessorietät ver-

traglich gelockert werden, etwa durch die Vereinbarung einer kürzeren Verjährungsfrist oder die vollständige Abbedingung der Erfüllungslösung durch die Haftungslösung (→ Rn. 12), was im Ergebnis auf die Einräumung persönlicher Einwendungen bzw. Einreden der Gesellschafter hinausläuft. Möglich ist dabei im Grundsatz auch eine Differenzierung zwischen verschiedenen Arten von Ansprüchen (zB nach dem Entstehungsgrund vertragliche/deliktische Ansprüche, nach der wirtschaftlichen Bedeutung ua). Zur Differenzierung nach dem Zeitpunkt der Anspruchsbegründung → § 721a Rn. 8.

Bei der **Vereinbarung einer quotalen Haftung** ist daran zu denken, die 33 Folgen der Leistung der Gesellschaft an die Gesellschaftsschuld genau zu definieren, insbesondere, ob es dadurch zu einer Kürzung des Haftungsbetrages der Gesellschafter kommt (anteilige Haftung für den verbleibenden Betrag oder aber die volle Haftungsquote). In Ermangelung einer ausdrücklichen Regelung wird von der Rechtsprechung Letzteres angenommen (BGH NJW 2011, 2045, vgl. auch BeckOK HGB/Klimke HGB § 128 Rn. 35; Röhricht/Graf von Westphalen/Haas/Haas HGB § 128 Rn. 7a). – Werden nicht alle Geschäftsanteile gezeichnet, stellt sich zudem die Frage der Berechnung der jeweiligen Haftungsquote. Die Rechtsprechung tendiert hier teilweise zu einer gesellschafterfreundlichen Auslegung und begrenzt den Betrag der Haftung auf den anteiligen Betrag unter Heranziehung aller – nicht nur gezeichneter – Anteile mit der Folge, dass der Gläubiger mit einem Teil seiner Forderung ausfällt, soweit das Gesellschaftsvermögen zur vollständigen Befriedigung nicht ausreicht (BGH BeckRS 2013, 01966, vgl. auch BeckOK HGB/Klimke HGB § 128 Rn. 36). Auch in dieser Hinsicht empfiehlt sich daher eine ausdrückliche Regelung, um eine etwaige Rechtsunsicherheit im Hinblick auf eine mögliche Auslegung durch die Gerichte zu vermeiden. – Ferner ist der Kreis der Gesellschafter genau zu definieren, die von dieser Beschränkung profitieren sollen. Eine Privilegierung nur ausgewählter Gesellschafter kann freilich ggf. unter dem Gesichtspunkt des Grundsatzes der Gleichbehandlung (vgl. auch → § 710 Rn. 19) problematisch sein, sofern es an einem sachlichen Grund fehlt. Ferner kann sich auch die ausdrückliche Einbeziehung des eintretenden und des ausgeschiedenen Gesellschafters empfehlen.

Bei der Formulierung von **AGB-mäßigen Beschränkungen** ist beson- 34 dere Vorsicht geboten. Eine entsprechende Klausel im Verhältnis zu einem Verbraucher wird einer Einbeziehungs- bzw. spätestens der Inhaltskontrolle nach § 307 I, II Nr. 1 mit großer Wahrscheinlichkeit nicht standhalten (→ Rn. 16). Aber auch im Verhältnis zu einem Unternehmer bestehen erhebliche Zweifel an der Wirksamkeit entsprechender Klauseln, wenngleich gute Gründe für die Anerkennung von formularmäßigen Beschränkungen sprechen, nicht zuletzt im Hinblick auf die Transaktionskosten (→ Rn. 16). Die nunmehr ausdrückliche gesetzliche Regelung der unbeschränkten persönlichen Gesellschafterhaftung kann unschwer als ein wesentlicher Grundgedanke der gesetzlichen Regelung qualifiziert werden (Leitbildfunktion des dispositiven Rechts). Erhebliche Rechtsunsicherheit besteht insbesondere im Hinblick auf bisher anerkannte Möglichkeiten der formularmäßigen Haftungsbeschränkung bei kapitalistisch strukturierten geschlossenen Immobilienfonds. Laut der Gesetzesbegründung soll zwar die Reform keine Abkehr von der bisherigen Rechtsprechungspraxis und den entwickelten Ausnahmen herbeiführen (Begr. S. 165), dieser Ansatz entbehrt aber einer gesetzlichen Verankerung. Der sicherste Weg bleibt daher die individualvertragliche Vereinbarung.

35   In Bezug auf individualvertragliche **Vereinbarungen eines einzelnen Gesellschafters** mit einem Gesellschaftsgläubiger ist stets zu bedenken, dass die Wirkung auf das Außenverhältnis beschränkt bleibt (→ Rn. 17). Dies gilt sowohl für anfängliche als auch nachträgliche Abreden, insbesondere den Erlass. Um den wirtschaftlichen Erfolg einer vollständigen Entlastung des Gesellschafters zu erreichen ist daher eine weitere gesellschaftsvertragliche Vereinbarung im Innenverhältnis notwendig. Im Falle eines Schulderlasses zugunsten eines Gesellschafters wird etwa der Innenregress nicht automatisch angepasst, erforderlich ist vielmehr zusätzlich eine Vereinbarung unter den Gesellschaftern, wenn auch im Innenverhältnis eine Verlustzuweisung bzw. eine Modifizierung des Innenregresses gemäß § 426 erfolgen soll (vgl. auch → Rn. 26). – Möglich ist freilich auch ein endgültiger Teilerlass zugunsten eines Gesellschafters mit der Folge, dass sich die betroffene Forderung um diesen Betrag reduziert. Die Verlustverteilung der übrigen Gesellschafter im Innenverhältnis bleibt in diesem Fall unverändert, so dass es deren Mitwirkung nicht bedarf. – Sind nur die Modalitäten der Inanspruchnahme eines oder einzelner Gesellschafter im Außenverhältnis betroffen, etwa bei der Vereinbarung mit dem Gläubiger, einen Gesellschafter nicht in Anspruch zu nehmen (pactum de non petendo) oder sich vorrangig an die anderen Gesellschafter zu halten (vgl. MüKoHGB/K. Schmidt/Drescher HGB § 128 Rn. 14, HGB § 129 Rn. 2), bedarf es ebenfalls keiner weiteren Absprache im Innenverhältnis. Die übrigen Gesellschafter werden durch die Abrede nicht benachteiligt, da sie aufgrund ihrer primären unbeschränkten persönlichen Haftung ohnehin mit der Inanspruchnahme durch einen Gesellschaftsgläubiger rechnen müssen. Die Belastung des einzelnen Gesellschafters entsprechend den (vereinbarten) Beteiligungsverhältnissen (→ § 709 Rn. 21 ff.) wird dadurch nicht tangiert, da die interne Verlustverteilung im Kreis der Gesellschafter für einen Ausgleich sorgt (vgl. auch BGH NZG 2009, 581 (582)).

36   Möglich ist freilich nach wie vor auch – in den aufgezeigten Grenzen (→ Rn. 18) – eine **Verstärkung der Gesellschafterhaftung.** Dies kann geschehen etwa durch die Begründung einer eigenen Verbindlichkeit des Gesellschafters, die Bestellung von zusätzlichen Personal- oder Sachsicherheiten (Bürgschaft, Garantie, Grundschuld, Hypothek, Sicherungsübereignung u.a.), die Abgabe von Vollstreckungsunterwerfungserklärungen oder vollstreckbarer Schuldanerkenntnisse. Dadurch wird allerdings der Grundsatz der Akzessorietät zulasten der Gesellschafter weitgehend faktisch außer Kraft gesetzt (→ Rn. 18 sowie → § 721b Rn. 5 ff.). Die Haftung aus einer Bürgschaft unterliegt zB nicht der zeitlichen Begrenzung nach §§ 137, 151 HGB (vgl. auch Oetker/Boesche HGB § 128 Rn. 14). Im Hinblick auf die Erteilung entsprechender Vollmachten ist zudem § 3 RDG zu beachten.

Im Hinblick auf den **Innenregress und die Freistellungsansprüche** des **37** Gesellschafters gegen die Gesellschaft empfiehlt sich ebenfalls eine ausdrückliche Regelung. Hier können die Einzelheiten des Regress- sowie des Freistellungsanspruchs nach den individuellen Bedürfnissen geregelt und die Interessen der Gesellschafter und der Gesellschaft abgestimmt werden, etwa im Hinblick auf einen etwaigen Liquiditätsbedarf der Gesellschaft. Insofern kann auch die gesellschaftsrechtliche Treuepflicht betreffend die Geltendmachung entsprechender Ansprüche konkretisiert werden. – Da die Höhe des Regresses auch von der intern festgelegten Verlustverteilung abhängt, ist die Regelung des § 709 III auch stets mitzubedenken. Eine asynchrone Gewinn- und Verlustverteilung wirkt sich auch auf die Frage des Innenregresses aus, da hierdurch die Höhe des Regressanspruchs entsprechend angepasst wird. – Im Übrigen empfiehlt es sich aus Gründen der Rechtssicherheit auch eine ausdrückliche Regelung bezüglich der akzessorischen Sicherheiten (antizipierte Abtretung bzw. Anspruch gegen die Gesellschaft auf Abtretung entsprechender Ansprüche, vgl. → Rn. 24). – Bei geschlossenen Immobilienfonds in Form einer GbR ist zudem die Unterscheidung zwischen der – womöglich ausgeschlossenen (vgl. → Rn. 16) – persönlichen Haftung der Gesellschafter (Anleger) gegenüber den Gläubigern nach außen einerseits und der Haftung für etwaige Regress- und Freistellungsansprüche im Innenverhältnis andererseits zu beachten: selbst wenn die Haftung nach außen wirksam ausgeschlossen bzw. beschränkt wurde, kann für etwaige Regressansprüche – in Ermangelung einer abweichenden Abrede – die unbeschränkte persönliche Haftung eingreifen (vgl. dazu NJW 2002, 1642 (1643)).

Abschließend kann man festhalten: Es erscheint sinnvoll, im Rahmen eines **38** guten **Risikomanagements** die Haftungsrisiken, die mit der Neuregelung einhergehen, im konkreten Fall (neu) zu bewerten und eine Abwägung der Vor- und Nachteile der unbeschränkten persönlichen Haftung der Gesellschafter vorzunehmen. Ergibt die Abwägung, dass mit dem geänderten Haftungsumfang individuelle Haftungsbeschränkungen im erheblichen Umfang notwendig sein werden, kann auch eine Umwandlung in eine Rechtsform mit beschränkter Haftung sinnvoll sein (vgl. dazu auch → § 707c Rn. 1). Dadurch können uU Transaktionskosten vermieden werden, die durch die Notwendigkeit individueller Haftungsbeschränkungen mit einzelnen Gläubigern bedingt sind. Gleichzeitig stellt sich die Frage, wie sich dies auf die Bonität der Gesellschaft auswirken würde, so dass am Ende doch zusätzliche Personal- oder Sachsicherheiten durch die Gesellschafter gestellt oder Versicherungen beschafft werden müssten, was wiederum zu höheren Transaktionskosten führt.

§ 721a Haftung des eintretenden Gesellschafters

[1]Wer in eine bestehende Gesellschaft eintritt, haftet gleich den anderen Gesellschaftern nach Maßgabe der §§ 721 und 721b für die vor seinem Eintritt begründeten Verbindlichkeiten der Gesellschaft. [2]Eine entgegenstehende Vereinbarung ist Dritten gegenüber unwirksam.

Übersicht

I. Reform

1. Grundlagen, Bewertung

1   Die Neuregelung kodifiziert in **Anlehnung an § 130 HGB aF** (nunmehr § 127 HGB) die persönliche Gesellschafterhaftung nach Maßgabe von §§ 721, 721b für Altverbindlichkeiten bei Eintritt in eine bestehende rechtsfähige GbR. Dies war freilich bereits nach früherem Recht für Außen-GbR im Grunde anerkannt (vgl. BGH NJW 2003, 1803; 2006, 675; DStR 2007, 125 Rn. 10; NJW 2006, 2980 (2983); NZG 2007, 183 Rn. 18; vgl. auch BVerfG NJW 2013, 523 (524); vgl. zur Gegenmeinung mwN MüKoBGB/ Schäfer § 714 Rn. 73). Gleichwohl bringt die Einführung von § 721a eine **erhebliche Haftungsverschärfung** mit sich. Während es nach früherem Recht im Rahmen einer begründungsbedürftigen Analogie möglich war, auf die GbR-spezifischen Besonderheiten einzugehen und vor allem den Umfang der Haftung unter Vertrauensaspekten zu beschränken, ist hierfür nunmehr wenig Raum. Der Gesetzgeber hat sich durch die **Gleichstellung mit der OHG** bewusst zugunsten des Gläubigerschutzes positioniert. Die Haftung kompensiere den Einfluss, den der Eintretende auf das Gesellschaftsvermögen hat, und wirke einer Ausbeutung der Gesellschaftsgläubiger durch Vermögensverlagerungen entgegen (Begr. S. 165). Dies kann man durchaus **kritisieren** (ebenso DAV NZG 2020, 1133 Rn. 64; Geibel ZRP 2020, 137 (140): „kritiklos nachvollzogen"). Dies gilt insbesondere, da im Gesetzgebungsverfahren im Kontext von § 721 durchaus Beachtung fand, dass die Gesellschafter einer GbR vor einer unzumutbaren persönlichen Gesellschafterhaftung zu schützen seien (→ § 721 Rn. 1). Dieser argumentative Widerspruch kann auch nicht durch die Möglichkeit der Haftungsbeschränkung aufgelöst werden, da die nachfolgend Eintretenden hierauf im Regelfall keinen Einfluss haben (→ Rn. 9). Es bleibt daher abzuwarten, ob nicht wenigstens für **Extremfälle** eine teleologische Reduktion von § 721a im Hinblick auf die Reichweite der Haftung vorzunehmen ist, falls diese den Eintretenden unbillig belasten würde.

2   Im Übrigen hat sich der Gesetzgeber bewusst **gegen die Anwendung von § 28 HGB** bei der GbR entschieden (Begr. S. 165; zustimmend kritisch auch Schäfer Neues PersGesR/Habersack § 4 Rn. 27; gegen die Analogie

nach früherem Recht bereits BGH NJW 2004, 836; abw. K. Schmidt NJW 2003, 1903). Kommt es damit zur Gründung einer GbR, haften weder diese noch die Mitgesellschafter für die Altverbindlichkeiten eines Gesellschafters. Dies ist durchaus überzeugend, da der (seinerseits zweifelhafte) Schutz der Haftungserwartung des Rechtsverkehrs ungeachtet des Mitgliederbestands bei einer nichtkaufmännischen Gesellschaft jedenfalls nur gering legitimiert ist.

2. Zeitlicher Geltungsbereich

§ 721a tritt gemäß Art. 137 S. 1 MoPeG am **1.1.2024** in Kraft, eine Über- **3** gangsregelung ist nicht vorgesehen. Im Umkehrschluss aus Art. 229 § 61 EGBGB folgt daher, dass die Regelung auch auf Altgesellschaften ab dem Zeitpunkt des Inkrafttretens Anwendung findet. Maßgeblicher Zeitpunkt ist nach dem Grundsatz der lex temporis actus (→ § 705 Rn. 3) die Verwirklichung des Tatbestands der Gesellschafterhaftung, mithin Entstehen der Gesellschaftsverbindlichkeit und nachfolgender Eintritt in die Gesellschaft. Dies bringt indessen keine Übergangsprobleme mit sich, da der Regelungsgehalt von § 721a bereits bislang allgemein anerkannt war

II. Normzweck, Anwendungsbereich

Die grundsätzlich **zwingende Haftung** eines eintretenden Gesellschafters **4** ist erklärtermaßen dadurch legitimiert, dass es den Gesellschaftsgläubigern nicht zuzumuten ist, den aktuellen Gesellschafterbestand zu überblicken und zwischen Alt- und Neuverbindlichkeiten zu unterscheiden, selbst bei eingetragenen Gesellschaften (Begr. S. 165). Wenngleich dies vordergründig ohne weiteres überzeugt und im Einklang mit dem Prinzip der persönlichen Gesellschafterhaftung steht (vgl. Henssler/Strohn/Steitz HGB § 130 Rn. 1), ist es doch im Kern nur schwach legitimiert. Der in § 721 zum Ausdruck kommende Gedanke des **Gleichlaufs von Herrschaft und Haftung** wird hierbei nämlich **asynchron** verwirklicht. Der Eintretende war an der Steuerung des Haftungsrisikos bei Altverbindlichkeiten nicht beteiligt und hat anders als in den Fällen von § 25 II HGB, § 28 II HGB auch keine Möglichkeit, sich ohne Beteiligung der Altgläubiger gegen eine Inanspruchnahme zu wehren. Umgekehrt ist das Hinzutreten weiterer Gesellschafter im Hinblick auf die Ausweitung der Gesellschafterhaftung vielfach ein Geschenk des Himmels, welches der Haftungserwartung der Altgläubiger nicht entspricht (Dauner-Lieb FS Ulmer, 2003, 73 (76)). Jedenfalls **bei der GbR** ist die generelle Haftung für Altverbindlichkeiten daher **rechtspolitisch höchst zweifelhaft.** Überzeugen kann letztlich allein der Aspekt der Rechtssicherheit, der durch die Haftungsgleichstellung hervorgerufen wird und damit komplizierten Streitfällen vorbeugt. Aus der Perspektive der Gesellschafter wird jedenfalls die Obliegenheit etabliert, sich bei der nicht-buchführungspflichtigen GbR gehörig über deren finanzielle Verhältnisse zum Eintrittszeitpunkt zu informieren.

5   § 721a gilt bei **jeder rechtsfähigen GbR,** unabhängig von der Eintragung
ins Gesellschaftsregister (Begr. S. 164); vgl. früher bereits zur OHG BGH
NJW 1966, 107; 1988, 1321 (1323)). Bei der nicht rechtsfähigen Gesellschaft
scheidet die Gesellschafterhaftung mangels Gesellschaftsverbindlichkeit kategorisch aus (→ § 740 Rn. 8); Pflichten der Gesellschafter gegenüber Dritten
werden hier von vornherein allein individuell begründet (vgl. Bachmann
NZG 2020, 612 (616): „Individualistisches Haftungsmuster"). Die Gesellschafterhaftung gilt auch beim Eintritt während der Auflösung. Bei der fehlerhaften Gesellschaft und beim fehlerhaften Beitritt (→ § 719 Rn. 21 ff.) gilt
sie so lange, bis die Gesellschaft infolge der Geltendmachung des Mangels
vollbeendet wurde (→ Rn. 7). Bei der **Scheingesellschaft** (→ § 719
Rn. 26 ff.) haften die vermeintlichen Gesellschafter ebenfalls nach §§ 721 ff.,
wenn sie den Rechtsschein der GbR und ihrer Mitgliedschaft gesetzt haben;
eine rückwirkende Einstandspflicht nach Maßgabe von § 721a lässt sich insofern aber aus Vertrauensaspekten nicht begründen (OLG Saarbrücken NJW
2006, 2862 (2863 f.). – Bei OHG und KG gelten die §§ 126 f., 171 ff. HGB;
bei der **Partnerschaftsgesellschaft** gilt § 8 I PartGG, der auf § 721a verweist
(vgl. BeckOGK/Markworth HGB § 130 Rn. 35).

III. Eintritt in eine bestehende Gesellschaft

6   Voraussetzung ist der wirksame Eintritt eines Gesellschafters in eine bestehende GbR, unabhängig von ihrer Registereintragung. Kommt es zur Gründung einer GbR gelten im Hinblick auf Altverbindlichkeiten eines Gesellschafters weder § 721a noch § 28 HGB (→ Rn. 8). Erfasst werden die **Aufnahme**
eines neuen Gesellschafters (→ § 712 Rn. 21 ff.) und die Fälle der **Anteilsübertragung** (→ § 711 Rn. 6 ff.), wenn der Übernehmer nicht bereits Gesellschafter ist. – Im Rahmen der Vererbung von Gesellschaftsanteilen ist zu differenzieren: Kommt es zum Eintritt der Erben aufgrund **Sondererbfolge** gemäß
§ 711 II, gilt § 721a richtigerweise nicht, sodass die bis zum Tod verwirklichte
Gesellschaft des Verstorbenen eine Nachlassverbindlichkeit ist, sodass der Erbe
seine Haftung hierfür nach § 1922 I gemäß §§ 1967 ff. beschränken kann (str.,
vgl. → § 711 Rn. 32); das Gleiche gilt, wenn der Erbe gemäß § 724 II nach
Kündigung ausscheidet (→ § 724 Rn. 20 ff.). Erfolgt der Eintritt eines Erben
oder Dritten indessen aufgrund **Eintrittsklausel** (→ § 711 Rn. 37), kommt es
in deren Verwirklichung zum rechtsgeschäftlichen Eintritt in die Gesellschaft,
sodass § 721a ohne weiteres gilt; eine Haftungsbeschränkung gemäß §§ 1967 ff.
scheidet insofern konsequenterweise aus. – Kommt es im Rahmen einer nunmehr gemäß § 3 I Nr. 1 UmwG möglichen **Verschmelzung** unter Beteiligung
einer eingetragenen GbR (vgl. §§ 39 ff. UmwG) zur Aufnahme in eine bestehende Gesellschaft, gilt § 721a für die neuen Gesellschafter (vgl. zu OHG und
KG Henssler/Strohn/Steitz HGB § 130 Rn. 5).

7   Beim **fehlerhaften Beitritt** (→ § 712 Rn. 21 ff.), gilt § 721a ebenfalls (vgl.
BGH NJW 1966, 107; 1988, 1321; 1992, 1501 (1502). Der Eintretende kann
sich daher nur mit Wirkung für die Zukunft lösen. Bei der **fehlerhaften
Anteilsübertragung** ist zu differenzieren: Erfolgt die Übertragung der Gesellschafterstellung **durch Doppelvertrag** (→ § 711 Rn. 7) beansprucht die

sowie die Modalitäten der Haftung (ggf. Subsidiarität der Gesellschafterhaftung gegenüber der Haftung der Gesellschaft) festzulegen (vgl. näher $\rightarrow$ § 721 Rn. 15). Im Wege eines Vertrages zugunsten Dritter gemäß § 328 kann bereits im Voraus die Haftung zugunsten künftiger Gesellschafter beschränkt werden. Eine ausdrückliche Einbeziehung wird der Eintretende später honorieren, wenn er dadurch ggf. bestehende Unklarheiten und Unsicherheiten im Hinblick auf die Reichweite einer solchen Klausel vermeiden kann. Dies kann insbesondere potenzielle Investoren positiv beeinflussen und zu einer Beteiligung bewegen, da sie dadurch in gewissem Umfang das Risiko begrenzen können. Die Schattenseite bleibt freilich immer noch die Haftung für gesetzliche Verbindlichkeiten, die auf diese Art und Weise (schon wegen der Unbekanntheit der potenziellen Gläubiger) nicht ausgeschlossen bzw. beschränkt werden kann.

In Bezug auf **Vereinbarungen zwischen den Gesellschaftern** kann etwa **13** vereinbart werden, dass im Innenverhältnis allein die früheren Gesellschafter die anfallenden Kosten zu tragen haben und dem Eintretenden demzufolge bei einer erfolgreichen Inanspruchnahme durch einen Gesellschaftsgläubiger ein entsprechender Regressanspruch in voller Höhe gegen die bisherigen Gesellschafter zusteht. Bei Regress- sowie Freistellungsansprüchen ist zudem zwischen den Ansprüchen gegen die Gesellschaft einerseits und Ansprüchen gegen die Mitgesellschafter andererseits zu differenzieren (vgl. auch MüKoHGB/K. Schmidt/ Drescher HGB § 130 Rn. 22). Angesichts der engen Grenzen für die Möglichkeit der Inanspruchnahme der Mitgesellschafter aufgrund des Mehrbelastungsverbots (§ 710) bedarf es einer ausdrücklichen gesellschaftsvertraglichen Regelung, wenn darüber hinaus Zahlungspflichten der Gesellschafter begründet werden sollen (vgl. näher $\rightarrow$ § 710 Rn. 10 ff.).

§ 721b Einwendungen und Einreden des Gesellschafters

(1) **Wird ein Gesellschafter wegen einer Verbindlichkeit der Gesellschaft in Anspruch genommen, kann er Einwendungen und Einreden, die nicht in seiner Person begründet sind, insoweit geltend machen, als sie von der Gesellschaft erhoben werden können.**

(2) **Der Gesellschafter kann die Befriedigung des Gläubigers verweigern, solange der Gesellschaft in Ansehung der Verbindlichkeit das Recht zur Anfechtung oder Aufrechnung oder ein anderes Gestaltungsrecht, dessen Ausübung die Gesellschaft ihrerseits zur Leistungsverweigerung berechtigen würde, zusteht.**

Übersicht

I. Reform

1. Grundlagen, Bewertung

1 Die Neuregelung kodifiziert in Anlehnung an § 129 HGB aF (nunmehr § 128 HGB) spezielle, aus der Akzessorietät der Gesellschafterhaftung resultierende **Verteidigungsmöglichkeiten eines Gesellschafters,** wenn und soweit dieser nach Maßgabe von §§ 721, 721a in Anspruch genommen wird. Dies war nach früherem Recht bereits auf der Grundlage einer Analogie zu § 129 HGB aF anerkannt (vgl. BGH NJW-RR 2006, 1268). Die Neuregelung bringt neben der begrüßenswerten Rechtssicherheit und -klarheit dennoch einige **begrüßenswerte Klarstellungen:** Nach Abs. 1 wird nunmehr ausdrücklich geregelt, dass sich die Verteidigungsmöglichkeiten des Inanspruchgenommenen nicht nur auf die der Gesellschaft zustehenden Einwendungen bezieht, sondern auch auf deren Einreden (→ Rn. 6); dies war früher freilich bereits allgM (vgl. nur Henssler/Strohn/Seitz HGB § 129 Rn. 2). Zudem wurde der **missglückte Wortlaut von § 129 III HGB aF aufgegeben,** indem der neue Abs. 2 richtigerweise die dem Haftenden zustehende Einrede der Anfechtbarkeit und Aufrechenbarkeit daran anknüpft, dass der Gesellschaft diese Gestaltungsrechte zustehen und nicht dem Gläubiger (→ Rn. 4, 6); auch dies war freilich früher bereits allgemein anerkannt (vgl. BGH NJW 1965, 627). Die Neuregelung entspricht § 721a-E des Mauracher Entwurfs.

2. Zeitlicher Geltungsbereich

2 § 721b tritt gemäß Art. 137 S. 1 MoPeG am **1.1.2024** in Kraft, eine Übergangsregelung ist nicht vorgesehen. Im Umkehrschluss aus Art. 229 § 61 EGBGB folgt daher, dass die Regelung auch auf Altgesellschaften ab dem Zeitpunkt des Inkrafttretens Anwendung findet. Maßgeblicher Zeitpunkt ist nach dem Prinzip lex temporis actus (→ § 705 Rn. 3) die Verwirklichung des Tatbestands der Gesellschafterhaftung, mithin Entstehen der Gesellschaftsverbindlichkeit und Gesellschafterstellung. Dies bringt indessen keine Übergangsprobleme mit sich, da der Regelungsgehalt von § 721b bereits bislang allgemein anerkannt war. Auf das Entstehen der Einrede bzw. Einwendung kommt es nicht an.

II. Normzweck

3 Die **Akzessorietät** der Gesellschafterhaftung ergibt sich im Grunde bereits aus **§ 721;** hiernach richtet sich die Haftung ähnlich der Bürgschaft grundsätzlich auf das, was die GbR schuldet (→ § 721 Rn. 10). Dies betrifft **Bestand**

und Umfang der Gesellschaftsverbindlichkeit sowie ihre **Durchsetzbarkeit** durch den Gläubiger. Die allgemeinen Voraussetzungen für die gerichtliche Durchsetzung der Gesellschafterhaftung durch einen Gläubiger im Hinblick auf die **Darlegungs- und Beweislast** gelten somit im Rahmen eines Haftungsprozesses gleichermaßen (vgl. → § 721 Rn. 20). Nachträgliche Veränderungen des Schuldinhalts durch einseitige Maßnahmen (z.B. Erfüllung) oder durch Vereinbarungen zwischen GbR und Gläubiger, zB Stundung oder (Teil-)Erlass, wirken auch zugunsten der Gesellschafter (BGH NJW 1967, 2155). Auf § 721b kommt es insofern nicht an; hierauf kann sich der Gesellschafter in jedem Fall berufen. Das gilt insbesondere, wenn eine Gesellschaftsverbindlichkeit **infolge Aufrechnung oder Anfechtung** durch die GbR oder den Gläubiger bzw. durch die Ausübung eines anderen Gestaltungsrechts **erloschen** ist. Abs. 1 stellt dies daher letztlich bloß klar (→ Rn. 5). Auf Abs. 2 kommt es indessen an, wenn lediglich die Möglichkeit zur Ausübung eines solchen Gestaltungsrechts durch die GbR besteht; dann kann der Gesellschafter eine entsprechende Einrede der Anfechtbarkeit bzw. Aufrechenbarkeit erheben, die der GbR als solches nicht zusteht (→ Rn. 9). – Im Hinblick auf die Verjährung und andere Einreden der GbR gilt dies gleichermaßen: Hat die Gesellschaft bereits gemäß § 214 die **Einrede der Verjährung erhoben,** gilt dies auch zugunsten des in Anspruch genommenen Gesellschafters; Abs. 1 ist insofern ebenfalls lediglich klarstellend. Steht aber der GbR bislang lediglich **die Möglichkeit zur Erhebung** der Einrede der Verjährung zu, ist dies aber noch nicht erfolgt ist, kann der in Anspruch genommene Gesellschafter sich im Rahmen der Haftung selbst auf diese Einrede berufen und die Leistung verweigern (→ Rn. 6). – Darüber hinaus ist es stets auch möglich, dass der Gesellschafter sich gegenüber seiner Haftung mit **eigenen Einreden oder Einwendungen** verteidigt, was § 721b nicht explizit regelt, sondern voraussetzt (→ Rn. 10).

III. Anwendungsbereich

§ 721b gilt bei **jeder rechtsfähigen GbR,** unabhängig von der Eintragung ins Gesellschaftsregister (Begr. S. 164); vgl. früher bereits zur OHG BGH NJW 1966, 107; 1988, 1321 (1323)). Bei der nicht rechtsfähigen Gesellschaft scheidet die Gesellschafterhaftung mangels Gesellschaftsverbindlichkeit kategorisch aus (→ § 740 Rn. 8); Pflichten der Gesellschafter gegenüber Dritten werden hier von vornherein allein individuell begründet (vgl. Bachmann NZG 2020, 612 (616): „Individualistisches Haftungsmuster"). Bei der fehlerhaften Gesellschaft und beim fehlerhaften Beitritt (→ § 719 Rn. 21 ff.) gilt sie so lange, bis die Gesellschaft infolge der Geltendmachung des Mangels vollbeendet wurde (→ § 721a Rn. 7). Ein **ausgeschiedener Gesellschafter** kann sich vollumfänglich auf die Akzessorietät der Gesellschafterhaftung und § 721b berufen, da die Nachhaftung gemäß § 728b auf seiner früheren Gesellschafterstellung beruht (→ § 728b Rn. 8 ff.). Die Gesellschafterhaftung gilt auch während der **Auflösung** sowie nach Maßgabe von § 739 im Rahmen der Nachhaftung nach Vollbeendigung der GbR (→ § 739 Rn. 7 ff.). – Bei der **Scheingesellschaft** (→ § 719 Rn. 26 ff.) **4** haften die vermeintlichen Gesellschafter ebenfalls nach §§ 721 ff., wenn sie den Rechtsschein der GbR und ihrer Mitgliedschaft gesetzt haben. – Bei OHG und KG gelten die §§ 126 ff., 171 ff. HGB; bei der **Partnerschaftsgesellschaft** gilt § 8 I PartGG, der auf § 721b verweist.

IV. Einwendungen und Einreden der GbR (Abs. 1)

1. Einwendungen

5   Ein Gesellschafter kann sich gemäß Abs. 1 Alt. 1 gegen die persönliche Inanspruchnahme aus Haftung mit allen **rechtshindernden oder rechtsvernichtenden** Einwendungen verteidigen, die in Bezug auf die Gesellschaftsverbindlichkeit bestehen. Die Regelung ist insofern überflüssig bzw. lediglich klarstellend, als die anspruchsbegründenden Voraussetzungen für die Gesellschafterhaftung im Hinblick auf die zugrunde liegende Gesellschaftsverbindlichkeit ohnehin vom Gläubiger darzulegen und zu beweisen sind (→ § 721 Rn. 20) und die Wirksamkeitshindernisse bzw. Unwirksamkeitsgründe insofern ohne weiteres **von Rechts wegen zu beachten** sind (MüKoBGB/Schäfer § 714 Rn. 52). Der Wortlaut „geltend machen" ist daher in Bezug auf die Einwendungen ungenau. Im Kern geht es allein darum, dass der in Anspruch genommene Gesellschafter sich im Rahmen eines (isolierten) Haftungsprozesses auch auf diejenigen Einwendungen „berufen" kann, für die der **Schuldner die Darlegungs- und Beweislast** trägt. Dies betrifft vor allem die Erfüllung, ausgeübte Gestaltungsrechte, Erlass, Verzicht, pactum de non petendo, Unmöglichkeit, Verwirkung, mangelnde Fälligkeit, etc. Auch insofern hätte es der expliziten Regelung aber richtigerweise nicht bedurft, weil diese Möglichkeit bereits Folge der **Akzessorietät** der Gesellschafterhaftung ist.

2. Einreden

6   Gemäß Abs. 1 Alt. 2 kann der in Anspruch genommene Gesellschafter im Hinblick auf seine Haftung auch **die der Gesellschaft zustehenden Einreden** erheben (der Wortlaut spricht ungenau von „geltend machen"). Die Regelung setzt voraus, dass dies noch nicht durch die Gesellschaft erfolgt ist. Andernfalls kann sich der Gesellschafter ohne weiteres hierauf wegen der Akzessorietät der Haftung berufen, ohne dass es auf Abs. 1 ankäme (→ Rn. 4 f.). Die Vorschrift schützt so gerade diejenigen Gesellschafter, die mangels Vertretungsmacht nicht für die Gesellschaft handeln können. Praktisch bedeutsam ist die Regelung vor allem in Bezug auf die Einrede des **nichterfüllten Vertrages** (§ 320), der GbR zustehende **Zurückbehaltungsrechte** (§ 273) und die Einrede der **Verjährung** (§ 214; vgl. hierzu bereits BGH NJW 1988, 1976; 1982, 2443; 1981, 2579). – Die Einreden müssen sich auf das Verhältnis zwischen rechtsfähiger GbR und Gläubiger beziehen, was insbesondere auch für den **Beginn** der kenntnisabhängigen Verjährung bedeutsam ist (vgl. BGH NZG 2010, 264 (267); Hofmeister NZG 2002, 851 (854)). Umstände, die allein das Verhältnis des in Anspruch genommenen Gesellschafters zum Gläubiger betreffen, fallen nicht unter Abs. 1, sondern begründen ggf. persönliche Einreden (→ Rn. 10).

Im Übrigen wirken aber die **Hemmungstatbestände** gemäß § 203 ff. **7** und der Neubeginn der Verjährung gemäß § 212 auch zulasten des Gesellschafters (vgl. BGH NJW 1981, 175 (176), wonach dies aber nicht nach Ausscheiden eines Gesellschafters gelten soll, was nicht überzeugt). Dies gilt aber richtigerweise nicht umgekehrt zu Lasten der GbR (Henssler/Strohn/ Seitz HGB § 129 Rn. 7). Die Klage eines Gläubigers allein gegen einen Gesellschafter unterbricht daher nicht die Verjährung der Gesellschaftsverbindlichkeit. Es ist aber dem verklagten Gesellschafter verwehrt, sich auf die Verjährung zu berufen (BGH NJW 1988, 1976). Würde man dies abweichend beurteilen, wäre die Unmittelbarkeit der Haftung konterkariert, weil der Gläubiger stets sogleich die GbR mit verklagen müsste. Andere Gesellschafter können sich gleichwohl gemäß § 425 II auf die Verjährung der Gesellschaftsverbindlichkeit berufen, wenn in ihrer Person kein Hemmungs- oder Unterbrechungstatbestand verwirklicht wurde.

3. Bindungswirkung von Urteilen

Ein **stattgebendes Urteil gegen die GbR** entfaltet wegen der Akzesso- **8** rietät (richtigerweise nicht infolge Rechtskraft, vgl. BGH NJW 2011, 2048 (2049)) auch Bindungswirkung zu Lasten eines Gesellschafters im Rahmen der Haftung (BGH NJW 1979, 1546; NZG 2018, 497 (498); NJW-RR 2008, 1484 (1486); zu § 178 III InsO, § 203 II InsO BGH NZG 2018, 497 (498)), wenn keine Titelerschleichung gemäß § 826 vorliegt (vgl. BGH BB 1996, 341 (342); OLG Düsseldorf NZG 2001, 890). Auf die Beteiligung des Gesellschafters am bisherigen Rechtsstreit kommt es nicht an (MüKoHGB/ K. Schmidt/Drescher HGB § 129 Rn. 13; einschränkend Klimke ZGR 2006, 540, 552 ff.). Dies gilt auch für die Verjährung gemäß § 197 I Nr. 3 (vgl. aber die Sonderverjährung nach Ausscheiden und Auflösung als persönliche Einwendungen → Rn. 10). Nachträgliche Umstände, die eine Vollstreckungsgegenklage der GbR gemäß § 767 II ZPO rechtfertigen würden, kann der Gesellschafter dem Gläubiger ohne weiteres entgegengehalten (RGZ 124, 146 (152); Henssler/Strohn/Seitz HGB § 129 Rn. 9). – Eine **Klageabweisung** zugunsten der Gesellschaft wirkt wegen der Akzessorietät auch zugunsten des Gesellschafters (RGZ 49, 340 (343); RGZ 102, 301), auch zugunsten des Ausgeschiedenen (BGH NZG 2018, 497 (498 ff.)). – Umgekehrt gibt es aber keine Bindungswirkung zugunsten oder zulasten der GbR im Hinblick auf einen vorherigen Haftungsprozess (vgl. BGH NJW 2011, 2084 (2049)).

V. Anfechtbarkeit und Aufrechenbarkeit (Abs. 2)

Die Neuregelung stellt ausdrücklich klar, dass sich ein Gesellschafter gegen **9** die eigene Inanspruchnahme im Rahmen der Haftung auch damit verteidigen kann, dass es der **Gesellschaft möglich** wäre, in Bezug auf die konkrete Gesellschaftsverbindlichkeit ein **Gestaltungsrecht auszuüben,** welches der Forderung des Dritten entgegensteht (vgl. bislang missverständlich § 129 II und III HGB aF, → Rn. 1). Wie bislang betrifft dies vor allem die Möglichkeit der Anfechtung und Aufrechnung, ebenso aber auch Kündigung, Rücktritt,

Widerruf, Minderung etc. Diese tatbestandliche Weite war bereits bislang anerkannt (hM, vgl. Henssler/Strohn/Seitz HGB § 129 Rn. 15; MüKoHGB/K. Schmidt/Drescher HGB § 129 Rn. 6). Da die Regelung voraussetzt, dass das betreffende Gestaltungsrecht noch nicht ausgeübt wurde, begründet Abs. 2 entsprechend eine dilatorische **Einrede des Gesellschafters** (vgl. Henssler/ Strohn/Seitz HGB § 129 Rn. 15: Abweisung der erhobenen Klage als derzeit unbegründet). Der Gesellschaft selbst steht eine solche Einrede nicht zu. Ist der in Anspruch genommene Gesellschafter selbst einzelvertretungsbefugt, kann er die betreffenden Rechte freilich auch im Namen der GbR ausüben, sodass dann infolge der allgemeinen Akzessorietät bzw. Abs. 1 die eigene Haftung wegen Erlöschens ausgeschlossen ist. Praktisch bedeutsam ist Abs. 2 daher vor allem dann, wenn ein Gesellschafter **keine Vertretungsmacht** hat. – Voraussetzung ist aber stets, dass das betreffende Gestaltungsrecht tatbestandlich verwirklicht ist. Dies betrifft vor allem Aufrechnungsverbote (vgl. BGH NJW 1965, 627) und die Fristwahrung. Im Rahmen von §§ 121, 124 kommt es entsprechend § 31 auf die Kenntnisse der vertretungsbefugten Gesellschafter an (vgl. § 720 V), nicht die des konkret Inanspruchgenommenen, wenn er von der Vertretung ausgeschlossen ist. – Steht (ggf. sogar allein) dem Gesellschaftsgläubiger die Möglichkeit zur Ausübung eines Gestaltungsrechts zu, hindert dies die Haftung nicht (vgl. BGH NJW 1965, 627).

VI. Persönliche Einreden und Einwendungen

10   Abs. 1 stellt klar, dass ein Gesellschafter im Rahmen der Haftung ohne weiteres auch persönliche Einwendungen und Einreden gegen die Inanspruchnahme erheben kann („die nicht in seiner Person begründet sind"). Dies betrifft zunächst die **Haftungsbegrenzung** nach Ausscheiden aus der Gesellschaft (→ § 728b Rn. 15) sowie die **Sonderverjährung** nach Vollbeendigung der GbR → § 739 Rn. 11). Im Übrigen unterliegt die Verjährung der Haftung wegen der Akzessorietät aber der der Gesellschaftsverbindlichkeit (→ Rn. 6). Darüber hinaus kann der in Anspruch genommene Gesellschafter aber auch geltend machen, dass der Gläubiger ihm gegenüber auf die Forderung verzichtet hat oder eine Stundungsvereinbarung vorliegt (was freilich den Innenregress grundsätzlich nicht tangiert, vgl. → § 721 Rn. 21 ff.). Auch die **Aufrechnung** mit einer eigenen Forderung des Gesellschafters gegen den Gläubiger ist möglich (BGH NJW 2014, 1107 (1108 ff.)). Die Darlegung- und Beweislast für diese persönlichen Verteidigungen trägt der in Anspruch genommene Gesellschafter.

VII. Gestaltungsfreiheit

11   § 721a ist **grundsätzlich zwingend;** eine gesellschaftsvertragliche Regelung vermag daher die Akzessorietät nicht zulasten der Gesellschafter einzuschränken. Hiervon abzugrenzen ist aber die **Verstärkung der Gesellschafterhaftung** mittel rechtsgeschäftlicher Vereinbarungen der Gesellschafter mit den Gläubigern. Praktisch bedeutsam ist dies vor allem bei **Publikumsgesellschaften.** Deren Gesellschafter können sich individuell an der Finanzierung beteiligen, mithin ebenso Darlehensnehmer werden, wie die Gesellschaft ein hierauf gerichtetes **Schuldanerkenntnis** abgeben und sich insofern der **sofortigen Zwangsvollstreckung** unterwerfen kann. Im Ausgangspunkt spricht nichts dagegen, diesen Gestaltungen Wirksamkeit zuzusprechen, zumal die Vereinbarung regelmäßig in eine quotale Haftungsbeschränkung eingebettet ist. Problematisch ist jedoch, dass hierüber der Schutz, den die Gesellschafter im Bereich der Haftung über die **Akzessorietät** genießen (vgl. insofern auch § 721b), weitgehend **leerläuft.** Jedenfalls AGB-mäßige Verpflichtungen einer abstrakten Einstandspflicht oder der Unterwerfung unter die sofortige Zwangsvollstreckung sollten daher als unangemessene Benachteiligung gem. § 307 unwirksam sein, selbst, wenn die Haftung quotal beschränkt ist (abw. BGH NJW-RR 2006, 683). – Darüber hinaus kann auch eine **Vollmacht** zu einer solchen rechtsgeschäftlichen Verpflichtung wegen Verstoßes gegen § 3 RDG nichtig sein mit der Folge, dass die Verpflichtung gem. § 177 BGB schwebend unwirksam ist (vgl. BGH NJW-RR 2007, 1199 und BGH NJW-RR 2007, 1202 für den Fall, dass der Vollmacht ein weitreichender Auftrag zugrunde lag, die Interessen des Gesellschafters zu vertreten). Beschränkt sich die Vollmacht jedoch auf die Wahrung wirtschaftlicher Interessen, scheidet die Nichtigkeit aus (BGH NJW 2011, 2040 Rn. 19).

VIII. Kautelarischer Handlungsbedarf infolge des MoPeG

Indem § 721b allein die bisherige (gesetzlich nicht ausdrücklich geregelte) **12** Rechtslage widerspiegelt, besteht **kein akuter Handlungsbedarf.** Die Regelung bringt vordergründig mehr Rechtsklarheit mit sich. Gestaltungsoptionen könnten sich ggf. unter dem Gesichtspunkt einer beabsichtigten Haftungsbeschränkung durch individuelle Vereinbarungen mit den Gläubigern angesichts des gestiegenen Haftungsrisikos des einzelnen Gesellschafters ergeben (vgl. → § 721 Rn. 13). Unter Umständen kann freilich auch ein Bedürfnis nach einer Haftungsverstärkung der Gesellschafterhaftung bestehen (vgl. auch → § 721 Rn. 18). – Eine Beschränkung der Gesellschafterhaftung kann auch durch Einräumung von Einreden geschehen, die entweder allen oder einzelnen Gesellschaftern zustehen (zum Gleichbehandlungsgebot vgl. → § 709 Rn. 19). In Betracht kommt etwa die Vereinbarung einer kürzeren Verjährungsfrist, die Einrede der vorrangigen Befriedigung aus dem Gesellschaftsvermögen (Subsidiarität der Gesellschafterhaftung), individuelle Stundungsabreden ua (vgl. auch → § 721 Rn. 15). – Durch Vereinbarung eines Gesellschafters mit einem Gesellschaftsgläubiger kann andererseits die Gesellschafterhaftung dadurch aufgewertet werden, dass eine eigene Verbindlichkeit des Gesellschafters begründet wird (vgl. → Rn. 11). Der Charme dieser zusätzlichen Absicherung für die Gläubiger liegt nicht zuletzt in der grundsätzlichen Unabhängigkeit der Gesellschafterverbindlichkeit von der Gesellschafterstellung. Die Haftung aus einer Bürgschaft unterliegt zB nicht der zeitlichen Begrenzung nach §§ 137, 151 HGB (vgl. auch Oetker/Boesche § 128 HGB Rn. 14). Dieser Gesichtspunkt ist freilich zugleich der Grund für mögliche Zweifel an der Wirksamkeit solcher Klauseln. Insbesondere AGB-mäßige Verpflichtungen der Gesellschafter sind daher kritisch zu sehen (vgl. → § 721 Rn. 15).

§ 722 **Zwangsvollstreckung gegen die Gesellschaft oder gegen ihre Gesellschafter**

(1) **Zur Zwangsvollstreckung in das Vermögen der Gesellschaft ist ein gegen die Gesellschaft gerichteter Vollstreckungstitel erforderlich.**

(2) **Aus einem gegen die Gesellschaft gerichteten Vollstreckungstitel findet die Zwangsvollstreckung gegen die Gesellschafter nicht statt.**

Übersicht

I. Reform

1. Grundlagen, Bewertung

1   Der neue § 722 verwirklicht durch ein **vollstreckungsrechtliches Trennungsgebot** konsequent die Anerkennung der Rechtsfähigkeit einer GbR als Trägerin ihres eigenen Gesellschaftsvermögens (§ 713) und die Unterscheidung von Gesellschaftsverbindlichkeit und Gesellschafterhaftung. Bereits nach früherem Recht bedurfte es freilich abweichend von § 736 ZPO aF bei der Außen-GbR in entsprechender Anwendung von **§ 124 II HGB aF** eines Vollstreckungstitels gegen diese, um auf deren Gesellschaftsvermögen zuzugreifen (vgl. BGH NJW 2001, 1056). Auch wurde **§ 129 IV HGB aF** bei der Außen-GbR entsprechend angewandt, wonach im Fall des Zugriffs auf das Privatvermögen der Gesellschafter ein gegen diese gerichteter Titel erforderlich ist (vgl. BGH NJW 2007, 1813). Die Reform brachte daher letztlich vor allem eine begrüßenswerte **Klarstellung.** – Im Übrigen regelt § 736 ZPO ergänzend die Möglichkeit, dass bei nachträglicher Eintragung einer GbR ins Gesellschaftsregister die Zwangsvollstreckung auch ohne Titelumschreibung durch oder gegen die nunmehr eingetragene Gesellschaft betrieben werden kann (→ Rn. 8).

2. Zeitlicher Geltungsbereich

2   § 722 tritt gemäß Art. 137 S. 1 MoPeG am **1.1.2024** in Kraft. Eine **Übergangsregelung** enthält **§ 45 EGZPO** (Art. 33 MoPeG) im Hinblick auf die Zwangsvollstreckung in das Vermögen der rechtsfähigen GbR aus einem zuvor erwirkten Titel (→ Rn. 9). Danach genügt zur Zwangsvollstreckung deren Vermögen ein gegen alle Gesellschafter gerichteter Vollstreckungstitel, wenn dieser vor dem 1.1.2024 erwirkt wurde. Ausweislich der Gesetzesbegründung soll einem Gesellschaftsgläubiger, der wegen der persönlichen Haftung der Gesellschafter für eine Gesellschaftsverbindlichkeit einen Vollstreckungstitel gegen alle Gesellschafter erwirkt hat, die (dogmatisch fragwürdige auch nach früherem Recht!) **zusätzliche Vollstreckungsmöglichkeit** in das Gesellschaftsvermögen nicht nachträglich genommen werden (Begr. S. 201). – **Zukünftig** bedarf es aber für die Zwangsvollstreckung in das Vermögen einer rechtsfähigen GbR gemäß § 722 (ggf. bei eingetragenen GbR iVm § 736 ZPO) eines gegen die rechtsfähige Gesellschaft selbst gerichteten Vollstreckungstitels, was freilich bereits vor der Reform weitgehend der Regelfall war (→ Rn. 1). Dies betrifft **auch Altgesellschaften,** was aber keine Übergangsprobleme mit sich bringt, da der Regelungsgehalt von § 722 bereits bislang allgemein anerkannt war. Der maßgebliche Anknüpfungspunkt für die zeitliche Anwendbarkeit der Neuregelung ist nach dem Grundsatz lex temporis actus (→ § 705 Rn. 3) der Zeitpunkt der Erwirkung des Vollstreckungstitels. Für Vollstreckungstitel, die ab 1.1.2024 erwirkt werden, gilt somit ausschließlich § 722. Bei eingetragenen GbR ist zudem die Regelung des § 736 ZPO zu beachten (→ Rn. 7 f.).

II. Normzweck, Anwendungsbereich

§ 722 zwingt die Gesellschaftsgläubiger bei der Geltendmachung von **3** Ansprüchen gegen die GbR und deren Gesellschafter, die Rechtsfähigkeit der Gesellschaft zu respektieren. Um auf das **Gesellschaftsvermögen** oder das **Privatvermögen** der Gesellschafter im Wege der Zwangsvollstreckung zugreifen zu können, müssen nämlich **unterschiedliche rechtskräftige Titel** erstritten werden. Abweichend vom früher bereits bei der Außen-GbR obsolet gewordenen § 736 ZPO aF genügt es nicht, gegen die Gesellschafter in ihrer gemeinschaftlichen Verbundenheit vorzugehen, auch nicht bei zweigliedrigen GbR. Dies überzeugt, denn hierdurch wird im Erkenntnisverfahren gewährleistet, dass die materiell-rechtlichen Voraussetzungen der Gesellschaftsverbindlichkeit und der hiervon abgrenzbaren Gesellschafterhaftung dezidiert und differenziert gewürdigt werden, was im formalisierten Vollstreckungsverfahren nicht nachgeholt werden kann (Begr. S. 168 unter Hinweis auf OLG Schleswig WM 2006, 583; Wertenbruch ZIP 2019, 2082 (2089)). Im Übrigen vollzieht die Neuregelung durch die klare vollstreckungsrechtliche Trennung auch konsequent und begrüßenswert die **Aufgabe des Gesamthandsvermögens** bei der GbR (vgl. → § 713 Rn. 9).

§ 722 gilt bei **jeder rechtsfähigen GbR,** unabhängig von der Eintragung **4** ins Gesellschaftsregister (vgl. auch § 736 ZPO, → Rn. 7). Eine nicht rechtsfähige Gesellschaft kann mangels Rechtsfähigkeit nicht verklagt werden; mangels Gesellschaftsvermögens (§ 740 I) kann hierein auch nicht vollstreckt werden. Die prozessualen und zwangsvollstreckungsrechtlichen Aspekte werden insofern rein individualistisch begründet (→ § 740 Rn. 8). – Die Regelung gilt auch während des Liquidationsverfahrens. **Nach Vollbeendigung** und Löschung der GbR kann aus einem zuvor erwirkten Titel gegen die (frühere) GbR ohne weiteres vollstreckt werden, wenn sich entsprechendes Gesellschaftsvermögen offenbart. Ein neuer Titel iSv Abs. 1 gegen die GbR kann aber allein im Rahmen der Nachtragsliquidation erwirkt werden (→ § 738 Rn. 14). Wegen der Nachhaftung der Gesellschafter gemäß § 739 (→ § 739 Rn. 7 ff.) kann gegen diese aber auch nach Vollbeendigung der GbR ohne weiteres ein Titel iSv Abs. 2 erwirkt werden. Das Gleiche gilt nach Ausscheiden eines Gesellschafters (→ § 728b Rn. 8 ff.). – Bei der **fehlerhaften Gesellschaft** (→ § 719 Rn. 21 ff.) gilt sie so lange, bis die Gesellschaft infolge der Geltendmachung des Mangels vollbeendet wurde (→ § 721a Rn. 7). Bei der **Scheingesellschaft** hat § 722 keine Relevanz, weil hieraus nur Rechtsfolgen für die Gesellschafter resultieren, ohne dass zugleich auch die Existenz einer rechtsfähigen GbR als solche fingiert wird (→ § 705 Rn. 26 ff.). – Bei der **Partnerschaftsgesellschaft** gilt die Regelung gemäß § 1 IV PartGG; bei OHG und KG gilt § 129 HGB.

III. Gegenstand der Zwangsvollstreckung

5   § 722 ist die notwendige Konsequenz der **Rechtsfähigkeit der GbR** in Abgrenzung zur eigenen Rechtsfähigkeit ihrer Mitgesellschafter: Indem hiernach die GbR selbst und nicht die Gesellschafter in gemeinschaftlicher Verbundenheit am Rechtsverkehr teilnimmt, richten sich Ansprüche unmittelbar gegen sie. Aus der Differenzierung von **Gesellschaftsverbindlichkeit und Gesellschafterhaftung** folgt weiter, dass zur Realisierung der Gesellschaftsverbindlichkeiten allein auf das Gesellschaftsvermögen gemäß § 713 zugegriffen werden kann; das Privatvermögen der Gesellschafter ist allein Zugriffsobjekt für deren hiervon abzugrenzende akzessorische Haftung nach Maßgabe von §§ § 721 ff. Diese **vollstreckungsrechtliche Trennung** (vgl. Schäfer Neues PersGesR/Habersack § 4 Rn. 4) setzt sich im Hinblick auf die Zwangsvollstreckung gemäß §§ 704 ff. ZPO fort: Möchte ein Gläubiger auf das Gesellschaftsvermögen zugreifen, bedarf es gemäß **Abs. 1** eines gegen die rechtsfähige GbR gerichteten Vollstreckungstitels; möchte er auf das Privatvermögen eines Gesellschafters zugreifen, bedarf es gemäß **Abs. 2** eines Vollstreckungstitels gegen den Gesellschafter im Hinblick auf die entsprechende Haftung.

6   Im **Umkehrschluss** hierzu ergibt sich, dass es nicht möglich ist, aus einem allein gegen einen oder alle Gesellschafter erstrittenen Titel auf das Gesellschaftsvermögen zuzugreifen (vgl. zur GmbH & Co. KG BayObLG NJW 1986, 2578; abw. aber trotz Anerkennung der Rechtsfähigkeit der Außen-GbR nach früherem Recht noch BGH NJW 2004, 3632; Thomas/Putzo/Seiler ZPO § 736 Rn. 4: bleibt zulässig). Der GbR steht insofern ggf. die Möglichkeit der **Erinnerung nach § 766 ZPO** offen (abw. MüKoHGB/K. Schmidt/Drescher HGB § 124 Rn. 30: Drittwiderspruchsklage gemäß § 771 ZPO). Auch kann aus einem für die Gesellschaftsverbindlichkeit gegenüber der GbR erstrittenen Titel auf das Privatvermögen der Gesellschafter nicht zugegriffen werden (soweit kein Fall der Gesamtrechtsnachfolge gemäß § 712a gegeben ist; vgl. bereits nach früherem Recht BGH MDR 2007, 1160; BayObLG NJW-RR 2002, 991). Für den Gesellschafter besteht insofern gleichermaßen die Möglichkeit der Erinnerung nach § 766 ZPO (abw. MüKoHGB/K. Schmidt/Drescher HGB § 124 Rn. 29: Drittwiderspruchs-

klage gemäß § 771 ZPO). Infolge der eindeutigen Trennung von Gesellschaftsverbindlichkeit und Gesellschafterhaftung ist spätestens seit der Reform eine bloße **Titelumschreibung gemäß § 727 ZPO nicht ausreichend,** um das Zugriffsobjekt im Rahmen der Zwangsvollstreckung zu verändern (vgl. zum früheren Recht BGH NJW 2007, 1813; Hadding ZGR 2001, 734; MüKoHGB/K. Schmidt/Drescher HGB § 129 Rn. 28). – Für die **Praxis** bietet es sich daher an, GbR und Gesellschafter gemeinschaftlich zu verklagen (so auch Begr. S. 168; vgl. → § 721 Rn. 19). Dies gilt insbesondere bei nicht eingetragenen GbR, bei denen aus der Perspektive eines Gläubigers nicht klar ist, ob es sich um eine rechtsfähige oder nicht-rechtsfähige Gesellschaft handelt.

IV. Besonderheiten bei eingetragenen GbR – § 736 ZPO

Die vollstreckungsrechtliche Trennung gemäß § 722 gilt bei eingetragenen 7 und nicht eingetragenen GbR. Es kann daher auch bei nicht eingetragenen GbR ein rechtskräftiger Vollstreckungstitel gegen diese erwirkt werden; umgekehrt kann auch eine nicht eingetragene GbR einen solchen Titel erwirken. § 736 ZPO bestimmt für den Fall, dass eine solche Gesellschaft nachträglich ins Gesellschaftsregister eingetragen wird, die Voraussetzungen, nach denen die **Zwangsvollstreckung durch oder gegen die nunmehr eingetragene Gesellschaft** betrieben werden kann. Eine Titelumschreibung ist damit entbehrlich (Begr. S. 202). Zur Wahrung der weitgehend formellen Betrachtungen im Zwangsvollstreckungsrecht sind die Voraussetzungen freilich sehr streng: Erforderlich ist die **identische Bezeichnung** der GbR im Vollstreckungstitel im Hinblick auf Name, Sitz oder Anschrift (vgl. insofern § 707 II Nr. 1; → § 707 Rn. 12) und der ggf. im Vollstreckungstitel aufgeführten Gesellschafter vgl. insofern § 707 II Nr. 2, → § 707 Rn. 15). Weitergehende Anforderungen bestehen nicht (vgl. Begr. S. 202: Aufzählung abschließend).

§ 736 ZPO Zwangsvollstreckung für oder gegen eine Gesellschaft bürgerli- 8
chen Rechts bei nachträglicher Eintragung im Gesellschaftsregister

Die Zwangsvollstreckung für oder gegen eine im Gesellschaftsregister eingetragene Gesellschaft bürgerlichen Rechts findet auch aus einem Vollstreckungstitel für oder gegen eine nicht im Gesellschaftsregister eingetragene Gesellschaft bürgerlichen Rechts statt, wenn

1. der in dem Vollstreckungstitel genannte Name und Sitz oder die Anschrift der Gesellschaft identisch sind mit dem Namen und Sitz oder der Anschrift der im Gesellschaftsregister eingetragenen Gesellschaft und
2. die gegebenenfalls in dem Vollstreckungstitel aufgeführten Gesellschafter der Gesellschaft identisch sind mit den Gesellschaftern der im Gesellschaftsregister eingetragenen Gesellschaft.

§ 45 EGZPO Übergangsvorschrift zum Personengesellschaftsrechtsmoderni- 9
sierungsgesetz

Zur Zwangsvollstreckung in das Vermögen einer rechtsfähigen Gesellschaft bürgerlichen Rechts im Sinne von § 705 Absatz 2 des Bürgerlichen Gesetzbuchs genügt ein gegen alle Gesellschafter gerichteter Vollstreckungstitel, wenn dieser vor dem 1. Januar 2024 erwirkt wurde.

V. Kautelarischer Handlungsbedarf infolge des MoPeG

10   Indem § 722 allein die bisherige (gesetzlich nicht ausdrücklich geregelte) Rechtslage widerspiegelt, besteht **kein akuter Handlungsbedarf.** Im Hinblick auf die Zwangsvollstreckung in das Gesellschaftsvermögen war nämlich bereits nach alter Rechtslage anerkannt, dass es hierzu grundsätzlich eines Vollstreckungstitels gegen die Gesellschaft selbst bedarf, wenngleich die Vollstreckung in das Gesellschaftsvermögen aus einem Vollstreckungstitel gegen alle Gesellschafter gemäß § 736 ZPO aF weiterhin geduldet wurde. Letzteres ist nach Inkrafttreten des § 722 nur noch im Anwendungsbereich des § 45 EGZPO zulässig, wenn bereits vor 1.1.2024 ein gegen alle Gesellschafter gerichteter Vollstreckungstitel erwirkt wurde (vgl. → Rn. 9). Eine Titelumschreibung ist in diesen Fällen nicht erforderlich. Zukünftig ist allerdings auf die strikte vollstreckungsrechtliche Trennung zwischen dem Gesellschaftsvermögen und dem Vermögen eines Gesellschafters zu achten. Insbesondere bei der **Unterwerfung unter die sofortige Zwangsvollstreckung** bedarf es einer klaren Regelung, wo sich der Gesellschafter selbst der sofortigen Zwangsvollstreckung unterwirft. Aus einer Unterwerfungserklärung der Gesellschaft kann auf eine Unterwerfung des Gesellschafters nicht geschlossen werden, auch nicht aufgrund seiner persönlichen Gesellschafterhaftung (vgl. MüKoBGB/Schäfer § 714 Rn. 53). Freilich kommt es stets an den Inhalt der jeweiligen Gesellschaftsverbindlichkeit und die hierin übernommenen Verpflichtungen der Gesellschafter an. Zu beachten ist zudem, dass auch in Ermangelung einer wirksamen Unterwerfungserklärung des Gesellschafters (insbesondere wegen eines Verstoßes der Vollmacht gegen § 3 RDG) die Rechtsprechung in bestimmten Fällen den Gesellschaftern die Berufung auf die Unwirksamkeit der Vollstreckungsunterwerfung nach dem Grundsatz von Treu und Glauben gemäß § 242 verwehrt (vgl. dahingehend BGH ZIP 2007, 1650 Rn. 28 ff.; zu Einschränkungen im Rahmen der Drittwiderspruchsklage nach § 242 wegen persönlicher Mithaftung BGH NJW 2004, 217; BGH; EBJS/Hillmann HGB § 129 Rn. 16; MüKoHGB/K. Schmidt/Drescher HGB § 129 Rn. 29).

11   Im Übrigen empfiehlt es sich, die **GbR und die Gesellschafter gemeinschaftlich zu verklagen** („samtverbindlich"), insbesondere wenn Zweifel an der Rechtsfähigkeit der GbR bestehen (vgl. → Rn. 6). Auch kann es ratsam sein, bei Klagen gegen eine nicht eingetragene GbR die Gesellschafter als identitätsstiftend mit anzugeben, um die Identität der GbR nachzuweisen (vgl. Heckschen/Nolting BB 2020, 2256). – Für die **Zwangsvollstreckung** in das unbewegliche Vermögen einer GbR ergeben sich angesichts des Voreintragungserfordernisses gemäß § 47 II GBO Besonderheiten. Auch der Fall, dass gegen eine grundbesitzhaltende GbR die Zwangsvollstreckung betrieben wird und zu ihren Lasten eine Zwangshypothek (§ 867 ZPO) oder eine Arresthypothek (§ 932 ZPO) eingetragen werden soll, löst nach Art. 229 § 21 Abs. 1 EGBGB an sich ein Voreintragungserfordernis aus (Begr. S. 218 f.).

Der Vollstreckungsgläubiger hat allerdings auf die Eintragung der GbR im Gesellschaftsregister selbst keinen Einfluss, die Anmeldung ist vielmehr freiwillig und durch sämtliche Gesellschafter zu bewirken. Er müsste daher grundsätzlich einen entsprechenden Titel gegen sämtliche Gesellschafter erwirken und anschließen vollstrecken. Diese Problematik wird daher nach dem Rechtsgedanken des § 14 GBO gelöst: die Berichtigung des Grundbuchs durch Eintragung eines Berechtigten kann auch von demjenigen beantragt werden, der aufgrund eines gegen den Berechtigten vollstreckbaren Titels eine Eintragung in das Grundbuch verlangen kann, sofern die Zulässigkeit dieser Eintragung von der vorherigen Berichtigung des Grundbuchs abhängt (Begr. S. 219). Voraussetzung hierfür ist freilich, dass der Gläubiger die Identität der im Grundbuch verlautbarten GbR mit der im Vollstreckungstitel bezeichneten GbR nachweist (Begr. S. 219).

Kapitel 4. Ausscheiden eines Gesellschafters

§ 723 Gründe für das Ausscheiden; Zeitpunkt des Ausscheidens

(1) **Folgende Gründe führen zum Ausscheiden eines Gesellschafters aus der Gesellschaft, sofern der Gesellschaftsvertrag für diese Fälle nicht die Auflösung der Gesellschaft vorsieht:**
1. **Tod des Gesellschafters;**
2. **Kündigung der Mitgliedschaft durch den Gesellschafter;**
3. **Eröffnung des Insolvenzverfahrens über das Vermögen des Gesellschafters;**
4. **Kündigung der Mitgliedschaft durch einen Privatgläubiger des Gesellschafters;**
5. **Ausschließung des Gesellschafters aus wichtigem Grund.**

(2) **Im Gesellschaftsvertrag können weitere Gründe für das Ausscheiden eines Gesellschafters vereinbart werden.**

(3) **Der Gesellschafter scheidet mit Eintritt des ihn betreffenden Ausscheidensgrundes aus, im Fall der Kündigung der Mitgliedschaft aber nicht vor Ablauf der Kündigungsfrist und im Fall der Ausschließung aus wichtigem Grund nicht vor Mitteilung des betreffenden Beschlusses an den auszuschließenden Gesellschafter.**

Übersicht

I. Reform

1. Grundlagen, Bewertung

1   § 723 regelt katalogartig und nicht abschließend die Gründe, die im gesetzlichen Regelfall zum Ausscheiden eines Gesellschafters führen. Sie **ähnelt § 130 HGB** im Recht der OHG und KG, wo der **Vorrang des Ausscheidens** in den genannten Tatbeständen bereits seit der Handelsrechtsreform 1998 galt (vgl. § 131 III HGB aF). Im bisherigen Recht der GbR sahen die insoweit maßgeblichen Regelungen das Ausscheiden gemäß § 736 aF allein dann vor, wenn dies im Gesellschaftsvertrag mittels Fortsetzungsklausel geregelt war: vgl. § 727 aF (Tod eines Gesellschafters), §§ 723, 724 aF (Kündigung durch einen Gesellschafter), § 728 II aF (Insolvenzverfahren über das Vermögen eines Gesellschafters), § 725 aF (Kündigung durch einen Privatgläubiger) und § 737 aF (Ausschließung eines Gesellschafters). Fehlte bislang eine solche Klausel, begründeten die genannten Tatbestände einen Auflösungstatbestand für die Gesamtgesellschaft; diese Rechtsfolge richtet sich nunmehr nach Maßgabe der in § 729 genannten Tatbestände. Infolge der Umstellung des gesetzlichen Leitbilds im Interesse der Unternehmenskontinuität hat der Gesetzgeber die in der Person des Gesellschafters liegenden, bisherigen Auflösungsgründe nunmehr zu Ausscheidensgründen umgewandelt (vgl. M. Noack NZG 2020, 581 (584)). Die Regelung ist im Wesentlichen identisch mit dem Mauracher Entwurf.

2   Die im Zuge der Reform bewirkte **Aufweichung der Höchstpersönlichkeit** des Rechtsverhältnisses der GbR-Gesellschafter untereinander (hierzu mit historischen Bezügen BeckOGK/von Proff § 727 Rn. 3) ist zu begrüßen. Wenngleich es bereits nach früherem Recht weit verbreitet war, mittels Fortsetzungsklausel den gesetzlich angelegten Vorrang der Auflösung zu vermeiden, sind die nunmehr klare Trennung von Ausscheiden und Auflösung und die Stärkung der gesetzlichen Ausscheidensgründe bedeutsame

Aspekte. Auch bei der GbR ist nun im Hinblick auf das **gesetzliche Leitbild** weniger die personale Verbundenheit der Gesellschafter in den Blick zu nehmen als die **Verbandskontinuität** (Begr. S. 106: von der Personen- zur Verbandskontinuität; vgl. demgegenüber noch explizit umgekehrt LSG Sachsen BeckRS 2019, 29094 Rn. 21; zum Ganzen aus historisch-rechtsvergleichender Perspektive Fleischer BB 2020, 1107). Dies überzeugt uneingeschränkt **auch bei nicht-unternehmenstragenden GbR** (kritisch aber im Hinblick auf die vielen kleinen GbR DIHK Stellungnahme S. 10) und darf vor allem nicht als Instrumentalisierung der GbR zugunsten von Drittinteressen missverstanden werden. Bei **Gelegenheitsgesellschaften** und kleinen GbR, wie zB den Ehegatten-GbR, muss diese Umstellung vom Grundsatz der Auflösung zum Ausscheiden indessen auch **kritisch hinterfragt** werden. Diese sind häufig gerade an eine bestimmte Personenzusammensetzung geknüpft, so dass der gestärkte Grundsatz der Unternehmenskontinuität gerade nicht passt und auch den Erwartungen der Gesellschafter nicht entspricht. § 723 konterkariert daher die die diesen Gesellschaften innewohnende Flexibilität. Zwar wird vielfach angeführt, dass diesem Problem insofern Rechnung getragen wird, als abweichende Regelungen im Gesellschaftsvertrag getroffen werden können. Allerdings geht dieser Ansatz gerade bei den Gelegenheitsgesellschaften fehl. Denn gerade derartige Gesellschaften verfügen meist nicht über einen hinreichenden Gesellschaftsvertrag. Im Ergebnis führt die Reform daher in der Praxis zu einem erhöhten **anwaltlichen Beratungsbedarf** bei Personenzusammenschlüssen.

Der nunmehr gesetzliche Vorrang ist nämlich in den praktisch bedeutsamsten Fällen (Kündigung, Tod) dispositiv. Zudem haben die verbleibenden Gesellschafter es stets ihrerseits in der Hand, auf das Ausscheiden eines Gesellschafters zu reagieren, sei es durch die eigene Kündigung der Mitgliedschaft oder durch die Herbeiführung der Auflösung der GbR als solche. Hierdurch kann dem bereits im historischen BGB anklingenden und nach wie vor Geltung beanspruchenden besonderen **Vertrauensverhältnis der Mitglieder** einer GbR (vgl. Mot. bei Mugdan II S. 91, 641) hinreichend Rechnung getragen werden. Die Bereitstellung **differenzierter dispositiver Rechtsbehelfe** im Hinblick auf die Beendigung der Mitgliedschaft und der Gesellschaft als solche ist daher kein Anlass, die Attraktivität der GbR für Gelegenheitsgesellschaften, reine Vermögensverwaltungen oder sonstige ideelle Zwecksetzungen infrage zu stellen. Im Hinblick auf die Kündigung ist im neuen Recht freilich im Zuge der **Auslegung** noch stärker als bislang zu unterscheiden, ob sich die Gestaltungserklärung auf die Mitgliedschaft bezieht oder auf die Gesellschaft.

2. Zeitlicher Geltungsbereich

Nach **Art. 229 § 61 EGBGB** (Art. 49 Nr. 2 MoPeG) gelten § 723 aF **4** bis einschließlich 728 aF mangels anderweitiger vertraglicher Vereinbarung weiter, wenn ein Gesellschafter bis zum 31.12.2024 die Anwendung dieser Vorschriften gegenüber der Gesellschaft schriftlich verlangt, bevor innerhalb dieser Frist ein zur Auflösung der Gesellschaft oder zum Ausscheiden eines

Gesellschafters führender Grund eintritt. Das Verlangen kann durch einen Gesellschafterbeschluss zurückgewiesen werden. Findet eine solche Zurückweisung nicht statt, gelten die §§ 723–728 in der vor dem 1.1.2024 geltenden Fassung zeitlich unbegrenzt weiter. Diese Rechtslage sollte trotz des unvollkommenen Verweises in Art. 229 § 61 EGBGB allein auf § 728 und nicht auch § 728a dahingehend korrigiert werden, dass sich die **Folgen des Ausscheidens** einheitlich nach altem oder neuem Recht richten.

II. Normzweck

5   § 723 stellt gesetzessystematisch prägnant klar, dass die in **Abs. 1** genannten **Tatbestände in der Person eines Gesellschafters** im dispositiven gesetzlichen Regelfall lediglich das **Ausscheiden** des Betroffenen hervorrufen und nicht mehr zur Auflösung der GbR führen. Die in Abs. 1 katalogartig und gemäß **Abs. 2 nicht abschließend** aufgeführten Auflösungsgründe sind allesamt **gesellschafter**bezogen, haben mithin ihren Grund in der Person des Gesellschafters (hiervon gesetzessystematisch abzugrenzen sind die **gesellschafts**bezogenen Auflösungsgründe in § 729, was für die Praxis Auslegungsprobleme nach sich zieht, wenn es darum geht, worauf sich eine Kündigung bezieht). Die Ausscheidensgründe Nr. 1–5 entsprechen weitgehend denen bei OHG und KG gemäß **§ 130 I HGB** (§ 131 III HGB aF). Sie waren bereits Gegenstand des bisherigen Rechts der GbR, führten dort aber im gesetzlichen Regelfall gemäß § 736 aF die Auflösung der Gesellschaft herbei: vgl. § 727 aF (Tod eines Gesellschafters), §§ 723, 724 aF (Kündigung durch einen Gesellschafter), § 728 II aF (Insolvenzverfahren über das Vermögen eines Gesellschafters), § 725 aF (Kündigung durch einen Privatgläubiger) und § 737 aF (Ausschließung eines Gesellschafters). Die Rechtsfolge der **Auflösung kann** in den genannten Tatbeständen aber auch nach neuem Recht aufgrund gesellschaftsvertraglicher Regelung **vereinbart** werden. – **Abs. 3** stellt klar, dass das Ausscheiden in den Fällen der fristgebundenen Kündigung frühestens mit Ablauf derselben erfolgt, bei der Ausschließung aus wichtigem Grund erst nach Mitteilung des betreffenden Beschlusses (→ Rn. 33). – Die Regelung wird für den Fall des Todes eines Gesellschafters ergänzt durch § 724, wonach die Erben des Verstorbenen bei einem vererblich gestellten Gesellschaftsanteil die Einräumung einer Kommanditistenstellung verlangen können.

III. Anwendungsbereich

6   § 723 gilt ohne weiteres bei jeder **rechtsfähigen GbR**. Das Ausscheiden eines Gesellschafters lässt den Fortbestand der Gesellschaft im Übrigen grundsätzlich unberührt. Es ist daher allein das Ausscheiden gemäß § 707 III 2 zur Eintragung ins Gesellschaftsregister anzumelden. Bei der **zweigliedrigen Gesellschaft** richten sich die Rechtsfolgen der Verwirklichung eines Ausscheidenstatbestands aber nach § 712a; die Gesellschaft wird sogleich vollbeendet und erlischt liquidationslos. Es ist mithin allein das Erlöschen nach

Maßgabe von § 738 einzutragen. – Die Ausscheidenstatbestände können auch bei einer **fehlerhaften Gesellschaft** (→ § 719 Rn. 21 ff.) verwirklicht werden. Nach Entdecken des Mangels besteht freilich vielfach die Möglichkeit, die Gesellschaft selbst nach Maßgabe von § 731 zu kündigen (vgl. BGH NJW 1952, 97 ff.; 2016, 2492 Rn. 22; Einzelheiten bei → § 731 Rn. 14). Gleichwohl sind Fälle denkbar, in denen es wegen der Subsidiarität der Auflösung geboten ist, allein das Ausscheiden eines Gesellschafters anzuerkennen. Dies gilt insbesondere, wenn der Mangel des Gesellschaftsvertrages oder des Beitritts lediglich einen oder einzelne Gesellschafter betrifft (vgl. zur arglistigen Täuschung BGH NJW 1976, 894 f.; zur fahrlässigen Täuschung KG NZG 2001, 954 (955)).

Bei der **nicht rechtsfähigen GbR** (§ 705 II Alt. 2 BGB) ist § 723 grund-   **7**
sätzlich nicht anwendbar; insofern gilt vorrangig § 740c. Bei dessen Konkretisierung ist indessen teilweise auf § 723 Bezug zu nehmen (Einzelheiten bei § 740c). Bei einer **stillen Beteiligung** gemäß §§ 230 ff. HGB gilt zudem vorrangig § 234 HGB im Hinblick auf die Kündigung „der Gesellschaft" durch einen Gesellschafter, indem auf § 132 HGB verwiesen wird (→ § 725 Rn. 10). Bei OHG und KG gilt der weitgehend identische § 130 HGB; etwas anderes gilt aber bei der GmbH & Co. KG gemäß § 179 HGB. Bei der Partnerschaftsgesellschaft verweist § 9 I PartGG im Hinblick auf das Ausscheiden ebenfalls grundsätzlich auf § 130 HGB; vgl. zum Versterben eines Partners aber § 9 IV PartGG.

IV. Tod eines Gesellschafters (Abs. 1 Nr. 1)

1. Ausscheidensgrund

a) Natürliche Person. Der Tod eines Gesellschafters führt gemäß Nr. 1   **8**
zum Ausscheiden, mithin im gesetzlichen Regelfall abweichend von § 727 aF **nicht mehr zur Auflösung** der Gesellschaft (bei persönlich geprägten Gesellschaften kann die Mitwirkung des Verstorbenen indessen für die Zweckverfolgung notwendig sein, sodass auch nach neuem Recht eine Auflösung wegen Zweckerreichung oder Zweckvereitelung bzw. Eintritt einer auflösenden Bedingung in Betracht kommt, vgl. → § 729 Rn. 9). Die **Gesellschafterstellung** ist im gesetzlichen Regelfall **nicht vererblich** (vgl. Lange/Kretschmann ZEV 2021, 545 (548), auch zu weiteren Ausnahmen vom erbrechtlichen Grundsatz der Universalsukzession; vgl. insofern auch → § 711 Rn. 22 ff.). Die Erben haben gemäß § 1922 I allein den entsprechenden Abfindungsanspruch gemäß § 728. Im Gesellschaftsvertrag kann freilich – wie bislang auch – etwas anderes vereinbart werden, sodass die Erben in die Gesellschafterstellung des Verstorbenen einrücken und dann nach Maßgabe von § 724 vorgehen können (Einzelheiten → § 724 Rn. 6 ff.). Der maßgebliche **Todeszeitpunkt** ist objektiv zu bestimmen; auf die Kenntnis der Mitgesellschafter kommt es nicht an, vgl. insoweit auch Abs. 3 (Mot. Mugdan II S. 623; BeckOGK/von Proff § 727 Rn. 3; Soergel/Hadding/ Kießling § 727 Rn. 1).

9   Die dauerhafte **Abwesenheit** ist kein Fall von Nr. 1 (MüKoBGB/Schäfer § 727 Rn. 7; Staudinger/Habermeier, 2003, § 727 Rn. 4; BeckOGK/von Proff § 727 Rn. 3); insofern kann allein nach Maßgabe von § 727 vorgegangen werden. Etwas anderes gilt bei Verschollenheit in Bezug auf die **Todeserklärung** gemäß §§ 2 ff. VerschG zu dem im Beschluss angegebenen Zeitpunkt gemäß § 23 VerschG, auch im Fall des § 39 VerschG (vgl. § 44 VerschG). Für die Zwischenzeit kann ein Abwesenheitsvertreter gemäß § 1911 bestellt werden. Gehen die Mitgesellschafter **irrtümlich** vom Tod eines Gesellschafters aus, ist dies kein Fall von § 723 I Nr. 1; die Gesellschafterstellung des Betroffenen bleibt mithin vollumfänglich bestehen. Um erhebliche Rückabwicklungsprobleme zu vermeiden und die Handlungsfähigkeit der Gesellschaft nicht zu gefährden, sollte in diesen Fällen die **Lehre von der fehlerhaften Gesellschaft** entsprechend angewendet werden (Einzelheiten (→ § 719 Rn. 21 ff.). Voraussetzung hierfür sind das Invollzugbleiben der Gesellschaft. Der Fiktion dürfen keine überwiegenden Individual- oder Allgemeininteressen entgegenstehen. An die Stelle des fehlerhaften Gesellschaftsvertrages tritt in diesem Fall die irrtümliche Anwendung des § 723 I Nr. 1. Rechtsfolge ist die Fiktion des Fortbestehens der Gesellschaft unter Ausschluss des totgeglaubten Gesellschafters, sodass das gesellschaftsbezogene Handeln der Mitgesellschafter nach Entdeckung des Irrtums rückwirkende Bestandskraft hat (vgl. insoweit auch § 729 aF, der zwar gestrichen wurde, dessen rechtspolitische Bedeutung indessen nach wie vor Geltung beansprucht).

10   Bei treuhänderisch gehaltenen Beteiligungen kommt es auf die **Person des Treuhänders** an (vgl. BeckOGK/von Proff § 727 Rn. 3; allg. auch BGH WM 1962, 1353). Der Treugeber hat daher im gesetzlichen Regelfall keine Möglichkeit, automatisch in die Stellung des Verstorbenen einzudrücken; eine abweichende gesellschaftsvertragliche Regelung ist freilich möglich und bei offenen Treuhandgestaltungen ggf. sogar konkludent vereinbart (in diese Richtung auch BeckOGK/von Proff § 727 Rn. 3; → § 711 Rn. 34 ff.). **Versterben mehrere Gesellschafter,** sind die Tatbestände und Rechtsfolgen grundsätzlich getrennt zu beurteilen. Das gleichzeitige oder zeitnahe Versterben aller oder mehrerer Gesellschafter kann indessen auch die Auflösung der Gesellschaft gemäß § 729 II hervorrufen und zu einer Gesamtabwicklung führen (strenger Begr. S. 169: Ausscheidensgründe alternativ zur Auflösung). Verstirbt der **vorletzte Gesellschafter,** richten sich die Rechtsfolgen nach § 712a; die Gesellschaft erlischt ohne Liquidation. Das Gesellschaftsvermögen geht im Wege der Gesamtrechtsnachfolge auf den verbleibenden Gesellschafter über.

11   Wird ein **Gesellschaftsanteil** von mehreren **gemeinschaftlich gehalten,** mithin ohne dass die betreffende Personengemeinschaft selbst rechtsfähig und damit Inhaberin des Gesellschaftsanteils ist (dazu sogleich → Rn. 13), wird der gemeinschaftlich gehaltene Gesellschaftsanteil den betreffenden Mitgliedern dieser Gemeinschaft **individuell quotal zugeordnet** (vgl. für die Erbengemeinschaft MüKoBGB/Schäfer § 727 Rn. 34). Nach zutreffender Ansicht kann nämlich weder eine Bruchteilsgemeinschaft gemäß §§ 741 ff. noch eine nicht rechtsfähige Gesamthandsgemeinschaft (eheliche Güterge-

meinschaft gem. § 1415, Erbengemeinschaft gem. § 2032) Gesellschafterin einer werbenden GbR sein (vgl. nur MüKoBGB/Schäfer § 705 Rn. 82 ff.). In diesen Fällen gelangen daher beim Tod eines Mitglieds dieser Gemeinschaft die § 723 I Nr. 1, § 711 II insoweit zur Anwendung, als dieses Mitglied aus der GbR ausscheidet; hiervon abzugrenzen sind die Folgen des Versterbens aus der Perspektive des jeweiligen Gemeinschaftsverhältnisses.

Verstirbt ein Gesellschafter **während des Liquidationsverfahrens,** gilt **12** Abs. 1 Nr. 1 richtigerweise ohne weiteres. Der Vorrang des Ausscheidens ist in diesen Fällen zwar nicht mehr in gleicher Weise legitimiert wie bei der werbenden Gesellschaft. Das Einrücken der Erben in die Gesellschafterstellung würde indessen die zügige Abwicklung gefährden (abw. zu § 131 III 1 Nr. 1 HGB BeckOGK/Michel HGB § 131 Rn. 125). Die Folgen des Ausscheidens sind allein vermögensmäßiger Natur und deshalb im Rahmen der Gesamtabrechnung hinreichend berücksichtigt.

b) Juristische Personen, Gesellschaften. Abs. 1 Nr. 1 ist entsprechend **13** anzuwenden, wenn juristische Personen oder rechtsfähige Gesellschaften Gesellschafter einer GbR sind (allgM). Insofern kommt es für den „Tod" der Gesellschaft freilich nicht auf die Auflösung, sondern auf die **Vollbeendigung** des entsprechenden Personenverbands an, denn nur diese beseitigt die Rechtsfähigkeit desselben (vgl. RGZ 122, 253 (257); 123, 289 (294); BGH NJW 1982, 2821; MüKoBGB/Schäfer § 727 Rn. 8; BeckOGK/von Proff § 727 Rn. 4; Grüneberg/Sprau § 727 Rn. 1; BeckOK BGB/Schöne § 727 Rn. 3). Der **Zeitpunkt** für das Ausscheiden richtet sich dann nach den jeweils maßgeblichen Regelungen. Nach der heute herrschenden Lehre vom Doppeltatbestand führt die **Löschung einer Gesellschaft** indessen nur zu einer widerleglichen Vermutung des materiell-rechtlichen Erlöschens (vgl. etwa Bork/Schäfer/Servatius GmbHG § 74 Rn. 14). Kommt es somit zur **Nachtragsliquidation** einer Gesellschafter-Gesellschaft, bleibt deren Rechtsfähigkeit rückwirkend bestehen. Im Hinblick auf den Ausscheidenstatbestand des Abs. 1 Nr. 1 werden dessen tatbestandliche Voraussetzungen somit rückwirkend beseitigt, was seinerseits Rückabwicklungsprobleme in Bezug auf die GbR hervorrufen kann.

Zur Lösung bietet es sich an, die **Lehre von der fehlerhaften Gesellschaft** **14** auf das **fehlerhafte Ausscheiden** entsprechend anzuwenden (vgl. zum Ganzen → § 719 Rn. 21 ff.). Voraussetzung hierfür sind das Invollzugbleiben der Gesellschaft ohne die ausgeschiedene Gesellschaft. An die Stelle des fehlerhaften Gesellschaftsvertrages tritt somit in diesem Fall die irrtümliche Anwendung des § 723 I Nr. 1. Rechtsfolge ist die Fiktion des Fortbestehens der Gesellschaft unter Ausschluss der irrtümlich gelöschten Gesellschafter-Gesellschaft, sodass das gesellschaftsbezogene Handeln der Mitgesellschafter nach Entdeckung des Irrtums rückwirkende Bestandskraft hat. In vermögensmäßiger Hinsicht gilt dies freilich nicht, sodass zu deren Gunsten durchaus Vermögensansprüche aus dem Gesellschaftsverhältnis resultieren können. Die irrtümlich als Ausgeschiedene behandelte Gesellschafter-Gesellschaft hat dann einen Anspruch auf Wiederaufnahme. – Kommt es zum Erlöschen einer Gesellschaft im Rahmen einer **Umwandlung,** ist dies richtigerweise grundsätzlich **kein Fall von Abs. 1**

Nr. 1; die Mitgliedschaft setzt sich vielmehr nach Maßgabe des UmwG zugunsten des neuen oder anderen Rechtsträgers fort (Heckschen GmbHR 2014, 626 (637); Semler/Stengel/Leonard/Leonard UmwG § 20 Rn. 25; abw. Lutter/Grunewald UmwG § 20 Rn. 19; Kallmeyer/Marsch-Barner/Oppenhoff UmwG § 20 Rn. 7; differenziert für die Auslegung des Gesellschaftsvertrages BeckOGK/von Proff § 727 Rn. 4). Die Mitgesellschafter haben es dann in der Hand, ggf. nach Maßgabe von § 727 die Ausschließung zu beschließen.

2. Rechtsfolgen

15   Der **Gesellschaftsanteil geht** im gesetzlichen Regelfall zum Zeitpunkt des Todes bzw. der Vollbeendigung bzw. Löschung **ersatzlos unter (**vgl. zur Gestaltungsfreiheit → Rn. 18). Auf die Kenntnis der Mitgesellschafter oder Erben kommt es nicht an (vgl. Abs. 3). Die mehrgliedrige Gesellschaft bleibt im Übrigen bestehen, bei der zweigliedrigen GbR gilt § 712a; dies gilt auch, wenn der letzte Gesellschafter vom vorletzten beerbt wird (vgl. zum früheren Recht BGH NJW 1982, 2821; 1982, 170; 1951, 650). Die in § 712 I nach wie vor als **Anwachsung** bezeichnete Folge des Ausscheidens (hierzu kritisch Bachmann NZG 2020, 612 (616)) betrifft nur noch die **Gesellschafterstellung** im Verhältnis zu den Mitgesellschaftern und ist insofern bei allen Personenverbänden die notwendige Konsequenz eines Mitgliederwechsels (Bachmann NZG 2020, 612 (616)). Diese bei allen Personengesellschaften wegen ihrer fehlenden Verselbstständigung gegenüber den Mitgliedern vorgesehene Anwachsung hat somit nunmehr eindeutig auch bei der rechtsfähigen GbR **keine unmittelbaren vermögensrechtlichen Auswirkungen** mehr, da das Vermögen der GbR gemäß § 713 unverändert bleibt. Insofern ist es konsequent, dass § 712 nunmehr explizit vom Anwachsen des „Anteils an der Gesellschaft" spricht und nicht mehr vom „Anteil am Gesellschaftsvermögen", wie § 738 I 1 aF. Eine Grundbuchberichtigung ist konsequenterweise nicht mehr erforderlich (vgl. zum früheren Recht OLG Hamm NZG 2008, 21). Das Ausscheiden ist aber bei der eingetragenen GbR gemäß § 707 III S. 2 zur **Eintragung in das Gesellschaftsregister** anzumelden. Nach Maßgabe von § 707a III 1 iVm § 15 I HGB gilt die Mitgliedschaft gegenüber gutgläubigen Dritten als fortbestehend, was insbesondere für die organschaftliche Vertretungsmacht der Mitgesellschafter relevant ist.

16   Im **Innenverhältnis** sind die entsprechenden Vorgaben über Vertretungsmacht und Geschäftsführungskompetenz entsprechend auf den veränderten Gesellschafterbestand **anzupassen** (vgl. insoweit §§ 715, 720). Die **Erben** des Verstorbenen werden im gesetzlichen Regelfall **nicht Gesellschafter** und haben konsequenterweise auch keine gesellschaftsrechtlichen Mitspracherechte (vgl. zur Gestaltungsfreiheit → Rn. 18). Die Erben trifft entsprechend § 730 I 1 eine **Anzeigepflicht** gegenüber den verbleibenden Gesellschaftern im Hinblick auf den Todesfall (abw. MüKoBGB/Schäfer § 727 Rn. 26), da diese ein berechtigtes Informationsbedürfnis haben; es ist nicht nachvollziehbar, warum der Gesetzgeber dies nur für den Fall der Auflösung infolge des Todes geregelt hat. In dem praktisch seltenen Fall, dass die Gesellschafter keine Kenntnis vom Ausscheiden haben, besteht in entsprechender

Anwendung von § 729 S. 1 aF bzw. der Lehre von der fehlerhaften Gesellschaft **Bestandsschutz** Hinblick auf alle gesellschaftsrechtlichen Maßnahmen, die die verbleibenden Gesellschafter getroffen haben (vgl. → Rn. 14; BeckOGK/von Proff § 728 Rn. 55).

Die **weiteren Folgen** im Hinblick auf Abfindungsanspruch bzw. Verlust-**17** tragungspflicht und Gesellschafter(nach)haftung ergeben sich aus §§ 728–728b. Die entsprechenden Sozialansprüche sind entweder Bestandteile des Nachlasses (vgl. Pogorzelski RNotZ 2017, 489; vgl. zum Abfindungsausschluss zulasten der Erben v. Proff DStR 2017, 2555 (2557 ff.); Lange/Kretschmann ZEV 2021, 545 (548)) oder umgekehrt Nachlassforderungen, sodass die Geltendmachung in beiden Fällen erbrechtlich überlagert ist (§§ 1967 ff., §§ 2032 ff.). Entsprechende gesellschaftsvertragliche Vereinbarungen über die Rechtsfolgen des Ausscheidens (vor allem Beschränkung oder Ausschluss von Abfindungsansprüchen) bleiben gültig, es sei denn, sie zielen unmittelbar auf die Benachteiligung Dritter (§ 138 I, → § 728 Rn. 60). Wird ein Abfindungsguthaben an einen durch Erbschein legitimierten Scheinerben geleistet, hat dies allein gemäß § 2367 befreiende Wirkung (BeckOGK/von Proff § 727 Rn. 82). – Das Gesellschaftsvermögen der fortbestehenden GbR gehört wegen § 713 nicht zum Nachlass; konsequenterweise erfolgt im Grundbuch auch keine Eintragung eines etwaigen Testamentsvollstreckervermerks (zum Ganzen Weidlich/Friedberger notar 2021, 187). Gesellschaftsgläubiger können ihre Ansprüche nach wie vor gegenüber der fortbestehenden GbR geltend machen; Ansprüche gegen die Erben aus Haftung des Verstorbenen gemäß § 721 unterliegen ebenfalls den Beschränkungen gemäß §§ 1967 ff.

3. Gestaltungsfreiheit

Abs. 1 Nr. 1 ist insoweit **dispositiv,** als es auch nach neuem Recht gemäß **18** § 730 I zulässig ist, im Gesellschaftsvertrag für den Fall des Todes eines Gesellschafters die **Auflösung der Gesellschaft** vorzusehen (vgl. hierzu → § 730 Rn. 28). Hierdurch kann in Umkehrung des nunmehr maßgeblichen Vorrangs des Ausscheidens vor der Auflösung praktisch die Rechtslage nach § 728 II aF herbeigeführt werden. § 733 II begründet für diesen Fall eine Erleichterung im Hinblick auf die Anmeldung der Auflösung zur Eintragung ins Gesellschaftsregister – Im Übrigen ist auch die **Fortsetzung der GbR** als werbende Gesellschaft **mit den Erben** in § 711 II, § 724 ausdrücklich vorgesehen, sodass wie im bisherigen Recht der Gesellschaftsanteil durch entsprechende Regelungen vererblich gestellt werden kann (Einzelheiten bei → § 711 Rn. 22 ff. und → § 724 Rn. 6 ff.).

4. Beweislast

Die Beweislast für das Vorliegen des Ausscheidenstatbestands gemäß Abs. 1 **19** Nr. 1 trägt derjenige, der sich darauf beruft, mithin regelmäßig die Erben. Das Gleiche gilt für die Folgen des Ausscheidens, insbesondere den Abfindungsanspruch (→ § 728 Rn. 32 ff.); etwaige Abfindungsbeschränkungen müssen die Mitgesellschafter darlegen und beweisen.

V. Kündigung der Mitgliedschaft (Abs. 1 Nr. 2)

20   Abs. 1 Nr. 2 sieht als gesetzlichen Ausscheidensgrund auch die Kündigung der Mitgliedschaft durch den Gesellschafter selbst vor. Die Regelung bezieht sich auf § 725 und die dort geregelte ordentliche und außerordentliche Kündigung. Ist das Gesellschaftsverhältnis auf unbestimmte Zeit eingegangen, kann ein Gesellschafter seine Mitgliedschaft mit Dreimonatsfrist zum Ablauf des Kalenderjahres gegenüber der Gesellschaft kündigen. Ist das Gesellschaftsverhältnis befristet, ist die Kündigung der Mitgliedschaft durch einen Gesellschafter vor dem Ablauf dieser Frist zulässig, wenn ein wichtiger Grund vorliegt, etwa eine vorsätzliche oder grob fahrlässige Gesellschafterpflichtverletzung. Ein Gesellschafter kann seine Mitgliedschaft auch kündigen, wenn er die Volljährigkeit nach § 2 erreicht hat. Die Kündigung darf nicht zur Unzeit geschehen (Einzelheiten → 725 Rn. 62; vgl. demgegenüber zur Kündigung der Gesellschaft → § 731 Rn. 3).

VI. Insolvenz eines Gesellschafters (Abs. 1 Nr. 3)

1. Ausscheidensgrund

21   Nach Abs. 1 Nr. 3 ist auch die **Eröffnung des Insolvenzverfahrens** über das **Vermögen des Gesellschafters** ein gesetzlicher Ausscheidensgrund (etwas anderes gilt bei der GmbH & Co. KG, vgl. § 179 HGB). Hierdurch werden einerseits die Privatgläubiger des Gesellschafters geschützt, indem diese ihre Vermögensinteressen im Hinblick auf die Ausscheidensfolgen leicht durchsetzen können. Zum anderen werden auch die Interessen der Mitgesellschafter auf Vermeidung der Beteiligung eines Insolvenzverwalters in innergesellschaftlichen Angelegenheiten gewahrt. Die Regelung entspricht tatbestandlich § 728 II aF, der freilich als gesetzlichen Regelfall insofern die Auflösung der Gesellschaft vorsah (vgl. zum alten Recht OLG München NZG 2017, 818; LAG Köln NZI 2019, 47 (48); zu Fortsetzungsklauseln in diesem Kontext BGH NJW 2007, 1067 Rn. 11; OLG Hamm BeckRS 1984, 31381379). Einen Auflösungsgrund begründet demgegenüber nur noch die Eröffnung des Insolvenzverfahrens über die GbR selbst (vgl. § 729 I Nr. 2, → § 729 Rn. 11); vgl. zur Doppelinsolvenz → Rn. 26. Die Eröffnung eines **Nachlassinsolvenzverfahrens** über einen vererbten Gesellschaftsanteil fällt **nicht** hierunter, der Nachlassverwalter ist aber regelmäßig zur Kündigung der Mitgliedschaft berechtigt (vgl. zur OHG BGH NJW 1984, 2104).

22   Maßgeblich für das Ausscheiden ist der Erlass des **Eröffnungsbeschlusses** gemäß § 27 II Nr. 3 InsO, konkret die Unterzeichnung und Herausgabe an die Geschäftsstelle zum Zwecke der Bekanntmachung (MüKoBGB/Schäfer § 728 Rn. 8). Die spätere Bekanntmachung und Zustellung (§ 30 II InsO) sind für den Zeitpunkt des Ausscheidens unerheblich (BeckOGK/von Proff § 728 Rn. 40). Die Ausgestaltung des weiteren Insolvenzverfahrens (Regel- oder Planverfahren, Eigenverwaltung, Schutzschirmverfahren) spielt ebenfalls keine Rolle. Nicht ausreichend ist indessen die Stabilisierungsanordnung gemäß § 49 StaRUG zur Durchführung eines Restrukturierungsverfahrens.

Kommt es nachträglich zur **Aufhebung des Eröffnungsbeschlusses** gemäß § 34 III 1 InsO, entfällt der Ausscheidensgrund rückwirkend, um die Gesellschafterstellung des Betroffenen im Lichte von Art. 14 GG zu stärken (vgl. zum früheren Recht MüKoBGB/Schäfer § 728 Rn. 34; BeckOGK/von Proff § 728 Rn. 41). Gesellschaftsrechtliche Rückabwicklungsprobleme dürften in dieser kurzen Zeit kaum entstehen, sodass kein Korrekturbedarf zur entsprechenden Anwendung der Lehre von der fehlerhaften Gesellschaft besteht (beachte aber zur Wirksamkeit zwischenzeitlicher Handlungen des Insolvenzverwalters § 34 III 3 InsO). Die **Abweisung** der Insolvenzeröffnung **mangels Masse** (vgl. § 26 InsO) führt nicht zum Ausscheiden (BGH NJW 1995, 196; 1986, 850 (851); 1980, 233; MüKoBGB/Schäfer § 728 Rn. 24; BeckOK BGB/Schöne § 728 Rn. 8; BeckOGK/von Proff § 728 Rn. 42; Gehrlein ZInsO 2018, 1173 (1175), auch nicht bei der atypischen GbR (→ § 729 Rn. 23); ein solcher Ausscheidenstatbestand kann freilich gemäß Abs. 2 vereinbart werden (→ Rn. 32). Die **nachträgliche Einstellung** des Insolvenzverfahrens gemäß § 213 InsO oder die Aufhebung durch einen gerichtlich bestätigten **Insolvenzplan** gemäß § 258 InsO vermögen den verwirklichten Ausscheidenstatbestand aber nicht mehr zu beseitigen (MüKoBGB/Schäfer § 728 Rn. 36; Soergel/Hadding/Kießling § 728 Rn. 13; BeckOGK/von Proff § 728 Rn. 45). In Extremfällen der höchstpersönlichen Verbundenheit der Gesellschafter kann sich ein Anspruch auf Wiederaufnahme aus der insoweit fortwirkenden Treuepflicht der Mitgesellschafter ergeben.

Die Eröffnung des Insolvenzverfahrens begründet nur dann einen Aus- **23** scheidensgrund, wenn der betreffende Gesellschafter zu diesem Zeitpunkt seine **Mitgliedschaft noch nicht anderweitig verloren** hat (Soergel/Hadding/Kießling § 728 Rn. 10; BeckOGK/von Proff § 728 Rn. 38). Die Abfindungsansprüche des Ausgeschiedenen gemäß § 728 können dann freilich insolvenzrechtlich verstrickt werden; umgekehrt ist ein entsprechender Verlustdeckungsanspruch der GbR gemäß § 728b gegen den Ausgeschiedenen eine Insolvenzforderung nach Maßgabe von § 38 InsO. Wurde die Mitgliedschaft indessen bereits vor Verfahrenseröffnung **aus anderen Gründen fristgemäß gekündigt** (vgl. die ordentliche Kündigung gemäß § 725 I und die Kündigung der Mitgliedschaft durch einen Privatgläubiger gemäß § 726), hat das Ausscheiden nach Maßgabe von Abs. 1 Nr. 3 zum Ablauf der Kündigungsfrist Vorrang, sodass die Mitgliedschaft zu diesem früheren Zeitpunkt endet (BeckOGK/von Proff § 728 Rn. 39; abw. Soergel/Hadding/Kießling § 728 Rn. 11). Die zwangsvollstreckungsrechtliche Verstrickung infolge der Pfändung des Gesellschaftsanteils begründet in den Fällen von § 726 dann ein insolvenzrechtliches Absonderungsrecht gemäß §§ 49 ff. InsO. Das Ausscheiden gemäß Abs. 1 Nr. 3 kann im Übrigen auch im Rahmen einer **bereits aufgelösten Gesellschaft** bedeutsam sein, indem der betreffende Gesellschafter dann vorzeitig aus der Liquidationsgesellschaft ausscheidet. Dies führt indessen richtigerweise nicht dazu, dass dessen Ansprüche und Verpflichtungen aus §§ 728 ff. isoliert geltend zu machen wären; es findet vielmehr im Rahmen der Liquidation eine Gesamtabrechnung statt, bei der dem Ausscheiden des Gesellschafters bezogen auf den maßgeblichen Zeitpunkt entsprechend Rechnung zu tragen ist. Ist das Liquidationsverfahren in zeitlicher Hinsicht überschaubar, spricht viel dafür, den Ausscheidungsprozess auch rechtsfolgenseitig dahingehend zu korrigieren, dass der Gesellschafter wie die übrigen bis zum Ende der Liquidation seine Mitgliedschaft behält (abw. wegen des Interessengegensatzes zwischen Insolvenzverwalter und Gesellschaftern BGH WM 1964, 1086 (1087)). Kommt es bei **mehreren Gesellschaftern zum Insolvenzverfahren,** sind die Tatbestände und Rechtsfolgen grundsätzlich getrennt zu beurteilen. Bei einem engen zeitlichen Zusammenhang kann indessen auch die Auflösung der Gesellschaft gemäß § 729 II vorliegen und zu einer Gesamtabwicklung führen. Schließlich gilt Abs. 1 Nr. 3 auch im Hinblick auf das **Ausscheiden des vorletzten Gesellschafters;** die Rechtsfolgen richten sich dann freilich nach § 712a; die Gesellschaft erlischt ohne Liquidation nach den §§ 735 ff. BGB. Das Gesellschaftsvermögen geht im Zuge der Gesamtrechtsnachfolge auf den verbleibenden Gesellschafter über.

2. Rechtsfolgen

24   Der betreffende Gesellschafter **verliert** im gesetzlichen Regelfall zum Zeitpunkt des Eröffnungsbeschlusses gemäß Abs. 3 S. 1 seine **Gesellschafterstellung.** Auf seine Kenntnis oder die der Mitgesellschafter kommt es nicht an (vgl. Abs. 3). Die mehrgliedrige Gesellschaft bleibt im Übrigen bestehen, bei der zweigliedrigen GbR gilt § 712a. Die in § 712 I nach wie vor als **Anwachsung** bezeichnete Folge des Ausscheidens (hierzu kritisch Bachmann NZG 2020, 612 (616)) betrifft nur noch die **Gesellschafterstellung** im Verhältnis zu den Mitgesellschaftern und ist insofern bei allen Personenverbänden die notwendige Konsequenz eines Mitgliederwechsels (Bachmann NZG 2020, 612 (616)). Der **Gesellschaftsanteil** des Ausgeschiedenen **geht ersatzlos unter** und wird damit auch nicht Bestandteil der Insolvenzmasse (anders bei der Auflösung, vgl. OLG München NZG 2017, 818; vgl. zur Gestaltungsfreiheit in diesem Kontext und → Rn. 18). Diese bei allen Personengesellschaften wegen ihrer fehlenden Verselbstständigung gegenüber den Mitgliedern vorgesehene Anwachsung hat somit nunmehr eindeutig auch bei der rechtsfähigen GbR **keine unmittelbaren vermögensrechtlichen Auswirkungen** mehr, da deren Vermögen gemäß § 713 unverändert bleibt. Insofern ist es konsequent, dass § 712 nunmehr explizit vom Anwachsen des „Anteils an der Gesellschaft" spricht und nicht mehr vom „Anteil am Gesellschaftsvermögen", wie § 738 I 1 aF. Eine Grundbuchberichtigung ist nicht mehr erforderlich (vgl. zum früheren Recht OLG Hamm NZG 2008, 21). Das Ausscheiden ist aber bei der eingetragenen GbR gemäß § 707 III S. 2 zur **Eintragung in das Gesellschaftsregister** anzumelden. Nach Maßgabe von § 707a III 1 iVm § 15 I HGB gilt die Mitgliedschaft gegenüber gutgläubigen Dritten als fortbestehend, was insbesondere für die organschaftliche Vertretungsmacht und Gesellschafterhaftung relevant ist. Im **Innenverhältnis** sind die entsprechenden Vorgaben über Vertretungsmacht und Geschäftsführungskompetenz entsprechend auf den veränderten Gesellschafterbestand anzupassen (vgl. insoweit §§ 715, 720). In dem praktisch seltenen

Fall, dass die Gesellschafter keine Kenntnis vom Ausscheiden haben, besteht in entsprechender Anwendung von § 729 S. 1 aF bzw. der Lehre von der fehlerhaften Gesellschaft Bestandsschutz Hinblick auf alle gesellschaftsrechtlichen Maßnahmen (vgl. → Rn. 14; zudem BeckOGK/von Proff § 728 Rn. 55). Der Insolvenzverwalter über das Vermögen des Gesellschafters hat mangels insolvenzrechtlicher Verstrickung des untergegangenen Gesellschaftsanteils jedenfalls keine Gesellschafterkompetenzen (anders bei der Auflösung, vgl. OLG Zweibrücken BeckRS 2001, 301 3582; KG BeckRS 2011, 1787).

Die **weiteren Folgen** im Hinblick auf Abfindungsanspruch bzw. Verlust- **25** tragungspflicht und Gesellschafter(nach)haftung ergeben sich aus §§ 728–728b. Die entsprechenden Sozialansprüche sind entweder Bestandteile der Insolvenzmasse (vgl. BFH DStR 2016, 1986 Rn. 35) oder umgekehrt Insolvenzforderungen, sodass die Geltendmachung in beiden Fällen insolvenzrechtlich überlagert ist (§ 80 I InsO, § 87 InsO). Gesellschaftsvertragliche Vereinbarungen über die Rechtsfolgen des Ausscheidens bleiben gültig, es sei denn diese zielen unmittelbar auf eine Gläubigerbenachteiligung (§ 138 I, → § 728 Rn. 60) oder sind insolvenzrechtlich anfechtbar (§§ 129 ff. InsO). Das Gesellschaftsvermögen der fortbestehenden GbR unterliegt wegen § 713 nicht dem Insolvenzbeschlag (vgl. BGH NJW 2007, 1067 Rn. 20); konsequenterweise erfolgt im Grundbuch auch keine Eintragung eines Insolvenzvermerks (so auch nach früherem Recht OLG Dresden ZInsO 2002, 1031; OLG Rostock NJW-RR 2004, 260; abw. BeckOGK/von Proff § 728 Rn. 56 mwN). Gesellschaftsgläubiger können ihre Ansprüche nach wie vor gegenüber der fortbestehenden GbR geltend machen; Ansprüche gegen den insolventen Gesellschafter aus dessen Haftung gemäß § 721 können nach Maßgabe von § 43 InsO angemeldet werden (BeckOGK/von Proff § 728 Rn. 51; MüKoBGB/Schäfer § 728 Rn. 41). Will sich der betroffene Gesellschafter gegen das Ausscheiden wehren, hat dies im Wege der **Feststellungsklage** zu erfolgen (vgl. Begr. zu Abs. 3, S. 170: Der Ausgeschiedene hat es selbst in der Hand, für Rechtssicherheit und -klarheit zu sorgen). Die Klage hat sich auch bei der rechtsfähigen GbR gegen die übrigen Gesellschafter zu richten (vgl. BGH NJW-RR 1992, 227; NJW 2011, 1667; OLG Hamm NZG 2008, 21; MüKoBGB/Schäfer § 737 Rn. 12).

Im Fall der **Doppelinsolvenz** von Gesellschaftern und GbR besteht **26** grundsätzlich ein **Vorrang der Auflösung** gemäß § 729 1 Nr. 2, sodass die Gesellschaft zwingend aufgelöst wird (so auch Henssler/Strohn/Klöhn HGB § 131 Rn. 51; zum Ganzen K. Schmidt ZIP 2008, 2337). Gibt es jedoch, wie regelmäßig, in zeitlicher Hinsicht Unterschiede im Hinblick auf den Eröffnungszeitpunkt, gilt Folgendes: Wird das Insolvenzverfahren über das Vermögen des Gesellschafters zuvor eröffnet, scheidet dieser gemäß Abs. 1 Nr. 3 aus und ist konsequenterweise bei einer nachträglichen Gesellschaftsinsolvenz bereits nicht mehr Gesellschafter. Bei einem **zeitlichen Zusammenhang** zwischen beiden Verfahrenseröffnungen ist indessen eine **Gesamtbetrachtung** geboten, sodass die vermögensmäßige Auseinandersetzung im Rahmen der Liquidation auch die Folgen des Ausscheidens berücksichtigen muss (vgl. Bork/Jacoby ZGR 2005, 611 (652); abw. OLG Hamm

NZG 2014, 540 (541)). Wird umgekehrt zunächst das Verfahren über das Vermögen der Gesellschaft eröffnet, hat das Ausscheiden gemäß Abs. 1 Nr. 3 gleichermaßen jedenfalls in den Fällen der überschaubaren Liquidation keine eigenständige Bedeutung, sodass er während des Liquidationsverfahrens in der Gesellschaft verbleibt und auch insofern eine vermögensmäßige Gesamtauseinandersetzung erfolgt. Beide rechtsfortbildenden Korrekturen sind dadurch gerechtfertigt, dass nur auf diese Weise eine **effektive Gestaltung der Insolvenzverfahren** zur Befriedigung der Gläubigerinteressen möglich ist (vgl. insoweit auch § 93 InsO, hierzu BGH NJW 2010, 69 (70); 2009, 225; BeckRS 2006, 15193). Für die alternative Annahme eines liquidationslosen Erlöschens der Gesellschaft in diesen Fällen fehlt die gesetzliche Grundlage (abw. BGH NJW 2008, 2992).

3. Gestaltungsfreiheit

27   Abs. 1 Nr. 3 ist insoweit **zwingend,** als keine Vereinbarungen wirksam sind, die das sofortige **Ausscheiden** des Gesellschafters im Fall der Verfahrenseröffnung **ausschließen oder beschränken,** etwa durch eine Ablauffrist (anders zu § 131 HGB Markgraf/Remuta NZG 2014, 81; Voigt NZG 2007, 695: Zulässigkeit der Fortsetzung der Gesellschaft mit dem insolventen Gesellschafter; dagegen explizit Begr. S. 169; Kruse DStR 2021, 2112 (2414); Schäfer Neues PersGesR/Schäfer § 8 Rn. 23). Hierdurch wird gewährleistet, dass die vermögensrechtlichen Ansprüche des Insolvenzschuldners, welche aus der untergegangenen Mitgliedschaft resultieren, vollumfänglich und zeitnah in die Insolvenzmasse fallen, um der Befriedigung der Privatgläubiger zu dienen. Die konkrete gesellschaftsrechtliche **Ausgestaltung der Ausscheidensfolgen,** insbesondere im Hinblick auf die Abfindung, unterliegen jedoch nach allgemeinen Regeln der Gestaltungsfreiheit, sodass hierdurch mittelbar das Befriedigungsinteresse der Privatgläubiger beeinträchtigt werden kann (zum Ganzen → § 728 Rn. 60). Wenn und soweit daher keine gezielte Gläubigerbenachteiligung vorliegt, § 138 I also nicht greift, sind gesellschaftsvertragliche Modifikationen anzuerkennen. Zu missbilligen sind freilich Gestaltungen, wonach der Abfindungsanspruch explizit für den Fall der Privatinsolvenz ausgeschlossen ist (Staudinger/Habermeier, 2003, § 728 Rn. 4). Vgl. im Übrigen die Möglichkeit der Insolvenzanfechtung gemäß §§ 129 ff. InsO.

28   Weiterhin ist es auch nach neuem Recht gemäß § 723 I, § 729 IV und § 730 II zulässig, dass im Gesellschaftsvertrag für den Fall der Privatinsolvenz eines Gesellschafters die **Auflösung der Gesellschaft** vorgesehen wird (Kruse DStR 2021, 2112 (2414)). Hierdurch kann – in Umkehrung des nunmehr maßgeblichen Vorrangs des Ausscheidens zu der Auflösung – praktisch die Rechtslage nach § 728 II aF herbeigeführt werden (Einzelheiten bei → § 730 Rn. 15). Die **Fortsetzung der GbR** als werbende Gesellschaft unter erneuter Beteiligung des Ausgeschiedenen ist rechtlich nicht vorgesehen, kann indessen nach allgemeinen Regeln einvernehmlich mit Zustimmung des Insolvenzverwalters vereinbart werden (vgl. MüKoBGB/Schäfer § 728 Rn. 43; BeckOGK/von Proff § 728 Rn. 57); vgl. insofern auch die

Gestaltungsfreiheit gemäß § 735 II (→ § 735 Rn. 12 ff.). Praktisch bedeutsam dürfte dies freilich nicht sein, da der neue Gesellschaftsanteil des Schuldners in die Insolvenzmasse fällt (§ 35 InsO) und damit unter die Verwaltungs- und Verfügungsbefugnis des Insolvenzverwalters (BeckOGK/von Proff § 728 Rn. 58 mwN). – **Vorerwerbsrechte** zugunsten Dritter oder Mitgesellschafter gehen wegen des zwingenden Charakters von Abs. 1 Nr. 3 jedenfalls insofern ins Leere, als hierdurch die Rechtsfolgen des Ausscheidens nachteilig auf Kosten der Privatgläubiger des Gesellschafters beeinflusst werden. Es dürfte indessen unproblematisch sein, die gesellschaftsrechtliche Anwachsung (→ Rn. 24) dahingehend zu modifizieren, als die Gesellschafterstellung in allein rechtlicher Hinsicht mit ex nunc-Wirkung auf einen anderen übergeht, sodass sich die Beteiligungsverhältnisse im Übrigen nicht verändern (abw. die hM zum früheren Recht wegen des dinglichen Charakters der Anwachsung, vgl. BeckOGK/Markworth HGB § 130 Rn. 130).

4. Beweislast

Die Beweislast für das Vorliegen des Ausscheidenstatbestands gemäß Abs. 1 **29** Nr. 3 trägt derjenige, der sich darauf beruft, mithin regelmäßig die Mitgesellschafter. Die Beweislast für die Folgen des Ausscheidens, insbesondere den Abfindungsanspruch (→ § 728 Rn. 72), trägt grundsätzlich der Insolvenzverwalter; etwaige Abfindungsbeschränkungen müssen wiederum die Mitgesellschafter darlegen und beweisen.

VII. Kündigung durch einen Privatgläubiger (Abs. 1 Nr. 4)

Abs. 1 Nr. 4 sieht als gesetzlichen Ausscheidensgrund auch die Kündigung **30** der Mitgliedschaft durch einen Privatgläubiger des Gesellschafters vor. Die Regelung bezieht sich auf **§ 726**. Hat demnach ein Privatgläubiger eines Gesellschafters, nachdem innerhalb der letzten sechs Monate eine Zwangsvollstreckung in das Gesellschaftervermögen erfolglos versucht wurde, aufgrund eines Vollstreckungstitels die Pfändung dessen Gesellschaftsanteils erwirkt, kann er die Mitgliedschaft des Gesellschafters kündigen. Die Kündigungserklärung erfolgt gegenüber der Gesellschaft (Einzelheiten → § 726 Rn. 19).

VIII. Ausschließung eines Gesellschafters (Abs. 1 Nr. 5)

Abs. 1 Nr. 5 sieht als gesetzlichen Ausscheidensgrund auch die Ausschlie- **31** ßung eines Gesellschafters aus wichtigem Grund vor. Die Regelung bezieht sich auf **§ 727**. Tritt in der Person eines Gesellschafters ein wichtiger Grund ein, etwa eine vorsätzliche oder grob fahrlässige Gesellschafterpflichtverletzung, kann dieser durch Gesellschafterbeschluss der übrigen Gesellschafter aus der Gesellschaft ausgeschlossen werden (Einzelheiten → § 727 Rn. 6). Dem steht es nicht entgegen, dass nach der Ausschließung nur ein einziger Gesellschafter verbleibt (§ 727 S. 3); dann kommt es indessen gemäß § 712a zur sofortigen Vollbeendigung der GbR (→ § 712a Rn. 9).

IX. Gesellschaftsvertragliche Ausscheidensgründe (Abs. 2)

32   Gemäß Abs. 2 können im Gesellschaftsvertrag **weitere Gründe für das Ausscheiden** eines Gesellschafters vereinbart werden (vgl. zur ähnlichen, dogmatisch aber hiervon abzugrenzen Problematik der Vereinbarung spezieller Kündigungsrechte → § 725 Rn. 41 ff.). Praktisch relevant ist insofern vor allem, die **Mitgliedschaft** eines Gesellschafters zu **befristen** (§ 163) oder eine **auflösende Bedingung** (zB Altersgrenze, Entfallen der Geschäftsfähigkeit, § 158 I) zu vereinbaren (vgl. zur auflösenden Bedingung der Gesellschafterstellung Koller/Buchholz DB 1982, 2173). Sofern solche Regelungen wirksam mit Zustimmung des potentiell Betroffenen vereinbart wurden und hinreichend bestimmt sind, dürften keine durchgreifenden Bedenken dahingehend bestehen, die hierdurch begründete Mitgliedschaft auf Zeit zu missbilligen. Mit Ablauf der Befristung bzw. mit Eintritt der Bedingung verliert der betreffende Gesellschafter dann ipso jure die Mitgliedschaft; die Folgen richten sich nach den §§ 728 ff. – Bei der **nicht rechtsfähigen GbR** (§ 705 II Alt. 2 BGB) wird auf die durch § 723 II ermöglichte Gestaltungsfreiheit in § 740c zwar nicht verwiesen, es spricht jedoch nichts dagegen, auch hier weitere vertragliche Ausscheidensgründe zuzulassen.

X. Zeitpunkt des Ausscheidens (Abs. 3)

33   Abs. 3 bestimmt den maßgeblichen Zeitpunkt für die verschiedenen Ausscheidenstatbestände und knüpft insofern **weitgehend klarstellend** an die allgemeinen Regeln an: Der Tod eines Gesellschafters (Nr. 1) führt **ipso jure** zum Untergang des Gesellschaftsanteils (→ Rn. 15), ebenso die Eröffnung des Insolvenzverfahrens über das Vermögen eines Gesellschafters (Nr. 3, → Rn. 21). Auf eine entsprechende Gestaltungserklärung oder Kenntnis kommt es nicht an. Im Hinblick auf die Kündigung der Mitgliedschaft durch einen Gesellschafter (Nr. 2) stellt die Regelung klar, dass das Ausscheiden erst mit Ablauf der ggf. einzuhaltenden **Kündigungsfrist** erfolgt (→ § 725 Rn. 28). Für den Fall der Ausschließung (Nr. 5) wird klargestellt, dass diese erst nach **Mitteilung** des entsprechenden Beschlusses an den Gesellschafter wirksam wird (→ § 727 Rn. 20). Für die Kündigung der Mitgliedschaft durch einen Privatgläubiger (Nr. 4) bedarf es im Umkehrschluss zu Abs. 3 einer solchen Mitteilung indessen nicht (→ § 726 Rn. 19).

XI. Kautelarischer Handlungsbedarf infolge des MoPeG

34   Im Rahmen des § 723 hat der Gesetzgeber bedeutsame Neuerungen vorgenommen, um den **Vorrang des Ausscheidens** gegenüber der Auflösung zu stärken. Jedoch gilt nach **Art. 229 § 61 EGBGB (**Art. 49 Nr. 2 MoPeG) die Vorschrift des § 723 mangels anderweitiger vertraglicher Vereinbarung weiter, wenn ein Gesellschafter bis zum 31.12.2024 deren Anwendung gegenüber der Gesellschaft verlangt (→ Rn. 4). Sollte dies nicht erfolgen oder vertraglich abbedungen werden, besteht **Änderungsbedarf** für den bisher verwendeten Gesellschaftsvertrag bis zum 31.12.2023 (vgl. Art. 137 MoPeG).

Abs. 1 Nr. 1 ist dispositiv. Nach den § 711 II, §§ 724, 730 I, § 733 II ist 35
es zulässig, im Gesellschaftsvertrag für den Fall des Todes eines Gesellschafters
die Auflösung der Gesellschaft oder andere Gestaltungen vorzusehen
(→ § 711 Rn. 22 ff.; → § 724 Rn. 6 ff.). **Abs. 1 Nr. 2** ist nur teilweise
abdingbar. Eine Abrede im Gesellschaftsvertrag, welche das außerordentliche
Kündigungsrecht nach § 725 II und das Volljährigkeitskündigungsrecht nach
§ 725 IV ausschließt oder diesen Vorschriften zuwider beschränkt, ist unwirksam (→ § 725 Rn. 65 ff., 80). **Abs. 1 Nr. 3** ist insoweit dispositiv, als die
Ausscheidensfolgen, insbesondere die Abfindung im Innenverhältnis geregelt
werden können. Freilich darf insoweit nicht mittelbar eine gezielte Gläubigerbenachteiligung hervorgerufen werden (§ 138 I). Abs. 1 Nr. 3 ist deshalb
zwingend, soweit das sofortige Ausscheiden des Gesellschafters im Fall der
Verfahrenseröffnung ausgeschlossen oder beschränkt wird, etwa durch eine
Ablauffrist im Außenverhältnis (→ Rn. 27). **Abs. 1 Nr. 4** ist eine unabdingbare Vorschrift. Zum Schutze des Privatgläubigers darf von § 726 nicht abgewichen werden (→ § 726 Rn. 33). **Abs. 1 Nr. 5** sieht wiederum im Innenverhältnis Gestaltungsmöglichkeiten vor und ist dispositiv. So kann
beispielsweise als milderes Mittel – im Vergleich zum absolut wirkenden
Ausschluss des Gesellschafters – zum Zwecke der Gesellschafterkontinuität
eine „Herabstufung" zum Kommanditisten nach dem Vorbild des § 724 vereinbart werden (→ § 727 Rn. 26).

Wie sich aus **Abs. 2** ergibt, können weitere gesellschafterbezogene Auflö- 36
sungsgründe vereinbart werden, wie etwa eine Befristung (§ 163) zB aufgrund eines bestimmten Alters eines Gesellschafters oder eine auflösende
Bedingung (§ 158 I) zB bei Geschäftsunfähigkeit eines Gesellschafters
(→ Rn. 32). Eine solche Regelung bedarf freilich der Zustimmung aller
Gesellschafter. Die Bestimmtheit solcher Klauseln ist essentiell für ihren späteren rechtlichen und tatsächlichen Erfolg. – Auch bei der nicht rechtsfähigen
GbR iSd § 705 II Alt. 2 BGB können und sollten gem. § 723 II analog neben
§ 740a I weitere Beendigungsgründe zwischen den Gesellschaftern vereinbart
werden (→ Rn. 32).

Der maßgebliche Zeitpunkt der verschiedenen Ausscheidenstatbestände 37
nach **Abs. 3** ist nur in den oben aufgezeigten Grenzen des Abs. 1 abänderbar.
Der Ausscheidenszeitpunkt kann also im Fall der Ausschließung aus wichtigem Grund nicht vor Mitteilung des betreffenden Beschlusses an den auszuschließenden Gesellschafter bestimmt werden. Indessen kann etwa die dreimonatige Kündigungsfrist gem. § 725 I verlängert respektive verkürzt
werden.

XII. Übergangsrecht – Art. 229 § 61 EGBGB

1. Grundlagen

Art. 229 § 61 EGBGB Übergangsvorschrift zum Personengesellschaftsrechts- 38
modernisierungsgesetz

[1]Die §§ 723 bis 728 des Bürgerlichen Gesetzbuchs in der vor dem 1. Januar
2024 geltenden Fassung sind mangels anderweitiger vertraglicher Vereinbarung

weiter anzuwenden, wenn ein Gesellschafter bis zum 31. Dezember 2024 die Anwendung dieser Vorschriften gegenüber der Gesellschaft schriftlich verlangt, bevor innerhalb dieser Frist ein zur Auflösung der Gesellschaft oder zum Ausscheiden eines Gesellschafters führender Grund eintritt. [2]Das Verlangen kann durch einen Gesellschafterbeschluss zurückgewiesen werden.

39   Art. 229 § 61 EGBGB sieht abweichend vom ansonsten generellen Inkrafttreten des MoPeG zum 1.1.2024 die **Weitergeltung der §§ 723–728 aF** vor. Regelungsvorbild ist Art. 41 EGHGB, der Entsprechendes im Rahmen der Handelsrechtsreform 1998 vorsah. Die Regelung schützt die Gesellschafter, die bislang im **Vertrauen** auf den durch §§ 723 ff. aF verwirklichten **Vorrang der Auflösung** davon abgesehen haben, abweichende Regelungen im Gesellschaftsvertrag zu treffen (Begr. S. 219). Die Fortgeltung ist freilich an das entsprechende rechtzeitige Verlangen eines Gesellschafters geknüpft, welches seinerseits durch die anderen zurückgewiesen werden kann. Unterbleibt das Verlangen, gilt die Neuregelung ab 1.1.2024 vollumfänglich auch für Altgesellschaften. – Die Übergangsregelung betrifft **allein rechtsfähige GbR,** weil bei nicht rechtsfähigen gemäß § 740a am bisherigen Vorrang der Auflösung als gesetzlichen Regelfall festgehalten wurde (→ § 740a Rn. 2).

2. Vorrang gesellschaftsvertraglicher Regelungen

40   Art. 229 § 61 EGBGB erkennt ausdrücklich an, dass gesellschaftsvertragliche **Modifizierungen der §§ 723 ff. aF** im Hinblick auf Ausscheiden und Auflösung der GbR **bei Altgesellschaften** vorrangig fortgelten. Soweit entsprechende Vereinbarungen daher bereits die neue Rechtslage abbilden oder die alte Rechtslage zulässigerweise modifizieren (Auslegung, ggf. konkludente Einigung), sind diese auch weiterhin maßgeblich, ohne zeitliche Begrenzung. Auch Art. 229 **§ 61 EGBGB gilt nicht,** sodass ein Gesellschafter in diesem Fall nicht die Geltung der §§ 723 ff. aF fordern kann. Eine Abänderung dieser Vereinbarungen ist vielmehr allein nach den allgemeinen Regeln möglich (→ § 714 Rn. 20 ff.).

3. Fortgeltung der §§ 723–728 aF auf Verlangen

41   Fehlen indessen entsprechende gesellschaftsvertragliche Modifizierungen, kann es zur **zeitlich unbegrenzten** Weitergeltung der §§ 723–728 aF über den 31.12.2023 hinaus kommen, wenn ein Gesellschafter dies bis zum 31. Dezember 2024 gegenüber der Gesellschaft **schriftlich verlangt.** Das Verlangen hat sich nach dem Wortlaut des Gesetzes an die rechtsfähige GbR zu richten, mithin gemäß § 720 V an einen organschaftlichen Vertreter. Da die Rechtsfolgen des Verlangens indessen die Grundlagen der Gesellschaft betreffen, sollte es weitergehend auch zulässig sein, dass das Verlangen **gegenüber einem Mitgesellschafter** erklärt wird, der nicht über die entsprechende Vertretungsmacht verfügt. – Das Verlangen muss in jedem Fall bis **spätestens 31.12.2024** erklärt werden; spätere Erklärungen sind grundsätzlich unbeachtlich, so dass dann (rückwirkend ab 1.1.2024!) die neue Rechtslage gilt. Eine Ausnahme hiervon ist allein in Ausnahmefällen unter dem

Aspekt der Treuepflicht zu machen, wenn die Mitgesellschafter unerreichbar sind oder den Zugang treuwidrig vereiteln.

Wird das Verlangen rechtzeitig erklärt, gelten die §§ 723–728 aF für alle **42** bis dahin **bereits verwirklichten und künftigen Gründe,** die zur Auflösung der Gesellschaft oder zum Ausscheiden eines Gesellschafters führen, fort. Der Wortlaut der Neuregelung ist indessen missverständlich, weil hiernach die Fortgeltung des bisherigen Recht nicht verlangt werden kann, wenn **innerhalb der Erklärungsfrist bis 31.12.2024** bereits ein zur Auflösung der Gesellschaft oder zum Ausscheiden eines Gesellschafters führender **Grund eingetreten** ist. Dies widerspricht nämlich dem erklärten Ziel der Übergangsregelung, das Vertrauen der Gesellschafter auf den Fortbestand der bisherigen Rechtslage zu schützen. Die Gesellschafter haben es ja vielfach nicht aktiv in der Hand, diese Gründe zu steuern, so dass sich das Bedürfnis nach der Fortgeltung der bisherigen Rechtslage insbesondere dann stellt, wenn bereits ein entsprechender Tatbestand verwirklicht wurde und ein Gesellschafter hiervon Kenntnis erlangt. Richtigerweise kann das Verlangen daher innerhalb der Frist bis 31.12.2024 **auch nach Eintritt** eines Auflösungs- oder Kündigungsgrundes erklärt werden. Es ist insofern auch unerheblich, ob dieser Grund bereits vor dem 1.1.2024 verwirklicht wurde oder danach.

Das Verlangen kann in allen Fällen durch einen Gesellschafterbeschluss **43** **zurückgewiesen** werden, so dass dann die neue Rechtslage maßgeblich ist. Ein solcher **Beschluss der übrigen Gesellschafter** muss grundsätzlich einstimmig erfolgen; soweit freilich eine Mehrheitsklausel auch Grundlagenentscheidungen umfasst, kann hierfür die Mehrheit ausreichen (→ § 714 Rn. 20 ff.). Da es sich hierbei im Ergebnis aber um einen Fortsetzungsbeschluss handelt, gelten die **qualifizierten Mehrheitserfordernisse** gemäß § 734 II entsprechend (→ § 734 Rn. 14). Die wirksame Zurückweisung des Verlangens führt daher im Ergebnis zum Ausscheiden eines Gesellschafters gemäß § 723 unter Fortbestand der GbR im Übrigen (→ § 723 Rn. 33).

§ 724 Fortsetzung mit dem Erben; Ausscheiden des Erben

(1) **Geht der Anteil eines verstorbenen Gesellschafters auf seine Erben über und erfüllt die Gesellschaft die Voraussetzungen nach § 107 Absatz 1 des Handelsgesetzbuchs, um in das Handelsregister eingetragen zu werden, so kann jeder Erbe gegenüber den anderen Gesellschaftern antragen, dass ihm die Stellung eines Kommanditisten eingeräumt und der auf ihn entfallende Anteil des Erblassers als seine Kommanditeinlage anerkannt wird.**

(2) **Nehmen die anderen Gesellschafter einen Antrag nach Absatz 1 nicht an oder ist eine Fortführung der Gesellschaft als Kommanditgesellschaft nicht möglich, ist der Erbe befugt, seine Mitgliedschaft in der Gesellschaft ohne Einhaltung einer Kündigungsfrist zu kündigen.**

(3) [1]**Die Rechte nach den Absätzen 1 bis 2 können von dem Erben nur innerhalb von drei Monaten nach dem Zeitpunkt, zu dem er von dem Anfall der Erbschaft Kenntnis erlangt hat, geltend gemacht**

werden. [2]Auf den Lauf der Frist ist § 210 entsprechend anzuwenden. [3]Ist bei Ablauf der drei Monate das Recht zur Ausschlagung der Erbschaft noch nicht verloren, endet die Frist nicht vor dem Ablauf der Ausschlagungsfrist.

(4) Scheidet innerhalb der Frist des Absatzes 3 der Erbe aus der Gesellschaft aus oder wird innerhalb der Frist die Gesellschaft aufgelöst oder dem Erben die Stellung eines Kommanditisten eingeräumt, so haftet er für die bis dahin entstandenen Gesellschaftsverbindlichkeiten nur nach Maßgabe der Vorschriften, welche die Haftung des Erben für die Nachlassverbindlichkeiten betreffen.

Übersicht

I. Reform

1. Grundlagen, Bewertung

1   § 724 ergänzt das seit der Reform maßgebliche Konzept, wonach der Tod eines Gesellschafters im gesetzlichen Regelfall nicht mehr zur Auflösung der Gesellschaft führt, sondern zum Ausscheiden des Verstorbenen unter Fortbestand der GbR im Übrigen (§ 723 I Nr. 1); die Gesellschafterstellung kann gemäß § 711 II gleichwohl wie im bisherigen Recht vererblich gestellt werden, sodass die Erben in die Stellung des Verstorbenen aufgrund Sondererbfolge einrücken. § 724 ermöglicht insoweit nunmehr auch für die **Erben eines GbR-Gesellschafters,** die durch Erbfall erworbene Gesellschafterstellung in der GbR binnen Dreimonatsfrist in eine Kommanditbeteiligung umzuwandeln oder aus der Gesellschaft durch Kündigung auszuscheiden. In beiden Fällen gewährt die Regelung während dieser Zeit zugunsten des Erben die **erbrechtliche Haftungsbeschränkung** gemäß §§ 1975 ff., so dass er nicht gezwungen ist, das Erbe wegen der aus der Gesellschafterstellung resultierenden persönlichen Haftungsgefahren in Gänze auszuschlagen. Dies galt bislang gemäß **§ 139 HGB aF** allein bei der OHG (vgl. nunmehr § 131 HGB). Die Rechtsprechung hat eine analoge Anwendung bei der GbR früher ausdrücklich offengelassen (vgl. BGH NZG 2014, 696 (697)); die hM in der Literatur sprach sich dagegen aus (vgl. mwN Henssler/Strohn/Klöhn HGB § 139 Rn. 5; Hoppe ZEV 2004, 226 (227); aA aufgrund der vergleichbaren Interessenlage Ulmer ZIP 2003, 1113 (1121); Mock NZG 2004, 118). Der Gesetzgeber hat damit durch § 724 nunmehr einen weitgehenden **Gleichlauf zur OHG** hergestellt und die frühere Schlechterstellung der Erben eines GbR-Anteils beseitigt.

Die Regelung beruht auf den **Empfehlungen des 71. DJT** 2017 und **2** war bereits Gegenstand des Mauracher Entwurfs (dort allerdings noch mit der beschränkten Gestaltungsfreiheit entsprechend der für die OHG maßgeblichen Rechtslage gemäß § 131 V HGB versehen). Sie ist zentral dadurch motiviert, der **beschränkten Erbenhaftung** Geltung zu verschaffen (Begr. S. 170), was allgemein begrüßt wird (vgl. DAV NZG 2020, 133 Rn. 66; Heckschen NZG 2020, 761 (674); kritisch im Hinblick auf die Nichtregelung von bereits bei § 139 HGB aF umstrittenen Einzelfragen aber Lange/Kretschmann ZEV 2021, 545 (546 f.)). Ob dieses **legitime Ziel** durch eine so weitgehende Anlehnung an § 139 HGB aF erfolgen musste, darf bezweifelt werden. Insbesondere die Umwandlung in eine Kommanditbeteiligung und damit die Umwandlung der GbR in eine KG erscheint doch an den Bedürfnissen der GbR-Praxis vorbeizugehen. Ausreichend wäre es gewesen, die durchaus legitime Haftungsbeschränkung während einer Dreimonatsfrist nach Anfall der Erbschaft allein an die Möglichkeit des Austritts zu knüpfen. Dies insbesondere bei kleinen Gesellschaften wie beispielsweise der Ehegatten-GbR. Zu begrüßen ist insofern aber immerhin, dass die Regelung abweichend von § 139 V HGB richtigerweise **dispositiv** ist, sodass bei der GbR auch künftig passgenauere gesellschaftsvertragliche Regelungen getroffen werden können (→ Rn. 29 ff.). Relevant ist dies insbesondere bei **Gelegenheitsgesellschaften** sowie anderen kleinen Gesellschaften. Hier erscheint die gemäß § 724 I geschaffene Möglichkeit der Einräumung einer Kommanditistenstellung als nicht praxisgerecht. Zwar dürfte es insofern bei diesen häufig bereits an den für eine KG-Gründung notwendigen Voraussetzungen gemäß §§ 105, 107 HGB. Selbst wenn dies nicht der Fall ist, entspricht die Umwandlung aber regelmäßig nicht dem Zweck, der mit derartigen

Gesellschaften verfolgt wird, denn diese sind häufig gerade an eine bestimmte Gesellschafterzusammensetzung geknüpft und zudem nicht auf Dauer ausgelegt. Eine konkludente Abbedingung (§§ 133, 157) erscheint daher naheliegend. Zudem wird es bei diesen Gesellschaften häufig bereits an einer Vererblichstellung des Gesellschaftsanteils gemäß § 711 II BGB im Gesellschaftsvertrag fehlen, so dass auch aus diesem Grund die Anwendung von § 724 scheitert.

2. Zeitlicher Geltungsbereich

3   Nach **Art. 229 § 61 EGBGB (**Art. 49 Nr. 2 MoPeG) gelten die §§ 723 aF bis einschließlich 728 aF mangels anderweitiger vertraglicher Vereinbarung weiter, wenn ein Gesellschafter bis zum 31.12.2024 die Anwendung dieser Vorschriften gegenüber der Gesellschaft schriftlich verlangt, bevor innerhalb dieser Frist ein zur Auflösung der Gesellschaft oder zum Ausscheiden eines Gesellschafters führender Grund eintritt. Das Verlangen kann durch einen Gesellschafterbeschluss zurückgewiesen werden. Findet eine solche Zurückweisung nicht statt, gelten die §§ 723–728 in der vor dem 1.1.2024 geltenden Fassung zeitlich unbegrenzt weiter (BeckOGK/von Proff § 727 Rn. 132). Hierbei handelt es sich um eine Ausnahme zu dem aus Art. 170 EGBGB herzuleitenden Grundsatz der Fortgeltung des alten Rechts bei Dauerschuldverhältnissen.

II. Normzweck

4   § 724 verwirklicht **zugunsten des Erben,** der aufgrund einer einfachen oder qualifizierten Nachfolgeklausel in die Gesellschafterstellung des Verstorbenen Gesellschafters einrückt (→ § 711 Rn. 22 ff.), ein **beschränktes Wahlrecht.** Er kann innerhalb von 3 Monaten verlangen, dass seine durch unbeschränkte persönliche Haftung geprägte Gesellschafterstellung in die eines Kommanditisten umgewandelt wird (wozu dann freilich die Zustimmung der Mitgesellschafter erforderlich ist) oder dass er aus der Gesellschaft ausscheidet, ohne dass es hierfür eines besonderen Kündigungsrechts oder eines Kündigungsgrundes bedürfte (Noack NZG 2020, 581 (584)). In beiden Fällen ist seine **an sich unbeschränkte Gesellschafterhaftung in der Zwischenzeit** nach Maßgabe von §§ 1975 ff. **beschränkt.** Hierdurch wird auf gesellschaftsrechtliche Weise eine Überlegungsfrist eingeräumt, die es dem Erben ermöglicht, die finanziellen Risiken der vererbten Gesellschafterstellung zu prüfen und ggf. zu minimieren (kritisch, ob dies angesichts der fehlenden Buchführungspflicht der GbR innerhalb der Frist realistisch ist, Lange/Kretschmann ZEV 2021, 545 (549)). Der Vorteil liegt darin begründet, dass dies **unabhängig vom sonstigen Nachlass** erfolgt, der Erbe daher nicht genötigt ist, wegen der finanziellen Risiken aus der Gesellschafterstellung das gesamte Erbe auszuschlagen bzw. insofern die Nachlassverwaltung zur Geltung zu bringen. Insofern ist die Regelung begrüßenswert, da die **Sondererbfolge** von Gesellschaftsanteilen hierdurch **konsequent fortentwickelt** wird. Das kann auch als Verwirklichung von Unternehmenskontinuität gesehen werden (Henssler/Strohn/Klöhn HGB § 139 Rn. 1); vgl. insofern beim einzelkaufmännischen Unternehmen auch § 27 II HGB (hierzu K. Schmidt JZ 1991, 734). Die Umwandlung in eine Kommanditeinlage hat indessen bei der GbR anders als bei der OHG (vgl. insoweit den identischen § 131 HGB) eine viel größere strukturelle Bedeutung, da dies nur im Zuge einer Umwandlung der GbR in eine Handelsgesellschaft möglich ist. Es dürfte daher vielfach das Interesse der Mitgesellschafter sein, einer entsprechenden Umwandlung in eine KG zu widersprechen, was ohne weiteres möglich ist. Die **praktische Bedeutung** der im Übrigen ohnehin dispositiven Regelung (→ Rn. 29 ff.) ist daher bei der GbR vor allem im **Austrittsrecht** und der bis dahin bestehenden Haftungsbeschränkung zu sehen (→ Rn. 9). Vgl. im Übrigen zu den **steuerrechtlichen Auswirkungen** von § 724 Stein ErbBstG 2021, 73.

III. Anwendungsbereich

§ 724 gilt bei jeder **rechtsfähigen GbR,** auf die Eintragung ins Gesell- **5** schaftsregister kommt es nicht an. Sie gilt auch bei der zweigliedrigen GbR; insofern hat jedoch § 712a Vorrang, wenn der Erbe gemäß Abs. 1 ausscheidet (→ Rn. 6 ff.); dies gilt insbesondere, wenn der verbleibende Gesellschafter den anderen beerbt (Henssler/Strohn/Klöhn HGB § 139 Rn. 33). Das Gesellschaftsvermögen geht dann im Wege der Gesamtrechtsnachfolge auf den verbleibenden Gesellschafter über. Zugunsten des Übernehmers des Gesellschaftsanteils gilt aber § 27 II HGB analog (vgl. BGH NZG 2004, 611). Auf die **nicht rechtsfähige GbR** ist § 724 nicht anwendbar, weil die erbrechtliche Haftungsbeschränkung innerhalb der Dreimonatsfrist mangels Gesellschaftsverbindlichkeiten hier keine Bedeutung hat. Bei der OHG gilt allein § 131 HGB; das Gleiche gilt für die Partnerschaftsgesellschaft, hier aber allein im Hinblick auf die Austrittsmöglichkeit (vgl. § 9 IV 3 PartGG). – Problematisch ist, ob § 724 auch **bei der aufgelösten Gesellschaft** gilt, mithin wenn ein Gesellschafter nach Auflösung verstirbt (die fehlende gesetzliche Regelung dieser bereits bekannten Problematik kritisierend Lange/Kretschmann ZEV 2021, 545 (546 f.)). Grundsätzlich können auch dann dessen Erben aufgrund entsprechender Nachfolgeklauseln in die Gesellschaft einrücken (→ Rn. 6) und sind bis zur Vollbeendigung Gesellschafter. Wegen des Liquidationszwecks ist für die Einräumung einer Kommanditistenstellung kein Raum, sodass das Wahlrecht insofern ausscheidet. Im Übrigen vermag der durch § 724 intendierte Schutz des Erben durch die Möglichkeit der erbrechtlichen Haftungsbeschränkung allerdings auch im Liquidationsstadium Geltung zu beanspruchen. Richtigerweise gilt die Regelung daher insoweit, als der **Erbe auch nach Auflösung** innerhalb der Dreimonatsfrist **gemäß Abs. 1 austreten** kann und insofern nur nach Maßgabe von §§ 1975 ff. haftet (abw. zur OHG BGH NJW 1982, 45 (46); Henssler/Strohn/Klöhn HGB § 139 Rn. 33; wie hier MüKoHGB/K. Schmidt/Fleischer HGB § 139 Rn. 55). Falls sie Gesellschafter indessen innerhalb von drei Monaten aber nach Maßgabe von § 724 die **Fortsetzung der GbR** beschließen, beansprucht das Wahlrecht vollständig Geltung.

IV. Einräumung einer Kommanditistenstellung (Abs. 1)

1. Gesellschafterstellung des Erben gemäß § 711 II

6 Das Wahlrecht nach Abs. 1 setzt voraus, dass der Gesellschaftsanteil nach Maßgabe der **Sondererbfolge** gemäß § 711 II unmittelbar auf den Erben übergeht (Begr. S. 170). Voraussetzung ist daher, dass die Gesellschafterstellung aufgrund **einfacher oder qualifizierter Nachfolgeklausel** vererblich gestellt wurde und der Begünstigte aufgrund dessen Gesellschafter wurde (→ § 711 Rn. 34 ff.). Wird eine Person aufgrund Eintrittsklausel (→ § 711 Rn. 37) oder rechtsgeschäftlicher Nachfolgeklausel (→ § 711 Rn. 39) Gesellschafter, steht dieser im gesetzlichen Regelfall das Wahlrecht gemäß § 724 nicht zu (BeckOGK/Müller/Godron HGB § 139 Rn. 170), abweichende Vereinbarungen sind möglich (→ Rn. 29 ff.), vermögen aber die erbrechtliche Haftungsbeschränkung nicht herbeizuführen. Fehlt es an der Vererblichstellung bzw. geht die Nachfolgeklausel ins Leere, scheidet der Verstorbene ersatzlos aus (→ § 711 Rn. 29), sodass dessen Erben ebenfalls kein Wahlrecht haben. Rücken **mehrere Erben** in die Gesellschafterstellung des Verstorbenen ein (→ § 711 Rn. 27), steht Ihnen nach Maßgabe ihrer Quote das Wahlrecht individuell zu (vgl. zu § 139 HGB aF BGH NJW 1971, 1268). Im Fall der **Vorerbschaft** nach den §§ 2100 ff. hat bis zum Eintritt der Nacherbfolge gem. § 2106 jeder Erbe das Wahlrecht; der Nacherbe ist an die Wahl des Vorerben gem. dem Rechtsgedanken aus § 2112 gebunden (BeckOGK/Müller/Godron HGB § 139 Rn. 171). Das Wahlrecht steht auch dem **Ersatzerben** gemäß § 2096 zu (Henssler/Strohn/Klöhn HGB § 139 Rn. 12).

7 Ist der **Erbe bereits Gesellschafter,** ist es wenigstens seit der Trennung von Gesellschafterstellung und Gesellschaftsanteilen in § 711 I im Zuge der Reform in konsequenter Fortentwicklung der Sondererbfolge möglich, das Wahlrecht allein im Hinblick auf den ererbten Gesellschaftsanteil auszuüben. Das weitere Schicksal der begründeten **gespaltenen Gesellschafterstellung** bestimmt sich dann nach der konkreten Ausübung des Wahlrechts: Kommt die Einräumung einer Kommanditistenstellung bereits nicht in Betracht (→ Rn. 20), kann der Erbe in Bezug auf den vererbten Gesellschaftsanteil gemäß Abs. 2 den Austritt erklären und eine entsprechende Abfindung verlangen (→ Rn. 23; abw. zur OHG Henssler/Strohn/Klöhn HGB § 139 Rn. 35); im Übrigen behält er seine Gesellschafterstellung, was insbesondere für die persönliche Haftung relevant ist. Ist die Einräumung einer Kommanditistenstellung möglich und gewollt, ermöglicht § 724 aber nicht, dass der Erbe hiervon auch im Umfang seiner bereits vorhandenen Gesellschafterstellung profitiert. Es bedarf daher auch insofern einer getrennten Betrachtung, sodass das Wahlrecht allein in Bezug den vererbten Gesellschaftsanteil gilt (abw. die bislang hM auf der Grundlage der Einheitlichkeit der Mitgliedschaft, vgl. BGH NJW 1957, 1026 (1027); 1972, 1755 (1756); 1976, 848 (849); 1987, 3184 (3186)). Ein Gesellschafter kann daher **sowohl Komplementär als auch Kommanditist** sein. Diese gespaltene Gesellschafterstellung ist im Innenverhältnis unproblematisch, verträgt sich

aber nicht mit der unbeschränkten Außenhaftung des Gesellschafters wegen seiner bisherigen Gesellschafterstellung. Abs. 3 ist daher in diesen Fällen nicht anwendbar (→ Rn. 10).

§ 724 gelangt richtigerweise auch dann zur Anwendung, wenn bei Tod **8** bzw. Fristablauf **nur Gesellschafter vorhanden** sind, die **aufgrund einer Nachfolgeklausel** in diese Stellung eingerückt sind (abw. zur OHG Henssler/Strohn/Klöhn HGB § 139 Rn. 37: Dann keine „Fortsetzung" der Gesellschaft und keine „übrigen" Gesellschafter vorhanden). Es wäre nicht gerechtfertigt, die Erben in diesem Fall ohne ihr Zutun schlechter zu stellen. Da nicht alle Erben Kommanditist werden können, muss freilich das Wahlrecht entsprechend differenziert ausgeübt werden; ggf. kommt nur das Ausscheiden einzelner Gesellschafter oder die Auflösung der Gesellschaft gemäß § 729 I Nr. 3 in Betracht.

2. Ausübung des Wahlrechts

Der Erbe muss gemäß Abs. 1 einen **Antrag** stellen, aus dem sich ergibt, **9** dass er die Einräumung einer **Kommanditistenstellung** begehrt, um von seinem Wahlrecht Gebrauch zu machen. Es handelt sich um ein **Angebot auf Vertragsänderung,** mithin eine rechtsgeschäftliche Erklärung; das sofortige Austrittsverlangen geht wegen der Subsidiarität gemäß Abs. 2 ins Leere, kann aber in einen entsprechenden Antrag nach § 140 umgedeutet werden. Im Hinblick auf das Austrittsrecht nach Abs. 3 kann der Erbe seinen Verbleib allein von der Einräumung der Kommanditistenstellung abhängig machen; bei weitergehenden Bedingungen steht ihm dieses bei Ablehnung durch die Mitgesellschafter im gesetzlichen Regelfall nicht zu; in diesem Fall kommt es konsequenterweise auch nicht zur erbrechtlichen Haftungsbeschränkung (zur OHG Henssler/Strohn/Klöhn HGB § 139 Rn. 40). – Da es sich um ein Grundlagengeschäft handelt, richtet sich der Antrag **an die Mitgesellschafter,** die zum fristgemäßen Zeitpunkt (→ Rn. 10) diese Stellung innehaben. Das Wahlrecht ist gemäß Abs. 1 an die Sondererbfolge geknüpft (→ Rn. 6), sodass die „anderen Gesellschafter" iSd § 724 I alle diejenigen sind, die nicht hierunter fallen. Mitgesellschafter sind daher **nicht die Miterben,** die ebenfalls unmittelbar eingerückt sind (BGH NJW 1971, 1268 (1269)); wohl aber solche, die aufgrund Eintrittsklausel oder rechtsgeschäftlicher Nachfolge aus Anlass des Todes Gesellschafter wurden. Waren alle Erben selbst bereits Gesellschafter (→ Rn. 7), muss der Antrag diesen gegenüber erklärt werden. Bei einer Mehrzahl von Erben steht das Antragsrecht aus § 724 I jedem Erben unabhängig und persönlich zu; jeder Erbe kann für sich entscheiden, ob er in die Kommanditistenstellung wechseln möchte (BGHZ 55, 271 f.; Schörnig ZEV 2001, 129 (130)) – In entsprechender Anwendung von § 720 V genügt die Erklärung gegenüber einem der Gesellschafter; dies gilt grundsätzlich auch, wenn der Erbe selbst bereits Gesellschafter ist; er muss in diesem Fall aber fristgemäß die Erklärung auch gegenüber einem Mitgesellschafter abgeben. Im Übrigen gelten entsprechend § 15 I HGB die im Gesellschaftsregister eingetragenen Gesellschafter als empfangsbefugt (vgl. § 707a III). – Der Antrag kann **formlos** gestellt werden (BeckOGK/Müller/

Godron HGB § 139 Rn. 17; ebenso Schörnig ZEV 2001, 129 (130)). Unterbleibt eine (fristgemäße) Erklärung des Erben, wird die Gesellschaft mit ihm als persönlich haftendem Gesellschafter fortgesetzt.

3. Antragsfrist (Abs. 3)

10 Der Antrag muss gemäß Abs. 3 S. 1 innerhalb von **3 Monaten ab Kenntnis vom Anfall der Erbschaft** erfolgen. Bei mehreren Erben bestimmt sich die Frist für jeden gesondert. Maßgebend ist allein der Anfall der Erbschaft gemäß § 1942, mithin anders als bei § 1944 II 1 nicht auch der Grund für die Erbenstellung; die Kenntnis von Beschränkungen und Beschwerungen (vgl. § 2303) ist ebenso unerheblich wie die Kenntnis von der gesellschaftsrechtlichen Nachfolgeklausel oder von der Gesellschafterstellung des Verstorbenen (BeckOGK/Müller/Godron HGB § 139 Rn. 172). Kenntnis setzt ein **zuverlässiges Erfahren** der maßgeblichen tatsächlichen und rechtlichen Umstände über die eigene Erbenstellung voraus (Grüneberg/Weidlich § 1944 Rn. 2). Ein Irrtum über Tatsachen kann die Kenntnis verhindern, ebenso eine irrige rechtliche Beurteilung, wenn deren Gründe nicht von vornherein von der Hand zu weisen sind (vgl. zu § 1944 BGH FamRZ 2000, 1504). Bei Minderjährigen kommt es auf die Kenntnis beider gesetzlicher Vertreter an (zu § 1944 BGH NJW 2019, 1071 Rn. 13; bei Ausschluss der Vertretung gemäß § 181 ist auf den Ergänzungspfleger (§ 1809) abzustellen, vgl. BGH NJW 1971, 1268); bei geschäftsunfähigen Volljährigen auf die des Betreuers; vgl. im Übrigen die Ablaufhemmung gemäß § 210, auf den Abs. 3 S. 2 verweist. – Nach Abs. 3 S. 3 kommt es zur Fristverlängerung, wenn die Ausschlagungsfrist gemäß § 1944 länger läuft; maßgeblich ist dann das Ende der Ausschlagungsfrist. – Die rechtzeitige Antragstellung ist eingebettet in die ebenfalls aus Abs. 3 resultierende Notwendigkeit, die subsidiäre **Kündigung fristgemäß** zu erklären. Der eindeutige Wortlaut verlangt, dass der Antrag auf Einräumung einer Kommanditistenstellung so rechtzeitig vor Fristablauf gestellt wird, dass ggf. auch die Kündigung noch rechtzeitig erklärt werden kann (vgl. Henssler/Strohn/Klöhn HGB § 139 Rn. 41; BeckOGK/Müller/Godron HGB § 139 Rn. 172). Es genügt also nicht, wenn der Erbe die Dreimonatsfrist bereits im Hinblick auf die Antragstellung ausschöpft. Er muss vielmehr den Antrag so rechtzeitig stellen, dass die Mitgesellschafter auch unter Anerkennung einer angemessenen Überlegungsfrist vor Fristablauf darüber entscheiden können (→ Rn. 4, 13).

4. Umwandlung der Gesellschaft in eine KG

11 **a) Voraussetzungen nach § 107 I HGB.** Die Fortsetzung der GbR als KG, infolge einer entsprechenden Vereinbarung der Gesellschafter, kommt allein dann in Betracht, wenn die Gesellschaft **jedenfalls nach dem Tod** des Gesellschafters gemäß § 107 I HGB **als KG gegründet** werden könnte. Konkret bedeutet dies, dass die GbR rechtsfähig ist und alternativ (1) einen kleingewerblichen Geschäftsbetrieb aufweist, (2) eigenes Vermögen verwaltet oder (3) eine berufsrechtlich zulässige freiberufliche Tätigkeit ausübt. Diese Voraussetzungen können bereits zum Todeszeitpunkt vorliegen, sie können aber auch erst im Zuge des Eintritts des Erben eintreten (durch Änderung oder Ausweitungen der gemeinschaftlichen Tätigkeit). Maßgeblich ist der **Zeitpunkt der Zustimmung** der Gesellschafter. – Die Fortsetzung nach Maßgabe von § 724 kommt im Übrigen auch in Betracht, wenn die Gesellschaft ab dem Todeszeitpunkt ein kaufmännisches Gewerbe iSv § 105 I HGB betreiben soll (war dies bis zum Todeszeitpunkt bereits der Fall, lag gemäß § 123 I 2 HGB eine OHG vor, sodass § 131 HGB gilt). Die bisherige oder bisher fehlende Registereintragung der GbR (vgl. § 707) spielt für die Fortsetzungsmöglichkeit als KG keine Rolle; die KG ist freilich mit Fortsetzung als solcher gemäß § 162 HGB zur Eintragung ins Handelsregister anzumelden.

b) Annahme durch die anderen Gesellschafter. Die Umwandlung in **12** eine KG auf Antrag des Erben kann nur aufgrund einer entsprechenden **Grundlagenentscheidung** unter Beteiligung aller Gesellschafter erfolgen; insoweit gilt im Rahmen von § 724 nichts anderes als sonst (Henssler/Strohn/ Klöhn HGB § 139 Rn. 42). Die Willensbildung kann durch Mehrheitsentscheidung herbeigeführt werden, wenn der Gesellschaftsvertrag insofern eine hinreichende Grundlage bietet (→ § 714 Rn. 20 ff.). Die Gesellschafter sind frei, ob sie das Angebot des Erben annehmen oder nicht; § 724 gewährt **keinen Anspruch auf Einräumung** einer Kommanditbeteiligung (allgM). Die Klage eines Erben auf Annahme der übrigen Gesellschafter kann sich zur Anspruchsbegründung allein auf die gesellschaftsrechtliche Treuepflicht gem. § 242 stützen (Schörnig ZEV 2001, 129 (131)). Wegen der grundlegenden Unterschiede zwischen GbR und KG (Buchführungspflicht, Anwendung des Handelsrechts) besteht indes auch unter Treuepflichtaspekten wenig Raum für einen Anspruch auf Zustimmung der übrigen Gesellschafter (strenger zur OHG KKRD/Kindler HGB § 139 Rn. 7); für eine Klage besteht nur eine geringe Aussicht auf Erfolg (Schörnig ZEV 2001, 129 (131)). Bei der OHG (§ 139 HGB) ist dies indessen leichter anzunehmen, da hier eine größere Nähe zur KG besteht. – Gibt es mehrere Erben, besteht gesellschaftsrechtlich **kein Anspruch auf Gleichbehandlung** (hM, vgl. BeckOGK/ Müller/Godron HGB § 139 Rn. 173; wohl auch BGH NJW 1971, 1268 (69)); man muss aber jedenfalls eine **Treuepflichtkontrolle** vornehmen, um auf Missbräuche zu reagieren (so auch MüKoHGB/K. Schmidt HGB/ Fleischer HGB § 139 Rn. 71 aE). Dies gilt insbesondere, wenn die Nichtannahme einzelner Anträge das Ziel verfolgt, missliebige Erben aus der Gesellschaft zu drängen. Die weiteren Erben, die nicht im Rahmen einer Nachfolgeklausel zum Zeitpunkt der Umwandlung Gesellschafter sind, haben kein Mitspracherecht (Henssler/Strohn/Klöhn HGB § 139 Rn. 50). Einigen sich die übrigen Gesellschafter nicht über die Beteiligungsumwandlung und lehnen den fristgerechten Antrag des Erben ab, erwächst diesem ein weiteres Wahlrecht. Der Erbe kann entweder gem. § 724 II, III innerhalb von drei Monaten ab Kenntnis des Erbfalls kündigen (→ Rn. 21) oder als persönlich haftender Gesellschafter in der GbR verbleiben (Schörnig ZEV 2001, 129 (132)).

§ 724 sieht **keine Annahmefrist** vor. Die Gesellschafter sind insbesondere **13** nicht gehalten, innerhalb der Dreimonatsfrist des Abs. 3 zu entscheiden. Dies kann für den Erben problematisch sein, da gemäß Abs. 3 auch die subsidiäre Kündigung der Mitgliedschaft binnen Dreimonatsfrist erklärt werden muss, er mithin dieses Recht bei Untätigkeit der Gesellschafter verliert. Konsequenterweise sind die Mitgesellschafter daher allein anhand der allgemeinen Vorgaben der gesellschaftsrechtlichen Treuepflicht gehalten, **unverzüglich** zu entscheiden. Wegen der Komplexität ist ihnen insofern eine **Überlegungsfrist** einzuräumen, die durchaus **bis zu vier Wochen** beträgt (strenger für § 139 HGB BeckOGK/Müller/Godron HGB § 139 Rn. 172: Nicht mehr als 3 Wochen, was aber wegen der größeren Unterschiede zwischen GbR und KG nicht übertragbar ist). Der Erbe hat daher regelmäßig nicht mehr als 2 Monate Zeit, um den entsprechenden Antrag zu stellen. Benötigen die Gesellschafter eine größere Bedenkzeit, ist dies gesellschaftsrechtlich unproblematisch und kann auch nachträglich noch zu einer Umwandlung in eine KG führen: der zeitliche Auslauf der erbrechtlichen Haftungsbeschränkung bleibt hiervon freilich unberührt. – **Inhaltlich** setzt die Annahme allein voraus, dass die Mitgesellschafter mit der Umwandlung gemäß Abs. 1 einverstanden sind. Dieser Mindestinhalt sollte freilich in der Praxis erheblich ausgeweitet werden, sodass es regelmäßig abweichend von der gesetzlichen Konzeption einer **komplexen Umwandlungsvereinbarung** bedarf, in der alle Gesellschafter, mithin auch der Erbe (abw. wohl Henssler/Strohn/Klöhn HGB § 139 Rn. 51), die Konditionen für den weiteren gesellschaftsrechtlich Zusammenschluss festlegen (vgl. insbesondere zur Kommanditeinlage → Rn. 17 f.). Insoweit bietet § 724 auch einen Anlass, weiteren Gesellschaftern eine Kommanditistenstellung einzuräumen, um den gesellschaftsrechtlichen Zusammenschluss grundlegend auf die neue Lage infolge des Todes abzustimmen. Erfolgt eine solche Vereinbarung innerhalb der Dreimonatsfrist, wirkt die erbrechtliche Haftungsbegrenzung für den Erben ohne weiteres (abw. wohl Schörnig ZEV 2001, 131).

5. Kommanditistenstellung des Erben

14   Die Annahme des Antrags führt im gesetzlichen Regelfall gemäß Abs. 1 dazu, dass die **GbR in eine KG umgewandelt** wird, der Erbe die Stellung eines Kommanditisten erlangt und der auf ihn entfallende Anteil des Erblassers kraft Gesetzes als seine Kommanditeinlage anerkannt wird. Es handelt sich um eine identitätswahrende **Umwandlung der Gesellschafterstellung des Erben.** Dies ist ebenso wie die damit einhergehende Umwandlung der GbR in eine KG nach Maßgabe von § 162 HGB zur **Eintragung ins Handelsregister** anzumelden; eine etwa vorhandene Eintragung der GbR im Gesellschaftsregister ist entsprechend § 738 zu löschen (eine Liquidation der GbR erfolgt indessen nicht); die bisherigen Rechtsverhältnisse wirken wegen der Identitätswahrung fort. Die rechtliche Ausgestaltung der Gesellschaft richtet sich fortan nach den §§ 161 ff. HGB. – Der maßgebliche **Zeitpunkt** ist die Wirksamkeit der Annahme (Henssler/Strohn/Klöhn HGB § 139 Rn. 50). Dies gilt zwingend für die erbrechtliche Haftungsbeschränkung; im Übrigen können aber auch abweichende Zeitpunkte vereinbart werden.

15   **a) Innenverhältnis.** Für das Innenverhältnis der KG gelten mangels abweichender Vereinbarungen die **§§ 163–169 HGB.** Offene **Beitrags-**

pflichten des Erblassers hat der Erbe zu erfüllen (KKRD/Kindler HGB § 139 Rn. 8). Soweit möglich, interessengerecht und zulässig, wirken die bislang für die GbR vereinbarten Regelungen im Gesellschaftsvertrag fort; der **ergänzenden Vertragsauslegung** kommt insofern eine große Bedeutung zu, um etwaige Lücken zu schließen. Gleichwohl dürfte vielfach die Notwendigkeit bestehen, das Innenverhältnis auf die neue Rechtslage abzustimmen. Dies betrifft insbesondere die **Geschäftsführungsbefugnis,** da diese aus der Perspektive des Erben als Kommanditist nunmehr im gesetzlichen Regelfall gegenüber dem Recht der GbR abweichend ist (vgl. § 164 HGB gegenüber § 715 I). Das Gleiche gilt für dessen **Kontrollrechte** (vgl. § 166 HGB gegenüber § 717); umgekehrt ist dessen Stellung im Hinblick auf das Wettbewerbsverbot nunmehr liberaler (vgl. § 165 HGB). – Problematisch ist auch, welche **Gewinnberechtigung** für den Erben als Kommanditist nach Umwandlung gilt. Abs. 1 sieht insofern (ebenso wie § 131 I HGB) abweichend vom früheren § 139 I HGB aF nicht mehr vor, dass die Umwandlung der Gesellschafterstellung „unter Belassung des bisherigen Gewinnanteils erfolgt". Stattdessen gilt nunmehr im gesetzlichen Regelfall gemäß § 120 I HGB, § 167 HGB, dass sich der Gewinn- und Verlustanteil des Kommanditisten nach dem Verhältnis der maßgeblichen Beteiligungsverhältnisse richtet (vgl. insoweit § 709 III). Im Ergebnis dürfte dies gegenüber dem bisherigen Recht jedenfalls dann nichts ändern, wenn im Gesellschaftsvertrag der GbR keine Ergebnisbeteiligung nach Köpfen vereinbart wurde, welche dann auch nach Umwandlung als vorrangige Abrede fortgelten würde. Wenn aber, wie regelmäßig, die Ergebnisbeteiligung mit der **vermögensmäßigen Beteiligung der Gesellschafter** korreliert, führt auch die Neuregelung dazu, dass die bisherige Gewinnverteilungsregel fortgilt (vgl. im Übrigen aber auch §§ 168, 169 HGB). Maßgeblich ist hierfür dann, in welchem Umfang der bisherige Gesellschaftsanteil zugunsten des Erben als **Kommanditeinlage** anerkannt wird (→ Rn. 17 f.). Für die Verlustbeteiligung (vgl. § 167 III HGB) gilt das Ganze spiegelbildlich.

b) Außenverhältnis. Im Außenverhältnis gelten fortan in Bezug auf die **16** **Vertretung** die §§ 170, 124 f. HGB. Soweit die bisherigen gesellschaftsvertraglichen Vereinbarungen hiermit inkompatibel sind, müssen sie entsprechend angepasst werden (vgl. insofern auch §§ 15 I, 124 I HGB: Einzelvertretungsmacht der Komplementäre zugunsten gutgläubiger Dritter als Abweichung gegenüber § 720 I; Ausschluss des Kommanditisten von der organschaftlichen Vertretungsmacht gemäß § 170 HGB). – Die **Gesellschafterhaftung des Erben** als Kommanditist richtet sich fortan nach den **§§ 171 ff. HGB.** Die hierfür maßgebliche Haftsumme kann von den Gesellschaftern frei bestimmt werden, sie muss sich nicht mit der durch Abs. 1 verlangten Anerkennung des Gesellschaftsanteils des Erblassers auf die Kommanditeinlage decken (→ Rn. 17 f.). Im Übrigen kommt aber auch eine unbeschränkte Haftung vor Eintragung der Umwandlung nach Maßgabe von **§ 176 I HGB** in Betracht (die insofern fehlende ausdrückliche gesetzliche Regelung kritisierend Lange/Kretschmann ZEV 2021, 545 (547); § 176 II HGB ist mangels Eintritts nicht anwendbar (BGH NJW 1989, 3152 (3155);

abw. BGH NJW 1983, 2258 (2259), obiter dicta; gänzlich gegen eine unbeschränkte Haftung bis zur Eintragung Henssler/Strohn/Klöhn HGB § 139 Rn. 64). Weiterhin sieht **Abs. 4** vor, dass der Erbe seine Haftung für die Zwischenneuschulden beschränken kann ($\rightarrow$ Rn. 24). Vgl. im Übrigen zur Haftung der Erben ($\rightarrow$ § 711 Rn. 29 ff.).

17   **c) Anerkennung als Kommanditeinlage.** Die in Abs. 1 als dispositiver gesetzliche Regelfall vorgesehene Anerkennung des Anteils des Erblassers als Kommanditeinlage des Erben bedeutet, dass die **vermögensmäßige Beteiligung im Innenverhältnis fortgeschrieben** wird (vgl. insoweit auch 709 III). Fehlt eine solche oder ist sie negativ („negatives Kapitalkonto"), hindert dies die Umwandlung gemäß § 724 nicht (vgl. zur OHG BGH NJW 1987, 3186); in diesem Fall kann der Erbe auch mit einer Kommanditeinlage von 1 Euro in der Gesellschaft verbleiben (abw. KKRD/Kindler HGB § 139 Rn. 7: Lediglich Austrittsrecht). Die vermögensmäßige Beteiligung des Kommanditisten ist jenseits einer Haftsumme von mindestens 1 Euro (vgl. § 171 HGB) nicht durch ein entsprechendes Kapitalaufbringungsgebot gekennzeichnet; ein solches kann daher auch nicht im Rahmen von § 724 etabliert werden; es besteht vielmehr uneingeschränkte **Dispositionsfreiheit**, ob und in welchem Umfang eine Kapitalbeteiligung des Kommanditisten **über 1 Euro hinaus** gewollt ist. Für die Umwandlung aus einer GbR gilt dies erst recht. Die gesetzliche Anerkennung als Kommanditeinlage gemäß Abs. 1 ist insofern akzessorisch zur konkreten vermögensmäßigen Beteiligung des Erben als Nachfolger des verstorbenen Gesellschafters.

18   Die hiernach maßgebliche konkrete **Ermittlung des Anteils des Erblassers** hat sich vorrangig daran zu orientieren, was bis zum Tode insofern für die Gesellschafter untereinander maßgeblich war. Fehlen entsprechende Abreden, kommt es für die Ermittlung im Rahmen von § 724 auch auf die Bedeutung als **Kommanditeinlage** des Erben an (dies ist bereits bei der OHG sehr umstritten, vgl. Henssler/Strohn/Klöhn HGB § 139 Rn. 53 ff.): Insofern bedarf es der **Differenzierung von Kapitalanteil und bedungener Einlage.** Ersteres ist bei der KG der gesellschaftsvertragliche Parameter, der die vermögensmäßige Beteiligung des Kommanditisten abbildet, Letzteres ist die von diesem aufzubringende und ggf. aufgebrachte Einlage. Beides muss sich nicht decken, was insbesondere für den Gewinnbezug entscheidend ist (vgl. § 167 II). Da bei der (bisherigen) GbR diese rechtlichen Größen nicht oder nur unzureichend gelten, muss aufgrund einer **wirtschaftlichen Betrachtung** eine Korrelation hergestellt werden. Hierdurch ist es erforderlich, die Gesellschafterstellung des Erblassers ex post betrachtet als die eines Kommanditisten zu sehen und dann entsprechend beim Erben fortzuschreiben. Dies dürfte regelmäßig dazu führen, den Anteil des Erblassers als Ausgangsgröße im Sinne eines Kapitalkontos zu würdigen, mithin ohne Berücksichtigung weiterer bislang nicht erfüllter Beitragspflichten. Hat diese vermögensmäßige Beteiligung des Erblassers aus der Innenperspektive zum Zeitpunkt des Todes in **entsprechender Anwendung von § 728** einen positiven Wert, folgt hieraus ein positiver Anteilswert des Erblassers. Dieser ist dann als Kommanditeinlage insoweit anzuerkennen, als der Erbe einen entsprechenden Kapitalanteil und bedungener Einlage erlangt. Abweichend vom Ausscheiden kommt es insofern allerdings allein auf die **Substanzwertmethode** an (Einzelheiten → § 728 Rn. 35 ff.). Ergibt sich insofern eine Disparität zur vermögensmäßigen Beteiligung der Mitgesellschafter, ist dies entsprechend anzupassen, indem deren vermögensmäßige Beteiligung nach denselben Kriterien ermittelt wird. Genauere Vorgaben für die gesetzliche Anerkennung des Gesellschaftsanteils als Kommanditeinlage lassen sich rechtlich kaum machen, sodass der Praxis dringend anzuraten ist, praktikable einvernehmliche Regelungen zu treffen, ggf. schon zu Lebzeiten.

Hiervon abzugrenzen ist die **Haftsumme** iSv §§ 171, 172 HGB. Aus **19** § 724 kann nicht abgeleitet werden, dass die für den Erben maßgebliche Kommanditeinlage auch als entsprechende Haftsumme gelten müsse. Die Freiheit, Haftsumme und Pflichteinlage unterschiedlich auszugestalten, gilt daher auch hier. Aus der Perspektive des zwingenden Rechts zugunsten der Gläubiger kann nur verlangt werden, dass die Haftsumme **mindestens 1 Euro** beträgt (KKRD/Kindler HGB § 139 Rn. 9; abw. Henssler/Strohn/ Klöhn HGB § 139 Rn. 59). Hiernach wäre zwar der Erbe kaum gehindert, seine Kommanditeinlage ohne Haftungsgefahren aus der Gesellschaft abzuziehen. Auch der Haftungsregress in Innenverhältnis könnte für die Mitgesellschafter nachteilig sein. Abhilfe schafft insofern jedoch die nach dem Vorgesagten ebenfalls erfolgende Qualifikation der Kommanditeinlage als bedungene Einlage, so dass es dann nur nach Maßgabe der gesellschaftsinternen Abreden zulässig ist, diese zurückzuerhalten, was auch beim Haftungsregress zu berücksichtigen ist. Der Schutz der (unbeschränkt haftenden) Mitgesellschafter ist hierdurch ausreichend gewahrt.

V. Kündigung der Mitgliedschaft (Abs. 2)

1. Ablehnung des Antrags oder Unmöglichkeit der Umwandlung

Abs. 2 gewährt ein **außerordentliches Kündigungsrecht** in dem Fall, **20** dass die anderen Gesellschafter den Umwandlungsantrag nach Abs. 1 nicht annehmen oder eine Fortführung der Gesellschaft als KG unmöglich ist. Ersteres ist durchaus praxisrelevant, da die Gesellschafter nicht verpflichtet sind, dem Ansinnen des Erben zu entsprechen (→ Rn. 9) und der Personenzusammenschluss bei der Auswechslung eines persönlich haftenden Gesellschafters mit einem Kommanditisten geschwächt wird (Schörnig ZEV 2001, 129 (134)); Letzteres kommt vor allem in Betracht, wenn die Voraussetzungen nach § 107 I HGB nicht erfüllt sind (→ Rn. 11), mithin weder ein Gewerbe, eine Vermögensverwaltung oder ein zulassungsfähiger freier Beruf ausgeübt wird. Praktisch bedeutsam dürfte dies vor allem bei Gelegenheitsgesellschaften sein, die nicht auf Dauer angelegt sind, oder bei ideeller Zwecksetzung. Bei einer nicht rechtsfähigen Gesellschaft ist § 724 gemäß § 740a III ohnehin nicht anwendbar (→ Rn. 5). Bei der Kündigung handelt es sich um eine einseitige empfangsbedürftige Gestaltungserklärung, auf welche die §§ 104 ff. Anwendung finden. Die Erklärung muss **der GbR** gem. § 130 zugehen.

Das Kündigungsrecht steht – entsprechend dem Wahlrecht nach § 724 I (→ Rn. 9) – jedem Erben unabhängig und persönlich zu (Schörnig ZEV 2001, 129 (132)). – Von Abs. 2 **abzugrenzen** sind die dem Erben als Gesellschafter ohnehin zustehenden ordentlichen und außerordentlichen Kündigungsrechte im Hinblick auf seine Mitgliedschaft gemäß § 725 sowie die subsidiäre Möglichkeit, die Gesellschaft als solche nach § 731 zu kündigen. In diesen Fällen gilt aber nicht die erbrechtliche Haftungsbeschränkung gemäß Abs. 4 (Henssler/Strohn/Klöhn HGB § 139 Rn. 69). Umgekehrt steht es auch den Mitgesellschaftern zu, den Erben gemäß § 727 aus der Gesellschaft auszuschließen.

2. Fristgemäße Kündigung

21   Die Kündigung kann gemäß Abs. 3 nur **innerhalb von drei Monaten** nach dem Zeitpunkt, zu dem der Erbe von dem Anfall der Erbschaft Kenntnis erlangt hat (→ Rn. 10), geltend gemacht werden. Das Gesetz geht eindeutig davon aus, dass das Wahlrecht nach Ablauf dieser Frist vollständig erlischt, was rechtspolitisch zu kritisieren ist, jedenfalls aber wegen der erbrechtlichen Haftungsbegrenzung aus Gründen der Rechtssicherheit überzeugt. – Im Hinblick auf die konkreten Voraussetzungen der Kündigung enthält § 724 keine konkreten Vorgaben. Es gelten daher die allgemeinen Regeln wie bei § 725. Die Kündigung muss als **empfangsbedürftige Willenserklärung gegenüber der Gesellschaft** erklärt werden (vgl. § 725 I). Es genügt gem. § 720 V, wenn die Kündigungserklärung einem vertretungsbefugten Gesellschafter zugeht. Wegen der grundlegenden Bedeutung der Kündigung für den Mitgliederbestand reicht es indessen nicht aus, wenn die Kündigung gegenüber einem Bevollmächtigten der Gesellschaft erklärt wird, der nicht selbst Gesellschafter ist; eine abweichende Beurteilung ist nur dann gerechtfertigt, wenn die entsprechende Vertretung des Dritten im Gesellschaftsvertrag selbst niedergelegt ist (vgl. nach früherem Recht für eine finanzierende Bank BGH NJW 2003, 2821 (2823)). – Die Kündigung kann im dispositiven gesetzlichen Regelfall **formlos** erfolgen, aus Beweisgründen bietet sich freilich die Einhaltung der Schriftform an. Sie wird mit **Zugang** wirksam. Ein Widerruf ist gemäß § 130 I 2 nur bis dahin möglich; die spätere Rücknahme bedarf der Zustimmung aller Mitgesellschafter (OLG Zweibrücken NZG 1998, 939 (940)). Eine **konkludente Kündigung** ist grundsätzlich möglich; es muss allein der Beendigungswille hinreichend deutlich werden: Die genaue rechtliche Bezeichnung der Erklärung als Kündigung ist nicht erforderlich. Die **interessengerechte Auslegung** anderer Bezeichnungen nach Maßgabe von §§ 133, 157 ist insofern großzügig möglich (vgl. für einen „Rücktritt" RGZ 89, 398 (400); für die „Anfechtung" RGZ 165, 193 (206); für den „Austritt" BGH NZG 2002, 417 (418); durch die Geltendmachung von Abfindungs- bzw. Auseinandersetzungsansprüchen, vgl. BGH NJW 1993, 1002 und OLG Düsseldorf NJW-RR 1998, 658 (659)).

22   Nach § 725 V 1 darf die Kündigung eines Gesellschafters **nicht zur Unzeit** geschehen, es sei denn, dass ein wichtiger Grund für die unzeitige Kündigung vorliegt. Diese allgemeine Regel gilt grundsätzlich auch im Rah-

men von § 724; aufgrund des intendierten Erbenschutzes vor unbeschränkter Haftung sind indessen kaum Anwendungsfälle denkbar. Im Übrigen berührt ein Verstoß hiergegen die Wirksamkeit der Kündigung ohnehin nicht, sondern löst nach § 725 V 2 allein Schadensersatzansprüche aus (Einzelheiten → § 725 Rn. 35 ff.). – Hiervon abzugrenzen ist die nach Maßgabe von § 242 zu beurteilende **rechtsmissbräuchliche Ausübung des Kündigungsrechts.** Auch insofern ist im Rahmen von § 724 die Schwelle zur Bejahung extrem hoch. In Betracht kommen letztlich allein Fälle, in denen die Wahrnehmung des Kündigungsrechts zu einer gezielten und nicht hinnehmbaren Belastung der Mitgesellschafter führt, insbesondere im Hinblick auf den Fortbestand der Gesellschaft im Übrigen oder die drohenden finanziellen Folgen wegen der Pflicht zur Zahlung eines Abfindungsguthabens (§ 728). Wird diese hohe Schwelle unter konkreter Würdigung des Einzelfalles überschritten, ist die rechtsmissbräuchliche Kündigung unwirksam (vgl. zur Abgrenzung gegenüber dem Verbot der Kündigung zur Unzeit BGH NJW 1954, 106). Hieraus folgt auch, dass für die rechtliche Beurteilung allein die Umstände maßgeblich sind, die bis zur Erklärung der Kündigung vorliegen (vgl. BGH NJW 2000, 3491 (3492)).

3. Rechtsfolgen

Der Erbe scheidet mit Zugang der im zeitlichen Rahmen des § 724 III **23** gegenüber der GbR erklärten Kündigung aus der Gesellschaft aus. Dies ist bei eingetragenen GbR gemäß § 707 III 2 zur Eintragung in das **Gesellschaftsregister** anzumelden. Die gesellschaftsrechtlichen Folgen des Ausscheidens richten sich nach den allgemeinen Regeln: Der **Gesellschaftsanteil** des Erben **erlischt** und wächst gemäß § 712 I den übrigen Gesellschaftern zu. Betrifft die Kündigung den **vorletzten Gesellschafter** (Zulässigkeit entspr. § 727 S. 3), erlischt die Gesellschaft ohne Liquidation nach Maßgabe von § 712a, und das Gesellschaftsvermögen geht zum Zeitpunkt des Ausscheidens im Wege der Gesamtrechtsnachfolge auf den verbleibenden Gesellschafter über (ansonsten führt die Kündigung in entsprechender Anwendung von § 725 I Nr. 3 zur Auflösung der Gesellschaft). Die weiteren Rechtsfolgen im Hinblick auf Abfindungsanspruch bzw. Verlusttragungspflicht und Gesellschafter(nach)haftung richten sich nach dem Ausscheidenszeitpunkt bezogen auf §§ 728–728b. In Bezug auf Letzteres kann der Erbe aber gemäß **Abs. 3** seine Haftung für sogenannte Zwischenneuschulden beschränken (→ Rn. 10). Die übrigen Erben haben nur für die bis zum Tode realisierten Ansprüche gegen den Erblasser einzustehen (→ § 711 Rn. 30).

VI. Haftung des Erben (Abs. 4)

Abs. 4 begründet eine **erbrechtliche Haftungsbegrenzung während 24 der Dreimonatsfrist** nach Abs. 3. Sie gilt, wenn dieser gemäß Abs. 2 fristgemäß aus der Gesellschaft ausscheidet, wenn ihm gemäß Abs. 1 fristgemäß die Stellung eines Kommanditisten eingeräumt wird, sowie außerhalb von § 724, wenn die Gesellschaft innerhalb der Dreimonatsfrist aufgelöst wird. Der praktische Anwendungsbereich ist daher differenziert zu beurteilen:

1. Beim Ausscheiden (Abs. 4 Var. 1 iVm Abs. 2)

25   Scheidet der Erbe wegen Unmöglichkeit der Umwandlung oder Ablehnung durch die Mitgesellschafter aus der Gesellschaft aus, wirkt dies erst **zum Zeitpunkt der Kündigung.** Bis dahin ist er vollumfänglich Gesellschafter der GbR (vgl. zur OHG BGH NJW 1971, 1268) und unterliegt insofern auch der unbeschränkten persönlichen Gesellschafterhaftung gemäß §§ 721 ff. für die im Zeitraum zwischen Erbfall und Ausscheiden begründeten Gesellschaftsverbindlichkeiten. Nach Abs. 3 haftet er hierfür allerdings nur nach erbrechtlichen Grundsätzen, mithin mit der Möglichkeit der Beschränkung durch **§§ 1975 ff.** Dies gilt auch, wenn das fristgemäße Ausscheiden durch Vereinbarung herbeigeführt wird (vgl. zur OHG BGH NJW 1971, 1268 (1269 f.)). Die Haftungsprivilegierung gilt indessen nur, wenn das **Ausscheiden innerhalb der Dreimonatsfrist** gemäß Abs. 3 erfolgt (sog. Zwischenneuschulden, vgl. Henssler/Strohn/Klöhn HGB § 139 Rn. 63). Erfolgt dies später, haftet er für sämtliche Verbindlichkeiten seit dem Erbfall unbeschränkt.

26   Im unmittelbaren Anwendungsbereich begründet Abs. 3 eine **Einwendung gegenüber der Gesellschafterhaftung** im Außenverhältnis. Der Erbe muss daher ggf. den Gesellschaftsgläubigern gegenüber nicht persönlich einstehen, was konsequenterweise die Haftung der übrigen Gesellschafter erhöht. Problematisch ist, ob die hiermit verbundene Privilegierung auch im Rahmen der **gesellschaftsinternen Auseinandersetzung** Geltung beansprucht, mithin bei der Ermittlung eines Abfindungsanspruchs nach Maßgabe von § 728 oder umgekehrt der Fehlbetragshaftung gemäß § 728a. Richtigerweise ist das allein für Letzteres zu bejahen. Zugunsten des Erben wirken daher die §§ 1975 ff. auch im Innenverhältnis, soweit dies im Hinblick auf die Folgen des Ausscheidens eine **Fehlbetragshaftung** auf der Grundlage von Zwischenneuschulden betrifft (anders wohl OLG Hamburg BB 1994, 238). Eine weitergehende Privilegierung dahingehend, dass diese auch bei der spiegelbildlichen Abfindung gemäß § 728 unberücksichtigt blieben, lässt sich auf der Grundlage von §§ 1975 ff. indessen nicht begründen. – Für die **Altverbindlichkeiten,** die bis zum Todeszeitpunkt entstanden sind, haftet der Erbe im Übrigen nicht gemäß § 721a, sondern nach § 1922 I (abw. Lange/Kretschmann ZEV 2021, 545 (548)); es handelt sich um eine Nachlassverbindlichkeit gem. § 1967, wofür beim Vorhandensein weiterer Erben gemäß § 2032 diese als Erbengemeinschaft einzustehen haben (→ § 711 Rn. 29). Insofern besteht daher ohne weiteres gemäß §§ 1975 ff. die Möglichkeit der Haftungsbeschränkung (Henssler/Strohn/Klöhn HGB § 139 Rn. 62).

2. Bei der Einräumung einer Kommanditistenstellung (Abs. 4 Var. 3 iVm Abs. 1)

27   Wird dem Erben **innerhalb der Dreimonatsfrist** die Kommanditistenstellung eingeräumt, begründet Abs. 3 für die Zwischenneuschulden der

GbR, die im Zeitraum zwischen Tod und Umwandlung entstanden sind, zugunsten des Erben wiederum die Möglichkeit der erbrechtlichen Haftungsbegrenzung gemäß §§ 1975 ff. (vgl. zur OHG BGH NJW 1971, 1268). Die an sich bestehende **Haftung gegenüber Gesellschaftsgläubigern** (§§ 721 ff.) ist hiernach begrenzt. Das Gleiche gilt nach § 1922 I, §§ 1975 ff. für die Altverbindlichkeiten bis zum Tod (→ Rn. 26). Für die Neuverbindlichkeiten der KG, die ab Umwandlung begründet werden, haftet der Erbe als Kommanditist gemäß §§ 171 ff. HGB bis zur Eintragung der Umwandlung ins Handelsregister. Nach Maßgabe von § 176 I HGB kommt bei weiterer Geschäftstätigkeit nach außen vor Eintragung auch eine unbeschränkte Haftung in Betracht; § 176 II HGB ist mangels Eintritts nicht anwendbar (BGH NJW 1989, 3152 (3155); abw. BGH NJW 1983, 2258 (2259), obiter dicta; gänzlich gegen eine unbeschränkte Haftung bis zur Eintragung Henssler/Strohn/Klöhn HGB § 139 Rn. 64).

3. Bei der Auflösung der GbR (Abs. 4 Var. 2 iVm § 729)

Abs. 4 ermöglicht dem Erben die erbrechtliche Haftungsbeschränkung **28** nach Maßgabe von §§ 1975 ff. schließlich auch dann, wenn die Gesellschaft **innerhalb des Dreimonatszeitraums aufgelöst** wird (vgl. hierzu § 729). Dies umfasst sämtliche Gesellschaftsverbindlichkeiten, die zwischen Todesfall und Auflösung sowie während der sich hieran anschließenden Liquidation entstanden sind (vgl. zur OHG BGH NJW 1982, 45). Auch hier gilt Abs. 4 im unmittelbaren Anwendungsbereich als **Einwendung gegenüber der Gesellschafterhaftung** im Außenverhältnis. Der Erbe muss daher ggf. diesem gegenüber nicht persönlich einstehen. Wie beim Ausscheiden (→ Rn. 25) beansprucht die Möglichkeit der Haftungsbeschränkung richtigerweise aber auch im Rahmen der **gesellschaftsinternen Auseinandersetzung** Geltung, mithin bei der Ermittlung einer Fehlbetragshaftung gemäß § 737, soweit diese durch Verbindlichkeiten ab Todeszeitpunkt resultiert.

VII. Gestaltungsfreiheit

1. Allgemeines

§ 724 ist **weitgehend dispositiv,** was der Umkehrschluss zum ansonsten **29** vergleichbaren § 131 HGB ergibt (vgl. § 131 V HGB, wonach vertraglich nur Erleichterungen, wie etwa eine automatische Umwandlung in eine KG, vereinbart werden können; vgl. → Rn. 11 ff.). Dies ist (abweichend vom Mauracher Entwurf) eine bewusste Entscheidung des Gesetzgebers **bis hin zum vollständigen stillschweigenden Ausschluss,** um damit insbesondere den mit dem Wahlrecht korrespondierenden gegenläufigen Interessen der Gesellschafter Rechnung zu tragen (abw. für zwingende Geltung nach wie vor Schäfer Neues GesR/Schäfer § 6 Rn. 56; vgl. insofern auch K. Schmidt ZHR 185 (2021), 16 (39)). Die Gesetzesbegründung nennt insofern als legitime Ziele die mit der Umwandlung zur KG einhergehenden handelsrechtlichen Belastungen sowie den Kapitalabzug nach Ausscheiden des Erben (Begr. S. 170 f.). Diese überzeugen bei der GbR als nicht-unternehmerische

Rechtsform in besonderem Maße, was die vermeintliche Schieflage gegenüber dem Recht der OHG erklärt (vgl. hierzu bei kleinen GbR und Gelegenheitsgesellschaften → Rn. 2). Im Fall der Abbedingung kann der Erbe daher nur die gesamte Erbschaft ausschlagen oder von den ansonsten bereitstehenden Kündigungsrechten Gebrauch machen, freilich ohne erbrechtliche Haftungsbeschränkung. – Soll § 724 in Gänze abbedungen oder beschränkt werden, bedarf es hierzu einer entsprechenden **gesellschaftsvertraglichen Regelung.** Erfolgt dies zu Lebzeiten des betreffenden Gesellschafters, muss dieser zustimmen; nach dessen Tode bedarf es der Zustimmung des Erben. Eine nachträgliche Einführung des Ausschlusses aufgrund Mehrheitsbeschlusses ist grundsätzlich möglich, wenn der Gesellschaftsvertrag hierfür eine entsprechende Grundlage enthält (vgl. → § 714 Rn. 20 ff.). Die individualrechtliche Ausgestaltung von § 724 zugunsten des Erben erfordert in diesen Fällen jedoch auch die Zustimmung des potenziell betroffenen Gesellschafters (vgl. zur Kernbereichslehre → § 714 Rn. 28).

30   Darüber hinaus sind auch **inhaltliche Modifizierungen von § 724** möglich: So kann im Gesellschaftsvertrag vereinbart werden, dass sich der Gesellschaftsanteil des Verstorbenen automatisch in einen Kommanditanteil des Erben umwandelt (vgl. BGH NJW 1987, 3185). Erforderlich ist jedoch, wie im Regelfall von Abs. 1, dass die Voraussetzungen nach § 107 I HGB eingehalten werden; ist dies nicht möglich, muss die Klausel nach den §§ 133, 157 ausgelegt werden. Im Rahmen der Auslegung muss dann ermittelt werden, ob dem Erben gleichwohl ein Austrittsrecht zustehen soll. Hiergegen spricht der durch die Umwandlungsklausel zum Ausdruck gebrachte Wunsch der Kontinuität der Gesellschafterstellung. – Zulässig ist auch, das Zustimmungserfordernis der Mitgesellschafter abzubedingen, sodass der Erbe selbstständig gegenüber den Mitgesellschaftern die Umwandlung in eine Kommanditbeteiligung herbeiführen kann (KKRD/Kindler HGB § 139 Rn. 7; vgl. hierzu zur OHG BGH NJW 1971, 1268). Die **erbrechtliche Haftungsbeschränkung** gilt auch in diesem Fall gemäß Abs. 3 nur, wenn die Dreimonatsfrist gewahrt wird; eine Verlängerung ist aus Gründen des Gläubigerschutzes nicht zulässig. – Weiterhin ist es auch zulässig, für die Annahme durch die Mitgesellschafter das Mehrheitsprinzip ausreichen zu lassen (vgl. KKRD/Kindler HGB § 139 Rn. 7).

2. Kautelarischer Handlungsbedarf infolge des MoPeG

31   Im Rahmen des § 724 hat der Gesetzgeber bedeutsame Neuerungen vorgenommen, um den Vorrang des Ausscheidens gegenüber der Auflösung zu stärken. Jedoch gilt nach Art. 229 § 61 EGBGB (Art. 49 Nr. 2 MoPeG) die Vorschrift des § 724 mangels anderweitiger vertraglicher Vereinbarung weiter, wenn ein Gesellschafter bis zum 31.12.2024 deren Anwendung gegenüber der Gesellschaft verlangt (→ Rn. 3). Sollte dies nicht erfolgen oder vertraglich abbedungen werden, besteht Änderungsbedarf für den bisher verwendeten Gesellschaftsvertrag bis zum 31.12.2023 (vgl. Art. 137 MoPeG):

32   Nach den § 711 II, §§ 724, 730 I, § 733 II sind verschiedenste Gestaltungsmöglichkeiten für den Fall des Todes eines Gesellschafters möglich (vgl. zu

Nachfolgeklauseln → § 711 Rn. 34 ff.). Speziell auf § 724 bezogen, wir es dem Wunsch einer werbenden GbR in der Regel entsprechen, die Erbenrechte zu beschränken oder vollständig auszuschließen, da sie von der persönlichen Mitwirkung ihrer Gesellschafter lebt (Schörnig ZEV 2001, 129 (134)). Insoweit ist also eine **völlige Abbedingung** des § 724 denkbar. Jedoch ist eine vollständige Streichung des § 724 nicht immer zweckmäßig. Bei kleineren Gesellschaften führt das Ausscheiden eines Gesellschafters oftmals auf Grund des mit § 728 einhergehenden Kapitalabfluss zur Schwächung und Existenzgefährdung der GbR (Schörnig ZEV 2001, 129 (134)).

Zugunsten des Übernehmers sollte nach dem Gebot des sichersten Weges **33** eine **nach dem Vorbild des § 27 II HGB formulierte Regelung** aufgenommen werden (→ Rn. 4 f.), sodass die unbeschränkte persönliche Gesellschafterhaftung nach den §§ 721 ff. nicht eintritt, wenn die Fortführung des Geschäfts vor dem Ablaufe von drei Monaten nach dem Zeitpunkt, in welchem der Erbe von der Erbschaft des Gesellschaftsanteils Kenntnis erlangt hat, eingestellt wird.

Ebenso sollte vertraglich aus Gründen der Rechtssicherheit festgelegt wer- **34** den, wem der **Antrag** auf Einräumung einer Kommanditistenstellung zugehen muss. Dies gilt insbesondere für den Fall, dass der Erbe selbst bereits Gesellschafter ist (→ Rn. 9).

Der für die Umwandlung in eine KG erforderliche Konsens lässt sich bei **35** einer OHG, auf Grund der fehlenden Statusänderung, für die Gesellschafter oft leichter erreichen als bei einer GbR (Mock NZG 2004, 118 (120)). Um den übrigen Gesellschaftern die Möglichkeit einer ausgewogenen Entscheidung zu gewähren, sollte eine **Annahmefrist** von nicht unter **vier Wochen** vereinbart werden. **Inhaltlich** muss die **Annahme** so ausgeweitet werden, dass die Umwandlung möglichst problemlos vonstatten gehen kann. Für die infolge der Umgestaltung in eine KG geltenden §§ 163–169 HGB ist es erforderlich, dass das **Innenverhältnis** bereits präventiv im Gesellschaftsvertrag **auf die neue Rechtslage abgestimmt** wird. Insbesondere die Geschäftsführungsbefugnis (Abbedingung des § 164 HGB nach dem Vorbild des § 715 I), Kontrollrechte (Abbedingung des § 166 HGB nach dem Vorbild des § 717) und Wettbewerbsverbote (in den Grenzen des § 165 HGB) sowie die Gewinnberechtigung sind für den Fall der Umgestaltung in die KG am besten bereits vorab zu regeln (→ Rn. 15). Für die Bestimmung der **Pflichteinlage im Innenverhältnis** ist entsprechend auf die Gestaltungsmöglichkeiten zu § 728 zu verweisen (→ § 728 Rn. 53 ff.). Die **Haftsumme im Außenverhältnis** iSv §§ 171, 172 HGB kann im Gesellschaftsvertrag ebenso frei bestimmt werden (→ Rn. 19).

VIII. Darlegungs- und Beweislast

Im Hinblick auf das **Wahlrecht** gemäß Abs. 1 hat der **Erbe** die maßgebli- **36** chen Voraussetzungen zu beweisen; zu beweisen ist insbesondere die Gesellschafterstellung aufgrund Nachfolgeklausel, das Vorliegen der Voraussetzungen von § 107 I HGB und der fristgerechte Antrag gegenüber den Mitgesellschaftern. Will der Erbe fortan **als Kommanditist behandelt** werden, muss er darüber hinaus die Annahme durch die Mitgesellschafter beweisen. Die Beweislast für die Anerkennung des bisherigen Gesellschaftsanteils als Kommanditeinlage obliegt zwar grundsätzlich ebenfalls dem Erben; bezüglich der Höhe der Kommanditeinlage trifft indessen die Mitgesellschafter eine umfangreiche sekundäre Darlegungs- und Beweislast, da diese eine größere Nähe zu den Vermögensverhältnissen der GbR haben und es dem Erben unzumutbar ist, die entsprechenden Informationen zu erlangen (vgl. insofern aber auch die Informationsrechte des Erben gemäß § 717 I; → § 717 Rn. 9 ff.). Beruft sich der Erbe auf das **Ausscheiden** aus der Gesellschaft, muss er die fristgemäße Kündigung beweisen; das Gleiche gilt für die Folgen des Ausscheidens gemäß § 728. Beruft er sich im Übrigen gegenüber Dritten auf die erbrechtliche Haftungsbeschränkung nach §§ 1975 ff., ist er auch insofern mit der Beweislast beschwert.

§ 725 Kündigung der Mitgliedschaft durch den Gesellschafter

(1) **Ist das Gesellschaftsverhältnis auf unbestimmte Zeit eingegangen, kann ein Gesellschafter seine Mitgliedschaft unter Einhaltung einer Frist von drei Monaten zum Ablauf des Kalenderjahres gegenüber der Gesellschaft kündigen, es sei denn, aus dem Gesellschaftsvertrag oder aus dem Zweck der Gesellschaft ergibt sich etwas anderes.**

(2) **[1]Ist für das Gesellschaftsverhältnis eine Zeitdauer vereinbart, ist die Kündigung der Mitgliedschaft durch einen Gesellschafter vor dem Ablauf dieser Zeit zulässig, wenn ein wichtiger Grund vorliegt. [2]Ein wichtiger Grund liegt insbesondere vor, wenn ein anderer Gesellschafter eine ihm nach dem Gesellschaftsvertrag obliegende wesentliche Verpflichtung vorsätzlich oder grob fahrlässig verletzt hat oder wenn die Erfüllung einer solchen Verpflichtung unmöglich wird.**

(3) **Liegt ein wichtiger Grund im Sinne von Absatz 2 Satz 2 vor, so ist eine Kündigung der Mitgliedschaft durch einen Gesellschafter stets ohne Einhaltung einer Kündigungsfrist zulässig.**

(4) **[1]Ein Gesellschafter kann seine Mitgliedschaft auch kündigen, wenn er volljährig geworden ist. [2]Das Kündigungsrecht besteht nicht, wenn der Gesellschafter bezüglich des Gegenstands der Gesellschaft zum selbständigen Betrieb eines Erwerbsgeschäfts gemäß § 112 ermächtigt war oder der Zweck der Gesellschaft allein der Befriedigung seiner persönlichen Bedürfnisse diente. [3]Der volljährig Gewordene kann die Kündigung nur binnen drei Monaten von dem Zeitpunkt an erklären, in welchem er von seiner Gesellschafterstellung Kenntnis hatte oder haben musste.**

(5) **[1]Die Kündigung darf nicht zur Unzeit geschehen, es sei denn, dass ein wichtiger Grund für die unzeitige Kündigung vorliegt. [2]Kündigt ein Gesellschafter seine Mitgliedschaft ohne solchen Grund zur Unzeit, hat er der Gesellschaft den daraus entstehenden Schaden zu ersetzen.**

(6) **Eine Vereinbarung im Gesellschaftsvertrag, welche das Kündigungsrecht nach den Absätzen 2 und 4 ausschließt oder diesen Vorschriften zuwider beschränkt, ist unwirksam.**

Übersicht

Rn.

I. Reform

1. Grundlagen, Bewertung

1   § 725 entspricht tatbestandlich in wesentlichen Teilen § 723 aF, regelt nunmehr indessen allein die **Kündigung der Mitgliedschaft** (sog. Austrittskündigung). Abs. 1 entspricht § 723 I 1 aF, Abs. 2 bildet § 723 I 2, 3 Nr. 1 aF
ab, Abs. 3 ist nach dem Vorbild des § 723 I S. 6 aF konzipiert, Abs. 4 entspricht § 723 I 3 Nr. 2, S. 4–5 aF, Abs. 5 folgt § 723 II aF und Abs. 6 ist
§ 723 III aF nachgebildet. Die früher im Mittelpunkt von § 723 aF stehende
Kündigung der Gesellschaft als solche (Auflösungskündigung) ist Gegenstand
von § 729 I Nr. 3, hiernach freilich im gesetzlichen Regelfall beschränkt auf
die Kündbarkeit aus wichtigem Grund gemäß § 731. Diese gesetzessystematische Aufspaltung unterstreicht das zentrale Reformanliegen, den Vorrang
des Ausscheidens gegenüber der Auflösung zum dispositiven **gesetzlichen
Regelfall** zu machen. Nach früherem Recht bedurfte es insofern stets einer
entsprechenden gesellschaftsvertraglichen Fortsetzungsklausel (vgl. insoweit
§ 736 aF). Wenngleich solche bereits nach früherem Recht weit verbreitet
waren, ist die Anerkennung eines gesetzlichen Kündigungsrechts im Hinblick
auf die Mitgliedschaft ein bedeutsamer Aspekt, auch bei der GbR – im
Hinblick auf das das **gesetzliche Leitbild** – weniger die personale Verbundenheit der Gesellschafter in den Blick zu nehmen als die **Verbandskontinuität** (vgl. Begr. S. 106: von der Personen- zur Verbandskontinuität; vgl. demgegenüber noch explizit umgekehrt LSG Sachsen BeckRS 2019, 29094
Rn. 21; zum Ganzen aus historisch-rechtsvergleichender Perspektive Fleischer BB 2020, 1107). Dies überzeugt uneingeschränkt **auch bei nicht-
unternehmenstragenden GbR** (kritisch aber im Hinblick auf die vielen
kleinen GbR DIHK Stellungnahme S. 10). Hier haben die verbleibenden
Gesellschafter nämlich ihrerseits die Möglichkeit, auf die Kündigung eines
Austrittswilligen zu reagieren bzw. die Auflösung der GbR als solches herbeizuführen. Hierdurch kann dem – bereits im historischen BGB anklingenden
und nach wie vor geltungsbeanspruchenden besonderen – Vertrauensverhältnis der Mitglieder einer GbR (vgl. Mot. bei Mugdan II S. 91, 641) hinreichend Rechnung getragen werden. Die Bereitstellung differenzierter dispositiver Rechtsbehelfe im Hinblick auf die Beendigung der Mitgliedschaft und
der Gesellschaft als solche ist daher kein Anlass, die Attraktivität der GbR
für Gelegenheitsgesellschaften, reine Vermögensverwaltungen oder sonstige
ideelle Zwecksetzungen infrage zu stellen. Zudem ist zu bedenken, dass die
Neuregelung für die ordentliche Kündigung die **dreimonatige Kündi-**

gungsfrist zum Ablauf des Kalenderjahrs vorsieht und damit bereits im gesetzlichen Regelfall Raum bietet, dass die Mitgesellschafter auf die erklärte Kündigung reagieren (kritisch aber Schall ZIP 2020, 1443 (1450): Kündigungsfrist passe nur bei unternehmerischen Gesellschaften, hierzu auch Fleischer BB 2020, 1107: Korrektur im Auslegungswege geboten; die Kündigungsfrist begrüßend DAV NZG 2020, 1133 Rn. 72).

Im Hinblick auf die **Kündigungstatbestände** knüpft die Reform an das 2 bisherige Recht an, indem ordentliche und außerordentliche Kündigung aus wichtigem Grund unterschieden, nunmehr jedoch differenzierter geregelt werden. Der bislang in § 723 III aF für alle Kündigungen angeordnete zwingende Charakter wurde im Hinblick auf die **ordentliche Kündigung** aufgegeben, sodass die Neuregelung insofern insbesondere bei unbefristeten Gesellschaften einen **größeren Gestaltungsspielraum** bietet (dies begrüßend DAV NZG 2020, 1133 Rn. 71). Der früher auf der Grundlage der zwingenden ordentlichen Kündbarkeit vielfach behauptete Schutz vor überlanger Bindung als ungeschriebene Grenze langer Befristungsregeln und vergleichbare Gestaltungen besteht daher nicht mehr, was rechtspolitisch zu begrüßen ist (→ Rn. 7).

Die Entkoppelung der Austrittskündigung von der Auflösung der Gesell- 3 schaft hat in Bezug auf die **außerordentliche Kündigung** weiterhin auch eine tatbestandliche Relevanz. Der nach wie vor erforderliche **wichtige Grund** ist nunmehr abweichend von § 723 aF **allein auf das Ausscheiden** des Kündigenden zu beziehen. Die rechtliche Würdigung dessen, einschließlich der hierbei anzustellenden Interessenabwägung unter Berücksichtigung von Zumutbarkeitserwägungen, folgt strukturell anderen Regeln als bei der Auflösungskündigung aus wichtigem Grund gemäß § 731. Der Vorrang des Ausscheidens zieht es weiterhin nach sich, dass die **Schwelle zur Bejahung eines außerordentlichen Kündigungsrechts tendenziell niedriger** ist als die bei der früheren Auflösungskündigung. Die bislang vorhandenen Konkretisierungen der Anforderungen an das Vorliegen eines wichtigen Grundes im Rahmen der alleinigen Grundlage von § 723 aF durch Rechtsprechung und Literatur müssen daher kritisch überprüft werden, ob und in welchem Umfang sie auch im Zuge der Neuregelung noch Geltung beanspruchen (anders Begr. S. 172: keine inhaltliche Änderung bezweckt, wohl aber bei der Interessenabwägung zu berücksichtigen, dass die Kündigung nicht mehr zur Auflösung der Gesellschaft führt).

Die Neuregelung war nahezu identisch bereits Gegenstand des **Maura-** 4 **cher Entwurfs.** Eine Änderung erfolgte lediglich dahingehend, dass in Abs. 3 nunmehr ausdrücklich klargestellt ist, dass die außerordentliche fristlose Kündigung aus wichtigem Grund stets zulässig ist, mithin sowohl in den Fällen, in denen gesellschaftsvertraglich eine Kündigungsfrist vereinbart wurde als auch im gesetzlichen Regelfall der dreimonatigen Kündigungsfrist für die ordentliche Kündigung gemäß Abs. 1.

2. Zeitlicher Geltungsbereich

Nach **Art. 229 § 61 EGBGB (**Art. 49 Nr. 2 MoPeG) gelten die §§ 723 5 aF bis einschließlich 728 aF mangels anderweitiger vertraglicher Vereinbarung weiter, wenn ein Gesellschafter bis zum 31.12.2024 die Anwendung dieser Vorschriften gegenüber der Gesellschaft schriftlich verlangt, bevor innerhalb dieser Frist ein zur Auflösung der Gesellschaft oder zum Ausscheiden eines Gesellschafters führender Grund eintritt. Das Verlangen kann durch einen Gesellschafterbeschluss zurückgewiesen werden. Findet eine solche Zurückweisung nicht statt, gelten die §§ 723–728 in der vor dem 1.1.2024 geltenden Fassung zeitlich unbegrenzt weiter (Einzelheiten → § 723 Rn. 38 ff.).

II. Normzweck

6   § 725 regelt nunmehr als **gesetzlichen Regelfall,** dass ein Gesellschafter seine **Mitgliedschaft mittels Kündigung beenden kann,** mithin die Gesellschaft nach Ausscheiden gemäß § 723 I Nr. 2 als solche fortbesteht (anders nur bei der Kündigung des vorletzten Gesellschafters gemäß § 712a). Hierdurch wird der in der Neuregelung angelegte konzeptionelle **Vorrang des Ausscheidens** gegenüber der Auflösung betont, indem abweichend vom früheren Recht keine entsprechende vertragliche Kündigungsregelung notwendig ist. Im Hinblick auf die verschiedenen Arten der Kündigung ist der Normzweck indessen abweichend vom früheren Recht wegen der nunmehr gestärkten Gestaltungsfreiheit bei der ordentlichen Kündigung zu differenzieren.

7   Abs. 1 ermöglicht bei Gesellschaften, die auf unbestimmte Zeit eingegangen sind, die **ordentliche Kündigung** mit einer Frist von drei Monaten zum Ablauf des Kalenderjahres; nach Abs. 5 darf die Kündigung nicht zur Unzeit geschehen. Die ordentliche Kündigung als gesetzliches Recht verwirklicht daher im Ausgangspunkt übereinstimmend mit dem bisherigen Recht den **Schutz der langfristigen persönlichen und wirtschaftlichen Freiheit** des Gesellschafters (Begr. S. 171: Schutz vor unüberschaubaren Bindungen; vgl. hierzu im Kontext des früheren Rechts RGZ 82, 395 (399); BGH NJW 1957, 180; 1968, 2003 (2004); 2007, 295 Rn. 10; insofern auf § 138 I abstellend sogar BGH NJW 1954, 106; NJW-RR 2006, 1270 Rn. 11). Beachtliche Aspekte zur **rechtspolitischen Legitimation** des gesetzlichen ordentlichen Kündigungsrechts sind die Desinvestitionsfreiheit (Art. 14 I 1 GG), der Schutz vor weiterer unbeschränkter Haftung und die eigene berufliche Betätigung (Art. 12 I 2 GG, insbesondere bei Freiberufler-Gesellschaften, BGH NJW 2007, 295 Rn. 12 ff.; zu weitgehend, ein ökonomisch begründetes Allgemeininteresse an Kündigungsrechten anerkennend, BeckOGK/Lübke § 723 Rn. 95). Zu berücksichtigen ist auch, dass es einem Gesellschafter im gesetzlichen Regelfall gemäß § 711 I nicht möglich ist, seinen Gesellschaftsanteil zu veräußern (vgl. insofern BGH NJW 1986, 2431 (2433)). Umgekehrt wird aber auch der **Perspektive der Mitgesellschafter** und der **Verbandskontinuität** neben dem früher bereits geltenden Verbot der Kündigung zur Unzeit gemäß Abs. 6 in besonderer Weise durch die nunmehr eingeführte **Kündigungsfrist** die gebotene Aufmerksamkeit geschenkt. Dies mildert die Gefahr, dass die Austrittskündigung insbesondere wegen der Folgen gemäß § 728 (Abfindung) eine wirtschaftlich unerwünschte Zerschlagung des Unternehmens hervorruft (vgl. Begr. S. 106). In der Gesamtschau ist es daher zu begrüßen, dass auch bei der am stärksten personalistisch geprägten Verbandsform jenseits einer vertraglich vereinbarten Zeitdauer die Möglichkeit des einzelnen besteht, sich im dispositiven gesetzlichen Regelfall einseitig zu lösen. Andererseits werden gemäß Abs. 1 **abweichend von § 723 III aF** nunmehr vertragliche Abreden über das ordentliche Kündigungsrecht ausdrücklich als zulässig erachtet, bis hin zum Ausschluss desselben. Dem ordentlichen Kündigungsrecht vermag daher **kein zwingender Schutz vor überlanger Bindung mehr** zugeschrieben werden, was nach früherem Recht die Gestaltungsfreiheit bei Befristungen, Kündigungsfristen, etc. erheblich einschränkte.

Abs. 2 und 3 regeln die **fristlose außerordentliche Kündigung** aus **8** wichtigem Grund, welche entgegen dem missverständlichen Wortlaut richtigerweise bei befristeten und unbefristeten Gesellschaften möglich ist. Dieses zwingende Recht (vgl. Abs. 6) ist lex specialis zu § 314 (OLG Frankfurt NJOZ 2020, 1394 Rn. 22) und verwirklicht bei Überschreiten der engen tatbestandlichen Voraussetzungen den rechtspolitisch **unverzichtbaren Schutz vor unzumutbarer Vertragsfortsetzung** (vgl. insofern zum früheren Recht RGZ 128, 1 (16 ff.); BGH NJW-RR 2002, 704 (705)). Infolge der durch die Neuregelung hervorgerufenen Trennung des Ausscheidens von der Auflösung der Gesellschaft als solche kommt dem individualschützenden Charakter der Austrittskündigung aus wichtigem Grund ein stärkeres Gewicht zu als bislang. In **Abgrenzung zu § 731** muss der Kündigende nämlich zur Verfolgung seiner Interessen nicht auch die Mitgliedschaft der übrigen Gesellschafter beenden. Unter Verhältnismäßigkeitsaspekten ist die Austrittskündigung daher das mildere Mittel gegenüber der Auflösungskündigung. Im Regelfall folgt hieraus die **Subsidiarität der Auflösungskündigung,** wenn keine spezifischen Umstände eine Ausnahme hiervon gebieten, mithin dem Lösungsinteresse des Kündigenden bereits nach Maßgabe von § 725 II hinreichend entsprochen werden kann (→ Rn. 14).

Abs. 4 sieht deutlich abgesetzt, tatbestandlich aber der früheren Rechtslage **9** entsprechend, vor, dass auch ohne Fortsetzungsklausel ein Gesellschafter bei **Eintritt der Volljährigkeit** seine Mitgliedschaft kündigen kann, ohne dass die Gesellschaft aufgelöst wird. Hierdurch wird dem allgemein in § 1629a oder § 108 III verwirklichten Anliegen entsprochen, den Minderjährigenschutz dahingehend zu perpetuieren, als mit Eintritt der Volljährigkeit ein **vermögensmäßiger Neustart** gewährleistet wird, in dem die aus einer gesellschaftsrechtlichen Verbundenheit resultierenden Risiken beendet werden können. Auch dieses Kündigungsrecht ist gemäß Abs. 6 zwingend. In allen Fällen der Kündigung gilt im Übrigen das allein schadensersatzbewehrte **Verbot der Kündigung zur Unzeit** nach Abs. 5.

III. Anwendungsbereich

§ 725 gilt bei jeder **rechtsfähigen GbR.** Das Kündigungsrecht setzt nicht **10** voraus, dass die Gesellschaft bereits in Vollzug gesetzt wurde (BGH NJW-RR 1995, 1061; vgl. zum möglichen Widerruf eines Beitritts zu einer Publikumsgesellschaft Henssler/Strohn/Servatius HGB Anh. Rn. 24). Auch bei

der **zweigliedrigen Gesellschaft** ist die Kündigung der Mitgliedschaft tatbestandlich zwar ohne weiteres möglich, die Rechtsfolgen richten sich indessen vorrangig nach § 712a: Hiernach erlischt die Gesellschaft zum Zeitpunkt
des Ausscheidens ohne Liquidation; das Gesellschaftsvermögen geht auf den
verbleibenden Gesellschafter über, wenn dieser sich hierzu bereit erklärt hat
(vgl. hierzu nach früherem Recht BGH NJW 2006, 844), im Übrigen wird
auch hier bezüglich der Abwicklung auf die §§ 728–728b verwiesen. Bei
einer **fehlerhaften Gesellschaft** (→ § 719 Rn. 21 ff.) besteht nach Entdecken des Mangels zwar regelmäßig ein wichtiger Grund, die Gesellschaft
selbst nach Maßgabe von § 731 zu kündigen (vgl. BGH NJW 1952, 97 ff.;
2016, 2492 Rn. 22; Einzelheiten bei → § 731 Rn. 3). Gleichwohl sind Fälle
denkbar, in denen es wegen der Subsidiarität der Auflösung geboten ist, allein
die Kündigung der Mitgliedschaft anzuerkennen. Dies gilt insbesondere,
wenn der Mangel des Gesellschaftsvertrages oder des Beitritts lediglich einen
oder einzelne Gesellschafter betrifft (vgl. zur arglistigen Täuschung BGH
NJW 1976, 894 f.; zur fahrlässigen Täuschung KG NZG 2001, 954 (955)). –
Eine Kündigung der Mitgliedschaft bleibt zwar **auch im Liquidationsverfahren** grundsätzlich möglich. Die rechtliche Würdigung des gesetzlichen
oder vertraglich vereinbarten Kündigungsrechts dürfte im Lichte des Abwicklungszwecks und der vorhersehbaren Vollbeendigung der GbR indessen
regelmäßig dazu führen, dass das alleinige Ausscheiden eines Gesellschafters
aus der Liquidationsgesellschaft ausscheidet, jedenfalls aber die vermögensmäßige Auseinandersetzung einheitlich nach Maßgabe von § 736d erfolgt.

11   Bei der **nicht rechtsfähigen GbR** ist § 725 gemäß § 740a III grundsätzlich anwendbar. Indem hier aber der gesetzliche Vorrang des Ausscheidens
vor der Auflösung auch im Rahmen der Neuregelung nicht gilt, führt dies
freilich im gesetzlichen Regelfall zur **Beendigung** der Gesellschaft nach
Maßgabe von § 740b (vgl. hierzu nach früherem Recht OLG Celle BeckRS
2002, 30281500; OLG Bamberg NZG 1998, 897; LG Berlin NZG 2014,
1303 (1305 ff.); Soergel/Hadding/Kießling § 723 Rn. 10; BeckOGK/Lübke
§ 723 Rn. 12). Dies ist bei der zweigliedrigen Gesellschaft konsequent und
zwingend (vgl. insofern bei rechtsfähigen Gesellschaften § 712a). Bei mehrgliedrigen Gesellschaften kann die Mitgliedschaft als solche unter Fortbestand
der Gesellschaft im Übrigen (vgl. § 740c) gemäß § 725 nur dann gekündigt
werden, wenn der Gesellschaftsvertrag eine **Fortsetzungsklausel** enthält.
Auch hier ist daher zwischen der Austrittskündigung und der Auflösungskündigung gemäß § 740a Nr. 4 zu differenzieren. Ist die **Unterbeteiligung** an
einem Gesellschafts-, Geschäftsanteil bzw. einer Aktie gesellschaftsrechtlich
ausgestaltet (vgl. hierzu BGH NJW 1968, 2003), gilt dies alles gleichermaßen
(anders für eine entsprechende Anwendung von § 234 HGB, wenn die
Unterbeteiligung ähnlich einer stillen Gesellschaft ausgestaltet ist, BeckOGK/
Lübke § 723 Rn. 13). Eine abweichende Beurteilung ist allerdings geboten,
wenn es sich um eine schuldrechtliche Treuhandabrede handelt (zur Abgrenzung BGH NJW 1994, 2886); dann richten sich die Kündigungsmöglichkeiten nach § 675 bzw. § 671 sowie nach dem subsidiären Auffangtatbestand des
§ 314.

12   Liegt eine **stille Beteiligung** gemäß §§ 230 ff. HGB vor, findet gemäß
§ 234 HGB auf die Kündigung „der Gesellschaft" durch einen Gesellschafter

die Möglichkeit der Austrittskündigung gemäß § 132 HGB Anwendung. Dieser missverständliche, auf die zweigliedrige stille Beteiligung zugeschnittene Verweis ist dahingehend zu konkretisieren, dass sich die Austrittskündigung des Stillen oder des Geschäftsinhabers allein nach Maßgabe von § 132 HGB beurteilt, mithin § 725 insofern keine Anwendung findet. Eine spezielle Auflösungskündigung ist bei der zweigliedrigen stillen Beteiligung nicht vorgesehen, bedarf es aber auch nicht. Etwas anderes gilt freilich bei der mehrgliedrigen stillen Beteiligung (vgl. Henssler/Strohn/Servatius HGB § 230 Rn. 5 ff.), denn hier ist wie bei allen mehrgliedrigen Gesellschaften durchaus auch Raum für die (subsidiäre) Auflösungskündigung nach Maßgabe von § 731.

Bei allen anderen **schuldrechtlichen Austauschverträgen** gilt im Hinblick auf die Kündigung bzw. Beendigung indessen nicht § 725, sondern allein die hierfür maßgeblichen Regelungen bzw. subsidiär § 314 (Soergel/Hadding/Kießling § 723 Rn. 11; anders BeckOGK/Lübke § 723 Rn. 14 bei gesellschaftsähnlichen Rechtsverhältnissen, wo indessen richtigerweise meist ohnehin wegen des gesellschaftsrechtlichen Charakters § 725 zur Anwendung gelangt; vgl. insoweit etwa BGH NJW 2009, 1482). Bei **OHG und KG** sind die ordentliche und außerordentliche Austrittskündigung nunmehr im weitgehend identischen § 132 HGB explizit vorgesehen, sodass es des früher herrschenden Rückgriffs auf § 725 nicht mehr bedarf (vgl. zum früheren Recht BeckOGK/Lübke § 723 Rn. 15 f. mwN). Bei der **Partnerschaftsgesellschaft** verweist § 9 I PartGG im Hinblick auf das Ausscheiden ebenfalls auf § 132 HGB, sodass § 725 nunmehr nicht mehr gilt (vgl. zum früheren Recht BeckOGK/Lübke § 723 Rn. 17). Vgl. zur Anwendung der Kündigungsregelungen auf den **Verein** BGH NJW 1979, 2304 (2305). **13**

IV. Abgrenzungsprobleme, Konkurrenzen

§ 725 ist zunächst **abzugrenzen** von der **Auflösungskündigung** gemäß § 731. Dies erfordert grundsätzlich eine besondere Folgenabschätzung (M. Noack NZG 2020, 581 (584)). Dogmatisch schließen sich Austritts- und Auflösungskündigung wegen Perplexität scheinbar aus. Der Gesellschafter kann nur ausscheiden oder die Gesellschaft beenden wollen. Andererseits ist zu bedenken, dass die materiellen Voraussetzungen für beide Kündigungen weder im gesetzlichen Regelfall noch aufgrund der zulässigen Gestaltungen stets deckungsgleich sind und die **Auflösungskündigung** wegen der erhöhten Anforderungen an die Unzumutbarkeit **subsidiär** ist (→ § 731 Rn. 7). Zu berücksichtigen ist auch, dass zum Zeitpunkt der Ausübung der Gestaltungsrechte oftmals die Unsicherheit besteht, ob die entsprechenden Voraussetzungen vorliegen. Richtigerweise ist daher die **hilfsweise Kumulation von Austritts- und Auflösungskündigung** oder umgekehrt als Rechtsbedingung grundsätzlich zulässig (→ Rn. 33). **14**

Hiervon abzugrenzen ist die Problematik, dass **mehrere Gesellschafter kündigen.** Auch hier ist es aber im Ausgangspunkt geboten, jede Kündigung isoliert zu betrachten. Grundsätzlich gilt das Prioritätsprinzip. Bei mehreren gleichartigen Vorgängen ist ausschließlich der zeitlich frühere zu berücksich- **15** tigen (vgl. den Rechtsgedanken des § 185 II 2). Praktisch lässt sich dies jedoch nicht verwirklichen, wenn die Kündigungen zeitgleich oder in einem unmittelbaren zeitlichen Zusammenhang erfolgen. In diesen Fällen ist richtigerweise eine **Gesamtbetrachtung** anzustellen, die auch materiellrechtlich in zeitlicher Hinsicht eine **einheitliche Behandlung** erfordert. Das Gleiche gilt, wenn in einem engen zeitlichen Zusammenhang alle Gesellschafter kündigen, sodass dann die Auflösung der gesamten Gesellschaft erfolgt.

16   § 725 ist im Hinblick auf die **Kündigung der Mitgliedschaft** auch abzugrenzen von der Kündigung **durch einen Privatgläubiger** des Gesellschafters (§ 726). Kommt es insofern zu einer Kumulation der eigenen Austrittskündigung mit der eines Privatgläubigers, ist auch hier eine getrennte Beurteilung der Kündigungen geboten, soweit es um die Voraussetzungen und Rechtsfolgen geht, insbesondere in zeitlicher Hinsicht. Die **Ausschließung** eines Gesellschafters aus wichtigem Grund gemäß § 727 kann ebenfalls mit dessen Austrittskündigung kollidieren und die Mitgliedschaft des Gesellschafters ggf. vorzeitig beenden. Das Gleiche gilt beim Tod des Kündigenden (§ 723 I Nr. 1) und bei der Eröffnung des Insolvenzverfahrens über dessen Vermögen (§ 723 I Nr. 3). Wird die Gesellschaft vor Ablauf der Kündigungsfrist nach Maßgabe von § 729 aufgelöst, ist dies richtigerweise insofern beachtlich, als das **Liquidationsverfahren Vorrang** vor den Rechtsfolgen des Ausscheidens hat (→ Rn. 10).

V. Inhaber des Kündigungsrechts

1. Allgemeines

17   Die Möglichkeit Kündigung ist ein gemäß § 711a S. 1 **unübertragbares Mitgliedschaftsrecht**. Es steht daher im Ausgangspunkt allein den einzelnen Gesellschaftern zu; dies gilt insbesondere bei der Treuhand. Steht der Gesellschaftsanteil mehrerer gemeinschaftlich zu, ohne dass die entsprechende Personenmehrheit selbst Rechtsfähigkeit besitzt, können die jeweiligen Beteiligten das Kündigungsrecht allein nach Maßgabe des jeweiligen Rechtsverhältnisses ausüben. Die praktische Bedeutung ist gering, da Erben- und Gütergemeinschaften grundsätzlich nicht Mitglied einer GbR sein können (→ § 705 Rn. 21). In diesen Fällen steht daher jedem Gesellschafter das Kündigungsrecht im Hinblick auf den auf ihn entfallenden Gesellschaftsanteil zu. Zu berücksichtigen ist im Übrigen, dass das Kündigungsrecht in bestimmten Fällen durch andere Personen ausgeübt werden kann oder diese ein eigenes Kündigungsrecht haben.

2. Stellvertretung

18   Die Kündigung ist kein höchstpersönliches Recht. Der Gesellschafter kann ohne weiteres unter Einhaltung der §§ 174, 180 einen anderen **bevollmächtigen,** das Kündigungsrecht in seinem Namen auszuüben. Ein „anderer" in diesem Sinne kann auch ein Mitgesellschafter sein. In diesem Fall handelt es sich jedoch um eine gewillkürte, keine organschaftliche Vertretung, sodass die §§ 174, 180 anwendbar bleiben (vgl. zur Unterscheidung MüKoBGB/

Schubert § 174 Rn. 13 ff.). Eine **unwiderrufliche** Vollmacht ist indessen nach den allgemeinen Regeln gemäß § 138 I unwirksam, wenn sie nicht mindestens aus wichtigem Grund widerrufen werden kann (BeckOGK/ Lübke § 723 Rn. 24 unter Hinweis auf den Grundsatz der Verbandssouveränität, was aber zu kurz greift, weil diese Beschränkung der Gestaltungsfreiheit auch gilt, wenn ein Mitgesellschafter unwiderruflich bevollmächtigt wird). Die Bevollmächtigung hat in allen Fällen **keine verdrängende Wirkung,** sodass der Gesellschafter stets auch selbst kündigen kann. Interne Abreden zwischen Gesellschafter und Drittem schlagen nicht auf das Gesellschaftsverhältnis durch (RGZ 21, 93 (94); KG BeckRS 2009, 25559; BeckOGK/ Lübke § 723 Rn. 109; Erman/Westermann § 723 Rn. 23). Das Gleiche gilt gemäß § 725 VI, wenn die Gesellschafter sich selbst im Hinblick auf die Kündigung (gesellschafts)vertraglich binden, insbesondere im Rahmen von **Stimmbindungsverträgen** oder durch die Bestellung eines **gemeinsamen Vertreters** (BGH NJW 1967, 826; Einzelheiten → Rn. 47). Die Neuregelung stellt dies in Abs. 1 ausdrücklich klar, indem dort abweichende Vereinbarungen mit unmittelbarer Wirkung allein nach Maßgabe des Gesellschaftsvertrags vorgesehen sind.

Im Fall der **gesetzlichen Stellvertretung** richtet es sich nach den jeweils **19** maßgeblichen Regeln, ob der Gesellschafter bzw. der gesetzliche Vertreter die Kündigung allein erklären kann, ein Ergänzungspfleger bestellt werden muss (§ 1809) bzw. ob zusätzlich eine familiengerichtliche Genehmigung erforderlich ist (vgl. hierzu sowie zu § 1365 BeckOGK/Lübke § 723 Rn. 24 f.; MüKoBGB/Schäfer § 723 Rn. 9).

3. Sicherungsrechte Dritter

Ist der Gesellschaftsanteil mit einem **Nießbrauch** gemäß §§ 1068 ff. belas- **20** tet, ist § 1071 I 1 wegen § 725 VI richtigerweise teleologisch zu reduzieren, sodass der Gesellschafter nach wie vor das Recht hat, die Mitgliedschaft zu kündigen, ohne dass es hierfür der Zustimmung des Nießbrauchers bedürfte (BeckOGK/Lübke § 723 Rn. 28; Soergel/Hadding/Kießling § 723 Rn. 21; jedenfalls für die außerordentliche Kündigung auch MüKoBGB/Schäfer § 723 Rn. 7; Staudinger/Habermeier, 2003, § 723 Rn. 2; BeckOGK/Lübke § 723 Rn. 109; Erman/Westermann § 723 Rn. 23). Der Nießbraucher hat gegen den Kündigenden ggf. Schadensersatzansprüche gemäß § 280. Ein eigenes Kündigungsrecht steht dem Nießbraucher nicht zu (allgM, BeckOGK/Lübke § 723 Rn. 28; Soergel/Hadding/Kießling § 723 Rn. 21); er kann freilich hierzu bevollmächtigt sein (→ Rn. 18). – Beim **Pfandrecht** gemäß §§ 1273 ff. gilt das Gleiche: Auch hier verbleibt das Kündigungsrecht beim Gesellschafter; § 1276 I 1 ist wegen § 725 VI ebenfalls teleologisch zu reduzieren (BeckOGK/Lübke § 723 Rn. 29; Soergel/Hadding/Kießling § 723 Rn. 21; MüKoBGB/Schäfer § 723 Rn. 9; vgl. auch BGH NZG 2016, 1223 Rn. 14). Eine Schadensersatzhaftung gegenüber dem Pfandgläubiger dürfte ausscheiden, weil durch die Kündigung dessen Rechtsstellung im Hinblick auf die Befriedigung der gesicherten Forderung regelmäßig verbessert wird, sodass kein Schaden entsteht. Zu berücksichtigen ist insofern auch, dass das Pfandrecht als solches dem Pfandgläubiger kein eigenes Kündigungsrecht einräumt; § 1283 regelt nur die Kündigungsmodalitäten; insofern kommt allein § 727 in Betracht, wenn der Gesellschaftsanteil **gepfändet** wird (BeckOGK/Lübke § 723 Rn. 30; Soergel/Hadding/Kießling § 723 Rn. 21). – Macht die Gesellschafterbeteiligung eines **Ehegatten** bei der Zugewinngemeinschaft dessen ganzes Vermögen aus, unterliegt die Kündigung gleichwohl nicht § 1365, weil hierdurch allein das Gesellschaftsverhältnis umgestaltet wird, ohne dass hieraus unmittelbar vermögensmäßige Folgen resultieren; es bedarf deshalb keiner Einwilligung des Ehegatten nach den §§ 182 ff. (abw. Henssler/Strohn/Klöhn HGB § 133 Rn. 33).

21 Wird der **Abfindungsanspruch** nach Ausscheiden aus § 728 **abgetreten** (vgl. insofern § 717 S. 2), verbleibt das Kündigungsrecht beim Gesellschafter (allgM). Problematisch sind indessen die Fälle, in denen ein **Dritter ein Anwartschaftsrecht** in Bezug auf den Gesellschaftsanteil des Kündigenden hat, etwa infolge einer nach den § 158 I, § 711 I 1 aufschiebend bedingten Übertragung (→ § 711 Rn. 6 ff.) oder im Hinblick auf die Nacherbschaft gemäß § 2100. Teilweise wird vertreten, insofern bezüglich der Kündigung § 161 I 1, § 163 bzw. § 2113 II anzuwenden, sodass die Kündigung schwebend wirksam ist und erst mit Bedingungseintritt unwirksam wird (vgl. mwN BeckOGK/Lübke § 723 Rn. 26). Dem ist indessen nicht zuzustimmen, da dies letztlich auf ein gesetzlich nicht geregeltes Verfügungsverbot des Verbandsmitglieds hinausläuft und im Übrigen eine erhebliche Rechtsunsicherheit hervorruft, welche vor allem bei Gestaltungsrechten von der Rechtsordnung nicht geduldet wird (vgl. zB § 388 S. 2; BeckOGK/Lübke § 723 Rn. 27 spricht sich in diesem Falle für ein Eintrittsrecht oder Anspruch auf Neugründung der Gesellschaft zugunsten des Anwartschaftsberechtigten bei Erstarken zum Vollrecht aus). Die besseren Gründe sprechen daher dafür, die Kündigung in diesen Fällen nach den allgemeinen Regeln zuzulassen (ebenso Soergel/Hadding/Kießling § 723 Rn. 21 und MüKoBGB/Schäfer § 723 Rn. 10: **dauerhafte Wirksamkeit der Kündigung**). Wird durch die Kündigung das Anwartschaftsrecht vereitelt, richtet es sich nach dem jeweils zugrunde liegenden Rechtsverhältnis, ob der Gesellschafter sich ggf. schadensersatzpflichtig macht.

VI. Ordentliche Kündigung der Mitgliedschaft (Abs. 1)

1. Gesellschaftsverhältnis auf unbestimmte Zeit

22 **a) Fehlende Befristung.** Im gesetzlichen Regelfall besteht die Möglichkeit der ordentlichen Austrittskündigung gemäß § 725 I allein bei der unbefristeten Gesellschaft. Hierdurch soll der Gesellschafter vor unüberschaubaren Bindungen geschützt werden (vgl. Begr. S. 171). Eine solche liegt im Ausgangspunkt ohne weiteres vor, wenn der Gesellschaftsvertrag keine Befristungsregelung enthält (vgl. insofern § 729 I Nr. 1: „auf Zeit eingegangen"). Hieraus folgt, dass wie im früheren Recht **im Zweifel eine unbefristete Gesellschaft** gegeben ist und dementsprechend ggf. die Befristung von demjenigen zu beweisen ist, der sich darauf beruft (Henssler/Strohn/Kilian § 723

Rn. 8; Soergel/Hadding/Kießling § 723 Rn. 25; BeckOGK/Lübke § 723 Rn. 21). Hierfür spricht auch der Wortlaut „es sei denn" in Abs. 1, wenngleich sich diese Regelungen bei genauer Betrachtung allein darauf bezieht, dass das an sich bestehende ordentliche Kündigungsrecht modifiziert oder ausgeschlossen wird (→ Rn. 24 f.). Das ordentliche Kündigungsrecht besteht im gesetzlichen Regelfall aber auch dann, wenn eine **ursprünglich befristete Gesellschaft** nach Ablauf der bestimmten Zeit **stillschweigend fortgesetzt** wird, wie es der nunmehr gestrichene § 724 S. 2 aF noch ausdrücklich vorsah. Auch in diesen Fällen kann daher aus der willensgetragenen Fortsetzung auf die fehlende Befristung geschlossen werden, sodass ggf. etwas Abweichendes zu beweisen wäre (möglicherweise anders Begr. S. 171: Gebot der sachgerechten Auslegung des Gesellschaftsvertrages, was im Ergebnis auch denjenigen die Beweislast aufbürdet, die sich auf die fehlende Befristung berufen).

Problematisch ist weiterhin, ob auch in den Fällen, in denen die Gesell- **23** schaft **für die Lebenszeit eines Gesellschafters gem. §§ 163, 158 II** eingegangen wurde, von einer fehlenden Befristung iSv Abs. 1 auszugehen ist. Für den gestrichenen § 724 S. 1 aF wurde dies vertreten, indem hiernach in solchen Fällen jedem Gesellschafter im gesetzlichen Regelfall ein entsprechendes ordentliches Kündigungsrecht zustand (vgl. MüKoBGB/Schäfer § 724 Rn. 10). Betrachtet man den Schutzzweck von § 724 S. 1 aF, spricht vieles dafür, die Regel auch in das neue Recht zu implementieren, um dem betroffenen Gesellschafter zum Schutz vor unüberschaubaren Bindungen in Bezug auf dessen persönlichen Zeithorizont ein gesetzliches ordentliches Kündigungsrecht (seiner Mitgliedschaft!) zuzubilligen (noch weitergehend zum früheren Recht RGZ 156, 129 (136): Unvereinbarkeit der lebenslangen Bindung mit der persönlichen Freiheit des Einzelnen). Auch die Mitgesellschafter sind schutzwürdig, da bei einer derartigen Gestaltung die Gesellschaftssteuer kaum vorhersehbar ist (vgl. MüKoBGB/Schäfer § 724 Rn. 4). Auch ist zu berücksichtigen, dass **§ 724 S. 1 aF** bereits nach früherem Recht dispositiv war (vgl. BGH WM 1967, 315). Die gestrichene Regelung fügt sich so durchaus in das neue Konzept gemäß § 725 I ein, als hierin ausdrücklich vorgesehen ist, dass insbesondere der **Gesellschaftszweck** der Abbedingung des ordentlichen Kündigungsrechts hervorrufen kann. Hiernach kann daher auch die Eingehung einer Gesellschaft für die Lebenszeit eines Gesellschafters eine bewusste und sachgerechte Entscheidung sein, sodass die hierfür notwendige Bestandskraft des Gesellschaftsverhältnisses nur durch die konsequente Abbedingung des ordentlichen Kündigungsrechts gewährleistet wird (das Recht zur außerordentlichen Kündigung bleibt hiervon unberührt). Richtigerweise ist daher im Ergebnis wie nach früherem Recht im **gesetzlichen Regelfall** bei Eingehung einer Gesellschaft für die Lebenszeit eines Gesellschafters (§§ 163, 158 II) das **ordentliche Kündigungsrecht** der Mitgliedschaft für alle Gesellschafter gemäß **Abs. 1 zu bejahen.** Wenn und soweit (Beweislast!) der im Gesellschaftsvertrag verankerte Gesellschaftszweck eine abweichende Beurteilung nach sich zieht, gilt dies freilich nicht (auch insofern möglicherweise anders Begr. S. 171: Gebot der sachgerechten Auslegung des Gesellschaftsvertrages, was im Ergebnis wiederum auch denjenigen die Beweislast aufbürdet, die sich auf die fehlende Abweichung infolge Zwecksetzung berufen).

24 **b) Abweichende Gestaltungen.** Im Umkehrschluss zu Abs. 1 besteht kein (gesetzliches) ordentliches Kündigungsrecht, wenn die Gesellschaft aufgrund entsprechender Vereinbarung im Gesellschaftsvertrag bzw. aufgrund des Gesellschaftszwecks auf eine **bestimmte Zeit** eingegangen ist (vgl. demgegenüber zum Ausschluss des Kündigungsrechts bei unbefristeten Gesellschaften → Rn. 43). Dies ist unproblematisch zu bejahen, wenn ein **kalendermäßiger Endtermin** feststeht bzw. objektiv bestimmbar ist (BGH NJW 1968, 2003 (2004); 1953, 1217 (1218); OLG Karlsruhe NZG 2000, 304 (305)). In diesen Fällen sind die einzelnen Gesellschafter, wie auch bei den übrigen Dauerschuldverhältnissen, nicht schutzwürdig, grundlos vor Eintritt dieses Endzeitpunktes das Vertragsverhältnis beenden zu können; die Mitgesellschafter haben die berechtigte Expektanz, dass die Gesellschaft grundsätzlich bestimmungsgemäß lange existiert. Das Gleiche gilt, wenn die Auslegung des Gesellschaftszwecks und der übrigen vertraglichen Regelungen im Hinblick auf die **Zweckverwirklichung eine konkludente Befristung** ergibt (vgl. insofern für den Grundstückserwerb BGH WM 1977, 880 f.; für die Immobilienentwicklung OLG Köln NZG 2001, 1082 (1083) und OLG Naumburg NZG 2016, 346 Rn. 35; für ein Ausstellungsprojekt OLG Frankfurt/M. NZG 1999, 492; für die Errichtung einer Anlage OLG Zweibrücken NZG 1998, 939 (940 f.); für die Versorgung eines Gesellschafters BGH WM 1967, 315 (316); für die Erwirtschaftung von Gewinnen aus einer Sacheinlage OLG Hamm NJW-RR 1993, 1383 (1384)). Auch hier wäre es widersprüchlich, wenn ein Gesellschafter sich vor Erreichen der vertraglich vereinbarten Ziele grundlos lösen könnte, sodass die ordentliche Kündbarkeit konsequenterweise ausgeschlossen ist. In diesen Fällen ist freilich unter dem **Aspekt der Bestimmbarkeit** zu fordern, dass das ins Auge gefasste gesellschaftsvertragliche Ziel in zeitlicher Hinsicht aus der ex ante-Perspektive **wenigstens in groben Zügen zeitlich umreißbar** ist (vgl. OLG Karlsruhe NZG 2000, 304 (305)). Diese Anforderung ist bei der Unterbeteiligung etwa erfüllt, wenn die Dauer der Hauptgesellschaft befristet ist (BGH NJW 1968, 2003 (2004); 1994, 2886 (2888)). In anderen Fällen ist mangels hinreichender Bestimmbarkeit von einer unbefristeten Gesellschaft auszugehen, sodass das ordentliche Kündigungsrecht besteht. Eine Inhaltskontrolle gemäß § 138 I dahingehend, dass die **Befristung wegen überlanger Bindung sittenwidrig** ist (hierzu nach früherem Recht BGH 2007, 295 Rn. 6; NJW 1994, 2536; BeckOGK/Lübke § 723 Rn. 104; BGH BeckRS 1982, 31072166), lässt sich im Zuge der Neuregelung indessen nicht mehr halten. Indem das ordentliche Kündigungsrecht nunmehr in Gänze abbedungen werden kann, sind auch lange Kündigungsfristen nach Maßgabe derselben liberalen Erwägungen zulässig wie die Vereinbarung von Kündigungsfristen (→ Rn. 46).

25 Wurde für die Gesellschaft eine **Mindestdauer** vereinbart, besteht bis zu deren Ablauf kein ordentliches Kündigungsrecht (BGH NJW 1953, 1217 (1218); RGZ 82, 395 (399 f.); 92, 147 (151)); wird die Gesellschaft nach

deren Ablauf stillschweigend fortgesetzt, ist die Mitgliedschaft ab dem Zeitpunkt der Fortsetzung nicht mehr nur außerordentlich, sondern auch ordentlich kündbar (BeckOGK/Lübke § 723 Rn. 54 unter Hinweis auf den mittlerweile gestrichenen § 724 S. 2 aF; richtigerweise jedoch auch heute noch so zu sehen; vgl. → Rn. 22). Die Vereinbarung einer **Höchstdauer** ist wegen der hiermit verbundenen Unsicherheit im Hinblick auf den Endtermin einer Befristung nicht gleichzusetzen, sodass in diesen Fällen im gesetzlichen Regelfall ein ordentliches Kündigungsrecht besteht (vgl. BGH WM 1967, 315 (316)). Das Gleiche gilt, wenn eine **auflösende Bedingung** nach § 158 II vereinbart wurde; dies begründet wegen der Ungewissheit des Bedingungseintritts im Umkehrschluss zur Befristung keine Gesellschaft auf bestimmte Zeit. In diesem Fall besteht daher ein ordentliches Kündigungsrecht (vgl. OLG Karlsruhe NZG 2000, 304 (305); OLG Düsseldorf NZG 2000, 588 (589); BeckOGK/Lübke § 723 Rn. 52).

c) Grenzen der Gestaltungsfreiheit. Durch die sich aus dem Gesell- **26** schaftsvertrag oder der Zwecksetzung ergebende Vereinbarung einer bestimmten Zeit lässt sich somit nunmehr gemäß Abs. 1 auch ohne entsprechende ausdrückliche Regelung das gesetzliche **ordentliche Kündigungsrecht** im Hinblick auf die Mitgliedschaft **abbedingen.** Dies ist eine bewusste Konsequenz der Neuregelung (Begr. S. 173). Nach § 723 III aF galt nämlich auch für die ordentliche Kündigung, dass Vereinbarungen, welche das Kündigungsrecht ausschließen oder den Vorschriften zuwider beschränken, unwirksam sind (vgl. hierzu nach früherem Recht BeckOGK/Lübke § 723 Rn. 53). Der vergleichbare Abs. 6 bezieht diese Grenze der Gestaltungsfreiheit indessen allein auf die Kündigungsrechte nach § 725 II und IV, mithin auf die außerordentliche Kündigung sowie die Kündigung wegen Volljährigkeit (Einzelheiten → Rn. 72 ff.). Im **Umkehrschluss zu Abs. 6** können darüber hinaus hieraus keine weiteren Beschränkungen mehr abgeleitet werden, soweit es um die Abbedingung oder Modifizierung der ordentlichen Kündigung nach Maßgabe von § 725 I geht. Die hierdurch bewirkte **liberalere Anerkennung** eines Kündigungsausschlusses bzw. einer Erschwerung ist zu **begrüßen,** weil die betreffenden Gesellschafter an der entsprechenden Vereinbarung mitwirken müssen und sich daher des durch § 725 I vermittelten Schutzes vor unüberschaubar langer Bindung begeben haben – volenti non fit iniuria. Die **ordentliche Kündbarkeit** ist rechtspolitisch betrachtet ohnehin **ein Fremdkörper** im Gesellschaftsrecht. Sie kann letztlich allein dadurch legitimiert werden, dass die Übertragung der Mitgliedschaft ausgeschlossen oder sehr schwierig möglich ist; für die Zubilligung eines zwingenden Charakters reicht dies indessen nicht. Zu bedenken ist auch, dass die außerordentliche Kündigung ohne weiteres möglich bleibt. Es ist auch keinesfalls systemwidrig, wenn sich die Mitglieder einer zweckgebundenen Personengemeinschaft der grundlosen ordentlichen Kündbarkeit begeben; es sorgt vielmehr für eine strukturelle **Stabilität** im Hinblick auf die **gemeinsame Zweckverfolgung** und stärkt damit auch das prinzipiell den Gesellschaftern selbst zu unterstellende Interesse an **Verbandskontinuität** (bei einer Gelegenheitsgesellschaft können die Gesellschafter es ohne weiteres bei der gesetzlichen Regellage belassen, wenn sie nicht ohnehin nur auf eine kurze Dauer befristet ist und ein ordentliches Kündigungsrecht mithin durch konkludente Befristung entfällt).

27   Gleichwohl können sich aus § 138 I im Einzelfall durchaus auch im Zuge der Neuregelung **Unwirksamkeitsgründe** ergeben (so ausdrücklich Begr. S. 171). Die Schwelle hierfür ist indessen gegenüber der früheren Rechtslage erheblich gestiegen. So kann etwa aus dem Umstand einer **langen Befristung** für sich genommen **keine Sittenwidrigkeit** mehr abgeleitet werden, soweit es die hierdurch begründete Abbedingung der ordentlichen Kündbarkeit betrifft (vgl. noch anders zum früheren Recht BGH NJW-RR 2012, 1242 Rn. 16 ff.; NJW 2007, 205 Rn. 8; NZG 2006, 425 Rn. 11; NJW 1968, 2003 (2004); BeckOGK/Lübke § 723 Rn. 100 f.; anders aber früher bereits BGH BeckRS 1967, 105236: 30-jährige Bindung zulässig; ähnlich BGH NJW 2005, 1784 (1786)). Für die Vereinbarung einer entsprechend **langfristig orientierten Zwecksetzung** (langfristiges Projekt, generationenbergreifende Zusammenarbeit in der Familie etc.) gilt dies gleichermaßen (vgl. hierzu aus der Perspektive des früheren Rechts auch Ulmer ZIP 2010, 805). In allen Fällen ist es allerdings der Praxis zu raten, eine ausdrückliche Regelung über die ggf. gewollte Abbedingung des ordentlichen Kündigungsrechts im Gesellschaftsvertrag zutreffen, um komplizierte Streitigkeiten über die Auslegung des Gesellschaftszwecks oder anderer Klauseln zu vermeiden.

2. Kündigungsfrist

28   Während die ordentliche Kündigung der Mitgliedschaft im gesetzlichen Regelfall **keines Grundes** bedarf, hat sie im Zuge der Neuregelung nunmehr wenigstens unter Wahrung einer Kündigungsfrist von **drei Monaten zum Ablauf des Kalenderjahres** zu erfolgen, soweit sich nicht aus dem Gesellschaftsvertrag oder aus dem Zweck der Gesellschaft etwas anderes ergibt. Diese **begrüßenswerte Regelung** ermöglicht vor allem bei rechtsfähigen GbR den übrigen Gesellschaftern, die entsprechenden Dispositionen zu treffen, um die Verbandskontinuität zu gewährleisten und den ggf. erforderlichen Abfindungsanspruch gemäß § 728 erfüllen zu können. Diese Aspekte sind auch bei Gelegenheitsgesellschaften, vermögensverwaltenden und ideellen Personenvereinigungen virulent und rechtfertigen daher für alle GbR die (dispositive) **zeitliche Streckung des Kündigungsverfahrens** gegenüber dem alten Recht (kritisch aber Schall ZIP 2020, 1443 (1450): Kündigungsfrist passe nur bei unternehmerischen Gesellschaften; die Kündigungsfrist begrüßend DAV NZG 2020, 1133 Rn. 72). In allen Fällen ist stets noch zu bedenken, dass insbesondere bei GbR als stark personalistisch geprägter Gesellschaft hierdurch den anderen Gesellschaftern genügend Zeit eingeräumt wird, ihrerseits über eine Kündigung der Mitgliedschaft oder gar der Gesellschaft als solche nachzudenken.

29   Die **Kündigungsfrist** ist identisch mit der bei der Kündigung der Mitgliedschaft durch einen Privatgläubiger gemäß § 726. Sie ist indessen kürzer als die sechsmonatige Frist bei OHG und KG gemäß § 132 I HGB. Sie gilt kraft Gesetzes, der Kündigende muss sich somit hierauf nicht explizit berufen.

Fristbeginn ist der Zugang der Kündigungserklärung. Ein **Versäumen** der Kündigungsfrist ist ausgeschlossen, die Kündigung wirkt ggf. zum Ablauf des nächsten Kalenderjahres (vgl. § 140; abw. Oetker/Kamanabrou HGB § 135 Rn. 11: Verspätete Kündigung führt zum Erlöschen des Kündigungsrechts). Dass die gesetzliche Kündigungsfrist dispositiv ist, dürfte angesichts des **30** klaren Wortlauts von § 725 I außer Streit stehen („es sei denn, aus dem Gesellschaftsvertrag ... ergibt sich etwas anderes"; → Rn. 42). Problematisch ist indessen, dass die Regelung eine abweichende **Beurteilung der Kündigungsfrist** auch dann und hiervon unterscheidend vorsieht, wenn sich aus dem **Zweck der Gesellschaft** etwas anderes ergibt. Dies ermöglicht, die gesetzliche Kündigungsfrist nach Maßgabe des konkreten Gesellschaftszwecks **im konkreten Einzelfall** zu verlängern oder zu verkürzen, ohne dass es auf eine entsprechende Abrede ankommt (anders Begr. S. 172: Frage der Auslegung des Gesellschaftszwecks). Die Einzelheiten für diesen **richterlichen Gestaltungsakt,** der über das Verbot der Kündigung zur Unzeit hinausreicht, sind angesichts dieser bislang nicht vorgesehenen Möglichkeit noch weitgehend unklar. Praktisch bedeutsam dürften aber vor allem die Fälle sein, in denen bei Gelegenheitsgesellschaften, vermögensverwaltenden oder ideellen GbR die gesetzliche Kündigungsfrist als zu lang erscheint, insbesondere bei zweigliedrigen GbR (in diese Richtung auch Begr. S. 172). Umgekehrt kann bei unternehmenstragenden GbR unter dem Aspekt des Schutzes vor unerwünschter Zerschlagung auch die Zubilligung einer längeren Frist in Betracht kommen. Letzteres sollte freilich nicht dazu führen, dass die Frist länger wird als bei OHG und KG gemäß § 132 I HGB (sechs Monate zum Ablauf des Geschäftsjahres).

3. Kündigungserklärung

Die Kündigung musste als einseitige **empfangsbedürftige Willenserklärung 31** nach früherem Recht gegenüber allen Mitgesellschaftern erklärt werden (überwM, vgl. BeckOGK/Lübke § 723 Rn. 35). Die Neuregelung sieht demgegenüber ausdrücklich vor, dass die Kündigung **gegenüber der Gesellschaft** erklärt werden muss. Bei der rechtsfähigen GbR überzeugt dies uneingeschränkt, es genügt somit gem. § 720 V, wenn die Kündigungserklärung **einem vertretungsbefugten Gesellschafter** zugeht. Wegen der grundlegenden Bedeutung der Kündigung für den Mitgliederbestand reicht es indessen nicht aus, wenn die Kündigung gegenüber einem Bevollmächtigten der Gesellschaft erklärt wird, der nicht selbst Gesellschafter ist; eine abweichende Beurteilung ist nur dann gerechtfertigt, wenn die entsprechende Vertretung des Dritten im Gesellschaftsvertrag selbst niedergelegt ist (vgl. nach früherem Recht für eine finanzierende Bank BGH NJW 2003, 2821 (2823)). Bei der **nicht rechtsfähigen GbR** muss die Kündigung **gegenüber allen Mitgesellschaftern** erklärt werden. Insofern sind aber ohne weiteres wechselseitige Vertretungen möglich (strenger nach bisherigem Recht MüKoBGB/Schäfer § 723 Rn. 11, vgl. auch OLG München BeckRS 2017, 120041 Rn. 33). Im Übrigen ist es, wie allgemein auch nach früherem Recht, ausreichend, wenn die gegenüber einem Mitgesellschafter erklärte Kündigung von diesem an die anderen weitergeleitet wird (vgl. BGH NJW 2016, 2492 (2493)). Der Zugang isd § 130 I, und damit die Wirksamkeit der Kündigungserklärung, ist dann freilich erst bei Kenntnisnahme oder Kennenmüssen des letzten Gesellschafters gegeben.

32   Die Kündigung kann im dispositiven gesetzlichen Regelfall **formlos** erfolgen; aus Beweisgründen bietet sich freilich die Einhaltung der Schrift- oder Textform nach den §§ 126 ff. an. Sie wird mit **Zugang** wirksam. Ein **Widerruf** ist gemäß § 130 I 2 nur bis dahin möglich; die spätere Rücknahme bedarf der Zustimmung aller Mitgesellschafter (OLG Zweibrücken NZG 1998, 939 (940)). Die Kündigung ist der Auslegung nach §§ 133, 157 zugänglich. Eine **konkludente Kündigung** ist grundsätzlich möglich; es muss allein der **Beendigungswille** im Hinblick auf die Mitgliedschaft hinreichend deutlich werden: Die genaue rechtliche Bezeichnung der Erklärung als Kündigung ist nicht erforderlich. Die **interessengerechte Auslegung** anderer Bezeichnungen nach Maßgabe von §§ 133, 157 ist insofern großzügig möglich (vgl. für einen „Rücktritt" RGZ 89, 398 (400); für die „Anfechtung" RGZ 165, 193 (206); für den „Austritt" BGH NZG 2002, 417 (418), insbesondere nach einem fehlerhaften Beitritt BGH NJW 2003, 1252 (1254); 1975, 1022; OLG Frankfurt/M. BeckRS 2009, 25688; durch die Geltendmachung von Abfindungs- bzw. Auseinandersetzungsansprüchen, vgl. BGH NJW 1993, 1002 und OLG Düsseldorf NJW-RR 1998, 658 (659)). Das Gleiche gilt für die rechtliche Würdigung **tatsächlichen Verhaltens** (vgl. OLG Düsseldorf NZG 2001, 746 (747): zweckvereitelnde Veräußerung von Gesellschaftsvermögen; BGH NJW 2006 1268, 1272: Trennung von Eheleuten; OLG Karlsruhe NZG 2003, 324 (325): Betretungsverbot).

33   Bei der Auslegung einer Kündigungserklärung ergeben sich **Abgrenzungsprobleme:** Dies betrifft zunächst das Verhältnis **von ordentlicher und außerordentlicher Kündigung.** Indem es richtigerweise kein Wirksamkeitserfordernis ist, bei der außerordentlichen Kündigung den Kündigungsgrund anzugeben (→ Rn. 61), können beide Kündigungen grundsätzlich wirksam erklärt werden. Da sie sich jedoch materiellrechtlich ausschließen, bedarf es einer **konsekutiven Prüfung** der Kündigungsvoraussetzungen, was die Notwendigkeit einer hilfsweisen Erklärung bzw. der Umdeutung gemäß § 140 nach sich zieht. Nach dieser Maßgabe ist es freilich ohne weiteres möglich, dass sich der Kündigende vorrangig auf die außerordentliche Kündigung stützt und lediglich hilfsweise auf die ordentliche. Im Zweifel ist die Kündigung zum frühestmöglichen Zeitpunkt gewünscht. – Indem die Neuregelung die **Austritts- und Auflösungskündigung deutlich voneinander abgrenzt,** bedarf es darüber hinaus auch stets einer genauen Auslegung, was gewollt ist. Im Zweifel liegt zwar eine bloße Austrittskündigung vor, um den gesetzlichen Vorrang des Ausscheidens auch insofern zur Geltung zu bringen und das Lösungsinteresse des Kündigenden bestmöglich zu verwirklichen. Die **bedingte Erklärung** einer Auflösungskündigung ist indessen ohne weiteres zulässig (dazu sogleich), und dürfte regelmäßig dem Interesse des Erklärenden entsprechen, sodass ggf. beide Kündigungen konsekutiv zu prüfen sind.

34   Eine **bedingte Kündigung** ist nach den allgemeinen Regeln für Gestaltungsrechte nur dann zulässig, wenn aus der Perspektive der Mitgesellschafter

keine große Ungewissheit herrscht (RGZ 91, 307 (308 f.); etwas liberaler BGH WM 1973, 694 (695)). Anerkannt wurden etwa die Potestativbedingung (BeckOGK/Lübke § 723 Rn. 41) und die Änderungskündigung, wobei es sich hierbei um einen Unterfall der Potestativbedingung handelt (vgl. BGH WM 1977, 834). Bedeutsam ist auch die hilfsweise als Rechtsbedingung erklärte ordentliche Kündigung für den Fall, dass die außerordentliche gemäß § 725 II unwirksam ist (vgl. hierzu unter dem Aspekt der Umdeutung BGH NJW 1998, 1551). In allen Fällen einer zulässigen Bedingung setzt die Kündigungswirkung erst zum Zeitpunkt des Bedingungseintritts ein (§ 158 I); die Kündigungsfrist beginnt ebenfalls erst ab dann zu laufen (BeckOGK/Lübke § 723 Rn. 41). Eine **Teilkündigung** ist nach allgemeinen Regeln unzulässig; Gestaltungsrechte sind nicht teilbar (vgl. § 351; BGH NJW 1993, 1320 (1321); MüKoBGB/Schäfer § 723 Rn. 15). Etwas anderes kann aber im Hinblick auf die ordentliche Kündigung gesellschaftsvertraglich vereinbart werden, wenn zudem die Teilbarkeit objektiv möglich ist (vgl. allgemein BGH NJW-RR 2011, 189 Rn. 40; NJW 1986, 925 (927)). Praktisch bedeutsam dürfte dies bei der GbR freilich nur sein, wenn ein quotaler Anteil der gesamten Gesellschafterstellung betroffen sein soll, um die Beteiligung zu reduzieren. Denkbar ist auch, dass ein Gesellschafter sich von einer fortdauernden Beitragspflicht befreien möchte. In diesen Fällen kann subsidiär auch eine Vertragsanpassung nach der Geschäftsgrundlagenlehre gemäß § 313 in Betracht kommen (→ Rn. 57). Ist die Kündigung im Hinblick auf die maßgebliche **Kündigungsfrist verspätet,** kann sie gemäß § 140 regelmäßig als eine zum nächsten möglichen Termin aufrechterhalten werden (vgl. MüKoBGB/Schäfer § 723 Rn. 17).

4. Kündigung zur Unzeit, Rechtsmissbrauch (Abs. 5)

Nach § 725 V 1 darf die Kündigung nicht zur Unzeit geschehen, es sei 35 denn, dass ein wichtiger Grund für die unzeitige Kündigung vorliegt. Ein Verstoß hiergegen berührt die Wirksamkeit der Kündigung indessen nicht, sondern löst nach § 725 V 2 **allein Schadensersatzansprüche** aus (sog. Verfrühungsschaden, vgl. Henssler/Strohn/Kilian § 723 Rn. 21). Anspruchsberechtigt ist bei rechtsfähigen Gesellschaften die GbR als solche, andernfalls die Mitgesellschafter (abw. Begr. S. 173, wonach anders als gemäß § 723 II aF nur die Gesellschaft berechtigt sei, was aber die nicht rechtsfähige GbR außer Acht lässt und dementsprechend zu korrigieren ist). Die Regelung entspricht vordergründig vollständig dem früheren Recht (vgl. § 723 II aF). Sie hat indessen erheblich an Bedeutung verloren, weil nunmehr im gesetzlichen Regelfall die dreimonatige Kündigungsfrist zum Ablauf des Kalenderjahres zu wahren ist, mithin jedenfalls **bei der ordentlichen Kündigung wenig Raum** besteht, bei Wahrung dieser Frist die Kündigung zur Unzeit anzunehmen. Im Übrigen ist zu bedenken, dass § 725 I nunmehr auch vorsieht, dass die Kündigungsfrist kraft richterlichen Gestaltungsakts nach Maßgabe des konkreten Zwecksetzung der GbR angepasst werden kann (→ Rn. 30). Die bereits nach früherem Recht und im Grunde nach wie vor maßgebliche Verletzung der gemeinsamen Interessen der Gesellschafter bzw. die der übrigen Gesellschafter als Konkretisierung der Unzeit (vgl. OLG Karlsruhe NZG 2003, 324 (325); BGH GRUR 1959, 384 (388); vgl. für die Berücksichtigung der gesellschaftsrechtlichen Treuepflicht in diesem Kontext BeckOGK/Lübke § 723 Rn. 93; noch deutlicher Begr. S. 173: Kündigung zur Unzeit als typischer Fall des Treuepflichtverstoßes) dürfte daher bei der ordentlichen Austrittskündigung nur selten zu bejahen sein. Dies gilt umso mehr, als § 725 V 2 explizit vorsieht, dass selbst bei Bejahung der Unzeit ein **wichtiger Grund für die Kündigung** die im Übrigen an das Vertretenmüssen geknüpfte Schadensersatzpflicht verhindert. Insofern ist insbesondere das Interesse des Kündigenden zu berücksichtigen (vgl. BGH WM 1976, 1030 (1032)). Handelt somit ein Gesellschafter bei der Kündigung nicht gezielt missbräuchlich (schuldhafte Wahl des Kündigungszeitpunkt, vgl. BGH BB 1959, 538), ist für § 725 V 2 kein Raum. Hierfür trägt der Kündigende die Beweislast („es sei denn"). Bejaht man eine **Schadensersatzpflicht,** steht diese seit der Neuregelung bei der rechtsfähigen GbR der Gesellschaft als solche zu, bei der nicht rechtsfähigen Gesellschaft den Mitgesellschaftern persönlich. In beiden Fällen ist der Anspruch auf das **positive Interesse** gerichtet (Henssler/Strohn/Kilian § 723 Rn. 21). Bei der zweigliedrigen rechtsfähigen Gesellschaft sollte allerdings ebenso wie bei der nicht rechtsfähigen Gesellschaft der Schadensersatzanspruch dem anderen Mitgesellschafter zustehen. Hier einen Umweg über die Gesellschaft zu gehen, birgt ausschließlich Nachteile und erschwert die Durchsetzbarkeit. Auch bei Gelegenheitsgesellschaften ist aufgrund der häufig fehlenden inneren Verbundenheit zumindest zu überlegen, ob der Schadensersatzanspruch allen Mitgesellschaftern persönlich zugesprochen werden sollte. Nach der Differenzhypothese iSd § 249 I ist ein infolge der verfrühten Kündigung entgangener Gewinn der Gesellschaft bzw. der Mitgesellschafter ersatzfähig (einschr. im Hinblick auf den Verlust künftiger Einnahmen Henssler/Strohn/Kilian § 723 Rn. 21).

36   Von § 725 V abzugrenzen ist die nach Maßgabe von § 242 zu beurteilende **rechtsmissbräuchliche Ausübung des Kündigungsrechts.** § 725 V stellt für die unzeitliche Kündigung einen Spezialfall des Grundsatzes von Treu und Glauben nach § 242 dar. Jedoch bleibt der Anwendungsbereich des allgemeinen Missbrauchstatbestandes in den übrigen Fällen eröffnet. Insoweit ist zu beachten, dass bei der ordentlichen Austrittskündigung die Schwelle zur Bejahung eines rechtsmissbräuchlichen Verhaltens extrem hoch anzulegen ist. In Betracht kommen letztlich allein Fälle, in denen die Wahrnehmung des fristgebundenen Kündigungsrechts zu einer gezielten und nicht hinnehmbaren Belastung der Mitgesellschafter führt, insbesondere im Hinblick auf den Fortbestand der Gesellschaft im Übrigen oder die drohenden finanziellen Folgen wegen der Pflicht zur Zahlung eines Abfindungsguthabens (§ 728). Wird diese hohe Schwelle unter konkreter Würdigung des Einzelfalles überschritten, ist die rechtsmissbräuchliche **Kündigung unwirksam** (vgl. zur Abgrenzung gegenüber dem Verbot der Kündigung zur Unzeit BGH NJW 1954, 106). Hieraus folgt auch, dass für die rechtliche Beurteilung allein die Umstände maßgeblich sind, die bis zur Erklärung der Kündigung vorliegen (vgl. BGH NJW 2000, 3491 (3492)).

5. Rechtsfolgen der Kündigung

a) Ausscheiden des Gesellschafters. Der Kündigende scheidet **im** 37
gesetzlichen Regelfall mit Ablauf des Kalenderjahres (31.12.) aus der
Gesellschaft aus (§ 723 I Nr. 2, III); dies gilt abweichend vom früheren Recht
nicht allein dann, wenn eine gesellschaftsrechtliche Fortsetzungsklausel vereinbart wurde. Das Ausscheiden ist bei eingetragenen rechtsfähigen GbR
gemäß § 707 III S. 2 zur **Eintragung in das Gesellschaftsregister** anzumelden. Die Gesellschafterstellung des Kündigenden bleibt bis zum Ablauf der
Kündigungsfrist unverändert bestehen (vgl. BGH NJW 1992, 830 (832);
NZG 2016, 1307). Die Veräußerung des gekündigten Gesellschaftsanteils
nach Maßgabe von § 711 I ist ebenfalls noch zulässig. Gleiches gilt für die
Vererbung iSd § 711 II.

Die gesellschaftsrechtlichen **Folgen des Ausscheidens** richten sich nach 38
den allgemeinen Regeln: Der **Gesellschaftsanteil** des Ausgeschiedenen
erlischt mit Ablauf der Kündigungsfrist und wächst gem. § 712 I den übrigen
Gesellschaftern zu. Diese nach wie vor als **Anwachsung** bezeichnete Folge
(hierzu kritisch Bachmann NZG 2020, 612 (616)) betrifft indessen nur noch
die **Gesellschafterstellung** im Verhältnis zu den Mitgesellschaftern und ist
insofern bei allen Personenverbänden die notwendige Konsequenz eines Mitgliederwechsels (Bachmann NZG 2020, 612 (616)). Der Gesellschaftsanteil
bleibt daher anders als bei AG und GmbH weder als solches bestehen noch
kann die Gesellschaft diesen selbst erwerben bzw. müsste diesen einziehen
(vgl. insofern auch Begr. S. 105). Diese bei allen Personengesellschaften
wegen ihrer fehlenden Verselbstständigung gegenüber den Mitgliedern vorgesehene Anwachsung hat somit nunmehr eindeutig auch bei der rechtsfähigen GbR **keine unmittelbaren vermögensrechtlichen Auswirkungen**
mehr, da deren Vermögen gemäß § 713 unverändert bleibt. Insofern ist es
konsequent, dass § 712 nunmehr explizit vom Anwachsen des „Anteils an
der Gesellschaft" spricht und nicht mehr vom „Anteil am Gesellschaftsvermögen", wie § 738 I 1 aF. Betrifft die Kündigung den **vorletzten Gesellschafter** (Zulässigkeit entspr. § 727 S. 3), erlischt die Gesellschaft ohne Liquidation
nach Maßgabe von § 712a, und das Gesellschaftsvermögen geht zum Zeitpunkt des Ausscheidens im Wege der Gesamtrechtsnachfolge auf den verbleibenden Gesellschafter über, wenn dieser sich hierzu bereit erklärt. In allen
Fällen richten sich die **weiteren Rechtsfolgen** im Hinblick auf Abfindungsanspruch bzw. Verlusttragungspflicht und Gesellschafter(nach)haftung nach
§§ 728–728b. **Gesellschaftsrechtliche Streitigkeiten** bleiben vor Gericht
anhängig bzw. rechtshängig (→ § 726 Rn. 27).

Im Hinblick auf den **Rechtsschutz** bei der Austrittskündigung gelten die 39
allgemeinen Regeln: Wollen die Gesellschaft bzw. bei der nicht rechtsfähigen
GbR (§ 705 II Alt. 2) die Mitgesellschafter gegen die Austrittskündigung
vorgehen, kommt allein die **Feststellungsklage** in Betracht; das Gleiche
Recht hat der Kündigende, wenn die Wirksamkeit angezweifelt wird. Stellt
sich nachträglich heraus, dass die Kündigung unwirksam war, kann sich der
Kündigende gemäß § 280 I bzw. aus § 826 gegenüber den Mitgesellschaftern
schadensersatzpflichtig machen, wenn er die weitere Zusammenarbeit

treuwidrig verweigert hat. Umgekehrt können sich die Mitgesellschafter gegenüber dem Kündigenden schadensersatzpflichtig machen, wenn sie die rechtmäßige Kündigung treuwidrig nicht akzeptieren (vgl. im Übrigen zur Anwendung der Lehre von der fehlerhaften Gesellschaft bei der unwirksamen, aber vollzogenen Kündigung → § 719 Rn. 21 ff.).

40   **b) Abwicklung der Gesellschaft.** Auch im Rahmen der Neuregelung kann **gemäß § 729 IV im Gesellschaftsvertrag vereinbart** werden, dass die Austrittskündigung sogleich die Auflösung der Gesellschaft bewirkt (→ § 729 Rn. 28). Insofern bleibt es in diesen Fällen bei der bereits zu § 723 aF maßgeblichen Rechtslage, der Kündigende bleibt bis zur Vollbeendigung Gesellschafter der Abwicklungsgesellschaft (RGZ 95, 231 (234)). Anstelle der allein auf ihn bezogenen Abfindungs- bzw. Verlusttragungspflicht erfolgt die Liquidation der Gesellschaft als Ganzes gemäß §§ 733 ff. Die Auflösung ist bei rechtsfähigen Gesellschaften gem. § 733 I zur Eintragung ins Gesellschaftsregister anzumelden. Das Gleiche gilt, wenn die **Mitgesellschafter ihrerseits kündigen** (vgl. hierzu BGH DStR 1999, 171). Kündigen alle bis auf einen Gesellschafter, richten sich die Rechtsfolgen nach § 712a (vgl. hierzu Henssler/Kilian ZIP 2005, 2229 (2237)).

6. Gestaltungsfreiheit ordentliche Kündigung

41   Die Grenzen der gesellschaftsvertraglichen Gestaltungsfreiheit werden gemäß Abs. 6 nunmehr allein für die außerordentliche Kündigung aus wichtigem Grund gemäß Abs. 2 und das Kündigungsrecht bei Volljährigkeit gemäß Abs. 4 geregelt. Im Übrigen besteht daher für die ordentliche Kündigung abweichend von § 723 III aF durchaus **mehr Raum für individuelle Gestaltungen** (zur Beweislast → Rn. 82), die freilich aus speziellen Schutzerwägungen oder aus anderen Gründen gemäß § 138 I sittenwidrig und damit unzulässig sein können. Sollen nachteilige Vereinbarungen im Hinblick auf das Kündigungsrecht **nachträglich eingeführt** werden, bedarf dies im Übrigen zwingend der (ggf. antizipiert erteilten) Zustimmung der hiervon betroffenen Gesellschafter. Im Übrigen gilt, dass eine Vereinbarung nach Erklärung der Kündigung auf diese und deren Folgen grundsätzlich keinen unmittelbaren Einfluss mehr hat (vgl. für die Rechtsfolgen der Kündigung BGH NJW 1967, 2157 (2158 f.)). Hiervon abzugrenzen ist freilich die nach wie vor bestehende Möglichkeit, dass innerhalb der laufenden Kündigungsfrist nach allgemeinen Regeln zulässige Maßnahmen beschlossen und durchgeführt werden können.

42   **a) Ausschluss des Kündigungsrechts.** Für die ordentliche Kündigung sieht **Abs. 1** ausdrücklich vor, dass sich aus dem Gesellschaftsvertrag oder aus dem Zweck der Gesellschaft etwas anderes als die gesetzliche Regellage ergeben kann. Insofern ist es vor allem **nunmehr zulässig,** auch bei der unbefristeten Gesellschaft das ordentliche Kündigungsrecht auszuschließen (dies im Hinblick auf Pool-, Stimmbindungs- und Joint-Venture-Verträge begrüßend DAV NZG 2020, 1133 Rn. 72). Dies kann **unmittelbar** erfolgen (expliziter Ausschluss des Kündigungsrechts) **oder sinngemäß** im Rahmen einer sich aus der Zwecksetzung ergebenden Befristung (→ Rn. 27). In all diesen Fällen beansprucht freilich die zwingende **Möglichkeit der außerordentlichen Kündigung** gemäß Abs. 2 eine besondere Aufmerksamkeit, um den Gesellschaftern wenigstens die Möglichkeit zu geben, bei Vorliegen eines wichtigen Grundes die Mitgliedschaft zu beenden (sehr deutlich BeckOGK/ Lübke § 723 Rn. 60.1: Ausschluss der ordentlichen Kündigung erleichtert die außerordentliche Kündigung). Das Gleiche gilt für die subsidiäre Möglichkeit gemäß § 731, die Gesellschaft als solche aus wichtigem Grund zu kündigen. Umgekehrt ist insofern aber stets auch zu berücksichtigen, dass durch die Abbedingung der ordentlichen Kündbarkeit die Bestandskraft der Gesellschaft durch die Gesellschafter ausdrücklich adressiert wurde, sodass die leichtfertige Zubilligung eines außerordentlichen Kündigungsrechts diese Entscheidung auch nicht konterkarieren darf. Der vertraglich vereinbarte Kündigungsausschluss bzw. die Modifizierung der Kündigungsvoraussetzungen können auch **lediglich einzelne Gesellschafter** betreffen (vgl. BGH NJW 2008, 1943 Rn. 12; Soergel/Hadding/Kießling § 723 Rn. 13). Insofern müssen die Betroffenen bei Abschluss des Gesellschaftsvertrages bzw. bei der nachträglichen Änderung zustimmen (BeckOGK/Lübke § 723 Rn. 22). Das Gleiche gilt, wenn eine Mindestdauer oder Befristung nur einzelne Gesellschafter betreffen soll und deren ordentliches Kündigungsrecht insofern ausgeschlossen ist (anders für die generelle Unzulässigkeit solcher Gestaltungen BeckOGK/Lübke § 723 Rn. 22 unter Berufung auf BGH NJW 1968, 2003). Die Abbedingung des ordentlichen Kündigungsrechts im technischen Sinne durch Begründung einer entsprechenden **Andienungspflicht** zugunsten von Mitgesellschaftern oder Dritten ist ebenfalls zulässig (vgl. zum früheren Recht bereits BeckOGK/Lübke § 723 Rn. 112; für die Notwendigkeit eines angemessenen Andienungspreises in diesem Kontext BGH NJW 1994, 2536 (2537 ff.)).

Trotz dieser prinzipiellen Gestaltungsfreiheit bestehen auch im Zuge der **43** Neuregelungen **Grenzen gemäß § 138 I,** wenn das ordentliche Kündigungsrecht unmittelbar oder mittelbar abbedungen werden soll (hierauf explizit hinweisend Begr. S. 171; BeckOGK/Lübke § 723 Rn. 95 ff.). Der **praktische Anwendungsbereich** hierfür dürfte freilich durch den ausdrücklichen Verzicht auf den zwingenden Charakter gemäß § 723 VI aF im Zuge der Reform sowie in konsequenter Verwirklichung des Vorrangs vom Ausscheiden gegenüber der Auflösung **geringer** sein als bislang nach der alten Rechtslage. Zudem ist stets zu berücksichtigen, dass den Gesellschaftern ohnehin zwingend das Recht zur außerordentlichen Kündigung der Mitgliedschaft gemäß Abs. 2 bzw. ggf. auch zur Kündigung der Gesellschaft nach Maßgabe von § 731 zustehen. Dies dürfte etwa regelmäßig den in § 138 I zu verortenden Vorwurf der **Knebelung** wegen überlanger oder unverhältnismäßiger Bindung ausräumen (anders BeckOGK/Lübke § 723 Rn. 95.3, wenn das Mehrheitsprinzip vereinbart wurde, was aber zu pauschal ist). Dies gilt sowohl für den ausdrücklichen Ausschluss der ordentlichen Kündigung als auch für lange Befristungen (→ Rn. 28); vgl. im Übrigen für den Fall einer etwaigen Unwirksamkeit die Möglichkeit, die an sich unzulässig lange Bindung im Wege der ergänzenden Vertragsauslegung auf die zulässige Dauer zu reduzieren (BGH NJW-RR 2012, 1242 Rn. 22; NJW 2007, 295 Rn. 21; 1994, 2886 (2888)).

44 Im Hinblick auf **Abfindungsbeschränkungen** können allerdings nach wie vor durchaus auch Wechselwirkungen zum ordentlichen Kündigungsrecht bestehen, denen auf der Grundlage von § 138 I Rechnung zu tragen ist. Es wäre nämlich verkürzt, aus der Zulässigkeit der Abbedingung des ordentlichen Kündigungsrechts gemäß Abs. 1 ohne weiteres auch auf die Zulässigkeit eines Abfindungsausschlusses bzw. einer Abfindungsbeschränkung zu schließen (so aber BeckOGK/Lübke § 723 Rn. 95.2 unter Hinweis darauf, dass es dem Gesellschafter freistehe, die Kündigung zu unterlassen und so seine Vermögensposition zu wahren). Hierbei würde nämlich übersehen, dass in diesen Fällen das **Zusammenspiel von Kündigungsrecht und Abfindungsbeschränkung widersprüchlich** sein kann. Wenn ein Gesellschafter ein bestehendes (!) Kündigungsrecht vorhersehbar kaum ausüben wird, weil die Ausübung ihm nur Nachteile bringt, ist das Lösungsrecht als solches nicht hinreichend legitimiert bzw. in seiner Funktion gestört. Zur Wahrung gesellschaftsvertraglicher Klarheit müsste daher jedenfalls eine eindeutige Regelung getroffen werden, mithin letztlich der Ausschluss des ordentlichen Kündigungsrechts. Nur dann weiß der Betroffene von Anfang an, dass er seine Mitgliedschaft insofern weder beenden kann noch eine entsprechende Kompensation erhält. Da diese Alles-oder-Nichts-Lösung freilich kaum den Bedürfnissen der Praxis entspricht, sollte man auch im Rahmen des nicht abbedungenen ordentlichen Kündigungsrechts hierauf bezogene **Abfindungsbeschränkungen zulassen,** diese freilich dann – wie bei der außerordentlichen Kündigung – nach Maßgabe von § 138 I im Hinblick auf ihre **Angemessenheit kontrollieren** und ggf. im Wege der ergänzenden Vertragsauslegung korrigieren (zum Ganzen → § 728 Rn. 53 ff.).

45 **b) Modifizierung der Kündigungsvoraussetzungen.** Gesellschaftsvertragliche Regelungen über die Voraussetzungen der im gesetzlichen Regelfall grundlos möglichen ordentlichen Kündbarkeit sind nunmehr ebenfalls weitgehend zulässig. Nach bisherigem Recht galt dies gemäß § 723 I 6 aF allein für die **Kündigungsfrist** (vgl. hierzu BeckOGK/Lübke § 723 Rn. 104; BGH BeckRS 1982, 31072166). Die frühere Ansicht, wonach eine zu lange Kündigungsfrist nunmehr möglicherweise wegen **überlanger Bindung** unwirksam sei (vgl. BGH NJW 2007, 295 Rn. 6; 1994, 2536), lässt sich im Zuge der Neuregelung nicht mehr halten. Indem das ordentliche Kündigungsrecht nunmehr in Gänze abbedungen werden kann, sind auch lange Kündigungsfristen nach Maßgabe derselben liberalen Erwägungen zulässig wie die Vereinbarung einer entsprechenden Befristung (→ Rn. 28). Da zudem stets das zwingende außerordentliche Kündigungsrecht zur Verfügung steht, dürfte auch unter dem Aspekt der Knebelung gemäß § 138 I kein praktischer Anwendungsbereich für die Bejahung einer sittenwidrigen überlangen Kündigungsfrist bestehen. Die **Verkürzung der Kündigungsfrist** bis hin zur Möglichkeit der fristlosen ordentlichen Kündigung ist ohne weiteres zulässig. Dies kann sich auch aus der interessengerechten Auslegung des Gesellschaftszwecks ergeben (vgl. Begr. S. 172; noch deutlicher Fleischer BB 2020, 1107: Korrektur bei leitbildfremden Gelegenheitsgesellschaften im Auslegungswege geboten). Beispielhaft als weitere Modifizierung der Kündigungsvoraussetzungen zu nennen sind weiter die Vereinbarung von verbindlichen **Kündigungsgründen,** was nach früherem Recht ebenfalls unzulässig war (vgl. BeckOGK/Lübke § 723 Rn. 108). Insofern ist jedoch erforderlich, dass die genannten Tatbestände hinreichend bestimmt sind; ist das nicht gegeben, können die Gesellschafter grundlos kündigen. Zulässige Gestaltungen sind ferner die Vereinbarung konkreter **Ausschlussfristen und Kündigungstermine** (zu Letzteren BeckOGK/Lübke § 723 Rn. 104; MüKo-BGB/Schäfer § 723 Rn. 71; Soergel/Hadding/Kießling § 723 Rn. 60) sowie die Vereinbarung eines **Formzwangs** für die Kündigungserklärung (§ 127; BeckOGK/Lübke § 723 Rn. 43; vgl. zur Heilung RGZ 77, 70). Die Vereinbarung einer **Begründungspflicht** ist zulässig, vermag aber wegen der Rechtsunsicherheit, ob die einen Forderungen eingehalten wurden oder nicht, kein Wirksamkeitshindernis zu begründen (vgl. → Rn. 32).

Problematisch ist weiterhin, ob und in welchem Umfang die Ausübung **46** des Kündigungsrechts durch gesellschaftsvertragliche oder schuldrechtliche Vereinbarungen **von der Zustimmung anderer abhängig** gemacht werden kann (Dritte oder Mitgesellschafter). Bei der ordentlichen Kündigung lässt sich die Unzulässigkeit im Zuge der Neuregelung gemäß Abs. 1 nicht mehr wie früher auf den zwingenden Charakter stützen (vgl. hierzu BeckOGK/Lübke § 723 Rn. 105). Richtigerweise ist die Frage daher nunmehr eingebettet in die allgemeine Problematik der unzulässigen Beschränkung der Gesellschafterautonomie. Hieraus folgt, dass ein unmittelbar wirkendes Zustimmungsrecht gemäß **Abspaltungsverbots** unzulässig ist (vgl. § 711a), mithin die vom Gesellschafter erklärte Kündigung auch ohne Zustimmung wirksam erklärt werden kann (so bereits RGZ 21, 93 (94); KG BeckRS 2009, 25559; allg. auch BGH NJW 1973, 1602); dies gilt auch, wenn die Zustimmung durch einen Mitgesellschafter erfolgen soll (Erman/Westermann § 723 Rn. 23; BeckOGK/Lübke § 723 Rn. 109). **Schuldrechtliche Vereinbarungen** über die Ausübung des Kündigungsrechts zwischen Gesellschafter und Drittem bzw. Mitgesellschafter schlagen nicht auf das Gesellschaftsverhältnis durch (RGZ 21, 93 (94); KG BeckRS 2009, 25559; BeckOGK/Lübke § 723 Rn. 109; Erman/Westermann § 723 Rn. 23). Die Neuregelung stellt dies in Abs. 1 ausdrücklich klar, indem dort abweichende Vereinbarungen allein nach Maßgabe des Gesellschaftsvertrags vorgesehen sind. Solche Abreden können freilich den Kündigungsberechtigten schuldrechtlich binden und dementsprechend von der Ausübung des Kündigungsrechts abhalten. Das Gleiche gilt für erbrechtliche Verfügungen. Jedenfalls bei der ordentlichen Kündigung ist dies wegen der unmittelbaren Gestaltungsfreiheit im Hinblick auf das Kündigungsrecht gemäß Abs. 1 allerdings aus gesellschaftsrechtlicher Perspektive im Wege eines erst recht Schlusses kaum zu beanstanden, insbesondere **nicht unter dem Aspekt der überlangen Bindung** (abw. zum früheren Recht BeckOGK/Lübke § 723 Rn. 97, 109: Unwirksamkeit analog § 723 III aF; vgl. auch BGH NJW-RR 2009, 1455 Rn. 20; zu Verfügungen von Todes wegen Kroppenberg FS Kanzleiter, 2010, 247 (253)). Das Gleiche gilt e contrario zu Abs. 6 für die Bestellung eines **gemeinsamen Vertreters** im Hinblick auf die Ausübung der ordentlichen Kündigung. Hiervon unberührt bleibt freilich die Möglichkeit, dass solche Vereinbarungen infolge der hierdurch hervorgerufenen **Knebelung nach allgemeinen Regeln** unzulässig sind (vgl. zu langjährigen Rentenzahlungen BGH NJW-RR 2006, 1270 Rn. 11; DStR 2008, 785 (786); OLG Düsseldorf BeckRS 2019, 7450 Rn. 6; OLG München ZEV 2007, 582; Testament BGH NJW 1968, 203). Zulässig sind auch **Schieds- und Mediationsklauseln** (Henssler/Strohn/Klöhn HGB § 133 Rn. 48).

47   **c) Modifizierung der Kündigungsfolgen.** Es ist bei der ordentlichen Kündigung ebenfalls grundsätzlich zulässig, die Kündigungsfolgen im Vorfeld der Kündigung, nicht danach (vgl. BGH NJW 1967, 2157 (2158 f.)), zu modifizieren, soweit keine Drittinteressen betroffen sind. Dies betrifft insbesondere die Vereinbarung einer mit der Kündigung einhergehenden **Auflösung** der Gesellschaft (BGH NJW 2008, 1943 Rn. 14), die Begründung eines **Übernahmerechts** zugunsten des oder eines Mitgesellschafters (vgl. BGH NJW 2008, 2992 Rn. 11; 2005, 2618 (2619)) oder die Modifizierung von **Abfindungs- bzw. Verlusttragungpflicht** gemäß § 728, 728a (Einzelheiten jeweils dort). Die Vereinbarung eines nachvertraglichen **Wettbewerbsverbots** verstößt grundsätzlich nicht gegen Abs. 6; es muss freilich im Kontext der Abfindung hinreichend berücksichtigt werden (vgl. BGH NJW 2005, 2618 (2619); → § 728 Rn. 53 ff.). Das allein schadensersatzbewehrte **Verbot der Kündigung zur Unzeit** gemäß Abs. 5 (→ Rn. 62) kann im Hinblick auf die ordentliche Kündigung ebenfalls abbedungen oder modifiziert werden. Umgekehrt ist es anders als bei der außerordentlichen Kündigung (→ Rn. 67) ebenfalls zulässig, für den Fall der Kündigung eine **Vertragsstrafe** vorzusehen, wenn deren Höhe angemessen ist (Erman/Westermann § 723 Rn. 23; liberaler BeckOGK/Lübke § 723 Rn. 113; MüKoBGB/Schäfer § 723 Rn. 73; vgl. hierzu bereits im Hinblick auf Abfindungsbeschränkungen → Rn. 44).

48   **d) Kautelarischer Handlungsbedarf infolge des MoPeG.** Im Rahmen des § 725 hat der Gesetzgeber bedeutsame Neuerungen vorgenommen, um den Vorrang des Ausscheidens gegenüber der Auflösung zu stärken. Jedoch gilt nach Art. 229 § 61 EGBGB (Art. 49 Nr. 2 MoPeG) die Vorschrift des § 725 mangels anderweitiger vertraglicher Vereinbarung weiter, wenn ein Gesellschafter bis zum 31.12.2024 deren Anwendung gegenüber der Gesellschaft verlangt (→ Rn. 5). Sollte dies nicht erfolgen oder vertraglich abbedungen werden, besteht Änderungsbedarf für den bisher verwendeten Gesellschaftsvertrag bis zum 31.12.2023 (vgl. Art. 137 MoPeG).

49   Das ordentliche Kündigungsrecht nach Abs. 1 ist vollumfänglich abdingbar (→ Rn. 43), weshalb die Gesellschafter in der kautelarischen Gestaltung frei sind. Nach bisherigem Recht galt dies gemäß § 723 I 6 aF allein für die Kündigungsfrist. Um komplizierte Streitigkeiten über die Auslegung des Gesellschaftszwecks oder anderer Klauseln zu vermeiden, sollten die Gesellschafter von dieser Gestaltungsfreiheit entsprechend Gebrauch machen. Dies gilt unabhängig davon, ob der Gesellschaft ein langfristig orientierter Zweck oder eine nur kurzfristige Zweckgemeinschaft zugrunde liegt (→ Rn. 44). Entsprechend ihrer Zwecksetzung sollten die Gesellschafter die dreimonatige Kündigungsfrist (nach dem Vorbild des § 132 I HGB) verlängern, respektive

verkürzen oder vollends auszuschließen. Weitere Modifikationen sollten die Gesellschafter bezüglich des Empfängers der Kündigungserklärung, weiterer Kündigungsgründe, bezüglich konkreter Ausschlussfristen und bezüglich der Form der Kündigungserklärung (nach dem Vorbild des § 623) vornehmen. Von der Vereinbarung einer Begründungspflicht ist indessen aufgrund der daraus folgenden Rechtsunsicherheit abzuraten (→ Rn. 45).

7. Beweislast

Da die Gesellschaft grundsätzlich eine unbefristete ist (→ Rn. 22) und **50** gemäß Abs. 1 dann ein ordentliches Kündigungsrecht besteht, muss der Kündigende im **gesetzlichen Regelfall** allein die Kündigungserklärung beweisen. Die Einhaltung der Kündigungsfrist ergibt sich aus dem Gesetz. Es liegt dann an der Gesellschaft bzw. den Mitgesellschaftern darzulegen und zu beweisen, dass die Gesellschaft auf bestimmte Zeit eingegangen wurde, was das Kündigungsrecht auszuschließen vermag, oder dass eine explizite Abbedingung vereinbart wurde (→ Rn. 42). Wurden die **Kündigungsvoraussetzungen gesellschaftsvertraglich modifiziert** (→ Rn. 45), muss der Kündigende grundsätzlich die entsprechenden Voraussetzungen für die Einhaltung beweisen. Besteht indessen bereits über das Vorliegen der entsprechenden Vereinbarung Streit, müssen wiederum die Gesellschaft bzw. die Mitgesellschafter beweisen, ob diese vorliegt. Wurde die gesetzliche Kündigungsfrist modifiziert, muss dies derjenige beweisen, der sich darauf beruft. – Handelt ein Gesellschafter bei der Kündigung nicht missbräuchlich, indem er den Kündigungszeitpunkt gezielt zur Unzeit wählt, ist für einen Schadensersatzanspruch aus § 725 V 2 kein Raum. Für das Vorliegen eines wichtigen Grundes für die Kündigung zur Unzeit trägt der Kündigende die Beweislast („es sei denn").

VII. Außerordentliche Kündigung der Mitgliedschaft (Abs. 2)

1. Befristete und unbefristete Gesellschaft

§ 725 II sieht das Recht der außerordentlichen Kündigung der Mitglied- **51** schaft nur in dem Fall vor, dass für das Gesellschaftsverhältnis eine **Zeitdauer vereinbart** wurde. Dies entspricht der bisherigen Rechtslage gemäß § 723 I 2 aF. Dieser missverständliche Wortlaut ist indessen richtigerweise teleologisch zu korrigieren, denn ausgehend von der gemäß § 314 für alle zivilrechtlichen Dauerschuldverhältnisse maßgeblichen Wertung gibt es ein **generelles gesetzliches Kündigungsrecht aus wichtigem Grund.** Hiervon ist freilich die Frage abzugrenzen, ob es hierauf in concreto ankommt. Sieht der Gesellschaftsvertrag etwa zulässigerweise vor, dass ein fristloses ordentliches Kündigungsrecht unterhalb der Schwelle des wichtigen Grundes besteht, besteht für § 725 II kein Bedarf (so auch BeckOGK/ Lübke § 723 Rn. 57). Richtigerweise ist § 725 II in Bezug auf die Kündigung der Mitgliedschaft daher auf alle Gesellschaftsverhältnisse anwendbar, mithin **auch bei der unbefristeten Gesellschaft.** Dies betrifft somit sowohl die Fälle, in denen gemäß Abs. 1 eine Kündigungsfrist von drei Monaten für die ordentlichen Kündigung vorgesehen ist, als auch die Fälle einer anderweitig gesellschaftsvertraglich vereinbarten Kündigungsfrist. Es ist dann stets im Einzelfall zu prüfen, von welchem Recht der Kündigende Gebrauch macht und ob dieses gegeben ist (vgl. insofern auch die Möglichkeit der Umdeutung gemäß § 140 → Rn. 33). Der praktische Anwendungsbereich der außerordentlichen Austrittskündigung dürfte sich bei den unbefristeten Gesellschaften gleichwohl auf die Fälle beschränken, in denen die Möglichkeit der ordentlichen Kündigung gemäß § 725 I, VI ausgeschlossen oder beschränkt wurde (Einzelheiten → Rn. 65). Besteht indessen ein ordentliches Kündigungsrecht, ist im Rahmen des für die außerordentliche Kündigung notwendigen Kündigungsgrundes genau zu prüfen, ob die Einhaltung der Kündigungsfrist unzumutbar ist und ein vorheriges Ausscheiden rechtfertigt (vgl. insofern auch Begr. S. 172 zu Abs. 2: „oder bis zum Ablauf einer Kündigungsfrist").

2. Kündigungsgrund

52   Der für die außerordentliche Austrittskündigung tatbestandliche **wichtige Grund** wird in § 725 II 2 exemplarisch dahingehend konkretisiert, als ein anderer Gesellschafter eine ihm nach dem Gesellschaftsvertrag obliegende wesentliche Verpflichtung vorsätzlich oder grob fahrlässig verletzt hat oder die Erfüllung einer solchen Verpflichtung unmöglich wird. Dieser Wortlaut stimmt mit **§ 723 I 3 Nr. 1 aF** überein; eine inhaltliche Änderung sollte die Neuregelung im Hinblick auf die **beachtlichen Anlässe** einer außerordentlichen Kündigung explizit nicht herbeiführen (Begr. S. 172). Insofern gilt im Ausgangspunkt **dieselbe Formel wie nach früherem Recht,** wenn die Möglichkeit des Austritts gesellschaftsvertraglich vorgesehen wurde. Ein wichtiger Grund liegt hiernach weiterhin dann vor, „wenn dem kündigenden Gesellschafter unter Berücksichtigung aller Umstände des Einzelfalles und unter Abwägung der beiderseitigen Interessen eine Fortsetzung des Gesellschaftsverhältnisses mit den übrigen Gesellschaftern bis zur vereinbarten Beendigung oder bis zum Ablauf einer Kündigungsfrist nicht zugemutet werden kann, weil die Förderung des gemeinsamen Zwecks wegen wirtschaftlichen oder in der Person eines anderen Gesellschafters liegenden Umständen dauerhaft schwer beeinträchtigt ist" (Begr. S. 172; zum früheren Recht vgl. BGH NJW 2006, 844 Rn. 15; 2005, 3061; NJW-RR 2012, 1059 Rn. 28; NJW 1982, 2821; BeckOGK/Lübke § 723 Rn. 58 mwN).

53   Die gesetzliche Umschreibung der exemplarischen Anforderungen an das Vorliegen eines wichtigen Grundes bei der Austrittskündigung gemäß § 725 II 2 **deckt sich im Kern mit der Auflösungskündigung** gemäß § 731 I. Insofern wirkt die früher von vornherein einheitliche tatbestandliche Behandlung von Austritt und Auflösung in § 723 I aF auch bei der Neuregelung fort. Dies ist wenig überzeugend, lässt sich aber sachgerecht korrigieren. Jenseits zweigliedriger Gesellschaften, wo Austritt und Auflösung identisch

zu behandeln sind, kann und muss teleologisch betrachtet die **Konkretisierung des wichtigen Grundes** strukturell anders erfolgen, wenn es um das bloße Ausscheiden eines Mitglieds geht. Bei der Austrittskündigung muss es dem Kündigenden unzumutbar sein, weiterhin Mitglied einer fortbestehenden GbR zu sein; bei der Auflösungskündigung ist darüber hinaus erforderlich, dass die Umstände den Fortbestand der werbenden Gesellschaft als solches infrage stellen bzw. verhindern. Die Entkoppelung des Austritts von der Auflösung im gesetzlichen Regelfall hat somit einen **strukturellen Vorrang des Austritts** zur Folge. Um die tatbestandlichen Grenzen zur Auflösungskündigung nicht zu überschreiten, darf die **Schwelle** zur Bejahung des Austrittsrechts aus wichtigem Grund somit **nicht zu hoch** angesiedelt werden. Andererseits darf nicht außer Acht gelassen werden, dass auch bei der personalistischen GbR der Grundsatz pacta sunt servanda gilt, sodass die Zubilligung eines außerordentlichen Lösungsrechts insofern eine strengen Anforderungen unterliegende Durchbrechung bedeutet. Im Rahmen von deren Legitimation müssen im Bemühen um eine praktische Konkordanz daher auch die **Interessen der Mitgesellschafter** angemessen berücksichtigt werden. Hierbei ist bei der Austrittskündigung durchaus auch ins Auge fassen, dass es für diese nicht in allen Fällen vorteilhaft ist, wenn die Gesellschaft nach Ausscheiden fortbestehen kann. Dogmatisch relevant wird dieses Spannungsfeld sowohl bei der Konkretisierung des Kündigungsgrundes als auch bei der Beurteilung von Zumutbarkeitsaspekten.

Im Einklang mit den Erkenntnissen zu § 723 I 3 Nr. 1 aF beansprucht **54** die gerichtliche **Kasuistik möglicher Anlässe** für eine außerordentliche Austrittskündigung aus wichtigem Grund gleichwohl im Ausgangspunkt nach wie vor Geltung. Zu nennen sind insofern: Nichterfüllung gesellschaftsvertraglicher Pflichten (vgl. im Hinblick auf die Leistung eines Auseinandersetzungsguthabens BGH NJW 2005, 1784 (1788) und NZG 2005, 472 (476) – Göttinger Gruppe); auch bei unverschuldeter Unmöglichkeit (BGH DB 1975, 1019); Verletzung der Treuepflicht (BGH BeckRS 1976, 00350); auch bei begründetem Verdacht, (vgl. BGH NJW 1960, 625 (627)); Verletzung einer vorvertraglichen Treuepflicht (OLG Naumburg DStR 2010, 190 (191)); schwerwiegende Verletzung der Geschäftsführungspflichten (BGH JZ 1952, 277: Veruntreuung; BeckRS 1985, 31067030: Kollusion mit einem Geschäftspartner); gezieltes geschäftsschädigendes Verhalten (BGH NJW 1967, 1081 (1083)); Beschimpfungen (BGH JZ 1952, 277; BeckRS 1976, 00350); Bloßstellung (OLG München NZG 2002, 85 (86)); keine automatische Zurechnung von Drittverhalten (OLG Hamm BeckRS 2009, 25481); Zerrüttung, gestörtes Vertrauensverhältnis (BGH NJW-RR 2012, 1059 Rn. 28; NJW 2000, 3491 (3492); BeckRS 1976, 00350; DB 1975, 1019; NJW 1952, 461 (462); OLG München NZG 2002, 85 f.); Erkennen eines mangelhaften Beitritts (BGH NJW 1952, 97 f.; 2016, 2492 Rn. 22; vgl. zur fehlerhaften Gesellschaft → § 719 Rn. 21 ff.); Insolvenz eines Mitgesellschafters (BGH NJW-RR 2012, 1059 Rn. 35 f.); Beschneidung der Gesellschafterrechte durch Änderung des Gesellschaftsvertrages (BGH NJW 1973, 651); grundlegende Änderung des Unternehmensgegenstandes (BGH NJW 1978, 1382; BeckRS 1980, 31008620).

3. Unzumutbarkeit fortbestehender Mitgliedschaft

55   Charakteristisch für die rechtliche Qualifizierung eines Kündigungsanlasses im vorgenannten Sinne als beachtlicher wichtiger Grund für die Zubilligung eines außerordentlichen Lösungsrechts ist stets das Gebot zur **umfassenden Gesamtwürdigung** aller Umstände des konkreten Einzelfalles (vgl. etwa BGH NJW-RR 2012, 1059 Rn. 28; NJW 2006, 844 Rn. 15; 2005, 3061; 1982, 2821). Im Kern geht es daher insbesondere bei der personalistischen GbR stets darum, im Rahmen einer **Interessenabwägung** zu würdigen, ob auf der Grundlage des Kündigungsanlasses der Fortbestand der Mitgliedschaft bis zum Ablauf der Befristung oder der Möglichkeit einer ordentlichen Kündigung (BGH NJW 1996, 2573) dem Kündigenden unzumutbar ist oder nicht. Insofern gilt spiegelbildlich dasselbe wie bei der Ausschließung aus wichtigem Grund gemäß § 727.

56   Das eigene **Verhalten des Kündigenden** ist insofern durchaus geeignet, die Bejahung eines wichtigen Grundes zu verneinen (vgl. BGH NJW 2005, 3061; 2006, 844 (845); 1996, 2573; OLG Hamm BeckRS 2010, 11539). Hat dieser selbst den Kündigungsgrund verursacht, ggf. sogar pflichtwidrig und schuldhaft, wäre es widersprüchlich, ihn insofern durch Zubilligung eines Austrittsrechts zu belohnen. Dies gilt insbesondere bei der zweigliedrigen GbR, wo eine isolierte Betrachtung des jeweiligen Verhaltens ohnehin regelmäßig verfehlt wäre (vgl. BGH NJW-RR 2002, 704 (705). Richtigerweise sind diese Aspekte bei der Würdigung des Kündigungsgrundes zu beachten und nicht erst unter dem Aspekt des Rechtsmissbrauchs im Rahmen von § 242 (abw. BGH NJW 2000, 3491 (3492); 1959, 1683 (1685); BeckOGK/Lübke § 723 Rn. 92). Bei **beiderseitiger Verursachung** oder beiderseitigen Pflichtverletzungen ist die außerordentliche Kündigung somit nur dann gerechtfertigt, wenn die Beiträge des oder der übrigen für den Kündigungsanlass deutlich überwiegen (vgl. BGH NJW 1967, 1081 (1083); OLG Schleswig BeckRS 2010, 29118). Andererseits können allein **in der Person des Kündigenden** liegende Umstände durchaus für den Austritt sprechen (zB Krankheit, Berufsunfähigkeit, finanzielle Probleme). § 725 II 2 knüpft nur exemplarisch an das Verhalten der Mitgesellschafter an, sodass es ohne weiteres zulässig ist, auch Umstände aus der alleinigen Sphäre des Kündigenden zur Bejahung eines wichtigen Grundes anzuerkennen. Bei der Gesamtwürdigung sind auch die **Interessen der Mitgesellschafter** zu berücksichtigen. Im Zuge der Neuregelung, durch die der Aspekt der Verbandskontinuität gestärkt wurde, dürfte insbesondere bei unternehmerischen GbR eine durchaus restriktivere Bejahung der außerordentlichen Kündbarkeit der Mitgliedschaft anzunehmen sein.

57   Anzuerkennen ist schließlich, dass die außerordentliche Kündigung aus wichtigem Grund **ultima ratio** ist, mithin nur dann legitimiert ist, wenn und soweit nicht mildere Mittel zu Gebote stehen. Wie bei dem Auffangtatbestand des § 314 II 1, richtigerweise aber nicht durch eine entsprechende Anwendung, sondern als Ausprägung der personalen Verbundenheit und der Treupflicht zu verstehen, ist es daher regelmäßig geboten, dass sich auch der

Kündigende zunächst vergeblich darum bemüht hat, den Kündigungsanlass auszuräumen bzw. zu beseitigen, ggf. durch **Abmahnung** oder Fristsetzung (vgl. OLG München BeckRS 2009, 13138). Dies kommt insbesondere dann in Betracht, wenn ein Mitgesellschafter seine Geschäftsführungspflichten verletzt (MüKoBGB/Schäfer § 723 Rn. 29; vgl. insofern auch § 715 V). Kann ein Fehlverhalten von Mitgesellschaftern durch eine entsprechende **Schadensersatzhaftung** kompensiert werden, spricht dies auch gegen die Zubilligung eines Kündigungsrechts (vgl. OLG Düsseldorf BeckRS 2009, 28074). Es besteht indessen richtigerweise **kein genereller Vorrang der Vertragsanpassung** nach der Geschäftsgrundlagenlehre gem. § 313, da hierdurch die auf Rechtssicherheit und Schnelligkeit abzielende Gestaltungswirkung der außerordentlichen Kündigung relativiert würde (abw. BeckOGK/Lübke § 723 Rn. 7 unter Hinweis auf § 313 III 1 e contrario sowie BGH NJW 1997, 2160 (2161 ff.)). Bei einmaligen Ereignissen kann eine außerordentliche Kündigung ferner nur dann gegeben sein, wenn insofern eine konkrete **Wiederholungsgefahr** besteht (BeckOGK/Lübke § 723 Rn. 69; vgl. für die Ausschließung BGH NZG 2003, 625 (626)). Wiegt umgekehrt der Kündigungsanlass aber so schwer, dass die Unzumutbarkeit sich bereits wegen der bisherigen bzw. einmaligen Umstände bejahen lässt, gelten diese Einschränkungen freilich nicht.

Hat der Kündigende auch das **Recht zur ordentlichen fristgebunde- 58 nen Kündigung,** ist stets in besonderer Weise zu prüfen, ob dieses seine Interessen nicht hinreichend befriedigt. Ist dies der Fall, ist die außerordentliche Kündigung unwirksam; um dieses Risiko zu steuern, sollte der Kündigende in diesen Fällen vorsorglich die ordentliche Kündigung hilfsweise erklären (vgl. etwa BGH NJW 1998, 1551; 1981, 976 (977)). Umgekehrt kann es allerdings durchaus Fälle geben, in denen die Unzumutbarkeit der fortbestehenden Mitgliedschaft trotz ordentlicher Kündbarkeit eine fristlose Kündigung rechtfertigt (kein faktischer Ausschluss des außerordentlichen Kündigungsrechts in diesen Fällen!). Besonders problematisch ist weiterhin, ob auch die **Auflösung als milderes Mittel** in Betracht kommt. Während dies vordergründig wegen des Vorrangs der Austrittskündigung ausscheidet, kann es durchaus Fälle geben, in denen die Verwirklichung eines individuellen Lösungsinteresses im Wege der Austrittskündigung für die Mitgesellschafter und ggf. sogar für den Austrittswilligen selbst so nachteilig ist, dass allein die Auflösung der Gesellschaft zu Gebote steht. Insofern hat sich die Interessenabwägung stets auch auf die **rechtlichen und wirtschaftlichen Folgen der Kündigung** zu erstrecken (BGH NJW 2006, 844 (845)). Aus der Perspektive des Kündigenden bietet es sich deswegen an, hilfsweise die Auflösungskündigung zu erklären. Umgekehrt sind bestimmte Kündigungsanlässe aber von vornherein nicht geeignet, die Austrittskündigung zu rechtfertigen, weil sie **allein die Auflösung rechtfertigen.** Dies betrifft etwa die Fälle, in denen die Erreichung des Gesellschaftszwecks zwar nicht unmöglich wird (vgl. dann ohnehin § 729 II), aber erheblich erschwert wird (vgl. zu dauerhaften Verlusten RG JW 1913, 265 (266); BGH NJW 1960, 434). In diesen Fällen kann allein nach § 731 vorgegangen werden.

4. Maßgeblicher Zeitpunkt

59   Die tatbestandlichen Voraussetzungen für das Vorliegen eines wichtigen Grundes müssen grundsätzlich zum Zeitpunkt der **Kündigungserklärung** vorliegen (allgM). Die gebotene Gesamtwürdigung der Umstände des Einzelfalles vermag daher alle bis zu diesem Zeitpunkt maßgeblichen Tatsachen zu berücksichtigen. Aus dem Gebot der Gesamtwürdigung und der Beachtlichkeit von Zumutbarkeitserwägungen ergibt sich aber auch, dass **spätere Umstände** mit einfließen können, wenn sie Rückschlüsse auf den früheren Zeitpunkt zulassen (im Ergebnis auch BGH NJW-RR 2012, 1059 Rn. 29; NJW 2000, 3491 f.). Ist dieser Zurechnungszusammenhang nicht mehr gegeben, bedarf es indessen einer erneuten Kündigung, innerhalb derer dann zum hier maßgeblichen Zeitpunkt sämtliche Umstände Berücksichtigung finden (BeckOGK/Lübke § 723 Rn. 82; BeckOK BGB/Schöne § 723 Rn. 18; MüKoBGB/Schäfer § 723 Rn. 27). Entgegen der wohl hM (vgl. MüKoBGB/Schäfer § 723 Rn. 27) kommt es indessen nicht darauf an, dass der Kündigende sich auf die maßgeblichen Kündigungsgründe beruft. Das **Bestehen eines Kündigungsgrundes** ist nämlich eine **objektive Tatsachen- und Rechtsfrage**, was allenfalls dadurch beschränkt werden kann, dass der Kündigende infolge Verzichts oder Verwirkung sich hierauf nicht berufen kann (→ Rn. 62). Das umgekehrte Erfordernis, wonach der Kündigende selbst das Recht und die Pflicht habe, über den materiellen Umfang der Kündigung zu entscheiden und konsequenterweise das **Nachschieben von Gründen** bedenklich sei, findet gesetzlich keine Stütze (abw. OLG Oldenburg BeckRS 2008, 14030). Der Wortlaut des Abs. 2 ist insofern eindeutig, denn hiernach ist die Kündigung zulässig, „wenn ein wichtiger Grund vorliegt", mithin nicht „wegen eines wichtigen Grundes". Die Mitgesellschafter sind durch den Ausspruch der Kündigung hinreichend gewarnt (in diese Richtung auch BGH NJW 1999, 3485; OLG Köln NZG 2001, 1084; Soergel/Hadding/Kießling § 723 Rn. 30; MüKoBGB/Gaier § 314 Rn. 37; enger RGZ 122, 38; BGH NJW 1958, 1136; OLG München NZG 1998, 937; MüKoBGB/Schäfer § 723 Rn. 29: Nachschieben nur zulässig, wenn Mitgesellschafter damit rechnen mussten). Die allgemeinen Regeln zur Darlegungs- und Beweislast im Prozess bieten hinreichenden Schutz vor dem uferlosen Nachschieben von Kündigungsgründen. Die Angabe des Kündigungsgrundes in der Erklärung der Kündigung ist daher aus der gesellschaftsrechtlichen Treuepflicht heraus zwar begründbar, Fehler ziehen allerdings allein Schadensersatzpflichten nach sich (→ Rn. 70). Lediglich in extremen Ausnahmefällen kann daher unter dem Aspekt des unzulässigen **Rechtsmissbrauchs** gemäß § 242 das Berufen auf nachträglich eingeführte Tatsachen, die sich auf den Kündigungszeitpunkt zurückbeziehen, verwehrt werden. In diesem Fall müsste der Gesellschafter erneut außerordentlich kündigen.

60   Liegen die einen wichtigen Grund rechtfertigenden Umstände bereits lange vor der Kündigungserklärung, schließt dies das Kündigungsrecht grundsätzlich nicht aus, da im gesetzlichen Regelfall **keine Kündigungsfrist** besteht (vgl. allein das schadensersatzbewehrte Verbot der Kündigung zur Unzeit gemäß Abs. 5, → Rn. 62). Die hiernach prinzipielle Kündigungsfreiheit selbst nach mehreren Monaten wird indessen unter zwei Aspekten sachgerecht durchbrochen: Kommt es seitens des Kündigungsberechtigten zu einem **bewussten Dulden** des Kündigungsanlasses über einen längeren Zeitraum, können hieraus Rückschlüsse auf die tatbestandlich notwendige Unzumutbarkeit gezogen werden, sodass die Kündigung ggf. nicht mehr möglich ist (BGH NJW 1966, 2160 (2161): Vermutung für zwischenzeitlichen Wegfall der Unzumutbarkeit; BeckOGK/Lübke § 723 Rn. 84, anders noch RGZ 51, 89 (91): Verzicht; den hierfür notwendigen Verzichtswillen betonend bereits auch BGH WM 1976, 1030). Der insofern maßgebliche Zeitraum muss keinesfalls übermäßig lang sein, es können bereits wenige Wochen ausreichen. Immerhin hat es der Kündigungsberechtigte selbst in der Hand, wie er verfährt. Die **bloße Untätigkeit** kann im Übrigen unter dem Aspekt der Verwirkung gemäß § 242 der Geltendmachung des an sich gegebenen Kündigungsrechts entgegenstehen (BGH NJW 1966, 2160 (2161); KG NZG 2001, 954 (956)). Insofern bedarf es regelmäßig eines längeren Zeitmoments (mindestens mehrere Monate) sowie eines entsprechenden Umstandsmoments, welches auf Seiten der Mitgesellschafter den notwendigen Vertrauenstatbestand hervorruft.

5. Kündigungserklärung

Im Hinblick auf die Kündigungserklärung gelten die **allgemeinen** 61 **Regeln.** Der Gesellschafter muss seinen **sofortigen Beendigungswillen** hinreichend deutlich machen, der genauen rechtlichen Bezeichnung als außerordentliche Kündigung bedarf es indessen nicht ($\rightarrow$ Rn. 63 f.). Die Notwendigkeit der **Angabe des Kündigungsgrundes** ist gesetzlich nicht vorgesehen, ergibt sich aber aus der gesellschaftsrechtlichen Treuepflicht (allgM, vgl. BeckOGK/Lübke § 723 Rn. 39; MüKoBGB/Schäfer § 723 Rn. 27; Soergel/Hadding/Kießling § 723 Rn. 18). Insofern sind allerdings keine überzogenen Anforderungen zu stellen. Werden diese Anforderungen nicht eingehalten, bleibt die Kündigung mangels gesetzlicher Vorgabe gleichwohl wirksam, die Treuepflicht vermag insofern nur **Schadensersatzansprüche** nach § 280 I zu begründen (Soergel/Hadding/Kießling § 723 Rn. 18; abw. BGH NJW-RR 2012, 1059 Rn. 29; OLG Oldenburg BeckRS 2008, 14030; MüKoBGB/Schäfer § 723 Rn. 27; BeckOGK/Lübke § 723 Rn. 39). Vgl. zum maßgeblichen Zeitpunkt für den Kündigungsgrund und zum Nachschieben von Kündigungsgründen $\rightarrow$ Rn. 59. Vgl. im Übrigen zu Abgrenzungsproblemen im Hinblick auf die ordentliche Kündigung und die Auflösungskündigung $\rightarrow$ Rn. 14.

6. Verbot der Kündigung zur Unzeit, Rechtsmissbrauch (Abs. 5)

Nach § 725 V 1 darf die Kündigung nicht zur Unzeit geschehen, es sei 62 denn, dass ein wichtiger Grund für die unzeitige Kündigung vorliegt; ein Verstoß hiergegen berührt die Wirksamkeit der Kündigung indessen nicht, sondern löst nach § 725 V 2 allein Schadensersatzansprüche aus (vgl. bereits $\rightarrow$ Rn. 59). Handelt ein Gesellschafter bei der Kündigung nicht missbräuch-

lich, indem er den Kündigungszeitpunkt gezielt zur Unzeit wählt, ist für
einen Schadensersatzanspruch aus § 725 V 2 kein Raum. Für das Vorliegen
eines wichtigen Grundes trägt der Kündigende die Beweislast („es sei denn").
Die **praktische Bedeutung** des Abs. 5 dürfte bei der außerordentlichen
Kündigung der Mitgliedschaft **gering** sein, weil die Bejahung des wichtigen
Grundes infolge des Unzumutbarkeitskriteriums die Kündigung zur Unzeit
regelmäßig ausschließen dürfte (so auch MüKoBGB/Schäfer § 723 Rn. 54).
Das Gleiche gilt für die nach Maßgabe von Treu und Glauben gem. § 242
zu beurteilende rechtsmissbräuchliche Ausübung des Kündigungsrechts (vgl.
hierzu → Rn. 64). Hierfür ist allein insofern Raum, als der betreffende
Umstand aus der Sphäre des Kündigenden nicht bereits im Rahmen der
umfassenden Gesamtwürdigung des Kündigungsgrundes Berücksichtigung
fand bzw. finden muss (anders, diese Trennung ignorierend, für die Bejahung
von § 242, BGH NJW 2000, 3491 (3492); 1959, 1683 (1685); BeckOGK/
Lübke § 723 Rn. 92).

7. Rechtsfolgen der Kündigung, Rechtsschutz

63   Die Erklärung einer außerordentlichen Kündigung aus wichtigem Grund
führt zwingend zur **sofortigen Beendigung der Mitgliedschaft** zum Zeitpunkt des Zugangs, wenn nicht gesellschaftsvertraglich vorgesehen ist, dass
hierdurch sogleich die Auflösung der Gesellschaft herbeigeführt werden soll
(→ Rn. 15). Beruht die außerordentliche Kündigung auf einem pflichtwidrigen und schuldhaften Verhalten der Mitgesellschafter, kann der Kündigende
von diesen gemäß § 280 I auch die infolge seines Ausscheidens eintretenden
Nachteile ersetzt bekommen (vgl. BGH WM 1963, 282 (283)). Die gerichtliche Überprüfung des wichtigen Grundes ist eine **Rechtsfrage,** die von den
Tatsacheninstanzen nach Maßgabe der jeweiligen prozessualen Regelungen
zur Darlegungs- und Beweislast sowie Verspätung zu beurteilen ist. In der
Revision wird im Rahmen einer eigenständigen Gesamtabwägung überprüft, ob das tatrichterliche Urteil die dem Begriff des wichtigen Grundes
zugrunde liegenden normativen Wertungen zutreffend versteht, mithin ob
es alle für und gegen die Unzumutbarkeit einer weiteren Vertragsbindung
sprechenden Gesichtspunkte bei seiner Interessenabwägung herangezogen hat
und ob die maßgeblichen Gesichtspunkte ausreichen, um die Unzumutbarkeit zu begründen (vgl. BGH NJW-RR 2012, 1059 Rn. 31 ff.; NJW 2006,
844 Rn. 12 ff.).

64   Problematisch und umstritten ist bei der außerordentlichen Kündigung
aus wichtigem Grund nach wie vor, unter welchen Voraussetzungen das sog.
Nachschieben von Gründen zulässig ist. Entgegen der wohl hM gibt es
keine gesetzliche Grundlage, wonach der Kündigende den **materiellen
Umfang der Kündigung** aktiv konkretisieren muss. Auch die gesellschaftsrechtliche Pflicht zur Angabe des Kündigungsgrundes vermag bei Nichtbeachtung richtigerweise allein Schadensersatzpflichten zu begründen
(→ Rn. 70). Maßgeblich für die rechtliche Beurteilung einer außerordentlichen Kündigung sind daher grundsätzlich **alle Tatsachen** zum Zeitpunkt der
Erklärung (vgl. → Rn. 59 f.). Das Nachschieben von Kündigungsgründen

ist daher kein materiell-rechtliches Problem, sondern eine Frage der **prozessualen Verspätungsregeln,** mithin der Präklusion nach § 296 ZPO. Lässt § 296 ZPO einen nachträglichen, auf die Kündigungserklärung rückbezogenen Tatsachenvortrag zu, können Gründe also ohne Weiteres „nachgeschoben" werden. Allein unter dem Aspekt der unzulässigen Rechtsausübung gemäß § 242 kann dem Kündigenden ausnahmsweise die Berufung hierauf versagt werden, wobei es sich hierbei aufgrund der zivilprozessualen Wahrheitspflicht nach § 138 I ZPO um eine absolute Ausnahme handelt.

8. Gestaltungsfreiheit außerordentliche Kündigung (Abs. 6)

a) Kein Ausschluss des Kündigungsrechts. Für die außerordentliche **65** Kündigung aus wichtigem Grund ergeben sich die Grenzen der Gestaltungsfreiheit unmittelbar aus Abs. 6. Hiernach sind der **Ausschluss und die Beschränkung unzulässig,** Abs. 2 mithin zwingend. Insoweit bringt die Neuregelung daher keine Änderungen gegenüber der früheren Rechtslage gemäß § 723 III aF (vgl. zum früheren Recht BGH NJW 1994, 2536 (2537)). Diese Grenze der Gestaltungsfreiheit ist wie bei allen außerordentlichen Lösungsrechten aus wichtigem Grund (vgl. auch § 132 HGB) **weit auszulegen,** sodass unmittelbare und mittelbare Beeinträchtigungen hierunter zu fassen sind (vgl. BGH NJW-RR 2006, 1270 Rn. 11: Kündigungsfolgen sind derart ungünstig, dass sie einen Gesellschafter vernünftigerweise davon abhalten, von seinem formal bestehenden Kündigungsrecht Gebrauch zu machen). Der Wortlaut von Abs. 6, wonach sich der zwingende Charakter allein auf Vereinbarungen im Gesellschaftsvertrag beziehen soll, ist teleologisch betrachtet zu eng (vgl. insofern auch die weitere Formulierung in § 723 III aF); Gegenstand des Verbots sind daher auch andere Abreden, die mittelbar eine kündigungsbeschränkende Wirkung entfalten (so auch BeckOGK/ Lübke § 723 Rn. 98.1). Dies betrifft schuldrechtliche Vereinbarungen und erbrechtliche Anordnungen. Umgekehrt ergibt sich hieraus aber **kein Verbot, die Kündigungsvoraussetzungen zu erleichtern,** mithin die fristlose Kündigung der Mitgliedschaft auch unterhalb der Schwelle des wichtigen Grundes gesellschaftsvertraglich zuzulassen (MüKoBGB/Schäfer § 723 Rn. 75; BeckOGK/Lübke § 723 Rn. 108); soll dies nachträglich vereinbart werden, bedarf es hierzu aber der ggf. antizipierten Zustimmung aller Gesellschafter.

b) Keine Modifizierung der Kündigungsvoraussetzungen. Es kön- **66** nen daher gemäß Abs. 6 gesellschaftsvertraglich weder die **materiellen Voraussetzungen des Kündigungsrechts** heraufgesetzt werden, etwa durch die begrenzende Definition wichtiger Gründe oder die begrenzende Festlegung von Zumutbarkeitsgrenzen (BGH NJW 1994, 2886 (2888); BeckOGK/Lübke § 723 Rn. 108; Soergel/Hadding/Kießling § 723 Rn. 67). Solche Klauseln sollten indessen nicht gänzlich unzulässig sein und ohne Bedeutung bleiben. Sie können vielmehr im Rahmen der objektiven Gesamtwürdigung der Kündigungsvoraussetzungen durchaus bedeutsame Indizien darstellen, die Kündigungsberechtigung im Einzelfall rechtlich zu würdigen (ähnlich MüKoBGB/Schäfer § 723 Rn. 75; vgl. insofern bereits

RG JW 1938, 521 (522 ff.)). Unzulässig ist nach hM auch die Vereinbarung eines **Formzwangs** (vgl. MüKoBGB/Schäfer § 723 Rn. 74), was aber kaum überzeugt, da hierin allenfalls eine marginale und jedenfalls zumutbare Erschwerung zu sehen ist, die für alle Beteiligten Rechtssicherheit erzeugt. Die Vereinbarung einer **Begründungspflicht** ist demgegenüber zwar zulässig (BeckOGK/Lübke § 723 Rn. 107), vermag aber allgemein wegen der Rechtsunsicherheit, ob die Anforderungen eingehalten wurden oder nicht, kein Wirksamkeitshindernis zu begründen (vgl. → Rn. 45, → Rn. 49) und ist bei der außerordentlichen Kündigung zudem gemäß Abs. 6 unzulässig. Das Gleiche gilt für die Vereinbarung von **Kündigungsterminen, Ausschluss- oder Kündigungsfristen** (RGZ 162, 388 (393); 136, 236 (243); MüKoBGB/Schäfer § 723 Rn. 74; Staudinger/Habermeier, 2003, § 723 Rn. 42; BeckOK BGB/Schöne § 723 Rn. 36). Abs. 6 verweist im Hinblick auf den zwingenden Charakter zwar nicht unmittelbar auf Abs. 3. Insofern könnte hieraus der Schluss gezogen werden, dass die Einführung einer Kündigungsfrist bei der außerordentlichen Kündigung zulässig wäre. Dem ist indessen nicht zu folgen, da hierin eine von Abs. 6 evident erfasste Beschränkung des Kündigungsrechts liegt. Die außerordentliche Kündigung ermöglicht nämlich auf der Grundlage des eng gefassten und an Unzumutbarkeitskriterien geknüpften Tatbestandes die sofortige Lösung „auf dem Fuße". Dieses zwingende Schutzanliegen würde konterkariert, wenn dem Gesellschafter trotz Vorliegens dieser Voraussetzungen auf Zeit noch das weitere Verbleiben in der Gesellschaft zugemutet werden müsste. Auch das berechtigte Anliegen, der Kündigung infolge des eigenen Verhaltens des Kündigenden unter dem Aspekt des Verzichts und der Verwirkung die Wirksamkeit zu versagen (→ Rn. 62), könnte im Kontext von Ausschluss- und Kündigungsfristen nicht hinreichend präzise verwirklicht werden.

67   **c) Keine Modifizierung der Kündigungsfolgen.** Weiterhin sind auch im neuen Recht in besonderem Maße Vereinbarungen über die Kündigungsfolgen, insbesondere **Abfindungsbeschränkungen** dahingehend nach Maßgabe von Abs. 6 und § 138 I zu würdigen, ob die hieraus resultierende Benachteiligung einen Gesellschafter von der Ausübung seines ihm zwingend zustehenden Kündigungsrechts abzuhalten vermag (→ § 728 Rn. 53 ff.). So ist etwa eine **Vertragsstrafe** anders als bei der ordentlichen Kündigung (→ Rn. 47) generell unzulässig (RGZ 61, 328 (329 ff.); BeckOGK/Lübke § 723 Rn. 113; MüKoBGB/Schäfer § 723 Rn. 73; Staudinger/Habermeier, 2003, § 723 Rn. 41); das Gleiche gilt für unangemessen **hohe und lange Zahlungspflichten** des Kündigenden für den Fall des Ausscheidens (vgl. BGH NJW 1967, 2157 (2158)). Die Abbedingung des außerordentlichen Kündigungsrechts im technischen Sinne durch Begründung einer entsprechenden **Andienungspflicht** zugunsten von Mitgesellschaftern oder Dritten ist anders als bei der ordentlichen Kündigung (→ Rn. 42) gemäß Abs. 6 unzulässig, weil hierdurch der rechtsgestaltende Charakter des Lösungsrechts verloren geht.

68   Des Weiteren sind **mittelbare Kündigungsbeeinträchtigungen** aufgrund schuldrechtlicher Vereinbarungen (mit Dritten oder Mitgesellschaftern) und erbrechtliche Anordnungen zusätzlich anhand der allgemeinen Beschränkungen (vgl. hierzu bei der ordentlichen Kündigung → Rn. 42) auch nach Maßgabe von Abs. 6 im Hinblick auf ihre Wirksamkeit zu beurteilen. Soweit solche Vereinbarungen die **Zustimmung oder Mitwirkung anderer** vorsehen, erstreckt sich die Unwirksamkeitsfolge auch hierauf (allgM, vgl. RGZ 21, 93 (94); KG BeckRS 2009, 25559; allg. auch BGH NJW 1973, 1602; BeckOGK/Lübke § 723 Rn. 109). Das Gleiche gilt für die Pflicht zur **Unterlassung der Kündigung** auf Zeit (abw. OLG München ZEV 2007, 582 für den Fall der auflösend bedingten Erbeinsetzung; hierzu Budzikiewicz AcP 209 (2009), 354 (394)) sowie für die Bestellung eines **gemeinsamen Vertreters** im Hinblick auf die Ausübung der ordentlichen Kündigung. Die Vereinbarung eines nachvertraglichen **Wettbewerbsverbots** verstößt auch im Fall der außerordentlichen Kündigung grundsätzlich nicht gegen Abs. 6; es muss freilich im Kontext der Abfindung hinreichend berücksichtigt werden (vgl. BGH NJW 2005, 2618 (2619); → § 728 Rn. 53 ff.). Zulässig sind aber auch **Schieds- und Mediationsklauseln** (Henssler/Strohn/Klöhn HGB § 133 Rn. 48).

d) Kautelarischer Handlungsbedarf infolge des MoPeG. Da § 725 **69** VI gesellschaftsvertragliche Regelungen, die das außerordentliche Kündigungsrecht nach § 725 II ausschließen oder beschränken, für unwirksam erklärt, bleibt nur die Möglichkeit das außerordentliche Kündigungsrecht auszuweiten und zu konkretisieren. In einer beispielhaften Aufzählung („insbesondere") können bestimmte wichtige Kündigungsgründe vorab festgeschrieben werden.

9. Beweislast

Die Beweislast für die außerordentliche Kündigung und die tatbestandli- **70** chen Voraussetzungen trägt derjenige, der sich darauf beruft, mithin regelmäßig der Kündigende. Kommt es im Rahmen der Prüfung des wichtigen Grundes auf Vertretenmüssen an, ist bei objektiver Pflichtwidrigkeit § 280 I 2 anwendbar (vgl. BGH NJW 2002, 2168 (2170)). – Handelt ein Gesellschafter bei der Kündigung nicht missbräuchlich, indem er den Kündigungszeitpunkt gezielt zur Unzeit wählt, ist für einen Schadensersatzanspruch aus § 725 V 2 kein Raum. Für das Vorliegen eines wichtigen Grundes für die Kündigung zur Unzeit trägt der Kündigende die Beweislast („es sei denn").

VIII. Kündigung bei Volljährigkeit (Abs. 4)

Nach § 725 IV kann ein Gesellschafter seine Mitgliedschaft auch kündigen, **71** wenn er volljährig geworden ist. Diese Regelung ist – wie der weitgehend identische frühere § 723 I 3 Nr. 2 aF – ein **Spezialfall** der außerordentlichen **Kündigung aus wichtigem Grund,** was insbesondere auch den zwingenden Charakter gemäß § 725 VI rechtfertigt. Die abweichende Qualifizierung als eigenständigen Kündigungsgrund (so BeckOGK/Lübke § 723 Rn. 75.1) oder qualitativ anderen Kündigungsanlass (so Begr. S. 172) läuft auf das Gleiche hinaus, da die tatbestandlichen Voraussetzungen klar konturiert sind.

Der Anwendungsbereich erstreckt sich nicht allein auf rechtsfähige GbR, wenngleich dort wegen der persönlichen Haftung gegenüber Dritten das Schutzanliegen im Zusammenhang mit § 1629a am deutlichsten wird. **Auch bei der nicht rechtsfähigen GbR** (§ 705 II Alt. 2) können im Verhältnis der Gesellschafter untereinander wirtschaftliche Risiken bestehen, welche sich nach Eintritt der Volljährigkeit vergrößern, sodass die Zubilligung eines speziellen hieran anknüpfenden Lösungsrechts geboten ist.

1. Kündigungsgrund (Abs. 4 S. 1, 2)

72   Das außerordentliche Kündigungsrecht setzt allein voraus, dass der Minderjährige volljährig geworden ist, mithin gem. § 2 das **18. Lebensjahr vollendet** hat. Ab diesem Zeitpunkt besteht das Kündigungsrecht. Weitere Voraussetzungen, insbesondere die Unzumutbarkeit der weiteren Gesellschafterstellung, werden nicht verlangt (Grunewald ZIP 1999, 597 (598); Erman/Westermann § 723 Rn. 18; zur Gesetzgebungsgeschichte BeckOGK/Lübke § 723 Rn. 76 ff.). Der Grund für die Gesellschafterstellung des ehemals Minderjährigen ist unerheblich (Erbfall, Schenkung, sonstiger Erwerb). Sie muss indessen wirksam begründet sein; ist dies nicht der Fall, gilt zulasten des Minderjährigen auch nicht die Lehre von der fehlerhaften Gesellschaft (→ § 719 Rn. 21 ff.), sodass er auch nach Erreichen der Volljährigkeit nicht Gesellschafter wurde und es konsequenterweise keiner Kündigung bedarf.

73   Die Kündigung ist indessen gemäß den Alternativen des § 725 IV 2 unter zwei Aspekten **ausgeschlossen** (vgl. insofern auch § 1629a II). Dies gilt einmal, wenn der Gesellschafter bezüglich des Gegenstands der Gesellschaft zum **selbstständigen Betrieb eines Erwerbsgeschäfts gemäß § 112 ermächtigt** war, § 725 IV 2 Alt. 1. Die tatbestandliche Konkretisierung dieser Ausnahme bereitet nach wie vor Schwierigkeiten, insbesondere, wenn zwischen Beitritt und Volljährigkeit ein längerer Zeitraum besteht. Richtigerweise ist der Kündigungsausschluss **eng auszulegen.** Maßgeblich ist zum Zeitpunkt des Volljährigwerdens, ob und in welchem Umfang die Gesellschaft nach den gesellschaftsvertraglichen und tatsächlichen Umständen von der ursprünglichen Ermächtigung gemäß § 112 noch gedeckt ist. Nur dann ist es geboten, die hierdurch gewährte partielle Geschäftsfähigkeit des Minderjährigen zu perpetuieren und das Lösungsrecht zu versagen. Haben sich aber die rechtlichen und wirtschaftlichen Rahmenbedingungen im Hinblick auf die **wirtschaftlichen Risiken** nachteilig verändert, vermag die ursprüngliche Ermächtigung die Gleichstellung mit einem unbeschränkt Geschäftsfähigen nicht mehr zu legitimieren. In diesen Fällen kann der volljährig Gewordene trotz Vorliegens einer Ermächtigung gemäß § 112 die Mitgliedschaft kündigen.

74   Gemäß § 725 IV 2 Alt. 2 besteht auch dann kein Kündigungsrecht, wenn der **Zweck der Gesellschaft allein der Befriedigung seiner persönlichen Bedürfnisse** diente. Auch hier ist eine restriktive Auslegung geboten, um den Minderjährigenschutz und den daraus folgenden Schutz des volljährig Gewordenen im Hinblick auf einen wirtschaftlichen Neustart in Eigenverantwortung nicht zu unterlaufen (in diese Richtung auch BeckOGK/Lübke § 723 Rn. 81: Teleologische Reduktion). Maßgeblich ist auch hier die rechtliche

und tatsächliche Beurteilung des konkreten Gesellschaftsverhältnisses zum Zeitpunkt des Volljährigwerdens (der Wortlaut „diente" ist im Hinblick auf die Verwendung des Imperfekts missglückt). Bestehen hiernach **wirtschaftliche Risiken,** die über die Befriedigung der persönlichen Bedürfnisse eines **gewöhnlichen Minderjährigen** hinausgehen, greift der Ausschlussgrund nicht (die Subjektivierung des Wortes „seiner" ist ebenfalls missglückt, weil die persönlichen Bedürfnisse eines Minderjährigen erst durch die mit der Geschäftsfähigkeit erlangte Eigenverantwortlichkeit legitimiert sind). Praktisch bedeutsam dürfte dieser Kündigungsausschluss daher **nur bei ideellen Gesellschaften** und vermögenslosen nicht rechtsfähigen GbR sein, nicht aber bei rechtsfähigen unternehmerischen oder vermögensverwaltenden GbR.

2. Ausschlussfrist (Abs. 4 S. 3)

Die Kündigung kann gemäß § 725 IV 3 nur binnen **drei Monaten** von **75** dem Zeitpunkt an erklärt werden, in welchem der volljährig Gewordene von seiner Gesellschafterstellung Kenntnis hatte oder haben musste. Für den Fristbeginn gilt § 187 I, für das Fristende gilt § 188 II Var. 2. Maßgeblich für den Fristbeginn nach § 187 I ist allein die Gesellschafterstellung, nicht deren Umfang oder die hieraus resultierenden Haftungsrisiken (MüKoBGB/Schäfer § 723 Rn. 44). Die Fristenregelung ist unproblematisch, wenn innerhalb von drei Monaten nach (objektivem) Eintreten der Volljährigkeit gekündigt wurde. In allen Fällen der späteren Kündigung muss der **Kündigende beweisen,** dass er erst innerhalb von drei Monaten vor der Kündigung Kenntnis von seiner Gesellschafterstellung erlangte. Gelingt ihm dies, wurde die Ausschlussfrist gewahrt. Es obliegt dann ggf. den **Mitgesellschaftern zu beweisen,** dass er bereits zu einem früheren Zeitpunkt fahrlässige Unkenntnis hatte, was zum Ausschluss der Kündigungsmöglichkeit führen würde.

3. Kündigungserklärung

Im Hinblick auf die Kündigungserklärung gelten die **allgemeinen Regeln 76** (→ Rn. 61). Das Verbot der **Kündigung zur Unzeit** gemäß § 725 Abs. 5 (→ Rn. 62) gilt grundsätzlich auch für die Kündigung bei Eintritt der Volljährigkeit. Infolge der auf rasche Entscheidungsfindung ausgerichteten Ausschlussfrist dürfte insofern freilich kein praktischer Anwendungsfall für eine entsprechende Schadensersatzpflicht des volljährig Gewordenen bestehen. Das Gleiche gilt für den **Rechtsmissbrauch** (→ Rn. 62), da der Perpetuierung des Minderjährigenschutzes nach Eintritt der Volljährigkeit seitens des Gesetzgebers ein eindeutiger Vorrang eingeräumt wurde. Für die Praxis bietet es sich in solchen Fällen gleichwohl an, eine rechtsverbindliche einvernehmliche Ausscheidensregelung zutreffen, in der auch die Interessen der Mitgesellschafter und der Aspekt der Verbandskontinuität sachgerecht abgebildet werden.

4. Rechtsfolgen der Kündigung

a) Ausscheiden des Gesellschafters. Im Hinblick auf die Rechtsfolgen **77** der Kündigung gelten ebenfalls zunächst die allgemeinen gesellschaftsrechtlichen Regeln (→ Rn. 64 f.). Der Kündigende scheidet **im gesetzlichen Regelfall** zum Zeitpunkt des Zugangs der Kündigungserklärung (→ Rn. 7) aus der Gesellschaft aus (§ 723 I Nr. 2, III); dies gilt abweichend vom früheren Recht nicht allein dann, wenn eine gesellschaftsrechtliche Fortsetzungsklausel vereinbart wurde. Das Ausscheiden ist bei rechtsfähigen GbR gemäß § 707 III S. 2 zur Eintragung in das Gesellschaftsregister anzumelden. Wollen die Gesellschaft bzw. bei der nicht rechtsfähigen GbR (§ 705 II Alt. 2) die Mitgesellschafter gegen die Austrittskündigung vorgehen, kommt allein die **Feststellungsklage** in Betracht; das gleiche Recht hat der Kündigende, wenn die Wirksamkeit angezweifelt wird. Stellt sich nachträglich heraus, dass die Kündigung unwirksam war, kann sich der Kündigende gemäß § 280 I bzw. aus § 826 gegenüber den Mitgesellschaftern **schadensersatzpflichtig** machen, wenn er die weitere Zusammenarbeit treuwidrig verweigert hat. Umgekehrt können sich die Mitgesellschafter gegenüber dem Kündigenden schadensersatzpflichtig machen, wenn sie die rechtmäßige Kündigung treuwidrig nicht akzeptieren (vgl. im Übrigen zur Anwendung der Lehre von der fehlerhaften Gesellschaft bei der unwirksamen, aber vollzogenen Kündigung → § 719 Rn. 21 ff.).

78   Die **gesellschaftsrechtlichen Folgen** des Ausscheidens richten sich im Übrigen grundsätzlich nach §§ 728–728b. Dies ist allein im Hinblick auf den Abfindungsanspruch gemäß § 728 unproblematisch. Soweit indessen Verbindlichkeiten des Ausscheidenden gegenüber der GbR oder Dritten in Betracht kommen, werden diese **durch § 1629a modifiziert.** Praktisch relevant ist dies für die Nachhaftung gemäß § 728b, für die Fehlbetragshaftung gemäß § 728a sowie für alle anderen bei dieser Gesamtabrechnung nicht zu berücksichtigenden Verbindlichkeiten im Zusammenhang mit der ehemaligen Gesellschafterstellung (Habersack FamRZ 1999, 1 (3); BeckOGK/Lübke § 723 Rn. 80; BeckOK BGB/Schöne § 723 Rn. 23; MüKoBGB/Schäfer § 723 Rn. 42). Nach § 1629a I 1 ist die (richtigerweise untechnisch zu verstehende) „Haftung" des volljährig Gewordenen für Verbindlichkeiten, die während seiner Minderjährigkeit aufgrund eines Erwerbs von Todes wegen entstanden sind oder die die Eltern oder sonstigen Vertreter für ihn begründet haben, nämlich auf den Bestand des bei Eintritt der Volljährigkeit vorhandenen Vermögens beschränkt (Einzelheiten bei BeckOGK/Lübke § 723 Rn. 80; MüKoBGB/Schäfer § 723 Rn. 45).

79   **b) Abwicklung der Gesellschaft.** Es ist auch im Zuge der Neuregelung möglich, **im Gesellschaftsvertrag** zu vereinbaren, dass die Austrittskündigung des volljährig Gewordenen sogleich die Auflösung der Gesellschaft bewirkt (vgl. § 723 I sowie → Rn. 71). Der Kündigende bleibt dann bis zur Vollbeendigung Gesellschafter der Abwicklungsgesellschaft, was freilich in einem gewissen **Spannungsfeld** zum zwingenden Charakter von § 725 IV steht. Dies ist gleichwohl hinzunehmen, soweit die Abwicklung die wirtschaftlichen Risiken des volljährig Gewordenen nicht übermäßig vergrößert. In diesen Fällen ist daher eine stärkere Bindung an den auf die zeitnah folgende Beendigung bezogenen Abwicklungszweck geboten als im Regelfall der Auflösung. Das Gleiche gilt, wenn die **Mitgesellschafter ihrerseits kündigen** (vgl. hierzu BGH DStR 1999; 171).

5. Gestaltungsfreiheit

Gemäß **Abs.** 6 sind Vereinbarungen im Gesellschaftsvertrag und andere 80 mittelbare Beeinträchtigungen ($\rightarrow$ Rn. 66), welche das Kündigungsrecht gemäß Abs. 4 ausschließen oder diesen Vorschriften zuwider beschränken, unwirksam. Die Gestaltungsfreiheit ist daher insofern **gleichermaßen beschränkt wie bei der außerordentlichen Kündigung** ($\rightarrow$ Rn. 65 f.). Erweiterungen des Kündigungsrechts, zB die Verlängerung der Ausschlussfrist oder die generelle Zubilligung eines außerordentlichen Kündigungsrechts bei Eintritt der Volljährigkeit, sind indessen zulässig.

6. Kautelarischer Handlungsbedarf infolge des MoPeG

Da § 725 VI gesellschaftsvertragliche Regelungen, die das außerordentliche 81 Kündigungsrecht nach § 725 IV ausschließen oder beschränken, für unwirksam erklärt, bleibt nur die Möglichkeit, das außerordentliche Kündigungsrecht auszuweiten und zu konkretisieren.

7. Beweislast

Die Beweislast für die Kündigung wegen Volljährigkeit trägt grundsätzlich 82 derjenige, der sich darauf beruft, mithin regelmäßig der **Kündigende.** Dies gilt uneingeschränkt für die Kündigungserklärung und den Eintritt der Volljährigkeit (vgl. zur Ausschlussfrist $\rightarrow$ Rn. 75). Die **Ausnahme** („das Kündigungsrecht besteht nicht, wenn"), dass der Gesellschafter bezüglich des Gegenstands der Gesellschaft zum selbständigen Betrieb eines Erwerbsgeschäfts gemäß § 112 ermächtigt war, muss hingegen derjenige beweisen, der sich hierauf beruft; dies gilt insbesondere für die Kohärenz von Ermächtigung und tatsächlichem Gesellschaftsrechtsverhältnis ($\rightarrow$ Rn. 73). Für die weitere Ausnahme, dass der Zweck der Gesellschaft allein der Befriedigung der persönlichen Bedürfnisse des Minderjährigen diente, gilt dies gleichermaßen ($\rightarrow$ Rn. 74).

IX. Kautelarischer Handlungsbedarf infolge des MoPeG

Zum kautelarischen Handlungsbedarf für das ordentliche Kündigungsrecht 83 vgl. $\rightarrow$ Rn. 48 f. Für das außerordentliche Kündigungsrecht vgl. $\rightarrow$ Rn. 69. Für die Kündigung bei Volljährigkeit vgl. $\rightarrow$ Rn. 81.

§ 726 Kündigung der Mitgliedschaft durch einen Privatgläubiger des Gesellschafters

Hat ein Privatgläubiger eines Gesellschafters, nachdem innerhalb der letzten sechs Monate eine Zwangsvollstreckung in das bewegliche Vermögen des Gesellschafters ohne Erfolg versucht wurde, aufgrund eines nicht bloß vorläufig vollstreckbaren Schuldtitels die Pfändung des Anteils des Gesellschafters an der Gesellschaft erwirkt, kann er dessen Mitgliedschaft gegenüber der Gesellschaft unter Einhaltung

einer Frist von drei Monaten zum Ablauf des Kalenderjahrs kündigen.

Übersicht

I. Reform

1. Grundlagen, Bewertung

1   Die Vorschrift ordnet an, dass Gläubiger eines Gesellschafters dessen Mitgliedschaft nach Pfändung des Geschäftsanteils kündigen können, um hierdurch die Befriedigung aus einem nicht bloß vorläufig vollstreckbaren Schuldtitel zu erlangen. Sie entspricht im Wesentlichen dem bisherigen § 725 aF, bezieht die **Kündigungsmöglichkeit** indessen im Einklang mit dem neugefassten § 723 auf die **Mitgliedschaft des Gesellschafters** und nicht auf die der Gesellschaft als solches. Dies fügt sich in das neu justierte Konzept ein, wonach bei der Kündigung aus wichtigem Grund stets zu unterscheiden ist, ob sich diese auf die Mitgliedschaft (Austrittskündigung gem. § 725) oder auf das Gesellschaftsverhältnis (Auflösungskündigung gem. § 731) bezieht (vgl. Begr. S. 106; M. Noack NZG 2020, 581 (584)). Gemäß § 723 I kann die Auflösung der Gesellschaft für den Fall der Kündigung durch einen Privatgläubiger gleichwohl nach wie vor vorgesehen werden (→ Rn. 35). Das Ausscheiden eines Gesellschafters ist bei der eingetragenen rechtsfähigen GbR nunmehr gemäß § 707 III zur Eintragung ins **Gesellschaftsregister** anzumelden. Im Übrigen enthält die Norm nunmehr weitere **tatbestandliche Präzisierungen:** Sie erfasst explizit nur Kündigungen von Privatgläubigern. Zudem ist als zusätzliches Tatbestandsmerkmal vorgesehen, dass innerhalb der letzten sechs Monate vor der Kündigung eine Zwangsvollstreckung in das bewegliche Vermögen des Gesellschafters ohne Erfolg versucht werden muss. Insofern wurde die Regelung **an § 135 HGB aF angeglichen** (nunmehr § 133 HGB). Neu eingeführt wurde auch die dreimonatige Kündigungsfrist zum Ende des Kalenderjahres, welche derjenigen bei der Kündigung durch den Gesellschafter selbst gem. § 725 I entspricht. Die bislang in § 725 II aF geregelte **Beschränkung der Gesellschafterrechte** durch den Gläubiger nach Kündigung mit Ausnahme des Anspruchs auf einen Gewinnanteil wurde ersatzlos gestrichen, ergibt sich aber aus den allgemeinen Regeln. Die Neuregelung war bereits Gegenstand des **Mauracher Entwurfs** (dort § 726-E) und wurde im Wesentlichen übernommen. Kritische Stimmen zur Neuregelung finden sich kaum (zur Kündigungsfrist kritisch aber Schall ZIP 2020, 1443 (1450), dagegen DAV NZG 2020, 1133 Rn. 72).

2. Zeitlicher Geltungsbereich

Nach **Art. 229 § 61 EGBGB** (Art. 49 Nr. 2 MoPeG) gelten die § 723 aF **2** bis einschließlich 728 aF mangels anderweitiger vertraglicher Vereinbarung weiter, wenn ein Gesellschafter bis zum 31.12.2024 die Anwendung dieser Vorschriften gegenüber der Gesellschaft schriftlich verlangt, bevor innerhalb dieser Frist ein zur Auflösung der Gesellschaft oder zum Ausscheiden eines Gesellschafters führender Grund eintritt. Das Verlangen kann durch einen Gesellschafterbeschluss zurückgewiesen werden. Findet eine solche Zurückweisung nicht statt, gelten die §§ 723–728 in der vor dem 1.1.2024 geltenden Fassung zeitlich unbegrenzt weiter (Einzelheiten → § 723 Rn. 38 ff.).

II. Normzweck

§ 726 zielt darauf ab, Gläubigern des Gesellschafters, die keine Forderung **3** gegen die Gesellschaft selbst erlangt haben, durch Kündigung der Mitgliedschaft eine **indirekte Zugriffsmöglichkeit** auf das in der Gesellschaft gebundene **Vermögen des Schuldners** zu bieten, insbesondere dessen Abfindungsguthaben (Begr. S. 173). Gem. § 722 I scheidet ein unmittelbarer Zugriff auf das (anteilige) Gesellschaftsvermögen nämlich aus. Die Regelung begründet ein in das Zwangsvollstreckungsverfahren eingebettetes gesetzliches Kündigungsrecht zugunsten des Pfändungspfandgläubigers und ist **weitgehend identisch mit § 133 HGB**. Unterschiede bestehen nur im Hinblick auf die Kündigungsfrist (drei statt sechs Monate) und den Ablauf derselben (Kalenderjahr statt Geschäftsjahr). Die Neuregelung betont, dass das Kündigungsrecht allein auf einer **individuellen Rechtsbeziehung zwischen Privatgläubiger und Gesellschafter** beruht, mithin von dessen persönlicher Haftung gem. § 721 strikt zu trennen ist (Begr. S. 173). Praktisch relevant ist die Kündigungsmöglichkeit daher nur, wenn die in Rede stehende Verbindlichkeit nicht auch eine der GbR ist. Die gleichzeitige persönliche Verpflichtung anderer Gesellschafter schließt die Kündigungsmöglichkeit indessen nicht aus.

III. Anwendungsbereich

4   § 726 gilt ohne weiteres bei der **rechtsfähigen GbR** gem. §§ 705 II Alt. 1, 706 ff., auch bei einer zweigliedrigen Gesellschaft (§ 712a). Die Regelung gilt richtigerweise unabhängig davon, ob die Gesellschaftsanteile des Schuldners nach Maßgabe von § 711 I übertragbar gestellt wurden oder nicht (anders zum früheren Recht Soergel/Hadding/Kießling § 725 Rn. 8, wonach bei Übertragbarkeit ein Vorgehen gem. § 857 V ZPO, § 844 ZPO vorrangig sei). Während bereits der Wortlaut eine derartige Einschränkung nicht hergibt, sprechen vor allem teleologische Gründe für eine Kündigungsmöglichkeit auch in den Fällen, in denen die **Gesellschafterstellung übertragbar** ist (§ 711 I 1), da die ansonsten allein mögliche Veräußerung im Wege der Zwangsvollstreckung nicht in jedem Fall die Gläubigerinteressen so effektiv verwirklicht wie eine Kündigung (ebenso zum alten Recht BeckOGK/Geibel § 725 Rn. 1). Bei einer **fehlerhaften Gesellschaft** (→ § 719 Rn. 21 ff.) besteht nach Entdecken des Mangels zwar regelmäßig ein wichtiger Grund, dass die Gesellschafter die Gesellschaft selbst nach Maßgabe von § 731 kündigen (vgl. BGH NJW 1952, 97 ff.; 2016, 2492 Rn. 22; Einzelheiten bei → § 731 Rn. 3). Hieraus folgt aber kein Ausschluss des Rechts zugunsten eines Privatgläubigers gemäß § 726, die Mitgliedschaft eines Gesellschafters zu kündigen und den Abfindungsanspruch zu verwerten. Kommt es bis zum Ablauf der Kündigungsfrist oder in unmittelbarer zeitlicher Folge danach indessen zur Auflösung der GbR, erfolgt richtigerweise eine Gesamtauseinandersetzung nach Maßgabe von §§ 735 ff. (→ Rn. 35).

5   § 726 gilt gem. § 740a I Nr. 6, III auch bei der **nicht rechtsfähigen GbR** (→ § 740a Rn. 19), was zunächst neu ist und Klarheit bringt, da die bislang hM wenig überzeugend ein Kündigungsrecht durch Privatgläubiger bei Innengesellschaften abgelehnt hat (vgl. Staudinger/Habermeier, 2003, § 725 Rn. 5; Soergel/Hadding/Kießling § 725 Rn. 5; BeckOGK/Geibel § 725 Rn. 1). Indem hier aber der gesetzliche Vorrang des Ausscheidens vor der Auflösung auch im Rahmen der Neuregelung nicht gilt, führt die Endigung freilich im gesetzlichen Regelfall zur **Beendigung** der Gesellschaft nach Maßgabe von § 740b (vgl. hierzu nach früherem Recht OLG Celle BeckRS 2002, 30281500; OLG Bamberg NZG 1998, 897; LG Berlin NZG 2014, 1303 (1305 ff.); Soergel/Hadding/Kießling § 723 Rn. 10; BeckOGK/Koch § 723 Rn. 12). Dies ist bei der zweigliedrigen Gesellschaft konsequent und zwingend (vgl. insofern bei rechtsfähigen Gesellschaften § 712a, was richtigerweise auch bei nicht rechtsfähigen Gesellschaften gilt, → § 740 Rn. 25). Bei mehrgliedrigen Gesellschaften kann die Mitgliedschaft als solche unter Fortbestand der Gesellschaft im Übrigen (vgl. § 740c) gemäß § 726 nur dann gekündigt werden, wenn der Gesellschaftsvertrag eine **Fortsetzungsklausel** enthält. Auch hier ist daher zwischen der Austrittskündigung und der Auflösungskündigung gemäß § 740a I Nr. 4 zu differenzieren. Ist die **Unterbeteiligung** an einem Geschäfts- oder Geschäftsanteil bzw. einer Aktie gesellschaftsrechtlich ausgestaltet (vgl. hierzu BGH NJW 1968, 2003), gilt dies alles gleichermaßen (anders für eine entsprechende Anwendung von § 234 HGB, wenn die Unterbeteiligung ähnlich einer stillen Gesellschaft ausgestaltet ist,

BeckOGK/Koch § 723 Rn. 13). Eine abweichende Beurteilung ist allerdings geboten, wenn es sich um eine schuldrechtliche Treuhandabrede handelt (zur Abgrenzung BGH NJW 1994, 2886); dann steht den Privatgläubigern eines Gesellschafters kein Kündigungsrecht zu.

Problematisch ist indessen, ob dies auch bei der **stillen Beteiligung** gem. **6** §§ 230 ff. HGB gilt. Insofern kollidiert die Neuregelung nämlich mit § 234 I S. 1 HGB, der für die Kündigung der Gesellschaft (u. a. durch einen Gläubiger des stillen Gesellschafters) auf §§ 132, 133 HGB verweist. Hieraus folgt ein **Vorrang der handelsrechtlichen Kündigungsgründe.** Richtigerweise hat dies gesetzessystematisch Vorrang gegenüber dem Verweis in § 740a III, sodass § 726 bei der stillen Beteiligung nicht gilt, sondern nur der weitgehend identische § 133 HGB (so bereits zum früheren Recht MüKoBGB/ Schäfer § 725 Rn. 2; BeckOK BGB/Schöne § 725 Rn. 2). Bei **OHG und KG** gilt im Übrigen ohnehin allein § 133 HGB.

Von § 726 unberührt bleiben die allgemeinen Möglichkeiten, dass sich ein **7** Gläubiger im Einklang mit § 711a S. 2 die entsprechenden **Vermögensrechte einzeln pfänden und überweisen lässt** (Smid JuS 1988, 613 (614)). Er kann daher z.B entscheiden, ob er alleine in den Gewinnanspruch vollstreckt und die Gesellschafterstellung des Schuldners im Übrigen unberührt lässt oder ob nach § 726 vorgegangen wird, um auch auf das Abfindungsguthaben zuzugreifen. Betreiben mehrere Gläubiger die Zwangsvollstreckung in das Vermögen des Gesellschafters, entscheidet das **Prioritätsprinzip** darüber, welchen Umfang die jeweilige Verstrickung der Vermögensrechte hat (vgl. den Rechtsgedanken des § 185 II 2). Die Kündigung nach § 726 kann daher auch wirtschaftlich ins Leere gehen (abw. BGH NJW 1989, 458; MüKoHGB/K. Schmidt/Fleischer HGB § 135 Rn. 16: Vorrang der Stammrechtsverfügung). Das Gleiche gilt, wenn die **Mitgliedschaft** des Ausgeschiedenen **dinglich belastet** ist (Pfandrecht, Verpfändung, Nießbrauch). Dies steht der Kündigung gemäß § 726 nicht entgegen und verhindert nicht das Erlöschen; das Recht erstreckt sich allerdings entsprechend § 1258 III, § 1273 II im Wege der Surrogation auf den Abfindungsanspruch des Ausgeschiedenen und kann dementsprechend Vorrang haben (BeckOGK/Geibel § 738 Rn. 11; Soergel/Hadding/Kießling § 738 Rn. 7; vgl. zur GmbH BGH NJW 1998, 458).

IV. Kündigung durch einen Privatgläubiger

Das Kündigungsrecht gem. § 726 hat **drei Voraussetzungen** (vgl. Begr. **8** S. 173): **(1)** Der Privatgläubiger muss den Anteil des Gesellschafters wirksam gepfändet haben. **(2)** Dieser Pfändung muss ein nicht bloß vorläufig vollstreckbarer Schuldtitel zugrunde liegen. **(3)** Es muss innerhalb der letzten sechs Monate vor der Kündigung eine Zwangsvollstreckung wegen einer Geldforderung in das sonstige bewegliche Vermögen des Gesellschafters ohne Erfolg versucht worden sein. Hierdurch wird deutlich, dass die Kündigungsmöglichkeit gem. § 726 aus zwangsvollstreckungsrechtlicher Perspektive letztlich **ultima ratio** ist, um die im Lichte von Art. 14 GG gravierenden Auswirkungen auf den Schuldner und die Gesellschaftsstruktur im Übrigen nicht schrankenlos zu ermöglichen. Gleichwohl ist rechtlich **keine bestimmte Reihenfolge** bei der Verwirklichung der Voraussetzungen einzuhalten; es reicht entsprechend der allgemeinen Grundsätze aus, wenn diese zum Zeitpunkt des Wirksamwerdens der Kündigungserklärung gegeben sind (vgl. zu § 135 HGB aF BGH NJW 1982, 2773; Oetker/Kamanabrou HGB § 135 Rn. 10).

1. Privatgläubiger

9   Kündigungsberechtigt sind seit der Neuregelung nur Privatgläubiger eines Gesellschafters. Dies sind, wie bei § 133 HGB, nur Gläubiger, die **keinen identischen Anspruch gegen die GbR** haben. § 726 ist nicht anwendbar, wenn und soweit der betreffende Gesellschafter nach Maßgabe von § 721 dem Gläubiger gegenüber persönlich haftet (Begr. S. 173). Ein Gesellschaftsgläubiger, der im Wege der Haftung auch auf einen Gesellschafter zugreifen darf, hat somit kein Kündigungsrecht. Im Ergebnis deckt sich die Neuregelung mit der früher im Rahmen der Doppelverpflichtungslehre vertretenen Ansicht (vgl. BGH NJW 1993, 1002 (1003): keine Kündigungsmöglichkeit für Gesellschaftsgläubiger), die im Zuge der akzessorischen Gesellschafterhaftung gem. § 128 HGB aF analog von der hM im Rahmen von § 725 aF freilich aufgegeben wurde (vgl. BeckOGK/Geibel § 725 Rn. 4: Konstellationen denkbar, in denen es für den Gläubiger sinnvoll sein kann, sich einen Titel gegen den Gesellschafter und nicht gegen die GbR zu erstreiten, um mittels Pfändung der Mitgliedschaft Zugriff auf die Gewinnansprüche zu erhalten). Wie bei § 133 HGB ist die tatbestandliche Begrenzung auf Privatgläubiger indessen zu begrüßen, weil das Kündigungsrecht und die hierdurch ermöglichte indirekte Zugriffsmöglichkeit auf das Gesellschaftsvermögen nur dann geboten ist, wenn der Gläubiger auf dieses nicht bereits unmittelbar als Gläubiger der GbR zugreifen kann.

10   Problematisch sind freilich die Fälle, in denen die Gesellschaft mit dem Dritten eine **Haftungsbeschränkung** vereinbart hat und als Surrogat **persönliche Verpflichtungen der Gesellschafter** zugunsten des Gläubigers vereinbart wurden (vgl. hierzu → Rn. 35 f.). Vordergründig liegt es nahe, § 726 BGB hier anzuwenden, sodass der Gläubiger die betreffenden Mitgliedschaften kündigen kann. Soweit die Gesellschaft infolge der Haftungsbeschränkung dem Dritten nichts schuldet, ist dieser nämlich nach dem Vorgesagten durchaus als Privatgläubiger zu sehen. Zu bedenken ist insofern jedoch, dass solche Vereinbarungen regelmäßig in ein umfassendes Vertragswerk zwischen Gläubiger, Gesellschaft und Gesellschaftern eingebettet sind (vgl. hierzu bei Fondsgesellschaften Henssler/Strohn/Servatius HGB Anh. Rn. 98, 100). Es ist daher in besonderem Maße zu prüfen, ob die persönliche Verpflichtung des Gesellschafters zugunsten des Dritten auch diese Möglichkeit deckt. Insbesondere bei einer AGB-mäßigen Verpflichtung bestehen hier im Lichte von § 305c und § 307 erhebliche Zweifel. § 310 IV findet insoweit keine Anwendung, da es sich um eine persönliche Verpflichtung der Gesellschafter zugunsten des Gläubigers handelt. Im Übrigen ist es unerheblich, ob eine nach dem Vorgesagten als Privatgläubiger zu qualifizierende Person aufgrund

vertraglicher Verpflichtung oder kraft Gesetzes auch **Mitgesellschafter in Anspruch nehmen** kann. Im Extremfall ermöglicht § 726 daher die Kündigung der Gesellschaft als solches, wenn alle Gesellschafter diesem persönlich zur Leistung verpflichtet sind.

Indem § 726 voraussetzt, dass der Privatgläubiger eine Pfändung des **11** Gesellschaftsanteils bewirkt hat (→ Rn. 15), werden nur **Geldforderungen** erfasst. Forderungen auf Herausgabe, Erwirkung oder Unterlassungen berechtigen nicht zur Kündigung. Etwas anderes gilt freilich, wenn aus solchen Forderungen Geldansprüche als Surrogat entstanden sind (vor allem Schadensersatz) oder solche Forderungen hiermit im Zusammenhang stehen. Aspekten der **Verhältnismäßigkeit** in Bezug auf Forderungsumfang und Gesellschafterstellung wird im Rahmen der tatbestandlich notwendigen Pfändung hinreichend Rechnung getragen (→ Rn. 8, 15). Der Gesellschafter, die Gesellschaft als solche und die Mitgesellschafter werden hierdurch davor geschützt, dass ein Gläubiger die mitgliedschaftliche Stellung des Schuldners wegen einer geringen Forderung leichtfertig vernichten kann (zum Verbot der Teilkündigung → § 725 Rn. 34).

Privatgläubiger kann auch ein **anderer Gesellschafter** sein. Dies ist **12** unproblematisch, wenn die betreffende Forderung keinen unmittelbaren Zusammenhang mit dem Gesellschaftsverhältnis hat, mithin eine **Drittverbindlichkeit** darstellt. Hierbei ist jedoch stets zu prüfen, ob nicht gleichwohl die gesellschaftsrechtliche Treuepflicht eine Geltendmachung dieser Forderung in Ausnahmefällen einschränkt (vgl. für einen Kaufpreisanspruch nach Anteilsübertragung BGH NJW 1969, 505; ähnlich, jedoch wenig überzeugend eine Drittverbindlichkeit bejahend, für die Verpflichtung zur Kostentragung nach gesellschaftsrechtlich begründeter Unterlassungsklage BGH WM 1978, 675; OLG München NJW-RR 1999, 472). Unter dem Aspekt des **Rechtsmissbrauchs** kann die Kündigung in solchen Fällen auch verwehrt sein, wenn ein Mitgesellschafter eine entsprechende Forderung zielgerichtet erwirbt, um den Schuldner aus der Gesellschaft auszuschließen (BeckOGK/ Geibel § 725 Rn. 9). **Sozialverbindlichkeiten** eines Gesellschafters gegenüber der Gesellschaft oder den Mitgesellschaftern fallen indessen kategorisch nicht unter § 726 (vgl. zu § 135 HGB aF BGH WM 1978, 675 (676)). Der Schutzzweck, dem Dritten einen ansonsten nicht gewährten indirekten Zugriff auf das Vermögen des Schuldners zu gewähren, wird hierbei nicht verwirklicht, weil die gesellschaftsrechtliche Kompetenzordnung und die vermögensmäßigen Partizipationsregelungen Vorrang haben.

Verstirbt der Gläubiger, steht das Kündigungsrecht dem Nachlassver- **13** walter zu (vgl. OLG Frankfurt BeckRS 2012, 08957). Die Anordnung einer Nachlassverwaltung kann von den Erben nur gemeinschaftlich beantragt werden; sie ist ausgeschlossen, wenn der Nachlass geteilt ist (§ 2062). Ebenso kann das Kündigungsrecht dem Testamentsvollstrecker (§§ 2197 ff.), dem Nachlassinsolvenzverwalter (§§ 315 ff. InsO) bzw. allgemein dem **Insolvenzverwalter** über das Vermögen des Gläubigers (§ 80 I InsO) zustehen. Die übrigen Tatbestandsvoraussetzungen von § 726 gelten richtigerweise auch für diese uneingeschränkt (abw. Oetker/Kamanabrou HGB § 135 Rn. 4). Hiervon zu unterscheiden ist freilich, wenn der **Gesellschafter verstirbt.**

In diesen Fällen billigt die hM sowohl dem Nachlassverwalter als auch dem Nachlassinsolvenzverwalter in entsprechender Anwendung von § 725 aF ein Kündigungsrecht zu, welches nicht an die weiteren Tatbestandsmerkmale des Titels und der Pfändung geknüpft sei (vgl. BGH NJW 2017, 3715 Rn. 20; BGHZ 91, 132 (137) = NJW 1984, 2104 (2105); MüKoBGB/Schäfer § 725 Rn. 4). Dem ist auch im Lichte der Neuregelung zuzustimmen, um den mühsamen Weg zu vermeiden, dass diese Personen sich ansonsten zunächst verklagen lassen müssten, um den Nachlassgläubigern im unmittelbaren Anwendungsbereich von § 726 die Kündigung zu ermöglichen (hierzu Stodolkowitz FS Kellermann, 1991, 439 (455)). Richtigerweise hängt dies jedoch davon ab, ob der Gesellschaftsanteil notwendig ist, um die Nachlassgläubiger zu befriedigen (MüKoBGB/Schäfer § 725 Rn. 4). Die Mitgesellschafter haben ein schützenswertes Interesse daran, dass die Gesellschafterstellung des Verstorbenen nebst korrespondierender Abfindungspflicht nicht leichtfertig vernichtet wird.

2. Nicht bloß vorläufig vollstreckbarer Schuldtitel gegen den Gesellschafter

14 Es ist wie nach bisherigem Recht erforderlich, dass die Kündigung auf einem zum Zeitpunkt der Erklärung nicht bloß (gesetzlich untechnisch bezeichneten) vorläufig vollstreckbaren Schuldtitel des Gläubigers auf Geldzahlung gegen den Gesellschafter beruht. Dies ist unproblematisch, wenn gegen den Titel **kein ordentliches Rechtsmittel mehr** statthaft ist. Insofern sind auch vollstreckbare Urkunden und gerichtliche Vergleiche (§ 794 ZPO; vgl. OLG Jena MDR 2009, 991), Auszüge aus der Insolvenztabelle (vgl. § 201 I 2 InsO) und bestandskräftige Verwaltungsakte (§§ 35, 43 VwVfG) erfasst (vgl. BGH NJW 1993, 1002), insbesondere Steuerbescheide (vgl. § 249 I 1 AO, § 251 I 1 AO). Ein Vorbehaltsurteil (§ 599 ZPO) ist wegen des möglichen Nachverfahrens nicht ausreichend, die einschneidenden Rechtsfolgen der Kündigung zu legitimieren (LG Lübeck NJW-RR 1986, 836; BeckOGK/Geibel § 725 Rn. 13: teleologische Reduktion von § 599 III ZPO). Nicht von § 726 erfasst sind der Vollstreckungsbescheid (§§ 699 ff. ZPO) und der Arrest (§ 922 ZPO) (vgl. Hopt/Roth HGB § 135 Rn. 5).

3. Pfändung des Gesellschaftsanteils

15 Der Gläubiger muss zum Zeitpunkt der Kündigungserklärung die Pfändung des Gesellschaftsanteils erwirkt haben. Dies entspricht im Wesentlichen der bisherigen Regelung, bei der bereits anerkannt war, dass Pfändungsgegenstand entgegen der Terminologie von § 859 I 1 ZPO aF nicht der „Anteil eines Gesellschafters am Gesellschaftsvermögen" ist, sondern die **Mitgliedschaft** als Inbegriff aller Rechte und Pflichten aus dem Gesellschaftsverhältnis (BGH NJW 1992, 830 (832); BeckRS 2020, 28124 Rn. 20; OLG München BeckRS 2008, 18097; OLG Köln NJW-RR 1994, 1517 (1519); missverständlich BGH NZG 2019, 710 Rn. 31). Indem § 859 ZPO sich nunmehr allein auf die Erbengemeinschaft erstreckt, wurde die terminologische Schieflage durch den Gesetzgeber auch beseitigt. Dies gilt auch bei der nicht rechtsfähigen GbR (§ 705 II Alt. 2).

Erforderlich ist hiernach, dass der Gläubiger nach Maßgabe von §§ 829, **16** 835, 857 ZPO eine wirksame **Pfändung und Überweisung des Gesellschaftsanteils** erwirkt hat. Dass der Wortlaut von § 726 dies abweichend von der Parallelregelung in § 133 HGB („Pfändung und Überweisung") nicht hergibt und allein auf die Pfändung abstellt, dürfte ein unbeachtliches Redaktionsversehen sein. Vollstreckungsrechtlicher **Drittschuldner** ist nämlich bei der rechtsfähigen GbR die Gesellschaft als solche (BeckOGK/Geibel § 725 Rn. 15). Der Pfändungs- und der Überweisungsbeschluss muss daher sowohl dem Gesellschafter als Schuldner als auch gem. § 857 I ZPO, § 829 II 2 ZPO mindestens einem vertretungsberechtigten anderen Gesellschafter (§ 720 III) **zugestellt** werden (BGH NJW 1986, 1991 (1992); vgl. zu § 170 III ZPO OLG Köln NJW-RR 1994, 1517 (1518)). Bei der nicht rechtsfähigen GbR muss die Zustellung gegenüber allen Mitgesellschaftern als Drittschuldnern erfolgen. Eine **Zustimmung der Mitgesellschafter** zur Pfändung ist indessen gesetzlich nicht vorgesehen und damit entbehrlich (OLG Köln NJW-RR 1994, 1517 (1518), vgl. auch § 851 I ZPO).

Bei Gesellschaftsanteilen stellt sich insbesondere die Problematik der **17** **Überpfändung** gem. dem Rechtsgedanken des für die Pfändung in das bewegliche Vermögen geltenden § 803 II ZPO, wenn die Forderung des Gläubigers hinter dem Wert des Gesellschaftsanteils zurückbleibt (vgl. OLG Dresden NJOZ 2007, 63). Wegen der gravierenden Auswirkungen der Kündigungsmöglichkeit gem. § 726 auf die Gesellschaft und die Mitgesellschafter sollten die Grenzen des Zulässigen hier sehr eng gesehen werden, um unverhältnismäßige Kündigungen zu verhindern. Eine **Vorpfändung** gem. § 845 ZPO ist nicht ausreichend (OLG Hamm BeckRS 2009, 09497), ebenso wenig ein **Arrest** gem. § 922 ZPO (BeckOGK/Geibel § 725 Rn. 12). Die Zwangsvollstreckung in die einzelnen **Vermögensrechte der Mitgliedschaft** (Gewinn, Abfindungsguthaben) genügt ebenfalls nicht für die Kündigung gem. § 726 (BeckOGK/Geibel § 725 Rn. 14).

4. Erfolglose Zwangsvollstreckung gegen den Gesellschafter

Neu eingeführt wurde, dass die Kündigung nur zulässig ist, nachdem der **18** Gläubiger **innerhalb der letzten sechs Monate** eine Zwangsvollstreckung **in das bewegliche Vermögen** des Gesellschafters ohne Erfolg versucht hat. Dies galt bereits gem. § 135 HGB aF (nunmehr § 133 HGB) bei OHG und KG. Der Nachweis der Erfolglosigkeit ist durch das **Pfändungsprotokoll** des Gerichtsvollziehers zu führen (Oetker/Kamanabrou HGB § 135 Rn. 6). Diese Erschwerung der Kündigungsmöglichkeit ist zu begrüßen, um die einschneidenden Folgen für den Schuldner und die Mitgesellschafter zu legitimieren. Es ist indessen nicht erforderlich, dass die erfolglose Zwangsvollstreckung genau wegen der Forderung erfolgte, die Gegenstand der Pfändung ist. Auch muss nicht der Privatgläubiger selbst die Zwangsvollstreckung versucht haben (Oetker/Kamanabrou HGB § 135 Rn. 6). Es genügt, wenn sich durch die **Vollstreckungsversuche anderer Gläubiger** herausgestellt hat, dass

nicht genügend pfändbares bewegliches Vermögen vorhanden war. Andere
Vermögenswerte bleiben wegen des eindeutigen Wortlauts und der Gesetzes-
genese außer Betracht, was rechtspolitisch zu kritisieren ist. In der Praxis
kann der Schuldner in diesen Fällen jedoch regelmäßig durch die Begleichung
der Forderung unter Einsatz dieser anderen Vermögenswerte einen ungerechtfertigten Verlust der Mitgliedschaft abwenden. Der **Fristlauf** hat sich
daran zu orientieren, dass der Erfolglosigkeit der bisherigen Zwangsvollstreckung eine Indizwirkung zukommt, dass sich die Vermögenslage seit diesem
Versuch nicht gebessert hat. Richtigerweise beginnt die Frist daher mit dem
Zeitpunkt der erfolglosen Zwangsvollstreckung (Pfändungsprotokoll) und
endet wegen des Wortlauts „Pfändung … erwirkt" zum Zeitpunkt der
Zustellung des Pfändungsbeschlusses an die Gesellschaft (Oetker/Kamana-
brou HGB § 135 Rn. 7; die Frage offenlassend BGH NZG 2009, 1106).
Ist die Frist hiernach verstrichen, müssen ggf. neue Vollstreckungsversuche
unternommen werden.

5. Kündigungserklärung

19   Die Kündigung des Gläubigers bzw. dessen Vertreters ist als einseitige empfangsbedürftige Willenserklärung von der Zustellung des Pfändungs- und
Überweisungsbeschlusses zu trennen. Sie muss nach überwiegender Meinung
stets **gegenüber allen Gesellschaftern** erklärt werden, mithin auch dem
Schuldner (BGH BeckRS 1956, 31204420; NJW 1986, 1991 (1992); offen
gelassen von BGH NJW 1993, 1002, dort aber auch eine konkludente Kündigung bejahend). Bei der nicht rechtsfähigen GbR (§ 705 II Alt. 2) überzeugt
dies ohne weiteres. Bei der rechtsfähigen GbR gilt dies jedoch im Ausgangspunkt gleichermaßen, weil die Kündigungserklärung anders als die Zustellung
des Pfändungs- und Überweisungsbeschlusses eine gesellschaftsrechtliche
Grundlagenentscheidung ist, die nicht von der Geschäftsführungskompetenz
und organschaftlichen Vertretungsmacht gedeckt ist (BeckOGK/Geibel § 725
Rn. 22). Gleichwohl weicht die **Neuregelung** von diesem Grundansatz deutlich ab, indem es nunmehr ausdrücklich heißt, die Mitgliedschaft könne
gegenüber der Gesellschaft gekündigt werden. Trotz der dogmatischen Friktionen ist dies ernst zu nehmen, was insbesondere die Rechtsstellung des Gläubigers stärkt, indem es gem. § 720 V genügt, wenn die Kündigungserklärung
einem vertretungsbefugten Gesellschafter zugeht. Seit der Neufassung von
§ 133 HGB gilt dies für OHG und KG nunmehr gleichermaßen. Wegen der
grundlegenden Bedeutung der Kündigung für den Mitgliederbestand reicht es
nicht aus, wenn die Kündigung gegenüber einem sonstigen Bevollmächtigten
erklärt wird. Die Kündigung kann **formlos** erfolgen, aus weiteren Beweisgründen bietet sich freilich die Einhaltung der Schriftform an. Die **Mitteilung
gegenüber dem Gesellschafter** ist nicht erforderlich (arg. § 723 III 1 e
contrario).

20   In zeitlicher Hinsicht war nach bisherigem Recht umstritten, ob die **Kün-
digung bereits nach Zustellung des Pfändungsbeschlusses** (§ 857 I
ZPO, § 829 III ZPO) erklärt werden darf oder erst nach Zustellung des
Überweisungsbeschlusses (§ 857 I 1 ZPO, § 835 ZPO). Die hM bejahte

Ersteres unter Hinweis auf den Wortlaut von § 725 aF, der anders als § 135 HGB aF (nunmehr § 133 HGB) nicht von „Pfändung und Überweisung" spricht (vgl. BeckOGK/Geibel § 725 Rn. 21.1; MüKoBGB/Schäfer § 725 Rn. 13; Staudinger/Habermeier, 2003, § 725 Rn. 11; Soergel/Hadding/ Kießling Rn. 17; Erman/Westermann § 725 Rn. 2; abw. Musielak/Voit/ Becker ZPO § 859 Rn. 6 Fn. 33; Smid JuS 1988, 613 (615)). Nach dem Wortlaut des neuen § 726, der wie die Vorgängerregelung allein auf die Pfändung abstellt, ist diese Meinung nach wie vor zutreffend. Der Gläubiger kann daher wirksam bereits im Zeitraum zwischen Pfändung und Überweisung kündigen. Eine bereits vor der Pfändung erklärte Kündigung ist indessen unheilbar unwirksam und muss ggf. wiederholt werden. Die Kündigung erstreckt sich auf den gesamten Gesellschaftsanteil des Schuldners, eine **Teilkündigung** ist nach allgemeinen Regeln unzulässig.

In der Gesetzesbegründung zur Neuregelung heißt es, es müsse im Zeit- **21** punkt der Kündigung feststehen, dass der Kündigende einen **nicht befriedigten Anspruch** gegen den Gesellschafter hat (Begr. S. 173). Dieses ist jedoch richtigerweise **kein ungeschriebenes Tatbestandsmerkmal** von § 726, was auch Auswirkungen auf die Beweislast hat. Es versteht sich von selbst, dass der durch § 726 ermöglichte indirekte Zugriff auf das in der Gesellschaft gebundene Vermögen des Schuldners materiell- und zwangsvollstreckungsrechtlich davon abhängt, ob und in welchem Umfang der Gläubiger eine entsprechende Forderung gegen den Gesellschafter hat. Ist dies nicht der Fall oder bestehen in tatsächlicher oder rechtlicher Hinsicht Zweifel daran, sind diese jedoch im Rahmen der zwangsvollstreckungsrechtlichen Rechtsbehelfe zu berücksichtigen. Stellt sich hiernach heraus, dass die zugrundeliegende Forderung des Gläubigers bereits zum Zeitpunkt der Kündigung nicht bestand, ändert dies aus Gründen der Rechtssicherheit und Gestaltungswirkung an der Wirksamkeit der Kündigungserklärung nichts. Der betroffene Gesellschafter wird durch Schadensersatzansprüche gegen den Gläubiger und ggf. einen Anspruch auf Wiederaufnahme ausreichend geschützt (→ Rn. 32). Die **gezielte Hinauskündigung** wegen eines vorgeschobenen oder nicht gegebenen Grundes dürfte regelmäßig unter § 826 fallen.

6. Kündigungsfrist

Die Kündigung kann nur unter Einhaltung einer Frist von **drei Monaten** **22** **zum Ablauf des Kalenderjahres** erfolgen. Diese Beschränkung ist bei der GbR neu, nach § 725 aF wirkte die Kündigung sofort (vgl. aber zur Kündigungsfrist bei OHG und KG bereits § 135 HGB aF). Sie deckt sich mit der Regelung zur ordentlichen Kündigung der Mitgliedschaft durch einen Gesellschafter (§ 725 I). Hierdurch sollen die Mitgesellschafter Gelegenheit haben, der durch die Kündigung hervorgerufenen Veränderung der Gesellschafterstruktur rechtzeitig entgegenzuwirken (Begr. S. 174), was zu begrüßen ist (kritisch aber Schall ZIP 2020, 1443 (1450): Schutz vor Pfändung passe nur bei unternehmerischen Gesellschaften, gerade bei Ehegatten-GbR resultiere aus dem Pfändungsschutz eine nicht hinzunehmende Gläubigerbenachteiligung; die Kündigungsfrist begrüßend DAV NZG 2020, 1133 Rn. 72). Ob durch die Verlängerung der Kündigungsfrist eine **Förderung nachhaltigen Wirtschaftens** erfolgt (vgl. insofern Begr. S. 106), dürfte eher zweifelhaft sein (vgl. hierzu aber unter dem Aspekt der Abdingbarkeit → Rn. 32). Die Kündigungsfrist gilt kraft Gesetzes, der Kündigende muss sich somit hierauf nicht explizit berufen. Ein **Versäumen** der Kündigungsfrist ist ausgeschlossen, die Kündigung wirkt ggf. zum Ablauf des nächsten Kalenderjahres (vgl. § 140; abw. Oetker/Kamanabrou HGB § 135 Rn. 11: Verspätete Kündigung führt zum Erlöschen des Kündigungsrechts).

23   Kommt es nach Erklärung der Kündigung bis zum Ablauf der Kündigungsfrist zu einem **Wegfall der Kündigungsvoraussetzungen,** insbesondere, weil der Schuldner oder ein anderer Gesellschafter nach Maßgabe von § 268 I den Gläubiger befriedigt, bleibt die **Kündigung grundsätzlich wirksam** (vgl. BGH NJW 1959, 1683 (1685); RGZ 169, 153 (155)). Der Gläubiger kann infolge des Erlöschens des Pfändungspfandrechts freilich keine Leistungen mehr verlangen. In Anerkennung der gravierenden Folgen der Kündigung und der in § 726 explizit angeordneten Subsidiarität (erfolglose Zwangsvollstreckung in das sonstige bewegliche Vermögen des Schuldners) erscheint es indessen **auch begründbar,** die Kündigung in diesen Fällen mit ex tunc-Wirkung als **unwirksam** anzusehen, sodass der Gesellschafter in der Gesellschaft verbleibt, insbesondere bei der zweigliedrigen GbR (im Ergebnis auch MüKoBGB/Schäfer § 725 Rn. 22; abw. Oetker/Kamanabrou HGB § 135 Rn. 13: allenfalls Anspruch auf Wiederaufnahme). **Nach Ablauf der Kündigungsfrist** gilt dies freilich nicht, es kann sich allein aus der innergesellschaftlichen Perspektive der Treuepflicht ein Anspruch des Gekündigten auf **Wiederaufnahme** ergeben (vgl. BGH NJW 1959, 1683; 1982, 2773; WM 1957, 163).

V. Rechtsfolgen der Kündigung

1. Ausscheiden des Gesellschafters

24   Der Schuldner scheidet **im gesetzlichen Regelfall** mit Ablauf der Kündigungsfrist aus der Gesellschaft aus (§ 723 I Nr. 4, III), was eine grundlegende Neuerung gegenüber dem bisherigen Recht darstellt. Die Mitteilung der Kündigung ist, anders als in den Fällen von § 727, nicht erforderlich. Das Ausscheiden ist bei rechtsfähigen GbR gemäß § 707 III S. 2 zur **Eintragung in das Gesellschaftsregister** anzumelden. Das **Pfändungspfandrecht** des Gläubigers erstreckt sich dann auf das dem betreffenden Gesellschafter ggf. zustehende **Abfindungsguthaben** gem. §§ 728, 728a (BGH BeckRS 2016, 17881 Rn. 17; NZG 2016, 1307 Rn. 17), vgl. bei der zweigliedrigen Gesellschaft § 712a. Entsprechende gesellschaftsvertragliche Modifizierungen über die Berechnung sind beachtlich, wenn sie nicht die Konsequenz haben, Privatgläubiger gezielt zu benachteiligen (Oetker/Kamanabrou HGB § 135 Rn. 12). Der Gläubiger kann den ihm zustehenden Betrag im Wege der **Drittschuldnerklage** unmittelbar von der Gesellschaft bzw. bei der nicht rechtsfähigen GbR von den Mitgesellschaftern fordern; der übersteigende

Betrag gebührt dem ausgeschiedenen Gesellschafter und begründet insofern ein entsprechendes Forderungsrecht gegen die Gesellschaft oder die Mitgesellschafter. Der Gläubiger kann zur Geltendmachung seines Anspruchs von der Gesellschaft bzw. bei der nicht rechtsfähigen GbR von den Mitgesellschaftern gem. §§ 810, 242 **Vorlage der Geschäftsunterlagen** verlangen (Oetker/Kamanabrou HGB § 135 Rn. 12; vgl. auch § 859 I 1 ZPO, § 857 II ZPO, § 840 I ZPO), das Informationsrecht gem. § 717 steht dem Gläubiger wegen § 711a nicht zu (vgl. BGH NJW 1992, 830 (832)). Er hat gegenüber dem Schuldner ein **Auskunftsrecht** gem. § 836 III ZPO (zum Ganzen Roth ZGR 2000, 189 (208)).

Die Gesellschafterstellung des Schuldners bleibt **bis zum Ablauf der** 25 **Kündigungsfrist** allein in seiner Person bestehen (BGH NJW 1992, 830 (832); NZG 2016, 1307). Der Gläubiger hat daher keine Verwaltungsrechte (§ 711a), sodass diese beim Schuldner verbleiben. Das aus der Pfändung resultierende **relative Verfügungsverbot** gem. §§ 136, 135 I bewirkt jedoch, dass der Schuldner keine Maßnahmen ergreifen kann, die das Pfändungspfandrecht des Gläubigers beeinträchtigen würden, mithin unmittelbar dessen Vermögensinteressen beeinträchtigen (Einzelheiten bei BeckOGK/Geibel § 725 Rn. 29 f.). Die **Veräußerung des gekündigten Gesellschaftsanteils** nach Maßgabe von § 711 I 1 ist indessen durch die Pfändung nicht ausgeschlossen, das Pfändungspfandrecht bleibt nämlich auch zulasten des Erwerbers bestehen (BeckOGK/Geibel § 725 Rn. 32), die Kündigung der Gesellschafterstellung wirkt auch gegen diesen. Die **Vermögensgegenstände der Gesellschaft** sind von vornherein nicht durch die Pfändung verstrickt (vgl. § 713: „Vermögen der Gesellschaft"), sodass diese ohne weiteres darüber verfügen kann (BGH NZG 2016, 1307).

Die **gesellschaftsrechtlichen Folgen des Ausscheidens** richten sich 26 im Übrigen nach den allgemeinen Regeln: Der **Gesellschaftsanteil** des Ausgeschiedenen **erlischt** mit Ablauf der Kündigungsfrist und wächst gem. § 712 I den übrigen Gesellschaftern zu. Diese nach wie vor als **Anwachsung** bezeichnete Folge (hierzu kritisch Bachmann NZG 2020, 612 (616)) betrifft indessen nur noch die **Gesellschafterstellung** im Verhältnis zu den Mitgesellschaftern und ist insofern bei allen Personenverbänden die notwendige Konsequenz eines Mitgliederwechsels (Bachmann NZG 2020, 612 (616)). Der Gesellschaftsanteil bleibt daher anders als bei AG und GmbH weder als solches bestehen noch kann die Gesellschaft diesen selbst erwerben bzw. müsste diesen einziehen (vgl. insofern auch Begr. S. 105). Diese bei allen Personengesellschaften wegen ihrer fehlenden Verselbstständigung gegenüber den Mitgliedern vorgesehene Anwachsung hat somit nunmehr eindeutig auch bei der rechtsfähigen GbR **keine unmittelbaren vermögensrechtlichen Auswirkungen** mehr, da deren Vermögen gemäß § 713 unverändert bleibt. Insofern ist es konsequent, dass § 712 nunmehr explizit vom Anwachsen des „Anteils an der Gesellschaft" spricht und nicht mehr vom „Anteil am Gesellschaftsvermögen", wie § 738 I 1 aF.

Betrifft die Kündigung den **vorletzten Gesellschafter** (zur Zulässigkeit 27 entspr. § 727 S. 3), erlischt die Gesellschaft ohne Liquidation nach Maßgabe von § 712a, und das Gesellschaftsvermögen geht zum Zeitpunkt des Ausscheidens im Wege der Gesamtrechtsnachfolge auf den verbleibenden Gesellschafter über, wenn dieser sich dazu bereit erklärt. Dass der Gesetzgeber keine dem § 727 S. 3 entsprechende Regelung in § 726 aufgenommen hat, steht dem nicht entgegen. Der **Ausgeschiedene haftet** in jedem Fall gegenüber Gläubigern nur für die bis zum Ausscheiden begründeten Verbindlichkeiten (§ 728b). Wird er nachträglich von einem Gläubiger für eine Altverbindlichkeit in die Haftung genommen, richtet sich sein **Regressanspruch** aus § 716 gegen die Gesellschaft; wegen dessen gesellschaftsrechtlicher Grundlage erstreckt sich die Pfändung des Gläubigers im Hinblick auf die dem Gesellschafter zustehende Haftungsquote jedoch auch hierauf. **Gesellschaftsrechtliche Streitigkeiten** bleiben anhängig.

2. Abwicklung der Gesellschaft

28   Auch im Rahmen der Neuregelung kann **im Gesellschaftsvertrag vereinbart** werden, dass die Kündigung durch einen Privatgläubiger zugleich die Auflösung der Gesellschaft bewirkt (vgl. § 723 I; OLG Brandenburg BeckRS 2016, 09266). Insofern bleibt es in diesen Fällen bei der bereits zu § 725 aF maßgeblichen Rechtslage, der Schuldner bleibt bis zur Vollbeendigung Gesellschafter der Abwicklungsgesellschaft (RGZ 95, 231 (234)). Die Auflösung ist bei eingetragenen rechtsfähigen Gesellschaften gem. § 733 I zur Eintragung ins Gesellschaftsregister anzumelden. – Das **Pfändungspfandrecht** des Gläubigers erstreckt sich in diesen Fällen ohne weiteres auf den dem Schuldner gebührenden **Anteil am Liquidationserlös** gem. § 736 VI (BGH BeckRS 2016, 17881 Rn. 17; NZG 2016, 1307 Rn. 17). Es bewirkt die zwangsvollstreckungsrechtliche **Verstrickung der gesellschaftsrechtlichen Vermögensrechte** des Gesellschafters (BGH BeckRS 2016, 17881 Rn. 17; NZG 2016, 1307 Rn. 17; 2016, 1223 Rn. 15; RGZ 60, 126 (130 f.)). Dies betrifft neben dem Auseinandersetzungsguthaben auch andere, im Rahmen der Liquidation selbstständig geltend zu machende Ansprüche auf früheren Gewinn, Aufwendungsersatz und Schadensersatz gem. § 716 (Einzelheiten bei BeckOGK/Geibel § 725 Rn. 21.1). Drittansprüche des Gesellschafters gegenüber der Gesellschaft oder den Mitgesellschaftern, die keine gesellschaftsrechtliche Grundlage haben, sind grundsätzlich nicht verstrickt (MüKoBGB/Schäfer § 725 Rn. 11), können freilich ihrerseits Gegenstand einer Pfändung und Überweisung sein.

29   Hiervon abzugrenzen ist die Frage, ob der **Gläubiger ein eigenes Recht auf Durchführung der Auseinandersetzung** hat (so BGH NJW 1992, 830 (832); zustimmend MüKoBGB/Schäfer § 725 Rn. 20). Dagegen spricht der gestrichene § 725 II aF, wonach der Gläubiger, solange die Gesellschaft besteht, die sich aus dem Gesellschaftsverhältnis ergebenden Rechte des Gesellschafters mit Ausnahme des Anspruchs auf einen Gewinnanteil nicht geltend machen kann. Zwar wurde diese Regelung im Zuge der Reform ersatzlos gestrichen. Dies hindert aber richtigerweise nicht, den Inhalt der früheren Regelung weiterhin zur Geltung zu bringen. Hierfür sprechen einmal der **Umkehrschluss zu § 735 II,** wonach ein eigenes Recht des Gläubigers auf Durchführung der Auseinandersetzung nur vorgesehen ist, wenn anstelle der Liquidation eine andere Art der Auseinandersetzung vereinbart werden soll (→ § 733 Rn. 12 ff.). Zudem ist in § 736 II abweichend vom Mauracher Entwurf keine Regelung zur Beteiligung des Privatgläubigers eines Gesellschafters am Liquidationsverfahren vorgesehen (→ § 736 Rn. 9 ff.). Das Gleiche ergibt sich aus dem **Abspaltungsverbot** gemäß § 711a. Die **Gesellschafterstellung während der Abwicklung verbleibt** somit jenseits der vermögensrechtlichen Verstrickung durch das Pfändungspfandrecht **beim Schuldner** (RGZ 95, 231 (234)); etwas anderes kann sich nur aus zwangsvollstreckungsrechtlichen Regeln ergeben (vgl. zum Betreiben der Teilungsversteigerung nach ZVG BGH NZG 2016, 1307). Die mitgliedschaftlichen **Verwaltungsrechte** (Stimmrecht gem. § 709, Geschäftsführungs- und Vertretungskompetenz als Liquidator gem. § 736b, Informationsrecht gem. § 717) stehen allein diesem zu (RGZ 95, 231 (234)); abw. für die zur Realisierung des Auseinandersetzungsanspruchs erforderlichen Informations- und Kontrollrechte OLG München BeckRS 2008, 18097; MüKoBGB/Schäfer § 725 Rn. 20). Das Gleiche gilt für den Anspruch auf Rechnungslegung (offengelassen von RGZ 52, 35 (38)). Der **Gläubiger** hat jedoch gegenüber der Gesellschaft bzw. bei der nicht rechtsfähigen GbR gegenüber den Mitgesellschaftern den **Auskunftsanspruch** gem. § 857 II ZPO, § 840 I ZPO (vgl. BeckOGK/Geibel § 725 Rn. 21.1).

Vollstreckungsrechtlich begründet die Pfändung des Gesellschaftsanteils **30** zugunsten des Gläubigers ein **relatives Verfügungsverbot** gem. §§ 136, 135 I. Dies betrifft die Ausübung der gesellschaftsrechtlichen **Verwaltungsrechte** durch den Schuldner, die die Vermögensinteressen des Gläubigers beeinträchtigen (Einzelheiten bei BeckOGK/Geibel § 725 Rn. 30). Die **Gesellschafterstellung** bleibt indessen übertragbar, wenn dies im Gesellschaftsvertrag vorgesehen ist bzw. die Mitgesellschafter zustimmen (§ 711 I 1). Das Pfändungspfandrecht bleibt nämlich auch zulasten des Erwerbers bestehen (BeckOGK/Geibel § 725 Rn. 32). Die Gesellschaft kann indes im Rahmen der Abwicklung über die **Gegenstände des Gesellschaftsvermögens** verfügen (BGH NJW 2017, 2768 Rn. 30; BeckRS 2016, 17881 Rn. 17; NZG 2016, 1307 Rn. 17; OLG Düsseldorf NJW-RR 2004, 1111; OLG Stuttgart BeckRS 1999, 14507; OLG Hamm NJW-RR 1987, 723; OLG Zweibrücken OLGZ 1982, 406; MüKoBGB/Schäfer § 725 Rn. 26; Staudinger/Habermeier, 2003, § 725 Rn. 8; Soergel/Hadding/Kießling § 725 Rn. 16; Erman/Westermann § 725 Rn. 3).

Es ist im Übrigen nach wie vor sehr umstritten, ob die **Mitgesellschafter 31** in den Fällen, in denen die Kündigung durch einen Privatgläubiger aufgrund gesellschaftsvertraglicher Regelung die Auflösung der Gesellschaft bewirkt, ein **Ablösungsrecht** haben (Einzelheiten bei BeckOGK/Geibel § 725 Rn. 34). Gestützt wird dies auf eine Gesamtanalogie zu §§ 1249, 1273, 268 (vgl. MüKoBGB/Schäfer § 725 Rn. 22; Soergel/Hadding/Kießling Rn. 16; Erman/Westermann § 725 Rn. 5). Der BGH hat diese Thematik bislang ausdrücklich offengelassen (BGH NJW 1986, 1991 (1992)). Diese Analogie überzeugt indessen im Ausgangspunkt durchaus, um die Vereinigungsfreiheit der Gesellschafter gegen einen wirtschaftlich nicht gerechtfertigten Fremdeinfluss zu schützen. Eine vergleichbare Interessenslage besteht. Wenn die

Vermögensinteressen des Gläubigers durch Zahlung befriedigt sind, ist nicht ersichtlich, warum die Mitgesellschafter ihren Fortsetzungswillen nicht bestmöglich verwirklichen sollten. Der ausgeschiedene Schuldner ist nicht schutzwürdig, weil er seiner Zahlungspflicht gegenüber den Gläubigern nicht nachkam (vgl. aber zur Befriedigung des Gläubigers vor Ablauf der Kündigungsfrist → Rn. 23).

3. Rechtsschutz

32   Will sich der betroffene Gesellschafter gegen die Kündigung des Privatgläubigers wehren, stehen hierfür verschiedene Wege bereit: Er kann zunächst die **zwangsvollstreckungsrechtlichen Rechtsbehelfe** geltend machen, um sich gegen die Pfändung des Gesellschaftsanteils zu wehren und der Kündigung somit den Boden zu entziehen; die Kündigung ist dann unwirksam (→ Rn. 23). In Betracht kommt die Erinnerung gem. § 766 ZPO (BGH NJW 1993, 735), die sofortige Beschwerde gem. § 793 ZPO, § 11 I RPflG (Köln NJW-RR 2001, 69) und die Rechtsbeschwerde nach § 574 I S. 1 Nr. 2 ZPO, soweit diese zugelassen wird (BGH NJW-RR 2009, 211). Der Privatgläubiger, der eine Forderung gegen den Gesellschafter einklagt, ist zudem gem. § 841 ZPO verpflichtet, der GbR gerichtlich den Streit zu verkünden. Tut er dies nicht, ist die Rechtsfolge indes nicht die Unwirksamkeit der Kündigung, sondern es erwächst eine Schadensersatzpflicht. Im Übrigen obliegt es nach wie vor dem betroffenen Gesellschafter, sich im Wege der **Feststellungsklage gem. § 256 I ZPO** gegen die Kündigung durch den Privatgläubiger zu wehren. Diese kann sich gegen **den Gläubiger** richten, was in Bezug auf die begrenzte Rechtskraft jedoch bezüglich des erforderlichen Feststellungsinteresses unzureichend ist. Es bedarf daher regelmäßig auch einer gesellschaftsrechtlichen Klärung der Unwirksamkeit. Indem sich der Gesetzgeber anders als gemäß §§ 110–115 HGB dagegen entschieden hat, ein spezielles Beschlussmängelrecht bei der GbR einzuführen (→ Rn. 1), hat sich die Klage daher auch bei der rechtsfähigen GbR **gegen die übrigen Gesellschafter** zu richten (vgl. zur Ausschließung BGH NJW-RR 1992, 227; NJW 2011, 1667; OLG Hamm NZG 2008, 21; MüKoBGB/Schäfer § 737 Rn. 12). Stellt sich nachträglich heraus, dass die Kündigung unwirksam war, kann sich der Gläubiger aufgrund eines etwaigen Vertrages bzw. ggf. aus § 826 gegenüber dem Gesellschafter **schadensersatzpflichtig** machen, wenn er die Ausschließung missbräuchlich herbeigeführt hat. Eine Schadensersatzpflicht der Mitgesellschafter aus § 280 I kommt ebenfalls in Betracht, wenn ihre Beteiligung an der Kündigung treuwidrig ist (vgl. zum Ausschluss BGH NJW 1960, 625; MüKoBGB/Schäfer § 737 Rn. 1). Praktisch bedeutsam ist insofern stets auch die Möglichkeit der **einstweiligen Verfügung** gem. §§ 935, 940 ZPO (vgl. OLG Karlsruhe ZInsO 2019, 216 (217)).

VI. Gestaltungsfreiheit

33   Die **gläubigerschützende Regelung** ist insofern **zwingend,** als gesellschaftsvertragliche Regelungen, die das Kündigungsrecht unmittelbar negativ

beeinträchtigen, mithin erschweren oder gar ausschließen, unzulässig sind (allgM; siehe etwa zu § 135 HGB Hopt/Roth HGB § 135 Rn. 13; Heerma ZIP 2011, 987). Noch nicht hinreichend geklärt ist im Übrigen die Frage, ob und in welchem Umfang mittels gesellschaftsrechtlicher Maßnahmen oder gesellschaftsvertraglicher Gestaltungen die **Rechtsstellung des Gläubigers mittelbar nachteilig** beeinflusst werden darf. Dies betrifft etwa die Veräußerung von Vermögensgegenständen durch die Gesellschaft oder sonstige wirtschaftlich nachteilige Maßnahmen (→ Rn. 25). Denkbar sind auch nachteilige Vereinbarungen über die Höhe des Abfindungsguthabens (→ Rn. 3, → Rn. 24). Nach einer Ansicht sind alle von § 726 abweichenden Vereinbarungen dem Privatgläubiger gegenüber ohne Wirkung, da der Privatgläubiger ein eigenes und kein vom Gesellschafter abgeleitetes Kündigungsrecht ausübe (zu § 135 HGB BeckOK HGB/Lehmann-Richter, 35. Ed. 15.1.2022, HGB § 135 Rn. 16). Diese Ansicht geht zu weit, da hierdurch der Sinn und Zweck des Gläubigerschutzes konterkariert wird (so iE auch zu § 135 HGB MüKoHGB/K. Schmidt/Fleischer HGB § 135 Rn. 7). Wenigstens in Extremfällen sollten hier Ansprüche zugunsten des Gläubigers aus § 826 in Betracht kommen, wenn dessen Interessen durch das Verhalten der Gesellschafter gezielt verletzt werden.

Nach der hier vertretenen Ansicht ist es aus der Perspektive des Gläubigers **34** **zulässig**, die **Kündigungsmöglichkeiten zu erleichtern** (vgl. auch Hopt/Roth HGB § 135 Rn. 13). Problematisch sind solche Gestaltungen freilich unter dem Aspekt des Gesellschafterschutzes. Es hat daher insbesondere im Hinblick auf § 138 eine strenge Inhaltskontrolle zu erfolgen, die gewährleistet, dass die Gesellschafterstellung unter dem Aspekt der Hinauskündigung nicht ins Belieben anderer gestellt wird, insbesondere, da auch Mitgesellschafter als Privatgläubiger von diesem Kündigungsrecht Gebrauch machen können. Die Verkürzung der **Kündigungsfrist** ist nach bislang allgemeiner Meinung zu OHG und KG zulässig (Henssler/Strohn/Klöhn HGB § 135 Rn. 29). Da die Gesetzesbegründung die neu eingeführte Kündigungsfrist bei der GbR indessen explizit in den Kontext der Förderung nachhaltigen Wirtschaftens setzt (vgl. Begr. S. 106), besteht durchaus Raum, auch insofern eine Grenze der Gestaltungsfreiheit zu sehen. Überzeugend dürfte sich eine solche freilich nicht begründen lassen, da dafür die gesetzgeberische Motivlage (bloße Förderung) zu schwach ist.

Jenseits dieser Grenzen ist es nach Maßgabe von § 723 I aber ohne weiteres **35** zulässig, dass die **Kündigung die Auflösung** der gesamten Gesellschaft hervorruft (→ Rn. 28). Die Gläubigerinteressen werden hierdurch nur insoweit beeinträchtigt, als sich die Auszahlung des Abfindungsguthabens ggf. zeitlich verlängert, weil zuvor die Gesamtliquidation betrieben werden muss, was durchaus eine längere Zeit in Anspruch nehmen kann. Im Übrigen begründet § 735 II 2 für diese Fälle eine besondere Grenze der Gestaltungsfreiheit im Hinblick auf die Vereinbarung einer von §§ 736 ff. abweichenden Vereinbarung über die Abwicklung (→ § 735 Rn. 12 ff.). − Ohne weiteres zulässig ist auch, ein **Übernahmerecht** zugunsten der Mitgesellschafter für den Fall der Kündigung einzuräumen, soweit diese dann den Gläubiger befriedigen (→ § 725 Rn. 47). Zulässig ist es auch, die gesellschaftsrechtliche **Anwach-**

sung zu modifizieren, indem die erloschene Gesellschafterstellung des Ausscheidenden abweichend von § 712 nicht gleichmäßig den übrigen Gesellschaftern zufällt, sondern differenziert. Das Fortbestehen des Gesellschaftsanteils ohne Inhaberschaft oder die Zuweisung des Gesellschaftsanteils zugunsten der GbR selbst („eigener Anteil") können indessen nicht vereinbart werden.

VII. Darlegungs- und Beweislast

36   Die **Wirksamkeitsvoraussetzungen** für die Kündigung hat der **Gläubiger** zu beweisen: Dies betrifft **(1)** den Zugang der Kündigungserklärung gegenüber der Gesellschaft, **(2)** die wirksame Pfändung und Überweisung des Gesellschaftsanteils, was aber infolge der Zustellung unproblematisch ist, **(3)** das Vorliegen eines nicht bloß vorläufig vollstreckbaren Schuldtitels und **(4)** die erfolglose Zwangsvollstreckung gegen den Gesellschafter innerhalb von sechs Monaten vor Zustellung des Pfändungsbeschlusses. Die in der Gesetzesbegründung erwähnte Kündigungsvoraussetzung, wonach der Gläubiger im Zeitpunkt der Kündigung einen nicht befriedigten Anspruch gegen den Gesellschafter haben muss (→ Rn. 21), ist richtigerweise kein ungeschriebenes Tatbestandsmerkmal von § 726 und muss daher konsequenterweise nicht vom Gläubiger bewiesen werden. Es richtet sich vielmehr nach den allgemeinen Beweisregeln, ob der der Pfändung zugrundeliegende Anspruch zum maßgeblichen Zeitpunkt der Kündigungserklärung erfüllt wurde oder nicht. Die **Rechtsfolge** der Kündigung der Mitgliedschaft des Gesellschafters ergibt sich aus dem Gesetz; die Gesellschaft bzw. die Mitgesellschafter müssen ggf. darlegen und beweisen, dass die Kündigung nach Maßgabe von § 723 I Nr. 4, § 726 sogleich die Auflösung nach den §§ 729 ff. herbeiführt (→ Rn. 35). Streitigkeiten über das Bestehen oder den Umfang des verstrickten Abfindungsanspruchs richten sich nach den allgemeinen Beweisregeln, wie auch sonst im Rahmen der Drittschuldnerklage.

VIII. Kautelarischer Handlungsbedarf infolge des MoPeG

37   Im Rahmen des § 726 hat der Gesetzgeber bedeutsame Neuerungen vorgenommen, um den **Vorrang** des **Ausscheidens** gegenüber der Auflösung zu stärken. Jedoch gilt nach **Art. 229 § 61 EGBGB (**Art. 49 Nr. 2 MoPeG) die Vorschrift des § 726 mangels anderweitiger vertraglicher Vereinbarung weiter, wenn ein Gesellschafter bis zum 31.12.2024 deren Anwendung gegenüber der Gesellschaft verlangt (→ Rn. 2). Sollte dies nicht erfolgen oder vertraglich abbedungen werden, besteht **Änderungsbedarf** für den bisher verwendeten Gesellschaftsvertrag bis zum 31.12.2023 (vgl. Art. 137 MoPeG):

38   § 726 ist grundsätzlich unabdingbar (→ Rn. 33). **Nur zugunsten** des Privatgläubigers darf von § 726 abgewichen werden, etwa zur Erleichterung der Kündigungsmöglichkeiten, insbesondere der Verkürzung der Kündigungsfrist von drei Monaten zum Ablauf des Kalenderjahres (→ Rn. 34).

Zu empfehlen ist die Aufnahme eines **Übernahmerechts** gegenüber dem Privatgläubiger zugunsten der Mitgesellschafter, soweit diese im Gegenzug den Gläubiger befriedigen (→ 725 Rn. 47), um insoweit eine Kündigung der Mitgliedschaft zu vermeiden. Regelungsbedarf besteht zudem bezüglich des **Verhältnisses der Kündigung zur Auflösung** (→ Rn. 35).

§ 727 Ausschließung aus wichtigem Grund

[1]Tritt in der Person eines Gesellschafters ein wichtiger Grund ein, kann er durch Beschluss der anderen Gesellschafter aus der Gesellschaft ausgeschlossen werden. [2]Ein wichtiger Grund liegt insbesondere vor, wenn der Gesellschafter eine ihm nach dem Gesellschaftsvertrag obliegende wesentliche Verpflichtung vorsätzlich oder grob fahrlässig verletzt hat oder wenn ihm die Erfüllung einer solchen Verpflichtung unmöglich wird. [3]Dem Beschluss steht nicht entgegen, dass nach der Ausschließung nur ein Gesellschafter verbleibt.

Übersicht

I. Reform

1. Grundlagen, Bewertung

§ 727 S. 1 bestimmt als **gesetzlichen Regelfall**, dass ein **Gesellschafter** **1** **aus wichtigem durch Beschluss** der anderen aus der Gesellschaft **ausge-**

schlossen werden kann (vgl. insofern auch § 723 I Nr. 5). Inhaltlich haben
sich die Anforderungen an das Vorliegen eines **wichtigen Grundes** durch
die Neuregelung in § 727 S. 2 nicht verändert, das Ausschließungsrecht muss
freilich in den Kontext der anderen Kündigungsrechte eingebettet werden
(→ § 723 Rn. 8 ff.). § 737 aF sah indessen die Möglichkeit zur Ausschließung
nur vor, wenn sie im Gesellschaftsvertrag mittels Fortsetzungsklausel geregelt
wurde; andernfalls konnte von den Mitgesellschaftern nur die Gesellschaft
als solche gemäß § 723 I aF gekündigt werden, was als umständliches und
unverhältnismäßiges Regelungsmodell nunmehr überzeugend aufgegeben
wurde. Die neue Regelung verwirklicht so ebenfalls das zentrale gesetzgeberische Anliegen, den früheren Grundsatz „Auflösung vor Ausscheiden" auch
bei der GbR umzukehren (Begr. S. 174), was rechtspolitisch zu begrüßen
ist, weil es die wirtschaftlich unerwünschte Zerschlagung von Unternehmen
verhindert (vgl. Begr. S. 106) und insofern der **Rechtslage bei OHG und
KG** entspricht (vgl. § 134 HGB bzw. § 140 HGB aF). Hieraus folgen freilich
auch im Gegensatz zur bisherigen Rechtslage neue **Grenzen der Gestaltungsfreiheit.** Die bisherigen Kriterien zur Beurteilung vereinbarter Kündigungsgründe unterhalb der ultima ratio gem. § 727 bleiben indessen unverändert, ebenso die rechtliche Beurteilung grundloser Ausschließungsrechte im
Rahmen sog. Hinauskündigungsklauseln.

2   Neu ist, dass die notwendige **Willensbildung als Beschluss** gekennzeichnet wird, mithin nach Maßgabe von § 714, während es früher einer eher
vertragsrechtlich einzuordnenden gemeinschaftlichen Entschließung der Mitgesellschafter bedurfte. Die Regelung fügt sich damit in das begrüßenswerte
gesetzgeberische Anliegen ein, die kollektive Willensbildung bei den Personengesellschaften der allgemeinen verbandsrechtlichen Terminologie und
Konstruktion anzupassen, was Rechtssicherheit erzeugt. Die **Erklärung der
Ausschließung gegenüber dem Betroffenen** ist nunmehr gemäß § 723
III erforderlich (vgl. bislang § 737 S. 3 aF). Neu eingefügt wurde in § 727
S. 3 auch, dass auch die **Ausschließung des vorletzten Gesellschafters**
zulässig ist. Insofern wurde ein Gleichlauf zu § 140 I S. 2 HGB aF hergestellt
(nunmehr § 134 S. 3 HGB), was gegenüber der früher maßgeblichen Konstruktion eines einseitigen Übernahmerechts analog § 737 aF vorzugswürdig
ist und Rechtssicherheit erzeugt (vgl. insofern auch § 712a). Das Ausscheiden
eines Gesellschafters ist bei der eingetragenen GbR gemäß § 707 III zur
Eintragung in das **Gesellschaftsregister** anzumelden.

3   Der Gesetzgeber hat sich bewusst **dagegen entschieden,** auch bei der
GbR eine spezielle **Ausschließungsklage** in Anlehnung an § 134 HGB
vorzusehen (vgl. Begr. S. 170). Hiernach wird die Ausschließung aus der
GbR daher wie bereits im früheren Recht durch Übermittlung des wirksamen Ausschließungsbeschlusses wirksam. Die **Klagelast** und damit das Prozessrisiko, sich gegen die Wirksamkeit zu wehren, obliegt mithin dem Ausgeschlossenen (→ Rn. 34). Dies ist vordergründig überzeugend, denn die
Ausschließung aus wichtigem Grund setzt voraus, dass ein solcher Grund in
der Person des Gesellschafters besteht. Umgekehrt ist freilich zu bedenken,
dass ein solcher **wichtiger Grund** auch **durch die Mitgesellschafter vor-
geschoben** werden kann, was auch unter Berücksichtigung der Möglichkei-

ten des einstweiligen Rechtsschutzes die Gesellschafterstellung des (vermeintlich) ausgeschlossenen Gesellschafters faktisch erheblich schwächt. In der Gesetzesbegründung wird ausdrücklich darauf hingewiesen, dass Friktionen, die sich im Einzelfall aus der rückwirkenden Aufhebung des Ausschließungsbeschlusses ergeben mögen, der Klärung durch die Rechtsprechung vorbehalten blieben (Begr. S. 170). Insofern ist daher auch im neuen Recht besonders aufmerksam Augenmerk darauf zu legen, ob sich die übrigen Gesellschafter **treuwidrig** verhalten.

Die Neuregelung war bereits Gegenstand des **Mauracher Entwurfs (**dort 4 § 727-E) und wurde unverändert übernommen, freilich unter Ergänzung von S. 2 (dies explizit fordernd DAV NZG 2020, 1133 Rn. 72). **Kritische Stimmen** zur Neuregelung finden sich kaum (vgl. aber zur problematischen Behandlung von Altgesellschaften DAV NZG 2020, 1133 Rn. 73 f.; zu Fragen der Terminologie „Anwachsung" Bachmann NZG 2020, 612 (616); zur Abkehr vom früheren Vorrang der Auflösung bei kleinen GbR DIHK Stellungnahme S. 10).

2. Zeitlicher Geltungsbereich

Im Hinblick auf den **zeitlichen Anwendungsbereich** der Neuregelung 5 gilt Folgendes: Der Kommissionsentwurf verzichtete noch bewusst auf eine Übergangsregelung. Diese Rechtslücke wurde aber aufgrund der zu befürchtenden erheblichen Rechtsunsicherheiten für Altgesellschaften (so DAV NZG 2020, 1133 Rn. 73) geschlossen. Nach **Art. 229 § 61 EGBGB** (Art. 49 Nr. 2 MoPeG) gelten die §§ 723 bis einschließlich 728 aF mangels anderweitiger vertraglicher Vereinbarung weiter, wenn ein Gesellschafter bis zum 31.12.2024 die Anwendung dieser Vorschriften gegenüber der Gesellschaft schriftlich verlangt, bevor innerhalb dieser Frist ein zur Auflösung der Gesellschaft oder zum Ausscheiden eines Gesellschafters führender Grund eintritt. Das Verlangen kann durch einen Gesellschafterbeschluss zurückgewiesen werden. Findet eine solche Zurückweisung nicht statt, gelten die §§ 723–728 in der vor dem 1.1.2024 geltenden Fassung zeitlich unbegrenzt weiter (Einzelheiten → § 723 Rn. 38 ff.)

II. Normzweck

§ 727 ordnet zwingend an, dass ein Gesellschafter aus wichtigem Grund 6 ausgeschlossen werden kann, und versteht sich so als lex specialis gegenüber § 314. Die Regelung ähnelt § 134 HGB, wobei freilich der zentrale Unterschied darin begründet ist, dass bei der GbR **keine Ausschließungsklage notwendig** ist. Die Ausschließung kann vielmehr von den Mitgesellschaftern wirksam beschlossen werden, was ggf. erst nachträglich gerichtlich überprüft werden kann. Das zentrale Tatbestandsmerkmal ist das **Vorliegen eines wichtigen Grundes,** was gemäß § 725 II spiegelbildlich und wortgleich auch einem Gesellschafter die Kündigung seiner Mitgliedschaft ermöglicht. Die tatbestandliche Konkretisierung dieser im Kern identischen Merkmale erfolgt indessen unterschiedlich: Bei § 727 kommt es auf die Unzumutbarkeit der Fortsetzung aus der Sicht der anderen Gesellschafter an (Begr. S. 174), wohingegen im Rahmen von § 725 II die Perspektive des Kündigenden zu würdigen ist.

III. Anwendungsbereich

7 § 727 gilt ohne weiteres bei der **rechtsfähigen GbR** gemäß § 705 II Alt. 1. Bei einer **fehlerhaften Gesellschaft** (→ § 719 Rn. 21. ff.) besteht nach Entdecken des Mangels zwar regelmäßig ein wichtiger Grund, die Gesellschaft selbst nach Maßgabe von § 731 zu kündigen (vgl. BGH NJW 1952, 97 ff.; 2016, 2492 Rn. 22; Einzelheiten bei → § 731 Rn. 3). Gleichwohl sind Fälle denkbar, in denen es wegen der Subsidiarität der Auflösung geboten ist, allein die Kündigung der Mitgliedschaft anzuerkennen bzw. umgekehrt die Möglichkeit der Ausschließung. Dies gilt insbesondere, wenn der Mangel des Gesellschaftsvertrages oder Beitritts lediglich einen oder einzelne Gesellschafter betrifft (vgl. zur arglistigen Täuschung BGH NJW 1976, 894 f.; zur fahrlässigen Täuschung KG NZG 2001, 954 (955)). In diesen Fällen können die Mitgesellschafter den Betroffenen auffordern, entweder selbst zu kündigen oder an einer Heilung des Mangels mitzuwirken; gelingt dies nicht, rechtfertigt die latente Gefahr, dass der Betroffene den Mangel noch geltend macht, den Ausschluss aus wichtigem Grund. Bei **zweigliedrigen Gesellschaften** gilt die Regelung gleichermaßen, was § 727 S. 3 nunmehr ausdrücklich klarstellt (→ Rn. 17). Hierbei stellt sich freilich zusätzlich die Problematik, die an sich vorgesehene Differenzierung von Kündigung der Mitgliedschaft und Kündigung der Gesellschaft als solche präzise auseinanderzuhalten (§§ 725, 727 einerseits, § 731 andererseits). Dem ist indessen jedenfalls im Zuge der Neuregelung nicht zuzustimmen. Richtigerweise sollte insofern **keinem Rechtsbehelf Vorrang eingeräumt** werden, sodass den Beteiligten im Ausgangspunkt alle rechtlichen Möglichkeiten offenstehen und erst im Einzelfall nach Maßgabe der konkret in Rede stehenden Kündigung zu prüfen ist, ob die maßgeblichen Voraussetzungen hierfür erfüllt sind oder nicht. Die Einführung von § 727 S. 3 bestätigt dies letztlich (vgl. allgemein zum Verhältnis der gesetzlichen Kündigungsgründe → § 723 Rn. 8 ff.).

8 § 727 gilt auch bei der **nicht rechtsfähigen GbR** nach § 705 II Alt. 2 (die Nichterwähnung in § 740 II ist als Redaktionsversehen zu werten). Dies entsprach auch im bisherigen Recht jedenfalls bei **mehrgliedrigen Gesellschaften** der ganz hM (BeckOGK/Geibel § 737 Rn. 8; BeckOK BGB/Schöne § 737 Rn. 3; MüKoBGB/Schäfer § 737 Rn. 7; Staudinger/Habermeier, 2003, § 737 Rn. 3; Soergel/Hadding/Kießling § 737 Rn. 1; Erman/Westermann § 737 Rn. 2; abw. unter Hinweis auf das fehlende Gesamthandsvermögen Grüneberg/Sprau § 737 Rn. 1). Dem ist zuzustimmen, denn es ist keine Erwägung ersichtlich, die hier eine unterschiedliche Behandlung rechtfertigt; den Besonderheiten der nicht rechtsfähigen GbR ist vielmehr bei der Konkretisierung des Kündigungsgrundes Rechnung zu tragen. Darüber hinaus ist aber bei der nicht rechtsfähigen GbR zu bedenken, dass hier der gesetzliche Vorrang des Ausscheidens vor der Auflösung auch im Rahmen der Neuregelung nicht gilt. Hiernach führt somit im gesetzlichen Regelfall das Ausscheiden eines Gesellschafters zur **Beendigung** der Gesellschaft nach Maßgabe von § 740b (vgl. hierzu nach früherem Recht OLG Celle BeckRS 2002, 30281500; OLG Bamberg NZG 1998, 897; LG Berlin NZG 2014, 1303 (1305 ff.); Soergel/Hadding/Kießling § 723 Rn. 10; BeckOGK/Koch § 723 Rn. 12). Dies ist bei der zweigliedrigen Gesellschaft konsequent und zwingend (vgl. insofern bei rechtsfähigen Gesellschaften § 712a). Bei mehrgliedrigen Gesellschaften kann diese nicht gewünschte Rechtsfolge indessen dadurch vermieden werden, indem im Gesellschaftsvertrag eine **Fortsetzungsklausel** vereinbart wird. Dann besteht auch bei der nicht rechtsfähigen GbR die Gesellschaft nach Ausscheiden eines Gesellschafters fort (vgl. § 740c). Auch hier ist daher zwischen der Austrittskündigung und der Auflösungskündigung gemäß § 740a Nr. 4 zu differenzieren. Ist die **Unterbeteiligung** an einem Gesellschafts- oder Geschäftsanteil bzw. einer Aktie gesellschaftsrechtlich ausgestaltet (vgl. hierzu BGH NJW 1968, 2003), gilt dies alles gleichermaßen (anders für eine entsprechende Anwendung von § 234 HGB, wenn die Unterbeteiligung ähnlich einer stillen Gesellschaft ausgestaltet ist, BeckOGK/Koch § 723 Rn. 13). Eine abweichende Beurteilung ist allerdings geboten, wenn es sich um eine schuldrechtliche Treuhandabrede handelt (zur Abgrenzung BGH NJW 1994, 2886); dann gelten allein die Kündigungsmöglichkeiten nach § 675 bzw. § 671.

Eine abweichende Beurteilung ist indessen bei der **stillen Beteiligung** 9 geboten, da § 234 I HGB, der für die Kündigung der Gesellschaft durch einen Gesellschafter aus wichtigem Grund wohl infolge eines Redaktionsversehens unverändert auf § 723 aF verweist, mithin nunmehr auf § 731 (vgl. hierzu Henssler/Strohn/Servatius HGB § 234 Rn. 10 ff.). Hieraus folgt mangels entsprechender Neuregelung wenigstens bei der **zweigliedrigen** stillen Beteiligung, dass § 727 nicht gilt, sondern ein Beteiligter allein die Gesellschaft als solches nach Maßgabe von § 731 kündigen kann. Bei einer **mehrgliedrigen** stillen Beteiligung (hierzu Henssler/Strohn/Servatius HGB § 230 Rn. 5 ff.) besteht indessen durchaus Raum, § 727 entsprechend anzuwenden (in diese Richtung ebenfalls MüKoHGB/K. Schmidt HGB § 234 Rn. 53), jedenfalls aber § 134 HGB.

§ 727 gilt auch im **Liquidationsstadium** einer Gesellschaft (allgM zum 10 früheren Recht, vgl. BGH NJW 1951, 650; WM 1964, 1086; BeckOGK/Geibel § 737 Rn. 7; MüKoBGB/Schäfer § 737 Rn. 10; Grüneberg/Sprau § 737 Rn. 1; Staudinger/Habermeier, 2003, § 737 Rn. 4; Soergel/Hadding/Kießling § 737 Rn. 8). Im Hinblick auf das Vorliegen des wichtigen Grundes ist hierbei freilich den liquidationsspezifischen Besonderheiten Rechnung zu tragen, so dass die Hürde für den Ausschluss hier tendenziell höher ist (→ Rn. 16). Bei **OHG und KG** gilt allein § 134 HGB.

IV. Ausschließungsgrund (S. 1)

1. Rechtliche Grundlagen

Die Anforderungen an den wichtigen Grund, welcher den **Ausschluss** 11 **eines Gesellschafters** ermöglicht, werden in § 727 S. 1 exemplarisch dahingehend konkretisiert, als ein Gesellschafter eine ihm nach dem Gesellschaftsvertrag obliegende wesentliche Verpflichtung vorsätzlich oder grob fahrlässig verletzt haben muss oder ihm die Erfüllung einer solchen Verpflichtung unmöglich geworden ist. Diese Wendung ist **wortgleich** mit der spiegelbildlichen **Kündigung der eigenen Mitgliedschaft** gemäß § 725 II sowie mit § 731, welcher einem Gesellschafter die **Kündigung der Gesellschaft** als solche aus wichtigem Grund ermöglicht (vgl. insoweit § 723 I S. 3 Nr. 1 aF). Hieraus resultiert gleichwohl die Notwendigkeit einer **differenzierenden Betrachtung,** denn die Anforderungen sind in diesen Konstellationen wenigstens bei mehrgliedrigen Gesellschaften keinesfalls identisch. Dies betrifft zunächst das Verhältnis zur Kündigung der eigenen Mitgliedschaft gemäß § 725 II: Bei § 727 kommt es auf die Unzumutbarkeit der Fortsetzung aus der Sicht der anderen Gesellschafter an (Begr. S. 174), wohingegen im Rahmen von § 725 II die Perspektive des Kündigenden zu würdigen ist. Bei der Kündigung der Gesellschaft nach Maßgabe von 731 gilt dies gleichermaßen, denn hier kommt es darauf an, dass der Fortbestand der Gesellschaft dem Kündigenden unzumutbar ist. Bei den zweigliedrigen Gesellschaften lässt sich diese Trennung freilich kaum durchhalten, sodass es hier letztlich stets um eine Gesamtwürdigung aller Interessen geht. **Maßgeblicher Zeitpunkt** für die rechtliche Beurteilung des Ausschließungsgrundes ist die Beschlussfassung durch die Mitgesellschafter; insofern gilt etwas anderes als im Rahmen von § 134 HGB, wo im Rahmen der Gestaltungsklage alle Umstände berücksichtigt werden, die bei Schluss der letzten mündlichen Verhandlung vorliegen (vgl. BGH NJW 1988, 146).

2. Wichtiger Grund (S. 2)

12   Zentrale Voraussetzung für das Vorliegen eines wichtigen Grundes iSv § 727 ist auch im Rahmen der Neuregelung, dass dieser **in der Person des Gesellschafters** liegt und die Fortsetzung der Gesellschaft mit dem Auszuschließenden unzumutbar erscheinen lässt (BGH NZG 2003, 625 (626)). Das bislang im Rahmen von § 737 zusätzlich zu prüfende Merkmal, wonach der Grund geeignet sein muss, die Mitgesellschafter zur Kündigung oder Auflösung der Gesellschaft als solche zu berechtigen (vgl. BeckOGK/ Geibel § 737 Rn. 12), ist wegen der eigenständigen Regulierung des Ausschließungsrechts und dessen **Entkoppelung von der Kündigung der Gesellschaft** nunmehr obsolet (vgl. hierzu nach früherem Recht BGHZ 4, 108 (110); NJW 1952, 461). Die in § 727 genannten Kriterien der vorsätzlichen oder grob fahrlässigen Verletzung der dem Gesellschafter obliegenden wesentliche Pflichten aus dem Gesellschaftsvertrag sowie der Umstand, dass es dem Gesellschafter unmöglich geworden ist, eine solche Verpflichtung zu erfüllen, sind zwar lediglich exemplarisch, verdeutlichen aber die Personengebundenheit des Kündigungsgrundes. Taugliche Anknüpfungsmerkmale sind daher **verhaltens- oder personenbedingte Umstände** (BeckOGK/Geibel § 737 Rn. 13).

13   Diese müssen einen **Bezug zum Gesellschaftsverhältnis** aufweisen; Umstände aus der Privatsphäre genügen hierfür regelmäßig nicht (BGHZ 4,

108 (113 f.); vgl. aber für das Scheitern einer nichtehelichen Lebensgemeinschaft BGH NZG 2013, 1344 (1346)). Die **Zurechnung von fremden Verhalten** zulasten des Gesellschafters ist nach den allgemeinen Regeln zwar möglich (Henssler/Strohn/Kilian § 737 Rn. 5; vgl. für das Verhalten der gesetzlichen Vertreter (BGH WM 1977, 500 (502); vgl. für ein Treuhandverhältnis RGZ 109, 80 (82 f.); 183, 274 (278)), hierbei sollte indessen ein besonders strenger Maßstab angelegt werden. Insbesondere scheidet eine Zurechnung des Verhaltens von Rechtsvorgängern regelmäßig aus (BGH WM 1958, 49 (50); BeckOGK/Geibel § 737 Rn. 13; aA Bräutigam FS Quack, 1991, 189 (191 ff.)). Ein **Verschulden** des Auszuschließenden iSv § 276 ist nicht erforderlich (RGZ 24, 136 (138); Henssler/Strohn/Kilian § 737 BGB Rn. 5), kann das Bedürfnis zum Ausschluss indessen bestärken. **Beispiele** für die Bejahung verhaltensbedingter Umstände, die eine Ausschließung rechtfertigen können, sind die Anfeindungen von Mitgesellschaftern (vgl. BGH NJW 1952, 461, insbesondere bei Familiengesellschaften, vgl. BGHZ 18, 350 (360)), Kompetenzüberschreitungen (vgl. BGH WM 1959, 134 (135), Untreue (vgl. BGH NJW 1952, 875), Untätigkeit (vgl. BGH WM 1956, 1060 (1061)) und die fehlende Verschwiegenheit (BeckOGK/Geibel § 737 Rn. 19) (vgl. zur Blockade von Sanierungsbemühungen → Rn. 38). Beispiele für die Bejahung personenbedingter Umstände sind Krankheit (vgl. die strengen Anforderungen bei einer geistigen Erkrankung bereits bei RG JW 1933, 98), Alter, Tätigkeitsverbote, Abwesenheit, Nichterreichbarkeit.

Die hiernach maßgeblichen Tatsachen sind im Rahmen einer rechtlichen **14** **Gesamtwürdigung** des konkreten Einzelfalles dahingehend abzuwägen, ob es **aus der Perspektive der übrigen Gesellschafter unzumutbar** ist, das Gesellschaftsverhältnis unter Beteiligung des Auszuschließenden fortzusetzen. Dies ist eine vollumfänglich gerichtlich **überprüfbare Rechtsfrage** (BGH NJW 1994, 833; NJW 1960, 625; NZG 2011, 544; MüKoBGB/Schäfer § 737 Rn. 14); die Gesellschafter haben nur insofern Ermessen, als sie von der Ausschließungsmöglichkeit Gebrauch machen können oder nicht. Der Ausschluss eines Gesellschafters ist auch nach der Entkoppelung von der Kündigung der Gesellschaft als solche nach wie vor **ultima ratio,** was einen strengen Prüfungsmaßstab gebietet (BGH NZG 2003, 625 (626); BeckOGK/Geibel § 737 Rn. 14; Grüneberg/Sprau § 737 Rn. 2; Staudinger/Habermeier, 2003, § 737 Rn. 9; Jauernig/Stürner § 737 Rn. 7; HK-BGB/Saenger Rn. 2; Gehrlein WM 2019, 1; vgl. auch MüKoHGB/K. Schmidt HGB § 140: Besondere Bedeutung der **Billigkeitsprüfung**). Hierbei ist stets auch beachtlich, ob vorrangig **andere Mittel** ausreichend sind, insbesondere die Entziehung von Vertretungsmacht und Geschäftsführungsbefugnis (§ 715 V, § 720 IV; vgl. BGHZ 4, 108 (112)) oder bei verhaltensbedingten Umständen eine **Abmahnung** (analog § 314 II). Zudem sind bei der Beurteilung der Unzumutbarkeit die Bedingungen über die Abfindung des Gesellschafters gemäß § 728 zu berücksichtigen (Erman/Westermann § 737 Rn. 3). Die Möglichkeit, die **Gesellschaft stattdessen aufzulösen,** spielt indessen bei der Abwägung allenfalls eine untergeordnete Rolle, da das Ausschließungsrecht nunmehr hiervon entkoppelt wurde (vgl. hierzu nach früherem Recht

BeckOGK/Geibel § 737 Rn. 14 mwN). In der Gesetzesbegründung heißt es ausdrücklich, nunmehr sei davon auszugehen, dass ein Bestandsinteresse der Mitgesellschafter im gesetzlichen Regelfall bestehe (Begr. S. 174). Die alternative Auflösung hat daher **allein bei der zweigliedrigen Gesellschaft** besonderes Gewicht, da der Ausschluss des vorletzten Gesellschafters ohnehin die Vollbeendigung der Gesellschaft nach sich zieht (vgl. § 712a) und damit bei der Gesamtwürdigung zu berücksichtigen ist. Im Übrigen bestehen hierbei jedoch dieselben rechtlichen Anforderungen an die Bejahung des wichtigen Grundes wie bei mehrgliedrigen Gesellschaften (Erman/Westermann § 737 Rn. 8; BeckOK BGB/Schöne § 737 Rn. 11). Insbesondere lässt sich nicht abstrakt formulieren, dass die Anforderungen an den Ausschluss strengeren Anforderungen unterliegen als die Kündigung der Gesellschaft (MüKoBGB/Schäfer § 737 Rn. 9; BGH NZG 2003, 625 (626); anders noch BGH NJW 1952, 461; WM 1961, 32 (33)).

15 Die Beurteilung hat sich stets auf den **relevanten Zeitpunkt bzw. Zeitraum** zu erstrecken. Der wichtige Grund kann hiernach aus einer einmaligen Verfehlung oder einem konkreten Ereignis resultieren oder aus Dauerverhalten oder Dauerzuständen. Unter dem Aspekt der **Unzumutbarkeit** für die Mitgesellschafter ist im Rahmen einer **ex ante-Prognose** zu fragen, ob die Innehabung der Gesellschafterstellung hiernach noch geboten ist (Henssler/Strohn/Kilian § 737 Rn. 5). Die bisherige bewusste **Duldung** von Zuständen oder Verhalten seitens der Mitgesellschafter indiziert die Zumutbarkeit (BGH NJW 1966, 2160; NJW-RR 1993, 1123; NJW 1999, 2820; BeckOK BGB/Schöne § 737 Rn. 6). Das Gleiche gilt, wenn sich die **Mitgesellschafter ihrerseits pflichtwidrig** verhalten haben (vgl. BGH WM 2003, 1084; MüKoBGB/Schäfer § 737 Rn. 8; Staudinger/Habermeier, 2003, § 737 Rn. 9); hier sind die unterschiedlichen Verursachungsbeiträge gegeneinander abzuwägen (vgl. BGH NZG 2013, 1344 (1345): kein Ausschluss (aus einer GmbH), wenn die Umstände den Ausschluss der Mitgesellschafter selbst rechtfertigen würden; ebenso BGH WM 2003, 1084 (1085); NJW 2005, 3061 (3062)). Bei der zweigliedrigen Gesellschaft fällt dieser Umstand indessen nicht ins Gewicht, da auch die **beiderseits verursachte Zerrüttung** sowohl den Ausschluss als auch die Kündigung der Gesellschaft als solche rechtfertigen. Im Übrigen ist allgemein zu bedenken, dass das Ausschließungsrecht zwar zuvörderst die Interessen der zur Beschlussfassung berechtigten Mitgesellschafter verwirklicht, bei der Abwägung und Beurteilung der Unzumutbarkeit jedoch durchaus auch **Drittinteressen Berücksichtigung** finden können. So ist es etwa denkbar, bei unternehmerischen GbR einen tendenziell höheren Bestandsschutz der Gesellschaftsstruktur zu gewährleisten als bei rein schuldrechtlich geprägten Gesellschaftsverhältnissen (Ehegattengesellschaft, vermögensverwaltende Gesellschaft etc.). Die dogmatische Umsetzung dieses Ansatzes ist freilich derzeit noch ungeklärt.

16 Soll die Ausschließung im **Liquidationsstadium** erfolgen, sind die Anforderungen noch höher, weil die Gesellschaft ohnehin vollbeendigt werden muss (allgM, vgl. BGH NJW 1951, 650; WM 1964, 1086; BeckOGK/Geibel § 737 Rn. 6; MüKoBGB/Schäfer § 737 Rn. 10; Grüneberg/Sprau § 737 Rn. 1; Staudinger/Habermeier, 2003, § 737 Rn. 4; Soergel/Hadding/Kießling § 737 Rn. 8; Jauernig/Stürner § 737 Rn. 3). Insofern ist letztlich allein maßgeblich, ob die **ordnungsgemäße Liquidation** ohne den Ausschluss erheblich **gefährdet** wäre (BGH NJW 1951, 650; BeckOGK/Geibel § 737 Rn. 6; Staudinger/Habermeier, 2003, § 737 Rn. 4; MüKoBGB/Schäfer § 737 Rn. 10). Wollen die übrigen Gesellschafter einen **Fortsetzungsbeschluss** fassen, gelten für den Ausschluss des sich weigernden Gesellschafters dieselben Anforderungen wie bei der werbenden Gesellschaft (BeckOGK/Geibel § 737 Rn. 7; Staudinger/Habermeier, 2003, § 737 Rn. 4; MüKoBGB/Schäfer § 737 Rn. 11).

V. Gesellschafterbeschluss

Ein Gesellschafter kann auch nach der Neuregelung allein aufgrund eines **17** entsprechenden Gesellschafterbeschlusses ausgeschlossen werden (anders bei OHG und KG gemäß § 134 HGB: Ausschließungsklage). Dieser bedarf gemäß § 714 im gesetzlichen Regelfall der **Zustimmung aller** stimmberechtigten Gesellschafter (vgl. BeckOGK/Geibel § 737 Rn. 21: Gemeinschaftlich zustehendes Recht). Der **betroffene Gesellschafter** hat indessen zwingend **kein Stimmrecht** (allgM, vgl. Begr. S. 174; BGH NJW 1986, 2051; OLG Brandenburg BeckRS 2010, 04108; Henssler/Strohn/Kilian § 737 Rn. 11; BeckOGK/Geibel § 737 Rn. 28; Grüneberg/Sprau Vor § 709 Rn. 15). Bei der **zweigliedrigen Gesellschaft** hat der Kündigungsberechtigte auch bei einer Beteiligung von 50% die Möglichkeit, den anderen Gesellschafter wirksam auszuschließen. Dem Beschluss steht gem. § 727 S. 3 nicht entgegen, dass nach der Ausschließung nur ein Gesellschafter verbleibt (→ Rn. 24). Der Stimmrechtsausschluss bezieht sich grundsätzlich nur auf die Abstimmung über die eigene Person. Sollen zugleich **mehrere Gesellschafter ausgeschlossen** werden, ist nur dann eine Gesamtbetrachtung der Betroffenen geboten, wenn der Kündigungsgrund für alle derselbe ist. Werden verschiedene Kündigungsgründe hiernach sachwidrig in einer Beschlussfassung zusammengefasst, vermag dies keinen Stimmrechtsausschluss in Bezug auf die anderen Gesellschafter zu begründen. Eine **vorherige Anhörung** des Auszuschließenden ist richtigerweise **nicht geboten,** weil sich das Vorliegen eines wichtigen Grundes nach objektiven Kriterien beurteilt und insofern vollumfänglich der gerichtlichen Kontrolle unterliegt (vgl. BGH NJW 1954, 833; 1960, 625 (626 ff.); OLG Bamberg BeckRS 2008, 17847) und das Ausschließungsverfahren ansonsten entgegen dem legitimen Ausschließungsinteresse verzögert werden könnte (Henssler/Strohn/Kilian § 737 Rn. 11; MüKoBGB/Schäfer § 737 Rn. 15; Staudinger/Habermeier, 2003, § 737 Rn. 10; abw. Erman/Westermann § 737 Rn. 5; Soergel/Hadding/Kießling § 737 Rn. 9).

Für das **Beschlussverfahren** gelten die allgemeinen Regeln (vgl. §§ 714, **18** 709 III; zur Gestaltungsfreiheit → Rn. 26). Bei der zweigliedrigen GbR bedarf es einer entsprechenden Ausschließungserklärung (OLG Hamm NJW-RR 2000, 482). Die Ausschließung unterliegt wegen ihrer einschneidenden Bedeutung einer intensiven **Treuepflichtkontrolle.** Dies betrifft zunächst die Gefahr, dass versucht wird, einen Gesellschafter missbräuchlich aus der

Gesellschaft auszuschließen. In tatsächlicher Hinsicht verschwimmen insofern freilich die Grenzen zum Erfordernis des wichtigen Grundes, was auch beweisrechtlich bedeutsam ist (→ Rn. 34). Im Kern reduziert sich die Treuepflichtkontrolle in diesen Fällen jenseits der materiellen Anforderungen an den Kündigungsgrund daher auf die Berücksichtigung und Würdigung subjektiver Aspekte, die die **Ausschließung als rechtsmissbräuchlich** darstellen. Praktisch bedeutsam ist insofern stets auch die Möglichkeit der einstweiligen Verfügung (vgl. OLG Karlsruhe ZInsO 2019, 216 (217)).

19 Darüber hinaus kann es bei mehrgliedrigen Gesellschaften die Treuepflicht auch gebieten, dass sich alle übrigen hieran aktiv beteiligen. Eine solche **Zustimmungspflicht** unterliegt freilich hohen Hürden und setzt voraus, dass die Ausschließung sowohl zur weiteren gewollten Zweckverfolgung dringend geboten ist als auch, dass die Zustimmung für den Verpflichteten zumutbar ist (BGH NJW 1975, 1410; 1977, 1013; BeckOGK/Geibel § 737 Rn. 21; Henssler/Strohn/Kilian § 737 Rn. 11; Erman/Westermann § 737 Rn. 4; Soergel/Hadding/Kießling § 737 Rn. 11). Die konkrete **praktische Umsetzung** dieser Zustimmungspflicht ist schwierig: Grundsätzlich müsste der sich Weigernde zunächst auf Erteilung der Zustimmung verklagt werden (§ 894 ZPO, vgl. BGH BB 1954, 456; NJW 1977, 1013; RGZ 163, 35 (38); Grüneberg/Sprau § 737 Rn. 3; BeckOK BGB/Schöne § 737 Rn. 15; BeckOGK/Geibel § 737 Rn. 21; MüKoBGB/Schäfer § 705 Rn. 247). Die hierdurch bedingte zeitliche Verzögerung kollidiert mit dem **legitimen Lösungsinteresse der Mehrheit.** Dem ist Rechnung zu tragen: Durch die Einbettung der Ausschließung in das Beschlusserfordernis gemäß § 714 infolge der Neuregelung spricht nichts dagegen, die **treuwidrige Nichtzustimmung** bereits bei der entsprechenden Beschlussfassung über den Ausschluss in eine Zustimmung **umzuqualifizieren,** mithin als erteilt zu fingieren (in diese Richtung bereits BGH WM 1979, 1058; 1986, 1556 (1557); NJW-RR 2008, 1484 Rn. 42; wohl auch BGH ZIP 2016, 1220 Rn. 17; abw. für Grundlagenentscheidungen MüKoBGB/Schäfer § 705 Rn. 248). Die Einzelheiten dieser Thematik sind bislang noch nicht abschließend geklärt. So besteht auch die Möglichkeit, dass die sich an der Ausschließung eines Gesellschafters treuwidrig nicht beteiligenden Mitgesellschafter ihrerseits nach Maßgabe von § 727 ausgeschlossen werden (vgl. BGH NJW 1975, 1410; 1977, 1013; BeckOGK/Geibel § 737 Rn. 21; BeckOK BGB/Schöne § 737 Rn. 15; Soergel/Hadding/Kießling § 737 Rn. 10; Kollhosser NJW 1976, 144). In allen Fällen liegt die **Prozessverbindung** gemäß § 147 ZPO nahe, um divergierende Entscheidungen über denselben Sachverhalt zu vermeiden. Praktisch bedeutsam ist auch insofern stets auch die Möglichkeit der **einstweiligen Verfügung** (vgl. OLG Karlsruhe ZInsO 2019, 216 (217)).

VI. Erklärung gegenüber dem Betroffenen

20 § 723 III verlangt, dass der Ausschließungsbeschluss gegenüber dem Betroffenen erklärt werden muss (vgl. insofern § 737 S. 3 aF, hierzu Matz/Müllner WM 2009, 683). Die **Ausschließung** ist hiernach insgesamt als **empfangsbedürftige Gestaltungserklärung** zu qualifizieren, die dem betroffenen Gesellschafter zugehen muss. Die Beschlussfassung der übrigen Gesellschafter ist somit zunächst einmal eine bloß interne Willensbildung, deren Rechtsfolgen erst eintreten, wenn dies dem Betroffenen gegenüber im Wege der **Botenschaft** übermittelt wird (ähnlich, von Mitteilung sprechend, BeckOGK/Geibel § 737 Rn. 22). Bei der zweigliedrigen GbR gilt dies gleichermaßen für die hier allein erforderliche Ausschließungserklärung (vgl. OLG Hamm NJW-RR 2000, 482). Die Art und Weise der Übermittlung richtet sich im Übrigen nach den allgemeinen Regeln; es ist daher nicht erforderlich, dass die Ausschließung durch alle Mitgesellschafter gemeinschaftlich erklärt wird (allgM, vgl. BeckOGK/Geibel § 737 Rn. 22; Staudinger/Habermeier, 2003, § 737 Rn. 11). Die **Kenntnisnahme** durch den betroffenen Gesellschafter während der Beschlussfassung reicht indessen als Zugang aus (Henssler/Strohn/Kilian § 737 Rn. 11; MüKoBGB/Schäfer § 737 Rn. 14; BeckOGK/Geibel § 737 Rn. 22). **Angaben zum Kündigungsgrund** sind de lege lata für die Wirksamkeit der Erklärung nicht erforderlich (MüKoBGB/Schäfer § 737 Rn. 14; BeckOK BGB/Schöne § 737 Rn. 17; vgl. Soergel/Hadding/Kießling § 737 Rn. 12: Gleichwohl unter Treuepflichtaspekten geboten). De lege ferenda sollte indessen überlegt werden, ein solches Erfordernis zur Verfahrensbeschleunigung und -konzentration einzuführen.

VII. Rechtsfolgen der Ausschließung

1. Ausscheiden des Gesellschafters

Der Ausgeschlossene **verliert** im gesetzlichen Regelfall **zum Zeitpunkt** 21 **des Zugangs** der Erklärung seine **Gesellschafterstellung** (§ 723 III S. 1). Dies gilt auch in den Fällen einer unangemessenen Abfindungsregelung, die ggf. unabhängig vom Ausschluss anzupassen ist (vgl. BGH NJW 1973, 651; Einzelheiten bei → § 728 Rn. 53 ff.). Ein anhängiger Rechtsstreit über die Ausschließung steht der Wirksamkeit nicht entgegen (vgl. OLG Karlsruhe NJW-RR 1997, 169; zur gerichtlichen Überprüfung Rn. 34). Die mehrgliedrige Gesellschaft bleibt im Übrigen bestehen. Die in § 712 nach wie vor als **Anwachsung** bezeichnete Folge (hierzu kritisch Bachmann NZG 2020, 612 (616)) betrifft indessen nur noch die **Gesellschafterstellung** im Verhältnis zu den Mitgesellschaftern und ist insofern bei allen Personenverbänden die notwendige Konsequenz eines Mitgliederwechsels (Bachmann NZG 2020, 612 (616)). Der Gesellschaftsanteil bleibt daher anders als bei AG und GmbH weder als solches bestehen noch kann die Gesellschaft diesen selbst erwerben bzw. müsste diesen einziehen (vgl. insofern auch Begr. S. 105). Diese bei allen Personengesellschaften wegen ihrer fehlenden Verselbstständigung gegenüber den Mitgliedern vorgesehene Anwachsung hat somit eindeutig auch bei der rechtsfähigen GbR **keine unmittelbaren vermögensrechtlichen Auswirkungen** mehr, da deren Vermögen gemäß § 713 unverändert bleibt. Insofern ist es konsequent, dass § 712 nunmehr explizit vom Anwachsen des „Anteils an der Gesellschaft" spricht und nicht mehr vom „Anteil am Gesellschaftsvermögen", wie § 738 I 1 aF. Eine Grundbuchberichtigung ist konsequenterweise nicht mehr erforderlich (vgl. zum früheren Recht OLG Hamm NZG 2008, 21). Das Ausscheiden ist aber bei der eingetragenen GbR gemäß § 707 III S. 2 zur **Eintragung in das Gesellschaftsregister** anzumelden.

22   In allen Fällen richten sich die **weiteren Rechtsfolgen** im Hinblick auf Abfindungsanspruch bzw. Verlusttragungspflicht und Gesellschafter(nach)haftung nach §§ 728–728b. Da die Übermittlung des Ausschließungsbeschlusses Wirksamkeitsvoraussetzung für die Ausschließung ist, kommt zugunsten des Ausgeschlossenen ein Vertrauensschutz entsprechend § 736b II im Hinblick auf Geschäftsführungskompetenz und Vertretungsmacht nicht in Betracht (abw. zum früheren Recht, dort wegen des Mitteilungserfordernisses aber gleichermaßen zweifelhaft, BeckOGK/Geibel § 737 Rn. 25; Staudinger/ Habermeier, 2003, § 737 Rn. 14).

2. Abwicklung der Gesellschaft

23   Auch im Rahmen der Neuregelung zur Ausschließung eines Gesellschafters aus wichtigem Grund kann **im Gesellschaftsvertrag vereinbart** werden, dass diese zugleich die Auflösung der Gesellschaft bewirken soll (vgl. § 723 I). Die wirksame Ausschließung durch Beschluss der übrigen Gesellschafter bewirkt dann je nach Vereinbarung entweder die **Kündigung der Gesellschaft** gemäß § 729 I Nr. 3 (vgl. § 731) oder deren **Auflösung** gemäß § 729 I Nr. 4 (vgl. § 732), was gemäß § 733 I ebenfalls zur Eintragung ins Gesellschaftsregister anzumelden ist. In beiden Fällen kommt es – anders als im gesetzlichen Regelfall – nicht zum sofortigen Ausscheiden des betreffenden Gesellschafters, sondern zur Liquidation der Gesellschaft, bis zu deren Beendigung der Auszuschließende wie die anderen grundsätzlich vollumfänglich Gesellschafter bleibt (vgl. aber zur möglichen Ausschließung des Gesellschafters während des Liquidationsstadiums → Rn. 16). Anstelle des Abfindungsanspruchs gemäß § 728 gebührt dem betreffenden Gesellschafter dann ein ggf. verbleibender **Anteil am Liquidationserlös** nach Maßgabe von § 736 VI. Da die Auflösung nicht zwingend dem potentiell Auszuschließenden zur Kenntnis gebracht werden muss (→ § 732 Rn. 9 ff.), wird er bei Gutgläubigkeit im Hinblick auf den Fortbestand von **Geschäftsführungskompetenz und Vertretungsmacht** nach Maßgabe von § 736b II geschützt (→ § 736b Rn. 9 ff.).

3. Abwicklungsfolgen bei einem verbleibenden Mitglied (S. 3)

24   Dem Beschluss steht es nach § 727 S. 3 nicht entgegen, dass nach der Ausschließung nur ein Gesellschafter verbleibt. In diesem Fall greift indessen § 712a (→ § 712a Rn. 9 ff.). Der Ausgeschlossene ist nach den §§ 728 ff. abzufinden. Die Gesellschaft erlischt ohne Liquidation. Das Gesellschaftsvermögen geht zum Zeitpunkt des Ausschlusses des vorletzten Gesellschafters im Wege der Gesamtrechtsnachfolge auf den verbleibenden Gesellschafter über.

4. Rechtsschutz

25   Da es bei der GbR anders als bei OHG und KG gemäß § 134 HGB **keine Ausschließungsklage** gibt, obliegt es nach wie vor dem betroffenen

Gesellschafter, sich gegen den Ausschluss zu wehren (vgl. hierzu bereits → Rn. 3). Indem es im gesetzlichen Regelfall auch bei der GbR anders als gemäß §§ 110–115 HGB kein spezielles Beschlussmängelrecht gibt (→ § 714 Rn. 43 ff.), hat dies im Wege der **Feststellungsklage** nach § 256 I ZPO zu erfolgen, was dem betroffenen Gesellschafter zwar die Initiativlast aufbürdet, die Beweislast für die Begründetheit des Ausschlusses indessen bei den Gesellschaftern belässt (vgl. hierzu im Fall der vertraglich vereinbarten Geltung des Beschlussmängelrechts Altmeppen ZIP 2021, 213). Die Klage hat sich daher auch bei der rechtsfähigen GbR **gegen die übrigen Gesellschafter** zu richten (vgl. BGH NJW-RR 1992, 227; NJW 2011, 1667); OLG Hamm NZG 2008, 21; MüKoBGB/Schäfer § 737 Rn. 12). Die Wirksamkeit des Ausschlusses ist eine vollumfänglich gerichtlich **überprüfbare Rechtsfrage** (BGH NJW 1994, 833; 1960, 625; NZG 2011, 544; MüKoBGB/Schäfer § 737 Rn. 14). Dies gilt auch in der Revision, wobei insofern jedoch ein gewisser „tatrichterlicher Beurteilungsspielraum" anzuerkennen ist (vgl. BGH NZG 2005, 472; NJW 2006, 844 (845); NZG 2011, 544 Rn. 30; MüKoBGB/Schäfer § 723 Rn. 37). Die Voraussetzungen für den Ausschluss müssen zum **Zeitpunkt des Zugangs** der Gestaltungserklärung gem. § 130 gegenüber dem betroffenen Gesellschafter vorliegen (OLG Hamm NZG 2008, 21; MüKoBGB/Schäfer § 737 Rn. 14). Stellt sich nachträglich heraus, dass die Ausschließung unwirksam war, können sich die Mitgesellschafter gegenüber dem Betroffenen gemäß § 280 **schadensersatzpflichtig** machen, wenn sie die Ausschließung treuwidrig herbeigeführt haben (vgl. BGH NJW 1960, 625; MüKoBGB/Schäfer § 737 Rn. 1). Fahrlässiges Verhalten sollte bei unklarer Tatsachen- oder Rechtslage stets mit Zurückhaltung bejaht werden. Auch scheidet eine Haftung derjenigen aus, die am Ausschließungsbeschluss nicht aktiv beteiligt waren (vgl. OLG Düsseldorf WM 1983, 1320 (1321)). Praktisch bedeutsam ist insofern stets auch die Möglichkeit der **einstweiligen Verfügung** gem. §§ 935, 940 ZPO (vgl. OLG Karlsruhe ZInsO 2019, 216 (217)). Diese steht richtigerweise nur dem betroffenen Gesellschafter offen, um sich gegen den Ausschluss zu wehren (Altmeppen ZIP 2021, 213 (214)). Der Ausschluss ist im Wege des einstweiligen Rechtsschutzes generell nicht möglich (vgl. MüKoHGB/K. Schmidt/Fleischer HGB § 140 Rn. 80). Zulässig sind auch **Mediations-** und **Schiedsklauseln** (vgl. Henssler/Strohn/ Klöhn HGB § 133 Rn. 48).

VIII. Gestaltungsfreiheit

1. Allgemeines

Die Gestaltungsfreiheit ist im Hinblick auf die Ausschließung aus wichtigem Grund **infolge der Neuregelung anders zu begründen als bislang.** Bei § 737 aF bestand wegen des gesetzlichen Vorrangs der Auflösung von vornherein großer Raum, gesellschaftsvertraglichen Gestaltungen über die alternative Einräumung eines Ausschließungsrechts aus wichtigem Grund mittels Fortsetzungsklausel prinzipielle Geltung zu verschaffen (vgl. nur BeckOGK/Geibel § 737 Rn. 26 ff.). Indem nunmehr **§ 727** selbst die Aus- **26** schließung als ultima ratio vorsieht, gilt hierfür im Kern dasselbe wie für sämtliche andere **gesetzliche Lösungsrechte aus wichtigem Grund** (vgl. insofern auch für die Kündigung der Gesellschaft verallgemeinerungsfähig § 725 II, VI). Die Regelung ist hiernach insoweit zwingend, als die **Ausschließung aus wichtigem Grund nicht ausgeschlossen oder erschwert** werden kann (vgl. insofern auch § 723 III aF); entsprechende gesellschaftsvertragliche Abreden sind gemäß § 134 unwirksam (abw. freilich die zweifelhafte hM zu § 140 HGB aF, nunmehr § 134 HGB, vgl. insoweit MüKoHGB/K. Schmidt/Fleischer HGB § 140 Rn. 89 ff. mwN).

27   Dies begründet die **Unwirksamkeit vieler bislang zulässiger Gestaltungen.** Während nach bisherigem Recht eine großzügige Betrachtung angezeigt war, wonach eine Erschwerung der Ausschließung dogmatisch als Beschränkung des an sich erforderlichen Fortsetzungswillens zu würdigen war und dementsprechend wegen der alternativen Möglichkeit der Kündigung der Gesellschaft als solche weitgehend für zulässig erachtet wurde (vgl. MüKoBGB/Schäfer § 737 Rn. 15), gilt dies nunmehr nicht mehr. Vertragliche Vereinbarungen über das Ausschließungsrecht können nicht mehr in den **unmittelbaren Zusammenhang mit der Auflösung der Gesellschaft** als solche eingeordnet werden. Durch die Neuregelung sind vielmehr beide Rechtsbehelfe **klar voneinander abzugrenzen,** sodass auch deren Anwendungsbereich und tatbestandliche Konkretisierung unterschiedlichen Maßstäben folgt. Die bislang vorherrschende Tendenz, eine Erschwerung der Ausschließung sei unbedenklich, weil als Option die Auflösung der Gesellschaft als solche in Betracht komme, hat daher keine rechtliche Grundlage mehr. Das Ausschließungsrecht steht jedem Gesellschafter kraft Gesetzes zu, ohne dass es über einen ggf. begrenzten Fortsetzungswillen legitimiert sein müsste. Eine Abbedingung oder Erschwerung ist daher im Kontext der potentiellen Auflösung nur insofern zulässig, als gesellschaftsvertraglich vereinbart werden kann, dass die Ausschließung sogleich zur Auflösung der Gesellschaft führen soll (→ § 723 Rn. 32). Mit einer zulässigen Erschwerung der Ausschließung hat das gesetzessystematisch nichts zu tun.

28   Insofern sind **nunmehr nachteilige Vereinbarungen** über den Kündigungsgrund oder das Kündigungsverfahren **unzulässig** (anders zum bisherigen Recht Staudinger/Habermeier, 2003, § 723 Rn. 41 ff.; BeckOGK/Geibel § 737 Rn. 26). Dies gilt erst recht, wenn hiervon nur einzelne Gesellschafter betroffen sein sollen (anders zum bisherigen Recht BeckOGK/ Geibel § 737 Rn. 27; BeckOK BGB/Schöne § 737 Rn. 21; Staudinger/ Habermeier, § 737 2003, Rn. 6; Henssler/Strohn/Kilian § 737 Rn. 13). Die Beschränkung auf verhaltensbedingte Ausschließungsgründe ist unzulässig (anders zum bisherigen Recht BeckOGK/Geibel § 737 Rn. 27), ebenso die Beschränkung der Ausschlussmöglichkeit auf Vorsatz oder strafrechtliche Verurteilungen (anders zum bisherigen Recht BeckOK BGB/Schöne § 737 Rn. 22; BeckOGK/Geibel § 737 Rn. 27). Das Gleiche gilt für die Einräumung eines Ermessensspielraums oder einer Beurteilungsprärogative nach Maßgabe der Billigkeit zugunsten der Mitgesellschafter (anders zum bisherigen Recht OLG Düsseldorf DB 2004, 2685 (2687)). Die **Erleichterung der Ausschließung** ist indessen – wie nach bisherigem Recht – grundsätz-

lich zulässig (vgl. zu katalogartigen Ausschlussgründen OLG Düsseldorf DB 2004, 2685 (2687); Henssler/Strohn/Kilian § 737 Rn. 14), was insbesondere **Hinauskündigungsklauseln** ermöglicht (hierzu → Rn. 35). – Vgl. im Übrigen bei Rechts- und Patentanwaltsgesellschaft § 59d BRAO und § 52i II 1 PAO, wonach im Gesellschaftsvertrag eine Regelung aufgenommen werden muss, die den Ausschluss von Gesellschaftern vorsieht, die schwerwiegend oder wiederholt gegen Berufspflichten verstoßen haben.

Gestaltungsfreiheit besteht indessen auch nach neuem Recht in Bezug auf **29** die **Ausschließungskompetenz.** Anstelle der Beschlussfassung durch die übrigen Gesellschafter (→ Rn. 29), ist es im Rahmen der allgemeinen Regeln zulässig, die interne Willensbildung nach Maßgabe von §§ 708, 709, zu modifizieren. Dies gilt insbesondere für die Einführung des **Mehrheits-prinzips** (BGH NJW 2011, 2648; in der Gesetzesbegründung wird dies ausdrücklich erwähnt, vgl. Begr. S. 174) und für die Schaffung eines besonderen Ausschließungsorgans (OLG Köln NZG 2000, 834 (835); BeckOGK/Geibel § 737 Rn. 28). Der **Stimmrechtsausschluss** des betroffenen Gesellschafters ist indessen als gesellschaftsrechtliches Strukturprinzip nicht disponibel (BeckOGK/Geibel § 737 Rn. 28; Grüneberg/Sprau Vor § 709 Rn. 15). Die Vereinbarung eines **automatischen Ausscheidens** bei Vorliegen eines wichtigen Grundes ist indessen wegen der hiermit verbundenen großen Rechtsunsicherheit unzulässig. Dies ist nur anzuerkennen, wenn die Kriterien hierfür eindeutig umschrieben sind (siehe hierzu bei den Hinauskündigungs-klauseln → Rn. 35). In diesen Fällen ist der betreffende Gesellschafter bei Gutgläubigkeit zudem in entsprechender Anwendung von § 736b II im Hinblick auf den Fortbestand seiner Geschäftsführungsbefugnis und Vertretungsmacht zu schützen (→ § 736b Rn. 9 ff.).

2. Kautelarischer Handlungsbedarf infolge des MoPeG

Im Rahmen des § 727 hat der Gesetzgeber bedeutsame Neuerungen vor- **30** genommen, um den Vorrang des Ausscheidens gegenüber der Auflösung zu stärken. Jedoch gilt nach Art. 229 § 61 EGBGB (Art. 49 Nr. 2 MoPeG) die Vorschrift des § 727 mangels anderweitiger vertraglicher Vereinbarung weiter, wenn ein Gesellschafter bis zum 31.12.2024 deren Anwendung gegenüber der Gesellschaft verlangt (→ Rn. 5). Sollte dies nicht erfolgen oder vertraglich abbedungen werden, besteht Änderungsbedarf für den bisher verwendeten Gesellschaftsvertrag bis zum 31.12.2023 (vgl. Art. 137 MoPeG):

Viele bislang zulässige Gestaltungen müssen an die neue gesetzliche Rege- **31** lung des § 727 angepasst werden. Das Ausschließungsrecht für einzelne Gesellschafter und die Auflösung der Gesellschaft sollten gesellschaftsvertraglich klar voneinander abgegrenzt werden, sodass auch deren Anwendungsbereich und tatbestandliche Konkretisierung unterschiedlichen Maßstäben folgt (→ Rn. 1 f.). Eine Abbedingung oder Erschwerung des Kündigungsrechts nach § 727 ist im Kontext der potentiellen Auflösung nur insofern zulässig, als gesellschaftsvertraglich vereinbart werden kann, dass die Ausschließung sogleich zur Auflösung der Gesellschaft führen soll (→ § 723 Rn. 23).

Empfehlenswert ist es, den abstrakten Rechtsbegriff des wichtigen Grundes **32** zu definieren. Hierbei bietet sich eine beispielhafte Aufzählung („insbesondere") an. Als gesellschaftsbezogene Gründe kommen etwa die Unmöglichkeit der Erreichung des Gesellschaftszwecks oder die Fehlerhaftigkeit der Gesellschaft in Betracht (Henssler/Strohn/Klöhn HGB § 133 Rn. 24 ff.). Taugliche Anknüpfungsmerkmale sind verhaltens- und personenbedingte Gründe (BeckOGK/ Geibel § 737 Rn. 13). Als verhaltensbedingter Grund ist etwa die vorsätzliche oder grob fahrlässige Verletzung von wesentlichen Gesellschafterpflichten denkbar (→ Rn. 12; zur Hinauskündigung → Rn. 35). Als personenbedingter Grund kommt beispielsweise die Unmöglichkeit der Erfüllung einer Gesellschaftspflicht in Betracht (Henssler/Strohn/Klöhn HGB § 133 Rn. 27 ff.). Nicht erlaubt ist aber die Vereinbarung einer Ermessens- oder einer Beurteilungsprärogative nach Maßgabe der Billigkeit zugunsten der Mitgesellschafter (→ Rn. 28).

33   Überdies kann beispielsweise als milderes Mittel im Vergleich zum absolut wirkenden Ausschluss des Gesellschafters zum Zwecke der Gesellschafterkontinuität eine „Herabstufung" zum Kommanditisten nach dem Vorbild des § 724 vereinbart werden.

IX. Darlegungs- und Beweislast

34   Die Darlegung- und Beweislast für die die Ausschließung begründenden Tatsachen tragen die **Mitgesellschafter,** da diese hieraus Gestaltungsrechte herleiten wollen. Dies betrifft insbesondere die tatsächlichen Grundlagen für die Bejahung des wichtigen Grundes sowie die Beschlussfassung und Übermittlung der Ausschließungserklärung an den betreffenden Gesellschafter. Dies gilt auch im Hinblick auf die Glaubhaftmachung im Verfahren des einstweiligen Rechtsschutzes gem. §§ 935, 940 ZPO (vgl. Altmeppen ZIP 2021, 213 (214)). – Vereinbaren die Gesellschafter indessen die Geltung des Beschlussmängelrechts gemäß §§ 110 ff. HGB (→ § 714 Rn. 43 ff.), wird diese Rechtslage umgekehrt, da dann der Gesellschafter als **Anfechtungskläger** die Darlegungs- und Beweislast für das Nichtvorliegen eines Ausschlussgrundes trüge (zum Ganzen kritisch Altmeppen ZIP 2021, 213).

X. Hinauskündigungsklauseln

35   In der Praxis **weit verbreitet** und nach Maßgabe des bisherigen Rechts in mehr oder weniger klar umrissenen Grenzen zulässig sind sog. Hinauskündigungsklauseln. Das grundsätzlich nicht anzuerkennende Recht, einen Mitgesellschafter ohne Vorhandensein eines sachlichen Grundes aus einer Gesellschaft kündigen zu dürfen, kann für bestimmte Hinauskündigungsklauseln als nicht sittenwidrig nach § 138 I angesehen werden (BGH NZG 2004, 569; NJW-RR 2007, 1256). Die Hinauskündigung ermöglicht es den Mitgesellschaftern, einen Gesellschafter auch **unterhalb der Schwelle des wichtigen Grundes** aus der Gesellschaft ausschließen zu können, etwa wenn ein neuer Gesellschafter in eine seit langer Zeit bestehende Gesellschaft aufgenommen wird und das Ausschließungsrecht allein dazu dient, dem Aufnehmenden binnen einer angemessenen Frist die Prüfung zu ermöglichen, ob

zu dem neuen Partner das notwendige Vertrauen hergestellt werden kann und ob die Gesellschafter auf Dauer in der für die gemeinsame Berufsausübung erforderlichen Weise harmonieren können (BGH NZG 2004, 569; NJW-RR 2007, 1256; zu den einzelnen Gestaltungsmöglichkeiten → Rn. 26 ff.). Insofern können spezielle Kündigungsgründe vereinbart werden, die Kündigungsmöglichkeit kann indessen nicht grundlos bestehen („freie Kündbarkeit"). Insofern hat die Neuregelung keine Veränderungen hervorgebracht, sodass die bisherigen **Grenzen der Gestaltungsfreiheit** weiterhin Geltung beanspruchen (zum Ganzen BeckOGK/Geibel § 737 Rn. 29 ff.; MüKo-BGB/Schäfer § 737 Rn. 17 ff.). Diese sind freilich bei näherer Betrachtung keineswegs hinreichend klar, sodass die Problematik der Hinauskündigung bei allen Gesellschaftsformen nach wie vor eine große Rechtsunsicherheit in sich birgt. Die konkrete Ausübung einer solchen Kündigungsmöglichkeit und die Rechtsfolgen ergeben sich indessen nach den allgemeinen Regeln.

1. Gesellschaftsvertragliche Grundlage

Zentrale Voraussetzung für eine solche im gesetzlichen Regelfall nicht **36** vorgesehene Hinauskündigung ist zunächst eine **hinreichend deutliche** Grundlage im Gesellschaftsvertrag. Unabhängig davon, ob zusätzliche Kündigungsgründe vereinbart werden oder eine grundlose Kündigung möglich sein soll, bedarf es stets einer **formellen Legitimation der Gestaltungsmacht** der Mitgesellschafter zur Einwirkung auf die Stellung des Betroffenen (grundlegend für das Mehrheitsprinzip BGH NJW 1953, 102; aus neuerer Zeit im Lichte des früheren Bestimmtheitsgrundsatzes BGH NJW 2007, 1685 – Otto; WM 2009, 231 – Schutzgemeinschaft). Gibt es keinen schriftlichen Gesellschaftsvertrag, ist die Bejahung dieser Anforderungen wohl stets zu verneinen; ansonsten muss die betreffende Klausel klar und verständlich die **Kündigungsvoraussetzungen** darlegen, mithin die Kündigungsgründe benennen bzw. das grundlose Kündigungsrecht als solches. Eine **allgemeine Mehrheitsklausel** rechtfertigt die Bejahung eines Hinauskündigungsrechts nicht (zum Ganzen Schäfer ZGR 2009, 237).

Werden **bestimmte Kündigungsgründe** gesellschaftsvertraglich gere- **37** gelt, trägt eine solche Vereinbarung regelmäßig die Rechtmäßigkeit in sich, denn die Gesellschafter wissen bei Abschluss, worauf sie sich einlassen (vgl. für die Eröffnung des Insolvenzverfahrens über das Vermögen des Gesellschafters OLG Naumburg NZG 2000, 541; für die Pfändung des Gesellschaftsanteils vgl. OLG Brandenburg BeckRS 2016, 09266). Insoweit gilt das Gleiche wie bei der tatbestandlichen Präzisierung des wichtigen Grundes (→ Rn. 12). Soll eine solche **Kündigungsregelung nachträglich eingeführt** werden, bedarf dies der Zustimmung der hiervon potentiell betroffenen Gesellschafter (vgl. BGH NJW 2010, 65; zur Kernbereichslehre → § 714 Rn. 28).

Für die wirksame Vereinbarung der Möglichkeit einer **grundlosen 38 Hinauskündigung,** mithin ohne das Erfordernis eines gesellschaftsvertraglich definierten Kündigungsgrundes, bedarf es gemäß § 138 zudem stets eines **sachlichen Grundes,** um die betroffenen Gesellschafter vor einer durch das Damoklesschwert der Kündbarkeit legitimierten Willkürherrschaft im

Hinblick auf die freie Ausübung ihrer eigenen Gesellschafterrechte zu schützen (mittlerweile stRspr, vgl. BGH NJW 1985, 2421; 1989, 834; ZIP 2005, 1437; NJW-RR 1996, 234 (235); anders noch unter alleiniger Begrenzung mittels unzulässiger Rechtsausübung BGH NJW 1961, 504; 1973, 1606). Dies gilt auch dann, wenn der Gesellschafter eine angemessene Abfindung erhalten soll (BGHZ 81, 263; BGHZ 105, 213). Der sachliche Grund muss **zum Zeitpunkt der entsprechenden Vereinbarung** des Kündigungsrechts vorliegen. Als sachliche Gründe sind insbesondere anerkannt die Vereinbarung einer Probezeit (vgl. BGH NJW 2004, 2013: drei Jahre), die Beteiligung von Managern (sog. Managermodell, vgl. BGH NJW 1990, 2622; 2005, 3641), erbrechtliche Anordnungen (vgl. BGH NJW-RR 2007, 913 (914)), die geringe Beteiligung an der Finanzierung (vgl. BGH NJW 1990, 2622), die Einbettung der Gesellschafterstellung in eine umfangreiche Kooperationsvereinbarung (vgl. BGH DStR 2005, 798 (800); BGHZ 164, 98 (105)), die Gewährleistung der Sanierungsfähigkeit (vgl. BGH NJW 2011, 1667) sowie die Innehabung einer Kleinstbeteiligung durch den Betroffenen (vgl. BGHZ 81, 263 (270); kritisch BeckOGK/Geibel § 737 Rn. 31). Der Umstand, dass einem Gesellschafter der Anteil schenkweise zugewendet wurde, genügt nicht (vgl. BGH NJW 1990, 2622; Einzelheiten bei MüKoBGB/Schäfer § 737 Rn. 21 f.). Kommt es hiernach zu einer **Teilunwirksamkeit** der Klausel, ist regelmäßig gemäß § 139 von der Wirksamkeit im Übrigen auszugehen (vgl. BGH NJW 1989, 2681; BeckOGK/Geibel § 737 Rn. 32; Staudinger/Habermeier, 2003, Rn. 7; § 737 Jauernig/Stürner § 737 Rn. 8; Behr ZGR 1990, 370 (386)).

39   Es ist im Lichte von Art. 14 GG eine unabdingbare Voraussetzung, dass der Gesellschafter nur gegen **angemessene Abfindung** ausgeschlossen werden kann (allgM, vgl. nur BGH NJW 1979, 104). Eine derartige Vereinbarung ist indessen **keine Wirksamkeitsvoraussetzung,** denn eine unangemessen niedrige Abfindung kann und wird im Zuge des Ausscheidens konkretisiert (hM, vgl. etwa BGH NJW 1989, 834 (835); Einzelheiten → § 728 Rn. 67).

2. Ausübungskontrolle

40   Die konkrete Ausschließung aufgrund einer wirksamen Vereinbarung ist einer gesonderten Ausübungskontrolle zu unterziehen, die sich auf den **aktuellen Zeitpunkt** des Ausschlusses bezieht. Nach der neueren Rechtsprechung des BGH erfolgt dies als sog. zweite Stufe bzw. materielle Legitimation der Gestaltungsmacht vornehmlich auf der Grundlage der **Treuepflichtbindung der Ausschließungsberechtigten** gegenüber dem betroffenen Gesellschafter (vgl. BGH NJW 2007, 1685; NZG 2009, 183). Hierbei ist zu fragen, ob die in Rede stehende Ausschließung missbräuchlich ist, insbesondere da sie sich über die beachtenswerten Belange der Minderheit hinwegsetzt (vgl. BGH NJW 2007, 1685) oder ob es sich um eine zweckwidrige Instrumentalisierung des Ausschließungsrechts handelt (vgl. BGH WM 2009, 231 (234 f.)). Zu beachten ist in diesem Kontext auch der gesellschaftsrechtliche **Gleichbehandlungsgrundsatz** (vgl. OLG Jena BeckRS 2011, 22761). Im

Ergebnis dürfte die Ausübungskontrolle nur selten die Rechtswidrigkeit der konkreten Ausschließung nach sich ziehen, wenn sie sich innerhalb der durch den sachlichen Grund legitimierten Kündigungsregelung bewegt. Etwas anderes gilt freilich dann, wenn sachfremde Motive im Vordergrund stehen bzw. wenn die Kündigung sich nicht in den Kontext der sachlichen Rechtfertigung einfügt.

Soll es aufgrund entsprechender hinreichend deutlicher vertraglicher **41** Regelung zu einem **automatischen Ausscheiden** kommen, ist der betreffende Gesellschafter bei Gutgläubigkeit in entsprechender Anwendung von § 736b II im Hinblick auf den Fortbestand seiner Geschäftsführungsbefugnis und Vertretungsmacht zu schützen (→ § 736b Rn. 18 ff.).

3. Darlegungs- und Beweislast

Wird ein Gesellschafter aufgrund einer vertraglich geregelten Hinauskün- **42** digungsmöglichkeit aus der Gesellschaft ausgeschlossen, tragen die **Mitgesellschafter** die Darlegungs- und Beweislast für die entsprechende Vereinbarung, die entsprechende Beschlussfassung und die Übermittlung des Beschlusses an den betroffenen Gesellschafter. Die Darlegungs- und Beweislast für die **Treuwidrigkeit** trägt der Gesellschafter (vgl. BGH WM 2009, 231; NJW 2007, 1685; abw. möglicherweise BGH NZG 2014, 1296 Rn. 12, wonach in den Fällen der Kernbereichslehre, mithin auch beim Ausschluss, regelmäßig eine treuepflichtwidrige Ausübung der Mehrheitsmacht anzunehmen sei; hierzu Wicke mit MittBayNot 2014, 125 (126)). Steht eine Verletzung des gesellschaftsrechtlichen **Gleichbehandlungsgrundsatzes** im Raum, muss der betroffene Gesellschafter die Ungleichbehandlung darlegen und beweisen, die Mitgesellschafter die Tatsachen für eine etwaige sachliche Rechtfertigung.

§ 728 Ansprüche des ausgeschiedenen Gesellschafters

(1) ¹Sofern im Gesellschaftsvertrag nichts anderes vereinbart ist, ist die Gesellschaft verpflichtet, den ausgeschiedenen Gesellschafter von der Haftung für die Verbindlichkeiten der Gesellschaft zu befreien und ihm eine dem Wert seines Anteils angemessene Abfindung zu zahlen. ²Sind Verbindlichkeiten der Gesellschaft noch nicht fällig, kann die Gesellschaft dem Ausgeschiedenen Sicherheit leisten, statt ihn von der Haftung nach § 721 zu befreien.

(2) Der Wert des Gesellschaftsanteils ist, soweit erforderlich, im Wege der Schätzung zu ermitteln.

Übersicht

I. Reform

1. Grundlagen, Bewertung

1   § 728 entspricht im Ausgangspunkt § 738 aF, enthält indessen bedeutsame Neuerungen, um das gesetzgeberische Anliegen zur Verwirklichung des **Vorrangs vom Ausscheiden** gegenüber der Auflösung zu stärken, um hierüber eine wirtschaftlich unerwünschte Zerschlagung von Unternehmen zu verhindern (vgl. Begr. S. 106) und die **Gestaltungsfreiheit** der Beteiligten zu erhöhen (Begr. S. 174 f.). Insofern ist es auch konsequent, wenn die Neuregelung anders als bislang eine klare rechtliche **Trennung der Folgen bei Ausscheiden und Auflösung** (vgl. insoweit §§ 735 ff.) vornimmt (dies begrüßend Bachmann NZG 2020, 612 (616)). Im Übrigen trägt die Neuregelung dem Umstand Rechnung, dass bei der rechtsfähigen GbR infolge eines Gesellschafterwechsels **keine dingliche Rechtsänderung** im Hinblick auf das Gesellschaftsvermögen in Gestalt der hierauf bezogenen Anwachsung erfolgt (vgl. insoweit § 712 I). Sie ist eingebettet in den **konzeptionellen Wechsel** vom Vorrang des Ausscheidens gegenüber der Auflösung. Sie ist zudem dadurch geprägt, dass die Abfindung sich auf den Verlust des Gesellschaftsanteils bezieht, was auch für die Ermittlung des Abfindungsanspruchs nach Ausscheiden im Gegensatz zur Liquidation nach Auflösung relevant ist.

Bislang hatte sich der **Abfindungsanspruch** des Ausgeschiedenen näm- **2** lich daran zu orientieren, was dieser bei einer Auseinandersetzung erhalten würde, wenn die Gesellschaft zur Zeit seines Ausscheidens aufgelöst worden wäre (vgl. § 738 I 2 aF). § 728 I bezieht die Abfindung indessen unmittelbar auf den Wert des Anteils zum Zeitpunkt des Ausscheidens und führt hiermit eine **Entkoppelung von der hypothetischen Auflösung** herbei. Hieraus folgt ein wertungsmäßiger Paradigmenwechsel: Das bisherige Recht beruhte auf dem Grundgedanken, dass sich die Stellung des Ausscheidenden nicht von dessen Stellung bei hypothetischer Auflösung unterscheiden sollte, um etwaige negative Folgen für ihn zu verhindern und damit konsequenterweise auch dem früheren Vorrang der Auflösung Rechnung zu tragen (vgl. BeckOGK/Koch § 738 Rn. 2). Die Neuregelung rückt demgegenüber verstärkt die **Perspektive der verbleibenden Gesellschafter** in den Blick, deren Interessen durch die finanziellen Belastungen infolge des Abflusses von Gesellschaftskapital durch Abfindung beeinträchtigt werden können, was sich auch nachteilig auf den Fortbestand der Gesellschaft auswirken kann. Dies bedingt auch künftig einen größeren Freiraum für die rechtliche Beurteilung vertraglicher Abfindungsregelungen, um **Abfindungsbeschränkungen im Lichte des legitimen Fortbestands** der Gesellschaft im Übrigen anzuerkennen (in der Gesetzesbegründung als „Äquidistanz" bezeichnet); ein expliziter Vorrang zugunsten einer der widerstreitenden Interessen der ausscheidenden und verbleibenden Gesellschafter soll indessen nicht bestehen (Begr. S. 174). Vielmehr soll auch die Neuregelung wegen des **Festhaltens an der möglichen Unwirksamkeit einer Abfindungsklausel** weiterhin eine Verhaltenssteuerung entfalten, die die Gesellschafter zu einem „zurückhaltenden Umgang" mit Abfindungsbeschränkungen anregt (Begr. S. 175; zum Ganzen → Rn. 54).

Weiterhin wird in § 728 klargestellt, dass der **Abfindungsanspruch erst 3 mit dem Ausscheiden entsteht,** sodass hieruber die bisher hM bestatigt wird, wonach Mängel der Abfindungsregelung die Wirksamkeit des Ausscheidens nicht berühren (→ Rn. 55). Im Hinblick auf die **Berechnung der Abfindung** verlangt § 728 schließlich nunmehr als gesetzlichen Regelfall explizit die **Angemessenheit,** was sich als der „wahre Wert" des Gesellschaftsanteils darstellt, der sich (sofern gegeben) im Regelfall indirekt aus dem Unternehmenswert ableitet (Begr. S. 175). Es wird indessen einerseits explizit **keine Bewertungsmethode vorgegeben** (Prinzip der Methodenoffenheit), was sich von der bisher in § 738 aF angelegten Substanzwertmethode unterscheidet (Begr. S. 175 f.). Es liegt daher nahe, das gesetzgeberische Anliegen dahingehend zu formulieren, dass bei **unternehmenstragenden GbR** regelmäßig die **Ertragswertmethode** zur Anwendung kommen soll,

um den vermögensmäßigen Anteil des Ausgeschiedenen sachgerecht zu
ermitteln, was freilich bislang bereits gängige Praxis war. Insofern ist es auch
konsequent, dass der Gesetzgeber sich bewusst dagegen entschieden hat, eine
explizite Regelung zur Behandlung schwebender Geschäfte (§ 740 aF) aufzunehmen (vgl. Begr. S. 176). Darüber hinaus führt die Entkoppelung von der
hypothetischen Auflösung aber auch dazu, dass im Rahmen der Bewertung
bzw. Ermittlung einer angemessenen Abfindung auch **spezifische Aspekte
des konkreten Gesellschaftsanteils** Berücksichtigung finden, wie etwa
eine disquotale Ergebnis- oder Stimmverteilung, Entnahme-, Ausschüttungs-
und Kündigungsbeschränkungen, Minderheitenabschläge sowie die rechtliche und faktische Unveräußerlichkeit der Beteiligung (Einzelheiten
→ Rn. 34).

4   Es besteht im Übrigen nach wie vor die Möglichkeit, im Hinblick auf
den Abfindungsanspruch den **Wert des Gesellschaftsanteils im Wege der
Schätzung** zu ermitteln (§ 728 II). Gegenüber der Vorgängerregelung § 738
II aF bestehen indessen **zwei strukturelle Unterschiede:** Dies betrifft **zum
einen** den **Bezugspunkt** der Schätzung, indem es auf den Gesellschaftsanteil
ankommt und nicht mehr allein auf das Gesellschaftsvermögen. Praktisch
bedeutsam ist diese Differenzierung letztlich allein in den Fällen, in denen
sich der Wert eines Gesellschaftsanteils unmittelbar ermitteln lässt (direkte
Schätzung). In den übrigen Fällen bedarf es im Ausgangspunkt nach wie
vor einer Betrachtung des gesamten Gesellschaftsvermögens, um dann unter
Berücksichtigung des Anteils des Ausscheidenden im Verhältnis der Kapitalbeteiligung zwischen ihm und den verbleibenden Gesellschaftern den konkreten Abfindungsanspruch zu ermitteln (vgl. Begr. S. 175: Indirekte Schätzung). Hierbei soll **zum anderen** § 728 II **anders als** § 287 II ZPO insofern
einen eigenen Regelungsgehalt haben, der wie bei § 260 II 3 AktG im
Rahmen einer Anteils- oder Unternehmensbewertung eine **Reduzierung
der Kontrolldichte** bei der Angemessenheitsprüfung ermöglicht, die über
die Bewältigung der bloßen Schwierigkeiten bei einer vollständigen Sachver-
haltsaufklärung hinausgeht (vgl. Begr. S. 176) und konsequenterweise bereits
bei der Unternehmensbewertung Berücksichtigung findet (Einzelheiten
→ Rn. 42).

5   § 728 sieht schließlich nicht mehr explizit vor, dass der Ausgeschiedene
einen **Anspruch auf Rückgabe von Gegenständen** hat, die er der Gesellschaft zur Benutzung überlassen hat (vgl. insofern § 738 I 2 aF). Dies wird
damit begründet, dass sich ein solcher Anspruch bereits aus der zugrundeliegenden Vereinbarung selbst ergebe (Begr. S. 174 f.); aufgrund dieser Erwägungen wurde auch § 732 aF ersatzlos gestrichen. Dies ist zu kritisieren, weil
insofern eine gesetzliche Auffanglösung fehlt. Aus diesem Grund ist es nach
wie vor geboten, § 732 aF entsprechend anzuwenden, auch soweit es darum
geht, die Gefahrtragung bei zufälligem Untergang oder Verschlechterung
dieser Gegenstände im gesetzlichen Regelfall eindeutig dem Inferenten zuzuweisen (zum Ganzen → Rn. 25).

6   Die Regelung entspricht dem **Mauracher Entwurf** und findet weitgehende Zustimmung (vgl. Bachmann NZG 2020, 612 (616)). Kritische Stimmen finden sich allerdings im Hinblick auf die – nach wie vor mögliche –

Inhaltskontrolle gesellschaftsvertraglicher Abfindungsbeschränkungen (vgl. DAV NZG 2020, 1133 (1140): Deutlicheres Bekenntnis des Vorrangs der Ausübungs- vor der Wirksamkeitskontrolle von Abfindungsbeschränkungen wünschenswert; hierzu bereits Beschluss 11a des 71. DJT: Forderung nach mehr „Beinfreiheit"; vgl. insbesondere für den Tod eines Gesellschafters auch Lange/Kretschmann ZEV 2021, 545 (548); generell für eine viel stärkere Anerkennung zulässiger Beschränkungen Bühler DNotZ 2021, 725). In der Gesetzesbegründung wurden diese indessen berücksichtigt und ausdrücklich verworfen (vgl. Begr. S. 175; Einzelheiten → Rn. 56). Kritisch gesehen wird zudem teilweise auch der Vorrang des Ausscheidens, welcher bei vielen kleinen GbR unpraktikabel sei (vgl. DIHK Stellungnahme S. 10).

2. Zeitlicher Geltungsbereich

Nach **Art. 229 § 61 EGBGB** (Art. 49 Nr. 2 MoPeG) gelten die §§ 723 **7** bis einschließlich 728 aF mangels anderweitiger vertraglicher Vereinbarung weiter, wenn ein Gesellschafter bis zum 31.12.2024 die Anwendung dieser Vorschriften gegenüber der Gesellschaft schriftlich verlangt, bevor innerhalb dieser Frist ein zur Auflösung der Gesellschaft oder zum Ausscheiden eines Gesellschafters führender Grund eintritt. Das Verlangen kann durch einen Gesellschafterbeschluss zurückgewiesen werden. Findet eine solche Zurückweisung nicht statt, gelten die §§ 723–728 in der vor dem 1.1.2024 geltenden Fassung zeitlich unbegrenzt weiter (Einzelheiten → § 723 Rn. 38 ff.). – Problematisch ist freilich, dass sich die Übergangsregelung gemäß Art. 229 § 61 EGBGB allein auf § 728 bezieht, mithin nicht auf den spiegelbildlichen § 728a. Für die **Fehlbetragshaftung** besteht somit nach dem Wortlaut des Gesetzes **keine Übergangsregel,** was die Rechtsanwendung erheblich erschwert. Dies gilt insbesondere, da vielfach nicht sogleich feststeht, ob ein Abfindungsanspruch oder eine Fehlbetragshaftung in Rede steht. Diese Schieflage ist daher zu korrigieren, indem der **fehlende Verweis** in Art. 229 § 61 EGBGB auf § 728a als **planwidrige Regelungslücke** zu sehen und auf dieser Grundlage § 728 und § 728a rechtsfortbildend einheitlich auf die alte oder neue Rechtslage anzuwenden ist.

II. Normzweck

§ 728 I regelt zentral, aber nicht abschließend die gesellschaftsrechtlichen **8** **Folgen bei Ausscheiden** eines Gesellschafters aus der GbR in allen von § 723 erfassten Fällen. Hiernach hat dieser einen Anspruch auf Freistellung von drohender Haftung sowie den wirtschaftlich bedeutsameren Abfindungsanspruch, der nach Maßgabe von § 728 II auch geschätzt werden kann. Beides wird ausdrücklich unter den **Vorbehalt gesellschaftsvertraglicher Vereinbarungen** gestellt, was vielfältige Gestaltungen ermöglicht, von denen die Praxis – schon vor der Reform – rege Gebrauch machte. Die Regelung wird ergänzt durch § 728a, wonach der Gesellschafter seinerseits eine seiner Beteiligung entsprechende spiegelbildliche **Verlusttragungspflicht** gegenüber der Gesellschaft hat, soweit das Gesellschaftsvermögen zur Deckung der

Verbindlichkeiten nicht ausreicht. Gegenüber Dritten haben beide Regelungen indessen keine unmittelbar eigenständige Bedeutung, da der ausgeschiedene Gesellschafter nach Maßgabe von § 728b für die bis zu seinem Ausscheiden entstandenen Verbindlichkeiten ohnehin weiter im Außenverhältnis **haftet.**

9 Das Ausscheiden ist bei der eingetragenen rechtsfähigen GbR gemäß § 707 III 2 zur Eintragung in das **Gesellschaftsregister** anzumelden. Die früher gemäß § 738 aF explizit geregelte **Anwachsung** ergibt sich nunmehr aus § 712 I, bezieht sich allerdings **allein auf die Gesellschafterstellung** als solche, sodass sich bei mehrgliedrigen Gesellschaften die Beteiligungsquoten der Mitgesellschafter infolge des Ausscheidens entsprechend erhöhen. In Bezug auf das Gesellschaftsvermögen gibt es keine Anwachsung, weil dieses bei einer rechtsfähigen GbR allein dieser unverändert zusteht (vgl. § 713). Konsequenterweise bedarf es in den Fällen des Ausscheidens auch keiner Grundbuchberichtigung mehr (anders noch § 899a aF).

III. Anwendungsbereich

10 § 728 gilt grundsätzlich bei allen **rechtsfähigen GbR;** bei einer zweigliedrigen Gesellschaft hat indessen beim Ausscheiden eines Gesellschafters § 712a Vorrang, der in Bezug auf die Folgen jedoch wiederum auf §§ 728–728b verweist (vgl. zum früheren Recht BGH WM 2002, 293 (295); NJW 2008, 2992 (2993)). Die Anwendbarkeit des § 728 bei kleine GbR und Gelegenheitsgesellschaften ist zu bezweifeln. Insbesondere die Tatsache, dass diese Gesellschaften häufig gerade an den Bestand der ursprünglichen Gesellschafterzusammensetzung anknüpfen, spricht bereits gegen eine Anwendung (skeptisch auch DIHK Stellungnahme S. 10). Zudem fehlt es gerade bei ideeller Zwecksetzung oder bei nicht unternehmenstragenden GbR häufig an den finanziellen Mitteln, die gem. § 728 normierten Ansprüche zu erfüllen. Bei einer **fehlerhaften Gesellschaft** (→ § 719 Rn. 21 ff.) gilt § 728 ebenfalls, wenn anstelle der Auflösung der Gesellschaft selbst aus wichtigem Grund nach Maßgabe von § 731 (vgl. BGH NJW 1952, 97 ff.; 2016, 2492 Rn. 22) lediglich ein Gesellschafter infolge Kündigung gemäß § 725 II oder Ausschließung gemäß § 727 die Gesellschafterstellung verliert. § 728 gilt **nicht bei der Übertragung** von Gesellschaftsanteilen gemäß § 711 (vgl. BGH NJW 1975, 166 (167); 1981, 1095 (1096); MüKoBGB/Schäfer § 738 Rn. 79; Erman/Westermann § 738 Rn. 9; BeckOK BGB/Schöne § 738 Rn. 11; Soergel/Hadding/Kießling § 738 Rn. 19), wohl aber bei der Kombination von Ausscheiden und Neueintritt (BeckOGK/Koch § 738 Rn. 26; BGH NJW 1995, 3313 (3314)). **Verstirbt ein Gesellschafter,** gilt § 728 ebenfalls nicht, wenn die Erben aufgrund gesellschaftsvertraglicher Nachfolgeklausel im Wege der Singularsukzession in die Gesellschafterstellung einrücken (→ § 711 Rn. 27 ff.); kommt es indessen gemäß dem gesetzlichen Regelfall von § 723 I Nr. 1 zum Untergang des Gesellschaftsanteils des Verstorbenen, stehen die dadurch entstehenden Abfindungsansprüche aus § 728 den Erben zu (vgl. hierzu auch → Rn. 64). Bei der **nicht rechtsfähigen GbR** (früher Innen-GbR, vgl. Hermanns DNotZ 2022, 3 (5); Schäfer ZIP 2020, 1149

(1150)) sind die §§ 727–727a gem. § 740c II entsprechend anzuwenden; liegt indessen eine **stille Beteiligung** gem. § 230 HGB vor, gilt vorrangig § 235 HGB (vgl. Henssler/Strohn/Servatius HGB § 235 Rn. 13). Bei **OHG und KG** gelten allein die weitgehend identischen neu eingeführten §§ 135–137 HGB (vgl. zur früher entspr. Anwendung gem. § 105 III HGB, § 161 II HGB). § 728 gilt indessen gem. § 1 IV PartGG nach wie vor entsprechend beim Ausscheiden aus einer **Partnerschaftsgesellschaft** isv § 1 I 1 PartGG, nicht aber beim Ausscheiden aus einer **Wohnungseigentümergemeinschaft** iSd WEG (vgl. BGH NJW 1990, 447 (448)). Letzteres kann freilich anders zu beurteilen sein, wenn sich die Wohnungseigentümer über das Regelungsmodell des WEG hinaus zu einer GbR iSd § 705 I vereint haben (bspw. wenn der gemeinsame Zweck über die bloße Verwaltung des gemeinsamen Vermögens hinausgeht; vgl. → § 705 Rn. 8). – Bei der **Auflösung** der Gesellschaft gelten grundsätzlich allein die §§ 735 ff. Kommt es indessen im zeitlichen Zusammenhang mit dem Ausscheiden zur Auflösung der Gesellschaft, ist der Abfindungsanspruch des Ausscheidenden in die Gesamtabwicklung miteinzubeziehen (→ Rn. 32 f.).

IV. Ausscheiden eines Gesellschafters

1. Erlöschen der Mitgliedschaft

Scheidet ein Gesellschafter (ersatzlos, vgl. → Rn. 8) aus der Gesellschaft **11** aus, führt dies zum Erlöschen der Mitgliedschaft bzw. des Gesellschaftsanteils zum maßgeblichen Zeitpunkt. Die entsprechende **mitgliedschaftliche Stellung** gemäß § 709 III wächst den Mitgesellschaftern zu (§ 712 I), sodass es insofern nach wie vor ipso jure zur **Anwachsung** kommt (vgl. BeckOGK/Koch § 738 Rn. 6: Verteilung der Mitgliedschaft; grundlegend RGZ 136, 97 (99)). Deren **mitgliedschaftliche Stellung** gemäß § 709 III erhöht sich kraft Gesetzes im Verhältnis der jeweiligen Anteile entsprechend. Der Gesellschaftsanteil geht mithin nicht unter und wird auch nicht eingezogen (Begr. S. 145). Dies gilt freilich **nicht in Bezug auf das Gesellschaftsvermögen** gemäß § 713 (Begr. S. 145). Dieses bleibt vielmehr bei der rechtsfähigen GbR unverändert (vgl. zur dinglichen Anwachsung nach früherem Recht BGH NJW 1956, 141). Die nicht rechtsfähige GbR hat kein solches (vgl. § 740 I), so dass sich die Problematik hier von vornherein nicht stellt (Begr. S. 190). Konsequenterweise ist auch **keine Grundbuchberichtigung** erforderlich (anders § 899a aF); das Ausscheiden ist aber zur Eintragung ins Gesellschaftsregister anzumelden (§ 707 III), soweit die GbR von der Eintragungsmöglichkeit nach § 707 I Gebrauch gemacht hat. – Bei der **nicht rechtsfähigen Gesellschaft** gilt diese beschränkte Bedeutung der Anwachsung für die mitgliedschaftliche Stellung gleichermaßen (Begr. S. 190). Das gemeinschaftliche Halten von Vermögen durch die Gesellschafter einer Innengesellschaft ist zwar möglich (als Bruchteilsgemeinschaft nach den §§ 741 ff.), hat aber mit der gesellschaftsrechtlichen Verbindung nichts zu tun und ist hiervon abzugrenzen. – Das Ausscheiden aus einer GbR ist aus Gründen der Rechtssicherheit **irreversibel,** es bleibt indessen die Möglichkeit, den Ausgeschiedenen (auch mit Rückwirkung im Innenverhältnis) neu in die Gesellschaft aufzunehmen (BGH WM 1982, 1146 (47)).

12   Soweit die **Mitgliedschaft** des Ausgeschiedenen **dinglich belastet** ist (Pfandrecht, Verpfändung, Nießbrauch), verhindert dies nicht das Erlöschen; das Recht erstreckt sich allerdings entsprechend § 1258 III, § 1273 II im Wege der dinglichen **Surrogation** auf den Abfindungsanspruch des Ausgeschiedenen (BeckOGK/Koch § 738 Rn. 11; Soergel/Hadding/Kießling § 738 Rn. 7; vgl. zur GmbH BGH NJW 1998, 458). Dies gilt auch in den Fällen, in denen ein Privatgläubiger des Gesellschafters dessen Mitgliedschaft nach Maßgabe von § 726 gekündigt hat (→ § 726 Rn. 8 ff.).

2. Weitere Konsequenzen

13   Das Erlöschen der Mitgliedschaft infolge Ausscheidens führt auch zum **Erlöschen der gesellschaftsrechtlichen Mitverwaltungsrechte,** gemäß § 740c auch bei der nicht rechtsfähigen GbR (§ 705 II Alt. 2, §§ 740 ff.); abweichende Gestaltungen sind wegen des Abspaltungsverbots unzulässig (vgl. → § 711a Rn. 7 ff.). § 708 steht dem nicht entgegen. Die Vorschrift gilt nur für das zweite Kapitel „Rechtsverhältnis der Gesellschafter untereinander und der Gesellschafter zur Gesellschaft". Dies gilt grundsätzlich auch für das **Informationsrecht** gemäß § 717 I; mit Ausscheiden hat der ehemalige Gesellschafter nach hM nur noch einen Auskunftsanspruch gemäß § 810 (BeckOGK/Koch § 738 Rn. 11; MüKoBGB/Schäfer § 738 Rn. 6). Dem ist nicht zu folgen. Sofern ein ehemaliger Gesellschafter ein berechtigtes Informationsbedürfnis im Hinblick auf die frühere Gesellschafterstellung hat, kann er auch unmittelbar **auf der Grundlage von § 717 I** vorgehen, da die Regelung insofern gesetzliche Ausprägung einer nachwirkenden Treuepflicht ist (Einzelheiten → § 717 Rn. 9 ff.). – Nach § 729 S. 2 aF galt die **Geschäftsführungsbefugnis** eines Gesellschafters zu seinen Gunsten als fortbestehend, bis er vom Ausscheiden Kenntnis erlangt hat oder das Ausscheiden kennen musste (vgl. Legaldefinition in § 122 II; BeckOGK/Koch § 738 Rn. 11). Diese Regelung findet sich nunmehr positiviert in § 736b II, jedoch allein für den Fall der Auflösung. Dieses Versäumnis stellt wohl ein Redaktionsversehen dar: Das Bedürfnis für einen **Gutglaubensschutz des Ausgeschiedenen** ist im Hinblick auf den Fortbestand der Mitverwaltungsrechte zwar beim Ausscheiden geringer als bei der Auflösung, weil die Ausschließungsgründe fast durchgängig voraussetzen, dass der ausgeschiedene Gesellschafter diese entweder selbst herbeiführt oder hiervon Kenntnis erlangt haben muss (vgl. zur Kündigung durch einen Privatgläubiger → § 726 Rn. 8 ff.; zur Ausschließung aus wichtigem Grund → § 727 Rn. 6 ff.). In den Fällen der Insolvenz des Gesellschafters (§ 723 I Nr. 3) oder wenn im Rahmen einer Hinauskündigungsklausel hinreichend präzise Gründe für ein automatisches Ausscheiden vorgesehen sind (→ § 727 Rn. 35), ist es gleichwohl denkbar, dass ein Gesellschafter keine Kenntnis vom eigenen Ausscheiden hat, bzw. dies erst später erfährt. Hier besteht nach wie vor Bedarf, den gutgläubigen Gesellschafter im Hinblick auf den Fortbestand von Geschäftsführungsbefugnis zu schützen, sodass insofern **§ 736b II entsprechend** anzuwenden ist. – Die organschaftliche **Vertretungsmacht** endet zum Zeitpunkt des Ausscheidens einschränkungslos; gegenüber gutgläubigen Dritten wirkt der Fortbestand der im Gesellschaftsregister eingetragenen Vertretungsbefugnis (vgl. § 707 II Nr. 3) indessen gemäß § 15 I HGB iVm § 707 III 2 fort (sog. negative Publizität des Gesellschaftsregisters; vgl. → § 707 Rn. 19).

Die bis zum Zeitpunkt des Ausscheidens begründeten **Sozialansprüche** 14 **des Gesellschafters** (Gewinn, Aufwendungsersatz, Schadensersatz, etc., vgl. § 716) bleiben unberührt; das Gleiche gilt umgekehrt für die in der Person des Ausgeschiedenen bis dahin entstandenen **Sozialverpflichtungen.** Diese Ansprüche werden indessen richtigerweise bei der Berechnung des Abfindungsanspruchs berücksichtigt und können infolge einer **Durchsetzungssperre** nach Ausscheiden grundsätzlich nicht mehr isoliert geltend gemacht werden (→ Rn. 44). Das Gleiche gilt spiegelbildlich im Rahmen der Pflicht des Ausgeschiedenen, nach Maßgabe von § 728a einen entsprechenden Verlustanteil zu tragen. Die **Gesellschafterhaftung** endet insofern, als sie nach Maßgabe von § 728b nur noch Verbindlichkeiten betrifft, die bis zum Zeitpunkt des Ausscheidens begründet wurden; für spätere Verbindlichkeiten kommt allein eine Rechtsscheinshaftung gemäß § 15 I HGB in Betracht. Ein Gläubiger kann allerdings ohne weiteres auch einen bereits ausgeschiedenen Gesellschafter wegen einer zum Zeitpunkt des Ausscheidens begründeten Verbindlichkeit verklagen (BeckOGK/Koch § 738 Rn. 16; MüKoBGB/Schäfer § 738 Rn. 5; Staudinger/Habermeier, 2003, § 738 Rn. 3). Der Ausgeschiedene kann seiner Haftung im Außenverhältnis nicht den Freistellungsanspruch aus dem Innenverhältnis gem. § 728 entgegenhalten (BeckOGK/Koch § 738 Rn. 19; MüKoBGB/Schäfer § 738 Rn. 77).

Kommt es trotz Ausscheidens zum **Fortbestand der rechtsfähigen** 15 **Gesellschaft,** ändert sich im Hinblick auf deren **Außenverhältnis** nichts. Dauerschuldverhältnisse laufen mit der GbR als Vertragspartner fort. – Die organschaftliche Vertretungsmacht der übrigen Gesellschafter bleibt bestehen, ist aber ggf. anzupassen (→ § 720 Rn. 12 ff.). Anhängige Rechtsstreitigkeiten unter Beteiligung der rechtsfähigen GbR können ohne weiteres fortgesetzt werden; wegen der geänderten organschaftlichen Vertretungsmacht ist im Hinblick auf die Prozessfähigkeit gem. § 51 I ZPO ggf. das **Rubrum zu ändern.** Hierauf hat das Gericht ggf. gem. § 139 I ZPO hinzuweisen bzw. den Fehler im Rubrum nach der Verhandlung von Amts wegen auszubessern, § 319 I ZPO. Es liegt kein Fall des gewillkürten Parteiwechsels vor; § 265 ZPO findet keine analoge Anwendung. Die **Zwangsvollstreckung** für oder gegen eine erst **später im Gesellschaftsregister eingetragene** GbR findet auch aus einem Vollstreckungstitel (§ 722 I) für oder gegen eine **nichteingetragene** GbR statt, wenn erstens der in dem Vollstreckungstitel genannte **Name und Sitz der Gesellschaft identisch** sind mit dem Namen und Sitz oder der Anschrift der im Gesellschaftsregister eingetragenen GbR und zweitens die ggfs. in dem Vollstreckungstitel **aufgeführten Gesellschafter identisch** sind mit den Gesellschaftern der im Gesellschaftsregister eingetragenen Gesellschaft, **§ 736 ZPO.** – Eine Grundbuchberichtigung ist nur im Rahmen des § 707 III erforderlich, § 899a aF wurde konsequenterweise gestrichen. Bei der **nicht rechtsfähigen GbR** stellt sich die Rechtslage in

Bezug auf das Außenverhältnis indessen nunmehr grundlegend anders dar als früher, da diese **keine Rechtsfähigkeit** besitzt (§ 705 II Alt. 2, § 740 I) und damit auch nicht Partei eines Rechtsstreits sein kann (vgl. zur früheren Rechtslage BeckOGK/Koch § 738 Rn. 16 mwN, wonach das Ausscheiden eines Gesellschafters bei der nicht rechtsfähigen GbR entweder nach Maßgabe von § 265 II ZPO beurteilt wurde oder als gesetzlicher Parteiwechsel). In dem Moment, indem die nicht rechtsfähige GbR indes den Gerichtskostenvorschuss nach § 12 I 1 GKG überweist, nimmt sie am Rechtsverkehr teil und wird somit rechtsfähig gem. § 705 II Alt. 1. – Gleichermaßen kann die nicht rechtsfähige GbR auch keine Eigentümerstellung an Grundstücken erlangen. Insofern kann sich eine gesamthänderische Verbundenheit der Beteiligten nur aus anderen als gesellschaftsrechtlichen Regeln ergeben, insbesondere bei der Güter- (§ 1415) oder der Erbengemeinschaft (§ 2032). Die Gesellschafter können Eigentum auch zu Bruchteilen nach § 1008 erwerben.

16   Das Ausscheiden führt im Ausgangspunkt auch zum Ende der **mitgliedschaftlichen Treuepflichtbindung.** Hiervon abzugrenzen ist freilich deren nachvertragliche Fortwirkung, die sich etwa als **Verschwiegenheitspflicht** konkretisiert, soweit Geschäftsgeheimnisse oder sonstige Gesellschaftsinterna betroffen sind, die der Ausgeschiedene während seiner Gesellschafterstellung erfahren hat (vgl. RGZ 107, 171 (172); BeckOGK/Koch § 738 Rn. 12; Soergel/Hadding/Kießling § 738 Rn. 11; zur Schnittmenge zw. Verschwiegenheitspflicht und nachvertraglichem Wettbewerbsverbot: Gerigk, Nachvertragliche Wettbewerbsverbote mit gesellschaftsführenden Organmitgliedern und Gesellschaftern, 2014, S. 66 ff.). Um in den Genuss des Schutzes nach den §§ 6 ff. GeschGehG zu kommen, bedarf es einer Information, die geheimer Natur ist und daher einen wirtschaftlichen Wert hat (§ 2 Nr. 1 lit. a GeschGehG), angemessenen Geheimhaltungsmaßnahmen unterliegt (§ 2 Nr. 1 lit. b GeschGehG) und bei der ein berechtigtes Interesse an der Geheimhaltung besteht (§ 2 Nr. 1 lit. c GeschGehG). – Ein **nachvertragliches Wettbewerbsverbot** resultiert aus der mitgliedschaftlichen Treuepflicht nicht ohne weiteres. Dies ergibt sich indessen nicht aus der fehlenden entsprechenden gesetzlichen Regelung bei der GbR (zum Ganzen → Rn. 65), was im Zuge der Reform auch bewusst nicht geändert wurde (vgl. Mauracher Entwurf S. 81; kritisch Fleischer WM 2020, 1897 (1904 f.)). Es ist anerkannt, dass die nachvertragliche Treuepflicht dem Ausgeschiedenen nicht generell verbietet, mit der GbR in Konkurrenz zu treten (etwa BGH NJW 1991, 699 (700)). Für OHG und KG sehen dies die maßgeblichen §§ 117, 118 HGB nämlich auch nur für die Zeit während der Gesellschafterbeteiligung vor (sog. **gesellschaftsrechtliches Wettbewerbsverbot;** vgl. MüKoHGB/ Fleischer HGB § 112 Rn. 25 ff.). Ein nachvertragliches Wettbewerbsverbot kann jedoch, innerhalb bestimmter zeitlicher (idR zwei Jahre), räumlicher und inhaltlicher Grenzen (§ 138 I) nach dem Vorbild der §§ 74 ff. HGB, im Gesellschaftsvertrag oder der Abfindungsvereinbarung geregelt werden (vgl. zum Ganzen BGH NJW 2000, 2584; BeckOGK/Koch § 738 Rn. 13 f.). Hierbei sollten auch die Grenzen des § 1 GWB beachtet werden (Mayer, NJW 1991, 23 (24)). Die **nachwirkende Treuepflicht** kann es jedoch in Ausnahmefällen dem Ausscheidenden für eine kurze Übergangszeit verbieten, zur fortbestehenden GbR in Konkurrenz zu treten, wenn er aus einem von ihm zu vertretenden wichtigen Grund ausgeschlossen wird (MüKoHGB/Langhein HGB § 112 Rn. 21; hierzu auch BGH GmbHR 1977, 43). – Im Übrigen gebietet die nachvertragliche Treuepflicht infolge der Neuregelung noch stärker als bislang (vgl. → Rn. 70) die Pflicht zur **Rücksichtnahme,** dass der Ausscheidende seinen **Abfindungsanspruch** nicht sogleich in voller Höhe geltend machen darf, wenn dies unter Berücksichtigung der berechtigten Interessen der Mitgesellschafter und des Fortbestands der GbR für diese unzumutbar wäre (BeckOGK/Koch § 738 Rn. 12; Soergel/Hadding/Kießling § 738 Rn. 11). Auch ist der Ausgeschiedene gehalten, an der **Ermittlung des Abfindungsanspruchs mitzuwirken** (MüKoBGB/Schäfer § 738 Rn. 7; vgl. hierzu bei der Liquidation BGH ZIP 2003, 73 (74), was auf das Ausscheiden indessen mangels fortdauernder Mitgliedschaft nicht unmittelbar übertragbar ist). Aus der nachvertraglichen Treuepflicht vermag auch ein **Verbot der Einmischung** in Geschäftsführungsangelegenheiten zu resultieren (vgl. BGH WM 1980, 462 (464)). Hat der Gesellschafter selbst den **Ausscheidensgrund pflichtwidrig und schuldhaft herbeigeführt,** trifft ihn ggf. eine Schadensersatzpflicht (MüKoBGB/Schäfer § 738 Rn. 7; Paefgen ZIP 1990, 839; abw. OLG Düsseldorf ZIP 1990, 861).

V. Anspruch auf Haftungsbefreiung (Abs. 1 S. 1 Alt. 1)

§ 728 I sieht vergleichbar mit dem bisherigen § 738 I 1 aF vor, dass der **17** Ausscheidende, sofern nichts anderes vereinbart ist, einen Anspruch darauf hat, von der Haftung für die Verbindlichkeiten der Gesellschaft befreit zu werden. Dies gilt **nur bei der rechtsfähigen Gesellschaft,** da auch allein dort gemäß § 721 eine Gesellschafterhaftung in Betracht kommt. Der Verweis gemäß § 740c II bei der nicht rechtsfähigen GbR (vgl. § 705 II Alt. 2) ist insofern beschränkt. Dies bedeutet freilich nicht, dass etwaige Freistellungsansprüche wegen der gebotenen Gesamtsaldierung dort nicht in gleicher Weise im Rahmen der Abfindung zu berücksichtigen sind (→ Rn. 44). **Anspruchsgegner** ist allein die GbR, im Rahmen von § 712a der verbleibende Gesellschafter. Es handelt sich um einen Sozialanspruch, der nicht unter die Gesellschafterhaftung gem. § 721 fällt (MüKoBGB/Schäfer § 738 Rn. 77; Soergel/Hadding/Kießling § 738 Rn 15; Erman/Westermann § 738 Rn. 9); bis zur Auflösung der Gesellschaft müssen die verbleibenden Gesellschafter daher nicht persönlich dafür einstehen (§ 737 e contrario).

1. Erfasste Verbindlichkeiten

Der Freistellungsanspruch ist **akzessorisch zur Gesellschafterhaftung 18** des Ausgeschiedenen gem. §§ 721 ff. zum Zeitpunkt des Ausscheidens (BGH ZIP 2010, 515 (516)). Zu berücksichtigen sind daher nur **Ansprüche Dritter** bzw. Ansprüche von Mitgesellschaftern gegen die GbR aus Drittgeschäften. Für Sozialverbindlichkeiten gegenüber den Mitgesellschaftern würde der Ausgeschiedene nicht haften, sodass insofern auch keine Freistellung verlangt werden kann (BGH NJW 1962, 1863; NZG 2010, 383; Soergel/Hadding/

Kießling § 738 Rn. 15; BeckOGK/Koch § 738 Rn. 19). Hiervon abzugrenzen ist freilich, dass solche Verbindlichkeiten bei der Ermittlung des Abfindungsguthabens zu berücksichtigen sind (→ Rn. 41). Die frühere spezielle Regelung für **schwebende Geschäfte** gem. § 740 aF ist entfallen und nicht mehr notwendig, weil der Ausgeschiedene nunmehr eine auf den wahren Wert des Gesellschaftsanteils bezogene Abfindung erhält und dementsprechend eine Entkoppelung von der hypothetischen Auflösung erfolgt ist (→ Rn. 39; anders noch zum früheren Recht RGZ 132, 29 (32); BGH NJW 1974, 899; BeckOGK/Koch § 738 Rn. 23: § 740 aF als Sonderbestimmung für die Abrechnung im Innenverhältnis). Die **Darlegungs- und Beweislast** für die entsprechende Haftung trägt der Ausscheidende (RGZ 60, 155 (159); 132, 29 (31); BGH ZIP 2009, 1008; MüKoBGB/Schäfer § 738 Rn. 77; BeckOK BGB/Schöne § 738 Rn. 8; Erman/Westermann § 738 Rn. 9; Soergel/Hadding/Kießling § 738 Rn. 18; BeckOGK/Koch § 738 Rn. 19; abw. Muthorst AcP 209 (2009), 212 (223)); wurde eine (bestehende) Gesellschaftsverbindlichkeit indessen bereits getilgt, hat die Gesellschaft dies zu beweisen (vgl. BGH NJW 2000, 1641 (1642)).

19   Fällige Ansprüche werden ohne weiteres erfasst. Problematisch ist indessen, wie **betagte Forderungen** im Rahmen des Anspruchs auf Freistellung zu behandeln sind. **Abs. 1 S. 2** sieht insofern wie nach bisherigem Recht vor, dass die Gesellschaft dem Ausgeschiedenen Sicherheit leisten kann, statt ihn von der Haftung insoweit zu befreien. Hieraus folgt, dass grundsätzlich auch im Hinblick auf betagte Forderungen eine **sofortige Freistellungspflicht** gem. § 728 I besteht (so bereits zum früheren Recht Soergel/Hadding/Kießling § 738 Rn. 15: Erfüllbarkeit ausreichend; iE auch BeckOK BGB/Schöne § 738 Rn. 8; MüKoBGB/Schäfer § 738 Rn. 77; BeckOGK/Koch § 738 Rn. 23). Die Gesellschaft hat jedoch insofern eine **Ersetzungsbefugnis** (facultas alternativa), als sie anstelle der Freistellung **Sicherheit leisten** kann (MüKoBGB/Schäfer § 738 Rn. 80; BeckOK BGB/Schöne § 738 Rn. 12; Soergel/Hadding/Kießling § 738 Rn. 17). Für die Sicherheitsleistung gelten die **§§ 232 ff.** (vgl. im Übrigen zu vertraglichen Vereinbarungen Knöchlein DNotZ 1960, 452 (473)). Die Sicherheit kann also durch Hinterlegung von Geld oder Wertpapieren, durch Verpfändung beweglicher Sachen oder durch Bestellung von Hypotheken bzw. Grundschulden geleistet werden. Kann die Sicherheit nicht in dieser Weise erbracht werden, so ist die Stellung eines tauglichen Bürgen zulässig, § 232 II. Der Ausgeschiedene selbst kann nicht Sicherheitsleistung verlangen (RGZ 60, 155 (158); BeckOGK/Koch § 738 Rn. 23). Hat er indessen selbst einem Gesellschaftsgläubiger für eine fällige Forderung Sicherheit geleistet, kann er insofern von der Gesellschaft Freistellung hiervon verlangen (RGZ 132, 29 (32); BGH NJW 1974, 899; MüKoBGB/Schäfer § 738 Rn. 80; BeckOGK/Koch § 738 Rn. 23).

20   Maßgeblich für den Umfang der Freistellung ist schließlich auch die **Nachhaftungsbegrenzung gemäß § 728b.** Indem ein Gesellschafter hiernach für bis zum Ausscheiden begründete Verbindlichkeiten nur innerhalb von fünf Jahren haftet, sind konsequenterweise auch nur ebendiese Verbindlichkeiten zu berücksichtigen. Dies birgt freilich ein **Prognoseproblem** in sich, weil nicht zum Zeitpunkt der gesellschaftsrechtlichen Auseinandersetzung endgültig feststeht, ob und in welchem Umfang diese Verbindlichkeiten nach Maßgabe der besonderen Voraussetzungen von § 728b fristwahrend durchgesetzt werden. Um dieses Risiko nicht einseitig dem Ausscheidenden aufzubürden, ist es geboten, zu dessen Gunsten anzunehmen, dass die Voraussetzungen von § 728b eingehalten werden. Er kann daher Freistellung von allen Verbindlichkeiten verlangen, die innerhalb des Fünf-Jahres-Zeitraums (→ § 728b Rn. 15 ff.) fällig werden; etwas anderes gilt nur, wenn bereits zum Ausscheidenszeitpunkt feststeht, dass ein Gläubiger auf die Geltendmachung verzichtet. – Im Übrigen bringt die **Einführung von § 728b I 2** eine auch im Hinblick auf den Freistellungsanspruch nach § 728 I 1 Alt. 1 bedeutsame Änderung mit sich. Die hierdurch bewirkte Minderung der Nachhaftung für Ansprüche, die erst durch **Pflichtverletzungen nach Ausscheiden** verwirklicht werden (→ § 728b Rn. 9 f.), reduziert konsequenterweise insofern auch die Freistellungspflicht. Das Gleiche gilt, wenn man, wie hier vertreten, aus § 728b I 2 weitergehend ableitet, dass **abschnittsweise Vergütungen bei Dauerschuldverhältnissen** für Leistungen eines Dritten nach Ausscheiden nicht mehr von der Nachhaftung erfasst sind (→ § 728b Rn. 9).

2. Freistellung

Der Freistellungsanspruch ist darauf gerichtet, dass die Gesellschaft ihn von **21** der drohenden Inanspruchnahme durch einen Gesellschaftsgläubiger befreit. Die **Anspruchshöhe** bestimmt sich somit anhand der **drohenden Inanspruchnahme** durch die Gesellschaftsgläubiger im Außenverhältnis, nicht nach Maßgabe der internen Beteiligung (vgl. aber → Rn. 49). Der Freistellungsanspruch kann dadurch erfüllt werden, dass die Gesellschaft den **Gläubiger befriedigt** oder mit diesem einen **Haftungsverzicht im Innenverhältnis vereinbart** (RGZ 132, 29 (31); BGH NJW 1999, 2438 (2440); BeckOK BGB/Schöne § 738 Rn. 10; MüKoBGB/Schäfer § 738 Rn. 78; Soergel/Hadding/Kießling § 738 Rn. 15; Erman/Westermann § 738 Rn. 9; BeckOGK/Koch § 738 Rn. 20). Eine bloß im Gesellschaftsverhältnis vereinbarte Freistellung genügt grundsätzlich nicht, weil sie den Gläubiger nicht bindet (vgl. OLG Stuttgart BB 1965, 346; BeckOGK/Koch § 738 Rn. 20; BeckOK BGB/Schöne § 738 Rn. 10). Beteiligt sich der Ausgeschiedene hieran, ist dies indessen als **zulässige vertragliche Modifizierung** von § 728 I zu würdigen.

3. Verhältnis zur Verlusttragung und Abfindung

Wenngleich der **Freistellungsanspruch rechtlich selbstständig** zu **22** betrachten ist und auch individuell geltend gemacht werden kann, ist er doch regelmäßig wirtschaftlich im Rahmen der **Auseinandersetzung als Gesamtsaldierung** zu berücksichtigen. So ist einerseits anerkannt, dass der Gesellschaft gegenüber dem Gesellschafter gem. § 273 ein **Zurückbehaltungsrecht** zusteht, wenn und soweit dieser im Innenverhältnis gem. § 728a **zur anteiligen Verlusttragung verpflichtet** ist (BGH NJW 1974, 899; NZG 2009, 581; Soergel/Hadding/Kießling § 738 Rn. 16; BeckOK BGB/Schöne § 738 Rn. 8; Grüneberg/Sprau § 738 Rn. 3b; BeckOGK/Koch

§ 738 Rn. 19). Wenn daher das Gesellschaftsvermögen zum Zeitpunkt des Ausscheidens nicht ausreicht, um die im Rahmen der Freistellung zu berücksichtigenden Gesellschaftsgläubiger zu befriedigen, kann der Ausgeschiedene im Ergebnis nur Freistellung für den Betrag verlangen, den er nach Maßgabe der internen Ergebnisverteilung nicht selbst trägt.

23   Dies gilt gleichermaßen, wenn der **Ausgeschiedene** von einem Gläubiger bereits nach Maßgabe von § 721 **in die Haftung genommen** wurde. Der ihm insoweit gem. § 716 I zustehende **Regressanspruch** gegen die GbR ist auch nach Ausscheiden grundsätzlich in voller Höhe berechtigt und fließt in die Ermittlung eines entsprechenden Abfindungsguthabens ein (→ Rn. 14). Reicht das Gesellschaftsvermögen indessen zum Zeitpunkt des Ausscheidens nicht aus, um sämtliche Gesellschaftsverbindlichkeiten zu befriedigen, besteht der Regressanspruch nach Ausscheiden nur in dem Umfang, wie der Ausgeschiedene nicht selbst zur Verlusttragung verpflichtet ist. Dies gebietet der Gläubigerschutz. Verpflichtet ist insofern vorrangig die GbR; im Rahmen des **Gesamtschuldnerregresses gem. § 426 I und II** kann er indessen insoweit auch **subsidiär** Befriedigung von den ehemaligen Mitgesellschaftern verlangen (BGH WM 1978, 114 (115); MüKoBGB/Schäfer § 738 Rn. 78; Soergel/Hadding/Kießling § 738 Rn. 16; BeckOGK/Koch § 738 Rn. 21; Hadding/Häuser WM 1988, 1585 (1589); gegen die Subsidiarität Büscher/Klusmann ZIP 1992, 11 (16 f.)). Zum Ganzen auch → § 721 Rn. 26.

24   Im Übrigen ist der hiernach konkretisierte Freistellungsanspruch stets im Rahmen der Ermittlung des Anteilswertes zu berücksichtigen, um eine **wirtschaftliche Doppelberücksichtigung zu vermeiden.** Hieraus folgt, dass ein **erfüllter Freistellungsanspruch** unter Berücksichtigung der internen Ergebnisverteilung insofern wertmindernd zu berücksichtigen ist, als die Mitgesellschafter dem Ausgeschiedenen den betreffenden Vermögensvorteil bereits zugeführt haben. Umgekehrt führt die **noch nicht erfolgte Freistellung** dazu, dass die wirtschaftliche Berechtigung des Ausgeschiedenen am Gesamtvermögen und damit der maßgebliche Anteilswert entsprechend höher ist, weil insofern noch eine Haftung in voller Höhe droht, die wirtschaftlich freilich wiederum nur in Höhe des den Ausgeschiedenen selbst treffenden Anteils zu berücksichtigen ist. Insofern spricht viel dafür, im Hinblick auf den Freistellungsanspruch eine **Durchsetzungssperre** anzunehmen, bis zur endgültigen Ermittlung der Abfindung (in diese Richtung auch Soergel/Hadding/Kießling § 738 Rn. 16; vgl. hierzu auch → Rn. 44).

VI. Anspruch auf Rückgabe von Gegenständen

25   § 738 I 2 aF sah iVm § 732 S. 1 aF explizit vor, dass dem ausscheidenden Gesellschafter ein Anspruch auf Rückgabe der Gegenstände zusteht, die er der Gesellschaft **zur Benutzung überlassen** hat. § 732 S. 2 aF bestimmte zudem, dass für einen durch Zufall untergegangen oder verschlechterten Gegenstand kein Ersatz verlangt werden kann. Beide Regelungen wurden nunmehr **im Hinblick auf das Ausscheiden ersatzlos gestrichen;** eine im Ansatz vergleichbare Regelung findet sich allein für die Liquidation in § 736d V, welche freilich für die bloße Nutzungsüberlassung nicht passt

($\rightarrow$ § 736d Rn. 45 ff.). In der Gesetzesbegründung wird dieser Schritt ausdrücklich damit begründet, dass sich die entsprechenden Rechtsfolgen aus der jeweils **zugrunde liegenden Vereinbarung** selbst ergeben würden und deswegen eine gesetzliche Regelung überflüssig sei (Begr. S. 175). Dies überzeugt nur bedingt (ebenso kritisch Bachmann Stellungnahme S. 10: Klarstellung wünschenswert). Das jetzige Konzept übersieht nämlich, dass in vielen Fällen nicht mit hinreichender Bestimmtheit entsprechende Abreden bestehen oder dass sich solche nicht nachweisen lassen. Insofern besteht nach neuem Recht eine **planwidrige Regelungslücke**, sodass es aufgrund der vergleichbaren Interessenlage sachgerecht und geboten ist, **§ 732 aF nach wie vor entsprechend** anzuwenden, um eine dispositive gesetzliche Auffanglösung zu schaffen. Die Problematik der Rückgabe überlassener Gegenstände sowie das Schicksal bei Untergang oder Verschlechterung sind daher auch nach neuem Recht so zu behandeln, wie bislang. Es ist hierbei freilich stets danach zu differenzieren, ob es um das Ausscheiden eines Gesellschafters geht oder ob die Gesellschaft insgesamt liquidiert werden soll.

1. Beitragspflicht auf Nutzungsüberlassung

Die **gesellschaftsrechtliche Rückgabepflicht** entsprechend § 732 S. 1 **26** aF bezieht sich allein auf Gegenstände, die im Rahmen einer Beitragspflicht gem. § 709 zur Benutzung überlassen wurden (MüKoBGB/Schäfer § 732 Rn. 1; Einzelheiten $\rightarrow$ § 709 Rn. 4 ff.). **Drittgeschäfte** zwischen Gesellschafter und Gesellschaft, die keine gesellschaftsvertragliche Grundlage haben, werden durch das Ausscheiden und die hiermit einhergehende Beendigung der mitgliedschaftlichen Rechte und Pflichten nicht unmittelbar beeinflusst. Die rechtliche Behandlung richtet sich daher insofern allein nach den maßgeblichen schuldvertraglichen Regeln bzw. den gesetzlichen Vorschriften über **Miete** (§§ 535 ff.), **Leihe** (§§ 598 ff.) **oder Pacht** (§§ 581 ff.). Insofern muss bei solchen Gestaltungen anhand der jeweiligen Abreden bzw. Vorschriften geprüft werden, ob das Vertragsverhältnis durch das Ausscheiden überhaupt beendet wird bzw. werden kann und welche Folgen hieraus resultieren (vgl. insofern im Hinblick auf die Überlagerung des Schuldrechts durch die nachwirkende gesellschaftsrechtliche Treuepflicht BGH NJW 1981, 2802; Erman/Westermann § 732 Rn. 1). Die Folgen dieser Verträge haben im gesetzlichen Regelfall auch keine Auswirkungen auf den Abfindungsanspruch des Ausscheidenden.

Der praktische Anwendungsbereich der gesellschaftsrechtlichen Rückgabe- **27** bepflicht beschränkt sich daher vornehmlich auf die Fälle, in denen **Sachen (§ 90) oder Immaterialgüterrechte** im Rahmen von § 709 **quoad usum,** d.h. **zur Nutzung überlassen** wurden (Einzelheiten dort $\rightarrow$ § 709 Rn. 13). Es kommt hierbei im Gegensatz zur Einbringung quoad dominium nicht zur Übereignung bzw. zum Wechsel der Rechtsinhaberschaft zugunsten der Gesellschaft. Dieser wird als Gesellschafterbeitrag lediglich die Nutzungsmöglichkeit verschafft, insbesondere auch um hierdurch entsprechende Erträge auf eigene Rechnung zu erzielen, vgl. § 100. Die gesellschaftsrechtliche Rückgabepflicht gem. § 732 S. 2 aF ergänzt so bei Sachen den Herausgabeanspruch des § 985, da infolge des Ausscheidens das Besitzrecht der Gesellschaft nach § 986 BGB entfällt. Im Wege einer entsprechenden Anwendung erstreckt sich die Rückgabepflicht **auch auf Kunden-, Patienten- und Mandantenbeziehungen,** insbesondere bei Freiberuflergesellschaften. Auf die gesellschaftsvertragliche Verpflichtung zur **Dienstleistung** (vgl. § 709 I) findet die Rückgabepflicht **keine Anwendung,** da insofern nichts zurückgegeben werden kann. Eine Wertersatzpflicht besteht mangels abweichender Vereinbarung nicht (vgl. insofern für die Auflösung auch die Zweifelsregelung gemäß § 736d V 3). Die anderen Einbringungsarten **quoad dominium,** dh Erbringung zu Eigentum, und **quoad sortem,** dh Erbringung dem Wert nach, finden im Übrigen allenfalls eine wertmäßige Berücksichtigung bei der Ermittlung des Abfindungsanspruchs bzw. der Verlusttragungspflicht des Ausgeschiedenen (→ Rn. 30).

2. Anspruchsinhalt

28   Der **Anspruch auf Rückgabe** der im Rahmen einer Beitragspflicht überlassenen Gegenstände folgt mangels vorrangiger vertraglicher Abreden aus **§ 732 S. 1 aF analog.** Anspruchsinhaber ist der ausgeschiedene Gesellschafter; der Anspruch richtet sich allein gegen die GbR (Soergel/Hadding/Kießling § 738 Rn. 14; BeckOGK/Koch § 738 Rn. 18). Er ist dem Grunde nach bereits im Rahmen der jeweiligen Beitragspflicht entstanden, sodass das **Ausscheiden** allein die **Fälligkeit** herbeiführt (MüKoBGB/Schäfer § 738 Rn. 76; Erman/Westermann § 738 Rn. 9; BeckOK BGB/Schöne § 738 Rn. 7; BeckOGK/Koch § 738 Rn. 18). Da der Anspruch als konsequente Beendigung der Beitragspflicht zukunftsgewandt ist, fließt er **nicht in die Ermittlung des Anteilswertes** ein. Gleichwohl folgt aus den allgemeinen Regeln gemäß § 273 ein **Zurückbehaltungsrecht,** falls der Gesellschafter nach Maßgabe von § 728a umgekehrt der GbR gegenüber zur anteiligen Verlusttragung verpflichtet ist (BGH WM 1981, 1126; NJW 1981, 2802; MüKoBGB/Schäfer § 738 Rn. 76; Soergel/Hadding/Kießling § 738 Rn. 14; BeckOK BGB/Schöne § 738 Rn. 7; tendenziell anders BeckOGK/Koch § 738 Rn. 18: Hohe Wahrscheinlichkeit der Verlusttragung genügt, was aber mit § 273 nicht vereinbar ist). Im Übrigen dürfte beim Ausscheiden anders als bei der Auflösung nur in extremen Ausnahmefällen aufgrund der **nachvertraglichen Treuepflicht** ein fortbestehender Überlassungsanspruch der GbR im Hinblick auf die betreffenden Gegenstände bestehen, der die Geltendmachung der Rückgabe wenigstens auf Zeit einzuschränken vermag (vgl. insofern aber RG JW 1938, 457; BeckOGK/Koch § 738 Rn. 18; Soergel/Hadding/Kießling § 738 Rn. 14; BeckOK BGB/Schöne § 738 Rn. 7; für eine Entgeltpflicht gemäß § 242 in diesen Fällen aber konsequent MüKoBGB/Schäfer § 738 Rn. 76). Vgl. zur Rückgabepflicht infolge der Auflösung der Gesellschaft § 736d V (→ § 736d Rn. 45 ff.).

3. Untergang oder Verschlechterung der überlassenen Sache

29   In **§ 732 S. 2 aF** wurde geregelt, dass der Gesellschafter für einen **durch Zufall** in Abgang gekommenen oder verschlechterten Gegenstand, den er

im Rahmen seiner Beitragspflicht überlassen hat, keinen Ersatz nach §§ 280 I, III, 283 S. 1 verlangen kann. Auch insofern **verzichtet die Reform** bewusst auf eine Übernahme. In der Gesetzesbegründung heißt es, § 732 S. 2 aF regele eine Klarstellung, dass mangels Verschuldens bei Untergang oder Verschlechterung des überlassenen Gegenstandes ein Schadensersatzanspruch ausscheidet, was sich ebenfalls vorrangig aus der Grundlage der vertraglichen Vereinbarungen ergebe (Begr. S. 175). Insofern gilt freilich dasselbe wie für die Rückgabepflicht als solche: Der Gesetzgeber hat nicht hinreichend bedacht, dass sich entsprechende Gefahrtragungsregelungen vielfach nicht in den Vereinbarungen finden bzw. nachgewiesen werden. Somit besteht auch insofern nach neuem Recht eine planwidrige Regelungslücke, die durch eine **gesetzliche Auffanglösung entsprechend § 732 S. 2 aF** zu schließen ist. Für die rechtliche Behandlung des Untergangs oder der Verschlechterung des gesellschaftsvertraglich als Beitrag überlassenen Gegenstands gilt daher dasselbe wie nach altem Recht. Hiernach trägt der **Gesellschafter** im dispositiven gesetzlichen Regelfall die **Gefahr des zufälligen Untergangs** und der zufälligen Verschlechterung eines überlassenen Gegenstands; dem Gesellschafter gebührt indessen auch in diesen Fällen das **Surrogat** gemäß § 285 I (BeckOGK/Koch § 732 Rn. 8). Werden die Grenzen des gesellschaftsvertraglich eingeräumten Nutzungsrechts schuldhaft überschritten, haftet die GbR dem Gesellschafter indessen aus den § 280 I, § 241 II auf Schadensersatz.

4. Rückgabe bzw. Berücksichtigung anderer Einlagen

Es ist wie bei §§ 738, 732 aF problematisch, wie die geleisteten anderen 30 Beiträge des Ausgeschiedenen im Rahmen der Auseinandersetzung zu berücksichtigen sind. Dies betrifft einmal **Sacheinlagen,** die ein Gesellschafter quoad dominium geleistet hat, mithin durch Übereignung (Einzelheiten → § 709 Rn. 13). Eine spezielle gesetzliche Regelung hierfür findet sich allein in **§ 736d V 2,** welche freilich unmittelbar nur bei der Auflösung der Gesellschaft gilt (Einzelheiten → § 736d Rn. 45 ff.). Hiernach ist für Beiträge, die nicht in Geld bestanden haben, der Wert zu ersetzen, den sie zur Zeit der Einbringung gehabt haben (vgl. insofern den identischen §§ 733 II 2 aF). Wie nach altem Recht spricht indessen auch seit der Reform nichts dagegen, in den Fällen, in denen keine vorrangige vertragliche Regelung getroffen wurde, diese Regelung bzw. § 736d V 2 auch **beim Ausscheiden entsprechend anzuwenden,** mithin diesen Aspekt im Rahmen der Anteilswertberechnung vermögensmäßig zu berücksichtigen, ohne dass der Ausgeschiedene den Gegenstand zurückverlangen könnte (vgl. BeckOGK/Koch § 732 Rn. 6). Ein selbstständiger **Rückgabeanspruch** kommt nur dann in Betracht, wenn ein solcher **speziell vereinbart** wurde (Erman/Westermann § 732 Rn. 3; MüKoBGB/Schäfer § 732 Rn. 7; BeckOGK/Koch § 732 Rn. 6). In diesem Fall ist dann freilich im Rahmen der Auslegung zu ermitteln, inwieweit der Rückgabeanspruch bei der Anteilsbewertung zu berücksichtigen ist.

Wurde schließlich ein Gegenstand lediglich **dem Wert nach überlassen** 31 (quoad sortem, vgl. → § 709 Rn. 13), findet sich wiederum in § 736d V 2 nur eine spezielle Regelung für den Fall der Auflösung der Gesellschaft. Indem es hier an einer dinglichen Rechtsübertragung zugunsten der Gesellschaft gerade fehlt, liegt es nahe, **§ 732 aF entsprechend** anzuwenden, sodass der Gesellschafter einen Anspruch auf Herausgabe infolge des Ausscheidens hat (ggf. in Anspruchskonkurrenz zu § 985; so auch Erman/Westermann § 732 Rn. 1; MüKoBGB/Schäfer § 732 Rn. 10; BeckOGK/Koch § 732 Rn. 5; Staudinger/Habermeier, 2003, § 732 Rn. 2; Soergel/Hadding/Kießling § 732 Rn. 1; Berninger DStR 2010, 874 (877); Blaurock/Berninger JZ 1992, 614 (621); Sudhoff NJW 1978, 1401 (1404)). Bei der **Ermittlung des Anteilswertes** bzw. einer Verlusttragungspflicht ist dieser Anspruch indessen abweichend von den Gestaltungen im unmittelbaren Anwendungsbereich von § 732 aF **als Abzug zu berücksichtigen,** weil die Einbringung dem Werte nach ein „Mehr" ist gegenüber der bloßen Einräumung eines zeitlichen Nutzungsrechts (so auch BeckOGK/Koch § 732 Rn. 5; völlig anders BGH WM 1965, 744 (745): Berücksichtigung des ursprünglichen Einbringungswertes; zust. Piltz DStR 1991, 251 (252); die Frage offenlassend BGH NZG 2009, 1107).

VII. Anspruch auf Abfindung (Abs. 1 S. 1 Alt. 2)

1. Anteilswert

32   Der Abfindungsanspruch gemäß § 728 I 1 Alt. 2 ist die **zentrale Kompensation** für den Verlust der Mitgliedschaft. Er setzt freilich voraus, dass zugunsten des Ausscheidenden ein entsprechender positiver Wert ermittelt werden kann; ansonsten kann es umgekehrt auch zu einer Verlusttragungspflicht des Ausscheidenden gegenüber der Gesellschaft gemäß § 728a kommen (Einzelheiten → § 728a Rn. 1 ff., insbes. 26). Im Zuge der Reform wurde der Abfindungsanspruch nach Ausscheiden gesetzessystematisch von der Auseinandersetzung infolge Auflösung der Gesellschaft entkoppelt (Begr. S. 174; → Rn. 39). Dies wird besonders deutlich, da dieser anders als gem. § 738 I 2 aF **kein hypothetischer Auseinandersetzungsanspruch mehr** ist (hierzu nach früherem Recht MüKoBGB/Schäfer § 738 Rn. 1, 33: Ausscheiden als partielle Auseinandersetzung). § 728 rekurriert explizit auf den **Wert des Gesellschaftsanteils** (vgl. demgegenüber für die Auseinandersetzung nach Auflösung § 736d V, VI). Diese überzeugende Differenzierung der Rechtsfolgen bei Ausscheiden und Auflösung findet sich nunmehr auch im Recht der OHG und KG (vgl. § 135 HGB einerseits, § 148 VI, VII HGB andererseits). – Der Bezugspunkt für den Anteilwert ergibt sich aus der Beteiligung des Gesellschafters nach **Maßgabe von § 709 III** (→ § 709 Rn. 21 ff.): Der Maßstab richtet sich hiernach abweichend vom früheren Recht nach einem klar definierten Stufenverhältnis, welches die Gestaltungsfreiheit ausdrücklich anerkennt. Maßgeblich sind vorrangig die **vereinbarten Beteiligungsverhältnisse;** fehlen diese, ist auf die vereinbarten Werte der Beiträge abzustellen; fehlt auch dies, gilt **subsidiär** die **Gleichbehandlung nach Köpfen,** wie es auch früher gemäß § 709 II aF, § 722 aF dem (dispositiven!) gesetzlichen Regelfall entsprach.

Die nunmehr maßgebliche **Fokussierung auf den Anteilswert** verfolgt 33
dabei auch das erklärte Ziel, bei den praxisrelevanten Streitigkeiten über
die Berechnung der Abfindung verstärkt die Perspektive der verbleibenden
Gesellschafter in den Blick zu nehmen (Begr. S. 174; → Rn. 34). In konsequenter Verwirklichung des Vorrangs des Ausscheidens gegenüber der Auflösung der Gesellschaft ist daher insbesondere eine **größere Freiheit für
Abfindungsbeschränkungen** anzuerkennen als bislang. Der Abfindungsanspruch bezieht sich nämlich nicht allein auf den „wahren Wert" des Gesellschaftsanteils, sondern hat zudem einen speziellen **Angemessenheitsvorbehalt,** was im Wortlaut von § 728 I deutlich wird („eine dem Wert seines
Anteils angemessene Abfindung"). Diese vordergründige Beschneidung der
Gesellschafterrechte bei Ausscheiden in vermögensmäßiger Hinsicht ist
indessen durchaus legitim, denn das Ausscheiden eines Gesellschafters führt
anders als die Auflösung der Gesellschaft zu **Interessenkonflikten** im Hinblick auf den Fortbestand der Gesellschaft. Die finanziellen Belastungen der
verbleibenden Gesellschafter infolge des Abfindungsanspruchs können den
Fortbestand nämlich gefährden und damit den prinzipiellen Vorrang des Ausscheidens vor der Auflösung konterkarieren. Ergänzt wird dieses gesetzge-
rische Anliegen durch den neugefassten § 728 II im Hinblick auf die **Möglichkeit der Schätzung** des Anteilswertes, wo diese Aspekte gleichermaßen
Geltung beanspruchen (→ Rn. 42 f.).

Die nunmehr maßgebliche Fokussierung auf den Anteilswert als gesetzlichen 34
Regelfall darf freilich bei Personengesellschaften nicht überschätzt werden, da
mangels Handelbarkeit der Anteile die Ermittlung eines isolierten Wertes
anders als bei Aktien kaum möglich ist (so bereits zum bisherigen Recht
MüKoBGB/Schäfer § 738 Rn. 33). Insofern heißt es auch zutreffend in der
Gesetzesbegründung, dass der zu ermittelnde „wahre Wert" des Gesellschaftsanteils sich im Regelfall **indirekt aus dem Unternehmenswert** ableitet,
mithin durch Umlage desselben im Verhältnis der Kapitalbeteiligung des Ausgeschiedenen zu der der verbleibenden Gesellschafter (Begr. S. 175; vgl. auch
Schäfer Neues PersGesR § 6 Rn. 25: Anteilswert als quotaler Anteil des Unter-
nehmenswerts). Bei der GbR ist daher mit Ausnahme der kapitalmarktorientierten Publikumsgesellschaften im Regelfall nach wie vor das **Gesellschaftsvermögen** iSv § 713 zum **Zeitpunkt des Ausscheidens** (BGH DStR 2004,
97 (98)) zu bewerten. Dies gilt auch beim Ausscheiden eines Gesellschafters
infolge Ausschließung aus wichtigem Grund gemäß § 727 (anders im Rahmen
der Gestaltungsklage bei der OHG und KG gemäß § 135 II HGB). Darüber
hinaus können und müssen bei der Anteilsbewertung aber **auch andere rechtliche Aspekte des Gesellschaftsanteils** Berücksichtigung finden, die mit
dem Gesellschaftsvermögen unmittelbar nichts zu tun haben. In der Gesetzesbegründung wird ausdrücklich auf rein anteilsbezogene Faktoren hingewiesen,
wie etwa eine disquotale Ergebnis- oder Stimmverteilung, Entnahme-, Aus-
schüttungs- und Kündigungsbeschränkungen, Minderheitenabschläge sowie
die rechtliche und faktische Unveräußerlichkeit der Beteiligung (Begr. S. 176).
Dies ermöglicht und gebietet, diesen Aspekten in concreto eine **werterhöhende oder wertmindernde Bedeutung** zuzusprechen, die ihre Grundlage
nicht unmittelbar im Gesellschaftsvermögen hat.

2. Bewertungsmethode

35   Die Neuregelung enthält ebenso wie das bisherige Recht **keine expliziten Vorgaben** über die anzuwendende Bewertungsmethode (Begr. S. 175: „Prinzip der Methodenoffenheit"; vgl. zum früheren Recht BGH NJW 1991, 1547 (1548); WM 1993, 1412 (1413 f.); aus verfassungsrechtlicher Sicht auch BVerfG NZG 2007, 629 (631)). Gleichwohl herrscht insofern **keine völlige Freiheit** bei der Konkretisierung der gesetzlichen Vorgaben. Zur Wahrung des durch Art. 14 I GG geschützten Vermögensinteresses des Ausgeschiedenen ist vielmehr diejenige Methode zu wählen, die der **konkreten Ausgestaltung des Gesellschaftsvermögens** am besten gerecht wird, insbesondere bei unternehmenstragenden GbR (BeckOGK/Koch § 738 Rn. 45; BeckOK BGB/Schöne § 738 Rn. 23; Grüneberg/Sprau § 738 Rn. 5; vgl. allgemein zur AG auch BGH NZG 2016, 139 – Stinnes; Grigoleit/Servatius § 305 Rn. 14). Die Wahl der hiernach anzuwendenden Methode ist **grundsätzlich eine Rechtsfrage** (vgl. zur AG OLG Stuttgart AG 2006, 128). Die Parteien können freilich gesellschaftsvertraglich entsprechende Vorgaben machen (→ Rn. 53 ff.). Fehlt eine solche, gilt im gesetzlichen Regelfall Folgendes:

36   **a) Substanzwertmethode.** Nach der Substanzwertmethode werden alle in der GbR vorhandenen Vermögensteile zusammengerechnet, um den Gesamtwert zu ermitteln. Die Substanzwertmethode (hierzu BGH WM 1971, 1450; NJW 1974, 312) kommt hiernach nur dann zur Anwendung, wenn die betreffenden Vermögensgegenstände als Einheit keine nach Maßgabe des Gesellschaftszwecks bestimmungsgemäßen immateriellen Vermögenswerte enthalten, wie Ertragsaussichten, „good will", etc. Dies liegt vielfach bei reinen **vermögensverwaltenden GbR** nahe. Es ist indessen auch hier nicht in allen Fällen passend. Wenn etwa verschiedene Vermögensgegenstände eine **werterhöhende Einheit** bilden, gebietet auch die Anwendung der Substanzwertmethode eine bewertungsmäßige Gesamtbetrachtung, deren Ergebnis höher sein kann als die Summe der Einzelwerte. Im Übrigen kann auch bei vermögensverwaltenden GbR in Bezug auf einzelne Objekte die Ertragswertmethode zur Anwendung gelangen, etwa bei vermieteten Immobilien. In jedem Fall sind im Übrigen auch bei der Anwendung der Substanzwertmethode stille Reserven zu berücksichtigen (vgl. BGH NJW 1955, 1025 (1027); NZG 1998, 644 (645)), bilanzielle, steuerrechtliche oder anderweitige Werte haben keine unmittelbare Bedeutung. Maßgeblich ist vielmehr der **objektive Verkehrswert** (Zeitwert) der betreffenden Vermögensgegenstände der GbR (vgl. § 713) zum Zeitpunkt des Ausscheidens. Insofern ist grundsätzlich vom Fortbestand der Gesellschaft im Übrigen auszugehen. Auf Zerschlagungswerte ist daher nur abzustellen, wenn das Ausscheiden (mittelbar) die Auflösung der Gesellschaft herbeiführt oder die Fortführung des Unternehmens aus anderen Gründen nicht in Betracht kommt. Von der Summe dieser Werte sind dann die **Gesellschaftsverbindlichkeiten** gegenüber Dritten und den Gesellschaftern **abzuziehen,** um den maßgeblichen Substanzwert als Grundlage für die Abfindung des Ausscheidenden zu ermitteln. Unabhängig davon, welche konkrete Bewertungsmethode zu Gebote steht, ist im Übrigen gemäß § 728 II bereits bei der Erstellung der Bewertung ein gewisses **Schätzungsermessen** anzuerkennen (→ Rn. 42 f.).

Maßgeblich ist diesem Kontext auch die **Nachhaftungsbegrenzung** 37 **gemäß § 728b.** Diese betrifft zwar unmittelbar allein die Gesellschafterhaftung im Außenverhältnis, hieraus können indessen auch Rückschlüsse auf die gesellschaftsinterne Verlustbeteiligung gezogen werden, was sich aus der **Freistellungspflicht** gemäß Abs. 1 1 Alt. 1 ergibt. Indem ein Gesellschafter gemäß § 728b für bis zum Ausscheiden begründete Verbindlichkeiten nur innerhalb von fünf Jahren haftet, kann er hiernach entsprechende Freistellung verlangen. Dem korrespondierend ist dies im gesetzlichen Regelfall unter Anwendung der zeitlichen Begrenzung auch bei der internen Verlusttragungspflicht zu berücksichtigen, wenn nichts Abweichendes vereinbart wurde. Anzusetzen sind daher alle, aber auch nur diese **Verbindlichkeiten, die innerhalb des Fünf-Jahres-Zeitraums** (→ § 728b Rn. 15 ff.) fällig werden; etwas anderes gilt nur, wenn bereits zum Ausscheidenszeitpunkt feststeht, dass ein Gläubiger auf die Geltendmachung verzichtet. – Darüber hinaus bringt die **Einführung von § 728b I 2** eine auch im Hinblick auf den Freistellungsanspruch und damit korrespondierend für die Verlusttragungspflicht bedeutsame Änderung mit sich. Die hierdurch bewirkte Minderung der Nachhaftung für Ansprüche, die erst durch **Pflichtverletzungen nach Ausscheiden** verwirklicht werden (→ § 728b Rn. 10), reduziert konsequenterweise insofern auch die gesellschaftsinterne Verlustbeteiligung, sofern nichts Abweichendes vereinbart ist. Das Gleiche gilt, wenn man, wie hier vertreten, aus § 728b I 2 weitergehend ableitet, dass **abschnittsweise Vergütungen bei Dauerschuldverhältnissen** für Leistungen eines Dritten nach Ausscheiden nicht mehr von der Nachhaftung erfasst sind (→ § 728b Rn. 9). Nach dem gesetzlichen Regelfall hat daher der Ausscheidende für diese Verluste auch nicht mehr einzustehen.

b) Ertragswertmethode. Bei der Ertragswertmethode wird ein Unter- 38 nehmen als Investition betrachtet. Der Unternehmenswert wird ermittelt, indem künftige Gewinne mit einem angemessenen Kapitalisierungszinssatz auf den Bewertungsstichtag abgezinst werden. Bei **unternehmenstragenden GbR,** insbesondere auch freiberuflichen, ist richtigerweise grundsätzlich die Ertragswertmethode anzuwenden, die den Verkehrswert des Unternehmens unter Berücksichtigung seiner prognostizierten Ertrage ermittelt (BGH 1993, 2101 (2103); NJW 1992, 892 (895); 1982, 2441; 1985, 192 (193)). In diesem Kontext kann dann auch auf das **Discounted-Cashflow-Verfahren** abgestellt werden. Demnach ergibt sich der Unternehmenswert aus der Diskontierung, also Abzinsung, von Cashflows (BeckOGK/Koch § 738 Rn. 48; insofern kritisch aber BGH ZIP 1998, 1161 (1166)). Ebenso kann es geboten sein, im Wege einer **Kombination** aus Substanzwert- und Ertragswertmethode vorzugehen (BeckOGK/Koch § 738 Rn. 49, auch zum sog. Stuttgarter Verfahren). Maßgeblicher Bewertungszeitpunkt ist auch hier das Ausscheiden. Auch im Hinblick auf die Ertragswertmethode gilt im Übrigen, dass beim Ausscheiden regelmäßig **vom Fortbestand der GbR auszugehen** ist, sodass der Fortführungswert zu ermitteln ist („going concern"; BGH

NJW 1955, 1025 (1027); NJW 1967, 1464; 1985, 192 (193); WM 1971, 1450; NJW 1992, 892 (895); BeckOGK/Koch § 738 Rn. 44; BeckOK BGB/Schöne § 738 Rn. 22; Soergel/Hadding/Kießling § 738 Rn. 30; Grüneberg/Sprau § 738 Rn. 5; Erman/Westermann § 738 Rn. 5). Auch hier gilt nur dann etwas anderes, wenn das Ausscheiden (mittelbar) die Auflösung der Gesellschaft herbeiführt oder die Fortführung des Unternehmens aus anderen Gründen nicht in Betracht kommt (vgl. zur Bedeutung der **Nachhaftungsbegrenzung** → Rn. 37). Im Übrigen ist auch bei Anwendung der Ertragswertmethode gemäß § 728 II bereits bei der Erstellung der Bewertung ein gewisses **Schätzungsermessen** anzuerkennen (→ Rn. 42 f.).

39   **c) Schwebende Geschäfte.** Die früher in § 740 aF geregelte rechtliche Behandlung schwebender Geschäfte wurde im Zuge der Reform **explizit gestrichen** (Begr. S. 175; dies begrüßend DAV NZG 2020, 1133 (1141)). Dies ist beim Ausscheiden eines Gesellschafters konsequent, denn im Hinblick auf die hier maßgebliche Bewertung des Gesellschaftsanteils passte diese spezielle Regelung noch nie (vgl. zum früheren Recht MüKoBGB/Schäfer § 738 Rn. 3: partielle Fortsetzung der Gesellschaft mit dem Ausgeschiedenen in vermögensrechtlicher Hinsicht). Das dahinterstehende Anliegen, den Gesellschafter in gebotener Weise an künftigen Erträgen zu beteiligen, deren Wurzel bereits bis zum Zeitpunkt des Ausscheidens gelegt ist, wird bei der **Ertragswertmethode** vollumfänglich verwirklicht (OLG Hamm NZG 2005, 175; MüKoBGB/Schäfer § 740 Rn. 1, 3; Schäfer Neues PersGesR/ Schäfer § 6 Rn. 25). Sollte bei einer vermögensverwaltenden GbR nach Maßgabe der hier anzuwendenden **Substanzwertmethode** ausnahmsweise einmal der Bedarf bestehen, ein bestehendes Vertragsverhältnis abfindungsrelevant auf den Ausscheidenszeitpunkt bezogen zu bewerten, kann dies nach Maßgabe von § 728 II nach wie vor erfolgen.

3. Angemessenheit der Abfindung

40   § 728 I sieht vor, dass dem Ausgeschiedenen eine **dem Wert seines Anteils angemessene** Abfindung zu zahlen ist. Hierdurch wird deutlich, dass der Anteilswert und seine Ermittlung als rechnerische Akte von der Angemessenheit zu trennen sind; auch die Möglichkeit der Schätzung gemäß § 728 II bezieht sich allein auf den Wert des Gesellschaftsanteils, nicht auf die Angemessenheit. Diese ist somit ein **eigenständiges Tatbestandsmerkmal** im Rahmen des Abfindungsanspruchs. Wenngleich sich die Gesetzesbegründung zur Neuregelung insofern nicht verhält, ist dies ernst zu nehmen und hat durchaus auch eine **praktische Relevanz:** Die Wertermittlung betrifft Tatsachen, die Angemessenheitsprüfung ist eine Rechtsfrage. Während für Erstere die allgemeinen prozessrechtlichen Regeln zur Darlegungs- und Beweislast gelten, ggf. ergänzt durch die Möglichkeit der Schätzung nach Maßgabe von § 728 II (→ Rn. 42 f.), ist die **Konkretisierung des Angemessenheitsmerkmals** der gerichtlichen Entscheidungsautonomie vorbehalten. Die Angemessenheit ist freilich in der Revisionsinstanz auch vollumfänglich überprüfbar (§ 545 I ZPO). Wenngleich diese Trennung von Wertermittlung und Angemessenheitsprüfung letztlich bei allen Personengesellschaften gilt, mithin auch bei OHG und KG, begründet sie gerade bei der GbR die Möglichkeit, sachgerechte **Einzelfalllösungen** zu begründen, die den spezifischen Ausprägungen des ggf. nicht unternehmerischen Zusammenschlusses der Gesellschafter gerecht wird.

Dogmatisch folgt hieraus nämlich zuvörderst die viel grundlegendere **41** Anordnung, wonach es bei der rechtlichen Bestimmung des gesetzlichen Abfindungsbetrages nicht allein um betriebswirtschaftliche bzw. mathematische Berechnungsmethoden geht, sondern dieser auch aus der Perspektive der konkreten Ausscheidenssituation heraus dahingehend zu beurteilen ist, **welcher Betrag dem Ausscheidenden** für den Verlust seiner Mitgliedschaft **gebührt.** Dies begründet zwar kein Ermessen und ist auch keine Frage der Billigkeit nach Maßgabe von § 315 (→ Rn. 47). Es ermöglicht indessen gleichwohl, in die Entscheidung, auch unter dem Aspekt der Verfahrensbeschleunigung, eine **richterliche Eigenwertung** in die Anspruchsbegründung einfließen zu lassen. Ordnet man dies in den Kontext des seit der Reform klar hervortretenden Vorrangs des Ausscheidens ein und berücksichtigt, dass hierbei insbesondere auch die finanziellen Belastungen, die der Abfluss von Gesellschaftskapital durch die Abfindung zeitigt, in den Blick zu nehmen sind (vgl. Begr. S. 174), legitimiert die Neuregelung bereits im gesetzlichen Regelfall eine **Beschränkung überhöhter Abfindungsforderungen.** Das Angemessenheitskriterium ist hiernach ein tauglicher Ansatz, unter Abwägung der widerstreitenden Interessen nach Ausscheiden nach Lösungen zu suchen, die auch die übrigen Gesellschafter hinreichend berücksichtigen. Praktisch bedeutsam dürfte dieser Aspekt insbesondere dann sein, wenn es darum geht, die Beteiligung des Ausscheidenden an künftigen wirtschaftlichen Erfolgen im Rahmen der Abfindung angemessen abzubilden. – Zu berücksichtigen sind insofern auch umgekehrt **spezifische Aspekte des Gesellschaftsanteils,** wie etwa eine disquotale Ergebnis- oder Stimmverteilung, Entnahme-, Ausschüttungs- und Kündigungsbeschränkungen, Minderheitenabschläge sowie die rechtliche und faktische Unveräußerlichkeit der Beteiligung (Schäfer Neues PersGesR/Schäfer § 6 Rn. 26). Diese können zugunsten des ausscheidenden **werterhöhend** berücksichtigt werden. In welcher Weise diese richterliche Gestaltungsmacht genutzt wird, bleibt freilich abzuwarten. In der Gesetzesbegründung heißt es ausdrücklich, dass Art und Umfang der Berücksichtigung solcher Aspekte der Klärung durch die Rechtsprechung vorbehalten blieben (Begr. S. 176). Ob insoweit auch konkrete Kaufangebote Dritter Berücksichtigung finden können (so Schäfer Neues PersGesR/Bergmann § 7 Rn. 64), ist zweifelhaft, da dies sehr missbrauchsanfällig ist und sich zudem sehr von einer auf das Gesellschaftsvermögen bzw. den Unternehmenswert bezogenen Abfindung entfernen würde.

4. Schätzung (Abs. 2)

§ 728 II ermöglicht ausdrücklich, den Wert des Gesellschaftsanteils im **42** Wege der Schätzung zu ermitteln. Diese Regelung **ergänzt § 287 II ZPO** (→ Rn. 4) und hat einen darüberhinausgehenden eigenen Regelungsgehalt. Sie zielt ausweislich der Gesetzesbegründung auf eine **Reduzierung der**

Kontrolldichte bei der Angemessenheitsprüfung (Begr. S. 176). Dies sei dadurch gerechtfertigt, dass eine Anteils- oder Unternehmensbewertung über die bloßen Schwierigkeiten einer vollständigen Sachaufklärung im Zivilprozess hinausgehe, da jeder Bewertung unabhängig vom Bewertungsanlass und von der Art des Verfahrens, indem für die Bewertung relevanten Fragen geklärt werden, eine spezifische **Schätzunsicherheit** immanent seien (Begr. S. 176).

43   **Adressaten** dieser Schätzungsmöglichkeit sind daher **nicht allein die Gerichte,** sondern auch diejenigen, die die Anteilsbewertung vornehmen (anders zum bisherigen Recht MüKoBGB/Schäfer § 738 Rn. 32). Dies kann freilich zu einer gefährlichen Aushöhlung der zivilprozessualen Tatsachengrundlage führen (sog. **Kaskadeneffekt,** der eintritt, wenn sowohl die Bewerter als auch das Gericht auf kursorischer Tatsachengrundlage entscheiden). Auf der anderen Seite ist zu berücksichtigen, dass das hierdurch eingeräumte Schätzungsermessen keinesfalls strukturell eine Partei benachteiligen muss. Zu bedenken ist auch der Aspekt der Verfahrensbeschleunigung, der letztlich zumindest abstrakt im Rahmen der prozessualen Konzentrationsmaxime betrachtet auch beiden Seiten Vorteile bietet. Im Kern ist die Reduzierung der Kontrolldichte daher rechtspolitisch zu begrüßen. Etwaige Fehlentwicklungen sollten indessen genau beobachtet werden. Überlangen Verfahren kann jedoch im Übrigen dadurch Rechnung getragen werden, dass im Wege der Zwischenfeststellungsklage nach § 256 II ZPO vorab über das Ausscheiden als solches entschieden wird.

5. Gesamtsaldierung, Durchsetzungssperre

44   Ausgehend von der nunmehr maßgeblichen **Anteilsbewertung** geht es darum, den einen „wahren Wert" zu ermitteln, den der Gesellschafter gem. § 728 I als Abfindung verlangen kann. Das Gleiche gilt spiegelbildlich für die ggf. erforderliche **Verlustdeckungspflicht** nach Maßgabe von § 728a. Hieraus lässt sich das gesetzliche Gebot ableiten, dass die Rechtsverhältnisse zwischen Ausscheidendem und Gesellschaft bzw. im Fall von § 712a im Verhältnis zum Übernehmer **in vermögensmäßiger Hinsicht vollständig bereinigt** werden sollen. Insofern war es auch nach früherem Recht anerkannt, Ausscheiden und Auflösung der GbR gleich zu behandeln, als es um eine Schlussabrechnung geht, in der **alle wechselseitigen Sozialansprüche** als unselbstständige Rechnungsposten aufgehen (vgl. MüKoBGB/Schäfer § 738 Rn. 18). Als Konsequenz wurde im Hinblick auf die wechselseitigen Einzelansprüche eine **Durchsetzungssperre** für alle auf dem Gesellschaftsverhältnis beruhenden, den Gesellschaftern gegenüber der Gesellschaft und umgekehrt zustehenden Ansprüche bejaht (BGH WM 1978, 89 (90); 1979, 937 (138); 1992, 306 (308); NJW 2011, 2355; OLG Frankfurt NZG 2018, 1141 (1142); OLG Hamm WM 2004, 129 (132)). Forderungen aus **Drittgeschäften** mit einem Gesellschafter fallen indessen **nicht** darunter (BGH NJW-RR 2006, 1268 (1270); NZG 2008, 68 (69); OLG Hamm NZG 2003, 677 (678)). Dieses berechtigte Anliegen gilt es **auch nach der Reform** zu verwirklichen. Dem Ausscheidenden und der Gesellschaft bzw. in den Fällen

von § 712a dem Übernehmer ist es hiernach verwehrt, ab dem Zeitpunkt des Ausscheidens einzelne Forderungen aus dem Gesellschaftsverhältnis geltend zu machen. Eine entsprechende **Klage wäre unbegründet,** selbst wenn sie bereits vor Ausscheiden anhängig gemacht wurde. Etwas anderes gilt nur für unstreitige Einzelansprüche, die unabhängig von der Berechnung in jedem Fall zu beanspruchen sind (vgl. BGH NJW 1992, 2757 (2758); NJW-RR 1988, 1249; WM 1981, 487; 1993, 1340 (1341)).

Die früher auch für das Ausscheiden spezielle Regelung zur **Rückgabe** 45 **von Gegenständen** gemäß § 732 S. 1 aF und zur **Erstattung der Einlagen** gemäß § 733 aF wurden für das Ausscheiden konsequent gestrichen (vgl. insofern allein für die Auflösung § 736 d V). Die Richtigkeit dieser Streichung hängt freilich davon ab, dass über die genannten Einzelansprüche das lege artis erfolgte Bewertungsergebnis nicht konterkariert bzw. sachwidrig ergänzt werden darf. Soweit daher die von diesen Regelungen erfassten Aspekte bereits im Bewertungsverfahren Berücksichtigung fanden, überzeugt die Streichung vollkommen. Hat etwa der ausscheidende Gesellschafter einen Gegenstand quoad dominium an die Gesellschaft geleistet (typischerweise als **Sacheinlage,** Einzelheiten → § 709 Rn. 10 ff.), steht ihm zwar mangels entsprechender Abrede grundsätzlich kein entsprechender Rückgabeanspruch zu. In **entsprechender Anwendung von § 736d V 2** ist es jedoch geboten, den hiernach maßgeblichen Wert in die Anteilsbewertung miteinfließen zu lassen, was eine Werterhöhung nach sich ziehen kann (→ Rn. 31). Das Gleiche gilt, wenn der Gesellschafter im Rahmen der Beitragspflicht einen Gegenstand dem Wert nach **quoad sortem** überlassen hat (→ Rn. 31). Auch hier kann die fortdauernde, auf dem Gesellschafterbeitrag eines Einzelnen beruhende Nutzungsmöglichkeit der übrigen Gesellschafter eine Erhöhung des Anteilswertes begründen. In beiden Fällen kann es daher geboten sein, auch bei grundsätzlicher Anwendung der Ertragswertmethode den entsprechenden Substanzwert des betreffenden Gegenstandes anteilswerterhöhend zu berücksichtigen. Etwas anderes gilt freilich, soweit der Ausscheidende einen **Anspruch auf Rückgabe von Gegenständen** hat, zB entsprechend § 732 aF bei Nutzungsüberlassungen quoad usum (→ Rn. 27). Dies begründet keine Einzelkorrektur des Anteilswertes, ist jedoch bei betriebsnotwendigen Gegenständen regelmäßig gleichwohl im Rahmen der Ertragswertmethode zu berücksichtigen.

6. Abfindungsbilanz, Schlussabrechnung

Nach **früherem Recht** war der Abfindungsanspruch ein **unselbstständi-** 46 **ger Rechnungsposten** in der Schlussabrechnung bzw. Abfindungsbilanz und konnte daher nicht selbstständig geltend gemacht werden (vgl. OLG Hamm NZG 2016, 586; OLG Frankfurt NZG 2018, 1141; BeckOGK/ Koch § 738 Rn. 33). Es bestand ein Anspruch des Ausscheidenden gegen die Gesellschaft auf Erstellung einer solchen (BGH NJW 1958, 57; WM 1979, 1330; anders nur beim Ausscheiden zu Buchwerten aufgrund vertraglicher Vereinbarung, vgl. BGH WM 1980, 1362; vgl. zur Stufenklage OLG Karlsruhe BB 1977, 1475; BGH FamRZ 1975, 35 (38); zum Ganzen auch Kopp

ZIP 2022, 875). Den Ausscheidenden konnte freilich unter dem Aspekt der nachvertraglichen Treuepflicht auch eine **Mitwirkungspflicht** treffen (BeckOGK/Koch § 738 Rn. 36 mwN). Erfolgte die gemeinschaftliche Feststellung der Abfindungsbilanz, sollte dies eine **Bindungswirkung** nach Maßgabe von § 779 haben (BeckOGK/Koch § 738 Rn. 38 mwN). Kam ein derartiger Feststellungsvertrag nicht zustande, sollte **gleichwohl Klage auf Abfindung** zulässig sein (BGH ZIP 2011, 1358). Ebenso war es zulässig, Streitigkeiten über die Abfindung im Rahmen der Feststellungsklage geltend zu machen (vgl. BGH NJW 1951, 360; WM 1965, 974; OLG Koblenz NJW-RR 2002, 827).

47   Die **Reform** hat dieses Konzept grundlegend geändert. Die Entkoppelung des Ausscheidens von der hypothetischen Auflösung zieht es nach sich, den **Abfindungsanspruch** selbst in den **Mittelpunkt** der rechtlichen Betrachtung zu rücken. Eine wie auch immer geartete Abschichtungsbilanz oder Schlussabrechnung sind daher, soweit rechtlich überhaupt geboten, diesem untergeordnet und nicht umgekehrt. § 728 I 1 Alt. 2 macht diese Fokussierung deutlich („angemessene Abfindung zu zahlen"). Insofern ist nunmehr eine differenzierte Betrachtung geboten, soweit es um die gesellschaftsrechtlichen **Pflichten zur Ermittlung** des Abfindungsanspruchs geht: In den Fällen, in denen der Anteilswert nach Maßgabe der **Substanzwertmethode** ermittelt werden muss, insbesondere bei vermögensverwaltenden Gesellschaften, gilt das bisherige Konzept im Kern fort. Es obliegt hiernach zuvörderst den Gesellschaftern selbst, den maßgeblichen Vermögensstatus zum Zeitpunkt des Ausscheidens als Grundlage für den Anteilswert durch Aufstellung einer entsprechenden Abschichtungsbilanz zu ermitteln. In allen anderen Fällen, in denen die **Ertragswertmethode** zu Gebote steht, dürfte es indessen selten ausreichend sein, die Gesellschafter insofern selbst in die Pflicht zu nehmen. Hierzu bedarf es **beruflicher Expertise,** die regelmäßig **extern eingeholt** werden muss. Insofern wäre es auch verkürzt, allein dem Ausscheidenden insofern die Initiativlast aufzubürden, um im Vorfeld der Anspruchsbegründung die maßgeblichen Tatsachen zu ermitteln bzw. die Kosten für die notwendigen Sachverständigen vorerst selbst zu tragen. In Fortentwicklung der bisherigen Rechtslage ist daher ein **Anspruch gegen die Gesellschaft** anzuerkennen, die notwendige Unternehmensbewertung vornehmen zu lassen. Die hierbei anfallenden **Kosten** hat die Gesellschaft zu tragen. Sie werden dann anteilig bei der Berechnung des Abfindungsanspruchs berücksichtigt. Bei der **zweigliedrigen Gesellschaft** (§ 712a) richtet sich dieser Anspruch des Ausscheidenden gegen den Übernehmer (vgl. zum früheren Recht BGH ZIP 2016, 1627); im Hinblick auf die wechselseitige Kostentragung ergeben sich insofern jedoch keine Besonderheiten.

7. Entstehen und Fälligkeit des Anspruchs

48   Der Anspruch auf Abfindung **entsteht im Zeitpunkt des Ausscheidens,** was § 728 I nunmehr klarstellt (vgl. insofern zum früheren Recht BGH NJW 1984, 492; 1997, 3370; 2011, 2355 (2356); NJW-RR 2010, 1401 (1402); BeckOGK/Koch § 738 Rn. 29; MüKoBGB/Schäfer § 738 Rn. 19;

BeckOK BGB/Schöne § 738 Rn. 19; Staudinger/Habermeier, 2003, § 738 Rn. 9; Soergel/Hadding/Kießling § 738 Rn. 36; vgl. zum neuen Recht die Begr. des Mauracher Entwurfes, S. 124). Dies gilt auch bei der zweigliedrigen GbR im Rahmen von § 712a. Er hat indessen seine rechtliche Grundlage in der Gesellschafterstellung des Ausgeschiedenen (vgl. BGH NJW 1989, 453). Ist die Gesellschafterstellung bzw. der Abfindungsanspruch daher mit dem dinglichen **Recht eines Dritten** belastet (Pfandrecht, Nießbrauch, Vorausabtretung) hat dieses ggf. Vorrang (BGH NJW 1989, 453; BeckOGK/Koch § 738 Rn. 28; MüKoBGB/Schäfer § 738 Rn. 16; BeckOK BGB/Schöne § 738 Rn. 14; zum Pfandrecht an einem Gesellschaftsanteil OLG Stuttgart DB 2004, 1307).

Die **Fälligkeit** ist grundsätzlich nach Maßgabe von § 271 I sofort **mit 49 Ausscheiden** anzunehmen (vgl. Soergel/Hadding/Kießling § 738 Rn. 37; Grüneberg/Sprau § 738 Rn. 6; Stötter BB 1977, 1219 (1220)). Dies passt freilich nur, wenn die **Anspruchshöhe eindeutig** ist. In allen anderen Fällen bedarf es einer entsprechenden Bewertung, um die Anspruchshöhe überhaupt feststellen zu können. Hieraus darf freilich nicht der Schluss gezogen werden, die Fälligkeit sei bis zu dem Zeitpunkt nach hinten verschoben, zu dem die Unternehmensbewertung vorliege (so aber die hM zum bisherigen Recht im Hinblick auf die Feststellung der Abfindungsbilanz, vgl. RG JW 1917, 539; RGZ 118, 295 (299); Henssler/Strohn/Kilian § 738 Rn. 12; BeckOGK/Koch § 738 Rn. 30; MüKoBGB/Schäfer § 738 Rn. 20; Staudinger/Habermeier, 2003, § 738 Rn. 9; BeckOK BGB/Schöne § 738 Rn. 19; Erman/Westermann § 738 Rn. 4) oder ggf. sogar bis zur gerichtlichen Schätzung nach Maßgabe von § 728 II (wie hier bereits zum früheren Recht tendenziell BGH NJW-RR 2010, 1401 (1402)). Andernfalls wäre es nicht möglich, dass der Ausscheidende die allgemeinen Rechte geltend macht, die an das Vorliegen der Fälligkeit geknüpft sind (insbesondere Verzugsschäden gem. § 280 I, II, § 286 und Aufrechenbarkeit nach § 387). Richtigerweise sollte daher ein **modifizierter Fälligkeitsbegriff** verwendet werden, der die Fälligkeit dem Grunde nach bereits zum Zeitpunkt des Ausscheidens eintreten lässt. Soweit es indessen um die Bedeutung der konkreten **Anspruchshöhe** im Kontext der Fälligkeit geht, sollte eine **zeitlich-dynamische Betrachtung** erfolgen, wonach konkrete Rechtsfolgen aus der Fälligkeit nur abgeleitet werden dürfen, wenn zu diesem Zeitpunkt auch eine entsprechende Anspruchshöhe wenigstens schlüssig ist (vgl. insofern bereits zum bisherigen Recht bei unstrittigen Mindestbeträgen (BGH BB 1959, 719; 1961, 348; DB 1977, 87 (89); WM 1981, 487; NJW 1992, 2757 (2758); BeckOGK/Koch § 738 Rn. 31; MüKoBGB/Schäfer § 738 Rn. 21; BeckOK BGB/Schöne § 738 Rn. 20; Staudinger/Habermeier, 2003, § 738 Rn. 9; Erman/Westermann § 738 Rn. 4). Der sofortigen gerichtlichen **Geltendmachung** steht die fehlende endgültige Fälligkeit indessen noch nicht entgegen (vgl. zur Feststellungsklage auch BGH NJW-RR 2010, 1401 (1402)). Die Begründetheit der Klage hängt freilich davon ab, dass der Anspruch in der entsprechenden Höhe tatsächlich besteht (vgl. BGH WM 1978, 89 (90); 1979, 937 (938)). **Verzugszinsen** kann der Ausscheidende nach Maßgabe von § 288 I verlangen, mithin nach entsprechend konkreter Mahnung iSv

§ 286 I 1 (vgl. OLG Karlsruhe NZG 2005, 627; Soergel/Hadding/Kießling § 738 Rn. 38; BeckOGK/Koch § 738 Rn. 32).

50   Die **Verjährung** richtet sich nach der allgemeinen dreijährigen Verjährungsfrist aus §§ 195, 199 I. Der für den Fristbeginn maßgebliche subjektive Tatbestand der Kenntnis ist insofern danach zu bestimmen, wie eindeutig die Tatsachen für das Ausscheiden bzw. vor allem für das Bestehen und den Umfang des Abfindungsanspruchs sind. Insofern können Unsicherheiten in tatsächlicher und rechtlicher Hinsicht durchaus den **Verjährungsbeginn** verschieben (vgl. zum Verlustausgleich BGH NJW-RR 2010, 1401; Erman/ Westermann § 739 Rn. 1; BeckOGK/Koch § 739 Rn. 12; Soergel/Hadding/Kießling § 739 Rn. 6). Wird im Nachgang zum Ausscheiden eine Unternehmens- bzw. Anteilsbewertung vorgenommen, dürfte regelmäßig von einer Hemmung gemäß §§ 203, 209 auszugehen sein. Die Verjährung wird im Übrigen auch durch die Erhebung einer Feststellungsklage nach § 256 I ZPO im Hinblick auf das Abfindungsguthaben gem. § 204 I Nr. 1, II, § 209 unterbrochen (vgl. BGH ZIP 2010, 1637 (1638)). – Der Abfindungsanspruch ist gemäß § 711a S. 2 **übertragbar** (→ § 711a Rn. 25).

8. Gerichtliche Durchsetzung des Anspruchs

51   Der Anspruch auf Abfindung ist im gesetzlichen Regelfall auf **Geldzahlung** gerichtet und muss im Wege der Leistungsklage gerichtlich geltend gemacht werden. Hierbei bereitet vor allem das Bestimmtheitsgebot (§ 253 II Nr. 2 ZPO) Probleme. Die Angabe eines vorläufigen Geldwertes ist zur Ermittlung eines Streitwerts durch das Gericht nach § 3 Hs. 1 ZPO empfehlenswert. Für die Gerichtskosten ist nämlich gem. § 40 GKG der Zeitpunkt der Antragstellung maßgebend, die den Rechtszug einleitet, nicht das Ende der Beweisaufnahme. Indessen dürfte ein **unbezifferter Antrag** im Rahmen einer Stufenklage nach § 254 ZPO jedenfalls dann zulässig sein, wenn der Abfindungsanspruch von einer komplizierten Bewertung abhängt. Ein zugehöriger allgemeiner Auskunftsanspruch kann aus § 242 hergeleitet werden (vgl. auch die explizit vorgesehene Schätzung gemäß § 728 II, → Rn. 42 f., sowie die wechselseitigen Pflichten auf Erstellung einer Schlussabrechnung bzw. Einholung einer Unternehmensbewertung, → Rn. 47; vgl. zur **Stufenklage** OLG Karlsruhe BB 1977, 1475; BGH FamRZ 1975, 35 (38)). Der Anspruch steht dem Ausscheidenden zu (Aktivlegitimation) und richtet sich **gegen die GbR** (Passivlegitimation), in den Fällen von § 712a **gegen den Übernehmer** (vgl. zum bisherigen Recht BGH NJW 1999, 3557); kommt es hiernach zur Auflösung einer Ehegattengesellschaft, handelt es sich um eine sonstige Familiensache gemäß § 266 I Nr. 3 FamFG, die gemäß § 23a I 1 Nr. 1 GVG die ausschließliche sachliche Zuständigkeit des Familiengerichts begründet (vgl. OLG Stuttgart NJW-RR 2011, 867). – **Daneben** kann dem Ausscheidenden entsprechend § 732 S. 1 aF ein selbstständiger Anspruch auf Rückgabe der im Rahmen einer Beitragspflicht überlassenen Gegenstände zustehen (→ Rn. 25). Eine Verurteilung kann in diesem Fall nur Zug-um-Zug gem. §§ 756, 765 ZPO erfolgen, soweit ein Zurückbehaltungsrecht besteht, da der Ausscheidende nach Maßgabe von § 728a umgekehrt der

GbR gegenüber zur anteiligen Verlusttragung verpflichtet ist (→ Rn. 22). Ebenso kann dem Ausscheidenden ein einklagbarer Anspruch auf Haftungsbefreiung gem. § 728 I 1 Alt. 1 (→ Rn. 17) bzw. Sicherheitsleistung gem. § 728 I 2 zustehen (→ Rn. 19). Im Übrigen werden die wechselseitigen Sozialansprüche indessen bereits bei der Berechnung der Abfindungshöhe berücksichtigt und können nicht isoliert geltend gemacht werden (BeckOGK/Koch § 738 Rn. 24; Erman/Westermann § 738 Rn. 6; Grüneberg/Sprau § 738 Rn. 4; BeckOK BGB/Schöne § 738 Rn. 13; Einzelheiten → Rn. 44).

Problematisch ist, ob der Ausscheidende auch die **verbleibenden** 52 **Gesellschafter persönlich** in Anspruch nehmen kann. Die Rechtslage ist insofern ebenso wie nach altem Recht unklar. Da die Abfindung einen **Sozialanspruch** begründet (unstreitig, vgl. nur BeckOGK/Koch § 738 Rn. 24), folgt die Gesellschafterhaftung nicht unmittelbar aus § 721. Die nach bisherigem Recht bestehende Verknüpfung von Ausscheiden und hypothetischer Auseinandersetzung machte es der **bislang hM** leicht, eine **Einstandspflicht der Mitgesellschafter** auf der Grundlage von § 738 I 2 aF („diese sind verpflichtet") zu begründen (vgl. BGH NJW 2001, 2718 (2720); 2011, 2355; NZG 2016, 1025 (1025); MüKoBGB/Schäfer § 738 Rn. 17; Grüneberg/Sprau § 738 Rn. 2; abw. BeckOGK/Koch § 738 Rn. 27; Soergel/Hadding/Kießling Rn. 40, jeweils mit Hinweis darauf, dass eine solche Haftung nicht notwendig sei). Im Zuge der **Neuregelung** findet sich zwar kein gesetzlicher Hinweis, der eine entsprechende Einstandspflicht legitimieren könnte, diese ist indessen gleichwohl **rechtsfortbildend** bzw. in entsprechender Anwendung von § 737 **zu bejahen** (für eine Haftung der Mitgesellschafter nach Maßgabe von § 721 auch Begr. S. 175 und die Begr. des Mauracher Entwurfes, S. 124). Ohne Einstandspflicht der Mitgesellschafter ließe sich der **Vorrang des Ausscheidens** vor der Auflösung nicht konsequent realisieren. Der Ausscheidende wäre gezwungen, die Auflösung herbeizuführen, um von den Mitgesellschaftern einen ggf. ihm zustehenden Abfindungsanspruch realisieren zu können. Dem steht auch nicht die Erwägung entgegen, dass es für diese Einstandspflicht kein praktisches Bedürfnis gebe, weil mangels entsprechendem Gesellschaftsvermögen auch kein entsprechender Abfindungsanspruch in Betracht komme. Ein derartiger Zusammenhang ist nicht zwingend, sodass es durchaus möglich ist, dem Gesellschafter bei Ausscheiden aus einer scheinbar vermögenslosen Gesellschaft gleichwohl unter Berücksichtigung der Ertragswertmethode einen entsprechenden Abfindungsanspruch zuzusprechen. Insofern besteht durchaus Raum, die übrigen Gesellschafter für den Abfindungsanspruch **entsprechend ihrer Beteiligung** auch persönlich einstehen zu lassen (intern vereinbarte Haftungsbeschränkungen wirken auch hier, vgl. MüKoBGB/Schäfer § 738 Rn. 17). Das Gleiche gilt, soweit der Übernehmer im Rahmen von § 712a zur Abfindung verpflichtet ist, im Hinblick auf dessen Haftung mit seinem Privatvermögen (so zum früheren Recht auch BeckOGK/Koch § 738 Rn. 28; MüKoBGB/Schäfer § 738 Rn. 17; BeckOK BGB/Schöne § 738 Rn. 18; konsequent abw. Soergel/Hadding/Kießling § 738 Rn. 41).

VIII. Gestaltungsfreiheit

1. Grundlagen

53 § 728 I 1 stellt ausdrücklich klar, dass in Bezug auf die dort geregelten Ansprüche des Ausscheidenden Gestaltungsfreiheit für **gesellschaftsvertragliche Vereinbarungen** besteht. Das bisherige Recht sah diese Gestaltungsfreiheit explizit allein für die Folgen der Auflösung vor (vgl. § 731 aF), in Bezug auf das Ausscheiden fehlte in § 738 aF eine entsprechende Regelung. Es war freilich bereits nach früherem Recht unstreitig, dass auch die **Folgen des Ausscheidens** gesellschaftsvertraglich geregelt werden können, wovon die Praxis auch umfangreich Gebrauch machte (vgl. zum Ganzen ausführlich BeckOGK/Koch § 738 Rn. 53 ff.). Indem die Neuregelung nunmehr eine klare rechtliche und gesetzessystematische **Trennung von Ausscheiden und Auflösung** vornimmt (dies begrüßend Bachmann NZG 2020, 612 (616)), ist es konsequent und begrüßenswert, wenn der Vorrang gesellschaftsvertraglicher Vereinbarungen nunmehr für beide Alternativen ausdrücklich klargestellt wird (vgl. § 728 I und § 735 II). Die Praxis ist daher zur Erzielung von Rechtssicherheit gehalten, klare Vereinbarungen darüber zutreffen, für welche Fälle eine Abfindungsbeschränkung gelten soll. Insofern ist insbesondere darauf hinzuweisen, dass die Rechtsfolgen bei Ausscheiden und Auflösung durchaus unterschiedlich modifiziert werden können.

54 Jenseits dieser Differenzierung und Klarstellung betont die **Gesetzesbegründung** aber auch, dass die **Gestaltungsfreiheit gesteigert** werden soll, um den nunmehr maßgeblichen konzeptionellen Vorrang des Ausscheidens gegenüber der Auflösung zu verwirklichen (Begr. S. 174; vgl. insoweit bereits den Beschluss 11a des 71. DJT mit der Forderung nach mehr „Beinfreiheit"). Im Kern kann dies nur dahingehend verstanden werden, dass die Neuregelung eine **liberalere Tendenz in Bezug auf Abfindungsbeschränkungen** aufweist, um hierüber verstärkt die Interessen der verbleibenden Gesellschafter zu berücksichtigen, soweit es um den durch die Abfindung drohenden Abfluss von Gesellschaftskapital geht (vgl. insoweit dezidiert M. Noack NZG 2020, 581 (583): Nur wenn anderes vereinbart ist, sei eben eine „angemessene Abfindung" geschuldet). Gleichwohl soll die Neuregelung nach wie vor eine **Verhaltenssteuerung** bezwecken, sodass den rechtspolitischen Forderungen, diese durch eine reine Ausübungskontrolle zu ersetzen, eine Absage erteilt wurde (insofern kritisch Heckschen BB 2020, 2256 (2262): Konturenlose Regelung sei nach wie vor nicht hinnehmbar; grundsätzlich für ein alleiniges Abstellen auf § 242 als Ausübungskontrolle Bühler DNotZ 2021, 725, der die beklagte Rechtsunsicherheit des zweistufigen Systems aber auch lediglich mittels „Richtwerten" beseitigen will). Das neue Recht soll daher nach wie vor zu einem **behutsamen Umgang mit Abfindungsbeschränkungen** anregen (Begr. S. 175). Die bisherige Rechtsprechung zur Wirksamkeit von Abfindungsklauseln kann gleichwohl nicht unbesehen weitergelten. Es ist vielmehr jedenfalls in den Konstellationen, in denen rechtliche Bedenken allein aus dem **Verhältnis der Gesellschafter untereinander** resultieren, stets im Lichte der Neuregelung zu fragen, ob etwaige Schranken der

Gestaltungsfreiheit nach wie vor Geltung beanspruchen und eine vordergründig unangemessene Abfindungsbeschränkung nach dem Reformanliegen nunmehr wirksam ist. Soweit Drittinteressen betroffen sind, bringt die Neuregelung indessen keine Änderung mit sich.

Im Übrigen bleibt es aber bei der bisherigen Rechtslage, wonach in den **55** Fällen einer entsprechenden vertraglichen Regelung **Ausscheiden und Abfindung zu trennen** sind. § 728 I stellt nämlich klar, dass der Abfindungsanspruch erst mit Ausscheiden entsteht, mithin die wirksame Verwirklichung eines Ausschließungstatbestands voraussetzt. Hieraus ergibt sich umgekehrt, dass ein Ausschließungstatbestand nicht durch eine unwirksame Abfindungsregelung infrage gestellt werden kann. Die praxisrelevanten Streitigkeiten über die Wirksamkeit einer Abfindungsregelung sind daher wie bereits nach allgM zum bisherigen Recht in einem gesonderten Rechtsstreit zu klären, ohne dass der Ausgeschiedene weiter Teil der Gesellschaft ist. Unveränderte Geltung beansprucht auch die Möglichkeit, an sich **nichtigen Abfindungsregelungen** im Wege der **ergänzenden Vertragsauslegung** eine interessengerechte Gültigkeit zu verschaffen, was richtigerweise Vorrang hat gegenüber der Anwendung der gesetzlichen Regellaw. Auch hierbei ist indessen seit der Reform zu berücksichtigen, dass die Interessen der verbleibenden Gesellschafter stärker in den Blick zu nehmen sind.

Schließlich ist noch zu betonen, dass der Gesetzgeber dem noch vom 71. **56** Deutschen Juristentag empfohlenen, bereits im Mauracher Entwurf allerdings nicht mehr aufgegriffenen **Vorrang einer Ausübungs- vor eine Wirksamkeitskontrolle** bewusst eine klare **Absage** erteilt hat (Begr. S. 175, vgl. auch → Rn. 6). Dies ist zu begrüßen, denn hierüber wäre im Ergebnis eine auf § 138 I gestützte Vertragskontrolle preisgegeben. Die Inhaltskontrolle nach § 138 I ist jedoch als solche, vor allem auch in Abgrenzung zu einer beweglichen und konturenlosen Ausübungskontrolle auf der Grundlage von Treu und Glauben nach § 242, dogmatisch fundiert und tradiert. Die von Teilen der Praxis angeführte Rechtsunsicherheit ist nach diesem allgemeinen zivilrechtlichen Ansatz jedenfalls nicht so groß, wie behauptet (vgl. DAV NZG 2020, 1133 (1140)) und vermag daher auch keine übermäßige Hürde zur liberaleren Vereinbarung legitimer Abfindungsbeschränkungen darzustellen. Indem die von § 138 I erfasste Inhaltskontrolle allein auf die Betrachtung der vertraglichen Regeln zum Zeitpunkt der Vereinbarung abstellt, entfaltet sie eine starke, positiv zu würdigende **verhaltenssteuernde Wirkung**, die Interessenabwägung im Kontext möglicher Abfindungen vorwegzunehmen, einen **angemessenen Ausgleich** zu finden und in Vertragsform zu gießen (zutreffend Begr. S. 175). Auch steht in den Fällen der sich nachträglich herausstellenden Nichtigkeit über die **ergänzende Vertragsauslegung** nach §§ 133, 157 ein Mittel bereit, den Parteiwillen trotz Unwirksamkeit sachgerecht unter Berücksichtigung der nachfolgenden Entwicklungen abzubilden. Der alternative umgekehrte Weg, eine vertragliche Regelung im Hinblick auf ihre Wirksamkeit konturenlos „durchzuwinken" und unter dem Aspekt der Billigkeit gemäß § 242 allein im Nachhinein bei der Ausübung von Rechten zu kontrollieren (anhand welcher Maßstäbe?), ist vertragsdogmatisch nicht überzeugend und würde im Übrigen letztlich mindestens dieselbe

Rechtsunsicherheit hervorrufen. Es ist daher keineswegs eine unter Verhältnismäßigkeitsgesichtspunkten überzeugende Regelung, die Nichtigkeit von Abfindungsregelungen auch in solchen Fällen zu bejahen, in denen die Ausübungskontrolle zu angemessenen Ergebnissen führen würde (so aber DAV NZG 2020, 1133 (1140)).

2. Gesellschaftsvertragliche Grundlage

57   In allen Fällen muss eine entsprechende **Abfindungsmodifizierung hinreichend deutlich** durch eine entsprechende gesellschaftsvertragliche Regelung abgebildet werden, insbesondere im Hinblick auf die Regelungen, die den Ausgeschiedenen gegenüber der gesetzlichen Regellage benachteiligen. Die Wahrung der **Schriftform** ist praktisch geboten, jedoch nicht zwingend. Eine gesellschaftsvertragliche Regelung ist nämlich auch bei schriftlicher Abfassung durchaus der **subjektiven Auslegung** nach Maßgabe von §§ 133, 157 zugänglich (BGH NJW 1995, 3313 (3314)). Die starke indizielle Bedeutung des Wortlautes kann insofern durch **andere Auslegungskriterien,** wie Entstehungsgeschichte, Umstände bei Vertragsschluss, Vertragszweck, Nebenabreden und die tatsächliche Durchführung des Vertrages überwunden werden (vgl. BGH NJW-RR 2008, 903; 2008, 419). Insofern gilt das generelle Gebot einer allseits interessengerechten Auslegung (vgl. BGH NJW 2004, 2449). Bleiben hiernach Auslegungszweifel, ist gleichwohl Raum, eine etwaige Lücke im Wege der **ergänzenden Vertragsauslegung** unter Berücksichtigung der übrigen Regelungen zu schließen.

58   Die **Reichweite einer Abfindungsbeschränkung** ist gesetzlich nicht vorgegeben. Es ist insbesondere nicht zwingend, dass sich eine Abfindungsbeschränkung im Hinblick auf das Ausscheiden auch auf das Liquidationsguthaben des betroffenen Gesellschafters im Zuge der Auflösung erstreckt oder umgekehrt. Die unterschiedliche Interessenlage bei einseitigem Ausscheiden und allseitiger Liquidation rechtfertigt auch keinen generellen Gleichlauf. Die im Zuge der Reform erfolgte klare **Trennung von Auflösung und Ausscheiden** gebietet vielmehr eine differenzierte Betrachtung aus der Perspektive des konkreten Sachverhalts. Aus einer Abfindungsbeschränkung für den Fall des Ausscheidens kann insoweit nicht ohne weiteres auf eine entsprechende Beschränkung der Teilhabe am Liquidationserlös geschlossen werden, da die Liquidation alle Gesellschafter gleichermaßen betrifft. Umgekehrt spricht aber viel dafür, dass die vertragliche Beschränkung einzelner Gesellschafter an der Teilhabe am Liquidationserlös auch im Rahmen einer Abfindung nach Ausscheiden Geltung beanspruchen soll.

59   Soll eine **Abfindungsmodifizierung nachträglich eingeführt** werden, bedarf dies einer entsprechenden Änderung des Gesellschaftsvertrages durch Beschlussfassung nach Maßgabe von § 714. Soweit hierbei, wie regelmäßig, die Rechte einzelner Gesellschafter beschnitten werden, ist deren wirksame (ggf. antizipierte) Zustimmung nach Maßgabe von Kernbereichslehre und Gleichbehandlungsgrundsatz erforderlich (→ Rn. 32). Dies gilt erst recht, wenn die Rechtsfolgen der Kündigung nach Erklärung derselben geändert werden sollen (vgl. BGH NJW 1967, 2157 (2158 f.)). Hiervon abzugrenzen

ist freilich die nach wie vor bestehende Möglichkeit, dass innerhalb einer laufenden Kündigungsfrist nach allgemeinen Regeln zulässige Maßnahmen beschlossen und durchgeführt werden können. – Wurde ein **Gesellschaftsanteil gepfändet,** ist die Gestaltungsfreiheit im Übrigen gemäß § 735 II 2 eingeschränkt ($\rightarrow$ § 735 Rn. 17 ff.).

3. Grenzen der Gestaltungsfreiheit

a) Schutz von Drittinteressen. Der dogmatische Ansatz, einer gesell- 60 schaftsvertraglichen Abfindungsbeschränkung die Gültigkeit zu versagen, ist insbesondere die **Sittenwidrigkeit** gem. § 138 I. Maßgeblicher Zeitpunkt für die rechtliche Beurteilung ist der der Vereinbarung (vgl. BGHZ 72, 308 (314); NJW 1992, 892 (894)). Unter dem Aspekt der **gezielten Gläubigerbenachteiligung** können hierüber auch Drittinteressen berücksichtigt werden. Dies gilt insbesondere, wenn die rechtliche Beschränkung der Abfindung speziell in den Fällen der Kündigung der Mitgliedschaft durch einen Privatgläubiger gemäß § 726 oder die Eröffnung des Insolvenzverfahrens über das Vermögen eines Gesellschafters gemäß § 723 I Nr. 3 Geltung beansprucht (vgl. BGH NJW 1975, 1835; 2000, 2819 (2820); BeckOK BGB/Schöne § 738 Rn. 34; BeckOGK/Koch § 738 Rn. 58; Soergel/Hadding/Kießling § 738 Rn. 49; MüKoBGB/Schäfer § 738 Rn. 48; Erman/Westermann § 738 Rn. 12; abw. Engel NJW 1986, 345 (347); Rasner NJW 1983, 2905 (2910): Vorrang der insolvenzrechtlichen Anfechtungsregeln). Hieran hat die Neuregelung nichts geändert. Ist eine solche Klausel freilich in eine weitergehende bzw. generelle Regelung zur Abfindungsbeschränkung eingebunden, lässt sich die Sittenwidrigkeit nur schwer unter dem Aspekt der Gläubigerbenachteiligung bejahen. Eine hiernach wirksame Abfindungsbeschränkung gilt daher auch zulasten eines Privatgläubigers des Gesellschafters (vgl. für eine Buchwertklausel OLG Frankfurt NJW 1978, 328; OLG Hamburg GmbHR 1983, 126). Etwas anderes gilt freilich, wenn die anderen geregelten Gründe für den Ausscheidenden praktisch irrelevant sind, sodass es allein um eine formal kaschierte Gläubigerbenachteiligung geht (BeckOGK/Koch § 738 Rn. 58; BeckOK BGB/Schöne § 738 Rn. 34). Wurde ein **Gesellschaftsanteil gepfändet,** ist die Gestaltungsfreiheit im Übrigen gemäß § 735 II 2 eingeschränkt ($\rightarrow$ § 735 Rn. 17 ff.).

b) Gesellschafterschutz. Sehr praxisrelevant sind die Grenzen der 61 Gestaltungsfreiheit in Bezug auf den Schutz des ausscheidenden Gesellschafters im Hinblick auf dessen **Desinvestitionsfreiheit** sowie allgemein im Hinblick auf dessen **Vermögensinteressen** beim freiwilligen oder unfreiwilligen Ausscheiden. Die dogmatischen Ansätze für eine entsprechende Rechtskontrolle sind insofern differenziert zu betrachten: Eine gesellschafterschützende Grenze für die Zulässigkeit von Abfindungsbeschränkungen folgt aus **§ 725 VI,** wonach Vereinbarungen im Gesellschaftsvertrag, welche das außerordentliche Kündigungsrecht der Gesellschafter ausschließen, unwirksam sind ($\rightarrow$ § 725 Rn. 65 ff.). Hiernach ist wie im früheren Recht (vgl. § 723 III aF) unter Umgehungsaspekten zu prüfen, ob die Beschränkung wegen ihrer negativen wirtschaftlichen Folgen für den Kündigungsberechtigten zu einem

praktischen Ausschluss des Kündigungsrechts führt (vgl. zum Aspekt der Knebelung MüKoBGB/Schäfer § 738 Rn. 45). Da die Reform im Hinblick auf die ordentliche Kündigung aber nunmehr Gestaltungsfreiheit gewährt (vgl. § 725 I), kann aus 725 VI insofern keine Grenze für die mittelbare Beeinträchtigung des Kündigungsrechts durch unangemessene Abfindungsbeschränkungen mehr hergeleitet werden. Dies wiegt allerdings nicht besonders schwer, denn darüber hinaus kann sich die Unwirksamkeit einer Abfindungsbeschränkung aber auch **allgemein aus § 138 I** ergeben, wenn diese im Lichte von Art. 14 I 1 GG zu einer nicht mehr hinnehmbaren **wirtschaftlichen Entwertung der Gesellschafterstellung** führt (RGZ 162, 388 (393); für eine Rechtsanwaltskanzlei BGH WM 1979, 1064 (1065); NJW 1993, 3193; 1954, 106; 1985, 192 (193); 2008, 1943 (1945); BeckOGK/Koch § 738 Rn. 59 f.; MüKoBGB/Schäfer § 738 Rn. 49; BeckOK BGB/Schöne § 738 Rn. 35; Staudinger/Habermeier, 2003, § 723 Rn. 21; Soergel/Hadding/Kießling § 723 Rn. 61 ff.; Ulmer ZIP 2010, 805 (811)). Dem berechtigten Aspekt des durch eine nachteilige Abfindungsregelung hervorgerufenen **Abhaltens von einer Kündigungsmöglichkeit** und damit letztlich einer widersprüchlichen gesellschaftsvertraglichen Regelung kann im Rahmen von § 138 I gleichermaßen Geltung verschafft werden. Eine weitergehende AGB-mäßige Einbeziehungs- und Inhaltskontrolle nach Maßgabe von §§ 305 ff. findet gemäß § 310 IV 1 indessen grundsätzlich nicht statt (BGH NJW 1995, 192; vgl. aber bei Publikumsgesellschaften unter dem Aspekt von § 242 Henssler/Strohn/Servatius HGB Anh. Rn. 7 ff. mwN).

62   Maßgeblich für die rechtliche Beurteilung ist der **Zeitpunkt der Vereinbarung** (BeckOGK/Koch § 738 Rn. 58). Die beiden aufgezeigten dogmatischen Ansätze (Schranke des § 138 I, respektive des § 725 VI) sind im Übrigen praktisch nicht trennscharf voneinander abzugrenzen. Erforderlich ist nämlich unter beiden Aspekten ein **grobes Missverhältnis** zwischen der (hypothetischen) Abfindung im gesetzlichen Regelfall und den Wirkungen der konkreten Vereinbarung. Liegt ein solches Missverhältnis vor, rechtfertigt dies sowohl, eine Umgehung von § 725 VI zu bejahen als auch generell von einer gemäß § 138 I nicht mehr hinnehmbaren Folge für den Ausscheidenden zu sprechen. Die **Grenze** hierfür lässt sich freilich **nicht eindeutig** beurteilen und bedarf stets einer konkreten Würdigung des Einzelfalles (dies im Hinblick auf die Neuregelung kritisierend Heckschen BB 2020, 2256 (2262): Konturenlose Grenzen der Beschränkung nicht hinnehmbar). In der Gesetzesbegründung wird ausdrücklich auf die **bisherige Rechtsprechung** Bezug genommen, wonach die Nichtigkeit gemäß § 138 I zu bejahen ist, wenn die mit der Abfindungsklausel verbundene Einschränkung des Abflusses von Gesellschaftskapital **vollkommen außer Verhältnis** zu der Beschränkung steht, die erforderlich ist, um im Interesse der verbleibenden Gesellschafter den Fortbestand und die Fortführung des Unternehmens zu sichern (Begr. S. 175). Die **Kasuistik** zum früheren Recht ist indessen vielfältig und diffus (vgl. BGH NJW 1973, 651 (652): Abfindungsbeschränkung um 80 % unzulässig; BGH NJW 1989, 2685 (2686): Abfindung zu 50 % vom Buchwert unzulässig (dies wiederum für zulässig haltend Schäfer Neues PersGesR § 6 Rn. 27); OLG Hamm DStR 2003, 1187: Abfindung zu einem Drittel des

Zeitwerts unzulässig; weitere Vorschläge aus der Literatur bei BeckOGK/ Koch § 738 Rn. 61).

Unter dem Aspekt des Gesellschafterschutzes vor Abfindungsbeschränkun- **63** gen geht es allein darum, einer **eigenverantwortlich getroffenen Vereinbarung** die Wirksamkeit zu versagen, um die betreffende Partei gleichsam vor sich selbst zu schützen. Insofern ist indessen auch im Rahmen von § 138 I die Privatautonomie insoweit zu respektieren, als aus der maßgeblichen ex ante-Betrachtung das zu betrachtete Missverhältnis von hypothetischem und realem Abfindungswert wenigstens seit der Neuregelung **nur in extremen Ausnahmefällen** eine Unwirksamkeit herbeiführen darf. Mit hinreichender Sicherheit lässt sich dies letztlich nur annehmen, wenn der Ausscheidende **weniger erhalten soll als seine noch vorhandenen Einlagen.** In diesen Fällen liefe die Abfindungsbeschränkung auf die Umqualifizierung des Beitrags in eine Schenkung hinaus, was dem Regelungskonzept der §§ 705 ff. widerspricht und sich auch nicht mit der hier maßgeblichen Formfreiheit verträgt (vgl. im Gegensatz hierzu den für die Schenkung erforderlichen § 518 I). Sachliche Gründe, die eine solche Gestaltung rechtfertigen würden, sind nicht ersichtlich. In allen **anderen Fällen,** insbesondere, wenn der Gesellschafter überhaupt keine Einlagen geleistet hat oder die vertraglich vereinbarte Abfindung die Einlagen deckt, aber geringer ist als der Verkehrswert des Anteils, sollte die **prinzipielle Vertragsfreiheit** anerkannt werden, sich einer Abfindungsbeschränkung zu unterwerfen, wenn hierfür **sachliche Gründe** bestehen. Hier geht es nämlich im Rahmen der rechtlichen Exante-Betrachtung allein darum, dem Ausscheidenden mittels Anordnung der Unwirksamkeit die Partizipation an den Beiträgen der Mitgesellschafter oder am gesellschaftlichen Erfolg als Expektanz zuzuweisen. Wenn hierauf verzichtet wird, ist das aber – jenseits von der Nichtigkeitsvorschrift des § 311b II – rechtlich anzuerkennen. Flankierender Schutz besteht insofern freilich unter dem Aspekt der ergänzenden Vertragsauslegung, falls sich die äußeren Umstände nachträglich erheblich verändern (→ Rn. 56, → Rn. 68). Dies beansprucht richtigerweise nicht nur bei der Unwirksamkeit Geltung, sondern kann auch bei wirksame Klauseln im Hinblick auf nachträgliche Entwicklungen sachgerecht konkretisieren.

Die **Zulässigkeit** einer an sich bedenklichen Abfindungsbeschränkung **64** kann sich insofern durchaus daraus ergeben, dass die Beschränkung an spezielle, **durch den Gesellschafter beherrschbare Aspekte** geknüpft wird (vgl. für eine verschuldensunabhängige Vertragsstrafe BGH NJW 1957, 180; einschränkend aber BGH NZG 2014, 820 (822)). Zulässig ist es auch, den **Ausschluss zulasten der Erben** vorzusehen, wenn der betreffende Gesellschafter verstirbt (vgl. BGHZ 22, 187 (194); BGH NJW 1957, 180; vgl. auch OLG München BeckRS 2008, 8281: Zulässiger Abfindungsausschluss, wenn Eintrittsrecht zugunsten eines Familienangehörigen des Ausscheidenden). Die inhaltlichen Vorgaben zur rechtlichen Beurteilung einer allein auf den Todesfall bezogenen Abfindungsbeschränkung sind auch im Zuge der Neuregelung liberaler, da insofern kein praktischer Ausschluss des Kündigungsrechts ins Feld geführt werden kann (Lange/Kretschmann ZEV 2021, 545 (548)). – Bei **ideeller Zwecksetzung** der Gesellschaft soll ein Abfindungsausschluss grundsätzlich zulässig sein (vgl. MüKoBGB/Schäfer § 738 Rn. 62; BeckOGK/Koch § 738 Rn. 72; Staudinger/Habermeier, 2003, § 738 Rn. 31; BeckOK BGB/Schöne § 738 Rn. 31). Richtigerweise ist aber auch in solchen Fällen wenigstens zu verlangen, dass der Gesellschafter seine Einlage zurückerhält (so auch BGH NJW 1997, 2592). Die ideelle Zwecksetzung der Gesellschaft hat nämlich nichts mit den individuellen Vermögensinteressen des Gesellschafters zu tun. – **Buchwertklauseln** werden nach überwiegender Meinung im Grundsatz für zulässig gehalten (vgl. BGH WM 1973, 326; 1978, 1044; 1993, 1412 (1413); OLG München DB 2004, 2207; einschr. für die Ausschließung eines Gesellschafters ohne wichtigen Grund BGH NJW 1979, 104; WM 1962, 462 (463)). Dies überzeugt, denn hierüber hat der potenziell betroffene Gesellschafter eine klare beschränkte Erwartungshaltung, was ihm im Fall des Ausscheidens gebührt. Das Gleiche gilt für **Nennwertklauseln,** wonach der Gesellschafter bei Ausscheiden allein seine Einlage zurückerhält (vgl. BGHZ 126, 226 (240); OLG Hamm DB 1997, 1612 (1613); vgl. speziell zu sog. Managermodellen BGH ZIP 2005, 1917; 2005, 1920; insofern strenger OLG München NZG 2020, 903).

65 Wird dem Ausscheidenden das Recht zugebilligt, **Mandanten-, Patienten-** oder **Kundenbeziehungen „mitzunehmen",** ist dies regelmäßig ein beachtlicher kompensatorischer Umstand, der die drohende Unwirksamkeit der Abfindungsbeschränkung auszuräumen vermag (vgl. BGH NZG 2010, 901; NJW 2000, 2584; 1995, 1551; OLG Celle NZG 2007, 542; OLG Schleswig MedR 2004, 215 (218)). Gesellschaftsvertragliche Regelung über die **Auszahlungsmodalitäten** sind ebenfalls grundsätzlich zulässig, denn hier wird besonders das in der Gesetzesbegründung der Neuregelung angelegte Ziel, die Interessen der verbleibenden Gesellschafter im Hinblick auf den Kapitalabfluss zu schützen, verwirklicht (vgl. OLG München NZG 2004, 1055 (1057): Auszahlungsfrist von fünf Jahren nebst Verzinsung zulässig; vgl. aber BGH NJW 1989, 2685 (2686): Unzulässigkeit einer 15 Jahre andauernden Ratenzahlung selbst bei Verzinsung; anders wiederum BGH NJW 2004, 2449: Zulässigkeit einer lebenslangen Rente nach Ausscheiden aus einer Freiberufler-GbR). Die Vereinbarung eines nachvertraglichen **Wettbewerbsverbots** verstößt grundsätzlich nicht gegen § 725 VI; es muss freilich im Kontext der Abfindung hinreichend berücksichtigt werden (vgl. BGH NJW 2005, 2618 (2619)). Die vorstehend skizzierten Grenzen der Gestaltungsfreiheit gelten richtigerweise **bei allen Gesellschaften** gleichermaßen. Eine liberalere Betrachtung bei Gesellschaftern ohne Kapitalbeteiligung, bei einer schenkweise nach § 516 eingeräumten Gesellschafterstellung bzw. infolge Erbgangs nach § 1922 I ist nicht angezeigt (vgl. für die Schenkung BGH NJW 1989, 2685 (2686); OLG Karlsruhe NZG 2007, 423 (425); zum Ganzen BeckOGK/Koch § 738 Rn. 68 ff. mwN).

66 Die gesellschaftsvertragliche **Besserstellung** eines Ausscheidenden gegenüber der gesetzlichen Regellage wurde bislang nach allgemeiner Meinung für **bedenkenlos zulässig** gehalten (vgl. für die Mitnahme von Mandaten bei Freiberufler-Sozietäten BGH NJW 1995, 1551; 2000, 2584; OLG Karlsruhe NZG 2001, 654 (655), für Rentenzahlungen OLG München NZG 1999, 821). Insofern sollte jedoch infolge der stärkeren Fokussierung auf die Interes-

sen der Mitgesellschafter im Zuge der Neuregelung **künftig kritischer kontrolliert** werden. Deren finanzielle Belastungen können infolge übermäßig großzügiger Abfindungsregelungen faktisch den Vorrang des Ausscheidens konterkarieren und damit den an sich unterstellten Fortbestand der Gesellschaft im Übrigen gefährden. Hieraus können daher durchaus bislang nicht hinreichend erkannte Grenzen der Gestaltungsmacht resultieren. Dies gilt insbesondere, wenn es der Ausscheidende selbst in der Hand hat, das Entstehen der Abfindung herbeizuführen; das Verbot der Kündigung zur Unzeit gemäß § 725 V reicht insofern als Schutz nicht aus.

4. Rechtsfolgen unzulässiger Klauseln

Ist eine Abfindungsregelung unwirksam, berührt dies weder den Aus- **67** schließungstatbestand noch die **Wirksamkeit des Gesellschaftsvertrages** im Übrigen; der entsprechende hypothetische Wille der Gesellschafter gemäß § 139 ist regelmäßig anzunehmen (vgl. BGH NJW 1968, 1378 (1379); BeckOK BGB/Schöne § 738 Rn. 44; Erman/Westermann § 738 Rn. 20; MüKoBGB/Schäfer § 738 Rn. 72; Staudinger/Habermeier, 2003, § 738 Rn. 35; Soergel/Hadding/Kießling § 738 Rn. 56; etwas anders BeckOGK/Koch § 738 Rn. 84: § 139 gar nicht anwendbar). Die entsprechenden Aspekte und Rechtsfolgen einer (vermeintlich) unwirksamen Abfindungsregelung sind daher in einem **gesonderten Rechtsstreit** über die Abfindung zu würdigen (BGH NJW 1989, 834 (835 f.); NJW 1973, 651 (652); MüKoBGB/Schäfer § 738 Rn. 73; Staudinger/Habermeier, 2003, § 738 Rn. 35; BeckOGK/Koch § 738 Rn. 84).

Die Unwirksamkeit einer Abfindungsklausel nach Maßgabe von § 138 **68** I bzw. gemäß § 725 VI führt grundsätzlich zur Gesamtunwirksamkeit der Regelung. Es erfolgt grundsätzlich **keine geltungserhaltende Reduktion** (allgM, vgl. BGH NJW 1993, 3193; MüKoBGB/Schäfer § 738 Rn. 72a; BeckOGK/Koch § 738 Rn. 87). In konsequenter Verwirklichung des gesellschaftsvertraglich manifestierten Gesellschafterwillens ist jedoch **nicht auf das dispositive Recht** als gesetzliche Auffanglösung zurückzugreifen, sondern vielmehr im Rahmen der **ergänzenden Vertragsauslegung** nach §§ 133, 157 zu ermitteln, welche Lösung den Parteiinteressen und der vertraglichen Risikoverteilung im Übrigen am besten entspricht (vgl. BGH NJW 1993, 3193; 1973, 651 (652); Engel NJW 1986, 435 (348 f.)). Hierbei ist auch nicht danach zu differenzieren, ob die Unwirksamkeit aus § 138 I folgt oder aus § 242 bzw. § 725 VI (abw. MüKoBGB/Schäfer § 738 Rn. 74 f.; Staudinger/Habermeier, 2003, § 738 Rn. 35; BeckOK BGB/Schöne § 738 Rn. 44; BeckOGK/Koch § 738 Rn. 86; Bedenken auch bei Soergel/Hadding/Kießling § 738 Rn. 56). Den Kritikern ist zwar zuzugeben, dass hierüber letztlich das prinzipielle Verbot der geltungserhaltenden Reduktion gefährdet wird. Andererseits ist die ergänzende Vertragsauslegung mittlerweile **als Rechtsinstitut anerkannt,** sodass diese Bedenken überwunden werden können (vgl. nur BGH NJW-RR 2008, 1371 (1372); NJW 1982, 2184 (2185); 1953, 937; BeckOK BGB/Wendtland § 157 Rn. 28). Auch ist es insgesamt vorzugswürdig, dem (erfolglosen) Bemühen der Gesellschafter, eine gegenüber dem dispositiven Recht explizit abweichende Regelung zu vereinbaren, Rechnung zu tragen, um hierüber deren Privatautonomie zu respektieren (anders OLG Celle NJW 1959, 1971 (1972): Keine Belohnung des sittenwidrig Handelnden). Eine hiernach prinzipiell zulässige ergänzende Vertragsauslegung dürfte gleichwohl **nur in Ausnahmefällen** eine Korrektur des Abfindungswertes nach sich ziehen, der niedriger ist als der gemäß gesetzlicher Regellage. Etwas anderes gilt freilich, wenn eine pauschale Abfindungsregelung nicht hinreichend nach den Ausscheidenstatbeständen differenziert und insoweit eine planwidrige Lücke besteht, die es gebietet, die Folgen des konkreten Ausscheidens präziser zu würdigen.

5. Nachträgliche Veränderung der Umstände

69   Da sich die Wirksamkeitskontrolle der Klausel als solche grundsätzlich auf den Zeitpunkt der entsprechenden Vereinbarung bezieht (→ Rn. 62), kann es Fälle geben, in denen sich eine mögliche Sittenwidrigkeit bzw. Unangemessenheit erst durch nachträgliche Änderung der Umstände ergibt. Insbesondere kann sich bei einer **wirksamen Abfindungsbeschränkung** erst nachträglich herausstellen, dass diese unter Berücksichtigung der aktuellen Gegebenheiten zum Ausscheidenszeitpunkt in einem **groben Missverhältnis** zur gesetzlichen Regellage bzw. zum ursprünglich Vereinbarten steht. Zur Lösung dieser Problematik bietet sich ebenfalls zuvörderst die **ergänzende Vertragsauslegung** an, weil es hier um die konsequente Fortentwicklung des Parteiwillens und damit um die Respektierung der Privatautonomie geht (vgl. BGH NJW 1993, 3193; 1993, 2101 (2103); 1994, 2536 (2540); OLG München DB 2004, 2207 (2208); MüKoBGB/Schäfer § 738 Rn. 53; Staudinger/Habermeier, 2003, § 738 Rn. 27; vgl. auch Begr. S. 175). Gleichwohl ist bei einer solchen nachträglichen Vertragskorrektur stets zu berücksichtigen, dass die ursprünglich (wirksam!) vereinbarte **Risikoverteilung nicht relativiert oder konterkariert** wird. Insbesondere bei den Abfindungsbeschränkungen ist es daher hinzunehmen, wenn sich diese ggf. erst später und in großem Umfang tatsächlich realisiert. Der wirksame Verzicht der Gesellschafter auf den Erhalt des wahren Wertes wirkt somit grundsätzlich auch fort; eine abweichende Beurteilung nebst Korrekturbedarf dürfte daher nur anzunehmen sein, wenn die entsprechenden **Veränderungen nicht alle Gesellschafter gleichermaßen treffen** und dementsprechend einzelne auch nach Maßgabe des ursprünglich Vereinbarten schutzwürdig sind (zurückhaltend auch BeckOGK/Koch § 738 Rn. 65 mwN aus der Lit.). Eine großzügigere Betrachtung ist indessen angezeigt, soweit es um die **Konkretisierung der Auszahlungsmodalitäten** geht, insbesondere im Hinblick auf eine ratenweisen Zahlung des Abfindungsguthabens (hierzu BGH NJW 1993, 2101 (2102); MüKoBGB/Schäfer § 738 Rn. 53; Staudinger/Habermeier, 2003, § 738 Rn. 27). Dies lässt sich auch damit rechtfertigen, dass infolge der Neuregelung die **Interessen der übrigen Gesellschafter** im Hinblick auf den Liquidationsabfluss verstärkt in den Blick zu nehmen sind (Begr. S. 173). Die vorgenannten Maßstäbe gelten im Übrigen gleichermaßen für eine (wegen des Vorrangs der ergänzenden Vertragsauslegung freilich subsidiären; vgl. MüKoBGB/Finkenauer § 313 Rn. 41) Vertragskorrektur gem. der **Geschäftsgrundlagenlehre** (§ 313; hierzu BeckOGK/Koch § 738 Rn. 66).

6. Unzulässige Rechtsausübung

In allen Fällen der Geltendmachung eines (wirksamen!) Abfindungsan- **70** spruchs gilt das allgemeine Verbot der unzulässigen Rechtsausübung gemäß § 242, welches beim Ausscheiden eines Gesellschafters durch die **nachvertragliche Treuepflicht** verstärkt wird. Praktische Bedeutung dürfte dies indessen allein dahingehend haben, dass es dem Ausscheidenden verwehrt ist, den gesamten Abfindungsvertrag sofort geltend zu machen, um das legitime Interesse der übrigen Gesellschafter zu wahren (vgl. auch BeckOGK/Koch § 738 Rn. 64 f.). Der umgekehrte Fall, dass sich die verbleibenden Gesellschafter auf eine wirksame Abfindungsbeschränkung „berufen", dürfte kaum als unzulässige Rechtsausübung zu werten sein. Diese Aspekte sind vorrangig bei Vertragsauslegung und Inhaltskontrolle zu berücksichtigen (Fleischer/Bong WM 2017, 1957 (1965): Kontrolle nach § 242, wenn ergänzende Vertragsauslegung nicht möglich; anders, generell auf § 242 abstellend Schäfer Neues PersGesR § 6 Rn. 27).

7. Kautelarischer Handlungsbedarf infolge des MoPeG

Im Rahmen des § 728 hat der Gesetzgeber bedeutsame Neuerungen vor- **71** genommen, um das gesetzgeberische Anliegen zur Verwirklichung des **Vorrangs vom Ausscheiden** gegenüber der Auflösung zu stärken (→ Rn. 1). Jedoch gelten nach **Art. 229 § 61 EGBGB** (Art. 49 Nr. 2 MoPeG) die §§ 723–728 aF mangels anderweitiger vertraglicher Vereinbarung weiter, wenn ein Gesellschafter bis zum 31.12.2024 die Anwendung dieser Vorschriften gegenüber der Gesellschaft verlangt. Sollte dies nicht erfolgen, besteht **Änderungsbedarf** für den bisher verwendeten Gesellschaftsvertrag bis zum 31.12.2023 (vgl. Art. 137 MoPeG). – So hatte sich bislang der Abfindungsanspruch des Ausgeschiedenen gem. § 738 I 2 aF daran zu orientieren, was dieser bei einer Auseinandersetzung erhalten würde, wenn die Gesellschaft zur Zeit seines Ausscheidens aufgelöst worden wäre (→ Rn. 2). Der neue § 728 I 1 Alt. 2 bezieht die Abfindung indessen unmittelbar auf den **Wert des Anteils zum Zeitpunkt des Ausscheidens.** Möchte man diesem wertungsmäßigen Paradigmenwechsel entgegenwirken, können die Gesellschafter vereinbaren, dass der Abfindungsanspruch sich weiterhin an einer hypothetischen Auflösung orientiert, da bezüglich § 728 I weitgehend Gestaltungsfreiheit besteht (→ Rn. 53). Soll eine Abfindungsmodifizierung **nachträglich** eingeführt werden, bedarf dies einer entsprechenden Änderung des Gesellschaftsvertrages durch Beschlussfassung nach Maßgabe von § 714. Soweit hierbei die Rechte einzelner Gesellschafter beeinträchtigt werden, ist deren antizipierte Zustimmung nach Maßgabe der Kernbereichslehre und des Gleichbehandlungsgrundsatzes erforderlich (→ Rn. 32). Die Grenzen der gesellschaftsvertraglichen **Besserstellung eines Ausscheidenden** müssen wohl infolge der stärkeren Fokussierung auf die Interessen der Mitgesell-

schafter im Zuge der Neuregelung kritischer kontrolliert werden
(→ Rn. 66). Übermäßig großzügige Abfindungsregelungen könnten aufgrund der finanziellen Belastung der GbR faktisch den Vorrang des Ausscheidens umgehen und damit den an sich unterstellten Fortbestand der Gesellschaft im Übrigen gefährden. – Bezüglich der **modifizierten
Schätzungsmöglichkeit** des Wertes des Gesellschaftsanteils nach § 728 II
kann der Bezugspunkt der Schätzung vertraglich verändert werden. So kann
als Schätzungsgrundlage bspw. das Gesellschaftsvermögen vereinbart werden.
Weiter kann § 728 II auch insoweit konkretisiert werden, dass bereits beispielhaft tabellarisch festgelegt wird, in welcher Höhe der Abfindungsanspruch
in Beziehung zum Unternehmenswert angemessen ist. Dies entspricht dem
Sinn und Zweck des § 728 II, eine Reduzierung der Kontrolldichte bei der
Angemessenheitsprüfung zu ermöglichen (→ Rn. 42). – Ein Anspruch des
Ausgeschiedenen auf **Rückgabe von Gegenständen,** die er der Gesellschaft
zur Benutzung überlassen hat, sollte nach dem Vorbild des § 738 I 2 aF in
den Gesellschaftsvertrag aufgenommen werden. Es besteht – nach wie vor –
ein gesellschaftsrechtliches Bedürfnis für einen Herausgabeanspruch (zum
Ganzen → Rn. 25).

IX. Darlegungs- und Beweislast

72   Die Darlegungs- und Beweislast für die anspruchsbegründenden Tatsachen
trägt grundsätzlich der Gesellschafter, da sie für ihn günstig sind. Insoweit ist
jedoch nach den verschiedenen Ansprüchen gemäß § 728 I zu differenzieren:
Beim Anspruch auf **Haftungsbefreiung** gem. § 728 I 1 Alt. 1
(→ Rn. 17 ff.) erstreckt sich dies grundsätzlich auf das Ausscheiden sowie
die konkrete Möglichkeit, im Wege der Haftung nach Maßgabe von §§ 721 ff.
in Anspruch genommen zu werden. Indem es dem Ausscheidenden mangels
Geschäftsführungskompetenz und gesellschaftsrechtlicher Informationsrechte
regelmäßig nicht möglich ist, hierzu hinreichend präzise Angaben zu machen,
obliegt es der Gesellschaft im Rahmen einer sekundären Darlegungs- und
Beweislast, die Behauptung des Klägers substantiiert zu widerlegen (fehlende
Gläubigerforderung, Erfüllungstatbestände, etc; vgl. zur sekundären Darle-
gungslast etwa BGH NJW 2008, 982 Rn. 16 oder BeckOK ZPO/Bacher
ZPO § 284 Rn. 84). Für ein Zurückbehaltungsrecht infolge interner Verlusttragungspflicht des Ausgeschiedenen gemäß § 728a (→ Rn. 22, 51) trägt die
Gesellschaft nach allgemeinen Regeln die Beweislast.

73   Für den Anspruch auf **Rückgabe von Gegenständen** im Rahmen der
Nutzungsüberlassung (→ Rn. 25) gilt im Ausgangspunkt das Gleiche. Indem
nach der hier vertretenen Auffassung § 732 aF nach wie vor entsprechend
angewendet wird, kann der Gesellschafter im gesetzlichen Regelfall mit Ausscheiden den zur Nutzung überlassenen Gegenstand zurückverlangen; die
Gesellschaft muss dann ggf. unter Bezugnahme auf eine Vereinbarung Abweichendes darlegen und beweisen. Die Lage ist gesetzlich nicht vorgesehen
(→ Rn. 25, → Rn. 71), sodass der ausscheidende Gesellschafter eine derartige Vereinbarung beweisen muss.

Die Beweislast für die Geltendmachung eines **Abfindungsanspruchs** 74
gem. § 728 I 1 Alt. 2 (→ Rn. 32 ff.) folgt ebenfalls den allgemeinen Regeln,
sodass der Ausgeschiedene neben dem Ausscheiden auch die entsprechenden
anspruchsbegründenden Tatsachen darlegen und beweisen muss. Insofern
ist allerdings zu bedenken, dass der Gesellschafter nach Ausscheiden kaum
Einblicke in die maßgeblichen Unterlagen hat und zudem gem. § 728 II
explizit die Möglichkeit der Schätzung besteht. Insofern ist dringend eine
Regelung zur Beweislastverteilung im Gesellschaftsvertrag zu empfehlen (zur
Zulässigkeit des Beweislastvertrages Anders/Gehle/Nober ZPO § 286
Rn. 84). § 287 II ZPO erleichtert insoweit für Abfindungsansprüche die
Darlegungs- und Beweislast des Ausscheidenden (allg. BGH NJW 2017,
2182). Es kommt zu einer Abweichung vom Grundsatz der Notwendigkeit
der Erschöpfung der Beweismittel zur Vereinfachung und Beschleunigung
des Verfahrens (allg. BGH NJW 2010, 3434). Darüber hinaus muss beim
Ausscheiden aus einer mehrgliedrigen GbR infolge eines substantiierten Vor-
trags des Ausscheidenen der Gesellschaft die sekundäre Darlegungs- und
Beweislast dahingehend auferlegt werden (→ Rn. 72), dass diese ggf. mithilfe
einer professionellen Unternehmensbewertung darlegen muss, aus welchen
Gründen die Klageforderung nicht begründet sein soll. Gibt es im Übrigen
gesellschaftsvertragliche Regelungen zur Abfindung, die diese im Vergleich
zur gesetzlichen Regellage beschränken oder erweitern (→ Rn. 53 ff.), trägt
derjenige die Beweislast, der sich auf die Abweichung beruft.

§ 728a Haftung des ausgeschiedenen Gesellschafters für Fehlbetrag

**Reicht der Wert des Gesellschaftsvermögens zur Deckung der Ver-
bindlichkeiten der Gesellschaft nicht aus, hat der ausgeschiedene
Gesellschafter der Gesellschaft für den Fehlbetrag nach dem Verhältnis seines Anteils am Gewinn und Verlust aufzukommen.**

Übersicht

I. Reform

1. Grundlagen, Bewertung

1 § 728a entspricht im Wesentlichen § 739 aF und begründet die **interne Verlusttragungspflicht** bzw. Fehlbetragshaftung eines Gesellschafters **nach Ausscheiden** (vgl. zur identischen Regelung bei der Auflösung § 737). Die Neuregelung bringt als Änderung mit sich, dass die **Aktivlegitimation** des Verlusttragunganspruchs nunmehr der Gesellschaft selbst zugewiesen ist und nicht mehr den „übrigen Gesellschaftern". Dies trägt der expliziten gesetzlichen Anerkennung der **rechtsfähigen GbR** Rechnung (vgl. § 705 II), was freilich nach bisherigem Recht bereits allgemein anerkannt war (BGH ZIP 2012, 515 (520); BeckOGK/Koch § 739 Rn. 6). Auf die **nicht rechtsfähige GbR** ist die Regelung vordergründig nicht anwendbar, weil insofern kein Gesellschaftsvermögen besteht (§ 740 I), auf dessen Insuffizienz es für die Verlusttragung des Ausscheidenden tatbestandlich ankommt. § 740c II verweist gleichwohl auf § 728a, so dass insofern gleichwohl unter rein rechnerischer Berücksichtigung der wechselseitigen Sozialansprüche und -verbindlichkeiten entsprechende Verlusttragungspflichten des Ausscheidenden ergeben können (→ § 740c Rn. 36).

2 Die Verlusttragungspflicht nach Ausscheiden ist **nunmehr allein** daran geknüpft, dass das Gesellschaftsvermögen zur **Deckung der Verbindlichkeiten der Gesellschaft** nicht ausreicht, mithin die Überschuldung der GbR vorliegt. § 739 aF sah demgegenüber vor, dass sich die Verlusttragungspflicht auch auf die Deckung der Einlagen der Mitgesellschafter erstreckt, die GbR mithin (untechnisch gesprochen) eine Unterbilanz aufweist. Hieraus resultiert im Zuge der Reform eine gesetzliche **Schieflage im Verhältnis zur Auflösung:** Insofern erstreckt § 737 nämlich die ansonsten im Kern identische Verlusttragungspflicht eines Gesellschafters auch darauf, dass das Gesellschaftsvermögen zur **Rückerstattung der Beiträge** nicht ausreichend ist (→ § 737 Rn. 16). Die bislang durchgängige Erstreckung der Verlusttragungspflicht eines Gesellschafters bei Ausscheiden und Liquidation auf Überschuldung und Unterbilanz gemäß §§ 735, 739 aF ist durch die Neufassung von § 728a nunmehr durchbrochen, was in der Gesetzesbegründung nicht thematisiert wurde. Teleologisch betrachtet ist die durch den Wortlaut angezeigte Privilegierung des Ausscheidens über der Auflösung nicht gerechtfertigt, sodass richtigerweise auch hier **wechselseitige Einstandspflichten** der Gesellschafter bestehen, soweit dies die Erhaltung bzw. Wiederaufbringung der geleisteten Einlagen betrifft (Einzelheiten → Rn. 23 ff.).

Die Neuregelung begründet im Übrigen gewisse **Friktionen zum neuen** 3 **Konzept des Abfindungsanspruchs** nach Maßgabe von § 728. Indem dieser nunmehr von der wirtschaftlichen Stellung des Ausscheidenden bei hypothetischer Auflösung entkoppelt ist, kommt es bei der Ermittlung des Abfindungsanspruchs konsequenterweise primär auf die **Bewertung des Gesellschaftsanteils** an; die Betrachtung des Gesellschaftsvermögens ist insofern zwar vielfach praktisch geboten, rechtlich indes nur mittelbar adressiert (vgl. → § 728 Rn. 32 ff.). Während dies bei prosperierenden GbR ohne weiteres sachgerecht und praktikabel ist, zeigen sich bei (möglicher) Vermögensinsuffizienz indessen **Abgrenzungsschwierigkeiten** im Hinblick auf die positive Anteilsbewertung im Rahmen von § 728 und die umgekehrt drohende Verlusttragungspflicht nach Maßgabe von § 728a aus der ex ante Perspektive. Dies gilt insbesondere, wenn nicht von vornherein feststeht, ob und in welchem Umfang überhaupt ein Abfindungsanspruch besteht oder es zu einer Verlusttragungspflicht kommt. Der hierdurch bedingte mögliche **Wechsel von Aktiv- und Passivlegitimation** im Verhältnis zwischen Ausscheidendem und GbR bringt auch **prozessuale Probleme** mit sich und erhöht so die allgemeinen Prozessrisiken. Im Gesetzgebungsverfahren wurde diese Problematik ebenfalls nicht erörtert. Insofern ist jedoch in entsprechender Anwendung von § 728 II zumindest eine gewisse Abhilfe zu leisten (→ Rn. 15).

Die kraft Gesetzes bestehende **Fehlbetragshaftung** gemäß §§ 728a, 737 4 begründet zwar im Ergebnis eine Nachschusspflicht (für diese Terminologie zum bisherigen Recht durchgängig MüKoBGB/Schäfer § 739 Rn. 1; vgl. aber zur Abgrenzung bereits BGH NZG 2011, 1432 Rn. 40). Indem seit der Reform indessen nicht mehr von „Nachschusspflicht bei Verlust" gesprochen wird (so noch die amtliche Überschrift von § 735 aF), sollte dieser Begriff nur noch von den hiervon **abzugrenzenden vertraglich vereinbarten Nachschüssen** iSv § 710 verwendet werden.

2. Zeitlicher Geltungsbereich

Im Hinblick auf den **zeitlichen Anwendungsbereich** der Neuregelung 5 gilt Folgendes: § 728a tritt gemäß Art. 137 S. 1 MoPeG am 1.1.2024 in Kraft; eine Übergangsregelung ist für § 728a im EGBGB im **Gegensatz zu** **§ 728** nicht vorgesehen (vgl. Art. 229 § 61 EGBGB, Art. 49 Nr. 2 MoPeG → § 728 Rn. 7), was rechtspolitisch zu kritisieren ist. Aus dem Umkehrschluss zu Art. 229 § 61 EGBGB folgt daher vordergründig, dass für die Haftung des ausgeschiedenen Gesellschafters für Fehlbeträge ab dem Zeitpunkt des Inkrafttretens das neue Recht gilt. Maßgeblicher Zeitpunkt ist die **Verwirklichung des** Tatbestandes für das **Ausscheiden** aus der Gesellschaft, nicht die konkrete Ermittlung des Fehlbetrags. Ist dieser vor dem 1.1.2024

verwirklicht, gilt daher die alte Rechtslage im Hinblick auf die Fehlbetragshaftung fort, selbst wenn der Rechtsstreit erst später anhängig gemacht wird.
Eine weitergehende Rückwirkung lässt sich mangels hinreichender Anhaltspunkte im Gesetzgebungsverfahren nicht praeter legem begründen. Geboten
ist allein, den **fehlenden Verweis** in Art. 229 § 61 EGBGB **auf § 728a als
planwidrige Regelungslücke** zu sehen und auf dieser Grundlage § 728
und § 728a rechtsfortbildend einheitlich nach Maßgabe der alten oder neuen
Rechtslage anzuwenden.

II. Normzweck

6   § 728a bestimmt als **dispositiven** gesetzlichen Regelfall, dass der **ausgeschiedene Gesellschafter** gegenüber der rechtsfähigen Gesellschaft **zur
anteiligen Verlusttragung** nach Maßgabe seiner Beteiligung verpflichtet
ist, wenn und soweit das Gesellschaftsvermögen zur Deckung der Gesellschaftsverbindlichkeiten nicht ausreicht (vgl. insofern nach früherem Recht
§§ 735, 739 aF). Die Regelung gilt **spiegelbildlich zu § 728,** wenn die
wirtschaftlichen Verhältnisse keinen Abfindungsanspruch zugunsten des Ausgeschiedenen rechtfertigen. Verlusttragung und Abfindung schließen somit
einander aus (MüKoBGB/Schäfer § 735 Rn. 3; missverständlich Begr. S. 176,
wonach der Abfindungsanspruch auch im Rahmen von § 728a beim Wert
des Gesellschaftsvermögens zu berücksichtigen sei). Die Regelung kollidiert
vordergründig mit dem **Mehrbelastungsverbot,** indem der Gesellschafter
hiernach theoretisch unbeschränkt leisten muss. § 710 ordnet jedoch explizit
an, dass § 728a unberührt bleibt, mithin Vorrang hat bzw. noch weitergehend
eine völlig andere Berechtigung aufweist als die Problematik der unter § 710
zu fassenden Nachschusspflichten (→ Rn. 12). Die Verlusttragungspflicht
nach Ausscheiden ist nämlich, wie die insoweit vergleichbare Verlusttragungspflicht nach Auflösung gemäß § 737, die konsequente Verwirklichung der
unbeschränkten Gesellschafterhaftung im Innenverhältnis. Indem seit der
Reform im Übrigen nicht mehr von „Nachschusspflicht bei Verlust" gesprochen wird (so noch die amtliche Überschrift von § 735 aF), sondern von
Fehlbetragshaftung, sollte der Begriff Nachschusspflicht nur noch für die
hiervon **abzugrenzenden vertraglich vereinbarten Nachschüsse** iSv
§ 710 verwendet werden. Die Fehlbetragshaftung nach § 728a ist demgegenüber eine gesetzliche (vgl. zur Auflösung BGH NZG 2021, 69 Rn. 36; 2012,
393 Rn. 20; BeckRS 2013, 1865 Rn. 25).

7   Problematisch ist die **wirtschaftliche Reichweite der Verlusttragung.**
In konsequenter Berücksichtigung der ohnehin unbeschränkten persönlichen
Haftung des Ausscheidenden für alle bis dahin begründeten Verbindlichkeiten
nach Maßgabe von §§ 721 ff. ist es konsequent, wenn § 728a diesen im Innen-
verhältnis zur anteiligen Verlusttragung verpflichtet. Soweit es daher unter
Berücksichtigung des Gesellschaftsvermögens zum Ausscheidenszeitpunkt auf
die **persönliche Haftung des Ausscheidenden** ankommt, muss dieser nach
Maßgabe seiner internen Beteiligungsquote für die Verluste aufkommen.
Hierdurch wird gewährleistet, dass die **Gesellschafterstellung aus der Haf-
tungsperspektive** zum Auflösungszeitpunkt ordnungsgemäß **abgewickelt**

wird. Indem der Gesellschafter im Außenverhältnis gleichwohl weiter haftet (vgl. § 728b), ist es freilich konsequent und geboten, dass die **Mitgesellschafter ihn** von der entsprechenden Haftung **Zug um Zug freistellen** bzw. Sicherheit leisten (vgl. § 728 I). Dann wird eine wirtschaftlich ausgeglichene Situation geschaffen: Dem Ausgeschiedenen drohen keine Haftungsrisiken mehr; die übrigen Gesellschafter erleiden keine Einbußen im Hinblick auf die eigene Haftung, weil der Ausgeschiedene seine entsprechende Haftungsquote an die Gesellschaft geleistet hat.

Darüber hinaus bestimmte aber **§ 739 aF** zudem auch eine Verlusttragungspflicht des Ausgeschiedenen, soweit es um die **Beseitigung von Einlagenschmälerung** auf Seiten der Mitgesellschafter geht („Deckung der gemeinschaftlichen Schulden und Einlagen"). Dieser weite Umfang besteht im Zuge der **Neuregelung allein für den Fall der Auflösung** (vgl. § 737 S. 1 Alt. 2; → § 737 Rn. 12 ff.). Die hieraus resultierende Schieflage erschließt sich nicht und wurde auch im Gesetzgebungsverfahren nicht diskutiert oder begründet. Aus Gründen der **Gleichbehandlung** ist es aber geboten, die vermögensmäßige Auseinandersetzung beim Ausscheiden wirtschaftlich nicht anders zu beurteilen als bei der Auflösung. Es gilt daher auch im Zuge der Neuregelung für beide Fälle wie bereits nach früherem Recht ein **dreistufiges Modell der vermögensmäßigen Auseinandersetzung,** um zu ermitteln, ob ein Gesellschafter zur Verlusttragung verpflichtet ist: (1.) Vorrangige Deckung der Gesellschaftsverbindlichkeiten gegenüber Gläubigern; (2.) sodann Deckung der Einlagen und dann erst (3.) ggf. Berücksichtigung eines verbleibenden Überschusses als Abfindungs- bzw. Liquidationsguthabens. Bei der OHG gilt dies nunmehr gleichermaßen (vgl. § 148 VI 1 HGB, § 149 S. 1 Alt. 2 HGB).

Diese **wechselseitigen Einstandspflichten zur Rückerstattung von Einlagen** sind rechtspolitisch **fragwürdig,** weil hierdurch im Innenverhältnis von Personengesellschaften den gesellschaftsrechtlich als Risikokapital zu qualifizierenden Beiträgen eine schwächere Bedeutung zukommt als bei den Kapitalgesellschaften; dort darf von vornherein kein Gesellschafter darauf vertrauen, seine Einlagen zurückerstattet zu bekommen (vgl. §§ 70, 72 GmbHG und § 271 AktG). Die abweichende Beurteilung bei den Personengesellschaften beruht aber auf der durchaus nachvollziehbaren Prämisse, dass die **gesellschaftsrechtlichen Beitragspflichten** gemäß 709 jedenfalls **bei der GbR nicht zwingend Risikokapital** im betriebswirtschaftlichen Sinne sind, welches aus der Innenperspektive der vorrangigen Verlusttragung gewidmet ist. Der Gesetzgeber hat vielmehr durch das dreistufige Modell der vermögensmäßigen Auseinandersetzung deutlich gemacht, dass die **Rückerstattung von Beiträgen** durchaus aus Gesellschafterperspektive ein **legitimes Ansinnen** ist. Insofern ist es konsequent, wenn die Gesellschafter einer GbR auch im gesetzlichen Regelfall die Erwartung haben dürfen, dass sie ihre geleisteten (!) Beiträge nach Auflösung vorrangig zurückbekommen, bevor die Mitgesellschafter am Liquidationserlös partizipieren. Für den Fall des Ausscheidens eines Gesellschafters ist das aus der Perspektive nicht abweichend zu beurteilen. Die hierzu erfolgende Begründung **wechselseitiger Einstandspflichten zur Wiederauffüllung** ist indessen als dispositiver gesetzlicher Regelfall problematisch, da dies aus der Perspektive der Verpflichteten auf eine **gesell-schaftsinterne Quersubventionierung der Einlagen** hinausläuft. Indem dies über das Modell der Kapitalgesellschaften hinausgeht, wo insofern keine entsprechenden Pflichten bestehen, dürfte es auch bei der GbR vielfach nicht der Risikoeinschätzung der Gesellschafter entsprechen, über die Verlusttragung zugunsten von Gläubigern hinaus auch für die Einlagen der Mitgesellschafter einstehen zu müssen. De lege lata ist dieses Modell gleichwohl hinzunehmen und durch die Praxis mittels entsprechender vertraglicher Abreden auf die konkreten Bedürfnisse abzustimmen.

III. Anwendungsbereich

10   Die Regelung gilt ohne weiteres bei der **rechtsfähigen GbR,** gemäß § 712a II auch beim Ausscheiden des vorletzten Gesellschafters (→ § 712a Rn. 48 ff.). Bei einer **fehlerhaften Gesellschaft** (→ § 719 Rn. 26) besteht nach Entdecken des Mangels zwar regelmäßig ein wichtiger Grund, die Gesellschaft selbst nach Maßgabe von § 731 zu kündigen (vgl. BGH NJW 1952, 97 ff.; 2016, 2492 Rn. 22; Einzelheiten bei → § 731 Rn. 3). Gleichwohl sind Fälle denkbar, in denen es wegen der Subsidiarität der Auflösung geboten ist, allein die Kündigung der Mitgliedschaft gemäß § 725 II bzw. umgekehrt die Ausschließung gemäß § 726 anzuerkennen. Dies gilt insbesondere, wenn der Mangel des Gesellschaftsvertrages oder Beitritts lediglich einen oder einzelne Gesellschafter betrifft (vgl. zur arglistigen Täuschung BGH NJW 1976, 894 f.; zur fahrlässigen Täuschung KG NZG 2001, 954 (955)). In diesen Fällen kann daher durchaus eine Verlusttragungspflicht des Ausscheidenden in Betracht kommen; die Möglichkeit der Aufrechnung mit Schadensersatzansprüchen im Zuge des Beitritts dürften regelmäßig daran scheitern, dass die Gesellschaft selbst nicht Vertragspartner des Gesellschafters ist. Auf die **nicht rechtsfähige GbR** ist § 728a nicht unmittelbar anwendbar, weil insofern kein Gesellschaftsvermögen besteht (§ 740 I), auf dessen Insuffizienz es für die Verlusttragung des Ausscheidenden tatbestandlich ankommt. § 740 II verweist konsequenterweise dennoch auf § 728a, so dass sich auf der Grundlage einer rein rechnerischen Betrachtung gleichwohl entsprechende Verlusttragungspflichten des Ausscheidenden ergeben (→ § 740c Rn. 36). § 728 gilt indessen gemäß § 1 IV PartGG nach wie vor entsprechend beim Ausscheiden aus einer **Partnerschaftsgesellschaft.** Die Neuregelung gilt im Übrigen **nicht mehr für OHG und KG,** weil insoweit § 136 HGB Vorrang hat (abweichend zum früheren Recht Soergel/Hadding/Kießling § 739 Rn. 2; Henssler/Strohn/Kilian § 739 Rn. 2).

IV. Ausscheiden eines Gesellschafters

11   § 728a setzt ebenso **wie § 728** das ersatzlose Ausscheiden eines Gesellschafters in den Fällen von § 723 voraus. Beim **Ausscheiden des vorletzten Gesellschafters** gilt die Regelung gemäß § 712a II ebenfalls (BGH NJW 2011, 2292; OLG Hamm NZG 2005, 175; MüKoBGB/Schäfer § 739 Rn. 2;

Staudinger/Habermeier, 2003, § 739 Rn. 2; BeckOGK/Koch § 739 Rn. 5; Erman/Westermann § 739 Rn. 1; Soergel/Hadding/Kießling § 739 Rn. 2; BeckOK BGB/Schöne Rn. 1); anspruchsberechtigt ist dann der Übernehmer (vgl. OLG Hamm NZG 2005, 175). Die Regelung gilt indessen **nicht bei der Übertragung** von Gesellschaftsanteilen gemäß § 711 (MüKoBGB/ Schäfer § 739 Rn. 1; Staudinger/Habermeier, 2003, § 739 Rn. 2; Soergel/ Hadding/Kießling § 739 Rn. 2; BeckOK BGB/Schöne § 739 Rn. 1; BeckOGK/Koch § 739 Rn. 4; Erman/Westermann § 739 Rn. 1; vgl. zu § 728 BGH NJW 1975, 166 (167); 1981, 1095 (1096)), wohl aber bei der Kombination von Ausscheiden und Neueintritt in Bezug auf Ersteres (vgl. zu § 728 BeckOGK/Koch § 738 Rn. 26; BGH NJW 1995, 3313 (3314)). **Verstirbt ein Gesellschafter,** gilt § 728a ebenfalls nicht, wenn die Erben gemäß § 1922 I qua Universalsukzession in die Gesellschafterstellung einrücken. Bei der **Auflösung** der Gesellschaft gelten allein die §§ 735 ff.; kommt es indessen im zeitlichen Zusammenhang mit dem Ausscheiden zur Auflösung der Gesellschaft, ist die Verlusttragungspflicht des Ausscheidenden in die Gesamtabwicklung mit einzubeziehen (→ Rn. 15).

V. Fehlbetrag

1. Grundlagen

a) Akzessorietät zur Gesellschafterhaftung. § 728a setzt auf der 12 Grundlage des **Wortlauts** im Hinblick auf den anspruchsbegründenden Fehlbetrag voraus, dass der Wert des Gesellschaftsvermögens zur Deckung der Verbindlichkeiten der Gesellschaft nicht ausreicht. Hierüber lässt sich daher **keine Einstandspflicht** des Ausscheidenden dahingehend begründen, dass dieser darüber hinaus auch zugunsten der geschmälerten **Einlagen der Mitgesellschafter** leisten muss. Dies begründet einen im Gesetzgebungsverfahren überhaupt nicht thematisierten Paradigmenwechsel: Die nach bisherigem Recht weiterreichende Einstandspflicht gemäß § 739 Alt. 2 aF im Hinblick auf die Deckung der Einlagen der übrigen Gesellschafter (vgl. hierzu OLG Hamm NZG 2005, 175) entspricht gemäß § 728a nicht mehr dem gesetzlichen Regelfall. Dies ist angesichts des **Mehrbelastungsverbots** gemäß § 710 I überzeugend. Dieses wird nämlich im dispositiven gesetzlichen Regelfall **nur zur Befriedigung von Gläubigerinteressen durchbrochen** und ist im Rahmen von § 728a die Konsequenz der unbeschränkten Gesellschafterhaftung. Die wechselseitige Gewährleistung der Einlagen würde darüber hinausgehen und kann richtigerweise nur durch entsprechende vertragliche Verpflichtungen begründet werden. Der enge Wortlaut der Neuregelung stellt daher überzeugend klar, dass einen Gesellschafter jedenfalls beim Ausscheiden allein Zahlungspflichten zu Gunsten der GbR treffen können, soweit diese durch eine (ohnehin nach Maßgabe von § 728b fortdauernde) persönliche Gesellschafterhaftung unter Berücksichtigung seiner internen Beteiligungsquote legitimiert sind. Im Kern bedarf es im Rahmen von § 728a somit jedenfalls einer auf den **Zeitpunkt des Ausscheidens** bezogenen Ermittlung, ob und in welchem Umfang der Ausgeschiedene unter Berücksichtigung des aktuell vorhandenen Gesellschaftsvermögens wirtschaftlich für einen darüber hinausgehenden Betrag im Rahmen der **theoretischen Haftung gegenüber Gläubigern** einstehen müsste.

13   **b) Darüber hinausgehende Einstandspflicht für Kapitalschmälerung?** Jenseits dieser klar legitimierten Verlusttragungspflicht bei Ausscheiden ist aber problematisch, ob den Ausscheidenden darüber hinaus auch eine anteilige Einstandspflicht trifft, soweit das Gesellschaftsvermögen im Hinblick auf die **Deckung der Einlagen** unzureichend ist. § 739 Alt. 2 aF sah dies explizit vor. Im Zuge der Neuregelung gilt dies gemäß § 737 S. 1 Alt. 2 **nur für die Auflösung** (→ § 737 Rn. 12 ff.). Man könnte wegen der im Zuge der Neuregelung herbeigeführten Entkoppelung des Ausscheidens von der Auflösung zwar anführen, dass die unterschiedliche Ausgestaltung berechtigt sei. Dem ist allerdings nicht zu folgen, denn für eine unterschiedliche Behandlung gibt es keinen sachlichen Grund. Zwar ist es rechtspolitisch zweifelhaft, die Einstandspflichten auch auf die Fehlbetragsdeckung zu Gunsten aufgezehrter Einlagen zu erstrecken (→ § 737 Rn. 6). Dies ist aber eine generelle Frage, die **keine unterschiedliche Beurteilung** bei Ausscheiden oder Auflösung rechtfertigt. Richtigerweise ist die Fehlbetragshaftung des Ausgeschiedenen gemäß § 728a daher identisch mit der bei Auflösung, sodass insoweit **§ 737 entsprechend** anzuwenden ist. Die Fehlbetragshaftung erstreckt sich daher auch auf die Kompensation von Vermögenseinbußen, soweit dies erforderlich ist, um die Beitragsschmälerungen der übrigen Gesellschafter zu kompensieren.

14   **c) Ermittlung.** Indem sich der Verlusttragungsanspruch auf die Differenz zwischen Gesellschaftsvermögen und theoretischer Gesellschafterhaftung sowie geschmälerter Einlagen der Mitgesellschafter zum Zeitpunkt des Ausscheidens bezieht, gilt nach wie vor der Grundsatz der **Gesamtabrechnung,** wonach zuvörderst eine **Abfindungsbilanz** zu erstellen ist (vgl. OLG Hamm NZG 2005, 175; BGHZ 68, 225 (227); NJW 1999, 2438; BeckOGK/Koch § 739 Rn. 6; MüKoBGB/Schäfer § 739 Rn. 1; Soergel/Hadding/Kießling § 739 Rn. 3): Der **anspruchsbegründende Fehlbetrag** ist durch eine **dreistufige Methode** zu ermitteln: Maßgeblich ist zunächst, in welchem Umfang zum Zeitpunkt des Ausscheidens Verbindlichkeiten der Gesellschaft bestehen, für die der Ausscheidende nach Maßgabe von § 721 persönlich haftet. Sodann ist das Vermögen der Gesellschaft zu ermitteln, welches zur Gläubigerbefriedigung vorhanden ist. Weiterhin ist zu ermitteln, in welchem Umfang das vorhandene Gesellschaftsvermögen ausreicht, um den übrigen Gesellschaftern ihre Beiträge gemäß § 709 II zurückerstatten zu können. Aus der **Differenz** dieser Größen ergibt sich dann ggf. der maßgebliche Fehlbetrag als Grundlage für die Verlusttragungspflicht des Ausscheidenden (vgl. zur Einbeziehung weiterer Positionen → Rn. 26 f.). Das negative Kapitalkonto eines Gesellschafters ist daher insofern unbeachtlich (vgl. BGHZ 68, 225 (227); NJW 1999, 2438; BeckOGK/Koch § 739 Rn. 6; MüKoBGB/Schäfer § 739 Rn. 1; Soergel/Hadding/Kießling § 739 Rn. 3). Bleibt indessen ein positives Nettovermögen übrig, liegt kein anspruchsbegründender Fehlbetrag

vor. Der Ausgeschiedene hat dann ggf. einen Abfindungsanspruch nach Maßgabe von § 728.

d) Notwendigkeit und Möglichkeit der Schätzung. Darüber hinaus 15
ergeben sich aber weitere zentrale **Unterschiede zur** Auflösung gemäß
§ 737. Diese Regelung ist nämlich eingebettet in das **Liquidationsstadium
als Zeitraum** zwischen Auflösung und Vollbeendigung bzw. Erlöschen der
Gesellschaft. Die konkrete Ermittlung der alle Gesellschafter treffenden Verlusttragungspflicht bzw. umgekehrt eines Liquidationsüberschusses kann dort
bis zur Beendigung der Liquidation den tatsächlichen Gegebenheiten angepasst werden (dynamische Betrachtung). Insofern ist es dort auch unschädlich,
wenn nicht alle Tatsachen und Rechtsfragen sogleich geklärt werden können;
das Liquidationsverfahren zieht sich insofern ggf. in die Länge. Beim **Ausscheiden** eines Gesellschafters ist im Rahmen von § 728a indessen eine **Zeitpunktbetrachtung** geboten. Zu ermitteln ist spiegelbildlich zum gleichermaßen zeitpunktbezogenen Abfindungsanspruch gemäß § 728 I 1 Alt. 2 eine
auf den Ausscheidenstatbestand bezogene **Vermögenssituation**, aus der sich
ggf. der Anspruch auf Verlusttragung bzw. umgekehrt der Abfindungsanspruch ergibt. Ein Liquidationsstadium als Zeitraum ist beim bloßen Ausscheiden gesetzlich nicht vorgesehen. **Unsicherheiten in tatsächlicher und
rechtlicher Hinsicht** können daher nicht vollumfänglich präzise geprüft
werden, was den an sich klar zu definierenden **Entstehenzeitpunkt** der
konkreten Verlusttragungspflicht erheblich relativiert und im Kern darauf
hinausläuft, entgegen der Konzeption des Gesetzes ein faktisches Verfahren
der Abwicklung nach Ausscheiden zu etablieren. Dies stellt nicht allein die
Praxis vor große Herausforderungen, sondern ist ein dogmatisches Problem.
Im **Umkehrschluss zum Liquidationsverfahren** nach Auflösung ist es
vielmehr geboten, den Verlusttragungsanspruch mit gleicher Bestimmtheit
zu konturieren wie den spiegelbildlichen Abfindungsanspruch. Zur Lösung
bietet es sich an, **§ 728 II entsprechend** anzuwenden, soweit es um die
inhaltliche Konkretisierung einer etwaigen Verlusttragungspflicht geht. Das
maßgebliche Gesellschaftsvermögen und die maßgebliche Gesellschafterhaftung sind daher bei verbleibender Unsicherheit ggf. zu schätzen. Ergeben
sich insofern nachträglich gravierende Neuerungen, bietet die **Geschäftsgrundlagenlehre** gemäß § 313 die Möglichkeit, behutsam nachzujustieren.
Im Übrigen besteht in allen Fällen die Möglichkeit, Unsicherheiten nach
Maßgabe von § 372 durch **Hinterlegung** zu bewältigen (vgl. für die Liquidation BayObLG WM 1979, 655).

2. Verbindlichkeiten der Gesellschaft – 1. Stufe

Zur Berechnung der möglichen Gesellschafterhaftung zum Zeitpunkt des 16
Ausscheidens ist auf der ersten Stufe **nach Maßgabe von §§ 721 ff.** zu ermitteln, wem gegenüber der Ausscheidende in welchem Umfang persönlich
haftet. Hierunter fallen nicht nur Ansprüche Dritter gegen die GbR, sondern
auch Ansprüche von Gesellschaftern aus Drittgeschäften, welche zunächst in
voller Höhe anzusetzen sind. Die Fälligkeit spielt keine Rolle, da es sich
ausschließlich um eine fiktive Berechnung handelt. Im Übrigen ist allerdings

problematisch, in welchem Umfang **Unsicherheiten in rechtlicher oder tatsächlicher Hinsicht** zu berücksichtigen sind, was die Gesamtabrechnung nach Ausscheiden von der dynamischen Liquidation nach Auflösung unterscheidet. Hieraus resultiert ein **Spannungsfeld:** Eine zu großzügige Betrachtung benachteiligt den Ausscheidenden, denn er muss dann im Rahmen der hiernach berechneten Verlusttragung unter Umständen mehr leisten, als die konkrete Gesellschafterhaftung ggf. nach Abschluss ihrer gerichtlichen Geltendmachung durch den Gläubiger letztlich hergibt. Eine zu strenge Betrachtung würde umgekehrt die übrigen Gesellschafter benachteiligen, da diese dann das Insolvenzrisiko des Ausscheidenden für die Zeit danach mittrügen.

17   Eine diesem Spannungsfeld gerecht werdende Lösung kann bei der **nicht buchführungspflichtigen GbR** letztlich nur darin gesehen werden, dass alle den Gesellschaftern **bekannten Gesellschaftsverbindlichkeiten** gegenüber Dritten bzw. gegenüber Gesellschaftern aus Drittgeschäften zu berücksichtigen sind und diese dann einer **wirtschaftlichen Bewertung** unterzogen werden müssen. Dieser pragmatische Ansatz ist vor allem dadurch legitimiert, zeitnah Rechtssicherheit zu schaffen, ob und in welchem Umfang nach Ausscheiden Verlusttragungs- oder Abfindungsansprüche entstehen. Zur **nachträglichen Korrektur** stehen durchaus die passenden Instrumente bereit: Unterlaufen den Beteiligten hierbei Fehler, kann dies bei Vertretenmüssen Schadensersatzpflichten gemäß § 280 I, § 241 II auslösen. Im Übrigen besteht in den Fällen, in denen kein Abfindungsvergleich geschlossen wird, stets noch die Möglichkeit, nachträgliche Änderungen im Regresswege zu berücksichtigen. Auf dieser Grundlage ist daher hinzunehmen, durch die pragmatische Ermittlung eines justiziablen Verlusttragungs- oder Abfindungsanspruchs in wesentlichen Punkten materiell- und verfahrensrechtliche Klarheit zu erzielen und Einzelfragen nachträglich zu klären.

18   Es sind grundsätzlich **auch bestrittene Forderungen** anzusetzen, wenn die Verteidigung nicht objektiv evident abwegig ist. Auch hier kann ggf. nachträglich im Regresswege eine Korrektur erfolgen, wenn sich herausstellt, dass die entsprechende Gesellschaftsverbindlichkeit nicht bestand (vgl. MüKoBGB/Schäfer § 735 Rn. 4). Im gerichtlichen Verfahren ist die Gesellschafterhaftung ggf. **entsprechend § 728 II zu schätzen.** Wurde mit einem Gläubiger eine **Haftungsbeschränkung** auf das Gesellschaftsvermögen vereinbart (vgl. → § 721 Rn. 13 ff.), müsste der Gesellschafter für die entsprechende Forderung zwar nicht im Wege der Haftung gemäß § 721 einstehen, er trägt allerdings gegenüber den Mitgesellschaftern den hieraus resultierenden anteiligen Verlust gleichermaßen. Insofern ist es geboten, diese Position im Rahmen der Gesamtabrechnung nach Ausscheiden gleichermaßen zu berücksichtigen (so auch BGH NZG 2009, 581; BeckOK BGB/Schöne § 739 Rn. 3; Erman/Westermann § 739 Rn. 1; Henssler/Strohn/Kilian § 739 Rn. 2).

19   Maßgeblich für den Umfang der Verlusttragung ist schließlich auch die **Nachhaftungsbegrenzung gemäß § 728b.** Diese betrifft zwar unmittelbar allein die Gesellschafterhaftung im Außenverhältnis, hieraus können indessen auch Rückschlüsse auf die gesellschaftsinterne Verlustbeteiligung gezogen werden, was sich aus der **Freistellungspflicht gemäß § 728 I 1 Alt. 1**

ergibt. Indem ein Gesellschafter gemäß § 728b für bis zum Ausscheiden begründete Verbindlichkeiten nur innerhalb von fünf Jahren haftet, kann er hiernach entsprechende Freistellung verlangen (→ § 728 Rn. 21). Dem korrespondierend ist im gesetzlichen Regelfall diese zeitliche Begrenzung auch bei der internen Verlusttragungspflicht zu berücksichtigen, wenn nichts Abweichendes vereinbart wurde. Anzusetzen sind daher alle, aber auch nur diese Verbindlichkeiten, die innerhalb des Fünf-Jahres-Zeitraums (→ § 728b Rn. 15 ff.) fällig werden; etwas anderes gilt nur, wenn bereits zum Ausscheidenszeitpunkt feststeht, dass ein Gläubiger auf die Geltendmachung verzichtet. – Im Übrigen bringt die **Einführung von § 728b I 2** eine auch im Hinblick auf den Freistellungsanspruch und damit korrespondierend für die Verlusttragungspflicht bedeutsame Änderung mit sich. Die hierdurch bewirkte Minderung der Nachhaftung für Ansprüche, die erst durch **Pflichtverletzungen nach Ausscheiden** verwirklicht werden (→ § 728b Rn. 10), reduziert konsequenterweise insofern auch die gesellschaftsinterne Verlustbeteiligung, sofern nichts Abweichendes vereinbart ist. Das Gleiche gilt, wenn man, wie hier vertreten, aus § 728b I 2 weitergehend ableitet, dass **abschnittsweise Vergütungen bei Dauerschuldverhältnissen** für Leistungen eines Dritten nach Ausscheiden nicht mehr von der Nachhaftung erfasst sind (→ § 728b Rn. 9). Im gesetzlichen Regelfall hat daher der Ausscheidende für diese Verluste auch nicht mehr einzustehen.

3. Vorhandenes Gesellschaftsvermögen – 2. Stufe

Auf der zweiten Stufe ist dann das zum Zeitpunkt des Ausscheidens vorhandene Gesellschaftsvermögen zu ermitteln und **zum Abzug zu bringen.** 20 Insofern stellen sich im Ausgangspunkt dieselben **Bewertungsprobleme** wie beim spiegelbildlichen Abfindungsanspruch gemäß § 728. Die durch die Neuregelung bewirkte Entkoppelung des Ausscheidens von der hypothetischen Auflösung bedingt, den Verlusttragungsanspruch insoweit autonom zu ermitteln, als der frühere Gleichlauf mit wesentlichen Liquidationsvorschriften zu durchbrechen ist. Dies ist sachgerecht, denn abweichend von der Liquidation gibt es beim Ausscheiden **kein Gebot der Versilberung** des Gesellschaftsvermögens, um sodann eine Verteilung des überschüssigen Geldbetrages vornehmen zu können (vgl. insoweit für die Auflösung § 736d II 1). Auch ist zu berücksichtigen, dass die Gesellschaft nach Ausscheiden fortbesteht. Es wäre daher **verfehlt**, die Verlusttragungspflicht des Ausscheidenden dadurch zu ermitteln, dass das Gesellschaftsvermögen zum **Substanz- bzw. Zerschlagungswert** (vgl. zur Substanzwertmethode → § 728 Rn. 36) angesetzt wird. Geboten ist vielmehr, auch hier spiegelbildlich zum Abfindungsanspruch den Grundsatz der Methodenoffenheit zur Geltung zu bringen (→ § 728 Rn. 35), sodass insbesondere bei unternehmenstragenden GbR **regelmäßig die Ertragswertmethode** zur Anwendung kommt und der Substanzwert insofern meist lediglich die Bewertungsuntergrenze bildet. Bei der Herangehensweise der Ertragswertmethode wird ein Unternehmen als Investition betrachtet. Der Unternehmenswert wird ermittelt, indem künftige Gewinne mit einem angemessenen Kapitalisierungszinssatz auf den

Bewertungsstichtag abgezinst werden (vgl. zur Ertragswertmethode → § 728 Rn. 38).

21   Hieraus folgt, dass letztlich in **allen Fällen des Ausscheidens eine Unternehmensbewertung** vorzunehmen ist, in denen dies im Hinblick auf die Zusammensetzung des Gesellschaftsvermögens und die Zielrichtung der GbR geboten ist, mithin vor allem bei unternehmenstragenden GbR. In den Fällen der hiernach gebotenen Einzelbewertung ist ebenfalls vom Fortbestand der Gesellschaft auszugehen, sodass insofern die Verkehrswerte anzusetzen sind. Konsequenterweise sind nicht nur **stille Reserven** zu berücksichtigen, sondern auch **Verbundeffekte und immaterielle Aspekte** („good will" etc.). Im Übrigen besteht auch hier entsprechend § 728 II die **Möglichkeit der Schätzung** (→ Rn. 15). Diese vermögensmäßige Gesamtbetrachtung begünstigt vordergründig den Ausscheidenden, denn hierdurch wird die Differenz zur drohenden Gesellschafterhaftung gemindert, sodass der Verlusttragungsanspruch strukturell entsprechend kleiner ausfällt. Dies ist indessen nicht unbillig, denn auf der anderen Seite bleibt das **Gesellschaftsvermögen als Einheit** anders als bei der Auflösung unangetastet und steht **zur weiteren Nutzung den übrigen Gesellschaftern** zur Verfügung. Der durch die Going-concern-Betrachtung der Ertragswertmethode (→ § 728 Rn. 38) erhöhte Wert des Gesellschaftsvermögen verbleibt den übrigen Gesellschaftern. Sie können hieraus die erwartungsgemäßen Erträge generieren, die die strukturelle Schmälerung des Verlusttragungsanspruchs bei Ausscheiden kompensiert. Die hiernach gebotene vermögensmäßige Gesamtbetrachtung ist daher angemessen und vermag vor allem auch in den Fällen zu überzeugen, in denen zum Zeitpunkt des Ausscheidens nicht feststeht, ob zugunsten des Ausscheidenden ein positiver Abfindungsanspruch besteht oder er umgekehrt zur Verlusttragung verpflichtet ist.

4. Rückerstattung von Beiträgen der Mitgesellschafter – 3. Stufe

22   Auf einer dritten Stufe ist dann schließlich zu ermitteln, in welchem Umfang das noch verbleibende Gesellschaftsvermögen ausreicht, um die geleisteten Beiträge der (im Ergebnis allein übrigen, vgl. → Rn. 11) Gesellschafter zurückzuerstatten. Anzusetzen sind hier sämtliche Vermögenswerte, die ein Gesellschafter im **Rahmen von § 709 I** geleistet hat; Dienstleistungen und Gebrauchsüberlassungen bleiben aber entsprechend § 736d V 2 im Zweifel unbeachtlich (vgl. → § 736d Rn. 48). Im Kern bedarf es hiernach einer Betrachtung aller aktuellen **Eigenkapitalkonten** der Gesellschafter im Verhältnis zum objektiven bzw. vereinbarten Nominalwert der Beitragsleistung zum Einbringungszeitpunkt (vgl. § 736d V 2). Soweit insofern wegen der negativen Differenz zum Gesellschaftsvermögen bei einzelnen oder allen Gesellschaftern eine **Unterdeckung** vorliegt, richtet sich die Fehlbetragshaftung der (übrigen) Gesellschafter auch hierauf, was eine rechtspolitisch fragwürdige **Quersubventionierung von Einlagen** darstellt (vgl. → Rn. 26). Ist die Differenz angesichts des Gesellschaftsvermögens indessen positiv, ergibt sich keine Verlusttragungspflicht, vielmehr gebührt dem Ausscheidenden dann allein nach Maßgabe von § 728 ein Abfindungsanspruch.

VI. Umfang der Einstandspflicht

1. Verlustbeteiligung des Ausscheidenden

Der Ausscheidende hat gemäß § 728a die **Differenz** zwischen Gesell- 23
schaftsverbindlichkeiten und Gesellschaftsvermögen zum Zeitpunkt des Ausscheidens nur nach dem Verhältnis seines „Anteils am Gewinn und Verlust"
zu tragen. Dies entspricht auch der Rechtslage bei der Auflösung (§ 737 S. 1).
Erforderlich ist somit die **Ermittlung einer konkreten Haftungsquote.**
Im früheren Recht richtete sich dies bei Ausscheiden und Auflösung allein
nach der Beteiligung des Gesellschafters „am Verlust" (vgl. § 735 S. 1 aF,
§ 739 aF, hierzu BGH WM 1967, 346 (347)). Dies passte vordergründig
besser auf die Verlusttragungspflicht, weil diese begrifflich voraussetzt, dass es
um die Beteiligung der Gesellschafter an einem solchen geht; die Partizipation
an Gewinnen spielt insofern keine Rolle. Gleichwohl ist aber zu bedenken,
dass die Verlustbeteiligung sich rechtlich und praktisch kaum von der
Gewinnbeteiligung abgrenzen lässt und es daher im Ergebnis um eine **Ergebnisbeteiligung** geht, in welchem Verhältnis die Gesellschafter positive und
negative Erträge untereinander tragen wollen. Nach früherem Recht bestand
insofern gemäß § 722 II aF sogar eine sinnvolle Zweifelsregelung. Konsequenterweise sieht jedenfalls nach neuem Recht auch **§ 709 III** als gesetzlichen Regelfall eine **Gesamtbetrachtung** in Bezug auf „Gewinn und Verlust" vor. Wenn und soweit daher kein Auseinanderfallen von positiven und
negativen Erträgen vereinbart wurde, kommt es somit für den Umfang der
Einstandspflicht des Ausscheidenden hierauf an. Die gesetzliche Konkretisierung ergibt sich ebenfalls aus § 709 III, wonach sich die Beteiligungsverhältnisse vorrangig nach dem **Verhältnis der vereinbarten Werte der Beiträge**
richten und subsidiär eine **Aufteilung nach Köpfen** erfolgt (Einzelheiten
→ § 709 Rn. 21 ff.).

Die sich hiernach ergebende Haftungsquote ist eine **individuelle Pflicht** 24
des Ausscheidenden. Bei **gleichzeitigem Ausscheiden mehrerer** hat somit
jeder Gesellschafter nur für den ihn treffenden Anteil einzustehen (Soergel/
Hadding/Kießling § 739 Rn. 8; BeckOGK/Koch § 739 Rn. 7; Grüneberg/
Sprau § 739 Rn. 1; BeckOK BGB/Schöne § 739 Rn. 2). Wie im Kontext der
fehlenden Ausfallhaftung der Mitgesellschafter (→ Rn. 35) tragen insofern
jedoch letztlich alle Gesellschafter gleichermaßen das **wirtschaftliche Risiko
des Ausfalls,** indem sich die jeweiligen Verlustbeteiligungen der anderen
Ausscheidenden ebenso erhöhen wie die der verbleibenden Gesellschafter.
Etwas anderes gilt, wenn das Ausscheiden mehrerer Gesellschafter zeitlich
gestreckt erfolgt. In diesem Fall haben die zunächst Ausgeschiedenen den
Ausfall der nachfolgenden Gesellschafter wegen der Stichtagsbezogenheit der
Abfindungs- bzw. Verlusttragungspflicht nicht mehr zu tragen.

2. Anspruch auf Haftungsbefreiung

Indem die **potentielle Gesellschafterhaftung** des Ausscheidenden für 25
die Ermittlung des Verlusttragungsanspruchs maßgeblich ist und diesen ggf.
zur Zahlung verpflichtet, ist es geboten, dass ihn umgekehrt die übrigen

Gesellschafter von dieser Haftung freistellen (vgl. insoweit § 728 I 1 Alt. 1, → § 728 Rn. 21). Würde man dies abweichend beurteilen, wäre der Ausscheidende unangemessen benachteiligt, weil er das Insolvenzrisiko der Mitgesellschafter trüge (anders Erman/Westermann § 739 Rn. 1 und BeckOGK/Koch § 739 Rn. 11: Notwendigkeit einer Vereinbarung mit dem Gesellschaftsgläubiger).

VII. Verlusttragung als Gesamtabrechnung

26   Die den Ausscheidenden letztlich konkret treffende Verlusttragungspflicht gemäß § 728a ist richtigerweise bereits im gesetzlichen Regelfall wie der Abfindungsanspruch gemäß § 728 I 1 Alt. 2 eine materiellrechtliche Gesamtabrechnung im Hinblick auf **alle wechselseitigen Sozialansprüche und -verbindlichkeiten,** die bis zum Zeitpunkt des Ausscheidens begründet wurden, zu sehen (OLG Hamm NZG 2005, 175; BeckOGK/Koch § 739 Rn. 3; MüKoBGB/Schäfer § 739 Rn. 1). Hierfür sprechen die Rechtssicherheit und Beschleunigungsaspekte sowie die Gleichbehandlung mit der spiegelbildlichen Abfindung (→ § 728 Rn. 44). Dies betrifft insbesondere rückständige Einlagen des Ausscheidenden, nicht ausgezahlte Gewinne, Aufwendungsersatz- und Herausgabesprüche gemäß § 716, Schadensersatzansprüche, gesellschaftsrechtlich begründete Vergütungsansprüche. Diese sind ab dem Zeitpunkt des Ausscheidens lediglich **unselbstständige Rechnungsposten** bei der Ermittlung eines etwaigen Abfindungs- oder Verlusttragungsanspruchs und unterliegen konsequenterweise einer **Durchsetzungssperre** (vgl. zu § 738 aF BGH WM 1978, 89 (90); 1992, 306 (308); NJW 2011, 2355; OLG Frankfurt NZG 2018, 1141 (1142); OLG Hamm WM 2004, 129 (132)). Dem Ausscheidenden und der Gesellschaft bzw. in den Fällen von § 712a dem Übernehmer ist es daher verwehrt, ab dem Zeitpunkt des Ausscheidens einzelne Forderungen aus dem Gesellschaftsverhältnis geltend zu machen. Eine entsprechende **Klage wäre unbegründet,** selbst wenn sie bereits vor Ausscheiden anhängig gemacht wurde. Etwas anderes gilt nur für unstreitige Einzelansprüche, die unabhängig von der Berechnung in jedem Fall zu beanspruchen sind (vgl. insofern zur Abfindung BGH NJW 1992, 2757 (2758); NJW-RR 1988, 1249; WM 1981, 487; 1993, 1340 (1341)). Insofern hat der Ausgeschiedene einen Anspruch auf Erstellung einer **Abschichtungsbilanz** (vgl. Kopp ZIP 2022, 875).

27   Forderungen aus **Drittgeschäften** mit einem Gesellschafter fallen indessen **nicht** darunter (BGH NJW-RR 2006, 1268 (1270); NZG 2008, 68 (69); OLG Hamm NZG 2003, 677 (678)). **Andere Ansprüche,** die ebenso wie Forderungen aus Drittrechtsbeziehungen nicht Teil der Gesamtabrechnung sind, können isoliert geltend gemacht werden. Sie unterliegen der **Aufrechenbarkeit** nach § 387 und es besteht die Möglichkeit, nach Maßgabe von § 273 ein **Zurückbehaltungsrecht** geltend zu machen (BGH NJW 1974, 899; 1998, 1552 (für die Liquidation); NJW 1981, 2802; BeckOK BGB/ Schöne § 739 Rn. 3; Erman/Westermann § 739 Rn. 1; MüKoBGB/Schäfer § 739 Rn. 3a; Grüneberg/Sprau § 739 Rn. 1; Soergel/Hadding/Kießling § 739 Rn. 7; BeckOGK/Koch § 739 Rn. 9; vgl. zur Beweislast auch BGH

NZG 2009, 581). Dies betrifft insbesondere den richtigerweise auch im gesetzlichen Regelfall nach wie vor entsprechend § 732 aF bestehenden Anspruch des Ausscheidenden auf **Rückgabe von Gegenständen,** die er im Rahmen der Beitragspflicht zur Nutzung überlassen hat (vgl. → § 728 Rn. 25 ff.). Das Gleiche gilt für den Anspruch auf **Haftungsfreistellung** bzw. Sicherheitsleistung gemäß § 728 I (→ § 728 Rn. 17 f.). Die Entkoppelung des Ausscheidens von der (hypothetischen) Auflösung brachte eine **Streichung von § 740 aF** mit sich, sodass eine gesonderte Beteiligung des Ausscheidenden am Ergebnis schwebender Geschäfte nicht mehr vorgesehen ist; die nach bisherigem Recht bestehende Problematik, ob insofern Zurückbehaltungsrechte bestehen, stellt sich nunmehr nicht mehr (vgl. zum früheren Recht BGH WM 1969, 494 (496); BeckOK BGB/Schöne § 739 Rn. 3; MüKoBGB/Schäfer § 739 Rn. 3a; BeckOGK/Koch § 739 Rn. 10). Hiervon abzugrenzen ist freilich, dass die wirtschaftlichen Folgen schwebender Geschäfte regelmäßig im Rahmen der Abfindung bzw. der Verlusttragungspflicht zu berücksichtigen sind.

Ergeben sich **nach Erfüllung der Verlusttragungspflicht** weitere **28** Ansprüche, die hierbei keine Berücksichtigung fanden, können diese grundsätzlich noch geltend gemacht werden. Etwas anderes gilt nur, wenn die Beteiligten im Zuge des Ausscheidens eine verbindliche Regelung in der Form eines Vergleichs nach Maßgabe von § 779 getroffen haben, wonach alle anderen Ansprüche abgegolten sein sollen (vgl. hierzu im Rahmen der Abfindung → § 728 Rn. 46).

VIII. Entstehen und Fälligkeit

Der Anspruch auf Verlusttragung **entsteht** anders als der Abfindungsan- **29** spruch nicht erst im Zeitpunkt des Ausscheidens, sondern bereits dem Grunde nach mit **Begründung der Gesellschafterstellung** des Ausscheidenden (abw. BGH NZG 2010, 1020; BeckOGK/Koch § 739 Rn. 8; Soergel/Hadding/Kießling § 739 Rn. 6). Dies folgt daraus, dass die Verlusttragung als gesetzlicher Regelfall die gesellschaftsinterne Konsequenz der persönlichen Gesellschafterhaftung ist, welche sich **bei Ausscheiden** oder Auflösung realisiert, mithin **fällig** wird. Pfändung und Abtretung des Anspruchs sind daher bereits von Anfang an möglich. Wie beim Abfindungsanspruch können sich indessen auch hier Probleme ergeben, wenn zum Zeitpunkt des Ausscheidens die konkrete **Anspruchshöhe nicht eindeutig** ist, was auch bei der GbR wegen seiner komplexen Zusammensetzung der Regelfall sein dürfte. Wie beim Abfindungsanspruch darf hieraus indessen richtigerweise nicht der Schluss gezogen werden, die Fälligkeit sei so weit nach hinten verschoben, bis die Anspruchshöhe konkret feststeht (so aber die hM zum bisherigen Recht im Hinblick auf die Feststellung der Abfindungsbilanz nach Ausscheiden, vgl. RG JW 1917, 539; RGZ 118, 295 (299); Henssler/Strohn/Kilian § 738 Rn. 12; BeckOGK/Koch § 738 Rn. 30; MüKoBGB/Schäfer § 738 Rn. 20; Staudinger/Habermeier, 2003, § 738 Rn. 9; BeckOK BGB/Schöne § 738 Rn. 19; Erman/Westermann § 738 Rn. 4). Dann wäre es der Gesellschaft bzw. dem Übernehmer in den Fällen von § 712 nämlich verwehrt, die allgemeinen Rechte geltend zu machen, die an das Vorliegen der Fälligkeit geknüpft sind (insbesondere Verzug und Aufrechenbarkeit).

30 Richtigerweise sollte daher auch im Hinblick auf die Verlusttragungspflicht ein **modifizierter Fälligkeitsbegriff** verwendet werden, der die Fälligkeit dem Grunde nach bereits zum Zeitpunkt des Ausscheidens eintreten lässt (vgl. hierzu → § 728 Rn. 48). Soweit es indessen um die Bedeutung der konkreten **Anspruchshöhe** im Kontext der Fälligkeit geht, sollte eine **zeitlich-dynamische Betrachtung** erfolgen, wonach konkrete Rechtsfolgen aus der Fälligkeit nur abgeleitet werden dürfen, wenn zu diesem Zeitpunkt auch eine entsprechende Anspruchshöhe wenigstens schlüssig ist (vgl. insofern bereits zum bisherigen Recht bei unstrittigen Mindestbeträgen (BGH BB 1959, 719; 1961, 348; DB 1977, 87 (89); WM 1981, 487; NJW 1992, 2757 (2758); BeckOGK/Koch § 738 Rn. 31; MüKoBGB/Schäfer § 738 Rn. 21; BeckOK BGB/Schöne § 738 Rn. 20; Staudinger/Habermeier, 2003, § 738 Rn. 9; Erman/Westermann § 738 Rn. 4). Der sofortigen gerichtlichen **Geltendmachung** des Verlusttragungsanspruchs durch die Gesellschaft steht die fehlende endgültige Fälligkeit indessen noch nicht entgegen (vgl. zur Feststellungsklage auch BGH NJW-RR 2010, 1401 (1402)). Die Begründetheit der Klage hängt freilich davon ab, dass der Anspruch in der entsprechenden Höhe tatsächlich besteht (vgl. für die Abfindung BGH WM 1978, 89 (90); 1979, 937 (938)). **Verzugszinsen** kann die GbR bzw. der Übernehmer nach Maßgabe von § 288 I verlangen, mithin nach entsprechend konkreter Mahnung iSv § 286 I 1 (vgl. umgekehrt für die Abfindung OLG Karlsruhe NZG 2005, 627; Soergel/Hadding/Kießling § 738 Rn. 38; BeckOGK/Koch § 738 Rn. 32).

IX. Verjährung

31 Die Verjährung richtet sich **nach hM** nach der allgemeinen **dreijährigen Verjährungsfrist gemäß §§ 195, 199 I** (BGH NJW-RR 2010, 1401; NJW 2011, 2292 (2293); Soergel/Hadding/Kießling § 739 Rn. 6). Der für den Fristbeginn maßgebliche subjektive Tatbestand auf Seiten der GbR bzw. des Übernehmers ist insofern freilich danach zu bestimmen, wie eindeutig die Tatsachen für das Ausscheiden bzw. vor allem für das Bestehen und den Umfang der Verlusttragungspflicht sind. Insofern können Unsicherheiten in tatsächlicher und rechtlicher Hinsicht durchaus den **Verjährungsbeginn** verschieben (BGH NJW-RR 2010, 1401; Erman/Westermann § 739 Rn. 1; BeckOGK/Koch § 739 Rn. 12; Soergel/Hadding/Kießling § 739 Rn. 6). Im Übrigen ist bei Streitigkeiten über den Umfang der Verlusttragung im Nachgang des Ausscheidens regelmäßig von einer **Hemmung** gemäß §§ 203, 209 auszugehen. Die Verjährung wird auch durch die Erhebung einer Feststellungsklage nach § 256 I ZPO im Hinblick auf die Verlusttragungspflicht gemäß § 204 I Nr. 1, II, § 209 **unterbrochen** (vgl. zur Abfindung BGH ZIP 2010, 1637 (1638)).

32 Anders als beim umgekehrten Fall der Abfindung gemäß § 728 kann hiernach die Regelverjährung wegen des ggf. hinausgeschobenen Beginns mit der **Nachhaftungsbegrenzung** gemäß § 728b kollidieren (dies zutreffend

problematisiert auch MüKoBGB/Schäfer § 739 Rn. 3). Insofern wurde bereits nach früherem Recht eine **fünfjährige Verjährungsfrist** vorgeschlagen (vgl. OLG Koblenz NZG 2009, 1426; K. Schmidt DB 2010, 2093 (2094); Staub/Habersack HGB § 159 Rn. 13; dagegen BGH NJW 2011, 2292 (2293); Soergel/Hadding/Kießling § 739 Rn. 6; BeckOGK/Koch § 739 Rn. 12). Dem ist zuzustimmen. Insbesondere seitdem die **Neuregelung** eine klare **Akzessorietät der Verlusttragungspflicht** im Verhältnis zur Gesellschafterhaftung vorsieht (→ Rn. 12), wird deutlich, dass erstere nicht weiterreichen soll. Der früher vorgebrachte Einwand, die Verlusttragungspflicht könne nicht als Verlängerung der persönlichen Außenhaftung verstanden werden, greift somit nicht mehr. Wenn der Ausscheidende nach Ablauf von fünf Jahren nach Maßgabe von § 728b grundsätzlich keine Haftung mehr befürchten muss, ist dieser **gesetzlich klar konturierte „Safe Harbour"** auch für die wirtschaftlich vergleichbare interne Verlusttragungspflicht zu bejahen. Der **Gleichlauf von Innen- und Außenhaftung** ist somit mittlerweile konzeptionell durch das Gesetz vorgeprägt.

X. Geltendmachung des Anspruchs

Der Verlusttragungsanspruch ist im gesetzlichen Regelfall auf **Geldzah-** 33 **lung** gerichtet und muss im Wege der Leistungsklage gerichtlich geltend gemacht werden. Hierbei bereitet vor allem das Bestimmtheitsgebot (§ 253 II Nr. 2 ZPO) Probleme. Die Angabe eines vorläufigen Geldwertes ist zur Ermittlung eines Streitwerts durch das Gericht gem. § 3 Hs. 1 ZPO empfehlenswert. Für die Gerichtskosten ist nämlich gem. § 40 GKG der Zeitpunkt der Antragstellung maßgebend, die den Rechtszug einleitet, nicht das Ende der Beweisaufnahme. Indessen dürfte ein **unbezifferter Antrag** im Rahmen einer Stufenklage nach § 254 ZPO jedenfalls dann zulässig sein, wenn der Verlusttragungsanspruch von einer komplizierten Bewertung abhängt (vgl. auch die nach hier vertretener Ansicht entsprechende Anwendung der Schätzungsmöglichkeit gemäß § 728 II; → Rn. 15). Im Übrigen hat der Ausgeschiedene einen Anspruch auf Erstellung einer **Abschichtungsbilanz** (vgl. Kopp ZIP 2022, 875). – Bei einer Ehegatteninnengesellschaft handelt es sich um eine sonstige Familiensache gemäß § 266 I Nr. 3 FamFG, die gemäß § 23a I 1 Nr. 1 GVG die ausschließliche Zuständigkeit des Familiengerichts begründet (vgl. OLG Stuttgart NJW-RR 2011, 867). **Aktivlegitimiert** ist die fortbestehende rechtsfähige **Gesellschaft** (vgl. zur Gesellschafterklage, actio pro socio § 715b), in den Fällen von § 712a der Übernehmer.

Der Anspruch richtet sich **gegen den Ausscheidenden,** beim gleichzeiti- 34 gen Neueintritt eines anderen Gesellschafters nicht auch gegen diesen. Bei **Treuhandverhältnissen** ist der Hintermann bzw. Anleger mangels Vereinbarung mit den Gesellschaftern bzw. der GbR nicht zur Verlusttragung verpflichtet. Im Einzelfall kann sich jedoch im Wege der Auslegung ergeben, dass der Hintermann selbst Gesellschafter ist (vgl. für den „Grundbuchtreuhänder" BGH NZG 2011, 1023 Rn. 34 ff.). – Im Regelfall wird daher allein der Treuhänder verpflichtet. Zu dessen Vermögen gehören aber auch vertragliche oder gesetzliche **Freistellungsansprüche** gegen den Treugeber (vgl.

§§ 675, 670, 257), welche sich die GbR abtreten lassen kann (vgl. hierzu im Rahmen der Haftung BGH NJW 2011, 2351). Die Freistellungsansprüche verjähren analog §§ 195, 199 (BGH NJW 2018, 1873; BeckRS 2019, 6119). – Ein **Nießbraucher** ist richtigerweise ebenfalls nicht zur Verlusttragung verpflichtet.

35   Im Hinblick auf eine mögliche **Ausfallhaftung der Mitgesellschafter** unterscheidet sich die Rechtslage beim Ausscheiden von der bei der Auflösung der Gesellschaft. Während § 737 S. 2, bestimmt, dass die Mitgesellschafter im Hinblick auf die Fehlbeträge nach Auflösung eine wechselseitige anteilige Ausfallhaftung trifft, sieht § 728a dies nicht vor. Diese Differenzierung bestand bereits im früheren Recht (vgl. § 739 aF und § 735 S. 2 aF). Infolge dieser Eindeutigkeit wurde eine Ausfallhaftung der Mitgesellschafter bei Ausscheiden eines anderen durch die **bislang hM abgelehnt** (vgl. BeckOGK/ Koch § 739 Rn. 13; MüKoBGB/Schäfer § 739 Rn. 4; Soergel/Hadding/ Kießling § 739 Rn. 8; Erman/Westermann § 739 Rn. 2; BeckOK BGB/ Schöne § 739 Rn. 4; Staudinger/Habermeier, 2003, § 739 Rn. 3). Dem ist auch im Lichte der Neuregelung **zuzustimmen.** Die tragende Erwägung hierfür bietet das Mehrbelastungsverbot, welches gemäß § 710 nur in den Fällen von § 728a und § 737 durchbrochen werden darf. Hieraus folgt, dass ein Gesellschafter nur dann zum Nachschuss verpflichtet ist, wenn er entweder selbst ausscheidet oder die Gesellschaft in Gänze liquidiert wird (RGZ 166, 65 (68 f.); BGH ZIP 2009, 2289 (2291); 2012, 515 (517)). Diese Restriktionen dürfen freilich **nicht überbewertet** werden. Kann der Ausscheidende seine Verlusttragungspflicht nicht erfüllen, tragen die Mitgesellschafter nämlich infolge des nicht erhöhten Gesellschaftsvermögens das **wirtschaftliche Risiko des Ausfalls** gleichermaßen (MüKoBGB/Schäfer § 739 Rn. 4). Im Übrigen ist zu bedenken, dass der Ausfall des Ausgeschiedenen auch mit einer Eröffnung des Insolvenzverfahrens über dessen Vermögen einhergehen kann.

XI. Gestaltungsfreiheit

1. Grundlagen

36   Die Verlusttragungspflicht gemäß § 728a betrifft allein das Innenverhältnis der Gesellschaft und ist konsequenterweise **dispositiv** (vgl. insofern auch § 708). Sie kann daher inhaltlich modifiziert werden, bis hin zum vollständigen Ausschluss (BeckOGK/Koch § 739 Rn. 2; Soergel/Hadding/Kießling § 739 Rn. 1; Staudinger/Habermeier, 2003, § 739 Rn. 1). Dass die Gesellschaftsgläubiger hierdurch ggf. ein zwangsvollstreckungsrechtliches Zugriffsobjekt verlieren (vgl. §§ 829, 835 ZPO), steht dem nicht entgegen, denn diese sind über die zwingende Gesellschafterhaftung hinreichend geschützt. Eine gesellschaftsvertragliche Haftungsbeschränkung (vgl. hierzu → § 721 Rn. 13 ff.) wirkt im Zweifel auch als entsprechende Beschränkung der Verlusttragungspflicht.

2. Kautelarischer Handlungsbedarf infolge des MoPeG

Im Rahmen des § 728a hat der Gesetzgeber keine wesentlichen Neuerun- **37** gen vorgenommen; die Regelung entspricht im Wesentlichen § 739 aF (→ Rn. 1). Klärungsbedarf besteht bis zum 31.12.2023 (vgl. Art. 137 MoPeG) allenfalls hinsichtlich des möglichen Wechsels von Aktiv- und Passivlegitimation im Verhältnis zwischen Ausscheidendem und GbR (→ Rn. 3), um prozessuale Probleme zu unterbinden und das allgemeine Prozessrisiko zu reduzieren. – Eine **entsprechende Anwendung von § 728 II** sollte zudem nach dem kautelarischen Grundsatz des sichersten Weges im Gesellschaftsvertrag festgehalten werden.

XII. Darlegungs- und Beweislast

Die Darlegungs- und Beweislast für den Verlusttragungsanspruch trägt die **38** **GbR** bzw. im Fall von § 712a der Übernehmer. Dies gilt uneingeschränkt im Hinblick auf die Voraussetzungen des Ausscheidens sowie die maßgeblichen Gesellschaftsverbindlichkeiten und das Gesellschaftsvermögen. In Bezug auf Letzteres kommt freilich die Möglichkeit der Schätzung entsprechend § 728 II in Betracht (→ Rn. 15). Prozessual kommt dem Gericht § 287 II ZPO zu Hilfe. Der Anspruchsteller hat grundsätzlich auch die Beweislast im Hinblick auf die interne Beteiligungsquote des Ausscheidenden zu tragen. Insofern gilt § 709 III: Hiernach ist eine **andere Verteilungsregel als die nach Köpfen** von demjenigen zu beweisen, der sich darauf beruft, ggf. daher auch durch den Ausscheidenden selbst.

§ 728b Nachhaftung des ausgeschiedenen Gesellschafters

(1) [1]Scheidet ein Gesellschafter aus der Gesellschaft aus, so haftet er für deren bis dahin begründete Verbindlichkeiten, wenn sie vor Ablauf von fünf Jahren nach seinem Ausscheiden fällig sind und
1. daraus Ansprüche gegen ihn in einer in § 197 Absatz 1 Nummer 3 bis 5 bezeichneten Art festgestellt sind oder
2. eine gerichtliche oder behördliche Vollstreckungshandlung vorgenommen oder beantragt wird; bei öffentlich-rechtlichen Verbindlichkeiten genügt der Erlass eines Verwaltungsakts.
[2]Ist die Verbindlichkeit auf Schadensersatz gerichtet, haftet der ausgeschiedene Gesellschafter nach Satz 1 nur, wenn auch die zum Schadensersatz führende Verletzung vertraglicher oder gesetzlicher Pflichten vor dem Ausscheiden des Gesellschafters eingetreten ist. [3]Die Frist beginnt, sobald der Gläubiger von dem Ausscheiden des Gesellschafters Kenntnis erlangt hat oder das Ausscheiden des Gesellschafters im Gesellschaftsregister eingetragen worden ist. [4]Die §§ 204, 206, 210, 211 und 212 Absatz 2 und 3 sind entsprechend anzuwenden.

(2) Einer Feststellung in einer in § 197 Absatz 1 Nummer 3 bis 5 bezeichneten Art bedarf es nicht, soweit der Gesellschafter den Anspruch schriftlich anerkannt hat.

Übersicht

I. Reform

1. Grundlagen, Bewertung

1   § 728b regelt im Zuge der Reform **erstmalig explizit die Nachhaftung** des ausgeschiedenen Gesellschafters einer GbR. Sie tritt anstelle von § 736 II aF, der insofern auf § 160 HGB aF verwies (nunmehr § 137 HGB). Inhaltlich ist die Neuregelung im Kern mit der bisherigen Rechtslage identisch. Eine bedeutsame Neuerung folgt indessen aus Abs. 1 S. 2, wonach die Nachhaftung des ausgeschiedenen Gesellschafters für **Verbindlichkeiten auf Schadensersatz** nur so weit reicht, als die zum Schadensersatz führende Verletzung vertraglicher oder gesetzlicher Pflichten vor dem Ausscheiden des Gesellschafters eingetreten ist. Diese Begrenzung widerspricht bei vertraglichen Schadensersatzansprüchen der bislang hM und führt in begrüßenswerter Weise zu einer Steigerung der Kalkulierbarkeit von Nachhaftungsrisiken des Ausgeschiedenen (→ Rn. 12). Die Einschränkung war indessen nicht bereits Gegenstand des Mauracher Entwurfs, sondern wurde erst auf Grund der **Beschlussempfehlung des Rechtsausschusses** (BT-Drs. 19/30942, 34) eingeführt. Hierdurch sollte insbesondere bei kontinuierlichen Mandatsverhältnissen freiberuflicher GbR dem Schutz des Ausgeschiedenen Rechnung getragen werden, nicht für nachträgliche Pflichtverletzungen einstehen zu müssen (BT-Drs. 19/31105, 4). Die Neuregelung wird allgemein begrüßt (vgl. Heckschen GWR 2021, 1 (4); Bachmann Stellungnahme S. 11); es gab aber auch Vorschläge, die Enthaftungsfrage abweichend zu regeln (vgl. DAV-Handelsrechtsausschuss NZG 2020, 1133 (1141): grob fahrlässige Unkenntnis für Fristbeginn ausreichend sowie Einführung einer absoluten Haftungsobergrenze von 10 Jahren; dies befürwortend Bachmann Stellungnahme S. 11). – Eine weitere bedeutsame Neuerung ergibt sich aus der **Registerfähigkeit der GbR** gemäß § 707. Der **Beginn der Nachhaftungsfrist** ist in den Fällen, in denen die GbR eingetragen ist und konsequenterweise das Ausscheiden gemäß § 707 III 2 eine eintragungspflichtige Tatsache darstellt, nicht mehr allein an die Kenntnis des Gläubigers vom Ausscheiden geknüpft, sondern wie bereits bei OHG und KG spätestens an die Eintragung des Ausscheidens (→ Rn. 17). Die hierdurch hervorgerufene Rechtssicherheit und Kalkulierbarkeit dürften wesentliche Aspekte sein, von der Eintragungsoption gemäß § 707 Gebrauch zu machen (so auch K. Schmidt ZHR 185 (2021), 17 (31)). – Schließlich ist die Neuregelung ergänzt worden durch den **Vorrang von § 739 bei der Auflösung** (→ Rn. 7). Die bisherige Kontroverse, ob die Nachhaftungsregelung entsprechend auf die Auflösung anzuwenden ist, wurde daher gesetzlich entschieden.

2. Zeitlicher Geltungsbereich

Im Hinblick auf den **zeitlichen Anwendungsbereich** der Neuregelung **2** gilt Folgendes: § 728b tritt gemäß Art. 137 S. 1 MoPeG am 1.1.2024 in Kraft; eine Übergangsregelung ist für § 728b nicht vorgesehen. Aus dem Umkehrschluss zu Art. 229 § 61 EGBGB (→ § 723 Rn. 38 ff.) folgt daher, dass für die Nachhaftung ab dem Zeitpunkt des Inkrafttretens das neue Recht gilt. Maßgeblicher Zeitpunkt ist die materielle Verwirklichung des Ausscheidens. Erfolgt dies ab 1.1.2024, gilt auch bei Altgesellschaften das neue Recht; zuvor verwirklichte Tatbestände werden indessen auch darüber hinaus nach altem Recht beurteilt.

II. Normzweck

§ 728b begrenzt als **materielle Ausschlussfrist** (vgl. Begr. S. 176: Ein- **3** wendung) die Haftung eines Gesellschafters gegenüber Gesellschaftsgläubigern gemäß §§ 721 ff. nach Ausscheiden auf die Zeit von **fünf Jahren.** Die Regelung gewährleistet so, dass ein Ausgeschiedener nicht nach Maßgabe der ggf. weiterreichenden allgemeinen Verjährungsregelungen für die während der Zeit seiner Gesellschafterstellung entstandenen Verbindlichkeiten einstehen muss. Insofern zeigen sich im Hinblick auf die **Verkürzung von Gläubigerinteressen** Parallelen zu § 26 HGB (Haftungsbegrenzung zugunsten des früheren Geschäftsinhabers bei der Unternehmensübertragung) und § 137 HGB (Nachhaftungsbegrenzung beim Ausscheiden aus einer OHG und KG); vgl. für Umwandlungsfälle auch §§ 45, 133 III UmwG, § 224 UmwG sowie für die aktienrechtliche Eingliederung § 327 IV AktG. Die nunmehr für alle Personengesellschaften nahezu identische **Nachhaftungsbegrenzung auf fünf Jahre** beruht im Kern auf § 159 HGB aF, welcher seinerseits im Laufe der Jahre zugunsten der ausgeschiedenen Gesellschafter geändert wurde, um die Attraktivität von Personenhandelsgesellschaften für mittelständische Unternehmen zu erhöhen (vgl. BT-Drs. 12/1868, Nachhaftungsbegrenzungsgesetz; zur Rechtsentwicklung BeckOGK/Temming HGB § 160 Rn. 7 f.; MüKoHGB/K. Schmidt/Drescher HGB § 160 Rn. 2 ff.).

4   **Rechtspolitisch** ist dies durchaus auch für die GbR **zu begrüßen.** Das gesetzgeberische Ansinnen, den Ausgeschiedenen vor übermäßiger Inanspruchnahme während einer Zeit zu schützen, in der er keine Einflussmöglichkeiten mehr auf die Gesellschaft hat und nicht mehr an den Erfolgen partizipiert, überwiegt die durch die Haftungsbegrenzung begründeten Nachteile der Gläubiger. Die Regelung fügt sich zudem in ein **allgemeines System der Nachhaftungsbegrenzung** auf 5 Jahre ein (vgl. neben § 737 und §§ 137, 151 HGB auch § 26 HGB, § 45 UmwG, § 133 UmwG, § 224 UmwG und § 327 AktG). Bei einzelnen Forderungen erscheint die Zeit von fünf Jahren ausreichend, damit diese entsprechend ihrer (abstrakten) Haftungserwartung auch gegenüber dem Ausgeschiedenen geltend gemacht werden können; bei Dauerschuldverhältnissen ist eine überzeugende gesetzgeberische Entscheidung, diese Haftungserwartung nicht über fünf Jahre hinaus zu zementieren. Insofern ist auch besonders zu begrüßen, dass nunmehr auf der Grundlage des **neu eingeführten Abs. 1 S. 2** der Schutz des Ausgeschiedenen mehr als bislang im Vordergrund steht, soweit sich eine bereits vor Ausscheiden dem Grunde nach entstandene Verbindlichkeit durch nachträgliche Maßnahmen, die außerhalb seiner Sphäre liegen, erhöht; die Neuregelung begründet daher richtigerweise eine über den Wortlaut (nachträgliche Pflichtverletzung bei Schadensersatz) hinaus verallgemeinerungsfähige Grundwertung (→ Rn. 10). Indem die Nachhaftungsbegrenzung auch allein **bei rechtsfähigen GbR** infrage kommt, sollte zudem trotz Unmittelbarkeit der Gesellschafterhaftung (→ § 721 Rn. 7 ff.) gewürdigt werden, dass sich die Befriedigungserwartung der Gläubiger hier vorrangig auf die Gesellschaft als solche bezieht und weniger auf (einzelne) Gesellschafter. Es ist daher wenigstens bei unternehmenstragenden und freiberuflichen GbR vielfach überzogen, aus der Perspektive des Rechtsverkehrs die individuellen Gesellschafter in den Mittelpunkt der Betrachtung zu rücken. – Die Regelung gewährleistet schließlich auch, dass bei der Ermittlung eines Abfindungsguthabens (§ 728) bzw. Fehlbetrags (§ 728a) die aus der Nachhaftung resultierenden (begrenzten) wirtschaftlichen Risiken adäquat abgebildet werden können. Die Praxis kann daher die zeitlich begrenzte Nachhaftung entsprechend „einpreisen", sodass die Gefahr eines nachträglichen Regresses eingedämmt wird. – Kritisch anzumerken ist indessen, dass der Gesetzgeber es versäumt hat, die **unterschiedliche dogmatische Konstruktion der Nachhaftungsbegrenzung** eines Gesellschafters bei Ausscheiden (Ausschlussfrist) und Vollbeendigung (Sonderverjährung gemäß § 739) zu begradigen.

III. Anwendungsbereich

5   § 728b gilt ohne weiteres bei jeder **rechtsfähigen GbR** (§ 705 II Alt. 1 BGB), gemäß § 712a II auch bei der **zweigliedrigen** (vgl. zum früheren

Recht BGHZ 142, 324 (331 f.); BeckOGK/R. Koch § 736 Rn. 46; Soergel/Hadding/Kießling Rn. 20; Einzelheiten → § 712a Rn. 11). Die **Eintragung** gemäß § 707 ist nur insofern von Bedeutung, als der Fristbeginn für die Haftungsbegrenzung dann nicht allein an die Kenntnis des Gläubigers geknüpft wird, sondern auch an die Eintragung des Ausscheidens (→ Rn. 17). Bei einer fehlerhaften Gesellschaft (→ § 719 Rn. 21 ff.) gilt die Regelung, wenn nach Entdecken des Mangels der betreffende Gesellschafter gemäß § 712 I ausscheidet und die Gesellschaft im Übrigen fortbesteht (vgl. ansonsten § 739). Bei der nicht rechtsfähigen GbR (§ 705 II Alt. 2 BGB) ist § 728b nicht anwendbar (vgl. § 740c II), weil es hier auch keine Gesellschafterhaftung gibt; das Gleiche gilt für eine stille Beteiligung gemäß §§ 230 ff. HGB. Bei OHG und KG gilt allein § 137 HGB, ebenso bei der Partnerschaftsgesellschaft (§ 10 II PartGG). Bei der **Auflösung** einer mehrgliedrigen GbR findet die Regelung keine Anwendung, da insofern **§ 739 Vorrang** hat (→ Rn. 7). – § 728b gilt im Übrigen gemäß § 717c V entsprechend zur Begrenzung der Nachhaftung beim **Statuswechsel** in eine KG, wenn einem Gesellschafter eine Kommanditistenstellung eingeräumt wird.

IV. Ausscheiden eines Gesellschafters (Abs. 1 S. 1)

Die durch § 728b vermittelte Nachhaftungsbegrenzung gilt grundsätzlich bei **jeder Form des Ausscheidens** aus der GbR (OLG Brandenburg BeckRS 2004, 18314): Austrittsvereinbarung, Kündigung der Mitgliedschaft (§ 723 I Nr. 2), Eröffnung des Insolvenzverfahrens über das Vermögen des Gesellschafters (§ 723 I Nr. 3; für eine Gleichstellung der Verfahrenseröffnung über das Vermögen der Gesellschaft MüKoHGB/K. Schmidt/Drescher HGB § 128 Rn. 46, was aber wegen der vorrangigen § 729 I Nr. 2 iVm § 739 nicht passt), Kündigung der Mitgliedschaft durch einen Privatgläubiger des Gesellschafters (§ 723 I Nr. 4), Ausschließung eines Gesellschafters aus wichtigem Grund (§ 723 I Nr. 5) sowie bei Eintritt eines weiteren gesellschaftsvertraglich vereinbarten Ausscheidensgrundes gemäß § 723 II (Eintritt einer auflösenden Bedingung, Ablauf der Befristung in Bezug auf die Mitgliedschaft). Bei der **Anteilsübertragung** gemäß § 711 I gilt § 728b ebenfalls (ähnlich, aber nur sinngemäße oder entsprechende Anwendung BeckOGK/Temming HGB § 160 Rn. 23; MüKoHGB/K. Schmidt/Drescher HGB § 160 Rn. 24), wenngleich dies wegen des gemäß § 721a ebenfalls haftenden eintretenden Gesellschafters zu einer Besserstellung des Gläubigers führen kann. – **Verstirbt** ein Gesellschafter, führt dies gemäß § 723 I Nr. 1 ebenfalls zu dessen Ausscheiden, die Nachhaftung trifft in diesem Fall die Erben (LG Köln ErbR 2013, 245). Nach allgM soll § 728b zugunsten der Erben wirken (vgl. BeckOGK/Temming HGB § 160 Rn. 22; MüKoHGB/K. Schmidt/Drescher HGB § 160 Rn. 20; Henssler/Strohn/Klöhn HGB § 160 Rn. 8; BeckOK HGB/Klimke HGB § 160 Rn. 4). Überzeugend ist diese Ansicht aber nur dann, wenn diese nicht in die Gesellschafterstellung des Erblassers einrücken, mithin der Gesellschaftsanteil ersatzlos untergeht und den übrigen anwächst

(→ § 723 Rn. 15). Kommt es indessen zur Fortsetzung der Mitgliedschaft mit den Erben, indem die Gesellschafterstellung vererblich gestellt wurde oder ein Vorgehen gemäß § 724 I gewählt wurde, ist nicht ersichtlich, warum die Mitgliedschaftskontinuität durch § 728b zulasten der Gläubiger modifiziert werden sollte. Die Erben haften daher in diesen Fällen ohne zeitliche Begrenzung für die bis zum Erbfall begründeten Gesellschaftsverbindlichkeiten. Kommt es indessen zur Kündigung der Mitgliedschaft gemäß § 724 II durch die Erben, gilt § 728b infolge des hierdurch bewirkten Ausscheidens der Erben auch zu ihren Gunsten (so auch MüKoHGB/ K. Schmidt/Drescher HGB § 160 Rn. 20); vgl. hierzu im Übrigen die von § 728b abzugrenzende Haftungsbegrenzung für die zwischen Erbfall und Kündigung entstandenen Verbindlichkeiten § 724 IV.

7   Kommt es zur **Auflösung von zwei- oder mehrgliedrigen GbR,** gilt nunmehr vorrangig die fünfjährige Sonderverjährung gemäß § 739 (Einzelheiten dort). Insofern bringt die Reform eine gesetzliche Klarstellung zu der nach früherem Recht umstrittenen Frage, ob der vergleichbare § 159 HGB aF (nunmehr § 151 HGB) auf die Auflösung einer GbR entsprechende Anwendung findet (dafür BGH NJW 1992, 1615 (1616 ff.); MüKoBGB/Schäfer § 736 Rn. 7, 29; BeckOGK/Temming HGB § 160 Rn. 65; dagegen BAG NJW 2014, 2223 (2224); Seibert DB 1994, 461 (464)). – Beim **Ausscheiden aus einer zweigliedrigen GbR** findet § 728b gemäß § 712a II Anwendung (vgl. zum früheren Recht BGHZ 142, 324 (331 f.); BGH DStR 2012, 469; BeckOGK/Koch § 736 Rn. 46; Soergel/Hadding/Kießling Rn. 20). Konkret bedeutet dies, dass die **Nachhaftung des vorletzten Gesellschafters,** in dessen Person ein Ausscheidenstatbestand verwirklicht ist, zeitlich begrenzt wird. In Bezug auf den letzten Gesellschafter, der gemäß § 712a I Gesamtrechtsnachfolger der vollbeendeten Gesellschaft wird, kommt eine Nachhaftungsbegrenzung indessen vordergründig nicht in Betracht (so zum früheren Recht BGH NJW 2000, 208). Wird eine zweigliedrige GbR aber anders als durch Ausscheiden eines Gesellschafters aufgelöst, gilt ohne weiteres für beide Gesellschafter § 739 (vgl. insoweit zum früheren Recht BAG NJW 2014, 2223 (2224)). Diese gesetzlich vorgesehene **Asymmetrie** ist missbrauchsanfällig, da die Gesellschafter es vielfach in der Hand haben, den Ausscheidenstatbestand einer Person zuzuweisen. Auch lassen sich generell Ausscheidens- und Auflösungstatbestände bei der zweigliedrigen GbR nicht stets trennscharf voneinander abgrenzen. Richtigerweise gilt die in **§ 739** angeordnete fünfjährige Sonderverjährung (wegen „Erlöschens" der GbR) daher auch **zugunsten des Übernehmers** in den Fällen des § 712a, um gerade in Zweifelsfällen den Vorrang von § 739 zu verwirklichen. Im Ergebnis dürften die Unterschiede zwischen § 728b und § 739 jedoch gering sein, sodass dies nicht besonders ins Gewicht fällt. – Scheidet ein Gesellschafter aus der GbR aus und ist bzw. wird in einem der GbR gehörenden Unternehmen tätig, hindert dies entsprechend § 137 III S. 2 HGB die Haftungsbeschränkung nicht (vgl. BeckOGK/Koch § 736 Rn. 47; anders noch BGH NJW 1981, 175). – Vgl. zur **negativen Registerpublizität** im Hinblick auf das Ausscheiden → Rn. 17.

V. Gesellschaftsrechtliche Nachhaftung

1. Grundlagen

Das Ausscheiden aus der GbR beseitigt nicht die bis dahin angefallene **8** Gesellschafterhaftung **gemäß §§ 721 ff.** (vgl. nur BGH NJW 1987, 2367; 2007, 3784). § 728b setzt dies voraus und begründet insofern allein in zeitlicher Hinsicht eine Haftungsbegrenzung. Hierauf kommt es nur an, wenn und soweit ein Gesellschafter durch einen Gesellschaftsgläubiger in Anspruch genommen werden könnte. Scheidet die Gesellschafterhaftung aus anderen Gründen aus, insbesondere nach Maßgabe von § 721b, ist für die zeitliche Nachhaftungsbegrenzung als materielle Ausschlussfrist bzw. Einwendung (vgl. Begr. S. 176) kein Raum (vgl. zur Beweislast → Rn. 27). Das Gleiche gilt bei Gesellschaftsverbindlichkeiten, die erst nach Ausscheiden begründet wurden; für diese haftet der Ausgeschiedene ohnehin nicht (vgl. aber zur Haftung als Scheingesellschafter BGH NZG 2012, 221). Befriedigt ein ausgeschiedener Gesellschafter einen Gläubiger gleichwohl, richtet sich der Regress nach **Bereicherungsrecht,** condictio indebiti, § 812 I 1 Alt. 1 (BeckOGK/Temming HGB § 160 Rn. 58; vgl. im Übrigen → Rn. 10). Auf Sozialverbindlichkeiten eines Gesellschafters gegenüber der Gesellschaft oder den Mitgesellschaftern ist § 728b ebenso wenig wie die §§ 721 ff. anwendbar (vgl. zu Nachschüssen BGH NJW 2011, 2292 (2293); NJW-RR 2010, 1401 (1402)); diese werden im Rahmen der Auseinandersetzung gemäß §§ 728, 728a berücksichtigt und müssen bei Nichtberücksichtigung ggf. später isoliert eingefordert werden. Schließlich ist es auch kein Thema der gesellschaftsrechtlichen Nachhaftung und ihrer Begrenzung, wenn ein Gesellschafter sich individuell gegenüber Dritten zur Leistung verpflichtet hat, zB im Rahmen einer Bürgschaft, Schuldübernahme, eines abstrakten Schuldversprechens etc.

2. Maßgeblicher Zeitpunkt

a) Grundlagen. Der maßgebliche Zeitpunkt für die Ermittlung der **9** Nachhaftung und der hierauf bezogenen zeitlichen Begrenzung ist die **materiell-rechtliche Verwirklichung des Ausscheidenstatbestands;** die Eintragung des Ausscheidens in das Gesellschaftsregister gemäß § 707 III ist insofern unerheblich (vgl. aber bei der eingetragenen GbR § 15 I HGB, → Rn. 17, 27). Die „bis dahin begründete Verbindlichkeit" gemäß § 728b (sog. **Altverbindlichkeit**) muss spätestens dann **dem Grunde nach entstanden** sein (RGZ 140, 10 (14); BGH NJW 1971, 1268; 2002, 2170; Heckschen BB 2020, 2256 (2261)); die spätere Fälligkeit iSv § 271 ist unerheblich (allgM, vgl. nur BeckOGK/Temming HGB § 160 Rn. 24). Bei **vertraglichen Verbindlichkeiten** der Gesellschaft kommt es grundsätzlich auf den Zeitpunkt der wirksamen Einigung an; bei aufschiebend bedingten Verbindlichkeiten hängt der maßgebliche Zeitpunkt von der Vereinbarung ab (vgl. § 158 I, § 159; abw. Wohl MüKoHGB/K. Schmidt/Drescher HGB § 128 Rn. 50: Generell Vertragsschluss maßgeblich); etwas anderes gilt allein bei der Anteilsübertragung, da hier eine rückwirkende Vereinbarung unzulässig ist (→ § 711 Rn. 4 ff.). Beim **Dauerschuldverhältnis** ist nach traditioneller Auffassung ebenfalls die vertragliche Begründung maßgeblich, nicht die Einzelleistungen, so dass der Ausgeschiedene auch hierfür haftet, wenn sie erst nach Ausscheiden fällig werden (vgl. RGZ 86, 60 (61); RGZ 125, 417 (418); BGH NJW 1962, 536; 1967, 2203; 1978, 636; 1983, 2256 (2258); WRP 2010, 1515 (1515); OLG Hamm NZG 2008, 101 (102)). Die Kündbarkeit als solche spielte bereits vor der Reform abweichend von der früheren sog. Kündigungstheorie keine Rolle mehr (Henssler/Strohn/Klöhn HGB § 160 Rn. 12). **Gesetzliche Verbindlichkeiten** entstehen, wenn der betreffende haftungsbegründende Tatbestand zum Zeitpunkt des Ausscheidens verwirklicht wurde (MüKoHGB/K. Schmidt/Drescher HGB § 128 Rn. 57; Henssler/Strohn/Steitz HGB § 128 Rn. 52).

10   **b) Reform für Schadensersatzansprüche (Abs. 1 S. 2).** Der im Zuge der Reform (→ Rn. 1) **neu eingeführte Abs. 1 S. 2** besagt, dass, soweit die Verbindlichkeit auf Schadensersatz gerichtet ist, der ausgeschiedene Gesellschafter nur haftet, wenn auch die zum Schadensersatz führende **Verletzung vertraglicher oder gesetzlicher Pflichten vor dem Ausscheiden eingetreten** ist (vgl. noch den abweichenden Vorschlag von Heckschen Stellungnahme S. 13: Bis zum Ausscheiden „ihm zurechenbare" Verbindlichkeiten). Die Neuregelung bringt bezüglich der Haftung für gesetzliche Verbindlichkeiten keine wesentlichen Neuerungen, da insofern bereits nach früherem Recht nur dann eine Nachhaftung in Betracht kam, wenn der Haftungsbegründungstatbestand bis zum Ausscheidenszeitpunkt verwirklicht wurde. Etwas anderes gilt aber bei **vertraglichen Schadensersatzansprüchen,** bei denen die hM zum früheren Recht insbesondere beim Schadensersatz statt der Leistung auch eine nachträgliche Haftungsrealisierung (Schadensersatzverlangen, Ablauf der Frist) ausreichen ließ, da dieser das im Vertragsschluss selbst niedergelegte Äquivalenzinteresse befriedige (vgl. für die Miete RGZ 140, 10 und BGH NJW 1962, 536; für den Kauf BGH NJW 1960, 2203; vgl. für den Verzögerungsschaden auch BGH BeckRS 2021, 15682 Rn. 37). Das Gleiche galt für **nachträgliche Pflichtverletzungen** bei **fortbestehenden Dauerschuldverhältnissen,** insbesondere Mandatsverhältnissen bei Freiberufler-GbR (vgl. OLG Saarbrücken BeckRS 2007, 13197; anders bereits nach früherem Recht LG Bonn NZG 2011, 143). Diese großzügige Beurteilung zulasten des Ausgeschiedenen lässt sich nach der Neuregelung nicht mehr aufrechterhalten, da dieser nunmehr erklärtermaßen vor einem übermäßigen Einstehenmüssen für das Verschulden anderer geschützt werden und die Nachhaftungsbegrenzung klar konturiert sein soll (→ Rn. 3). Das Gleiche gilt bei einer **Vertragsstrafe** iSv § 339; hier kommt es nicht mehr auf den Zeitpunkt der Vereinbarung an, sondern den der Verwirkung (abweichend zum früheren Recht BGH NJW 1986, 1690). Ein vertraglicher **Aufwendungsersatzanspruch** muss ebenfalls bereits vor Ausscheiden konkret realisiert worden sein (abweichend zum früheren Recht BGH NJW 1986, 1690). Ansprüche aus einem **Rückgewährschuldverhältnis** gem. §§ 346 ff. infolge eines Rücktritts nach Ausscheiden werden hiernach (in entsprechender Anwendung) ebenfalls nicht mehr erfasst. Das Gleiche gilt für **Kondiktionsansprüche** aus § 812 I 1 Alt. 1, wenn der Leistungsempfang zugunsten der Gesellschaft nach Ausscheiden erfolgte (abw. bislang BGH ZIP 2020, 1704; hiergegen Heckschen BB 2020, 2256 (2261)).

Spätere vertragliche Modifizierungen einer Altverbindlichkeit 11 durch Vereinbarung zwischen GbR und Gläubiger (Vergleich, Novation, Vertragsänderung) sind auch im Hinblick auf die Nachhaftung unbeachtlich, soweit sie den Haftungsumfang erweitern (Einzelheiten bei MüKoHGB/K. Schmidt/Drescher HGB § 128 Rn. 52). Darüber hinaus ist die explizit auf Schadensersatz bezogene Neuregelung interessengerecht und teleologisch dahingehend zu erweitern, dass auch im Rahmen von **abschnittsweisen Vergütungen bei Dauerschuldverhältnissen** eine Nachhaftung des Ausgeschiedenen jedenfalls dann ausscheidet, wenn diese für Tätigkeiten, Lieferungen o.Ä. des Gläubigers zu leisten sind, die **zeitlich nach Ausscheiden** erfolgen. Diese Erweiterung lässt sich zwar nicht mit der fehlenden Steuerbarkeit durch den Ausgeschiedenen im Hinblick auf die Haftungsrisiken rechtfertigen, wohl aber mit dem gleichermaßen intendierten Bedürfnis, dessen Haftungsumfang kalkulierbar auszugestalten. Außerdem wird der Ausgeschiedene grundsätzlich von diesem Leistungsaustausch nicht mehr profitieren. In allen Fällen, in denen die Neuregelung und die hier vertretene Erweiterung eine Verkürzung der bislang gläubigerfreundlichen Betrachtung nach sich zieht, sollte im Rahmen der jeweils maßgeblichen schuldrechtlichen Rechtsverhältnisse mit dem Dritten als **Kompensation** eine großzügigere Bejahung von **außerordentlichen Kündigungsrechten** erwogen werden (vgl. §§ 314, 543, 626 etc).

Eine vom Vorgesagten abzugrenzende Frage ist, inwieweit **nachträgliche** 12 **Schadenspositionen** Berücksichtigung finden, wenn der Haftungsbegründungstatbestand (einschließlich Pflichtverletzung) bereits bei Ausscheiden verwirklicht wurde. Nach früherem Recht war der (ggf. spätere) Eintritt des Schadens unerheblich (MüKoHGB/K. Schmidt HGB § 128 Rn. 57; Henssler/Strohn/Steitz HGB § 128 Rn. 52); der den Ausgeschiedenen im Zuge der Nachhaftung treffende Haftungsumfang konnte daher durch nachträgliche Umstände ausgeweitet werden. Dies lässt sich auf der Grundlage des neu eingeführten Abs. 1 S. 2 ebenfalls nicht mehr aufrechterhalten. Hierin kommt nämlich zum Ausdruck, dass das **wirtschaftliche Risiko** des Ausgeschiedenen aus seiner Sicht **kalkulierbar** sein muss, insbesondere auch im Hinblick auf die Auseinandersetzung gemäß §§ 728, 728a. Die Nachhaftung für Ansprüche auf Schadensersatz richtet sich daher generell nur auf den Umfang der Ansprüche, der sich zum Zeitpunkt des Ausscheidens nach Maßgabe von §§ 249 ff. ergibt.

3. Regress

Muss ein ausgeschiedener Gesellschafter für eine bis dahin begründete 13 Verbindlichkeit gegenüber Gläubigern einstehen, kann er grundsätzlich die GbR und seine Mitgesellschafter in Regress nehmen (unstreitig). Die Einzelheiten hierzu sind sehr umstritten und auch durch die Reform nicht einfacher zu klären. Insofern ist zunächst problematisch, ob die Inanspruchnahme nicht bereits im Rahmen der **vorrangigen Auseinandersetzung gemäß §§ 728, 728a** Berücksichtigung fand. Soweit dies der Fall ist, scheidet ein Regress von vornherein aus; der Gesellschafter hat aus der Perspektive des Innenverhältnisses an den Gläubiger auf eigene Rechnung das geleistet, was bereits bei der (rechtmäßigen!) Berechnung des Abfindungsanspruchs bzw. des Fehlbetrags Berücksichtigung fand. Soweit die Auseinandersetzung nach Ausscheiden noch nicht abgeschlossen ist, ist der Regressanspruch hierbei als Rechnungsposten zu berücksichtigen (**Durchsetzungssperre,** vgl. BGH NJW 2005, 2618; Einzelheiten bei §§ 728, 728a).

14   Soweit die Inanspruchnahme indessen im Rahmen der Auseinandersetzung bewusst oder fälschlich keine Berücksichtigung fand, richtet sich der Regress gegenüber der GbR nach den allgemeinen Regeln: Der **Regressanspruch gegen die GbR** ergibt sich richtigerweise auch beim Ausgeschiedenen aus einer entsprechenden Anwendung von § 728 I (Zahlungsanspruch als Verlängerung der Freistellungspflicht) und nicht aus Auftragsrecht gemäß § 670. Der Rechtsgrund für die Haftung gegenüber dem Gläubiger hat nämlich eine gesellschaftsrechtliche Grundlage. Diese wirkt auch nach Ausscheiden fort, soweit es um die interne Kompensation geht, so dass es sich um einen Sozialanspruch handelt und keine rein schuldrechtliche Forderung (abw. die hM, vgl. zu § 110 HGB aF BGH NJW 1963, 1873 und BGH WM 1978, 114 (115); dagegen iE wie hier MüKoHGB/K. Schmidt/Drescher HGB § 128 Rn. 61 und Henssler/Strohn/Klöhn HGB § 128 Rn. 38: Regress des Ausgeschiedenen als Fortsetzung von § 110 HGB aF). – Der **Regressanspruch gegen die Mitgesellschafter** richtet sich als Fortwirkung der wechselseitigen Gesellschafterstellung, welche für die gesamtschuldnerische Nachhaftung konstitutive Bedeutung hat, richtigerweise nach § 426 (Hadding/Häuser WM 1988, 1590; abw. für § 670 Hopt/Roth HGB § 128 Rn. 36, was aber nicht passt, da zwischen den Gesellschaftern kein Auftragsverhältnis besteht; abw. für § 128 HGB auch MüKoHGB/K. Schmidt/ Drescher HGB § 128 Rn. 62, was aber die Charakterisierung des Regressanspruchs als Sozialverbindlichkeit nicht hinreichend berücksichtigt). Regressansprüche bestehen auch gegenüber ebenfalls ausgeschiedenen Gesellschaftern, soweit diese für die maßgebliche Gesellschaftsverbindlichkeit haften (Hadding FS Stimpel, 1985, 161). Vgl. im Übrigen zum Umfang des Regressanspruchs, der Subsidiarität und zur Möglichkeit der cessio legis → § 721 Rn. 21 ff. – Von diesen gesellschaftsrechtlichen Regressmöglichkeiten **abzugrenzen** sind bei der Anteilsübertragung **schuldrechtliche Einstandspflichten** des Veräußerers gegenüber dem Erwerber oder umgekehrt (vgl. hierzu BGH NJW 1975, 166 (167); 1981, 1095 (1096)).

VI. Haftungsbegrenzung auf 5 Jahre

15   Soweit ein Gesellschafter für eine bis zu seinem Ausscheiden begründete Gesellschaftsverbindlichkeit gemäß §§ 721 ff. haftet, ist diese gemäß § 728b nach den dort bestimmten Voraussetzungen auf fünf Jahre begrenzt. Es handelt sich abweichend von § 739 (→ § 739 Rn. 11: Verjährung) um eine **Einwendung** (Begr. S. 176; abw. zu § 160 HGB aF Henssler/Strohn/Klöhn

HGB § 160 Rn. 14: Verjährung) in Bezug auf die konkret geltend gemachte Gesellschafterhaftung, die **von Amts wegen** zu berücksichtigen ist, wenn die betreffenden Tatsachen vorliegen (zur Beweislast → Rn. 27). **Voraussetzung für eine erfolgreiche Nachhaftung** des ausgeschiedenen Gesellschafters ist hiernach, dass der betreffende Gläubiger innerhalb der durch Registereintragung oder Kenntnis in Gang gesetzten Fünfjahresfrist eine bis dahin fällige Forderung gegen den Ausgeschiedenen nach Maßgabe der in § 197 I Nr. 3–5 bezeichneten Art geltend macht.

1. 5-Jahres-Frist

a) Fristlauf (Abs. 1 S. 3). Die fünfjährige Ausschlussfrist **beginnt** gemäß 16 Abs. 1 S. 3, sobald der betreffende Gläubiger von dem Ausscheiden des in Anspruch genommenen Gesellschafters Kenntnis erlangt hat oder das Ausscheiden im Gesellschaftsregister eingetragen worden ist. Der Wortlaut der **Neuregelung** bezieht sich bei beiden Alternativen – abweichend von § 160 I S. 2 HGB aF – im Hinblick auf den Fristbeginn **nicht mehr auf das „Ende des Tages"** (an dem das Ausscheiden in das Handelsregister des für den Sitz der Gesellschaft zuständigen Gerichts eingetragen wird), sodass im Umkehrschluss hieraus bei § 728b I S. 3 auch nach Tageszeitpunkten differenziert werden könnte (das Gleiche gilt für § 137 I HGB). Dies findet indessen in den allgemeinen Fristenregelungen gemäß §§ 186 ff. keine Stütze, sodass der abweichende Wortlaut insofern keine sachliche Änderung herbeigeführt hat. Die Frist ist deshalb nach den §§ 187 ff. zu berechnen. Fristbeginn ist daher wie im bisherigen Recht das Ende des Tages, an dem der Gläubiger von dem Ausscheiden des Gesellschafters Kenntnis erlangt hat oder das Ausscheiden des Gesellschafters im Gesellschaftsregister eingetragen worden ist. Der Tag der Kenntnis oder Eintragung wird nicht mitgerechnet, § 187 I. Das Fristende richtet sich nach § 188 II Alt. 1. Die fünfjährige Ausschlussfrist endigt mit dem Ablauf des letzten Monats, welcher durch seine Benennung oder seine Zahl dem Tage entspricht, in den die Kenntnis oder Eintragung fällt.

Eine starre, **für alle Gesellschaftsgläubiger** abstrakt-maßgebliche Fris 17 tenregelung gilt seit der Reform gemäß Abs. 1 S. 3 Alt. 2, wenn das **Ausscheiden im Gesellschaftsregister eingetragen** worden ist (vgl. insofern § 707 III 2). Die tatsächliche Einsichtnahme des Gläubigers in das Register ist nicht erforderlich (vgl. zu § 160 HGB aF bei OHG und KG BGH DStR 2007, 2222 (2223)). Erfolgt die Eintragung, wie regelmäßig, eine gewisse Zeit nach materiell-rechtlicher Verwirklichung des Ausscheidens, ist der Eintragungszeitpunkt für den Fristbeginn maßgeblich, wenn keine vorherige Kenntnis des Gläubigers vorliegt (vgl. BeckOGK/Temming HGB § 160 Rn. 25). Die Registerbekanntmachung gemäß § 10 HGB (vgl. insofern § 707b Nr. 2) ist für den Fristlauf unerheblich. Praktische Relevanz hat dieser auf den Eintragungszeitpunkt bezogene Fristlauf nur dann, wenn die Gesellschaft auch eingetragen ist. Fehlt dies, weil die Gesellschafter einer rechtsfähigen GbR von ihrer Eintragungsoption gemäß § 707 keinen Gebrauch gemacht haben, bestimmt sich die Enthaftungsfrist allein nach Maßgabe von Abs. 1 S. 3 Alt. 1 und mithin nach individueller Kenntnis. Wurde die GbR indessen in das Gesellschaftsregister eingetragen, besteht gemäß § 707 III 2 eine **Eintragungspflicht** im Hinblick auf das Ausscheiden. Gemäß § 707a III gelangt insofern auch die **negative Registerpublizität** gemäß § 15 I HGB zur Geltung, sodass hiernach gegenüber gutgläubigen Dritten bereits kein Ausscheidenstatbestand verwirklicht wird und ihnen gegenüber die Enthaftungsfrist konsequenterweise auch nicht zu laufen beginnt (hierauf hinweisend Begr. S. 177).

18   Wie bereits im bisherigen Recht knüpft Abs. 1 S. 3 Alt. 1 den Fristlauf auch an die **individuelle Kenntnis eines Gläubigers** vom Ausscheiden (vgl. hierzu BGH NJW 1992, 1615 (1617 ff.); 2007, 3784 (3785); NZG 2020, 1145 (1148)). Insofern ist für jeden Gläubiger gesondert zu prüfen, ob und wann die Voraussetzungen vorliegen (vgl. Seibert DB 1991, 461 (464)). Die **Beweislast** hierfür trägt der ausgeschiedene Gesellschafter (BGH BeckRS 2021, 15682 Rn. 18; NZG 2017, 177 (180); 2020, 1145 (1148); Henssler/Strohn/Klöhn HGB § 160 Rn. 14; → Rn. 27). Praktische Bedeutung hat Abs. 1 S. 3 Alt. 1 stets dann, wenn die Registereintragung nicht erfolgt bzw. überhaupt nicht erforderlich ist. Darüber hinaus vermag die individuelle Kenntnis eines Gläubigers vom Ausscheiden auch in den Fällen der tatsächlich erfolgten Registereintragung einen **früheren Fristlauf** in Gang zu setzen; die Registereintragung markiert dann nur den letzten möglichen Tag des Fristbeginns (vgl. zum Ausscheiden BGH BeckRS 2021, 15682 Rn. 15; BeckOGK/Temming HGB § 160 Rn. 27; Begr. S. 177: positive Kenntnis ist immer beachtlich). – Die **Art und Weise der Kenntniserlangung** ist im Übrigen unerheblich; sie kann daher zufällig, aufgrund eigener Nachforschungen eines Gläubigers oder durch zielgerichtete Mitteilung der Gesellschaft oder eines Gesellschafters erfolgen, was der Praxis anzuraten ist (vgl. Gäde GWR 2020, 416). Entsprechende Erklärungen müssen den betreffenden Gläubigern aber **zugehen** (kognitiv, nicht nach Maßgabe von § 130). Eine allgemeine Bekanntmachung im Sinne von § 25 III HGB (vgl. insoweit aber im Kontext der Nachhaftung § 26 I 1 HGB) genügt nicht (BeckOGK/R. Koch § 736 Rn. 56; abw. Steinbeck WM 1996, 2041 (2045), ebenso wenig eine Erklärung an die Öffentlichkeit iSv § 171 (Bachmann Stellungnahme S. 11). Das Bereitstellen auf der Internetseite ist ebenfalls unzureichend, wenn die Gläubiger hiervon nicht individuelle Kenntnis genommen haben (Bachmann Stellungnahme S. 11). – Im Übrigen bedeutet Kenntnis aufgrund bewusster gesetzgeberischer Entscheidung zu anderen Vorschlägen (vgl. DAV-Handelsrechtsausschuss NZG 2020, 1133 (1141): grob fahrlässige Unkenntnis ausreichend; dies befürwortend Bachmann Stellungnahme S. 11) **nicht Kennenmüssen.** Es reicht daher nicht aus, wenn der Gläubiger aufgrund vager Indizien im Vorfeld oder Nachhinein des Ausscheidens davon ausgehen musste, dass das Ausscheiden vorliegt. – Schließlich gibt es auch entgegen abweichender Vorschläge **keine absolute Nachhaftungsfrist als Obergrenze** (vgl. demgegenüber DAV-Handelsrechtsausschuss NZG 2020, 1133 (1141): 10 Jahre; dies befürwortend Bachmann Stellungnahme S. 11).

b) Hemmung (Abs. 1 S. 4). Im Hinblick auf die Hemmung der für den 19
jeweiligen Haftungstatbestand maßgeblichen Frist verweist Abs. 1 S.
4 auf wesentliche **verjährungsrechtliche Hemmungstatbestände:** Rechtsverfolgung wegen der in Rede stehenden Gesellschaftsverbindlichkeit durch den
Gläubiger gegenüber der GbR oder dem ausgeschiedenen Gesellschafter (vgl.
§ 721b; abw. Henssler/Strohn/Klöhn HGB § 160 Rn. 15: nur wenn ggü.
dem Ausgeschiedenen) gemäß § 204, auch wenn diese bereits vor Ausscheiden eingeleitet wurde (BeckOGK/Temming HGB § 160 Rn. 29; abw.
Maier-Reimer DB 2002, 1818 (1820)); höhere Gewalt gemäß § 206; fehlende Geschäftsfähigkeit des Gläubigers gemäß § 210; Ablaufhemmung in
Nachlassfällen gemäß § 211. Die **Rechtsfolgen** der Hemmung ergeben sich
allgemein aus § 209 (BeckOGK/Temming HGB § 160 Rn. 29); ein **Neubeginn** gemäß § 212 I kommt infolge der dezidierten Verweisung allein auf
§ 212 II und III und der Abgrenzung von Abs. 1 S. 1 und S. 3 nicht in
Betracht (BeckOGK/Temming HGB § 160 Rn. 27; abw. KKRD/Kindler
HGB § 160 Rn. 7).

2. Fristgemäße Geltendmachung (Abs. 1 S. 1 Nr. 1, 2, Abs. 2)

Die konkrete Gesellschafterhaftung muss **innerhalb der ggf. gehemm-** 20
ten Fünfjahresfrist nach Maßgabe einer in **Abs. 1 S. 1 Nr. 1** genannten
Art geltend gemacht werden: **(1) Durch rechtskräftige Feststellung** gemäß
§ 197 I Nr. 3. Dem Gläubiger muss es hiernach gelingen, bis zum Ablauf
der Fünfjahresfrist eine rechtskräftige Verurteilung des Ausgeschiedenen zu
erlangen, was wegen der Hemmung gemäß § 204 I Nr. 1–3 durch Einleitung
des streitigen Verfahrens gewahrt werden kann. Dies beschränkt sich freilich
nicht nur auf Feststellungsurteile nach § 256 I ZPO (BGH NJW 1991, 2014
(2015); 1975, 1320 (1321)). Umfasst sind Versäumnis- und Freistellungsur-
teile (BGH NJW 1991, 2014 (2015)) sowie Vorbehaltsurteile nach den § 302
I ZPO, § 599 I ZPO (BeckOK BGB/Henrich § 197 Rn. 15). Nicht erfasst
werden Zwischen- und Grundurteile, da diese nicht endgültig über den
Anspruch entscheiden (BGH NJW 1985, 791 (792)). Ebenso genügt eine
Maßnahme des einstweiligen Rechtsschutzes gem. §§ 935, 940 ZPO insofern
nicht (Henssler/Strohn/Klöhn HGB § 160 Rn. 19), da diese nur einen vorläufigen Rechtszustand schaffen. **(2) Durch vollstreckbaren Vergleich**
(§ 794 I Nr. 1 ZPO) oder **vollstreckbare Urkunde** (§ 794 I Nr. 5 ZPO)
gemäß § 197 1 Nr. 4. Dem Gläubiger muss es insofern zur Fristwahrung
gelingen, diese vor Fristablauf bestandskräftig zu erlangen. **(3) Durch insol-
venzrechtliche Feststellung** gemäß § 197 I Nr. 5. Hierunter fallen Ansprüche nach § 201 II InsO, § 215 II S. 2 InsO, § 257 InsO (BeckOK BGB/
Henrich § 197 Rn. 23). Bei all diesen Möglichkeiten genügt es gemäß **Abs. 2**
stattdessen, dass der ausgeschiedene Gesellschafter den Anspruch innerhalb
der Fünfjahresfrist **schriftlich anerkannt** hat (vgl. § 126 I, III). Ein solches
Anerkenntnis darf nicht leichtfertig angenommen werden, sondern bedarf
richtigerweise eines nach Maßgabe von §§ 133, 157 entsprechend nach außen
getretenen Willensentschlusses (BeckOGK/Temming HGB § 160 Rn. 43 ff.;
abw. wohl BT-Drs. 14/1868, 13: tatsächliche Handlung). – **(4)** Darüber

hinaus sieht **Abs. 1 S. 1 Nr.** 2 alternativ vor, dass innerhalb der Frist eine gerichtliche oder behördliche **Vollstreckungshandlung** vorgenommen oder beantragt wird. Diese sind nach § 762 ZPO zu protokollieren, was den Nachweis erleichtert. **(5)** Bei **öffentlich-rechtlichen Verbindlichkeiten** genügt schließlich auch der fristwahrende Erlass eines wirksamen Verwaltungsakts iSd § 35 VwVfG (Einzelheiten bei BeckOGK/Temming HGB § 160 Rn. 47). Abs. 2 ist auf diese beiden Alternativen nicht anzuwenden.

21   Alle Geltendmachungsvoraussetzungen beziehen sich nur auf den in Anlehnung an den Begriff des **zweigliedrigen Streitgegenstandsbegriffes** durch den zugrundeliegenden Lebenssachverhalt konkretisierten Anspruch und die von ihm abhängenden Nebenleistungen (vgl. zu Letzterem BGH BeckRS 2021, 15682 Rn. 37); die Geltendmachung muss zudem konkret **gegenüber dem Ausgeschiedenen** erfolgen, eine Zurechnung von Maßnahmen gegenüber anderen Gesellschaftern genügt nicht. Ebenso wenig profitieren die Gesellschaftsgläubiger untereinander von durch einzelne herbeigeführte Hemmungstatbestände (BeckOGK/ Koch § 736 Rn. 63).

3. Fälligkeit der Verbindlichkeit innerhalb der Frist

22   Ergänzend bestimmt Abs. 1 S. 1, dass die Gesellschaftsverbindlichkeit vor Ablauf von fünf Jahren nach dem Ausscheiden des in Anspruch genommenen Gesellschafters fällig werden muss. Die ganz hM sieht hierin eine **starre Frist,** welche zwar nach Maßgabe der Registereintragung bzw. individuellen Kenntnis des Gläubigers vom Ausscheiden beginnt (→ Rn. 18), im Übrigen aber **abweichend von Abs. 1 S. 4 nicht gehemmt** werden kann (vgl. nur BeckOGK/Temming HGB § 160 Rn. 39). Konsequenterweise scheidet die Nachhaftung hiernach aus, wenn die Fälligkeit nach Ablauf von fünf Jahren eintritt, die Enthaftungsfrist im Übrigen aber etwa wegen Klageerhebung gemäß § 204 I Nr. 1 gehemmt ist. Der Wortlaut von § 728b gibt diese Differenzierung der Enthaftungsfrist freilich, ebenso wie der von § 160 HGB aF, nicht her; hiernach gilt vielmehr umgekehrt, dass die in Abs. 1 S. 4 genannten Hemmungstatbestände generell Anwendung finden. Der hM ist gleichwohl zuzustimmen. Die Ansicht überzeugt zunächst insofern, als der Gläubiger hiernach im Einklang mit § 271 I Hs. 1 nicht durch verfrühte Geltendmachung die Nachhaftung verlängern kann. Auch ist es überzogen, in Abs. 1 S. 4 eine ansonsten nicht vorgesehene materiell-rechtliche Verlängerung des Fälligkeitszeitraums zu sehen. Schließlich ist es das erklärte Ziel der Nachhaftungsbegrenzung, die **wirtschaftlichen Risiken des Ausgeschiedenen** ex ante betrachtet kalkulierbar zu machen, insbesondere auch im Hinblick auf die Ermittlung der stichtagsbezogenen Auseinandersetzung gemäß §§ 728, 728a. Die Nachhaftung des Ausgeschiedenen kommt somit unabhängig von der ggf. verlängerten Nachhaftungsfrist nur dann in Betracht, wenn die Fälligkeit der betreffenden Forderung gemäß § 271 bzw. entsprechender (ursprünglicher) vertraglicher Vereinbarung bis zum Ablauf der für den jeweiligen Gesellschaftsgläubiger maßgeblichen starren Fünfjahresfrist

eintritt. Für die Gläubiger bedeutet dies, dass bei Fälligkeit kurz vor Ablauf der Fünfjahresfrist ggf. kurzfristig eine fristgemäße Geltendmachung nach Maßgabe einer in Abs. 1 S. 1 genannten Art erfolgen muss (kritisch BeckOGK/Temming HGB § 160 Rn. 17 ff.: Notwendigkeit der sofortigen Eskalation der Geltendmachung des Anspruchs). Maßnahmen des einstweiligen Rechtsschutzes gem. §§ 935, 940 ZPO genügen insoweit freilich nicht.

Problematisch ist in diesem Kontext, wenn die **Fälligkeit nachträglich** 23 **vorverlagert** wird und damit eine ursprünglich, dh zum Ausscheidenszeitpunkt oder jedenfalls zum Fristbeginn, nicht mehr in den Fünfjahreszeitraum fallende Fälligkeit in den von der Nachhaftung erfassten Zeitraum fällt. Insofern ist zu differenzieren: Sofern dies durch einvernehmliche Regelungen unter **Mitwirkung der GbR** (Vereinbarung mit dem Gläubiger) oder einseitig durch diese mittels Ausübung eines Gestaltungsrechts (Kündigung, Widerruf, Rücktritt) geschieht, folgt aus dem neu eingeführten **Abs. 1 S. 2**, dass dies nicht zulasten des Ausgeschiedenen wirkt. Eine Nachhaftung scheidet dann im Hinblick auf die vorzeitige Fälligstellung aus, was konsequent ist, weil er an der entsprechenden Gestaltung mangels Gesellschafterstellung strukturell nicht mehr beteiligt ist. Sofern die Vorverlegung der Fälligkeit indessen durch eine **berechtigte einseitige Maßnahme des Gläubigers** erfolgt, ist dies unschädlich. Diese Möglichkeit ist nämlich bereits dem Grunde nach in der bis zum Ausscheiden entstandenen Verbindlichkeit angelegt und hat ihren Ursprung auch nicht in der (nicht mehr gegeben) Stellung des Ausgeschiedenen als Gesellschafter (zutreffend BeckOGK/Temming HGB § 160 Rn. 40). Wenn also insbesondere bei Dauerschuldverhältnissen durch den Vertragspartner eine vorzeitige Beendigung innerhalb der Fünfjahresfrist herbeigeführt wird, aus der spezielle Leistungspflichten der GbR resultieren, die ansonsten erst später angefallen wären, unterfallen diese der Gesellschafternachhaftung.

4. Rechtsfolge

Die Rechtsfolgen hängen von der tatbestandlichen Verwirklichung des 24 § 728b ab und sind für jede Forderung in Anlehnung an den prozessualen zweigliedrigen Streitgegenstandsbegriff zu bestimmen, ebenso für jeden Gläubiger individuell sowie im Hinblick auf die Haftung des einzelnen Ausgeschiedenen: Soweit hiernach die Nachhaftung des ausgeschiedenen Gesellschafters ausgeschlossen ist, muss er hierfür nicht nach Maßgabe von §§ 721 ff. gegenüber dem Gläubiger einstehen. § 728b begründet insofern eine **Einwendung** (Begr. S. 176; abw. zu § 160 HGB aF Henssler/Strohn/Klöhn HGB § 160 Rn. 14: Verjährung), die **von Amts wegen** zu berücksichtigen ist. Soweit indessen die Voraussetzungen von § 728b erfüllt sind, haftet der Ausgeschiedene für die bis zum Ausscheiden begründeten und innerhalb der rechtzeitig geltend gemachten Verbindlichkeiten nach Maßgabe der allgemeinen Verjährungsregeln (vgl. zum Regress → Rn. 13). Für die Geltendmachung der Gesellschafterhaftung im Rahmen der Zwangsvollstreckung in deren Privatvermögen bedarf es gemäß § 722 II eines Titels gegen diese, ein Titel gegen die Gesellschaft genügt nicht (→ § 722 Rn. 5 ff.).

VII. Gestaltungsfreiheit

1. Grundlagen

25   § 728b ist insoweit zwingend, als gesellschaftsvertragliche Abreden, welche die Nachhaftung begrenzen, unbeachtlich sind (vgl. § 721 S. 2). Im Verhältnis zu den einzelnen Gesellschaftsgläubigern können indessen sowohl durch die GbR als auch durch die Gesellschafter selbst entsprechende Modifizierungen herbeigeführt werden, insbesondere im Hinblick auf die Länge der Nachhaftungsfrist (BeckOGK/Koch § 736 Rn. 62; Henssler/Strohn/Klöhn HGB § 160 Rn. 29; gegen die Zulässigkeit einer Fristverkürzung aber Staub/Habersack HGB § 160 Rn. 7) und die anspruchserhaltenden Maßnahmen (vgl. hierzu K. Schmidt ZIP 1994, 243 (244); zum Ganzen auch K. Schmidt/Schneider BB 2003, 1961).

2. Kautelarischer Handlungsbedarf infolge des MoPeG

26   Da die Nachhaftung nach **Abs. 1 S. 1** des ausscheidenden Gesellschafters im Kern mit der bisherigen Rechtslage identisch ist, ändert sich für die kautelarische Praxis nichts. § 721 S. 2 verbietet negativ abweichenden Regelungen von der Nachhaftung der Gesellschafter (→ § 721 Rn. 5 ff.). – Abdingbar ist indes **Abs. 1 S. 2,** wonach die Nachhaftung des ausgeschiedenen Gesellschafters für **Verbindlichkeiten auf Schadensersatz** nur so weit reicht, als die zum Schadensersatz führende Verletzung vertraglicher oder gesetzlicher Pflichten vor dem Ausscheiden des Gesellschafters eingetreten ist. Gleiches gilt für eine Verlängerung der Nachhaftungsfrist (→ Rn. 22, 25).

VIII. Beweislast

27   Die Beweislast für die Voraussetzungen einer Gesellschafterhaftung gemäß §§ 721 ff. trägt **grundsätzlich der Gläubiger:** Dies betrifft die konkrete Gesellschaftsverbindlichkeit und die Gesellschafterstellung des in Anspruch Genommenen zum maßgeblichen Zeitpunkt. Im Rahmen der Nachhaftung hat er daher das Entstehen der Verbindlichkeit bis zum Ausscheidenszeitpunkt zu beweisen; bei eingetragenen GbR gilt **§ 15 I HGB** (vgl. § 707a III), sodass zugunsten eines gutgläubigen Dritten bis zur Eintragung und Bekanntmachung des Ausscheidens die Gesellschafterstellung fortwirkt (→ Rn. 17). Die **Nachhaftungsbegrenzung** gemäß § 728b begründet zwar eine rechtsvernichtende Einwendung, der Wortlaut verdeutlicht indessen, dass der **Gläubiger** darzulegen und zu beweisen hat, dass die Voraussetzungen für eine Nachhaftung vorliegen. Insofern ist zu differenzieren: Wurde das Ausscheiden ins Gesellschaftsregister eingetragen, umfasst die Beweislast wegen der Publizitätswirkung des Gesellschaftsregisters allein die fristgemäße Fälligkeit und Geltendmachung der Forderung, ggf. auch das Vorliegen eines Hemmungstatbestands. Gibt es keine Eintragung des Ausscheidens, muss der Gläubiger die Unkenntnis hiervon darlegen, mithin ggf. den Zeitpunkt benennen, ab wann er diese erlangt hat. Es obliegt dann dem Gesellschafter, einen früheren

Zeitpunkt zu beweisen, wonach bereits Verfristung eingetreten ist (weitergehend insofern für generelle Beweislast des Gesellschafters BGH BeckRS 2021, 15682 Rn. 18; NZG 2017, 177 (180); 2020, 1145, 1148); Henssler/Strohn/Klöhn HGB § 160 Rn. 14).

Kapitel 5. Auflösung der Gesellschaft

§ 729 Auflösungsgründe

(1) **Die Gesellschaft wird aufgelöst durch:**
1. **Ablauf der Zeit, für welche sie eingegangen wurde;**
2. **Eröffnung des Insolvenzverfahrens über das Vermögen der Gesellschaft;**
3. **Kündigung der Gesellschaft;**
4. **Auflösungsbeschluss.**

(2) **Die Gesellschaft wird ferner aufgelöst, wenn der Zweck, zu dem sie errichtet wurde, erreicht oder seine Erreichung unmöglich geworden ist.**

(3) [1]**Eine Gesellschaft, bei der kein persönlich haftender Gesellschafter eine natürliche Person ist, wird ferner aufgelöst:**
1. **mit der Rechtskraft des Beschlusses, durch den die Eröffnung des Insolvenzverfahrens mangels Masse abgelehnt worden ist;**
2. **durch die Löschung wegen Vermögenslosigkeit nach § 394 des Gesetzes über das Verfahren in Familiensachen und in den Angelegenheiten der freiwilligen Gerichtsbarkeit.**
[2]**Dies gilt nicht, wenn zu den persönlich haftenden Gesellschaftern eine andere rechtsfähige Personengesellschaft gehört, bei der mindestens ein persönlich haftender Gesellschafter eine natürliche Person ist.**

(4) **Im Gesellschaftsvertrag können weitere Auflösungsgründe vereinbart werden.**

Übersicht

I. Reform

1. Grundlagen, Bewertung

1   Die vollständig neugefasste Regelung benennt die Auflösungsgründe für die GbR. Sie deckt sich zunächst mit § 726 aF (vgl. Abs. 2: Auflösung bei **Zweckerreichung**) und § 728 I aF (vgl. Abs. 1 Nr. 2: Auflösung bei **Insolvenzeröffnung** über das Vermögen der GbR), welche bereits bislang zur Auflösung der GbR führten. Die **Ablehnung** der Insolvenzeröffnung mangels Masse war bislang grundsätzlich kein Auflösungsgrund; nach Abs. 3 S. 1 Nr. 3 gilt indessen nunmehr ebenso wie bei OHG und KG (vgl. § 138 II HGB) etwas anderes bei **atypischen GbR,** bei denen kein persönlich haftender Gesellschafter eine natürliche Person ist. Das Gleiche gilt in diesen Fällen gemäß Abs. 3 S. 1 Nr. 2 für die Löschung wegen Vermögenslosigkeit gemäß § 394 FamFG. Der Vorschlag, durch Ergänzung des FamFG auch einen speziellen Löschungsgrund bei Inaktivität eingetragener Gesellschaften aufzunehmen (§ 394a FamFG-E), wurde vom Gesetzgeber bislang nicht aufgegriffen (vgl. hierzu DIHK Stellungnahme S. 11). – Die **Gesellschafterinsolvenz** ist gemäß § 723 I Nr. 3 nunmehr abweichend vom bisherigen Recht gemäß § 728 II aF im gesetzlichen Regelfall allein ein Ausscheidensgrund (vgl. § 723 I Nr. 3). Der frühere Auflösungsgrund bei **Tod eines Gesellschafters** gemäß § 727 aF wurde infolge des Vorrangs des Ausscheidens (vgl. § 723 I Nr. 1) konsequenterweise ebenfalls gestrichen. § 730 regelt für beide Tatbestände jedoch die Folgen, wenn im Gesellschaftsvertrag die Auflösung der GbR vereinbart wurde.

2   Die Neuregelung deckt sich im Hinblick auf die **Kündigung der GbR** gemäß Abs. 1 Nr. 3 im Kern auch mit § 723 aF, was aber nunmehr in das Konzept des vorrangigen Ausscheidens durch Kündigung der Mitgliedschaft gemäß § 723 I Nr. 2 eingebettet ist (→ § 723 Rn. 5). Hieraus folgt vor allem, dass die **ordentliche** Kündigung der GbR im gesetzlichen Regelfall **nicht mehr vorgesehen** ist, sondern allein die (zwingende) Kündigung der Gesellschaft aus wichtigem Grund gemäß § 731; dies verhindert freilich nicht, dass ein solches Kündigungsrecht gesellschaftsvertraglich vereinbart werden kann, was als konkludente Abrede bei Gelegenheitsgesellschaften großzügig anzunehmen ist, soweit diese nicht bereits durch die Zweckerreichung bedingt sind. In diesem Kontext ist es auch einzuordnen, dass die früher in § 724 S. 1 aF explizit geregelte ordentliche Kündigungsmöglichkeit bei Gesellschaften, die für die Lebenszeit eines Gesellschafters eingegangen sind, im Zuge der Reform ersatzlos gestrichen wurde; das Gleiche gilt für die ordentliche Kündbarkeit nach stillschweigender Fortsetzung einer nach Fristablauf fortgesetzten Gesellschaft gemäß § 724 S. 2 aF (→ Rn. 12). – Weiterhin erfolgt in Abs. 1 Nr. 1 im Hinblick auf die Auflösung durch **Zeitablauf** eine bislang für die GbR nicht explizit geregelte Angleichung an das Recht der OHG (vgl. § 138 I Nr. 1 HGB), ebenso in Abs. 2 Nr. 4 (ergänzt durch § 732) für den **Auflösungsbeschluss** (vgl. § 138 I Nr. 4 HGB). – Nach Abs. 4 können im Übrigen wie bislang **weitere Auflösungsgründe** gesellschaftsvertraglich vereinbart werden, was insbesondere dann in Betracht kommt, wenn die nunmehr bloßen Ausscheidensgründe gemäß § 723 wie im bisherigen Recht zur Auflösung führen sollen. – Weitere Auflösungsgründe ergeben sich darüber hinaus auch kraft Gesetzes (→ Rn. 27). Die **Möglichkeit der Fortsetzung** einer aufgelösten Gesellschaft ist nunmehr in § 734 geregelt.

2. Zeitlicher Geltungsbereich

§ 729 tritt gemäß Art. 137 S. 1 MoPeG am 1.1.2024 in Kraft; eine Über- **3** gangsregelung für § 729 ist im EGBGB nicht vorgesehen. Aus dem Umkehrschluss zu Art. 229 § 61 EGBGB folgt daher, dass für die Auflösung der Gesellschaft ab dem Zeitpunkt des Inkrafttretens das neue Recht gilt. Maßgeblicher Zeitpunkt ist die materiell-rechtliche Verwirklichung eine Auflösungsgrundes. Dies betrifft daher auch Altgesellschaften, sodass sich die materielle Rechtslage insofern ändert; eine Rückwirkung lässt sich mangels hinreichender Anhaltspunkte im Gesetzgebungsverfahren nicht praeter legem begründen (vgl. zum kautelarischen Handlungsbedarf → Rn. 29 f.). – Im Übrigen besteht aber ein **Spannungsfeld zu Art. 229 § 61 EGBGB**, wonach für den konzeptionellen Wechsel der Reform zu Gunsten des Vorrangs des Ausscheidens eine Übergangsregelung besteht (→ § 723 Rn. 38 ff.). Diese gilt richtigerweise auch für § 729, so dass es sich vorrangig hiernach richtet, ob überhaupt ein Auflösungsgrund vorliegt oder das bloße Ausscheiden eines Gesellschafters.

II. Normzweck

§ 729 nennt wesentliche Auflösungsgründe und ist damit die zentrale **4** Regelung für die **Voraussetzungen der Auflösung** einer GbR, welche diese ins Liquidationsstadium gemäß §§ 735 ff. überführt. Sie wird seit der Reform ergänzt durch § 723, worin die vorrangigen Ausscheidensgründe genannt werden; eine Differenzierung, die gemäß §§ 138, 130 HGB gleichermaßen bei der OHG gilt. Die **praktische Bedeutung** der Auflösung ist daher bei der GbR gegenüber der bisherigen Rechtslage im gesetzlichen Regelfall **gesunken,** was dem erklärten Ziel der Steigerung der **Unterneh-**

menskontinuität auch bei der GbR entspricht (vgl. Begr. S. 106: Von der Gelegenheits- zur Dauergesellschaft). Abweichende Vereinbarungen, insbesondere auch zur Wiederherstellung der bisherigen Rechtslage bei Ausscheiden, bleiben zwar zulässig, müssen aber entsprechend gesellschaftsvertraglich geregelt werden (vgl. zur Auflösung bei Tod oder Insolvenz eines Gesellschafters insofern § 730). Bei Gelegenheitsgesellschaften vermag hier eine großzügige Auslegung Abhilfe zu verschaffen, um die gesetzgeberisch angestrebte Kontinuität bei der GbR nicht zulasten der Gesellschafter wirken zu lassen.

5   Die **Schutzrichtung** der verschiedenen Auflösungsgründe ist unterschiedlich: Zeitablauf (Nr. 1), Kündigung der Gesellschaft (Nr. 2 und § 731) und Auflösungsbeschluss (Nr. 4 und § 732) verwirklichen unmittelbar die **Privat- und Vereinigungsautonomie** der Gesellschafter; das Gleiche gilt für die Auflösung wegen Zweckerreichung oder Unmöglichkeit gemäß Abs. 2, weil in diesen Fällen die fortbestehende Zweckbindung obsolet geworden ist. Die Auflösung nach Insolvenzeröffnung über das Vermögen der Gesellschaft (Nr. 2) ist eine notwendige Folge der Überlagerung des Gesellschaftsrechts durch die InsO. Die Auflösung **atypischer GbR** auch bei Ablehnung der Eröffnung und nach Löschung wegen Vermögenslosigkeit nach Abs. 3 verwirklicht vor allem **Gläubigerinteressen,** da das Weiterwirtschaften mit Haftungsbeschränkung aus Gründen der durch die Vermögensinsuffizienz eingetretenen konkreten Gläubigerbeeinträchtigung nicht mehr legitimiert ist. Diese Auflösungsgründe sind konsequenterweise zwingend. In den anderen Fällen besteht indessen größerer Raum, nach Auflösung die Fortsetzung der Gesellschaft gemäß § 734 zu beschließen (vgl. zum kautelarischen Handlungsbedarf → Rn. 29 f.).

6   § 729 wird ergänzt durch die **übrigen Regelungen über die Liquidation einer GbR** nach Auflösung, wie etwa die Anmeldung der Auflösung bei eingetragenen GbR (§ 733), die Möglichkeit der Fortsetzung der Gesellschaft (§ 734), die Liquidation der Gesellschaft gemäß §§ 735–737, die Anmeldung des Erlöschens der rechtsfähigen GbR (§ 738) und die Verjährung von Ansprüchen aus Gesellschafterhaftung (§ 739). Die Regelungen entsprechen im Wesentlichen den der OHG den §§ 138 ff. HGB. Sie beruhen auf der allgemeinen Prämisse, bei Gesellschaften **Auflösung und Vollbeendigung** durch Löschung nach Abschluss der Liquidation zu unterscheiden. Die Auflösung als solche führt daher zunächst lediglich eine **Zweckänderung** herbei; die GbR verliert ihre rechtliche Existenz erst mit Abschluss der Abwicklung. Wird nachträglich noch Vermögen entdeckt, aus der ein Abwicklungsbedarf folgt, kommt es zur Reaktivierung der vollbeendeten GbR durch **Nachtragsliquidation,** was § 735 I 2 dem Grunde nach anerkennt.

III. Anwendungsbereich

7   § 729 gilt vollumfänglich **bei der rechtsfähigen GbR,** die Auflösung wegen Löschung nach Abs. 3 S. 1 Nr. 2 setzt freilich die Eintragung der Gesellschaft voraus. Bei einer **fehlerhaften Gesellschaft** (→ § 719 Rn. 21 ff.) besteht nach Entdecken des Mangels regelmäßig ein wichtiger Grund, die Gesellschaft selbst nach Maßgabe von § 731 zu kündigen (vgl.

BGH NJW 1952, 97 ff.; 2016, 2492 Rn. 22; Einzelheiten bei → § 731 Rn. 3); bis dahin kommt auch eine Auflösung nach Maßgabe von § 729 in Betracht. Bei der **zweigliedrigen GbR** gilt die Regelung ebenfalls; die Rechtsfolgen werden indessen durch § 712a modifiziert. Hiernach erlischt die Gesellschaft zum Zeitpunkt der Auflösung ohne Liquidation; das Gesellschaftsvermögen geht auf den verbleibenden Gesellschafter über, wenn dieser sich hierzu bereit erklärt hat, im Übrigen wird auf die §§ 728–728b verwiesen. Bei der **nicht rechtsfähigen GbR** richtet sich die Beendigung nach dem vergleichbaren § 740a I und II und nach § 740a III iVm §§ 730, 732, 734 I und 2 sowie § 740b. Liegt eine **stille Beteiligung** gemäß §§ 230 ff. HGB vor, regelt § 235 HGB allein die Folgen der Auflösung, so dass § 729 im Hinblick auf die Auflösungsgründe hier gleichermaßen Anwendung findet.

Fallen **verschiedene Ausscheidenstatbestände zeitlich zusammen,** 8 richtet sich der Sachverhalt grundsätzlich nach den §§ 723, 712a. Die GbR bleibt mithin bis zum Ausscheidenszeitpunkt des vorletzten Gesellschafters existent; Abfindungs- und Verlusttragungsansprüche der zuvor Ausgeschiedenen sind Bestandteile des Gesellschaftsvermögens iSv § 712a (→ § 712a Rn. 11). Etwas anderes gilt zum einen, wenn bei allen Gesellschaftern die Ausscheidenstatbestände zeitgleich verwirklicht werden. Dann ist für § 712a kein Raum; es kommt vielmehr entsprechend Abs. 2 zur Auflösung (→ Rn. 16). Dieser **Vorrang der Auflösung** gilt richtigerweise auch dann, wenn innerhalb eines kurzen Zeitraums von wenigen Wochen bei allen Gesellschaftern ein Ausscheidenstatbestand verwirklicht wird. In diesen Fällen ist es geboten, anstelle der isolierten Betrachtung von Ausscheiden und Übernahme gemäß § 712a eine **Auflösung der GbR** anzunehmen, sodass sich die Folgen für alle Gesellschafter gleichermaßen nach Maßgabe von §§ 735 ff. richten. Die hierdurch bewirkte **Gesamtabwicklung** des Gesellschaftsvermögens ist praktikabler und passgenauer als die an sich gebotene isolierte Betrachtung der verschiedenen Ausscheidenstatbestände. Im Übrigen wird hierdurch einem (treuwidrigen) „Windhundrennen" der Gesellschafter Vorschub geleistet, bei denen einige Gesellschafter Vorteile aus einem kurzen zeitlichen Vorsprung suchen.

IV. Auflösungsgründe (Abs. 1)

1. Zeitablauf (Abs. 1 Nr. 1)

Der Ablauf einer gesellschaftsvertraglich vereinbarten Befristung führt ipso 9 jure, mithin **automatisch,** zur Auflösung der Gesellschaft (BGH NJW 1994, 2886 (2888)); Maßgeblich ist der **objektive Eintritt,** auf die tatsächliche Kenntnis der eingetretenen Auflösung durch die Gesellschafter zu diesem Zeitpunkt bzw. auf die zu Grunde liegenden Tatsachen kommt es nicht an (MüKoBGB/Schäfer § 726 Rn. 7). Voraussetzung für die einschneidenden Folgen der Auflösung ist eine entsprechende **Vereinbarung im Gesellschaftsvertrag;** Abs. 1 Nr. 1 hat wegen der vertraglichen Grundlage insofern nur klarstellende Bedeutung (vgl. Begr. S. 177). Die Befristung muss hinreichend **kalendermäßig bestimmbar** sein (§§ 133, 157). Insofern sind verschiedene Gestaltungsvarianten denkbar (festes Datum, feste Laufzeit oder Höchstdauer, vgl. zu Letzterem RGZ 156, 129 (134)). Erfolgt lediglich die Festlegung einer Mindestdauer, handelt es sich nicht um eine Befristung im Sinne eines Auflösungsgrundes; rechtliche Bedeutung hat dies freilich im Rahmen von § 725 I, da bis zum Erreichen der Mindestdauer die ordentliche Kündigung der Mitgliedschaft im dispositiven gesetzlichen Regelfall ausgeschlossen ist (→ § 725 Rn. 22 ff.). Vgl. zur Möglichkeit eines Fortsetzungsbeschlusses → § 734 Rn. 13 ff.

10   Von der Befristung **abzugrenzen** ist die gleichermaßen zulässige Vereinbarung einer **auflösenden Bedingung** gemäß § 158 II. Ist der maßgebliche Umstand für den Bedingungseintritt (ex ante betrachtet) konkret bestimmbar, führt dies bei Eintritt ebenfalls zur automatischen Auflösung der Gesellschaft. Auch insofern besteht **Vertragsfreiheit,** sodass eine solche ggf. **konkludent** auch an die Verwirklichung eines bestimmten Projektes geknüpft werden kann (vgl. BGH NJW 1994, 2886 (2888)), an die Verwertung eines Schutzrechts (vgl. RG LZ 1911, 298), an die Aufrechterhaltung eines konkreten Gesellschafterbestands oder als Voluntativbedingung an die Erklärung oder Handlung eines Gesellschafters oder Dritten (vgl. zur OHG BeckOGK/Michel HGB § 131 Rn. 10); vgl. insofern zur Möglichkeit, die bisherigen Ausscheidensgründe im Rahmen von Abs. 4 als auflösende Bedingung für den Fortbestand der GbR zu vereinbaren, um damit im Ergebnis die frühere Rechtslage wiederherzustellen (→ Rn. 26). – Praktisch bedeutsam ist insofern stets und gerade bei der GbR als Rechtsform für potentielle Gelegenheitsgesellschaften auch die **Auslegung des Gesellschaftszwecks,** da sich auch hieraus eine Befristung oder auflösende Bedingung ergeben kann (vgl. insofern für den Grundstückserwerb BGH WM 1977, 880 f.; für die Immobilienentwicklung OLG Köln NZG 2001, 1082 (1083) und OLG Naumburg NZG 2016, 346 Rn. 35; für ein Ausstellungsprojekt OLG Frankfurt/M. NZG 1999, 492; für die Errichtung einer Anlage OLG Zweibrücken NZG 1998, 939 (940 f.); für die Versorgung eines Gesellschafters BGH WM 1967, 315 (316); für die Erwirtschaftung von Gewinnen aus einer Sacheinlage OLG Hamm NJW-RR 1993, 1383 (1384)). In diesen Fällen ist wegen des damit verbundenen Ausschlusses der ordentlichen Kündbarkeit und der gestaltenden Wirkung des Bedingungseintritts unter dem **Aspekt der Bestimmtheit** zu fordern, dass das ins Auge gefasste gesellschaftsvertragliche Ziel in zeitlicher Hinsicht aus der ex ante-Perspektive **wenigstens in groben Zügen zeitlich umreißbar** ist (vgl. OLG Karlsruhe NZG 2000, 304 (305)); ansonsten ist die Gesellschaft unbefristet. Eine Inhaltskontrolle gemäß § 138 I dahingehend, dass die Befristung wegen überlanger Bindung sittenwidrig ist (hierzu nach früherem Recht BGH NJW 2007, 295 Rn. 6; NJW 1994, 2536; BeckOGK/Lübke § 723 Rn. 104; BGH BeckRS 1982, 31072166), lässt sich im Zuge der Neuregelung von § 725 indessen nicht mehr halten, da hiernach das ordentliche Kündigungsrecht in Gänze abbedungen werden kann (→ § 725 Rn. 42). Vgl. im Übrigen zu **Zeitpunktproblemen** → Rn. 11, → Rn. 16.

2. Insolvenzverfahren über das Vermögen der Gesellschaft (Abs. 1 Nr. 2)

Nach Abs. 1 Nr. 2 ist die **Eröffnung** des Insolvenzverfahrens über das **11** Vermögen der rechtsfähigen GbR (vgl. § 11 II Nr. 1 InsO) wie bereits gemäß § 728 I aF **zwingender Auflösungsgrund.** Hiervon abzugrenzen ist die Insolvenz des Gesellschafters als mittlerweile bloßen Ausscheidensgrund gem. § 723 I Nr. 3 (→ § 723 Rn. 21 ff.). Ebenso abzugrenzen ist der Fall des Insolvenzverfahrens über das Vermögen der Gesellschaft von der Insolvenz eines Gesellschafters, welcher iSv § 730 II gesellschaftsvertraglich als Auflösungsgrund vereinbart werden kann. Die Einleitung eines Restrukturierungsverfahrens gemäß StaRUG genügt für die Anwendbarkeit des Abs. 1 Nr. 2 nicht. Der maßgebliche Zeitpunkt für die Herbeiführung der Auflösung folgt aus § 27 II Nr. 3 InsO, mithin mit **Erlass des Eröffnungsbeschlusses;** die spätere Zustellung oder der Eintritt der Rechtskraft sind irrelevant (BeckOGK/von Proff § 728 Rn. 4). Wird die Insolvenzeröffnung **abgelehnt,** gilt Nr. 2 außer in den Fällen von Abs. 3 (→ Rn. 21) nicht, selbst wenn dies gemäß § 26 InsO mangels Masse erfolgt (vgl. zum bisherigen Recht bereits BGH NJW 1995, 196; 1980, 233; abw. Staudinger/Habermeier, 2003, § 728 Rn. 7); in diesem Fall kann die Auflösung indessen infolge Zweckerreichung oder Unmöglichkeit eintreten (→ Rn. 16), richtigerweise auch mit der Möglichkeit zur Fassung eines Fortsetzungsbeschlusses (→ Rn. 16, 28). – **Rechtsstreitigkeiten** unter Beteiligung der GbR werden mit Insolvenzeröffnung gemäß § 240 ZPO unterbrochen; dies gilt auch im Hinblick auf die gerichtliche Geltendmachung der persönlichen Gesellschafterhaftung (vgl. BGH NJW 2003, 590; NJW-RR 2009, 343). Vgl. im Übrigen zum **Insolvenzverfahren** über das Vermögen der GbR ausführlich BeckOGK/von Proff § 728 Rn. 4 ff. sowie Heitsch/Baisch ZInsO 2022, 1838.

3. Kündigung der Gesellschaft (Abs. 1 Nr. 3)

a) Grundlagen. Nach Abs. 1 Nr. 3 ist auch die Kündigung der Gesell- **12** schaft ein **Auflösungsgrund.** Dies war zwar bereits Gegenstand des bisherigen Rechts (vgl. §§ 723, 724 aF). Die Reform brachte indessen durch die klare Differenzierung zwischen Kündigung der Gesellschaft und der (vorrangigen) Kündigung der Mitgliedschaft (vgl. insoweit § 729 I Nr. 2) eine grundsätzliche Neuerung mit sich. Beide Rechtsinstitute sind daher bereits im gesetzlichen Regelfall von der Praxis strikt auseinanderzuhalten. Im Hinblick auf die Kündigung iSv Abs. 1 Nr. 3 ist im Übrigen weiter danach zu differenzieren, ob die Gesellschaft **aus wichtigem Grund** nach Maßgabe von § 731 gekündigt wird, was bei allen Gesellschaften zwingend möglich ist (→ § 731 Rn. 14 ff.) oder ob darüber hinaus bei unbefristeten Gesellschaften in Bezug auf diese auch ein **ordentliches Kündigungsrecht** besteht, welches seit der Reform abweichend von § 723 I 1 aF als (dispositiver) gesetzlicher Regelfall nicht mehr speziell geregelt ist. In diesem Kontext ist dann mangels spezieller Regelung auch problematisch, ob und in welchem Umfang die bisherige Kündigungsmöglichkeit bei auf Lebenszeit eines Gesellschafters eingegangen

GbR und nach stillschweigender Fortsetzung gemäß § 724 aF weiterhin möglich ist. Die bisherige Möglichkeit der Kündigung der Gesellschaft durch
einen Privatgläubiger eines Gesellschafters (vgl. § 725 aF) ist im Übrigen
ersatzlos gestrichen und wurde durch eine entsprechende Kündigungsmöglichkeit in Bezug auf die Mitgliedschaft des Schuldners ersetzt (vgl. § 726).
Bei der zweigliedrigen GbR bleibt demnach mittelbar ein Kündigungsrecht
des Privatgläubigers in Bezug auf die Gesellschaft bestehen, da die Kündigung
gem. § 726 die Rechtsfolge des § 712a auslöst.

13   **b) Kündigung aus wichtigem Grund.** Die außerordentliche Kündigung der Gesellschaft gemäß **§ 731** führt einen Auflösungsgrund herbei. Zu
Einzelheiten siehe daher dort (→ § 731 Rn. 14 ff.).

14   **c) Ordentliche Kündigung.** Die ordentliche Kündigung der Gesellschaft,
mithin eine Kündigungsmöglichkeit unterhalb der Voraussetzungen von § 731,
ist seit der Reform **nicht mehr geregelt.** Die § 721 I Nr. 2, § 725 sehen dies
allein für die Mitgliedschaft vor. Dies entspricht als gesetzlicher Regelfall bei
befristeten Gesellschaften der bisherigen Rechtslage. Bei unbefristeten Gesellschaften sah das bisherige Recht indessen die jederzeitige Kündbarkeit explizit
vor (vgl. § 723 I 1 aF). Durch die **Streichung von § 724 aF** besteht sie auch
nicht in den Fällen, in denen die Gesellschaft für die Lebenszeit eines Gesellschafters eingegangen wurde oder wenn die Gesellschaft nach Ablauf einer
bestimmten Zeit stillschweigend fortgesetzt wurde. Die Neuregelung ist daher
dadurch geprägt, dass die **ordentliche Kündigung** der Gesellschaft als solche
im **gesetzlichen Regelfall überhaupt nicht mehr möglich** ist. Dies sollte
man indessen nicht kritisieren, weil es sich in das begrüßenswerte Ziel der
Reform einfügt, die **Unternehmenskontinuität** zu stärken (vgl. Begr. S. 106:
von der Gelegenheitsgesellschaft zur Dauergesellschaft). In Verwirklichung dieses Aspekts gilt daher nunmehr für die GbR dasselbe wie bei allen unbefristeten
Gesellschaften anderer Rechtsform (vor allem bei der OHG, vgl. § 138 HGB).
Im Hinblick auf **Gelegenheitsgesellschaften,** die nicht diesem Leitbildwandel
entsprechen, begründet das neue Konzept auch keine planwidrige Regelungslücke. Insofern kann nämlich durchaus von einer wenigstens **konkludent vereinbarten Kündigungsmöglichkeit entsprechend § 723 I aF** ausgegangen
werden, mithin der jederzeitigen Beendbarkeit durch einen Gesellschafter (in
diese Richtung auch Fleischer BB 2020, 1107). Allerdings wird eine derartige
Auslegung nur selten heranzuziehen sein, da Gelegenheitsgesellschaften häufig
gerade befristet sind und eine ordentliche Kündigungsmöglichkeit demnach
auch nach altem Recht nicht gesetzlich vorgesehen war. Ein ordentliches Kündigungsrecht in Bezug auf die GbR als solche kann gemäß Abs. 4 bei jeder GbR
ohne weiteres vereinbart werden, insbesondere auch im Hinblick auf die Kündigungsvoraussetzungen und Kündigungsfristen (→ Rn. 26).

4. Auflösungsbeschluss (Abs. 1 Nr. 4)

15   Abweichend zum bisherigen Recht, aber im Einklang mit der Rechtslage
bei der OHG (vgl. 138 I Nr. 4 HGB), sieht Abs. 1 Nr. 4 nunmehr auch
die Möglichkeit der Auflösung der GbR durch Auflösungsbeschluss vor. Da
hierdurch eine **Änderung des Gesellschaftszwecks** herbeigeführt und die

Beendigung der Gesellschaft angestrebt wird, bedarf es hierfür im Ausgangspunkt nach wie vor einer einvernehmlichen Änderung des Gesellschaftsvertrages (zur grundlegenden Bedeutung des Auflösungsbeschlusses als Auflösungsvertrag MüKoHGB/K. Schmidt/Fleischer HGB § 131 Rn. 15). Die zentrale Änderung der Reform folgt daher aus **§ 732,** wonach die Beschlussfassung durch Mehrheitsentscheidung aufgrund entsprechender Mehrheitsklausel einerseits anerkannt wird, andererseits verschärft durch das Erfordernis einer qualifizierten **Dreiviertelmehrheit** (vgl. zum Ganzen → § 732 Rn. 7).

V. Zweckerreichung und Unmöglichkeit (Abs. 2)

Wie nach früherem Recht (vgl. § 726 Alt. 1 aF) sieht Abs. 2 weiterhin **16** vor, dass Zweckerreichung und Unmöglichkeit ipso jure eintretende **Auflösungsgründe** sind. Im Zuge der Neuregelung ergeben sich insoweit gegenüber dem bisherigen Recht grundsätzlich keine Änderungen. Vielmehr **unterscheidet** sich die Rechtslage bei der GbR strukturell nach wie vor von der **bei OHG bzw. KG.** Dort führt der Aspekt der Zweckerreichung bzw. Unmöglichkeit keinen automatischen Auflösungsgrund herbei, sondern ist allein im Rahmen der gerichtlichen Entscheidung über die Auflösung der Gesellschaft aus wichtigem Grund gemäß § 139 HGB bedeutsam (Henssler/Strohn/Klöhn HGB § 133 Rn. 25 f.; vgl. zur KG BGH NJW 1977, 2160). Maßgeblich ist bei der GbR der **objektive Eintritt,** auf die tatsächliche Kenntnis der eingetretenen Auflösung durch die Gesellschafter zu diesem Zeitpunkt bzw. die zu Grunde liegenden Tatsachen kommt es nicht an (MüKoBGB/Schäfer § 726 Rn. 7). Liegt hiernach in concreto Zweckerreichung oder Unmöglichkeit als Auflösungsgrund vor, ist dies **grundsätzlich zwingend** (MüKoBGB/Schäfer § 726 Rn. 9; vgl. im Übrigen aber zur Möglichkeit der Zweckänderung im Rahmen eines Fortsetzungsbeschlusses → Rn. 28). – Der **Tod eines Gesellschafters** führt indessen im gesetzlichen Regelfall abweichend von § 727 aF nicht mehr zur Auflösung der Gesellschaft, sondern gemäß § 723 I Nr. 1 lediglich zum **Ausscheiden** (→ § 723 Rn. 8 ff.). Bei persönlich geprägten Gesellschaften kann die Mitwirkung des Verstorbenen indessen für die Zweckverfolgung notwendig sein, sodass auch nach neuem Recht insoweit eine Auflösung nach Maßgabe des Vorgesagten wegen Zweckerreichung oder Unmöglichkeit bzw. Eintritt einer auflösenden Bedingung in Betracht kommt.

1. Zweckerreichung (Abs. 2 Alt. 1)

Die Zweckerreichung steht tatsächlich und rechtlich in einem engen **17** Zusammenhang zur Auflösung infolge einer auflösenden Bedingung (MüKoBGB/Schäfer § 726 Rn. 2; → Rn. 20). Auch hier ist im Wege der **Auslegung** gemäß §§ 133, 157 zu ermitteln, welchen **Inhalt der Gesellschaftszweck** aktuell aufweist, um auf dieser Grundlage beurteilen zu können, ob er in tatsächlicher Hinsicht erreicht ist, mithin seine **Eignung als Grundlage für die Zweckförderungspflicht verloren** hat (vgl. § 705 I). Abweichend von den Personenhandelsgesellschaften, deren Gesellschaftszweck zumeist durch die Gewinnerzielungsabsicht gekennzeichnet ist, welche praktisch kaum begrenzt ist, lässt sich bei der GbR infolge der **Typenvielfalt** nur aufgrund einer konkreten Beurteilung des Einzelfalles die Zweckerreichung würdigen. Insofern hat dieser Auflösungsgrund bei der GbR auch eine viel größere Bedeutung als bei OHG und KG. Strukturelle Argumentationsunterschiede folgen indessen daraus, dass man erwerbswirtschaftliche, ideelle oder vermögensverwaltende GbR unterscheiden kann: Soweit erwerbswirtschaftliche bzw. **unternehmerische GbR** (Kleingewerbe, Freiberufler) auf **Gewinnerzielung** gerichtet sind, besteht auch bei der GbR kein Grund, gegenüber der restriktiven Bejahung der Zweckerreichung bei OHG und KG abzuweichen (ebenso Henssler/Strohn/Klöhn § 726 Rn. 3). Ergibt die Auslegung des Gesellschaftsvertrags, dass der Gesellschaftszweck die Gewinnerzielung ist, ist es unter dem Aspekt der Zweckerreichung nämlich irrelevant, auf welche Weise diese weiterverfolgt werden kann. Ein Auflösungsgrund ist daher insofern nur dann zu bejahen, wenn das gesellschaftsvertragliche **Gewinnziel erreicht** ist (abw. für OHG und KG MüKoHGB/K. Schmidt/Fleischer HGB § 133 Rn. 16: überhaupt kein Auflösungsgrund). Praktisch bedeutsam dürfte das nur bei Gelegenheitsgesellschaften sein, die auf die Verwirklichung eines konkreten Projekts ausgerichtet sind. Insofern können sich freilich bei der GbR Probleme ergeben, wenn im Laufe der Zeit eine konkludente Zweckänderung erfolgt, sodass eine ursprünglich als Gelegenheitsgesellschaft geprägte Kooperation sich bis hin zur Unternehmenskontinuität verstetigt. Da dieser Aspekt durch die Reform bewusst gestärkt werden sollte (vgl. Begr. S. 106), ist für die Bejahung der Auflösung wegen Zweckerreichung generell **Zurückhaltung** geboten. Hierfür spricht auch die reformbedingte Stärkung des Vorrangs des Ausscheidens. Im Übrigen zeigt sich gerade bei Gelegenheitsgesellschaften mangels schriftlich fixierten Gesellschaftsvertrags vielfach eine **Beweisnot,** wenn ein Mitglied sich auf eine Zweckänderung beruft, sodass auch aus dieser Perspektive wenig Raum für die Anerkennung eines Auflösungsgrundes wegen Zweckerreichung ist.

18   Bei einer bewusst **ideellen oder nicht auf gemeinschaftliche Gewinnerzielung** gerichteten Zwecksetzung kommt es zur Auflösung wegen Zweckerreichung, wenn das **konkrete Ziel erreicht** ist. Hat dieses einen **weiten Umfang** (insbesondere im karitativen Bereich), hat die Zweckerreichung einen ebenso geringen Anwendungsbereich wie bei der unternehmerischen GbR. Auch hier spielt es nämlich unter dem Aspekt der Zweckerreichung keine Rolle, auf welche Weise das Ziel verfolgt wird. Besteht indessen eine **konkrete Zwecksetzung,** hat die Zweckerreichung ebenso wie die auflösende Bedingung bei der GbR einen großen Anwendungsbereich. Praktisch bedeutsam ist dies etwa bei Zusammenschlüssen als Stimmrechtskonsortium für eine konkrete Abstimmung, bei der Verwirklichung eines Bauprojekts (Bau-Arge, vgl. zur Bauherrengemeinschaft BGH WM 1988, 761, und zur Verwertung eines Grundstücks BGH NJW 1981, 749), bei der gemeinsamen Anmietung eines Objekts, beim gemeinsamen Halten eines Tieres, Sportgeräts oder Immaterialgüterrechts, bei der gemeinsamen Heizölbestellung, der gemeinsamen Teilnahme an einem Gewinnspiel, bei der gemeinsamen Finanzierung eines Prozesses sowie der Sammelklage oder einer gemeinsamen

Reise und bei der Vorgründungsgesellschaft bzw. dem gesellschaftsrechtlichen Zusammenschluss der potentiellen Zeichner im Rahmen einer Kapitalerhöhung (vgl. hierzu OLG Schleswig ZIP 2014, 1525). Dies ist jedoch gerade bei derartigen Gelegenheitsgesellschaften auch gewollt und entspricht der alten Rechtslage. – Bei **vermögensverwaltenden GbR** ist im Hinblick auf die Zweckerreichung zu differenzieren, ob die Vermögensverwaltung selbst alleiniger Gesellschaftszweck ist, oder ob darüber hinaus erwerbswirtschaftliche oder ideelle Zwecke verwirklicht werden sollen. Sofern letzteres gegeben ist, spielt es für die Zweckverwirklichung keine unmittelbare Rolle, welche Gegenstände der Vermögensverwaltung unterliegen, sodass die Zweckerreichung weitgehend ausgeschlossen ist. Geht es indessen allein um das gemeinschaftliche Verwalten von Vermögen, kann der Untergang oder die Veräußerung eines Vermögensgegenstandes durchaus auch Zweckerreichung hervorrufen. – Das **zeitgleiche Ausscheiden** aller Gesellschafter gemäß § 723 oder die Verwirklichung der entsprechenden Ausscheidenstatbestände in einem engen zeitlichen Zusammenhang von wenigen Wochen führt im Übrigen entsprechend Abs. 2 ebenfalls zur Auflösung (→ Rn. 8).

2. Unmöglichkeit (Abs. 2 Alt. 2)

19 Die Unmöglichkeit der Zweckerreichung als Auflösungsgrund ist tatbestandlich gegeben, wenn die **Zweckverfolgung nachträglich dauerhaft unmöglich** wird (vgl. BGH NJW 1982, 2821; 1957, 1279). Auch insofern ergibt sich der dogmatische Kern entweder aus dem Rechtsgedanken von § 275 I oder aus der entsprechenden Vereinbarung des Gesellschaftsvertrages selbst. Wie bislang ist allerdings auch hier **Zurückhaltung** geboten, die Unmöglichkeit zu bejahen (MüKoBGB/Schäfer § 726 Rn. 4). Zu berücksichtigen ist insofern wegen des nunmehr maßgeblichen Vorrangs des Ausscheidens noch stärker als bislang, dass sich die Unmöglichkeit auf die **Zweckverfolgung in Gänze** beziehen muss und nicht nur einzelne Gesellschafter betrifft (BGH WM 1970, 972); diese können ggf. wegen solcher Umstände ihre Mitgliedschaft kündigen; umgekehrt kann aber ein (massenhafter) Austritt von Gesellschaftern zu Unmöglichkeit führen (vgl. OLG Stuttgart BB 1983, 13). Zudem darf **nicht jede Störung oder Behinderung** der Zweckverfolgung als Auflösungsgrund anerkannt werden (vgl. zur Änderung der rechtlichen Rahmenbedingungen BFH NZG 2018, 437; vgl. zu Kapitalmangel RG JW 1938, 1522; vgl. zum Verlust wesentlicher Betriebsmittel RG JW 1930, 1730 und RGZ 123, 23; OLG München BeckRS 2016, 7501 Rn. 14). Auch die Unrentabilität des Unternehmens begründet nicht ohne weiteres die Unmöglichkeit (MüKoBGB/Schäfer § 726 Rn. 5); insofern kann nämlich im Rahmen der Zweckverfolgung die Rentabilität durch geeignete Maßnahmen wiederhergestellt werden. Sollte es trotzdem hiernach zur Unmöglichkeit als Auflösungsgrund kommen, ist dies grundsätzlich zwingend (MüKoBGB/Schäfer § 726 Rn. 9); vgl. im Übrigen aber zur Möglichkeit der Zweckänderung im Rahmen eines Fortsetzungsbeschlusses → Rn. 28.

3. Zeitpunktprobleme

20 Zweckerreichung und Unmöglichkeit sind ebenso wie der Eintritt einer auflösenden Bedingung (→ Rn. 17) vielfach nicht durch einen konkreten

Umstand herbeigeführt, sondern ergeben sich aus der **Gesamtschau** verschiedener ggf. komplexer Aspekte. Hinzu kommt die Schwierigkeit, dass es bei diesen Auflösungsgründen nicht auf die konkrete Kenntnis der Gesellschafter oder Dritter hiervon ankommt. Es kann daher durchaus sein, dass sich erst **im Nachhinein herausstellt,** dass ein entsprechender **Auflösungsgrund eingetreten** ist und konsequenterweise problematisch ist, auf welchen Zeitpunkt sich dieser konkret bezieht. Dies ist aus der Außenperspektive jedenfalls bei mehrgliedrigen GbR unproblematisch, weil die Auflösung als solches die Gesellschaft nicht sogleich beendet, sondern diese lediglich in eine Liquidationsgesellschaft umwandelt (§ 735 I). Die weitere **Teilnahme am Rechtsverkehr** wird daher durch die (zunächst unerkannte) Auflösung nicht verhindert. Im Hinblick auf die organschaftliche **Vertretungsmacht** gilt aber gemäß § 736b I 1, dass diese ab Auflösung allen Gesellschaftern gemeinschaftlich zusteht. Dies entspricht zwar § 720 I, kann aber gleichwohl mit gesellschaftsvertraglichen Modifizierungen in Widerspruch stehen, die gemäß § 736b I 2 im gesetzlichen Regelfall erlöschen. Hiernach sind somit Rechtsgeschäfte, die ein bislang alleinvertretungsbefugter Gesellschafter für die GbR abschließt, mangels Vertretungsmacht schwebend unwirksam und können konsequenterweise auch keine Gesellschafterhaftung der Übrigen herbeiführen. Schutz des Handelnden und des Dritten bietet insofern aber § 736b II, wonach die bisherige Vertretungsmacht bei jeweiliger Gutgläubigkeit als fortbestehend gilt (vgl. → § 736b Rn. 18 ff.). Bei eingetragenen GbR ergibt sich dies gegenüber gutgläubigen Dritten aus § 15 II 1 bzw. I HGB iVm § 707a II Nr. 3. – Im **Innenverhältnis** stellt sich diese Problematik ähnlich, weil § 736b I auch die Geschäftsführungsbefugnis ab Auflösung allen Gesellschaftern gemeinschaftlich zuweist und diese im Übrigen durch den Liquidationszweck eingeschränkt wird (vgl. § 736d). Ein im Vertrauen auf seine bisherigen Befugnisse handelnder Gesellschafter wird aber gemäß § 736b II vor **Haftung wegen Kompetenzüberschreitung** geschützt (vgl. → § 736b Rn. 19). – Im Übrigen ist es aber generell geboten, entsprechend § 730 I denjenigen Gesellschaftern eine **Anzeigepflicht** in Bezug auf die erfolgte Auflösung gegenüber den übrigen aufzuerlegen, die hiervon Kenntnis haben; sie machen sich daher ggf. für verbleibende Schäden der im guten Glauben weiterhin für die nicht aufgelöste Gesellschaft Handelnden schadensersatzpflichtig, falls diese durch die Auflösung Nachteile erleiden (zB Aufwendungen tätigten).

VI. Auflösung der atypischen GbR (Abs. 3)

21   Abs. 3 sieht nunmehr für die atypische GbR (vgl. zu diesem Begriff Begr. S. 177) ebenso wie § 138 II HGB für OHG und KG die Auflösung vor, wenn die **Insolvenzeröffnung abgelehnt** wird oder die GbR infolge **Vermögenslosigkeit gelöscht** wird (§ 394 FamFG). Diese besonderen Auflösungsgründe sind daran geknüpft, dass bei der GbR kein persönlich haftender Gesellschafter eine natürliche Person ist. Die hiernach **zwingende Auflösung** verwirklicht so den **Schutz der Gläubiger** vor dem Auftreten masseloser oder vermögensloser rechtsfähiger Gesellschaften mit Haftungsbeschränkung (zum ökonomischen Hintergrund Henssler/Strohn/Klöhn HGB § 131 Rn. 25). Die Regelung beruht auf der **Insolvenzantragspflicht** gemäß § 15a I 2 InsO. Die besonderen

Anforderungen in Gestalt der förmlichen Ablehnung der Insolvenzeröffnung bzw. Löschung zeigen aber auch, dass hieraus nicht der allgemeine Schluss gezogen werden dürfte, dass GbR hinreichend kapitalisiert sein müssten. Es ist vielmehr auch bei **rechtsfähigen GbR** nach wie vor zulässig und vielfach praktisch geboten, kein signifikantes Gesellschaftsvermögen zu bilden, sondern die Teilnahme am Rechtsverkehr in finanzieller Hinsicht weitgehend durch die Gesellschafter selbst zu verwirklichen. Der Gläubigerschutz wird hinreichend über die Gesellschafterhaftung gemäß §§ 720 ff. gewährleistet.

1. Atypische GbR (Abs. 3 S. 2)

Die besonderen Auflösungsgründe gemäß Abs. 3 S. 2 gelten nur bei der **22** atypischen GbR, mithin wenn **keine natürliche Person persönlich haftender Gesellschafter** ist. Maßgeblich ist insofern die formale Gesellschafterstellung in der GbR; bei Mitberechtigung an einem Gesellschaftsanteil ist auf die betreffenden Einzelpersonen abzustellen; bei der Treuhand kommt es auf den Treuhänder an, nicht den Treugeber. In **Verallgemeinerung von § 15a I 3 InsO** liegt indessen keine atypische GbR vor, wenn Gesellschafterin ihrerseits eine Personengesellschaft ist, bei der mindestens eine natürliche Person persönlich haftet (MüKoHGB/K. Schmidt/Fleischer HGB § 131 Rn. 32). Die „persönliche Haftung" iSv Abs. 3 ist gesellschaftsrechtlich zu verstehen (§§ 720 ff.), sodass keine atypische GbR vorliegt, wenn sich natürliche Personen allein schuldrechtlich zum Einstand für die Gesellschaftsverbindlichkeiten verpflichtet haben (MüKoHGB/K. Schmidt/Fleischer HGB § 131 Rn. 32). Die konzernrechtliche Verlustübernahmepflicht gemäß § 302 AktG reicht ebenfalls nicht aus.

2. Ablehnung der Insolvenzeröffnung mangels Masse (Abs. 3 S. 1 Nr. 1)

Nach Abs. 3 S. 1 Nr. 1 führt die **Rechtskraft** des Beschlusses, durch den die **23** Eröffnung des Insolvenzverfahrens mangels Masse über das **Vermögen der atypischen GbR** abgelehnt wurde (§ 26 InsO) zur zwingenden Auflösung (vgl. insofern abweichend Abs. 1 Nr. 2, wo bereits der Erlass des Eröffnungsbeschlusses Auflösungsgrund ist). Die Ablehnung eines Restrukturierungsplans (§ 65 StaRUG) genügt nicht. Die Einstellung des Insolvenzverfahrens mangels Masse gemäß § 207 InsO und die Anzeige der Masseunzulänglichkeit nach § 208 InsO fallen ebenfalls nicht hierunter; in diesen Fällen ist die Gesellschaft indessen bereits nach Maßgabe von Abs. 1 Nr. 2 aufgelöst gewesen. Im Übrigen begründet § 394 I 2 FamFG die unwiderlegliche Vermutung der Vermögenslosigkeit, wenn das Insolvenzverfahren durchgeführt worden ist und keine Anhaltspunkte dafür vorliegen, dass die Gesellschaft noch Vermögen besitzt; insofern kommt dann bei eingetragenen Gesellschaften auch die Löschung gemäß Abs. 3 Nr. 2 in Betracht. – Mit Eintreten des Auflösungsgrundes kommt es auch bei Massellosigkeit grundsätzlich zum **Liquidationsverfahren** gemäß §§ 735 ff. Der beschränkte Umfang des Gesellschaftsvermögens wird in diesen Fällen gleichwohl regelmäßig zu einer raschen Abwicklung führen. Bei eingetragenen rechtsfähigen GbR erfolgt die Eintragung der Auflösung ins Gesellschaftsregister gemäß § 31 I InsO von Amts wegen. Stellt sich im Nachhinein heraus, dass weiteres Vermögen vorhanden ist, kann es im Übrigen gleichwohl noch zu einer Insolvenzeröffnung kommen (vgl. insofern auch die Insolvenzantragspflicht bei der atypischen GbR gemäß § 15a I 2 InsO).

24   Regelmäßig, aber nicht zwingend, fällt die **Ablehnung der Insolvenzeröffnung** über das Vermögen der GbR mit der über das **Vermögen der Gesellschafter** (GmbH, AG) zusammen, weil ansonsten noch Gesellschaftsvermögen in Gestalt von Freistellungsansprüchen vorhanden ist. In diesen Fällen der Simultaninsolvenz werden dann gemäß § 394 FamFG alle Gesellschaften gelöscht. Wird indessen allein die Insolvenzeröffnung über das Vermögen der GbR-Gesellschafter mangels Masse abgelehnt, führt dies nicht nach Abs. 3 S. 1 Nr. 1 zur Auflösung der GbR und im Umkehrschluss zu § 723 I Nr. 3 auch nicht zu dessen Ausscheiden (→ § 723 Rn. 21 ff.); Letzteres erfolgt erst mit Löschung der Gesellschafter-Gesellschaft. Insofern muss daher noch versucht werden, ein Insolvenzverfahren über das Vermögen der atypischen GbR einzuleiten, wozu die organschaftlichen Vertreter der Gesellschafter gemäß § 15a I 2 InsO verpflichtet sind. Auch in diesem Fall dürfte im Übrigen aber regelmäßig bereits ein Auflösungsgrund im Hinblick auf die GbR wegen Zweckerreichung oder Unmöglichkeit derselben vorliegen.

3. Löschung wegen Vermögenslosigkeit (Abs. 3 S. 1 Nr. 2)

25   Abs. 3 S. 1 Nr. 2 begründet zudem einen zwingenden Auflösungsgrund, wenn die atypische GbR wegen Vermögenslosigkeit gemäß **§ 394 FamFG** aus dem Gesellschaftsregister gelöscht wird. Dieser Auflösungstatbestand bezieht sich allein auf **eingetragene GbR,** was die Neufassung von § 394 IV FamFG klarstellt. Für nicht eingetragene rechtsfähige GbR kommt diese Auflösung daher nicht in Betracht. Vgl. zu den Einzelheiten des Löschungsverfahrens Henssler/Strohn/Klöhn HGB § 131 Rn. 31 ff. – Die Löschung gemäß § 394 FamFG führt grundsätzlich zur sofortigen **Vollbeendigung** der Gesellschaft **ohne Liquidationsverfahren** (OLG Hamm in NZI 2007, 584 (587); OLG Düsseldorf NZG 2004, 917); etwas anderes gilt aber, wenn sich nachträglich herausstellt, dass weiteres Vermögen vorhanden ist. In diesem Fall kommt es gemäß § 735 I 2 zur **Nachtragsliquidation,** innerhalb derer ggf. erneut ein Insolvenzverfahren zu beantragen ist (→ § 735 Rn. 24 ff.).

VII. Gesellschaftsvertragliche Auflösungsgründe (Abs. 4)

26   Abs. 4 sieht explizit vor, dass gesellschaftsvertraglich weitere Auflösungsgründe vereinbart werden können. Die praktische Bedeutung ist im Zuge der Reform gewachsen, weil hierüber die **Ausscheidensgründe des § 723** durch entsprechende Klauseln wie im früheren Recht als gesetzlicher Regelfall **zu Auflösungsgründen** erhoben werden können. Soweit entsprechende Vereinbarungen getroffen wurden, regelt § 730 die Folgen einer vereinbarten Auflösung der Gesellschaft durch Tod (§ 730 I) oder Insolvenz (§ 730 II) eines Gesellschafters (vgl. zum Tod eines Gesellschafters → § 723 Rn. 18

und → § 730 Rn. 1, zur Kündigung der Mitgliedschaft als Kündigungsgrund für die Gesellschaft als solche → § 725 Rn. 40, zur Insolvenz eines Gesellschafters → § 723 Rn. 27 und → § 730 Rn. 1 und zur Kündigung der Mitgliedschaft durch einen Privatgläubiger → § 727 Rn. 23). Dogmatisch betrachtet handelt es sich hierbei um die Vereinbarung einer entsprechenden auflösenden Bedingung (→ Rn. 17, → Rn. 20).

VIII. Weitere gesetzliche Auflösungsgründe

Einen speziellen Auflösungsgrund begründet auch § 712a, wonach bei **27** **Ausscheiden des vorletzten Gesellschafters** der verbleibende Gesamtrechtsnachfolger in Bezug auf das Gesellschaftsvermögen wird, die Gesellschaft mithin voll beendet wird (→ § 712a Rn. 9). Darüber hinaus kommt auch eine Auflösung der GbR gemäß **§ 3 VereinsG** in Betracht (Einzelheiten bei BeckOGK/Michel HGB § 131 Rn. 61 ff., auch zu den Folgen des Verstoßes gegen das **Kartellverbot**). Praktisch bedeutsam ist auch das Erlöschen einer eingetragenen GbR im Rahmen der nunmehr möglichen **Verschmelzung** (vgl. § 3 I Nr. 1 UmwG, § 20 I Nr. 2 UmwG, §§ 39 ff. UmwG). Wird der **Gesellschaftszweck** nachträglich **unzulässig** gemäß §§ 134, 138 (→ § 705 Rn. 7), begründet auch dies einen zwingenden Auflösungsgrund. Das nachträgliche Erkennen eines Mangels im Rahmen der Lehre von der **fehlerhaften Gesellschaft** begründet indessen keinen Auflösungsgrund, sondern ermöglicht die Kündigung der Gesellschaft gemäß § 731 (→ § 731 Rn. 3) und in der Folge eine Liquidation nach den §§ 735 ff.; eine Abwicklung über das Bereicherungsrecht ist nicht interessengerecht.

IX. Gestaltungsfreiheit

Die in § 729 genannten Auflösungsgründe sind insofern **dispositiv,** als **28** sie ohnehin eine entsprechende gesellschaftsvertragliche Grundlage haben. Sofern daher diese nach Maßgabe von § 714 geändert wird, entfällt auch der entsprechende Auflösungsgrund bzw. wird an die geänderte Regelung angepasst. Dies betrifft insbesondere den Zeitablauf gemäß Abs. 1 Nr. 1, wenn eine befristete oder auflösend bedingte Gesellschaft vorzeitig in eine unbefristete umgestaltet wird; nach Eintritt des Auflösungsgrundes kommt in diesen Fällen grundsätzlich auch eine Fortsetzung gemäß § 734 in Betracht. Dies gilt im Grundsatz auch bei der Auflösung wegen Zweckerreichung und Unmöglichkeit (vgl. Abs. 2), wenn die entsprechende Zwecksetzung angepasst wird, sodass der Auflösungsgrund nicht eintritt bzw. im Rahmen eines Fortsetzungsbeschlusses beseitigt wird. Für die Auflösung durch Beschluss nach Abs. 1 Nr. 4 und die weiteren gesellschaftsvertraglichen Auflösungsgründe gemäß Abs. 4 gilt dies gleichermaßen. – **Zwingend** ist indessen die Auflösung nach Abs. 1 Nr. 2 wegen Eröffnung des Insolvenzverfahrens über das Vermögen der Gesellschaft sowie bei der atypischen GbR bei Ablehnung der Eröffnung und Löschung wegen Vermögenslosigkeit; das Gleiche gilt bei Vorliegen eines anderen gesetzlichen Auflösungsgrundes

($\rightarrow$ Rn. 27). In diesen Fällen kommt auch nur sehr eingeschränkt die Fassung eines Fortsetzungsbeschlusses gemäß § 734 in Betracht ($\rightarrow$ § 734 Rn. 13 ff.). Das kollektive Gesellschafterrecht, über die Auflösung zu beschließen, ist zwingend und kann daher nicht abbedungen werden ($\rightarrow$ § 732 Rn. 12).

X. Kautelarischer Handlungsbedarf infolge des MoPeG

29   Soweit die neue gesetzliche Konzeption der Kontinuität der GbR gemäß den §§ 723 ff. nicht den Interessen der Gesellschafter entspricht, sollten diese bis zum 31.12.2023 (vgl. Art. 137 MoPeG) kautelarisch tätig werden und im Gesellschaftsvertrag entsprechende Anpassungen vornehmen. § 729 kann begrenzt abbedungen werden, da die Auflösungsgründe des **Abs. 1** eine gesellschaftsvertragliche Regelung erfordern.

30   Insbesondere bei **Zeitablauf** respektive Bedingungseintritt gemäß **Abs. 1 Nr. 1** kann die betroffene Gesellschaft vorzeitig in eine unbefristete bzw. unbedingte GbR umgestaltet werden; nach Eintritt des Auflösungsgrundes kommt in diesen Fällen grundsätzlich auch eine Fortsetzung gemäß § 734 in Betracht. – **Zwingend** ist indessen die Auflösung nach Abs. 1 Nr. 2 wegen Eröffnung des **Insolvenzverfahrens über das Vermögen der Gesellschaft** sowie bei der atypischen GbR bei Ablehnung der Eröffnung und Löschung wegen Vermögenslosigkeit ($\rightarrow$ Rn. 28). – Nach § 731 II sind Ausschluss und Beschränkung des **außerordentlichen Kündigungsrechts** aus Abs. 1 Nr. 3 unzulässig. Gegenstand des Verbots sind daher auch andere Abreden, die **mittelbar eine kündigungsbeschränkende Wirkung** entfalten ($\rightarrow$ § 731 Rn. 23). Möglich ist es indes, die Kündigungsvoraussetzungen zu erleichtern, zB die fristlose Kündigung der Mitgliedschaft auch unterhalb der Schwelle des wichtigen Grundes gesellschaftsvertraglich zuzulassen (MüKoBGB/Schäfer § 723 Rn. 75). – Das gemeinsame Recht der Gesellschafter zur **Auflösung durch Beschluss** nach Abs. 1 Nr. 4 ist **zwingend** und kann nicht abbedungen werden ($\rightarrow$ § 732 Rn. 12). Dies gilt trotz des Fehlens einer § 731 II entsprechenden Regelung für § 732. Möglich ist es indessen, die **Modalitäten der Auflösung** auszugestalten, insbesondere durch Vereinbarung einer Auflösungsfrist oder entsprechender Auflösungstermine ($\rightarrow$ § 732 Rn. 12).

31   Bei **Unmöglichkeit** respektive **Zweckerreichung** gemäß **Abs. 2** kann gesellschaftsvertraglich vorzeitig oder vorsorglich der Gesellschaftszweck der betroffenen Gesellschaft abgeändert werden; nach Eintritt des Auflösungsgrundes kommt in diesen Fällen grundsätzlich auch eine Fortsetzung gemäß § 734 in Betracht.

32   Gemäß **Abs. 3** wird die atypische GbR (zum Begriff $\rightarrow$ Rn. 22) dadurch aufgelöst, dass die **Insolvenzeröffnung abgelehnt** oder die GbR infolge **Vermögenslosigkeit gelöscht** wird, soweit bei der Gesellschaft keine natürliche Person persönlich haftet. Es handelt sich insoweit um eine unabdingbare zwingende Auflösung zur Verwirklichung des Schutzes der Gläubiger vor vermögenslosen rechtsfähigen Gesellschaften mit beschränkter Haftung ($\rightarrow$ Rn. 21).

33   Nach **Abs. 4** steht es den Gesellschaftern frei, **gesellschaftsvertraglich weitere Auflösungsgründe** zu vereinbaren. Hierüber können die Gesellschafter insbesondere die Ausscheidensgründe des § 723 durch entsprechende Klauseln wie im früheren Recht als Regelfall zu Auflösungsgründen erheben (→ Rn. 26). Insbesondere Gelegenheitsgesellschaften ist über § 729 IV die Vereinbarung eines ordentlichen Kündigungsrechts anzuraten.

XI. Darlegungs- und Beweislast

Die Beweislast für die Auflösung bzw. die vertragliche Vereinbarung eines **34** Auflösungsgrundes trägt grundsätzlich derjenige, der sich darauf beruft. Im Außenverhältnis gilt eine eingetragene GbR gemäß § 15 I HGB iVm § 738 als nicht aufgelöst, was freilich keine unmittelbaren Auswirkungen hat, da Rechtsfähigkeit der GbR und Gesellschafterhaftung durch die Auflösung nicht berührt werden (vgl. zur organschaftlichen Vertretung § 736b).

§ 730 Auflösung bei Tod oder Insolvenz eines Gesellschafters

(1) [1]Ist im Gesellschaftsvertrag vereinbart, dass die Gesellschaft durch den Tod eines Gesellschafters aufgelöst wird, hat der Erbe des verstorbenen Gesellschafters den anderen Gesellschaftern dessen Tod unverzüglich anzuzeigen. [2]Wenn mit dem Aufschub Gefahr für die Gesellschaft oder das Gesellschaftsvermögen verbunden ist, hat der Erbe außerdem die laufenden Geschäfte fortzuführen, bis die anderen Gesellschafter in Gemeinschaft mit ihm anderweitig Fürsorge treffen können. [3]Abweichend von § 736b Absatz 1 gilt für die einstweilige Fortführung der laufenden Geschäfte die dem Erblasser durch den Gesellschaftsvertrag übertragene Geschäftsführungs- und Vertretungsbefugnis als fortbestehend. [4]Die anderen Gesellschafter sind in gleicher Weise zur einstweiligen Fortführung der laufenden Geschäfte berechtigt und verpflichtet.

(2) Absatz 1 Satz 4 gilt entsprechend, wenn im Gesellschaftsvertrag vereinbart ist, dass die Gesellschaft durch die Eröffnung des Insolvenzverfahrens über das Vermögen eines Gesellschafters aufgelöst wird.

Übersicht

I. Reform

1. Grundlagen, Bewertung

1   § 730 deckt sich mit § 727 II 1 und 2, § 728 II 2 aF und ist im Kern identisch. Der Anwendungsbereich ist im Zuge des durch die Reform verwirklichten Vorrang des Ausscheidens aber daran geknüpft, dass die **Auflösung bei Tod oder Insolvenz** nunmehr als Abweichung von § 723 I Nr. 1 und 4 durch entsprechende **gesellschaftsvertragliche Regelung** vorgesehen sein muss, was ohne weiteres zulässig ist (→ § 723 Rn. 18). Ist dies gegeben, begründet die Norm in den erfassten Fällen – wie bislang – spezielle Anzeigepflichten im Hinblick auf den Auflösungsgrund sowie die Notgeschäftsführungsbefugnis und Vertretungsmacht. Dieses kompensiert ein Vakuum, welches aus der im gesetzlichen Regelfall gemäß § 736 I, § 736b I bestehenden **gemeinschaftlichen Liquidationskompetenz** unter Einbeziehung des bislang gesellschaftsfremden Erben bzw. Insolvenzverwalters entstehen kann und die Handlungsfähigkeit der GbR gefährdet. Die praktische Bedeutung von § 730 als Notbehelf lässt sich indessen nach wie vor dadurch beschränken, dass durch entsprechende gesellschaftsvertragliche Regelungen im Vorfeld der Auflösung Vorsorge zur effektiven Wahrnehmung der Liquidatorenkompetenz durch Einzelne getroffen wird (→ Rn. 17). – Die Norm deckt sich im Hinblick auf ihre Anforderungen weitgehend mit der allgemeinen **Notgeschäftsführungsbefugnis** zugunsten von Gesellschaftern gemäß dem neu eingeführten § 715a. Die Rechtsfolge reicht indessen weiter, denn sie gewährt die Geschäftsführungsbefugnis als **Pflichtrecht** und begründet zudem auch eine organschaftliche **Vertretungsbefugnis** (vgl. demgegenüber zur gesetzlichen Prozessstandschaft bei § 715a → § 715a Rn. 15). Die Regelung wird ergänzt durch § 736b II, wonach im Fall der Auflösung der gutgläubige Gesellschafter auf den Fortbestand seiner bisherigen Geschäftsführungskompetenz und Vertretungsmacht vertrauen darf (→ § 736b Rn. 18 ff.). – § 730 entspricht dem Mauracher Entwurf.

2. Zeitlicher Geltungsbereich

2   § 730 tritt gemäß Art. 137 S. 1 MoPeG am 1.1.2024 in Kraft; eine Übergangsregelung für § 730 ist im EGBGB nicht vorgesehen. Aus dem Umkehrschluss zu Art. 229 § 61 EGBGB folgt daher, dass für die Auflösung der GbR ab dem Zeitpunkt des Inkrafttretens das neue Recht gilt. Maßgeblicher Zeitpunkt ist die Verwirklichung des Auflösungstatbestands. Dies betrifft auch Altgesellschaften, sodass sich die materielle Rechtslage insofern ändert; eine Rückwirkung lässt sich mangels hinreichender Anhaltspunkte im Gesetzgebungsverfahren nicht praeter legem begründen (vgl. zum kautelarischen Handlungsbedarf → Rn. 17). – Im Übrigen besteht aber ein **Spannungs-**

feld zu Art. 229 § 61 EGBGB, wonach für den konzeptionellen Wechsel der Reform zu Gunsten des Vorrangs des Ausscheidens eine Übergangsregelung besteht (→ § 723 Rn. 38 ff.). Diese gilt richtigerweise auch für § 730, so dass es sich vorrangig hiernach richtet, ob überhaupt ein Auflösungsgrund vorliegt oder das bloße Ausscheiden eines Gesellschafters.

II. Normzweck

§ 730 trägt dem Umstand Rechnung, dass bei **Tod oder Insolvenz eines** 3 **Gesellschafters** gesellschaftsfremde Dritte in die gesellschaftsrechtliche Organisationsstruktur eingebunden werden müssen. Infolge der Reform maßgeblichen Vorrangs des Ausscheidens ist dies aber daran geknüpft, dass die GbR abweichend von § 723 I Nr. 1 und 4 durch entsprechende gesellschaftsvertragliche Regelung aufgelöst wird (→ § 723 Rn. 18, 27); scheidet der betreffende Gesellschafter dem gesetzlichen Regelfall entsprechend lediglich aus, besteht für § 730 jenseits der bereits aus allgemeinen Treuepflichtaspekten begründbaren Anzeigepflicht kein Bedürfnis (→ Rn. 5). – Um die **Handlungsfähigkeit der GbR ab Auflösung** zu gewährleisten, statuiert **Abs. S. 1** zunächst einmal zwingend eine entsprechende **Anzeigepflicht** des Erben gegenüber den Gesellschaftern, damit diese in die Lage versetzt werden, hierauf adäquat zu reagieren (→ Rn. 6). Bis dahin begründet Abs. 1 S. 2 bis 4 zugunsten des Erben und der Gesellschafter eine zeitlich begrenzte **Notgeschäftsführungsbefugnis,** wonach diese auch im Außenverhältnis berechtigt und verpflichtet sind, die laufenden Geschäfte fortzuführen (→ Rn. 6). Dies kompensiert die ansonsten im gesetzlichen Regelfall bestehende Liquidationskompetenz gemäß § 736 I, § 736b I, wonach ab Auflösung alle gemeinschaftlich handeln müssen, mithin unter Beteiligung des Erben und des Insolvenzverwalters. Insofern kann die Anwendung von § 730 aber erheblich reduziert werden, wenn bereits **vor Auflösung entsprechende Vorsorge** getroffen wird, indem aufschiebend bedingt sachgerechte Kompetenzregeln vereinbart werden (→ Rn. 17). – Die Regelung wird im Übrigen ergänzt durch die allgemeine, auch in der Liquidation geltende Notgeschäftsführungsbefugnis gemäß § 715a (→ § 715a Rn. 3). Das Gleiche gilt für § 736b II, wonach gutgläubige Gesellschafter auch nach Auflösung auf den Fortbestand ihrer bisherigen Geschäftsführungs- und Vertretungskompetenz vertrauen dürfen (→ § 736b Rn. 18); beide Regelungen sind wegen unterschiedlicher Voraussetzungen und Rechtsfolgen nebeneinander anwendbar (MüKoBGB/Schäfer § 727 Rn. 11).

III. Anwendungsbereich

§ 730 gilt ohne weiteres bei **rechtsfähigen GbR,** unabhängig von der Ein- 4 tragung ins Gesellschaftsregister. Bei zweigliedrigen Gesellschaften gilt vorrangig § 712a, wenn sich der verbleibende Gesellschafter zur Übernahme des Gesellschaftsvermögens bereit erklärt hat. In diesem Fall kommt es nicht zur Liquidation, vielmehr tritt sogleich Vollbeendigung ein. Bei **nicht rechtsfähigen GbR** fehlt zwar ein ausdrücklicher Verweis auf § 730. Im Hinblick auf die

Geschäftsführungsbefugnis im Innenverhältnis bestehen indessen keine Unterschiede zur rechtsfähigen GbR (vgl. auch den Verweis in § 740 II auf § 715); die Regelung ist daher insoweit anwendbar (Anzeigepflicht, Notgeschäftsführungsbefugnis); etwas anderes gilt freilich für die Regelung zur Vertretungsmacht im Außenverhältnis. Der praktische Anwendungsbereich ist bei der nicht rechtsfähigen GbR sogar noch größer als bei der rechtsfähigen, weil hier der Tod oder die Insolvenz eines Gesellschafters gemäß § 740a I Nr. 2 und 5 nach wie vor im gesetzlichen Regelfall zur Auflösung der Gesellschaft führt (→ § 740a Rn. 7, 16). Bei der **stillen Gesellschaft** ist bereits im gesetzlichen Regelfall der Geschäftsinhaber allein geschäftsführungsbefugt (vgl. Henssler/Strohn/Servatius HGB § 230 Rn. 39). § 730 ist daher für die stille Gesellschaft nur im Hinblick auf die Anzeigepflicht bedeutsam. – Für **OHG und KG** fehlt auch seit der Reform eine spezielle Regelung, sodass § 730 gemäß § 105 II HGB auch hier Anwendung findet. Das Gleiche gilt gemäß § 10 I PartGG für die **Partnerschaftsgesellschaft**.

IV. Auflösung bei Tod eines Gesellschafters (Abs. 1)

1. Grundlagen

5   Der **Tod eines Gesellschafters** führt seit der Reform im gesetzlichen **Regelfall** gemäß § 723 I Nr. 1 nicht mehr zur Auflösung der Gesellschaft, sondern zum **Ausscheiden des Verstorbenen** unter Fortbestand der GbR im Übrigen. Die Erben werden dann nicht Gesellschafter; die untergegangene Gesellschafterstellung des Verstorbenen wird nach Maßgabe von §§ 728 ff. allein vermögensmäßig abgewickelt (→ § 723 Rn. 15). Für diesen Fall gilt Abs. 1 nicht. Die Regelung verlangt vielmehr, dass der Tod eines Gesellschafters zur **Auflösung der Gesellschaft** führt, was in Umkehrung des vor der Reform maßgeblichen Regel-Ausnahme-Verhältnisses zwar möglich ist, allerdings nur durch **gesellschaftsvertragliche Vereinbarung** einer Auflösungsklausel (→ § 723 Rn. 18). Praktisch relevant ist dies insbesondere bei stark auf die Person des Verstorbenen fokussierten Gesellschaften (vgl. → § 729 Rn. 17). – Hiervon zu trennen ist freilich das **Schicksal der Gesellschafterstellung des Verstorbenen.** Die Gesetzesbegründung geht ohne weiteres davon aus, dass in den Fällen von § 730 die Erben bzw. die Erbengemeinschaft an die Stelle des verstorbenen Gesellschafters rücken und daher Mitglieder der Abwicklungsgesellschaft werden (Begr. S. 178). Dies entspricht aber auch der Konzeption des (neuen) Rechts: nach § 711 II ist die gesellschaftsvertragliche Vererblichstellung der Mitgliedschaft nur dann notwendig, wenn die Gesellschaft mit den Erben des Verstorbenen fortgesetzt werden soll (→ § 711 Rn. 26). Im Umkehrschluss hierzu ist die **Gesellschafterstellung in der Liquidationsgesellschaft** daher kraft Gesetzes vererblich, mithin auch ohne entsprechende Regelung. Dies ist auch aus praktischen Gründen überzeugend, denn die Auflösung soll nach Maßgabe von § 736d zu einer einheitlichen Gesamtabwicklung der Gesellschaft führen. Dies wäre konterkariert, wenn für die Erben des verstorbenen Gesellschafters parallel eine individuelle Auseinandersetzung gemäß §§ 728 ff. erfolgen

müsste. Im Liquidationsverfahren können daher auch (nicht-rechtsfähige!) Erbengemeinschaften Gesellschafter einer GbR sein.

Die durch Abs. 1 statuierte, gegenüber § 715b vorrangige **Notgeschäfts-** 6 **führungsbefugnis** hat auf dieser Grundlage eine doppelte, unterschiedliche Schutzrichtung: Der **Erbe** darf und kann unter Berufung auf die bisherige Geschäftsführungsbefugnis und Vertretungsmacht des Verstorbenen die Abwicklung der aufgelösten GbR nach Maßgabe des § 736d zunächst alleine betreiben, bis die Mitgesellschafter nach Kenntniserlangung vom Tod des Gesellschafters nach Maßgabe der an sich maßgeblichen § 736 I, § 736b aktiv werden. Die **Mitgesellschafter** dürfen und können die Abwicklung umgekehrt, ohne die an sich gemäß § 736 I, § 736b erforderliche Beteiligung des Erben, nach Maßgabe ihrer bisherigen Geschäftsführungsbefugnis und Vertretungsmacht betreiben, bis ihnen der Tod des Gesellschafters bzw. die Erben bekannt werden. Für beide Fälle gewährleisten **wechselseitige Anzeigepflichten,** dass die Ausübung der Notgeschäftsführungsbefugnis kein Dauerzustand wird.

Problematisch ist, ob dies auch bei **Fortsetzung der Gesellschaft** Gel- 7 tung beansprucht, mithin, wenn aufgrund einer **erbrechtlichen Nachfolgeklausel** gemäß § 711 II der oder die Erben zum Zeitpunkt des Todes ipso jure in die GbR einrücken, die Gesellschaft aber nicht aufgelöst wird (→ § 711 Rn. 34 ff.). Der Wortlaut von Abs. 1 schließt dies aus. Dies ist vordergründig überzeugend, denn in kompetenzieller Hinsicht kommt es durch das Einrücken des Erben zu keiner Veränderung (vgl. BGH NJW 1964, 1624), und auch die Zweckbindung wird mangels Auflösung nicht verändert. Probleme können gleichwohl daraus resultieren, dass den Beteiligten der erbbedingte **Gesellschafterwechsel unbekannt** bleibt. Es dürfte daher nicht zu bestreiten sein, die **Anzeigepflicht** des Erben auch in diesen Fällen entsprechend anzuwenden (→ § 711 Rn. 29; abw. MüKoBGB/Schäfer § 727 Rn. 26 unter Hinweis auf mitgliedschaftlichen Charakter der Anzeigepflicht, was aber nicht überzeugt, da dieser in Person der Erben unproblematisch erfüllt ist). Für die entsprechende Anwendung der **Notgeschäftsführungsbefugnis** besteht indessen kein Raum, da insofern **§ 715a ausreichenden Schutz** bietet. Auf den Rückfall zur Gesamtgeschäftsführung der verbleibenden Gesellschafter infolge des Todes (vgl. hierzu allgemein → § 715 Rn. 11) kann in diesem Fall zur Begründung auch nicht abgestellt werden, weil die Erben in die Gesellschafterstellung des Verstorbenen einrücken, sodass es nicht zum Rückfall zur Gesamtgeschäftsführung kommt (dies verkennt BeckOGK/von Proff § 727 Rn. 116). Die von der Geschäftsführungsbefugnis und Vertretungsmacht ausgeschlossenen Mitgesellschafter können hiernach gemäß § 715a aktiv werden, solange der Erbe unbekannt oder nicht auffindbar ist. Es besteht daher auch bei Fortbestehen der Gesellschaft infolge des Todes eines Gesellschafters kein Kompetenzvakuum. Das Gleiche gilt umgekehrt für den Erben, wenn er in die Gesellschafterstellung des von Geschäftsführungsbefugnis und Vertretungsmacht ausgeschlossenen Verstorbenen einrückt und sich nicht mit den ihm unbekannten oder zugänglichen Mitgesellschaftern verständigen kann.

Sollen aus Anlass des Todes eines Gesellschafters dessen Erben oder Dritte 8 aufgrund von **Eintritts- oder rechtsgeschäftlichen Nachfolgeklauseln** das

Recht haben, in die fortbestehende GbR aufgenommen zu werden (→ § 711 Rn. 37 ff.), gilt § 730 ebenfalls nicht, weil hier keine auf den Todeszeitpunkt bezogene Unsicherheit im Hinblick auf die fortbestehenden Kompetenzen des Erblassers besteht und die Eintrittsberechtigten auch bis zum Vollzug des Eintritts keine Mitgliedschaftsrechte haben (insofern zutreffend MüKoBGB/Schäfer § 727 Rn. 25). Bei Auflösung oder **Vollbeendigung einer Gesellschafter-Gesellschaft** ist ebenfalls grundsätzlich kein Raum für eine Anwendung von § 730; etwas anderes gilt nur für die schadensersatzbewehrte Anzeigepflicht als Auslegung der allgemeinen Treuepflicht.

2. Anzeigepflicht des Erben (Abs. 1 S. 1)

9 Nach Abs. 1 S. 1 hat der Erbe den anderen Gesellschaftern den Tod des Gesellschafters **unverzüglich** anzuzeigen, mithin ohne schuldhaftes Zögern (vgl. § 121 I). Hierdurch wird gewährleistet, dass die Mitgesellschafter Kenntnis über die neue Rechtslage infolge Auflösung erlangen und die entsprechenden Maßnahmen zur Abwicklung einleiten können. In zeitlicher Hinsicht beginnt die Pflicht mit dem **Anfall** der Erbschaft gemäß § 1942, nicht erst mit Ablauf der Ausschlagungsfrist (allgM, vgl. MüKoBGB/Schäfer § 727 Rn. 17; BeckOGK/von Proff § 727 Rn. 119). Die gebotene Anzeige ist eine **geschäftsähnliche Handlung,** für den erforderlichen Zugang gilt § 130 analog (abw. MüKoBGB/Schäfer § 727 Rn. 15: Absendung genügt). Die Anzeigepflicht muss durch den Erben oder ein beliebiges Mitglied der Erbengemeinschaft erfüllt werden, § 2038 I ist aus gesellschaftsrechtlicher Perspektive unbeachtlich (BeckOGK/von Proff § 727 Rn. 118). Verpflichtet sind auch Testamentsvollstrecker und Nachlassverwalter (Henssler/Strohn/Kilian § 727 Rn. 9). – **Adressaten** der Anzeige sind aufgrund des eindeutigen Wortlauts alle anderen Gesellschafter. Dies ist aber verfehlt, da der Informationszweck unter Berücksichtigung der mitgliedschaftlichen Verbindung der Gesellschafter untereinander bereits verwirklicht ist, wenn ein Mitglied Kenntnis vom Tod erlangt (iE auch MüKoBGB/Schäfer § 727 Rn. 15: Pflicht entfällt, wenn Mitgesellschafter auf sonstige Weise Kenntnis vom Tod erlangt haben). Richtigerweise gilt daher **§ 720 V entsprechend,** um das Risiko der Informationsweitergabe nicht auf den Erben abzuwälzen (abw. BeckOGK BGB/von Proff § 727 Rn. 118). – Bei einer **Ausschlagung** gemäß § 1945 und Anfechtung gemäß § 1955 gilt der Anfall der Erbschaft als nicht erfolgt (vgl. § 1953 I, § 1957 I); die Anzeigepflicht entfällt rückwirkend (BeckOGK/von Proff § 727 Rn. 117). – Verletzt ein Erbe die Anzeigepflicht schuldhaft, ist er nach Maßgabe von § 280 I den Mitgesellschaftern zum **Schadensersatz** verpflichtet, falls diese hierdurch Nachteile erleiden. Infolge der Streichung von § 708 aF (diligentia quam in suis) gilt insofern der objektive Verschuldensmaßstab des § 276 I, II. Das Verschulden wird nach § 280 I 2 widerlegbar vermutet.

3. Geschäftsführungs- und Vertretungsbefugnis des Erben (Abs. 1 S. 2, 3)

10 Abs. 1 S. 2 modifiziert die an sich ab dem Todeszeitpunkt geltende Rechtslage, wonach gemäß §§ 736 I, 736b alle Gesellschafter gemeinschaftlich die

Liquidation zu betreiben haben. Abweichend hierzu begründet die Regelung für den Erben ein **materielles Pflichtrecht auf Notgeschäftsführung** (vgl. Begr. S. 178: kraft Mitgliedschaft). Er hat hiernach die laufenden Geschäfte bis zur anderweitigen Möglichkeit der Fürsorge durch die Gesellschaftergemeinschaft fortzuführen, wenn und soweit ansonsten eine Gefahr für die Gesellschaft oder das Gesellschaftsvermögen bestünde. – Im Kern deckt sich dies mit den **Anforderungen der allgemeinen Notgeschäftsführungsbefugnis** zugunsten von Gesellschaftern gemäß § 715a (→ § 715a Rn. 8 ff.; vgl. auch Begr. S. 178: Zweck der Gefahrenabwehr). Die Rechtsfolge reicht indessen weiter. Abs. 1 S. 2 weist dem Erben die dem Erblasser durch den Gesellschaftsvertrag übertragene Einzelgeschäftsführungsbefugnis als Pflichtrecht zu und räumt ihm zudem auch dessen organschaftliche Vertretungsbefugnis ein (vgl. demgegenüber zur gesetzlichen Prozessstandschaft bei § 715a → § 715a Rn. 15). – Praktisch bedeutsam ist die Regelung, wenn der **Erbe** im Hinblick auf den Tod eines Gesellschafters und dessen ehemaliger Gesellschafterstellung einen **Informationsvorsprung** gegenüber den Mitgesellschaftern hat.

Abs. 1 S. 3 perpetuiert zugunsten des Erben allein die dem **Erblasser** **11** **zustehende Einzelgeschäftsführungs- und Vertretungsbefugnis** und begründet mithin keine originäre Geschäftsführungskompetenz des Erben. Das Pflichtrecht auf Notgeschäftsführung besteht nicht, wenn der Verstorbene insofern über keine Kompetenzen verfügte oder Gesamtgeschäftsführungsbefugnis und -vertretungsmacht aller Gesellschafter galt (MüKoBGB/ Schäfer § 727 Rn. 16). In diesen Fällen besteht für Abs. 1 auch kein Bedarf, da die entsprechenden Kompetenzen ohnehin bei den Mitgesellschaftern liegen bzw. verbleiben. – Abs. 1 begründet insofern aber auch aus der Stellung des Erblassers abgeleitete **gesellschaftsrechtliche Handlungspflichten des Erben,** den vermögensverwaltenden oder unternehmerischen Gesellschaftszweck fortzuführen, sodass er sich nicht auf die Rolle als Nichtgesellschafter zurückziehen kann. Gibt es mehrere Erben, müssen diese gemäß § 2038 I 1 zwar grundsätzlich gemeinschaftlich handeln, in den Fällen von Abs. 1 dürfte aber regelmäßig das Recht zum Alleinhandeln eines Erben gemäß § 2038 I 2 bestehen (BeckOGK/von Proff § 727 Rn. 119; Henssler/Strohn/Kilian § 727 Rn. 7). – Im Außenverhältnis bewirkt Abs. 1 S. 2 organschaftliche **Einzelvertretungsmacht** zu Gunsten des oder der Erben; wegen § 15 HGB iVm § 707a III sollten bei eingetragener GbR freilich die Umstände des Todes Dritten gegenüber offengelegt werden. Im Übrigen ist die Vertretungsmacht seit der Reform unbeschränkt (vgl. § 720 III 1; → § 720 Rn. 1).

Erwachsen dem Erben aus der Notgeschäftsführung individuelle **Nach- 12 teile oder Erträge,** fließen diese gemäß § 716 in die vermögensmäßige Abwicklung mit ein. Das Gleiche gilt für Schadensersatzansprüche, die gegen den Erben wegen pflichtwidriger Geschäftsführung entstehen. Infolge der Streichung von § 708 aF gilt insofern der objektive Verschuldensmaßstab der § 276 I, II. Das Verschulden setzt regelmäßig voraus, dass der Betreffende seine Stellung als Erbe auch im Hinblick auf die Gesellschafterstellung kennt bzw. kennen muss (Henssler/Strohn/Kilian § 727 Rn. 6). – Die Notgeschäftsführung gemäß Abs. 1 reicht **nur solange,** bis die anderen Gesellschafter nach Maßgabe von § 736 I, § 736b in Gemeinschaft oder aufgrund entsprechender gesellschaftsvertraglicher Modifizierungen einzeln (→ § 736b Rn. 11 ff.) in der Lage sind, die Liquidation durchzuführen (vgl. Begr. S. 178: Umstellung der Gesellschaft auf die Liquidation). Ausreichend ist regelmäßig die **Kenntniserlangung der Mitgesellschafter** im Hinblick auf den Erbfall, sei es infolge der Anzeige gemäß Abs. 1 S. 1 oder auf sonstige Weise. Darüber hinaus ist aber (abweichend von § 736b II) auch erforderlich, dass hieraus auch die entsprechenden Schritte abgeleitet werden können („Fürsorge treffen"), mithin die Vereinbarung passender Geschäftsführungs- und Vertretungsregeln (MüKoBGB/Schäfer § 727 Rn. 11). Ist dies objektiv möglich, enden die Befugnisse und Pflichten des Erben unabhängig davon, ob die Mitgesellschafter die Liquidation dann tatsächlich betreiben oder nicht (MüKoBGB/Schäfer § 727 Rn. 16).

4. Geschäftsführungs- und Vertretungsbefugnis der Gesellschafter (Abs. 1 S. 4)

13   Nach Abs. 1 S. 4 sind auch die anderen Gesellschafter zur einstweiligen **Fortführung der laufenden Geschäfte** berechtigt und verpflichtet (vgl. Begr. S. 178: Pflichtrecht zur Notgeschäftsführung). Die Regelung modifiziert § 736 I und § 736b I, wonach beim Tod eines Gesellschafters die Verbleibenden im gesetzlichen Regelfall gemeinschaftliche Geschäftsführungsbefugnis und Vertretungsmacht haben (→ § 736b Rn. 9 ff.). Hiernach dürfen und können somit einzelne **Gesellschafter alleine handeln,** soweit dies wegen der Gefahr für die Gesellschaft oder das Gesellschaftsvermögen geboten ist und nicht durch die Gesellschafter in gebotener Gemeinschaft anderweitige Fürsorge getroffen werden kann (→ Rn. 17). Die Gutgläubigkeit ist abweichend von § 736b II insofern kein Tatbestandsmerkmal. – Zu Gunsten des Erben gilt die Regelung nicht (vgl. insofern Abs. 1 S. 2, → Rn. 10). Richtigerweise gilt Abs. 1 S. 4 aber zugunsten des Insolvenzverwalters über das Vermögen eines (anderen) Gesellschafters, soweit Massebezug besteht (Soergel/Hadding/Kießling § 728 Rn. 15; abw. BeckOGK/von Proff § 728 Rn. 56). Die Regelung überschneidet sich daher mit der Gesellschafterklage gemäß § 715a. Die Regelung ist indessen rechtsfolgenseitig weiter, indem zugunsten der Gesellschafter nicht nur **organschaftliche Vertretungsmacht** begründet wird (vgl. demgegenüber zur gesetzlichen Prozessstandschaft bei § 715a → § 715a Rn. 15) und zudem hieraus auch konkrete **Handlungspflichten** resultieren.

14   Die Regelung in Abs. 1 S. 4 setzt nicht voraus, dass die übrigen Gesellschafter im Vorfeld der Auflösung bereits Geschäftsführungsbefugnis und Vertretungsmacht innehatten (abw. MüKoBGB/Schäfer § 728 Rn. 39). Der praktische Anwendungsbereich von Abs. 1 S. 4 ist gegeben, wenn der **Verstorbene allein geschäftsführungs- und -vertretungsbefugt** war. In diesem Fall kann es für die anderen Gesellschafter unter Umständen nur mit zeitlicher Verzögerung möglich sein, die gebotene einvernehmliche Willensbildung zur Wahrung oder Abbedingung von § 736 I, § 736b I herbeizuführen. Abs. 1 S. 4 legt daher jedem Einzelnen die Pflicht auf, die notwendigen

Maßnahmen zur Schadensabwehr selbstständig durchzuführen; ihm droht konsequenterweise keine Haftung wegen Kompetenzüberschreitung. Dies gilt auch im Außenverhältnis, indem die Gesellschafter hiernach unbeschränkte Einzelvertretungsmacht haben.

V. Auflösung bei Insolvenz eines Gesellschafters (Abs. 2)

Abs. 2 erstreckt die **Notgeschäftsführungsbefugnis der Gesellschafter** 15 gemäß Abs. 1 S. 4 auch auf die Fälle, in denen über das Vermögen eines Gesellschafters das Insolvenzverfahren eröffnet wird. Voraussetzung ist auch insofern, dass es in Abweichung vom gesetzlichen Regelfall gemäß § 723 I Nr. 3 durch entsprechende gesellschaftsrechtliche Vereinbarung zur Auflösung der GbR kommt (→ § 723 Rn. 27). Auch in diesem Fall haben die übrigen Gesellschafter und der Insolvenzverwalter nach Maßgabe von § 736 I, § 736b I an sich die gemeinschaftliche Abwicklungskompetenz (vgl. zum Insolvenzverwalter OLG Zweibrücken BeckRS 2001, 30183582; KG BeckRS 2011, 1787). Da die kollektive Willensbildung unter Einbeziehung des bislang gesellschaftsfremden Insolvenzverwalters praktische Schwierigkeiten hervorbringen kann, dürfen und können gemäß Abs. 2 die **übrigen Gesellschafter in Gemeinschaft handeln,** soweit dies wegen der Gefahr für die Gesellschaft oder das Gesellschaftsvermögen geboten ist und nicht durch die Gesellschafter und den Insolvenzverwalter in gebotener Gemeinschaft anderweitige Fürsorge getroffen werden kann. Auch diese Regelung überschneidet sich mit der Gesellschafterklage gemäß § 715a. Sie geht aber rechtsfolgenseitig weiter, indem zugunsten der Gesellschafter nicht nur **organschaftliche Vertretungsmacht** begründet wird (vgl. demgegenüber zur gesetzlichen Prozessstandschaft bei § 715a → § 715a Rn. 15), sondern hieraus auch konkrete **Handlungspflichten** resultieren.

Die Regelung in Abs. 2 iVm Abs. 1 S. 4 setzt nicht voraus, dass die übrigen 16 Gesellschafter im Vorfeld der Auflösung bereits Geschäftsführungsbefugnis und Vertretungsmacht innehatten (abw. MüKoBGB/Schäfer § 728 Rn. 39). Der praktische Anwendungsbereich von Abs. 2 iVm Abs. 1 S. 4 ist vielmehr gerade dann gegeben, wenn der **insolvente Gesellschafter allein geschäftsführungs- und -vertretungsbefugt** war. In diesem Fall kann es für die anderen Gesellschafter unter Umständen nur mit zeitlicher Verzögerung möglich sein, die gebotene einvernehmliche Willensbildung unter Beteiligung des Insolvenzverwalters zur Wahrung oder Abbedingung von § 736 I, § 736b I herbeizuführen. Abs. 1 S. 4 legt daher jedem Einzelnen die Pflicht auf, die notwendigen Maßnahmen zur Schadensabwehr selbstständig durchzuführen; ihm droht konsequenterweise keine Haftung wegen Kompetenzüberschreitung. Dies gilt auch im Außenverhältnis, indem die Gesellschafter hiernach unbeschränkte Einzelvertretungsmacht haben. – Abs. 2 iVm Abs. 1 S. 4 gilt indessen **nicht zugunsten des Insolvenzverwalters** (MüKoBGB/Schäfer § 728 Rn. 39; Schäfer NeuesGesR/Schäfer § 8 Rn. 15 unter Hinweis auf den Grundsatz der Selbstorganschaft; abw. Soergel/Hadding/Kießling § 728 Rn. 15). Dieser kann gegebenenfalls alleine nach Maßgabe von § 715a handeln.

VI. Gestaltungsfreiheit und kautelarischer Handlungsbedarf infolge des MoPeG

17   Die durch § 730 begründete Anzeigepflicht und Notgeschäftsführungskompetenz sind insofern zwingend, als sie wegen ihrer zur Gewährleistung der Handlungsfähigkeit notwendigen Bedeutung **nicht in Gänze abbedungen** werden können. Hiervon abzugrenzen ist freilich, dass durch gesellschaftsvertragliche Regelungen bereits **im Vorfeld der Auflösung Abweichungen** von der gemeinschaftlichen Liquidationskompetenz der Gesellschafter gemäß § 736 I, § 736a vereinbart werden, sodass beim Tod oder der Insolvenz eines Gesellschafters kein Kompetenzvakuum entsteht. Soweit abweichend von § 723 I Nr. 1, 3 die Auflösung der Gesellschaft vereinbart wurde, sollten gleichzeitig auch entsprechende Regelungen in den Gesellschaftsvertrag aufgenommen werden. Praktisch bedeutsam ist insofern, dass ein Nichtgesellschafter aufschiebend bedingt zum Liquidator berufen werden kann (→ § 736 Rn. 20), oder dass für die Gesellschafter ab Auflösung Einzelgeschäftsführungsbefugnis und -vertretungsmacht vereinbart werden kann (→ § 736b Rn. 13). Hieran ist auch der Insolvenzverwalter gebunden (BeckOGK/von Proff § 728 Rn. 54). Hierdurch dürfte in den meisten Fällen jedenfalls kein Raum mehr für die Wahrnehmung der Notgeschäftsführungskompetenz durch einen Gesellschafter bestehen.

VII. Darlegungs- und Beweislast

18   Im Hinblick auf die **Verletzung der Anzeigepflicht** gemäß Abs. 1 S. 1 als Grundlage für eine Schadensersatzhaftung der Erben oder der Gesellschafter müssen die Voraussetzungen von demjenigen bewiesen werden, der sich darauf beruft. Dies betrifft den Tod des Gesellschafters und das Vorliegen einer Auflösungsklausel (→ Rn. 17); der zur Anzeige Verpflichtete hat wenigstens im Rahmen seiner sekundären Darlegungs- und Beweislast den Zeitpunkt der Kenntniserlangung vom Tod und die Rechtzeitigkeit der Anzeige zu beweisen. Das Verschulden wird nach § 280 I 2 widerlegbar vermutet. – Im Hinblick auf die **Notgeschäftsführungsbefugnis** muss derjenige die Voraussetzungen von Abs. 1 beweisen, der sich hierauf beruft. Dies gilt uneingeschränkt, soweit die Geschäftsführungsbefugnis betroffen ist und hieraus innergesellschaftliche Schadensersatzansprüche erwachsen. Es gilt auch im Hinblick auf die Vertretungsmacht im Verhältnis zu Dritten.

§ 731 Kündigung der Gesellschaft

(1) **¹Ein Gesellschafter kann die Gesellschaft jederzeit aus wichtigem Grund ohne Einhaltung einer Kündigungsfrist kündigen, wenn ihm die Fortsetzung der Gesellschaft nicht zuzumuten ist. ²Ein wichtiger Grund liegt insbesondere vor, wenn ein anderer Gesellschafter eine ihm nach dem Gesellschaftsvertrag obliegende wesentliche Verpflichtung vorsätzlich oder grob fahrlässig verletzt hat oder wenn die Erfüllung einer solchen Verpflichtung unmöglich wird.**

(2) **Eine Vereinbarung im Gesellschaftsvertrag, welche das Kündigungsrecht ausschließt oder dieser Vorschrift zuwider beschränkt, ist unwirksam.**

Übersicht

I. Reform

1. Grundlagen, Bewertung

§ 731 ist neu und regelt zwingend die jederzeit und bei allen Gesellschaften **1** mögliche **außerordentliche Kündigung der GbR** aus wichtigem Grund, welche gemäß § 729 I Nr. 3 im dispositiven gesetzlichen Regelfall die **Auflösung** herbeiführt (sog. Auflösungskündigung). Davon abzugrenzen ist die außerordentliche Kündigung der Mitgliedschaft gemäß § 725, welche nach § 723 I Nr. 2, § 725 lediglich zum Ausscheiden eines Gesellschafters führt (sog. Austrittskündigung). Durch diese Differenzierung wird das gesetzliche **Konzept des vorrangigen Ausscheidens** verwirklicht, was sich von der bisherigen Rechtslage gemäß § 723 aF unterscheidet. Die Reform brachte so eine begrüßenswerte Angleichung an die bislang bereits bei OHG und KG geltenden Rechtslage (vgl. insoweit die weitgehend identischen §§ 131, 138 HGB). Dort bestimmt freilich nach wie vor § 139 HGB, dass die Auflösung aus wichtigem Grund im gesetzlichen Regelfall nur durch gerichtliche Entscheidung erfolgen darf. – Die in § 731 enthaltene Regelung war bereits Gegenstand des Mauracher Entwurfs. Sie wird, auch unter Berücksichtigung des neuen Konzepts vom Vorrang des Ausscheidens, weitgehend begrüßt.

2. Zeitlicher Geltungsbereich

2 § 731 tritt gemäß Art. 137 S. 1 MoPeG am 1.1.2024 in Kraft; eine Übergangsregelung für § 731 ist im EGBGB nicht vorgesehen. Aus dem Umkehrschluss zu Art. 229 § 61 EGBGB folgt daher, dass für die Auflösung der GbR ab dem Zeitpunkt des Inkrafttretens das neue Recht gilt. Maßgeblicher Zeitpunkt ist der Zugang der Kündigungserklärung, so dass dies auch Altgesellschaften betrifft. Eine Rückwirkung lässt sich mangels hinreichender Anhaltspunkte im Gesetzgebungsverfahren vordergründig nicht praeter legem begründen. Hieraus resultiert freilich ein **Spannungsfeld zu Art. 229 § 61 EGBGB,** wonach für den konzeptionellen Wechsel der Reform zu Gunsten des Vorrangs des Ausscheidens eine Übergangsregelung besteht (→ § 723 Rn. 38 ff.). Diese gilt richtigerweise auch für § 731, so dass es sich vorrangig hiernach richtet, ob überhaupt ein Auflösungsgrund vorliegt oder das bloße Ausscheiden eines Gesellschafters.

II. Normzweck

3 § 731 verwirklicht auch bei der GbR das **allgemeine zivilrechtliche Prinzip,** dass ein Dauerschuldverhältnis aus wichtigem Grund beendet werden kann (vgl. insoweit den Auffangtatbestand des § 314). Dies ist für das Personengesellschaftsrecht vordergründig ohne weiteres zu begrüßen, denn es gewährleistet die Privatautonomie des Einzelnen. Andererseits beeinträchtigt es als Kehrseite die Mitgliederinteressen der Übrigen. Im Gesellschaftsrecht ist zudem zu berücksichtigen, dass auf individuelle Unzumutbarkeitserwägungen strukturell auch durch **andere gesetzlich geregelte Mittel** reagiert werden kann als durch das scharfe Schwert der Beendigung des Gesellschaftsverhältnisses in Gänze (Austritt, Ausschluss, Umgestaltung der Operationsstruktur etc). Die **Auflösung** der GbR ist daher als **ultima ratio** nur dann legitimiert, wenn mildere Mittel unzureichend sind. Dies gilt insbesondere auch, weil die Auflösungskündigung bei der GbR als materiellrechtliches Gestaltungsrecht ausgestaltet ist und damit die Rechtsfolgen unmittelbar eintreten (vgl. demgegenüber die Auflösungsklage bei der OHG gemäß § 139 HGB). Die Grundlage für diese Zurückhaltung bildet das **Fortsetzungsinteresse der Übrigen.** Bei mehrgliedrigen Gesellschaften ist es besonders begründungsbedürftig, wenn ein Mitglied es in der Hand haben soll, auch den anderen die Möglichkeit der weiteren Verwirklichung des Gesellschaftszwecks zu nehmen. Für eine behutsame Anwendung von § 731 spricht zudem – wenigstens mittelbar – auch ein **Allgemeininteresse an Unternehmenskontinuität,** welches im Zuge der Reform ausdrücklich anerkannt und gestärkt wurde (vgl. Begr. S. 106: Von der Personen- zur Verbandskontinuität, um wirtschaftlich unerwünschte Zerschlagung von Unternehmen zu verhindern). Wenngleich dieses Leitbild nicht für alle GbR passt, hat es doch wenigstens aus der Perspektive der Mitgesellschafter einen prinzipiell anzuerkennenden Kern, der die **Subsidiarität der Auflösungskündigung** rechtfertigt. § 731 ist daher stets im Kontext der weiteren Rechte und Gestaltungsmöglichkeiten unter Berücksichtigung der Treuepflicht zu

sehen, die die (behauptete) Unzumutbarkeit des Kündigenden gleichermaßen oder sogar besser zu beseitigen vermögen. In der Praxis sollte daher der Auflösungskündigung mit **Zurückhaltung** begegnet werden.

III. Anwendungsbereich

§ 731 gilt bei jeder **rechtsfähigen GbR.** Das Kündigungsrecht setzt nicht **4** voraus, dass die Gesellschaft bereits in Vollzug gesetzt wurde (vgl. BGH NJW-RR 1995, 1061). Auch bei der **zweigliedrigen Gesellschaft** ist die Kündigung möglich, die Rechtsfolgen richten sich indessen vorrangig nach § 712a: Hiernach erlischt die Gesellschaft zum Zeitpunkt des Ausscheidens ohne Liquidation; das Gesellschaftsvermögen geht auf den verbleibenden Gesellschafter über, wenn dieser sich hierzu bereit erklärt hat (vgl. hierzu nach früherem Recht BGH NJW 2006, 844); im Übrigen wird bezüglich der Abwicklung auch hier auf die §§ 728–728b verwiesen. Aufgrund des Gleichlaufs der Rechtsfolgen einer Kündigung gem. § 725 und § 731 bei der zweigliedrigen Gesellschaft, ist eine Subsidiarität der Auflösungskündigung in diesem Ausnahmefall nicht anzunehmen. Bei einer **fehlerhaften Gesellschaft** (→ § 719 Rn. 21 ff.) besteht nach Entdecken des Mangels regelmäßig ein wichtiger Grund, die Gesellschaft außerordentlich zu kündigen (vgl. BGH NJW 1952, 97; WM 1974, 318 (319); NJW 2016, 2492 Rn. 22). Gleichwohl sind auch hier Fälle denkbar, in denen es wegen der Subsidiarität der Auflösung geboten ist, allein die Kündigung der Mitgliedschaft anzuerkennen. Dies gilt insbesondere, wenn der Mangel des Gesellschaftsvertrages oder des Beitritts lediglich einen oder einzelne Gesellschafter betrifft (vgl. zur arglistigen Täuschung BGH NJW 1976, 894 f.; zur fahrlässigen Täuschung KG NZG 2001, 954 (955)).

Bei der **nicht-rechtsfähigen GbR** (vgl. § 705 II Alt. 2) ist § 731 gemäß **5** § 740a I Nr. 4 anwendbar. Indem hier aber der gesetzliche Vorrang des Ausscheidens vor der Auflösung nicht gilt (vgl. § 740c I), ist im gesetzlichen Regelfall nicht zwischen Auflösungs- und Austrittskündigung zu differenzieren; die Kündigung führt vielmehr generell zur **Beendigung** der Gesellschaft nach Maßgabe von § 740b (vgl. hierzu nach früherem Recht OLG Celle BeckRS 2002, 30281500; OLG Bamberg NZG 1998, 897; LG Berlin NZG 2014, 1303 (1305 ff.); Soergel/Hadding/Kießling § 723 Rn. 10; BeckOGK/Lübke § 723 Rn. 12). Dies ist bei der zweigliedrigen Gesellschaft konsequent und zwingend (vgl. insofern § 712a, der insoweit richtigerweise auch bei nicht rechtsfähigen GbR entsprechend gilt; → § 740 Rn. 25). Bei mehrgliedrigen Gesellschaften kann die Mitgliedschaft als solche unter Fortbestand der Gesellschaft im Übrigen (vgl. § 740c) gemäß § 725 nur dann gekündigt werden, wenn der Gesellschaftsvertrag eine **Fortsetzungsklausel** enthält. Auch hier ist daher zwischen der Austrittskündigung und der Auflösungskündigung gemäß § 740a Nr. 4 zu differenzieren (→ § 740a Rn. 1). – Liegt eine **stille Beteiligung** vor (§§ 230 ff. HGB), findet gemäß § 234 HGB auf die Kündigung „der Gesellschaft" durch einen Gesellschafter die Möglichkeit der Austrittskündigung nach § 132 HGB Anwendung. Dieser missverständliche, auf die zweigliedrige stille Beteiligung zugeschnittene Verweis ist dahinge-

hend zu konkretisieren, dass sich die Austrittskündigung des Stillen oder des
Geschäftsinhabers allein nach Maßgabe von § 132 HGB beurteilt, mithin
§ 725 insofern keine Anwendung findet. Eine spezielle Auflösungskündigung
ist bei der zweigliedrigen stillen Beteiligung nicht vorgesehen, bedarf es aber
auch nicht. Etwas anderes gilt freilich bei der mehrgliedrigen stillen Beteiligung (vgl. Henssler/Strohn/Servatius HGB § 230 Rn. 5 ff.), denn hier ist
wie bei allen mehrgliedrigen Gesellschaften durchaus auch Raum für die
(subsidiäre) Auflösungskündigung nach Maßgabe von § 731.

6   Bei **schuldrechtlichen Austauschverträgen** gilt im Hinblick auf die Kündigung bzw. Beendigung nicht § 731, sondern allein die hierfür maßgeblichen
Regelungen bzw. § 314 (Soergel/Hadding/Kießling § 723 Rn. 11; anders
BeckOGK/Lübke § 723 Rn. 14 bei gesellschaftsähnlichen Rechtsverhältnissen, wo indessen richtigerweise meist ohnehin wegen des gesellschaftsrechtlichen Charakters § 731 zur Anwendung gelangt; vgl. insoweit etwa BGH NJW
2009, 1482). Bei **OHG und KG** sieht § 139 HGB anstelle einer materiell-
rechtlichen Auflösungskündigung die Auflösungsklage vor. Bei der **Partnerschaftsgesellschaft** verweist § 9 I PartGG im Hinblick auf die Auflösung
ebenfalls auf § 139 HGB, sodass § 731 insofern nicht gilt (vgl. zur Anwendung
der Kündigungsregelungen auf den **Verein** BGH NJW 1979, 2304 (2305)).

IV. Abgrenzungsprobleme, Konkurrenzen

7   Der Auflösungskündigung aus wichtigem Grund gemäß § 731 steht
zunächst die vorrangige **Austrittskündigung** nach den § 723 I Nr. 2, § 725
gegenüber. Wenngleich beide Gestaltungsrechte rechtlich voneinander unabhängig sind, besteht im Ergebnis ein **Vorrang des Ausscheidens** (→ Rn. 5,
→ Rn. 12). Die Auflösungskündigung ist hiernach nur wirksam, wenn der
Unzumutbarkeit des Kündigenden nicht bereits durch das Ausscheiden Rechnung getragen werden kann. Praktisch geboten ist es daher, beide **Kündigungen in Eventualstellung** miteinander zu verbinden; erfolgt dies nicht, ist
gemäß § 140 eine infolge Subsidiarität unwirksame Auflösungskündigung in
eine Austrittskündigung umzudeuten. Umgekehrt ist dies bereits deshalb nicht
möglich, da das Ersatzgeschäft iRd § 140 keine Rechtsfolgen herbeiführen
darf, die weiterreichen als diejenigen, die durch das nichtige Rechtsgeschäft
im Falle seiner Wirksamkeit erzielt worden wären (Grüneberg/Ellenberger
§ 140 Rn. 6). – Im Übrigen kann es aus Gründen der Subsidiarität auch
geboten sein, dass **vorrangig die Ausschließung** der den wichtigen Grund
verursachenden anderen Gesellschafter gemäß § 727 in Betracht kommt, um
den Fortbestand der Gesellschaft zu gewährleisten (zur OHG MüKoHGB/K.
Schmidt/Fleischer HGB § 133 Rn. 7); man muss dies schließlich auch insofern
in Betracht ziehen, als die Ausschließung des Kündigenden selbst Vorrang hat,
wenn insoweit die Voraussetzungen von § 727 gegeben sind. Zudem kann –
in den Grenzen des § 731 II – als Reaktion auf die für § 731 maßgeblichen
Unzumutbarkeitsaspekte auch eine **vorrangige Anpassung des Gesellschaftsvertrages** in Betracht kommen, zu deren Verwirklichung die Gesellschafter aufgrund ihrer Treupflichtbindung auch verpflichtet sein können. –
Schließlich ist im Kontext der Auflösungskündigung aus wichtigem Grund

stets auch zu fragen, ob die betreffenden Umstände nicht bereits zur **automatischen Auflösung** gemäß § 729 II wegen Zweckerreichung oder Unmöglichkeit führen. Sofern dies der Fall ist, ändert sich die Initiativlast, denn dann liegt es an den Mitgesellschaftern, nach § 734 einen entsprechenden Fortsetzungsbeschluss zu fassen, falls überhaupt möglich.

V. Inhaber des Kündigungsrechts

1. Gesellschafter

Die Möglichkeit der außerordentlichen Kündigung der GbR ist ein **nicht** 8 **übertragbares Mitgliedschaftsrecht** gemäß § 711 S. 1. Es steht daher im Ausgangspunkt allein den einzelnen Gesellschaftern zu; dies gilt insbesondere bei der Treuhand. Steht der Gesellschaftsanteil mehreren gemeinschaftlich zu, ohne dass die entsprechende Personenmehrheit selbst Rechtsfähigkeit besitzt, können die jeweiligen Beteiligten das Kündigungsrecht allein nach Maßgabe des jeweiligen Rechtsverhältnisses ausüben. Die praktische Bedeutung ist gering, da Erben- und Gütergemeinschaften grundsätzlich nicht Mitglied einer GbR sein können (→ § 705 Rn. 21). In diesen Fällen steht daher jedem Gesellschafter das Kündigungsrecht im Hinblick auf den auf ihn entfallenden Gesellschaftsanteil zu. Zu berücksichtigen ist im Übrigen, dass das Kündigungsrecht in bestimmten Fällen durch andere Personen ausgeübt werden kann oder diese ein eigenes Kündigungsrecht haben.

2. Stellvertretung

Ein Gesellschafter kann ohne weiteres einen anderen **bevollmächtigen,** 9 das Kündigungsrecht in seinem Namen auszuüben. Eine **unwiderrufliche** Vollmacht ist indessen nach den allgemeinen Regeln gemäß § 138 I unwirksam, wenn sie nicht mindestens aus wichtigem Grund widerrufen werden kann (BeckOGK/Lübke § 723 Rn. 24 unter Hinweis auf den Grundsatz der Verbandssouveränität, was aber zu kurz greift, weil diese Beschränkung der Gestaltungsfreiheit auch gilt, wenn ein Mitgesellschafter unwiderruflich bevollmächtigt wird). Die Bevollmächtigung hat in allen Fällen **keine verdrängende Wirkung,** sodass der Gesellschafter stets auch selbst kündigen kann. Interne Abreden zwischen Gesellschafter und Drittem schlagen nicht auf das Gesellschaftsverhältnis durch (RGZ 21, 93 (94); KG BeckRS 2009, 25559; BeckOGK/Lübke § 723 Rn. 109; Erman/Westermann § 723 Rn. 23). Das Gleiche gilt gemäß Abs. 2, wenn die Gesellschafter sich selbst im Hinblick auf die Kündigung (gesellschafts)vertraglich binden, insbesondere im Rahmen von **Stimmbindungsverträgen** oder durch die Bestellung eines **gemeinsamen Vertreters** (BGH NJW 1967, 826; Einzelheiten → Rn. 23). – Im Fall der **gesetzlichen Stellvertretung** richtet es sich nach den jeweils maßgeblichen Regeln, ob der Gesellschafter bzw. der gesetzliche Vertreter die Kündigung alleine erklären kann bzw. ob zusätzlich die familiengerichtliche Genehmigung erforderlich ist (vgl. hierzu BeckOGK/Lübke § 723 Rn. 24 f.; MüKoBGB/Schäfer § 723 Rn. 9).

3. Sicherungsrechte Dritter

10   Ist der Gesellschaftsanteil mit einem **Nießbrauch** belastet, ist § 1071 I 1 wegen Abs. 2 richtigerweise teleologisch zu reduzieren, sodass der Gesellschafter nach wie vor das Recht hat, die GbR zu kündigen, ohne dass es hierfür der Zustimmung des Nießbrauchers bedürfte (BeckOGK/Lübke § 723 Rn. 28; Soergel/Hadding/Kießling § 723 Rn. 21; jedenfalls für die außerordentliche Kündigung auch MüKoBGB/Schäfer § 723 Rn. 7; Staudinger/Habermeier, 2003, § 723 Rn. 2; BeckOGK/Lübke § 723 Rn. 109; Erman/Westermann § 723 Rn. 23). Der Nießbraucher hat gegen den Kündigenden ggf. Schadensersatzansprüche aus § 280 I. Ein eigenes Kündigungsrecht steht dem Nießbraucher nicht zu (allgM, BeckOGK/Lübke § 723 Rn. 28; Soergel/Hadding/Kießling § 723 Rn. 21); er kann freilich hierzu bevollmächtigt sein. – Beim **Pfandrecht** gilt das Gleiche: Auch hier verbleibt das Kündigungsrecht beim Gesellschafter; § 1276 I 1 ist wegen Abs. 2 ebenfalls teleologisch zu reduzieren (BeckOGK/Lübke § 723 Rn. 29; Soergel/ Hadding/Kießling § 723 Rn. 21; MüKoBGB/Schäfer § 723 Rn. 9; vgl. auch BGH NZG 2016, 1223 Rn. 14). Eine Schadensersatzhaftung gegenüber dem Pfandgläubiger dürfte ausscheiden, weil durch die Kündigung dessen Rechtsstellung im Hinblick auf die Befriedigung der gesicherten Forderung regelmäßig verbessert wird. Zu berücksichtigen ist insofern auch, dass das Pfandrecht als solches dem Pfandgläubiger kein eigenes Kündigungsrecht einräumt; insofern kommt allein § 727 in Bezug auf die Mitgliedschaft des Schuldners in Betracht, wenn der Gesellschaftsanteil **gepfändet** wird (BeckOGK/Lübke § 723 Rn. 30; Soergel/Hadding/Kießling § 723 Rn. 21). – Macht die Gesellschafterbeteiligung eines **Ehegatten** bei der Zugewinngemeinschaft dessen ganzes Vermögen aus, unterliegt die Kündigung gleichwohl nicht dem Einwilligungserfordernis des anderen Ehegatten aus § 1365, weil hierdurch allein das Gesellschaftsverhältnis umgestaltet wird, ohne dass hieraus unmittelbar vermögensmäßige Folgen für die Eheleute oder einen möglichen Zugewinnausgleich resultieren (abw. Henssler/Strohn/Klöhn HGB § 133 Rn. 33).

VI. Kündigungserklärung

11   Die Kündigung gemäß § 723 aF musste als **empfangsbedürftige Willenserklärung** nach früherem Recht im gesetzlichen Regelfall gegenüber allen Mitgesellschaftern erklärt werden (überwM, vgl. BeckOGK/Lübke § 723 Rn. 35). § 731 regelt nicht die allgemeinen Voraussetzungen für die Kündigung der Gesellschaft, so dass sich diese nach neuem Recht mittelbar aus § 725 ergeben. Dies betrifft insbesondere die Adressaten der Kündigung: Abweichend vom bisherigen Recht ist sie Kündigung **entsprechend § 725 I gegenüber der rechtsfähigen GbR** zu erklären. Es genügt somit gem. § 720 V, wenn die Kündigungserklärung einem vertretungsbefugten Gesellschafter zugeht; dieser hat es dann im Rahmen seiner Geschäftsführungskompetenz den Mitgesellschaftern mitzuteilen. Wegen der grundlegenden Bedeutung der Kündigung reicht es indessen nicht aus, wenn die Kündigung gegenüber einem Bevollmächtigten der Gesellschaft erklärt wird, der nicht selbst Gesellschafter ist; eine abweichende Beurteilung ist nur dann gerechtfertigt, wenn die entsprechende Vertretung des Dritten im Gesellschaftsvertrag selbst niedergelegt ist (vgl. nach früherem Recht für eine finanzierende Bank BGH NJW 2003, 2821 (2823)). – Bei der **nicht rechtsfähigen GbR** (vgl. § 705 II Alt. 2) muss die Kündigung wie bereits bislang grundsätzlich **gegenüber allen Mitgesellschaftern** erklärt werden. Insofern sind aber ohne weiteres wechselseitige Vertretungen der Mitgesellschafter möglich, was eine Kündigung praktisch vereinfacht (strenger nach bisherigem Recht MüKoBGB/Schäfer § 723 Rn. 11, vgl. auch OLG München BeckRS 2017, 120041 Rn. 33). Im Übrigen ist es, wie allgemein auch nach früherem Recht, ausreichend, wenn die gegenüber einem Mitgesellschafter erklärte Kündigung von diesem an die anderen weitergeleitet wird (vgl. BGH NJW 2016, 2492 (2493)). Der Zugang, und damit die Wirksamkeit der Kündigungserklärung, ist dann freilich erst bei Kenntnisnahme des letzten Gesellschafters gegeben.

Die Kündigung kann im dispositiven gesetzlichen Regelfall **formlos** erfol- **12** gen, aus Beweisgründen bietet sich freilich die Einhaltung der Schriftform an. Sie wird mit **Zugang** wirksam. Ein **Widerruf** ist gemäß § 130 I 2 nur bis dahin möglich; die spätere Rücknahme bedarf als Fortsetzungsbeschluss nach § 734 grundsätzlich der Zustimmung aller Mitgesellschafter (vgl. OLG Zweibrücken NZG 1998, 939 (940)). Eine **konkludente Kündigung** ist grundsätzlich möglich; es muss allein der Beendigungswille im Hinblick auf die GbR – ggf. auch durch Auslegung gem. §§ 133, 157 – hinreichend deutlich werden (vgl. OLG Düsseldorf NZG 2001, 746 (747): zweckvereitelnde Veräußerung von Gesellschaftsvermögen; BGH NJW 2006, 1268 (1272): Trennung von Eheleuten; OLG Karlsruhe NZG 2003, 324 (325): Betretungsverbot). Die genaue rechtliche Bezeichnung der Erklärung als Kündigung ist nicht erforderlich; es bedarf aber konkreter Anhaltspunkte, ob nicht allein die Kündigung der Mitgliedschaft erklärt wird. Indem die Neuregelung die **Austritts- und Auflösungskündigung deutlich voneinander abgrenzt,** bedarf es stets einer genauen Auslegung, was gewollt ist. Im Zweifel liegt eine bloße Austrittskündigung vor, um den gesetzlichen Vorrang des Ausscheidens als insofern zur Geltung zu bringen und das Lösungsinteresse des Kündigenden bestmöglich zu verwirklichen. Die **bedingte Erklärung** einer Austrittskündigung für den Fall, dass die Auflösungskündigung nicht wirksam ist, ist zulässig (→ § 725 Rn. 14) und dürfte regelmäßig dem Interesse des Erklärenden entsprechen, sodass ggf. beide Kündigungen konsekutiv zu prüfen sind. – Die Notwendigkeit der **Angabe des Kündigungsgrundes** ist gesetzlich nicht vorgesehen, ergibt sich aber aus der gesellschaftsrechtlichen Treuepflicht (allgM, vgl. BeckOGK/Lübke § 723 Rn. 39; MüKoBGB/Schäfer § 723 Rn. 27; Soergel/Hadding/Kießling § 723 Rn. 18). Insofern sind allerdings keine überzogenen Anforderungen zu stellen. Werden diese Anforderungen nicht eingehalten, bleibt die Kündigung mangels gesetzlicher Vorgabe gleichwohl wirksam, die Treuepflicht vermag insofern nur **Schadensersatzansprüche** zu begründen (Soergel/Hadding/Kießling § 723 Rn. 18; abw. BGH NJW-RR 2012, 1059 Rn. 29; OLG Oldenburg BeckRS 2008, 14030; MüKoBGB/Schäfer § 723 Rn. 27;

BeckOGK/Lübke § 723 Rn. 39). Vgl. zum maßgeblichen Zeitpunkt für den Kündigungsgrund und zum Nachschieben von Kündigungsgründen → Rn. 20, → Rn. 22, → Rn. 26.

13   Entsprechend § 725 V 1 darf auch die Auflösungskündigung aus wichtigem Grund **nicht zur Unzeit** geschehen, es sei denn, dass ein wichtiger Grund für die unzeitige Kündigung vorliegt. Die Regelung entspricht dem früheren Recht (vgl. § 723 II aF). Ein Verstoß hiergegen berührt die Wirksamkeit der Kündigung indessen nicht, sondern löst nach § 725 V 2 **allein Schadensersatzansprüche** aus (sog. Verfrühungsschaden, vgl. Henssler/Strohn/Kilian § 723 Rn. 21). Anspruchsberechtigt ist bei rechtsfähigen Gesellschaften die GbR als solche, andernfalls die Mitgesellschafter (abw. Begr. S. 173, wonach anders als gemäß § 723 II aF nur die Gesellschaft berechtigt sei, was aber die nicht rechtsfähige GbR außer Acht lässt und dementsprechend zu korrigieren ist). Die **praktische Bedeutung** dürfte bei der außerordentlichen Auflösungskündigung **gering** sein, weil die Bejahung des wichtigen Grundes infolge des Unzumutbarkeitskriteriums die Kündigung zur Unzeit regelmäßig ausschließen dürfte (so auch MüKoBGB/Schäfer § 723 Rn. 54). Das Gleiche gilt für die nach Maßgabe von § 242 zu beurteilende **rechtsmissbräuchliche Ausübung** des Kündigungsrechts (vgl. hierzu → Rn. 20). Hierfür ist allein insofern Raum, als der betreffende Umstand aus der Sphäre des Kündigenden nicht bereits im Rahmen der umfassenden Gesamtwürdigung des Kündigungsgrundes Berücksichtigung fand bzw. finden muss (anders, diese Trennung ignorierend, für die Bejahung von § 242, BGH NJW 2000, 3491 (3492); 1959, 1683 (1685); BeckOGK/Lübke § 723 Rn. 92). Gleichwohl bietet diese Einschränkung der Kündbarkeit im Zuge der Neuregelung auch Raum, der **Subsidiarität der Auflösungskündigung** gegenüber der Austrittskündigung Geltung zu verschaffen.

VII. Wichtiger Grund (Abs. 1)

1. Grundlagen

14   Der für die außerordentliche Auflösungskündigung tatbestandliche wichtige Grund wird in Abs. 1 S. 1 dahingehend konkretisiert, als **dem Gesellschafter die Fortsetzung der Gesellschaft nicht zuzumuten** ist. Nach Abs. 1 S. 2 liegt dies insbesondere vor, wenn ein anderer Gesellschafter eine ihm nach dem Gesellschaftsvertrag obliegende wesentliche Verpflichtung vorsätzlich oder grob fahrlässig verletzt hat oder die Erfüllung einer solchen Verpflichtung unmöglich wird. Dieser Wortlaut stimmt mit **§ 723 I 3 Nr. 1 aF** überein. Bei der Übertragung der hierzu bislang vertretenen rechtlichen Würdigungen auf die neue Rechtslage sind aber verschiedene Aspekte zu beachten: Zum einen ist nach neuem Recht im gesetzlichen Regelfall die ordentliche Kündbarkeit der Gesellschaft nicht mehr vorgesehen (→ § 729 Rn. 9 ff.). Es verbietet sich daher, die **ordentliche Kündbarkeit der GbR** als gegenüber der außerordentlichen vorrangig zu würdigen bzw. insofern sogar einer entsprechenden Subsidiarität von § 731 das Wort zu reden; dies ist nur dann zulässig, wenn das ordentliche Kündigungsrecht auch in concreto

als Alternative besteht, mithin vereinbart wurde (→ § 729 Rn. 26). – Weiterhin sieht der gesetzliche Regelfall nunmehr auch bei der GbR gemäß § 725 die ordentliche und außerordentliche Kündigung der Mitgliedschaft vor, woraus für die Konkretisierung des wichtigen Grundes gemäß § 731 **Subsidiarität der Auflösungskündigung** folgt (ebenso Fleischer DStR 2020, 430 (437): letztes Mittel). Bei der Beurteilung der Unzumutbarkeit der Fortsetzung der Gesellschaft aus der Perspektive des Kündigenden ist im Rahmen von § 731 zu würdigen, ob dessen Interessen nicht bereits durch Ausscheiden hinreichend Rechnung getragen werden kann. Den (unterstellten) **Interessen der Mitgesellschafter an der Fortsetzung** der Gesellschaft wird somit im Zuge der Reform strukturell größere Bedeutung beigemessen als bislang. Im Ergebnis bedeutet dies, dass für die Auflösungskündigung ein geringerer Anwendungsbereich besteht als früher. Dies wird schließlich noch dadurch ergänzt, dass bei potentieller Unzumutbarkeit der Fortsetzung der GbR aus der Perspektive des gemäß § 731 Kündigenden auch zu berücksichtigen ist, ob die in Abs. 1 S. 2 explizit genannten anderen Gesellschafter ggf. vorrangig ausgeschlossen werden müssen. Dies ist besonders dann relevant, wenn es noch „Dritte" gibt, mithin Gesellschafter, die nicht kündigen wollen.

Hieraus folgt jenseits zweigliedriger Gesellschaften, wo Austritt und Auflö- **15** sung identisch zu behandeln sind, dass die **Konkretisierung des wichtigen Grundes** bei der Auflösungskündigung strukturell anders zu erfolgen hat, als wenn es um das Ausscheiden eines Mitglieds geht. Im Rahmen von § 725 muss es dem Kündigenden unzumutbar sein, weiterhin Mitglied einer fortbestehenden GbR zu sein; bei der Auflösungskündigung gemäß § 731 ist es zusätzlich erforderlich, dass die Umstände den Fortbestand der werbenden Gesellschaft als solche infrage stellen bzw. verhindern. Die Auflösung verwirklicht nämlich nicht allein die Beendigung der eigenen Mitgliedschaft, sondern des gesellschaftlichen Zusammenschlusses insgesamt. Die Wahrnehmung des Auflösungsrechts durch einen Gesellschafter kann daher aus dessen Perspektive unter dem Aspekt der **Unzumutbarkeit** nur dann legitim sein, wenn dieser untrennbar **mit dem Fortbestand der Gesellschaft verbunden** ist. Hierzu bedarf es eines legitimen Interesses des Kündigenden, über das eigene Ausscheiden hinaus die gesellschaftsrechtliche Verbundenheit der Mitgesellschafter im Übrigen zu unterbinden. Dass dies nur selten der Fall sein dürfte, liegt auch bei personalistisch geprägten GbR auf der Hand. Es ist nämlich nur schwer vorstellbar, dass die weitere gesellschaftsrechtlich strukturierte Kooperation durch andere für den Kündigenden unzumutbar sein soll. Die prinzipielle Anerkennung eines Lösungsinteresses rechtfertigt nicht zugleich auch, gleichsam mit „kalter Hand" anderen ihre Mitgliedschaft zu nehmen. Ist daher eine **Trennung von Lösungs- und Fortbestehensinteresse** möglich, wäre die Beendigung der Gesamtgesellschaft zur Befriedigung eines an sich legitimen individuellen Lösungsinteresses unverhältnismäßig. Die im Zuge der Reform erfolgte Entkoppelung des Austritts von der Auflösung im gesetzlichen Regelfall hat somit einen **strukturellen Vorrang des Austritts wegen Unzumutbarkeit** zur Folge (vgl. zur OHG MüKoHGB/K. Schmidt/Fleischer HGB § 133 Rn. 7). Diese Differenzierung ist bei der Konkretisierung des wichtigen Grundes im Rahmen von § 725 und § 731 zu beachten. Konkret bedeutet dies, dass die Schwelle zur Bejahung des Austrittsrechts aus wichtigem Grund nicht zu hoch angesiedelt werden darf, und umgekehrt die Schwelle zur Bejahung einer Auflösungskündigung nicht zu niedrig.

2. Geeignete Kündigungsgründe

16   Im Einklang mit den Erkenntnissen zu § 723 I 3 Nr. 1 aF beansprucht die gerichtliche **Kasuistik möglicher Anlässe** für eine außerordentliche Kündigung aus wichtigem Grund unter Berücksichtigung dieses Paradigmenwechsels gleichwohl im Ausgangspunkt nach wie vor Geltung. Zu nennen sind insofern: Nichterfüllung gesellschaftsvertraglicher Pflichten (vgl. im Hinblick auf die Leistung eines Auseinandersetzungsguthabens BGH NJW 2005, 1784 (1788) und NZG 2005, 472 (476) – Göttinger Gruppe); auch bei unverschuldeter Unmöglichkeit (BGH DB 1975, 1019); Verletzung der Treuepflicht (BGH BeckRS 1976, 00350); auch bei begründetem Verdacht, vgl. BGH NJW 1960, 625 (627); Verletzung einer vorvertraglichen Treuepflicht (OLG Naumburg DStR 2010, 190 (191)); schwerwiegende Verletzung der Geschäftsführungspflichten (BGH JZ 1952, 277: Veruntreuung; BeckRS 1985, 31067030: Kollusion mit einem Geschäftspartner); gezieltes geschäftsschädigendes Verhalten (BGH NJW 1967, 1081 (1083)); Beschimpfungen (BGH JZ 1952, 277; BeckRS 1976, 00350); Bloßstellung (OLG München NZG 2002, 85 (86)); keine automatische Zurechnung von Drittverhalten (OLG Hamm BeckRS 2009, 25481); Zerrüttung, gestörtes Vertrauensverhältnis (BGH NJW-RR 2012, 1059 Rn. 28; NJW 2000, 3491 (3492); BeckRS 1976, 00350; DB 1975, 1019; NJW 1952, 461 (462); OLG München NZG 2002, 85 f.); Erkennen eines mangelhaften Beitritts (BGH NJW 1952, 97 f.; 2016, 2492 Rn. 22; vgl. zur fehlerhaften Gesellschaft → § 719 Rn. 21 ff.); Insolvenz eines Mitgesellschafters (BGH NJW-RR 2012, 1059 Rn. 35 f.); Beschneidung der Gesellschafterrechte durch Änderung des Gesellschaftsvertrages (BGH NJW 1973, 651); grundlegende Änderung des Unternehmensgegenstandes (BGH NJW 1978, 1382; BeckRS 1980, 31008620).

3. Unzumutbarkeit der Fortsetzung der Gesellschaft

17   Die erforderliche Unzumutbarkeit der Fortsetzung der Gesellschaft ist der **zentrale Aspekt** zur Rechtfertigung der außerordentlichen Auflösungskündigung. Insofern ist ein Kündigungsanlass im vorgenannten Sinne als wichtiger Grund für die Zubilligung eines außerordentlichen Beendigungsrechts rechtlich zu würdigen. Maßgeblich ist das Gebot zur **umfassenden Gesamtwürdigung** aller Umstände des konkreten Einzelfalles (vgl. etwa BGH NJW-RR 2012, 1059 Rn. 28; NJW 2006, 844 Rn. 15; 2005, 3061; 1982, 2821). Es ist zu ermitteln, ob dem Kündigenden auf der Grundlage des Kündigungsanlasses der Fortbestand der Gesellschaft auf unbestimmte Zeit oder bis zum Ablauf der Befristung oder der Möglichkeit einer ordentlichen Kündigung (BGH NJW 1996, 2573) unter **Berücksichtigung der Interessen der Mitgesellschafter** unzumutbar ist oder der Unzumutbarkeit nicht vielmehr im Wege der vorrangigen Austrittskündigung bzw. Ausschließung entsprochen werden kann.

Beachtliche Aspekte sind gemäß Abs. 1 S. 2 insbesondere **wesentliche** **18** **schuldhafte Pflichtverletzungen der Mitgesellschafter** (§ 731 I 2 Alt. 1) sowie die **Unmöglichkeit,** also die Nichterfüllbarkeit gesellschaftsvertraglicher Pflichten (§ 731 I 2 Alt. 2). Diese Gründe müssen zur Rechtfertigung einer Auflösungskündigung freilich dergestalt sein, dass hierüber der Fortbestand der Gesellschaft als solcher für den Kündigenden unzumutbar ist (vgl. Wortlaut „insbesondere"). Es müssen somit Umstände vorliegen, wonach die Fortsetzung der GbR ohne den Kündigenden auf diesen negative Auswirkungen ideeller oder finanzieller Art hat, was auch bei der personalistisch strukturierten GbR kaum vorstellbar ist. – Das **eigene Verhalten des Kündigenden** ist grundsätzlich ein Umstand, die Bejahung eines wichtigen Grundes zu verneinen (vgl. BGH NJW 2005, 3061; 2006, 844 (845); 1996, 2573; OLG Hamm BeckRS 2010, 11539). Hat dieser selbst den Kündigungsgrund verursacht, ggf. sogar pflichtwidrig und schuldhaft, wäre es widersprüchlich, ihn insofern durch Zubilligung eines Kündigungsrechts zu belohnen. Dies gilt insbesondere bei der zweigliedrigen GbR, wo eine isolierte Betrachtung des jeweiligen Verhaltens ohnehin regelmäßig verfehlt wäre (vgl. BGH NJW-RR 2002, 704 (705)). Richtigerweise sind diese Aspekte bei der Würdigung des Kündigungsgrundes zu beachten und nicht erst unter dem Aspekt des Rechtsmissbrauchs im Rahmen von § 242 (abw. BGH NJW 2000, 3491 (3492); 1959, 1683 (1685); BeckOGK/Lübke § 723 Rn. 92). Vorsätzlich iSd § 731 I 2 Alt. 1 handelt, wer seine der Gesellschaft und seinen Mitgesellschaftern gegenüber bestehenden Pflichten wissentlich und willentlich verletzt. Grobe Fahrlässigkeit liegt vor, wenn eine solche Pflichtverletzung daher rührt, dass der Mitgesellschafter die im Verkehr erforderliche Sorgfalt in besonders schwerem Maße außer Acht gelassen hat. Der Pflichtverletzung hätte durch simple und naheliegende Vorkehrungen vorgebeugt werden können. Bei objektiver Pflichtwidrigkeit greift die Verschuldensvermutung des § 280 I 2 entsprechend (vgl. BGH NJW 2002, 2168 (2170)). – Bei **beiderseitiger Verursachung** oder beiderseitigen Pflichtverletzungen ist die außerordentliche Kündigung nur dann gerechtfertigt, wenn die Beiträge des oder der übrigen für den Kündigungsanlass deutlich überwiegen (vgl. BGH NJW 1967, 1081 (1083); OLG Schleswig BeckRS 2010, 29118). – Im Übrigen können aber auch **allein in der Person des Kündigenden** liegende Umstände eine Auflösungskündigung rechtfertigen (zB Krankheit, Berufsunfähigkeit, finanzielle Probleme). Abs. 1 S. 2 knüpft nur exemplarisch an das Verhalten der Mitgesellschafter an („insbesondere").

Anzuerkennen ist schließlich, dass die außerordentliche Auflösungskündi- **19** gung aus wichtigem Grund **ultima ratio** ist, mithin nur dann legitimiert ist, wenn und soweit nicht mildere Mittel zu Gebote stehen. Wie bei § 314 II 1, richtigerweise aber nicht durch eine entsprechende Anwendung, sondern als Ausprägung der personalen Verbundenheit und der Treuepflicht, ist es daher regelmäßig geboten, dass sich auch der Kündigende zunächst vergeblich darum bemüht hat, den Kündigungsanlass auszuräumen bzw. zu beseitigen, ggf. durch **Abmahnung** oder Fristsetzung (vgl. den Rechtsgedanken des § 314 II; so auch OLG München BeckRS 2009, 13138). Dies kommt insbesondere dann in Betracht, wenn ein Mitgesellschafter seine Geschäftsführungspflichten verletzt (MüKoBGB/Schäfer § 723 Rn. 29; vgl. insofern auch § 715 V). Kann ein Fehlverhalten von Mitgesellschaftern durch eine entsprechende **Schadensersatzhaftung** kompensiert werden, spricht dies auch gegen die Zubilligung eines Kündigungsrechts (vgl. OLG Düsseldorf BeckRS 2009, 28074). Es besteht ferner ein **Vorrang der Vertragsanpassung** nach der Geschäftsgrundlagenlehre iSd § 313 unter Berücksichtigung der allseitigen Treuepflichtbindung, wenn hierdurch die Unzumutbarkeit unter Fortbestand der Gesellschaft ausgeräumt werden kann (BeckOGK/Lübke § 723 Rn. 7 unter Hinweis auf § 313 III 1 e contrario sowie BGH NJW 1997, 2160 (2161 ff.)). Bei einmaligen Ereignissen kann eine außerordentliche Kündigung ferner nur dann gegeben sein, wenn insofern eine **konkrete Wiederholungsgefahr** besteht (BeckOGK/Lübke § 723 Rn. 69; vgl. für die Ausschließung BGH NZG 2003, 625 (626)). Die Wiederholungsgefahr muss durch Tatsachen oder nicht auszuräumende Vermutungen begründet sein. Wiegt umgekehrt der Kündigungsanlass aber so schwer, dass die Unzumutbarkeit sich bereits wegen der bisherigen bzw. einmaligen Umstände bejahen lässt, gelten diese Einschränkungen freilich nicht. – Hat der Kündigende aufgrund entsprechender Vereinbarung (→ § 729 Rn. 26) auch das **Recht zur ordentlichen fristgebundenen Kündigung der GbR,** ist stets in besonderer Weise zu prüfen, ob dieses seine Interessen nicht hinreichend befriedigt. Ist dies der Fall, ist die außerordentliche Kündigung unwirksam; um dieses Risiko zu steuern, sollte der Kündigende in diesen Fällen vorsorglich die ordentliche Kündigung hilfsweise erklären (vgl. etwa BGH NJW 1998, 1551; 1981, 976 (977)). Umgekehrt kann es allerdings durchaus Fälle geben, in denen die Unzumutbarkeit der fortbestehenden GbR als werbende Gesellschaft trotz ordentlicher Kündbarkeit eine fristlose Kündigung rechtfertigt, um damit sofort die Auflösung oder Vollbeendigung herbeizuführen. Dies betrifft etwa die Fälle, in denen die Erreichung des Gesellschaftszwecks zwar nicht unmöglich wird (vgl. dann ohnehin § 729 II), aber erheblich erschwert wird (vgl. zu dauerhaften Verlusten RG JW 1913, 265 (266); BGH NJW 1960, 434).

4. Maßgeblicher Zeitpunkt

20   Die tatbestandlichen Voraussetzungen für das Vorliegen eines wichtigen Grundes müssen grundsätzlich zum Zeitpunkt der **Kündigungserklärung** vorliegen (allgM). Die gebotene Gesamtwürdigung der Umstände des Einzelfalles vermag daher alle bis zu diesem Zeitpunkt maßgeblichen Tatsachen zu berücksichtigen. Aus dem Gebot der Gesamtwürdigung und der Beachtlichkeit von Zumutbarkeitserwägungen ergibt sich aber auch, dass **spätere Umstände** mit einfließen können, wenn sie Rückschlüsse auf den früheren Zeitpunkt zulassen (im Ergebnis auch BGH NJW-RR 2012, 1059 Rn. 29; NJW 2000, 3491 f.). Ist dieser Zurechnungszusammenhang nicht mehr gegeben, bedarf es indessen einer erneuten Kündigung, innerhalb derer dann zum hier maßgeblichen Zeitpunkt sämtliche Umstände Berücksichtigung finden (BeckOGK/Lübke § 723 Rn. 82; BeckOK BGB/Schöne § 723 Rn. 18; MüKoBGB/Schäfer § 723 Rn. 27). Entgegen der wohl hM (vgl.

MüKoBGB/Schäfer § 723 Rn. 27) kommt es indessen nicht darauf an, dass der Kündigende sich auf die maßgeblichen Kündigungsgründe beruft. Das **Bestehen eines Kündigungsgrundes** ist nämlich eine **objektive Tatsachen- und Rechtsfrage,** was allenfalls dadurch beschränkt werden kann, dass der Kündigende sich infolge eines Kündigungsverzichts oder einer Verwirkung des Gestaltungsrechts nicht hierauf berufen kann (dazu sogleich → Rn. 21). Das umgekehrte Erfordernis, wonach der Kündigende selbst das Recht und die Pflicht habe, über den materiellen Umfang der Kündigung zu entscheiden und konsequenterweise das **Nachschieben von Gründen** bedenklich sei, findet gesetzlich keine Stütze (abw. OLG Oldenburg BeckRS 2008, 14030). Der Wortlaut von Abs. 1 ist insofern eindeutig, denn hiernach ist die Kündigung zulässig, „wenn ein wichtiger Grund vorliegt", mithin nicht „wegen eines wichtigen Grundes". Die Mitgesellschafter sind durch den Ausspruch der Kündigung hinreichend gewarnt (in diese Richtung auch BGH NJW 1999, 3485; OLG Köln NZG 2001, 1084; Soergel/Hadding/ Kießling § 723 Rn. 30; MüKoBGB/Gaier § 314 Rn. 37; enger RGZ 122, 38; BGH NJW 1958, 1136; OLG München NZG 1998, 937; MüKoBGB/ Schäfer § 723 Rn. 29: Nachschieben nur zulässig, wenn Mitgesellschafter damit rechnen mussten). Die allgemeinen Regeln zur Darlegungs- und Beweislast im Prozess (Dispositions- und Beibringungsgrundsatz sowie die Konzentrationsmaxime) bieten hinreichenden Schutz vor dem uferlosen Nachschieben von Kündigungsgründen. Die Angabe des Kündigungsgrundes in der Erklärung der Kündigung ist daher aus der gesellschaftsrechtlichen Treuepflicht heraus zwar begründbar, Fehler ziehen allerdings allein Schadensersatzpflichten nach sich (→ Rn. 26). Lediglich in extremen Ausnahmefällen kann unter dem Aspekt des unzulässigen **Rechtsmissbrauchs** gemäß § 242 das Berufen auf nachträglich eingeführte Tatsachen, die sich auf den Kündigungszeitpunkt zurückbeziehen, verwehrt werden. In diesem Fall müsste der Gesellschafter erneut außerordentlich kündigen.

Liegen die einen wichtigen Grund rechtfertigenden Umstände bereits **21** lange vor der Kündigungserklärung, schließt dies das Kündigungsrecht grundsätzlich nicht aus, da im gesetzlichen Regelfall **keine Kündigungsfrist** besteht. Vgl. allein das schadensersatzbewehrte Verbot der Kündigung zur Unzeit gemäß § 723 V (→ Rn. 13). Die hiernach prinzipielle Kündigungsfreiheit selbst nach mehreren Monaten wird indessen unter zwei Aspekten sachgerecht durchbrochen: Kommt es seitens des Kündigungsberechtigten zu einem **bewussten Dulden** des Kündigungsanlasses über einen längeren Zeitraum, können hieraus Rückschlüsse auf die tatbestandlich notwendige Unzumutbarkeit gezogen werden, sodass die Kündigung ggf. nicht mehr möglich ist (BGH NJW 1966, 2160 (2161): Vermutung für zwischenzeitlichen Wegfall der Unzumutbarkeit; BeckOGK/Lübke § 723 Rn. 84, anders noch RGZ 51, 89 (91): Verzicht; den hierfür notwendigen Verzichtswillen betonend bereits auch BGH WM 1976, 1030). Der insofern maßgebliche Zeitraum muss keinesfalls übermäßig lang sein, es können bereits wenige Wochen ausreichen. Immerhin hat es der Kündigungsberechtigte selbst in der Hand, wie er verfährt. Die **bloße Untätigkeit** kann im Übrigen unter dem Aspekt der Verwirkung gemäß § 242 der Geltendmachung des an sich

gegebenen Kündigungsrechts entgegenstehen (BGH NJW 1966, 2160
(2161); KG NZG 2001, 954 (956)). Insofern bedarf es regelmäßig eines
längeren Zeitmoments (mindestens mehrere Monate) sowie eines entsprechenden Umstandsmoments, welches auf Seiten der Mitgesellschafter den
notwendigen Vertrauenstatbestand hervorruft.

VIII. Rechtsfolgen der Kündigung, Rechtsschutz

22   Die Erklärung einer außerordentlichen Kündigung aus wichtigem Grund
führt zwingend zur **Auflösung der Gesellschaft** zum Zeitpunkt des Zugangs
(→ Rn. 20); dies ist bei eingetragenen GbR gemäß § 733 zur Eintragung ins
Gesellschaftsregister anzumelden. Beruht die außerordentliche Kündigung
auf einem pflichtwidrigen und schuldhaften Verhalten der Mitgesellschafter,
kann der Kündigende von diesen gemäß § 280 I auch die infolge der Auflösung
eintretenden Nachteile ersetzt bekommen (vgl. für das Ausscheiden BGH WM
1963, 282 (283)). Die **gerichtliche Überprüfung** des wichtigen Grundes im
streitigen Verfahren ist eine **Rechtsfrage,** die von den Tatsacheninstanzen
nach Maßgabe der jeweiligen prozessualen Regelungen zur Darlegungs- und
Beweislast sowie Verspätung zu beurteilen ist. In der **Revision** wird im Rahmen einer eigenständigen Gesamtabwägung überprüft, ob das tatrichterliche
Urteil die dem Begriff des wichtigen Grundes zugrunde liegenden normativen
Wertungen zutreffend versteht, mithin ob es alle für und gegen die Unzumutbarkeit einer weiteren Vertragsbindung sprechenden Gesichtspunkte bei seiner
Interessenabwägung herangezogen hat und ob die maßgeblichen Gesichts-
punkte ausreichen, um die Unzumutbarkeit zu begründen (vgl. BGH NJW-
RR 2012, 1059 Rn. 31 ff.; NJW 2006, 844 Rn. 12 ff.). – Problematisch und
umstritten ist bei der außerordentlichen Kündigung aus wichtigem Grund
nach wie vor, unter welchen Voraussetzungen das sog. **Nachschieben von
Gründen** zulässig ist (→ Rn. 12, → Rn. 20). Entgegen der wohl hM gibt es
keine gesetzliche Grundlage, wonach der Kündigende den **materiellen
Umfang der Kündigung** aktiv konkretisieren muss. Auch die gesellschaftsrechtliche Pflicht zur Angabe des Kündigungsgrundes vermag bei Nichtbeachtung richtigerweise allein Schadensersatzpflichten zu begründen (→ Rn. 26).
Maßgeblich für die rechtliche Beurteilung einer außerordentlichen Kündigung
sind daher grundsätzlich **alle Tatsachen** zum Zeitpunkt der Erklärung
(→ Rn. 20). Das Nachschieben von Kündigungsgründen ist daher kein materiell-rechtliches Problem, sondern eine Frage der **prozessualen Verspätungsregeln** (vgl. § 296 ZPO). Lassen diese einen nachträglichen, auf die Kündigungserklärung rückbezogenen Tatsachenvortrag zu, kann allein unter dem
Aspekt der unzulässigen Rechtsausübung gemäß § 242 dem Kündigenden ausnahmsweise die Berufung hierauf versagt werden.

IX. Gestaltungsfreiheit und kautelarischer Handlungsbedarf infolge des MoPeG (Abs. 2)

23   Nach Abs. 2 sind **Ausschluss und Beschränkung** des außerordentlichen
Kündigungsrechts **unzulässig.** Insoweit bringt die Neuregelung daher keine

Änderungen gegenüber der früheren Rechtslage gemäß § 723 III aF (zum früheren Recht BGH NJW 1994, 2536 (2537); vgl. insofern für die Austrittskündigung auch den identischen § 725 VI). Diese Grenze der Gestaltungsfreiheit ist wie bei allen außerordentlichen Lösungsrechten aus wichtigem Grund (vgl. auch § 139 II HGB) **grundsätzlich weit auszulegen,** sodass unmittelbare und mittelbare Beeinträchtigungen hierunter zu fassen sind (vgl. BGH NJW-RR 2006, 1270 Rn. 11: Kündigungsfolgen sind derart ungünstig, dass sie einen Gesellschafter vernünftigerweise davon abhalten, von seinem formal bestehenden Kündigungsrecht Gebrauch zu machen). Dieser Aspekt beansprucht zwar auch bei der **Auflösungskündigung** Geltung. Allerdings ist zu berücksichtigen, dass es anders als bei der Austrittskündigung nicht um die Verwirklichung eines auf Unmittelbarkeit angelegten Lösungsinteresses geht, sondern um die Herbeiführung der Liquidation. Insofern ist es daher auch unter Berücksichtigung des bei § 731 strengeren Ultima-ratio-Prinzips geboten, die Gestaltungsfreiheit im Rahmen von Abs. 2 etwas **großzügiger zu beurteilen** als im Rahmen von § 725 VI.– Der Wortlaut von Abs. 2, wonach sich der zwingende Charakter allein auf Vereinbarungen im Gesellschaftsvertrag beziehen soll (so auch Begr. S. 179), ist aber auch im Rahmen von § 731 teleologisch betrachtet zu eng (vgl. insofern auch die weitere Formulierung in § 723 III aF); Gegenstand des Verbots sind daher auch andere Abreden, die **mittelbar eine kündigungsbeschränkende Wirkung** entfalten (so auch BeckOGK/Lübke § 723 Rn. 98.1). Dies betrifft schuldrechtliche Vereinbarungen und erbrechtliche Anordnungen. Umgekehrt ergibt sich hieraus aber kein Verbot, die **Kündigungsvoraussetzungen zu erleichtern,** mithin die fristlose Kündigung der Mitgliedschaft auch unterhalb der Schwelle des wichtigen Grundes gesellschaftsvertraglich zuzulassen (MüKoBGB/Schäfer § 723 Rn. 75; BeckOGK/Lübke § 723 Rn. 108); soll dies nachträglich vereinbart werden, bedarf es hierzu aber der ggf. antizipierten Zustimmung aller Gesellschafter.

Es können gemäß Abs. 2 gesellschaftsvertraglich die **materiellen Voraus-** 24 **setzungen des Kündigungsrechts nicht heraufgesetzt** werden, etwa durch die begrenzende Definition wichtiger Gründe oder das begrenzende Festlegung von Zumutbarkeitsgrenzen (BGH NJW 1994, 2886 (2888); BeckOGK/Lübke § 723 Rn. 108; Soergel/Hadding/Kießling § 723 Rn. 67). Solche Klauseln sollten indessen nicht gänzlich unzulässig sein und ohne Bedeutung bleiben. Sie können vielmehr im Rahmen der objektiven Gesamtwürdigung der Kündigungsvoraussetzungen durchaus bedeutsame Indizien darstellen, die Kündigungsberechtigung im Einzelfall rechtlich zu würdigen (ähnlich MüKoBGB/Schäfer § 723 Rn. 75; vgl. insofern bereits RG JW 1938, 521 (522 ff.)). Unzulässig ist nach hM auch die Vereinbarung eines **Formzwangs** (vgl. MüKoBGB/Schäfer § 723 Rn. 74), was aber kaum überzeugt, da hierin allenfalls eine marginale und jedenfalls zumutbare Erschwerung zu sehen ist, die für alle Beteiligten Rechtssicherheit erzeugt. Die Vereinbarung einer **Begründungspflicht** als konstitutive Wirksamkeitsvoraussetzung ist demgegenüber unzulässig ($\rightarrow$ § 725 Rn. 66). Das Gleiche gilt nach hM für die Vereinbarung von **Kündigungsterminen, Ausschluss-oder Kündigungsfristen** (RGZ 162, 388 (393); 136, 236 (243);

MüKoBGB/Schäfer § 723 Rn. 74; Staudinger/Habermeier, 2003, § 723 Rn. 42; BeckOK BGB/Schöne § 723 Rn. 36). Dies ist bei der außerordentlichen Austrittskündigung überzeugend (→ § 725 Rn. 66), denn diese ermöglicht auf der Grundlage des eng gefassten und an Unzumutbarkeitskriterien geknüpften Tatbestandes das sofortige Ausscheiden „auf dem Fuße". Dieses zwingende Schutzanliegen würde konterkariert, wenn dem Gesellschafter trotz Vorliegens dieser Voraussetzungen auf Zeit noch das weitere Verbleiben in der Gesellschaft zugemutet werden müsste. Bei der Auflösungskündigung hat dieser Aspekt indessen eine viel geringere Bedeutung, weil hierdurch die fortbestehende Mitgliedschaft in der Liquidationsgesellschaft nicht beeinträchtigt wird und die Interessen der Mitgesellschafter rechtlich betrachtet noch stärker betroffen sind als beim Ausscheiden. Insofern sollte daher in **teleologischer Reduktion von Abs. 2** Gestaltungsspielraum bleiben, auch die außerordentliche Auflösungskündigung im Hinblick auf Kündigungstermine, Ausschluss oder Kündigungsfristen gesellschaftsvertraglich auszugestalten. Insofern dürfte es auch zulässig sein, im Gesellschaftsvertrag das besondere gerichtliche Verfahren der **Auflösungsklage** gemäß § 138 HGB vorzusehen, so dass eine bloße Kündigung nicht ausreicht. Zulässig sind auch **Schieds- und Mediationsklauseln** (Henssler/Strohn/Klöhn HGB § 133 Rn. 48).

25   Unabhängig davon sollten die Gesellschafter bis zum 31.12.2023 (vgl. Art. 137 S. 1 MoPeG) klare Abgrenzungskriterien für die Differenzierung der Auflösung nach den § 729 I Nr. 3, § 731 zum Ausscheiden nach den § 723 I Nr. 2, § 725 schaffen, um eine ungewollte Auflösung der Gesellschaft zu vermeiden. Hierbei empfiehlt sich die Einführung einer Auslegungsregelung, dass etwa „im Zweifel" die Kündigung der Mitgliedschaft eines Gesellschafters (§ 723 I Nr. 2, § 725), nicht als Kündigung der Gesellschaft (§ 729 I Nr. 3, § 731) zu verstehen ist. Dies gilt freilich nicht für die zweigliedrige GbR, da sich bei dieser die Rechtsfolgen kongruent aus § 712a ergeben (→ Rn. 4). – Zudem kann – in den Grenzen des § 731 II – auch eine vorrangige Anpassung des Gesellschaftsvertrages nach dem Vorbild des § 313 bei Unzumutbarkeit der Gesellschaftsfortführung im Gesellschaftsvertrag vorgesehen werden. Zu deren Verwirklichung sind die Gesellschafter aufgrund ihrer Treupflichtbindung grundsätzlich verpflichtet (→ Rn. 7). – Regelungsbedarf besteht zudem für die einzelnen Kündigungsmodalitäten, wie etwa der Einzelheiten der Kündigungserklärung, dem Kündigungsempfänger und der aktiven und passiven Stellvertretung (vgl. insoweit → § 725 Rn. 17 ff., 31).

X. Beweislast

26   Die Beweislast für die außerordentliche Kündigung der GbR und die tatbestandlichen Voraussetzungen trägt derjenige, der sich darauf beruft, mithin regelmäßig der Kündigende. Kommt es im Rahmen der Prüfung des wichtigen Grundes auf Vertretenmüssen an (vgl. zB § 731 I 2 Alt. 1), ist bei objektiver Pflichtwidrigkeit § 280 I 2 anwendbar (vgl. BGH NJW 2002, 2168 (2170)). Dispositions- und Beibringungsgrundsatz sowie die Konzentra-

tionsmaxime (insb. § 296 ZPO) beschränken das uferlose Nachschieben von Kündigungsgründen (→ Rn. 12, 20, 22). Die fehlerhafte oder ausbleibende Angabe von Kündigungsgründen in der Kündigungserklärung kann insoweit bei Verletzung der gesellschaftsrechtlichen Treuepflicht materiell-rechtlich nur zu einer Schadensersatzpflicht, nicht aber zur Unwirksamkeit der Kündigung führen (→ Rn. 20).

§ 732 Auflösungsbeschluss

Hat nach dem Gesellschaftsvertrag die Mehrheit der Stimmen zu entscheiden, muss ein Beschluss, der die Auflösung der Gesellschaft zum Gegenstand hat, mit einer Mehrheit von mindestens drei Viertel der abgegebenen Stimmen gefasst werden.

Übersicht

I. Reform

1. Grundlagen, Bewertung

§ 732 konkretisiert die **rechtlichen Vorgaben für den Auflösungsbe-** **1** **schluss** gemäß § 729 I Nr. 4. Die Regelung ist ebenso wie der vergleichbare § 140 HGB neu. Die Auflösung durch entsprechende Willensentschließung der Gesellschafter war gleichwohl bereits lange allgemein anerkannt. Da ein Auflösungsgrund die Gesellschaft ins Liquidationsstadium überführt, kommt es hierdurch zu einer **Zweckänderung,** was konsequenterweise eine gesellschaftsrechtliche Grundlagenentscheidung nach Maßgabe von § 714 ist. Hieran hat auch die Neuregelung nichts geändert. Bedeutsam ist § 732 aber insofern, als hierdurch einerseits gesetzlich anerkannt wird, dass abweichend vom grundsätzlichen Einstimmigkeitsprinzip ein Mehrheitsbeschluss zulässig ist, wenn hierfür eine entsprechende gesellschaftsvertragliche Grundlage besteht. Der Gesetzgeber wollte hiermit bewirken, dass eine **allgemeine Mehrheitsklausel ausreichend** ist (vgl. Begr. S. 179). Dies entschärft die nach wie vor umstrittene und Rechtsunsicherheit hervorrufende Diskussion um die gebotene Bestimmtheit von Mehrheitsklauseln. Andererseits verlangt die Regelung für den Auflösungsbeschluss **eine qualifizierte Dreiviertelmehrheit.** Dieses Erfordernis ist im Recht der Personengesellschaften bislang explizit nicht vorgesehen und wurde körperschaftlichen Strukturprinzipien entlehnt (vgl. § 41, § 60 I Nr. 2 GmbHG, § 262 I Nr. 2 AktG). Die qualifizierte Dreiviertelmehrheit soll nach Ansicht des Gesetzgebers wohl **zwingend** sein (vgl. Begr. S. 179; so auch die Einschätzung von Heckschen NZG 2020, 761 (766)), was aber **nicht überzeugt** (→ Rn. 3, → Rn. 13).

2. Zeitlicher Geltungsbereich

2   § 732 tritt gemäß Art. 137 S. 1 MoPeG am 1.1.2024 in Kraft; eine Übergangsregelung für § 732 ist im EGBGB nicht vorgesehen. Aus dem Umkehrschluss zu Art. 229 § 61 EGBGB folgt daher, dass für die Auflösung der Gesellschaft ab dem Zeitpunkt des Inkrafttretens das neue Recht gilt. Maßgeblicher Zeitpunkt ist der der Beschlussfassung. Dies betrifft auch Altgesellschaften, sodass sich die materielle Rechtslage insofern ändert (vgl. zum kautelarischen Handlungsbedarf → Rn. 15).

II. Normzweck

3   § 732 regelt im Kern klarstellend die Befugnis der Gesellschafter, die Auflösung der GbR einvernehmlich herbeizuführen. Rechtlich bedeutsam ist die Regelung aber durch die **Modifizierung von § 714** im Hinblick darauf, dass für den Auflösungsbeschluss im gesetzlichen Regelfall die Mehrheit von mindestens ¾ der abgegebenen Stimmen ausreichend ist, wenn der Gesellschaftsvertrag eine allgemeine Mehrheitsklausel enthält. Die dogmatische Bedeutung und Rechtsnatur der Regelung blieb im Gesetzgebungsverfahren unklar. Es bietet sich an, hierin eine bloße **Auslegungsregel** zu sehen. Hierfür spräche die in Art. 2 I GG verankerte Privatautonomie. Die besseren Gründe, insbesondere der Wortlaut der Vorschrift, legen nahe, ihr eine **normative Bedeutung** beizumessen, wonach sich eine privatautonome Vereinbarung des Mehrheitsprinzips ipso jure auch auf die Fassung des Auflösungsbeschlusses erstreckt. Dies lenkt den Blick konsequenterweise auf die Frage, ob die Regelung **zwingend** ist oder nicht. Wenngleich der Gesetzgeber dies wohl so sah (vgl. Begr. S. 179), sprechen die besseren Gründe (vgl. Art. 2 I GG) dafür, insofern nach wie vor der **Gestaltungsfreiheit** größeren Raum zu geben (→ Rn. 13). Es können daher ohne weiteres auch im Hinblick auf die Reichweite von Mehrheitsklauseln differenzierte gesellschaftsvertragliche Regelungen erlassen werden. – Fehlen diese, wird durch § 732 (ergänzt durch die vergleichbare Regelung in § 734 II) zum ersten Mal explizit im Recht der Personengesellschaften ein **qualifiziertes Mehrheitserfordernis** etabliert, was die interne Willensbildung dem Recht der Körperschaften annähert. Dies erleichtert die verbandsinterne Willensbildung und trägt damit ebenso wie bei der OHG (vgl. § 140 HGB) zur **Steigerung der Unternehmenskontinuität** bei. Voraussetzung hierfür ist indessen nach wie vor, dass

der Gesellschaftsvertrag die Mehrheitsherrschaft überhaupt zulässt, was insbesondere bei privaten Zusammenschlüssen und Gelegenheitsgesellschaften relevant ist. – Schließlich fügt sich § 732 in das bei der GbR jedenfalls aufgrund entsprechender gesellschaftsvertraglicher Regelung maßgebliche **Beschlussmängelrecht gemäß §§ 110 ff. HGB** ein ($\rightarrow$ § 714 Rn. 43 ff.). Durch die Anerkennung der Möglichkeit der Gesellschafter der Herbeiführung einer Gesellschaftsauflösung durch „Beschluss", gelten in diesem Fall die praktisch bedeutsamen Modifizierungen im Hinblick auf Wirksamkeitshindernisse und die gerichtliche Geltendmachung.

III. Anwendungsbereich

§ 732 gilt zunächst bei jeder **rechtsfähigen GbR.** Es ist nicht Vorausset- **4** zung, dass die Gesellschaft bereits in Vollzug gesetzt wurde (vgl. zur Kündigung BGH NJW-RR 1995, 1061). Auch bei der **zweigliedrigen Gesellschaft** ist die Auflösung möglich, auch wenn es sich hierbei um eine **stille Beteiligung** gemäß §§ 230 ff. HGB handelt. Das qualifizierte Beschlusserfordernis hat insofern aber nur dann eine eigenständige Bedeutung, wenn nach § 709 eine gegenüber der Parität abweichende Stimmkraft vereinbart wurde ($\rightarrow$ Rn. 7). Im Übrigen richten sich die Rechtsfolgen hier vorrangig nach § 712a: Hiernach erlischt die Gesellschaft zum Zeitpunkt der Auflösung ohne Liquidation; das Gesellschaftsvermögen geht auf den verbleibenden Gesellschafter über, wenn dieser sich hierzu bereit erklärt hat (vgl. hierzu nach früherem Recht BGH NJW 2006, 844), im Übrigen wird auch hier auf die §§ 728–728b verwiesen. Bei einer **fehlerhaften Gesellschaft** ($\rightarrow$ § 719 Rn. 21 ff.) besteht nach Entdecken des Mangels regelmäßig für jeden Gesellschafter ein wichtiger Grund, die Gesellschaft außerordentlich zu kündigen (vgl. BGH NJW 1952, 97; WM 1974, 318 (319); NJW 2016, 2492 Rn. 22). Gleichwohl sind auch hier bis dahin Fälle denkbar, in denen die Gesellschaft nach Maßgabe von § 732 aufgelöst wird. – Bei der **nicht rechtsfähigen GbR** (§ 705 II Alt. 2) ist § 732 gemäß § 740a I Nr. 2, III anwendbar ($\rightarrow$ § 740a Rn. 7). Bei der **Partnerschaftsgesellschaft** gilt gemäß § 9 I PartGG allein § 140 HGB.

IV. Auflösungsbeschluss

1. Gesetzliche Ausgangslage

Die Herbeiführung der Auflösung begründet eine **Zweckänderung.** Dies **5** bedingt eine entsprechende Änderung des Gesellschaftsvertrages, sodass es hierfür im gesetzlichen Regelfall nach Maßgabe von § 714 der Zustimmung aller stimmberechtigten Gesellschafter bedarf. Dies war bereits früher anerkannt (vgl. MüKoBGB/Schäfer Vor § 723 Rn. 18); hieran hat auch die Neuregelung nichts geändert. Wenn daher keine entsprechende Mehrheitsklausel vereinbart wurde, bedarf es zur Fassung eines entsprechenden Auflösungsbeschlusses der **Einstimmigkeit,** mithin der Zustimmung aller Gesellschafter (vgl. zur KG OLG Hamm BeckRS 1988, 30945015). Für einen Stimmrechtsausschluss wegen Interessenkollision besteht beim Auflösungsbeschluss regelmäßig kein Raum. Die Stimmkraft ergibt sich im gesetzlichen Regelfall gemäß § 709 III aus der Mitgliedschaft, mithin ohne Rücksicht auf den Wert etwaiger Beiträge, sodass auch unter diesem Aspekt alle Gesellschafter zur Entscheidung über die Auflösung berufen sind. Die privatautonome Beendigung der GbR ist daher nach der Konzeption des Gesetzes als einvernehmliche Auflösung der **actus contrarius zur Gründung.** – Diese Perpetuierung des schuldrechtlichen Vertragsmodells schützt zwar die einzelnen, ist aber vielfach **unpraktikabel.** Es ist daher bereits im gesetzlichen Regelfall bei anderen Verbandsformen insoweit abgeschwächt, da trotz prinzipieller Einordnung der Auflösung als Zweckänderung die qualifizierte Mehrheitsherrschaft ausreichend ist (vgl. § 138 I Nr. 4 HGB, § 41, § 60 I Nr. 2 GmbHG, § 262 I Nr. 2 AktG). Insofern ist es konsequent und überzeugend, wenn der Gesetzgeber auch bei der GbR die **Mehrheitsherrschaft als Gestaltungsoption** auch im Hinblick auf den Auflösungsbeschluss zulässt (vgl. insofern bereits zur OHG RG JW 1900, 566). Die Regelung ist insoweit identisch mit der Rechtslage beim Fortsetzungsbeschluss gemäß § 734 (→ § 734 Rn. 14 ff.).

2. Mehrheitsklausel

6   Wenngleich es seit langem anerkannt war, dass ein Auflösungsbeschluss auch durch die Gesellschaftermehrheit herbeigeführt werden kann, war es stets problematisch, wodurch die **notwendige gesellschaftsvertragliche Grundlage** gekennzeichnet sein muss. Die jüngere Rechtsprechung des BGH (vgl. etwa BGH NZG 2007, 259; 2009, 183) hat in den letzten Jahren insofern zwar erhebliche Beiträge zur Beseitigung der Rechtsunsicherheit geleistet (vgl. zum zweistufigen Ansatz der Überprüfung von Mehrheitsentscheidungen im Personengesellschaftsrecht → § 714 Rn. 20). Gleichwohl war nach wie vor herrschend, dass eine **allgemeine Mehrheitsklausel** keine hinreichende Grundlage für die Fassung eines Auflösungsbeschlusses ist (zur KG OLG Hamm BeckRS 1988, 30945015; Henssler/Strohn/Klöhn HGB § 131 Rn. 14; vgl. zur OHG BeckOGK/Michel HGB § 131 Rn. 20: Ausdrückliche Regelung notwendig). Diese strenge Betrachtung zu Gunsten der Minderheit wird durch § 732 liberalisiert. Hiernach ist das Vorhandensein einer allgemeinen Mehrheitsklausel **nunmehr ausreichend,** den mittels Dreiviertelmehrheit gefassten Auflösungsbeschluss zu rechtfertigen (so explizit Begr. S. 179). Dies kann man angesichts der Streichung des noch im Mauracher Entwurf enthaltenen Ansatzes zur Liberalisierung der Mehrheitsherrschaft (→ § 714 Rn. 1 ff., 20 ff.) durchaus kritisieren. Es ist als eindeutige **gesetzgeberische Entscheidung** indessen hinzunehmen und kann durch die **Desinvestitionsfreiheit** der einzelnen Gesellschafter gerechtfertigt werden. Es bedarf daher insofern keiner besonderen Erwähnung, dass die Beschlussfassung durch die Mehrheit sich auch auf Grundlagenentscheidungen bzw. explizit die Auflösung bezieht; bestehende Klauseln, die dies explizit vorsehen, brauchen indessen nicht geändert zu werden. – Die Regelung darf freilich nicht so weit interpretiert werden, dass eine entsprechende gesell-

schaftsvertragliche Mehrheitsklausel gänzlich entbehrlich wäre; dies gilt nur bei den Körperschaften.

3. Qualifizierte Mehrheit

Ist die Mehrheitsherrschaft durch eine Mehrheitsklausel prinzipiell legiti- 7
miert, muss ein Beschluss mit einer Mehrheit von **mindestens drei Viertel der abgegebenen Stimmen** gefasst werden (zur Gestaltungsfreiheit → Rn. 12). Dies fügt sich in das für alle Personenverbände maßgebliche Konzept ein (vgl. insofern identisch § 138 I Nr. 4 HGB, § 41, § 60 I Nr. 2 GmbHG, § 262 I Nr. 2 AktG). Die **Stimmkraft** ergibt sich aus § 709 III, so dass es vorrangig auf die vereinbarten Beteiligungsverhältnisse ankommt; bei Fehlen entsprechender Abreden hat jeder Gesellschafter das gleiche Stimmrecht (zum Ganzen → § 709 Rn. 21 ff.). § 732 hat somit wegen dieser Akzessorietät zu **gesellschaftsvertraglichen Abreden** über die Stimmkraft einen dispositiven Charakter. Dies reicht richtigerweise so weit, dass bei wirksamer Begründung eines **Stimmrechtsausschlusses** zu Lasten einzelner Gesellschafter (beitragslose Mitgliedschaft, vgl. hierzu bei der KG BGH NJW 1993, 2100) diese nicht an der Abstimmung zu beteiligen sind. Für einen Stimmrechtsausschluss wegen Interessenkollision (→ § 714 Rn. 16) dürfte beim Auflösungsbeschluss indessen kein Raum bestehen.

Weiterhin stellt § 732 bereits im gesetzlichen Regelfall auf die **abgegebe-** 8
nen Stimmen ab. Hieraus resultiert abweichend vom bislang maßgeblichen Vertragsmodell der Personengesellschaften die Anerkennung des an sich nur bei den Körperschaften maßgeblichen **Repräsentationsmodells.** Die notwendige Dreiviertelmehrheit bezieht sich nämlich nicht auf alle zur Teilnahme an der Abstimmung berufenen Gesellschafter, mithin prinzipiell alle, sondern nur auf diejenigen, die bei der **konkreten Beschlussfassung** ihre Stimme abgegeben haben. Nicht anwesende oder vertretene Gesellschafter werden hiernach ebenso wenig berücksichtigt, wie Stimmenthaltungen. Praktisch bedeutsam ist dies insbesondere, wenn die **interne Willensbildung** durch eine gesellschaftsvertragliche Regelung in Anlehnung an § 109 HGB ausgestaltet wurde, mithin durch **Präsenzversammlungen** (oder vergleichbare Online-Gestaltungen o.Ä., vgl. → § 714 Rn. 10). Liegt keine gesellschaftsvertragliche Ausgestaltung vor, kommt es im gesetzlichen Regelfall gemäß § 714 nicht auf die Abstimmung in einer Versammlung an, sondern allgemein auf die Zustimmung der zur Entscheidung berufenen Gesellschafter. In diesen bei der GbR durchaus bedeutsamen Fällen kann eine Mehrheitsentscheidung nach § 732 daher nach wie vor nur auf der Grundlage der allgemeinen **Rechtsgeschäftslehre** verwirklicht werden. Bei dem Beschluss handelt sich idR um ein mehrseitiges Rechtsgeschäft. Dies ist unpraktikabel, denn hierdurch wird kein Beschluss im Rechtssinne gefasst. Die erforderliche „Mehrheit" zur Herbeiführung der Auflösung gemäß § 732 liegt hiernach vor, wenn die zum Erreichen der Dreiviertelmehrheit erforderlichen Gesellschafter gemäß ihrer Stimmkraft durch **wechselseitige Erklärungen** die Auflösung herbeiführen wollen. Die übrigen Gesellschafter, die hieran nicht mitwirken oder sich explizit dagegen aussprechen, werden nach § 732 als

Ausnahme des Vertrags zulasten Dritter nicht berücksichtigt, müssen die Folgen der Beschlussfassung aber gleichwohl mittragen.

4. Beschlussfassung

9   Die konkreten Anforderungen an die Beschlussfassung ergeben sich im gesetzlichen Regelfall allein aus § 714. Im Grundsatz müssen daher die zur Erreichung der erforderlichen qualifizierten Mehrheit erforderlichen Gesellschafter entsprechend ihrer Stimmkraft der Auflösung wirksam zustimmen. Eine besondere Form ist nicht vorgesehen, sodass sich ein **konkludenter Auflösungsbeschluss** durch Auslegung gem. §§ 133, 157 auch aus bedeutsamen Entscheidungen in Geschäftsführungsangelegenheiten ergeben kann (vgl. zur Einstellung des Geschäftsbetriebs bzw. Veräußerung OLG Hamm BeckRS 1988, 30945015; KG NJW-RR 1996, 103 (104)); die bloß zeitweise Einstellung genügt nicht (RGZ 110, 422 (424 ff.); BGH NJW 1960, 1664). Die kaum zulässige Sitzverlegung ins Ausland (→ § 706 Rn. 11) kann mangels Möglichkeit des identitätswahrenden Formwechsels in eine ausländische Personengesellschaft auch als Auflösungsbeschluss zu beurteilen sein. Praktisch bedeutsam, aber von der Auflösung nach § 732 **abzugrenzen,** ist auch das Erlöschen einer eingetragenen GbR im Rahmen der nunmehr möglichen Verschmelzung (vgl. § 3 I Nr. 1 UmwG, § 20 I Nr. 2 UmwG, §§ 39 ff. UmwG). Kommt es im Rahmen der Anteilsübertragung gemäß § 711 I zum zeitnahen oder gleichzeitigen Austausch aller Gesellschafter, ist hierin allein kein Auflösungsbeschluss zu sehen (vgl. zur OHG BGH NJW 1966, 499). – Es gelten die allgemeinen **Wirksamkeitshindernisse für Willenserklärungen** (vgl. §§ 104 ff.). Im Fall der gesetzlichen Stellvertretung Minderjähriger richtet die Beschlussfassung sich nach den jeweils maßgeblichen Regeln, ob der minderjährige Gesellschafter bzw. seine gesetzlichen Vertreter (vgl. insbes. §§ 1626, 1629) die Zustimmung alleine erteilen können bzw. ob zusätzlich die familiengerichtliche Genehmigung erforderlich ist (vgl. Henssler/Strohn/Klöhn HGB § 131 Rn. 15). Macht die Gesellschafterbeteiligung eines Ehegatten bei der Zugewinngemeinschaft dessen ganzes Vermögen aus, unterliegt die Zustimmung zur Auflösung nicht dem eherechtlichen Einwilligungserfordernis nach § 1365, weil durch die Beschlussfassung allein das Gesellschaftsverhältnis umgestaltet wird, ohne dass hieraus unmittelbar vermögensmäßige Folgen für die Ehegatten oder den ggf. späteren Zugewinnausgleich resultieren (abw. Henssler/Strohn/Klöhn HGB § 133 Rn. 33). Ein wegen Unwirksamkeit fehlerhafter Auflösungsbeschluss genießt richtigerweise gemäß der Lehre von der fehlerhaften Gesellschaft Bestandsschutz, weil durch die Überführung ins Liquidationsstadium die Organisationsstruktur der Gesellschaft umgestaltet wird (vgl. hierzu, aber sehr restriktiv, BGH NJW 1974, 498; Einzelheiten → § 705 Rn. 21 ff.). – Praktisch bedeutsam sind bei der GbR **gesellschaftsvertragliche Regelungen über das Verfahren** der Beschlussfassung, die dann auch bei § 732 Geltung beanspruchen (Einzelheiten → § 714 Rn. 7 ff.). Hierdurch ist es seit der Reform möglich, das für OHG und KG geltende **Beschlussmängelrecht** gemäß §§ 110 ff. HGB zur Geltung zu bringen (→ § 714 Rn. 43 ff.).

Da § 732 bereits im gesetzlichen Regelfall eine Dreiviertelmehrheit ausrei- **10** chen lässt, kommt der **Treuepflichtbindung** der Gesellschafter auch beim Auflösungsbeschluss eine besondere Bedeutung zu. Dies betrifft einmal die missbräuchliche Herbeiführung, wenn die Mehrheit die Auflösung gezielt auf Kosten der Minderheit instrumentalisiert, um hierdurch Sondervorteile zu erlangen (vgl. zur sog. **übertragenden Auflösung** bei der AG BGH NJW 1988, 1579 – Linotype). Umgekehrt kann aber auch die Minderheit eine Zustimmungspflicht treffen, wenn die Auflösung im Verhältnis zur gemeinschaftlichen Zwecksetzung geboten ist (vgl. zur OHG BGH NJW 1960, 434; zur AG auch OLG Köln NZG 2021, 1217). Dies ist insbesondere bei unternehmenstragenden **GbR in der Krise** großzügig zu bejahen, um hierüber die aus der persönlichen Gesellschafterhaftung resultierenden finanziellen Risiken zu minimieren (vgl. umgekehrt zum sog. Sanieren oder Ausscheiden → § 714 Rn. 28). In diesen Fällen ist freilich stets zu berücksichtigen, ob die Auflösung der GbR nicht bereits wegen Zweckerreichung oder Unmöglichkeit eingetreten ist (→ § 729 Rn. 16 ff.); im Übrigen kommt insofern auch die Kündigung der GbR gemäß § 731 in Betracht. Einer darüberhinausgehenden generellen sachlichen Rechtfertigung des Auflösungsbeschlusses bedarf es nicht (vgl. zur OHG BeckOGK/Michel HGB § 131 Rn. 18).

5. Rechtsfolgen, Rechtsschutz

Der Zeitpunkt der Wirksamkeit des Auflösungsbeschlusses (→ Rn. 4) **11** begründet eine **Zweckänderung.** Die GbR ist nach Maßgabe der §§ 735 ff. **abzuwickeln.** Die Auflösung ist bei eingetragenen GbR gemäß § 733 I zur Eintragung ins **Gesellschaftsregister** anzumelden. Sofern der Auflösungsbeschluss oder die gesellschaftsvertraglichen Grundlagen eine spätere Wirksamkeit vorsehen (→ Rn. 12), kommt es hierauf an. Die **Rücknahme** ist nach Maßgabe von § 734 möglich. – Begehrt ein Gesellschafter Rechtsschutz gegen einen Auflösungsbeschluss, kommt hierfür grundsätzlich die **Feststellungsklage** in Betracht, bei Eilbedürftigkeit auch einstweiliger Rechtsschutz. Soweit aufgrund gesellschaftsvertraglicher Regelungen das **Beschlussmängelrecht** gemäß §§ 109 ff. HGB Geltung beansprucht, richtet sich der Rechtsschutz hiernach (Einzelheiten → § 714 Rn. 32 ff., 43 ff.).

V. Gestaltungsfreiheit

Das **kollektive Gesellschafterrecht,** über die Auflösung zu beschließen, **12** ist **zwingend** und kann daher nicht abbedungen werden (vgl. zur OHG BeckOGK/Michel HGB § 131 Rn. 19). Im Übrigen ist es aber zulässig, die **Modalitäten der Auflösung** zu modifizieren, insbesondere durch Vereinbarung einer Auflösungsfrist oder entsprechender Auflösungstermine (abw. zur OHG BeckOGK/Michel HGB § 131 Rn. 19). Notwendig ist hierfür eine entsprechende gesellschaftsvertragliche Grundlage. Da diese ihrerseits abänderbar ist, ist im Rahmen eines Auflösungsbeschlusses stets zu fragen, ob in concreto etwas Abweichendes gewollt ist. Eine mit dem Auflösungsbeschluss einhergehende konkludente Änderung des Gesellschaftsvertrages kann zudem nur dann angenommen werden, wenn die maßgeblichen Mehrheitserfordernisse insoweit übereinstimmen. – Der Auflösungsbeschluss kann ohne weiteres auch auf einen **späteren Zeitpunkt** bezogen werden oder vom Eintritt einer aufschiebenden Bedingung gem. § 158 I abhängig sein (vgl. BeckOGK/ Michel HGB § 131 Rn. 33). – Bei **nicht rechtsfähigen GbR (vgl. § 705 II Alt. 2)** kommt auch eine **rückwirkende Auflösung** ex tunc in Betracht, weil insofern allein die innergesellschaftliche Auseinandersetzung hervorgerufen wird; bei rechtsfähigen GbR ist eine rückwirkende Auflösung wegen der auch für das Außenverhältnis maßgeblichen Abänderung der gesellschaftsrechtlichen Organisationsstruktur hingegen unzulässig, was bei eingetragenen GbR durch das Registergericht bestärkt wird.

13   Die Gesetzesbegründung scheint davon auszugehen, dass das Erfordernis der qualifizierten **Dreiviertelmehrheit zwingend** ist (Begr. S. 179; so auch die Einschätzung von Heckschen NZG 2020, 761 (766)). Dem ist indessen nicht zuzustimmen (ebenso Martens AcP 221 (2021), 68 (80)). So ist etwa für GmbH allgemein anerkannt, dass das dort gleichermaßen vorgesehene Mehrheitserfordernis gemäß § 60 I Nr. 2 GmbHG durch entsprechende Satzungsregelungen **bis zur einfachen Mehrheit herabgesetzt** werden kann (Noack/Servatius/Haas/Haas GmbHG § 60 Rn. 17). Es erscheint daher bereits aus diesem Grund naheliegend, eine entsprechende **Gestaltungsfreiheit** auch dem Recht der GbR zuzubilligen. Darüber hinaus ist zu bedenken, dass die Neuregelung des § 732 gegenüber der bisherigen Rechtslage eine Liberalisierung der Zulässigkeit von Mehrheitsklauseln bewirkte, indem es nunmehr abweichend von früheren Ansichten keiner expliziten Aufnahme der Auflösbarkeit mehr bedarf (→ Rn. 1). Für die Praxis bedeutet dies, dass bei Altgesellschaften eine allgemeine Mehrheitsklausel nunmehr auch die Auflösung abdeckt; bei Neugesellschaften gilt dies gleichermaßen. Es war aber bereits nach bisherigem Recht nicht zwingend, dass die Auflösung bei Vorliegen einer entsprechenden Mehrheitsklausel mit qualifizierter Dreiviertelmehrheit zu fassen war (aus OLG Hamm BeckRS 1988, 30945015 kann dies jedenfalls nicht gefolgert werden). Das gesetzgeberische Anliegen, eine **gängige Praxis zu legitimieren** und besondere Hürden zu beseitigen, würde aber relativiert, wenn über § 732 nunmehr das bislang im Personengesellschaftsrecht weitgehend unbekannte Erfordernis einer Dreiviertelmehrheit zwingende Geltung beanspruchen würde. Es ist vielmehr der Gestaltungsfreiheit auch insofern Raum zu geben, als die Gesellschafter durch entsprechende gesellschaftsvertragliche Regelungen (allgemeine Mehrheitsklausel genügt) auch das Erfordernis der **einfachen Stimmenmehrheit** ausreichen lassen können.

14   Umgekehrt ist es aber auch ohne weiteres zulässig, eine **größere qualifizierte Mehrheit** zu vereinbaren oder es bei dem **Einstimmigkeitserfordernis** gemäß § 711 zu belassen, mithin den Auflösungsbeschluss nicht in den Anwendungsbereich einer Mehrheitsklausel zu fassen bzw. gänzlich auf eine solche zu verzichten. Aus § 732 kann richtigerweise nicht der Schluss gezogen werden, dass im Hinblick auf Mehrheitsklauseln nunmehr eine standardisierte Alles-oder-Nichts-Lösung zulässig wäre. Die Gesellschafter haben

es nach wie vor auch bei der GbR in der Hand, die Reichweite der Mehrheitsherrschaft konkret auszugestalten. — Im Übrigen ist es aber unzulässig,
die Wirksamkeit des Auflösungsbeschlusses von der **Zustimmung eines
gesellschaftsfremden Dritten** abhängig zu machen (allgM, vgl.
BeckOGK/Michel HGB § 131 Rn. 19; zur GmbH RGZ 169, 65 (80 f.)).

VI. Kautelarischer Handlunsgbedarf infolge des MoPeG

Soweit die neue gesetzliche Konzeption der Beschlussfassung durch eine **15**
Dreiviertelmehrheit gem. § 732 nicht den Interessen der Gesellschafter entspricht, sollten diese bis zum 31.12.2023 (vgl. Art. 137 S. 1 MoPeG) kautelarisch tätig werden und im Gesellschaftsvertrag entsprechende Anpassungen
vornehmen. Die Vorschrift des § 732 hat wegen seiner Akzessorietät zu
gesellschaftsvertraglichen Abreden über die Stimmkraft einen dispositiven
Charakter (→ Rn. 13). So kann zu Lasten einzelner Gesellschafter das
Stimmrecht ausgeschlossen werden, soweit dies durch eine interessengerechte
Begründung gerechtfertigt ist (→ Rn. 13). — Handlungsbedarf besteht für
gesellschaftsvertragliche Regelungen über das Beschlussfassungsverfahren, für
die Beschlussfassungsmodalitäten sowie das Beschlussmängelrecht. Letzteres
kann nach dem Vorbild der §§ 110 ff. HGB gestaltet werden (→ Rn. 3). Um
einen konkludenten Auflösungsbeschluss zu verhindern, sollten die Gesellschafter Auslegungsregelungen in den Vertrag aufnehmen. — Zudem besteht
Handlungsbedarf bezüglich der Rechtsfolge der Auflösung. Hier bietet sich
die Vereinbarung einer Auflösungsfrist oder eines entsprechenden Auflö-
sungstermins an (→ Rn. 12).

VII. Darlegungs- und Beweislast

Die Beweislast für das Vorliegen eines Auflösungsgrundes hat grundsätzlich **16**
derjenige, der sich darauf beruft. Im Rahmen von § 732 bezieht sich dies auf
die **tatbestandlichen Voraussetzungen einer wirksamen Beschlussfassung.** Insofern bedarf es dann, sofern gegeben, auch der Darlegung der
entsprechenden Mehrheitsklausel als notwendige Grundlage für das Ausreichen der (qualifizierten) Mehrheit. In Bezug auf etwaige **Beschlussmängel**
ist im Hinblick auf die Darlegungs- und Beweislast danach zu differenzieren,
ob der Gesellschaftsvertrag die §§ 109 ff. HGB für anwendbar erklärt (Einzelheiten bei → § 714 Rn. 32 ff., 43 ff.).

§ 733 Anmeldung der Auflösung

(1) ¹**Ist die Gesellschaft im Gesellschaftsregister eingetragen, ist ihre
Auflösung von sämtlichen Gesellschaftern zur Eintragung in das
Gesellschaftsregister anzumelden. ²Dies gilt nicht in den Fällen der
Eröffnung oder der Ablehnung der Eröffnung des Insolvenzverfah-
rens über das Vermögen der Gesellschaft (§ 729 Absatz 1 Nummer 2
und Absatz 3 Satz 1 Nummer 1); dann hat das Gericht die Auflösung**

und ihren Grund von Amts wegen einzutragen. ³Im Fall der Löschung der Gesellschaft (§ 729 Absatz 3 Satz 1 Nummer 2) entfällt die Eintragung der Auflösung.

(2) Ist aufgrund einer Vereinbarung im Gesellschaftsvertrag die Gesellschaft durch den Tod eines Gesellschafters aufgelöst, kann die Anmeldung der Auflösung der Gesellschaft ohne Mitwirkung der Erben erfolgen, sofern einer solchen Mitwirkung besondere Hindernisse entgegenstehen.

Übersicht

I. Reform

1. Grundlagen, Bewertung

1   Der neue § 730 verwirklicht durch Statuierung einer gesellschaftsrechtlichen Anmeldepflicht zum Gesellschaftsregister konsequent die **Registerpublizität eingetragener GbR** (§§ 707 ff.) auch im Hinblick auf die **Auflösung.** Eine entsprechende Regelung gab es in Bezug auf das Handelsregister bislang allein bei OHG und KG (vgl. § 143 HGB aF, nunmehr § 141 HGB). Die korrespondierende Eintragungspflicht beim bloßen Ausscheiden eines Gesellschafters folgt bei eingetragener GbR aus § 707 III 2 (→ § 707 Rn. 21; vgl. aber zur zweigliedrigen Gesellschaft → Rn. 4, → Rn. 7). Im Gesetzgebungsverfahren wurde zu Recht kritisiert, dass sich die Anmeldepflicht auf sämtliche Gesellschafter erstreckt (vgl. DAV NZG 2020, 1133 Rn. 81); dem ist durch eine teilweise teleologische Reduktion von Abs. 1 Rechnung zu tragen (hierzu → Rn. 5). – Die Regelung wird ergänzt durch § 736c im Hinblick auf die Anmeldung der Liquidatoren und durch § 738, wonach nach Abschluss des Liquidationsverfahrens auch das Erlöschen der eingetragenen GbR zur Eintragung anzumelden ist. Die Neuregelung war bereits Gegenstand des Mauracher Entwurfs.

2. Zeitlicher Geltungsbereich

2   § 733 tritt gemäß Art. 137 S. 1 MoPeG am 1.1.2024 in Kraft, sodass zuvor keine Eintragungen ins Gesellschaftsregister erfolgen können. Art. 137 S. 2 MoPeG sieht indessen vor, dass die maßgeblichen Verfahrensvorschriften des

FamFG sowie die Verordnungsermächtigung gemäß § 707d (→ § 707d Rn. 1) bereits am 18.8.2021 in Kraft getreten sind, um zu gewährleisten, dass die Registerverwaltungen sich auf das Inkrafttreten des MoPeG zum 1.1.2024 frühzeitig einstellen können.

II. Normzweck, Anwendungsbereich

Die Eintragungspflicht bei Auflösung dient der **Information des Rechts-** 3 **verkehrs** (Begr. S. 179). Dritte können hieraus Rückschlüsse auf die mit der Auflösung einhergehende Zweckänderung und Umgestaltung der gesellschaftsrechtlichen Organisationsstruktur im Hinblick auf Geschäftsführungs- und Vertretungsbefugnisse ziehen. Die Regelung ist konsequenterweise zwingend (vgl. zum kautelarischen Handlungsbedarf → § 707 Rn. 30). Sie gilt indessen **nur bei rechtsfähigen GbR,** die zum Zeitpunkt der Auflösung oder später im Gesellschaftsregister **eingetragen** sind. Bei nicht eingetragenen rechtsfähigen GbR besteht daher trotz identischen Informationsbedürfnisses der Gläubiger keine Eintragungspflicht. Dies kann man rechtspolitisch kritisieren, ist aber die Konsequenz der gesetzgeberischen Entscheidung, bei der GbR keine generelle Eintragungspflicht zu statuieren (vgl. den Wortlaut des § 707 I „können"; vgl. demgegenüber zur Eintragungspflicht bei fehlender Voreintragung von OHG und KG OLG Brandenburg NZG 2002, 909 (910)). – Die gesellschaftsrechtliche Anmeldepflicht besteht im Übrigen nicht, wenn die notwendige Registereintragung bereits auf andere Weise hergestellt ist (Ablehnung der Eröffnung des Insolvenzverfahrens, Löschung wegen Vermögenslosigkeit). – Abs. 2 gewährleistet die Eintragung der Auflösung auch in den Fällen, in denen die GbR durch den Tod eines Gesellschafters aufgelöst wird, indem sie auch ohne Mitwirkung der Erben erfolgen kann. – Bei OHG und KG gilt allein der identische § 141 HGB, ebenso bei der Partnerschaftsgesellschaft (vgl. § 9 I PartGG).

III. Auflösung der eingetragenen GbR

Abs. 1 S. 1 knüpft an die **Auflösungsgründe gemäß § 729** an. Ausnahmen 4 bestehen allein gemäß Abs. 1 S. 2 bei Eröffnung des Insolvenzverfahrens oder Ablehnung desselben mangels Masse (§ 729 I Nr. 2, II Nr. 1), da hier die Eintragung zum Gesellschaftsregister gemäß § 31 InsO von Amts wegen erfolgt. Das Gleiche gilt bei Löschung der GbR wegen Vermögenslosigkeit (§ 729 III Nr. 2). – Die Anmeldepflicht besteht grundsätzlich auch bei der **zweigliedrigen GbR,** wenn der Auflösungsgrund das Liquidationsverfahren nach sich zieht. Etwas anderes gilt aber in den Fällen des § 712a, da bei **Ausscheiden des vorletzten** Gesellschafters die Auflösung mit der Vollbeendigung der GbR zusammenfällt. Die Anmeldung der Auflösung im Rechtssinne gemäß § 733 ist daher nicht statthaft. Etwas anderes gilt aber im Hinblick auf das Ausscheiden des Gesellschafters gemäß § 707 III 3. Die unterschiedliche Nachhaftung bei Ausscheiden (§ 728b) und Auflösung (§ 739) begründen ein **differenziertes Informationsbedürfnis** des Rechtsverkehrs. Insofern sind daher in diesen Fällen sowohl das Ausscheiden als auch das Erlöschen zur Eintragung anzumelden (vgl. MüKoHGB/K. Schmidt/Fleischer HGB § 143 Rn. 4; Henssler/Strohn/ Klöhn HGB § 143 Rn. 4). Das gilt auch, wenn bei einer GbR sämtliche **Gesellschaftsanteile auf einen Dritten** übertragen werden (vgl. zur KG OLG Frankfurt NZG 2004, 808 (809)). – Wurde nach Eintritt eines Auflösungsgrundes ein **Fortsetzungsbeschluss** gefasst, besteht wegen § 734 III eine doppelte Anmeldepflicht, um dem Informationsbedürfnis des Rechtsverkehrs auch für die Zwischenzeit zu entsprechen (Henssler/Strohn/Klöhn HGB § 143 Rn. 3). Das Gleiche gilt, wenn **mittlerweile Vollbeendigung** der Gesellschaft eingetreten ist; in diesem Fall muss neben dem Erlöschen gemäß § 738 auch die vorherige Auflösung eingetragen werden.

IV. Anmeldepflicht

1. Adressaten

5   Die Anmeldepflicht trifft **sämtliche Gesellschafter** zum Zeitpunkt des Auflösungstatbestands. Kommt es danach zum Gesellschafterwechsel, trifft die Eintretenden die Pflicht gleichermaßen, wenn sie noch nicht erfüllt worden ist (Formulierungsbeispiel bei Böhringer/Melchior NotBZ 2022, 361 (371)). Die Gesellschafter können sich wechselseitig vertreten und Dritte bevollmächtigen (Henssler/Strohn/Klöhn HGB § 143 Rn. 9; vgl. insoweit § 12 I 3 HGB). Rechtspolitisch ist das Erfordernis der Mitwirkung aller Gesellschafter im gesetzlichen Regelfall **nicht vollkommen überzeugend.** Nach § 78 GmbHG genügt etwa bei der GmbH grundsätzlich die Anmeldung durch die Geschäftsführer in vertretungsberechtigter Zahl (vgl. Henssler/Strohn/Servatius GmbHG § 78 Rn. 5). Insbesondere in den Fällen, in denen die Auflösung durch die Gesellschaftermehrheit gemäß § 729 I Nr. 4 herbeigeführt wurde (→ § 729 Rn. 15), kann das Einstimmigkeitserfordernis die rechtmäßige Willensbildung nicht hinnehmbar konterkarieren (hierauf hinweisend DAV NZG 2020, 1133 Rn. 81). Der Umweg über die Gesellschafterklage gemäß § 715b ist insofern auch wenig praktikabel. Es bietet sich daher einerseits an, **Abs. 1 teleologisch zu reduzieren** und im Hinblick auf die erforderliche Mitwirkung an die maßgebliche Regelung zur organschaftlichen Vertretungsmacht anzuknüpfen. Dies hätte indessen im Rahmen von § 733 die Schwäche, dass gemäß § 736b I im gesetzlichen Regelfall Gesamtvertretung gilt, sodass auch hier Mitwirkungsprobleme verbleiben. Besser ist es daher, **Abs. 1 einen teilweise dispositiven Charakter** zuzubilligen, wonach in den Fällen einer mittels Mehrheitsklausel wirksamen Willensbildung auch allein die zustimmenden Gesellschafter zur gemeinschaftlichen Anmeldung berufen sind. Im Fall der Kündigung der Gesellschaft gemäß § 729 I Nr. 3 sollte es indessen bei der gemeinschaftlichen Anmeldepflicht gemäß Abs. 1 bleiben, um dem Kündigenden die Rechtsmacht einzuräumen, einseitig die Eintragung der Auflösung einzuführen.

6   Besonderheiten folgen aus **Abs. 2:** Die Regelung stellt zunächst klar, dass auch die **Erben eines Gesellschafters** anmeldepflichtig sind, wenn das Versterben aufgrund entsprechender gesellschaftsvertraglicher Regelung in Abweichung zu § 723 I Nr. 1 zur Auflösung der Gesellschaft führt (vgl. hierzu

→ § 723 Rn. 18). Die Möglichkeit der Ausschlagung ändert hieran nichts (vgl. KG NZG 2007, 101); ein Testamentsvollstrecker muss mitwirken (BGH NJW 1989, 3152 (3153)). Die notwendige Anmeldung der Auflösung kann in diesen Fällen aber auch allein durch die übrigen Gesellschafter erfolgen, wenn der Mitwirkung der Erben besondere Hindernisse entgegenstehen. Erforderlich ist hierfür aber Unerreichbarkeit der Erben oder Unkenntnis über diese, nicht deren bloße Weigerung (Henssler/Strohn/Klöhn HGB § 143 Rn. 10). Eine vergleichbare Regelung enthält § 736 I 3. – Rückt ein Erbe im Rahmen der Sondererbfolge in die Stellung des Verstorbenen ein (→ § 711 Rn. 27 ff.), folgt die Anmeldepflicht des Gesellschafterwechsels aus § 707 III 2.

2. Durchsetzung

§ 733 begründet zum einen eine **gesellschaftsrechtliche Anmelde-** **7** **pflicht** (vgl. zur OHG BGH NZG 2002, 233 (234)). Die Gesellschafter sind wechselseitig verpflichtet, an der gebotenen Anmeldung mitzuwirken. Dies kann klageweise durchgesetzt werden (vgl. insofern auch § 16 HGB). Passivlegitimiert sind die einzelnen Gesellschafter (BGH WM 1983, 785 (786)); aktivlegitimiert sind die übrigen Gesellschafter, richtigerweise als notwendige Streitgenossen gemäß § 62 ZPO (abw. für einfache Streitgenossenschaft gem. § 59 ZPO: BGH NJW 1959, 1683); weigert sich einer von diesen treuwidrig, kommt insofern die Gesellschafterklage gemäß § 715b in Betracht. Bei der zweigliedrigen GbR kann ohne weiteres gegen den sich Weigernden vorgegangen werden. – Zum anderen besteht eine **verfahrensrechtliche Anmeldepflicht** nach Maßgabe von § 707b Nr. 3, §§ 8 ff. HGB, § 374 FamFG. Für die Form gilt § 12 HGB. Die Registerpflicht kann insofern mit Zwangsgeldandrohung gemäß § 14 HGB durchgesetzt werden. Die Anmeldung der Auflösung unterliegt gemäß § 707a III zwar der Registerpublizität gemäß § 15 HGB, praktische Auswirkungen dürfte dies indessen anders als beim Ausscheiden eines Gesellschafters nicht haben. Die Verjährung der Gesellschafterhaftung gemäß § 739 ist an die Eintragung des Erlöschens gemäß § 738 geknüpft. – Neben der Eintragung der Auflösung hat gemäß § 736c auch die **Anmeldung der Liquidatoren** zur Eintragung zu erfolgen; das Registergericht darf die Eintragung der Auflösung allerdings nicht hiervon abhängig machen (vgl. zur OHG BayObLG NZG 2001, 792).

V. Eintragung der Auflösung und Rechtsfolge

Die Eintragung der Auflösung ins Gesellschaftsregister erfolgt durch Hin- **8** zufügung eines entsprechenden **Liquidationszusatzes** gemäß § 736d III (→ § 736d Rn. 38; abw. wohl RGZ 29, 66 (68); OLG Hamburg ZHR 35 (1889), 235; KGJ 26 A 218; Henssler/Strohn/Klöhn HGB § 153 Rn. 2: Rechtsformzusatz sei kein Firmenbestandteil). Sie hat allein **deklaratorische Bedeutung** (vgl. zur OHG RG HRR 1936 Nr. 611; Henssler/Strohn/Klöhn HGB § 143 Rn. 12). Dem Registergericht obliegt im Rahmen der materiellen Prüfung des Auflösungstatbestands allein eine **Plausibilitätskontrolle** (Henssler/Strohn/Wamser HGB § 9 Rn. 10 ff.). Eine Pflicht zur

Amtsermittlung besteht nur, wenn entweder die formalen Mindestanforderungen für eine Eintragung nicht erfüllt sind oder wenn begründete Zweifel an der Wirksamkeit der zur Eintragung angemeldeten Erklärungen oder an der Richtigkeit der mitgeteilten Tatsachen bestehen (vgl. BGH NZG 2022, 268 Rn. 9). Bei einem Streit über die Auflösung kann das Registergericht das Verfahren gemäß § 21 FamFG aussetzen. Die **Bekanntmachung** der Auflösung folgt aus § 10 HGB. Die **Kosten** ergeben sich aus § 105 IV Nr. 3 GNotKG (vgl. Böhringer/Melchior NotBZ 2022, 361 (371))

VI. Kautelarischer Handlungsbedarf infolge des MoPeG

9   Vgl. zum kautelarischen Handlungsbedarf aufgrund der Neueinführung des Gesellschaftsregisters die Ausführungen in → § 707 Rn. 30.

§ 734 Fortsetzung der Gesellschaft

(1) **Die Gesellschafter können nach Auflösung der Gesellschaft deren Fortsetzung beschließen, sobald der Auflösungsgrund beseitigt ist.**

(2) **Hat nach dem Gesellschaftsvertrag die Mehrheit der Stimmen zu entscheiden, muss der Beschluss über die Fortsetzung der Gesellschaft mit einer Mehrheit von mindestens drei Viertel der abgegebenen Stimmen gefasst werden.**

(3) **War die Gesellschaft vor ihrer Auflösung im Gesellschaftsregister eingetragen, ist die Fortsetzung von sämtlichen Gesellschaftern zur Eintragung in das Gesellschaftsregister anzumelden.**

Übersicht

I. Reform

1. Grundlagen, Bewertung

§ 734 regelt wie der identische § 142 HGB die **Voraussetzungen für die** 1 **Fortsetzung der GbR nach Auflösung** gemäß § 729. Eine entsprechende Regelung fehlte bislang im Recht der GbR; § 144 HGB aF sah dies allein für OHG und KG vor. Gleichwohl war bereits früher allgemein anerkannt, dass auch bei der GbR die Fortsetzung einer aufgelösten Gesellschaft grundsätzlich möglich ist (vgl. BGH NJW 1995, 2843; MüKoBGB/Schäfer Vor § 723 Rn. 11). Dies gilt freilich nur, wenn **noch keine Vollbeendigung** durch ordnungsgemäßen Abschluss der Liquidation eingetreten ist (Bachmann Stellungnahme S. 11; vgl. zur hiervon abzugrenzen Nachtragsliquidation → § 738 Rn. 14). – Die zentrale Bedeutung der Reform liegt darin begründet, dass in Abs. 1 klargestellt wird, dass eine Auflösung nur in Betracht kommt, wenn der **Auflösungsgrund beseitigt** ist (für die Interpretation des „sobald" als „wenn" auch Bachmann Stellungnahme S. 11). Weiterhin begründet Abs. 2 bei Vorhandensein einer allgemeinen gesellschaftsvertraglichen Mehrheitsklausel das **qualifizierte Mehrheitserfordernis** (dies als Kompromiss begrüßend DAV NZG 2020, 1133 Rn. 80). Hierdurch wird die bislang auf den Bestimmtheitsgrundsatz gestützte restriktive Anerkennung allgemeiner Mehrheitsklauseln (vgl. BGH NZG 2007, 860) liberalisiert. Die dogmatische Bedeutung dieser Regelung ist indessen unklar. Schließlich ist nach Abs. 3 bei eingetragenen GbR die Fortsetzung der Gesellschaft zur Eintragung ins **Gesellschaftsregister** anzumelden.

2. Zeitlicher Geltungsbereich

§ 734 tritt gemäß Art. 137 S. 1 MoPeG am 1.1.2024 in Kraft; eine Über- 2 gangsregelung für § 734 ist im EGBGB nicht vorgesehen. Aus dem Umkehrschluss zu Art. 229 § 61 EGBGB folgt daher, dass für die Fortsetzung der Gesellschaft ab dem Zeitpunkt des Inkrafttretens das neue Recht gilt. Maßgeblich ist der Zeitpunkt des Fortsetzungsbeschlusses. Dies betrifft daher auch Altgesellschaften, sodass sich die materielle Rechtslage insofern ändert (vgl. zum kautelarischen Handlungsbedarf → Rn. 27 ff.).

II. Normzweck

Die Auflösung als **Zweckänderung** kann auf der Grundlage von Privatauto- 3 nomie und Vereinigungsfreiheit bis zur Vollbeendigung und Löschung der Gesellschaft prinzipiell **rückgängig gemacht** werden, sofern dies objektiv möglich und rechtlich zulässig ist (vgl. MüKoHGB/K. Schmidt HGB § 145 Rn. 71: Allgemeines Rechtsprinzip). **Abs. 1** hat insofern eine nur klarstellende Bedeutung. – **Abs. 2** beruht ebenfalls zunächst auf dem seit jeher maßgeblichen Vertragsmodell der Personengesellschaften, wonach die auch eine Zweckänderung herbeiführende Grundlagenentscheidung als Änderung des Gesellschaftsvertrages der **Zustimmung aller Gesellschafter** bedarf (vgl. insoweit § 714). Geregelt wird hiernach allein, dass in den Fällen einer gesellschaftsvertraglichen

Mehrheitsklausel für den Fortsetzungsbeschluss das qualifizierte Erfordernis der **Dreiviertelmehrheit** besteht, was im Einklang mit der Regelung zum Auflösungsbeschluss gemäß § 732 steht (→ § 732 Rn. 7). Hierdurch wird die früher restriktive Anerkennung **allgemeiner Mehrheitsklauseln** als notwendige Legitimation für die Mehrheitsherrschaft beim Fortsetzungsbeschluss aufgegeben (vgl. insofern noch vgl. BGH NZG 2007, 860).

4   Abs. 2 kann man durchaus **kritisieren**, zumal im Gesetzgebungsverfahren nicht klar wurde, welche dogmatische Bedeutung die Vorschrift überhaupt haben soll (Auslegungsregel, zwingende oder dispositive Regelung?). Dies ist insbesondere bei § 734 wichtig, denn die rechtliche Bedeutung allgemeiner Mehrheitsklauseln im Gesellschaftsvertrag hat im Liquidationsstadium eine **schwächere Legitimation** als bis zur Auflösung (vgl. auch die Wertung von § 736 V). Der wirtschaftliche Neustart im Zuge eines Fortsetzungsbeschlusses dürfte wegen der hierdurch bewirkten **Ausweitung der Gesellschafterhaftung** in den meisten Fällen eine so grundlegende Bedeutung für die Gesellschafter haben, dass man die ursprüngliche Vereinbarung einer Mehrheitsklausel kaum als antizipierte Zustimmung hierzu werten kann. Die rechtliche Einordnung von Abs. 2 als Auslegungsregel scheidet daher aus. Die Regelung entfaltet vielmehr eine normative Wirkung, indem auch ohne Bezug zu einem (unterstellten) Gesellschafterwillen angeordnet wird, dass jedenfalls die Dreiviertelmehrheit erforderlich ist. Dies lenkt konsequenterweise den Blick auf die Frage, ob es sich bei Abs. 2 um eine **zwingende Regelung** handelt (in diese Richtung im Rahmen von § 732 Begr. S. 179, vgl. → § 732 Rn. 13) oder ob durch entsprechende gesellschaftsvertragliche Regelung auch hiervon abgewichen werden kann (zur Gestaltungsfreiheit → Rn. 25 ff.).

5   In jedem Fall aber soll die aus der liberalen Anerkennung allgemeiner Mehrheitsklauseln resultierende **Beeinträchtigung der Minderheit** im Hinblick auf ihre Partizipationsinteressen durch das Erfordernis der **qualifizierten Mehrheit kompensiert** werden. Ob dies ausreichend ist, ist zweifelhaft. Immerhin muss hiernach eine (mit bis 25 % ggf. sehr große) Minderheit hinnehmen, dass ihre aus der persönlichen Haftung resultierenden **wirtschaftlichen Risiken** im Zuge der Fortsetzung der GbR als werbende Gesellschaft **vergrößert** werden. Dies bedingt zuvörderst eine starke Treuepflichtkontrolle des Fortsetzungsbeschlusses (wohl auch Begr. S. 181). Zudem dürfte für die überstimmten Gesellschafter vielfach das Interesse bestehen, ihre Mitgliedschaft nach Maßgabe von § 725 außerordentlich oder wenigstens ordentlich zu kündigen. Dies gilt insbesondere dann, wenn Ihnen selbst unter Treuepflichtaspekten eine Zustimmungspflicht auferlegt wird (→ Rn. 17). – Die in **Abs. 3** statuierte Anmeldepflicht zum Gesellschaftsregister ist bei eingetragenen GbR die notwendige Konsequenz, um ebenso wie bei der Auflösung gemäß § 733 die **Registerpublizität** zugunsten des Rechtsverkehrs zu wahren. Das hierin erforderliche Mitwirkungserfordernis aller Gesellschafter ist in den Fällen der Auflösung durch Mehrheitsbeschluss zu korrigieren (→ Rn. 21). Die Eintragung wirkt nur deklaratorisch.

III. Anwendungsbereich

Abs. 1 und 2 gelten grundsätzlich **bei jeder GbR,** unabhängig von der **6** Rechtsfähigkeit (vgl. zur nicht rechtsfähigen GbR § 740a I Nr. 2, (→ § 740a Rn. 7). Abs. 3 gilt hingegen nur, wenn eine GbR vor ihrer Auflösung im Gesellschaftsregister eingetragen war. Soll eine bislang nicht eingetragene Gesellschaft im Zuge der Fortsetzung eingetragen werden, richtet sich dies nach § 707. Bei **zweigliedrigen GbR** kommt in den Fällen von § 712a die Fortsetzung nach Auflösung nicht Betracht, weil die GbR erlischt und das Gesellschaftsvermögen auf den verbleibenden Gesellschafter übergeht. Ein Fortsetzungsbeschluss kann daher nur als Neubegründung der Gesellschaft zu verstehen sein. – Bei OHG und KG gilt allein der identische § 142 HGB; das Gleiche gilt gemäß § 9 I PartGG für die Partnerschaftsgesellschaft.

IV. Fortsetzung der Gesellschaft (Abs. 1)

§ 734 regelt die Fortsetzung der Gesellschaft nach Auflösung. Vorausset- **7** zung dafür ist, dass ein gesetzlicher oder gesellschaftsvertraglicher Auflösungsgrund gemäß § 729 vorliegt und die Gesellschaft **noch nicht vollbeendet** ist (Bachmann Stellungnahme S. 11; vgl. zur OHG OLG Oldenburg BB 1995, 237); kommt es indessen nach Vollbeendigung zu einer Nachtragsliquidation (→ § 738 Rn. 14), besteht auch Raum für eine darüber hinausgehende Fortsetzung der Gesellschaft. Im Übrigen ist es aber unbeachtlich, ob bereits mit der **Liquidation oder Vermögensverteilung begonnen** wurde (abw. § 274 I 1 AktG, vgl. hierzu Grigoleit/Servatius AktG § 274 Rn. 3). Einschränkungen im Hinblick auf die Fortsetzungsfähigkeit ergeben sich zunächst daraus, dass der **Auflösungsgrund** gemäß Abs. 1 zum Zeitpunkt der Beschlussfassung bzw. bei aufschiebend bedingter Entscheidung ggf. später **beseitigt** sein muss (→ Rn. 17); gibt es mehrere Auflösungsgründe, müssen alle beseitigt sein. Insofern ist nach den verschiedenen Auflösungsgründen zu differenzieren:

Die Fortsetzung kann ohne weiteres beschlossen werden, wenn die Gesell- **8** schaft gemäß § 729 I Nr. 1 durch **Zeitablauf** aufgelöst (→ § 729 Rn. 9) oder gemäß § 729 I Nr. 4 ein entsprechender **Auflösungsbeschluss** gefasst wurde (→ § 732 Rn. 5 ff.). Hier genügt allein ein entsprechender Fortsetzungswille (Begr. S. 180). – Wurde die GbR gemäß § 729 I Nr. 3 **gekündigt** (→ § 729 Rn. 12 ff.), ist die Fortsetzung ebenfalls unproblematisch möglich, wenn die Kündigung eines besonderen Grundes bedurfte. Aber auch in den Fällen der Kündigung aus wichtigem Grund oder bei vereinbarten Kündigungsgründen ist die Fortsetzung möglich, da der aktuelle Fortsetzungswille sich nicht zwingend mit dem vorherigen Kündigungswillen decken muss (enger, die Kündigung als Gestaltungsrecht ignorierend, Begr. S. 180: Grund, der eine Fortsetzung der Gesellschaft unzumutbar macht, muss behoben sein). Dem ursprünglich Kündigenden kann im Übrigen ggf. ein erneutes Kündigungsrecht in Bezug auf seine Mitgliedschaft gemäß § 725 II zustehen, wenn er im Hinblick auf die Fortsetzung überstimmt oder aufgrund seiner Treuepflichtbindung sogar zur Mitwirkung verpflichtet war (→ Rn. 12). Umgekehrt kann für die Mitgesellschafter dann auch das Ausschließungsrecht zulasten des ursprünglich Kündigenden gemäß § 727 in Betracht kommen.

9 Bei der Auflösung der GbR wegen **Zweckerreichung oder Unmöglichkeit** gemäß § 729 II ist die Fortsetzung grundsätzlich ausgeschlossen. Richtigerweise kommt aber auch hier eine Fortsetzung **entsprechend § 734** in Betracht, wenn die Gesellschafter zugleich eine Zweckänderung herbeiführen, die den Fortbestand der Gesellschaft ermöglicht (Begr. S. 180). Eine gesellschaftsvertragliche Mehrheitsklausel legitimiert in entsprechender Anwendung von Abs. 2 im dispositiven gesetzlichen Regelfall auch dies. Auch in diesem Fall ist freilich einem überstimmten oder aufgrund seiner Treuepflichtbindung zur Mitwirkung verpflichteten Gesellschafter ein Kündigungsrecht in Bezug auf seine Mitgliedschaft zuzubilligen. – Hiervon **abzugrenzen** sind die Fälle, in denen sich lediglich nachträglich herausstellt, dass die ursprünglich angenommene Zweckerreichung oder Unmöglichkeit nicht gegeben ist. An sich ist es dann von Anfang an nicht zur Auflösung gekommen, sodass die Gesellschaft als werbende fortbestand. Wurde indessen bereits mit der Liquidation begonnen, ist die Lehre von der fehlerhaften Gesellschaft auch hierauf anzuwenden (sog. **„fehlerhafte Auflösung"**, vgl. hierzu beim Auflösungsbeschluss, aber sehr restriktiv, BGH NJW 1974, 498; Einzelheiten → § 719 Rn. 21 ff.). Es ist den Gesellschaftern dann möglich, nach Entdecken der Möglichkeit der weiteren Zweckverfolgung die Liquidationsgesellschaft durch einen Fortsetzungsbeschluss mit Ex-nunc-Wirkung wieder in eine werbende umzuwandeln. Die entsprechenden Liquidationsmaßnahmen und organisationsrechtliche Umgestaltung im Hinblick auf Geschäftsführungsbefugnis und Vertretungsmacht sind dann zu korrigieren; bei eingetragenen GbR ist im Gesellschaftsregister die Fassung des Fortsetzungsbeschlusses einzutragen. – Bei den gesellschaftsvertraglich **vereinbarten Auflösungsgründen** iSd § 729 IV (→ § 729 Rn. 26) haben die Gesellschafter ebenfalls grundsätzlich die Freiheit, die Fortsetzung zu beschließen. Es ist freilich erforderlich, dass die Fortsetzung der GbR objektiv möglich ist, sodass ggf. zugleich eine Zweckänderung erfolgen muss. Das Gleiche gilt, wenn die GbR aufgrund entsprechender Vertragsregelung abweichend von § 723 I Nr. 1 beim Tod eines Gesellschafters aufgelöst wurde (vgl. hierzu (→ § 729 Rn. 26). Auch hier haben die verbleibenden Gesellschafter und Erben die Möglichkeit, nach Maßgabe von § 734 die Fortsetzung der Gesellschaft mit neuem Gesellschafterkreis zu beschließen.

10 Wurde die GbR wegen **Insolvenzeröffnung über das Gesellschaftsvermögen** gemäß § 729 I Nr. 2 aufgelöst (→ § 729 Rn. 11), kommt ein Fortsetzungsbeschluss nur dann in Betracht, wenn das Insolvenzverfahren nach § 213 InsO eingestellt oder nach §§ 217 ff. InsO aufgehoben wurde (Begr. S. 180; vgl. zu § 142 HGB MüKoHGB/K. Schmidt HGB § 144 Rn. 5 ff.; zu § 60 I Nr. 4 GmbHG auch Noack/Servatius/Haas/Haas GmbHG § 60 Rn. 95 ff.). Dies war bislang für OHG und KG ausdrücklich in § 144 HGB aF geregelt; im Zuge der Reform wurde diese Norm jedoch ersatzlos gestrichen. Es stellt sich daher die Frage, ob die **Beseitigung des Insolvenzgrundes** für die Fassung eines Fortsetzungsbeschlusses erforderlich ist. Richtigerweise ist dies zu bejahen, denn die mittlerweile aufgegebene

Regelung des § 144 HGB aF als Privilegierungstatbestand, wonach es nicht auf die Beseitigung des Insolvenzgrundes ankam (vgl. Henssler/Strohn/ Klöhn HGB § 144 Rn. 2), war ohnehin rechtspolitisch fragwürdig. Die Vermögensinsuffizienz vermag einen Neustart aus der Perspektive des Gläubigerschutzes kaum zu rechtfertigen. Zu bedenken ist aber, dass die Werthaltigkeit der persönlichen Gesellschafterhaftung hierbei zu berücksichtigen ist. Daher ist es in allen Fällen der gewollten Fortsetzung notwendig, dass die GbR nicht (wieder) insolvenzreif wird (so für die anderen Möglichkeiten der Fortsetzung auch Henssler/Strohn/Klöhn HGB § 145 Rn. 24; vgl. zur GmbH BGH ZInsO 2020, 1244 Rn. 43). – Wurde – abweichend von § 723 I Nr. 3 – gesellschaftsvertraglich vereinbart, dass die **Insolvenzeröffnung über das Vermögen eines Gesellschafters** nicht zum Ausscheiden, sondern zur Auflösung der GbR führt, kann mit Zustimmung des Insolvenzverwalters die Fortsetzung der GbR beschlossen werden (→ § 723 Rn. 27); vgl. insofern auch § 735 II (→ § 735 Rn. 12).

In beiden Fällen begründet die **Ablehnung der Insolvenzeröffnung** 11 grundsätzlich keinen Auflösungsbeschluss bzw. Ausscheidensgrund, sodass sich konsequenterweise auch kein Bedürfnis für die Fassung eines Fortsetzungsbeschlusses ergibt (den Unterschied zu § 60 I Nr. 5 GmbHG und § 262 I Nr. 4 AktG begrüßend Bachmann Stellungnahme S. 11). Eine abweichende Beurteilung ist nur gemäß § 729 III Nr. 1 bei **atypischen GbR** geboten, da die Ablehnung der Insolvenzeröffnung hier einen zwingenden Auflösungsgrund darstellt (→ § 729 Rn. 21 ff.). Insofern ist eine Fortsetzung aus Gründen des Gläubigerschutzes nur möglich, wenn entweder eine natürliche Person persönlich haftender Gesellschafter wird oder die Masseinsuffizienz beseitigt wird. Wurde die atypische GbR gemäß § 729 III Nr. 2 infolge der Löschung wegen Vermögenslosigkeit aufgelöst, kommt eine Fortsetzung wegen der hierdurch sogleich bewirkten Vollbeendigung indessen generell nicht in Betracht. Hiervon abzugrenzen ist es, wenn nach Löschung noch Gesellschaftsvermögen entdeckt wird, welches die Möglichkeit einer Nachtragsliquidation eröffnet (→ § 738 Rn. 14).

Die **Umwandlung einer rechtsfähigen GbR in eine nicht rechtsfä-** 12 **hige GbR** ist gesetzlich nicht geregelt. Lediglich bei registrierten GbR ist dies gemäß § 707a IV ausdrücklich ausgeschlossen (→ § 707a Rn 11). Würde man **bei nicht eingetragenen** rechtsfähigen GbR als actus contrarius zu § 719 I (→ § 719 Rn. 6 ff.) die mehrheitliche oder einvernehmliche Beschlussfassung dahingehend zulassen, dass die GbR nicht mehr am Rechtsverkehr teilnimmt und fortan identitätswahrend als nicht-rechtsfähige Gesellschaft fortbesteht, wäre dies zwar aus Gläubigerperspektive unproblematisch, weil die bis dahin begründete Gesellschafterhaftung fortbesteht. Gegen die Zulässigkeit eines solchen Vorgehens sprechen indessen jedenfalls dann erhebliche Praktikabilitätsprobleme, wenn ein Gesellschaftsvermögen iSv § 713 gebildet wurde, weil sich dies nicht rechtssicher außerhalb einer geordneten Abwicklung gemäß §§ 735 ff. auseinandersetzen ließe (wie hier jedenfalls für eingetragene GbR Bachmann NZG 2020, 612 (615)); abw. Schäfer Neues PersGesR/Armbrüster § 3 Rn. 25 ff.). Denkbar ist daher allein, dass **nach Abschluss der Liquidation** die Gesellschafter nach Maßgabe von § 734 die

Fortsetzung als nicht rechtsfähige Gesellschaft beschließen. – Der **umgekehrte Fall** des Wechsels einer nicht rechtsfähigen GbR in eine rechtsfähige ist indessen unproblematisch **zulässig** (→ § 740 Rn. 6).

V. Fortsetzungsbeschluss (Abs. 2)

1. Grundlagen

13   Die Fortsetzung der aufgelösten GbR ist als Herbeiführung einer Zweckänderung im Ausgangspunkt auch nach der Reform eine **Grundlagenentscheidung gemäß § 714,** sodass es hierfür der **Zustimmung aller** zu diesem Zeitpunkt maßgeblichen Gesellschafter bedarf (vgl. zum früheren Recht BGH NJW 1995, 2843 (2844); zur KG BGH NZG 2007, 860). Eine besondere Form ist hierfür nicht vorgesehen, sodass dies auch durch **konkludentes Handeln** der Gesellschafter erfolgen kann (Aufrechterhaltung oder Wiederaufnahme der bisherigen bzw. neuen Geschäftstätigkeit). Notwendig ist ein entsprechender Fortsetzungswille in Bezug auf die GbR; wird der Geschäftsbetrieb der GbR indessen im Rahmen der Abwicklung von einem Gesellschafter übernommen, ist dies keine Fortsetzung (vgl. zur OHG KG JW 1929, 2157). In diesen Fällen der konkludenten Fortsetzung ist zu beachten, dass bei eingetragenen GbR die **doppelte Registerpflicht** (§ 733, § 734 III) nicht entfällt, selbst wenn die Gesellschafter sich dessen nicht bewusst sind. Die entsprechenden Anmeldungen zum Register sind dann jedenfalls nachzuholen. – Im Übrigen können die Gesellschafter auch den **Zeitpunkt der Fortsetzung** beschließen. Praktisch bedeutsam ist es insofern, den Beschluss unter der aufschiebenden Bedingung der Beseitigung des Auflösungsgrundes zu fassen; eine Rückwirkung ist bei rechtsfähigen GbR wegen des durch die Registerpublizität gewährleisteten Informationsinteresses des Rechtsverkehrs nicht möglich.

2. Mehrheitsbeschluss

14   Die entscheidende Neuerung gegenüber dem bisherigen Recht begründet Abs. 2, wonach sich eine (nach wie vor notwendige!, vgl. → § 714 Rn. 20 ff.) **Mehrheitsklausel** im Gesellschaftsvertrag im gesetzlichen Regelfall auch auf die Fassung eines Fortsetzungsbeschlusses bezieht, dieser aber mit einer Mehrheit von **mindestens drei Vierteln der abgegebenen Stimmen** gefasst werden muss. Die (richtigerweise zwingende, vgl. → Rn. 25) Regelung ist insoweit identisch mit der Rechtslage beim Auflösungsbeschluss gemäß § 732 (→ § 732 Rn. 5 ff.). Diese Verschärfung der ansonsten bei Mehrheitsklauseln im Regelfall ausreichenden einfachen Mehrheit ist dadurch legitimiert, dass die Fortsetzung einen bereits entstandenen Anspruch auf den Liquidationserlös wieder entfallen lässt und zudem aus der Fortsetzung die Gefahr der weitergehenden Gesellschafterhaftung resultiert (Drescher ZGR-Sonderheft 23, 2022, 116 (120 f.)). – Die **Stimmkraft** ergibt sich grundsätzlich aus § 709 III, so dass es vorrangig auf die vereinbarten Beteiligungsverhältnisse ankommt. Im Hinblick auf den Fortsetzungsbeschluss nach Auflösung erscheint dies indessen problematisch, denn es geht

hierbei unabhängig vom konkreten Kapitalbeitrag um die Ausweitung der unbeschränkten Gesellschafterhaftung, welche bei werbenden Gesellschaften viel größer ist als im Rahmen des Liquidationsverfahrens. Die vermögensmäßige Beteiligung an der GbR ist somit keine hinreichende Legitimation für die Beurteilung der Stimmkraft. Daher ist es geboten, im Rahmen von Abs. 2 abweichend von § 732 die Stimmkraft im gesetzlichen Regelfall **nach Köpfen** zu bestimmen. An der Abstimmung zu beteiligen sind daher auch Gesellschafter mit fehlender Kapitalbeteiligung (beitragslose Mitgliedschaft, vgl. hierzu bei der KG BGH NJW 1993, 2100). Der hieraus resultierenden Einschränkung im Hinblick auf die Flexibilität der Beschlussfassung ist durch eine sachgerechte Treuepflichtbindung der Minderheit zu begegnen (→ Rn. 9). Für einen Stimmrechtsausschluss wegen Interessenkollision (→ § 714 Rn. 16) dürfte beim Fortsetzungsbeschluss indessen kein Raum bestehen.

Weiterhin stellt Abs. 2 bereits im gesetzlichen Regelfall auf die **abgegebenen Stimmen** ab. Hieraus resultiert wie bei § 732 abweichend vom bislang maßgeblichen Vertragsmodell der Personengesellschaften die Anerkennung des an sich nur bei den Körperschaften maßgeblichen **Repräsentationsmodells.** Die notwendige Dreiviertelmehrheit bezieht sich nämlich nicht auf alle zur Teilnahme an der Abstimmung berufenen Gesellschafter, mithin prinzipiell alle, sondern nur auf diejenigen, die bei der konkreten Beschussfassung ihr Stimme abgegeben haben (→ § 732 Rn. 8). Dieses auf die gesellschaftsvertragliche Etablierung von Präsenz- oder Online-Versammlungen rekurrierende Konzept ist im Liquidationsverfahren wenigstens im Hinblick auf die Fassung eines Fortsetzungsbeschlusses **nicht überzeugend.** Die gesetzgeberische Prämisse, dass eine allgemeine Mehrheitsklausel als antizipierte Zustimmung auch einen **Fortsetzungsbeschluss legitimiert,** dürfte regelmäßig an den Gegebenheiten der Praxis vorbeigehen. Die hierdurch intendierte und bewirkte Flexibilität ist nämlich auf die Verfolgung des Gesellschaftszwecks im Rahmen der werbenden Gesellschaft angelegt und nicht auf den rechtlichen und wirtschaftlichen Neustart, der einer Gesellschaftsgründung nahekommt (vgl. auch die Wertung von § 736 V). Zu berücksichtigen ist insofern auch, dass die dem Grunde nach ab Auflösung entstandenen Ansprüche der Gesellschafter auf Rückerstattung der Beiträge und Partizipation am Liquidationsüberschuss gemäß § 736 V durch die Fortsetzung entfallen (vgl. hierzu auch im Hinblick auf die Rechte Dritter an Gesellschaftsanteilen → § 736 Rn. 28 ff.). Hieraus folgt, dass die notwendige **qualifizierte Mehrheit** gemäß Abs. 2 auch bei Vorhandensein einer gesellschaftsrechtlichen Mehrheitsklausel im gesetzlichen Regelfall **auf die Gesamtheit der Gesellschafter bezogen** ist. Wollen die Gesellschafter hiervon abweichen, muss dies in der entsprechenden Mehrheitsklausel hinreichend deutlich werden. Nur in diesen Fällen ist es dann zulässig, dass nicht anwesende oder vertretene Gesellschafter unberücksichtigt bleiben oder Gesellschafter sich ihrer Stimme enthalten. Ansonsten ist die erforderliche „Mehrheit" zur Fortsetzung der Gesellschaft gemäß § 734 nur dann gegeben, wenn **drei Viertel aller Gesellschafter** durch wechselseitige Erklärungen die Fortsetzung herbeiführen wollen.

15

3. Beschlussfassung

16   Im Hinblick auf die Beschlussfassung gelten die allgemeinen **Wirksam-keitshindernisse für Willenserklärungen** gemäß den §§ 104 ff. Im Fall der gesetzliche Stellvertretung Minderjähriger richtet es sich nach den jeweils maß-geblichen Regeln, ob der Gesellschafter bzw. der gesetzliche Vertreter die Zustimmung alleine erteilen kann bzw. ob zusätzlich die familiengerichtliche Genehmigung erforderlich ist (vgl. zu § 1822 Nr. 3 RGZ 127, 153; Henssler/ Strohn/Klöhn HGB § 145 Rn. 23; abw. MüKoHGB/K. Schmidt HGB § 145 Rn. 80). Macht die Gesellschafterbeteiligung eines Ehegatten bei der Zuge-winngemeinschaft dessen ganzes Vermögen aus, unterliegt die Zustimmung zur Fortsetzung nicht § 1365, weil hierdurch allein das Gesellschaftsverhältnis umgestaltet wird, ohne dass hieraus unmittelbar vermögensmäßige Folgen resultieren (abw. Henssler/Strohn/Klöhn HGB § 145 Rn. 23). – Ein wegen Unwirksamkeit fehlerhafter Fortsetzungsbeschluss genießt gemäß der **Lehre von der fehlerhaften Gesellschaft** Bestandsschutz, wenn die Gesellschaft als werbende fortgeführt wird und hieraus Rückabwicklungsprobleme resultieren (Einzelheiten → § 719 Rn. 21 ff.). – Praktisch bedeutsam sind bei der GbR **gesellschaftsvertragliche Regelungen über das Verfahren** der Beschluss-fassung, die dann auch bei § 734 Geltung beanspruchen (Einzelheiten → § 714 Rn. 43 ff.). Hierdurch ist es seit der Reform möglich, das für OHG und KG geltende **Beschlussmängelrecht** gemäß §§ 110 ff. HGB zur Geltung zu bringen.

4. Treuepflichtbindung der Gesellschafter

17   Die Stimmenabgabe unterliegt auch beim Fortsetzungsbeschluss der allge-meinen Treuepflichtbindung (zum Ganzen → § 714 Rn. 28). Hieraus folgt zum einen, dass individuelle **Zustimmungspflichten** resultieren können, um die erforderliche Einstimmigkeit oder qualifizierte Mehrheit zu erreichen. Die rechtliche Hürde, diese zu bejahen, ist im Zuge der durch die Reform verwirk-lichte Steigerung der **Unternehmenskontinuität** herabgesetzt worden (vgl. zur restriktiven Zustimmungspflicht bei der Fortsetzung einer aufgelösten AG Henssler/Strohn/Drescher AktG § 274 Rn. 2: nur ausnahmsweise). Auch bei der an sich personalistisch geprägten GbR besteht daher in größerem Umfang als bislang Raum, eine Zustimmungspflicht zu bejahen, wenn der Auflösungs-grund weggefallen ist oder beseitigt werden kann und die Gesellschaftermehr-heit die **kontinuierliche oder modifizierte Zweckverfolgung** im Kleid der GbR anstrebt. Einer darüber hinausgehenden generellen sachlichen Recht-fertigung des Fortsetzungsbeschlusses bedarf es indessen nicht (tendenziell strenger MüKoHGB/K. Schmidt HGB § 145 Rn. 79: Auflösung muss plan-widrig eingetreten sein, Fortsetzung darf nicht der Änderung der Geschäfts-grundlage dienen). Grundsätzlich setzt die Bejahung einer gesellschaftsrechtli-chen Zustimmungspflicht aber voraus, dass die Rechtsfolge auch aus der Perspektive der Verpflichteten zumutbar ist (vgl. hierzu bei der GmbH BGH NJW 1987, 189). Als notwendige **Kompensation** dürfte in diesen Fällen aber gleichwohl regelmäßig ein **außerordentliches Kündigungsrecht** der Verpflichteten in Bezug auf ihre Mitgliedschaft gemäß § 725 II bestehen, sodass diese im Rahmen von §§ 728 f. wenigstens wirtschaftlich gestellt werden, als wenn die GbR liquidiert würde (hierauf ausdrücklich hinweisend Begr. S. 181). Umgekehrt ist es in diesen Fällen auch möglich, einen **pflichtwidrig opponierenden Gesellschafter** gemäß § 727 aus der Gesellschaft **auszuschließen,** wenn er sich nicht an der Verwirklichung der Fortsetzung beteiligen möchte (MüKoHGB/K. Schmidt HGB § 145 Rn. 82; vgl. zum sog. Sanieren oder Ausscheiden → § 714 Rn. 28). Die bloße Ablehnung der Zustimmung genügt insofern freilich nicht.

Zum anderen unterliegt die Gesellschaftermehrheit auch insofern einer **18** Treupflichtkontrolle, als der **Fortsetzungsbeschluss nicht missbräuchlich gefasst** werden darf. Praktisch bedeutsam ist das etwa, wenn es im Rahmen der begonnenen Liquidation bereits zur Versilberung von Vermögensgegenständen kam (vgl. § 736d II 1), insbesondere, wenn das Unternehmen, bedeutsame Immaterialgüterrechte oder Geschäftsbeziehungen bereits an einzelne Gesellschafter ausgekehrt hat und die GbR als gleichsam leere Hülse verbleibt. In diesen Fällen ist es geboten, dass die Minderheit auch den entsprechenden Liquidationserlös gemäß § 736d V und VI zeitnah ausgekehrt bekommt. Dies wäre erschwert, wenn die Mehrheit im Wege eines Fortsetzungsbeschlusses die Liquidation beendet und die Gesellschaft als vermögensverwaltende GbR fortbesteht.

5. Zustimmung Dritter

Wird die Fortsetzung der Gesellschaft wirksam beschlossen, beendet dies **19** die Liquidation. Die dem Grunde nach ab Auflösung entstandenen Ansprüche der Gesellschafter auf Rückerstattung der Beiträge und Partizipation am Liquidationsüberschuss gemäß § 736 V und VI entfallen. Hieraus wird allgemein der Schluss gezogen, dass im Fall der **Pfändung eines Gesellschaftsanteils** der **Gläubiger ein Zustimmungsrecht** hat; die Begründung folge aus einem Erst-recht-Schluss zu § 735 II 2 (vgl. Henssler/Strohn/Klöhn HGB § 145 Rn. 24). Dem ist **nicht zu folgen.** Zum einen ist auch das Pfandrecht als Verwertungsrecht akzessorisch zur gesellschaftsrechtlichen Auseinandersetzung, so dass der Pfandgläubiger unterhalb der Schwelle der gezielten Gläubigerbeeinträchtigung grundsätzlich nehmen muss, welche Regeln insofern gelten bzw. vereinbart werden (→ § 726 Rn. 33). Es handelt sich daher auch nicht um eine zustimmungspflichtige Verkürzung seines Befriedigungsrechts, wenn die Gesellschaft fortgesetzt wird; vermögensmäßig ändert sich hierdurch unmittelbar nichts. Zudem ist der Gläubiger **durch § 726 hinreichend geschützt,** indem er die Gesellschafterstellung des Schuldners kündigen kann, um auf diese Weise auf das Abfindungsguthaben zuzugreifen. Insofern gilt etwas anderes als bei der Insolvenz eines Gesellschafters, bei der die Verwaltungs- und Verfügungsbefugnis auf den Insolvenzverwalter übergeht, sodass dieser auch nach Maßgabe von § 734 an der Abstimmung über die Fortsetzung zu beteiligen ist (vgl. insofern auch → § 723 Rn. 24).

6. Rechtsfolgen, Rechtsschutz

Zum Zeitpunkt der Wirksamkeit des Fortsetzungsbeschlusses (→ Rn. 13) **20** begründet dieser eine **erneute Zweckänderung.** Die GbR wird entweder im Rahmen der ursprünglichen oder neuen Zwecksetzung fortgeführt (vgl. zur Registerpflicht nach Abs. 3 → Rn. 21). Die durch die Auflösung herbeigeführte **organisationsrechtliche Umgestaltung** ist rückgängig zu machen (vgl. zur OHG BGH NJW 1951, 650); die Gesellschafter müssen daher Geschäftsführungsbefugnis und Vertretungsmacht abweichend von § 736b wieder auf das Normalstatut der GbR abstimmen. Wurde mit der Liquidation bereits begonnen, kann es ebenfalls geboten sein, entsprechende **Abwicklungsmaßnahmen rückgängig** zu machen. Soweit die ursprünglichen Beitragspflichten weiterhin Geltung beanspruchen, ergeben sich insofern auch entsprechende **Gesellschafterpflichten.** – Begehrt ein Gesellschafter Rechtsschutz gegen einen Fortsetzungsbeschluss, kommt hierfür grundsätzlich die **Feststellungsklage** in Betracht, bei Eilbedürftigkeit auch einstweiliger Rechtsschutz. Soweit aufgrund gesellschaftsvertraglicher Regelungen das **Beschlussmängelrecht** gemäß §§ 109 ff. HGB Geltung beansprucht, richtet sich der Rechtsschutz hiernach (Einzelheiten → § 714 Rn. 43 ff.).

VI. Anmeldung zum Gesellschaftsregister (Abs. 3)

1. Anmeldepflicht

21   Bei rechtsfähigen GbR ist die Fortsetzung gemäß Abs. 3 zur Eintragung in das Gesellschaftsregister anzumelden, wenn diese **bereits vor Auflösung im Gesellschaftsregister eingetragen** waren. Hiervon abzugrenzen ist die generelle Möglichkeit gemäß § 707, die Registereintragung erst im Zuge der Fortsetzung herbeiführen zu wollen. Die Anmeldepflicht trifft **sämtliche Gesellschafter** zum Zeitpunkt des Fortsetzungsbeschlusses bzw. zum gewollt späteren Zeitpunkt (→ Rn. 13). Kommt es in der Zwischenzeit danach zum Gesellschafterwechsel, trifft die Eintretenden die Pflicht gleichermaßen, wenn sie noch nicht erfüllt worden ist. Die Gesellschafter können sich wechselseitig vertreten und Dritte bevollmächtigen (Henssler/Strohn/Klöhn HGB § 143 Rn. 9), vgl. insoweit § 12 I 2 HGB. – Rechtspolitisch ist das Erfordernis der Mitwirkung aller im gesetzlichen Regelfall **nicht vollkommen überzeugend.** Nach § 78 GmbHG genügt etwa bei der GmbH grundsätzlich die Anmeldung durch die Geschäftsführer in vertretungsberechtigter Zahl (vgl. Henssler/Strohn/Servatius GmbHG § 78 Rn. 5). In den Fällen, in denen die Fortsetzung durch die Gesellschaftermehrheit herbeigeführt wurde (→ Rn. 18), kann das Einstimmigkeitserfordernis die rechtmäßige Willensbildung nicht hinnehmbar konterkarieren (hierauf bereits zutreffend hinweisend DAV NZG 2020, 1133 Rn. 81). Der Umweg über die Gesellschafterklage gemäß § 715b ist insofern auch wenig praktikabel. Es bietet sich daher einerseits an, **Abs. 3 teleologisch zu reduzieren** und im Hinblick auf die erforderliche Mitwirkung an die maßgebliche Regelung zur organschaftlichen Vertretungsmacht anzuknüpfen. Dies hätte indessen die Schwäche, dass gemäß § 736b I ab Auflösung im gesetzlichen Regelfall Gesamtvertretung gilt, sodass auch hier Mitwirkungsprobleme verbleiben. Besser ist es daher, **Abs. 3 einen dispositiven Charakter** zuzubilligen, wonach in den Fällen einer mittels Mehrheitsklausel wirksamen Willensbildung auch allein die zustimmenden Gesellschafter zur gemeinschaftlichen Anmeldung berufen sind.

Es gilt im Übrigen **§ 732 II analog:** Hiernach sind grundsätzlich auch **22** die Erben eines Gesellschafters in Bezug auf die Auflösung anmeldepflichtig, wenn das Versterben aufgrund entsprechender gesellschaftsvertraglicher Regelung in Abweichung zu § 723 I Nr. 1 zur Auflösung der Gesellschaft führte (vgl. hierzu → § 723 Rn. 18). Die Möglichkeit der Ausschlagung ändert hieran nichts (vgl. KG NZG 2007, 101); ein Testamentsvollstrecker muss mitwirken (BGH NJW 1989, 3152 (3153)). Die notwendige Anmeldung der Auflösung kann in diesen Fällen aber auch allein durch die übrigen Gesellschafter erfolgen, wenn der Mitwirkung der Erben besondere Hindernisse entgegenstehen. Erforderlich ist hierfür aber Unerreichbarkeit der Erben oder Unkenntnis über diese, nicht deren bloße Weigerung. Um die **Fortsetzungsfähigkeit einer aufgelösten Gesellschaft** bei Unerreichbarkeit der Erben nicht zu beeinträchtigen, ist es sachgerecht, die Privilegierung auch im Rahmen von Abs. 3 anzuwenden. Infolge einer Analogie wären die Erben eines Gesellschafters auch in Bezug auf eine Fortsetzung der GbR iSv § 734 anmeldepflichtig.

2. Durchsetzung

Abs. 3 begründet zum einen eine **gesellschaftsrechtliche Anmelde-** **23** **pflicht** (vgl. zur Auflösung einer OHG BGH NZG 2002, 233 (234)). Die Gesellschafter sind wechselseitig verpflichtet, an der gebotenen Anmeldung mitzuwirken. Dies kann klageweise durchgesetzt werden (vgl. zu den Entscheidungsfolgen § 16 HGB). Passivlegitimiert sind die einzelnen Gesellschafter (vgl. zur Auflösung BGH WM 1983, 785 (786)); aktivlegitimiert sind die übrigen Gesellschafter, richtigerweise als notwendige Streitgenossen gemäß § 62 I Alt. 2 ZPO (abw. für einfache Streitgenossenschaft gem. §§ 59, 60 ZPO bei der Auflösung BGH NJW 1959, 1683); weigert sich einer von diesen treuwidrig, kommt insofern die Gesellschafterklage gemäß § 715b in Betracht. Bei der zweigliedrigen GbR kann ohne weiteres gegen den sich Weigernden vorgegangen werden. – Zum anderen besteht eine **verfahrensrechtliche Anmeldepflicht** nach Maßgabe von § 707b Nr. 3, §§ 8 ff. HGB, §§ 374 ff. FamFG. Für die Form gilt § 12 HGB. Die Registerpflicht kann insofern mit Zwangsgeldandrohung gemäß § 14 HGB durchgesetzt werden. Die Anmeldung der Fortsetzung unterliegt gemäß § 707a III zwar der Registerpublizität gemäß § 15 HGB, praktische Auswirkungen dürfte dies indessen nicht haben. – Neben der Eintragung der Fortsetzung hat gemäß § 707 III auch die **Anmeldung der Vertretungsmacht** zur Eintragung zu erfolgen, da diese abweichend von § 736 neu zu regeln ist (→ Rn. 20). Das Registergericht darf die Eintragung der Fortsetzung allerdings nicht hiervon abhängig machen (vgl. hierzu bei der Auflösung zur OHG bei OLG NZG 2001, 792).

3. Eintragung

Die Eintragung der Fortsetzung ins Gesellschaftsregister hat allein **deklara-** **24** **torische Bedeutung** (vgl. zur Auflösung einer OHG RG HRR 1936

Nr. 611; Henssler/Strohn/Klöhn HGB § 143 Rn. 12). Dem Registergericht obliegt im Rahmen der materiellen Prüfung des Fortsetzungsbeschlusses allein eine **Plausibilitätskontrolle** (Henssler/Strohn/Wamser HGB § 9 Rn. 10 ff.). Die **Bekanntmachung** der Eintragung folgt aus § 10 HGB.

VII. Gestaltungsfreiheit

25　　Das **kollektive Gesellschafterrecht,** über die Fortsetzung zu beschließen, ist **zwingend** und kann daher nicht abbedungen werden. Im Übrigen ist es aber zulässig, die **Modalitäten der Fortsetzung** zu modifizieren, insbesondere mittels Zweckänderung. Eine mit dem Fortsetzungsbeschluss einhergehende konkludente Änderung des Gesellschaftsvertrages kann aber nur dann angenommen werden, wenn die maßgeblichen Mehrheitserfordernisse insoweit übereinstimmen. – Der Fortsetzungsbeschluss kann im Übrigen ohne weiteres auch auf einen **späteren Zeitpunkt** bezogen werden oder vom Eintritt einer aufschiebenden Bedingung abhängig sein (vgl. zur Auflösung BeckOGK/Michel HGB § 131 Rn. 33). Bei nicht rechtsfähiger GbR kommt auch eine **rückwirkende Auflösung** in Betracht, weil insofern allein die innergesellschaftliche Auseinandersetzung hervorgerufen wird; bei rechtsfähigen GbR ist die rückwirkende Auflösung wegen der auch für das Außenverhältnis maßgeblichen Änderung der gesellschaftsrechtlichen Organisationsstruktur hingegen unzulässig; die Eintragungspflicht gemäß Abs. 3 bestärkt dies.

26　　Problematisch ist, ob das Erfordernis der qualifizierten **Dreiviertelmehrheit zwingend** ist. Die Gesetzesbegründung scheint hiervon wenigstens beim Auflösungsbeschluss auszugehen (Begr. S. 179). Während es für den Auflösungsbeschluss nicht überzeugt (→ § 732 Rn. 7), ist eine Unabdingbarkeit beim Fortsetzungsbeschluss wegen der ohnehin schwachen Legitimation der Mehrheitsherrschaft angezeigt (→ Rn. 25). Dies entspricht im Übrigen auch der Rechtslage bei AG (vgl. § 274 I AktG) und GmbH (vgl. Noack/Servatius/Haas § 60 Rn. 92a). Die gesellschaftsvertragliche Herabsetzung ist daher unzulässig (abw. Drescher ZGR-Sonderheft 23, 2022, 116 (121)). – Umgekehrt ist es aber ohne weiteres zulässig, eine **größere qualifizierte Mehrheit** zu vereinbaren oder es bei dem **Einstimmigkeitserfordernis** gemäß § 711 I zu belassen, mithin den Beschluss nicht in den Anwendungsbereich einer Mehrheitsklausel zu fassen bzw. gänzlich auf eine solche zu verzichten. – Im Übrigen ist es aber unzulässig, die Wirksamkeit des Auflösungsbeschlusses von der **Zustimmung eines gesellschaftsfremden Dritten** abhängig zu machen (allgM, vgl. zur Auflösung BeckOGK/Michel HGB § 131 Rn. 19; zur GmbH RGZ 169, 65 (80 f.)).

VIII. Kautelarischer Handlungbedarf infolge des MoPeG

27　　Im Rahmen des § 734 hat der Gesetzgeber die bereits früher allgemein anerkannte Möglichkeit der Fortsetzung der GbR durch Beschluss kodifiziert. Neu ist insbesondere die nach § 734 II geforderte Dreiviertelmehrheit. Soweit die neue gesetzliche Konzeption gemäß § 734 nicht den Interessen der Gesellschafter entspricht, sollten diese bis zum 31.12.2023 (vgl. Art. 137 S. 1 MoPeG) kautelarisch tätig werden und im Gesellschaftsvertrag entsprechende Anpassungen vornehmen. § 734 kann indes **nur begrenzt abbedungen** werden:

Obwohl die Möglichkeit des Fortsetzungsbeschlusses nach **Abs. 1 zwin-** 28 **gend** ist, können die **Modalitäten der Fortsetzung** im Gesellschaftsvertrag ausgearbeitet werden ($\rightarrow$ Rn. 25). Der Fortsetzungsbeschluss kann für bestimmte Auflösungsgründe bereits mit der entsprechenden Mehrheit nach § 734 II antizipiert gesellschaftsvertraglich vereinbart werden ($\rightarrow$ Rn. 15).

Die für den Fortsetzungsbeschluss nach **Abs. 2** erforderliche Dreiviertel- 29 mehrheit ist ebenfalls indisponibel. Im Gesellschaftsvertrag kann indes eine **größere qualifizierte Mehrheit** respektive **Einstimmigkeit** iSv § 711 I vereinbart werden ($\rightarrow$ Rn. 26). Bezüglich abstrakt drohender **Beschlussmängel** bietet es sich an, Klauseln nach dem Vorbild der §§ 110 ff. HGB mit den entsprechend gewünschten Modifikationen in den Gesellschaftsvertrag aufzunehmen ($\rightarrow$ § 714 Rn. 43 ff.).

Die **Anmeldung** der Fortsetzung im Gesellschaftsregister kann insoweit 30 umgestaltet werden, dass gemäß **Abs. 3** die Anmeldung durch die Gesellschafter **in vertretungsberechtigter Zahl** genügt, nicht ausschließlich durch „sämtliche Gesellschafter" ($\rightarrow$ Rn. 21). Zudem sollte nach dem Vorbild des § 732 II eine Regelung in den Gesellschaftsvertrag aufgenommen werden, nach der die **Gesellschaftererben** in Bezug auf die Fortsetzung **anmeldepflichtig** sind, soweit das Versterben aufgrund entsprechender gesellschaftsvertraglicher Regelung in Abweichung zu § 723 I Nr. 1 zur Auflösung der Gesellschaft führt ($\rightarrow$ Rn. 22).

IX. Darlegungs- und Beweislast

Die Beweislast für das Vorliegen eines Fortsetzungsbeschlusses trägt grund- 31 sätzlich derjenige, der sich darauf beruft. Im Rahmen von § 734 bezieht sich dies auf die **tatbestandlichen Voraussetzungen einer wirksamen Beschlussfassung.** Insofern bedarf es dann, sofern gegeben, auch der Darlegung der entsprechenden Mehrheitsklausel als notwendige Grundlage für das Ausreichen der (qualifizierten) Mehrheit Im Hinblick auf etwaige **Beschlussmängel** ist in Bezug auf die Darlegungs- und Beweislast danach zu differenzieren, ob der Gesellschaftsvertrag §§ 109 ff. HGB für anwendbar erklärt (Einzelheiten bei $\rightarrow$ § 714 Rn. 43 ff.).

Kapitel 6. Liquidation der Gesellschaft

§ 735 Notwendigkeit der Liquidation; anwendbare Vorschriften

(1) ¹**Nach Auflösung der Gesellschaft findet die Liquidation statt, sofern nicht über das Vermögen der Gesellschaft das Insolvenzverfahren eröffnet ist.** ²**Ist die Gesellschaft durch Löschung wegen Vermögenslosigkeit aufgelöst, findet eine Liquidation nur statt, wenn sich nach der Löschung herausstellt, dass noch Vermögen vorhanden ist, das der Verteilung unterliegt.**

(2) ¹Die Gesellschafter können anstelle der Liquidation eine andere Art der Abwicklung vereinbaren. ²Ist aufgrund einer Vereinbarung im Gesellschaftsvertrag die Gesellschaft durch die Kündigung eines Privatgläubigers eines Gesellschafters oder durch die Eröffnung des Insolvenzverfahrens über das Vermögen eines Gesellschafters aufgelöst, bedarf eine Vereinbarung über eine andere Art der Abwicklung der Zustimmung des Privatgläubigers oder des Insolvenzverwalters. ³Ist im Insolvenzverfahren Eigenverwaltung angeordnet, tritt an die Stelle der Zustimmung des Insolvenzverwalters die Zustimmung des Schuldners.

(3) Die Liquidation erfolgt nach den folgenden Vorschriften dieses Kapitels, sofern sich nicht aus dem Gesellschaftsvertrag etwas anderes ergibt.

Übersicht

I. Reform

1. Grundlagen, Bewertung

1   Der neue § 735 regelt und ergänzt die bislang auf verschiedene Einzelregelungen verteilten **Folgen der Auflösung** einer GbR: Nach Abs. 1 S. 1 führt diese im Einklang mit § 730 I aF zur **Liquidation,** sofern nicht über das Vermögen der Gesellschaft das Insolvenzverfahren eröffnet ist. Anstelle des früheren § 731 S. 2 aF, worin im Hinblick auf die Durchführung der Auseinandersetzung subsidiär auf die Vorschriften über die Teilung einer Gemeinschaft gemäß §§ 741 ff. verwiesen wurde, ordnet Abs. 3 nunmehr eine **gesellschaftsrechtliche Abwicklung rechtsfähiger GbR** gemäß §§ 736–739 an. Dies galt bislang allein bei OHG und KG (vgl. §§ 145 ff. HGB aF). Der durch die Reform herbeigeführte **Gleichlauf mit OHG und KG** ist zu begrüßen, denn das frühere Konzept der bloß vermögensmäßigen Auseinandersetzung in Bezug auf das (gesamthänderische) Gesellschaftsvermögen und die Bezugnahme auf das Gemeinschaft waren bei rechtsfähigen Gesellschaften überholt. Hiernach wurden nämlich die organisationsrechtliche Ausgestaltung der Gesellschaft im Innen- und Außenverhältnis und die Rechtsträgerschaft des Gesellschaftsvermögens nicht hinreichend berücksichtigt. Insofern ist es konsequent, wenn das Gesetz nunmehr bei rechtsfähigen GbR die vollumfängliche gesellschaftsrechtliche Liquidation unter Fortbestand der Gesellschaft bis zur Vollbeendigung anordnet und folgerichtig **bei nicht rechtsfähigen GbR** iSd § 705 II Alt. 2 das von §§ 735 ff. abzugrenzende Regime der bloß vermögensmäßigen Auseinandersetzung gemäß § 740b gilt. Der frühere subsidiäre Verweis auf das Recht der Gemeinschaft, welcher in § 736 III-E des Maurracher Entwurfs noch vorhanden war, hat somit nach dem neuen Konzept überhaupt keine Bedeutung mehr.

Abs. 2 und 3 begründen im Übrigen aber auch für rechtsfähige GbR die **2** Gestaltungsfreiheit, dass die Gesellschafter eine **abweichende Art der Abwicklung vereinbaren** können (in Begr. S. 181 wird diese als „atypisches Liquidationsverfahren" bezeichnet). Dies galt früher bereits (§ 731 S. 1 aF) und entspricht der Rechtslage bei OHG und KG (vgl. § 143 II und III HGB). Problematisch ist insofern freilich, welchen Umfang die Gestaltungsfreiheit hat, wenn man **Drittinteressen** mitberücksichtigt. Abs. 2 S. 2 regelt dies nur unvollständig in Bezug auf die Gläubiger eines Gesellschafters. Der ersatzlos **gestrichene § 158 HGB aF** sah insofern früher noch ausdrücklich vor, dass bei einer abweichenden Art der Auseinandersetzung im Verhältnis zu Dritten die gesetzlichen Regelungen über die gesellschaftsrechtliche Abwicklung entsprechende Anwendung finden müssen, solange noch ungeteiltes Gesellschaftsvermögen vorhanden war. Dieser kategorische Vorrang der gesetzlichen Regelung bei Vorhandensein eines Gesellschaftsvermögens wurde nunmehr zugunsten einer **konkreten Einzelfallbetrachtung** aufgegeben. In den Gesetzesmaterialien wird ausdrücklich erwähnt, dass es der Klärung durch Rechtsprechung vorbehalten bliebe, ob und inwieweit die Gestaltungsfreiheit über Abs. 2 hinaus auch Regelungen erfasst, die das Außenverhältnis der GbR betreffen (vgl. Begr. S. 182). Dies ist zu begrüßen, da hierdurch die Gestaltungsfreiheit gestärkt wird; als Kehrseite bleibt freilich Rechtsunsicherheit, da bei jeder **einzelnen Abweichung von §§ 736 ff.** geprüft werden muss, ob eine hiermit verbundene Verkürzung der Gläubigerinteressen hinzunehmen ist. Problematisch ist insofern dann auch aus der Innenperspektive, ob Abweichungen durch **Mehrheitsbeschlüsse** zulässig sind, was sich nach den allgemeinen Regeln für Gesellschaftsbeschlüsse richtet (→ § 714 Rn. 20 ff.).

3   Abs. 1 S. 2 regelt neu die **Nachtragsliquidation,** wenn sich **nach Löschung einer eingetragenen GbR** wegen Vermögenslosigkeit herausstellt, dass noch Vermögen vorhanden ist, das der Verteilung unterliegt. Eine entsprechende Regelung gab es bislang allein bei der OHG und KG gemäß § 145 III HGB aF (nunmehr § 143 I 2 HGB). Es war zwar früher bereits anerkannt, dass dies auch bei nicht eingetragenen GbR in Betracht kommt (vgl. MüKoBGB/ Schäfer § 730 Rn. 39), die gesetzliche Klarstellung bringt insofern jedoch nun eine begrüßenswerte Rechtssicherheit. In diesem Kontext ist aber nach wie vor bei allen Gesellschaftsformen problematisch, ob die Nachtragsliquidation über Abs. 1 S. 2 hinaus auch in anderen Fällen der Löschung einer Personengesellschaft in Betracht kommt, was richtigerweise zu bejahen ist.

2. Zeitlicher Geltungsbereich

4   § 735 tritt gemäß Art. 137 S. 1 MoPeG am 1.1.2024 in Kraft; eine Übergangsregelung für § 735 ist im EGBGB nicht vorgesehen. Aus dem Umkehrschluss zu Art. 229 § 61 EGBGB folgt daher, dass für die Liquidation ab dem Zeitpunkt des Inkrafttretens das neue Recht gilt. Maßgeblicher Zeitpunkt ist aber der Eintritt eines Auflösungsgrunds, so dass die Neuregelung für Altgesellschaften nur gilt, wenn dieser ab 1.1.2024 verwirklicht wurde. Zuvor bereits begonnene Liquidationsverfahren werden nach altem Recht fortgesetzt (vgl. zum kautelarischen Handlungsbedarf → Rn. 15 f.).

II. Normzweck

5   Abs. 1 S. 1 und 3 sind zentral dadurch geprägt, die **organisations- und vermögensrechtliche Ausgestaltung rechtsfähiger GbR** auch während des Liquidationsverfahrens aufrechtzuerhalten. Im Einklang mit der Rechtslage bei OHG und KG hat hiernach ab Auflösung nicht bloß eine vermögensmäßige Auseinandersetzung der Gesellschafter untereinander zu erfolgen (anders bei nicht rechtsfähiger GbR gemäß § 740b). Im gesetzlichen Regelfall erfolgt die Abwicklung nach Maßgabe der §§ 736 ff., mithin auf der Grundlage der GbR als eine im Innen- und Außenverhältnis durchorganisierte **Abwicklungs- bzw. Liquidationsgesellschaft** (zu Ausnahmen bei Insolvenz und Vermögenslosigkeit → Rn. 10). Dies ist grundsätzlich zu begrüßen, denn hierüber lassen sich die Abwicklungskompetenzen und die vermögensmäßige Auseinandersetzung unter Beteiligung der Gesellschaftsgläubiger adäquat verwirklichen. Bei **unternehmenstragenden GbR** stärkt dies im Übrigen die Unternehmenskontinuität, indem im Rahmen einer hiernach strukturierten Abwicklung auch eine übertragende Auflösung verwirklicht werden kann, mithin die Übertragung des Geschäftsbetriebs auf einzelne Gesellschafter oder Dritte unter Vollbeendigung der GbR im Übrigen (vgl. hierzu Seibt FS Röhricht, 2005, 603); hierauf nimmt auch die Gesetzesbegründung explizit Bezug (Begr. S. 182).

6   Die hiernach „notwendige Liquidation" nach dem komplexen Regelungsmodell der §§ 736 ff. ist indessen durchaus auch bei rechtsfähigen GbR **vielfach unpassend,** sodass gemäß Abs. 2 S. 1 **Gestaltungsfreiraum** besteht, abweichende Regelungen zur Abwicklung zu treffen. Praktisch bedeutsam ist dies bei überschaubaren Vermögensverhältnissen, insbesondere bei Gelegenheitsgesellschaften. Hier fehlt es häufig bereits an Vermögen, welches gesellschaftsrechtlich auseinandergesetzt werden könnte. Insofern ist fraglich, ob nicht auch bei kleinen Gelegenheitsgesellschaften bereits im gesetzlichen Regelfall auf die Regelungen für die nicht rechtsfähigen GbR zurückgegriffen werden sollte (→ § 740 Rn. 3). Passgenaue (entschlackte) gesellschaftsvertragliche Regelungen dürften hier regelmäßig fehlen. – Insgesamt dürfen abweichende Gestaltungen freilich im Übrigen nicht dazu führen, dass hierüber gläubigerschützende Aspekte beeinträchtigt werden. Abs. 2 S. 2 statuiert insofern wichtige **Grenzen der Privatautonomie,** die richtigerweise nicht abschließend sind (→ Rn. 17 f.). In diesem Kontext stellt sich dann stets auch aus der Innenperspektive die Frage, ob **nachträgliche Abweichungen durch Mehrheitsbeschluss** zulässig sind; § 735 regelt insofern nichts, so dass sich diese Problematik nach den allgemeinen Anforderungen auf der dispositiven Grundlage von § 714 regelt (→ Rn. 14).

Die in Abs. 1 S. 2 nunmehr auch bei der GbR ausdrücklich geregelte **7** **Nachtragsliquidation** nach (an sich nicht gerechtfertigter) Löschung wegen Vermögenslosigkeit ist ein über den tatbestandlich genannten Anwendungsbereich hinausgehendes Rechtsinstitut. Hierzu kommt es richtigerweise auch in allen anderen Fällen, in denen sich nach vermeintlicher Vollbeendigung herausstellt, dass die gelöschte GbR reaktiviert werden muss (→ Rn. 24).

III. Anwendungsbereich

§ 735 gilt bei jeder **rechtsfähigen GbR,** unabhängig von der Registerein- **8** tragung (dies gilt richterweise auch für die Nachtragsliquidation gemäß Abs. 1 S. 1, vgl. → Rn. 9). Bei einer fehlerhaften Gesellschaft (→ § 719 Rn. 21 ff.) besteht nach Entdecken des Mangels regelmäßig ein wichtiger Grund, die Gesellschaft selbst nach Maßgabe von § 731 zu kündigen (vgl. BGH NJW 1952, 97 ff.; 2016, 2492 Rn. 22), was gemäß § 729 I Nr. 3 einen Auflösungsgrund begründet (Einzelheiten bei → § 731 Rn. 3). § 735 gilt daher auch dann, ggf. aber auch, wenn zuvor bereits ein anderer Auflösungsgrund eingetreten ist. – Bei der **zweigliedrigen GbR** gilt die Regelung grundsätzlich ebenfalls, wenn ein Auflösungstatbestand verwirklicht wurde. Kommt es indessen gemäß § 712a zur Übernahme des Gesellschaftsvermögens durch einen Gesellschafter, erlischt die Gesellschaft ohne Liquidation; in diesem Fall verweist § 712a II auf die §§ 728–728b. – Bei der **nicht rechtsfähigen GbR** richten sich die Folgen der Auflösung nach § 740b. Es findet mithin keine gesellschaftsrechtliche Abwicklung nach Maßgabe der §§ 736 ff. statt, sondern allein eine vermögensmäßige Auseinandersetzung der Gesellschafter untereinander (so bereits zum früheren Recht BGH NJW 1990, 573; WM 1986, 1143; NJW 1982, 99 (100); 2006, 1268; Einzelheiten → § 740b Rn. 5 ff.). Eine sofortige Vollbeendigung der GbR ist hiermit freilich nicht zwingend verbunden (Geck DStR 1991, 622; Hadding FS Grunewald, 2021, 285 (293); abw. BGH WM 1981, 876; NJW-RR 1991, 613). Liegt eine **stille Beteiligung** gemäß §§ 230 ff. HGB vor, regelt § 235 HGB die Folgen der Auflösung, so dass § 735 ebenfalls keine Anwendung findet (BGH NJW 2001, 377; WM 1968, 278; Henssler/Strohn/Servatius HGB § 235 Rn. 1). Eine abweichende Betrachtung kommt aber bei der mehrgliedrigen GbR in Betracht, wenn diese aufgrund entsprechender Vereinbarung organisationsrechtlich ausgestaltet ist (vgl. Blaurock/Pordzik NZG 2018, 81 (83 ff.); OLG München BeckRS 2014, 21235 Rn. 50). – Bei **OHG und KG** gilt allein der vergleichbare § 143 HGB; auf diesen wird auch bei der **Partnerschaftsgesellschaft** verwiesen (vgl. § 9 I PartGG). – Auf **schuldrechtliche Rechtsverhältnisse** mit gesellschaftsrechtlichem Inhalt findet § 735 richtigerweise ebenfalls keine Anwendung (BGH NJW 1983, 1188 (1189); teilw. abw. Erman/Westermann § 730 Rn. 4). In diesen Fällen ist vielmehr stets zu fragen, ob es sich überhaupt um ein vermeintlich hybrides Rechtsverhältnis handelt oder ob nicht eine nicht rechtsfähige GbR vorliegt, für die § 740b ohne weiteres gilt.

IV. Folgen der Auflösung (Abs. 1)

1. Liquidationsgesellschaft (Abs. 1 S. 1)

9   Das Vorliegen eines Auflösungsgrundes gemäß § 729 begründet nach Abs. 1 S. 1 grundsätzlich zunächst nur eine **Zweckänderung.** Hiernach ist die als solche **fortbestehende Gesellschaft** nach Maßgabe der §§ 736 ff. bis zur Vollbeendigung und Löschung gemäß § 738 abzuwickeln (vgl. zur Nachtragsliquidation → Rn. 24 f.). Nach Maßgabe von § 734 ist auch die Fortsetzung der GbR als werbende Gesellschaft möglich. – Diese bei allen Gesellschaftsformen bestehende Trennung von Auflösung und Vollbeendigung wird von Abs. 1 und 3 vorausgesetzt und für die GbR geregelt (vgl. auch die Überschrift „Notwendigkeit der Liquidation"). Bei eingetragenen GbR sind konsequenterweise sowohl die Auflösung gemäß § 733 als auch das Erlöschen gemäß § 738 zur Eintragung ins **Gesellschaftsregister** anzumelden. Im Übrigen hängen aber **Umfang und Dauer des Liquidationsverfahrens** davon ab, wie groß der Abwicklungsbedarf ist und welche nach Maßgabe von Abs. 2 und 3 grundsätzlich zulässigen gesellschaftsvertraglichen Abreden hierüber getroffen wurden. Das durch die Reform präsentierte Regelungsmodell dürfte daher auch auf kleine GbR und Gelegenheitsgesellschaften praxistauglich angewendet werden können. Das **Gesellschaftsvermögen** iSd Abs. 1 S. 1 setzt sich aus der **Gesamtheit der Aktiva und Passiva der GbR** zusammen. Als maßgebliche Vermögenswerte kommen neben **absoluten Rechten** (zB dingliches oder geistiges Eigentum) auch **Forderungen** gegen Dritte in Betracht. Zu prüfen ist freilich, ob die den Forderungen zugrundeliegenden **Ansprüche auch realisierbar** sind (vgl. BGH NJW 1979, 1592; OLG Düsseldorf ZIP 2013, 877).

2. Besonderheiten bei Insolvenz und Vermögenslosigkeit (Abs. 1 S. 1, 2)

10   Wird über das Vermögen der rechtsfähigen GbR (vgl. § 11 II Nr. 1 InsO) das **Insolvenzverfahren eröffnet,** begründet dies gemäß § 729 I Nr. 2 im Ausgangspunkt ebenfalls einen Auflösungsgrund. Nach **Abs. 1 S. 1** findet in

diesem Fall indessen keine gesellschaftsrechtliche Liquidation nach Maßgabe der §§ 736 ff. statt; die Abwicklung wird vielmehr durch die **Regelungen der InsO überlagert** (Einzelheiten bei BeckOGK/von Proff § 728 Rn. 4 ff.). Bedeutsam ist insofern der Übergang der Verwaltungs- und Verfügungsbefugnis über das Gesellschaftsvermögen auf den Verwalter (§ 80 I InsO) und dessen Kompetenz zur Geltendmachung der Gesellschafterhaftung (§ 93 InsO). Für eine gesellschaftsrechtliche Auseinandersetzung ist insofern kein Raum, ebenso wenig für die Bestellung von Liquidatoren gemäß § 736 (vgl. aber auch KG BeckRS 2021, 40304 Rn. 10: Gesellschafterkompetenzen im nicht vom Insolvenzbeschlag betroffenen Bereich). – Verbleibt indessen nach **Abschluss der Schlussverteilung** gemäß § 196 InsO ein **Überschuss,** ist dieser gemäß § 199 S. 2 InsO durch den Insolvenzverwalter nach Maßgabe von § 736d V und VI an die Gesellschafter zu verteilen, sodass das Insolvenzverfahren gemäß § 200 I InsO aufzuheben ist. Anstelle der Eintragung des Erlöschens der GbR gemäß § 738 (vgl. § 200 II InsO, § 31 InsO) besteht in diesen Fällen aber auch die Möglichkeit, dass die Gesellschafter nach Maßgabe von § 734 die **Fortsetzung** der GbR beschließen (→ § 734 Rn. 13 ff.). Das Gleiche gilt im Übrigen, wenn ein Insolvenzplan gemäß § 225a III InsO die Fortsetzung der GbR vorsieht BeckOGK/von Proff § 728 Rn. 35).

Ausnahmen von der Notwendigkeit einer Liquidation gemäß §§ 736 ff. **11** bestehen gemäß **Abs. 1 S. 2** auch bei der **Löschung einer atypischen GbR wegen Vermögenslosigkeit** gemäß § 729 III Nr. 2, § 394 FamFG (→ § 729 Rn. 21 ff.), denn hier fallen Auflösung und Vollbeendigung zusammen. Abs. 1 S. 2 setzt dies voraus. In der Literatur wird darüber hinaus vertreten, dass eine Liquidation stets ausscheidet, wenn **kein Gesellschaftsvermögen vorhanden** ist, mithin ohne das Erfordernis der Amtslöschung (vgl. Bachmann NZG 2020, 612 (617); MüKoBGB/Schäfer § 730 Nr. 2 unter Hinweis auf BGH NJW-RR 2006, 468 (469), woraus sich dies aber nicht eindeutig ergibt). Diese Ansicht überzeugt nur bedingt. Zum einen ist problematisch, dass sich vielfach ex ante betrachtet nicht feststellen lässt, ob die Vermögenslosigkeit tatsächlich vorliegt. Zum anderen gibt das Gesetz keinerlei Anhaltspunkte für die (rechtliche!) Entbehrlichkeit der Liquidation. Richtig ist daher, auch die Fälle der (vermeintlichen) Vermögenslosigkeit unter §§ 736 ff. zu fassen. Besteht überschaubarer Abwicklungsbedarf, dürfte dies die Gesellschafter auch nicht unangemessen belasten. Vor allem aber können auch die Gesellschafter selbst ein Interesse haben, dass der Ausgleich der Kapitalkonten untereinander unter Beteiligung eines Liquidators vorgenommen wird (DAV NZG 2020, 1133 Rn. 84). – Hiervon abzugrenzen sind die Fälle gemäß § 712a, wenn bei der **Auflösung einer zweigliedrigen GbR** das Gesellschaftsvermögen auf den verbleibenden Gesellschafter übergeht und die gesellschaftsrechtliche Abwicklung ausscheidet (→ § 712a Rn. 9 ff.).

V. Andere Art der Abwicklung (Abs. 2 und 3)

1. Gestaltungsfreiheit (Abs. 2 S. 1)

a) Grundlagen. Abs. 2 S. 1 sieht ausdrücklich vor, dass die **Gesellschaf- 12 ter** anstelle der Liquidation eine andere Art der Abwicklung vereinbaren können; Abs. 3 besagt, dass die §§ 736 ff. nur gelten, wenn und soweit sich nicht aus dem Gesellschaftsvertrag etwas anderes ergibt (vgl. insofern auch § 143 II und III HGB). Beide Regelungen sind einheitlich dahingehend zu verstehen, dass die Gesellschafter auch bei rechtsfähigen GbR befugt sind, durch **gesellschaftsvertragliche Regelung oder sonstige Willensübereinstimmung** die gesetzlichen Liquidationsregelungen **im Voraus oder ad hoc** zu modifizieren (vgl. insofern auch Begr. S. 182: von vornherein oder nachträglich). Vordergründig deckt sich diese Gestaltungsfreiheit mit § 731 S. 1 aF, wonach sich die Auseinandersetzung nur „in Ermangelung einer besonderen Vereinbarung" nach §§ 732–735 aF richtete. Der entscheidende Unterschied folgt indessen aus der **Neukonzeption von § 735,** wonach bei rechtsfähigen GbR bereits im gesetzlichen Regelfall nicht bloß eine vermögensmäßige Auseinandersetzung der Gesellschafter untereinander zu erfolgen hat, wie es der früheren Rechtslage gemäß § 730 I aF entspricht, sondern eine **gesellschaftsrechtliche Abwicklung** (→ Rn. 8). Die durch Abs. 2 S. 1 und Abs. 3 gewährte Gestaltungsfreiheit reicht daher über das bloße Innenverhältnis der Gesellschafter in vermögensmäßiger Hinsicht hinaus. Sie ermöglicht vielmehr auch Vereinbarungen mit **Auswirkung auf die Organisationsstruktur** einer Liquidationsgesellschaft, etwa im Hinblick auf die Rechtsstellung und Aufgaben der Liquidatoren (so ausdrücklich Begr. Mauracher Entwurf S. 132). Insofern deckt und überschneidet sie sich funktional betrachtet wenigstens teilweise mit dem Weisungsrecht gemäß § 736d I.

13   **b) Grenzen der Gestaltungsfreiheit.** Die entscheidende Konsequenz dieser weiter zu verstehenden Gestaltungsfreiheit ergibt sich aus den bei rechtsfähigen GbR notwendigerweise zur berücksichtigenden **Drittinteressen.** Wenn nämlich eine Modifizierung der §§ 736 ff. aus dieser Perspektive problematisch ist, bedarf es korrespondierender **Grenzen der Gestaltungsfreiheit.** Abs. 2 S. 2 sieht diese explizit allein für die Privatgläubiger eines Gesellschafters und für das Insolvenzverfahren über dessen Vermögen vor (→ Rn. 22). In der Gesetzesbegründung wurde aber ausdrücklich erwähnt, dass die Klärung weiterer Grenzen zur Wahrung gläubigerschützender Vorschriften der Rechtsprechung vorbehalten sei (Begr. S. 182). Man muss daher **über Abs. 2 S. 2 hinaus** die Gestaltungsfreiheit gemäß Abs. 2 S. 1 und Abs. 3 unter den generellen Vorbehalt stellen, dass die konkret vereinbarte Modifizierung oder Abbedingung des gesetzlichen Regelungsmodells gemäß §§ 736 ff. hiermit im Einklang stehen muss. Dies gilt insbesondere für den durch § 736d IV angeordneten **Vorrang der Gläubigerbefriedigung** (hierauf explizit hinweisend Begr. S. 182; ebenso Schäfer Neues PersGesR/M. Noack § 9 Rn. 17, freilich mit überschießenden Folgerungen für den zwingenden Charakter der Gläubigerbefriedigung gemäß § 736d IV, vgl. → § 736d Rn. 41 ff.). Vor diesem Hintergrund ist auch zu würdigen, dass im Zuge der Reform **§ 158 HGB aF ersatzlos gestrichen** wurde. Hiernach war bei OHG und KG eine andere Art der Auseinandersetzung von vornherein nur zulässig, solange noch ungeteiltes Gesellschaftsvermögen vorhanden war. Hieraus wurde allgemein der Schluss gezogen, dass die Liquidationsvorschriften im Außenverhältnis zwingend sind (Henssler/Strohn/Klöhn HGB

§ 158 Rn. 1, freilich konzedierend, dass sich dies bereits aus allgemeinen Regelungen ergebe). Indem der Gesetzgeber durch Abs. 2 und 3 **nunmehr eine flexiblere Lösung** etabliert hat, die auch Geltung beansprucht, wenn die Auseinandersetzung noch nicht beendet ist, erwächst hieraus konsequenterweise das Bedürfnis, jede einzelne Modifizierung insofern gesondert in den Blick zu nehmen. Die über Abs. 1 S. 2 hinausgehenden Grenzen der Gestaltungsfreiheit können daher nur anhand der konkreten Würdigung der abbedungenen Regelung gemäß §§ 736 ff. erörtert werden (vgl. daher im Einzelnen jeweils dort).

c) Reichweite der Mehrheitsherrschaft. Darüber hinaus stellt sich bei **14** der rechtlichen Erfassung der Gestaltungsfreiheit gemäß Abs. 2 S. 1 und Abs. 3 die allgemeine Frage, ob entsprechende **Modifizierungen** nur einstimmig oder auch **aufgrund Mehrheitsentscheidung** getroffen werden können. Die Gesetzesbegründung geht davon aus, dass Letzteres zulässig sei und etwaigen Verschiebungen zulasten der Minderheit im Rahmen der **materiellen Beschlusskontrolle** angemessen Rechnung getragen werden könne (Begr. S. 182). Dies entbindet freilich nicht von der allgemeinen Anforderung, dass eine Mehrheitsklausel im Gesellschaftsvertrag als antizipierte Zustimmung der potentiell Betroffenen Minderheit auch eine geeignete Grundlage sein muss, die Mehrheitsentscheidung zu legitimieren (zum Ganzen → § 714 Rn. 20 ff.). Insofern ist nach wie vor und in der Tendenz auch abweichend von der gesetzgeberischen Intention zu bedenken, dass die rechtliche **Würdigung einer allgemeinen Mehrheitsklausel** für das Stadium einer werbenden GbR anders ausfällt, als wenn sich diese auch auf das infolge Auflösung eintretende **Liquidationsstadium** bezieht. Hier sind regelmäßig in viel stärkerem und unmittelbarem Maße konkrete Gesellschaftersinteressen betroffen, die hierdurch möglicherweise verkürzt werden. Man kann daher kaum aus einer allgemeinen Mehrheitsklausel ableiten, dass sich diese als antizipierte Zustimmung der potentiell Betroffenen auch auf die von Abs. 2 S. 1 und 3 erfassten Modifizierungen der gesellschaftsrechtlichen Abwicklung bezieht (vgl. auch die Wertung von § 736 V). Vielmehr ist auch insofern im Lichte der jeweils abbedungenen oder modifizierten Regelung gemäß §§ 736 ff. zu würdigen, ob dies auch durch Mehrheitsbeschluss zulässig ist (vgl. daher im Einzelnen auch unter diesem Aspekt jeweils dort). – Die **Zustimmung Dritter,** die nicht Gesellschafter sind, ist abweichend von den Fällen gemäß Abs. 2 S. 2 allenfalls auf schuldrechtlicher Grundlage geboten, vermag die Wirksamkeit der Willensbildung der Gesellschafter darüber hinaus aber nicht unmittelbar zu beeinflussen.

d) Kautelarischer Handlungsbedarf infolge des MoPeG. Neu an der **15** Vorschrift des § 735 im Vergleich zu § 730 I aF ist, dass bei rechtsfähigen GbR bereits im gesetzlichen Regelfall nicht bloß eine vermögensmäßige Auseinandersetzung der Gesellschafter untereinander, sondern eine **gesellschaftsrechtliche Abwicklung** erfolgt (→ Rn. 13). Soweit die neue gesetzliche Konzeption gemäß § 735 nicht den Interessen der Gesellschafter entspricht, sollten diese bis zum 31.12.2023 (vgl. Art. 137 S. 1 MoPeG) kautelarisch tätig werden und im Gesellschaftsvertrag **entsprechende Anpas-**

sungen vornehmen. § 735 II 1, III sehen ausdrücklich vor, dass die Gesellschafter anstelle der Liquidation eine andere Art der Abwicklung vereinbaren können. **Begrenzt** wird die Gestaltungsfreiheit nur durch die zu berücksichtigenden **Drittinteressen** (→ Rn. 13).

16   Insbesondere bei **Gelegenheitsgesellschaften** empfiehlt sich in Ansehung des Gesellschaftsvermögens anstelle der Liquidation die Festlegung einer bloß vermögensmäßigen **Auseinandersetzung der Gesellschafter** untereinander, um eine interessengerechte, nicht zu komplizierte Lösung zu erzielen.

2. Schutz der Privatgläubiger (Abs. 2 S. 2 Alt. 1)

17   **a) Pfändung eines Gesellschaftsanteils.** Abs. 2 S. 1 Alt. 1 besagt, dass in den Fällen, in denen die GbR durch Kündigung eines Privatgläubigers eines Gesellschafters nach **Pfändung des Gesellschaftsanteils** aufgelöst wird, die Vereinbarung über eine andere Art der Abwicklung der Zustimmung des Privatgläubigers bedarf. Dies entspricht der Rechtslage bei OHG und KG (vgl. § 143 II HGB). Der Anwendungsbereich dieser Regelung ist zunächst nur gegeben, wenn abweichend von §§ 726, 723 I Nr. 2 gesellschaftsvertraglich vereinbart wurde, dass die **Kündigung eines Privatgläubigers** in Umkehrung des nunmehr maßgeblichen Vorrangs des Ausscheidens zur **Auflösung der GbR** führt (→ § 726 Rn. 1). Beschränkungen der Gestaltungsfreiheit im Hinblick auf das verstrickte Abfindungsguthaben gemäß § 728 bei Ausscheiden gemäß § 726 richten sich daher nach den allgemeinen Regeln. Ein Zustimmungsvorbehalt zugunsten der Privatgläubiger eines Gesellschafters besteht dann im Umkehrschluss zu Abs. 2 S. 1 nicht. – Wird die GbR **aus anderen Gründen aufgelöst,** lassen sich hieraus konsequenterweise auch keine Grenzen der Gestaltungsfreiheit im Hinblick auf eine andere Art der Abwicklung ableiten. Etwas anderes gilt allein, wenn ein Gesellschaftsanteil davor bereits gepfändet wurde, der Privatgläubiger die Kündigung nach Maßgabe von § 736 allerdings nicht erklärt hat. In diesem Fall bedarf es daher entsprechend Abs. 2 S. 1 für gläubigerschädliche Modifizierungen ebenfalls dessen Zustimmung (MüKoHGB/K. Schmidt HGB § 145 Rn. 54).

18   **b) Gläubigerbeeinträchtigende Vereinbarung.** Das Zustimmungserfordernis zugunsten eines (regelmäßig gesellschaftsfremden) Privatgläubigers ist dadurch legitimiert, dass die Auflösung dem Grunde nach die aus der Gesellschafterstellung resultierenden **Ansprüche auf Liquidationserlös** gemäß § 736d V und VI entstehen lässt (→ § 736d Rn. 45 ff.). Soweit daher ein Privatgläubiger eines Gesellschafters die Pfändung eines Gesellschaftsanteils erwirkt hat (→ § 726 Rn. 15), sind diese Ansprüche durch das Pfändungspfandrecht verstrickt und damit der uneingeschränkten **Dispositionsbefugnis der Gesellschafter entzogen** (Begr. S. 182). Dies betrifft gesellschaftsrechtliche Maßnahmen, die das Entstehen eines solchen Anspruchs verhindern oder diesen negativ beeinflussen. Der Privatgläubiger hat einen Anspruch auf den zum Auflösungszeitpunkt maßgeblichen Anteil am Liquidationserlös. Hieraus folgt zunächst, dass **nur Vereinbarungen**

nach Pfändung tatbestandlich erfasst werden (Henssler/Strohn/Klöhn HGB § 145 Rn. 18). Diese allein stellen sich als Beeinträchtigung der pfandrechtlichen Verstrickung des Anspruchs auf Liquidationserlös dar. Vorherige Vereinbarungen und gesellschaftsvertragliche Regelungen fallen nicht unter Abs. 2 S. 1 Alt. 1, sodass kein hierauf gestütztes Zustimmungserfordernis des Privatgläubigers resultiert. Eine abweichende Beurteilung würde die Gesellschafterautonomie zu stark einschränken. In diesen Fällen richtet es sich daher nach den allgemeinen Regeln, ob nachteilige Vereinbarungen als bewusste Gläubigerschädigung gemäß § 138 I zu missbilligen sind. – Weiterhin muss es sich um eine **nachteilige Vereinbarung** handeln, welche die durch die pfandrechtliche Verstrickung auf den Auflösungszeitpunkt konkretisierten Gläubigerinteressen beeinträchtigt. Die Konkretisierung der **tatbestandlichen Reichweite** von Abs. 2 S. 1 Alt. 1 kann daher nur im Hinblick die konkrete Modifizierung der bis zum Pfändungszeitpunkt maßgeblichen Liquidationsvereinbarung oder von §§ 736 ff. beurteilt werden (Einzelheiten daher jeweils dort).

c) Zustimmungserfordernis. Die erforderliche Zustimmung des Privat-　19 gläubigers unterliegt keinen gesellschaftsrechtlichen Bindungen (vgl. Henssler/Strohn/Klöhn HGB § 145 Rn. 19: freies Ermessen) und ist formlos möglich. – Fehlt die hiernach gebotene Zustimmung des Gläubigers, begründet dies richtigerweise allein einen **Zuzahlungsanspruch.** Dieser beinhaltet die Differenz zum verstrickten Liquidationserlös, der nach Maßgabe der §§ 736 ff. bzw. der zum Zeitpunkt der Auflösung aufgrund vorheriger Vereinbarung maßgeblicher Regelungen bestehen würde, wenn die entsprechende abweichende Vereinbarung nicht getroffen worden wäre (Als-ob-Betrachtung). Eine darüberhinausgehende Unwirksamkeit der betreffenden Vereinbarung im Hinblick auf die anderen Gesellschafter und der Liquidationsmaßnahmen im Übrigen lässt sich nicht begründen. Abs. 2 S. 1 Alt. 1 ist daher **kein absoluter Unwirksamkeitsgrund,** sondern etabliert **allein ein Zustimmungserfordernis** (in diese Richtung auch MüKoHGB/K. Schmidt HGB § 145 Rn. 53; undeutlich Henssler/Strohn/Klöhn HGB § 145 Rn. 20).

Über den Wortlaut von Abs. 2 S. 1 Alt. 1 hinaus besteht bei der Verkür-　20 zung des sich gemäß §§ 736 ff. ergebenden Anspruchs auf Liquidationserlös grundsätzlich auch ein **Zustimmungserfordernis des betroffenen Gesellschafters** (MüKoHGB/K. Schmidt § 145 Rn. 55). Es richtet sich freilich nach den allgemeinen Regeln, ob diese Zustimmung einer Entscheidung **durch Mehrheitsbeschluss** entgegensteht (zum Ganzen → § 714 Rn. 20 ff.). Wenngleich man dies grundsätzlich bejahen kann, dürfte eine allgemeine Mehrheitsklausel hierfür indessen nicht ausreichen. Erforderlich ist vielmehr, dass die Geltung in Bezug auf Maßnahmen nach Auflösung der GbR hierin hinreichend deutlich wurde (ähnlich MüKoHGB/K. Schmidt § 145 Rn. 46: Klausel, die für den Auflösungsbeschluss die Mehrheit ausreichen lässt, legitimiert nicht ohne weiteres die Zustimmung aller zu einer anderen Art der Auseinandersetzung).

Abs. 2 S. 1 Alt. 1 knüpft an § 726 an und erfasst daher **allein die Fälle**　21 **der Pfändung** eines Gesellschaftsanteils. Besteht indessen hieran ein **Nieß-**

brauch oder Pfandrecht, begründet dies kein Zustimmungserfordernis. Das Gleiche gilt, wenn ein Gesellschafter seinen Anspruch auf Liquidationserlös verpfändet oder **abgetreten** hat (MüKoHGB/K. Schmidt § 145 Rn. 47). In diesen Fällen haben die jeweiligen Gläubiger zwar auch das Interesse, dass ihr Befriedigungsrecht nicht tangiert wird. Die fehlende Publizität und der Ausnahmecharakter von Abs. 2 S. 1 Alt. 1 sprechen indessen gegen eine Verallgemeinerung dieser Regelung. Führt eine abweichende Abwicklung in diesen Fällen jedoch zu einer gezielten Gläubigerbenachteiligung, kann dies gemäß § 138 I zur Unwirksamkeit führen (vgl. hierzu bei Abfindungsbeschränkungen → § 728 Rn. 60).

3. Besonderheiten im Insolvenzverfahren (Abs. 2 S. 2 Alt. 2, S. 3)

22   Abs. 2 S. 2 Alt. 2 sieht weiterhin vor, dass bei Auflösung wegen Insolvenzeröffnung **über das Vermögen eines Gesellschafters** eine Vereinbarung über eine andere Art der Abwicklung der Zustimmung des Insolvenzverwalters bedarf (vgl. auch § 736 II); ist Eigenverantwortung angeordnet, tritt an die Stelle der Zustimmung des Insolvenzverwalters die des Schuldners (vgl. insofern identisch § 143 II 2 HGB). Auch hier gilt, dass der Anwendungsbereich der Regelung nur gegeben ist, wenn **abweichend von § 723 I Nr. 3** gesellschaftsvertraglich vereinbart wurde, dass die Eröffnung des Insolvenzverfahrens über das Vermögen eines Gesellschafters in Umkehrung des nunmehr maßgeblichen Vorrangs des Ausscheidens zur **Auflösung der GbR** führt (→ § 726 Rn. 1). Beschränkungen der Gestaltungsfreiheit im Hinblick auf das vom Insolvenzbeschlag erfasste Abfindungsguthaben gemäß § 728 bei Ausscheiden richten sich daher nach den allgemeinen Regeln. Ein Zustimmungsvorbehalt zugunsten des Verwalters besteht dann im Umkehrschluss zu Abs. 2 S. 1 nicht. Über den Wortlaut hinaus findet Abs. 2 S. 2 Alt. 2 aber **auch bei anderen Auflösungsgründen** Anwendung, wenn das Insolvenzverfahren über das Vermögen eines Gesellschafters bis dahin oder danach eröffnet wurde (MüKoHGB/K. Schmidt HGB § 145 Rn. 58). Der Schutzzweck, die Gläubiger des Gesellschafters im Hinblick auf eine Verkürzung des Anspruchs auf Liquidationserlös zu schützen, ist in diesen Fällen gleichermaßen verwirklicht.

23   Tatbestandlich sind wie bei Abs. 2 S. 2 Alt. 1 nur solche **Vereinbarungen der Gesellschafter** erfasst, die **ab Insolvenzeröffnung** erfolgen und aus der Perspektive des insolventen Gesellschafters eine Verkürzung des Liquidationsanspruchs im Vergleich zur bis dahin maßgeblichen vertraglich vereinbarten Lage bzw. hilfsweise gemäß §§ 736 ff. herbeiführen (→ Rn. 18). Die Zustimmung erfolgt durch den **Insolvenzverwalter; das Zustimmungserfordernis des Gesellschafters** selbst im Hinblick auf die Vereinbarung ergibt sich aus den allgemeinen gesellschaftsrechtlichen Regeln, so dass entsprechende Vereinbarungen grundsätzlich auch mit Mehrheitsherrschaft verwirklicht werden können (→ Rn. 19 ff.; abw. für OHG und KG unter Hinweis auf § 146 III HGB aF MüKoHGB/K. Schmidt § 145 Rn. 60: keine Zustimmung des Gesellschafters erforderlich, was aber im Hinblick auf die

über den Massebeschlag hinausgehende Bedeutung entsprechender Vereinbarungen nicht überzeugt). Bei der Eigenverwaltung gemäß §§ 270 ff. InsO muss der Schuldner gemäß Abs. 2 S. 3 zwingend zustimmen. Die schuldnerische Zustimmung tritt dann an die Stelle der Zustimmung des Insolvenzverwalters. – Fehlt die hiernach erforderliche Zustimmung, kann der Insolvenzverwalter über das Vermögen des Gesellschafters im Rahmen der Liquidation einen entsprechenden Zuzahlungsanspruch geltend machen.

VI. Nachtragsliquidation (Abs. 1 S. 2)

1. Grundlagen

Nach Abs. 1 S. 1 kommt es zur Nachtragsliquidation einer **wegen Ver-** **24** **mögenslosigkeit gelöschten Gesellschaft,** wenn sich nachträglich herausstellt, dass noch Vermögen zu behandeln ist, das der Verteilung unterliegt (vgl. zu OHG und KG identisch § 143 I 2 HGB). Die Regelung ist **im Recht der GbR neu.** Sie knüpft vordergründig allein an die Eintragung im Gesellschaftsregister an, welche die Voraussetzung für die Löschung nach § 394 FamFG ist. Sie ist indessen eingebettet in die allgemeine **Lehre vom Doppeltatbestand zur Vollbeendigung** einer Gesellschaft. Hiernach führt die Registerlöschung ohnehin keine materiell-rechtliche Vollbeendigung der Gesellschaft herbei, wenn noch weiteres Gesellschaftsvermögen vorhanden ist (vgl. nur KG BeckRS 2020, 24855 Rn. 18; zur AG auch § 273 II AktG). Die Registerlöschung ist mithin allein eine widerlegliche Vermutung des materiell-rechtlichen Erlöschens der Gesellschaft (Grigoleit/Servatius AktG § 273 Rn. 8). Wird dies erst später erkannt, gilt die Gesellschaft weiterhin ohne Unterbrechung als fortbestehend (Einzelheiten → § 738 Rn. 14). Dies gilt **erst recht bei nicht eingetragenen GbR,** sodass auch hier die fälschliche Behandlung einer GbR als beendet oder nicht mehr existent nachträglich mit ex tunc-Wirkung zu korrigieren ist.

Von einer hiernach möglichen Nachtragsliquidation **abzugrenzen** sind **25** die Fälle, wenn sich im Laufe der Liquidation einer GbR weiterer Abwicklungsbedarf ergibt; dann besteht die GbR ohnehin fort. Von Abs. 1 S. 1 abzugrenzen ist auch die Nachtragsverteilung im Anschluss an ein Insolvenzverfahren gemäß § 203 InsO. Schließlich kommt eine Löschung bzw. vermeintliche Vollbeendigung von vornherein nur dann in Betracht, wenn keine Rechtsstreitigkeiten der GbR mehr anhängig sind (vgl. für anhängige Steuerverfahren OLG Düsseldorf BeckRS 2017, 103040). Die entsprechenden Verfahren bleiben trotz Registerlöschung anhängig, selbst wenn es hierbei nicht um Ansprüche der GbR geht (vgl. für Passivprozesse BAG NJW 2008, 603; BGH NJW-RR 1994, 542; OLG Frankfurt NZG 2015, 626; für Aktivprozesse BAG ZIP 2002, 1947; OLG Koblenz ZIP 2007, 2166 = DB 2007, 1972 = NZG 2007, 431).

2. Voraussetzungen

Abs. 1 S. 1 verlangt, dass sich nach Löschung herausstellt, dass noch **vertei-** **26** **lungsfähiges Vermögen der GbR** vorhanden ist und hieraus das **Erforder-**

nis einer Abwicklung gemäß §§ 736 ff. resultiert. Welche Anforderungen konkret hieran gestellt werden, ist unklar. Es ist ohne weiteres zu bejahen, wenn noch Vermögen auftaucht, welches einer Löschung nach § 738 entgegenstehen würde (Als-ob-Betrachtung). Es besteht richtigerweise auch **keine kategorische Ausnahme bei Geringfügigkeit;** etwas anderes gilt in Anlehnung an § 26 InsO nur dann, wenn feststeht, dass das Vermögen noch nicht einmal für die Kosten der Nachtragsliquidation ausreicht. – Als **maßgebliche Vermögenswerte** können absolute Rechte (Eigentum; vgl. zu einem mit Einspruch verfolgten Recht BPatG BeckRS 2016, 10742) und Forderungen gegen Dritte in Betracht kommen, wenn die betreffenden Anspruchsvoraussetzungen erst nach Löschung offenkundig werden. Zu prüfen ist hierbei jedoch stets, ob diese **Ansprüche auch realisierbar** sind (vgl. BGH NJW 1979, 1592; OLG Düsseldorf ZIP 2013, 877; weitergehend BayObLG NJW-RR 1994, 230: bloße Behauptung durch Klageeinreichung genügt).

27　　Darüber hinaus ist anerkannt, dass die Nachtragsliquidation auch möglich ist, wenn sich **sonstiger Abwicklungsbedarf** ergibt (vgl. BGH NJW 1979, 1987). Ein solcher besteht etwa in der Notwendigkeit, ein Arbeitszeugnis auszustellen (KG GmbHR 2007, 542), der Titulierung von Duldungsansprüchen, der Erteilung einer Löschungsbewilligung bzw. Grundbuchberichtigung sowie in der Notwendigkeit zur Bekanntgabe von Steuerbescheiden (vgl. OLG Hamm NJW-RR 2002, 324; OLG München NZG 2008, 555). Eine eidesstattliche Versicherung seitens der gelöschten GbR abzugeben, rechtfertigt indessen regelmäßig keine Nachtragsliquidation (vgl. zur GmbH OLG Köln ZIP 1990, 1330; nicht überzeugend OLG Dresden DNotZ 2009, 305, wonach hierzu auch eine „noch bestehende" Generalvollmacht eingesetzt werden könne); hier kann es ausreichen, hierfür allein einen Nachtragsliquidator zu bestellen. Insgesamt ist gleichwohl eine **großzügige Auslegung** geboten, um dem Interesse des Rechtsverkehrs Geltung zu verschaffen.

3. Rechtsfolge

28　　**a) Bestellung eines Nachtragsliquidators.** Die Rechtsfolgen einer Nachtragsliquidation sind gesetzlich nicht geregelt. Insofern ist stets zu fragen, ob die **Reaktivierung** der rechtsfähigen GbR geboten ist oder **mildere Mittel** ausreichen (insbesondere unter dem Aspekt der persönlichen Gesellschafterhaftung). Besteht hiernach Bedarf für eine Abwicklung der GbR nach Maßgabe der §§ 736 ff., richtet sich die konkrete Durchführung zuvörderst nach Maßgabe der entsprechenden Regeln unter Beteiligung der Gesellschafter (vgl. § 736 I als Pflichtrecht; zur Möglichkeit der Gesellschafterklage § 715b). Bleiben diese untätig, kommt es zur **gerichtlichen Neubestellung eines Liquidators** gemäß § 736a auf Antrag eines Beteiligten (unternehmensrechtliches Verfahren gem. § 375 Nr. 17 FamFG; → § 736a Rn. 5 ff.). **Antragsbefugt** ist abweichend von § 736a II jeder, der von der erforderlich gewordenen Nachtragsliquidation betroffen sein kann, mithin Gesellschafter, Gläubiger und Schuldner der GbR. Erforderlich ist ein **rechtliches Interesse** an der Nachtragsliquidation (vgl. BGH NJW 1989, 220). Erforderlich ist zudem die **Glaubhaftmachung** der Voraussetzungen von Abs. 1 S. 2 (Bay-ObLG ZIP 1985, 33; enger, Beweis der Realisierbarkeit der Forderungen nötig, OLG Frankfurt FGPrax 2005, 271); die bloße Behauptung genügt nicht (OLG Frankfurt GmbHR 2005, 1137). Zuständig ist das Registerge-richt am ehemaligen Sitz der gelöschten Gesellschaft (§ 707 I, vgl. § 375 Nr. 3 FamFG, §§ 376, 377 FamFG). Die gelöschte GbR ist, vertreten durch die Gesellschafter, im Verfahren anzuhören (vgl. zur AG OLG München NJW-RR 2005, 1561). Das Gericht kann seine Entscheidung von der Leis-tung eines Kostenvorschusses abhängig machen (vgl. OLG Stuttgart NJW-RR 1995, 805).

Das Amt der früheren Gesellschafter als geborene Liquidatoren lebt nicht **29** automatisch wieder auf (vgl. OLG Koblenz ZIP 2007, 2166). Das Gericht ist vielmehr frei, einen **geeigneten Abwickler** zu bestellen; es hat bei der Auswahl Ermessen und ist nicht an (frühere) Vorgaben des Gesellschaftsver-trags gebunden (vgl. BGH NJW 2003, 2676); vgl. zur Vergütung von Nicht-gesellschaftern § 736a III. Auch der **Wirkungskreis** kann vom Gericht entsprechend den Abwicklungsbedürfnissen festgelegt werden (vgl. KG BeckRS 2016, 00032); auch eine nachträgliche Beschränkung ist möglich (OLG Düsseldorf NZG 2014, 230). Die **Vertretungsmacht** kann auf den Zweck der Nachtragsliquidation beschränkt werden (vgl. OLG Koblenz ZIP 2007, 2166). Die Bestellung eines Nachtragsliquidators wird nach dessen Annahme grds. von Amts wegen ins Gesellschaftsregister eingetragen. Das Recht zur Beschwerde gegen die Entscheidung folgt aus §§ 58 ff. FamFG. Die Möglichkeit zur **Abberufung** des gerichtlich bestellten Abwicklers folgt aus § 736a I.

b) Abwicklungsverfahren. Liegen die Voraussetzungen für eine Nach- **30** tragsliquidation vor, richtet sich die (rückwirkende) **Reaktivierung der GbR** als solche nach dem **Abwicklungsbedarf.** Es kann daher geboten sein, allein einen Liquidator zu bestellen, um die entsprechenden Maßnahmen zu vollziehen (insbesondere Abgabe von Willenserklärungen, Zeugniserteilung, Prozessvertretung etc.). Hiernach richtet es sich auch, ob die GbR entspre-chend § 736c wieder ins Gesellschaftsregister einzutragen ist. Die **Vermö-gensverteilung** ergibt sich grundsätzlich aus § 736d IV–VI. Die Nachtrags-abwickler sind hierbei aber nicht zwingend an ein Gebot gleichmäßiger Gläubigerbefriedigung gebunden. Sie können das entdeckte Vermögen daher zB an den Gläubiger auskehren, der die Nachtragsliquidation beantragt hat. Die Gesellschafter haften ohnehin nach Maßgabe von § 739. Die **Beendi-gung der Nachtragsliquidation** ist gemäß § 738 zur Eintragung ins Gesell-schaftsregister anzumelden.

§ 736 Liquidatoren

(1) **Zur Liquidation sind alle Gesellschafter berufen.**

(2) **Ist über das Vermögen eines Gesellschafters das Insolvenzver-fahren eröffnet und ein Insolvenzverwalter bestellt worden, tritt die-ser an die Stelle des Gesellschafters.**

(3) **Mehrere Erben eines Gesellschafters haben einen gemeinsamen Vertreter zu bestellen.**

(4) ¹**Durch Vereinbarung im Gesellschaftsvertrag oder durch Beschluss der Gesellschafter können auch einzelne Gesellschafter oder andere Personen zu Liquidatoren berufen werden.** ²**Das Recht, einen solchen Liquidator nach § 736a Absatz 1 Satz 1 zu berufen, bleibt unberührt.**

(5) **Hat nach dem Gesellschaftsvertrag die Mehrheit der Stimmen zu entscheiden, gilt dies im Zweifel nicht für die Berufung und Abberufung eines Liquidators.**

Übersicht

I. Reform

1. Grundlagen, Bewertung

1   § 736 ersetzt und erweitert die früher bruchstückhaft geregelte gesellschaftsrechtliche **Zuständigkeit zur Liquidation** einer GbR und bringt insofern eine **Angleichung an das Recht der OHG** gemäß § 144 HGB. Wenngleich bereits früher erwogen wurde, einzelne Vorschriften der §§ 146 ff. HGB aF auf die GbR entsprechend anzuwenden (vgl. MüKoBGB/ Schäfer § 730 Rn. 40), ist die Neuregelung insbesondere **bei unternehmenstragenden GbR** zu begrüßen, weil hierüber das organisatorische Ausgestaltung und damit die Rechtssicherheit gestärkt wird (so auch DAV NZG 2020, 1133 Rn. 85). Dies kann hier die **professionelle Abwicklung** gewährleisten und insofern auch zur Steigerung der Unternehmenskontinuität beitragen (übertragende Auflösung). Bei kleinen GbR und Gelegenheitsgesellschaften besteht grundsätzlich das Bedürfnis, bereits de lege lata eine schlankere vermögensmäßige Auseinandersetzung zuzulassen, etwa in Analogie zur nicht rechtsfähigen GbR (vgl. insofern → § 740b Rn. 5 ff.). Jedenfalls aber besteht nach wie vor hinreichend **Raum für praxisgerechte Abweichungen** (vgl. zum kautelarischen Handlungsbedarf → Rn. 33 ff. und → § 735 Rn. 12 ff.), so dass die Reform letztlich überzeugt. Insofern resultieren aus der dispositiven Grundregel des § 736 im Ergebnis keine Nachteile für kleinere GbR und Gelegenheitsgesellschaften.

Abs. 1 begründet als Verwirklichung des Grundsatzes der Selbstorgan- 2 schaft zentral die originäre **Gesellschafterkompetenz zur Abwicklung** einer aufgelösten GbR. Dies ist im Kern nicht neu. § 730 II 2 aF regelte dies indessen allein im Hinblick auf die Geschäftsführungskompetenz, was nunmehr Gegenstand von § 736b ist. Die Neuregelung bringt damit vor allem auch bei der GbR eine **terminologische Trennung von Liquidatorenamt und Geschäftsführungsbefugnis** mit sich (→ Rn. 5, → Rn. 7). – **Abs. 2** bestimmt für die GbR erstmalig, dass die Gesellschafterkompetenzen auf den **Insolvenzverwalter** übergehen, wenn über das Vermögen eines Gesellschafters das Verfahren eröffnet wird (→ Rn. 12 f.); dies galt bislang allein bei der OHG (vgl. § 146 III HGB aF, nunmehr § 144 IV HGB), ergibt sich im Kern indessen bereits aus § 80 I InsO (vgl. OLG Zweibrücken BeckRS 2001, 30183582; KG BeckRS 2011, 1787), sodass die Neuregelung letztlich nur eine begrüßenswerte Klarstellung ohne konstitutive Wirkung mit sich bringt. – **Abs. 3** bestimmt für die GbR ebenfalls erstmalig, dass die **Erbengemeinschaft** im Hinblick auf die Gesellschafterrechte in der GbR einen **gemeinsamen Vertreter** zu bestellen hat (→ Rn. 14 f.); auch dies galt bislang allein bei der OHG (§ 146 I 2 HGB aF, nunmehr § 144 III HGB). Die Neuregelung ist bei der GbR zu begrüßen, denn hierdurch wird die Handlungsfähigkeit von Liquidationsgesellschaften gesteigert, was sowohl dem Rechtsgedanken der Unternehmenskontinuität Vorschub leistet (Ermöglichung einer übertragenden Auflösung) als auch dem Gesellschafterinteresse an einer alsbaldigen Vollbeendigung der GbR.

Der neue **Abs. 4 S. 1** regelt ebenso wie der identische § 144 IV HGB 3 die **Gestaltungsfreiheit** im Hinblick auf die **Berufung von Liquidatoren** aufgrund Regelung im Gesellschaftsvertrag oder ad hoc durch Gesellschafterbeschluss. Insofern begründet die Reform eine wesentliche Neuerung, als bei der GbR **nunmehr auch Nichtgesellschafter** zum Liquidator berufen werden können (→ Rn. 17 f.). Dies war bislang im Umkehrschluss zu § 146 I 1 HGB aF bei der GbR ausgeschlossen (sogar bei Publikumsgesellschaften, vgl. BGH WM 2011, 1806 Rn. 19 ff.; abw. MüKoBGB/Schäfer § 730 Rn. 47). Die Neuregelung ist zu begrüßen, da dies der Steigerung der Professionalität einer gesellschaftsrechtlichen Abwicklung dient und richtigerweise auch keine Preisgabe der bei der GbR nach wie vor maßgeblichen Selbstorganschaft zur Folge hat. Die **Möglichkeit der Abberufung** von Liquidatoren **durch die Gesellschafter** ist zwar gesetzlich nicht geregelt, ergibt sich aber aus den allgemeinen Regeln (→ Rn. 23 f.). – Nach dem neu eingeführten Abs. 3 S. 2 verdrängt die Gesellschafterkompetenz zur Bestimmung von Liquidatoren nicht die gleichermaßen neu eingeführte und von 736 IV abzugrenzende Möglichkeit gemäß § 736a I, **durch gerichtliche Entscheidung** einen Liquidator zu berufen oder abzuberufen (→ Rn. 26). Wenngleich dies nach bisherigem Recht bereits anerkannt war (vgl. BGH WM 2011, 1806 Rn. 19: § 146 II HGB analog), ist dies ebenfalls jedenfalls unter Aspekten der Rechtssicherheit zu begrüßen, da hierdurch die Handlungsfähigkeit von Liquidationsgesellschaften gesteigert wird. Es ist indessen rechtspolitisch zweifelhaft, dass die gerichtliche Berufung und Abberufung von Liquidatoren gemäß § 736a auf eingetragene GbR beschränkt ist (→ § 736a Rn. 4).

4   **Abs. 5** begründet eine neue **Auslegungsregel für Mehrheitsklauseln.** Hiernach erfasst eine solche im Zweifel nicht die Beschlussfassung über die Berufung und Abberufung von Liquidatoren gemäß Abs. 4 S. 1 (→ Rn. 28). Dies ist (richtigerweise verallgemeinerungsfähig) zu begrüßen, denn eine von Anfang an oder nachträglich im Vorfeld der Auflösung vereinbarte allgemeine Mehrheitsklausel vermag als antizipierte Zustimmung der potenziell betroffenen Minderheit nicht auch im strukturell völlig anders gelagerten **Liquidationsverfahren** Geltung zu beanspruchen (so auch DAV NZG 2020, 1133 Rn. 87: Gefahr eines Mehrheit-/Minderheitskonflikts; vgl. zum Ganzen auch (→ § 714 Rn. 20 ff.). Insofern ist auch über die von Abs. 5 erfassten Fälle hinaus eine **hinreichend deutliche Einbeziehung** erforderlich (→ Rn. 28). – Darüber hinaus gibt die Neuregelung aber keine Auskunft darüber, nach welchen materiellen Voraussetzungen Liquidatoren abberufen werden können, was insbesondere dann problematisch ist, wenn dies zulasten von Gesellschaftern als geborene Liquidatoren gemäß Abs. 1 erfolgt; insofern besteht richtigerweise das Bedürfnis nach einem wichtigen Grund (→ Rn. 24).

5   § 736 beruht in wesentlichen Teilen auf dem **Mauracher Entwurf** (vgl. § 737 I, II, III S. 2-E). Anstelle von § 737 III 2-E sieht § 736 indessen begrüßenswert nicht mehr vor, dass auch ein **Privatgläubiger** zur Mitwirkung an der Berufung oder Abberufung von Liquidatoren zu beteiligen ist (Kritik auch bei DAV NZG 2020, 1133 Rn. 88). Auf die früher auch bei der OHG gemäß §§ 146, 147 aF weite Bezugnahme auf den Begriff der „Beteiligten" am Liquidationsverfahren wird durch die nunmehr **klare Trennung von privatautonomer und gerichtlicher Bestellung und Abberufung** durch Abs. 4 S. 2 verzichtet, so dass diese Terminologie allein beim gerichtlichen Verfahren gemäß § 736a bedeutsam ist (→ Rn. 26). Die im Mauracher Entwurf in § 737 IV und V-E geregelte Geschäftsführungsbefugnis befindet sich nun in § 736b, was eine begrüßenswerte systematische Entzerrung bewirkt.

2. Zeitlicher Geltungsbereich

6   § 736 tritt gemäß Art. 137 S. 1 MoPeG am **1.1.2024** in Kraft; eine Übergangsregelung für § 736 ist im EGBGB nicht vorgesehen. Aus dem Umkehrschluss zu Art. 229 § 61 EGBGB folgt daher, dass für die Liquidation ab dem Zeitpunkt des Inkrafttretens das neue Recht gilt. Maßgeblicher Zeitpunkt ist nach dem Prinzip der lex actus temporis das Vorliegen des Auflösungsgrunds (→ § 705 Rn. 3 ff.). Dies betrifft auch Altgesellschaften, sodass sich die materielle Rechtslage insofern ändert (vgl. zum kautelarischen Handlungsbedarf

→ Rn. 33 ff.). Haben die Gesellschafter bereits zum früheren Recht vorrangige Abreden getroffen, gelten diese grundsätzlich fort.

II. Normzweck

§ 736 regelt (identisch mit § 144 HGB) die **organisatorische Ausgestal-** 7 **tung** der aufgelösten rechtsfähigen GbR im Hinblick auf Liquidatoren. Diese sind gemäß §§ 736b, 736d zur **Durchführung der Abwicklung** berufen, haben mithin die entsprechende Geschäftsführungsbefugnis und Vertretungsmacht. Nach **Abs. 1** obliegt dies im gesetzlichen Regelfall allen Gesellschaftern gemeinschaftlich, sodass hierdurch der **Grundsatz der Selbstorganschaft** gewahrt wird (Gesellschaftergesamtheit als geborene Liquidatoren). Ausnahmen bestehen insofern allein gemäß **Abs. 2,** indem anstelle des insolventen Gesellschafters der Insolvenzverwalter handelt; Privatgläubiger eines Gesellschafters haben hiernach entgegen der Vorschläge des Mauracher Entwurfs und anders als bei § 736a II Nr. 4 kein gesellschaftsrechtliches Beteiligungsrecht (→ Rn. 12). Im Übrigen ist § 736 insoweit **zwingend,** als die Abwicklung einer rechtsfähigen GbR durch die Liquidatoren zu erfolgen hat und eine abweichende Art der Abwicklung gemäß § 735 II (→ § 735 Rn. 12 ff.) daher diese Organkompetenzen nicht auszuschließen vermag (Henssler/Strohn/Klöhn HGB § 148 Rn. 2). – Nach **Abs. 3** haben die Erben eines verstorbenen Gesellschafters im Liquidationsstadium allerdings einen gemeinsamen Vertreter zu bestellen, um die aus gesellschaftsrechtlicher Perspektive unpraktikablen erbrechtlichen Kompetenzregelungen praktikabel auszugestalten. – Praktisch bedeutsam ist vor allem **Abs. 4,** wonach einzelne Gesellschafter oder seit der Reform nunmehr auch Dritte zu Liquidatoren berufen werden können, mithin umgekehrt auch Gesellschafter hiervon ausgeschlossen sein können. Dies und die Umkehrung einer solchen Entscheidung erfolgen in Verwirklichung des Grundsatzes der Selbstorganschaft durch entsprechende Entscheidung der Gesellschafter, welche gemäß **Abs. 5** auch einer Mehrheitsentscheidung zugänglich ist. Hiervon **abzugrenzen** ist die gerichtliche Berufung und Abberufung von Liquidatoren gemäß § 736a, was Abs. 4 S. 2 ausdrücklich klarstellt. Abzugrenzen sind zudem Regelungen über die Geschäftsführungs- und Vertretungsbefugnis der (berufenen) Liquidatoren gemäß § 736b sowie die Möglichkeit, den Liquidatoren gemäß § 736d I 1 Weisungen zu erteilen.

III. Anwendungsbereich

§ 736 gilt **bei jeder rechtsfähigen GbR,** unabhängig von der Eintragung 8 ins Gesellschaftsregister (vgl. zu Abs. 4 S. 2 → Rn. 26). Bei zweigliedrigen GbR erfolgt in den Fällen von § 712a keine Auflösung, so dass konsequenterweise dann auch keine Liquidatoren zu stellen sind, im Übrigen aber schon. – Bei **nicht rechtsfähigen GbR** iSd § 705 II Alt. 2 gilt vorrangig § 740b, der nicht auf § 736 verweist. Im Ergebnis deckt sich dies indessen mit Abs. 1, denn auch hiernach sind die Gesellschafter selbst zur Auseinandersetzung

berufen, zwar begrifflich nicht als „Liquidatoren", der Sache nach aber mit
denselben Aufgaben (→ § 740b Rn. 5 ff.). Bei OHG und KG gilt allein
der identische § 144 HGB; das Gleiche gilt gemäß § 9 I PartGG für die
Partnerschaftsgesellschaft.

IV. Geborene Liquidatoren (Abs. 1–3)

1. Gesellschafter (Abs. 1)

9   Nach Abs. 1 sind alle Gesellschafter **zur Liquidation berufen,** mithin
in ihrer Gesamtheit sog. geborene Liquidatoren (anders, iE aber identisch,
Henssler/Strohn/Klöhn HGB § 146 Rn. 4: Auslegungsregel; vgl. aus histori-
scher Perspektive K. Schmidt ZHR 153 (1989), 290). Dies entspricht § 144
I HGB und begründet ein **gesellschaftsrechtliches Pflichtrecht** (Begr.
S. 183). Die Regelung beruht auf dem auch im Liquidationsverfahren grundsätzlichen Prinzip der **Selbstorganschaft** (vgl. auch Begr. S. 182: primäre
Zuständigkeit). Diese Einordnung kollidiert auch nicht mit der nunmehr
gemäß Abs. 4 ermöglichten Berufung Dritter zu Liquidatoren, da diese
ebenso wie die Abberufung derselben den Gesellschaftern obliegt. Insofern
ist es auch verfehlt, der Fremdorganschaft das Wort zu reden (ebenso
MüKoHGB/K. Schmidt HGB § 146 Rn. 2: modifizierte Selbstorganschaft).
Der maßgebliche Zeitraum für die Beurteilung der Gesellschafterstellung
beginnt **ab Auflösung;** bei einem Gesellschafterwechsel im Liquidationsstadium gilt Abs. 1 daher auch für die Eintretenden.

10   Die Gesellschafter einer GbR haben nach Abs. 1 im gesetzlichen Regelfall
die gemeinschaftliche **Pflicht zur ordnungsgemäßen Liquidation.** Dies
wird ergänzt durch § 736b I, wonach die bis zur Auflösung der Gesellschaft
maßgebliche Befugnis zur Geschäftsführung und Vertretung erlischt und
fortan im dispositiven gesetzlichen Regelfall ebenfalls allen Liquidatoren
gemeinschaftlich zusteht (→ § 736b Rn. 10). Praktische Relevanz hat Abs. 1
vor allem dann, wenn die bisherige gesellschaftsvertragliche Ausgestaltung
der Organkompetenzen von § 715 I, § 720 I abwich und einzelne Gesellschafter von Geschäftsführung und Vertretung ausgeschlossen waren (vgl.
OLG Köln WM 1995, 1881 (1882)). Ab Auflösung besteht daher ex lege für
alle Gesellschafter gleichermaßen eine **Mitwirkungspflicht,** die Liquidation
gemeinschaftlich zu betreiben oder der Vereinbarung abweichender Regelungen zur Geschäftsführungsbefugnis zuzustimmen. Abs. 1 ist insofern
zwingend, als die hierin angelegte **Liquidationsverantwortung** als Ausprägung der Selbstorganschaft den Gesellschaftern obliegt (MüKoHGB/K.
Schmidt § 146 Rn. 15). Auf dieser Grundlage rechtfertigt sich dann deren
Befugnis gemäß Abs. 4, auch Nichtgesellschafter zu Liquidatoren zu berufen
(→ Rn. 17) und nach Maßgabe von § 736b Abweichungen im Hinblick
auf die konkreten Kompetenzen zu vereinbaren (→ § 736b Rn. 11 f.). Die
Gesellschafter können sich daher dieser Verantwortung nicht grundlegend
dadurch entziehen, dass sie von vornherein die entsprechenden Kompetenzen
ausschließen oder verdrängend einem Dritten zuweisen. Ein Gesellschafter
kann sich grundsätzlich auch nicht durch einen auf den Auflösungszeitpunkt

bezogenen **Austritt** dieser Pflichten entziehen (vgl. BGH WM 1963, 728 (730)). Eine **Kündigung der Mitgliedschaft** bleibt zwar auch im Liquidationsverfahren grundsätzlich möglich. Die rechtliche Würdigung des gesetzlichen oder vertraglich vereinbarten Kündigungsrechts dürfte im Lichte des Abwicklungszwecks und der vorhersehbaren Vollbeendigung der GbR indessen regelmäßig dazu führen, dass das alleinige Ausscheiden eines Gesellschafters aus der Liquidationsgesellschaft ausscheidet, jedenfalls aber die vermögensmäßige Auseinandersetzung einheitlich nach Maßgabe von § 736d erfolgt.

Abs. 1 gilt im Übrigen richtigerweise **auch bei Publikumsgesellschaf- 11 ten.** Für eine Analogie zu § 265 I AktG fehlt seit der Reform erst recht die hinreichende Basis (früher bereits BGH WM 2011, 1806 Rn. 19 ff.; abw. LG Nürnberg-Fürth NZG 2010, 1101 und KG NZG 2010 1103; MüKoBGB/ Schäfer § 730 Rn. 40). Insofern sind daher abweichende Regelungen im Gesellschaftsvertrag gemäß Abs. 4 praktisch geboten, insbesondere die Berufung eines einzelnen Gesellschafters oder einer begrenzten Zahl an Gesellschaftern als Liquidatoren im Vorfeld der Auflösung, welche dann auf Grund aufschiebender Bedingung sogleich wirkt (vgl. früher bereits BGH NZG 2014, 302 Rn. 33 ff.). – In allen Fällen besteht darüber hinaus gemäß § 736a die Möglichkeit, durch gerichtliche Entscheidung eine sachgerechte Lösung zur effektiven Verwirklichung der Liquidation herbeizuführen.

2. Insolvenzverwalter, Privatgläubiger (Abs. 2)

Nach Abs. 2 tritt in den Fällen, in denen **über das Vermögen eines 12 Gesellschafters** das Insolvenzverfahren eröffnet wurde, der (ggf. vorläufig) bestellte Verwalter an die Stelle des Gesellschafters (vgl. insofern identisch § 144 II HGB). Die Regelung setzt nicht voraus, dass die Insolvenz des Gesellschafters bereits vor Auflösung eingetreten ist (Begr. S. 183). Sie ist aber zu weit formuliert, da die Kompetenzen des Insolvenzverwalters gemäß § 80 I InsO auf die Insolvenzmasse in vermögensmäßiger Hinsicht beschränkt sind. Insofern ist es zwar konsequent, wenn dieser anstelle des Gesellschafters die organschaftlichen **Geschäftsführungs- und Vertretungskompetenzen** gemäß § 736b hat (vgl. BGH NJW 1981, 822; OLG Zweibrücken ZIP 2001, 1207 (1209); KG ZIP 2011, 370 (371); MüKoBGB/Schäfer § 728 Rn. 38; abw. Henssler/Strohn/Klöhn HGB § 146 Rn. 6: Kompetenzen bleiben beim Gesellschafter). Die darüberhinausgehende Stellung des Gesellschafters als Mitglied im Personenverband und die hieraus resultierenden Kompetenzen zur Fassung von **Grundlagenentscheidungen** sind indessen nur dann von der Verwaltungs- und Verfügungsbefugnis des Verwalters erfasst, wenn sie einen Bezug zum vermögensmäßigen Insolvenzbeschlag aufweisen. – Die hiernach konkretisierte Zuweisung der Organkompetenzen an den Insolvenzverwalter ist im Übrigen **zwingend.** Die Gesellschafter können daher hiervon nicht durch Gesellschaftsvertrag oder im Rahmen von § 736b abweichen. Es ist indessen ohne weiteres möglich, einen Insolvenzverwalter nach Maßgabe von § 736a durch gerichtliche Entscheidung aus wichtigem Grund abzuberufen (abw. wohl Begr. S. 183, wonach der Insolvenzverwalter „nicht selbst Liquidator" werde).

13   Abweichend von § 737 III 2-E des Mauracher Entwurfs sieht § 736 indessen nicht mehr vor, dass auch ein **Privatgläubiger** (vgl. hierzu § 726) zur Mitwirkung an der Berufung oder Abberufung von Liquidatoren gemäß Abs. 4 zu beteiligen ist (→ Rn. 17). Dieser hat somit allein den aus der Pfändung resultierenden **Zugriff auf die Vermögensrechte** des betreffenden Gesellschafters (RGZ 60, 126 (130); RGZ 95, 231 (232); LG Hamburg DR 1982, 1028). Richtigerweise folgt daher aus § 736 **kein eigenes Recht auf Durchführung der Auseinandersetzung** (abw. zum früheren Recht BGH NJW 1992, 832; ZIP 2008, 1629; LG Konstanz NJW-RR 1987, 1023; noch weitergehend auch für die entsprechenden Verwaltungsrechte OLG München BeckRS 2008, 18094; MüKoBGB/Schäfer § 725 Rn. 20). Dies ist zu begrüßen, weil ein Privatgläubiger anders als der Insolvenzverwalter keine Verwaltungs- und Verfügungsbefugnis über das Schuldnervermögen hat; vielmehr ist allein der Abfindungs- bzw. Liquidationsanspruch des Schuldners verstrickt (Einzelheiten bei → § 726 Rn. 28). Die Kompetenzen des Schuldners als Gesellschafter bleiben daher bestehen, soweit es nicht nach Maßgabe von § 735 II 1 um die Vereinbarung einer anderen Art der Abwicklung geht (→ § 735 Rn. 12 ff.). Im Übrigen bestimmt es sich nach den allgemeinen Regeln gemäß §§ 138, 826, ob bei der Wahrnehmung dieser Kompetenzen eine Gläubigerbenachteiligung herbeigeführt wird.

3. Erbengemeinschaft (Abs. 3)

14   **Abs. 3** erkennt mittelbar an, dass auch mehrere Erben als (nicht rechtsfähige, vgl. § 2032 I) Erbengemeinschaft **Gesellschafter einer Liquidationsgesellschaft** sein können (vgl. zum Ganzen im Übrigen (→ § 705 Rn. 21). Insofern ist es unerheblich, ob die Auflösung aufgrund des Todes eines Gesellschafters herbeigeführt wurde (vgl. zur Abweichung vom Vorrang des Ausscheidens gemäß § 723 I Nr. 1 → § 723 Rn. 1) oder aus anderen Gründen sowie, ob die Erben erst während der Abwicklung in die Stellung des Verstorbenen einrücken (Henssler/Strohn/Klöhn HGB § 146 Rn. 8). Im Zuge der Reform wird aber nunmehr auch bei der GbR ein Gleichlauf zu § 144 III HGB hergestellt, indem die Erben einen **gemeinsamen Vertreter** zu bestellen haben (vgl. hierzu bereits nach früherem Recht MüKoBGB/Schäfer § 728 Rn. 41: Analogie zu § 146 I 2 HGB aF). Die Regelung beruht auf § 2038, wonach die Verwaltung des Nachlasses den Erben grundsätzlich gemeinschaftlich zusteht und teilweise eine Mehrheitsentscheidung ausreichend ist, was aus gesellschaftsrechtlicher Perspektive problematisch ist (insbesondere im Hinblick auf die **alsbaldige Abwicklung,** vgl. Begr. S. 183). Andererseits bleibt Abs. 3 hinter § 18 GmbHG zurück, worin für die GmbH angeordnet ist, dass im gesellschaftsrechtlichen Innenverhältnis allein die gemeinschaftliche Rechtsausübung maßgeblich ist (vgl. Nock/Servatius/Haas/Servatius GmbHG § 18 Rn. 4).

15   Abs. 3 ist daher einerseits bloß eine **Verpflichtung zur Bestellung,** welche richtigerweise zwar durch die GbR gerichtlich erzwingbar ist (vgl. auch § 736a; abw. bzw. widersprüchlich Henssler/Strohn/Klöhn HGB § 146 Rn. 10), andererseits aber bei Weigerung lediglich Schadensersatzpflichten der Erben gem. § 280 I auslöst, wenn hierdurch die Verwirklichung des Liquidationszwecks beeinträchtigt wird (vgl. im Übrigen Kompensation durch die Möglichkeit der Gesellschafterklage gemäß § 715b). Schließlich ist Abs. 3 insofern **dispositiv,** als im Gesellschaftsvertrag auch vorgesehen werden kann, dass in Anlehnung an § 18 GmbHG das gesellschaftsinterne Handeln der Erben nur über einen gemeinsamen Vertreter gestattet ist oder dass eine bestimmte Person bestellt werden muss. Fehlt eine solche Regelung, folgt aus Abs. 3 aber auch umgekehrt, dass die Mitgesellschafter das konzertierte Handeln der Erben durch einen von ihnen bestellten gemeinsamen Vertreter hinnehmen müssen.

Die **Kompetenzen des Vertreters** ergeben sich gemäß Abs. 3 akzesso-   16
risch aus allen den Erben gemäß Abs. 1 obliegenden Aufgaben während der Liquidation. Er ist aus dieser Stellung heraus weder Gesellschafter noch hat er eigene organschaftliche Kompetenzen; er übt diese lediglich mit Wirkung für und gegen die Miterben aus (MüKoHGB/K. Schmidt HGB § 146 Rn. 17: Gruppenvertreter). Maßgeblich ist daher stets die konkrete Ausgestaltung der **Vertretungsmacht.** Im Übrigen erfolgt aber keine prinzipielle Unterscheidung der einzelnen Mitgliedschaftsrechte; der Vertreter kann hiernach daher Aufgaben der Geschäftsführung ebenso wahrnehmen wie bei Grundlagenentscheidungen sowie die Geltendmachung von Gesellschafterrechten (zutreffend MüKoHGB/K. Schmidt HGB § 146 Rn. 120; abw. Oetker/Kamanabrou HGB § 146 Rn. 11). – Die **Person des Vertreters** ist im gesetzlichen Regelfall nicht vorbestimmt; bestellt werden kann nach Maßgabe von § 2038 II 1, § 745 ein Erbe oder ein Dritter, ohne weiteres auch ein anderer Gesellschafter. Zu beachten ist insofern stets auch das Verbot des Insichgeschäfts nach § 181, sodass ggf. eine Befreiung erfolgen muss („soweit nicht ein anderes ihm gestattet ist"). – Zur GbR bestehen daher keine unmittelbaren Rechtsbeziehungen; Vergütungs- und Aufwendungsersatzansprüche bestehen gemäß § 670 allein im Verhältnis zu den Miterben (Henssler/Strohn/Klöhn HGB § 146 Rn. 9). – Von Abs. 3 **abzugrenzen** sind die Fälle, in denen **Testamentsvollstrecker und Nachlassverwalter** für die Erben handeln (für Letzteres abw. BayObLG NJW-RR 1991, 361). Die Pflicht zur zusätzlichen Bestellung eines gemeinsamen Vertreters besteht insofern nicht.

V. Abweichende Gestaltungen (Abs. 4)

1. Grundlagen

Das durch Abs. 1 anerkannte **Prinzip der Selbstorganschaft** begründet   17
allein die zwingende Kompetenz der Gesellschaftergesamtheit nebst korrespondierender Pflicht zur Mitwirkung an der Durchführung der Liquidation (→ Rn. 9 f.). Im gesetzlichen Regelfall haben hiernach ab Zeitpunkt der Auflösung sämtliche Gesellschafter als geborene Liquidatoren nach Maßgabe von § 736b **gemeinschaftliche Geschäftsführungs- und Vertretungskompetenz** im Hinblick auf die Liquidation; dies ist gemäß § 736c I bei rechtsfähigen GbR zur deklaratorischen Eintragung ins Gesellschaftsregister anzumelden. – Hiervon ist abzugrenzen, welche Personen konkret Liquidato-

ren sein sollen und welche Geschäftsführungs- und Vertretungsbefugnis diesen zukommen soll. Für beide Aspekte besteht Gestaltungsfreiheit: Abs. 4 ermöglicht die Berufung einzelner Gesellschafter oder anderer Personen zu **gekorenen Liquidatoren.** Konsequenterweise können im Umkehrschluss hierzu auch Gesellschafter vom Liquidatorenamt ausgeschlossen werden. Weiterhin besteht gemäß § 736a stets auch die Möglichkeit, dies durch gerichtliche Entscheidung zu erzwingen (vgl. Abs. 3 S. 2). § 736b ermöglicht auch in Bezug auf **Geschäftsführung und Vertretung** der gekorenen Liquidatoren abweichende Gestaltungen vom gesetzlichen Regelfall der gemeinschaftlichen Innehabung (→ § 736b Rn. 9 ff.). Nach § 736d I können die Gesellschafter den Liquidatoren im Übrigen auch **Weisungen** erteilen (→ § 736d Rn. 10 ff.). Vgl. schließlich zur auch im Liquidationsstadium bestehenden Notgeschäftsführungsbefugnis § 715a (→ § 736b Rn. 16).

18   **Zur privatautonomen Modifizierung** von Abs. 1 ebenso wie für die konkrete Ausgestaltung der Geschäftsführungsbefugnis und Vertretungsmacht sowie zur Erteilung von Weisungen sind allein die **Gesellschafter befugt** (vgl. demgegenüber das hiervon abzugrenzende gerichtliche Verfahren gemäß § 736a). Ist der Gesellschafter selbst Liquidator oder soll hierzu berufen werden, unterliegt er grundsätzlich keinem Stimmverbot; eine Ausnahme besteht nur, wenn die Abberufung aufgrund entsprechender gesellschaftsvertraglicher Regelung (→ Rn. 12, → Rn. 30) nur aus wichtigem Grund erfolgen darf (BeckOGK/Peschke HGB § 146 Rn. 15). – Die Neuregelung verzichtet im Übrigen ebenso wie § 144 HGB begrüßenswert auf die früher bei der OHG maßgebliche Bezugnahme auf den fragwürdigen Begriff der „Beteiligten" am Liquidationsverfahren, unter den insbesondere auch die **Privatgläubiger eines Gesellschafters** gefasst wurden (so aber noch § 737-E des Mauracher Entwurfs, vgl. → Rn. 5). Diese gesellschaftsfremden Dritten sind nunmehr allein nach Maßgabe von § 735 II an der Durchführung der Liquidation zu beteiligen, wenn eine andere Art der Abwicklung vereinbart wird (→ § 735 Rn. 12 ff.; abw. zum früheren Recht BeckOGK/Peschke HGB § 146 Rn. 15). Im Übrigen können Sie einen Antrag auf Berufung oder Abberufung von Liquidatoren nach Maßgabe von § 736a II Nr. 4 stellen (→ 736a Rn. 6).

19   Auch der **Insolvenzverwalter** über das Vermögen eines Gesellschafters ist nach Maßgabe von § 80 I InsO jenseits der Fälle des § 735 II nicht befugt, die nicht vermögensbezogenen Gesellschafterrechte des Schuldners auszuüben. Dies betrifft auch die Berufung oder Abberufung von Liquidatoren gemäß Abs. 2 (abw. zum früheren Recht BeckOGK/Peschke HGB § 146 Rn. 15). Auf die „Beteiligten" am Liquidationsverfahren kommt es somit nunmehr allein im Rahmen des speziellen gerichtlichen Verfahrens gemäß § 736a an (→ § 736a Rn. 3). Der gemäß § 736 III zu bestellende **gemeinsame Vertreter** der Erben ist nach allgemeinen Regeln gemäß §§ 164 ff. befugt, diese bei der Willensbildung über die Berufung oder Abberufung von Liquidatoren zu vertreten; er hat hierauf kein eigenes Recht. Das Gleiche gilt aufgrund der entsprechenden erbrechtlichen Regeln für **Nachlassverwalter** und **Testamentsvollstrecker** (abw. zum früheren Recht wohl BeckOGK/Peschke HGB § 146 Rn. 15: zwingend an einem Abberufungsbeschluss zu beteiligen).

2. Berufung von Liquidatoren

Nach Abs. 4 S. 1 kann **im Vorfeld der Auflösung** auf diesen Zeitpunkt **20** bezogen (aufschiebend bedingt) **oder danach** ad hoc bestimmt werden, dass einzelne bzw. mehrere **Gesellschafter oder Nichtgesellschafter** zu gekorenen Liquidatoren berufen werden, so dass die übrigen Gesellschafter konsequenterweise abberufen werden (Auslegungsfrage, vgl. BeckOGK/Peschke HGB § 146 Rn. 30; → Rn. 23 f.). Bei der Berufung weiterer Liquidatoren im Rahmen eines bereits begonnenen Liquidationsverfahrens ist ebenfalls im Wege der Auslegung zu ermitteln, ob hierdurch zugleich die Abberufung der übrigen gewollt ist. – **Taugliche Liquidatoren** sind alle natürlichen Personen und rechtsfähige Personenvereinigungen; dies kann auch eine rechtsfähige GbR sein, im Hinblick auf die gebotene Registerpublizität muss diese jedoch, anders als die Abwicklungsgesellschaft selbst, eingetragen sein. Geschäftsfähigkeit ist nicht notwendig, wenn die entsprechenden Genehmigungen der gesetzlichen Vertreter und ggf. des Familiengerichts vorliegen (abw. für Nichtgesellschafter MüKoHGB/K. Schmidt HGB § 146 Rn. 4). Soll ein Amtsnotar Liquidator werden, bedarf es der Genehmigung nach § 8 III Nr. 1 lit. b BNotO (vgl. zur AG KG DNotZ 1999, 523).

Die Berufung setzt seitens der GbR eine entsprechende **gesellschaftsvertragliche Regelung** oder einen (einstimmigen) **Gesellschafterbeschluss** **21** gemäß § 714 voraus (vgl. zur Berufung durch Mehrheitsentscheidung gemäß Abs. 5 → Rn. 28 ff.). Die berufene Person muss diese **zugangsbedürftige Erklärung** ihrerseits durch entsprechende Erklärung **annehmen.** Die Berufung wird als Abweichung von Abs. 1 bzw. ggf. zwischenzeitlich getroffener anderweitiger Abreden daher erst wirksam, wenn auch dies vorliegt (ggf. konkludent). – Die Berufung eines Liquidators ist bei eingetragenen Gesellschaften (vgl. § 707 I) gemäß § 736c zur **Eintragung ins Gesellschaftsregister** anzumelden, ansonsten nicht. Die Eintragung wirkt zwar nur deklaratorisch; über § 15 I HGB (vgl. § 707a III) dürfen gutgläubige Dritte indessen auf die gemeinschaftliche Vertretungsmacht der geborenen Liquidatoren gemäß Abs. 1 (vgl. § 736b I) vertrauen. – Von der Berufung eines Liquidators abzugrenzen sind die hiermit praktisch verbundenen Entscheidungen der Gesellschafter über **Geschäftsführungsbefugnis und Vertretungsmacht** (→ § 736b Rn. 13), welche bei eingetragenen GbR gemäß § 736c ihrerseits eintragungspflichtig sind.

Soll ein **Nichtgesellschafter** zum Liquidator berufen werden, wird dieser **22** nicht Gesellschafter; die entsprechenden **Rechte und Pflichten** gemäß §§ 736d ff. gelten für ihn aber gleichermaßen. Die **Dauer** der Berufung richtet sich grundsätzlich bis zur Vollbeendigung der GbR gemäß § 738 (auflösende Bedingung, § 158 II), wenn nichts Abweichendes vereinbart wurde. Das Rechtsverhältnis zwischen GbR und Liquidator ist rein **schuldrechtlich** (GoA, Auftrag, Geschäftsbesorgungsvertrag). Die Kompetenz für Abschluss, Änderung und Beendigung liegt auf Seiten der GbR entsprechend § 720 I bei den Gesellschaftern, wenn kein anderer Liquidator vorhanden ist. Eine **Vergütung** muss grundsätzlich vereinbart werden, falls gewollt (arg. e contrario §§ 612, 632; vgl. für Gesellschafter als Liquidatoren BGH WM

1967, 682 (683)). Fehlt diese, gelten die GoA-Regeln gemäß §§ 677 ff.; für eine entsprechende Anwendung von § 736a III 1 als einer in das gerichtliche Verfahren eingebetteten Regelung ist daher kein Bedarf.

3. Abberufung von Liquidatoren

23   Die Abberufung von Liquidatoren **durch die Gesellschafter** ist gesetzlich nur unvollkommen geregelt, da Abs. 5 dies lediglich voraussetzt; vgl. demgegenüber zur gerichtlichen Abberufung § 736a. Dies gilt auch bei der OHG (vgl. § 144 HGB), da der frühere § 147 Hs. 1 HGB aF („Abberufung durch einstimmigen Beschluss") ersatzlos gestrichen wurde. Da die Stellung eines Liquidators stets eine entsprechende gesellschaftsvertragliche Grundlage bzw. einen Gesellschafterbeschluss hat, dürfte es aber unbestreitbar sein, dass dies auch jenseits des gerichtlichen Verfahrens gemäß § 796a durch **privatautonome Entscheidung** beendet werden kann, insbesondere auch, wenn einzelne Gesellschafter oder Dritte nach Maßgabe von Abs. 4 S. 1 zum Liquidator berufen werden. Konsequenterweise ermöglicht Abs. 5 insofern sogar die mehrheitliche Beschlussfassung. – Die Abberufung durch Gesellschafterentscheidung kann **alle geborenen oder gekorenen Liquidatoren** betreffen, auch die gemäß § 736a gerichtlich bestellten (Henssler/Strohn/Klöhn HGB § 147 Rn. 2). Ist eine juristische Person Liquidator, kann allein dieser das Liquidatorenamt entzogen werden (kein Abberufungsdurchgriff im Hinblick auf deren Vertreter). Etwas anderes gilt allein in entsprechender Anwendung von Abs. 4 für den durch eine Erbengemeinschaft bestellten gemeinschaftlichen Vertreter (abw. BeckOGK/Peschke HGB § 146 Rn. 25; → Rn. 14 f.).

24   Die Abberufung eines Liquidators kann **im gesetzlichen Regelfall grundlos** erfolgen (Begr. S. 183; vgl. auch Henssler/Strohn/Klöhn HGB § 147 Rn. 1: Ordentliche Abberufung; vgl. zur AG BGH NZG 2009, 664). Das Erfordernis von Abberufungsgründen, bis hin zum wichtigen Grund, kann sich hiernach nur aus einer entsprechenden gesellschaftsvertraglichen Vereinbarung ergeben (vgl. BeckOGK/Peschke HGB § 146 Rn. 25, der insofern aber für den Bereich der Personengesellschaften missverständlich von „Sonderrecht" spricht; vgl. zum Sonderrecht bei der GmbH Noack/Servatius/Haas/Servatius GmbHG § 3 Rn. 45). Überzeugend ist diese Abberufungsfreiheit freilich nur bei der **Abberufung Dritter,** da diese kein gesellschaftsrechtliches Recht auf das Liquidatorenamt haben. Soweit es aber um die **Abberufung eines Gesellschafters** geht, handelt es sich stets um die Abbedingung von Abs. 1, mithin der hierdurch gewährten gesellschaftsrechtlichen Mitwirkungsrechte, welche als Konsequenz die entsprechende Geschäftsführungsbefugnis und Vertretungsmacht nach sich ziehen. Insofern erscheint es problematisch, wenn die Abberufung ohne materielle Voraussetzungen möglich wäre. Dies zeigt auch ein **Vergleich mit § 715 V,** wonach die Geschäftsführungsbefugnis einem Gesellschafter nur bei Vorliegen eines wichtigen Grundes entzogen werden kann (→ § 715 Rn. 40 ff.). Es ist daher konsequent, dass die Abberufung eines Gesellschafters vom Amt des (geborenen oder gekorenen) Liquidators **nur aus wichtigem Grund** zulässig ist (vgl. Rechtsgedanke des § 715 V und des § 736a I 1). Dieser liegt vor, wenn

Zweifel bestehen, dass die gebotene alsbaldige Abwicklung durch das Mitwirkungsrecht des Gesellschafters gefährdet ist. Die Hürde hierfür sollte indessen nicht zu hoch angesetzt werden, da die Abberufung stets auch der konkreten **Treupflichtkontrolle** unterliegt (→ Rn. 18).

Die Abberufung erfolgt grundsätzlich durch **einstimmigen Gesellschaf-** 25 **terbeschluss** gemäß § 714; Abs. 5 lässt aber auch **Mehrheitsentscheidungen** zu (→ Rn. 28). Die Abberufung muss als empfangsbedürftige Willenserklärung dem betreffenden Liquidator **zugehen;** er muss indessen nicht zustimmen. Der Zugang kann auch durch Anwesenheit bei der Entscheidung bejaht werden (vgl. zur GmbH KG GmbHR 1998, 1039). Die Abberufung wirkt für die Zukunft, also **ex nunc** (vgl. OLG Frankfurt BB 1981, 1801) und ist bei eingetragenen GbR gemäß § 736c zur Eintragung ins **Gesellschaftsregister** anzumelden. Die Eintragung der Abberufung wirkt zwar nur deklaratorisch; über § 15 I HGB (vgl. § 707a III) dürfen gutgläubige Dritte indessen auf den Fortbestand der Liquidatorenstellung vertrauen, was insbesondere für die Vertretungsmacht relevant ist. – Die Abberufung lässt die Gesellschafterstellung eines Liquidators unberührt; der betreffende muss ggf. gesondert nach Maßgabe von § 727 ausgeschlossen werden. Bei Dritten lässt die Abberufung einen **Anstellungs- oder Dienstvertrag** unberührt (vgl. BayObLG DB 1981, 518 (519)). Insofern besteht jedoch regelmäßig ein außerordentliches Kündigungsrecht, welches durch die Abberufung konkludent ausgeübt wurde (vgl. zur AG OLG Frankfurt AG 2009, 335; vgl. zur Vergütung nach Abberufung KG GmbHR 1998, 1029). Bei Arbeitsverträgen ist freilich das Schriftformerfordernis gemäß § 623 zu beachten. Werden **alle gekorenen Liquidatoren abberufen** oder fallen aus sonstigen Gründen weg, sind gemäß Abs. 1 wieder die Gesellschafter als geborene Liquidatoren zuständig (vgl. OLG Hamm DB 1982, 27).

4. Überlagerung durch § 736a

Nach **Abs. 4 S. 2** bleibt das Recht, einen Liquidator nach § 736a I 1 26 durch gerichtliche Entscheidung zu berufen, durch die privatautonome Bestellung der Liquidatoren unberührt. Indem **§ 736a zwingend** ist (vgl. § 736a I 2), hat die Regelung letztlich allein eine klarstellende Bedeutung und entsprach im Ergebnis bereits dem früheren Recht, wonach in entsprechender Anwendung von § 146 II HGB aF die **gerichtliche Berufung eines Liquidators** möglich war, wenn sich die Gesellschafter nicht über die Bestellung oder Abberufung eines Liquidators einigen können (vgl. BGH WM 2011, 1806 Rn. 19). In den Fällen, in denen entweder eine Liquidatorenberufung gemäß Abs. 2 S. 1 nicht erfolgt oder sich der Bedarf nach weiteren Liquidatoren ergibt, kann daher bei **Vorliegen eines wichtigen Grundes** jeder Beteiligte iSv § 736a II die weitere Berufung beantragen. Der Wortlaut von Abs. 4 S. 2 ist indessen zu eng, da richtigerweise stets auch die **gerichtliche Abberufung** eines geborenen oder gekorenen Liquidators nach Maßgabe von § 736a möglich ist. – Es ist im Übrigen aber rechtspolitisch zweifelhaft, dass die gerichtliche Berufung und Abberufung von Liquidatoren gemäß § 736a auf eingetragene GbR beschränkt sind (→ § 736a Rn. 4).

5. Amtsniederlegung, Sonstiges

27   Von der Abberufung eines Liquidators **abzugrenzen** ist auch die im Liquidationsverfahren mögliche bloße Entziehung oder Beschränkung der **Vertretungsmacht** gemäß § 720 IV sowie **Beschränkungen der Geschäftsführungsbefugnis** (→ § 736b Rn. 9 ff.); die vollständige Entziehung der Geschäftsführungsbefugnis eines gekorenen Liquidators (vgl. § 715 V) ist hingegen nicht zulässig, insofern muss dieser abberufen werden. In allen Fällen muss die Abberufungsentscheidung der Gesellschafter aus Gründen der Rechtssicherheit eindeutig sein, was gewollt ist (Auslegung gem. §§ 133, 157). – Die einseitige **Amtsniederlegung** durch einen Liquidator ist gesetzlich nicht vorgesehen (vgl. zur Anerkennung bei der AG Grigoleit/Servatius AktG § 265 Rn. 29). **Gesellschafter** können allein gemäß § 715 VI ihre Geschäftsführungsbefugnis aus wichtigem Grund kündigen; dies schlägt aber infolge der Aufgabe der Akzessorietät zwischen Geschäftsführungsbefugnis und Vertretungsmacht auf letztere nicht durch. Die Vertretungsmacht soll überhaupt nicht kündbar sein (vgl. Begr. Mauracher E. S. 71; vgl. hierzu auch Scholz NZG 2020, 1044 (1050)). Ein Gesellschafter kann daher darüber hinaus nur nach Maßgabe der Treuepflichtbindung der übrigen darauf drängen, entbunden zu werden, oder das Abberufungsverfahren gemäß § 736a anstrengen. **Dritte** können ihre gesellschaftsrechtliche Stellung als Liquidatoren nach Maßgabe des zugrundeliegenden schuldrechtlichen Rechtsverhältnisses beenden, wobei § 671 II zu beachten ist (Scholz NZG 2020, 1044 (1050)); sie sind konsequenterweise im Rahmen von § 736a nicht antragsbefugt. – Im Übrigen ist es auch generell möglich, dass **Liquidatorenamt zu befristen**, insbesondere bei Dritten (vgl. BayObLG DB 1981, 518). **Verstirbt** ein Gesellschafter als Liquidator, rücken die Erben grundsätzlich in dessen Stellung gem. §§ 1922 ff. ein (Henssler/Strohn/Klöhn HGB § 147 Rn. 11; abw. MüKoHGB/K. Schmidt HGB § 146 Rn. 11: Beendigung des Amtes); bei Dritten erlischt das Amt indessen gemäß § 673. Wird ein **Liquidator insolvent,** erlischt dessen Amt ebenfalls grundsätzlich gemäß § 613 S. 1; bei Gesellschaftern gilt indessen Abs. 2, sodass der Insolvenzverwalter in die Stellung des Liquidators einrückt (→ Rn. 12 f.).

VI. Mehrheitsentscheidungen (Abs. 5)

1. Beschränkte Bedeutung allgemeiner Mehrheitsklauseln

28   Die privatautonome **Berufung oder Abberufung** von Liquidatoren gemäß Abs. 4 erfordert im gesetzlichen Regelfall die **Zustimmung aller Gesellschafter** (§ 714; zur begrenzten Beteiligung Dritter → Rn. 24), sei es als Vereinbarung einer entsprechenden gesellschaftsvertraglichen Regelung oder als Beschluss. In beiden Fällen ist dies indessen nicht zwingend, was Abs. 5 seit der Reform klarstellt. Mehrheitsentscheidungen sind hiernach sowohl für die Berufung als auch für die Abberufung von Liquidatoren zulässig. Insofern bedarf es jedoch bei der GbR stets einer entsprechenden **Mehrheitsklausel** im Gesellschaftsvertrag, die dies als antizipierte Zustimmung der potentiell Überstimmten legitimiert (zum Ganzen → § 714 Rn. 20 ff.).

Abs. 5 begründet insofern eine **Auslegungsregel,** wonach eine allgemeine Mehrheitsklausel im Zweifel nicht auch die Berufung oder Abberufung eines Liquidators deckt (so auch Begr. S. 183; früher bereits allgM, vgl. nur BGH NJW 2011, 3087 Rn. 12; NZG 2014, 302 Rn. 23; MüKoBGB/Schäfer § 730 Rn. 46). Hiernach bedarf es vielmehr zwingend einer **hinreichend deutlichen Grundlage,** dass auch dies hierunter fallen soll. Erforderlich ist indessen nicht, dass dies ausdrücklich oder gar schriftlich vereinbart wurde; es ist vielmehr nach Maßgabe der allgemeinen **Auslegungsregeln** gemäß §§ 133, 157 zu ermitteln, welchen Inhalt die Mehrheitsklausel hat (zum Ganzen → § 714 Rn. 22). Aus Gründen der Rechtssicherheit ist insofern freilich zu empfehlen, dies durch einen entsprechenden Zusatz ausdrücklich klarzustellen („… Dies gilt auch im Hinblick auf das Liquidationsverfahren"). Die **Beweislast** für die Einbeziehung der Beschlussgegenstände gemäß Abs. 4 in eine Mehrheitsklausel trägt derjenige, der sich darauf beruft, mithin regelmäßig die Mehrheit.

Die **restriktive Anerkennung** von Mehrheitsklauseln nach Abs. 5 über- **29** zeugt, denn die Auflösung einer GbR führt eine grundlegende Änderung des gesellschaftsrechtlichen Zusammenschlusses mit sich (Zweckänderung). Es dürfte daher ohne die gebotenen hinreichenden Anhaltspunkte von den Vorstellungen der Gesellschafter entsprechen, dass eine der effektiven Verwirklichung des Gesellschaftszwecks als werbende Gesellschaft dienende allgemeine Mehrheitsklausel auch im Abwicklungsstadium gilt. Abs. 5 ist insofern aber zu verallgemeinern, was der Reformgesetzgeber nicht hinreichend bedacht hat. Demnach ist es geboten, Abs. 5 bei **allen Mehrheitsentscheidungen im Liquidationsverfahren** oder zur Herbeiführung desselben entsprechend anzuwenden. Eine allgemeine Mehrheitsklausel vermag daher für sich genommen im Zweifel nicht einen Auflösungsbeschluss gemäß § 732 (→ § 732 Rn. 5), einen Fortsetzungsbeschluss gemäß § 734 (→ § 734 Rn. 13), eine Beschlussfassung über eine andere Art der Abwicklung gemäß § 735 II (→ § 735 Rn. 12 ff.), eine Beschlussfassung über die Modifizierung der Geschäftsführung- und Vertretungsbefugnis der Liquidatoren (→ § 736b Rn. 13 ff.) sowie einen Weisungsbeschluss gemäß § 736d I zu legitimieren (→ § 736d Rn. 10 ff.).

2. Mehrheitsbeschluss, Treuepflicht

Der durch eine hinreichend deutliche Mehrheitsklausel gedeckte Beschluss **30** bedarf einer **Mehrheit der maßgeblichen Stimmen.** Abstimmungsbefugt sind im gesetzlichen Regelfall alle Gesellschafter (vgl. § 714). Ist der Gesellschafter selbst Liquidator oder soll er hierzu berufen werden, unterliegt er **grundsätzlich keinem Stimmverbot;** eine Ausnahme besteht nur, wenn die Abberufung aufgrund entsprechender gesellschaftsvertraglicher Regelung (→ Rn. 12, → Rn. 18) nur aus wichtigem Grund erfolgen darf (BeckOGK/Peschke HGB § 146 Rn. 15). Die **Stimmkraft** ergibt sich grundsätzlich aus § 709 III, so dass es vorrangig auf die vereinbarten Beteiligungsverhältnisse ankommt. Im Hinblick auf die Beschlussfassung gelten die allgemeinen Wirksamkeitshindernisse für Willenserklärungen. – Praktisch bedeutsam sind bei der GbR gesellschaftsvertragliche **Regelungen über das Verfahren** der Beschlussfassung, die dann auch bei Abs. 5 Geltung beanspruchen (Einzelheiten → § 714 Rn. 43 ff.). Hierdurch ist es seit der Reform möglich, das für OHG und KG geltende **Beschlussmängelrecht** gemäß §§ 110 ff. HGB zur Geltung zu bringen.

31 Die Beteiligung der Gesellschafter unterliegt auch im Rahmen von Abs. 4 der allgemeinen Treuepflichtbindung (zum Ganzen → § 714 Rn. 28; vgl. aber Begr. S. 183 zur etwas zweifelhaften Erwägung, dass durch Abs. 5 Mehrheiten-Minderheitenkonflikten Vorschub geleistet werden könnte). Hieraus folgt zum einen, dass individuelle **Zustimmungspflichten** entstehen können, um die erforderliche Einstimmigkeit oder Mehrheit zu erreichen. Die rechtliche Hürde, diese zu bejahen, ist im Zuge der Reform herabgesetzt worden. Die Gesetzesbegründung betont vielfach das Gesellschafterinteresse an einer alsbaldigen Liquidierung (vgl. etwa Begr. S. 183). Zudem kann das gesetzgeberische Ziel der Steigerung der Unternehmenskontinuität auch im Liquidationsstadium verwirklicht werden, soweit eine übertragende Auflösung in Rede steht. Beiden Aspekten kann nur durch eine **kontinuierliche und effektive Handlungsfähigkeit der aufgelösten GbR** Rechnung getragen werden, der sich die Gesellschafter nicht treuwidrig verschließen dürfen. – Umgekehrt unterliegt aber auch eine Beschlussfassung im Rahmen von Abs. 4 durch die Gesellschaftermehrheit insofern einer Treupflichtkontrolle, als **Berufung oder Abberufung von Liquidatoren nicht missbräuchlich** erfolgen darf. Praktisch bedeutsam ist das etwa, wenn der Minderheit gezielt ein Liquidatorenamt entzogen oder vorenthalten wird, was die Gefahr begründet, dass die Durchführung der Liquidation zugunsten des Mehrheitsgesellschafters erfolgt.

3. Rechtsschutz

32 Begehrt ein Gesellschafter Rechtsschutz gegen einen Beschluss über die Berufung oder Abberufung eines Liquidators, kommt hierfür grundsätzlich die **Feststellungsklage gem. § 256 I ZPO** in Betracht, bei Eilbedürftigkeit auch vorläufiger Rechtsschutz in Form der einstweiligen Verfügung gemäß §§ 935, 940 ZPO; das Verfahren gemäß § 736a hat insofern keinen Vorrang (abw. OLG Frankfurt NZG 2004, 526). Soweit aufgrund gesellschaftsvertraglicher Regelungen das **Beschlussmängelrecht** gemäß §§ 110 ff. HGB Geltung beansprucht, richtet sich der Rechtsschutz hiernach (Einzelheiten → § 714 Rn. 43 ff.). In allen Fällen sind insbesondere bei zweigliedrigen GbR auftretende Streitigkeiten über die wechselseitige Abberufung durch **Verbindung gemäß § 147 ZPO** gemeinsam zu verhandeln (vgl. zur GmbH OLG Düsseldorf 1989, 172; OLG Naumburg GmbHR 1996, 934).

VII. Kautelarischer Handlungsbedarf infolge des MoPeG

33 Die Vorschrift des § 736 gestaltet die früher nur lückenhaft geregelte gesellschaftsrechtliche Liquidationskompetenz der Gesellschaft und sorgt

somit für Rechtssicherheit bezüglich der (nun nicht mehr erforderlichen) analogen Anwendung der §§ 146 ff. HGB aF auf die GbR. Soweit die klare gesetzliche Konzeption des § 736 nicht den Interessen der Gesellschafter entspricht, sollten diese bis zum 31.12.2023 (vgl. Art. 137 S. 1 MoPeG) kautelarisch tätig werden und im Gesellschaftsvertrag entsprechende Anpassungen vornehmen.

Aufgrund des Grundsatzes der Selbstorganschaft der Personengesellschaf- **34** ten ist die Liquidationskompetenz der Gesellschafter gemäß **Abs. 1** zur Verwirklichung der organschaftlichen Vertretung der GbR grundsätzlich **indisponibel** (→ Rn. 10). Dies gilt auch für **Publikumsgesellschaften.** Bei diesen ist eine Ausgestaltung nach dem Vorbild des § 265 II AktG empfehlenswert. Hierfür eignet sich insbesondere die aufschiebend bedingte Berufung eines oder mehrerer bestimmter Gesellschafter als Liquidatoren (vgl. § 158 I).

Die Zuweisung der Organkompetenzen an den Insolvenzverwalter (vgl. **35** § 56 InsO) nach **Abs. 2** ist ebenso **zwingend.** Die Gesellschafter können hiervon also nicht durch Gesellschaftsvertrag abweichen. Jedoch hat das Gericht gem. § 736a I 1 die Kompetenz, den Verwalter aus wichtigem Grund abzuberufen (→ Rn. 12). Diese gerichtliche Befugnis ist gem. § 736a I 2 unabdingbar.

Die für die Erbengemeinschaft bestimmte Vorschrift des **Abs. 3** kann inso- **36** weit gesellschaftsvertraglich abbedungen werden, als das gesellschaftsinterne Handeln der Gemeinschaft nur **über einen oder mehrere bestimmte gemeinsame Erben** zu erfolgen hat (→ Rn. 14). Eine solche Berufung kann bereits im Voraus aufschiebend bedingt erfolgen (vgl. § 158 I).

Auf der Grundlage des **Abs. 4** können auch **gesellschaftsexterne Dritte** **37** in das Liquidatorenamt erhoben und nach § 736b Abweichungen bezüglich der konkreten Kompetenz bestimmt werden (→ § 736b Rn. 13). Arg. e. contrario kann den Gesellschaftern im Gesellschaftsvertrag auch die **Liquidationskompetenz versagt** werden (vgl. auch § 736 V). Bezüglich der Abberufung von der Liquidatorenstellung empfiehlt sich eine klarstellende Regelung, dass diese **nur aus wichtigem Grund** vorgenommen werden kann (vgl. Rechtsgedanken des § 715 V und § 736a I 1).

Nach der Zweifelsregelung des **Abs. 5** erfolgt die Berufung oder Abberu- **38** fung von Liquidatoren grundsätzlich **einstimmig** (vgl. § 714). Die Vorschrift ist für **Gestaltungen offen.** So kann etwa auch eine Berufung oder Abberufung durch Zweidrittelmehrheit vereinbart werden. Aus Gründen der Rechtssicherheit ist der Zusatz empfehlenswert, dass „dies auch im Hinblick auf das Liquidationsverfahren" gilt (→ Rn. 28).

§ 736a Gerichtliche Berufung und Abberufung von Liquidatoren

(1) ¹Ist die Gesellschaft im Gesellschaftsregister eingetragen, kann auf Antrag eines Beteiligten ein Liquidator aus wichtigem Grund durch das Gericht, in dessen Bezirk die Gesellschaft ihren Sitz hat, berufen und abberufen werden. ²Eine Vereinbarung im Gesellschaftsvertrag, welche dieses Recht ausschließt, ist unwirksam.

(2) **Beteiligte sind:**
1. **jeder Gesellschafter (§ 736 Absatz 1),**
2. **der Insolvenzverwalter über das Vermögen des Gesellschafters (§ 736 Absatz 2),**
3. **der gemeinsame Vertreter (§ 736 Absatz 3) und**
4. **der Privatgläubiger des Gesellschafters, durch den die zur Auflösung der Gesellschaft führende Kündigung erfolgt ist (§ 735 Absatz 2 Satz 2).**

(3) [1]**Gehört der Liquidator nicht zu den Gesellschaftern, hat er Anspruch auf Ersatz der erforderlichen Aufwendungen und auf Vergütung für seine Tätigkeit.** [2]**Einigen sich der Liquidator und die Gesellschaft hierüber nicht, setzt das Gericht die Aufwendungen und die Vergütung fest.** [3]**Gegen die Entscheidung ist die Beschwerde zulässig; die Rechtsbeschwerde ist ausgeschlossen.** [4]**Aus der rechtskräftigen Entscheidung findet die Zwangsvollstreckung nach der Zivilprozessordnung statt.**

Übersicht

I. Reform

1. Grundlagen, Bewertung

1   § 736a regelt erstmalig für die GbR die zwingende Möglichkeit der gerichtlichen Bestellung und Abberufung von Liquidatoren im Verfahren der freiwilligen Gerichtsbarkeit. Der hierdurch bewirkte **Gleichlauf zur OHG und KG** (vgl. § 145 HGB) war bislang in entsprechender Anwendung von §§ 146, 147 HGB aF allein für Publikums-GbR anerkannt (vgl. BGH NJW 2011, 2087 (2089); weitergehend für alle unternehmenstragenden MüKoHGB/K. Schmidt HGB § 146 Rn. 2a; dagegen Henssler/Strohn/Klöhn HGB § 145 Rn. 6). Die Neuregelung schafft insofern zunächst einmal Rechtssicherheit. Sie ist auch grundsätzlich zu begrüßen, da es auch bei GbR Situationen geben kann, in denen die **Handlungsfähigkeit zur Verwirklichung des Abwicklungszwecks** nicht durch privatautonome Entscheidungen der Gesellschafter gemäß § 736 IV hergestellt werden kann. Die Beschränkung auf **eingetragene GbR** ist indessen zweifelhaft und wurde auch in der Gesetzesbegründung relativiert (Begr. S. 184) und kritisiert (DAV

NZG 2020, 1133 Rn. 89; vgl. → Rn. 4). Die Regelung entspricht im Wesentlichen § 737-E des Mauracher Entwurfs.

2. Zeitlicher Geltungsbereich

§ 736a tritt gemäß Art. 137 S. 1 MoPeG am 1.1.2024 in Kraft; eine Über- **2** gangsregelung für § 736a ist im EGBGB nicht vorgesehen. Aus dem Umkehrschluss zu Art. 229 § 61 EGBGB folgt daher, dass für die gerichtliche Berufung und Abberufung von Liquidatoren ab dem Zeitpunkt des Inkrafttretens das neue Recht gilt. Maßgeblicher Zeitpunkt ist der Antrag. Dies betrifft auch Altgesellschaften, sodass sich die materielle Rechtslage insofern ändert (vgl. zum kautelarischen Handlungsbedarf → Rn. 12 f.).

II. Normzweck

Nach **Abs. 1** kann bei im Gesellschaftsregister eingetragenen GbR durch **3** gerichtliche Entscheidung im Verfahren der freiwilligen Gerichtsbarkeit aus wichtigem Grund ein Liquidator berufen oder abberufen werden; dies ist zwingend (S. 2). Antragsbefugt sind als „Beteiligte" gemäß **Abs. 2** die Gesellschafter, der Insolvenzverwalter über das Vermögen eines Gesellschafters, der gemeinsame Vertreter einer Erbengemeinschaft und der Privatgläubiger eines Gesellschafters. **Abs. 3** bestimmt für Liquidatoren, die nicht Gesellschafter sind, einen gesetzlichen Aufwendungs- und Vergütungsanspruch, dessen Höhe vom Gericht festgesetzt werden kann. – Die durch § 736a gestärkte **Gewährleistung der Handlungsfähigkeit** während des Liquidationsverfahrens ist grundsätzlich zu begrüßen. Insofern ist es auch sachgerecht, dass der Gesetzgeber dies abweichend von der bisher hM auf alle GbR ausweitet und durch die hiermit ermöglichte geordnete Abwicklung auch einen Beitrag zur **Steigerung der Unternehmenskontinuität** leistet. Die Regelung dürfte indessen nur dann praktisch relevant werden, wenn die durch § 715b unterlegte **innergesellschaftliche Willensbildung leerläuft** (vgl. zur Subsidiarität → Rn. 5) oder wenn ein gemäß Abs. 2 Nr. 4 antragsbefugter **Privatgläubiger** das Verfahren anstrengt (vgl. zur Nichteinbeziehung dieser in die Entscheidungskompetenz in § 736 IV; → § 736 Rn. 17). In diesen Fällen vermag § 736a insbesondere durch die Berufung eines Nichtgesellschafters die Abwicklung der aufgelösten GbR auch ohne den Willen der Gesellschafter zu gewährleisten. Unterstützt wird dieses berechtigte Anliegen durch den **zwingenden Charakter** von § 736a (vgl. Abs. 1 S. 2). Eine vollständig von den Gesellschaftern emanzipierte Abwicklung scheidet wegen der diesen verbleibenden Autonomie gemäß § 735 II, § 736d I jedoch nach wie vor aus. Insbesondere gewährleistet § 736a keine Möglichkeit, dass Gesellschaftsgläubiger eigenmächtig die Liquidation herbeiführen.

III. Anwendungsbereich

§ 736a gilt gemäß Abs. 1 S. 1 nur bei **eingetragenen GbR** (vgl. § 707 I). **4** Das Schutzanliegen, die Handlungsfähigkeit einer rechtsfähigen Abwicklungs-GbR auch ohne die gemäß § 707 I freiwillige Registereintragung durch ein spezielles gerichtliches Verfahren zu gewährleisten, dürfte indessen nicht von der Hand zu weisen sein. Es spricht daher viel dafür, die Regelung **auch bei nicht eingetragenen GbR** anzuwenden (so ausdrücklich Begr. S. 184: bei im Einzelfall vergleichbarer Interessenlage; ebenso DAV NZG 2020, 1133 Rn. 89). Das praktische Bedürfnis hierzu besteht vor allem, wenn einzelne Gesellschafter effektiven Rechtsschutz begehren, sowie zugunsten der Privatgläubiger, die jenseits von § 735 II nicht an der gesellschaftsinternen Willensbildung zu beteiligen sind. Bei Gelegenheitsgesellschaften passt die Norm indessen insofern nicht, als sie die Abwicklung und Flexibilität im Rahmen der Auflösung zu konterkarieren vermag. Nachdem diese aber selten eingetragen sind, kommt die Regelung grundsätzlich nicht zur Geltung. Von einer analogen Anwendung kann aufgrund fehlender vergleichbarer Interessenlage dann ebenfalls nicht ausgegangen werden. – Bei **nicht rechtsfähigen GbR** iSd § 705 II Alt. 2 gilt § 736a indessen mangels Verweisung in § 740b II nicht (arg. e contrario). Hier besteht somit keine Möglichkeit, dass (wenigstens) ein Gesellschafter auf die gerichtliche Bestellung eines Liquidators hinwirkt; ihm bleibt bei Untätigkeit der anderen allein die Gesellschafterklage gemäß § 715b. – Bei OHG und KG gilt vorrangig § 145 HGB, ebenso für die Partnerschaftsgesellschaft (vgl. § 10 I PartGG).

IV. Zulässigkeit des Antrags

5 Das Verfahren nach § 736a erfolgt **nur auf Antrag** beim Gericht, in dessen Bezirk die Gesellschaft ihren Sitz hat. Zuständig ist hiernach bei eingetragenen GbR das **Amtsgericht am Vertragssitz** gemäß § 706 S. 2 (vgl. zur entsprechenden Anwendung bei nicht eingetragenen GbR → Rn. 4; insofern kommt es auf den Verwaltungssitz gemäß § 706 S. 1 an, → § 706 Rn. 5 ff.). Es handelt sich um ein Verfahren der freiwilligen Gerichtsbarkeit gemäß § 375 Nr. 17 FamFG (§ 23a Abs. 1 Nr. 2, Abs. 2 Nr. 4 GVG). Der Antrag muss **schriftlich** gestellt werden (§ 25 FamFG). Er ist nur statthaft, wenn die **GbR aufgelöst** wurde; dies ist eine gemäß § 26 FamFG von Amts wegen zu prüfende Vorfrage (abw. OLG Hamm NZG 2007, 905); eine hierauf bedingte Antragstellung ist möglich und insbesondere dann geboten, wenn sich das Erfordernis bereits vor Auflösung ergibt (vgl. zu § 147 HGB BayObLG Recht 1914 Nr. 1148). Wurde eine GbR bereits wegen (vermeintlicher) Vollbeendigung gelöscht (vgl. § 738), kann im Wege von § 736a durch einen Beteiligten gemäß Abs. 2 die **Nachtragsliquidation** eingeleitet werden (Henssler/Strohn/Klöhn HGB § 156 Rn. 18; → § 735 Rn. 24 ff.). – Das Verfahren gemäß § 736a ist gegenüber der privatautonomen Berufung oder Abberufung von Liquidatoren gemäß § 736 IV **subsidiär,** sodass jedenfalls ein Gesellschafter vorrangig versuchen muss, hiernach die begehrte Berufung oder Abberufung zu erreichen (vgl. insoweit auch § 715b; zur GmbH OLG Düsseldorf NZG 2019, 580). Die Hürde hierzu dürfte indessen nicht zu hoch anzusetzen sein, um den effektiven Rechtsschutz zu gewährleisten. Der Antrag ist **gegen die GbR** zu stellen, die hierdurch **Verfahrensbeteiligte** wird. Er muss die begehrte Entscheidung des Gerichts hinreichend

konkret bezeichnen, ein zu bestellender Liquidator muss indessen nicht benannt werden, denn das Gericht trifft eine eigene Ermessensentscheidung (→ Rn. 9); die Nennung einer geeigneten Person schadet aber nicht und ist durchaus sinnvoll.

Antragsbefugt sind die Beteiligten gemäß Abs. 2; Nr. 1 verweist auf **6** **jeden Gesellschafter** gemäß § 736 I. Hieraus darf freilich nicht der Schluss gezogen werden, dass nur diejenigen antragsbefugt wären, die Liquidatoren sind. Das Antragsrecht hat vielmehr auch derjenige, der zuvor vom Liquidatorenamt abberufen wurde, insbesondere wenn aufgrund gesellschaftsvertraglicher Regelung oder Beschlusses ein anderer Gesellschafter oder ein Dritter zum Liquidator berufen wurde (so ausdrücklich auch Begr. S. 184). § 736a hat gerade den Zweck, diejenigen zu schützen, die nicht an der Liquidation beteiligt sind. Hieraus folgt weiter, dass auch **jeder Miterbe** ein eigenes Antragsrecht hat (BeckOGK/Peschke HGB § 147 Rn. 27). Gibt es einen gemeinsamen Vertreter gemäß § 736 III (→ § 736 Rn. 14), ist auch dieser gemäß Abs. 2 Nr. 3 antragsbefugt; das Antragsrecht jedes Miterben wird hierdurch nicht ausgeschlossen. **Testamentsvollstrecker und Nachlassverwalter** haben ebenfalls ein Antragsrecht (BeckOGK/Peschke HGB § 146 Rn. 51; abw. für Letzteres BayObLG BB 1988, 791).

Nach Abs. 2 Nr. 2 hat auch der **Insolvenzverwalter** über das Vermögen **7** eines Gesellschafters (vgl. § 736 II; → § 736 Rn. 12) ein Antragsrecht. Insofern spielt es keine Rolle, ob die Insolvenz des Gesellschafters Auflösungsgrund ist oder nicht (Begr. S. 184). Nach Abs. 2 Nr. 4 hat auch ein **Privatgläubiger des Gesellschafters,** durch den die zur Auflösung der Gesellschaft führende Kündigung erfolgt ist (vgl. insofern § 735 II 2), ein eigenes Antragsrecht. Wird die GbR aus anderen Gründen aufgelöst, begründet der Wortlaut im Hinblick auf die Privatgläubiger eines Gesellschafters kein Antragsrecht. Etwas anderes gilt allein, wenn ein Gesellschaftsanteil vor der Auflösung bereits gepfändet wurde, der Privatgläubiger die Kündigung nach Maßgabe von § 736 allerdings (noch) nicht erklärt hat. In diesem Fall ist es sachgerecht, der Partizipation des Privatgläubigers durch eine entsprechende Anwendung von Abs. 2 Nr. 4 Rechnung zu tragen. Im Übrigen haben **Gesellschaftsgläubiger kein Antragsrecht,** das Gleiche gilt für sonstige Dritte, insbesondere den Liquidator selbst, wenn er nicht zugleich Gesellschafter ist (vgl. insofern auch → § 736 Rn. 17).

V. Begründetheit des Antrags

Der Antrag ist begründet, wenn für die begehrte Berufung oder Abberu- **8** fung eines Liquidators ein **wichtiger Grund** besteht. Insofern ist zu differenzieren: Die **Berufung** eines (ggf. zusätzlichen) Liquidators muss hiernach zur effektiven Verwirklichung des Abwicklungszwecks geboten und gerechtfertigt sein. Praktisch bedeutsam ist insofern unter dem Aspekt der Handlungsfähigkeit, dass die vorhandenen Liquidatoren hierfür keine Gewähr bieten (Abwesenheit, Unfähigkeit, Inhabilität, pflichtwidriges Verhalten, zerrüttetes Vertrauensverhältnis, vgl. OLG Hamm BB 1958, 497; 1960, 918; BayObLG NJW-RR 1996, 1384; KG NJW-RR 1999, 831; BayObLG NJW

1955, 1678: Verfolgung eigennütziger Zwecke). – Für die **Abberufung** gilt das letztlich gleichermaßen, wenngleich die Hürde zur Bejahung eines wichtigen Grundes wegen des hiermit verbundenen Eingriffs in eine bestehende Rechtsposition tendenziell höher ist. Erforderlich ist hiernach, dass das Verhalten eines Abwicklers (Tun oder Unterlassen) die effektive Verwirklichung des Abwicklungszwecks gefährdet. Dies ist bei Nichtgesellschaftern als Liquidatoren ohne weiteres zu bejahen; bei Gesellschaftern bedarf es stets einer konkreten Abwägung, ob nicht auch **mildere Mittel** in Betracht kommen (Entzug der Vertretungsmacht, Beschränkung der Geschäftsführungsbefugnis, Abmahnung). – In der Praxis lassen sich im Übrigen die an sich zu trennenden Möglichkeiten der Abberufung und Berufung vielfach nicht auseinanderhalten, sodass das Gericht im Rahmen des Antrags auf der Grundlage einer Gesamtwürdigung selbst eine sachgerechte Lösung herbeiführen kann (ähnlich Henssler/Strohn/Klöhn HGB § 147 Rn. 16: Bestellung weiterer Liquidatoren ist der Beschränkung gleichzustellen).

VI. Gerichtliche Entscheidung

9   Das Gericht entscheidet nach §§ 38 ff. FamFG durch **Beschluss** (gemäß § 3 Nr. 2 lit. d RPflG iVm § 17 Nr. 2 lit. a RPflG durch den Rechtspfleger); die Möglichkeit einstweiliger Anforderungen folgt aus §§ 49 ff. FamFG. Die Entscheidung erfolgt nach pflichtgemäßem **Ermessen;** den übrigen Beteiligten ist gemäß Abs. 2, soweit vorhanden und bekannt, rechtliches Gehör zu gewähren (§ 34 Abs. 1 Nr. 1 FamFG). Es hat hiernach einen Liquidator abzuberufen und/oder einen neuen zu bestellen. Dies muss eine unparteiische, fachlich geeignete und zuverlässige Person sein (BayObLG NJW-RR 1990, 52). Grundsätzlich ist die Bestellung eines **gesellschaftsfremden Dritten** subsidiär (Vereinigungsfreiheit gemäß Art. 9 I GG), bei Zerrüttung der Gesellschafter kann dies indessen durchaus geboten sein. Das Gericht kann auch allgemeine Anordnungen im Hinblick auf Geschäftsführungsbefugnis und Vertretungsmacht erlassen (Begr. S. 184), weitergehende konkrete Anordnungen sind indessen unzulässig (RG LZ 1913, 212; KG RJA 1915, 127; 1904, 144).

10   Die gerichtlich benannte Person ist nicht verpflichtet, das **Liquidatorenamt anzunehmen.** Die Annahme muss grundsätzlich gegenüber den Gesellschaftern erklärt werden, das Gericht selbst kann insofern Bote sein. – Darüber hinaus begründet § 736a selbst keinen Dienstvertrag gem. § 611 zwischen der GbR und dem **Dritten** (vgl. Begr. S. 184), was Abs. 3 S. 2 klarstellt. Konsequenterweise hat der Liquidator gemäß Abs. 3 S. 1 einen gesetzlichen Anspruch auf Ersatz der erforderlichen **Aufwendungen und Vergütung** für seine Tätigkeit, welcher vom Gericht festzusetzen ist (vgl. hierzu BGH NJW 1996, 2499; ZIP 2005, 1738 (1740); zur gesonderten RA-Vergütung BGH NJW 1998, 3567). Ein entsprechender Dienstvertrag kann gleichwohl geschlossen werden. Zum Liquidator bestellten Gesellschaftern steht in diesem Fall gem. § 612 ein Vergütungsanspruch zu. Grundsätzlich wird indes von einem Auftragsverhältnis gemäß den §§ 662 ff. auszugehen sein (→ § 736 Rn. 20).

Die Eintragung der Berufung bzw. Abberufung einschließlich der Vertre- **11** tungsmacht ins **Gesellschaftsregister** erfolgt von Amts wegen (vgl. § 736c II). Gegen die Entscheidung des Gerichts ist gemäß § 402 Abs. 1 FamFG, §§ 58 ff. FamFG die **Beschwerde** statthaft. Beschwerdebefugt sind alle Gesellschafter, bei Abberufung auch der betreffende Liquidator und bei Zurückweisung des Antrags auch der Antragsteller. Der gerichtlich bestellte Liquidator kann ohne weiteres gemäß § 736 IV oder erneut durch gerichtliche Entscheidung abberufen werden.

VII. Kautelarischer Handlungsbedarf infolge des MoPeG

Im Rahmen des § 736a hat der Gesetzgeber erstmalig für die GbR die **12** Möglichkeit der gerichtlichen Bestellung und Abberufung von Liquidatoren im Verfahren der freiwilligen Gerichtsbarkeit geregelt. Da diese Möglichkeit zwingend ist, besteht kein akuter Handlungsbedarf. Es ist freilich ab 1.1.2024 zu überlegen, ob bereits lange andauernde **Liquidationsverfahren** durch eine entsprechende Antragstellung **beschleunigt** werden können.

Das **Antragsrecht** der Beteiligten, einen Liquidator aus wichtigem Grund **13** durch das zuständige Gericht berufen und/oder abberufen zu lassen, ist aufgrund der Vorschrift des § 736a I 2 unabdingbar. Es bleibt den Gesellschaftern aber unbenommen, verschiedene **wichtige Gründe** zur Schaffung von Rechtsklarheit **beispielhaft aufzuzählen** („insbesondere"). Zudem steht es den gerichtlich bestellten Liquidatoren und der Gesellschaft frei, pauschale Bestimmungen über den **Aufwendungsersatz** der Liquidatoren, zB Reisekosten und Verpflegung, zu treffen. Anstelle der taxmäßigen oder üblichen Vergütung nach § 612 II können die Gesellschaft und die gerichtlich bestellten Liquidatoren die Vergütung derselben konkret bestimmen.

§ 736b Geschäftsführungs- und Vertretungsbefugnis der Liquidatoren

(1) ¹Mit der Auflösung der Gesellschaft erlischt die einem Gesellschafter im Gesellschaftsvertrag übertragene Befugnis zur Geschäftsführung und Vertretung. ²Diese Befugnis steht von der Auflösung an allen Liquidatoren gemeinsam zu.

(2) Die bisherige Befugnis eines Gesellschafters zur Geschäftsführung und, sofern die Gesellschaft nicht im Gesellschaftsregister eingetragen ist, zur Vertretung gilt gleichwohl zu seinen Gunsten als fortbestehend, bis er von der Auflösung der Gesellschaft Kenntnis erlangt hat oder die Auflösung kennen muss.

Übersicht

I. Reform

1. Grundlagen, Bewertung

1   **Abs. 1** ersetzt die im Wesentlichen identischen § 730 II 2 und 3 aF. Hiernach haben ab Auflösung alle **Gesellschafter als geborene Liquidatoren** (vgl. insofern auch § 736 I) **gemeinschaftliche** Geschäftsführungskompetenz und Vertretungsmacht. Die bis dahin maßgeblichen Regelungen zur ggf. verdrängenden Übertragung dieser Kompetenzen auf einzelne Gesellschafter (Einzelbefugnis, Ausschluss einzelner Gesellschafter hiervon) erlöschen konsequenterweise. Das gesetzgeberische Festhalten an der **fehlenden Amtskontinuität** überzeugt, weil die mit der Auflösung einhergehende Zweckänderung eine gesonderte Willensbildung der Gesellschafter über die innergesellschaftliche Kompetenzverteilung erfordert. Praktisch bedeutsam und ohne weiteres zulässig sind daher nach wie vor **abweichende Gestaltungen über die Abwicklerkompetenzen,** die entweder bereits im Vorfeld der Auflösung oder danach getroffen werden, um die unflexible gemeinschaftliche Kompetenzzuweisung sachgerecht auszugestalten (→ Rn. 12 ff.). Dies gilt insbesondere für die im Zuge der Reform bestehende Möglichkeit gemäß § 736 IV, **Nichtgesellschafter zu Liquidatoren** zu bestimmen (→ § 736 Rn. 20). – Im Übrigen ist durch die Aufgabe der Akzessorietät zwischen Geschäftsführungsbefugnis und Vertretungsmacht (vgl. insofern den ersatzlos gestrichenen § 715 aF; hierzu → § 720 Rn. 1) jedoch nunmehr stets gesondert zu prüfen, worauf sich die Abbedingung von Abs. 1 bezieht (Auslegung). Praktisch bedeutsam ist auch, dass die organschaftliche Vertretungsmacht seit der Reform nach Maßgabe von § 720 III zwingend unbeschränkt ist (→ Rn. 2, 10), sodass insofern abweichend vom früheren Recht keine Gestaltungsfreiheit mehr besteht, was aber Rechtssicherheit erzeugt.

Abs. 2 deckt sich im Kern mit § 729 S. 1 aF und schützt die Gesellschaf- **2** ter im Hinblick auf ihre Kompetenzen, soweit sie in Bezug auf den Eintritt der Auflösung Kenntnis oder fahrlässige Unkenntnis haben. Sie erleiden hiernach im Innenverhältnis keine Nachteile, wenn sie ihre vor Auflösung maßgebliche **Geschäftsführungskompetenz und Vertretungsmacht entgegen Abs. 1 S. 2** gutgläubig weiter ausüben. Dritten gegenüber handeln sie nicht als falsus procurator. Letzteres hat eine größere Bedeutung als bislang, weil die als fortbestehend fingierte Vertretungsmacht gemäß § 720 III zwingend unbeschränkt ist. Im Übrigen stellt die Regelung in Bezug auf die Vertretungsmacht richtigerweise allein auf nichteingetragene GbR ab, weil ansonsten vorrangig § 15 HGB gilt (vgl. § 707a III 1). Letzteres wurde im Mauracher Entwurf noch übersehen (vgl. § 737 V-E, worin keine Beschränkung der Norm auf nichteingetragene GbR enthalten war). – Abs. 2 wird weiterhin **ergänzt durch § 730,** wonach in den Fällen der Auflösung durch Tod oder Insolvenz eines Gesellschafters eine spezielle Notgeschäftsführungskompetenz begründet wird, falls die notwendige Beteiligung der Erben bzw. des Insolvenzverwalters an der gemeinschaftlichen Willensbildung nicht sogleich gewährleistet wird (→ § 730 Rn. 10). Die neugeregelte allgemeine Notgeschäftsführungsbefugnis gemäß § 715a gilt schließlich ohne weiteres auch in der Liquidation.

2. Zeitlicher Geltungsbereich

§ 736b tritt gemäß Art. 137 S. 1 MoPeG am **1.1.2024** in Kraft; eine Über- **3** gangsregelung für § 736b ist im EGBGB nicht vorgesehen. Aus dem Umkehrschluss zu Art. 229 § 61 EGBGB folgt daher, dass für die Geschäftsführungs- und Vertretungsbefugnis der Liquidatoren ab dem Zeitpunkt des Inkrafttretens das neue Recht gilt. Dies betrifft auch Altgesellschaften, sodass sich die materielle Rechtslage insofern ändert. Maßgeblicher Zeitpunkt ist nach dem Grundsatz **lex temporis actus** (→ § 705 Rn. 3 ff.) die Ausübung der Kompetenzen bzw. das pflichtwidrige Unterlassen desselben, so dass sich Sachverhalte, die sich bis zum 31.12.2023 verwirklicht haben, auch weiterhin nach altem Recht beurteilen.

II. Normzweck

Abs. 1 bestimmt als dispositiven gesetzlichen Regelfall, dass die Geschäfts- **4** führungsbefugnis und Vertretungsmacht ab Auflösung als die **Kompetenzen zur Abwicklung** der GbR gemäß § 736d den **Gesellschaftern gemeinschaftlich** zustehen. Die Regelung ergänzt so § 736 I, wonach die Gesellschafter die geborenen Liquidatoren sind (→ § 736 Rn. 9 ff.). Hierdurch wird gewährleistet, dass etwaige von § 715 I, § 720 I abweichende **Regelungen aus dem Stadium der werbenden Gesellschaft** in Bezug auf Einzelgeschäftsführungsbefugnis und -vertretungsmacht **keine Amtskontinuität** begründen. Die Gesellschafter sollen vielmehr gesondert entsprechende Gestaltungen vereinbaren, wenn gewollt (vgl. insoweit auch die Möglichkeit zur Berufung von Liquidatoren gemäß § 736 IV und das Weisungsrecht gemäß § 736d I). Die durch die gemeinschaftliche Kompetenzzuweisung im Regelfall gewährleistete **wechselseitige Überwachung** (so bereits RGZ 100, 165 (166)) überzeugt, denn die ab Auflösung bestehende Bindung der Gesellschafter auf den Abwicklungszweck ist aus deren individueller Perspektive schwächer ausgeprägt als davor (zutreffend BeckOGK/R. Koch § 730 Rn. 22: Interessen können sogar kollidieren). Für OHG und KG gilt dies gleichermaßen (vgl. § 146 I HGB, wobei hier eine deutlichere Abweichung gegenüber der bis zur Auflösung maßgeblichen Einzelgeschäftsführungs- und Vertretungskompetenz gemäß § 116 III HGB, § 124 I HGB besteht). Insofern ist es konsequent, wenn die prinzipielle **Gestaltungsfreiheit** durch eine entweder auf den Auflösungszeitpunkt bezogene antizipierte Gesellschafterentscheidung oder eine gesonderte Gesellschafterentscheidung im Zeitraum nach Auflösung verwirklicht werden muss. – Im Übrigen gilt die **Notgeschäftsführungsbefugnis** gemäß § 715a auch im Liquidationsverfahren, ebenso die Gesellschafterklage gemäß § 715b (→ Rn. 2, → Rn. 10). Beim **Versterben** eines Gesellschafters oder bei dessen **Insolvenz** gelten zudem die Besonderheiten gemäß § 730 (→ Rn. 10).

5 **Abs. 2** schützt die Gesellschafter, soweit sie im Hinblick auf den Eintritt eines Auflösungsgrundes arglos sind (Unkenntnis, kein Kennenmüssen). Hiernach gilt zu ihren Gunsten die von Abs. 1 abweichende **individuelle Geschäftsführungskompetenz und Vertretungsmacht als fortbestehend,** sodass sie keine Nachteile wegen Kompetenzüberschreitung erleiden, wenn sie diese auch nach Auflösung weiter wahrnehmen. Die Regelung deckt sich im Kern mit § 729 S. 1 aF. Wegen der Aufgabe der Akzessorietät zwischen Geschäftsführungsbefugnis und Vertretungsmacht infolge der Streichung von § 715 aF sah sich der Gesetzgeber aber veranlasst, insofern auch den Fortbestand der gemäß § 720 III im Übrigen nunmehr zwingend unbeschränkten Vertretungsmacht explizit zu regeln (Begr. S. 185).

6 Aus der Zuweisung der Geschäftsführungskompetenz an die Gesellschafter als geborene Liquidatoren ergeben sich im Übrigen auch **Mitwirkungspflichten** im Hinblick auf die effektive Verwirklichung des Abwicklungszwecks nach Maßgabe von § 736d. Auch die gesellschaftsrechtliche **Treuepflicht** gilt im Liquidationsstadium (vgl. BGH NJW 1971, 802; Einzelheiten → § 714 Rn. 28). Dies betrifft etwa die Pflicht zur Herausgabe von Informationen (BGH NJW-RR 2003, 169) oder die Pflicht zur Erstellung einer Auseinandersetzungsbilanz (BGH NJW 2009, 431). Schuldhafte Verletzungen können **Schadensersatzansprüche** begründen (vgl. zur Verzögerung der Liquidation BGH NJW 1968, 2005; Einzelheiten → § 736d Rn. 22 ff.). – Ein Gesellschafter kann sich auch nicht ohne weiteres durch einen auf den Auflösungszeitpunkt bezogenen Austritt dieser Pflichten entziehen (vgl. BGH WM 1963, 728 (730)). Eine **Kündigung der Mitgliedschaft** bleibt zwar auch im Liquidationsverfahren grundsätzlich möglich. Die rechtliche Würdigung des gesetzlichen oder vertraglich vereinbarten Kündigungsrechts dürfte im Lichte des Abwicklungszwecks und der vorhersehbaren Vollbeendigung der GbR indessen regelmäßig dazu führen, dass das alleinige Ausscheiden eines Gesellschafters aus der Liquidationsgesellschaft nicht gerechtfertigt ist, jedenfalls aber die vermögensmäßige Auseinandersetzung einheitlich nach Maßgabe von § 736d erfolgt.

III. Anwendungsbereich

§ 736b gilt ohne weiteres bei **rechtsfähigen GbR;** lediglich Abs. 2 ist auf **7** eingetragene GbR nicht anwendbar, weil insofern vorrangig § 15 HGB gilt (vgl. § 707a III 1). Bei **nicht rechtsfähigen GbR** (vgl. § 705 II Alt. 2) fehlt zwar ein ausdrücklicher Verweis. Dies ist bezüglich der Vertretungsmacht konsequent. Im Hinblick auf die Geschäftsführungsbefugnis bestehen indessen keine Unterschiede zur rechtsfähigen GbR (vgl. auch den Verweis in § 740 II auf § 715); die Regelung ist daher entgegen der hM insoweit auch anwendbar (→ § 740b Rn. 5 ff.; abw. RG JW 1934, 3268; MüKoBGB/ Schäfer § 730 Rn. 12; BeckOGK/Koch § 730 Rn. 55). Etwas anderes gilt allein für die **stille Gesellschaft,** weil hier bereits im gesetzlichen Regelfall der Geschäftsinhaber allein geschäftsführungsbefugt ist (vgl. Henssler/Strohn/ Servatius HGB § 230 Rn. 39). – Für **OHG und KG** gilt seit der Reform vorrangig § 146 II HGB; das Gleiche gilt gemäß § 10 I PartGG für die **Partnerschaftsgesellschaft.**

Problematisch ist, ob § 736b auch in den **anderen Fällen des Verlusts 8** von Geschäftsführungsbefugnis und/oder Vertretungsmacht Geltung beansprucht. § 729 S. 2 aF sah dies insbesondere für den Fall des Ausscheidens ausdrücklich vor, die Regelung wurde indessen ersatzlos gestrichen. Dies überzeugt nicht. Hierdurch wird nämlich eine planwidrige Regelungslücke hervorgerufen, die es durch eine **entsprechende Anwendung von Abs. 2** zu schließen gilt. Das Schutzbedürfnis zu Gunsten eines Gesellschafters, der ohne Kenntnis bzw. Kennenmüssen seine Kompetenzen verliert, ist nicht auf die Auflösung beschränkt. Es besteht vielmehr insbesondere beim **Ausscheiden** oder beim (sogar teilweise möglichen) **Entzug dieser Kompetenzen** durch die Mitgesellschafter gemäß § 715 V, § 720 IV. In den genannten Fällen muss die entsprechende Maßnahme zwar regelmäßig dem betroffenen Gesellschafter zugehen, dies setzt gemäß § 130 indessen nicht zwingend die individuelle Kenntnisnahme voraus (Machtbereichstheorie; dies übersieht Henssler/Strohn/Kilian § 729 Rn. 4). Es ist daher geboten und gerechtfertigt, den gutgläubigen Gesellschafter in diesen Fällen gleichermaßen zu schützen wie im unmittelbaren Anwendungsbereich von § 736b; vgl. insofern bereits die bis 1998 maßgebliche hM zu § 729 aF, wonach die erst dann eingeführte Regelung des S. 2 bereits im Wege der Analogie begründet wurde (MüKoBGB/Schäfer § 729 Rn. 7).

IV. Geschäftsführung und Vertretung ab Auflösung (Abs. 1)

1. Beendigung vertraglicher Modifizierungen von § 715 I, § 720 I (Abs. 1 S. 1)

Nach Abs. 1 S. 2 iVm. § 736 I haben ab dem Zeitpunkt der Auflösung **9** (und in anderen Fällen der Kompetenzbeendigung, vgl. → Rn. 8) **alle Gesellschafter als Liquidatoren die gemeinschaftliche Befugnis** zur Geschäftsführung und Vertretung; vgl. insofern § 715 I (→ § 715 Rn. 11 ff.) und § 720 I (→ § 720 Rn. 10). Es gibt mithin im gesetzlichen Regelfall keine Amtskontinuität (gegen eine analoge Anwendung von § 66 I GmbHG oder § 265 I AktG bei der Publikumsgesellschaft BGH NJW 2011, 3087 Rn. 20; anders noch LG Nürnberg-Fürth NZG 2010, 1101; nach wie vor abw. BeckOGK/R. Koch § 730 Rn. 26). Vielmehr erlöschen gemäß Abs. 1 S. 1 ab dann alle dem entgegenstehenden, bis zur Auflösung maßgeblichen Befugnisse einzelner Gesellschafter unter Ausschluss der übrigen. Die Befreiung vom Verbot des Selbstkontrahierens entfällt. § 736b I 1 setzt „alles zurück auf Null". Insofern gilt dasselbe wie gemäß § 736 I in Bezug auf das Liquidatorenamt als solches (→ § 736 Rn. 9). Abs. 1 hat hiernach keine eigenständige Bedeutung, wenn für die GbR bereits vor der Auflösung in Bezug auf organschaftliche Geschäftsführungsbefugnis und Vertretungsmacht der Gesellschafter der gesetzliche Regelfall gemäß § 715 I, § 720 I galt und es auch mangels abweichender Regelung gemäß § 736 IV während der Abwicklung so bleiben soll. Soweit aber bis zur Auflösung abweichend von der hiernach gemeinschaftlichen Befugnis anderweitige Regelungen getroffen wurden, enden diese grundsätzlich zum Zeitpunkt der Auflösung. Praktisch bedeutsam ist dies insbesondere, wenn Einzelgeschäftsführungs- oder Vertretungsmacht vereinbart wurde (vgl. BGH NJW 2011, 3087) und/oder wenn ein Gesellschafter hiervon ausgeschlossen wurde (Einzelheiten zu den möglichen Gestaltungen bei → § 715 Rn. 18 ff. und → § 720 Rn. 12 ff.). Diese **automatische Beendigung** vertraglicher Modifizierungen von § 715 I, § 720 I gemäß Abs. 1 ist aber ebenso wie § 736 I (→ § 736 Rn. 9) unter verschiedenen Aspekten **dispositiv** (→ Rn. 11 f.). Der Praxis ist daher dringend anzuraten, insofern sachgerecht Vorsorge zutreffen. Von Abs. 1 **abzugrenzen** sind im Übrigen die Rechte der Gesellschafter in Bezug auf **Grundlagenentscheidungen** (Änderungen des Gesellschaftsvertrages etc., vgl. hierzu → § 715 Rn. 9). Hierfür gilt Abs. 1 nicht; die Wirksamkeit der entsprechenden Willenserklärungen der Gesellschafter richtet sich daher nach den allgemeinen Regeln.

2. Gemeinschaftliche Geschäftsführung und Vertretung (Abs. 1 S. 2)

10   Fehlen entsprechende Vereinbarungen, gilt **ab Auflösung** in Bezug auf die gemeinschaftliche Geschäftsführungsbefugnis und Vertretungsmacht der Gesellschafter das Gleiche wie bei der werbenden Gesellschaft gemäß § 715 I, § 720 I, V (zum Ganzen → § 715 Rn. 11 ff. und → § 720 Rn. 10). Die Vertretungsmacht der Liquidatoren ist zwingend unbeschränkt (vgl. § 720 III, → § 720 Rn. 21 ff.); vgl. zur Pflicht, im Geschäftsverkehr einen Liquidationszusatz zu führen, § 736d III (→ § 736d Rn. 38 ff.) Die Vertretungsmacht kann einem Liquidator gemäß § 720 IV ganz oder teilweise entzogen werden (→ § 720 Rn. 26 ff.). Beim **Versterben eines Gesellschafters** gelten die Besonderheiten gemäß **§ 730 I** (§ 727 II 2 aF): Hiernach hat der Erbe bei Gefahr für die GbR oder das Gesellschaftsvermögen die laufenden Geschäfte fortzuführen, bis die anderen Gesellschafter in Gemeinschaft mit ihm anderweitig Fürsorge treffen können, so dass abweichend von Abs. 1 hierfür die dem Erblasser durch den Gesellschaftsvertrag übertragene Geschäftsführungs-

und Vertretungsbefugnis als fortbestehend gilt. Das Gleiche gilt umgekehrt zugunsten der übrigen Gesellschafter (Einzelheiten → § 730 Rn. 10). Weiterhin besteht für die Mitglieder einer **Erbengemeinschaft** (vgl. § 2032 I) gemäß § 736 III die Pflicht, in Bezug auf die Ausübung ihrer Geschäftsführungs- und Vertretungskompetenz einen gemeinsamen Vertreter zu bestellen (→ § 736 Rn. 14). Dieser übt dann im Außenverhältnis aufgrund rechtsgeschäftlicher Bevollmächtigung die organschaftliche Vertretungsmacht der Erben aus. – Im Übrigen findet die Notgeschäftsführungsbefugnis gemäß § 715a auch im Liquidationsverfahren Anwendung (→ Rn. 2, 4).

3. Vereinbarung abweichender Gestaltungen vor Auflösung

Es kann bereits vor Auflösung durch gesellschaftsvertragliche Regelung **11** das **Fortbestehen der Modifizierungen vereinbart** werden, die im Stadium der werbenden Gesellschaft maßgeblich sind; dann gelten die entsprechenden Regelungen zur Geschäftsführungsbefugnis und Vertretungsmacht ab Auflösung kontinuierlich weiter (vgl. aber auch hier die Besonderheiten beim Versterben eines Gesellschafters gemäß § 730 → Rn. 16). In Bezug auf die Vereinbarung solcher Gestaltungen **durch Mehrheitsbeschluss** gelten im Umkehrschluss zu § 736 V die allgemeinen Regeln (→ § 714 Rn. 20 ff.). Praktisch bedeutsam ist dies, wenn die Gesellschafter die Organisationsstruktur der GbR und ihre persönlichen Mitwirkungsrechte einheitlich behandelt wissen wollen. – Möglich ist auch, im Vorfeld der Auflösung **spezielle auf den Auflösungszeitpunkt bedingte Modifizierungen** zu vereinbaren, die erst ab dann (automatisch) gelten. Praktisch bedeutsam ist dies vor allem, wenn die Abwicklung in die (professionellen) Hände eines Dritten gelegt werden soll (vgl. zur Zulässigkeit Dritter als Liquidatoren → § 736 Rn. 20).

In beiden Fällen bedarf es hierfür **besonderer Anhaltspunkte in der 12 ursprünglichen Vereinbarung** (Auslegung gemäß §§ 131, 157; vgl. hierzu bei der GmbH Noack/Servatius/Haas GmbHG § 66 Rn. 13). Dies ergibt sich einmal daraus, dass solche Regelungen meist nicht im Lichte des späteren Liquidationsverfahrens vereinbart wurden, sondern primär zur effektiven Verwirklichung des Gesellschaftszwecks der werbenden Gesellschaft (vgl. insofern auch die Wertung von § 735 II, wonach eine allgemeine Mehrheitsklausel im Zweifel nicht die Entscheidungen im Liquidationsverfahren deckt, → § 735 Rn. 14). Zudem bewirkt eine solche Vereinbarung nicht allein die Modifizierung von § 715 I, § 720 I, sondern zusätzlich die von Abs. 1, sodass der **doppelte Regelungsgehalt** auch vom rechtsgeschäftlichen Willen der Gesellschafter getragen sein muss. Fehlen diese besonderen Anhaltspunkte, kann daher aus einer für das Stadium der werbenden Gesellschaft vereinbarten Abweichung von § 715 I, § 720 I nicht auf eine korrespondierende Modifizierung von Abs. 1 für das Liquidationsstadium geschlossen werden. – Darüber hinaus ist seit der Reform auch stets getrennt zu würdigen, ob über eine entsprechende Vereinbarung Regelungen zur Geschäftsführungsbefugnis und/oder Vertretungsmacht getroffen wurden, da die **frühere Akzessorietät der Vertretungsmacht** gemäß § 714 aF **aufgegeben** wurde (→ § 715 Rn. 1). – Abweichend von **§ 710 S. 1 aF** findet sich seit der Reform zwar keine explizite Regelung mehr, wonach bei Übertragung der Geschäftsführungsbefugnis auf einen oder mehrere Gesellschafter die der übrigen ausgeschlossen ist. Dies ergibt sich als logische Konsequenz aber auch nach neuem Recht aus der Vereinbarung selbst (vgl. Begr. S. 151: Regelung selbsterklärend und deswegen verzichtbar) – und zwar gleichermaßen für die Geschäftsführungsbefugnis und Vertretungsmacht.

4. Vereinbarung abweichender Gestaltungen nach Auflösung

13   Darüber hinaus bleibt es den Gesellschaftern auch **im Auflösungsstadium** unbenommen, den Grundsatz der gemeinschaftlichen Geschäftsführungsbefugnis und Vertretungsmacht gemäß Abs. 1 entsprechend abzuändern; die § 735 III, § 736 IV bestätigen dies (vgl. bis dahin aber auch hier die Besonderheiten beim Versterben eines Gesellschafters gemäß § 730, → Rn. 16). Insofern sind im Grundsatz dieselben Gestaltungen möglich, wie vor Auflösung (Einzelheiten bei → § 715 Rn. 18 ff. und → § 720 Rn. 12 ff.). Wiederum ist freilich infolge der **Aufgabe der Akzessorietät der Vertretungsmacht** durch die Reform stets getrennt zu würdigen, ob über eine entsprechende Vereinbarung Regelungen zur Geschäftsführungsbefugnis und/oder Vertretungsmacht getroffen wurden (→ § 715 Rn. 18 ff.). – Trotz **Streichung von § 710 S. 1 aF** ist allerdings auch nach neuem Recht die Übertragung der Geschäftsführungsbefugnis und/oder Vertretungsmacht auf einen oder mehrere Gesellschafter konsequenterweise der Ausschluss der übrigen hiervon (vgl. Begr. S. 151: Regelung selbsterklärend und deswegen verzichtbar). – Wird ein **Nichtgesellschafter Liquidator** (vgl. zur Zulässigkeit → § 736 Rn. 20), gelten im Hinblick auf die Gestaltungsfreiheit keine Besonderheiten. Diesem kann ohne weiteres die alleinige Geschäftsführungsbefugnis und/oder Vertretungsmacht eingeräumt werden. Hiervon **abzugrenzen** ist freilich die insbesondere in diesen Fällen relevante Möglichkeit, dass die Gesellschafter nach Maßgabe von § 736d I **Weisungen** erteilen (→ § 736d Rn. 10 ff.).

14   Die Vereinbarung einer abweichenden Gestaltung erst im Abwicklungsstadium ist im Grundsatz auch **durch Mehrheitsbeschluss** möglich (allgM, vgl. nur BGH NJW 2011, 3087 Rn. 12; NZG 2014, 302 Rn. 23; MüKoBGB/Schäfer § 730 Rn. 46). In **Verallgemeinerung von § 736 V** (→ § 736 Rn. 28 ff.) genügt hierfür eine allgemeine Mehrheitsklausel indessen nicht; vielmehr bedarf es besonderer Anhaltspunkte, dass die Mehrheitsklausel auch im Liquidationsstadium Geltung beansprucht (vgl. OLG Naumburg NZG 2012, 1259 (1260)).

5. Kautelarischer Handlungsbedarf infolge des MoPeG

15   Die Vorschrift des § 736b I tritt an die Stelle der im Wesentlichen identischen § 730 II 2 und 3 aF. Ab Auflösung sind **alle Gesellschafter** als geborene Liquidatoren geschäftsführungs- und vertretungsbefugt (→ Rn. 1). Soweit diese gesetzliche Konzeption des § 736b I nicht den Interessen der Gesellschafter entspricht, sollten diese bis zum 31.12.2023 (vgl. Art. 137 S. 1 MoPeG) kautelarisch tätig werden. Praktisch bedeutsam sind gesellschaftsvertragliche Regelungen, wonach bereits im Vorfeld der späteren Auflösung die **bisherige Kompetenzordnung perpetuiert** wird. Dies gilt für Geschäftsführungsbefugnis und/oder Vertretungsmacht (→ Rn. 11 f.).

6. Notgeschäftsführung, Gesellschafterklage

Die zwingende Befugnis aller Gesellschafter zur Notgeschäftsführung **16** gemäß § 715a wird **durch Abs. 1 nicht berührt.** Hiernach kann jeder Gesellschafter bei Verhinderung der übrigen zur gemeinschaftlichen Geschäftsführung befugten Gesellschafter ein Geschäft alleine vornehmen, wenn mit dem Aufschub Gefahr für die Gesellschaft oder das Gesellschaftsvermögen verbunden ist. – Beim **Versterben eines Gesellschafters** gelten die Besonderheiten gemäß § 730 I (§ 727 II 2 aF): Hiernach hat der Erbe bei Gefahr für die GbR oder das Gesellschaftsvermögen die laufenden Geschäfte fortzuführen, bis die anderen Gesellschafter in Gemeinschaft mit ihm anderweitig Fürsorge treffen können, so dass abweichend von Abs. 1 hierfür die dem Erblasser durch den Gesellschaftsvertrag übertragene Geschäftsführungs- und Vertretungsbefugnis als fortbestehend gilt. Das Gleiche gilt umgekehrt zugunsten der übrigen Gesellschafter (Einzelheiten → § 730 Rn. 10 ff.). – Schließlich hat auch im Abwicklungsstadium jeder Gesellschafter zwingend die Befugnis zur Erhebung einer **Gesellschafterklage** gemäß § 715b.

7. Darlegungs- und Beweislast

Eine von Abs. 1 abweichende gesellschaftsvertragliche Regelung **17** (→ Rn. 11 f.) muss derjenige beweisen, der sich darauf beruft, regelmäßig der handelnde Gesellschafter (vgl. insoweit aber auch die Beweislast zu Abs. 2 bei Gutgläubigkeit des Handelnden → Rn. 25).

V. Fiktion des Fortbestands (Abs. 2)

Nach Abs. 2 gilt eine von Abs. 1 **abweichende Befugnis** eines Gesell- **18** schafters zur organschaftlichen **Geschäftsführung und Vertretung** zu seinen Gunsten als fortbestehend, solange lange er von der Auflösung der Gesellschaft (oder den anderen Fällen der Kompetenzbeendigung, vgl. → Rn. 8) keine Kenntnis erlangt oder dies kennen muss. Praktisch bedeutsam ist dies vor allem, wenn vor Auflösung Einzelgeschäftsführungsbefugnis oder -vertretungsmacht galt oder wenn abweichend von der gemeinschaftlichen Ausübung die Mehrheit zu Entscheidung und Handeln befugt ist (zum Ganzen → § 715 Rn. 18 ff. und → § 720 Rn. 12 ff.). Es sind aber auch Fälle denkbar, in denen ein von Geschäftsführung oder Vertretung ausgeschlossener Gesellschafter in Unkenntnis der Auflösung weiterhin untätig bleibt, sodass auch hieraus Haftungsgefahren drohen. – Von Abs. 2 **abzugrenzen** sind einmal gesellschaftsvertragliche Vereinbarungen über die **Vergütung** des Geschäftsführers (→ § 715 Rn. 26); hier ist im Wege der Auslegung zu ermitteln, ob diese im Hinblick auf die Auflösung auflösend bedingt ist oder ob sie auch darüber hinaus gültig bleibt. Abzugrenzen sind weiterhin die Rechte der Gesellschafter in Bezug auf **Grundlagenentscheidungen**

(Änderungen des Gesellschaftsvertrages etc., vgl. hierzu → § 715 Rn. 9). Hierfür gilt Abs. 2 nicht, die Wirksamkeit der entsprechenden Willenserklärungen der Gesellschafter einschließlich der Stellvertretung richtet sich daher nach den allgemeinen Regeln gem. §§ 714 ff.

1. Gutgläubigkeit im Hinblick auf die Auflösung

19   Abs. 2 bezieht sich richtigerweise auf **sämtliche Auflösungsgründe** gemäß § 729 (BeckOGK/von Proff § 729 Rn. 6 f.; gegen die Anwendung in den Fällen der Insolvenzeröffnung gemäß § 729 I Nr. 2 MüKoBGB/Schäfer § 729 Rn. 6). Praktisch bedeutsam ist die Regelung indessen vor allem, wenn die Auflösung ipso iure eintritt (Zeitablauf, Bedingungseintritt, Zweckerreichung) und damit insbesondere auch bei Gelegenheitsgesellschaften. In allen Fällen ist erforderlich, dass der betreffende Gesellschafter von der Auflösung **keine Kenntnis** erlangt hat und dies auch nicht kennen musste, mithin gemäß § 122 II auch **keine fahrlässige Unkenntnis** hat (allgM, vgl. nur Henssler/Strohn/Kilian § 729 Rn. 5). Infolge der Streichung von § 708 aF gilt insofern nunmehr der **objektive Sorgfaltsmaßstab** gemäß § 276 II (→ § 715 Rn. 32); bei der Beurteilung kommt es daher nicht mehr auf die einem Gesellschafter eigenübliche Sorgfalt an, was insbesondere bei der GbR den Anwendungsbereich von Abs. 2 erheblich einschränken dürfte. Die Gesellschafter haben nämlich seit der Reform die Obliegenheit, sich zumindest in groben Zügen fortlaufend über die rechtlichen und tatsächlichen Rahmenbedingungen des gesellschaftsrechtlichen Zusammenschlusses zu informieren. Diese Obliegenheit kann bei **Gelegenheitsgesellschaften** sowie bei kleinen GbR zu erheblichen Nachteilen führen; insbesondere fehlt es bei diesen häufig an einer hinreichenden Kenntnis über die bestehende Obliegenheit. Um diese Gesellschaften durch die neue Rechtslage nicht zu sehr zu belasten, sollte die Obliegenheitsverletzung nur **sehr restriktiv** angenommen werden.

20   Der Bezugspunkt für die Gutgläubigkeit eines Gesellschafters sind die **tatsächlichen und rechtlichen Umstände,** die einen **Auflösungsgrund** gemäß § 729 herbeiführen. Bösgläubigkeit liegt indessen nicht erst dann vor, wenn der betreffende Gesellschafter eine vollständige rechtliche Beurteilung der Tatsachenlage vornehmen kann (BeckOGK/von Proff § 729 Rn. 11: Keine genaue Subsumtion erforderlich). – Im Hinblick auf die **Gutgläubigkeit** ist nach den verschiedenen Gründen zu differenzieren. Insofern dürfte regelmäßig kein Raum sein, bei einer Befristung der Gesellschaft die Gutgläubigkeit zu bejahen, da diese hinreichend bestimmt ist und daher kein Recht auf Vergessen besteht (→ § 729 Rn. 9). Bei (konkludenten) aufschiebend bedingten Gesellschaften (→ § 729 Rn. 10) und bei der Auflösung wegen Zweckerreichung oder Unmöglichkeit (→ § 729 Rn. 16 ff.) besteht demgegenüber durchaus Raum, dass weder Kenntnis noch Kennenmüssen zu bejahen sind. Immerhin können die maßgebliche gesellschaftsvertragliche Vereinbarung und der tatsächliche Eintritt des Auflösungsgrundes zeitlich weit auseinanderliegen und zudem vielfach nicht durch einen konkreten Umstand geprägt sein (→ § 729 Rn. 20). Im Fall der Kündigung der Gesellschaft hängt die Beurteilung auch davon ab, ob diese dem Betreffenden gegenüber erklärt wurde, was nicht zwingend ist (vgl. → § 731 Rn. 11). Das Gleiche gilt beim Auflösungsbeschluss, da dieser nicht zwingend einstimmig gefasst werden muss (→ § 732 Rn. 5 ff.). Gutgläubigkeit iSd Abs. 2 wird häufig vorliegen, wenn der betreffende Gesellschafter von der Existenz eines Fortsetzungsbeschlusses gem. § 734 I ausgeht.

2. Fortgeltung der bisherigen organschaftlichen Befugnisse

a) Geschäftsführung. Nach Abs. 2 gilt die bisherige Befugnis zur Ge- **21** schäftsführung zu Gunsten des Gesellschafters als fortbestehend, solange er gutgläubig ist. Er wird hiernach im **Innenverhältnis** weiterhin behandelt, als wenn die ihn konkret betreffende Abweichung gegenüber der gemeinschaftlichen Geschäftsführung gemäß Abs. 1 bzw. entsprechender vertraglicher Modifizierungen für das Abwicklungsstadium (→ Rn. 11) fortgelten würde. Praktisch relevant ist dies vor allem im Hinblick auf drohende **Haftungsgefahren,** die ansonsten durch **Kompetenzüberschreitung,** insbesondere bei Alleinhandeln, drohen. Bleibt ein gutgläubiger Gesellschafter umgekehrt im Hinblick auf den früheren Ausschluss von der Geschäftsführung weiterhin untätig, privilegiert ihn dies gleichermaßen in Bezug auf die an sich drohende Haftung wegen Verletzung der aus Abs. 1 resultierenden Mitwirkungspflicht (→ Rn. 6). – Über den Wortlaut hinaus bewirkt Abs. 2 aber auch die **Perpetuierung des Gesellschaftszwecks** einer werbenden GbR. Der gutgläubige Gesellschafter handelt daher auch dann nicht pflichtwidrig, wenn er unabhängig von der Frage der Kompetenzverteilung seine Tätigkeit nicht nach Maßgabe von § 736d auf die Verwirklichung des Abwicklungszwecks hin ausrichtet, sondern die Geschäfte wie bislang fortführt. Kommt es insofern indessen zur **Pflichtverletzung wegen schlechter Geschäftsführung,** insbesondere auch durch Untätigkeit, haftet auch der Gutgläubige, weil ansonsten ein nicht gerechtfertigtes Haftungsvakuum bestünde (abw. die hM unter Hinweis auf den privilegierenden Charakter von Abs. 2, vgl. MüKoBGB/Schäfer § 729 Rn. 12; Henssler/Strohn/Kilian § 729 Rn. 7); auf eine entsprechende Anwendung von § 730 I 2 kommt es daher nicht an. – Infolge der Streichung von § 708 aF ergeben sich indessen im Hinblick auf den Haftungsmaßstab im Übrigen keine Unterschiede mehr. – Die Regelung bewirkt aber über den Wortlaut hinaus auch, dass entsprechende vertraglich vereinbarte **Tätigkeitsvergütungen** (› § 715 Rn. 26) und **Aufwendungsersatz** (→ § 716 Rn. 5 ff.) weiterhin verlangt werden können (Henssler/Strohn/Kilian § 729 Rn. 6), beides freilich erst im Rahmen der Schlussabrechnung gemäß § 736d IV, V (BeckOGK/von Proff § 729 Rn. 12).

b) Vertretung. Die Fortgeltung der bis zur Auflösung maßgeblichen **22** Rechtslage gilt bei GbR, die **nicht im Gesellschaftsregister** eingetragen sind, auch für die **organschaftliche Vertretungsmacht** gemäß § 720; rechtsgeschäftliche Vollmachten werden nicht perpetuiert, hier gilt allein § 674 (BeckOGK/von Proff § 729 Rn. 14). Praktisch bedeutsam ist Abs. 2, wenn abweichend von § 720 I Einzel- oder Gruppenvertretung galt (→ § 720 Rn. 12 ff.). Hiernach handeln die bisherigen Vertreter daher nicht als falsus procurator (vgl. §§ 177 ff.). Indem die organschaftliche Vertretungsmacht seit der

Reform gemäß § 720 III zwingend unbeschränkt ist, wirkt die Fiktion zugunsten Dritter in viel weiterem Umfang als bislang. Sie ist aber **gemäß § 169 beschränkt** (vgl. bereits RG LZ 1909, 310). Voraussetzung dafür ist, dass der Dritte bei Vornahme des Rechtsgeschäfts das auflösungsbedingte Erlöschen kennt oder kennen muss (= fahrlässige Unkenntnis, vgl. § 122 II). Maßgeblicher Bezugspunkt für die **Bösgläubigkeit des Dritten** ist somit der Umstand der Auflösung und nicht das Erlöschen vertraglicher Modifizierungen der Vertretung gemäß Abs. 1. – Bei **eingetragenen GbR** gilt Abs. 2 nicht. Die Gutgläubigkeit wird hier durch die Publizitätswirkung des Gesellschaftsregisters ausgeschlossen. Die Folgen des Erlöschens vertraglicher Modifizierungen im Hinblick auf die organschaftliche Vertretungsmacht richten sich in diesem Fall vorrangig nach **§ 15 HGB** (vgl. § 707a III 1, → § 707a Rn. 9 ff.).

3. Gestaltungsfreiheit

23   Die Fiktion des Fortbestands der vor Auflösung maßgeblichen Geschäftsführungskompetenz und Vertretungsmacht gemäß Abs. 2 ist dispositiv, soweit sie das **Innenverhältnis** betrifft. Es ist daher prinzipiell zulässig, dies zulasten der potentiell Betroffenen abzubedingen (wegen der einschneidenden Folgen freilich nur mit deren Zustimmung); praktisch bedeutsam dürfte dies indes nicht sein. Relevanter sind gesellschaftsvertragliche Regelungen, wonach bereits im Vorfeld der späteren Auflösung die bisherige Kompetenzordnung perpetuiert wird (→ Rn. 11 f.); dann läuft Abs. 1 praktisch leer. – Im Hinblick auf die **Vertretungsmacht** ist die Fiktion des Fortbestands gegenüber gutgläubigen Dritten insofern zwingend, als deren Schutz nicht verkürzt werden darf.

4. Kautelarischer Handlungsbedarf infolge des MoPeG

24   § 736b II entspricht § 729 S. 1 aF. und schützt die Gesellschafter bei Gutgläubigkeit (→ Rn. 2). Soweit diese gesetzliche Konzeption des § 736b II nicht den Interessen der Gesellschafter entspricht, sollten diese bis zum 31.12.2023 (vgl. Art. 137 S. 1 MoPeG) kautelarisch tätig werden und im Gesellschaftsvertrag entsprechende Anpassungen vornehmen. Im **Innenverhältnis** kann eine Abänderung der Geschäftsführungsbefugnis dergestalt vereinbart werden, dass die Gesellschafter vollumfängliche Kenntnis vereinbaren. Ein guter Glaube an das Fortbestehen der Gesellschaft wird dadurch ausgeschlossen. – Im **Außenverhältnis** kann der gute Glaube an die Vertretungsmacht durch Dritte nicht abbedungen werden. Dies gebietet der Gläubigerschutz.

5. Darlegungs- und Beweislast

25   Abs. 2 begründet eine **Vermutung der Gutgläubigkeit** des Gesellschafters (BeckOGK/von Proff § 729 Rn. 11). Im Übrigen richtet sich die Darlegungs- und Beweislast danach, in welchem Kontext die Fiktion des Fortbestands von Geschäftsführungsbefugnis und Vertretungsmacht nach Auflösung (oder den anderen Fällen der Kompetenzbeendigung, vgl. → Rn. 8) relevant wird: Bei der **Schadensersatzhaftung** obliegt es grundsätzlich der GbR bzw. den Mitgesellschaftern, die Pflichtwidrigkeit des handelnden Gesell-

schafters zu beweisen. Liegt diese allein in einer durch Abs. 1 begründeten Kompetenzüberschreitung, muss wegen Abs. 2 die Bösgläubigkeit des Handelnden bewiesen werden; im Hinblick auf das Vertretenmüssen gilt indessen die Vermutung des § 280 I 2. Begehrt der handelnde Gesellschafter **Aufwendungsersatz oder Vergütung,** obliegt der beklagten GbR bzw. den Mitgesellschaftern der Beweis der Bösgläubigkeit. Steht die **Vertretungsmacht** im Streit, kann sich auch ein Dritter auf die Vermutung der Gutgläubigkeit gemäß Abs. 2 berufen. Die GbR muss dann ggf. beweisen, dass der handelnde Gesellschafter oder der Dritte (vgl. § 169) bösgläubig war.

§ 736c Anmeldung der Liquidatoren

(1) **¹Ist die Gesellschaft im Gesellschaftsregister eingetragen, sind die Liquidatoren und ihre Vertretungsbefugnis von sämtlichen Gesellschaftern zur Eintragung in das Gesellschaftsregister anzumelden. ²Das Gleiche gilt für jede Änderung in der Person des Liquidators oder seiner Vertretungsbefugnis. ³Wenn im Fall des Todes eines Gesellschafters anzunehmen ist, dass die Anmeldung den Tatsachen entspricht, kann die Eintragung erfolgen, auch ohne dass die Erben bei der Anmeldung mitwirken, sofern einer solchen Mitwirkung besondere Hindernisse entgegenstehen.**

(2) **Die Eintragung gerichtlich berufener Liquidatoren sowie die Eintragung der gerichtlichen Abberufung von Liquidatoren geschieht von Amts wegen.**

Übersicht

I. Reform

1. Grundlagen, Bewertung

Der neue § 736c verwirklicht durch Statuierung einer gesellschaftsrechtlichen Anmeldepflicht konsequent die **Registerpublizität eingetragener GbR** gemäß §§ 707 ff. auch im Hinblick auf die **Liquidatoren und ihre** **1**

Vertretungsbefugnis (vgl. zur Praxis Böhringer/Melchior NotBZ 2022, 361 (371)). Eine entsprechende Regelung gab es bislang allein bei OHG und KG (vgl. § 148 HGB aF, nunmehr § 147 HGB). Die korrespondierende Eintragungspflicht im Vorfeld der Auflösung folgt bei eingetragenen GbR aus § 707 III 1 (→ § 707 Rn. 7 ff.). – Die Regelung wird im Übrigen ergänzt durch § 733 im Hinblick auf die Anmeldung der Auflösung und durch § 738, wonach nach Abschluss des Liquidationsverfahrens auch das Erlöschen der eingetragenen GbR zur Eintragung anzumelden ist; das hiernach bestehende Erfordernis der Mitwirkung aller Gesellschafter ist teilweise dispositiv (→ Rn. 8). Sämtliche Eintragungen wirken nur deklaratorisch. Die Neuregelung war bereits Gegenstand des Mauracher Entwurfs.

2. Zeitlicher Geltungsbereich

2   § 736c tritt gemäß Art. 137 S. 1 MoPeG am **1.1.2024** in Kraft, sodass zuvor keine Eintragungen ins Gesellschaftsregister erfolgen können. Art. 137 S. 2 MoPeG sieht indessen vor, dass die maßgeblichen Verfahrensvorschriften des FamFG sowie die Verordnungsermächtigung gemäß § 707d (→ § 707d Rn. 2) bereits am 18.8.2021 in Kraft getreten sind, um zu gewährleisten, dass die Registerverwaltungen sich auf das Inkrafttreten des MoPeG zum 1.1.2024 frühzeitig einstellen können (vgl. zum kautelarischen Handlungsbedarf → § 707 Rn. 30).

II. Normzweck, Anwendungsbereich

3   § 736c ist eingebettet in ein **komplexes Publizitätsregime** eingetragener GbR nach Auflösung: Die Publizität der Auflösung als solche wird bereits durch § 733 I verwirklicht (→ § 733 Rn. 5). Die Eintragung der Liquidatoren und deren Vertretungsmacht gemäß **Abs. 1 S. 1** verwirklicht durch Etablierung einer gesellschaftsrechtlichen Anmeldepflicht auch nach der Auflösung die **Information des Rechtsverkehrs über die Vertretungsverhältnisse** der rechtsfähigen GbR. Die Regelung ist konsequenterweise zwingend. Sie gilt indessen **nur bei eingetragenen GbR,** die zum Zeitpunkt der Auflösung oder später im Gesellschaftsregister eingetragen sind. Bei nicht eingetragenen GbR (und damit insbesondere auch bei Gelegenheitsgesellschaften) besteht daher trotz identischen Informationsbedürfnisses der Gläubiger keine Eintragungspflicht. Dies kann man rechtspolitisch kritisieren, ist aber die Konsequenz der gesetzgeberischen Entscheidung, bei der GbR keine generelle Eintragungspflicht zu statuieren (→ § 720 Rn. 1). – **Abs. 1 S. 2** erstreckt die Anmeldepflicht folgerichtig auf **nachträgliche Veränderungen** in der Person eines Liquidators (Abberufung, Berufung etc.) oder dessen Vertretungsbefugnis. Dies lässt wegen § 15 HGB (vgl. § 707a III) die frühere Eintragungspflicht nicht entfallen (vgl. OLG Brandenburg NZG 2002, 909 (910)). – Nach **Abs. 1 S. 3** wird die an sich allen Gesellschaftern gemeinschaftlich obliegende Eintragungspflicht insofern erleichtert, als unbekannte oder nicht auffindbare Erben hieran nicht mitwirken müssen. Dies beschleunigt wie bei § 733 II aus Informationsgründen das Registerverfahren. –

Abs. 2 stellt im Übrigen in den Fällen der gerichtlichen Berufung oder Abberufung eines Liquidators gemäß § 736a klar, dass die Eintragung durch das Registergericht von Amts wegen erfolgt; dies umfasst auch deren Vertretungsmacht (vgl. Begr. S. 185). – Nach Abschluss der Liquidation ist das Erlöschen der Gesellschaft gemäß § 738 zum anzumelden (→ § 738 Rn. 3 ff.) § 736c gilt nur bei **eingetragen rechtsfähigen GbR** (vgl. § 705 II Alt. 1, 4 § 707 I 1). Erforderlich ist zudem, dass die Gesellschaft im Zuge der Auflösung **nicht sogleich voll beendigt** wurde, da dann kein Raum für ein von den Liquidatoren durchzuführendes Abwicklungsverfahren besteht (vgl. insofern § 712a und § 735 I 2). Kam es indessen zur Abwicklung, ohne dass den maßgeblichen Anmeldepflichten gemäß §§ 733, 736c nachgekommen wurde, entfallen diese wegen § 15 HGB nicht, wenn erst die Löschung gemäß § 738 angemeldet wird (vgl. OLG Brandenburg NZG 2002, 909 (910)). – Wird über das Vermögen der GbR das **Insolvenzverfahren** eröffnet, gilt § 736c nicht, da die den Liquidatoren obliegenden Aufgaben der vermögensmäßigen Auseinandersetzung gemäß § 80 I InsO dem Insolvenzverwalter obliegen (Henssler/Strohn/Klöhn HGB § 145 Rn. 6); die Gesellschafter behalten freilich ihre Kompetenz für die nicht vermögensmäßigen Entscheidungen (vgl. vgl. KG BeckRS 2021, 40304 Rn. 10). – Bei OHG und KG gilt allein der identische § 147 HGB, ebenso bei der Partnerschaftsgesellschaft (vgl. § 10 I PartGG).

III. Anmeldepflichtige Tatsachen

1. Liquidatoren (Abs. 1 S. 1 Alt. 1)

Nach **Abs. 1 S. 1 Alt. 1** sind die zum Auflösungszeitpunkt maßgeblichen 5 Liquidatoren anzumelden. Dies sind im gesetzlichen Regelfall **gemäß § 736 I alle Gesellschafter** (→ § 736 Rn. 9). Die Anmeldung ist daher nicht etwa entbehrlich, wenn sich die Liquidatorenstellung bereits mit dem Gesellschafterbestand und der bisherigen in Bezug auf Geschäftsführungsbefugnis und Vertretungsmacht maßgeblichen Regellage gemäß § 715 I, § 720 I deckt (Begr. S. 185). Wurde bereits im Vorfeld der Auflösung eine ab dann geltende **abweichende Vereinbarung gemäß § 736 IV** getroffen, sind die hiernach maßgeblichen Liquidatoren anzugeben (einzelne Gesellschafter und/oder Dritte, vgl. ⇾ § 736 Rn. 20, Formulierungsvorschläge bei Bohringer/Melchior NotBZ 2022, 361 (371)). – Ist über das Vermögen eines Gesellschafters, der Liquidator ist, das Insolvenzverfahren eröffnet, ist gemäß § 736 II der **Insolvenzverwalter** anzumelden (→ § 736 Rn. 12); das Gleiche gilt für den gemeinsamen Vertreter mehrerer **Erben** gemäß § 736 III, soweit vorhanden (→ § 736 Rn. 14), und für den Testamentsvollstrecker (MüKoHGB/K. Schmidt HGB § 148 Rn. 4).

2. Vertretungsmacht (Abs. 1 S. 1 Alt. 2)

Die Anmeldepflicht gemäß **Abs. 1 S. 1 Alt. 2** umfasst auch die Vertre- 6 tungsbefugnis der Liquidatoren. Dies gilt sowohl im gesetzlichen Regelfall der **gemeinschaftlichen Vertretung** gemäß § 736b I als auch für **abwei-**

chende Vereinbarungen (Einzelvertretungsmacht, Ausschluss von der Vertretung, Einzelheiten → § 736b Rn. 11 ff.; Formulierungsvorschläge bei Böhringer/Melchior NotBZ 2022, 361 (371)). Rechtsgeschäftliche Vollmachten unterliegen keiner Eintragungspflicht. Wohl aber ist die Vertretungsregelung einer **juristischen Person** oder rechtsfähigen Personengesellschaft anzugeben, wenn diese Liquidator ist (→ § 707 Rn. 17).

3. Nachträgliche Veränderungen (Abs. 1 S. 2)

7   Nach **Abs. 1 S. 2** sind auch nachträgliche Änderungen der Person des Liquidators oder seiner Vertretungsbefugnis anzumelden (vgl. zu Letzterem im Vorfeld der Auflösung auch § 707 III 1, → § 707 Rn. 21). Dies betrifft sämtliche Fälle, in denen aufgrund gesellschaftsvertraglicher Regelung oder Beschlussfassung **gemäß § 736 IV** während der Abwicklung Liquidatoren berufen oder abberufen werden. Darüber hinaus fallen auch der **Tod** eines Liquidators oder dessen **Amtsniederlegung** hierunter (→ § 736 Rn. 27). – Über den Wortlaut von Abs. 1 S. 2 hinaus sind zur Verwirklichung des Informationsamtes auch Änderungen der Vertretungsbefugnis einer **juristischen Person** oder rechtsfähigen Personengesellschaft anzugeben, wenn diese Liquidator ist.

IV. Anmeldepflicht

1. Adressaten (Abs. 1 S. 1, 3)

8   Die Anmeldepflicht trifft **sämtliche Gesellschafter** zum Zeitpunkt der Auflösung (Abs. 1 S. 1) bzw. der nachträglichen Änderung (Abs. 1 S. 2). Die Bestellung als Liquidator ist unerheblich (BayObLG NZG 2001, 792). Zuständig ist gemäß § 707 I das Registergericht am Sitz der Gesellschaft (→ § 707 Rn. 26). Die Anmeldung hat **unverzüglich** zu erfolgen (Henssler/Strohn/Klöhn HGB § 148 Rn. 6). Kommt es bis zur Erfüllung der Anmeldepflicht zum Gesellschafterwechsel, trifft die Eintretenden die Pflicht gleichermaßen. Die Gesellschafter können sich wechselseitig vertreten und Dritte bevollmächtigen, sodass insbesondere die Liquidatoren selbst die Anmeldepflicht erfüllen können (vgl. insoweit auch § 12 I 2 HGB, wonach eine konkludente Bevollmächtigung ausscheidet). Eine analoge Anwendung von § 266 I AktG, wonach von vornherein nur die Liquidatoren anmeldebefugt sind, scheidet wegen des klaren gesetzlichen Wortlauts und der Verankerung der Anmeldepflicht in der Selbstorganschaft aus (so auch MüKoHGB/ K. Schmidt HGB § 148 Rn. 8). Das Erfordernis der **Mitwirkung aller Gesellschafter** ist indessen **nicht vollkommen überzeugend.** Nach § 78 GmbHG genügt etwa bei der GmbH grundsätzlich die Anmeldung durch die Geschäftsführer in vertretungsberechtigter Zahl (vgl. Henssler/Strohn/ Servatius GmbHG § 78 Rn. 5). Insbesondere in den Fällen, in denen die Auflösung durch die Gesellschaftermehrheit gemäß § 729 I Nr. 4 herbeigeführt wurde (→ § 729 Rn. 15), kann das Einstimmigkeitserfordernis die rechtmäßige Willensbildung nicht hinnehmbar konterkarieren (hierauf hinweisend DAV NZG 2020, 1133 Rn. 81). Der Umweg über die Gesellschaf-

terklage gemäß § 715b ist insofern auch wenig praktikabel. Es bietet sich daher einerseits an, **Abs. 1 teleologisch zu reduzieren** und im Hinblick auf die erforderliche Mitwirkung an die maßgebliche Regelung zur organschaftlichen Vertretungsmacht anzuknüpfen. Dies hätte indessen die Schwäche, dass gemäß § 736b I im gesetzlichen Regelfall Gesamtvertretung gilt, sodass auch hier Mitwirkungsprobleme verbleiben. Besser ist es daher, **Abs. 1 einen teilweise dispositiven Charakter** zuzubilligen, wonach in den Fällen einer mittels Mehrheitsklausel wirksamen Willensbildung auch allein die zustimmenden Gesellschafter zur gemeinschaftlichen Anmeldung berufen sind.

Besonderheiten folgen auch aus **Abs. 1 S. 3:** Die Regelung stellt zunächst **9** klar, dass auch die **Erben eines Gesellschafters** anmeldepflichtig sind, wenn das Versterben aufgrund entsprechender gesellschaftsvertraglicher Regelung in Abweichung zu § 723 I Nr. 1 zur Auflösung der Gesellschaft führt (vgl. hierzu → § 723 Rn. 18). Die Möglichkeit der Ausschlagung ändert hieran nichts (vgl. KG NZG 2007, 101); ein Testamentsvollstrecker muss mitwirken (BGH NJW 1989, 3152 (3153)). Die notwendige Anmeldung der Auflösung kann in diesen Fällen aber auch allein durch die übrigen Gesellschafter erfolgen, wenn der Mitwirkung der Erben besondere Hindernisse entgegenstehen. Erforderlich ist hierfür aber Unerreichbarkeit der Erben oder Unkenntnis über diese, nicht deren bloße Weigerung (Henssler/Strohn/Klöhn HGB § 143 Rn. 10).

2. Durchsetzung (Abs. 1, 2)

Abs. 1 begründet zum einen eine **gesellschaftsrechtliche Anmelde-** **10** **pflicht** (vgl. zur OHG BGH NZG 2002, 233 (234)). Die maßgeblichen Gesellschafter (→ Rn. 8) sind wechselseitig verpflichtet, an der gebotenen Anmeldung mitzuwirken. Dies kann klageweise durchgesetzt werden (vgl. insofern auch § 16 HGB). Passivlegitimiert sind die einzelnen Gesellschafter (BGH WM 1983, 785 (786)); aktivlegitimiert sind die übrigen Gesellschafter, richtigerweise als notwendige Streitgenossen gemäß § 62 ZPO (abw. für einfache Streitgenossenschaft gem. §§ 59, 60 ZPO BGH NJW 1959, 1683); weigert sich einer von diesen treuwidrig, kommt insofern die Gesellschafterklage gemäß § 715b in Betracht. Bei der zweigliedrigen GbR kann ohne weiteres gegen den sich Weigernden vorgegangen werden. – Zum anderen besteht eine **verfahrensrechtliche Anmeldepflicht** nach Maßgabe von § 707b Nr. 3, §§ 8 ff. HGB, §§ 374 FamFG. Für die Form gilt hiernach § 12 HGB. Die Registerpflicht kann insofern mit Zwangsgeldandrohung gemäß § 14 HGB durchgesetzt werden. – Die Anmeldung nach Abs. 1 kann mit der **Anmeldung der Auflösung** gemäß § 733 **verbunden** werden. Das Registergericht darf die Eintragung der Auflösung allerdings nicht von der Anmeldung gemäß Abs. 1 abhängig machen; das Gleiche gilt umgekehrt und auch in Bezug auf die Anmeldung der Löschung gemäß § 738 (vgl. zur OHG BayObLG NZG 2001, 792; abw. MüKoHGB/K. Schmidt HGB § 148 Rn. 2). – Bei gerichtlicher Berufung oder Abberufung eines Liquidators iSd § 736a erfolgt die Eintragung durch das Registergericht gem. Abs. 2 von

Amts wegen (→ § 736a Rn. 11). Kommt das Gericht dieser Verpflichtung nicht nach, können die Liquidatoren Amtshaftungsansprüche gem. § 839 iVm Art. 34 GG erheben, soweit hierdurch ein Schaden entstanden ist.

V. Eintragung und Rechtsfolgen

11   Die Eintragung der Liquidatoren und ihrer Vertretungsmacht ins Gesellschaftsregister hat allein **deklaratorische Bedeutung** (Begr. S. 185, vgl. zur OHG RG HRR 1936 Nr. 611; Henssler/Strohn/Klöhn HGB § 143 Rn. 12). Dem Registergericht obliegt im Rahmen der materiellen Prüfung des zugrundeliegenden Umstands allein eine **Plausibilitätskontrolle** (Henssler/Strohn/Wamser HGB § 9 Rn. 10 ff.). Eine Pflicht zur Amtsermittlung besteht nur, wenn entweder die formalen Mindestanforderungen für eine Eintragung nicht erfüllt sind oder, wenn begründete Zweifel an der Wirksamkeit der zur Eintragung angemeldeten Erklärungen oder an der Richtigkeit der mitgeteilten Tatsachen bestehen (vgl. BGH NZG 2022, 268 Rn. 9). Bei einem Streit über die Stellung der Liquidatoren bzw. deren Vertretungsmacht kann das Registergericht das Verfahren gemäß § 21 FamFG aussetzen; vgl. zum **Inhalt** der Eintragung § 707 II Nr. 3 (→ § 707 Rn. 29; Formulierungsvorschläge bei Böhringer/Melchior NotBZ 2022, 361 (371)). Die **Bekanntmachung** folgt aus § 10 HGB. Die **Kosten** ergeben sich aus § 105 IV Nr. 3 Hs. 1 GNotKG iVm § 119 GNotKG (zusätzliche kostenrechtliche Tatsache gegenüber der Eintragung der Auflösung gemäß § 733 I, wenn Abweichung vom Gesetz, vgl. Böhringer/Melchior NotBZ 2022, 361 (371)).

VI. Kautelarischer Handlungsbedarf infolge des MoPeG

12   Vgl. zum kautelarischen Handlungsbedarf aufgrund der Neueinführung des Gesellschaftsregisters die Ausführungen in → § 707 Rn. 30.

§ 736d Rechtstellung der Liquidatoren

(1) **[1]Die Liquidatoren haben, auch wenn sie vom Gericht berufen sind, den Weisungen Folge zu leisten, welche die Beteiligten in Bezug auf die Geschäftsführung beschließen. [2]Hat nach dem Gesellschaftsvertrag die Mehrheit der Stimmen zu entscheiden, bedarf der Beschluss der Zustimmung der Beteiligten nach § 736a Absatz 2 Nummer 2 und 4.**

(2) **[1]Die Liquidatoren haben die laufenden Geschäfte zu beendigen, die Forderungen der Gesellschaft einzuziehen und das übrige Vermögen in Geld umzusetzen. [2]Zur Beendigung der laufenden Geschäfte können die Liquidatoren auch neue Geschäfte eingehen.**

(3) **Ist die Gesellschaft im Gesellschaftsregister eingetragen, haben die Liquidatoren bei Abgabe ihrer Unterschrift dem Namen der Gesellschaft einen Liquidationszusatz beizufügen.**

(4) ¹Aus dem Vermögen der Gesellschaft sind zunächst die Gläubiger der Gesellschaft zu befriedigen. ²Ist eine Verbindlichkeit noch nicht fällig oder ist sie streitig, ist das zur Berichtigung der Verbindlichkeit Erforderliche zurückzubehalten.

(5) ¹Aus dem nach der Berichtigung der Verbindlichkeiten verbleibenden Gesellschaftsvermögen sind die geleisteten Beiträge zurückzuerstatten. ²Für Beiträge, die nicht in Geld bestanden haben, ist der Wert zu ersetzen, den sie zur Zeit der Einbringung gehabt haben. ³Für Beiträge, die in der Leistung von Diensten oder in der Überlassung der Benutzung eines Gegenstands bestanden haben, kann im Zweifel kein Ersatz verlangt werden.

(6) Das nach Berichtigung der Verbindlichkeiten und Rückerstattung der Beiträge verbleibende Vermögen der Gesellschaft ist unter den Gesellschaftern nach dem Verhältnis ihrer Anteile am Gewinn und Verlust zu verteilen.

Übersicht

I. Reform

1. Grundlagen, Bewertung

1 Der vollständig neugefasste § 736d bringt in Anlehnung an die bisher allein
für OHG und KG maßgebliche Rechtslage organisations- und vermögensrechtliche **Vorgaben für eine strukturierte gesellschaftsrechtliche
Abwicklung** rechtsfähiger GbR durch die (richtigerweise zwingend) wei-
sungsgebundenen Liquidatoren (vgl. demgegenüber vor allem § 731 aF, worin
subsidiär auf die Regelungen über die Gemeinschaft gemäß §§ 741 ff. verwiesen wurde). Kennzeichnend ist vor allem die starke Betonung des Gesellschaftsvermögens, über welches im gesetzlichen Regelfall der vermögensmäßige Ausgleich sowohl im Hinblick auf Dritte als auch im Verhältnis der
Gesellschafter untereinander zu erfolgen hat. Dies ist für unternehmerische
GbR sachgerecht, bedeutet konsequenterweise aber regelmäßig auch eine
zeitliche Länge des Liquidationsverfahrens bis zur (gewünschten) Vollbeendigung. Bei kleinen Gesellschaften dürfte daher nach wie vor das Bedürfnis bestehen, dass die Gesellschafter **abweichende Regelungen** treffen, um
die vermögensmäßige Auseinandersetzung gegenüber Dritten und untereinander ohne Beteiligung der als Liquidationsgesellschaft fortbestehenden GbR
zu verwirklichen. Dies ist wegen der zwingenden Gesellschafterhaftung nach
Vollbeendigung gemäß § 739 prinzipiell legitim und zulässig (vgl. auch § 735
III, wonach die Liquidationsregeln grundsätzlich dispositiv sind). Für letztere
erscheint auch eine analoge Anwendung des § 740b durchaus sinnvoll.

2 Neu geregelt wird in Abs. 1 S. 2 auch ein **Zustimmungsvorbehalt**
zugunsten des Privatgläubigers eines Gesellschafters und eines Insolvenzverwalters über dessen Vermögen, soweit eine entsprechende Gesellschafterweisung an den Liquidator die Vermögensinteressen des Gesellschafters beein-

trächtigen kann. Eine derartige explizite Regelung fand sich im bisherigen Recht nicht, sondern ergab sich allein aufgrund allgemeiner Lehren (vgl. MüKoHGB/K. Schmidt HGB § 152 Rn. 14). Die Neuregelung bringt insofern begrüßenswerte Rechtssicherheit. Sie ergänzt im Übrigen § 735 II, wonach derartige Zustimmungsvorbehalte auch bei gesellschaftsvertraglichen Modifizierungen über die Art der Abwicklung bestehen (→ § 735 Rn. 12 ff.). Für beide Fälle hätte es sich indessen angeboten, dass der Gesetzgeber auch die Rechtsfolgen geregelt hätte, wenn eine gebotene Zustimmung fehlt (→ Rn. 17). – Begrüßenswert und konsequent ist weiterhin Abs. 3, wonach die Liquidatoren bei **eingetragenen Gesellschaften** verpflichtet sind, einen **Liquidationszusatz** zu führen. Die Regelung knüpft an die Registerfähigkeit der GbR an und ergänzt § 707a II 1 für das Liquidationsverfahren (→ Rn. 38 ff.).

2. Zeitlicher Geltungsbereich

§ 736d tritt gemäß Art. 137 S. 1 MoPeG am **1.1.2024** in Kraft; eine Über- **3** gangsregelung für § 736d ist im EGBGB nicht vorgesehen. Aus dem Umkehrschluss zu Art. 229 § 61 EGBGB folgt daher, dass für die Rechtstellung der Liquidatoren für deren Kompetenzen und Pflichten ab dem Zeitpunkt des Inkrafttretens das neue Recht gilt. Maßgeblicher Zeitpunkt ist aber der Eintritt eines Auflösungsgrunds, so dass die Neuregelung für Altgesellschaften nur gilt, wenn dieser ab 1.1.2024 verwirklicht wurde. Zuvor bereits begonnene Liquidationsverfahren werden nach altem Recht fortgesetzt.

II. Normzweck

1. Organisationsrechtlicher Inhalt

Abs. 2 regelt die charakteristischen **Aufgaben der Liquidatoren** als **4** Konkretisierung ihrer Geschäftsführungsbefugnis iSv § 736b. Hiernach sind sie befugt und verpflichtet, den Geschäftsbetrieb einzustellen, Forderungen einzuziehen und das Gesellschaftsvermögen in Geld umzusetzen. Dies zielt darauf ab, auf dieser Grundlage gemäß Abs. 4 die Gläubiger befriedigen zu können, aus dem verbleibenden Rest den Gesellschaftern die Beiträge zurückerstatten (Abs. 5) und einen darüberhinausgehenden Liquidationsüberschuss auszuzahlen (Abs. 6). Zwingend ist dieses konsekutive Vorgehen indessen nicht. Abs. 1 begründet vielmehr die **Weisungsgebundenheit** der Liquidatoren. Die Regelung hat insofern einen klarstellenden Charakter, als die Geschäftsführungskompetenzen bei den Personengesellschaften ohnehin keine Eigenverantwortlichkeit gegenüber den Gesellschaftern begründen. Die (Fremd-)Liquidatoren haben ebenso wie die geschäftsführungsbefugten Gesellschafter vor Auflösung im Rahmen des rechtlich Zulässigen alle Vorgaben einzuhalten, die ihnen der Gesellschaftsvertrag macht (→ § 736d Rn. 10 ff.). Die Regelung konkretisiert damit vor allem die grundsätzliche **Gestaltungsfreiheit** im Hinblick auf das **Liquidationsverfahren** gemäß § 735 III (→ § 735 Rn. 12 ff.). Mangels gesetzlicher Kapitalbindung haben es die Gesellschafter vielmehr

in der Hand, das Liquidationsverfahren abzukürzen, um die rasche Vollbeendigung der GbR herbeizuführen. Der Gläubigerschutz wird hinreichend
über die Gesellschafternachhaftung gemäß § 737 verwirklicht (→ Rn. 41).
Im Übrigen ist es aber richtigerweise unzulässig, dass sich die Gesellschafter
dieses Weisungsrechts begeben (→ Rn. 68).

5   Bedeutsam ist insofern die ausdrückliche Anerkennung einer entsprechenden **Beschlusskompetenz zur Weisungserteilung.** Der Gesetzgeber stellt damit klar, dass verbindliche Weisungen an die Liquidatoren
abweichend von § 714 auch durch Mehrheitsentscheidung getroffen werden können; die konkreten Anforderungen an eine solche **Mehrheitsentscheidung** ergeben sich nach den allgemeinen Regeln unter besonderer
Berücksichtigung des Liquidationszwecks (→ Rn. 12). – Darüber hinaus
begründet Abs. 1 S. 2 besondere **Zustimmungsvorbehalte** zugunsten des
Insolvenzverwalters über das Vermögen eines Gesellschafters (vgl. § 736a
II Nr. 2), sowie für die Privatgläubiger eines Gesellschafters, durch den die
zur Auflösung der GbR führende Kündigung erfolgt ist (vgl. § 736a II
Nr. 4). Die Regelung ergänzt § 735 II 2, wonach auch die gesellschaftsver-
tragliche Vereinbarung einer **anderen Art der Abwicklung** deren
Zustimmung bedarf, soweit deren Interessen verkürzt werden (→ § 735
Rn. 12 ff.). Die Rechtslage ist insofern allerdings inkonsequent, als der
Zustimmungsvorbehalt nach Abs. 1 S. 2 anders als im Rahmen von § 735
II 2 nur für Weisungen aufgrund Mehrheitsentscheidung gelten soll, was
richtigerweise teleologisch zu erweitern ist (→ Rn. 19). – Abs. 3 regelt
im Übrigen bei eingetragenen GbR die Pflicht zur **Führung eines Liquidationszusatzes** im Rechts- und Geschäftsverkehr, was richtigerweise
auch bei nicht eingetragenen GbR gilt (→ Rn. 38).

2. Vermögensrechtlicher Inhalt

6   Die § 736d II, IV–VI, § 737 verwirklichen bei der rechtsfähigen GbR die
vermögensmäßige **Auseinandersetzung über das Gesellschaftsvermögen** nach Maßgabe eines dreistufigen Modell: Die Liquidatoren müssen **(1.)**
vorrangig die Verbindlichkeiten der Gesellschaft befriedigen (Abs. 4) und
umgekehrt die Forderungen der Gesellschaft einziehen (Abs. 2), **(2.)** sodann
aus dem hieraus resultierenden Gesellschaftsvermögen, soweit ausreichend,
den Gesellschaftern ihre Beiträge zurückerstatten (Abs. 5) und dann **(3.)** an
die Gesellschafter den hiernach noch verbleibenden Liquidationsüberschuss
auszahlen (Abs. 6). Sofern das Gesellschaftsvermögen hierzu nicht ausreicht,
folgt umgekehrt aus § 737, dass die Gesellschafter gegenüber der GbR für
den entsprechenden Fehlbetrag einstehen müssen. – Dieses Modell ist einge-
denk der Rechtsfähigkeit der GbR und des Gesellschaftsvermögens gemäß
§ 713 konsequent und wegen der Allokation aller wechselseitigen Vermögenspositionen beim nach Auflösung fortbestehenden Personenverband vor
allem auch aus Praktikabilitätsgründen überzeugend. Die **konzeptionelle
Schwäche** liegt indessen bei den Personengesellschaften darin begründet,
dass es anders als bei GmbH und AG **keine gesetzliche Kapitalbindung**
gibt. Das Vorhandensein eines Gesellschaftsvermögens und die Größe dessel-

ben sind gesetzlich nicht abgesichert, sondern angesichts der zwingenden Gesellschafterhaftung ins Belieben der Gesellschafter gestellt.

Das fehlende Gebot, ein Gesellschaftsvermögen zu bilden und nach Auflö- 7 sung zu erhalten, bedingt daher bei der Liquidation einer GbR auch unabhängig von der ohnehin bestehenden Gestaltungsfreiheit (§ 735 III, § 736d I) die Ungewissheit, ob das gesetzlich eingelegte dreistufige Modell der vermögensmäßigen Auseinandersetzung überhaupt durchgeführt werden kann und nicht leerläuft, mithin funktionslos wird. Als Alternative steht nämlich auch bei der rechtsfähigen GbR stets bereit, dass die Gesellschafter die **GbR als wirtschaftlich leere Hülse** ausgestalten und stattdessen die vermögensmäßige Auseinandersetzung auf der Grundlage **wechselseitiger Sozialverbindlichkeiten und -forderungen** verwirklichen, mithin ohne Einbeziehung der rechtsfähigen GbR und deren Gesellschaftsvermögen. Die zwingende Gesellschafterhaftung gegenüber Dritten bleibt von dieser Finanzierungsfreiheit unberührt. – Dies darf freilich nicht dazu führen, die gesetzlichen Regelungen über die Abwicklung zu relativieren. In den Gesetzesmaterialien findet sich der ausdrückliche Hinweis, dass es auch Aufgabe der Liquidatoren ist, den **Ausgleich unter den Gesellschaftern** durchzuführen (Begr. S. 186). Wenn und soweit es daher keine vorrangigen Modifizierungen gibt, ist das dreistufige Modell der vermögensmäßigen Auseinandersetzung **als gesetzlicher Regelfall** ernst zu nehmen und von den Liquidatoren umzusetzen.

Dies kann freilich in der Praxis zu **Schwierigkeiten** führen, wenn die 8 Gesellschafter ohne entsprechende Abbedingung gleichwohl in einzelnen Aspekten eine individuelle Auseinandersetzung vornehmen, mithin untereinander ohne Beteiligung der GbR und deren Gesellschaftsvermögen vermögensmäßige Leistungen im Hinblick auf Sozialverbindlichkeiten und Forderungen bewirken. Diese müssen dann als maßgebliche Vermögenspositionen in die abwicklungsmäßige Gesamtabrechnung einfließen. Die gleiche Problematik stellt sich unter Berücksichtigung etwaiger **interner Kapitalkonten** der Gesellschafter, die regelmäßig auch keinen unmittelbaren Bezug zum Gesellschaftsvermögen aufweisen, sondern die vermögensmäßigen Beziehungen der Gesellschafter untereinander auf rein schuldrechtlicher Grundlage abbilden. Auch insofern gilt jedoch, dass mangels vertraglicher Abbedingung des dreistufigen Modells solche Aspekte Anspruchspositionen im Rahmen der Gesamtabrechnung nach Maßgabe von §§ 736d, 737 darstellen. – Im Kern kann man die **vermögensmäßige Liquidierung** einer GbR daher nur auf der Grundlage eines variablen Prozesses begreifen, dessen endgültige Verbindlichkeit frühestens mit Erstellung einer **Schlussrechnung** eintritt (→ Rn. 55 ff.). In diese haben die Liquidatoren dann alle gemäß §§ 736d, 737 maßgeblichen Vermögenspositionen unter Beachtung der materiellrechtlichen Rangfolge im Verhältnis zu Gesellschaftsgläubigern und im Verhältnis der Gesellschafter miteinander einzustellen. Im Umkehrschluss besteht bis dahin für diese Ansprüche eine Durchsetzungssperre. Erst hieraus ergibt sich somit im Wege der **Gesamtsaldierung,** ob einem einzelnen Gesellschafter im Hinblick auf das Rechtsverhältnis zur GbR ein Anspruch zusteht oder ob er umgekehrt zur Verlusttragung verpflichtet ist.

III. Anwendungsbereich

9 § 736d gilt bei jeder **rechtsfähigen GbR,** unabhängig von der Registereintragung. Bei einer fehlerhaften Gesellschaft (→ § 719 Rn. 21 ff.) besteht
nach Entdecken des Mangels regelmäßig ein wichtiger Grund, die Gesellschaft selbst nach Maßgabe von § 731 zu kündigen (vgl. BGH NJW 1952,
97 ff.; 2016, 2492 Rn. 22), was gemäß § 729 I Nr. 3 einen Auflösungsgrund
begründet (Einzelheiten bei → § 731 Rn. 14 ff.). § 736d gilt daher auch
dann, ggf. aber auch, wenn zuvor bereits ein anderer Auflösungsgrund eingetreten ist. – Bei der **zweigliedrigen GbR** gilt die Regelung grundsätzlich
ebenfalls, wenn ein Auflösungstatbestand verwirklicht wurde. Kommt es
indessen gemäß § 712a zur Übernahme des Gesellschaftsvermögens durch
einen Gesellschafter, erlischt die Gesellschaft ohne Liquidation; in diesem
Fall wird auf die §§ 728–728b verwiesen. Schwierigkeiten bereitet diese
Regelung insbesondere bei Gelegenheitsgesellschaften sowie anderen kleinen
GbR. Dies deshalb, weil es bei diesen häufig an dem notwendigen Gesellschaftsvermögen fehlt. Das dreistufige Modell würde demnach nahezu immer
leerlaufen. Auch die Tatsache, dass diese Art von Gesellschaft, die häufig
nicht unternehmenstragend ist, Regelungen unterworfen werden soll, welche
bisher auf Kapitalgesellschaften zugeschnitten waren, spricht gegen eine
Anwendung. Es ist demnach zu überlegen, ob im Rahmen des Ablaufs der
Auflösung bei derartigen Gelegenheitsgesellschaften nicht sinnvollerweise
§ 740b analog anzuwenden ist. – Danach richten sich die Folgen der Auflösung bei der **nicht rechtsfähigen GbR.** Es findet mithin grundsätzlich keine
gesellschaftsrechtliche Abwicklung nach Maßgabe der 736 ff. statt, sondern
allein eine vermögensmäßige Auseinandersetzung der Gesellschafter untereinander (so bereits zum früheren Recht BGH NJW 1990, 573; WM 1986,
1143; NJW 1982, 99 (100); 2006, 1268; Einzelheiten → § 740b Rn. 5 ff.).
Insofern verweist § 740b II für die Liquidation auf **§ 736d II, IV, V und VI.**
Eine sofortige Vollbeendigung der GbR ist hiermit freilich nicht zwingend
verbunden (Geck DStR 1991, 622; Hadding FS Grunewald, 2021, 285 (293);
abw. BGH WM 1981, 876; NJW-RR 1991, 613). Eine derartige vermögensmäßige Auseinandersetzung der Gesellschafter untereinander erscheint auch
bei Gelegenheitsgesellschaften durchaus sinnvoll. Zwar wäre diese Lösung
auch durch vertragliche Vereinbarung möglich. Allerdings fehlt es bei derartigen Gesellschaften häufig an einem hinreichenden Gesellschaftsvertrag. Eine
analoge Anwendung des § 740b würde die Auflösungsschwierigkeiten beseitigen, ohne den Gesellschaftern gleichzeitig einen übermäßigen Aufwand
in Bezug auf eine vertragliche Ausgestaltung aufzubürden. Liegt eine **stille
Beteiligung** gemäß §§ 230 ff. HGB vor, regelt § 235 HGB die Folgen der
Auflösung, so dass § 736d keine Anwendung findet (BGH NJW 2001, 377;
WM 1968, 278; Henssler/Strohn/Servatius HGB § 235 Rn. 1). Eine abweichende Betrachtung kommt aber bei der mehrgliedrigen GbR in Betracht,
wenn diese aufgrund entsprechender Vereinbarung organisationsrechtlich
ausgestaltet ist (vgl. Blaurock/Pordzik NZG 2018, 81 (83 ff.); OLG München
BeckRS 2014, 21235 Rn. 50). – Bei **OHG und KG** gilt allein der vergleich-

bare § 148 HGB; auf diesen wird auch bei der **Partnerschaftsgesellschaft** verwiesen (vgl. § 9 I PartGG).

IV. Weisungsgebundenheit der Liquidatoren (Abs. 1)

1. Grundlagen

Abs. 1 S. 1 begründet zwingend (→ Rn. 68) die Weisungsgebundenheit **10** der Liquidatoren (nach § 736 Gesellschafter oder durch diese bestellte Dritte, → § 736 Rn. 17 ff.), selbst wenn diese nach Maßgabe von § 736a vom Gericht berufen sind (→ § 736a Rn. 5 ff.). Die im Recht der GbR **neue Regelung** ist identisch mit § 148 I HGB. Sie ist im Kern **lediglich klarstellend,** da den Organwaltern bei Personengesellschaften keine gegenüber der Einflussnahme der Gesellschafter immunisierte Eigenverantwortlichkeit zukommt (vgl. auch Begr. S. 186: Gesellschafter als „Herren des Liquidationsverfahrens"). Die Liquidatoren einer GbR sind daher ebenso wie die geschäftsführungsbefugten Gesellschafter im Stadium bis zur Auflösung verpflichtet, **nach Maßgabe von § 714** begründete Vorgaben (Tun oder Unterlassen) einzuhalten (→ § 715 Rn. 27). § 735 III erkennt dies für das Liquidationsverfahren explizit an, indem hiernach auch eine andere Art der Abwicklung vereinbart werden kann (→ § 735 Rn. 12 ff.). – Die Weisungsgebundenheit gemäß Abs. 1 erstreckt sich allein auf **Geschäftsführungsmaßnahmen,** mithin allgemeine oder konkrete Vorgaben für die den Liquidatoren obliegenden Aufgaben nach Maßgabe von § 736d (KKRD/Kindler HGB § 152 Rn. 2; liberaler Henssler/Strohn/Klöhn HGB § 152 Rn. 4). Hiervon **abzugrenzen** sind daher **Grundlagenentscheidungen,** insbesondere auch die Fortsetzung der GbR nach Maßgabe von § 734. Soweit die Gesellschafter einvernehmlich handeln, ist diese Trennung praktisch unbedeutsam. Bei Mehrheitsentscheidungen bedarf es indessen einer konkreten Abgrenzung, da die Weisungen nach Maßgabe von Abs. 1 nur im rechtlichen Rahmen der geänderten Zwecksetzung zulässig sind. Verwirklichen sie nicht den Abwicklungszweck oder führen auf eine **Fortsetzung** der aufgelösten GbR hinaus, müssen die ggf. zusätzlichen Anforderungen nach Maßgabe von § 734 eingehalten werden.

Die Weisungsgebundenheit begründet eine **Folgepflicht** (vgl. § 665), **11** welche im Wege des einstweiligen Rechtsschutzes und der Leistungsklage durchgesetzt werden kann (Henssler/Strohn/Klöhn HGB § 152 Rn. 5); vgl. auch zur Möglichkeit der (ggf. gerichtlichen) Abberufung bei pflichtwidriger Weigerung (→ § 736 Rn. 23 und → § 736a Rn. 8). – Sie begründet zudem einen **Rechtfertigungsgrund** im Rahmen der Pflichtwidrigkeit. Soweit die Liquidatoren eine wirksame Weisung befolgen, schließt dies als Einwilligung in das betreffende Verhalten eine Schadensersatzhaftung gegenüber der GbR oder den Gesellschaftern konsequenterweise aus. Das Weisungsrecht bezieht sich insofern freilich nur auf Maßnahmen, die der Dispositionsbefugnis der Gesellschafter unterliegen; von der **Legalitätspflicht** der Liquidatoren im Hinblick auf die Einhaltung zwingenden Rechts kann hierdurch nicht entbunden werden (Henssler/Strohn/Klöhn HGB § 152 Rn. 4). Im Übrigen hat das Weisungsrecht auch keine Auswirkungen auf die seit der Reform gemäß §§ 720 III, 736b **unbeschränkte Vertretungsmacht** der Liquidatoren (→ § 736b Rn. 1). – Die Gesellschafter sind im Übrigen nicht verpflichtet, Weisungen zu erteilen, was insbesondere bei der nunmehr zulässigen Berufung professioneller externer Liquidatoren praktisch relevant ist. Umgekehrt haben die Liquidatoren gemäß § 715 II 2 die Pflicht, bei **außergewöhnlichen Entscheidungen** eine entsprechende Gesellschafterweisung einzuholen (→ § 715 Rn. 20).

2. Mehrheitsentscheidung

12   Die Möglichkeit, mittels Weisung Einfluss auf die Liquidatoren zu nehmen, obliegt im gesetzlichen Regelfall den Gesellschaftern gemeinschaftlich nach Maßgabe von § 714 (vgl. zur OHG Henssler/Strohn/Klöhn HGB § 152 Rn. 2: Einstimmigkeit). Für kleine und stark personalistisch geprägte Gesellschaften ist dies durchaus sachgerecht. Vielfach besteht indessen auch bei der GbR das Bedürfnis, die Willensbildung durch Mehrheitsentscheidungen zu flexibilisieren. Erforderlich ist hierfür **zwingend** eine entsprechende **gesellschaftsvertragliche Abrede** (zum Ganzen → § 714 Rn. 20 ff.). Diese kann bereits vor Auflösung getroffen worden sein, ggf. bereits ursprünglich im Gesellschaftsvertrag; eine entsprechende Einführung ist indessen auch erst im Liquidationsstadium möglich. – Problematisch ist, ob eine **allgemeine Mehrheitsklausel** eine taugliche Legitimation für die Erteilung von Weisungen gemäß Abs. 1 ist. Die Gesetzesbegründung scheint hiervon auszugehen (vgl. Begr. S. 186). Dem ist nur eingeschränkt zuzustimmen. § 736 V bestimmt als Auslegungsregel, dass eine allgemeine Mehrheitsklausel im Zweifel nicht auch die Berufung oder Abberufung eines Liquidators deckt (→ § 736 Rn. 17 ff.). Hiernach bedarf es vielmehr zwingend einer **hinreichend deutlichen Grundlage,** dass auch dies hierunter fallen soll („Dies gilt auch im Hinblick auf das Liquidationsverfahren"; weitergehend Drescher ZGR-Sonderheft 23 (2020), 115 (121): ausdrückliche Regelung notwendig). Diese **restriktive Anerkennung** von Mehrheitsklauseln überzeugt und ist daher zu verallgemeinern. Die Auflösung einer GbR führt eine grundlegende Änderung des gesellschaftsrechtlichen Zusammenschlusses mit sich (Zweckänderung). Es dürfte daher ohne die gebotenen hinreichenden Anhaltspunkte kaum den Vorstellungen der Gesellschafter entsprechen, dass eine der effektiven Verwirklichung des Gesellschaftszwecks als werbende Gesellschaft dienende allgemeine Mehrheitsklausel auch im Abwicklungsstadium gilt. **§ 736 V** ist daher insofern zu verallgemeinern, was der Reformgesetzgeber nicht hinreichend bedacht hat. Demnach ist es geboten, die Regelung bei **allen Mehrheitsentscheidungen im Liquidationsverfahren** anzuwenden, mithin auch bei Weisungen gemäß Abs. 1.

13   Der durch eine hinreichend deutliche Mehrheitsklausel gedeckte Weisungsbeschluss bedarf vorbehaltlich spezieller gesellschaftsvertraglicher Regelungen der **einfachen Mehrheit** der maßgeblichen Stimmen (§ 734 II e contrario). Abstimmungsbefugt sind im gesetzlichen Regelfall alle Gesellschafter (vgl. § 714). Ist ein Gesellschafter selbst Liquidator unterliegt er kei-

nem **Stimmverbot**; etwas anderes gilt entsprechend § 47 IV GmbHG nur, wenn die Weisung konkret eine Rechtsbeziehung zu einem Gesellschafter betrifft (→ § 714 Rn. 16). Die **Stimmkraft** ergibt sich grundsätzlich aus § 709 III, so dass es vorrangig auf die vereinbarten Beteiligungsverhältnisse ankommt (→ § 709 Rn. 21 ff.). Im Hinblick auf die Beschlussfassung gelten die allgemeinen Wirksamkeitshindernisse für Willenserklärungen. Praktisch bedeutsam sind bei der GbR gesellschaftsvertragliche **Regelungen über das Verfahren** der Beschlussfassung, die dann auch bei Abs. 1 Geltung beanspruchen (Einzelheiten → § 714 Rn. 43 ff.). Hierdurch ist es seit der Reform möglich, das für OHG und KG geltende **Beschlussmängelrecht** gemäß §§ 110 ff. HGB zur Geltung zu bringen.

Die Beteiligung der Gesellschafter unterliegt auch im Rahmen von Abs. 1 **14** der allgemeinen Treuepflichtbindung (zum Ganzen → § 714 Rn. 28). Hieraus folgt zum einen, dass individuelle **Zustimmungspflichten** entstehen können, um die erforderliche Einstimmigkeit oder Mehrheit zu erreichen. Die rechtliche Hürde, diese zu bejahen, ist im Zuge der Reform herabgesetzt worden. Die Gesetzesbegründung betont vielfach das Gesellschafterinteresse an einer alsbaldigen Liquidierung (vgl. etwa Begr. S. 183). Zudem kann das gesetzgeberische Ziel der Steigerung der Unternehmenskontinuität auch im Liquidationsstadium verwirklicht werden, soweit eine übertragende Auflösung in Rede steht. Beiden Aspekten kann nur durch eine **kontinuierliche und effektive Handlungsfähigkeit der aufgelösten GbR** Rechnung getragen werden, der sich die Gesellschafter nicht treuwidrig verschließen dürfen. – Umgekehrt unterliegt aber auch eine Beschlussfassung im Rahmen von Abs. 1 durch die Gesellschaftermehrheit insofern einer Treupflichtkontrolle, als die Weisung **nicht missbräuchlich** erfolgen darf. Praktisch bedeutsam ist das etwa, wenn der Minderheit gezielt Vermögenswerte entzogen oder vorenthalten werden sollen. Für eine hierüber hinausgehende allgemeine Beschlusskontrolle des Weisungsbeschlusses im Hinblick auf die Zweckmäßigkeit ist indessen kein Raum (so auch Begr. S. 186). – Begehrt ein Gesellschafter oder Liquidator Rechtsschutz gegen einen Weisungsbeschluss, kommt hierfür grundsätzlich die **Feststellungsklage** in Betracht, bei Eilbedürftigkeit auch einstweiliger Rechtsschutz gemäß § 935 ZPO. Soweit aufgrund gesellschaftsvertraglicher Regelungen das **Beschlussmängelrecht** gemäß §§ 110 ff. HGB Geltung beansprucht, richtet sich der Rechtsschutz hiernach (Einzelheiten → § 714 Rn. 43 ff.). In allen Fällen sind insbesondere bei zweigliedrigen GbR auftretende wechselseitige Streitigkeiten über Weisungen oder Abberufungen von Liquidatoren durch **Verbindung** gemäß § 147 ZPO gemeinsam zu verhandeln (vgl. zur GmbH OLG Düsseldorf 1989, 172; OLG Naumburg GmbHR 1996, 934).

3. Zustimmungsvorbehalte (Abs. 1 S. 2)

a) Schutz der Privatgläubiger. Abs. 1 S. 2 Alt. 1 besagt, dass in den **15** Fällen, in denen die GbR durch Kündigung eines Privatgläubigers eines Gesellschafters **nach Pfändung des Gesellschaftsanteils** aufgelöst wird, die Weisungen an die Liquidatoren der Zustimmung des Privatgläubigers bedürfen. Dies entspricht der Rechtslage bei OHG und KG (vgl. § 148 I 2 HGB). Der **Anwendungsbereich** dieser Regelung ist zunächst nur gegeben, wenn abweichend von §§ 726, 723 I Nr. 2 gesellschaftsvertraglich vereinbart wurde, dass die **Kündigung** eines Privatgläubigers in Umkehrung zum nunmehr maßgeblichen Vorrang des Ausscheidens zur **Auflösung der GbR** führt (→ § 726 Rn. 24). Wird die GbR aus anderen Gründen aufgelöst, lassen sich hieraus konsequenterweise auch keine Grenzen der Gestaltungsfreiheit bei Weisungen ableiten. Etwas anderes gilt allein, wenn ein Gesellschaftsanteil davor bereits gepfändet wurde, der Privatgläubiger die Kündigung nach Maßgabe von § 736 allerdings nicht erklärt hat (MüKoHGB/K. Schmidt HGB § 145 Rn. 54).

16   Das Zustimmungserfordernis zugunsten eines (regelmäßig gesellschaftsfremden) Privatgläubigers ist dadurch **legitimiert,** dass die Auflösung die aus der Gesellschafterstellung resultierenden **Ansprüche auf Liquidationserlös** gemäß Abs. 5 und 6 entstehen lässt (→ Rn. 45 ff., 53 ff.). Soweit daher ein Privatgläubiger eines Gesellschafters die Pfändung eines Gesellschaftsanteils erwirkt hat (→ § 726 Rn. 15), sind diese durch das Pfändungspfandrecht verstrickt und damit der uneingeschränkten **Dispositionsbefugnis der Gesellschafter entzogen** (Begr. S. 182). Dies betrifft sämtliche gesellschaftsrechtlichen Maßnahmen, die das Entstehen eines solchen Anspruchs verhindern oder diesen negativ beeinflussen. Insofern ist es konsequent, zu Gunsten des Privatgläubigers ein an sich gesellschaftsrechtlich nicht begründbares Zustimmungsrecht bei Weisungen zuzubilligen. – Dieses betrifft aber nur **Weisungen nach Pfändung** (vgl. Henssler/Strohn/Klöhn HGB § 145 Rn. 18). Vorherige Weisungen oder gesellschaftsvertragliche Regelungen fallen nicht unter Abs. 1 S. 2 Alt. 1. Eine abweichende Beurteilung würde die Gesellschafterautonomie zu stark einschränken. In diesen Fällen richtet es sich daher nach den allgemeinen Regeln, ob nachteilige Vereinbarungen als bewusste Gläubigerschädigung gemäß § 138 I zu missbilligen sind. – Weiterhin muss es sich um eine **nachteilige Weisung** handeln, welche die durch die pfandrechtliche Verstrickung auf den Auflösungszeitpunkt konkretisierten Gläubigerinteressen beeinträchtigt. Die Konkretisierung der **tatbestandlichen Reichweite** von Abs. 1 S. 2 Alt. 1 kann daher nur im Hinblick die konkrete Modifizierung der bis zum Pfändungszeitpunkt maßgeblichen Liquidationsvereinbarung oder von §§ 736 ff. beurteilt werden (Einzelheiten daher jeweils dort).

17   Die hiernach erforderliche Zustimmung des Privatgläubigers unterliegt keinen gesellschaftsrechtlichen Bindungen (vgl. Henssler/Strohn/Klöhn HGB § 145 Rn. 19: freies Ermessen) und ist formlos möglich. – Das **Fehlen der Zustimmung** begründet richtigerweise allein einen **Zuzahlungsanspruch** zugunsten des Gläubigers. Dieser beinhaltet die Differenz zum verstrickten Liquidationserlös, der nach Maßgabe der §§ 736 ff. bzw. der zum Zeitpunkt der Auflösung aufgrund vorheriger Vereinbarung maßgeblichen Regelungen bestehen würde, wenn die entsprechende Weisung nicht erteilt worden wäre (Als-ob-Betrachtung). Eine darüberhinausgehende Unwirksamkeit der betreffenden Weisung im Hinblick auf die anderen Gesellschafter und der Liquidationsmaßnahmen im Übrigen lässt sich nicht begründen.

Abs. 1 S. 1 Alt. 1 ist daher **kein absoluter Unwirksamkeitsgrund** (in diese Richtung auch MüKoHGB/K. Schmidt HGB § 145 Rn. 53; undeutlich Henssler/Strohn/Klöhn HGB § 145 Rn. 20).

Abs. 1 S. 2 Alt. 1 knüpft im Übrigen an § 726 an und erfasst daher **allein** 18 **die Fälle der Pfändung** eines Gesellschaftsanteils. Besteht hieran ein **Nieß-brauch oder Pfandrecht,** begründet dies kein Zustimmungserfordernis. Das Gleiche gilt, wenn ein Gesellschafter seinen Anspruch auf Liquidationser-lös verpfändet oder **abgetreten** hat (MüKoHGB/K. Schmidt HGB § 145 Rn. 47). In diesen Fällen haben die jeweiligen Gläubiger zwar auch das Interesse, dass ihre Befriedigungsrechte nicht tangiert werden. Die fehlende Publizität und der Ausnahmecharakter von Abs. 1 S. 1 Alt. 1 sprechen indes-sen gegen eine Verallgemeinerung dieser Regelung. Führt eine abweichende Abwicklung durch Weisung in diesen Fällen jedoch zu einer gezielten Gläu-bigerbenachteiligung, kann dies gemäß § 138 I zur Unwirksamkeit führen (vgl. hierzu bei Abfindungsbeschränkungen → § 728 Rn. 60).

Es ist von Abs. 1 S. 2 Alt. 1 schließlich nicht explizit geregelt, dass auch 19 ein spezielles **Zustimmungserfordernis des betroffenen Gesellschafters** für die tatbestandlich erfassten nachteiligen Weisungen besteht. Richtiger-weise ist dies zu verneinen. Der Zuzahlungsanspruch zugunsten des Gläubi-gers bewahrt den Gesellschafter vor speziellen Nachteilen. Es ist daher ausrei-chend, dass die Beschlussfassung über die nachteilige Weisung nach Maßgabe der **allgemeinen Regeln** erfolgt, mithin ggf. auch ohne Zustimmung des betroffenen Gesellschafters (abw. wohl MüKoHGB/K. Schmidt HGB § 145 Rn. 55; zum Ganzen → Rn. 12 ff.). – Darüber hinaus gilt das Zustimmungs-erfordernis gemäß Abs. 1 S. 2 zugunsten des Gläubigers aber auch dann, wenn die **entsprechende Weisung einstimmig** erfolgt, mithin unter Betei-ligung des betroffenen Gesellschafters. Es leuchtet nicht ein, dass der Wortlaut dies nur bei Mehrheitsentscheidungen vorsieht. Gerade in den Fällen des (kollusiven?) Zusammenwirkens der Gesellschafter bedarf es in besonderer Weise des Schutzes des Privatgläubigers vor einer Beeinträchtigung des ver-strickten Anspruchs auf Liquidationserlös.

b) Beteiligung des Insolvenzverwalters. Abs. 1 S. 2 Alt. 2 sieht weiter- 20 hin vor, dass bei Auflösung der GbR wegen Insolvenzeröffnung **über das Vermögen eines Gesellschafters** eine Weisung der Zustimmung des Insol-venzverwalters bedarf (vgl. insofern auch § 736 II, wonach dieser anstelle des Gesellschafters Liquidator wird, → § 736 Rn. 12). Ist Eigenverantwortung angeordnet, tritt an die Stelle der Zustimmung des Insolvenzverwalters die des Schuldners (§ 735 II 3 analog). – Auch hier gilt, dass der Anwendungsbe-reich der Regelung nur gegeben ist, wenn **abweichend von § 723 I Nr. 3** gesellschaftsvertraglich vereinbart wurde, dass die Eröffnung des Insolvenzver-fahrens über das Vermögen eines Gesellschafters in Umkehrung des nunmehr maßgeblichen Vorrangs des Ausscheidens zur Auflösung der GbR führt (→ § 726 Rn. 24). Über den Wortlaut hinaus findet Abs. 1 S. 2 Alt. 2 aber **auch bei anderen Auflösungsgründen** Anwendung, wenn das Insolvenz-verfahren über das Vermögen eines Gesellschafters bis dahin oder danach eröffnet wurde (vgl. MüKoHGB/K. Schmidt HGB § 145 Rn. 58). Der

Schutzzweck, die Gläubiger des Gesellschafters im Hinblick auf eine Verkürzung des Anspruchs auf Liquidationserlös zu schützen, ist in diesen Fällen gleichermaßen verwirklicht.

21   Tatbestandlich sind wie bei Abs. 1 S. 2 Alt. 1 nur solche **Weisungen** erfasst, die **ab Insolvenzeröffnung** erfolgen und aus der Perspektive des insolventen Gesellschafters eine Verkürzung des Liquidationsanspruchs im Vergleich zur bis dahin maßgeblichen vertraglich vereinbarten Lage bzw. hilfsweise gemäß §§ 736 ff. herbeiführen (→ Rn. 16). Die Zustimmung erfolgt durch den **Insolvenzverwalter**; das **Zustimmungserfordernis des Gesellschafters** selbst im Hinblick auf die Vereinbarung ergibt sich aus den allgemeinen gesellschaftsrechtlichen Regeln, so dass entsprechende Vereinbarungen grundsätzlich auch mit Mehrheitsherrschaft verwirklicht werden können (→ Rn. 19; abw. für OHG und KG unter Hinweis auf § 146 III HGB aF MüKoHGB/K. Schmidt HGB § 145 Rn. 60: keine Zustimmung des Gesellschafters erforderlich, was aber im Hinblick auf die über den Massebeschlag hinausgehende Bedeutung entsprechender Vereinbarungen nicht überzeugt). Bei der Eigenverwaltung gemäß §§ 270 ff. InsO muss der Schuldner gemäß Abs. 2 S. 2 Alt. 1 zwingend zustimmen. – Fehlt die hiernach erforderliche Zustimmung, kann der Insolvenzverwalter über das Vermögen des Gesellschafters im Rahmen der Liquidation einen entsprechenden Zuzahlungsanspruch geltend machen; die Weisung bleibt im Übrigen rechtmäßig (→ Rn. 17).

V. Aufgaben der Liquidatoren (Abs. 2)

1. Grundlagen

22   Abs. 2 regelt wortgleich mit § 148 II HGB und **nicht abschließend** wesentliche Aufgaben der Liquidatoren (→ § 736 Rn. 9 ff.) nach Auflösung der GbR (→ § 729 Rn. 9 ff.). Die Regelung ist gemäß § 735 III in weiten Teilen **dispositiv,** soweit es das Verhältnis der Gesellschafter untereinander betrifft (→ § 735 Rn. 12 ff.). Die genannten Aufgaben konkretisieren die **Geschäftsführungsbefugnis** gemäß § 736b (→ § 736b Rn. 9 ff.), welche von den Gesellschafterkompetenzen für Grundlagenentscheidungen abzugrenzen sind (→ § 714 Rn. 7 ff.). Sie sind allesamt eingebettet in den **Liquidationszweck,** wonach die Liquidatoren ebenso wie die Gesellschafter ab Auflösung darauf hinwirken müssen, die Vollbeendigung der GbR herbeizuführen (→ § 735 Rn. 5); Abweichungen hiervon bedürfen nach Maßgabe von § 734 eines Fortsetzungsbeschlusses (→ § 734 Rn. 13 ff.). Die genannten Aufgaben sind im Übrigen unter dem Vorbehalt von Abs. 1 zu sehen, wonach die Gesellschafter stets Möglichkeit haben, konkrete **Weisungen** zu erteilen (→ Rn. 10 ff.). – Die pflichtgemäße Erfüllung der Organpflichten ist gemäß § 280 im Innenverhältnis haftungsbewehrt, sodass sich die Liquidatoren gegenüber der bis Vollbeendigung rechtsfähigen GbR und ggf. darüber hinaus auch gegenüber den oder einzelnen Gesellschaftern **schadensersatzpflichtig** machen können (→ Rn. 67). Im Außenverhältnis haben die Liquidatoren die zur Erfüllung ihrer Aufgaben notwendige (seit der Reform zwingend unbeschränkte) organschaftliche Vertretungsmacht (→ § 736b Rn. 1). – **Weitere Liquidatorenpflichten** ergeben sich aus Abs. 5 und 6, wonach diese nach Berichtigung der Verbindlichkeiten das verbleibende Gesellschaftsvermögen an die Gesellschafter auszukehren haben (→ Rn. 53 ff.), sowie gemäß § 738, wonach bei eingetragenen GbR das Erlöschen der GbR nach Beendigung der Liquidation zur Eintragung ins Gesellschaftsregister anzumelden ist.

2. Beendigung der laufenden Geschäfte

Die Beendigung laufender Geschäfte ist eine zentrale Liquidatorenpflicht **23** (vgl. insofern auch § 148 I 1 HGB). Im Kern geht es um die **rechtliche und tatsächliche** Beendigung der für die Zweckverwirklichung maßgeblichen bisherigen Tätigkeit (vgl. auch Begr. S. 186: Begriff des Geschäfts ist untechnisch zu sehen). Dies betrifft bei unternehmerischen GbR den Geschäftsbetrieb, bei ideellen und sonstigen Gelegenheitsgesellschaften die Beendigung der bislang zur Verwirklichung des Gesellschaftszwecks gebotenen Maßnahmen in tatsächlicher und rechtlicher Hinsicht (vgl. Henssler/Strohn/Klöhn HGB § 148 Rn. 7). Hieraus folgt zuvörderst eine **Unterlassungspflicht,** die bisherige Zwecksetzung fortzusetzen. Darüber hinaus müssen die Liquidatoren aber auch die **aktive Beendigung der bisherigen Tätigkeit** umsetzen. Letzteres kann problematisch sein, soweit Vertragsbeziehungen betroffen sind. Indem die Auflösung als solche regelmäßig keine Auswirkungen hierauf hat (vgl. RGZ 5, 7 (8); 24, 70 (71); 123, 151 (155)), müssen die Liquidatoren im Rahmen des rechtlich Möglichen auf deren Beendigung hinwirken, mithin durch Ausübung von **Gestaltungsrechten** (Kündigung etc.) oder durch **einvernehmliche Beendigung** unter Beteiligung der Vertragspartner.

Die Pflicht zur Beendigung der laufenden Geschäfte und die hierin ent- **24** haltene Pflicht, den bislang betriebenen Geschäftsbetrieb einzustellen, darf freilich **nicht isoliert betrachtet** werden, sondern ist in den Kontext des Liquidationszwecks einzubetten (vgl. auch die Befugnis gemäß S. 2, wonach zur Beendigung der laufenden Geschäfte neue Geschäfte eingegangen werden dürfen, → Rn. 37). Es besteht richtigerweise **kein zwingender Vorrang der sofortigen Liquidation.** Vielmehr ist, wie auch im Hinblick auf die anderen Geschäftsführungspflichten der Liquidatoren, ein angemessener Ausgleich zwischen rascher Vollbeendigung und Werteerhalt zu finden, da Letzterer nach Maßgabe von Abs. 5 und 6 den Gesellschaftern als Liquidationsüberschuss gebührt. Es ist daher auch zur rechtmäßigen Verwirklichung des Abwicklungszweck **nicht geboten, voreilig vollendete Tatsachen** zu schaffen und damit eine wertschonende Abwicklung unmöglich zu machen, vor allem im Hinblick auf eine Unternehmensveräußerung (→ Rn. 36). Insofern besteht trotz Abs. 2 S. 1 sogar die Pflicht, die operative Tätigkeit einstweilen fortzusetzen (RGZ 72, 236 (240); MüKoHGB/ K. Schmidt HGB § 149 Rn. 9). Eine Einstellung des Geschäftsbetriebs oder die voreilige Beendigung von Vertragsbeziehungen ist nur rechtmäßig, wenn sich innerhalb einer **angemessenen Zeit der Prüfung ergibt,** welche Art der Liquidation die beste zur Verwirklichung des Liquidations zwecks ist, sodass sich keine Alternativen (mehr) ergeben. Die Liquidatoren haben insofern ein Ermessen (MüKoHGB/K. Schmidt HGB § 149 Rn. 9), was haftungsrechtlich durch eine entsprechende Anwendung der **Business Judgement Rule** gemäß § 93 I 2 AktG Berücksichtigung findet. Handeln die Gesellschafter bei der Liquidation nicht einvernehmlich, besteht im Übrigen regelmäßig die Pflicht eines Liquidators, eine **Weisung** nach Maßgabe von Abs. 1 einzuholen (→ Rn. 11).

25 Dieselbe Problematik stellt sich im Hinblick auf **laufende Prozesse** unter Beteiligung der GbR. Auch hier ist es keinesfalls strikt geboten, diese sogleich zu beenden (Klagerücknahme Anerkenntnis, Vergleich, etc.). Die Liquidatoren haben vielmehr unter Berücksichtigung der Erfolgsaussichten in wirtschaftlicher Hinsicht zu prüfen, ob eine vorzeitige Beendigung vermögensmäßig **unverhältnismäßige Nachteile** mit sich bringt. Auch insofern dürfte die entsprechende Anwendung der Business Judgement Rule sachgerechte Ergebnisse bringen. Hiernach kann es sogar geboten sein, ein erfolgversprechendes **neues Verfahren** anzustrengen, um den Liquidationserlös durch Einziehung von Forderungen zu erhöhen (MüKoHGB/K. Schmidt HGB § 149 Rn. 11).

3. Einziehung von Forderungen

26 Die Pflicht zur Einziehung von Forderungen ist als weitere zentrale Liquidatorenaufgabe zum einen dadurch legitimiert, hieraus die Verbindlichkeiten der GbR gegenüber Dritten zu befriedigen und den (potentiellen) Liquidationserlös zugunsten der Gesellschafter gemäß Abs. 5 und 6 zu erhöhen. Zum anderen ist der Bestand solcher Forderungen ein Umstand, welcher der Beendigung der rechtsfähigen GbR und damit deren rechtlicher Existenz, entgegensteht. Die **Geltendmachung** der Forderung erfolgt **durch die rechtsfähige GbR**, vertreten durch die Liquidatoren (→ § 736b Rn. 9 ff.). Dies ist grundsätzlich darauf gerichtet, **an das Gesellschaftsvermögen** zu leisten. Die Liquidatoren können namens der GbR aber ohne weiteres auch verlangen, dass gemäß § 362 II auf Rechnung der Gesellschaft an die Gesellschafter persönlich geleistet wird, weil die Forderung hierdurch ebenfalls erlischt. Im Übrigen haben die Gesellschafter aber keine originäre Geltendmachungsbefugnis (vgl. BGH NJW 1960, 433); dies kann sich allein aus § 715a (Notgeschäftsführungsbefugnis) und § 715b (Gesellschafterklage auf Mitwirkung an der Erteilung einer Weisung an die Liquidatoren) ergeben.

27 **a) Forderungen gegen Dritte.** Soweit die GbR Forderungen gegenüber Nichtgesellschaftern hat, sind diese im Rahmen des rechtlich Möglichen ohne weiteres **in vollem Umfang** geltend zu machen (ggf. klageweise, vgl. → Rn. 26). Zulässig sind auch Erfüllungssurrogate (Aufrechnung, vgl. RGZ 44, 80 (84); Begr. S. 186) oder die entgeltliche Abtretung an einen Gesellschafter oder Dritten (Factoring). Wichtig ist neben wirtschaftlichen Aspekten vor allem, dass die Forderung erlischt, damit das Aktivvermögen der Gesellschaft insofern bereinigt wird und die Vollbeendigung eintreten kann. Bei **betagten Forderungen** gebietet es der Liquidationszweck, mit dem Schuldner eine frühere Tilgung zu vereinbaren, um das Liquidationsverfahren

nicht in die Länge zu ziehen; der Dritte ist freilich nicht verpflichtet, hierauf einzugehen.

b) Sozialansprüche. Das **Einziehungsgebot** gemäß Abs. 2 bezieht sich 28 auch auf Sozialansprüche der GbR gegenüber ihren Gesellschaftern (vgl. auch Begr. S. 186, wonach es auch zu den Aufgaben der Liquidatoren gehört, den Ausgleich unter den Gesellschaftern durchzuführen). Die rechtliche Beurteilung ist indessen aus verschiedenen Aspekten **problematisch:** Zum einen folgt aus Abs. 5, dass die Geltendmachung von Sozialansprüchen im Hinblick auf die Gesamtheit der Gesellschafter durch den **Liquidations-zweck** begrenzt ist, indem rückständige Forderungen nicht in einem Umfang eingezogen werden dürfen, der als Liquidationsüberschuss wieder an die Gesellschafter zurückzuzahlen wäre (Dolo-Agit-Einwand; grundlegend BGH WM 1970, 160). In diesem Kontext stellt sich freilich das Problem, dass das Liquidationsverfahren meist einen gewissen Zeitraum beansprucht, sodass bei der maßgeblichen Ex ante-Betrachtung vielfach nicht genau feststeht, in welchem Umfang die Geltendmachung von Sozialansprüchen zur Gläubiger-befriedigung erforderlich ist. Zum anderen ist zu berücksichtigen, dass es bei **Sozialansprüchen in unterschiedlicher Höhe** verfehlt wäre, unter Hinweis auf den Liquidationserlös zugunsten der Gesellschafter in Gesamtheit einzelne Gesellschafter vor einer Inanspruchnahme zu schützen. Insofern kann es vielmehr unter dem Aspekt der Gleichbehandlung geboten sein, einzelne Gesellschafter stärker als andere in Anspruch zu nehmen. Schließlich ist insbesondere bei rückständigen **Beitragspflichten und Nachschüssen** stets zu berücksichtigen, welchen Inhalt die vertragliche Verpflichtung hierzu hat, mithin ob diese allein oder auch im Liquidationsverfahren gelten sollen (Auslegung, vgl. zu Beiträgen → § 709 Rn. 5 ff., zu Nachschüssen → § 710 Rn. 10 ff.).

Es ist somit auf einer **1. Stufe** zu prüfen, ob die Einziehung des (an sich 29 bestehenden, ggf. Auslegung!) Sozialanspruchs **zur Gläubigerbefriedigung erforderlich** ist (Abs. 4, → Rn. 41 ff.). Dies bedeutet, dass zum Zeitpunkt der Geltendmachung des Anspruchs (letzte mündliche Verhandlung, vgl. BGH NZG 2018, 539 Rn. 60; DStR 2018, 1874 Rn. 13) offene Verbindlich-keiten der GbR bestehen müssen, die die betreffende Sozialverbindlichkeit des Gesellschafters decken oder übersteigen. Wegen der insofern maßgeblichen gesamtschuldnerischen Haftung aller Gesellschafter gegenüber Dritten kommt es hier zunächst nicht darauf an, welche übrigen Gesellschafter eben-falls verpflichtet sind, etwaige Sozialverbindlichkeiten gegenüber der GbR zu erfüllen. Es reicht vielmehr aus, wenn die Verbindlichkeit des konkret in Anspruch genommenen Gesellschafters durch eine ausstehende Verbindlich-keit der GbR gedeckt ist. Die Darlegungs- und Beweislast hierfür trägt grund-sätzlich die GbR; nach hM besteht aber eine **Vermutung,** dass die geltend gemachte Sozialverbindlichkeit zur Gläubigerbefriedigung erforderlich ist (BGH NJW 1978, 2154; 1980, 1522 (1523); 1968, 2154; zum Ganzen Klöhn ZGR 2020, 154 (173 ff.)). Die Liquidatoren haben somit allein, aber im Rahmen des Möglichen, darzulegen, dass die Einforderung zum Zwecke der Abwicklung der GbR erfolgt (vgl. BGH NJW 1980, 1522; NZG 2018, 539

Rn. 59). Soweit diese Voraussetzungen erfüllt sind, kann der rückständige Sozialanspruch grundsätzlich einschränkungslos geltend gemacht werden (vgl. RGZ 4, 66 (67); LG Essen ZIP 1981, 864). Die Gesellschafter können insbesondere die Leistung nicht unter Berufung darauf verweigern, dass sie ohnehin gegenüber Dritten haften. Beachtlich ist indessen, dass die Liquidatoren sich **vorrangig** darum bemühen müssen, das übrige **Vermögen in Geld umzusetzen** ($\rightarrow$ Rn. 35 ff.), um hierdurch Mittel zur Gläubigerbefriedigung zu generieren. Die Einziehung von Sozialansprüchen ist daher insoweit subsidiär.

30   Ist das Kriterium der Erforderlichkeit zur Gläubigerbefriedigung erfüllt, ist auf einer **2. Stufe** zu prüfen, ob der betreffende Sozialanspruch aus der Perspektive der **Gesellschafter untereinander** nach Maßgabe des **Gleichbehandlungsgrundsatzes** bzw. der abweichenden Vereinbarungen einzuziehen ist. Dies ist davon abzugrenzen, ob die Einziehung von Sozialverbindlichkeiten auch gerechtfertigt ist, um hierüber einen finanziellen Ausgleich der Gesellschafter untereinander herbeizuführen (dazu sogleich $\rightarrow$ Rn. 31). Es geht vielmehr darum, dass bei Sozialverbindlichkeiten der Gesellschafter in unterschiedlicher Höhe **nach Maßgabe von § 709 III** zu ermitteln ist, in welchem Umfang die einzelnen Gesellschafter zur individuellen Verlusttragung verpflichtet sind. Der Bezugspunkt für den Anteil am Liquidationserlös ergibt sich hiernach aus einem klar definierten Stufenverhältnis, welches die Gestaltungsfreiheit ausdrücklich anerkennt ($\rightarrow$ § 709 Rn. 3). Maßgeblich sind vorrangig die **vereinbarten Beteiligungsverhältnisse;** fehlen diese, ist auf die vereinbarten Werte der Beiträge abzustellen; fehlt auch dies, gilt **subsidiär** die **Gleichbehandlung nach Köpfen,** wie es auch früher gemäß §§ 709 II, 722 aF (dispositiven!) gesetzlichen Regelfall entsprach. Bei Sozialverbindlichkeiten, die die Gesellschafter gleichermaßen treffen, insbesondere **Beitragspflicht und Nachschuss,** sind daher diejenigen zu privilegieren, die diese bereits in größerem Umfang erfüllt haben als andere. Eine summenmäßig gleichmäßige Heranziehung aller Gesellschafter würde die internen Verlusttragungsquoten ignorieren und entgegen der Konzeption des Gesetzes einen gesamtschuldnerischen Innenregress hervorrufen (vgl. hierzu $\rightarrow$ § 721 Rn. 21 ff.). Ein Gesellschafter, der bereits nach Maßgabe von § 709 III auf eine dem Grunde nach bestehende Sozialverbindlichkeit gegenüber der Gesellschaft mehr geleistet hat als die anderen, kann sich daher hiermit verteidigen. Umgekehrt müssen diejenigen, die bei der Erfüllung ihrer Sozialverbindlichkeiten im Verhältnis zu den anderen rückständig sind, entsprechend mehr leisten. – Individuelle Sozialverbindlichkeiten, wie etwa ausstehende **Schadensersatz- oder Herausgabepflichten** (vgl. zu § 716 III $\rightarrow$ § 716 Rn. 11) sind indessen einschränkungslos einzufordern (vgl. BGH NJW 1960, 433 (434); NJW-RR 1992, 543 (544). Der Gesellschafter hat im Hinblick auf Letztere auch kein Zurückbehaltungsrecht, weil ansonsten die Verwirklichung des Abwicklungszwecks gefährdet wäre.

31   Schließlich ist auf einer **3. Stufe** zu prüfen, ob die Geltendmachung eines Sozialanspruchs auch zur **Rückerstattung von Beiträgen der Mitgesellschafter erforderlich** ist. Abs. 5 und 6 legen dies nahe, denn hiernach sind nach der Berichtigung der Verbindlichkeiten gegenüber Dritten auch die

geleisteten Beiträge zurückzuerstatten (abw. nach früherem Recht BGH NJW 1978, 424; 2009, 2205 (2006): nur, wenn Aufgabe auch übertragen). Dies ist durchaus problematisch, da hierdurch alleine ein interner Austausch unter den Gesellschaftern erfolgt, welcher nicht zwingend in die Liquidation der GbR eingebettet ist. Diese zielt nämlich allein auf die Vollbeendigung der rechtlichen Existenz einer rechtsfähigen Gesellschaft und ist daher vorrangig auf das Gesellschaftsvermögen bezogen. Darüberhinausgehende wechselseitige Vermögensansprüche der Gesellschafter untereinander können daher durchaus auch außerhalb der Liquidation und darüber hinaus verwirklicht werden, was bei nicht rechtsfähigen GbR von vornherein angezeigt ist. Gleichwohl ist die **Wertung von Abs. 5 und 6** als dispositiver gesetzlicher Regelfall einer vollumfänglichen vermögensmäßigen Auseinandersetzung im Rahmen der Liquidation der GbR ernst zu nehmen (Begr. S. 186). Es gehört daher auch zu den Liquidatorenaufgaben, Sozialansprüche der GbR gegen die Gesellschafter durchzusetzen, die wirtschaftlich betrachtet allein der Rückerstattung von Beiträgen anderer zu dienen bestimmt sind (früher bereits MüKoHGB/K. Schmidt HGB § 149 Rn. 21 f.). Konsequenterweise besteht angesichts der klaren Regelung gemäß Abs. 5 und 6 richtigerweise auch insofern eine **Vermutung** dahingehend, dass die geltend gemachten Beträge erforderlich sind (abw. BGH NJW 1978, 424; 1984, 435; zum Ganzen Klöhn ZGR 2020, 154 (173 ff.)).

Die hiernach gebotene Einziehung von Sozialverbindlichkeiten durch die **32** Liquidatoren ist schließlich **abzugrenzen** von der **Fehlbetragshaftung** gemäß § 737. Diese ergibt sich erst nachgelagert auf der Grundlage der Schlussrechnung der Liquidatoren, innerhalb derer die Erfüllung der Verbindlichkeiten gemäß Abs. 2 bereits Berücksichtigung fand (→ § 737 Rn. 12 ff.). Die entsprechenden **Sozialverbindlichkeiten** der Gesellschafter können und müssen daher vorrangig und **isoliert geltend gemacht** werden, damit sie in die für § 737 maßgebliche Schlussrechnung einfließen können (vgl. zum Nachschuss OLG München GWR 2009, 269).

c) Gesellschafteransprüche aus Drittgeschäften. Von den Sozialan- **33** sprüchen der GbR gegen ihre Gesellschafter prinzipiell abzugrenzen sind Forderungen aus Drittgeschäften (schuldrechtliche **Austauschverträge, Darlehen,** etc.). Soweit daher ein Gesellschafter hiernach verpflichtet ist, an die GbR etwas zu leisten, ist dies auch im Liquidationsverfahren **einschränkungslos einzufordern** (MüKoHGB/K. Schmidt HGB § 149 Rn. 31; undeutlich Henssler/Strohn/Klöhn HGB § 148 Rn. 7; vgl. zum Ganzen → § 721 Rn. 10). Eine Reduzierung nach Maßgabe des Dolo Agit-Einwands kommt allerdings insoweit Betracht, als zum Zeitpunkt der Geltendmachung sicher feststeht, dass der betreffende Gesellschafter einen entsprechenden Liquidationsüberschuss gemäß Abs. 6 erhält, was von diesem Gesellschafter zu beweisen ist (MüKoHGB/K. Schmidt HGB § 149 Rn. 31). Praktisch bedeutsam dürfte dies allein bei überschaubaren Vermögensverhältnissen sein.

Hiervon **abzugrenzen** ist wiederum, dass das betreffende Drittgeschäft **34** Gegenstand einer gesellschaftsrechtlichen Beitragspflicht ist. Praktisch bedeutsam ist dies insbesondere bei den sog. **Finanzplankrediten,** bei denen ein darlehensweise gewährter Finanzierungsbeitrag aufgrund entsprechender Vereinbarung **eigenkapitalähnlich** behandelt werden soll. Hieraus folgt, dass die rechtliche Behandlung analog der von Sozialansprüchen erfolgt, mithin nach Maßgabe von § 709 III. Dies kann durchaus auch bei der GbR praktisch bedeutsam sein, hat jedoch insofern freilich nur Bedeutung für das Innenverhältnis. Die gesetzliche Umqualifizierung von Gesellschafterdarlehen in der Insolvenz gemäß § 39 I Nr. 5 InsO erfolgt allein bei nicht-gesetzestypischen GbR.

4. Umsetzung des übrigen Vermögens in Geld

35   Abs. 3 verlangt weiterhin, das übrige Gesellschaftsvermögen in Geld umzusetzen, mithin die **entgeltliche Veräußerung.** Dies ist dadurch legitimiert, dass der Geschäftsbetrieb zur Verwirklichung des Liquidationszwecks einzustellen ist (→ Rn. 23 ff.) und den Gesellschaftern nach Abschluss der Liquidation gemäß Abs. 6 ein etwaiger Geldzahlungsanspruch zusteht (→ Rn. 53 ff.). Abweichend von § 733 III aF hat die Versicherung des Gesellschaftsvermögens uneingeschränkt zu erfolgen, mithin nicht nur in dem Umfang, der zur Berichtigung der Schulden der Gesellschaft und Rückerstattung der Einlagen erforderlich ist (vgl. insofern auch § 731 S. 2, § 752 aF). Es gibt somit seit der Reform bei der GbR **keinen gesetzlichen Vorrang der Naturalteilung** mehr (Begr. S. 186; zum früheren Recht OLG Hamm NZG 2004, 1106; MüKoBGB/Schäfer § 733 Rn. 22 f.: „Begrenzte Umsetzung des Gesellschaftsvermögens"). Der hierdurch bereits im gesetzlichen Regelfall ermöglichte **freihändige Verkauf** von Vermögensgegenständen ist insbesondere bei grundbesitzhaltenden Gesellschaften vorteilhaft (Schäfer Neues PersGesR/M. Noack § 9 Rn. 25). Es ist freilich auch nach neuem Recht ohne weiteres möglich, dass aufgrund gesellschaftsvertraglicher **Abreden** oder einer Weisung gemäß Abs. 1 eine solche reale Aufteilung des Gesellschaftsvermögens innerhalb des Gesellschafterkreises erfolgt (vgl. BayObLG WM 1983, 353). Praktisch bedeutsam ist dies insbesondere Hinblick auf die Aufteilung von **Kunden-, Patienten- und Mandantenbeziehungen** bei freiberuflichen GbR (vgl. BGH NJW 2011, 2355; 2010, 2660; 2008, 2987; OLG München NZG 2002, 235 (236), auch zu Auslegungsfragen; Einzelheiten bei Wolff NJW 2009, 1302 (1304 ff.); Wertenbruch NZG 2011, 1133). – Das Versilberungsgebot gemäß Abs. 2 betrifft im Übrigen nur **Vermögensgegenstände der GbR,** da die Liquidatoren insofern auch allein verfügungsbefugt sind. Dies gilt auch, wenn diese als **Sacheinlage** durch einen Gesellschafter eingebracht wurden (→ § 709 Rn. 13); die Treuepflicht gebietet aber jedenfalls bei unvertretbaren Gegenständen regelmäßig, zugunsten des ehemaligen Inferenten ein Vorkaufsrecht anzuerkennen. Im Übrigen hat dieser gem. Abs. 5 S. 2 einen Anspruch auf **Wertersatz** (→ Rn. 47).

36   Über die **Art der Veräußerung** gibt es entgegen früherer Ansätze ebenfalls keine gesetzlichen Vorschriften mehr (vgl. zum früheren Recht MüKoBGB/Schäfer § 733 Rn. 22); die Liquidatoren haben daher nach pflichtgemäßem Ermessen zu entscheiden, auf welche Weise die Veräußerung in zeitlicher und wirtschaftlicher Hinsicht am besten erfolgt („freihändig"). – Im Übrigen gilt hier im gesetzlichen Regelfall **kein Vorrang der Zerschla-**

gung. Vielmehr müssen Vermögenswerte grundsätzlich als Einheit veräußert werden, wenn dies den Liquidationserlös zu steigern vermag (vgl. RGZ 158, 226 (230); 85, 397 (401); OLG Hamm BB 1954, 913; Henssler/Strohn/ Klöhn HGB § 148 Rn. 15; MüKoBGB/Schäfer § 733 Rn. 21: Grundsatz der Wirtschaftlichkeit). Praktisch bedeutsam ist insofern die **Unternehmensveräußerung.** Zugunsten der Liquidatoren gilt hierbei die **Business Judgement Rule** entsprechend § 93 I 2 AktG; sie sind im Übrigen aber regelmäßig verpflichtet, wegen der großen wirtschaftliche Tragweite insofern eine entsprechende Weisung der Gesellschafter einzuholen (→ Rn. 11). Die Veräußerung kann auch an einen Gesellschafter erfolgen, aus Gründen der Gleichbehandlung freilich nur zu einem ex ante betrachtet marktüblichen Preis (Henssler/Strohn/Klöhn HGB § 148 Rn. 15; vgl. auch BGH NJW 1988, 1579 – Linotype; zur Berücksichtigung stiller Reserven auch BGH WM 1972, 213). In **zeitlicher Hinsicht** gebieten die effektive Verwirklichung des Liquidationszwecks und die hierin aggregierten Vermögensinteressen der Gesellschafter eine **Prüfungspflicht,** welche Art der Veräußerung die beste ist; vorschnelle Entscheidungen sind daher rechtswidrig.

5. Eingehung neuer Geschäfte

Abs. 2 S. 2 legitimiert und gebietet die Selbstverständlichkeit, dass zur **37** Verwirklichung des Liquidationszwecks auch neue Rechtsgeschäfte eingegangen werden dürfen (die Formulierung „können" ist missverständlich und entsprechend zu korrigieren; die entsprechende unbeschränkte Vertretungsmacht der Liquidatoren folgt aus § 736b). Der Wortlaut, der sich allein auf die Beendigung der laufenden Geschäfte bezieht, ist im Übrigen auch zu eng. Zulässig und geboten sind im Ausgangspunkt alle zur Verwirklichung des Liquidationszwecks notwendigen „neuen" Geschäfte (ebenso MüKo-HGB/K. Schmidt HGB § 149 Rn. 12: weite Auslegung). Problematisch ist insofern aber stets die **objektive Abgrenzung zur verbotenen werbenden Tätigkeit** (vgl. grundlegend RGZ 72, 236, 241; 146, 376, 378). Dies lässt sich auch nicht durch einen entgegenstehenden Gesellschafterwillen (Weisung nach Maßgabe von Abs. 1) ignorieren, da die **Auflösung als Zweckänderung** nach der Konzeption des Gesetzes allein durch einen (ggf. konkludent) gefassten Fortsetzungsbeschluss nach Maßgabe von § 734 geändert werden kann, was bei eingetragenen GbR auch zur erneuten Eintragung ins Gesellschaftsregister anzumelden ist (→ § 734 Rn. 7 ff.). Hieraus folgt das zwingende Gebot einer strengen Betrachtung. Operative Geschäfte und Kreditaufnahmen sind daher nur zulässig, sofern sie eine geplante Unternehmensveräußerung fördern (vgl. OLG Karlsruhe GmbHR 1960, 24). – Abs. 2 S. 2 gebietet im Übrigen eine **wirtschaftliche Vermögensverwaltung,** dh die Liquidatoren haben das Gesellschaftsvermögen mit der Sorgfalt eines ordentlichen Geschäftsleiters zu verwalten und bis zur Beendigung der Liquidation daher ggf. auch ertragreich anzulegen (MüKoHGB/K. Schmidt HGB § 149 Rn. 15). Insofern ist es auch zulässig, Gesellschaftsvermögen auf Zeit darlehensweise an Gesellschafter auszukehren, soweit eine angemessene Verzinsung erfolgt und die Kreditwürdigkeit gewährleistet ist.

VI. Verwendung des Liquidationszusatzes (Abs. 3)

1. Grundlagen

38   Nach Abs. 3 haben die Liquidatoren **eingetragener GbR** bei Abgabe ihrer Unterschrift im Namen der Gesellschaft einen Liquidationszusatz beizufügen. Die Regelung ist im Recht der GbR neu; vgl. zur OHG und KG weitgehend identisch § 148 IV HGB (insofern früher bereits § 153 HGB aF). Sie ergänzt § 707 II Nr. 1a, wonach eingetragene GbR nunmehr einen **Namen haben müssen** (→ § 707 Rn. 12), welcher gemäß hinaus § 707a II 1 auch unter Hinzufügung des Namenszusatzes „eingetragene Gesellschaft bürgerlichen Rechts" oder „eGbR" zu führen ist (→ § 707a Rn. 7 f.). – Für **nicht eingetragene** rechtsfähige GbR besteht nach dem Wortlaut der Regelungen im Umkehrschluss keine Pflicht zur Führung eines Namens bzw. Rechtsform- und ggf. Liquidationszusatzes. Dies ist aus registerrechtlicher Perspektive konsequent. Aus gesellschaftsrechtlicher Perspektive spricht indessen vieles dafür, die entsprechenden Pflichten auch als materiell-rechtlich zu qualifizieren. Sie effektuieren nämlich den Gesellschafterwillen, der gemäß § 705 II die GbR als rechtsfähige entstehen lässt und ihre Teilnahme am Rechtsverkehr ermöglicht (→ § 705 Rn. 44 ff.). Dies gelingt nur, wenn zur Wahrung des stellvertretungsrechtlichen **Offenkundigkeitsprinzip** hinreichend deutlich wird, dass für die GbR gehandelt werden soll, mithin nicht im eigenen Namen der Gesellschafter (→ § 720 Rn. 9 ff.). Die interne Pflichtenbindung sämtlichen Vertreterhandelns in Ausübung der Geschäftsführungskompetenz bzw. des Anstellungsverhältnisses vermag so die Verwendung des von den Gesellschaftern gewählten Namens der GbR zu wahren, um die gewünschten Rechtsbeziehungen bei der GbR selbst zu aggregieren. Dies gilt auch während der Liquidation. Insofern ist freilich stets zu bedenken, dass es den Gesellschaftern ohne weiteres möglich ist, ihre jeweiligen Namen auch zum Namen der GbR zu machen, was insbesondere bei Gelegenheitsgesellschaften relevant ist (→ § 707 Rn. 12). – Darüber hinaus umfasst die gesellschaftsrechtliche Vertreterpflicht, das Handeln für die rechtsfähige GbR hinreichend deutlich zu machen, aus Gründen der Transparenz und Rechtssicherheit auch die Verwendung des richtigen **Rechtsformzusatzes.** Dieser darf freilich bei nicht eingetragenen GbR mangels Eintragung hierauf nicht Bezug nehmen. Das Handeln im Namen der nicht eingetragenen GbR muss daher zur Wahrung des Offenkundigkeitsprinzip auch in der Liquidation entweder die Angabe **„GbR" oder „nicht eingetragenen GbR"** beinhalten. Die Abkürzung „nGbR" dürfte mangels Erkennbarkeit dessen, was gewollt ist, nicht ausreichen.

2. Liquidationszusatz

39   **Ab Auflösung** ist daher neben der Verwendung des Namens der GbR gemäß Abs. 3 auch ein entsprechender **Liquidationszusatz** hinzuzufügen („in Liquidation" bzw. „i.L."). Die Regelung ist **zwingend** und gilt in allen Fällen der Liquidation, wenn und soweit die GbR am Rechtsverkehr teilnimmt (Henssler/Strohn/Klöhn HGB § 153 Rn. 1). Sie entfällt konsequenterweise in den Fällen der sofortigen Vollbeendigung infolge Löschung gemäß § 394

FamFG (→ § 729 Rn. 25) sowie bei Übergang des Gesellschaftsvermögens auf den verbleibenden Gesellschafter gemäß § 712a (→ § 712a Rn. 11). – Wird der Liquidationszusatz nicht ordnungsgemäß verwendet, hat dies grundsätzlich keine Auswirkungen auf die Vertretungsmacht der Liquidatoren (unternehmensbezogenes Geschäft, vgl. FG Hamburg BeckRS 2012, 95072); die Anfechtbarkeit gemäß § 119 II oder § 123 dürfte infolge der durchgängig gegebenen Gesellschafterhaftung nicht in Betracht kommen (abw. Henssler/Strohn/ Klöhn HGB § 153 Rn. 3; BeckOGK/Heusel HGB § 153 Rn. 17). – Darüber hinaus ist aber auch während der Liquidation einer GbR der spezielle Zusatz gemäß § 707a II 2 zu führen, der auf eine **Haftungsbeschränkung** hinweist, wenn keine natürliche Person als Gesellschafter haftet (→ § 707a Rn. 8). In diesen Fällen kann das Weglassen des geforderten Rechtsformzusatzes im Rechtsverkehr daher auch bei der GbR zu einer Eigenhaftung des Vertreters führen (vgl. hierzu Noack/Servatius/Haas/Servatius GmbHG § 4 Rn. 159; BeckOGK/Heusel HGB § 153 Rn. 21 ff.).

3. Geschäftsbriefe

Abweichend von § 125 HGB (§ 125a HGB aF) gibt es bei der **GbR keine** 40 **spezielle Pflicht,** Name und Rechtsformzusatz sowie Registereintragung auf allen Geschäftsbriefen anzugeben. Dies hat vor allem zur Konsequenz, dass eine solche nicht mittels Zwangsgeldandrohung gemäß § 14 HGB durch das Registergericht durchgesetzt werden kann (§ 707b Nr. 2). Darüber hinaus kann im Umkehrschluss zu den Personenhandelsgesellschaften auch keine drittschützende Pflicht zugunsten des Rechtsverkehrs begründet werden, die entsprechenden Angaben zu machen (abw. wohl BeckOGK/Heusel HGB § 153 Rn. 11: vorvertragliche Informationspflicht). – Richtigerweise ergibt sich indessen bei allen GbR, mithin auch den nicht eingetragenen, die materiellrechtliche Pflicht der organschaftlichen bzw. rechtsgeschäftlichen Vertreter, bei ihrem Handeln das **Offenkundigkeitsprinzip zu wahren,** um hierdurch den nach Maßgabe von § 705 II manifestierten Willen, die Gesellschaft als rechtsfähige auszugestalten, zu effektuieren (→ Rn. 38). Hieraus resultiert letztlich eine mit § 125 HGB vergleichbare **Angabepflicht,** Name der GbR und Rechtsformzusatz auf den Geschäftsbriefen iSv § 125 HGB anzugeben. Dies gilt ohne weiteres bei schriftlichen Erklärungen der Liquidatoren im Namen der GbR gegenüber Dritten („bei Abgabe ihrer Unterschrift im Namen der Gesellschaft"; Einzelheiten bei Bredol NZG 2017, 611 (612 ff.)). Elektronische Erklärungen (E-Mail, digitale Signatur etc.) werden über den Wortlaut hinaus bei sinngemäßer Interpretation ebenfalls erfasst (vgl. BeckOGK/Heusel HGB § 153 Rn. 11). Bei mündlichen Erklärungen gilt dies schließlich gleichermaßen, um Eigenhandeln der Vertreter (vgl. § 164 II) zu vermeiden.

VII. Vorrang der Gläubigerbefriedigung (Abs. 4)

1. Grundlagen

Abs. 4 S. 1 entspricht § 733 I 1 aF und § 148 V HGB und begründet die 41 Liquidatorenpflicht, die Gläubiger der Gesellschaft zu befriedigen. Aus der

Formulierung „zunächst" ergibt sich ein **Vorrang der Gläubigerbefriedigung** gegenüber der Rückerstattung der Beiträge an die Gesellschafter und der Verteilung eines etwaigen Liquidationserlöses an diese nach Maßgabe von Abs. 5 und 6. Im gesetzlichen Regelfall haben daher die Liquidatoren bezogen auf das Gesellschaftsvermögen der GbR zunächst die Gläubiger zu befriedigen, um auf dieser Grundlage dann einen etwaigen verbleibenden Überschuss an die Gesellschafter auszukehren. Um diese Pflicht erfüllen zu können, müssen die Liquidatoren ebenfalls vorrangig das Gesellschaftsvermögen versilbern (→ Rn. 35 f.) bzw. Forderungen gegen Dritte oder Gesellschafter isoliert einziehen (→ Rn. 26 ff.). – Dieses Regelungskonzept überzeugt bei unternehmerischen GbR, denn es erleichtert die **strukturierte Abwicklung.** Es ist indessen bereits bei kleinen GbR und Gelegenheitsgesellschaften vielfach unpassend. Vor allem aber ist im **Umkehrschluss zu den Kapitalgesellschaften** zu berücksichtigen, dass es die Gesellschafterhaftung bei der GbR (ebenso wie bei der OHG) an sich entbehrlich macht, dass überhaupt ein Gesellschaftsvermögen existiert, welches aus Gründen des Gläubigerschutzes zu deren Befriedigung abgesichert werden müsste. Die Gesellschafter sind bereits vor der Auflösung frei, die rechtsfähige GbR aus der Perspektive des Außenverhältnisses allein vermittelt über die persönliche Haftung am Rechtsverkehr teilnehmen zu lassen. Dies gilt auch in der Liquidation. Abs. 4 begründet daher richtigerweise **keinen zwingenden gesetzlichen Vorrang** der Gläubigerbefriedigung (abw. Schäfer Neues PersGesR/ M. Noack § 9 Rn. 17). Es ist zwar im Ausgangspunkt berechtigt, die zwingende Ausgestaltung des Vorrangs der Gläubigerbefriedigung mit der Erwägung rechtfertigen, dass die Vollstreckung in das Gesellschaftsvermögen aus der Perspektive des Gläubigers leichter ist als die Inanspruchnahme der Gesellschafter im Wege der Haftung. Diese Frage ist aber letztlich eine aus dem Bereich der Kapitalbindung, welche eindeutig bei der GbR gesetzlich nicht besteht. Die Gesellschafter können daher, insbesondere durch entsprechende Weisungen nach Maßgabe von Abs. 1, auch die Liquidation der GbR betreiben und herbeiführen, ohne dass die Gesellschaftsgläubiger aus dem Gesellschaftsvermögen befriedigt werden müssten. Dies ist insbesondere bei ideellen und anderen Gelegenheitsgesellschaften anzunehmen, bei denen es häufig bereits an einem hinreichenden Gesellschaftsvermögen fehlen wird, durch das die Gläubiger befriedigt werden könnten.

2. Befriedigung der Gläubiger (Abs. 4 S. 1)

42   Das Befriedigungsrecht betrifft unproblematisch alle **erfüllbaren Forderungen Dritter** gegen die rechtsfähige GbR. Um diese Pflicht erfüllen zu können, müssen die Liquidatoren ggf. vorrangig das Gesellschaftsvermögen versilbern (→ Rn. 35 f.). bzw. Forderungen gegen Dritte oder Gesellschafter isoliert einziehen (→ Rn. 26 ff.). Die Erfüllungspflicht setzt freilich voraus, dass die Liquidatoren **prüfen, ob die Forderung berechtigt** ist und ggf. notwendige Einreden erheben bzw. Einwendungen geltend machen; maßgeblich ist dabei die Sorgfalt eines ordentlichen und gewissenhaften Geschäftsleiters (MüKoHGB/K. Schmidt HGB § 149 Rn. 39); die **Business**

Judgement Rule entsprechend § 93 I 2 AktG gelangt hier aber zur Anwendung (ähnlich, iE aber weiter Henssler/Strohn/Klöhn HGB § 149 Rn. 17: Ermessen). Um das Liquidationsverfahren nicht über Gebühr zu verzögern, kann bei geringen Forderungen auch eine Anerkennung geboten sein (vgl. RG LZ 1919, 376 (377), für die AG); darüber hinaus ist dies nur zulässig, wenn die Gesellschafter hiermit nach Maßgabe von Abs. 1 (Weisung) einverstanden sind.

Sozialverbindlichkeiten der GbR gegenüber ihren Gesellschaftern (Auf- **43** wendungsersatz, Geschäftsführervergütung, Gewinn etc.) werden richtigerweise erst im Rahmen der Schlussabrechnung nach Maßgabe von Abs. 5 und 6 berücksichtigt (→ Rn. 57). Es besteht mithin eine **Durchsetzungssperre,** was die Gesetzesbegründung implizit anerkennt (Begr. S. 187; vgl. zum früheren Recht BGH NJW 1968, 2005; 1981, 2802; ZIP 1984, 1084 (1085); NJW-RR 1989, 866; MüKoBGB/Schäfer § 733 Rn. 7). Eine abweichende Beurteilung ist nur dann gerechtfertigt, wenn bereits vorher evident feststeht, dass die Zahlung in voller Höhe gerechtfertigt ist (MüKoHGB/K. Schmidt HGB § 149 Rn. 44). – **Verbindlichkeiten der GbR aus Drittgeschäften** gegenüber Gesellschaftern sind indessen grundsätzlich ohne weiteres vorab zu befriedigen (BGH NJW-RR 2006, 1268 (1270). Auch insofern müssen die Liquidatoren ggf. vorrangig das Gesellschaftsvermögen versilbern (→ Rn. 35 f.) bzw. Forderungen gegen Dritte oder Gesellschafter isoliert einziehen (→ Rn. 26 ff.). Ausnahmen hiervon bestehen unter dem Aspekt der Dolo agit-Einrede, wenn bereits feststeht, dass der Gesellschafter im Rahmen der Schlussrechnung gemäß § 737 für einen Fehlbetrag haftet.

3. Zurückhaltung notwendiger Beträge (Abs. 4 S. 2)

Für nicht fällige oder streitige Verbindlichkeiten gegenüber Dritten ist **44** gemäß S. 2 das zur Berichtigung Erforderliche zurückzuhalten. Praktisch bedeutsam ist insofern die **Hinterlegung** gemäß § 372 (Begr. S. 187). Zu bedenken ist insofern aber, dass die GbR nicht vollbeendet werden kann, solange die Hinterlegung andauert. Es kann daher praktisch geboten sein, dass die Gesellschafter mit dem betreffenden Gläubiger vereinbaren, dass dieser allein auf sie zugreifen darf und mithin eine unmittelbare **persönliche rechtsgeschäftliche Einstandspflicht** begründet wird. Im Übrigen ist zu bedenken, dass das Fortbestehen von Verbindlichkeiten der Vollbeendigung der GbR nicht entgegensteht (→ § 738 Rn. 11); die Gesellschafter können daher wegen der ohnehin fortbestehenden Gesellschafterhaftung die Verbindlichkeit auch **schlichtweg ignorieren.**

VIII. Rückerstattung der Beiträge (Abs. 5)

1. Grundlagen

Abs. 5 begründet wie der weitgehend identische § 733 II aF einen **45** Anspruch der Gesellschafter auf Rückerstattung der geleisteten Beiträge, soweit hierfür **nach Berichtigung der Verbindlichkeiten** noch entsprechendes Gesellschaftsvermögen vorhanden ist. Die Regelung bezieht sich aufgrund des Wortlauts auf **sämtliche Beiträge gemäß § 709 II,** mithin auch auf die gesellschaftsrechtlichen Einlagepflichten in Geld (Bareinlagen); für Sacheinlagen sieht Abs. 5 S. 2 spezielle Regelungen vor. Für die tatbestandliche Beschränkung auf bilanzierungsfähige Gegenstände gibt die Regelung nichts her (abw. Schäfer Neues PersGesR/M. Noack § 9 Rn. 27). Das hierin zum Ausdruck kommende 3-stufige Konzept der vermögensmäßigen Liquidierung einer GbR (→ Rn. 6) ist rechtspolitisch fragwürdig, weil sich die Rückerstattung von Beiträgen (Abs. 5) und die Verteilung des Liquidationsüberschusses (Abs. 6) nicht immer hinreichend deutlich auseinanderhalten lassen. Zudem läuft die Rückerstattungspflicht in vielen Fällen auf eine **Quersubventionierung** durch die Gesellschafter hinaus, in dem sich die **Fehlbetragshaftung** gemäß § 737 auch hierauf erstreckt. Mangels ohne weiteres zulässiger abweichender Vereinbarung der Gesellschafter ist daran aber wegen der eindeutigen gesetzgeberischen Entscheidung wenigstens für den gesetzlichen Regelfall festzuhalten (vgl. Begr. S. 186: Aufgabe der Liquidatoren, den Ausgleich unter den Gesellschaftern durchzuführen). Dies gilt vor allem deswegen, weil die Rückerstattung der Beiträge regelmäßig ohnehin erst als **unselbständiger Rechnungsposten** in die von den Liquidatoren aufzustellende Schlussabrechnung einfließt und hierbei vorrangig die individuellen Sozialverbindlichkeiten und -ansprüche der Gesellschafter im Verhältnis zur Gesellschaft Berücksichtigung finden.

2. Bareinlagen

46 Die Gesellschafter haben grundsätzlich einen Anspruch darauf, die tatsächlich geleisteten Bareinlagen **zum Nominalbetrag** zurückzuerhalten. Die Beweislast für die Einlageerbringung liegt beim Gesellschafter. Reicht das Gesellschaftsvermögen nach Einziehung der Forderungen gegen Dritte und der Gesellschafter aufgrund von Drittgeschäften nach Abzug der Verbindlichkeiten gegenüber Dritten bzw. Gesellschaftern aus Drittgeschäften aus, die tatsächlich geleisteten Bareinlagen der Gesellschafter zurückzuerstatten, haben diese nach Abs. 5 S. 1 hierauf **nach Abschluss der Liquidation** einen entsprechenden Anspruch. Reicht es hierzu nicht vollständig aus, wird das vorhandene Vermögen nach Maßgabe von § 709 III anteilig an die Gesellschafter als Einlagenrückerstattung ausgekehrt; die Auskehrung eines darüberhinausgehenden Liquidationsüberschuss nach Maßgabe von Abs. 6 scheidet konsequenterweise aus. Etwas anderes gilt freilich, wenn das vorhandene Gesellschaftsvermögen durch die Einziehung entsprechender individueller Sozialverbindlichkeiten der Gesellschafter gegenüber der Gesellschaft erhöht wird. Der Erstattungsbetrag reduziert sich umgekehrt, soweit die Gesellschafter ihrerseits individuelle Sozialforderungen gegen die GbR haben, die gegenüber der Rückerstattung von Einlagen Vorrang genießen.

3. Sacheinlagen

47 Sacheinlagen werden im Rahmen von § 709 III an die Gesellschaft dinglich übertragen (→ § 709 Rn. 13), sodass insofern keine individuellen Rückgabeansprüche bestehen (Henssler/Strohn/Kilian § 733 Rn. 8). Dies gilt selbst

dann, wenn sie noch vorhanden sind (vgl. zur Versilberung von Vermögensgegenständen → Rn. 35 f.). Abs. 5 S. 2 bestimmt aber, dass der Inferent im
gesetzlichen Regelfall einen **Wertersatzanspruch** hat, der sich auf die **Zeit
der Einbringung** bezieht (vgl. zur entsprechenden Anwendung beim Ausscheiden → § 728 Rn. 25 ff.). Der maßgebliche **Einbringungswert** ist
grundsätzlich objektiv zu bestimmen, abweichende Vereinbarungen der
Gesellschafter sind aber bindend (BGH WM 1972, 213 (214)). Es ist insofern
aber im Wege der Auslegung der Einbringungsvereinbarung zu ermitteln,
ob dies auch gewollt ist (dagegen bei der Einbringung zum Buchwert BGH
WM 1967, 682 (683)). Damals vorhandene Mängel sind hiernach grundsätzlich wertmindernd zu berücksichtigen (BGH NJW 1986, 51 (52)). Die
Beweislast für die Einbringung eines Gegenstands als Sacheinlage und die
Werthaltigkeit zum Einbringungszeitpunkt trägt der Inferent. – Ein selbstständiger **Rückgabeanspruch** kommt nur dann in Betracht, wenn ein solcher **speziell vereinbart** wurde (vgl. Erman/Westermann § 732 Rn. 3;
MüKoBGB/Schäfer § 732 Rn. 7; BeckOGK/Koch § 732 Rn. 6). In diesem
Fall ist dann freilich im Rahmen der Auslegung zu ermitteln, inwieweit
der Rückgabeanspruch bei der vermögensmäßigen Auseinandersetzung zu
berücksichtigen ist oder bereits anderweitig abgegolten wurde.

4. Dienstleistungen

Für Beiträge, die in der Leistung von Diensten bestanden haben (→ § 709 **48**
Rn. 8), kann gemäß Abs. 5 S. 3 Alt. 1 **im Zweifel kein Ersatz** verlangt
werden, was bereits gemäß § 733 II 3 aF der früheren Rechtslage entsprach.
Der Gesetzgeber legitimiert diese Zweifelsregelung mit den ansonsten bestehenden Bewertungsschwierigkeiten sowie dem Umstand, dass die sprechende
Dienstleistung ohnehin durch die Beteiligung an Gewinn der Gesellschaft
abgegolten würde (Begr. S. 187; vgl. zur entsprechenden Anwendung beim
Ausscheiden → § 728 Rn. 25 ff.). – Eine **abweichende Vereinbarung** ist
ohne weiteres möglich und etwa anzunehmen, wenn ein Gesellschafter nicht
die Bereitstellung von Arbeitskraft schlechthin, sondern als Einlage ein
bestimmtes Werk schuldet, das durch Einsatz seiner Arbeitskraft hergestellt
wird; **werkvertragliche Leistungen,** die als (Sach-)Einlage zu erbringen
sind, sind daher (nach dem Wert, den sie zur Zeit der Einbringung hatten)
grundsätzlich zu erstatten (BGH NJW 1980, 1744. Architektenleistung; NJW
1986, 51: Mitwirkung eines Ehepartners an der Errichtung eines Bauwerks).
Die Beweislast für die Anrechnung trägt der betreffende Gesellschafter. Auch
in diesem Fall ist dann freilich im Rahmen der Auslegung zusätzlich zu
ermitteln, inwieweit der Ersatzanspruch bei der vermögensmäßigen Auseinandersetzung zu berücksichtigen ist oder bereits anderweitig abgegolten
wurde.

5. Nutzungsüberlassungen

a) Herausgabeanspruch. Die Erbringung von Gegenständen zur **49**
Gebrauchs- oder Nutzungsüberlassung (quoad usum, vgl. → § 709 Rn. 13)
endet grundsätzlich mit Auflösung der Gesellschaft, sodass der Gesellschafter

einen entsprechenden Herausgabeanspruch hat. **§ 732 S. 1 aF** sah dies noch explizit vor, die Regelung wurde indessen **ersatzlos gestrichen** (vgl. hierzu beim Ausscheiden → § 728 Rn. 25 ff.). In der Gesetzesbegründung wird dieser Schritt ausdrücklich damit begründet, dass sich die entsprechenden Rechtsfolgen aus der jeweils **zugrunde liegenden Vereinbarung** selbst ergeben würden und deswegen eine gesetzliche Regelung überflüssig sei (Begr. S. 175). Dies überzeugt nur bedingt (ebenso kritisch Bachmann Stellungnahme S. 10: Klarstellung wünschenswert; abw. Schäfer Neues Pers-GesR/M. Noack § 9 Rn. 24). Das jetzige Konzept übersieht nämlich, dass in vielen Fällen nicht mit hinreichender Bestimmtheit entsprechende Abreden bestehen oder dass sich solche nicht nachweisen lassen. Insofern besteht nach neuem Recht eine **planwidrige Regelungslücke,** sodass es aufgrund der vergleichbaren Interessenlage sachgerecht und geboten ist, **§ 732 aF nach wie vor entsprechend** anzuwenden, um eine dispositive gesetzliche Auffanglösung zu schaffen. Die Problematik der Rückgabe überlassener Gegenstände sowie das Schicksal bei Untergang oder Verschlechterung sind daher auch nach neuem Recht so zu behandeln, wie bislang. – Die hierdurch begründete gesellschaftsrechtliche Rückgabepflicht bezieht sich allein auf Gegenstände, die im Rahmen einer Beitragspflicht gem. § 709 zur Benutzung überlassen wurden (MüKoBGB/Schäfer § 732 Rn. 1; Einzelheiten → § 709 Rn. 13). **Drittgeschäfte** zwischen Gesellschafter und Gesellschaft, die keine gesellschaftsvertragliche Grundlage haben, werden durch das Ausscheiden und die hiermit einhergehende Beendigung der mitgliedschaftlichen Rechte und Pflichten nicht unmittelbar beeinflusst. Die rechtliche Behandlung richtet sich daher insofern allein nach den maßgeblichen schuldvertraglichen Regeln bzw. den gesetzlichen Vorschriften über **Miete** (§§ 535 ff.), **Leihe** (§§ 598 ff.) **oder Pacht** (§§ 581 ff.). Insofern muss bei solchen Gestaltungen anhand der jeweiligen Abreden bzw. Vorschriften geprüft werden, ob das Vertragsverhältnis durch Auflösung überhaupt beendet wird bzw. werden kann und welche Folgen hieraus resultieren (vgl. zum Gebot, den Geschäftsbetrieb einzustellen, → Rn. 23 ff.).

50   Der praktische Anwendungsbereich der gesellschaftsrechtlichen Rückgabepflicht beschränkt sich daher vornehmlich auf die Fälle, in denen **Sachen (§ 90) oder Immaterialgüterrechte** im Rahmen von § 709 **quoad usum,** dh **zur Nutzung überlassen** wurden (Einzelheiten → § 709 Rn. 13). Es kommt hierbei im Gegensatz zur Einbringung quoad dominium nicht zur Übereignung bzw. zum Wechsel der Rechtsinhaberschaft zugunsten der Gesellschaft. Dieser wird als Gesellschafterbeitrag lediglich die Nutzungsmöglichkeit verschafft, insbesondere auch um hierdurch entsprechende Erträge auf eigene Rechnung zu erzielen, vgl. § 100. Die gesellschaftsrechtliche Rückgabepflicht gem. § 732 S. 2 aF ergänzt so bei Sachen den Herausgabeanspruch des § 985, da infolge des Ausscheidens das Besitzrecht der Gesellschaft nach § 986 entfällt. Im Wege einer entsprechenden Anwendung erstreckt sich die Rückgabepflicht **auch auf Kunden-, Patienten- und Mandantenbeziehungen,** insbesondere bei Freiberuflergesellschaften. Auf die gesellschaftsvertragliche Verpflichtung zur **Dienstleistung** (vgl. § 709 I) findet die Rückgabepflicht **keine Anwendung,** da insofern nichts zurückgegeben

werden kann. Eine Wertersatzpflicht besteht mangels abweichender Vereinbarung nicht (→ Rn. 48).

Anspruchsinhaber ist der Inferent; der Anspruch richtet sich allein gegen 51 die GbR (Soergel/Hadding/Kießling § 738 Rn. 14; BeckOGK/Koch § 738 Rn. 18). Er ist dem Grunde nach bereits im Rahmen der jeweiligen Beitragspflicht entstanden, sodass die Auflösung allein die **Fälligkeit** herbeiführt (MüKoBGB/Schäfer § 738 Rn. 76; Erman/Westermann § 738 Rn. 9; BeckOK BGB/Schöne § 738 Rn. 7; BeckOGK/Koch § 738 Rn. 18). Da der Anspruch als konsequente Beendigung der Beitragspflicht zukunftsgewandt ist, fließt er **nicht in die Ermittlung des Liquidationserlöses** ein. Gleichwohl folgt aus den allgemeinen Regeln gemäß § 273 ein **Zurückbehaltungsrecht,** falls der Gesellschafter nach Maßgabe von § 737 umgekehrt der GbR gegenüber zur anteiligen Verlusttragung verpflichtet ist (BGH WM 1981, 1126; NJW 1981, 2802; MüKoBGB/Schäfer § 738 Rn. 76; Soergel/ Hadding/Kießling § 738 Rn. 14; BeckOK BGB/Schöne § 738 Rn. 7; tendenziell anders BeckOGK/Koch § 738 Rn. 18: Hohe Wahrscheinlichkeit der Verlusttragung genügt, was aber mit § 273 nicht vereinbar ist). Im Übrigen dürfte bei der Auflösung aufgrund der nachvertraglichen Treuepflicht ein **fortbestehender Überlassungsanspruch** der GbR im Hinblick auf die betreffenden Gegenstände bestehen, der die Geltendmachung der Rückgabe wenigstens auf Zeit einzuschränken vermag, um eine ordnungsgemäße wirtschaftlich sinnvolle Liquidation herbeizuführen zu können (vgl. insofern aber RG JW 1938, 457; BeckOGK/Koch § 738 Rn. 18; Soergel/Hadding/Kießling § 738 Rn. 14; BeckOK BGB/Schöne § 738 Rn. 7; für eine Entgeltpflicht gemäß § 242 in diesen Fällen aber konsequent MüKoBGB/Schäfer § 738 Rn. 76).

b) Untergang oder Verschlechterung der überlassenen Sache. In 52 § 732 S. 2 aF wurde geregelt, dass der Gesellschafter für einen **durch Zufall** in Abgang gekommenen oder verschlechterten Gegenstand, den er im Rahmen seiner Beitragspflicht überlassen hat, keinen Ersatz nach § 280 I, III, § 283 S. 1 verlangen kann. Auch insofern **verzichtet die Reform** bewusst auf eine Übernahme. In der Gesetzesbegründung heißt es, § 732 S. 2 aF regele eine Klarstellung, dass mangels Verschuldens bei Untergang oder Verschlechterung des überlassenen Gegenstandes ein Schadensersatzanspruch ausscheidet, was sich ebenfalls vorrangig auf der Grundlage der vertraglichen Vereinbarungen ergebe (Begr. S. 175). Insofern gilt freilich dasselbe wie für die Rückgabepflicht als solche: Der Gesetzgeber hat nicht hinreichend bedacht, dass sich entsprechende Gefahrtragungsregelungen vielfach nicht in den Vereinbarungen finden bzw. nachgewiesen werden. Somit besteht auch insofern nach neuem Recht eine planwidrige Regelungslücke, die durch eine **gesetzliche Auffanglösung entsprechend § 732 S. 2 aF** zu schließen ist. Für die rechtliche Behandlung des Untergangs oder der Verschlechterung des gesellschaftsvertraglich als Beitrag überlassenen Gegenstands gilt daher dasselbe wie nach altem Recht. Hiernach trägt der **Gesellschafter** im dispositiven gesetzlichen Regelfall die **Gefahr des zufälligen Untergangs** und der zufälligen Verschlechterung eines überlassenen Gegenstands (MüKo-

BGB/Schäfer § 733 Rn. 19); dem Gesellschafter gebührt indessen auch in
diesen Fällen das **Surrogat** gemäß § 285 I (BeckOGK/Koch § 732 Rn. 8).
Werden die Grenzen des gesellschaftsvertraglich eingeräumten Nutzungsrechts schuldhaft überschritten, haftet die GbR dem Gesellschafter indessen
aus den § 280 I, § 241 II auf Schadensersatz.

IX. Verteilung des Liquidationsüberschusses (Abs. 6)

1. Grundlagen

53   Abs. 6 entspricht dem nahezu identischen § 734 aF und im Kern auch
§ 148 VIII HGB. Hierin wird noch einmal die (dispositive) **3-stufige vermögensmäßige Auseinandersetzung der GbR** nach Auflösung deutlich:
Aus dem nach Versilberung von Vermögensgegenständen, Einziehung von
Forderungen und Gläubigerbefriedigung (jeweils einschließlich der Sozialverbindlichkeiten gegenüber Gesellschaftern) geschaffenen und verbleibenden Gesellschaftsvermögen ist **nach Rückerstattung der Beiträge** gemäß
Abs. 5 unter den Gesellschaftern nach Maßgabe von § 709 III der **verbleibende Überschuss** zu verteilen. Reicht das Gesellschaftsvermögen hierzu
umgekehrt nicht aus, haben die Gesellschafter gemäß § 737 entsprechend für
den Fehlbetrag einzustehen (→ § 737 Rn. 12 ff.). − Die Regelung bewirkt
so im gesetzlichen Regelfall einen vermögensmäßigen Ausgleich unter den
Gesellschaftern, vermittelt über das Vermögen der bis zur Vollbeendigung
existierenden rechtsfähigen GbR (hierauf ausdrücklich hinweisend Begr.
S. 186). Drittinteressen werden hierüber nicht verwirklicht. Insofern wirkt
allein die auch nach Vollbeendigung zwingend fortbestehende Gesellschafterhaftung nach Maßgabe von § 739, auf die die interne Vermögensauseinander-
setzung im Zuge der Liquidation keinen unmittelbaren Einfluss hat (vgl.
insofern zum Regress → § 739 Rn. 10).

54   Die über das Gesellschaftsvermögen verwirklichte Auseinandersetzung ist
nicht zwingend. Es bleibt den Gesellschaftern der GbR vielmehr unbenommen, nach Maßgabe von **Weisungen** gemäß Abs. 1 die Vollbeendigung der
Gesellschaft rasch herbeizuführen, indem allein deren vorhandenes Aktivvermögen liquidiert und verteilt wird, mithin ohne das ggf. umfangreiche Proze-
dere der Gläubigerbefriedigung bzw. Einziehung von Forderungen (vgl. zu
Letzteren BGH NJW 1958, 299). In diesem Fall und generell sind bewusst
**übergangene oder übersehene Vermögenspositionen und Verbind-
lichkeiten** nach Vollbeendigung der GbR auf nachvertraglicher Grundlage
in entsprechender Anwendung von § 736d im Verhältnis der Gesellschafter
untereinander abzuwickeln. Dies erfolgt wie bei nicht rechtsfähigen GbR
unmittelbar und nicht über das Vermögen der nicht mehr existierenden GbR.
Für eine Nachtragsliquidation besteht in diesen Fällen der rein innergesellschaftlichen Auseinandersetzung konsequenterweise kein Bedürfnis
(→ § 738 Rn. 14 f.). Dies gilt auch dann, wenn sich im Zuge der nachträglichen Inanspruchnahme einzelner Gesellschafter nach Maßgabe von § 737
Regressfragen stellen. Die Endgültigkeit der vermögensmäßigen Auseinandersetzung nach Auflösung der GbR kann daher in den meisten Fällen ex

ante kaum präzise festgestellt werden. Insofern bietet es sich daher auch an, aus Gründen der Rechtssicherheit soweit möglich **verbindliche Auseinandersetzungsvereinbarungen** der Gesellschafter zu treffen.

2. Schlussabrechnung

Die durch eine **Rangfolge** geprägte vermögensmäßige Auseinanderset- **55** zung nach Maßgabe von § 736d verlangt eine Schlussabrechnung, die **von den Liquidatoren** zu erstellen ist. Deren **Form** ist gesetzlich nicht vorgeschrieben (vgl. zu OHG und KG § 148 IV HGB: Aufstellung einer Liquidationsbilanz erforderlich). Sie ergibt sich aber als **Vermögensstatus** mittelbar aus § 736d und § 259 I: Geordnete Zusammenstellung der Einnahmen und Ausgaben (vgl. zum früheren Recht MüKoBGB/Schäfer § 734 Rn. 1). Bei länger andauernden Liquidationsverfahren haben die Liquidatoren entsprechend § 718 auch **periodische Abrechnungen** zu erstellen. – Die Erstellung kann **aktiv durchgesetzt** werden (vgl. Kopp ZIP 2022, 875; OLG Hamm BB 1983, 1304; OLG Koblenz NZG 2002, 371; vgl. zur Vollstreckung nach § 887 ZPO BGH NJW 1993, 1394 (1395)). Aktivlegitimiert ist wegen der vermögensmäßigen Abwicklung über das Gesellschaftsvermögen grundsätzlich die bis zur Vollbeendigung existierende rechtsfähige GbR (anders zum früheren Recht BGH WM 1955, 302; MüKoBGB/Schäfer § 730 Rn. 60: Anspruch steht jedem Gesellschafter zu). Dies gilt auch bei Gelegenheitsgesellschaften, was die Gesellschafter vielfach nicht bedacht haben. Indem eine Rückkehr zum früheren Recht und der hier maßgeblichen Auseinandersetzung im Verhältnis der Gesellschafter untereinander nunmehr kaum begründbar ist, bleibt freilich **bei Untätigkeit** der Mitgesellschafter in diesen Fällen und generell allein die **Gesellschafterklage** nach Maßgabe von § 715b. Bei überlanger Verzögerung der Schlussabrechnung ist insofern sogar eine individuelle Klage auf Beitragsrückerstattung bzw. Zahlung eines Liquidationsüberschusses auf einen durch den Gesellschafter selbst ermittelten Betrag auf Leistung an ihn selbst zulässig (vgl. BGH ZIP 2011, 1358; MüKoBGB/Schäfer § 730 Rn. 60). § 259 II ist indessen nicht anwendbar; dies hätte der Gesetzgeber für das Gesellschaftsrecht explizit anordnen müssen. – Der maßgebliche **Zeitpunkt** für die Aufstellung der Schlussabrechnung ist der Abschluss der Liquidation, mithin die Beendigung aller Maßnahmen, die erforderlich sind, um die Beitragsrückerstattung und Verteilung des Liquidationsüberschusses nach Maßgabe von Abs. 5 und 6 beurteilen zu können (MüKoBGB/Schäfer § 730 Rn. 57: Schlusspunkt der Auseinandersetzung). Ergeben sich insofern praktische Probleme, kann es geboten sein, die Aufstellung zu korrigieren.

Auf der **Aktivseite** des Vermögensstatus ist das **verteilungsfähige Gesell- 56 schaftsvermögen** auszuweisen. Die Zusammensetzung ergibt sich grundsätzlich aus dem Versilberungsgebot gemäß Abs. 2 S. 1; hiernach verbleibt bei Abschluss der Liquidation im gesetzlichen Regelfall allein Bar- oder Buchgeld (→ Rn. 35 f.). Richtigerweise kommt es aber nicht darauf an, dass das Gesellschaftsvermögen insoweit real vorhanden ist. Die Schlussabrechnung dient als **Vermögensstatus** allein dazu, Ansprüche der Gesellschafter auf Liquidationsüberschuss oder umgekehrt solche auf Fehlbetragshaftung zu ermitteln. Die Schlussabrechnung ist so als **Gesamtsaldierung** zu sehen. Dies lässt sich auch **allein rechnerisch** bewerkstelligen, sodass es bereits im gesetzlichen Regelfall nicht notwendig ist, sämtliche Einzelforderungen auch tatsächlich zu realisieren. – Der **Umfang** des hiernach gebotenen Ausweises auf der Aktivseite ergibt sich aus dem Stufenmodell der vermögensmäßigen Auseinandersetzung nach Maßgabe von § 736d: Soweit die Gesellschafter nichts anderes vereinbart haben, sind neben dem **tatsächlich vorhandenen Gesellschaftsvermögen** (Bar- bzw. Buchgeld) alle **Forderungen der GbR** gegen Dritte bzw. gegen Gesellschafter aus Drittgeschäften anzusetzen (→ Rn. 27, 33 f.), ebenso alle **Sozialverbindlichkeiten der Gesellschafter** gegenüber der GbR, mithin Ansprüche auf Schadensersatz, Erlösherausgabe, etc. (→ Rn. 43). Das Gleiche gilt für rückständige Einlagen und Nachschüsse, soweit die entsprechende schuldrechtliche Verpflichtung der Gesellschafter sich auch auf den Liquidationsfall erstreckt (→ Rn. 28).

57   Diesem rechnerischen Aktivvermögen sind auf der **Passivseite** alle noch nicht beglichenen **Gesellschaftsverbindlichkeiten** gegenüber Dritten bzw. gegenüber Gesellschaftern aus Drittgeschäften gegenüberzustellen (→ Rn. 42 ff.). Soweit im Übrigen für noch nicht fällige oder streitige Verbindlichkeiten das Erforderliche gemäß Abs. 4 auf gesonderte Rechnung zurückzubehalten ist, muss dies ebenfalls passiviert werden. Dies gewährleistet den **Vorrang der Gläubigerbefriedigung.** – Ergibt sich hiernach eine Überschuldung, ist für eine Erlösauskehrung an die Gesellschafter von vornherein kein Raum; sie haben vielmehr nach Maßgabe von § 737 für den entsprechenden Fehlbetrag einzustehen (→ § 737 Rn. 12 ff.). Ergibt sich indessen ein positiver Saldo, sind wegen des Gebots der vollständigen vermögensmäßigen Auseinandersetzung der Gesellschafter untereinander sodann auch alle **Sozialansprüche der Gesellschafter** auf früheren Gewinn, Aufwendungsersatz, Vergütung etc. anzusetzen. Deren Befriedigung hat somit ebenfalls einen **Vorrang** gegenüber der Beitragsrückerstattung bzw. des Verteilungsbeschlusses (→ Rn. 43). Besteht indessen auch hiernach noch ein positiver Saldo, kann es zur Beitragsrückerstattung (→ Rn. 45 ff.) und ggf. auch Überschussverteilung kommen (→ Rn. 53 ff.). Ergibt sich umgekehrt eine Überschuldung, haben die Mitgesellschafter ebenfalls nach Maßgabe von § 737 den insofern ermittelten Fehlbetrag zur Beitragsrückerstattung zugunsten anderer aufzubringen (→ § 737 Rn. 16).

3. Vorrangige Rückerstattung von Einlagen

58   Aus dem im Rahmen der Schlussabrechnung ermittelten Gesellschaftsvermögen (→ Rn. 55 ff.) sind gemäß Abs. 6 zunächst die Beiträge zurückzuerstatten (Überschuss aus „verbleibendem Vermögen"). Forderungen gegen Dritte und Sozialansprüche gegen Gesellschafter sind mithin nach Maßgabe von § 709 III insoweit zu realisieren, als es zur Erstattung erforderlich ist. Dies ist **rechtspolitisch zweifelhaft,** aber auch erklärtes Ziel der Reform, eine vollständige vermögensmäßige Auseinandersetzung auch der Gesellschafter untereinander herbeizuführen (Begr. S. 187). Im Kern bedeutet dies,

dass die Gesellschafter untereinander einen ungeschmälerten Anspruch auf Beitragsrückerstattung haben, soweit dieser durch Realisierung der Drittverbindlichkeiten und Sozialverbindlichkeiten der übrigen Gesellschafter gedeckt ist (rückständige Beitragspflichten, Nachschüsse). Die Liquidatoren haben diese daher einzufordern, soweit dies zur **Rückerstattung der Beiträge der anderen** erforderlich ist. Reicht dies nicht aus, ergibt sich die Deckung aus der Fehlbetragshaftung gemäß § 737.

Im Hinblick auf den **Umfang des Beitrags** ist auf die entsprechende **59 Vereinbarung gemäß § 709 II** abzustellen (→ Rn. 45). Praktisch bedeutsam sind insofern vor allem Geldeinlagen der Gesellschafter; vgl. zu anderen Beiträgen den korrespondierenden Wertersatz gemäß Abs. 5 S. 2 (→ Rn. 47). Im gesetzlichen Regelfall sind allein Leistungen auf gesellschaftsvertraglicher Grundlage anzusetzen, nicht freiwillige Zuzahlungen; Leistungen auf schuldrechtlicher Grundlage (Drittgeschäfte) bleiben ebenfalls unberücksichtigt. – Maßgeblich ist aber stets, dass die entsprechende **Beitragspflicht** durch die Gesellschafter **auch erfüllt** wurde („Rückerstattung"), mithin in das Gesellschaftsvermögen überführt wurde, ggf. aufgrund entsprechender Erfüllungssurrogate bzw. Verrechnungen. Praktisch bedeutsam wird dies auf der Grundlage der zumeist geführten internen Kapitalkonten ermittelt.

Ergibt sich unter der Berücksichtigung der hiernach zurückzuerstatten- **60** den Beiträge eine **Überschuldung** der GbR, ist für eine Erlösauskehrung an die Gesellschafter iSv Abs. 6 wiederum von vornherein kein Raum; sie haben vielmehr umgekehrt nach Maßgabe von § 737 für den entsprechenden Fehlbetrag auch im Hinblick auf die nicht erstattungsfähigen Beiträge einzustehen (→ § 737 Rn. 16). – Ergibt sich indessen ein **positiver Saldo,** sind wegen des Gebots der vollständigen vermögensmäßigen Auseinandersetzung der Gesellschafter untereinander die **Erstattungspflichten individuelle Ansprüche** der Gesellschafter gegen die rechtsfähige GbR. Die isolierte Geltendmachung unterliegt freilich bis zum vollständigen Abschluss der Liquidation einer Durchsetzungssperre (→ Rn. 45).

4. Verbleibender Liquidationsüberschuss

a) Gesamtabrechnung. Wenn schließlich auch die vorrangige Rücker- **61** stattung der Beitrage aus dem Gesellschaftsvermögen vollständig möglich ist, gebührt den Gesellschaftern darüber hinaus ein nach Maßgabe von § 709 III ermittelter anteiliger Liquidationserlös (RGZ 114, 131 (135)). Dieser ist ein **individueller Zahlungsanspruch** gegen die aufgelöste GbR, bei der zweigliedrigen Gesellschaft gegen den ausgleichspflichtigen Gesellschafter (vgl. BGH NJW-RR 2006, 468 (469); ZIP 2007, 245 (246)). Dieser ergibt sich durch eine materiell-rechtliche Gesamtabrechnung unter Einbeziehung **aller wechselseitigen Sozialansprüche und -verbindlichkeiten,** die bis zum Abschluss der Liquidation begründet wurden (vgl. zum Ausscheiden OLG Hamm NZG 2005, 175; BeckOGK/Koch § 739 Rn. 3; MüKoBGB/Schäfer § 739 Rn. 1). Dies betrifft insbesondere rückständige Einlagen, nicht ausgezahlte Gewinne, Aufwendungsersatz- und Herausgabeprüche gemäß § 716, Schadensersatzansprüche, gesellschaftsrechtlich begründete Vergütungsansprüche etc. Diese sind ab Auflösung nach Maßgabe von § 736d II, III und V lediglich **unselbstständige Rechnungsposten** bei der Ermittlung eines etwaigen Abfindungs- oder Verlusttragungsanspruchs und unterliegen konsequenterweise einer **Durchsetzungssperre** (vgl. zu § 738 aF BGH WM 1978, 89 (90); 1979, 937 (138); 1992, 306 (308); NJW 2011, 2355; OLG Frankfurt NZG 2018, 1141 (1142); OLG Hamm WM 2004, 129 (132)). Den Gesellschaftern und der Gesellschaft ist es daher verwehrt, ab Auflösung einzelne Forderungen aus dem Gesellschaftsverhältnis geltend zu machen. Eine entsprechende **Klage wäre unbegründet,** selbst wenn sie bereits vor Ausscheiden anhängig gemacht wurde. Hieran sind auch die Gesellschaftsgläubiger gebunden, wenn sie auf diese Ansprüche im Wege Zwangsvollstreckung zugreifen wollen. Etwas anderes gilt nur für **unstreitige Einzelansprüche,** die unabhängig von der Berechnung in jedem Fall zu beanspruchen sind (vgl. insofern zur Abfindung BGH NJW 1992, 2757 (2758); NJW-RR 1988, 1249; WM 1981, 487; 1993, 1340 (1341)). Ein solcher **Direktanspruch** kann auch unmittelbar gegenüber dem zahlungspflichtigen Mitgesellschafter geltend gemacht werden, wenn feststeht, dass der Betrag an den klagenden Gesellschafter weiterzuleiten ist (vgl. RGZ 158, 302 (313 ff.); BGH NJW 1953, 1217; Schäfer Neues PersGesR/M. Noack § 9 Rn. 29). – Ist vor Beendigung der Liquidation bereits objektiv vorhersehbar, dass zugunsten von Gesellschaftern Zahlungsansprüche bestehen, haben diese im Übrigen bereits zuvor einen **Anspruch auf Abschlag,** was dann bei der Endabrechnung zu berücksichtigen ist (vgl. BGH NJW 1962, 1863; 1980, 1628; 1995, 2843 (2844); 1098, 376). Im Übrigen ist anders als gemäß § 148 VII HGB für die OHG bei der GbR keine vorläufige Verteilung vorgesehen (Schäfer Neues PersGesR/M. Noack § 9 Rn. 31).

62   Forderungen und Verbindlichkeiten der GbR aus **Drittgeschäften** mit einem Gesellschafter fallen indessen **nicht** darunter (BGH NJW-RR 2006, 1268 (1270); NZG 2008, 68 (69); OLG Hamm NZG 2003, 677 (678)). Diese können auch im Liquidationsstadium isoliert geltend gemacht werden, unterliegen freilich der **Aufrechenbarkeit** und der Möglichkeit, nach Maßgabe von § 273 ein **Zurückbehaltungsrecht** geltend zu machen (BGH NJW 1974, 899; 1998, 1552; 1981, 2802; BeckOK BGB/Schöne § 739 Rn. 3; Erman/Westermann § 739 Rn. 1; MüKoBGB/Schäfer § 739 Rn. 3a; Grüneberg/Sprau § 739 Rn. 1; Soergel/Hadding/Kießling § 739 Rn. 7; BeckOGK/Koch § 739 Rn. 9; vgl. zur Beweislast auch BGH NZG 2009, 581). Dies betrifft insbesondere den richtigerweise auch im gesetzlichen Regelfall nach wie vor entsprechend § 732 aF bestehenden Anspruch auf **Rückgabe von Gegenständen,** die ein Gesellschafter im Rahmen der Beitragspflicht zur Nutzung überlassen hat (vgl. → Rn. 49 ff.).

63   **b) Entstehen und Fälligkeit.** Der Anspruch auf Liquidationsüberschuss entsteht bereits im Grunde nach mit **Begründung der Gesellschafterstellung** (abw. BeckOGK/Koch § 735 Rn. 2; wohl BGH NZG 2010, 1020; BeckOGK/Koch § 739 Rn. 8; Soergel/Hadding/Kießling § 739 Rn. 6, jeweils für die Verlusttragung nach Ausscheiden). § 711a stellt dies klar, indem die Übertragbarkeit dieses Anspruchs als Ausnahme vom Abspaltungsverbot

gesehen wird. Pfändung und Abtretung des Anspruchs sind daher bereits von Anfang an möglich (vgl. hierzu Wertenbruch NZG 2013, 1006). Wie beim Anspruch auf Verlusttragung gemäß § 737 können sich indessen auch hier Probleme ergeben, wenn zum Zeitpunkt der (beabsichtigten) Beendigung der Liquidation die konkrete **Anspruchshöhe nicht eindeutig** ist, was auch bei der GbR wegen seiner komplexen Zusammensetzung der Regelfall sein dürfte. Wie beim Abfindungsanspruch nach Ausscheiden (→ § 728a Rn. 29) darf hieraus indessen richtigerweise nicht der Schluss gezogen werden, die **Fälligkeit** sei so weit nach hinten verschoben, bis die Anspruchshöhe konkret feststeht, da diese Endgültigkeit sich vielfach nie rechtssicher bestimmen lässt. Sie tritt daher **grundsätzlich mit Feststellung der Schlussrechnung** ein (BGH NZG 2021, 63 Rn. 37; 2012, 393 Rn. 20; BeckRS 2013, 1865 Rn. 25; MüKoBGB/Schäfer § 735 Rn. 5; Henssler/Strohn/Kilian § 735 Rn. 3; Grüneberg/Sprau § 735 Rn. 2; vgl. auch KG NZG 2001, 556 (558): Treuepflicht verbietet vorzeitige Geltendmachung).

Da eine solche rechtsgeschäftliche Feststellung indessen gesetzlich **nicht** **64** **zwingend vorgesehen** ist, tritt die Fälligkeit auch hiervon unabhängig ein (vgl. BGH NZG 2012, 393 Rn. 20; BGH BeckRS 2013, 1865 Rn. 25: Schlussrechnung bildet lediglich eine im Regelfall notwendige Voraussetzung für die Geltendmachung des Anspruchs; abw. BeckOGK/Koch § 735 Rn. 4; wohl auch Erman/Westermann § 735 Rn. 1). Richtigerweise sollte daher ein **modifizierter Fälligkeitsbegriff** verwendet werden, der die Fälligkeit dem Grunde nach bereits zum Zeitpunkt der Auflösung eintreten lässt. Soweit es indessen um die Bedeutung der konkreten **Anspruchshöhe** im Kontext der Fälligkeit geht, sollte eine **zeitlich-dynamische Betrachtung** erfolgen, wonach konkrete Rechtsfolgen aus der Fälligkeit nur abgeleitet werden dürfen, wenn zu diesem Zeitpunkt auch eine entsprechende Anspruchshöhe wenigstens schlüssig ist (vgl. insofern bereits zum bisherigen Recht bei **unstrittigen Mindestbeträgen** (BGH BB 1959, 719; 1961, 348; DB 1977, 87 (89); WM 1981, 487; NJW 1992, 2757 (2758); NZG 2021, 63 Rn. 27; BeckOGK/Koch § 738 Rn. 31; MüKoBGB/Schäfer § 738 Rn. 21; BeckOK BGB/Schöne § 738 Rn. 20; Staudinger/Habermeier, 2003, § 738 Rn. 9; Erman/Westermann § 738 Rn. 4). Das Gleiche gilt bei **überschaubaren Vermögensverhältnissen** auf der Grundlage einer vereinfachten Auseinandersetzungsrechnung (vgl. BGH NZG 2016, 218 Rn. 15; BeckOGK/Koch § 735 Rn. 8). Der sofortigen gerichtlichen **Geltendmachung** des Anspruchs durch einen Gesellschafter steht die fehlende endgültige Fälligkeit daher nicht zwingend entgegen (Schäfer Neues PersGesR/M. Noack § 9 Rn. 30; vgl. zur Feststellungsklage auch BGH NJW-RR 2010, 1401 (1402)). Die Begründetheit der Klage hängt freilich davon ab, dass der Anspruch in der entsprechenden Höhe tatsächlich besteht (vgl. für die Abfindung BGH WM 1978, 89 (90); 1979, 937 (938); ZIP 2012, 515 Rn. 20; Osterloh-Konrad ZGR 2021, 476 (488 f.)). Ggf. sind tragfähige **Abschlagszahlungen** einzuklagen (vgl. insofern BGH ZIP 2012, 515 (25)). **Verzugszinsen** kann die GbR nach Maßgabe von § 288 I verlangen, mithin nach entsprechend konkreter Mahnung (vgl. für die Abfindung OLG Karlsruhe NZG 2005, 627; Soergel/Hadding/Kießling § 738 Rn. 38; BeckOGK/Koch § 738 Rn. 32).

65   **c) Verjährung.** Die Verjährung der Verlusttragungspflicht richtet sich **nach hM gemäß §§ 195, 199 I** (vgl. zur Verlusttragung BGH NJW-RR 2010, 1401; NJW 2011, 2292 (2293); Soergel/Hadding/Kießling § 739 Rn. 6; Grüneberg/Sprau § 736 Rn. 2; BeckOGK/Koch § 735 Rn. 11). Der für den Fristbeginn maßgebliche subjektive Tatbestand auf Seiten des Gesellschafters ist insofern freilich danach zu bestimmen, wie eindeutig die Tatsachen für die Auflösung und vor allem für das Bestehen und den Umfang des Anspruchs auf Liquidationsüberschuss sind. Insofern können Unsicherheiten in tatsächlicher und rechtlicher Hinsicht durchaus den **Verjährungsbeginn** verschieben (BGH NJW-RR 2010, 1401; Erman/Westermann § 739 Rn. 1; BeckOGK/Koch § 739 Rn. 12; Soergel/Hadding/Kießling § 739 Rn. 6). Im Übrigen ist bei Streitigkeiten über den Umfang des Überschusses im Nachgang der (vermeintlich) abgeschlossenen Liquidation regelmäßig von einer **Hemmung** gemäß § 203 auszugehen. Die Verjährung wird auch durch die Erhebung einer Feststellungsklage im Hinblick auf den Liquidationsüberschuss **unterbrochen** (vgl. zur Abfindung BGH ZIP 2010, 1637 (1638)).

66   **d) Geltendmachung.** Der Anspruch auf Zahlung des Liquidationsüberschuss richtet sich im gesetzlichen Regelfall gegen die GbR und ist auf **Geldzahlung** gerichtet. In prozessualer Hinsicht dürfte ein **unbezifferter Antrag** jedenfalls dann zulässig sein, wenn der Anspruch von einer komplizierten Rechts- und Tatsachenlage abhängt; vgl. auch die nach hier vertretener Ansicht entsprechende Anwendung der Schätzungsmöglichkeit gemäß § 728 II (→ § 728 Rn. 42), sowie die zeitlich-dynamische Betrachtung der Fälligkeit (→ Rn. 64). Bei einer Ehegatteninnengesellschaft handelt es sich um eine sonstige Familiensache gemäß § 266 I Nr. 3 FamFG, die gemäß § 23a I 1 Nr. 1 GVG die ausschließliche sachliche Zuständigkeit des Familiengerichts begründet (vgl. OLG Stuttgart NJW-RR 2011, 867). **Nach Vollbeendigung** ist die GbR nur in den Fällen der Nachtragsliquidation passivlegitimiert (→ § 738 Rn. 14), in den anderen Fällen muss der betreffende Gesellschafter daher die ehemaligen Mitgesellschafter auf anteilige Leistung verklagen.

X. Darlegungs- und Beweislast

67   Die Darlegungs- und Beweislast für das Vorliegen einer **Weisung** (Abs. 1) trägt derjenige, der sich darauf beruft, im Rahmen einer Schadensersatzhaftung daher regelmäßig der Liquidator. Die Darlegungs- und Beweislast für das Bestehen eines **Liquidationsüberschusses** (Abs. 5 und 6) trägt der Gesellschafter. Er muss ggf. im Wege der Stufenklage zunächst die Gesellschaft auf Erteilung einer Schlussabrechnung verklagen, was ihn entlastet. Im Übrigen stehen dem Gesellschafter auch die Informationsrechte gemäß § 717 zu. Der Anspruchsteller hat grundsätzlich auch die Beweislast im Hinblick auf seine interne Beteiligungsquote. Insofern gilt freilich § 709 III: Hiernach ist eine andere Verteilungsregel als die nach Köpfen von demjenigen zu beweisen, der sich darauf beruft, ggf. daher auch von dem Gesellschafter selbst.

XI. Gestaltungsfreiheit

Die **Weisungsgebundenheit** der Liquidatoren gemäß Abs. 1 ist **zwin-** 68
gend, die Gesellschafter können sich dieses Rechts daher nicht in Gänze
begeben (abw. MüKoHGB/K. Schmidt HGB § 152 Rn. 15). Dies folgt aus
der gemäß § 736 I als Ausprägung der Selbstorganschaft den Gesellschaftern
zugewiesenen Liquidationsverantwortung (→ Rn. 10). Es ist indessen ohne
weiteres zulässig, dass die konkrete Gesellschafterkompetenz zur Weisungserteilung auf von Mitgesellschaftern besetzte Beiräte delegiert wird. Konkrete
Vorgaben über die Modalitäten der Weisungserteilung sind ebenfalls zulässig.
Zwingend sind ebenfalls die **Zustimmungsvorbehalte** zugunsten des Privatgläubigers bzw. Insolvenzverwalters. Das Gleiche gilt für die Pflicht zur
Führung eines **Liquidationszusatzes.**

Die Vorgaben über die **vermögensmäßige Auseinandersetzung** der 69
GbR und die hierauf bezogenen Liquidatorenaufgaben sind indessen dispositiv, was sich auch aus § 735 II und III ergibt (→ § 735 Rn. 12 ff.). Im Hinblick auf Dritte gilt allein die zwingende Gesellschafterhaftung gemäß
§§ 720 ff., 739.

XII. Kautelarischer Handlungsbedarf infolge des MoPeG

Kennzeichnend für die ab 1.1.2024 auch für Altgesellschaften maßgebliche 70
Neuregelung ist die strukturierte Abwicklung unter starker Betonung des
Gesellschaftsvermögens, über welches im gesetzlichen Regelfall der vermögensmäßige Ausgleich sowohl im Hinblick auf Dritte als auch im Verhältnis
der Gesellschafter untereinander zu erfolgen hat. Dies ist für unternehmerische GbR sachgerecht, bedeutet konsequenterweise aber regelmäßig auch
eine **zeitliche Länge des Liquidationsverfahrens** bis zur (gewünschten)
Vollbeendigung. Es ist daher generell zu fragen, ob dies passt und mit
stattdessen schlankere gesellschaftervertragliche Abwicklungsregeln im Verhältnis der Gesellschafter untereinander vereinbart werden. Wegen der ohnehin bestehenden persönlichen Gesellschafterhaftung ist die Gestaltungsfreiheit
hier sehr groß (→ Rn. 68 f.). Insbesondere bei kleinen Gesellschaften dürfte
hierfür das Bedürfnis bestehen. Die **Weisungsgebundenheit** der Liquidatoren gemäß Abs. 1 ist indessen **zwingend,** die Gesellschafter können sich
dieses Rechts daher nicht in Gänze begeben (→ Rn. 10, 68).

§ 737 Haftung der Gesellschafter für Fehlbetrag

[1]**Reicht das Gesellschaftsvermögen zur Berichtigung der Verbindlichkeiten und zur Rückerstattung der Beiträge nicht aus, haben die
Gesellschafter der Gesellschaft für den Fehlbetrag nach dem Verhältnis ihrer Anteile am Gewinn und Verlust aufzukommen.** [2]**Kann von
einem Gesellschafter der auf ihn entfallende Betrag nicht erlangt werden, haben die anderen Gesellschafter den Ausfall nach dem gleichen
Verhältnis zu tragen.**

Übersicht

I. Reform

1. Grundlagen, Bewertung

1   § 737 S. 1 entspricht im Wesentlichen § 735 S. 1 aF und begründet die **interne Verlusttragungspflicht** der Gesellschafter bei der **Liquidation der Gesellschaft** (im Gegensatz zur früheren „Nachschusspflicht bei Verlust" nunmehr als Fehlbetragshaftung bezeichnet; vgl. hierzu beim Ausscheiden § 728a). Die Fehlbetragshaftung gemäß §§ 728a, 737 begründet zwar im Ergebnis eine gesetzliche Nachschusspflicht (für diese Terminologie zum bisherigen Recht durchgängig MüKoBGB/Schäfer § 739 Rn. 1). Gleichwohl sollte der Begriff des Nachschusses den rechtsgeschäftlich gegründeten Gesellschafterpflichten vorbehalten bleiben (→ § 709 Rn. 5; vgl. zur Abgrenzung bereits BGH NZG 2011, 1432 Rn. 40). § 737 S. 1 ergänzt spiegelbildlich § 736d VI, wonach den Gesellschaftern bei positiver Vermögenssituation der GbR nach Auflösung ein Liquidationsüberschuss gebührt (vgl. hierzu beim Ausscheiden § 728). – Die **subsidiäre Ausfallhaftung** nach S. 2 entspricht § 735 S. 2 aF (→ Rn. 27).

2   Die Neuregelung bringt als bedeutsame Änderung mit sich, dass die **Aktivlegitimation** des Verlusttragunganspruchs nunmehr explizit der Gesellschaft selbst zugewiesen ist und nicht mehr den „übrigen Gesellschaftern". Dies trägt der expliziten gesetzlichen Anerkennung einer **rechtsfähi-**

gen GbR Rechnung (vgl. § 705 II), was freilich nach bisherigem Recht bereits allgemein anerkannt war (BGH ZIP 2012, 515 (520); BeckOGK/ Koch § 739 Rn. 6). Auf die **nicht rechtsfähige GbR** ist die Regelung gemäß § 740b II aber ebenfalls anwendbar. Da es hier aber kein Gesellschaftsvermögen gibt (§ 740 I), kommt es bei der Anwendung von § 737 daher nicht auf die Insuffizienz eines solchen für die Verlusttragung tatbestandlich an. Die Ermittlungen eines Fehlbetrags und die hieraus resultierende Einstandspflicht erfolgen daher unmittelbar unter Saldierung der wechselseitigen Sozialansprüche und -verbindlichkeiten der beteiligten Gesellschafter (→ § 740b Rn. 5 ff.).

Die Verlusttragungspflicht der Gesellschafter nach Auflösung der Gesell- **3** schaft ist anders als es der Wortlaut von § 728a beim Ausscheiden hergibt (→ § 728a Rn. 12 ff.) nicht nur daran geknüpft, dass das Gesellschaftsvermögen zur Deckung der Verbindlichkeiten der Gesellschaft nicht ausreicht, mithin die **Überschuldung der GbR** vorliegt (S. 1 Alt. 1). Vielmehr erstreckt sie sich nach S. 1 Alt. 2 („Rückerstattung der Beiträge") im Einklang mit § 735 S. 1 aF („Deckung der Einlagen") auch darauf, dass die Insuffizienz des Gesellschaftsvermögens die **Deckung der Einlagen der Gesellschafter** betrifft, die GbR mithin (untechnisch gesprochen) jedenfalls in Bezug auf einzelne Gesellschafter eine Unterbilanz aufweist. Auch insofern haben die Gesellschafter daher nach Auflösung **wechselseitige Einstandspflichten,** soweit dies die Erhaltung bzw. Wiederaufbringung der geleisteten Einlagen betrifft. Dies ist rechtspolitisch fragwürdig, de lege lata indessen hinzunehmen (Einzelheiten → Rn. 9).

2. Zeitlicher Geltungsbereich

§ 737 tritt gemäß Art. 137 S. 1 MoPeG am 1.1.2024 in Kraft; eine Über- **4** gangsregelung für § 737 ist im EGBGB nicht vorgesehen. Aus dem Umkehrschluss zu Art. 229 § 61 EGBGB folgt daher, dass für die Haftung der Gesellschafter ab dem Zeitpunkt des Inkrafttretens das neue Recht gilt. Maßgeblicher Zeitpunkt ist aber der Eintritt eines Auflösungsgrunds, so dass die Neuregelung für Altgesellschaften nur gilt, wenn dieser ab 1.1.2024 verwirklicht wurde. Zuvor bereits begonnene Liquidationsverfahren werden nach altem Recht fortgesetzt, so dass sich auch die Fehlbetragshaftung der Gesellschafter hiernach richtet.

II. Normzweck

1. Grundlagen

§ 737 bestimmt als dispositiven gesetzlichen Regelfall, dass die **Gesell-** **5** **schafter nach Auflösung** der Gesellschaft **zur anteiligen Verlusttragung** nach Maßgabe ihrer Beteiligung (§ 709 II) verpflichtet sind, wenn und soweit das Gesellschaftsvermögen zur Deckung der Gesellschaftsverbindlichkeiten (Alt. 1) und zur Rückerstattung der Beiträge (Alt. 2) nicht ausreicht. Die Vorschrift ergänzt **spiegelbildlich § 736d VI,** wonach die Gesellschafter nach Abschluss der Liquidation einen Anspruch auf Rückerstattung der Beiträge und den verbleibenden Überschuss haben (→ § 736d Rn. 61). Beide Regelungen schließen grundsätzlich einander aus, da am Ende der Liquidation nur entweder ein Überfluss oder ein Fehlbetrag verbleiben können. In der Praxis kann es gleichwohl dazu kommen, dass nachträglich Ansprüche relevant werden, wenn entsprechende Umstände bei der Liquidation nicht berücksichtigt wurden. Dies zieht es konsequenterweise nach sich, den konkreten Umfang der Verlusttragungspflicht und damit auch die Fälligkeit dynamisch zu betrachten (→ Rn. 21).

2. Rechtspolitische Kritik

6 Der **Umfang der Verlusttragungspflicht** der Gesellschafter nach Auflösung der Gesellschaft ist anders als beim Ausscheiden gemäß § 728a (→ § 728a Rn. 12 ff.) nicht nur daran geknüpft, dass das Gesellschaftsvermögen zur **Deckung der Verbindlichkeiten der Gesellschaft** nicht ausreicht, mithin die Überschuldung der GbR vorliegt (S. 1 Alt. 1). Vielmehr erstreckt er sich nach S. 1 Alt. 2 („Rückerstattung der Beiträge") im Einklang mit § 735 S. 1 aF („Deckung der Einlagen") auch darauf, dass die Insuffizienz des Gesellschaftsvermögens die **Deckung der Einlagen der Gesellschafter** betrifft, die GbR mithin (untechnisch gesprochen) jedenfalls in Bezug auf einzelne Gesellschafter eine Unterbilanz aufweist. Auch insofern haben die Gesellschafter daher nach Auflösung **wechselseitige Einstandspflichten**, soweit dies die Erhaltung bzw. Wiederaufbringung der geleisteten Einlagen betrifft.

7 Unter Berücksichtigung der unbeschränkten persönlichen Haftung der Gesellschafter für alle Gesellschaftsverbindlichkeiten nach Maßgabe von §§ 721 ff., 739 und des durch § 736d II und IV zu verwirklichenden Abwicklungszwecks ist es konsequent, wenn **S. 1 Alt. 1** sie im Innenverhältnis insofern zur anteiligen Verlusttragung verpflichtet. Soweit daher eine **persönliche Haftung der Gesellschafter in Rede steht,** weil das Gesellschaftsvermögen nicht ausreicht, ist es ohne weiteres geboten, dass die gesellschaftsrechtliche Abwicklung durch interne Verlusttragungspflichten untermauert ist, um das für die Gläubigerbefriedigung erforderliche Vermögen bei der Gesellschaft zu aggregieren und es dann nach Maßgabe von § 736d IV an die Gläubiger auszukehren. – Hiervon abzugrenzen ist aber die nach **S. 1 Alt. 2** ebenfalls angeordnete Verlustdeckungspflicht, soweit es um die **Beseitigung von Einlagenschmälerungen** der Mitgesellschafter geht. Hierhinter verbirgt sich wie bereits nach früherem Recht ein **dreistufiges Modell** der vermögensmäßigen Auseinandersetzung im Rahmen der Liquidation: Vorrangige Befriedigung der Gesellschaftsverbindlichkeiten gegenüber Gläubigern gemäß § 736d IV, sodann Rückerstattung der Einlagen gemäß § 736d V und dann erst Verteilung eines verbleibenden Überschusses gemäß § 736d VI. Bei der OHG gilt dies nunmehr gleichermaßen (vgl. § 148 VI 1 HGB, § 149 S. 1 Alt. 2 HGB; abw. noch § 155 HGB aF, der keine Beitragsrückerstattung vorsah).

8 Dies ist vordergründig unproblematisch, wenn man die beiden letzten Schritte als identisch versteht, mithin „Rückerstattung der Einlagen" im Sinne von „Rückerstattung der noch vorhandenen Einlagen". Dann ginge

es im Rahmen eines zweistufigen Modells der vermögensmäßigen Auseinandersetzung allein um die Verteilung des Vermögens an die Gesellschafter, welches nicht zur Befriedigung der Gläubiger erforderlich ist. Dieses Modell zeigt sich insbesondere bei den **Kapitalgesellschaften** (vgl. § 72 GmbHG, § 271 AktG). Hier besteht gerade **kein Vorrang der Rückerstattung von Einlagen** und konsequenterweise auch kein Gebot, solche Ansprüche im Rahmen der internen wechselseitigen Verlusttragung vorrangig zu befriedigen, bevor es überhaupt zur Überschussverteilung kommt. Auch bei der stillen Gesellschaft hat der Stille im gesetzlichen Regelfall keinen Anspruch auf Rückzahlung und damit ebenfalls Wiederauffüllung der Vermögenseinlage (vgl. Henssler/Strohn/Servatius HGB § 235 Rn. 4 ff.). Bei **GbR, OHG und KG** verstärkt der Gesetzgeber indessen das bislang allein bei der GbR anzutreffende dreistufiges Modell, wonach es allein bei der Auflösung (vgl. demgegenüber beim Ausscheiden → § 728a Rn. 12 ff.) wechselseitige **Einstandspflichten zur Rückerstattung von Einlagen** gibt.

Rechtspolitisch ist dies **problematisch,** weil hierdurch im Innenverhältnis **9** von Personengesellschaften den gesellschaftsrechtlich als **Risikokapital** zu qualifizierenden Beiträgen eine schwächere Bedeutung zukommt als bei den Kapitalgesellschaften; dort darf von vornherein kein Gesellschafter darauf vertrauen, seine Einlagen zurückerstattet zu bekommen. Entsprechenden wechselseitigen Einstandspflichten der Gesellschafter untereinander wird konsequenterweise nicht das Wort geredet. Die durch § 737 vermittelte hiervon abweichende Beurteilung bei den Personengesellschaften beruht daher auf der durchaus nachvollziehbaren Prämisse, dass die gesellschaftsrechtlichen **Beitragspflichten** gemäß 709 II jedenfalls **bei der GbR nicht zwingend Risikokapital** im betriebswirtschaftlichen Sinne sind, welches aus der Innenperspektive der vorrangigen Verlusttragung gewidmet ist. Der Gesetzgeber macht vielmehr durch das dreistufige Modell der vermögensmäßigen Auseinandersetzung deutlich, dass die **Rückerstattung von Beiträgen** aus der Gesellschafterperspektive ein **legitimes Ansinnen** ist. Insofern ist es konsequent, wenn die Gesellschafter einer GbR gemäß § 736d VI auch im gesetzlichen Regelfall die Erwartung haben dürfen, dass sie ihre geleisteten Beiträge nach Auflösung vorrangig zurückbekommen, bevor die Mitgesellschafter am Liquidationserlös partizipieren („Rückerstattung der Beiträge"). – Die darüber hinausgehende Begründung wechselseitiger **Einstandspflichten zur Wiederauffüllung** der entsprechenden Beiträge nebst Ausfallhaftung ist indessen als dispositiver gesetzlicher Regelfall **fragwürdig,** da dies auf eine gesellschaftsinterne **Quersubventionierung** der Einlagen hinausläuft. Ein Gesellschafter muss hiernach zugunsten eines anderen selbst dann etwas leisten, wenn er seine eigene Einlage geleistet hat (vgl. BGH WM 1965, 974 (975)). Indem dies über das Modell der Kapitalgesellschaften hinausgeht, wo insofern keine entsprechenden Pflichten bestehen, dürfte es auch bei der GbR vielfach nicht der Risikoeinschätzung der Gesellschafter entsprechen, über die Verlusttragung zugunsten von Gläubigern hinaus auch für die Einlagen der Mitgesellschafter einstehen zu müssen. De lege lata ist dieses Modell gleichwohl hinzunehmen und durch die Praxis mittels entsprechender vertraglicher Abreden auf die konkreten Bedürfnisse abzustimmen.

III. Anwendungsbereich

10   Die Regelung gilt ohne weiteres bei der **rechtsfähigen GbR**. Bei einer
fehlerhaften Gesellschaft (→ § 719 Rn. 21 ff.) besteht nach Entdecken des
Mangels regelmäßig ein wichtiger Grund, die Gesellschaft nach Maßgabe
von § 731 zu kündigen (vgl. BGH NJW 1952, 97 ff.; 2016, 2492 Rn. 22;
Einzelheiten bei → § 731 Rn. 14 ff.), so dass es auch dann zur Auflösung
und Abwicklung kommt. In diesen Fällen kann daher durchaus eine Verlusttragungspflicht der Gesellschafter für die Vergangenheit in Betracht kommen.
Auf die **nicht rechtsfähige GbR** ist § 737 gemäß § 740b II ebenfalls
anwendbar. Weil insofern aber kein Gesellschaftsvermögen besteht (§ 740 I),
auf dessen Insuffizienz es für die Verlusttragung tatbestandlich ankommt, ist
die Fehlbetragshaftung anderweitig zu begründen (→ § 740b Rn. 5 ff.). Die
Neuregelung gilt **nicht für OHG und KG,** weil insoweit der identische
§ 149 HGB Vorrang hat; das Gleiche gilt gemäß § 10 I PartGG für die
Partnerschaftsgesellschaft.

IV. Auflösung der Gesellschaft

11   Die Verlusttragungspflicht gemäß S. 1 und die Ausfallhaftung gemäß S. 2
setzen die Auflösung der GbR nach **Maßgabe von § 729** voraus, auch bei
der zweigliedrigen Gesellschaft (vgl. insofern aber die Abgrenzung zu § 712a;
→ § 712a Rn. 6); beim Ausscheiden eines Gesellschafters vor Auflösung gilt
§ 728a (→ § 731 Rn. 22). Da die Verlusttragungspflicht gemäß § 711a
untrennbarer Bestandteil der Mitgliedschaft ist, ist sie dem Grunde nach
bereits **mit Gründung bzw. Beitritt entstanden** (abw. BeckOGK/Koch
§ 735 Rn. 2); ein nachträglicher Anteilserwerber ist hieran gebunden
(→ Rn. 20). Die Auflösung und der hierauf beruhende Abschluss der Liquidation sind somit allein fälligkeitsbegründend (→ Rn. 20 f.). Auch insofern
ist jedoch zu berücksichtigen, dass der Umfang der Verlusttragungspflicht
ebenso wie der spiegelbildliche Anspruch auf Auskehrung des verbleibenden
Vermögens gemäß § 736d VI erst **nach Abschluss des Liquidationsverfahrens** als Ergebnis einer Gesamtabrechnung konkret beziffert werden kann
und selbst danach noch Ausgleichspflichten in Betracht kommen. Insofern
bedarf es insbesondere im Hinblick auf die Durchsetzung der Pflicht eines
dynamischen Fälligkeitsbegriffs.

V. Ermittlung des Fehlbetrags

1. Grundlagen

12   Die Fehlbetragshaftung der Gesellschafter nach Auflösung richtet sich
ebenso wie die spiegelbildliche Partizipation am Liquidationsüberschuss
gemäß § 736d VI nach einem **dreistufigen Modell der vermögensmäßigen Auseinandersetzung** (→ Rn. 6): Maßgeblich ist die Differenz zwischen Gesellschaftsvermögen und **(1.)** den Verbindlichkeiten der Gesellschaft
sowie **(2.)** sodann den Ansprüchen der Gesellschafter auf Rückerstattung

der Beiträge (vgl. auch OLG Hamm NZG 2005, 175). Nur wenn beide Anspruchspositionen durch ausreichendes Gesellschaftsvermögen gedeckt sind, haben die Gesellschafter **(3.)** gemäß § 736d VI einen Anspruch auf anteilige Auskehrung des Liquidationsüberschusses (hierzu → § 736d Rn. 53 ff.). Umgekehrt erstreckt sich die Fehlbetragshaftung iSv § 737 auf die negative Differenz zu diesen Anspruchspositionen. Der **maßgebliche Zeitpunkt** für die Bestimmung des konkreten Anspruchs lässt sich zumeist erst im Laufe des Liquidationsverfahrens ermitteln und im Rahmen der **Schlussabrechnung** beziffern (→ § 736d Rn. 55). Insofern kann bereits in deren Vorfeld das Bedürfnis für Abschlagszahlungen durch die Gesellschafter bestehen (→ Rn. 21); etwas anderes gilt nur, wenn die entsprechenden Parameter überschaubar sind daher bei einer sofortigen Auseinandersetzung berücksichtigt werden können. – Im Übrigen kann aber nach Maßgabe von § 739 auch nach Vollbeendigung der GbR noch Korrekturbedarf bestehen, der mittels wechselseitiger Regressansprüche zu bewältigen ist (→ § 739 Rn. 10).

2. Vorrang der Gläubigerbefriedigung – 1. Stufe

Gemäß § 736d IV sind vorrangig die Gesellschaftsgläubiger zu befriedigen **13** (→ § 736d Rn. 41 ff.). Der anspruchsbegründende Fehlbetrag iSv **S. 1 Alt. 1** ist hiernach in einem ersten Schritt wie folgt zu ermitteln: Maßgeblich ist, in welchem Umfang bis zum Abschluss der Liquidation **Verbindlichkeiten der Gesellschaft** bestehen; sodann ist das **Vermögen der Gesellschaft** zu ermitteln, welches zur Gläubigerbefriedigung vorhanden ist (einschließlich Gesellschaftsforderungen gegen Dritte und Gesellschafter). Aus einer **negativen Differenz** dieser Größen ergibt sich dann der maßgebliche Fehlbetrag als erste Grundlage für die Verlusttragungspflicht der Gesellschafter (das ggf. negative Kapitalkonto eines Gesellschafters ist insofern unbeachtlich, vgl. zum Ausscheiden BGHZ 68, 225 (227); NJW 1999, 2438; BeckOGK/Koch § 739 Rn. 6; MüKoBGB/Schäfer § 739 Rn. 1; Soergel/Hadding/Kießling § 739 Rn. 3; die Ermittlung eines Liquidationsüberschuss bzw. der Verlusttragungspflicht erfolgt vielmehr unter Einbeziehung und Fortschreibung der Kapitalkonten, vgl. BGH WM 1975, 268; MüKoHGB/K. Schmidt HGB § 155 Rn. 21). Bleibt indessen ein positives Nettovermögen übrig, liegt insofern kein anspruchsbegründender Fehlbetrag vor; die Gesellschafter können dann gleichwohl gemäß S. 1 Alt. 2 zur Verlusttragung verpflichtet sein (dazu sogleich).

a) Verbindlichkeiten der Gesellschaft. Bei der Ermittlung der Gesell- **14** schaftsverbindlichkeiten spielt die Fälligkeit keine Rolle, da es unter Berücksichtigung von § 739 nur um eine **fiktive Berechnung** geht. Im Übrigen ist allerdings problematisch, in welchem Umfang **Unsicherheiten in rechtlicher oder tatsächlicher Hinsicht** zu berücksichtigen sind. Hieraus resultiert ein **Spannungsfeld:** Eine zu großzügige Betrachtung benachteiligt die Gesellschafter, denn sie müssen im Rahmen der hiernach berechneten Verlusttragung unter Umständen mehr leisten, als die konkrete Gesellschafterhaftung ggf. nach Abschluss ihrer gerichtlichen Geltendmachung durch den Gläubiger letztlich hergibt. Eine zu strenge Betrachtung würde umgekehrt die ordnungsgemäße Beendigung der Liquidation verhindern und einzelne Gesellschafter benachteiligen, weil diese nach Maßgabe von § 739 auch nach (gemeindlichen) Abschluss der Liquidation noch in Anspruch genommen werden können und damit das Insolvenzrisiko der übrigen tragen. – Eine diesem Spannungsfeld gerecht werdende Lösung kann bei der **nicht buchführungspflichtigen GbR** letztlich nur darin gesehen werden, dass alle den Gesellschaftern **bekannten Gesellschaftsverbindlichkeiten** gegenüber Dritten bzw. gegenüber Gesellschaftern aus Drittgeschäften zu berücksichtigen sind und diese dann einer **wirtschaftlichen Bewertung** unterzogen werden müssen. Dieser pragmatische Ansatz ist vor allem legitimiert, um einigermaßen zeitnah vorläufige Rechtssicherheit dahingehend zu erzielen, ob und in welchem Umfang nach Auflösung Verlusttragungs- oder Überschussansprüche entstehen. Zur **nachträglichen Korrektur** stehen durchaus die passenden Instrumente bereit: Unterlaufen den Beteiligten hierbei Fehler, kann dies bei Vertretenmüssen Schadensersatzpflichten gemäß § 280 auslösen. Im Übrigen besteht stets noch die Möglichkeit, nachträgliche Änderungen im Regresswege zu berücksichtigen. Auf dieser Grundlage ist daher hinzunehmen, durch die pragmatische Ermittlung eines justiziablen Verlusttragungs- oder Abfindungsanspruchs in wesentlichen Punkten materiell- und verfahrensrechtliche Klarheit zu erzielen und Einzelfragen nachträglich zu klären. Es sind aber grundsätzlich **auch bestrittene Forderungen** anzusetzen, wenn die Verteidigung nicht evident abwegig ist. Auch hier kann ggf. nachträglich im Regresswege eine Korrektur erfolgen, wenn sich herausstellt, dass die entsprechende Gesellschaftsverbindlichkeit nicht bestand (vgl. MüKoBGB/ Schäfer § 735 Rn. 4). Im gerichtlichen Verfahren sind die Gesellschaftsverbindlichkeiten ggf. **entsprechend § 728 II zu schätzen**.

15   **b) Vorhandenes Gesellschaftsvermögen.** Sodann ist das nach Maßgabe von § 736d II in Geld noch vorhandene Gesellschaftsvermögen einschließlich Gesellschaftsforderungen gegen Dritte und Gesellschafter (vgl. → § 736d Rn. 42) zu ermitteln und **zum Abzug zu bringen.** Ergibt sich hierbei eine negative Differenz, erstreckt sich die Verlusttragungspflicht der Gesellschafter jedenfalls hierauf, kann jedoch durch den Vorrang der Beitragsrückgewähr noch erhöht werden; ist die Differenz positiv, ergeben sich aus S. 1 Alt. 1 zwar keine Verlusttragungspflichten, auch insofern ist es jedoch nicht ausgeschlossen, dass diese aus S. 1 Alt. 2 resultieren (zu beidem sogleich).

3. Vorrang der Beitragsrückgewähr – 2. Stufe

16   Auf einer zweiten Stufe ist gemäß **S. 1 Alt. 2** zu ermitteln, in welchem Umfang das nach Berichtigung der Gläubigerforderungen verbleibende Gesellschaftsvermögen ausreicht, um die geleisteten Beiträge zurückzuerstatten. Anzusetzen sind hier sämtliche Vermögenswerte, die ein Gesellschafter im **Rahmen von § 709 I** geleistet hat; Dienstleistungen und Gebrauchsüberlassungen bleiben aber gemäß § 736d V 2 im Zweifel unbeachtlich (→ § 736d Rn. 45 ff.). Im Kern bedarf es hiernach einer Betrachtung aller aktuellen **Eigenkapitalkonten** der Gesellschafter im Verhältnis zum objektiven bzw. vereinbarten Nominalwert der Beitragsleistung zum Einbringungszeitpunkt (vgl. § 736d V 2). Soweit insofern wegen der negativen Differenz zum Gesellschaftsvermögen bei einzelnen oder allen Gesellschaftern eine **Unterdeckung** vorliegt, richtet sich die Fehlbetragshaftung der (übrigen) Gesellschafter auch hierauf, was eine rechtspolitisch fragwürdige **Quersubventionierung von Einlagen** darstellt (→ Rn. 6). Ist die Differenz angesichts des Gesellschaftsvermögens indessen positiv, ergeben sich aus S. 1 insgesamt keine Verlusttragungspflichten. Vielmehr gebührt den Gesellschaftern dann allein nach Maßgabe von § 736d VI der Liquidationsüberschuss.

4. Umfang der Einstandspflicht

Ergibt sich nach dem dreistufigen Modell der vermögensmäßigen Auseinandersetzung ein Fehlbetrag, den die Gesellschafter nach Auflösung an die Gesellschaft leisten müssen, haben die einzelnen Gesellschafter hierfür **nach dem Verhältnis ihrer Anteile am Gewinn und Verlust** aufzukommen. Erforderlich ist somit die Ermittlung einer konkreten Haftungsquote als **Teilschuld** (vgl. zur subsidiären Ausfallhaftung gemäß S. 2 → Rn. 27). Im früheren Recht richtete sich diese bei Ausscheiden und Auflösung allein nach der Beteiligung des Gesellschafters „am Verlust" (vgl. § 735 S. 1 aF, hierzu BGH WM 1967, 346 (347)). Dies passte vordergründig besser auf die Verlusttragungspflicht, weil diese begrifflich voraussetzt, dass es um die Beteiligung der Gesellschafter an einem solchen geht; die Partizipation an Gewinnen spielt insofern keine Rolle. Gleichwohl ist aber zu bedenken, dass die Verlustbeteiligung sich rechtlich und praktisch kaum von der Gewinnbeteiligung abgrenzen lässt und es daher im Ergebnis um eine **Ergebnisbeteiligung** geht, in welchem Verhältnis die Gesellschafter positive und negative Erträge untereinander tragen wollen; nach früherem Recht bestand insofern gemäß § 722 II aF sogar eine sinnvolle Zweifelsregelung. Konsequenterweise sieht jedenfalls nach neuem Recht auch **§ 709 III** als gesetzlichen Regelfall eine **Gesamtbetrachtung** in Bezug auf „Gewinn und Verlust" vor. Wenn und soweit daher kein Auseinanderfallen von positiven und negativen Erträgen vereinbart wurde, kommt es somit für den Umfang der Einstandspflicht hierauf an. Die gesetzliche Konkretisierung ergibt sich ebenfalls aus § 709 III, wonach sich die Beteiligungsverhältnisse vorrangig nach dem **Verhältnis der vereinbarten Werte der Beiträge** richten und subsidiär eine Aufteilung nach Köpfen erfolgt (Einzelheiten → § 709 Rn. 21). Die sich hiernach ergebende Haftungsquote ist eine **individuelle Pflicht** jedes Gesellschafters, welche sich im Hinblick auf die Fälligkeit endgültig mit Beendigung der Schlussabrechnung konkretisiert (→ Rn. 20 f.). Kommt es während der Liquidation zur Anteilsübertragung (vgl. § 711a), wirkt diese Pflicht auch gegenüber Rechtsnachfolgern. Steht von Anfang an fest, dass die **Ausfallhaftung** gemäß S. 2 zum Tragen kommt (→ Rn. 27), ist diese bereits bei den Verlusttragungspflichten der Mitgesellschafter in die jeweilige Gesamtabrechnung einzubeziehen (BGH NJW 2012, 1439).

VI. Der Verlusttragungsanspruch

1. Gesamtabrechnung

18 Die die jeweiligen Gesellschafter konkret treffende Verlusttragungspflicht gemäß S. 1 ist richtigerweise bereits im gesetzlichen Regelfall wie der Anspruch auf Liquidationsüberschuss gemäß § 736d VI eine materiell-rechtliche Gesamtabrechnung unter Einbeziehung **aller wechselseitigen Sozialansprüche und –verbindlichkeiten,** die bis zum Abschluss der Liquidation begründet wurden (vgl. zum Ausscheiden OLG Hamm NZG 2005, 175; BeckOGK/Koch § 739 Rn. 3; MüKoBGB/Schäfer § 739 Rn. 1). Dies betrifft insbesondere rückständige Einlagen, nicht ausgezahlte Gewinne, Aufwendungsersatz- und Herausgabesprüche gemäß § 716, Schadensersatzansprüche, gesellschaftsrechtlich begründete Vergütungsansprüche etc. Diese sind ab Auflösung nach Maßgabe von § 736d II, III und V lediglich **unselbstständige Rechnungsposten** bei der Ermittlung eines etwaigen Abfindungs- oder Verlusttragungsanspruchs und unterliegen konsequenterweise einer **Durchsetzungssperre** (vgl. zu § 738 aF BGH WM 1978, 89 (90); 1979, 937 (138); 1992, 306 (308); NJW 2011, 2355; OLG Frankfurt NZG 2018, 1141 (1142); OLG Hamm WM 2004, 129 (132)). Den Gesellschaftern und der Gesellschaft ist es daher verwehrt, ab Auflösung einzelne Forderungen aus dem Gesellschaftsverhältnis geltend zu machen. Eine entsprechende **Klage wäre unbegründet,** selbst wenn sie bereits vor Auflösung anhängig gemacht wurde. Hieran sind auch die Gesellschaftsgläubiger gebunden, wenn sie auf diese Ansprüche im Wege Zwangsvollstreckung zugreifen wollen. Etwas anderes gilt nur für unstreitige Einzelansprüche, die unabhängig von der Berechnung in jedem Fall zu beanspruchen sind (vgl. insofern zur Abfindung BGH NJW 1992, 2757 (2758); NJW-RR 1988, 1249; WM 1981, 487; 1993, 1340 (1341)).

19 Forderungen und Verbindlichkeiten der GbR aus **Drittgeschäften** mit einem Gesellschafter fallen indessen **nicht** darunter (BGH NJW-RR 2006, 1268 (1270); NZG 2008, 68 (69); OLG Hamm NZG 2003, 677 (678)). Diese können auch im Liquidationsstadium isoliert geltend gemacht werden, unterliegen freilich der **Aufrechenbarkeit** und der Möglichkeit, nach Maßgabe von § 273 ein **Zurückbehaltungsrecht** geltend zu machen (BGH NJW 1974, 899; 1998, 1552; 1981, 2802; BeckOK BGB/Schöne § 739 Rn. 3; Erman/Westermann § 739 Rn. 1; MüKoBGB/Schäfer § 739 Rn. 3a; Grüneberg/Sprau § 739 Rn. 1; Soergel/Hadding/Kießling § 739 Rn. 7; BeckOGK/Koch § 739 Rn. 9; vgl. zur Beweislast auch BGH NZG 2009, 581). Dies betrifft insbesondere den richtigerweise auch im gesetzlichen Regelfall nach wie vor entsprechend § 732 aF bestehenden Anspruch auf **Rückgabe von Gegenständen,** die ein Gesellschafter im Rahmen der Beitragspflicht zur Nutzung überlassen hat (→ § 736d Rn. 47, 49). – Ergeben sich **nach Erfüllung der Verlusttragungspflicht** weitere Ansprüche, die hierbei keine Berücksichtigung fanden, können diese grundsätzlich noch nach Abschluss der Liquidation geltend gemacht werden. Etwas anderes gilt nur, wenn die Beteiligten im Zuge der Liquidation eine verbindliche Regelung nach Maßgabe von § 779 getroffen haben, wonach alle anderen Ansprüche abgegolten sein sollen (vgl. hierzu im Rahmen der Abfindung → § 728 Rn. 53 ff.).

2. Entstehen und Fälligkeit

Der Anspruch auf Verlusttragung **entsteht** bereits dem Grunde nach mit **20** **Begründung der Gesellschafterstellung** (abw. BeckOGK/Koch § 735 Rn. 2; wohl BGH NZG 2010, 1020; BeckOGK/Koch § 739 Rn. 8; Soergel/ Hadding/Kießling § 739 Rn. 6, jeweils für die Verlusttragung nach Ausscheiden). Dies folgt daraus, dass die Verlusttragung als gesetzlicher Regelfall die gesellschaftsinterne Konsequenz der von Anfang an bestehenden persönlichen Gesellschafterhaftung ist, welche sich bei Ausscheiden oder **mit Auflösung** realisiert, mithin **fällig** wird. Pfändung und Abtretung des Anspruchs sind daher bereits von Anfang an möglich (vgl. hierzu Wertenbruch NZG 2013, 1006). Wie beim Anspruch auf Liquidationsüberschuss gemäß § 736d VI können sich indessen auch hier Probleme ergeben, wenn zum Zeitpunkt der (beabsichtigten) Beendigung der Liquidation die konkrete **Anspruchshöhe nicht eindeutig** ist, was auch bei der GbR wegen seiner komplexen Zusammensetzung der Regelfall sein dürfte. Wie beim Abfindungsanspruch nach Ausscheiden (→ § 728a Rn. 48) darf hieraus indessen richtigerweise nicht der Schluss gezogen werden, die Fälligkeit sei so weit nach hinten verschoben, bis die Anspruchshöhe konkret feststeht, da diese Endgültigkeit sich vielfach nie rechtssicher bestimmen lässt. Sie tritt daher **grundsätzlich mit Feststellung der Schlussrechnung** ein (BGH NZG 2021, 63 Rn. 37; 2012, 393 Rn. 20; BeckRS 2013, 1865 Rn. 25; MüKoBGB/Schäfer § 735 Rn. 5; Henssler/Strohn/Kilian § 735 Rn. 3; Grüneberg/Sprau § 735 Rn. 2; vgl. auch KG NZG 2001, 556 (558): Treuepflicht verbietet vorzeitige Geltendmachung).

Da eine solche rechtsgeschäftliche Feststellung indessen gesetzlich **nicht** **21** **zwingend vorgesehen** ist (→ § 736d Rn. 55) und die Fehlbetragshaftung eine gesetzliche ist (BGH NZG 2012, 393 Rn. 20; BeckRS 2013, 1865 Rn. 25), tritt die Fälligkeit auch hiervon unabhängig ein (vgl. BGH NZG 2012, 393 Rn. 20; BeckRS 2013, 1865 Rn. 25: Schlussrechnung bildet lediglich im Regelfall notwendige Voraussetzung für die Geltendmachung des Anspruchs; abw. BeckOGK/Koch § 735 Rn 4; wohl auch Erman/Westermann § 735 Rn. 1). Richtigerweise sollte daher auch im Hinblick auf die Verlusttragungspflicht allgemein ein **modifizierter Fälligkeitsbegriff** verwendet werden, der die Fälligkeit dem Grunde nach bereits zum Zeitpunkt der Auflösung eintreten lässt. Soweit es indessen um die Bedeutung der konkreten **Anspruchshöhe** im Kontext der Fälligkeit geht, sollte eine **zeitlich-dynamische Betrachtung** erfolgen, wonach konkrete Rechtsfolgen aus der Fälligkeit nur abgeleitet werden dürfen, wenn zu diesem Zeitpunkt auch eine entsprechende Anspruchshöhe wenigstens schlüssig ist (vgl. insofern bereits zum bisherigen Recht bei **unstrittigen Mindestbeträgen** BGH BB 1959, 719; 1961, 348; DB 1977, 87 (89); WM 1981, 487; NJW 1992, 2757 (2758); NZG 2021, 63 Rn. 27; BeckOGK/Koch § 738 Rn. 31;

MüKoBGB/Schäfer § 738 Rn. 21; BeckOK BGB/Schöne § 738 Rn. 20; Staudinger/Habermeier, 2003, § 738 Rn. 9; Erman/Westermann § 738 Rn. 4). Das Gleiche gilt bei **überschaubaren Vermögensverhältnissen** auf der Grundlage einer vereinfachten Auseinandersetzungsrechnung (vgl. BGH NZG 2016, 218 Rn. 15; BeckOGK/Koch § 735 Rn. 8). Der sofortigen gerichtlichen **Geltendmachung** des Verlusttragungsanspruchs durch die Gesellschaft steht die fehlende endgültige Fälligkeit daher nicht zwingend entgegen (vgl. zur Feststellungsklage auch BGH NJW-RR 2010, 1401 (1402)). Die Begründetheit der Klage hängt freilich davon ab, dass der Anspruch in der entsprechenden Höhe tatsächlich besteht (vgl. für die Abfindung BGH WM 1978, 89 (90); 1979, 937 (938); ZIP 2012, 515 Rn. 20). Ggf. sind tragfähige **Abschlagszahlungen** einzuklagen (vgl. insofern BGH ZIP 2012, 515 (25)). **Verzugszinsen** kann die GbR nach Maßgabe von § 288 I verlangen, mithin nach entsprechend konkreter Mahnung (vgl. umgekehrt für die Abfindung OLG Karlsruhe NZG 2005, 627; Soergel/Hadding/Kießling § 738 Rn. 38; BeckOGK/Koch § 738 Rn. 32).

3. Verjährung

22   Die Verjährung der Verlusttragungspflicht richtet sich **nach hM gemäß §§ 195, 199 I** (BGH NJW-RR 2010, 1401; NJW 2011, 2292 (2293); Soergel/Hadding/Kießling § 739 Rn. 6; Grüneberg/Sprau § 736 Rn. 2; BeckOGK/Koch § 735 Rn. 11). Der für den Fristbeginn maßgebliche subjektive Tatbestand auf Seiten der GbR ist insofern freilich danach zu bestimmen, wie eindeutig die Tatsachen für die Auflösung und vor allem für das Bestehen und den Umfang der Verlusttragungspflicht sind. Insofern können Unsicherheiten in tatsächlicher und rechtlicher Hinsicht durchaus den **Verjährungsbeginn** verschieben (BGH NJW-RR 2010, 1401; Erman/Westermann § 739 Rn. 1; BeckOGK/Koch § 739 Rn. 12; Soergel/Hadding/Kießling § 739 Rn. 6). Im Übrigen ist bei Streitigkeiten über den Umfang der Verlusttragung im Nachgang der (vermeintlich) abgeschlossenen Liquidation regelmäßig von einer **Hemmung** gemäß § 203 auszugehen. Die Verjährung wird auch durch die Erhebung einer Feststellungsklage im Hinblick auf die Verlusttragungspflicht **unterbrochen** (vgl. zur Abfindung BGH ZIP 2010, 1637 (1638)).

23   Anders als beim umgekehrten Fall des Liquidationsüberschuss gemäß § 736d VI kann hiernach die Regelverjährung wegen des ggf. hinausgeschobenen Beginns mit der **Nachhaftungsbegrenzung** gemäß § 739 kollidieren (grundlegend K. Schmidt DB 2010, 2093). Insofern wurde bereits nach früherem Recht eine **fünfjährige Verjährungsfrist** vorgeschlagen (vgl. OLG Koblenz NZG 2009, 1426; K. Schmidt DB 2010, 2093 (2094); Staub/Habersack HGB § 159 Rn. 13; MüKoBGB/Schäfer § 736 Rn. 8; dagegen BGH NJW 2011, 2292 (2293); Soergel/Hadding/Kießling § 739 Rn. 6; BeckOGK/Koch § 739 Rn. 12). Dem ist zuzustimmen. Zwar reicht die Verlusttragungspflicht wegen des Gebots, auch rückständige Einlagen wieder aufzufüllen, weiter als die Akzessorietät zur Gesellschafterhaftung. Gleichwohl ist § 739 ernst zu nehmen. Wenn ein Gesellschafter nach Ablauf von

fünf Jahren grundsätzlich keine Haftung mehr befürchten muss, ist dieser **gesetzlich klar konturierte Safe Harbour** auch für die wirtschaftlich vergleichbare interne Verlusttragungspflicht zu bejahen. Der Gleichlauf von Innen- und Außenhaftung ist somit durch das Gesetz vorgeprägt, sodass es nicht gerechtfertigt wäre, die interne Verlusttragungspflicht einer anderen Verjährungsregel folgen zu lassen.

4. Geltendmachung

Der Verlusttragungsanspruch richtet sich **gegen die Gesellschafter.** Bei 24 **Treuhandverhältnissen** ist der Hintermann bzw. Anleger mangels Vereinbarung mit den Gesellschaftern bzw. der GbR nicht zur Verlusttragung verpflichtet. Im Einzelfall kann sich jedoch im Wege der Auslegung ergeben, dass der Hintermann selbst Gesellschafter ist (vgl. für den „Grundbuchtreuhänder" BGH NZG 2011, 1023 Rn. 34 ff.). – Im Regelfall daher allein der Treuhänder verpflichtet. Zu dessen Vermögen gehören aber auch vertragliche oder gesetzliche **Freistellungsansprüche** gegen den Treugeber (vgl. §§ 675, 670, 257), welche sich die GbR abtreten lassen kann (vgl. hierzu im Rahmen der Haftung BGH NJW 2011, 2351). Die Freistellungsansprüche verjähren analog §§ 195, 199 (BGH NJW 2018, 1873; BeckRS 2019, 6119). – Ein **Nießbraucher** ist richtigerweise ebenfalls nicht zur Verlusttragung verpflichtet.

Der Anspruch ist auf **Geldzahlung** gerichtet und muss im Wege der 25 Leistungsklage gerichtlich geltend gemacht werden (treffend BeckOGK/ Koch § 735 Rn. 7: originäre Abwicklungsaufgabe). In prozessualer Hinsicht dürfte ein **unbezifferter Antrag** jedenfalls dann zulässig sein, wenn der Anspruch von einer komplizierten Rechts- und Tatsachenlage abhängt (vgl. auch die nach hier vertretener Ansicht entsprechende Anwendung der Schätzungsmöglichkeit gemäß § 728 II, → Rn. 14, sowie die zeitlich-dynamische Betrachtung der Fälligkeit → Rn. 21). Bei einer Ehegatteninnengesellschaft handelt es sich um eine sonstige Familiensache gemäß § 266 I Nr. 3 FamFG, die gemäß § 23a I 1 Nr. 1 GVG die ausschließliche sachliche Zuständigkeit des Familiengerichts begründet (vgl. OLG Stuttgart NJW-RR 2011, 867). **Aktivlegitimiert** ist bis zur Vollbeendigung die fortbestehende rechtsfähige **Gesellschaft, vertreten durch die Liquidatoren** (BGH ZIP 2012, 515 (517); BeckOGK/Koch § 739 Rn. 6; MüKoBGB/Schäfer § 735 Rn. 5). Eine Differenzierung der Geltendmachungskompetenz der Liquidatoren im Hinblick darauf, ob der Fehlbetrag zur Gläubigerbefriedigung oder zur Rückerstattung von Einlagen erforderlich ist, ist nicht geboten (MüKoBGB/Schäfer § 736 Rn. 5; die Frage offenlassend BGH ZIP 2012, 515 (25); BeckRS 2018, 5057 Rn. 74). Die subsidiäre **Gesellschafterklage,** actio pro socio gemäß § 715b, ist auch während des Liquidationsverfahrens möglich (BeckOGK/ Koch § 735 Rn. 6; BGH NJW 1960, 433 (434)). **Nach Vollbeendigung** obliegt die Aktivlegitimation den Gesellschaftern selbst, sofern keine Nachtragsliquidation erfolgt (BGH NJW 1953, 1217; ZIP 2016, 216 Rn. 25; WM 2020, 2341 (2343); MüKoBGB/Schäfer § 736 Rn. 5; BeckOGK/Koch § 735 Rn. 8; → § 738 Rn. 14).

26   In der **Insolvenz der GbR** obliegt die Geltendmachung der internen Verlustdeckungsansprüche gemäß § 727 dem Insolvenzverwalter (§ 80 I InsO). Daneben hat dieser aber auch die Befugnis gemäß § 93 InsO, die persönliche Gesellschafterhaftung geltend zu machen. Richtigerweise hat die interne Verlustdeckung insofern einen Vorrang, als sie sich darauf erstreckt, was zur Gläubigerbefriedigung erforderlich ist. Zu einem weitergehenden Innenausgleich der Gesellschafter untereinander (§ 199 S. 2 InsO) ist der Insolvenzverwalter nicht befugt (BGH NJW 2021, 928 Rn. 70 ff.).

5. Ausfallhaftung (S. 2)

27   S. 2 bestimmt, dass die Mitgesellschafter im Hinblick auf die Fehlbeträge nach Auflösung eine wechselseitige anteilige subsidiäre Ausfallhaftung trifft; die Gesellschafter sind daher im Hinblick auf die Verlusttragung **keine Gesamtschuldner.** Diese Regelung ist ohne weiteres legitimiert, soweit es die Verlusttragung im Hinblick auf die Notwendigkeit der Gläubigerbefriedigung betrifft (→ Rn. 13 ff.; MüKoBGB/Schäfer § 736 Rn. 6: Hinweis auf § 426 I 2, was aber im Rahmen von § 737 nicht passt). Sie umfasst aber aufgrund eindeutiger gesetzgeberischer Entscheidung auch den Fehlbetrag, der erforderlich ist, um die Beiträge zurückzuerstatten (BGH WM 1975, 268; → Rn. 16); rechtspolitisch ist dieser große Umfang wegen der hierdurch bewirkten Quersubventionierung der Einlagen zu kritisieren (→ Rn. 9). Die **Höhe** der einen Mitgesellschafter treffenden Ausgleichshaftung richtet sich wiederum **nach Maßgabe von § 709 III** in Bezug auf den Betrag des Ausfalls; fallen mehrere Gesellschafter aus, auch im Hinblick auf die subsidiäre Pflicht zur Ausfallhaftung, erhöht sich die Ausgleichspflicht der verbleibenden entsprechend. Im Ergebnis wird so gewährleistet, dass wenigstens ein Gesellschafter im Innenverhältnis jedenfalls die Vermögensinsuffizienz im Hinblick auf die Gesellschaftsverbindlichkeiten gegenüber Dritten vollumfänglich leisten muss. Im Hinblick auf die Rückerstattung der Beiträge der Mitgesellschafter gilt dies freilich nicht, weil insofern zu deren Lasten der Dolo Agit-Einwand greift. – Die **Subsidiarität** ist gewahrt, wenn die Rechtsverfolgung aus rechtlichen oder wirtschaftlichen Gründen zum Zeitpunkt der Geltendmachung, mithin ex ante betrachtet, aussichtslos ist (vgl. BGH BeckRS 2013, 1865 Rn. 37: Zahlungsunfähigkeit, fehlende Durchsetzbarkeit). Bloße Erschwerungen im Hinblick auf die Geltendmachung (Weigerung eines Gesellschafters, fehlende Erreichbarkeit) reichen nicht aus. Für die Geltendmachung der Ausfallhaftung gilt im Übrigen dasselbe wie für die Fehlbetragshaftung als solche (→ Rn. 24 ff.). Steht von Anfang an fest, dass die Ausfallhaftung zum Tragen kommt, ist diese bereits bei den Verlusttragungspflichten der Mitgesellschafter in die jeweilige Gesamtabrechnung einzubeziehen (BGH NJW 2012, 1439).

VII. Gestaltungsfreiheit

28   Die Verlusttragungspflicht gemäß § 737 betrifft allein das Innenverhältnis der Gesellschaft und ist konsequenterweise **dispositiv** (vgl. insofern auch

§§ 708, 709). Sie kann daher inhaltlich modifiziert werden, bis hin zum vollständigen Ausschluss (BeckOGK/Koch § 735 Rn. 13; vgl. für das Ausscheiden BeckOGK/Koch § 739 Rn. 2; Soergel/Hadding/Kießling § 739 Rn. 1; Staudinger/Habermeier, 2003, § 739 Rn. 1). Dass die Gesellschaftsgläubiger hierdurch ggf. ein zwangsvollstreckungsrechtliches Zugriffsobjekt verlieren (vgl. §§ 829, 835 ZPO), steht dem nicht entgegen, denn diese sind über die zwingende Gesellschafterhaftung hinreichend geschützt. Gesellschaftsvertragliche Modifizierungen der Verlusttragungspflicht haben nämlich hierauf gemäß § 721 S. 2 keine Auswirkung (BGH BeckRS 2013, 1865 Rn. 25 ff., 30). Eine gesellschaftsvertragliche Haftungsbeschränkung wirkt aber umgekehrt im Zweifel auch als entsprechende Beschränkung der Verlusttragungspflicht (einschränkend BGH WM 2012, 507 Rn. 17; NJW-RR 2021, 294 Rn. 34; vgl. zum Ganzen → § 721 Rn. 13 ff.).

VIII. Darlegungs- und Beweislast

Die Darlegungs- und Beweislast für den Verlusttragungsanspruch trägt die 29 **GbR.** Dies gilt uneingeschränkt im Hinblick auf die Voraussetzungen der Auflösung sowie die maßgeblichen Gesellschaftsverbindlichkeiten, die nicht gedeckten Beiträge und das Gesellschaftsvermögen. In Bezug auf Letzteres kommt freilich die Möglichkeit der Schätzung entsprechend § 728 II in Betracht (→ Rn. 14). Der Anspruchsteller hat grundsätzlich auch die Beweislast im Hinblick auf die interne Beteiligungsquote des Verpflichteten. Insofern gilt freilich § 709 III: Hiernach ist eine **andere Verteilungsregel als die nach Köpfen** von demjenigen zu beweisen, der sich darauf beruft, ggf. daher auch durch den Gesellschafter selbst. Im Hinblick auf die Ausfallhaftung gemäß S. 2 muss die GbR auch die Voraussetzungen für die Subsidiarität beweisen.

IX. Kautelarischer Handlungsbedarf infolge des MoPeG

§ 737 S. 1 entspricht im Wesentlichen den Nachschusspflichten nach alter 30 Rechtslage. Neu ist, dass die Aktivlegitimation des Verlusttragunganspruchs nunmehr explizit der Gesellschaft selbst und nicht etwa den Gesellschaftern zugewiesen wird.

§ 738 Anmeldung des Erlöschens

Ist die Gesellschaft im Gesellschaftsregister eingetragen, ist das Erlöschen der Gesellschaft von sämtlichen Liquidatoren zur Eintragung in das Gesellschaftsregister anzumelden, sobald die Liquidation beendigt ist.

Übersicht

I. Normzweck, Anwendungsbereich

1   § 738 verwirklicht bei eingetragenen GbR (§ 707) die nunmehr auch bei der GbR gegebene **Registerpublizität** im Hinblick auf die Vollbeendigung nach Abschluss der Liquidation. Der Rechtsverkehr soll mittels **deklaratorischer Eintragung** ins Gesellschaftsregister darüber informiert werden, dass die Existenz der rechtsfähigen GbR beendet ist. Die **zwingende** Regelung (Henssler/Strohn/Klöhn HGB § 157 Rn. 4) gilt konsequenterweise **nur bei eingetragenen GbR**. Für OHG und KG gilt der vergleichbare § 150 HGB, ebenso für die Partnerschaftsgesellschaft (§ 10 I PartGG). – Die Regelung ergänzt die Anmeldepflicht gemäß § 733 (Auflösung als solche) und die gemäß § 736c (Liquidatoren und deren Vertretungsbefugnis). Führt die Auflösung bei **zweigliedrigen GbR** gemäß § 712a durch Übernahme des Gesellschaftsvermögens zum sofortigen Erlöschen der Gesellschaft, gilt allein § 738 (abw. zur KG OLG Frankfurt NZG 2004, 808 (809): auch Anmeldung des Ausscheidens, was aber auf die GbR nicht übertragbar ist). In diesem Fall ist es auch unzulässig, allein das Ausscheiden des vorletzten Gesellschafters zur Eintragung anzumelden (vgl. zur Partnerschaftsgesellschaft KG NZG 2007, 665 (666 ff.). – Die Löschung atypischer GbR wegen **Vermögenslosigkeit** nach § 729 III (→ § 729 Rn. 25) erfolgt allein gemäß § 394 FamFG (Einzelheiten zum Verfahren bei Henssler/Strohn/Klöhn HGB § 131 Rn. 34 ff.). Nach Abschluss des **Insolvenzverfahrens** erfolgt die Löschung von Amts wegen (vgl. § 32 I 2 Nr. 4 HGB). – Im Übrigen ist die Löschung wegen Vollbeendigung abzugrenzen von der **Löschung fortbestehender GbR** aus dem Gesellschaftsregister, was entsprechend § 3 II HGB aus Verkehrsschutzgründen nicht zulässig ist (→ § 707a Rn. 11). Im Übrigen spricht aber nichts dagegen, auch bei ursprünglich nicht eingetragenen GbR **allein die Anmeldung des Erlöschens** zuzulassen, damit die Gesellschafter auf diese Weise die rechtssicher handhabbare allgemeine Enthaftungsfrist gemäß § 739 II Alt. 2 in Gang setzen können (→ § 739 Rn. 12).

2   In **zeitlicher Hinsicht** gilt Folgendes: § 738 tritt gemäß Art. 137 S. 1 MoPeG am 1.1.2024 in Kraft, sodass zuvor keine Eintragungen ins Gesellschaftsregister erfolgen können. Art. 137 S. 2 MoPeG sieht indessen vor, dass die maßgeblichen Verfahrensvorschriften des FamFG sowie die Verordnungsermächtigung gemäß § 707d (→ § 707d Rn. 2) bereits am 18.8.2021 in Kraft getreten sind, um zu gewährleisten, dass die Registerverwaltungen sich auf das Inkrafttreten des MoPeG zum 1.1.2024 frühzeitig einstellen können (vgl. zum kautelarischen Handlungsbedarf → § 707 Rn. 30).

II. Anmeldepflicht

1. Beendigung der Liquidation

Anzumelden ist das Erlöschen der Gesellschaft nach Beendigung der Liqui- **3** dation gemäß § 736d. Dies bedeutet grundsätzlich aus gesellschafts- und registerrechtlicher Perspektive, dass die gebotenen Liquidationsmaßnahmen abgeschlossen sein müssen. Umgekehrt darf die Anmeldung des Erlöschens solange nicht erfolgen, wie noch Liquidationsmaßnahmen erforderlich sind (OLG Hamburg OLGE 9, 262). Hierbei ist aber zu berücksichtigen, dass das **Liquidationsverfahren** bei der GbR gemäß § 735 III **weitgehend dispositiv** ist (→ § 735 Rn. 12 ff.). Auch führt die Vollbeendigung einer GbR anders als bei den Kapitalgesellschaften (vgl. nur Noack/Servatius/Haas/Haas GmbHG § 74 Rn. 16) nicht zum Erlöschen etwaiger Gesellschaftsverbindlichkeiten gegenüber Dritten, da die **Gesellschafterhaftung** nach Maßgabe von § 739 fortwirkt. Es besteht daher bei der GbR in vermögensmäßiger Hinsicht ein weniger stark ausgeprägtes Bedürfnis, die Löschung von einer vollumfänglichen Auseinandersetzung der Gesellschafter untereinander abhängig zu machen oder die Befriedigung der Gesellschaftsgläubiger abzuwarten. Erforderlich ist somit allein die **vermögensmäßige Auseinandersetzung des Gesellschaftsvermögens,** da nur insoweit die durch die Vollbeendigung hervorgerufene Beseitigung der rechtsfähigen GbR gegenüber Dritten relevant ist.

Maßgeblich ist somit allein, dass **kein Aktivvermögen mehr** vorhanden **4** ist (vgl. zur OHG OLG Zweibrücken NZG 2002, 169; zur GmbH BGH NZG 2022, 268, im Wege eines Erst-recht-Schlusses aber auf die GbR übertragbar). Dies betrifft die Veräußerung von Eigentum (auch wertlosem, vgl. Henssler/Strohn/Klöhn HGB § 157 Rn. 5), den Verlust der Inhaberschaft an Rechten und Forderungen gegenüber Dritten, etc. Die Beendigung der **Vertragsbeziehungen** ist hiernach zwar grundsätzlich ebenfalls geboten, wegen der Nachhaftung der Gesellschafter aber keine zwingende Löschungsvoraussetzung (abw. wohl RG JW 1926, 1432: Ende der Liquidation erst, wenn alle Rechtsbeziehungen abgewickelt sind). **Gesellschaftsverbindlichkeiten** gegenüber Dritten sind gemäß § 736d IV 2 zwar im Rahmen der Abwicklung zu befriedigen. Wegen der Nachhaftung der Gesellschafter ist dies indessen ebenfalls keine zwingende Voraussetzung für die Vollbeendigung (vgl. BGH NJW 1957, 898; MüKoBGB/Schäfer § 730 Rn. 38). Nach wie vor bestehende **Sozialansprüche** der rechtsfähigen GbR gegenüber ihren Gesellschaftern sind ebenfalls kein Grund, die Vollbeendigung abzulehnen, da insofern auch danach noch eine vermögensmäßige Auseinandersetzung unter den Gesellschaftern erfolgen kann (vgl. KKRD/Kindler HGB § 157 Rn. 1; abw. MüKoHGB/K. Schmidt HGB § 157 Rn. 10 und Henssler/Strohn/Klöhn HGB § 157 Rn. 5, iE jedoch wie hier, wenn die Abwicklung dieser Ansprüche nicht über das Gesellschaftsvermögen betrieben wird). Die **über das Gesellschaftsvermögen verwirklichte Auseinandersetzung ist nicht zwingend** (→ § 735 Rn. 12 ff.). Es bleibt den Gesellschaftern der GbR vielmehr unbenommen, die Vollbeendigung der Gesellschaft rasch herbeizuführen, indem allein deren vorhandenes Aktivvermögen liquidiert und verteilt wird (abw. für einen zwingenden Vorrang der Gläubigerbefriedigung Schäfer Neues PersGesR/M. Noack § 9 Rn. 17). In diesem Fall und generell sind bewusst **übergangene oder übersehene Vermögenspositionen** dann auf nachvertraglicher Grundlage in entsprechender Anwendung von § 736d im Verhältnis der Gesellschafter untereinander auch nach Vollbeendigung der GbR noch weiter zu verwirklichen, freilich unmittelbar und nicht über die nicht mehr existierende GbR. Für eine Nachtragsliquidation besteht in diesen Fällen der rein innergesellschaftlichen Auseinandersetzung kein Bedürfnis. – Stellt sich im Übrigen nachträglich heraus, dass beachtliche Vermögenswerte der GbR übersehen wurden, stellt dies die Anmeldebefugnis und -pflicht nicht rückwirkend in Frage, da es dann zur Nachtragsliquidation kommen kann (→ Rn. 14 ff.).

5   Problematisch ist, ob die Vollbeendigung auch dann vorliegt, wenn trotz Fehlens von Aktivvermögen **sonstiger Abwicklungsbedarf** besteht, insbesondere durch Abgabe von Erklärungen seitens der GbR oder durch das Bedürfnis, die GbR als Beteiligte in einem Verwaltungs- oder Steuerverfahren anzuerkennen. Richtigerweise ist dies grundsätzlich zu verneinen, da die mittels Nachhaftung gemäß § 739 fortbestehende Gesellschafterverantwortlichkeit regelmäßig ausreichend ist, hier sachgerechte Lösungen hervorzurufen (ebenso MüKoHGB/K. Schmidt HGB § 155 Rn. 57). Das **notwendige berechtigte Interesse** (der Gläubiger) an der Abwicklung ohne Vermögensbezug (zu diesem Erfordernis BGH BeckRS 2022, 14939) besteht daher in diesen Fällen regelmäßig nicht.

2. Adressaten

6   Die Anmeldepflicht trifft auf Grund des klaren Wortlauts **sämtliche Liquidatoren** gemäß § 736 zum Zeitpunkt der Beendigung der Liquidation. Auf die Vertretungsmacht kommt es hiernach nicht an (vgl. MüKoHGB/K. Schmidt HGB § 157 Rn. 11). Dies ist überzeugend, soweit es um die Begründung einer entsprechenden Anmeldepflicht geht; im Hinblick auf die **Erfüllung der Anmeldepflicht** ist dies jedoch nicht zwingend. Richtigerweise kann diese mangels gesetzlich angeordneter Höchstpersönlichkeit auch **durch einzelne Liquidatoren** erfüllt werden (vgl. insofern verallgemeinerungsfähig auch 78 Alt. 1 GmbHG). Ebenso ist die **Bevollmächtigung** Dritter zulässig (vgl. insoweit aber § 12 I 2 HGB, wonach eine konkludente Bevollmächtigung ausscheidet). – Nach Abschluss des **Insolvenzverfahrens** erfolgt die Löschung der GbR gemäß § 32 HGB von Amts wegen auf Mitteilung des Insolvenzgerichts hin (vgl. § 31 InsO); die Anmeldepflicht obliegt dann konsequenterweise dem Insolvenzverwalter (MüKoHGB/K. Schmidt HGB § 157 Rn. 4). In den Fällen von § 729 III (Löschung atypischer GbR wegen **Vermögenslosigkeit**) ergibt sich die Eintragung der Löschung bereits aus § 394 FamFG (→ § 729 Rn. 25), so dass konsequenterweise keine Anmeldepflicht besteht.

7   Die **Gesellschafter** der GbR unterliegen zwar keiner Anmeldepflicht, wenn sie nicht Liquidator sind; sie können die Anmeldepflicht aber gleich-

wohl auch ohne entsprechende Bevollmächtigung erfüllen (vgl. BayObLG NJW-RR 2001, 1482; vgl. auch MüKoHGB/K. Schmidt HGB § 157 Rn. 11: Herren des Liquidationsverfahrens). Praktisch relevant ist dies vor allem in den Fällen, in denen gemäß § 735 III eine andere Art der Auseinandersetzung vereinbart wurde (vgl. zur OHG BayObLG ZIP 1981, 188 (191)). Die Anmeldung hat dann gemäß § § 736 I im gesetzlichen Regelfall **gemeinschaftlich** zu erfolgen. Die Gesellschafter können sich zwar ohne weiteres wechselseitig vertreten und Dritte bevollmächtigen (Henssler/Strohn/Klöhn HGB § 143 Rn. 9, vgl. insoweit § 12 I 2 HGB). Gleichwohl ist das Erfordernis der Mitwirkung aller im gesetzlichen Regelfall **nicht vollkommen überzeugend**. Insbesondere in den Fällen, in denen die Auflösung durch die Gesellschaftermehrheit gemäß § 729 I Nr. 4 herbeigeführt wurde (→ § 729 Rn. 15), kann das Einstimmigkeitserfordernis die rechtmäßige Willensbildung nicht hinnehmbar konterkarieren (hierauf hinweisend DAV NZG 2020, 1133 Rn. 81). Der Umweg über die Gesellschafterklage gemäß § 715b ist insofern auch wenig praktikabel. Es bietet sich daher an, § 736 I **einen teilweise dispositiven Charakter** zuzubilligen, wonach in den Fällen einer mittels Mehrheitsklausel wirksamen Willensbildung auch allein die zustimmenden Gesellschafter zur gemeinschaftlichen Anmeldung berufen sind. Im Fall der Kündigung der Gesellschaft gemäß § 729 I Nr. 3 sollte es indessen bei der gemeinschaftlichen Anmeldepflicht bleiben, um dem Kündigenden die Rechtsmacht einzuräumen, einseitig die Eintragung der Auflösung einzuführen. – Führt die Auflösung bei **zweigliedrigen GbR** gemäß § 712a durch Übernahme des Gesellschaftsvermögens zum sofortigen Erlöschen der Gesellschaft, obliegt auch die Anmeldepflicht von vornherein den beiden Gesellschaftern (vgl. zur KG OLG Frankfurt NZG 2004, 808 (809)). Allerdings fehlt es bei derartigen kleinen Gesellschaften sowie bei Gelegenheitsgesellschaften oft bereits an einer Eintragung der Gesellschaft gem. § 707, sodass in diesem Fall auch die Anmeldung der Vollbeendigung entbehrlich ist.

3. Durchsetzung

§ 738 begründet zum einen eine **gesellschaftsrechtliche Anmeldepflicht** (vgl. zur OHG BGH NZG 2002, 233 (234). Die Liquidatoren (→ Rn. 6), ggf. auch die Gesellschafter (→ Rn. 7), sind verpflichtet, an der gebotenen Anmeldung mitzuwirken. Dies kann klageweise durchgesetzt werden (vgl. insofern auch § 16 HGB); auch im Wege des einstweiligen Rechtsschutzes (Wertenbruch NZG 2008, 216 (218). Dies ist insbesondere relevant, um die Frist für die Nachhaftungsbegrenzung gemäß § 739 II Alt. 2 in Gang zu setzen (→ § 739 Rn. 11). Aktivlegitimiert sind die übrigen Gesellschafter, richtigerweise als notwendige Streitgenossen gemäß § 59 ZPO (abw. für einfache Streitgenossenschaft BGH NJW 1959, 1683); weigert sich einer von diesen treuwidrig, kommt insofern die Gesellschafterklage gemäß § 715b in Betracht. Bei der zweigliedrigen GbR kann ohne weiteres gegen den sich Weigernden vorgegangen werden. Die Anmeldung hat **grundsätzlich unverzüglich** zu erfolgen; zuständig ist das Registergericht am Sitz der Gesellschaft (§ 707 I, → § 707 Rn. 26). Die Gesellschafter können aber mit der Anmeldung solange warten, bis auch ihre vermögensmäßige Auseinandersetzung untereinander abgeschlossen ist.

9   Zum anderen besteht eine **verfahrensrechtliche Anmeldepflicht** nach Maßgabe von § 707b Nr. 3, §§ 8 ff. HGB, § 374 FamFG. Für die Form gilt hiernach § 12 HGB. Die Registerpflicht kann mit Zwangsgeldandrohung gemäß § 14 HGB durchgesetzt werden. – Die Anmeldung nach § 738 kann mit der **Anmeldung der Auflösung** gemäß § 733 **verbunden** werden. Das Registergericht darf die Eintragung der Löschung allerdings nicht von der Anmeldung der Auflösung abhängig machen (vgl. zur OHG BayObLG NZG 2001, 792; abw. MüKoHGB/K. Schmidt HGB § 148 Rn. 2).

4. Registerprüfung

10   Für die Frage, ob die Liquidation beendet ist (→ Rn. 3 ff.), genügt im Allgemeinen die mit der Anmeldung des Erlöschens verbundene **Versicherung des Liquidators.** Dabei kann das Registergericht grundsätzlich davon ausgehen, dass die ordnungsgemäß angemeldeten Tatsachen auch zutreffend sind. Nur wenn insofern **begründete Zweifel** bestehen, hat das Registergericht das Recht und die Pflicht zu weiterer Prüfung, und es muss, wenn seine Bedenken nicht ausgeräumt werden, die Anmeldung zurückweisen (OLG Hamm BeckRS 2021, 14783, zur GmbH). Potentiell fortbestehende Gesellschaftsverbindlichkeiten stehen der Eintragung nicht entgegen, da die Gesellschafter hierfür nach Maßgabe von § 739 weiter haften (vgl. hierzu im Hinblick auf Steuerschulden OLG Düsseldorf NZG 2014, 583; abw. BFH DB 1987, 2503).

III. Vollbeendigung der GbR, Löschung

11   Mit Beendigung der Liquidation im vorbenannten Sinne (→ Rn. 3 ff.) **verliert** die bis dahin rechtsfähige GbR ihre **materiell-rechtliche Existenz** (zur OHG BGH NJW 1979, 1987; OLG Zweibrücken NJW-RR 2002, 457 (458)). Sie besteht im gesetzlichen Regelfall auch nicht als nicht rechtsfähige Gesellschaft fort. Die ggf. noch erforderliche vermögensmäßige Auseinandersetzung der Gesellschafter untereinander unabhängig vom Gesellschaftsvermögen (→ Rn. 4) kann auch auf der Grundlage nachvertraglicher Pflichtenbindungen konstruiert werden. Den Gesellschaftern steht es im Übrigen aber frei, sich für die nachvertragliche Abwicklung erneut als Innen-GbR zu vereinigen. – Die **Registereintragung** gemäß § 738 wirkt bloß **deklaratorisch** (vgl. zur OHG RG JW 1929, 1432; 1930, 3743; BGH NJW 1979, 1987; abw. OGH Wien GesRZ 2015, 392; hiermit sympathisierend MüKoHGB/K. Schmidt HGB § 157 Rn. 13). Über § 15 I HGB (§ 707a III) gilt die Gesellschaft gegenüber gutgläubigen Dritten aber als fortbestehend. Die unrichtige Löschung kann im Übrigen gemäß § 395 FamFG von Amts wegen korrigiert werden (BGH NJW 1997, 1987). – Die Vollbeendigung hat **vorbehaltlich der Nachtragsliquidation,** wenn sich nachträglich herausstellt, dass noch Gesellschaftsvermögen vorhanden ist (→ Rn. 14 ff.), einschneidende Folgen für das (ehemalige) Außenverhältnis gegenüber Dritten. Insbesondere können diese gegen die ehemalige GbR keine Ansprüche mehr geltend machen; etwaige im Rahmen der Liquidation oder Löschung übersehene Ansprüche können allein nach Maßgabe von § 739 im Rahmen der Gesellschafterhaftung realisiert werden. **Verbindlichkeiten der Gesellschaft** bleiben daher allein insofern rechtlich existent; dies gilt auch für akzessorische Sicherheiten (BGH NJW 1982, 875; 2003, 1250). Etwas anderes gilt allein, wenn im Rahmen eines Insolvenzplans gemäß § 227 II InsO mit gestaltender Wirkung auch über diese Forderungen verfügt wurde (Begr. S. 188). – Aus einem vor der Löschung der GbR erwirkten Titel gegen die (frühere) GbR kann aber ohne weiteres **vollstreckt** werden, wenn sich entsprechendes Gesellschaftsvermögen offenbart. Ein neuer Titel iSv § 722 I gegen die GbR kann aber allein im Rahmen der Nachtragsliquidation erwirkt werden (→ § 722 Rn. 5). Wegen der Nachhaftung der Gesellschafter gemäß § 739 (→ § 739 Rn. 7 ff.) kann gegen diese aber auch nach Vollbeendigung der GbR ohne weiteres ein Titel iSv § 722 II erwirkt werden.

Die **Beweislast** für die Vollbeendigung trägt derjenige, der sich darauf **12** beruft; im Verhältnis zu Dritten (Klage) also regelmäßig die GbR. Die deklaratorische Registerlöschung hat insofern allenfalls eine Indizwirkung. Wenn die **Vollbeendigung umstritten** ist, sei es innerhalb des Gesellschafterkreises oder unter Einbeziehung von Dritten, besteht die rechtsfähige Gesellschaft daher zunächst fort (Henssler/Strohn/Klöhn HGB § 157 Rn. 6). Im Rahmen der Zulässigkeit einer Klage ist die **Parteifähigkeit der GbR** grundsätzlich von Amts wegen zu ermitteln. Die objektive Beweislast für die fehlende Beendigung würde beim **Passivprozess** zwar grundsätzlich dem Kläger obliegen. Wenigstens in den Fällen der bloß deklaratorischen Registerlöschung dürfte die im Verfahren zunächst als fortbestehend zu behandelnde GbR (vgl. BGH NJW-RR 1986, 394) indessen beweisen müssen, dass die Vollbeendigung eingetreten ist; die Klage ist erst dann als unzulässig abzuweisen (BGH NJW-RR 1998, 477). Der Kläger sollte in diesen Fällen stets die Klage auf die Gesellschafter umstellen, die nach Maßgabe von § 739 auch bei Vollbeendigung weiter haften. Eine nach Vollbeendigung erhobene Klage gegen die GbR ist mangels Parteifähigkeit unzulässig (vgl. BGH NJW 1979, 1592); etwas anderes gilt nur, wenn es zur Nachtragsliquidation kommt. – Ein zum Zeitpunkt der Vollbeendigung anhängiger **Aktivprozess** der GbR steht stets der materiell-rechtlichen Vollbeendigung entgegen, wenn der betreffende Vermögensgegenstand existiert; in diesem Fall bleibt die Klage bis zur Entscheidung hierüber anhängig (vgl. BGH ZIP 2010, 2444; NJW-RR 1986, 394; BayObLG NZG 2004, 1164; OLG München ZInsO 2018, 1112 (1116); OLG Koblenz NJW-RR 2004, 1222)); im Fall der gleichwohl erfolgten Löschung kommt es zur Nachtragsliquidation.

Im Hinblick auf **Aufbewahrung von Büchern und Papieren** nach Voll- **13** beendigung gibt es abweichend von § 152 I HGB für die GbR keine spezielle Regelung. Die nachvertragliche Geschäftsführungskompetenz der Liquidatoren beinhaltet diese Pflicht gleichwohl jedenfalls so lange, wie die gesellschafterinterne Auseinandersetzung noch nicht abgeschlossen ist oder die Nachhaftung gemäß § 739 droht. Soweit aufgrund anderer gesetzlicher Regelungen längere Aufbewahrungsfristen gelten (zB § 146 AO), sind diese ebenfalls zu beachten. Das entsprechende **Einsichtsrecht der Gesellschafter** ergibt sich auch nach Vollbeendigung in entsprechender Anwendung von § 717.

IV. Nachtragsliquidation

14   Die Nachtragsliquidation ist gesetzlich nur **unvollkommen geregelt.** § 735 I 2 sieht dies allein vor, wenn sich nach Löschung der GbR wegen Vermögenslosigkeit herausstellt, dass noch verteilungsfähiges Vermögen vorhanden ist (→ § 735 Rn. 24 ff.). Darüber hinaus ist aber **bei allen Gesellschaftsformen anerkannt,** dass eine Nachtragsliquidation auch in den anderen Fällen der vermeintlichen Vollbeendigung (und ggf. Registerlöschung) möglich und geboten ist. Problematisch und durchaus differenziert zu betrachten sind indessen die Voraussetzungen: Es dürfte indessen unbestritten sein, dass diese jedenfalls dann in Betracht kommt, wenn sich nachträglich herausstellt, dass **noch Gesellschaftsvermögen der rechtsfähigen GbR vorhanden** ist. Wurde dies im Rahmen der Abwicklung übersehen, kam es nämlich überhaupt nicht zur Vollbeendigung, die GbR bestand vielmehr als solche fort. Etwas anderes gilt nur, soweit allein Sozialansprüche im Innenverhältnis betroffen sind (→ Rn. 4). Trotz ggf. deklaratorischer Registerlöschung hat sich daher die Liquidation nach Maßgabe von § 736d auf die Verteilung des betreffenden Vermögens zu erstrecken. Hierzu befugt und verpflichtet sind die bis zur vermeintlichen Vollbeendigung maßgeblichen Liquidatoren (vgl. BGH NJW 1979, 1987; BayObLG NJW-RR 2000, 1348), hilfsweise gemäß § 736 I alle Gesellschafter gemeinschaftlich; vgl. im Übrigen auch die Möglichkeit der gerichtlichen Berufung von Liquidatoren gemäß § 736a (weitergehend für Analogie zu § 273 IV AktG bei Publikumsgesellschaften Riehm NZG 2003, 1055).

15   Ist hiernach eine nachträgliche Abwicklung erforderlich, begründet dies aber richtigerweise **keine erneute Anmeldepflicht** der GbR zum Gesellschaftsregister; die notwendige Abwicklung setzt dies nämlich nicht voraus (abw. für eine Wiedereintragung von Amts wegen gemäß § 395 I FamFG BayObLG NZG 2000, 833; für eine Anmeldepflicht bei Erforderlichkeit auch KG NZG 2020, 198 (199), jeweils für Personenhandelsgesellschaften). Erfolgt die Anmeldung der GbR gleichwohl, hat das Registergericht die Schlüssigkeit der behaupteten Vermögensgegenstände zu prüfen (BayObLG NZG 2000, 833). Nach Abschluss der Nachtragsliquidation ist das Erlöschen der GbR dann erneut nach Maßgabe von § 738 zur Eintragung ins Gesellschaftsregister anzumelden.

16   Problematisch ist, ob die Nachtragsliquidation auch dann in Betracht kommt, wenn **sonstiger Abwicklungsbedarf** besteht, insbesondere durch Abgabe von Erklärungen seitens der GbR oder durch das Bedürfnis, die GbR als Beteiligte in einem Verwaltungs- oder Steuerverfahren anzuerkennen. Richtigerweise ist dies grundsätzlich zu verneinen, da die mittels Nachhaftung gemäß § 739 fortbestehende Gesellschafterverantwortlichkeit regelmäßig ausreichend ist, hier sachgerechte Lösungen hervorzurufen (ebenso MüKoHGB/K. Schmidt HGB § 155 Rn. 57). Das **notwendige berechtigte**

Interesse (der Gläubiger) an der Nachtragsliquidation (zu diesem Erfordernis BGH BeckRS 2022, 14939) besteht daher in diesen Fällen regelmäßig nicht.

V. Fortsetzung als nichtrechtsfähige Gesellschaft

Die **Umwandlung einer rechtsfähigen GbR in eine nichtrechtsfä-** 17 **hige** isd § 705 II Alt. 2 ist gesetzlich nicht geregelt. Lediglich bei registrierten GbR ist dies gemäß § 707a IV ausdrücklich ausgeschlossen (→ § 707a Rn. 11). Würde man **bei nicht eingetragenen** rechtsfähigen GbR als actus contrarius zu § 719 I (→ § 719 Rn. 6 ff.) die mehrheitliche oder einvernehmliche Beschlussfassung dahingehend zulassen, dass die GbR nicht mehr am Rechtsverkehr teilnimmt und fortan identitätswahrend als nicht-rechtsfähige Gesellschaft fortbesteht, wäre dies zwar aus Gläubigerperspektive unproblematisch, weil die bis dahin begründete Gesellschafterhaftung fortbesteht. Gegen die Zulässigkeit eines solchen Vorgehens sprechen indessen jedenfalls dann erhebliche Praktikabilitätsprobleme, wenn ein Gesellschaftsvermögen iSv § 713 gebildet wurde, weil sich dies nicht rechtssicher außerhalb einer geordneten Abwicklung gemäß §§ 735 ff. auseinandersetzen ließe (wie hier jedenfalls für eingetragene GbR Bachmann NZG 2020, 612 (615)); Abw. Schäfer Neues PersGesR/Armbrüster § 3 Rn. 25 ff.). Denkbar ist daher allein, dass **nach Abschluss der Liquidation** die Gesellschafter nach Maßgabe von § 734 die Fortsetzung als nicht-rechtsfähige Gesellschaft beschließen (→ § 734 Rn. 13 ff.). – Der **umgekehrte Fall** des Wechsels einer nicht rechtsfähigen GbR in eine rechtsfähige ist indessen unproblematisch **zulässig** (→ § 719 Rn. 10).

VI. Kautelarischer Handlungsbedarf infolge des MoPeG

Vgl. zum kautelarischen Handlungsbedarf aufgrund der Neueinführung 18 des Gesellschaftsregisters die Ausführungen in → § 707 Rn. 30.

§ 739 Verjährung von Ansprüchen aus der Gesellschafterhaftung

(1) **Ist die Gesellschaft durch Liquidation oder auf andere Weise erloschen, verjähren Ansprüche gegen einen Gesellschafter aus Verbindlichkeiten der Gesellschaft in fünf Jahren, sofern nicht der Anspruch gegen die Gesellschaft einer kürzeren Verjährung unterliegt.**

(2) **Die Verjährung beginnt abweichend von § 199 Absatz 1, sobald der Gläubiger von dem Erlöschen der Gesellschaft Kenntnis erlangt hat oder das Erlöschen der Gesellschaft im Gesellschaftsregister eingetragen worden ist.**

(3) **Beginnt die Verjährung des Anspruchs gegen die Gesellschaft neu oder wird die Verjährung des Anspruchs gegenüber der Gesellschaft nach den §§ 203, 204, 205 oder 206 gehemmt, wirkt dies auch**

gegenüber den Gesellschaftern, die der Gesellschaft zur Zeit des Erlöschens angehört haben.

Übersicht

I. Reform

1. Grundlagen, Bewertung

1   § 739 begründet für die GbR erstmalig eine spezielle **Haftungsbegrenzung bei Vollbeendigung** der Gesellschaft, was bei OHG und KG bereits früher galt (vgl. insofern nach wie vor den weitgehend identischen § 151 HGB). Im bisherigen Recht sah § 736 II aF allein eine Nachhaftungsbegrenzung im Fall des Ausscheidens eines Gesellschafters vor, wenngleich sich die hM auch bei der Auflösung einer GbR für eine entsprechende Anwendung von § 159 HGB aF aussprach (vgl. BVerwG NVwZ 2016, 464; BFH NZG 1998, 238; MüKoBGB/Schäfer § 736 Rn. 29). Die nunmehr erfolgte **Angleichung an das Recht von OHG und KG** bedeutet daher Rechtssicherheit. Sie ist auch rechtspolitisch zu begrüßen, weil sie sich in ein übergreifendes System der 5-jährigen Haftungsbeschränkung einfügt, welches gemäß § 728b auch beim Ausscheiden eines Gesellschafters aus der GbR gilt sowie im Rahmen von § 26 HGB, § 45 UmwG, § 133 UmwG, § 224 UmwG und § 327 AktG (vgl. insofern auch den Hinweis in der Gesetzesbegründung auf das NachhaftungsbegrenzungsG aus dem Jahr 1994, Begr. S. 188). – Die konstruktive Umsetzung der Haftungsbegrenzung ist indessen durchaus differenziert, da § 739 ebenso wie § 151 HGB als **Sonderverjährung** ausgestaltet ist, wohingegen die Nachhaftungsbegrenzung bei Ausscheiden gemäß § 728b ebenso wie die vergleichbare gemäß § 137 HGB als von Amts wegen zu berücksichtigende Einwendung konzipiert sind (→ § 728b Rn. 15 ff.).

2   Die Nachhaftungsbegrenzung gemäß § 739 war nicht Gegenstand des **Mauracher Entwurfs,** sondern wurde erst im Laufe des Gesetzgebungsverfahrens eingeführt. In diesem Kontext ist die entscheidende **Neuerung** des gleicherma-

ßen neu gefassten § 151 I HGB zu sehen, wonach die Haftungsbegrenzung in zeitlicher Hinsicht nicht mehr wie früher an die Auflösung der Gesellschaft anknüpft, sondern an das **materielle Erlöschen der Gesellschaft,** mithin die Vollbeendigung nach Auflösung, was bei eingetragenen GbR zur deklaratorischen Eintragung ins Gesellschaftsregister anzumelden ist bzw. in den Fällen von § 394 FamFG bei Löschung wegen Vermögenslosigkeit zeitlich zusammenfällt (→ § 738 Rn. 1). Im Umkehrschluss hierzu erkennt die Neuregelung hierdurch die Selbstverständlichkeit an, dass im Zeitraum einer Liquidationsgesellschaft nach Auflösung das Haftungsregime gemäß §§ 721 ff. ohne Weiteres Geltung beansprucht und die Nachhaftungsbegrenzung nur dann zum Tragen kommt, wenn diese mit Beendigung endet (vgl. hierzu bereits früher BeckOGK/Temming HGB § 159 Rn. 42 ff. mwN). Die Auflösung als solche hat wegen des zeitlich durchaus gestreckten **Liquidationsverfahrens** daher keine unmittelbaren Auswirkungen auf die Nachhaftungsbegrenzung, da die **Fünfjahresfrist erst ab dessen Beendigung** zu laufen beginnt.

2. Zeitlicher Geltungsbereich

§ 739 tritt gemäß Art. 137 S. 1 MoPeG am 1.1.2024 in Kraft; eine Über- **3** gangsregelung für § 739 ist im EGBGB nicht vorgesehen. Aus dem Umkehrschluss zu Art. 229 § 61 EGBGB folgt daher, dass für die Haftung der Gesellschafter ab dem Zeitpunkt des Inkrafttretens das neue Recht gilt. Maßgeblicher Zeitpunkt ist aber der Eintritt eines Auflösungsgrunds, so dass die Neuregelung für Altgesellschaften nur gilt, wenn dieser ab 1.1.2024 verwirklicht wurde. Zuvor bereits begonnene Liquidationsverfahren werden nach altem Recht fortgesetzt, so dass sich auch die Verjährung hiernach richtet.

II. Normzweck

§ 739 regelt wie der vergleichbare § 151 HGB die **zeitliche Begrenzung 4 der gesellschaftsrechtlichen Haftung** der Gesellschafter nach Erlöschen der GbR infolge Vollbeendigung. Die Regelung setzt somit voraus, dass die Gesellschafter nach Maßgabe von §§ 721 ff. vom Gläubiger in Anspruch genommen werden können (→ Rn. 7); insoweit gilt das Gleiche wie bei der im Ergebnis ähnlichen Nachhaftungsbeschränkung bei Ausscheiden gemäß § 728b (→ § 728b Rn. 15 ff.). **Abs. 1** begründet insofern eine **5-jährige Sonderverjährung,** die freilich nur dann gilt, wenn der betreffende Anspruch nicht aus anderen Gründen einer kürzeren Verjährung unterliegt. Nach **Abs. 2** beginnt die Verjährungsfrist zu laufen, sobald der betreffende Gläubiger vom Erlöschen der Gesellschaft Kenntnis erlangt hat oder das Erlöschen der Gesellschaft im Gesellschaftsregister eingetragen worden ist. (→ Rn. 12 ff.). Abweichend vom ersatzlos gestrichenen § 159 III HGB aF gilt dies selbst dann, wenn die zugrunde liegende Forderung erst später fällig wird (→ Rn. 15). **Abs. 3** regelt missglückt und nicht abschließend Hemmung und Neubeginn der Verjährungsfrist (→ Rn. 16).

Rechtspolitisch ist die Nachhaftungsbegrenzung zu begrüßen, weil sie sich **5** in ein **allgemeines System der Nachhaftungsbegrenzung** auf 5 Jahre einfügt (vgl. neben § 728b und §§ 137, 151 HGB auch § 26 HGB, § 45 UmwG, § 133 UmwG, § 224 UmwG und § 327 AktG). Die zeitliche Begrenzung auf 5 Jahre erscheint als sinnvoller Kompromiss im Spannungsfeld von Gesellschafter- und Gläubigerinteressen. Es dürfte für Letztere hinnehmbar sein, ihre Ansprüche fristwahrend geltend zu machen. Gleichwohl ist dies bei der an sich nicht registerpflichtigen GbR und der mangels Buchführungspflicht stärker ausgeprägten Gefahr, dass bei der Auflösung Gesellschaftsverbindlichkeiten übersehen werden, durchaus kritischer zu beurteilen als bei OHG und KG. – Kritisch anzumerken ist zudem, dass der Gesetzgeber es versäumt hat, die **unterschiedliche dogmatische Konstruktion** der Nachhaftungsbegrenzung bei Ausscheiden (Ausschlussfrist) und Auflösung (Sonderverjährung) zu beheben (→ Rn. 1).

III. Anwendungsbereich

6   § 739 gilt bei jeder **rechtsfähigen GbR.** Die Eintragung der Gesellschaft gemäß § 707 ist nur insofern von Bedeutung, als der Fristbeginn für die Haftungsbegrenzung dann nicht allein an die Kenntnis des Gläubigers geknüpft wird, sondern auch an die Eintragung des Erlöschens (→ Rn. 12). Bei nicht rechtsfähiger GbR gibt es keine Gesellschafterhaftung, sodass § 740a III konsequenterweise hierauf nicht verweist; das Gleiche gilt für eine stille Beteiligung gemäß §§ 230 ff. HGB. Auf interne Beitrags- oder Nachschusspflichten ist § 739 richtigerweise ebenso wenig anwendbar (→ Rn. 7), wie auf Regressansprüche der Gesellschafter untereinander nach Gläubigerbefriedigung (→ Rn. 10). Beim **Ausscheiden** eines Gesellschafters aus der Gesellschaft findet die Regelung ebenfalls keine Anwendung, da insofern § 728b Vorrang hat (→ Rn. 1, 11; Henssler/Strohn/Klöhn HGB § 159 Rn. 6). Bei **zweigliedrigen GbR** gilt § 739 ebenfalls, wenn diese nach Auflösung liquidiert wird. Kommt es insofern aber zum Übergang des Gesellschaftsvermögens auf den verbleibenden Gesellschafter, wird dieser Gesamtrechtsnachfolger, sodass für § 739 kein Raum ist (→ § 712a Rn. 11); die Nachhaftungsbegrenzung des Ausscheidenden folgt gemäß § 712a II allein aus § 728b (→ § 728b Rn. 15 ff.). – Bei OHG und KG gilt allein § 151 HGB, ebenso bei der Partnerschaftsgesellschaft (§ 10 II PartGG).

IV. Gesellschafterhaftung nach Vollbeendigung

1. Grundlagen

7   Das Erlöschen der GbR infolge Vollbeendigung (→ § 738 Rn. 11 ff.) beseitigt nicht die bis dahin (auch während des Liquidationsverfahrens) angefallene **Gesellschafterhaftung gemäß §§ 721 ff.** (vgl. BGH GmbHR 2021, 252 (259); OLG Stuttgart NZG 2010, 716 (718 ff.); OLG Frankfurt BeckRS 2018, 33277 Rn. 125). Die Gesellschaftsgläubiger können daher gegen die Gesellschafter auch dann noch vorgehen, wenn die **GbR infolge Vollbeendigung nicht mehr existiert** (vgl. zur Zwangsvollstreckung → § 722 Rn. 5 ff.). § 739 setzt dies voraus und begründet insofern allein in zeitlicher

Hinsicht eine als Sonderverjährung ausgestaltete Haftungsbegrenzung. Hierauf kommt es von vornherein nur an, wenn und soweit ein Gesellschafter durch einen Gesellschaftsgläubiger in Anspruch genommen werden könnte. Scheidet die Gesellschafterhaftung aus anderen Gründen aus, insbesondere nach Maßgabe von § 721b, ist für die zeitliche Nachhaftungsbegrenzung kein Raum (BGH NJW 1981, 2579). Das Gleiche gilt für vermeintliche Gesellschaftsverbindlichkeiten, die erst nach Vollbeendigung begründet werden, da es diese mangels Existenz der rechtsfähigen GbR nicht geben kann. Ausnahmen hiervon bestehen allein in den Fällen der Nachtragsliquidation (→ § 735 Rn. 24 ff.; → § 738 Rn. 14 f.), wenn die GbR infolge vorhandenen Gesellschaftsvermögens wieder reaktiviert wird, sowie bei der Haftung als Scheingesellschafter (→ § 721 Rn. 8). Kein Aspekt der gesellschaftsrechtlichen Nachhaftung ist weiterhin, wenn ein Gesellschafter im Rahmen der Auseinandersetzung bestehende Vertragsverhältnisse der GbR übernimmt und fortan auf eigene Rechnung weiterführt. – Auf **Sozialverbindlichkeiten** eines Gesellschafters gegenüber der Gesellschaft oder den Mitgesellschaftern ist § 739 ebenso wenig wie die §§ 721 ff. anwendbar (vgl. zu Nachschüssen BGH NJW 2011, 2292 (2293); NJW-RR 2010, 1401 (1402); OLG Schleswig NZG 2009, 256 (258); vgl. aber auch OLG Dresden NZG 2001, 947 (949 f.); abw. für Nachschusspflichten Henssler/Strohn/Klöhn HGB § 159 Rn. 10). Diese werden im Rahmen der Auseinandersetzung gemäß § 736d berücksichtigt und müssen andernfalls ggf. später isoliert eingefordert werden (→ § 736d Rn. 53 ff.). Vgl. im Übrigen zum Regress nach Gläubigerbefriedigung → Rn. 10. – Schließlich ist auch die **individuelle Verpflichtung** eines Gesellschafters gegenüber Dritten kein Thema der gesellschaftsrechtlichen Nachhaftung und ihrer Begrenzung, zB im Rahmen einer Bürgschaft, Schuldübernahme, eines abstrakten Schuldversprechens etc. (vgl. BGH NJW 1982, 875). Dies gilt richtigerweise auch im Hinblick auf **Freistellungsansprüche** bei Treuhandverhältnissen (vgl. BGH ZInsO 2020, 1946 (1947); abw. OLG Hamm NZG 2017, 1104 (1105)).

Der **späteste Zeitpunkt** für die Einbettung einer Gesellschaftsverbind- **8** lichkeit in die gesellschaftsrechtliche Nachhaftung und der hierauf bezogenen zeitlichen Begrenzung durch § 739 ist grundsätzlich das materiell-rechtliche **Erlöschen der GbR,** mithin die Vollbeendigung. Die deklaratorische Eintragung in das Gesellschaftsregister gemäß § 738 ist insofern unerheblich (vgl. aber bei eingetragenen GbR die Fiktion des Fortbestehens der GbR gegenüber Gutgläubigen gemäß § 15 I HGB). Die Gesellschaftsverbindlichkeit muss spätestens bis dahin **dem Grunde nach entstanden** sein (vgl. zum Ausscheiden RGZ 140, 10 (14); BGH NJW 1971, 1268; 2002, 2170; Heckschen BB 2020, 2256 (2261)). Die spätere Fälligkeit ist unerheblich (allgM, vgl. nur BeckOGK/Temming HGB § 160 Rn. 24). – Bei **vertraglichen Verbindlichkeiten** der Gesellschaft kommt es grundsätzlich auf den Zeitpunkt der wirksamen Einigung an; bei aufschiebend bedingten Verbindlichkeiten hängt der maßgebliche Zeitpunkt von der Vereinbarung ab (vgl. § 158 I, § 159; abw. wohl MüKoHGB/K. Schmidt/Drescher HGB § 128 Rn. 51: Generell Vertragsschluss maßgeblich). Beim **Dauerschuldverhältnis** ist ebenfalls die vertragliche Begründung maßgeblich, nicht die späteren Einzelleistungen (vgl. zum Ausscheiden RGZ 86, 60 (61); 125, 417 (418); BGH NJW 1962, 536; 1967, 2203; 1978, 636; 1983, 2256 (2258); WRP 2010, 1515; OLG Hamm NZG 2008, 101 (102)). Die Gesellschafter haften daher auch nach Löschung bzw. Vollbeendigung der Gesellschaft hierfür ggf. wegen Nichterfüllung weiter, wenn sie erst später fällig werden. Die **Kündbarkeit** ist insofern aber bei der Ermittlung des Schadensumfangs relevant (rechtmäßiges Alternativverhalten; abw. wohl BeckOGK/Temming HGB § 159 Rn. 71); vgl. im Übrigen zur Streichung von § 159 III HGB aF → Rn. 15. **Gesetzliche Verbindlichkeiten** entstehen, wenn der betreffende haftungsbegründende Tatbestand bis zum Zeitpunkt des Erlöschens der GbR verwirklicht wurde (MüKoHGB/K. Schmidt/Drescher HGB § 128 Rn. 57; Henssler/Strohn/Steitz HGB § 128 Rn. 52).

9   Der an sich aus der Vollbeendigung resultierende **Wegfall der rechtlichen Existenz der GbR** hat daher keine Auswirkungen auf die Nachhaftung der ehemaligen Gesellschafter. Zwar sieht § 736d II vor, dass die laufenden Geschäfte zu beenden und gemäß 763d II die Gläubiger zu befriedigen sind, so dass es an sich mangels Existenz einer entsprechenden Gesellschaftsverbindlichkeit konsequenterweise auch nicht zu einem akzessorischen haftungsrechtlichen Einstehenmüssen kommen kann. Da sich die effektive Verwirklichung dieser Pflichten indessen aus der ex ante-Perspektive meist nicht mit absoluter Gewissheit beurteilen lässt, kann die GbR daher auch bei **unerkannten oder nicht befriedigten Verbindlichkeiten** gegenüber Dritten ihre rechtliche Existenz verlieren (→ § 738 Rn. 11). Auch die Nachtragsliquidation kommt nur zum Tragen, wenn Vermögensgegenstände der GbR übersehen wurden (→ § 738 Rn. 14). Es ist daher durchaus möglich, dass auch bei materieller Beendigung der GbR und damit Wegfall ihrer rechtlichen Existenz weiterhin Anspruchspositionen Dritter bestehen (vgl. insofern auch Begr. S. 188: im Zuge der Abwicklung nicht befriedigte Forderungen als Ausnahmefall). Diese müssen konsequenterweise nach Vollbeendigung und Löschung **allein nach Maßgabe der §§ 721 ff.** zulasten der Gesellschafter abgewickelt werden (ggf. als Nichterfüllungsschaden). Im Übrigen ist es auch möglich, dass trotz Beendigung von Vertragsbeziehungen gegenüber Dritten erst **nachträgliche Schadenspositionen** entstehen, deren Ersatzfähigkeit bereits zum Zeitpunkt der Vollbeendigung dem Grunde nach gelegt wurde. Diese werden dann ebenfalls allein im Rahmen der Gesellschafternachhaftung berücksichtigt, mithin ohne eine entsprechend durchsetzbare Gesellschaftsverbindlichkeit.

2. Regress

10   Muss ein ehemaliger Gesellschafter für eine bis Vollbeendigung begründete bzw. nachträglich konkretisierte Gesellschaftsverbindlichkeit gegenüber Gläubigern einstehen, kann er grundsätzlich **von seinen ehemaligen Mitgesellschaftern** nach Maßgabe der während der Gesellschaft maßgeblichen Partizipationsregeln Regress nehmen (→ § 721 Rn. 21 ff.). Der Regressanspruch richtet im Rahmen der gesamtschuldnerischen Nachhaftung richtigerweise **nach § 426** (Hadding/Häuser WM 1988, 1590; nunmehr auch MüKoHGB/

K. Schmidt/Drescher HGB § 128 Rn. 62; abw. für § 670 Hopt/Roth HGB § 128 Rn. 36, was aber nicht passt, da zwischen den Gesellschaftern kein Auftragsverhältnis besteht). Regressansprüche bestehen hiernach auch gegenüber im Vorfeld der Auflösung bereits ausgeschiedenen Gesellschaftern, soweit diese gemäß § 728b gleichermaßen für die maßgebliche Gesellschaftsverbindlichkeit nachhaften (Hadding FS Stimpel, 1985, 161). – Ein Regress scheidet im Übrigen aber aus, soweit die Inanspruchnahme bereits im Rahmen der (rechtmäßigen!) **Auseinandersetzung gemäß § 736d** Berücksichtigung fand; der Gesellschafter hat dann aus der Perspektive des Innenverhältnisses an die Gläubiger auf eigene Rechnung geleistet. – Im Übrigen hat es im Regelfall aber keine unmittelbaren Auswirkungen auf den **Innenregress** der Gesellschafter, wenn die Haftung einzelner Gesellschafter gegenüber Dritten infolge der für die Sonderverjährung maßgeblichen individuellen Kenntniserlangung (→ Rn. 13 f.) oder individuellen Hemmungs- bzw. Unterbrechungstatbestände (→ Rn. 16) unterschiedlich ausfällt. Außen- und Innenperspektive sind insofern mangels entsprechender Gesellschaft vertraglicher Vereinbarungen voneinander zu trennen.

V. 5-jährige Sonderverjährung

1. Grundlagen (Abs. 1)

Besteht eine Gesellschafterhaftung (→ Rn. 7), kann der jeweils in **11** Anspruch Genommene gemäß § 214 die durch Abs. 1 gewährte **Einrede der Sonderverjährung** erheben. Hierdurch unterscheidet sich die Nachhaftungsbegrenzung nach Vollbeendigung der GbR von der gemäß § 728b nach Ausscheiden, welche eine von Amts wegen zu berücksichtigende Einwendung begründet (→ § 728b Rn. 15 ff.). Ergibt sich ein kürzerer Verjährungstatbestand im Hinblick auf die zugrunde liegende Gesellschaftsverbindlichkeit oder die Gesellschafterhaftung als solches bereits aus anderen Regeln, wird dieser durch § 739 nicht verlängert, sodass sich der Gesellschafter ohne weiteres hierauf berufen darf (MüKoBGB/Schäfer § 736 Rn. 29). – **Voraussetzung für eine erfolgreiche Nachhaftung** des ehemaligen Gesellschafters nach Vollbeendigung der GbR ist hiernach, dass der betreffende Gläubiger innerhalb der gemäß Abs. 2 durch Registereintragung oder Kenntnis in Gang gesetzten Fünfjahresfrist eine bis dahin fällige Forderung nach Maßgabe der §§ 203 ff. geltend macht, wenn keine kürzere Verjährungsfrist bereits abgelaufen ist.

2. Fristlauf (Abs. 2)

Im Hinblick auf den **Fristbeginn** gemäß § 187 I bestehen gemäß Abs. 2 **12** ebenso wie beim Ausscheiden nach Maßgabe von § 728b zwei alternative Anknüpfungspunkte: Die Frist beginnt gemäß Alt. 2 für alle Gesellschaftsgläubiger gleich, wenn das Erlöschen der Gesellschaft im **Gesellschaftsregister eingetragen** worden ist (§ 738 bzw. § 394 FamFG). Die tatsächliche Einsichtnahme des Gläubigers in das Register oder die Kenntnis hiervon sind nicht erforderlich (vgl. zu § 160 HGB aF bei OHG und KG BGH DStR

2007, 2222 (2223)). Erfolgt die Eintragung, wie regelmäßig, eine gewisse Zeit nach materiell-rechtlicher Vollbeendigung (→ § 738 Rn. 10), ist der **Eintragungszeitpunkt** für den Fristbeginn maßgeblich, wenn keine vorherige Kenntnis des Gläubigers iSv Alt. 1 vorliegt (vgl. Begr. S. 189; OLG Oldenburg NJW-RR 1987, 1441; Wertenbruch NZG 2008, 216 (217)). Die Registerbekanntmachung gemäß § 10 HGB (§ 707b Nr. 2) ist für den Fristlauf unerheblich. – **Praktische Relevanz** hat dieser auf den Eintragungszeitpunkt bezogenen Fristlauf grundsätzlich nur dann, wenn die Gesellschaft zuvor auch eingetragen war; der Gesetzgeber will hierdurch einen entsprechenden Anreiz setzen (vgl. Begr. S. 189). Fehlt dies, weil die Gesellschafter einer rechtsfähigen GbR von ihrer Eintragungsoption gemäß § 707 keinen Gebrauch gemacht haben, bestimmt sich die Enthaftungsfrist allein nach Maßgabe von Alt. 1 wegen individueller Kenntnis. War die GbR indessen im Gesellschaftsregister eingetragen, besteht gemäß § 738 eine **Eintragungspflicht** im Hinblick auf das Erlöschen infolge Vollbeendigung. Gemäß § 707a III gelangt insofern auch die negative Registerpublizität gemäß § 15 I HGB zur Geltung, sodass hiernach gegenüber gutgläubigen Dritten bereits eine Vollbeendigung eintrat und ihnen gegenüber konsequenterweise die Enthaftungsfrist auch nicht zu laufen beginnt. – Darüber hinaus ist es auch möglich, erstmalig und **allein die Vollbeendigung zur Eintragung** ins Gesellschaftsregister anzumelden, um hierüber die klare und rechtssicher handhabbare Enthaftungsregelung gemäß Alt. 2 zur Geltung zu bringen.

13   Daneben knüpft Alt. 1 den Fristlauf auch an die **individuelle Kenntnis eines Gläubigers** vom **Erlöschen** an. Bezugspunkt ist seit der Reform die materiell-rechtliche Vollbeendigung der GbR, mithin abweichend von § 159 aF **nicht die Auflösung** (→ Rn. 15). Insofern ist für jeden Gläubiger gesondert zu prüfen, ob und wann die Voraussetzungen vorliegen. Dies kann durchaus **problematisch** sein, da die materiell-rechtliche Vollbeendigung einer GbR nicht an einen rechtsgeschäftlichen Gestaltungsakt geknüpft wird, sondern allein an die Beendigung der Liquidation (→ § 738 Rn. 10). Konkrete Zeitpunktermittlungen dürften sich daher in der Praxis vielfach schwierig gestalten. Die **Beweislast** für die Kenntnis des Gläubigers trägt aber der in Anspruch genommene Gesellschafter, sodass insofern wenigstens teilweise Abhilfe geschaffen wird (vgl. zum Ausscheiden BGH BeckRS 2021, 15682 Rn. 18; NZG 2017, 177 (180); 2020, 1145, 1148); Henssler/Strohn/Klöhn HGB § 160 Rn. 14; Wertenbruch NZG 2008, 216 (217); → Rn. 24). Generell sind die Gesellschafter daher gehalten, den Abschluss der Liquidation nachvollziehbar zu dokumentieren (so auch Begr. S. 189) und den maßgeblichen Rechtsverkehr zu informieren. – **Praktische Bedeutung** hat Alt. 1 stets dann, wenn die Registereintragung nicht erfolgt bzw. nicht erforderlich ist. Darüber hinaus vermag die individuelle Kenntnis eines Gläubigers von der Vollbeendigung auch in den Fällen der tatsächlich erfolgten Registereintragung einen **früheren Fristlauf** in Gang zu setzen; die Registereintragung markiert dann nur den letzten möglichen Tag des Fristbeginns (vgl. BGH BeckRS 2021, 15682 Rn. 15; BeckOGK/Temming HGB § 160 Rn. 27; Begr. S. 177: positive Kenntnis ist immer beachtlich).

14   Die **Art und Weise der Kenntniserlangung** ist unerheblich; sie kann daher zufällig, aufgrund eigener Nachforschungen eines Gläubigers oder durch

zielgerichtete Mitteilung (Rundschreiben, vgl. Begr. S. 176) der Gesellschaft oder des Ausgeschiedenen selbst erfolgen (Letzteres ist der Praxis anzuraten, vgl. Gäde GWR 2020, 416). Entsprechende Erklärungen müssen den betreffenden Gläubigern aber **zugehen** (kognitiv, nicht nach Maßgabe von § 130). Eine allgemeine Bekanntmachung im Sinne von § 25 III HGB (vgl. insoweit aber im Kontext der Nachhaftung § 26 I 1 HGB) genügt nicht (BeckOGK/Koch § 736 Rn. 56; abw. Steinbeck WM 1996, 2041 (2045)), ebenso wenig eine Erklärung an die Öffentlichkeit iSv § 171 (Bachmann Stellungnahme S. 11). Das Bereitstellen auf der Internetseite ist ebenfalls unzureichend, wenn die Gläubiger hiervon nicht individuelle Kenntnis genommen haben (Bachmann Stellungnahme S. 11). – Im Übrigen bedeutet Kenntnis aufgrund bewusster gesetzgeberischer Entscheidung zu anderen Vorschlägen (vgl. zum Ausscheiden DAV-Handelsrechtsausschuss NZG 2020, 1133 (1141): grob fahrlässige Unkenntnis ausreichend; dies befürwortend Bachmann Stellungnahme S. 11) **nicht Kennenmüssen.** Es reicht daher nicht aus, wenn der Gläubiger aufgrund vager Indizien davon ausgehen musste, dass die Gesellschaft voll beendet ist. – Schließlich gibt es auch entgegen abweichender Vorschläge **keine absolute Nachhaftungsfrist als Obergrenze** (vgl. demgegenüber zum Ausscheiden DAV-Handelsrechtsausschuss NZG 2020, 1133 (1141): 10 Jahre; dies befürwortend Bachmann Stellungnahme S. 11).

§ 159 III HGB aF sah vor, dass die Verjährungsfrist Gesellschaftsverbind- **15** lichkeiten ungeachtet des vorstehenden Fristlaufs bei **späterer Fälligkeit** der Gesellschaftsverbindlichkeit erst ab dann beginnt. Hierdurch kam es daher durchaus auch zu einer über den Fünfjahreszeitraum hinausgehende Nachhaftung der Gesellschafter (Henssler/Strohn/Klöhn HGB § 159 Rn. 14). Die Regelung wurde indessen im nunmehr maßgeblichen § 151 HGB ersatzlos gestrichen und findet sich auch nicht in § 739. Hieraus folgt, dass auch bei **Dauerschuldverhältnissen und hinausgeschobenen Forderungen** die ehemaligen Gesellschafter nunmehr erfolgreich die Einrede der Sonderverjährung erheben können, selbst wenn die betreffende Forderung über den betreffenden Fünfjahreszeitraum hinausgeht und sie grundsätzlich auch hierfür haften müssten (→ Rn. 8). Dies ist nicht unbillig, da die Gläubiger innerhalb der Enthaftungsfrist reagieren können, insbesondere durch die Geltendmachung eines Nichterfüllungsschadens (in diese Richtung auch Begr. S. 188).

3. Hemmung, Neubeginn (Abs. 3)

Abs. 3 besagt, dass in den Fällen, in denen die **Verjährung der Gesell- 16 schaftsverbindlichkeit,** die der Haftung zugrunde liegt, gehemmt oder unterbrochen wird, dies auch zugunsten des im Wege der Nachhaftung in Anspruch genommenen Gesellschafters wirkt. Die Regelung ist **seit der Reform missglückt,** da die gesellschaftsrechtliche Nachhaftung gemäß § 739 abweichend vom früheren Recht erst ab Vollbeendigung gilt (vgl. zum früheren Recht BeckOGK/Temming HGB § 159 Rn. 85 ff.: Wirkungsbereich von § 159 IV HGB nur gegeben, wenn die Gesellschaft aufgelöst und noch nicht voll beendet ist). Der Regelungsbereich des Wortlauts ergibt sich bereits aus der **Akzessorietät der Gesellschafterhaftung,** wenn die betreffenden verjährungsunterbrechenden bzw. -hemmenden Maßnahmen bereits vor Vollbeendigung durch die GbR eingeleitet wurden. Im Übrigen gilt § 721b I, wonach der ehemalige Gesellschafter die der (nicht mehr existierenden) GbR zustehenden Verjährungseinreden gleichermaßen zur eigenen Verteidigung erheben kann (→ § 721b Rn. 6). Mit der Sonderverjährung gemäß § 739 hat dies alles nichts zu tun, sodass die Regelung in den genannten Fällen der Unterbrechung sowie gemäß §§ 203–206 **allenfalls deklaratorisch** wirkt, im Übrigen aber auch nicht abschließend ist. Die Bedeutung von Abs. 3 müsste sich richtigerweise auf die Sonderverjährung selbst beziehen, was indessen wiederum allenfalls deklaratorischen Charakter hätte. Es versteht sich nämlich von selbst, dass sich der konkret in Anspruch genommene Gesellschafter im Hinblick auf seine **eigene Gesellschafterhaftung** in den genannten Umständen auf einen Neubeginn bzw. eine Fristverlängerung berufen kann (vgl. Henssler/Strohn/Klöhn HGB § 159 Rn. 15). Für den Innenregress der Gesellschafter untereinander nach Inanspruchnahme hat diese auf den individuellen Haftungsfall bezogene Betrachtung indessen im gesetzlichen Regelfall keine Auswirkungen (→ Rn. 10).

4. Rechtsfolge

17 Liegen die Voraussetzungen der Sonderverjährung vor, kann **der betreffende Gesellschafter** gemäß § 214 eine entsprechende **persönliche Einrede** erheben, die ein dauerhaftes Leistungsverweigerungsrecht begründet (BGH NJW 2010, 2422; OLG Düsseldorf NJW 1991, 2089); vgl. für steuerrechtliche Forderungen weitergehend §§ 228 ff. AO). Die Rechtsfolgen sind für jede Forderung in Anlehnung an den prozessualen Streitgegenstandsbegriff gesondert zu bestimmen, ebenso für jeden Gläubiger individuell sowie im Hinblick auf die Nachhaftung jedes ehemaligen Gesellschafters. Die jeweilige Haftung kann daher aus der Perspektive des Außenverhältnisses durchaus variieren (vgl. zum Regress im Innenverhältnis → Rn. 10). – **Darüber hinaus** können sich alle Gesellschafter nach Maßgabe von **§ 721b** stets auch auf die der ehemaligen Gesellschaft zustehenden Einreden und Einwendungen berufen, was Abs. 3 missverständlich klarstellt (→ Rn. 16).

18 Da die Neuregelung abweichend von § 159 HGB aF das Erlöschen der GbR infolge Vollbeendigung voraussetzt, stellt sich die Frage, ob eine **Fortsetzung der GbR** (vgl. § 734) die Sonderverjährung entfallen lässt, nicht mehr (vgl. hierzu nach früherem Recht Henssler/Strohn/Klöhn HGB § 159 Rn. 7). Eine abweichende Beurteilung ergibt sich allein im Fall der **Nachtragsliquidation**, weil die GbR dann überhaupt nicht voll beendet war (→ § 738 Rn. 14). In diesem Fall kann konsequenterweise **keine Sonderverjährung** eintreten (iE ähnlich Henssler/Strohn/Klöhn HGB § 159 Rn. 7: entfällt rückwirkend).

VI. Gestaltungsfreiheit

19 § 739 ist insoweit zwingend, als gesellschaftsvertragliche Abreden über die Nachhaftung unbeachtlich sind (vgl. § 721 S. 2), was auch die Sonderverjäh-

rung umfasst. Unter Beteiligung der betreffenden Gläubiger können indessen sowohl durch die GbR als auch durch die Gesellschafter selbst entsprechende Modifizierungen herbeigeführt werden, insbesondere im Hinblick auf die Länge der Nachhaftungsfrist (Henssler/Strohn/Klöhn HGB § 159 Rn. 2). Ohne weiteres zulässig und praktisch geboten kann es daher sein, im Rahmen der Auseinandersetzung der GbR **Vereinbarungen mit den Gläubigern** zu treffen, wonach ab Vollbeendigung nur noch diejenigen ehemaligen Gesellschafter in Anspruch genommen werden können, die das Unternehmen oder einzelne Vertragsbeziehungen übernehmen (zum Ganzen K. Schmidt/Schneider BB 2003, 1961).

VII. Darlegungs- und Beweislast

Die Beweislast für die Voraussetzungen der Gesellschafterhaftung gemäß **20** §§ 721 ff. trägt **grundsätzlich der Gläubiger:** Dies betrifft die konkrete Gesellschaftsverbindlichkeit und die Gesellschafterstellung des in Anspruch Genommenen zum maßgeblichen Zeitpunkt. Im Rahmen der Nachhaftung hat er daher das Entstehen der Verbindlichkeit bis zur Vollbeendigung zu beweisen (→ Rn. 7). Bei eingetragenen GbR gilt § 15 I HGB (vgl. § 707a III), sodass zugunsten eines gutgläubigen Dritten bis zur Eintragung und Bekanntmachung des Erlöschens die Gesellschaft als fortbestehend gilt, was konsequenterweise auch den Beginn der Nachhaftungsfrist nach hinten verschiebt. – Die **Nachhaftungsbegrenzung** gemäß § 739 ist als Einrede gemäß § 214 ausgestaltet, sodass die maßgeblichen Voraussetzungen **vom ehemaligen Gesellschafter** darzulegen und zu beweisen sind (Begr. S. 189; vgl. auch Wertenbruch NZG 2008, 216 (217)). Dies ist insbesondere problematisch, soweit es um die individuelle Kenntnis des Gläubigers von der Vollbeendigung geht (→ Rn. 13).

VIII. Kautelarischer Handlungsbedarf infolge des MoPeG

Die zentrale Neuerung im Hinblick auf die nach Haftungsbegrenzung **21** nach Vollbeendigung der GbR folgt durch die bei **eingetragenen GbR** zu erzielenden Rechtssicherheit. Indem in diesen Fällen nach Eintragung des Erlöschens für alle Gläubiger gleichermaßen die präzise feststellbare **Funfjahresfrist** gilt, macht dies die Nachhaftung für die Gesellschafter kalkulierbar. Es bietet sich daher an, die GbR zuvor zur Eintragung zu bringen.

Untertitel 3. Nicht rechtsfähige Gesellschaft

§ 740 Fehlende Vermögensfähigkeit; anwendbare Vorschriften

(1) **Eine nicht rechtsfähige Gesellschaft hat kein Vermögen.**

(2) **Auf das Rechtsverhältnis der Gesellschafter untereinander sind die §§ 708, 709, 710, 711, 711a, 712, die §§ 714, 715, 715a, 716, 717 Absatz 1 sowie § 718 entsprechend anzuwenden.**

Übersicht

I. Reform

1. Grundlagen, Bewertung

1   § 740 begründet mit den §§ 740a–740c erstmalig (etwas unübersichtlich) eine **spezielle Regulierung nicht rechtsfähiger GbR** als Gegenstück zur rechtsfähigen (vgl. insofern zu Abgrenzung § 705 II, → § 705 Rn. 44 ff.; die Regelungen grundsätzlich begrüßend Fleischer DStR 2021, 430 (437)). Der Gesetzgeber vollzieht damit zunächst einmal **die begriffliche Abkehr** von der früheren Differenzierung (rechtsfähiger) Außen-GbR und (nicht rechtsfähiger) Innen-GbR; diese Terminologie sollte daher aufgegeben werden (abw. noch § 740 I des Mauracher Entwurfs). Vor allem aber wird hierdurch eine „systembildende Unterscheidung" herbeigeführt (Begr. S. 189), was bereits in den Empfehlungen des 71. DJT verlangt wurde (vgl. Verhandlungen des 71. DJT, Bd. II/2, 2017, S. O219). Diese Differenzierung ist vor allem im Hinblick auf das Außenverhältnis und die vermögensrechtlichen Fragen eines Personenverbandes überzeugend, was im bisherigen Recht nicht deutlich genug wurde. Inhaltlich unterscheiden sich beide **Rechtsformvari-**

anten der GbR durch die **willentliche Herbeiführung der Rechtsfähigkeit** nach Maßgabe von § 705 II, § 719 (→ § 705 Rn. 44 ff., → § 719 Rn. 6 ff.). Hierfür bedarf es über die allgemeinen Voraussetzungen zur rechtsgeschäftlichen Begründung eines gesellschaftsrechtlichen Zusammenschlusses iSv § 705 I hinaus einer zusätzlichen Willensübereinstimmung der Gesellschafter zur Herbeiführung der Rechtsfähigkeit. Liegt diese nicht vor, handelt es sich zwingend um eine nicht rechtsfähige GbR iSv §§ 740 ff. (Begr. S. 189: gesetzliche Auffanglösung vgl. aber zur Scheingesellschaft → § 719 Rn. 26 ff.). In der Praxis stellen sich freilich vielfach Auslegungsprobleme, ob überhaupt ein gesellschaftsrechtlicher Zusammenschluss vorliegt (vgl. LG Arnsberg NJW 2017, 2421; → § 705 Rn. 52).

Die rechtliche Ausgestaltung der nicht rechtsfähigen GbR ist zentral **2** dadurch geprägt, dass sie nach Abs. 1 über **kein eigenes Vermögen** verfügt, was die notwendige Konsequenz der fehlenden Rechtsfähigkeit ist (→ Rn. 8). Die Regelungen über das gesellschaftsrechtliche Außenverhältnis, insbesondere im Hinblick auf die organschaftliche Vertretungsmacht oder das Gesellschaftsregister, finden gleichfalls keine Anwendung. Die nicht rechtsfähige GbR ist damit nach der gesetzlichen Konzeption allein ein **schuldrechtlicher Zusammenschluss der Gesellschafter,** auch im Rahmen der stillen Beteiligung gemäß §§ 230 ff. HGB. Insofern bestimmt Abs. 2 indessen, dass auch bei der nicht rechtsfähigen GbR bedeutsame Regelungen im Hinblick auf das Rechtsverhältnis der Gesellschafter untereinander entsprechend anzuwenden sind, was die Rechtsanwendung künftig erleichtern wird. Wenngleich nach wie vor der rein schuldrechtliche Charakter bei nicht rechtsfähigen GbR im Vordergrund steht, werden hierüber gleichwohl **organisationsrechtliche Regeln** zur Geltung gebracht, was beim arbeitsteiligen Vorgehen, insbesondere bei mehrgliedrigen GbR, begrüßenswert ist (abw. zum früheren Recht MüKoBGB/Schäfer § 730 Rn. 12: „für den internen Ausgleich der Gesellschafter bedarf es keines Fortbestands der Gesellschaft"). – Im Übrigen spricht sich der Gesetzgeber explizit dafür aus, dass die §§ 740 ff. **keine abschließende Regelung** darstellen (Begr. S. 189). Die Konsequenzen dieser Wendung sind unklar. Sie zielt aber jedenfalls darauf ab, die rechtsfortbildende Erstreckung der §§ 230 ff. HGB auf nichtkaufmännische stille Beteiligungen zu beflügeln (→ Rn. 7).

2. Zeitlicher Geltungsbereich

§ 740 tritt, wie die gesamten §§ 705–740c gemäß Art. 137 S. 1 MoPeG **3** **grundsätzlich am 1.1.2024 in Kraft;** eine generelle Übergangsregelung ist ebenso wenig vorgesehen, wie die Anordnung einer Rückwirkung in Bezug auf Altgesellschaften. Allein **Art. 229 § 61 EGBGB** (Art. 49 Nr. 2 MoPeG) bestimmt, dass die **§§ 723–728 aF** mangels anderweitiger vertraglicher Vereinbarung **weitergelten,** wenn ein Gesellschafter bis zum 31.12.2024 die Anwendung dieser Vorschriften gegenüber der Gesellschaft schriftlich verlangt (→ § 723 Rn. 38). Diese Regelung hat freilich **bei nicht rechtsfähigen Gesellschaften keine Bedeutung,** da der Gesetzgeber hier gemäß §§ 740a–740c am bereits früher geltenden Vorrang der Auflösung festhält (→ § 740a Rn. 2).

4   Im Übrigen führt die Geltung der **neuen §§ 740 ff. ab 1.1.2024 bei Altgesellschaften** (Innen-GbR) in Einzelaspekten zu Übergangsproblemen, wenn sich die neue Rechtslage gegenüber der bisherigen unterscheidet. Wenngleich dies lediglich wenige Regelungen betrifft, hätte der Gesetzgeber diese Problematik durchaus ins Auge fassen können und, wie bei anderen grundlegenden Reformen üblich, konkretere Übergangsregelungen erlassen können. Indem diese fehlen, ist bei jeder Norm iSv Abs. 2, die die Rechtslage gegenüber dem früheren Stand ändert, im einzelnen nach Maßgabe des **intertemporalen Privatrechts** zu ermitteln, welches der maßgebliche Zeitpunkt für die rechtliche Beurteilung der konkreten Anknüpfung ist. Maßgeblich ist insofern aus materiell-rechtlicher Perspektive die **lex temporis actus,** abgeleitet aus dem Prinzip der Gleichzeitigkeit von anwendbarem Recht und zu beurteilendem Sachverhalt (vgl. Hess, Intertemporales Privatrecht, 1998, S. 7, 147 f., 344). Hiernach bedarf es auch über den 31.12.2023 hinaus in vielen Fällen einer rückwirkenden Berücksichtigung des für die jeweilige Rechtsfrage in ihrem Kern maßgeblichen gesetzlichen Tatbestands nebst korrespondierendem Sachverhalt. In Bezug auf Regelungen für das gesellschaftsrechtliche **Innenverhältnis** ist hiernach auch bei der gerichtlichen Befassung ab 1.1.2024 das Recht maßgeblich, welches zum Zeitpunkt der maßgeblichen Handlung galt, ggf. somit die frühere Rechtslage. Dies gilt selbst dann, wenn das gerichtliche Verfahren erst ab 1.1.2024 eingeleitet wurde. Hiervon abzugrenzen ist die prozessrechtliche Frage, wonach sich die Entscheidungsvoraussetzungen aus der Perspektive des Zeitpunkts der letzten mündlichen Verhandlung beurteilen. Diese **rückwirkende Betrachtung** kann somit dazu führen, dass sich die Erfolgsaussichten in Bezug auf die gerichtliche Geltendmachung infolge der Rechtsänderung ändern, worauf je nach Perspektive mit **prozessualen Mitteln** zu reagieren ist (Erledigterklärung, Anerkenntnis). Die Möglichkeit, ein Begehren erneut gerichtlich geltend zu machen, richtet sich nach der allgemeinen Rechtskraftlehre. Die Änderung der Rechtslage des früheren Klägers dürfte indessen richtigerweise für sich genommen einer erneuten gerichtlichen Geltendmachung nicht entgegenstehen.

5   Problematisch sind bei Altgesellschaften auch **gesellschaftsvertragliche Modifizierungen** des früheren Rechts (vgl. insoweit auch → § 708 Rn. 2). Soweit die Gestaltungsfreiheit auch im Zuge der Reform besteht, handelt es sich hierbei allein um ein Auslegungsproblem. Zu fragen ist, ob die entsprechenden Vereinbarungen nach dem, ggf. im Wege der **ergänzenden Vertragsauslegung** ermittelten Willen der Gesellschafter auch im Lichte des neuen Rechts gelten sollen, was regelmäßig anzunehmen ist, wenn das Regelungsziel dadurch nicht konterkariert wird (vgl. weitergehend zu Anpassungspflichten → § 705 Rn. 57). – In den Fällen, in denen die Reform indessen eine **Beschränkung der Gestaltungsfreiheit** hervorruft, kommt es für die Wirksamkeit eines Rechtsgeschäfts zwar grundsätzlich auf den Zeitpunkt der Vornahme an. Bei Dauerschuldverhältnissen, wie der GbR, ist indessen eine abweichende Beurteilung geboten, wonach das Verbotsgesetz nach seinem Sinn und Zweck die Nichtigkeit der fortlaufenden Wirkungen des Rechtsgeschäfts erfordert (vgl. MüKoBGB/Armbrüster § 134 Rn. 29 ff.). Insofern ist daher im Rahmen einer **teleologischen Betrachtung** der jeweiligen Neuregelung zu ermitteln, ob die nunmehr eingeführte Beschränkung der Gestaltungsfreiheit zum Schutz der (Minderheits-)Gesellschafter so bedeutsam ist, dass sie sich mit Wirkung ab 1.1.2024 auch auf zuvor getroffene Vereinbarungen beziehen soll. Ist dies, wie wohl regelmäßig anzunehmen, der Fall, sind gesellschaftsvertragliche Vereinbarungen, die dem neuen Recht entgegenstehen, daher hiernach unwirksam. Die beklagten Gesellschafter können zur Vermeidung weiterer Nachteile den Anspruch anerkennen (§ 307 ZPO).

II. Normzweck, Anwendungsbereich

Die spezielle und wenigstens in Ansätzen in **§§ 740 ff.** erfolgende Regulie- 6
rung der nicht rechtsfähigen Gesellschaft bringt zunächst einmal **Rechtssicherheit** für die praktische Anwendung. Dies betrifft vor allem das eindeutige Bekenntnis in **Abs. 1** zur fehlenden Vermögensfähigkeit. Die gesetzgeberische Entscheidung, diese richtigerweise früher bereits vorherrschende Ansicht als zwingendes Strukturprinzip auszugestalten, überzeugt aus **Gründen der Logik** vollkommen, zumal praxistaugliche Alternativlösungen bereitstehen (→ Rn. 9). Es wäre in der Tat dogmatisch fragwürdig und für den Rechtsverkehr eine zu große Belastung, wenn auch bei nicht rechtsfähigen GbR ein (der Gesellschaft oder den Gesellschaftern als Gruppe?) zugewiesenes Gesellschaftsvermögen gebildet werden könnte (hierzu ausführlich Armbrüster ZGR 2020, 143 (152 ff.)). Über Abs. 1 hinaus hat die **fehlende Rechtsfähigkeit** naturgemäß auch als Konsequenz, dass die nicht rechtsfähige GbR keine Parteifähigkeit besitzt und auch nicht insolvenzfähig ist. Sie kann konsequenterweise auch keinen Sitz im Rechtssinne haben (→ § 706 Rn. 4). – Die nach Abs. 2 entsprechend anwendbaren organisationsrechtlichen Regeln für das **Innenverhältnis** verstärken ebenfalls die Rechtssicherheit, denn insbesondere bei mehrgliedrigen GbR ist es auch unabhängig von der Rechtsfähigkeit notwendig, das schuldrechtliche Verhältnis der Gesellschafter untereinander durch eine dispositive gesetzliche Auffanglösung mit klaren Grenzen der Gestaltungsfreiheit auszugestalten (→ Rn. 10).

§ 740 gilt definitionsgemäß allein bei **nicht rechtsfähigen GbR** iSv § 705 7
II (→ § 705 Rn. 44 ff.). Eine solche liegt auch bei der **stillen Beteiligung** gemäß § 230 HGB zugrunde (vgl. nur Henssler/Strohn/Servatius HGB § 230 Rn. 5 ff., auch zu mehrgliedrigen Gesellschaften). Insofern werden die Verweisnormen gemäß Abs. 2 indessen durch die vorrangigen §§ 231 ff. HGB überlagert. – Hiervon abzugrenzen ist die umgekehrte Frage, ob auf eine stille Beteiligung an einem nichtkaufmännischen Unternehmen die §§ 230 ff. HGB entsprechend angewendet werden (in diese Richtung Begr. S. 189; vgl. nur Henssler/Strohn/Servatius § 230 Rn. 3 ff.).

III. Fehlende Vermögensfähigkeit (Abs. 1)

1. Grundlagen

Abs. 1 besagt **eindeutig und zwingend,** dass eine nicht rechtsfähige GbR 8
über kein (eigenes) Gesellschaftsvermögen verfügen kann. Diese dem Gebot

der Logik entspringende Anordnung (vgl. Begr. S. 189: Klarstellung) entbindet somit von der früher bei der sog. Innen-GbR noch kontrovers diskutierten Frage, ob bei nicht rechtsfähigen Gesellschaften ein gesamthänderisch gebundenes Vermögen gebildet werden kann (vgl. hierzu nur Henssler/ Strohn/Servatius § 705 Rn. 8). Nicht rechtsfähige GbR sind nunmehr **per definitionem nicht vermögensfähig** (Schäfer FS Windbichler, 2020, 981 (985); in diese Richtung freilich früher bereits die hM, vgl. nur BGH NJW 1994, 2536; NZG 2012, 222 (224); nach wie vor abw. Altmeppen NZG 2020, 922: „rechtsfähige Gesamthandsgesellschaft"). Etwaige dingliche Übertragungsakte zugunsten der nicht rechtsfähigen GbR (gesetzlicher oder rechtsgeschäftlicher Art) gehen daher ins Leere, wenn die Gesellschafter in diesem Zuge nicht zugleich die Rechtsfähigkeit nach Maßgabe von § 705 II, § 719 herbeiführen ($\rightarrow$ § 705 Rn. 44 ff., $\rightarrow$ § 719 Rn. 6 ff.). – Ein **Gesamthandsvermögen** kann bei den Personengesellschaften in Bezug auf diese überhaupt **nicht mehr gebildet** werden (Schäfer Neues PersGesR/ Armbrüster § 3 Rn. 48; Bachmann NJW 2021, 3073 Rn. 23). Ein solches hat allein (aber immerhin noch!) Bedeutung bei der (nicht rechtsfähigen) Erben- und Gütergemeinschaft (vgl. hierzu Schäfer Neues PersGesR/Armbrüster § 3 Rn. 52 ff.), ist dort aber auch im Hinblick auf die konkrete Ausgestaltung, insbesondere im Hinblick auf Verfügungen, speziell konturiert. Dies gilt auch bei der stillen Beteiligung; die Vermögeneinlage des Stillen begründet kein Gesamthandsvermögen (vgl. zum früheren Recht bereits OLG Hamm NJW-RR 1994, 1382 (1383)). – Im Übrigen **verbietet Abs. 1** auch die Bildung von **Bruchteilseigentum als Gesellschaftsvermögen** der nicht rechtsfähigen GbR (abw. bislang MüKoBGB/Schäfer § 718 Rn. 11). Die fehlende Rechts- und Vermögensfähigkeit erstrecken sich nämlich auch darauf, dass die nicht rechtsfähige GbR in Gemeinschaft mit anderen eine vermögensmäßige Beteiligung hält.

2. Abweichende zulässige Gestaltungen

9   Von der fehlenden Vermögensfähigkeit einer nicht rechtsfähigen GbR abzugrenzen ist freilich die Frage, ob deren **Gesellschafter ihrerseits persönlich** ein **Gesamthandsvermögen** bilden können, mithin ohne dass dieses der Gesellschaft zugewiesen wäre. Dies ist nach Maßgabe der allgemeinen Regeln ohne weiteres zu bejahen, weil es die Gesellschaft nicht unmittelbar betrifft und die §§ 713, 740 I somit nicht entgegenstehen (schwächer bzw. unentschieden Begr. S. 190: kein praktisches Bedürfnis). In diesen Fällen sind dann die Vermögenssphären in besonderer Weise rechtlich zu trennen. Praktisch bedeutsam ist dies freilich allein, wenn die Gesellschafter einer nicht rechtsfähigen GbR zugleich eine **Erben- oder Gütergemeinschaft** bilden. Hierzu kann es etwa kommen, wenn die Gesellschafter gemeinschaftlich einen Dritten beerben. – Das Gleiche gilt konsequenterweise für **persönliches Bruchteilseigentum** der Gesellschafter, welches diese, ggf. unter Einbeziehung Dritter, nach Maßgabe der §§ 1008 ff. bzw. weitergeleitend gemäß §§ 741 ff. ohne weiteres bilden können (Begr. S. 189; vgl. Kruse DStR 2021, 2412 (2414); Fleischer DStR 2021, 430 (437 f.)). – Denkbar und ohne weite-

res zulässig ist es schließlich auch, wenn ein Gesellschafter einer nicht rechtsfähigen GbR **Vermögensgegenstände treuhänderisch** für die anderen hält (Armbrüster ZGR 2020, 143 (152); Fleischer DStR 2021, 430 (437 f.)).

IV. Rechtsverhältnis der Gesellschafter untereinander (Abs. 2)

Abs. 2 regelt konkret, dass wesentliche Regelungen im Bezug auf das **10** Innenverhältnis auch bei der nicht rechtsfähigen GbR Geltung beanspruchen. Die Notwendigkeit einer „**entsprechenden" Anwendung** resultiert methodisch daraus, dass der Wortlaut mancher Vorschriften wegen der fehlenden Rechtsfähigkeit zu korrigieren ist (Begr. S. 191). Im Übrigen wird explizit auch auf § 708 verwiesen, sodass auch bei der nicht rechtsfähigen GbR eine weitgehende **Gestaltungsfreiheit** in Bezug auf die konkrete rechtliche Ausgestaltung des Innenverhältnisses besteht (→ § 708 Rn. 1 ff.); diese erstreckt sich insofern auch auf die Regelungsbereiche der §§ 740a–740c (Begr. S. 191). Im Übrigen hält der Gesetzgeber gemäß §§ 740a–740c bei nicht rechtsfähigen Gesellschaften am bislang vorherrschenden **Vorrang der Auflösung** fest, sodass auf die §§ 723 ff. insofern folgerichtig nicht verwiesen wird.

1. Umfang des Verweises

Der Verweis erstreckt sich abweichend von § 704 II-E des Maurach **11** Entwurfs nicht auf sämtliche Regelungen des Kapitels 2 gemäß §§ 708–718 (Rechtsverhältnis der Gesellschafter untereinander), sondern nur auf einzelne Regelungen, was richtigerweise zu korrigieren ist (dazu → Rn. 24 ff.).

a) Beiträge, Stimmkraft, Anteil an Gewinn und Verlust – § 709. 12 Der Verweis auf § 709 I und II stellt klar, dass es auch bei nicht rechtsfähigen GbR **Zweckförderungs- und Beitragspflichten** gibt, einschließlich des Gleichbehandlungsgebots (→ § 709 Rn. 5 ff.). Die rechtliche Konstruktion erfolgt hierbei naturgemäß nicht über die GbR als Rechtssubjekt, sondern über die Beteiligung der Gesellschafter persönlich, mithin auf Grundlage der allgemeinen Regeln der **§§ 420 ff.** Es richtet sich mithin nach der jeweiligen Vereinbarung, ob Teil- oder Gesamtschuld bzw. umgekehrt Mit- oder Gesamtgläubigerschaft vorliegt. – Aus dem Verweis auf § 709 III folgt, dass im Hinblick auf die gesellschaftsinternen **Beteiligungsverhältnisse** das dort geregelte Stufenmodell auch bei der nicht rechtsfähigen GbR gilt (→ § 709 Rn. 21 ff.). Da kein Gesellschaftsvermögen gebildet wird und es oftmals auch an konkret vereinbarten Beitragspflichten fehlt, dürfte der Auffangregelung (Beteiligung nach Köpfen) bei der nicht rechtsfähigen GbR nach wie vor eine große Bedeutung zukommen.

b) Mehrbelastungsverbot – § 710. Das Mehrbelastungsverbot gemäß **13** § 710 S. 1 (→ § 710 Rn. 7) gilt gleichermaßen, hat bei der nicht rechtsfähigen GbR freilich eine geringere Bedeutung, da es kein Gesellschaftsvermögen gibt und die (kapitalmäßige) Beteiligung nebst entsprechenden **Nachschuss-**

pflichten daher insofern ausscheidet. Die Regelung schützt den einzelnen Gesellschafter daher vor allem vor einer nachträglichen Vermehrung seiner (Dienst)Leistungen gegenüber den Mitgesellschaftern. Bei der **stillen Beteiligung** iSv §§ 230 ff. HGB ist dies freilich anders, da hier auch die vermögensmäßige Beteiligung eines Stillen am Unternehmen eines Geschäftsinhabers über eine „Einlage" prägend ist, so dass sich hier dieselben praktischen Bedürfnisse für finanzielle Nachschusspflichten stellen wie bei rechtsfähigen Gesellschaften. – Die **Ausnahme gemäß § 710 S. 2,** wonach die §§ 728a und 737b unberührt bleiben (→ § 710 Rn. 3), gilt vordergründig nicht, da Abs. 2 nicht auf diese Regelungen verweist. Richtigerweise gibt es aber auch bei der nicht rechtsfähigen GbR nach Ausscheiden eines Gesellschafters bzw. ihrer Auflösung (vgl. insofern aus sogar ausdrücklich § 740b II) eine Fehlbetragshaftung im Verhältnis der Gesellschafter untereinander (→ Rn. 26).

14   **c) Übertragung und Übergang von Gesellschaftsanteilen – § 711.** Der Verweis auf **§ 711 I** stellt klar, dass es **auch bei einer nicht rechtsfähigen GbR** Gesellschaftsanteile gibt. In vermögensmäßiger Hinsicht ist dies freilich infolge von Abs. 1, wonach eine nicht rechtsfähige GbR über kein eigenes Gesellschaftsvermögen verfügt, noch weniger als bei rechtsfähigen GbR als **Vermögenswert** zu verstehen. Dieser resultiert allein daraus, dass die mit der Mitgliedschaft verbundenen Rechte und Pflichten des Gesellschafters infolge **allgemeiner Bewertungskriterien** einen solchen ausmachen; auf die (mittelbare) Beteiligung an einem Gesellschaftsvermögen darf nicht abgestellt werden. Dessen ungeachtet kann ein Gesellschaftsanteil gemäß § 711 I aber nach Maßgabe von §§ 398, 413 mit (ggf. antizipierter) Zustimmung der Mitgesellschafter **übertragen** werden (→ § 711 Rn. 6 ff.). Eine **dingliche Belastung** mit Pfandrecht, Nießbrauch etc. (→ § 711 Rn. 17 ff.) ist gleichermaßen möglich. § 740a I Nr. 6 erkennt durch den Verweis auf § 726 zudem mittelbar an, dass auch Gesellschaftsanteile an nicht rechtsfähigen GbR der **Zwangsvollstreckung** unterliegen (→ § 726 Rn. 15). – Das Verbot gemäß § 711 I 2, eigene Anteile zu erwerben (→ § 711 Rn. 12), ist bei der nicht rechtsfähigen GbR indessen bedeutungslos.

15   Infolge des Verweises auf **§ 711 II** bestehen im Hinblick auf die **Vererbung** von Gesellschaftsanteilen im Ausgangspunkt ebenfalls keine Unterschiede zur rechtsfähigen GbR (→ § 711 Rn. 22 ff.). Insofern ist freilich vorrangig zu fragen, ob der Tod eines Gesellschafters abweichend von § 740a I Nr. 3 überhaupt zum Ausscheiden führt, mithin **nicht zur Auflösung** der Gesellschaft als gesetzlicher Regelfall (→ § 740a Rn. 2). Wenn dies aufgrund entsprechender Fortsetzungsklausel der Fall ist, kann durch entsprechende Vereinbarung im Gesellschaftsvertrag auch bei nicht rechtsfähigen GbR der Gesellschaftsanteil vererblich gestellt werden, sodass dieser nach Maßgabe von § 711 II auf den Erben übergeht und die GbR unter dessen Beteiligung als nicht rechtsfähige fortbesteht (→ § 711 Rn. 27 ff.). § 724 gilt bei der rechtsfähigen GbR indessen nicht, weil hier keine Gesellschafterhaftung in Rede steht. Ein Erbe kann daher nicht verlangen, dass ihm die Stellung eines Kommanditisten eingeräumt wird (→ § 724 Rn. 6 ff.).

d) Eingeschränkte Übertragbarkeit von Gesellschafterrechten – 16 § 711a. Das in § 711a S. 1 geregelte **Abspaltungsverbot** gilt als Ausprägung eines allgemeinen gesellschaftsrechtlichen Prinzips auch bei nicht rechtsfähigen GbR. Die einem Gesellschafter gegenüber den Mitgesellschaftern zustehenden Rechte aus dem Gesellschaftsverhältnis können daher nicht übertragen werden (→ § 711a Rn. 7 ff.). Die **Ausnahmen für Vermögensansprüche** gegenüber den Mitgesellschaftern gemäß § 711a S. 2 gilt konsequenterweise gleichermaßen (→ § 711a Rn. 19 ff.). Soll dies aus Gründen der personalen Verbundenheit verhindert werden, muss ein Abtretungsverbot vereinbart werden (§ 399; vgl. BGH NJW 1978, 1382). – Die Übertragung einer Gesellschafterstellung bzw. des Gesellschaftsanteils richtet sich im Übrigen auch bei der nicht rechtsfähigen GbR nach den allgemeinen Regeln (→ § 711 Rn. 6 ff.).

e) Ausscheiden und Eintritt eines Gesellschafters – § 712. Die Fol- **17** gen des Ausscheidens eines Gesellschafters aus der GbR sowie des Eintritts eines neuen regelt § 712 für die nicht rechtsfähige GbR gleichermaßen. Indem sich selbst bei rechtsfähigen GbR die Anwachsung lediglich auf die **mitgliedschaftliche Stellung** des Gesellschafters und der übrigen auswirkt und nicht auf das Gesellschaftsvermögen (→ § 712 Rn. 1), ergeben sich auch keine signifikanten Unterschiede. Insofern ist freilich vorrangig zu fragen, ob der Ausscheidensgrund überhaupt abweichend von § 740a I zum alleinigen Ausscheiden führt, mithin **nicht zur Auflösung** der Gesellschaft als gesetzlichem Regelfall (→ § 740a Rn. 2). Wenn dies aufgrund entsprechender **Fortsetzungsklausel** der Fall ist, bleibt die nicht rechtsfähige GbR als solche bestehen. Es erhöht sich die mitgliedschaftliche Stellung der verbleibenden Gesellschafter gemäß § 709 III kraft Gesetzes im Verhältnis der jeweiligen Anteile durch **Anwachsung** (→ § 712 Rn. 7). Tritt umgekehrt ein neuer Gesellschafter ein, verringern sich deren Beteiligungen im Wege der **Abwachsung** (→ § 712 Rn. 26). Beim Ausscheiden des vorletzten Gesellschafters gilt indessen richtigerweise vorrangig § 712a, sodass die nicht rechtsfähige GbR sogleich liquidationslos erlischt (→ Rn. 25). – Vgl. im Übrigen zum Abfindungsanspruch und zur Fehlbetragshaftung → Rn. 26 sowie zur Ausschließung eines Gesellschafters gemäß § 727 → § 740c Rn. 37.

f) Beschlussfassung – § 714. Infolge des Verweises auf § 714 gilt in **18** Bezug auf die innergesellschaftliche Willensbildung auch das **dispositive Einstimmigkeitsprinzip** (→ § 714 Rn. 10 ff.). Insbesondere bei mehrgliedrigen nicht rechtsfähigen Gesellschaften kann daher gleichermaßen aufgrund gesellschaftsvertraglicher Mehrheitsklauseln das **Mehrheitsprinzip** eingeführt werden (→ § 714 Rn. 20 ff.). Praktisch bedeutsam ist dies ebenso wie bei rechtsfähigen GbR sowohl für Geschäftsführungsangelegenheiten (→ Rn. 19) als auch für Grundlagenentscheidungen (→ § 714 Rn. 22 ff.). Es spricht im Übrigen nichts dagegen, die Gestaltungsfreiheit auch dahingehend zu verstehen, dass die Gesellschafter in Verwirklichung der Opt in-Lösung auch die wenigstens **partielle Anwendung der §§ 109 ff. HGB** vereinbaren können (→ § 714 Rn. 43 ff.; Schall ZIP 2020, 1443 (1450)). Die Streitigkeiten müssen freilich mangels Rechtsfähigkeit der GbR indessen

stets innerhalb des Gesellschafterkreises ausgetragen werden, mithin ohne
Beteiligung der GbR.

19   **g) Geschäftsführungsbefugnis – § 715.** Der Verweis auf § 715 stellt
klar, dass es **auch bei nicht rechtsfähiger GbR** eine organisationsrechtliche
Ausgestaltung im Innenverhältnis gibt, welche durch die Geschäftsführungsbefugnis in **Abgrenzung zu den Grundlagenentscheidungen** gekennzeichnet ist (vgl. hierzu Hadding FS Grunewald, 2021, 285 (290); Schall ZIP
2020, 1443 (1450)). Dies ist neu, denn zum früheren Recht hat die hM es
bewusst abgelehnt, organisationsrechtliche Elemente bei der Auseinandersetzung von Innen-GbR anzuerkennen (vgl. RG JW 1934, 3268; MüKoBGB/
Schäfer § 730 Rn. 12: „für den internen Ausgleich der Gesellschafter bedarf
es keines Fortbestands der Gesellschaft"; vgl. hierzu → § 740a Rn. 30 ff.).
Es ist daher nunmehr gleichermaßen zu differenzieren, welchem Bereich
ein Gegenstand der kollektiven Willensbildung zuzuordnen ist, was auch
Auswirkungen auf die inhaltlichen Anforderungen an Mehrheitsklauseln hat
(→ § 714 Rn. 20 ff.). Im Übrigen ist es auch ohne weiteres möglich, die
Geschäftsführungsbefugnis lediglich einzelnen oder wenigen Gesellschaftern
zuzuweisen (→ § 715 Rn. 18 ff.) oder umgekehrt einem Gesellschafter die
Geschäftsführungsbefugnis zu entziehen (→ § 715 Rn. 24, 40 ff.). Auch das
Notgeschäftsführungsrecht gemäß § 715 III gilt entsprechend → § 715
Rn. 14). – Die tatsächliche Ausübung der Geschäftsführungsbefugnis umfasst
bei nicht rechtsfähigen GbR naturgemäß kein Handeln im Namen der
Gesellschaft, sondern andere **Tätigkeiten auf Rechnung der Gesellschaftergesamtheit.** – Insofern kann pflichtwidrig und schuldhaftes Verhalten
auch eine **Schadensersatzhaftung** gegenüber den Mitgesellschaftern nach
§ 280 auslösen, was seit der Streichung von § 708 aF ab 1.1.2024 einer Haftungsverschärfung unterliegt (→ § 715 Rn. 27 ff.). Soll insofern die alte
Rechtslage beibehalten werden, bedarf es einer entsprechenden Vereinbarung
der Gesellschafter untereinander. Gerade bei nicht rechtsfähigen (Gelegen-
heits-)GbR ist insofern auch der **Umfang der Zweckbindung** in besonderer Weise problematisch, wenn es darum geht, illoyales Verhalten von der
legitimen Verwirklichung privater Interessen abzugrenzen, wofür die klagenden Mitgesellschafter die Darlegungs- und Beweislast tragen.

20   **h) Notgeschäftsführungsbefugnis – § 715a.** Als Konsequenz der organisationsrechtlichen Ausgestaltung auch nicht rechtsfähiger GbR im Hinblick
die Geschäftsführungsbefugnis ist es nur konsequent, wenn auch das Notgeschäftsführungsrecht gemäß § 715a Geltung beansprucht (→ § 715a Rn. 18
ff). Die hierdurch bewirkte gesetzliche **Prozessstandschaft** (→ § 715a
Rn. 14 ff.) ist freilich dahingehend zu modifizieren, als das individuell geltend
gemachte Recht nicht eines der Gesellschaft selbst ist, sondern der Gesellschafter in ihrer durch §§ 428, 432 konturierten gemeinschaftlichen Verbundenheit und es sich konsequenterweise auch hiernach beurteilt, an wen die
Leistung verlangt werden kann (vgl. zur identischen Problematik bei der
Gesellschafterklage entsprechend § 715b → Rn. 9 ff.).

21   **i) Ersatz von Aufwendungen etc. – § 716.** Der Verweis auf § 716
begründet auch zugunsten des Gesellschafters einer nicht rechtsfähigen GbR

den Anspruch auf **Aufwendungsersatz** gemäß § 716 I, der nicht an die Innehabung von Geschäftsführungskompetenz geknüpft ist (→ § 716 Rn. 5 ff.). Der Anspruch richtet sich freilich nach Maßgabe der §§ 420 ff. gegen die Mitgesellschafter persönlich (Begr. S. 191). Mangels abweichender Vereinbarung besteht insofern eine **Teilschuld** iSv. § 420 (vgl. insofern auch § 709 III, → Rn. 21 ff.). Für den Anspruch auf Vorschuss nach § 716 II gilt das Gleiche (→ § 716 Rn. 9). – Die umgekehrten Verpflichtungen eines Gesellschafters auf **Herausgabe und Verzinsung** gemäß § 716 III und IV (→ § 716 Rn. 11 ff., 14 f.) stehen mangels Rechtsfähigkeit der GbR den Mitgesellschaftern gemäß §§ 428, 432 zu.

j) Informationsrecht, Auskunftspflicht – § 717. Es wird allein auf 22 § 717 I verwiesen, woraus zunächst folgt, dass auch bei nicht rechtsfähigen GbR **jeder Gesellschafter** das entsprechende Informationsrecht hat (→ § 717 Rn. 9 ff.). Es richtet sich mangels Rechtsfähigkeit der GbR indessen unmittelbar gegen den Gesellschafter, von dem die betreffende Information begehrt wird. Dies werden im Regelfall die geschäftsführungsbefugten Gesellschafter sein (→ Rn. 19). – Problematisch ist, dass **kein Verweis auf § 717 II** erfolgt, was als **Redaktionsversehen** zu korrigieren ist. Es leuchtet nämlich nicht ein, wenn § 740 II einerseits vorsieht, dass auch bei nicht rechtsfähigen GbR differenzierte Geschäftsführungskompetenzen nach Maßgabe von § 715 bestehen, andererseits aber die überzeugenden und im Kern zwingenden Informationspflichten zugunsten der Mitgesellschafter nicht gelten sollten. Richtigerweise haben daher auch die geschäftsführungsbefugten Gesellschafter einer nicht rechtsfähigen GbR den Mitgesellschaftern von sich aus die entsprechenden Informationen zu erteilen (→ § 717 Rn. 32 ff.).

k) Rechnungsabschluss und Gewinnverteilung – § 718. Infolge des 23 Verweises auf § 718 ist nunmehr auch bei nicht rechtsfähigen GbR im gesetzlichen Regelfall („im Zweifel") ein Rechnungsabschluss zum **Schluss jedes Kalenderjahres** anzufertigen (→ § 718 Rn. 10 ff.). Die von § 718 vorausgesetzten Ansprüche eines Gesellschafters auf Erstellung des Rechnungsabschlusses und Gewinnauszahlung richten sich in diesen Fällen freilich gegen den oder die Mitgesellschafter persönlich (→ § 718 Rn. 30 ff.).

2. Entsprechende Anwendung weiterer Regelungen

a) Gesellschafterklage – § 715b. Der Verweis in Abs. 2 ist richtigerweise 24 unvollständig. Dies betrifft vor allem die Gesellschafterklage gemäß § 715b (→ § 715b Rn. 9 ff.). Es leuchtet nämlich nicht ein, warum dieser Notbehelf bei nicht rechtsfähigen GbR nicht gelten sollte, insbesondere, da dieser nach § 715b II nunmehr explizit zwingenden Charakter hat (→ § 715b Rn. 23; ebenso Hadding FS Grunewald, 2021, 285 (292)). Die hierdurch bewirkte gesetzliche **Prozessstandschaft** (→ § 715b Rn. 20 ff.) ist freilich dahingehend zu modifizieren, als das individuell geltend gemachte Recht nicht eines der Gesellschaft selbst ist, sondern der Gesellschafter in ihrer durch §§ 428, 432 konturierten gemeinschaftlichen Verbundenheit und es sich konsequenterweise auch hiernach beurteilt, an wen die Leistung verlangt werden kann (vgl. zur identischen Problematik bei der Notgeschäftsführungsbefugnis entsprechend § 715a → Rn. 14 ff.).

25   **b) Ausscheiden des vorletzten Gesellschafters – § 712a.** Der fehlende Verweis auf § 712a ist ohne weiteres nachvollziehbar, soweit es das bei nicht rechtsfähiger GbR nicht vorhandene Gesellschaftsvermögen betrifft. Für einen entsprechenden Vermögensübergang ist daher kein Raum (vgl. insofern → § 712a Rn. 11). Das hierdurch bewirkte **sofortige Erlöschen als zwingende Regelung** beim Ausscheiden des vorletzten Gesellschafters (→ § 712a Rn. 9) beansprucht indessen auch bei nicht rechtsfähiger GbR Geltung. Praktisch bedeutsam ist dies vor allem, wenn abweichend von § 740a mittels einer Fortsetzungsklausel festgelegt wird, dass das Ausscheiden eines Gesellschafters dem Fortbestand einer Gesellschaft nicht entgegensteht (→ § 740a Rn. 2). § 712a manifestiert so das allgemeine Prinzip, dass es im deutschen Recht **keine Ein-Personen-Personengesellschaften** gibt. Vgl. im Übrigen zur Ausschließung eines Gesellschafters gemäß § 727 → § 740c Rn. 37.

26   **c) Rechtsfolgen des Ausscheidens – §§ 728, 728a.** Die Rechtsfolgen des Ausscheidens richten sich trotz fehlenden Verweises auf **§§ 728, 728a** richtigerweise auch bei nicht rechtsfähiger GbR hiernach. § 740c II stellt dies ausdrücklich klar. Insofern ist freilich vorrangig zu fragen, ob der Ausscheidensgrund überhaupt abweichend von § 740a I zum alleinigen Ausscheiden führt, mithin **nicht zur Auflösung** der Gesellschaft als gesetzlichen Regelfall (→ § 740a Rn. 2). Wenn dies aufgrund entsprechender **Fortsetzungsklausel** der Fall ist, bleibt die nicht rechtsfähige GbR als solche bestehen. Insofern ist es nur konsequent, wenn der Ausscheidende für den Wert seines Anteils eine angemessene **Abfindung** erhält (→ § 728 Rn. 32 ff.) bzw. umgekehrt für einen **Fehlbetrag** einzustehen hat (→ § 728a Rn. 12). Dass es bei nicht rechtsfähiger GbR kein Gesellschaftsvermögen gibt, steht dem nicht entgegen, da die gebotene Bewertung auch hiervon unabhängig erfolgen kann. Die Ansprüche bestehen freilich mangels Rechtsfähigkeit der GbR unmittelbar im Verhältnis der Gesellschafter zueinander (→ § 740c Rn. 36).

V. Kautelarischer Handlungsbedarf infolge des MoPeG

27   Die Reform des Personengesellschaftsrechts durch das MoPeG bringt auch für nicht rechtsfähige GbR in vielerlei Hinsicht **mehr Rechtsklarheit und Rechtssicherheit,** vielfach aber auch Einschränkungen der Handlungsspielräume. Die Praxis sollte daher bereits vor Inkrafttreten am 1.1.2024 den Einfluss der neuen Regelungen im Einzelnen und konzeptionell bewerten und auf dieser Grundlage ggf. Anpassungen der bestehenden Gesellschaftsverträge vornehmen. Die **Abgrenzung rechtsfähiger und nicht rechtsfähiger GbR** gemäß § 705 II (→ § 705 Rn. 44) begründet insofern die zentrale Weichenstellung für die Behandlung der Gesellschafter nach außen, insbesondere für ihre **Vertretungsbefugnisse und Haftung** (vgl. §§ 720 ff.) sowie im Hinblick auf das **Gesellschaftsvermögen** (vgl. § 713). Aber auch im Innenverhältnis ergeben sich durch den nur bei rechtsfähiger GbR gesetzlich geprägten **Vorrang des Ausscheidens** entscheidende Unterschiede im Verhältnis der §§ 723 ff. zu den §§ 740a–740c. In bestehenden Gesellschaften sollte daher spätestens zum 1.1.2024 Klarheit darüber hergestellt werden, welche Rechtsformvariante im Lichte des neuen Rechts gewollt ist.

Vor diesem Hintergrund und allgemein bezüglich des **Innenverhältnisses** 28 kann daher ein **Anpassungsbedarf** wegen der ab 1.1.2024 neuen Rechtslage entstehen. Dies wirft die Frage auf, unter welchen Voraussetzungen die Mitgesellschafter zur Anpassung des bestehenden Gesellschaftsvertrages als Ausprägung der gesellschaftsrechtlichen **Treuepflicht** ($\rightarrow$ § 705 Rn. 35) verpflichtet sind. Regelmäßig wird sich diese Frage dann stellen, wenn die bisherige Rechtslage der Interessenlage der Gesellschafter und dem Charakter der Gesellschaft besser entsprach als die auf Unternehmenskontinuität abzielende Neuregelung (vgl. zu Anpassungspflichten im Zuge der Handelsrechtsreform 1998 auch K. Schmidt BB 2001, 1 (6)). Eine solche **Zustimmungspflicht** ist zwar grundsätzlich mit Zurückhaltung zu bejahen und auf Ausnahmefälle beschränkt: Das maßgebliche Kriterium ist insofern, ob die in Rede stehende Maßnahme zur Weiterverfolgung des Gesellschaftszwecks dringend geboten ist und dem widersprechenden Gesellschafter unter Berücksichtigung seiner eigenen Belange zumutbar ist (BGH NJW 1965, 1960 Rn. 13; 1961, 724 Rn. 23; 1985, 974 Rn. 11). Die Hürde zur Bejahung einer Zustimmungspflicht ist angesichts der substantiellen und konzeptionellen Modernisierung des GbR-Rechts indessen nicht allzu hoch anzusetzen. Die Anpassung bestehender Gesellschaftsverträge an eine neue Rechtslage ist nämlich weniger die materielle Änderung des Gesellschaftsvertrags, als vielmehr die **Aufrechterhaltung der Geschäftsgrundlage** unter den Gesellschaftern (vgl. BGH NJW 1987, 189 Rn. 14). Entscheidend ist daher insbesondere, ob die Gesellschaft dem Leitbild einer von persönlicher Verbundenheit geprägten Gelegenheitsgesellschaft mit ihren Ausprägungen in §§ 705 ff. aF besser entspricht und daher von einer Wiederherstellung der Vertragsgrundlage gesprochen werden kann oder eine neue Regelung in Abweichung von der bisherigen Praxis in den Gesellschaftsvertrag eingeführt werden soll.

Diese liberalere Anerkennung von Zustimmungspflichten zugunsten der 29 neuen Rechtslage gilt auch bei der ggf. erforderlichen **Anpassung von gesellschaftsvertraglichen Schiedsklauseln,** die wiederum Wechselwirkungen auf die Auslegung sonstiger gesellschaftsvertraglicher Regelungen haben (vgl. auch in Schäfer Neues PersGesR /Liebscher § 5 Rn. 173, 154). – Im Übrigen kommt auch die **Aufnahme rein klarstellender Regelungen** in den Gesellschaftsvertrag in Betracht, wenn es bisher an einer ausdrücklichen Regelung – unter Unterstellung der Geltung der gesetzlichen Vorgaben der §§ 705 ff. aF – gefehlt hat. Die **ergänzende Auslegung** des Gesellschaftsvertrages nach §§ 133, 157 iVm § 242 kann hier freilich im Einzelfall auch für einen angemessenen Interessensausgleich sorgen, ist aber mit erheblichen Rechtsunsicherheiten verbunden. Aus diesem Grund empfiehlt es sich, die Auswirkungen der Reform frühzeitig zu erörtern und diesbezüglich ausdrückliche Abreden zu treffen. – Bei fehlender Einigkeit zwischen den Gesellschaftern besteht zudem regelmäßig die **Möglichkeit der Kündigung** der Gesellschaft ($\rightarrow$ § 740a Rn. 13 ff.).

§ 740a Beendigung der Gesellschaft

(1) **Die nicht rechtsfähige Gesellschaft endet durch:**
1. **Ablauf der Zeit, für welche sie eingegangen wurde;**
2. **Auflösungsbeschluss;**
3. **Tod eines Gesellschafters;**
4. **Kündigung der Gesellschaft durch einen Gesellschafter;**
5. **Eröffnung des Insolvenzverfahrens über das Vermögen eines Gesellschafters;**
6. **Kündigung der Gesellschaft durch einen Privatgläubiger eines Gesellschafters.**

(2) **Die Gesellschaft endet ferner, wenn der vereinbarte Zweck erreicht oder seine Erreichung unmöglich geworden ist.**

(3) **Auf die Beendigung der Gesellschaft sind die §§ 725, 726, 730, 732 und 734 Absatz 1 und 2 entsprechend anzuwenden.**

Übersicht

I. Reform

1. Grundlagen, Bewertung

§ 740a regelt in weitgehender Übereinstimmung mit dem Mauracher **1** Entwurf erstmalig explizit die **Beendigungstatbestände** nicht rechtsfähiger GbR (vgl. demgegenüber bei rechtsfähigen GbR die weitgehend identischen Auflösungsgründe gemäß § 729, → § 729 Rn. 9 ff.). Der Gesetzgeber bringt hiermit zum Ausdruck, dass bei nicht rechtsfähigen GbR **keine Unterscheidung von Auflösung und Vollbeendigung** erfolgt. Dies war bislang bereits allgM (pointiert MüKoBGB/Schäfer § 730 Rn. 12: „Zusammenfallen von Auflösung und Vollbeendigung"). Die im Anschluss an die Beendigung nach Maßgabe von § 740b erfolgende Auseinandersetzung ist somit scheinbar nicht mehr gesellschaftsrechtlich geprägt (vgl. wiederum MüKoBGB/Schäfer § 730 Rn. 12: „für den internen Ausgleich der Gesellschafter bedarf es keines Fortbestands der Gesellschaft"; ebenso Schäfer Neues PersGesR/Armbrüster § 3 Rn. 69). Dass dies nicht zutrifft, folgt bereits aus § 740b, indem dies eine Auseinandersetzung „unter Gesellschaftern" ist, die Beteiligten daher auch nach Beendigung noch solche im Rechtssinne sind und keine „ehemaligen Gesellschafter". Indem es auch nicht sachgerecht wäre, die Auseinandersetzung als eine vom ursprünglichen Gesellschaftsverhältnis zu trennende Maßnahme zu sehen, ist es geboten, den **Fortbestand des gesellschaftsrechtlichen Zusammenschlusses während der Auseinandersetzung** anzuerkennen, mithin bis zur (vermeintlichen) Beendigung desselben. Nur auf diese Weise lassen sich die gebotenen Maßnahmen in den Pflichtenrahmen von § 736d einordnen, auf den § 740b II explizit verweist (→ Rn. 31). Insofern hätte man vom Gesetzgeber durchaus etwas mehr Klarheit erwarten können (für eine entsprechende Anwendungen einzelner Vorschriften der §§ 730 ff. aF bei Innen-GbR früher bereits MüKoBGB/Schäfer § 730 Rn. 12 mwN).

Im Übrigen hat der Gesetzgeber bei der nicht rechtsfähigen GbR am **Vor- 2 rang der Auflösung** festgehalten (dies begrüßend DAV NZG 2020, 1133 Rn. 96). Im gesetzlichen Regelfall sind nämlich der Tod eines Gesellschafters (vgl. Abs. 1 Nr. 2 im Gegensatz zu § 723 I Nr. 1), die Eröffnung des Insolvenzverfahrens über das Vermögen eines Gesellschafters (vgl. Abs. 1 Nr. 5 im Gegensatz zu § 723 I Nr. 3) und die Kündigung eines Privatgläubigers (vgl. Abs. 1 Nr. 6 im Gegensatz zu § 723 I Nr. 4) Beendigungsgründe. Eine gesellschaftsvertragliche **Fortsetzungsklausel** vermag allerdings auch in diesen Fällen allein das Ausscheiden des betroffenen Gesellschafters unter Fortbestand der nicht rechtsfähigen GbR im Übrigen hervorzurufen (→ § 740c Rn. 1). – Die hierdurch hervorgerufene **grundlegende Unterscheidung gegenüber der rechtsfähigen GbR** ist durchaus legitim. Die tragenden Erwägungen der Reform, das Leitbild rechtsfähiger GbR „von der Gelegenheitsgesellschaft zur Dauergesellschaft" umzuformen (Begr. S. 106), bewirkt nämlich eine Aufweichung des schuldrechtlichen Prinzips der personalen Verbundenheit, was als gesetzlicher Regelfall bei nicht rechtsfähiger GbR unpassend wäre. Insofern bleibt es daher im Kern bei der bisherigen Rechtslage, sodass sich auch weniger

Übergangsprobleme stellen und für das Wahlrecht gemäß Art. 229 § 61
EGBGB (Art. 49 Nr. 2 MoPeG) kein Raum besteht (vgl. hierzu → § 723
Rn. 38). – **Gesetzestechnisch** ist die Umsetzung dieser im Kern berechtigten
Regulierung in Bezug auf die Beendigung der Gesellschaft und das Ausscheiden
indessen **sehr unglücklich,** sodass man den Eindruck haben könnte, dem
Gesetzgebungsverfahren sei am Ende der Regelungsmaterie die Luft ausgegan-
gen. Der **Verweis in Abs. 3** auf die für entsprechend anwendbar gehaltenen
Regelungen der rechtsfähigen GbR in Bezug auf Beendigung der Gesellschaft
überzeugt nicht, soweit hierüber Ausscheidenstatbestände adressiert sind. Insofern hätte der Gesetzgeber mehr Klarheit erzeugen können.

2. Zeitlicher Geltungsbereich

3   § 740a tritt gemäß Art. 137 S. 1 MoPeG am **1.1.2024** in Kraft; eine Übergangsregelung ist im EGBGB nicht vorgesehen. Aus dem Umkehrschluss
zu Art. 229 § 61 EGBGB folgt daher, dass für die Beendigung einer nicht
rechtsfähigen GbR (früher Innen-GbR) ab dem Zeitpunkt des Inkrafttretens
das neue Recht gilt. Maßgeblicher Zeitpunkt ist nach dem Grundsatz des
lex temporis actus (→ § 705 Rn. 3 ff.) die Verwirklichung des Auflösungstatbestands. Dies betrifft auch Altgesellschaften, sodass sich die materielle
Rechtslage insofern ändert, freilich im Kern allein durch Einführung einer
Kündigungsfrist bei der ordentlichen Kündigung (vgl. zum kautelarischen
Handlungsbedarf → Rn. 36).

II. Normzweck, Anwendungsbereich

3a   **Abs. 1 und 2** regeln die **Beendigungsgründe** für die nicht rechtsfähige
GbR. Die Regelung ist weitgehend identisch mit § 729 I und II bei der rechtsfähigen GbR (→ § 729 Rn. 9 ff.). Der zentrale Unterschied liegt darin begründet, dass es bei der nicht rechtsfähigen GbR im gesetzlichen Regelfall **kein
strukturiertes Liquidationsverfahren** gemäß §§ 735 ff. gibt; stattdessen
erfolgt eine Auseinandersetzung nach § 740b, welche in sachlicher Hinsicht freilich der Liquidation nahekommt (→ § 740b Rn. 5 ff.). Die gesetzliche Terminologie „Beendigung" statt „Auflösung" ist daher schief, gleichwohl aber hinzunehmen. Im Übrigen unterscheidet sich § 740a von § 729 Abs. 3, wonach bei
atypischen rechtsfähigen GbR auch die Ablehnung der Insolvenzeröffnung über
das Vermögen der GbR einen zwingenden Auflösungsgrund darstellt, was bei
der nicht rechtsfähigen GbR naturgemäß keinen Anwendungsbereich hat. Über
den Wortlaut von § 740a hinaus ist es freilich auch bei nicht rechtsfähigen GbR
möglich, **weitere Beendigungsgründe zu vereinbaren** (vgl. insofern bei
rechtsfähiger GbR § 729 IV, → § 729 Rn. 26).

III. Beendigungsgründe gemäß Abs. 1

1. Zeitablauf (Abs. 1 Nr. 1)

4   Der Ablauf einer gesellschaftsvertraglich vereinbarten **Befristung** führt
ipso jure, mithin **automatisch,** zur Beendigung der Gesellschaft (BGH NJW

1994, 2886 (2888)); maßgeblich ist der **objektive Eintritt,** auf die tatsächliche Kenntnis der eingetretenen Beendigung durch die Gesellschafter zu diesem Zeitpunkt bzw. auf die zu Grunde liegenden Tatsachen kommt es nicht an (MüKoBGB/Schäfer § 726 Rn. 7). – Voraussetzung für die einschneidenden Folgen der Beendigung ist eine entsprechende **Vereinbarung** der Befristung im Gesellschaftsvertrag; Abs. 1 Nr. 1 hat wegen der vertraglichen Grundlage insofern nur klarstellende Bedeutung (vgl. Begr. S. 177). Die Befristung muss hinreichend **kalendermäßig bestimmbar** sein (§§ 133, 157). Insofern sind verschiedene Gestaltungsvarianten denkbar (festes Datum, feste Laufzeit oder Höchstdauer, vgl. zu Letzterem RGZ 156, 129 (134)). Erfolgt lediglich die Festlegung einer **Mindestdauer,** handelt es sich nicht um eine Befristung im Sinne eines Beendigungsgrundes; rechtliche Bedeutung hat dies freilich im Rahmen von § 725 I, auf den Abs. 3 verweist, da bis zum Erreichen der Mindestdauer die ordentliche Kündigung der GbR im dispositiven gesetzlichen Regelfall ausgeschlossen ist (→ Rn. 14). Vgl. zur Möglichkeit eines Fortsetzungsbeschlusses → Rn. 32.

Von der Befristung **abzugrenzen** ist die gleichermaßen zulässige Verein- 5 barung einer **auflösenden Bedingung** gemäß § 158 II. Ist der maßgebliche Umstand für den Bedingungseintritt (ex ante betrachtet) konkret bestimmbar, führt dies bei Eintritt ebenfalls zur automatischen Beendigung der Gesellschaft. Auch insofern besteht **Vertragsfreiheit,** sodass eine solche ggf. **konkludent** auch an die Verwirklichung eines bestimmten Projektes geknüpft werden kann (vgl. BGH NJW 1994, 2886 (2888)), an die Verwertung eines Schutzrechts (vgl. RG LZ 1911, 298), an die Aufrechterhaltung eines konkreten Gesellschafterbestands oder als Voluntativbedingung an die Erklärung oder Handlung eines Gesellschafters oder Dritten (vgl. zur OHG BeckOGK/Michel HGB § 131 Rn. 10). – Praktisch bedeutsam ist insofern stets und gerade bei der GbR als Rechtsform für potentielle Gelegenheitsgesellschaften auch die **Auslegung des Gesellschaftszwecks,** da sich auch hieraus eine Befristung oder auflösende Bedingung ergeben kann, insbesondere bei gemeinsam verwirklichten Projekten. Insofern ergeben sich freilich **Abgrenzungsprobleme zur Zweckerreichung** gemäß Abs. 2 (→ Rn. 23), was aber in der Praxis meist wegen der identischen Rechtsfolgen nicht entschieden zu werden braucht.

Für die Bejahung einer auflösenden Bedingung ist wegen des damit ver- 6 bundenen Ausschlusses der ordentlichen Kündbarkeit und der gestaltenden Wirkung des Bedingungseintritts unter dem **Aspekt der Bestimmtheit** zu fordern, dass das ins Auge gefasste gesellschaftsvertragliche Ziel in zeitlicher Hinsicht aus der ex ante-Perspektive **wenigstens in groben Zügen zeitlich umreißbar** ist (vgl. OLG Karlsruhe NZG 2000, 304 (305)); ansonsten ist die Gesellschaft unbefristet. Eine Inhaltskontrolle gemäß § 138 I dahingehend, dass die Befristung wegen überlanger Bindung sittenwidrig ist (hierzu nach früherem Recht BGH NJW 2007, 295 Rn. 6; 1994, 2536; BeckOGK/Lübke § 723 Rn. 104; BGH BeckRS 1982, 31072166), lässt sich im Zuge der Neuregelung von § 725 indessen nicht mehr halten, da hiernach das ordentliche Kündigungsrecht sogar in Gänze abbedungen werden kann (→ § 725 Rn. 41 ff.). Dem Gesellschafter verbleibt stets die Möglichkeit, seine Mitgliedschaft entsprechend § 725 II außerordentlich zu kündigen (→ § 725 Rn. 51 ff.).

2. Beendigungsbeschluss (Abs. 1 Nr. 2)

7 Abweichend vom bisherigen Recht, aber im Einklang mit der Rechtslage bei der OHG (vgl. 138 I Nr. 4 HGB), sieht § 729 I Nr. 4 nunmehr auch die Möglichkeit der Auflösung der GbR durch Auflösungsbeschluss vor, bei der nicht rechtsfähigen GbR gemäß Abs. 1 Nr. 2 konsequenterweise die Beendigung im Beschlusswege (richtigerweise entsprechend als Beendigungsbeschluss zu bezeichnen). Da hierdurch eine **Änderung des Gesellschaftszwecks** im Hinblick auf die Auseinandersetzung herbeigeführt wird, bedarf es hierfür im Ausgangspunkt nach wie vor einer **einvernehmlichen Änderung des Gesellschaftsvertrages** (zur grundlegenden Bedeutung des Auflösungsbeschlusses als Auflösungsvertrag MüKoHGB/K. Schmidt/Fleischer HGB § 131 Rn. 15). Die zentrale Änderung der Reform folgt daher aus **Abs. 3 ivm § 732,** wonach die Beschlussfassung durch Mehrheitsentscheidung aufgrund entsprechender Mehrheitsklausel einerseits anerkannt wird, andererseits verschärft durch das Erfordernis einer qualifizierten **Dreiviertelmehrheit.**

3. Tod eines Gesellschafters (Abs. 1 Nr. 3)

8 **a) Natürliche Person.** Der Tod eines Gesellschafters führt bei der nicht rechtsfähigen GbR nach Nr. 3 im dispositiven gesetzlichen Regelfall zur Beendigung, was § 727 aF entspricht (vgl. demgegenüber bei rechtsfähigen GbR nunmehr den Vorrang des Ausscheidens gemäß § 723 I Nr. 1, → § 723 Rn. 8 ff.; diese gesetzliche Differenzierung anhand des mutmaßlichen Gesellschafterwillens begrüßend Schäfer Neues PersGesR/Armbrüster § 3 Rn. 65). Die **Gesellschafterstellung** ist daher in diesen Fällen wie früher allgemein im gesetzlichen Regelfall **insofern vererblich,** als die Erben (ggf. in Erbengemeinschaft) als Rechtsnachfolger des Verstorbenen an der **Auseinandersetzung** gemäß § 740b beteiligt sind (→ § 740b Rn. 5 ff.). – Der maßgebliche **Todeszeitpunkt** ist objektiv zu bestimmen; auf die Kenntnis der Mitgesellschafter kommt es nicht an (Mot. Mugdan II S. 623; BeckOGK/von Proff § 727 Rn. 3; Soergel/Hadding/Kießling § 727 Rn. 1). Die dauerhafte **Abwesenheit** ist kein Fall von Nr. 3 (MüKoBGB/Schäfer § 727 Rn. 7; Staudinger/Habermeier, 2003, § 727 Rn. 4; BeckOGK/von Proff § 727 Rn. 3); insofern kann allein nach Maßgabe von § 727 vorgegangen werden (→ § 740c Rn. 37). Etwas anderes gilt bei Verschollenheit in Bezug auf die **Todeserklärung** iSv §§ 2 ff. VerschG zu dem im Beschluss angegebenen Zeitpunkt gemäß § 23 VerschG, auch im Fall des § 39 VerschG (vgl. § 44 VerschG). Für die Zwischenzeit kann ein Abwesenheitsvertreter nach § 1911 bestellt werden.

9 Gehen die Mitgesellschafter **irrtümlich vom Tod** eines Gesellschafters aus, ist dies kein Fall von Abs. 1 Nr. 3; die Gesellschafterstellung des Betroffenen bleibt mithin vollumfänglich bestehen. Um erhebliche Rückabwicklungsprobleme zu vermeiden und die Handlungsfähigkeit der Gesellschaft

nicht zu gefährden, kann in diesen Fällen auch bei der nicht rechtsfähigen GbR die **Lehre von der fehlerhaften Gesellschaft** entsprechend angewendet werden (Einzelheiten → § 719 Rn. 21 ff.). An die Stelle des fehlerhaften Gesellschaftsvertrages tritt in diesem Fall die irrtümliche Anwendung von Abs. 1 Nr. 3. Rechtsfolge ist die Fiktion des Fortbestehens der Gesellschaft unter Ausschluss des totgeglaubten Gesellschafters, sodass das gesellschaftsbezogene Handeln der Mitgesellschafter nach Entdeckung des Irrtums rückwirkende Bestandskraft hat (vgl. insoweit auch § 729 aF, der zwar gestrichen wurde, dessen rechtspolitische Bedeutung indessen nach wie vor Geltung beansprucht).

Bei treuhänderisch gehaltenen Beteiligungen kommt es auf die **Person** **10** **des Treuhänders** an (vgl. BeckOGK/von Proff § 727 Rn. 3; allg. auch BGH WM 1962, 1353). Der Treugeber hat daher im gesetzlichen Regelfall keine Möglichkeit, automatisch in die Stellung des Verstorbenen einzurücken; eine abweichende gesellschaftsvertragliche Regelung ist freilich möglich und bei offenen Treuhandgestaltungen ggf. sogar konkludent vereinbart (in diese Richtung auch BeckOGK/von Proff § 727 Rn. 3; → § 711 Rn. 22 ff.). **Versterben mehrere Gesellschafter,** führt der erste Tod die Beendigung herbei; das nachfolgende Versterben eines anderen Gesellschafters ist nach Maßgabe von § 1922 I allein bei der Auseinandersetzung gemäß § 740b zu berücksichtigen. Verstirbt der **vorletzte Gesellschafter,** ist dies entsprechend § 712a ein zwingender Beendigungsgrund (→ § 740 Rn. 25). – Im Übrigen richten sich die **Rechtsfolgen nach § 730** (iVm Abs. 3). Hiernach hat auch bei der nicht rechtsfähigen GbR der Erbe die laufenden Geschäfte fortzuführen, wenn mit dem Aufschub Gefahr für die Gesellschaft verbunden ist (Einzelheiten bei → § 730 Rn. 10 ff.).

b) Juristische Personen, Gesellschaften. Abs. 1 Nr. 3 ist entsprechend **11** anzuwenden, wenn juristische Personen oder rechtsfähige Gesellschaften Gesellschafter einer GbR sind (allgM). Insofern kommt es für den „Tod" der Gesellschaft freilich nicht auf die Auflösung, sondern auf die **Vollbeendigung der Gesellschafter-Gesellschaft** an, denn nur diese beseitigt die Rechtsfähigkeit derselben (vgl. RGZ 122, 253 (257); 123, 289 (294); BGH NJW 1982, 2821; MüKoBGB/Schäfer § 727 Rn. 8; BeckOGK/von Proff § 727 Rn. 4; Grüneberg/Sprau § 727 Rn. 1; BeckOK BGB/Schöne § 727 Rn. 3). Der **Zeitpunkt** der Beendigung richtet sich dann nach den jeweils maßgeblichen Regelungen. – Nach der heute herrschenden Lehre vom Doppeltatbestand führt die Löschung einer Gesellschaft indessen nur zu einer widerleglichen Vermutung des materiell-rechtlichen Erlöschens (vgl. etwa Bork/Schäfer/Servatius GmbHG § 74 Rn. 14). Kommt es somit zur **Nachtragsliquidation** einer Gesellschafter-Gesellschaft, bleibt deren Rechtsfähigkeit rückwirkend bestehen. Im Hinblick auf den Ausscheidenstatbestand des Abs. 1 Nr. 3 werden dessen tatbestandliche Voraussetzungen somit rückwirkend beseitigt, was seinerseits Rückabwicklungsprobleme in Bezug auf die GbR hervorrufen kann. Zur Lösung bietet es sich an, die **Lehre von der fehlerhaften Gesellschaft** auf die **fehlerhafte Beendigung** entsprechend anzuwenden (vgl. zum Ganzen → § 719 Rn. 21 ff.). An die Stelle des fehlerhaften Gesellschaftsvertrages tritt somit in diesem Fall die irrtümliche Anwendung von Abs. 1 Nr. 3 und die deswegen begonnene Auseinandersetzung gemäß § 740b. Rechtsfolge ist die Bestandskraft der Auseinandersetzung bis zum Entdecken der rückwirkenden Wiederbelebung der Gesellschafter-Gesellschaft. Die Gesellschafter müssen dann ggf. eine neue GbR ins Werk setzen (→ § 734 Rn. 13 ff.).

12 Kommt es zum Erlöschen einer Gesellschaft im Rahmen einer **Umwandlung,** ist dies richtigerweise grundsätzlich **kein Fall von Abs. 1 Nr. 3;** die Mitgliedschaft setzt sich vielmehr nach Maßgabe des UmwG zugunsten des neuen oder anderen Rechtsträgers fort (Heckschen GmbHR 2014, 626 (637); Semler/Stengel/Leonard/Leonard UmwG § 20 Rn. 25; abw. Lutter/Grunewald UmwG § 20 Rn. 19; Kallmeyer/Marsch-Barner/Oppenhoff UmwG § 20 Rn. 7; differenziert für die Auslegung des Gesellschaftsvertrages BeckOGK/von Proff § 727 Rn. 4). Die Mitgesellschafter haben es dann in der Hand, ggf. nach Maßgabe von § 727 die Ausschließung zu beschließen.

4. Kündigung der Gesellschaft durch einen Gesellschafter (Abs. 1 Nr. 4)

13 **a) Grundlagen.** Nach Abs. 1 Nr. 4 ist auch die **Kündigung der Gesellschaft** durch einen Gesellschafter ein **Beendigungsgrund,** was bereits Gegenstand des bisherigen Rechts war (vgl. §§ 723, 724 aF) und nunmehr bei rechtsfähigen GbR in § 729 I Nr. 3 geregelt ist (→ § 729 Rn. 12 ff.). Dies führt freilich nicht dazu, dass die hiervon **abzugrenzende Kündigung der Mitgliedschaft** bei der nicht rechtsfähigen GbR nicht vorgesehen wäre. Wenngleich dies der gesetzessystematisch wenig überzeugende Abs. 3 nahe legt, folgt doch wenigstens aus § 740c, dass eine solche entsprechend § 723 I Nr. 2 auch möglich ist, wenn dies mittels einer **Fortsetzungsklausel** gesellschaftsvertraglich vereinbart wurde (→ § 740c Rn. 1). Wenn dies der Fall ist, bestehen beide Kündigungsmöglichkeiten grundsätzlich auch bei nicht rechtsfähigen GbR nebeneinander. Richtigerweise gibt es in diesen Fällen aber in gleicher Weise wie bei rechtsfähigen GbR einen **Vorrang des Ausscheidens,** indem die Treuepflicht des Kündigungsberechtigten es gebietet, ggf. allein das Ausscheiden herbeizuführen, um dem Fortsetzungsinteresse der Mitgesellschafter Rechnung zu tragen. In Extremfällen kann dies nach Maßgabe von § 242 sogar dann zu bejahen sein, wenn keine Fortsetzungsklausel besteht.

14 **b) Ordentliche und außerordentliche Kündigung.** Die Möglichkeiten zur ordentlichen oder außerordentlichen Kündigung einer GbR ergeben sich bei der nicht rechtsfähigen Gesellschaft infolge des **Verweises in Abs. 3** aus § 725. Hiernach gilt für die **ordentliche Kündigung § 725 I** entsprechend, sodass die unbefristete Gesellschaft im dispositiven gesetzlichen Regelfall unter Einhaltung einer Frist von drei Monaten zum Ablauf des Kalenderjahres gekündigt werden kann (→ § 725 Rn. 22 ff.). Dies bringt eine bedeutsame Abweichung gegenüber der früheren Rechtslage gemäß § 723 I 1 aF mit sich, wonach bei unbefristeten Gesellschaften im gesetzlichen Regelfall die jederzeitige ordentliche Kündbarkeit gegeben war. Gesellschaftsver-

tragliche Modifizierungen sind indessen zulässig (vgl. § 725 I „es sei denn",
→ § 725 Rn. 41 ff.). – Für die **außerordentliche Kündigung aus wichtigem Grund** gelten zunächst § 725 II und III (→ § 723 Rn. 51 ff.); gesellschaftsvertragliche Beschränkungen sind gemäß § 725 VI unzulässig
(→ § 725 Rn. 65 ff.). Auf § 731 ist somit im Hinblick auf die Beendigungskündigung bei nicht rechtsfähigen Gesellschaften nicht abzustellen (Schäfer
Neues PersGesR/Armbrüster § 3 Rn. 3). Zudem gilt aufgrund des Verweises
in Abs. 3 auch bei nicht rechtsfähiger GbR § 725 IV, wonach ein minderjähriger Gesellschafter bei **Eintritt der Volljährigkeit** die Gesellschaft zwingend außerordentlich kündigen kann (→ § 725 Rn. 71 ff.). Insbesondere
Letzteres ist rechtlich verfehlt, weil dieser Umstand nach der Konzeption des
§ 725 allein eine Austrittskündigung rechtfertigt (abw. die frühere Rechtslage,
vgl. § 723 I 4). Bei nicht rechtsfähiger GbR ist daher wenigstens unter dem
Aspekt der Treuepflicht des Gesellschafters ein **Vorrang des Ausscheidens**
abzuleiten, wonach ggf. allein das Ausscheiden herbeizuführen ist, um dem
Fortsetzungsinteresse der Mitgesellschafter Rechnung zu tragen.

c) **Kündigungserklärung.** Die Kündigung muss bei nicht rechtsfähigen 15
GbR, wie bereits bislang, grundsätzlich **gegenüber allen Mitgesellschaftern** erklärt werden. Insofern sind aber ohne weiteres wechselseitige Vertretungen der Mitgesellschafter möglich, was eine Kündigung praktisch vereinfacht (strenger nach bisherigem Recht MüKoBGB/Schäfer § 723 Rn. 11,
vgl. auch OLG München BeckRS 2017, 120041 Rn. 33). Im Übrigen ist
es, wie allgemein auch nach früherem Recht, ausreichend, wenn die gegenüber einem Mitgesellschafter erklärte Kündigung von diesem als Bote an die
anderen weitergeleitet wird (vgl. BGH NJW 2016, 2492 (2493)). Der
Zugang, und damit die Wirksamkeit der Kündigungserklärung, ist dann freilich erst bei Kenntnisnahme des letzten Gesellschafters gegeben. Dies ist dann
auch der **maßgebliche Zeitpunkt** für die außerordentliche Beendigung
gemäß § 725 II bzw. die Frist entsprechend § 725 I. – Das Verbot der **Kündigung zur Unzeit** nach § 725 V (→ § 725 Rn. 35) gilt ohne weiteres auch
bei nicht rechtsfähiger GbR.

5. Insolvenz eines Gesellschafters (Abs. 1 Nr. 5)

Nach Abs. 1 Nr. 5 ist auch die **Eröffnung des Insolvenzverfahrens** über 16
das Vermögen des Gesellschafters ein gesetzlicher **Beendigungsgrund** für
nicht rechtsfähige GbR (vgl. demgegenüber § 723 I Nr. 3, wonach dies bei
rechtsfähiger GbR nur zum Ausscheiden führt, → § 723 Rn. 21 ff.). Die
Regelung entspricht tatbestandlich § 728 II aF, der freilich als gesetzlichen
Regelfall für alle Gesellschaften die Auflösung vorsah (vgl. zum alten Recht
OLG München NZG 2017, 818; LAG Köln NZI 2019, 47 (48); zu Fortsetzungsklauseln in diesem Kontext BGH NJW 2007, 1067 Rn. 11; OLG
Hamm BeckRS 1984, 31381379). Hierdurch wird sichergestellt, dass ein
etwaiger Auseinandersetzungsanspruch des Gesellschafters gemäß § 740b II
(→ § 740b Rn. 5 ff.) der Insolvenzmasse zur Verfügung steht (Begr. S. 191;
kritisch DAV NZG 2020, 1133 Rn. 97). – Die Eröffnung eines **Nachlassinsolvenzverfahrens** über einen vererbten Gesellschaftsanteil fällt **nicht** hie-

runter, der Nachlassverwalter ist aber regelmäßig zur Kündigung der Mitgliedschaft berechtigt (vgl. zur OHG BGH NJW 1984, 2104).

17   Maßgeblicher Zeitpunkt ist der Erlass des **Eröffnungsbeschlusses** gemäß § 27 II Nr. 3 InsO, konkret die Unterzeichnung und Herausgabe an die Geschäftsstelle zum Zwecke der Bekanntmachung (MüKoBGB/Schäfer § 728 Rn. 8). Die spätere Bekanntmachung und Zustellung (§ 30 II InsO) sind für den Zeitpunkt des Ausscheidens unerheblich (BeckOGK/von Proff § 728 Rn. 40). Die Ausgestaltung des weiteren Insolvenzverfahrens (Regel- oder Planverfahren, Eigenverwaltung, Schutzschirmverfahren) spielt ebenfalls keine Rolle. Nicht ausreichend ist indessen die Stabilisierungsanordnung nach § 49 StaRUG zur Durchführung eines Restrukturierungsverfahrens. Kommt es nachträglich zur **Aufhebung des Eröffnungsbeschlusses** gemäß § 34 III 1 InsO, entfällt der Ausscheidensgrund rückwirkend, um die Gesellschafterstellung des Betroffenen im Lichte von Art. 14 GG zu stärken (vgl. zum früheren Recht MüKoBGB/Schäfer § 728 Rn. 34; BeckOGK/von Proff § 728 Rn. 41). Gesellschaftsrechtliche Rückabwicklungsprobleme dürften in dieser kurzen Zeit kaum entstehen, sodass kein Korrekturbedarf zur entsprechenden Anwendung der Lehre von der fehlerhaften Gesellschaft besteht (vgl. → Rn. 9; beachte aber zur Wirksamkeit zwischenzeitlicher Handlungen des Insolvenzverwalters § 34 III 3 InsO).

18   Die **Abweisung** der Insolvenzeröffnung über das Vermögen eines Gesellschafters **mangels Masse** (vgl. § 26 InsO) führt nicht zur Beendigung (vgl. BGH NJW 1995, 196; 1986, 850 (851); 1980, 233; MüKoBGB/Schäfer § 728 Rn. 24; BeckOK BGB/Schöne § 728 Rn. 8; BeckOGK/von Proff § 728 Rn. 42; Gehrlein ZInsO 2018, 1173 (1175)), auch nicht bei der atypischen GbR (→ § 729 Rn. 24). Dies kann freilich vereinbart werden (→ Rn. 34); auch kann dieser Umstand zur Beendigung wegen Zweckerreichung oder Unmöglichkeit desselben gemäß Abs. 2 führen (→ Rn. 22 ff.). – Die **nachträgliche Einstellung** des Insolvenzverfahrens gemäß § 213 InsO oder die Aufhebung durch einen gerichtlich bestätigten **Insolvenzplan** nach § 258 InsO vermögen die Beendigung nicht mehr zu beseitigen (MüKoBGB/Schäfer § 728 Rn. 36; Soergel/Hadding/Kießling § 728 Rn. 13; BeckOGK/von Proff § 728 Rn. 45). In Extremfällen der höchstpersönlichen Verbundenheit der Gesellschafter kann sich ein Anspruch auf Neubegründung der GbR aus der insoweit fortwirkenden Treuepflicht der Mitgesellschafter ergeben.

6. Kündigung der Gesellschaft durch einen Privatgläubiger (Abs. 1 Nr. 6)

19   Nach Abs. 1 Nr. 6 ist auch die Kündigung der nicht rechtsfähigen Gesellschaft durch einen Privatgläubiger eines Gesellschafters gemäß **§ 726** ein Beendigungsgrund (zu Einzelheiten → § 726 Rn. 8 ff.). Dies wurde nach früherem Recht noch abgelehnt (vgl. Staudinger/Habermeier, 2003, § 725 Rn. 5; Soergel/Hadding/Kießling § 725 Rn. 5; BeckOGK/Geibel § 725 Rn. 1). Die Regelung erkennt mittelbar an, dass auch Gesellschaftsanteile an nicht rechtsfähiger GbR der Zwangsvollstreckung unterliegen (→ § 711

Rn. 17). Sie ist grundsätzlich zu begrüßen, denn hierdurch wird sichergestellt, dass ein etwaiger **Auseinandersetzungsanspruch** des Gesellschafters
nach § 740b II (→ § 740b Rn. 5 ff.) dem **Vollstreckungszugriff** des Gläubigers unterfällt.

Hieraus folgt indessen eine bedeutsame ungeschriebene **tatbestandliche** 20
Einschränkung. Steht objektiv fest, dass der gesellschaftsrechtliche Zusammenschluss **keinen Vermögensbezug** hat, mithin zugunsten des betroffenen
Gesellschafters und damit auch des Dritten kein Auseinandersetzungsanspruch entstehen kann, ist die Kündigung gemäß § 242 (Rechtsmissbrauch)
ausgeschlossen (so auch Schäfer Neues PersGesR/Armbrüster § 3 Rn. 66;
ähnlich DAV NZG 2020, 1133 Rn. 98). Würde man dies abweichend beurteilen, könnte ein Dritter ohne legitimes Ziel den gesellschaftsrechtlichen
Zusammenschluss zerstören, was gegen das **Übermaßverbot** verstößt.

Die **Kündigung** muss jedenfalls bei nicht rechtsfähigen GbR **gegenüber** 21
allen Gesellschaftern erklärt werden, mithin auch dem Schuldner (BGH
BeckRS 1956, 31204420; NJW 1986, 1991 (1992); offen gelassen von BGH
NJW 1993, 1002, dort aber auch eine konkludente Kündigung bejahend);
vgl. zur rechtsfähigen GbR → § 726 Rn. 19. – Sie ist abweichend vom
früheren Recht (vgl. insofern § 725 I aF) nicht mehr fristlos, sondern nur
unter Einhaltung einer **Frist von drei Monaten** zum Ablauf des Kalenderjahres möglich (→ § 726 Rn. 22).

IV. Zweckerreichung und Unmöglichkeit (Abs. 2)

Wie nach früherem Recht (vgl. § 726 Alt. 1 aF) sieht Abs. 2 weiterhin 22
vor, dass Zweckerreichung und Unmöglichkeit auch bei nicht rechtsfähigen
GbR ipso jure eintretende **Beendigungsgründe** sind. Im Zuge der Neuregelung ergeben sich insoweit gegenüber dem bisherigen Recht grundsätzlich
keine Änderungen. Maßgeblich ist bei der GbR der **objektive Eintritt,** auf
die tatsächliche Kenntnis der eingetretenen Beendigung durch die Gesellschafter zu diesem Zeitpunkt bzw. die zu Grunde liegenden Tatsachen kommt
es nicht an (MüKoBGB/Schäfer § 726 Rn. 7). Liegt hiernach in concreto
Zweckerreichung oder Unmöglichkeit als Beendigungsgrund vor, ist dies
grundsätzlich zwingend (MüKoBGB/Schäfer § 726 Rn. 9; vgl. im Übrigen aber zur Möglichkeit der Zweckänderung im Rahmen eines Fortsetzungsbeschlusses → Rn. 32).

1. Zweckerreichung (Abs. 2 Alt. 1)

Die Zweckerreichung steht tatsächlich und rechtlich in einem engen 23
Zusammenhang zur Beendigung infolge einer auflösenden Bedingung
(MüKoBGB/Schäfer § 726 Rn. 2; → Rn. 5). Auch hier ist im Wege der
Auslegung gemäß §§ 133, 157 zu ermitteln, welchen **Inhalt der Gesell-**
schaftszweck aktuell aufweist, um auf dieser Grundlage beurteilen zu kön-
nen, ob in tatsächlicher Hinsicht erreicht ist, mithin seine **Eignung als**
Grundlage für die Zweckförderungspflicht verloren hat (vgl. § 705 I).
Die Bedeutung dieses Beendigungsgrundes ist größer als bei rechtsfähigen

unternehmerischen GbR (vgl. insofern → § 729 Rn. 16 ff.), da bei nicht rechtsfähigen GbR vielfach ideelle Ziele oder konkrete Projekte verwirklicht werden. Sind diese erreicht oder vollendet, ist die weitere Zweckverfolgung obsolet, sodass die automatische Beendigung geboten ist. Hat das gemeinschaftliche Ziel indessen einen **weiten Umfang** (insbesondere im karitativen Bereich), hat die Zweckerreichung einen ebenso geringen Anwendungsbereich wie bei der unternehmerischen GbR. Auch hier spielt es nämlich unter dem Aspekt der Zweckerreichung keine Rolle, auf welche Weise das Ziel verfolgt wird.

24 Besteht indessen eine **konkrete Zwecksetzung,** hat die Zweckerreichung ebenso wie die auflösende Bedingung bei der GbR einen großen Anwendungsbereich. Praktisch bedeutsam ist dies etwa bei Zusammenschlüssen als Stimmrechtskonsortium für eine konkrete Abstimmung, bei der Verwirklichung eines Bauprojekts (Bau-Arge, vgl. zur Bauherrengemeinschaft BGH WM 1988, 761, und zur Verwertung eines Grundstücks BGH NJW 1981, 749), bei der gemeinsamen Anmietung eines Objekts, beim gemeinsamen Halten eines Tieres, Sportgeräts oder Immaterialgüterrechts, bei der gemeinsamen Heizölbestellung, der gemeinsamen Teilnahme an einem Gewinnspiel, bei der gemeinsamen Finanzierung eines Prozesses sowie der Sammelklage oder einer gemeinsamen Reise und bei der Vorgründungsgesellschaft bzw. dem gesellschaftsrechtlichen Zusammenschluss der potentiellen Zeichner im Rahmen einer Kapitalerhöhung (vgl. hierzu OLG Schleswig ZIP 2014, 1525). Dies ist jedoch gerade bei derartigen Gelegenheitsgesellschaften auch gewollt und entspricht der alten Rechtslage.

25 Bei **vermögensverwaltenden GbR** ist im Hinblick auf die Zweckerreichung zu differenzieren, ob die Vermögensverwaltung selbst alleiniger Gesellschaftszweck ist, oder ob darüber hinaus erwerbswirtschaftliche oder ideelle Zwecke verwirklicht werden sollen. Sofern letzteres gegeben ist, spielt es für die Zweckverwirklichung keine unmittelbare Rolle, welche Gegenstände der Vermögensverwaltung unterliegen, sodass die Zweckerreichung weitgehend ausgeschlossen ist. Geht es indessen allein um das gemeinschaftliche Verwalten von Vermögen (nicht nach Maßgabe von § 713!), kann der Untergang oder die Veräußerung eines Vermögensgegenstandes durchaus auch Zweckerreichung hervorrufen. – Das **zeitgleiche Ausscheiden** aller Gesellschafter oder die Verwirklichung der entsprechenden Ausscheidenstatbestände in einem engen zeitlichen Zusammenhang von wenigen Wochen führt im Übrigen entsprechend Abs. 2 ebenfalls zur Auflösung.

2. Unmöglichkeit (Abs. 2 Alt. 2)

26 Die Unmöglichkeit der Zweckerreichung als Beendigungsgrund ist tatbestandlich gegeben, wenn die **Zweckverfolgung nachträglich dauerhaft unmöglich** wird (vgl. BGH NJW 1982, 2821; 1957, 1279). Auch insofern ergibt sich der dogmatische Kern entweder aus dem Rechtsgedanken von § 275 I oder aus der entsprechenden Vereinbarung des Gesellschaftsvertrages selbst. Abweichend von der Beurteilung bei rechtsfähigen GbR (→ § 729 Rn. 19) ist bei nicht rechtsfähigen Gesellschaften **keine Zurückhaltung**

geboten, weil der Gesetzgeber insofern am früheren Vorrang der Auflösung gegenüber dem Ausscheiden festgehalten hat.

3. Zeitpunktprobleme

Zweckerreichung und Unmöglichkeit werden ebenso wie der Eintritt 27 einer auflösenden Bedingung (→ Rn. 5) vielfach nicht durch einen konkreten Umstand herbeigeführt, sondern ergeben sich aus der **Gesamtschau** verschiedener, ggf. komplexer Aspekte. Hinzu kommt die Schwierigkeit, dass es bei diesen Beendigungsgründen nicht auf die konkrete Kenntnis der Gesellschafter oder Dritter hiervon ankommt. Es kann daher durchaus sein, dass sich erst **im Nachhinein herausstellt,** dass bereits objektiv ein entsprechender **Beendigungsgrund eingetreten** ist und auf welchen Zeitpunkt sich dieser konkret bezieht. Dies ist bei nichts rechtsfähigen GbR mangels Auftretens am Rechtsverkehr praktisch noch relevanter als bei rechtsfähigen (vgl. insoweit → § 729 Rn. 20). Insofern ist es hier noch dringender geboten, entsprechend § 730 I 1 (iVm Abs. 3) denjenigen Gesellschaftern eine **Anzeigepflicht** in Bezug auf die erfolgte Beendigung gegenüber den übrigen aufzuerlegen, die hiervon Kenntnis haben; sie machen sich daher ggf. für verbleibende Schäden der im guten Glauben weiterhin für die nicht aufgelöste Gesellschaft Handelnden schadensersatzpflichtig, falls diese durch die Beendigung Nachteile erleiden (zB Aufwendungen tätigten).

V. Gesellschaftsvertragliche Beendigungsgründe

Abweichend von § 729 IV sieht § 740a nicht explizit vor, dass gesellschafts- 28 vertraglich weitere Auflösungsgründe vereinbart werden können. Hieraus darf angesichts der **Vertragsfreiheit** freilich nicht der Schluss gezogen werden, dass dies unzulässig wäre. Der praktische Anwendungsbereich hierfür ist wegen des gesetzlichen Vorrangs der Auflösung (→ Rn. 2) freilich geringer als bei rechtsfähigen GbR (vgl. insoweit → § 729 Rn. 26). Im Übrigen dürften sich solche Regelungen stets auch als auflösende Bedingung interpretieren lassen (→ Rn. 5).

VI. Weitere gesetzliche Beendigungsgründe

Einen speziellen Beendigungsgrund begründet richtigerweise auch § 712a 29 bei **Ausscheiden des vorletzten Gesellschafters** (→ § 740 Rn. 25); für die Gesamtrechtsnachfolge in Bezug auf das Gesellschaftsvermögen ist freilich bei der nicht rechtsfähigen GbR kein Raum. Darüber hinaus kommt auch eine Auflösung der nicht rechtsfähigen GbR gemäß **§ 3 VereinsG** in Betracht (Einzelheiten bei BeckOGK/Michel HGB § 131 Rn. 61 ff., auch zu den Folgen des Verstoßes gegen das **Kartellverbot**). Wird der **Gesellschaftszweck** nachträglich **unzulässig** gemäß §§ 134, 138 (→ § 705 Rn. 9), begründet auch dies einen zwingenden Auflösungsgrund. Das nachträgliche Erkennen eines Mangels im Rahmen der Lehre von der **fehlerhaften Gesell-**

schaft begründet indessen keinen Auflösungsgrund, sondern ermöglicht die Kündigung der Gesellschaft nach Abs. 1 Nr. 4 (→ Rn. 13 ff.).

VII. Folgen der Beendigung (Abs. 3)

1. Gesellschaftsrechtliche Auseinandersetzung – § 740b

30   Kommt es zu einem Beendigungstatbestand gemäß Abs. 1 oder 2, führt dies bei nicht rechtsfähigen GbR **nicht zur Auflösung nach Maßgabe von §§ 735 ff.** Die Folgen ergeben sich vielmehr vorrangig aus § 740b, wonach eine Auseinandersetzung unter den Gesellschaftern stattfindet (→ § 740b Rn. 5). Hieraus wird allgemein der Schluss gezogen, dass die nicht-rechtsfähige GbR **sogleich liquidationslos erlischt** (so ausdrücklich Begr. S. 191 unter Hinweis auf das fehlende Gesellschaftsvermögen; ebenso Schäfer Neues PersGesR/Armbrüster § 3 Rn. 69). Diese Beurteilung deckt sich mit der bisherigen hM (pointiert MüKoBGB/Schäfer § 730 Rn. 12: „Zusammenfallen von Auflösung und Vollbeendigung"), insbesondere bei der stillen Beteiligung nach § 230 HGB, wo § 735 HGB im Kern dasselbe besagt (vgl. BGH NZG 2016, 422). Bei der stillen Beteiligung wird sogar explizit angeordnet, dass die Auseinandersetzung allein dem Geschäftsinhaber zusteht (vgl. nur Henssler/Strohn/Servatius HGB § 235 Rn. 2 ff.).

31   Diese folgenreiche Bejahung des **sofortigen Erlöschens überzeugt nicht** und ergibt sich auch nicht aus der fehlenden Vermögensfähigkeit einer nicht rechtsfähigen Gesellschaft. Es hätte nämlich zur Konsequenz, dass ab dann auch keine gesellschaftsrechtlichen Verhältnisse der Beteiligten untereinander mehr bestehen. Dies kann freilich nicht der **Konzeption von § 740b** entsprechen, der explizit eine **gesellschaftsrechtliche Auseinandersetzung** vorsieht („unter den Gesellschaftern"). Richtigerweise ist der zentrale Unterschied zwischen rechtsfähigen und nicht rechtsfähigen GbR daher allein dadurch gekennzeichnet, dass es **kein gesetzlich strukturiertes Liquidationsverfahren** gibt (vgl. insofern aber zur Möglichkeit, ein solches bei der stillen Beteiligung zu vereinbaren, OLG München BeckRS 2014, 21235 Rn. 50). Eines solchen bedarf es nämlich zum einen **mangels Rechtsfähigkeit** nicht; zum anderen scheidet auch die hierin verwirklichte vorrangige Abwicklung der Liquidation über das Gesellschaftsvermögen bei der nicht rechtsfähigen GbR (→ § 736d Rn. 41 ff.) infolge der **fehlenden Vermögensfähigkeit** naturgemäß aus. Die §§ 735 ff. gelten richtigerweise zwar nicht unmittelbar. Im Rahmen der gesellschaftlichen Auseinandersetzung gemäß § 740b II finden viele Regelung im Kern gleichwohl entsprechende Anwendung, um die geordnete Auseinandersetzung zu verwirklichen (→ § 740b Rn. 5 ff.). Die Gesellschafter unterliegen insofern wie bei der rechtsfähigen GbR auch dem fortbestehenden **Abwicklungszweck.** Die **Beendigung** des gesellschaftsrechtlichen Verhältnisses der Gesellschafter untereinander erfolgt daher **erst mit Schluss der Abwicklung.** Werden insofern Vorgänge übersehen, ist wie bei der Nachtragsliquidation rechtsfähiger Gesellschaften (→ § 738 Rn. 14 ff.) von einem Fortbestand des Gesellschaftsrechtsverhältnisses auszugehen. Für die Bejahung nachvertraglicher

gesellschaftsrechtlicher Pflichten (so MüKoBGB/Schäfer § 730 Rn. 12) ist daher richtigerweise nur begrenzt Raum (abw. Begr. S. 192).

2. Fortsetzungsbeschluss – § 734

Nach **Abs. 3** gelten auch § 734 I und II entsprechend. Hiernach ist somit **32** auch bei einer beendeten nicht rechtsfähigen GbR die Fortsetzung aufgrund **Gesellschafterbeschlusses** möglich. Dies bestätigt noch einmal, dass die vordergründig angelegte gesetzliche Konzeption der sofortigen Vollbeendigung nicht überzeugt. Die Gesellschafter bleiben (als solche!) befugt, nach Maßgabe von § 714 über die Fortsetzung zu befinden. **Bisherige Regelungen** über die interne Willensbildung, insbesondere **Mehrheitsklauseln,** bleiben daher maßgeblich (vgl. im Übrigen → § 734 Rn. 14). Mangels Rechtsfähigkeit bestehen keine Bedenken, die Fortsetzung auch mit **Rückwirkung** zuzulassen. – In diesem Kontext ist es freilich ohne weiteres auch möglich, die **Fortsetzung als rechtsfähige GbR** nach Maßgabe von § 705 II zu beschließen (→ § 705 Rn. 44 ff.), insofern dann aber nur mit Wirkung für die Zukunft.

VIII. Gestaltungsfreiheit

Die in Abs. 1 genannten Beendigungsgründe sind insofern **dispositiv,** als **33** sie ohnehin einer entsprechenden **gesellschaftsvertraglichen Grundlage** bedürfen. Sofern daher diese nach Maßgabe von § 714 **geändert** wird (→ § 714 Rn. 13 ff., 20 ff.), entfällt auch der entsprechende Beendigungsgrund bzw. wird an die geänderte Regelung angepasst. Dies betrifft insbesondere den Zeitablauf gemäß Abs. 1 Nr. 1, wenn eine befristete oder auflösend bedingte Gesellschaft vorzeitig in eine unbefristete umgestaltet wird; nach Eintritt des Auflösungsgrundes kommt in diesen Fällen grundsätzlich auch eine Fortsetzung gemäß § 734 in Betracht (→ Rn. 32). Dies gilt im Grundsatz auch bei der Auflösung wegen Zweckerreichung und Unmöglichkeit (vgl. Abs. 2), wenn die entsprechende Zwecksetzung angepasst wird, sodass der Auflösungsgrund nicht eintritt bzw. im Rahmen eines Fortsetzungsbeschlusses beseitigt wird. Für die Auflösung durch Beschluss nach Abs. 1 Nr. 2 und die weiteren gesellschaftsvertraglichen Auflösungsgründe gilt dies gleichermaßen.

Zwingend ist indessen die Beendigung nach Abs. 1 Nr. 5 wegen **Eröff- 34 nung des Insolvenzverfahrens** über das Vermögen eines Gesellschafters (→ Rn. 16 ff.). Die **Fortsetzung der GbR** als werbende Gesellschaft unter Beteiligung des insolventen Gesellschafters ist rechtlich nicht vorgesehen, kann indessen nach allgemeinen Regeln einvernehmlich mit Zustimmung des Insolvenzverwalters vereinbart werden (vgl. MüKoBGB/Schäfer § 728 Rn. 43; BeckOGK/von Proff § 728 Rn. 57); vgl. insofern auch § 735 II (→ § 735 Rn. 12 ff.). Praktisch bedeutsam dürfte dies freilich nicht sein, da der neue Gesellschaftsanteil des Schuldners in die Insolvenzmasse fällt (§ 35 InsO) und damit unter die Verwaltungs- und Verfügungsbefugnis des Insolvenzverwalters (BeckOGK/von Proff § 728 Rn. 58 mwN). – Für die **Kündi-**

gung der Gesellschaft durch einen Privatgläubiger nach Abs. 1 Nr. 6 (→ Rn. 19 ff.) gilt dies gleichermaßen. − **Zwingend** ist auch die Beendigung bei Vorliegen eines **gesetzlichen Beendigungsgrundes** (→ Rn. 29).

IX. Darlegungs- und Beweislast

35   Die Beweislast für die Beendigung bzw. die vertragliche Vereinbarung eines Beendigungsgrundes trägt grundsätzlich derjenige, der sich darauf beruft.

X. Kautelarischer Handlungsbedarf infolge des MoPeG

36   Da die neue gesetzliche Konzeption bei der nicht rechtsfähigen GbR am früheren Vorrang der Auflösung festhält, besteht **kein akuter Handlungsbedarf.** Insofern bietet es sich freilich an, bei bestehenden Gesellschaften zu überlegen, ob nicht eine **Fortsetzungsklausel** vereinbart wird, um auch bei der nichtrechtsfähigen GbR den Vorrang des Ausscheidens nach Maßgabe von § 740c zu verwirklichen (→ § 740c Rn. 4 ff.). − Problematisch könnte aber sein, dass die bisherige jederzeitige **ordentliche Kündbarkeit** nach § 723 I 1 aF nunmehr eine **fristgebundene** nach Maßgabe von § 725 1 ist (→ Rn. 14). Dies beeinträchtigt ab 1.1.2024 das Lösungsinteresse auch bei Altgesellschaften (→ Rn. 3). Insofern ist daher zu überlegen, ob die sofortige Kündbarkeit vereinbart werden sollte. − Im Übrigen vermag die nunmehr klare gesetzliche Konturierung **rechtsfähiger GbR** Anlass sein, über die **Umwandlung** in eine solche nachzudenken (→ § 705 Rn. 44 ff.).

§ 740b Auseinandersetzung

(1) **Nach der Beendigung der nicht rechtsfähigen Gesellschaft findet die Auseinandersetzung unter den Gesellschaftern statt.**

(2) **Auf die Auseinandersetzung sind § 736d Absatz 2, 4, 5 und 6 und § 737 entsprechend anzuwenden.**

Übersicht

I. Reform

1. Grundlagen, Bewertung

Der neue § 740b regelt die **Auseinandersetzung** beendeter nicht rechts- **1**
fähiger GbR in **Abgrenzung zum strukturierten Liquidationsverfahren**
gemäß §§ 735 ff., welches im gesetzlichen Regelfall bei rechtsfähigen GbR
nach deren Auflösung zur Anwendung gelangt. Die Reform bringt so eine
klare Differenzierung der Abwicklungsregime beider Rechtsformvarianten
mit sich, was aus den Unterschieden im Hinblick auf die Rechts- und Vermögensfähigkeit legitimiert ist. Die Regelung entspricht so im Kern § 235 HGB,
wonach bei der Beendigung einer stillen Beteiligung gleichermaßen eine
Auseinandersetzung erfolgt. Gleichwohl darf nicht verkannt werden, dass es
sich hierbei um eine **gesellschaftsrechtliche Auseinandersetzung** handelt, die die Gesellschafter als solche untereinander schulden (so ausdrücklich
Begr. S. 191). Trotz der zweifelhaften Terminologie im Hinblick auf die
(sofortige?) „Beendigung" der Gesellschaft in Angrenzung zur ansonsten
gebräuchlichen „Auflösung" gibt es daher auch bei nicht rechtsfähigen GbR
einen **Fortbestand des Gesellschaftsverhältnisses** bis zur vollständigen
Beendigung der Auseinandersetzung (→ § 740a Rn. 1; ebenso Hadding FS
Grunewald, 2021, 285 (293); abw. Kruse DStR 2021, 2412 (2414)).

Die Neuregelung ist prinzipiell wegen der hierdurch hervorgerufenen **2**
Rechtsklarheit zu begrüßen. Die frühere für Innen- und Außen-GbR gleichermaßen geltende Einheitsregelung gemäß §§ 730 ff. aF wurde diesem
Anspruch nicht gerecht. Gleichwohl erscheint die durch Abs. 2 bewirkte
entsprechende Anwendung von § 736d II, IV, V und V doch für die
meisten nicht rechtsfähigen GbR als **überzogen,** insbesondere bei zweigliedrigen Gesellschaften. Diese, im unmittelbaren Geltungsbereich und Wortlaut
an die Rechtsfähigkeit der GbR und ein Gesellschaftsvermögen iSv § 713
anknüpfenden Regelungen, bewirken auch bei entsprechender Anwendung
eine **komplizierte Abwicklungsstruktur,** die bei nicht rechtsfähigen GbR
die Gesellschafter vor nicht bedachte Herausforderungen stellt und somit

nach Beendigung ein besonderes **Konfliktpotenzial** hervorruft. – Hiernach ist es nämlich geboten, ein gleichsam **virtuelles Gesellschaftsvermögen** zu bilden, auf dessen Grundlage die verschiedenen Auseinandersetzungsmaßnahmen rechnerisch abzubilden sind. Hieraus ergeben sich dann im Rahmen einer Gesamtsaldierung individuelle Ansprüche der Gesellschafter untereinander auf Zahlung eines fiktiven anteiligen Auseinandersetzungsüberschusses bzw. umgekehrt eines fiktiven Fehlbetrags. Für die **Praxis** dürfte es sich daher vielfach anbieten, schlankere gesellschaftsvertragliche Regelung zu vereinbaren oder die Beendigung einer nicht rechtsfähigen GbR von vornherein auf eine originär vertragliche Grundlage gemäß § 779 zu stellen, mithin einen Auseinandersetzungsvergleich.

2. Zeitlicher Geltungsbereich

3   § 740b tritt nach Art. 137 S. 1 MoPeG **am 1.1.2024** in Kraft; eine Übergangsregelung ist nicht vorgesehen. Aus dem Umkehrschluss zu Art. 229 § 61 EGBGB folgt daher, dass für die Auseinandersetzung ab dem Zeitpunkt des Inkrafttretens das neue Recht gilt. Maßgeblicher Zeitpunkt ist nach dem Prinzip der **lex temporis actus** (→ § 705 Rn. 3) der Eintritt eines Beendigungsgrunds gemäß § 740a, so dass die Neuregelung für Altgesellschaften nur gilt, wenn dieser ab 1.1.2024 verwirklicht wurde. Zuvor bereits begonnene Auseinandersetzungen werden nach altem Recht fortgesetzt; da sich die Regelungsregime in ihrem Kern aber nicht entscheiden, dürften sich insoweit keine Übergangsprobleme zeigen (vgl. zum kautelarischen Handlungsbedarf → Rn. 37).

II. Normzweck, Anwendungsbereich

4   § 740b zielt darauf ab, die **vermögensmäßigen Beziehungen** der Gesellschafter untereinander nach Beendigung der gemeinsamen Zweckverwirklichung **zu beenden.** Infolge des nach wie vor bestehenden Vorrangs der Auflösung bei nicht rechtsfähiger GbR (→ § 740a Rn. 2) hat dies insbesondere bei Gelegenheitsgesellschaften eine große praktische Bedeutung. Der Fortbestand des Gesellschaftsverhältnisses (→ Rn. 1) nach Eintritt eines Beendigungstatbestand gemäß § 740a ist gleichermaßen wie bei rechtsfähigen GbR durch einen **Abwicklungszweck** geprägt, an den alle Gesellschafter gebunden sind. Insofern ist die Auseinandersetzung auch abweichend von § 235 HGB eine **gemeinschaftliche Aufgabe** der Gesellschafter als Ausprägung der Geschäftsführungskompetenz. Diese besteht gemäß § 740 II iVm § 715 richtigerweise auch bei der Auseinandersetzung nicht rechtsfähiger Gesellschaften fort (→ § 740 Rn. 1) und wird durch den Verweis auf § 736d II, IV, V und VI in Abs. 2 konkretisiert (teilw. abweichend zum früheren Recht MüKoBGB/Schäfer § 730 Rn. 16: allein Aufgabe des „Außengesellschafters", was aber richtigerweise nur im Rahmen von § 235 HGB Geltung beansprucht). – Tatbestandlich knüpft § 740b an die Beendigung einer **nicht rechtsfähigen GbR** an (vgl. zur Abgrenzung § 705 II, → § 705 Rn. 44 ff.). Maßgeblich ist der Zeitpunkt der Beendigung gemäß § 740a (→ § 740a

Rn. 4 ff.); die Umwandlung einer zum Beendigungszeitpunkt nicht rechtsfähigen GbR in eine rechtsfähige ist nach § 740a II iVm § 734 möglich, praktisch aber wohl nur dann relevant, wenn die Gesellschaft weiterbetrieben werden soll. Bei der **stillen Beteiligung** gilt vorrangig § 234 HGB (vgl. hierzu Henssler/Strohn/Servatius HGB § 234 Rn. 1 ff.).

III. Auseinandersetzung

1. Grundlagen

Die richtigerweise gesellschaftsrechtliche Auseinandersetzung (vgl. 5
→ Rn. 1) der nicht rechtsfähigen GbR nach Beendigung gemäß § 740a ist gesetzlich nur ansatzweise geregelt. Dies soll der Rechtsprechung den nötigen Spielraum geben, auf die jeweiligen Vermögensverhältnisse bei der nicht rechtsfähigen Gesellschaft eingemessen einzugehen (Begr. S. 192; kritisch, für eine weitergehende entsprechende Anwendung von § 736c IV -VII, DAV NZG 2020, 1133 Rn. 102). Aus Abs. 1 folgt zunächst der **Abwicklungszweck,** an den im Ausgangspunkt **alle Gesellschafter gebunden** sind („unter den Gesellschaftern"; abw. § 235 HGB, wonach die Auseinandersetzung vorrangig dem Geschäftsinhaber obliegt). Dieser zielt darauf ab, die vermögensmäßigen und persönlichen Beziehungen des Gesellschaftsverhältnisses zu beenden. Indem § 740 II auf § 715 verweist (→ § 740 Rn. 19), handelt es sich hierbei um eine **Geschäftsführungskompetenz,** sodass gesellschaftsvertragliche Vereinbarungen über die Aufgabenzuweisung ohne weiteres zulässig sind (vgl. zur **Gestaltungsfreiheit** → § 715 Rn. 18 ff., insbesondere auch zur Fortwirkung früherer Vereinbarungen aus der Zeit vor der Beendigung, → § 736b Rn. 11). Abweichend von rechtsfähigen GbR ist es indessen unzulässig, einen externen Liquidator zu bestellen (§ 736 IV I contrario).

a) Gesellschafterkompetenzen, Pflichtenrahmen. Die ab Beendi- 6
gung aus Abs. 1 folgende **gemeinschaftliche Geschäftsführungsbefugnis** im Hinblick auf die Auseinandersetzung der GbR zur Verwirklichung des Abwicklungszwecks umfasst bei nicht rechtsfähigen GbR naturgemäß **keine organschaftliche Vertretungsmacht.** Die Gesellschafter handeln daher im Außenverhältnis sowie im Verhältnis der Gesellschafter zueinander stets im eigenen Namen, ggf. gemeinschaftlich. – Beim **Versterben eines Gesellschafters** gelten die Besonderheiten gemäß **§ 730 I** (iVm § 740a III, vgl. → § 740a Rn. 8 ff.). Hiernach hat der Erbe bei Gefahr für die GbR die laufenden Geschäfte fortzuführen, bis die anderen Gesellschafter in Gemeinschaft mit ihm anderweitig Fürsorge treffen können. Insoweit gilt somit die dem Erblasser durch den Gesellschaftsvertrag übertragene Geschäftsführungsbefugnis als fortbestehend; das Gleiche gilt umgekehrt zugunsten der übrigen Gesellschafter (Einzelheiten → § 730 Rn. 10 ff.). Weiterhin besteht für die Mitglieder einer **Erbengemeinschaft** (vgl. § 2032 I) entsprechend § 736 III die Pflicht, in Bezug auf die Ausübung ihrer Geschäftsführungskompetenz einen gemeinsamen Vertreter zu bestellen (→ § 736 Rn. 14). Der fehlende Verweis hierauf in § 740a III ist als Redaktionsversehen zu sehen, da bei nicht

rechtsfähigen GbR die Notwendigkeit hierzu gleichermaßen gegeben ist, wie bei rechtsfähigen GbR. Im Übrigen findet die **Notgeschäftsführungsbefugnis** aus § 715a iVm § 740 II auch bei der Auseinandersetzung nicht rechtsfähiger GbR Anwendung (→ § 740 Rn. 20).

7 **b) Weisungen der Gesellschafter.** § 736d I 1 begründet bei rechtsfähigen GbR zwingend (→ § 736d Rn. 68) die **Weisungsgebundenheit** der Liquidatoren, was praktisch bedeutsam ist, wenn die entsprechenden Kompetenzen nicht allen Gesellschaftern gemeinschaftlich zustehen. Wenngleich hierauf in Abs. 2 nicht verwiesen wird, ist es doch geboten, diese Regelung **bei nicht rechtsfähigen GbR entsprechend** anzuwenden. Die aufgrund gesellschaftsvertraglicher Vereinbarung konkret zur Auseinandersetzung berufenen Gesellschafter sind daher ebenso wie die geschäftsführungsbefugten Gesellschafter im Stadium bis zur Beendigung verpflichtet, nach Maßgabe von § 715 begründete Vorgaben (Tun oder Unterlassen) einzuhalten (→ § 715 Rn. 28). – Diese Weisungsgebundenheit erstreckt sich aber allein auf **Geschäftsführungsmaßnahmen,** mithin auf die Verwirklichung des Auseinandersetzungszwecks gemäß § 736d II, IV, V und VI (dazu sogleich → Rn. 8). Hiervon **abzugrenzen** sind daher **Grundlagenentscheidungen,** insbesondere auch die Fortsetzung der GbR nach Maßgabe von § 734 (→ § 740a Rn. 32), welche sich in Anerkennung der gesellschaftsrechtlichen Auseinandersetzung ohne weiteres nach Maßgabe von § 714 (iVm § 740 II, → Rn. 1) beurteilen.

8 Die Weisungsgebundenheit begründet eine **Folgepflicht** (vgl. § 665), welche von den Mitgesellschaftern im Wege des einstweiligen Rechtsschutzes und der Leistungsklage durchgesetzt werden kann (Henssler/Strohn/Klöhn HGB § 152 Rn. 5). – Sie begründet zudem einen **Rechtfertigungsgrund** im Rahmen der Pflichtwidrigkeit. Soweit die Gesellschafter bei der Auseinandersetzung eine wirksame Weisung befolgen, schließt dies als Einwilligung in das betreffende Verhalten eine Schadensersatzhaftung gegenüber den Gesellschaftern konsequenterweise aus. Das Weisungsrecht bezieht sich insofern freilich nur auf Maßnahmen, die der Dispositionsbefugnis der Gesellschafter unterliegen; von der **Legalitätspflicht** der Gesellschafter im Hinblick auf die Einhaltung zwingenden Rechts kann hierdurch nicht entbunden werden (Henssler/Strohn/Klöhn HGB § 152 Rn. 4). – Die Gesellschafter sind im Übrigen nicht verpflichtet, Weisungen zu erteilen. Umgekehrt haben die zur Abwicklung berufenen Gesellschafter gemäß § 715 II 2 (iVm § 740 II, vgl. → § 740 Rn. 19) die Pflicht, bei **außergewöhnlichen Entscheidungen** eine entsprechende Gesellschafterweisung einzuholen (→ § 715 Rn. 20).

9 **c) Zustimmungsvorbehalte.** § 736d I 1 Alt. 1 besagt, dass in den Fällen, in denen die GbR durch Kündigung eines Privatgläubigers eines Gesellschafters **nach Pfändung des Gesellschaftsanteils** aufgelöst wird, Weisungen an die Liquidatoren der Zustimmung des Privatgläubigers bedürfen. Dies entspricht der Rechtslage bei OHG und KG (vgl. § 148 I 2 HGB). Der **Anwendungsbereich** dieser Regelung ist nach dem Gesetzeswortlaut auf rechtsfähige GbR beschränkt, da hierauf weder in

§ 740 II noch in § 740a III oder § 740b II verwiesen wird. Indem aber § 740a II, § 726 die Kündigung eines Privatgläubigers auch bei nicht rechtsfähigen GbR ermöglichen, wenn die Verstrickung eines Vermögensanspruchs zugunsten des Gläubigers im Raum steht (→ § 740a Rn. 19), ist es nur konsequent, auch § 736d I 1 Alt. 1 **entsprechend auf nicht rechtsfähige GbR** anzuwenden, um die Vermögensinteressen des Privatgläubigers zu schützen. Das Zustimmungserfordernis zugunsten eines (regelmäßig gesellschaftsfremden) Privatgläubigers ist hier gleichermaßen dadurch **legitimiert,** dass die aus der Beendigung der GbR resultierenden **Ansprüche auf ein Auseinandersetzungsguthaben** gemäß § 736d V und VI nicht zu dessen Lasten vereitelt werden. Soweit daher ein Privatgläubiger eines Gesellschafters die Pfändung eines Gesellschaftsanteils erwirkt hat (→ § 726 Rn. 15), sind diese durch das Pfändungspfandrecht verstrickt und damit auch bei nicht rechtsfähigen GbR der uneingeschränkten **Dispositionsbefugnis der Gesellschafter entzogen** (Begr. S. 182). Dies betrifft sämtliche gesellschaftsrechtlichen Maßnahmen, die das Entstehen eines solchen Anspruchs verhindern oder diesen negativ beeinflussen. – Erfasst werden aber nur **Weisungen nach der Pfändung** (vgl. Henssler/Strohn/Klöhn HGB § 145 Rn. 18). Vorherige Weisungen oder getroffene gesellschaftsvertragliche Regelungen fallen nicht unter § 736d I 1 Alt. 1. Eine abweichende Beurteilung würde die Gesellschafterautonomie zu stark einschränken. In diesen Fällen richtet es sich daher nach den allgemeinen Regeln, ob nachteilige Vereinbarungen als bewusste Gläubigerschädigung gemäß § 138 I zu missbilligen sind. – Weiterhin muss es sich um eine **nachteilige Weisung** handeln, welche die durch die pfandrechtliche Verstrickung auf den Beendigungszeitpunkt konkretisierten Gläubigerinteressen beeinträchtigt. Vgl. im Übrigen zu den Einzelheiten → § 736d Rn. 10 ff.

§ 736d I 1 Alt. 2 sieht weiterhin vor, dass bei Auflösung der GbR **10** wegen Insolvenzeröffnung über das Vermögen eines Gesellschafters eine Weisung der **Zustimmung des Insolvenzverwalters** bedarf. Ist Eigenverantwortung angeordnet, tritt an die Stelle der Zustimmung des Insolvenzverwalters die des Schuldners (§ 735 II 3 analog). Der **Anwendungsbereich** dieser Regelung ist nach dem Gesetzeswortlaut ebenfalls auf rechtsfähige GbR beschränkt, da hierauf weder in § 740 II noch in § 740a III oder § 740b II verwiesen wird. Indem aber gemäß § 740a I Nr. 5 auch die Eröffnung des Insolvenzverfahrens über das Vermögen eines Gesellschafters die Beendigung der Gesellschafter herbeiführt (→ § 740a Rn. 16), ist es ebenfalls konsequent, auch § 736d I 1 Alt. 2 **entsprechend auf nicht rechtsfähige GbR** anzuwenden, um die Vermögensinteressen der Gläubiger des insolventen Gesellschafters zu schützen. Über den Wortlaut hinaus gilt dies **auch bei anderen Beendigungsgründen** wenn das Insolvenzverfahren über das Vermögen eines Gesellschafters bis dahin oder danach eröffnet wurde (vgl. MüKoHGB/K. Schmidt HGB § 145 Rn. 58). Der Schutzzweck, die Gläubiger des Gesellschafters im Hinblick auf eine Verkürzung des Anspruchs auf Auseinandersetzungsguthaben zu schützen, ist in diesen Fällen gleichermaßen verwirklicht. Vgl. im Übrigen zu den Einzelheiten → § 736d Rn. 20.

2. Entsprechende Anwendung von § 736d II

11 Abs. 2 erklärt § 736d II auf die Auseinandersetzung nicht rechtsfähiger GbR für entsprechend anwendbar. Dieser regelt **wesentliche Aufgaben der Liquidatoren** (vgl. zum Ganzen → § 736b Rn. 22 ff.). Die Regelung ist in weiten Teilen dispositiv, soweit es das Verhältnis der Gesellschafter untereinander betrifft (vgl. hierzu → § 735 Rn. 12 ff.). Der entscheidende Unterschied zum unmittelbaren Anwendungsbereich dieser Kompetenz- und Pflichtennorm liegt bei nicht rechtsfähiger GbR in der **fehlenden Rechts- und Vermögensfähigkeit** begründet, sodass die Auseinandersetzung allein im Verhältnis der Gesellschafter untereinander erfolgt (dies betont auch DAV NZG 2020, 1133 Rn. 100). Dies schließt freilich nicht aus, dass bestimmte Abwicklungsmaßnahmen einen Drittbezug haben, der dann von den Gesellschaftern im eigenen Namen auf Rechnung der Gesellschaftergesamtheit vollzogen wird. Um die schuldrechtliche Auseinandersetzung nach Maßgabe von § 736d II, IV, V und VI zu praktizieren, ist es im Übrigen erforderlich, ein **virtuelles Gesellschaftsvermögen** zu bilden, auf dessen Grundlage die maßgeblichen Positionen rechnerische Berücksichtigung finden, um dann im Rahmen einer Gesamtsaldierung individuelle Ansprüche der Gesellschafter untereinander auf Zahlung eines fiktiven anteiligen Auseinandersetzungs- überschusses (→ Rn. 26, 31) bzw. umgekehrt eines fiktiven Fehlbetrags zu begründen (→ Rn. 26, 31).

12 **a) Beendigung der laufenden Geschäfte.** Die Beendigung laufender Geschäfte ist auch bei nicht rechtsfähiger GbR ein zentrales Gebot im Rah- men der Auseinandersetzung. Im Kern geht es um die **rechtliche und tat- sächliche** Beendigung der bislang für die Zweckverwirklichung maßgebli- chen **bisherigen Tätigkeit** (vgl. auch Begr. S. 186: Begriff des Geschäfts ist untechnisch zu sehen). Dies bedeutet zuvörderst eine Unterlassungspflicht, die bisherige Zwecksetzung fortzusetzen. Indem bei nicht rechtsfähigen GbR die Gesellschafter indessen ohnehin stets im eigenen Namen handelten, endet allein der wirtschaftliche Bezugspunkt hierfür, mithin das bisherige Handeln auf Rechnung der Gesellschaftergesamtheit. Die Gesellschafter dürfen man- gels Zweckbindung **fortan Eigeninteressen auf eigene Rechnung** ver- wirklichen. Eine darüberhinausgehende Pflicht, die bisherige Tätigkeit aktiv zu beenden, besteht indessen nicht. Für die Bejahung von Wettbewerbsverbo- ten und nachvertraglichen Unterlassungspflichten dürfte gemäß § 242 bei nicht rechtsfähiger GbR allenfalls in Ausnahmefällen Raum bestehen. – Im Übrigen besteht auch bei nicht **rechtsfähigen GbR kein zwingenden Vorrang der sofortigen Vollbeendigung.** Vielmehr ist ein angemessener Ausgleich zwischen rascher Vollbeendigung und Werteerhalt zu finden. Es ist daher auch zur rechtmäßigen Auseinandersetzung nicht geboten oder legitimiert, **voreilig vollendete Tatsachen** zu schaffen und sich etwa vorei- tig übereilt aus dem Zusammenschluss zurückzuziehen. Aus der **Treue- pflicht** kann vielmehr im Einzelfall sogar die Pflicht resultieren, eine Tätig- keit auf Rechnung der Gesellschaftergesamtheit einstweilen fortzusetzen (vgl. RGZ 72, 236 (240); MüKoHGB/K. Schmidt HGB § 149 Rn. 9).

b) Einziehung von Forderungen. Die Pflicht zur Einziehung von For- **13** derungen gemäß § 736d II bezieht sich bei der nicht rechtsfähigen GbR naturgemäß nicht darauf, etwaige Forderungen der Gesellschaft geltend zu machen. Es kann hier von vornherein nur um **Rechtsbeziehungen einzelner Gesellschafter zu Dritten** gehen, die diese aufgrund gesellschaftsvertraglicher Vereinbarung **auf Rechnung der Gesellschaftergesamtheit** eingingen (sog. Außengesellschafter, vgl. zu diesem Begriff nach früherem Recht MüKoBGB/Schäfer § 730 Rn. 16). Die **Geltendmachung** von Forderungen erfolgt grundsätzlich durch die jeweilige Gesellschafter im eigenen Namen, aber auf (interne) Rechnung der Gesellschaftergesamtheit. – Entsprechende Ansprüche müssen indessen nicht zwingend gegenüber den Dritten tatsächlich geltend gemacht werden. Es genügt vielmehr eine **rechnerische Berücksichtigung** im Hinblick auf das virtuelle Gesellschaftsvermögen als Mittelpunkt der Auseinandersetzung, mithin wenn der betreffende Gesellschafter die Mitgesellschafter vermögensmäßig so stellt, als wenn die (realistische!) Geltendmachung erfolgt wäre.

Forderungen gegenüber Nichtgesellschaftern sind im Rahmen des **14** rechtlich Möglichen ohne weiteres in vollem Umfang geltend zu machen bzw. zu berücksichtigen. Bei **betagten Forderungen** gebietet es der Auseinandersetzungszweck, entweder mit dem Schuldner eine frühere Tilgung zu vereinbaren oder mittels Abzinsung einen entsprechenden vermögensmäßigen Ausgleich im Innenverhältnis zu treffen. – Weigert sich der betreffende Gesellschafter insofern treuwidrig tätig zu werden bzw. die Berücksichtigung der Forderung anzuerkennen, haben die Übrigen gemäß § 715b gegenüber **bösgläubigen Dritten** die Möglichkeit, im eigenen Namen die **Gesellschafterklage** zu erheben (→ § 740 Rn. 24). – Soweit **Sozialansprüche** im Verhältnis der Gesellschafter untereinander bestehen, sind diese grundsätzlich nicht zu erfüllen, sondern nach Maßgabe von § 709 III vielmehr bei der **Gesamtabrechnung** zu berücksichtigen (→ Rn. 19, 29). Gesellschafterverbindlichkeiten aus **Drittgeschäften** werden indessen wie Forderungen gegenüber Nichtgesellschaftern behandelt.

c) Umsetzung des übrigen Vermögens in Geld. Nach § 736d II ist **15** das übrige Vermögen in Geld umzusetzen, mithin **entgeltlich zu veräußern.** Die Regelung beansprucht bei nicht rechtsfähiger GbR nur sehr eingeschränkt Geltung, da es kein Gesellschaftsvermögen gibt (→ § 740 Rn. 8 ff.). Es kann daher von vornherein nur darum gehen, Vermögensgegenstände, die ein Gesellschafter auf Rechnung der anderen hält, oder die die Gesellschafter gemeinschaftlich aufgrund einer schuldrechtlichen Vereinbarung halten (Miteigentum, Bruchteilseigentum etc.), veräußert werden, um den Erlös bei der Auseinandersetzung zu berücksichtigen. Es gibt somit seit der Reform bei der GbR **keinen gesetzlichen Vorrang der Naturalteilung** mehr (Begr. S. 186). Der hierdurch beim im gesetzlichen Regelfall ermöglichte **freihändige Verkauf** von Vermögensgegenständen ist insbesondere bei Grundbesitz vorteilhaft (Schäfer Neues PersGesR/M. Noack § 9 Rn. 25). – Bei nicht rechtsfähigen Gesellschaften dürfte freilich auch dies regelmäßig **nicht dem Willen der Gesellschafter entsprechen,** da man-

gels Gesellschaftsvermögens iSv § 713 die dingliche Position der Gesellschafter an den gehaltenen Gegenständen viel stärker ausgeprägt ist als bei der
Mitgliedschaft in einer rechtsfähigen GbR. Um dem gerecht zu werden, ist
es geboten, die entsprechende Anwendung von § 736d II von vornherein
allein insoweit zu verstehen, als eine **rein vermögensmäßige Betrachtung
anzustellen** ist, mithin keine gesellschaftsrechtliche Pflicht zur Veräußerung
besteht (so zum bisherigen Recht auch BGH NJW 1983, 2375; 1982, 99
(100); WM 1974, 1162 (1164); MüKoBGB/Schäfer § 730 Rn. 13). Es ist
somit allein der **hypothetisch erzielbare Veräußerungserlös** oder eine
anderweitige Wertermittlung für die Auseinandersetzung anzusetzen.

16   Im Übrigen ist es ohne weiteres möglich, aufgrund gesellschaftsvertraglicher **Abreden** eine **reale Aufteilung** der Vermögenswerte innerhalb des
Gesellschafterkreises zu ermöglichen. Praktisch bedeutsam ist dies insbesondere im Hinblick auf die Aufteilung von **Kunden-, Patienten- und Mandantenbeziehungen** bei freiberuflichen GbR (vgl. BGH NJW 2011, 2355;
2010, 2660; 2008, 2987; OLG München NZG 2002, 235 (236), auch zu
Auslegungsfragen; Einzelheiten bei Wolff NJW 2009, 1302 (1304 ff.); Wertenbruch NZG 2011, 1133). Umgekehrt kann aufgrund einer Abrede (ggf.
unter Wahrung von § 311b I 1) auch vereinbart werden, dass die Mitgesellschafter einen **Anspruch auf Einräumung einer dinglichen Rechtsposition** an einem Gegenstand erlangen sollen (vgl. BGH NJW 1983, 2375
(2376)).

17   **d) Eingehung neuer Geschäfte.** § 736 II 2 legitimiert und gebietet die
Selbstverständlichkeit, dass zur Verwirklichung einer Auseinandersetzung
auch neue Rechtsgeschäfte eingegangen werden dürfen, bei der nicht rechtsfähigen GbR naturgemäß nicht durch diese selbst, sondern nur durch die
Gesellschafter **auf Rechnung der Gesellschaftergesamtheit.** Die entsprechenden vermögensmäßigen Folgen fließen dann die Auseinandersetzung
ein. – Problematisch ist insofern aber stets die objektive **Abgrenzung zur
verbotenen werbenden Tätigkeit,** um insbesondere die Minderheit vor
ausufernden Aufwendungsersatzansprüchen der Mehrheit gemäß § 716 I zu
schützen (→ § 716 Rn. 5 ff.). Hieraus folgt das zwingende Gebot einer strengen Betrachtung. Das in Rede stehende Geschäft muss unmittelbar der Auseinandersetzung zu dienen bestimmt sein.

3. Entsprechende Anwendung von § 736d IV

18   Nach dem gemäß Abs. 2 entsprechend anwendbaren § 736d IV ergibt sich
das Gebot, aus dem Vermögen der Gesellschaft zunächst die **Drittgläubiger
zu befriedigen** (→ § 736d Rn. 41). Mangels Rechtsfähigkeit der GbR
bezieht sich die Regelung von vornherein allein darauf, dass Verbindlichkeiten gegenüber Dritten, die die Gesellschafter **im eigenen Namen auf
Rechnung der Gesellschaftergesamtheit** eingegangen sind, zu befriedigen sind. Auch hier ist indessen richtigerweise nicht zu fordern, dass dies
tatsächlich erfolgt. Ausreichend ist vielmehr, wenn die entsprechenden Verbindlichkeiten bei der vermögensmäßigen **Gesamtsaldierung** entsprechende **Berücksichtigung** finden, mithin in das virtuelle Gesellschaftsver-

mögen einfließen. – Im Hinblick auf den Umfang der Berücksichtigung ist von den mit der Auseinandersetzung bzw. Erstellung der Schlussabrechnung betrauten Gesellschaftern zu prüfen, ob die **Forderung berechtigt** ist, insbesondere ob Einreden bzw. Einwendungen bestehen. Maßgeblich ist insofern die nach Streichung von § 708 aF objektive Sorgfalt gemäß § 276; für die Anwendung der Business Judgement Rule entsprechend § 93 I 2 AktG ist bei nicht rechtsfähigen GbR kein Raum. Um die Auseinandersetzung nicht über Gebühr in die Länge zu ziehen, kann bei geringen Forderungen auch eine Anerkennung geboten sein (vgl. RG LZ 1919, 376 (377), für die AG); darüber hinaus ist dies nur zulässig, wenn alle Gesellschafter hiermit einverstanden sind. – Für **nicht fällige oder streitige Verbindlichkeiten** gegenüber Dritten ist gemäß § 736d IV 2 das zur Berichtigung Erforderliche zurückzubehalten (→ § 736d Rn. 44). Praktisch bedeutsam ist insofern grundsätzlich die **Hinterlegung** nach § 372 (Begr. S. 187). Bei nicht rechtsfähigen GbR ist dies jedoch regelmäßig nicht praktikabel, sodass im Rahmen der entsprechenden Anwendung von vornherein eine **rein vermögensmäßige Berücksichtigung** mittels Abzinsung bei der Schlussabrechnung angezeigt ist.

Sozialverbindlichkeiten aus dem Gesellschaftsverhältnis (Aufwendungs- **19** ersatz, Geschäftsführervergütung, Gewinn etc.) werden gleichermaßen im Rahmen der Schlussabrechnung nach Maßgabe von Abs. 5 und 6 berücksichtigt (→ Rn. 29). Es besteht mithin eine **Durchsetzungssperre,** was die Gesetzesbegründung implizit anerkennt (Begr. S. 187; vgl. zum früheren Recht BGH NJW 2015, 1956; NZG 2018, 1387 Rn. 13; MüKoBGB/Schäfer § 730 Rn. 14). Eine abweichende Beurteilung ist nur dann gerechtfertigt, wenn bereits vorher evident feststeht, dass die Zahlung in voller Höhe gerechtfertigt ist (MüKoHGB/K. Schmidt HGB § 149 Rn. 44). – **Verbindlichkeiten aus Drittgeschäften** gegenüber Gesellschaftern sind indessen durch die Mitgesellschafter grundsätzlich vorab zu befriedigen (BGH NJW-RR 2006, 1268 (1270). Ausnahmen hiervon bestehen unter dem Aspekt der Dolo agit-Einrede, wenn bereits feststeht, dass der fordernde Gesellschafter im Rahmen der Schlussrechnung gemäß § 737 für einen Fehlbetrag einzustehen hat (→ Rn. 26).

4. Entsprechende Anwendung von § 736d V

Der entsprechend anwendbare § 736d V begründet wie der weitgehend **20** identische § 733 II aF einen Anspruch der Gesellschafter **auf Rückerstattung der geleisteten Beiträge,** soweit hierfür nach Berichtigung der Verbindlichkeiten noch entsprechendes Gesellschaftsvermögen vorhanden ist. Die Regelung ist mangels Gesellschaftsvermögens bei nicht rechtsfähigen GbR insofern anzupassen, als eine **rein summenmäßige Betrachtung** auf der Grundlage der auf Rechnung der Gesellschaftergesamtheit maßgeblichen Positionen gemäß § 736d II und IV angezeigt ist. Im Übrigen gilt auch insofern, dass die Rückerstattung der Beiträge grundsätzlich als **unselbständiger Rechnungsposten** in die Schlussabrechnung einfließt (→ Rn. 28 f.).

a) Bareinlagen. Die Gesellschafter haben grundsätzlich einen Anspruch **21** darauf, die tatsächlich geleisteten Bareinlagen **zum Nominalbetrag** zurückzuerhalten. Mangels Gesellschaftsvermögens sind hierunter freilich in Abweichung gegenüber der rechtsfähigen GbR alle von den Gesellschaftern als solche qualifizierten **Finanzierungsbeiträge** zu fassen, unabhängig davon, wie sie konstruktiv geleistet wurden. Bareinlagen sind somit auch Vermögenswerte, die ein Gesellschafter treuhänderisch für die Gesellschaftergesamtheit hält, oder sonstige vermögenswerte Eigenleistungen. Mangels gesetzlicher Kapitalbindung bei der GbR besteht insofern ein uneingeschränkter **Vorrang der vertraglichen Vereinbarungen,** was im Wege der Auslegung zu ermitteln ist. – Die **Beweislast** für die Einlageerbringung liegt beim Gesellschafter.

22   **b) Sacheinlagen.** Bei **Sacheinlagen** gilt dies gleichermaßen, weil diese bei nicht rechtsfähigen GbR nicht in ein Gesellschaftsvermögen überführt werden können. Auch hier bestimmt sich vorrangig nach den gesellschaftsvertraglichen **Abreden,** was ebenfalls als **rückerstattungsfähige Sacheinlage** zu qualifizieren ist, mithin unabhängig von der konkreten rechtlichen Konstruktion. Abs. 5 S. 2 bestimmt aber, dass der Inferent im gesetzlichen Regelfall lediglich einen **Wertersatzanspruch** hat, der sich auf die **Zeit der Einbringung** bezieht zum (vgl. zum früheren Recht MüKoBGB/Schäfer § 730 Rn. 14). Der maßgebliche Einbringungswert ist grundsätzlich objektiv zu bestimmen, abweichende Vereinbarungen der Gesellschafter sind aber bindend (BGH WM 1972, 213 (214)). Es ist insofern aber im Wege der **Auslegung** der Einbringungsvereinbarung zu ermitteln, ob dies auch gewollt ist (dagegen bei der Einbringung zum Buchwert BGH WM 1967, 682 (683)). Damals vorhandene Mängel sind hiernach grundsätzlich wertmindernd zu berücksichtigen (BGH NJW 1986, 51 (52)). Die **Beweislast** für die Einbringung eines Gegenstands als Sacheinlage und die Werthaltigkeit zum Einbringungszeitpunkt trägt der Inferent. – Ein selbstständiger **Rückgabeanspruch** kommt nur dann in Betracht, wenn ein solcher **speziell vereinbart** wurde (vgl. Erman/Westermann § 732 Rn. 3; MüKoBGB/Schäfer § 732 Rn. 7; BeckOGK/Koch § 732 Rn. 6). In diesem Fall ist dann freilich im Rahmen der Auslegung zu ermitteln, inwieweit der Rückgabeanspruch bei der vermögensmäßigen Auseinandersetzung zu berücksichtigen ist oder bereits anderweitig abgegolten wurde.

23   **c) Dienstleistungen.** Für Beiträge, die in der Leistung von Diensten bestanden haben (→ § 709 Rn. 8 ff.), kann gemäß § 736d V 3 Alt. **im Zweifel kein Ersatz** verlangt werden, was bereits nach § 733 II 3 aF der früheren Rechtslage entsprach (vgl. hierzu MüKoBGB/Schäfer § 730 Rn. 15). Der Gesetzgeber legitimiert diese Zweifelsregelung mit den ansonsten bestehenden Bewertungsschwierigkeiten sowie dem Umstand, dass die entsprechende Dienstleistung ohnehin durch die Beteiligung am Gewinn der Gesellschaft abgegolten würde (Begr. S. 187. – Eine **abweichende Vereinbarung** ist ohne weiteres möglich und etwa anzunehmen, wenn ein Gesellschafter nicht die Bereitstellung von Arbeitskraft schlechthin, sondern als Einlage ein bestimmtes Werk schuldet, das durch Einsatz seiner Arbeitskraft hergestellt wird; **werkvertragliche Leistungen,** die als (Sach-)Einlage zu erbringen sind, sind daher (nach dem Wert, den sie zur Zeit der Einbringung hatten)

grundsätzlich zu erstatten (BGH NJW 1980, 1744: Architektenleistung; NJW 1986, 51: Mitwirkung eines Ehepartners an der Errichtung eines Bauwerks). Die **Beweislast** für eine Anrechnung trägt der betreffende Gesellschafter. Auch in diesem Fall ist dann freilich im Rahmen der Auslegung zusätzlich zu ermitteln, inwieweit der Ersatzanspruch bei der vermögensmäßigen Auseinandersetzung zu berücksichtigen ist oder bereits anderweitig abgegolten wurde.

d) Nutzungsüberlassungen. Die Erbringung von Gegenständen zur 24 Gebrauchs- oder Nutzungsüberlassung (quoad usum, vgl. → § 709 Rn. 13) endet grundsätzlich mit Beendigung der Gesellschaft, sodass der Gesellschafter einen entsprechenden **Herausgabeanspruch** hat. § 732 S. 1 aF sah dies noch explizit vor, die Regelung wurde indessen ersatzlos gestrichen. In der Gesetzesbegründung wird dieser Schritt ausdrücklich damit begründet, dass sich die entsprechenden Rechtsfolgen aus der jeweils **zugrunde liegenden Vereinbarung** selbst ergeben würden und deswegen eine gesetzliche Regelung überflüssig sei (Begr. S. 175). Dies überzeugt nur bedingt (ebenso kritisch Bachmann Stellungnahme S. 10: Klarstellung wünschenswert; abw. Schäfer Neues PersGesR/M. Noack § 9 Rn. 24). Das jetzige Konzept übersieht nämlich, dass in vielen Fällen nicht mit hinreichender Bestimmtheit entsprechende Abreden bestehen oder dass sich solche nicht nachweisen lassen. Dies gilt insbesondere bei nicht rechtsfähigen GbR. Insofern besteht nach neuem Recht eine **planwidrige Regelungslücke,** sodass es aufgrund der vergleichbaren Interessenlage sachgerecht und geboten ist **§ 732 aF nach wie vor entsprechend** anzuwenden, um eine dispositive gesetzliche Auffanglösung zu schaffen. Die Problematik der Rückgabe überlassener Gegenstände sowie das Schicksal bei Untergang oder Verschlechterung sind daher auch nach neuem Recht so zu behandeln, wie bislang. – Die hierdurch begründete **gesellschaftsrechtliche Rückgabepflicht** bezieht sich allein auf Gegenstände, die im Rahmen einer Beitragspflicht gemäß § 709 zur Benutzung überlassen wurden (MüKoBGB/Schäfer § 732 Rn. 1; Einzelheiten → § 709 Rn. 10 ff.). – **Anspruchsinhaber** ist der Inferent; die **Passivlegitimation** richtet sich nach der konkreten Ausgestaltung der Nutzungsüberlassung (dies betont Begr. S. 192).

Der praktische Anwendungsbereich der gesellschaftsrechtlichen Rückga- 25 bepflicht beschränkt sich vornehmlich auf die Fälle, in denen **Sachen (§ 90) oder Immaterialgüterrechte** im Rahmen von § 709 quoad usum, dh **zur gemeinschaftlichen Nutzung überlassen** wurden (Einzelheiten → § 709 Rn. 13). Es kommt hierbei im Gegensatz zur Einbringung quoad dominium nicht zur Übereignung bzw. zum Wechsel der Rechtsinhaberschaft. Der Gesellschaftergesamtheit wird lediglich die Nutzungsmöglichkeit verschafft, insbesondere auch um hierdurch entsprechende Erträge auf gemeinschaftliche Rechnung zu erzielen, vgl. § 100. Die gesellschaftsrechtliche Rückgabepflicht nach § 732 S. 2 aF ergänzt so bei Sachen den Herausgabeanspruch des § 985, da infolge der Beendigung das Besitzrecht der Gesellschaftergesamtheit bzw. eines (anderen) einzelnen Gesellschafters nach § 986 BGB entfällt. Im Wege einer entsprechenden Anwendung erstreckt sich die Rückgabe-

pflicht **auch auf Kunden-, Patienten- und Mandantenbeziehungen,**
insbesondere bei Freiberuflergesellschaften. Auf die gesellschaftsvertragliche
Verpflichtung zur **Dienstleistung** (vgl. § 709 I) findet die Rückgabepflicht
keine Anwendung, da insofern nichts zurückgegeben werden kann. Eine
Wertersatzpflicht besteht mangels abweichender Vereinbarung nicht
(→ Rn. 36). – Vgl. im Übrigen zum **Untergang oder Verschlechterung**
der überlassenen Sache → § 736d Rn. 52.

5. Entsprechende Anwendung von § 736d VI und § 737

26   Die entsprechende Anwendung von § 736d V und § 737 besagt, dass den
Gesellschaftern auch bei nicht rechtsfähigen GbR entweder ein **Auseinandersetzungsüberschuss** gebührt oder sie umgekehrt **für Fehlbeträge einzustehen** haben. Grundlage hierfür ist die **rechnerische Ermittlung,** ob
nach Maßgabe von Abs. 2 und Abs. 4 ein verteilungsfähiges Vermögen verbleibt, welches dann nach Maßgabe von § 709 III ggf. wechselseitige Ausgleichsansprüche begründet. Spiegelbildlich kann sich auf dieser Grundlage
auch eine Fehlbetragshaftung ergeben. – Die in Bezug genommenen Regelungen sind allesamt **nicht zwingend.** Es bleibt den Gesellschaftern der GbR
vielmehr unbenommen, nach Maßgabe von **Weisungen** die Auseinandersetzung auch abweichend hiervon vorzunehmen. Insofern bietet es sich auch
an, aus Gründen der Rechtssicherheit **verbindliche Auseinandersetzungsvereinbarungen** der Gesellschafter zu treffen.

27   **a) Schlussabrechnung.** Im gesetzlichen Regelfall ist eine Schlussabrechnung anzufertigen (vgl. zum früheren Recht BGH NJW-RR 1988, 997;
NJW-RR 1991, 422 (423); NJW-RR 1991, 1049). Verpflichtet hierzu sind
nach Maßgabe von Abs. 1 („unter den Gesellschaftern") **grundsätzlich alle
Gesellschafter.** Jeden Einzelnen trifft hiernach eine **Mitwirkungspflicht;**
der konkrete Umfang richtet sich danach, welchen Beitrag er hierzu auf der
Grundlage der bisherigen gesellschaftlichen Vereinbarungen und der tatsächlichen Gegebenheiten leisten kann. Bei abweichenden Regelungen über die
Geschäftsführungsbefugnis (→ Rn. 6) sind die betreffenden Gesellschafter zur Erstellung verpflichtet. – Der maßgebliche **Zeitpunkt** für die Aufstellung der Schlussabrechnung ist der Abschluss der Auseinandersetzung, mithin
die Beendigung aller Maßnahmen, die erforderlich sind, um die Beitragsrückerstattung und Verteilung des Auseinandersetzungsüberschusses nach Maßgabe von § 736d V und VI beurteilen zu können (MüKoBGB/Schäfer § 730
Rn. 57: Schlusspunkt der Auseinandersetzung; vgl. für Ehegatten BGH NJW
2006, 1268). Ergeben sich insofern praktische Probleme, kann es geboten
sein, die Aufstellung zu korrigieren.

28   Eine **Form** ist für die Schlussabrechnung gesetzlich nicht vorgeschrieben
(vgl. zu OHG und KG § 148 IV HGB: Aufstellung einer Liquidationsbilanz
erforderlich). Sie ergibt sich aber als **Vermögensstatus** mittelbar aus § 736d
und § 259 I: **Geordnete Zusammenstellung** der Einnahmen und Ausgaben (vgl. zum früheren Recht MüKoBGB/Schäfer § 734 Rn. 1). Bei länger
andauernden Auseinandersetzungen sind entsprechend § 718 auch **periodische Abrechnungen** zu erstellen. – Die Erstellung kann **aktiv durchge-**

setzt werden (vgl. OLG Hamm BB 1983, 1304; OLG Koblenz NZG 2002, 371; vgl. zur Vollstreckung nach § 887 ZPO BGH NJW 1993, 1394 (1395)). **Aktivlegitimiert** ist bei der nicht rechtsfähigen GbR jeder Gesellschafter; die besonderen Voraussetzungen der Gesellschafterklage gemäß § 715b sind nicht zu wahren (abw. bei der rechtsfähigen GbR, vgl. → § 736d Rn. 55). **Passivlegitimiert** sind grundsätzlich alle Mitgesellschafter, bei spezieller Aufgabenzuweisung allein die mit der Auseinandersetzung Betrauten (vgl. auch MüKoBGB/Schäfer § 730 Rn. 16: Außengesellschafter). – Bei überlanger Verzögerung der Schlussabrechnung ist insofern sogar eine individuelle **Klage auf Beitragsrückerstattung bzw. Zahlung** eines Auseinandersetzungsüberschusses auf einen durch den Gesellschafter selbst ermittelten Betrag auf Leistung an ihn selbst zulässig (vgl. BGH ZIP 2011, 1358; MüKoBGB/Schäfer § 730 Rn. 60). Praktisch relevant ist dies insbesondere bei zweigliedrigen GbR.

b) Gesamtabrechnung. Die Auseinandersetzung, die in einer Schlussab- **29** rechnung mündet, erfolgt auch bei nicht rechtsfähigen GbR durch eine materiell-rechtliche Gesamtabrechnung unter Einbeziehung **aller wechselseitigen Sozialansprüche und -verbindlichkeiten,** die bis zum Abschluss der Auseinandersetzung begründet wurden (vgl. zum früheren Recht MüKoBGB/Schäfer § 730 Rn. 14). Dies betrifft insbesondere rückständige Einlagen, nicht ausgezahlte Gewinne, Aufwendungsersatz- und Herausgabesprüche gemäß § 716, Schadensersatzansprüche, gesellschaftsrechtlich begründete Vergütungsansprüche etc. Diese sind ab Beendigung nach Maßgabe von § 736d II, IV und V lediglich **unselbstständige Rechnungsposten** bei der Ermittlung individueller Zahlungsansprüche der Gesellschafter untereinander. Die unterliegen konsequenterweise einer **Durchsetzungssperre** (vgl. zu § 738 aF BGH WM 1978, 89 (90); 1979, 937 (138); 1992, 306 (308); NJW 2011, 2355; OLG Frankfurt NZG 2018, 1141 (1142); OLG Hamm WM 2004, 129 (132)). Den Gesellschaftern ist es daher verwehrt, einzelne Forderungen aus dem Gesellschaftsverhältnis geltend zu machen. Eine entsprechende **Klage wäre unbegründet,** selbst wenn sie bereits vor Beendigung anhängig gemacht wurde. Hieran sind auch die Gesellschaftsgläubiger gebunden, wenn sie auf diese Ansprüche im Wege der Zwangsvollstreckung zugreifen wollen. Etwas anderes gilt nur für **unstreitige Einzelansprüche,** die unabhängig von der Berechnung in jedem Fall zu beanspruchen sind (vgl. insofern zur Abfindung BGH NJW 1992, 2757 (2758); NJW-RR 1988, 1249; WM 1981, 487; 1993, 1340 (1341)). Ein solcher **Direktanspruch** kann unmittelbar gegenüber dem zahlungspflichtigen Mitgesellschafter geltend gemacht werden, wenn feststeht, dass der Betrag dem Klagenden gebührt (vgl. RGZ 158, 302 (313 ff.); BGH NJW 1953, 1217; Schäfer Neues PersGesR/M. Noack § 9 Rn. 29). – Ist vor Beendigung der Auseinandersetzung bereits objektiv vorhersehbar, dass zugunsten von Gesellschaftern Zahlungsansprüche gegenüber den übrigen bestehen, haben sie bereits zuvor einen **Anspruch auf Abschlag,** was dann bei der Endabrechnung zu berücksichtigen ist (vgl. BGH NJW 1962, 1863; 1980, 1628; 1995, 2843 (2844); 1098, 376).

30   Forderungen und Verbindlichkeiten aus **Drittgeschäften** der Gesellschafter untereinander fallen indessen **nicht** darunter (BGH NJW-RR 2006, 1268
(1270); NZG 2008, 68 (69); OLG Hamm NZG 2003, 677 (678)). Diese
können auch im Stadium der Auseinandersetzung isoliert geltend gemacht
werden, unterliegen freilich der **Aufrechenbarkeit** und der Möglichkeit,
nach Maßgabe von § 273 ein **Zurückbehaltungsrecht** geltend zu machen
(BGH NJW 1974, 899; 1998, 1552; 1981, 2802; BeckOK BGB/Schöne
§ 739 Rn. 3; Erman/Westermann § 739 Rn. 1; MüKoBGB/Schäfer § 739
Rn. 3a; Grüneberg/Sprau § 739 Rn. 1; Soergel/Hadding/Kießling § 739
Rn. 7; BeckOGK/Koch § 739 Rn. 9; vgl. zur Beweislast auch BGH NZG
2009, 581). Dies betrifft insbesondere den richtigerweise auch im gesetzlichen
Regelfall nach wie vor entsprechend § 732 aF bestehenden Anspruch auf
Rückgabe von Gegenständen, die ein Gesellschafter im Rahmen der Bei-
tragspflicht zur Nutzung überlassen hat (vgl. → Rn. 24 f.).

31   **c) Hieraus resultierende Zahlungsansprüche.** Die Schlussabrechnung
gibt Auskunft darüber, ob den Gesellschaftern ein anteiliges Auseinandersetzungsguthaben gebührt oder sie anteilig zur Verlusttragung verpflichtet sind.
Hieraus resultieren dann individuelle **Zahlungsansprüche gegen die Mitgesellschafter** (vgl. BGH NJW-RR 2006, 468 (469); ZIP 2007, 245 (246)).
Der Umfang richtet sich nach Maßgabe der Beteiligung gemäß § 709 III,
mithin als **Teilschuld** (→ § 709 Rn. 21). Die Ansprüche sind auf **Geldzahlung** gerichtet. In prozessualer Hinsicht dürfte ein **unbezifferter Antrag**
jedenfalls dann zulässig sein, wenn der Anspruch von einer komplizierten
Rechts- und Tatsachenlage abhängt (vgl. auch die zeitlich-dynamische
Betrachtung der Fälligkeit → Rn. 33). Bei einer Ehegatteninnengesellschaft
handelt es sich um eine sonstige Familiensache nach § 266 I Nr. 3 FamFG,
die gemäß § 23a I 1 Nr. 1 GVG die ausschließliche sachliche Zuständigkeit
des Familiengerichts begründet (vgl. OLG Stuttgart NJW-RR 2011, 867).

32   Die Ansprüche **entstehen** bereits dem Grunde nach mit Begründung der
Gesellschafterstellung (abw. BeckOGK/Koch § 735 Rn. 2; wohl auch BGH
NZG 2010, 1020; BeckOGK/Koch § 739 Rn. 8; Soergel/Hadding/Kießling
§ 739 Rn. 6, jeweils für die Verlusttragung nach Ausscheiden). § 711a stellt
dies mittelbar klar, indem die Übertragbarkeit dieses Anspruchs als Ausnahme
vom Abspaltungsverbot gesehen wird. – **Pfändung und Abtretung** des
Anspruchs sind daher bereits von Anfang an möglich (vgl. hierzu Wertenbruch NZG 2013, 1006). Wie bei der umgekehrten Verlusttragungspflicht
gemäß § 737 können sich indessen auch hier Probleme ergeben, wenn zum
Zeitpunkt der (beabsichtigten) Beendigung der Auseinandersetzung die konkrete **Anspruchshöhe nicht eindeutig** ist. Wie beim Abfindungsanspruch
nach Ausscheiden (→ § 728 Rn. 32 ff.) darf hieraus indessen richtigerweise
nicht der Schluss gezogen werden, die **Fälligkeit** sei so weit nach hinten
verschoben, bis die Anspruchshöhe konkret feststeht, da diese Endgültigkeit
sich vielfach nie rechtssicher bestimmen lässt. Sie tritt daher **grundsätzlich
mit Feststellung der Schlussrechnung** ein (vgl. BGH NZG 2021, 63
Rn. 37; BGH NZG 2012, 393 Rn. 20; BGH BeckRS 2013, 1865 Rn. 25;
MüKoBGB/Schäfer § 735 Rn. 5; Henssler/Strohn/Kilian § 735 Rn. 3; Grü-

neberg/Sprau § 735 Rn. 2; vgl. auch KG NZG 2001, 556 (558): Treuepflicht verbietet vorzeitige Geltendmachung).

Da eine solche **rechtsgeschäftliche Feststellung** indessen gesetzlich **33** **nicht zwingend vorgesehen** ist (→ § 736d Rn. 55), tritt die Fälligkeit auch hiervon unabhängig ein (vgl. BGH NZG 2012, 393 Rn. 20; BGH BeckRS 2013, 1865 Rn. 25: Schlussrechnung bildet lediglich eine im Regelfall notwendige Voraussetzung für die Geltendmachung des Anspruchs; abw. BeckOGK/Koch § 735 Rn. 4; wohl auch Erman/Westermann § 735 Rn. 1). Richtigerweise sollte daher ein **modifizierter Fälligkeitsbegriff** verwendet werden, der die Fälligkeit dem Grunde nach bereits zum Zeitpunkt der Auflösung eintreten lässt. Soweit es indessen um die Bedeutung der konkreten **Anspruchshöhe** im Kontext der Fälligkeit geht, sollte eine **zeitlich-dynamische Betrachtung** erfolgen, wonach konkrete Rechtsfolgen aus der Fälligkeit nur abgeleitet werden dürfen, wenn zu diesem Zeitpunkt auch eine entsprechende Anspruchshöhe wenigstens schlüssig ist (vgl. insofern bereits zum bisherigen Recht bei **unstrittigen Mindestbeträgen** (BGH BB 1959, 719; 1961, 348; DB 1977, 87 (89); WM 1981, 487; NJW 1992, 2757 (2758); BGH NZG 2021, 63 Rn. 27; BeckOGK/Koch § 738 Rn. 31; MüKoBGB/Schäfer § 738 Rn. 21; BeckOK BGB/Schöne § 738 Rn. 20; Staudinger/Habermeier, 2003, § 738 Rn. 9; Erman/Westermann § 738 Rn. 4). Das Gleiche gilt bei **überschaubaren Vermögensverhältnissen** auf der Grundlage einer vereinfachten Auseinandersetzungsrechnung (vgl. BGH NZG 2016, 218 Rn. 15; BeckOGK/Koch § 735 Rn. 8). Der sofortigen gerichtlichen **Geltendmachung** des Anspruchs durch einen Gesellschafter steht die fehlende endgültige Fälligkeit daher nicht zwingend entgegen (Schäfer Neues PersGesR/M. Noack § 9 Rn. 30; vgl. zur Feststellungsklage auch BGH NJW-RR 2010, 1401 (1402)). Die Begründetheit der Klage hängt freilich davon ab, dass der Anspruch in der entsprechenden Höhe tatsächlich besteht (vgl. für die Abfindung BGH WM 1978, 89 (90); 1979, 937 (938); ZIP 2012, 515 Rn. 20; Osterloh-Konrad ZGR 2021, 476 (488 f.)). Ggf. sind tragfähige **Abschlagszahlungen** einzuklagen (vgl. insofern BGH ZIP 2012, 515 (25)). **Verzugszinsen** kann ein Gesellschafter nach Maßgabe von § 288 I verlangen, mithin nach entsprechend konkreter Mahnung (vgl. für die Abfindung OLG Karlsruhe NZG 2005, 627; Soergel/Hadding/Kießling § 738 Rn. 38; BeckOGK/Koch § 738 Rn. 32).

Die **Verjährung** der Ansprüche aus Auseinandersetzung richtet sich **nach** **34** **hM gemäß §§ 195, 199 I** (vgl. zur Verlusttragung BGH NJW-RR 2010, 1401; NJW 2011, 2292 (2293); Soergel/Hadding/Kießling § 739 Rn. 6; Grüneberg/Sprau § 736 Rn. 2; BeckOGK/Koch § 735 Rn. 11). Der für den Fristbeginn maßgebliche subjektive Tatbestand auf Seiten des Gesellschafters ist insofern freilich danach zu bestimmen, wie eindeutig die Tatsachen für die Beendigung und vor allem für das Bestehen und den Umfang des Anspruchs auf Auseinandersetzungsüberschuss sind. Insofern können Unsicherheiten in tatsächlicher und rechtlicher Hinsicht durchaus den **Verjährungsbeginn** verschieben (BGH NJW-RR 2010, 1401; Erman/Westermann § 739 Rn. 1; BeckOGK/Koch § 739 Rn. 12; Soergel/Hadding/Kießling § 739 Rn. 6). Im Übrigen ist bei Streitigkeiten über den Umfang des

Überschusses im Nachgang der (vermeintlich) abgeschlossenen Auseinandersetzung regelmäßig von einer **Hemmung** gemäß § 203 auszugehen. Die Verjährung wird auch durch die Erhebung einer Feststellungsklage im Hinblick auf den Auseinandersetzungsüberschuss **unterbrochen** (vgl. zur Abfindung BGH ZIP 2010, 1637 (1638)).

6. Darlegungs- und Beweislast

35   Die Darlegungs- und Beweislast für das Vorliegen eines **Auseinandersetzungsüberschusses** trägt grundsätzlich derjenige, der sich darauf beruft. Ein Gesellschafter muss ggf. im Wege der Stufenklage zunächst die Mitgesellschafter auf Erteilung einer Schlussabrechnung verklagen, was ihn entlastet. Im Übrigen stehen dem Gesellschafter auch nach Beendigung die Informationsrechte gemäß § 717 zu (vgl. → § 717 Rn. 9 ff.). Der Anspruchsteller hat grundsätzlich auch die Beweislast im Hinblick auf seine interne Beteiligungsquote. Insofern gilt freilich § 709 III: Hiernach ist eine andere Verteilungsregel als die nach Köpfen von demjenigen zu beweisen, der sich darauf beruft, ggf. daher auch von dem Gesellschafter selbst. – Im Hinblick auf die **Fehlbetragshaftung** gemäß § 737 gilt das Ganze spiegelbildlich.

IV. Gestaltungsfreiheit

36   Die Vorgaben über die **vermögensmäßige Auseinandersetzung** der nicht rechtsfähigen GbR und die hierauf bezogenen Aufgaben der Gesellschafter sind weitgehend dispositiv (vgl. insofern auch § 735 II und III, → § 735 Rn. 12 ff.). Im Hinblick auf Dritte sind jedoch die **Zustimmungsvorbehalte** zugunsten des Privatgläubigers bzw. Insolvenzverwalters zwingend (→ Rn. 9 f.).

V. Kautelarischer Handlungsbedarf infolge des MoPeG

37   Kennzeichnend für die ab 1.1.2024 auch für Altgesellschaften maßgebliche Neuregelung zur Auseinandersetzung (→ Rn. 1, 3) ist die nunmehr auch bei nicht rechtsfähigen GbR wenigstens in groben Zügen strukturierte Abwicklung. Indem hierdurch die frühere Rechtslage lediglich verstärkt wird, besteht **kein akuter Handlungsbedarf.** Gleichwohl ist nach wie vor stets zu fragen, ob nicht spezielle, ggf. schlankere gesellschaftervertragliche Abwicklungsregeln im Verhältnis der Gesellschafter untereinander vereinbart werden sollten.

§ 740c Ausscheiden eines Gesellschafters

(1) **Ist im Gesellschaftsvertrag vereinbart, dass abweichend von den in § 740a Absatz 1 Nummer 3 bis 6 genannten Beendigungsgründen die Gesellschaft fortbestehen soll, so tritt mangels abweichender Vereinbarung an die Stelle der Beendigung der Gesellschaft das Ausscheiden des Gesellschafters, in dessen Person der Ausscheidensgrund eintritt.**

(2) **Auf das Ausscheiden eines Gesellschafters sind die §§ 727, 728 und 728a entsprechend anzuwenden.**

Übersicht

I. Reform

1. Grundlagen, Bewertung

Der neue § 740c regelt das **Ausscheiden** eines Gesellschafters aus einer nicht **1** rechtsfähigen GbR (vgl. hierzu bei der rechtsfähigen §§ 723 ff.). Hierzu kann es in **Abgrenzung zur Beendigung** nach § 740b jenseits der Kündigung durch einen Privatgläubiger gemäß § 727 (→ Rn. 29 ff.) nur dann kommen, wenn eine gesellschaftsvertragliche **Fortsetzungsklausel** besteht; die **Ausschei-**

densgründe ergeben sich im gesetzlichen Regelfall daher grundsätzlich aus § 740a I Nr. 3–6. Der Gesetzgeber hat sich bei nicht rechtsfähigen GbR bewusst für den früher bereits bei allen GbR vorherrschenden **Vorrang der Auflösung** entschieden (→ § 740a Rn. 2). Dies überzeugt, denn hier ist der persönliche Charakter des Personenzusammenschlusses größer als bei rechtsfähigen, zudem sind Drittinteressen weniger zu berücksichtigen. – Im Übrigen verweist Abs. 2 im Hinblick auf die **Folgen des Ausscheidens** auf §§ 728, 728a. Hierdurch ist auch bei nicht rechtsfähigen GbR gewährleistet, dass der Ausscheidende einen Abfindungsanspruch für den Verlust der Mitgliedschaft erhält bzw. umgekehrt zur Mittragung etwaiger Fehlbeträge verpflichtet ist.

2. Zeitlicher Geltungsbereich

2   § 740c tritt gemäß Art. 137 S. 1 MoPeG am **1.1.2024** in Kraft; eine Übergangsregelung ist nicht vorgesehen. Aus dem Umkehrschluss zu Art. 229 § 61 EGBGB folgt daher, dass für das Ausscheiden eines Gesellschafters und die Folgen des Ausscheidens ab dem Zeitpunkt des Inkrafttretens das neue Recht gilt. Maßgeblicher Zeitpunkt ist nach dem Prinzip der **lex temporis actus** (→ § 705 Rn. 3 ff.) der Eintritt eines Ausscheidenstatbestands, so dass die Neuregelung für Altgesellschaften nur gilt, wenn dieser ab 1.1.2024 verwirklicht wurde. Ein zuvor bereits verwirklichtes Ausscheiden wird auch dann nach altem Recht beurteilt. Da sich die Regelungsregime in ihrem Kern aber nicht unterscheiden, dürften sich insoweit keine Übergangsprobleme zeigen. Bisherige Fortsetzungsklauseln behalten ihre Gültigkeit (vgl. zum kautelarischen Handlungsbedarf → Rn. 38).

II. Normzweck, Anwendungsbereich

3   Die Regelung sieht nunmehr auch für nicht rechtsfähige GbR explizit vor, dass ein **Gesellschafter ausscheiden** kann. Voraussetzung hierfür ist, wie nach früherem Recht, das Vorliegen einer gesellschaftsvertraglichen **Fortsetzungsklausel.** Im gesetzlichen Regelfall besteht daher bei nicht rechtsfähigen GbR auch nach der Reform ein Vorrang der Auflösung, was sich von der geänderten Rechtslage bei rechtsfähigen GbR gemäß §§ 723 ff. unterscheidet und durch den persönlichen Charakter und das fehlende Bedürfnis nach Unternehmenskontinuität legitimiert ist. – Tatbestandlich knüpft § 740b an die Beendigung einer **nicht rechtsfähigen GbR** an (vgl. zur Abgrenzung § 705 II, → § 705 Rn. 44 ff.). Maßgeblich ist der Zeitpunkt der Verwirklichung eines Ausscheidenstatbestands. Bei der **stillen Beteiligung** gilt vorrangig § 234 HGB (vgl. hierzu Henssler/Strohn/Servatius § 234 HGB Rn. 1 ff.).

III. Ausscheiden eines Gesellschafters (Abs. 1)

1. Grundlagen

4   Die **Gründe** für das Ausscheiden aus einer **nicht rechtsfähigen GbR** ergeben sich infolge des Verweises in Abs. 1 grundsätzlich aus § 740a I Nr. 3–

6, mithin beim Tod eines Gesellschafters, bei der Kündigung durch einen Gesellschafter, bei der Eröffnung des Insolvenzverfahrens über das Vermögen eines Gesellschafters sowie bei der Kündigung der Gesellschaft durch einen Privatgläubiger eines Gesellschafters. Mit Ausnahme der Kündigung durch einen Privatgesellschafter (→ Rn. 29 ff.) ist es indessen abweichend von rechtsfähigen GbR erforderlich, dass eine **Fortsetzungsklausel** vereinbart wurde. Wenn dies gegeben ist, sind konsequenterweise auch bei nicht rechtsfähigen GbR Ausschließungs- und Auflösungskündigung zu unterscheiden, was für die Praxis Auslegungsprobleme nach sich zieht, wenn es darum geht, worauf sich eine Kündigung bezieht. Fehlt eine Fortsetzungsklausel, besteht indessen bei nicht rechtsfähigen GbR nach wie vor ein gesetzlicher Vorrang der Auflösung (→ § 740a Rn. 2).

2. Tod eines Gesellschafters – § 740a I Nr. 3

a) Grundlagen. Verstirbt ein Gesellschafter oder wird eine juristische Per- 5
son vollbeendet (→ § 740a Rn. 8 ff.), führt dies gemäß Abs. 1 **bei Vorliegen einer Fortsetzungsklausel** nicht zur Beendigung der nicht rechtsfähigen GbR. Hierdurch kann ein Gleichlauf **zur rechtsfähigen GbR** hergestellt werden, bei denen der Tod eines Gesellschafters gemäß § 723 I Nr. 1 bereits im gesetzlichen Regelfall lediglich zum Ausscheiden des Betroffenen aus der GbR führt (→ § 723 Rn. 8 ff.). Eine abweichende Beurteilung ist indessen geboten, wenn der Tod gemäß § 740a II als Zweckerreichung oder Unmöglichkeit der Zweckerreichung zu qualifizieren ist (→ § 740a Rn. 22 ff.). In diesen Fällen kommt es zwingend zur Beendigung der nicht rechtsfähigen Gesellschaft; die Gesellschafter können aber nach § 740a III iVm § 734 die Fortsetzung mit oder ohne die Gesellschaftererben beschließen (→ § 740a Rn. 32). – Die **Gesellschafterstellung** des Verstorbenen ist freilich auch bei Vorliegen einer Fortsetzungsklausel im gesetzlichen Regelfall **nicht automatisch vererblich.** Die Erben haben gemäß § 1922 I allein den entsprechenden Abfindungsanspruch aus Abs. 2 iVm § 728 (→ Rn. 10 f.). Im Gesellschaftsvertrag kann freilich auch bei nicht rechtsfähigen GbR mittels (zusätzlicher) **Nachfolgeklausel** etwas anderes vereinbart werden, sodass die Erben gemäß § 711 II in die Gesellschafterstellung des Verstorbenen einrücken (Einzelheiten → § 711 Rn. 22 ff.). Es ist daher stets im Wege der **Auslegung** zu ermitteln, was gewollt ist. Eine Vermutung dahingehend, dass eine Fortsetzungsklausel zugleich auch eine Nachfolgeklausel beinhaltet, besteht nicht. – Verstirbt ein Gesellschafter **während der Auseinandersetzung** infolge der Beendigung der nicht rechtsfähigen GbR, gilt Abs. 1 iVm § 740 I Nr. 3 richtigerweise nicht. Die Erben rücken vielmehr ohne weiteres in die (richtigerweise fortbestehende) Gesellschafterstellung während der Auseinandersetzung ein (→ § 740a Rn. 8 ff.), mithin auch ohne Fortsetzungs- oder Nachfolgeklausel.

b) Voraussetzungen für das Ausscheiden. Der maßgebliche **Todes-** 6
zeitpunkt ist objektiv zu bestimmen; auf die Kenntnis der Mitgesellschafter kommt es nicht an (Mot. Mugdan II S. 623; BeckOGK/von Proff § 727 Rn. 3; Soergel/Hadding/Kießling § 727 Rn. 1). Die **dauerhafte Abwesen-**

heit ist kein Fall von § 740a I Nr. 3 (MüKoBGB/Schäfer § 727 Rn. 7; Staudinger/Habermeier, 2003, § 727 Rn. 4; BeckOGK/von Proff § 727 Rn. 3); insofern kann allein nach Maßgabe von § 727 iVm Abs. 2 vorgegangen werden, mithin der Ausschluss des betreffenden Gesellschafters (→ Rn. 37). Etwas anderes gilt bei **Verschollenheit** in Bezug auf die Todeserklärung nach §§ 2 ff. VerschG zu dem im Beschluss angegebenen Zeitpunkt gemäß § 23 VerschG, auch im Fall des § 39 VerschG (vgl. § 44 VerschG). Für die Zwischenzeit kann ein Abwesenheitsvertreter gemäß § 1911 bestellt werden. – Gehen die Mitgesellschafter **irrtümlich vom Tod** eines Gesellschafters aus, ist dies kein Fall von § 740a I Nr. 3; die Gesellschafterstellung des Betroffenen bleibt mithin vollumfänglich bestehen. Um erhebliche Rückabwicklungsprobleme zu vermeiden, sollte in diesen Fällen die **Lehre von der fehlerhaften Gesellschaft** entsprechend angewendet werden (Einzelheiten (→ § 719 Rn. 21 ff.). Voraussetzung hierfür sind das Invollzugbleiben der Gesellschaft. Der Fiktion dürfen keine überwiegenden Individual- oder Allgemeininteressen entgegenstehen. An die Stelle des fehlerhaften Gesellschaftsvertrages tritt in diesem Fall die irrtümliche Anwendung des § 740a I Nr. 3. Rechtsfolge ist die Fiktion des Fortbestehens der Gesellschaft unter Ausschluss des totgeglaubten Gesellschafters, sodass das gesellschaftsbezogene Handeln der Mitgesellschafter nach Entdeckung des Irrtums rückwirkende Bestandskraft hat (vgl. insoweit auch § 729 aF, der zwar gestrichen wurde, dessen rechtspolitische Bedeutung indessen nach wie vor Geltung beansprucht). – Bei der Nachtragsliquidation **irrtümlich gelöschter Gesellschaften** gilt dies gleichermaßen (→ § 723 Rn. 16).

7   Bei treuhänderisch gehaltenen Beteiligungen kommt es auf die **Person des Treuhänders** an (vgl. BeckOGK/von Proff § 727 Rn. 3; allg. auch BGH WM 1962, 1353). Der Treugeber hat daher im gesetzlichen Regelfall keine Möglichkeit, automatisch in die Stellung des Verstorbenen einzudrücken; eine abweichende gesellschaftsvertragliche Regelung ist freilich möglich und bei offenen Treuhandgestaltungen ggf. sogar konkludent vereinbart (in diese Richtung auch BeckOGK/von Proff § 727 Rn. 3; → § 711 Rn. 34 ff.). **Versterben mehrere Gesellschafter,** sind die Tatbestände und Rechtsfolgen grundsätzlich getrennt zu beurteilen. Das gleichzeitige oder zeitnahe Versterben aller oder mehrerer Gesellschafter kann indessen auch die Beendigung der Gesellschaft gemäß § 740a II wegen Zweckerreichung oder Unmöglichkeit der Zweckverfolgung hervorrufen und zu einer Gesamtabwicklung führen. Verstirbt der **vorletzte Gesellschafter,** richten sich die Rechtsfolgen nach § 712a (→ § 740 Rn. 25), die Gesellschaft wird zwingend beendet (→ § 740a Rn. 29).

8   Wird ein **Gesellschaftsanteil** von mehreren **gemeinschaftlich gehalten,** mithin ohne dass die betreffende Personengemeinschaft selbst rechtsfähig und damit Inhaberin des Gesellschaftsanteils ist, wird der gemeinschaftlich gehaltene Gesellschaftsanteil den betreffenden Mitgliedern dieser Gemeinschaft **individuell quotal zugeordnet** (vgl. für die Erbengemeinschaft MüKoBGB/Schäfer § 727 Rn. 34). Nach zutreffender Ansicht kann nämlich weder eine Bruchteilsgemeinschaft gemäß §§ 741 ff. noch eine nicht rechtsfähige Gesamthandsgemeinschaft (eheliche Gütergemeinschaft nach § 1415,

Erbengemeinschaft nach § 2032) Gesellschafterin einer werbenden GbR sein (vgl. nur MüKoBGB/Schäfer § 705 Rn. 82 ff.). In diesen Fällen gelangen daher beim **Tod eines Mitglieds** dieser Gemeinschaft die §§ 740c I, 740a I Nr. 3, 711 II insoweit zur Anwendung, als dieses Mitglied aus der GbR ausscheidet; hiervon abzugrenzen sind die Folgen des Versterbens aus der Perspektive des jeweiligen Gemeinschaftsverhältnisses.

c) Rechtsfolgen des Ausscheidens. Die mitgliedschaftliche Stellung des **9** Verstorbenen endet mit dem Tod; der **Gesellschaftsanteil geht** im gesetzlichen Regelfall zum Zeitpunkt des Todes bzw. der Vollbeendigung bzw. Löschung **ersatzlos unter** (vgl. zur Gestaltungsfreiheit → Rn. 19). Auf die Kenntnis der Mitgesellschafter oder Erben kommt es nicht an. Die mehrgliedrige Gesellschaft bleibt im Übrigen bestehen, bei der zweigliedrigen GbR gilt § 712a; dies gilt auch, wenn der letzte Gesellschafter vom vorletzten beerbt wird (vgl. zum früheren Recht BGH NJW 1982, 2821; 1982, 170; 1951, 650). Die **Anwachsung** gemäß § 712 I betrifft bei nicht rechtsfähigen GbR mangels Gesellschaftsvermögens von vornherein nur die **Gesellschafterstellung** im Verhältnis zu den Mitgesellschaftern nach Maßgabe von § 709 III (→ § 709 Rn. 21 ff.); die entsprechenden Vorgaben über die Geschäftsführungskompetenz sind entsprechend auf den veränderten Gesellschafterbestand **anzupassen** (→ § 715 Rn. 18 ff.).

Die **Erben** des Verstorbenen werden im gesetzlichen Regelfall **nicht 10 Gesellschafter** und haben konsequenterweise auch keine gesellschaftsrechtlichen Mitspracherechte (→ Rn. 12). Sie trifft entsprechend § 730 I 1 (iVm § 740a II) eine **Anzeigepflicht** gegenüber den verbleibenden Gesellschaftern im Hinblick auf den Todesfall. In dem praktisch seltenen Fall, dass die Gesellschafter keine Kenntnis vom Ausscheiden haben, besteht in entsprechender Anwendung von § 729 S. 1 aF bzw. der Lehre von der fehlerhaften Gesellschaft **Bestandsschutz** im Hinblick auf alle gesellschaftsrechtlichen Maßnahmen, die die verbleibenden Gesellschafter getroffen haben (BeckOGK/von Proff § 728 Rn. 55).

Die **weiteren Folgen** im Hinblick auf den Abfindungsanspruch bzw. die **11** Verlusttragungspflicht ergeben sich aus **§§ 728, 728a** (vgl. → § 718 Rn. 32; § 728a Rn. 12 ff.). Die entsprechenden Sozialansprüche sind entweder Bestandteile des **Nachlasses** (vgl. Pogorzelski RNotZ 2017, 489; vgl. zum Abfindungsausschluss zulasten der Erben v. Proff DStR 2017, 2555 (2557 ff.); Lange/Kretschmann ZEV 2021, 545 (548)) oder umgekehrt Nachlassforderungen, sodass die Geltendmachung in beiden Fällen erbrechtlich überlagert ist (§§ 1967 ff., §§ 2032 ff.). Entsprechende gesellschaftsvertragliche Vereinbarungen über die Rechtsfolgen des Ausscheidens (vor allem Beschränkung oder Ausschluss von Abfindungsansprüchen) bleiben gültig, es sei denn, sie zielen unmittelbar auf die Benachteiligung Dritter (§ 138 I, → § 728 Rn. 60). Wird ein Abfindungsguthaben an einen durch Erbschein legitimierten **Scheinerben** geleistet, hat dies allein gemäß § 2367 befreiende Wirkung (BeckOGK/von Proff § 727 Rn. 82).

d) Gestaltungsfreiheit. Indem die **Gesellschafterstellung** des Verstor- **12** benen auch bei Vorliegen einer Fortsetzungsklausel im gesetzlichen Regelfall

nicht automatisch vererblich ist, haben die Erben gemäß § 1922 I allein den entsprechenden Abfindungsanspruch gemäß Abs. 2 iVm § 728 (→ Rn. 10 f.). Im Gesellschaftsvertrag kann freilich auch bei nicht rechtsfähigen GbR mittels (zusätzlicher) **Nachfolgeklausel** etwas anderes vereinbart werden, sodass die Erben in die Gesellschafterstellung des Verstorbenen einrücken, so dass die **Fortsetzung der nicht rechtsfähigen GbR** als werbende Gesellschaft möglich ist (Einzelheiten → § 711 Rn. 34 ff.). Es ist daher stets im Wege der **Auslegung** zu ermitteln, was gewollt ist. Eine Vermutung dahingehend, eine Fortsetzungsklausel zugleich auch eine Nachfolgeklausel beinhaltet, besteht nicht, wohl aber im umgekehrten Fall. – **§ 724** gilt indessen bei nicht rechtsfähigen GbR nicht. Die Erben können daher nicht verlangen, dass die Gesellschaft in eine KG umgewandelt und haben konsequenterweise auch kein spezielles Austrittsrecht (vgl. hierzu → § 724 Rn. 11 ff.).

13   **e) Darlegungs- und Beweislast.** Die Beweislast für das Vorliegen des Ausscheidenstatbestands gemäß Abs. 1 iVm § 740a I Nr. 3 und das Vorliegen einer Fortsetzungsklausel trägt derjenige, der sich darauf beruft, mithin regelmäßig die Erben. Das Gleiche gilt für die Folgen des Ausscheidens, insbesondere den Abfindungsanspruch (→ Rn. 11). Etwaige Abfindungsbeschränkungen müssen die Mitgesellschafter darlegen und beweisen; das Gleiche gilt für die Voraussetzungen einer Fehlbetragshaftung der Erben als Nachlassverbindlichkeit gemäß § 728a (→ Rn. 11).

3. Kündigung eines Gesellschafters – § 740a I Nr. 4

14   **a) Grundlagen.** Abs. 1 sieht als **Ausscheidensgrund** auch die Kündigung durch einen Gesellschafter vor, wenn eine gesellschaftsvertragliche **Fortsetzungsklausel** besteht (vgl. ansonsten die Beendigung der GbR gemäß § 740a I Nr. 4, → § 740a Rn. 3). Hierdurch kann ein Gleichlauf **zur rechtsfähigen GbR** hergestellt werden, bei denen die Austrittskündigung nach § 723 I Nr. 2 bereits im gesetzlichen Regelfall lediglich zum Ausscheiden des betroffenen Gesellschafters aus der GbR führt (→ § 723 Rn. 20). Die Regelung bezieht sich auch ohne ausdrücklichen Verweis auf **§ 725** und die dort geregelte **ordentliche und außerordentliche Kündigung** (Einzelheiten daher vor allem bei → § 725 Rn. 22 ff., 51 ff.). Ist das Gesellschaftsverhältnis auf unbestimmte Zeit eingegangen, kann hiernach ein Gesellschafter seine Mitgliedschaft mit Dreimonatsfrist zum Ablauf des Kalenderjahres gegenüber der Gesellschaft kündigen. Ist das Gesellschaftsverhältnis befristet, ist die Kündigung der Mitgliedschaft durch einen Gesellschafter vor dem Ablauf dieser Frist zulässig, wenn ein wichtiger Grund vorliegt, etwa eine vorsätzliche oder grob fahrlässige Verletzung der gesellschaftsvertraglichen Pflichten durch andere. Ein Gesellschafter kann seine Mitgliedschaft hiernach auch kündigen, wenn er die Volljährigkeit nach § 2 erreicht hat. Die Kündigung darf nicht zur Unzeit geschehen, was aber keine Wirksamkeitsvoraussetzung ist. Sie hat gegenüber allen Mitgesellschaftern zu erfolgen.

15   **Austritts- und Auflösungskündigung** können auch bei nicht rechtsfähigen GbR nebeneinander bestehen. Dogmatisch schließen sich Austritts- und Auflösungskündigung wegen Perplexität scheinbar aus. Dies erfordert

aus Sicht des Berechtigten grundsätzlich eine besondere **Folgenabschätzung** (vgl. M. Noack NZG 2020, 581 (584)). Der Gesellschafter kann nur ausscheiden oder die Gesellschaft beendigen wollen. Andererseits ist zu bedenken, dass die materiellen Voraussetzungen für beide Kündigungen weder im gesetzlichen Regelfall noch aufgrund der zulässigen Gestaltungen stets deckungsgleich sind und die **Auflösungskündigung** wegen der erhöhten Anforderungen an die Unzumutbarkeit und bei der bei nicht rechtsfähigen GbR notwendigen Fortsetzungsklausel unter Berücksichtigung der Treuepflicht des Kündigenden **subsidiär** ist. Da aber zum Zeitpunkt der Ausübung der Gestaltungsrechte oftmals die Unsicherheit besteht, ob die entsprechenden Voraussetzungen vorliegen, ist richtigerweise die **hilfsweise Kumulation von Austritts- und Auflösungskündigung** oder umgekehrt als Rechtsbedingung zulässig.

Hiervon abzugrenzen ist die Problematik, dass **mehrere Gesellschafter** **16** **kündigen.** Auch hier ist es im Ausgangspunkt geboten, jede Kündigung isoliert zu betrachten. Grundsätzlich gilt das **Prioritätsprinzip.** Bei mehreren gleichartigen Vorgängen ist ausschließlich der zeitlich frühere zu berücksichtigen (vgl. den Rechtsgedanken des § 185 II 2), so dass die **Gestaltungswirkung** der Kündigung ab dann eintritt. Praktisch lässt sich dies jedoch nicht verwirklichen, wenn die Kündigungen zeitgleich oder in einem unmittelbaren zeitlichen Zusammenhang erfolgen. In diesen Fällen ist daher richtigerweise eine **Gesamtbetrachtung** anzustellen, die auch materiellrechtlich in zeitlicher Hinsicht eine **einheitliche Behandlung** der Kündigungen nach sich zieht. Mehrere Gesellschafterkündigungen werden dann im Hinblick auf die Folgen einheitlich behandelt. Das Gleiche gilt, wenn in einem engen zeitlichen Zusammenhang alle Gesellschafter kündigen, sodass dann für alle einheitlich die **Beendigung der Gesellschaft** gemäß § 740a I Nr. 4 infolge Auflösungskündigung erfolgt (→ § 740a Rn. 30 ff.).

b) Rechtsfolgen der Kündigung. Bei **Vorliegen einer Fortsetzungs-** **17** **klausel** kommt es zum **Ausscheiden des Kündigenden** mit Ablauf des Kalenderjahres (→ § 725 Rn. 37) bzw. bei der außerordentlichen Kündigung sofort (→ § 725 Rn. 63). Die Gesellschafterstellung des Kündigenden bleibt bis zum Ablauf der Kündigungsfrist unverändert bestehen (vgl. BGH NJW 1992, 830 (832); NZG 2016, 1307). Die Veräußerung des gekündigten Gesellschaftsanteils nach Maßgabe von § 711 I ist ebenfalls noch zulässig. Gleiches gilt für die Vererbung iSd § 711 II. – Die gesellschaftsrechtlichen **Folgen des Ausscheidens** richten sich nach den allgemeinen Regeln: Der **Gesellschaftsanteil** des Ausgeschiedenen **erlischt** sogleich bzw. mit Ablauf der Kündigungsfrist und wächst nach § 712 I den übrigen Gesellschaftern zu (→ § 712 Rn. 5 ff.). Betrifft die Kündigung den **vorletzten Gesellschafter,** wird die Gesellschaft zwingend beendet (→ § 740a Rn. 29). In allen Fällen richten sich die **weiteren Rechtsfolgen** im Hinblick auf Abfindungsanspruch bzw. Verlusttragungspflicht nach §§ 728–728b.

Im Hinblick auf den **Rechtsschutz** bei der Austrittskündigung gelten die **18** allgemeinen Regeln: Wollen die Mitgesellschafter gegen die Austrittskündigung vorgehen, kommt allein die **Feststellungsklage** in Betracht; das gleiche

Recht hat der Kündigende, wenn die Wirksamkeit angezweifelt wird. Stellt sich nachträglich heraus, dass die Kündigung unwirksam war, kann sich der Kündigende gemäß § 280 I bzw. aus § 826 gegenüber den Mitgesellschaftern **schadensersatzpflichtig** machen, wenn er die weitere Zusammenarbeit treuwidrig verweigert hat. Umgekehrt können sich die Mitgesellschafter gegenüber dem Kündigenden schadensersatzpflichtig machen, wenn sie die rechtmäßige Kündigung treuwidrig nicht akzeptieren (vgl. im Übrigen zur Anwendung der Lehre von der fehlerhaften Gesellschaft bei der unwirksamen, aber vollzogenen Kündigung → § 725 Rn. 39). – Problematisch und umstritten ist bei der **außerordentlichen Kündigung** aus wichtigem Grund nach wie vor, unter welchen Voraussetzungen das sog. **Nachschieben von Gründen** zulässig ist. Entgegen der wohl hM gibt es keine gesetzliche Grundlage, wonach der Kündigende den **materiellen Umfang der Kündigung** aktiv konkretisieren muss. Auch die gesellschaftsrechtliche Pflicht zur Angabe des Kündigungsgrundes vermag bei Nichtbeachtung richtigerweise allein Schadensersatzpflichten zu begründen. Maßgeblich für die rechtliche Beurteilung einer außerordentlichen Kündigung sind daher grundsätzlich **alle Tatsachen** zum Zeitpunkt der Erklärung. Das Nachschieben von Kündigungsgründen ist daher kein materiell-rechtliches Problem, sondern eine Frage der **prozessualen Verspätungsregeln**, mithin der Präklusion nach § 296 ZPO. Lässt § 296 ZPO einen nachträglichen, auf die Kündigungserklärung rückbezogenen Tatsachenvortrag zu, können Gründe also ohne Weiteres „nachgeschoben" werden. Allein unter dem Aspekt der unzulässigen Rechtsausübung gemäß § 242 kann dem Kündigenden ausnahmsweise die Berufung hierauf versagt werden, wobei es sich hierbei aufgrund der zivilprozessualen Wahrheitspflicht nach § 138 I ZPO um eine absolute Ausnahme handelt.

19   **c) Gestaltungsfreiheit.** Die Gestaltungsfreiheit im Hinblick auf die **Austrittskündigung** ist bei nicht rechtsfähigen GbR prinzipiell groß, weil diese Möglichkeit von vornherein einer entsprechenden **Fortsetzungsklausel bedarf.** Fehlt diese, ist die Austrittskündigung daher wegen des durch den Gesetzgeber aufrechterhaltenen Vorrangs der Auflösung überhaupt nicht möglich, sodass allein die zur Beendigung führende Kündigung gemäß § 740a I Nr. 4 Betracht kommt (→ § 740a Rn. 13). Soweit indessen eine Fortsetzungsklausel besteht, gelten im Hinblick auf die Gestaltungsfreiheit und deren Grenzen dieselben Anforderungen wie im unmittelbaren Anwendungsbereich von § 725 bei rechtsfähigen GbR. Es ist daher nicht möglich, im Rahmen der Vereinbarung einer Fortsetzungsklausel auch dessen zwingenden Inhalt abzubedingen.

20   **aa) Ordentliche Kündigung.** Bei der ordentlichen Kündigung ist **abweichend von § 723 III aF mehr Raum** für individuelle Gestaltungen. Gesellschaftsvertragliche Regelungen über die Voraussetzungen der im gesetzlichen Regelfall auch bei Vorliegen einer Fortsetzungsklausel grundlos möglichen ordentlichen Kündbarkeit sind weitgehend zulässig. Die frühere Ansicht, wonach eine **zu lange Kündigungsfrist** nunmehr möglicherweise wegen **überlanger Bindung** unwirksam sein (vgl. BGH NJW 2007, 295 Rn. 6; NJW 1994, 2536), lässt sich im Zuge der Neuregelung nicht mehr halten. Indem das ordentliche Kündigungsrecht ohne Fortsetzungsklausel überhaupt nicht besteht, sind auch lange Kündigungsfristen nach Maßgabe derselben liberalen Erwägungen zulässig wie die Vereinbarung einer entsprechenden Befristung (→ § 725 Rn. 45). Da zudem stets das zwingende außerordentliche Kündigungsrecht zur Verfügung steht, dürfte auch unter dem Aspekt der Knebelung gemäß § 138 I kein praktischer Anwendungsbereich für die Bejahung einer sittenwidrigen überlangen Kündigungsfrist bestehen. – Die **Verkürzung der Kündigungsfrist** bis hin zur Möglichkeit der fristlosen ordentlichen Kündigung ist ebenso wie bei rechtsfähigen GbR ohne weiteres zulässig. Dies kann sich auch aus der interessengerechten Auslegung des Gesellschaftszwecks ergeben (vgl. Begr. S. 172; noch deutlicher Fleischer BB 2020, 1107: Korrektur bei leitbildfremden Gelegenheitsgesellschaften im Auslegungswege geboten). Als weitere zulässige Modifizierungen der Kündigungsvoraussetzungen zu nennen sind die Vereinbarung von **verbindlichen Kündigungsgründen,** was nach früherem Recht ebenfalls unzulässig war (vgl. BeckOGK/Lübke § 723 Rn. 108). Insofern ist jedoch erforderlich, dass die genannten Tatbestände hinreichend bestimmt sind; ist das nicht gegeben, können die Gesellschafter grundlos kündigen. Zulässige Gestaltungen sind ferner die Vereinbarung konkreter **Ausschlussfristen und Kündigungstermine** (zu Letzteren BeckOGK/Lübke § 723 Rn. 104; MüKoBGB/Schäfer § 723 Rn. 71; Soergel/Hadding/Kießling § 723 Rn. 60) sowie die Vereinbarung eines **Formzwangs** für die Kündigungserklärung (§ 127; BeckOGK/Lübke § 723 Rn. 43; vgl. zur Heilung RGZ 77, 70). Die Vereinbarung einer **Begründungspflicht** ist zulässig, vermag aber wegen der Rechtsunsicherheit, ob die Anforderungen eingehalten wurden oder nicht, kein Wirksamkeitshindernis zu begründen (vgl. → § 725 Rn. 45). – Vgl. im Übrigen zur Zulässigkeit von **Zustimmungserfordernissen** → § 725 Rn. 46.

Es ist bei der ordentlichen Kündigung ebenfalls grundsätzlich zulässig, die **21 Kündigungsfolgen** im Vorfeld der Kündigung, nicht danach (vgl. BGH NJW 1967, 2157 (2158 f.)), zu modifizieren. Dies betrifft insbesondere die Vereinbarung eines **Übernahmerechts** zugunsten des oder eines Mitgesellschafters (vgl. BGH NJW 2008, 2992 Rn. 11; 2005, 2618 (2619)) oder die Modifizierung von **Abfindungs- bzw. Verlusttragungpflicht** gemäß § 728, 728a (Einzelheiten jeweils dort). Die Vereinbarung eines nachvertraglichen **Wettbewerbsverbots** verstößt grundsätzlich nicht gegen § 725 VI; es muss freilich im Kontext der Abfindung hinreichend berücksichtigt werden (vgl. BGH NJW 2005, 2618 (2619); → § 728 Rn. 53 ff.). Das allein schadensersatzbewehrte **Verbot der Kündigung zur Unzeit** gemäß § 725 V (→ Rn. 35) kann im Hinblick auf die ordentliche Kündigung ebenfalls abbedungen werden. Umgekehrt ist es anders als bei der außerordentlichen Kündigung (→ Rn. 22) ebenfalls zulässig, für den Fall der Kündigung eine **Vertragsstrafe** vorzusehen, wenn deren Höhe angemessen ist (Erman/Westermann § 723 Rn. 23; liberaler BeckOGK/Lübke § 723 Rn. 113; MüKoBGB/Schäfer § 723 Rn. 73; vgl. ich bereits im Hinblick auf Abfindungsbeschränkungen → § 728 Rn. 53 ff.).

bb) Außerordentliche Kündigung. Für die außerordentliche Kündi- **22** gung der Mitgliedschaft aus wichtigem Grund ergeben sich die Grenzen der

Gestaltungsfreiheit unmittelbar aus § 725 VI, selbst wenn die Kündbarkeit erst aufgrund einer entsprechende Nachfolgeklausel bei der nichtrechtsfähigen GbR Geltung beansprucht. Hiernach sind der **Ausschluss und die Beschränkung unzulässig.** Insoweit bringt die Neuregelung keine Änderungen gegenüber der früheren Rechtslage gemäß § 723 III aF (vgl. zum früheren Recht BGH NJW 1994, 2536 (2537)). Diese Grenze der Gestaltungsfreiheit ist wie bei allen außerordentlichen Lösungsrechten aus wichtigem Grund (vgl. auch § 132 HGB) **weit auszulegen,** sodass unmittelbare und mittelbare Beeinträchtigungen hierunter zu fassen sind (vgl. BGH NJW-RR 2006, 1270 Rn. 11). Der Gesellschafter kann daher auch bei der nicht rechtsfähigen GbR vernünftigerweise davon ausgehen, von seinem **durch die Fortsetzungsklausel legitimierten Kündigungsrecht** Gebrauch machen zu dürfen. Die Zubilligung der Freiheit, bei der nicht rechtsfähigen GbR das Recht zur außerordentlichen Kündigung der Mitgliedschaft weiter zu beschränken als im gesetzlichen Regelfall, vermag auch angesichts des zwingenden § 314 nicht zu überzeugen. – Der Wortlaut von § 725 VI, wonach sich der zwingende Charakter allein auf Vereinbarungen im Gesellschaftsvertrag beziehen soll, ist teleologisch betrachtet zu eng (vgl. insofern auch die weitere Formulierung in § 723 III aF); Vereinbarungen mit einer lediglich **mittelbar kündigungsbeschränkenden Wirkung** sind daher gleichermaßen Gegenstand des Verbots (so auch BeckOGK/Lübke § 723 Rn. 98.1). Dies betrifft schuldrechtliche Vereinbarungen und erbrechtliche Anordnungen. – Umgekehrt besteht aber auch bei nicht rechtsfähigen GbR **kein Verbot, die Kündigungsvoraussetzungen zu erleichtern,** mithin die fristlose Kündigung der Mitgliedschaft auch unterhalb der Schwelle des wichtigen Grundes gesellschaftsvertraglich zuzulassen (MüKoBGB/Schäfer § 723 Rn. 75; BeckOGK/Lübke § 723 Rn. 108). Soll dies nachträglich vereinbart werden, bedarf es hierzu aber der ggf. antizipierten Zustimmung aller Gesellschafter (→ § 714 Rn. 20 ff.). Vgl. zu den Einzelheiten im Übrigen → § 725 Rn. 51 ff.

23 **d) Darlegungs- und Beweislast.** Der Kündigende muss das Vorliegen der Fortsetzungsklausel, die Kündigungserklärung und ggf. Kündigungsvoraussetzungen darlegen und beweisen. Wurden die Kündigungsvoraussetzungen von § 725 gesellschaftsvertraglich modifiziert (→ Rn. 19), muss der Kündigende grundsätzlich die entsprechenden Voraussetzungen für die Einhaltung beweisen. Besteht indessen bereits über das Vorliegen der entsprechenden Vereinbarung Streit, müssen wiederum die Gesellschaft bzw. die Mitgesellschafter beweisen, ob diese vorliegt. Wurde die gesetzliche Kündigungsfrist modifiziert, muss dies derjenige beweisen, der sich darauf beruft. – Für das Vorliegen eines wichtigen Grundes für die Kündigung zur Unzeit trägt der Kündigende die Beweislast („es sei denn").

4. Insolvenzverfahren über das Vermögen eines Gesellschafters – § 740a I Nr. 5

24 **a) Voraussetzungen.** Abs. 1 sieht als **Ausscheidensgrund** auch die Eröffnung des Insolvenzverfahrens über das Vermögen eines Gesellschafters

vor, wenn eine gesellschaftsvertragliche **Fortsetzungsklausel** besteht (vgl. ansonsten die Beendigung der GbR gemäß § 740a I Nr. 5, → § 740a Rn. 16). Hierdurch kann ein **Gleichlauf zur rechtsfähigen GbR** hergestellt werden, bei denen die Insolvenzeröffnung über dessen Vermögen gemäß § 723 I Nr. 3 bereits im gesetzlichen Regelfall lediglich zum Ausscheiden des betroffenen Gesellschafters aus der GbR führt (→ § 723 Rn. 21). Der **Schutz der Privatgläubiger** des insolventen Gesellschafters wird beim Ausscheiden gleichermaßen verwirklicht, indem ein etwaiger Abfindungsanspruch aus § 728 insolvenzrechtlich verstrickt ist (vgl. ansonsten zur Verstrickung des Auseinandersetzungsguthabens nach Beendigung (→ § 740b Rn. 5 ff.). Die **Abweisung der Insolvenzeröffnung mangels Masse** (vgl. § 26 InsO) führt nicht zum Ausscheiden (BGH NJW 1995, 196; 1986, 850 (851); 1980, 233; MüKoBGB/Schäfer § 728 Rn. 24; BeckOK BGB/Schöne § 728 Rn. 8; BeckOGK/von Proff § 728 Rn. 42; Gehrlein ZInsO 2018, 1173 (1175), ein solcher Ausscheidenstatbestand kann freilich vereinbart werden (→ Rn. 26). Vgl. im Übrigen die Einzelheiten zur Insolvenzeröffnung bei → § 723 Rn. 21. – Die Eröffnung eines **Nachlassinsolvenzverfahrens** über einen vererbten Gesellschaftsanteil fällt **nicht** hierunter, der Nachlassverwalter ist aber regelmäßig zur Kündigung der Mitgliedschaft berechtigt (vgl. zur OHG BGH NJW 1984, 2104).

Die Eröffnung des Insolvenzverfahrens begründet auch bei nicht rechtsfä- **25** higen GbR nur dann einen Ausscheidensgrund, wenn der betreffende Gesellschafter zu diesem Zeitpunkt seine **Mitgliedschaft noch nicht anderweitig verloren** hat (Soergel/Hadding/Kießling § 728 Rn. 10; BeckOGK/von Proff § 728 Rn. 38). Die Abfindungsansprüche des Ausgeschiedenen nach § 728 können dann freilich insolvenzrechtlich verstrickt werden; umgekehrt ist ein entsprechender Verlustdeckungsanspruch der Mitgesellschafter gegen den Ausgeschiedenen aus § 728a eine Insolvenzforderung nach Maßgabe von § 38 InsO. – Wurde die Mitgliedschaft indessen bereits vor Verfahrenseröffnung **aus anderen Gründen fristgemäß gekündigt** (vgl. die ordentliche Kündigung gemäß § 725 I und die Kündigung der Mitgliedschaft durch einen Privatgläubiger gemäß § 726), hat das Ausscheiden nach Maßgabe von § 725 I Nr. 3 zum Ablauf der Kündigungsfrist Vorrang, sodass die Mitgliedschaft zu diesem früheren Zeitpunkt endet (BeckOGK/von Proff § 728 Rn. 39; abw. Soergel/Hadding/Kießling § 728 Rn. 11). Die zwangsvollstreckungsrechtliche Verstrickung infolge der Pfändung des Gesellschaftsanteils begründet in den Fällen von § 726 dann ein insolvenzrechtliches Absonderungsrecht iSv §§ 49 ff. InsO. Das Ausscheiden gemäß § 725 I Nr. 3 kann im Übrigen auch im Rahmen einer **bereits beendeten Gesellschaft** bedeutsam sein, indem die Ansprüche und Verpflichtungen aus §§ 728 f. isoliert geltend zu machen wären; es findet vielmehr im Rahmen der Auseinandersetzung eine Gesamtabrechnung statt, bei der insolvenzrechtlichen Verstrickung des Schuldnervermögens entsprechend Rechnung zu tragen ist. – Kommt es bei **mehreren Gesellschaftern zum Insolvenzverfahren,** sind die Tatbestände und Rechtsfolgen grundsätzlich getrennt zu beurteilen. Bei einem engen zeitlichen Zusammenhang kann indessen auch die Beendigung der Gesellschaft gemäß § 740a II vorliegen und zu einer Auseinandersetzung führen. Schließlich gilt § 725 I Nr. 3 auch im Hinblick auf das **Ausscheiden des vorletzten Gesellschafters;** die Rechtsfolgen richten sich dann freilich auch bei nichtrechtsfähigen GbR nach § 712a, sodass die Gesellschaft zwingend beendet ist (§ 740a → Rn. 29).

26 **b) Rechtsfolgen.** Der betreffende Gesellschafter **verliert** zum Zeitpunkt des Eröffnungsbeschlusses seine **Gesellschafterstellung.** Auf seine Kenntnis oder die der Mitgesellschafter kommt es nicht an. Die mehrgliedrige Gesellschaft bleibt infolge der gemäß Abs. 1 erforderlichen Fortsetzungsklausel im Übrigen bestehen, bei der zweigliedrigen GbR gilt freilich § 712a. Die **Anwachsung** der Gesellschafterstellung gemäß § 712 I betrifft mangels Gesellschaftsvermögens von vornherein allein die **Gesellschafterstellung** im Verhältnis zu den Mitgesellschaftern nach Maßgabe von § 709 III. Der **Gesellschaftsanteil** des Ausgeschiedenen **geht ersatzlos unter** und wird damit auch nicht Bestandteil der Insolvenzmasse (anders bei der Auflösung der GbR, vgl. OLG München NZG 2017, 818). – Im **Innenverhältnis** sind die entsprechenden Vorgaben die Beteiligung der Gesellschafter und Geschäftsführungskompetenz entsprechend auf den veränderten Gesellschafterbestand anzupassen (vgl. insoweit §§ 715, 709 III). In dem praktisch seltenen Fall, dass die Gesellschafter keine Kenntnis vom Ausscheiden haben, besteht in entsprechender Anwendung von § 729 S. 1 aF bzw. der Lehre von der fehlerhaften Gesellschaft Bestandsschutz im Hinblick auf alle gesellschaftsrechtlichen Maßnahmen (vgl. BeckOGK/von Proff § 728 Rn. 55). Der Insolvenzverwalter über das Vermögen des Gesellschafters hat mangels insolvenzrechtlicher Verstrickung des untergegangenen Gesellschaftsanteils jedenfalls keine Gesellschafterkompetenzen (anders bei der Auflösung, vgl. OLG Zweibrücken BeckRS 2001, 301 3582; KG BeckRS 2011, 1787).

26a Die **weiteren Folgen** im Hinblick auf Abfindungsanspruch bzw. Verlusttragungspflicht ergeben sich aus §§ 728, 728a (→ Rn. 11). Die entsprechenden Sozialansprüche der Gesellschafter untereinander sind entweder Bestandteile der Insolvenzmasse (vgl. BFH DStR 2016, 1986 Rn. 35) oder umgekehrt Insolvenzforderungen, sodass die Geltendmachung in beiden Fällen insolvenzrechtlich überlagert ist (§ 80 I InsO, § 87 InsO). Gesellschaftsvertragliche Vereinbarungen über die Rechtsfolgen des Ausscheidens bleiben gültig, es sei denn diese zielen unmittelbar auf eine Gläubigerbenachteiligung (§ 138 I, → § 728 Rn. 60) oder sind insolvenzrechtlich anfechtbar (§§ 129 ff. InsO). – Will sich der betroffene Gesellschafter gegen das Ausscheiden wehren, hat dies im Wege der **Feststellungsklage** zu erfolgen (vgl. Begr. zu § 725 III, S. 170: Der Ausgeschiedene hat es selbst in der Hand, für Rechtssicherheit und -klarheit zu sorgen). Die Klage hat sich gegen die übrigen Gesellschafter zu richten.

27 **c) Gestaltungsfreiheit.** § 725 I Nr. 3 ist insoweit **zwingend,** als keine Vereinbarungen wirksam sind, die das sofortige **Ausscheiden** des Gesellschafters im Fall der Verfahrenseröffnung **ausschließen oder beschränken,** etwa durch eine Ablauffrist (anders zu § 131 HGB Markgraf/Remuta NZG 2014, 81; Voigt NZG 2007, 695: Zulässigkeit der Fortsetzung der Gesellschaft mit dem insolventen Gesellschafter; Schäfer Neues PersGesR/Armbrüster

§ 3 Rn. 72; dagegen explizit Begr. S. 169; Kruse DStR 2021, 2112 (2414); Schäfer Neues PersGesR/Schäfer § 8 Rn. 23). Hierdurch wird gewährleistet, dass die vermögensrechtlichen Ansprüche des Insolvenzschuldners, welche aus der untergegangenen Mitgliedschaft resultieren, vollumfänglich und zeitnah in die Insolvenzmasse fallen, um der Befriedigung der Privatgläubiger zu dienen. Dies gilt **auch bei nicht rechtsfähigen GbR.** Zwar kommt es zum Ausscheiden nur aufgrund einer entsprechenden Fortsetzungsklausel. Hieraus darf aber nicht der Schluss gezogen werden, dass die Gesellschafter es in der Hand hätten, hierdurch die mittels § 725 I Nr. 3 geschützten Gläubigerinteressen zu beeinträchtigen. Für die Praxis bedeutet dies, dass das eröffnete Insolvenzverfahrens über das Vermögen eines Gesellschafters daher bei nicht rechtsfähigen GbR zwingend entweder die Beendigung der Gesellschaft oder das Ausscheiden eines Gesellschafters herbeiführt.

Die konkrete gesellschaftsrechtliche **Ausgestaltung der Ausscheidens-** 28 **folgen,** insbesondere im Hinblick auf die Abfindung, unterliegen jedoch nach allgemeinen Regeln der **Gestaltungsfreiheit,** sodass hierdurch mittelbar das Befriedigungsinteresse der Privatgläubiger beeinträchtigt werden kann (zum Ganzen → § 728 Rn. 53 ff.). Wenn und soweit daher keine gezielte Gläubigerbenachteiligung vorliegt, § 138 I also nicht greift, sind gesellschaftsvertragliche Modifikationen anzuerkennen. Zu missbilligen sind freilich Gestaltungen, wonach der Abfindungsanspruch explizit für den Fall der Privatinsolvenz ausgeschlossen ist (Staudinger/Habermeier, 2003, § 728 Rn. 4). Vgl. im Übrigen die Möglichkeit der Insolvenzanfechtung gemäß §§ 129 ff. InsO. – **Vorerwerbsrechte** zugunsten Dritter oder Mitgesellschafter gehen wegen des zwingenden Charakters von § 725 I Nr. 3 konsequenterweise insofern ins Leere, als hierdurch die Rechtsfolgen des Ausscheidens nachteilig auf Kosten der Privatgläubiger des Gesellschafters beeinflusst werden. Es dürfte indessen unproblematisch sein, die gesellschaftsrechtliche Anwachsung (→ Rn. 25) dahingehend zu modifizieren, als die Gesellschafterstellung in allein rechtlicher Hinsicht mit ex nunc-Wirkung auf einen anderen übergeht, sodass sich die Beteiligungsverhältnisse im Übrigen nicht verändern (abw. die hM zum früheren Recht wegen des dinglichen Charakters der Anwachsung, vgl. BeckOGK/Markworth HGB § 130 Rn. 130).

d) Darlegungs- und Beweislast. Die Beweislast für das Vorliegen einer 29 Fortsetzungsklausel und des Ausscheidenstatbestands gemäß § 725 I Nr. 3 trägt derjenige, der sich darauf beruft, mithin regelmäßig die Mitgesellschafter. Die Beweislast für die Folgen des Ausscheidens, insbesondere den Abfindungsanspruch (→ § 728 Rn. 72), trägt grundsätzlich der Insolvenzverwalter; etwaige Abfindungsbeschränkungen müssen wiederum die Mitgesellschafter darlegen und beweisen.

5. Kündigung durch einen Privatgläubiger des Gesellschafters – § 740a I Nr. 6

a) Voraussetzungen. Abs. 1 sieht als **Ausscheidensgrund** auch die 30 Kündigung durch einen Privatgläubiger eines Gesellschafters § 726 vor, wenn eine gesellschaftsvertraglichen **Fortsetzungsklausel** besteht (vgl. ansonsten die Beendigung der GbR gemäß § 740a I Nr. 6, → § 740a Rn. 19). Hierdurch kann ein Gleichlauf **zur rechtsfähigen GbR** hergestellt werden, bei denen die Austrittskündigung gemäß § 723 I Nr. 4 bereits im gesetzlichen Regelfall lediglich zum Ausscheiden des betroffenen Gesellschafters aus der GbR führt (→ § 723 Rn. 30). Die Regelung bezieht sich auch ohne ausdrücklichen Verweis auf **§ 726** (Einzelheiten daher vor allem bei → § 726 Rn. 9 ff.). Die Kündigung hat gegenüber allen Mitgesellschaftern zu erfolgen.

31   **b) Rechtsfolgen.** Der **Schuldner scheidet** mit Ablauf der Kündigungsfrist aus der infolge der Fortsetzungsklausel fortbestehenden Gesellschaft **aus** (§ 723 I Nr. 4, III). Die Mitteilung der Kündigung ist, anders als in den Fällen von § 727, nicht erforderlich. Das **Pfändungspfandrecht** des Gläubigers erstreckt sich auf das dem betreffenden Gesellschafter ggf. zustehende **Abfindungsguthaben** aus §§ 728 (BGH BeckRS 2016, 17881 Rn. 17; NZG 2016, 1307 Rn. 17), vgl. bei der zweigliedrigen Gesellschaft § 712a. Entsprechende gesellschaftsvertragliche Modifizierungen über die Berechnung sind beachtlich, wenn sie nicht die Konsequenz haben, Privatgläubiger gezielt zu benachteiligen (Oetker/Kamanabrou HGB § 135 Rn. 12). Der Gläubiger kann den ihm zustehenden Betrag im Wege der **Drittschuldnerklage** unmittelbar von den Mitgesellschaftern fordern; der übersteigende Betrag gebührt dem ausgeschiedenen Gesellschafter und begründet insofern ein entsprechendes Forderungsrecht gegen die Mitgesellschafter. Der Gläubiger kann zur Geltendmachung seines Anspruchs von den Mitgesellschaftern gemäß §§ 810, 242 **Vorlage der Geschäftsunterlagen** verlangen (Oetker/Kamanabrou HGB § 135 Rn. 12; vgl. auch §§ 859 I 1, 857 II, § 840 I ZPO), das Informationsrecht aus § 717 steht dem Gläubiger wegen § 711a nicht zu (vgl. BGH NJW 1992, 830 (832)). Er hat gegenüber dem Schuldner ein **Auskunftsrecht** nach § 836 III ZPO (zum Ganzen Roth ZGR 2000, 189 (208)).

32   Die Gesellschafterstellung des Schuldners bleibt **bis zum Ablauf der Kündigungsfrist** allein in seiner Person bestehen (BGH NJW 1992, 830 (832); NZG 2016, 1307). Der Gläubiger hat daher keine Verwaltungsrechte (§ 711a), sodass diese beim Schuldner verbleiben. Das aus der Pfändung resultierende **relative Verfügungsverbot** gem. §§ 136, 135 I bewirkt jedoch, dass der Schuldner keine Maßnahmen ergreifen kann, die das Pfändungspfandrecht des Gläubigers beeinträchtigen würden, mithin unmittelbar dessen Vermögensinteressen beeinträchtigen (Einzelheiten bei BeckOGK/Geibel § 725 Rn. 29 f.). Die **Veräußerung des gekündigten Gesellschaftsanteils** nach Maßgabe von § 711 I 1 ist indessen durch die Pfändung nicht ausgeschlossen, das Pfändungspfandrecht bleibt nämlich auch zulasten des Erwerbers bestehen (BeckOGK/Geibel § 725 Rn. 32), die Kündigung der Gesellschafterstellung wirkt auch gegen diesen. – Der **Gesellschaftsanteil** des Ausgeschiedenen **erlischt** mit Ablauf der Kündigungsfrist und wächst gem. § 712 I den übrigen Gesellschaftern zu. – Betrifft die Kündigung den **vorletzten Gesellschafter** (zur Zulässigkeit entspr. § 727 S. 3), wird die Gesellschaft zwingend beendet (→ § 740a Rn. 29). – Vgl. im Übrigen zum **Rechtsschutz** → § 726 Rn. 32.

c) Gestaltungsfreiheit. Die **gläubigerschützende Regelung** des § 727 **33** ist insofern **zwingend,** als gesellschaftsvertragliche Regelungen, die das Kündigungsrecht unmittelbar negativ beeinträchtigen, mithin erschweren oder gar ausschließen, unzulässig sind (allgM; siehe etwa zu § 135 HGB Hopt/Roth HGB § 135 Rn. 13; Heerma ZIP 2011, 987; vgl. zu Einzelheiten → § 726 Rn. 33). Dies gilt **auch bei nicht rechtsfähigen GbR.** Zwar kommt es zum Ausscheiden nur aufgrund einer entsprechenden Fortsetzungsklausel. Hieraus darf aber nicht der Schluss gezogen werden, dass die Gesellschafter es in der Hand hätten, hierdurch die mittels § 726 geschützten Gläubigerinteressen zu beeinträchtigen. Für die Praxis bedeutet dies, dass die Kündigung eines Privatgläubigers daher entweder zur Beendigung der GbR führt oder Rechtsfolgen gemäß § 726 herbeiführt.

d) Darlegungs- und Beweislast. Das Vorliegen einer **Fortsetzungs- 34 klausel** und die **Wirksamkeitsvoraussetzungen** für die Kündigung hat der **Gläubiger** zu beweisen: Dies betrifft **(1)** den Zugang der Kündigungserklärung gegenüber den Gesellschaftern, **(2)** die wirksame Pfändung und Überweisung des Gesellschaftsanteils, was aber infolge der Zustellung unproblematisch ist, **(3)** das Vorliegen eines nicht bloß vorläufig vollstreckbaren Schuldtitels und **(4)** die erfolglose Zwangsvollstreckung gegen den Gesellschafter innerhalb von sechs Monaten vor Zustellung des Pfändungsbeschlusses. Die in der Gesetzesbegründung erwähnte Kündigungsvoraussetzung, wonach der Gläubiger im Zeitpunkt der Kündigung einen nicht befriedigten Anspruch gegen den Gesellschafter haben muss (→ Rn. 29), ist richtigerweise kein ungeschriebenes Tatbestandsmerkmal von § 726 und muss daher konsequenterweise nicht vom Gläubiger bewiesen werden. Es richtet sich vielmehr nach den allgemeinen Beweisregeln, ob der der Pfändung zugrundeliegende Anspruch zum maßgeblichen Zeitpunkt der Kündigungserklärung erfüllt wurde oder nicht. Die **Rechtsfolge** der Kündigung der Mitgliedschaft des Gesellschafters ergibt sich aus dem Gesetz. Streitigkeiten über das Bestehen oder den Umfang des verstrickten Abfindungsanspruchs richten sich nach den allgemeinen Beweisregeln, wie auch sonst im Rahmen der Drittschuldnerklage.

6. Weitere Ausscheidensgründe – § 723 II

Gemäß § 723 II können **im Gesellschaftsvertrag** weitere Gründe für **35** das Ausscheiden eines Gesellschafters vereinbart werden. Trotz fehlenden Verweises in § 740c gilt dies als Ausprägung der Privatautonomie **auch bei nicht rechtsfähigen GbR** (vgl. zur ähnlichen, dogmatisch aber hiervon abzugrenzen Problematik der Vereinbarung spezieller Kündigungsrechte → § 725 Rn. 41 ff.). Praktisch relevant ist insofern vor allem, die **Mitgliedschaft** eines Gesellschafters zu **befristen** (§ 163) oder eine **auflösende Bedingung** (zB Altersgrenze, Entfallen der Geschäftsfähigkeit, § 158 I) zu vereinbaren (vgl. zur auflösenden Bedingung der Gesellschafterstellung Koller/Buchholz DB 1982, 2173). Sofern solche Regelungen wirksam mit Zustimmung des potentiell Betroffenen vereinbart wurden und hinreichend bestimmt sind, dürften keine durchgreifenden Bedenken dahingehend bestehen, die hierdurch begründete Mitgliedschaft auf Zeit zu missbilligen. Mit Ablauf der Befristung bzw. mit Eintritt der Bedingung verliert der betreffende Gesellschafter dann ipso jure die Mitgliedschaft; die Folgen richten sich nach den §§ 728 f.

IV. Rechtsfolgen des Ausscheidens (Abs. 2)

36 Abs. 2 bestimmt (gesetzessystematisch zweifelhaft!) zwei unterschiedliche Aspekte: Zunächst wird angeordnet, dass Folgen des Ausscheidens sich auch bei nichtrechtsfähigen GbR aus einer entsprechenden Anwendung von §§ 728, 728a ergeben. Darüber hinaus besagt die Regelung durch den Verweis auf § 727, dass auch bei nicht rechtsfähiger GbR die Ausschließung eines Gesellschafters aus wichtigem Grund möglich ist, was nach erklärtem Willen des Gesetzgebers und im Einklang mit dem bisherigen Recht nicht an das Vorliegen einer entsprechenden Fortsetzungsklausel geknüpft ist (Begr. S. 192).

1. Verweis auf §§ 728, 728a

37 Der Verweis auf §§ 728, 728a bewirkt, dass auch bei nicht rechtsfähigen GbR der ausscheidende Gesellschafter einen **Abfindungsanspruch** für den Verlust der Mitgliedschaft erhält bzw. umgekehrt zur Mittragung etwaige **Fehlbeträge** verpflichtet ist. In vermögensmäßiger Hinsicht wird hierdurch einerseits ein Gleichlauf zur rechtsfähigen GbR hergestellt; andererseits richtet sich die konkrete Ermittlung infolge der fehlenden Rechtsfähigkeit nach denselben Regeln wie die Ermittlung eines Auseinandersetzungsguthabens bzw. einer Verlusttragungspflicht nach Beendigung gemäß § 740b (Einzelheiten → § 740b Rn. 5 ff.). Maßgeblich ist mithin die **Gesamtabrechnung aller wechselseitigen Sozialansprüche** im Verhältnis der Gesellschafter untereinander (Einzelheiten → § 740b Rn. 5 ff.; vgl. zum Anspruch auf Erstellung einer „Abschichtungsbilanz" Kropp ZIP 2022, 875)). Wie bei der Auseinandersetzung ist dies grundsätzlich eine rein rechnerische Betrachtung; vgl. aber zur Rückerstattung von Beiträgen → § 740b Rn. 20 ff. Im Hinblick auf einen Abfindungsanspruch werden **ideelle Aspekte** des Verlusts der Mitgliedschaft freilich **nicht berücksichtigt,** da es sich um einen rein vermögensmäßigen Ausgleich handelt. Die §§ 728, 728a sind weitgehend **dispositiv** (Einzelheiten → § 728 Rn. 53 ff.; → § 728a Rn. 36 ff.).

2. Ausschließung aus wichtigem Grund – § 727

38 Infolge des Verweises auf § 727 wird klargestellt, dass es bei nicht rechtsfähigen GbR **auch ohne Fortsetzungsklausel** (Begr. S. 192; Armbrüster ZGR 2021, 143 (161)) zwingend jederzeit möglich ist, einen Gesellschafter aus wichtigem Grund auszuschließen (vgl. den Einzelheiten → § 727 Rn. 11 ff.). – Gesellschaftsvertragliche **Hinauskündigungsklauseln,** die die Ausschließung auch unterhalb der Schwelle von § 727 ermöglichen, sind ohne weiteres auch bei nicht rechtsfähiger GbR zulässig (→ § 727 Rn. 35 ff.).

V. Kautelarischer Handlungsbedarf infolge des MoPeG

Im Kern hat sich die Rechtslage in Bezug auf das Ausscheiden eines Gesell- **39** schafters bei nicht rechtsfähigen GbR nicht ändert, da der Gesetzgeber am **Vorrang der der Beendigung festgehalten** hat, besteht somit kein akuter Handlungsbedarf. Gleichwohl ist stets zu fragen, ob nicht die **Vereinbarung einer Fortsetzungsklausel** sachgerecht ist. Die nachträgliche Einführung bedarf gemäß § 714 grundsätzlich der Zustimmung aller Gesellschafter; eine Mehrheitsklausel deckt dies nur, wenn diese hinreichend bestimmt ist und als antizipierte Zustimmung der Betroffenen zu werten ist (→ § 714 Rn. 22 ff.).

Sachverzeichnis

Arabische **fettgedruckte** Zahlen verweisen auf die Paragraphen des Bürgerlichen Gesetzbuches, die mageren Zahlen auf die Randnummern. *Kursivdruck* bedeutet, dass das betreffende Unter-Stichwort auch als Haupt-Stichwort aufgenommen ist.

885

Sachverzeichnis

Sachverzeichnis

Sachverzeichnis

Sachverzeichnis

Sachverzeichnis

Sachverzeichnis

fette Zahlen = §§